元代

中国政治思想通史

政治思想史 上卷

史卫民 著

中国社会科学出版社

图书在版编目(CIP)数据

元代政治思想史：全三卷/史卫民著．—北京：中国社会科学出版社，2021.11
（中国政治思想通史）
ISBN 978-7-5203-9180-1

Ⅰ.①元⋯ Ⅱ.①史⋯ Ⅲ.①政治思想史—中国—元代 Ⅳ.①D092.47

中国版本图书馆 CIP 数据核字（2021）第 189563 号

出 版 人	赵剑英
责任编辑	刘 芳
责任校对	张 湉
责任印制	李寡寡

出　　版	中国社会科学出版社
社　　址	北京鼓楼西大街甲 158 号
邮　　编	100720
网　　址	http://www.csspw.cn
发 行 部	010-84083685
门 市 部	010-84029450
经　　销	新华书店及其他书店
印刷装订	北京君升印刷有限公司
版　　次	2021 年 11 月第 1 版
印　　次	2021 年 11 月第 1 次印刷
开　　本	710×1000　1/16
印　　张	155.75
字　　数	2550 千字
定　　价	680.00 元（全三卷）

凡购买中国社会科学出版社图书，如有质量问题请与本社营销中心联系调换
电话：010-84083683
版权所有　　侵权必究

序　言

一

《中国政治思想通史·元代卷》即《元代政治思想史》，讲的是公元1206年成吉思汗创建大蒙古国到公元1368年朱元璋赶跑了元朝末代皇帝妥懽贴睦尔，建立大明王朝，前后163年间，中国政治思想史演变的轨迹。

自从公元前221年，秦王嬴政吞并六国，推行"车同轨""书同文"和统一度量衡的革新，建立历史上第一个"大一统"的、中央集权制的、多民族的国家——秦王朝起，声威远播，各地都称"秦"为中国。[①] 从此，大一统、中央集权制、多民族国家，就成为中华文明的基因，世代相传，生生不息，即使在群雄割据、战乱频仍的年代，这种目标追求也没有中断、停止过。

例如，公元407年，匈奴首领勃勃自立为王，建立大夏国，并于413年在今天陕西靖边城北建立了都城。他自己为都城取了个"统万"的名字，说"朕方统一天下，君临万邦，可以统万为名"。同年，又下诏改姓赫连，其曰："帝王者系天为子，是为徽赫实与天连，今改姓曰赫连氏，庶协皇天之意，永享无疆大庆。系天之尊，不可令支庶同之一其非正统，皆以铁伐为氏。"[②] 为了"统一天下，君临万邦"而将都城定名为"统万"；为了示以正统，而令宗族支庶改姓"铁伐"，这些都表明赫连勃勃俨然以"正统"自居，要"统一天下"了。

又如，从唐末迁居夏州（今陕西横川县）一带的党项族首领李继

[①] 参见马百非编著《秦始皇帝传》，江苏古籍出版社1985年版，第446页（注九）。
[②] 《晋书》卷130《赫连勃勃载记》。

迁（元昊的祖父）就曾"潜设中官，全异羌夷之体，曲延儒士，渐行'中国'之风"了。① 到了李德明（元昊的父亲）时，"大辇方舆，卤薄仪卫，一如'中国'帝制"②。及至1038年，自号"兀卒"（意为"青天子"）的元昊，③ 即如《续资治通鉴长编》所载"得中国土地，役中国人民，称中国位号，立中国官属，任中国贤才，读中国书籍，用中国车服，行中国法令"的"西夏王国"了。④ 西夏虽然实现了割据一方与宋、辽三足鼎立，但却永远甩不掉"中国"烙印。大约在公元10世纪上半叶，在西北还有一个以喀什噶尔和八剌沙衮为中心自称"中国皇帝"的黑汗王朝。

可见，中华文明的基因赓续不辍，不因分裂割据而中断，关键在于她所依托的农耕文明较之于狩猎、游牧文明的先进性。

秦汉以后，"大一统"局面屡遭破坏。从三国争雄到西晋短暂的统一以后，便是人们所熟知的东晋、南北朝近300年的分裂割据，民族纷争。这是一个民族矛盾尖锐、民族融合迅速的时代。其后，隋、唐的"大一统"，赢得中华文明一个半世纪的光辉灿烂。然而，公元775年的安史之乱，又一次打破了"大一统"格局，历五代十国、北宋、南宋、辽、金、西夏、大理、吐蕃等，南北对峙，分裂割据了500年，直到1276年元灭南宋，中国才复归于"大一统"。因此，元朝的建立，重启了中国"大一统"的新历程。唐朝以来涌入中原的沙陀、吐谷浑、党项、契丹、渤海、女真以及其他多种色目人，都与汉人、南人逐渐融为一体了。昔日互相倾轧厮杀的战场，变成了一个民族大熔炉。这是整合元代政治思想史学科资源、规训元代政治思想史的边界和准则的重要前提。

二

近代以来，在中国政治思想史学科兴起过程中，元代政治思想史研究曾备受冷落。

---

① （宋）李焘：《续资治通鉴长编》卷50，咸平四年十二月条。
② （清）吴广成：《西夏书事》卷9，清道光五年刻本。
③ 《宋史》卷485《夏国传》。
④ （宋）李焘：《续资治通鉴长编》卷150，庆历四年六月条。

1932年，商务印书馆出版了陈安仁的《中国政治思想史大纲》，概括了从先秦到清末政治思想史的演进过程，先秦以后（尤其宋代以后）的论述尤其简略，只重视对思想家及其著作的简介，并在若干小标题下罗列相关资料，论述尤其简略，元代几乎没说。

1932年上海新生命书局开始印行陶希圣的多卷本《中国政治思想史》，1935年出齐。陶书第四编"王权再建时代"第六章"君主集权与道学王统的确定"第一节探讨了金、元的集权趋势，考察了蒙古帝国及封建制度的发达、宗教冲突及佛教之盛、交通与都市的发达、君权及官僚政治的发达、儒生的解放及道学的再兴和道统的确定，更多地集中探讨了理学官方化这一道统确定的社会条件。

吕思勉的《中国政治思想十讲》，① 由其1935年在上海光华大学的讲演而成，1935年12月至1936年12月陆续刊载于《光华大学半月刊》4卷5期至5卷4期。作者在其著第九编"封建主义衰落期的各派政治思想（一）"的第四章"在元朝统治下社会矛盾的扩大和各派政治思想"中，探讨了充任元朝统治者统治工具的寺院哲学、不绝如缕的汉族地主阶级的理学和表现农民阶级意识形态的"妖道"，把马克思主义辩证唯物主义的思想以及阶级学说引入了政治思想的研究中。

1937年吕振羽出版了《中国政治思想史》，② 谈到理学在元代的发展时指出，在元代的残暴统治下，包括地主阶级在内的中国各阶层利益都不同程度地损害，因而地主阶级的理学便发展为折衷朱陆的理学思想。他还列举出许衡、吴澄的思想加以说明，并斥之为不知大义的无耻奴才。③

1937年5月，上海商务印书馆出版了杨幼炯的《中国政治思想史》，该书第九章"宋明之政治思想"的第一节"宋元明思想之变迁"中，对元代政治思想的评述如下。

  元主中夏，前后仅八十九年，学术思想极见消沉。虽元太宗、元世宗各朝，尊崇文教，但文化上仍无多大进步，学说思想仍不脱朱陆窠臼，在思想史上仅成为"南宋哲学"之余烬而已。

---

① 东北书局1949年版。
② 上海黎明书局出版，1949年生活·读书·新知三联书店又出版了增订本。
③ 吕振羽：《中国政治思想史》，人民出版社1954年版，第523—528页。

其后，杨幼炯介绍了"赵复讲学燕京，使二程及朱熹之传，赖以不绝"。又介绍了许衡、吴澄，认为"许、吴二人，一为祖述程朱，以实行为主；一主折衷朱陆，以尊德性为主。两者均为元代儒学之阐扬者"①。

在杨幼炯之后，20世纪40年代萧公权出版了两卷本《中国政治思想史》。②萧书最突出的特点，是采用政治学的观点，用历史研究的方法，以时代为经，思想流派为纬，囊括了从晚周至辛亥革命2500年间政治思想的变迁，以及历代具有影响的政论，还将中国政治思想史划分为"创造时期""因袭时期""转变时期""成熟时期"，仅在"因袭时期"的"秦汉至宋元"中罗列到元代。

以上，基本反映了近代以来元代政治思想史在中国政治思想史研究中所占的比重——不受待见！其后的40年间，风云变幻，元代政治思想史的研究也陷于停滞不前。直到20世纪80年代，拨乱反正，国家迎来了科学的春天，元代政治思想史的研究，率先由侯外庐、邱汉生、张岂之主编的《宋明理学史》开创新局面，唐宇元执笔的第三编"元代的理学"杀青。③

理学的官学化是元代政治思想史的标志性特点。早在1976年，陈高华就在《文史哲》杂志上发表了《理学在元代的传播和元末红巾军对理学的冲击》，他认为金末理学几乎销声匿迹，元初赵复开办太极书院，使理学得以北传。之后经忽必烈幕僚窦默、许衡、姚枢等人的努力，通过举办中央到地方的各级学校和指定理学教材等方式将理学逐渐推行至全国，仁宗后元政府以二程、朱熹及许衡等从祀孔庙，并把理学作为科举考试内容，确立了理学的绝对统治地位。④陈高华还在《中国哲学》第9辑上发表了《陆学在元代》，探讨了元代陆学的发展状况以及朱陆合流的发展趋势，指出在有元一代的思想领域中，真正比较值得注意的是朱陆合流的潮流。⑤

此外，唐宇元在《元代的朱陆合流与元代的理学》一文中的基本

---

① 杨幼炯：《中国政治思想史》，商务印书馆1998年版，第227—229页。
② 新星出版社2005年再版时合为一卷本。
③ 人民出版社1984年版。
④ 陈高华：《理学在元代的传播和元末红巾军对理学的冲击》，《文史哲》1976年第2期。
⑤ 陈高华：《陆学在元代》，《中国哲学》第9辑，生活·读书·新知三联书店1983年版。

观点,①都在随后1984年4月版的《宋明理学史》上卷中得以展现。

1992年,徐远和以独立学派的视角出版了专著《元代理学与社会》,突出践履之学,强调理学的经世致用性,使日趋停滞的理学官学化向后来的心学转化。②

如果说元代的理学研究,开启了元代政治思想史的新局面的话,那么葛荃写的《元代"用夏变夷"思潮与理学的官学化》则成为1996年11月出版的刘泽华主编的《中国政治思想史·隋唐宋元明清卷》的第九章,名正言顺地登上了思想史研究的界面。葛荃分析了元朝民族歧视政策与政治思想的发展趋势,认为从耶律楚材的"崇天命以论人事""尊孔重儒"主张,到郝经的"用夏变夷"思潮和礼治思想,再到许衡入主太学,元仁宗诏行科举,钦定科场程式,标志着元代的理学官学化的最终形式。

20世纪80年代以来,提起元代政治思想史研究,我们还不得不提及中国思想家评传丛书。这套宏大的思想家评传丛书,对繁荣思想史研究具有不可替代的补充作用。例如杨建新、马曼丽《成吉思汗忽必烈评传》(南京大学出版社2002年版),刘晓《耶律楚材评传》(南京大学出版社2001年版),陈正夫、何植靖《许衡评传(附许谦评传)》(南京大学出版社1999年版),商聚德《刘因评传》(南京大学出版社1996年版),方旭东《吴澄评传》(南京大学出版社2005年版)等,对各传主思想的评论,颇多独具慧眼,极具启发性,不可不读。

此外,此间各地还先后出版过一些通论性教材,如徐大同主编《中国古代政治思想史》(吉林人民出版社1981年版)、朱日耀主编《中国古代政治思想史》(吉林人民出版社1988版、高等教育出版社1992年版)、王引淑等编《中国政治思想史纲要》(中国政法大学出版社1993年版)、曹德本主编《中国政治思想史》(高等教育出版社1999年版)、张岂之主编《中国思想史》(西北大学出版社1995年版)等,他们或多或少涉及元代政治思想史的一些内容,不妨拿来一读,以开拓思路,增长见识。

---

① 唐宇元:《元代的朱陆合流与元代的理学》,《文史哲》1982年第3期。
② 徐远和:《元代理学与社会》,人民出版社1992年版。

三

以上，我们粗略地梳理了以往对元代政治思想史的研究与探讨，不难看出，其局限性是十分明显的。在13世纪以前，在中国大地上实现过统一的王朝，无论是秦、汉，还是隋、唐，都是汉族所建立，控制地域虽逐渐有所扩大，但是，正如俗话所说"得大一统不易，守大一统更难"。而由少数民族或奔袭大河上下，或驰叱大江南北，把台澎、云南、吐蕃、西域统统纳入版图，实现空前"大一统"的元王朝，却不以为然。不把成吉思汗创建的大蒙古国的史事划归元代正书，计算元朝统治时间只算89年，称"文化上仍无多大进步"，"在思想史上仅成为南宋哲学之余烬而已"，诸如此类，充斥着狭隘的民族主义偏见。为此，我们不妨另辟蹊径，如本书作者所言，实事求是地从"统治观念之变""政治理论之变""政治态度之变""重要政治观念之变"等四个层面，对元代政治思想史的轮廓作出创新性地描述。由此，还须强调几点基本认识。

一是13世纪初，大蒙古国草原游牧文化与中原传统农耕文化之间的猛烈碰撞，成就了成吉思汗草原帝国统治思想。他们笃信"天命"，崇尚武力征服，遇有反抗即"屠城"；奉行全民皆兵，倡导事主尽忠、宗族共享富贵、服从"扎撒"（法令）等信条。历经成吉思汗、窝阔台、贵由、蒙哥等几代大汗的惨淡经营，蒙古高原和北中国大地归于统一。但是从窝阔台汗起，"群臣擅权，政出多门"的乱象愈演愈烈，直到忽必烈汗集中力量进行南方的战争，征大理，灭南宋，并吐蕃，设立台澎巡抚司，才真正结束了自安史之乱以来长达500多年的分裂割据，实现史无前例的"大一统"，是为"武统"。

二是在草原帝国统治思想、农耕王朝统治思想的博弈过程中，忽必烈的"祖述变通"最终占据了上风。"帝中国，当行中国事""附会汉法"，改元建号，立朝仪，建都城，立法度，正纲纪，罢世侯，行迁转，击豪强，黜脏吏。在灭南宋过程中，"分命诸将毋妄杀，毋焚人室庐，所获生口悉纵之"。三令五申，"降不杀人之诏"，标志着国家统治从"大蒙古国的大汗"向"元朝皇帝"成功转型，加强"文治"，使天下一新。

然而，好景不长，完成"大一统"之后，忽必烈的鼎新革故的思想被"稽列圣之洪规"的保守主义倾向所替代，一面"附会汉法"，一面又沿用蒙古旧制，以至在体制方面，如税粮制度、军人待遇、刑法制度等呈现出"南北异制"。非但如此，在频繁地海外用兵的同时，还疏远、冷漠了推行"汉法"、倡导"治道"或"善政"的汉人或南人臣僚，重用以阿合马、卢世荣、桑哥为代表的"理财派"，主张用增加赋税和检括钱粮的方法，使朝廷快速营利，并设立尚书省作为营利的制度保障。这些应视作完成"大一统"伟业的忽必烈思想转变为保守主义之后，在"王朝治理"上的若干败笔。

三是忽必烈之后，继位的成宗铁穆尔（1294—1307年在位）公开宣示"政治守成"，为元朝中期政治思想的发展确定了方向，只有武宗海山（1307—1311年在位）崇尚"重利"，喜欢"急政"。接着仁宗爱育黎拔力八达（1311—1320年在位）革除武宗各种弊政，倡导"文治"，恢复科举，营造"理学政治"，却遭到皇太后和权臣铁木迭尔的干扰与破坏。接下来的是英宗硕德八剌（1320—1323年在位）力主破除"权臣政治"，宣布要"政治维新"，延续"理学政治"。其后，是借"南坡之变"登上帝位的泰定帝也孙铁木儿（1323—1328年在位）开经筵、发展"文治"，奉行"守旧政治"。泰定帝去世不久，爆发了争夺帝位的战争。文宗图贴睦尔（1328—1332年在位）曾让位于其兄明宗和世瑓（1329年在位八个月），和世瑓随即被谋杀，文宗复即位，"以文饰政"，通过编修《经世大典》、设立奎章阁学士院来粉饰门面。文宗去世前曾留下以明宗之子继承帝位的遗言，先即位的是宁宗懿璘质班（1332年在位仅两个月），后即位的是顺帝妥懽帖睦尔（1333—1368年在位）。当顺帝还处在幼帝阶段时，朝廷奉行"权臣政治"，燕铁木儿主张"善权"，保持"文治"与"善政"的政治取向；而伯颜主张的则是蠹坏朝政的"恶权"观念。这时的顺帝"不问政"。在朝廷清除伯颜势力以后，顺帝依然没有"亲政"兴趣，还是权臣主政。此后，先是脱脱主政，宣称"与民更始"；阿鲁图主政，重文治，完成辽、金、宋三史的编纂、颁布《至正条格》、实施奉使宣抚；朵儿只、太平主政时，"重善政"；脱脱再次主政时，更要"大有为于善政"。

总而言之，忽必烈逝世后，继位诸帝宣示"政治守成"，基本上延续了他所确定的政治思想路线。特别是仁宗爱育黎拔力八达倡导"文治"，崇尚儒教，重儒臣，开科举，将朱熹的著作列为考试的基本用书，以朝廷认可的方式确立理学政治理念的官学化，承前启后，前有南方学者赵复来燕京建太极书院，向北方学人传授朱熹理学学说，并将之喻为"王道之学"；后有在赵复影响之下，郝经、许衡、姚枢、窦默等共同研习朱学，强调"奄有中夏，必行汉法"。进而南北合流，刘因、吴澄挑起大梁，使理学政治理念系统化、官学化，成为元朝中期主流政治思想，左右着元代中后期的政治发展。

是为序。

白　钢

2021 年 8 月 23 日　处暑

总 目 录

上 卷

绪 论 ………………………………………………………………… (1)

第一编　维系草原帝国的政治思想(1206—1259年)

第一章　蒙古国诸汗的政治观念 ……………………………… (59)
第二章　恢复中原统治秩序的政治观念 ……………………… (96)

第二编　"以夏变夷"与"效行汉法"(1260—1279年)

第三章　忽必烈"附会汉法"观念的形成 …………………… (187)
第四章　蒙、汉臣僚的新政观念 ……………………………… (256)
第五章　北方理学家的政治理论 ……………………………… (341)

第三编　世祖朝后期政治思想的变化(1280—1294年)

第六章　忽必烈的开明政治观念 ……………………………… (419)
第七章　侧重实政的政治主张 ………………………………… (497)
第八章　侧重学理的政治主张 ………………………………… (706)

主要史料目录 …………………………………………………… (960)

中　卷

第四编　元朝中期的政治思想（1295—1331年）

第九章　元朝中期皇帝的统治观念 …………………………………（5）
第十章　朝政变化体现的政治观念 …………………………………（108）
第十一章　儒臣倡导的理政观念 ……………………………………（223）
第十二章　侧重于时政的理学政治理念 ……………………………（400）
第十三章　侧重于理论的理学政治理念 ……………………………（557）

主要史料目录 …………………………………………………………（732）

下　卷

第五编　元朝后期的政治思想（1332—1368年）

第十四章　从"更化"走向"救亡" ………………………………（3）
第十五章　维系文治的政治观念 ……………………………………（123）
第十六章　救亡图存的政治观念 ……………………………………（269）
第十七章　理学政治理念的发展 ……………………………………（409）
第十八章　危机感悟与兴亡评价 ……………………………………（580）

主要史料目录 …………………………………………………………（757）

后　记 …………………………………………………………………（763）

目　录

（上　卷）

绪　论 …………………………………………………………（1）

第一编　维系草原帝国的政治思想(1206—1259年)

第一章　蒙古国诸汗的政治观念 ……………………………（59）
第一节　成吉思汗的草原帝国观念 …………………………（59）
　　一　天命观 ………………………………………………（59）
　　二　国家观 ………………………………………………（63）
　　三　驭众观 ………………………………………………（67）
　　四　法令观 ………………………………………………（75）
　　五　道德观 ………………………………………………（77）
第二节　窝阔台—蒙哥的政治观念 …………………………（81）
　　一　窝阔台的"美名"观 ………………………………（81）
　　二　贵由的"酷政"观 …………………………………（89）
　　三　蒙哥的"慎行"观 …………………………………（91）

第二章　恢复中原统治秩序的政治观念 ……………………（96）
第一节　宗教人士倡导的治国观念 …………………………（96）
　　一　丘处机的"节欲修身"观念 ………………………（96）
　　二　丘处机弟子的政治观点 ……………………………（103）
　　三　佛教的"救世"观念 ………………………………（109）

2 元代政治思想史·上卷

第二节　耶律楚材的治世理念 (115)
　一　"三教并用"的思想范式 (115)
　二　"混一天下"的国家观 (120)
　三　"贤君治国"的政治观 (125)
　四　注重实效的治术观 (129)

第三节　其他北方儒士的政治理念 (135)
　一　元好问的重"教"理念 (135)
　二　杨奂的正统辨 (144)
　三　刘祁的辩亡论 (149)
　四　李俊民等人的政治观点 (158)
　五　理学北传的影响 (179)

第二编　"以夏变夷"与"效行汉法"（1260—1279年）

第三章　忽必烈"附会汉法"观念的形成 (187)

第一节　"潜邸"时的思想转变 (187)
　一　从佛法大要到帝王之学 (187)
　二　尊主庇民的过渡思想 (191)
　三　即位前的政治铺垫 (197)

第二节　"祖述变通"的思想表述 (203)
　一　"鼎新革故"的政治态度 (204)
　二　"内立都省，外设总司"的新政体制 (209)
　三　国家更化的政治气象 (216)
　四　体现"爱民"的善政措施 (223)

第三节　统一天下的政治要求 (230)
　一　理清"武统"与"文统"的关系 (230)
　二　再现大一统的局面 (235)

第四节　政治清明的君主规范 (240)
　一　对君主的自我要求 (241)
　二　择相用人的忠奸之辨 (244)
　三　重实学的政治倾向 (253)

第四章　蒙、汉臣僚的新政观念 （256）

第一节　刘秉忠的治国观念 （256）
- 一　尊主庇民的政治观念 （256）
- 二　以制度立国的政治作为 （261）
- 三　以易学为基础的行道学说 （263）

第二节　其他汉人臣僚的理政观念 （267）
- 一　耶律铸、史天泽的宰政观念 （268）
- 二　董氏兄弟的善治观念 （275）
- 三　张德辉等人的善行观念 （280）
- 四　王恂、郭守敬的利国观念 （285）
- 五　高鸣、张雄飞的廉政观念 （288）
- 六　宋子贞等人的治国观点 （291）
- 七　魏初的善政建议 （306）

第三节　蒙古、色目臣僚的政治观念 （319）
- 一　真金的重儒倾向 （319）
- 二　廉希宪的治道观念 （326）
- 三　安童、伯颜、相威的理政观念 （332）
- 四　高智耀等人的尊儒观念 （338）

第五章　北方理学家的政治理论 （341）

第一节　姚枢与窦默的政治理念 （341）
- 一　姚枢的君道、时弊说 （341）
- 二　窦默的正心、正人说 （347）

第二节　许衡的"治本"学说 （349）
- 一　治乱说 （350）
- 二　修德说 （354）
- 三　用贤说 （361）
- 四　爱民说 （365）
- 五　治学说 （367）

第三节　郝经的"治道"学说 （372）
- 一　治道说 （372）
- 二　用夏变夷说 （378）

三　统一说 …………………………………………………………（382）
　　四　新政说 …………………………………………………………（388）
　　五　治学行道说 ……………………………………………………（393）
第四节　其他儒士的政治观点 …………………………………………（400）
　　一　杨恭懿、张著的理学政治观点 ………………………………（400）
　　二　王磐、张文谦的偏重理学观点 ………………………………（403）
　　三　李庭、杜瑛、杜仁杰的治道观点 ……………………………（408）

第三编　世祖朝后期政治思想的变化(1280—1294年)

第六章　忽必烈的开明政治观念 ………………………………………（419）
第一节　开明政治的基本要求 …………………………………………（419）
　　一　用贤才 …………………………………………………………（419）
　　二　重直言 …………………………………………………………（426）
　　三　恤百姓 …………………………………………………………（430）
　　四　变钞法 …………………………………………………………（435）
　　五　守法令 …………………………………………………………（445）
第二节　理财体现的观念之争 …………………………………………（453）
　　一　卢世荣言利引发的短期抗争 …………………………………（453）
　　二　桑哥专权带来的长期抗争 ……………………………………（462）
　　三　难以摆脱的财政困局 …………………………………………（477）
第三节　内外战争体现的重武观念 ……………………………………（481）
　　一　维系统一的用兵观念 …………………………………………（482）
　　二　远征日本体现的急缓之争 ……………………………………（485）
　　三　出征安南、占城等地的失利 …………………………………（490）

第七章　侧重实政的政治主张 …………………………………………（497）
第一节　重义贬利的政治观念 …………………………………………（497）
　　一　不忽木的辨忠奸观念 …………………………………………（497）
　　二　崔彧的纠贪赃观念 ……………………………………………（501）
　　三　程钜夫的用良臣观念 …………………………………………（506）
　　四　陈天祥的行德政观念 …………………………………………（517）

五　其他朝臣的良政观念…………………………………(522)
　第二节　王恽的善政主张……………………………………(542)
　　一　政治更化的评价与要求……………………………(542)
　　二　施政建议体现的善政理念…………………………(547)
　　三　儒士参政的自我规范………………………………(571)
　第三节　胡祗遹的治世主张…………………………………(585)
　　一　治世的理论解释……………………………………(585)
　　二　革除弊政的建议……………………………………(611)
　　三　儒士的政治责任……………………………………(620)
　第四节　赵天麟的天下太平观念……………………………(634)
　　一　帝业说………………………………………………(634)
　　二　政纲说………………………………………………(645)
　　三　用人说………………………………………………(656)
　　四　食货说………………………………………………(668)
　　五　正风说………………………………………………(677)
　　六　武备说………………………………………………(684)
　　七　刑赏说………………………………………………(690)
　　八　理财说………………………………………………(697)

第八章　侧重学理的政治主张……………………………………(706)
　第一节　刘因的仁政理念……………………………………(706)
　　一　天道尚仁……………………………………………(706)
　　二　仁政要旨……………………………………………(717)
　　三　学者无邪……………………………………………(725)
　第二节　王旭的善为理念……………………………………(732)
　　一　顺势而为……………………………………………(732)
　　二　自觉而为……………………………………………(737)
　　三　修学而为……………………………………………(741)
　第三节　金履祥的治道理念…………………………………(747)
　　一　明德载道……………………………………………(747)
　　二　注经解要……………………………………………(756)
　第四节　刘壎的治世理念……………………………………(761)

一 穷理存心 …… (761)
二 兴亡之鉴 …… (767)
三 时政论说 …… (773)
第五节 江南隐士的政治观点 …… (778)
一 鲍云龙的天变观 …… (778)
二 方回的天道观 …… (783)
三 何梦桂的忠义观 …… (795)
四 郑思肖的抗元观 …… (805)
五 方逢振等人的义理观点 …… (820)
六 刘辰翁等人的兴儒观点 …… (842)
七 黄公绍等人的合和观点 …… (874)
八 龚开等人的愁亡观点 …… (900)
第六节 宗教人士的政治观念 …… (927)
一 八思巴和释圆至的政治观点 …… (927)
二 张留孙等人的政治观点 …… (936)

主要史料目录 …… (960)

绪　　论

　　元代的历史始于1206年成吉思汗建立蒙古国，终于1368年明朝对元朝的更代。在163年的时间跨度内，政治思想的变化和发展可以分为五个重要的阶段。1206—1259年是第一个阶段，主要呈现的是蒙古国时期草原帝国统治思想与中国传统的农耕王朝统治思想的碰撞。1260—1279年是第二个阶段，突出展现的是元朝建立和统一中国的历史进程中对农耕王朝统治思想的吸纳和应用。1280—1294年是第三个阶段，主要表现为国家大一统后奠定了开明政治的思想基础，带动了南、北理学政治思想的融汇。1295—1331年是第四个阶段，重点呈现的是元朝中期文治成为主流政治观念，理学政治思想的统治地位被官方所确认。1332—1368年是第五个阶段，主要表现为元朝后期的反文治、毁治道思想逆流，尽管未能被文治和救亡图存的观念所阻遏，但是治世或救世思想在王朝灭亡的危机中得到了进一步的升华。本书以五编分述五个阶段的政治思想情况，以前三编为上卷，第四编为中卷，第五编为下卷。在以历史人物的政治思想或政治观念为主要线索的叙事之前，需要对元代政治思想涉及的三大变化和几种重要政治观念的发展，作一个总体性的说明。

一　统治观念之变

　　统治者要建立什么样的国家，以及如何统治国家，是经典性的政治问题。在君主制的政治形态下，尽管有臣僚提出的各种建议，甚至不乏重要政治观念的展现，但最终是由君主对这样的问题给出答案，并以自己的国家观念和理政观念塑造国家的政治生态。由君主观念和臣僚观念合成的统治观念，君主观念是主线，臣僚观念是辅线。元代统治观念变化带动的全局性政治变化和思想变化,是中国古代政治思想在特定历史时期中出现的第一大变化,需要对这样的变化作简略介绍。

(一) 草原帝国统治思想挑战农耕王朝统治思想

13世纪初叶,尽管中国有南宋、金、西夏、大理等国的对峙,但是各国尊奉的都是传统的农耕王朝统治思想。成吉思汗(元太祖,1206—1227年在位)不仅创建了蒙古国,亦建构了与农耕王朝统治思想不同的草原帝国统治思想。这样的统治思想,以"汗权天授"的朴素天命观彰显草原帝国的统治合法性,以武力征服和宗族共享富贵的观念强调帝国扩张的必要性,以等级观念和游牧民族兵民合一的简朴制度体系维系帝国内部的统治与被统治关系,并辅之以服从律令(札撒)的法令要求和事主尽忠、敬老尊贤、和睦亲族等基本的道德要求。草原帝国统治思想不仅在新兴的游牧国家内部起了凝聚人心的作用,亦伴随对金、西夏的战争胜利,被带入中原地区。有人借与成吉思汗接触的机会,提出了一些希望被其接受的政治观点,具有代表性的就是耶律楚材对蒙古国的兴盛来自天命的解释,以及丘处机在节欲修身观念下所包含的不嗜杀人和治国保民诉求。这些论点尽管得到成吉思汗的赞赏,但是他并没有因此而改变草原帝国的统治思想。

成吉思汗去世后继承蒙古大汗位的窝阔台(元太宗,1229—1241年在位),不仅全面继承了成吉思汗的统治思想,还凸显了为维系强大的草原帝国留下美名的政治观念,并特别强调了他造福于游牧国家的各种功绩。金朝灭亡后,如何在中原地区恢复统治秩序成为窝阔台不得不面对的问题,耶律楚材为此特别提出了军民分治、止贡献、信赏罚、正名分、给俸禄、务农桑等建议,核心点就是尊奉传统的农耕王朝统治思想,按照"汉制"治理中原地区。窝阔台不认可这样的治国理念,但是看重耶律楚材的收税作用,所以让他主持中原地区的税收,并同意以考选儒士的方法来弥补征税官员的不足。在征税成功之后,窝阔台即采用了回回商人"扑买课税"(包税)的方法,因为这样的方法更有利于敛财,更容易满足蒙古大汗的利益需求,耶律楚材和借中原征税实行宽政的杨奂等人自然不会再被重用。后来有中原人士批评窝阔台不能善用耶律楚材,错失了治国的机会,是没有看到窝阔台排斥农耕王朝统治思想的本质性问题。在君主坚持草原帝国统治思想的政治环境下,信守农耕王朝统治思想的耶律楚材只能成为悲剧性人物。

窝阔台之后继承蒙古大汗位的贵由（元定宗，1246—1248年在位）尽管在位时间不长，但充分展现了其特有的刚猛、严酷和肆意挥霍、掠夺的"酷政"观念，不仅使中原地区的失政、乱政现象更为严重，亦因准备对术赤（成吉思汗长子）后王拔都动武，为草原帝国带来了分裂的隐患。

贵由之后的蒙古大汗是蒙哥（元宪宗，1251—1259年在位），他特别强调"尊祖宗之法"，就是要全面继承草原帝国统治思想并且全面排斥农耕王朝统治思想，突出表现为蔑视儒家的治国之道，并扼杀了在中原地区试行"汉法"的做法。蒙哥还以慎行等观念为自己和臣僚确立了维系统治秩序、扼制分裂的政治准则，其目的就是保证草原帝国的内部稳定。

历经四代蒙古大汗，草原帝国统治思想已经在中国北方落脚，打破了农耕王朝统治思想主导天下的格局，出现了两种统治思想并立的重大变局。这样的变局所带来的政治现实，就是使全中国都经常性地笼罩在战争的阴影之下。

（二）两种统治思想的融汇

在草原帝国统治思想挑战农耕王朝统治思想的变局下，如果君主能够主动吸纳农耕王朝统治思想，并将其融入草原帝国统治思想，就可能将草原帝国的统治转换为农耕王朝的统治。蒙哥之后继承蒙古大汗位的忽必烈（元世祖，1260—1294年在位），就是一位能够以统治观念的变化助成国家转型的君主。

忽必烈在即位前的所谓"潜邸"时期，在中原人士的帮助下，分三个步骤完成了政治观念的转变。第一个步骤是吸纳农耕王朝统治思想，忽必烈由最初的注重佛法，转向注重帝王之学，在了解儒家治道学说的基础上，既强调了"大有为于天下"的政治诉求，也树立了愿意依靠儒者治理国家的"好贤乐善"形象。第二个步骤是新政治观念的试用，在蒙哥即位后，忽必烈采纳刘秉忠、海云等人的"尊主庇民"建议，一方面注重维护蒙哥的权威，另一方面依据治道学说在部分地区试行"汉法"。这样的试验尽管被蒙哥所扼杀，但是忽必烈并没有因此而放弃对治道的追求。第三个步骤是为即位作重要的思想铺垫，忽必烈用灭大理和进攻南宋的军事成就，为自己奠定了武功的基础，再加上"长且贤"和各种文治作为，以及拥戴者所强调的"天命所归"，使自己在理念、道德、行为等方面都占据了制高点,成为不容置疑的蒙古大汗继承人。

忽必烈即位时特别强调"祖述变通"的政治原则,就是要以草原帝国统治思想为基础,融入农耕王朝统治思想,以新的思想体系建构一个新的农耕王朝。由此,在"鼎新革故"观念的主导下,忽必烈既以颁诏书、建年号、立两都(大都和上都)作为草原帝国转向农耕王朝的重要表征,又以设立中书省、枢密院、御史台和地方军、政、监察机构,建构了王朝统治的制度体系,还以制朝仪、建太庙、兴学校、重农桑、均赋役、行钞币等彰显王朝统治所要求的礼仪和善政作为。在忽必烈急于求治的精神感召下,臣僚积极建言献策,具有代表性的是刘秉忠的制度立国建议、郝经的新政建议和魏初的善政建议。臣僚建议涉及的主题都是如何效行或附会"汉法",所以大多被忽必烈所采纳。在有了思想和行为的充分准备后,忽必烈于至元八年(1271)十一月正式将蒙古国的国号改为大元,标志着国家转型的完成,蒙古大汗亦由此变成了名正言顺的实施农耕王朝统治的皇帝。

解决了国家转型问题,就可以集中精力解决统一天下的问题。忽必烈不仅认同儒者提出的"能行中国之道,则为中国之主"和"天兴我元"的正统观念,亦认可"合则俱安,离则俱危"的大一统观念,以灭南宋而统一全国为己任。灭宋当然要依靠军事行动的"武统",但是为了表示君主的"好生之德",忽必烈特别强调了要善待降人,并严格禁止滥杀行为,实则是将"文统"观念融入了"武统"的行动之中,顺利实现了大一统的目标。

完成统一大业之后,忽必烈由进取型思想转变为保守型思想,一方面以用贤才、重直言、重实学、恤百姓、守法令等要求营造开明政治的氛围,另一方面以频繁的海外用兵和重用言利之臣,为朝政带来了诸多负面因素。君主观念的变化,在臣僚中有不同的反应,产生了五派政治观点。一是"理财派"的政治观点,以阿合马、卢世荣、桑哥为代表,重点强调的是以增加赋税和检括钱粮的方法为朝廷快速营利,并将设立尚书省作为营利的制度性保障。二是"守义派"的政治观点,以监察机构的官员为主,加上其他官员的支持,不断揭露理财之臣的各种恶行,坚持重义轻利的政治立场。三是"守道派"的政治观点,突出表现为受儒家政治思想影响的蒙古人和色目人既有对治道思想尤其是以儒治国观念的尊奉，也有对佞臣误国行为的排斥，核心点就是希望忽必烈能够与即位初年的治道观念和善政行为保持一致。汉人和南人臣僚的治道或善政建议，也起了丰富"守道派"观点的重要作用。四是"革弊派"的政治观点，以朝野敢于直言的人为主，公开指出朝政的弊病，如胡祗遹就明确指出了朝廷的冗官、冗兵、冗事、冗费、冗文"五冗"弊病，并强调根治弊病应注重的制度更新、爱民养民、去冗、偃兵息武四种重要方法。五是"规划派"的政治观点，即依据善治观念对朝政作出全面的规划，具有代表性的是王恽的肃正朝政建议和赵天麟的营造太平盛世建议。对于这五派观点，忽必烈最感兴趣的是"理财派"的观点，最不感兴趣的是与恢复科举取士有关的话题，并由此带有了一定的厌儒情绪。君主的好恶导致了在朝廷的义利之争中儒者明显居劣势的状态，使忽必烈的"至元之治"未能达到儒者所期盼的效果。

（三）以文治作为主流观念

忽必烈的统治观念尽管在部分儒者看来略有瑕疵，但是对于后继的元朝皇帝而言，则是必须继承和尊奉的精神遗产，"守成政治"由此成为元朝中期约束君臣思想和行为的通行准则。儒臣亦对"守成政治"作了全方位的规划，王恽设计的政治守成规划，就包括了规范君主行为、规范朝政走向、规范施政措施的系统性要求；程钜夫和刘敏中记录了朝臣对守成之君的敬天、尊祖、清心、持体、更化要求；荣肇则强调守成政治的最基本要求是居安思危，只有强化治理，才能长治久安，由此既要善于用人和善于牧民，还要善于克制腐败，形成符合儒家纲常要求的良好社会风气。

元朝中期的皇帝当然不会依照儒者的政治守成规划行事，他们所要体现的是各自独特的政治观念和执政风格。

忽必烈去世后继承帝位的成宗铁穆耳（1294—1307年在位），即位时就公开宣示了政治守成的意愿，以延续忽必烈时的"圣政"措施昭示对开明政治思想的全面继承。但是成宗更愿意彰显的是他的宽政观念，其中既包括了勤政、用贤、量财、修律等新的政治诉求，也包括了崇孔子、兴学校的文治要求，以及劝农桑、均赋税、安黎民的善政要求。君主守成和实施宽政，需要得到来自臣僚的新施政观念支持，于是就有了丞相哈剌哈孙所强调的不喜变更观念，张伯淳、姚燧、阎复、李谦等人倡导的廉能、良臣、兴学、尊奉圣道等观念。尤为重要的是，在宽松的政治环境下，臣僚可以提出系统性的改善朝政建议，需要特别注意的是郑介夫的长治久安建议，陈天祥的理解治道建议，张珪的推行德政建议，王利用的普施善政建议，王结的助成文治建议，萧㪺的修身救灾建议。这些建议引起了成宗的重视，并在施政行为中得到了一定的体现。恰是在成宗朝君臣的共同努力下，"至元之治"之后又有了十余年的政治稳定时期。

政治稳定的局面被后继的武宗海山（1307—1311 年在位）所打破，因为武宗尊崇的是重利观念，但特别善于用极致化的"诏书治国"来掩饰其带有"急政"特征的政治行为。他不仅大兴土木，营造中都和皇家寺庙，还毫无节制地颁发赏赐和滥授官职，并且再次设立尚书省，重用敛财之臣，使乱政和苛政成了突出的政治现象。正如张养浩所指，武宗时存在赏赐太侈、刑禁太疏、名爵太轻、台纲太弱、土木太盛、号令太浮、佞门太多、风俗太靡、异端太横、取相太宽十大弊病。朝臣亦曾希望以治道思想来改变武宗的观念，如阿沙不花提出了君主节欲的建议，阎复提出了惜名器、明赏罚、择人材建议，刘敏中提出了察吏治、除民患建议，但是这些建议都被武宗弃之不顾，就是要将"急政"进行到底。

武宗在位时间较短，继承帝位的仁宗爱育黎拔力八达（1311—1320 年在位）首先做出的政治举动就是革除武宗带来的各种弊政。仁宗受过良好的儒学教育，尤其是深受理学政治学说的影响，不仅以倡导文治作为基本的执政理念，还以崇儒教、重儒臣、开科举营造出了"理学政治"的气象，因为崇儒教就是尊崇理学，重儒臣就是积极招徕有名气的理学学者为朝廷所用，开科举则是将朱熹的著作列为考试的基本用书，以官方的认可确立理学政治思想的崇高地位。仁宗亦重视居安思危、以民为本、以法为据、节制赏赐观念，并推出了与之相应的施政措施。但是崇尚文治的仁宗，表现出了政治行为懦弱的严重缺陷，难以抑制皇太后和权臣铁木迭儿对朝廷善政的干扰和破坏，并由此导出了因经理土地严重扰民和害民的重大朝政失误。在"理学政治"和"权臣政治"交织的状态下，臣僚的施政建议也明显分成了两大类别。一类是全面发展文治的建议，如李孟作为仁宗倚重的大臣，不仅倡导恢复科举并与程钜夫等人共同制定了科举考试的实施方法，还提出了节赐与、重名爵、核滥费、汰冗员等建议；赵孟頫作为仁宗喜爱的词臣，既极力赞扬仁宗的各种文治行为，也提出了重视循吏、劝课农桑的建议。另一类是排斥权臣、奸臣的建议，最具代表性的就是萧拜住、杨朵儿只、贺伯颜、赵世延、马祖常等人对铁木迭儿的公开弹劾。前一类建议被仁宗所重视，但难以采纳和实施；后一类建议则被权臣所压制，建言者都遭受了去职甚至杀身的处罚。

仁宗去世后继承帝位的英宗硕德八剌（1320—1323年在位），既要破除"权臣政治"，也要延续"理学政治"，突出展现的是"政治维新"观念。英宗特别强调了基于"政治维新"的八点认识：一是创业和守成的艰难性认识，二是以民为本的重要性认识，三是选贤和用贤的不易性、持久性认识，四是礼仪从简的可行性认识，五是君主尽心治国的必要性认识，六是君主纳谏的真诚性认识，七是国家财用量入为出的原则性、操作性认识，八是以儒家经典治国的理论依赖性认识。英宗还为新政确立了革除弊政、恤民养民、招徕人材、朝政清明四大着力点。后宫和权臣的影响消失后，英宗在拜住等人的支持下推出了淘汰冗官、鼓励直言、颁行律书、行助役法、定奸臣罪、整肃台纲等第一波新政措施。臣僚亦针对新政提出了一些重要的建议，如邓文原以"求变观念"提出了作新官风建议，同恕以"更新观念"提出了真儒治国建议，锁咬儿哈的迷失以"政化观念"提出了整肃朝纲建议，张养浩以"治化观念"提出了戒奢侈建议，许有壬以"新政观念"提出了作新风宪和改良吏制建议。可惜新政刚刚开启，即夭折于硕德八剌、拜住被谋杀的"南坡之变"。

借"南坡之变"登上帝位的泰定帝也孙铁木儿（1323—1328年在位），在清除逆臣之后彰显的是小心谨慎的守旧观念，尤其是尊奉忽必烈定下的各种政治规矩，并以开经筵作为发展文治的代表性事件。为适应泰定帝的执政风格，臣僚亦主动将朝政建议区分为两类。一类是坚决清算逆臣的建议，最具代表性的就是许有壬、宋本等人要求彻查"南坡事变"主谋铁失的逆党，张珪更要求追究自铁木迭儿以来全部奸臣、逆臣及其党羽的罪责。另一类是维系善政体制的建议，如孛术鲁翀认为应全面遵守忽必烈立下的各种规矩，而不是选择一两个贤者装点门面；赵师鲁提醒皇帝，要特别警惕权臣秉政的危险；王结强调要区分君子和小人，以修明政事的方法达到弭天变的效果；曹元用针对有人企图罢废科举的举动，明确表达了维系科举取士的立场，并提出了修德明政的建议。泰定帝为了表示未参与弑君逆谋，接受了前一类建议，对后一类建议则置若罔闻，因为他所奉行的"守旧政治"，实际上就是"不作为政治"。

泰定帝去世后爆发了争夺帝位的战争，文宗图帖睦尔（1328—1332年在位）在燕铁木儿的支持下即位后，让位于其兄明宗和世琜（1329年在位八个月），谋杀明宗后再次即位。文宗始终摆脱不了弑君的思想重负，不得不用"以文饰政"的政治观念来掩饰其希望得到救赎的心理，而世人能够看到的，不过是编修《经世大典》和设立奎章阁学士院等文化盛事景象，以及其他装点门面的文治措施。为助成文宗的"以文饰政"，张养浩提出了不杀谏臣的建议，虞集提出了宽政救灾的建议，陈思谦提出了正君道、结人心、崇礼让、正纲纪、审铨衡、励孝行、舒民力、修军政的建议，史惟良则强调了"端本求治"的畏天、爱民、修身、纳谏、求言、薄敛、崇俭、求治、御下等要求。文宗并不排斥这些建议和要求，但是他确实没有全面推行文治和善政的底气。

（四）反文治的思想逆流

文宗去世前留下以明宗之子继承帝位的遗言，导致了两位幼帝的先后即位。先即位的宁宗懿璘质班不仅即病死（1332年在位两个月），后即位的顺帝妥懽贴睦尔（1333—1368年在位）则成为元朝在位时间最长的皇帝，带来的是元朝后期统治观念的重要变化。

伴随幼帝即位的是权臣政治现象，并且呈现出两种不同的权臣观念。一种是燕铁木儿主导的"善权"观念，既专擅于帝位继承，也将专擅的权力着力于善的方面，保持了文治或善政的政治取向。另一种是伯颜主导的"恶权"观念，将专擅的权力全部着力于私和恶的方面，秉持的是反文治、反善政的政治立场和行为。按照儒家的治道学说，前者可以勉强归入"君子观念"的类别，后者则是彻头彻尾的"小人观念"和"权奸观念"。面对权臣政治，顺帝采取的是"不问政"的躲避态度，儒臣则起而捍卫文治的走向，其中既有许有壬、刘岳申、忽里台等人对伯颜罢废科举等行为的公开反对和吕思诚等人对奸臣的弹劾，也有苏天爵、朵尔直班、瞻思等人以善政对抗恶政的建议。捍卫文治的人尽管受到权臣的打压，但是对于最终扳倒权臣起了理念先行的重要作用。

清除权奸伯颜后，顺帝依然没有"亲政"的兴趣，只是表现出对文治和宽政的宽容态度，于是就有了回归文治轨道的"政治更化"不同表现，如脱脱主政时在"与民更始"观念下推出了复科举、重经筵、减赋税、重农桑、宽盐政、严监察、定六事等措施；阿鲁图主政时在"重文治"观念下完成了辽、金、宋三史的修撰，颁布了《至正条格》；朵儿只、太平主政时在"重善政"观念下推出了汰僧道、崇儒学、举隐士、选守令、正台宪、兴水利等措施；脱脱再次主政时在"大有为于善政"观念下推出了肃台纲、汰冗官、均俸禄、荐守令等措施，并在朝臣意见并不统一的情况下，施行了币制改革和大规模的治理黄河工程，前者成为害民的弊政，后者则与爆发红巾军起义有间接的关系。

由于主政大臣更换过于频繁，朝政措施缺乏连贯性，使得"政治更化"的效果大打折扣，但是并未影响臣僚对文治或治道的追求，并由此导出了五类政见。第一类是改弦更张的政见，要求去除大奸后朝廷应呈现全新的政治风貌，具有代表性的是周伯琦的"一新治化"要求和乌古孙良桢的君主敬身修德、作新风宪要求。第二类是克服时弊的政见，黄如征以拦驾上书的形式指出朝廷的奉使宣抚存在严重的弄虚作假现象，卢琦、史伯璿指出常平仓已经成为害民的弊政，欧阳玄则针对"冗官之未汰、铨选之未精、殿最之未明、法律之未定"四大弊病，特别强调以"信"治弊是最有效的路径。第三类是弘扬善政的政见，如许有壬的重农桑、除恶政、善取财建议，黄溍的选贤才、重民力、尊儒术、严吏治建议，吴裕的重民生、贤守令建议，谢应芳的减重租、轻盐价、罢酒课、汰冗官建议，等等。第四类是贤者治国的政见，揭傒斯明确提出了善政用贤、科举取贤、儒者自贤的要求，贡师泰提出了文治用贤和恤民用贤的要求，朱德润提出了以诚信选才、不歧视南儒的要求，郭翼则特别强调了贤者的忍辱负重、舍身救难、为仕清白三条重要准则。第五类是优化执政方式的政见，主要表现为侧重点不同的"政说"，值得注意的有苏天爵的"文治说"，王沂的"良政说"，王思诚、宋褧、嶸嶸等人的"弭灾说"，以及沈瑀、成遵、唐元、吕溥、吴师道等人的"宽政说"等。

顺帝至正十一年（1351）爆发的红巾军起义，使元朝的统治进入危机状态。为应对危机，主政者最初的策略是以会战取胜的方式镇压起义，但是这样的策略因奸臣怂恿顺帝更换率军出征的脱脱而全面失败；

随后的策略是扶植地方势力，带来的是军阀崛起的恶果；再后就是忙于朝廷的权斗，以"内耗政治"终结了元朝的统治。尤为重要的是，在危机中顺帝完全抛弃了儒家学说，迷恋于喇嘛教的秘术，集荒政、厌政、嗜杀、厌儒观念于一体，加上总想着"内禅"的皇后和皇太子的各种恶行，只能是使逆治道而动的朝政起着加重危机的作用。

朝臣和儒者并未因皇帝和太子的荒谬无道而放弃救亡图存的机会，而是在严重的危机中彰显了九种重要的政治观念。

一是救世观念，强调面对危局不能束手无策，而是要有成系统的救世谋略。需要特别注意的是王祎以大乱需要大治的思路提出的应付乱局方略，李存依据正心理论提出的惩暴止乱要求，以及归旸、王思诚、李士瞻、陈高、姚琏、周闻孙等人提出的振纪纲、悔己过、用良将、止内耗、公赏罚、开言路、宽征输、收民心等救世建议。

二是纠错观念，强调纠正不当的策略和行为，可以避免局面失控。吴海结合元朝后期的政治生态，特别指出了与王朝统治危机有关的赋役过重、恶政肆行、纪纲败坏、教化不兴、错失机会五个重要因素；张桢明确要求去除导致乱局的六种根本之祸和四种征讨之祸；刘永之借所居山区多虎的现象，重现了"苛政猛于虎"的场景，所要强调的就是救危局必须先去苛政的观点。

三是去奸观念，强调不去除奸臣和小人，国家难以摆脱乱局。陈祖仁、李国凤、马玉麟、丁鹤年等人都在诗、文中明确表达了对奸佞误国的痛恨。周霆震则特别指出，朝廷的举措失当，加上奸佞误国、上下蒙蔽，导致了局面的失控。吴皋也强调，战乱中之所以纲纪紊乱，就是因为忠臣义士过少，乱臣贼子太多，恶念横行之下难以挽回败局。

四是民心观念，强调固结民心对挽救危局具有决定性的作用。朵尔直班始终坚持的是征战中少杀人以争取民心的立场，华幼武期望以轻徭薄赋来稳定民心，张仲深则特别强调了与其忙于筑城设防、不如尽心安抚民心的观点。

五是救民观念，强调爱民、恤民、保民是战乱中最重要的施政方略。在危机中，周巽、王偁、李昱、张桢、沈梦麟、郑元祐、洪希文等人都依据民本观念提出了救民的主张，朱德润则特别强调了均平赋税的救民和抑制盗贼作用。

六是善政观念，强调以善政来应对危机，至少可以起到保一方平安的作用。刘鹗、廼贤、黄镇成、陈基、王逢等人都希望朝廷能够改变急征暴敛的行径,使善政措施真正惠及全民,以挽救国家的危局。

七是守节观念,强调越是在危难之际,越是要忠心报国,并且不惜杀身成仁。刘鹗、余阙、董搏霄、吴讷、郑玉、张翥、王翰、伯颜等人,都是尽忠守节观念的宣扬者和践行者。除了赞扬守节臣僚的忠义行为外,不少儒者亦有张扬忠心报国精神的自我表述。

八是忧国观念,强调的是对国家前途的担心,以及对战乱的厌恶之情。元朝末年的文人诗作,忧国、忧世是重要的主题,张宪的国运之忧、军队之忧、黎民之忧、命运之忧,以及陈镒的国运堪忧、儒道受阻、功名无益、有家难回、年老多病的乱世五叹,可以视为具有代表性的说法。

九是贤能观念,强调的是贤者能够主动承担匡救天下的重任。贡师泰认为乱世中贤者不仅要重仁义教化,以天下为重,还要敢于作为、讲究治法和不在乎功名。赵汸则特别强调,盗贼之所以难以平定,主要在于朝廷用人不当,如能选用有为的士大夫尤其是真儒,讲求镇守、安民等策,就能恢复天下太平的局面。

王朝统治危机中所显示的重要政治观念,尽管难以起到挽救危局的作用,但是对政治思想的发展有重要的作用,因为乱世有助于人们的清醒认识和批评精神,以真知灼见来启迪整个社会对善和治的追求。

从元朝统治观念的演变过程,可以看出一条清晰的变化轨迹,就是"草原帝国统治思想介入→农耕王朝统治思想吸纳→开明政治思想建构→文治观念主导→反文治思想逆流→救亡思想兴盛"。恰是在这样的轨迹下,中国传统的农耕王朝统治思想虽然遭受了严重的挑战,但毕竟有了基本面的回归,并为反文治、弃治道即亡国的儒家重要政治信条提供了新的佐证。

二 政治理论之变

对政治现象的不同理论解释,形成了不同的政治学说或政治理论,进而凝聚成系统性的政治思想。先秦时期形成的儒家政治思想,在北宋和南宋时期被改造成了理学政治思想,但是这样的政治思想并未得到王朝统治者的认可。理学政治思想在元代成为官方认可的政治思想,是中国古代政治思想在特定历史时期中出现的第二大变化。这样的变化,主要是政治理论的变化，在元代经历了四个重要的阶段，可分述于下。

（一）实用性的理学政治理论

蒙古国后期到元朝统一全国的 1279 年，理学政治理论主要呈现的是通俗化和实用性的变化。

理学发端于北宋时期，早期的理学家有周敦颐、张载、程颢、程颐、邵雍等人，二程的学说被称为"程学"。南宋时期理学有长足发展，著名的理学家有张九成、张栻、吕祖谦、朱熹、陈亮、叶适、陆九渊等人，其中朱熹、陆九渊的学说被分称为"朱学"和"陆学"。朱熹集理学大成之后，尽管在北方还有人沿承北宋的理学遗风，但更为重要的是将朱熹的学说向北方传播。窝阔台在位时，来自南方的儒士赵复在燕京建立太极书院，向北方儒士传授朱熹的理学学说，并将理学定位为王道之学。在赵复的影响下，许衡、姚枢、窦默共同研习朱学。许衡着重于理学政治思想的通俗化，重点发展的是治本理论，在治乱说下强调了"治无常治，乱无常乱"和"奄有中夏，必行汉法"等论点，在修德说下强调了践言、防欺、去邪、顺天道等论点，在用贤说下强调了贤者"五不进"和讲究用人之道的论点，在爱民说下强调了得民心、定民志和以义为大利的论点。尤为重要的是，许衡以心性论作为正心说的认识基础，强调的是顺其自然的"正命"论点，在格物致知方面格外重视"慎思"的作用，为哲学问题的政治化奠定了基础。恰是因为许衡对理学有诸多贡献，使其成为北方理学的宗师。姚枢着重于理学政治思想的实用化，重点阐释的是以修身、力学、尊贤、亲亲、畏天、爱民、好善、远佞为内容的君道理论，并强调只有坚守这样的为君之道，才能将草原帝国的君主转变成君临天下的农耕王朝皇帝。窦默侧重的是正心理论，重点强调的是君主正心、善用正人、直言纳谏的一体化关系。

与许衡、姚枢、窦默有所不同的是，郝经承继的是理学的北方余脉，弘扬的是程学学说，重点阐释的是治道理论，既强调治体、修器和奉天而治对治道的基础性作用，也在道统说的基础上强调了夷主中国、附会汉法的用夏变夷论点和以义取天下的统一论点，还在认识论层面力主道必有用、学必有用、文必有用的观点。

理学政治理论的通俗化和实用化，是在政治形势发生巨变的情况下完成的。通俗不仅仅是为了教学的需要，更重要的是使主政者更容易接受理学政治理论，如忽必烈早期就颇认同许衡、姚枢、窦默、郝经等人的观点，皇太子真金则在理学学者的影响下，成为理学的重要支持者。实用是因为国家正处于由草原帝国变为农耕王朝的转型期，尤其是要完成统一天下的大业，都需要得到相应的政治理论支持。通俗和实用改变了理学思想偏重哲理化、信条化的特征，使其更容易在北方落脚，并具有了理论更新的活力。

(二) 融汇性的理学政治理论

忽必烈在位后期的1280—1294年，理学政治理论主要呈现的是融汇性和适应性的变化。

刘因以自己搜寻和研读理学大师著作的方法，成为北方重要的理学学者，重点阐释的是仁政理论。这一理论以理气、天理、性善、仁义的递进关系阐释了天道尚仁的基本理念，以君主尚仁、明德守道、学者无邪作为仁政的基本标准，以损益变革、重义轻利、兴利除弊作为仁政的基本动力机制，所要强调的就是仁政对现实政治的规范性作用。

金履祥师从朱熹的再传弟子何基，成为南方的重要理学学者，重点阐释的是治道理论。这一理论以明德载道为核心论点，强调明德、新民、至善既是重要的政治目标，也是儒家治道学说的理论基础。除了对正心的方法作通俗说明外，金履祥更注重的是絜矩的政治功能，因为絜矩可以为社会建立基本的政治规范，可以达成秉公废私的以天下之善和为天下之利的政治目标，可以起到褒扬忠信、抑制骄泰、进用贤者、均平天下的重要作用。

刘壎是承继陆学的南方理学学者，重点阐释的是治世理论。这一理论不仅高度认同大一统的进步意义，提醒当政者要注意国家治乱兴亡的历史经验和教训，还特别强调了对"平"和"悟"的要求。以"平"作为治国理政的基本原则，是因为不平会带来严重的社会问题，使国家处于不稳定甚至危机之中。以"悟"作为政治认识的基本方法，是因为儒者和政治家的"悟道"可以加深对政治现实的认识，所以"悟"并不是佛学的专利，而是理学学者应该高度重视的思想方法。

在宋、元交替之后，其他南方理学学者也提出了一些重要的政治观点，这些观点主要聚焦于两类问题。

一类问题是面对一个新王朝，如何坚持儒家的治道学说和发展理学的政治学说。对于这样的问题，鲍云龙强调的是治乱兴衰体现天变的观点，既要注意顺天而行而不是逆天而动，也要注意治尚义、乱尚利的基本规律。方回强调的是国家兴亡体现天道的观点，既要注意重天理、顺天理和义理先于事功的要求，更要注意天道所包含的"所有人皆有"而不是"少数人独有"的治国要求。方逢振强调的是王道即生民、爱民与养民之道的观点，并明确指出小人趋利的所有行为都违背王道的基本准则。卫宗武强调的是道即帝王之道和儒道的观点，并指出以善治体现大德，就是帝王之道的最基本要求。俞德邻认为最缜密和有效的思虑，就是在治国中如何稳固民心、保持国本，而不是靠域民（以地域管控民众）和武力来维系国威。黄公绍强调的是"好生"观点，即在大一统的状态下，官员不能乱开杀戒，要以与民同归善道的做法来体现皇帝的好生之德。方夔则明确指出，国家统一显示了理学可以道贯南北的重要性，弘扬光大理学，尤其是体现理学的救民济世观念，希望应该在北方而不是南方。陈杰强调理想的治世就是南宋理学家倡导的德政，南北士人应在治道等问题上尽快达成共识。

另一类问题是在取消科举的现实条件下，如何看待儒者的地位和出路。对于这样的问题，舒岳祥强调的是作为统一天下的皇帝，即一统之主，必须有隆儒术、阐文治的作为，因为六经统理义、理义统人心、人心统天下，重儒和文治所起的恰是明义理、正人心、定天下的重要作用。在这样的大背景下，儒士不应斤斤计较于科举的废置问题，而是要注重有用于治民的实学。何梦桂强调的是国家统一后注重儒学教育，不仅符合理学对天理、人性的解释和要求，也可以使儒者注重实学和专心于教学育人。赵文强调的是大一统为儒学尤其是理学的蜕变和发展提供了难得的机会，废罢科举对儒者而言不是祸事而是乐事，因为这样的做法为学者提供了返朴归真的治学路径。刘辰翁既强调儒者在与官员打交道时要保持自傲的态度，因为是官求儒而不是儒求官；也强调儒者要自觉学道和守道，而不要抱怨废科举阻塞了士人的出路。汪梦斗也认为儒者要学习的是天下的大道，而不是将学问视为科举考试和钓取名誉地位的工具。黄仲元认为全国统一后在江南开设的蒙古字学，也需要对学生提出正心、正学和学道的明确要求。梅应发、曾子良、姚云、盛象翁等人则特别强调了理学有用于治国、儒者有用于天下的观点。

南方儒士对这两类问题的回答尽管系统性不强，但是大多表现出了将理学政治理论用于当代的强烈愿望。北方儒士对此亦有高度的认同，如张之翰就明确指出，借统一之势，南北理学的融合已经成为不可阻挡的趋势。王恽则强调，恰是因为理学在北方的普及，使得理学家所倡导的修己治人之道，已经催生了"收明德、新民殊效"的善治行为。

非理学的儒士也提出了一些与政治理论有关的论点。如南方儒士邓牧有两个值得注意的论点，一是君主并非异人，凡人都可成为君主；二是废除官吏，由天下自为，不失为一种有效的治理方法。王旭作为爱好理学的北方儒者，系统阐释了善为理论，不仅强调明德是善为的思想基础，据理而行、顺势而为才能变乱为治，还强调了君主善为、丞相善为、儒者善为的具体要求。

国家的统一会带来政治思想的统一，由此既要求南方的理学思想适应统一后的政治需要，也要求南北理学思想尤其是政治学说的融汇。由于南北的儒者大多认同朱熹的学说，这样的适应和融汇并不困难，并且更容易在新的政治形势下以新观点来发展理学政治理论。

（三）官方化的理学政治理论

元朝中期的1295—1331年，理学政治理论主要呈现的是官方化和系统化的变化。

吴澄是元朝中期最重要的理学学者，以并重朱学和陆学的学术取向对治道理论作了系统的阐释，需要特别注意他的七种论说。一是为治道奠定认识论基础的义理说，强调的是知性理和知太极，都是为了以正心的方法修身养性，以达到仁政和明明德的政治目标。二是为治道奠定方法论基础的道德说，就在于对老子《道德经》的重新诠释，可以用崇尚无为而治的态度，否定"以智治国"方法，使五种治国之术（以正治国之术、简静治国之术、慈爱治国之术、化民淳朴之术、勤俭治国之术）融为一体。三是为治道奠定行为论基础的仪礼说，既注重礼的政治规范作用，也强调以礼体现爱人之心同样是不可忽视的治国行为。四是为治道奠定教化论基础的敬孝说，明确指出了孝所承担的治天下、治国、治家、治身、教天下五项重要治理功能。五是为治道奠定实践论基础的文治说，既肯定了朝廷重用儒臣、祭庙尊孔、兴办学校、收藏经籍、重开科举等重要文治成果，也揭示了文治所面临的各种问题，并特别强调了不嗜杀人、宽厚爱民、重视立法的施政要求。六是为治道奠定贤能论基础的用人说，强调既要注意由重吏到重儒的变化，也要注意克服官不用心、贪污成风等官场弊病，还要注重贤者为官的以德用人、公心、廉能、谨慎、直言、任事等要求。七是为治道奠定知识论基础的治学说，既强调南北理学合流后，儒士要高度重视实学问题，务必了解理学的真谛；也强调在学校教育中吸取朱、陆的教学优点，慎选教师和因人、因材施教；还强调要以先学会为人、再学习为文的成儒方法，改变华彩奢靡的文风和不重时务的士风。

在治道理论方面，还需要注意的是陈普和谭景星的观点。陈普特别强调了理学为治道"定则"的三项要求：一是正的原则，即目的论要求，明确定则的目的就是为了正天下、正国家和正朝廷；二是中的原则，即方法论要求，以"主于中"作为定则的基本方法；三是顺的原则，即行为论要求，在行为方式上应做到"顺则"而不是"逆则"，并以此来维系统治秩序。谭景星强调夫子（孔子）之道就是通俗易懂的治道学说，由此既要注意命说要求顺天、心说要求守中、性说要求守善、情说要求守正的基本认识，也要注意革除弊政所代表的重要政治理念，如除茧丝体现的是宽政理念，去吏奸体现的是良吏理念，平词讼体现的是政刑理念，均徭役体现的是均平理念。

元朝中期的理学学者亦发展了与善治或善政有关的理论。许谦阐释的善治理论，不仅指出了心性论涉及的天道、人道、修身之道的区别，还明确提出了明明德既要得明于天理、也要得明于实践的要求，并且特别强调了大一统后的止战、远小人等善治要求。蒲道源认为治世是礼乐与刑政并重的治国形态，治术是达成治世的关键性问题，讲究治术需要特别注意武事不黩、文事不虚、心正官正、实用之学等要素。吴莱为良政划定了君主节俭、轻徭薄赋、善官良吏的基本标准，强调政治守成就是要使治天下之法不至于废堕，并明确指出实现良政有两个重要路径选择，一是用儒兴国、废儒败国，二是德化兴国、苛法败国。为发展善政理论，还出现了三类具有代表性的观点。第一类是揭祐民、周权、黄文仲、杨载、贡奎、范梈、黄庚等人秉持的期许型观点，既表现为对良臣和善政行为的肯定与赞颂，也表现出对爱民、恤民行为的期盼。第二类是尹廷高、丁复、艾性夫等人秉持的批评型观点，重点在于揭示朝廷的各种弊政，并以此来表达对善政前景的担忧。第三类是王炎午、程端学、龚璛等人秉持的建议型观点，强调政治主静不主动，并明确提出了消除弊政、走向善政的建议。

元朝中期的理学学者还特别注意到了如何发展文治的问题。陈栎以

"得道即弊除、失道即弊生"的基本政治准则,强调了圣人立教所具有的根除弊政作用,指出开科取士是为了改变百世无善治、千载无真儒的状况,开经筵则要体现弘扬理学为体、助成善治为用的治道原则,由此需要特别注意对君子或好人的诚实、为善、去私欲、祛除迷信等方面要求。熊禾不仅指出在大一统的条件下以朱学为代表的理学北传具有划时代的意义,还强调理学之所以重要,就在于能够为君主框定正心、尊师、重儒等原则;由此,儒臣都应该成为"善政人",以爱民、革弊、教化等来体现理学思想的政绩观。尚野、同恕、安熙、邓文原、张蕴、岑安卿等人既强调了理学用于当世的重要性和可行性,也强调了国家用真儒的必要性,就在于得真儒之用,文治才大有希望。

元朝中期的一些理学学者以易学为基础,也提出了一些值得注意的政治观点。专长于易学的袁桷,强调的是理、气、命一体的论点,"命"的政治属性就在于"正",所以所谓的"知命",就是能够"得其正"。在"知命观"的基础上,他不仅明确提出了儒者耻于自售、士无南北之别的要求,还特别强调为官之道就是不能言利、不能恋位、不能随意向皇帝上言、不能自夸政绩、不能以刻薄百姓为自己创造政绩、不能不顾当地的习俗肆意妄为。同样以易学见长的任士林,注重的是易的政治功能,恰是因为解易的真谛在于"体用",使易学起到了揭示治道基本原理的重要作用。由此,既要明白易与修身、齐家、治国、平天下之间的关系,也要明确君子有为于天下的改变科举颓风、改变入仕态度、改变急于求成做法、改变谄谀之风、改变荒政之道的要求。侯克中依据易学原理,明确提出了勤政与勤学结合,才能保持公心为政的观点。郑滁孙特别向朝廷进献《中天图》,所要表达的就是君主以奉行天道的方法治民的强烈政治诉求。丘应辰专门讨论舆地问题,着重说明的是不要迷信舆地善恶的论点,因为无论是家庭还是国家,靠的都是以德兴盛,而不是以地兴盛。

在教化和为人处世方面,也有一些值得关注的观点。董鼎认为孝道与治国之所以有密切的关系,就在于其核心理念是对仁、德、善的要求;他不仅列举了天子之孝、诸侯之孝、卿大夫之孝、士之孝、庶人之孝的不同要求,还特别强调臣僚进言和君主纳谏既是忠的要求,也体现了孝道的基本精神。吴亮和许名奎都对"忍"作了说明,无论是前者所强调的当官之忍和处世之忍,还是后者所强调的权之忍、忠之忍、誉之忍、苟禄之忍、躁进之忍、勇退之忍等,所阐释的都是以"政治忍术"处世的重要要求。

元朝中期理学政治理论的上述发展,既体现了《四书》《六经》成为科举用书后以专论、策论阐释政治理论的理学思想官方化特征,也体现了治道学说下各种理论趋于系统化的特征。应该看到,官方化和系统化有着相辅相成的关系,系统化的理论有助于当政者的理解和全面接受,官方的支持则对树立理论的权威性和理论的推广起着关键性的作用。一个不可忽视的事实是仁宗、英宗、文宗的重儒观念,对理学政治理论的发展有重要的帮助,恰是在这样的帮助下,才出现了政治理论发展的鼎盛现象。

(四) 回应性的理学政治理论

元朝后期的1332—1368年,理学政治理论主要呈现的是应对型的变化,既要应对反文治的思想逆流,也要应对国家面临的重大危机,理学学者和出身于理学的儒臣不能不作出积极的理论回应。

对治世的深刻认识是第一种重要的回应,主要表现为苏天爵和王充耘对治世理论的解释。苏天爵强调了"治体"的以德治国、用心治国、居安思危、保持国家元气、构建太平之象要求,"用人"的国家用尽天下人才、用君子不用小人、善于查辨忠奸行为、以道德取人要求,"守令"的注重守令之责和注重守令之贤要求,"爱民"的节用、仁政、重农桑要求,"为政"的善于养民、不轻易变法要求,"止盗"的终止暴赋重敛行为要求,"刑政"的宽刑和立法要求。王充耘以气理一体、性善一体、心仁一体作为治世的认识基础,明确提出了践行天道、求言用贤、君臣共治、民心为重、养民教民、阴阳调和、修身治国的治世要求。

对治本和治平的强调是第二种重要的回应,具有代表性的是欧阳玄的治本说和戴良的治平说。欧阳玄强调的是对四本的要求,一是以仁义为致治之本,二是坚持以德取人的得人之本,三是注重制法、敬法相结合的政刑之本,四是夯实成真儒、重师德、行教化、正心术的兴学之本。戴良明确列出了治平的君道、任相、驭将、用人、爱民、足食、制兵、慎刑、远佞、纳谏十大标准,就是要说明元朝末年之所以未出现治平现象,就是存在君主失道、任相随意、驭将无方、用人错乱、与民争利、百姓艰食、军旅涣散、刑罚任意、奸佞当道、纳谏虚置等乱象。

对善治和善政的强调是第三种重要的回应，既要注意黄溍的善治理论，也要注意史伯璿的善政说和赵偕的县政说。黄溍认为气理学说的核心观念就是以守善、正心、美德躬行天道，由此既要重视治天下之法的庶、富、教三大要素，也要注意善治急需解决的各种问题。尤为重要的是，黄溍不仅明确提出了君子以敢言区别于小人的论点，还特别表现出了对靠人不靠天、避免伤农害农等重农观念的重视，并明确指出如果理学变成纯粹的科举之学，将严重违背理学的本义，为此需要注意儒者为官所要秉持的君子、除弊、忠恕、循吏、直言五大原则。史伯璿秉持的是只重朱学的立场，既强调一心和一理是修身治国的认识论基础，也明确提出了均徭役、罢盐司、修水利等善政要求。赵偕不仅强调了县政的择人至难、古今君子、作养贤才、黜陟诛赏、大得人心五大准则，还列出了十七条施政要求，就是期望县政能够达到善治的水平。

坚持文治和仁政立场是第四种重要的回应，需要特别注意的是许有壬、吴师道、余阙等人的观点。许有壬在元朝后期侧重于文治说，其中既有对大一统的重新认识，也有对经筵关乎治策的强调，还有对科举弘扬理学和改变颓废浮华文风的期许。吴师道明确提出了义理学说如何有用于治国的问题，并以仁政说对这一问题作出了回答，重点强调的就是以仁政维系统一、以仿古和法祖推行善政、以"定律"完善法制、以礼仪肃正国家、以武备应事制变、以重事而不是重权约束官员、以正学约束儒者。余阙在仁政说中既强调了君主以仁心行仁政的要求，也强调了人尽其言、真儒善政的要求。

对治道问题的再认识是第五种重要的回应，具有代表性的是王祎和赵汸的相关理论解释。王祎强调的是治道的仁义、礼乐、至诚、道德、正心、至善、赏罚、人才、去弊救亡、顺天行事要求，由此既要注重贤明君主治国的君民一体、立制教化、有所畏惧、大公无私、取财有道、上天示警、杜绝朋党、为政复古要求，也要注重君子的闻过而喜、知耻而止、不行骗术、知道守道、重义轻利、谨言行、远功名、斥小人要求。对儒者而言，必须做到名实相符，才能成为真儒，而不是只知辞章和记诵的"小人儒"和"贱儒"。赵汸重点强调的是关系治乱的十大要素：一是德，注重君主实其德；二是善，注意以积善防乱；三是分，以守分为重；四是兵，要在藏兵于民；五是功，要在赏得其当；六是为，要求行可为之道；七是安，重在以民为本；八是解，敢于祛除弊政；九是革，顺从王朝革命的天道；十是终，终止祸乱和恢复治道。

声张儒道是第六种重要的回应，既包括理学的坚持，也包括对儒者作为的要求。刘鹗的存心说强调心有道心和人心的区别，存心要坚持学道心和守道心的原则，存心之道的政治价值就在于能够坚守儒家德、仁、诚、敬的政治底线。由此，既要注意君子践形的去恶作用，也要注意国家养士的崇德行、端士习、重实学、正文体、禁浮伪等方面要求。李存的正心说强调正心压倒奸伪既是儒战胜吏的必然选择，也是使国家昌盛的基本保证，所以正心的学问就是治世的学问，儒者必须坚持本心之正和本心之仁，国家则要按照《春秋》之义治国，并要特别注意儒者为官的本色、守中、正道、直言、导民、正心要求。郑玉的正道说强调融合朱学和陆学是理学的正道，由此既要注意易无所不在、《春秋》无所不用特征，更要注意臣僚为君主分忧、尽忠的守道要求。刘岳申的正道说要求坚持儒道的古今道同、人自为善政治立场，并指出科举能够带来贤臣治国的实效，使"为主爱民，为国育材"成为常态政治现象，即使科举废罢，也要坚持学不可废的原则。

尽管对反文治和拯乱世有以上六种回应，但是从整体上看，元朝后期的理学政治思想已经呈现出了表象化（言必尊朱、许）、程式化（说必涉心、性、理）、科场化（考必重《四书》）等特征，使理学政治思想由盛转衰成为不少人担心的问题。当然，不能因为理学政治思想开始走下坡路，而忽视儒者的真知灼见，因为这些见解对当世和后世都有重要的启迪作用。

综上所述，元朝理学政治理论远比人们的想象复杂，只有全面了解其内容，才能体会其在理学政治思想发展中的重要地位。由此，紧紧抓住理学政治理论"适用性→融汇性→官方化→回应性"的发展主线，确实可以使人们对元朝政治理论的变化和发展有全新的认识。

与理学政治理论有密切关系的还有宗教政治理论的发展，需要作简略的说明。

蒙古国时期，中原的道教和佛教人士大多秉持的是儒、释、道"三教合一"或"三教并用"立场，着重于用"以道释儒"和"以佛释儒"的方法宣扬儒家政治理念。在这样的背景下，需要特别注意的是道教的丘处机提出了乱世兴教、修身养命、不嗜杀人、治国保民观点，尹志平、李志常、王志坦、姬志真等人提出了帝王造福于民、君主爱民、为民除害、修心达道等观点；佛教的释行秀（万松）强调的是儒释兼备的治国理念和各安其分的太平理念，释印简（海云）重点阐释了以仁恕为心、以安民为要、以正心律己、以忠孝行事的所谓"佛法大要"。"三教合一"的思想倾向延续到国家统一之后，重要的表现就是佛教人士提出了"三教一本"的观点，道教人士提出了"三教一理"的观点。藏传佛教的八思巴不仅表明了支持国家统一的鲜明政治态度，亦表示出了对亲民、爱民之政的高度重视，江南佛教的释圆至则认为儒、释、道都是扬善之学。在道教方面，既要注意张宗演、张留孙、李道谦的护民说、助政说和匡世救民说，也要注意李道纯强调的无为而治、以正治国、返璞归真、偃兵息武、爱民安民、天下同心的治道要求，以及杜道坚强调的无为而治、道德治国、善民养民、君主用贤、法随时变、重文德不重武功的精诚治国要求。

重大的变局发生在元朝中期，由于理学学者对佛、道的排斥，道教人士不再提及"儒道合一"之类的观点，而是普遍采用了"以儒释道"的做法；佛教人士则大多采用"以儒释佛"的做法，很少提及"三教合一"的要求。道教的朱思本不仅明确表达了反对星命迷信的立场，还表现出了要求朝廷慎选官员和抚恤黎民的强烈愿望；陈义高、宋无、林辕等人则提出了真儒治国、弘扬文治、广修仁德的观点，马臻还特别强调真儒治国需要排除纷纷、扰扰、是非、愁怨、意气、贫富的干扰。佛教的释大䜣不仅强调性善说是儒、佛、道都认同的理论基础，还明确指出佛教对于国家的化民为善、祈福于天、为民禳灾、倡导文治四大作用，并高度肯定了理学在助成国家文治方面的重要作用；释英特别强调了对官员的清正廉明要求，释善住则强调了人不与命争的宿命论观点。元朝后期，佛教和道教人士更是表现出了"不拒儒"的消极态度，如佛教的释惟则重点强调了以休心、修心、证心、治心为主要内容的以心为善要求和以总纪纲、善待百姓为主要内容的居官为善要求；释清珙、释大圭也明确提出了官员行善和国家恤民的要求；道教的张雨则针对善治问题，明确提出了君子自爱、天下至公、士守本色、贤能治国、私敛误国、大节取人、注重宽政等方面的要求。

还需要注意的是，佞佛观念在元朝有重要发展，突出的表现是忽必烈在位时杨琏真加以喇嘛教"厌胜"之法在江南的胡作非为，元朝中期的皇室好佛弊病，以及元朝后期顺帝父子对喇嘛教秘术的迷恋，所以才有了理学学者对佛教为害因素的揭示。由此，既要看到佛、道政治观念对儒家治道学说的助成作用，也要看到佞佛观念对治道学说的破坏作用，才能对佛、道两教政治观念的变化有全面的认识。

三 政治态度之变

政治态度作为政治理念的表象，也是政治思想的重要内容。政治态度所体现的政治认知、政治情感和政治动机，在中国君主制的政治形态下，往往与王朝更替后的遗民观念有紧密的联系。十三世纪前叶到十四世纪中叶金朝遗民、南宋遗民和元朝遗民表现的政治态度之变，是中国古代政治思想在特定历史时期中出现的第三大变化，也需要作专门的说明。

（一）金朝遗民的政治观念

元好问、刘祁、李俊民、杨弘道、麻革、段成己、段克己、陈赓、陈庾等人都是金朝遗民中的重要人物，主要表现的是三类政治观念。

元好问是金朝遗民"表彰派"观念的代表性人物，他不仅对金朝的文治尤其是金章宗时的盛世作出了高度评价，还特别记录了金朝末年的乱世景象，以寄托对故朝的情感。尤为重要的是，元好问以兴孔子之教的立场，强调了儒士对治国有重要的作用，并将恢复文治的期望寄托在了忽必烈的身上，显示的是对于符合农耕王朝统治要求的当政者应给予支持的态度。杨弘道对金朝行汉制的文治也有积极的评价，强调隐士要以平恕之心处艰难之世，时刻不忘儒家的仁义要求。麻革在乱世中关注的是恢复统治秩序的举动，尤其是对耶律楚材的救世作为给予了高度的评价。段成己强调王者之道即夫子之道，兴学要与文治和修身相结合，并对忽必烈的重视兴学举措大加赞扬。段克己强调的是士人修身立学要对国家有用的观点，并希望以此来阻塞儒士于国无用的议论。

刘祁是金朝遗民"反思派"观念的代表性人物，他不仅用记录前朝事迹的方式提醒世人关注治乱问题，还明确指出根本未立、未尽行"中国法"、奢靡之风、决策失误、权臣乱臣当道、漠视建言是导致金朝灭亡的重要原因。刘祁还特别指出了金朝科举的不重实学弊病，强调士人即便身处乱世也要讲究君子之道，承担匡世救民的责任。陈赓所展示的则是对金朝末年清谈误国的感叹。

李俊民是金朝遗民"愁世派"观念的代表性人物，他不仅对战乱痛心疾首，亦对能否由乱转治抱消极的态度，但是不会因此而丧失"以儒治国"的基本政治立场，并明确提出了"出世"隐士所应遵循的重义非利、甘于淡泊、看破功名、重忍、少言等要求。陈庚亦对由乱到治持悲观态度，但明确提出了以礼立政的守法、爱民、任廉、去奸诉求，以及防止道德失范和文人相轻的要求。

金朝遗民对既往文治和盛世的表彰和对现实中善政行为的认可，对金朝灭亡原因的探讨，以及对乱世的愁叹和对兴学守道的追求，加之普遍性的淡泊名利情感，构成了遗民观念的全貌。在这样的遗民观念中，未表现出强烈的"忠君爱国"观念，是一个值得注意的现象，并以此形成了与南宋、元遗民政治态度的重大区别。

（二）南宋遗民的政治观念

南宋遗民是一个庞大的群体，对政治思想的影响远超过金朝遗民，需要特别注意七类重要的政治观念。

第一类是"抗元派"观念，要求始终保持抗元的政治立场，以个人抗争展现对旧朝的深厚感情。郑思肖是"抗元派"观念的代表性人物，他不仅否定新王朝的正统性，高度评价南宋末年忠臣义士的护国行为，还特别拟出了复国纲领，表达了致力于恢复旧国的强烈愿望。王镒亦持有强烈的复国愿望，不仅陈述了兴亡由天和权臣误国的基本认识，亦特别记录了宋亡后宫殿变寺院、帝王陵寝被毁的惨况，以表示抗元的信念。

第二类是"拒元派"观念，不像"抗元派"那样表现出激烈的言行，只是明确表示不与新王朝合作的态度。家铉翁是"拒元派"观念的代表性人物，他不仅强调儒士要传承自古以来的"自贵"士风，注重自昭其德的精神，还至死以宋臣自诩。汪元量则以详细记录宋亡史实和北上宋人遭遇的方式，来表达自己的拒元立场。胡次焱的拒元表现是不用新朝年号并表现出绝不仕元的强硬立场。

第三类是"愁亡派"观念，表现的是对故国灭亡的忧愁，以及对政治前景的忧虑。龚开既赞扬了文天祥、陆秀夫等人的死节行为，也明确指出南宋军备不当带来的亡国教训，需要后人引以为鉴。丘葵不仅记录了战乱的景象，还描述了北人在建立统治时祸乱江南的情况，所要表现的就是对于江南地区如何恢复安定局面的忧虑。陈岩、萧立之、真桂芳、柴望、唐泾、彭秋宇、赵宜诚、汪斗建、汤益等人在诗作中再现了亡国时的情形，重点表达的是对权臣误国的愁怨情感。略有不同的是，连文凤尽管也有强烈的故国情怀，但是秉持的是富贵兴亡均为平常事的"顺势处之"态度。董嗣杲也强调，在战乱中安身立命，需要的是"以逆境作顺境"的态度。

第四类是"出世派"观念，在世道变迁的状态下，既表现出对旧国的怀念情感，也表现出逃避现实的遁世情结。刘辰翁的怀念故国和醉心隐居生活诗作，要表达的就是抛弃功名、安心学问的态度。王奕、吴龙翰强调的是在重大世代变化中，无论是忠臣还是儒者，都只能是无力回天、难有作为。牟巘崇尚的是以真隐应对世道变迁的避世态度，但尤为关注教正学和中兴儒学的问题。曾子良、盛象翁则强调隐士也要关注理学被官方认可和儒士为治世所用等重大问题。

第五类是"忠义派"观念，着重于对南宋忠臣义士的表彰，并以此来彰显怀念旧朝的情感。何梦桂、林景熙、俞德邻、谢翱、方凤等人都对文天祥、陆秀夫、徐应镳的忠节行为大加表彰，并在旧地重游时表现出了浓厚的故国情怀。需要注意的是，表彰旧朝的忠臣义士，并不妨碍对大一统的认可，何梦桂、林景熙、俞德邻都对大一统作出了积极的评价。

第六类是"合和派"观念，既表现出对大一统的高度认同，也明确表示对新王朝的理解与合作的态度。方夔既表达了对权臣误国的痛恨和对故国的怀念情感，也对南北统一持现实主义态度，要求南人逐渐适应北人带来的新统治方式，并特别强调了将南宋兴亡留给后人评说的论点。杨公远对于宋元交替带来的世事变迁持的是超脱态度，并且很快将注意力转向了如何在江南广施善政的问题。陈杰尽管痛惜庸才误国的现实状态，但是更注重的是朝代更替亦要以农桑为重的问题。舒岳祥自称是隔代之人，经历了由亡国愁叹到认同大一统的重大思想变化。赵文秉持古来无不亡之国的观念，要求以平常心看待国家兴亡问题，并认识到大一统对儒学的兴盛有着极为重要的作用。

第七类是"兴亡派"观念，着重于学理层面国家兴亡问题的讨论，尤其是要从南宋的灭亡中总结出重要的历史教训。刘壎不仅对南宋末年权臣误国、空谈误国给予了无情的抨击，在表彰南宋忠臣行为时还特别强调了儒者"自靖忠君"的要求。方回以贾似道有十可斩之罪印证了权臣当道、天道难容的政治观点，还指出科举难出正臣、台谏败坏朝政两大弊政亦助成了南宋的灭亡。汪梦斗坚决反对"宋亡于儒"的说法，指出儒士尽管有空谈的毛病，但还没有发展到误国的地步，真正误国的是非真儒的权臣。梅应发以儒道有利于治国的观点，驳斥了儒者于国无用的说法。于石不仅指出治道和仁政是保证王朝兴盛的重要条件，善用人才和主政者谋国而不是谋身是避免亡国厄运的重要因素，还严厉抨击了南宋末年宵小之徒的争权夺利、陷害忠良、害国蠹政行为。

南宋遗民政治观念既表现出了强烈的故国情怀，也表现出了扬正（表彰忠节）贬恶（斥责奸臣）的鲜明价值取向，还留下了观念转变的空间，使多数人能够随着时间的拉长，在认可大一统进步意义的前提下，以治道思维看待新王朝的作为。南宋遗民观念盛行于忽必烈在位后期，元朝中期已经较少有人以南宋遗民自居。之所以出现这样的现象，是因为当政者并没有着意压制遗民观念，而是任其自然转化，并由此缩短了遗民观念存在的时间。

（三）元朝遗民的政治观念

元朝遗民的代表性人物有吴当、张宪、张昱、戴良、王逢、李祁、许恕、鲁贞、倪瓒、王翰、伯颜、丁鹤年等人。他们所表现的遗民政治观念，着重的是六方面的表述。

一是政治正当性表述，通过对元朝统一全国后盛世的追忆，尤其是对各种善政、善治行为的表彰，彰显遗民观念的政治正当性，即遗民所衷心拥护和爱戴的，是一个曾经颇有作为的正统王朝。张昱以诗作记述了元朝武功文治的盛况景象，强调重农是维系太平的根本措施，而轻徭薄赋应成为最基本的保证；在元末的战乱中，张昱仍对恢复统治秩序抱有极大的期望，期望破灭后才转向对忠臣死节行为的赞颂和对王朝兴废的感叹。

二是思想正当性表述，通过对元朝文治成果的赞誉，以及注重真儒之效的各种表述，彰显遗民观念的思想正当性，即遗民所要倡导的，就是以文治思想贯穿王朝统治的始终。张宪不仅强调文治和武功是维系正统王朝昌盛的重要基础，还强调只有重用忠臣良将，才能挽救国家的厄运。鲁贞秉持真儒治国的立场，不仅高度重视真儒施行仁政所起的安抚人心和祛除盗贼作用，还认定真儒就是要保持对朝廷的忠诚，所以在元朝灭亡后依然要做忠于旧朝的"可憎翁"。

三是行为正当性表述，通过对乱世现象的记录和思考，尤其是对爱民、恤民、治世等的强烈诉求以及对各种时弊的激烈抨击，彰显遗民观念的行为正当性，即遗民曾在重大危机中积极倡导将救亡观念变成救亡行为。倪瓒强调背离治道是王朝衰亡的重要因素，所以在乱世中特别表示出了对官员行善政的强烈期盼。吴当认为无论是和平时期还是遭遇战乱，都要以济世安民为准则，既要注重劝农、恤民、保民和祛除弊政，也要注意现实政治中奸佞当道、贤臣难出的不正常现象，会带来王朝衰败的严重后果。

四是道德正当性表述，通过对忠臣守节行为的赞颂，以及自我表述的忧国、爱国之情，彰显遗民观念的道德正当性，即越是在乱世之中，越要坚持尽忠守节和报效国家的大义观念。戴良把乱世现象归纳为困苦、弊政、保民、出路、隐居、国运、报国七说，特别强调了王朝兴衰在于天运、元朝亡于失道、儒者所为有限、隐士要有独立风范、坚持心中守节等看法，并最终以自尽的方式践行了守节的诺言。王翰不仅极力表彰为国尽忠守节者，明确指出他们的义举与贪生怕死、卖国求荣者形成了鲜明的对照，还在有了子嗣后选择了尽忠报元的个人结局。伯颜不仅赞扬了忠臣的报国守节行为，自己亦在元亡后为表示不仕于明朝而饮药自尽，以彰显守节的义气。

五是方法正当性表述，通过对王朝灭亡原因的分析，强调治道乖离是核心问题，彰显遗民观念的方法正当性，即遗民普遍认可治道是维系国家长治久安的基本方法。丁鹤年不仅盛赞朝廷的科举取士和官员的善政举措，还在战乱中坚定表达了奉行朝廷正朔的意志，并明确指出王朝衰落有歌舞升平、奸佞当道、虐待百姓、上下欺瞒四大因素，其核心论点就是元朝的覆亡在于治道的丧失，因为没有尧舜之治，必然难免王朝覆灭的厄运。王逢在战乱中上《河清颂》追忆朝廷的治世场景，就是希望以治道达成中兴，转危为安；他还特别强调了善政安民、以兵止暴、用人无忌、全民动员、怜爱之心、尽忠守节的要求，并明确指出元朝的灭亡除了所谓的天意外，至少还有不善安民、不善用兵、不善用贤、不善守祖宗之道等方面的原因，核心要素就是因缺乏德政、违背圣道而丢失了天下。国亡道不亡，所以王逢特别对二十余位遗民不与明朝合作的行为给予了高度的肯定。

六是立场正当性表述，通过故国或故朝情怀的抒发，彰显遗民观念的立场正当性，即遗民不会轻易改变自己的政治立场和政治态度，不愿意向新政治势力妥协。许恕在战乱中主要表现的是对时运不济的感叹、对治世的期盼和忠君报国的诉求,元亡后则拒绝使用明朝的"洪武"年号,以昭示自己的前朝逸民身份。李祁则以为政公明的视角,对乱世中的良吏行为大加表彰,强调乱世恰是对士大夫的磨炼,士大夫既不能率性斗气,也不能自暴自弃,而是要有力所能及的作为,即便是亡国,也要坚持"不二心"的底线。

元朝的遗民并没有因为"华夷之别"而削弱对故国的情感,还承继了南宋遗民的忠君报国观念,甚至有人在王朝终结后依然以死明志,这是金朝和南宋遗民都没能做到的。尤其需要注意的是,明朝建立后的专制做法,尤其是打压元朝遗民的专制行为,反倒使元朝遗民观念由十四世纪中叶延续到了十五世纪初叶,时间远长于南宋遗民观念。也就是说,压制解决不了思想问题,反而会刺激守旧思想的顽强生存。从这一点看,忽必烈显然比朱元璋高明,因为在处理遗民观念的问题上,顺其自然的方法确实优于强力压制的方法。

四 重要政治观念的演变

元代政治思想尽管涉及颇多的政治观念,但最应该注意的是具有特色的天下观、正统观、大一统观、民本观、法制观和儒吏观,需要对这六种观念的发展情况作专门说明。

(一) 天下观

天下作为一个重要的政治概念,既包含了普天之下的广泛地域,也包含了地域中的民和物。将天下作为一种政治统治形式,既可以将天下置于国之上,因为天下可以分成不同的国,这恰是孔子在列国纷争时使用的治国、平天下用法;也可以将天下、国家置于同等位置,表明天下与国家的一体关系,不仅是统一的王朝惯用这样的说法,即便是在分裂时期,各国也经常将自己控制的地域称为天下。古代人在使用天下概念时,往往不会专门给出天下的定义,所以不能不认真体会其具体内涵。

在天下的表述方面,从蒙古国到元朝,既经历了地域概念向政治概念的转换,也经历了由天下诸国到天下一国、天下国家一体的变化。

成吉思汗建立蒙古国后,有"天"(蒙古语为"腾格理")的概念而无"天下"的概念。后人翻译《元朝秘史》时将"腾格理"翻译成"天下",以及后来的汉文文书指成吉思汗有"取天下了呵,各分土地"

的旨意，都表示成吉思汗只是把天下作为地域概念，而不是政治概念。中原人士确实向成吉思汗介绍过天下的政治概念，如丘处机所说的"欲一天下者，必在乎不嗜杀人"和"恤民保众，使天下怀安"，王檝所说的"国家以仁义取天下"，粘合重山所说的"天子以天下为忧"，石抹也先所关心的"天下何时定"，指的都是天下高于国的政治概念，而成吉思汗显然并未接受这样的天下说法。后继的蒙古大汗窝阔台、蒙哥，也没有接受耶律楚材的"以吾夫子之道治天下"、尹志平的"抱义怀仁，天下生灵一体亲"和高智耀的"儒以纲常治天下"等说法。

忽必烈与以前诸位蒙古大汗的不同，就在于他认同了天下的政治概念。海云所说的"天下共誉孔子天生圣人"，以及中原儒士阐释的修身、治国、齐家、平天下的治道学说，"以马上取天下，不可以马上治天下"的观点，都对忽必烈有重要影响，使他有了"思大有为于天下"的政治抱负。在实践层面，忽必烈亦高度认同魏璠的"农为天下之本"说法，期待以治理邢州作为治天下的榜样，并在军事行动中采纳了徐世隆等人的"不嗜杀人，天下可定"建议。尤为重要的是，忽必烈即位后在诏书中表述的"天下大业""为天下主"和"见天下一家之义"，表明他已经正式使用天下的政治概念。恰是因为天下还有元、宋两国，所以就必须声张天下一统的政治诉求。

统一大业的完成，带来的是天下、国家一体的政治概念，具有代表性的就是盛赞一统的"南北混并，天下一家"和"今天下一家，皆大元臣子"等表述，以及强调天下、国家一体化的"圣元天下""皇元有天下""我元有天下""国家有天下""于今天下皆王土"等表述。忽必烈的"朕治天下，重惜人命"表述，以及对"重农为治天下之本"和"用贤为治天下之先"的重视，也是基于天下、国家一体的认知。这样的认知被元朝中后期的皇帝所继承，如成宗强调"天下之大，不可亡治"，武宗强调"孝治天下者，王政所先"，仁宗强调"自古及今，未有法不立而天下治者"，英宗强调"天下之大，机务惟繁，博采兴言，庶能周悉"，泰定帝强调"宜安抚百姓，使天下人心得宁"和"天下一切政务，能守法以行，则众皆乂安"，文宗强调"天下之治"和"以公天下之心"，顺帝则是既有"与天下更始"的说法，也有"以天下兵起，下诏罪己"的行为。也就是说，统治者接受和沿承天下的政治概念，确实是元代政治思想发展中一个值得注意的现象。

需要说明的是，天下、国家一体，会涉及天下与中国的关系问题。孔子以华夷之别的角度确认中国的地位，认同这种观念的中原人士在金、元之际强调了两种与中国有关的说法。一种说法是以中国专指中原，将南宋排斥在中国之外，如郝经所说"宋人颇有轻中国之心"，王恽所说"自建炎之后，中国非宋所有"，都是将中国视为中原地区的代名词。另一种说法是明确中国与夷的区别，既强调中国和夷是两种不同的政治实体，如许衡所说"中国与夷狄，中国胜，穷兵四远，臣伏戎夷；戎夷胜，必溃裂中原，极其惨酷"；也强调这两种政治实体可以相互转换，如杨奂所说"中国而用夷礼，则夷之；夷而进于中国，则中国之"。在这样的说法中，已经将只以中原为中国的狭义中国，变成了包括中原、江南、陕川等地的广义中国，即拥有九州或四海的中国。由夷转换为中国，一个重要的因素就是能行"中国法"，于是就有了刘祁的金朝如果尽行中国法不至于亡国的评价，以及许衡的"以北方之俗，改用中国之法也，非三十年不可成功"预言。"中国法"的另一个通俗用法是"汉法"，参用汉法、效行汉法在金、元之际已经成为一种强烈的诉求。

区别于夷的中国说法，发展出了主宰中国和统一中国的观念，中国亦由此成为可以与天下合为一体的观念。郝经的"能行中国之道，则为中国之主"，徐世隆的"陛下帝中国，当行中国事"，强调的都是皇帝主宰中国的观念。刘因的"今天将启，宋将危，我中国将合，我信使将归"，强调的是中国走向统一的观念。当然，主宰中国和统一中国，还是要倚仗效行"汉法"，所以忽必烈即位后确实有了"三章汉法，所以慰百姓之心"的明确说法。统一之后的中国，则是既有吴澄所说的"天下一家，中国一人"和苏天爵所说的"世祖皇帝圣神天纵，临御中国"等中国、天下一体的表述，也有将中国所代表的天下与海外诸国明显区分的表述，具有代表性的就是赵天麟的"中国者，四远之根柢也；四远者，中国之枝干"和"古天下、今天下，一也，岂以古之中国有其物，而今独无之"说法。恰是有了天朝的中国与外夷的区别，儒臣才反复强调了反对海外用兵的"空中国事外夷"和"疲中国而事外夷"等观点。

中国的概念，还可以被九州、四海等概念所替代。如耶律楚材已有"混一九州疆"和"九州成一统"表述，郝经也有"有天下者，孰不欲九州四海奄有混一，车同轨，书同文，行同伦"的表述。元朝建立后，更多使用的是四海的概念，不仅在忽必烈颁发的诏书中有"诞膺景命，奄四海以宅尊"表述，臣僚在全国统一的贺表中也有"方期四海之会同，岂许一江之限隔""天眷地顾，笃兴我元；四海会同，本枝万年"和"德高百代之前，恩渐四海之表"等表述。后来出现的"我皇元以四海为家""今天下一统，四海息兵"和"天下已一家，四海无封疆"等表述，亦将四海与天下联成了一体化的关系。

天下观作为一种系统性的治世观念，既包含天下的政治概念，也包含如何治理天下的理论和学说。这样的观念，按照儒家的解释，可以直称为"治天下观"或"平天下观"。对天下观的发展，既要注意系统性的解释，也要注意一些特定观点的阐释。

在理论化或系统性的天下观方面，需要重视的是元好问、刘秉忠、许衡、郝经、刘因、金履祥、吴澄、许谦、苏天爵、郑玉等人的解释。

元好问重点关注的是治天下的立教问题，他不仅指出圣人有忧天下而立教的明确政治目标，还强调治国、治天下者所依赖的就是教与刑两种方法，二者相互为用，废一不可，而"教民使化"恰是文治的重要基础。

刘秉忠重点关注的是"天下不治"问题，他所强调的治理天下的方法，一是以贤君治天下，二是以制度治天下，三是以仁爱治天下，四是以纳谏治天下，五是以人才治天下，六是以善政治天下。

许衡重点关注的是天下观的理论化问题，以天下国家说、天下治乱说、天下明德说、天下纲常说、天下取守说、天下大利说、贤能治天下说七种说法阐释了天下观的理论要旨。

郝经重点关注的是为天下"修器"的问题，将天下比作器物，纲纪礼仪就是天下的元气，文物典章就是天下的命脉。由此，既要注意"八亡"（法度废则纲纪亡，官制废则政事亡，都邑废则宫室亡，学校废则人材亡，廉耻废则风俗亡，纪律废则军政亡，守令废则民政亡，财赋废则国用亡）对天下之器的破坏作用，还要注意天下不可能无为而自治的基本认识。

刘因重点关注的是以仁行天下的问题，在认识论方面要求以天下之理观天下之事，在目的论方面强调君主只有以仁、德绥服天下才能作成王业，在方法论方面要求注重均平和以诚心治天下，在价值观方面强调仁者以天下之公和天下之公在我，仁既可以行之于一事，也可以行之于家、国和天下。

金履祥重点关注的是治天下的本末问题，他认为天下之本在国，国之本在家，家之本在身，而诚意和正心，就是修身、齐家、治国、平天下之本。由此，既要注重经是古今大常、理是天下公义的认知，也要注重天下之事一事必有一至善的基本准则，还要注意平天下的定义就是"治其国者上老老而民兴孝，上长长而民兴弟，上恤孤而民不倍"。

吴澄重点关注的也是天下观的理论化问题，他所强调的八大论点，一是注重克己复礼、天下归仁的克己说，二是皇极就是人君为天下众人之极的皇极说，三是以仁民体现天下之本的仁民说，四是取天下和守天下都要注重无为而治的无为说，五是敦促君主修身立德的修德说，六是以礼正天下国家以达到家、国、天下都"大顺"的重礼说，七是以天下人心归一为重要政治目标的人心说，八是以孝治天下的孝治说。

许谦重点关注的是治天下的方法问题，他着重强调的四种理想型方法。一是感化，以自己之德，感化他人为善。二是推充，推广治道于天下。三是絜矩，以忠、信作为治天下的用人和取财方式。四是伦理，既要注意天下之事都在君臣、父子、夫妇、长幼、朋友五伦之中，也要注意天下常道和天下之理都在仁、义、礼、智、信五性之中。

苏天爵也关注治天下的方法问题，但是更侧重于实务操作的谨于微、居安思危、用心、慎改、节用、宽政、公道、重法、用人、真儒十种方法。

郑玉重点关注的是治天下之道的问题，他不仅强调有天下国家者必须用《春秋》之道治国，还强调天下之事有本有末，国家之政有重有轻，本即纲常，重即忠义，朝廷重纲常，臣僚必尽忠义，官得其人，人尽其职，才能达到天下大治的目标。

在天下观涉及的特定观点方面，需要注意的是其他人对四种观点的诠释。

一是对"平天下"之道的解释。赵天麟认为天下即"皇天之天下"，人君就是"皇天之子"，所以得天下依赖于以道御天下之众，服天下依赖于以德一天下之心，安天下依赖于以仁博天下之施。胡祗遹强调圣人在上就是天下有道，天位无圣明就是天下无道。陈天祥强调只有遵先王之道，才能达到上下安和的天下平目标。杨恒强调的是节欲明道说法，其基本逻辑是天理明则人道安，人道安则五品逊，五品逊则百姓亲，百姓亲则天下平。

二是对"天下为公"的解释。元代的儒者不仅沿承了前人的"天下为公"观念，还对"公"提出了新的要求。刘祁特别强调了"人主以至公治天下"的论点。张养浩认为只有以公心对天下，才能大安、大荣、大乐并流芳百世，而以私心对天下，必将大危、大辱、大悲并遗臭万年。郑介夫认为天下不可一日无公论，因为公论不容任何诈伪说法，可以起到抑制奔竞的重要作用。青阳翼强调赋敛要体现天下的公正，并注重以公理存人的准则。许有壬则明确提出了取人必当极天下公论、行事必当尽天下之公的要求。

三是对"坏天下"的解释。为害、为祸天下，可以有多种表现，如董文用指出的贼臣坏天下，廉希宪强调的用小人则乱，李简认定的小人为天下之蠹，荣肇强调的小人、朋党坏天下，高鸣强调的不能开天下擅杀之路，李治强调的天下之病在于"假仁义"，都是需要加以防范的"坏天下"弊病。

四是对"安天下"的解释。安定天下也可以有多种方法，如耶律铸强调的以《诗》《书》治天下、保太平，宋子贞强调的以仁恩安抚嗷嗷待哺的天下之民，戴表元强调的以薄赋轻徭安天下，都是需要加以提倡的方法。

天下观与治道学说有密切的关系，列出以上的论点，就是要说明发展天下观对于充实治道思想起了极为重要的作用。

（二）正统观

正统观与天下观有密切的关系，因为得"天下正统"是农耕王朝政治的一个重要准则，所以要特别注意在特定历史条件下对正统的不同阐释。

从蒙古国到元朝的过渡时期，不少中原人士秉持的是认可少数民族建立的政权为正统王朝的看法，如耶律楚材将辽、金、西辽和大蒙古国都列入了王朝更替的统绪，就暗含了认同少数民族建立王朝正统地位的观点；许衡列出的王朝兴亡，包含了北魏、辽、金等王朝，并特别强调了"天兴我元"的接续关系，所要显示的也是对少数民族建立王朝可以沿承正统的认识。杨奂以是否行王道作为"正"的标准，列出了得、传、衰、复、与、陷、绝、归的"正统八例"，并特别指出能够行中国之事的少数民族建立的王朝，都应该被视为正统王朝。郝经也将北魏、辽、金视为正统王朝，并且特别强调了王统系于人心向背、正统沿承"道统"的观点。按照这样的观点，能为"中国主"的元朝，在天下统一之后自然就成了能够延续正统的王朝。也就是说，儒者之所以强调正统观念，就是要推进国家由草原帝国向正统农耕王朝的转型。

南宋灭亡之后，在遗民中产生了以郑思肖、林景熙为代表的狭隘正统观念。郑思肖强调圣人、正统、中国是三位一体的关系，能够体现这种一体关系的中国正统王朝只有三皇、五帝、三代、西汉、东汉、蜀汉、宋朝，秦、晋、南北朝、隋、唐、五代等朝代都被排斥在正统王朝之外。郑思肖注重正统问题，是要将其作为南宋复国的思想武器，所表明的就是正统具有引领天下至正之道的功能和无正统即无善治的政治立场。林景熙的论点与郑思肖接近，但是不像郑思肖那么绝对，只是认为不能将所谓"五胡"建立的政权列入正统王朝的范围。

由于要编修辽、金、宋三史，至元三十一年（1294）在翰林国史院有过一次关于正统问题的讨论。针对以宋朝为正统、将《辽史》和《金史》都附载于《宋史》的论点，王恽特别强调要注重正统在中原延续的历史事实，并明指辽、金均为正统王朝。至于如何处理史书编撰的问题，王恽认为可以仿照南北朝时期正史分为《南史》和《北史》的做法，以《北史》陈述辽、金两朝的历史。

元朝中、后期，儒者中比较流行的是元朝接续宋朝正统的观点，并以此来否定辽、金的正统王朝地位。尽管袁桷强调儒家经典中没有"正统"的说法，只有"大统"的概念，应该搁置正统的争论，但是在至正三年到至正五年（1343—1345）编撰辽、金、宋三史时，还是围绕正统问题展开了激烈的争论，并形成了三种观点。

第一种观点是辽、金、宋三个王朝都是正统王朝，如王理就明确表示，元朝的正统就是承袭于金、宋两个王朝。

第二种观点是只能将宋朝视为正统王朝，辽、金都不能算作正统王朝，杨维桢关于正统问题的长篇大论，阐释的就是这样的观点。杨维桢重点强调的是正统与大一统的关系，因为只有大一统才能形成"天数之正，华统之大，属之我元，承乎有宋，如宋之承唐，唐之承隋承晋承汉"的正统王朝接续关系。周闻孙明确表示赞同杨维桢以宋为正统王朝的观点。刘岳申亦认可正统基于大一统的观点，强调宋朝承袭的是与辽、金不同的帝王正统,而前朝势力的终结,标志着统绪关系的改变,所以元灭宋的崖山战役起的是确定正统延续关系的重要作用。朱右则明确表示,南北朝、五代的各王朝以及辽、金两朝,都不能列入正统王朝的序列。王祎以公和义作为衡量王朝正统的标准,认为正统有中断(绝)和再建(续)的状态,从先秦至于元,正统四绝四续,而元朝的正统,实际上是继南宋正统之后的再建。解观以明国朝之大体、稽先哲之成法、证时贤之确论、审事变之微权四条标准,论证的也是元朝继承宋统的正统观点。

第三种观点是编修辽、金、宋三史,不应过分拘泥于正统问题,危素持的就是这样的观点,并特别强调本朝立国于金、宋亡国之前,继承的不是两朝的正统,而是天下的正统。周伯琦在诗作中表达的"斯名岂易得,天以遗吾元,明明传正统,圣子及神孙",张宪在诗作中表达的"天眷圣明开大业"和"万国山河归正统",所要彰显的也是元朝承继天下正统的看法。

面对三种观点的争论,作为编修三史都总裁官的脱脱作出的是三国各为正统的裁决,否定了只以宋为正统王朝的狭隘说法,对少数民族建立的辽、金给予了正统王朝的"正名"待遇,实际上也是为元朝的正统提供了合理性的解释。对于这样的裁决,周巽以诗句"运属辽金绝,统承南宋亡,权衡在掌握,正闰系纲常"来表示元朝对辽、金、宋正统的延续;欧阳玄则以修《金史》是"念彼泰和以来之事迹,接我圣代初兴之岁年",修《宋史》是"故观赵氏隆替之由,足见皇元混一之绩",来表现元朝"推大赉以惟均,视一统之无外"的正统承继关系。

元朝通过修史,最终确定了开放性的正统观念,对后世有重要的影响,因为后继的明、清两朝,都认可元朝的正统王朝地位,并沿承了正统王朝的接续关系。

(三) 大一统观

与天下观、正统观有密切联系的是大一统的观念。这样的观念,亦可以称为"天下一统观""国家统一观""混一观"等,强调的就是统一所具有的历史地位和进步意义。综观有元一代对大一统的认识,可以看到八种类型的大一统观点。

第一类是期盼型的大一统观点,着重于表达结束分裂状态、使天下或国家走向统一的强烈愿望。蒙古国时期,丘处机已经向成吉思汗陈述了"一天下"的愿望，耶律楚材则不仅表示出了"一统要荒"的大一统诉求，还对灭金所实现的局部统一即"朔南一混车书同"给予了高度的评价。尽管此时距离天下一统还有相当长的时间，但是确实不能忽视其对大一统所起的先声作用。

第二类是行动型的大一统观点，着重于对大一统的方式和行为作出合理的解释，以助成大一统的实现。将元朝视为正统王朝，已经为大一统扫除了重要的思想障碍。在此基础上，郝经特别以"合则俱安，离则俱危"强调了天下大一统的重要性，指出统一是天下大势，需要顺势而为，实现中国的统一。郝经还明确指出，自古以来的王朝统一，都是以北取南，所以元灭宋是符合历史发展规律的必然选择。对于统一的方式，阿里海牙、阿术、徒单公履、史天泽等人都强调军事取胜的"武统"已具备条件，但许衡、郝经等人注重的是以义取天下的"文统"方式，忽必烈最终采用的是前文提到的寓"文统"于"武统"之中的方式，顺利实现了天下一统的目标。

第三类是赞颂型的大一统观点，着重于对完成统一大业的赞颂，并且主要体现为臣僚对君主的赞颂。在伯颜上给忽必烈的《贺平宋表》中，特别强调了"国家之业大一统，海岳必明主之归"的实现，就在于皇帝的睿算和臣僚的尽心行事。忽必烈在《江南平告太庙祝文》中，强调的是"朔雪炎风，尽书轨混同之地；商孙夏裔，皆烝尝助祭之臣"。耶律铸在贺诗中也有"幸值圣明临御日，更逢文轨混同时"的赞扬。书轨混同或者文轨混同，是世人普遍认可的大一统标志，自然成为赞颂的主要内容。徐世隆和胡祗遹都在贺表中指出统一进程中忽必烈所具有的兼爱或至仁之心，强调的就是在声势浩大的"武统"中，确实蕴涵着"文统"的真谛。江南的儒士也表达了对大一统的赞颂。陈孚曾向忽必烈呈献《大一统赋》，并在诗作中将南北统一赞为"乾坤一统自此始"和"山河共一天"。方回在给朝廷的贺表中将大一统赞为"河清而圣人生，一统定九围之域""圣神武文，混合南北"和"车书同文而文物兴，锋镝销而生齿富"。就连江南的道士杜道坚，也有"皇元启运，华夷混一，文同轨会"的赞颂。歌功颂德当然少不了奉承的词句，但是不能由此否定其所起的一个重要作用，就是使大一统深入人心，成为多数人认同的观念。

第四类是学理型的大一统观点，着重于以儒家学说阐释大一统的必要性、可能性和延续性,使大一统成为世人尤其是主政者可以理解和接受的重要政治观念和政治理想。由于理学已经盛行于南方和北方,阐释学理型大一统观点的主要是当时的理学学者。许衡强调的是国家的统一与治乱有密切关系,其经典表述就是"春秋大一统,在天下尊王,在国尊君,在家尊父,这三件起来便治,这三处失位便乱"。郝经区分了取国与治国的三种情况:一是取之以道,治之以道,可以保持长久的统一;二是取不以道,治之以道,只能有限度地维系统一;三是取与治都不以道,则随得随失,难以实现真正的统一。刘因强调的是中国早被圣人之教所教化,国家统一的条件已经具备,灭宋统一全国得益于道义、军事、斗志、人心、天命的优势;南宋灭亡之后,则必须以兴利除弊的方式来维系大一统的局面。吴澄没有采用通行的"车同轨,书同文"说法,而是明确指出元朝带来的是车不同轨、书不同文、行不同伦的统一。元朝通行多种文字,并且对各族采用因俗而治的方法,吴澄的说法不无道理,因为他所陈述的恰是与以前大一统不同的现状,并且道出了新大一统的特征所在。许谦强调了两种可以稳定大一统的政治要素,一是实行郡县制,二是当政者不嗜杀,元朝的大一统确实包含了这两种要素。许有壬则明确指出,汉、唐等王朝的统一,内部都存在着未能统一的因素,所以"名浮于实",只有元朝达到了名实相符的大一统标准。

第五类是符号型的大一统观点,表现为大一统在元朝中后期已经成为主政者经常使用的重要符号,所要昭示的就是君主承继国家一统事业的政治正当性。忽必烈之后的元朝皇帝,在诏书中往往有专门针对大一统的表述,如武宗所说"仰惟祖宗应天抚运,肇启疆宇,华夏一统,罔不率从",英宗所说"世祖皇帝混一海宇,爰立定制,以一统绪",文宗所说"世祖皇帝既大一统,即建储贰",顺帝所说"世祖皇帝,奄有四海,治功大备"等。诏书的用词尽管有所不同,但是以大一统为重要的政治符号,其用意是相同的。亦有皇帝明确表示了维系大一统的不易,如仁宗曾向臣僚明言:"卿等以朕居帝位为安邪?朕惟太祖创业艰难,世祖混一疆宇,兢业守成,恒惧不能当天心,绳祖武,使万方百姓乐得其所,朕念虑在兹,卿等固不知也。"泰定帝也曾明确表示:"朕自即位以来,惟太祖开创之艰,世祖混一之盛,期与人民共享安乐,常怀祗惧。"也就是说,承继和发展忽必烈所开创的大一统局面,已经被后来的皇帝视为重要的政治责任。朝廷大臣则为大一统的政治符号加上了其他的符号，如虞集以"世祖皇帝一统天下，立朝廷，定制度，以御万方"的表述，为大一统增加了"立制"的符号；苏天爵以"世祖皇帝既臣宋人，遂大一统，选士求材，作新百度，深仁厚泽，普洽群生，列圣相继，保守治平"，为大一统增加了"治平"的符号。之所以增加这些符号，就是希望忽必烈的后继者能够珍惜和保护大一统的成果，并使世人能够更全面了解大一统所具有的政治意义。

第六类是时务型的大一统观点，以实用主义的视角，重点阐释大一统所带来的重大变化，尤其是大一统带来的各种好处，以及大一统后应特别关注的朝政问题。这样的观点也具有赞颂的成分，但是与纯粹的赞颂观点相比，更注重的是大一统的实效，而不仅仅是书同文、车同轨等虚饰之词。全国统一之后，时务型的大一统观点颇多，可以列举十种具有代表性的说法。一是仁政说，戴表元强调在大一统的条件下，讲究仁政能使百姓亲身体会到太平治世所带来的各种好处。二是无为说，任士林强调只有无为而治，才能保住大一统的成果。无为是道家的思想，但是不少理学学者借此来反对唯利是图的乱作为，亦已成为一种重要的政治诉求。三是守成说，王恽强调维系大一统局面需要的是善于政治守成的君主，而最佳的守成方法就是推行仁爱之政。从广义上说，忽必烈以后的历位元朝皇帝都是守成君主，所以王恽的说法对各位皇帝都适用。四是利民说，赵天麟强调的止兵戈的息民之道和均赋税的养民之道，所要达成的就是大一统下民富国强的利民目标。五是尊儒说，王构和舒岳祥都强调大一统后需要尊崇儒学、崇尚教化，并且将尊儒重教视为文治的核心内容。六是兴学说，大一统有利于儒学教育的发展，何梦桂、俞德邻、刘诜对此都有积极的评价，并且在兴学的基础上明确提出了重开科举的建议。七是理学说，借助大一统，可以实现南北理学的融合，所以南方和北方的儒者对此都抱积极的态度，已见前述。八是文风说，欧阳玄、朱右、陈基都认为前所未有的大一统，带来了文风的转变，将以往的萎靡文风改成了充分展现大一统精神的雄伟文风。九是用人说，叶李、程钜夫都强调全国统一之后朝廷可以在更广大的范围内选人和用人，尤其是广泛选用南北的士人，使儒士有为国家效力的机会。他们还特别指出，江南不乏朝廷所需要的"好人"，在用人方面不应该歧视南人。十是交通说，黄公绍、王奕等人都强调大一统打破了南北隔绝的状态，为大江南北的交通提供了便利的条件。

第七类是警示型的大一统观点，强调的是国家统一之后，骄奢之风渐起，碌碌无为渐多，为维系大一统的局面，必须有居安思危的理念和作为。郑介夫在给成宗的上书中，特别强调了兴利去害、谨慎守国的要求，所要张扬的就是"得大一统不易、守大一统更难"理念。陈思谦在给文宗的上书中指明了历史上分裂的时间多于统一的事实，也是警示君主不能对治国掉以轻心，要真正以珍惜和维系大一统为己任。吴师道不仅强调统一后应该施行仁政，还特别指出维系统一要几代君主的持续努力，其中一旦出现昏庸的君主，就会重蹈秦、隋二世而亡的覆辙。这样的论说尽管未涉及元朝本身，但不能不说是对当时人的重要警示，因为贤明的君主必须懂得居安思危的道理。

第八类是危机型的大一统观点，表现为战乱威胁大一统时，要以救亡图存的态度来维系和拯救大一统。苏天爵认为在乱局中维系大一统，最为重要的就是爱民和安民。归旸则强调，要拯救危局，维系大一统，不能只想着征兵平盗，有效的做法应该是以作新政治来自救。王祎也认为，在军需日增的情况下，百姓已经被压榨至尽，必须以取之有道的方法，使百姓得以休养生息，才能稳固民心，使统一局面得以延续。

从以上列出的八类大一统观点可以看出，元朝的大一统确实带来了思想和认识的重大变化。这样的变化，一言以概之，就是既需要政治实践所成就的大一统，也需要政治思想所成就的大一统。只有熟悉思想和观念的变化，才能使人们对大一统有更全面和更深入的理解。

（四）民本观

在中国古代政治思想中，民本观念具有重要的地位。元代文人不仅重申了"民惟邦本，本固邦宁"的儒家传统观念，还特别注重以民为本概念的解释和应用。海云强调的"国以民为本，无民则何以为国"，任士林强调的"民为有国之本"，吴澄强调的"国以民为本，无民安得有国，故必爱百姓"，都是对民为国本的诠释。许有壬强调"民为邦本，本固邦宁，财用不节，害必及民"，宋褧强调"国以民为本，民以食为天"，范可仁强调"民者，国之本也；财者，民之心也"，郑玉强调"民者国之本也，国用乏，而哀民财以足之，犹割四肢之肉，充口腹之食，其能久乎"，都是针对财、食问题阐释的民为国本观念。赵天麟、胡祇遹强调的"民者，天下之本"和"民天下之本"，则是将民为国本的概念扩充成了民为天下之本的概念。民本观念所包含的民重君轻论点，亦有人提及，如许衡就有"天之树君，本为下民，故孟子谓民为重、君为轻"的说法，英宗也特别强调了"民为重，君为轻，国非民将何以为君"的认识。

需要注意的是，民本观念既注重概念，也注重内容，只有全面了解其内容，才能真正理解古人的民本观念。由此，需要特别注意元代政治思想中细化或实化民本观念的十八种说法。

第一种是有民说，强调国家、君主对民的拥有，是确定以民为本认知的基础性条件。所谓有民，需要特别注意六方面的要求。一是为国取民的要求，忽必烈在灭宋时就曾特别强调了这样的要求。二是君主视天下或国家之民为己有的要求，具有代表性的是仁宗、顺帝的"天下之民，皆吾赤子"和"天下四海之内，都是咱每百姓有"的表述。三是君为民之主的"民主"要求，王理所说"俾我圣人作神民主"，赵天麟所说"但以国家一统，拱于燕都，非同金、宋、辽、蜀之君，守蕞尔之地以为民主"，苏天爵所说"夫天将定一函夏，跻世隆康，则生文武神圣之君为斯民主"，强调的都是大一统后民以国君为主的事实。四是君与民一体的要求，具有代表性的是王祎的"君非民不能自立，民非君不能自一，君民其一职"说法。五是国与民一体的要求，具有代表性的是陈天祥的"国家之与百姓，上下如同一身，民乃国之血气，国乃民之肤体"和"民富则国富，民贫则国贫，民安则国安，民困则国困"说法。六是不能歧视边民的要求，傅若金就特别强调了边郡之民与中土之民并没有什么不同，期待的都是朝廷的善待庶民之政。

第二种是治民说，要求以善治之术达成以民为本的目标。而所谓善治之术，既有王志坦强调的兴大利除大害之术，也有王士熙强调的兴废举滞、使民不倦之术等。此外，还要注意陈旅的"盖民不难治，后世无善治之吏，于是乎有难治之民，及其难治，而又急之，则所治者与治之者俱困"说法，因为了解这样的反向说法，对于全面理解治民说有重要的帮助。

第三种是爱民说，要求以爱民的态度和行为彰显以民为本的政治准则。蒙古国时期，丘处机、李志常已经向成吉思汗、蒙哥陈述君主敬天爱民和圣君有爱民之心的道理，忽必烈则接受了中原人士的君主爱民观点，在即位诏书中不仅指出蒙哥执政的不足是"忧国爱民之心，虽切于己，尊贤使能之道未得其人"，还特别以"虽在征伐之间，每存仁爱之念，博施济众"的说法，强调自己对爱民问题的重视。爱民说除了影响君主外，还有两大作用。一是对国家行为的约束，海云所说"国家先务，节用爱民"，刘敏中所说"圣人有天下，必以爱民为先务"，吴澄所说"爱民治国谓君国子民用仁用智"，强调的都是这样的约束。二是对官员行为的约束，胡祗遹所说"为政之要，爱民尔，官人尔，爱民之意诚，则官人之法密"，赵天麟所说"官长诚有忧民爱民之心，而民亦信爱其官长"，陈高所说"君子之为政，未尝无其方也，苟设心于爱民，民亦未尝不受其惠"，刘诜所说"士大夫居官，有善政，能爱民"，强调的都是这样的约束。

第四种是民心说，强调的是得民心、顺民心、安民心，最能体现以民为本的功效。在得民心方面，要注意的是五点认识。一是得民心即得天下、失民心即失天下，许衡、王磐、陈祐都强调了这样的认识，拜住亦特别向英宗进言："自古帝王得天下，以得民心为本，失其心则失天下。"二是得民心即知天命、顺天理，胡炳文、王充耘都从理学角度对这一认识作了解释。三是不能与民争利，赵天麟、金履祥、贡师泰都强调了夺民利带来的既失民望、又失民心恶果。四是得民心不易，李庭所说"悦民之心易，感民之心难"，郝经所说"行宽政以结人心"，杜本所说"以万事合为一理，以万民合为一心"，强调的都是这样的认识。五是官员要得民心，王毅就特别强调了"吏以循良称者，得民心而已矣；所以得其心者，仁爱之而已"的要求。在顺民心方面，既要注意忽必烈的"凡小大政事，顺民之心所欲者行之，所不欲者罢之"的明确要求，也要注意王结、李士瞻、郑介夫所强调的顺民心既符合仁政的要求，也符合天道和天意的要求。在安民心方面，尽管早期有郝经的"简静不繁以安民心"说法，但更需要注意的是安民心在乱世中的作用，周闻孙、王祎、吴海等人都在元末表达了安民心的强烈诉求，姚琏还特别强调了"邦国，譬之舟也；斯民，譬之水也。水可载舟，亦可覆舟，民心易动难安"和"拯民水火，首当以招安复业，厚结人心"的说法。

第五种是息民说，强调以民为本的精髓就是休养生息或与民休息。忽必烈奉蒙哥之命进攻南宋的鄂州时，就接受了郝经的"偃兵息民，以全吾力"建议，在完成既定目标后迅速收兵。全国统一之后，王鹗、赵天麟、王恽、胡祗遹等人都明确提出了休养生息的建议。忽必烈持续对海外用兵，昂吉儿等人亦多次向其提出罢兵息民的请求。元朝中期，重点转向以善政息民，吴澄强调的是去恶政给民以苏息之望，苏天爵强调的是宽政的息民作用，熊禾强调的是平物价的息民肩作用，文宗也明确表达了与民休息的意愿。在元末的乱局中，更注重的是以息民救国的方略，贡师泰、李继本、赵汸等人都表达了这样的愿望。

第六种是宽民说，可以视为对息民说的重要补充，强调的是以宽待民的要求。其中既有宽政的诉求，如王恽、沈瑀等人对"宽得一分民，受一分之赐"传统说法的强调，以及吴海所强调的"宽者民爱而怀，猛者民残而怨，为政何苦不求其怀而求其怨"；也有对宽民力的明确要求，如郝经就提出过"罢冗官以宽民力"建议，张伯淳亦表达了"从来足国在宽民"和"边民所贵宽民力"的诉求。

第七种是恤民说，强调君主和国家的恤民行为是以民为本的重要表征。尽管丘处机曾向成吉思汗提出过"恤民保众"建议，但是到忽必烈即位后，才有了"下宽大之诏，恤疲困之民"的行为。在恤民方面，还需要注意三方面的特定要求。一是善政恤民的要求，王恽强调恤民就是"轻徭薄赋以厚民生"，程钜夫强调"罢言利之官，行恤民之事"，管如德强调"省役恤民"，注重的都是这方面的要求。二是除弊恤民的要求，谢应芳就特别强调了恤民必先除民瘼的看法。三是救灾恤民的要求，苏天爵、欧阳玄、崔敬等人在灾变时都提出了这样的建议。

第八种是养民说，强调善于养民才能体现以民为本的真谛。忽必烈即位之后曾向刘秉忠征求"养民之良法"，魏初也向忽必烈提出过"国家爱养百姓"的具体施政建议，胡祗遹则明指朝廷缺乏养民之政，王恽亦强调了"力屈财殚，非所以养民而强国"的说法。元朝中后期，为助成养民之政，杜道坚强调养民能够带来天下和平，萧贞认为养民能够保守九州，王充耘要求以均平方法养民，王结强调"治国之道、养民为本，养民之术、务农为先"，张养浩指出"养民以不夺其时为本"，许有壬认为"养民以不扰为先"，苏天爵强调"养民之道，在爱其力"，史伯璿更明确提出了"古有养民之政，而后世听民之自养，又其后也，非惟无以养之，且有以害其自养者"的看法。

第九种是庇民说，强调的是庇护民众的政治态度。在全国统一之前，海云、刘秉忠、史天泽、陈祐等人都曾向忽必烈提出过"尊主庇民"的建议。全国统一之后，赵天麟则向忽必烈明确提出了"何方之民,非陛下普庇之民"的要求。此后,又有了苏天爵、赵汸所强调的正人或君子庇民的要求,李简还对以庇民区分君子、小人作了形象的解释,强调的是君子维护庇民之"庐"的立场。

第十种是仁民说,强调的是以仁爱待民的儒家传统民本理念。刘因对仁民含义作出的解释是"亲亲而仁民,仁民而爱物,皆是心之发"和"君之所以仁,盖君是个主脑,人民土地皆属他管,自是用仁爱"。吴澄对"仁民以平天下"的解释是"存爱谓仁民,凡天下之民不问贤愚能否,皆当存爱之之心"。在实践层面,既要注意君主的仁民责任,如徐明善所强调的"君有人民社稷之重,未若仁以为己任之尤重也";也要注意实现仁民的路径,如陈栎所强调的"循其仁之性,则自父子之亲,以至仁民爱物,仁之道也"。李孝光则认为仁民就是保民,与着重于防的治民有所不同,所以仁民的难度明显大于治民。

第十一种是保民说,强调保民也是体现以民为本精神的重要做法。刘祁强调保国保民之道可以使国家基祚久长,刘敏中强调的则是"有国以保民为难,保民以得人为难"。荣肇既指出保民的目的是"天下之可爱者民,而可畏者亦莫如民者,圣王知其然也,是以常思所以保护而安全之",也要求坚决杜绝"自贵而贱其民,自智而愚其民,自肥而瘠其民,自雄而弱其民"和"不能裕民之食,而但思夺民之食,不能保民之天,而且欲绝民之天"的现象。也就是说,保民与仁民并不一定是一体的关系,保民说还有其特定的内容和要求。

第十二种是安民说,强调的是民安即国安的民本观点。赵天麟特别强调了"民安而社稷自安,民富而社稷自富"的观点,王恽也强调了"定国家,安人民,乃大事"的观点。安民可以有不同的途径,刘秉忠强调的是以直言安民的途径,滕安上、王毅强调的是用君子、远小人的安民途径,荣肇、张珪强调的是选官安民的途径,赵汸强调的则是休养生息的安民途径。

第十三种是抚民说,元朝的官方文书常用此种说法,要求尽心安抚民众,与安民说有异曲同工之妙。如忽必烈就曾在诏书中强调:"今拟于省并到州县内,选差循良廉干之人以充县尹,给俸禄公田,专一抚字吾民,布宣新政。"成宗在诏书中强调"盖司民政者抚字乖方,居风宪者弹劾失当,不能副朕爱恤元元之意",并明确提出了"抚良民"和奖励"抚安百姓有效者"的要求。赵天麟亦曾明确提出了"道以修身,德以御世,仁以抚民"的施政建议。

第十四种是民生说,强调的是以注重民生的方法来体现以民为本的要求。在民生方面,既要注意厚民生的诉求,如王结强调的"民生厚而国力愈强",杜瑛强调的"兵荒之余,生民穷困日甚,宜缓刑薄赋,以遂民生";也要注意朝政关乎民生的诉求,如苏天爵所言:"四海之利病系于民生之休戚,民生之休戚系于守令之贤否,而本原之地在乎朝廷。"尤为重要的是,只有均平和轻徭薄赋,才能真正解决民生问题,如英宗就特别强调了"国家经费,皆出于民,均平赋役,乃民政之要"的认识,朱德润也明确提出了"盖赋役轻,则民安其生"的看法。

第十五种是劳民说,亦可以称为使民说,强调的是劳民和使民都要有所节制。陈天祥不仅指出劳民不恤是古今通病,还强调君主要先劳于勤政,才会使百姓的后劳不至于产生怨恨。徐之纲特别强调了"使民以时"的论点。李元礼则明确指出了"今朝廷费用,百倍昔时,而又劳民伤财,以奉土木"的弊病。皇帝对劳民问题也有所认识,如成宗就曾确定了"不劳民则可,劳民勿取"的取用珍宝准则。

第十六种是害民说,强调以民为本的反向要求,就是要重点防范和禁绝各种害民行为。首先要防范的是权奸的害民行为,在与阿合马、卢世荣、桑哥、铁木迭儿、伯颜等奸臣的斗争中,儒臣都揭示了其蠹政、乱政、误国的害民之举,并表达了不杀权奸不足以平民愤的强烈意愿。其次要防范的是官吏的害民行为,如王毅所说"今之为民牧者,往往反为民害,以失民之心",邓牧所说"取民愈广,害民愈深",等等。与害民说接近的还有困民说和弊民说,强调的都是不能以竭泽而渔的方式抢取民财,并要特别防止各种利民措施变成害民、弊民、困民的行为。

第十七种是教民说,强调的是教化对以民为本的重要支撑作用。刘秉忠就因为"天下之民未闻教化",明确提出了"明施教令"的要求。陈天祥强调的则是"以孝弟仁义教化其民"和"教民为善,亦须自有为善之实而民信服,然后教化可行"的要求。吴澄否定了智民难治、愚民好治的论点,认为愚民之术并不是好的治国方法,好的治国方法应该是教民和化民。善于教民是儒家的传统要求,所以不少理学学者有这方面的论述,无须一一列举。

第十八种是亲民说,强调的是官员尤其是县官所起的保民本作用。

对于亲民的官员，要特别注意三方面的要求。一是择官持正的要求，刘秉忠、胡祗遹、李存等人都强调了这样的要求。二是限制恶政的要求，如张德辉就明确指出了官吏横敛的蠹民现象，许有壬则强调"民，邦本也，宜培宜溉"，而恶政带来的恰是"不培不溉，而又拔之擢之"的恶果。三是取信于民的要求，虞集就特别强调了"民不信，而强使之，则治不立"的看法。

除了这十八种说法外，还有裕民、富民、助民、救民、济民、利民、扰民等说法，不再一一列举。从系统性的民本观念看，十八种说法的作用有所不同，有民说、庇民说侧重的是民本的基础，爱民说、仁民说侧重的是民本的理念原则，治民说、保民说、安民说侧重的是民本要达成的目标，民心说、教民说侧重的是民本可能产生的功效，亲民说侧重的是民本的制度性保障，养民说、息民说、宽民说、恤民说、抚民说、民生说都是维系民本的重要方法，害民说、劳民说则侧重于民本的悖论。当然，这只是就侧重点作出的判断，因为十八种说法中有相互联系甚至重复的论点，所以不能过分绝对地看待这样的分类。

（五）法制观

"法制"在元代已经是一个被较多使用的概念，但是这一概念的含义有所不同，需要注意六种具有代表性的说法。

第一种说法是以法制作为立法的代名词，法制所呈现的就是立法行为。姚枢和郝经等人向忽必烈建议的定法制、立法制、创法制等，着重的就是朝廷立法的要求。吴澄所说"古昔圣人用刑政以治天下，立法制以传后世"，刑政专指刑罚措施，法制指的就是成文律法，更准确的称呼是"法制禁令"。英宗推行新政时，拜住"患法制不一，有司无所守，奏详定旧典以为通制"，强调的也是法制的立法要义。

第二种说法是既认同法制包含的立法步骤，更注重立法之后的"据法惩恶"问题。苏天爵就是既强调了"世祖皇帝始立法制"和"今海宇宁谧，法制具张"的重要立法作为，更明确提出了"法制之立，既有成规，奸伪之滋，理宜严禁"和"奸伪不滋，法制归一"要求，还特别指出了法制应具有的惩恶、平允、辅治、依法制行事四大特点。

第三种说法是将法制窄化为刑罚的依据，彰显的是立法制刑要求。王充耘对这种说法的解释就是"圣人之制刑虽有轻重之殊，圣人之用刑常存敬慎之意。盖刑者民命所关，圣人不得已而用之。使无敬恤之意，则刑罚不中，而民无所措手足"和"圣人立法制刑其详如此，然岂恃以求逞哉"。

第四种说法是将法制定义为立法定制，即法制既包括立法，也包括建立国家的制度体系。管如德针对"法制未备"的现象，向忽必烈提出"立法用人"的建议，就包含了立制的要求。王恽则明确区分了立制前后的不同情况，立制前是无制可循，立制后则有人无视制度的规范，所以必须注重"法制一定，后世有所持循"的要求。

第五种说法是将法制定义为创法立制，专指采用优良的方法建立国家的制度体系。赵天麟所说的"圣明开世，混万国之车书，法制临时，便群机于掌握"和"四海若一堂之上，圣王无二上之尊，颁法制以为先"，强调的就是这样的说法，因为他所要求的颁法制，就是要尽快统一国家的度量衡。王结更是对创法立制作出了四点解释，一是创法立制的目标就是"法制既备，则上有道揆，下有法守，治功可期，天下蒙福"，二是创法立制具有明显的除弊作用，三是创法立制的最有效方法就是"讲求古人良法美意，损之益之，与时宜之，建为一代之制"，四是创法立制要求的是渐进完善法制的路径，由此需要特别注意"不恤浮言，不贰小人，法制可立"和"法制既定，循序而行之，变之以渐，行之以确，持之以久，不责近效小利，以为三十年之规，然后治功可成"的要求。

第六种说法是将法制定义为守法和维系纲纪的做法，并且将法制视为治国和理政的一项重要内容。这样的说法可以有不同的表述。一是法制流行的表述，如程钜夫、刘敏中所记的"百官有司各安其职，无有挠格之患，则法制流行，纪纲振举，灾变息而天下治矣"。二是法制状态良好的表述，如陆文圭所说"天朝神武，混一区宇，尽矫前弊，以法制从事"；黄如征所说"皇朝版图之广，历古所无，法制之良，万世莫易"；危素所说"仕于今者，乘国家混一之久，法制修明，黜陟严信，不可谓时之不遇矣"。三是法制败坏的表述，如贡师泰所说"田赋不正，徭役不均，豪民得以肆其侵暴，黠吏得以纵其奸贪，然后法制大坏，而斯民始不堪其生"；郑介夫也指出豪民虽被处罚，故态依然，"真是法制所不能及，礼义所不能移"。四是法制变更的表述，如对于"世皇混一区宇，法制具兴，远迩无废，小大不遗，后之人循守，犹恐弗及，敢轻议乎"的论点，朱思本表明了"法无不弊，弊则必更"的态度。五是以法制坚守治道的表述，如许谦所说"治者，法制禁令，赏善罚恶，凡政事施设皆是"，孛术鲁翀所说"政以德，德本于天，法制禁令，政之条目"等。

与这六种法制说法相关的，是在观念上需要注重的九大关系。

一是刑与教的关系。从治国方式看，刑与教是相辅相成的关系，元好问就特别强调了这样的认识。从本末关系看，教（教化）为本，刑（刑政）为末，赵天麟已明确指出化为政事之本、刑为政事之末，并强调国家已经形成了"本末并全，化、刑两具"的形态。许有壬亦强调"教化乃刑政之原"，"教化不施，虽有刑政不能为善治"。从先后关系看，应该注重的是先教化、后刑罚的步骤，释大䜣强调了"先教化而后刑罚，则吏畏法以知义，而狱讼简"的要求，王祎则特别说明了"教化修则争竞息，争竞息则刑罚清，刑罚清则人安矣"的逻辑关系。从刑与教的关系，还可以导出"慎罚"和"慎刑"的观念，如王充耘就特别强调了"明德是崇教化，使民有所视效而入于善，慎罚是谨于用刑，以辅之使民有所畏惮，而不敢为恶"，戴良也强调了身教为上、言教次之、刑罚为下的论点。

二是守法与用刑的关系。首先，要注意的是守法重于用刑的原则，陈庚就明确提出了"政莫大于守法、爱民、任廉、去奸"和"恳恳用刑，不如行恩"的要求，苏天爵也强调了"立法在于可守，用刑贵于适中"和"慎重于守法，不敢轻于用刑"的要求。其次，要注意的是对守法重要性的认识，仁宗就明确指出："夫法者，所以辨上下，定民志，自古及今，未有法不立而天下治者。使人君制法，宰相能守而勿失，则下民知所畏避，纲纪可正，风俗可厚。其或法弛民慢，怨言并兴，欲求治安，岂不难哉。"泰定帝也特别强调："天下一切政务，能守法以行，则众皆乂安，反是，则天下罹于忧苦。"再次，要注意的是守法不分贵贱的要求，杜道坚强调的就是"法定之后不二，所施夫犯法者，虽尊贵必诛"要求，荣肇亦强调了"吏无大小，一以贪败，而法在所必行"要求。最后，还应注意吴澄的"法无常"提法，强调的就是"法无常，谓政不治也"和"法无常谓渝其律令，下无遵守，而天秩之仪亦紊"。

三是宽刑与严刑的关系。从刑罚的宽严看，需要针对不同的情况把握宽严的尺度，黄庚就明确提出了"肃政严持三尺法，恤民特放十分宽"的要求，陆文圭亦强调"牧民者，职在于民，不损犹应言损，故当以宽为本。不奉法者，义不容私，民之情伪，尽欲知之，故当以严为本"。由此，既要注意一般情况下对宽刑的注重，如安童强调不以私憾杀人，董文炳请求颁布宽刑罚的赦令，李道纯强调的"宽则得众，尽法无民"和"用刑之极，有伤和气"，等等。也要注意对特定对象的严刑要求，如张珪强调"德以出治，刑以防奸，若刑罚不立，奸宄滋长，虽有智者，不能禁止"；苏天爵强调"法已至明，人故犯之则罪在不宥"。还要注意过分依赖严刑可能带来的恶果，如张雨就有"严刑无所赦，适见召乱亡"的警告，李简更明确指出严刑以敌民欲所带来的必是伤民的恶果。

四是正刑与无刑的关系。正刑与无刑是辩证的关系，即刑正才能达到无刑的效果，张德辉强调的"正刑罚而勿屡赦，所以绝幸民、息盗贼而期于无刑"，谭景星强调的"刑期于无刑，刑自祥矣，讼使与无讼，讼自无矣"，说明的都是这样的关系。尤其需要注意的是，经常性的大赦，无法达到无刑或刑平的目标，张雄飞就特别强调了"无赦之国，其刑必平，故赦者不平之政"的论点。

五是法度与纪纲的关系。法度是立法与守法的综合性要求，与纪纲是相辅相成的关系，李冶就特别强调"为治之道，不过立法度、正纪纲而已，纪纲者上下相维持，法度者赏罚示惩劝"；宋本将纪纲法度比作人的脉络，强调的是"纪纲法度一乱，是脉病也，失今不治，后不可疗"的论点。由此，既要注意纪纲对法度的约束作用，如李国凤强调的"纪纲振，则天下之公论为可畏，法度为不可犯，政治修而百废举"，仁宗在位时中书省官员亦有"若非振理朝纲，法度愈坏"的说法；也要注意法令对纪纲的弘扬作用，如宋子贞强调的"律令，国之纪纲"，锁咬儿哈的迷失强调的"国家命令，所以宣扬政化，敷布纪纲，为法于当时，垂宪于后世，苟非为国为民，不可轻易发也"；还要注意对守法度的具体要求，如程钜夫强调的是"人君任宰辅以驭百官，守法度以信万民，斯其体也"，萧贞强调的是"谨守法度，不使废弛"和"法贵于适宜，而忌于渎玩"，等等。

六是法律与刑狱的关系。依律断案是刑狱的基本原则，所以必须先有可依之法，姚枢、赵良弼、王恽、刘壎、郑介夫、吴莱都明确提出了定法律、审刑狱的建议，成宗亦曾有"律令，良法也，宜早定之"的明确表态。依律断案既要有好刑官，如阿鲁图就强调了"若不枉人，不坏法，即是好刑官"的选人标准；也要注意刑赏得当，赵偕的"凡行刑罚，不作好恶，惟义所在"要求，王充耘的明威并重、不用恶法、先教后罚、刑罚守中、敬忌伦理、断案兼听的断狱要求，都是值得重视的观点。

七是立法与用人的关系。立法和用人是相互维持的关系，许衡强调的天下之务在于用人和立法，其要点就是"治人者，法也；守法者，人也；人法相维，上安下顺"。吴师道也强调了"有国者必有法，任法者必任人，二者治道之大端"要求。陈旅针对"专任人而不任法，则民有受其虐者矣，专任法而不任人，则中材以下救过不给"现象，强调的是"任法而无拘牵之弊，任人而无纵恣之虞"要求；苏天爵强调的则是"大抵为治莫先于择人，择人贵在于守法"要求。

八是立法与乱法的关系。立法是要根绝无法可守的弊病，胡祗遹就是既强调"古人为治，无无法之政，无不变之法"，也强调"今既无法，邑异政，县异法，州异文，郡异案，六曹异议，三省异论，冤枉之情无所控诉，生杀祸福一出于文深之吏"，还强调"善人有法可倚，良吏有法可守，奸恶有法可恐、可怖、可杀，小大贵贱，惟法之是，视而不敢干越"。有了立法的举动，就要有敬法的态度，欧阳玄就特别强调了"人君制法，奉天而行，臣知事君，即知事天，敬君敬天，敢不敬法"要求，杜道坚也强调了"人有私心，罔不害道，人主无私，故法一而令行"的认识。立法是严肃的事情，不能轻言改法，张养浩就特别提出了"变法乱政，将祸天下"和"始欲去弊，而弊益繁，始欲变法，而法愈坏"的看法。尤其需要注意的是，法是用来治疗弊病的，陈基的"医之用药，犹吏之用法，药以去病，法以除弊"说法最具代表性。但是立法不慎，可能带来更多的弊病，如陈栎所言："自古一法立，一弊生，弊生则又为之法，于是法如牛毛，弊如蝨午，时与务靡然俱下，由此故也。"

九是刑政与治国的关系。刑政和礼乐，都是重要的治国方式，马祖常就特别强调了"礼乐刑政，治国之具，有一不修，则弛法度"的论点。但是需要注意礼乐与刑政之间的本末关系，蒲道源即强调了"古之治天下者，必以礼乐刑政为务，然礼乐本也，刑政末也"的看法。

刑政作为辅治手段，既可以成为"失治"的警告，如王结所说"今朝廷君子小人混淆，刑政不明，官赏太滥，故阴阳错谬"，张珪所说"日食修德，月食修刑，应天以实不以文，动民以行不以言，刑政失平，故天象应之"，朵尔直班所说"比日幸门渐启，刑罚渐差，无功者觊觎希赏，有罪者侥幸求免，恐刑政渐堕，纪纲渐紊，劳臣何以示劝，奸臣无所警惧"；也可以体现宽政的要求，苏天爵就特别强调了"刑者辅治之具，非恃刑以为治"和"其用刑也，本之以宽仁，施之以忠厚"的看法。刑政还可以表述为政刑，两者没有太大的区别，政刑起的也是辅治作用，虞集强调的就是"自古帝王之为治，礼乐其具也，政刑所以辅其成"的看法，陈普则强调了"政刑者治人之身而不能治其心"和"洗涤旧恶而皆为善人君子之归，则非政刑之所能也，是故德礼精而政刑粗，德礼本而政刑末"的看法。

在元代法制发展并不令人满意的状态下，出现对法制及相关问题的较系统看法，确实是值得注意的现象，对于理解中国古代的法制观有重要的帮助。

（六）儒吏观

与上文列出的天下观、正统观、大一统观、民本观、法制观相比，反映儒、吏之间关系的儒吏观是较低层次的政治观念，但是由吏入官和以儒为吏成为重要的入仕途径后，如何看待儒与吏的关系成为元代的一个特定问题，引起儒者的广泛关注，并形成了八种值得注意的说法。

第一种是儒吏相抗说，又可以称为儒吏区隔说、儒吏不相入说等，强调的是儒与吏之间的对抗关系。金元之际的儒者多认同此说，如杨宏道就特别强调儒士不能"折要于里胥，屈膝于县吏"。入元之后，吏弊日益严重，元明善特别记载了儒与吏相争的情况，并明确表示只有坚持儒者本色，才能见到真正的"儒效"。鲁贞也强调儒要做真儒，而不是从农从吏从工从贾的"窃儒之名而无其实"的混混，并且只有真儒才不惧怕世人对儒的讥笑。

第二种是儒吏分途说，又可以称为儒吏两途说，强调的是儒与吏是完全不同的两种路径。吴师道明确要求改变"儒焉而不尽出于儒，吏焉而不尽出于吏，旁进杂出"现象，所要坚持的就是儒、吏分途的用人途径。李存更对所谓儒、吏兼通的用人机制秉持了怀疑的态度。

第三种是儒耻为吏说，强调的是儒者耻于与吏为伍、绝不屈就吏职的立场。赵文就明指士人以吏进身是自取其辱。卫培更以十条理由拒绝出任吏职：经历不可、举止不可、才智不可、身体不可是不愿为吏的托词，争职不可、营私不可、招怨不可、官场不可、进退不可表明的是不与吏为伍的态度，学业不可就是要坚持儒者的本色。

第四种是以儒代吏说，强调根除吏弊的最有效方法就是以儒者取代恶吏。吴澄指出从忽必烈到元仁宗出现了由重吏轻儒到贵儒抑吏的变化，其原因就是看重儒者的廉洁。为适应这样的变化，无论是什么出身的官员，都应该精通儒、吏两术，达到"今之用人，于儒学、吏事不偏废"的理想目标。郑介夫强调"儒不通吏，则为腐儒，吏不通儒，则为俗吏，必儒吏兼通，而后可以莅政临民"，而最有效的方法就是使吏员全部出于儒学子弟。青阳翼也赞成以儒生为吏的方法严格"儒吏之选"。

第五种是儒吏相通说，强调儒与吏不仅可以相通和合作，还应该相互学习。陆文圭将儒与吏之间的紧张甚至对立的关系称为两者的"不相入"，并指出儒不胜吏已经是难以改变的现实状况。在他看来，为克服儒失于空论、吏失于不学的毛病，儒与吏不应相互指摘，而是要相互学习，取长补短。杨翮则认为儒、吏相通要特别注意世守专门之业，否则将会出现"法律之不精而诗书之易忘，一举而两失兼"的现象。吴莱强调了儒必知吏、吏必知儒的要求，张孔孙则认为以儒为吏不是儒者唯一的入仕途径，更重要的是为吏者应该认真学习儒学知识。

第六种是以儒为吏说，又可以称为以儒补吏说，强调儒士担任吏职是合理现象，应该引起儒者的重视。由于持这种说法的人较多，需要特别注意的是五大论点。一是明确提出以儒为吏的建议，魏初、王恽都提出了考较儒生出任吏职的建议。二是强调以儒为吏可以改变不良的吏风，程钜夫就明指出身于儒士的吏员有不同的表现，增加这样的吏员对吏而言是幸事。徐明善也认为以秀才生员充吏，可以起到"受财鬻狱必大减少"的重要作用。三是表明认可以儒为吏的立场，马祖常就有"众人以儒进，我不限吏资"的表态，傅若金也明确表达了"用真儒，无敌于天下，而况吏一州"的态度。四是批评拒绝为吏的儒士，余阙明确指出南方儒士不屑为吏，导致了"见用者尤寡"的不利局面；朱德润也强调"近世士风不古,以谓学儒则悖吏,学吏则悖儒,遂使本末相乖,彼此失用"在南方已成恶俗。五是指出以儒为吏是一种合理的制度性安排,许谦强调由儒入吏、由吏拜官是兼周、汉任人长处的做法,刘岳申也指出以儒为吏重现了司马迁所赞扬的西汉初年儒者得以进用的状态,张养浩更强调儒士的多种入仕途径,可以起到"大以成大,小以成小"的重要作用。

第七种是以儒饰吏说,强调少量的以儒为吏,起的只是装点吏治门面的作用。姚燧认为以儒为吏者既能坚持六经仁义之言,又能表现其吏能,就是以儒术饰吏事的突出表现。曹伯启亦以"简书衮衮笑谈了,政事优优儒道饰"的诗句,强调了以儒饰吏的重要性所在。

第八种是儒吏同途说,也可以称为儒吏合一说,强调的是儒、吏本为一途,不应人为地分成两途,制造不必要的矛盾。杨恒坚决反对"以章句之末技,簿书之末习,遂分儒、吏为两途"的做法,以"吏舍儒,则所资本者何事,儒舍吏,则所行者何事"为标准,强调了"当以六德、六行、六艺准学以为儒,仕之为吏"的儒、吏一途要求。熊禾强调儒者要有明体适用之学,就是基于"儒道、吏治,岂有二乎"的认识。李继本更明确指出儒、吏本非二道,并期盼出现"读书为通儒,治事为良吏,牧民为贤有司"的儒与吏相济有成的良好状态。袁桷认为尽管有儒、吏不同道的说法,但是恢复科举考试后,已经出现了"儒吏之一,仿自今始"的趋势。程端礼更明确指出:"儒为学者之称,吏则仕之名也,名二而道一也,儒其体,吏其用也。"为体现儒、吏的合一关系,要注重的是以儒术行吏事,而不是"以儒术为吏事文饰"。由此,儒者必须注意克服"后世之士卑小官,鄙理财,小人用事而民生困"的弊病,以发挥真儒治国的重要作用。

从以上八种说法可以看出,坚持儒、吏"不相入"立场的四种说法,儒耻为吏说最为激烈,儒吏相抗说和以儒代吏说也较为激烈,儒吏分途说则是最温和的说法。秉持儒、吏"相入"立场的四种说法,以儒饰吏说是较消极的表述,儒吏相通说和以儒为吏说是较积极的表述,最积极的是儒吏同途说的表述。也就是说,元代儒者对儒、吏关系并没有形成共识,这恰是需要注意的现象。

最后,还应说明的是对政治的认识,可以起到回溯元代政治思想发展的重要作用。

按照吴澄的解释，政治与政事不同，"政事，言布政治事，各得所施之处措置也"，政治则是"政之治"，史伯璿也将政治解释为"为政治人"。在这样的定义下，元代儒者对政治提出了六大诉求。

第一个诉求是政治图新。胡祗遹所说"自中统建元，政治一新"，苏天爵所说"钦惟圣天子祗承遗诏，入奉宗祧，夙夜寅畏，图新政治"和"列圣相承，日图政治"，强调的都是这样的诉求。所谓"政治一新"，指的就是由草原帝国转向农耕王朝的国家转型，"图新政治"就是以倡导文治为核心要求的新政和政治更化等。前文所述元代统治观念之变，确实与政治求新、求变有着密切的关系。

第二个诉求是良善政治。王祎特别强调了政治美恶决定国家运祚绵促的论点，吴澄更强调了以礼治政所显示的政善要求，核心论点就是"民之治，即政之治也"。需要特别注意的是，在"政"的方面有善政、良政的要求，在"治"的方面有治理、善治的要求。前文已对善政、善治、良政等多有提及，在这里只需补充对治理的说明。"治理"在元代已经成为一个官方使用的词汇，如武宗在诏书中称其弟爱育黎拔力八达"夙著忠勤之节，素明治理之方"，顺帝也在诏书中有"比缘倚注失当，治理乖方"的表述。治理所要求的就是匡时济世的治国理政，所以张养浩特别强调了"匡时济世，为臣子者，固当以身任之，然治理之成，亦须人君侧躬修行以应乎上，然后颂声可作而王化可兴"的说法。许有壬所说"赘员冗食，不能少裨治理"，王沂所说"今之守令以治理效闻者，不过数人"，张翥所说"治理逢熙运"，针对的都是治理的成效问题。注重治理和良善政治，不仅可以彰显治乱说、兴亡说、礼治说、仁政说等对王朝政治的重要性所在，还可以深刻体会天下观、正统观、大一统观、民本观等观念对良善政治的思想支撑作用。

第三个诉求是政治公明。许有壬明确提出了"以公论昭明，见朝廷之政治"的看法，华幼武则强调"屏除奸与恶，始觉心和平"是政治公生明的重要标志。尤为重要的是，只有按照儒家学说正心修身，才能达到政治公明的目标，所以刘壎特别强调了"《书》以理身心，达政治"的要求，史伯璿亦强调了"为人君，为人臣，凡有为政治人之任者，皆当以修身为本，而修身皆当以诚为要"的要求。元代理学家阐述的各种政治理论，与政治公明有密切的关系，需要认真体会。

第四个诉求是贤才政治。程钜夫已明确提出"相臣之贤,工曹之勤,其知政治之本源"的看法;陈天祥更强调"今丞相亦国家之名贤也,时政治与不治,民心安与不安,系丞相用与不用之间耳"。脱脱主政时曾特别向揭傒斯询问:"方今政治何先?"揭傒斯的回答是:"储材为先,养之于位望未隆之时,而用之于周密庶务之后,则无失材废事之患矣。"王充耘亦强调了"盖图治莫先于近臣,养民莫切于群牧,圣人急于政治,安得不咨之耶"的说法。无论是讲究为君之道、为臣之道,还是强调重学校、重人才、重用人、用好人的要求,以及区分君子、小人的重要政治准则,显然都要以贤才政治作为基本的政治理念。

第五个诉求是注重政治得失。李存、黄潛都明确表示了对政治得失问题的高度重视态度。政治之"得"确实不易做到,赵天麟就特别强调了"不疑之狱,欲轻则轻,欲重则重,皆成疑狱矣,乃欲化洽政治,岂可得哉"。政治之"失"则是常见现象,程钜夫已指出"选任之非才,政治之不理"的失误,胡祗遹则作出了"当今政治,失于疏阔混淆而略不程序拣择,失于繁冗紊乱而略不整齐裁削"和"取人之差,而不得其用,以至于伤士风而败政治,用人而不求其实"的评判,并强调了"切时之事,莫切于论政治之得失、人材之优劣"的要求。恰是因为有注重政治得失的风气,才出现了大量针砭时弊的议论,使之成为元代政治思想的一大亮点。

第六个诉求是政治责任。胡祗遹所说名王臣族受封袭爵,并委以一方之政治,强调的就是守土之臣的政治责任。张之翰指明监察、廉访、宣抚官员的职责,"率不过美风俗、励政治、禁贪猾、举冤滞、保疲癃、登俊乂"。刘因所说"智者达于事变,而知理之当然,故以小事大而不敢忽,然而必自强于政治,期于有以自立其功",则是对政治责任的普遍性要求。正是在政治责任的驱使下,不仅直言说、善谏说、纳谏说在元朝大行其道,亦对善臣良吏即所谓"循吏"有强烈的期盼,并助成了忠君、守节、忧国等重要的政治理念。

以较长篇幅的绪论说明元代政治思想发展的基本线索,就是要阐明作者的两点基本认识。一是元代政治思想并不是"异类"政治思想,尽管有草原帝国统治思想的介入,但是总体呈现的是与中国古代政治思想的"同"而不是"异"。夸大"异"而忽视"同",显然不是理解元代政治思想的正确态度。二是在中国古代政治思想的发展历程中，元代起了承先启后的重要作用，忽视、淡化甚至选择性遗忘这样的作用，带来的是人为掐断中国政治思想史发展脉络的恶果，希望人们对此有所警惕。本书所述内容颇多，难免有不当之处，敬请方家教正。

史卫民
2020 年 4 日 12 日

第一编

维系草原帝国的政治思想(1206—1259年)

1206—1259年是成吉思汗及其后裔在中国北方确立蒙古国统治的时期。这一时期政治思想的发展有两条重要的脉络。

第一条脉络是以历任蒙古大汗为代表的维系草原帝国的政治观念。由蒙古乞颜部人成吉思汗建立的蒙古国，实行以大汗为核心、以草原贵族和军事将领为支柱、适应游牧经济基础的游牧君主制，与中原"汉地"长期实行的以皇帝为核心、以官僚为支柱、适应农耕经济基础的专制主义中央集权制度有所不同。成吉思汗及其后继者为维系草原帝国的游牧君主制，形成了一套较为完整的政治观念，并显示出了四方面的特征。一是坚持"汗权天授"的天命观，以占卜作为沟通天人关系的重要手段，并将各种宗教的作用"窄化"为替君主"告天延寿"。二是最高统治者的国家观具有两面性，一方面是造福于游牧社会，另一方面是赤裸裸的征服论，以征服他国、他族来保证成吉思汗的亲族等共享征服成果。三是在简朴的国家制度下，以简单的法律体系维系社会秩序，并建立严格的上下隶属关系，以绝对服从的观念，将游牧民营造成维系统治和对外征服的驯服工具。四是与草原游牧社会相适应的道德观，如忠诚、敬老与尊贤、和睦亲族等，以及成吉思汗之后各蒙古大汗强调的"遵从祖宗之法"，成为新兴草原游牧帝国的政治道德规范，制约着蒙古君臣的行为。

第二条脉络是以耶律楚材等人为代表的恢复中原统治秩序的政治观念。蒙古建国之后，发动大规模战争，西夏、金、大理等相继灭亡，在江南立国的南宋亦已成为被攻击目标。在几十年的战乱中，中原地区不仅遭受了重大的破坏，原有的统治体系也被颠覆。在严峻的形势下，北方的僧、道人士和士人等以恢复中原统治秩序为核心目标，在政治观念的表述上主要表现出五方面的特征。一是以"君主修身养命"和规劝君主行为，暗含中国传统治道思想，影响蒙古统治者改变对中原地区的态度和统治方式。二是以北方士人的立场诠释正统的传承，将少数民族建立的王朝纳入中国的"正统"之中，为新王朝的兴起提供理论依据。三是表彰辽、金"行汉制"的成就，指出不彻底奉行"中国法"是金朝灭亡的重要因素，并在一定范围内努力以"治术"恢复"汉制"。四是儒、释、道合流的趋势在经受战乱的中国北方更趋明显,理学尤其是朱熹的学说因赵复在北方讲学开始广泛传播。五是金朝灭亡前后的一批隐士显示出强烈的淡泊功名倾向,但是对于士人应秉持的立道、兴学、修身等依然有强烈的兴趣,并提出了一些重要的政治见解。

蒙古国时期政治思想发展的这两条脉络,分别代表草原帝国统治思想和中国传统的农耕王朝统治思想。在两种不同政治思想的碰撞中,草原帝国统治思想居于主导的地位,带来的是中国古代政治思想发展的一次重大变局。要全面了解元代的政治思想,必须对这样的变局有深刻的认识。

第一章　蒙古国诸汗的政治观念

蒙古大汗是新兴草原游牧帝国的最高统治者，其政治观念不仅主导着国家的发展方向，也影响着其臣民的心理和行为。蒙古国时期各大汗尽管在不同程度上接触过中国传统政治思想，但总体上表现的是一脉相承的"草原帝国"统治观念。

第一节　成吉思汗的草原帝国观念

成吉思汗（1261—1227年）是蒙古国的创建者，名铁木真，蒙古乞颜部人，1206年即蒙古大汗位，1227年去世，在位二十二年，元朝建立后追封庙号太祖。[①] 在建立和发展草原游牧帝国的历史进程中，成吉思汗以自己的言行体现了带有强烈游牧社会特征的天命观、国家观、驭众观、法令观和道德观。

一　天命观

成吉思汗的天命观念，来源于草原游牧民族朴素的宗教信仰，后来在中原地区道士、儒士等的影响下又有所发展，但与儒家传统思想的天命观仍有较大的距离。

（一）汗权天授

成吉思汗建立蒙古国后，对原来在蒙古各部中流行的萨满教予以承认和保护，目的在于利用萨满教制造各种神话，为新的蒙古政权涂上一层天命神授和天赐汗位的色彩。"成吉思"的得名，据说就是萨满教神

[①] 成吉思汗的生平，见杨讷《世界征服者——成吉思汗及其子孙》，华夏出版社1996年版；余大钧《一代天骄成吉思汗——传记与研究》，内蒙古人民出版社2002年版。

巫伪托"天降玄鸟"传授神意的杰作。① 曾出使蒙古国的南宋人也指出:"成吉思皇帝或曰成吉斯者,乃译语天赐二字也。"② 萨满教的长老"别乞",被赋予很高的政治地位,成吉思汗即位时曾郑重宣布:"如今达达(蒙古)体例里,以别乞官为最重。""做别乞时,骑白马,著白衣,坐在众人上面,拣选个好年月议论了,教敬重者。"③ 成吉思汗指定萨满教长老可以骑白马和穿白色衣服,并能在坐席中位列上座,表示的是他对萨满教的崇敬之心。蒙古统治者"尚白",成吉思汗登位时"建九游白旗",④ 亦有人指出"成吉思之仪卫建大纯白期以为识认外,并无他旌幢",⑤ 所显示的也是萨满教的影响。但是,敢于利用萨满教装神弄鬼、干预大汗政治权力的人,都会受到严厉的惩罚,甚至丧失生命。如晃豁坛部人阔阔出,享有"帖卜腾格理"的萨满教巫师称号。他利用自己的地位与成吉思汗家族争夺百姓,并侮辱成吉思汗的兄弟,结果被成吉思汗处死。⑥

为了表示对上天的敬重及天命与汗权的密切关系,从成吉思汗起,蒙古大汗的诏旨即以"托着长生天气力"开始,并很快形成了"长生天气力里,大福荫护助里""天底气力,天道将来底言语"等套语(后来又被汉人儒士简化为"承天启运"等套语)。甚至在蒙古官员佩戴的金牌上,都刻有"天赐成吉思汗皇帝"的字样。这并不是一种简单的文字游戏,而是蒙古统治者天命观的表现形式,通过强调天命来显示大汗的权威,违反大汗的号令就是违抗天命。由此在蒙古社会中出现的"常谈必曰托着长生天底气力,皇帝底福荫"和大汗乃至平民"无一事不归之天"的风俗,⑦ 正是不断宣扬"汗权天授"观念并使之深入人心的表现。

成吉思汗自己也高度重视"最高的主"(天)的旨意。他认为:"既然有最高的主为我们指引道路,我们就容易成功。"⑧ 自己之所以能

---

① 萨囊彻辰:《蒙古源流》,道润梯步译校,内蒙古人民出版社1981年版,第119—121页。
② 赵珙:《蒙鞑备录》,《王国维遗书》本,第3页。
③ 《元朝秘史》卷9,东方文献出版社1962年影印15卷本,第216节。
④ 《元史》卷1《太祖纪》,中华书局1976年版。
⑤ 赵珙:《蒙鞑备录》,第16页。
⑥ 《元朝秘史》卷12,第244—246节。
⑦ 彭大雅、徐霆:《黑鞑事略》,《王国维遗书》本,第11页。
⑧ [波斯]拉施特:《史集》,第1卷第2分册,余大钧、周建奇译,商务印书馆1983年版,第357页。

够成为蒙古国的领袖,也是上天的选择。波斯史家拉施特记道,成吉思汗年轻时有一次黎明早起,他的额发上有了几根白发。他的左右向他问道:"幸福的君主啊,你的年岁还没有老,为什么额发上出现了白发?"他回答说:"最高的主想让我当万人、千人的首领和长老,让我立起幸福生活的大旗,因此他使我显现老态,这正是担任首长的征兆。"① 遇到重大的抉择,成吉思汗要亲自向天祈祷,请求上天的佑助。如成吉思汗发起攻金战争之前,就曾独自一人登上山顶,解开带子挂在颈上,并揭开长袍的扣子,向"永恒的主"跪祷,祈求他"命令天使、众人、善恶仙魔从天上佑助"自己。②

遇到所谓"上天示警",有可能改变成吉思汗的行动。尤其是来自中原的人士,往往借此大做文章,影响成吉思汗的行为。成吉思汗西征时的一次狩猎,"射一大豕,马蹄失驭,豕旁立不敢前。左右进马,遂罢猎"。全真道真人丘处机当时正在成吉思汗行营中,即向成吉思汗进言:"天道好生,今圣寿已高,宜少出猎。坠马,天戒也。豕不敢前,天护之也。"成吉思汗虽然宣称"我蒙古人骑射少所习,未能遽已",但还是听了丘处机的大豕代天示警的意见,尽管没有因此取消围猎,但"自后两月不出猎"③。1224年,成吉思汗率领西征军行进到东印度铁门关时,"侍卫者见一兽,鹿形马尾,绿色而独角,能为人言,曰:汝君宜早回"。成吉思汗询问随行的契丹人耶律楚材,耶律楚材指出:"此兽名角端,日行一万八千里,解四夷语,是恶杀之象,盖上天遣之以告陛下。愿承天心,宥此数国人命,实陛下无疆之福。"成吉思汗对耶律楚材所言瑞兽代天示警极为重视,即日则下诏班师。④

(二) 以占卜定大事

利用占卜来沟通天与人的意志,将宗教信仰化入政治活动,为大汗的各种行为提供依据,在蒙古国建立后蔚然成风。"凡占卜吉凶,进退杀伐,每用羊骨扇,以铁椎火椎之,看其兆坼,以决大事。"⑤ "其占筮则灼羊之枚子骨,验其文理之逆顺而辨其吉凶。天弃天予,一决于此,

---

① [波斯]拉施特:《史集》,第1卷第2分册,第361页。
② [波斯]拉施特:《史集》,第1卷第2分册,第358—359页。
③ 李志常:《长春真人西游记》下,《王国维遗书》本,第7页。
④ 宋子贞:《中书令耶律公神道碑》,《元文类》卷57,四部丛刊本(《全元文》第1册,江苏古籍出版社1998—2004年版,第171页)。
⑤ 赵珙:《蒙鞑备录》,第17页。

信之甚笃，谓之烧琵琶。"①

成吉思汗也高度重视占卜，并注意搜罗中原卜士，为征伐大事等预卜吉凶。如契丹人耶律楚材就是因为精通占卜之术，得到了成吉思汗的信任，可列举当时人记录的几个事例。

> 己卯（1219年）夏六月，大军征西，祃旗之际，雨雪三尺，上（成吉思汗，下同）恶之。公（耶律楚材，下同）曰："此克敌之象也。"庚辰（1220年）冬，大雷。上以问公。公曰："梭里檀当死中野。"已而果然。梭里檀，回鹘王称也。
>
> 初，国朝未有历学，而回鹘人奏五月望夕月食。公言不食，及期果不食。明年，公奏十月望夜月食，回鹘人言不食，其夜月食八分。上大异之，曰："汝于天上事尚无不知，况人间事乎！"
>
> 壬午（1222年）夏五月，长星见西方，上以问公。公曰："女直国当易主矣。"逾年而金主死。于是每将出征，必令公预卜吉凶，上亦烧羊髀骨以符之。②

用占卜的方式达到一定的政治目的，反映的是原始和朴素的政治思想，其实质就是将依托天命的行为形式化和神秘化，并以此来获取绝对的政治服从，为草原帝国的统治提供无可置疑的合理依据。

（三）用宗教告天延寿

成吉思汗重视中原的佛教和道教，不仅邀请有名的道士、僧人"问道"，希望宗教能够发挥为蒙古大汗祈福延寿的功能，还对各种宗教人士给予了相应的优待。成吉思汗在西征时邀请全真道的长春真人丘处机西行，其本意就是"或以忧民当世之务，或以恤朕保身之术"，"但授一言斯可矣"③。两人见面后，成吉思汗询问丘处机是否有长生之药，丘处机的回答是有卫生之道，而无长生之药。④ 所谓的卫生之道，就是道教徒常常论及的清心寡欲。丘处机还和成吉思汗讨论了治道等问题，"处机每言欲一天下者，必在乎不嗜杀人。及问为治之方，则对以敬天

---

① 彭大雅、徐霆：《黑鞑事略》，第9页。
② 宋子贞：《中书令耶律公神道碑》（《全元文》第1册，第170—171页）。
③ 《召丘神仙手诏》，《全元文》第1册，第5页。
④ 李志常：《长春真人西游记》下，第5页。

爱民为本"。① 成吉思汗欣赏丘处机的言论，"集太子、诸王、大臣，曰：汉人尊重神仙（成吉思汗对丘处机的尊称），犹汝等敬天。我今愈信真天人也"。"天俾神仙为朕言此，汝辈各铭诸心。"② 成吉思汗还特别向诸处官员下旨："邱神仙（即丘处机）应有底修行底院舍等，系逐日念诵经文，告天底人每，与皇帝祝寿万万岁者。所据大小差发、赋税都休教著者。据邱神仙底应系出家门人等随处院舍，都教免了差发、税赋者。"③ 恰是因为道教教徒能够起到为蒙古大汗告天延寿的重要作用，才有了免除道观各种赋税的礼遇。

除了笃信萨满教和注重其他宗教的告天延寿作用外，成吉思汗没有特别的宗教偏好，正如 13 世纪的波斯史家志费尼所说："（成吉思汗）因为不信宗教，所以，他没有偏见，不舍一种而取另一种，也不尊此而抑彼；不如说，他尊敬的是各教中有学识的、虔诚的人。"④ 成吉思汗对宗教的这种实用主义的政治态度，不仅促成了蒙古国时期统治集团的主流宗教观，也对后来的元朝诸皇帝产生了重要的影响。

二 国家观

成吉思汗建立的蒙古国，制度简朴，据出使蒙古的南宋人记载，"鞑人初未尝有除授及请俸，鞑主亦不晓官称之义为何也"。"其自上而下，只称小名，即不曾有姓，亦无官称。如管文书则曰必彻彻（必阇赤），管民则曰达鲁花赤，环卫则曰火鲁赤"；"初无宣麻制诰之事"⑤。也就是说，在蒙古国内，既没有官员的俸禄制度，也没有成系统的民事管理机构，更没有正规的官员任免机制，有的只是具体的管事人。与简单的制度安排相适应的，是成吉思汗简单但明确的国家观念。

（一）造福论

根据拉施特的记载，有一天成吉思汗坐在阿勒台山（今阿尔泰山）上，扫视了自己的帐殿、仆役和周围的人们，说道："我的箭筒士、卫队多得像密林般地乌黑一片，我的妻妾、儿媳和女儿们像火一样闪耀

---

① 《元史》卷 202《释老传》。
② 李志常：《长春真人西游记》下，第 6 页。
③ 见李志常《长春真人西游记》附录《诏书》。
④ ［波斯］志费尼：《世界征服者史》上册，何高济译，内蒙古人民出版社 1980 年版，第 20 页。
⑤ 彭大雅、徐霆：《黑鞑事略》，第 7、14 页。

着、发红，我愿他们口尝我所赐予的甜蜜，让他们从头到脚用织金衣服打扮起来，骑上步伐平稳的马，喝纯洁可口的水，我要赐给他们多草的牧场放牧牲畜，下令从大路上和作为公路的大道上清除枯枝、垃圾和一切有害的东西，不准长起荆棘和有枯树。"成吉思汗还说："我们的后裔将穿戴织金衣，吃鲜美肥食，骑乘骏马，拥抱美丽的妻子，但他们不说，这一切都是由我们的父兄得来的，他们将忘掉我们和这个伟大的日子。"① 也就是说，成吉思汗建立国家，就是为了使属下的游牧民过上幸福生活，并传之后代。应该看到，这是草原帝国创建者最基本的国家理念，其政治目的既简朴也易于被臣民所接受。

成吉思汗并不希望他的后代忘本，忘记立国时的艰辛，他的后裔确实传承了这种思想。如在建设元朝首都大都城时，"元世祖皇帝（忽必烈）思太祖（成吉思汗）创业艰难，俾取所居之地青草一株，置于大内丹墀之前，谓之誓俭草，盖欲使后世子孙知勤俭之节"，② 就是极具代表性的例证。

（二）征服论

成吉思汗曾与属下讨论，对男子汉来说什么是最大的快乐。成吉思汗认为："镇压叛乱者，战胜敌人，将他们连根拔除，夺取他们所有的一切，使他们的已婚妇女号哭、流泪，骑乘他们的后背平滑的骏马，将他们的美貌的后妃的腹部当作睡衣和袋子，注视着她们的玫瑰色的面颊并亲吻着，吮她们的乳头色的甜蜜的嘴唇，这才是男子汉最大的乐趣。"③ 这是赤裸裸的征服论，虽然具有冲破一切束缚和界限、横扫所有强敌的宏大气魄，鼓励臣属创建武功，但是亦显示了蒙古贵族阶级的野心和贪欲，以及对杀掠、抢夺的纵容。尤其是在蒙古军进攻城市时，"城破，不问老幼、妍丑、贫富、逆顺皆诛之，略不少恕"④，称为"屠城"；"城陷，则纵其掳掠子女、玉帛。掳掠之前后，视其功之成差。前者插箭于门，则后者不敢入"⑤。蒙古国时期的一系列大规模战争，就是在这样的征服论主导下进行的，并对被进攻地区造成了极大的

---

① ［波斯］拉施特：《史集》，第1卷第2分册，第357页。
② 叶子奇：《草木子》卷4上《谈薮篇》，中华书局1997年版，第72页。
③ ［波斯］拉施特：《史集》，第1卷第2分册，第361—362页。
④ 赵珙：《蒙鞑备录》，第12页。
⑤ 彭大雅、徐霆：《黑鞑事略》，第15页。

破坏。

蒙古军队在中原地区的杀掠行为,曾引起一些臣僚的非议,向成吉思汗建议禁止部下随意杀掠,但角度略有不同。有人希望以中原传统政治思想的道德观来影响蒙古统治者。如契丹人耶律阿海指出:"好生乃圣人之大德也。兴创之始,愿止杀掠,以应天心。"① 汉人王檝也指出:"国家以仁义取天下,不可失信于民,宜禁掳掠,以慰民望。"② 有人则从攻战方略入手,强调滥杀降人不利于赢得战争。如契丹人石抹明安指出:"此辈当死,今若生之,则彼之未附者,皆望风而自至矣。"契丹人石抹也先也强调:"王师拯人水火,彼既降而复屠之,则未下者,人将死守,天下何时定乎!"③ 这些阻止滥杀民众的建议,在个别地区起了减少杀掠的作用,成吉思汗亦于1227年向群臣说:"朕自去年冬五星聚时,已尝许不杀掠,遽忘下诏耶。今可布告中外,令彼行人亦知朕意。"④ 成吉思汗在去世前颁布不许杀掠的诏旨,表明他已经意识到了对杀掠要有所约束。但是从总体上讲,杀掠是附属于征服论的,以强大武力为基础的注重"征服"而不是"绥服"的征服论只要不改变,蒙古统治者对减少甚至禁止杀掠就不会给予真正的重视。

(三)共享富贵论

与征服论密切相关的,是"共享富贵"观念:"太祖皇帝初起北方时节,哥哥弟弟每商量定,取天下了呵,各分土地,共享富贵。"⑤ 需要注意的是,成吉思汗只是将"天下"作为地域的概念,而不是严格的政治概念。在共享富贵观念下,产生了两种对蒙古国来说极为重要的制度,一是分封制度,一是"分子"制度。

成吉思汗在1206年建立蒙古国时进行了一次大规模的分封。"太祖将百姓分与了母亲及弟与诸子,说:共立国的是母亲,儿子中最长是拙赤(术赤),诸弟中最小是斡别赤斤。母亲并斡别赤斤处共与了一万百姓,母亲嫌少,不曾做声。儿子拙赤处与了九千,察阿歹(察合台)处与了八千,斡歌歹(窝阔台)处与了五千,拖雷处与了五千。弟哈

---

① 《元史》卷150《耶律阿海卷》。
② 《元史》卷153《王檝传》。
③ 《元史》卷150《石抹明安传》《石抹也先传》。
④ 《元史》卷1《太祖纪》。
⑤ 《元典章》卷9《吏部三·投下官》,陈高华、张帆、刘晓、党宝海点校,中华书局、天津古籍出版社2011年版,第296页。

撒儿处与了四千,阿勒赤歹处与了二千,别勒古台处与了一千五百"。①从这次分封的情况看,分赐百姓的多少,最主要的依据是与大汗的血缘关系,大汗嫡子的地位高于大汗诸弟。在以后的分封中,依然坚持这样的原则。

"分子"是共享战利品的制度。"凡破城守有所得,则以分数均之,自上及下,虽多寡每留一分为成吉思皇帝献,余物则散俵有差,宰相等在于朔漠不临戎者,亦有其数也。"② 也就是说,战争期间的俘获是统治集团成员共享的,每个成员都要获得属于自己的一份。每人所得"分子"的多少,成吉思汗家族成员仍以血缘关系为依据,其他人员则按地位高低分配。成吉思汗母亲收留的养子失吉忽秃忽,则由成吉思汗特许"依我诸弟一般分分子"③。

"分子"制度不能破坏,即便是自己的儿子,破坏制度也要受到责罚。蒙古军西征时,成吉思汗的三个儿子术赤、窝阔台、察合台攻占玉龙杰赤城(今土库曼斯坦乌尔根奇)后,"将百姓分了,不曾留下太祖处的分子。及回,太祖三日不许三子入见"。经过臣僚的劝解,成吉思汗才召三子入见,"依旧怪责,三子恐惧流汗",在臣僚的劝说下,成吉思汗才不再追究三子的罪责。④

成吉思汗作为草原帝国的缔造者,对于在中国已经延续了上千年的儒家国家学说了解甚少,只是要求在游牧社会基础上建立一个能够将部众团聚在一起的有效组织形态。这样的组织形态之所以称作"国"并且有自己的"汗"(君主),不仅是因为游牧社会本身有产生"国"和"王"的传统,还因为在草原之外的中原、江南地区存在着金、西夏、宋、大理等"国",蒙古人所建立的"国"不仅可以与这些"国"并立,还可以逐个消灭这些"国",以达到"取土地"和"享富贵"的目标。"取土地"依仗的是武力,征服论就成为最有力也最直接的政治理念。"享富贵"依靠的是臣民的服从和支持,在游牧社会的等级结构中,一方面要凸显成吉思汗家族即"黄金家族"的重要性,以宗亲共享富贵的政治原则维持统治集团内部的秩序和关系;另一方面要依据各

---

① 《元朝秘史》卷12,第242节。
② 赵珙:《蒙鞑备录》,第12页。
③ 《元朝秘史》卷9,第203节。
④ 《元朝秘史》卷13,第260节。

游牧部落的血缘关系，建立新型的组织形态，使其能够有效统治不断增多的属民，支撑这一做法的政治理念，就是游牧民的国不仅可以造福于当代，也可以造福于后代。成吉思汗的国家观念尽管简单并带有血缘组织形态向国家组织形态转化时的深刻烙印，但确实不可忽视其影响，因为恰是这样的国家理念，在13世纪上半叶催生出了一个横跨欧亚的庞大帝国。

三 驭众观

成吉思汗以简朴的制度管理国家，但是在如何驾驭臣民方面，却有一些独到的见解和做法。

（一）严明隶属关系

成吉思汗建立蒙古国后，以千户制度为基础，建立了严密的控制体系。主要依据游牧社会血缘关系编组的千户，既是军事组织，也是行政组织。成吉思汗分封千户长，允许千户长世代相袭。千户内部都按十进制编组，即千户下辖若干百户，百户下辖若干十户，上下之间有极严格的隶属关系。"人们只能留在指定的百户、千户或十户内，不得转移到另一单位去，也不得到别的地方寻求庇护。""所以没有人能够随意改换他的长官或首领，别的长官也不能引诱他离开。"① 每个受封的千户和大汗的子弟，都有指定的分地。到过草原的南宋使臣指出："所过沙漠，其地自鞑主、伪后、太子、公主、亲族而下，各有疆界。"② 出使蒙古国的西方传教士也说："鞑靼皇帝对于每一个人具有一种惊人的权力。除了他指定的地方以外，没有一个人胆敢驻扎在任何别的地方。只有他才能指定首领们应该驻扎在什么地方，而首领们则规定千户长的地方，千夫长规定百夫长的地方，百夫长规定十夫长的地方。"③

成吉思汗还任命失吉忽秃忽为"也可札鲁忽赤"（大断事官），并规定："如今初定了，普百姓你与我做耳目，但凡你的言语，任谁不许违了。如有盗贼诈伪的事，你惩诫著，可杀的杀，可罚的罚。百姓每分

---

① ［波斯］志费尼：《世界征服者史》上册，第34页。
② 彭大雅、徐霆：《黑鞑事略》，第11页。
③ ［英］道森编：《出使蒙古记》，吕浦译，周良霄释，中国社会科学出版社1983年版，第26页。

家财的事,你科断著。凡断了的事,写在青册上,已后不许诸人更改。"① 也就是说,大断事官的职责主要是两项,一是审刑断狱,掌握司法权;一是掌管民户的分配。在官制简朴的蒙古国时期,大断事官实际上就是为大汗掌控属民的最高管事人。

(二) 树立等级观念

明确的隶属关系构成了蒙古国的等级结构。国家的权力核心由成吉思汗黄金家族的成员和各级那颜(官人)构成。成吉思汗的兄弟、子侄,即黄金家族的成员,一概称之为"蒙古宗王",非黄金家族成员不得称王。蒙古宗王的地位仅次于大汗。成吉思汗分封的万户长和千户长,地位都低于蒙古宗王。

等级地位确定之后,等级观念应运而生。大汗是全体蒙古贵族的最高代表,其地位与特权毋庸置疑。大汗的意志就是法律,大汗的旨令必须不折不扣地执行,大汗对蒙古宗王和千户那颜等具有生杀予夺的权力,即使是亲生儿子也不例外。蒙古社会严格的等级观念和崇高的汗权思想,给当时来自外域的使节留下了深刻印象:"一切东西都掌握在皇帝手中,达到这样的程度,因此没有一个人敢说这是我的或是他的,而是任何东西都是属于皇帝的;这就是说,货物、人、牲畜等等。的确,关于这一点,皇帝最近曾发布一道命令。首领们对于他们的部下在一切事情上也有同样的支配权,因为所有的鞑靼人都被划分为在首领们统辖下的集体。""简单地说,不管皇帝和首领们想得到什么,不管他们想得到多少,他们都取自于他们臣民的财产;不但如此,甚至对于他们臣民的人身,他们也在各方面都随心所欲地加以处理。"② 按照新等级观念建构的游牧社会,改变了游牧民人身依附较弱的状态,强化了普通游牧民对蒙古贵族的人身依附关系,并以这样的关系奠定了草原帝国的统治基础。

(三) 制造驯服工具

严格的隶属关系和等级制度,目标是驯服属民,使之成为蒙古大汗手中有效的对外扩张和保持内部稳定的统治工具。由于战争是蒙古建国后的主要行为,成吉思汗要求"居民在平时应像牛犊般地温顺,战时

---

① 《元朝秘史》卷9,第203节。
② [英] 道森编:《出使蒙古记》,第26—28页。

投入战斗应像扑向野禽的饿鹰";"万夫长、千夫长和百夫长们,每一个都应将自己的军队保持得秩序井然,随时作好准备,一旦诏令和旨令不分昼夜地下达时,就能在任何时刻出征"①。为强化军队的战斗力,成吉思汗还规定:"十夫长不能统率其十人队作战者,将连同其妻子、儿子一并定罪,然后从其十人队中另择一人任十夫长,对待百夫长、千夫长、万夫长们也这样。"②

由成吉思汗造就的蒙古军队,确实成为当时世界上一个可怕的军事力量。正如波斯史家志费尼所说,蒙古军队"对饱暖知恩图报,在顺逆环境中服从其将官,既不指望俸禄和采邑,也不期待军饷和晋级"。"整个世界上,有什么军队能够跟蒙古军相匹敌呢?战争时期,在冲锋陷阵时,他们像受过训练的野兽,去追逐猎物;但在太平无事的日子里,他们又像是绵羊,生产乳汁、羊毛和其他许多有用之物。在艰难困苦的境地中,他们毫不抱怨倾轧。他们是农夫式的军队,负担各类赋役,缴纳分摊给的一切东西。他们也是服军役的农夫,战争中不管老少贵贱都成为武士、弓手和枪手,按形势所需向前杀敌"。"他们的服从和恭顺,达到如此地步:一个统帅十万人马的将军,离汗的距离在日出和日没之间,犯了些过错,汗只需派一名骑兵,按规定的方式处罚他,如要他的头,就割下他的头,如要金子,就从他身上拿走金子。"③成吉思汗之所以能够展开多次大规模的扩张战争,依仗的就是其强大的军事力量。他不仅善于治军,亦有完整的军事思想,只是因为军事思想与政治思想有所不同,所以本书较少涉及。④

(四) 确定用人标准

建立一个庞大的帝国,需要大量的人才,并根据其才能委以不同的职责。成吉思汗有简洁的选人标准:"能治家者即能治国,能率领十人作战者,即可委付以千人、万人,他能率领千人、万人作战。"按照这样的标准,"他让贤明勇敢的人当了将官,他把奥鲁(老小营)交给伶俐的人,让他们管理马匹,粗鲁无知的人,则给予鞭子,派去放牧畜

---

① [波斯] 拉施特:《史集》,第1卷第2分册,第356、360页。
② [波斯] 拉施特:《史集》,第1卷第2分册,第355页。
③ [波斯] 志费尼:《世界征服者史》上册,第31—33页。
④ 关于成吉思汗的军事思想,见史卫民《中国军事通史》第十四卷《元代军事史》,军事科学出版社1998年版,第115—121页。

群"①。在实践中，成吉思汗亦能看出一些人的缺点，将用人标准具体化。成吉思汗曾指出："再也没有像也孙拜这样的勇士了，没有人能像他那样能干。但由于他不感到远征之苦，不知饥渴，他就认为与他在一起的那可儿、战士和所有其他的人们也都像他那样能忍受远征的劳累，而他们并不能忍受远征的劳累。因此，他不适于担任首长。只有自己能知道这种饥渴并据以推知别人的情况，只有在行军时能考虑到不让军队饥渴、牲畜消瘦的人，才配担任首长。"②

"怯薛参政"是用人方面最重要的制度。怯薛，义为护卫军。成吉思汗建国后将护卫军扩充为一万人的组织，包括1000名宿卫，1000名箭筒士，8000名散班。成吉思汗规定，各级那颜必须遵旨把自己的儿子送入护卫军中效力，千户那颜的儿子准许带弟1人，伴当10人；百户那颜的儿子准许带弟1人，伴当5人；十户那颜和白身人准许带弟1人，伴当3人。进入护卫军的人需用的马匹和其他物品，除以本人所有的财产充用外，按规定从所管民户内征敛供给。被指定参加护卫军的人如果躲避不来，要受到处罚，另选人补充；有自愿充当护卫军者，各级那颜不能阻挡。

护卫军的主要职责是保卫宫帐（蒙古语称为"斡耳朵"）和分管汗廷的各种事务。按照成吉思汗的规定，宿卫值夜班，箭筒士和散班值日班，各分为四队，轮番入值，每番三昼夜，因此总称为四"怯薛"（Keshig，意为番值护卫），护卫士则称为"怯薛歹"（Keshigtai，复数为"怯薛丹"，Keshigtan）。四怯薛各设长官，由成吉思汗最亲信的那可儿博尔忽、博尔术、木华黎、赤老温四人分任，博尔忽为第一怯薛，博尔术为第二怯薛，木华黎为第三怯薛，赤老温为第四怯薛。此四家族后来即世掌四怯薛。"其它预怯薛之职而居禁近者，分冠服、弓矢、食饮、文史、车马、庐帐、府库、医药、卜祝之事，悉世守之。虽以才能受任使，服官政，贵盛之极，然一日归至内庭，则执其事如故，至于子孙无改，非甚亲信，不得预也"，"其名类盖不一，然皆天子左右服劳侍从执事之人，其分番更直，亦如四怯薛之制，而领于怯薛之长"③。

按照职掌的不同，怯薛执事的名目大致可以分为四类。

---

① ［波斯］拉施特：《史集》，第1卷第2分册，第354—355页。
② ［波斯］拉施特：《史集》，第1卷第2分册，第357页。
③ 《元史》卷99《兵志二·宿卫》。

一类为环卫宫禁、保证大汗安全而设,包括火儿赤(箭筒士)、云都赤(侍上带刀者)、拔突(拔都儿,勇士)、八剌哈赤(守城门者)等。蒙古汗廷宿卫制度严格,值日班的箭筒士、散班等,在日落前将所司职责交给值夜班的宿卫,出外住宿,次日早饭后再入值。入夜后,不许任何人在宫帐前后行走,违者宿卫得以擒捕;未经允许闯门而入者,宿卫可以立即将其处死。任何人不得杂入宿卫班内,亦不许探问宿卫人数。群臣奏事,都要先经过怯薛歹的通报方可入帐,奏事时值班怯薛歹不离开大汗左右。

第二类为保障大汗的生活条件而设,包括博尔赤(司厨)、答剌赤(掌酒者)、舍利别赤(掌果汁饮料者)、哈剌赤(马乳酒制作者)、阿察赤(掌架设帐幕者)、烛剌赤(掌宫中灯烛者)、虎儿赤(奏乐者)、速古儿赤(掌内府尚供衣服者)。

第三类为大汗产业的管理而设,包括昔宝赤(司鹰隼者)、兀剌赤(典车马者)、帖麦赤(牧骆驼者)、阿塔赤(牧马者)、火你赤(牧羊者)等。

第四类为管理朝政事务而设,包括必阇赤(掌文书者)、扎里赤(书写圣旨者)、忽剌罕赤(捕盗者)、扎撒忽赤(掌朝仪者)等。

怯薛组织的军事和内廷服务性能无疑十分突出,正如成吉思汗所言:"我不出征,宿卫的亦不许出征,若有违者,起军的头目有罪。宿卫的不着他出征,只因他常护卫我,围猎时跟随我,平日又管收拾车辆等事,如此不容易,所以怕重复了他,不许他出征。"[①]

怯薛亦有重要的政治功能,怯薛歹作为大汗的侍从近臣,在蒙古国的国家政务中发挥如下作用:一是群臣奏事都要通过怯薛歹通报或转达,怯薛歹已经成为大汗沟通臣僚的重要环节。二是大汗在酝酿重大决策时,往往首先征求身边怯薛歹的意见,并不时向他们咨访下情。三是大汗往往指定怯薛歹与贵族、官员共议国政或处理具体事务。成吉思汗曾明令宿卫与札鲁忽赤(断事官)一同断事,大汗还常常派遣怯薛歹为使者,出去传达旨意和处理重大事务。怯薛"百执事"所掌,尤其是必阇赤、扎里赤所司诸务,不少与朝政有直接关系,怯薛歹利用自己的地位,不但可以对朝政大事发表意见,还能够直接实施一些重要的管

---

① 《元朝秘史》卷11,第233节。

理措施。

成吉思汗为怯薛歹规定了优越的地位，护卫散班地位高于一般的千户那颜，跟随散班的家人地位高于百户那颜和牌子头；如果散班与千户那颜发生争执，罪在千户那颜。由于建国之初，"国俗淳厚，非有庶事之繁"，蒙古统治者用怯薛作为参政、议政的工具，尚可控制局面。正如元人虞集所说："国家之初，任才使能，惟其所宜，以成天下之务者多矣。制度修明，见用之亲切者，惟公卿大人之子弟，见闻于家庭，习熟于典故，而又宿卫禁近，密勿周慎。出纳辞令，有非疏远微贱、草茅造次之所能及者矣。是故，天子深居九重，洞见万里者，明目达聪，必得如是之臣，所以光华远大者乎。"① 也就是说，怯薛不仅是"护卫大汗"和"近臣理政"的重要方式，还已经成为草原游牧帝国收聚、储备和使用人才的重要组织形式。

（五）厘定继承准则

成吉思汗在世时，汗位继承已经成为引起内部矛盾的一个重要问题，《元朝秘史》对此有较详细记载，可转录于下：

> 其后太祖征回回，为其杀使臣兀忽纳等百人。临行时，也遂（也速）夫人说："皇帝涉历山川，远去征战，若一日倘有讳，四子内命谁为主，可令众人先知。"太祖说："也遂说的是。这等言语，兄弟、儿子并孛斡儿出（博尔术）等皆不曾提说，我也忘了。"于是问拙赤（术赤）："我子内你是最长的，说甚么？"拙赤未对，察阿歹（察合台）说："父亲问拙赤，莫不是要委付他。他是蔑儿乞种带来的，俺如何教他管。"才说罢，拙赤起身，将察阿歹衣领揪住，说："父亲不曾分拣，你敢如此说。你除刚硬，再有何技能？我与你赛射远，你若胜我时，便将我大指剁去。我与你赛相搏，你若胜我时，倒了处再不起。"说了，兄弟各将衣领揪着，孛斡儿出、木合里（木华黎）二人解劝。太祖默坐间，有阔阔搠思说："察阿歹，你为甚忙？皇帝见指望你，当亦未生时，天下扰攘，互相攻劫，人不安生，所以你贤明的母不幸被掳。若你如此说，岂不伤着你母亲的心。你父初立国时，与你母一同辛苦，将你

---

① 虞集：《左丞平阳王公宣抚江闽序》，《道园类稿》卷21，四库珍本（《全元文》第26册，第212页）。

儿子每养大，望你成人。你的母如日般明、海般深等贤明，你如何可这般说。"

太祖说："如何将拙赤那般说，我子中他最长，今后不可如此说。"察阿歹做咲着说："拙赤的气力、技能也不用争。诸子中我与拙赤最长，愿与父亲并出气力，若有躲避的，就便杀了。斡歌歹（窝阔台）敦厚，可奉教训。"太祖再问："拙赤如何说？"拙赤说："察阿歹已说了，俺二人并出气力，教斡歌歹承继者。"太祖说："你二人不必并行，天下地面尽阔，教你各守封国。你二人说的言语，各要依着，休合人耻笑。"……又问："斡歌歹如何说？"斡歌歹说："父亲恩赐教说，我难说自己不能，尽力谨慎行将去。只恐后世子孙不才，不能承继，我所言者如此。"太祖说："斡歌歹既如此说，中也者。"又问："拖雷如何说？"拖雷说："父亲指名说的兄根前，忘了的提说，睡着时唤醒，差去征伐时即行。"太祖说："是"。又说："合撒儿、阿勒赤歹、斡剔赤斤、别勒古台四个弟的位子里，他的子孙各教一人管。我的位子里，教一个子管。我言语不差，不许违了。若斡歌歹的子孙每都不才呵，我的子孙每，岂都不生一个好的。"①

这段记载表明了成吉思汗关于汗位继承的三大原则。第一个原则是非成吉思汗嫡亲子孙，不得成为蒙古大汗的继承人。所有成吉思汗的嫡亲子孙，则都有继承汗位的资格。这一原则实际上已经为成吉思汗之后蒙古国的汗位争夺埋下了的祸种。第二个原则是成吉思汗的儿孙可以另辟疆土，建立封国。这是避免成吉思汗子孙争夺蒙古大汗位的一种有效做法，但是这一原则为草原帝国的分裂埋下了的祸种。第三个原则是量才选择蒙古大汗的继承人，窝阔台最终被成吉思汗确定为汗位继承人，就是因为他"有宽弘之量，忠恕之心，量时度力，举无过事"②。这种量才授任的原则，在以后的汗位继承中表现得十分突出，但是"才"和"不才"的标准是什么，成吉思汗并没有作具体说明，实际上就会变成夺得汗位的人都会自我标榜为"以贤以能"，而指斥其他汗位争夺者为"不才"。

---

① 《元朝秘史》卷13，第254—255节。
② 《元史》卷2《太宗纪》。

成吉思汗显然没有很好地解决汗位继承问题，但是将忽里台制度留给了后人。"忽里台"义为"聚会"，后来又译为"大朝会"。所有蒙古贵族都有资格参加忽里台。"国朝凡大朝会，后妃、宗王、亲戚、大臣、将帅、百执事及四方朝附者咸在。朝会之信，执礼之恭，诰教之严，词令之美，车马服用之别，牲斋歌乐之辨，宽而有制，和而有容，贵有所尚，贱无不逮，固已极盛大于当时矣。"① 蒙古大汗从形式上讲是由全体蒙古贵族以忽里台的形式推举产生的，② 不仅故意不到会或者迟到的人要受到处罚，在会上违背仪制也要受到处罚。不经过忽里台的推选，任何人都不能成为蒙古大汗。成吉思汗特别规定："如果任何人由于骄傲，自行其事，想要当皇帝，而不经过诸王的推选，他就要被处死，决不宽恕。"③ 除了选举大汗之外，忽里台还有其他功能。蒙古大汗对于大规模军事行动，不能独自做出决定，必须在忽里台上得到全体贵族的认可。大汗发布法令，向诸王、功臣分封领地和臣民等，也在忽里台上实施。在蒙古国时期，忽里台是议决国家大事的最高形式，由此反映出新建的蒙古政权还没有摆脱原始民主主义的影响，在统治阶层成员（尤其是成吉思汗家族成员）中，仍然存在着平等议事的关系。

"驭众"是建立新统治秩序的必要政治手段，不仅要有具体的措施和相应的制度建构，还需要在思想上有清晰的认识。成吉思汗所强调和奉行的"汗权至上"的政治理念，已经与中国传统农耕王朝的"皇权至上"观念极为接近（只是缺乏更具系统性或哲理性的说明），是有效"驭众"的思想基础，并在这样的基础上衍生出了严格的等级观念、不可逾越的隶属关系以及臣民绝对服从的行为准则。应该承认，至少在成吉思汗在位时，这样的"驭众"观念不仅已经成熟，还起到了维系统治集团内部团结的重要作用。由于继承问题和用人问题始终是统治者难以从根本上解决的重大政治问题，所以在认识上存在一定的缺陷在所难免，但不能因此而否认成吉思汗确定的基本准则，在当时确实起到了弥合草原帝国统治集团内部矛盾的重要作用。

---

① 《经世大典序录·朝会》，《元文类》卷41。
② 参见周良霄《蒙古选汗仪制与元朝皇位继承问题》，《元史论丛》第3辑，中华书局1986年版，第31—46页。
③ [英] 道森编：《出使蒙古记》，第25页。

四　法令观

成吉思汗为蒙古国制定了一些法令，并在此基础上形成了朴素的法令意识和遵行法令的要求。

（一）颁布札撒

成吉思汗建国前后颁布了一系列法令，蒙古语称为"札撒"。根据波斯史家志费尼的记载，"成吉思汗统治初期，当蒙古各部归并于他的时候，他废除了那些蒙古各族一直奉行、在他们当中得到承认的陋俗；然后他制定从理性观点看值得称赞的法规"。"依据自己的想法，他给每个场合制定一条法令，给每个情况制定一条律文；而对每种罪行，他也制定一条刑罚。因为鞑靼人没有自己的文字，他便下令蒙古儿童习写畏吾文，并把有关的札撒和律令记在卷秩上。这些卷秩，称为'札撒大典'，保存在为首宗王的库藏中。每逢新汗登基，大军调动，或诸王会集共商国事和朝政，他们就把这些卷秩拿出来，仿照上面的话行事，并根据其中规定的方式去部署军队，毁灭州郡、城镇。"①

札撒包括多方面的内容，可惜没有完整地保存下来，现在能够看到的只是一些片段。例如"只要他们自己还没有遭到屠杀，他们就要使全世界降服于他们，他们决不同任何民族讲和，除非它们首先向他们投降"②。"禁草生而斫地者，遗火而爇草者诛其家。拾遗者、履阈者、棰马之面目者、相与淫奔者，诛其身。"③ 后来在元代仍然通行的"偷头口"一个陪九个的"蒙古体例"，应该也是成吉思汗时代"札撒"的条款之一。可以看出，成吉思汗规定的"札撒"具有鲜明的游牧民族特色，与中原传统的法典有明显的差别。

（二）强化法令意识

成吉思汗特别强调了法令的重要性："由于伟大的主的仁慈，我使用了这些律令，并推行了这些必里克，因此使我们的安宁、欢乐和自由的生活一直继续到现在。将来，直到五百年、千年、万年以后，只要嗣承汗位的后裔们依然遵守并永不改在全民族中普遍沿用的成吉思汗的习

---

① ［波斯］志费尼：《世界征服者史》上册，第28页。
② ［英］道森编：《出使蒙古记》，第25页。
③ 彭大雅、徐霆：《黑鞑事略》，第15页。按，"拾遗"指拾取无主之物，"覆阈"指脚踏门槛。

惯和法令，上天将佑助他们的强国，使他们永远欢乐。"成吉思汗还说："如果隶属于国君的许多后裔们的权贵、勇士和异密们不严遵法令，国事就将动摇和停顿，他们再想找成吉思汗时，就再也找不到了。"①

为强化臣僚的法令意识，成吉思汗还要求："万夫长、千夫长和百夫长们，只要在年初和年终时前来聆听成吉思汗的训诫（必里克）后回去，就可以统率军队。如果他们住在自己的营盘（禹儿剔）里，不听训诫，就像石头沉没在深水中、箭射入芦苇丛里般地消失得无影无踪。这样的人就不适于当首长。"②

在重大典礼上宣读札撒的制度，被成吉思汗的继承者保留下来，如元人所记："故事，天子即位之日，必大会诸侯，读太祖宝训（即札撒）。"③

法令是维持统治秩序的基本准则，成吉思汗所强调的主要是五方面的法令观念。一是树立以汗权立令的观念，重点强调的是法令必须出自大汗、大汗的训诫即为法令的理念。二是尊重习惯法的观念，对于能够维系基本政治秩序的游牧社会传统习俗和基本准则，都可以由大汗将其纳入法令之中，使习惯法依然起着规范臣民行为的重要作用。三是崇敬札撒的观念，在有了蒙古文字（以畏兀尔字书写的蒙古文字）之后，即将大汗的训诫变成文字形式的札撒，并使之成为当世和后世都要崇敬和奉行的戒令。四是听从训诫的观念，不仅要求臣僚必须按照规定听从大汗的定期训诫，还要求将这样的做法传之后代，所要表现的既是对大汗本身权威的高度褒扬，也是臣僚对法令的认同和顺从。五是遵守法令的观念，颁布法令是为了使臣民能够按照法令的规定行事，触犯法令的人要受到处罚，在这方面成吉思汗不仅有严苛的要求，也采用过严厉的手段，并在统治区域内形成了"说谎者死"和"犯寇者杀之"④以及男女私通处以死刑⑤等基本的处罚标准。

---

① ［波斯］拉施特：《史集》，第1卷第2分册，第354—355页。
② ［波斯］拉施特：《史集》，第1卷第2分册，第355页。
③ 黄溍：《拜住神道碑》，《金华黄先生文集》卷24，四部丛刊本（《全元文》第30册，第148页）。
④ 彭大雅、徐霆：《黑鞑事略》，第15—16页。
⑤ ［英］道森编：《出使蒙古记》，第122页。

五　道德观

成吉思汗曾经说过这样一段话："凡是一个民族，子不尊父教，弟不聆兄言，夫不信妻贞，妻不顺夫意，公公不赞许儿媳，儿媳不尊重公公，长者不保护幼者，幼者不接受长者的教训，大人物信用奴仆而疏远周围亲信以外的人，富有者不救济国内人民，轻视'约孙'（习惯）和'札撒'（法令），不通情达理，以致成为当国者之敌。这样的民族，窃贼、撒谎者和各种骗子将遮住他们营地上的太阳，这也就是说，他们将受到抢劫，他们的马和马群得不到安宁，他们出征打先锋所骑的马筋疲力尽，以致倒毙、腐朽、化为乌有。"① 这是成吉思汗对蒙古传统道德观念的总结和发展，并用法令形式为建国后新的蒙古社会制定的基本道德规范，其中不乏涉及政治道德的要求。

（一）事主尽忠

蒙古人历来重视誓言，蔑视谎言。草原各部早就流行遵守誓言和褒扬信义的说法，"咱达达每答应了的话，便是誓一般，若不依着呵，同伴里也不容"。"约会的日期，虽是有风雨呵也必要到。"② 成吉思汗在建立蒙古国前就以"英勇果决，有度量，能容众，敬天地，重信义"而享名于草原各部。③

进入阶级社会之后，人与人之间只重信誓、讲信义显然是不够了，还要有体现上下尊卑的等级观念。"人的身体有头呵好，衣裳有领呵好"，一般百姓不能"无个头脑管来，大小都一般"④。在确定了主从关系之后，事主尽忠的观念随之产生。成吉思汗本人就非常赞赏忠心侍主的行为，哪怕是自己的敌人。对于背叛主人的人，"自的正主敢拿的人"，都要严惩不贷。⑤ 如果下级敢于冒犯上级，要遭到鞭打。⑥ 由此而形成的蒙古人对主人的恭敬和对上司命令的绝对服从，给当时的人留下了深刻的印象，并反映在他们的记述中："其赏罚则俗以任事为当然，

---

① ［波斯］拉施特：《史集》，第 1 卷第 2 分册，第 354 页。
② 《元朝秘史》卷 3，第 108 节。
③ 赵珙：《蒙鞑备录》，第 3 页。
④ 《元朝秘史》卷 1，第 33—35 节。
⑤ 《元朝秘史》卷 8、9，第 188、200 节。
⑥ ［英］道森编：《出使蒙古记》，第 18 页。

而不敢以为功。其相与告诫,每曰其主遣我火里去或水里去,则与之去。"① "这些人,这就是说鞑靼人比世界上任何别的人(不论他们是信仰宗教的或是不信仰宗教的)更服从他们的主人;他们对主人表现极大的尊敬,并且不对他们说一点谎话。"② 应该说,成吉思汗强调的对大汗和对主人的尽忠,与中国农耕王朝的忠君事主观念有异曲同工之妙,并且对社会有更深刻的影响,因为尽忠不仅仅是普通游牧民普遍接受的基本理念,还已经形成了为尽忠而任劳任怨的社会风气。

(二) 敬老尊贤

北方游牧民族素有"贱老而贵壮"的风俗,蒙古人也不例外。但是,长者能够不断地用"约孙"即所谓"古来的习惯"来教育下一代人,在《元朝秘史》中就可以看到不少蒙古老人"引证着古语"教训年轻人的事例,所以在蒙古人中对于不尊重长者的行为是不能饶恕的。成吉思汗还特别留下了这样的教诫:"到长者处时,长者未发问,不应发言。长者发问以后,才应作适当回答。因为如果他抢先说了话,长者应他的话那倒还好,否则他就要碰钉子。"③

由尊重长者又引申出了敬重贤者的观念。成吉思汗的训言中有一条是:"经过三个贤人评定的话,可以在任何场所一再重复地说,否则就不可靠。要将自己的话、别人的话同贤人们的话进行比较,如果合适的话,就可以说,否则就不应当说。"成吉思汗还要求臣民慎言和主动约束自己,他不但希望人们"说话时要想一下,这样说妥当吗?无论是认真地说出去或者开玩笑地说出去,即再也收不回来了";还特别强调了"能清理自身内部者,即能清除国土上的盗贼"④。

成吉思汗对妇女的行为也提出了明确的要求:"妇女在其丈夫出去打猎或作战时,应当把家里安排得井井有条,若有使者或客人来家时,就能看到一切有条有理,她做了好的饭菜,并准备了客人所需要的一切东西。这样的妇女自然为丈夫造成了好名声,提高了他的声望,而她的丈夫在社会集会上就会像高山般耸立起来。人们根据妻子的美德来认识丈夫的美德。如果妻子愚蠢无知、放荡不羁,人们也还是根据她来看丈

---

① 彭大雅、徐霆:《黑鞑事略》,第15页。
② [英]道森编:《出使蒙古记》,第15页。
③ [波斯]拉施特:《史集》,第1卷第2分册,第355页。
④ [波斯]拉施特:《史集》,第1卷第2分册,第355—356页。

夫的。"①

事主尽忠是重要的政治道德观念，敬老、尊贤和约束妇女行为等则是重要的生活和社会的道德观念，成吉思汗强调这些道德观念，其目的都是要为新的草原帝国确立符合他所要求的道德规范。

(三) 和睦亲族

和睦族人在蒙古人中已有传统，并形成了朴实的相互合作和尊重的风俗。来自西方的传教士对此大加赞赏："他们很少互相争吵，或从来不互相争吵，并且从来不动手打架。在他们中间，殴打、口角、伤人、杀人这类事情从来没有遇到过。""他们相互之间表示相当尊敬，十分友好地相处。""他们不互相嫉妒，在他们之间实际上没有诉讼；没有人轻视别人，而是帮助别人，并在环境所许可的范围内促进别人的利益。"② 这种"无私斗争"的风俗，③ 自然被统治者认可。成吉思汗还增入了新的内容，规定构乱皇族、挑拨是非、助此反彼者要严加处罚，并且以"折箭教子"的方法说明团结的重要性。根据波斯史家志费尼的记载，成吉思汗曾把儿子们招来，从箭袋里抽出一支箭，折为两段。接着，他抽出两支箭，也折为两段。他越加越多，最后箭多到大力士都折不断了。然后，他对儿子们说："你们也这样，一支脆弱的箭，当它成倍地增加，得到别的箭的支援，哪怕大力士也折不断它，对它束手无策。因此，只要你们弟兄相互帮助，彼此坚决支援，你们的敌人再强大，也战不胜你们。"④ 成吉思汗意识到了在他去世后草原帝国可能走向分裂，所以用兄弟团结的说法来发出警喻，并以此来强调了和睦亲族所具有的重要政治意义。

(四) 节制饮酒

蒙古人有醉酒的习惯，不少人因此伤身害命。这种恶习的泛滥，早就引起了统治者的注意。成吉思汗即指出酒是一种麻醉剂："喝酒既无好处，也不增加智慧和勇敢，不会产生善行美德。""国君嗜酒者不能主持大事、颁布必里克和重要的习惯法；异密 (官员) 嗜酒者不能掌管十人队、百人队或千人队；卫士嗜酒者将遭受严惩；合剌出即平民嗜

---

① [波斯] 拉施特：《史集》，第1卷第2分册，第356页。
② [英] 道森编：《出使蒙古记》，第15—16页。
③ 赵珙：《蒙鞑备录》，第15页。
④ [波斯] 志费尼：《世界征服者史》上册，第45页。

酒者将完全丧失马匹、畜群和他所有的一切财产,变为乞丐;官员嗜酒者,命运将不断折磨他,使他忧虑不安。酒不管你是什么人,无论善恶好坏的人它都让你麻醉。酒使手麻醉,结果使手丧失了抓东西的能力和动作的灵巧;酒使脚麻醉,脚就不能行动和步行;酒麻醉了心,使心不能健全地思考,他毁坏了所有的感官和思维器官。"成吉思汗特别推崇戒酒或节饮的做法:"如果无法制止饮酒,一个人每月可饱饮三次。只要他超过三次,他就会犯下过错。如果他只喝两次,那就较好。如果只喝一次,那就更为可嘉。如果他根本不喝酒,那就再好不过了。但是到哪里去找这种根本不喝酒的人呢,如果能找到这种人,那他应当受到器重。"①

来自中原的人士同样把饮宴上升为治国问题,如女真人粘合重山曾向成吉思汗建言:"臣闻天子以天下为忧,忧之,未有不治;忘忧,未能有治者也。置酒为乐,此忘忧之术也。"② 这样的说法与成吉思汗的看法相符,不过是带有中原传统治道观念的色彩,所以被成吉思汗所接纳。

成吉思汗关于伦理道德观念的述说,大多亦收入在札撒内,成为指导蒙古国臣民行为的准则。应该承认,蒙古国建国初期的道德要求尽管比较简单和直白,但是确实不能忽视其维系基本道德规范的重要作用。

成吉思汗希望他的思想尤其是重要的政治观念,不仅能够影响当世,也能够影响后世。要求臣僚定期聆听成吉思汗的训诫,是当世的最主要思想传播途径。要求后人诵读"太祖宝训",则是向后世传播思想的主要途径。应该说,这两种传播途径对于传扬成吉思汗的政治观念都发挥了重要的作用。尤其需要注意的是,成吉思汗的政治观念主要针对的是立国所要解决的各种重大问题,以朴素的天命观为"汗权至上"提供合理的权力来源解释,以武力征服和宗族共享富贵创造国家发展的愿景,以等级观念、法令观念、道德观念等建构和维系新的统治秩序,表明成吉思汗确实已经有了草原帝国统治思想的基本脉络,并使得新兴的蒙古国不仅有重要的军事基础,也有了重要的思想基础,这恰是研究元代政治思想史所不能忽视的一个重要特征。

---

① [波斯]拉施特:《史集》,第 1 卷第 2 分册,第 357—358 页。
② 《元史》卷 146《粘合重山传》。

第二节 窝阔台—蒙哥的政治观念

成吉思汗去世后继任的窝阔台、贵由、蒙哥三位蒙古大汗,虽然都秉承了成吉思汗的政治观念,但是各有特点,窝阔台重在讲求"美名",贵由力显"严酷",蒙哥倡导的则是"慎行"。

一 窝阔台的"美名"观

窝阔台(1186—1241年)是成吉思汗第三子,1229年被推举为蒙古大汗(成吉思汗去世后,由成吉思汗第四子拖雷监国),1241年去世,在位十三年,蒙古语尊号为"合罕",元朝建立后追封太宗庙号。

成吉思汗对自己的几个儿子有这样的评价:"凡是极想知道札撒、必里克和如何守国的强烈愿望的人,就去追随察合台;爱金钱、财富、安逸和高贵风度的人,可去跟随窝阔台;想学会待人接物、知识、勇敢和使用武器的人,则可去拖雷身边效劳。"[1] 成吉思汗还特别向诸子说明了选择窝阔台为汗位继承人的理由:"因为他雄才大略,足智多谋,在你们当中尤为出众;我意欲让他出谋划策,统帅军队和百姓,保卫帝国的疆域。因此,我立他当我的继承人,把帝国的权柄交给他的勇略和才智。"[2] 窝阔台没有辜负成吉思汗的期望,即位后继续出兵征战,于1234年灭金,并派拔都(术赤子)统军西征斡罗斯等地,还尝试在被占领地区建立统治秩序,使草原帝国有了进一步发展,所以修《元史》者对窝阔台的评价是"有宽弘之量,忠恕之心,量时度力,举无过事,华夏富庶,羊马成群,旅不赍粮,时称治平"。[3] 所谓"治平"云云,显然是溢美之词,就窝阔台本人而言,更注重的应是"美名","因为光荣的名声和良好的纪念永远留存"[4]。窝阔台的政治理念,主要是围绕"留美名"展开。

(一)尊奉札撒

遵守成吉思汗的遗训,可以在蒙古统治阶级中博得普遍赞誉,所以

---

[1] [波斯]拉施特:《史集》,第2卷,第171—172页。
[2] [波斯]志费尼:《世界征服者史》上册,第213页。
[3] 《元史》卷2《太宗纪》。本部分引文未注明出处者,均来自此本纪。
[4] [波斯]拉施特:《史集》,第2卷,第95页。

窝阔台即位伊始,即"颁大札撒",并明确规定:"成吉思汗原来颁布的法令和敕旨,应予以维护、支持和保卫,不许恶意变动、窜改和混淆。"①

窝阔台自己也颁布了一些新的札撒,核心思想是继续强化由成吉思汗建立的蒙古国家的统治秩序,主要包括四方面的内容。

一是确定礼仪和忽里台仪制。成吉思汗在位时,皇族成员之间不行跪拜礼。窝阔台即位前,耶律楚材制定"朝仪","皇族尊长皆令就班列拜",恐蒙古宗王不愿就礼,耶律楚材对察合台说:"王虽兄,位则臣也,礼当拜。王拜,则莫敢不拜。"察合台被耶律楚材说服,在举行忽里台时"率皇族及臣僚拜帐下",从此以后即有了正式的"国朝尊属"拜礼。②窝阔台还对出入宫帐和参加忽里台作了具体规定。出入宫帐的规定是"诸出入宫禁,各有从者,男女止以十人为朋,出入毋得相杂",即进入蒙古大汗的营帐不仅有人数限制(不得超过十人),还有分别进入的限制(不得相互混杂)。参加忽里台的规定则有"凡当会不赴而私宴者,斩";"凡来会,用善马五十匹为一羁,守者五人,饲赢马三人,守乞烈思三人";"诸人马不应绊于乞烈思内者,辄没与畜虎豹人",不仅强调应当出席忽里台者必须与会,还要求与会者的马匹必须安置在指定地点内,违规者要受到处罚。

二是不得逾越论事。按照窝阔台的要求,"诸公事非当言而言者,拳其耳;再犯,笞;三犯,杖;四犯,论死"。所谓"诸公事非当言而言者",就是逾越论事或者妄议公事,违犯者要受到拳打、鞭抽、杖刑甚至处死的责罚。

三是严格等级规定。窝阔台要求"军中凡十人置甲长,听其指挥,专擅者论罪。其甲长以事来宫中,即置权摄一人、甲外一人,二人不得擅自往来,违者罪之"。"诸千户越万户前行者,随以木镞射之。百户、甲长、诸军有犯,其罪同。不遵此法者,斥罢。"这是窝阔台为规范千户制度作出的新规定,既明确了甲长(十夫长)的职责,也明确了万户、千户、百户、甲长的上尊下卑地位。由于千户既是军事组织,也是行政组织,所以严格的等级规定适用于编组在千户中的所有游牧民。

---

① [波斯]志费尼:《世界征服者史》上册,第220页。
② 《元史》卷2《太宗纪》,卷146《耶律楚材传》。

四是约束不当行为。随意喧哗、偷盗和妇女不守妇道等，都被窝阔台视为社会上的不当行为，为此特别规定"诸人或居室，或在军，毋敢喧哗"。"但盗马一二者，即论死。""诸妇人制质孙服不如法者，及妒者，乘以骣牛徇本部，论罪，即聚财为更娶。"质孙服是蒙古贵族出席宫廷宴饮的专用服装，大汗、亲王和臣僚等需要按照等级和样式的规定着装，否则就要受到处罚。①

按照波斯史家的说法，察合台是遵守札撒的典范，典型的事例是一次察合台醉酒后要与窝阔台打赌赛马，结果察合台跑到窝阔台前面去了。酒醒之后，察合台马上带领部下来向窝阔台赔罪。尽管窝阔台表示不要介意这样的小事，察合台还是要求窝阔台赐他一命，恭敬地进献了九匹马，并向部下郑重说明是合罕免了他的罪。②

违反札撒要受到惩罚，即便是亲子也不例外，窝阔台仍坚持了这一原则。拔都率军西征，窝阔台子贵由对拔都出言不逊，窝阔台得知此事后明确表示："这下等的听谁的言语，敢将哥哥毁訾，舍了你如弃一鸟卵。如今教去边远去处，做探马赤攻取坚城，受辛苦者。"后来有人引用成吉思汗"野外的事只野外断，家里的事只家里断"的原则，认为此事属于"野外的事"，应该由拔都处理，窝阔台才又表示可以交给拔都处理。③ 但更多的时候，窝阔台对违反札撒的人往往网开一面。如在颁布大札撒时，窝阔台特别规定："我登基之前，任何人嘴里散播的流言蜚语，我们予以原谅和勾销。但是，自今以后，谁要触犯新旧法令和札撒，那就按其罪行轻重给以惩处。"④ 波斯史家拉施特和志费尼都记录了不少违反札撒的人未被窝阔台治罪的事例。由此可以看出，窝阔台不仅注意札撒的严肃性，亦能注意到执法的一定灵活性，可以用"法外施恩"来显示帝王的"宽恕"。

（二）以赏赐博美名

窝阔台即位之后，有两次大规模的赏赐行为。第一次是窝阔台即位时赏赐蒙古宗王、贵族及臣僚等，波斯史家志费尼记道："合罕接着下诏把多年来为成吉思汗从东西各国征集来的国库贮藏打开，其总数连帐

---

① 史卫民：《元代社会生活史》，中国社会科学出版社2018年版，第90—93页。
② ［波斯］拉施特：《史集》，第2卷，第175—176页。
③ 《元朝秘史》卷15，第275—277节。
④ ［波斯］志费尼：《世界征服者史》上册，第220页。

簿的肚子都容纳不下。他封闭那些爱挑剔者之嘴，拒绝他们的劝谏，把他的分子赏给他的所有家属和士卒、他的军队和族人、贵人和黎庶、侯王和家臣、主子和奴婢，按权利各分一份；国库中为明天留下的财务，不多不少，不大也不小。"① 第二次是灭金以后的赏赐，既有金银丝帛等的赏赐，也有大规模的民户分封，为此还专门在中原地区进行了大规模的括户（查验户籍）。1236 年，"诏以真定户奉太后汤沐，中原诸州民户分赐诸王、贵戚、斡鲁朵"②。耶律楚材虽然反对分封民户的做法，但无法改变分封的事实，只能退而求其次，建议采用二五户丝的做法，并且由朝廷设官专门征收后再付给受封者，被窝阔台所采纳。③ 除了这些大的赏赐外，窝阔台汗还不断进行小的赏赐，受赐者既有商人和平民，也有乞丐等。

窝阔台进行大规模的赏赐和分封，固然是要再次体现成吉思汗所承诺的宗族"共享富贵"的观念，但也带有博取美名的重要因素，并且与窝阔台不看重财物的理念有密切的关系。窝阔台对宝藏的看法是："热衷于此的人，是缺少理智的，因为在土地和掩埋的宝藏之间并无差别，二者在其无益的方面都是一样的。既然在死亡的时刻来到之际，宝藏不能带来任何利益，人们又不能从彼世回来，所以我们要把自己的宝藏保存于心中，并且把一切现有的和已经准备好的，或者还正在作的，全部给予臣民和需要者，使美名远扬。"有人质疑窝阔台的过分慷慨，窝阔台的回答是："活在世上的人深深知道，世界上不曾对全域任何一个人保持忠诚，明智却要求人们用永恒的美名而活着。"④

（三）造福游牧社会

窝阔台继承了成吉思汗的国家观念，认为"我成吉思皇帝艰难创立国家，如今教百姓每安宁快活，休教他辛苦"，需要继续造福于游牧社会。他和察合台共同商议，在游牧民中实施了六项重要的措施。

一是定赋税。"敕蒙古民有马百者输牝马一，牛百者输犉牛一，羊百者输羒羊一，为永制。""百姓羊群里，可每年只出一个二岁羯羊做汤羊；每一百羊内可只出一个羊，接济本部落之贫乏者。"新定的赋税

---

① ［波斯］志费尼：《世界征服者史》上册，第 219 页。
② 《元史》卷 2《太宗纪》，卷 95《食货志三·岁赐》。
③ 宋子贞：《中书令耶律公神道碑》（《全元文》第 1 册，第 174 页）。
④ ［波斯］拉施特：《史集》，第 2 卷，第 85 页。

标准，其基本原则就是在牧养的畜群中"见百抽一"。

二是减科敛。"诸王、驸马等聚会时每每于百姓处科敛，不便当。可教千户每每年出骒马并放牧的人，其人马以时常川交替。"科敛就是随意搜刮钱财、粮食、酒肉等，是一种严重的扰民行为，窝阔台只是要求用正常更替人马的方式减少科敛，而不是全面禁止科敛。

三是置仓库。"赏赐的金帛、器械、仓库等常守的人，可教各处起人来看守。"作为游牧民族，蒙古人过去很少有固定的仓库，设置仓库表明已经改变"居无定所"的做法。

四是定驻地。"百姓行分与他地方做营盘住，其分派之人可于各千户内选人教做"。按照千户制度的规定，每个千户都有固定的分地，但是随着统治区域的扩大，不少千户需要派兵驻扎在分地以外的地方，所以既要指定具体的驻扎地点，也要指派管理驻兵的人员。

五是草原凿井。"川勒地面先因无水止有野兽，无人住。如今要散开百姓住坐，可教察乃、畏吾儿台两个去踏验中做营盘的地方，教川井者。"在草原上凿井，可以改变牧民依河流、湖泊居住的习惯，打破自然环境对居住条件的限制，扩大可用的居住空间。

六是建驿站。"使臣往来，沿百姓处经过，事也迟了，百姓也生受。如今可教各千户每出人马，立定站赤。不是紧急事务，须要乘坐站马，不许沿百姓处经过。"建立驿站既是军事上的需要，也是国家行政事务处置的需要，因为使臣往来等承担着重要的信息传递和旨令下达功能，所以窝阔台强调了设立站赤（司驿者）的要求，并使之成为独立于一般民户（百姓）的专门系统。

对于这六项措施的推行，蒙古宗王、贵族都给予了积极的配合。"斡歌歹（窝阔台）皇帝于是将这事又宣布于诸王、驸马等知道，其诸王、驸马等皆道便当好生是，然后差人于各处起取上项羊马并守仓库、站赤等户。所摆站赤，命阿勒浅、脱忽察儿两个整治。每一站设马夫二十人，内铺马并使臣的廪给羊马及车辆牛支，定将则例去，如有短少者，家财一半没官。"[1]

窝阔台还在草原腹心地带建立了一座城市，定名为哈剌和林，作为蒙古国的都城。

---

[1]《元朝秘史》卷15，第279—280节；《元史》卷2《太宗纪》。

窝阔台的这些措施，对发展草原游牧经济有积极的作用，使蒙古国家的基础更为稳固。由于游牧经济与国家昌盛有密切关系，有人甚至说："虽得汉人亦无所用，不若尽去之，使草木畅茂，以为牧地。"① 窝阔台当然知道游牧和农耕两大地区各有用途，没有采纳这样的建议。

（四）"择术"取中原财赋

窝阔台在新占领区域尤其是中原地区建立统治秩序，重在"择术"，凡是能够替蒙古大汗收钱收物的方法，都可以试用，根本没有"善治"这些地区的长远打算。

中原赋税的征收最能体现窝阔台的"择术"思想。窝阔台即位后，耶律楚材指出河北等地的地税、商税、酒醋、盐铁等每年可得金五十万两，绢八万匹，粟四十万石。窝阔台表示："诚如卿言，则国用有余，卿试为之。"1229年，"命河北汉民以户计，出赋调，耶律楚材主之；西域人以丁计，出赋调，麻合没的滑剌西迷主之"。次年，窝阔台采用耶律楚材的建议，建立十路征收课税所，以儒者为征收课税使。1231年，窝阔台抵云中，"诸路所贡课额银币及仓廪米谷簿籍，具陈于前，悉符元奏之数"。窝阔台即对耶律楚材说："卿不离朕左右，何以能使钱谷流入如此？"耶律楚材则借机向窝阔台说明在中原推行治道的重要性。窝阔台虽然欣赏耶律楚材的作为，并且在灭金之后仍以耶律楚材掌管汉地赋税，但是当回回商人奥都剌合蛮提出"买扑"中原银课的建议后，窝阔台任命奥都剌合蛮为提领诸路课程所官，并于1241年以回回人牙老瓦赤主管汉民公事，实际上是用回回人的敛财术取代了耶律楚材等人推行的"汉术"，耶律楚材亦失去了管理政务的权力。② 奥都剌合蛮利用掌管中原赋税的便利，在民间大肆搜刮，连当时实力较强的"汉人世侯"都看不下去了。汉军万户史天泽特别向窝阔台奏报："自乙未（1235年）版籍后，政烦赋重，急于星火。以民萧条，猝不易办，有司贷贾胡钱代输，积累倍称，谓之羊羔利。岁月稍集，验籍来征，民至卖田业、鬻妻子有不能给者。"史天泽建议民债由官代偿，征赋时按照贫富确定额度，窝阔台只接受了前者，于1240年下诏以官物代还羊

---

① 宋子贞：《中书令耶律公神道碑》（《全元文》第1册，第171页）。
② 《元史》卷2《太宗纪》；宋子贞：《中书令耶律公神道碑》（《全元文》第1册，第171—177页）。

羔利,"仍命凡假贷岁久,惟子本相侔而止,著为令"①。

在其他方面也显示了窝阔台的"择术"思想。如耶律楚材曾向窝阔台奏报"时务十策",包括信赏罚、正名分、给俸禄、封功臣、考殿最、定物力、汰工匠、务农桑、定土贡、置水运等,窝阔台"虽不能尽行,亦时择用焉"②。最为后人称道的是窝阔台采用耶律楚材的建议,于1237年"命术忽乃、刘中试诸路儒士,中选者除本贯议事官,得四千三十人"③。但是窝阔台并不信用儒士,尤其是太原路课税使和副使犯贪赃罪后,窝阔台责备耶律楚材"卿言孔子之教可行,儒者皆善人,何故亦有此辈"④,实则已反映了窝阔台不信任儒士的中心思想。

中原人士倡言兴办学校,传授儒学,也与窝阔台的观念不同。1233年窝阔台颁布的《蒙古子弟学汉人文字诏》,⑤ 要求选择蒙古人子弟学习汉语,选择汉人子弟学习蒙古语和习学弓箭,并认为这是"一件立身大公事"。为蒙古子弟选择的教师,既有儒士,也有道士。学习用书,"不拣是何文书,教都学者",并不拘泥于儒家经典。对蒙古子弟学习汉语,采用强迫式的教学方法:"教参学底时分呵,自是不蒙古言语去底孩儿每,只教汉儿语言说话者,会汉儿言语呵。若不汉时言语里说话,却蒙古言语里说话,一番一简子打者,第二番打两简子者,第三番打第三简子者,第四番打四简子者,这言语我亲省会与来也者。"按照窝阔台的要求,在学习汉语时必须说汉语,不能说蒙古语,否则要受处罚。这样的强迫方法,就是为了尽快在蒙古人中培养通蒙、汉语言的翻译人才,而不是培养习学儒家经典的蒙古儒士。

(五) 自我评价和他人的非议

窝阔台临终前对自己的作为有一番评价:"自坐我父亲大位之后,添了四件勾当:一件平了金国;一件立了站赤;一件无水处教穿井;一件各城池内立探马赤镇守了。差了四件:一件既嗣大位,沉湎于酒;一件听信妇人言语,取斡赤斤叔叔百姓的女子;一件将有忠义的朵豁勒忽,因私恨阴害了;一件将天生的野兽恐走入兄弟之国,筑墙寨围拦

---

① 王恽:《中书左丞相忠武史公家传》,《秋涧先生大全文集》卷48,四部丛刊本(《全元文》第6册,第345页)。

② 宋子贞:《中书令耶律公神道碑》(《全元文》第1册,第175页)。

③ 《元史》卷2《太宗纪》,卷146《耶律楚材传》。

④ 宋子贞:《中书令耶律公神道碑》(《全元文》第1册,第175页)。

⑤ 《全元文》第1册,第120—121页。

住，致有怨言。"①

窝阔台的自我评价实际上可以看作他注重"美名"的表白，尤其是对已做错事的反省，在成吉思汗的继承者中并不多见。窝阔台做成的四件事，即"添了四件勾当"，两件是"武功"与"武治"（灭金与镇守），两件是造福于游牧社会（打井与设驿站）；窝阔台做错的四件事，即"差了四件"，一件违背了成吉思汗慎饮酒的教诲（沉湎于酒），一件违背了成吉思汗事主尽忠的要求（陷害忠臣），两件不符合成吉思汗和睦亲族的要求（擅取宗族部落的女子和围堵野兽）。由此所显示的，恰是窝阔台对成吉思汗政治观念即以游牧帝国为本的统治思想的全面继承。其他如建哈剌和林城、设立十路征收课税所、考试儒生等，窝阔台根本未提及，说明窝阔台并未认真看待这些事情。

窝阔台虽然注重"美名"，但是稍后的中原儒士从传统治道的角度看，却没有给予窝阔台"美名"。如许衡对窝阔台时期政务的评价是："国家自壬辰（1232年）之后，便当询求贤哲，商论历代创业垂统之宜，参酌古今，稍为定制，使后世子孙垂拱守成，此有国家之先务也。日习宴安，以为不可，而其委任，又多残民蠹国之流。"② 从这样的评价可以看出，许衡认为窝阔台之所以错失励精图治的机会，主要原因是沉湎于酒和用人失误。郝经更明确指出："当太宗皇帝临御之时，移剌楚材（耶律楚材）为相，定税赋，立造作，榷宣课，分郡县，籍户口，理狱讼，别军民，设科举，推恩肆赦，方有志于天下，而一二不逞之人，投隙抵罅，相与排摈，百计攻讦，乘宫闱违豫之际，恣为矫诬，卒使楚材愤悒以死。"③ 郝经的评价比许衡更进了一步，将窝阔台的失误直接归咎于不能善待耶律楚材。中原儒士的观点并不一定公允，显然拔高了耶律楚材作用，但是至少有一点是对的，即窝阔台根本不懂甚至不想懂中原的治道学说，对中原来说更谈不上"治平"。

综观窝阔台的政治观念，可以看出成吉思汗对他的预判是准确的，即他可以全面继承成吉思汗的想法和做法，并能够以此获得"美名"。当然，这样的"美名"是对维系和发展草原帝国而言的，并且是以盘

---

① 《元朝秘史》卷15，第281节。
② 许衡：《时务五事》，《鲁斋遗书》卷7，北京图书馆古籍珍本丛刊本（《全元文》第2册，第438页）。
③ 郝经：《立政议》，《郝文忠公陵川文集》卷32，北京图书馆古籍珍本丛刊本（《全元文》第4册，第87页）。

剥新占领区域为重要的物质基础，对此应该有清楚的认识。

二 贵由的"酷政"观

贵由（1206—1248年），窝阔台汗长子，1246年即蒙古大汗位（窝阔台汗去世后，由六皇后脱列哥那监国），1248年去世，在位仅三年，元朝建立后追封定宗庙号。

贵由即蒙古大汗位并不顺利，因为窝阔台生前指定的汗位继承人是第三子阔出，阔出死后又指定阔出长子失烈门为汗位继承人。六皇后脱列哥那是贵由生母，力主贵由即蒙古大汗位，但是在汗位空缺的时候发生了成吉思汗之弟斡赤斤率军欲夺汗位的事件。贵由在推选新大汗的忽里台上，要求与会的蒙古诸王、贵族同意蒙古大汗位必须归于自己的家族，蒙古诸王、贵族一致立了誓书："只要你的家族中还留下哪怕是裹在油脂和草中，牛狗都不会吃的一块肉，我们都不会把汗位给别人。"贵由即位之后，即将斡赤斤以变乱家族罪处死。①

贵由遵循了窝阔台的作为，一方面，承认窝阔台时期颁布的札撒，"正如他的父亲窝阔台合罕恪守他的祖父的札撒，不允许对他的法令作任何修改，他也恪守札撒和他自己父亲的诏令，只对偶有冗繁和缺略之处略作删改，并避免更改致讹。他下令，凡盖有窝阔台合罕玺印的诏书，可以无需经他亲自批准就可以再次签署认可"。另一方面，贵由也大规模地进行赏赐，"毫无限制地慷慨、挥霍，想使他的名声超过他的父亲"②。

但是，贵由不同于窝阔台的宽容，更多显示的是刚猛、傲慢和严酷。波斯史家拉施特对贵由有如下记载："他执法的严酷尽人皆知，以致他的敌人对他的惧怕心理在其军队到达之前就已深深铭刻在心中。得知他即位的边远之地的每个统治者由于害怕他的暴烈和残酷，昼夜不得安宁。他的大臣、亲信和朝臣们在他主动谈及某件事前不敢向前迈一步、进一言。远近的来客，若非由他召请，不敢把腿抬高得稍高于拴马处的高度。"③

贵由的刚猛和严酷，对内显示的是将蒙古宗王、贵族擅自发放的牌

---

① ［波斯］拉施特：《史集》，第2卷，第214—218页。
② ［波斯］拉施特：《史集》，第2卷，第223—224页。
③ ［波斯］拉施特：《史集》，第2卷，第233页。

子、令旨等全部收回，并企图率军与拔都开战（因为拔都对贵由继承蒙古大汗位有异议），最终死于出军途中；对外显示的是对外国的威吓。波斯史家记载了贵由排斥伊斯兰教国家的态度："他在答复报达（今巴格达）使臣的话里，向哈里发发出了威胁和警告，他也同样极其简单粗暴地对阿剌模式使臣带来的国书写出了答复书。"① 对于教皇发来的要求和平的"国书"②，贵由的答复同样充满威胁和警告："因为他们不服从长生天的话和成吉思汗及大汗的命令，而杀害我们的使者，因此长生天命令我们毁灭他们，并抛弃他们，将他们置于我们的掌握之中。因为，不然的话，如果长生天没有这样做，人对人能有什么作为呢？你们西方人相信只有你们是基督教徒，而蔑视别人。但是，你们怎么能够知道，长生天把天恩赐于谁人呢？我们崇拜长生天，在长生天力量之下，已从东到西毁灭了整个世界。如果这不是由于长生天的力量，人能有什么作为呢？因此，如果你接受和平，并愿意把你所有的城堡献给我们，你教皇和信仰基督教的君主们，须毫不迟疑地前来我处讲和，那时我们才会知道你愿与我们和平相处。但是，如果你不相信我们的信和长生天的命令，也不倾听我们的忠告，那时我们就将确实知道，你是愿意打仗的。如果那样，我们就不知道将会发生什么事情，只有长生天才能知道。"③

贵由去世后，其妻斡兀立海迷失监国三年（1248—1250年）。

元朝初年的中原儒士对贵由的评价极低。如许衡认为："壬寅（1242年）以还，民益困弊，至于己酉、庚戌（1249—1250年），民之困弊极矣。困弊既极，殆将起乱。"④ 明朝修《元史》者的评价也是"自壬寅以来，法度不一，内外离心，而太宗（窝阔台）之政衰矣"⑤。应该说，这样的评价是符合实际的，因为就草原帝国的发展而言，1242—1250年确实处于"失政"和"乱政"的时期。尤其需要注意的是，由汗位继承问题引发的统治集团内部的矛盾，已经带来了国家分裂的苗头，贵由希望以酷政来扼制分裂，其结果则是加深了成吉思汗后裔

---

① ［波斯］拉施特：《史集》，第2卷，第229—230页。
② 《教皇英诺森四世致鞑靼皇帝的两道敕令》，载［英］道森编《出使蒙古记》，第90—93页。
③ 《贵由汗致教皇英诺森四世的信》，载［英］道森编《出使蒙古记》，第100—103页。
④ 许衡：《时务五事》（《全元文》第2册，第438页）。
⑤ 《元史》卷2《定宗纪》。

之间的裂痕，需要继任的大汗来承担弥补裂痕的重任。由此需要强调的是，即便是草原帝国统治思想，也不能任由酷政泛滥成灾。

三 蒙哥的"慎行"观

蒙哥（1208—1259年），拖雷长子，1251年即蒙古大汗位，1259年征南宋时因病去世，在位九年，元朝建立后追封宪宗庙号。① 蒙哥汗的核心观念是"慎行"和"遵祖宗之法"，可分述于下。

（一）注重律己

历经窝阔台、贵由两朝蒙古大汗和两位皇后监国，多数蒙古宗王都有过违反札撒的行为，并且肆意在封地中搜刮钱物等。由于拖雷遗孀唆鲁禾帖尼（蒙哥母）要求诸子谨守札撒和传统，所以蒙哥兄弟未曾受到过任何违背札撒的指控，即便是为人高傲的贵由汗，也认为他们的行为可以作为他人学习的榜样。② 蒙哥即位之后，依然严于律己，实际反映的应是一种"慎行"的政治观念，主要表现在三个方面。

一是慎饮。波斯史家拉施特说，蒙哥为了安定臣民和减轻他们的各种负担，"他那完美的才智宁愿勤奋劳苦而不愿欢娱宴庆，他已不再经常饮酒了"③。少饮酒不是戒酒，只是与其他蒙古大汗、宗王等相比，蒙哥对饮酒有所节制，而这样的做法，恰恰符合成吉思汗的慎饮酒要求。

二是戒侈靡。1257年，有人贡献价值银三万余锭的水精盆、珍珠伞，蒙哥不予接受，并表示："方今百姓疲弊，所急者钱尔，朕独有此何为？"在臣僚的劝说下，蒙哥才勉强接受，"且禁其勿复有所献"。

三是亲自起草诏书。在《元史》中，有蒙哥自己起草诏书的记载："太宗（窝阔台）朝，群臣擅权，政出多门。至是，凡有诏旨，帝（蒙哥）必亲起草，更易数四，然后行之。"蒙哥亲自起草和修改诏书的说法，可以得到前往蒙哥汗廷的基督教教士鲁不鲁乞的印证。为了让鲁不鲁乞带给法兰西国王一封信，蒙哥曾多次召见鲁不鲁乞，并根据鲁不鲁

---

① 《元史》卷3《宪宗纪》。本部分引文未注明出处者，均来自此本纪。
② ［波斯］拉施特：《史集》，第2卷，第218、235—236页。
③ ［波斯］拉施特：《史集》，第2卷，第258页。

乞的意见，对信的内容作了修改。①

《元史》所说的蒙哥"刚明雄毅，沉断而寡言，不乐燕饮，不好侈靡，虽后妃不许之过制"，应该说是比较切合实际的评价。

(二) 教戒臣僚

蒙哥对臣僚有较严格的要求，他曾对臣僚说："尔辈若得朕奖谕之言，即志气骄逸，志气骄逸，而灾祸有不随至者乎？尔辈其戒之。"蒙哥还明确规定"诸官属不得以朝觐为名赋敛民财"；"官吏之赴朝理算钱粮者，许自首不公，仍禁以后浮费"。也就是说，蒙哥不仅告诫臣僚骄纵的危害，还明确要求臣僚不得随意敛取财富和铺张浪费。

蒙哥所倚重的大臣忙哥撒儿去世后，蒙哥对其子有一段特别的训诫："惟天惟君，能祸福人；惟天惟君，是敬是畏。立身正直，制行贞洁，是汝之福，反是勿思也。能用朕言，则不坠汝父之道，人亦不能间汝矣；不用朕言，则人将仇汝、伺汝、间汝。""汝于朕言，弗慎绎之，汝则有咎；克慎绎之，人将敬汝畏汝，无间伺汝，无慢汝怨汝者矣。"对忙哥撒儿的女眷，蒙哥也要求："有谗欺巧佞构乱之言，慎勿听之，则尽善矣。"②蒙哥的这些教戒，实际上是在向臣僚宣示他的"慎行"观念，即慎行既包括敬畏上天和君主，也包括以正直和贞洁约束自己的行为，还包括不能听信谗言；而要做到这些不被人诟病的尽善表现，不仅要听从君主（蒙哥）的训诫，更重要的也是严于律己。

(三) 尊祖宗之法

蒙哥自称"尊祖宗之法，不蹈袭他国所为"，在具体政务的处理中，他确实坚持了这一原则。

蒙哥仍坚持成吉思汗的亲族"共享富贵"原则，继续在蒙古宗王、贵族中进行分封和赏赐，如1253年"会诸王于斡难河北，赐予甚厚"；1256年"会诸王、百官于欲儿陌哥都之地，设宴六十余日，赐金帛有差，仍定拟诸王岁赐钱谷"；"以阿木河回回降民分赐诸王百官"。但是对诸王的不法行为，也要有所限制。1251年蒙哥颁布的"便宜事宜"中，就有几条规定是针对蒙古诸王的："凡朝廷及诸王滥发牌印、诏

---

① [英] 道森编：《出使蒙古记》，第206—224页。
② 《元史》卷124《忙哥撒儿传》。

旨、宣命，尽收之；诸王驰驿，许乘三马，远行亦不过四；诸王不得擅招民户。"这是针对牌印泛滥、用驿过滥和滥取民户的限制。1253年拔都派人来请求给银万锭买珠宝，蒙哥只给了千锭，并明确表示："太祖、太宗之财，若此费用，何以给诸王之赐。王（拔都）宜详审之。此银就充今后岁赐之数。"这是对蒙古宗王恣意向汗廷索取的限制。对于蒙古诸王等在军事行动中掠民牲口、践踏庄稼等行为，蒙哥也有所限制。

蒙哥即位之后，曾命其弟忽必烈领治蒙古、汉地民户，忽必烈在汉人谋臣的支持下展开治理汉地的试验，并取得一些实效，但很快即有人向蒙哥告发忽必烈与大汗争夺民心，并侵占应输送给大汗的财赋等。蒙哥派遣阿兰答儿等人在忽必烈的试验区内展开大规模的"钩考"行动，并剥夺了忽必烈的统军权力。因忽必烈的妥协，才终止"钩考"①。"钩考"背后的根本原因，实际上是忽必烈的"效行汉法"与蒙哥的"尊祖宗之法，不蹈袭他国所为"之间的斗争（详见后述）。在有关国家发展道路的这一场斗争中，蒙哥取得了胜利，成功地终止了忽必烈的试验，捍卫了祖宗之法。

（四）维系宗教的作用

蒙哥即位后，"以僧海云掌释教事，以道士李真常掌道教事"。由于佛教和道教之间争执不断，蒙哥在位时曾有过两次佛、道辩论，一次是1255年，地点在漠北的哈剌和林；另一次是1257年，地点在漠南忽必烈新建的开平城。无论佛、道如何辩论，蒙哥对宗教的态度与成吉思汗相同，要求的是宗教人士"依时念经告天，祝延圣寿万安"②。基督教教徒在蒙古汗廷中，亦已懂得蒙古统治者对基督教教徒的要求，就是"为蒙哥汗祈祷，祝愿上帝指引他进入永远得救的道路"③。

伊斯兰教教徒认为蒙哥最崇敬伊斯兰教，④ 有的基督教教徒则认为蒙哥汗只信仰基督教。但是基督教教徒鲁不鲁乞通过观察，得出的结论是蒙哥汗不信仰任何宗教。⑤ 鲁不鲁乞说自己参加了在哈剌和林举行的

---

① 详见陈得芝、王颋《忽必烈与蒙哥的一场斗争——试论阿兰答儿钩考的前因后果》，《元史论丛》第1辑，中华书局1982年版，第47—56页。
② 《太平崇圣宫宣谕》，《全元文》第1册，第404页。
③ ［英］道森编：《出使蒙古记》，第196—197页。
④ ［波斯］拉施特：《史集》，第2卷，第261页。
⑤ ［英］道森编：《出使蒙古记》，第178—179页。

宗教辩论会，并与道士展开了辩论。道士提出的辩题是"世界是怎么创造出来的"和"人死以后灵魂的遭遇怎样"，鲁不鲁乞则以"上帝是一切事物的源泉"为始，说明只有一个上帝（道士认为地球上有无数个上帝）。辩论之后，蒙哥对上帝问题发表了以下看法："我们蒙古人相信只有一个上帝，在他保佑下我们生活，在他保佑下我们死亡，对于他我们怀着一颗正直的心。但是，正如上帝赐给手以不同的手指一样，同样的，他也赐给人们以不同的方式。""他赐给我们占卜者，我们按照他们告诉我们的行事，平平安安地过日子。"蒙哥所说的上帝，实际上就是"长生天"，所以在给法兰西国王的信中，蒙哥强调的就是"天上只有一个长生天，地上只有一个君主成吉思汗——天子"①。蒙哥即位后以阿忽察掌祭祀、医巫、卜筮，并且"酷信巫觋卜筮之术，凡行事必谨叩之，殆无虚日，终不自厌也"②。这样的做法，显然也是对成吉思汗思想的忠实继承。

河西人高智耀曾向蒙哥进言："儒者所学尧、舜、禹、汤、文、武之道，自古有国家者，用之则治，不用则否，养成其材，将以资其用也。"蒙哥问高智耀："儒家何如巫医？"高智耀答道："儒以纲常治天下，岂方技所得比。"蒙哥表示以前没有人向他讲过这些，③ 实则显示的是对儒家政治学说并没有太大兴趣。

忽必烈的谋士对蒙哥的评价高于窝阔台和贵由，但是有"钩考"之痛，也反映出了明显的失望情绪。如郝经的说法是："先皇帝（蒙哥）初践宝位，皆以为致治之主，不世出也。既而下令鸠括符玺，督察邮传，遣使四出，究核徭赋，以来民瘼，污吏滥官黜责逮遍，其愿治之心亦切也。惜其授任皆前日害民之尤者，旧弊未去，新弊复生，其为烦扰，又益剧甚，而致治之几又失也。"④ 郝经既肯定了蒙哥对牌印泛滥、用驿过滥、滥收赋税和逮捕贪官污吏的做法，也指出其用人不当带来的巨大危害。许衡的评价则是："故先皇帝（蒙哥）继统，民皆欣悦，将谓信从陛下（忽必烈），选任善人，改更弊政，以兴太平。

---

① ［英］道森编：《出使蒙古记》，第208—223页。
② 《元史》卷3《宪宗纪》；［英］道森编《出使蒙古记》，第182—183、216—220页亦记载了蒙哥专注于占卜的情况。
③ 《元史》卷125《高智耀传》。
④ 郝经：《立政议》（《全元文》第4册，第87页）。

不意仍蹈前失,再用此徒,委天下之民使之刻剥,付天下之物使之侵欺,大为失望。"① 许衡之所以鲜明表达失望情绪,就是因为蒙哥终止了忽必烈的"汉法"试验,使中原地区仍处于"不治"的混乱状态。

客观看待蒙哥的观念和作为,应该认识到蒙哥是以"慎行"的自我约束践行了成吉思汗的政治观,一方面用律己和律人的方式约束蒙古诸王和臣僚,削弱酷政观念的影响,在一定程度上弥合了统治集团内部的裂痕;另一方面用坚持"祖宗之法"的方式扼杀了试行"汉法"的苗头,保证蒙古国依然按照成吉思汗设定的政治原则行事。从草原帝国发展的逻辑看,蒙哥的想法和做法显然是合理的。但是从草原帝国已经无法适应统治中原地区,需要转换为中国传统农耕王朝的历史进程看,蒙哥确实不是能够顺应历史潮流的君主,所以汉人儒士对他的作为颇多不满,也是在所难免的。

由成吉思汗建构的草原帝国统治思想,在窝阔台、贵由、蒙哥的继承和发展下,确立了控制中国北方地区的初步制度框架。草原帝国统治思想介入政治现实,对中国传统农耕王朝统治思想带来了重大的冲击。在特定历史时期出现两种统治思想对撞的变局,使不同政治思想或政治观念的秉持者不得不适应这样的变局,做出积极或消极的回应。

---

① 许衡:《时务五事》(《全元文》第2册,第438页)。

第二章　恢复中原统治秩序的政治观念

13世纪前半叶，蒙古国兴起于北方草原，金朝和西夏国相继灭亡。中原人士，无论是儒士、僧人、道士，还是一般官员、民众，都希望在乱世中寻找出路，其中不乏有识之世的"救世"积极主张，也有一些文人的"遁世"消极主张，成为当时政治思想的重要表现。

第一节　宗教人士倡导的治国观念

中原的道教人士和佛教人士，无论是宣扬道教的处世之道，还是宣扬佛教的轮回超生思想，在战乱中往往成为人们的精神寄托，其政治观点亦可能被统治者所采纳。

一　丘处机的"节欲修身"观念

丘处机（1148—1227年），字通密，号长春子，登州栖霞（今属山东）人，金大定六年（1166）出家学道。王嚞（号重阳子）于金大定七年（1167）创立道教的北方教派全真道，收弟子马珏、孙不二、谭处端、刘处玄、丘处机、郝大通、王处一七人，后世称为"全真道七真人"。丘处机于1188年被金世宗召见，1220—1222年西行觐见成吉思汗，受到成吉思汗的信任，全真道也因为蒙古统治者的支持而进入鼎盛期。[①] 丘处机著有《磻溪集》《摄生消息论》等著作，集中反映了丘处机以"禁欲修身"为核心的政治观念。

[①] 郭旃：《全真道的兴起及其与金王朝的关系》，《世界宗教研究》1983年第3期；《金元之际的全真道》，《元史论丛》第3辑，第205—218页。关于丘处机的政治思想，参见吕振羽《中国政治思想史》（下），人民出版社2008年版，第469—471页。

(一) 乱世兴教说

丘处机曾引用王嚞的说法："凡为道者，先舍家而后舍身，病即教他病，死即教他死，至死一著，抱道而亡，任凭天断。"但是他又强调了全真道"以心体道"的重要性。

> 大抵修真慕道，须凭积行累功，若不苦志虔心，难以超凡入圣。或于教门用力，大起尘劳；或于心地用功，全抛世事。但克己存心于道，皆为致福之基。然道包天地，其大难量，小善小功，卒难见效。所以道刹那悟道，须凭长劫炼磨；顿悟一心，必假圆修万行。今世之悟道，皆宿世之有功也，而不知凤世之因，只见年身苦志，不见成功，所以尘劳虚诞，即生退意，甚可惜也。殊不知坐卧住行，心存于道，虽然心地未开，时刻之间，皆有阴功积累。功之未足，则道之不全。①

也就是说，进入了道门，不仅要终身舍生忘死地修炼和弘扬道教，更要用心体会道教的奥秘。丘处机认定全真道是修道的"正法"，并深深体会到光大教门的不易："既为人而生中国，又逢正法，尚千万人中无一二皈依向慕者，况蛮夷外国，道化不行者乎。"② 全真道在金朝时曾被禁止传道，后因金世宗召见丘处机才有了转机，并使丘处机认识到只有依靠统治者的扶持，才能使全真道盛行于中国北方。

蒙金战争爆发后，丘处机拒绝了金人和宋人的邀请，但是却欣然接受成吉思汗的邀请西行，实际上是看准了成吉思汗建立的蒙古国，将以摧枯拉朽之势横扫金、宋等，可以作为未来依靠的统治力量。正如丘处机在接受成吉思汗邀请时所言："伏闻皇帝（成吉思汗）天赐勇智，今古绝伦，道协威灵，华夷率服。是故便欲投山窜海，不忍相违，且当冒雪冲霜，图其一见。"③ 在见到成吉思汗后，丘处机又表示："余辛苦之限未终，日一食一味一盂，恬然自适，以待乎时。"丘处机的弟子尹志平则说得更明白："道其将行，开化度人，今其时矣。"④ 当时的儒士陈

---

① 丘处机：《寄四川同道书》，《全元文》第1册，第15—16页。
② 丘处机：《学仙记》，《全元文》第1册，第19—20页。
③ 陶宗仪：《丘真人》，《南村辍耕录》卷10，中华书局1997年版，第121页。
④ 王恽：《尹志平神道碑铭》，《秋涧先生大全文集》卷56（《全元文》第6册，第484页）。

时可虽然说丘处机"一日有诏迎致,诚出自然,非有以要之也",但是亦指出"又其所以奏对者,皆以道"①。也就是说,丘处机急于见到成吉思汗的目的,就是要借成吉思汗的支持,发展、壮大全真道,所以既要向成吉思汗解释全真教的基本教义,也要表达希望得到成吉思汗重视的急迫之情。成吉思汗没有让丘处机失望,不仅称其为"神仙",下令免除道士差发、赋税,②还于1223年命丘处机"天下应有底出家善人都管著者"③,并对丘处机宣布"朕所有地,其欲居者居之"④。丘处机由西域返回后,居燕京(今北京市)大天长观(后改名长春宫)继续传道,"自是玄风大振,道日重明,营建者棋布星罗,参谒者云骈雾集,教门弘阐,古所未闻"⑤。在强大政治力量的庇护下发展全真道,丘处机的目的确实达到了。

(二)修身养命说

丘处机坚持全真道的禁欲主义,曾赋诗道:"粉黛与珍玩,繁华需热乱,欲知万事空,须作百年观。"⑥所以当成吉思汗询问丘处机是否有长生之药时,丘处机的回答是只有卫生之道,而无长生之药,关键就是清心寡欲。

在记录成吉思汗与丘处机见面情况的《玄风庆会录》中,记载了丘处机所述"修身养命"之道的四方面内容。⑦

第一,君主需要为天下保身养命。丘处机强调君主是身负除暴安良天命的人,要以健康的身体完成使命,所以需要按照他的说法防止色和欲的侵蚀。

> 陛下本天人耳,皇天眷命,假手我家,除残去暴,为元元父母恭行天罚,如代大匠斫,克艰克难,功成限毕,即升天复位。在世

---

① 陈时可:《长春真人本行碑》,《全元文》第5册,第7页。
② 《免丘处机等出家人差发税赋圣旨》,《全元文》第1册,第6—7页。
③ 《优待丘处机诏》,《全元文》第1册,第7页。
④ 陈时可:《长春真人本行碑》,《全元文》第5册,第6页。
⑤ 姬志真:《长春真人成道碑》,《云山集》卷4,北京图书馆古籍珍本丛刊本(《全元文》第2册,第108页)。
⑥ 丘处机:《警世》,《磻溪集》卷2,北京图书馆古籍珍本丛刊本。
⑦ 《玄风庆会录》全文,见《全元文》第1册,第266—271页。此文据传是耶律楚材所记,但有人认为是由全真道弟子编撰,伪托了耶律楚材之名。后涉及《玄风庆会录》的引文,均来自此文。

之间，切宜减声色，省嗜欲，得圣体康宁，睿算遐远耳。

第二，帝王必要行善。丘处机按照道教的攀附说法，将人间的帝王比附为天人下凡，并且强调帝王必须行善，才能回到天上复位和升职。

中国承平日久，上天屡降经教，劝人为善。降经之意，欲使古今帝王臣民皆令行善。

上至帝王，降及民庶，尊卑虽异，性命各同耳。帝王悉天人谪降人间，若行善修福，则升天之时，位逾前职。不行善修福，则反是。天人有功微行薄者，再令下世，修福济民，方得高位。

第三，节欲是保身的有效手段。丘处机向成吉思汗系统地解释了节欲的重要性和节欲的方法。

庶人一妻尚且损身，况乎天子多畜嫔御，宁不深损？陛下宫姬满座，前闻刘仲禄中都等拣选处女，以备后宫。窃闻《道经》云："不见可欲，使心不乱。"既见之，戒之则难，愿留意焉。

人以饮食为本，其清者为之精气，浊者为之便溺。贪欲好色，则丧精耗气，乃成衰惫，陛下宜加珍啬。一宵一为，已为深损，而况恣欲者乎？虽不能全戒，但能节欲，则几于道矣。

陛下试一月静寝，必觉精神清爽，筋骨强健。古人云："服药千朝，不如独卧一宵。"药为草，精为髓，去髓添草，有何益哉？陛下圣子神孙，枝蔓多广，宜保养戒欲，为自计耳。

丘处机还特别列举了金世宗的例子，以规劝成吉思汗节欲或禁欲。

昔金国世宗皇帝即位之十年，色欲过节，不胜衰惫，每朝会，二人掖行之。自是博访高道，求保养之方。亦尝请余问修真之道。余如前说，自后身体康强，行步如故，凡在位三十年升遐。

丘处机并不强求帝王禁欲和不近女色，因为对于妃嫔成群的帝王而言，确实很难做到。但是帝王本身要节欲和少近女色，尤其是不纵欲，只要说清楚了其中的养生道理，还是能够被帝王所接受的。

第四，修身之道贵在"中和"。丘处机以寿命之说强调中和的修身之道，向成吉思汗传授的主要是去怒、去喜、去忧等心法，其核心点依然是禁欲或者至少能够做到节欲。

> 道人治心之初甚难，岁久功深，损之又损，至于无为。道人一身耳，治心犹难，矧夫天子富有四海，日揽万机，治心岂易哉？但能节色欲，减思虑，亦获天佑，况全戒者邪。
>
> 修身之道，贵乎中和，太怒则伤乎身，太喜则伤乎神，太思虑则伤乎气，此三者于道甚损，宜戒之也。陛下既知神为真己，身是幻躯，凡见色起心，当自思身假神真，自能止念也。人生寿命难得，且如鸟兽，岁岁产子，旋踵夭亡，壮老者鲜，婴童亦如之，是故二十、三十为之下寿，四十、五十为之中寿，六十、七十为之上寿。陛下春秋已入上寿之期，宜修德保身，以介眉寿。

丘处机将天命观、帝王行善的观念与养生之道结合在一起，暗含政治哲学和政治行为的道理，确实是他向成吉思汗"传道"的高明之处。成吉思汗之所以将其视为"神仙"，就是因为欣赏他的劝诫之言，并认定这就是全真教的基本教义。

丘处机还专门向世人说明了四季的养生要求，以使更多的人能够得到全真教的帮助，可摘录于下。

> 春三月，此谓发陈。天地俱生，万物以荣。夜卧早起，广步于庭。被发缓行，以使志生，生而勿杀，与而勿夺，赏而勿罚，此养气之应、养生之道也。春日融和，当眺园林亭阁虚敞之处，用摅滞怀，以畅生气，不可兀坐以生他郁。天气寒暄不一，不可顿去棉衣。时备夹衣，遇暖易之，一重渐减一重，不可暴去。
>
> 夏三月属火，主于长养心气，火旺，味属苦。火能克金，金属肺，肺主辛，当夏饮食之味，宜减苦增辛，以养肺心气，当呵以疏之，嘘以顺之。平居檐下、过廊、堂、破窗，皆不可纳凉。此等所在虽凉，贼风中人最暴。惟宜虚堂净室、水亭木阴洁净空敞之处，自然清凉。

秋三月，主肃杀，肺气旺，味属辛，金能克木，木属肝，肝主酸。季秋谓之容平，天气以急，地气以明，早卧早起，与鸡俱兴，使志安宁，以缓秋形，收敛神气，使秋气平，无外其志，使肺气清，此秋气之应，养收之道也。

冬三月，天地闭藏，水冰地坼，无扰乎阳。早卧晚起，以待日光。冬月肾水味咸，恐水克火，心受病耳。故宜养心，宜居处密室，温暖衣衾，调其饮食，适其寒温。不可冒触寒风，老人尤甚，恐寒邪感冒，为嗽逆、麻痹、昏眩等疾。①

（三）不嗜杀人说

丘处机强调天道好生，反对杀生，曾作诗道："万灵中人最贵，超群化数属三才。品位愚夫甚却骋，凶顽便将为容易。杀害生灵图作戏，全不念，地狱重重暗记。一朝若大限临头，与沱家剀气。"② 在面临战乱时，好生之说就变成了反对杀人和期盼和平。丘处机在山东修道，"凡将帅来谒，必方便劝以不杀人"③。这样的观念也要传递给帝王，所以丘处机见到成吉思汗后，"每言欲一天下者，必在乎不嗜杀人"④。丘处机还希望成吉思汗早日停止西征，并留下了"十年万里干戈动，早晚回军望太平"和"我之帝所临河上，欲罢干戈致太平"的诗句。⑤

丘处机还曾以雷震为由，特别向成吉思汗解释了天道与孝的关系。

国人夏不浴于河，不浣衣，不造毡，野有菌则禁其采，畏天威也。此非奉天之道也。尝闻三千之罪，莫大于不孝者，天故以是警之。今闻国俗多不孝父母，帝（成吉思汗）乘威德，可戒其众。⑥

丘处机的这一说法，被成吉思汗所接受，但是在能看到的成吉思汗札撒中，并没有关于"孝"的要求，表明在道德观方面，中原人和草原游牧民之间还有较大差距，并非一两句话就能改变游牧社会的习俗和

---

① 丘处机：《摄生消息论》，丛书集成本。
② 丘处机：《警杀生》，《磻溪集》卷3。
③ 陈时可：《长春真人本行碑》，《全元文》第5册，第6页。
④ 《元史》卷202《释老传·丘处机》。
⑤ 李志常：《长春真人西游记》下，第4页。
⑥ 李志常：《长春真人西游记》下，第6—7页。

道德观念。

(四) 治国保民说

丘处机对于王朝兴衰（专指中国传统的农耕王朝，下同）、帝王霸业，本抱着化外之人的淡泊心理，并且在诗作中集中反映了这样的心理。

> 算来浮世忙忙，竞争嗜欲闲烦恼。六朝五霸，三分七国，东征西讨，武略今何在，空悽怆野花芳草叹。深谋远虑，雄心壮气，无光彩，尽灰槁。历遍长安古道，问郊墟百年遗老，唐朝汉市，秦宫周苑，明明见告故址留连，故人消散，莫通音耗。念朝生暮死，天长地久，是谁能保？①

化外之人要被新的统治者所赏识，就不能不在治国方略上有所建言。《玄风庆会录》记载的丘处机向成吉思汗讲述的"治国保民之术"，主要包括四方面的内容。

首先，丘处机强调了中原地区对蒙古统治者而言，不仅仅是可以取得大量财富的地方，也是可以取得治理传统和治国经验的地方。

> 四海之外，普天之下，所有国土，不啻亿兆，奇珍异宝，比比出之，皆不如中原。天垂经教，治国治身之术为之大备，屡有奇人成道升天耳。山东、河北，天下美地，多出良禾、美蔬、鱼盐、丝茧，以给四方之用，自古得之者为大国，所以历代有国家者，唯争此地耳。

其次，丘处机将修身与治国联系在一起，所强调的内修和外修之法，实际上要讲明的就是保国安民的治国道理。

> 陛下修行之法无他，当外修阴德，内固精神耳。恤民保众，使天下怀安，则为外行；省欲保神，为乎内行。

---

① 丘处机：《警世》，《磻溪集》卷3。

再次，丘处机指出中原之地由于"兵火相继，流散未集"，不仅要减免中原地区的税赋，还需要选能人加以治理。

> 宜差知彼中仔细事务者、能干官，规措匀当，与免三年税赋，使军国足丝帛之用，黔黎获苏息之安，一举而两得之，兹亦安民祈福之一端耳，自天佑之吉无不利也。如差清干官前去，依上措画，必当天心。苟授以非才，不徒无益，反为害也。

最后，丘处机认为可以参照金朝在原宋朝统治区建立齐国的做法，在中原地区建立过渡性政权。

> 初金国之得天下，以创起东土，中原人情尚未谙悉，封刘豫于东平，经略八年，然后取之，此亦开创良策也，愿加意焉。

在丘处机看来，由蒙古人扶持一个中原政权，比蒙古人直接统治中原地区更为有利，因为来自游牧地区的蒙古人确实需要一段时间，才能适应对农耕地区的管理。

全真道本来就有儒、释、道"三教合一"的特点，正如另一位全真道真人谭处端所述："三教由来总一家，道禅清净不相差，仲尼百行通幽理，悟者人人跨彩霞。"① 丘处机的政治观点，尤其是他向成吉思汗进言所呈现的修身养命、不嗜杀人、治国保民等说法，实际上大多来自儒家传统政治思想，不过是罩上了道教学说的外衣。这些观点之所以重要，就在于丘处机基于对乱世的认识，开出了走向治世的药方。如本书第一章所述，成吉思汗虽然尊重丘处机，给他以较高的地位，但是成吉思汗见到丘处机时已接近暮年，除接受丘处机的少数观点（如修身养命之道）外，并没有把丘处机的治国建议付诸实施并留给后人，所以对于丘处机所阐释的政治观念所造成的影响，不宜给予过度的解读。

二 丘处机弟子的政治观点

丘处机去世后，全真道继续发展，其弟子尹志平、李志常、李志全

---

① 谭处端：《三教》，《水云集》卷上，北京图书馆古籍珍本丛刊本。

等人，向窝阔台和蒙哥阐述了一些重要的政治观点。

（一）尹志平的三教同一说

尹志平（1169—1251年），字太和，东莱（今属山东）人，丘处机弟子，被门人称为清和真人，丘处机去世后主掌全真道，1238年主动让位于李志常，专事游历讲学，著有《葆光集》以及弟子段志坚编辑的《北游语录》。

窝阔台于1232年召见尹志平，"赐坐论道"，并于1236年命尹志平"试经云中"，令其"选天下戒行精严之士，为国祈福，化人作善"[①]。尹志平为窝阔台论道的内容已不可知，但是从他对他人所说的"修行之害，三欲食、睡、色为重。不节食即多睡，睡为尤重，情欲之所自出"来看，重点还应该是讲授丘处机倡导的修身养命之道。尹志平亦强调行善："不必句句谈玄是道，至于古人成败，世之善恶之事，道无不存。凡称人善，己慕之；称人之不善，己恶之。慕善恶恶之念，既存于心，必自有心去取者。行之有力，则至于全善之地。言之有益，兼听者足以戒，亦有所益。"[②] 对于功名利禄等，他也结合世事变迁，在诗作中强调了警戒的论点。

> 太古玄风事若何，无为无作自清和。嗟嗟衰世人情厚，种下无边业障魔。[③]
>
> 论道谈禅斗捷机，朦胧合眼便昏迷。贪名竞利心犹在，损己安人行岂知。益友不侵贤圣远，良朋难近虎狼随。一朝数满无由悔，闻早收心莫纵欺。[④]
>
> 迩来似觉精神涌，识破人间梦，皆因恬淡乐清和。与物无私，光照遍山河。如今普劝修真众，莫待空无用，一朝归去恨身卑。悔不当时，勤苦做修持。[⑤]
>
> 有衣能御寒，有食可充饥。两事如亏一，使人心意欹。还如衣

---

① 王恽：《尹志平神道碑铭》，《秋涧先生大全文集》卷56（《全元文》第6册，第484页）；李志全：《清和演道玄德真人仙迹之碑》，《全元文》第2册，第12页；弋毂：《尹宗师碑铭》，《全元文》第28册，第15页。
② 段志坚编：《清河真人北游语录》卷1，重刊道藏辑要本。
③ 尹志平：《咏今古》，《葆光集》卷上，正统道藏本。
④ 尹志平：《示众》，《葆光集》卷下。
⑤ 尹志平：《虞美人·劝世》，《葆光集》卷下。

食足，犹自纵贪痴。忽尔业盈满，临危更怨谁。①

劫运阴阳数，天灾人自招。一心常吉善，百祸永潜消。性正出言直，心偏口自讹。正邪皆自定，议论复如何。心平憎爱少，意曲是非多。逐恶沉幽境，归真潜大罗。降心知罪福，纵性属邪魔。上士尘情少，愚人嗜欲多。好辩机关恶，无争滋味长。欺谩成地狱。平等是天堂。有欲般般著，无情事事休。明心知道妙，见性悟真修。②

尹志平承继了全真教的"三教合一"观念，但更强调的是道、释、儒"三教同一"，在诗作中有所体现。

三教虽同人不同，既言西是必非东。目前便是分明处，了一真通不二宫。③

道显清虚妙，释明智慧深，仲尼仁义古通今，三圣一般心。不认忘名默悟，只解分门别户。一朝合眼见前程，悔恨不圆成。④

尹志平认可儒家学说对自己的影响，不仅在陈述自己观点时将儒家的纲常学说融入了道家学说，还特别强调只有求真，才能达到道家学说与儒家学说的紧密结合。

师父（丘处机）言："儒家论道，《论语》《孟子》尽之矣。"吾少时读此书便得其味，后入道又得其理。

圣人设教随时，自失道而后以德，至于用礼，皆不得不然。如全真教门，丹阳师父教法与长春师父甚有不同，亦不得不然耳。孔子以仁义礼智为教，然则孔子之道，又岂止于仁义礼智哉？圣人怀道，而不弃仁义礼智者，要应一时之用，应过则复于道。修行人内含其真，在仁为仁，在义为义，在礼为礼，在智为智，而不失其

---

① 尹志平：《戒不足》，《葆光集》卷上。
② 尹志平：《长春宫警世十首》，《葆光集》卷上。
③ 尹志平：《嶂州南阳村紫微观和移刺中书陈秀玉韵》，《葆光集》卷上。
④ 尹志平：《劝世》，《葆光集》卷中。

真，任世下降而独能复于古。①

> 怀仁抱义，五帝三皇因此治。抱义怀仁，天下生灵一体亲。勤参道德，建国成家为法则。道德勤参，更与修身作指南。②

还需要注意的是，尹志平认为丘处机的"帝王悉天人谪降人间"的说法并不准确，应该将谪降改为自降。

> 帝非谪降，乃自降也，因上天议大行，以天上无可施为，愿施于下土。初世为民，凡有利益于世者，知无不为，再世为官僚，其功以得济众，三世为帝，遂贻万世永赖之功。故知天人必施功德于世，使下民用之不竭，方始复升，安居其上。③

尹志平提出的帝王由天自降并造福于民的说法，显然更容易被最高统治者所接受。但更为重要的是，他的"三教同一"观点，尤其是"以道释儒"的方法，对全真教的后继者起了重要的政治定调作用。

（二）李志常的君主爱民说

李志常（1193—1256 年），字浩然，号真常子，观城（今山东范县）人，丘处机弟子，1238 年主掌全真道，著有《长春真人西游记》等。

1229 年，李志常谒见窝阔台汗，"时方诏通经之士教太子"，李志常进《易经》《诗经》《道德经》《孝经》等，"且具陈大义"。1233 年，李志常奉诏旨在燕京教授蒙古贵族子弟十八人。1235 年，李志常又奉诏在哈剌和林建道观。1255 年，李志常谒见蒙哥汗，蒙哥咨以治国保民之术，并向李志常询问："朕欲天下百姓安生乐业，然与我同此心者，未见其人，何如？"李志常答道："自古圣君，有爱民之心，则才德之士，并应诚而至。"也就是说，只要君主能够爱民，才能得到有识之士的真诚拥戴，这显然是儒家的观点。李志常建议"勋贤并用，可成国泰民安之效"，蒙哥表示愿意接受这一意见。李志常以儒者入道，"事师谨，与人忠"，不仅积极庇护因战乱"窜名道籍"的儒士，④

---

① 段志坚编：《清河真人北游语录》卷1、卷4。
② 尹志平：《减字木兰花·怀仁县》，《葆光集》卷下。
③ 段志坚编：《清河真人北游语录》卷2。
④ 王鹗：《真常真人道行碑铭》，《全元文》第 8 册，第 29—31 页。

在政治观念上也更偏重于儒家学说。

李志常去世后,弟子张志敬(1220—1270年)接掌全真道。"全真之教,以识心见性为宗,损己利物为行,不资参学,不立文字。自重阳王真人(王喆)至李真常(李志常),凡三传,学者渐知读书,不以文字为障蔽。"张志敬掌教后,"大畅宏旨,然后学者皆知讲论经典,涵泳义理"①。也就是说,尹志平和李志常将儒家学说融入道家学说后,确实对全真教的传承产生了重要的影响,这恰是他们通过向窝阔台、蒙哥"论道"所起的作用。

(三)王志坦的为民除害说

王志坦(1200—1272年),字公平,相州汤阴(今属河南)人,丘处机弟子,元世祖至元七年(1270)接掌全真道,门人称其为淳和真人。

蒙哥汗即位后,王志坦经常往返于哈剌和林与燕京之间。1253年,蒙哥向王志坦询问养生之术,王志坦就此作了以下的回答。

> 此山林枯槁之士为一己之务,非天子之急务也。惟天地万物父母,惟人万物之灵,爱民不能独治,遂立之君。皇帝代天治民,当于民兴大利除大害,以奉承天心,则天降之福寿,如影响之应形声矣。往年扫除弊政,与民更始,而民之安生者然,已受赐矣。惟国朝自开创以来,干戈饥谨,刑罚或中或否,其横罹凶害,沉魂滞魄,困于幽狱,无由出离者,可胜计哉。愿皇帝圣慈,选有道之士,依黄箓玄科,普行济度,使幽魂苦爽,出离冥途,咸遂超升,此莫大之泽矣。②

蒙哥接受王志坦超度死者亡灵的建议,于1254年在燕京举办了七昼夜的黄箓大醮。王志坦对于无心于中原治理的蒙哥汗,一方面要正面肯定其即位初期的善举,另一方面也要借助超度亡灵指出战争和滥用刑罚带来的巨大社会危害,可见为君主答疑解惑确实不易。

(四)姬志真的三教并用说

姬志真(1193—1268年),本名翼,字辅之,泽州高平(今属山

---

① 王磐:《诚明真人道行碑铭》,《全元文》第2册,第303页。
② 冯志亨:《敕建普天黄箓大醮碑》,《全元文》第1册,第113页;高鸣:《淳和真人道行之碑》,《全元文》第2册,第417页。

西)人，少年学儒，金亡后入全真教，号知常子，曾在燕京主掌朝元宫，著有《云山集》等。

姬志真由儒入道，对"三教并用"的政治观点持赞同态度，并特别强调了以下看法。

> 天下之学道者，各有所宗，或宗道，或宗儒，或宗释。所宗虽异，其所主者心也。心之所修，以无为清静、明真削伪者，为虚玄之道；习忠孝廉洁，为君子之道；行仁义礼智，为君子之道；通天地，合造化，利人物者，则为圣人之道；蓄是非彼我，利欲私邪，毁誉争竞者，则为小人之道。如此所行善恶不同，同根于心矣。①

也就是说，在姬志真看来，无论是道家、佛家还是儒家，都只能通过修心来达到君子之道乃至圣人之道。

姬志真还指出："道即是心，心即是道，道新历久，即是真功，利益一切，即是真行。"② "心不妄动，专以精诚，内自安静。精神安静，外境不入，邪气不袭，久久之固。涵养深厚，即可以日新应变，酬酢无穷也。扩而充之，治人事天，绪余土苴，天下国家亦可以济矣。"③ 在治国中要讲究心不妄动，应是姬志真的重要政治观点。坚持这样的政治观点，既要看破古今兴废，如姬志真在诗中所言："古今兴废存亡，落花满地香风扫，茫茫苦海，洪波千丈，无穷胶扰。"④ 也要看破功名与富贵，如姬志真在诗中所表述的："功名富贵，似无绳缚尽。英雄豪杰，古往今来同影戏，顷刻存亡兴灭。罗绮妻孥，画堂金玉，招感人窥窃。繁华装点，大都多少时节。自造恶业重重，头皮改换苦楚，经多劫争似抽身。闻早省时，把狂心休歇，世网冲开，玄关拨转，自得真仙诀。功成归去，一轮江上明月。"⑤ 恰是因为姬志真对王朝更替等看得更透彻，所以他并没有像各位全真教教主一样与蒙古国的统治者拉关系，即便是在燕京，也没有看到他与忽必烈有所交往。

---

① 姬志真：《邪正评二》，《云山集》卷5，北京图书馆古籍珍本丛刊本（《全元文》第2册，第80页）。
② 姬志真：《功行说六》，《云山集》卷5（《全元文》第2册，第78页）。
③ 姬志真：《修行法门》，《云山集》卷5（《全元文》第2册，第71页）。
④ 姬志真：《水龙吟（其三）》，《云山集》卷3。
⑤ 姬志真：《酹江月（其三）》，《云山集》卷3。

综观丘处机主要弟子的政治观念，其基本脉络与丘处机相同，都是在道家的修身养生学说中，暗含治国保民的儒家政治观点，并希望以此来打动蒙古国的最高统治者，使其允许对中原地区的统治改弦更张。应该说，由成吉思汗开始的对全真教的重视，确实被窝阔台和蒙哥所继承，全真教也因此有了更快的发展；但是对于来自全真教掌教人的论道，窝阔台和蒙哥显然不像成吉思汗那样有兴趣，所以难以对蒙古国的政治走向产生重要的影响。

三 佛教的"救世"观念

金、蒙交替时期的佛教名师，如万松、海云等人所阐释的"救世"观念，亦是乱世中政治思想的重要表现。

（一）万松倡"儒释兼备"

释行秀（1166—1246 年），号万松野老，他人尊称为万松老人（简称"万松"），俗姓蔡，河中府解州解县（今属山西）人，15 岁出家，累迁为燕京报恩寺住持，著有《释氏新闻》《从容庵录》《请益录》《万松老人万寿语录》等。

万松作为北方佛教的著名人物，在与统治者打交道方面有几次重要的经历。一是金章宗明昌四年（1193），万松受邀在宫廷讲授佛法。二是 1215 年蒙古军占领燕京，万松因未随金廷南迁，留在燕京，受到礼遇。三是万松受大头陀教的诬陷，曾短期入狱并流亡海上。四是 1230 年万松受到窝阔台的赏赐，并要求他为君主"焚香祝寿"。五是 1232 年万松觐见攻金返回的窝阔台，并使佛寺得到蠲免徭役的待遇。六是 1236 年窝阔台要求以考试淘汰僧人和道士，在万松和海云等人的斡旋下，虽有考试但未大规模淘汰僧人和道士。[①]

万松有高深的佛学造诣，曾经师从万松三年的耶律楚材后来对此作出了以下评价。

> 余忝侍万松老师，谬承子印，因遍阅诸派宗旨，各有所长，利出害随，法当尔耳。云门之宗，悟者得之于紧俏，迷者失之于识情。临济之宗，明者得之于峻拔，昧者失之于莽卤。曹洞之宗，智

---

① 关于万松的生平，参见刘晓《万松行秀新考——以〈万松舍利塔铭〉为中心》，《中国史研究》2009 年第 1 期。

者得之于绵密,愚者失之于廉纤。独万松老人得大自在三昧。决择玄微,全曹洞之血脉。判断语录,具云门之善巧。拈提公案,备临济之机锋。①

按照耶律楚材的说法,万松能够兼采佛教云门宗、临济宗、曹洞宗三宗的长处,发扬光大了曹洞宗的学说。由此,对于万松基于佛学的政治观点,需要特别注意三个重要的理念。

第一个是儒释兼备的治国理念。万松在其政治观点阐释中能够做到"儒、释兼备,宗说精通,辩才无碍"②,并且特别强调:"儒道二教,宗于一气。佛家者流,本乎一心。"③万松教谕耶律楚材"以儒治国,以佛治心",耶律楚材回以"破二作三,屈佛、道以徇儒情"④,得到万松的赞赏,并有了以下评价:"行九流而止纵横,立三教而废邪伪,外则含弘光大,御侮敌国之雄豪;内则退让谦恭,和好万方之性行。世谓佛法可以治心,不可以治国,证之于湛然(耶律楚材)正心修身、家肥国治之明效,吾门显诀,何愧于《大学》之篇哉。"⑤由此可以看出,在治国理念上万松虽然强调儒家思想和佛教思想结合,但是他本身并不排斥道教,所以在耶律楚材提出综合儒、释、道思想的治国理念时,万松就明确表示他很欣赏耶律楚材的做法,并认为这样的做法实际是发展了本宗门的学说。

第二个是各安其分的太平理念。针对如何求得高于小康的至治和太平的问题,万松明确表示最理想的状态是"野老家风,击壤讴歌。礼乐文章,翻成特地。卢陵米价,可晒深玄。舜德尧仁,淳风自化。村歌社饮,得其所哉。月白风清,各安其分"。这实际上是一种复古的、崇信无为而治的太平理念。与之相联系的,就是万松对"治心"的一些重要要求。一是"一分心行,是一分慈悲。不吃一交,不学一便。可谓果从花里得,甘向苦中来"。二是"有心而平,未若无心而不平。所以无星秤上饶人卖,双陆盘中信彩赢";"秤锤移到彻梢头,忽然拶落

---

① 耶律楚材:《万松老人万寿语录序》,《湛然居士文集》卷13,谢方点校,中华书局1986年版(《全元文》第1册,第230页)。
② 耶律楚材:《万松老人评唱天童觉和尚颂古从容庵录序》,《湛然居士文集》卷13(《全元文》第1册,第220—221页)。
③ 释行秀:《从容庵录》卷1,大正藏本。
④ 耶律楚材:《寄万松老人书》,《湛然居士文集》卷13。
⑤ 释行秀:《领中书省湛然居士文集序》,《全元文》第1册,第21—22页。

翻斤斗"。三是"种田博饭虽是家常,其奈不是饱参不知其趣。古人深山里、钁头边、折脚铛中煮脱粟饭。富不过知足,一世不求人。贵不过清闲,何须印如斗。所以道,参饱明知无所求"。四是"国王贪他一粒米,尊者失却万年粮。只知铁脊撑天,不觉脑门着地。若要扶起,除是天童"。五是"大似个人把祖父家门、产业并眷属自身,一契卖却,置得个水晶瓶子,终日随形守护,如眼睛相似。莫教万松见。定与捏破,教伊撒手掉臂,作个无忌讳快活汉"①。万松的这些要求,就是强调只有按照"法自然"的原则,才能理解"治心"的奥秘,达到无欲、无求和参破人生的境界。

第三个是不谄媚于统治者的理念。1206 年万松任仰山栖隐寺住持,金章宗巡幸至仰山,有人向万松建议按照旧例向皇帝进献珍玩,万松回答道:"十方檀信布施,为出家儿,余与若不具正眼,空食施物,理应偿报,汝不闻木耳之缘乎?富有四海,贵为一人,岂需我曹之珍货也哉!且君子爱人也以德,岂可以此瑕颣贻君主乎!"万松只是手抄一偈语,进献给章宗,得到章宗赞赏。章宗回宫后,派使者赐钱二百万,使者要求万松跪听圣旨,万松回问:"出家儿安有此例?"使者怒言:"若然,则予当回车。"万松答道:"传旨则安敢不听,不传则亦由使者意。"最终万松只是焚香站立听旨,章宗听说后也只是责骂了使者,并没有怪罪于万松。②万松之所以有这样的作为,一方面是显示出他不屈从于帝王和豪贵势力,另一方面则是提醒当政者不要率性而为。

万松的政治观点之所以重要,就在于他所倡导的"以佛释儒",所要体现的是在草原帝国统治思想占主导地位的情势下,对中国农耕王朝传统治道思想的坚持和弘扬,使佛教人士也能起到助成治世的作用。

(二)海云解"佛法大要"

释印简(1202—1257 年),号海云,俗姓宋,岚谷宁远(今属山西)人,师从中观沼禅师,后成为佛教临济宗在中原的重要代表人物。③

---

① 释行秀:《从容庵录》卷 1、卷 2、卷 5。
② 耶律楚材:《释氏新闻序》,《湛然居士文集》卷 13(《全元文》第 1 册,第 227—228 页)。
③ 王万庆:《海云大禅师碑》,引自觉真《法源寺贞石录元碑补录》,《北京文物与考古》第 6 辑,2004 年;程矩夫:《海云简和尚塔碑》,《雪楼集》卷 6,四库全书本(《全元文》第 16 册,第 345—347 页)。本小节引文未注明出处者,均来自此二碑。

海云在年少时即被金宣宗赐以通玄广惠大师之号。1219年蒙古将领木华黎率军攻占岚州（今山西岚县），中观沼禅师与海云均被蒙古军所俘。在西征途中的成吉思汗特别遣使告诉木华黎："老长老（中观沼）、小长老（海云）是告天之人，可好存济，无令欺辱，与免差役。"木华黎奉诏将中观沼禅师与海云安置在兴安的香泉寺，以中观沼为悲云正觉大禅师，中观沼不接受，以海云为寂照英悟大师，海云未推辞，此后世人都称海云为"小长老"。木华黎显然对中观沼拒绝接受蒙古人的封号不满，在次年再次攻占岚州后将中观沼禅师与海云留在军营中，这应该是海云一生最为困苦的时期。按后人的记载，"中观年老，载以犊车，师（海云，下同）亲执御。至樵薪汲水，抵冒风霜，道涂冰雪，踪足暴露，悬釜而炊，毕力以供其役。艰苦万状，人所不堪，见者怜之，师乃谓之曰：'古人修行，经无量劫曾无疲倦，我何敢与古人为比。幸吾师得安足矣，夫何辞焉。'"不久后中观沼禅师去世，海云"为之殡葬，以礼乞食，以守其坟"，以此来报答多年来老师对他的照顾。

海云真正受到礼遇是从燕京开始的。1221年海云至燕京，被庆寿寺住持中和老人（俗姓章）所接纳。次年，木华黎以海云为兴州仁智寺住持。1224年孛鲁国王（木华黎之子）请海云为兴安永庆寺住持，并请海云游历辽阳等地的寺院，"为国焚香"。次年，海云接受耶律楚材的邀请，担任燕京庆寿寺住持，海云"事中和于西堂，承奉之礼莫不备至"。1230年塔思国王（孛鲁之子）又以私人之请，使海云再为兴安永庆寺住持，并在次年被国王授以燕赵国大禅师的名号。1232年中和老人去世，受中和老人嘱托，海云兼任庆寿寺住持。也就是说，海云在中原地区佛教界地位的快速攀升，与木华黎家族的鼎力扶持有密切的关系。

窝阔台曾于1231年授予海云"答心自在行"的诏书。海云在窝阔台在位期间利用与官员、使者等的接触，表达过一些重要的政治观点。

1233年秋季，窝阔台派遣大官人阿同葛、丞相厦里（夏里）等人驻燕京勘问公事，厦里慕海云之名，不仅到庆寿寺拜见海云，还受戒于海云，海云借机为佛教争取到了应得的优遇。"时京城及天下寺宇，皆为军民人区之所占，据丞相以闻，蒙降御宝宣谕，悉令遣去"；"寺宇始得肃清，为佛净界"。

海云还明确指出了厦里及其属下"以严为治"的方法极为不妥：

"燕之残民，遭罹变故，京城闭困之久，存者无几，今正宜安辑。……犹草木之经严霜，不以春阳煦之，则芽甲不复生矣。国以民为本，无民则何以为国。丞相既能施财奉佛作善事，佛之人，人为善，无大于此。"厦里等人认可海云的看法，在一定程度上改变了燕京的苛政局面，并被时人表彰为"善治"行为。

孔子五十一世孙孔元措至燕京，要求袭封衍圣公，未得到回复。海云特向阿同葛等人建言："天下共誉孔子天生圣人，善稽古典，以大中至正之道，三纲五常之理，性命祸福之原，君臣父子夫妇之道，治国齐家平天下，正心诚意之本。自孔子至此，袭封凡历五十一代，有国者皆使之承袭祀事，未之或阙。"阿同葛为此上奏窝阔台，于1233年六月下诏以孔元措袭封衍圣公。海云还请求免除颜子、孟子后人以及儒者的徭役赋税，大力兴办学校，也得到了燕京部分官员的赞赏。尤为重要的是，海云在与王侯讨论治民之道时，必以儒教为先，显示了他并未因身为佛教宗师，只谈佛学而不谈儒家治国之道。

1234年，窝阔台以胡土虎（忽鲁忽、忽都护）那颜为中州断事官。[①] 胡土虎特别向海云咨询了三个问题。一是如何应对蝗灾，海云的回答是蝗灾应由官政民心共同应对，只有平政息役，才能消除灾蝗。二是如何看待出猎，海云的回答是救人为急，驰骋娱乐之事非所为宜，急需做的应是选俊乂，罢游猎，以养国体。三是如何看待刑赏，海云的回答是必当以仁恕为心，以正刑赏，乃为善举。对于来自蒙古国的其他使者，海云也往往强调"佛以慈悲，于物安利众为心，宜慎行之"。

1236年，窝阔台派人考选僧人、道士，丞相厦里向海云转达的胡土虎的要求是"今奉圣旨，差官试经，以为识字者可为僧，其不识字者悉令还俗"。海云答道："山僧元不看经，一字不识。若今了知此事，深谙佛法，应知世法，即是佛法道情，岂异人情哉。古之人亦有负贩屠钓者，立大功名于当世，载在史策，千载而下，凛凛然如有生气。且僧之作用，本去尘俗，不尚世学，以悟为期。为国为民，建法幢，立宗旨，转大法轮，当世岂宜与骋士同科。"海云还特别强调："国家先务，节用爱民，锄奸立善，以保天命，我辈乌足计哉！"厦里

[①]《元史》卷2《太宗纪》。

向胡土虎转达了海云的看法，胡土虎遂改为只考试而不淘汰僧人和道士。

海云还通过与忽必烈的交往，与拖雷家族建立了密切的关系。1242年，忽必烈将海云请到漠南的营帐，"数延问佛法之要，在家出家异同"。海云的回答是："佛性被一切处，非染非静，非生非灭，岂有在家出家之异。在天地则为盖，载在日月则为照临，在吾皇则无为而治，在王为忠孝以奉。"海云还建议忽必烈"去奢从俭，非礼勿言，知足奉佛，辨明果当可言之地，宜尽忠诚，无以犯颜是畏"。忽必烈赞赏海云的说法，并受戒于海云。蒙哥和忽必烈之母唆鲁和帖尼听说海云道行孤高并善于演明佛法后，不仅将海云奉为佛教大宗师，亦在海云重修庆寿寺时，让忽必烈、木哥、旭烈兀等赠送金银，以为襄助。海云还将弟子刘秉忠推荐给忽必烈，使其成为重要的谋臣，详见后述。

1251年，蒙哥特命海云掌释教事，[①] 使海云的地位更为崇高。次年，忽必烈再次将海云请到漠南营帐，询问佛法大义。海云的回答是："殿下（忽必烈）亲为皇弟，重在藩寄，宜稽古审得失，举贤错枉，以尊主庇民为务。佛法之要，孰大于此？"海云还特别强调"以圣政下以安靖万方为心，及闲暇之时究竟佛祖本心"是体会佛法的修心之法，深得忽必烈的赞赏，并尊海云为师。在忽必烈的带动下，木哥、旭烈兀等人也相继尊海云为师。

综观海云所阐释的各种政治观点，其核心就是将佛家的"以仁恕为心"与儒家的传统治道学说结合，不仅要求人心向善，还要求统治者以安民心为要务，并且用"正心"约束自己。他所强调的佛性无所不在的佛法大要，在政治层面体现的是无为而治的政治原则和以忠孝为基本规范的政治秩序，结合了儒、道的思想，亦符合当时"三教合一"政治观念的总体发展趋势。

比较蒙古国时期道教人士和佛教人士所反映出的政治观念，可以看出尽管道、佛两界都要阐释儒家的治国理念，都迫切期望由乱转治，但重大的区别是道家往往将儒家理念隐藏在养生学说之中，佛家则更直接地阐释儒家理念，而不是将其蕴含在佛法之内。恰是因为有这样的区

---

① 《元史》卷3《宪宗纪》。

别，使得统治者更重视道教，而不是佛教，因为道教毕竟能够提供长寿的方法，比佛教更适合统治者的口味。需要注意的是，恰是在统治者崇信宗教的背景下，道教人士和佛教人士扮演了农耕王朝统治思想阐释者或代言人的角色，成为中国政治思想发展的一个亮点，显示的是在特定的政治环境下，会出现不同的政治思想传播路径。尽管这样的传播路径持续时间不长，但还是应肯定其价值和作用。

第二节 耶律楚材的治世理念

耶律楚材（1190—1244年），字晋卿，号湛然居士，契丹人，成吉思汗在位时以必阇赤身份服务于蒙古汗廷并跟随成吉思汗西征，窝阔台即蒙古大汗位后，受命管领中原财赋，后来陷入与回回商人之间的义利之争，政治上失意，郁郁而终。[①] 耶律楚材一生勤于著述，但流传下来的只有《湛然居士文集》《西游录》等著作，[②] 从中可以归纳出他对治世理念的解释。

一 "三教并用"的思想范式

耶律楚材幼学儒学，又从万松老人学佛学，后来"破二作三"，形成了兼通儒、释、道三教的思想范式。

（一）由"儒佛兼备"到"三教同源"

耶律楚材以学习儒学为开端，"年十七，书无所不读，为文有作者气"[③]。金章宗时，耶律楚材参加宰执子弟的选拔尚书省掾（令史）考试，"所对独优，遂辟为掾"[④]，由此步入仕途。金中都（今北京）被蒙古人占领后，耶律楚材"功名之心束之高阁，求祖道愈亟"，希望投入圣安寺澄公和尚门下学佛。澄公和尚以前曾为耶律楚材解答过有关佛学的问题，此时却不同意收耶律楚材为徒，但推荐他向万松老人学佛，并

[①] 耶律楚材的生平，参见黄时鉴《耶律楚材》，上海人民出版社1986年版；刘晓《耶律楚材评传》，南京大学出版社2001年版。本节所述耶律楚材的政治思想，参考此二书颇多，不再一一注明。

[②] 关于耶律楚材的政治思想，参见刘泽华总主编《中国政治思想通史·宋元卷》，中国人民大学出版社2014年版，第359—369页。

[③] 宋子贞：《中书令耶律公神道碑》，《元文类》卷57（《全元文》第1册，第170页）。

[④] 《元史》卷146《耶律楚材传》。

向耶律楚材陈述了以下理由。

> 昔公位居要地，又儒者多不谙信佛书，惟搜摘语录，以资谈柄，故予不敢苦加钳锤耳。今揣君之心，果以本分事以问予，岂得犹袭前愆，不为苦口乎！予老矣，素不通儒，不能教子。有万松老人者，儒、释兼备，宗说精通，辩才无碍，君可见之。

耶律楚材接受澄公和尚建议，于27岁时（应为1216年）"受显诀于万松"，尽弃旧学，"杜绝人迹，屏斥家务，虽祁寒大暑，无日不参，焚膏继晷，废寝忘食者几三年"，"尽得其道，万松面授衣颂，目之为湛然居士从源"①。万松老人之所以称耶律楚材为"湛然"，就是因为他经过苦学，已经对佛学达到了"湛然大会其心"的境界。

耶律楚材参禅三年，融会儒、佛思想，接受了万松老人的"以儒治国，以佛治心"的政治观念，不仅"常谓以吾夫子之道治天下，以吾佛之教治一心，天下之能事毕矣"②；还特别强调了"穷理尽性莫尚佛法，济世安民无如孔教。用我则行宣尼之常道，舍我则乐释氏之真如"③。同时，耶律楚材也曾研究过道教经典，"尝读《道》《德》二篇，深有起予之叹"④，所以能够"破二作三"，形成融会儒、佛、道的思想范式。"以儒治国，以佛治心"的论点，也被三教并用的论点所代替："若夫吾夫子之道治天下，老氏之道养性，释氏之道修心，此古今通议也。"⑤

耶律楚材认为"三圣人教皆有益于世者"，不仅明确表示赞同丘处机三圣教相同的说法，还对如何使三教发挥作用作了更具体的阐释。

> 丘公初谓三圣教同，安有分别，自云军国之事非己所能，道德

---

① 耶律楚材：《万松老人评唱天童觉和尚颂古从容庵录序》，《湛然居士文集》卷8，谢方点校，中华书局1986年版（《全元文》第1册，第221页）；释行秀：《领中书省湛然居士文集序》，《全元文》第1册，第21—22页。
② 耶律楚材：《西游录》下，向达校注，中华书局1981年版，第13页。
③ 耶律楚材：《寄用之侍郎》，《湛然居士文集》卷6。
④ 耶律楚材：《西游录》下，第13页。
⑤ 耶律楚材：《寄赵元帅书》，《湛然居士文集》卷8（《全元文》第1册，第214页）。

之心令人戒欲。三圣人教弛而复张，固仆之愿也，予闻此安得不赞之乎？

> 以能仁，不杀、不欺、不盗、不淫，因果之诫化其心，以老氏慈俭自然之道化其迹，以吾夫子君君、臣臣、父父、子子之名教化其身，使三圣人之道若权衡然行之于世，则民之归化，将若草之靡风，水之走下矣。①

也就是说，融会三教是为了发扬三教的各自特长，形成合理的政治规范，尤其是要注重以佛教化心，以道教化行，以儒教化身，而所谓"化"者，就是要有必要的政治约束。

耶律楚材还接受隋朝王通（580—617年）"三教可一"的思想，②提出了"三教同源"的论点，并通过诗词阐释了这样的论点。

> 三教根源本自同，愚人迷执强西东。南阳笑倒知音士，反改莲宫作道宫。③
> 三圣真元本自同，随时应物立宗风。道儒表里明坟典，佛祖权宜透色空。曲士寡闻能异议，达人大观解相融。长沙赖有莲峰掌，一拨江河尽入东。④

在耶律楚材看来，"三教同源"作为新说，其难点就是只有学问高深的人才能对此有全面的理解。

（二）明三教正邪

耶律楚材融会儒、释、道三教，容易引起三教中人的讥讽，正如耶律楚材在给万松老人的信中所言："以儒治国，以佛治心，庸儒已切齿，谓弟子叛道忘本矣，又安足以语大道哉！"⑤对于来自各方面的非议，耶律楚材一方面强调"三圣人教鼎峙于世，不相凌夺，各安攸居

---

① 耶律楚材：《西游录》下，第16、19页。
② 耶律楚材在《复用前韵唱玄》（《湛然居士文集》卷2）中，有"高卧嵩莱傲唐室，清风千古独王通"的诗句。
③ 耶律楚材：《过太原南阳镇题紫薇观壁三首（其三）》，《湛然居士文集》卷6。
④ 耶律楚材：《题西庵归一堂》，《湛然居士文集》卷2。
⑤ 耶律楚材：《寄万松老人书》，《湛然居士文集》卷13（《全元文》第1册，第217页）。

斯可矣"①。另一方面，他又力主排斥各宗教中的异端邪说，并明确提出了辨邪的理由。

> 夫圣人设教立化，虽权实不同，会归其极，莫不得中。凡流下士，唯务求奇好异，以眩耳目。噫，中庸之为德也，民鲜久矣者，良以此夫。吾夫子云："中人以下，不可以语上也。"老氏亦谓："下士闻道大笑之。"释典云："无为小乘人而说大乘法。"三圣之说不谋而同者何哉？盖道者，易知易行，非掀天拆地、翻海移山之诡诞也，所以难信难行耳。举世好乎异，囚执厥中。举世求乎难，弗行厥易。致使异端邪说，乱雅夺朱，而人不能辨。悲夫，吾儒独知杨墨为儒者患，辨之不已，而不知糠禅为佛教之患甚矣。不辨犹可，而况从而和之，或为碑以纪其事，或为赋以护其恶。噫，天下之恶一也，何为患于我而独能辨之，为患于彼而不辨，反且羽翼之，使得既问奸恶，岂吾夫子忠恕之道哉！②

按照耶律楚材的上述看法，各宗教的异端邪说尤其是杨墨（杨朱、墨翟）和糠禅（头陀教）之说，不仅影响对三教并用的认识，更对儒、释、道带来重大的危害，所以他要写《辨邪论》，以正视听。耶律楚材所著《辨邪论》等虽已不存，但是从其他著述中可以看出他的一些基本观点。

在儒、释、道三教中，耶律楚材最倾向于佛教，他的三教并用主张，实际上是以佛教为本位，以佛教兼容儒、道。在佛教各流派中，耶律楚材笃信的是禅宗，但是并不反对律宗和教宗（主要指天台、华严、法相三宗），而是反对那些长期游离于佛教传统宗派之外的各派别，即"西域九十六种，本方毗卢、糠、瓢、白莲、香会之徒，释氏之邪也"。耶律楚材最主要驳斥的是流行于中国北方的糠禅（头陀教）的异说，并明确指出："夫糠孽乃释教之外道也，此曹毁像谤法，斥僧灭教，弃布施之方，杜忏悔之路，不救疾苦，败坏孝风，实伤教化之甚者矣。"③头陀教创教于金朝初期（1123—1127年），其主旨是清静寡欲、修头陀

---

① 耶律楚材：《西游录》下，第19页。
② 耶律楚材：《辨邪论序》，《湛然居士文集》卷8（《全元文》第1册，第220页）。
③ 耶律楚材：《寄赵元帅书》（《全元文》第1册，第214页）。

苦行、严守戒律，倡导的是穿衣随便、经常乞食但不留余食、随处坐卧等修行方法，是下层民众喜爱的佛教修行方法，故"市井工商信糠者十居四五"①。耶律楚材反对头陀教，就在于它打破了佛教坐寺或居家清修的规矩，有损佛教的形象。

耶律楚材以学儒为起点，转而学释、道，不能不顾及自己的儒士本色，有时不得不"屈佛、道以徇儒情"。但是对于已经盛行于南宋的理学（道学），耶律楚材持的是批判态度。他同意李纯甫（？—1231年，号屏山居士）"儒者尝为佛者害，佛者未尝为儒者害"的说法，并解释其原因是"盖儒者率掌轻衡，故得高下其手。其山林之士，不与物兢，加以力孤势劣，曷能为哉"②。耶律楚材还附和李纯甫批判理学著作《鸣道集》的观点，指出"江左道学倡于伊川昆季，和之者十有余家，涉猎释老，肤浅一二，著《鸣道集》，食我园椹，不见好音，诬谤圣人，聋瞽学者"。他还特别赞赏李纯甫能够做到"会三圣人理性之学，要终指归佛祖而已"③。李纯甫著《金刚经别解》，耶律楚材亦指出该书的特点是"取儒、道两家之书，会运、斐二师之论"，"融理事之门，合性相之义"④。耶律楚材不赞同理学从天人合一角度评价儒学的路径，因为他秉持的是佛学高于儒学的观点。以形而上的佛学来指导形而下的儒学，耶律楚材对于表面信佛的儒士有以下批评。

> 吾儒中喜佛乘者固亦多矣，具全信者鲜焉。或信其理而弃其事者，或信其理事而破其因果者，或信经论而诬其神通者，或鄙其持经，或讥其建寺。尘沙之世界，以为迂阔之言；成坏之劫波，反疑驾驭之说。亦何异信吾夫子之仁义，诋其礼乐，取吾夫子之政事，舍其文学者耶。⑤

---

① 温玉成：《金元糠禅述略》，《元史论丛》第5辑，中国社会科学出版社1993年版，第231—234页。

② 耶律楚材：《糠孽教民十无益论序》，《湛然居士文集》卷13（《全元文》第1册，第226页）。

③ 耶律楚材：《屏山居士鸣道集序》，《湛然居士文集》卷14（《全元文》第1册，第231页）。

④ 耶律楚材：《屏山居士金刚经别解序》，《湛然居士文集》卷13（《全元文》第1册，第229页）。

⑤ 耶律楚材：《楞严外解序》，《湛然居士文集》卷13（《全元文》第1册，第224页）。

也就是说，儒者喜佛和信佛是有所不同的，要信佛必须有诚意，尤其是掌握佛学真谛，而不是一知半解，半信半疑。恰是因为耶律楚材苦心钻研过佛法，所以他认为有资格和相应的学识去教训士人。

耶律楚材学道较晚，承认"学道宗儒难两全"①，但是这并不妨碍他从道教中汲取有用的养分，并展开对道教邪说的批判。耶律楚材认为"全真、大道、混元、太一、三张左道之述，老氏之邪也"，实际上是将当时的新老道教派别全部否定了，并且最主要批判的对象就是全真教。耶律楚材对全真道真人丘处机有十大不满，最难容忍的是全真道掌门人纵容道士毁佛教寺院，建全真道观，并对此有严厉的批评。

> 果欲弘扬本教，固当选地结缘，创建宫观，不为道门之光乎！大丈夫窃人之宇所，毁人之祖宗以为己能，何异鼠窃狗盗邪？所谓因人成事者也，岂不羞哉！兵火之事，代代有之。自汉历唐，降及辽宋，代谢之际，干戈继作，未尝有改寺为观之事。渠蔑视朝廷，而敢为此乎！②

对于全真教这类卑劣的行为，耶律楚材的主张是依照"杂律有毁像之严刑，敕条载禁邪之明诫"，予以严惩。

耶律楚材的三教并用的思想范式，是其他政治观点的理论基础，并在此基础上展开了他的国家观、政治观和治术观。

二 "混一天下"的国家观

蒙古国兴起于北方草原后，灭西夏、灭金，已经初现"混一天下"的趋势。在服务于这样一个新政治力量时，耶律楚材表明了他的"混一天下"国家观念。

（一）延续正统

辽、金时期，北方士人已经开始抛弃"华夷有别"的正统观念，认可少数民族建立的政权为正统王朝，辽、金的一些统治者也往往以"正统"自居。③ 耶律楚材虽然没有留下论述正统问题的文字，但是在

---

① 耶律楚材：《再用韵赠国华》，《湛然居士文集》卷4。
② 耶律楚材：《西游录》下，第18—19页。
③ 参见刘晓《耶律楚材评传》，第212—215页。

他的怀古诗中，对中国历代王朝的延续做了明确的说明。

兴亡千古事，胜负一秤棋。感恨空兴谈，悲吟乃赋诗。三皇崇道德，五帝重仁慈。礼废三王谢，权兴五伯漓。焚书嫌孔孟，峻法用高斯。政出人思乱，身亡国亦随。阿房修象魏，徐福觅灵芝。偶语真虚禁，长城信漫为。只知秦失鹿，不觉楚亡骓。约法三章日，恩垂四百基。汉兴学校启，文作典章施。黩武疲中夏，穷兵攘四夷。嗣君恩稍失，刘氏德难衰。新室虽兴难，真人已御期。魏吴将奋起，灵献自荒嬉。贼子权移汉，奸臣坞筑郿。三朝如峙鼎，四海若棼丝。才奉山阳主，已生司马师。仲谋服孟德，葛亮倍曹丕。惟晋成独统，平吴混八维。有初终鲜克，居治乱谁思。蝉鬓充蓝掖，羊车绕竹岐。孙谋无远虑，神器委痴儿。国事归椒室，民饥询肉糜。为人昧菽麦，闻蟆问官私。卫瓘尝几谏，何曾已预知。五胡云扰攘，六代电奔驰。川谷流腥血，郊原厌积尸。天光分耀日，地里裂瓜时。历数当归李，驱除暂假隋。西陲开鄯善，东鄙讨高丽。鸾驾如江国，龙舟泛汴漪。锦帆遮水面，粉浪污河湄。府藏金银积，生灵气力疲。奸雄天下起，章奏禁中欺。海内空龙战，河东有凤姿。元戎展鹰犬，颉利助熊罴。奉表遵朝命，尊王建义旗。经营于盗手，禅让托君辞。豪哲归吾彀，要荒入我羁。太宗真令主，贞观有皇规。正美开元治，俄成天宝悲。曲江还故里，林甫领台司。裂土封三国，缠头爱八姨。霓裳犹未罢，鼙鼓恨来迟。逆寇陵丹阙，君王舍翠眉。两京贼党灭，方镇重权移。朱李元堪叹，石刘亦可嗤。九州重拘乱，五代存荒饥。辽宋分南北，翁孙讲礼仪。宣和风俗靡，教主德庸卑。背约绝邻好，兴师借寇资。悬知丧唇齿，何事撤藩篱。失地人皆怨，蒙尘悔可追。辽家尊汉制，孔教祖宣尼。焕若文章备，康哉政事熙。朝廷严衮冕，郊庙奏埙篪。校猎温驰射，行营习正奇。南州走玉帛，诸国畏鞭笞。天祚骄人上，朝鲜叛海涯。未终三百祀，不免一朝危。鸭绿金朝起，桑乾玉玺遗。后辽兴大石，西域统龟兹。万里威声震，百年名教垂。武元平宋地，殿礼杂宗姬。治国崇文事，拔贤尚赋词。邦昌君洛汭，刘豫立青淄。大定民兴咏，明昌物适宜。日中须景昃，月满必光亏。肘腋独夫难，丘墟七庙堕。北朝天辅佑，南国俗疮痍。天子潜巡狩，宗臣严守陴。山西尽荆枳，河朔半豺狸。食尽谋安出，兵羸力不支。长围重数匝，久困再周荠。太液生秋草，姑苏游野麋。忠臣全节死，余众入降麾。文献生三子，东丹第八枝。虚名如画饼，遗业学为箕。自笑蓬垂鬓，谁怜雪满髭。抚膺长感慨，搔首几嗟咨。车盖知何处，衣冠问阿谁。自天明下诏，知我素通著。发轫装琴剑，登车执策绥。穹庐或白黑，驿骑本黄駓。肥胾白如瓠，琼浆甘似饴。天山连北府，瀚海过西伊。天马穷渤澥，神兵过月氏。感恩承圣敕，寄住到寻厘。春色多红树，秋波总绿陂。不须赊酒饮，随分有驴骑。田亩栖禾粟，园林足果梨。春粳光灿玉，煮饺滑流匙。圣祖方轻举，明君应乐推。龙庭陈大礼，原庙献明粢。万国朝金陛，千官列玉墀。求贤为辅弼，举我忝丞疑。才德其为慊，颠危不解持。愿从麋鹿性，岂恋凤凰池。投老谁为伴，黄山有敏之。[①]

对于这首长诗，要特别注意耶律楚材的四个重要政治论点。一是只要背离了儒家的治国原则，就会出现各种乱局，进而导致王朝的衰亡，所以一定要注重历史的教训。二是在中国的王朝延续中，既包括了"天光分耀日，地里裂瓜时"的南北朝时期，更包括了辽、金、宋的对峙时期，不能排斥由少数民族建立的王朝。三是辽朝和金朝都因为行"汉制"带来过昌盛的局面，西辽也曾经是行"汉制"的典范，对这样的作为应给予高度的重视。四是蒙古国的兴起，应该被视为皇朝正统的延续，为新的君主出谋划策，就是在为王朝延续效力，这恰是一个儒士应尽的责任。耶律楚材作为契丹人后裔和金朝的臣僚，对辽、西辽、金赞颂颇多，对宋朝有所贬抑，实则是北方士人的较具代表性看法。

耶律楚材还将王朝兴亡与"天命"相结合，阐释其正统观念。耶律楚材不仅强调"至道变通皆有数，浮生富贵本由天"[②]；还通过天象和历法的解释，说明新朝兴起与天命的关系。他一方面向成吉思汗指出"有国家者，律历之书莫不先也"，建议效法唐、宋、金，颁发新历法；另一方面借天象说明蒙古国的兴盛来自天命："臣愚以为中元岁在庚午（1210年），天启宸衷，决志南伐，辛未（1211年）之春，天兵南渡，不五年而天下略定，此天授也，非人力所能及也。故上元庚午岁天正十

[①] 耶律楚材：《怀古一百韵寄张敏之》，《湛然居士文集》卷12。
[②] 耶律楚材：《和杨居敬二韵首》，《湛然居士文集》卷4。

一月壬戌朔,夜半冬至,时加子正,日月合璧,五星联珠,同会虚宿五度,以应我皇帝受命之符也。"① 耶律楚材以蒙古攻金为例,说明天命在蒙古一方,采用的是以"受命之元"(即受命攻伐旧王朝的时间)来说明皇统的继承关系,而没有采用"代终之断"(以旧王朝灭亡为正统承继的起点)的说法,原因是当时金朝还没有灭亡,以授天命伐金也更容易被成吉思汗接受,因为这样的说法可以起到为成吉思汗朴素天命观张本的作用。

(二) 混一九州

自唐末以来,中国陷入大分裂格局,在几个世纪中,统一的尝试虽屡遭失败,但是天下统一的信念依然强烈影响着南、北的统治者和士人等。耶律楚材应属于促进统一派,他不仅强调"自古山河归圣主"②,还把"一统要荒"或"一混九州疆"的希望寄托在蒙古统治者身上,在诗作中有明确的表述。

兖爻符太一,天象忝文昌。泛海难追蠡,封留欲学良。秽形伴珠玉,朽木侧松樟。直节心虽赤,衰年鬓已苍。伴食居相府,无德报君王。草甲濡春雨,葵心倾太阳。大权归禁阙,成算出岩廊。自北王师发,平南上策长。皇朝将革命,亡国自颓纲。汉水偏师渡,长河一苇航。股肱无敢惰,元首载歌康。号令传诸域,英雄守四方。大勋虽已集,遗命未尝忘。万国来驰币,诸侯敬奉璋。兆民涵舜德,百郡仰天光。大有威如吉,重乾体自强。硕贤起编户,良将出戎行。太庙陈笾豆,明堂服冕裳。宋朝微浸灭,皇嫡久成戎。政乱人思变,君愚自底亡。右师潜入剑,元子直临襄。杀气侵南斗,长庚壮玉堂。弓犹藏宝玉,剑未识干将。皇业超千古,天威耸八荒。元戎施虎略,勇士展鹰扬。武继元封迹,文联贞观芳。宫庭敢谏鼓,帷幄上书囊。伫待卿云见,行观丹凤翔。武文能迭用,威德足相当。多士思登用,遗贤肯退藏。诗书搜鸟篆,功业抑龙骧。国用恒无阙,民财苦不伤。八音歌颂雅,百戏屏优倡。圣泽传朝露,明刑肃暮霜。永垂尘劫祚,混一九州疆。重任司钧石,微材匪栋梁。思归心似醉,感愧泪如滂。严子终辞汉,黄公合隐商。穷通真

---

① 耶律楚材:《进征西庚午元历表》,《湛然居士文集》卷8(《全元文》第1册,第212页)。
② 耶律楚材:《再用韵自叹行藏》,《湛然居士文集》卷3。

有数，忧乐实难量。虽受千钟禄，何如归故乡。①

汉臣千里觐龙亭，欲使天皇致太平。十事便宜言恳切，三千貔虎令严明。好筹庙算如留相，莫忆鲈鱼似季鹰。一统要荒君勉力，云台须占最高名。②

在混一九州意识的主导下，西夏和金朝等的灭亡，都可以被看作统一进程中的具体步骤而已，所以在金朝灭亡后，耶律楚材即赋诗道："天皇（指窝阔台）自将办多多，天兵百万涉天河。京索为空汴梁下，秦皇汉武畴能过？凛凛威声震天宇，不杀为功果神武。朔南一混车书同，皇业巍巍跨千古。"③ 未来的发展趋势，自然是灭亡南宋，统一全国，即所谓"升平已有期，上道化日躔。九州成一统，刑赏归朝权"④。所以，耶律楚材对南宋派来的使者极不客气，其语言实际上与蒙古人并无二样："你懑只恃着大江，我朝马蹄所至，天上天上去，海里海里去。"⑤ 耶律楚材跟随成吉思汗多年，显然受到了成吉思汗"征服论"的影响，在表述混一九州说的同时，有明显地赞赏战争和张扬武力征服的倾向，这是不能不注意到的。

（三）遵行汉制

耶律楚材充分肯定由成吉思汗到窝阔台汗的武功，并将其视为立国的必要条件，但是他认为"文治"同样重要，并希望蒙古大汗能够效法辽、金的行"汉制"做法。如前所述，在怀古诗中耶律楚材已经盛赞了辽朝、金朝和西辽的行汉制作为，他更希望能够通过自己的努力，实现"文治"，在诗作中多有表露。

尧舜规模远，萧曹筹策长。巍然周礼乐，盛矣汉文章。神武威兼德，徽猷柔济刚。自甘头戴白，误受诏批黄。我道将兴启，吾侪有激昂。

翠华来北阙，黄钺讨南疆。明德传双叶，宽仁洽万方。九服无

---

① 耶律楚材：《云汉远寄新诗四十韵因和而谢之》，《湛然居士文集》卷14。
② 耶律楚材：《张汉臣因入觐索诗》，《湛然居士文集》卷10。
③ 耶律楚材：《和谢昭先韵》，《湛然居士文集》卷10。
④ 耶律楚材：《和冯扬善韵》，《湛然居士文集》卷11。
⑤ 彭大雅、徐霆：《黑鞑事略》，第26页。

不轨,四海愿来王。兵革虽开创,《诗》《书》何可忘。①

施仁发政非无据,论道经邦自有人。圣世规模能法古,污俗习染得维新。②

当年西域未知名,四海无人识晋卿。扈从銮舆三万里,谟谋凤阙九重城。衣冠异域真余志,礼乐中原乃我荣。何日功成归旧隐,五湖烟浪乐余生。③

需要说明的是,耶律楚材提倡的"文治",不仅带有强烈的"法先王"意识,还特别强调了历代统治经验的重要性:"夫三尺法皆殷周之淳政,汉魏之徽猷,隋唐之旧书,辽宋之遗典,非一代之法也,实万代之法也。时君世主皆则而用之,犹大匠之规矩然,莫或可废也。"④

耶律楚材虽然没有明言行"汉法",尤其是没有从理论上对行"汉法"作系统的论述,但是他的"遵汉制"提法和主政时的一系列作为,已经对后来的行"汉法"起了开先河的重要作用,并使他的国家观在正统、混一的基础上,有了更明确的发展方向。

三 "贤君治国"的政治观

耶律楚材由金朝臣僚转变为服务于蒙古政权,尽管有一定的心理矛盾,但是在得遇"明主"的赏识和信任后,不仅可以展现自己的治国才能,还可以有更多的机会向君主提出建议,甚至对君主的不当行为提出劝诫,亦符合一位政治家的期盼。作为蒙古国时期难得的政治家,耶律楚材有着相当强烈的"贤君治国"政治观念。

(一)圣政理想

在耶律楚材的诗作中,可以多次见到对圣主、明君(专指蒙古大汗)的赞誉之词,其间也可以看到对明君带来的"圣政"的企盼,如"圣政罔二三,裁物惟平均"等。⑤ 全面反映耶律楚材"圣政"理想的,是《西游录》记载的应该上奏朝廷的治国建议,包括定制度、议礼乐、

---

① 耶律楚材:《和李世荣韵》,《湛然居士文集》卷1。
② 耶律楚材:《和移剌子春见寄五首》,《湛然居士文集》卷3。
③ 耶律楚材:《和武川严亚之见寄五首》,《湛然居士文集》卷4。
④ 耶律楚材:《西游录》下,第19页。
⑤ 耶律楚材:《和平阳王仲祥韵》,《湛然居士文集》卷1。

立宗庙、建宫室、创学校、设科举、拔隐逸、访遗老、举贤良、求方正、劝农桑、抑游惰、省刑罚、薄赋役、尚名节、斥纵横、去冗员、黜酷吏、崇孝悌、赈困穷20项内容，囊括了农耕王朝君主立政的所有要求。当然，这些建议只能在士人中讨论，在当时的条件下还难以向蒙古大汗全面陈述，所以在金朝灭亡之后，耶律楚材根据蒙古国在中原统治的特点，向窝阔台上奏了"时务十策"，其内容"一曰信赏罚，二曰正名分，三曰给俸禄，四曰封功臣，五曰考殿最，六曰定物力，七曰汰工匠，八曰务农桑，九曰定土贡，十曰置水运"。即便是这样的建议，也大多未被窝阔台采纳。① 也就是说，耶律楚材考究古今，对于能够反映"文治"水平的"圣政"，有过全面的思考和设计，并"惟期圣德渐遐迩"②，希望得到"明君"或"圣主"的支持，付诸实施。但是现实无法实现他的理想追求，只能改为在蒙古君主可以理解的范围内倡导"贤君政治"。

（二）规劝君主

以蒙古人崇信的方式影响蒙古大汗的行为，并将"贤君"思想暗含于其中，耶律楚材曾做过不少努力。

窝阔台即位时，耶律楚材力推在蒙古宫廷中实行跪拜礼，以树立大汗权威，已见前述。耶律楚材对这一成就颇为重视，特别在诗中记道："明主初登极，愚臣敢进狂。九畴从帝锡，五事合天常。大乐陈金石，朝服具衮裳。降升分上下，进退有低昂。"③

耶律楚材精通占卜术，并将其与蒙古人简朴的天命观结合，既可以获得蒙古大汗的信任，还可以影响其部分决策。成吉思汗时，耶律楚材曾就天象预卜蒙古军西征的胜利和金朝更换皇帝等，更以"瑞兽现"说动成吉思汗结束西征，已见前述。窝阔台汗时，耶律楚材仍然承担着占卜吉凶的职责，典型的例子有三个。一是窝阔台汗即位时，"诸国来朝者多以冒禁应死"。耶律楚材指出："陛下新登宝位，愿无污白道子。"蒙古人尚白，耶律楚材以图吉利之说劝阻窝阔台杀人，被窝阔台所采纳。二是窝阔台晚年患病，已经脉绝，耶律楚材向脱列哥那皇后说："今朝廷用非其人，天下罪囚必多冤枉，故天变屡见。宜大赦天

---

① 宋子贞：《中书令耶律公神道碑》（《全元文》第1册，第212页）。
② 耶律楚材：《戊子继武川刘搏霄韵》，《湛然居士文集》卷7。
③ 耶律楚材：《和张敏之诗七十韵三首》，《湛然居士文集》卷9。

下。"耶律楚材还坚持必须由窝阔台亲自许可才能下发赦书。窝阔台暂时苏醒后,已不能说话,点头表示可以下发赦书,"是夜,医者候脉复生,适宜读赦书时也,翌日而瘳"。三是窝阔台病愈后又要出猎,耶律楚材以占卜结果上奏窝阔台不宜出猎,窝阔台未听劝告,并死于出猎途中。[①]

窝阔台好饮酒,耶律楚材多次劝谏,窝阔台不听,耶律楚材乃拿着酒槽的金口给窝阔台看,并说:"此铁为酒所蚀,尚致如此,况人之五脏,有不损耶?"窝阔台虽然欣赏耶律楚材的谏言,但是并没有重视他的警告。

耶律楚材不像丘处机那样长篇大论地讲述修身保命之术,而是提倡儒家的修身观念,不仅强调"天子能身正,元戎不自贤。重光道同轨,累圣德相联"[②];亦宣称"调心莫若先离欲,治世无如不尚贤"[③]。这样的修身观,本应是"贤君政治"的关键性因素,但只能存在于耶律楚材的著述中,并未被蒙古大汗所接受。

(三)恪守臣道

建立良好的君臣关系,是"贤君治国"的一个重要内容,其中既包括对臣僚的要求,也包括对君主的要求。

耶律楚材十分注重为臣之道,并通过言行显示了他重点关注的是为臣的五项重要原则。

一是尽忠。成吉思汗初见耶律楚材,因耶律楚材为辽朝皇室后裔,曾表示"辽与金为世仇,吾与汝已报之矣"。耶律楚材答道:"臣父祖以来皆尝北面事之,既为臣子,岂敢复怀二心,仇君父耶?"耶律楚材曾为金臣,不因金败而背其君主,与成吉思汗的"事主尽忠"思想相合,所以得到了成吉思汗的赞赏。

二是尽职。耶律楚材虽曾自嘲"厚颜悬相印,否德忝朝纲;佐主难及圣。为臣每愿良"[④],并且很多建议未被采纳,还是强调尽职尽责:"居士身穷道不穷,庸人非异是所同。笔头解作万言策,人皆笑我劳无

---

① 宋子贞:《中书令耶律公神道碑》(《全元文》第1册,第169—179页);《元史》卷146《耶律楚材传》。下文引文未注明出处者,均来自此碑、传。
② 耶律楚材:《和冀先生韵》,《湛然居士文集》卷1。
③ 耶律楚材:《西域和王君玉诗二十首(十一)》,《湛然居士文集》卷6。
④ 耶律楚材:《和李世荣韵》,《湛然居士文集》卷1。

功。""读书一目下数行,金石其心学正常。学术忠义两无用,道之将丧予忧惶。有意攀龙不得上,徒劳牙角拔犀象。唯思仁义济苍生,岂为珍馐列方丈。"① 当时人也指出耶律楚材"虽案牍满前,左酬右答,咸适其当。又能以忠诚自将,尝会计天下九年之赋,毫厘有差,则通宵不寐"。耶律楚材的尽职得到了成吉思汗和窝阔台的肯定。成吉思汗称耶律楚材为"天赐我家"的良臣,指示窝阔台"他日国政当悉委之"。窝阔台也对耶律楚材说过以下一段话:"朕之所以推诚任卿者,先帝之命也。非卿,则天下亦无今日。朕之所以得高枕而卧者,卿之力也。"

三是直言。耶律楚材敢于直言,不但不惧权贵,也不怕大汗发怒。如侍臣脱欢奏准在天下选女入宫,受到耶律楚材的阻挠,窝阔台发怒,耶律楚材则言:"向所刷室女二十八人尚在燕京,足备后宫使令,而脱欢传旨,又欲遍行选刷,臣恐重扰百姓,欲覆奏陛下耳。"窝阔台最终勉强接受了耶律楚材的建议。耶律楚材还劝止了在中原拘收牝马及以回回人征江南、汉人征西域等做法。耶律楚材"正色立朝,不为少屈,欲以身徇天下,每陈国家利病生民休戚,辞气恳切,孜孜不已",使得窝阔台也经常说他"又欲为百姓哭耶"。

四是守分。窝阔台去世后,监国的脱列哥那皇后向耶律楚材询问汗位继承人问题,耶律楚材即明确表示:"此非外姓臣所当议,自有先帝遗诏在,遵之则社稷甚幸。"

五是克己。耶律楚材重视克己奉道,曾对此有完整的表述:"君子之处贫贱富贵也,忧乐相半,未尝独忧乐也。夫君子之学道也,非为己也。吾君尧舜之君,吾民尧舜之民,此其志也。使一夫一妇不被尧舜之泽者,君子耻诸。是故君子之得志也,位足以行道,财足以博施,不亦乐乎!持盈守谦,慎终如始,若朽索之驭六马,不亦忧乎!其贫贱也,卷而怀之,独洁一己,无多财之祸,绝高位之危,此其乐也!嗟流俗之未化,悲圣道之将颓,举世寥寥无知我者,此其忧也。"② 在这种观念主导下,耶律楚材不仅不聚钱财,亦不授亲属官职,"每以所得俸禄,分散宗族,未尝私以官爵"。他还就此明确表示了自己的观点:"金币资给足以乐生,若假以官守,设有不肖者干违常宪,吾不能废公法而徇私情。且狡兔三穴,吾不为也。"

---

① 耶律楚材:《用前韵感事二首》,《湛然居士文集》卷2。
② 耶律楚材:《贫乐庵记》,《湛然居士文集》卷8(《全元文》第1册,第1234页)。

耶律楚材也对君主善待臣僚提出了要求。在处理一起道士之间的纠纷中，有人诬告耶律楚材违制，窝阔台下令逮捕耶律楚材，不久又后悔，要释放耶律楚材。耶律楚材不肯解缚，并向窝阔台进言："臣备位公辅，国政所属。陛下初令系臣，以有罪也，当明示百官，罪在不赦。今释臣，是非罪也，岂宜轻易反复，如戏小儿。国有大事，何以行焉！"窝阔台则以"朕虽为帝，宁无过举"来表示接受耶律楚材的建议。

应该承认，尽管耶律楚材推崇"贤君政治"，并且身体力行，至少从"臣良"的角度为"贤君政治"创造条件，但是他的政治观并未被当时的大多数同僚认可，反而被视为"异类"，力排之而后快，这也是导致耶律楚材最终政治失意的一个重要因素。

四 注重实效的治术观

为了恢复中原的统治秩序，耶律楚材在难以用儒家治国理论改变蒙古统治者作为的形势下，不得不转而求助于"治术"，将治国理论技术化，把精力用于一个个具体措施，通过具体措施反映治国理念，并力求达到预期效果；即便一项措施失败，还有其他措施跟进，可以逐步改变混乱局面。耶律楚材在窝阔台即位后不久上奏的"便宜十八事"[①]，应该就是十八项治国措施，但是这些措施并未在同一时间实施，有的甚至并未实施。在"便宜十八事"之外，耶律楚材还提出了其他建议，可一并叙述于下。

（一）明定刑罚

拖雷监国时，燕京地区大盗横行，"辄曳牛车指富家，取其财物，不与则杀之"。拖雷派使者与耶律楚材前往究治，耶律楚材询查后发现大盗都是燕京官员亲属或势家子弟，将其全部逮捕。被捕者家人贿赂使者，希望免罪，耶律楚材坚持"若不惩戒，恐致大乱"，将要犯16人处死，不仅恢复了燕京的秩序，还初步昭示了刑罚的重要性。

蒙古建国后奉行札撒，但是札撒主要规范的是游牧民族的行为，对中原地区并不一定完全适用，所以中原地区"民多误触禁网，而国法无赦令"。耶律楚材向窝阔台建议实行赦免，尽管同僚认为耶律楚材迂

[①] 《元史》卷146《耶律楚材传》只记载了"便宜十八事"中的军民分治、禁州县擅征科差、贸易不得借贷官物、种地纳税、监主自盗者死、死刑申报、止贡献七事。

腐，窝阔台还是接受了耶律楚材的建议，"诏自庚寅（1230 年）正月朔日前事勿治"①。

蒙古统治势力刚在中原立足，"所在长吏皆得自专生杀，少有忤意则刀锯随之，至有全室被勠，襁褓不遗者"。耶律楚材先向成吉思汗建议各州郡"囚当大辟者必待报，违者罪死"；后来又向窝阔台建议："应犯死罪者，具由申奏待报，然后行刑。"这一建议似乎并未被接受，因为到忽必烈即位后，仍有人在讨论如何解决各地官吏"自专生杀"的问题，详见后述。

耶律楚材还向窝阔台建议规定新的刑罚和规定，包括以下几项：一是贸易借贷官物者死；二是蒙古、回鹘、河西诸人，种地不纳税者死；三是监主自盗官物者死；四是禁止工匠制造靡费官物；五是驿站给牌劄，定饮食分例。这些建议均被窝阔台所采纳。

（二）兵民分治

在蒙古攻金战争中，招降了一大批"汉人世侯"，使其专领所在区域的军民之政。没有"汉人世侯"的地方，也多以军人理政，兵民皆管，并造成了"诸路长吏兼领军民钱谷，往往恃其富强，肆为不法""而彼州此郡动辄兵兴相攻"的混乱局面。耶律楚材曾向成吉思汗建议州郡"非奉玺书不得擅征发"，后来又向窝阔台建议长史专理民事，万户总军政，各不相统摄，以起到相互牵制、遏制骄横的作用，并再次强调"中原之地，财用所出，宜存恤其民，州县非奉上命，敢擅行科差者罪之"。这些建议实际上未被采纳，兵民分治问题直到忽必烈即位后才得以解决。

（三）禁止贡献

耶律楚材认为贡献礼物为害非轻，请求窝阔台明令禁止。窝阔台不接受这一建议，明确表示："彼自愿馈献者，宜听之。"耶律楚材认为"蠹害之端，必由于此"。窝阔台则言："凡卿所奏，无不从者，卿不能从朕一事耶。"贡献是蒙古国时期君臣沟通的重要方式，窝阔台当然不会听从耶律楚材的建议，轻易放弃这种方式。

（四）定立赋税

耶律楚材建议在中原定立赋税，以资国用，窝阔台同意其试行此

---

① 《元史》卷 2《太宗纪》。

法，并专门设立了十路征收课税所，已见前述。由于耶律楚材大量使用儒士掌管各路课税征收等，引起汗廷中一些权贵的不满，向窝阔台奏报耶律楚材"悉用南朝旧人，且渠亲属在彼，恐有异志，不宜重用"，并且捏造了其他罪名。参与征收课税的同僚镇海、粘合重山为之胆怯，抱怨耶律楚材"强为更张"，可能惹来杀身之祸。耶律楚材则说："自立朝廷以来，每事皆我为之，诸公何与焉！若果获罪，我自当之，必不相累。"由于窝阔台认定各种罪名都是诬告，所以并未治罪耶律楚材等人。

1236年由耶律楚材确定的赋税，除纳丝（见下述）外，地税为每亩上田三升半，中田三升，下田二升，水田五升；商税是三十分之一，盐价是一两四十斤。有人认为赋税太轻，耶律楚材则明确表示："作法于凉，其弊犹贪，后将有以利进者，则今已重矣。"耶律楚材确定的轻税标准尽管遭到反对，但在他的坚持下还是成为汗廷认可的常赋标准，只是在当时中原地区地方主官各行其是的情况下，并没有得到认真地执行。

（五）劝阻屠城

按照蒙古人的惯例，"凡攻城邑，敌以矢石相加者，即为拒命，即克，必杀也"，也就是一旦抵抗，就要被"屠城"。蒙古军即将攻下汴梁时，前线主帅向窝阔台请求按照惯例屠城，耶律楚材则持反对意见，理由是"将士暴露凡数十年，所争者地土人民耳，得地无民，将焉用之？"窝阔台还犹豫不决，耶律楚材又指出："凡弓矢甲仗金玉等匠及官民富贵之家，皆聚此城中，杀之则一无所得，是徒劳也。"窝阔台最终被耶律楚材说服，同意除了完颜氏一族外，其他人均免死。据说当时在汴梁"避兵"的一百四十七万人，大多数人因此而免于被屠杀的厄运。

金朝灭亡后，"被俘虏者不可胜计，及闻大军北还，逃去者十八九。有诏停留逃民及资给饮食者皆死，无问城郭保社，一家犯禁，余并连坐。由是百姓惶骇，虽父子弟兄，一经俘虏，不敢正视。逃民无所得食，踣死道路者踵相蹑也"。耶律楚材向窝阔台进言："十余年间存抚百姓，以其有用故也。若胜负未分，虑涉携二；今敌国已破，去将安往？岂有因一俘囚罪数百人者乎？"窝阔台再次采纳他的意见，下诏停止了这种野蛮行为。

(六) 尊孔试儒

为显示对孔子及儒学的尊重，耶律楚材在汴梁城中找到孔子五十一代孙孔元措，并建议以孔元措袭衍圣公位，"付以林庙地"，得到窝阔台的同意（如前所述，海云也在促成此事中发挥了一定的作用）。1233年"诏以孔子五十一代孙元措袭封衍圣公"，并且"敕修孔子庙及浑天仪器"。1236年又复修了孔子庙和司天台。①

耶律楚材还建议招收散亡的太常礼乐生和名儒等，建立编修所和经籍所，也被窝阔台所采纳。1236年，"立编修所于燕京，经籍所于平阳，编集经史，以儒士梁陟充长官，以王万庆、赵著副之"。② 耶律楚材的用意，除了编集经史外，还要以名儒"直释九经，进讲东宫。又率大臣子孙，执经解义，俾知圣人之道"，"以开文治"。但是窝阔台的用意只是让一些蒙古人学习汉语，并不是专注于学习儒学，已见前述。

1237年，耶律楚材请求考试诸路儒士，理由是"制器者必用良工，守成者必用儒臣。儒臣之事业，非积数十年，殆未易成也"。窝阔台同意耶律楚材的请求，命术忽乃、刘中主持考试，分经义、词赋、论三科，"儒人被俘为奴者，亦令就试，其主匿弗遣者死"，中选儒士四千三十人，"免为奴者四之一"，"中选者除本贯议事官"③。耶律楚材对此举颇为得意，在诗作中曾赞之为"综名必核实，求儒务求真"④。

由于"僧道中避役者多"，耶律楚材亦奏准选试僧道，"试经通者给牒受戒，许居寺观"。主持道、僧考试的是尹志平等，但海云和尚持反对意见，已见前述。

耶律楚材选用的太原路课税使吕振和副使刘子振犯贪赃罪，引起窝阔台对儒士的不满，耶律楚材还专门就此作了以下解释："君父之教，臣子岂欲陷之于不义，而不义者亦时有之。三纲五常之教，有国有家者，莫不由之，如天之有日月星辰也。岂可因一人之有过，使万世常行之道独见废于我朝乎？"也就是说，儒士中也难免有几个败类，但是不能因此否定儒家的治国理念，这恰是耶律楚材所要表现的"治世"观念。

---

① 《元史》卷2《太宗纪》。
② 《元史》卷2《太宗纪》。
③ 《元史》卷2《太宗纪》。
④ 耶律楚材：《和平阳王仲祥韵》，《湛然居士文集》卷1。

（七）反对分封

1233 年，"以阿同葛等充宣差断事官，括中州户，得户七十三万余"。1236 年，"复括中州户，得续户一百一十余万"①。由于括户牵涉赋税和分封等重大问题，耶律楚材都提出了一些不同看法。

中原括户的标准，占主导地位的意见是参照西域诸国的做法，以丁为户，理由是"我朝及西域诸国莫不以丁为户，岂可舍大朝之法而从亡国政邪？"耶律楚材则提出反对意见："自古有中原者，未尝以丁为户。若果为之，可输一年之赋，随即逃散矣。"在这场争论中，窝阔台倾向于耶律楚材的意见，但是关键点显然不是要遵循中原旧制，而是耶律楚材指出以丁为户无法建立稳定的纳税体制，引起了窝阔台的重视。

括户之后，窝阔台要按照蒙古国的传统，在宗王、功臣中分封民户，耶律楚材反对分封，指出"裂土封民，易生嫌隙，不如多以金帛与之"。但是窝阔台执意要分封，耶律楚材只能退而求其次，提出了一个防止"尾大不掉"的方案："若树置官吏，必自朝命，除恒赋外，不令擅自征敛，差可久矣。"窝阔台采用了这一方案，"遂命各位止设达鲁花赤，朝廷置官吏收其租颁之，非奉诏不得征兵赋"②。同时，实行"二五户丝制"，"每二户出丝一斤，以供官用，五户出丝一斤，以与所赐之家"。这样的做法，确实起到了遏阻将中原地区变成蒙古诸王、重臣实际封地的重要作用，并且为后来中原地区恢复正常的政治秩序保留了必要的条件。

（八）义利之争

耶律楚材强调以仁义济苍生的原则，并在一些具体事务的处理中坚持这一原则。如 1238 年发生大规模的旱灾和蝗灾，窝阔台问计于耶律楚材，耶律楚材建议暂停征收当年的租税。窝阔台担心国用不足，耶律楚材指出仓库所存可支付十年用度，打消了窝阔台的疑虑，"诏免今年田租，仍停旧未输纳者，俟丰岁议之"③。又如括户之后，"逃亡者十四五，而赋仍旧，天下病之"，耶律楚材奏准除逃户三十五万，起到了安民的作用。在由官银代偿"羊羔利"问题上（见本书第一章），耶律楚材也起了重要作用。

---

① 《元史》卷2《太宗纪》。
② 《元史》卷2《太宗纪》。
③ 《元史》卷2《太宗纪》。

赋税形成定制之后，爆发了激烈的义利之争。回回斡脱商人希望以"扑买课税"（包税）的办法获利，"燕京刘忽笃马者，阴结权贵，以银五十万两扑买天下差发。涉猎发丁者，以银二十五万两扑买天下系官廊房、地基、水利、猪鸡。刘庭玉者，以银五万两扑买燕京酒课。又有回鹘以银一百万两扑买天下盐课，至有扑买天下河泊桥梁渡口者"。耶律楚材认为"此贪利之徒，罔上欺下，为害甚大"，奏罢所有扑买行为，并指出"兴一利不若减一害，生一事不若减一事"。1239年，回回商人奥都剌合蛮勾结镇海等人，"扑买中原银课二万二千锭，以四万四千锭为额"。耶律楚材依然坚决反对，认为"虽取四十四万锭亦可得，不过严设法禁，阴夺民利耳。民穷为盗，非国之福"。但是窝阔台希望试用新方法，朝臣也大多支持扑买，耶律楚材反复争论，声色俱厉，连窝阔台都问他："汝欲搏斗耶？"由于窝阔台最终认可了扑买，耶律楚材叹息道："扑买之利既兴，必有蹑迹而篡其后者，民之穷困，将自此始，于是政出多门矣！"耶律楚材不仅在这次义利之争中失败，亦从此在政治上失意，逐渐远离了权力中心。

应该看到，耶律楚材作为蒙古国时期一个重要的政治人物，政治观念和政治行为之间存在着巨大的反差。在政治观念方面，他是一个先行者，不仅推动了三教并用的思想进程，还预见到了由蒙古人建立的政权将完成"混一天下"的历史使命，并且为此搭建了由"乱政"走向"治世"的"遵汉制"路径的系统要求和基本政治规范。在政治作为方面，耶律楚材基本是个失败者，尽管他热切希望君主能够重视他的政治见解并采纳他的治国建议，并且努力为国争命、为民请命，以此来体现对新朝的忠诚和一介儒士所期盼的政治建树，但是在成吉思汗和窝阔台都不懂得儒家治国理念的现实环境下，耶律楚材的良好愿望全部落空，其有限的作为也被各种胡乱行为所扼杀或淹没，人生也出现了由位居高位到跌落民间的重大转折。在草原帝国统治思想与中国传统的农耕王朝统治思想的激烈碰撞中，尊奉农耕王朝统治思想的耶律楚材，扮演的是"智士"和"弃子"的双重角色。耶律楚材之所以郁郁而终，重要的原因就是思想先行者与政治作为失败者之间的矛盾所产生的苦恼无法排遣。由此为后人留下的警诫是，专以思想服务于统治者的儒士，不能只醉心于成功的喜悦，而是要时刻做好失败的准备，否则就会陷入自我迷茫的困境。可惜强调修心的儒士，大多未能体会到这一点，所以后人在评价耶律楚材时，总是抱怨其遭人排挤、构陷的不平遭遇，而未能指出其背后的真正原因，恰是由耶律楚材自己所选择的矛盾角色所造成的。

第三节　其他北方儒士的政治理念

金朝灭亡之后，北方的儒士，如元好问、杨奂、刘祁、李俊民等人，或选择隐居于山野，不仕新朝；或以受聘、应试等途径，服务于新朝；再加上理学北传的因素，在北方儒士中形成了不同的政治观点，可分述于下。

一　元好问的重"教"理念

元好问（1190—1257年），字裕之，号遗山，太原秀容（今属山西）人，金兴定五年（1221）进士，官至左司员外郎，金亡后不仕，著有《遗山先生文集》《续夷坚志》等，并编辑了金人诗集《中州集》。

元好问不仅是金、蒙时期有名的诗人，亦留意金朝兴亡的历史，"以金源氏有天下，典章法度，几及汉、唐，国亡史兴，己所当为"，广泛收集遗文杂录等，并撰写了《金源君臣言行录》等书。[1] 元好问还是北方儒士的核心人物，其政治态度对部分北方儒士有较大影响。

（一）重"教"与兴学

元好问将自己的政治观点蕴含在传输儒家思想的"教"之中，并且特别强调了只有努力兴学，才能实现"教"的目标。

首先，元好问阐明了"圣人之教"的重要性。即便是道教所崇扬的"道"，也应该寓于儒家所说的"教"之中。

> 圣人之忧天下后世深矣。百姓不可以逸居而无教，故为之立四民，建三纲五常。士、农、工、商各有业，父慈、子孝、兄友、弟敬、君臣严、夫妇顺，各有守。九官而有司徒，仁义礼智，典章法度，与为士者共守之。天下之人耕而食，蚕而衣，养生送死而无憾。粲然而有文，欢然而有恩。于圣人之教也，若饥者之必食，寒者之必衣，由身而家，由家而达之天下四方，由不可斯须离，至百

---

[1] 郝经：《遗山先生墓铭》，《郝文忠公陵川文集》卷35（《全元文》第4册，第416页）；《金史》卷126《元好问传》，中华书局1975年版。

世、千世、万世而不可变。其是谓之教，而道存焉于其间。①

按照这样的解释，只有谨遵万世不变的圣人（孔子）之教，才能维系基本的政治秩序，这恰是身处乱世的元好问最基本的政治要求。

其次，元好问明确了"教"与治国的关系，元好问特别就此做出了以下的论述。

> 治国、治天下者有二，教与刑而已。刑所以禁民，教所以作新民。二者相为用，废一不可。然而有国则有刑，教则有废有兴，不能与刑并。②

也就是说，与"刑"相比，"教"更容易发生变化，所以必须引起治国者的高度重视，才能发挥"教"与"刑"相辅相成的作用。

再次，元好问说明了"教"的主要内容是"政"，并对"政"作了具体的解释。

> 教则学政而已矣。去古既远，人不经见，知所以为教者亦鲜矣，况能从政之所导，以率于教乎？何为"政"？古者，井天下之田，党庠遂序，国学之法立乎其中。射乡饮酒、春秋合乐、养老劳农、尊贤使能、考艺选贤之政皆在。聚士于其中，以卿大夫尝见于设施而去焉者为之师，教以德、以行，而尽之以艺。淫言诐行，诡怪之术，不足以辅世者无所容也。士生于斯时，揖让酬酢，升降出入于礼文之间，学成则为卿，为大夫，以佐王、经邦国，虽未成而不害其能。③

元好问所说的"政"，实际上就是儒家的治国之术，而学"政"的目的，就是要为国家培养能够为"政"的人才。

最后，元好问强调了"教"是"文治"的基础，并作出了以下

---

① 元好问：《清真观记》，《遗山先生文集》卷35，四部丛刊本（《全元文》第1册，第419页）。
② 元好问：《东平府新学记》，《遗山先生文集》卷32（《全元文》第1册，第317页）。
③ 元好问：《东平府新学记》，《遗山先生文集》卷32（《全元文》第1册，第317页）。

评论。

> 或者以为,井田自战国以来扫地矣,学之制不可得而见之矣。天下之民既无以教之,将待其自化欤?窃谓不然。天佑下民,作之君师,夫岂不欲使之正人心、承王道,以平治天下?岂独厚于周而薄于世乎?
> 洪惟大朝,受天景命,薄海内外,罔不臣属。武克刚矣,且以文治为永图。①

按照元好问的观点,之所以重视圣人之教,就是要使依赖武功的新王朝,能够尽快步入"文治"的轨道。

重教必须兴学,并且要重视当世的兴学。但是,兴学既要有合适的人,也要有合适的机会。如元好问所言:"夫兴学,儒者事也。用武之世,而责人以儒者之事,不可也。""自大安失驭,中夏坂荡,民居、官寺毁为焦土。天造草昧,方以弧矢威天下,俎豆之事宜所待矣。"②忽必烈招揽儒士,兴修庙学,元好问认为兴学的时机已经来到,所以对忽必烈的行为给予了高度评价。

> 王府忠国抚民,一出圣学。比年宾礼故老,延见儒生,谓六经不可不尚,邪说不可不绌,王教不得不立,而旧染不得不新。顺考古道,讲明政术。乐育人材,储蓄治具。修大乐之绝业,举太常之坠典。其见于恒府庙学者,特尊师重道之一耳。夫风俗国家之元气,学校王政之大本。不塞不流,理有必至。癃老扶杖,思见德化之成。汉来美谈,见之今日。盖兵兴四十年,俎豆之事,不绝如线,独吾贤王为天下倡,是可为天下贺矣。③

元好问之所以对忽必烈如此称赞,是因为在他看来,只有真正重视

---

① 元好问:《令旨重修真定庙学记》,《遗山先生文集》卷32(《全元文》第1册,第344—345页)。
② 元好问:《赵州学记》《寿阳县学记》,《遗山先生文集》卷32(《全元文》第1册,第352—353页)。
③ 元好问:《令旨重修真定庙学记》,《遗山先生文集》卷32(《全元文》第1册,第345页)。

儒士和文治的人，其兴学才能具有弘扬圣人之教和培育治世人才的真实意义。

(二) 救儒士以备人才

除了以兴学来为国家培养人才外，元好问还特别注重改变遭遇战乱的儒士的困窘状态。1233 年，元好问特别写信给耶律楚材，向他推荐治世人才，① 可节录于下。

> 伏惟阁下辅佐王室，奄有四方，当天造草昧之时，极君子经纶之道，凡所以经造功业，考定制度者，本末次第，宜有成策，非门下贱士所敢与闻。独有一事，系斯文为甚重，故不得不为阁下言之。
>
> 夫天下大器，非一人之力可举，而国家所以成就人材者，亦非一日之事也。从古以来，士之有立于世者，必借学校教育、父兄渊源、师友之讲习，三者备而后可。②
>
> 窃见南中士大夫归于河朔者，在所有之。圣者之后如衍圣孔公（孔元措），耆旧如冯内翰叔献（冯璧）、梁都运斗南（梁陟）、高户部唐卿、王延州从之（王若虚），时辈如平阳王状元纲，东明王状元鹗，滨人王贲，临淄人李浩，秦人张徽、杨焕然（杨奂）、李庭训（李过庭），河中李献卿，武安乐夔，固安李天翼，沛县刘汝翼，齐人谢良弼，郑人吕大鹏，山西魏璠，泽人李恒简、李禹翼，燕人张圣俞，太原张纬、李谦、冀致君、张耀卿、高鸣，孟津李蔚，真定李冶，相人胡德珪，易州敬铉，云中李微，中山杨果，东平李彦，西华徐世隆，济阳张辅之，燕人曹居一、王铸，浑源刘祁及其弟郁、李仝，平定贾庭扬、杨恕，济南杜仁杰，洛水张仲经（张澄），虞乡麻革，东明商挺，渔阳赵著，平阳赵维道，汝南杨鸿，河中张肃，河朔勾龙瀛，东胜程思温及其从弟思忠。
>
> 凡此诸人，虽其学业操行参差不齐，要之皆天民之秀，有用于世者也。百年以来，教育讲习非不至，而其所成就者无几，丧乱以

---

① 元好问：《癸巳岁寄中书耶律公书》，《遗山先生文集》卷 39（《全元文》第 1 册，第 285—286 页）。

② 元好问在《溪南诗老辛愿传》（《全元文》第 1 册，第 439 页）中，对此有进一步说明："故作新人材，言教育也；独学无友，言讲习也；生长见闻，言父兄也。"

来，三四十人而止矣。夫生之难，成之又难。乃今不死于兵，不死于寒饿，造物者挈而授之维新之朝，其亦有意乎？无意乎？诚以阁下之力，使脱指使之辱，息奔走之役，聚养之，分处之，学馆之。奉不必尽具，饘粥足以糊口，布絮足以蔽体，无甚大费。然施之诸家，固已骨而肉之矣！他日阁下求百事之人，随左右而取之。……假而不为世用，此诸人者可以立言，可以立节，不能泯泯默默，以与草木同腐。

元好问推荐的54人，可以分为两类。第一类是服务于新朝的人（包括投身于汉人世侯的儒士和被忽必烈招到王府访问之人），有孔元措、梁陟、王鹗、杨奂、魏璠、高鸣、李冶、敬铉、杨果、徐世隆、李全、曹居一、刘郁、商挺、赵著、乐夔、张澄17人。第二类是不在新朝任职的人，应有冯璧、高唐卿、王若虚、王纲、王贲、李浩、张徽、李过庭、李献卿、李天翼、刘汝翼、谢良弼、吕大鹏、李恒简、李禹翼、张圣俞、张纬、李谦、冀致君、张耀卿、李蔚、胡德珪、李微、李彦、张辅之、王铸、刘祁、贾庭扬、杨恕、杜仁杰、麻革、赵维道、杨鸿、张肃、勾龙瀛、程思温、程思忠37人。尽管只有不足三分之一的人服务于新朝，但是元好问显然代表了部分北方士人愿意与新统治者合作的意愿。

（三）士人的责任与选择

元好问无论在金朝为臣，还是后来作为隐士，对金朝的"文治"都有相当高的评价，尤其是对金章宗时的"盛世"赞誉有加。

> 臣窃伏睹章宗皇帝以仁圣之姿，渊懿之智，缉熙光明之学，正心诚意，修身治天下，二十年之间，大信之所孚，股肱大臣之贵，舆台皂隶之贱，皆不言而喻，不约而随，不契而合，不胶而固。①

由"治"到"乱"，给北方士人以沉重打击，"壬辰（1232年）之乱，侯王家世之旧，忠贤名士之裔，不颠仆于草野，则流离于道路者多矣"②。在这样的形势下，元好问提出了士人的责任和选择问题。如战

---

① 元好问：《章宗皇帝铁券行引》，《遗山先生文集》卷15（《全元文》第1册，第279页）。
② 元好问：《毛氏家传后跋语》，《遗山先生文集》卷40（《全元文》第1册，第338页）。

乱后山西（晋）只留下儒士百人，元好问特别发出了一番言论。

> 从是而往，所以荣吾晋者，在吾百人而已；为吾晋羞者，亦吾百人而已。然则为吾百人者，其何以自处耶？将侥幸一第以苟活妻子耶？将靳固一命，龌龊廉谨，死心于米盐簿书之间，以取美食、大官耶？抑将为奇士、为名臣，慨然自拔于流俗，以千载自任也？①

为回答这样的问题，元好问先强调了无论在什么样的时代，因个人条件不同，所以有不同的士人："盖人之品不齐，而论人之目亦不一。有一乡之士，有一国之士，有天下之士，有一代之士。分限所在，不能以强人，而人亦不能躐等而取之也。"②

士人容易有远大的抱负，但是确实要在做何等级别的士人中作出符合自己条件的选择，因为强行上位的士人未必有好结果："盖天禀有限，不可以强而至。若夫立心于毁誉失真之后而无所恤，横身以利害相磨之场而莫之避，以此而拟诸君，亦庶几有措足之地。"③

元好问还强调，士人无论选择"出世"还是"入世"，自尊、自律、自省最为重要。

> 所贵为君子者三：曰气，曰量，曰品。有所充之谓气，有所受之谓量。气与量备，材行不与存焉。本乎材行、气量，而绝出乎材行、气量之上之谓品。品之所在，不风岸而峻，不表襮而著，不名位而重，不耆艾而尊。是故为天地之美器，造物者靳固之，不轻以予人。阅百千万人之众，历数十百年之久，乃一二见之。④

也就是说，要成为君子，最应追求的是达到"品"的境界。而要做到这一点，士人必须对自己有严格的要求。元好问对自己就有不少的

---

① 元好问：《兴定庚辰太原贡士南京状元楼宴集提名引》，《遗山先生文集》卷37（《全元文》第1册，第320页）。
② 元好问：《内相文献杨工神道碑铭》，《遗山先生文集》卷18（《全元文》第1册，第470页）。
③ 元好问：《写真自赞》，《遗山先生文集》卷38（《全元文》第1册，第435页）。
④ 元好问：《内翰冯公神道碑铭》，《遗山先生文集》卷19（《全元文》第1册，第492页）。

要求，如"三纲五常之在，犹衣食之不可一日废"①，是对士人本色的要求；"人以贫为辱，我以贫为福。人以俭为诈，我以俭为德"②，是对士人基本价值观的要求；"仁人君子正其谊不谋其利，明其道不计其功"③，则是对士人行为的要求；等等。

官宦生涯和功名利禄，不过是过眼烟云，不值得留恋和追求。元好问在诗中多次强调了淡泊官场和名利的观点。

> 帝城西下望孤云，半废晨昏愧此身。世俗但知从仕乐，书生只合在家贫。悠悠未了三千牍，碌碌翻随十九人。预遣儿书报归日，安排鸡黍约比邻。④
>
> 东涂西抹窃时名，一线微官误半生。不画幼兴岩冗裹，野麋山鹿欲何成。⑤
>
> 书生千古一斋肠，盖世功名不自偿。更笑登封武明府，两盂白粥半生忙。⑥
>
> 虚名不值一钱轻，唤得呶呶百谤生。可惜客儿头上发，也随春草都输赢。⑦

元好问参透了官场的险恶，所以在金朝灭亡后不再出仕，他不仅对自己的"去官"心理作了解释，还对出仕之人提出了善意的警告。

> 壮事本无取，老谋何所成。人皆传已死，吾亦厌余生。潦倒封侯骨，淹留混俗情。百年堪一叹，辛苦惜虚名。⑧
>
> 一寸名场心已灰，十年长路梦初回。江山似许供诗笔，糜粥犹能到酒杯。卖剑买牛真得计，腰金骑鹤恐非才。游从肯结鸡豚社，

---

① 元好问：《明阳观记》，《全元文》第 1 册，第 423 页。
② 元好问：《布衾铭》，《遗山先生文集》卷 38（《全元文》第 1 册，第 427 页）。
③ 元好问：《南阳县令题名记》，《遗山先生文集》卷 33（《全元文》第 1 册，第 362 页）。
④ 元好问：《帝城二首》，《遗山先生文集》卷 8。
⑤ 元好问：《自题写真》，《遗山先生文集》卷 14。
⑥ 元好问：《书生》，《遗山先生文集》卷 11。
⑦ 元好问：《虚名》，《遗山先生文集》卷 14。
⑧ 元好问：《感事》，《遗山先生文集》卷 7。

便约岁时相往来。①

　　官职有何好，廪凛蹈危机。车尘及马足，捧手仍伈眉。弃去何足道，无从脱絷维。不如听其然，岁晚傥可期。此心未驯初，养虎时饱饥。一为金石止，坐阅万物驰。汨泥扬其波，哺糟醨其醨。②

元好问还明确表示，如果选择"归隐"，就要作真正的隐士，他还就何为隐士作了专门的解释。

　　夫隐，自闭之义也。古之人隐于农、于工、于商、于医卜、于屠钓，至于博徒、卖浆、抱关吏、酒家保，无所不在，非特深山之中，蓬蒿之下，然后为隐。前人所以有大小隐之辨者，谓初机之士信道未笃，不见可欲，使心不乱，故以山林为小隐。能定能应，不为物诱，出处一致，喧寂两忘，故以朝市为大隐耳。以予观之，小隐于山林则容或有之，而在朝市者，未必皆大隐也。③

在元好问看来，显然是只有心静而隐，才是真隐，不必在乎隐的环境，也不必刻意去区分小隐和大隐。元好问自我享受的，就是其诗中所描述的真隐生活。

　　并州一别三千里，沧海横流二十年。休道不蒙稽古力，几家儿女得安全。
　　天门笔势到闲闲，相国文章玉笋班。从此晋阳方志上，系舟山是读书山。
　　眼中华屋记生存，旧事无人可共论。老树婆娑三百尺，青衫还见读书孙。
　　乞得田园自在身，不成还更入红尘。只愁六月河堤上，高柳清风睡杀人。④
　　几案满书史，欣然忘百忧。一篇诗遣兴，三盏酒扶头。千载陶

---

① 元好问：《示崔雷诗社诸人》，《遗山先生文集》卷9。
② 元好问：《临汾李氏任运堂二首》，《遗山先生文集》卷2。
③ 元好问：《市隐斋记》，《遗山先生文集》卷33（《全元文》第1册，第367页）。
④ 元好问：《初挈家还读书山杂诗四首》，《遗山先生文集》卷13。

元亮,平生马少游。但留强健在,老矣复何求。①

对于士人而言,参透人生可能比参透官场可能更为重要,但是多数人对此并没有真正的认识,所以元好问特别强调了对人生应抱定顺其自然的态度。

万期流转不须臾,物物观来定有无。王席纸衣仝一尽,枉将白骨计枯荣。

凫短何如鹤有余,非鱼谁谓子知鱼。一枝莫作鹪鹩看,水击三千不羡渠。

太虚空里一游尘,造物虽工未易贫。臧获古来多鼎食,可能夷叔是饥人。

青盖朝来帝座新,岂知卫瓘是忠臣。洛阳荆棘千年后,愁绝铜驼陌上人。

六国羼王走下风,神人鞭血海波红。无端一片云亭石,杀尽苍生有底功。

天上河源地上流,黄金浮世等闲休。埋愁不着重泉底,尽向人间种白头。

泗水龙归海县空,朱三王八竟言功。围棋局上猪奴戏,可是乾坤斗两雄。

昨日东周今日秦,咸阳烟火洛阳尘。百年蚁穴蜂衙里,笑煞昆仑顶上人。

半纸虚名百战身,转头高冢卧麒麟。山间曾见渔樵说,辛苦凌烟阁上人。②

韩非死孤愤,虞卿著穷愁。长沙一湘累,郊岛两诗囚。人生定能几,肺肝日相仇。井蛙奚足论,裈虱良足羞。正有一朝乐,不偿百年忧。古来帝王师,或从赤松游。大笑人间世,起灭真浮沤。曾是万户封,不博一掉头。有来且当避,未至吾何求。悠悠复悠悠,大川日东流。红颜不暇惜,素发忽已稠。我欲升嵩高,挥杯劝浮

---

① 元好问:《遣兴》,《遗山先生文集》卷7。
② 元好问:《杂著九首》,《遗山先生文集》卷11。

邱。因之两黄鹄,浩荡观齐州。①

荣叟老带索,原生纳决屦。邈哉此前修,久而道弥著。人生少至百,每每多忧虑。量力守故辙,余荣何足顾,栖迟固多娱,几人得其趣。②

元好问在当时更出名的是他的诗作,但是还应该注意到他在北方士人中的精神领袖作用。应该看到,元好问以圣人之教为核心的政治理念,以兴学为己任的政治抱负,以及倾向于"出世"的政治态度,带有明显的消极色彩,这也确实符合他作为隐士的生活状态,实际上也是在面对乱世时知识分子的一种无可奈何的选择。恰是在与政治保持一定距离后,才能使元好问对一些基本问题的看法更为透彻,更能影响与他命运相同的人。要全面了解元好问的政治理念,显然不能忽视这一重要特征。

二 杨奂的正统辨

杨奂(1186—1255年),字焕然,号紫阳,乾州奉天(今属陕西)人,金末屡试进士不中,元太宗九年(1237)以儒生就试东平,两中赋论第一,授河南路征收课税所长官,在任十年后辞归,著有《还山集》《正统书》等,但只有《还山遗稿》2卷传世。

杨奂的政治观点中,最值得注意的是他对正统问题的系统阐述,以及对耶律楚材治世理念的附和与补充。

(一) 正统八例

杨奂所著《正统书》60卷,今已不存,但是现存的《正统八例总序》,③ 代表了他的基本观点。

杨奂首先指出正统已成为为祸天下的问题。"正统之说,祸天下后世甚矣。恨其说不出乎孔孟之前,得以滋蔓弥漫,而不知剪遏也"。正统的核心问题应是"正",而杨奂质疑的恰恰是"正"的标准:"既不以逆取为嫌,而又以世系、土地为之重,其正乎?"杨奂还明确指出,

---

① 元好问:《放言》,《遗山先生文集》卷2。
② 元好问:《杂著五首》,《遗山先生文集》卷1。
③ 杨奂:《正统八例总序》,《还山遗稿》卷上,北京图书馆古籍珍本丛刊本(《全元文》第1册,第127—130页)。本小节引文未注明出处者,均来自此文。

王莽和曹操的逆取，桀、纣等的按世系承袭，秦灭六国、晋灭吴、隋平陈等取得大片土地，都不能算作"正"。

杨奂认为应将"王道"作为"正"的标准。针对有人所说的"以力假仁者霸，霸必有大国；以德行仁者王，王不待大"的观点，杨奂指出："汤之七十里，文王之百里，以王道为正也。王道之所在，正统之所在也。不然，使创者不顺其始，守者不慎其终，抑有以济夫人主好大喜功之欲，必至糜烂其民而后已，其为祸可胜计耶！"也就是说，只能将能否坚持王道作为衡量是否正统的唯一标准，而不用考虑其他标准。

杨奂把历代的帝王传承分成八种情况，即所谓的"正统八例"：一是"得"，即得天下；二是"传"，即禅让；三是"衰"，即王道衰微；四是"复"，即中兴；五是"与"，即给予；六是"陷"即乱政；七是"绝"，即暴政自绝；八是"归"，即天下臣民归心。

> 孰为得？若帝挚而后陶唐氏得之、夏、殷绝而汤、武得之是也。以秦、隋而始年，必书曰得，何也？庶几乎令其后也，未见其甚而绝之，私也。见其甚而不绝，亦私也。一世而得，再世而传，固也。武德、贞观之事，既书高祖曰得，继之曰太宗得之，何也？原其心也。其心如之何？谓我之功也。功著矣，夺嫡之罪，其能掩乎？而曰传者，诞也。悲夫，虔化之兵未洗，灵武之号又建，启之不正，习乱宜然，是故君子惜之，此变例之一也。
>
> 孰为传？曰尧而舜，舜而禹，禹而启，周之成、康之类是也。
>
> 曰衰者何？如周道衰于幽、厉，汉政衰于元、成之类是也。
>
> 曰复者何？如少康之布德，太甲之思庸，宣王之修明文、武之功之类是也。晋惠、中宗则异于是，所谓反正者也，故附见之，此蒋乂之论也。惠帝既复而夺之，何也？咎其为贾后所制，至废其子，以成中外之乱，德之不刚也。德之不刚，君道失矣。犹中宗改号而韦后与政，使武氏之烬复然也。
>
> 曰与者何？存之谓也。有必当与者，有不得不与者。昭烈帝室之胄，卒续汉祀，必当与者也。晋之武帝、元魏之孝文，不得不与者也。昭烈进，魏其黜乎？曰莽、操之恶均，却莽而纳操，诚何心哉？党魏媚晋，陈寿不足责也。而曰不取于汉，取于群盗之手，其奖篡乎？魏晋而下，讫于梁陈，狃于篡弑，若有成约。今日为公

为相，明日进爵而王矣。今日求九锡，明日加天子冕旒，称警跸矣。今日僭皇帝位，降其君为王为公，明日害之，而临于朝堂矣。吁，出乎尔者反乎尔，其亦弗思矣乎。史则书之受禅，先儒则目曰正统，训也哉。曰晋不以为得者何？斥其攘魏也。斥而与之，何也？顺生顺，逆生逆，天也。天之所假，能废之哉？曰后乎此者不得与，斯何也？恶之也。何恶之？恶其长乱也。不然，乱臣贼子何时而已乎！《公羊》曰："录内而略外。"舍刘宋，取元魏，何也？痛诸夏之无主也。大明之日，荒淫残忍，亦甚矣。中国而用夷礼，则夷之；夷而进于中国，则中国之也。且肃宗扫清巨盗，回辂京阙，不曰复而曰与，何也？暴其自立也。五代而与明宗、柴、郭，何也？贤明宗之有王者之言也，愿天早生圣人是也。周祖以其厚民而约已也，世宗不死，礼乐庶几可兴。奈何不假之年，而使格天之业，殒于垂成也。

曰陷者何？夏之有穷泥，汉之有诸吕、新室，晋之永嘉之祸，唐之武、韦、史、巢、温之僭叛是也。始皇十年而从陷例，何也？曰置秦于大乱不道者始皇也，诱始皇于大乱不道者李斯也。人主之职，在论一相。是年也，斯之复相之年也。恶恶者疾，故揭为不哲之鉴，以著辅相之重也。曰景帝即位之初，明帝之永平八年，而书陷者何？以短通丧而启异端也。短通丧者，灭天性也。启异端者，乱天常也。虽出承平之令主，而不正其失，何以严后世之戒。

曰绝者，自绝之也，桀、纣、胡亥之类是也。

曰归者何？以唐虞虽有丹朱、商均，而讴歌讼狱归于舜、禹，桀、纣在上，而天下臣民之心归于汤、文矣。曰汉之建安十三系之刘备何也？以当阳之役也，夫我不绝于民，民其绝我乎。诗之皇矣：乃眷西顾，求民之莫，斯其旨也。商周之交，纣德尔耳，悠悠上天，不忍孤民之望，亟求所以安之，而其意常在乎文王之所，以潜德言也。曰归或附之以陷何也？示无二君也。

按照今天的理解，杨奂的"正统八例"应该分为三类。第一类为"续统"，包括得、传、复三例。第二类为"乱统"，包括衰、陷、绝三例。第三类为"变统"，包括与、归二例。

在杨奂的"正统八例"中，亦包括了少数民族建立的王朝。他还就汉族建立的王朝与少数民族建立的王朝是否为正统提出了一个明确的划分标准:"中国而用夷礼,则夷之;夷而进于中国,则中国之也。"应该说,这恰是其"正统辨"的亮点所在。

杨奂还强调之所以讨论正统问题,有三个重要的目的。一是"矫诸儒之曲说",即纠正前人对正统的错误看法。二是引历代治乱得失,以为借鉴。三是最重要的,即为道义张本和为治国提供理论依据。

> 敢问唐、虞之禅,夏后、殷周之继,存而不论,何也?曰圣人笔削之矣。起于周敬王之癸亥何也?曰痛圣人既殁,微言之不闻也。而周之世书秦之事何也?著其渐也。秦之叛僭不能制,则周之弱见矣。秦人承三代之余,混疆宇而一之,师心自恣,绝灭先王典礼而专任执法之吏,厉阶既作,流毒不已。呜呼!王道之不明、赏罚之不修久矣。然则发天理之诚,律人情之伪,舍是孰先焉。曰通载者,二帝三王致治之成法,桀、纣、幽、厉致乱之已事也。曰通议者,秦汉六朝隋唐五季所以兴亡之实迹也。因以仰述编年之例,具录而无遗,索其梗概,不过善可以为训,恶可以为戒而已。前哲之旨,果中于理,所取也,敢强为之可否。苟有外于理,所去也,必补之以鄙见者,将足成其良法美意也。而忍肆为斩绝不根之论,徒涉于乖戾耶。盖得失不尔则不著,善恶不尔则不分,劝诫不尔则不明。虽绵历百千世,而正统之为正统,昭昭矣。卓然愿治之君,苟察斯言,而不以人废,日思所以敦道义之本,塞功利之源,则国家安宁长久之福,可坐而致。其为元元之幸,不厚矣乎!

杨奂在乱世中讨论正统问题,实际上是有所期待的,就是当政者能够重视他的说法,通过皈依正统而实现儒家的治国愿望。

(二)崇道重学

杨奂认为"当崇奉者,圣人之功也;当践履者,圣人之道也。苟知其功,而不知其道,则与事淫祠野庙等矣"[①]。为了表示对圣人的尊崇,杨奂曾于1252年专程拜谒孔子故里,不仅强调圣人"垂世立教,百王所仰,未有由之而不治,舍之而不乱者也";还以"读圣人之书,游圣

---

① 杨奂:《郓国夫人殿记》,《还山遗稿》上(《全元文》第1册,第143页)。

人之里,幸之幸者也"自诩。①

杨奂认为行圣人之道的关键因素就是要学习圣人之学,不仅君和臣要学习,各行各业的人都要学习。

> 后世莫不有志于三代之治,而卒不能至者,谓之时势之异不可也,学之不至也。三代之前,君必学而后王,臣必学而后仕,虽匹夫、匹妇之贱,靡不学也。后之世,君学而臣不学者有之矣,臣学而君不学者亦有之矣。且农有农之师,工有工之师,以一家一国,至于奄有天下之大,不资于学,虽尧、舜、孔、颜之质,有能不为物之汩没者,几希矣。②

杨奂自己就是一生学习不辍,曾自述道:"余须发未甚白,精神未甚悴,以年齿计之,六十有九,衰以宜矣。所幸者,目读蝇头细字,如举子时。平生著述外无他嗜好,其所以自得者,亦足以自乐也。"③ 杨奂在这样的自述后不久即去世,确实体现了他活到老、学到老的坚持精神。

(三) 政务从简

杨奂受命担任河南路征收课税所长官,积极支持耶律楚材的各种治世举措,曾特别记道:"开创伊始,制度未遑,天下郡县犹以财赋自赡。不重其权,则无以铲其弊。故官吏污滥得廉纠之,刑赋舛错得厘正之,至于风俗之疵美,盗贼之有无,楮货之低昂,得季奏之。凡在吏,许自辟以从,被选者以为荣。"④ 杨奂还曾对耶律楚材说:"仆不敏,误蒙不次之用,以书生而理财赋,已非所长。又,河南兵荒之后,遗黎无几,烹鲜之喻,正在今日。急而扰之,糜烂必矣。愿公假以岁月,使得抚摩创痍,以为朝廷爱养基本万一之助。"杨奂要求不用"急政",得到耶律楚材支持,所以杨奂到河南上任后,"条画约束,一以简易为事"。有人要求增加赋税额度,被杨奂呵斥为"剥下罔上,若欲我为之耶",赋税额不但不增加,还减少了四分之一,"官民以为,前乎此,

---

① 杨奂:《东游记》,《还山遗稿》上(《全元文》第1册,第137、142页)。
② 杨奂:《孟子笺》,《还山遗稿》上(《全元文》第1册,第164—165页)。
③ 杨奂:《臂僮记》,《还山遗稿》上(《全元文》第1册,第132页)。
④ 杨奂:《耶律楚材改课税制》,《还山遗稿》上(《全元文》第1册,第150页)。

盖未有漕司惠吾属之如是也"①。也就是说，杨奂确实是在力所能及的范围内，体现了儒士理政的价值，这在当时的环境下，确实是难能可贵的。

杨奂任官十年，自知不能力挽狂澜，所以对避世之人有了更多的理解和同情。如他所言："人心何尝不善，而所以为善者，顾时之何如耳！方功利驰逐之秋，而缯缴已施，陷阱步设，则高举遐飞之士，不得不隐于尘外，此有必然之理也。"②应该说，在这方面杨奂比耶律楚材更看得开，所以在离开官场后少了许多烦恼，能够以读书自娱，颐养天年，在诗作中亦有相应的描述。

渭水遥通洛，函关近隔秦。百年垂老日，千里未归身。梦寐嫌为客，妻孥不讳贫。一官无可恋，花气五陵春。③

世事元无定，人生只合闲。君今悲白发，我亦负青山。废郭官居冷，荒年旅食悭。最怜情义厚，朝至暮方还。④

无穷惟永日，有尽是流年。白发谁能免，丹经恐妄传。会心人健否，到处冢累然。衮衮风波地，方思万里船。⑤

一饮甘河万事休，唤回蝴蝶梦庄周。口传铅汞五篇缺，神驭云龙八极游。寰海玄风开羽客，遇仙清迹想毛衷。百年更有何人酌，人自无缘水自流。⑥

还需要注意的是，杨奂的正统辨尽管颇有价值，但是当时只是在北方儒士的小圈子里为人所知，并没有产生重要的影响。他的观点之所以重要，乃是因为在后来儒士讨论正统问题时，沿袭了他对少数民族所建王朝亦属正统的看法。

三 刘祁的辩亡论

刘祁（1203—1250年），字京叔，号神川遁士，浑源（今属山西）

---

① 元好问：《杨奂神道之碑》，《遗山先生文集》卷23（《全元文》第1册，第547—548页）。
② 杨奂：《重修太清观记》，《还山遗稿》上（《全元文》第1册，第146页）。
③ 杨奂：《未归》，《还山遗稿》下。
④ 杨奂：《承德亨见访》，《还山遗稿》下。
⑤ 杨奂：《寄商孟卿》，《还山遗稿》下。
⑥ 杨奂：《遇仙观》，《还山遗稿》下。

人,金末参加进士考试失意,发奋读书,以能文名,1238年儒士考试中选,充山西东路考试官,著有《归潜志》《神川遁士集》等。①

刘祁曾身处汴梁,目睹了金朝灭亡时君臣士民的各种表现,并认真思考了导致金朝灭亡的原因,以及与之相关的士人的种种问题。

(一)辩亡金原因

金朝的末代皇帝没有桀、纣之恶,并且有较强的军事力量,为什么迅速败亡?为回答这一问题,刘祁撰写了《辩亡》一文,指出有六个重要因素导致了金朝灭亡。②

一是根本未立。刘祁历述了金朝诸帝的作为,指出章宗朝"政令修举,文治灿然",是金朝的极盛时期,但是"学文止于词章,不知讲明经术为保国保民之道,以图基祚久长"。恰是因为有金一朝未能深究保国保民之道,其根基并不稳固。

二是未尽行"中国法",难得士人之心。金朝虽然能用辽、宋人才,典章法度均出自书生之手,但是未能尽采汉制。"大抵金国之政,杂辽、宋非全用本国法,所以支持百年。然其分别蕃汉人,且不变家政,不得士大夫心,此所以不能长久。向使大定后宣孝得位,尽行中国法,明昌、承安间复知保守整顿以防后患,南渡之后能内修政令,以恢复为志,则其国祚亦未必遽绝也"(大定为金世宗年号,明昌、承安为金章宗年号)。金宣宗时,问题更为严重,"偏私族类,疏外汉人,其机密谋谟,虽汉相不得预。人主以至公治天下,其分别如此,望群下尽力难哉"。从治国而言,不行汉法和不用汉人是有所区别的,但是正如刘祁所言,两者之间确实有密切的内在联系。

三是奢靡之风影响国运。金章宗时,"颇好浮侈,崇建宫阙,外戚小人多预政,且无志圣贤高躅,阴尚夷风;大臣惟知奉承,不敢逆其所好,故上下皆无维持长世之策,安乐一时,此所以启大安、贞祐之弱也"(大安、贞祐为卫王允济和金宣宗年号)。奢侈和阿谀奉承误国,历代有之,金朝只不过是多了一个例证。

四是决策失误导致难挽颓势。刘祁指出迁都汴梁是一重大失策,如

---

① 王恽:《浑源刘氏世德碑》,《秋涧先生大全文集》卷58(《全元文》第6册,505—506页)。

② 刘祁:《辩亡》,《归潜志》卷12,中华书局2007年版(《全元文》第2册,第314—319页)。本小节引文未注出处者,均来自此文。

果坚守关中，仍可以坚持多年，可惜主政者轻易放弃了关中地区，"不能苦心刻意如越王勾践志报会稽之羞，但苟安幸存以延岁月"，坐以待毙。刘祁是因为汴梁很快被攻破，得出的这一结论。但是从纯军事观点看，即便是金廷全力经营关中，也未必能够有效抵御蒙古军队的进攻，一样会走上败亡之路。

五是权臣、乱臣当道，或惑乱朝政，或因循苟且。金末颇多权臣、奸臣，把持朝政，"大臣在位者，亦无忘身徇国之人；纵有之，亦不得驰骋"；"为将者但知奉承近侍以偷荣幸宠，无效死之心。倖臣贵戚，皆据要职于一时，士大夫一有敢言、敢为者，皆投置散地。此所以启天兴之亡矣"（天兴为金哀宗年号，也是金朝最后的年号）。尤其是迁都汴梁之后，"为宰执者往往无恢复之谋，上下同风，止以苟安目前为乐。凡有人言当改革，则必以生事抑之"。刘祁还特别列出了当时流行的反映宫廷风气的一些词汇。

> 每相与议时事，至其危处，辄罢散曰"俟再议"。朝廷近侍以谄谀成风，每有四方灾异或民间疾苦将奏之，必相谓曰"恐圣上心困"。当时有人云："今日恐心困，后日大心困矣。"竟不敢言。在位者临事，往往不肯分明可否，相习低言缓语，互推让，号"养相体"。吁！相体果安在哉？又，宰职用人，必先择无锋芒、软熟易制者，曰"恐生事"。故正人君子多不得用。①

王朝末年权臣、乱臣、庸臣当道，是中国传统农耕王朝政治的普遍现象，刘祁只不过是更生动地列举了金朝末年的具体表现，并以诗作反映了战争给普通百姓带来的困苦和惆怅。

> 顽阴漠漠秋天黑，冷雨潇潇和雪滴。途中骑士衣裳单，半夜衔枚赴灵壁。中州近岁雨雪多，只因戍马窥黄河。将军锦帐衣千袭，马上挥鞭传令急。但令饱暖度朝夕，一死沙场吾不惜。九重日望凯歌归，安知中路行逶迤。愿将舞女缠头锦，添作征人身上衣。②
> 青短荧荧照空壁，绮窗月上莎鸡泣。良人塞上远从军，独妾深

---

① 刘祁：《归潜志》卷7，第70页。
② 刘祁：《征夫词》，顾嗣立编《元诗选》二集上，中华书局1987年版，第28页。

闻长太息。忆初痴小嫁君时,谓君不晚拥旌麾。如何十载尚舆隶,东屯西戍长奔驰。秋风戎马临关路,千里持矛关上去。公家事急将令严,儿女私情那得顾。恨妾不为金鞴鞍,在君腰下随风埃。恨妾不为龙泉剑,在君手内飞光焰。慕君不得逐君行,翠袖斑斓空血染。君不见重瞳凤驾游九疑,苍梧望断犹不归。况今沙场征战地,千人同去几人回,君回不回俱未见,妾心如石那可转。①

六是漠视建言,错失救国良机。金章宗泰和年间(1201—1208),李纯甫以小官上万言书,要求匡正时弊,被当政者视为迂腐可笑,纯甫遭此摧折后,"中年纵酒,无功名心",刘祁为一代英才的此等遭遇颇感痛心。金朝迁都汴梁之后,"复有以机会宜急有备为言者,而上下泰然,俱不以为心,以至宗庙丘墟,家国废绝,此古人所谓何世无奇材而遗之草泽者也"。刘祁还记下了上书不被重视的亲身经历。

> (金哀宗)正大九年(1232)正月,下诏求言,于东华门接受陈言文字,日令一侍从官居门待,言者虽多,亦未闻有施行者。盖凡得士庶言章,先令诸朝贵如御史大夫裴满阿虎带、户部尚书完颜奴申等披详,可,然后进,多为诸人革拨,百无一达者。②

刘祁自己也曾愤然上书,并要求面见皇帝陈述己见,被人劝阻。皇帝出来巡城,刘祁欲上书,但一士人已抢先上书,皇帝命人接受上书后表示回宫观看,刘祁即不再上书,因为他认为皇帝如果重视士民言论,应该及时浏览上书,回宫观看实际上是托词,无非是应景虚文。也就是说,到了危难之际,连"纳谏"都成了虚样文章,这样的朝廷确实无药可救了。

刘祁将不尽行"中国法"作为金朝灭亡的一个重要因素,尽管代表的是中原汉人士大夫的观点,具有一定的局限性(尽行"中国法"的王朝,也未必能够长治久安),但是从揭示王朝兴亡的角度强调行"中国法"的重要性,对郝经等人后来提出"效行汉法"的政治观点,应有重要的帮助。

---

① 刘祁:《征妇词》,《元诗选》二集上,第28—29页。
② 刘祁:《录大梁事》,《归潜志》卷11,第121—123页。

(二) 揭科举弊病

刘祁认为金朝科举取士的弊病，就在于考试方法的偏颇，带来了士人不认真读书和读书不多的毛病："金朝取士，止以词赋、经义学，士大夫往往局于此，不能多读书。其格法最陋者，词赋状元即授应奉翰林文字，不问其人才何如，故多有不任其事者。"① 金朝迁都汴梁之后，更带来了文人相轻的严重祸患。

> 士人多为古学，以著文作诗相高，然旧日专为科举之学者疾之为仇雠，若分为两途，互相诋讥。其作诗文者目举子为科举之学，为科举之学者指文士为任子弟，笑其不工科举。殊不知国家初设科举用四篇文字，本取全才，盖赋以择制诰之才，诗以取风骚之旨，策以究经济之业，论以考识鉴之方。四者俱工，其人材为何如也？而学者不知，狃于习俗，止力为律、赋，至于诗、策、论俱不留心，其弊基于为有司者只考赋，而不究诗、策、论也。②

宋、金两朝都存在严重的科举弊病，按刘祁所言，金朝的科举至少在选拔人才方面应该是一个失败的例证。

(三) 述君子之道

刘祁在讨论国家兴亡的时候，还对有关士人的道行问题有进一步解释，实际上就是要阐明"君子之道"的多方面要求。

第一，刘祁认为国家有养育人才的职责，士人则应该有报效国家的抱负和行为。

> 国家养育人材当如养木，彼梗柟豫章之材，封植之，护持之，任其长成，一旦可以为明堂太室之用。如或牛羊啮之，斧斤伐之，则将憔悴惨淡无生姿，或枯槁而死矣，又安能有干霄拂云之势邪？士大夫亦然。国家以爵禄导之，以语言使之，精神横出，材气得伸，锐于有为，然后得为我用。傥绳以文法，索过求瑕，为之则有议，言之则有罪，将括囊袖手，相招为自全计矣，国家何赖焉？③

---

① 刘祁：《归潜志》卷7，第72页。
② 刘祁：《归潜志》卷8，第80页。
③ 刘祁：《归潜志》卷13，第139页。

第二，刘祁特别从国家兴亡的角度，强调士人在不同的政治形势下应有不同的政治行为。

> 大抵天下乱，则士大夫多尚权谋、智术，以功业为先。天下治，则士大夫多尚经术、文章、学问，以名节为上。国家存亡长短随之，亦其势然也。
>
> 吾道盛衰自有时，吾尝考之，如循环相乘除也。周衰，诸侯不礼士。至战国，则魏文侯、燕昭王辈拥彗筑台，师事焉，继以始皇坑儒之祸。汉末，藩侯不礼士，而光武则安车蒲轮征聘焉，继有桓、灵党锢之事。唐朝士大夫往往为将相，有势位，后有白马之灾。宋兴，内外上下皆儒者显荣，至宣、政极矣，至于金国，士气遂不振。而今日困顿摧颓亦何足怪？但我辈适当此运者为不幸耳。①

应该看到，刘祁提出的这两条要求是相辅相成的。指出国家治、乱时士人的不同表现，就是要强调士人应该审时度势，在不同的条件下都能为国家尽力，以此来回报国家对士人的培养。当然，国家也要有培养人才和善用人才的真诚态度和举措，才能使士人能够真正发挥作用。

第三，士人需有行道的高尚志向。刘祁对士人（士君子）的道德和志向有明确的期许。

> 士君子穷处不能活妻子、免饥寒，及其得志，则兼济天下，使民物皆得所。
>
> 举世之人日奔走经营，惟以衣食为事。士君子则安闲乐道，不以衣食为忧。举世之人所畏者，饥寒、患难、死亡。士君子则于饥寒、患难、死亡无所畏，使道义充于中，虽明日饥而死，无歉于天地。使行不义而动非礼，虽贵于王公，富极千金，而内以愧于心，外以怍于人。然则士君子之所为、所守，诚举世之人所背而驰者也，使俗人笑其迂而议其拙也宜哉。

---

① 刘祁：《归潜志》卷13，第144、148页。

幸生而为儒,忝学圣人之道,其平昔所志,修身治国平天下,穷理尽性至于命,进则以斯道济当时,退则以斯道觉后也。①

有人曾就此向刘祁发出过以下责问。

今吾子生当乱世,政英雄奋发之秋,大而可以分疆据土,奉王命为诸侯;下而可以附雄藩巨镇,驰骋才谋取富贵。或如终童请长缨,入越,羁其王献北阙下,以功名著。不然,当效苏季子、司马长卿以文词谈说干人生,六印驷马耀乡俗。吾子奚独韬光晦迹,甘为弃物于一时,使平日所学眇不见锋焰,亦鄙陋之甚也。

刘祁则给予了明确的反驳。

若亦不闻君子之道乎?盖君子之道以时卷舒,得其时而不进为固,失其时而强进为狂。且先顾其内之所有何如,亦不在夫外也。吾平生苦学,岂将徒老焉?顾自鬻自求,贤者所耻,加之新罹塞难,始欲自修,且将扫除吾先祖丘墓。果其后日为时所用,亦安肯不致吾君、泽吾民?如或不然,虽终身潜可也。
吾虽非圣贤,亦安敢不学乎?若非知吾之志者也。②

在乱世中,不能治国,至少还可以治家,刘祁对此有专门的表述。

国之不可治犹可以治其家,人之不能正犹能正其身,使家之齐而身之修,虽隐居不仕,犹可谓得志。故吾尝曰:虽天下未太平,而吾一家独不可太平乎?是诚在我者也。③

也就是说,君子的行道之心,能由治国来体现当然最好,但不能为国操心而只能为家操心,同样显示的是高尚的情操。

第四,士人当以济人利物为事。士人除了有行道的志向外,还应该

---

① 刘祁:《归潜志》卷12、卷13,第142、172页。
② 刘祁:《归潜堂记》,《归潜志》卷14,第172—173页。
③ 刘祁:《归潜志》卷13,第145页。

有匡世救民的行为，并且不受在朝在野的影响。

> 盖士之生世，惟当以济人利物为事。达则有达而济人利物之事，所谓执朝廷之大政，进贤退邪，兴利除害，以泽天下是也。穷则有穷而济人利物之事，所谓居间里间，传道授学，急难救疾，化一乡一邑是也。要为有补于世、有益于民者，庶几乎兼善之义。①

士人要匡世救民，应该是上到国家、下到乡里都能所有作为，关键是能否有作为的责任和积极性，这才是刘祁所强调的要求。

第五，士人应坚持儒家之学，自动抵御佛、道二教的侵蚀。在这方面，明显表现出刘祁对儒、释、道合一或三教并用的反对态度。

> 予尝观《道藏》书，见其炼石服气以求长生登天，又画符咒水役使鬼神为人治病除祟，且自立名字、职位云。主管天条而斋醮祈禳，则云能转祸为福。大抵方士之术，其有无谁能知？又观佛书，见谈天堂、地狱、因果、轮回，以为人与禽兽无异。且有千佛万圣，累世殊劫，而以持诵、布施则能生善地。大抵西方之教，其有无亦谁能知？因思吾道，天地日月照明，山河草木蕃息，其间君臣、父子、兄弟、夫妇，礼文粲然，而治国治家焕有条理。赏罚绌陟立见，荣辱生死穷通，互分得失，其明白如此，岂有惑人以不可知之事者哉？而世之愚俗，徒以二氏之诡诞怪异出耳目外，则波靡而从之，而饮食起居在吾道中而恬不自知，反以为寻常者，良可叹也。呜呼，愚俗岂可责邪？而士大夫之高明好异者往往为所诱，不亦悖哉！②

第六，士人要会享"性命之乐"。刘祁认为在一个社会中，确实有不同的士人，并且有形态迥异的各种表现。

> 士之生于世，何其多品邪？有为公卿、宰辅以事业、功名显于后代者；有虽居下位不得柄用，犹能以节义自著者；又有浮湛间

---

① 刘祁：《书证类本草后》，《归潜志》卷13（《全元文》第2册，第312页）。
② 刘祁：《归潜堂记》，《归潜志》卷12，第141页。

里，应物持身，但以德善立名者；有放浪山林，草衣木食，以高洁自居者；有抒心文史，以著述吟讽有闻者；又有研精技艺，如阴阳、医药、卜筮、字画、绘画以名世者；又有纵酒放歌，废弃礼法以乐其形体者；又有抑情去欲、炼身服气以觊飞升者。要之各从所好，且有定数在，亦安能一其迹邪？

士人的表现可以不同，但是对于人生之乐，应该有共同的感受。

人之生有三乐，有志气之乐，有形体之乐，有性命之乐。夫事业、功名、权势、爵位，乐志气也。酒色、衣食、使令、车马，乐形体也。仁义、礼知、忠信、孝弟，乐性命也。虽然，事业、功名、权势、爵位，得时者之所有也；酒色、衣食、使令、车马，富厚者之所备也；惟仁义、礼知、忠信、孝弟，虽不得时、不富厚而于我皆具，盖穷士之所有也。今吾既不得时有志气之乐，又不富厚有形体之乐，居荒山之中，日惟藜藿之为养，其所享无一毫过于人，舍性命其何乐哉？

顾后穷达犹未可知，然则独守吾残编断稿者，犹未为痴计也。①

也就是说，刘祁所追求的"性命之乐"，就是士人都应坚持的儒家之学，并且能以终生穷究学理为人生最大的乐趣。

刘祁虽然认为"贤人君子得志可以养天下，如不得志，天下当共养之"②，但是对于士人在王朝存亡之际的表现颇有微词，不仅指出在金朝灭亡时"士大夫无一人死节者"，进而感叹"士气不可不素养也"③；还在是否为献汴梁城的崔立书文立碑的问题上，直斥元好问等人有失士人风范，"诸公本畏立祸，不敢不成其言，已而又欲避其名以卖布衣之士"，即将书写碑文的责任转嫁给刘祁和麻革。④ 刘祁之所以著《归潜志》，就是要记下前朝事迹，以警示后人，"且其所闻所见可以劝诫规

---

① 刘祁：《归潜堂记》，《归潜志》卷12，第139—140页。
② 刘祁：《归潜志》卷13，第148页。
③ 刘祁：《归潜志》卷7，第73页。
④ 刘祁：《归潜志》卷12，第133页。

鉴者，不可使湮没无传"①。在乱世中，能够潜心做到这一点，确实值得后人的重视。

刘祁对王朝兴衰原因的探讨，以及对士人作为的强调，表明的是较积极的政治态度，即个人面对乱世依然可以有所作为，至少能够有深刻的政治思考，这恰是他的政治观念的重要性所在。

四 李俊民等人的政治观点

与元好问、刘祁同时代的北方隐士，在其留下来的诗文集中展示政治观点的，还有李俊民、杨弘道、麻革、房皞等人。

（一）李俊民的出世说

李俊民（1176—1260年），字用章，号鹤鸣，泽州晋城（今属山西）人，金承安五年（1200）进士第一，金亡后隐居，著有《庄靖集》。

李俊民因精于术数，曾被忽必烈召见，"延访无虚日"，"又尝令张仲一问以祯祥，及即位，其言皆验"②。因此有人评价道："世之知数者无出子聪（刘秉忠）右，而子聪犹让之。"③

李俊民将蒙金战争看成"天祸"，对战争造成的破坏痛心疾首，叹息"中原可惜衣冠地，自古以来多废兴"④。他记录了承安五年经义考试的登科进士33人，"革命后，独与高平赵楠庭干二人在"，感慨"三十一人今鬼录，与君虽在各华颠"⑤。他还记录了战争中泽州的破败情形，"贞祐甲戌（1214年）二月初一日丙申，郡城失守，虐焰燎空，雉堞毁圮，室庐扫地，市井成墟，千里萧条，阒其无人。"乙未年（1235）全州共剩973户，壬寅年（1242）续括漏籍户，全州才达到1813户。"以乡观乡，以国观国，以天下观天下，其可知也。噫！生斯世者，何不幸邪？百六之数，莫能逃邪？死者已矣，生者倒悬，何时而已邪？上天之祸，如此其酷，尚未悔邪？泫然记之，庶几父母疮痍之民者，生怵惕之心。"⑥李俊民记下这样的事实，就是为了使后人能够

---

① 刘祁：《归潜志序》，《归潜志》，第1页（《全元文》第2册，第311页）。
② 《元史》卷158《李俊民传》。
③ 杨奂：《李状元事略》，《还山遗稿》上（《全元文》第1册，第150页）。
④ 李俊民：《和〈河楼闲望〉孟州二首》，《庄靖集》卷4，四库全书本。
⑤ 李俊民：《题登科记后》，《庄靖集》卷8（《全元文》第1册，第47—48页）。
⑥ 李俊民：《泽州图记》，《庄靖集》卷8（《全元文》第1册，第51—52页）。

了解战争的残酷。

金朝的灭亡,既改变了国运,也改变了个人的人生轨迹,使得李俊民不由不为此嗟叹。

> 不周力摧天柱折,阴山怨彻青冢骨。方将一掷赌乾坤,谁谓四面无日月?石马汗滴昭陵血,铜人泪泣秋风客。君不见,周家美化八百年,遗恨《黍离》诗一篇!①
> 宰肉陈平社,折腰元亮乡。车无门外辙,菊与径皆荒。所恨国难守,若为家不亡。天威寒气逼,急急下山阳。②

对于能否由乱转治,李俊民抱的是消极看法,在诗作中反映了这样的情绪。

> 长剑何人倚太行,毡裘入市似驱羊。怒降白起不仁赵,死守裴侯无负唐。可奈昆炎焚玉石,更堪蜀险化豺狼。紫荆犹是阶前树,风雨何时复对床。
> 万井中原瞩汴梁,纵横大剑与长枪。昼烽夜火岂虚日,左触右蛮皆战场。丁鹤未归辽已冢,杜鹃犹在蜀堪王。此生不识连昌乐,目送孤鸿空断肠。③
> 铁马长驱汗血流,眼前戈甲几时休?谁能宰似陈平社,那免悲如宋玉秋?漠漠微凉风里殿,萧萧残夜水边楼。千村万壑荒荆棘,何止山东二百州!④

战争带来的破坏如此严重,并且在李俊民这样的隐士看来,根本看不到恢复的希望,所以在诗作中当然渗透的是悲凉的情绪。

李俊民赞成"以儒治国"的政治观,认为对于儒士来说,"秦坑秦即孤,鲁戏鲁寻削。伊谁蹈前轨,可谓来高阁";儒术更为重要,"世

---

① 李俊民:《闻蔡州破甲午年(1234 年)正月十日己酉》,《庄靖集》卷 1。
② 李俊民:《九日下山》,《庄靖集》卷 2。
③ 李俊民:《乱后寄兄二首》,《庄靖集》卷 2。
④ 李俊民:《即事》,《庄靖集》卷 2。

治其术重,世乱其术轻。太平然后用,用然后太平"①;"盖有圣人之道,以断天下之疑"②。所以对于"大朝再试"即窝阔台时的儒士考试,李俊民自己虽然选择的是"出世"态度,但是对于其他人能有出头之日,持的则是肯定态度。

> 翰墨场中第一人,而今委翅在鸡群。纵横诗律凌徐庾,浩汗词源媲典坟。兵气横流存此老,天心未欲丧斯文。年来草就归田赋,啸傲南山卧白云。
> 邮筒寄后忆诗人,落落英才迥出群。试问槐花忙几举,可怜桂子落谁坟。浮沉且与陪中立,喜愠何尝见子文。倾破葵心望天表,龙庭不日会风云(原注:大朝再试)。③

从这两首诗的口气可以看出,李俊民尽管自恃有才,但是他宁愿做个隐士,也不会去服务于新朝。

"出世"也要有一套带有理论色彩的说法,从李俊民留下的诗文看,大致包括五方面的内容。

一是重义非利。发生在朝廷的义利之争,往往对百姓的生活带来较大的影响,所以儒者必须坚持重义非利的基本倾向,李俊民用诗作对这样的倾向作了说明。

> 炎凉愁里过,陵谷暗中迁。素拙生生计,寻耕下下田。为嫌频告籴,却恨不逢年。门外催租吏,长妨对圣贤。④
> 伟哉青云器,底蕴莫能见。开口论利害,坐客服雄辩。汪汪江海量,气不许黄宪。从来布衣愿,一掷轻百万。投瓜必报琼,岂望在焚券。虽承雨露恩,慷慨辄自献。与其便于己,孰若于国便。盖尝推此心,天下欲兼善。儒家惟有孟,日夜讲不倦。倘以利为利,请看《货殖传》。⑤

---

① 李俊民:《儒》,《庄靖集》卷3。
② 李俊民:《龟镜山人陈时发屏风》,《庄靖集》卷10(《全元文》第1册,第104页)。
③ 李俊民:《和李唐杰韵二首》,《庄靖集》卷2。
④ 李俊民:《即事》,《庄靖集》卷2。
⑤ 李俊民:《成之夜谈省庭新事》,《庄靖集》卷1。

驱驰戎马间，太平不复见。往往谈隽永，宁许齐士辩。有田宜早归，夺恐遭窦宪。再三欲买邻，愧我无千万。难情沽酒奴，待立便了券。筹堂天下士，风度迈羲献。别后曳裾人，造门恨无便。握手再相逢，虚左待益善。平生身口累，老大折腰倦。莫讶陶先生，自作五柳传。①

二是甘于淡泊。李俊民要做的是真隐而不是待价而沽的假隐，所以强调了甘于淡泊，是隐士的最基本要求。

脱却朝衫著纻麻，残年犹复梦京华。世情共指鹿为马，天意反教龙作蛇。白发不公人易老，青山有素恨无涯。那禁送别东郊外，满目离离溅泪花。

有客衡从说蓺麻，要教身后见西华。若为养得能言鸭，未解除他引睡蛇。归去稍知闲气味，荒唐犹种老生涯。眼前浮世凭谁问，独倚东风看落花。②

愿为圣人氓，但得一廛田。大庇天下士，安用万间屋。我馆既定，我邻既卜。人寿几何，生理易足。约以自处，能者养福。非敢望设醴楚元，指囷鲁肃，冯欢食鱼，子思馈肉。乃有郑相葫芦，薛公苜蓿，阴将军之葱叶麦饭，石季伦之萍齑豆粥，吏部公之藜苋，天随生之杞菊，商山隐士之紫芝，少陵野老之黄独。请学为圃，中有樊迟之禄。至于华元羊羹，庾悦鸭炙，监州螃蟹，典签熊白，虽不至于嗟来，而客不可以不速。盖在人者，己所不为，在己者，人所不欲。以小人之心，为君子之腹。是则釜不须鬵，鼎不须覆，犬不须吠，蝇不须逐。无事而食，有腼面目，噫，忘其朵颐之凶，以养吾之老饕，何其耐辱。③

三是看破功名。对士人而言，最难的是能够看破功名。但是对于隐士而言，最能体现的恰是已经看破了功名，李俊民不仅强调"名不可

---

① 李俊民：《复和》，《庄靖集》卷1。
② 李俊民：《承二公宠和，复用元韵二首》，《庄靖集》卷2。
③ 李俊民：《求田》，《庄靖集》卷10（《全元文》第1册，第107页）。

贪，利不可逐"①，还自诩已经彻底抛却了功名。

> 鸱得腐鼠吓，犬笑狡兔死。唾手功名场，不知忧患始。②
> 求为天下士，所望不亦厚？得少失有余，何况在身后！③
> 猎猎霜风堕指寒，一鞭行色抵天山。马嘶衰草孤烟外，雁没长空落照间。入塞尽穿毡帐过，去乡须待锦衣还。功名大抵黄粱梦，薄有田园便好闲。④
> 这光景，能消几度，大都数十寒暑。结庐人，在山深处，万壑千岩，风雨朝复暮。甚不管，堂堂背，我青春去，高情自许。似野鹤孤云，江鸥远水，此兴有谁阻。功名事，休叹儒冠多误，韩颠彭蹶无数。一溪隔断桃源路，只有人家鸡黍。歌且舞，更不住，醉中时出烟霞语。暂来樵斧，贪看两争棋，人间不道，俯仰成今古。⑤
> 百年富贵，一觉邯郸梦。识破中流退应勇，纵生前身后，得个虚名褒贬处，一字由他。南董故园归去好，还肯同归，大厦如今有梁栋。对青天，咫尺列宿森然，君莫怪，不见少微星动。且拂袖林泉，作诗人，尽明月清风，笑人嘲弄。⑥

四是看重"忍"。士人只有能忍，才能心宽，所显示的恰是隐士崇尚的处世哲学。

> 气留脐可暖，唾使面自干。无怨亦无恶，此腹如此宽。⑦
> 忍之之意，非取望于圣人，盖将以自警耳。孔子语门弟子曰："小不忍则乱大谋。"成王命君陈亦曰："必有忍，其乃有济。"圣贤以忍之一字谆谆而告人者，于血气方刚之时而戒之也。⑧

---

① 李俊民：《姚子昂宜休斋铭》，《庄靖集》卷9（《全元文》第1册，第58页）。
② 李俊民：《贵》，《庄靖集》卷3。
③ 李俊民：《名》，《庄靖集》卷3。
④ 李俊民：《送郡侯段正卿北行二首》，《庄靖集》卷2。
⑤ 李俊民：《摸鱼儿·送侄谦甫出山》，《庄靖集》卷7。
⑥ 李俊民：《洞仙歌·汴梁与许道真、郭伯诚、刘光甫同赋》，《庄靖集》卷7。
⑦ 李俊民：《忍》，《庄靖集》卷3。
⑧ 李俊民：《刘济之忍斋记》，《庄靖集》卷8（《全元文》第1册，第38页）。

五是少言。儒士在议论国政时需要的是慎言，当隐士就要少言甚至不言，尽管心知肚明，也要防止祸从口出。

> 梨园弟子，天宝之后，谁其知音。百岁遗叟，曲终怅然，泪迸林薮。时清眼明，万事缄口。①

李俊民的"出世"甚至"遁世"观念，是在对政治极端失望的条件下产生的，其可贵之处就在于这样的观念不仅反映了真实的社会景象，还包含了对如何解决各种弊病的冷静思考，对于了解当时北方儒士的政治心态有重要的帮助。

(二) 杨弘道的心苦说

杨弘道（1195—1277年），字叔能，号素庵，淄川（今属山东）人，金亡入宋，后北归，著有《小亨集》《事言补》等。

杨弘道辗转于金、宋、蒙之间，命运坎坷，从他1232—1249年的"门帖子"中，可以看到他在不同政权下的心态和诉求：

> 壬辰年（1232）门帖子："不求高爵列王臣，不愿金珠坐绕身。但愿全家度灾厄，白头重作太平人。"
> 甲午年（1234）门帖子："儒馆庇身惭废学，官仓供米竟无功。授田倘复先王制，从此归耕畎亩中。"
> 戊戌年（1238）门帖子："曾由直道踏亨衢，岂谓终身出险途。从此知非亦知命，镜中休镊白髭须。"
> 己亥年（1239）门帖子："寒泉远汲怜儿小，白粲亲舂愧妇勤。馈食从今低举案，莫教人识五噫君。"
> 辛丑年（1241）门帖子："生长般溪溪上州，一朝沧海忽横流。黍离麦秀悲歌里，华发归来完事休。"
> 癸卯年（1243）门帖子："儿子形躯似我长，新年祝尔愿康强。但能碌碌全门户，莫羡人家画锦堂。"
> 甲辰年（1244）门帖子："岁在龙蛇何足虑，庭疎兰玉最堪伤。故将西汉缇萦事，说与君家老孟光。"

---

① 李俊民：《焦天禄〈野叟听音图〉》，《庄靖集》卷1。

乙巳年（1245）门帖子："蒲城来往愧年除，赪尾柔毛从酒壶。唯有曹君不相弃，故穿深巷送屠苏。"

丙午年（1246）门帖子："素贫贞士老还乡，觅食求衣借屋忙。三事就中先有一，立锥地上盖茅堂。"

丁未年（1247）门帖子："数岁常怀未济忧，欲迁东府与西州。厨边井浅泉甘冷，大半因循为尔留。"

戊申年（1248）门帖子："南坊妒宠如宫妾，北里争妍若市娼。唯有西邻安义命，东风也自到茅堂。"

己酉年（1249）门帖子："己酉再逢鬓未皤，平生艰险饱经过。全家无恙自天祐，媢嫉之人如命何。"①

从杨弘道的"门帖子"可以看出，在金朝灭亡前，他已经泯灭了仕进的念头，在一首诗中表露了他的心境。

客从长安来，色沮气不伸。问之何因尔，憔悴居贱贫。忠诚照肝膈，文彩动词臣。二者苟有一，亦足售其身。后前莫推挽，坎坷秋复春。尝欲仗一剑，万里清风尘。从军亦云乐，神武知何人。又欲挟一策，强国活斯民。夜义守天关，帝所高难陈。安能举进士，得失咸悲辛。十年一主簿，鞭棰还呻吟。安能罔市利，狙诈忘我真。所得难倍蓰，愧汗沾衣巾。闻说商洛间，山深风俗淳。自计亦已熟，抱书归隐沦。穷年读经史，志一凝于神。天道有反正，岂曰长混沌。诸君勋业了，我道亦精纯。礼仪稽在昔，政化持平均。出山应未晚，日月明昌辰。②

他的另一首诗歌，则对1234年金亡之前的隐居生活有所描述。

我本阀阅子，结发事文章。处世逢厄运，坎坷徒自伤。鸡鸣狗盗间，涸迹潜辉光。凶年大兵后，荒城守空仓。负担非我事，徒步昔未尝。四肢不胜劳，憩息坐道傍。仰观云悠悠，俯视尘茫茫。东

---

① 杨弘道：《门帖子》，《小亨集》卷5，四库珍本。
② 杨弘道：《归隐》，《小亨集》卷1。

风吹叹声，丽日为苍凉。①

杨弘道 1234 年入宋之后，曾被授予襄阳府学教谕，但是他于 1235 年即辞去此职，理由是自己"不事科举，而充府学学谕，为名不正；以名不正，而月费仓库钱米，为素餐"；"盖欲既劳而后食，则无所愧于其心"②。在宋境内的十余年，按照门帖子的内容，杨弘道过的是相当拮据的生活。1246 年杨弘道返回家乡，作为 52 岁的一介贫儒，对家乡的破坏倍感悲哀："哀痛淄州城再破，千里萧条断烟火。当时逃难逾黄河，二纪归来非故我。眼前十口不安生，白头又复辞先茔。若人方寸包藏恶，害物惨于城陷兵。"由于"亲戚故旧无在者，熟视田园，不敢为己有"，杨弘道不得不移居济南。③尽管全家无恙，但是杨弘道仍自称在济南士人中最为心苦。

> 余老而还乡，封树先茔，更期亲戚有在者，田园得三之一，一二故人相与往来，以慰余生。今亲戚无在者，田园为有力者所据，一二故人以余贫贱，疏绝不相往来，故曰济南士人，唯余心苦。④

困苦的环境不仅来自战争的破坏，还有来自人为的破坏，杨弘道用诗作记下了当时的凄凉场景。

> 凄风羊角转，旷野埃尘腥。膏血夜为火，望际光青荧。颓垣俯积灰，破屋仰见星。蓬蒿塞前路，瓦砾堆中庭。杀勠余稚老，疲羸行欲倾。居空村问汝，何以供朝昏。气息谨相属，致词难遽言。往时百余家，今日数人存。顷筐长镵随日出，树木有皮草有根。春磨沃饥火，水土仍君恩。但恨诛求尽地底，官吏有时犹到门。⑤

杨弘道虽然贫困，依然淡泊名利，甘于隐居，并用诗词表达了自己

---

① 杨弘道：《阀阅子》，《小亨集》卷1。
② 杨弘道：《投赵制置第三劄子》，《小亨集》卷6（《全元文》第1册，第186页）。
③ 杨弘道：《窥豹集后序》，《小亨集》卷6（《全元文》第1册，第189页）。
④ 杨弘道：《送李善长序》，《小亨集》卷6（《全元文》第1册，第192页）。
⑤ 杨弘道：《空村谣》，顾嗣立、席世臣编《元诗选》癸集上，中华书局2001年版，第10页。

的真实情感。

> 谁达谁穷谁后先，扬扬戚戚失之偏。白云出岫本无意，彩雉照溪私自怜。莫拟指囷思鲁肃，何须伏弩杀庞涓。西山深隐有佳处，细劚黄精煮涧泉。
> 雪滋垄麦雨滋桑，五月薰风九月霜。山拥潼关遮陕右，地倾河水浸睢阳。英雄封建分诸国，主客安和浑五方。莫道书生无用处，也能歌雅美宣王。①
> 繁花烟暖，落叶风高，岁月去如流。身渐老，叹三十年虚度，月堕鸡号。痛离散，人何在，云沉雁杳，浮萍断梗，任风水东泛西漂，万事总无成，忧患绕。虚名何益，薄宦徒劳。得预俊游中观望好谩，能出惊人语。瑞锦秋涛，莫夸有如神句。鸣禽春草，干戈满地，甚处用儒。雅风骚，援笔赋，归田宜去早。②

杨弘道自言"余憨书生也，学不足以起身，文不足以明道，然而不为流俗之所惑者，盖尝深靠古道，笃信圣人之言故也"③。由于他"平昔喜孟子之书"，从孟子学说看当代士大夫，其作为颇为不齿。

> 夫仕有尊卑制禄之称，今也仕之卑者，不为制禄，而斗米束刍，绳之以法，举手蹈足，辄挂罪罟，折要于里胥，屈膝于县吏，平昔所养，消沮殆尽。④

杨弘道对于仁义和义利的解释，遵从的也是儒家传统观点，强调只有坚持儒家的义利观，才能体现士人的本色。

> 夫人之所贵乎为士者，为其道存焉耳。仁义，道之本欤。仁以安人，义以利人。⑤

---

① 杨弘道：《遣兴》，《小亨集》卷4。
② 杨弘道：《满江红·六国朝》，《小亨集》卷5。
③ 杨弘道：《送张景贤张彦远引》，《小亨集》卷6（《全元文》第1册，第196页）。
④ 杨弘道：《养浩斋记》，《小亨集》卷6（《全元文》第1册，第202页）。
⑤ 杨弘道：《优伶语录》，《小亨集》卷6（《全元文》第1册，第207页）。

古之君子志于道，不志于利，故善始令终，子孙逢吉。今之人不顾道义，惟急于趋利，寅而兴，卯而作，午不见其利，则心已迟之，殊不知以趋利为始，将何以令其终乎。①

对于已经北传的理学，杨弘道表现出了一定的兴趣。赵复作为理学北传的名师，其弟子编撰了《伊洛发挥》一书，赵复曾到济南，杨弘道与他有所交往："愚虽敬受其书，而所居僻陋，不足以馆君；因病止酒，又不能与君对酌，但日相从游，听其谈辨而已。"②

杨弘道对金朝的"文治"评价颇高，认为"前朝起艮，维据华夏，进用南北豪杰之士，以致太平。百余年间，民物殷富"。③ 在诗作中，也有"皇风皞皞吹王民，乐哉大定明昌人"的赞颂，④ 并借金中都之游，表现了对故国的追思和对金朝行汉制的肯定。

龙盘虎踞古幽州，甲子推移仅两周。佛寺尚为天下最，皇居尝记梦中游。清明谷雨香山道，脆管繁弦平乐楼。莫对遗民谈往事，恐渠流泪不能收。

繁华消歇湛恩留，忍见珠宫作土丘。海日西沉燕市晚，塞鸿南度蓟门秋。恭光父子三纲绝，安史君臣百代仇。善恶相形褒贬在，世宗更比孝文优。⑤

身处乱世之后，恢复"文治"的希望渺茫，在寻求出路时难免陷入苦恼中。如蒲台人王居济，既曾读书，又曾从戎，后遁入道门，杨弘道就他的命运提出了三问："非以读书无成而为病乎？非以尝有官旋失之为病乎？非以投老无家，著道士服，寄迹一庵为病乎？"杨弘道的解答是："为举子计，未及有成，以兵荒去乡里，更为权谋武士。余但见得随时之义，非读书之罪也。尝有官，遭大变革失之，非权谋之罪也。不幸丧家来归，寄迹一庵，非身之罪也。""夫粟菜果蓏，食物之佳种

---

① 杨弘道：《志道字说》，《小亨集》卷6（《全元文》第1册，第202页）。
② 杨弘道：《送赵仁甫序》，《小亨集》卷6（《全元文》第1册，第192页）。
③ 杨弘道：《窥豹集后序》，《小亨集》卷6（《全元文》第1册，第189页）。
④ 杨弘道：《王子端溪桥濛雨图》，《小亨集》卷2。
⑤ 杨弘道：《中都二首》，《小亨集》卷4。

也,其或不熟,非佳种之罪也。土木金革,用器之良材也,其或不攻,非良材之罪也。"①

杨弘道的观点是人的命运与时运相联系,时运不济,只能以平恕心处之,并且自戒自警,他给自己的铭言就是"熄暴怒,毋戏言,辟损友,塞祸言",并且常以浮躁箴、懈怠箴、妒忌箴等自警。② 应该承认,苦心和平恕,恰是对乱世中隐士的最有效的自我心理安慰。

(三)麻革的"造道入微"说

麻革,字信之,号贻溪,临晋(今属山西)人,终生隐居不仕,但曾在武川(今属内蒙古)参加儒士考试,著有诗1卷,收入《河汾诸老诗集》。

面对战乱,麻革在诗作中显示出的是惊恐和无奈,所希望的则是马还牧野的和平景象尽快到来。

> 浩浩春风里,悠悠倦客情。天寒花寂寞,冰泮水纵横。念远心将折,闻兵梦亦惊。江山憔悴久,倚杖叹余生。③

> 地入荒芜过客稀,村深门巷暮山围。悠悠独鸟穿云下,莹莹寒乌掠日飞。人事百年梧叶老,秋风万里稻花肥。兵尘河朔迷归路,惆怅平沙送夕晖。④

> 古人相马不相肉,画工画马亦画骨。淡淡生绢一片云,眼中群龙何突兀。飞菟汗血天骥种,笔墨之间见飞动。前趋后逐互有态,涉啮行留分向背。丰草长林性本真,駧駧駃駃相与驯。开元天子盛监牧,四十万匹锦绣屯。人言息马战所重,风鬣霜啼惜无用。君不见幽燕飞鞚时,中原流血成渊池。只今征讨苦未休,金鞍铁甲弥山丘。安得放归如此马,饮水求刍恣闲暇。⑤

对于地方官员恢复统治秩序的举动,尤其是兴学的作为,麻革像元好问一样,也给予了较高评价:"夫刺史、县令,风化之首,然兴化者

---

① 杨弘道:《窳庵记》,《小亨集》卷6(《全元文》第1册,第203页)。
② 杨弘道:《十二字铭》《四箴》,《小亨集》卷6(《全元文》第1册,第204—205页)。
③ 麻革:《浩浩》,《河汾诸老诗集》卷1,四部丛刊本。
④ 麻革:《晚步张巩田间》,《河汾诸老诗集》卷1。
⑤ 麻革:《杨将军垌马图》,《河汾诸老诗集》卷1。

必由乎学校之兴。""使人人知学向化，革暴为仁，易顽为驯，陶成美俗，当自兴学始。"① 麻革虽然未见过耶律楚材，但是将耶律楚材视为"砥柱中流"，并对其考试儒士给予肯定，留下了"未拜荆州面，尝蒙国士恩"的诗句。②

麻革先与杜仁杰、张澄隐居在河南内乡山中，后到朔北，习惯了隐士的淡泊和多愁生活，并强调在隐居中研读圣学，要求的是精而不是博。

>汉制隆恩礼，周封列屏翰。人知尊帝胄，我但识儒冠。零落伤兰桂，孤城叹凤鸾。从今门下客，长铗向谁弹。③
>
>老境欢娱少，愁怀感叹长。世途多险阻，归兴渺苍茫。疏雨梧桐夜，西风蟋蟀床。平明揽青镜，衰鬓又添霜。④
>
>清流鸣前除，白云入晨扉。回顾陵谷迁，万事倏已非。著书入理奥，得句穷天机。前路政自迫，此道倘可几。殷勤抱中璧，黾勉留余辉。第恐遁世志，还负习隐讥。永怀泉上石，一觞与君挥。惜无凌风翰，遐举非所希。⑤
>
>读书不务博，造道当入微。一理贯万理，一岐会众岐。譬彼庖丁刀，騞然解牛时。节间即有得，肯綮宁复疑。道丧向千载，圣远孰可期。养勇敌所忾，养气动以随。心非安如山，遇变鲜不移。吾门有圣学，观心乃其师。宴坐一室中，自得实在兹。胡为滞纷感，绅绎如茧丝。人生矧多欲，事物日以滋。牛羊践蹊径，虎豹攻藩篱。我尝叩天理，诚明不容欺。第恐达者事，还为狷者嗤。⑥

可惜的是，麻革对儒学尤其是治道的见解未能留传下来，抑或是他过于谨慎，未将其见解付诸文字。

（四）房皞的"排斥官场"说

房皞（1199—?），字希白，号白云子，临汾（今属山西）人，隐

---

① 麻革：《重修庙学碑》，《全元文》第2册，第236—237页。
② 麻革：《中书大丞相耶律公挽词》，《河汾诸老诗集》卷1。
③ 麻革：《蜜国公挽词》，《河汾诸老诗集》卷1。
④ 麻革：《秋夜感怀》，《河汾诸老诗集》卷1。
⑤ 麻革：《归潜堂为刘京叔赋》，《河汾诸老诗集》卷1。
⑥ 麻革：《守约斋为吕仲和作》，《河汾诸老诗集》卷1。

居不仕，有诗 1 卷收入《河汾诸老诗集》。

房暠对官场有相当强的排斥心理，在诗中写道："人以官为荣，我以官为辱。平生喜高洁，为官近卑俗。平生喜旷达，为官窘边幅。平生喜疏散，为官贵圆熟。平生喜忠鲠，为官多诣曲。"① 由此，房暠淡泊功名、富贵，在诗作中多有表露。

> 岳阳城南吕公洞，道人见客无迎送。事少方知日月长，身闲未觉功名重。竹影松阴生午凉，山色湖光设朝供。高吟下视世间人，几人不在黄粱梦。②
>
> 咫尺春风三十三，不如归卧旧烟岚。浮云富贵吾何慕，陋巷箪瓢分所甘。多语数穷深可戒，虚名无用不宜贪。寥寥孔学今千载，赖有斯人可共谈。③
>
> 几见秋风几见春，一愁未已一愁新。闲中点检平生事，惟有清贫不负人。瓮面浮香处处春，任他时事百端新。自知野鹿山麋相，不是麒麟阁上人。④

在战乱中选择归隐，既要安于现状，也要学有所守。对于前者，房暠在诗中写道："四海纷纷尚戎马，我曹只合归林下。如椽大笔今无用，日课新诗自陶写。""得个黄牛学种田，盖间茅屋傍林泉。情知老去无多日，且向闲中过几年。诎道诎身俱是辱，爱诗爱酒总名仙。世间百物还须买，不信青山也要钱。"⑤ 对于后者，房暠强调的是实学："瓮面酰鸡积有年，近来雾豁见全天。出言最忌谈人恶，入德尤宜去自贤。回也屡空趋圣域，参乎一唯得心传。佛岐老径虽高绝。不及中庸道坦然。""俗学为名多外饰，圣人养德贵中函。有时静坐深思省，三十年前总是惭。"⑥ 由此可以看出，房暠并不赞同儒、佛、道三教合一的观点，而是要坚持以儒学为实学，不能以"俗学"坏了儒家本色。

---

① 房暠：《寄呈岳阳诸友》，《河汾诸老诗集》卷 5。
② 房暠：《题吕仙亭》，《河汾诸老诗集》卷 5。
③ 房暠：《寄段诚之》，《河汾诸老诗集》卷 5。
④ 房暠：《自遣》，《河汾诸老诗集》卷 5。
⑤ 房暠：《送王升卿》《思隐》，《河汾诸老诗集》卷 5。
⑥ 房暠：《辛卯生朝呈郭周卿段复之》《戊子》，《河汾诸老诗集》卷 5。

（五）陈庚、陈赓的"政"说

陈庚（1194—1261年），字子京，号澹轩，猗氏（今属山西）人，曾受命领平阳经籍所，元世祖中统元年（1260）任平阳路提举学校官，著有《经史要论》《三代治本》等，已佚，现存诗1卷，收入《河汾诸老诗集》。

陈庚曾被忽必烈召见，但是并未成为忽必烈的谋士，而是返乡教学，在教学中"一本诸道德仁义"，并且形成一套关于"政"的学说，主要有四方面的要求。[①]

一是以礼立政，"临事以敬，律身以义，用人惟贤，养民惟惠，体风俗而施教，察过失而立防，行之以宽柔简易之道，辅之以中正裁制之宜，谨之以进退赏罚之节，故曰：有礼，政事得其施。无礼，政事失其施也"。也就是说，礼是政的基础，礼缺必然导致政失。

二是立政要有原则，"政莫大于守法、爱民、任廉、去奸"，不宜过分依赖于用刑，"恳恳用刑，不如行恩；孳孳求奸，未若礼贤。且民不见德，惟刑是闻，公之政殆矣"。在这方面，陈庚强调的显然是仁治，而不是将恢复统治秩序的希望寄托在严刑苛法上。

三是立政要有一定的道德规范，如在"寡过"方面，"行不归义，皆过也；反求诸义，其庶乎"；在"寡欲"方面，"无过则欲自寡"。只要坚持了义，才能无过失，并且真正做到清心寡欲。陈庚自己就是一个寡欲之人，对钱财视为身外之物。他曾对其兄陈赓说："吾闻财多害身。今丧乱若此，而吾廪有余粟，藏有余布，不散不止。与为他人守，孰若分诸邻里乡党乎？"陈庚的散财建议亦得到了其兄的赞许。

四是立政要防止文人相轻。对于来自一些文人的鄙视，陈庚曾给予激烈的回击："汉有董（董仲舒）、贾（贾谊），唐有韩（韩愈）、柳（柳宗元），宋有欧（欧阳修）、苏（苏轼），皆能上为国家重，下为儒林表。我辈幸遭盛明，不能以道义相尚，追踪前辈，徒以文墨小技陵人，将安用之。"也就是说，文人应以学识报效国家或者昌盛学问，而不是只想着如何以攻击他人来博取自身的名望。

在与麻革有关的诗作中，陈庚既委婉地表达了他的有关"政"的论点，也显示了轻视功名利禄的基本态度。

[①] 程钜夫：《陈庚墓碑》，《雪楼集》卷21（《全元文》第16册，第513—514页）。下文所涉引文，均来自此碑。

四海纷拏战虎龙，惊麕无计脱围中。莫贪利禄招时忌，要学鹙牙与世同。汝水应逢寒食雨，淅川行趁舞雩风。离心洗荡方如许，莫上危楼听断鸿。①

弊屣功名懒著鞭，剧谈豪放本天然。闲来每爱从人语，醉里何妨对客眠。体瘁渐成中酒病，家贫全仰卖碑钱。堂堂一去今何在，三尺孤坟罩野烟。

风采琼林未足侔，一朝零落委山丘。君恩未赐金莲炬，天阙俄成白玉楼。诗类贯珠尤可玩，室如悬磬更堪忧。路遥未暇凭棺奠，怅望中条涕泗流。②

对于能否由乱到治，陈庚所持的显然是悲观的看法，在诗作中亦有所体现。

当年叔子爱兹山，陵谷回头几变迁。纵使丰碑今尚在，游人谁复一潸然。③

花气熏人动竹斋，贪春狂思若为裁。蜂黏落絮飞还坠，燕认新巢去复来。乱后精魂犹梦境，贫中风景剩诗才。江山信美非吾土，怀抱何时得好开。④

寂寂柴关昼不开，虚檐独步意徘徊。百年素业南柯梦，一寸丹心古鼎灰。野老相过聊问讯，溪禽近啄不惊猜。好奇谁是刘公子，肯为扬雄载酒来。⑤

陈庚的兄长陈赓（1190—1274年），字子飏，号默轩，曾任河东两路宣慰司参议，著有《默轩集》等，已佚；现存诗1卷，收入《河汾诸老诗集》。陈赓在当时的文人中名气大于陈庚，但是留下的文字资料过少，只是有人称赞他"以力行为本"，"言论必本于理，喜怒不形于色"，任职时"皆能推诚尽礼以事其上，正身修德以化于下"⑥，表明他

---

① 陈庚：《送麻信之内乡山居》，《河汾诸老诗集》卷4。
② 陈庚：《吊麻信之二首》，《河汾诸老诗集》卷4。
③ 陈庚：《岘山秋晚图》，《河汾诸老诗集》卷4。
④ 陈庚：《清明后书怀》，《河汾诸老诗集》卷4。
⑤ 陈庚：《病后赠姚仲宽居士》，《河汾诸老诗集》卷4。
⑥ 程钜夫：《陈赓墓碑》，《雪楼集》卷21（《全元文》第16册，第515—516页）。

是一个严于律己的士人。在陈赓的诗作中,则可以看到他对金朝灭亡尤其是清谈误国的诸多感叹。

> 两晋崇玄虚,风流变华夏。举世尚清谈,天地指一马。依阿竹林贤,鸿名重天下。王郎衣冠胄,亦复慕草野。偶来剡溪上,溪水正清泻。扁舟信沿洄,气韵可潇洒。谁与好贤心,丹素入图写。山阴怀古意,欲揽不盈把。赋诗心夷犹,六义愧骚雅。西风尘冥冥,倘有知音者。①
>
> 洛邑周初定,苍梧舜不还。九天来鹤驭,万国泣龙颜。俭德高千古,鸿勋际两间。无由望弓剑,云气郁桥山。寒食祀坟回,登临晋西原。②
>
> 前朝废寺枕山河,尚有摩云窣堵波。故国已非唐日月,老僧犹指晋山河。年来筋力登临倦,乱后心情感慨多。石藓荒碑碎文字,他年更得几摩挲。
>
> 当年云构倚天开,一夕烟尘化劫灰。佛阁丹青余瓦砾,禅房花木亦蒿莱。春风万里骚人怨,落日千秋杜宇哀。断础荒烟无限意,一章诗律为谁裁。③

尽管从留下来的文献资料中已经难以全面反映陈氏兄弟的政治观点,但是有一点应该是清楚的,就是他们在"政"的问题上都强调了对礼义的坚持,实则是要发扬光大儒家的传统治道学说。

(六)段成己、段克己的"兴学修身"说

段成己(1199—1279年),字诚之,号菊轩,稷山(今属山西)人,金末进士,金亡后隐居不仕。其兄段克己(1196—1254年),字复之,号遁庵,亦为金末进士。兄弟二人有合著的《二妙集》传世。

忽必烈在潜邸时,曾派人邀请段成己任平阳儒学提举之职,被段成己谢绝,依然做隐士,但是他对忽必烈即位后各地普遍重建庙学,给予了很高的评价。

---

① 陈赓:《子猷访戴图》,《河汾诸老诗集》卷3。
② 陈赓:《宣宗挽词》,《河汾诸老诗集》卷3。
③ 陈赓:《废寺》,《河汾诸老诗集》卷3。

> 兵兴以来，庙学尽废，人袭于乱，目不睹瑚簋之仪，耳不闻弦诵之音，盖有年矣。国朝开创，复儒生之家以厉天下，恩至渥也。而四方之远，民未尽劝，讼未尽息，余风遗俗，狃于旧而未尽移易者，何哉？人不知有学故也。皇帝临御，天下庶事皆有条贯。越明年，分置学官，忧思以治道先后之不同，故郡县之学或有兴与未。①

尤为重要的是，在兴学问题上，段成己还提出了两个重要的观点。

一是王者之道即夫子之道，段成己在为兴学撰写的碑文中特别强调了这样的观点。

> 三代之学，考于经可见教之有本末，行之有次第，培植养育，积久而后，教化成，风俗美，太平之基立。培之深，故其成之也大。养之渐，故其传之也远。计其效，往往见于数百年之后，有天下者莫长焉，此王者之道也。王者之道，夫子之道也。有国者赖之，犹人之于谷帛，不可无也。……一治一乱，学有弊而夫子之道无弊。②

段成己之所以强调王者之道即夫子之道，显然不仅仅是因为孔子学说中有涉及王道的论述，还因为要治理国家，必须以儒学为基础，而儒学不兴，也就不可能带来真正的王道。

二是兴学需与文治和修身相结合，段成己在叙述兴学过程的文字中对这样的观点作了较详细的说明。

> 国朝革命，天下浸以文治，累圣尝致意于学矣。复儒生之家，分建学官，郡县之学次第而复。
>
> 国家开设学校，侯殚精极虑，只顺德意，不直为文具观美尚，为士者尽力于学而粹然一出于正。
>
> 人之性，初非不善也。一蔽于私，利欲梏焉，吝骄猾焉，虫贼之害交食于其中，其为禽兽不远矣。反而求之，养而存之，一日己

---

① 段成己：《霍州迁新学记》，《全元文》第2册，第213—214页。
② 段成己：《猗氏县创建入学碑》，《全元文》第2册，第221—222页。

私克而天理明，德宇廓然，见在咸仰，何则？修之而已矣。修之如何？非忠信无以立德，非刚健无以任重，必有立德之基，任重之实，而问学辞章以发之，斯可以成身矣。亦犹基址既固，栋宇既安，而黝垩丹漆以饰之，斯可以成室矣。此之不务，惟区区利达之徼，以口耳苟偷之习，为仕途进取之谋，谈圣学而又私欲，此《中庸》所谓小人而无忌惮者，岂惟为君子之羞。①

也就是说，由儒士推动的兴学，不仅教学者要注重修身，学习者更要注重修身，否则难以为文治培育真正有用的人才。

对于功名、利禄和富贵，段成己则已完全看淡，只愿作一介与世无争的隐士，做世道兴亡的看客。

> 燕子归来人未归，平生事业与心违。天翻地覆春仍好，雨打风吹花又稀。淡抹平林烟苒苒，乱飘香雪絮霏霏。可怜光景诚虚掷，坐对虚尊到夕晖。
> 善恶人情已饱谙，岸纱宴坐看晴岚。折腰不是渊明懒，作吏原非叔夜堪。老去一觞犹有味，病来万事更何贪。从头悉读行年记，惭愧春风四十三。②
> 二月山城尚薄寒，冬衣未解叹衰残。赏心更比年时减，酒量全非旧日宽。点点花随春共老，悠悠诗兴梦俱阑。此身只合山间了，勋业何劳镜里看。
> 薄命书生不足论，春来憔悴寄荒村。花间也作南华梦，眼底还无北海尊。风掠平波寒剪剪，云拖残雨昼昏昏。兴来偶逐归禽返，灯火人家半掩门。③
> 壮志如今日抑裁，功名不复梦云台。平生回首事安在，一叶惊心秋又来。不引壶觞聊自劝，未知怀抱若为开。浮名毕竟成相误，盍作闲居鸩毒猜。
> 世事纷纷乃剗裁，何如无事醉春台。胁肩一笑亦良苦，有田几时归去来。百念都随灰烬冷，一尊聊为圣贤开。从今便入农桑社，

---

① 段成己：《河津县儒学记》，《全元文》第2册，第215—216页。
② 段成己：《应命》，《二妙集》卷4。
③ 段成己：《寒食后有感而作》，《二妙集》卷4。

园友溪翁莫见猜。①

摆脱浮名尽日闲，人间万事一蒲团。归田老去方知乐，行路今来始觉难。山雪盛，草堂宽，客床辗转若为安。甫能望得春消息，一夜东风特地寒。②

自叹劳生，枉了经营，到而今，一事无成。不如趁早，觅个归程。向渭川渔，东市卜，富春耕。眼底浮荣，身外虚名，尽输他时。辈峥嵘，得偷闲处，且适闲情。有坐忘篇，传灯录，洗心经。③

百年光景霎时间，镜中看，鬓成班。历遍人间，万事不如闲。断送余生消底物，兰可佩，菊堪餐。功名场上税征鞍，退时难，处时安。生怕红尘，一点污儒冠，便甚归来嗟已晚，那更待，买青山。阶前流水玉鸣渠，爱吾庐，惬幽居。屋上青山，山鸟喜相呼。少日功名空自许，今老矣，欲何如。闲来活计未全疏，月边鱼，雨边锄。花底风来，吹乱读残书。谁唤九原摩诘起，添画我，辋川图。④

段成己还特别写了"六忙"的诗作，指出即便是作为有用之士的儒者，可能也会沦入空忙和瞎忙的境地。

几年奔走趁槐黄，两脚红尘驿路长。梦破邯郸成独笑，半生回首只空忙。

西风浩浩塞尘黄，白发缘愁若个长。客梦五更惊忽断，打门县吏索租忙。

一裘谁为制玄黄，无可奈何秋夜长。我自忍穷方未暇，不知蛮触战争忙。

一苇初航十里黄，故园归计渺何长。可怜兀兀青灯下，还似当年举子忙。

小园苏茹待秋黄，不事姜盐味自长。口腹累人良可笑，何能终

---

① 段成己：《三和二首》，《二妙集》卷4。
② 段成己：《敬呈遁庵尊兄》，《二妙集》卷8。
③ 段成己：《行香子·书舍偶成》，《二妙集》卷8。
④ 段成己：《江城子·自适》，《二妙集》卷8。

岁为渠忙。

幽迹无心学绮黄，荒才涉世本非长。年年来往燕然道，却为山林有限忙。①

与段成己略有不同的是，段克己更强调的是士人修身立学要对国家有用，并以此来阻塞儒士于国无用的议论。在一次聚会中，有人向段克己提出了以下问题："方今戎马盈郊，熊罴虓虎之士，抚鸣剑而抵掌投壶雅歌，未闻其人。子以儒自鸣，执古之道，求合于今之世，戛戛乎难哉？顾子之囊无十金之资，出无代步之乘，无名公巨卿为主乎其内，无相生相死之友奔走于其外，上不能激浊扬清以钓声名，下不乘机抵巇以取一时之利，奚恃而往，其果有合哉？"段克己回答道："不然。夫适用之谓才，堪事之谓力。君子之论人，尝观其才、力何如耳，不当以势力言也。儒者事业非常人所能知，要不过适用、堪事而已。议者至谓不能取舍于当世，岂不厚诬哉！抑不知褒衣博带者为儒乎，规行矩步者为儒乎，以是而名其儒，岂真儒者耶？"段克己的最后结论是真儒的行为是否合于当世，要看其一生所为："莫道书生成事小，男儿盖棺事乃了。"②

对于能够救民于水火的善政，段克己不仅在诗作中给予了赞誉，亦强调只有用君子而远小人，才能保持这样的善政。

正月望夜夜气交，长空月辉生白毫。东风淡荡振林木，春云瀚郁翻惊涛。望中已觉没河汉，坐中不见群山高。打窗雪片大如手，苍髯惊瘁碟猬毛。我意天心厌诛勦，净洗战血除腥臊。方今廊庙已备具，左有夔龙右有咎。爱民亲贤急先务，朱轮皂盖驰英豪。遗黎幸脱疮痍陷，讴吟圣世心坚牢。驱牛负耒过门户，至死不复远遁逃。白头老儒最无用，天生鲁钝非时髦。日月消磨两蓬鬓，天地飘零一缊袍。诗书自足教稚子，藜藿犹能饫老饕。清晨喜看蔬圃润，而可暂息抱瓮劳。兰芽含甲未出土，萧艾覆垄已可薅。闲中事业淡无味，佳趣才如食蟹螯。兴来歌咏适情性，背痒似得麻姑搔。芹山岗苹寒石瘦，芹水澄澈春蒲桃。直缘水山久留恋，日向溪头醉浊

---

① 段成己：《和杨彦衡见寄之作六首》，《二妙集》卷5。
② 段克己：《送李山人之燕》，《二妙集》卷2。

醪。青云富贵岂不愿，蟠木轮囷宁自韬。结构大厦要梁栋，操割清庙须鸾刀。功名倘可跂契稷，跳梁里巷夸儿曹。君不见昔在周王师吕望，快若逢尹弯乌号。大人虎变固莫测，运命由来有所遭。蓬莱方丈在何处，我将入海恣游遨。大风飘飘鲸背稳，下视尘世空嘈嘈。①

对于战争带来的破坏和金朝的灭亡，段克己亦在诗作中表达了惆怅和无奈的情感。

塞马南来，五陵草，树无颜色。云气黯，鼓鼙声震，天穿地裂。百二山河俱失险，将军束手无筹策。渐烟尘，飞度几重城，蒙金阙。长戈袅，飞鸟绝，原厌肉，川流血。叹人生此际，动成长别。回首玉津春色早，雕栏犹挂当时月。更西来，流水绕城垠，空呜咽。

尘满貂裘，依旧是，新丰羁客。还感慨，中年多病，惟堪眠食。方寸玉阶无地借，诗书勋业休重忆。况而今，双鬓已成丝，非畴昔。兴废事，吾能说，今古恨，空填臆。向南风望断，五弦消息。眯眼黄尘无处避，洗天风雨来何日。待酒酣，慷慨话平生，无人识。②

一叶轻舟一钓纶，朝廷无处觅玄真。太虚明月为知己，细雨斜风不著人。西塞贪看飞白鹭，东华忘却软红尘。还思扰扰求名者，肯信人间有逸民。③

四海干戈战血腥，头颅留在更须名。病寻药物为闲计，闷引文书作睡程。万事转头慵挂眼，一杯到手最关情。此身定向山间老，我与山英有旧盟。④

云压虚檐黯不收，雨声飞落碧山头。帘帏清彻三更梦，枕簟凉生五月秋。入夜悲风何淅沥，先时病叶已飕飗。心非木石能无感，

---

① 段克己：《正月十六日夜雪》，《二妙集》卷2，四库全书本。
② 段克己：《满江红·过汴梁故宫城二首》，《二妙集》卷7。
③ 段克己：《读张志和传》，《二妙集》卷4。
④ 段克己：《排遣》，《二妙集》卷4。

唤起悠悠故国愁。①

作为隐士，段克己同样看破了红尘，追求的是自由自在的山林生活，尤其是放纵思想的精神生活。

> 无堪老懒，喜春来，蔬笋劝加餐食。底事东君，留不住，忙似人间行客。忧喜相寻，利名羁绊，心自无休息。不如闲早，付他妻子耕织。门外柳弄金丝，落花飞不起，东风无力。浊酒一杯，谁送我欢意，都非畴昔。致主无心，苍颜白发，敢更希前席。功名蛮触，何须千里追北。②
> 白首老儒身连蹇，不随时世纷华，尽他人笑鲁东家。皇天如欲治，舍我复谁耶。此道未行应有待，何须恐虑无涯。男供耕获女桑麻，薄躯何所事，问柳与寻花。③

综观由金入蒙各隐士（包括元好问）的政治观点，主要呈现的是三种类型的政治观念。一是以元好问为代表的肯定和怀念金朝"文治"的"表彰派"观念，二是以刘祁为代表的深究金朝灭亡原因的"反思派"观念，三是以李俊民为代表的厌恶"乱世"的"愁世派"观念。具有共性的则是隐士都表现出了强烈的淡泊名利情感和对"守道"及"兴学"的孜孜追求。由于多数隐者既没有表现出强烈的"忠君爱国"观念，也没有像刘祁那样深入探讨金朝灭亡的原因，与南宋灭亡前后南方隐士的政治观点有明显的反差。北方隐士以"兴学"作为由乱到治的根本途径，过分强调"教"的作用，带有浓厚的理想色彩，与耶律楚材等人的"治世"理念也有明显的差距，所以只能说是在士人圈子里的一种政治思潮，对当时社会的影响有限。

五　理学北传的影响

兴起于北宋的理学，由于最初的倡导者程颢、程颐曾讲学于伊河洛水之间，又称为"伊洛之学"，后继者有张载、周敦颐、邵雍等人。南

---

① 段克己：《五月二十三日夜分雨作》，《二妙集》卷4。
② 段克己：《大江东去·次韵答彦衡》，《二妙集》卷7。
③ 段克己：《临江仙·幽怀》，《二妙集》卷7。

宋时朱熹集理学大成，成为一代宗师，时人又将二程和朱熹的学说合称为"程朱理学"或义理之学、性命之学、道学等。① 理学在金朝仍有少量继承者，但主要是二程学说的残支余脉。赵复将朱熹的学说带到北方后，理学才得到了广泛的传播。② 理学在蒙古国时期的重点是扩大其在北方士人中的影响，对政治思想的全面影响则是到了元朝中期才得以实现。

（一）徐之纲的为孝说

徐之纲（1189—1263年），字汉臣，济州（今属山东）人，1238年以明经选为益都府学教授，因触犯李璮被贬为滕县县尉，著有《东斋默志》《通融赋说》《麟台杂著》等，均已散失。

徐之纲"以河南二程、江南朱、张、胡、蔡为根柢，穷《春秋》《易》二经。其言《春秋》失始三传，《左氏》诬为甚。常事不书，圣人之旨也。《易》更三圣，《麻衣》诚伪书。麸子《十翼》，功并日月。其言与朱文公（朱熹）合"。也就是说，徐之纲主要是通过自我钻研，在北方沿袭和发展理学，但是他的观点不被北方士人接受，"其言论金士疑之"。

在徐之纲留下的文字中，对孝有专门的解释，可转录于下。

> 孝自天子至于庶人壹是。夫孝之为义，不一而足，若生事，若死葬，若祭祀之类，类之中又有类焉，析而言之，不胜其多矣。然惟称继志述事为达孝者，何也？盖先人有志立事，未及成，遂不幸而去世，若不继而成之，述而遂之，则将丧已造之功归于无成，而亦辜所托也。若是，则先人之目将不瞑于地下。故吾谓人子之孝，以嗣成先志为大者以此。③

元世祖忽必烈即位后，山东军阀李璮图谋反叛，徐之纲在讲经时既明确指出"使民以时，相君不知也"；又引历史为鉴，警告李璮不要谋

---

① 蒙培元：《理学的演变——从朱熹到王夫之戴震》，方志出版社2007年版，第12—15页。
② 姚大力：《金末元初理学在北方的传播》，《元史论丛》第2辑，中华书局1983年版，第217—224页；参见黄宗羲原著，全祖望补修《宋元学案》，陈金生、梁运华点校，中华书局2009年版，第2994—2995页。
③ 徐之纲：《元帅总管冯君增筑坟台之记》，《全元文》第1册，第182页。

反:"平王威烈,周之衰也。战国之士,知诸侯而不知周。唐世河北将士,尊藩镇而不知有唐。"李璮不听警告,于中统三年(1262)二月起兵反叛,七月兵败被杀,徐之纲并未受李璮事件的牵连,而是于次年八月因病去世。①

(二)赵复的王道说

赵复,字仁甫,号江汉,德安(今属湖北)人,1235年在德安被俘,被姚枢救出,北上燕京,于1241年初建立太极书院,教授生徒,传播理学。1247年,赵复离开燕京南下游历,将其所著《伊洛发挥》广泛赠予对理学有兴趣的儒士。赵复最终应返回了德安,并于元世祖至元二十三年(1286)前去世。赵复的《伊洛发挥》以及《师友图》《希贤录》等著作,都已失传。②

赵复强调理学是王道之学,并在给别人的文集作序时,专门阐释了这一论点。

> 君子之学,至于王道而止。学不至于王道,未有不受变于流俗耳。三代圣人,以心学传天下后世,见于伊尹、傅说之训,君子将终身焉。明王不兴,诸子各以其意而言学,学者不幸而不得见古人之全体。盖桓、文功利之说兴,而羲、尧、舜、文之意泯矣。……大抵君相造命之地,既已暧昧不明,而瞽宗米廪教养之法,因以废格不举。③

为了"实王道之本原",赵复"乃原羲、农、尧、舜所以继天立极,孔子、颜、孟所以垂世立教,周、程、张、朱氏所以发明绍续者,作《传道图》,而以书目条列于后"。为了弘扬理学尤其是朱熹学说,赵复不仅编写了《伊洛发挥》,"以标其宗旨",还将散于各地的53名朱子门人的事迹等编为《师友图》,"以寓私淑之志";并将伊尹、颜渊

---

① 袁桷:《徐之纲墓志铭》,《清容居士集》(四部丛刊本)卷29(《全元文》第23册,第623—624页)。

② 周良霄:《赵复小考》,《元史论丛》第2辑,第190—198页。关于赵复的政治思想渊源等,参见徐远和《理学与元代社会》,人民出版社1992年版,第13—21页;侯外庐等主编《宋明理学史》(上),人民出版社1997年版,第683—692页;刘泽华总主编《中国政治思想通史·宋元卷》,第339—343页。

③ 赵复:《杨紫阳文集序》,《全元文》第2册,第203—204页。

的言行编成《希贤录》,"使学者知所向慕,然后求端用力之方备矣";"北方知有程、朱之学,自复始"①。赵复确实对于江南理学尤其是朱学在北方的传播起了重要的作用。

赵复的心、性学说等,只留下了一些片段记载。他曾向元好问赠言:"以博溺心、末丧本为戒,以自修读《易》求文王、孔子之用心为勉。"这段话应该是提醒元好问不要过于专注于文辞,而要深刻体会圣人的思想。赵复还指出:"一介之士,苟存心于爱物,则于人必有所济。古之君子,抱负道德,不幸而不得有为于时,犹当行之一邑一乡,以尽己之职分。逮其必不得已,则以活人为己任。""仁者以经济民物为心,盖未尝必天下以不遇而遂忘之也。"②也就是说,心、性之说,可以用于任何时间和地点,不能以条件限制为借口而不遵行之。

忽必烈在潜邸时曾召见赵复,问其是否愿意导之攻宋。赵复答道:"宋,吾父母国也,未有引他人以伐我父母者。"赵复所明确表达的爱国之情,确实与北方的隐士有很大的不同。在赵复留下的诗作中,也表现出了对人生飘泊的感慨:"歌珠檀板橱王宫,半醉花间拾落红。铁马北来人事改,不知随水定随风。""江南江北半浮生,踪迹居然水上萍。竹鸡啼罢山雨黑,蚕子生时桑拓青。"③

赵复在燕京建立太极书院,得到了郝经等人的赞誉,留下了"唐虞问学传千古,伊洛波澜浸九州;七十余君皆不遇,却携汉月读泸沟"等诗句。④一些北方隐士对此也有极大兴趣,如隐士曹谦就对理学情有独钟,曾赋诗道:"圣人既已没,圣道遂不传。异端壅正途,榛塞逾千年。大儒起相承,辟之斯廓然。濂溪回北流,伊洛开洪源。学者有适从,披云见青天。我生虽多难,闻道早有缘。中岁苦病目,不得深穷研。"⑤隐士张宇也留下了"杨侯一语崇经学,士子争相读四书"的诗句。⑥

理学尤其是朱学在北方传播,既带来了儒学的变局,使得传统儒学

---

① 《元史》卷189《赵复传》。本小节引文未注明出处者,均来自此传。
② 赵复:《燕京创建玉清观碑》,《全元文》第2册,第205页。
③ 赵复:《锦瑟词》《罩怀春如日》,《元诗选》癸集上,第8页。
④ 郝经:《送仁甫文还燕》,《郝文忠公陵川文集》卷13。
⑤ 曹谦:《送梁仲文》,《河汾诸老诗集》卷8。
⑥ 张宇:《闲述》,《河汾诸老诗集》卷2。

的地位逐渐被理学所取代；也带来了儒、释、道关系的变局，不但以理学的优势凸显了儒学的崇高地位，还终止了三教并用的发展。尤为重要的是，理学带来的政治理念等，亦使蒙、元时期的政治思想出现了重大的变局，本书第二编将对此作全面的介绍。

第二编

"以夏变夷"与"效行汉法"(1260—1279年)

1260—1279年是忽必烈建立元朝并实现了中国大一统的时期，这一时期政治思想的发展主要围绕三大问题展开。

第一个问题是如何使草原帝国的统治转换为中国传统农耕王朝的统治，在国家发展观方面需要作出合理的解释。中原儒士在"以夏变夷"思想基础上提出的"效行汉法"的治国理念，尤其是"武功"与"文治"并重的治国方略，被忽必烈所接受，形成以"祖述变通"为基本政治原则、以"附会汉法"为基本政治取向的思想认识体系，并在这样的思想指导下，顺利完成国家的转型。

第二个问题是如何结束唐朝末年以来中国分裂数百年的历史，重塑大一统的政治局面，不仅需要进行大规模统一战争的军事谋略，更需要在理论上对统一作出新的解释，因为这毕竟是中国历史上第一次由少数民族建立的王朝来实现国家统一的目标。为此，不仅要在"正统观"方面提出系统性的见解，使元朝的统一具有正当性与合理性；也要有效地协调"武统"和"文统"两种统一思路，使"武统"中能够蕴含"文统"的要素；还要为大一统提供重要的经济条件、社会条件和文化条件，尽量减少统一进程中的破坏行为，使纳入新王朝的臣民尽快适应新的统治秩序，为此确实需要在统一前就进行缜密的谋划，尤其是思想认识层面的谋划。

第三个问题是如何看待理学尤其是朱学所包含的政治思想。金朝末年朱学在北方的传播，借助许衡、姚枢、窦默等人的弘扬，已经对忽必烈、真金等人产生一定的影响，并且有了成为最高统治者认可的占据思想主导地位的可能。但是非理学的儒士所传扬的传统儒家治国学说，更符合忽必烈的政治需求。尽管理学与非理学学者之间并未出现重大的学术之争和思想之争，尽量小心地弥合不同学说之间的差距，但是最高统治者的好恶，带来的是理学表面风光但并未受到真正重视的尴尬局面，这样的局面到元朝中期才有所改变。

忽必烈在位前期政治思想的这三大问题，前两个问题涉及关键性的政治选择，居于主导地位，第三个问题偏重于政治理论，居于从属地位，但是对这三大问题的阐释相互影响，共同推动了这一时期政治思想的巨大变化和重要的发展。

第三章 忽必烈"附会汉法"观念的形成

元世祖忽必烈（1215—1294年），又被称为薛禅皇帝，拖雷第四子，其兄蒙哥即蒙古大汗位后，受命主管漠南汉地军国庶事，后率军攻大理和南宋，1260年即蒙古大汗位，按照中国传统农耕王朝的方式建年号为中统，1271年将蒙古国的国号改为大元，1276年南宋国主降元，1279年忽必烈派军消灭了南宋的残余势力，实现全国的统一。[1] 本章专述忽必烈1279年以前的政治观念，1280年后的政治思想变化，见本书第六章。

第一节 "潜邸"时的思想转变

1242—1260年是忽必烈处于"潜邸"的"思大有为于天下"的时期，在这一时期忽必烈广泛延揽有用之才进入"潜邸"，并向四方有名之士咨询治国方略等，前后接触的人可考者在六十人以上。[2] 列出忽必烈与各方人士讨论的各种政治问题，以及由忽必烈主导的一些重要治国试验，可以看出忽必烈政治观念的转变过程。

一 从佛法大要到帝王之学

1242—1249年是忽必烈向各方人士咨询治道的第一个时段，他的

---

[1] 关于忽必烈的生平，参见周良霄《忽必烈》，吉林教育出版社1986年版；李治安《忽必烈传》，人民出版社2004年版。

[2] 萧启庆：《忽必烈潜邸旧侣考》，《元代史新探》，新文丰出版公司1983年版，第263—302页。

注意力在这一时段已经从宗教问题转向了政治问题。

（一）佛法与药理中的治道玄机

忽必烈作为成吉思汗的孙子，注重骑射和武功是立身的根本，在观念上也容易仿效祖辈的做法，首先想到的是向宗教人士请教卜筮的奥秘和养生之道等。所以，忽必烈于1242年第一个延请到漠北的人就是在中原佛教界已经颇有名气的海云禅师，而向海云咨询的也是纯粹的宗教问题，即佛法之要以及在家与出家的异同。

海云的回答则跨出了宗教的范围。他一方面强调佛无处不在，无所谓在家和出家的区别；另一方面指出佛法要义中包含的政治要求是皇帝的无为而治和臣僚的忠孝（详见本书第二章）。这样的解释显然引起了忽必烈的兴趣，一个重要的标志就是将随同海云一起前来的僧人子聪（刘秉忠）留在了身边。

刘秉忠比忽必烈小一岁，1242—1247年在忽必烈的潜邸中，两个年轻人的交流可能只是一些基本的佛学知识和儒学知识，以及一些简单的术数推演等。比忽必烈小四岁的赵璧（1219—1276年），此时也已经在忽必烈身边，并被忽必烈称为"秀才"。忽必烈让赵璧学习蒙古语言文字，并翻译了《大学衍义》，向忽必烈讲解，还选择十名蒙古生徒，由赵璧教授儒书。① 尽管这都是后来发生的事情，但是表明在1244年以前忽必烈对儒学显然不是一无所知，而是有了一些初步的认识。

许国祯（1200—1276年）由于精通医术，并治好过忽必烈母亲的疾病，在1242年以前已经在忽必烈身边。忽必烈因过量饮马潼（马奶酒）患足疾，许国祯为其配的汤药味苦，忽必烈拒绝服药。许国祯对他说："古人有言，良药苦口利于病，忠言逆耳利于行。"忽必烈不听许国祯的劝告，导致足疾加重，乃诚恳地向许国祯表示："不听汝言，果困斯疾。"许国祯则对忽必烈有了进一步的劝诫："良药苦口既知之矣，忠言逆耳愿留意焉。"② 许国祯作为长者，以药道暗含君主治国要能纳谏的说法，不仅被忽必烈所接受，并将许国祯视为敢于直言、可作谏官的榜样。

（二）"大有为于天下"的思想来源

对于忽必烈而言，1244年是一个关键性的年份，因为"思大有为

---

① 《元史》卷159《赵璧传》。
② 《元史》卷168《许国祯传》。

于天下,延藩府旧臣及四方文学之士,问以治道"就发生在这一年,① 忽必烈也正好处于"三十而立"的时间。

忽必烈之所以要延揽藩府旧臣和四方文学之士,是因为他仰慕唐太宗李世民的做法。按照当时人的记载,忽必烈"好访问前代帝王事迹,闻唐文皇为秦王时,广延四方文学之士,讲论治道,终致太平,喜而慕焉",于是特别派赵璧和许国祯从保州请来了金朝的进士王鹗。王鹗1244年到漠北,第一件事情就是在忽必烈的潜邸举行祭孔仪式,当时人留下了以下的记载。

> 公(王鹗)北行时,故人马云汉以宣圣画像为赠。既达北庭,适值秋丁,公奏行释奠礼,上(忽必烈)悦,即命办其事。公为祝文,行三献礼,礼毕,进胙于上。上既饮福,熟其胙,上下均之,其崇敬如此。自是春秋二仲岁以为常。主上所以尊师重道者,实公启之。②

祭祀孔子尽管只是个仪式,但其中包含的尊师重教内容,确实引起了忽必烈的重视。王鹗随之向忽必烈传授修身、齐家、治国、平天下的儒家治道理论,也对忽必烈带来了重要的影响,并明确表示:"我今虽未能即行,安知它日不能行之耶!"

王鹗于1246年才离开漠北,临行前忽必烈曾问王鹗有什么要求,王鹗回答:"臣本闲人,误蒙宠召,待遇加厚,亦已幸矣,复何欲之有。但愿吾王好贤乐善之心,有加无替,则臣之受赐岂有量耶!"也就是说,在两年中王鹗向忽必烈传授的儒家治国理念,不仅成为忽必烈"思大有为于天下"的重要思想来源,亦已为忽必烈确定了"好贤乐善"的基本政治态度,因为在中原儒士看来,只有明君和贤臣的紧密结合,才可能真正有为于天下。

(三)圣人之道与帝王之学

1247年刘秉忠回邢州奔丧,1249年才回到忽必烈身边。在这段时间内,忽必烈的潜邸又增加了一些重要的人物,忽必烈的兴趣也从了解

---

① 《元史》卷4《世祖纪一》。
② 《元朝名臣事略》卷12《王鹗事略》,姚景安点校,中华书局1996年版,第237—241页。本小节引文未注明出处者,均出自此事略。

儒学转向了关注当前急需解决的政治问题。

刘秉忠的同学张文谦在刘秉忠的举荐下，于1247年到漠北，得到忽必烈的信任，并委任其掌管"王府教令笺奏"。于当年到漠北的还有李德辉，他不仅向忽必烈推荐了窦默和智迁贤，还被忽必烈指定教授其儿子真金儒家经典。

更需要注意的是，同样在1247年来到漠北的儒士张德辉，与忽必烈讨论过五个重要问题，一是对孔子的看法，二是对辽、金两朝灭亡的看法，三是如何开创一代制度，四是农民困苦的原因，五是如何控制暴政。张德辉不仅强调圣人之道无所不在，否定了金以儒亡的说法，还指出君主既要注意创业，也要注重守成，为此必须改变掊克农民的做法，并严格限制各种暴政行为。张德辉在漠北一年有余，在临行前向忽必烈提出的孝侍亲、友兄弟、择人才、察下情、贵兼听、亲君子、信赏罚、节用度八条建议，核心点就是以儒家的治道即圣人之道来解决各种棘手的问题。

1249年，窦默应召来到漠北，向忽必烈传授"帝王之学"，主体思想就是君主要通过正心和三纲五常的政治规范，来改变国家的命运。窦默的学说带有强烈的理学色彩，但是忽必烈当时应该不清楚理学与传统儒学的联系和区别，所以对窦默的说法不仅极感兴趣，还对与窦默在一起讨论问题有着极高的热情（详见本书第五章）。当年进入忽必烈潜邸的还有云中人赵秉温，忽必烈命其从刘秉忠学习术算等学。[①]

在忽必烈的观念变化中，1242—1249年是重要的铺垫期，忽必烈在这段时间内完成了由注重佛法到关注帝王之学的重要转变。之所以出现这样的转变，有两方面的因素。一方面是忽必烈有强烈的观念转变要求，他要想成为大有为于天下的人，就要显示出与其他蒙古王子的不同，并且只有通过礼遇中原名士的方法，才能得到重大的启发，使自己的观念符合君临天下的帝王要求。另一方面是一些重要的中原人士看到了忽必烈的态度与其他当政者有着明显的不同，已经将改变中国北方混乱局面的希望寄托在忽必烈身上，愿意用自己的学识将忽必烈引入儒家的治道体系。应该承认，使一个人的观念发生重大改变绝非易事，所以中原人士采用的是循序渐进的方法，先借助医道和佛法说明治道的重要

[①] 《元史》卷150《赵秉温传》。

性,再说明儒家的基本治国理念,续之以由乱到治的基本路径,最终用圣人之道和帝王之学提出更高的要求。这样的做法不仅迎合了忽必烈的需要,也达到了较好的效果,既增强了忽必烈"好贤乐善"的名望,也为他实现自己的政治抱负奠定了必要的思想基础。

二 尊主庇民的过渡思想

1250—1257年是忽必烈向各方人士咨询治道的第二个时段,他的注意力本来集中在通过部分地区的治理改变中原乱局上,但是被蒙哥所打断,不得不退回到尊主庇民的基本思想范式下暂时蛰伏。

(一) 尊主庇民要求的提出

忽必烈作为一个蒙古王子,毕竟还没有成为蒙古国的君主,所以需要有尊上的政治态度,并且在条件许可的形势下展开一些庇护臣民的行为。1250年,已由邢州返回漠北的刘秉忠向忽必烈上"万言策",主旨就是"尊主庇民"。刘秉忠不仅向忽必烈强调了"尊主"的重要性,还希望忽必烈能够主动显示"好生之德"。无独有偶,1252年再次见到忽必烈的海云,也特别强调了忽必烈作为皇弟(蒙哥已于1251年即蒙古大汗位),就是要以尊主庇民为务,并指出这是最重大的佛法要义。也就是说,海云和刘秉忠都希望忽必烈的远大政治抱负不要被蒙哥等人所猜忌,并由此带来严重的政治后果。

忽必烈当然重视海云和刘秉忠的建议,所以并未积极采取行动,而是在1250—1252年继续征召著名的中原人士,听取他们的治国建议。

在北方积极传播朱学的赵复,已经有了不小的名气,1250年被忽必烈请到漠北。赵复似乎并未向忽必烈解释过理学的要义,所以只能看作是忽必烈重视名流的一个举动。1252年,元好问与张德辉一起觐见忽必烈,向忽必烈献上儒教大宗师的名号,也应是同样的举动,因为在元好问的著述中,并没有看到他向忽必烈陈述治国理念的记载。在这一段时间内,忽必烈还召见了一些著名的隐士,如精于术数的李俊民和精通儒学的陈赓都曾前往漠北,与忽必烈有过一段时间的接触,但是都未能成为忽必烈的谋士,因为他们都不想改变隐士的身份。

1250年被忽必烈召入幕府的还有廉希宪、马亨、魏璠以及中原汉人世侯董俊的三个儿子董文炳、董文忠和董文用等人。畏兀儿人廉希宪"于书嗜好尤笃,虽食息之顷,未尝去手。一日,方读《孟子》,闻急召，因怀以进。上（忽必烈）问：'何书？'对曰：'《孟子》。'上问其说谓何，公以'性善义利之分，爱牛之心，扩而充之，足以恩及四海'为对，上善其说，目为廉孟子"①。也就是说，忽必烈对儒家学说已经有所了解，所以对于廉希宪读《孟子》并不感到奇怪。魏璠则不仅向忽必烈条陈便宜三十余事，还举荐了六十余名中原名士，并特别强调："定官号、颁俸禄、功罪有赏罚、能否有升降四者，治天下之急务。""农业，天下之大本，不可不重。是故明君重五谷而贱金玉。告讦之俗兴，罚及无辜。侥幸之门启，官给不善。汉之常平，宋之讲筵，万世可常行也。"②

真正对忽必烈产生重大影响的理学家是姚枢，他也在1250年被忽必烈请到漠北。姚枢为向忽必烈传授治国之道，特别"为书数千百言"，不仅涉及修身、力学、尊贤、亲亲、畏天、爱民、好善、远佞等基本政治理念，还有救时之弊的三十条建议。在窦默首先向忽必烈提出帝王之学后，姚枢对帝王之学作了更系统的发挥，其作用确实不可低估。尤为重要的是，忽必烈于1251年被蒙哥任命为主管漠南汉地军国庶事之后，忽必烈在潜邸设宴，众人都表示祝贺，只有姚枢默然无语。忽必烈问其原因，姚枢回答道："臣欲陈之它日，不谓遽问。且今天下土地之广，人民之殷，财赋之阜，有加汉地者乎？军民吾尽有之，天子何为？异时庭臣间之，必悔见夺。不若惟手兵权，供亿之须取之有司，则势顺理安。"姚枢所要强调的，恰恰是要忽必烈以只管军事不管财赋的实际行动来表现尊主，忽必烈在明白了其中的利害关系后，明确表示自己确实考虑不周，并向蒙哥奏请免除了对汉地庶务的执掌。③

（二）治理邢州的试验

1251年还发生了一件重要的事情，就是开始对邢州分地的治理。邢州是1236年分封给拖雷家族的分地，有人特别向忽必烈报告："邢，吾分地也，受封之初，民万余户，今日减月削，才五七百户耳，宜选良吏抚循之。"邢州民众逃散的原因，是因为监领者"皆不知抚治，征求百出，民弗堪命"。张文谦向忽必烈建议："今民生困弊，莫邢为甚。盍择人往治之，责其成效，使四方取法，则天下均受赐矣。"刘秉忠也

---

① 《元朝名臣事略》卷7《廉希宪事略》，第125页。
② 魏初：《书傅氏家传后》，《青崖集》（四库珍本）卷5（《全元文》第8册，第458页）。
③ 《元朝名臣事略》卷8《姚枢事略》，第158页。

向忽必烈建议："邢州旧万余户，兵兴以来不满数百，凋坏日甚，得良牧守如真定张耕、洺水刘肃者治之，犹可完复。"忽必烈为此对邢州的治理高度重视，不仅建立了邢州安抚司，以脱兀脱和张耕为邢州安抚使，还特别派遣了一批幕府人员前往邢州协助治理。① 如 1251 年进入忽必烈潜邸的赵良弼，被忽必烈任命为邢州安抚司的幕长，"区画有方，事或掣制，则请诸藩邸，再阅岁，凡六往返，所请无不从。脱兀脱以断事官镇邢，其属要结罪废者，交构嫌隙，动相沮挠。世祖时征云南，良弼驰驿白其事，遂黜脱兀脱，罢其属，邢大治，户口增倍"②。再如 1252 被忽必烈召入幕府的刘肃，当年即被派到邢州，"遂兴铁冶，以足公用；造楮币，以通民货；车编甲乙，受顾而传；马给圈户，恒养而驿；官舍既修，宾馆有所；川梁仓庾，簿书期会；群吏法守惟谨，四方传其新政焉"③。也就是说，邢州由于积弊过深，并不容易治理，加之忽必烈最初派去的脱兀脱不是得力之人，所以在罢黜脱兀脱后。才在张耕、赵良弼、刘肃等人的共同努力下，既整顿吏治，又采取了恢复经济发展和稳定社会秩序的各种措施，使得邢州在几年内达到了"大治"的效果，成为忽必烈在中原实施治理的一个重要样板。

（三）进军大理约束滥杀

1252 年夏季，忽必烈按照蒙哥的命令，统军远征在云南的大理国。出兵之前，被忽必烈延请到漠北的徐世隆对出军云南提出了以下的期许。

> 昔梁襄王问孟子："天下乌乎定？"孟子曰："定于一。"襄王曰："谁能一之？"孟子曰："不嗜杀人者能一之。"夫君人者，不嗜杀人，天下可定，况蕞尔之西南夷乎！④

姚枢在大军出发前夕，也向忽必烈介绍了"宋祖遣曹彬取南唐，敕无效潘美伐蜀嗜杀，及克金陵，未尝勠一人，市不易肆，以其主归"的事迹。大军出发时，忽必烈郑重向姚枢表示："汝昨夕言曹彬不杀

---

① 《元史》卷 4《世祖纪一》，卷 157《刘秉忠传》《张文谦传》。
② 《元史》卷 159《赵良弼传》。
③ 《元朝名臣事略》卷 10《刘肃事略》，第 198 页。
④ 《元朝名臣事略》卷 12《徐世隆事略》，第 250 页。

者，吾能为之，吾能为之！"姚枢即给予了更积极的回应，明确表示："圣人之心，仁明如此，生民之幸，有国福也。"1253年冬季，忽必烈率军包围大理城，特别让随行的姚枢"尽裂橐帛为帜，书止杀之令，分号街陌。由是其民父子完保，军士无一人敢取一钱直者"①。也就是说，忽必烈以实际行动证实了不滥杀的承诺。

在忽必烈远征云南的过程中，还两次见到了来自吐蕃的萨迦派新任教主八思巴。第一次会面是在1253年秋季忽必烈向云南进军的途中，第二次会面是1254年夏季忽必烈回师到六盘山时。八思巴向忽必烈呈献了对萨迦派（藏地）的领有权，忽必烈则以蒙古王子的名义向萨迦派发出了一份提供保护的诏谕。在接受灌顶时，忽必烈和八思巴曾因仪式礼仪发生意见分歧，忽必烈的妻子察必出来调解，提出了"听法人少时，上师可坐上座，吐蕃之事悉听上师之教，不与上师商量不下诏书。其余大小事项，因上师心慈，难却别人之请，不能镇国，故上师不必过问"的建议，并被双方所接受，成为后来处理皇帝与吐蕃喇嘛之间关系的定制。②忽必烈在六盘山时，还见到了由刘秉忠推荐的弟子王恂，忽必烈乃以王恂辅导儿子真金读书。③

（四）关中与河南的治理

1252年，蒙哥提出了在兄弟中增加封地的动议，让忽必烈在南京（即汴梁）和京兆（今陕西关中地区）两地中选择一地作为新的封地。刘秉忠建议忽必烈选择关中地区，原因是"南京，河徙无常，土薄水浅，潟卤生之，不若关中厥田上上，古名天府陆海"。忽必烈选定京兆后，蒙哥又以"是地广寡，河南怀、孟地狭民伙，可取自益"的理由，为忽必烈增拨了河南的封地。④

忽必烈在接受了京兆分地后，为治理关中地区采用了五条重要的措施。一是将筑第京兆、豪侈相尚的诸军将领分遣到兴元等州戍守。二是请准以河东解州盐池供应军需。三是设立从宜府，屯田凤翔，募民受盐入粟，转漕嘉陵。四是设立交钞提举司，印钞以佐经用。五是建立京兆

---

① 《元朝名臣事略》卷8《姚枢事略》，第159页。
② 陈庆英、史卫民：《蒙哥汗时期的蒙藏关系》，《蒙古史研究》第1辑，内蒙古人民出版社1985年版，第3—8页。
③ 《元史》卷164《王恂传》。
④ 《元朝名臣事略》卷8《姚枢事略》，第159页。

宣抚司，作为统管京兆治理的王府机构。①

1254年，忽必烈以廉希宪为关西道宣抚使，姚枢为劝农使。"京兆诸郡臂指陇蜀，诸王贵藩环拥周布，户杂羌戎，尤号难治"。廉希宪"讲民瘼，不惮设施，摧摘奸强，扶植贫弱，事无遗便。少暇，则延访耆宿，如鲁斋许公（许衡）、雪斋姚公（姚枢），咸待以师友，荐许公于潜邸，充京兆提学，俾教育人材，为根本计"。姚枢则"身至八州诸县，谕上重农之旨"。廉希宪还为治理关中招徕了一批人才，如以商挺为宣抚司郎中，以杨奂为参议宣抚司事等。商挺亦能做到"进贤良，黜贪暴，明尊卑，出淹滞，定规程，主簿责，印楮币，颁禄稍，务农薄税，通其有无。朞月，秦民乃安，诛一大猾，群吏咸慑"②。正是在忽必烈幕府多人的努力下，关中地区也达到了"大治"的水平。

忽必烈还派史天泽、杨惟仲、赵璧等人前往河南，以改变河南的混乱局面。金朝灭亡之后，"河南民无依恃，差役急迫，流离者多，军无纪律，暴掠平民，莫敢谁何，边无备御，宋人跳踉，内地之民多被杀虏"。万户刘福为河南道总管，尽有金源故地，贪鄙残酷，害虐遗民二十余年。杨惟仲到河南，召刘福来听约束，刘福称疾不至。杨惟仲命设大梃于坐，再召刘福，刘福在数千人的护卫下前来，被杨惟仲用大梃击倒，几日后身亡，百姓鼓舞称快。杨惟仲通过惩治害民之官，为治理河南扫清了障碍。史天泽和赵璧则按照忽必烈的要求，在汴梁设立经略司，"选贤才居幕府，以清其源。置提领布郡县，以察奸弊。均赋税以苏疲困，更钞法以通有无，设行仓以给军饷，人始免攘夺矣。立边城以遏寇冲，民皆得以保全矣。诛奸恶以肃官吏，立屯田保甲以实边鄙。利则兴之，害则去之，不二三年，河南大治。行于野民安其乐郊，出于涂商免其露处。观民俗则既庶而有教，察军志则又知夫怯私斗而勇公战"③。经过一段时间的努力，河南的情况确实有所改观。

1256年，忽必烈命刘秉忠在漠南幕府所在地修建一座城池，刘秉忠选择了桓州东、滦河北的龙冈作为新城的地点。忽必烈以1252年进入幕府的谢仲温为工部提领，负责建城工程；以幕府人员贾居贞、赵炳等监督工程，使建城工作在三年内得以完成，忽必烈将新城命名

---

① 《元史》卷4《世祖纪一》。
② 《元朝名臣事略》卷7《廉希宪事略》，第125页；卷11《商挺事略》，第218页。
③ 《元朝名臣事略》卷5《杨惟仲事略》，第86页；卷7《史天泽事略》，第118页。

为开平。①

1256年又有一名重要的理学学者郝经进入了忽必烈的幕府。郝经主要是以历史发展的角度来阐述儒家的治国理念，同样得到了忽必烈的器重。

（五）钩考带来的政治危机

1257年春季到年底，忽必烈迎来了一场几乎导致全面失败的政治危机。危机的缘起是忽必烈的武功和一系列文治试验，引起了当政者的猜疑，如后人所记，"阿蓝答儿当国，惮世祖（忽必烈）英武，谗于宪宗（蒙哥）"。"有间之者，宪宗疑之，遂解兵柄。"② 也就是说，在阿蓝答儿等人的挑唆下，蒙哥首先解除了忽必烈的兵权。

蒙哥随后以阿蓝答儿为丞相行省事，刘太平为参知政事，在京兆和河南等地会计财赋，大加钩考，忽必烈幕府派在两地的人员都受到了严重的冲击。

在京兆地区，阿蓝答儿等人"置计局百四十二条以考核之，罪者甚众"；"钩校括索，不遗余力，又取诸路酷吏分领其事，复大开告讦，虐焰恟恟"；"阿蓝答儿、刘太平之来会计也，二人性资狠愎，恣为威酷，盛暑械人炽日中，顷刻即死。招集群不逞辈，开导告讦，横生罗织，官吏望风畏遁，死于威恐者二十余人"。尽管有廉希宪主动承担责任，赵良弼"挺身直前，一司之事已独任之，酬应上命，纲领曹局，威怒之下竟事无一辞屈挠"，忽必烈又派阔阔和谭澄等人在其中斡旋，但只是起了保全部分下属的作用。③

在河南地区，由于汉人世侯史天泽是忽必烈任命的河南经略使，在面对阿蓝答儿的"锻炼罗织，转功为罪"时，史天泽明确表示："经略事我实主治，是非功罪，理当我责。今舍焉而罪余人，心何能安！"由于史天泽主动承担了责任，也保全了部分忽必烈幕府的人员。④

在大规模钩考时，忽必烈幕府的马亨正押运办课银五百铤前往漠南王府，在平阳与阿蓝答儿等人相遇，马亨为避免课银被扣，躲开阿蓝答

---

① 《元史》卷153《贾居贞传》、卷163《赵炳传》、卷169《谢仲温传》。
② 《元史》卷159《赵良弼传》、卷191《谭澄传》。
③ 《元朝名臣事略》卷7《廉希宪事略》，第126页；卷11《赵良弼事略》，第228—229页；《元史》卷191《谭澄传》。
④ 《元朝名臣事略》卷7《史天泽事略》，第119页。

儿一行，前往王府。阿蓝答儿派人追到王府拘捕马亨，忽必烈问马亨：
"汝往，得无撼汝罪耶？"马亨回答道："无害，愿一行。"马亨被拘押
后，"穷治百端，竟无所得，惟以支竹课分例钱充公用，及僦公廨辇运
脚价为不应，勒偿其直而已"。①

随着钩考的扩大，阿蓝答儿已经放言："俟终局日，入此罪者惟
刘、史两万户以闻，余悉不请以诛。"也就是说，除了重要的统军将领
刘黑马、史天泽要由蒙哥决定如何处理外，其他涉案人员可以由其自行
处置，全部处死。姚枢向忽必烈建议："帝君也兄也，吾弟且臣，事难
与较，远将受祸。未若尽室邸妃主以行，为久居谋，疑将自释。"忽必
烈采纳了姚枢的意见，带妻子等人去见蒙哥，蒙哥依然担心忽必烈有异
心，只允许他带领二百人来见。蒙哥和忽必烈见面后，忽必烈再三向蒙
哥敬酒，蒙哥落泪，忽必烈也流泪不止，蒙哥不需忽必烈再作解释，下
令停止钩考，但是要求忽必烈撤销所有在中原地区设立的机构，将幕府
人员全部撤回，忽必烈表示顺从，一场重大的危机最终以兄弟和解而被
化解，而真正起到消除猜忌作用的，恰是忽必烈所显示的诚恳"尊主"
态度。②

恰是在忽必烈面临钩考危机的时候，金朝的进士李冶来到了忽必烈
身边。忽必烈与李冶讨论了贤臣与谏臣、选才标准、治国要略、上天示
警等问题，李冶不仅强调儒士要尽忠报国、敢于直谏，君主要以立法
度、正纪纲为治国要务，还明确指出当政者不能因乱政害民而惹怒上
天，其说法都被忽必烈所接受，表明忽必烈并没有因为遭受挫折出现观
念上的转向，而是一如既往地相信治道思想能够成为对天下和个人都有
用的思想。

三 即位前的政治铺垫

1258—1259 年是忽必烈向各方人士咨询治道的第三个时段，其要
点已经转向为即位做重要的军事准备和思想准备。

（一）抓住重掌兵权的契机

1257 年的钩考之后，忽必烈被处于赋闲的位置，当年蒙哥部署大
规模的攻宋战役时，并没有给忽必烈指派任务，表明对忽必烈的疑心还

---

① 《元史》卷 163《马亨传》。
② 《元朝名臣事略》卷 8《姚枢事略》，第 160 页。

没有完全消除。忽必烈的宿卫燕真明确指出:"主上素有疑志,今乘舆远涉危难之地,殿下以皇弟独处安全,可乎?"① 燕真的意思是让忽必烈主动争取攻宋的机会,重新拿回掌兵权。忽必烈当然知道兵权的重要性,但是还需要等待机会。蒙哥亲率大军进攻四川,以诸王塔察儿率东路军攻鄂州,但是塔察儿的东路军在一年多的时间内一城未取,忽必烈抓住这个机会,主动向蒙哥要求统率东路军攻宋,蒙哥乃以忽必烈取代塔察儿,作为东路军统帅。1258年冬季,忽必烈从开平南下,以燕真为留守。真定原来是忽必烈弟阿里不哥的分地,但主管分地的张磋已被忽必烈纳入潜邸,阿里不哥派使者对忽必烈说:"张磋我分地中人,当以归我。"忽必烈则答道:"兄弟至亲,宁有彼此之间,且我方有事于宋,如磋者,实所倚任,待天下平定,当遣还也。"大军出征,张磋随行,"凡征发军旅文檄,悉出其手"②。忽必烈就是要以这样的做法,来显示其对潜邸人员的信任。

1259年,忽必烈在濮州召见宋子贞和李昶等人,两人都建议忽必烈在征战中不杀降人,得到忽必烈的首肯。同时来见的申屠致远,则被忽必烈留在军中,起谋划军务的作用。③

忽必烈的进军较为顺利,很快到达长江北岸,但蒙哥在四川的进攻受阻于合州的钓鱼城。商挺特别提醒忽必烈:"蜀道险远,瘴疠时作,难必有功,万乘岂宜轻动。"④ 郝经则特别向忽必烈上了《东师议》的长书,对当时的军事形势作了全面的分析,可节录于下。

> 经闻图天下之事于未然则易,救天下之事于已然则难。已然之中复有未然者,使往者不失而来者得遂,是尤难也。国家以一旅之众,奋起朔漠,斡斗极以图天下,马首所向无不摧破。灭金源,并西夏,蹂荆、襄,克成都,平大理,蹒跞诸夷,奄征四海,有天下十八,尽元魏、金源故地而加多,廓然莫与侔大也。惟宋不下,未能混一,连兵构祸逾二十年。何曩时掇取之易,而今日图惟之难也?

---

① 《元史》卷130《燕真传》。
② 《元史》卷167《张磋传》。
③ 《元史》卷170《申屠致远传》。
④ 《元朝名臣事略》卷11《商挺事略》,第219页。

夫取天下，有可以力并，有可以术图。并之以力则不可久，久则顿弊而不振；图之以术则不可急，急则侥幸而难成。故自汉、唐以来，树立攻取，或五六年，未有逾十年者，是以其力不弊，而卒能保大定功。晋之取吴，隋之取陈，皆经营比伙十有余年，是以其术得成，而卒能混一。或久或近，要之成功各当其可，不妄为而已。

国家建极开统垂五十年，而一之以兵，遗黎残姓，游气惊魂，虔刘劓荡，殆欲歼尽。自古用兵未有如是之久且多也，其力安得不弊乎！且括兵率赋，朝下令而夕出师，躬擐甲胄，跋履山川，阖国大举，以之伐宋而图混一。以志则锐，以力则强，以土则大，而其术则未尽也。苟于诸国既平之后，息师抚民，致治成化，创法立制，敷布条纲，上下井井，不挠不紊，任老成为辅相，起英特为将帅，选贤能为任使，鸠智计为机衡，平赋以足用，屯农以足食，内治既举，外御亦备。如其不服，姑以文诰，拒而不从，而后伺隙观衅以正天伐。……是而不为，乃于间岁遽为大举，上下震动，兵连祸结，底安于危，是已然而莫可止者也。

其初以奇胜也，关陇、江淮之北，平原旷野之多，而吾长于骑，故所向不能御。兵锋新锐，民物稠夥，拥而挤之，郡邑自溃，而吾长于攻，故所击无不破，是以用其奇而骤胜。今限以大山深谷，厄以重险荐阻，迂以危途缭径，我之乘险以用奇则难，彼之因险以制奇则易。况于客主势悬，蕴蓄情露，无虏掠以为资，无俘获以备役，以有限之力，冒无限之险，虽有奇谋秘略，无所用之。力无所用与无力同，勇无所施与不勇同，计不能行与无计同。泰山压卵之势，河海灌燕之举，拥遏顿滞，盘桓而不得进，所谓强弩之末不能射鲁缟者也。

为今之计，则宜救已然之失，防未然之变而已。西师既构，猝不可解，如两虎相斗，猝入于岩阻，见之者辟易不暇，又焉能以理相喻，使之逡巡自退。彼知其危，竭国以并命，我必其取，无由以自悔，兵连祸结，何时而已。

殿下宜遣人禀命于行在所，大军压境，遣使喻宋，示以大信，令降名进币，割地纳质。彼必受命，姑为之和，偃兵息民，以全吾力，而图后举，天地人神之福也。禀命不从，殿下之义尽，而后进

> 吾师，重慎详审，不为躁轻飘忽，为前定之谋，而一之以正大，假西师以为奇而用吾正。比师南辕，先示恩信，申其文移，喻以祸福，使知殿下仁而不杀，非好攻战辟土地，不得已而用兵之意。
>
> 三道并出，东西连衡，殿下或处一军，为之节制，使我兵力常有余裕，如是则未来之变或可弭，已然之失一日或可救也。议者必曰：三道并进，则兵分势弱，不若并力一向，则莫我当也。会不知取国之术与争地之术异，并力一向，争地之术也；诸道并进，取国之术也。昔之混一者，皆若是矣。
>
> 呜呼！西师之出，已及瓜戍，而犹未即功。国家全盛之力在于东左，若亦直前振迅，锐而图功，一举而下金陵、举临安则可也。如兵力耗弊，役成迁延，进退不可，反为敌人所乘，悔可及乎！固宜重慎详审，图之以术。若前所陈，以全吾力，是所谓坐胜也。虽然，犹有可忧者。国家援取诸国，飘忽凌厉，本以力胜。今乃无故而为大举，若又措置失宜，无以挫英雄之气，服天下之心，则稔恶怀奸之流，得以窥其隙而投其间，国内空虚，易为摇荡。臣愚所以谆谆于东师，反复致论，谓不在于已然而在于未然者，此也。①

郝经所要强调的是当时并不具备一举灭宋而混一天下的条件，尤其是在战略选择上以主力进攻四川，是重大的失误，在崇山峻岭中由于无法发挥骑兵的优势，西路军可能失利，东路军必须谨慎行事，谋定而动，否则也会陷入被动局面。

商挺和郝经的担心很快变成现实，由于蒙哥死于钓鱼城下，西路军不得不撤退。忽必烈得到消息后，仍下令渡江作战，表面上的理由是"吾奉命南来，岂可无功遽还"，实际原因是东路军肩负与从云南北上的军队会合的使命，而由兀良合台率领的这支军队已经接近潭州（今湖南长沙）。忽必烈军渡江后，包围鄂州，并顺利地与兀良合台军会合。

（二）迅速北返的抉择

忽必烈完成与兀良合台军会合的任务后，迅速班师北上已成为大多数人的心愿，郝经在此时又向忽必烈上了《班师议》的长书，敦促忽

---

① 《元史》卷157《郝经传》（《东师议》全文，亦见《全元文》第4册，第75—80页）。

必烈立刻回师北上，可节录于下。

《易》言："知进退存亡而不失其正者，其惟圣人乎！"殿下聪明睿知，足以有临；发强刚毅，足以有断。进退存亡之正，知之久矣。向在沙陀，命经曰："时未可也。"又曰："时之一字最当整理。"又曰："可行之时，尔自知之。"大哉王言，"时乘六龙"之道，知之久矣。自出师以来，进而不退，经有所未解者，故言于真定，于曹、濮，于唐、邓。亟言不已，未赐开允，乃今事急，故复进狂言。

国家自平金以来，惟务进取，不遵养时晦，老师费财，卒无成功，三十年矣。蒙哥罕立，政当安静以图宁谧，忽无故大举，进而不退，畀王东师，则不当亦进也而遽进。以为有命，不敢自逸，至于汝南，既闻凶讣，即当遣使遍告诸帅各以次退，修好于宋，归定大事，不当复进也而遽进。以有师期，会于江滨，遣使喻宋，息兵安民，振旅而归，不当复进也而又进。既不宜渡淮，又岂宜渡江？既不宜妄进，又岂宜攻城？若以机不可失，敌不可纵，亦既渡江，不能中止，便当乘虚取鄂，分兵四出，直造临安，疾雷不及掩耳，则宋亦可图。如其不可，知难而退，不失为金兀术也。师不当进而进，江不当渡而渡，城不当攻而攻，当速退而不退，当速进而不进，役成迁延，盘桓江渚，情见势屈，举天下兵力不能取一城，则我竭彼盈，又何俟乎？且诸军疾疫已十四五，又延引月日，冬春之交，疫必大作，恐欲还不能。

虽然，以王本心，不欲渡江，既渡江，不欲攻城，既攻城，不欲并命，不焚庐舍，不伤人民，不易其衣冠，不毁其坟墓，三百里外不使侵掠。或劝径趋临安，曰其民人稠夥，若往，虽不杀勠，亦被践踏，吾所不忍。若天与我，不必杀人；若天弗与，杀人何益，而竟不往。诸将归罪士人，谓不可用，以不杀人故不得城。曰彼守城者只一士人贾制置，汝十万众不能胜，杀人数月不能拔，汝辈之罪也，岂士人之罪乎！益禁杀人。肖然一仁，上通于天，久有归志，不能遂行耳。然今事急，不可不断也。

宋人方惧大敌，自救之师虽则毕集，未暇谋我。第吾国内空虚，塔察国王与李行省肱髀相依，在于背胁；西域诸胡窥觇关陇，

> 隔绝旭烈大王；病民诸奸各持两端，观望所立，莫不觊觎神器，染指垂涎。一有狡焉，或启戎心，先人举事，腹背受敌，大事去矣。且阿里不哥已行赦令，令脱里赤为断事官、行尚书省，据燕都，按图籍，号令诸道，行皇帝事矣。虽大王素有人望，且握重兵，独不见金世宗、海陵之事乎！若彼果决，称受遗诏，便正位号，下诏中原，行赦江上，欲归得乎？
>
> 昨奉命与张仲一（张文谦）观新月城，自西南隅抵东北隅，万人敌，上可并行大车，排槎串楼，缔构重复，必不可攻，只有许和而归耳。断然班师，亟定大计，销祸于未然。先命劲兵把截江面，与宋议和，许割淮南、汉上、梓夔两路，定疆界岁币。置辎重，以轻骑归，渡淮乘驿，直造燕都，则从天而下，彼之奸谋僭志，冰释瓦解。遣一军逆蒙哥罕灵舆，收皇帝玺。遣使召旭烈、阿里不哥、摩哥及诸王驸马，会丧和林。差官于汴京、京兆、成都、西凉、东平、西京、北京，抚慰安辑，召真金太子镇燕都，示以形势。则大宝有归，而社稷安矣。①

郝经说出了忽必烈真正担心的事情，是阿里不哥正在着手于即蒙古大汗位的准备，如果不能及时北返，大位就真可能旁落。忽必烈当然知道北方形势严峻，因为燕真已经发现阿里不哥的图谋，护卫忽必烈的家眷等向南移动，准备在开平与忽必烈会合，并派遣使者向忽必烈告急。忽必烈一方面安排江南的军队渡江北撤，并接受南宋的求和；另一方面自带轻骑快速北上，尽快赶回燕京。北上途中，忽必烈让张文谦到东平去见商挺，商挺对张文谦说："殿下班师，师屯江北，脱有一介驰诈发之，军中留何符契？"张文谦立即赶上忽必烈报告此事，忽必烈惊悟此事的重要性，马上派使者回到军中立约，并表示"无一人为我言此，非商孟卿（商挺）几败大计"。后来阿里不哥果然派使者到东路军中，被军中将领处死，使东路军成为支持忽必烈即位的一支重要力量。②

（三）即大汗位的合理解释

忽必烈于1259年冬季回到燕京，遣散了阿里不哥召集的民兵，并着手于即蒙古大汗位的准备。而要顺理成章地继承大位，需要给出令人

---

① 《元史》卷157《郝经传》（《班师议》全文，亦见《全元文》第4册，第81—84页）。
② 《元朝名臣事略》卷11《商挺事略》，第219—220页。

信服的理由。

依据成吉思汗定下的规矩，忽必烈的侍卫畏兀尔人孟速思向忽必烈建议："神器不可久旷，太祖嫡孙，唯王最长且贤，宜即皇帝位。"①"长且贤"是蒙古诸王最容易接受的即位理由，忽必烈当然不会忽视这样的标准。

廉希宪将"长且贤"提升到了忽必烈既有武功、又有善政的高度，他特别向忽必烈建言："殿下太祖嫡孙，先皇母弟，前征云南，克期抚定，及今南伐，率先渡江，天道可知。且殿下收召才杰，悉从人望，子惠黎庶，率土归心。今先皇奄弃万国，神器无主，愿速还京，正大位以安天下。"有比较才能显出忽必烈的优势，所以廉希宪又强调："今阿里不哥虽殿下母弟，彼以前尝居守，专制有年，设有奸人，俾正位号，以玺书见征，我为后时。今若早承大统，颁告德音，彼虽迁延宿留，便名叛逆。安危逆顺，间不容发，宜早定大计。"②也就是说，以善政和专制相较，忽必烈更应该是蒙古大汗的合适人选，当然在这样的标准中，已经揉入了儒家的政治理念。

商挺则以天命观催促忽必烈早登大位。1260年春季，忽必烈在开平召集新大汗即位的忽里台，阿里不哥拒绝出席，与会蒙古诸王在塔察儿的带领下，向忽必烈劝进，所强调的理由就是"殿下太祖嫡孙，大行母弟，以贤以长，当有天下"。忽必烈照例表示谦让，商挺即明确指出："先发制人，后发人制。天命不敢辞，人情不敢违，事机一失，万巧莫追。"忽必烈顺势接受了商挺的建议，即位为蒙古国的新大汗。③

对于忽必烈而言，"长且贤"和武功文治确实是能够说服天下人的重要理由，但是搬出天命观来，显示天命不可违，更提高了新君即位的合理性、神圣性要求，这恰是忽必烈的幕僚为他所做的最重要的政治铺垫。

第二节 "祖述变通"的思想表述

忽必烈即位之后，即将他已经基本成熟的政治观念用于政治实践，并在调理国政中明确阐释了他的政治观念。

---

① 《元史》卷134《孟速思传》。
② 《元史》卷126《廉希宪传》；《元朝名臣事略》卷7《廉希宪事略》，第127—128页。
③ 《元朝名臣事略》卷11《商挺事略》，第220页。

一 "鼎新革故"的政治态度

忽必烈作为蒙古国的新一任大汗，需要明确表明基本的政治态度，而这样的态度，既是国家观的宣示，也是对政治发展的基本要求。

（一）宜新弘远之规的政治要求

忽必烈即位时正式颁发的诏书，尽管由王鹗执笔，但是充分体现了忽必烈本人对登上蒙古大汗位的期许，可引录于下。

> 朕惟祖宗肇造区宇，奄有四方，武功迭兴，文治多缺，五十余年于此矣。盖时有先后，事有缓急，天下大业，非一圣一朝所能兼备也。先皇帝即位之初，风飞雷厉，将大有为。忧国爱民之心，虽切于己；尊贤使能之道，未得其人。方董夔门之师，遽遗鼎湖之泣。岂期余恨，竟弗克终。
>
> 肆予冲人，渡江之后，盖将深入焉，乃闻国中重以金军之扰，黎民惊骇，若不能一朝居者。予为此惧，驲骑驰归。目前之急虽纾，境外之兵未戢。乃会群议，以集良规。不意宗盟，辄先推戴。左右万里，名王臣僚，不召而来者有之，不谋而同者皆是，咸谓国家之大统不可久旷，神人之重寄不可暂虚。求之今日，太祖嫡孙之中，先皇母弟之列，以贤以长，止予一人。虽在征伐之间，每存仁爱之念，博施济众，实可为天下主。天道助顺，人谋与能，祖训传国大典，于是乎在，孰敢不遵。朕峻辞固让，至于再三，祈恫益坚，誓以死请。于是俯徇舆情，勉登大宝。自惟寡昧，属时多艰，若涉渊冰，罔知攸济。爰当临御之始，宜新弘远之规，祖述变通，正在今日。务施实德，不尚虚文。虽承平未易遽臻，而饥渴所当先务。略举其切时便民者，条列于后。于戏！历数攸归，钦应上天之命；勋亲斯托，敢忘烈祖之规？建极体元，与民更始。朕所不逮，更赖我远近宗族中外文武同心协力，献可替否之助也。诞告多方，体予至意！故兹诏示，想宜知悉。①

忽必烈的这份即位诏书，无异于一份政治宣言，着重强调的是四方

---

① 《元典章》卷1《诏令》，第3—5页（《即位诏》全文，亦见《全元文》第3册，第263—264页）。

面的内容。一是对君主标准的阐释。忽必烈将幕僚所陈述的新君即位理由，变成了正式的君主标准，这样的标准既要求以贤以长，也要求武功、文治的既有功绩，更要求君主的仁爱之心，并且要顺应天命和得到天道相助。二是对即位合法性的阐释。忽必烈强调他的即位是按照成吉思汗定下的规矩，在忽里台上由蒙古诸王贵戚共同推举的，在程序上具有不容置疑的权威性。三是对蒙古国所建立的统治秩序的检讨。忽必烈明确表示，建国五十余年来，由于重武功而轻文治，并没有建立良好的统治秩序，当然由乱到治，也确实需要几代人的努力。四是对大有作为的期许。忽必烈将大有作为的政治抱负，实化到政治变革上，基本思路就是以"祖述变通"为原则，确立弘远之规，并且在实现政治规划时，既要注重务实，也要注重轻重缓急，还要注重上下各方的同心协力。应该承认，经过中原儒士的多年熏陶，忽必烈所明白宣示的政治观念，已经基本符合儒家传统治道的思想规范。

随即位诏书发出的条例，包括抚军士、止贡献、均赋役、崇祭祀、惠鳏寡等方面的内容，亦显示忽必烈刚即位就开始关注儒家治道中的"圣政"问题，详见后述。

（二）建元表岁的"鼎新革故"含义

忽必烈即位后不久，就仿照中国农耕王朝的传统做法，确立了正式的年号，并命王鹗撰写了建年号的诏书，可引录于下。

> 祖宗以神武定四方，淳德御群下。朝廷草创，未遑润色之文，政事变通，渐有纲维之目。朕获缵旧服，载扩丕图，稽列圣之洪规，讲前代之定制。建元表岁，示君人万世之传；纪时书王，见天下一家之义。法《春秋》之正始，体大《易》之乾元。炳焕皇猷，权舆治道。可自庚申年（1260）五月十九日，建号为中统元年。惟即位体元之始，必立经陈纪为先。故内立都省，以总宏纲；外设总司，以平庶政。仍以兴利除害之事、补偏救弊之方，随诏以颁，申画于后。于戏！秉箓握枢，必因时而建号；施仁发政，期与物以更新。敷宣恫恻之辞，表著勤劳之意。凡在臣庶，体予至怀！故兹诏示，想宜知悉。①

---

① 《元典章》卷1《诏令》，第5页（《中统建元诏》全文，亦见《全元文》第3册，第267—268页）。

忽必烈发布的这一诏书，其核心观念就是要通过建元表岁，以体现他力图将草原帝国改变成中国传统农耕王朝的明确政治态度。为此而宣扬的"稽列圣之洪规，讲前代之定制"，就是不仅要承继蒙古国各位大汗的政治遗产，更要按照历代农耕王朝的做法，为新朝建立一套有效的制度。为此，首先要完成的"立经陈纪"任务，就是建立从中央到地方的官僚体系，使之承担治国理政、兴利除害的重任。应该看到，在政治态度方面，这份诏书比即位诏更前进了一步，即已经开始打造正统农耕王朝的形象。在具体政策措施方面，随诏书下发的条例，除了继续强调抚军士、均赋役的要求外，还增加了理冤滞的内容。

中统元年十二月，忽必烈又在一份诏书中特别强调："我祖宗以武功创业，文德未修。朕缵承丕绪，鼎新革故，扶绥万邦。遂以庚申岁，建元为中统元年。"① 也就是说，中统建元所具有的重要政治意义，就是要开启"鼎新革故"的治国大计。

由于阿里不哥也已经在漠北称汗，忽必烈准备出兵北上，消灭阿里不哥的势力，所以在中统元年（1260）五月发布了将阿里不哥定为反叛的诏书。

> 朕获承丕祚，已降德音。不期同气之中，俄有阋墙之侮，顾其冲幼，敢启兹谋，皆被凶谗，相济以恶。朕惟父子兄弟之亲，宗庙社稷之重，遣使敦谕，至于再三。乱党执迷，曾无少革，以致宗族咸怒，戈甲载兴。重念兵方弭而复征，民甫休而再扰，危疑未释，反侧不安。诖误者至及于无辜，拘囚者或生于不测，非朕本意，尽然伤心。宜推旷荡之恩，普示哀矜之意。于戏！悛心或起，忍加管蔡之刑；内难既平，式续成康之治。②

这则诏书所要起的主要是安定民心的作用，因为当时的军事形势并不乐观，阿里不哥除了拥有漠北的军事力量外，随从蒙哥出征的西路军也大多追随阿里不哥，对陕西等地构成严重的威胁。军事上不占绝对优势，在政治上就要占据道德制高点，将政治对手变成人人可诛的反叛者，就是最有利的做法。以正伐邪，可能增加人民的负担，所

---

① 《谕安南国陈诏》，《全元文》第3册，第270页。
② 忽必烈：《以阿里不哥反赦天下诏》，《全元文》第3册，第269页。

以中书省在中统二年正月颁布的条例中特别强调了这只是暂时的困难。

> 钦惟皇帝即位之初，下宽大之诏，恤疲困之民，除旧弊，立新政，条画非一，期与民共享有生之乐。省府恭承圣训，方将抚治间，大军调发，供给军需，转输粮饷，逐急催办，文繁事冗，不无少有骚动。照得续奉诏书节文，军方弭而复兴，民甫休而再扰，钦惟圣虑已尝轸念及此。盖遇一时之变者，难拘定例。图远大之功者，未免有劳人费物之举，凡此等事皆非得已为天下害也。①

也就是说，忽必烈出动大军平叛，并不是要改变"除旧弊，立新政"的初衷，而是要应对突然的变故，为维持国家的稳定，不得不暂时以"急政"来维持军需，所带来的害处确实需要臣民给予谅解。当政者能够郑重其事地向民众作出这样的解释，确实是一个重大的进步。

（三）改元与建国号的政治影响

中统五年（1264）八月，忽必烈又下诏将中统年号改为至元年号，诏书的全文如下。

> 应天者惟以至诚，拯民者莫如实惠。朕以菲德，获承庆基，内难未戡，外兵未戢，夫岂一日，于今五年。赖天地之昇祚，暨祖宗之垂裕，凡我同气，会于上都。虽此日之小康，敢朕心之少肆。比者星芒示儆，雨泽愆常，皆阙政之所繇，顾斯民其何罪。宜布惟新之令，溥施在宥之仁。据不鲁花、忽察、秃满、阿里察、脱火思辈，构祸我家，照依成吉思皇帝扎撒，已正典刑讫。可大赦天下，改中统五年为至元元年。……于戏！否往泰来，迓续亨嘉之会；鼎新革故，正资辅弼之良。咨尔臣民，体予至意！敢以赦前事相告者，以其罪罪之。故兹诏示，想宜知悉。②

---

① 王恽：《中堂事记》上，《秋涧先生大全文集》卷80。
② 《元典章》卷1《诏令》，第6页（《至元改元诏》全文，亦见《全元文》第3册，第295—296页）。

在改至元年号以前，阿里不哥的势力已经被剿灭，山东李璮的叛乱也已经平定，国内的形势趋于稳定，所以忽必烈所要重点强调是推行新政，用"鼎新革故"的方法使文治达到一定的水平。忽必烈还于至元初年专门召见翰林待制孟攀鳞，孟攀鳞条陈了与新政有关的七十事，"大抵劝上以郊祀天地，祠太庙，制礼乐，建学校，行科举，择守令以字民，储米粟以赡军，省无名之赋，罢不急之役，百司庶府统于六部，纪纲制度悉由中书，是为长久之计"。许国祯也上疏言慎财赋、禁服色、明法律、严武备、设谏官、均卫兵、建学校、立朝仪等新政事宜，大多被忽必烈所采纳。① 王恽则明确提出了建国号的要求："伏见自古有天下之君，莫不首建国号，以明肇基之始。方今元虽纪而号未立，盖未有举行之者，是大阙然。钦惟圣朝，统接三五，以堂堂数万里之区宇，垂六十年，大号未立，何以威仰万方，昭示后世。愚以为国之号，宜下公卿大臣及五品以上官集议阁下，则天下幸甚。"② 这一建议也引起了忽必烈的重视。

至元八年（1271）十一月，忽必烈将蒙古国的国号改为大元，并发出了建国号的诏书。

> 诞膺景命，奄四海以宅尊；必有美名，绍百王而纪统。肇从隆古，匪独我家。且唐之为言荡也，尧以之而著称；虞之为言乐也，舜因之而作号。驯至禹兴而汤造，互名夏大以殷中。世降以还，事殊非古。虽乘时而有国，不以义而制称。为秦为汉者，盖因初起之地名；曰隋曰唐者，又即所封之爵邑。是皆徇百姓见闻之狃习，要一时经制之权宜，概以至公，不无少贬。
>
> 我太祖圣武皇帝，握乾符而起朔土，以神武而膺帝图，肆震天声，大恢土宇，舆图之广，历古所无。顷者耆宿诣庭，奏章申请，谓既成于大业，宜早定于鸿名。在古制以当然，于朕心乎何有。可建国号曰大元，盖取《易》经"乾元"之义。兹大冶流形于庶品，孰名资始之功；予一人底宁于万邦，尤切体仁之要。事从因革，道协天人。于戏！称义而名，固匪为之溢美；孚休为永，尚不负于投艰。嘉与敷天，共隆大号。咨尔有众，体予至怀！故兹诏示，想宜

---

① 《元史》卷164《孟攀鳞传》，卷168《许国祯传》。
② 王恽：《建国号事状》，《秋涧先生大全文集》卷86。

知悉。①

忽必烈改国号的目的，就是将自己看作农耕王朝的皇帝，而不是草原帝国的大汗。由此在建国号的诏书中宣示了三条重要的政治信息。一是大元是正统的农耕王朝，是由三皇五帝到秦、汉、隋、唐的皇朝统绪的继承。二是国名来自《易经》，既具有褒扬儒教的意义，也具有顺应天命的意义。并且尤为重要的是，这样的国名已经暗含了统一天下、奄有四海的内容。三是改国名是应臣僚请求而采用的政治行为，而真正的助推者是刘秉忠等汉人儒士，因为新的国号可以成为代表文治的重要政治符号，名正言顺地实现新朝的政治目标。应该说，以建立新的国号为标志，由忽必烈主导的国家转型至少在形式上已经完成，当然在具体内容上还需要做进一步的充实。

忽必烈用十余年的时间，使新的国家观（营造正统的农耕王朝）和祖述变通、鼎新革故的政治思维成为主导政治革新和国家转型的观念，与他在潜邸时所受的思想教育显然是一脉相承的，只是通过文人的粉饰，在表述上体现得更为系统和明确。

二 "内立都省，外设总司"的新政体制

忽必烈即位之后，即采纳汉人谋士的建议，以"内立都省、外设总司"作为"立经陈纪"的先务，为朝廷建立了支持新政的基本管理体制。

（一）中书理政要求

忽必烈即位的时间是中统元年三月十七日，四月初一即正式建立中书省，以王文统为参知政事，张文谦为左丞。七月十三日，又立行中书省于燕京，行中书省以祃祃为丞相，王文统和赵璧为平章政事，张易为参知政事，郎中以下人员一百余人，到省听任人员12人。"时官至省者，士人首以有无生理、通晓吏事为问，及取要所业文字，盖审夫资身之术或能否从事，及手笔何如耳"。尤为重要的是，当年十二月燕京遭暴风雪袭击后，省官以天变特别告诫僚属："百姓宜安，刑罚宜省，税敛宜薄，冤抑宜察，追呼宜简，判决宜审，用度宜节，兴作宜谨，燕会

---

① 《元典章》卷1《诏令》，第7—8页（《建国号诏》全文，亦见《全元文》第3册，第323—324页）。

宜戒，思患宜豫。防此虽古语，于治道且尽，可不慎哉。"① 也就是说，中书省确实要自觉地承担符合治道要求的具体事务。

中统二年正月，中书省特别颁发条例，提出了输近仓以省民力、罢草料以解民困、严和买以防蒙蔽、减赋役以救灾伤、禁骚扰以护民生、劝农桑以保根本、恤鳏寡以稳民心、理冤滞以明刑典、肃盗贼以安黎庶、止游惰以正风俗、饬官吏以树政风十一条治理要求。当年四月，中书省官员随忽必烈前往开平，忽必烈即明确要求省官不必参加皇帝的祭祀仪式等，"凡内外之务，比还悉裁定以闻"。省官则拟定了民事条画二十七款，都被忽必烈批准。七月，中书省又拟定了省规十条，以规范议事的程序。②

中统二年八月，为颁布《中统权宜条理》，忽必烈又特别在中书省参知政事杨果起草的诏书中强调了他对新政的要求。

> 事匪前定，无以启臣民视听不惑之心。政岂徒为，必当举帝王坦白可行之制。我国家以戎旃而开建，于禁网则阔疏，虽尝有所施行，未免涉于简略，或得于此而失于彼，或轻于昔而重于今，以兹奸猾之徒得以上下其手。朕惟钦恤，期底宽平。乃始立于九章，用颁行于十道，比成国典，量示权宜，务要遵行，毋轻变易。
>
> 呜呼！六计周官，所以弊群吏之治；三章汉法，所以慰百姓之心。详酌旧规，著为新制，惟上令昭垂，如日月则下情易避，如江河虽曰从轻，期于不犯。咨尔有众，体予至怀。故兹诏示，想宜知悉。③

需要注意的是，这是在忽必烈的诏旨中首次提到"汉法"，并指明了中书省是制定汉法条例和推行汉法的最重要机构。

忽必烈还对中书省和燕京行省的官员作了调整，以蒙古功臣后裔不花、忽鲁不花和史天泽、耶律铸为右、左丞相，以塔察儿、廉希宪、王文统、赵璧为平章政事，张易、张文谦为左、右丞，杨果、商挺为参知政事。史天泽、忽鲁不花、塔察儿、廉希宪、张文谦、杨果任职于中书

---

① 王恽：《中堂事记》上，《秋涧先生大全文集》卷80。
② 王恽：《中堂事记》中，《秋涧先生大全文集》卷81。
③ 王恽：《中堂事记》下，《秋涧先生大全文集》卷82。

省，不花、耶律铸、王文统、赵璧等任职于燕京行省。尽管分为两省，但是如史天泽所言："虽分两省，其实一也。若非关利害者，不宜妄有阻挠，使王事成就可也。"① 中统三年，中书省与燕京行省合并，不再分立二省。

至元元年八月，忽必烈又下诏中书省确立新的条格，涉及的是落实新政的以下内容："省并州县，定官吏员数，分品从官职，给俸禄，颁公田，计月日以考殿最；均赋役，招流移；禁勿擅用官物，勿以官物进献，勿借易官钱；勿擅科差役；凡军马不得停泊村坊，词讼不得隔越陈诉；恤鳏寡，劝农桑，验雨泽，平物价；具盗贼、囚徒起数，月申省部。"次年十二月，宋子贞特别指出："朝省之政，不宜数行数改。"这一建议也被忽必烈所接受。②

至元七年（1270）正月，为集中解决财政问题设立尚书省，中书省的主政权被架空，但是至元九年正月即撤销尚书省，恢复了中书省主政的体制。③

（二）地方理政要求

忽必烈最初设立的地方总司是宣抚司。中统元年五月，正式设立了十路宣抚司。（1）赛典赤、李德辉为燕京路宣抚使，徐世隆副之。（2）宋子贞为益都济南等路宣抚使，王磐副之。（3）史天泽为河南宣抚使。（4）杨果为北京等路宣抚使，赵晒副之。（5）张德辉为平阳太原路宣抚使，谢瑨副之。（6）孛鲁海牙、刘肃并为真定路宣抚使。（7）姚枢为东平路宣抚使，张肃副之。（8）张文谦为大名彰德等路宣抚使，游显副之。（9）粘合南合为西京路宣抚使，崔巨济副之。（10）廉希宪为京兆等路宣抚使。从宣抚使和副使的人选看，绝大多数都是忽必烈的潜邸人员。在制度草创阶段，忽必烈先用"自己人"去控制地方，显然是一种合理的安排。

中统二年四月，中书省拟定宣抚司条画，不仅要求宣抚司量免民间课程，还要求宣抚司官劝农桑，抑游惰，礼高年，问民疾苦，举文学才识可以从政及茂才异等之人，列名上闻，以听擢用；其职官污滥及民不

---

① 王恽：《中堂事记》下，《秋涧先生大全文集》卷82。
② 《元史》卷5《世祖纪二》，卷6《世祖纪三》。
③ 关于中书省建制的演变和下属机构，参见陈高华、史卫民《中国政治制度通史》第8卷《元代》，人民出版社1996年版，第61—93页。

孝悌者，量轻重议罚。① 同时，特别强调了对地方官员的以下要求。

> 州县之治，俱在官吏。若得其人，百姓安集，差发均平；苟非其人，定是差发不均，民被其害，不有黜陟责罚，何由激劝惩戒。据本路见任官吏，如有赃污事者，国有常典；其才能异众廉干可称者，仰宣抚司开坐事迹保申来，以凭闻奏，超擢任用。②

中统二年十一月，罢十路宣抚司。中统三年十二月，立十路宣慰司和十路转运司，以宣慰司取代宣抚司，作为地方行政管理的总司。

尤为重要的是，朝廷开始着手解决中原地区军民统管的弊病，实行较严格的"兵民分治"，先是规定"各路总管兼万户者，止理民事，军政勿预。其州县官兼千户、百户者，仍其旧"；"诸路管民总管子弟，有分管州、府、司、县及鹰坊、人匠诸色事务者，罢之"；后来则明确下诏："诸路管民官理民事，管军官掌兵戎，各有所司，不相统摄。"③至元元年八月，忽必烈还在诏书中对县尹的职责等作了明确的规定。

> 诸县尹品秩虽下，所任至重，民之休戚系焉。往往任用非其人，致使恩泽不能下及，民情不能上通，掊克寝凌，为害不一。今拟于省并到州县内，选差循良廉干之人以充县尹，给俸禄公田，专一抚字吾民，布宣新政。仍拟以五事考较而为升殿：户口增、田野辟、词讼简、盗贼息、赋役平，五事备者为上选，内三条成者为中选，五事俱不举者黜。④

以"户口增、田野辟、词讼简、盗贼息、赋役平"的"五事"考较地方官吏，是中国农耕王朝管理地方官的传统做法，被忽必烈采纳后成为对地方总司以下各级官吏的要求。但是在汉人世侯分治中原地区多年的形势下，只有"兵民分治"显然不能从根本上解决问题，必须打破世侯的世袭制度。忽必烈于至元元年十二月下令罢诸侯世守，立迁转

---

① 《元史》卷4《世祖纪一》。
② 王恽：《中堂事记》中，《秋涧先生大全文集》卷81。
③ 《元史》卷5《世祖纪二》。
④ 《元典章》卷2《圣政一》，第39页（《全元文》第3册，第289页）。

法，彻底解决了这一问题。次年二月，又下诏"以蒙古人充各路达鲁花赤，汉人充总管，回回人充同知，永为定制"，在地方官员的任用方面特别突出了蒙古人的地位。①

理顺地方的管理体制，还需要解决蒙古诸王、贵族在中原的分地问题。在这方面，忽必烈在位前期只是通过路、府、州、县的省并，使拥有较多封户的诸王、贵族独占一路或一州，或在该路、州中占主导地位，没有采用更好的方法来解决这一问题。②

（三）枢密统军要求

忽必烈要建立正统的中国农耕王朝，草原帝国的以千户制度为基础的军事制度已显过于简单，为此在推行新政时，亦要对军事体制进行大规模的变革，并重点采用了六方面的措施。

一是建立枢密院。中统四年（1263）五月设立的枢密院，是掌管全国军政的最高机构。按照忽必烈的规定，枢密院"掌天下兵甲机密之务，凡宫禁宿卫，边庭军翼，征讨戍守，简阅差遣，举功转官，节制调度，无不由之"；"凡蒙古、汉军并听枢密节制。统军司、都元帅府，除遇边面紧急事务就便调度外，其军情一切大小公事，并须申覆。合设奥鲁官，并从枢密院设置"③。有了专门的中央军事机构，从根本上改变了军队从属于个人和作战前临时确定统帅的传统做法。

二是建立复合型的宿卫制度。成吉思汗以怯薛作为大汗宿卫的制度，依然被忽必烈所保留，并为自己建立了一万人的怯薛组织。此外，忽必烈还仿照历代王朝的做法，建立了专门的侍卫亲军。第一支侍卫亲军是中统元年（1260）成立的武卫军，兵员三万人左右，士兵来源于中原各汉军万户属下的军队。至元元年（1264）十月，武卫军改名为侍卫亲军，分为左、右两翼，增加兵员一万余人。至元八年（1271）七月，又改左、右翼侍卫亲军为左、中、右三卫亲军。侍卫亲军的建立，使朝廷直接掌握了一支常备的精锐军事力量，在军事上起着关键性的"居重驭轻"作用。

三是收汉人世侯兵权。由于汉人世侯大多掌握着军队，随时可能对朝廷带来巨大的威胁，中统三年（1262）山东的世侯李璮反叛，已经

---

① 《元史》卷6《世祖纪三》。
② 陈高华、史卫民：《中国政治制度通史》第8卷《元代》，第124—125页。
③ 《元史》卷86《百官志二》，卷98《兵志一》。

显示了问题的严重性。叛乱平定后,史天泽主动向忽必烈表示:"兵民之权,不可并居一门,行之请自臣家始。"史氏子弟十七人全部交出了兵权。① 忽必烈借着这一机会,一方面开始推行兵、民分治的做法,另一方面则将汉人世侯的兵权全部收归朝廷,再委任合适的人选统领各地的汉军。需要注意的是,汉人世侯及其子弟不是再也不能统率军队,而是要经由皇帝任命才能统率军队。由此带来的最重要变化就是原来分属于世侯的汉军,经过收兵权后已经变成了国家统一管理和调度的军队。

四是建立军户制度。忽必烈即位之后,除了维系蒙古草原各部全民皆兵的兵员体制外,还为驻扎在中原等地的探马赤军(主要来自蒙古各部,并掺杂了色目人、汉人军士)、汉军建立了军户制度,军人及其家属被确定为军户,在户籍上专为一类,世世代代都要出人服兵役,列入军户后就不能变更。实行严格的军户制度,就是要为国家提供稳定的兵员保障。

五是建立地方统军机构。中统三年建立各路宣慰司、转运司后,开始在各路设统军司,使之成为地方的专门统军机构。设立枢密院之后,逐步改为由行枢密院或者行省统管某一区域的军队,确立了由专门的统军机构统领万户、千户、白户、十户的严格机制。②

六是严格军队和武器的管理。对军队的管理,除了申严军纪外,还特别强调了严禁军队扰民的规定,并严格限制民间持有兵器。如中统四年正月,"禁蒙古军马扰民","申禁民家兵器及蒙古军扰民者"。二月,"诏诸路置局造军器,私造者处死;民间所有,不输官者,与私造同"。七月,"诏阿术戒蒙古军,不得以民田为牧地"③。经过多年的征战,无论是蒙古军、探马赤军,还是汉军,都面临士兵疲惫的问题,所以忽必烈在即位诏书附带的条例里,明确提出了抚军士的要求:"大军每年征进,行者有暴露之苦,居者负输挽之劳,加之管军头目不知抚恤,横泛科敛,以致军前、家中骚扰不安,朕甚悯焉。今后禁约诸路管军头目人等,凡事一新,毋得循习旧弊。若有军前曾立功劳者,速行迁赏,例从优厚。至于抚绥安养,使大军皆得休息者,朝廷别有区处。"中统元年

---

① 《元朝名臣事略》卷7《史天泽事略》,第120页。
② 关于忽必烈即位后军事制度的变化,详见陈高华、史卫民《中国政治制度通史》第8卷《元代》,第185—222页。
③ 《元史》卷5《世祖纪二》。

五月，在《中统建元诏》中又对抚军士作了补充性的规定："凡征进军人临阵而亡者，被伤而死者，其家属理当优恤。仰各管军头目用心照管，无致生受。仍仰各路宣抚司取会见数，量给衣粮，优恤其家。"①

对于依靠强大的军事力量立国的忽必烈而言，使军政由混乱走向统一具有极为重要的意义。忽必烈所采用的上述措施，集中表现的就是实行军事集权和有效管理军队的观念。应该看到，恰是有了新的军政，使朝廷有了与蒙古国时期明显不同的军队，为大一统提供了必不可少的军事支持。

（四）监察官吏要求

忽必烈即位之后，即有人提出了仿照历代王朝制度、建立监察机构、对官员实行全方位监控的建议。如河西人高智耀所言："国初庶政草创，纲纪未张，宜仿前代，置御史台以纠肃官常。"②忽必烈亦曾问臣僚："今任职者多非材，政事废弛，譬之大厦将倾，非良工不能扶，卿辈能任此乎？"汉人臣僚张雄飞答道："古有御史台，为天子耳目，凡政事得失，民间疾苦，皆得言；百官奸邪贪秽不职者，既纠劾之。如此，则纪纲举、天下治矣。"③忽必烈接纳了臣僚的建议，于至元五年七月正式设立御史台，以右丞相塔察儿为御史大夫，并明确表示："台官职在直言，朕或有未当，其极言无隐，毋惮他人，朕当尔主。"当年十月，"敕中书省、枢密院，凡有事与御史台官同奏"。十一月，御史台上奏："立台数月，发摘甚多，追理侵欺粮粟近二十万石，钱物称是。"忽必烈特别下诏给予褒奖。④

御史台不仅制定了三十六条台纲，还建立了行御史台、提刑按察司等地方监察机构，使之成为独立于行政、军事的专司纠察的机构。⑤

建立御史台之后，支持新政的机制基本形成，即立中书省以总庶务，立枢密院以掌兵要，立御史台以纠弹百司。忽必烈对此还有形象的说明："中书朕左手，枢密朕右手，御史台是朕医两手的。"⑥更为重要的是，忽必烈设置的这一套制度，已经成为影响有元一代的基本制度建

---

① 《元典章》卷2《圣政一》，第55—56页（《全元文》第3册，第264、270页）。
② 《元史》卷125《高智耀传》。
③ 《元史》卷163《张雄飞传》。
④ 《元史》卷6《世祖纪三》。
⑤ 陈高华、史卫民：《中国政治制度通史》第8卷《元代》，第244—246页。
⑥ 叶子奇：《草木子》卷3《杂制篇下》，第61页。

设，后人对此给予了较高的评价。

> 王者南面以听天下之治，建邦启土，设官分职，其制尚矣。汉、唐以来，虽沿革不同，恒因周、秦之故，以为损益，亦无大相远。大要欲得贤才用之，以佐天子、理万民也。
>
> 元太祖（成吉思汗）起自朔土，统有其众，部落野处，非有城郭之制，国俗淳厚，非有庶事之繁，惟以万户统军旅，以断事官治政刑，任用者不过一二亲贵重臣耳。及取中原，太宗（窝阔台）始立十路宣课司，选儒臣用之。金人来归者，因其故官，若行省，若元帅，则以行省、元帅授之。草创之初，固未暇为经久之规矣。
>
> 世祖（忽必烈）即位，登用老成，大新制作，立朝仪，造都邑，遂命刘秉忠、许衡酌古今之宜，定内外之官。其总政务者曰中书省，秉兵柄者曰枢密院，司黜陟者曰御史台。体统既立，其次在内者，则有寺，有监，有卫，有府；在外者，则有行省，有行台，有宣慰司，有廉访司。其牧民者，则曰路，曰府，曰州，曰县。官有常职，位有常员，其长则蒙古人为之，而汉人、南人贰焉。于是一代之制始备，百年之间，子孙有所凭藉矣。①

有无符合中国传统农耕王朝统治观念的制度，是儒士区分乱与治的重要标准，忽必烈没有辜负儒士的期望，不仅建立了一套制度，还利用这样的制度大量使用儒士，确实起到了扫除北方士人对政治失望的重要作用。更需要注意的是，管理制度与管理理念的结合，是构成"新政"的基本要素，忽必烈的臣僚在为朝廷注入新的管理理念方面，提出了系统性的建议，在本书第四章和第五章中将作进一步的说明。

三 国家更化的政治气象

忽必烈推行新政，除了建立管理制度外，还需要一些更具标志性的政治举措，如立都城、行朝仪、重祭祀、兴学校等，以显示国家更化所带来的新政治气象。

（一）以两都安天下

蒙古国以窝阔台时所建的和林城为都城。忽必烈在潜邸时命刘秉忠

---

① 《元史》卷85《百官志一》。

等建立的开平城,是忽必烈即位的地点,忽必烈有意将其定为都城,以取代和林的地位。但是忽必烈的臣僚明确提出了以燕京作为都城的建议。如蒙古功臣木华黎的后人霸突鲁在忽必烈即位前就曾明确指出:"幽燕之地,龙蟠虎踞,形势雄伟,南控江淮,北连朔漠。且天子必居中以受四方朝觐。大王果欲经营天下,驻跸之所,非燕不可。"① 郝经则在忽必烈即位之后,以"定都邑以示形势"的建议陈述了将燕京作为都成的理由:"今日于此(开平)建都,固胜前日,犹不若都燕之愈也。燕都东控辽碣,西连三晋,背负关岭,瞰临河朔,南面以莅天下。和林置一司分,镇御根本;北京、丰靖各置一司分,以为二辅;京兆、南京各置一司分,以为藩屏。夫燕云,王者之都,一日缓急,便可得万众,虽有不虞,不敢越关岭、窬诸司而出也。形势既定,本根既固,则太平可期。"② 忽必烈在考虑了这些意见后,决定将开平和燕京都作为都城,实行两都制。中统四年五月,忽必烈下令将开平城升为都城,定名为上都。次年八月,中书省官员上奏:"开平府阙庭所在,加号上都外,燕京修营宫室,分立省部,四方会同,乞亦正名。"忽必烈乃定燕京为中都路,其府号大兴。③ 至元九年二月,将中都改名为大都。在两个都城中,按照刘秉忠的说法,大都更能使国祚久远,所以以大都作为正都。

确立两都制度之后,皇帝每年都要"北巡"上都,形成了一套完整的巡幸制度。正如后人所说:"皇朝建国之初,四征不庭,靡暇安处。世祖皇帝定两都以受朝贡,备万乘以息勤劳,次舍有恒处,车庐有恒治,春秋有恒时,游畋有度,燕享有节,有司以时供具,而法寓焉。此安不忘危,贻子孙万世之法者也。"④

在中原地区建立都城,表示忽必烈认可国家的政治重心南移,并以此显示了与草原帝国的重大区别,这恰是建立两都制度的政治意义所在。

(二) 制朝仪以明尊卑

蒙古国时期形成的宫廷礼节,在中原汉儒看来显得杂乱无章,有损

---

① 《元史》卷119《木华黎传》。
② 郝经:《便宜新政》,《郝文忠公陵川文集》卷32(《全元文》第4册,第92—93页)。
③ 《元典章》卷1《诏令》,第6页(《全元文》第3册,第293页)。
④ 《经世大典序录·巡幸》,《元文类》卷41。

大国威严。到忽必烈即位后多年,仍是"宫阙未立,朝仪未定。凡遇称贺,臣庶无问贵贱,皆集帐殿前。执法者厌其多,挥杖击之,逐去复来,顷刻数次"[1]。服侍于蒙古宫廷的汉儒深以为虑,认为"今四海一家,万国会同,朝廷之礼不可不肃",多次请求制订朝仪。[2] 忽必烈采纳臣僚的意见,由刘秉忠等主持启制定朝仪,《元史》记载了定朝仪的详细过程,转引于下。

> 至元六年(1269)春正月甲寅,太保刘秉忠、大司农孛罗奉旨,命赵秉温、史杠访前代知礼仪者肄习朝仪。既而秉忠奏曰:"二人习之,虽知之,莫能行也。"得旨,许用十人。遂征儒生周铎、刘允中、尚文、岳忱、关思义、侯祐贤、萧琬、徐汝嘉,从亡金故老乌古伦居贞、完颜复昭、完颜从愈、葛从亮、于伯仪及国子祭酒许衡、太常卿徐世隆,稽诸古典,参以时宜,沿情定制,而肄习之,百日而毕。
>
> 秉忠复奏曰:"无乐以相须,则礼不备。"奉旨,搜访旧教坊乐工,得杖鼓色杨皓、笛色曹楫、前行色刘进、教师郑忠,依律运谱,被诸乐歌,六月而成,音声克谐,陈于万寿山便殿,帝听而善之。
>
> 秉忠及翰林太常奏曰:"今朝仪既定,请备执礼员。"有旨,命丞相安童、大司农孛罗择蒙古宿卫士可习容止者二百余人,肄之期月。七年春二月,奏以丙子观礼。前期一日,布绵蕝金帐殿前,帝及皇后临观于露阶,礼文乐节,悉无遗失。冬十有一月戊寅,秉忠等奏请建官典朝仪,帝命与尚书省论定以闻。
>
> 八年(1271)春二月,立侍仪司,以忽都于思、也先乃为左右侍仪,奉御赵秉温为礼部侍郎兼侍仪司事,周铎、刘允中为左右侍仪使,尚文、岳忱为左右直侍仪事,关思义、侯祐贤为左右侍仪副使,萧琬、徐汝嘉为佥左右侍仪事,乌古伦居贞为承奉班都知,完颜复昭为引进副使,葛从亮为侍仪署令,于伯仪为尚衣局大使。夏四月,侍仪司奏请制内外仗,如历代故事,从之。秋七月,内外

---

[1] 《元朝名臣事略》卷12《王磐事略》,第243页。
[2] 《元朝名臣事略》卷12《徐世隆事略》,第252—253页。

仗成。遇八月帝生日,号曰天寿圣节,用朝仪自此始。①

朝仪有一套固定的程序,有人特别记下了第一次使用朝仪的情况。

> 先平明设仪仗于崇天门内外,东西乡虎贲羽林弧弓撒矢,陛戟左右,教坊陈乐廷中。于是皇帝辇出房,升御座,谒者传警,鸡人报时,诸王、后妃、皇子、公主以次奉贺,通事舍人引百官班入,丞相进酒,教坊作乐,成礼而退。御史执法,举不如仪者有罚。三品以上官宴飨殿上,大作乐。日晡,皇帝御辇还寝阁。②

从至元八年正式启用朝仪之后,朝廷有了一套严格的礼仪规定,"皇帝即位、元正、天寿节,及诸王、外国来朝,册立皇后、皇太子,群臣上尊号,进太皇太后、皇太后册宝,暨郊庙礼成、群臣朝贺,皆如朝会之仪"。对于一个走向农耕王朝的朝廷而言,礼仪是重要的表象,所以后人对忽必烈的制定朝仪不仅给予了积极的评价,强调"世祖皇帝建国纪元,始命议礼考文,思兼古帝王之事,粲然成一代典章,以垂无穷矣"③;还特别指出了严格礼制的重要意义:"夫制礼自迩覃远,由亲暨疏;朝觐会同,以正大位,以统百官,以驭天下;锡赉燕飨,以睦亲族,以亲大臣,以祼宾客;天下既定,弗敢怠宁。"④也就是说,朝廷仪礼不仅是要体现皇帝威严和维系上下尊卑的关系,也是明确表示新朝对帝王之制的认可和延续,在其中已经蕴含了"附会汉法"的重要观念。

(三)建太庙以行中国事

忽必烈即位之后,徐世隆即向其建议:"陛下帝中国,当行中国事。事之大者,首惟祭祀,祭祀必有清庙。"⑤忽必烈接受了这一建议,先是将祖宗神位设在中书省,按时祭祀,并于中统四年三月下诏在燕京建太庙。至元三年十月,太庙建成,丞相安童、伯颜上奏:"祖宗世

---

① 《元史》卷67《礼乐志一》。
② 苏天爵:《赵秉温行状》,《滋溪文稿》卷22(《全元文》第40册,第192—193页)。
③ 《经世大典序录·朝会》,《元文类》卷41。
④ 赵世延:《经世大典序录·礼典总序》,《元文类》卷41(《全元文》第21册,第689页)。
⑤ 《元朝名臣事略》卷12《徐世隆事略》,第252页。

数、尊谥庙号、增祀四世、各庙神主、配享功臣、法服祭器等事，皆宜定议。"忽必烈命平章政事赵璧等集群臣商议，确定了烈祖（也速该）、太祖（成吉思汗）、太宗（窝阔台）、定宗（贵由）、宪宗（蒙哥）等人的尊谥庙号，并按照八室安放神位，按时祭祀。①

忽必烈还沿承了自成吉思汗以来的祭天仪式，于中统二年四月"躬祀天于旧桓州之西北，洒马湩以为礼，皇族之外无得而与"，也就是以蒙古人的传统礼仪祭天，所以外人不能参与。至元十二年十二月，忽必烈受皇帝尊号，要举行告天地的仪式，命令太常寺检讨唐、宋、金旧仪，在大都丽正门东南七里建祭台，"设昊天上帝、皇地祇位二，行一献礼。自后国有大典礼，皆即南郊告谢焉"。但是至元十三年五月要以平宋告天地，忽必烈特别要求"以国礼行事"，即如此重大的事件要采用蒙古传统的祭天仪式。②

对于其他的祭祀活动，忽必烈也给予了高度的重视。如在即位诏书附带的条例里曾明确要求："五岳四渎，名山大川，历代圣帝明王忠臣烈士，载在祀典者，所在官司岁时致祭。"至元十三年二月，在平定江南的诏书中又明确规定："名山大川，寺观庙宇，并前代名人遗迹，不许毁拆。"③

忽必烈在太庙的设置上采用"汉制"，但是祭祀的礼仪既保留蒙古旧俗，也部分采用中原传统的祭祀仪式，所要体现的恰是他所坚持的"稽列圣之洪规，讲前代之定制"的基本思想原则。

（四）立皇储以弭争端

忽必烈在潜邸时就着意培养儿子真金，不但为他指定了专门的陪读人员，还以姚枢、窦默等为真金的老师，向真金传授儒学。忽必烈即位后，先封真金为燕王，后又让他守中书令、判枢密院事，以显示对皇子的重视。与此同时，汉人臣僚也明确提出了早日建储的建议，如姚枢就明确表示应"建储副以重祚"④，郝经则在"定储贰以塞乱阶"的建议中强调："国家数朝代立之际，皆仰推戴，故近世以来，几致于乱，不早定储贰之失也。若储贰早定，上下无所觊觎，则一日莫敢争者。且使

---

① 《元史》卷6《世祖纪三》，卷74《祭祀志三》。
② 《元史》卷72《祭祀志一》。
③ 《元典章》卷3《圣政二》，第108页（《全元文》第3册，第266页）。
④ 《元朝名臣事略》卷8《姚枢事略》，第162页。

朝夕视膳，或出而抚军，守而监国，练达政事，此盛事也。"① 尤其是在准备授予窦默太子太傅之职时，窦默更明确表示："太子位号未正，臣不敢先受太傅之名。"② 由于建储涉及蒙古宗亲的关系问题，所以忽必烈并没有急于解决问题，到至元十年（1273）三月，忽必烈才下令立后建储，并正式下发了诏书，全文如下。

> 盖闻自古帝王之治天下也，莫不立后以正家，建储以定国。朕自纂承大统之后，即命皇后弘吉剌氏正位中宫。仰惟太祖圣武皇帝之遗训，俯协诸王昆弟之佥言，乃立冢嫡燕王真金为皇太子，积有日矣。比者朝臣恳奏，册宝之礼宜即举行。已于今年三月十三日，授皇后以玉册、宝章，授皇太子以玉册、金宝，从典礼也。咨尔怀生，体予至意！故兹诏示，想宜知悉。③

为皇太子真金撰写的册文，出自徒单公履之手，全文如下。

> 皇帝若曰：咨尔皇太子真金，仰惟太祖圣武皇帝遗训，嫡子中有克嗣服继统者，预选定之。是用立太宗英文皇帝，以绍隆丕构。自时厥后，不为显立冢嫡，遂启争端。朕上遵祖宗宏远之规，下协昆弟佥同之议，乃从燕邸，立尔为皇太子，积有日矣。比者儒臣敷奏，国家定立储嗣，宜有册命，此典礼也。今遣摄太尉、中书左丞相伯颜持节授尔玉册、金宝。于戏！圣武燕谋，尔其承奉。昆弟宗亲，尔其和协。使仁孝显于躬行，可谓不负尔所托矣。尚其戒哉，勿替朕命。④

诏书和册文在建储问题上明确表达了四层意思。一是成吉思汗的选择继承人的标准不容否定，还要继续坚持。二是由在位皇帝指定继承人的做法可以避免内乱，违反这一做法就会使皇位继承出现严重的争端。

---

① 郝经：《便宜新政》，《郝文忠公陵川文集》卷32（《全元文》第4册，第94页）。
② 《元史》卷158《窦默传》。
③ 《元典章》卷1《诏令》，第8页（《立后建储诏》全文，亦见《全元文》第3册，第329页）。
④ 徒单公履：《皇太子册文》，《元文类》卷10。

三是建储既不违反祖制,也是采用历代王朝的既有制度,更是天下大治的需要。四是储君具有和睦亲族和约束自我的责任,所以要作好表率。

需要说明的是,真金尽管被封为皇太子,并且是中书省、枢密院名义上的最高长官,但实际上并未得到忽必烈的允许参与朝政。所以蒙古功臣后裔相威曾向忽必烈建议:"皇太子既令中书,宜领抚军监国之任,选正人端士,立詹事、宾客、谕德、赞善,卫翼左右,所以树国本也。"① 汉人官员刘容也指出:"太子天下本,苟不得端人正士左右辅翼之,使倾邪侧媚之徒进,必有损令德。"② 汉人宿卫董文忠则强调:"陛下始以燕王为中书令、枢密使,才一至中书。自册为太子,累使明习军国之事,然十有余年,终守谦退,不肯视事者,非不奉明诏也,盖朝廷处之未尽其道尔。夫事已奏决,而始启太子,是使臣子而可否君父之命,故惟有唯默避逊而已。以臣所知,不若令有司先启而后闻,其有未安者,则以诏敕断之,庶几理顺而分不逾,太子必不敢辞其责矣。"③ 连太一道的道士李居寿都向忽必烈表示:"皇太子春秋鼎盛,宜参预国政。"④ 忽必烈直到至元十六年才同意真金参与朝政,算是给臣僚一个交代,但是他仍未给真实实权,因为他并不满意真金与儒士过为亲近的举动。

(五)兴学校以育人才

忽必烈受潜邸臣僚的影响,对孔子和儒学持尊崇的态度,所以在中统二年六月即下诏要求对宣圣庙及其附设的书院施加保护。

> 道与大名等路宣抚司并达鲁花赤、管民官、人匠、打捕诸头目及军马、使臣等:宣圣庙,国家岁时致祭,诸儒月朔释奠,宜常令洒扫修洁。今后禁约诸官员、使臣、军马,无得庙宇内安下,或聚集理问词讼,及亵渎饮宴,管工匠官不得于其中营造,违者严行治罪。管内凡有书院,亦不得令诸人骚扰,使臣安下。⑤

同年九月,王鹗向忽必烈建议在各路选派博学老儒一人,提举本路

---

① 《元史》卷128《相威传》。
② 《元史》卷134《刘容传》。
③ 《元史》卷148《董文忠传》。
④ 《元史》卷202《释老传》。
⑤ 《元典章》卷31《礼部四》,第1086页(《全元文》第3册,第273页)。

学校，忽必烈乃下诏以王万庆、敬铉等三十人为诸路提举学校官。

> 诸路学校久废，无以作成人才，今拟选博洽多闻之士以教导之。凡诸生进修者，仍选高业儒生教授严加训练，务要成材，以备他日选擢之用。仍仰各路官司常加主领敦劝。①

除了恢复各地的学校外，忽必烈还下令设立了国子学和蒙古字学，并要求各路都设立医学，"其生员拟免本身检医差占等役，俟其学有所成，每月试以疑难，视其所对优劣，量加劝惩"，显示的都是对教育的重视。②

忽必烈的上述更化做法，确实起到了由乱转治的政治风向标作用，并为推行各种爱民举措奠定了重要的政治基础。

四 体现"爱民"的善政措施

如前所述，忽必烈在即位诏书中已经明确表示"虽在征伐之间，每存仁爱之念，博施济众，实可为天下主"，所以在即位后即推出了一系列的善政措施，以体现天下之主的"爱民"观念。

（一）农桑为本

忽必烈将国家的统治重心由草原移到中原，在思想认识上也早已认定了"以农为本"的儒家理念。中统元年五月，忽必烈即明确要求各路宣抚司选择通晓农事者，充随处劝农官。次年二月，中书省亦下发了劝课农桑的榜文。

> 钦奉诏书，农桑衣食之本，勤谨则可致有余，慵惰则决至不足，正赖有司岁时劝课。省府照得，即目春首农作时分，仰宣抚司令已委劝农官员，钦依所奉诏书，于所管地面内依上劝课勾当，务要田畴开辟，桑麻增盛，毋得慢易，仍于岁终考较勤惰，明行赏罚，以劝将来。③

---

① 《元史》卷4《世祖纪一》；王恽：《中堂事记》下，《秋涧先生大全文集》卷82。
② 《元史》卷81《选举志一·学校》。
③ 《元史》卷4《世祖纪一》；王恽：《中堂事记》上，《秋涧先生大全文集》卷80。本小节引文未注出处者，均来自此事记。

中统二年八月，忽必烈下令设立劝农司，以姚枢为大司农，以陈邃、崔斌、成仲宽、粘合从中为滨棣、平阳、济南、河间劝农使，李士勉、陈天锡、陈膺武、忙古带为邢洺、河南、东平、涿州劝农使。在任命姚枢的令旨中，忽必烈特别强调了对"以农为本"的重视。

> 学明经旨德备天彝，由本邸而知名；从王师而伐罪，黾勉从事于今有年。可改授某职，务要克谨农事，一遵诏旨，民举绿于南亩，岁有望于西成，庸厚民生，以强国本。

中统三年四月，忽必烈又命行中书省、宣慰司、诸路达鲁花赤、管民官等"劝诱百姓，开垦田土，种植桑枣，不得擅兴不急之役，妨夺农时"。至元七年（1270）二月将劝农司改为司农司，以参知政事张文谦为司农卿，下设四道巡行劝农司，并向全国下发了劝农的诏书。

> 宣谕诸路府州司县达鲁花赤、管军官、管民官、诸投下官员、军民诸色人等：近为劝课农桑，已尝遍谕诸路牧民之官与提刑按察司讲究到先后合行事理，再命中书省、尚书省参酌众议，取其便民者，定立条目。特设司农司，劝课农桑，兴举水利。凡滋养栽种者，皆附而行焉。仍分布劝农官及知水利人员，巡行劝课，举察勤惰。委所在亲民长官不妨本职，常为提点。年终通考农事成否，本管上司类申司农司及户部照验。任满之日，于解由内明注此年农桑勤惰，赴部照勘，以为殿最。提刑按察司更为体察，期于敦本抑末，功效必成。①

至元七年十二月，又改司农司为大司农司，添设巡行劝农使、副使各四员，以御史中丞孛罗兼大司农卿。中书省丞相安童指出孛罗以御史台官员的身份兼领大司农司，前无此例。忽必烈特别表示："司农非细事，朕深谕此，其令孛罗总之。"至元十年三月，忽必烈又明确要求大司农司遣使巡行劝课，务要农事有成。② 为表示对农桑的重视，当年还正式向全国颁行了官修农书《农桑辑要》，作为指导农业技术的重要辅

---

① 《元典章》卷2《圣政一》，第52—53页（《全元文》第3册，第316页）。
② 《元史》卷5《世祖纪二》，卷7《世祖纪四》，卷8《世祖纪五》。

助工具。

忽必烈重视农桑的措施，得到了儒士的好评。如王磐所言："圣天子临御天下，使斯民生业富乐而求，无饥寒之忧，诏立大司农司，不治他事，而专以劝课农桑为务。行之五六年，功效大著，民间垦辟种艺之业，增前数倍。"① 蔡文渊也指出："农为天下之大本，有国家者所当先务。盖宗庙之粢盛，军国之经用，生民之衣食，皆于是乎出。故古之王者，亲耕籍田以为农先，俾人知务本，尽力南亩，而基太平之治也。洪惟世祖皇帝，诞膺景命，惠养黎元，立大司农司，以修古九扈氏之政。"② 也就是说，忽必烈的重农观念和相关的措施，确实为中国北方农业经济的恢复和发展提供了重要的保障。

(二) 均定赋役

金朝灭亡之后，赋役不均在中原地区已经成为危害民众多年的弊病，导致了民户逃散的严重后果。要推行"爱民"的善政，切实需要建立合理的赋税制度。忽必烈在即位诏附带的条例里，首先明确提出了均赋役的要求。

> 爰自包银之法行，积弊到今，民力愈困。朝廷立制，本欲利民而反害民，非法之弊，乃人之弊也。加之滥官污吏夤缘侵渔，科敛则务求羡余，输纳则暗加折耗，以致淫刑虐政，暴敛急征，使农夫不得安于田里者，为害非一，吾民安得不重困耶？旧弊苟不悉除，新政安能有立。今后应科敛差发，斟酌民力，务要均平，期于安静，与吾民共享有生之乐而已。③

中统元年五月，中书省又在奏准的宣抚司条例中，强调了均赋役的以下要求。

> 科放差发文字，止依一次尽数科讫，府科于州，州科于县，县科于民，并同此例。分作三限送纳，其三限宽期展日，务要民户舒

---

① 王磐：《农桑辑要序》，《全元文》第 2 册，第 246 页。
② 蔡文渊：《农桑辑要序》，《全元文》第 46 册，第 29 页。
③ 《元典章》卷 3《圣政二》，第 71 页（《全元文》第 3 册，第 265 页）。

缓，容易迭办，不可促逼人难。①

此后正式确定的北方地区的赋税标准，税粮分为丁税和地税，民户、官吏、商贾等验丁纳丁税，每丁粟二石；工匠、僧道等户，验地纳地税，每亩旱地三升，水田五升。科差中的丝料，每二户出丝二斤输于官府，每五户出丝二斤给本投下，称为"二五户丝"，合每户每年出丝料一斤六两四钱（按一斤十六两计算）；包银在发行纸钞后，每户钞四两；每户还需交钞一两，作为官吏的俸钞。为控制各分地私自征收差发，中统元年七月中书省议定各分地民户上缴的五户丝全部输送到燕京，由各投下每年派人到中书省验数支领。确定赋税的统一标准和征收方法，对建立稳定的经济秩序确实有重要的帮助。②

（三）发行纸钞

为统一北方地区的货币，中统元年十月正式发行称为"中统宝钞"的纸币，纸币分为十文（一分）、二十文（二分）、三十文（三分）、五十文（五分）、一百文（一钱）、二百文（二钱）、三百文（三钱）、五百文（五钱）、一贯文省（一两）、二贯文省（二两）十种币值（五十贯为一锭）。中统二年正月，中书省下发了关于通行中统钞的具体规定。

> 省府钦依印造到中统元宝交钞，拟于随路宣抚司所辖诸路，不限年月，通行流转。应据酒税醋盐铁等课程，并不以是何诸科名差发内，并行收受。如有诸人赍元宝交钞，从便却行，赴库倒换白银物货，即便依数支发，并不得停滞。每两只纳工墨钞三分外，别无克减添答钱数。……如有阻坏钞法之人，依条究治。

> 诸路通行中统元宝，街下买卖金银、丝绢、段匹、斛料，一切诸物，每一贯同钞一两、每二贯同白银一两行用，永为定例，并无添减。

中统二年二月，中书省又要求各地备足白银，以备钞银倒换，并明

---

① 《元典章》卷3《圣政二》，第71—72页。
② 陈高华、史卫民：《中国经济通史·元代经济史》，经济日报出版社2000年版，第541—552、584—592页。

确指出实行钞法有七大好处:"难得,一也;经费省,二也;银本常足不动,三也;伪造者少,四也;视钞重于金银,五也;日实不虚,六也;百货价平,七也。"①

由于在南宋朝廷投降之前,都能严格控制中统钞的发行量,使得中统钞处于稳定的状态,具有良好的信誉。至元十二年(1275),由于攻宋大军已经渡过长江,对于在江南地区使用何种货币,忽必烈命令阿合马与姚枢、徒单公履、张文谦、陈汉归、杨诚等人讨论,阿合马奏报的讨论情况如下:

> 姚枢云:"江南交会不行,必致小民失所。"
> 徒单公履云:"伯颜已尝榜谕交会不换,今亟行之,失信于民。"
> 张文谦谓:"可行与否,当询伯颜。"
> 陈汉归及杨诚皆言:"以中统钞易其交会,何难之有。"

阿合马持的也是以中统钞更换江南纸币交子和会子的意见。忽必烈最后裁定:"枢与公履,不识事机。朕尝以此问陈岩,岩亦以宋交会速宜更换。今议已定,当依汝(阿合马)言行之。"② 应该说,忽必烈主张在江南行用中统钞,是一项高明的决策,因为其确实有利于南北的统一和南北经济的交流。③

(四)保民安民

为体现皇帝对臣民的关心和爱护,忽必烈还采用了一系列的保民和安民的措施。

一是禁止各种扰民行为。除了前述禁止军队扰民外,还禁止来往使臣的扰民行为,如中统二年即有了使臣必须住在驿馆的圣旨。

> 据往来使臣,城子里没勾当的,休入去。如有勾当入城去的使臣,仰于盖下的使臣馆驿内安下者,官员、民户每的房子里休得安下。

---

① 王恽:《中堂事记》上,《秋涧先生大全文集》卷80。
② 《元史》卷205《阿合马传》。
③ 陈高华、史卫民:《中国经济通史·元代经济史》,第405—410页。

中统三年三月，中书省又转发了圣旨以及使臣禁止扰民的条画。

> 钦奉圣旨：道与诸路达鲁花赤、管民官、众百姓每：据中书省奏告："今体知得出征军马、往来使臣人等，内有不畏公法之人，村下取要饮食、马疋草料、扯拽头疋，骚扰百姓不安，乞禁约"事，准奏。
>
> 军马使臣不得一面辄入州县村寨店镇。如有不来设置营盘去处，故意于沿路宿顿，或村下取要饮食、马疋草料，百姓人等并不得应副。如有违犯之人，于已委祗待官处陈告。
>
> 海青牌子使臣并往来使臣，于过往客旅、庄农百姓人等处夺要，拽车牵船，骑坐头疋，有妨农种及阻碍客旅经行，深为不便当。除旧立站赤添补气力，又礼经直道上创设海青新站，其余使臣，依旧赴站倒换。
>
> 不以是何人等，毋得乡下取要马疋草料，百姓亦不得应付。这般省会已后，却有强行取要之人，写了姓名，于本路达鲁花赤、管民官处陈告。
>
> 军马经行镇店，村寨百姓人等，避怕骚扰，时暂躲避。今已严行禁约，不令骚扰外，仰本路达鲁花赤、管民官多出文榜，招集百姓依旧复业宁家，趁时种养。①

对于已经习惯于扰民的军队和使臣而言，有了这样的禁令，至少可以起到一定的约束作用，减少扰民的行为。

二是禁止以贡献为名的扰民行为。贡献也是扰民的一大弊病，忽必烈在即位诏附带的条例里特别强调了禁止贡献的要求。

> 开国以来，庶事草创。既无俸禄以养廉，故纵贿赂而为蠹。凡事撒花等物，无非取给于民。名为己财，实皆官物。取百滋一，长盗滋奸，若不尽更，为害非细。始自朕躬，断绝斯弊。除外用进奉军前克敌之物，并斡脱等拜见撒花等物，并行禁绝。内外官吏，视

---

① 《元典章》卷36《兵部三》，第1242、1244—1245页（《全元文》第3册，第276、280页）。

此为例。①

按照元代人的解释,"无事白要曰撒花钱"②。对于这样的强取行为,尤其是强取于百姓,当然应该严令禁止。

三是禁止其他扰民行为。至元十六年(1279)五月,兀里养合带向忽必烈建议:"赋北京、西京车牛俱至,可运军粮。"忽必烈即明确表示:"民之艰苦汝等不问,但知役民。使今年尽取之,来岁禾稼何由得种。其止之。"当年八月,又"以每岁圣诞节及元辰日,礼仪费用皆敛之民,诏天下罢之"③。也就是说,对其他扰民行为,忽必烈也尽可能做到一经发现即立刻制止。

四是慎判死刑。由于刑罚体制混乱,可能带来大量的冤狱和滥杀、错杀事件,忽必烈在即位诏书附带的条例里明确提出了谨慎处理死刑的要求。

> 凡有犯刑至死者,如州、府审问狱成,便行处断,则死者不可复生,断者不可复续。案牍繁冗,须臾决断,万一差误,人命至重,悔将何及?朕实哀矜。今后凡有死刑,仰所在官司推问得实,具事情始末及断定招款,申宣抚司再行审复无疑,呈省闻奏,待报处决。④

按照这样的规定,忽必烈已经将死刑的判决权上收到自己手中,并以此来减少地方的滥用刑罚的做法。

五是抚恤鳏寡之人。忽必烈在即位诏书附带的条例里明确要求:"鳏寡孤独不能自存者,所在官司于官仓内优加赈恤。"至元八年正月又下令诸路鳏寡孤独疾病不能自存者,官给庐舍、薪米。至元十三年二月,在平定江南的诏书中又明确规定:"鳏寡孤独不能自存之人,仰所在官司量加优恤。"⑤

---

① 《元典章》卷3《圣政二》,第70页(《全元文》第3册,第265页)。
② 叶子奇:《草木子》卷4下《杂俎篇下》,第82页。
③ 《元史》卷10《世祖纪七》。
④ 《元典章》卷3《圣政二》,第113页(《全元文》第3册,第268页)。
⑤ 《元典章》卷3《圣政二》,第97页(《全元文》第3册,第266页)。

应该看到，在忽必烈"爱民"观念主导下的各种举措，不仅对安定民心起了重要的作用，亦提升了"文治"的水平，并为大一统奠定了重要的经济基础和社会基础。

第三节　统一天下的政治要求

忽必烈在位前期的一个重要政治目标，就是结束元、宋对峙的分裂局面，实现中国的统一。为此，既要有军事上的准备，也要有思想和认识方面的重要铺垫。

一　理清"武统"与"文统"的关系

在统一过程中，即便是确定了统一天下的正当性理由，在方法上既可以是延续灭金朝的方法、完全依仗武力的"武统"，也可以是基于道义和"文治"的感召、使其自动降服的"文统"。在发动全面的对宋军事行动前，忽必烈已经就此作出了明确的选择。

（一）不可忽视的统一趋势

忽必烈即位之后，已经通过一系列的政治措施，使昔日的草原帝国转向了正统的农耕王朝，为中国的统一扫除了"正统观"带来的干扰。在理论层面，忽必烈信用的儒臣则对正统问题作出了新的解释，如许衡不仅明确提出了"天兴我元"的正统观，还特别强调了少数民族建立的国家只要效行汉法，就能成为正统的中国王朝；郝经则论述了"王统"与"道统"的关系，并明确提出了"能行中国之道，则为中国之主"的论点。也就是说，以元灭宋，是中国正统王朝的正常更替，已经成为忽必烈及其臣僚的基本共识。

郝经还以"合则俱安，离则俱危"强调了天下大一统的重要性，指出统一已经成为天下大势，需要顺势而为，实现中国的统一。郝经还明确指出，自古以来的王朝统一，都是以北取南，所以以元灭宋是符合历史发展规律的必然选择。

忽必烈当然认可郝经所说的统一大势，他派郝经出使南宋，除了为应对北方复杂局面而要与南宋暂时修好外，也希望郝经能够将统一的大势向南宋君臣说明，郝经也确实在给南宋皇帝、丞相的上书中陈述了天下即将统一的看法，当然这样的看法不会被南宋君臣重视。由于南宋扣留了郝经，忽必烈在解决了阿里不哥问题后，即于中统二年七月发出了即位后的第一个攻宋诏书。

> 朕即位之后，深以戢兵为念，故年前遣使于宋以通和好。宋人不务远图，伺我小隙，反启边衅，东剽西掠，曾无宁日。朕今春还宫，诸大臣皆以举兵南伐为请，朕重以两国生灵之故，犹待信使还归，庶有悛心，以成和议，留而不至者，今又半载矣。往来之礼遽绝，侵扰之暴不已。彼尝以衣冠礼乐之国自居，理当如是乎？曲直之分，灼然可见。今遣王道贞往谕。卿等当整尔士卒，砺尔戈矛，矫尔弓矢，约会诸将，秋高马肥，水陆分道而进，以为问罪之举。尚赖宗庙社稷之灵，其克有勋。卿等当宣布朕心，明谕将士，各当自勉，毋替朕命。①

忽必烈以"衣冠礼乐之国"的背信弃义为理由，发动对宋攻势，占据了道德制高点，但是这样的攻势只是试探性的，并且在后来的几年内都以围攻襄樊为重点，以期打开战略突破口，为大规模的渡江战役创造条件。

（二）"武统"与"文统"的结合

至元十年（1273）正月，南宋襄阳守将吕文焕降元，"时将相大臣皆以声罪南伐为请"，忽必烈于四月召姚枢、许衡、徒单公履等人集议，徒单公履明确表示："乘破竹之势，席卷三吴，此其时矣。"许衡则持反对意见，因为许衡和郝经都曾强调以义取天下，而不是专注于武力（详见本书第五章）。忽必烈认可的是徒单公履的说法，开始着手大规模攻宋战争的准备。次年正月，阿里海牙上言："荆襄自古用武之地，汉水上流已为我有，顺流长驱，宋必可平。"阿术也指出："臣略地江淮，备见宋兵弱于往昔，今不取之，时不能再。"忽必烈急召史天泽同议攻宋事宜，史天泽明确表示："此国大事，可命重臣一人如安童、伯颜，都督诸军，则四海混同，可计日而待矣。臣老矣，如副将者，犹足为之。"忽必烈则选定伯颜为攻宋的军事统帅。②

在确定"武统"的军事安排后，忽必烈还是接受了刘秉忠等人的

---

① 《元史》卷4《世祖纪一》（《全元文》第3册，第273—274页）。
② 《元史》卷8《世祖纪五》。

君主有"好生之德"的建议,特别强调在军事行动中禁止滥杀行为,并善于采用招降的方法,寓"文统"于"武统"之中。至元十一年六月发出的兴师征南的诏书,就充分体现了忽必烈的这种观念。

> 爰自太祖皇帝以来,与宋使介交通。宪宗之世,朕以藩职奉命南伐,彼贾似道复遣宋京诣我,请罢兵息民。朕即位之后,追忆是言,命郝经等奉书往聘,盖为生灵计也。而乃执之,以致师出连年,死伤相藉,系累相属,皆彼宋自祸其民也。襄阳既降之后,冀宋悔祸,或起令图,而乃执迷,罔有悛心,所以问罪之师,有不能已者。
>
> 今遣汝等,水陆并进,布告遐迩,使咸知之。无辜之民,初无预焉,将士毋得妄加杀掠。有去逆效顺,别立奇功者,验等第迁赏。其或固拒不从及逆敌者,俘勠何疑。①

伯颜等人向忽必烈辞行时,忽必烈还特别叮嘱伯颜:"曹彬不嗜杀人,一举而定江南。汝其今体朕心,古法彬事,毋使吾赤子横罹锋刃。"②对统帅的要求,即对全军的要求,确实显示了忽必烈"王师吊伐""不杀一人"的基本理念。

(三) 大军渡江后的止杀约束

至元十一年十二月,伯颜统军渡过长江,占领鄂州。忽必烈对于统一的进程仍有所担心,并召见姚枢表明自己的忧心所在。

> 自太祖戡定天下,列圣继之,岂固存之令久帝制南国耶?盖天命未绝。朕昔济江而家难作,天不终此,大惠而归。今伯颜虽济江,天能终此与否,犹未可知。是家三百年天下,天命未在吾家先在于彼,勿易视之。其有事宜,可书以进。

忽必烈担心的是天命归属问题,姚枢显然认为这已经是儒臣证明过的问题,无须多言,所以只是建议"严兵守鄂,无使荆阃断阳罗渡,先遣使责负岁币、留行人之罪"。这样的建议,实际上就是要为"王师

---

① 《元史》卷8《世祖纪五》(《全元文》第3册,第332—333页)。
② 《元朝名臣事略》卷2《伯颜事略》,第17页。

弔伐"强调正当的理由。

至元十二年，姚枢又就南征中的军事问题和经济、社会问题等提出了具体的建议。

> 由陛下降不杀虏之诏，伯颜济江，兵不逾时，西起蜀、川，东薄海隅，降城三十，户逾百万，自古平南，未有若此之神捷者。然自夏徂秋，一城不降，皆由军官不思国之大计，不体陛下之深仁，利财剽杀是致。降城四壁之外，县邑丘虚，旷土无民，国将安用？比闻扬州、焦山、淮安人殊死战，我虽克胜，所伤亦多。宋之不能为国审矣，而临安未肯轻下，好生恶死，人之常情，盖不敢也，惟惧吾招徕止杀之信不坚，诈其来耳。宜申遣公干官，专辅伯颜，宣布止杀之诏，有犯令者，必诛无赦。若此，则赏罚必立，恩信必行，圣虑不劳，军力不费。
>
> 老氏有曰：大兵之后，必有凶年，疾疫随之，军虽不试，而民止得其半。况今民去南亩，来岁之食将安所仰？帕手腰刀，必唱为乱，袒臂一呼，数十万众不难集也，壁山栅水，卒未易平。是一宋未亡，复生一宋。又南方官府，以情破法，鞭背文面，或盛竹络投诸江中。又盐铁酒酤榷自汉代，其后因之不废，今方新附，若复征之，人必离散。①

忽必烈接受了姚枢的建议，在至元十二年对江南地区采取了一系列重要的措施。

> 正月，选蒙古、畏吾（畏兀儿）、汉人十四人赴行中书省，为新附州郡民官。遣兵部尚书廉希贤、工部侍郎严忠范、秘书监丞柴紫芝奉国书使于宋。
>
> 二月，诏谕江、黄、鄂、岳、汉阳、安庆等处归附官吏士民军匠僧道人等，令农者就耒，商者就途，士庶缁黄，各安己业，如或镇守官吏妄有搔扰，诣行中书省陈告。以同签枢密院事倪德政赴鄂州省，治财赋。

---

① 《元朝名臣事略》卷8《姚枢事略》，第163—164页。

遣塔不带、斡鲁召鄂汉降臣张晏然等赴阙，仍谕之曰："朕省卿所奏云：'宋之权臣不践旧约，拘留使者，实非宋主之罪，傥蒙圣慈，止罪擅命之臣，不令赵氏乏祀者。'卿言良是。卿既不忘旧主，必能辅弼我家。比卿奏上，已遣伯颜按兵不进，仍遣兵部尚书廉希贤等持书往使，果能悔过来附，既往之怨，朕复何究？至于权臣贾似道，尚无罪之之心，况肯令赵氏乏祀乎？若其执迷罔悛，未然之事，朕将何言，天其鉴之。"

宋贾似道至扬州，始遣总管段佑送国信使郝经、刘人杰等来归。敕枢密院迎经等，由水路赴阙。

三月，国信使廉希贤等至建康，传旨令诸将各守营垒，毋得妄有侵掠。国信使廉希贤、严忠范等至宋广德军独松关，为宋人所杀。

五月，诏谕参知政事高达（南宋降将）曰："昔我国家出征，所获城邑，即委而去之，未尝置兵戍守，以此连年征伐不息。夫争国家者，取其土地人民而已，虽得其地而无民，其谁与居？今欲保守新附城壁，使百姓安业力农，蒙古人未之知也。尔熟知其事，宜加勉旃。湖南州郡皆汝旧部曲，未归附者何以招怀，生民何以安业，听汝为之。"召伯颜赴阙。

六月，遣两浙大都督范文虎（南宋降将）持诏往谕安丰、寿州、招信、五河等处镇戍官吏军民。诏遣使招谕宋四川制置赵定应："比者毕再兴、青阳梦炎赴阙，面陈蜀闾事宜，奏请缓师，令自纳款，姑从所请。今遣再兴宣布大信，若能顺时达变，可保富贵，毋为涂炭生灵，自贻后悔。"

八月，伯颜陛辞南行，奉诏谕宋君臣，相率来附，则赵氏族属可保无虞，宗庙悉许如故。

十一月，伯颜分军为三，趣临安；阿剌罕率步骑自建康、四安、广德以出独松岭；董文炳率舟师循海趣许浦、澉浦，以至浙江；伯颜、阿塔海由中道节度诸军，期并会于临安。①

忽必烈的这些措施，既起到了安定已经占领地区民心的作用，也加

---

① 《元史》卷8《世祖纪五》。

大了招降的力度，加之元军在丁家洲、焦山两次击败宋军主力，为完成统一进程提供了基本的保证。

二　再现大一统的局面

至元十三年正月，南宋皇帝投降，忽必烈实现了统一全国的愿望。但是宋臣陈宜中、张世杰等带益王和广王南逃，直到至元十六年正月才在广东崖山被元军消灭，所以该年应是全面统一的时间。

（一）对大一统的表述

至元十三年正月，南宋皇帝正式通过伯颜向忽必烈上降表，可引录降表全文于下。

> 大宋国主㬎，谨百拜奉表于大元仁明神武皇帝陛下：臣昨尝遣侍郎柳岳、正言洪雷震捧表驰诣阙庭，敬伸卑悃，伏计已彻圣听。臣眇焉幼冲，遭家多难，权奸似道，背盟误国，臣不及知，至勤兴师问罪，宗社阽危，生灵可念。臣与太皇日夕忧惧，非不欲迁辟以求两全，实以百万生民之命寄臣之身，今天命有归，臣将焉往？惟是世传之镇宝，不敢爱惜，谨奉太皇命戒，痛自贬损，削帝号，以两浙、福建、江东西、湖南北、二广、四川见在州郡，谨悉奉上圣朝，为宗社生灵祈哀请命。欲望圣慈垂哀，祖母太后耄及，卧病数载，臣茕茕在疚，情有足矜，不忍臣祖宗三百年宗社遽至殒绝，曲赐裁处，特与存全，大元皇帝再生之德，则赵氏子孙世世有赖，不敢弭忘。臣无任感天望圣，激切屏营之至。①

在这份降表中，明确表示了元军南下灭宋是天命所归，南宋君臣只能顺应天命，表示归附。伯颜在收到降表后，下令禁止军士入临安城，违者以军法从事，并派遣吕文焕持黄榜安谕临安军民，完成了受降的过程。

在伯颜上给忽必烈的贺表（由孟祺代拟）中，特别说明了大一统的意义，并强调统一之所以能够顺利完成，全在于忽必烈的睿算。

---

① 《元史》卷9《世祖纪六》。

臣伯颜等言：国家之业大一统，海岳必明主之归；帝王之兵出万全，蛮夷敢天威之抗。始干戈之爱及，迄文轨之会同。区宇一清，普天均庆。钦惟皇帝陛下道光五叶，统接千龄，梯航日出之邦，冠带月支之国，际丹崖而述职，奄瀚海以为家。独此宋邦，弗遵声教，谓江湖可以保逆命，舟楫可以敌王师。连兵负固，逾四十年；背德食言，难一二计。当圣主飞渡江南之日，遣行人乞为城下之盟。逮凯奏之言还，辄奸谋之复肆。拘囚我信使，忘乾坤再造之恩；招纳我叛臣，盗涟海二城之地。我是以有六载襄阳之讨，彼居然无一介行李之来。祸既出于自求，怒致闻于斯赫。臣肃将禁旅，恭行天诛，爰从江汉之上流，复出武昌之故渡。藩屏一空于江表，烽烟直接于钱塘。尚无度德量力之心，乃有杀使毁书之事。属庙谟之亲禀，谓根本之宜先。乃命阿剌罕取道于独松，董文炳进师于海渚。臣与阿术、阿答海等忝司中阃，直指伪都。犄角之势既成，水陆之师并进。常州一破，列郡传檄而悉平；临安为期，诸将连营而毕会。彼极穷蹙，迭出哀嚎，始则为称侄纳币之祈，次则有称藩奉玺之请。顾甘言何益于实事，率锐旅直抵其近郊，召来用事之大臣，放散思归之卫士。崛强心在，四郊之横草都无；飞走计穷，一片之降幡始竖。其宋国主率诸大臣，已于二月初六日望阙拜伏归附，讫所有仓廪府库封籍待命。外臣奉扬宽大，抚戢吏民，九衢之市肆不移，一代之繁华如故。兹惟睿算，卓冠前王。视万里为目前，运天下于掌上。致令臣等，获对明时。歌七德以告成，深切龙庭之想；上万年而为寿，更陈虎拜之词。①

忽必烈则在由王磐代为起草的平宋太庙祝文中，特别强调了大一统的政治意义。

践祚守文，虽奉已成之业；继志述事，敢忘未集之勋。眷靖康忘灭之余，擅吴会膏腴之壤，依凭江险，壅隔皇风。累兴问罪之师，犹守执迷之意。逮戈船飞渡，列戍土崩，始悟前非，方图改过。遂称臣而奉表，愿纳地以归朝。宋主㬎已于某日月来自阙下，

---

① 孟祺：《贺平宋表》，《元文类》卷16（《全元文》第11册，第700—701页）。

其江南郡县人民,已委官抚治了当。朔雪炎风,尽书轨混同之地;商孙夏裔,皆烝尝助祭之臣。顾冲眇以何功,实祖宗之余荫。尚祈昭监,永锡休嘉。①

祝文中的"朔雪炎风,尽书轨混同之地;商孙夏裔,皆烝尝助祭之臣",所表述的就是大一统的含义。在徐世隆、胡祗遹等人的贺表中,也对大一统有不同的表述。

圣人之兵仁而威,无远不服;天下之势离必合,有险即平。方期四海之会同,岂许一江之限隔。捷书屡至,庆颂交驰。钦惟皇帝陛下,至德体元,中华开统。美化既东西之被,兼爱岂南北之分。初遣文臣,播告方国,昭示包荒之量,绝无凌弱之心。弗图岛夷,辄拘使节,诱纳我叛将,盗据我历城。虽就鲸鲵之诛,尚遗蜂虿之毒。蠢尔三苗之弗率,命予群后之徂征。一鼓而定荆襄,再驾而降鄂岳。蕲黄面缚,江池心归。铁瓮之坚城已摧,金陵之王气何在。楚地六千里,不劳秦将之增兵;钱塘十万家,坐见吴王之纳土。伪将悉朝于阙下,幼君退窜于海中。方知恃险而亡,应悔求和之晚。兹虽天意,实出圣筹。历观往古混一之难,未有今日飞渡之易。臣某等叨居牧寄,喜听凯音。矧曾充载笔之臣,尤当述集勋之事。骏奔效命,正海内一家之时;虎拜扬休,上天子万年之寿。②

天命大一统,可能交质为郑周;帝业不偏安,岂以长江限南北。顾兹屏宋,得自伪周。失位中天,偷生炎海。以寝微而寝灭,尚自大以自尊。不畏天威,不归王政。少发雷霆以震怒,奚有蛮荒之蘖芽。悯念民生,不忍兵取。遣信使以温谕,赐诗书以优容。迷心累卵之危,恃险一舠之水。久留我命,毒我边氓,诱我叛亡,窃我疆土。事至于此,兵不能已。而命将出师,以顺讨逆。摧枯拉朽,破竹燎毛。小人浆食进于壶箪,君子玄黄实于筐篚。不下益州之斗舰,坐受石城之降幡。万世峻功,普天同庆。钦惟皇帝陛下,圣神文武,顺天应人,众皆曰可而行,兵不得已而用。越汤武之不

---

① 王磐:《江南平告太庙祝文》,《元文类》卷48(《全元文》第2册,第308页)。
② 徐世隆:《东昌路贺平宋表》,《元文类》卷16(《全元文》第2册,第386—387页)。

杀,跻尧舜之至仁。德高百代之前,恩渐四海之表。非平吴平陈可比,视格苗格越而益雄。尽地之维,迈古昔区域之广;际天所覆,无日星雨露之偏。圣祚无疆,上天永眷。有生万类,同我太平。臣某等叨列外台,贺达陛礼。鼓舞余乐,倍百恒情。①

徐世隆的贺表,强调的是大一统乃大势所趋,不可阻挡;胡祗遹的贺表,强调的是大一统乃天命所系,兴师南伐所代表的是以顺讨逆。尤为重要的是,这两篇贺表都指出了在统一进程中忽必烈所具有的兼爱或至仁之心,道出了在"武统"中蕴含"文统"的真谛。

(二) 安抚归附民众

至元十三年二月,忽必烈向临安新附府州司县官吏士民军卒等颁布了安民的诏书,全文如下。

> 间者,行中书省右丞相伯颜遣使来奏,宋母后、幼主暨诸大臣百官,已于正月十八日赍玺绶奉表降附。朕惟自古降王必有朝觐之礼,已遣使特往迎致。尔等各守职业,其勿妄生疑畏。凡归附前犯罪,悉从原免;公私逋欠,不得征理。应抗拒王师及逃亡啸聚者,并赦其罪。百官有司、诸王邸第、三学、寺、监、秘省、史馆及禁卫诸司,各宜安居。所在山林河泊,除巨木花果外,余物权免征税。秘书省图书,太常寺祭器、乐器、法服、乐工、卤簿、仪卫,宗正谱牒,天文地理图册,凡典故文字,并户口版籍,尽仰收拾。前代圣贤之后,高尚儒、医、僧、道、卜筮,通晓天文历数,并山林隐逸名士,仰所在官司,具以名闻。名山大川,寺观庙宇,并前代名人遗迹,不许拆毁。鳏寡孤独不能自存之人,量加赡给。②

至元十三年十二月,在确定江南所设官府后,忽必烈又向浙东西、江东西、淮东西、湖南北府州军县官吏军民颁布了以下诏旨。

> 昔以万户、千户渔夺其民,致令逃散,今悉以人民归之元籍州

---

① 胡祗遹:《东昌路贺平宋表》,《紫山大全集》(四库全书本)卷14(《全元文》第5册,第211—212页)。
② 《元史》卷9《世祖纪六》(《全元文》第3册,第345—346页)。

县。凡管军将校及宋官吏，有以势力夺民田庐产业者，俾各归其主，无主则以给附近人民之无生产者。其田租商税、茶盐酒醋、金银铁冶、竹货湖泊课程，从实办之。凡故宋繁冗科差、圣节上供、经总制钱等百有余件，悉除免之。①

忽必烈所下的诏旨，一方面是约束官吏，安定民心，保证江南地区社会的稳定；另一方面是给予江南地区居民经济上的优待，消除南宋统治的弊病，减轻百姓的经济负担。应该说，这些措施是有连带关系的，军队和官吏不扰民，不仅可以使现有的居民安定下来，还可以敦促流民还乡，保证江南地区户籍的稳定，使国家有充足的财赋来源；而减免赋税，尤其是革除南宋的苛捐杂税，更可以收到恢复经济发展和稳定人心的作用。由此，有人专门作出了以下评价："元一区宇，以宽民力为第一，凡前代无名之赋，一切蠲除，惟种田纳地税，买卖纳商税；鱼盐船货之征，随土所有。"② 应该说，"宽民力"恰是忽必烈的重要政治理念，只不过随着全国的统一，将具体措施由北方推向了南方。

（三）营造大一统的新气象

在南宋灭亡之后，忽必烈为营造统一王朝的新气象，展开了大规模的修历和测天活动。

修历的主张是刘秉忠提出来的，尽管刘秉忠已于至元十一年（1274）去世，忽必烈依然高度重视修历问题，因为通过修订历法，可以确定新王朝的正统地位。至元十三年六月，忽必烈命太子赞善王恂与江南日官置局更造新历，以枢密副使张易董其事。张易和王恂上奏："今之历家，徒知历术，罕明历理，宜得耆儒如许衡者商订。"忽必烈即下诏许衡返回京城参加修历。在许衡、王恂、郭守敬等人的共同努力下，在至元十七年冬至的时候修成了新历，忽必烈乃于当年的十一月二十六日下诏颁行新历，诏书出自李谦之手。

> 自古有国牧民之官，必以钦天授时为立治之本。黄帝、尧、舜以至三代，莫不皆然。为日官者，皆世守其业，随时考验，以与天合，故历法无数更之弊。及秦灭先圣之术，每置闰于岁终，古法盖

---

① 《元史》卷9《世祖纪六》。
② 《永乐大典》卷5343《潮州府志》引《三阳图志》。

殚废矣。由两汉而下，立积年日法，以为推步之准，因仍沿袭，以迄于今。夫天运流行不息，而欲以一定之法拘之，未有久而不差之理。差而必改，其势有不得不然者。今命太史院作灵台，制仪象，日测月验，以考其度数之真，积年日法皆所不取，庶几吻合天运，而永终不弊。乃者新历告成，赐名为《授时历》，自至元十八年正月一日颁行。布告遐迩，咸使闻之。①

为修定新历法，必须进行大规模的测验，但朝廷的测验仪器都过于老旧，无法用于测验，郭守敬乃在忽必烈的应允和支持下，制造了浑仪、仰仪和新的圭表等一批天文仪器。至元十六年二月，郭守敬向忽必烈建议，效仿唐朝一行的测天做法，在大一统的中国进行一次大规模的测天活动。忽必烈于三月采纳了郭守敬的建议，派十四名监侯官分道而出，在全国范围内建立了二十七所观测台站，进行天文观测。最北边的北海观景所，已经在北极圈附近；南边的琼州观景所，则在今海南岛上。假如没有大一统局面的出现，这样的远距离的统一步调的观天活动，显然是不可能的。而观天和修历的活动，所要体现的恰是统一后的盛世气象。②

王恽还特别提出了定德运的建议："盖闻自古有天下之君，莫不应天革命，推论五运，以明肇造之始。""今国家奄有区夏六十余载，而德运之事未尝议及，其于大一统之道，似为阙然。何则？盖关系国体，诚为重大。况际今文治煨兴，肆朝章制仪卫，若德运不先定，所王而车服旗帜之色，将何所尚矣。合无奏闻，令中书省与元老大臣及在廷儒者，推论讲究而详定之，然后诏告万方，俾承天立极之序，粲然明白。"③王恽的建议未被采纳，所以元朝并没有所谓的定德运之举。正如后来人所言："五德王天下之说，于运祚修短，本无所损益。"④

第四节　政治清明的君主规范

忽必烈尽管在潜邸时已经就帝王的行为征询过各方人士的看法，并

---

① 《元典章》卷1《诏令》，第11页（《全元文》第9册，第62—63页）。
② 史卫民：《大一统——元至元十三年纪事》，生活·读书·新知三联书店1994年版，第141—146页。
③ 王恽：《请论定德运状》，《秋涧先生大全文集》卷85。
④ 叶子奇：《草木子》卷2下《钩玄篇》，第33页。

且对儒家的修身、治国、平天下的政治理论颇感兴趣,但是在即位之后,并没有完全采纳儒家的"君德"理念,而是在继承蒙古传统政治理念的基础上,部分吸纳儒家论点,形成了一套实用型的君主规范。

一 对君主的自我要求

忽必烈所强调的君主自我约束,在总的政治原则方面是遵从祖训、祖制和顺应天命,并尽心推行新政,已见前述。此外,还有一些具体的要求,可分述于下。

(一) 优待亲族

忽必烈遵循成吉思汗和睦亲族的祖训,一方面对于敢于叛乱的蒙古诸王和臣僚等给予严厉的镇压和处置,另一方面对蒙古诸王和贵族等继续给予优待,不但保留了他们在中原的分地,还在平定江南后为他们增加了名为"江南户钞"的分地,但是要求这些分地都要服从朝廷的管束,不能使各投下自行其是。

为体现宗族共享富贵的观念,忽必烈沿袭了"岁赐"蒙古宗亲的做法,每年按照既定的额度,向蒙古宗亲颁发银、段等,使岁赐成为朝廷的一项重要开支。中统元年(1260)忽必烈即位,当年颁发的岁赐共计银1217锭,段3050匹,钞141锭,绢5098匹,绵5148斤。由于阿里不哥有自立为汗的举动,依附阿里不哥的人岁赐都被黜消,支持忽必烈的蒙古诸王则增加了岁赐额。中统二年到至元十年,岁赐都按照常例发放。至元十一年和至元十二年无岁赐的记载,不知是记载的脱落,还是因为有大规模的攻宋战争,费用不足而未行颁赐。至元十三年到至元十五年,又发放岁赐如旧例。[①] 忽必烈采用经济手段来笼络蒙古宗亲,会给朝廷的财政带来较大的压力,但是以一定的支出换取宗亲的稳定,其政治效益显然高于经济效益,在这一点上忽必烈确实有长远的谋算。

(二) 节俭治心

忽必烈认为节俭是君主的美德,所以不仅对自己的食用物品等有所节制,对皇后和太子也有节俭的要求。如皇后察必从太府监支取缯、帛,忽必烈即对她说:"此军国所需,非私家物,后何可得支?"察必

---

① 史卫民:《元岁赐考实》,《元史论丛》第3辑,第144—153页。

闻之改过,"自是率宫人亲执女工,拘诸旧弓弦练之,缉为䌷,以为衣,其韧密比绫绮"①。太子真金患病,忽必烈前去看望,看见床上铺的是织金卧褥,乃怒斥太子妃伯蓝也怯赤:"我尝以汝为贤,何乃若此耶?"伯蓝也怯赤乃跪答:"常时不曾敢用,今为太子病,恐有湿气,因用之。"随即让手下人撤去。②

节俭是为了更好地守国,在这方面皇后察必对忽必烈有重要的影响。南宋灭亡后,在朝廷大宴时察必面露忧色:忽必烈问道:"我今平江南,自此不用兵甲,众人皆喜,尔独不乐,何耶?"察必答道:"妾闻自古无千岁之国,毋使吾子孙及此,则幸矣。"忽必烈又将宋府库故物聚置殿庭上,召察必来看,并问她欲取何物,察必即明确表示:"宋人贮蓄以遗其子孙,子孙不能守,而归于我,我何忍取一物耶!"③察必就是想用这样的方法,来表明守天下不易的浅显道理。

忽必烈对自己和臣僚都有治心和修身的要求。太子真金曾与属下讨论做人的准则。撒里蛮表示:"太祖(成吉思汗)有训:欲治身,先治心;欲责人,先责己。"伯颜表示:"皇上(忽必烈)有训:欺罔盗窃,人之至恶。一为欺罔,则后虽出善言,人终弗信;一为盗窃,则事虽未觉,心常惴惴,若捕者将至。"札剌忽则说:"我祖有训:长者梢,深者底。盖言贵有终始,长必极其杪,深必究其底,不可中辍也。"真金最后指出:"皇上有训:毋持大心。大心一持,事即堕败。吾观孔子之语,即与圣训合也。"④也就是说,治心是忽必烈的明确要求,只不过是被真金增添了儒家学说的色彩。

(三) 倡导直言

忽必烈在潜邸时就颇为赞赏魏征的直言,即位后则决心开直言之风,于中统元年五月下了一道求直言的诏书,内容如下。

> 朕自即位以来,宵衣旰食,孜孜求治。然天下之大,万事之众,岂能遍知。自今凡政令之未便,人情之未达,朝廷得失,军民利害,有上书陈言者,皆得实封呈现。其在内者,呈省闻奏;其在

---

① 《元史》卷114《后妃传一》。
② 《元史》卷116《后妃传二》。
③ 《元史》卷114《后妃传一》。
④ 《元史》卷115《裕宗传》。

外者，赴各处宣抚司投进缴申，赴省闻奏。若言不可采，并无罪责；如其可用，朝廷优加迁赏，以旌忠直。①

对于忽必烈的求直言，有人作了进一步的解读："中统元年许诸人陈言，当时主意不为徒然，盖一则举知群下休戚之情，二则视时政得失之弊，三则见人材可用之实。"②为妥善处理来自各方的上言，中统元年十一月中书省特别将上书分为三等："如体用兼备、切中事机、文采可观者为上；虽乏文华、其指陈利害、有兴除之方为中；余皆为下。"③

求直言要有主动纳谏的举动，忽必烈在这方面确实曾有所作为，可以列举三个事例。

忽必烈以木华黎后人撒蛮作为侍卫，并对他说："男女异路，古制也，况掖庭乎。礼不可不肃，汝其司之。"撒蛮受命监督内廷礼仪，近臣孛罗违反礼仪，被撒蛮拘捕，忽必烈下令以无罪放人，撒蛮即指出："令自陛下出，陛下乃自违之，何以责臣下乎？"忽必烈承认撒蛮所言有理，同意对孛罗依例处罚。④

大都城建成后，四怯薛官奏割京城外近地牧马，忽必烈已经应允，皇后察必想制止此事，乃责问随侍忽必烈身边的刘秉忠："汝汉人聪明者，言则帝听，汝何为不谏？向初到定都时，若以地牧马则可，今军藤俱分业已定，夺之可乎？"忽必烈当然听懂了察必的意思，乃下令终止此事。⑤

唐兀人朵儿赤，少年时即精读《论语》《孟子》《尚书》等，被高智耀举荐给忽必烈。忽必烈对朵儿赤说："朕闻儒者多嘉言。"朵儿赤即回答："陛下圣明仁智，奄有四海，唯当亲君子，远小人尔。自古帝王未有不以小人而亡者，惟陛下察焉。"忽必烈为此特别表示："朕于廷臣输直忠言，未尝不悦而受之；违忤者，亦未尝加罪。盖欲养忠直，而退谀佞也。汝言甚合朕意。"⑥

为使臣僚对朝廷的重大事项能够有更多的参与，忽必烈不仅沿用了

---

① 《元典章》卷2《圣政一》，第47页（《全元文》第3册，第269页）。
② 王恽：《复许诸人陈言》，《秋涧先生大全文集》卷91。
③ 王恽：《中堂事记》上，《秋涧先生大全文集》卷80。
④ 《元史》卷119《木华黎传》。
⑤ 《元史》卷114《后妃传一》。
⑥ 《元史》卷134《朵儿赤传》。

潜邸时的咨询方法，重要的事务专门向老臣或大儒咨询，还建立了"集议"（合议）、"廷议"（面论、廷对、廷辩）等机制，由中央各主要机构的主官共同讨论和决定重大事项。① 应该看到，对于朝局而言，"集议"和"廷议"所发挥的作用，远比直言重要，所以忽必烈曾留下了"大猎而后见善射，集议而后知能言"的感慨。②

二 择相用人的忠奸之辨

忽必烈在择相和用人方面，抱的是谨慎的态度。对于宰相，忽必烈曾明确表示有三条重要的标准："夫宰相者，明天道，察地理，尽人事，兼此三者，乃为称职。"③ 在用人方面，忽必烈则坚持了君主选人的底线，如至元十六年九月南宋降将范文虎推荐可为守令者三十人，忽必烈则特别下诏："今后所荐，朕自择之。凡有官守不勤于职者，勿问汉人、回回皆论诛之，且没其家。"④ 人有正邪之分，臣僚则有义与利、忠与奸、君子与小人等区别，所以忽必烈在位前期，不可避免地爆发了择相用人的忠奸之争。

（一）王文统之争

王文统，字以道，益都人，先为李璮谋臣，与李璮结为儿女亲家，由刘秉忠推荐给忽必烈，忽必烈即位后立中书省，以总内外百司之政，首擢王文统为平章政事，委以更张庶务的重任。忽必烈北征阿里不哥时，凡民间差发、宣课盐铁等事，一委王文统裁处。

中统二年四月，忽必烈以钱谷大计问于王文统，王文统"敷对明敏，虑无遗策"。忽必烈又让王文统与前中书省官员廷辩中统元年民赋虚实，比上年多寡之数，诸人均语塞。五月初一，"达官巨僚毕集中省，遂检前省民赋，以上年比中元数多而所入者鲜，以中元比上年户同而所入者广，论辩者久之，前省官屈服，始无异议焉。诸相咸曰：先后之事明矣。遂具以闻"。忽必烈下旨："若辈无状，凡所以欺弊不应等事，悉索焉以闻。"由于天威雷震，"前省官始知惧待罪矣，中外闻者有万口一辞之快"。在经过几天的讯问之后，忽必烈对前省官有所

---

① 陈高华、史卫民：《中国政治制度通史》第8卷《元代》，第53—55页。
② 《元史》卷163《张雄飞传》。
③ 《元史》卷205《阿合马传》。
④ 《元史》卷10《世祖纪七》。

责罚。

忽必烈还专门召来宋子贞、刘肃、张德辉、杨果等人，讨论擢拔辅弼的人选。杨果等人表示："王文统材略规模，朝士罕见。其比然以骤加登，庸物论不无新旧之间。如史天泽累朝旧臣，勋硕昭著，若使宅百揆，大餍人望。令文统辈经画其间，省事成矣。"也就是说，忽必烈的潜邸人员并不否认王文统的才能，但是希望对其有所控制。忽必烈采纳了他们的意见，遂有不花、史天择任中书省右丞相的决定，但是他怕王文统有疑虑，特别对其下旨："卿春秋高，恐劳于奏请。今后可运筹省幄，若有大议须面陈者及朕有咨访入见，小事令人奏来，不必烦卿也。"①

中统二年六月，窦默与王鹗向忽必烈面陈王文统不宜在相位，理由是"此人学术不正，必祸天下"。忽必烈问道："若是，则谁可为者？"窦默推荐许衡，被忽必烈拒绝。

中统三年二月，李璮反叛，王文统因与李璮勾结，被忽必烈下令处死，《元史》特别记载了问罪王文统的经过。

> 李璮反，以涟、海三城献于宋。先是，其子彦简由京师逃归，璮遣人白之中书。及反书闻，人多言文统尝遣子荛与璮通音耗。
>
> 世祖（忽必烈）召文统问之曰："汝教璮为逆，积有岁年，举世皆知之。朕今问汝所策云何，其悉以对。"文统对曰："臣亦忘之，容臣悉书以上。"书毕，世祖命读之，其间有曰："蝼蚁之命，苟能存全，保为陛下取江南。"世祖曰："汝今日犹欲缓颊于朕耶？"
>
> 会璮遣人持文统三书自洺水至，以书示之，文统始错愕骇汗。书中有"期甲子"语，世祖曰："甲子之期云何？"文统对曰："李璮久蓄反心，以臣居中，不敢即发，臣欲告陛下缚璮久矣，第缘陛下加兵北方，犹未靖也。比至甲子，犹可数年，臣为是言，姑迟其反期耳。"世祖曰："无多言。朕拔汝布衣，授之政柄，遇汝不薄，何负而为此？"文统犹枝辞傍说，终不自言"臣罪当死"，乃命左右斥去，始出就缚。

---

① 王恽：《中堂事记》中，《秋涧先生大全文集》卷81。

> 犹召窦默、姚枢、王鹗、僧子聪及张柔等至,示以前书曰:"汝等谓文统当得何罪?"文臣皆言"人臣无将,将而必诛"。柔独疾声大言曰:"宜剐!"世祖又曰:"汝同辞言之。"诸臣皆曰:"当死。"世祖曰:"渠亦自服朕前矣。"

在处死王文统后,忽必烈特别下发诏书,对王文统的罪名做了说明。

> 人臣无将,垂千古之彝训;国制有定,怀二心者必诛。何期辅弼之僚,乃蓄奸邪之志。平章政事王文统,起由下列,擢置台司,倚付不为不深,待遇不为不厚,庶收成效,以底丕平。焉知李璮之同谋,潜使子荛之通耗。迩者获亲书之数幅,审其有反状者累年,宜加肆市之诛,以著滔天之恶。已于今月二十三日,将反臣王文统并其子荛,正典刑讫。于戏!负国恩而谋大逆,死有余辜;处相位而被极刑,时或未喻。咨尔有众,体予至怀。①

应该承认,王文统事件对忽必烈而言是一次重大的打击,自己信任的能臣居然参与反叛,使他对儒臣的看法有所改变。他先要追究是谁推荐了王文统,赵璧称是廉希宪和张易推荐的王文统,忽必烈乃向廉希宪求证,廉希宪特别作出了以下的回答。

> 向行跸驻鄂,贾似道以木栅环城,一夕而办。圣谕谓扈从诸臣曰:"吾安得如似道者用之?"秉忠、易进言:"山东一王文统,才智士也,今为李璮幕僚。"诏问臣,臣对:"亦闻之,其心固未识也。"②

忽必烈表示记起了当时的事情,所以并未追究刘秉忠、廉希宪等人的责任,但是迁怒于许衡(详见后第五章),亦对在他即位时起过重要作用的商挺有所怀疑。忽必烈曾在便殿召见商挺,问道:"卿在关中、怀孟,两著治效,而毁言日至,岂同寅有沮卿者耶?抑位高而

---

① 《元史》卷206《王文统传》。
② 《元朝名臣事略》卷7《廉希宪事略》,第132页。

志怠耶？比年论王文统者甚众，卿独无一言。"商挺回答道："臣素知文统之为人，尝与赵璧论之，想陛下犹能记也。臣在秦三年，多过，其或从权以应变者有之。若功成以归己，事败分咎于人，臣必不敢，请就劾。"忽必烈细数了商挺十七次重要献计后，才打消了对商挺的疑虑。①

（二）阿合马之争

与王文统之争相比，阿合马之争因事关义利问题，涉及的人更多，持续的时间也更长。尽管阿合马死于至元十九年，但是主要的争论都发生在忽必烈在位前期，所以放在本章叙述。②

阿合马是回回人，最早明确表示不与阿合马为伍的人应是王鹗，在阿合马请求王鹗推荐其任中书省相位之职时，遭到了王鹗的严词拒绝，因为王鹗已经认定阿合马不是正人君子。

阿合马最早的任职记录是中统二年五月，"有旨遣上都同知阿合马计点燕京万亿库诸色物货"。同月，"上都同知阿合马兼太仓使请立和籴所，以溢廪库"③。也就是说，阿合马一出道就显示出了不同于儒臣的营利精明。

中统三年，忽必烈命阿合马领中书左右部，兼诸路都转运使，专以财赋之任委之。阿合马提出有关财赋的事项专门向皇帝奏请、不经由中书省的要求，忽必烈命廷臣集议，张文谦指出："分制财用，古有是理，中书不预，无是理也。若中书弗问，天子将亲莅之乎？"忽必烈认可张文谦的建议，阿合马的图谋未能实现。④

中统四年五月，升开平府为上都，以阿合马同知开平府事，领左右部如故。至元元年八月，因阿合马手下内讧，廉希宪杖责阿合马，并将阿合马所领的中书左右部并入中书省，但是忽必烈特别提升阿合马为中书省平章政事，进阶荣禄大夫。阿合马进入中书省后，耻其位在廉希宪之下，每欲肆意而行，恰逢廉希宪行省山东，中书省签署文书时，阿合马要在廉希宪的位置上署押，吏员陈思济即明确指出"此非君相署位

---

① 《元史》卷159《商挺传》。
② 《元史》卷205《阿合马传》。本小节引文未注明出处者，均来自此传。反对阿合马众人的具体表现，详见本书第四章和第五章。
③ 王恽：《中堂事记》中，《秋涧先生大全文集》卷81。
④ 《元史》卷157《张文谦传》。

也",阿合马怒目视之,陈思济则神色自若,算是给阿合马一点应摆正位置的教训。① 阿合马在中书省"进用群下,官冗事烦",左司员外郎胡祗遹向他建议:"省官莫如省吏,省吏莫如省事。"由此触怒了阿合马,被贬到太原任职。② 在阿合马的专政下,"官以贿成",不往求见的官员,也不得不承受被降职的厄运。③

至元三年正月,立制国用使司,阿合马以平章政事兼制国用使。阿合马唆使胡商扑买天下钞本,被马亨所制止。由于阿合马利用制国用使司专以掊克为事,中书省左右司郎中崔斌多次向忽必烈直言其奸恶,并明确表示:"与其有聚敛之臣,宁有盗臣!"由此被阿合马所恨,准备伺机报复。④

至元五年,阿合马成功地将他所忌惮的廉希宪排挤出中书省,以丞相史天泽和中书省郎中贾居贞等去监修国史,全面掌控了中书省的权力。⑤ 但是新设立的御史台成了阻挠阿合马擅权的重大障碍,他先是要求御史台不得监督各地的财赋征收,在廉希宪等人的坚持下未能如愿;随即公开对抗御史台对他的监督,监察御史范方揭露其置总库于家,以收四方之利,号曰"和市",御史台官员陈思济、何荣祖也指出其各种不法之事,阿合马或是将这些人排挤出朝廷,或是对他们进行公开的打压甚至诬告。⑥

至元七年正月,罢制国用使司,立尚书省,以制国用使阿合马任平章尚书省事,同知制国用使司事张易同平章尚书省事,制国用使司副使张惠、签制国用使司事李尧咨、麦术丁并参知尚书省事。尚书省的设立,使朝廷内的冲突更为激烈,主要表现在五个方面。

一是在用人方面,设立尚书省时曾有明确规定,"凡铨选各官,吏部拟定资品,呈尚书省,由尚书咨中书闻奏"。阿合马为了擢用私人,选官时不由部拟,不咨中书,中书省丞相安童指出其不合规矩,吏部尚书马亨亦要求铨选之权归中书省,但阿合马强调:"事无大小,皆委之臣,所用之人,臣宜自择。"忽必烈赞同阿合马的说法,安童则不得

---

① 《元史》卷168《陈思济传》。
② 《元史》卷170《胡祗遹传》。
③ 《元史》卷151《奥敦世英传》。
④ 《元史》卷173《崔斌传》。
⑤ 《元史》卷153《贾居贞传》。
⑥ 《元史》卷168《何荣祖传》《陈思济传》。

做出让步,明确表示:"阿合马所用部官,左丞许衡以为多非其人,然已得旨咨请宣付,如不与,恐异日有辞。宜试其能否,久当自见。自今唯重刑及迁上路总管,始属之臣,余事并付阿合马,庶事体明白。"由于阿合马掌握了用人的实权,一些不愿意阿附他的人选择了辞职,如李昶等人都在此时辞官离去。

二是在奏事方面,阿合马完全撇开中书省,安童忍无可忍,乃对忽必烈说:"臣近言尚书省、枢密院、御史台,宜各循常制奏事,其大者从臣等议定奏闻,已有旨俞允。今尚书省一切以闻,似违前奏。"忽必烈答道:"汝所言是。岂阿合马以朕颇信用,敢如是耶!其不与卿议非是,宜如卿所言。"忽必烈没有明确表示要追究阿合马的违规之责,安童也就只能采取默认现实的态度。

三是在机构设置方面,忽必烈想将并立的中书、尚书二省合而为一,阿合马随即提出升中书省右丞相安童为太师、将中书省并入尚书省的建议。忽必烈召大臣廷议,陈祐等人以"中书政本,祖宗所立,不可罢;三公古官,今徒存其虚位,未须设"为理由,坚决反对,忽必烈乃打消了并中书于尚书的念头,但陈祐等人都因此受到了贬职的报复。[①]

四是在实政方面,阿合马建议拘民间铁,官铸农器,以高价配给农民;又要求创立行户部于东平、大名,以印造纸钞,张文谦明确指出均为害民之举,并使忽必烈终止了此类行为。[②]

五是在对阿合马的态度方面,尽管有不少人向忽必烈弹劾阿合马,但是阿合马"为人多智巧言,以功利成效自负,众咸称其能",忽必烈又急于富国,"试以行事,颇有成绩,又见其与丞相线真、史天泽等争辩,屡有以诎之,由是奇其才,授以政柄,言无不从,而不知其专愎益甚矣"。也就是说,忽必烈就是因为阿合马善于理财,才对他持信用和支持的态度,并且未意识到已经被阿合马所蒙蔽和欺骗。

至元九年正月,并尚书省入中书省,平章尚书省事阿合马、同平章尚书省事张易并中书平章政事,参知尚书省事张惠为中书左丞,参知尚书省事李尧咨、麦术丁并参知中书政事。至元十年,阿合马又以其子忽辛为大都路总管,兼大兴府尹。枢密院奏以忽辛同金枢密院事,许衡对

---

① 《元史》卷168《陈祐传》。
② 《元史》卷157《张文谦传》。

忽必烈说:"国家事权,兵民财三者而已。今其父典民与财,子又典兵,不可。"忽必烈问道:"卿虑其反邪?"许衡则指出:"彼虽不反,此反道也。"① 忽必烈当然知道其中的利害关系,所以明确对枢密院官员表态:"彼贾胡事犹不知,况可责以机务耶!"

至元十一年十一月,安童向忽必烈上奏:"阿合马、张惠,挟宰相权,为商贾以网罗天下大利,厚毒黎民,困无所诉。"又指出大都路总管以次多不称职,宜选人代之。阿合马则表示:"谁为此言?臣等当与廷辩。"在廷辩中安童等人列举了大量的事实,忽必烈乃下令追究,忽辛等人被免职,尽管不久又被任以他职,但阿合马毕竟遭受了一次严重的挫败。

至元十二年,在大规模的对南宋军事行动中,阿合马向忽必烈上言:"比因军兴之后,减免编民征税,又罢转运司官,令各路总管府兼领课程,以致国用不足。臣以为莫若验户数多寡,远以就近,立都转运司,量增旧额,选廉干官分理其事。应公私铁鼓铸,官为局卖,仍禁诸人毋私造铜器。如此,则民力不屈,而国用充矣。"阿合马的设立十一路转运司的建议被忽必烈批准,并以阿合马推荐的亦必烈金、札马剌丁、张焘、富珪、蔡德润、纥石烈亨、阿里和者、完颜迪、姜毅、阿老瓦丁、倒剌沙等为各路转运使。

至元十三年,伯颜在南宋皇帝投降后返回都城,阿合马向其索要南宋宫廷宝物未果,乃诬告伯颜曾杀丁家洲降卒,并欲以伯颜下属焦德裕作伪证,许之以中书省参政之职,被焦德裕拒绝,此事乃不了了之。②

至元十五年正月,阿合马再向御史台公开发难,向忽必烈上奏:"自今御史台非白省,毋擅召仓库吏,亦毋究索钱谷数。及集议中书不至者,罪之。"四月,中书省左丞崔斌则向忽必烈上奏:"先以江南官冗,委任非人,遂命阿里等澄汰之。今已显有征验,蔽不以闻,是为罔上。杭州地大,委寄非轻,阿合马溺于私爱,乃以不肖子抹速忽充达鲁花赤,佩虎符,此岂量才授任之道?"崔斌还指出:"阿合马先自陈乞免其子弟之任,乃今身为平章,而子若侄或为行省参政,或为礼部尚书、将作院达鲁花赤、领会同馆,一门悉处要津,自背前言,有亏公道。"在相威等人授命验证了崔斌所言事实后,忽必烈虽然下旨罢黜了

---

① 《元史》卷158《许衡传》。
② 《元史》卷153《焦德裕传》。

一些人的官职，但是并未追究阿合马的责任，还明确表示："回回人中，阿合马才任宰相。"阿合马随即诬告阿里伯、崔斌盗官粮四十万，忽必烈命刑部尚书李子忠和刘正前往复核，被阿合马所阻挡，并派人将二人论罪处死，皇太子真金想派人施救，已经来不及，刘正为此愤然辞职，以示抗议。①

至元十六年，任佥江南浙西道提刑按察司事的高源弹劾常州路达鲁花赤马恕，指其有夺民田等各种不法事，马恕贿赂阿合马后，反告高源不法四十事，高源被逮捕，但不久即被释放，原因是高源的邻居多为阿合马亲戚，特别对阿合马说："源，孝子也，非但我知之，天必知之。况媒蘖之罪非实，若妄杀源，悖天不祥。"阿合马乃放过了高源。② 安西王相府的官员赵炳原为忽必烈潜邸时的臣僚，此时也主动与阿合马拉关系，声称陕西课程岁办一万九千锭，若用心措办，可得四万锭，忽必烈乃以赵炳主陕西赋税。后来京兆等路岁办课增至五万四千锭，阿合马等人犹以为未实，还要继续增加，被忽必烈所制止。

至元十七年六月，中书省上奏："阿塔海、阿里言，今立宣课提举司，官吏至五百余员。左丞陈岩、范文虎等言其扰民，且侵盗官钱。乞罢之。"阿合马也上奏："昨有旨籍江南粮数，屡移文取索，不以实上。遂与枢密院、御史台及廷臣诸老集议，谓设立运司，官多俸重，宜诸路立提举司，都省、行省各委一人任其事。今行省未尝委人，即请罢之，乃归咎臣等。然臣所委人，有至者仅两月，计其侵用凡千一百锭，以彼所管四年较之，又当几何？今立提举司，未及三月而罢，岂非恐彼奸弊呈露，故先自言以绝迹耶？宜令御史台遣能臣同往，凡有非法，具以实闻。"世祖即指示："阿合马所言是，其令台中选人以往。若已能自白，方可责人。"忽必烈的宿卫秦长卿则上书称："臣愚戆，能识阿合马，其为政擅生杀人，人畏惮之，固莫敢言，然怨毒亦已甚矣。观其禁绝异议，杜塞忠言，其情似秦赵高；私蓄逾公家赀，觊觎非望，其事似汉董卓。《春秋》人臣无将，请及其未发，诛之为便。"阿合马使人诬告秦长卿贪污，将秦长卿逮捕后唆使狱吏将其杀死。③

至元十九年三月，忽必烈前往上都，皇太子真金随从。益都千户王

---

① 《元史》卷173《崔斌传》，卷176《刘正传》。
② 《元史》卷170《高源传》。
③ 《元史》卷168《秦长卿传》。

著与高和尚等人假称真金返回大都,召阿合马来见,用大铜锤将阿合马击死;留守大都的枢密副使张易未察觉其中有诈,还令指挥使颜义领兵为假太子护卫。忽必烈闻讯震怒,派人前往大都逮捕王著、高和尚、张易等人,并问随行上都的翰林待制王思廉:"张易反,若知之乎?"王思廉回答:"未详也。"忽必烈怒道:"反已反已,何未详也?"王思廉则说:"僭号改元谓之反,亡入他国谓之叛,群聚山林贼害民物谓之乱,张易之事,臣实不能详也。"忽必烈又问道:"朕自即位以来,如李璮之不臣,岂以我若汉高帝、赵太祖,遽陟帝位者乎?"王思廉明确表示:"陛下神圣天纵,前代之君不足比也。"忽必烈叹道:"朕往者有问于窦默,其应如响,盖心口不相违,故不思而得,朕今有问汝,能然乎?且张易所为,张仲谦(张文谦)知之否?"王思廉回答:"仲谦不知。"忽必烈再问:"何以明之?"王思廉答道:"二人不相安,臣故知其不知也。"① 王思廉以张易与张文谦素来不合的说法,打消了忽必烈对张文谦的怀疑。

忽必烈在下令处死王著、高和尚、张易后,御史台官员全面揭露了阿合马所犯各种罪行,忽必烈终于承认阿合马为奸臣,不仅将忽辛等人处死,还罢黜了阿合马选用的大批官吏,并于至元十九年十一月正式下诏,以阿合马罪恶颁告中外。集贤侍读学士崔彧对忽必烈说:"阿合马当国时,同列皆知其恶,无一人孰何之者;及既诛,乃各自以为洁,诚欺罔之大者。先有旨,凡阿合马所用之人皆革去,臣以为守门卒隶亦不可留。"忽必烈则表示:"已敕中书,凡阿合马所用,皆罢之,穷治党与,纤悉无遗。"② 在籍没阿合马家时,其奴张散札儿等罪当死,缪言阿合马家赀隐寄者多,如尽得之,可资国用,于是大开钩考捕系,连及无辜,京师骚动,时任参议中书省事的不忽木则上言:"是奴为阿合马心腹爪牙,死有余罪。为此言者,盖欲苟延岁月,徼幸不死尔。岂可复受其诳,嫁祸善良耶?急诛此徒,则怨谤自息。"忽必烈采纳不忽木的意见,停止了扩大化的追索。③

从中统三年到至元十九年,忽必烈信用阿合马二十余年,朝廷中的"守正"臣僚亦与阿合马斗争了二十余年,忽必烈显然不是被阿合马所

---

① 《元史》卷160《王思廉传》。
② 《元史》卷173《崔彧传》。
③ 《元史》卷130《不忽木传》。

蒙蔽，而是在其思想认识方面，对善于经营财赋的人更为重视，以为在自己的威权之下，这样的人会对国家更有用处，即便是小人、奸臣，也难以干出太出格的事情。忽必烈的过于自信和对阿合马的过于依赖，造成了阿合马肆无忌惮的擅权行为。对于这一点，忽必烈实际上并未认真的反省，所以又有了后来的对理财之臣卢世荣、桑哥的重用，详见后第三编。

三 重实学的政治倾向

如果说在潜邸时忽必烈基本秉持的是"尊儒"和"信儒"的态度，在即位之后他则转向了更注重实学，不仅对"腐儒误国"有足够的警惕，也对只以文学取士的科举表明了自己的反对态度。

（一）对文士作用的质疑

南宋灭亡之后，忽必烈在召见南宋降将时问他们宋朝为何灭亡以及诸将为何这么容易投降，这些降将答道："宋有强臣贾似道擅国柄，每优礼文士，而独轻武官。臣等久积不平，心离体解，所以望风而送款也。"董文忠当时在场，乃代忽必烈表示："似道薄汝，而君则爵以贵汝，禄以富汝，未尝汝薄也。而以有憾而相，移怨而君，不战而坐视亡国，如臣节何！似道薄汝，岂亦逆知汝曹不足恃为一旦用乎！"① 忽必烈和董文忠并不是要刻意羞辱降将，并对这些降将弃而不用，而是要证实南宋重文轻武所带来的弊病。

南宋灭亡之后，"官制草创，权臣阿合马纳赂鬻爵，江南官僚冗滥为甚，郡守而下佩金符者多至三四人，由行省官举荐超授宣慰使甚众，民不堪命"。至元十五年六月，淮西宣慰使昂吉儿回朝觐见忽必烈，指出江南官吏太冗，应该加以淘汰，忽必烈乃派人对姚枢等人说："江南官吏太冗，此卿辈所知，而皆未尝言，昂吉儿乃为朕言之。"忽必烈随即正式下诏中书省、枢密院、御史台："翰林院及诸南儒今为宰相、宣慰，及各路达鲁花赤佩虎符者，俱多谬滥，其议所以减汰之者。凡小大政事，顺民之心所欲者行之，所不欲者罢之。"② 忽必烈之所以责备姚枢等人，实际上是要为文士无用提供一个重要的佐证，因为连这么重大的问题都发现不了，确实是养着没用。但是忽必烈有意忽视了一个重要

---

① 《元史》卷9《世祖纪六》；《元朝名臣事略》卷14《董文忠事略》，第288页。
② 《元史》卷10《世祖纪七》，卷132《昂吉儿传》。

的事实，就是文士早已经揭露了阿合马滥用官爵的恶行，并未引起忽必烈的重视。所以客观地说，不是文士无用，而是君主不信文士，应该责备的是君主自己。

（二）科举之辩体现的实学观念

忽必烈在即位初期即与许衡和郝经讨论过科举问题，由于许、郝二人都对科举提出了质疑的论点，忽必烈自己也明确表示了"科举虚诞，朕所不取"的态度（详见本书第五章）。所以在至元五年陈祐和王恽等人正式提出实行科举的要求时，忽必烈未作出任何答复（详见本书第四章、第七章）。

至元十三年四月，忽必烈召姚枢、王磐、徒单公履人至上都，徒单公履希望恢复科举取士的做法，"知帝于释氏重教而轻禅，乃言儒亦有之，科举类教，道学类禅"。忽必烈大怒，召姚枢、许衡、窦默、杨恭懿等人就科举与选人问题等进行廷辨。

许衡的看法如下。

> 当尽改前失，使天下之官有定员，岁取之人有定数。其科举荐举考课之法，具见前史，可考而知之也。①

杨恭懿则提出了以下看法。

> 三代以德行六艺，宾兴贤能。汉举孝廉，兼策经术。魏、晋尚文辞，而经术犹未之遗。隋炀始专赋诗，唐因之，使自投牒，贡举之法遂熄，虽有明经，止于记诵。宋神宗始试经义，亦令典矣，哲宗复赋诗，辽、金循习。
>
> 将救斯弊，惟如明诏尝曰："士不治经学孔、孟之道，日为赋诗空文。"斯言足立万世治安之本。今欲取士，宜敕有司，举有行检通经史之士，使无投牒自贱，试以五经四书大小义、史论、时务策。夫既从事实学，则士风还淳，民俗趋厚，国家得识治之才矣。②

---

① 许衡：《汰冗官疏》，《鲁斋遗书》卷7（《全元文》第2册，第440—441页）。
② 《元朝名臣事略》卷13《杨恭懿事略》，第266—267页。

董文忠正好进入廷辩现场,忽必烈即对他说:"汝日诵四书,亦道学者。"董文忠则明确表达了一下意见。

> 陛下每言:"士不治经究心孔、孟之道,而为赋诗,何关修身,何益治国!"由是海内之士,稍知从事实学。臣今所诵,皆孔、孟言,乌知所谓道学哉。而俗儒守亡国余习,求售已能,欲锢其说,恐非陛下上建皇极,下修人纪之赖也。①

从廷辩的情况看,对于徒单公履恢复科举的建议,许衡只是强调可以考究一下,杨恭懿建议以考官之法取代科举,董文忠则明确将科举斥为南宋的"亡国余习",忽必烈最为赞赏的是董文忠的看法。

忽必烈之所以发怒,不只是因为徒单公履倡议恢复科举,还提到了道学(理学)问题,希望忽必烈能有弘扬道学的明确态度。杨恭懿和董文忠都强调了忽必烈倡导实学的明确态度,尤其是董文忠明确否定道学,表明他已经深谙忽必烈排斥道学的心理,只不过是碍于理学大师姚枢、许衡的面子,不便明说,正好就驳斥徒单公履的机会,代忽必烈说出了这一层意思。

科举之辩的结果,就是忽必烈再次明确表示不行科举,其根本的原因就是忽必烈秉持的是讲究实学的政治观念,并且不希望崇尚虚文的科举带坏了儒士的风气。

综观1280年以前忽必烈的政治观念,可以看出他注重的是在中国传统治道学说的基础上,打造出符合一代开明君主的基本政治观念,并以此来实现国家转型和大一统的政治目标。由此带来的重大思想变化,就是草原帝国统治思想与中国传统农耕王朝统治思想由冲突走向协和,由相撞走向融汇。应该承认,尽管在用人观方面有明显的瑕疵,但总的说来,忽必烈在这一时期所表现的是以"更化"为代表的进取精神,对这一点应给予充分的肯定。

---

① 《元朝名臣事略》卷14《董文忠事略》,第288页。

第四章　蒙、汉臣僚的新政观念

忽必烈"附会汉法"政治观念的形成与发展，以及大规模的实施"新政"，与当时一些重要的蒙古、色目、汉人臣僚的推动和帮助有密切关系。本章主要叙述忽必烈在位前期文臣、武将的政治观点，同一时期理学家等的政治观念，见本书第五章。

第一节　刘秉忠的治国观念

刘秉忠（1216—1274年），本名侃，字仲晦，号藏春散人，邢州（今属河北）人，先学儒，后为僧，法名子聪，随海云和尚往见忽必烈，被忽必烈留为谋臣，忽必烈即位后以太保参领中书省事，著有《藏春集》等。

一　尊主庇民的政治观念

1250年，刘秉忠向忽必烈上"万言策"，主旨就是"尊主庇民"[1]，简要内容载于《元史》中，[2] 集中反映了刘秉忠的政治观念。

（一）追求文治的治国理念

刘秉忠在"万言策"中向忽必烈说明的治国理念，包含了五方面的重要论点。

一是既要注重武功，也要注重"文治"。刘秉忠充分肯定了成吉思汗的武功，指出"天生成吉思皇帝，起一旅，降诸国，不数年而取天下，勤劳忧苦，遗大宝于子孙"；但是他也明确提出"以马上取天下，

---

[1] 张文谦：《刘秉忠行状》，《全元文》第22册，第283页。
[2] 《元史》卷157《刘秉忠传》。本节涉及《万言策》的引文，均来自此传。

不可以马上治天下"的观点，希望忽必烈关注"天下不治"的问题。刘秉忠所说的"文治"，就是要"立朝省以统百官，分有司以御众事，以至京府州郡亲民之职无不备，纪纲正于上，法度行于下，是故天下不劳而治也"。这样的"文治"，实际就是要恢复中国传统农耕王朝的正常统治秩序。

二是既要注重尊主，也要有好生之德。由于忽必烈还不是君主，不能全面实现治理天下的抱负，刘秉忠一方面向忽必烈强调"尊主"的重要性，即注重自己的皇弟身份，诚心辅佐蒙哥汗，并特别以周公辅佐武王为例，希望忽必烈"思周公之故事而行之"；另一方面，还要主动显示"好生之德"，以争取民心，所以刘秉忠建议忽必烈"以天地以好生之德，佛氏以慈悲济物为心"，用仁爱之心待天下，并且在进攻大理、南宋时，刘秉忠都曾提醒忽必烈注重"好生之德"。

三是要注重治乱与君主的关系。刘秉忠指出："典章、礼乐、法度、三纲五常之教，备于尧、舜，三王因之，五霸败之。汉兴以来，至于五代，一千三百余年，由此道者，汉文、景、光武，唐太宗、玄宗五君，而玄宗不无疵也。然治乱之道，系乎天而由乎人。"也就是说，必须有贤明的君主，才可能出现"天下大治"的局面。

四是君主兼听则明。刘秉忠指出："君子不以言废人，不以人废言，大开言路，所以成天下、安兆民也。天地之大，日月之明，而或有所蔽。且蔽天之明者，云雾也；蔽人之明者，私欲佞说也。常人有之，蔽一心也；人君有之，蔽天下也。常选左右谏臣，使讽谕于未形，忖画于至密也。"也就是说，要成为一个贤明的君主，需要做到广纳群言，以防止被人所蒙蔽。

五是君主当敬天礼儒。刘秉忠强调"孔子为百王师，立万世法"，应恢复其庙堂和礼仪等，"实太平之基，王道之本"。儒士也可以承担"告天"的功能，刘秉忠特别指出："今天下广远，虽成吉思皇帝威福之致，亦天地神明阴所祐也。宜访名儒，循旧礼，尊祭上下神祇，和天地之气，顺时序之行，使神享民依，德极于幽明，天下赖一人之庆。"刘秉忠了解蒙古人"敬天"和对宗教的"告天延寿"要求，所以才用这种附会的方法说明儒教对治国的重要性。

刘秉忠的治国理念尽管较为简练，但是容易被忽必烈所接受，并且在其中已经包含了文治、贤明君主、好德、礼儒和兼听则明等儒家的重要政治观点，为以后忽必烈的尊儒和用儒打下了重要的思想基础。

(二) 倡导爱民的策略观念

刘秉忠指出："天子以天下为家，兆民为子，国不足取于民，民不足取于国，相须如鱼水。"为体现这样的庇民关系，刘秉忠特别强调了革除弊政的五方面建议。

一是减赋税。刘秉忠强调赋税过重已经带来严重的危害："天下户过百万，自忽都那演断事之后，差徭甚大，加以军事调发，使臣烦扰，官吏乞取，民不能当，是以逃窜。"针对这样的现象，要"禁横取，减税法，以利百姓"，具体措施就是将差税减半或减三分之一，按当前的民户数定差税，招逃者复业，并且实行关市津梁正税十五分取一的旧制。

二是宽刑罚。为改变刑罚过滥的局面，刘秉忠一方面要求以教令约束百姓："天下之民未闻教化，见在囚人宜从赦免，明施教令，使之知畏，则犯者自少也。教令既设，则不宜繁，因大朝旧例，增益民间所宜设者十数条足矣。教令既施，罪不至死者皆提察然后决，犯死刑者复奏然后听断，不致刑及无辜。"另一方面，则是明确要求禁止私狱和废除苛刑："笞棰之制，宜会古酌今，均为一法，使无敢过越。禁私置牢狱，淫民无辜，鞭背之刑宜禁治，以彰爱生之德。"由于当时既没有统一的朝廷法律，刑罚又由各地的主政者自由处置，所以刘秉忠特别强调了明施教令的重要性。

三是劝农桑。农桑是在中原地区立国的根本所在，所以刘秉忠特别指出："今地广民微，赋敛繁重，民不聊生，何力耕耨以厚产业？宜差劝农官一员，率天下百姓务农桑，营产业，实国之大益。"向生长于游牧社会的当政者阐释重农理念，实际上所要宣扬的就是农耕地区对于建立国家的有效统治极为重要，不能掉以轻心。

四是止奢华。刘秉忠认为："珍贝金银之所出，淘沙炼石，实不易为，一旦以缠丝缕，饰皮革，涂木石，妆器仗，取一时之华丽，废为尘而无济，甚可惜也，宜从禁治，除帝胄功臣大官以下章服有制外，无职之人不得僭越"。尽管是乱世，也要防止奢华之风蔓延，所以刘秉忠才有此建议。

五是解民难。为了解除百姓的苦难，既要采用优恤的方法，"鳏寡孤独废疾者，宜设孤老院，给衣粮以为养"；也要禁止扰民的做法，尤其是以站赤扰民，强调"当驿路州城，饮食祗待偏重，宜计所费以准差发"和"使臣到州郡，宜设馆，不得于官衙民家安下"；还要有一定的善政措施，如在"有国家者，置府库，设仓廪，亦为助民。民有身者，营产业，辟田野，亦为资国用也"的基本认识下，实行近仓纳粮和确定损耗标准的做法："纳粮就远仓，有一废十者，宜从近仓以输为便。""仓库加耗甚重，宜令权量度均为一法，使锱铢圭撮尺寸皆平，以存信去诈。"这些措施看上去过于琐细，但是如果真正实施，就能起到减轻民间痛苦的重要作用。

以上体现爱民观念的重要建议，尽管在当时很难得到真正的实施，但是系统地提出来，确实有助于未来的当政者认真地思考庇民与害民的问题。

（三）养用结合的人才观念

刘秉忠在"万言策"中表述的人才观念，主要包括四方面的内容。

第一个方面的内容是用人。刘秉忠认为"明君用人，如大匠用材，随其巨细长短，以施规矩绳墨"，"尽其才而用之，成功之道也"。"古者明王不宝远物，所宝惟贤，如使贤者在位，能者在职，此皆一人之睿智，贤王之辅成"。刘秉忠还特别强调，君主既要重视任用将相，也要重视县宰等的选用："君子所任，在内莫大乎相，相以领百官，化万民；在外莫大乎将，将以统三军，安四域。内外相济，国之急务，必先之也。然天下之大，非一人之可及；万事之细，非一心之可察。当选择开国功臣子孙，分为京府州郡监守，督责旧官，以遵王法；仍差按察官守，治者升，否者黜，天下不劳力而定也。""天下莫大于朝省，亲民莫近于县宰。虽朝省有法，县宰宜择，县宰正，民自安矣。"也就是说，用人的标准既要注重才，也要注重德（正），这恰是儒家的基本用人理念。

第二个方面的内容是养人。刘秉忠强调的养人主要是养儒士："国家广大如天，万中取一，以养天下名士宿儒之无营运产业者，使不致贫穷。或有营运产业者，会前圣旨，种养应输差税，期于大小杂泛并行蠲免，使自给养，实国家养才励人之大也。"以养儒士的方法为国家储备人才，确实是在乱世中具有前瞻性的重要建议。

第三个方面的内容是教人。刘秉忠指出："古者庠序学校未尝废，今郡县虽有学，并非官置。宜从旧制，修建三学，设教授，开选择才，以经义为上，词赋论策次之，兼科举之设，已奉合罕皇帝（窝阔台）圣旨，因而言之，易行也。开设学校，宜择开国功臣子孙受教，选达才任用之。"按照这样的教人要求，不仅要恢复中原作成人才的教育体系，还要将蒙古人纳入儒学教育的体系，并且相比之下，后者可能更为重要，因为在蒙古人和色目人中培养出喜儒之人，对未来的文治能发挥更大的作用。

第四个方面的内容是管人。刘秉忠一方面强调应该以俸养官，"官无定次，清洁者无以迁，污滥者无以降。可比附古例，定百官爵禄仪仗，使家足身贵"；另一方面强调"威福者君之权，奉命者臣之职"，不仅对官员"有犯于民"的要设条定罪，还要去除官员自行其是的弊病，"今百官自行威福，进退生杀惟意之从，宜从禁治"。也就是说，恢复历代王朝的文官系统，对改变草原帝国的统治方式应能起到关键性的作用。

（四）轻利重义的经济观念

刘秉忠坚持儒家"轻利重义"的理念，指出"今言利者众，非图以利国害民，实欲残民而自利也"；"古者治世均民产业，自废井田为阡陌，后世因之不能复。今穷乏者益损，富盛者增加。宜禁行利之人勿恃官势，居官在位者勿侵民利，商贾与民和好交易，不生擅夺欺罔之害，真国家之利也"。也就是说，不与民争利不仅是重要的经济原则，实质上也是重要的政治原则。

刘秉忠提醒忽必烈注意回回商人以"扑买"课税的方法赢利，不仅列举了窝阔台汗时耶律楚材与奥都剌合蛮"义利之争"的例子，还明确要求"宜将国中人民必用场冶，付各路课税所，以定权办，其余言利者并行罢去"和"宜从旧例办权，更或减轻，罢繁碎，止科征，无从献利之徒削民害国"。

针对曾盛行一时的"羊羔利"，刘秉忠也明确指出："今宜打算官民所欠债负，若实为应当差发所借，宜依合罕皇帝圣旨，一本一利，官司归还。凡赔偿无名，虚契所负，及还过元本者，并行赦免。"

刘秉忠还提出应注意君子与小人的分别。"君子之心，一于理义，怀于忠良；小人之心，一利于欲，怀于谄佞。君子得位，有容于小人；小人得势，必排于君子。明君在上，不可不辨也。"

应该看到，刘秉忠的"尊主庇民"理念，其影响不止是对忽必烈的

"行汉法"试验有重要的启迪作用,也对忽必烈即位后"附会汉法"有重要的推动作用,因为毕竟在思想上已经为文治确定了一些基本的准则。

二 以制度立国的政治作为

忽必烈即位之后,要求刘秉忠"凡天下之大经,养民之良法",议拟以奏,刘秉忠"上采祖宗旧典,参以古制之宜于今者,条例以闻",主要涉及的是"效行汉法"需要采行的各种制度。①

(一)立省部,荐人才

刘秉忠在蒙哥即位时已经建议设立管理朝政的中央机构,强调"今新君即位之后,可立朝省,以为政本。其余百官,不在员多,惟在得人焉耳",但是这一举措在当时的条件下并未受到重视。

忽必烈即位后即采纳刘秉忠的建议,于中统元年(1260)四月建立了中书省,并建立了宣抚司等管理地方政务的机构,"内而藩邸旧臣,外而草茅遗逸,皆得进用。故官无旷员,时无滞才。于是除烦苛、定官制、颁俸秩、轻徭薄赋、制礼作乐,声明文物,粲然一新,号称盛时焉"②。至元六年(1269),忽必烈又命刘秉忠、许衡等人核定了内外官制。③

在确定国家使用的钱币问题上,刘秉忠也发挥了重要作用,他向忽必烈建言:"钱用于阳,楮用于阴。华夏阳明之区,沙漠幽阴之域。今陛下龙兴朔漠,君临中夏,宜用楮币,俾子孙世守之。若用钱,四海且将不靖。"忽必烈采纳了刘秉忠的建议,发行纸币,并成为一代之制。④

为促成忽必烈的"效行汉法",刘秉忠还向忽必烈推荐了一大批"治才",包括王文统、贾居贞、李德辉、马亨、程思廉、王恂、尚文、王倚、田忠良等人。⑤

(二)建两都,定国号

1256年,忽必烈命刘秉忠"卜地于桓州东、滦水北",修建开平

---

① 张文谦:《刘秉忠行状》,《全元文》第22册,第283页。
② 徒单公履:《刘秉忠墓志》,《藏春诗集》卷6,北京图书馆古籍珍本丛刊本。
③ 《元史》卷158《许衡传》。
④ 陶宗仪:《钱币》,《南村辍耕录》卷2,第26页。
⑤ 《元史》卷126《廉希宪传》,卷153《贾居贞传》,卷163《李德辉传》《马亨传》《程思廉传》,卷164《王恂传》,卷170《尚文传》,卷176《王倚传》,卷203《田忠良传》。

城。① 忽必烈即位后，向刘秉忠询问上都（开平）和燕京（大都）哪个应为正都，刘秉忠回答道："上都国祚短，民风淳；大都国祚长，风俗淫。"忽必烈则确定以燕京为正都。② 上都和大都的设计，都出自刘秉忠之手。在民间曾有忽必烈向龙借地建上都城的传说："相传刘太保（刘秉忠）迁都时，因地有龙池，不能干涸，乃奏世祖（忽必烈）当借地于龙，帝从之。是夜三更雷震，龙已飞上矣，明日以土筑成基。"③ 大都城不像其他都城一样有八个或者十二个城门，而是设计成了十一个城门，传说也是刘秉忠附会哪吒三头六臂两足的神话，以南面三门象征三头，东西六门象征六臂，北面两门象征两足。④

至元八年（1271）十一月，忽必烈取《易经》"乾元"之义，建国号为"大元"；此前取至哉坤元之义，将"中统年号"改为"至元"年号，都是采纳了刘秉忠的建议，⑤ 所以当时人已将"建国号、定都邑"的建言功劳都算在了刘秉忠身上。⑥

（三）制朝仪，修历法

至元六年（1269）正月，刘秉忠、孛罗奉命选择赵秉温、史杠"访前代知礼仪者肄习朝仪"。刘秉忠指出二人太少，忽必烈同意增至十人。刘秉忠等"稽诸古典，参以时宜，沿情定制"，确定了朝仪。刘秉忠认为"无乐以相须，则礼不备"，又请准搜访教坊乐工等。次年二月，忽必烈观看了新朝仪的表演。至元八年八月的"圣诞节"（忽必烈生日）时，"初立内外仗及云和署乐位"，"用朝仪自此始"。十一月，刘秉忠等人建议"元正、朝会、圣节、诏赦及百官宣敕，具公服迎拜行礼"，亦得到忽必烈的同意。⑦

在"万言策"中，刘秉忠已经指出："见行辽历，日月交食颇差，闻司天台改成新历，未见施行，宜因新君即位，颁历改元。"这一建议在蒙哥即位后未被采纳。忽必烈即位后，刘秉忠仍以《大明历》在辽、

---

① 《元史》卷4《世祖纪一》。
② 叶子奇：《草木子》卷3下，第63页。
③ 孔齐：《至正直记》卷1《上都避暑》，粤雅堂丛书本。
④ 陈高华、史卫民：《元代大都上都研究》，中国人民大学出版社2010年版，第42页。
⑤ 《元史》卷7《世祖纪四》。
⑥ 叶子奇：《草木子》卷3下，第63页；张文谦：《刘秉忠行状》，《全元文》第22册，第283页。
⑦ 《元史》卷7《世祖纪四》，卷67《礼乐志一·制朝仪始末》。

金承用了二百余年，应该加以修正，但是这一工作未能在其逝世前完成。①

刘秉忠设置的各种制度，使其治国主张变成了展现新政治观念的各种政治行为，为元朝的统治奠定了重要的基础。从这一意义上讲，刘秉忠在忽必烈即位前后，已经实现了由治道理论的阐释者向治道践行者的重要转换，并对新政治气象的出现起了重要的推动作用。

三 以易学为基础的行道学说

刘秉忠虽然是忽必烈的重要谋臣，但是淡泊功名，只以学问为重，所以在易学方面颇有造诣。

（一）以易事君

刘秉忠自称"平生专究伏羲易"②，"人常与易不相离，着意求言转见疑。动静既萌爻象具，此情明得是蓍龟"③。他之所以深得忽必烈信任，就是因为能够占卜吉凶，所以刘秉忠去世后，忽必烈对他的评价是："朕惟秉忠始终逾三十年，随行跋涉，虽祁寒暑雨未尝有倦意，而又言无隐蔽，一皆出于忠诚。其天文卜筮之精，朕未尝求于他人也。此朕之所自知，人皆不得与闻。"④

尽管忽必烈颇信任刘秉忠，并且多次要求他还俗，但是刘秉忠对功名利禄看得极为淡薄，在他的诗作中多有表露。

首先，刘秉忠认为即便为国家效力，并得到君主的信任，也不必看重功名，因为功名毕竟限制了人的自由。

> 雨霁轻烟锁翠岚，五更残月照征骖。王戈定指何方去，天意仍教我辈参。霸气堂堂在西北，长庚朗朗照东南。江山如旧年年换，谁把功名入笑谈。⑤

> 鞍马生平四远游，又经绝域入蛮陬。荒寒风土人皆怆，险恶关山鸟亦愁。天地春秋几苍鹰，江湖今古一扁舟。功名到底花稍露，

---

① 《元史》卷164《郭守敬传》。
② 刘秉忠：《临仓颉书》，《藏春诗集》卷3。
③ 刘秉忠：《读易》，《藏春诗集》卷4。
④ 张文谦：《刘秉忠行状》，《全元文》第22册，第284页。
⑤ 刘秉忠：《岭北道中》，《藏春诗集》卷1。

何事区区不自由。①

其次，刘秉忠强调人不能被功名、利禄、富贵等所累，因为这些毕竟都是过眼烟云，不值得留恋。

> 今古无穷岁月流，山林鼎篆自悠悠。意还本分是为足，事不自然难免忧。夺得凤池终犯手，构成蜗舍且抽头。南窗尽日消闲在，细听莘公说四休。
> 画戟朱门将相家，山间一室息纷哗。素餐得饱那思食，薄酒消愁宛胜茶。就里静为真受用，到头闲是好生涯。此身久置功名外，万户封侯任彼夸。
> 半世劳生天地间，千金易得一安难。庭前松菊成闲趣，轩外云山得卧看。光满此宵逢好月，香来何处有幽兰。横琴消尽尘中虑，一曲秋风对月弹。②
> 得失纷纷不必穷，一鸣一息古今同。韩侯假印元无命，李广新封未有功。世事百年魂梦里，人生几日笑谈中。朝三暮四相狙戏，识破从前赋芧翁。
> 熏天富贵等浮云，流水年光梦里身。但着眼观皆外物，不开口笑是痴人。歌台买酒闲消日，醉帽簪花老弄春。燕燕莺莺莫相戏，渠应未识此心真。③
> 南高峰，北高峰，惨淡烟霞洞。宋高宗，一场空。吴山依旧酒旗飘，两度江南梦。④

再次，刘秉忠看重和憧憬的是抛去功名的怡然自得的读书生涯，并以此来追求和享受自然。

> 两字功名千万峰，红尘遮断海西东。碧梧直干终栖凤，绿竹虚

---

① 刘秉忠：《西蕃道中》，《藏春诗集》卷1。
② 刘秉忠：《蜗舍闲适三首》，《藏春诗集》卷1。
③ 刘秉忠：《守常二首》，《藏春诗集》卷1。
④ 刘秉忠：《南吕·乾荷叶》，隋树森编《全元散曲》上，中华书局1986年版，第12—13页。

心尽化龙。明处细会推物理，昧时都错怨天公。年来颇得闲中乐，世路区区梦也慵。①

画饼功名抵死图，何如闲散得看书。衣冠三带凋零后，经传一秦灰烬余。梧叶打窗秋院静，松梢转月夜窗虚。又开黄卷青灯下，坐进人间驷马车。②

尘容俗状走风埃，钟鼎山林事两乖。千古兴亡归恍惚，一身行止懒编排。无才济世当缄口，有酒盈樽且放怀。何日还山寻旧隐，瘦筇偏称著芒鞋。③

名利场中散诞仙，只将吟乐度流年。酒逢知己心方醉，诗到收功意更圆。碧水悠悠入东海，白云曳曳上青天。但能直往无凝滞，不自然时也自然。④

（二）以儒、佛解"道"

刘秉忠对"道"的理解，带有浓厚的儒、佛融合特征。一方面，他特别强调了道无所不在，影响着人们的一切善行："夫天地之道，其妙而不可测者谓之神，显而不可欺者谓之明。一言一行之善，则天道神明鉴临在上者，昭著而不可掩，其影响之应，间不容发。"另一方面，刘秉忠明确指出，要达到至善的道，关键在于人的作为。

天之予我以至善之理，而或悖之，是安于暴弃者也。具人之形而尽人之性，用之而稍加展拓，使私欲无所障碍，而天理得以流行，则五常万善，无所不至焉。是故人之为德莫大于孝，孝之为孝莫切于爱亲。爱至矣，则礼无不恭。礼恭矣，则诚无不尽。诚既尽矣，则大孝之名达乎四海，通于神明，感于天地。

以是而思，则本然之才，初无限量，极大卜善无不可为者。其善不善之分，独在于为不为耳。⑤

---

① 刘秉忠：《闲中》，《藏春诗集》卷1。
② 刘秉忠：《读书》，《藏春诗集》卷1。
③ 刘秉忠：《醉中作》，《藏春诗集》卷1。
④ 刘秉忠：《自然》，《藏春诗集》卷1。
⑤ 刘秉忠：《常氏孝感碑》，《全元文》第3册，第461—462页。

刘秉忠还特别强调，只有了却尘心，才能"合道"，即所谓"世事省来都合道，尘心消去不须禅"①。他还在诗中写道："一理未明常暧昧，七情能节自冲和"；"此心只合长无事，莫为人间荣辱惊"②。也就是说，道作为至善之理，以佛法修心的方式也可以获得，关键在于要有心去追求，即所谓的有为才能达到至善的境界。

刘秉忠受海云的影响很深，所以较多追求的是佛家的"仁恕"观念。他在诗中道出的对仁、义等的看法，明显带有佛家的色彩。

  干戈无由息战争，读书空有未忘情。萧然独坐穹庐里，安得人心自太平。
  人间万事不能周，自省无亏岂有忧。闻道春风和气里，大家都好展眉头。
  残星落尽东方明，夜气消沈万事生。谁信道人心似水，无时无节不澄清。
  敬防暴慢礼防身，横逆来加莫要嗔。万物分明备于我，倪能克己自归仁。
  河横斗转三更夜，秋月亭亭影未斜。一段光明如许大，等闲休遣乱云遮。
  百年身世寄蘧庐，万事无心自破除。一炷古香清霭里，静来重展案头书。
  善无不显恶难藏，天网恢恢有弛张。牙齿落残舌尚在，谁知柔弱胜刚强。
  元精不逐物虚盈，天地谁能践此形。万物凋枯岁寒后，庭前松柏只青青。
  周流元气不尝停，昼夜相推有晦明。一屈一伸天地理，银蟾西没日东生。③
  大中为体用时中，酌古宜今道可通。临事若私先有碍，立心非正后无功。在天何问但存义，进我无疑当效忠。有所不行须自反，争如桃李待春风。

---

① 刘秉忠：《小斋》，《藏春诗集》卷1。
② 刘秉忠：《闲况四首》，《藏春诗集》卷1。
③ 刘秉忠：《感兴九首》，《藏春诗集》卷4。

心差利害一毫间，谁肯寻思扩四端。人事要于多里炼，物情宜向静中观。止时休恨窠巢窄，行处须开路径宽。天道好还冬对夏，为仁由己意非难。

君子随时出处同，庙堂筹划驭英雄。文经武纬通今古，玉振金声贯始终。葛亮冈头千垄月，严陵波上一丝风。自从两汉分三国，青史书谁第一功。①

触热从军数载还，高家书记到何官。道存圣贤行藏里，人在乾坤动静间。为善不图垂报施，济时宁畏涉艰难。惟君胸次明如镜，照我区区两鬓斑。②

尽管刘秉忠留下的政论文字较少，还是显示出他不仅发挥了海云的"尊主庇民"观念，还使其变成了恢复中国历代农耕王朝礼仪等制度的实际行为。元朝作为一个新的王朝，其统治思想和政治制度都需要有人来奠基，刘秉忠显然就是重要的奠基人之一。需要注意的是，统治思想的奠基并不是儒家的专利，刘秉忠就是以带有浓厚佛学色彩的"泛儒家"政治学说和政治作为，对思想奠基产生了不可忽视的作用。如前所述，耶律楚材在蒙古国时期曾有过为新朝统治思想奠基的努力，但是以失败而告终，刘秉忠则成为思想奠基的成功者，其原因就在于"势到功成"。窝阔台在位时，草原帝国的国家转型问题只是初露端倪，耶律楚材的政治观点当然不会被重视；忽必烈即位后国家转型已是大势所趋，自然会高度重视能够推动国家转型的政治学说。不同的"势"造就不同的结果，耶律楚材和刘秉忠恰是提供了两个重要的例证，使人们可以深刻体会到"势"对政治思想的重要约束作用。

第二节　其他汉人臣僚的理政观念

与刘秉忠同期在朝廷任职的一些汉人臣僚，也显示出了一些具有代表性的政治观点和理政观念，可分述于下。

---

① 刘秉忠：《寄冯世昌三首》，《藏春诗集》卷2。
② 刘秉忠：《途中寄张平章仲一》，《藏春诗集》卷2。

一 耶律铸、史天泽的宰政观念

耶律铸和史天泽都曾任中书省丞相之职,对忽必烈在位前期的新政有一定的影响。

(一) 耶律铸的德政观

耶律铸(1221—1285年),契丹人,耶律楚材之子,字成仲,号双溪,晚年自号四痴子。贵由在位时,曾采历代德政合于时宜者八十一章以进。忽必烈即位后,耶律铸从阿里不哥处脱身,投附忽必烈,中统二年被任命为中书省左丞相,至元五年被罢相,至元十九年复任中书省左丞相,次年又被罢免,著有《双溪醉饮集》等。①

耶律铸在中书省任职时,曾被时人视为贤相,如王恽后来所言:"窃见前中书省左丞相耶律铸、中书左丞张文谦、前安西王府王相商挺、秘书监焦仲益,皆系朝廷勋德,天下重望。方今之务,亲贤为急,比之求访疏远,如四相者识达政体,综练时宜,若使之参预大政,必能裨补阙漏,有所广益。"② 耶律铸自己也念念不忘在中书省任职的一段经历,并留下了以下的诗句。

> 忆昔东征去国门,黯然为别更消魂。若图白首妻孥计,是负皇家父子恩。中统始开新甲子,至元重整旧乾坤,九州四海升平望,要竭丹诚翊至尊。③

耶律铸虽然多年赋闲,但是他始终关注国家的政事。如对于忽必烈发动的攻宋战争,耶律铸撰写了《凯歌凯乐词九首》,赞颂了天下统一的重要业绩。

> 南征捷:食言自是是诬天,游鼎鱼疑戏洞渊。争信有从天北极,目无江表已多年。
> 拔武昌:设奇包敌纵蒙冲,绝似飘风卷断蓬。填得大江流不得,先声已不见江东。

---

① 《元史》卷146《耶律铸传》。
② 王恽:《举耶律张商焦四相事状》,《秋涧先生大全文集》卷91。
③ 耶律铸:《读甲子改元诏因叙怀留别诸相》,《双溪醉饮集》卷3,四库全书本。

战芜湖：舳舻千里蔽江湖，擒挑楼船为骚除。先直前锋三十万，一通严皷尽为鱼。

下江东：举国全兵失要冲，可无一策抗元戎。细推余百年来事，合册江神拜上公。

定三吴：奋威骁骑下三吴，神将飞驰一丈乌。视彼众虽百千万，黍民游动跨玄驹。

克临安：拟歌陌上行人去，犹自传歌陌上花。花解语时应也问，即今春色媚谁家。

江南平：横野万艘金翅舰，总戎一册玉钤篇。长江岂限天南北，万劫坤灵戴一天。

制胜乐辞：辉耀威灵结阵锋，信争敌忾献殊功。全师保胜清时策，元在天声震荡中。

圣统乐辞：幸值圣明临御日，更逢文轨混同时。声熏天地神功颂，润色光天统业辞。①

耶律铸更关注的是治道学说，并从四个方面阐释了他对德政的基本看法。

首先，要注重历史上苛政带来的惨痛教训。耶律铸在游历燕京时，特别前往金朝完颜亮所造的琼林园遗址踏看，并对原来规模宏大的工程给予了以下评价。

> 崭崭焉，煌煌焉，信彼都会之胜概也。景落天外，晃银海也；声华旷代，何光大也。穷奇极泰，吁可骇也。使鬼为之，则劳神矣。使人为之，亦苦人矣。缔嗟构怨，踮籍秦矣。绝天流毒，足失民矣。虽智足拒谏，辩足饰非，万姓仇汝，汝将畴依？惟狂罔念，人心惟危。章华就而荆人解散，阿房起而秦众乖离。是以圣哲克勤克俭，无偏无颇；唯居其实，不居其华；以百姓为心，以四海为家；岂纵无厌之欲，匮有生之用，佐燕安鸩毒之雄夸者哉。沈而筹略，溺而机智。劣功优过，绝仁弃义，敢推贯日月之诚，而阴蕴滔天之势。饰卓莽之狙诈，与操懿之狐媚。辟而忠鲠，匿而私阿。法严而峻，

---

① 耶律铸：《凯歌凯乐词九首》，《双溪醉饮集》卷2。

令烦而苛。厌饱人以道德，恶醉时以醇和。煽虐焰于毒燎，布禁网以诬罗。敛怨为德，实维伊何。沧海横流，黔黎垫波。游童牧竖，彼且奚知，而递赓迭和五噫之歌，曰神彼帝京之宏丽兮。噫，壮九重而造天兮。噫，极鬼工之淫业兮。噫，殚九有之膏腴兮。噫，猛苛政如怒虎兮。噫，敢暴殄天物，窃玩神器。计同大帝之锡金，策犹缪公之时醉。廉政纯庞，甄时隆替，审九域之安危，实一人之所系。移风易化，舛纯驳粹，恬于剥乱，逸于乖螯。振颠沛之策，御怨咨之气，犹指天之有日，宁恤志士之流议也耶。拟策投而断江，将凭怒而倾地。炫雄断以英略，愈亦为之儿戏。饕无上之大名，规尊势之厚利。务隆振乎皇纲，忍纷扰乎人纪。好还者，必然之天道；代谢者，自然之物理。大定之更，维扬之变，讵不出乎不意。嗟乎，夸者殉权，贪者殉利，同归殊途，万古一致。奈何创巨不恤，神羞天恚，陆梁不顾，鬼责物累。务奋迅龙飞，振矜虎视，纵其骄蹇，逞其惑志，忘检身之格言，失子受之奥旨，致狼狈于刚愎，速枭獍以横恣。积非成虐，积是为治，世殊事变，人道不思。忽明君之御民，若乘奔而无辔；忘天下之归仁，由一日之克己。为释余之所有，庸轻彼之所以，独夫之号，庶人之贬，不为过矣。①

耶律铸指出琼林园的修建，充分体现了完颜亮的倒行逆施，并成为其倒台的重要原因。而苛政猛于虎的教训，就在于提醒人们要时刻注重仁政和善政，做到"积是为治"，而不是"积非成虐"。

其次，要以儒家经典作为德政的重要基础。耶律铸特别强调了《诗》《书》对治理天下所具有的重要意义。

> 《诗》《书》乃经国之大业，教化之成式。宜乎贤哲，心醉经籍，得教育天下之英逸，藻鉴世间之得失，了万事于一顾，照千载如一日，于以定礼乐，于以正人伦，上以忠于人主，下以化于齐民。②

再次，行德政要注重方法。耶律铸以种花的技巧比喻治国技巧，指

---

① 耶律铸：《琼林园赋》，《双溪醉饮集》卷1（《全元文》第4册，第13—16页）。
② 耶律铸：《独醉园三台赋》，《双溪醉饮集》卷1（《全元文》第4册，第22页）。

出其中的奥秘就在于用心。

> 客有访醉隐于天香亭者，不觉愕然而叹曰："向之芜秽，曷其治也。睹乎殊制，甲天下可也。"醉隐曰："向之乖戾，使然也；重其花者，非其业也。耘植非时，灌插无度。卖知自是，忌能怀妒。苟一矫众，枉不涉丛胝。阿谤横议，杂然应和。明其几务，执以不可。谓出于彼，非出于我。或仅有所采，微有所挫。争引其功，相推其过。思求其治，焉可致也。余承其弊，特任其责。推心于物，旁搜远索。索彼得失，洞研核。从其可从，革其可革。绌诸荒惑，探诸幽赜。举诸明算，运诸成策。辨乎根蘖，定乎名色。甄其瑰奇，廉其瑕谪。貤以殿最，品以资格。煦以阳和，沃以膏泽。穷精极智，驰神运思。孜孜夙夜，不落吾事。粗有是治，无足齿也。然天下之事，曷尝有异于是邪。九土一台也，六合一园也，百花一王，万物一君。为国之道，在布此花之政也。经国之要，实理此花之任也。"绪言未既，客茫然进曰："旨哉言乎！旨哉言乎！愿以所闻书诸信史，刻诸金石，以寿其传，终古不忒。"①

也就是说，治理天下，不仅要排除乱作为和嫉贤妒能等弊病，还要认真钻研治道原理，认清利弊得失，依时而动，有行有革，并一定要有孜孜不倦的坚持精神和以天下为己任的责任心。

最后，行德政必须要崇君子、远小人。耶律铸注重"终期皇化而緜六合，殊思文德以经国"②，虽然将自己比作长醉不醒的"醉圣"，但是亦要符合道的要求，时刻注意君子与小人的区隔。

> 铭曰："临之以武略，济之以文经，圣人醇其政而天下和平。"既勒而铭，鸥夷颓然，道者盱衡。
> 感圣泽之渥沐，表天乐之光荣。泽畔之行吟，自非同调；方外之酒徒，素非同心。翕二道之至趣，特引圣为证明。苟贤愚是混，而神心莫澄。岂知可崇君子之德，而当浇小人之情哉。犹颂而德，圣道以明。任圣之和，激圣之清。耽道物之极，研天地之精。当不

---

① 耶律铸：《天香台赋》，《双溪醉饮集》卷1（《全元文》第4册，第6—7页）。
② 耶律铸：《永歌赋》，《双溪醉饮集》卷1（《全元文》第4册，第35页）。

滞于万物，何醉醒之足婴。恃醒负醉，适足骄矜。以醒为德，以醉为荣。漫与醒而非醉，妄比醉而非醒。薄幽人之独醉，短高人之独醒。延誉自是之醉，推忠自许之醒。此之谓炫名之醉，彼之谓徇名之醒。醉其醉之所不醉，醒其醒之所不醒。醉其醉之醉者不知醉之为醉，醒其醒之醒者不以醒之为醒。醒曷足以讥醉，醉曷足以嗤醒。醒不足以知醉，醉亦不足以知醒。孰知蝶裸之与蜈蛉，心醉其利，骨醉其名，利尽而心折，徇名而骨惊。岂二豪之足慕，笑独醒其何成。独醉道者，兀兀腾腾，幸得全于天然，养其拙以颐情。①

客曰："仆闻贤哲以道德兼人，未闻以酣适为务。"醉隐于是怀樽抱爵，延圣引贤，以为酒赞。

计吉凶之起造，实就人之善恶。无功华胥，伯伦天幕。纯潜粹隐，天民先觉。近君子之醲懿，远小人之屑薄。荣优容于神圣，审去就乎清浊。朝耽暮嗜，古人糟粕。冀变浇俗，返真抱悫。庶宣圣贤之至化，罔堕文武之斯道。永期美禄于天公，颐养天下之衰老。②

酒德有颂，醉乡有记。酣畅自赞，四痴独醉。或设武备，或修文德。足启贤路，足跻圣阃。③

耶律铸所要表达的，恰是他这个似醉实醒之人对德政的追求。他确实继承了耶律楚材愿为明主行德政的风格，但是有所不同的是，他虽然遇到了明主，但并没有被长期重用，原因就在于他曾为蒙哥效力，忽必烈对他并不信任。耶律铸既然曾经站错过队，就不能不为此付出代价，这恰是政治的残酷所在，即便是有思想的人也难免被人所弃的悲剧，耶律铸就是典型的一例。

（二）史天泽的宽政观

史天泽（1202—1275年），字润甫，大兴永清（今属河北）人，以武将著称，忽必烈即位后授以中书省丞相之职，受命辅伯颜攻宋，因

---

① 耶律铸：《独醉亭赋》，《双溪醉饮集》卷1（《全元文》第4册，第26—27页）。
② 耶律铸：《酒赞》，《双溪醉饮集》卷6（《全元文》第4册，第40页）。
③ 耶律铸：《独醉道者自赞》，《双溪醉饮集》卷6（《全元文》第4册，第41页）。

病返回京城，不久去世。①

蒙金战争爆发后，史天泽的父亲史秉直率众降于蒙古军，并以史天泽兄史天倪为万户，成为中原的重要汉人世侯。史天倪死后，史天泽继领其军。史天泽作为重要的武将，在四十岁时"始折节读书，酷嗜《资治通鉴》，真积力久，义精理贯，至成败是非，往往立论出人意表"。喜读书就有了好儒士的作为，史天泽曾问被俘的金朝卫士蒲察辅之："金朝才干之人，汝识者谁？"蒲察辅之提到了李正臣，史天泽则从俘虏中救出李正臣，并任其为参谋。史天泽好儒的名声很快传开，元好问等名士都先后投靠史天泽，不仅受到史天泽的善待，还使史天泽能够有机会与名士"讲究经史，推明治道"。

尤为重要的是，忽必烈在潜邸时，即因史天泽所掌军队的所在地真定是拖雷家族的分地，将史天泽视为可以信任的重臣，并委之以治理河南的重任，已见前述。忽必烈即位后，下诏给仍在外地统军的史天泽，问以治国安民之术，史天泽则上疏提出了以下建议。

> 朝廷当先立省部以正纪纲，设监司以督诸路，霈恩泽以安反侧，退贪残以任贤能，颁俸秩以养廉，禁贿赂以防奸，庶能上下丕应，内外休息。

史天泽的这些建议，与刘秉忠、许衡等人的建议如出一辙，应该是受了这些儒士的影响。

忽必烈任命史天泽为中书省右丞相后，史天泽一方面积极推动各种善政措施，"细大之务，知无不为，然言必虑其所终，行必稽其所蔽，不强时之不能，不禁民之必犯，体时顺势，通变制宜。于是清中书以正纪纲，分六部以综名实，设抚司以肃州郡，退贪残以简贤能，霈恩泽以安反侧，颁禄秩以养廉节，禁贿赂以绝幸门"。另一方面，史天泽为中书省创立了良好的议政风气，时人对此有以下记录。

> 自中统建元以来，中书省官少即五六员，多至七八员，列坐一堂，凡政事议行之际，所见异同，互相轩轾，待其国相可否之，然

---

① 《元朝名臣事略》卷7《史天泽事略》，第114—124页。本小节引文未注明出处者，均来自此事略。

后为定。公（史天泽）于其间，审其无害，则行之不疑，若有失当，心平气和，委曲论列，期合理而已，不以诡随为得计，不以循默为知体。故在中书十余年，或奉行上意，或更张事宜，弥缝扶持，天下阴受其赐者，不可胜计。

史天泽所奉行的，显然是不独揽中书大权的"宽政"做法。有人建议史天泽以威权自张，史天泽则援引了唐朝的例子予以驳斥。

唐周墀为相，问于韦澳曰："力小任重，何以能济？"澳曰："愿相公无权。"墀愕然不知所谓，澳曰："刑赏爵禄，与天下共之，何权之有。"

在史天泽看来，中书省重在"竭忠徇国，尊主庇民"，而不是弄权之地。忽必烈赞赏史天泽的行事风格，所以在其不再任丞相之职后，授之以平章军国重事的荣爵，并特别派丞相安童对史天泽说："中书省、尚书省、御史台，或一月或一旬，遇有大事，卿可商量，小事不必烦卿也。"

史天泽在武功和文治方面都有突出的表现，并以此得到了君主的信任。而其"宽政"的风格，尤其是忠心事主和不以威权示人的谨慎态度，确实是他能够在朝廷内部纷争中立于不败之地的重要原因。后人曾记下一段忽必烈与史天泽之间的趣事，亦体现了史天泽的行事风格，可转引于下。

中书丞相史忠武王（史天泽），髭髯已白。一朝，忽尽黑。世皇（忽必烈）见之，惊问曰："史拔都，汝之髯何乃更黑邪？"对曰："臣用药染之故也。"上曰："染之欲何如？"曰："臣览镜见髭髯白，窃伤年且暮，尽忠于陛下之日短矣。因染之使玄，而报效之心不异畴昔耳！"上大喜。人皆以王捷于奏对，推此一事，则余可知矣。①

耶律铸和史天泽，一文一武，同朝为官。前者政治上失意，但政治

---

① 陶宗仪：《南村辍耕录》卷 2《染发》，第 22—23 页。

观念颇有新意；后者政治上得意，在政治观念方面少有建树。居高位者在思想观念上的不同表现确实是值得注意的现象。

二 董氏兄弟的善治观念

董文炳、董文用、董文忠三兄弟都是忽必烈倚重的汉人大臣，尽管在政治观点上各有特点，但都突出表现为对善治的明确要求。

（一）董文炳的救民观点

董文炳（1217—1278年），字彦明，藁城（今属河北）人，汉人世侯董俊长子，年轻时即入忽必烈潜邸，忽必烈即位后历任宣抚使、经略使等职，从伯颜征宋有功，升任中书省左丞。[①]

董文炳幼年时师从金朝翰林学士王若虚和真定儒学提举侍其轴，成年后仍坚持学习儒学，并喜好"与儒者讲明圣人之道，评品史事"。

董文炳作为忽必烈信任的臣僚，较多体现地是他的救民观念。忽必烈即位后，董文炳在巡视燕京南部州县后，即向忽必烈建议："人久驰纵，一旦遽束以法，危疑者尚多。与之更始，宜赦天下。"忽必烈接受了他的建议，颁布了宽刑罚等赦令。在攻宋战争中，临安附近的盐官县守将拒绝投降，有人建议屠灭该县，董文炳作为主将，即明确表示："县去临安不百里远，声势相及，临安降有成约，吾杀一人将误大计，况屠县。"董文炳强调的是忽必烈不滥杀的旨意，有效遏阻了属下的劫杀意图。为追击南逃的南宋张士杰等部，董文炳在进军福建时亦严格禁止兵马践踏农田，并明确表示："在庾者吾既食之，在野者汝又蹂之，新民何以续命。"攻占台州后，他又明确下令："台人首效顺，我不暇有，而世杰据之，民何罪？敢有不纵所俘者，以军法论。"在江南平定后，董文炳还特别向忽必烈报告："臣在临安时，阿里伯奉诏检括宋诸藏货宝，追索没匿甚细，人实苦之。宋人未洽吾德，遽苦之以财，恐非安怀之道。"忽必烈乃下令停止了这一行为。

董文炳在忽必烈准备亲征北方叛王时，被忽必烈特别留在大都驻守，并向他交代："山以南，国之根本也，尽以托卿，卒有不虞，便宜处置以闻。中书省、枢密院事无小大，咨卿而行。"董文炳按照忽必烈的旨意，"更日至中书、枢密，不署中书案"。留在大都的阿合马对董

[①] 《元朝名臣事略》卷14《董文炳事略》，第270—279页。本小节引文均来自此事略。

文炳有所忌惮，执笔对董文炳说："相公官为左丞，当署省案。"尽管阿合马一再请求，董文炳都不予理睬。后来有人问他为什么这样做，董文炳明确表示："主上所付托者，在根本之重，非文移之细。且吾少徇则济奸，不徇则致谗，谗行则身危，而深失付托本意。吾是以预其大政，而略其细务也。"强调预大政、略细务，确实可以防止有人从中捣鬼。董文炳虽然并未明斥阿合马为奸臣或小人，但至少在行动上对其有了一定的约束。

（二）董文用的守正观点

董文用（1224—1297年），字彦材，董俊第三子，事忽必烈于潜邸，为忽必烈延请窦默、姚枢、李俊民、李冶、魏璠等人，忽必烈即位后，历任兵部尚书、礼部尚书、御史中丞、大学士、翰林学士承旨等职。[①]

董文用曾明确表示："人臣在位，岂爱身苟容，而上负国家，而下负生民乎！"一旦听说朝政有未善者，即强调"祖宗艰难成立之天下，岂可使贼臣坏之"，以忠言正论为己任。为体现其守正的政治观念，董文用致力于纠正各种乱政和扰民、害民行为，可列举要者于下。

至元元年，在西夏故地坐镇的蒙古诸王只必铁木儿纵部下在民间肆意勒索，董文用作为行省官员，为制止其乱政行为，特别对辅佐诸王的王傅说："我汉人，生死不足计。我所恨者，仁慈宽裕如贵人，以重戚镇远方，而其下毒虐百姓，凌暴官府，伤贵人威名，于事体不便。"他还列举了只必铁木儿属下的不法者数十事，王傅转告只必铁木儿，由于董文用代表的是朝廷，只必铁木儿只得对部下有所约束。

至元十三年，董文用出任卫辉路总管，恰逢南宋灭亡，图籍金玉财帛运往北方，"日夜不绝于道，警卫输挽，日役数千夫"。董文用以"吾民弊矣，而又重妨稼事"为由，要求主持转运的官员只用官府之人，不役民夫，官员不敢承担责任，董文用以手书官职姓名为保，放民夫回家耕田，亦保证了转运的顺利进行。朝廷又下令运江淮粟于京师，卫辉路需承担十五万石粮食的转运，要集合民夫预做准备，董文用即明确表示："民籍可役者无几，且江淮舟行风水不时至，而先弊吾民以期会，是未运而民已惫矣。"他与其他郡县的官员集议，采用随运随役的

[①]《元朝名臣事略》卷14《董文用事略》，第279—287页。本小节引文均来自此事略。

方法，既保证了粮食的转运，也缓解了长期使用民力的压力。

至元二十年，江淮行省官员建议行御史台隶属于行省，时任吏部尚书的董文用明确表示反对，并特别强调："御史台譬之卧虎，虽未噬人，人犹畏其为虎也。今司宪仅在，纪纲犹不振，一旦摧抑之，则风采薾然，无可复望者矣。前阿合马用事时，商贾贱役皆行贿入官，及事败，欲尽去其人，廷议以为不可使阿合马售私恩，而朝廷骤敛怨也。乃使按察司劾去其不可者，然后吏有所惮，民有所赴愬。则是按察司者，国家当饬励之，不可摧抑也。"监察机构负有监督行政机构的重要职责，不能与行政机构合为一体，失去监察的作用。忽必烈自然知道其中的道理，所以同意董文用等人的看法，驳回了江淮行省的动议。

至元二十二年，董文用出任江淮行中书省参知政事，忽必烈特别对他交代："卿家世非它人比，朕所以任卿者，不在钱谷细务也。卿当察其大者，事有不便，第言之。"行省长官作为一方大员，"素贵倨多傲，同列莫敢仰视，跪起禀白如小吏事上官"，董文用则毫无大员的架子，与臣僚在公堂上侃侃与论是非可否，即便有人言语冒犯，也毫不在意。国师胆巴请准将南宋宫殿改建为大佛寺，"有司奉行急迫，天大雨雪，入山伐木，死者数百人"，董文用即建议主事者："非时役民，民不堪矣，少徐之如何？"主事者认为延迟会有违反皇命的罪名，董文用则强调并不是要违反皇命，而是担心因重困民力而失去民心，违反了皇帝爱民的本心。

至元二十五年，董文用任御史中丞后，首以选人为务，不仅推荐胡祇遹、王恽、雷膺、许楫、孔从道等十余人为按察使，还推举徐琰、魏初为行台中丞。当时桑哥任尚书省丞相，利用东北平叛的机会行苛敛之法，董文用亦公开表达了反对意见，详见本书第六章。

在董文用留下的诗作中，尽管都与出使安南有关，但是亦表现了他的助皇帝守正的观念。

> 乌台空发行台封，司农一载归鳌峰。十常八九不如意，人生处处欢相逢。帝膺天命念赤子，楼船未忍征蛮賨。古来每重皇华选，萧君礼貌先雍容。文学语言当此举，宰相见之皆悦从。安南小邦等

鳞介，早赴绛阙朝真龙。①

几载鲸波战燧红，老臣一语百蛮通。如天自是吾皇福，闲在高楼八面风。

东渐生民望紫翁，紫翁心事与天同。好诗一卷交州稿，刻在天台雁荡中。②

董文用与其兄董文炳的不同就在于他敢于直面奸臣和小人，以维护守正的原则，并且在当时赢得了儒士的更多赞誉。

(三) 董文忠的善谏观点

董文忠（1231—1281 年），字彦诚，董俊第八子，亦事忽必烈于潜邸，忽必烈即位后历任符宝郎、典瑞监卿等职。③

董文忠 22 岁时，王鹗曾想教其写作诗词，董文忠即明确表示："臣少读书，唯知入则竭力以事父母，出则致身事君而已，诗非所学。"与董文炳、董文用有所不同的是，董文忠一直在忽必烈身边，承担宿卫的职责，所以他所重视的，是身为皇帝近臣的谏政观念，可列出他对忽必烈的五次重要劝谏。

第一次是中书省丞相安童建陈十事，惹怒了忽必烈，董文忠即表示："丞相由勋阀王孙，夙以贤闻，今其始政，人方延伫倾耳，而所请不得，后何以为？"他所要提醒的是，皇帝必须有纳直言的举动，才能带动天下人敢于直言。

第二次是董文忠自己向忽必烈请求免除两项于民非便的做法。一是"田器古无笫，所以劝农。今治官列肆，以求赢利，至锄镈之属，亦皆市鬻于耕者，非便"。二是"职虞者将尽徙猎户，无虑数千，戍郢中，往往质妻卖子，哭声震路，或自经死，实单弱不中徙，徒纷扰无益"。董文忠建议的不以农具获利和不以猎户出戍，都被忽必烈所接受。

第三次是忽必烈曾下诏令，凡偷盗者一律处死。董文忠上言："今杀人于货，与窃取一钱直上钩死，一断不属，惨黩莫甚。恐于陛下致祥之气，好生之德，多所干伤。"董文忠以君主好生之德作为劝谏的理由，被忽必烈所接受，革除了这一苛令。

---

① 董文用：《送萧郎中方崖奉使安南》，《元诗选》癸集上，第 177 页。
② 董文用：《送李两山奉使安南二首》，《元诗选》癸集上，第 177 页。
③ 《元朝名臣事略》卷 14《董文忠事略》，第 287—291 页。本小节引文均来自此事略。

第四次是有人告汉人殴打国人致伤，又有人告太府监官员卢挚盗取监布，忽必烈即下令均处以死刑，以警示天下。董文忠上言："今刑曹于囚罪入死者，已有服辞，犹必详谳，是事未可因人一言，遽置重典。宜付有司簿责阅实，以俟后命。"忽必烈乃命令脂满查核汉人殴打国人案，董文忠查核盗取监布案。殴打案件查实为诬告，盗取监布案则出于误会，监布都有余尺，尚方局的匠官来取布时，因为要得不多，太府监不想破坏完整的端布，就用以往剩下的余尺布给付，并不涉及盗取问题。案件查清后，忽必烈责备侍臣："方朕怒际，卿曹皆结喙，非董八（董文忠）启沃朕心，则杀是非辜，必窃窃取议中外矣。"皇太子真金得知此事后，也在东宫官员面前对董文忠作出了以下评价："方压以雷霆，而容止话言，暇不失次，卒矫以正，实人臣难能者。"

第五次是礼部官员谢昌元请立门下省，封驳制敕，以绝中书省风晓近习奏请之源，忽必烈为此怒斥王磐："如是益事，汝不入告，而使南土后至之臣言之，用学何为！必今日开是省。"朝中大臣经过商议，举荐董文忠为门下省侍中，并推荐了下属数十人。有人乘机向忽必烈进谗言："陛下将别置省，斯诚其时。得人则可宽圣心，以新民听，今闻盗诈之臣与居其间。"所谓盗诈之臣，指的就是董文忠。董文忠与进言者在忽必烈面前辩论，向他质问："上每称臣不盗不诈，今汝顾臣而言，意实在臣。其显言盗诈何事？"进言者无法对答，不得不请求和解，忽必烈也替其开脱："朕自知之，彼不汝言也。"在董文忠去世后，忽必烈还特别对真金说："竭诚许国，能于大事，多所建明者，惟董文忠为然。"

如果说魏征是唐太宗时有名的谏臣，董文忠则是忽必烈在位前期有名的谏臣。他之所以能够做到这一点，就是因为与忽必烈有密切的个人关系，并且确实具有强烈的谏政意识，正如时人在诗作中对他的评价："八郎内侍五云深，五云宫阙何沉沉。此时密迩司献纳，凤夕忠谨余丹心。""民瘼怀恻怛纳至，稼穑艰苦歌谣情。圣皇达聪岂有既，天语夜久何丁宁。御屏香暖代鸣玉，高枕安寝神游清。输忠往往救时弊，笔谏不数公权诚。"[①]

董氏三兄弟都有儒学的功底，在汉人臣僚中具有特殊的地位，他们

---

① 王恽：《入侍行赠董符宝》，《秋涧先生大全文集》卷8。

的政治观点更容易被忽必烈所听到和接受,也更容易影响君主的作为,这恰是他们宣扬善治观念的重要性所在。

三 张德辉等人的善行观念

张德辉、商挺、赵良弼、马亨都是忽必烈潜邸时的谋臣,在忽必烈即位前后主要针对善行问题提出了一些重要的政治观念。

（一）张德辉的济时行道说

张德辉（1195—1274 年）,字耀卿,号颐斋,太原交城（今属山西）人,曾为忽必烈潜邸幕僚,忽必烈即位后历任河东宣抚使、参议中书省事、侍御史职,著有《岭北纪行》等。[1]

1247 年,忽必烈召见张德辉,与其讨论了五个重要问题。

第一个问题是对孔子的看法。忽必烈问道:"孔子没已久,今其性安在?"张德辉的回答是:"圣人与天地终始,无所往而不在。王能行圣人之道,即为圣人,性固在此帐殿中矣。"这是希望忽必烈不仅要了解儒学,也要行儒家的治国之道。在孔子的祭祀礼仪方面,张德辉还特别强调:"孔子万代王者师,有国者尊之,则严其庙貌,修其时祀。其崇与否于圣人无所损益,但以见时君尊师重道之心何如耳。"忽必烈即明确表示:"自今而后,此礼勿废。"

第二个问题是对辽、金两朝灭亡的看法。忽必烈问张德辉如何看待辽以释废、金以儒亡的说法。张德辉答道:"辽事臣未周知,金季乃所亲睹,宰执中虽用一二儒臣,余则武弁世爵,若论军国大计,又皆不预,其内外杂职,以儒进者三十之一,不过阅簿书,听讼理财而已。国之存亡,自有任其责者,儒何咎焉!"也就是说,张德辉坚决反对将金朝灭亡归罪于儒士甚至归罪于文治的说法。

第三个问题是如何开创一代制度。忽必烈的提问是:"祖宗法度具在,而未施设者甚多,将若之何?"张德辉指着忽必烈面前的银盘说:"创业之主,如制此器,精选白金,良匠规而成之,畀付后人,传之无穷。今当求谨厚者司掌,乃永为宝用。否则不惟缺坏,恐有窃之而去者。"忽必烈即明确表示:"此正吾心所不忘也。"在中原地区法度崩坏的形势下,创制已属难事,但守制亦不容易,所以张德辉有此提醒。

---

[1] 《元朝名臣事略》卷 10《张德辉事略》,第 205—211 页。本小节引文均来自此事略。

第四个问题是农民困苦的原因。忽必烈问道："农家作劳，何衣食之不赡？"张德辉答道："农桑，天下之本，衣食所从出。男耕女织，终岁勤苦，择其精美者输之官，余粗恶者将以仰事俯畜。而亲民之吏复横敛以尽之，民则鲜有不冻馁者矣。"张德辉所要强调的就是要改变掊克农民的做法，以达到农桑为本的基本要求。

第五个问题是如何控制暴政。忽必烈问道："今之典兵与宰民者，为害孰甚？"张德辉回答："典兵者，军无纪律，专事残暴，所得不偿其失，害固为重。若司民者，头会箕敛以毒天下，使祖宗之民如蹈水火，蠹亦非细。"忽必烈询问应对之策，张德辉的建议是"莫若更选族人之贤如口温不花者，使主兵柄，勋旧如忽都虎者，使主民政，则天下皆受其赐矣"。也就是说，只要用对了人，就可以减少甚至杜绝暴政。

从这些问题的讨论可以看出，张德辉所讲的就是儒家的修身治国之方和古今治乱之由。所以在离开时，张德辉还特别向忽必烈提出了孝侍亲、友兄弟、择人才、察下情、贵兼听、亲君子、信赏罚、节用度八条建议。

1252年张德辉与元好问一起到漠北见忽必烈，请求忽必烈任儒教大宗师，忽必烈欣然接受，并按照他们的请求，重申了蠲免儒户兵赋的要求。

忽必烈即位后，以张德辉主政河东。张德辉采用打击豪强、整肃吏弊、均平赋役等方法，扭转了河东的乱政局面。回到朝中后，张德辉特别提出了四条建议：一是"严保举以取人，所以绝请托而得可用之才"；二是"给俸禄以养廉能，所以禁赃滥不使侵渔于民"；三是"易世官而迁郡邑，所以考治迹、革旧弊而摅民之冤"；四是"正刑罚而勿屡赦，所以绝幸民、息盗贼而期于无刑"。这些建议的要点就是以澄清吏治的方式来疏解民困。

在制度建设方面，张德辉曾明确提出建立宗正府的建议："乞立宗正府以正皇族，外戚得以纠弹，女谒无令奏事，诸局承应人皆得究治。"由于这一建议牵涉如何控制皇室宗亲的问题，忽必烈并没有接受，只是以"可徐行之"敷衍了过去。

时人对张德辉的评价是"扶善良，疾奸恶，革弊政，美风化，要以济时行道，尽忠所事，以实惠及民"，应该说是较为准确的。而"济时行道"，恰是对张德辉政治观念的最精炼概括。

(二）商挺的善治善行说

商挺（1209—1289年），字孟卿，号左山老人，曹州济阴（今属山东）人，1253年被忽必烈召入幕府，忽必烈即位后任职陕西，后召回朝中，先后任职于中书省、枢密院，至元十年（1273）任安西王相，因涉及安西王后人继承事入狱，获释后短期复职于枢密院，因病告老。①

忽必烈即位前后，商挺多有建言，已见前述。忽必烈在至元元年时想进一步了解经学，商挺即与姚枢、窦默、王鹗、杨果等人共同编撰《五经要语》，包括二十八个类目，以供忽必烈查用。

商挺被任命为安西王相后，为使安西王实行善治和多有善行，特别呈上了"十策"：一是睦亲邻，二是安人心，三是敬民时，四是备不虞，五是厚民生，六是一事权，七是清心源，八是谨自治，九是固本根，十是察下情。在这十策中，前六策主要是对执政的要求，后四策则是对皇子自身修养的要求。

商挺还对儒士应以身修道、坚持善行的论点，作了具体的说明。

> 身名立而子道终，富贵完而乡行著，此皆人之善行而有志者之所愿为也。夫人之将有用于斯世也，幼而学，学焉而有良知，壮而仕，仕焉而有良能。得志当时，适遭昌运，获高爵，受重赏，义及于亲，利及于乡人，乡人称善，思所以没世而不忘者，岂庸愚昏儒者之所为哉。若夫富而骄，贵而傲，疎绝骨肉，蔑弃义理，外观烜赫，绶若若而印累累，自以为得其所怜者市童耳，而识者何尝道之。②

商挺褒扬的是学有成、官有爵而后光耀乡里的善行，他在入狱前已经做到了这一点，获释后在都城之南闲居，尤喜欢隶书，著诗词千余篇，仅存数篇，其中有一篇诗作借缅怀西汉的张良，道出了自己的境遇。

> 子房志亡秦，曾进桥下履。佐汉开鸿基，矻然天一柱。要伴赤

---

① 《元朝名臣事略》卷11《商挺事略》，第217—223页。本小节引文未注明出处者，均来自此事略。

② 商挺：《大中大夫曹公善行碑记》，《全元文》第2册，第509页。

松游，功成拂衣去。异人与异书，造物不轻付。重阳起全真，高视仍阔步。矫矫英雄姿，乘时或割据。妄迹复知非，收心活死墓。人传入道初，二仙此相遇。于今终南下，殿阁凌烟雾。我经大患余，一洗尘世虑。巾车倪西归，拟借茅庵住。明月清风前，曳杖甘河路。①

商挺的仕途坎坷，使他不仅淡漠了对政治的关注，也淡漠了对学问的追求，将兴趣转向了赋诗写字。由此带来的结果是，与忽必烈潜邸时的其他汉人谋臣相比，商挺在政治观念方面对忽必烈的影响主要集中在忽必烈即位初年，而没有延展到忽必烈在位的中后期。

（三）赵良弼的以忍为治说

赵良弼（1217—1286年），字辅之，女真人，窝阔台在位时选儒士，任赵州教授，后入忽必烈潜邸，忽必烈即位后历任陕西四川宣抚使、高丽经略使、同金枢密院事等职，并曾奉命出使日本。②

金朝灭亡之后，赵良弼隐居乡下，"日从名儒讲论文艺，尤致意司马氏通鉴，历代典章制度，兵马强弱，地理阨塞，有关国家兴衰治乱者，无不记忆"。入忽必烈潜邸后，赵良弼曾参与邢州的治理，1259年忽必烈率军南征后返回燕京，又陈时务十二事，并向忽必烈进言："今中外皆愿大王早进正宸，以安天下，事势如此，岂容中止，社稷安危，间不容发。"在任职枢密院时，赵良弼又条具三十余事上奏，事关军律、赏罚、兵符、军籍、教练等内容。

赵良弼出使日本返回，特别向忽必烈呈上了攻日本不便的奏折，主要内容如下。

> 臣前岁渡海，留居彼地者几再岁，熟知其民俗凶狠骁勇，不识父子之亲，不知上下之礼，蹲夷踞肆，与鸟兽无别，家置干戈，百姓皆兵。其地山水居多，可佃者极少，无桑蚕丝枲。得其人不可役，得其地不益富。且舟楫恃风而行，忽值风变，漂流触撞，沉溺之祸莫可预防。虽贲、育之勇，良、平之智，将无所施。臣奉使

---

① 商挺：《题甘河遇仙宫》，《元诗选》癸集上，第144页。
② 《元朝名臣事略》卷11《赵良弼事略》，第224—228页；《元史》卷159《赵良弼传》。本小节引文均来自此略、传。

时，同行三舟为风所漂，会集先后有相去二十余日者。用兵无虑百舟，随波星散，寄命沧海，欲进退齐一，协力成功，难矣。

至元十三年，赵良弼向忽必烈建议："宋亡，江南士人多废学，宜设经史科，以育人材，定律令，以戢奸吏。"这一建议被忽必烈所采纳。忽必烈还问赵良弼："高丽，小国也，匠工弈技，皆胜汉人，至于儒人，皆通经书，学孔、孟。汉人惟务课赋吟诗，将何用焉！"赵良弼答道："此非学者之病，在国家所尚何如耳。尚诗赋，则人必从之，尚经学，则人亦从之。"也就是说，学风由国家主导，其虚实不能怪学者。

赵良弼还对以忍为治的道理，特别作了以下说明。

"必有忍，其乃有济。"人性易发而难制者，惟怒为甚。必克己，然后可以制怒；必顺理，然后可以忘怒。能忍所难忍，容所难容，事斯济矣。

按照赵良弼的解释，必须以忍来制怒，以顺理而忘怒，才能达到治的目标。这样的要求，对于君主而言，显得尤为重要，因为忽必烈恰是在对日本的问题上不能制怒，才导致了一系列的恶果，详见后述。

（四）马亨的勤政务实说

马亨（1206—1277年），字大用，邢州南和（今属河北）人，事忽必烈于潜邸，忽必烈即位后历任工部侍郎、户部尚书等职。[①]

中统四年，马亨由陕西返回都城，首先反对考课地方官员时收其制书的做法，并明确指出："以考课定赏罚，其人甫集，而一切罢之，则是非安在？宜还其命书，俾仕者有所劝勉。"随后，马亨向忽必烈上书，就朝政提出了六条建议。

一曰东宫保傅当用正人，以固国本。
二曰中书大政，择任儒臣，以立朝纲。
三曰任相惟贤，官不必备，今宰相至十七员，宜加裁汰。

---

① 《元史》卷163《马亨传》。本小节引文均来自此传。

四曰左右郎署毗赞大政，今用豪贵子弟，岂能赞襄。

五曰六曹之职分理万机，今止设左右二部，事何由办。

六曰建元以来，便民条画已多，有司往往视为文具，宜令宪司纠举，务在必行。

马亨强调的择用正人、儒臣，淘汰宰相冗员和对理政无用的贵胄子弟，恢复六部的建制，尤其是以务实的态度实行各种便民措施，清晰地指出了新政执行过程中暴露出的问题，引起忽必烈的重视，特别问马亨："卿比安在，胡不早言？"马亨则回答："新自陕西来觐。"忽必烈则表示要将马亨留在朝中任职，以便及时指出朝政的不足。

马亨后来指出的朝政不足，都与阿合马有关。至元三年，"有贾胡特制国用使阿合马，欲贸交钞本，私平准之利，以增岁课为辞"，也就是以扑买钞本的方法控制币值，马亨即明确指出："交钞可以权万货者，法使然也。法者，主上之柄，今使一贾擅之，废法从私，将何以令天下？"至元七年立尚书省后，阿合马随意任用官吏，马亨又指出："尚书省专领金谷百工之事，其铨选宜归中书，以示无滥。"这两次上言，前一次上言起到了阻止阿合马胡为的作用，后一次上言未被忽必烈所重视，马亨反被诬告免官。

由"潜邸之学"到"新政之学"，忽必烈要有重要的思想转变。从张德辉、商挺、赵良弼、马亨的政治观点可以看出，就是希望以新政思维带来君主思想的转变，为国家转型提供重要的助力，这恰是儒臣所应承担的重要责任。

四 王恂、郭守敬的利国观念

王恂和郭守敬都是以术数或技艺为新政提供帮助的人，可以对他们所倡导的技术利国观念作简要的介绍。

（一）王恂的"算术为国"说

王恂（1235—1281年），字敬甫，中山唐县（今属河北）人，精于天文律历，先被忽必烈安排辅佐太子真金，后参与修《授时历》，历任太子赞善、太史令等职。①

---

① 《元朝名臣事略》卷9《王恂事略》，第182—185页。本小节引文均来自此事略。

王恂年轻时听从刘秉忠的建议，学习性理之学。在指导真金学习时，重点传授的是"发明三纲五常之旨，大学本末先后之次第，及历代治忽兴亡之所以然"。尤其是关于历代治乱，主要用辽、金两朝的事例，"区别善恶，而论著得失"。真金向王恂询问如何做到心有所守，王恂的回答是："臣闻许衡尝言：人心犹印板然，板本不差，虽摹千万纸，皆不差；本既差矣，摹之于纸，无不差者。"也就是说，王恂向真金讲授的，主要是理学的学说。

对于王恂所擅长的算术之学，真金特别询问其用处，王恂答道："算数，六艺之一耳。定国家，安人民，乃大事也。"以算术作为服务于国家的工具，显然是王恂所持的重要政治观念。在这样的观念下，王恂曾提出三项与政务有关的建议。一是"官吏以罪免者，毋使侥幸更进"。二是"军官害人尤甚，改用之际，尤不可非其人"。三是"民至愚而神，彼或变乱之余，吾益不之疑，则反侧化为忠厚，国势增重矣"。也就是说，王恂既强调要严格吏治，也强调要控制军官，还强调要争取民心。

修《授时历》是体现新政的一个重要成果，历修成后，王恂与许衡特别向忽必烈上言："臣等合朔南星历官，遍考历书四十余家，昼夜测验，创立新法，参以古制，推算辛巳岁，历日成。虽或未至精密，而所差计亦微秒，比之前代历家附会历元，更立日法者，自谓无愧。伏惟陛下敬天时，颁正朔，授民事，不可不致精密，以为后代程式。必须每岁测验修改，积二三十年，庶尽其法。可使如三代日官，世守其职，永无改易，虽自世后，亦不复有先后时之弊矣。"将算术用于修历，所体现的恰是"算术为国"的政治理念。

(二) 郭守敬的"术数利国"说

郭守敬（1231—1316年），字若思，顺德邢台（今属河北）人，精于水利、历算等，历任都水监、工部郎中、同知太史院事、太史令等职。①

郭守敬曾与刘秉忠、张文谦、张易、王恂等人在邢台西的紫金山共同研读术数等学，郭守敬最为精通的是水利之学、历数之学和仪象之学。

---

① 《元朝名臣事略》卷9《郭守敬事略》，第185—196页。本小节引文均来自此事略。

世祖中统三年（1262）张文谦将郭守敬推荐给忽必烈，郭守敬向忽必烈提出了兴修水利的六条建议。

  其一，中都旧漕河，东至通州，权以玉泉水引入行舟，岁可省僦车钱六万缗。通州以南，于蔺榆河口径直开引，由蒙村跳梁务至杨村还河，以避浮鸡甸盘浅风浪远转之患。其二，顺德达活泉开入城中，分为三渠引出城东，灌溉其地。其三，顺德沣河东至古任城，失其故道，没民田一千三百余顷，此水开修成河，其田即可耕种。其河自小王村经滹沱，合入御河，通行舟楫。其四，磁州东北滏、漳二水合流处开引，由滏阳、邯郸、洺州、永年下经鸡泽，合入沣河，其间可溉田三千余顷。其五，怀、孟沁河虽已浇溉，尚有漏堰余水，东与丹河余水相合，开引东流至武陟县北，合入御河，其间亦可溉田一千余顷。其六，黄河自孟州西开引，少分一渠经由新、旧孟州中间，顺河古岸下至温县南，复入大河，其间亦可溉田二千余顷。

郭守敬的这些建议，都被忽必烈所接受。至元元年（1264）郭守敬又前往西夏故地，恢复废坏渠道，使之重新发挥灌溉功能，"计溉田九万余顷"。次年，郭守敬又建议："金时，自燕京之西麻峪村，分引泸沟一支，东流穿西山而出，是谓金口。其水自金口以东、燕京以北，溉田若干顷，其利不可胜计。兵兴以来，典守者惧有所失，因以大石塞之。今若按视故迹，使水得通流，上可以致西山之利，下可以广京畿之漕。""当于金口西预开减水口，西南还大河，令其深广，以防涨水突入之患。"这一建议也被忽必烈所接受。

郭守敬主持的更重要的水利工程是连接南北大运河的通惠河。大运河至通州后，"通州至大都陆运官粮，岁若干万石，方秋霖雨，驴畜死者不可胜计"。郭守敬于至元二十八年（1291）特别提出了修渠通漕运的建议："大都运粮河不用一亩泉旧源，别引北山白浮泉水，西折而南，经瓮山泊自西水门入城，环汇于积水潭，复东折而南，出南水门，合入旧运粮河。每十里一置闸，比至通州，凡为闸七，距闸里许上重置斗门，互为提阏，以过舟止水。"忽必烈迅速采纳了郭守敬的建议，于次年春季开工，至元三十年秋季竣工，赐名为通惠河，使陆路运粮全部改成了水路运粮,被视为利国的重大事件。

恰是因为郭守敬在水利利国方面的贡献极大,所以当时人对他的作为有了总体性的描述:"决金口以下西山之桅,而京师材用是饶;复唐来以溉瀕河之地,而灵、夏军储用足;引汶、泗以接江淮之派,而燕、吴漕运毕通;建斗闸以开白浮之源,而公私陆费由省。又前后条奏便宜凡二十余事,相治河渠泊堰大小数百余所。"应该承认,郭守敬之所以有这些成就,与忽必烈能够积极采纳兴修水利方面的建议有重要的关系。由于兴修水利是利国利民的大事,以这样的大事来体现新政,应该说是一种不说自明的政治观念。

在历数之学方面,郭守敬对《授时历》的解释更为详细,不仅强调修历时重点考证了冬至、岁余、日躔、月离、入交、二十八宿距度、日出入昼夜刻七事,还创法了太阳盈缩、月行迟疾、黄赤道差、黄赤道内外度、白道交周五事。《授时历》颁发后,推步之式和立成之数的论证还未定稿,郭守敬特别为此编写了《推步》(7卷)、《立成》(2卷)、《历议拟稿》(3卷)、《转神选择》(2卷)、《上中下三历注式》(12卷)等著作。对于郭守敬在历数之学方面的贡献,后人的评价是:"公(郭守敬)所为历,测验既精,设法详备,行几五十年,未尝一有先后天之差,去积年日法之拘,无写分换母之陋。"

在仪象之学方面,郭守敬不仅在全国统一后组织了大规模的测天,还创制了大批的天文仪器,也得到了当时人的高度评价。

郭守敬一生孜孜不倦地进行水利、历数、仪象等方面的研究,成绩斐然,尽管未留下较系统的政治观点,但是以水利利国和以历数、仪象兴国所体现的基本政治态度,还是值得充分肯定的。

无论是王恂的"算术为国",还是郭守敬的"术数利国",强调的都是儒家治道学说可以用技术手段体现其实用价值。恰是因为有用,才使得当政者不能不重视他们的说法。

五 高鸣、张雄飞的廉政观念

高鸣和张雄飞都曾在忽必烈创立御史台后在御史台任职,其政治观念都与监督朝政和实施廉政有密切的关系。

(一)高鸣的简政说

高鸣(1209—1274年),字雄飞,号河东,真定(今属河北)人,曾向忽必烈弟旭烈兀进西征二十余策，忽必烈即位后召为翰林学士，历任侍御史、吏礼部尚书等职，著有《河东文集》五十卷，已佚。①

至元五年，朝廷建立御史台，以高鸣为侍御史，高鸣推荐多位名士出任按察司官员。当时，中书省和枢密院事务多壅滞，有人请置督事官各二人，高鸣则明确指出："官得人，自无滞政，臣职在奉宪，愿举察之，毋为员外置人也。"

至元七年，朝廷讨论设立三省的问题，高鸣向忽必烈上书，明确表达了反对的态度。

> 臣闻三省设自近古，其法由中书出政，移门下，议不合，则有驳正，或封还诏书；议合，则还移中书；中书移尚书，尚书乃下六部、郡国。方今天下大于古，而事益繁，取决一省，犹曰有壅，况三省乎！且多置官者，求免失政也，但使贤俊萃于一堂，连署参决，自免失政，岂必别官异坐，而后无失政乎！故曰政贵得人，不贵多官，不如一省便。

高鸣强调的是通过简政和勤政，就可以达到避免失政的效果，机构越多，越可能失政。忽必烈采纳了他的建议，暂时否定了设新机构的建议。

高鸣还强调国家要行仁政，尤其是在行省要求处死盗贼的权限时，高鸣明确表示："制令天下上死因，必待论报，所以重用刑、惜民生也。今从其请，是开天下擅杀之路，害仁政甚大。"由于将死刑核准的权力上收到皇帝手中，是忽必烈的一项重要新政，所以忽必烈认可高鸣的看法，否定了行省的要求。

（二）张雄飞的廉政说

张雄飞（？—1286年），字鹏举，琅琊临沂（今属山东）人，至元二年被廉希宪推荐入朝廷任职，历任侍御史、兵部尚书、宣慰使等职。②

忽必烈见到张雄飞后，首先问之以当今急务为何，张雄飞认为应早立太子，以定国本："太子天下本，愿早定以系人心。闾阎小人有升斗

---

① 《元史》卷160《高鸣传》。本小节引文均来自此传。
② 《元史》卷163《张雄飞传》。本小节引文均来自此传。

之储,尚知付托,天下至大,社稷至重,不早建储贰,非至计也。向使先帝知此,陛下能有今日乎?"

忽必烈随后问张雄飞和江孝卿:"今任职者多非材,政事废弛,譬之大厦将倾,非良工不能扶,卿辈能任此乎?"江孝卿回答难以担此任,张雄飞则明确表示:"古有御史台,为天子耳目,凡政事得失,民间疾苦,皆得言;百官奸邪贪秽不职者,即纠劾之。如此,则纪纲举、天下治矣。"忽必烈同意张雄飞的看法,设立御史台后,即以张雄飞为侍御史,并且告诫他:"卿等既为台官,职在直言,朕为汝君,苟所行未善,亦当极谏,况百官乎!汝宜知朕意。人虽嫉妒汝,朕能为汝地也。"张雄飞受到鼓励,以知无不言为己任,尤其是在廉政方面,多有建言。

阿合马构陷亦麻都丁、秦长卿、刘仲泽入狱,并对张雄飞说:"诚能杀此三人,当以参政相处。"张雄飞明确表示:"杀无罪以求大官,吾不为也。"阿合马则将张雄飞排挤到地方任职。阿合马死后,以皇帝近臣和中书省官员讯问其子忽辛,忽辛则指着中书省官员说:"汝曾使我家钱物,何得问我?"张雄飞时任中书省参知政事,问忽辛:"我曾受汝家钱物否?"忽辛答道:"惟公独否。"张雄飞则表示:"如是,则我当问汝矣。"在张雄飞的讯问下,忽辛不得不承认了其各种贪腐事实。

忽必烈为奖励张雄飞的执政廉洁,赐金五十两、银二千五百两、钞二千五百贯,张雄飞将所赐金银等封藏于家。后来有人指张雄飞贪污,他即明确表示:"上以老臣廉,故赐臣,然臣未尝敢轻用,而封识以俟者,政虞今日耳。"也就是说,即便是皇帝所赐,为表示清廉,也不能擅动,以免成为坐罪的口实。

至元二十一年,为皇帝上尊号,按例应大赦天下。张雄飞对忽必烈说:"古人言:无赦之国,其刑必平。故赦者,不平之政也。圣明在上,岂宜数赦!"忽必烈则表示:"大猎而后见善射,集议而后知能言,汝所言者是,朕今从汝。"大赦天下的诏书,为此改为天下行轻刑的诏书。

官场贪腐,是历代王朝难以根治的痼疾。张雄飞不仅倡导廉政理念,还能保持清廉的作为,确实是难能可贵的典型事例,值得后人重视。

六　宋子贞等人的治国观点

宋子贞、李昶、徐世隆、陈祐、李冶、王鹗等人，都是忽必烈在位前期的汉人重臣，他们提出的不同治国观点，为新政的实施提供了重要的理论支持。

(一) 宋子贞的仁恩说

宋子贞（1188—1268年），字周臣，号鸠水野人，潞州长子（今属山西）人，先为汉人世侯严实幕僚，忽必烈即位后入中书省，任职至中书省平章政事。①

1259年，忽必烈曾召见宋子贞，向他询问攻宋之策。宋子贞的建议是："本朝威武有余，仁恩未洽。天下之民嗷嗷失依，所以拒命者，特畏死尔。若投降者不杀，胁从者勿治，则宋之百城，驰檄而下，太平之业，可指日而待也。"这样的建议，显然是希望忽必烈以仁恩的方式达成国家统一的目标，为此必须改变滥杀的方式。

宋子贞还以他的行为体现了仁恩的观念。如金朝灭亡后，饥民北徙，殍殣相望，宋子贞先倡议以糜粥救济灾民，后又因群聚多疫，采用"人给米一斛，俾散居近境"的方法，救活了万余名灾民，同时收留了一批儒士，暂聚于严实手下，后来不少人成了朝廷的重要官员。但是严实统管五十余城，"自守令以下皆大偏小校，倔起田亩，不闲礼法，昧于从政，官吏相与为囊橐以病民"。宋子贞向严实建议改变"十羊九牧，民穷而无告"的局面，由其主持均科赋税，纠举官吏，使吏民始知有官府之政。"时诸将校例有部曲户，谓脚寨，几四百所，各擅赋役"，也在宋子贞的坚持下罢归州县，达到了政令归一的效果。

宋子贞入中书省后，曾上奏"便宜十事"，现在能看到的只有其中的五事。一是"官爵，人主之柄，当自朝廷出，一命以上，并付吏部，以为永选"。二是"律令，国之纪纲，今民所犯，各由所司轻重其罪，宜早刊定，明颁天下，使官知所守，民知所避"。三是"监司总统一路之政，所用猥杂，不厌人望，乞选公廉有才德者，俾居其职"。四是"临民官皆相传以世，非法赋敛，困苦无告，亦宜迁转，以革久弊"。五是"立国学，教胄子，敕州郡提学课试诸生，凡三年一辟，贡举中

---

① 《元朝名臣事略》卷10《宋子贞事略》，第199—203页。本小节引文未注明出处者，均来自此事略。

第者入仕，则人材辈出矣"。从这些建议可以看出，宋子贞重点关注的是国家纪纲和朝廷用人的问题，而其中都蕴含了朝廷应广施仁恩的理念。尤需注意的是，宋子贞的仁恩观念与新政有密切的关系，而从他的诗作中可以看出，新政的集中代表就是明明德："骊山山下水粼粼，曾浴华清第一人。云窦暗通金屋暖，月波常浸玉莲春。应藏褒姒千年火，不洗渔阳万马尘。安得汤盘铭九字，明明盛德日惟新。"①

宋子贞升任中书省平章政事后，还曾上奏与时务有关的十二策，但已无从知晓其具体内容。

宋子贞的才能曾得到耶律楚材的赏识，耶律楚材去世后宋子贞不仅为其撰写了碑文，还对耶律楚材的"三教并用"的政治观念颇为赞赏。在这样的影响下，宋子贞特别就道教的政治思想作出了以下评价。

> 老氏之教，主之以太一，建之以常无。有以冲虚恬淡养其内，以柔弱谦下济其外。盖将使人穷天地之始，会万物之终，刳心去智，动合于自然。以之修身，则寿而康；以之齐家，则吉而昌；以之治国、平天下，则民安而祚久长。②

从这样的评价看，宋子贞至少对以道教思想解释儒家政治理念持积极肯定的态度，并且在自己主张的仁恩说中，已经包含了来自道教的重要因素。

（二）李昶的忧患说

李昶（1203—1289年），字士都，东平须城（今属山东）人，金朝进士，忽必烈即位后召为翰林侍读学士，后任吏礼部尚书，著有《春秋左氏遗意》等，皆佚。③

1259年忽必烈南征时曾向李昶询问治国用兵之要，李昶的回答是治国要注意用人、立法、赏罚、君道、务本、清源，用兵则要注意伐罪、救民和不嗜杀，所阐释的都是出于儒家传统治道的基本政治观念。

李昶入朝廷任职后，突出显示出了他的政治忧患观念。世祖中统元

---

① 宋子贞：《温泉》，《元诗选》癸集上，第151页。
② 宋子贞：《顺德府通真观碑》，《全元文》第1册，第167页。
③ 《元朝名臣事略》卷12《李昶事略》，第247—249页。本小节引文均来自此事略。

年（1260）因为北征阿里不哥，加重了民众的税赋，李昶特别就此上书中书省丞相，指出了问题的所在。

> 百姓困于弊政久矣，圣上龙飞，首颁明诏，天下之人如获再生，拭目倾耳，思见太平。半年之间，人渐失望，良以渴仰之心太切，兴除之政未孚故也。侧闻欲据丁巳（1257年）户籍，科征租税，比之见户，或加多什六七，且止验见户应输，犹恐不逮，复令包补逃故，必致艰难。苟不以抚字安集为心，惟事供亿，则诸人皆能之，岂圣上擢贤更政之意哉！

在多数人都赞颂忽必烈即位后的重要文治成果时，李昶不仅揭示了民间普遍存在的失望情绪，还对加重赋税提出反对意见，显然都是基于他的强烈忧患意识。

忽必烈战胜阿里不哥后，李昶在贺表中指出："患难之作，上天所以存警戒，愿日新其德，虽休勿休，战胜不矜，功成不有。选官以修政，崇俭以养民，恒以北征宵旰之劳，永为南面佚豫之戒。"也就是说，尽管平定内难取得了绝对性的胜利，但是不能因此而懈怠，因为国家还可能随时面对更严重的危难。

李昶还特别强调国家要有信用。当有人提出要让老疾者交纳赋税时，李昶明确指出："圣上即位之初，凡鳏寡废疾之人，命所在优恤。去岁省府常有榜谕，俾给粮收养。旬月之间，一予一夺，非所以示信于民也。"这样的建议，一方面是明确反对这样的收税方法，另一方面也申明了取信于民的重要性。

应该说，在辅佐忽必烈的臣僚中，像李昶这样具有强烈忧患意识并且敢于直言的人并不多见，所以确实应该重视他的这种政治观念。

（三）徐世隆的爱民说

徐世隆（1206—1285年），字威卿，陈州西华（今属河南）人，金朝进士，忽必烈在潜邸时曾召其咨询，忽必烈即位后历任燕京等路宣抚使、太常卿、翰林侍讲学士等职，著有《瀛州集》《朝仪》《大定治绩》等，皆佚。[①]

[①] 《元朝名臣事略》卷12《徐世隆事略》，第249—254页。本小节引文未注明出处者，均来自此事略。

徐世隆在金朝灭亡后依附汉人世侯严实,并在严实支持下兴办学校。徐世隆"亲为诸生讲说,其课试之文,有不中程者,辄自拟作,与为楷式。一时后进,业精而行成,人才辈出",阎复、李谦、孟祺、张孔孙、夹谷之奇等人都曾从中受益。

中统元年,徐世隆任燕京等路宣抚使,"中书省檄诸路当养禁卫之羸马,数以千、万计,刍秣与其什器,前期戒备"。徐世隆则表示:"国马牧于北方,往年无饲于南者。上新临天下,京畿根本地,烦扰之事,必不为之,马将不来。"他命属下不必准备,并强调如马来自己将承担贻误军需的责任,朝廷最终果然取消了南来牧马的决定。

徐世隆还在所管地区遭受重大灾害后,给中书省上书要求减轻民间赋税,以体现爱民之心。

> 世隆呈平章相公阁下:时夏,伏惟君侯受福,调鼎优游,神明孚祐。敝邑不幸,自去岁九月至今不雨,二麦尽损,秋稼不能立苗,百姓忧虞,无法可救。今差发已降,输纳之力实不能任。谨遣知事马某,从降邻曲中前往告请,万望相公以平生利物之心,为分解方便,奏请量减轻减,甚大惠矣。惟相公鉴裁,此遂参谒,切冀。豫为称贺,大器自厚不究。①

中统四年,忽必烈表示要了解尧、舜、禹、汤的为君之道,徐世隆取书中所载帝王事回答,忽必烈即命其作更系统的讲解,徐世隆为此特别编辑了《真武启圣录》一书进献,忽必烈特命翰林承旨安藏将其翻译成了蒙古文。

对于忽必烈即位以来确立两都制度,尤其是完成大都城的修建,以及一系列的新政措施,徐世隆借所谓的祥瑞出现,给予了高度的评价。

> 皇帝践祚之十年,奠新大邑于燕,落成有日矣。是岁冬十二月庚寅,有神蛇见于西高梁河水中,其背青,首耀金彩,观者惊异。盘香延召,蜿蜒就享而去。翼日辛卯,复有灵龟出游,背纹金错,祥光绚烂,回旋者久之。夫隆冬闭藏之候也,龟蛇潜蛰之类也,出

---

① 徐世隆:《与张平章书》,《全元文》第2册,第387页。

> 以是时，其为神物也昭昭矣。
> 　　我国家肇基朔方，盛德在水，今天子观四方之极，建邦设都，属水行方盛之月，而神适降，所以延洪休昌景命，开万世太平之业者，此其兆欤。①

> 　　主上诞膺天命，嗣守大统，稽考典章，用润色鸿业，建宗庙，修礼乐，立官制，文物涣然为之一新。惟是宫殿未备，群臣请定都于燕，上可其奏，乃以至元三年新都于故城之北。
> 　　今主上圣德神功格于上下，沉几开合，旋乾转坤，其励精为治，综核名实，有汉宣帝之则焉。其创制立法，移风易俗，有魏孝文之度焉。至若爱民如子，礼贤如宾，舍己从人，以辞色假借臣下，导之使言，则唐之文皇不啻过也。②

徐世隆不仅肯定了各种新政措施所发挥的作用，还特别强调了忽必烈的爱民和纳谏风格，可以与唐太宗媲美。尽管这样的评价有过于溢美之嫌，但确实代表了当时一批服务于忽必烈的儒士的看法。

（四）陈祐的三本说

陈祐（1222—1277年），字庆甫，号节斋，赵州宁晋（今属河北）人，忽必烈在位时历任卫辉路总管、南京路总管、浙东宣慰使等职，均以兴利除害为理政要务。③

至元五年十月，陈祐向忽必烈上《三本书》的奏章，④首先强调之所以上书皇帝，就是希望此举能够起到广开言路的作用。

> 　　臣今越职言事，事曰三本，皆国家大计，非不知获罪于时也。顾臣起身微贱，臣之先王拔臣于畎亩之中，进臣于陛下。陛下任臣以方面之重，锡臣以虎符之荣。臣叨居陛下之官，食陛下之禄，将逾十年矣。是以朝夕感愧，每思敷陈国计，效死以报陛下，亦所以

---

① 徐世隆：《元创建真武庙灵异记》，《全元文》第2册，第391页。
② 徐世隆：《创建昭应宫碑》，《全元文》第2册，第395—396页。
③ 王恽：《陈祐神道碑铭》，《秋涧先生大全集》卷54（《全元文》第6册，第444—447页）。
④ 陈祐：《三本书》，《元文类》卷14（《全元文》第10册，第565—571页）。以下引文均来自此奏章。

报先王也。傥蒙陛下察臣愚忠，以臣言万一有补于时，贳以不死，俾开言路，臣之幸也。若以臣言狂瞽，冒犯时忌，其罪当死，死于国计，臣之义也。伏望陛下赐以燕闲之暇，熟览臣言，则臣纤芥之忠，山岳之罪，举无逃于圣鉴矣，惟陛下仁圣裁之。

随后，陈祐明确指出历代王朝既有创业之君，也有守文之主，忽必烈则是集创业之君和守文之主于一身，在已经取得启太平之运的四项重要创业功绩（即灭大理、攻南宋、平内乱、行新政）后，应特别注意守文之主要树立太平之世，不能忽视三本的问题。

> 臣闻殷、周、汉、唐之有天下也，天生创业之君，必生守文之主。盖创业之君，天所以定祸乱也；守文之主，天所以致隆平也。昔我圣朝之兴也，太祖皇帝龙飞朔方，雷震云合，天下响应，统一四海，君临万邦，虽汤武之盛未之有也。天眷圣朝，实生陛下。陛下神武圣文，经天纬地，能尽守文之美，兼隆创业之基，兆民欢康，品物咸遂，典章民物灿然可观。暨遐域远方之民，上古所不能臣者，陛下悉能臣之，虽高宗之兴殷，成、康、宣王之兴周，文、景、光武之兴汉，太宗、宪宗之兴唐，无以过也。是以海内豪杰之士，翕然向风。
>
> 或谓天命陛下启太平之运者有四，民望陛下树太平之本者有三，臣请条列而言之。陛下昔在藩邸之初，奉辞伐罪，西举大理，势若摧枯，南渡长江，神于反掌，此天命陛下扬万里之威，定四方之乱，将降大任于陛下。即位之后，内难方殷，藩王之阶乱者在北，逆贼之连祸者在东，然天戈一指，俱从平荡，此天命陛下削藩镇有衅之权，新唐虞无为之化，将以跻斯民于仁寿之域也，臣故曰天命陛下启太平之本者有三。

树太平之世的第一本是以太子为国本，陈祐建议尽快册立皇太子，以安国本、定民心。

> 其一曰太子国本，建立之计宜早。臣闻三代盛王有天下者皆以传子，非不欲法尧、舜禅让之美也，顾其势有不能尔。何则？时俗

有厚薄之殊，民情有变迁之异，苟或传非其人，祸源一启，则后世争之之乱未易息也，以是见圣人公天下之忧深矣。故孟轲曰："天与贤，则与贤；天与子，则与子。"夫所谓天与子者，非谓天有谆谆之言告谕人主以传子之计也，政谓时运推移，无非天理，圣人能与时消息，动合天意，故自天祐之，吉无不利。是以三代亨祚长久，至有逾六七百年者，以其传子之心公于为天下，不私于己故也。伏见圣代隆兴，不崇储二，故授受之际，天下忧危。曩者建藩屏之国，授诸侯之兵，所以尊王室，卫社稷，实祖宗创业之弘规也。迨乎中统之初，颇异于是。恃其国之大也，谋倾王室者有之；恃其兵之强也，图危社稷者有之。当是之时，赖陛下断自圣衷，算无遗策，故总揽权纲，则藩镇之祸销矣；深固根本，则朝廷之计定矣。此陛下守文之善经也。何以言之："天下者，太祖之天下也。律令者，太祖之法令也。陛下岂欲变易旧章，作为新制，以快天下耳目之观听哉？"诚以时移事变，理势当然，不得不尔，期于宗社之安而已矣。由此观之，国本之议昭然甚明，不可缓也。

《语》曰："虽有智慧，不如乘势；虽有镃基，不如待时。"今年谷屡登，四海晏然，此其时矣，亿兆戴德，侯王向化，此其势矣，诚万世一时也。夫天与不受则违天意，民望不副则失民心。失民心则可忧，违天意则可惧。此安危之机，不可不察也。伏惟陛下上承天意，下顺民心，体三代宏远之规，法《春秋》嫡长之义，内亲九族，外协万邦，建皇储于春宫，隆帝基于圣代，俾入监国事，出抚戎政，绝觊觎之心，壹中外之望，则民心不摇，邦本自固矣。陛下蕴谦光之德，纵不欲以天下传子孙，独不念宗庙之灵，社稷之重，生民之涂炭乎？愿陛下熟计而为之，则天下臣民之幸甚矣。

陈祐所论证的以太子为国本，不仅有理论上的说明，即帝位传子是为公而不是为私，符合天意；也有现实的说明，即忽必烈自身已经经历过严酷的帝位之争。所以，改变成吉思汗的以贤为主的做法，不过是顺理成章的事情。

树太平之世的第二本是以中书为政本，陈祐建议强化中书省和御史台的职能，并强调只有选贤任能，坚决杜绝奸臣、小人干政，才能达到善治的水准。

其二曰中书政本,责成之任宜专。臣伏见陛下励精为治,顷年以来,建官分职,纲理众务,可谓备矣。曰中书,曰御史,曰枢密,曰制国用,曰左右部。夫承命宣制,奉行文书,铨叙流品,编齐户口,均赋役,平狱讼,此左右部之责也。通漕运,谨出纳,充府库,实仓廪,百姓富饶,国用丰备,此制国用之职也。修军政,严武备,辟疆场,肃号令,谨先事之防,销未形之患,士马精强,敌人畏服,此枢密之任也。若夫屏贵近,退奸邪,绝臣下之威福,强公室,杜私门,纠劾非违,肃清朝野,非御史不能也。如斗之承天,斟酌元气,运行四时,条举纲维,著明纪律,总百揆,平万机,求贤审官,献可替否,内亲同姓,外抚四夷,绥之以利,镇之以静,涵养人材,变化风俗,立经国之远图,建长世之大议,孜孜奉国,知无不为,作新太平之化,非中书不可也。且皇天以亿兆之命悬之于陛下之手,陛下父事上天,子爱下民,其道无他,要在慎择宰相,委任责成而已。

钦惟陛下元首之尊也,中书股肱之任也,御史耳目之司也。方今之宜,非中书则无以尊上,非御史则无以肃下。下不肃则内慢,上不尊则外侮。内慢外侮,乱之始也;上尊下肃,治之基也。故《虞书》载明良之歌,贾生设堂陛之论,其旨岂不深且远哉。凡今之所以未臻于至治者,良由法无定体,人无定分,政出多门,不相统一故也。臣谓诸外路军民钱谷之官,宜悉委中书通行迁转,其赏罚黜陟,一听于中书,其善恶能否,一审于御史,如此则官有定名之实,法有画一之规矣。又大臣贵和不贵同,和于义则公道昭明,有揖让之治;同于利则私怨萌生,起忿争之乱,此必然之效也。诚能中外勠力,将相同心,和若盐梅,固如金石,各慕相如、寇恂相下之义,夹辅王室,协赞圣猷,陛下临之以日月之明,怀之以天地之量,操威福之权,执文武之柄,俾法有定体,人有定分,上之使下如身之运臂,臂之任指,下之事上如使足之承身,身之尊首,各勤厥职,各尽乃心,夫如是,天下何忧不理,国势何忧不振乎。虽西北诸子未觐天颜,东南一隅未沾圣化,其来庭之议,称藩之奏,可克日而待,不足为陛下忧也。所可忧者,大臣未和,大政未通,群小流言荧惑圣听，干挠庶政，亏损国威，摧壮士之心，钳直臣之口，至使人情以缄默为贤，以尽节为愚，以告讦为忠，以直言为讳，是皆奸人敌国之幸，非陛下之福也。臣恐此弊不已，习以成风，将见私门万启于下，公道孤立于上，虽有夔皋为臣，伊周作辅，亦不能善治矣。陛下有垂成太平之功，而复有小人基乱之衅，此臣所以为陛下惜也。今大臣设有奸邪不忠、窃弄威柄者，御史自当言之，乃其职也，百官自当论之，乃其分也，乌在无赖小人不为乡党所齿者，骤兴攻讦之风于朝廷之上乎！臣知国家承平，吉祥之言必不出于若辈之口也，惟陛下远之，则天下幸甚。

陈祐在讨论政本的时候，特别提到了政治风气堪忧的问题，实际上指的就是阿合马擅权带来的严重影响。尽管在奏章中没有点出阿合马的名字，但指向是相当清楚的。

树太平之世的第三本是以人材为治本，陈祐明确建议采用科举的方法取士，并辅之以其他选人方法，使国家有充足的可用之人。

其三曰人材治本，选举之方宜审。臣闻君天下者，劳于求贤，逸于得人，其来尚矣。盖天地间有中和至顺之气，生而为聪明特达之人，以待时君之用。是以圣王遭时定制，不借材于异代，皆取士于当时。臣愚以为：今之天下，犹古之天下也；今之君臣，犹古之君臣也；今之人材，犹古之人材也；贤俊经纶之士，岂皆生于曩代，而独不生于当今哉？顾惟陛下求之与否尔。

伏见取人之法，今之议者互有异同，或以选举为尽美而贱科第，或以科第为至公而轻选举，是皆一己之偏见，非古今之通论也。夫二帝、三王之下，隋、唐以上，数千百年之间，明君睿主所得社稷之臣、王霸之辅，盖亦多矣。其丰功盛烈，章章然著于天下后世之耳目者，迹其从来亦可考也，或起于耕耘，或求之于版筑，或猎之于屠钓，或遇之献言而入侍，或由荐进而登朝。至于贤良、方正、直言、孝廉、贡举之著，遭际万殊，不可胜纪，岂一出于科第乎？自隋、唐以降迄于宋、金，数百年间代不乏人，名臣伟器，例皆以科第进，岂皆一出于选举乎？及乎遇合于君，聚精会神于朝廷之上，皆能尊主庇民，论道佐时，宁复有彼优此劣之间哉？夫士之处世，亦犹鱼之处水。今鲂之在河，鲤之在洛，人皆知之，其致之之术，固有筌罾罟钓之不同，期于得鲂得鲤则一也。

臣愚谓方今取士，宜设三科，以尽天下之材，以公天下之用。亡金之士以第进士，并历显官，耆年宿德老成之人分布台省，咨询典故，一也。内则将相、公卿、大夫各举所知，外则府尹、州牧岁贡有差，进贤良则受赏，进不肖则受罚，二也。颁降诏书，布告天下，限以其年，开设科举，三也。三科之外，继以门荫、劳效参之，可谓才德兼收，勋贤并进。如此，则人人自励，安敢苟且。庶几野无遗材，多士盈朝，将相得人于上，守令称职于下，时雍丕变，政化日新，陛下端拱无为而天下治矣。夫天下犹重器也，器之安危，置之在人。陛下诚欲措天下于泰山之安，基宗社于盘石之固，可不以求材为急务乎？《诗曰》："济济多士，文王以宁。"其斯之谓欤！

陈祐强调不能将科举与选举视为完全对立的两种选人方法，所以他提出的三科取士方法，就是融合了选举和科举精髓的改良版选人方法。

最后，陈祐又列举古代的教训，强调君主能够纳谏，不仅可以避免各种祸乱，还能成为一代明主，开创前所未有的伟业。

抑臣又闻凡人臣进深计之言于上，自古为难。昔汉贾谊当文帝治平之世，建言："诸侯强大，将不利于社稷，譬犹抱火厝之积薪之下而寝其上，火未及然，因谓之安，甚非安上全下之计，莫若众建诸侯而少其力。"可谓切中时病矣。然当时举皆以谊言为过，故帝虽嘉之，而不能用。逮景帝之世，七国连兵，几危汉室，谊之言始验于此矣。董仲舒当武帝穷兵黩武之初，重敛苛刑之际，一踵亡秦之余敝，唯崇尚虚文而欲求至治，仲舒以为："更化而不更化，虽有大贤，不能善治，譬之琴瑟不调，甚者当更张而不更张，虽有良工不能善鼓耳。"又言："临渊羡鱼，不如退而结网；临政愿治，不如退而更化。"可谓深识治体矣。然当时举朝皆以其言为迂，故帝虽纳之而不果行。逮季年之后，海内虚耗，户口减半，帝于是发仁圣之言，下哀痛之诏，仲舒之言实验于此矣。向若文帝用贾谊之言，武帝行仲舒之策，其祸乱之极，必不至此，汉之为汉又岂止如是而已哉。暨乎有唐驭宇，太宗皇帝清明在躬，以纳谏为心，而魏征之伦，耻其君不及尧、舜，是以知无不言，言无不听，听无不行，故能身致太平，比功较德，优迈前主矣。

臣诚才识驽钝，不足以比拟前贤，如霄壤泾渭，固自有间，然于遭逢圣明，诚诚恳恳，志在纳忠，其义一也。臣请以人身之计言之。且冬之祁寒，夏之甚暑，此天时变于上者也，在修人事以应之，故祁寒则衣之以裘，甚暑则服之以葛。非人情恶常而好变也，盖亦理势当然，不得不尔，期于康宁其身而已矣。或者安于循习，昧于变通，冬之裘且加于流火铄金之夏，夏之葛苟施乎坚冰坼地之冬，将见严酷疠人，危在朝夕矣，又乌能答天地之正算，养乔松之上寿哉！国计安危，理亦如此。

臣愚切谓三本之策，若施之于太祖用武之世，有所未遑；行之于陛下文明之时，诚得其宜矣。此是天下之公论，非臣一人之私意也。愿陛下不以人废言，力而行之，则可以塞祸乱之源，可以兴太平之化，可以保子孙于万世，可以福苍生于无穷矣。

陈祐所强调的国本、政本、治本，核心是治本，而最重要的是君主能够纳谏，才是天下大治的根本所在。但是这样的三本建议显然未引起忽必烈的足够重视，除了后来有册立太子的举动外（这一举动是在多人建议下才采取的，陈祐只是建议者之一），强中书和行科举的建议都未被忽必烈所采纳，只是为后人提出相同的建议提供了重要的依据而已。

（五）李冶的纪纲说

李冶（1192—1279 年），一作李治，字仁卿，号敬斋，真定藁城（今属河北）人，金正大（1225—1231 年）末登进士第，金亡后隐居，元世祖至元二年（1265）被授予翰林学士职，次年辞归，著有《敬斋文集》《敬斋古今黈》《泛说》等。[①]

忽必烈于1257年召见李冶，在问答中体现出了李冶的一些重要政治论点。

忽必烈问李冶："汝在河南，居官者谁最佳？"李冶答道："百余年

[①]《元朝名臣事略》卷13《李冶事略》，第259—264页。本小节引文未注明出处者，均来自此事略。

间人才未易数,在今日论之,其险夷一节,则完颜仲德甚可嘉尚。"忽必烈又问完颜仲德是否读书,李冶的回答是"仲德策论进士,观其以国忘家,以主忘身,实自读书中来"。忽必烈再问:"完颜合答及蒲瓦何如?"李冶答道:"二人将略具短少,帝任之不疑,此金所以亡也。"完颜合答及蒲瓦都是金朝末年的主要将领,完颜仲德则是以儒臣领兵,金亡时自杀。① 忽必烈询问对几个金朝人物的评价,就是要了解李冶所持的选人标准。李冶赞赏完颜仲德的作为,显示他的一个重要标准就是儒士能够尽忠报国。

忽必烈问魏征、曹彬如何,李冶认为魏征忠言说论,知无不言,是唐朝第一名臣;曹彬功江南时不妄杀一人,亦为一代名臣。忽必烈又问李冶:"今居官之人,有如魏征者否?"李冶答道:"今之人侧媚成风,欲比魏征实多愧矣。"由这样的问答可以看出,忽必烈希望能够得到魏征、曹彬这样的名臣相助,李冶则明确表示这样的人才在当时确实少见。

忽必烈向李冶咨询人才问题,李冶指出:"天下未尝乏材,求择得之,舍则失之,理势然耳。且今之儒生如魏璠、王鹗、李献卿、兰光庭、赵复、郝经、王博文辈,皆可用之材,又皆贤王之所素知,已尝聘问者也。举而用之,何所不可,但恐用之不尽耳。夫四海之内,曷止此数子哉!诚能广延于外,将见云集辐凑于朝廷矣。"忽必烈问道:"回鹘人可用否?"李冶回答:"汉人中有君子小人,回鹘人亦有君子小人。但其人贪财嗜利,廉谨者少,在国家择而用之耳。"在吸纳人才方面,李冶持的是广招善用的态度,既要扩大选人、用人的范围,也要注意用君子而不用小人,并且不对回鹘人才抱排斥的态度。

忽必烈又问了一个至关重要的问题,即"天下当如何而治"。李冶的回答是要以立法度、正纪纲为治国要务:"夫治天下,欲难则难于登天,欲易则易于反掌。盖有法度则治,控名责实则治,进君子退小人则治,如是而治天下,岂不易于反掌乎!无法度则乱,有名无实则乱,进小人退君子则乱,如是而治天下,岂不难于登天乎!且为治之道,不过立法度、正纪纲而已。纪纲者上下相维持,法度者赏罚示惩劝。今则大官小吏,下至编民,皆自纵恣,以私害公,是无法度也。有功者未必得

---

① 《金史》卷119《完颜仲德传》。

赏，有罪者未必被罚，甚则有功者或反受辱，有罪者或反获宠，是无赏罚也。法度堕，纪纲坏，天下不变乱已为幸矣。"李冶强调的立法度、正纪纲的治国路径，应是他认为可以最快见效的文治路径，所以他能就此得出治天下易如反掌的重要论点。

蒙古人重视"长生天"的意志，忽必烈也不例外，所以发生地震后，忽必烈向李冶询问地震的缘由，李冶即将治道学说糅在"上天示警"中作了说明："天裂为阳不足，地动为阴有余。地道阴也，阴太盛则变常矣。今之震动，或奸邪在侧，或女谒盛行，或谗匿弘多，或刑狱失中，或征伐骤举，五者必有一于此矣。然天之爱君，如爱其子，故出此以警之。苟能辨奸邪、去女谒、屏谗匿、减刑狱、止征伐，上当天心，下合人意，则可变咎证为休征矣。"这样的附会方法尽管并不高明，但是对于提醒当政者不要乱政害民、惹怒上天，还是能起到一定的作用。

除了在与忽必烈的对话中显示的政治论点外，李冶在著述中还强调了三方面的论点。

一是天下之病在于"假仁义"。李冶指出："道有权，政有经，教有本，仁有方。趣时立奇功，道之权。作法便生民，政之经。兴学革薄俗，教之本。积善获令名，仁之方。行权据理，守经适变，树本务固，向方不惑。"① 但是"仁有方"可能受到严重的干扰："天下之病，莫病于似然而实不然。然则天下之病，不病不仁，病在于似夫仁者，之害吾仁；不病不义，病在于似夫义者，之害吾义。不仁不义，人得而砭之；似仁似义者，既自不受和扁之砭，而和扁之精亦未易以窥见置砭之处。"② 仁义行之于天下，不仁不义好鉴别，难辨别的是似仁似义的"假仁义"，所以李冶称其为天下之病。

二是注重史书的政治功能。如李冶所言："经史意一而体二。经可言命，而史自不可言之。史虽不可言命，至于家人相与之际，一颦一笑，小或系于女氏之贵贱，大或系于邦国之盛衰，是必有数存乎其间，未能遽以人事断也。""盖作史之体，务使闻之者知所劝戒，而有以耸动之，故前世谓史官权与宰相等。苟一切以听之命，则褒贬之权轻。褒贬之权轻，则耸动之具去矣，又安用夫史笔为哉。"正是因为史书可以起到扬善惩恶的政治评价功能，李冶特别强调："为言不难而文为难，

---

① 李冶：《赵振玉神道碑》，《全元文》第2册，第41页。
② 李冶：《敬斋古今黈》卷5，四库全书本。

为文不难而作史为最难。史有体有要，体要具而后史成焉，体要不具，而徒文之骋史乎，史乎而非千万世之法也。"① 尤其是在评价士人行为时，李冶特别强调的是"士大夫大节不必观其所为，但观其所不为足矣"的标准。②

三是注重儒士的自身行为。李冶在学术方面看重精深，认为"学有三，积之之多，不若取之之精，取之之精，不若得之之深"，并且指出写文章有苟作、徇物、欺心、蛊俗和不可以示子孙五种不当做法。李冶还特别指出："篇翰流传，锵耳赫目，可以入文苑矣，不可以入儒林。经术粹精，洞贯古今，可以入儒林矣，不可以入儒行班。固则凡有文字者，悉载之本传之中，别以明经者入儒林。""虽然吾犹恨其不为儒行一传以为儒林文苑之首，焉能尊其书而不能尊其身行之人，是信其名而不信其实也。吾穷居陋处，固不在笔削之位，而辄为是说，冀乎后之人知尊其为儒之身有愈于知尊其为儒之书耳，非故以为夸也。"③ 李冶之所以强调儒士的行为更为重要，不只是为了在写史书时对儒士作出更准确的评价，更重要的是要求儒士不要慕虚名而忽视了对自身行为的约束。

李冶尽管在朝廷中任职的时间较短，但是他的以立法度、正纪纲为核心的政治观点，体现的是当时士人中具有代表性的政治观念。

（六）王鹗的修史说

王鹗（1190—1273年），字百一，曹州东明（今属山东）人，金朝进士，忽必烈即位后授翰林学士承旨，《即位昭》《中统建元诏》《至元改元诏》等都出自王鹗，著有《汝南遗事》等。④

王鹗因考进士时位居第一，忽必烈以"状元"称之，以示尊敬。1244—1246年，忽必烈将王鹗请到漠北，征询治国建议。王鹗向忽必烈解读修身、齐家、治国、平天下的儒家治国理念，忽必烈即明确表示："我今虽未能即行，安知它日不能行之耶！"并特别命廉希宪、阔阔等人以王鹗为师。1250年，蒙哥召见王鹗，希望其任职于汗廷，王

---

① 李冶：《敬斋古今黈》卷3。
② 李冶：《敬斋古今黈》卷4。
③ 李冶：《敬斋古今黈》卷3。
④ 《元朝名臣事略》卷12《王鹗事略》，第237—241页。本小节引文未注明出处者，均来自此事略。

鹗力请辞归。由于阔阔等人每天盛饰其冠服为王鹗侍从，以显示对王鹗的礼遇，王鹗则明确表示："圣主好贤乐善，征天下士，命若从学。若等不能称主上心，惟夸衔鲜华以益娇贵之气，恐窒于外而塞于中，道义之言，无自而入，吾所不取也。"阔阔等人随即改以素衣以从。①

王鹗作为金朝旧臣，对新朝的政务较少发表意见，但是当阿合马想请王鹗推荐其任中书省相位之职时，王鹗愤而拒绝，并明确表示："即欲举此人为相，吾不能插驴尾矣。我以衰老之年，无以报国，忍为此耶！"也就是说，对于孰忠孰奸，王鹗早有判断，只是不言而已。

王鹗对朝廷新政的建议，主要有两项，一项是兴学，一项是修史。

王鹗向忽必烈建言："学校久废，无以作成人才。宜选博学洽闻之士，提举各路学校，严加训诲，以备它日选用。"忽必烈采纳了他的建议，专门设立了十路提举学校官，负责兴学事宜。王鹗还特别留下了对儒生的告诫之语："夫庙（宣圣庙）而后有学，学而后有士，此理之所必然者。然自古人材之多，未尝不出于教养之素。而今而后，吾士人诚能体二君（捐助修庙的严实等二人）修学之意，日省月试，进而复进，新之又新，期于有成者而后已。若徒以为美观，不究讲习，非所以望于诸生也。"② 王鹗所要强调的，即学而时习之的要求。

王鹗还向忽必烈建议："自古帝王得失兴废，班班可考者，以有史在。我国家以威武定四方，天戈所临，罔不臣属，皆太祖庙谟雄断所致，若不乘时纪录，窃恐岁久渐至遗忘。金实录尚存，善政颇多；辽史散逸，尤为未备。宁可亡人之国，不可亡人之史。若史馆不立，后世亦不知有今日。"忽必烈接受了王鹗的建议，下令设立翰林国史院，既负责修国史，也兼修辽、金二史。

王鹗自己也对修史和记事作了贡献。如他所写的《汝南遗事》，就详细记录了金朝末年迁都到蔡州时的史实，并在总论中指出，金朝的末代皇帝尽管有一系列的失误，但是还是有以下善举："敦崇儒术，遴选武臣，罢猎地以裕民，开经筵而论道，以六事课县令，田野辟而赋税均；分三路设司农，善良进而奸邪退。是致家余蓄积，户益丁黄，虽未治于太平，亦可谓小康小息者矣。"王鹗还特别表示："谨以亲所见闻，撰成《汝南遗事》四卷，计一百七事，冗长不文，故不足取，庶几它

---

① 《元史》卷134《阔阔传》。
② 王鹗：《创建宣圣庙记》，《全元文》第8册，第6—7页。

日为史官采择。"① 也就是说，记事的目的就是要为今后的修史提供真实的素材。

对当前发生的事情，王鹗也有所记述，较具代表性的就是对盐政的以下记录。

> 夫水为五行之首，而盐为五味之先，可以便民，可以益国。国之益民之便者，岂浅鲜乎！
>
> 国家创制，事从简易，燕京所辖，有县曰宝坻、庐台、越支，畴昔之盐场也，曰三叉沽，则未之闻。甲午（1234年）之秋，三叉之地，未霜而草枯，滩面宽平，盐卤涌出，或经日自生。时人指以为瑞，遂相率诉于官。按验得实，受旨煎造。初得旧户高松、谢实十有八人，岁不再易，招徕者日益众。河路通，使商贩憧憧往来，是年办课五百余锭，比之他场几倍之。无何，康定之后，为势家垄断，灶户工本，例不给之，折以无用之物，故户皆贫窭，借不能偿。
>
> 至元二年（1265），朝廷择人授任，以中书省左右司郎中倪德政为礼部侍郎，兼使蕝职。公革去弊政，善政日新，成绩上闻，升中都路都转运使，官大中大夫，仍以提领税课司答木丁同知使事，宝坻盐使曹严臣副之。授任之后，莅政清严，以恤民为急，有功必赏，有罪必罚，灶户岁给，一一均及，殊无折支诸物之弊。有司租调，彼亦欣欣然。输纳自余，无丝毫科敛。由是人得安业，盐蜗山积。②

王鹗的这段记录，不仅提供了一个由乱到治的实例，也为后人了解盐政的变化提供了宝贵的资料，同样可以作为日后修史的重要素材。

七　魏初的善政建议

魏初（1232—1292年），字大初，弘州顺圣（今属河北）人，忽必烈潜邸名士魏璠重孙，忽必烈即位后历任中书省掾史、监察御史等职，著有《青崖集》。③ 至元五年十月，忽必烈命许衡、窦默及京师诸

---

① 王鹗：《汝南遗事》卷4，四库全书本。
② 王鹗：《三叉沽创立盐场旧碑》，《全元文》第8册，第10—11页。
③ 《元史》卷164《魏初传》。本节引文未注明出处者，均来自此传。

儒各陈经史所载前代帝王嘉言善政，魏初亦参与其中，最终汇集成正君心、教太子、任人才、慎听览、辨邪正、革旧弊、通下情、理财用、修武备九方面的内容上奏。[①] 魏初在其他奏章和著述中，更集中表述了他对善政的一些基本要求。

（一）君主善行的要求

为了使皇帝成为一代明主，魏初特别提出了六方面的要求。

第一方面的要求是纳谏。忽必烈曾向魏初等人下旨："魏征般人寻者，如魏征般人无，只似魏学士般人寻者。"至元六年正月，魏初在奏章中专门陈述了纳谏的问题。

> 臣愚窃谓天下未尝乏才，顾人君用之者如何耳。如魏征者，陛下必欲得之，亦非难事。且征之所以为征，以太宗之能听受也。若太宗不听，征虽有经国之才，抗直不屈，将何所施？今陛下将与尧、舜比隆，太宗之事臣知其优为之也。诚能霁至尊至大之威，收至聪至明之辨，曲屈情意，勉强以制礼义，使臣下尽言不讳，魏征将自至，尚何俟于寻哉！[②]

在魏初看来，臣僚能否直言，主要取决于君主的态度，只要君主有纳谏的诚意，就不乏直言之臣。

第二方面的要求是防伪。在至元六年正月的奏章中，魏初还特别陈述了君主防伪的重要性。

> 人情奸伪，不可不防。古之治天下者大为防禁，民犹逾之。在朝廷而失其防，则有民不知君，如鲁三桓之专。在边境而失其防，则有尾大不掉，如唐藩镇之乱。在诸侯而失其防，则有号令不行，如秦、楚、吴、越之僭。在百姓而失其防，则有掉臂大呼，睚眦杀人，如陈胜、郭解之徒。是固不可不防也。然防之得其道，则可以制乱；防之失其道，则适足生乱。若夫用正人，用之则当其材而不过，此朝廷之防也。兵不可不精炼，既精炼矣，必分其势，使权不久在一人，此边境之防也。地不可广，民不可众，且迁转之格今已

---

① 魏初：《奏议》，《青崖集》卷4，四库珍本（《全元文》第8册，第415页）。
② 魏初：《奏议》，《青崖集》卷4（《全元文》第8册，第415—416页）。

> 行之，此诸侯之防也。民固不可使穷困，亦不可太豪富，穷困则易以为盗，豪富则易以骄乱，此百姓之防也。陛下必欲防奸伪，宜以此防之。若以拥蔽之故，而使之互相告讦，臣恐奸人因此厚诬大臣，以生衅端。方今已见其渐，小则恐迫财贿，大则扼其吭而夺之位，至有同列不相能，聚群不逞之徒而啖之以利，使相为讦发，当路者莫敢谁何。以成风俗，甚不可长。①

魏初将防伪分为朝廷之防、边境之防、诸侯之防、百姓之防四种，就是要提醒君主防伪事关治乱，绝对不能掉以轻心。

第三方面的要求是肃礼仪。在至元八年四月的奏章中，魏初特别指出朝廷存在不重礼仪的严重缺点。

> 窃惟君犹天也，臣犹地也。天尊地卑，礼不可不肃。方今内有太常，有国史，有修起居注，以议典礼，纪言动；外则交趾称臣，高丽入贡，日本、江左瞻望德化。自祖宗开国以来，其创法立制，至陛下为最备。故外域远方，企仰朝廷，以为中朝礼义之国。昨闻御前食肉，负者裸形舞唱，恐非所以正朝廷、待臣下、尊天子之礼也。自今御前不可作此戏举，务存大体，天下幸甚。②

按照儒士的要求，国家不仅要有正式的朝仪等，君臣在平时也要注重礼仪的要求，否则会有损王朝的形象。对于习惯于游牧习俗的皇帝和蒙古贵族而言，要做到这一点确实很难。

第四方面的要求是主生杀。君主应该防止生杀大权旁落，魏初在至元六年正月的奏章中特别强调了这一点。

> 生杀与夺之权，人主所司，不可使少移于臣下，一有所移于臣下，欺弄祸患可立至。此非臣之私言也。《书》曰："惟辟作福，惟辟作威。"《春秋》称君能制命为义。《史记》谓能擅国之为王。此自古之明戒也。虽然，宰相所以代君治事者也，苟不委任责成，则何以办治？此亦非臣之私言也。孔子尝曰："先有司，赦小过。"

---

① 魏初：《奏议》，《青崖集》卷4（《全元文》第8册，第416页）。
② 魏初：《奏议》，《青崖集》卷4（《全元文》第8册，第418页）。

> 盖不先有司，则事无所统；不赦小过，则下无全才。臣愿生杀与夺之权持之当在陛下，而"先有司，赦小过"之义，亦不可不致论也。①

皇帝掌握生杀予夺的权力是理所当然的事情，但是按照魏初的说法，权力的行使不但要有节制，注重"赦小过"的原则；还要按程序办事，尤其是发挥宰相及臣僚的作用，注重"先有司"的原则。

第五方面的要求是立太子。至元八年四月，魏初明确向忽必烈提出了立太子的建议。

> 窃见圣主即位以来，经理天下，中书省以总朝纲，尚书省以决庶务，枢密院以典兵，御史台以纠弹非违。其统而一之，能分陛下之忧者，圣虑固已定矣。窃见燕王尝钦奉圣旨，守中书令兼枢密使，名虽如是，实则未闻。当今之计，宜妙选天下贤而有德业者辅翼燕王，钦依已降圣旨领中书省，凡军马、刑杀、大除拜、大钱谷及应合闻奏之事，须先启白燕王处决，然后入奏。如是，则政柄归一，圣虑少安，而天下国家之大本定矣。

在忽必烈正式册封皇太子之后，魏初又请求"博稽贤才，妙选朝廷耆旧有闻望德业者为之保傅，及明通政事谨密有器局者为之左右前后"，都是为了辅佐太子，以保国本。②

第六方面的要求是记起居。魏初特别强调了《起居注》的重要性，希望皇帝将纪录起居言行等作为一项重要的事项。

> 照得唐制，宰相修时政记，月送史馆。又起居郎，天子御正殿，则对立于殿下，有命则临陛俯听，退而书之，以为《起居注》，凡册命、启奏、封拜、罢免悉载之。史院尝钦奉圣旨，修纂祖宗事迹。恭惟主上即位以来，立宗庙，议礼乐，定官制，百度修举。今两省、台、院及修《起居注》，凡有军国大政并册命、启奏、封拜、罢免等事，合从中统建元及今见行事理，逐月送付史

---

① 魏初：《奏议》，《青崖集》卷4（《全元文》第8册，第416页）。
② 魏初：《奏议》，《青崖集》卷4（《全元文》第8册，第418、435页）。

院，以修实录，则主上之丰功盛烈有以光耀万世，亦臣下所当为者。①

儒士注重《起居注》，还有一个重要的原因，就是可以用这样的方法使君主注重自己的言行，不要在史书中留下负面的记载。

（二）监督朝政的要求

建立御史台、行御史台和提刑按察司等机构，完善监督朝政的机制，是善政的重要内容，魏初于此多有建言。

至元八年三月，魏初强调应尽快为御史台确立行事的法则。

> 法者，所以维持天下之具也。宪台，则守法之司也。方今无一定之法，百司无所循守。虽省府已尝奏论，未即施行。合无从御史台再行举奏，早定一代之法，使有司有所守，百姓有所畏避，天下幸甚。

至元九年七月，魏初建议地方监察官员应实行有利于监察实效的迁转方法。

> 照得唐制，常参官及刺史上讫三日后，举一人自代，况巡行纠劾之任与常叙例转不同者乎？夫郡县之职，以抚字为功，故必以日月满考，然后转叙。惟按察官与监察御史则不宜然。盖人情久则熟，熟则慢，慢则事不立矣。目今按察官已有过满去处未有转代，监察御史必待例满，代官至，然后离职，皆非计之得者也。合无令按察官及监察御史在任一岁后，不问内外，各举资望相应者一人以自代，不惟可以作新风节，起厉顽弊，亦可以广收才能，以凭倚用。

至元十年正月，魏初又建议以朝廷重臣坐镇御史台。

> 御史台天子耳目之寄，自本朝官以下，宜妙选朝廷名德大臣为

---

① 魏初：《奏议》，《青崖集》卷4（《全元文》第8册，第423页）。

主上所倚信者一员，足以坐镇雅俗，庶几合天下之公望，以振起台纲。此非一人之私言，实内外之公议也。

至元二十三年十二月，魏初又就御史台的纠察事务等提出了几条重要的建议。

> 窃闻，欲清其流，毋濯其源；欲求治人，先须自治。宪台为天子耳目之寄，拾遗补阙，进贤退不肖，使百司畏肃，内外乂安，此其职也。今务讦发阴私，追究赃物，簿书堆积，过于有司。比者台政一新，有合讲究事理，开具于后：
> 御史台官监察御史，此非常选，前代多出自宸衷，自余纠按之职，宜中书省选奏，若有不当，御史台劾之而已。今自作一选，其间或公或私，或可或否，不能不招物议。
> 赃罚库，前代无此例。御史台职当纠劾，若有合追赃罚，付之有司。令御史台、察院自行追理，另置赃罚库，虽赤历按验明白，终非其体。
> 各道按察司书吏，不宜止于府州司吏内选取，宜兼用儒生之通达事物者。府州司吏习虽既熟，能卓然自立者有几？一旦处清要之地，掌进退与夺之权，所以哄招物议者，多本于此。
> 各道按察司奏差、察事、问事，甚为不便。如奏差专以察体究问，不知司官掌何等事，且操纵与夺之间，岂能尽公。今后宜减奏差之员之半，以补书吏，体察究问，司官当自为之，奏差承奉使奏可也。①

魏初还在给两名侍御史的上书中，表达了他对御史台所管事务的理解和担忧，可节录于下。

> 今天子神圣，动欲稽古。内外百司，莫不具举。复立台宪，将肃清天下，而两侍御首膺是选，是不可不独为侍御贺，将为天下贺。虽然，亦不可不为两侍御虑也。程颢为监察御史，进说甚多，

---

① 魏初：《奏议》，《青崖集》卷4（《全元文》第8册，第417、428、434、439—440页）。

大要以正心窒欲、求贤育才为先。神宗尝问所以为御史，对曰："使臣拾遗补阙，神赞朝廷则可；使臣掇拾臣下短长，以沽直名则不能。"神宗叹赏，以为得御史体。方今生民之利病何以兴除，边鄙之狎纵何以经略，钱谷之出入何以会计，人材之阙乏何以奖拔，百官之贤否何以黜陟，两侍御必有成算矣。若有非者弹之，有罪者纠之，人皆可为，则圣天子何独注意于两侍御哉，二贤相君又何倚办于两侍御哉。是知两侍御之可贺，又知侍御之不可不致虑也。

比来，风浇俗薄，士气颓薾，猖獗之徒不以唇吻相交取胜，则必评人阴私以为仕途之终南山，故中外闻言事者，不谓之狂，则谓之奸矣。间有谆至切中事机之论，当路亦藐然一例观之。是以布衣韦带之士，无职分，无言责，率分一噤，不敢少为时吐奇也。①

也就是说，在魏初看来，纠弹官员过错并不是御史台的最重要职能，帮助皇帝兴除利病、经略边疆、会计钱谷、奖拔人才、进贤去奸，亦即发挥治理天下的作用，才是最重要的职能。尤为重要的是，魏初明确指出了奸臣当道和天下噤口的弊病，就是希望监察机构能够在改变朝廷的不良政风上有所作为。

(三) 选用人才的要求

善政要在用人，朝廷在这方面颇有欠缺，魏初在至元八年四月的奏章中已经指出了其中的问题。

窃惟欲致天下之治，必求所以治天下之具。所谓治天下之具者无他，人才是也。取人之法，具在方册。三代有乡举、里选之制，汉有孝廉、贤良之科，隋、唐以来，加以词赋、明经，辽、金因之，亦能得人。国家有天下六七十年之间，取人之法，未遑暇及。今天子神圣，百职具举，苟取之不以法，则奔趋请托，凭籍党与，无所不逞其私。才有一阙，则上司所付，门下亲旧之所嘱，骈肩累足，莫知适从。卒之，人才无所得，而贿利评制者取之，至有赃污负罪而投谒有所，则已登津要而肆猾狡矣。欲其政平讼理，恐未能也。合无取近代之制，若文武举，若试吏员，若任子等法。至于方

---

① 魏初：《上高张两侍御书》，《青崖集》卷4（《全元文》第8册，第442页）。

技、医卜之术，皆以试补，则人得其才，侥幸之门塞，治安之功可期矣。

至元九年七月，魏初又在奏章中专门陈述了中书省选用令史时遇到的问题。

> 窃见天下之事具在于省，省之事责之六部，六部之事，其呈覆出纳，在于各科分令史。由是言之，部令史名虽卑，其掌行为最要，其所系为最重。得其人则庶事流通，无所壅塞；不得其人则丛脞堕堕，诈伪百出。若近者插补检目，冒用中书户部印信及扯毁关检等事，推是心以往，将何所不至？望其政平讼理，恐未能也。目今各部正补吏员如无过犯，能以廉勤自律，有干局者，不必追其既往。若科分果有繁剧，令史阙少，亦合约量收补。如更不知警惧，敢为欺诳者，当随事黜罚，则能否有别矣。方其资考未满则掌握机柄，既满则临治州县，苟非其人，将何以堪之？拟合定立格法，如岁贡之例，守一不变，不轻以他道入补，则人无觊觎，知所劝戒，奔竞之门塞矣。六部，诸路表率，若不先为振肃，四方将何所则效？方今之急，是亦其一节也。

至元二十年八月，魏初又对官吏考核制度存在的弊病作了明确的说明。

> 窃谓古之用人以考能否为本，今不过通算月日、抑其资品而已，其于古人考绩黜陟之意盖无有也。直至各官赃污发露，才有停解降等之法。其于所管部分，人户果安而无逃移者乎？盗贼果息而无耗乱者乎？词讼果简而无冤抑者乎？赋役果平而无偏重者乎？田野果辟而无荒芜者乎？是之不论，直以受钱得罪，骤升乃降，此治之所以未臻也。
>
> 今后某官在某任，历某月日，于五事某事不办，可中是何等选，县考之于州，州考之于府，府考之于各道按察司，御史台岁终奏遣监察御史分道考按，得实呈省。其各道按察司亦以所属路分，通考五事之殿最而升黜之。

> 夫欲考按如此，而取人之路不可不谨。今司县司吏取之无法，因之以升州、升府，以至部、台、院、省，莫不由此途出，与夫诸衙门创保人员皆经营求请而得之。积以月日，以之临民，以之治军，以之典财赋，以之任风宪，求之超出伦辈，肯为国家效力者，几何人哉？前代有乡举里选之法，贤良方正之科，如科举，如任子，如试吏员，其途不一也。今止于贴书写发之间取之，岂能尽天下之才？合从吏部与诸名德讲究，定一代选举之典，则人才有望，浇风可戢矣。①

魏初虽然知道忽必烈不喜欢科举，但是在用人方面舍科举又难以找到更合适的方法，所以他还是提出了行科举的建议，并将其与任子、试官吏、举荐等选任方法混在一起，以免引来皇帝的不满。

（四）施政爱民的要求

为推行善政，魏初提出了多方面的建议，并特别指出了其中的爱民、救民意义。如至元八年五月七日建议各投下的二五户丝的户计，应与普通民户一样通行科差，可以使"官民俱得便益"；五月十六日建议重新讨论食盐的椿配方法，为的是"惠而不费，因民之所利而利之"；五月二十七日建议禁止仓库官员以拒收农民交纳的和籴粮食获利的做法，所要求的是"不惟不能作弊害民，其勾当官吏亦不至破家获罪"。至元九年二月二日建议停止在大都城内的金军，为的是防止辇毂下的惊扰；二月十九日建议不将大都应金军的数额配发给各路，理由是"内外臣民皆朝廷赤子"，不应以此加重各路民户的负担。②

由于魏初在京城任职时，正在兴建大都城，为改变役民过重等问题，他于至元九年十月六日、十二月十一日提出了以下建议。

> 窃惟国家爱养百姓，所以备用也。虽用之，亦当爱其力而使之以其时耳。以其时则力不尽，力不尽则用无穷。今国家修筑宫城，此正用民之时也。然用之苟夺其时，切恐民力有时而尽，无以供吾国家之用。目今大都供役人夫，自春徂秋，虽支盐粮、工价，实于农务有所妨夺。为此，就问得户部盐粮科令史燕珍呈：每夫一名，

---

① 魏初：《奏议》，《青崖集》卷4（《全元文》第8册，第417、429、438—439页）。
② 魏初：《奏议》，《青崖集》卷4（《全元文》第8册，第418—421、426页）。

日支工价钞一钱三分，盐粮计该一分，工项计该钞一钱四分。人户有虑妨岁计，除各得工价、盐粮外，更贴钞或一钱，或一钱有零，顾觅人夫替代。今来参详，合无将合给盐粮、工价钞通折作钞，更少加分数，令诸路召募少壮不服田亩之丁，俾长用供役，按月支请工钞。戒董役之官，使少宽捶楚，则子来之民不独见称于昔日矣。

窃见大都修建宫阙，合用诸色人匠，每年逐旋于随路椿要，至有逃避隐匿，烦劳有司勾捉，不惟失误造作，恐积久民力不胜烦扰之弊。今来参详：合无于各处取会诸色人匠见数，依和顾之例，以理给付工价。利之所在，人将趋赴。古人谓悦以使民，庶民子来者，正在此也。若以谓国家畜养百姓，正欲有用，必每事和顾，恐府藏之积不足以供无穷之应。窃谓不然。今国家以谷成金，以桑成银，使民力不困，则何事不成，何求不获。苟不措画以道，切恐一旦凋敝，甚非栽培国家根本之意也。①

魏初后来又上了长篇奏章，表述他对在都城内实行各种善政的意见。

窃惟际天之下，皆朝廷赤子，初无内外之间。古人由近以及远，故有先后缓急之势。大抵京师根本也，四方枝叶也，根本盛，实则枝叶茂密，此必然之理也。殷、周王畿千里，诸侯大者方百里。秦、汉徙天下豪强以实京师，亦所以强干弱枝、隆上都而观万国之意也。若京师根本不固，四方脱有风尘之警，饥馑之虞，则何以镇遏寇掠？

今窃观大都形势，则四方之根柢也，其百姓宜加爱养，厚其力以固根本。乃者近余年间，其赋役科差比之外更为烦重，每岁除包银、丝料、课程、税粮外，略于总管府各科分取。问得打造石材、般载木植及一切营造等处，不下一百五六十万工。和买秆草、烧草又不下数十百万束，料粟不下数十万石，车具不下数千余辆，其余杂细，不能缕数也。今来参详：曰买曰顾，非常法也，前代不

---

① 魏初：《奏议》，《青崖集》卷4（《全元文》第8册，第432—434页）。

测则用之，今一一逐旋顾买，侵渔之徒又因而克减，致使官民不相信。凡所给价以十分为率，必揩留一二分，俟估计体度定，然后破除放支，行移迁调，有数年不得足其价者。今营造方始，此等事不能遽已，要当讲求良方，拟定价直，明示榜文，钞出则货入，货入则钞出，使侵渔之徒不能少有克减。倘计置不尽不测必用之物，宜比市价稍加增添。利之所在，民争趋之，何患有不办者哉！

且夫民之所以不饥寒者，以其当耕而耕，当织而织耳。故农有余粟，女有余布。今农事方殷，夫役若此，安得不妨夺岁计！欲民力之不困，不可得也。大都四方辐辏，闲民居多，若将见支工价、盐粮余上少添分数，明示榜文，召募赴役，不致克减，亦足以济贫民。倘召募不足，当农隙之时遍及则可也。若农事未隙，除农民之家，其余诸色人户时暂科差，亦不妨夺农务，不误造作，似可久行。

兼本路盐货与外方亦更偏重。河间每袋重四百五十斤，价钞一十四两一钱一分四厘；山东每袋重四百五十斤，价钞一十二两六钱六分二厘。大都每引重四百斤正，该钞一十六两三钱，又利禄钱七钱，每引通计钞一十七两，比山东、河间斤重少五十斤，价钞比河间多二两八钱八分六厘。合无照依河间、山东酌中定拟价直，官卖盐引，从诸人兴贩，则足以少宽民力，是亦爱养之一节也。

古者，将用民力，必先有以养之。养之既富而知义，然后用之，则何功不获，何事不成。今国家方将混一区宇，輂毂之下，颇涉困弊，利害非细。主上仁慈，爱养元元。如近者免征积年拖欠之钱债，除豁军人垛兑之差发，皆希世之洪恩，得复睹于今日，是诚生民之大幸，社稷之永福也。如大都和买、和顾、夫役、盐货等事，与所以培养根本之意，特未有以达之耳。①

从魏初的各种爱民、养民建议可以看出，无论是推行善政，还是革除弊病，都要注重细节，通过缜密的计算和列举必要的数据，可以使相关建议更有说服力，更容易被当政者所接受。

（五）儒士参政的要求

魏初还对儒士的修学和参政，提出了四方面的要求。

---

① 魏初：《奏议》，《青崖集》卷4（《全元文》第8册，第436—437页）。

一是儒士要注重理的本义。魏初特别强调:"事有万殊,理一而已。其一谓何,至善而止。"① 他还明确指出:"太极未分而奇偶画阴阳而无穷,阴阳合变而万物生,理亦无不备。不有圣人,孰明是理,孰体是物,孰为之垂教万世。由是观之,万物一五行也,五行一阴阳也,阴阳一太极也,太极即此理也。此理明,则天地位而万物育。""其司牧天民,顺其心,不强其所不欲;宽其赋,不迫其所不为。不夺其时,不困其力,使之雍雍有亲,崭崭有义,长幼有序,内外有别,养生送死,一无所虞,则阴阳安得不合,风雨安得不时。"② 也就是说,理的要义是善,善以爱民为基本宗旨,这恰是魏初强调善政的认识基础。

二是儒士要以学道为己任。魏初认为:"圣人所以与天地参、为万世法,非有甚奇怪恍惚以惊动耳目者之所为也,亦曰率性修道而已,如菽粟布帛,饥者必食,寒者必衣,不可一日无也。"③ "古之学者自小学入于大学,自格物致知以至于修身、齐家,各有叙。程、朱两先生于《语》《孟》中发之详矣。苟能熟读而力体之,古人不难造也。""余尝以书献当路者,其自谓则曰:读经以治心为主,不泥章句。读史尚气义,不喜敢死、怪力之士。作文先大体、主意而鄙雕刻,涉世贵知义、有守而耻不通。"④ 从魏初对学道的要求看,他应该受到理学的一定影响,但是他并没有将自己视为理学的传承者。

三是儒士不应惑于遇与不遇。魏初指出:"初少时读史传,见有杖策军门一言,悟意朝奏莫见,恨相见之晚者,辄谓君臣会遇之不难也。长大来略涉世故,又知会遇之不易也。君子立言,遇不遇不论也。苟能切中时病,虽留中不报,帝不省视,世有董狐笔,不足为贤良累也。"⑤ "太上立德,其次立功,其次立言。自世变不一,有委心于权谋,谓之知;死心于势力,谓之通;苦心于雕虫篆刻,谓之文。故立德者鲜,立功者鲜,立言者亦已鲜,久矣。嗟乎!士君子所以垂宪于后,顾所学何如耳,遇不遇,不论也。"⑥ 儒士能否知遇于明主,受诸多条件的限制,儒士对此应有清醒的认识,所以所持言论要有利于天下万民,而不必在

---

① 魏初:《止斋铭》,《青崖集》卷5(《全元文》第8册,第473页)。
② 魏初:《重修怀州三皇庙记》,《青崖集》卷3(《全元文》第8册,第463页)。
③ 魏初:《书夫子庙碑后》,《青崖集》卷5(《全元文》第8册,第455—456页)。
④ 魏初:《送尉生序》,《青崖集》卷3(《全元文》第8册,第444页)。
⑤ 魏初:《书崔正言传后》,《青崖集》卷5(《全元文》第8册,第458—459页)。
⑥ 魏初:《素庵先生事言补序》,《青崖集》卷3(《全元文》第8册,第450页)。

乎遇与不遇的问题，魏初本人就是这么做的。

四是儒士不能追求虚名。魏初认为："君子非无名之患，无令名实难。名，身之文也。言，名之舆也。言之不辟，名之不远，宜哉。"①"古所谓天民大人者，一于道义，而功名不论也。志于功名者，富贵不论也。世变既降，士气益弱，天民大人即不敢论，而所谓志功名者尚邈乎其无闻焉，是以窃位苟禄之讥、备员全身之谤往往有之，兹感激之士所以痛心疾首，有不能自已者然也。"② 魏初所要强调的是有实言才有实名，在儒风不正的情况下，难以有真正的功名，所以应该退而求其次，真正做到看破功名，他在诗作中就此作了明确的表白。

人海抽身得自由，只随耆旧见风流。而今冠盖长安道，老死黄尘不肯休。③

不是孤高不爱官，过庭长恐负清欢。一盂菽水还家日，衰俗中间得此难。④

笑功名谩我，都几许，竞匆匆。记玉佩红鞯，长安陌上，人指青骢。归来，买田故园，尽人间社燕与秋鸿。唤奴拏鱼溪上，看儿种豆村东。算来，何物是穷通，只有读书功。爱杖屦风流，崖西古石，舍北长松。宦尘千丈如海，更何心鞍马奴童。万古醉中天地，井蛙湖海元龙。⑤

家贫人事稀，萧索坐茅屋。虽无舟楫心，诗书敢私淑。高卧北窗下，清风响梧竹。

圣道岂远人，其源由洒扫。惟彼贤达人，乐以不知老。喟然尝自伤，立身苦不早。

朱墨生涯拙，青铜勋业羞。三山凤伏月，万里鹰搏秋。时时拂尘卷，造物何悠悠。

人生百年内，忧虞何时歇。不如弃尘事，读书古松樾。伟哉圣贤心，秋波湛明月。

---

① 魏初：《送王国宝序》，《青崖集》卷3（《全元文》第8册，第447页）。
② 魏初：《送王之问序》，《青崖集》卷3（《全元文》第8册，第445页）。
③ 魏初：《佚老堂为庸斋薛先生题》，《青崖集》卷2。
④ 魏初：《送耶律百强》，《青崖集》卷2。
⑤ 魏初：《木兰花慢·为完颜振之寿》，《青崖集》卷3。

伤彼蕙兰花，不结君王池。秋露有肃杀，落日空山陂。良无呈瑞姿，虚名将奚为。①

与忽必烈在位前期的其他汉人臣僚相比，魏初无论是职位还是作为都不能算是佼佼者，但是他能将善政理念寓于大量的奏章中，使其成为一个难得的政论家，所以在元初政治思想的发展中，不能不对此有较多的论述。尤为重要的是，从魏初的政论中不仅可以看到新政面临的种种问题，还有较具系统性的政治谋划。注重君主善行、施政爱民的政治谋划，可能未被君主所重视，但是在政治思想发展方面的价值确实不容忽视。

第三节　蒙古、色目臣僚的政治观念

忽必烈在位前期，不仅太子真金表现出了重要的重儒思想倾向，其他蒙古、色目重臣如安童、伯颜、廉希宪、高智耀等人，也表现出了一些重要的政治观念，可分述于下。

一　真金的重儒倾向

真金（1242—1286年），忽必烈第二子，少从姚枢、窦默学习儒学，至元十年（1273）被忽必烈立为皇太子，因有鲜明的重儒政治倾向，引起忽必烈猜疑，忧惧而死。② 由于其政治主张的主要表现在忽必烈在位前期，所以在本章作专门的介绍。

（一）尊师好儒

真金从小学习儒学，由于老师姚枢、窦默都是重要的理学家，加之王恂向他传授的也主要是理学的知识，所以其思想带有明显的理学倾向。尽管忽必烈不看重理学，真金依然表现出对理学的支持，最具代表性的就是许衡因病还乡后，真金特别派人向他表达了自己的观点："公（许衡）毋以道不行为忧也，公安则道行有时矣，其善药自爱。"③

真金对于推广儒学也抱有极大的兴趣。在真金被立为皇太子后，王

---

① 魏初：《闲居杂赋五首》，《青崖集》卷1。
② 《元史》卷115《裕宗传》。本节引文未注明出处者，均来自此传。
③ 《元史》卷158《许衡传》。

思廉向他建议:"殿下府中,宜建学官,俾左右近侍,尝亲正学,必能裨辅明德。"① 真金接受了王思廉的建议。一方面,真金自己持续学习儒学,"每与诸王近臣习射之暇,辄讲论经典,若《资治通鉴》《贞观政要》,王恂、许衡所述辽、金帝王行事要略,下至《武经》等书,从容片言之间,苟有允惬,未尝不为之洒然改容。时侍经幄者,如王恂、白栋皆朝夕不出东宫,而待制李谦、太常宋衟尤加咨访,盖无间也"。另一方面,在东宫建立国学学馆,"诏择勋戚子弟,使学于恂,师道卓然。及恂从裕宗抚军称海,乃以诸生属之许衡,及衡告老而去,复命恂领国子祭酒。国学之制,实始于此"②。王恂去世之后,真金又请刘因主持教学。"是时已立国子学,李栋、宋衟、李谦皆以东宫僚友,继典教事,至是,命因专领之,而以衟等仍备咨访"。真金还特别强调:"吾闻金章宗时,有司论太学生廪费太多,章宗谓养出一范文正公,所偿顾岂少哉。其言甚善。" 刘因以病辞归后,真金又命詹事院长史耶律有尚为国子司业。蒙古贵胄子弟来阿八赤已经被其父亲送入蒙古字学学习,也被真金严令改为入国子学学习,可见其对儒学教育的重视。真金去世之后,耶律有尚的东宫官身份丧失,"自有尚既去,而国学事颇废,廷议以谓非有尚无足以继衡者,除国子司业。时学馆未建,师弟子皆寓居民屋,有尚屡以为言。二十四年,朝廷乃大起学舍,始立国子监,立监官,而增广弟子员。于是有尚升国子祭酒,儒风为之丕振"③。也就是说,真金至少为元朝的国子学打下了重要的基础。

(二) 讲究太子之学

真金作为皇太子,既要学习帝王之学,为未来的君临天下作准备;也要学习太子之学,以端正太子的本位。

为讲究太子之学,当时任职于御史台的儒士王恽特别编撰了《承华事略》一书,介绍历来约束太子德行的各种事迹。全书分为六卷二十目,王恽特别强调了各目之间的关系。

> 孝者,德之本也,唯天子之孝,以宁亲敷教为大,故首之以广孝。爱者,孝所生也,惟孝友于兄弟,故继之以立爱。孝爱既立,

---

① 《元史》卷160《王思廉传》。
② 《元史》卷164《王恂传》。
③ 《元史》卷174《耶律有尚传》。

亟当正者,国之本也,故继之以端本。本虽端,非学无以成其德,故继之以进学。学不无异端之害,故以择术、谨习次之。教尊德成,必取正于官,非听政无以验诸用,非达聪无以周其知,故方其听政,即以达聪继之。国政之外,兵戎为重,故以抚军次之。军国事殷繁,举措之间恐涉僭误,故以明分次之。文武并用,长久之术,故继之曰崇文。尚文之实,亲贤为本,然不可不辨其邪正,故亲贤后继之曰去邪。正人之言,无匪弘益,故继之曰纳诲。虽圣人不能无过,谏而能改,善莫大焉,故先以亲之几谏,次以己之从谏,思互为儆省尔。至若仁民爱物,非德泽何以加,故预之以推恩,德加于民,而俭约逸豫居上者,尤所当尚戒。天下之事无大小,官得其人则治,故以审官终之。①

尤为重要的是,王恽在各目之下,结合真金的表现和当时的情势,提出了具体的要求。

一是广孝。"殿下天粹元良,日隆纯孝,其问安视膳于两宫之间,与古契者多矣。然于君父之孝,复有当广之者。如承颜顺志,俾圣躬宁于上,庶事康于下,乃臣子孝敬之至"。王恽特别提醒太子要高度重视与皇帝之间的关系,就是要防止出现相互间的猜忌。

二是立爱。"国之储贰,家有四海者,于异时将以立爱立敬睦九族、建宗亲,使维藩维城之势屏翰王室,措天下于磐石之安,不以友爱为本可乎。"也就是说,立爱主要是为今后的和睦亲族打下良好的基础。

三是端本。"人君者天下之表,则故以一身为天下之本。太子者国之储副,天命所系属,人心所归向。是本正则国正,国正则百官正,百官正则远迩莫敢不一于正。""且政者正也,以正而正不正者也。今殿下方开物成务,作贞万邦,思取法于正者非一,而端本澄源其可后哉。"王恽强调的是以太子之正以正天下,实则是儒家修身正行的基本要求。

四是进学。"殿下屡召儒臣讲肄经史,进进不已,非惟缉熙光明,抑以仰副圣上训学之意,为国福佑,岂不伟哉。"对于真金的笃好儒

---

① 王恽:《进呈承华事略笺》,《秋涧先生大全文集》卷78(《全元文》第6册,第217页)。

学，王恽给予了高度的评价。

五是择术。"申韩之学，非惟刻薄而已，且导人君以骄淫放姿，李斯尝以误二世矣，岂可以教储贰者邪。"王恽与其他儒士一样憎恨异端邪说，所以特别提醒太子防止思想上的走偏。

六是谨习。"仁孝礼义诗书射御，乃所习之正也。今殿下仁孝恭谨闻于中外，在移养嗣德之初，能所习皆正，无一念不谨，臣知虽放心快己之事日陈于前，不能夺已成之习、已定之心矣。"对于真金的谨慎，王恽也给出了符合实际的评价。

七是听政。"历代明君皆令储贰监国政者，正欲移养君体、厌服臣下、审明治道、熟知民事为务，犹圣上今日之付殿下，岂特使经理机务、习熟节目者哉。然政之纪纲，不过审慎官爵、勤恤民隐、明信赏罚、至公无私而已。所谓审官，任贤使能与我图治也。所谓恤民，轻徭薄赋以厚民生也。所谓明信赏罚，使功罪允当、闻者悦服也。诚能如此，虽尧舜之治不是过也。"太子为了履行好监国的责任，确实需要注重听政的要点所在。

八是达聪。"远听于忠良者则闻所未闻，偏听于左右者则事多欺蔽。伏惟殿下方毓德春宫，重光华夏，于图治有为之初，达聪广听似为急务。""如中统元年，许诸人陈言，亦达聪之一端矣。"王恽希望真金能够效仿忽必烈即位后求直言的做法，就是要防止出现偏听偏信的现象。

九是抚军。"圣上往年诏殿下领枢密院事，正古昔抚军制也。每岁车驾巡幸两都……殿下躬行扈从，所当齐整军容，抚慰将士，使远忘跋涉之劳，日闻歌舞之乐。""至于枢府军务，比之先日尤宜仰留睿算，乃天下安不忘武备之义也。"真金重儒，习武统军是他的短缺之处，所以在治军方面只能是表示关注而已，不能当真。

十是明分。"何谓名，公卿大夫是也。何谓分，君臣上下是也。一或不正，何止动生悔吝，且有事与言不顺之忒。矧太子正名辨分者也，使天下明知储贰有尊君卑臣之德，异日抚临万邦，安有干名犯分、事与言不顺者哉。"讲究名分，与广孝一样，都是要求太子处理好与皇帝的关系。

十一是崇儒。"圣上之立国学教胄子，殿下之选儒士讲经典，皆以尊师重道故也。然尊其师必崇其教，夫子之教，尧舜文武之道，尧舜之道三纲五常是也。夫子修而明之，故为百代帝王之师。切见当今文儒之事，关系教化，旷而未举者数事：如学校未兴，人材无所育；儒户未复，士风绝于下；孔殿未修，帝师虚其位；袭封未定，祀事乏其主；洒扫未给，祖庭为之芜。如或当行，惟殿下留意。其尊师重道之实，光贲千古矣。"王恽知道太子重学的态度，之所以点出儒学面临的困境，就是希望通过太子，为复兴儒学多做一些实事。

十二是亲贤。"尝闻圣上龙潜至于御极，二十年间，百色之人远召明扬，旁及草野。一旦置之庶位，小大随材，曾不乏用，以致昭丕天之业，开一统之基。"学习忽必烈潜邸时广征天下人才的做法，确实有助于太子征用贤者。

十三是去邪。"二者（邪蒿、鲍鱼）食物之微，古人之养太子，皆却而不进，其严如此，矧邪枉不正之人所宜近哉。"真金就此表示："菜名邪蒿，未必果邪也。虽食之，岂遽使人不正邪？"东宫官张九思则明确表示："古人设戒，义固当尔。"也就是说，是否吃邪蒿不重要，重要的是要远小人。

十四是纳诲。"遇事损抑，不妄举动，宜其号两晋贤明之主，良可鉴也。"太子要注意自己的言行，尤要戒妄动之举。

十五是几谏。"子事父母，有承顺从令而已。其或政令之非便，举动之过差，而内发至诚，远征古意，周旋规切，达其善而已。若谏之甚则伤恩，又非臣子之所安。"王恽以此来提醒真金，向皇帝上谏言一定要把握好尺度，否则会带来父子不和的严重后果。

十六是从谏。"殿下春秋鼎盛，当监国听政之初，仁孝贤明闻于中外，欲虚己听言，敛天下之明以为己明，取众人之善以为己善，诚不难矣。"在王恽看来，只要虚心纳言，就能做到从善如流，这恰是真金所具有的优点。

十七是推恩。"圣上近年为征役烦重，例减差徭；山东被灾，溥加赈济。殿下日者虑系囚淹滞也，减杂罪而轻之；念鳏寡困苦也，发廪粟以济之，是皆泽德鸿庞者也。今殿下朝夕听理之事，无非生民之利病，时政之得失。怀保惠和，日深一日，推是心而至于极，又何独哀庶狱之无辜，见畔牛之不忍哉。若广采博听，因利而利、当更而更者，宽得一分，民受一分之赐矣。"王恽指出真金在推恩方面的不足，就是提醒他推恩要注重大事，才能获取民心。

十八是尚俭。"上俭约则下丰足，上侈靡则俗衰敝，此必然之理也。伏见圣上自临御以来，稽古崇俭，如禁酒醴、造缯绨、去涂金，率以朴素为先。殿下方监国，守成之际，宜观志承训，以谨其始，天下幸甚。"应该说，真金已注意到俭朴的问题，王恽只是提醒他皇帝更关注这类问题，所以不能不持小心的态度。

十九是戒逸。"不可逸欲，当兢业者以天下万事丛于一身，微而难查，多而难穷，一不克谨，则所失甚大。"在儒士看来，真金已经是兢兢业业之人，所以就此不必多言。

二十是审官。"远观唐制，近视金法，二者之间诚有当取鉴者。"在选择东宫僚属方面，确实要注重以往的成功范例，不能率意而为。①

王恽叙述的是系统的太子之学，受到了真金的高度重视。东宫官员李谦、夹谷之奇也向真金阐释了较为简要的太子之学，可转引于下。

> 殿下睿性夙成，阅理久熟，方遵圣训参决庶务，如视膳问安之礼，固无待于赞谕。至于军民之利病，政令之得失，事关朝廷，责在台院，有非宫臣所宜言者。独有澄原固本，保守成业，殿下所当留心，臣等不容缄口者也。敬陈十事：曰正心，曰睦亲，曰崇俭，曰亲贤，曰几谏，曰戢兵，曰尚文，曰定律，曰正名，曰革敝。
>
> 太子之心，天下之本也。太子心正，则天心有所属，人心有所系矣。唐太宗尝言，人主一心，攻之者众，或以勇力，或以辨口，或以谄谀，或以奸诈，或以嗜欲，辐辏攻之，各求自售。人主少懈，而受其一，则其害有不可胜言者。殿下至尊之储贰，人求自售者亦不为少，须常唤醒此心，不使为物欲所挠，则宗社生灵之福。固本澄原，莫此为切。
>
> 宗亲为王室之藩屏，人主之所自卫者也。大分既定，尊卑悬殊，必恩意俯逮，然后得尽其欢心。宗亲之欢心得，则远近之欢心得矣。

在李谦、夹谷之奇所说的十事中，只保留了正心和睦亲两事的内容，其他八事，应与王恽所述的相关内容接近或雷同。

---

① 王恽：《承华事略》，《秋涧先生大全文集》卷78、卷79。

(三) 恭敬谨慎的政治态度

王恽所说的真金"仁孝恭谨闻于中外",确实是不虚之辞,主要表现在四个方面。

一是对皇帝和母后的尽孝行为。真金陪同忽必烈出行,忽必烈染病,真金即"忧形于色,夕不能寐"。对后宫也是如此,"闻母皇后暴得风疾,即悲泣,衣不及带而行"。皇后去世时,真金更是"自猎所奔赴,勺饮不入口者终日,设庐帐居之",以显示尽孝之心。

二是以勤俭约束自己的行为。忽必烈命真金参与中书省政务,乳母让真金穿新衣至中书省,被真金拒绝,并明确表示:"吾何事美观也。"真金的衣服为泭所渍,命侍臣重加染治,侍臣请织绫更制之,真金则强调:"吾欲织百端,非难也。顾是物未敝,岂宜弃之。"东宫香殿建成,工匠请凿石为池,如曲水流觞故事,亦被真金以"古有肉林酒池,尔欲吾效之耶"为由而制止。

三是约束扰民的行为。忽必烈派遣侍臣祭祀名山大川,真金特别嘱咐其所至郡邑毋烦吏迎送,以免扰民。江南平定后,以江西龙兴路为皇太子分地,真金即明确表示:"安得治民如邢州张耕者乎!诚使之往治,俾江南诸郡取法,民必安集。"他让宋衜认真选择主掌分地的官员,就是为了使江西达到大治的水平。但是江西官员反其道而行之,派人向真金进献岁课羡余钞四十七万缗,真金怒斥道:"朝廷令汝等安治百姓,百姓安,钱粮何患不足,百姓不安,钱粮虽多,安能自奉乎!"并下令将其所献全部退还。四川行省参政刘思敬遣其弟刘思恭以新民百六十户来献,真金问民从何而来,刘思恭答以"思敬征重庆时所俘获者",真金即明确表示:"归语汝兄,此属宜随所在放遣为民,毋重失人心。"有人向真金进献马、羊等,也被真金以劳民或扰民所拒绝。

四是防止奸臣误国的理政行为。真金曾以古今成败得失征询前南宋大臣倪坚的看法,倪坚答道:"三代得天下以仁,其失也以不仁。汉、唐之亡也,以外戚阉竖。宋之亡也,以奸党权臣。"真金认可倪坚的看法,在中书省听政,"四方州郡科征、挽漕、造作、和市,有系民休戚者,闻之,即日奏罢"。他对阿合马、卢世荣、桑哥等理财之臣颇为不满,并曾明确表示:"财非天降,安得岁取赢乎!恐生民膏血,竭于此也。岂惟害民,实国之大蠹。"恰是在这一点上,真金与忽必烈的鄙视儒者空谈的观点有所不同，并使得阿合马事件后，忽必烈对真金的猜忌加重，已见前述。

真金的重儒政治倾向，显然符合中原儒士对明主的要求，但是在忽必烈看来，真金过于羸弱，难以驾驭一个庞大的王朝，这才是忽必烈疏远真金的真正原因，并由此框定了真金的悲剧结局。思想和观念影响的政治行为，往往会带来意想不到的结果，真金的遭遇为此提供了一个重要的例证。

二 廉希宪的治道观念

廉希宪（1231—1280年），畏兀儿人，因父亲布鲁海牙任廉访使，遂以廉为姓氏，字善甫，号野云，事忽必烈于潜邸，受命治理关中地区，并在忽必烈即位时起过重要的劝进作用，后历任京兆、四川宣抚使和中书省平章政事等职，著《廉文靖公集》，已佚。廉希宪儒学功底深厚，在思想上也表现出了鲜明的儒家治道观念。[1]

（一）倡导用君子的治道学说

廉希宪出生于燕京，幼年随父亲住在拖雷家族的真定分地，接受了系统的儒学教育，又嗜好读书。入忽必烈潜邸后，仍以痴迷于读书著称，被忽必烈名之为"廉孟子"。但是廉希宪亦注重学习蒙古人的骑射技艺，曾在校射中以劲弓三发连中，获得过"真文武全材，有用书生"的好评。

廉希宪学儒学、重儒学，在被忽必烈派往关中地区实施治理时，不仅向忽必烈推荐了许衡、姚枢等大儒，还在居所挂上了"止善"的牌匾，"公退，则坐于中，明经读史，凡义理精粗，事务得失，研究纤密，必归于是而后已"。廉希宪还十分注意为士人脱困。"国朝创制，凡名为士类者，毋隶奴籍，独京兆多豪右，废格不行"，廉希宪乃坚持一律按令行事，解脱了士人的奴籍。1259年廉希宪随从忽必烈南征，特别带儒生百余人拜伏于军门，向忽必烈进言："今王师一举渡江，宜令军中应俘获南儒，并以官钱购遣还家，以广异恩。"忽必烈采纳了他的建议，放还了儒士五百余人。在后来主政荆州时，廉希宪更是强调"风教不可后也"，大兴学校，不但亲自到学校讲学，还恢复了竹林书

---

[1] 《元朝名臣事略》卷7《廉希宪事略》，第124—142页。本节引文均来此事略。

院,并赠书一万四千卷。

廉希宪还极为重视对儒家治道的解释。如忽必烈曾命令廉希宪受戒于喇嘛教的国师,廉希宪明确表示:"臣已受孔子戒。"忽必烈问道:"汝孔子亦有戒耶?"廉希宪则回答:"为臣当忠,为子当孝,孔门之戒,如是而已。"这实际上陈述的就是儒家的纲常之道。

皇太子真金曾向廉希宪请教何为治道,廉希宪则明确回答:"君天下者二道,用君子则治,用小人则乱。臣病虽剧,委之于天。所甚忧者,大奸专柄,群邪蜂附,误国害民,病之大者。殿下宜开圣意,急为屏除。不然,日以沉痼,不可药矣。"廉希宪还经常表示:"君子小人,势犹水火,必欲兼收并用,以致尧、舜之理者,前未闻也。"也就是说,廉希宪所要弘扬的治道,就是要用君子、远小人;而所忧虑的,恰是朝廷存在的信用小人、排斥君子的不良风气。

(二) 维系中书省的良好政风

中统四年至至元五年,廉希宪在中书省任职,为维系中书省的良好理政风格,他特别强调了四方面的理政理念。

一是更化理念。对于不合理的做法,必须以新的做法取而代之,以显示"新政"的作风。如对于汉人世侯的世袭制度,廉希宪即明确指出:"国家自开创以来,凡纳土及始命之臣,咸令世守,迄今垂六十年。故其子若孙,并奴视所部,而郡邑长吏,皆其皂隶僮使,此在古所无。宜从更张,俾考课黜陟。"忽必烈下令实行迁转法,廉希宪的建议显然起了重要的作用。廉希宪还以分省的身份前往山东解决汉人世侯的遗留问题,所到之处,"黜陟官吏,省并郡邑,登能进贤,摧恶扶弱,物无遁情",使得山东各路的世侯颇为惊慌,廉希宪则向他们表示:"祖先创业之艰,汝曹宜一力与国,作成新政,庶几保有基绪。"在处理了几个严重违法的人后,世侯及其子弟都顺从地接受了实行迁转的安排。

二是内臣不得干政理念。在中书省议政过程中,有内臣传旨朝堂:"某事当尔。"中书省诸相欲从之,廉希宪即明确指出:"此小臣预政渐也,事宜覆奏。"忽必烈赞同廉希宪的说法,对所谓传旨之人给予了杖责的处罚。廉希宪之所以反对内臣对中书省具体事务的参与,就是要维护中书省的基本理政权力。

三是用人不疑理念。有人向忽必烈上谗言,指中书省右丞相史天泽子侄布列中外，威权太盛，久将难制。忽必烈下诏罢史天泽丞相政事，在家等候讯问。廉希宪则向忽必烈进言："知天泽深者，陛下也。粤自潜藩，多经任使，将兵牧民，悉著治效，以其可属大任，固使丞兹相位。小人一旦有言，陛下察其心迹，果有跋扈不臣者乎？今日信臣，故臣得预此旨，他日一人讼臣，臣亦入疑矣。臣等承乏政府，上之疑信若是，何敢自保。天泽既罢，亦当罢臣。"忽必烈当天并没有接受廉希宪的看法，第二天才认可了他的看法，免去了对史天择的讯问。

四是遏制小人主政理念。廉希宪在中书省时，所面对的"小人"就是以阿合马为首的言利之臣。阿合马因受忽必烈崇信，"已领左右部，其党自相攻击"，中书省诸相畏其权，不敢过问，只有廉希宪"穷治其事，阿合马竟得决杖，遂罢所领，复还有司"，压制了阿合马的气焰。朝廷建立御史台后，专总财利的阿合马表示："庶务责成各路，钱谷付之转运，必绳治若此，胡能办事？"廉希宪则明确指出："今立台察，不独事遵古制，盖内则弹劾奸邪，外则察视非常，访求民瘼，裨益国政，无大此者。如君所言，必使上下专恣，贪暴公行，然后事可集耶？"尽管廉希宪并没有挡住阿合马的弄权，但至少明确表达了自己"远小人"的政治态度。所以曾任中书省有丞相的伯颜评价廉希宪是"宰相中真宰相，男子中真男子"，并非虚言。

（三）注重地方的善政要求

相比之下，廉希宪在地方主政的时间更长，他对地方善政的要求，主要体现在五个方面。

一是除恶弊。从窝阔台在位时开始，"富民贷钱民间，至本息相当，责入其本，又以其息为券，岁月责偿，号羊羔利。其征取之暴，如夏以火迫，冬置凌室，民不胜其毒"。廉希宪主政关中时，即明正其为害民之罪，要求"虽岁月逾久，毋过本息对偿，余皆取券焚之"，并以此作为不可触犯的禁令。廉希宪的父亲布鲁海牙在忽必烈即位后任真定路宣抚使，"真定富民出钱贷人者，不逾时倍取其息"，布鲁海牙亦正其罪，使偿者息如本而止。朝廷发行中统钞时，以金银为本，本至乃降新钞，由于真定的金银都送到了开平，无本而钞不可得，布鲁海牙即派人对王文统说："昔奉太后旨，金银悉送至上京。真定南北要冲之地，居民商贾甚多，今旧钞既罢，新钞不降，何以为政？且以金银为本，岂若以民为本。又太后之取金帛，以赏推戴之功也，其为本不亦大乎！"

王文统乃发给真定中统钞五千锭。① 也就是说,在除旧弊和立新政方面,父子两人都曾有突出的表现。

二是安降民。忽必烈即位后,先以廉希宪为关右四川宣抚使,后任廉希宪为中书省右丞、行秦蜀省事。廉希宪动员各方力量,击败了依附阿里不哥的各支军队,稳定了秦、蜀的局面。他还特别向忽必烈建议:"四川降民,皆散处山谷,宜申敕军吏,无妄虏掠,违者自本军千户以下,与犯人同科。"忽必烈采纳了他的建议,"由是四川遂安,降民益众"。恰是因为廉希宪的政绩突出,在忽必烈准备将廉希宪留在都城任职时,商挺特别向忽必烈上言:"向时浑都海之乱,若非廉相,关中安危未可知,兼关中军民他人难制,惟廉相能得其心,闻朝廷欲留,人心惊疑,皆不自安。今关中最为重地,关西安,则河南、河北俱安,所系利害不小,乞早命公还镇。"忽必烈也只得允许廉希宪继续掌管秦蜀事务。

三是抑权贵。至元十一年,忽必烈命廉希宪前往辽东主事,并对他说:"昔我先朝,卿先事知几,每启朕以帝道,及鄂渚班师,屡述天命,朕心不忘。丞相,卿实宜为,顾自退托尔。辽霫户不数万,政以诸王、国婿分地所在,居者行者,联络旁午,明者见往知来,察微烛著,塔察儿诸王,素知卿能,命卿往者,识朕此意。"廉希宪未辜负忽必烈的委托,不仅制裁了为非作歹的假驸马,还强行制止公主和国婿的各种扰民行为,并推行了一系列的安民措施。

四是严军纪。为保证攻宋战争顺利进行,阿里海牙向忽必烈建议:"荆州西距梁、益,南控交、广,据江淮上游,诚为要地,非朝廷重臣开大府以镇之,未足以绥新附徕远人。"忽必烈急召廉希宪前往荆州坐镇,并对他说:"荆南入我版籍,使新附者感恩忘苦,未来者怀化效顺,宋知我朝有臣如此,亦足降其心也。南土湿下,于卿疾非宜,今以大事托卿,卿当不辞。"廉希宪则表示:"臣每惧识度浅薄,不能仰荷重寄,何敢辞疾。"廉希宪至荆州后,立即针对"政无纲纪,士卒纵横,剽夺商贩,城门昼闭,灯火禁严,民心惊疑,生意萧索"的状况,"即日开谕令各军归营,骑兵徙屯高敞,以便牧养,非调发请给不得辄出。辟城四门,毋得拘检,弛灯火之禁",通过严肃军纪安抚了民心。

---

① 《元史》卷125《布鲁海牙传》。

五是用南人。元军大举南下，所占领地区的南宋官吏"咸怀惊疑，阴有去志"，廉希宪下令录用南宋官吏为宣抚司和制置司的幕僚，以备采访，属下对此表示质疑，廉希宪则特别指出："今天下一家，皆大元臣子也，君等勿疑。"在他的坚持下，两司录用了南宋官吏二十余人。"时宋故官礼谒大府，必以珍玩重器，动至数床"。廉希宪对来谒见的官员明确表示："汝等身仍故官，或不次升擢，当念圣恩，报效朝廷。使此物尽诸公己财，我取非义，一或系官，事同盗窃；若丐敛于人，不为无罪。慎勿为此，以蠹政害民。"廉希宪拒绝一切礼物，获得了清廉的赞誉。

（四）对君主陈说的政治观点

廉希宪作为忽必烈的潜邸人员，能够获得比其他臣僚更多接近忽必烈的机会，并且可以与忽必烈更随意地谈论政治问题。在这样的交流中，廉希宪清晰地表明了自己的政治观点，以作为对君主的规劝。

廉希宪认为："宰相须有力量，未有无力量能为贤相者。天下事苟无牵制，三代可复也。稷、契、皋、夔、伊、傅、周、召便为不及，是自弃也。"忽必烈曾对廉希宪说："吏弛法而贪，民废业而逃，工不给用，财不赡费，先朝尝以戚矣。自相卿等，朕无此戚。"廉希宪则回答："陛下圣犹尧、舜，臣等未能以皋、契之道，赞辅治化，以致雍熙，惭对天颜。今日小康，未足多也。"在君臣的对话中还涉及魏征，廉希宪即表示："忠臣良臣，何代无之，顾人主用与不用尔。"廉希宪所要表达的看法，就是君主能够用忠臣、良臣和谏臣，才能达到大治的目标，而不是只满足于问题多多的小康。

廉希宪还希望君主不要听信谗言，除前述为史天泽的辩解外，廉希宪自己也曾被谗言所伤。为应对秦、蜀地区的危局，廉希宪不得不随机宣布恩赦并签发军队和调用将领，事后即向忽必烈报告，并自请接受擅政的处罚，忽必烈则明确表示："此辈读书所说权字是也，朕委卿以方面之权，事当从宜，无拘常制，坐失事机。"中统三年，李璮在山东反叛，南宋降人费寅上言廉希宪"聚兵完城，当有他志"，忽必烈急忙召回廉希宪，廉希宪明确表示："臣在京兆三年，值逋叛四起，川、陇未宁，民心危疑，事急星火，臣随宜所为，佐贰毋或枙止。如寅所言，罪止在臣，请逮系有司。"忽必烈则回以"当时之言，天知之，朕知之，卿果何罪"，以表示他并不相信对廉希宪的谗言。

廉希宪敢于在皇帝面前直言，"谠论具陈，无少回惜"。忽必烈对他说："汝昔事朕王邸，犹或容受，为天子臣，乃尔木强邪？"廉希宪则明确表示："王府事轻，为天子论天下事，一或面从，天下将受其害，非不自爱也。"也就是说，臣僚之所以敢言，是为天下争命，君主不能因为顾及天子的颜面，遏制臣僚直言的行为。

廉希宪曾因为触犯忽必烈，引来了读书是否有用的争执。至元七年，忽必烈下诏释放京师囚犯，"用事先朝，资累巨万"的西域人匿赞马丁也被释放，廉希宪因告假并未参与其事，待忽必烈后来查问此事时，他补上了自己的签名，以表示自己也应对此事负责。忽必烈问廉希宪："诏释囚，并释匿赞马丁岂亦有诏耶？"廉希宪答道："不释此囚，臣等亦未闻有诏。"忽必烈大怒，斥责廉希宪："汝等号称读书，此宜何罪？"廉希宪则表示："臣等备员宰相，有罪当罢退。"忽必烈乃将廉希宪和耶律铸一起罢免。匿赞马丁的事情只是一个借口，真实的原因是阿合马等人要剔除当权的威胁。廉希宪被罢职后，"家居教子读书，而忧国之心，食息不忘。闻一令之苛，戚见颜间，或一事裕民，喜至忘寐"。忽必烈向下人询问"希宪居家何为"，答之以读书，忽必烈即明确表示："读书固朕所教，读之不肯见用，何多读为。"阿合马乘机上谗言，指廉希宪日与妻孥燕乐，忽必烈在这方面还是清醒的，所以怒斥阿合马："希宪清贫，何从燕设。"

在人生寿数方面，廉希宪也有明确的看法。如有方士要为皇帝炼大丹，廉希宪即向忽必烈进言："前世人主，多为方士诳惑。尧、舜得寿，不假灵于大丹也。"廉希宪患病，医生指砂糖作饮料可痊愈，廉希宪之弟从阿合马处求得二斤砂糖，被廉希宪扔到地上，并明确表示："使此物果能活人，吾终不以奸人所遗愈疾也。"也就是说，即便是为了治病，也不能用奸人的馈赠。后廉希宪病重，得江南名医王仲明施药，有所好转，忽必烈即表示："闻卿比得良医，日俟痊复。"廉希宪答道："医持善药，治臣沈疾，苟能戒谨，诚如圣谕。稍或肆惰，终将不疗。"这样的回答，是以医病为例，对皇帝所作的规劝。

廉希宪所秉持的治道观念，由于有防范小人和奸佞的极强针对性，所以并没有被忽必烈所接受。忽必烈在危急时刻可以重用廉希宪，是因为他能帮助朝廷解决难题，但并不赞同他的政治观点，这恰是君主的处事风格，也是廉希宪仕途坎坷的真正原因。言利之臣如阿合马之流所以如此猖狂，是因为背后有来自君主的强大支持，廉希宪深谙其中的缘由，所以只能以自己的表现和微弱的呼声，来自觉地划清君子与小人的界限。这样的做法，警示后人的意义远大于当时所能起的作用。

三　安童、伯颜、相威的理政观念

安童、伯颜、相威等人都是忽必烈所倚重的蒙古大臣，分别在中书省、枢密院、御史台任职，可概述他们的理政观念于下。

（一）安童的励精图治观念

安童（1245—1293 年），蒙古札剌儿部人，蒙古功臣木华黎后裔，至元二年至十二年、至元二十一年至二十六年任中书省右丞相。①

安童年少时为忽必烈宿卫，并未受过系统的儒学教育，但是他喜好与儒士交流，"公退之余，即引诸儒讲论道义，孜孜忘倦。圣君贤臣之事，义夫孝子之行，善之当劝，恶之当惩，与夫治乱成败之由，死生忧乐之说，靡不悉究，殆二十年未尝一日少废"。他也自愿地按照儒臣的标准自律，"每当艰难晏治之时，夷险辱荣之际，守正不移，恬然自处"；并且能够保持简朴的本色，"所居堂宇朴陋，厅厨之外，余无所构"。有人请求增建东西庑，安童即明确表示："屋可以蔽风雨足矣。我闻人辛苦置田宅，适以资不肖子之用耳，吾不为也。"

安童任中书省右丞相多年，所强调的励精图治观念，主要表现在三个方面。

一是中书理政，重在用人。至元二年，忽必烈任命安童为中书省右丞相，安童表示："今三方虽少定，江南犹未纳款。臣以少年谬叨大任，恐四方有轻朝廷心。"忽必烈即要求安童选许衡等老臣到中书省议事，辅佐安童，并对许衡说："安童尚幼，未苦更事，谨辅导之。汝有嘉谋先告安童，以达于我，我将择焉。"许衡则答道："安童聪悟，且有执持，告以古人言语，悉能领解，臣不敢不罄愚衷。但虑中有人间之，则难行，外用势力纳入其中，则难行。且臣入省之日浅，所见如此。"许衡是希望儒者辅政，这一点得到了安童的回应。至元四年三月，安童向忽必烈上言："凡内外官员，宜委任老成人如姚枢等一二员，可省中议事。"忽必烈则表示："此人辈虽闲，犹当优养，其令入

---

① 《元朝名臣事略》卷 1《安童事略》，第 8—14 页。本小节引文未注明出处者，均来自此事略。

议省事。"

至元二十三年，中书省上报所拟漕司官姓名，忽必烈对安童说："如平章、右丞等职，朕当亲选择之，余皆卿等责也。"安童则回答："臣比闻圣意，欲倚近侍诸人为耳目者。今臣猥承任使，或所行非法从其举奏，罪之轻重惟上裁处。今近臣伺隙援引非类，曰某居某官，某为某职，以所署奏目付中书施行。臣谓铨选之法，自有定制，其尤无事例者，臣尝废格不行。虑有短臣于上者，幸陛下察之。"忽必烈则明确表示："卿言是也。今后若此者勿行，其妄奏者即入言之。"安童指出忽必烈以近臣监视大臣的做法，不能延伸到干扰中书省的用人。他以维护定制的说法，坚持了他谨慎用人的基本原则。

二是中书理政，重在持正。忽必烈在位前期，朝廷中已存在尖锐的义利之争，儒臣强调的中原传统治道，"重义轻利"；理财之臣倡导的敛财之法，"重利轻义"。安童立场鲜明地站在儒臣一边，自然成为儒臣拥戴的人物。至元五年，廷臣密议立尚书省，欲以阿合马领之，特向忽必烈建议授安童更高的爵位，商挺即明确指出："安童，国之柱石，若然，则是与虚名而夺实权，甚不可。"忽必烈暂时采纳了商挺的意见，但还是在至元七年设立了由阿合马主事的尚书省，架空了中书省，安童也只能是指斥阿合马重大事项不经中书省讨论即上奏，违反了忽必烈对臣僚的要求。至元十一年，安童正式向忽必烈上奏阿合马蠹国害民数事，不但未引起忽必烈的重视，还将他派到漠北辅佐皇子北平王，一去就是十年。至元二十一年安童重任中书省右丞相后，监察御史陈天祥特别发表了以下评论。

> 人思至元初年之治，至今莫能忘也。去春，丞相安童自边还，天下闻之，室家相庆，咸望复膺柄用，再整宏纲，思仰治期，谓可立待。十一月二十八日，丞相果承恩命，复领中书，贵贱老幼，喜动京师。今丞相亦国家之名贤也，时政治与不治，民心安与不安，系丞相用与不用之间耳。又如玉昔帖木儿大夫、伯颜丞相，皆天下之所敬仰，海内之所瞻依者。朝廷果专任此三名相，事无大小，必取决而后行，无使余人有所沮挠，三相博采众议，于内外耆旧之中，取其声望素著，众所推尊者，为之参赞，则天下之才悉展效用，能者各得进其能，善者皆得行其善，诚厚天下之大本，理天下

之大策。为今致治之方，莫有过于此者。又安用掊克在位，倚以为治哉。

安童复相位之后，理财之臣卢世荣被处死，安童即与诸儒列出卢世荣所为各事，全部革罢。至元二十五年，忽必烈又要设立尚书省，安童特别上奏："臣力不能回天，乞不用桑哥，别相贤者，犹或不至虐民误国。"忽必烈不但未听从安童的建议，还于次年罢免了他的相职。

三是中书理政，重在宽宥。安童在年少时即显示出了宽宥之心。忽必烈平定阿里不哥之乱后，本准备将被俘获的属下千余人全部处死，安童即向忽必烈建言："人各为其主尔。陛下甫定大难，而以私憾杀人，何以怀未附。"忽必烈由此极为欣赏安童的见识。至元八年，陕西行省官员也速迭儿上言："比由饥馑，盗贼滋多，若不显勦一二，无以示惩。"忽必烈命中书省裁处，安童则上奏："强窃盗贼一皆处死，恐非所宜，罪至死者，宜仍旧待报。"安童所要坚持的，恰是忽必烈一贯强调的慎处死刑的主张。忽必烈平定东北诸王乃颜的叛乱后，其他宗室讹误者命安童按问，多所平反。安童退朝时，诸免死者争前迎谢，安童都毅然不顾。有人向忽必烈反映："宗室虽有罪，皆太祖子孙，陛下昆弟，丞相虽尊，人臣也，奈何悖慢如此。"忽必烈这次倒是表示了对安童行为的理解："汝等诚小人，乌知安童之所为。彼特辱之，使改过迁善耳。"

后人对安童的作为，主要肯定的是其早期的政绩："视事之初，励精图治，除前日苛政，代以宽平，抑奢淫，薄税敛，举贤任能，常若不及。如丞相史天泽，左丞许衡、姚枢，参政商挺，皆引置左右，同辅庶政。由是至元之初，朝廷无事，民物日以繁息，仓廪之积，盈衍于外，海内翕然，号为极治。"在至元初年的"极治"中，安童确实起了一定的作用，但更重要的是忽必烈本人的作用，不能因为忽必烈后来重用了理财之臣，而忽视其此前的功绩。

（二）伯颜的尽忠效国观念

伯颜（1236—1294年），蒙古八邻部人，原为忽必烈弟旭烈兀属下，受命出使时被忽必烈看中，留在朝廷任职，先任中书省右丞相，后受命统帅元率灭宋，回朝后掌枢密院，并在忽必烈去世后，助其孙铁穆耳登帝位。①

伯颜任职中书省时，秉持的是寡言善断的理政风格。"诸曹白事尤难决者，辞往复稠迭，夷然如无闻，白已，举目一两语，破其归要，事以决。省中始帖帖詟服，识其为真宰辅。"但是他又能注重发挥儒臣议政的作用，如至元三十年，翰林院的儒臣谒见伯颜，伯颜即明确表示："国家所以养诸老者，正以乞言论政而已。如遇事会议各顾官守，未免或偏。若集之同僚，则议论通一，为益良多。"

伯颜最重要的功绩是统军攻占南宋都城临安，他特别强调在军事行动中遵循忽必烈禁止滥杀的准则，"用兵纪律外严，而中以圣训不杀为主"，使攻宋战争得以顺利进行。在诗作中，他也表达了同样的诉求："剑指青山山欲裂，马饮长江江欲竭。精兵百万下江南，干戈不染生灵血。"②"金鱼带罗襕扣，皂盖朱幡列五侯，山河判断在俺笔尖头。得意秋，分破帝王忧。"③

在南宋降附后，伯颜也体现了朝廷重臣的应有风范。如有人或请伯颜入视降城府藏簿帐，以知金谷户口多寡，伯颜以"是欲贪缘噬吾民"为由拒绝，并下令诸将士敢有暴掠及入城者，以军法论，达到了"犬鸡不惊，四民晏然"的效果。"江左繁阜滋久，金玉锦绮，珍异奇古之玩，在所充溢"，伯颜不仅一无所取，还严词拒绝了宋降将献上的赵氏二宗女。伯颜回京时，忽必烈命百官郊迎，平章阿合马先百官半舍道谒，希图得到宝物，伯颜解所服玉钩绦给他，并且说道："宋宝玉固多，吾实无所取，勿以此为薄也。"所以时人认为确实是忽必烈用人得当，才能顺利完成统一大业。

> 世皇（忽必烈）以大任付王（伯颜），而王亦自任之。混一之际，人皆见王于凯旋之日，而不知世皇独见于王之始至之时。宋平之期，人皆见于大兵渡江之后，而不知王独见于拜命启行之始也。盖世皇以至诚奉天，以至仁济天下；王以尽忠报国，以尽力效所职；上下交孚，天人协应，故能收此骏功若是其速也。

---

① 《元朝名臣事略》卷2《伯颜事略》，第16—23页；《元史》卷127《伯颜传》。本小节引文未注明出处者，均来自此略、传。
② 伯颜：《奉使收江南》，《元诗选》癸集上，第149页。
③ 伯颜：《中吕·喜春来》，《全元散曲》上，第74页。

夫大江之险，昔人有大限南北之叹，有土囊欲塞之哂。险固足恃也，然而我师一临，南北不得限，土囊不必塞，何邪？彼之君臣其道不足故也。彼不足而我有余，险复何有哉。《传》曰："在德不在险。"信矣。①

统一之后，伯颜不仅与阿术等人规划了江南地区的军事镇戍布局，还提出了疏通南北大运河的建议。他先向张易、赵良弼说："都邑乃四海会同之地，贡赋之入，非漕运不可，若由陆运，民力惫矣。川渎所经，何地径便，此方今便宜，博加询访，必有知者。"见到忽必烈后，伯颜又正式提出了开河的建议："江南城郭郊野，市井相属，川渠交通，凡物皆以舟载，比之车乘，任重而力省。今南北混一，宜穿凿河渠，令四海之水相通，远方朝贡京师者，皆由此致达，诚国家永久之利。"忽必烈接受了伯颜的建议，并于在位后期完成了南北大运河的工程。

伯颜虽然长期任职于枢密院，但是在重大问题上并不偏袒于枢密院。如江南地区常设的三个行枢密院，行省官员累陈其非便，枢密院则为之庇护，伯颜则强调"罢行枢密，兵柄一归行省，于国事为完"，三个行枢密院由此都被撤销。

伯颜作为朝廷重臣，最难能可贵的是不居功自傲，尤其是在灭宋之后，他曾明确向忽必烈表示之所以能够在短时间内平定江南，乃是"奉陛下成算，阿术效力，臣何有功能"，所体现的恰是他尽忠效国的政治观念。

（三）相威的直谏观念

相威（1241—1284年），蒙古札剌儿部人，亦为蒙古功臣木华黎后裔，从伯颜攻宋，历任江南行御史台御史大夫、征西元帅等职。②

相威与安童一样，愿意与儒士交流，他不仅向忽必烈进献过《资治通鉴》的蒙古语译本，还"喜延士大夫，听读经史，谕古今治乱，至直臣尽忠、良将制胜，必为之击节称善"。在江南平定之后，相威曾向忽必烈上奏"便民一十五事"的建议，其内容包括"并行省，削冗官，铃镇戍，拘官船，业流民，录故官，赈馈遗，淮浙盐运司直隶行省，行

---

① 刘敏中：《忠武王庙碑》，《中庵集》卷15。
② 《元史》卷128《相威传》。本小节引文均来自此传。

大司农营田司并入宣慰司，理讼勿分南北，公田召佃仍减其租，革宋公吏勿容作弊"等，所反映的基本是儒家的善政理念。

相威任职于监察系统，对御史台、行台、提刑按察司用人是否得当颇为关注，曾向忽必烈上言："陛下以臣为耳目，臣以监察御史、按察司为耳目。倘非其人，是人之耳目先自闭塞，下情何由上达。"忽必烈赞同相威的观点，命令御史台慎用监察官员，相威则是"每除目至，必集幕僚御史议其可否，不协公论者即劾去之"，即采用公议的方法来严控监察机构的用人。

相威自己也认真履行了监察官员的职责，可以列举具有代表性的三个事例。

第一个事例是至元十四年，浙西宣慰使昔里伯借平盗的名义纵兵肆掠，俘及平民。相威派遣御史商琥到钱唐的渡口验核，释放了数千人。昔里伯逃回京城，亦被相威奏明皇帝，押还扬州治罪。

第二个事例是至元十六年，中书省左丞崔斌等揭发平章阿合马数件不法事，忽必烈命相威和知枢密院博罗自开平到大都，查问事实，阿合马称病不见，博罗要返回开平回奏，相威厉声说道："奉旨按问，敢回奏耶！"命人将阿合马抬来质问，尽管查清了事实，但阿合马因仍受到忽必烈信任，所以免受处罚，忽必烈只是对相威的做法表示了"朕知卿不惜颜面"的赞赏。

第三个事例是至元十七年，忽必烈命相威检核阿里海牙、忽都帖木儿等所俘江南之民三万二千余人，相威将被俘之人尽放为民。至元十九年，又有人揭发阿里海牙占降民一千八百户为奴，阿里海牙认为这些人都是征讨所得，忽必烈下旨："果降民也，还之有司；若征讨所得，令御史台籍其数以闻，量赐有功者。"阿里海牙则自言其功比伯颜，应当赐给他养老户，被御史滕鲁瞻弹劾，阿里海牙反诬告滕鲁瞻，忽必烈派遣使者赴行台逮捕滕鲁瞻，相威则向忽必烈上奏："为臣敢尔欺诳邪，滕御史何罪。"忽必烈乃召回了使者。

相威还就真金如何摆正太子的位置发表过看法，已见前述。至元十八年，忽必烈派遣的征日本军队大败，在震怒之下要再次出兵日本，朝中大臣无人敢谏。相威派使者入奏："倭不奉职贡，可伐而不可恕，可缓而不可急。向者师行迫期，战船不坚，前车已覆，后当改辙。今为之计，预修战舰，训练士卒，耀兵扬武，使彼闻之，深自备御。迟以岁月，俟其疲惫，出其不意，乘风疾往，一举而下，万全之策也。"相威以准备不足为理由，要求暂缓出兵，解了忽必烈的怒气，进攻日本的战争得以延迟。

安童、伯颜、相威的政治观点之所以重要，是因为忽必烈更信任蒙古重臣，更易于采纳他们的建议。不以这样的地位而自傲，并在力所能及的范围内对朝政提出建设性的意见，是他们的共同之处，所不同的只是他们在不同的时点上各自发挥作用，并没有在思想上形成相互支持和交互影响的关系。

四　高智耀等人的尊儒观念

高智耀、赛典赤、脱欢等人是忽必烈倚重的色目人大臣，他们都受到儒家学说的影响，表现出了较强的儒家政治观念。

（一）高智耀的匡救儒士观念

高智耀（？—1268年），唐兀人，西夏国进士，忽必烈即位后任西夏中兴等路提刑按察使等职。[①]

高智耀在西夏灭亡后隐居贺兰山，窝阔台在位时曾向皇子阔端请求免除对儒士的隶役。蒙哥即位后，召高智耀入见，高智耀即明确表示："儒者所学，尧、舜、禹、汤、文、武之道，自古有国家者，用之则治，不用则否，养成其材，将以资其用也，宜蠲免徭役以教育之。"蒙哥问道："儒家何如巫医？"高智耀回答："儒以纲常治天下，岂方技所得比。"蒙哥即表示前此从未听到这样的看法。

忽必烈在潜邸时已知道高智耀为西北名士，即位后即召见了高智耀。高智耀力言儒术有补治道，并明确指出："以儒为驱，古无有也。陛下方以古道为治，宜除之，以风厉天下。"忽必烈即以高智耀为翰林学士，命他循行郡县验证儒士，得儒士数千人。有人称高智耀甄别出的儒士过多过滥，忽必烈亦对此表示怀疑，高智耀则表示："士，譬则金也，金色有浅深，谓之非金不可，才艺有浅深，谓之非士亦不可。"也就是说，验证儒士的标准不能过严，他的做法无可非议。

高智耀还向忽必烈建议："国初庶政草创，纲纪未张，宜仿前代，置御史台以纠肃官常。"这一建议被忽必烈所采纳，在设立御史台后，

[①] 《元史》卷125《高智耀传》。本小节引文均来自此传。

忽必烈特别任命高智耀为西夏中兴等路提刑按察使。

对于忽必烈的"附会汉法",不少蒙古诸王持有异议。西北藩王特别遣使入朝,质问忽必烈:"本朝旧俗与汉法异,今留汉地,建都邑城郭,仪文制度,遵用汉法,其故何如?"忽必烈要派人去回应,认为高智耀是最合适的人选,高智耀奉旨前往,至开平染病去世,未能完成此使命。

(二) 赛典赤的教化观念

赛典赤赡思丁(1210—1279年),一名乌马儿,回回人,成吉思汗西征时降附,随蒙古军东来,窝阔台、蒙哥在位时历任燕京断事官、燕京路总管,时人多称其为赛典赤(在阿拉伯语中,赛典赤意为"贵族")。①

忽必烈即位后,先以赛典赤为燕京宣抚使,后任之以陕西五路西蜀四川行中书省平章政事。至元十一年,忽必烈任命赛典赤为云南行省平章政事,并明确表示:"云南朕尝亲临,比因委任失宜,使远人不安,欲选谨厚者抚治之,无如卿者。"赛典赤至云南后,首先赢得出镇云南的蒙古宗王脱忽鲁的信任,然后推行了各种保民和安民措施。尤为重要的是,赛典赤采用了以儒家治道理念教化云南各族人的做法。"云南俗无礼仪,男女往往自相配偶,亲死则火之,不为丧祭。无秔稻桑麻,子弟不知读书。赛典赤教之拜跪之节,婚姻行媒,死者为之棺椁奠祭,教民播种,为陂池以备水旱,创建孔子庙、明伦堂,购经史,授学田,由是文风稍兴。"赛典赤的做法得到当地人的欢迎,亦为云南的治理奠定了基础,所以在其死于任上后,忽必烈特别下诏给云南省臣,让他们尽守赛典赤的成规,不得辄改。

(三) 脱欢的革除弊政观念

脱欢为唐兀人,忽必烈曾为其家人留下过遵循儒家理念的教诲:"孔子言三纲五常。人能自治,而后能治人,能齐家,而后能治国。汝可以此言谕之,而后用之。"

脱欢先后任监察御史、枢密院都事等职,曾专门向忽必烈上书,要求革除两项弊病。

> 内外修寺,虽支官钱,而一椽一瓦,皆劳民力,百姓嗟怨,感

---

① 《元史》卷125《赛典赤赡思丁传》。本小节引文均来自此传。

伤和气。宜且停罢，仍减省供佛饭僧之费，以纾国用。如此则上应天心，下合民志，不求福而福自至矣。

回回户计，多富商大贾，宜与军民一体应役，如此则赋役均矣。为国以善为宝，凡子女、玉帛、羽毛、齿革、珍禽、奇兽之类，皆丧德丧志之具。今后回回诸色人等，不许赍宝中卖，以虚国用，违者罪而没之。如此则富商大贾无所施其奸伪，而国用有蓄积矣。[①]

脱欢反对的佞佛和回回商人以宝物行天下，恰是皇帝喜好之事，所以这样的弊病不可能被革除，但脱欢敢于指斥弊病的勇气，确实值得后人学习。

从本章所述内容可以看出，忽必烈在位前期，希望助成"汉法"和"新政"的蒙古、色目、汉人臣僚，尽管政治观念或政治理念的表述有所不同，但有两个相同的特点。一是这些臣僚都着力宣扬儒家的治道学说，并致力于对"新政"作出合理的解释。二是这些臣僚都极为关注时政问题，能够正视"新政"下存在的各种弊病，并从不同角度提出了解决问题的方法和思路。在这些臣僚中，有不少人尤其看重政治领域的忠奸之辨，并与奸臣阿合马有过激烈的交锋。从政治思想发展的角度看，何时击垮阿合马集团并不重要，重要的是忽必烈的臣僚们对正道的坚持和对各种祸国行为的批判，使政治观念的进步成为这一时期的显著标志，并为忽必烈在位后期的思想变化框定了基本的轮廓。

---

① 《元史》卷134《朵罗台传附脱欢传》。

第五章　北方理学家的政治理论

忽必烈在位前期著名的理学家，如姚枢、窦默、许衡、郝经等人，也是当时的一批名臣，其政治理论对于助推忽必烈"附会汉法"有重要的影响。同时期的一些理学学者和不习理学的儒士，也有一些独到的政治见解，在本章将一并叙述。

第一节　姚枢与窦默的政治理念

姚枢、窦默和许衡，同属于北方理学的"鲁斋学派"①。许衡的政治理论专节论述，本节只说明姚枢、窦默的政治观点。

一　姚枢的君道、时弊说

姚枢（1203—1280年），字公茂，号敬斋，又号雪斋，营州柳城（今属辽宁）人，后徙洛阳，窝阔台在位时从杨惟中南下访求三教人才，在德安救出宋儒赵复，1250年见忽必烈于潜邸，忽必烈即位后历任东平宣抚使、大司农、中书左丞、翰林承旨等职，著有《雪斋集》等，已佚。

姚枢既强调为君之道，又注重纠正时弊，能够反映其政治理念的奏议等，都收录在姚燧为其撰写的神道碑中。②

（一）光大朱学

姚枢从赵复手中得到程、朱性理之书，在燕京建立太极书院，请赵

---

① 黄宗羲原著，全祖望补修：《宋元学案》第4册，中华书局2009年版，第2991—2992页。
② 姚燧：《姚枢神道碑》，《牧庵集》（四部丛刊本）卷15（《全元文》第9册，第573—585页）；《元朝名臣事略》卷8《姚枢事略》（第155—164页）和《元史》卷158《姚枢传》均本于此。本节引文未注明出处者，均来自此碑。

复讲授理学。1241年，姚枢举家迁到辉州（今河南辉县），垦荒于苏门，建草堂读经。为光大程、朱理学，姚枢不仅刊刻了杨惟中版的《四书》，还刻印了小学书《语孟或问》《家礼》，以及田和卿版《尚书声》《诗折衷》《易》程传、《书》蔡传、《春秋》胡传等。"又以《小学》书流布未广，教弟子杨古为沈氏活版，与《近思录》、东莱《经史说》诸书散之四方。"在传播理学著作方面，姚枢显然发挥了重要的作用。

许衡、窦默在苏门拜访姚枢后，许衡将姚枢刊印的书带回，并对自己的弟子说："曩所授受皆非，今始闻进学之序。若必欲相从，当尽弃前习，以从事于《小学》《四书》，为进德基，不然当求他师。"其弟子表示愿意遵从师命，许衡乃于1250年至苏门，与姚枢、窦默一起讲习理学，"凡经传、子史、礼乐、名物、星历、兵刑、食货、水利之类，无所不讲"。姚、许、窦三人的苏门讲学，奠定了理学"鲁斋学派"的基础，尽管后来该学派以许衡为宗师，但姚枢的肇始作用不可低估。

（二）述为君之道

姚枢被忽必烈召见后，有感于忽必烈能够大有为之天下，即全面陈述了自己的治道之说，"首以二帝三王为学之本，为治之序，与治国、平天下之大经，汇为八目，曰修身、力学、尊贤、亲亲、畏天、爱民、好善、远佞"。"八目"的具体内容已不存，但从名称上可以看出，实际上就是中国传统政治思想中的"为君之道"。在姚枢看来，只有按照这样的要求去做，才能将草原帝国的君主，改变成君临天下的农耕王朝皇帝。

忽必烈即位之后，姚枢就"为君之道"又有多次建言，如中统二年（1261）有保民守信、强干弱枝、修内治外、善本抑末四条建议；至元三年（1266）又以"息圣心、答天心、结民心"为核心，提出睦亲族以固本、建储副以重祚、定大臣以当国、开经筵以格心、修边备以防虞、蓄粮饷以待歉、立学校以育才、劝农桑以厚生等建议。这些建议，主要是"八目"的重申，即以"修内治外"体现"修身"和"远佞"的要求，以"开经筵以格心""立学校以育才"体现"力学"的要求，以"定大臣以当国"体现"尊贤"的要求，以"储副以重祚""强干弱枝""睦亲族以固本"体现"亲亲"的要求，以"息圣心、答天心、结民心"体现"畏天"的要求，以"保民守信""善本抑末"

"劝农桑以厚生"体现"爱民"的要求,以"蓄粮饷以待歉"以体现"好善"的要求等。

姚枢还特别以长诗说明了君主治国的守中、明道、求仁、重儒要义,以及对世人尤其是儒者的基本要求。

圣圣继天极,授受惟一中。宣尼集大成,玉振条理终。尽性无思勉,中道何从容。乾坤有全德,尚资参赞功。

草编日三绝,孳孳何时嗜。人道合天心,天人本无二。盈虚消息几,进退存亡事。何当拟虚玄,百世老辅嗣。

观人莫观貌,相马不相肉。群经无释辞,熟读意自足。易道微九师,《春秋》散公谷。古今有成言,此论非余独。

人皆与时行,吾斯未能信。士子有当忧,忧在不如舜。至哉伊洛传,为发前圣蕴。先儒固所师,未暇穷诂训。

高明悬万象,经纬成纵横。君子动静机,一以踪天行。后来英伟士,概举名书生。胡为事无用,篆刻风物情。

天命日流行,维仁亦无息。君子以自强,兹言致其力。求仁固多方,寸心惟自克。四勿犹勇兵,摧枯破敌国。

任重不易胜,无为鼎折足。小利害成事,不违缘欲速。闭户岂遗世,入仕非干禄。出处贵适时,违时招自辱。

洙泗浸微没,继世承末流。谁能溯渊源,跬步还自留。安宅久旷居,正路奚弗由。知津定何人,接淅吾将求。

夷齐顾名节,不食饿首阳。尚父应天讨,奋时清渭傍。心迹异天壤,日月同辉光。道义有如此,人惟重行藏。

切问复近思,乾行求艮止。人道无他焉,仁义而已耳。原始可要终,知生乃明死。怅怅失路人,何尝与闻此。

志士慕功业,富贵鸿毛轻。仁人怀道义,不为功业荣。富贵讵可求,功业从自生。狂捐奚所取,无由见中行。

大舜与人同,人心本无恶。未达为善资,凡民曾不若。临深莫为高,见是方知错。出门有余师,刍荛未应簿。

中孚自有喜,元妄从生灾。达人弭忧乐,世俗生嫌猜。短翼登云衢,鸳雏栖草莱。要知庸玉汝,天亦惜良才。

富贵惟润屋,德艺能润身。蓬门信寒寂,道胜生阳春。颜渊百世士,原思千载人。先贤尝有此,吾辈甘常贫。

得鹿未足喜,丧马勿用逐。初萌得失心,方寸成百曲。纤人恣物情,熊掌又鱼肉。曾椎万祸原,古今从一欲。

美人有硕德,辉光养儒□。□□□为食,生民以为心。螭蟠久存蛰,岩栖□□霖。忧时恒若疾,不为风雨淫。

有士气凌云,孤松挺高节。壮怀入酣歌,歌长击壶缺。鬓发日以秋,肝肠老于铁。从知养浩然,此意潜□歇。

四海一红炉,焦心待时雨。群生日嗷嗷,无从求乐土。百拜吁苍天,吁天天未许。亨嘉会有期,此非容力取。

拔茅连其茹,激浊扬其清。云山与大厦,谅非一木成。巍巍万斛舟,水积舟乃行。群材惟柱石,国势何用倾。

旷世少知音,为谁歌《白雪》。风云重三顾,捐躯轻呕血。考槃在涧阿,永矢心如铁。千秋见钟期,朱弦难遽绝。

天道有定常,推行无少忒。人心复何为,迁□莫能测。古人贵全交,所贵在恒德。黄金百炼余,不改当时色。①

姚枢还指出犬马声色是君主的大忌,圣主明君要注重历史的教训,引以为戒。

宴安怀鸩毒,荡佚国将亡。缅思天宝载,声色迷君王。朝政出多门,十九分权纲。其谁堪炙手,秦虢连诸杨。攀附势莫比,所冀保椒房。宫中陪宴乐,昼短疑夜长。重为长夜游,细马驮宝装。胡不秉明烛,宴行撤礼防。一从此风炽,野鹿逾宫墙。五岳出洛砥,四海同惨伤。维时所贵显,赤族亦罹殃。马嵬脂粉暗,岷山涕泗滂。明年虽幸还,大海翻田桑。山河增惨淡,日月销精光。问民疮痍中,哭庙煨烬旁。女宠祸何酷,百悔不一偿。在莒岂足拟,于兹不可忘。②

阿萱五季名画师,尤工粉黑含春姿。君王游荡堕声色,不知声色倾人国。开元无逸致太平,天宝奢风生五兵。偃月堂近幽蓟远,潜谋不入夫容苑。咸阳行色马嵬尘,画笔虽工恐未真。四海苍生半

---

① 姚枢:《聪仲晦古思廿一首爱而和之》,《元诗选》二集上,第128—130页。
② 姚枢:《题虢国夫人夜游图》,《元诗选》二集上,第130—131页。

鱼肉，归来岂为香囊哭。一日重开日月光，黄金却铸郭汾阳。①

使帝王重视儒家传统治国理念中的"为君之道"，是改变统治方式的重要思想基础，姚枢自然懂得其中的奥秘，所以才对此作了系统性的表述。

（三）救时弊之策

姚枢在1250年见忽必烈时，曾陈述"救时之弊"的三十条建议，可以对此略作说明。

第一条建议是立省部，则庶政出一，纲举纪张，令不行于朝而变于夕。这是要求仿照历代王朝的做法，在中央建立正式的管理机构，使得对全国的管理能够尽快步入正轨。

第二条至第六条建议是辟才行，举逸遗，慎轻选，汰职员，则不专世爵而人才出；以及班俸禄，则赃秽塞而公道开。这五条建议都是希望朝廷能够积极延揽人才和善用人才，并且改变以往朝廷用人不当和地方用人专擅的弊病。

第七条和第八条建议是定法律，审刑狱，则收生杀之权于朝，诸侯不得而专，丘山之罪不致苟免，毫发之过免罹极法，而冤抑有申。这两条建议是要求恢复按法断案的传统，克服汉人世侯和地方官员专用和滥用刑罚的弊病。

第九条和第十条建议是设监司，明黜陟，则善良奸宄可得而举刺。这两条建议是要求在中央机构中建立专门的监察机构，以起到监督官员行为和肃正风气的作用。

第十一条建议是阁征敛，则部族不横于诛求。这条建议专门针对的是蒙古诸王、贵族在中原分地中横征暴敛的弊病。

第十二条建议是简驿传，则州郡不困于需索。建立驿传系统是实施有效统治的重要手段，但是给驿过滥，带来了沉重的负担，所以要对使用驿站有严格的规定。

第十三条至第十五条建议是修学校，崇经术，旌节效，以为育人才、厚风俗、美教化之基，使士不愉于文华。这三条建议的核心是恢复中原地区的儒学教育体系，使其能够发挥作成人才、教化民众和端正学

① 姚枢：《被顾问题张萱画明皇击梧按乐图》，《元诗选》二集上，第131页。

风的重要作用。

第十六条至第十九条建议是重农桑，宽赋税，省徭役，禁游惰，则民力纾，不趋于浮伪，且免习工技者岁加富溢，勤耕织者日就饥寒。这四条建议是要求在中原地区恢复正常的经济秩序，而基本措施就是以轻徭薄赋来恢复农耕经济和手工业生产等。

第二十条建议是肃军政，使田里不知行营往复之扰攘。军队对各地的骚扰已经成为影响统治秩序恢复的重大问题，所以必须着手加强对军队的管束。

第二十一条和第二十二条建议是赒匮乏，恤鳏寡，使颠连无告者有养。这两条建议既可体现国家对臣民的善意，也可对医治战争创伤发挥重要的作用。

第二十三条和第二十四条建议是布屯田，以实边戍；以及通漕运，以廪京都。这两条建议是为了以后立足于中原的统治，需要早作打算的布局性安排。

第二十五条建议是依债负，则贾胡不得以子为母，如牸生牸牛，十年千头之法，破称贷之家。如前所述，回回商人在中原地区搞出来的"羊羔儿息"，已经成为一大祸害，所以姚枢特别要求铲除这样的祸害。

第二十六条至第三十条建议是广储蓄、复常平，以待凶荒；立平准，以权物估；却利便，以塞倖途；杜告讦，以绝讼源。这五条建议中有三条是经济措施（包括防灾措施和物价措施），有两条则是政治措施（防止利益勾连和禁止告讦）。

忽必烈即位后的中统二年（1261），姚枢又上奏了"八事"，包括重省臣、振朝纲、定法制、立铨选以及兵卫、屯田、学校、农桑等方面的内容。在兵卫方面，姚枢的具体建议是"汉军除守御南边，可选精勇富强三万，燕京东西分屯置营，以壮神都"。元朝后来建立的侍卫亲军组织，即有赖于这一建议。在屯田方面，姚枢的具体建议是"内地之民不习武事，不耐劳苦，第可使出财赋以资国用。西京、北京诸路之民习武耐劳，可尽复其差赋，充本路保甲屯田，使进有取而出有归，可镇内窃以御外侮"。元朝后来建立的军屯制度，应与这一建议有密切的关系。姚枢还特别针对孔孟后人的教育向忽必烈提出了以下建议："臣宣抚东平，尝闵先圣大德之后，诗书不通，义理不究，与凡庶等，版洛士杨庸选孔、颜、孟三族诸孙俊秀者，授之经而学夫礼。盍真授庸教官,以成国家育才待聘,风动四方之美。"这一建议也被忽必烈所接受。

要改变军事征伐中的"屠城""滥杀""掳掠",虽然对草原帝国的统治者和统军者并非易事,但是对于思有为于天下的忽必烈来说,没有这样的转变显然难以得民心和得天下。所以当姚枢在征大理途中向忽必烈讲述曹彬南征不妄杀一人后,忽必烈即表示能像曹彬一样禁止滥杀,并在攻占大理城后,"裂囊帛为帜,书止杀之令,分号街陌,由是其民父子完保,军士无一人敢取一钱直者"。忽必烈派伯颜南下攻宋时,姚枢也再次向忽必烈提出了止杀和安民的具体建议。

姚枢还注意到了对时政的评价问题。至元三年(1266),有人称中书省政事大坏,忽必烈震怒,姚枢即指出:"先帝(蒙哥汗)陟遐,国难并兴,天开圣人,缵承大统,即用历代遗制,内立省部,外设监司。自中统至今,五六年间,外侮内叛,断继不绝,然能使官离债负,民安赋役,府库粗实,仓廪粗完,钞法粗行,国用粗足,官吏转换,政事更新,皆陛下克保祖宗之基、信用先王之法所致。"也就是说,应该看到"祖述变通,效行汉法"已经取得了初步的成绩,不能听信谗言。姚枢还特别强调,在推行汉法的关键时刻,要保持政务的稳定:"迩者伏闻聪听日烦,朝廷政令日改月异,如始栽之木生而复移,既架之屋起而复毁,远近臣民不胜战惧,惟恐大本一废,远业难成,为陛下之后忧,国家之重害。"也就是说,汉法已经奠定了国家之本,一旦动摇,会带来严重的后果,所以确实需要防止朝令夕改的做法影响已经开始起作用的汉法措施。

姚枢作为当时的大儒,其政治学说的最重要特征,就是将以理学为基础的政治理念,转变为对帝王施政的具体建议和要求。这样的立国规划不仅容易被皇帝所接受,为效行汉法提供有力的支持;也容易被其他人所仿效,成为影响一代人的用思想"干政"的有效路径。从政治理论的发展看,姚枢之所以强调君道,就是要促成草原帝国君主转变为农耕王朝的皇帝,他的救时弊策略,就是要将乱政改变为符合治道要求的新政。这样的两种转变,恰是国家转型的根本性要求,所以不能忽视其在特定时期影响政治走向的重要价值。

二 窦默的正心、正人说

窦默(1196—1280年),字子声,初名杰,字汉卿,广平肥城(今属河北）人，见忽必烈于潜邸，中统元年任翰林侍讲学士，著有《五经指要》等，已佚。

窦默先从孝感县令谢宪子处得到伊洛性理之书，开始研习理学，后又与姚枢、许衡共同研习从赵复处得到的朱熹著作，成为重要的理学宗师。[①] 在政治理论上，窦默偏重的是正心、正人学说。

（一）君主正心的要求

窦默见到忽必烈后，最先讨论的是三纲五常。在窦默解释何为三纲五常后，忽必烈说道："人道之端，无大于此。失此，则不名为人，且无以立于世矣。"也就是说，窦默讲述的纲常学说，确实引起了忽必烈的兴趣，甚至出现过讨论问题时"一日三召，或至夜分不寝"的现象。

窦默还特别向忽必烈讲述了君主"正心"的重要性："帝王之学，贵正心诚意，心既正，则朝廷远近莫敢不一于正矣。"只有君主做到正心，才能使朝廷上下都树立"正"的风气，皇帝才能以"正"来约束臣僚，这恰是帝王之学的要义，也正是理学家所要表达的重要政治观点。

忽必烈即位前，曾命窦默访求可与唐朝魏征媲美之人，显示出忽必烈对谏臣的重视。忽必烈即位后，窦默明确提出了以下建议。

> 君有过举，为臣者当直言匡正，不可诡随，都俞吁咈，此隆古所尚。今则不然，君曰可臣亦以为可，君曰否臣亦以为否，莫敢少异，非嘉政也。

窦默厌恶谄媚的官场风气，自己就以敢于直言著称，并得到了忽必烈的赞赏。他不仅明确表示"朕访求贤士几三十年，惟得李状元（李俊民）、窦汉卿（窦默）二人"，还特别指出："如窦汉卿之心，姚公茂（姚枢）之才，合而为一，始成完人矣。"

（二）用正人端士的要求

窦默曾向忽必烈推荐姚枢、许衡、史天泽等人，并于中统二年（1261）向忽必烈上言，专论以正人端士执政，可引录于下。

[①] 《元史》卷158《窦默传》；《元朝名臣事略》卷8《窦默事略》，第151—154页。本节引文均出自此略、传。

臣事陛下十有余年，数承顾问，与闻圣训，有以见陛下急于求治，未尝不以利生民安社稷为心。时先帝在上，奸臣擅权，总天下财赋，操执在手，贡进奇货，炫耀纷华，以娱悦上心。其扇结朋党，离间骨肉者，皆此徒也。此徒当路，陛下所以不能尽其初心，救世一念，涵养有年矣。

今天顺人意，诞登大宝，天下生民莫不欢欣踊跃，引领盛治。然平治天下，必用正人端士，唇吻小人一时功利之说，必不能定立国家基本，为子孙久远之计。其卖利献勤、乞怜取宠者，使不得行其志，斯可矣。若夫钩距揣摩，以利害惊动人主之意者，无他，意在摈斥诸贤，独执政柄耳，此苏、张之流也，惟陛下察之。伏望别选公明有道之士，授以重任，则天下幸甚。

窦默所言类似苏秦、张仪之人，即当时任中书省平章政事的王文统。窦默曾当着忽必烈的面斥责王文统学术不正，不应久居相位。后来王文统因牵涉李璮叛乱事件被杀，忽必烈即指出："曩言王文统可罢者，惟窦汉卿一人，向使言之者众，朕宁不思之耶！"

由于窦默的著述已经散失，从现有的资料看其政治观点，与姚枢的最大不同是窦默的观点理论色彩更浓（如对正心和三纲五常的解释），并且将注意力集中在统治者的用人方面，特别强调了远佞臣、拒小人对君主所具有的极为重要的作用。如果说在朝政的发展中义利之争是不可避免的现象，窦默在忽必烈即位初年即提醒他注意防范言利小人，应该说是具有独到的政治眼光和政治远见，因为忽必烈后来确实在这方面出现了连续的失误。

第二节　许衡的"治本"学说

许衡（1209—1281 年），字仲平，号鲁斋，怀州河内（今属河南）人，1254 年见忽必烈于潜邸，忽必烈即位后任国子祭酒、中书左丞等，参与制定朝仪和修《授时历》，著有《鲁斋遗书》等。[①]

许衡与姚枢、窦默共同研习程朱理学，成为北方有名的理学宗师和

[①] 许衡的生平，见《元朝名臣事略》卷8《许衡事略》，第164—180页；对其思想的总体评价，见白钢《许衡与传统文化在元代的命运》，《元史论丛》第5辑，第199—217页。

鲁斋学派的核心人物，① 在政治学说方面也对"治本"涉及的重大问题有系统的论述。②

一　治乱说

许衡政治思想中的国家观，代表学说是"治乱说"，包括对统续关系、华夷之别、实行汉法和治乱关系等的看法。

(一)"天兴我元"

许衡虽然没有直接提到"正统"，但是他以历史发展的观点确定了元朝的王朝继承地位。

许衡列出了从唐虞到宋、金三千六百年的王朝兴亡情况，由少数民族建立的后魏（北魏）、辽、金等均列入其中，如后魏十一帝一百四十九年，世以拓跋为氏，孝文改姓为元；九传耶律之辽，二百一十九数；有金百一十九年，复姓完颜，③显然是将它们都视为中国的"正统王朝"。

许衡还特别说明了宋、辽、金、元的关系："兵变陈桥，宋祖即位；克平中夏，以国传弟；九业中衰，江左六裔。辽金据华，亦各九世。天眷地顾，笃兴我元；四海会同，本枝万年。"④也就是说，元朝的兴起和统一，既符合天意，也是"正统王朝"的历史性延续。

(二)"素夷狄行乎夷狄"

中原士人服务于蒙古人建立的王朝，其正当性应来自"华夷之别"的淡化，许衡为此提出了四个重要的观点。

一是圣人之道不仅行之于中国，也行之于"蛮貊"。圣人之德"以佳声美名充满乎中国，中国的人皆知之；传播于蛮貊，蛮貊的人也知之。舟车可到之处，人力可通之地，尽天之所覆盖，极地之所持载，日

---

① 在中国思想史和理学研究著作中，大多涉及了许衡的思想，见张岂之主编《中国思想学说史（宋元传）》，广西师范大学出版社2008年版，第306—314页；侯外庐等主编《宋明理学史》（上），第692—703页；蒙培元《理学的演变》，方志出版社2007年版，第129—142页；徐远和《理学与元代政治》，第40—67页。

② 在中国政治思想史的专著中，提及许衡的有吕振羽《中国政治思想史》（下），第471—475页；萨孟武《中国政治思想史》，东方出版社2008年版，第398—401页；刘泽华总主编《中国政治思想通史·宋元卷》，第343—351页。

③ 许衡：《编年歌括》，《鲁斋遗书》卷10，北京图书馆古籍珍本丛刊本。

④ 许衡：《稽古千文》，《鲁斋遗书》卷10（《全元文》第2册，第426页）。

月之所照临,霜露之所坠落的去处,凡有血气而为人类者,一一尊之为君王,无有不敬的。此可见圣人之德所及广大,与天一般,故曰配天"。① 按照这样的解释,华夷没有区别,都要承载圣人之德。

二是中国与夷狄是相胜负的关系。"天下事常是两件相胜负,从古至今如此。""如中国与夷狄,中国胜,穷兵四远,臣伏戎夷;夷狄胜,必溃裂中原,极其惨酷。如此报复,何时能已。"② 在许衡看来,中国农耕王朝与少数民族之间胜负交替的状态,已经是常态化的历史现象,需要正视这样的现象。

三是"华夷千载亦皆人",不应突出民族差别。许衡在诗中写道:"直须眼孔大如轮,照得前途远更真。光景百年都是我,华夷千载亦皆人。痴阴冷堕云间雪,和气幽生地底春。此意君教贤会得,也甘颜巷乐吾贫。"③ 尽管当时不可能有民族平等的观念,但是不人为扩大民族之间的差别,已经是重大的进步。

四是应以平常心处于"夷狄"之中。许衡对《中庸》中的"素富贵行乎富贵,素贫贱行乎贫贱,素夷狄行乎夷狄,素患难行乎患难"的解释是:"富贵是有爵禄的,贫贱是无爵禄的,夷狄是外国,患难是困苦。君子见在富贵,便行那富贵所当为的事;见在贫贱,便行那贫贱所当为的事;见在夷狄,便行那夷狄所当为的事;见在患难,便行那患难所当为的事。这是说素位而行的意思。"许衡还进一步指出:"君子于富贵、贫贱、夷狄、患难之间,惟为其所当为,随其身之所寓,坦然安舒,无所入而不自得。"④ 也就是说,任何人都要安于现状,尤其是在处于夷狄之中的现实条件下,更要调整自己的心态,适应生存的环境。

(三)"奄有中夏,必行汉法"

"夷狄"显然是能够被"圣人之道"所改变的,改变的方法就是行"汉法"。许衡在至元三年上给忽必烈的《时务五事》中,对行"汉法"问题作了全面说明。

第一,从历史发展看,少数民族在中原建国,只有选择行"汉

---

① 许衡:《中庸直解》,《鲁斋遗书》卷5。
② 许衡:《语录》上,《鲁斋遗书》卷1。
③ 许衡:《病中杂言》,《鲁斋遗书》卷11。
④ 许衡:《中庸直解》,《鲁斋遗书》卷5。

法",才能建立长久统治。"考之前代,北方奄有中夏,必行汉法,可以长久。故魏、辽、金能用汉法,历年最多;其他不能实用汉法,皆乱亡相继;史册具载,昭昭可见也。"许衡还特别列出了13个少数民族建立的王朝、王国的延续时间,以作为佐证。

第二,从自然之势看,由蒙古人新建立的王朝必然要行"汉法"。"国朝仍处远漠,无事论此,必若今日形势,非用汉法不可也。陆行资车,水行资舟,反之则必不能行。幽燕以北,服食宜凉;蜀汉以南,服食宜热,反之则必有变异。以是论之,国家当行汉法无疑也。"

第三,要实行"汉法",必须排除来自内部的干扰。"然万世国俗,累朝勋贵,一旦趋之下从臣仆之谋,改就亡国之俗,其势有甚难者。苟非聪悟特达,晓知中原历代帝王为治之地,则必咨嗟怨愤,喧哗其不可也。"非"苟能渐之摩之,待以岁月,心坚而确,事易而常,未有不可变者"。

第四,行"汉法"需要较长时间,不能急于求成,还要分清轻重缓急。"然事有大小,时有久近,期小事于远,则迁延虚旷而无功,期大事于近,则急迫仓皇而不达,此创业垂统所当审择也。以北方之俗,改用中国之法,非三十年不可成功。"

第五,对于忽必烈而言,行"汉法"等同于创业。"在昔金国初亡,便当议此,此而不务,诚为可惜。顾乃宴安逸豫垂三十年,养成尾大之势。祖宗失其机于前,陛下继其难于后,外事征伐,内抚疮痍,虽曰守成,实如创业,规摹之定,又难于向时矣。"许衡认为只要忽必烈坚持行"汉法",必能达到天下大治的成效:"在陛下笃信而坚守之,不杂小人,不营小利,不责近效,不惑浮言,则天下之心庶几可得,而致治之功庶几可成也。"[1]

也就是说,以"效行汉法"作为国策,虽然是符合历史发展的重大选择,但要看到所面临的种种问题,不仅要有坚强的信念,还要有谨慎行事的长期打算。

(四)"治无常治,乱无常乱"

许衡指出:"春秋大一统,在天下尊王,在国尊君,在家尊父,这三件起来便治,这三处失位便乱。在人身尊德性,德性用事便治,才性

---

[1] 许衡:《时务五事》,《鲁斋遗书》卷7(《全元文》第2册,第428—429页)。

用事便乱。圣人汲汲说忠信、孝悌、仁义，只是为这几处说。"① 按照这样的论点，治乱的关键在于能否按照儒家的政治理念行事，不能尊王、尊君、尊父，就难以做到忠信、孝悌、仁义，就会导致乱的局面。

对治、乱之间的关系，许衡还作了以下说明。

> 尝谓天下古今，一治一乱，治无常治，乱无常乱，乱之中有治焉，治之中有乱焉。乱极而入于治，治极而入于乱。乱之终，治之始也；治之终，乱之始也。治乱相寻，天人交胜。天之胜，质掩文也；人之胜，文胜质也。天胜不已，则复而至于平，平则文著而行矣。故凡善恶得失之应，无妄然者，而世谓之治，治非一日之为也，其来有素矣。人胜不已，则积而至于偏，偏则文没不用矣。故凡善恶得失之迹，若谬焉者，而世谓之乱，乱非一日之为也，其来有素矣。析而言之，有天焉，有人焉；究而言之，莫非命也。命之所在，时也；时之所向，势也。势不可为，时不可犯，顺而处之，则进退出处，穷达得失，莫非义也。古之所谓聪明睿智者，唯能识此也；所谓神武而不杀者，唯能体此也。或者横加己意，欲先天而开之，拂时而举之，是揠苗也，是代大匠斫也。揠苗则害稼，代匠则伤手，是岂成已成物之道哉。即其违顺之多寡，乃其吉凶悔吝之多寡也。②

许衡重点强调的对治与乱的四点认识。一是治、乱交替是社会常态。二是治、乱源于天、人交胜。三是治、乱应时而生，都是命运的安排。四是对于治、乱必须顺势而为，不能逆势而行。应该看到，许衡对治无常治、乱无常乱和治中有乱、乱中有治的看法，带有辩证的思维；但是将治、乱都归于命并且都要在命的左右下行事，则显示了他未能将辩证的思维坚持到最后的结论。

应该看到，在忽必烈即位初期百废待兴的形势下，在思想上厘清对汉法、治乱和王朝统绪关系是极为重要的，这恰是许衡的用心所在。

---

① 许衡：《语录》下，《鲁斋遗书》卷2。
② 许衡：《与窦先生》，《鲁斋遗书》卷9（《全元文》第2册，第446—447页）。

二 修德说

许衡在《时务五事》中,列出了"为君难"的"践言、防欺、任贤、去邪、得民心、顺天道"六事;在"慎微"中列出了"用晦、独断、重农、兴学、经筵、节喜怒、省变更、止告讦、抑奔兢、欲速则不达"十个条目。这些内容都可以包括在"为君之道"中,但去掉了与"用贤"和"爱民"相关的内容后,狭义的君主"修德",应包括践言、防欺、去邪、顺天道等内容。①

(一) 践言

许衡强调"人君不患出言之难,而患践言之难。知践言之难,则其出言不容不慎矣"。从践言的角度来约束出言,使君主能够做到慎言,是全面解释践言的基点,并由此厘定了君主言出必行的基本准则。

许衡认为,君主有可能出现失言、忘言的重大失误。

> 况天下之大,兆民之众,事有万变,日有万机,而人君以一身一心酬酢之,欲言之无失,岂易能哉?故有昔之所言而今日不记者,今日所命而后日自违之者。

臣僚等的一味迎合,更可能使君主难以做到践言。

> 奈何为人上者多乐舒肆,为人臣者多事容悦。容悦本为私也,私心盛则不畏人矣;舒肆本为欲也,欲心炽则不畏天矣。以不畏天之心与不畏人之心,感合无间,则其所务者皆快心事矣。快心则口欲言而言,身欲动而动,又岂肯兢兢业业,以修身为本,一言一事熟思而审处之乎?此人君践言之难,所以又难于天下之人也。

也就是说,君主践言难以做到有两个重要的原因,一是君主自身难免出错,二是臣僚的一味迎合。

君主不能践言,可能带来"失政"的危险,如许衡所言:"可否异同,纷更变易,纪纲不得布,法度不得立,臣下虽欲黾勉,而无所持

---

① 本节引文未注明出处者,均来自《时务五事》(《全元文》第 2 册,第 430—440 页)。

循，汩没于琐碎之中，卒于无补。况因之为弊者，又日新月盛而不可遏，在下之人，疑惑警眩，且议其无法无信，一至于此也。""数变已不可，数失信尤不可。"没有慎言就没有慎行，君主的失言和忘言都可能导致臣民的信任缺失，所以对此决不能掉以轻心。

要做到君主践言，许衡认为根本的途径就是君主的自我修身："苟从古者大学之道，以修身为本，凡一事之来，一言之发，必求其所以然与其所当然，不牵于爱，不蔽于憎，不因于喜，不激于怒，虚心端意，熟思而密处之，虽有不中者，盖鲜矣。"为此，君主必须做到"节喜怒"的以下要求。

> 审而后发，发无不中。否则触事遽喜，喜之色见于貌，喜之言出于口，人皆知之，徐考其故，知无可喜者，则必悔其喜之失。触事遽怒，怒之色见于貌，怒之言出于口，人皆知之，徐考其故，知无可怒者，则必悔其怒之失。甚至先喜后怒，先怒后喜，先喜是，则后之怒非也；先怒是，则后之喜非也。
>
> 号令数变，无他也，喜怒不节之故。是以先王潜心恭默，不易喜怒。其未发也，虽至近莫能知；其既发也，虽至亲莫能移。故号令简而无悔，无悔则自不中发也。
>
> 人之揣君，必于喜怒。知君之喜怒者，莫如近爱。是以在下希进之人，求托近爱，近爱不察，乃与之为地。甚至无喜生喜，无怒生怒，在上一人，独以喜之怒之为当理，而不知天下四方，讥笑怨谤，正以为不当理也。最宜深念其失，在于不守大体，易于喜怒也。

也就是说，君主修身的最高境界就是以节制喜怒达到践言的要求，并以此来杜绝阿谀奉承之风，在许衡看来，这是有关国体的大事，不能不给予高度的重视。

（二）防欺

许衡认为"在上之人难于知下，而在下之人易于知上"，君主"处难知之地，御难知之人，欲其不见欺也，盖难也"。君主被蒙蔽、欺骗，全天下都要受影响。"人君处亿兆之上，所操者予夺进退赏罚生杀之权，不幸见欺，以非为是，以是为非，其害可胜既耶？"尤为重要的是，君主可能被小人所欺骗，许衡对此特别作了以下说明。

> 人君惟无喜怒也，有喜怒则赞其喜以市恩，鼓其怒以张势；人君惟无爱憎也，有爱则假其爱以济私，藉其憎以复怨。甚至本无喜也，诳之使喜；本无怒也，激之使怒；本不足爱也，强誉之使爱；本无可憎也，强短之使憎。若是，则进者未必为君子，退者未必为小人，予之者或无功，而夺之者或有功也，以至赏之罚之，生之杀之，鲜有得其正者。人君不悟，日在欺中，方仗若曹摘发细隐，以防天下之欺，欺而至此，欺尚可防耶？

也就是说，由于小人的存在，欺骗君主是常见的现象，即便君主认识到了这一点，欺骗也是防不胜防。

要使君主真正做到"防欺"，许衡也别无良法，只能强调在用人方面多下些功夫："大抵人君以知人为贵，以用人为急，用得其人，则无事于防矣。既不出此，则所近者，争进之人耳，好利之人耳，无耻之人耳。彼挟诈用术，千蹊万径，以蛊君心，于此欲防其欺，虽尧、舜亦不能也。"许衡认为只要用对了人，就可以防止欺骗，当然这只是他的良好愿望而已。

（三）去邪

许衡认为君主还应该"去邪"，就是要防范奸邪之人，并特别对何为奸邪之人作了具体的说明。

> 奸邪之人，其为心险，其用术巧。惟险也，故千姿万态，而人莫能知；惟巧也，故千蹊万径，而人莫能御。人君不察，以谄为恭，以讦为公，以欺为可信，以佞为可近。喜怒爱恶，人主固不能无，然有可者，有不可者。而奸邪之人，一于迎合，窃其势以立己之威，济其欲以结主之爱，爱隆于上，威擅于下，大臣不敢议，近亲不敢言，毒被天下，而上莫之知。

去邪与防欺有密切的联系，之所以单列出来，是因为许衡认定奸佞之人太多，君主不能不防。而去邪的方法，也在于要用人得当。

（四）顺天道

"天道论"是许衡的核心思想之一。许衡强调"道是日用事物当行之理","道者,天理之当然"①。许衡以"道"为世界的本原,并将"道"置于"太极"之上。"太极之前,此道独立。道生太极,亟三为一,一气既分,天地定位。"② 天道流行,依阴阳造化万物,"万物皆本于阴阳,要去一件去不得。天依地,地附天,如君臣、父子、夫妇皆然";"凡事物之际有两件,有由自己的,有不由自己的。由自己的有义在,不由自己的有命在,归于义、命而已"③。恰是因为道规定了世间的秩序,人必须服从于道并在由己时讲义,不由己时认命。

将"天道论"与君主治国相结合,许衡强调的是六个重要观点。

一是君主必受命于天、听命于天。在天命观方面,许衡特别作了两方面的解释。

> 有大德于己者,必受上天之命,而为天子。④

> 不听父命者,则为不孝;不听君命者,则为不忠;其或不听天命者,独无责耶?君父之命或时可否之间,设教者犹曰勿逆勿怠,况乎天命,大公至正,无有不善,何若而不受命乎。⑤

在许衡看来,恰是因为君主要受天命主宰,所以必须建立听父命、听君命、听天命的政治秩序。

二是三纲五常是"天与人的德性"。为说明三纲五常与道的关系,许衡提出了以下论点。

> 道者何?父子也,君臣也,夫妇也,长幼也,朋友也,此天之性也,人之道也。⑥

> 自古及今天下国家,惟有个三纲五常。君知君道,臣知臣道,则君臣各得其所矣。父知父道,子知子道,则父子各得其所矣。夫知夫

---

① 许衡:《中庸直解》,《鲁斋遗书》卷5。
② 许衡:《稽古千文》,《鲁斋遗书》卷10(《全元文》第2册,第425页)。
③ 许衡:《语录》上,《鲁斋遗书》卷1。
④ 许衡:《中庸直解》,《鲁斋遗书》卷5。
⑤ 许衡:《语录》上,《鲁斋遗书》卷1。
⑥ 许衡:《小学大义》,《鲁斋遗书》卷3(《全元文》第2册,第468页)。

道，妇知妇道，则夫妇各得其所矣。三者既正，则他事皆可为之。①

天与人的仁、义、礼、智、信，仁是温和慈爱，得天地生万物的道理；义是决断事物，不教过去，不教赶不上，都是合宜的道理；礼是把体面敬重为长的道理；智是分辨是非的道理；信是老实不说谎的道理。这五件虽是天与人的德性，一个个人都有，人人各有，禀受不同。

且说朝廷根前行呵，把心敬谨，便是为官的道理，最上等好处；爷娘根前孝顺，便是为子的道理，最上等好处；以至孩儿每根前慈爱，便是爷娘的道理，最上等好处；与人做伴当呵，信实不说谎，便是伴当其间的道理，最上等好处。这几件事都依着行呵，便是止于至善。②

许衡在强调三纲五常与道的关系时，特别联系了游牧社会的信、义概念等，就是为了使当政者更容易接受这样的观念。

三是君主必须以仁为要。许衡强调"为人君者止于仁，天地之心，仁而已矣"，并对何为仁作了具体的解释。

仁为四德之长，元者善之长。前人训元为广大，直是有理。心胸不广大，安能爱敬？安能教思无穷、容保民无疆？仁与元俱包四德，而俱列并称，所谓合之不浑，离之不散。仁者，性之至而爱之理也。爱者，情之发而仁之用也。公者，人之所以为仁之道也。元者，天之所以为仁之至也。仁者，人心之所固有，而私或蔽之，以陷于不仁。故仁者必克己，克己则公，公则仁，仁则爱。未至于仁，则爱不可以充体。若夫知觉，则仁之用而仁者之所兼也。元者，四德之长，故兼亨利贞。仁者，五常之长，故兼义礼智信。此仁者所以必有知觉，不可便以知觉名仁也。③

按照许衡的解释，仁对君主之所以重要，就是要通过仁来体现对天

---

① 许衡：《语录》上，《鲁斋遗书》卷1。
② 许衡：《大学要略》，《鲁斋遗书》卷3（《全元文》第2册，第470—471页）。
③ 许衡：《语录》上，《鲁斋遗书》卷1。

下人的大爱之心和至善之心。

四是君主应正心、敬身。许衡指出:"自古好人,都会自己身上寻思,自己心正,便能修身、齐家、治国、平天下。""齐家、治国、平天下的道理,若文人、武人,都是这个道理。"他还分别列出了正心和敬身的具体要求。

> 能正心,便能修身;能修身,便能齐家;能齐家,便能治国;能治国,便能平天下。……一心正呵,一身正,一家正,一国正,这的便是平天下的体例。①

> 敬身之目,其则有四:心术、威仪、衣服、饮食。心术正乎内,威仪正乎外,则敬身之大体得矣。其衣服、饮食二者,所以奉身也,苟不制之以义,节之以礼,将见其所以养人者,反害于人也。分而言之,心术、威仪,修德之事也;衣服、饮食,克己之事也。统而言之,皆敬身之要也。盖唯敬身,故于父子、君臣、夫妇、长幼、朋友之间,无施不可,此古人修身必本于敬也。②

需要特别注意的是,在正心和敬身的关系方面,许衡认为正心是目的,即正心是为了修身、齐家、治国、平天下;敬身则是方法,即为了正心,必须注意对心术、威仪、衣服、饮食四方面的要求。

五是君主要注重明明德。许衡对明明德的解释是:"明是用功夫明之,明德是人心本来元有的光明之德。夫子说,古时大学教人的方法,当先用功夫明那自己光明之德,不可使昏昧了。"明明德之所以重要,是因为明德是新民或亲民之本,"明德、新民譬如两件物,明德便是本,新民便是末";"亲字本是新字,民是指天下百姓。说大人为学,既明了自己明德,又当推此心,使那百姓每各去其旧染之污,以明其明德也,都一般不昏昧"。由此,欲明明德于天下者,必先治其国,"人君要使天下的人无一个不明其明德,必先治那一国的人,使他都明了明德";欲治其国者,必先齐其家,"家是指人君一家说,乃是一国的根本,若要使一国的人,无一个不明其明德,必先齐那一家的人,使他都

---

① 许衡:《大学要略》,《鲁斋遗书》卷3(《全元文》第2册,第472—473页)。
② 许衡:《小学大义》,《鲁斋遗书》卷3(《全元文》第2册,第468页)。

明了明德";欲齐其家者,必先修其身,"齐家是整齐一家的人身,是一家的根本,若要齐一家的人,必先修治自家一身,事事都合道理,不可有些违背"①。恰是因为明明德不容易做到,许衡才依据明德的"分数"划分了人的不同等级,就是提醒君主应作上等人。

> 古之圣人以天地人为三才,天地之大,其与人相悬不知其几何也,而圣人以人配之,何耶?盖上帝降衷,人得之以为心。心形虽小,中间蕴藏天地万物之理,所谓性也,所谓明德也。虚灵明觉,神妙不测,与天地一般。故圣人说天地人为三才,明德虚灵,明觉天下,古今无不一般。只为受生之初,所禀之气,有清者,有浊者,有美者,有恶者;得其清者则为智,得其浊者则为愚,得其美者则为贤,得其恶者则为不肖。若得全清全美,则为大智大贤,其明德全不昧也,身虽与常人一般,其心中明德与天地同体,其所为便与天地相合,此大圣人也。若全浊全恶,则为大愚大不肖,其明德全昧,虽有人之形貌,其心中暗塞,与禽兽一般,其所为颠倒错乱,无一是处,此大恶人也。若清而不美,则为人有智而不肖;若美而不清,则为人好善而不明。其清而美者,类镜之明而平;其浊而恶者,类镜之不明而又不平也;其清而不美者,类镜之明而不平;其美而不清者,类镜之平而不明也。清美之气所得的分数,便是明德存得的分数;浊恶所得的分数,便是明德暗塞了的分数。明德止存得二三分,则为下等人;存得七八分,则为上等人;存得一半,则为中等人。明德在五分以下,则为恶常顺,为善常难;明德在五分以上,则为善常顺,为恶常难;明德正在五分,则为善为恶常交战于胸中,战而未定,外有正人正言助之则明德长而为善,外有恶人恶言助之则明德消而为恶。清的分数,浊的分数,美的分数,恶的分数,参错不齐,所以便有千万般等第。②

六是天道恒在于下。对于经常发生的灾变,有人认为应当以除旧布新作为回应,许衡则提出了不同的看法。

---

① 许衡:《大学直解》,《鲁斋遗书》卷4。
② 许衡:《论明德》,《鲁斋遗书》卷3(《全元文》第2册,第477—478页)。

与其妄意揣度，曷若直法文、景之恭俭爱民，为理明义正而可信耶。天之树君，本为下民，故孟子谓民为重、君为轻，《书》亦曰天视自我民视、天听自我民听。以是论之，则天之道，恒在于下，恒在于不足也。君人者，不求之下而求之高，不求之不足而求之有余，斯其所以召天变也。

也就是说，只要知道了天道在下的定理，也就无畏于灾变，更不需要采用以变应变的方法。

许衡所论述的天道论，虽然与成吉思汗的朴素天命观有相同的地方，但是更多阐释的是儒家政治理念，使天道论不仅有来自"理"和"道"的解释，更有行于"术"的具体要求，并以此为当政者的修德确定了基本的方向和内容。

三　用贤说

许衡认为："生民休戚，系于用人之当否。用得其人，则民赖其利，用失其人，则民被其害。自古论道者，必以用人为先务，用既得人，则其所为善政者，始可得而行之。"① 许衡所说的用人，核心是"用贤"，并有一套系统的要求。

（一）贤者"五不进"

许衡认为"父子君臣，实天所命，能顺而不失，则人道备矣"②。要治理天下，必须用"贤者"，因为"贤者以公为心，以爱为心，不为利回，不为势屈，置之周行，则庶事得其正，天下被其泽"。但是贤者不能进用，可能出现许衡在《时务五事》中指出的五种情况。

一是贤才被埋没于世，"然或遭时不偶，务自韬晦，有举一世而人不知者"。

二是没有人向君主推荐，"虽或知之，而当路之人未有同类，不见汲引，独人君有不知者"。

三是君主只养贤而不用贤，"人君虽或知之，召之命之，泛如厮养，而贤者有不屑就者"。

四是君主不用其言，"虽或接之以貌，待之以礼，而其所言不见信

---

① 许衡：《论生民利害疏》，《全元文》第 2 册，第 442 页。
② 许衡：《与张仲谦》，《鲁斋遗书》卷 9（《全元文》第 2 册，第 457 页）。

用，有超然引去者"。

五是小人作梗，"虽或信用，复使小人参于其间，责小利，期近效，有用贤之名，无用贤之实，贤者亦岂尸位素餐，徒费廪禄，取讥诮于天下也"。

除了被埋没、无人引荐、养贤不用贤、不用贤人言和小人作梗的贤人"五不进"外，还有"难合"的问题，即"人君位处崇高，日受容悦，大抵乐闻人之过，而不乐闻己之过，务快己之心，而不务快人之心。贤者欲匡而正之，扶而安之，使如尧舜之正、尧舜之安而后已，故其势难合"。而君主确实不容易做到"任贤勿贰，去邪勿疑"，所以任贤对君主而言确实是一件难事。[①]

(二) 用人为中书大要

许衡明确指出："天下之务固不胜其繁也，然其大要在用人、立法而已。古人谓得士者昌，自用则小，意正如此。"[②] 他还特别强调中书省的最重要功能就是用人和立法，应特别注意他的以下论点。

> 中书管天下之务，固不胜其烦也，然其大要，在用人、立法而已。
>
> 夫贤者识治之体，知事之要，与庸人相悬，盖十百而千万也。布之周行，百职具举，宰执总其要而临之，不烦不劳，此所谓省也。
>
> 然人之贤否，未能灼知其详，固不敢轻用。或已知其孰为君子，孰为小人，复畏首畏尾，患得患失，而不能进退之，徒曰知人，而实不能用人，亦何益哉？
>
> 夫治人者，法也；守法者，人也。人法相维，上安下顺，而宰执优游廊庙之上，不烦不劳，此所谓省也。
>
> 用人立法，今虽未能遽如古昔，然已仕者，便当颁降俸给，使可养廉；未仕者，且当宽立条格，俾就叙用，则失职之怨少可舒矣。外设监司，纠察污滥，内专吏部，考订资历，则非分之求渐可息矣。
>
> 俸给之数，叙用之格，监司之条例，先当拟定。至于贵家世

---

① 许衡：《时务五事》(《全元文》第2册，第433页)。
② 许衡：《语录》上，《鲁斋遗书》卷1。

袭，品官任子，驱良抄数之便益，续当议之，亦不可缓也。

取天下者尚勇敢，守天下者崇退让。不尚勇敢则无以取天下，不崇退让则无以守天下。取也守也，各有其宜，君人者不可以不审也。①

许衡还特别强调了用人与善政之间的关系。

自古论治道者，必以用人为先务。用既得人，则其所谓善政者始可得而行之。以善人行善政，其于为治也何有。②

也就是说，用人与立法是相辅相成的关系，既要注重知人尤其是知贤者，并大胆使用贤者，为百姓带来善政；也要注重以法来为用贤提供制度性的保障，尤其是俸禄和晋升方面的保证。

在机构变更问题上，许衡强调的仍是"用人"问题。如至元七年（1270）许衡不同意将主管军事的枢密院并入主管全国政务的中书省，并特别指出"国家切务，止在得人，人苟未得，徒纷更于此，无益也"③。

（三）以兴学培育人才

许衡强调以兴学作养人才，建议"自上都、中都（即燕京）下及司县，皆设学校，使皇子以下至于庶人之子弟，皆从事于学，日明父子、君臣之大伦，自洒扫应对，至于平天下之要道。十年以后，上知所以御下，下知所以事上，上下和睦，又非今日比矣"④。

许衡认为理学著作尤其是《小学》《大学》《中庸》对兴学具有重要意义。许衡自称"小学、四书，吾敬信如神明"，"我生平长处，在信此数书"⑤。他还特别强调，只有通过小学和大学等的学习，才能作养人才。

---

① 许衡：《时务五事》（《全元文》第2册，第429—430页）。
② 许衡：《语录》上，《鲁斋遗书》卷1。
③ 许衡：《论枢密不宜并中书疏》，《全元文》第2册，第441页。
④ 许衡：《时务五事》（《全元文》第2册，第436—437页）。
⑤ 许衡：《与子师可》，《鲁斋遗书》卷9。

> 古者民生八岁，上自王公，下至庶人之子弟，皆令入小学，教之以洒扫、应对、进退之节，礼、乐、射、御、书、数之文。及其十有五岁，自天子之元子众子，公卿大夫元士之适子，与凡民之俊秀者，皆入大学，教之以穷理、正心、修己、治人之道。此小学、大学所以分也。当其幼时，若不先习之于小学，则无以收其放心，养其德性。及其年长，若不进之于大学，则无以察夫义理，措诸事业。先之以小学者，所以立大学之基本；进之于大学者，所以收小学之成功者也。①

兴学与作养人才之间的关系，由于已经有不少人有过论述，许衡未再多作解释，而是强调了育人必须从儿童抓起，并且要采用循序渐进的方法，这恰恰体现了他作为一代"儒师"的本色思想。

（四）讲究用人之道

许衡指出忽必烈即位之后，用人太宽，造成了冗官的局面。要革除弊政，必须讲究用人之道："朝廷用人，失于太宽，委任之初，不知审择，使善恶邪正混然无别。既授以政，而居民之上矣，中间固有暴扰侵渔之害，其势然也。今不求其本，直欲改其事一二，以为便民之举，将见一弊才去一弊复生，后日改行之事，其害民者未必不甚于前也。""国家能汰省冗官，则可以重名器，抑侥幸，厉廉能，其为善政无疑也。"他建议采用定员、行科举、严纠察等方法淘汰冗官，使贤者得到重用："当尽改前失，使天下之官有定员，岁取之人有定数。其科举荐举考课之法，具见前史，可考而知之也。然又必重风宪之权，任廉能之士，使巡行天下，纠弹黜陟，无一不当，则前所谓冗官者日减，而新进者无积，庶乎可补前日之失也。""使贤者日进，不肖者日退，则天下之民何患不安乎。"②也就是说，君主的用人之道需要掌握四个要点，一是要用严格的用人标准，不能犯标准太宽或者无标准的错误；二是要简省机构和确定官员额数，防止冗官害政；三是要有选择官员的渠道，科举就是一个有效的渠道；四是要有约束人的机制，需要建立严密和有效的监察机制。

许衡所强调的"用贤说"，其立意就是要建立"贤人政治"，并以

---

① 许衡：《小学大义》，《鲁斋遗书》卷3（《全元文》第2册，第467页）。
② 许衡：《论生民利害疏》《汰省冗官疏》，《全元文》第2册，第440—442页。

此来体现治道的要义。从思想建树来说，许衡应该是成功的，就是他至少可以将自己深思熟虑的贤人政治基本要求，用奏疏等形式传达给君主。从产生的效果看，许衡显然是失败者，因为忽必烈并没有表示出对贤人政治的爱好，而是另有所好。

四　爱民说

许衡所说的"爱民"，就是要得民心，并且要用重农桑、重义贬利等来巩固民心。

（一）立国要在得天下心

许衡强调了"立国规摹"的重要性："为天下国家，有大规摹。规摹既定，循其势而行之，使无过焉，无不及焉，则治功可期。否则心疑目眩，变易纷更，日计有余而岁计不足，未见其可也。"而"立国规摹"的核心问题就是得民心："古今立国，规摹虽各不同，然其大要在得天下心。得天下心无他，爱与公而已矣。爱则民心顺，公则民心服，既顺且服，于为治也何有。"无论立国规模大小，都要得民心，显然是君主执政的基本准则。

许衡还特别指出："民之戴君，本于天命，初无不顺之心也，特由使之失望，使之不平，然后怨望生焉。""大抵人君即位之始，多发美言，诏告天下，天下悦之，冀其有实；既而实不能副，遂怨心生焉。"君主只有持之以恒，才能行大爱和大公于天下，才能得民心，为此许衡特别提出了以下看法。

> 然开创之始，重臣挟功而难治，有以害吾公；小民杂属而未一，有以梗吾爱。于此为计，其亦难矣。自非英睿之君，贤良之佐，未易处也。势虽难制，必求其所以制；众虽未一，必求其所以一。前虑却顾，因时顺理，予之夺之，进之退之，内主甚坚，日戛月摹，周还曲折，必吾之爱、吾之公达于天下而后已。至是，则纪纲法度，施行有地，天下虽大，可不劳而理也。[①]

许衡客观地分析了蒙古建国以来未能得民心的原因，并强调得民心

[①] 许衡：《时务五事》（《全元文》第2册，第428、434页）。

要持之以恒,就是希望君主能够高度重视得民心的问题。

(二) 重农与定民志

许衡在《时务五事》中专有"农桑学校"一事,显示了他对重农的重视。许衡特别指出:"今国家徒知敛财之功,不知生财之由;不惟不知生财,而敛财之酷,又害于生财也。"针对这样的情况,他建议取"重农"措施:"诚能自今以始,优重农民,勿使扰害,尽驱游惰之民归之南亩,岁课种树,恳谕而督行之,十年以后,当仓库之积非今日比矣。"

许衡还强调了"定民志"的作用:"民志定则不乱,下知分则上安。夫天下所以定者,民志定也。民志定则士安于为士,农安于为农,工商安于为工商,则在上一人,有可安之理。民不安于白屋,必求禄仕;仕不安于卑位,必求尊荣;四方万里,辐辏并进,各怀无厌无耻之心,在上之人可不为寒心哉。"①

应该说,重农桑既是得民心的重要措施,也是定民志的重要基础。尤其在中原地区的农耕环境下,只要农民安定下来,就有了使整个社会趋于安定的基础。

(三) 以义为大利

"爱民"还需要摆正"义"与"利"的关系。由于朝廷曾数次卷入义利之争,所以应该特别注意许衡对义利关系的以下看法。

> 臣闻天下有大利,非聚敛财货之谓也。乾之四德为利,此谓生之遂也,故以利为本,此谓性之顺也。圣人遂万物之生,顺万物之情,故能致天下之大利。后世遂一己之生,顺一己之情,故能致天下之大害。利之善恶,于此判矣。
>
> 子曰:"君子喻于义。"盖物得其宜,则无不利,故曰利者义之和也。子曰:"小人喻于利。"盖一于利而无义,则害于人,故曰放于利而行多怨。
>
> 后世学者不识天下之大利而耻言之,故曰利者悉归于小人。以小人而谋利,未有不为天下国家之祸者也。臣以为谋利者莫如君子,盖君子不以利为利,以义为利也。惟君子之喻于义也,必损上

---

① 许衡:《时务五事》(《全元文》第2册,第436—437页)。

以益下，蠲无名之征，罢不正之供，节用度，减浮食，国家若不足于调度，然而土地辟，田野治，年谷丰登，盖藏充溢，人民繁阜，鸟兽草木咸若，以此观之，谓之国贫，可乎？唯小人之喻于利也，必剥下以奉上，急暴横之征，创苛虐之敛，仓廪实，府库充，国家若足于用度矣，然而土地日削，田野荒芜，水旱相仍，间里愁叹，人民冻馁，兄弟妻子离散，以此观之，谓之富国，可乎？大略以富骄而亡国者常多，以贫约而失国者常少。

言利者必曰："此特老生常谈而不切于用，以今楮币折阅，称提无术，君子苟能谋利，盍出一策以为明主献乎？"臣敢曰："楮币之折阅，断无可称提之理，直一切罢而不行用耳。"……夫以数钱纸墨之资，得以易天下百倍之货，印造既易，生生无穷，源源不竭，此世人所谓神仙指瓦砾为黄金之术，亦何以过此？……是故讲称提之策者，今三四十年矣，卒无能为朝廷毫发之助。但见称提之令每下，而百姓每受其害，而贯陌益落矣。

只以渡江之初言之，外有强敌，内有群盗，干戈相寻，江左萧条。内立百司庶府，外供岁币馈饷，不鬻官告度牒，不造官会，国家亦渐致富强，其所以制国家之财用者，亦人耳。故曰，遂万物之生，顺万物之情，故能致天下之大利，盖自有道矣。①

许衡提到的楮币称提，就是变换钞法的方法。宋朝使用的会子和元朝使用的中统钞、至元钞，都是纸币。许衡反对的不是通行纸币，而是用变换钞法的方法谋利，尤其是用纸币价值的升降和超量发行纸币的方式榨取民间财富。许衡强调按照儒家政治理念治国，也可以解决国家财用问题，使国家走上富强之路，而不是用小人之术取利于民。所以，要重视的是与"义"不能分割的"大利"，而不是蝇营小利，并以此来体现国家的爱民而不是害民。

五 治学说

许衡作为理学宗师，除了前述天道论外，还有心性论和格物致知论等。这些理论反映的哲学思想，不是本书研究的重点，本节所要讨论的

---

① 许衡：《代拟理财疏》，《全元文》第2册，第443—444页。

只是其中所包含的政治观点。

(一) 心性论

许衡将心、性、天看作一理。"或问：心也，性也，天也，一理也，何如？曰：便是一以贯之。又问：理出于天？天出于理？曰：天即理也。有则一时有，本无先后，有是理而后有是物"；"事物必有理，未有无理之物。两件不可离，无物则理何寓所"。他还把性分为"本然之性"和"气禀之性"："合虚与气有性之名，虚是本然之性，气是气禀之性。又曰：仁义礼智信是明德，人皆有之，是本然之性，求之在我者也，理一是也；贫富、贵贱、死生、修短、祸福禀于气，是气禀之命，一定而不可易者也，分殊是也。又曰：性者即形而上者，谓之道，理一是也；气者，即形而下之者，谓之器，分殊是也。"① 由于理无所不在，贯通心、性、天，所以只有对理有了全面的认识，才能了解心和性的作用。

在许衡看来，心和性的关系是以心来统性："心统性情者也，性者心之体，情者心之用也。""尽其心者知其性也，知真性则知天矣。"而以心统性，正是正心说的认识基础。由此，不仅君主要正心，臣僚等也要正心："为人臣者，常存心于君，以君心为心，承顺不忘，愿国家之事都得成就，即是至公心。"

在正心方面，许衡不仅强调了以圣人作为楷模的要求，即"圣人之心，如明镜止水，物来不乱，物去不留"；"圣人以中道、公道应物而已。无我、无人、无作为，以天下才治天下事应之而已"；还特别指出圣人在修心养性方面起的是推助作用，而不是强制作用。

> 圣人是因人心固有良知良能上扶接将去，他人心本有如此意思，爱亲敬兄，蔼然四端，随感而见，圣人只是与发达推扩，就他原有的本领上进将去，不是将人心上原无的强去安排与他。后世却将良知良能是断丧了，却将人性上原无的强去安排栽接，如雕虫小技，以此学校废坏，坏却天下人才。及去做官，于世事人情殊不知远近，不知何者为天理民彝。似此，民何由向方，如何养得成风俗。他于风化人伦，本不曾学，他家本性已自坏了，如何化得人。

---

① 许衡：《语录》上、下，《鲁斋遗书》卷1、卷2。本节引文未注明出处者，均来自此《语录》。

也就是说，按照心性论的要求，正心是一种自愿和自为的行为，而不是一种强制行为，圣人所起的只是引导、帮助和教化的作用。

应该看到，许衡将心性论用于政治领域，带有较强的宿命色彩。许衡不仅认为"凡言性者便有命，凡言命者便有性"；还强调人应该"正命"，即服从命运的安排。

> 贫贱、富贵、死生、修短、祸福，禀于气，皆本乎天也，是一定之分，不可求也。其中有正命有非正命者。尽其道而不立乎岩墙之下，修身以待之，然此亦有吉凶、祸福、死生、修短，来当以顺受，所谓莫之致而至者，皆正命也，乃系乎天之所为也。非正命者，行险侥幸，行非礼仪之事，致于祸害桎梏死者，命亦随焉，人之自召也。

> 天地间当大着心，不可拘于气质，局于一己，贫贱忧戚不可过为陨获，贵为公相不可骄，当知有天下国家以来，多少圣贤在此位。贱为匹夫不必耻，当知古昔志士仁人，多少屈伏甘于贫贱者。无入而不自得也，何欣戚之有。

许衡还特别指出，"可以已"三字是最害人性命的说法。

> 谓可以已，何所不已？势必不可以已者而亦已之。不可以已而不已者，其人必于不可为而不为。无不可已之人，即无所不为之人矣。吾之过，正于不可已而不能已、不欲已，虽过之，亦出于性命。①

许衡教导世人安于现状，不做超越本分的事情，是出于维护统治秩序的需要，而这恰是心性论所要体现的要义。

（二）格物致知论

许衡继承了程朱理学的格物致知论，指出"二程以格物致知为学，朱子亦然；此所以度越诸子大学孔子之遗书也，其要在此。凡行之所以

---

① 许衡：《与徐伯宏论学序》，《全元文》第2册，第466页。

不力，只为知之不真。果能真知行之，安有不力者乎。博学之，审问之，慎思之，明辩之，只是要个知得真，然后道笃行之"。他还明确提出了知行并进的观点："圣人教人只是两个字，从学而时习为始，便只是说知与行两字。"

在格物致知中，许衡特别强调了"慎思"的重要性。

> 凡事一一省察，不要逐物去了。虽在千万人中，常知有己，此持敬大略也。
>
> 慎思，视之所见，听之所闻，一切要个思字。君子有九思，思曰睿是也。要思无邪。目望见山，便谓之青，可乎？惟知，故能思。或问：心中思虑多，奈何？曰：不知所思虑者何事，果求所当知，虽千思万虑可也。若人欲之萌，即当斩去，在自知之耳。人心虚灵，无槁木死灰不思之理，要当精于可思虑处。

知行结合尤其是慎思，在政治上的主要作用就是用自己的所思、所想和所行，影响国家的发展。正如许衡在诗中所言："身居畎亩思致君，身在朝廷思济民。但期磊落忠信存，莫图苟且功名新。"[1] 从这样的境界看，格物致知需要的是大的思想格局，而不是斤斤计较于人生的得失。为此，就要看破生死，如许衡在诗中所言："人人都畏死来催，我道人生死是归。但使墙阴无隐匿，不忧心外有危机。得生本自神先宅，未死谁知鬼已依。此理分明是天命，便须相顺莫相违。"[2] 尤为重要的是，心性和格物致知涉及的主要是哲学问题，许衡强调顺其自然的"正命"观和方法论层面的"慎思"，为哲学问题的政治化解释开创了新的格局。

（三）力行践履论

许衡不仅研究理学学说，还要践行其学说。他一方面以教学为手段，向蒙古、汉人弟子传授经典学说，为实行"汉法"培养人才，对推动理学的"官学化"起了重要的作用。另一方面，许衡提倡真知力行，"凡为学之道，必须一言一句自求己事"；"先务躬行，非止诵书作文而已"。学与用结合，不为学而学，体现了深究学问所具有的目的

---

[1] 许衡：《训子》，《鲁斋遗书》卷11。
[2] 许衡：《病中杂言》，《鲁斋遗书》卷11。

性、适用性特征。

许衡还认为学问应古今结合:"先贤言语皆格言,然亦有一时一事有为而言者,故或不可为后世法,或行之便生弊。唯圣人言语,万世无弊,虽有为而言,皆可通行而无弊。""夫人之学,贵于师古,师古者或滞于形迹,而不适于用也。贵于随时,而随时者或狗之苟简,而不中于理也。二者其可谓善学乎?惟师古适用,随时中理,仁厚可与论学。"① 也就是说,许衡强调的是有条件的疑古论,即与理相合的不疑,与理不合的就可以持怀疑的态度。

对推动忽必烈实行"汉法",许衡曾抱较大期望。他在给窦默的诗中写道:"莫厌风沙老不禁,斯民久已渴商霖。愿推往古明伦学,用沃我君济世心。甫治看将变长治,呻吟亦复化讴吟。千年际会真难得,好要先生着意深。"② 但是忽必烈对许衡的赞许,主要是因为许衡不赞赏科举的态度与其相合。中统元年,忽必烈在上都召见许衡,"问所学,曰孔子。问所长,曰虚名无实,误达圣听。问所能,曰勤力农,务教授童蒙。问科举何如,曰不能"。忽必烈由此认为许衡言语务实,并表示"科举虚诞,朕所不取"。③ 至元三年(1266),忽必烈还因王文统事件责备过许衡:"窦汉卿(窦默)独言王以道(王文统),当时汝亦知之,何为狗情不言?岂孔子教法使汝如是耶?汝不遵孔子教法自若是耶?往昔不咎,今后勿尔也。是云是,非云非,可者行,不可者勿行。"④ 此后忽必烈对许衡的任用只限于制定礼仪、修历和教学,对许衡所提倡的以理学为核心的政治观点,既没有全盘接受,也没有表示出过强的兴趣。

综观许衡的政治学说,与其说是着重于政治理念的哲理化,不如说是着重于理学思想的通俗化,其核心并不在于丰富理学的政治观点,而在于通过他的通俗性的解释,可以使更多的人(包括皇帝)了解这些政治观点。为此,许衡将"治本"当作核心的政治理念,不仅将修德、用贤、爱民等都视为"治本"的要求,还特别强调:"本立,则纪纲可布,法度可行,治功可必。否则爱恶相攻,善恶交病,生民不免于水

---

① 许衡:《留别谭彦清序》,《鲁斋遗书》卷8(《全元文》第2册,第464—465页)。
② 许衡:《赠窦先生行》,《鲁斋遗书》卷11。
③ 《考岁略》,《鲁斋遗书》卷13。
④ 许衡:《对御》,《鲁斋遗书》卷7。

火，以是为治，万不能也。"① 应该说，这样的"治本"学说，对于从蒙古国到元朝的国家转型的政治历程，是有一定指导意义的，因为许衡所起的作用是带动了一批人关注和解释国家转型问题，而不只是在于帝王是否对他的学说感兴趣。恰是由于许衡有如此重要的贡献，才使得他的学说在元代政治思想的发展中占据了重要的地位。

第三节　郝经的"治道"学说

郝经（1223—1275 年），字伯常，泽州陵川（今属山西）人，1256 年见忽必烈于潜邸，忽必烈即位后以翰林侍读学士出使南宋，被南宋羁留 15 年，返至燕京后病死，著有《续后汉书》《陵川文集》等。②

郝经的六世祖曾受教于北宋理学家程颢，曾叔祖父郝震以程氏之学教授乡里，郝经的理学学说因此主要来自程氏之学，代表理学南去后的北方余脉，与姚枢、窦默、许衡的理学学说来自南宋的朱熹有所不同。③ 郝经的政治学说，则主要是以"治道"为核心展开其政治论点。④

一　治道说

郝经身处乱世，对"治道"极为关注，提出了"治体""修器""奉天而治"等观点。

（一）治体论

郝经与许衡的观点接近，认为治与乱是相辅相成、此起彼伏的关系："盖天下之势，治乱相寻，祸衅相纽，其几无穷，而变故亦无穷。乘而处之者，宜重慎而审之也。天下之大乱必出于大治，天下之至危必

---

① 许衡：《时务五事》（《全元文》第 2 册，第 435 页）。
② 《元朝名臣事略》卷 15《郝经事略》，第 294—299 页。
③ 关于郝经的思想渊源，见张岂之主编《中国思想学说史（宋元卷）》，第 301 页；侯外庐等主编《宋明理学史》（上），第 679—680 页；徐远和《理学与元代政治》，第 21—39 页。
④ 关于郝经的政治思想，见白钢《论郝经的政治思想》，《中国史研究》1985 年第 4 期；参见萨孟武《中国政治思想史》，第 398—401 页；刘泽华总主编《中国政治思想通史·宋元卷》，第 369—378 页。

出于至安，天下之大忧虞必出于无虞，战之负出于胜，事之失出于得。"①"故有百年之治，而复有百年之乱；有五六十年之治，复有五六十年之乱。乱方弭而复兴，治方成而遽坏。"②"金亡以来，兵乱极矣。极而必治，理势然也"；"圣人立经陈纪，以为治极必乱，乱极必治也"③。尤其是在乱世中，认清乱极而治的历史发展趋势，确实极为重要。

针对历代的治乱，郝经提出的问题是："上下数千载，有志之君仅是数者，何苟且一时者多，而致治之君鲜也？"④ 对于这一问题，郝经作出了以下回答。

> 取之以道，治之以道，其统一以远；取不以道，治之以道者次之；取与治皆不以道者，随得而随失耳。呜呼，安得知治体者，与之共论治道乎！
>
> 治少而乱多也尚矣，所以然者，知治体者鲜也。将百万之众，举天下如鸿毛者，易得也。决策制胜，虑皆偏臆者，易得也。平赋役，调粮饷，聚如丘山，运如风雨者，亦易得也。至于乘几挚势，以仁义道德厝天下于泰山之安者，则难矣。
>
> 三代而下，千有余岁，竟不能复其治。何治如是之少，而乱如是之多也？盖虽有愿治之君，而无知治体之臣，仅为一时之治而已。虽亦或有知治体之臣，而复无愿治之君，没没于世，卒不能用，一时之治亦难也。
>
> 夫致治之道，自治为上，治人次之。自治其本也，治人其末也，本固则末盛。……所谓本者，不勤远略，而反自近者始也。修仁义，正纲纪，立法度，辨人材；屯戍以息兵，务农以足食，时使以存力，轻赋以实民；设学校以厉风俗，敦节义以立廉耻，选守令以宣恩泽；完一代之规模，开万世之基统，即此为之，不求于外。
>
> 治体既定，纲纪日张，户口增益，民物繁多，礼义隆懋，心格

---

① 郝经：《宿州与宋国三省枢密院书》，《郝文忠公陵川文集》卷37，北京图书馆古籍珍本丛刊本（《全元文》第4册，第97页）。
② 郝经：《上赵经略书》，《郝文忠公陵川文集》卷24（《全元文》第4册，第170页）。
③ 郝经：《与宋国两淮制置使书》，《郝文忠公陵川文集》卷37（《全元文》第4册，第105页）。
④ 郝经：《立政议》，《郝文忠公陵川文集》卷32（《全元文》第4册，第86—87页）。

其非，风俗完厚，上下妥安，如馁而饫，如醉而醒，如瘠而肥，本根既固，德威惟畏，弱国入朝，强国请服矣。①

盖有国者不畏夫有乱，畏夫自致其乱。自致其乱则人也，横逆而来则天也。天欲乱人之国，其如彼何哉，尽其在我者而已。已无所致，都所不计也；已自致之，覆乱不暇也。②

按照郝经的解释，历史上之所以乱多治少，主要有两个原因。一是了解"治体"的人太少，或是即便有了解治体之人，也难以发挥真正的作用。二是立国者不知排除"自乱"，不能以"自治"为本，就会导致经常性的"天倾地裂由积衅，败国亡家皆自取"的结局。③ 而要从根本上解决问题，就是要认知并稳固"治体"，按照儒家的治国理念推行善政，为国家奠定"自治"的根基，达到"本固国宁"的理想政治状态。

（二）修器论

郝经将天下比作器物，器物可能损坏，所以必须经常对器物进行修理，才能达到治的效果。

天下一大器也，用之久则必弊窳残缺，甚则至于破碎分裂，置而不修，则委而去之耳。生民万物者，器之所中者也。器弊而委，则其中者亦必坏烂而不收。有志于天下者则为之倡，率其群而修之，槌琢而俾之完，扶持而置之安，藻饰而新之，涤荡而洁之，使其中者可以食，可以藏，可以积而丰，可以餍而饫，为器之主而天下王之，安富尊荣而享天下。彼志得意满，苟且一时者，见器之所有，而不见器之残缺，染指垂涎，放饭流歠，始则枵然，终则哆然，既饫而足，并其器与其余举而弃之，不知馁之复至矣。至于神器之主，中藏尽亡，而天下馁者众，于是群起而争其余，天下乱矣。夫纲纪礼仪者，天下之元气也；文物典章者，天下之命脉也。

---

① 郝经：《思治论》，《郝文忠公陵川文集》卷18（《全元文》第4册，第245—246页）。
② 郝经：《上宋主陈请归国万言书》，《郝文忠公陵川文集》卷39（《全元文》第4册，第141页）。
③ 郝经：《长星行》，《郝文忠公陵川文集》卷12。

非是则天下之器不能安。小废则小坏，大废则大坏，小为之修完则小康，大为之修完则太平。故有志于天下者，必为之修而不弃也。

国家光有天下，绵历四纪，恢拓疆宇，古莫与京。惜乎攻取之计甚切，而修完之公弗逮，天下之器日益弊，而生民日益愈也。……于是法度废则纲纪亡，官制废则政事亡，都邑废则宫室亡，学校废则人材亡，廉耻废则风俗亡，纪律废则军政亡，守令废则民政亡，财赋废则国用亡。天下之器虽存，而其实则无有。

但断然有为，存典章，立纲纪，以安天下之器，不为苟且一时之计，奋扬乾纲，应天革命，进退黜陟，使各厌伏，天下不劳而治也。①

郝经所要强调的是天下之器容易损毁甚至被遗弃，所以不仅要加以爱护，还要及时修理，尤其是大乱时必须对天下之器进行大修，才能达到大治的效果。而修器的方法，就是要立纲纪和存典章。尤为重要的是，要注意礼在修器中的作用，如郝经所言："有礼则危可以安也，故别嫌疑，辨犹豫，明是非，正纲纪，立法制，厚人伦，美教化，定民志，屹尔而立而不易，遒尔而行而必至，炳炳为一王法。""故礼者，国之干也，有国君人者，必行行力为而已矣。"②也就是说，只有确定了以礼为约束的政治规范，才能真正达到立纲纪的作用。

(三) 奉天而治论

郝经在讨论治道问题时，还重点强调了"奉天而治"的观点："天所畀与而能奉承，是谓应天；畀与而弗之应，是谓弃天。天可弃乎？故凡有天下国家者，虽一民尺土莫敢忽而不治，非惟应天，亦所以奉天也。"③在郝经看来，"奉天而治"应主要包括五方面的内容。

第一，圣人是"奉天而治"的主角。郝经不仅指出"况复祸乱之际，天所以开圣人也"；还认为忽必烈就是承担"奉天而治"职责的"圣人"："夫一时之祸乱，天所以启主上也。日将旦则必有阴沴之翳，龙将飞则必有云雷之郁，将底于极治，则必厌以大难。"④郝经亦认为

---

① 郝经：《立政议》，《郝文忠公陵川文集》卷32（《全元文》第4册，第86—87页）。
② 郝经：《二履辨》，《郝文忠公陵川文集》卷20（《全元文》第4册，第306页）。
③ 郝经：《河东罪言》，《郝文忠公陵川文集》卷32（《全元文》第4册，第90页）。
④ 郝经：《上宋主陈请归国万言书》，《郝文忠公陵川文集》卷39（《全元文》第4册，第135页）。

有志于天下者不贵:"有志于天下者不贵也,为人之所不能为,立人之所不能立,变人之所不能变,卓然与天地并,沛然与造化同,雷厉风飞,日星明而江河流,天下莫不贵之,而己不以为贵,以为己所当为之职分也。古之有天下者莫不然,后之有天下者亦莫不当然。"而所谓的有志于天下,就是要"以致治自期,以天下自任,孳孳汲汲,扶持安全,必至于成功而后已,使天下后世称之曰:天下之祸至某君而除,天下之乱至某君而治,天下之亡者至某君而存,天下之未作者至某君而作,配天立极,继统作帝,熙鸿号于无穷。若是,则可谓有志于天下矣"①。帝王(圣人)作为"奉天而治"的主角,不仅要认清自己的责任,孜孜不倦地奔向天下大治的目标;还不能自诩为尊贵和有为,而是要能得到世人的认可和后世的称赞。

　　第二,君主应该把握治的机会,有所作为。如郝经所言:"天下之事,几而已矣,顾乘而处之者何如也。变故方殷,几会鼎至,乘之而不失,则无因而至者不疑,安于故常者而知惧,处得其当,天下无事,而生民被其泽。不能乘而失之,则无因而至者而为之疑,安于故常者而不知变,以至变故纷拂,不可救药,而天下被其毒。"②"天下之大,万民之众,行王道,立王政,始而终之而后可。始于为,而后可以无为。故去四凶,平水土,而后垂衣裳;伐暴乱,救焚溺,而后包干戈;岂有不行不为而天下自治者乎?"③能够抓住机会,一治而定天下,确实是治国的至理名言,所以一定要打破"无为而天下治"的幻想。

　　第三,"奉天而治"应有明确的标准。对本国而言,郝经强调的标准是注重立国的规划和以性、情治天下:"故凡有天下者,必有所事,与基图并立,而为一国之盛衰,使为国者业业焉持之而不敢失也,奉之而不敢违也,修之而不敢怠也。其隆平安治,则自夫其事之得;乱略阽危,则自夫其事之失。必由之而莫能去。为天下者,必谨之而不敢忽也。"④"故天下之治乱,在夫情、欲之相胜也。圣人者,惧天下之欲胜情也,于是因其本然之分,而为之礼,以节制之;因其本然之和,而为

---

① 郝经:《立政议》,《郝文忠公陵川文集》卷32(《全元文》第4册,第85—86页)。
② 郝经:《宿州与宋国三省枢密院书》,《郝文忠公陵川文集》卷37(《全元文》第4册,第96—97页)。
③ 郝经:《二履辨》,《郝文忠公陵川文集》卷20(《全元文》第4册,第305页)。
④ 郝经:《上宋主陈请归国万言书》,《郝文忠公陵川文集》卷39(《全元文》第4册,第138页)。

之乐，以宣畅之。为之礼，虽有欲而不能逾；为之乐，虽有乐而不能悖。""以性、情治天下，以天治人，非有我之得私也，故礼、乐之治，王者之极治也。"① 对于所谓的"敌国"，郝经强调的标准是"待人以礼而不以力，服人以道而不以势，尊人而后自尊，安人而后己安，先之以敬让而不以争，导迎和气，天必悔祸，至治可期也"②。这两种标准的核心观念是相同的，就是要以礼作为治国的基本要求。

第四，"善养生者，循夫理而已"的养生之道，可以用作"寿国之道"。郝经强调"善为国者，亦循夫理而已"，并就此作了具体解释："启基图者，道也；结人心者，义也；维持统体者，纪纲也；培植本根者，风俗也。创业之时，则为创业之事；守成之时，则为守成之事；浸明浸昌之时，则为浸明浸昌之事；浸微浸弱之时，则为浸微浸弱之事。辟国创制于建极之初，张皇崇饰于盛明之日，拥卫固护于微弱之时。亦由人之一身，相其年数而时其所为，老不为壮，而稚不为老。故其取以治，治以安，安以久。强不为弱，弱不为强，亦本然之理也。都无所逆，而一顺夫理，则世卜可逾，祚胤可永，而无覆败自绝之祸矣。苟失道废义，为于不可为之时，可为之时而不为，祸败之事，咸其自取。可以盛大蕃昌，传世永久，而自致倾覆，亦理势然也。"③ 无论是养生之道，还是寿国之道，都要合乎理的要求，这恰是郝经的核心论点所在。

第五，善治者要善于应对天变。君主"奉天而治"，也难免有天变，"夫有人事，即有天变，虽圣王在位，极治之世，不免于疾病、忧戚、死丧、诛罚、更革、废置、予夺、征讨，而天地日星，亦不无崩震、鸣裂、薄食、移徙、飞流、逆顺、伏见、犯守，第治世鲜而小，乱世多而大耳"。"故修省于无变之时者，上也；遭变而修省者，次也；事变寻至而不悟者，刑勍之民也。"④ 也就是说，君主要用修省来应对天变，最高的要求是修省于未变之时，其次是遇变而修省，遇变还不修省则无药可治了。

---

① 郝经：《五经论·礼乐》，《郝文忠公陵川文集》卷18（《全元文》第4册，第243—244页）。
② 郝经：《宿州与宋国三省枢密院书》，《郝文忠公陵川文集》卷37（《全元文》第4册，第98页）。
③ 郝经：《上宋主陈请归国万言书》，《郝文忠公陵川文集》卷39（《全元文》第4册，第142页）。
④ 郝经：《变异事应序》，《郝文忠公陵川文集》卷29（《全元文》第4册，第218—219页）。

郝经的"治道"说，以"治体"揭示治乱的规律，以"修器"作为由乱到治的方法，以"奉天而治"为治道作出合理性解释并确定基本的政治准则，将传统的治道理论提升到了一个新的层次。他之所以如此重视治道问题，就是希望国家统一之后，能够出现符合治道要求的全新格局。

二 用夏变夷说

郝经在正统问题上没有作过多的文章，但是发展了孟子的"用夏变夷"观点，为忽必烈的"附会汉法"提供了理论依据。

（一）道统论

郝经对正统问题没有系统论述，但是在不同的文章中，就正统问题提出了一些看法，并重点阐述了"王统"和"道统"问题。

第一，王统应系于人心向背。"王统系于天命，天命系于人心。人心之去就，即天命之绝续，统体存亡于是乎在"。郝经还特别指出了从西汉到东汉再到蜀汉的王统承继关系："夫高帝（刘邦）以宽仁得人心，开汉统；光武（刘秀）以谨厚得人心，复汉统；昭烈（刘备）以信义得人心，存汉统。"[①] 由此所要强调的，就是必须将"得人心"视为延续王统的重要支持条件。

第二，就三国而言，应以蜀汉为汉朝的正统延续，魏、吴都是僭伪。郝经特别指出，自《三国志》以魏为正统后，造成混淆视听的后果，到朱熹才纠正为以蜀汉为正统。郝经之所以在被南宋羁留期间发奋著《续后汉书》，就是要匡正《三国志》的错误。[②]

第三，少数民族建立的王朝，也可以视为正统的延续，因为王通在修《元经》时，已经将北魏列为正统王朝。[③]

第四，正统沿承的是"道统"，而不是传国玉玺。郝经指出："初自道传而极，极传而天，天传而地，地传而人与万物。圣主受命，为天地人物立主，乃复以道为统，而以为传。"道统之传，"本于天命，根于皇极，原于心性仁义，谨于存养畏敬"。但是因为皇帝有了玉玺，成

---

① 郝经：《涿郡汉昭烈皇帝庙碑》，《郝文忠公陵川文集》卷33（《全元文》第4册，第391—394页）。
② 郝经：《续后汉书序》，《郝文忠公陵川文集》卷29（《全元文》第4册，第214—215页）。
③ 郝经：《立政议》，《郝文忠公陵川文集》卷32（《全元文》第4册，第88页）。

为传国玉玺，"天下之人遂以为帝王之统，不在于道，而在于玺。以玺之得失，为天命之绝续，或以之纪年，或假之建号，区区数寸之玉，而为万世乱阶矣"。为此，郝经主张每个朝代应该有本朝的玉玺，不用亡国之玺："一代受命，自可为一代之玺，更其文为一代之文，国亡则藏之。""近世金亡而获秦玺，以为亡国不祥之物，委而置之，不以为宝。一帝一王，各为之宝，不以为传，虽曰变古，乃所以复古也。"①

第五，"道统"的传承有"位传"和"心传"两种方式。如郝经所言："道之统一，其传有二焉。尊而王，其统在位，则以位传；化而圣，其统在心，则以心传。位传者，人人得之，故常有在不忘；心传者，非其人则不可得，是以或绝或续，不得而常也。三王以上，圣王在位，则道以位传，尧、舜、禹、汤、文、武、周公是已。三代而下，圣人无位，则道以心传，孔子、颜、曾、子思、孟子是已。周室东亡，秦人西并，只一王位，屹为争夺之具，得之者非血战之豪杰，则推刃之子孙，其心则盡于佛、老，散于辞章，弊于法律，懵于功利，坏于智术。圣人不作，强有力者挈位而不置，不复传道，而道统紊矣。"郝经将道的表现分成了两种形式，一种是统治的形式，一种是学术的形式，统治形式的道统主要用"位传"的方法延续，学术形式的道统主要用"心传"的方式延续，所以他认为朱熹就是集大成的"心传"圣人。②

(二) 夷主中国论

"用夏变夷"是孟子的观点，郝经对这一观点有所发展，针对由少数民族统治者建立新王朝的现实状况，提出了一些新的看法。

一是中国可亡，但是善治仍可行。"二汉之亡，天地无正气，天下无全才，及于晋氏，狙诈取而无君臣，谗间行而无父子，贼妒骋而夫妇废，骨肉逆而兄弟绝，致夷狄兵争，而汉之遗泽尽矣，中国遂亡也。故礼乐灭于秦，而中国亡于晋。已矣乎，吾民遂不沾三代、二汉之泽矣乎。虽然，天无必与，惟善是与；民无必从，惟德之从。中国而既亡矣，岂必中国之人而后善治哉？圣人有云，夷而进于中国，则中国之，苟有善者，与之可也，从之可也，何有于中国于夷。故苻秦三十年而天下称治，元魏数世而四海几平，晋能取吴而不能遂守，隋能混一而不能再世。以是知天之所与，不在于地而在于人，不在于人而在于道，不在

---

① 郝经：《传国玺论》，《郝文忠公陵川文集》卷19（《全元文》第4册，第260—262页）。
② 郝经：《周子祠堂碑》，《郝文忠公陵川文集》卷34（《全元文》第4册，第405—406页）。

于道而在于必行力为之而已矣。"① 只要能以德行天下,即可以为治天下打下基础,所以郝经在诗中写道:"汉鼎既已坠,海内必有归。诚能正德业,亦足为王基。"②

二是历史上已经有"用夏变夷"的成功范例。郝经明确指出北魏的孝文帝既是"致治之君",也是"用夏变夷之贤主"。金朝更是"用夏变夷"的典范:"盖金有天下,席辽、宋之盛,用夏变夷,拥八州而征南海,威既外振,政亦内修,立国安疆,徙都定鼎。至大定间,南北盟誓既定,好聘往来,甲兵不试,四鄙不警,天下晏然,大礼盛典于是具举。泰和中,律书始成,凡在官者,一以新法从事,国无弊政,亦无冤民。粲粲一代之典,与唐、汉比隆,讵元魏、高齐之得厕其列也。"③

三是少数民族的君主能行中国之道,则可为中国之主。郝经不仅认为忽必烈能够用中原士人,"而能行中国之道,则中国之主也"④;还明确指出忽必烈"乐闻善道,笃于济众,有魏孝文之贤,周武帝之义,金世宗之纯,极其至,则三代名君不是过也"⑤。

郝经之所以提出上述观点,就是要为各族人都可以成为中国之主扫清认识上的障碍,使得"用夏变夷"的学说亦能够适用于少数民族带来的王朝更替。

(三) 附会汉法论

少数民族建立的王朝,只有附会"汉法"才能大治,郝经在中统元年(1260)向忽必烈上奏的《立政议》中作了较系统的论述。⑥

第一,郝经认为北魏孝文帝是行"汉法"的楷模。"昔元魏始有代地,便参用汉法,至孝文迁都洛阳,一以汉法为政,典章文物粲然与前代比隆,天下至今称为贤君"。

第二,郝经指出金朝在行"汉法"方面也可以作为表率。"金源氏

---

① 郝经:《辨微论·时务》,《郝文忠公陵川文集》卷19(《全元文》第4册,第259页)。
② 郝经:《寓兴》,《郝文忠公陵川文集》卷2。
③ 郝经:《删注刑统赋序》,《郝文忠公陵川文集》卷30(《全元文》第4册,第186页)。
④ 郝经:《与宋国两淮制置使书》,《郝文忠公陵川文集》卷37(《全元文》第4册,第103—104页)。
⑤ 郝经:《上宋主陈请归国万言书》,《郝文忠公陵川文集》卷39(《全元文》第4册,第132页)。
⑥ 郝经:《立政议》,《郝文忠公陵川文集》卷32(《全元文》第4册,第87—89页)。

起东北小夷，部曲数百人，渡鸭绿，取黄龙，便建位号，一用辽、宋制度，收二国名士置之近要，使藻饰王化，号十学士。至世宗与宋定盟，内外无事，天下晏然，法制修明，风俗完厚。真德秀谓金源氏典章法度在元魏右，天下亦至今称为贤君"。对金朝的行"汉法"，郝经在其他著述中也有不少赞美之词，如在诗中就有"金源文物慕辽宋"，"岿然度越追李唐"，"汉火百炼金源金，周制一用中华中"等。①

第三，郝经强调忽必烈要大有为于天下，应效仿北魏和金朝，以"汉法"治国。"今皇帝陛下统承先王，圣谟英略，恢廓正大，有一天下之势。自金源以来，纲纪礼仪文物典章皆已坠没，其绪余土苴，万亿之能一存。若不大为振藻，与天下更始，以国朝之成法，援唐、宋之故典，参辽、金之遗制，设官分职，立政安民，成一王法。""今有汉、唐之地而加大，有汉、唐之民而加多，虽不能便如汉、唐，为元魏、金源之治亦可也。"

第四，郝经对忽必烈即位后的"附会汉法"给予了较高评价。郝经将忽必烈比为汉高帝、唐太宗、魏孝文帝、周武帝、金世宗，认为"大定、明昌之盛，将复见于今"。尤其值得肯定的是，忽必烈即位之后，"下明诏蠲苛烦，立新政去旧污，登进茂异，举用老成，缘饰以文，附会汉法，敛江上之兵，先输平之使，一视以仁，兼爱两国，天下颙颙，莫不思见德化之盛，至治之美也"。郝经还在诗中特别以"中原帝仁君，突兀恢皇纲"；"只知期用夏，更拟论平吴"和"终能到周汉，亦足致唐虞"来称赞忽必烈的"附会汉法"举措。②

第五，郝经认为只有排除奸人的干扰，才能成就"附会汉法"的事业。"有有为之志，而不辨奸邪于早而却之，则铄刚以柔，蔽明以晦，终不能以有为。盖彼奸人，易合难去，诱之以甘言，承之以怡色，赂之以重宝，便辟迎合，无所不至。不辨之于早而拒之，皆堕其器，授之以柄而随之耳。""方今之势，在于卓然有为，断之而已。去旧污，立新政，创法制，辨人才，绾结皇纲，藻饰王化，偃戈却马，文致太平，陛下今日之事也。毋以为难而不为，毋以为易而不足为，投几挚会，比隆前王，政在此时。"

也就是说，"附会汉法"既有以往的成功经验，也有当前的实际作

---

① 郝经：《读党丞旨集》，《郝文忠公陵川文集》卷9。
② 郝经：《新馆春日书怀》《开平新宫五十韵》，《郝文忠公陵川文集》卷4、14。

为，而要特别注意的就是不能因为奸人的破坏，而终止"附会汉法"的历史进程。

三　统一说

郝经从"理"和"势"的角度讨论天下统一问题，重点阐述的是以"义"取天下的政治观点。

（一）定理审势，顺势而为

郝经认为天下之势本于"理"："今昔本无异，至理万世一。"① "天下本一气，南北只一理。"② "一理之定，必不可违。" "一理之定，用之不尽。" "故凡天下之事，无有出于理之外者。以理而观，得失自见也；以理而处，胜负自知也；以理而行，通塞自见也。苟不计夫一定之理，而求夫不定之势，欲与一己之势，而易天下之势，天下之势卒不可易，而一己之势自穷，未有不贻祸于天下者。" "且天下之势，如一人之身，使心广体胖，丰容无故，则可共为安泰。如一处受病，则举身不宁。焉有断一臂，去半身，从其溃腐，不用砭焫，谓未至腹心，以为无病，可乎？"郝经还指出，虽然南北分裂，但其义相同："天下虽不一，而其义固自一；天下虽不合，而其义自吻然而无间也。"③ 也就是说，理和义是了解天下大势的基础，只有认清了已定之理，才能把握变幻不定的势。

郝经还特别强调了定理审势的具体要求："夫天下有定理而无定势。圣人驭天下之大柄，本夫理而审夫势，不执于一，不失于一，而惟理是适，是以举而措之，成天下之事业。以天下之至静，御天下之至动；以天下之至常，应天下之至变；以天下之至无为，而为天下之至有为。势莫能定，而理无不定，推理而行，握符持要，以应夫势，天下无不定也。贾谊有言，汤、武之定取舍审，而秦王之定取舍不审。审者何？审夫势也。定者何？定夫理也。取舍者何？理势之间也。见夫势必求夫理，轻重可否，不相违戾，而后权得而处之定。天下之大柄不去，而行夫临制之道，故不以一己之势易天下之势，不以天下之势易一己之

---

① 郝经：《幽思》，《郝文忠公陵川文集》卷5。
② 郝经：《冬至后在仪真馆赋诗以赠三伴使》，《郝文忠公陵川文集》卷4。
③ 郝经：《上宋主陈请归国万言书》《复与宋国丞相论本朝兵乱书》，《郝文忠公陵川文集》卷38、卷39（《全元文》第4册，第123、129、131、134页）。

势，不以已然之势累本然之势，不以当然之势累未然之势，定于中审，取舍于外，操存其理，而曲尽其势，王者之势备矣。"① 之所以要审、要定和要取舍，就是要全面分析理与势之间的关系，以作出正确的判断。

郝经还从审势定理的角度，对金朝灭亡的原因以及蒙古国的军事策略等有所评论。

郝经在诗作中描述了金朝灭亡时的状况，并明确指出了导致金朝灭亡的几个重要因素。一是金朝末年纪纲紊乱，即便有界墙、长城，也难于抵挡蒙古人的进攻。"当时金源帝中华，建瓯形势临八方。谁知末年乱纪纲，不使崇庆如明昌。"② "可笑嬴秦初，更叹金源末。直将一抔土，欲把万里遏。"③ "长城万里长，半是秦人骨。一从饮河复饮江，长城更无饮马窟。金人又筑三道城，城南尽是金人骨。君不见，城堕落日风沙黄，北人长笑南人哭。为告后人休筑城，三代有道无长城。"④ 二是金朝犯了战略性的错误，不仅轻易放弃燕京，还与西夏、南宋为敌，势难恢复。"乾坤入手肯与人，根本未牢难遂取。汉人且使汉人看，一旦不须烦再举。当时若欲存中国，只向京师留少主。"⑤ "初从贞祐弃燕云，赤气半天开斗极。又绝西夏撤藩垣，枝叶纵存无本实。不问朔漠攻蕲黄，败盟要利增仇敌。区区一道当数面，赋税重繁兵役急。"⑥ 三是奸臣当道，腐儒无能。"大臣蔽君尤壅塞"，"苟且只与奸臣便"，"至了不去误国贼"⑦。"腐儒苟且皆畏避，奔走要门求内地。趑趄冀得斗升禄，腼面只计妻子计。"⑧ 对金朝的衰亡作出历史的评价，就是为了说明势去难违的道理。

对蒙古建国之后长达五十余年的战争，郝经则指出了三大趋势。一是国家之力已难以维持如此持久的战争。"国家建极开统垂五十年，而

---

① 郝经：《上宋主陈请归国万言书》，《郝文忠公陵川文集》卷39（《全元文》第4册，第129页）。
② 郝经：《居庸行》，《郝文忠公陵川文集》卷10。
③ 郝经：《界墙雪》，《郝文忠公陵川文集》卷3。
④ 郝经：《古长城吟》，《郝文忠公陵川文集》卷10。
⑤ 郝经：《崤山陵行》，《郝文忠公陵川文集》卷10。
⑥ 郝经：《汝南行》，《郝文忠公陵川文集》卷11。
⑦ 郝经：《青城行》《照碧堂行》《三峰山行》，《郝文忠公陵川文集》卷11。
⑧ 郝经：《金源十节士歌·李丰亭》，《郝文忠公陵川文集》卷11。

一之以兵，遗黎残姓，游气惊魂，虔刘靡荡，殆欲歼尽。自古用兵，未有如是之久且多也，其力安得不弊乎？""国家自平金以来，皆亢龙之师也，惟务进取，不遵养时晦，老师费财，卒无成功。"二是对南宋用兵已难以达到出奇制胜的效果。"国家用兵，一以国俗为制，而不师古"；"得兵家之诡道，而长于用奇。""其初以奇胜也，关陇、江淮之北，平原、旷野之多，而吾长于骑，故所向不能御。""今限以大山深谷，扼以重险荐阻，迂以危途缭径，我之乘险以用奇则难，彼之因险以制奇则易。"三是灭南宋只能采取渐次以进和多道并进的方略。"如欲存养兵力，渐次以进，以图万全，则先荆后淮，先淮后江"；"取国之术与争地之术异。并敌一向，争地之术也；诸道并进，取国之势耳。昔之混一者，皆若是矣"①。郝经之所以提出这样的看法，其中心思想还是认为统一的势并没有形成，所以需要息兵等待，不能操之过急。

（二）合则俱安，离则俱危

郝经依据中国历代王朝的状况，把天下的归属分成三种情况。第一种情况是出现大一统局面。"若夫圣人在位，大一统以安天下，际海内外靡不臣属，有天下之全势，行天下之正道，无复有事矣。"能够做到大一统以安天下的，只有三代、汉朝、唐朝和北宋前期。第二种情况是以弱国待恢复。"不幸而纪纲衰微，遂底颓败，则迹夫所以衰，求夫所以兴，此自一势也。修而安之，以复其初，亦自一理也。"修而复之以安天下的，有周宣王和汉世祖。第三种情况是天下分裂。"又不幸而豪杰并起，割裂河山，相与为敌，莫能相尚，此又一势也。抚而安之，各保其有，此又一理也。"不能有天下之全而各安其所有的，是南北朝和五代。②

尽管自南北朝以来，经常出现分裂局面，郝经还是强调统一的重要性，他之所以编著《一王雅》，其目的就是"期于大一统，明王道，补辑前贤之所未及者而已"③。郝经还特别指出："大抵合则俱安，离则俱危，合则生民受福，离则生民被祸。""夫天下之祸，始于天下之不一。

---

① 郝经：《东师议》《班师议》，《郝文忠公陵川文集》卷32（《全元文》第4册，第76—79、82页）。
② 郝经：《上宋主陈请归国万言书》，《郝文忠公陵川文集》卷39（《全元文》第4册，第129—130页）。
③ 郝经：《一王雅序》，《郝文忠公陵川文集》卷28（《全元文》第4册，第192页）。

自两日并照，海宇分裂，各土其地，各分其民，事乎此者则遗乎彼，谋于北者则不及南，一元之气散，而兆人被其害，相与争夺并灭，而公天下之义废。"① 尤为重要的是，在郝经看来，统一要依托的是文治而不是武力："而致之以理，不在于耀武万里之外，而可以文致太平，岂惟生民之幸，天下可一而社稷之福也。"② 也就是说，尽管仍处于南北分裂的现实条件下，郝经并不隐讳他对大一统的追求，并且坚信大一统是合乎天理和王道并能给庶民带来好处的政治安排。

（三）以北取南，一定之理

郝经认为历来的统一，都是由北向南，而不是由南向北，并以气理学说对这一论点作了说明。

> 夫南北之势，一定之势也。南之不能有于北，一定之理也。理之所在，非人力之所能强，又非一时之势可以轧，盖本然不易之道也。天下之势，始于北而终于南。一气之运，建于子而屈于午。动本于静，阳本于阴。日北至而阳生，南至而阴生。屈者，信之本也；死者，生以原也。所以死而不厌，而为北方之强；宽柔以教，则南方之强也。故凡立国者，莫不自北而南也。
>
> 是数朝数君，夫岂不欲帝中华而奄北海哉？理不可也。见夫势而不见夫理，欲以东南之众，争衡于西北，顿掷人命，违易天命，是以卒不能有成，而自致折败也。
>
> 河朔之人，豪劲蒙厉，长于骑射，善于驰逐，而重厚耐久，故能去国而远斗。江淮之人，剽勇轻疾，长于舟楫，利于速战，上岸杀敌，洗脚入船，故能凭险而善守。四海混同，南北为一，则都无所用。苟为分裂，各恃所长，好聘不通，则卒相折并。康节有云，自北而南则治，自南而北则乱，盖其气数使之然也。③

郝经还以历史事实说明了历代王朝由北向南皆可达到统一的目标，

---

① 郝经：《上宋主陈请归国万言书》，《郝文忠公陵川文集》卷39（《全元文》第4册，第128、140页）。

② 郝经：《思治论》，《郝文忠公陵川文集》卷18（《全元文》第4册，第247页）。

③ 郝经：《上宋主陈请归国万言书》，《郝文忠公陵川文集》卷39（《全元文》第4册，第136—137页）。

由南向北都难以实现统一,因此南宋不可能统一北方:"盖江淮立国,以之自守则仅足,以之侵伐则不宜。"① 在宋、元对峙的情况下,只可能是由元来实现统一的目标。南宋的当政者当然不会听从郝经的意见,但事实是元军渡江之后,统一的势头已经不可阻挡,郝经也终于结束了被羁押于南宋的厄运。

(四) 以义胜人,天命归之

郝经认为君主既要有统一天下的抱负,更要注意是否已具有统一的"理"和"势":"夫有天下者,孰不欲九州四海奄有混一,车同轨,书同文,行同伦,息贯革之射,而包干戈以虎皮,德著刑措,遐迩罔间,端冕垂衣,而天下晏然穆清也哉。理有所不能,势有所必不可也,亦安夫所遇之理而已,必不悖理妄动,以自速咎。"②"可以进则进,可以止则止,得圣人之时。""知进退存亡而不失其正者,其唯圣人乎。""故古之圣王,莫不以时进退,握乾知几。"③ 也就是说,只有顺势而为,才能顺利实现统一的目标。逆势而动,则可能出现欲速则不达的结果。

为说明取天下与治天下的关系,郝经还划分了三种情况:"无意于取,而有意于治者,殷、周也。有意于取,有意于治者,汉、唐也。有意于取,有意于治,而不知所以取与治者,晋、隋也。"④ 在郝经看来,元的取天下应该属于第二种情况,即有意于取并有意于治的统一前景。

郝经认为既能用武力取天下,也能用术取天下,关键在于不能妄为:"夫取天下,有可以力并,有可以术图。并之以力则不可久,久则顿弊而不可振;图之以术则不可急,急则侥幸而难成。""或久或近,要之成功各当其可,不妄为而已。"⑤ 以"义"取天下更为重要:"以智力胜人者,人亦以智力胜之矣。以义胜人者,天下无敌也。纲纪礼义者,天下之元气也。或偏或全,必有在而不亡。天下虽亡,元气未尝亡也。故能举纲纪礼义者,能一天下者也;不能举纲纪礼义者,安于偏而

---

① 郝经:《宿州与宋国三省枢密院书》,《郝文忠公陵川文集》卷37(《全元文》第4册,第99页)。

② 郝经:《上宋主陈请归国万言书》,《郝文忠公陵川文集》卷39(《全元文》第4册,第131页)。

③ 郝经:《上宋主陈请归国万言书》《班师议》,《郝文忠公陵川文集》卷32(《全元文》第4册,第81—82、143页)。

④ 郝经:《思治论》,《郝文忠公陵川文集》卷18(《全元文》第4册,第245页)。

⑤ 郝经:《东师议》,《郝文忠公陵川文集》卷32(《全元文》第4册,第76页)。

苟且者也。""盖天下之势,必一方之纲纪礼义立,天命之,人归之,而后天下一;此善于彼,而后天下一。"① 也就是说,统一既可以"武统",也可以"文统",郝经所重视的恰恰是"文统",而不是"武统"。

要实行"文统",必须改变蒙古人"嗜杀"的传统做法。郝经不仅指出"惟天阴骘元命,降监下土,惟不嗜杀人,能一天下"②;还对忽必烈在征宋战争中坚持不杀人的做法给予高度肯定:"以王本心,不欲渡江,既渡不欲攻城,既攻城不欲并命,不焚庐舍,不伤人民,不易其衣冠,不毁其坟墓,三百里外不使侵掠。或劝径趋临安,曰:其民人稠多,若往,虽不杀勠,亦被践蹂,吾所不忍。若天与我,不必杀人;若天弗与,杀人何益?"③ 在诗作中,郝经也对统一战争中的不杀降人给予了高度的评价。

> 渡江不杀降,百姓皆按堵。羊罗到武昌,相望两舍许。井邑联亘长,横斜缠水浒。青山一聚落,中道势幽阻。通衢万家市,巴商杂越旅。背面千橘洲,汉阳对鄂渚。绝岸断鳌立,崩涛高觜吐。竹树深且密,石顶还戴土。杰观复杰出,层楹瞰全楚。薄暮重登临,道者貌甚古。开轩具杯酒,江气满樽俎。万里西风来,飘然若轻举。④

> 万骑吞江势欲乾,江神一夜倒狂澜。纵横奇计山河壮,霹雳先声草木寒。下令推恩今始见,存心不杀古犹难。天将海宇都平荡,休道东南有谢安。⑤

郝经是宋元战争的亲历者之一,对天下将统一于元已经有所预期,所以极为认真地探讨统一问题,就是希望能够为即将到来的大一统作思想上的铺垫。尽管在统一进程中,依赖的是强大的军事力量,主要表现为"武统",但是在其中也蕴含了些许"文统"的要素,确实与郝经的

---

① 郝经:《思治论》,《郝文忠公陵川文集》卷18(《全元文》第4册,第247页)。
② 郝经:《丰县汉祖庙碑》,《郝文忠公陵川文集》卷34(《全元文》第4册,第409页)。
③ 郝经:《班师议》,《郝文忠公陵川文集》卷32(《全元文》第4册,第83页)。
④ 郝经:《青山矶市》,《郝文忠公陵川文集》卷3。
⑤ 郝经:《德安道中闻大军渡江》,《郝文忠公陵川文集》卷13。

统一说有密切的关系。

四　新政说

郝经见忽必烈于潜邸时，曾就立国规模和治安急务向忽必烈提出数十条建议，具体内容已不存。针对河东地区的"乱政"，郝经不仅强调要约束诸王在分地中的榨取，还提出了七条建议：一是轻敛薄赋以养民力；二是简静不繁以安民心；三是省官吏以去冗食；四是清刑罚以布爱利；五是明赏罚以奠黜陟；六是设学校以励风俗；七是敦节义以立廉耻。① 郝经还在其他文章中指出行"汉法"应以创法立制为先务："改正朔，易服色，修制度之事，谦让未遑。虽然，必欲致治，创法立制，其先务也。"② 忽必烈即位之后，郝经上《便宜新政》，包括十六条建议。虽然不久后郝经即奉命出使南宋，未再对朝政提出进一步建议，但是结合他的其他论述，可以看出他对"新政"的期许。③

（一）大有为以定基统

郝经认为君主应该"奉天而治"，有为于天下，已见前述。在《便宜新政》中，郝经的第一条建议就是"大有为以定基统"："自古帝王之兴，莫不以有为而后可以无为。故舜去四凶，格有苗，成王伐三监，诛管、蔡，而后致无为垂衣之治，刑措颂声之美。""今日之势，不可谓无事，政大有为之时也。当大起师徒，以讨不庭，明其逆顺，使天下知所向。如因仍苟且，为人所先，则衅乱一生，不可猝定矣。"郝经所要强调的定立基统，就是建议忽必烈迅速出兵漠北，击垮支持阿里不哥称汗的力量。蒙哥去世时，忽必烈还在征南宋军中，郝经已经提醒忽必烈要注意来自阿里不哥的威胁。忽必烈在开平即位，阿里不哥亦在漠北称汗，形成二汗并立的局面，阿里不哥已经成为"新政"的最大威胁，所以郝经倡言必须尽快以武力解决内部纷争的问题。

与军事行动有关的还有"严备御以防不虞"的建议，郝经不仅认为需要在燕京留数万军队以备宿卫，还指出应在西北和南面加强防御："宜遣一大官知兵者，选集回鹘诸国、土波（吐蕃）、大理一带军马，

---

① 郝经：《河东罪言》，《郝文忠公陵川文集》卷32（《全元文》第4册，第90—91页）。
② 郝经：《删注刑统赋序》，《郝文忠公陵川文集》卷30（《全元文》第4册，第186页）。
③ 郝经：《便宜新政》，《郝文忠公陵川文集》卷32（《全元文》第4册，第92—94页）。本节引文未注明出处者，均来自此文。

于好水草险要处驻扎，与关西宣抚司肱脾相应。""江上退师以来，宋人颇有轻中国之心，盖彼疮痍未完，不敢窥伺，然国家不可不为之备。"① 也就是说，在军事安排上，要特别注意出兵漠北时要保证中原地区和西北地区的安全。

（二）定都城以明仁义

忽必烈新即帝位，开创新朝的格局，确定都城成为一大要务。郝经曾明确表示"欲成仁义俗，先定帝王都"②。虽然由刘秉忠建造的开平城是忽必烈即位的地方，但是郝经认为应该以燕京作为都城，因为燕京既有地理和军事上的优势，也有政治上的优势。中统元年（1260），忽必烈"将定都于燕都"，郝经在居庸关作的铭文中特别提到"国宅天都，高寒之区，居庸其枢兮"；"山连岭重，键闭深雄，巍巍帝居兮"，表示了对选择燕京作为都城的赞扬。③ 但是忽必烈并没有放弃开平，所以很快确定了两都制的格局，已见前述。

（三）置省部以一纪纲

在加强中央集权方面，郝经首先强调的是"置省部以一纪纲"，明确要求在朝廷内建立中书省，以宰相统领全国政务："今之执政，各各奏事，莫相统一，皆令陛下亲决。虽圣明有余，亦不能处置皆当，故奸人得以营惑自私。若省部既立，名分既定，大总其纲，小持其要，天下事虽众，犹无事也。"郝经还特别明确了对宰相的要求："有是君则畀是相，有是相畀是事业。人之所以荷天下畀，亦不易也。相是君则行是事，所以事天也。政有所未立，吾相矣，吾当为立也。事有所未行，吾相矣，吾当为行也。以至乱有所为弭，民有所未宁，君子有所未用，小人有所未去，吾君之未遑，吾法之未备，吾相矣，吾其能已哉。乃汲汲焉，弊弊焉，不敢少有暇逸，必去必行，而后废者举，缺者备，弊者革。然后取古之人相君而未尝格之君者，举而行之，为一王法，增益前人之光，而为日新之政，则相业至矣，事君尽矣，事天谨矣。"④ 按照这样的要求，为宰相者不仅要有能、有识，还要有为天下解忧和为君主分忧的责任感。尤为重要的是，在皇帝与臣僚之间要建立言简意赅的信

---

① 郝经：《备御奏目》，《郝文忠公陵川文集》卷32（《全元文》第4册，第95页）。
② 郝经：《开平新宫五十韵》，《郝文忠公陵川文集》卷14。
③ 郝经：《居庸关铭》，《郝文忠公陵川文集》卷21。
④ 郝经：《与宋国丞相书》，《郝文忠公陵川文集》卷37（《全元文》第4册，第113页）。

任关系，正如郝经所言："君臣之间，信则言简而略，不信则言重而繁。"①

郝经的"建监司以治诸侯"建议，则强调要对中原的汉人世侯加强管制："诸镇诸侯各握兵民，不可猝罢，当置监司以收其权，制其所为，则兵民息肩而政可立矣。"郝经的这一建议显然受到了忽必烈的重视，在平定山东李璮叛乱后，以收兵权等方式约束汉人世侯，产生了积极的效果。正如郝经后来所言："藩方侯伯，牙错棋置，各土其地，各分其民，擅赋专杀，父死子没，今一再传，年皆未及四十，书传方略，时务情伪，莫不明练。而各握重兵，多者五七万，少者亦不下二三万。比年以来，鏖战长征，山川险易，靡不周知。以经观之，其宁甘于束臂，坐老岁月，志富贵而已哉？以主上英明，统御有方，怀服有道，故皆云从景附。"②

郝经还建议以"总钱谷以济国用"的方式加强中央集权："天下差发、宣课、交钞、诸色粮，可置一大司分以总之，无入诸路手，不令买扑，则所得皆可为国家用。"由于中原地区的赋税一直处于紊乱的状态，所以需要设立总管全国财赋的机构，重建有效的税收系统。不久后设置的制国用使司，就是这样的机构。

（四）亲诸王以庇本根

忽必烈即位，得到了不少蒙古宗王的支持，所以郝经在"亲诸王以庇本根"的建议中指出："诸王既共推戴，当加之以恩，而劝之以义，使尊荣过于前日即可。"郝经对于蒙古国的分封制度并未持完全否定的态度，认为"国家封建制度，不独私强本干，与亲贤共享，示以大公。既分本国，使诸王世享，如殷、周诸侯；汉地诸道，各使侯伯专制本道，如唐藩镇；又使诸侯分食汉地诸道，侯伯各有所属，则又如汉之郡国焉。尊卑相雄，强弱相制，与众共有，进退比次，不敢相逾，条贯井井，如农夫之畔，分拨公赋使为私食，则亦一代之新制，未为失也"。他反对的是各投下领主在规定的"二五户丝"之外又大肆搜刮，并且把封地划分成更小的领地。如分封给拔都的平阳道，"近岁公赋仍旧，而王赋皆使贡金，不用银绢杂色，是以独困于诸道"；"今王府又将一道细分，使诸妃王子各征其民，一道州郡至分为五七十头项"。郝经的

---

① 郝经：《上宋主请区处书》，《郝文忠公陵川文集》卷37（《全元文》第4册，第112页）。
② 郝经：《上宋主请区处书》，《郝文忠公陵川文集》卷37（《全元文》第4册，第110页）。

建议就是由朝廷下诏制止领主细分领地,并不再让民户贡金。①

(五)行宽政以定民心

郝经提倡的"新政",是"宽政"而不是"急政"和"苛政",所以"行宽政以结人心"的建议重点强调的就是"从来宿弊,可为荡涤,至于今岁丝线包银,宜分数减免;一切逋负,皆蠲除之"。除此之外,"宽政"还有以下五方面的要求。

一是罢冗官。郝经在"罢冗官以宽民力"的建议中明确指出:"诸州县管民官员数可为限定,小处可合并。如乐人、打捕鹰房诸科目名色官吏,皆合罢归,分付管民官。诸色匠人头目尤多,有管三、五户者,亦称总管,带金牌,皆合罢去,只一路立一头目,总领造作。天下百姓及匠人,只养官吏亦不能也,此最为急务。如罢去此等,好家门户计补添军民气力,为益最大。"

二是减吏员。郝经在"减吏员以哀良民"的建议中强调:"诸路及州县吏员不限数目,把持官府,结为党与,苦刻良民,纵横为害。合明降一诏旨,大小州县限员数,必令保举,尤污暴者,重罪而黜之。""罢诸路宣课、盐铁官冗员,罢常平仓。虽曰常平仓,实未尝有益于民,但养无用官吏数千百人。"

三是明刑罚。郝经既建议"诛凶渠以示劝惩":"从来乱政害民之人,须诛其尤者,不然,则惧死逃去,必为国生事。"也建议"明赏罚以定功过":"有功不赏,有罪不诛,虽尧、舜不能以善治。天子无他职事,只分别君子、小人,定其功过而赏罚之,此其职也。"

四是赦天下。郝经在"赦罪庚以去旧污"的建议中强调:"自来新君即位,必赦天下,且今西北疑阻,人情反侧,诸路打算,重为纷扰,宜行大赦,并罢打算,以慰安元元。"所谓"打算",就是自行计口收税,属于乱政的一种方式,所以郝经要求停止这样的行为。

五是重农桑。郝经强调农桑对新政的重要性,特别在诗中提出了劝农的明确要求:"植天务本,实惟农民。力田效勤,合淳守真。代食惟贤,劝恤相因。耒耜之益,始活斯人。每每原田,奕奕黍稷。雨旸若时,具来播植。""食众农寡,安得不匮。有年无种,丰获安冀。盗贼群起,馁死并至。曾是司牧,曾是无愧。井地荒空,虻俗颓鄙。逐末逞

---

① 郝经:《河东罪言》,《郝文忠公陵川文集》卷32(《全元文》第4册,第90—91页)。

伪，无复率履。农为匪民，犯绳越轨。本既凋伤，政何由美。"①

实行"宽政"不仅可以稳定民心，还是走向"大治"的基础。郝经显然意识到了这一点，所以使"宽政"的内容在建议中占了较大的比重。

（六）讲君德以成新政

"新政"必须由贤明尤其是讲究君德的皇帝才能作成，由此郝经强调了五方面的要求。

第一，有恒心。郝经在"坚凝果断以成中兴"的建议中强调："王者初政，莫不锐意，往往不能自坚，鲜克有终。必凝天衷，奋乾刚，群议不能移，断然必行而莫之沮，故能保大定功。"要成为中兴之主，必须持之以恒地"附会汉法"，这恰是郝经的殷切期望。

第二，善明断。郝经在"扩充诚明以绝猜阻"的建议中强调："夫逆诈意不信，圣人所讥，推诚待物，王者之明也。一切小数以干圣听者，皆宜罢绝。""凡办天下之大事，必立天下之大节，而一之以诚。"②郝经还特别指出："夫天为刚德，人君体之。刚故明，明故不惑，不惑故能断，断则天下大事无不行，亦无不成，天下恃之以安矣。"③也就是说，明断是贤明君主的重要特征，并且要特别注意防止对明断的干扰，尤其是来自小人的干扰。

第三，重德行。郝经特别强调不能让有才无德之人干政："道入王霸杂，气逐山河分。有才或不德，有武或无文。小智私已甚，窃位徒自尊。患失以持禄，往往植祸根。"④有才无德的人往往成为宵小之辈，干扰新政的实施，所以君主在用人方面需要秉持德才兼备的标准。

第四，重仁治。郝经明确提出了君主以仁治理天下的论点："王者王有天下，必以天下为度，恢弘正大，不限中表，而有偏驳之意也。建极垂统，不颇不挠，心乎生民，不心乎夷夏，而有彼我之私也。故能奄有四海，长世隆平，包并遍覆，如天之大，使天下后世推其圣而归其仁。""风俗者何，仁也。仁者何？爱利而不杀，公普而不偏，犯而不

---

① 郝经：《劝农》，《郝文忠公陵川文集》卷6。
② 郝经：《与宋国两淮制置使书》，《郝文忠公陵川文集》卷37（《全元文》第4册，第104页）。
③ 郝经：《上宋主请区处书》，《郝文忠公陵川文集》卷37（《全元文》第4册，第111页）。
④ 郝经：《寓兴》，《郝文忠公陵川文集》卷2。

校，逊而不争。不以地以道，不以力以德，不以众以礼，上下熏陶，守之如一。"① 郝经还特别从理学的角度对"仁"作了解释："理之统体，则谓之道；道之功用，则谓之德；德之充全，则谓之仁。故仁也者，道德之要，所以尽性存心焉者也。""仁者，人所固有也。一念之合理，一念之仁也；一事之中节，一事之仁也；一物之得所，一物之仁也。"② 从这些解释可以看出，能够以仁治天下，是贤明君主不可缺少的特征，而君主之仁，则需通过儒家所倡导的修身，才能达成并影响整个社会。

第五，好儒术。郝经认为贤明的君主应该好儒术并用儒术治理天下，并特别列举了忽必烈即位初年的盛举："今主上圣度优宏，开白炳烺，好儒术，喜衣冠，崇礼让，践祚之初，以为创法立制，非耆旧英贤则不可，乃起宋子贞于东平，王文统于益都，刘肃于彰德，许衡于覃怀，其余茂异特达，弓旌相望，使之论定统体，张布纲维。"③ 郝经之所以反复强调忽必烈对儒术的爱好，就是希望这样的爱好能够始终如一，并成为一代定制。

应该看到，郝经关于"新政"的各种建议，实际上是他对于朝政未来发展的政治设计。在这样的设计中，由乱到治是明确的政治目标，"附会汉法"是基本原则和可行的路径，各种建议则是为了制定具体的政策，保证"新政"有充实的内容和使人有耳目一新的真实感受。由于郝经在忽必烈即位后不久即出使南宋，所以他的政治设计只是形成了一个基本框架，没有全面展开和充实内容，这不能不说是一个重大的遗憾。

五　治学行道说

郝经对理学的研究，既有哲学方面和史学方面的贡献，如在哲学方面对道、命、性、心、情的论述，以及在史学方面提出"六经自有史"的观点，④ 也有治学观方面的贡献。后者应该包括在政治思想的范畴内，所以是本节主要论述的内容。

---

① 郝经：《上宋主请区处书》，《郝文忠公陵川文集》卷37（《全元文》第4册，第108—109页）。
② 郝经：《论八首·仁》，《郝文忠公陵川文集》卷17（《全元文》第4册，第232—233页）。
③ 郝经：《宿州与宋国三省枢密院书》，《郝文忠公陵川文集》卷37（《全元文》第4册，第99页）。
④ 参见徐远和《理学与元代政治》，第22—34页。

（一）道以用而见

郝经认为："道本于一，行于二，复于一。静者，一之体也；动者，一之用也。"① "道有常体，亦有常用。体常则久而不变，用常则虽变而久，是以振万古而无弊也。夫道，常而已矣。"② 在以"道"为"常"的认识论基础上，郝经特别强调了道必有用的观点："夫道贵乎用，非用无以见道也。"③ "天人之道，以实为用。"④

需要注意的是，郝经将道必有用变成了重要的政治观念，即在理解基本的政治规范时，必须明白其与道的关系。

> 道统夫形器，形器所以载夫道。即是物而是道存，即是事而是道在，近而易行，明而易见也。
>
> 道不离乎万物，不外乎天地，而总萃于人焉。天地至大，万物至众，而人至灵，非是则道无以见也。故动静相根，道之几也；阴阳相乘，道之气也；刚柔相错，道之形也；消长相寻，道之变也。
>
> 故天地者，道之区宇也；万物者，道之邮传也；圣人者，道之主宰也。莫不出乎道，莫能离乎道，而人为甚焉。故道之赋予，则谓之命；其得之理，则谓之性；其制宰之几，则谓之心；其发见酬酢，则谓之情；其血气之所嗜，则谓之欲；其义理之所得，则谓之德。全心之德，则谓之仁；尽心之德，则谓之忠；推心之德，则谓之恕；实心之德，则谓之诚。德之品节，则谓之礼；德之中和，则谓之乐。敬者，持夫此者也；智者，知夫此者也；勇者，行夫此者也。修夫此者，贤也；尽夫此者，圣也；昧夫此者，愚也。推而行之，则天地万物各得其所；悖而忽之，则天地万物各失其序；致而极之，则天地万物各臻其极。
>
> 天原于道，道原于天，万物原于天地，人原于天地万物。人不蹈道，则天地万物坏；天地万物坏，则道坏矣。⑤

---

① 郝经：《一贯图说》，《郝文忠公陵川文集》卷16（《全元文》第4册，第295页）。
② 郝经：《恒斋记》，《郝文忠公陵川文集》卷25（《全元文》第4册，第323页）。
③ 郝经：《上紫阳先生论学书》，《郝文忠公陵川文集》卷24（《全元文》第4册，第164页）。
④ 郝经：《文弊解》，《郝文忠公陵川文集》卷20（《全元文》第4册，第303页）。
⑤ 郝经：《论八首·道》，《郝文忠公陵川文集》卷17（《全元文》第4册，第220—222页）。

也就是说，道不仅用于天地万物，亦依存在万物之内，决定人的心、性、命等，并约束着人的思想、品德和行为，所以人类社会及其政治规范都离不开道，这恰是道之所以有用的缘由，所以郝经留下了与此有关的诗句："吾道即吾庐，仁义是安宅。苟能庇风雨，便可度朝夕。"①"道有本然分，立世为大节。抑抑卑高陈，井井贵贱别。昭布作礼经，巍峨正人极。有位常自守，有门谁敢越。维世为大纲，少紊王政缺。端本正大名，大哉春秋法。""天地无弃物，圣人无弃人。大泽生龙蛇，原田长荆榛。载质遽出疆，遑遑告时君。有教不择类，善诱皆循循。济众己所任，谋道岂谋身。至哉击磬心，中有尧舜仁。"② 无论是作为思想家还是政治家，显然都要把谋道作为主要的政治目标。

（二）为有用之学

强调学而致用，致力于有用之学，是郝经治学和光大圣人之学的重要特征，并提出了七个重要的论点。

第一，学有用之学，反对浮华的学风。郝经只以《六经》为"真有用之学"；"不道德、不仁义而文章者，谓之逐末之士"③。"尝以为士之为学，期于有用，不区区与浮末。"④ 郝经给自己立的箴言就是"不学无用学，不读非圣书。不为忧患移，不为利欲拘。不务边幅事，不作章句儒"⑤。他还强调："君子诵书学道，砥节砺行，其修己切，其植身正，固期有用，而不与草木腐、埃尘飞，安忍视天民之毙而莫之救也。学而有用，亦不胁肩谄笑于未同，以求试乎用，不以天民为己任而自私也。"⑥ "之士也，必学崇高广大有用之学，必恢宏远博达有为之器，必施聪明睿知神武不杀之材，而使蔽者振，暗者明，废者兴，除百世之害，富百世之用，享百世之誉，任百世之责，奋乎百世之上，俾百世之下，必仰之如日星，重之如山岳矣。"⑦ 用更通俗的话来说，士人

---

① 郝经：《移居二首》，《郝文忠公陵川文集》卷6。
② 郝经：《幽思》，《郝文忠公陵川文集》卷5。
③ 郝经：《上紫阳先生论学书》，《郝文忠公陵川文集》卷24（《全元文》第4册，第164—165页）。
④ 郝经：《与宋国两淮制置使书》，《郝文忠公陵川文集》卷37（《全元文》第4册，第103页）。
⑤ 郝经：《志箴》，《郝文忠公陵川文集》卷21（《全元文》第4册，第356页）。
⑥ 郝经：《答冯文伯书》，《郝文忠公陵川文集》卷24（《全元文》第4册，第168页）。
⑦ 郝经：《再送常山刘道济序》，《郝文忠公陵川文集》卷30（《全元文》第4册，第174页）。

以学问经营天下，必须在实学即有用之学上下功夫，而不能只作应景的表面文章。

第二，"用"可大可小，士人应有所把握。郝经认为："人之于世，治亦有用，乱亦有用。天生斯人，岂欲其治而安于享利，乱而安于避祸，治亦无用，乱亦无用，徒乐其生全其身而已乎？必有用也已。必有用，故亦必有为。必有为，故天下无不可为之世，亦无不可为之时。"①"幼而学，长而立也。迩焉而一身，小焉而一家，大焉而一国，又大焉而天下，必有所用也。"②他还进一步指出："为有用之学，待有用之几，行有用之事。或遇或不遇，或成焉或否焉，命与时不可期，故有一时之用，有一世之用，有万世之用。不虚生不妄为，则建一时之事业，建一世之事业，建万世之事业。事业虽殊，而期一有用一也。学而有用，而终不遇，则亦命焉耳矣。学而无用，与遇而不能以自用，事几去而功业堕，失道左见，安视天民之毙而莫之顾，使天地万物坏而俱不能以用，可以为士乎哉。""使卒有用，对扬主上知遇，不负于初心与所学者，惟所命。使之踬跋颠沛，学于有用而卒无用者，亦惟命。"③郝经所说学问所用或大或小，无疑是对的。但是他把学问有用还是无用最终全归之于命，则带有明显的宿命色彩。

第三，士人需注意待机而用。郝经强调士人要"以天下之至静，观天下之至动，必可行可用也而后起。"④"君子之动，无苟焉尔矣。动为一身，则有一身之义也；动为一家，则有一家之义也；动为天下，则有天下之义也。""谓之为天下动也，则治乱安危之道，堪定宁一之理。"⑤"君子见几而作，不俟终日。有可乘之几而不动，后时之悔无及也。未见其几而妄为之动，恶是以为有志之士乎哉？""夫有有用之学，必有可乘之几而后动，进退雍容，必有可观，巍巍堂堂，必有可立。其致君，其裕民，其行己，其化今，其传后，必有建诸天地而不悖，质诸鬼

---

① 郝经：《辨微论·厉志》，《郝文忠公陵川文集》卷19（《全元文》第4册，第257页）。
② 郝经：《上紫阳先生论学书》，《郝文忠公陵川文集》卷24（《全元文》第4册，第164页）。
③ 郝经：《与宋国两淮制置使书》，《郝文忠公陵川文集》卷37（《全元文》第4册，第103、105页）。
④ 郝经：《与宋国两淮制置使书》，《郝文忠公陵川文集》卷37（《全元文》第4册，第103页）。
⑤ 郝经：《送王之才南游序》，《郝文忠公陵川文集》卷30（《全元文》第4册，第178页）。

神而不疑，百世以俟圣人而不惑者。"① 尽管学问最终能否有用，要依命所定，但是最后的命是什么谁也不知道，所以在现实的条件下，还是致力于发现和抓住机会，使学问有用于当世，并且有用于当世的学问必会传于后世。这不仅是郝经所要说明的论点，也是他对自身的要求，并且以其经历验证了这一论点。

第四，士人要注重"养"。郝经指出："圣之所以为圣，贤之所以为贤，大之所以为大，皆养之使然也。""故必明义理以养其性，寡嗜欲以养其心，御奔荡以养其情，致中和以养其气，节饮食以养其体，尽孝友以养其本，执坚刚以养其节，扩正大以养其度，撤壅蔽以养其智，别邪正以养其习，慎细微以养其行。""如蔽匿以养其奸，文饰以养其过，岩深以养其恶，掩覆以养其机，朴野以养其诈，高抗以养其傲，缔拘以养其党，纵肆以养其淫，执锢以养其偏，绞切以养其毒，以是而养之，小而丧身，大而败国，又大而乱天下，不若不养之为愈也。"② 也就是说，士人之养是为了成为贤人甚至是圣人，而不是成为小人或者奸人，所以需要特别注意正面的养，而不是负面的养。

第五，对科举的批评。郝经自称"世之科举文章，记问之学，强勉为之，弗好也"③。"世有科举之学，学之无自而入焉，蜡乎其无味也。有文章之学，学之无自而入焉，蜡乎其无味也。""盖自佛、老盛而道之用杂，文章工而道之用晦，科举立而士无自得之学，道入于无用，惟其无自得也。"④ 郝经之所以批评科举，就在于他认为以文章取士的科举之学已经变成了无用之学。

第六，既认可江南理学，也要有所批评。郝经对将朱熹的学说传往北方的赵复有所赞扬："昔之所学者，富一身而已。今也传正脉于异俗，衍正学于异域，指吾民心术之迂，开吾民耳目之蔽，削芜蔓，断邪枉，破昏塞，俾《六经》之义、圣人之道焕如日星。""如是则先生之道非穷也，达也。""人视先生以为大穷，经则以为大达。"⑤ 尤其是建

---

① 郝经：《答冯文伯书》，《郝文忠公陵川文集》卷24（《全元文》第4册，第168页）。
② 郝经：《养说》，《郝文忠公陵川文集》卷22（《全元文》第4册，第299—300页）。
③ 郝经：《与汉上赵先生论性书》，《郝文忠公陵川文集》卷24（《全元文》第4册，第162页）。
④ 郝经：《上紫阳先生论学书》，《郝文忠公陵川文集》卷24（《全元文》第4册，第164—165页）。
⑤ 郝经：《送汉上赵先生序》，《郝文忠公陵川文集》卷30（《全元文》第4册，第177页）。

立太极书院后,在赵复等人的参与下,"伊洛之学遍天下",亦为郝经所肯定。① 但是,郝经认为自孔子以下,只有儒学而没有"道学",因为"夫道之大,兼天下之名而不自以为名"。北宋虽然开始有"道学"之名,但是郝经认为既不能将理学称为"道学",也指出了"道学"对宋朝的危害:"周、邵、程、张之学,固几夫圣而造夫道矣,然皆出于大圣大贤孔、孟之书,未有过夫尧、舜、禹、汤、文、武、周、孔之所传者,独谓之道学,则尧、舜、禹、汤、文、武、周、孔之学,不谓之道学,皆非邪?孟、荀、杨、王、韩、欧、苏、司马之学,不谓之道学,又皆非邪?故儒家之名立,其祸学者犹未甚,道学之名立,祸天下后世深矣。岂伊洛诸先生之罪哉?伪妄小人私立名字之罪也。其学始盛,祸宋氏者百有余年。今其书自江汉至中国,学者往往以道学自名,异日祸天下,必有甚于宋氏者。"② 郝经还在诗中明确表示,理学危害宋朝的表现就是"经术日穷奇,国论甚迂阔"③。

第七,反对儒、释、道合流。郝经明确指出佛教和道教是干扰圣人之治的伪学问:"故申、商之法行于秦而秦灭,老、庄之教盛于晋而晋衰,西方之教兴于梁而梁亡。故疑吾道之难者卒入于佛,疑吾道之远者卒入于老,疑吾道之异者卒入于申、韩。使肆人欲,灭天理,诸夏衰而夷狄横。先圣人之正道,王者之大经,旷百祀而不收,吾民无辜,使之服左衽而言朱离。由是而言,佛、老、申、韩之为害若是其昭晰也。"④ "儒之名立而异端作,儒之实亡而异端盛。""儒之实亡而异端盛,莫知所从也。遂至后世夷貊肆而老、佛横,败人之国,亡人之家,倾人之天下,涂吾民之耳目,乱吾民之心术,斫吾民之天性,而不可救药也。"⑤ "道之不行也,非谓佛、老、小人之相害也,由君子之自不行耳。道之不兢也,非止谓君子之不自行也,由反倡佛、老、小人之为祸耳。"⑥

---

① 郝经:《太极书院记》,《郝文忠公陵川文集》卷26(《全元文》第4册,第340页)。
② 郝经:《与北平王子正先生论道学书》,《郝文忠公陵川文集》卷23(《全元文》第4册,第157—158页)。
③ 郝经:《渡江旧事》,《郝文忠公陵川文集》卷4。
④ 郝经:《请舅氏许道士出圜堵书》,《郝文忠公陵川文集》卷23(《全元文》第4册,第151页)。
⑤ 郝经:《辨微论·异端》,《郝文忠公陵川文集》卷19(《全元文》第4册,第249—250页)。
⑥ 郝经:《送常山刘道济序》,《郝文忠公陵川文集》卷30(《全元文》第4册,第173页)。

也就是说，所谓三教合一，在思想上不仅不能肯定其发展趋势，还要深刻揭示佛、道对儒学的祸害，使儒学真正保持有用之学和正确之学的地位。

(三) 成有理之文

郝经反对浮华的文风，指出"事虚文而弃实用，弊亦久矣"①，认为必须纠正士人行文的弊病，并就此提出了三个观点。

一是行文之人要讲究德行。由于"后世文士，工于文而拙于实，眩于辞章而忘于道义"②，郝经特别强调"盖文章者儒之末，而德行者儒之本也"③。

二是写文章要摆正理和法的关系，即注重文章的核心内容，而不是遣词造句的修饰方法："理者法之源，法者理之具，理致夫道，法工夫技，明理，法之本也。""理明义熟，辞以达志尔。""夫理，文之本也；法，文之末也。有理则有法矣，未有无理而有法者也。""法在文中，文在理中。""故今之为文者，不必求人之法以为法，明夫理而已矣。精穷天下之理，而造化在我。"④ 按照这样的要求，缺乏理的文章，缺乏核心思想，即便有华丽的文字，也是文字堆砌，毫无用处。

三是文章也要讲究实用，起到"文以载道"的作用。郝经曾自言："衣带岁不解，强勉忘息困。落笔一万字，开卷即立论。不知世代远，但觉圣贤近。学问期有用，匡济展底蕴。"⑤ 针对"文晦于理而文于辞，作之者工于辞而悖于理"的现象，郝经强调的是："盖文可顺而不可作也。天地有真实正大之理，变而顺，有通明纯粹不已之文，是其所以为之，非娇柔造酱而然也。"⑥ 郝经自己就是"文以载道"的典范，无论是他写的论、说，还是给当政者的奏议、书信，都显示了他对道的解读和发扬。

郝经围绕治道问题展开的政治学说，既注重对历史经验的归纳，也

---

① 郝经：《文弊解》，《郝文忠公陵川文集》卷20（《全元文》第4册，第302页）。
② 郝经：《文弊解》，《郝文忠公陵川文集》卷20（《全元文》第4册，第303页）。
③ 郝经：《儒行序》，《郝文忠公陵川文集》卷30（《全元文》第4册，第185页）。
④ 郝经：《答友人论文法书》，《郝文忠公陵川文集》卷23（《全元文》第4册，第153—154页）。
⑤ 郝经：《秋思》，《郝文忠公陵川文集》卷4。
⑥ 郝经：《文说送孟驾之》，《郝文忠公陵川文集》卷22（《全元文》第4册，第297—298页）。

注重对现实重大政治问题的解答，尤其是注重由乱到治、由分裂到统一的新王朝的政治规划，对当时的政治变化所起的作用应超过许衡、姚枢、窦默等人。在元朝前期的理学学者中，郝经也属于"鲁斋学派"①，虽然许衡、姚枢的名气确实大于郝经，但是就政治思想的发展而言，显然不能过高地抬举名人，而忽视了郝经的重要贡献。

第四节　其他儒士的政治观点

忽必烈在位前期的其他儒士，尤其是在朝廷任官的儒士，既有理学学者，也有偏好理学的大臣，还有不习理学的儒者，可对他们的政治观点作概要性的说明。

一　杨恭懿、张著的理学政治观点

杨恭懿和张著都是北方较有名气的理学学者，并且都以隐居研习学问为主，可概述他们的一些政治观点。

（一）杨恭懿的取士说

杨恭懿（1225—1294 年），字元甫，号潜斋，奉元高陵（今属陕西）人，参与修《授时历》后短期在太史院任职，著有《潜斋遗稿》，已佚。②

杨恭懿早年专注于学习《易》《礼》《春秋》等，"思有纂述，耻为章句儒而止。志于用世，反复史学，以监观废兴存亡、理乱得失于千数百年之中"，并曾明确表示："辅治之具礼乐兵刑，礼乐非王者果为，不可兴行于天下，兵恃以芟暴乱而安元元，刑取其弼教循本以求，皆仁义之资也。不讲之有素，或一旦帅三军，为士师，贸贸焉不知其方，反受成教武人俗吏乎。"在他二十四岁的时候，得到了朱熹集注的《四经》《太极图》《小学》《近思录》等书后，认识到"人伦日用之常，天道性命之妙，皆萃此书，今入德有其门矣，进道有其途矣"，并由此专注于理学，自修为小有名气的理学学者。1254 年，许衡来关中任教，杨恭懿与其共同研讨理学，经过六年的努力，不仅对理学有更系统的认

---

① 黄宗羲原著，全祖望补修：《宋元学案》第 4 册，第 2993 页。
② 《元朝名臣事略》卷 13《杨恭懿事略》，第 264—268 页。本小节引文未注明出处者，均来自此事略。

识，亦在关中地区培养了一些专门研读理学的儒生。

忽必烈即位后，王恽特别向忽必烈上书推荐杨恭懿，指出其为朝廷设立国学所急需的人才。

> 伏闻国朝议国学，教胄子，遴选师儒以充司业、助教、博士之职。切见京兆儒士杨恭懿，资禀高明，学淹经史，千言过目，成诵不遗。今年几知命，教授乡间，其孝行足以化服一方，其廉介足以振励薄俗，隐德丘园，不求仕进。如往者两省交辟，欲置之幕府，庶咨论议以劢将来，至职名裸禄养，辞皆不受。德业日新，箪瓢自若，诚清庙之珪璋，士林之楷梓也。其或擢彼国庠，置之馆阁，试其行能，可收实用。①

至元十一年冬季，杨恭懿被皇太子真金请到京城，忽必烈召见杨恭懿，不仅问他来自何乡、父亲为谁、从何师学、子今有几，还让他占卜南下攻宋军的胜败。南宋灭亡后，杨恭懿还参与了是否行科举的廷辩，建议以考官之法取代科举取士之法，已见前述。在参与修《授时历》的过程中，杨恭懿还特别向忽必烈上了改历、合朔两份奏章，说明修历中的问题。

后人对杨恭懿的理学造诣有较高的评价："朱文公集周、程夫子之大成，其学盛于江左，北方之士闻而知者，固有其人，求能究圣贤精微之蕴，笃志于学，真知实践，主乎敬义，表里一致，以躬行心得之余，私淑诸人，继前修而开后觉，粹然一出乎正者，维司徒（许衡）暨公（杨恭懿）。"由于杨恭懿的著作没有保留下来，所以对他的学术研究和政治观点都难以作全面的说明。

（二）张著的取义说

张著（1224—1292年），字仲明，号濛溪，襄陵（今属山西）人，忽必烈即位后曾被张德辉聘为潞城主簿，不久辞归，教学乡里，著《濛溪集》等，已佚。

按照王恽的说法，他在山西任职的四年中，最看重的士人就是张著，"每暇与相往来，把酒论文，最可尚者，君无求于人，人之有得于

---

① 王恽：《举陕西儒士杨元甫状》，《秋涧先生大全文集》卷89。

君，殊冲然也"。张著从小学习儒学，曾在选考儒生中以词赋入选，但明确表示："士当远大自期，雕虫篆刻，将何为哉？"后受麻革等人的影响，专注于程朱理学，"所谓道之体用，文之华实，探涉其源流，明嚼其膏味，积而为文词，发而为事业，不盈不矜，介然家居，以乐育诸生为业。"① 在诗作中，他也表述了乐于隐居的心态："我本山中人，十年堕红尘。归来愧青山，青山解迎人。十里如相望，五里如相亲。乃知山德厚，不以俗驾嗔。蔼蔼桑麻原，熙熙鸡犬邻。落落衣裳古，悠悠古语真。回思所游地，尘埃塞城堙。终焉吾有约，为报山中神。"②

张著借所居之地修门的机会，不仅将新门称为"训义门"，还特别对"训义"作了以下解释。

> 古者家有塾，塾，门侧堂也。谓二十五家为间，间共一巷，巷首有门，门边有塾。里中之老而有道德者坐于两塾，以为左右师，民恒受教焉。今吾里之门，虽非塾制，然坐其下而谈者，殆亦斑白髦童饱于谐事者乎。夫既饱于谐事，民凡旦夕出入者，亦当训为子以孝，为弟以恭，为兄以爱，为友以信，抚幼以慈，待物以仁，持家以俭而勤，居官以廉而干。又当训以言毋涉訾，戏毋习觚，动毋挟党，耕毋侵畔，牧毋犯稼，樵毋伐良树，贫患必相救，死丧必相助。民有好鬼者，则训以有功德于民者，自有祀典，毋以谄为也，且崇汝祖宗之祀。有嗜酒者，则训以酒非常饮物，是用养老祀神，无以丧躯败家为也。有斗争者，则训以曲当谢于人，直为汝辨，无以渎有司也。有婚姻者，则训以男取女嫁，礼也，无以财论而结二姓之怨。有游惰者，则训以不服田力穑，越其罔有黍稷，以饿汝父母妻子，官有常刑。有博戏者，则训以博不可习，输必窃于家，赢必盅于志，以至不事事，是为无赖，官有常刑。方春之初，雨露既濡，则训之以趋农。及秋之末，场圃既毕，则训之以入学。兹非训义已乎。不此之为，或传虚云实，质非为是，听幼忽长，恃尊凌卑，靦名取笑，教词成讼，是反得罪于众人也，安用训为。③

---

① 王恽：《张著墓碣铭》，《秋涧先生大全文集》卷60（《全元文》第6册，第537页）。
② 张著：《蒙溪山居》，《全元诗》癸集上，第73页。
③ 张著：《训义门记》，《全元文》第5册，第162—163页。

张著的所谓"训义",实际就是治道对乡里的规范,推而广之,即为国家的规范,所以应给予充分的重视。

杨恭懿和张著尽管与许衡等人是同一时期的人,但是都不属于"鲁斋学派",只是在理学上主要承继的都是朱学,这一点与许衡等人相同。

二 王磐、张文谦的偏重理学观点

王磐和张文谦都是忽必烈倚重的大臣,并且都爱好理学尤其是朱子之学,在政治观念上也有不少相近的地方。

(一) 王磐的"取法近代"原则

王磐(1202—1293年),字文炳,号鹿庵,广平永年(今属河北)人,金正大四年(1227)进士,忽必烈即位后,历任益都等路宣抚副使、翰林学士承旨等职,著有《鹿庵集》等。

李璮叛乱时,王磐正在山东任职,只身逃出,路遇随史天泽前来讨叛的行台郎中毛源(字巨源),被救后返回京城向忽必烈报告叛军情况。对于突发事变中的遭遇,王磐在诗作中有详细的描述。

> 中统三年春二月,变起青齐带吴越。鲸鲤转侧海波翻,城郭横尸野流血。我时辛苦贼中来,兵尘模糊眼不开。妻孥弃捐豺虎口,飞蓬飘转无根荄。天寒日暮齐河县,破驿荒冻绝烟灶。骑行驿马钝如蛙,官吏散地无处唤。与君此地忽相逢,行台郎中气势雄。悯我白头遭丧乱,壮我临难全孤忠。急呼驿吏具鞍马,使我厄路还亨通。明晨相随济南去,出入条侯营垒中。死生契阔不相弃,起居饮食常与同。标山华注日在眼,绵历春草及秋风。四郊斫木桑柘尽,泺源饮马波涛空。凶渠腰领膏野草,始见齐鲁收烟烽。巨源巨源君且坐,我欲高歌君可和。往事回头十五年,犹想离魂招楚些。身逢播越百忧缠,生不成名空老大。我依破砚窃恩荣,君佐雄藩收最课。流萍暂聚不多时,且喜相看颜一破。我衰无力访君难,愿君得暇频相过。①

---

① 王磐:《巨源相过话旧有感》,《元诗选》二集上,第169—170页。

王磐后来作为词臣，曾为忽必烈撰写《立皇后册文》《降封宋主为瀛国公制》《江南平告太庙祝文》等，[①]并明确提出了"取法莫宜于近代"的政治观点，还就时政等提出了一些看法。[②]

第一，取法莫宜于近代。王磐与徐世隆、王鹗等共同编辑了《大定治绩》一书，为忽必烈效行"汉法"提供了前朝的经验借鉴，王磐还特别指出："臣闻假器莫便于比邻，取法莫宜于近代。殷有天下，监于夏；周有天下，监于殷；汉之论事者，每借秦以为喻；唐之进言者，多引隋以为比。岂不以时代相接，耳目见闻，有以关其虑而动其心乎？金有天下，凡九帝，共一百二十年，其守成之善者，莫如世宗，故大定三十年间，时和岁丰，民物阜庶，鸣鸡吠犬，烟火万里，有周成康、汉文景之风。"[③]肯定金朝大定年间的治国绩效，就是为了给当前的文治提供离得最近的重要样板。

第二，农桑为富强之本。王磐肯定忽必烈即位后设立大司农司劝课农桑的举措，并指出："余尝论《豳》诗知周家所以成八百年兴王之业者，皆由稼穑艰难积累以致之。读《孟子》书，见论说王道。丁宁反复，皆不出乎夫耕妇蚕，五鸡二彘，无失其时，老者衣帛食肉，黎民不饥不寒数十字而已。大哉农桑，真斯民衣食之源，有国者富强之本。王者所以兴教化，厚风俗，敦孝弟，崇礼教，致太平，跻斯民于仁寿，未有不权舆于此者矣。"[④]以农为本，是当时文治的重要经济基础，所以王磐在诗作中亦表达了以农桑固帝业的明确要求："上古元气淳以腴，群圣既出如传胪。高辛登天帝挚痛，爰有真人起参墟。黄收纯衣握帝符，马如白练彤云车。璇玑玉衡拟天枢，七政循轨万物舒。耕田凿井人自娱，帝力于我何有诸。千秋万古仰范模，皎如白日临天衢。川流山峙雨露濡，圣人德泽何时枯。□□汉北声教俱，矧兹河汾其故都。邦人夸耀荣乡闾，遗庙世守无代无。迁新去故奠神居，道人精诚与神乎。觚棱金碧凌空虚，采椽土阶与古殊。岁时香火喧笙竽，神兮归来驻銮舆，佑我圣祚窥皇图。"[⑤]

[①] 参见《全元文》第2册，第243—244、308页。
[②] 《元朝名臣事略》卷12《王磐事略》，第241—247页。本小节引文未注明出处者，均来自此事略。
[③] 王磐：《大定治绩序》，《全元文》第2册，第247—248页。
[④] 王磐：《农桑辑要序》，《全元文》第2册，第246—247页。
[⑤] 王磐：《尧帝庙》，《元诗选》二集上，第171页。

第三，重民心的治国理念。为使国家尽快达到由乱到治的目标，王磐提出的多项建议，都与安抚民心有密切关系。一是强调州、县守令在团聚民心方面具有重要的作用："天下府州郡县沿革废置，历代不同，大率由户版之登耗而为之升降耳。户版增则县或升而为州，州或升而为府；户版耗则州或降而为县，府或降而为州，初非有一定之制而不可移易也。故官府之升降由户版之登耗，户版之登耗由民人之聚散，民人之聚散由守令之贤与不贤也。人心洽则携幼稚而来归，暴政施则负耒耜而他适。聚则辐辏，散则瓦解。""故守令者，郡县之师帅，黎庶之父母，国家治乱安危之根本，古圣王所以畴咨简阅，谨择慎选而不敢忽焉者，盖以此焉。"① 二是建议撤销害民的各路转运司，"方今害民之吏，转运司为甚，至有税人白骨，使民间藁殡不得改葬者，盍速罢去，以苏民乎"。三是强调以节用平物价，"物贵则不足，物贱则有余，要以节用而不妄费，庶物货可平"。四是安抚新附民众，在元军平定江南后，王磐提出了约束军士、选择官吏、赏功罚罪、推广恩信等建议。五是请求保留地方监察机构提刑按察司，理由是"外路州郡，去京师遥远，滥官污吏，侵害小民，无所控告，惟赖按察司为与申理。若指为冗官，一例罢去，则小民冤死而无所诉矣。若曰京师有御史台，足以纠察四方之事，是大不然。御史台纠察朝廷百官，京畿州县尚有不及，况能周遍外路千百城之事乎？若欲以按察司并入运司，今之运司专以营利增课为职，与管民官恒分彼此，岂暇顾细民之冤抑哉？"王磐的这些建议，大多都被朝廷所采纳，使重民心的理念在一定程度变成了稳固民心的行为。

第四，讲求进退有序的朝政。在朝政方面，王磐提出了两项重要建议。一是仿照历代制度，建立宫廷礼仪秩序。忽必烈即位后，"宫阙未立，朝仪未定，凡遇称贺，臣庶无问贵贱，皆集帐殿前，执法者厌其多，挥杖击之，逐去复来，顷刻数次"。王磐就此向忽必烈进言："按旧制，天子宫门不应入而入者，谓之阑入，由外及内罪轻重各有差。宜令宣徽院籍两省而下百司官姓名，各依班序，听通事舍人传呼赞引，然后得进。有敢越次者，殿中司纠察罚俸；不应入而入者，宜准阑入治罪，庶望朝廷礼肃。"二是对有功之臣加爵而不升职。为奖赏灭南宋有

---

① 王磐：《改洺州为广平路记》，《全元文》第2册，第251页。

功之臣，忽必烈采用的是晋升职务的方法，王磐提出了不同的看法："历代制度，有官品，有爵号，有职位，爵号所以示荣宠，职位所以委事权。臣下有功有劳，随其大小酬以官爵，有才有能，称其所堪处以职位，此人君御下之术也。臣以为有功之人，宜加迁散官，或赐以五等爵号，如汉、唐封侯之制可也，不宜任以职位。"无论是讲究朝仪，还是慎用职位，所强调的都是要树立君主的至上权威，并且使臣僚知晓进退的要求。

第五，重儒学教育。王磐认为："学校之设，所以明人伦，美教化，育人才，厚风俗，有国之先务也。"① 为此，他一方面强调要重视对曲阜孔子庙的维护和供奉，另一方面请求为理学宗师许衡增加弟子等，理由是"自古有国家者，必与人材共治。若无学校，人材何从而得？今许某教生徒有法，数年之后，皆可从政，事体所系至大"。此外，王磐还强调士人自重，不能恋位："前代用人，二十从政，七十致仕，所以用其材力，闵其衰老，养其廉耻之心也。今入仕者既不限年，而衰老病患者，或至扶舁抱负而登厅堂，其人既自不知耻，朝廷亦不以为非，其不可也。"王磐自己也作出了表率，不仅在生病时自停月俸，还以年老多次请求致仕，但都被忽必烈以"卿年虽高，非任剧务，第安坐教人耳"为由所挽留。

李谦在为王磐撰写的墓志中，指出王磐"程、朱性理之书，日夕玩味，手不释卷，老而弥笃"。但是当时并没有人称王磐为理学学者，后人也没有将其纳入理学学者的范围。

(二) 张文谦的"守正"原则

张文谦（1217—1283 年），字仲谦，邢州沙河（今属河北）人，先为忽必烈潜邸幕僚，忽必烈即位后入中书省任职，历任大司农卿、枢密副使等。②

张文谦坚持以"守正"作为立身官场的原则，如当时人称张文谦"当官论事，守正不倚，毅然有不可犯之色。又勇于为义，苟一事可行，一善可举，如梗茹在胸，必欲快吐而后已。若农事，若钞法，谓生民之重本，有国之大计，尤拳拳焉。乐闻己过，僚属或相规劝，虽其言

---

① 王磐：《重修赞皇县学记》，《全元文》第 2 册，第 248 页。
② 《元朝名臣事略》卷 7《张文谦事略》，第 142—148 页。本小节引文未注明出处者，均来自此事略。

甚切，自敌以下宜若不能堪者，公每优容之，过亦随改，不少吝"。既能守正，也能闻过即改，使张文谦不仅得到了较好的官声，也较被忽必烈所信任。

张文谦要守正，就必须与官场上的不正行为展开斗争。为此，张文谦主要有两个斗争对象。

第一个斗争对象是王文统。张文谦和王文统都在中书省任职，王文统对张文谦颇有猜忌，终于将其排挤出中书省，到地方任职。张文谦临行前对王文统说："天下生民，疲瘵日久，岁属大旱，若不量蠲税赋，将无以慰来苏之望。"王文统则强调："上新即位，国家经费不赀，且素无积储，何所供亿？"张文谦则回答："百姓足，君孰与不足！俟时和岁丰，取之未晚也。"也就是说，两个人之所以意见不合，是因为他们分别代表了"缓取"与"急取"的不同征税办法，而不顾自然灾害影响的"急取"，就是不正的行为。

第二个斗争对象是阿合马。阿合马作为理财之臣，往往越过中书省向皇帝奏事，张文谦明确指出："分制财用，古有是理，不关预中书，无是理也。且财赋一事耳，中书不敢诘，天子将亲莅之乎？"忽必烈赞同张文谦的意见，改变了阿合马的做法。阿合马后来又有一系列在张文谦看来是不正的行为，如榷民铁铸为农器，厚其直以配民；创立宣慰司行户部于东平、大名，不与民事，惟印楮币；以及支持诸路转运司怙势作威，害民干政等。张文谦为此多次向忽必烈指出阿合马的蠹政之害，遭到阿合马的中伤和排挤后，仍能向皇帝直言，为最终扳倒阿合马提供了重要的支持。

在向朝廷推荐人才方面，张文谦也体现了守正的作风。有人对张文谦说："人心不同，岂能尽识，一有失当，得无累乎？"张文谦则明确表示："人才何尝累己，第患鉴裁未明，有遗才耳。且人臣以荐贤为职，岂得避纤芥之嫌，而负国蔽善乎。"也就是说，举荐人才是朝廷大事，要考虑的是国家的需要，而不是个人的私利，所以不怕因识人不准对自己带来的不利影响。

张文谦早年与刘秉忠是同学，后来因偏好理学，经常向许衡求教，并将许衡推荐给忽必烈，使理学的学说能够进入朝堂，所以后来有人评价道，没有朱熹，"圣贤之言不明于后世"；没有许衡，"朱子之书不著于天下"；没有张文谦，"则许公之说将不得见进于当时"，显示张文谦对理学传播确实起过重要的推动作用,所以后人将他也列在了"鲁斋学派"之中。① 但是从严格意义上讲,张文谦并不能算作理学学者,而是与王磐一样,充其量只是理学偏好者而已。

三 李庭、杜瑛、杜仁杰的治道观点

李庭、杜瑛、杜仁杰都是忽必烈在位前期在地方活动的儒士,但是他们的政治观点在当时亦有一定的影响。

(一) 李庭说君子为政

李庭(1194—1277年),字显卿,华州奉先(今属陕西)人,1244年被杨奂任为议事官,中统元年(1260)任陕西讲义,至元七年(1270)任京兆教授,至元十年(1273)任安西王府咨议,著有《寓庵集》等。

李庭没有严格意义的理学师承,但是他"沈潜于性理之学"②,并明确表示了对理学的赞赏:"孔孟云亡道不传,直从韩子到伊川。阐扬圣学三千卷,振起醇风五百年。"③ 他反对浮华的词章,认为"士君子读书学圣道,得之于心,发于事业,以辅时泽物为本,所谓词章者,特余事耳"④。与郝经等人不同的是,他认同"三教同一"说,尤其强调的是儒、道趋同。李庭不仅赞赏同乡的兰泉先生和澄轩尊师不囿于儒、道的做法,"兰泉未尝以习周、孔而黜乎道,澄轩未尝以奉老、庄而病乎儒"⑤;还明确指出:"窃观《道德》五千言,大率以清静无为为宗,以慈俭不争为用,至于修身治国之道,靡不毕备。自中古以来,与六经并行于世而不相戾。后世学者妄生分别,道家者流以儒术为土苴,吾党之士以道德为虚无,各习其习,各是其是。"李庭赞同应由"圆机之士"融会两教之说。⑥

在政治观上,李庭高度评价忽必烈的武功和文治,在给皇帝的多篇《寿表》中,不乏"造邦本藉于武功,饰治兼从于文事"和"既外耀于

---

① 黄宗羲原著,全祖望补修:《宋元学案》第4册,第2993页。
② 王博文:《李庭墓碣铭》,《全元文》第5册,第106页。
③ 李庭:《送同周道之邠省外祖鹈野先生》,《寓庵集》卷1,藕香零拾本。
④ 李庭:《恒斋先生文集序》,《寓庵集》卷4(《全元文》第2册,第121页)。
⑤ 李庭:《二老谈玄图序》,《寓庵集》卷4(《全元文》第2册,第126页)。
⑥ 李庭:《愚庵集解序》,《寓庵集》卷4(《全元文》第2册,第130—131页)。

武威，乃内修以文教"等赞语。① 对忽必烈的广招人才，李庭也给予充分肯定："方今明天子历精求治，网罗人材，四方茂异之士朝闻而夕召，往往待以不次之位。"②

李庭从得民心的角度看待地方官员的政绩，指出"夫君子之为政，悦民之心易，感民之心艰，感之深使之久而不忘又难"③。因此，"德政有无，昭昭在人"，不必自我标榜。④ 他还专门为人写下了自省和为政的铭文："圣门之学，惟先自治。其治如何，省之一字。朝诇夕察，再思三思。忠或未尽，信或有亏。善贵必迁，过无吝改。人欲既销，天理斯在。颜渊克己，孟轲守身。三子一道，遗训生民。"⑤

李庭与一些儒士急于恢复科举的态度有所不同，尽管他认同科举的好处，指出"自隋唐以来，相沿用科举取士，历数十百年，其间名卿大夫磊落相望，可谓盛矣。降及近代，教养之法废，人材不逮古远甚"⑥。但是，他也指出科举有摧抑人才的弊病："中古以降，乡举里选之法不行，有国家者一以科举取士。虽贤公名卿间由此途出，至若潜道育德，与夫抱经纶之业而见遗于有司，空老蒿莱、沈落光耀者，顾岂少哉！"⑦

李庭作为一个远在陕西的儒士，主要接触的是地方官员，所以能够提出以感民之心来作为衡量君子为政的重要标准，已经是值得注意的政治观点。

（二）杜瑛说治化要义

杜瑛（1204—1273 年），字文玉，霸州信安（今属河北）人，忽必烈即位后短期在朝廷内任学官，著有《堞山集》等。⑧

针对金朝灭亡后中原地区"凡赋役刑罚、除授官吏，州郡皆得专之"的乱象，杜瑛曾对主掌彰德事务的粘合珪建议："兵荒之余，生民

---

① 李庭：《寿表》（三篇），《寓庵集》卷 7（《全元文》第 2 册，第 189—191 页）。
② 李庭：《景陶轩记》，《寓庵集》卷 5（《全元文》第 2 册，第 136 页）。
③ 李庭：《廉泉记》，《寓庵集》卷 5《全元文》第 2 册，第 144—145 页。
④ 王博文：《李庭墓碣铭》，《全元文》第 5 册，第 106 页。
⑤ 李庭：《杨经历省斋铭》，《寓庵集》卷 8（《全元文》第 2 册，第 150 页）。
⑥ 李庭：《金故朝请大夫同知裕州防御使事王君墓志铭》，《寓庵集》卷 6（《全元文》第 2 册，第 162 页）。
⑦ 李庭：《兰泉先生文集序》，《寓庵集》卷 4（《全元文》第 2 册，第 120 页）。
⑧ 《元史》卷 199《杜瑛传》；苏天爵：《杜瑛行状》，《滋溪文稿》卷 22。本小节引文未注明出处者，均来自此传和行状。

穷困日甚。宜缓刑薄赋，以遂民生；修学养士，以兴治化。"1259 年，忽必烈率军征宋，在彰德召见杜瑛，杜瑛则向忽必烈明言："汉、唐以还，人君所恃以为国者，法与兵、食三事而已。国无法不立，人无食不生，乱无兵不守。今宋皆蔑之，殆将亡矣，兴之在圣主。若控襄樊之师，委戈下流，以捣其背，大业可定矣。"忽必烈欣赏杜瑛的见识，欲将其纳为潜邸之臣，随其一同南下，因杜瑛患病未能成行。

忽必烈即位后，派使者到彰德召杜瑛北上，杜瑛听说丞相王文统专言功利，乃谢绝来使。张文谦任大名等路宣抚使，拟以杜瑛为大名、彰德、怀孟等路提举学校官，杜瑛向执政者上书，首先表示了他对治化的看法。

> 先王之道不明，异端邪说害之也，横流奔放，天理不绝如线。今天子神圣，俊乂辐辏，言纳计用，先王之礼乐教化，兴明修复，维其时矣。若夫簿书期会，文法末节，汉、唐犹不屑也，执事者因陋就简，此焉是务，良可惜哉！夫善始者未必善终，今不能溯流求源，明法正俗，育材兴化，以拯数百千年之祸，仆恐后日之弊，将有不可胜言者矣。

随后，杜瑛又说明了他之所以谢绝仕进的理由。

> 后世去古虽远，而先王之所设施，本末先后，犹可考见，故为政者莫先于复古。苟因习旧弊，以求合乎先王之意，不亦难乎！吾又不能随时俯仰以赴机会，将焉用仕！

杜瑛还以怀古的诗作，特别强调了儒士要了解古今兴亡的奥秘，否则将导人误入歧途。

> 壮心忽忽剧悬旌，秋气能令客子惊。白雁不闻云外过，清霜先向鬓边生。铜驰巷陌周东土，金凤楼台邺北城。千古繁华俱一梦，空余草木战风声。①
> 望眼凭高入杳冥，偶随飞鸟到西陵。波声冷憾苍崖石，霜气晨

---

① 杜瑛：《秋思》，顾嗣立编《元诗选》三集，中华书局 1987 年版，第 42 页。

凝老树冰。自谓摸金神可侮，岂知破冢鬼还憎。却怜横槊英雄志，留与诗人说废兴。①

肖然双塔夕阳明，慨想曹瞒旧典刑。九锡初非基禅让，三分犹自愧英灵。水从石樽沈边白，山在香囊分处青。空使羯奴夸壮健，西陵草木为谁醒。

白鸟飞边望眼宽，兴来一吸酒杯乾。土花渍雨铁梁涩，蔓草接秋冰井寒。树拂晓风摇北土，水涵落日蹴西山。书生岂识兴亡事，片瓦摩挲认建安。②

从杜瑛的上述言论可以看出，他的治化学说至少包含六种重要观念，一是倡导轻徭薄赋的爱民、养民观念；二是以礼乐教化为基本原则的治世观念；三是以立法、明法为基本法则的刑罚观念；四是以育成人才为重要目标的兴学观念；五是去异端、革旧弊的正道观念；六是法先王的复古型政治观念。尽管各种观念留下的都是只言片语，但不能由此忽视这些观念的重要性。

（三）白朴说统一

白朴（1226—1291年后），字仁甫，号兰谷，隩州（今属山西）人，后居真定（今属河北），擅长词曲，不求仕进，著有《天籁集》等。

对于忽必烈即位后的新政，白朴在词作中曾给予了较高的评价。

枢电光旋。应九五飞龙，大造登乾。万国冠带，一气陶甄。天眷自古雄燕。喜光临弥月，香浮动，太液秋莲。凤楼前，看金盘承露，玉鼎霏烟。

梨园太平妙选，赞虎拜猊觙，鹭序鹓联。九奏虞韶，三呼嵩岳，何用海上求仙。但岩廊高拱，瓜瓞衍，皇祚绵绵。万斯年，快康衢击壤，同戴尧天。③

对于天下即将统一，白朴亦已有预期，在词作中也有所体现。

---

① 杜瑛：《西陵》，《元诗选》三集，第42页。
② 杜瑛：《三台怀古》，《元诗选》三集，第43页。
③ 白朴：《春从天上来·至元四年恭遇圣节真定总府请作寿词》，《天籁集》卷上。

> 壮怀千载风云，玉龙无计三冬卧。天教唤起，峥嵘才器，人称王佐。豹略深藏，虎符荣佩，君恩重荷，看旌旗动色。军容一变，鹰翼展，先声播。
>
> 我望金陵王气，尽消磨，区区江左。楼船万橹，瞿塘东瞰，从横铁锁。八阵名成，七擒功就，南夷胆破。待它年画像，麒麟阁上，为将军贺。①

全国统一之后，白朴对于到江南任职的监察机构官员，则表现出了寄予天下升平重任的愿望。

> 拥煌煌双节，九万里，入鹏程。爱人物邹枚，文章李杜，海内声名。相逢，广陵陌上，恨一樽不尽故人情。岁月奔驰飞鸟，交游聚散浮萍。
>
> 出门，一笑大江横，马首向吴亭。看分路扬镳，七闽两浙，得意澄清。江山，剩供诗否，想徘徊南斗避文星。留著调元老手，却来同佐升平。②

白朴自己则是已经看破功名，游历于大江南北，并在词曲杂剧方面颇有成就，在词曲中亦展现了其洒脱的情感。

> 岁华如流水，消磨尽自古豪杰。盖世功名总是空，方信花开易谢，始知人生多别。忆故园，谩叹嗟。旧游池馆，翻做了狐踪兔穴。休痴休呆，蜗角蝇头，名亲共利切。富贵似花上蝶，春宵梦说。③
>
> 长醉后方何碍，不醒时有甚思。糟腌两个功名字，醅淹千古兴亡事。曲埋万丈虹蜺志，不达时皆笑屈原非，但知音皆说陶潜是。④

---

① 白朴：《水龙吟·送史总帅镇西川时未混一》，《天籁集》卷上。
② 白朴：《木兰花慢·己丑（1289年）送刘绍闻王仲谋两按察赴浙右闽中任》，《天籁集》卷下。
③ 白朴：《双调·乔木查·对景》，《全元散曲》上，第206—207页。
④ 白朴：《仙吕·寄生草·饮》，《全元散曲》上，第193页。

知荣知辱牢缄口,谁是谁非暗点头,诗书丛里且淹留。闲袖手,贫煞也风流。

张良醉汉全身计,范蠡归湖远害机,乐山乐水总相宜。君细推,今古几人知。①

白朴作为一介隐士,亲身体会了大一统后南北互通带来的好处,所以在政治态度上肯定统一,反映的实际上是北方士人的普遍心态。

(四)杜仁杰说人生要义

杜仁杰(1201—1283年?),字仲梁,号止轩,原名之元,字善夫,济南长清(今山东长清)人,金朝灭亡后隐居于河南内乡,与麻革等人交游。忽必烈即位后屡征不起,著有《善夫先生集》等。

杜仁杰对于战乱给庶民带来的灾难感受颇深,借河内季路祠堂的损毁发表过以下的评论:"逮秦汉魏晋而下,六朝隋唐之间,天下不知其几陵迟而几板荡,夫蒲固旧蒲,今代何代,而民谁民哉。盖祠之兴废,亦系于世之治否而已。况壬辰(1232年)之祸,古今无是惨,河朔萧然者,盖五十余年于兹矣。我国朝开创以来,至圣上甫五业,始以文教作治具,是以前贤祠冢,好事者往往葺而守之,从上所好而然也。"②祠堂是否应该修葺,显然不是杜仁杰关注的重点所在,只不过是借此来说明自己对由乱到治的期盼。

杜仁杰对于金末以来的"三教并用"思潮,持的是谨慎的批评态度。对于"长读三教书"的崔道演,他的评价是:"不内不外,非有非无,吾以为黄耶。其教戒精严有过乎释氏,吾以为缁耶。其业履孝悌又出乎先儒,将前圣之万法,辄混而为一区。间者遗马,路以燎垣之颂,堕杨、毕以雪庭之书,聊游戏乎三昧,此亦岂先生之本心也欤?要之,以慈俭礼让为立身之本,以《诗》《书》《语》《孟》为教人之符。"③也就是说,在杜仁杰看来,"三教并用"不过是外衣,核心还应该是儒家的学说。

杜仁杰还对文人的相互蹈袭,给予了严厉的批评:"自有书契以来,以文字名世得其全者几人耳。六经诸子在所勿论,故以两汉而下,

---

① 白朴:《中吕·阳春曲·知几》,《全元散曲》上,第194页。
② 杜仁杰:《河内公祠堂记》,《全元文》第2册,第371—372页。
③ 杜仁杰:《真静崔先生传》,《全元文》第2册,第377—378页。

至六朝，及隋唐、前宋诸人论之，上下数千载间，何物不品题过，何事不论量了，大都几许不重复。文字凡经几手，左拚右扯，横安竖置，搓揉亦熟烂尽矣。惟其不相蹈袭，自成一家为得耳，噫，后之秉笔者，亦讱乎其为言哉。"①

杜仁杰既是当时有名的诗人，也是重要的词曲家，并且在他的词曲中，表明了他对一些问题的基本看法。

> 世俗，看取，花样巧翻机杼。乾坤腐儒，天地逆旅，自叹我难合时务。
> 仕途，文物，冠盖拥青云得路，恩诏宠金门平步。出入里雕轮绣毂，坐卧处银屏金屋。
> 是非，荣辱，功名运前生天注，风云会一时相遇，雷霆震一朝天怒。荣华似风中秉烛，品秩似花梢滴露。
> 至如，有些官禄，辨什么贤共愚。更那，有些金玉，识甚么亲共疏。命福，有些乘除，问甚有共无。
> 世途人易老，幻化自空闹。蜂衙蚁阵黄粱觉，人间归去好。②

杜仁杰所要说明的是人生在世，不能被功名、富贵所累，尤其是儒士，更应该摆正自己的位置，甘于在清苦中钻研学问，不要被世俗的是非、荣辱所扰，这恰是一个隐士所表现出的政治意识。杜仁杰在其诗作中，也体现了同样的意识。

> 松竹浣花里，桑麻杜曲田。苍茫辞蜀地，辛苦见秦天。死去谁怜汝，生还事偶然。但甘终垄亩，待聘岂前贤。③
> 天上神仙也别离，人间那得镇相随。不须贵买临邛赋，只想君王未见时。④
> 少日襟怀悔自豪，暮年志节讵须高。敢将议论轻疑孟，闲得功夫细和陶。酒尽枯肠还磊磈，诗成白发转㿜骚。皇天汲汲诚何意，

---

① 杜仁杰：《遗山先生文集后序》，《全元文》第2册，第369页。
② 杜仁杰：《双调·蝶恋花》，《全元散曲》上，第36—37页。
③ 杜仁杰：《至日》，《元诗选》三集，第47页。
④ 杜仁杰：《长门怨》，《元诗选》三集，第50页。

也共人生一体劳。

　　奋筑家园手自操,虽无多景足偿劳。十年种竹翻嫌密,一日栽松恨不高。是处求田消二项,尚谁有梦到三刀。得名身后良痴计,尽拟浮沉付浊醪。①

忽必烈在位前期的理学家和其他儒士的政治观念和政治理论,一方面体现了对"效行汉法"各种新政措施的支持,另一方面体现了理学思想的通俗化和实用化特征。这样的思想倾向虽然没有被忽必烈高度重视,但是对后来的思想发展有重要的影响,所以不能以统治者的好恶来评判政治思想所具有的实际价值。

---

① 杜仁杰:《自遣二首》,《元诗选》三集,第49页。

第三编

世祖朝后期政治思想的变化
（1280—1294年）

1280—1294年是忽必烈在位的后期，在大一统的政治局面下，政治思想出现了三方面的重要变化。

第一方面的变化来自忽必烈本身。在完成了全国统一之后，忽必烈并没有听从臣僚的偃兵息武建议，而是发动了对日本、安南等的战争，在思想上沿承了祖宗的武力征服观念。在朝政方面，忽必烈先后重用卢世荣、桑哥等理财大臣，不仅使朝廷的义利之争愈演愈烈，并且在大多数时间内言利之人占了上风。与之相关的是，忽必烈不再强调汉法和新政，而是更注重政治开明的各种说法和做法。也就是说，随着在位时间的拉长，忽必烈已经从革新者变成了保守者，而这样的转变，确实对当时的政治思想带来了重大的影响。

第二方面的变化主要来自朝臣。在义利之争公开化之后，忽必烈的一些重要辅臣明确提出了反对理财大臣擅权蠹国的各种建议，并在理论层面对近君子、远小人或者用贤者、去奸佞作了较系统的解释，为最终扳倒权奸提供了重要的支持。尤为重要的是，王恽、胡祗遹和赵天麟等人作为朝廷的臣僚，根据朝政的特点以及各种弊政，提出了系统的治国建议，使得维系大一统局面的政治思考有了进一步的提升。

第三方面的变化来自学者，尤其是不愿意入仕的南方隐士。全国统一之后，出现了南北理学趋同的现象，为元中期定理学为一尊打下了重要的思想和学术基础，南北的理学学者都为此做出了重要的贡献。尤其需要注意的是，作为南宋遗民的江南隐士，除了少部分人还坚持反元观念外，多数人在认识上发生了重要的转变，由单纯的思念故国转而关注在江南乃至全国如何推行善政的问题，为政治思想的发展提供了必要的理论支持。

应该承认，忽必烈在位后期已无"新政"可言，他所倡导的"开明政治"也经常与"苛政"混在一起，但恰是在这样的政治局面下，使人们对政治的发展有了更多的可议之处，并带来了政治观念的更新之势。本编之所以用了较长的篇幅，就是希望能够全面反映这一时期的各种不同政治观点。

第六章 忽必烈的开明政治观念

忽必烈在位后期的思想变化,主要表现为由"新政"观念向"开明政治"观念的转变,并且在这样的转变中,体现了较多的保守因素。

第一节 开明政治的基本要求

全国统一之后,忽必烈不再使用"新政"和"汉法"的说法,而是在以往政治清明的基础上,就政治开明提出了一些基本要求。

一 用贤才

用贤才既是开明政治的一个重要标志,也是治国理政的迫切需要,忽必烈在这方面基本沿袭了在位前期的理念,只是把贤才的范围由北方扩展到了统一后的全中国。

(一)招徕贤者的政治态度

忽必烈曾问近臣贾虎林赤:"治天下以何为本?"贾虎林赤答道:"重农为本。"忽必烈又问:"以何为先?"贾虎林赤回答:"用贤为先。用贤则天下治,重农则百姓足。"对于贾虎林赤的答话,忽必烈深以为然,表明他自己也有极强的用贤理念。[1]

至元十三年元军占领临安之后,忽必烈即发出了在江南地区求贤才的诏书:"亡宋归附有功官员并才德可用之士,穷居无力、不能自达者,所在官司开具实迹,行移按察司体复相同,申台呈省,以凭录

---

[1] 《元史》卷169《贾昔剌传》。

用。"① 至元十七年七月，忽必烈又专门派遣官员前往江南名山访求高士。② 至元二十三年二月，身为南人的集贤直学士程文海（程钜夫）上言："省院诸司皆以南人参用，惟御史台按察司无之。江南风俗，南人所谙，宜参用之便。"忽必烈将此语转告御史台主官玉昔帖木儿，玉昔帖木儿认为"当择贤者以闻"，忽必烈即明确指出："汝汉人用事者，岂皆贤邪？"当年三月，御史台即上言："近奉旨按察司参用南人，非臣等所知，宜令侍御史、行御史台事程文海与行台官博采公洁知名之士，具以名闻。"忽必烈命令程钜夫持诏前往江南地区招徕贤者，并指明一定要将赵孟頫和叶李等人请到北方来任职。③ 程钜夫认为忽必烈的举贤才的标准就是在江南地区"求好秀才"，所以在江南隐士中选择了二十余人推荐给忽必烈，并使这些人在朝廷得到了较高的待遇，本书第七章对此将有进一步的说明。

至元二十八年三月，忽必烈在诏书中又重申了招徕贤者的要求："廉干人员，不肯贿赂权臣，隐晦不仕，在近知名者，尚书省就便选用。在外居住者，所在官司以名荐举。"④ 从诏书的内容不难看出，忽必烈一直保持着重视贤者的政治态度。

（二）使用官员的明确要求

在使用官员中如何体现"用贤"标准，对于君主而言更是要经常处理的问题，忽必烈重点强调了七方面的要求。

一是升迁和俸禄的要求。至元十七年正月，忽必烈下令立迁转官员法，"凡无过者授见阙，物故及过犯者选人补之，满代者令还家以俟"。十月，忽必烈又要求实行"先官后俸"的方法，不仅要求"定夺俸禄，凡内外官吏皆住支"，还宣布"命在官者，任事一月，后月乃给俸，或废事者斥之"，并形成了"更命公事毕而无罪者给之，公事未毕而有罪者逐之"的官俸定制。至元二十二年，又重定百官俸，"始于各品分上中下三例，视职事为差，事大者依上例，事小者依中例"⑤。实行正常的官员迁升所体现的是政治激励，"先官后俸"则是用经济方法来为官

---

① 《元典章》卷2《圣政一·举贤才》，第45页（《全元文》第3册，第349页）。
② 《元史》卷11《世祖纪八》。
③ 《元史》卷14《世祖纪十一》，卷172《程钜夫传》。
④ 《元典章》卷2《圣政一·举贤才》，第45页（《全元文》第3册，第422页）。
⑤ 《元史》卷11《世祖纪八》，卷96《食货志四》。

员提供保障和必要的约束，使之能够尽心履职。

二是严格官员考核的要求。忽必烈在位前期宣布的以"五事"（户口增、田野辟、词讼简、盗贼息、赋役均）考核官员（尤其是地方官）的标准依然有效，并于至元十九年四月确定了官员考核的时间标准，"定内外官以三年为考，满任者迁叙，未满者不许超迁"①。至元二十二年，忽必烈又特别在诏书中强调了对官员考核的具体要求。

> 在先考课，虽以五事责办管民官，为无激励之方，徒示虚文，竟无实效。自今每岁终考课，管民官五事备具，内外诸司官职任内各有成效者，为中考。第一考，对官品加妻封号；第二考，令子弟承荫叙仕；第三考，封赠祖父母、父母。品格不及封赠者，量迁官品。其有政绩殊异者，不次升擢。仰中书省参酌旧制，出给诰命施行。
>
> 建立朝省，分布州县，设置州吏，本以为民耳目。今见任京府州县官吏内，有循良勤干，亦有赃污不公之人，未尝升迁黜罚，以致官冗事繁，因循苟且，政无可考，害及民多。拟三十个月一次考功过为殿最，以凭迁转施行。庶有为官廉能者知有赏，贪污者知有罚，为民绝侵渔之患，享有生之乐。②

忽必烈后来又对官员考核提出了一些新的要求，如至元二十三年下诏："劝课农桑，克勤奉职者，以次升奖。其怠于事者，笞罢之。"③考核是约束官员行为的一种有效方法，其目的就是要使官员向善而不是作恶。

三是选择官员的要求。忽必烈一方面要求扩大官员的选择范围，从色目人、汉人、南人中选择贤者出任官员，如至元二十四年五月尚书省官员建议"江南各省南官多，每省宜用一二人"，忽必烈即明确表示："除陈岩、吕师夔、管如德、范文虎四人，余从卿议。"至元二十八年忽必烈又下诏："路府州县，除达鲁花赤外，长官并宜选用汉人素有声望，及勋臣故家，并儒吏出身，资品相应者，佐贰官遴选色目、汉人参

---

① 《元史》卷12《世祖纪九》。
② 《元典章》卷2《圣政一·饬官吏》，第39—40页（《全元文》第3册，第393—394页）。
③ 《元史》卷14《世祖纪十一》，卷82《选举志二》。

用，庶期于政平讼理，民安盗息，而五事备矣。"① 另一方面，忽必烈明确要求内侍不得介入官员的选用，如至元二十年四月，"禁近侍为人求官，紊乱选法"。至元三十年二月，中书省官员上言："侍臣传旨予官者，先后七十人，臣欲加汰择，不可用者不敢奉诏。"忽必烈即明确表示："率非朕言，凡来奏者朕只令谕卿等，可用与否，卿等自处之。"②

四是岁贡吏员的要求。为了弥补各级官府吏员的不足，并提高吏员的品质，忽必烈要求采用推荐和考试相结合的"岁贡吏员"方法。至元十九年，中书省就此提出了以下要求。

> 中书省掾于枢密院、御史台令史内取，台、院令史于六部令史内取，六部令史以诸路岁贡人吏补充，内外职官材堪省掾及院、台、部令史者，亦许擢用。省掾考满，资品既高，责任亦重，皆自岁贡中出，若不教养铨试，必致人材失真，今拟定例于后：诸州府隶省部者，儒学教授选本管免差儒户子弟入学读书习业，非儒户而愿学者听。遇按察司、本路总管府岁贡之时，于学生内选行义修明、文学优赡、通经史、达时务者，保申解贡。各路司吏有阙，于所属衙门人吏内选取。委本路长官参佐，同儒学教授考试，习行移算术，字画谨严，语言辩利，《诗》《书》《论》《孟》内通一经者为中式，然后补充。按察司书吏有阙，府州司吏内勾补，至岁贡时，本州本路以上，再试贡解。诸岁贡吏，当该官司于见役人内公选，以性行纯谨、儒吏兼通者为上，才识明敏、吏事熟闲者次之，月日虽多、才能无取者不许呈贡。

至元二十二年，中书省又进一步明确了吏员考试的时间和人数标准，以使全国的吏员考试能够顺利进行。

> 呈试吏员，先有定立贡法，各道按察司上路总管府凡三年一贡，儒、吏各一人，下路二年贡一人，以次籍记，遇各部令史有阙补用。若随路司吏及岁贡儒人，先补按察书吏，然后贡之于部，按

---

① 《元史》卷82《选举志二》。
② 《元史》卷12《世祖纪九》，卷17《世祖纪十四》。

察书吏依先例选取考试，唯以经史吏业不失章指者为中选。随路贡举元额，自至元二十三年为始，各道按察司每岁于书吏内，以次贡二名，儒人一名必谙吏事，吏人一名必知经史者，遇各部令史有阙，以次勾补。①

五是清除冗官的要求。忽必烈在位后期已经出现了"官冗"的现象，所以他明确提出了裁汰官员的要求。至元二十二年五月，中书省臣上言："六部官冗甚，可止以六十八员为额，余悉汰去。"忽必烈即下令"择其廉洁有干局者存之"。次年七月，铨定省、院、台、部官，并诏谕中外："中书省，除中书令外，左、右丞相并二员，平章政事二员，左、右丞并一员，参知政事二员；行中书省，平章政事二员，左、右丞并一员，参知政事、签行省事并二员；枢密院，除枢密院使外，同知枢密院事一员，枢密院副使、签枢密院事并二员，枢密院判一员；御史台，御史大夫一员，中丞、侍御史、治书侍御史并二员；行台同；六部，尚书、侍郎、郎中、员外郎并二员。其余诸衙门，并委中书省斟酌裁减。"十月，中书省具宣徽、大司农、大都、上都留守司存减员数以闻，忽必烈则指示："在禁近者朕自沙汰，余从卿等议之。"至元二十九年十月，福建廉访司知事张师道在面见忽必烈时请求淘汰内外官府之冗滥者，忽必烈乃下诏麦术丁、何荣祖、马绍、燕公楠等人与张师道一同区别各官府的冗员。次年正月，中书省按照忽必烈的旨意淘汰冗员，"凡省内外官府二百五十五所，总六百六十九员"②。需要说明的是，尽管有几次大规模的淘汰冗官行为，但是官冗依然是严重的问题，被时人指为难以克服的"时弊"（详见本书第七章）。

六是甄别罪臣的要求。官员即使犯罪，尤其是有过党附权臣的行为，在忽必烈看来也不必过于苛责，有用之才还可以重新启用。如至元二十一年正月御史台官员上言："罪黜之人，久忘其名又复奏用，乞戒约。"忽必烈即指出："卿等所言固是，然其间岂无罪轻可录用者？"御史大夫玉昔帖木儿回答道："以各人所犯罪状明白敷奏，用否当取圣裁。"忽必烈采纳了这一建议。十一月，中书省官员安童、卢世荣上奏："阿合马专政时所用大小官员，例皆奏罢，其间岂无通才？宜择可

---

① 《元史》卷83《选举志三》。
② 《元史》卷13《世祖纪十》，卷14《世祖纪十一》，卷17《世祖纪十四》。

用者仍用之。"忽必烈乃下诏依所言汰选,毋徇私情。① 对有过失的官员采用"给出路"的做法,所要体现的是人尽其才的态度,但是亦使一些"言利小人"重被重用,使得朝廷内的义利之争更为激烈,详见下述。

七是官员善行的具体要求。忽必烈还通过对官员的教谕,强调了官员行善的一些基本要求。如至元二十一年正月忽必烈对即将赴任的云南诸路按察司官员说:"卿至彼,当宣明朕意,勿求货财,名成则货财随之,徇财则必失其名,而性命亦不可保矣。"次年六月,忽必烈又特别对中书省丞相安童说:"汝当尽心善治百姓,无使重困致乱,以为朕羞。"② 忽必烈还特别教育近臣:"孔子言三纲五常,人能自治,而后能治人;能齐家,而后能治国。"③ 从这些要求可以看出,忽必烈对于贤和善的理解,与儒者的解释是相同的。

(三)培育人才的兴学要求

用贤既要有重视和启用现有贤者的机制,也要建立培育贤者的机制。在一些儒者看来,要用贤就必须尽快恢复科举取士的方法。忽必烈在位前期曾明确表示过反对科举考试的态度(见本书第三章),至元二十一年十月,中书省官员和礼霍孙与留梦炎等人向忽必烈指出"天下习儒者少,而由刀笔吏得官者多"的弊病,忽必烈问他们如何解决这一问题,他们即明确提出了恢复科举的建议:"惟贡举取士为便。凡蒙古之士及儒吏、阴阳、医术,皆令试举,则用心为学矣。"其他学者也提出了罢诗赋、重经学的新科举考试建议,但是和礼霍孙等人不久后即被免职,科举取士的方法又被否决,显示忽必烈依然坚持了反对科举考试的态度。④

用学校教育的方法培养人才,则是忽必烈更为重视的方法,并对儒学教育等提出了具体的要求。

忽必烈在位前期,在许衡、真金等人的倡议下,已经建立了小规模的国子学。至元二十四年,正式设立国子监,监官的设置为祭酒一员,司业二员,监丞一员,学官博士二员,助教四员,并确定了对国子学学

---

① 《元史》卷13《世祖纪十》。
② 《元史》卷13《世祖纪十》。
③ 《元史》卷134《朵罗台传》。
④ 《元史》卷13《世祖纪十》,卷81《选举志一》。

制的具体要求:"设博士,通掌学事,分教三斋生员,讲授经旨,是正音训,上严教导之术,下考肄习之业。复设助教,同掌学事,而专守一斋;正、录,申明规矩,督习课业。凡读书必先《孝经》《小学》《论语》《孟子》《大学》《中庸》,次及《诗》《书》《礼记》《周礼》《春秋》《易》。博士、助教亲授句读、音训,正、录、伴读以次传习之。讲说则依所读之序,正、录、伴读亦以次而传习之。次日,抽签,令诸生复说其功课。对属、诗章、经解、史评,则博士出题,生员具稿,先呈助教,俟博士既定,始录附课簿,以凭考校。其生员之数,定二百人,先令一百人及伴读二十人入学。其百人之内,蒙古半之,色目、汉人半之。"①

中原地区的学校教育,忽必烈在位前期已经下令恢复,并建立了地方儒学的学官制度。全国统一之后,则要求江南地区亦建立相应的学官制度,恢复南宋时期的地方官学教育。至元十九年四月,"命云南诸路皆建学以祀先圣"。十一月,江南袭封衍圣公孔洙入朝觐见忽必烈后,被任命为国子祭酒,兼提举浙东道学校事。至元二十三年二月,忽必烈又下诏规定江南学校旧有学田,复给之以养士。对于卖学田以满足官府征发财赋的做法,亦以"学田所以供祭礼、育人才"为由加以禁止。②至元二十四年闰二月,下诏在各地建立儒学提举司,尚书省还特别强调了以下四条规定。

一,外道设立儒学提举司。除迤北外,江淮等处十一道各立儒学提举司,提举正、副各一员,提举从五品,副提举正七品。

一,外道学校生员,成材者申太学,茂异者申集贤院。教官从翰林院选拟呈省,照会集贤院。外处生员成材者,申国子监。若有茂异者,提举司申复,集贤院闻奏,呈省区用。

一,儒户免差事。议得:儒户除迤北路分于(至元)十三年选试外,据迤南新附去处在籍儒户,于内如有投充别项名色者,别无定夺,其余籍内见有的儒户,除纳地税、商税外,其余一切差役并行蠲免。

一,赡学子粒事。议得:江南学校赡士田土,钦依至元二十三

---

① 《元史》卷81《选举志一》。本小节引文未注明出处者,均来自本志。
② 《元史》卷12《世祖纪九》,卷14《世祖纪十一》,卷130《彻里传》。

年二月内都省奏准圣旨，与了秀才。除钦依外，乞从各道儒学提举司点检，毋令教授滥支，上下半年免行供报行省、宣慰司、总管府。①

至元二十五年十一月，忽必烈重申了免除江南地区儒户杂泛差役的规定。至元二十八年，又下令普遍设立小学和书院，以培育人才："令江南诸路学及各县学内，设立小学，选老成之士教之，或自愿招师，或自受家学于父兄者，亦从其便。其他先儒过化之地，名贤经行之所，与好事之家出钱粟赡学者，并立为书院。凡师儒之命于朝廷者，曰教授，路府上中州置之。命于礼部及行省及宣慰司者，曰学正、山长、学录、教谕，路州县及书院置之。路设教授、学正、学录各一员，散府上中州设教授一员，下州设学正一员，县设教谕一员，书院设山长一员。中原州县学正、山长、学录、教谕，并受礼部付身。各省所属州县学正、山长、学录、教谕，并受行省及宣慰司劄付。凡路府州书院，设直学以掌钱谷，从郡守及宪府官试补。直学考满，又试所业十篇，升为学录、教谕。凡正、长、学录、教谕，或由集贤院及台宪等官举充之。谕、录历两考，升正、长。正、长一考，升散府上中州教授。上中州教授又历一考，升路教授。教授之上，各省设提举二员，正提举从五品，副提举从七品，提举凡学校之事。"二十九年正月，忽必烈又下诏："江南州县学田，其岁入听其自掌，春秋释奠外，以廪师生及士之无告者。贡士庄田，则令核数入官。"②

除了儒学教育外，对蒙古字学、医学等教育也有了更明确的规定，都是要求以官学教育的方式来培育人才，以体现皇帝对人才培养的重视态度。

二 重直言

重视臣僚和平民的上书言事，并且认真对待重要的政事建议等，是开明政治的又一个重要标志，忽必烈对此给予了高度的重视。

（一）直言和上书的规范性要求

根据朝廷政务的变化，忽必烈对直言和上书奏事等提出了具体的要

---

① 《元典章》卷31《礼部四·儒学》，第1089—1091页。
② 《元史》卷17《世祖纪十四》，《元典章》卷31《礼部四·儒学》，第1093页。

求,可列举要者于下。

至元十九年七月,御史台官员重申了各机构与御史台官员共同奏事的要求,希望严格执行这样的规定:"在先,诸衙门奏事呵,御史台官一同闻奏,这般圣旨有来。在后,俺根里不曾一处奏,他每奏了的后头,分付与俺奏有来。今后依着在先体例,一处奏呵,怎生?"忽必烈即明令依然执行以前的规定:"奉圣旨,这般是你底勾当,依着在先行,更说与各衙门者。钦此。"①

至元二十年正月,中书省官员和礼霍孙上言:"去冬中山府奸民薛宝住为匿名书来上,妄效东方朔书,欺罔朝廷,希觊官赏。"忽必烈乃下令处死薛宝住。和礼霍孙又建议:"自今应诉事者,必须实书其事,赴省、台陈告。其敢以匿名书告事,重者处死,轻者流远方;能发其事者,给犯人妻子,仍以钞赏之。"这一建议被忽必烈所采纳。忽必烈还特别诏谕地方官员:"自今管民官,凡有灾伤,过时不申,及按察司不即行视者,皆罪之。"二月,忽必烈又诏谕中书省官员:"大事奏闻,小事便宜行之,毋致稽缓。"

至元二十一年正月,忽必烈颁发了规范臣僚奏事的敕令:"自今凡奏事者,必先语同列以所奏。既奏,其所奉旨云何,令同列知而后书之簿;不明以告而辄书簿者,杖必阇赤。"忽必烈还特别赞赏言简意赅的奏事,如至元二十二年湖广行省理问官虎都铁木禄前来奏事,"敷陈辩白有指趣",忽必烈乃表示:"辞简意明,令人乐于听受,昔以其兄阿里警敏捷给,令侍左右,斯人顾不胜耶。"②

至元二十九年正月,枢密院官员月的迷失向忽必烈请示:"今夏省官奏:陈言的人有阿,休遮当者,教上头来者。么道,圣旨了也。么道,遍行的文书行来有。如今军官每,俺有提说言语么道里,人多有去理,他每根底教来呵,他的军每没人管的一般。俺这生理会?么道,说将来有。"忽必烈即明确表示:"我是那般道来。今后有人陈言的事有呵,着文字封着与将来者,他每根底休教来者。么道,圣旨了也,钦此。"③ 也就是说,忽必烈既明确要求不能遮挡上书,以表现求直言的诚意;也强调上书人不必亲身到京城来,以减少麻烦,只要上书能够顺

---

① 《元典章》卷2《圣政一·振朝纲》,第31页。
② 《元史》卷12《世祖纪九》,卷13《世祖纪十》,卷122《虎都铁木禄传》。
③ 《元典章》卷2《圣政一·求直言》,第47—48页。

利上达即可。

(二) 处理政务建议的集议方式

对于各地上奏的各种重要的政务建议,忽必烈为表示重视,会要求朝臣以集议或廷议的方式拿出处理方案,经皇帝认可后施行全国,可列举一些具有代表性的例证。

至元十八年八月,招讨使方文上书言择守令、崇祀典、戢奸吏、禁盗贼、治军旅、奖忠义六事,"诏廷臣及诸老议举行之"。

至元十九年五月,沿海左副都元帅石国英"请以税户赡军,军逃死者,令其补足;站户苗税,贫富不均者,宜均其役;又请行盐法,汰官吏,罢捕户。诏中书集议行之"。

至元二十年正月,刑部尚书崔彧言时政十八事,"诏中书省与御史大夫玉速帖木儿议行之"。六月,忽必烈又明确要求:"诸陈言者从都省集议,可行者以闻,不可则明以谕言者。"

至元二十二年五月,云南行省官员脱帖木儿上书言蠲逋赋、征侵隐、戍叛民、明黜陟、罢转运、给亲王、赋豪户、除重税、决盗贼、增驿马、取质子、定俸禄、教农桑、优学者、恤死事、捕逃亡等十余事,"命中书省议其可者行之"。

至元二十三年四月,云南行省平章政事纳速剌丁上便宜数事,"一曰弛道路之禁,通民来往;二曰禁负贩之徒,毋令从征;三曰罢丹当站赋民金为饮食之费;四曰听民伐木贸易;五曰戒使臣勿扰民居,立急递铺以省驿骑。诏议行之。"①

集议和廷议本来就是朝廷官员讨论重大事务的方式,将政务建议的讨论也纳入集议与廷议的范畴,显示的是议题选择的方式有所增多,除了皇帝指定和中央政府机构提出外,还增加了来自地方官员的建议,并由此显示了皇帝对政务处理的开明态度。

(三) 君主对政务建议的选择

对于一些不宜集议或廷议的政务建议,忽必烈采用的是直接接受或拒绝的方法,可试举几例。

至元十九年十二月,御史中丞崔彧上言:"台臣于国家政事得失、

---

① 《元史》卷11《世祖纪八》,卷12《世祖纪九》,卷13《世祖纪十》,卷14《世祖纪十一》。

生民休戚、百官邪正,虽王公将相亦宜纠察。近唯御史有言,臣以为台官皆当建言,庶于国家有补。选用台察官,若由中书,必有偏徇之弊。御史宜从本台选择,初用汉人十六员,今用蒙古人十六员,相参巡历为宜。"这一建议被忽必烈所接受。

至元二十二年十月,中书省官员郭佑上言:"自平江南,十年之间,凡钱粮事八经理算。今答即古阿散等又复钩考,宜即罢去。"忽必烈亦采纳了他的建议。

至元二十五年三月,江淮行省官员忙兀带上言:"宜除军官更调法,死事者增散官,病故者降一等。"忽必烈认为这样的建议不能采纳,并明确指出:"父兄虽死事,子弟不胜任者,安可用之?苟贤矣,则病故者亦不可降也。"

至元二十九年三月,御史大夫玉速帖木儿等上奏:"比监察御史商琥举昔任词垣风宪,时望所属而在外者,如胡祗遹、姚燧、王恽、雷鹰、陈天祥、杨恭懿、高道、程文海、陈俨、赵居信十人,宜召置翰林,备顾问。"忽必烈并没有马上采纳这一建议,而是表示:"朕未深知,俟召至以闻。"①

唐兀人朵儿赤十五岁时已熟读《论语》《孟子》《尚书》等书,忽必烈在召见他时明确指出:"朕闻儒者多嘉言。"朵儿赤则明言:"陛下圣明仁智,奄有四海,唯当亲君子、远小人尔。自古帝王未有不以小人而亡者,惟陛下察焉。"忽必烈对于朵儿赤的直言颇为赞赏,特别对他表示:"朕于廷臣有憨直忠言,未尝不悦而受之;违忤者,亦未尝加罪;盖欲养忠直,而退谀佞也。汝言甚合朕意。"②

正是因为忽必烈重视直言,使得上书言事在当时已经成为一种重要的风气,并且确实提出了不少值得注意的政治见解。臣僚乃至布衣的建议大多未被朝廷采纳,应是不可否认的事实,否则在忽必烈后期就不会出现颇多的弊政(详见本书第七章)。但是对于求直言的政治态度,还是应该给予肯定,因为给予直言的机会和采纳建议毕竟是两个层次的事情,相比之下给予直言的机会更能代表开明的程度,所以更容易引起君主的重视。

---

① 《元史》卷12《世祖纪九》,卷13《世祖纪十》,卷14《世祖纪十一》,卷17《世祖纪十四》。

② 《元史》卷134《朵儿赤传》。

三 恤百姓

开明政治还应体现在治民有方上,尤其是能够体恤百姓的困苦,忽必烈采用的一系列抚民措施,所要表现的就是体恤民情的基本政治理念。

(一) 劝课农桑

忽必烈深谙以农桑为本的道理,所以在至元十六年三月即由江南行御史台发出了《种治农桑法度》的规定,并特别强调:"照得钦奉圣旨条画,大兵渡江以来,田野之民不无扰动。今已抚定,宜安本业,仰各处正官岁时劝课,如无成效者纠察。又钦奉圣旨节该:提刑按察司官所至之处,劝课农桑,问民疾苦。"至元十七年四月,御史台又发文强调:"会验累经钦依圣旨条画,行下合属,委自提点正官深加劝课,趁时多广开耕布种,开植桑枣树木,开辟地土顷亩,兴举水利义仓,新旧见在,切恐怠惰。都省相度,仰合属常切体复施行。"同年十月,中书省又发文要求禁止砍伐柑橙果树:"中书省蒙古文字译该,中书省官员每根底,站哥言语:燕帖木儿兄弟教奏:每年进将来的柑橙树木,蛮子每不收拾,煞斫伐损折有。么道,奏呵。省官人每根底说了呵,各路里、各蛮子城子里,交与将文字去者,休交斫伐损折了,好生的收拾去。么道,圣旨了也。钦此。"① 至元二十三年二月,为了"使天下知朝廷重农之意",忽必烈还特别下令将司农寺升为大司农司。②

为更好地发挥劝课农桑的效果,至元二十五年正月忽必烈还正式下发了劝农的诏书:"行大司农司、各道劝农营田司,巡行劝课,举察勤惰,岁具府、州、县劝农官实迹,以为殿最,路经历官、县尹以下并听裁决。或怙势作威侵官害农者,从提刑按察司究治。"但是次年三月即改变了做法,"罢行司农司及各道劝农营田司,增提刑按察司佥事二员,总劝农事",劝课农桑成为监察机构的重要职责。至元二十八年十二月,又明确规定革罢官员下乡劝农的方法:"江南劝课农桑,那里的路官每亲身巡行呵,骚扰百姓有。不交行呵,怎生?么道,奏呵。与理会的南人每一处商量了说者。么道,圣旨有来。俺众人与南人每一处商量来,那的每也则这般说有,江南劝课农桑的,不交官员每提调着呵,

---

① 《元典章》卷23《户部九·农桑》,第 927、931—932、935—936 页。
② 《元史》卷14《世祖纪十一》,卷125《铁哥传》。

百姓每也不怠慢，向前有。不交官人每巡行，依时节行文书呵，中也着。么道，说有。俺也那般商量来。么道，奏呵，那般者。么道，圣旨了也。钦此。"也就是说，官员下乡劝农已经成为扰农的行为，所以忽必烈在让中书省官员与南人官员会商后，同意废除这一方法。至元二十九年闰六月，中书省又奉旨令发出了提点农桑水利的宣谕。

> 钦奉皇帝圣旨，宣谕诸路府州司县达鲁花赤、管民官、提点农桑水利官吏人等：
> 据中书省奏："在前为劝农的上头，各处立着劝农司衙门来。后头罢了，并入按察司时节，按察司名儿里与了圣旨来。如今按察司改做肃政廉访司也，依那体例里倒换与他每圣旨宣谕，似望各各尽心，早得成就。"准奏。仰各道肃政廉访司官照依已降圣旨，巡行劝课，举察勤惰。随路若有勤谨官员，仰各路具实绩牒报，巡行劝农官体复得实，申大司农司呈省闻奏，于铨选时定夺。如文字迟慢，仰肃政廉访司官即将当该司吏对提点官责罚。如更迟误，将经历、知事、案牍官及劝农迟慢司县提点官就便取招，申大司农司责罚。其各路并府州提点官违慢者，大司农司取招，呈省定夺。外据社长委有公勤实效之人，行移巡行劝农官体复得实，申复大司农司定夺。如有违慢者，仰就便依理责罚黜罢。这般省谕了呵，劝农司官吏并本处官吏人等，却不得因而取受，看循面情，非理行事。本处官司及不以是何人等，亦不得使气力骚扰社长，妨夺劝农事务，如违治罪。仍仰肃政廉访司照依已降圣旨，更为体察施行。①

劝课农桑的机制尽管有所变化，但是基本原则并没有改变，都是要体现以农为本的基本理念。

（二）减免赋役

为解决百姓租税徭役负担过重的问题，忽必烈在位后期曾有过多次减免租税徭役的举动，可列举要者于下。

至元十七年正月，定诸路差税课程，"增益者即上报，隐漏者罪之，不须履亩增税，以摇百姓"。

---

① 《元史》卷15《世祖纪十二》；《元典章》卷23《户部九·农桑》，第932、938—939页。

至元十九年四月,"以兴兵问罪海外,天下供给繁重,诏慰谕军民,应有逋欠钱粮及官吏侵盗并权停罢"。

至元二十年,"钦奉圣旨节该:江淮百姓生受,至元二十年合征租税,以十分为率,减免二分"。

至元二十一年五月,"蠲江南今年田赋十分之二,其十八年已前逋欠未征者,尽免之"。

至元二十二年二月,"钦奉圣旨内一款:京师天下之本,一切供给皆出民力,比之外路州郡,实为偏重。近年有司奏请打量地亩,增收子粒,百姓被扰尤甚。今后将大都一路军民等户合纳地税,尽行除免"。

至元二十八年正月,"免江淮贫民至元十二年至二十五年所逋田租二百九十七万六千余石,及二十六年未输田租十三万石、钞千一百五十锭、丝五千四百斤、绵千四百三十余斤"。二月,"上都、太原饥,免至元十二年至二十六年民间所逋田租三万八千五百余石"。三月,"钦奉诏书内一款:国家用度,生民衣食,皆取于农。自三月初九至九月终,凡劳民不急之役,一切停罢。钦此"。

至元二十八年六月,中书省又明确规定:"诸科差税,皆司县正官监视人吏置局科摊,务要均平,不致偏重。据科定数目,依例出给花名印押由帖,仍于村坊各置粉壁,使民通知。其比上年元科分数有增损不同者,须称元因,明立案验,以备照勘。""差科户役,先富强后贫弱,贫富等者,先多丁后少丁,开具花户姓名,自上而下,置簿挨次。遇有差役,皆须正官当面点定该当人数,出给印押文引,验数勾差,无致公吏、里正人等放富差贫,那移作弊。其差科簿仍须长官封收,长官差故,次官封收。"

至元二十八年十二月,中书省官员上言:"江南在宋时,差徭为名七十有余,归附后一切未征,今分隶诸王城邑,岁赐之物,仰给京师,又中外官吏俸少,似宜量添,可令江南依宋时诸名征赋尽输之。"何荣祖认为对此事应采取慎重的态度,建议"召各省官任钱谷者诣京师,集议科取之法以闻",忽必烈采纳了何荣祖的建议,未恢复南宋各种差徭的征收。①

需要注意的是,忽必烈要求的减免租税徭役,只是一种救济性的措

---

① 《元史》卷11《世祖纪八》,卷12《世祖纪九》,卷16《世祖纪十三》;《元典章》卷3《圣政二·均赋役》,第72—73、77—78、88页。

施，而不是按照轻徭薄赋的理念重新规划赋税制度，全面减轻百姓的赋役负担，达到休养生息的目的。从总体上看，忽必烈在位后期百姓的赋役负担呈现的是不断加重的趋势，临时和局部地区的租税徭役减免，并没有起到改变这种趋势的作用。

（三）救助灾民

在救助灾民方面，忽必烈表现出的是更积极的态度，并特别强调了及时赈济的要求。

至元二十一年三月，火儿忽等所部民户告饥，忽必烈特别指出："饥民不救，储粮何为？"下令发粮万石赈济饥民。

至元二十二年二月，忽必烈在诏书中要求："随民户，或困于公役，或逼于私债，逃窜失业，谅非得已。今后如有复业者，将元抛事产尽行给付，仍免一切拖欠差税。若有私债，权从倚阁，三年之后，依数归还。"

至元二十五年四月，尚书省官员上言："近以江淮饥，命行省赈之，吏与富民因结为奸，多不及于贫者。今杭、苏、湖、秀四州复大水，民鬻妻女易食，请辍上供米二十万石，审其贫者赈之。"忽必烈采纳了这一建议。

至元二十七年十月，尚书省官员上言："江阴、宁国等路大水，民流移者四十五万八千四百七十八户。"忽必烈即明确表示："此亦何待上闻，当速赈之！"此次为救济灾民，共发放粮食五十八万二千八百八十九石。[①]

除了对灾民进行紧急救助外，在忽必烈的要求下，亦已形成了免除受灾民户租税的机制。如至元十九年即明确规定："各处每年申到蚕麦秋田水旱等灾伤，凭准各道按察司正官检踏明白，至日验分数，依例除免。""今后各道按察司如承各路官司申牒灾伤去处，正官随即检踏实损分数明白，回牒各处官司，缴连申部，随即除免，庶使百姓少安。"至元二十八年又强调了肃政廉访司审核灾伤实情的要求，并明确规定："诸水旱灾伤，皆随时检覆得实，作急申部。十分损八以上，其税全免；损七以下，止免所损分数；收及六分者，税既全征，不须申检。虽

[①]《元史》卷13《世祖纪十》，卷15《世祖纪十二》，卷16《世祖纪十三》，《元典章》卷3《圣政二·恤流民》，第104页。

及合免分数，而时可改种者，但存堪信显迹，随宜改种，毋失其时。"①

为使救灾能够得到更好的效果，还要求在各地的村社内普遍设立义仓，并于至元二十八年明确规定："各社立义仓，社长主之，如遇丰年收成去处，各家验口数每口留粟一斗，若无粟，抵斗存留杂色物料，以备欠岁就给各人自行食用，官司并不得拘检、借贷、动支，经过军马亦不得强行索要。""义仓旧例，丰年畜其有余，欠岁补其不足。前年使民运赴河仓，有失设置义仓初意。今后照依元行法度收贮，以备饥岁，官司不得拘检。""诸义仓，本使百姓丰年贮蓄，欠岁食用，此已验良法。其社长照依元行，常复修举。官司敢有拘检烦扰者，从肃政廉访司纠弹。""诸遇灾伤缺食，或能不吝己物，劝率富有之家，协同周济困穷，不致失所者，从本处官司保申上司，申部呈省。"②

应该说，在全国统一之后，朝廷已经建立了较有效的救灾机制，正如后人所言："救荒之政，莫大于赈恤。元赈恤之名有二：曰蠲免者，免其差税，即《周官·大司徒》所谓薄征者也；曰赈贷者，给以米粟，即《周官·大司徒》所谓散利者也。然蠲免有以恩免者，有以灾免者。赈贷有以鳏寡孤独而赈者，有以水旱疫疠而赈者，有以京师人物繁凑而每岁赈粜者。"③ 这样的机制，显然有助于社会的基本稳定。

（四）防止扰民

全国统一之后，各地依然有不少扰民行为，为保持社会的稳定，忽必烈除了继续强调军队不得随意扰民的要求外，还要求减少四种扰民行为。

一是以籍户扰民。至元十九年九月，忽必烈下令"籍云南新附户"，原因是"自兀良合带镇云南，凡八籍民户，四籍民田，民以为病"。忽必烈的籍户要求是"已籍者勿动，新附者籍之"，就是希望以此方法减少籍户给百姓带来的困扰。至元二十八年三月，忽必烈又在诏书内强调："江淮迤南，近因抄数户口，民间意谓科取差发，妄生惊疑。自来户籍乃有司当知之事，其勿疑惧。"④

二是以物产扰民。江南地区在入元之后，地方官员在征集地方财物

---

① 《元典章》卷23《户部九·灾伤》，第940—941页。
② 《元典章》卷3《圣政二·救灾荒》，第91—92页。
③ 《元史》卷96《食货志四·赈恤》。
④ 《元史》卷12《世祖纪九》；《元典章》卷2《圣政二·重民籍》，第62页。

时不考虑本地的物产，本地不能生产的物品也大量征收，造成了百姓的困扰，忽必烈乃于至元二十二年九月正式下令："自今贡物惟地所产，非所产者毋辄上。"①

三是以私租扰民。为防止佃户租税过重引发严重的扰民事件，忽必烈于至元二十年特别强调了对私租的限制："至元二十年合该租税，十分中减免二分。所减米粮，仰地主却于佃户处依数除豁，无得收要。"至元二十二年又重申："江南有地土之家，召募佃户，所取租课重于公税数倍，以致贫民缺食者甚众。今拟将田主所取佃户租课，以十分为率，减免二分。"②

四是以借贷扰民。民间借贷中经常出现的以"羊羔儿息"为名的高利贷，已经成为扰民的严重祸害。忽必烈于至元十九年四月明令定民间贷钱取息之法，以三分为率："中书省闻奏：随路权豪势要之家出放钱债，逐急用度，添答利息，每两至于五分或一倍之上。若无钱归还呵，除已纳利息外，再行倒换文契，累算利钱，准折人口、头匹、事产，实是于民不便。俺与众老的每商量来，今后若取借钱债，每两出利不过三分。这般奏呵，奉圣旨：那般者。钦此。"③典当物品的利息，也按照借贷的方法，利息不得超过三分，并形成了以下定例："诸以财物出举者，每月取利不得过三分，积日虽多，不得过一倍，亦不得回利为利本，及立倍契。若欠户全逃，保人自用代偿。诸以财物典质者，并给帖子，每月取利不得过三分，经三周年不赎，要出卖，许。或亡失者，收赎日于元典物钱上别偿两倍，虽有利息，不在准折之限。"④

禁止扰民还有其他的要求，其目的都是要使民众处于安定的状态，并以此来维系社会的稳定，这恰是恤民所要体现的重要政治观念。

四 变钞法

至元十七年六月，忽必烈下令"江淮等处颁行钞法，废宋铜钱"⑤，使中统钞成为通行全国的货币。由于中统钞增量发行并被抽空了钞本，

---

① 《元史》卷13《世祖纪十》。
② 《元典章》卷3《圣政二·减私租》，第85页。
③ 《元史》卷12《世祖纪九》；《元典章》卷27《户部十三·私债》，第994页。
④ 《至元杂令·典质财务》，载黄时鉴编校《元代法律资料辑存》，浙江古籍出版社1988年版，第39—40页。
⑤ 《元史》卷11《世祖纪八》。

导致了严重的纸币贬值现象。围绕如何变换钞法的问题，在朝廷内出现了不同的意见，最终施行的是以至元钞取代中统钞的办法。

（一）纸钞贬值的弊病

中统元年开始发行的中统钞，一直较注意控制纸钞的印数，在至元九年前每年的印钞数都在十万锭以下，最低的年份印钞数低于三万锭。至元十年以后，每年的印钞数持续增长，至元十年为110192锭，十一年为247440，十二年为398194锭，十三年达到1419665锭，十四年为1021645锭，十五年为1023400锭，十六年减为788320锭，十七年又增至1135800锭，十八年为1094800锭，十九年为969444锭，二十年为610620锭，二十一年为629904锭，二十二年暴增至2043080锭，二十三年为2181600锭。①

中统钞的大量印行，可能带来极大的政治风险。在朝廷中任职的王恽特别指出，全国统一之后，由于抽走了各地作为钞本的银两，导致纸钞严重贬值，使钞法成为害民的一大弊病。

> 窃见元宝交钞民间流转，不为涩滞，但物重钞轻，谓如今用一贯才当往日一百，其虚至此，可谓极矣。究其所以，法坏故也，其事有四。其至元十三年已后，据各处平准行用库倒到金银，并原发下钞本课银，节次尽行起讫，是自废相权大法，此致虚一也。其钞法初立时，将印到料钞止是发下随路，库司换易烂钞，以新行用外，据一切差发课程内支使，故印造有数，俭而不溢，得权其轻重，令内外相制，以通流钱法为本，致钞常艰得，物必待钞而行，如此钞宁得不重哉。今则不然，印造无算，一切支度，虽千万锭，一于新印料钞内支发，可谓有出而无入也，其无本钞数，民间既多而易得，物因涌贵而难买，此致虚二也。又总库行钱人等物，未收成预先定买，惟恐或者先取，故视钞轻易添买，物重币轻，多此之由，此致虚三也。又外路行用库令库子人等私下倒易，多取工墨，以图利息，百姓昏钞到库，不得尽时回换，民间必须行用，故昏者转昏，烂者愈烂，流转既难，遂分作等级，其买市物必需上等，除是则必需搭价，然后肯接，此致虚四也。②

---

① 《元史》卷93《食货志一·钞法》。
② 王恽：《便民三十五事》，《秋涧先生大全文集》卷90。

在朝廷中任职的胡祗遹也指出，以钞法营利的做法已经成为天下的一大弊病，并且纸钞一旦失信于民，就再难以救治。

> 凡物贵生于不足，贱生于有余。不足人实为之。近年五谷布帛、诸货百物涌贵者，物不足也。钞法日虚者，钞有余也。有余则作法以敛之，不足则作法以增之。方今之弊，民以饥馑奔窜，地著务农者日减日消，先畴畎亩，抛弃荒芜，灌莽荆棘，何暇开辟。中原膏腴之地，不耕者十三四，种植者例以无力，又皆灭裂卤莽。五谷布帛，民生日用急切之物，丰年已不足，少至水旱，十室九空，物安得为之不贵。趋末利，学异端，奢侈淫靡，衣不以蚕，食不以耕，游惰侥幸之人与农相半，生之者寡，食之者众，物安得而有余哉。由是观之，五谷衣帛常苦于不足，不足则不得不贵。失胎无母之钞，十已六七，加以川流海溢，泛滥四出，已苦于有余，有余则安得不贱。为今之计，可敛者钞，而无法以敛；可增者农，而无法以增。饥寒日用之物日益不足，权信之楮币日益有余，贵者益贵，贱者益贱，虽使桑弘羊、刘士安之徒复出，亦无以为计矣。
>
> 为机变之巧者必曰："有是哉？子言之迂，子智之拙也。农不可一日而成，钞不可一日而阙。今之钞，即古之钱。行钱之法，民患轻则作重币以行，谓之母权子。若不堪重，则多作轻而行之，谓之子权母。重者行其贵，轻者行其贱，钞法亦然。曷若改印新钞，一当旧五，期年之内，旧钞自废，钞与百物适平。"
>
> 愚难之曰："是恐不然。钞代百物之交易，所恃者信而已。一失其信，民莫之从。新旧均为之钞，何优何劣。非若五金之精粗，鼓冶求索之难易也。"①

胡祗遹还特别指出了钞法之所以变虚成弊的原因。

> 风俗奢淫于下，妄费谷帛。谷帛妄费，则实用之物不足，不足则物价日增，物价增则钞日益虚。婚姻、丧祭、吉庆、田宅、车马、衣服、饮食之类，略无贵贱等级。

---

① 胡祗遹：《宝钞法》，《紫山大全集》卷22（《全元文》第5册，第551—555页）。

> 支发妄费于上，则散布日广。钞广物俭，买物者众，生物者寡，钞有余而物不足。不足者贵，有余者贱，安得不虚。①

在朝廷中任职的刘宣更明确指出，钞法之所以变坏，是因为权臣阿合马的肆意妄为带来的恶果。

> 原交钞所起，汉、周以来，皆未尝有，宋绍兴初，军饷不继，造此以诱商旅，为沿边籴买之计，比铜钱易于赍擎，民甚便之。稍有滞碍，即用见钱，尚存古人子母相权之意。日增月益，其法浸散，自一界二界至十九界关子，计江左立国百五十年，是不及八年一更也。亡金行用会子，亦由此数变名称，如小十贯、大十贯、通天宝会之类，随行随坏。
>
> 大元初年，法度未一，诸路各行交银，或同见钞，或同丝绢。中统建元，王以道（王文统）执政，尽罢诸路交钞，印造中统元宝，以钱为准，每钞贰贯倒白银壹两，十五贯倒赤金壹两。稍有壅滞，出银收钞，恐民疑惑，随路椿积元本金银，分文不动。当时支出无本，宝钞未多，易为权治，诸老讲究扶持，日夜战兢，如捧破釜，惟恐失坠，行之十七八年，钞法无少低昂。后阿合马专政，不究公私利病、出纳多寡，每一支贴，有至十余万锭者，又将随路平准库金银尽数起来大都，以要功能，是以大失民信，钞法日虚。每岁支遣，又逾向来民所行，皆无本之钞，以至物价腾踊，奚止十倍。②

其他人也指出了中统钞严重贬值带来的各种弊病，使得钞法已经成为忽必烈不能不着手解决的重大问题。

(二) 改变钞法的建议

针对中统钞的弊病，朝臣提出了改变钞法的各种建议，如张之翰就特别指出，如果继续发行纸币，可以在黄金兑换、铸钱为辅币、发行新钞三种方法中选择一种方法。

---

① 胡祗遹：《又钞法虚之弊》，《紫山大全集》卷22（《全元文》第5册，第557页）。
② 吴澄：《刘宣行状》，《吴文正公集》（四库全书本）卷88（《全元文》第15册，第351—356页）。

天下之患，莫患于财用之不足。财用之患，莫患于楮币之不实。夫楮币裁方寸为飞钱，敌百千之实利，制之以权，权非不重也，行之以法，法非不巧也。然未有久而不涩滞者，惟在救之何如尔。自中统至今二十余年，中间奸臣柄国，惟聚敛贸易是务，其数十倍于初，楮日多而日贱，金帛珠玉等日少而日贵，盖不知称提有致也。问称提有策乎，曰有。今南北混一，此楮必用，不过自上贵信之尔。如出金以兑换，使之通行，一策也。铸钱以表里，使之折当，二策也。造钞以更新，使之收买，三策也。愚见若此，未审可否，惟详择焉。①

王恽认为应该采用以银收钞或发行新钞的方法，而不是简单地以钞换钞，使纸币更加贬值。

今谓救其虚，莫若用银收钞，大路止用得课银一二千余锭，小处一二百锭。民间钞俭，必须将银赴库，以倒换钞货，是钞自加重，银复归于官矣。今却以钞回换，则愈致于虚矣，则是当官只重银不重其钞，此复致虚一也。或更造银钞，以一伯当元宝二伯，递渐收回见钞，盖事久则变，变则通，轻重相济之法也。不然，其利病又当与中统原议立法者，如张介夫、王绍明等讲明旧法，以定新行。如此，年载间庶可复旧，使资财大柄常操于上，权不移于下矣。②

胡祗遹的建议是用以农抑末的方法来平衡钞物之间的关系，逐渐回到中统初年钞少而币值稳定的状态。

愚恐农工两受其祸，无益于国。上策莫若务农。务农则地无遗利，粟麦布帛如水火，斗米三钱，其祥自至。务农之要，莫先于抑末。何谓抑末？奇技淫巧，不鬻于市。冠昏丧祭吉凶庆吊之礼，饮食衣服车马宫室，上自公侯，下及黎庶，各有等差，定为令式，越礼逾制者有罪，务从敦朴纯俭。凡有力役，不夺农时，悉以游手不

---

① 张之翰：《楮币议》，《西岩集》（四库珍本）卷13（《全元文》第11册，第265页）。
② 王恽：《便民三十五事》。

农者当之。去不急之有司，减冗官，削冗吏，沙汰僧道医儒。僧道医儒其名，而商贾小人其行者，皆入编户，愿为农者，五年无役。为农者众，布帛五谷丰足，百物之价，不劳估计均平，而日自减贱。

  古人用钱，后世易而为钞，止欲便交易赍使，流通谷帛，均百货之价而已，非欲求利也。非不欲也，势不敢也。何为而不敢？夫物之寒可以为衣，饥可以为食者，贸易之际略不相信，犹弃掷而不为用，况无用之物乎。……故行钞之法，钞为子而百货为母，母子相守，内外相应，货重而钞轻则敛钞，钞重而货轻则收货，一弛一张，权以取中，母子既以信相应，钞货价平而不偏。如此，则虽行之于万世而无弊。舍此之外，一有营利之心，则其法自坏。

  又钞法平百物贵贱之失中，便万民交易之难准，故立帛布交钞之法，上下相信，信以济事，非欲以不可食、不可衣、无用之纸，而易下民汗血所致有用之谷帛也。为国家者，度量百物交钞之孰多孰寡，而散敛弛张之。物重则钞轻，钞轻则作法以敛之。钞重则物轻，钞重则作法以出之。是物价与钞法，两得其中，农工不伤，子母相藉，国不求利而利益大。中统建元，钞法初立，公私贵贱爱之如重宝，行之如流水。……物价日增日贵者，钞虚故也。钞多则物自重，执政者当知其弊而拯救之。①

南人官员程钜夫则认为要解决钞弊问题，或者是在官府的监管下继续使用铜钱，或者是制造小额度的纸钞，方便民众使用。正如他所言："比来物贵，正缘小钞稀少，谓如初时直三五分物，遂增为一钱。一物长价，百物随例。省府虽有小钞发下，而州郡库官不以便民为心，往往惮小劳而不领取，提调官亦置不问。于是小经纪者尽废，民日困而钞日虚。宜令增造小钞，数倍常年，分降江南州郡，特便细民博易，亦利民重钞之一端也。"② 但是在钱币发行方面，程钜夫实际上是铜钱与纸钞并用的积极倡导者，并就此作了专门的论述。

  铸金为币，起于上古，至周太公立九府圜法，于是有货泉之

---

① 胡祗遹：《宝钞法》。
② 程钜夫：《民间利病》，《雪楼集》卷10（《全元文》第16册，第89—90页）。

名，泉即铜钱也。历代相循，以为国宝，虽形制增损，互有差殊，然自周以来上下二千年，有国家者未尝一日废弃，盖金银虽可贵，非民间皆有之物，惟铜钱不贵不贱，为诸货之母，可以流布通行。以此名之为泉，言如泉流不竭也。多者藏蓄为业，虽遭水火亦无所伤。贫者手持一钱入市，亦可得一钱之物。所以上下同宝，古今通行。

今国家虽以宝钞为币，未尝不以铜钱贯百为数。然则钞乃钱之子，钱乃钞之母也。子母相权，乃可经久，实废其母而虚用其子，所以钞愈多而物愈贵也。民间为见公家不用铜钱，所在凡有窖藏钱宝之家，往往衷私立价，贩卖与下海商船及炉冶之家销铸什器，遂使历代宝货，翻为民间所私。兼自古有国家者，皆因仍历代见有之钱行用，如五铢半两、开元通宝之类，乃汉、唐以来旧钱。今纵以铸钱，事重费多，未议举行。亦合收拾民间见有铜钱，量宜立价，官为收买，见数与宝钞相权并行，庶使利权归一，不启侥幸之心，其于钞法亦有补益。又兼即目行用库皆以平准为名，以官倒金银与宝钞相准立价故也。今既开禁民间金银，价愈腾踊，若不收拾铜钱为钞之平准，诚恐将来日久弊深，猝难整治。[①]

刘宣坚决反对奸臣卢世荣提出的铸铜钱做法（详见后述），他的建议是不再新印贯钞，只印行小钞，并且为纸钞提供必要的金银钞本，使币值趋于稳定。

极治之法，不过住印贯钞，只印小钞，发去诸库，倒换昏烂，以便民间瓜贴。验元起钞本金银，发去以安民心，严禁权豪官吏冒名入库倒买。国用当度其所入，量其所出，如周岁差税课程可得一百万锭，其岁支只可五七十万，多余旧钞，立便烧毁。如此行之，不出十年，纵不复旧，物价可减今日之半。欲求目前速效，未见良策。新钞必欲创造，用权旧钞，只是改换名目，无金银作本称提，军国支用不复抑损，三数年后亦如元宝矣。宋、金之弊，足为殷鉴。铸造铜钱，又当详究。秦、汉、隋、唐、金、宋历代利病，在

---

① 程钜夫：《铜钱》，《雪楼集》卷10（《全元文》第16册，第102—103页）。

诸史通典，不待缕陈。国朝废钱已久，一旦行之，功费不赀。若为远计，利民权物，其要自不妄用。始若欲济溪壑之用，非惟铸造不敷，抑亦不久自敝。①

朝臣提出的各种整治钞法建议，都是以奏章的形式呈现的，并没有形成面对面的争论，忽必烈乃决定用集议的方式来解决这一问题。

(三) 确定至元钞法

至元二十四年闰二月，忽必烈命麦术丁、铁木儿、杨居宽等人与集贤大学士阿鲁浑撒里及叶李、程文海、赵孟頫讨论钞法，讨论的结果是采用叶李的意见，用新钞置换旧钞。叶李为此专门设计了新钞至元钞的模板，这个模板实际上是他在南宋时进呈的取代关子的新钞板样，南宋未能采用，修改年号后即成了新钞的模板。② 忽必烈很快即发出了颁行至元钞的诏书。

> 至元二十四年闰二月，钦奉皇帝圣旨，钞法之行二十余载，官吏奉法不虔，以致物重钞轻，公私俱弊。比者廷臣奏请，谓法弊必更，古之道也，朕思嘉之。其造至元宝钞，颁行天下，中统宝钞通行如故。率至元宝钞一贯文，当中统宝钞五贯文。子母相权，官民通用，务在新者无冗，旧者无废，上不亏国，下不损民。其听毋忽，朕不食言。故兹诏示，想宜知悉。③

至元二十四年三月，尚书省颁布了《至元宝钞通行条画》，对至元钞的发行作了以下规定。

一，至元宝钞一贯，当中统宝钞五贯，新旧并行，公私通用。

一，依中统之初，随路设立官库，买卖金银，平准钞法，私相买卖并行禁断。

一，民间将昏钞赴平准库倒换至元宝钞，以一折五，其工墨钱

---

① 吴澄：《刘宣行状》。
② 《元史》卷14《世祖纪十一》；陶宗仪：《至元钞样》，《南村辍耕录》卷19，第235页。
③ 《元典章》卷1《诏令》，第12页（《颁至元钞诏》全文，亦见《全元文》第3册，第405页）。

止依旧例，每贯三分。客旅买卖，欲图轻便，用中统宝钞倒换至元宝钞者，以一折五，依数收换。各道宣慰司、按察司、总管府常切体究禁治，毋致势要之家并库官人等自行结揽，多除工墨，沮坏钞法，违者痛断。库官违犯，断罪除名。

一，民户包银愿纳中统宝钞者，依旧上收四贯。愿纳至元宝钞，折收八百文。随处官司并仰收受，毋得阻当。其余差税内有折收者，依上施行。

一，随处盐课，每引见卖官价钞二十贯。今后卖引，许用至元宝钞二贯、中统宝钞一十贯买盐一引，新旧中半，依理收受。愿纳至元宝钞四贯者听。

一，诸道茶酒醋税、竹货丹粉锡碌诸色课程，如收至元宝钞，以一当五。愿纳中统宝钞者，并仰收受。

一，系官并诸投下营运斡脱公私钱债，关借中统宝钞，若还至元宝钞，以一折五。愿还中统宝钞者，抵贯归还。出放斡脱钱债人员，即便收受，毋得阻滞。

一，随路平准库官收差办课人等，如遇收支交易，务是听从民便，不致迟滞。若有不依条画、乞取刁蹬、故行阻抑钞法者，取问是实，断罪除名。

一，街市诸行铺户、兴贩客旅人等，如用中统宝钞买卖诸物，止依旧价发卖，无得疑惑，陡添价值。其随时诸物减价者听。富商大贾高抬物价，取问是实，并行断罪。

一，访闻民间缺少零钞，难为贴兑。今颁行至元宝钞，自二贯至五文，凡一十一等，便民行用。

一，伪造通行宝钞者处死。首告者赏银五定，仍给犯人家产。

一，委各路总管并各处管民长官，上下半月计点平准钞库应有见在金银宝钞。若有移易借贷、营运利息，取问明白，申部呈省定罪。

一，应质典田宅并以宝钞为则，无得该写斛粟丝绵等物，低昂钞法，如违断罪。

一，随路提调官吏，并不得赴平准库收买金银，及多将昏钞倒换料钞，违者治罪。

一，条画颁行之后，仰行省、宣慰司、各路府州司县达鲁花赤、管民长官常切用心提调禁约，毋致违犯。若禁治不严，流转涩滞，亏损公私，其亲管司县官断罪解任，路府州官亦行究治。仍仰监察御史、按察司常切纠察，如纠察不严，亦行治罪。①

至元二十四年印行的纸钞为中统钞83200锭，至元钞1001017锭；至元二十五年只印行了至元钞921612锭。②至元钞的十一等为"二贯、一贯、五伯文、三伯文、二伯文、一伯文、五拾文、三拾文、二拾文、一拾文、五文"③。后来又有人将至元钞分为十等（不包括五文），并说明了其与钱、银的兑换关系："元朝至元宝钞凡十等。一十文为半钱，二十文为一钱，三十文为一钱半，五十文为二钱半，一百文为五钱，二百文为一贯，三百文为一贯五钱，五百文为二贯五钱，一贯为五两，二贯为十两。五个一贯为半锭，五个二贯为一锭。"④

在讨论违反至元钞法的罚则时，有人建议"计至元钞二百贯赃满者死"，赵孟頫明确提出了反对意见："始造钞时，以银为本，虚实相权，今二十余年间，轻重相去至数十倍，故改中统为至元，又二十年后，至元必复如中统，使民计钞抵法，疑于太重。古者以米、绢民生所须，谓之二实，银、钱与二物相权，谓之二虚。四者为直，虽升降有时，终不大相远也，以绢计赃，最为适中。况钞乃宋时所创，施于边郡，金人袭而用之，皆出于不得已。乃欲以此断人死命，似不足深取也。"有人以为赵孟頫来自江南，对钞法不满，对其加以指责："今朝廷行至元钞，故犯法者以是计赃论罪。汝以为非，岂欲沮格至元钞耶？"赵孟頫则回答："法者人命所系，议有重轻，则人不得其死矣。孟頫奉诏与议，不敢不言。今中统钞虚，故改至元钞，谓至元钞终无虚时，岂有是理！公不揆于理，欲以势相陵，可乎！"⑤也就是说，以至元钞取代中统钞，并没有解决钞本问题，所以赵孟頫认为至元钞也会出现贬值的现象。在地方上也出现了公开反对至元钞的声音，如前信州三务提举杜璠即上书称"至元钞公私非便"，在尚书省主事的权臣桑哥则怒言："杜璠何人，敢沮吾钞法耶！"桑哥要治杜璠以重罪，时任参知政事的马绍明确指

---

① 《元典章》卷20《户部六·钞法》，第715—717页。
② 《元史》卷93《食货志·钞法》。
③ 陶宗仪：《至元钞料》，《南村辍耕录》卷26，第325页。
④ 叶子奇：《草木子》卷3下《杂制篇》，第66页。
⑤ 《元史》卷172《赵孟頫传》。

出:"国家导人使言,言可采,用之;不可采,亦不之罪。今重罪之,岂不与诏书违戾乎?"在马绍的坚持下,杜璠未被治罪。①

有人亦从天下大势的角度,既肯定了变换钞法的做法,也强调了君主要审时度势,重义轻利,才能从根本上解决钞轻物重的弊病,如布衣赵天麟就在上书中提出了这样的看法。

> 夫财货重,则谷帛轻;财货轻,则谷帛重。是以有子母相权,铜楮递用之法焉,此盖财之形也。方今至元钞法,以一当五,可谓审于财之形矣。上好义,则下亦好之;上好利,则下亦好之。臣但以在上之利皆出于民,转相兼并以至穷困,百姓不足,君孰与足?此盖财之势也。②

变换钞法确实是当时的一个重要事件,因为钱币币值是否稳定,关系着国计民生的大问题。忽必烈在考虑群臣的各种意见后,作出以至元钞取代中统钞的决定,尽管不能从根本上解决纸钞贬值的问题,但毕竟在一定程度上稳住了币值,并维系了用纸钞而不是改用铜钱的制度,应该说不失为一种开明的选择。

五 守法令

开明政治还有一个重要的标志,就是要求臣民遵守法令,忽必烈在这方面也有一些重要的作为。

(一) 刊布《至元新格》

忽必烈在位期间,发布了大量的诏令,中书省(尚书省)、枢密院、御史台等也制定了一系列的条画等。集贤大学士何荣祖将诏令、条画的内容汇辑在一起,编为一书,被命名为《至元新格》,忽必烈特别于至元二十八年五月下诏:"戒谕内外大小官吏事意,除已钦依差官分道宣布去讫,所有时宜整治事例,奏准定为《至元新格》,刻梓颁行,凡在有司,其务遵守。"③

---

① 《元史》卷173《马绍传》。
② 赵天麟:《顾形势》,《太平金镜策》卷8(《全元文》第28册,第211—212页)。
③ 《元史》卷16《世祖纪十三》,卷168《何荣祖传》;《元典章》卷2《圣政二·守法令》,第43—44页。

《至元新格》包括公规（12 条）、选格（12 条）、治民（10 条）、理财（4 条）、赋役（10 条）、课程（10 条）、仓库（12 条）、造作（11 条）、防盗（6 条）、察狱（8 条）十事，可转引有关察狱的具体规定于下。

（1）诸杖罪，五十七以下，司、县断决；八十七以下，散府、州、军断决；一百七下以下，宣慰司、总管府断决；配流、死罪，依例勘审完备，申关刑部待报，申扎鲁火赤者亦同。

（2）诸所在重刑，皆当该官司公厅圆座，取讫服辨，移牒肃政廉访司，审覆无冤，结案待报。若犯人翻异，家属称冤，听牒本路移推。其贼验已明及不能指论抑屈情由者，不在移推之例。

（3）诸见禁罪囚，各处正官每月分轮检视，凡禁系不廉、淹滞不决、病患不治、并合给囚粮依时不给者，并须随事究问。肃政廉访司官所在之处，依上审察。其在都罪囚，中书刑部、御史台、扎鲁火赤各须委官季一审理，冤者辨明，迟者催问，轻者断遣，不致冤滞。

（4）诸鞫问罪囚，必先参照元发事头，详审本人词理，研穷合用证佐，追究可信显迹。若或事情疑似，赃仗已明，而隐讳不招，须与连职官员，立案同署，依法拷问。其告指不明、无证验可据者，先须以理推寻，不得辄加拷掠。

（5）诸狱讼，原告明白，易为穷治，其当该官司凡受词状，即须仔细详审。若指陈不明、及无证验者，省会别具的实文状，以凭勾问。其所告事重、急应掩捕者，不拘此例。

（6）诸民讼之繁，婚田为甚。其各处官司，凡媒人，各使通晓不应成婚之例；牙人，使知买卖田宅违法之例；写词状人，使知应告不应告言之例。仍取管不违甘结文状，以塞起讼之源。

（7）诸词讼，若证验无疑，断例明白，而官吏看循、故有枉错者，虽事已改正，其元断情由，仍须究治。

（8）诸系囚听讼事理，当该官司自始初勾问，及中间施行，至末后归结，另置簿朱销。其肃政廉访司专以照刷，无致淹滞。①

---

① 《至元新格·察狱》，《元代法律资料辑存》，第 33—34 页。

除《至元新格》外，在类书《事林广记》中还存有《至元杂令》一书，编辑者不详，包括诸色回避、官民仪礼、品官车制、官员服色、吏员书袋、私家车服、禁宰孕畜、寺庙、权豪违碍、论诉期务、典质财务、卑幼交易、质债折庸、典雇身役、民俗杂禁、孝悌赏劝、周岁节假日、日月食六条、禁断红门、官民坟地、品官葬仪、笞杖则例、诸杖大小则例、各路散府诸州司县分决杖罪例、军官馆榖等内容。如对诸色回避和官民仪礼就包括了以下规定。

> 诸人姓名与古王及周公、孔子同者，并合回避。若同音及复名单犯或单名复犯者，不在此限。进士人名祖犯孔子名，并合回避。
> 诸人名字不得犯官称及龙字，其书简内亦不得用万福字。诸军民公吏遇职官，须用下马回避。
> 诸行路街巷，贱避贵，少避老，轻避重，来避去。
> 诸公筵不得令妇女及无官人预坐。
> 诸臣庶私礼并用本朝拜礼（妇女亦同）。
> 诸庶人茶酒器并不得用纯金，即官民器物仍不得用金铜沙泥。①

需要说明的是，编辑和刊布诏令、条画，并不是由朝廷组织的全面立法行为。尽管有臣僚向忽必烈提出了立法的建议（见本书第七章），但都未被忽必烈所接受。

（二）崇尚宽刑观念

在处理刑罚问题时，忽必烈显示的是宽刑的观念。尤其在杀人方面，始终保持了慎重的态度。如至元二十三年四月中书省官员上言："比奉旨，凡为盗者毋释。今窃钞数贯及佩刀微物，与童幼窃物者，悉令配役。臣等议，一犯者杖释，再犯依法配役为宜。"忽必烈即表示："朕以汉人徇私，用《泰和律》处事，致盗贼滋众，故有是言。人命至重，今后非详谳者，勿辄杀人。"②忽必烈还曾要求宰臣："朕或怒，有罪者使汝杀，汝勿杀，必迟回一二日乃复奏。"③之所以有这样的要求，就是要体现慎杀的原则，正如忽必烈所言："朕治天下，重惜人命，凡

---

① 《至元杂令·诸色回避·官民仪礼》，《元代法律资料辑存》，第35—48页。
② 《元史》卷14《世祖纪十一》。
③ 《元史》卷102《刑法志一》。

有罪者必令面对再四，果实也而后罪之，非如宋权奸擅权，书片纸数字即杀人也。"①

忽必烈自己还在臣僚的建议下，克制了杀人的意愿。如至元十九年有人随忽必烈出猎时，在射兔时误射死名驼，忽必烈大怒，要处死射者，近侍铁哥指出："杀人偿畜，刑太重。"忽必烈被提醒，明确表示"误耶，史官必书"，乃下令释放射者。庚人有盗凿粳米者，罪当死，铁哥上言："臣鞫庚人，其母病，盗粳欲食母耳，请贷之。"牧人有盗割驼峰者，将诛之，铁哥又上言："生割驼峰，诚忍人也。然杀之，恐乖陛下仁恕心。"忽必烈听从了铁哥的建议，二人都没有被处以死刑。②

忽必烈还明确要求不能用"回回法"处罚犯人。至元二十六年七月江淮省平章沙不丁以仓库官盗取钱粮，要求按照宋法黥其面并断其腕，忽必烈即以"此回回法也"为由，制止了沙不丁的不当处罚方法。③

在五刑的处罚方面，更体现了忽必烈的宽刑理念。如有人所记："元世祖定天下之刑，笞杖徒流绞五等。笞杖罪既定，曰天饶他一下，地饶他一下，我饶他一下。自是合笞五十，止笞四十七。合杖一百十，止杖一百七。审谳已定，亦不加刑，皆老死于圄圉。"④"国朝用刑宽恕，笞杖十减其三，故笞一十减为七"⑤"今我大元圣聪，又减轻笞七下，且易楚用柳，可见爱民如子也。"⑥

（三）严守监察之法

全国统一之后，忽必烈特别实行了行中书省（简称"行省"）制度，先后建立了十一个行中书省，作为地方的总司，"掌国庶务，统郡县，镇边鄙，与都省为表里"，"凡钱粮、兵甲、屯种、漕运、军国重事，无不领之"⑦。为使中央和地方的官吏都能守法和廉洁行事，忽必烈还强调了"立监治之法"的重要性，强化了监察机制。

至元十四年七月，忽必烈命建行御史台于扬州，以相威为御史大

---

① 《元史》卷165《管如德传》。
② 《元史》卷125《铁哥传》。
③ 《元史》卷15《世祖纪十二》。
④ 叶子奇：《草木子》卷3下《杂制篇》，第64页。
⑤ 陶宗仪：《五刑》，《南村辍耕录》卷2，第25页。
⑥ 《至元杂令·笞杖则例》，《元代法律资料辑存》，第43页。
⑦ 《元史》卷91《百官志七》。

夫,并下发了建立行台的诏书。

谕行中书省、宣慰司、都元帅府、招讨司、管军万户府,诸管军官、随路达鲁花赤、管民官、管匠官、打捕鹰房应管公事诸色人等,遍谕的圣旨:天可怜见,得了南宋也。所委去的大小官吏,恐勾当其间里百姓每根底没体例,科取差发,非理搔扰,凡有公事,看觑面皮。如今大小公事里,倚付去的官人每根底,拣那阿谁是的不是的,体察行者,相威为头行御史台倚付了也。钦此。①

随圣旨还下发了《行台体察等例》,对行御史台的职责作了具体规定。

至元十四年七月,钦奉圣旨:今南宋平定,委相威为头行御史台事。所有合行条画。逐一区处如后。

一,弹劾行中书省、宣慰司及以下诸司官吏奸邪非违,刷磨案牍。行省、宣慰司委行台监察,其余诸官府并委提刑按察司。

一,自行御史台到任日为始,凡察到诸职官赃罪,追问是实,若罪至断罢停职者,咨台闻奏。其余盗官财者,虽在行台已前,并听纠察。

一,诸官司刑名违错,赋役不均,户口流亡,仓廪减耗,擅科差发,并造作不如法,和买不给价,及诸官吏侵欺、盗用、移易借贷官钱,一切不公等事,并仰纠察。

一,大兵渡江以来,田野之民,不无搔动,今已抚定,宜安本业。仰各处正官每岁劝课,如无成效者,纠察。

一,边境有声息,不即申报者,纠察。

一,随处镇戍,若约束号令不严,衣甲器仗不整,或管军官取受钱物,放军离役,并虚申逃亡,冒名代替,及私自占使商贩营运或作佃户,一切不公,并仰纠察。

一,管军官不为约束军人,致令掠卖归附人口或诱说良人为驱,一切搔扰百姓者,纠弹。

---

① 《元史》卷9《世祖纪六》;刘孟琛等编:《南台备要》,载王晓欣点校《宪台通纪(外三种)》,浙江古籍出版社2002年版,第149页。

一，管军官申报战守功劳，循私不实者，纠察。

一，诸色官吏私使系官船只诸物者，纠察。

一，官员权豪之家，较固山林川泽之利，及妄生事端，恐喝小民田宅诸物，或恃势侵夺者，纠察。

一，诸官员除正名破使人从外，占使军民者，纠察。

一，守土官司火禁不严，以致疏失者，纠察，仍须常切申明火禁。

一，管屯田、营田官司，不为用心措置，以致无成者，纠察。

一，管军官起补逃亡军人，存心作弊，搔扰军户，军前不得实用者，纠察。

一，枉被囚禁及不合拷讯之人，并从初不应受理之事，纠察。

一，诸罪囚称冤，按验得实，开坐事因，行移元问官司，即行归结改正。

一，朝廷所行政令，承受官司稽缓不行，或虽已施行而不复检举，致有废弛者，纠察。

一，钞法、茶、盐、酒曲，各处官司禁治不严，及沮坏诸色课程者，并行纠察。

一，蝗蝻生发，官司不即打捕申报，及申检灾伤不实者，纠察。

一，监临之官，知所部有犯法不举劾者，减罪人罪五等。纠弹之官，知而不举劾者，亦减罪人罪五等。

一，诸鞫勘罪囚，连职官同问，不得专委本厅司吏弓兵人等推问，违者纠察。

一，诸罪囚应枷锁散禁之例，各以所犯轻重斟酌。干连人不关利害，及虽正犯而罪轻者，召保听候。囚无家属，官给口粮，病则差医看治，毋致非理死损，违者纠察。

一，刑名词讼，若审听不明及拟断不当，释其有罪，刑及无辜，或官吏受财故有出入，一切违枉者，纠察。

一，司狱司直隶本台，非官府，不得私置牢狱。

一，诸承取合审重刑及应照刷文案，漏报者，纠察。

一，诸诉讼人，先从本管官司，自下而上，经理陈告。如有冤抑，经行中书省理断不当者，许行御史台纠察。

一，各处官员为治有方，能使讼简政平，民安盗息，一方镇静者，即听保举。其有贪暴不谙治体，败坏官事，蠹害百姓，及年老衰病不胜职者，并行纠察。

一，诸公事行下所属而有枉错者，承受官司即便执申。若再申不从、不报者，纠察。

一，提刑按察司，比至任终以来，行御史台考按，得使一道官政肃清、民无冤滞为称职，以苛细生事、暗于大体、官吏贪暴、民多冤抑、所察不实为不称职。皆视其实迹，咨台呈省。

一，诸违行御史台旨挥，及上御史台诉以不实，或诉讼人咆哮陵忽者，并行断罪。

一，凡可兴利除害，及一切不便于民必当更张者，咨台呈省闻奏。其余该载不尽应合纠弹事理，比附已降条画，斟酌彼中事宜，就便施行。①

同时颁布的还有《立江南提刑按察司条画》，除了确定按察司的各项职责外，还特别强调："除去南方官员，与就用归附官相参联署勾当，宜尽心力，共成事功。若所见不同，开申合属上司定夺，不得妄生争竞，违者视其曲直纠察。"②

至元十九年十二月，御史台官员崔彧上奏："御史台自侍御史以上，不特置押监察弹文，至于国家政事得失，王公将相或有不法不公，皆得纠而绳之。今后侍御史以上台官，各以已见陈言国事，共议可否闻奏。其下化之，为监察者，谁敢缄默，伏取圣裁。"忽必烈回复的圣旨是："这言语说的是有。你说道俺每有的不是呵也说么道，这言语道的是。你每说的是呵，行者；不是呵，休行者。不是呵，也那里肯交损著你。俺根底说呵，别人根底怎肯放过。这言语只不是今日说，已前多说来，索甚么多说，这的你每省的也者。钦此。"③ 也就是说，忽必烈对于台官的敢于言事，给予了充分的肯定。

至元二十一年八月，御史台明确要求按察司官员有声迹不好者由本台体察奏代，并特别指出："夫所谓声迹不好者，其事非止一端，更化

---

① 《元典章》卷5《台纲一》，第149—152页。
② 刘孟琛等编：《南台备要》，《宪台通纪（外三种）》，第154—156页。
③ 刘孟琛等编：《南台备要》，《宪台通纪（外三种）》，第162页。

以前,虽风宪之司,声迹泯然。当时奸庸相资,既佚罚矣,更化以后,通行考核,逐旋奏代。然访闻官吏承积弊之后,尚有狼藉猥琐,以为当然。若不正言实事,曲为之防,人情玩视,终不能一切痛革。"至元二十二年年初,忽必烈采纳卢世荣的建议,取消了行御史台。当年三月,忽必烈向中书省官员询问为什么罢行御史台,安童答道:"江南盗贼屡起,行御史台镇遏居多,臣以为不可罢。然与江浙行中书省并在杭州,地甚远僻,徙之江州,居江浙、湖南、江西三省之中为便。"忽必烈采纳了安童的建议,但在当年五月即将行御史台移到了杭州。①

至元二十五年二月,以御史台监察御史、提刑按察司多不举职,降诏申饬:"据提刑按察司行已多年,事渐不举。今命尚书省、御史台议到合行事理,仰行御史台、提刑按察司并诸官府,照依见降条画执行。按察司官所至之处,察官吏能否,问民间利病,审理冤滞,体究一切非违,务要实行,无为文具。"②

至元二十七年三月,御史台和行御史台都由从二品升为正二品。次年五月,忽必烈下诏将提刑按察司改名为肃政廉访司:"外头有的提刑按察司官人每,在先半年里一遍刷卷,体察勾当出去有来。各道里不住多时,一路的过去上头,百姓每生受,官人、令史每做贼说谎的,不得知来。为那般上头,将提刑按察司名字改了呵,立了肃政廉访司也。"在同时颁布的《廉访司合行条例》中,也特别强调了"各道提刑按察司改为肃政廉访司,其所责任,与前不同,若复循常,必致败事",并由此提出了以下五条要求。

　　一,肃政廉访司官到任之后,须要不出十日,前去分定路分监治,各具已到月日申台。违者,究问。
　　一,肃政廉访司官既委分临监治,非奉圣旨,诸官府不得差移。
　　一,上司行下和路责办之事,若不遵元行,败误其事,或蹈袭前弊,横生烦扰者,所在肃政廉访司官就便究治。
　　一,年终检校,所在监治去处,能使官吏廉勤,不敢违法,凡

---

① 《元史》卷13《世祖纪十》;《南台备要》,《宪台通纪(外三种)》,第164—165页;《元典章》卷6《台纲二》,第159—160页。
② 《元史》卷15《世祖纪十二》;《元典章》卷6《台纲二》,第161—162页。

事办集，不致扰民，非因天灾流行，百姓安业，则为称职。其有习弊不改、败事扰民之人，若无所看徇，纠治得当者，亦如之。圣旨已有定例。其余见任官员，比及来岁将终，视其有治效最多并败事为甚者，各备事迹，等候省、台差去官员到彼，移文复察。

　　一，廉访司官为任既重，却不得苛细生事，暗于大体，违者同不称职。①

忽必烈之所以如此重视监察机构的作用，就是希望通过监察机构来约束臣民的行为，达到官民守法和"以好人办好事"的目的，并使之也成为开明政治的一个重要标志。

忽必烈所要求的开明政治，重点体现的是他的政治宽容观念，而不再是"求新"和"求变"的观念，这恰是开明政治与"新政"在思想层面的重大区别。

第二节　理财体现的观念之争

忽必烈在位后期，财政的"入不敷出"问题日趋严重，使他在财政问题上更依赖理财之臣，并由此带来了朝廷内部围绕"义利"问题展开的激烈斗争。

一　卢世荣言利引发的短期抗争

如本书第三章所言，在至元十九年阿合马被杀前，朝廷内部的义利之争主要针对的是阿合马。在处理阿合马事件时，曾经党附阿合马的卢世荣被罢职而未被处死，使之有了重新被忽必烈重用的机会，②并带来了阿合马之后的又一次重大的义利之争。

（一）卢世荣倡议的生财之道

阿合马虽然最终被确定为奸臣，但是忽必烈并没有就此对言利之臣抱排斥的态度，如至元十四年二月降元的原宋瑞州安抚姚文龙，在改任饶州总管后，于至元十九年上言江南财赋岁可办钞五十万锭，忽必烈即下诏任姚文龙为江西道宣慰使，"兼措置茶法"，以此表现了对"生财"

---

① 《元典章》卷6《台纲二》，第162—164页。
② 《元史》卷205《卢世荣传》。本节引文未注明出处者，均来自此传。

的极大兴趣。①

时任总制院使（专掌吐蕃事务）的桑哥看出了阿合马事件后"朝廷之臣讳言财利事，皆无以副世祖裕国足民之意"所体现的皇帝重利倾向，特别向忽必烈举荐了卢世荣，称其能够"救钞法，增课额，上可裕国，下不损民"。忽必烈很快召见卢世荣，卢世荣明确表示若能以其理财，"则国赋可十倍于旧"②。至元二十一年十一月，忽必烈命中书省官员与卢世荣廷辩，对于卢世荣提出的"立法治财，视常岁当倍增，而民不扰"说法，其他官员都不敢发表意见，只有吏部尚书董文用质问卢世荣："此钱取诸右丞家耶？将取之民？取诸右丞家，则不敢知；若取诸民，则有说矣。牧羊者岁常两剪其毛，今牧人日剪其毛而献之，则主者固悦其得毛之多矣。然而羊无以避寒热，即死且尽，毛又可得哉！民财亦有限，取之以时，犹惧其伤残也，今尽刻剥无遗氂，犹有百姓乎！"卢世荣无法辩驳，连在场的丞相安童都明确表示："董尚书真不虚食俸禄者。"③尽管有如此的尴尬局面，忽必烈还是要重用卢世荣，下令将中书省右丞相和礼霍孙、右丞麦术丁、参政张雄飞、温迪罕等人免职，以安童为中书省右丞相，任卢世荣为中书省右丞，中书省的其他官员如左丞史枢、参政不鲁迷失海牙、撒的迷失以及参议中书省事拜降等，都出自卢世荣的推荐。

卢世荣被重用后，马上提出了整治钞法、整顿课税和在襄淮屯田的建议，并与安童一起上言："窃见老幼疾病之民，衣食不给，行乞于市，非盛世所宜见。宜官给衣粮，委各路正官提举其事。"忽必烈否定了由官府给乞丐衣食的方法，但接受了卢世荣的其他建议，并为此特别颁发了诏令："金银系民间通行之物，自立平准库，禁百姓私相买卖，今后听民间从便交易。怀孟诸路竹货，系百姓栽植，有司拘禁发卖，使民重困，又致南北竹货不通；今罢各处竹监，从民货卖收税。江湖鱼课，已有定例，长流采捕，贫民恃以为生，所在拘禁，今后听民采用。军国事务往来，全资站驿，马价近增，又令各户供使臣饮食，以致疲弊，今后除驿马外，其余官为支给。"卢世荣又建议："盐每引十五两，国家未尝多取，欲便民食。今官豪诡名罔利，停货待价，至一引卖八十

---

① 《元史》卷9《世祖纪六》，卷12《世祖纪九》。
② 《元史》卷130《不忽木传》。
③ 《元史》卷148《董文忠传》。

贯，京师亦百二十贯，贫者多不得食。议以二百万引给商，一百万引散诸路，立常平盐局，或贩者增价，官平其直以售，庶民用给，而国计亦得。"这一建议也被忽必烈所采纳。

卢世荣的做法很快招来朝臣的非议，御史中丞崔彧公开上书称不能让卢世荣任相职，忽必烈大怒，将崔彧免职。卢世荣乃借此机会，于至元二十二年正月正式向忽必烈提出了激增收入的建议："臣言天下岁课钞九十三万二千六百锭之外，臣更经画，不取于民，裁抑权势所侵，可增三百万锭。初未行下，而中外已非议，臣请与台院面议上前行之。"忽必烈让卢世荣讲明具体做法，卢世荣即表示增加收入的办法主要是榷酤和铸造铜钱："京师富豪户酿酒酤卖，价高味薄，且课不时输，宜一切禁罢，官自酤卖。""古有榷酤之法，今宜立四品提举司，以领天下之课，岁可得钞千四百四十锭。自王文统诛后，钞法虚弊，为今之计，莫若依汉、唐故事，括铜铸至元钱，及制绫券，与钞参行。"忽必烈乃明确表示："便益之事，当速行之。"如前文所述，造铜钱与纸钞发行有矛盾，遭到了刘宣等人的反对，所以并未真正执行。

卢世荣又就朝廷如何营利提出了更系统的建议："于泉、杭二州立市舶都转运司，造船给本，令人商贩，官有其利七，商有其三。禁私泛海者，拘其先所蓄宝货，官买之；匿者，许告，没其财，半给告者。今国家虽有常平仓，实无所畜。臣将不费一钱，但尽禁权势所擅产铁之所，官立炉鼓铸为器鬻之，以所得利合常平盐课，籴粟积于仓，待贵时粜之，必能使物价恒贱，而获厚利。国家虽立平准，然无晓规运者，以致钞法虚弊，诸物踊贵。宜令各路立平准周急库，轻其月息，以贷贫民，如此，则贷者众，而本且不失。又，随朝官吏增俸，州郡未及，可于各都立市易司，领诸牙侩人，计商人物货，四十分取一，以十分为率，四给牙侩，六为官吏俸。国家以兵得天下，不藉粮馈，惟资羊马，宜于上都、隆兴等路，以官钱买币帛易羊马于北方，选蒙古人牧之，收其皮毛筋角酥酪等物，十分为率，官取其八，二与牧者。马以备军兴，羊以充赐予。"忽必烈即表示："汝先言数事皆善，固当速行。此事（官买羊马）亦善，祖宗时亦欲行之而不果，朕当思之。"卢世荣还特别向忽必烈表达了恐遭朝臣非议的担忧："臣之行事，多为人所怨，后必有谮臣者，臣实惧焉，请先言之。"忽必烈则要求他注意自保并打消疑虑："汝言皆是，惟欲人无言者，安有是理。汝无防朕，饮食起居间可自为防。疾足之犬，狐不爱焉，主人岂不爱之？汝之所行，朕自爱也，彼奸伪者则不爱耳。汝之职分既定，其无以一二人从行，亦当谨卫门户。"忽必烈还特别下令增加了卢世荣的护从人员。

（二）有助于理财的机构变更

卢世荣担心御史台官员对自己的弹劾，于至元二十二年二月提出了改变监察机构作用的建议，不仅要求撤销行御史台，还要求把提刑按察司改为提刑转运司，"总各路钱谷，择干济者用之，其刑名事上御史台，钱谷由部申省"。对这样的建议，忽必烈要求卢世荣与老臣共议。御史台官员即明确表示："中书省请罢行台，改按察为提刑转运司，俾兼钱谷。臣等窃惟：初置行台时，朝廷老臣集议，以为有益，今无所损，不可辄罢。且按察司兼转运，则纠弹之职废。请右丞相复与朝廷老臣集议。"经过集议之后，御史台官员又上言："前奉旨，令臣等议罢行台及兼转运事。世荣言按察司所任，皆长才举职之人，可兼钱谷。而廷臣皆以为不可，彼所取人，臣不敢止，惟言行台不可罢者，众议皆然。"忽必烈问道："世荣以为何如？"在御史台官员指明卢世荣的态度是罢行御史台后，忽必烈则明确表示"其依世荣言"，行御史台随即被撤销，但是提刑按察司并没有因此而改为提刑转运司。

卢世荣还建议设立规措所，秩五品，所司官吏均以善贾者为之。忽必烈问道："此何职？"卢世荣即回答："规画钱谷者。"这样的建议符合忽必烈的重利愿望，自然被忽必烈所接受。卢世荣又上言："天下能规运钱谷者，向日皆在阿合马之门，今籍录以为污滥，此岂可尽废。臣欲择其通才可用者，然惧有言臣用罪人。"忽必烈则表示："何必言此，可用者用之。"在忽必烈的支持下，卢世荣即聚合了张私纲、撒都丁、不鲁合散、孙桓等言利之臣，为其所用。也就是说，改变机构的目的，实际上是为言利之人重新得到重用铺平道路，卢世荣借忽必烈的信任，很快实现了这样的目标。

卢世荣得寸进尺，又提出了监察机构不得按察课程的建议："立真定、济南、江淮等处宣慰司兼都转运使司，以治课程，仍立条例，禁诸司不得追摄管课官吏，及遣人辄至办课处沮扰，按察司不得检察文卷。"这样明显违反监察原则的建议，居然也被忽必烈所接受。卢世荣由此特别表示："臣伏蒙圣眷，事皆委臣。臣愚以为今日之事，如数万顷田，昔无田之者，草生其间。臣今创田之，已耕者有焉，未耕者有焉，或才播种，或既生苗，然不令人守之，为物蹂践，则可惜也。方今丞相安童，督臣所行，是守田者也。然不假之以力，则田者亦徒劳耳。守田者假之力矣，而天不雨，则亦终无成。所谓天雨者，陛下与臣添力是也。惟陛下怜臣。"忽必烈即明确表示理解他的用心和苦衷。

卢世荣为缓和朝臣对其营利行为的不满，建议忽必烈采用九条能够获得赞誉的措施："其一，免民间包银三年；其二，官吏俸免民间带纳；其三，免大都地税；其四，江淮民失业贫困、鬻妻子以自给者，所在官为收赎，使为良民；其五，逃移复业者，免其差税；其六，乡民造醋者，免收课；其七，江南田主收佃客租课，减免一分；其八，添支内外官吏俸五分；其九，定百官考课升擢之法。"这些建议也都被忽必烈所采纳。也就是说，对于卢世荣，忽必烈不仅高度信任，并且已经发展到了言听计从的地步。

（三）陈天祥揭露卢世荣的聚敛蛊惑

至元二十二年四月，监察御史陈天祥向忽必烈上书，不仅指出监察机构应该肩负以直言扶持国政的职责，还特别强调了阿合马擅权曾对国政带来巨大危害，应该引以为戒。

> 窃惟御史台受国家腹心之寄，为朝廷耳目之司，选置官僚，扶持国政，肃清风宪，镇遏奸邪。卑职等在内外百司之间，伺察非违，知无不纠，非于人有宿仇私怨而怀报复之心也，盖于国家事体所系者大，臣子之分不得不然。
>
> 往者阿合马以枭獍之资，处钧轴之重，内怀阴狡，外事欺谩，专擅朝权，收罗奸党，子侄亲戚，分制州、军，腹心爪牙，布满中外，威福由己，生杀任情，稔恶之心，为谋不浅。实赖圣上洪福，幸殒其命，妻子诛窜，无有孑遗，此乃前途之覆车，后人之明鉴也。于其贪暴，旷代罕闻，遗毒于今未能涤洗，人思至元之初数年之治，莫能忘也。[①]

陈天祥指明卢世荣曾是阿合马的党羽，未被治罪反而被重用，尤其是位于宰辅之中，严重违背了不能以小人当政的原则。

[①] 陈天祥：《论卢世荣奸邪状》，《元文类》卷14。本小节引文均来自本文。

继而知有前江西道榷茶转运使卢世荣者，亦拜中书右丞，中外喧哗，皆云彼实阿合马党人，乃当时贪横之尤者，访其根因来历，往往能道本末之详。今自罪废中侥幸崛起，率尔骤当宰相之任，分布党与，内外连结，见者为之寒心，闻之莫不惊骇。斯乃生民休戚之所关，国家利害之所系，事之大者莫大于此。

卑职食禄居官，任当言路，舍此不言，将复何用？且宰相之于国家，犹栋梁之于巨室也，所居职任，荷负非轻，非有才望厌服人心，必致将来倾覆之患。《易》曰："开国承家，小人勿用，必乱邦也。"《传》曰："小人之使，为国家灾害并至，虽有善者，亦无如之何。"由是言之，置立相臣，宁容不审！

彼卢世荣者，素无文艺，亦无武功，实由趋附贼臣阿合马，滥获进用。始凭商贩之资，图欲白身入仕，舆赃辇贿，输送其门，所献不充，又别立与欠少课银一千锭文卷，买充江西道榷茶转运使。其于任所，靡有不为，所犯赃私，动以万计。其隐秘者固难悉举，惟发露者乃可明言，凡其取受于人及所盗官物，通计钞二万九千一百一十九锭，金二十五锭，银一百六十八锭，茶引一万二千四百五十八引，马一十三疋，玉器七件，其余繁杂物件，今皆不录，已经追纳到官及未纳见合追征者，俱有文案，人所共知。今竟不悟前非，狂悖愈甚，以苛刻为自安之策，以诛求为干进之门，既怀无厌之心，广设贪夺之计，而又身当要路，手握重权。虽其位在丞相之下，朝省大政实得专之，是犹以盗跖之徒掌阿衡之任，不止流殃于见代，亦恐取笑于将来。朝廷信其虚诞之说，用居相职，名为试验，实授正权。校其能败阙如此，考其行毫发无称，斯皆既往之真踪，可谓已然之明验。若谓必须再试，止可叙以他官，宰相之权岂宜轻授！夫宰天下譬犹制锦，初欲验其能否，先当试以布帛，如无能效，所损或轻。今乃捐相位试验贤愚，亦犹舍美锦校量工拙，脱致堕坏，悔将何追？虽有良工在傍，亦莫如之何矣。今也丞相以孤忠在上，渠辈以同志合从，中间纵有二三善人，势亦安能与彼相抗？惟以一齐人之语，宁堪众楚人之咻？终恐事效无征，同归不胜其任。

陈天祥认为卢世荣之所以被重用，是因为在朝廷的义利之争中，过分听信言利者的聚敛蛊惑，使得能够守义和持正的大臣不能发挥作用，而百姓则饱受盘剥之苦。

> 自古国有名贤，不能信任，而为群小所沮，以致大事堕废者多矣。如乐毅之于燕，屈平之于楚，廉颇之为赵将，子胥之为吴臣，汉萧望之、杨震之流，唐陆宣公、裴度之类，千数百年之后，读其传，想其人，无不敛容而长叹者。今丞相亦国家之名贤也，时政治与不治，民心安与不安，系在丞相用与不用之间耳。又如玉昔帖木儿大夫、伯颜丞相，皆为天下之所敬仰，海内之所瞻依者。朝廷果实专任此三名相，事无大小，必取决而后行，无使余人有所沮挠。仍须三相博采众议于内外耆旧之中，取其声望素著、众所推尊者为之参赞，则天下之才悉展效用，能者各得尽其能，善者皆得行其善，此诚厚天下之大本，理天下之大策。为今致治之方，莫有过于此者，又安用掊克者在位，倚以为治哉！如以三相总其纲领，群才各得其职，下顺民欲，上合天心，兆庶之气既和，天地之和斯应，天地交而品物遂，风雨调而年事稔，上天所赐，获益良多。若听聚敛之人专为刻剥之计，民力既困，国用遂空，兆庶诚有惨伤，天地必生异，水旱相仍，螟蝗作孽，年岁荒窘，百姓流离，于其所损亦岂轻哉！

陈天祥还特别陈述了民富国强的基本道理，强调只有薄赋轻徭，才能使国家稳定，反之必导致祸乱丛生，陷天下于危难之中。

> 愚尝推校古今事理，国家之与百姓，上下如同一身，民乃国之血气，国乃民之肤体，血气完实则肤体康强，血气损伤则肤体羸病，未有耗其血气能使肤体丰荣者。是故民富则国富，民贫则国贫，民安则国安，民困则国困，其理然也。昔鲁哀公欲重敛于民，问于有若，对曰："百姓足，君孰与不足？百姓不足，君孰与足？"以此推之，民必须赋轻而后足，国必待民足而后丰。《书》曰："民惟邦本，本固邦宁。"历考前代国家，因其百姓富安以致乱，百姓贫困以致治，自有天地以来未之闻也。薄赋轻徭者，天下未尝不安也；急征暴敛者，天下未尝不危也。故孟献子曰："与其有聚

敛之臣,宁有盗臣。"诚以为聚敛之患过于盗贼,蠹国害民莫斯为甚也。

陈天祥作为御史台的官员,除了强调要尽直言的职责外,还指出卢世荣承诺的获利目标都是建立在祸国殃民的基础上,所以应尽快将其调职,并停止各种敛财行为,既可以使国家免于危难,也可以使百姓免受掊克之苦,还可以使卢世荣本人不至于重蹈阿合马的覆辙。

> 夫财者土地所生,民力所集,天地之间,岁有常数,惟能取之有节,故其用之不乏。今卢世荣欲以一岁之期,将致十年之积,危万民之命,易一己之荣,广邀增羡之功,不恤颠连之患,期锱铢之悉取,帅上下以交征,视民如仇,为国敛怨。果欲不为国家有远虑,惟取速效于目前,肆意诛求,何所不得?然其生财之道既已不存,敛财之方亦何所赖?将见民间由此凋耗,天下由此空虚,安危利害之机殆有不胜言者。计本人任事以来,百有余日,验其事迹,备有显明。今取本人所行与所言,已不相副者昭举数事:始言能令钞法如旧,钞今愈虚;始言能令百物自贱,物今愈贵;始言课程增添三百万锭,不取于民而能自办,今却迫胁诸路官司,勒令尽数包认;始言能令民皆快乐,凡今所为,无非败法扰民之事,既及于民者,民已不堪其生,未及于民者,民又难为后虑。若不早有更张,须其所行自弊,蠹虽除去,木病已深,始嫌曲突移薪,终见焦头烂额,事至于此,救将何及!

> 所谓早有更张者,宜将本人移置他处,量与一职,待其行事果异于前,治政实有成效,然后升用,未以为迟。不使骤专非分之任,无令致有横侈之权,则朝廷无将来后悔之患,本人无阿合马丧家之祸,君父、臣子之间,上下两全其美,非惟国家之幸,实亦本人之大幸也。彼心能自审此,卑职必不是憎;如或不然,亦何敢避!愚亦知阿附权要,则宠荣可期;违忤重臣,则祸患难测。缄然自固,亦岂不能?正以事在国家,关系不浅,忧深虑切,不得无言。又况阿合马事败之后,朝臣以当时不言之故,致蒙圣旨诘让者多矣。今卑职忝预言官,适值有此,若复默无一语,实有惧于将来,正须尽此愚直之心,庶免知而不言之责。

陈天祥上书时，忽必烈已经前往上都，御史大夫玉昔帖木儿将陈天祥的上书呈给忽必烈后，忽必烈才意识到卢世荣并非忠臣，并准备对其加以处置。

（四）终止卢世荣带来的恶政

忽必烈很快派遣唆都八都儿、秃剌帖木儿等人至大都，命令安童招集诸司官吏、老臣、儒士及知民间事者，与卢世荣一起听陈天祥的弹劾上述，并让卢世荣与陈天祥都到上都来，进行当面的对质。

朝臣利用这一机会，亦纷纷弹劾卢世荣。如中书省丞相安童特别向忽必烈进言："世荣昔奏，能不取于民岁办钞三百万锭，令钞复实，诸物悉贱，民得休息，数月即有成效。今已四阅月，所行不符所言，钱谷出者多于所入，引用憸人，紊乱选法。"御史中丞阿剌帖木儿、郭佑以及侍御史白秃剌帖木儿、参政撒的迷失等人则上书列举了卢世荣的各种罪状："不白丞相安童，支钞二十万锭。擅升六部为二品。效李璮令急递铺用红青白三色囊转行文字。不与枢密院议，调三行省万二千人置济州，委漕运使陈柔为万户管领。以沙全代万户宁玉戍浙西吴江。用阿合马党人潘杰、冯珪为杭、鄂二行省参政，宣德为杭州宣慰，余分布中外者众。以钞虚，闭回易库，民间昏钞不可行。罢白醑课。立野面、木植、磁器、桑枣、煤炭、匹段、青果、油坊诸牙行。调出县官钞八十六万余锭。"翰林学士赵孟頫也指出："世荣初以财赋自任，当时人情不敢预料，将谓别有方术，可以增益国用。及今观之，不过如御史所言。更张之机，正在今日。若复恣其所行，为害非细。"

在上都的对质中，陈天祥又列举了上书中未言及的卢世荣各种罪状，阿剌帖木儿等人亦支持陈天祥对卢世荣的弹劾，忽必烈乃命令将卢世荣下狱，并正式对中书省下诏："安童与诸老臣议世荣所行，当罢者罢之，更者更之，其所用人实无罪者，朕自裁决。"

为终止卢世荣的恶政，忽必烈又于至元二十二年八月下命罢榷酤之法，"初，民间酒听自造，米一石官取钞一贯。卢世荣以官钞五万锭立榷酤法，米一石取钞十贯，增旧十倍。至是罢榷酤，听民自造，增课钞一贯为五贯。敕拘铜钱，余铜器听民仍用。"① 十一月，忽必烈向御史大夫忽剌出询问如何处置卢世荣，忽剌出答道："近汉人新居中书者，

---

① 《元史》卷13《世祖纪十》。

言世荣款伏，罪无遗者，狱已竟矣，犹日养之，徒费廪食。"忽必烈乃下令将卢世荣处死。

对于卢世荣的快速崛起与败亡，有人已有先见之明。如卸任家居的王恽，至元二十二年春中书省召为左司郎中，王恽因"右丞卢世荣以聚敛进用"，拖延不赴任，并明确表示："力小任大，剥众利己，未闻能全者。远之尚恐见浼，况可近乎！"这样的见识在很短的时间内即被验证，确实显示了王恽对官场斗争的敏感。[①]

卢世荣之所以能够快速得到忽必烈的信用，就在于他能够熟练地揣摩圣意，不仅要迎合忽必烈的求利愿望，还要助长忽必烈的盛世心态，忽必烈对这样的用心毫无警惕和反省，即便处置了卢世荣，也无法避免更大的祸患。

二　桑哥专权带来的长期抗争

忽必烈虽然下令处死了卢世荣，但是并没有改变对言利之臣的偏好，所以很快就以桑哥为理财重臣，使朝廷内部陷入了又一场旷日持久的义利之争。[②]

（一）以尚书省专务理财

桑哥原为胆巴国师的弟子，因好言财利事被忽必烈所信用，尤其是在他与忽必烈讨论了和雇和买等事务后，忽必烈自认为找到了一个合适的理财人物，乃决心委之以重任。

至元二十四年闰二月，在中书省讨论行钞法问题时，麦术丁建议："自制国用使司改尚书省，颇有成效，今仍分两省为便。"忽必烈采纳这一建议，正式下诏建立尚书省，以桑哥、铁木儿为平章政事，阿鲁浑撒里为右丞，叶李为左丞，马绍为参知政事，另外一名尚书省官员议选回回人充任。原来的中书省六部，改为尚书省六部，行中书省全部改为行尚书省，并明确要求"除行省与中书议行，余并听尚书省从便以闻"。[③] 当年十月，忽必烈又向翰林院和集贤院询问："以丞相领尚书省，汉、唐有此制否？"两院的回答是有过，叶李即以翰林院和集贤院的意见为由，向忽必烈建议："前省官不能行者，平章桑哥能之，宜为

[①] 《元史》卷167《王恽传》。
[②] 《元史》卷205《桑哥传》。本节引文未注明出处者，均来自此传。
[③] 《元史》卷14《世祖纪十一》。

右丞相。"忽必烈采纳了这一建议,以桑哥为尚书省右丞相,兼总制院使,领功德使司事,进阶金紫光禄大夫。桑哥奏以平章铁木儿代其位,右丞阿鲁浑撒里升为平章政事,叶李升任右丞,参政马绍升为左丞。

尚书省虽是专务理财的机构,但是桑哥利用忽必烈的信任,将全部政务都掌控在自己手中,很快成为名噪一时的权臣,中书省被彻底架空。时任中书省丞相的安童向忽必烈上言:"臣力不能回天,乞不用桑哥,别相贤者,犹或不至虐民误国。"忽必烈对这样的建议置之不理。安童见"天下大权尽归尚书",乃于至元二十五年提出去职的请求,忽必烈亦不允许。[①] 在重要的用人问题上,桑哥完全将安童视为摆设,在他准备推荐沙不丁为江淮行省左丞、乌马儿为参政时,即向忽必烈奏报:"臣前言,凡任省臣与行省官,并与丞相安童共议。今奏用沙不丁、乌马儿等,适丞相还大都,不及通议,臣恐有以前奏为言者。"忽必烈则表示:"安童不在,朕,若主也。朕已允行,有言者,其令朕前言之。"有了忽必烈的认可,桑哥更肆无忌惮地选用亲信,"凡铨调内外官,皆由于己,而其宣敕,尚由中书,桑哥以为言,世祖乃命自今宣敕并付尚书省。由是以刑爵为货而贩之,咸走其门,入贵价以买所欲。贵价入,则当刑者脱,求爵者得,纲纪大坏,人心骇愕"。在桑哥的经营下,不仅在朝廷内部形成了一个炙手可热的营利集团,还将官职和刑罚都变成了获利的工具。

桑哥的擅权行为,招来了监察机构的回击。面对"桑哥当国,恩宠方盛,自近戚贵人见之,皆屏息逊避,无敢谁何"的官场现状,时任御史中丞的董文用明确表现出不妥协的态度。桑哥派人游说董文用,想让他在忽必烈面前称颂自己的功德,董文用置之不理。桑哥又亲自对文用说道:"百司皆具食于丞相府矣。"董文用依然不加理会。东北诸王乃颜叛乱,朝廷出动大军平叛,"粮糗粗备,而诛求愈急",董文用乃对桑哥说:"民急矣。外难未解而内伐其根本,丞相宜思之。百姓岂不欲生养安乐哉!急法暴敛使至此尔。御史台所以救政事之不及,丞相当助之,不当抑之也。御史台不得行,则民无所赴诉,民无所赴诉而政日乱,将不止于台事之不行也。"桑哥对董文用极为痛恨,特别向忽必烈奏报:"在朝惟董文用戆傲不听令,沮挠尚书省,请痛治其罪。"忽必

[①] 《元史》卷 126《安童传》。

烈则明确表示："彼御史之职也，何罪之有！且董文用端谨，朕所素知，汝善视之。"为避免两人再起冲突，忽必烈将董文用调出御史台，改任大司农，也算是对桑哥的迁就和对董文用的保护。①

桑哥很快想出了对付监察机构的办法，"时江南行台与行省，并无文移，事无巨细，必咨内台呈省闻奏"，桑哥以"往复稽留误事"，要求行御史台按照御史台与尚书省之间文移体例，直接呈文给各行尚书省。他还提出了管民官查核地方监察机构文案的要求："按察司文案，宜从各路民官检核，递相纠举。且自太祖时有旨，凡临官事者互相觉察，此故事也。"这样的要求实际是由行政机构管控监察机构，与国家的监察体制背道而，但是也得到了忽必烈的同意。至元二十六年三月，桑哥又向忽必烈上奏："近委省臣检责左右司文簿，凡经监察御史稽照者，遗逸尚多。自今当令监察御史即省部稽照，书姓名于卷末，苟有遗逸，易于归罪。仍命侍御史坚童视之，失则连坐。"忽必烈按照桑哥的建议，乃笞监察御史四人，"是后监察御史赴省部者，掾令史与之抗礼，但遣小吏持文簿置案而去，监察御史遍阅之，而台纲废矣"②。

（二）以杀大臣立威

桑哥深知只有立威才能擅权，立威就是要消除一切反对的声音和尽可能清除异己力量，而最有效的方法就是打人、抓人甚至杀人，以造成威吓的气势。

桑哥先从尚书省和中书省的官员下手。他以"检核中书省事"的名义，"校出亏欠钞四千七百七十锭，昏钞一千三百四十五锭"，平章政事麦术丁不敢辩白，参政杨居宽强调自己掌管的是铨选，钱谷不是专管的事务，桑哥即令手下殴打杨居宽，并诘问："既典选事，果无黜陟失当者乎？"桑哥将麦术丁和杨居宽的所谓"罪状"上报给忽必烈，忽必烈即指示安童与桑哥共同处理此事，并特别强调："毋令麦术丁等他日得以胁问诬伏为辞，此辈固狡狯人也。"桑哥又上奏："鞫中书参政郭佑，多所逋负，尸位不言，以疾为托。臣谓中书之务，堕惰如此，汝力不能及，何不告之蒙古大臣，故殴辱之，今已款服。"不忽木、王约等人上言杨居宽、郭佑无罪，忽必烈不听，下令将杨居宽、郭佑处死。

桑哥继续杀人，御史台吏员王良弼曾与人议说尚书省政事，明确表

---

① 《元史》卷148《董文用传》。
② 《元史》卷15《世祖纪十二》。

示:"尚书钩校中书,不遗余力,他日我曹得发尚书奸利,其诛籍无难。"桑哥听人报告后,即将王良弼逮捕拷问,并以诽谤罪将其处死。江宁县达鲁花赤吴德私下与他人议论时政,曾明确表示:"尚书今日核正中书之弊,他日复为中书所核,汝独不死也耶?"有人将此言报告给桑哥,桑哥亦将吴德逮捕处死,并没其妻子入官。

  桑哥的滥杀,引来了激烈的对抗,不断有人出来为可能被杀者洗冤,并救下了一些重要的臣僚。如治书侍御史陈天祥奉命理算湖广行省钱粮,到鄂州后即上书弹劾平章要束木凶暴不法。要束木是桑哥的党羽,桑哥为保护要束木,特别摘录陈天祥上书中的语词,诬告陈天祥有不敬行为,将其逮捕并准备处死。行御史台派遣监察御史申屠致远至鄂州复核,申屠致远查清真相后,上书为陈天祥辩冤,使得陈天祥未被处死,在被关押四百日后获释。[1]"有小吏诬告漕臣刘献盗仓粟,宰相桑哥方事聚敛,众阿其意,锻炼枉服",刑部尚书立智理威则向忽必烈上书:"刑部天下持平,今棰榖之下,漕臣以冤死,何以正四方乎?"立智理威虽然救下了刘献,但因此触怒了桑哥,被贬为江东道宣慰使。[2]

  桑哥还任意给官员安上罪名,加以贬斥。如至元二十四年十一月,桑哥上奏:"臣前以诸道宣慰司及路府州县官吏,稽缓误事,奉旨遣人遍笞责之。今真定宣慰使速哥、南京宣慰使答失蛮,皆勋贤旧臣之子,宜取圣裁。"忽必烈乃下令将速哥、答失蛮罢职。次年正月,桑哥又以甘肃行尚书省参政铁木哥和江西行尚书省平章政事忽都铁木儿等人"无心任事,又不与协力"为由,将其罢免并以亲信代替其职。兵部尚书忽都答儿不依附于桑哥,桑哥"殴罢之而后奏",忽必烈亦明确表示了支持桑哥的态度,强调"若此等不罢,汝事何由得行也"。被桑哥罢黜的还有云南行省理问官斡罗思,"籍其家,唯金玉带各一、黄金五十两,皆上所赐者",桑哥还要穷治其罪,被忽必烈所制止。[3] 户部尚书刘正"尝举核河间盐运官亏课事",亦遭桑哥诬陷,刘正称病去职,才逃过一难。[4]

---

[1] 《元史》卷168《陈天祥传》,卷170《申屠致远传》。
[2] 《元史》卷120《立智理威传》。
[3] 《元史》卷134《斡罗思传》。
[4] 《元史》卷176《刘正传》。

(三) 大兴钩考之风

为了快速得到钱财，以使自己的理财能力得到忽必烈的赞赏，桑哥采用了已经臭名昭著的钩考做法。由于忽必烈在潜邸时曾深受钩考之害，桑哥为钩考换上了"理算钱谷"的名头，但各级官吏都直接称之为钩考。

钩考先从中央机构开始，"自立尚书省，凡仓库诸司，无不钩考，先摘委六部官，复以为不专，乃置征理司，以治财谷之当追者。时桑哥以理算为事，毫分缕析，入仓库者，无不破产，及当更代，人皆弃家而避之"。征理司设于至元二十五年九月，尚书省的官员建议："自立尚书省，凡仓库诸司无不钩考，宜置征理司，秩正三品，专治合追财谷，以甘肃等处行尚书省参政秃烈羊呵、签省吴诚并为征理使。"这一建议被忽必烈所采纳。①

至元二十五年十月，桑哥又提出了理算江淮、江西、福建、四川、甘肃、安西六省钱谷的建议："湖广行省钱谷，已责平章要束木自首偿矣。外省欺盗必多，乞以参政忻都、户部尚书王巨济、参议尚书省事阿散、山东西道提刑按察使何荣祖、札鲁忽赤秃忽鲁、泉府司卿李佑、奉御吉丁、监察御史戎益、佥枢密院事崔彧、尚书省断事官燕真、刑部尚书安祐、监察御史伯颜等十二人，理算江淮、江西、福建、四川、甘肃、安西六省，每省各二人，特给印章与之。省部官既去，事不可废，拟选人为代，听食元俸。理算之间，宜给兵以备使令，且以为卫。"至元二十六年，桑哥又请钩考甘肃行尚书省，及益都淄莱淘金总管府，佥省赵仁荣和总管明里等人都在钩考中被罢职。

设置征理司后，"理天下逋欠，使者相望于道，所在囹圄皆满，道路侧目，无敢言者"②。面对如此大规模的钩考，在官员中出现了几种不同的做法。一种做法是公开对抗，以使钩考不能祸及当地官民。如山东东西道按察使何荣祖多次向忽必烈上书，要求停止害民的理算钱谷，并且拒绝签署在山东东西道钩考的文牍。③桑哥派遣参知政事忻都、户部尚书王巨济会计钱粮，派人到徽州征钞，多征了二千锭仍嫌不够，要再征一千锭，徽州总管许楫乃对他们说："公欲百姓死耶、生耶？

---

① 《元史》卷15《世祖纪十二》。
② 《元史》卷130《阿鲁浑萨理传》。
③ 《元史》卷168《何荣祖传》。

如欲其死，虽万锭可征也。"忻都和王巨济由此停止了对徽州的进一步追考。① 另一种做法是主动承担责任，以免罪及他人。如贺仁杰任上都留守兼开平府尹，桑哥上奏上都留守司钱谷多失实，忽必烈召留守忽剌忽耳及贺仁杰廷辩，贺仁杰表示："臣汉人，不能禁吏戢奸，致钱谷多耗伤，臣之罪。"忽剌忽耳则强调："臣为长，印在臣手，事未有不关白而能行者，臣之罪。"忽必烈赞赏二人的表现，特别指出"以爵让人者有之，未有争引咎归己者"，乃决定不处置二人。② 桑哥虽然数十次向忽必烈陈说贺仁杰等人有罪，忽必烈都未听从他的治罪建议。③ 任永州路判官的乌古孙泽，在"考校钱谷，天下骚动"之时，自叹"民不堪命矣"，乃自上计于湖广行省，平章政事要束木对其怒言："郡国钱粮无不增羡，永州何为独不然！此直孙府判倚其才辨慢我，亟拘系之，非死不释也。"乌古孙泽被下狱，直到桑哥和要束木被处死后方才获释。④ 还有一种做法是采用拖延的方法，不认真执行钩考的命令。如治书侍御史王构与不忽木检核燕南钱谷，十一月出发，应该在年底前回朝复命，他们拖延到第二年春季才返回，知道逾期可能获罪，王构乃明确表示："设有罪，构当以身任之，不以累公也。"恰好桑哥被处死，两人都躲过了处罚。⑤

需要说明的是，能够采用以上做法应对钩考的毕竟是极少数官员，大多数官员不得不被动地接受钩考，并将逋欠钱粮的负担转移到民众身上，使钩考成了影响全民的一场人为灾难。

(四) 行增税之法

如前所述，为解决纸钞贬值等问题，忽必烈最终选择了以至元钞取代中统钞的做法。忽必烈还特别对桑哥交代："朕以叶李言，更至元钞，所用者法，所贵者信，汝无以楮视之，其本不可失，汝宜识之。"由于"至元钞法滞涩不能行"，桑哥乃派人到各地去督促，"问行省丞相慢令之罪，凡左右司官及诸路官，则径笞之"。赵孟頫和刘宣负责督促江南各行省，未笞打一人，引起桑哥不满，伺机报复。桑哥钟初鸣时

---

① 《元史》卷191《许楫传》。
② 《元史》卷169《贺仁杰传》。
③ 《元史》卷179《贺胜传》。
④ 《元史》卷163《乌古孙泽传》。
⑤ 《元史》卷164《王构传》。

即坐于尚书省衙门内,六曹官后至者则笞之,赵孟頫后至,断事官要行笞打之刑,赵孟頫乃对叶李说:"古者刑不上大夫,所以养其廉耻,教之节义,且辱士大夫,是辱朝廷也。"桑哥不便笞打赵孟頫,"自是所笞唯曹史以下。"① 桑哥并没有因此放弃借变换钞法营利的做法,至元二十五年五月,桑哥上言:"中统钞行垂三十年,省官皆不知其数,今已更用至元钞,宜差官分道置局钩考中统钞本。"至元二十六年闰十月,桑哥又上言:"初改至元钞,欲尽收中统钞,故令天下盐课以中统、至元钞相半输官。今中统钞尚未可急敛,宜令税赋并输至元钞,商贩有中统料钞,听易至元钞以行,然后中统钞可尽。"② 由于中统钞的钞本银两早已被朝廷调走,所以钩考钞本实际上成了在各地强要银两的做法。

桑哥还于至元二十六年闰十月明确提出了增税的建议:"国家经费既广,岁入恒不偿所出,以往岁计之,不足者余百万锭。自尚书省钩考天下财谷,赖陛下福,以所征补之,未尝敛及百姓。臣恐自今难用此法矣。何则?仓库可征者少,而盗者亦鲜矣,臣忧之。臣愚以为盐课每引今直中统钞三十贯,宜增为一锭;茶每引今直五贯,宜增为十贯;酒醋税课,江南宜增额十万锭,内地五万锭。协济户十八万,自入籍至今十三年,止输半赋,闻其力已完,宜增为全赋。如此,则国用庶可支,臣等免于罪矣。"商税也大幅度增长,"从丞相桑哥之请,遂大增天下商税,腹里为二十万锭,江南为二十五万锭"③。桑哥还集诸路总管三十人,导之入见,欲以趣办财赋之多寡为殿最。忽必烈在这方面还是有一点清醒的认识,即明确表态:"财赋办集,非民力困竭必不能。"④ 忽必烈虽然采纳了桑哥的增税建议,但显然不赞同竭泽而渔的做法。

桑哥既希望得到朝廷中的特殊待遇,又希望得名于天下。他向忽必烈说道:"去岁陛下幸上都,臣日视内帑诸库,今岁欲乘小舆以行,人必窃议。"忽必烈则表示:"听人议之,汝乘之可也。"桑哥由此享受了"乘小舆"的特殊待遇。桑哥还唆使人为自己立碑颂德,忽必烈亦表示:"民欲立则立之,仍以告桑哥,使其喜也。"翰林院奉命撰写了碑

---

① 《元史》卷172《赵孟頫传》。
② 《元史》卷15《世祖纪十二》。
③ 《元史》卷94《食货志二》。
④ 《元史》卷173《马绍传》。

文,名为《王公辅政之碑》,于至元二十六年闰十月立于尚书省前。

(五) 挖掘南宋帝陵

桑哥一直兼掌吐蕃事务,他特别推荐出自喇嘛教同门的杨琏真加(杨琏真伽)为江南佛教总摄(亦称江淮佛教总统)。对于杭州的南宋故宫和皇帝陵墓,杨琏真加宣称需采用喇嘛教的"厌胜"之法,所以不仅要毁宫殿建佛寺,还要挖掘和毁灭帝陵。有人专门记录了杨琏真加挖掘南宋帝陵的经过,可节录于下。

> 杨髡发陵之事,人皆知之,而莫能知其详。余偶录得当时其徒互告状一纸,庶可知其首尾,云:"至元二十二年八月内,有绍兴路会稽县泰宁寺僧宗允、宗恺,盗斫陵木,与守陵人争诉。遂称亡宋陵墓,有金玉异宝,说诱杨总统,诈称杨侍郎、汪安抚侵占寺地为名,出给文书,将带河西僧人,部领人匠丁夫,前来将宁宗、杨后、理宗、度宗四陵,盗行发掘,割破棺椁,尽取宝货,不计其数。又断理宗头,沥取水银、含珠,用船装载宝货,回至迎恩门。有省台所委官拦挡不住,亦有台察陈言,不见施行。其宗允、宗恺并杨总统等发掘得志,又于当年十一月十一日前来,将孟后、徽宗、郑后、高宗、吴后、孝宗、谢后、光宗等陵尽发掘,劫取宝货,毁弃骸骨。其下本路文书,只言争寺地界,并不曾说开发坟墓,因此江南掘坟大起,而天下无不发之墓矣。其宗恺与总统分赃不平,已受杖而死。有宗允者,见为寺主,多蓄宝货,豪霸一方。"①

> 乙酉(至元二十二年,1285)杨髡发陵之事,起于天衣寺僧福闻号西山者,成于剡僧演福寺允泽号云梦者。初,天衣乃魏惠宪王坟寺,闻欲媚杨髡,遂献其寺。继又发魏王之冢,多得金玉,以此遽起发陵之想,泽一力赞成之。遂俾泰宁寺僧宗恺、宗允等诈称杨侍郎、汪安抚侵占寺地为名,出给文书,将带河西僧及凶党如沈照磨之徒,部领人夫发掘。时有宋陵使中官罗铣者犹守陵不去,与之极力争执,为泽率凶徒痛棰,胁之以刃,令人拥而逐之。铣力敌

---

① 周密:《杨髡发陵》,《癸辛杂识》续集上,中华书局1988年版,第152页。

不能，犹拒地大哭。遂先发宁宗、理宗、度宗、杨后四陵，劫取宝玉极多。独理宗之陵所藏尤厚，启棺之初，有白气竟天，盖宝气也。理宗之尸如生，其下皆藉以锦，锦之下则承以竹丝细簟，一小厮攫取，掷地有声，视之，乃金丝所成也。或谓含珠有夜明者，遂倒悬其尸树间，沥取水银，如此三日夜，竟失其首。或谓西番僧回回，其俗以得帝王骷髅，可以厌胜，致巨富，故盗去耳。事竟，罗铣买棺制衣收敛，大恸垂绝，乡里皆为之感泣。是夕闻四山皆有哭声，凡旬日不绝。至十一月复发掘徽、钦、高、孝、光五帝陵，孟、韦、吴、谢四后陵。徽、钦二陵皆空无一物，徽陵有朽木一段，钦陵有木灯檠一枚而已。高宗之陵，骨发尽化，略无寸骸，止有锡器数件，端砚一只（为泽所得）。孝宗陵亦蜕化无余，止有项骨小片，内有玉瓶炉一副及古铜鬲一只（亦为泽取）。尝闻有道之士能蜕骨而仙，未闻并骨而蜕化者，盖天人也。若光、宁诸后，俨然如生，罗陵使亦如前棺敛，后悉从火化，可谓忠且义矣。①

岁戊寅（1278年），有总江南浮屠者杨琏真珈，怙恩横肆，势焰烁人，穷骄极淫，不可具状。十二月十有二日，帅徒役顿萧山，发赵氏诸陵寝，至断残支体，攫珠襦玉柙，焚其胔，弃骨草莽间。唐（珏）时年三十二岁，闻之痛愤，亟货家具，得白金百星许。执券行贷，得白金又百星许。乃具酒醪，市羊豕，邀里中少年若干辈，狎坐轰饮。酒且酣，少年起请曰："君儒者，若是，将何为焉？"唐惨然具以告，愿收遗骸共瘗之。众谢曰："诺。"中一少年曰："发丘中郎将，眈眈饿虎，事露奈何？"唐曰："余固筹矣，今四郊多暴骨，取窜以易，谁复知之？"乃斫文木为匮，复黄绢为囊，各署其表曰某陵某陵，分委而散遣之。蓰地以藏，为文而告，诘旦事讫，来集。出白金羡余酬，戒勿泄。越七日，总浮屠下令哀陵骨，杂置牛马枯骼中，筑一塔厌压之，名曰"镇南"。杭民悲戚，不忍仰视，了不知陵骨之犹存也。祸淫不爽，流传京师，上达四聪，天怒赫赫。飞风雷号令，捽首祸者北焉。山阴人始有藉藉传唐事者，由是唐之义风震动吴越，声生势长，若胥江掀八月之涛。

---

① 周密：《杨髡发陵》，《癸辛杂识》别集上，第263—265页。

名虽高,困固自若。

　　宋太学生林德阳,字景曦,号霁山。当杨总统发掘诸陵寝时,林故为杭丐者,背竹箩,手持竹夹,遇物,即以夹投箩中。林铸银作两许小牌百十,系腰间,取贿西番僧曰:"余不敢,望收其骨,得高家孝家斯足矣。"番僧左右之,果得高孝两朝骨,为两函贮之,归葬于东嘉。……葬后,林于宋常朝殿掘冬青一株,植于所函土堆上。①

　　这几段记载的掘陵经过等应该是可信的,但是掘陵的时间可能不准确。至元二十一年九月,忽必烈下令以江南总摄杨琏真加发宋陵冢所收金银宝器修天衣寺,②可知大规模的掘陵事件在此前已经发生,至元二十二年的掘陵,应是后来还有持续的掘陵行为,因为杨琏真加"发掘故宋赵氏诸陵之在钱唐、绍兴者及其大臣冢墓凡一百一所;戕杀平民四人;受人献美女宝物无算;且攘夺盗取财物,计金一千七百两、银六千八百两、玉带九、玉器大小百一十有一、杂宝贝百五十有二、大珠五十两、钞一十一万六千二百锭、田二万三千亩;私庇平民不输公赋者二万三千户,他所藏匿未露者不论也"③。

　　对于杨琏真加将南宋故宫改建为佛寺的行为,无论是桑哥还是忽必烈,都表示了积极的支持态度。至元二十二年正月,桑哥上言:"杨琏真加云,会稽有泰宁寺,宋毁之以建宁宗等攒宫;钱唐有龙华寺,宋毁之以为南郊。皆胜地也,宜复为寺,以为皇上、东宫祈寿。"当时宋宁宗的攒宫已毁,在故址建了佛寺,忽必烈即下令毁掉郊天台,亦改建为寺院,并下令"江南废寺田土为人占据者,悉付总统杨琏真加修寺"。杨琏真加还要将宋高宗所书《九经》的石刻作为寺庙的石基,被申屠致远所制止。至元二十五年二月,杨琏真加上奏已经完成改宫殿为寺院的工程,在宋故宫原址修建了一塔五寺,忽必烈又下令以水陆地一百五十顷作为寺院的供养田产。④

　　毁南宋故宫,在其故址上建寺院,尤其是挖掘南宋帝陵,不仅引起

---

① 陶宗仪:《发宋陵寝》,《南村辍耕录》卷4,第43—49页。
② 《元史》卷13《世祖纪十》。
③ 《元史》卷202《释老传》。
④ 《元史》卷13《世祖纪十》,卷15《世祖纪十二》,卷170《申屠致远传》。

了南宋遗民的愤慨，也被北方人士所不齿。时任江南行御史台中丞的亦力撒合公开上书江淮释教总摄杨琏真加诸多不法事宜，①但是在桑哥的包庇下，杨琏真加依然在江南保持着凌驾于他人之上的权势，并且将五十余万民户改为寺院的佃户，入寺籍后不再向国家纳税，成为后来不得不认真纠正的严重弊病。②

（六）对桑哥的弹劾

由于桑哥已经成为作恶多端的权臣，引起朝内诸多大臣的不满和厌恶，公开反对桑哥的声音逐渐增强，并最终达到了对桑哥群起而弹劾的高潮。

至元二十六年，在江南行御史台任职的程钜夫入朝，针对"时相桑哥专政，法令苛急，四方骚动"的状况，向忽必烈呈上了弹劾桑哥的上疏。

> 臣闻天子之职，莫大于择相，宰相之职，莫大于进贤。苟不以进贤为急，而惟以殖货为心，非为上为德、为下为民之意也。昔文帝以决狱及钱谷问丞相周勃，勃不能对，陈平进曰："陛下问决狱，责廷尉；问钱谷，责治粟内史。宰相上理阴阳，下遂万物之宜，外镇抚四夷，内亲附百姓。"观其所言，可以知宰相之职矣。今权奸用事，立尚书钩考钱谷，以剥割生民为务，所委任者，率皆贪饕邀利之人，江南盗贼窃发，良以此也。臣窃以为宜清尚书之政，损行省之权，罢言利之官，行恤民之事，于国为便。③

桑哥闻讯大怒，将程钜夫羁留在京城，并六次上奏请求处死程钜夫，都未得到忽必烈的许可。御史台都事王约曾上书为郭佑鸣冤，桑哥认为王约与程钜夫的弹劾有密切关系，亦要将王约处死，忽必烈也未同意，只是将王约调出了京城。监察御史刘敏中亦曾上书弹劾桑哥，但被隔阻，乃辞职还乡。听说王约的事情后，刘敏中明确表示："使约无罪而被劾，吾固不当出；诚有罪耶，则我既为同僚，又为交友，不能谏止，亦不无过也。"在御史台任监察御史的赵世延，亦与五位同僚一起

---

① 《元史》卷120《亦力撒合传》。
② 《元史》卷20《成宗纪三》。
③ 《元史》卷172《程钜夫传》。

弹劾桑哥,上书被桑哥党羽赵国辅扣留,并告知桑哥,五位同僚都受到打击和排挤,只有赵世延幸免。"时桑哥秉政擅权,势焰熏灼,人莫敢言",任淮西江北道提刑按察使的千奴乘入朝的机会见忽必烈于柳林,极陈桑哥罪状,引起了忽必烈的注意。①

至元二十七年八月,北京路发生大地震,"地陷,黑沙水涌出,人死伤数十万";"武平尤甚,压死按察司官及总管府官王连等及民七千二百二十人,坏仓库局四百八十间,民居不可胜计"。忽必烈当时正从上都返回大都,特别派遣阿鲁浑萨理快速返回大都,召集集贤院和翰林院人员讨论发生天灾的原因,"议者畏忌桑哥,但泛引《经》、传及五行灾异之言,以修人事、应天变为对,莫敢语及时政"。桑哥派遣忻都及王济等理算天下钱粮,此时已经征入数百万,未征者还有数千万,"害民特甚,民不聊生,自杀者相属,逃山林者,则发兵捕之,皆莫敢沮其事"。赵孟頫与阿鲁浑萨理私交甚深,乃建议他向忽必烈上奏采用大赦天下和钩考钱粮尽数蠲除的方法,可以弭天变之灾。阿鲁浑萨理向忽必烈转述了赵孟頫的建议,被忽必烈所采纳,大赦天下的诏书写好后,桑哥怒指这一定不是皇帝的本意,赵孟頫则表示:"凡钱粮未征者,其人死亡已尽,何所从取? 非及是时除免之,他日言事者,倘以失陷钱粮数千万归咎尚书省,岂不为丞相深累耶!"桑哥勉强接受了这一说法,并于当年九月正式发出了"赦天下"的诏书。这一诏书的颁布,实际上标志着钩考的终止。②

至元二十八年正月,为揭露桑哥的罪行,赵孟頫特别对忽必烈的近侍彻里说:"帝论贾似道误国,责留梦炎不言,桑哥罪甚于似道,而我等不言,他日何以辞其责!然我疏远之臣,言必不听,侍臣中读书知义理,慷慨有大节,又为上所亲信,无逾公者。夫损一旦之命,为万姓除残贼,仁者之事也。公必勉之!"彻里乃向忽必烈具陈桑哥奸贪误国害民状,辞语激烈,所指控的内容主要是"桑哥为相,引用党与,钩考天下钱粮,凡昔权臣阿合马积年负逋,举以中书失征奏,诛二参政。行省乘风,督责尤峻。主无所偿,则责及亲戚,或逮系邻党,械禁榜掠。民不胜其苦,自裁及死狱者以百数"。忽必烈大怒,认为彻里毁诋大

---

① 《元史》卷134《和尚传》,卷178《王约传》《刘敏中传》,卷180《赵世延传》。
② 《元史》卷16《世祖纪十三》,卷50《五行志一》,卷130《阿鲁浑萨理传》,卷172《赵孟頫传》。

臣，有失礼体，命手下人抽打其脸颊，彻里则明确表示："臣与桑哥无仇，所以力数其罪而不顾身者，正为国家计耳。苟畏圣怒而不复言，则奸臣何由而除，民害何由而息！且使陛下有拒谏之名，臣窃惧焉。"①尚书平章政事也速答儿则向怯薛太官月赤察儿报告了桑哥的各项恶行，请求他出面弹劾桑哥，月赤察儿即在忽必烈面前"口伐大奸，发其蒙蔽"②。近侍都起而攻击桑哥，使忽必烈认识到了问题的严重性，急忙召见亲信大臣不忽木，向他询问桑哥是否为奸佞之臣。不忽木认为："桑哥壅蔽聪明，紊乱政事，有言者即诬以他罪而杀之。今百姓失业，盗贼蜂起，召乱在旦夕，非亟诛之，恐为陛下忧。"忽必烈乃明确表示："朕过听桑哥，致天下不安，今虽悔之，已无及矣。"忽必烈终于下决心要处理桑哥了。③

（七）终结权奸蠹政后的有限反省

至元二十八年正月，忽必烈下令罢免桑哥等人的职务，以太子右詹事完泽为尚书右丞相，翰林学士承旨不忽木为平章政事，诏告天下。二月，忽必烈特别对御史大夫玉昔帖木儿下令："屡闻桑哥沮抑台纲，杜言者之口；又尝捶挞御史。其所罪者何事，当与辩之。"桑哥等人持御史李渠等已刷文卷至，令侍御史杜思敬等勘验辩论，"往复数四，桑哥等辞屈"。此时忽必烈已在巡幸上都的路上，"复召御史台及中书、尚书两省官辩论桑哥之罪"。尚书省官员执卷奏道："前浙西按察使只必，因监烧钞受赃至千锭，尝檄台征之，二年不报。"杜思敬回答："文之次第，尽在卷中，今尚书省拆卷持对，其弊可见。"速古儿赤阁里抱卷至前报告："用朱印以封纸缝者，防欺弊也。若辈为宰相，乃拆卷破印与人辩，是教吏为奸，当治其罪。"忽必烈认可阁里的说法，责备御史台官员："桑哥为恶，始终四年，其奸赃暴著非一，汝台臣难云不知。"御史中丞赵国辅答道："知之。"忽必烈乃问："知而不劾，自当何罪？"杜思敬等表示："夺官追俸，惟上所裁。"最后由御史大夫玉昔帖木儿提出了"台臣久任者当斥罢，新者存之"的建议，被忽必烈所采纳，并下令将要束木逮捕，由湖广押送京城，并查抄桑哥和要束木等人的家产。三月，桑哥妻弟燕南宣慰使八吉因受贿罪被处死，并下令拆毁

---

① 《元史》卷130《彻里传》，卷172《赵孟頫传》。
② 《元史》卷119《月赤察儿传》。
③ 《元史》卷130《不忽木传》。

《桑哥辅政碑》。①

至元二十八年五月，忽必烈派遣脱脱、塔剌海、忽辛三人前往江南，追究僧官江淮总摄杨琏真加等盗用官物事项。新接受任命的中书省官员麦术丁和崔彧一同上书，不仅要求严格追究桑哥党羽，还建议立刻纠正桑哥带来的各种弊政。

> 近者桑哥当国四年，中外诸官，鲜有不以贿而得者。其昆弟故旧妻族，皆授要官美地，唯以欺蔽九重、朘削百姓为事。宜令两省严加考核，凡入其党者，皆汰逐之。其出使之臣及按察司官受赇者，论如律，仍追宣敕，除名为民。
>
> 桑哥所设衙门，其闲冗不急之官，徒费禄食，宜令百司集议汰罢，及自今调官，宜如旧制，避其籍贯，庶不害公。又大都高赀户，多为桑哥所容庇，凡百徭役，止令贫民当之。今后徭役，不以何人，宜皆均输，有敢如前以贿求人容庇者，罪之。又，军、站诸户，每岁官吏非名取索，赋税倍蓰，民多流移。请自今非奉旨及省部文字，敢私敛民及役军匠者，论如法。又，忽都忽那颜籍户之后，各投下毋擅招集，太宗既行之，江南民为籍已定，乞依太宗所行为是。②

忽必烈接受了他们的建议，下令将要束木押送到湖广行省处死，"以桑哥罪恶系狱按问"，并罢尚书省，六部复归中书省，行尚书省也恢复了行中书省的名称，"以政事悉归中书省，仍遣使布告中外"。七月，忽必烈下令将桑哥处死。③

曾在尚书省与桑哥共事的阿鲁浑萨理和马绍都受到牵连，前者被抄没家产，后者被免职，等待处置。忽必烈特别向阿鲁浑萨理问道："桑哥为政如此，卿何故无一言？"阿鲁浑萨理回答："臣未尝不言，顾言不用耳。陛下方信任桑哥甚，彼所忌独臣，臣数言不行，若抱柴救火，只益其暴，不若弥缝其间，使无伤国家大本，陛下久必自悟也。"忽必烈认为阿鲁浑萨理说得有道理，下令不再追究其罪责，并

---

① 《元史》卷16《世祖纪十三》，卷205《桑哥传》。
② 《元史》卷173《崔彧传》。
③ 《元史》卷16《世祖纪十三》。

给还了其家产。① 在审核桑哥案件时，"迹其所尝行赂者，索其籍阅之"，没有发现马绍的名字，忽必烈乃明确指示："马左丞忠洁可尚，其复旧职。"②

至元二十八年七月，扬州路学正李淦向忽必烈上书，要求追查叶李党附桑哥的罪责。

> 叶李本一黥徒，受皇帝简知，可为千载一遇。而才近天光，即以举桑哥为第一事；禁近侍言事，以非罪杀参政郭佑、杨居宽；迫御史中丞刘宣自裁，锢治书侍御史陈天祥，罢御史大夫门答占、侍御史程文海，杖监察御史；变钞法，拘学粮，征军官俸，减兵士粮；立行司农司、木绵提举司，增盐酒醋税课，官民皆受其祸。尤可痛者，要束木祸湖广，沙不丁祸江淮，灭贵里祸福建。又大钩考钱粮，民怨而盗发，天怨而地震，水灾洊至。尚赖皇帝圣明，更张政化。人皆知桑哥用群小之罪，而不知叶李举桑哥之罪。叶李虽罢相权，刑勠未加，天下往往窃议，宜斩叶李以谢天下。

忽必烈特别下诏召李淦到大都，待李淦抵达京城时，叶李已经病死，所以不再追究其责任，而是任李淦为江阴路教授，以旌表其直言。③

至元二十八年十一月，有监察御史上言："沙不丁、纳速剌丁、灭里、乌里儿、王巨济、杨琏真加、沙的、教化的皆桑哥党与，受赃肆虐，使江淮之民愁怨载路，今或系狱，或释之，此臣下所未能喻。"忽必烈乃表示："桑哥已诛，纳速剌丁灭里在狱，唯沙不丁朕姑释之耳。"十二月，御史台官员上言："钩考钱谷，自中统初至今余三十年，更阿合马、桑哥当国，设法已极，而其余党公取贿赂，民不堪命，不如罢之。"忽必烈接受了这一建议。至元二十九年二月，玉昔帖木儿等人上言："纳速剌丁、灭里、忻都、王巨济党比桑哥，恣为不法，楮币、铨选、盐课、酒税，无不更张变乱之。衔命江南理算者，皆严急输期，民至嫁妻卖女，祸及亲邻。维杨、钱塘，受害最惨，无故而陨其生五百余

---

① 《元史》卷130《阿鲁浑萨理传》。
② 《元史》卷173《马绍传》。
③ 《元史》卷16《世祖纪十三》。卷173《叶李传》。

人。其初士民犹疑事出国家，今乃知天子仁爱元元，而使民至此极者，实桑哥及其凶党之为，莫不愿食其肉。臣等议，此三人既已伏辜，乞依条论坐以谢天下。"忽必烈乃下令将三人处死。但是对于掘挖宋帝陵的杨琏真加，尽管"省台诸臣乞正典刑以示天下"，忽必烈则明确表示了不将其处死的态度，还给还了其被抄没的土地和人口，并于至元三十年二月任命杨琏真加之子宣政院使暗普为江浙行省左丞，五月才下令，"以江南民怨杨琏真加，罢其子江浙行省左丞暗普"。至元二十九年五月，中书省官员曾上言："妄人冯子振尝为诗誉桑哥，且涉大言，及桑哥败，即告词臣撰碑引谕失当，国史院编修官陈孚发其奸状，乞免所坐，遣还家。"忽必烈即表示："词臣何罪！使以誉桑哥为罪，则在廷诸臣，谁不誉之！朕亦尝誉之矣。"忽必烈只是下诏为杨居宽、郭佑死非其罪而平反，给还其家资，并以此作为对桑哥事件处理的终结。①

忽必烈对于桑哥事件的反省，只是认识到了被桑哥所欺骗，过于听信桑哥的花言巧语。他始终没有承认自己在用人方面的重大失误，不仅是要维护君主的面子，还要着意掩盖的，恰是不断膨胀的"营利于天下"的观念。

三　难以摆脱的财政困局

忽必烈之所以先后重用阿合马、卢世荣和桑哥，一个重要的原因是要解决入不敷出的财政问题，但是在重增收、轻节支的思想主导下，只能使财政吃紧的问题愈演愈烈。②

（一）成倍增长的财政收入

忽必烈在位前期，北方的税粮每年已在100万石以上。全国统一之后，增加了江南地区的税粮后，每年的税粮应已增长到500万石以上。每年通过漕运由江南地区运到北方的税粮，由最初的4万石增加到了150万石以上，在至元二十七年达到了最高水平的1595000石。科差的收入，按照至元四年的统计，丝是1096489斤，包银78126锭，后来在北方地区大致维持的是与之接近的水平。江南地区不征收科差，但是要按照每一万户出钞一百锭的标准，征收江南户钞。按照至元二十七年

---

① 《元史》卷16《世祖纪十三》，卷17《世祖纪十四》。
② 本节所记忽必烈后期的财政情况，均引自陈高华、史卫民《中国经济通史·元代经济史》，第751—780页。

"江南括户"的结果,江南地区的民户为11840800户,江南户钞的总额应在11万锭以上。

财政收入的重头戏是课程收入。其中盐课所占比例最大,到忽必烈在位的后期,盐课的年收入已经达到170万锭以上。茶课的收入,则由至元十三年的1200余锭,上升到至元二十六年的4000锭。酒醋课的年收入在20万锭至25锭之间,商税的收入到至元二十六年已增加到45万锭。

如前所述,卢世荣在至元二十二年正月所说天下岁课钞的总收入932600锭,所依据的应是至元二十一年的收入统计数据。卢世荣自夸他能够将朝廷的年收入提升到300万锭以上,由于他的迅速倒台未能实现,但是忽必烈重用桑哥后,这样的快速增收目标已经实现,至元二十九年的财政收入是2978305锭。也就是说,在短短几年内,财政收入增长了两倍,还不包括钩考带来的收入,因为桑哥倒台后,大规模的钩考已经终止,当年所统计的是正常的年度赋税收入。

(二)收不抵支的庞大财政支出

忽必烈在位后期,财政支出快速增长,朝廷的正常开支,如支付官员俸禄和保证各级官府正常运行等支出,只是小幅增长,因为朝廷多年实行的是官吏"薄俸"方法,并且专门将官吏的"俸钞"作为一种赋税,从民户中征缴后按月支付给官吏。支出快速增长的,主要有以下三项。

一是军费开支。忽必烈在位后期的军费开支主要包括养军、赏赐战功、战争三大类别。在养军方面,地方镇戍军队和中央的侍卫亲军由于实行的是军户自赡制度,财政支出主要是军官的俸钱,每年应在10万锭左右。更主要的养军支出是供养庞大的怯薛组织。按照规定,怯薛的定员为一万人,每人每年给钞80锭,一年的支出就是80万锭。但是怯薛的人员不断扩张,总人数超过了四万人,"每岁所赐钞币,动以亿万计,国家大费每弊于此焉",所以朝廷不断有沙汰怯薛人员的举动。在赏赐战功方面,没有一定的标准,尤其是对有功军官的赏赐,多者可得万锭、千锭,少的也要几十锭;士兵的赏赐,至元二十五年平定乃颜叛乱后,每人赐钞2—3锭,战死者给其家属10锭,共计赐钞41425锭。战争费用则是军费支出最多的一类费用,"军旅一兴,费糜钜万",无论是进攻日本、安南等,还是平定各种叛乱,都造成了巨大的财政开支。

二是工程建造开支。忽必烈在位前期基本完成了大都和上都两个都城的建造工程,在位后期主要是都城的维修和增建工程,需要一定的开支。但是在各地建立皇家寺院,尤其是在南宋故都建立寺院,需要财政开支,忽必烈即同意以挖掘帝陵所得应付,已见前述。大规模兴修水利工程,亦需要大量的支出。如为了开通南北大运河而实施的会通河工程,就役工 2510748,"出楮币一百五十万缗,米四万石,盐五万斤,以为佣直",就是当时的一项较大开支。

三是赐赍支出。忽必烈在全国统一之后依然维持了岁赐的方法,每年按标准赐给蒙古诸王、贵族钱钞等。至元二十五年未颁发岁赐,是因为不少蒙古宗王参与了乃颜的叛乱,所以只给支持忽必烈的宗王赏赐,共赏赐金 1700 两,银 3047 锭,钞 11000 锭,段 43900 匹,绢 9598 匹,绵 8320 斤,丝 10000 两。至元二十六年按岁例颁发的岁赐,则是金 2000 两,银 252630 两,钞 110290 锭,币 122800 匹。除了岁赐之外,还有额外的赏赐,即所谓的"横赐",更是难以计数。赐赍的不断增加,已经成为财政的一个重要负担。

(三)量入为出理念的缺失

财政支出的快速增长带来的"入不敷出"的财政状况,忽必烈在位前期已经呈现其苗头,如魏初在至元九年七月的奏章中已经指出:"今计国家宫室廪禄之费,宗藩岁赐之常,加以南图江汉、西镇川蜀、东抚高丽而来日本,岁不下累万计。求其所出,不自天来,出于百姓而已。若百姓富,实何求不获,何事不成。苟一旦耗损,则流亡寇盗,靡所不至。"① 全国统一之后,财政吃紧的情况更为严峻。如至元二十四年二月,中书省官员上言:"自正旦至二月中旬费钞五十万锭,臣等兼总财赋,自今侍臣奏请赐赍,乞令臣等预议。"忽必烈即明确表示:"此朕所当虑。"② 至元二十六年,支出与收入之间的差距已经达到一百万锭的水平,已见前述。至元二十九年十月,完泽等人上言:"一岁天下所入,凡二百九十七万八千三百五锭,今岁已办者才一百八十九万三千九百九十三锭,其中有未至京师而在道者,有就给军旅及织造物料馆传俸禄者,自春至今,凡出三百六十三万八千五百四十三锭,出数已逾

---

① 魏初:《奏议》,《青崖集》卷 4(《全元文》第 8 册,第 431 页)。
② 《元史》卷 14《世祖纪十一》。

入数六十六万二百三十八锭矣。"① 也就是说，每年有巨大的财政支出缺口，在至元二十四年以后已经成为常态现象。

为解决朝廷面临的财政困局，有人明确提出了"量入为出"的要求，如王恽就在至元二十九年提出了以下建议。

> 夫一世之财，足周一世之用，不必专丰其财，去其害财者可也。今国家财赋，方之中统初年，岁入何啻倍蓰，而每岁经费终不阜赡者，岂以事胜于财，过有所费故也。为今之计，正当量入为出，以过有举作为戒。除飨宗庙、供乘舆、给边备、赏战功、救荒岁外，如冗兵、妄求、侉食、冗费、及不在常例者，宜检括一切，省减以丰其财。财丰事胜，食足气充，以攻则取，以战则胜，以柔则服，将何为而不成，何求而不获。古之善为国者，君不必富，富藏于民，故用虽多而取不竭。孔子曰："百姓足，君孰与不足？"此之谓也。且财非天来，皆自民出，竭泽焚林，其孰御之？但力屈财殚，非所以养民而强国也。昔日金世宗，诸王有以不给而请告者，世宗曰："汝辈何欤！殊不知府库之财乃百姓之财耳，我但总而主之，安敢妄费。"迄今称说，以为君人至言，可不鉴哉！②

胡祗遹则不仅明确指出了朝廷存在的"一岁会计无量入为出之数"的弊病，③ 还从反对奸臣聚敛的角度，说明朝廷的财政问题已经到了严重影响民众生活的地步。

> 《传》曰："与其有聚敛之臣，宁有盗臣。"然则为大臣而务聚敛，见弃于圣人，见疾于天下，见绝于后世，直比以为盗，聚敛之恶，其可为也哉。以今观之，欲为聚敛，而材不能济其恶，智不能遂其奸，负盗臣之名，而实非穿窬之杰，何则？古之聚敛之臣，财聚于上，民怨于下，犹能使国富兵强，帑藏充实，而施为遂意。如秦之商鞅尚功趋利，汉之桑弘羊、唐之刘晏笼络盐铁，使富商大贾

---

① 《元史》卷17《世祖纪十四》。
② 王恽：《上世祖皇帝论政事书》，《秋涧先生大全文集》卷35（《全元文》第6册，第17—18页）。
③ 胡祗遹：《时政》，《紫山大全集》卷22（《全元文》第5册，第569页）。

不得其利，农民不被其害。宋王荆公立新法，青苗助役。又刘晏之罪人，尚以巧取暗夺，日削月消，使民陷于贫瘠，罪戾而不自知，聚敛之恶至此可为极矣。今之聚敛则不然，不规画，不会计，不知生财之道，取财之方，不量民力之重轻，田力之厚薄，水旱疾疫，殍饿流亡，举不知之，直挟朝廷之威，而督责号令，白取于民。今岁赋税百万缗石，来岁加倍，来岁又加倍，正如竭泽而渔，于我何有。牛山之木，旦旦而伐，使天地生息之仁不能相继，尚不知惧，自以为忠勤。吁，悲夫。照勘近年费用日广，丝银、宣课、税粮，民力困敝，不敢增加。常遇丰年，蚕麦大熟，尽力办集，尚有逋欠，量入为出之法，既不敢裁减，审天下之大计者，宜如何哉。将坐视帑藏之空乏，而加征已困之民欤？抑当立法以救欤？①

忽必烈显然听不进"量入为出"的建议，因为他要用各种开支保证国家的正常运转，尤其是要用各种供养和赏赐的方法来笼络人心，所以根本未把"节约开支"的问题放在心上。解决财政困局的方法，或是开源，或是节流，不愿意节流，就只能依靠开源了。在开源已经接近极致水平但依然无法满足支出需求的状态下，忽必烈及其臣僚不得不采取节制赏赐的要求，如至元三十年二月中书省官员上言："今岁给饷上都、大都及甘州、西京，经费浩繁，自今赏赐悉宜姑止。"忽必烈采纳了这一建议。但这只是临时的限制赏赐措施，当年除了依然按照岁例给蒙古宗王、贵族颁发岁赐外，还有"赐诸臣羊马价，钞四十三万四千五百锭、币五万五千四百一十锭"的大项赏赐支出。② 不能有效地控制赏赐，财政困局难以缓解，已经老迈的忽必烈显然已经无力解决这一问题了，只能将其留给后继的皇帝去解决。

第三节　内外战争体现的重武观念

全国统一之后，忽必烈并没有"偃兵息武"，而是发动了一系列的军事行动。由此带来了两类战争，一类是国内的平叛战争，另一类是国外的征服战争。尽管两类战争的性质有所不同，但所体现的都是忽必烈

---

① 胡祗遹：《论聚敛》，《紫山大全集》卷22（《全元文》第5册，第558—559页）。
② 《元史》卷17《世祖纪十四》。

依然保持的强烈重武观念。

一 维系统一的用兵观念

忽必烈确立了大一统的政治格局之后,重点防范的是蒙古宗王的反叛以及江南地区的各种反抗行为,并为此采用了严格的武器控制方法。①

(一) 对西北蒙古宗王的战争

忽必烈在即位初年击败阿里不哥后,保留了蒙哥、阿里不哥后人的蒙古宗王地位,并派遣皇子那木罕以北平王的身份出镇西北,管辖玉龙答失、昔里吉、阿速带(均为蒙哥之子)、药木忽儿、明里帖木儿(均为阿里不哥之子)、脱脱木儿(忽必烈弟岁哥都之子)等宗王。乘元军大举南下攻宋的机会,脱脱木儿于至元十三年秋季首先率部叛乱,昔里吉、明里帖木儿等起而响应,拘捕在西北镇守的那木罕、安童等人,送往窝阔台后人海都处,希望联合东、西道蒙古宗王一同起兵反对忽必烈,海都和东道宗王不从。昔里吉等叛王在占领和林后,于至元十四年春季分兵东进,在应昌(今内蒙古阿巴哈纳尔旗南)的弘吉剌部首领只儿瓦台举兵响应叛军。忽必烈先派军击败弘吉剌部的军队,擒获只儿瓦台,随即以伯颜率领的从江南调回来的军队在斡耳寒河(今鄂尔浑河)与叛军决战,叛军大败。至元十五年,元军收复和林。此后两年元军在漠北连续出击,占领了谦河流域的谦州、益兰州等地。至元十八年,叛军发生内讧,脱脱木儿被杀,昔里吉、药木忽儿等人被擒,蒙哥、阿里不哥后王的叛乱到至元二十年全部平定。

西部地区的察合台后人笃哇借助昔里吉的叛乱,与海都建立了联盟关系,希望扩充窝阔台、察合台两个汗国的势力范围。至元十八年海都率兵进攻斡端(今新疆和田),元军于至元十九年退出斡端。至元二十二年和二十三年,海都、笃哇的联军击败在西北防御的元军,占领别失八里(今新疆奇台)、火州(今新疆吐鲁番)等军事重镇。忽必烈派伯颜到西北统率元军,改变作战方略,放弃对斡端等地的争夺,集中兵力于畏兀儿之地,力保天山南北地区。海都、笃哇不得不退出别失八里、火州等地,把进攻方向转到漠北地区。至元二十六年六月,海都、笃哇

---

① 本节所述战争的详细情况,见史卫民《中国军事通史》第14卷《元代军事史》,第377—385页。

联军在杭海山（今杭爱山）大败元军，乘胜占领和林。七月，忽必烈调集大军亲征漠北，海都、笃哇闻讯后远遁，忽必烈于闰十月返回大都，留伯颜在和林主持军务。伯颜采取谨守边陲的方略，加强在和林、称海（今阿尔泰山北）乃至畏兀儿地区的防务，并不主动出击。这种做法遭到朝内大臣的非议，忽必烈乃于至元二十九年命玉昔帖木儿代伯颜总军于漠北。玉昔帖木儿至和林后，马上调集军队进攻在按台山（今阿尔泰山）的海都军，将其击溃，并于次年攻入谦河流域，占领益兰州等地。到忽必烈去世时，海都的势力已经被逐出按台山之外，笃哇的势力被遏制在别失八里、火州之西，为抵御西北叛王战争的全胜奠定了重要的基础。

需要注意的是，在与西北蒙古宗王的冲突中，忽必烈特别强调了和睦亲族的基本原则。在海都反叛后，忽必烈明确表示："朕以宗室之情，惟当怀之以德。"他派遣乃蛮人铁连作为使者，联络拔都等术赤系宗王，拔都也明确表示："祖宗有训，叛者人得诛之。如通好不从，举师以行天罚，我即外应掩袭，则绝不难矣。"对于铁连出色完成出使任务，忽必烈给予了高度的评价："有铁连，则朕之宗族将不失和矣。"①

（二）平定东道宗王的叛乱

忽必烈即位时得到了以塔察儿为首的东道蒙古宗王的支持，作为回报，忽必烈不仅每年颁发给东道宗王大量的赏赐，还给予他们管理辽东和兼控高丽的特权。在西北蒙古宗王叛乱后，忽必烈加强了对东道宗王的控制，引起塔察儿孙乃颜等人的不满，他们积极联络西北宗王，准备发起更大规模的反叛战争。

至元二十一年，北京宣慰使亦力撒合向忽必烈密报乃颜"有异志"，请求预作准备。忽必烈乃于至元二十三年二月下令设立东京行省，秘密调集军用物资和粮草，准备大军出征。至元二十四年二月，乃颜派遣使者在东道各部征兵，忽必烈严令各部不得发兵，并调集京城的侍卫亲军准备出征。驻守按台山的钦察卫都指挥使土土哈发现在漠北驻军的东道宗王胜纳合儿、也不干等准备与乃颜一同起兵，乃率军突袭其驻地，将其军击溃，切断了东道宗王与西北叛王的联络通道。

至元二十四年四月，乃颜会集胜纳合儿、也不干、失都儿、哈丹等

---

① 《元史》卷134《铁连传》。

东道宗王的军队，公开举兵叛乱。五月，忽必烈率军亲征，六月击溃乃颜军主力，乃颜被擒杀。七月，元军又击败失都儿等残军，八月忽必烈返回上都后，仍留军队继续追剿东道宗王的残余力量，失都儿、哈丹等人相继投降。

至元二十五年年初，驻于哈剌温山（今大兴安岭）的东道宗王火鲁火孙等人又举兵反叛，哈丹等乘机再起，与其联合对抗元军。当年三月，忽必烈命东北各军进讨叛军，并于四月以皇孙铁穆耳统帅东北各军。经过两年的作战，叛军大部分被消灭，哈丹于至元二十七年逃入高丽境内，元军亦追入高丽，在次年的作战中杀死哈丹子老的，哈丹势穷自杀，东道宗王的叛乱被彻底平定。

（三）压服江南等地的反抗

全国统一之后，江南等地区出现了多次反抗朝廷的所谓"叛乱"，有的是从宋末延续下来的抗元斗争，如至元十五年到二十一年的福建陈吊眼、许夫人、黄华起兵抗元；有的是农民起义，如至元十七年江西行省的杜万一利用白莲教组织起义，至元二十年到至元二十二年广东林桂芳、欧南喜的聚众起义，至元二十四年到二十八年的钟明亮等人集福建、江西、广东反抗力量的起义，至元二十六年浙江台州的杨镇龙起义等；有的是少数民族的反抗斗争，如至元十七年到至元二十年亦奚不薛（即水西，今贵州毕节地区）彝民的抗元斗争；有的是带有宗教性质的抗争，如至元二十七年吐蕃必里公万户因反对萨斯迦教派的起兵。这些反抗都在朝廷调军"征剿"后被压服。忽必烈还曾对在南方任职的立智理威说："南人生长乱离，岂不厌兵畏祸耶？御之乖方，保之不以其道，故为乱耳。其归以朕意告诸将，叛则讨之，服则舍之，毋多杀以伤生意，则人必定矣。"① 也就是说，对于来自内部的反抗，忽必烈认识到了安抚的重要性，不能只依赖于武力镇压。

为了加强对全国的控制，忽必烈了推行了四等人制，将臣民按照民族划分为蒙古人、色目人、汉人、南人四等，在仕进方面蒙古人、色目人受到优待，并为蒙古人、色目人提供了远优于汉人、南人的法律保障措施。② 在这样的民族歧视和民族压迫政策下，全国统一后更强调了对武器的控制，尤其是禁止汉人和南人执把兵器。如至元十六年明确要求

---

① 《元史》卷120《立智理威传》。
② 四等人的民族构成，详见陈高华、史卫民《中国经济通史·元代经济史》，第44—45页。

除各地达鲁花赤、打捕户及巡捕弓手可以执把军器外，一律禁断军器弓箭；至元十九年，"申严汉人军器之禁"；至元二十三年，"敕中外，凡汉民持铁尺、手挝及杖之藏刃者，悉输于官"；至元二十六年，"禁江南民挟弓矢"；至元二十七年，"禁汉人（包括南人）执兵器出猎及习武艺"。严格禁止汉人、南人私藏和使用兵器，目的是防止各地的反抗斗争，但其收效甚微，反而给民间带来了诸多的不便。①

二 远征日本体现的急缓之争

忽必烈在位期间曾三次部署对日本的进攻，但真正付诸实施的只有两次，一次是试探性进攻，另一次则遭受惨败，并由此带来了朝廷内部关于用兵急缓的争论。②

（一）第一次征日本时未被采纳的缓兵建议

至元七年十二月，忽必烈派遣赵良弼为国信使，出使日本。至元九年二月，赵良弼派人携日本使者至大都，他本人则于至元十年六月才返回大都。忽必烈当时已经有派军远征日本的意向，多次向赵良弼征求意见，赵良弼即明确表示："臣居日本岁余，睹其民俗，狠勇嗜杀，不知有父子之亲、上下之礼。其地多山水，无耕桑之利，得其人不可役，得其地不加富。况舟师渡海，海风无期，祸害莫测。是谓以有用之民力，填无穷之巨壑也，臣谓勿击便。"③王磐也指出："今方伐宋，当用吾全力，庶可一举殄灭。若复分力于东夷，恐旷日持久，功卒难成。俟宋灭，徐图之未晚也。"④

忽必烈并未听从赵良弼和王磐的意见，而是发动了第一次进攻日本的战役。至元十一年三月，忽必烈命凤州经略使忻都、高丽军民总管洪茶丘等人率领屯田军、女直军和水军一万五千人、大小战船九百艘征日本。征日本的军队原计划七月出发，但实际出发的时间为八月，于十月占领对马、一岐、宜蛮等岛。由于"官军不整，又矢尽"，不得不撤军，第一次征日本无功而返。⑤

---

① 史卫民：《中国军事通史》第14卷《元代军事史》，第359—361页。
② 《元史》卷208《外夷传一·日本》。本节引文未注明出处者，均来自此传。
③ 《元史》卷7《世祖纪四》，卷8《世祖纪五》，卷159《赵良弼传》。
④ 《元朝名臣事略》卷12《王磐事略》，第245页。
⑤ 《元史》卷8《世祖纪五》，卷154《洪福源传》。

（二）第二次征日本时未受重视的战败预言

至元十二年二月，忽必烈又派遣杜世忠、何文著等人出使日本。至元十七年二月，国使杜世忠等人被杀，征东元帅忻都、洪茶丘请求率兵攻日本，经过朝臣的廷议，认为只以驻扎在高丽的军队出征难以取胜，要求忻都、洪茶丘暂缓出征。六月，忽必烈召见范文虎，讨论征日本事宜。七月，"诏括前愿从军者及张世杰溃军，使征日本；命范文虎等招集避罪附宋蒙古、回回等军"。八月，高丽国王王睶前来朝觐忽必烈，并表示愿意出兵三万助征日本，忽必烈即任命范文虎、忻都、洪茶丘为日本行中书省右丞，李庭、张拔突为参知政事，准备大举进攻日本。江西行省参知政事贾居贞"极言民困，如此必致乱"，准备入朝奏罢征日本之军，未及成行即因病去世。十月，命范文虎率兵十万出征日本，忻都、洪茶丘率兵四万相助，"赐右丞洪茶丘所将征日本新附军钞及甲"。范文虎所率军队由庆元、定海等处出发，忻都、洪茶丘所率军队由高丽金州合浦出发，两军渡海后将在一岐、平户等岛合兵登岸。十二月，"高丽国王王睶领兵万人、水手万五千人、战船九百艘、粮一十万石，出征日本，给右丞洪茶丘等战具、高丽国铠甲战袄。谕诸道征日本兵取道高丽，毋扰其民"。

至元十八年正月，忽必烈召阿剌罕、范文虎、囊加带等人一起入见，对进攻日本的军事行动作具体部署。二月，出征日本的将领向忽必烈辞行，忽必烈又明确指示："始因彼国使来，故朝廷亦遣使往，彼遂留我使不还，故使卿辈为此行。朕闻汉人言，取人家国，欲得百姓土地，若尽杀百姓，徒得地何用。又有一事，朕实忧之，恐卿辈不和耳。假若彼国人至，与卿辈有所议，当同心协谋，如出一口答之。"由于阿剌罕突然患病不能出征，忽必烈又命阿塔海作为全军的最高统帅。

在征日大军准备出发时，河南行省右丞昂吉儿向忽必烈陈言："臣闻兵以气为主，而上下同欲者胜。比者连事外夷，三军屡衄，不可以言气，海内骚然，一遇调发，上下愁怨，非所谓同欲也，请罢兵息民。"[①]王磐也指出："日本岛夷小国，海道险远，胜之则不武，不胜则损威，不伐为便。"由于忽必烈已经下决心出军，特别对王磐说："此在吾国法，言者不赦，汝有它心而然耶？"王磐回答道："臣赤心为国，故敢

[①] 《元史》卷132《昂吉儿传》。

有言。若有它心，向者何为从叛乱之地冒死归国乎？切臣八十之年，又无子息，有它心欲何为耶！"①忽必烈听不进他们的谏言，一意孤行地开启了对日本的大规模进攻。

至元十八年二月，远征日本的军队陆续出发。六月至七月，先后占领巨济等岛屿，准备进攻对马岛上的日本首府。八月初，遭遇飓风袭击，水军船只大多损毁，主要将领乘好船逃走，将十余万军士遗弃在岛上，成为日本人的俘虏并大多被杀。大军惨败的原因，恰是忽必烈所担心的将帅失和，迟疑不决，丧失了有利的登陆时机。忽必烈本来准备尽罢大小将校，接替范文虎统军的刘国杰指出："罪在元帅耳，倘蒙圣慈，复诸将之职，彼必人人思奋，以雪前耻矣。"忽必烈乃命诸将都隶于刘国杰麾下，准备新一次的征日本战争。②

（三）国内安全为上理念终止第三次征日本

第二次征日本失败后，忽必烈一方面要安抚败军和加强对日本的防御，于至元十八年九月和十月"赐范文虎所部将士羊马、衣服、币帛有差"，"赐征日本将校衣装、币帛、靴帽等物有差"；十一月则下令"高丽国、金州等处置镇边万户府，以控制日本"，"敕征日本回军后至者分戍沿海"；十二月罢日本行中书省。另一方面，忽必烈要发动第三次征日本的军事行动，于至元十九年七月允许高丽国造船一百五十艘，九月则下令平滦、高丽、耽罗及扬州、隆兴、泉州共造大小船三千艘，为大规模的渡海作战预作准备。至元二十年正月，预备征日本军粮，令高丽国备二十万石。四月，忽必烈命令枢密院集军官讨论征日本事宜。五月，忽必烈决定启动征日本的军事行动，设立征东行中书省，以高丽国王与阿塔海共掌行省事宜。③

对于忽必烈又要出动大军征日本，不少人明确提出了反对意见，如御史中丞崔彧就特别指出准备进攻日本，已经在江南地区引起骚动，恐酿成大变，应暂时终止这一行动。

江南盗贼，相挺而起，凡二百余所，皆由拘刷水手与造海船，

---

① 《元朝名臣事略》卷12《王磐事略》，第246页。
② 《元史》卷11《世祖纪八》，卷153《贾居贞传》，卷162《刘国杰传》，卷165《张禧传》，卷166《楚鼎传》。
③ 《元史》卷11《世祖纪八》，卷12《世祖纪九》。

> 民不聊生，激而成变。日本之役，宜姑止之。又江西四省军需，宜量民力，勿强以土产所无。凡给物价与民者，必以实，召募水手，当从其所欲，伺民气稍苏，我力粗备，三二年后，东征未晚也。

忽必烈认为崔彧是危言耸听，所以明确表示："尔之所言如射然，挽弓虽可观，发矢则非是矣。"①

江南行台御史大夫相威则明确指出，进攻日本要做好充分的准备，过急地采取行动，可能重蹈失败的覆辙。

> 倭不奉职贡，可伐而不可恕，可缓而不可急。向者师行迫期，战船不坚，前车已覆，后当改辙。今为之计，预修战舰，训练士卒，耀兵扬武，使彼闻之，深自备御。迟以岁月，俟其疲怠，出其不意，乘风疾往，一举而下，万全之策也。②

御史台官员魏初也明确表示，应该重视相威的上疏，暂缓征日本的军事行动。

> 二十年五月治书侍御史、行御史台御史大夫相威奏罢日本之役，奉旨不准。切详盗贼草窃，人民流困，加之饥馑，军旅勃兴，不胜搔动。相威所言，社稷生灵之福也。虽圣意时暂不允，本台自合执奏，至于再，至于三，期于便国便民而后已，则天光必有回照。③

王恽也在上书中强调，对日本应重于招抚而不是动兵，要特别注意先恩后兵的做法。

> 伏见方今圣德天覆，海宇一家，独以日本未沾王化，致烦征讨。窃详倭奴自后汉始通中国，多以义怀来，未闻专事征伐。盖限隔洋海数千里之远，此与彼接我，以众命先尝其险，呜呼殆哉。昔三苗来格，虞帝以修文为先，后倭始通光武，以广德为务。伏望圣

---

① 《元史》卷173《崔彧传》。
② 《元史》卷128《相威传》。
③ 魏初：《奏议》，《青崖集》卷4（《全元文》第8册，第438页）。

朝鉴法前代，先遣材辩绥远之臣，申之以文，告喻之以逆顺，柔以文德，结以恩信，使民见包荒不遐遗之意。若犹未至，然后兴师，未为晚也。此系国家大事，任责者宜悉心以明其利害。①

刘宣则详细叙述了两次征日本失败的教训，以及又征日本为民间带来的巨大灾难，明确要求终止进攻日本的军事行动。

近议复置征东行省，再兴日本之师。此役不息，安危系焉。至元初年，高丽赵开建言通日本以窥宋，数辈奉使，竟无成约，率只征伐，亦不收功。驱有用兵民，取无用地土，犹珠弹雀，已为失策。平宋之后，奸回擅权，卖官鬻爵，江南郡县，布满贪饕，削剥官民。既而要功生事之臣，倡言东征，轻用其谋，于江淮、两浙创造海船，斫伐寺观坟园树木殆尽，每株大木，不下三百人拖拽，逾山越岭，近者百里，方到船场，民间费用，过于木价十倍，夫匠死伤，不可殚纪。造作军器衣甲，百色物料，皆出于民，当役税户，多致破产。大兵既达海岸，不交一矢，风浪损船，委十数万于荒山，不为敌杀，则为饿殍，可为哀痛。死事之家，殊无优恤，主将仅以身免，朝廷宽宥，使输钱赎罪。天下知刑赏不行，何以惩劝使人效死？十九年冬，四处行省督诸路造胶河粮船一千支，又相继于江南、平滦造东征海船，江南骚动，过于向来。其平滦船料油竹棕藤，取于南方，纲运络绎，工匠牛畜死者相望。幸蒙停息，百姓疮痍未苏，军家老稚哭者未已，又议大举，恐民不堪。

日本海洋万里，疆土阔远，非（交趾、占城）二国可比。今次出师，动众履险，纵不遇风，可到彼岸，倭国地广，徒众猥多，彼兵四集，我师无援，万一不利，欲发救兵，其能飞渡耶？隋伐高丽，三次大举，数见败北，丧师百万。唐太宗以英武自负，亲征高丽，虽取数城而还，徒增追悔。且高丽平壤诸城，皆居陆地，去中原不远，以二国之众加之，尚不能克，况日本僻在海隅，与中国相悬万里哉！②

---

① 王恽：《便民三十五事》，《秋涧先生大全文集》卷90。
② 吴澄：《刘宣行状》，《吴文正公集》）卷88（《全元文》第15册，第352—353页）；《元史》卷168《刘宣传》。

如此多的人建议缓征日本，使忽必烈改变了立即发兵的决定，将征日本的准备时间拉长。至元二十年六月，"以征日本，民间骚动，盗贼窃发"，忽必烈特别下令增强江南地区的"御寇"力量，七月又诏谕阿塔海："所造征日本船，宜少缓之；所拘商船，其悉给还。"至元二十一年正月，忽必烈派王积翁等人出使日本，途中遇害，忽必烈亦未马上启动攻日战争，而是在二月命令阿塔海发兵万五千人、船二百艘助征占城。直到至元二十二年十月，忽必烈才再次下令立征东行省，以阿塔海为左丞相，刘国杰、陈岩为左丞，洪茶丘为右丞，统军征日本，并于十一月派遣阿八剌督江淮行省军需，察忽督辽东行省军需，"敕漕江淮米百万石，泛海贮于高丽之合浦，仍令东京及高丽各贮米十万石，备征日本"。按照忽必烈制订的计划，征日本的军队将于至元二十三年三月陆续出发，八月在合浦会合。但是至元二十三年正月，忽必烈突然宣布"以日本孤远岛夷，重困民力，罢征日本"。对于改变征日本决定的原因，忽必烈给出的解释是："日本未尝相侵，今交趾犯边，宜置日本，专事交趾。"[①] 使元军不至于陷入两面作战的困境，是终止对日战争的重要原因，但还有一个重要的因素，就是忽必烈担心在江南地区激起民变，因为他曾对阿塔海派来奏报攻日战争准备情况的管如德问道："江南之民，得无有二心乎？"管如德回答："往岁旱涝相仍，民不聊生，今累岁丰稔，民沐圣恩多矣，敢有贰志！使果有贰志，臣曷敢饰辞以欺陛下乎！"[②] 管如德的话显然并未打消忽必烈的疑虑，所以终止战争亦应有这方面的考虑。

三　出征安南、占城等地的失利

忽必烈在安排进攻日本的同时，亦在经略南海诸国方面投入了大量的兵力，并且同样遭受了重大的损失，但是被没有因此带来停兵息武的观念转变。

（一）四次征安南体现的大国耀武心态

安南又称交趾，即今越南北部地区。忽必烈对安南的用兵，共计有四次。[③]

---

① 《元史》卷12《世祖纪九》，卷13《世祖纪十》，卷14《世祖纪十一》，卷208《外夷传一·日本》。

② 《元史》卷165《管如德传》。

③ 《元史》卷209《外夷传二·安南》。本小节引文未注明出处者，均来自此传。

第一次是忽必烈率军灭大理后，留兀良合台镇守云南，宪宗七年（1257），兀良合台和阿术发兵攻入安南，毁其都城。次年，安南国主陈日煚传位给其长子陈光昺，陈光昺表示愿意归属于大国。

忽必烈即位后，于中统元年十二月发出了抚谕安南的诏书："祖宗以武功创业，文化未修。朕缵承丕绪，鼎新革故，务一万方。适大理国守臣安抚聂只陌丁驰驲表闻，尔邦有向风慕义之诚。念卿昔在先朝已尝臣服，远贡方物，故颁诏旨，谕尔国官僚士庶：凡衣冠典礼风俗，一依本国旧制。已戒边将不得擅兴兵甲，侵尔疆场，乱尔人民。卿国官僚士庶，各宜安治如故。"至元六年，忽必烈又向安南下诏谕以六事："一，君长亲朝；二，子弟入质；三，编民数；四，出军役；五，输纳税赋；六，仍置达鲁花赤统治之。"安南接受了元廷派来的达鲁花赤，但是其国主在接受皇帝诏书时不下拜，在元廷看来是轻慢天朝的举动。至元十二年，安南国主又上书请求罢达鲁花赤，被忽必烈拒绝。至元十四年，陈光昺去世，其世子陈日烜继任国主。忽必烈派遣使者带陈日烜来朝，陈日烜不从。至元十八年，忽必烈下令设立安南宣慰司，预作进攻安南的准备。

至元二十一年，元军以攻占城（今越南南部地区）为由，借道安南，并让陈日烜助军，被陈日烜拒绝，元军强行入境，成为第二次征安南的军事行动，并于次年占领安南都城。由于暑雨和疾病流行，元军死伤甚众，乃撤兵北还，安南军队乘机攻扰，元军重要将领唆都、李恒等先后战死。

忽必烈于至元二十三年正月下命再征安南，成为第三次征安南的军事行动。元军于五月进入安南境内，陈日烜弃都城遁走。对于如此仓促的起兵，臣僚纷纷提出了止兵的建议，如湖南宣慰司官员特别上书陈述了止兵的理由。

> 连岁征日本及用兵占城，百姓疲于转输，赋役烦重，士卒触瘴疠多死伤者，群生愁叹，四民废业，贫者弃子以偷生，富者鬻产而应役，倒悬之苦日甚一日。今复有事交趾，动百万之众，虚千金之费，非所以恤士民也。且举动之间，利害非一，又兼交趾已尝遣使纳表称籓，若从其请，以苏民力，计之上也。无已，则宜宽百姓之赋，积粮饷，缮甲兵，俟来岁天时稍利，然后大举，亦未为晚。

湖广行省臣官员线哥也特别遣使上奏章，支持湖南宣慰司的止兵建议。

> 本省镇戍凡七十余所，连岁征战，士卒精锐者疲于外，所存者皆老弱，每一城邑，多不过二百人。窃恐奸人得以窥伺虚实。往年平章阿里海牙出征，输粮三万石，民且告病，今复倍其数。官无储畜，和籴于民间，百姓将不胜其困。宜如宣慰司所言，乞缓师南伐。

时任吏部尚书的刘宣也向忽必烈上书，建议暂缓征安南的军事行动。

> 连年日本之役，百姓愁戚，官府扰攘，今春停罢，江浙军民欢声如雷。夫安南小邦，臣事有年，岁贡未尝愆期。边帅生事兴兵，因彼避窜海岛，使大举无功，将帅伤残。今又下令再征，闻者莫不恐惧。
>
> 自古兴兵，必顺天时。中原平土，犹避盛夏，交广炎瘴之地，毒气害人，甚于兵刃。今以七八月，会诸道兵于静江，比至安南，病死必众，缓急遇敌，何以应之？又交趾无粮，水路难通，无车马牛畜驮载，不免陆运，一夫担五斗，往还自食外，官得其半。若十万石，用四十万人，止可供三月。军粮搬运，船料军须，岂止通用五六十万众。广西、湖南调度频数，民多离散，户户供给役亦不能办。况湖广密迩溪洞，寇盗常多，万一奸人伺隙，大兵一出，乘虚生事，虽有留后人马，疲弱衰老，卒难应变。何不与彼中军官深知事体者，论量万全方略，不然复蹈前辙。①

忽必烈采纳了他们的建议，命令征安南军队撤回，终止了第三次征安南的行动。

至元二十四年正月，忽必烈下命发军七万征安南，启动了第四次征安南的军事行动。对于这次军事行动，叶李曾明确提出如下反对看法：

---

① 吴澄：《刘宣行状》，《吴文正公集》卷88（《全元文》第15册，第351—352页）。

"遐方远夷，得之无益，军旅一兴，费縻巨万，今山路险峻，深入敌境，万一蹉跌，非所以威示远人也。"①忽必烈不予理睬。当年十一月，元军水陆并进，攻入安南境内，次年正月陈日烜等逃遁海上，元军再占安南都城后，于三月撤兵北还，安南集重兵阻遏元军归路，元军以损失士兵过半的代价返回，来阿八赤等将领战死。陈日烜遣使归还战俘，并请求停战，忽必烈乃决定暂时罢征安南。

至元二十七年，陈日烜去世，其子陈日燇继任国主，有人又提出了出征安南的建议，不忽木特别向忽必烈上言："岛夷诡诈，天威临之，宁不震惧，兽穷则噬，势使之然。今其子日燇袭位，若遣一介之使，谕以祸福，彼能悔过自新，则不烦兵而下矣。如或不悛，加兵未晚。"忽必烈乃派张立道出使交趾，交趾即明确表示了顺服之意。②

至元三十年七月，忽必烈又命刘国杰等率军征安南，出征大军未及启行，忽必烈去世，出征行动暂停，元成宗即位后即取消了这次军事行动。

（二）出兵占城和缅国对国内的不利因素

至元十七年，占城国主遣使者向元廷纳贡称臣。忽必烈于至元十九年下令建立占城行省，管辖其地。当年十一月，占城行省右丞唆都率军五千人从广州出发，至占城港（今越南归仁）沿岸屯驻。占城人建木城抗御元军，次年正月被唆都攻破，占城军诈降，将元军引入包围圈，唆都突围后返回木城防守待援。至元二十一年三月上旬，唆都因援军未至，率军北上与征安南军会合；三月下旬忽都虎等人率援军抵占城，占城国主表示归降，忽都虎军由海路撤回。③对于几乎无功而返的占城之役，刘宣在给忽必烈的奏章中作了以下评价。

> 汉军自围襄阳、渡江，征二王，戍闽广，攻占城，破交趾，死损甚众，乃有绝丁破产之家。江南诸路，守城把渡，巡逻递送，仓库占役之外，调用常是不敷。南方新附旧军，十余年间，老病逃亡，出征损折，向来精锐，弃于海东。新招军数，皆非习武艺惯战阵之人，用此制敌，必然败事。经营南方，用兵四十余年，中原国

---

① 《元史》卷173《叶李传》。
② 《元史》卷130《不忽木传》，卷167《张立道传》。
③ 《元史》卷210《外夷传三·占城》。

> 几致疲乏。归附以来，民失抚字，实非心服，但畏兵力而已。江淮轻剽陆梁之徒，潜伏山海，孰谓无之？伺我兵力虚耗，一旦啸聚，驱轻狡无籍众民，所在杀掠，其镇守官军设不足以资弹压，则如之何？唆都建伐占城，阿里海牙言平交趾，三数年间，湖广、江西供给船只，军需粮运，官民大扰。广东群盗并起，军兵远涉江海瘴毒之地，死伤过半，即目连兵未解。①

也就是说，在刘宣看来，攻占城和征安南是联系在一起的军事行动，都给江南地区带来了严重的不安定因素。

缅国蒲甘王朝建国于9世纪中叶，至13世纪中叶国势已衰，但不仅不肯臣服于元廷，还于至元十四年发军攻入云南行省境内，被元军击败。元军随即进入缅国境内，攻至江头城（今缅甸杰沙）后回师。至元二十年九月，元军大举攻入缅国境内，攻占江头城和太公城（今缅甸德冈），缅王放弃蒲甘（今缅甸蒲甘）南奔，遣使求和。至元二十三年，元廷又派军队入缅，与缅国境内的元军会合后，于次年占领蒲甘。随后遭缅军攻击，元军死七千余人，乃撤师北还。元军入缅导致蒲甘王朝崩溃，分成若干小邦，大多臣服于元廷。②

（三）得不偿失的征爪哇之举

忽必烈灭南宋后，派遣使者到爪哇（今印度尼西亚爪哇岛）招降，建立了交好关系，但是后来发生了使者被袭击的事件，忽必烈乃于至元二十九年派史弼、亦黑迷失、高兴率军二万渡大洋征爪哇。次年正月，远征军在爪哇登陆后，助爪哇主攻降葛郎国。四月，史弼准备率军回国，葛郎国复起兵攻击元军，元军仓促撤退，损失三千余人。回国之后，史弼和亦黑迷失良人都因为出征得不偿失而受到忽必烈的处罚。③

至元二十八年九月，还曾有发军进攻瑠求（今琉球群岛）的动议，后改为先派使者后动兵，未成为真实的军事行动。④

忽必烈在位后期，还有人建议远征暹国（国都在今泰国宋家洛）、

---

① 吴澄：《刘宣行状》，《吴文正公集》卷88（《全元文》第15册，第353页）；《元史》卷168《刘宣传》。
② 《元史》卷210《外夷传三·缅》。
③ 《元史》卷162《史弼传》《高兴传》，卷210《外夷传三·爪哇》。
④ 《元史》卷210《外夷传三·瑠求》。

罗斛（国都在今泰国南部的华富里）、马八儿、俱兰（均位于印度半岛南部海岸）、苏木都剌（今印度尼西亚苏门答腊岛）等国，畏兀儿人迦鲁纳答思对忽必烈说："此皆蕞尔之国，纵得之，何益？兴兵徒残民命，莫若遣使谕以祸福，不服而攻，未晚也。"[1] 忽必烈采纳了他的建议，未对这些小国采取军事行动。

忽必烈在位后期大动干戈，在思想认识层面既有维持统一局面的考虑，也有开疆扩土的考虑，而在两种考虑发生冲突时，他还是更看重国内的安定，甚至不惜拖延或终止对外战争。还需要注意的是，忽必烈发起大规模地对日本、安南、占城等地的战争，还有一个重要的目标，就是消耗新附军。南宋灭亡后，降元的南宋军队被称为新附军，大体有几十万士兵。无论是征日本，还是进攻安南、占城、爪哇，所使用的主要是新附军的士兵。如上所述，这些战争大多以失败告终，能够返回的士兵较少。经过十几年的战争消耗，新附军的士兵已经所剩不多。忽必烈不杀降卒，但是对于人数众多的新附军士兵，总存有很强的戒心。通过对外战争损耗新附军的力量，目的正是不杀降人而使降人自消。应该说，在忽必烈于至元三十一年去世时，这样的目标已经实现了。[2]

综观忽必烈在位后期的政治观念，所显示的是一种自我矛盾的状态。一方面忽必烈希望自己成为明君，并塑造出令人景仰的盛世，具有代表性的做法就是对开明政治的重视。另一方面，在朝廷的义利之争中，忽必烈明显站在言利之臣一边，并且在对外战争中体现出了极强的穷兵黩武倾向，明显违背了基本的治道原则。以表里言之，忽必烈在表面上还维持着对儒家治道学说的尊崇，但是在实质上已经更多地回归"祖宗之法"即蒙古国时期的政治观念，不听劝阻地持续在海外用兵，以及重用言利之臣和再行"钩考"等，不过是观念回归的集中表现而已。尤其需要注意的是，在"治世"的外壳下实行苛政甚至恶政，在表面上看是"圣主"受了奸臣小人的欺骗和蒙蔽，实际上是"上有所好，下有所为"相互配合的结果，并最终使得连表面上的繁荣都难以为继。

应该看到，在中国封建王朝的发展历史中，有为的皇帝在位后期往往会出现矛盾的思想状态，并且由政治观念的先进者变为保守者。忽必

---

[1] 《元史》卷134《迦鲁纳答思传》。

[2] 史卫民：《中国军事通史》第14卷《元代军事史》，第280—283页。

烈在位后期的思想转向保守，除了在政治观念上回归"蒙古本位"和急功近利的政治倾向外，还表现为他不再言及"新政"和"汉法"，使得他与儒者的关系更为疏远，并对儒家所倡导的君德等不再重视，并由此产生了一系列的弊政。也就是说，能够较好解决"得天下"问题的君主，在面对"治天下"问题时可能会不断出错，忽必烈恰恰是这样的君主。

第七章　侧重实政的政治主张

忽必烈在位后期，针对朝政面临的各种问题，在中央和地方任职的官员提出了多方面的建议，表现出了多种重要的政治主张，可分述于下。

第一节　重义贬利的政治观念

如本书第六章所述，在全国统一之后，曾出现过数次激烈的义利之争。在与言利之臣的斗争中，蒙古、色目、汉人及南人大臣都曾提出过清除小人和权奸的明确要求，并就维持善政提出了一系列的建议。

一　不忽木的辨忠奸观念

不忽木（1254—1300年），康里人，又名时用，字用臣，幼年入国子学，从王恂、许衡等学习儒学，入仕后历任参议中书省事、吏部尚书等职，因被桑哥猜忌去职，后任翰林学士等职，元成宗时任昭文馆大学士。不忽木在向忽必烈上陈的奏章中，突出体现了他的辨别忠奸的政治观念。[1]

（一）统一后必有兴学之举

至元十三年，不忽木与国子学学生坚童、太答、秃鲁等人一起向忽必烈上疏，强调按照历史的经验，全国统一之时，正是广建学校的最好时机，因为大兴学校不仅可以培育人才，更是走向天下大治的重要表征。

---

[1]　《元史》卷130《不忽木传》。本节引文未注明出处者，均来自此传。

臣等闻之，《学记》曰："君子如欲化民成俗，其必由学乎！""玉不琢不成器，人不学不知道。"故古之王者，建国君民，教学为先。盖自尧、舜、禹、汤、文、武之世，莫不有学，故其治隆于上，俗美于下，而为后世所法。降至汉朝，亦建学校，诏诸生课试补官。魏道武帝起自北方，既定中原，增置生员三千，儒学以兴。此历代皆有学校之证也。

臣等今复取平南之君建置学校者，为陛下陈之。晋武帝尝平吴矣，始起国子学。隋文帝尝灭陈矣，俾国子寺不隶太常。唐高祖尝灭梁矣，诏诸州县及乡并令置学。及至太宗，数幸国学，增筑学舍至千二百间，国学、太学、四门学亦增生员，其书、算各置博士，乃至高丽、百济、新罗、高昌、吐蕃诸国酋长亦遣子弟入学，国学之内至八千余人。高宗因之，遂令国子监领六学：一曰国子学，二曰太学，三曰四门学，四曰律学，五曰书学，六曰算学，各置生徒有差，皆承高祖之意也。然晋之平吴得户五十二万而已，隋之灭陈得郡县五百而已，唐之灭梁得户六十余万而已，而其崇重学校已如此。况我堂堂大国，奄有江岭之地，计亡宋之户不下千万，此陛下神功，自古未有，而非晋、隋、唐之所敢比也。然学校之政，尚未全举，臣窃惜之。

不忽木等人还建议，在全面兴学未及实施前，可以重点发展大都的国子学，使其在培养蒙古人和色目人儒臣中发挥重要的作用，并使其成为在全国普及儒学教育的典范。

臣等向被圣恩，俾习儒学。钦惟圣意，岂不以诸色人仕宦者常多，蒙古人仕宦者尚少，而欲臣等晓识世务，以任陛下之使令乎？然以学制未定，朋从数少。譬犹责嘉禾于数苗，求良骥于数马，臣等恐其不易得也。为今之计，如欲人材众多，通习汉法，必如古昔遍立学校然后可。若曰未暇，宜且于大都弘阐国学。择蒙古人年十五以下、十岁以上质美者百人，百官子弟与凡民俊秀者百人，俾廪给各有定制。选德业充备足为师表者，充司业、博士、助教而教育之，使其教必本于人伦，明乎物理，为之讲解经传，授以修身、齐家、治国、平天下之道。其下复立数科，如小学、律、书、算之类。每科设置教授,各令以本业训导。小学科则令读诵经书,教以应对进退事长之节;律科则专令通晓吏事;书科则专令晓习字画;算科则专令熟闲算数。或一艺通然后改授,或一日之间更次为之。俾国子学官总领其事,常加点勘,务要俱通,仍以义理为主,有余力者听令学作文字。日月岁时,随其利钝,各责所就功课,程其勤惰而赏罚之。勤者则升之上舍,惰者则降之下舍,待其改过则复升之。假日则听令学射,自非假日,无故不令出学。数年以后,上舍生学业有成就者,乃听学官保举,蒙古人若何品级,诸色人若何仕进。其未成就者,且令依旧学习,俟其可以从政,然后岁听学官举其贤者、能者,使之依例入仕。其终不可教者,三年听令出学。凡学政因革、生员增减,若得不时奏闻,则学无弊政,而天下之材亦皆观感而兴起矣。然后续立郡县之学,求以化民成俗,无不可者。

不忽木等人的建议被忽必烈所重视,但只是于至元十三年在大都设立了提举学校所,到至元二十四年才正式设立国子学。①

(二)辨别忠奸的自觉行为

不忽木最早指斥权臣的时间是至元二十一年。当时任榷茶转运使的卢世荣阿附宣政使桑哥,声称朝廷如能用其掌理财政,则可以使国赋达到十倍于从前的水平。忽必烈征求不忽木的看法,不忽木明确表示:"自昔聚敛之臣,如桑弘羊、宇文融之徒,操利术以惑时君,始者莫不谓之忠,及其罪稔恶著,国与民俱困,虽悔何及。臣愿陛下无纳其说。"忽必烈未采纳不忽木的建议,任命卢世荣为中书省右丞,主理财政,不忽木则辞去了参议中书省事的职务,以表示不与奸人为伍,并以词曲表明了自己情愿隐居的志向,可节录于下。

  宁可身卧糟丘,赛强如命悬君手,寻几个知心友。乐以忘忧,愿作林泉叟。
  虽住在洗耳溪边不饮牛,贫自守。乐闲身翻作抱官囚,布袍宽退拿云手,玉萧占断谈天口。吹箫仿伍员,弃瓢学许由。野云不断深山岫,谁肯官路里半途休。

---

① 《元史》卷81《选举志一》。

明放着伏事君王不到头，休休，难措手。游鱼儿见食不见钩，都只为半纸功名一笔勾，急回头两鬓秋。

谁待似落花般莺朋燕友，谁待似转灯般龙争虎斗。你看这迅指间鸟飞兔走，假若名利成，至如田园就，都是些去马来牛。

臣则待醉江楼，卧山丘。一任教谈笑虚名，小子封侯。臣向这仕路上为官倦首，枉尘埋了锦带衣钩。

臣离了九重宫阙，来到这八方宇宙。寻几个诗朋酒友，向尘世外消磨白昼。臣则侍领着紫猿，携百鹿，跨仓虬。观着山色，听着水声，饮着玉瓯，倒大来省气力如诚惶顿首。

臣向山林得自由，比朝市内不生受。玉堂金马间琼楼，控珠帘十二钩。臣向草庵门外见瀛洲，看白云天尽头。

世间闲事挂心头，唯酒可忘忧。非是微臣常恋酒，叹古今荣辱，看兴亡成败，则待一醉解千愁。

则待看山明水秀，不恋您市曹中物穰人稠，想高官重职难消受。学耕耨，种田畴，倒大来无虑无忧。①

至元二十四年，桑哥奏立尚书省，诬杀参政杨居宽、郭佑。不忽木公开与其抗争，桑哥认定"他日籍我家者此人也"，指不忽木不坐曹理务，欲加之罪，不忽木乃称病去职。在最终推倒桑哥时，不忽木的直斥奸臣建言起了重要的作用，已见前述。后来有人建议复立尚书省，专领右三部，不忽木则当庭指斥其人："阿合马、桑哥相继误国，身诛家没，前鉴未远，奈何又欲效之乎！"桑哥的党羽谋求复职，也在不忽木的坚持下未能得逞。

（三）敬天保民的施政建议

不忽木在朝中和地方任职时，还提出了实施善政的具体建议，可举出其重要的四项建议。

一是救济灾民。至元二十三年，不忽木到河东地区调查官员贪污等案件，正赶上大同地区饥民甚多，不忽木以便宜行事的名义，开仓救济灾民。有人诬告不忽木擅发军储，忽必烈则明确表示："使行发粟以活吾民，乃其职也，何罪之有。"不但未责怪不忽木，还处死了诬告者。

---

① 不忽木：《仙吕·点绛唇·辞朝》，《全元散曲》上，第75—77页。

二是反对随便以民为兵。至元二十三年，钦察人土土哈乘朝廷建立钦察卫之机，借口以钦察人为奴者为军士，多从民户中扩取军士。时任中书左省的王遇验其籍，改兵为民，土土哈则诬告王遇有大不敬的言语，忽必烈要处死王遇，不忽木特向忽必烈进谏："遇始令以钦察之人奴为兵，未闻以编民也。万一他卫皆仿此，户口耗矣。若诛遇，后人岂肯为陛下尽职乎？"忽必烈听从了不忽木的意见，改变了处死王遇的决定。

三是不因民族歧视而扰民。至元二十八年，有人建议在京城的蒙古人应与汉人杂居，以监视汉人。不忽木指出："新民乍迁，犹未宁居，若复纷更，必致失业。此盖奸人欲擅货易之利，交结近幸，借为纳忠之说耳。"不忽木还特别画图说明蒙古人已经与汉人杂居，不需要以迁居的方法扰民，使改变居民居住状况的动议被否决。

四是宣扬敬天修身的理念。至元三十年，出现对皇帝不利的星相，忽必烈向不忽木征求销天变的方法，不忽木答道："风雨自天而至，人则栋宇以待之；江河为地之限，人则舟楫以通之。天地有所不能者，人则为之，此人所以与天地参也。且父母怒，人子不敢疾怨，惟起敬起孝。故《易·震》之象曰'君子以恐惧修省'，《诗》曰'敬天之怒'，又曰'遇灾而惧'。三代圣王，克谨天戒，鲜不有终。汉文之世，同日山崩者二十有九，日食地震频岁有之，善用此道，天亦悔祸，海内乂安。此前代之龟鉴也，臣愿陛下法之。"不忽木还为忽必烈背诵了汉文帝的《日食求言诏》，忽必烈则明确表示也要以下诏的形式表示对上天示警的敬畏。

不忽木的建议之所以多数被忽必烈所采纳，是因为他是忽必烈潜邸人员的后代，颇受忽必烈的信任。但更为重要的是，不忽木接受的是儒学教育，并且是按照贤臣的标准来展现自己的言行，这样的"儒化"作为对其他蒙古、色目臣僚起了重要的榜样作用。

二　崔彧的纠贪赃观念

崔彧（？—1298年），字文卿，小字拜帖木儿，弘州（今属河北）人，忽必烈在位后期主要任职于御史台，在与权臣的斗争中重点强调的是监察机构应起的作用。[1]

---

[1]　《元史》卷173《崔彧传》。本节引文未注明出处者，均来自此传。

(一) 纠肃权臣及其党羽

权臣阿合马被杀后，崔彧曾明确要求处理其余党，已见前述。至元十九年，崔彧向忽必烈进言，要求给予御史台纠察王公将相的权能，并鼓励御史台官员直言。

> 台臣于国家政事得失，生民休戚，百官邪正，虽王公将相，亦宜纠察。近唯御史得有所言，臣以为台官皆当建言，庶于国家有补。选用台察官，若由中书，必有偏徇之弊，御史宜从本台选择，初用汉人十六员，今用蒙古十六员，相参巡历为宜。

忽必烈采纳了崔彧的建议，他又于至元二十年上书，对时政提出了十八项建议，多与纠肃权臣余党和强化监察机制有关。

> 一曰开广言路，多选正人，番直上前，以司喉舌，庶免党附壅塞之患。
>
> 二曰当阿合马擅权，台臣莫敢纠其非，迨其事败，然后接踵随声，徒取讥笑。宜别加选用，其旧人除蒙古人取圣断外，余皆当问罪。
>
> 三曰枢密院定夺军官，赏罚不当，多听阿合马风旨。宜择有声望者为长贰，庶几号令明而赏罚当。
>
> 四曰翰苑亦颂阿合马功德，宜博访南北耆儒硕望，以重此选。
>
> 五曰郝祯、耿仁等虽在典刑，若是者尚多，罪同罚异，公论未伸，合次第屏除。
>
> 六曰贵游子弟，用即显官，幼不讲学，何以从政。得如左丞许衡教国子学，则人才辈出矣。
>
> 七曰今起居注所书，不过奏事检目而已。宜择蒙古人之有声望、汉人之重厚者，居其任，分番上直，帝主言动必书，以垂法于无穷。
>
> 八曰宪曹无法可守，是以奸人无所顾忌。宜定律令，以为一代之法。
>
> 九曰官冗，若徒省一官员，并一衙门，亦非经久之策。宜参众议，而立定成规。

十曰官僚无以养廉，责其贪则苛。乞将诸路大小官，有俸者量增，无俸者特给。然不取之于官，惟赋之于民，盖官吏既有所养，不致病民，少增岁赋，亦将乐从。

十一曰内地百姓流移江南避赋役者，已十五万户。去家就旅，岂人之情，赋重政繁，驱之致此。乞特降诏旨，招集复业，免其后来五年科役，其余积欠并蠲，事产即日给还。民官满替，以户口增耗为黜陟，其徙江南不归者，与土著一例当役。

十二曰凡丞相安童迁转良臣，悉为阿合马所摈黜，或居散地，或在远方，并令拔擢。

十三曰簿录奸党财物，本国家之物，不可视为横得，遂致滥用。宜以之实帑藏、供岁计。

十四曰大都非如上都，止备巡幸，不应立留守司，此皆阿合马以此位置私党，今宜易置总管府。

十五曰中书省右丞二，而左丞缺。宜改所增右丞置诸左。

十六曰在外行省，不必置丞相、平章，止设左右丞以下，庶几内重，不致势均。彼谓非隆其名不足镇压者，奸臣欺罔之论也。

十七曰阿里海牙掌兵民之权，子侄姻党，分列权要，官吏出其门者，十之七八，其威权不在阿合马下。宜罢职理算，其党虽无污染者，亦当迁转他所，勿使久据湖广。

十八曰铨选类奏，贤否莫知。自今三品已上，必引见而后授官。

崔彧曾公开弹劾卢世荣和桑哥，已见前述。在处理桑哥事件中，崔彧特别向忽必烈上书，要求为遭桑哥诬陷的官员恢复其应有的待遇。

昔行御史台监察御史周祚，劾尚书省官忙兀带、教化的、纳速刺丁、灭里奸赃；纳速刺丁、灭里反诬祚以罪，遣人诣尚书省告桑哥。桑哥暧昧以闻，流祚于憨答孙，妻子家财并没入官。祚至和林遇乱，走还京师。桑哥又遣诣云南理算钱谷，以赎其罪。今自云南回，臣与省臣阅其伏词，为罪甚微，宜复其妻子。

桑哥被处死后，崔彧又于至元二十九年明确要求处理其党羽，以免权奸死灰复燃，并以此为契机，强化监察机构的作用。

> 行台官言：去岁桑哥既败，使臣至自上所者，或不持玺书，口传圣旨，纵释有罪，擅籍人家，真伪莫辨。臣等请：自今凡使臣，必降玺书，省、台、院诸司，必给印信文书，以杜奸欺。
> 鄂州一道，旧有按察司，要束木恶其害己，令桑哥奏罢之。臣观鄂州等九郡，境土亦广，宜复置廉访司。行御史台旧治扬州，今扬州隶南京，而行台移治建康；其淮东廉访司旧治淮安，今宜移治扬州。
> 诸官吏受赇，在朝则诣御史台首告，在外则诣按察司首告，已有成宪。自桑哥持国，受赇者不赴宪台宪司，而诣诸司首，故尔反复牵延，事久不竟。臣谓宜如前旨，惟于本台、行台及诸道廉访司首告，诸司无得辄受。
> 江西詹玉，始以妖术致位集贤。当桑哥持国，遣其措核江西学粮，贪酷暴横，学校大废。近与臣言：撒里蛮、答失蛮传旨，以江南有谋叛者，俾乘传往鞫；明日，访知为秃速忽、香山欺罔奏遣。玉在京师，犹敢诳诞如此，宜亟追还讯问。

崔彧的这些建议，大多被忽必烈所采纳。恰是因为崔彧敢于直言，在中书省提议以崔彧为中书省右丞时，忽必烈即以"崔彧不爱于言，惟可使任言责"为由，依然将他留在御史台任职。

（二）恤民与爱民建议

崔彧还多次向皇帝上书，指出朝政存在的问题，并提出了体现恤民和爱民精神的两条施政建议。

一是不应妨碍农时和制止扰民行为的建议。至元二十年，崔彧向忽必烈提出了以下建议："昨中书奉旨，差官度量大都州县地亩，本以革权势兼并之弊，欲其明白，不得不于军民诸色人户，通行核实。又因取勘畜牧数目，初意本非扰民，而近者浮言胥动，恐失农时。乞降旨省谕诏中书即行之。""各路每岁选取室女，宜罢。""宋文思院小口斛，出入官粮，无所容隐，所宜颁行。"这些建议都被忽必烈所采纳。

二是慎重对待建言的建议。崔彧在至元二十年时已经上书强调："建言者多，孰是孰否，中书宜集议，可行者行之，不可则明谕言者为便。"至元二十九年，崔彧又上书称："四方之人，来聚阙下，率言事以干进。国家名器，资品高下，具有定格。臣等以为，中书、枢密，宜早为铨定，应格者与之，不当与者，明语其故使去。又言事有是非当否，宜早与详审言之。当者即议施行，或所陈有须诘难条具者，即令其人讲究，否则罢遣。"这样的建议符合忽必烈对建言的要求，所以也被采纳。

（三）对自身的修省要求

崔彧尽管身在官场，但是亦想隐退山林，过无忧无虑的生活，在诗作中有过明显的表露。

> 东风袅袅驻吟鞭，适意山光水影前。我欲频来休我厌，尘缨时复濯清泉。
> 夕阳林影水中深，水色山光四座侵。独倚危栏谁会得，数声幽鸟伴人吟。
> 山林朝市两茫然，醉里溪声搅醉眠。落日西山呈画样，一只白鹭点仓烟。
> 祠前花柳障红尘，祠下清泉一派分。老去宦情如嚼蜡，买船闲钓晋溪云。①

王恽曾记录了崔彧的一段完整自述，表现的是他在治病过程中对人生和仕途等的省悟。

> 人秉四大假合而为生，践履五常而为用，有溺于学佛者，溺于儒书者，各执其一偏，所以学者两不得其全。虽圣人性命之学备载方策，而学者多以寻行数墨为务，及其寓一事，决一疑，皆不能自省。
> 愚于七月上旬脑后病疽，初不以为意。会车驾幸大都，跋涉从行，疽益举发。廿三日，问医者麻监丞，曰："此为脑疽，其源发自五脏，急之不可，缓之不可，当以渐治之。"自是，日诣麻行馆求治。后至白海，而疽势益大，形疲力瘁，心神不宁。以此自思，

---

① 崔彧：《晋溪四首》，《元诗选》癸集上，第173页。

盖无以知病所由作也。然所恨者，居无良医，行不能扈从。一日，近侍官伯胜等以愚病闻，奉旨留麻监丞于白海治之。拜命日，报汗浃背，伏思平昔略无报国殊勋，致感今日圣恩如此，由是觉疮疾颇回。然于梦寐间，每为厉鬼所凭。窃谓生死是苦乐，我心既定，何从不可。八月二日，从其医，针者三处，觉心舒意畅，神志帖然，视天地之气，月白风清，霜露溶溶，万物各得其所。而吾之清气，其静者混然同于表里。方就寝，而厉鬼又见于梦，且曰："世间多少难了难行之事，相恼百端，向之治功皆不复见，而疼痛比前尤加。"梦中恍惚而觉，坐而思之，非厉也，以我所见不定，得乘其便耳。若吾身获安，即与天地万物混融同一和气，彼厉鬼安能浼我哉。且天下之事，不可不辨于早；人之生死，不可不识于先。我既能悟此，白日黑夜自有定数，彼厉鬼何豫。①

崔彧所省悟的既是人生的道理，也是治国的道理，即扰乱人生和国家的厉鬼，实际上都来自心魔，只有心定身正，才能祛除心魔，不被厉鬼所扰。这样的道理来自儒家学说，不过是被崔彧作了更切合实际的解释。

三　程钜夫的用良臣观念

程钜夫（1249—1318年），原名文海，字钜夫，因避元武宗海山的名讳，以字为名，号雪楼，又号远斋先生，其先祖由徽州迁至建昌（今属江西）。至元十三年（1276年）程钜夫以质子任管军千户，受忽必烈命入翰林院，后历任侍御史、肃政廉访使等职，元成宗、武宗、仁宗时成为朝廷重要的词臣，不少诏书、制词等出于其手，有《雪楼集》传世。②

（一）以择贤说反对权奸

程钜夫与权奸的公开冲突发生在至元二十六年（1289）。对于主掌尚书省的桑哥的各种乱政行为，时以侍御史兼行江南行御史台的程钜夫利用回朝的机会，特别向忽必烈上书，要求罢免权奸并革除各种弊政，

---

① 王恽：《崔公厉鬼事迹》，《秋涧先生大全文集》卷44（《全元文》第6册，第261—262页）。
② 《元史》卷172《程钜夫传》。

已见前述。在忽必烈的坚持下，程钜夫得以返回江南行御史台，正如他后来所言："至元二十六年，权奸秉政，民物骚然。仆以侍御史自行台入奏，觊有所悟。权奸闻而大恚，请必杀之。赖天子圣明，屡请而屡不许。诸大贤亦怜其志，并加覆护，幸免虎口。"① 他还对所谓"真御史"能够直言尤其是弹劾奸臣作过如下评论："古有所谓真御史矣，或批逆鳞，或锄大奸，众不敢为而独为之，故莫不犁然心服，而谓之曰真御史。""御史于事当无所不通，故于事亦无所不言。言者，御史所得专也。行其言，非御史所得专也。噫，其不必行而不言，岂称位者哉。"② 从弹劾桑哥的行为看，程钜夫确实具有"真御史"的胆识。

程钜夫不仅利用择贤说反对权臣，还希望以这样的说法来为朝廷选择人才，进而廓清朝廷的吏治，他在至元十九年就已经向忽必烈提出过与吏治有关的五条建议。③

第一条建议是"取会江南仕籍"。针对江南入仕之人告敕混乱、有人乘机作弊渔利的弊病，程钜夫认为必须进行严格的仕籍登记和管理，才能根除此弊。

> 昨者钦奉圣旨，许令江南曾有官人赍告敕赴省换授，此最良法。奸臣卖弄，遂至颠倒。求仕者凭外省之咨，而外省贪饕尤其可畏，有钱者无告敕可以得咨，无钱者有告敕却不得咨。求仕之人有卖家丧业而卒不沾一命者，亦有全无根脚大钱计会白身而一旦受宣命者。亦有外省等官，将空头咨示旋来内省，寻趁有钱人员，书填姓名；亦有内省官吏通同作计，公行添插人员；又有一等泼皮歹人置局京师，计会保官，诬写根脚保明而得官者。吏治之弊，至此已极。今省府欲行考究，似觉费力。

> 今有捷法，可以永除病根。欲乞选清强通晓官员，无论南北，每省差两员前去，同本道按察司取会江南州县、城郭、乡村、邻甲，保明诣实元在亡宋有官人员姓名，一概置籍，明书本人乡贯三

---

① 程钜夫：《书赵公勘斋记后》，《雪楼集》卷24，四库全书本（《全元文》第16册，第181页）。
② 程钜夫：《送续好古赴监察御史序》，《雪楼集》卷14（《全元文》第16册，第125页）。
③ 程钜夫：《吏治五事》，《雪楼集》卷10（《全元文》第16册，第86—89页）。下文五条建议的引文，均来自此文。

代及入仕根脚,赍擎前来省部,以凭照勘。遇有求仕人员,一阅而知真伪,极为便当。仍与申饬外省,遇有求仕者,合与行下本郡,令乡都、邻甲保明本人是何出身,即量轻重咨来,不许邀阻。其有外省官吏迁调人难许,令求仕人赴御史行台及按察司论诉,庶几公私两得便当。籍成之后,却与商略白身人求仕格式,行下江南。

第二条建议是"通南北之选"。全国统一之后,北人对南人颇有歧视,尤其是在选任官员方面,普遍存在轻视南人的现象。程钜夫在御史台任职时,就有人以"钜夫南人,且年少"为由反对,忽必烈为此怒斥其人:"汝未用南人,何以知南人不可用!自今省部台院,必参用南人。"[①] 程钜夫则强调国家应有定制,无论是北人到南方任官,还是南人到北方任官,都须由吏部统一调度,并使得南、北人掺杂任职成为常态,以符合统一后的治国要求。

圣主混一车书,兼爱南北,故北南之人皆得入仕。惜乎北方之贤者,间有视江南为孤远,而有不屑就之意。故仕于南者,除行省、宣慰、按察诸大衙门出自圣断选择,而使其余郡县官属,指缺愿去者半为贩缯屠狗之流,贪污狼藉之辈。南方之贤者,列姓名于新附,而冒不识体例之讥,故北方州县并无南方人士。且南方归附已七八年,是何体例难识如此?欲乞令省部刷具北南府、州、司、县官员脚色参对,今后北南选房流转定夺。若以南人为未识体例,则乞于北方州郡每处且与参用一二人,一任回日,却与通行定夺。其北人注南缺而不赴者,重与罪过。庶几吏称民安,可以上副圣主兼爱南北之意。

第三条建议是"置考功历"。为使御史台有考核官员的依据,程钜夫要求为所有官吏设置考功历,依照考功历来检核其为官的行为。

国朝建御史台,虽有考课之目,而未得其要,莫可致诘。欲乞照前朝体例,应诸道府、州、司、县,下至曹掾等,各给出身印纸

---

① 《元史》卷172《程钜夫传》。

历子一卷，书本人姓名、出身于其前，俾各处长吏联衔结罪保明，书其历任月日、在任功过于后。秩满，有司详视而差其殿最，则人之贤否一览而知，考核得实，庶无侥幸。

第四条建议是"置贪赃籍"。除了考功历外，还应该有贪赃籍，记录官吏的贪污和犯罪行为等，作为防止贪官异地再用的有效措施。

> 国朝内有御史台，外有行台、按察司，其所以关防贪官污吏者，可谓严矣。而贪污狼籍者往往而是，何也？盖其弊在于以征赃为急务，于按劾则具文，故今日斥罢于东，明日擢用于西，随仆随起，此弃彼用，多方计置，反得美官，相师成风，愈无忌惮。欲乞省台一体应内外诸路官员，有以贪赃罢者，置籍稽考，未许收用；其吏人犯赃者，重置于法，永不叙用。内外一体照应，庶几官吏知所警戒。

第五条建议是"给江南官吏俸钱"。不给江南的官吏发放俸禄，等于纵容官吏贪污，所以程钜夫要求尽快发放俸禄，使官员有保持廉洁的基本条件。

> 仕者有禄，古今定法。无禄而欲责之以廉，难矣。江南州县官吏自至元十七年以来并不曾支给俸钱，真是明白放令吃人肚皮，椎剥百姓。欲乞自今并与支给各官合得俸钱，其有贪赃者，重罪不恕，人自无辞。

至元二十三年，程钜夫又特别建议在御史台的任官中，也要通选北人和南人任职，尤其是在江南地区，更需要在南人中选择适合任职于行御史台和提刑按察司的官员，使监察机构能够更好地发挥作用。

> 臣于至元十五年十一月初九日钦奉圣旨节该："您省得的勾当说者，官人每好的歹的说者。"钦奉如此。臣窃惟国家自平江南以来，内而省、部、密院等衙门，外而行省、行院、宣慰司、总管府、州县官，并皆参用南人，惟御史台、行台、按察司独不用南

> 人,臣不知其说也。夫南北人情、风俗、地里各各不同,若欲谙悉各处利害,须是参用各处人员。江南自归附以来已十余年,而偏远险恶去处,盗贼时时窃发,虽官吏贪残所致,亦缘行台、按察诸司耳目不及。每年察司官名曰巡按,其实何曾遍历,止于安静地分迁延翱翔,闻有小警,即行退避,至于偏远险恶去处,旷数年不敢一到。其间小民被官吏苛虐,无所告诉,激而为盗,官吏反欲因此有所房掠,每有一二人窃盗,便称某郡某县一同作歹。上司闻此,欣然出兵,子女玉帛恣其所欲,真盗何尝捕得,而无辜一切受祸。朝廷于江南设行台、按察,正欲察访利病,果得其人,何至如此!非惟官不得人,亦缘南北事体不同,所用皆北人而无南人,故不能谙悉各处利害,如舟车之于水陆,不能易地以为功也。臣愚欲望圣慈特降睿旨,御史、行台自中丞以下,随路按察司自察使以下,并合公选南方晓事耆旧及清望有风力人员,每路或一或二不定员数,与北方官员同共讲论区画,庶几谙悉江南事体,周知远人情伪。内台侍御史至监察御史等官,亦合参用一二南官,以备采访,不胜生民之幸。①

程钜夫还特别指出,皇帝希望招徕"好人"为朝廷所用,尤其是希望在江南找到更多的好人。而所谓的好人,按照程钜夫的标准,就是既可以做大事也可以管小事的贤者。

> 臣闻治天下者必尽天下之才,故曰"立贤无方",曰"旁招俊乂"。若限以方,所征以技艺,虽曰用人,犹无人也。国家既已混一江南,南北人才所宜参用,而环视中外何寥寥也,岂以其疏远而遂鄙之欤?此群臣之私意,非陛下至公之度也。臣何以知之?臣往在江南,屡闻明诏,一则曰"求好秀才",二则曰"求好秀才",而以好秀才致之陛下者几何人?江南非无士也,亦非陛下不喜士也,是群臣负陛下也。且陛下遣使江南,丁宁之曰"求好人"。夫所谓好人者,大而可以用于时,细而可以验于事,盖无所不该矣。而凡出使者,皆昧陋愚浅,不达圣见之高明,止以卜相、符药、工

---

① 程钜夫:《公选》,《雪楼集》卷10(《全元文》第16册,第97—98页)。

伎为好人之尤,此何谓也?不惟不达圣见,且使远方有识之士或以浅窥朝廷,臣窃耻之。臣之愚陋,虽未足以为好人,然世所谓好人者,倘无则已,有则臣必识之。江南百余州之广袤,数百余年之涵养,岂无一二表表当世,不负陛下任使者?臣奉命而往,布宣德意,庶几遇之。如得其人以验臣言,则望陛下先试以一职任事,使之自卑而高,自难而易,小有益则小进之,大有功则大用之,磨以岁月,自见能否。且陛下如用若人,则不但愚臣得举所知而已,他时奉命出使者皆知陛下德意,将见异人辈出,不远数千里为朝廷用,得人之盛,视古无愧。①

程钜夫于至元二十三年奉忽必烈之命到江南求贤,除了忽必烈指定的赵孟頫和叶李之外,还向忽必烈推荐了余恁、万一鹗、张伯淳、胡梦魁、曾晞颜、孔洙、曾冲子、凌时中、包铸等二十余人,较好地实现了忽必烈"求好秀才"的意图。②

(二) 兴利除害的政务建议

至元二十三年,程钜夫向朝廷上书,不仅指出了政务(主要是江南地区的政务)中存在的主要弊病,还提出了解决问题的具体建议。③

一是各路管民官与管军官不相统一,军卒肆凶,小民受害,管军官不肯问,而管民官不敢问。为杜绝此弊,程钜夫不仅建议军人犯罪处罚其主管将领,还要求加强各路达鲁花赤的权力,使其能够处理军人扰民等问题:"今后诸处经过、屯戍军兵,敢于民间剽夺奸污者,本路达鲁花赤即将犯人准法处断。"

二是朝廷的和买,在江南地区不论物之所出,一律"遍行"强制收购,使江南百姓因"遍行"二字处处受害。为解决这一问题,程钜夫建议采用就地就物和买的方法:"欲令省家先计必合和买物件,某物出于何处,聚于何处,采之公论,置簿籍记。如在江东止行下江东,在两浙则止行下两浙,量远近立限期。仍令本处宣慰司止行下所出所聚去处,委廉干正官一员,依时给价,于系官钱内即行放支,结保申呈。"

---

① 程钜夫:《好人》,《雪楼集》卷10(《全元文》第16册,第96页)。
② 《元史》卷172《程钜夫传》。
③ 程钜夫:《民间利病》,《雪楼集》卷10(《全元文》第16册,第89—94页)。本小节引文未注明出处者,均来自此文。

忽必烈在位后期频繁派军跨海出征，制造官船已经成为在江南扰民的一大弊病，程钜夫亦提出了能够减轻百姓负担的方法："宜令今后凡是海船，止于沿海州郡如建德、富阳等处打造，粮船、哨船止于江西、湖南、湖北等处打造。仍乞照故宋时打造官船体例，差官领钱，与河海船匠议价打造，每人愿造若干船只，领若干钱，写立文书，须管十分坚牢，如有违约，追罚价钱，依法治罪。所委官在彼守待，了毕交领回还，则民户无远役之费，匠户无差役之苦，官吏无催督之劳。或有欺盗发觉，照依盗官财物例追断，公私两便，而所造船只亦可为长久之用。"

三是全国统一之后，江南地区的课税逐年增加，茶、盐、酒、醋等税比刚统一时增加了十倍以上。程钜夫认为应该按照诸色课程从实办理的圣旨，核实和蠲减江南课税，"除节次累增课额实数，及有续次虚增数目，特与查照，并行蠲减，从实恢办，庶将来不致陷失岁课，亦不致重困民力"。

四是行省官员颇多害民之政，程钜夫特别于至元二十八年（1291）指出设置行省原来只是权宜之计，不应使其成为一级正式的统管地方军民的机构，而应该以新设立的各道宣抚司取代行省的各项职能。

> 窃谓省者，古来宫禁之别名，宰相常议事其中，故后来宰相治事之地谓之省。今天下疏远去处亦列置行省，此何义也？当初只为伯颜丞相等带省中相衔出平江南，因借此名以镇压远地，止是权宜之制。今江南平定已十五余年，尚自因循不改，名称太过，威权太重。凡去行省者皆以宰相自负，骄倨纵横，无敢谁何。所以容易生诸奸弊，钱粮羡溢则百端欺隐，如同己物；盗贼生发则各保界分，不相接应；甚而把握兵权，伸缩由己。然则有省何益，无省何损？又其地长短不均，江淮一省管两淮、两浙、江东，延袤万里，都是繁剧要会去处，而他省有所不及其五分之一，如此偏枯，难为永制。今欲正名分，省冗官，宜罢诸处行省，立宣抚司，一浙东西，二江东西，三淮东西，四福建，五广东西，六湖南北，自江淮以南，止并为六个宣抚司。其为宣抚使者，许带旧日相衔。外如诸道宣慰司，今日止是过道衙门，有无不加损益，宜尽行革罢，归其权于宣抚司。凡旧日行省、宣慰司职事，皆于宣抚司责办。其江淮诸

道军马分立六个元帅府，但是有宣抚司处，便有一个元帅府，管诸万户以下军官，专一讨灭盗贼。如此军民之事有何乖误，何必令外面权臣借大名分，窃大威权，以恣横于东南哉。①

程钜夫的这些施政建议，尽管有的建议与朝廷的制度安排不符（如废罢行省），但是确实体现了他对良政的期盼，以及对各种害民扰民行为的憎恶，不乏可取之处。

（三）兴学校以培养人才

至元二十三年，程钜夫向忽必烈上书，不仅要求恢复科举取士的制度，还建议重视学校的设置和儒学教师的选拔，并特别强调要给予各地学官以优于官吏的俸禄等待遇，使他们能够安心教学，为国家培养人才。

> 臣闻国于天地，必需才以为用，而人才之盛，非自盛也，全在国家教育之勤，其衰也反是，参之历代可考也。国家自中统建元以来，中外臣僚亦时闻表表伟杰者，皆自往时故老宿儒熏陶浸灌而然。历时既久，以次沦谢，迩来晨星寥寥，无几何矣。臣不知更十余年后，人物当何如其琐琐也。而主国论者恬不知怪，视学校为不急，谓诗书为无用，不知人才盛衰张本于此。盖尝有旨行贡举，求好秀才，上意非不谆切，而妄人辄阴沮之，应故事而集议，凡几作辍矣。然则无怪乎选任之非才，政治之不理也。今已至此，后当若何？
>
> 臣愚欲望陛下明诏有司，重学校之事，慎师儒之选。京师首善之地，尤当兴建国学，选一时名流，为国人矜式，优以饩廪，隆以礼貌，庶四方观感有所兴起。外而名都大邑，教官有缺，不但循常例取庸人而已，必使廷臣推择可以为人表仪者，条具闻奏，令有禄可养而不匮，职比亲民而加优，视教化之废兴，为考第之殿最。其诸生有经明行修者，特与蠲免赋役，依已降诏旨施行。似望国家教育有方，多士鼓舞不倦，他日随取随足，无临事乏材之叹，天下幸甚。②

---

① 程钜夫：《论行省》，《雪楼集》卷10（《全元文》第16册，第98—99页）。
② 程钜夫：《学校》，《雪楼集》卷10（《全元文》第16册，第95页）。

程钜夫还特别指出:"国家树教育材之本,莫先于学校。而天下之学廪稍不足者,士既无所于养;廪稍之有余者,只益郡县勾稽觊望之资。教官率以将迎为勤,会计为能,而怠于教事,非其人皆不贤,其势然也。"① 也就是说,不给学校资助,学校难以维持,而一旦给学校资助,又难免郡县官员克扣挪用,教官不得不打点斡旋,并由此耽误了教学。对于这种现象,程钜夫也没有更好的应对办法,只能是要求学官自爱、自忍和守正:"师儒不比他官职,太息难逢本色人。覆盎一城如斗大,皋比重席得儒真。宗门况味从来冷,近日诗书渐可珍。淮海秦郎天下士,试寻恐有再来身。"② "一亩之宫,必严祀典。一卷之书,必崇师道。夫子之道可谓达矣。然道不能以自达,而达之在人。今国家郡邑凡几千百所,逢掖凡几千万人,一旦拔而立于一州群士之上,匡坐而临之,北面而事之,是可谓身之达,而未可谓道之达也。古者政教不分,今则各有攸职,言政者或不及教,言教者未始一日可无政也。政者,正也,身非一学之正乎。"③ 以师之正来匡复国家的教育,不失儒者的本分,但在严峻的现实条件下,不过是儒者的一点自我安慰而已。

(四)正学风以明儒用

程钜夫认为:"世无实学真识,因陋袭弊,苟焉自安。"④ 士风不正已经成为影响国家治理的严重问题,尤其是文章只讲究浮华,缺乏实际内容,是多年以来的通病。

> 学之不讲久矣,岂徒学者之罪,亦父兄、师友之过也。夫子曰:"君子以文会友,以友辅仁。"盖仁其表,而文其景也。后之言文者或不然,不鄙惠书,犹及后生之学,甚盛,甚盛。请诵所闻与足下论之:"文者何也,犹之卉木之葩华,气之所钟,郁勃充盎,故其所发轮囷纷郁,不主一态,然皆出于有本有原,初不期然而然者。世俗因仿而为之,虽形色肖像无一不如,人之见之者亦未始不以为如也。然即而求其神气流行,润泽充满,则又若

---

① 程钜夫:《代白云山人送李耀州归白兆山建长庚书院序》,《雪楼集》卷15(《全元文》第16册,第145页)。
② 程钜夫:《送三山陈格山教授高邮》,《雪楼集》卷26。
③ 程钜夫:《送虞德常序》,《雪楼集》卷14(《全元文》第16册,第123页)。
④ 程钜夫:《答黄草塘书》,《雪楼集》卷23(《全元文》第16册,第107页)。

漠然者。"①

在程钜夫看来，忽必烈即位之后士风略有改变，但作为儒者，应该认真汲取南宋儒士清谈误国的深刻教训。

> 数十年来，士大夫以标致自高，以文雅相尚，无意乎事功之实。文儒轻介胄，高科厌州县，清流耻钱谷，滔滔晋清谈之风，颓靡坏烂，至于宋之季极矣。穷则变，敝则新，固然之理也。国朝合众智群力一宇内，自管库达于宰辅，莫不以实才能立实事功，而清谈无所用于时。
>
> 六典之经邦国，《大学》之平天下，于理财一事甚谆悉也。而士大夫顾不屑为，直度其不能而不敢耳。诡曰清流，以掩其不才之羞，此清谈之所以误晋，尚忍言之哉。近制钱谷官与司民社者，一概选而加优焉，劝人以事功之实如此也，而为之者犹或不得已。②

尤为重要的是，以儒为吏，尽管是许多儒者鄙视的事情，但是不失为改变士风的一种有效方法，因为按照程钜夫的观点，以儒者充任吏员，不仅能够使儒者注重实学和有用于国家，还可以起到改变吏风的重要作用。

> 昔在西都，厌马上而刀笔，刀笔厌而儒生，尽罢百家之言，独与儒者共治，卒之多文少质，为天下笑。
>
> 夫孝谨，天下之善行，儒者之常事，而未足以尽，儒者也。儒者不及而他人及之，儒者有余责矣。然而西都所用而可笑者，果儒者乎？嗟夫，世之非儒也，旧矣。吏之不儒也，久矣。吏不儒，吾无责于吏也。儒而吏，吏幸也。苟禄俸累月日，随群而入，逐队而趋，儒乎，儒乎，如斯而已乎。夫儒者之功用，未易以一言尽。顾子方抱文书，事朱墨，子而能尽儒者乎。抑子既号为儒矣，逾职分，行胸臆，作威福，常吏之所可虞者，吾不虞子矣。其佐而长，其共而职，至一所，遇一事，则必参以平日之所以学者，谋及乃

---

① 程钜夫：《答何端奇书》，《雪楼集》卷23（《全元文》第16册，第109页）。
② 程钜夫：《送黄济川序》，《雪楼集》卷14（《全元文》第16册，第113—114页）。

> 心,曰此公也,此私也,此理也,此法也。某利某害,某可某否,止者必止,行者必行,长未知则告之,告而未信,则宛曲而道之,期于合吾之所以学者而后已,则虽未有以究夫大用之儒,其不有以稍别于寻常之吏哉。①

儒者即便不入仕,也不能流于习俗,而是要注重实学,尤其是要注重为后世立言。

> 古之不朽有三:立德,立功,立言。然德有厚薄,功有浅深,未必并行而俱远也。而能使千载之下闻而知之者,犹若见而知之,是岂非立言君子之力哉。故夫子曰:"言之无文,行之不远。"②

程钜夫早年从学于南宋的理学学者程若庸,但是后来更多受到饶鲁的影响,在理学传承上属于南宋的"双峰学派"。③ 程钜夫认为程若庸、饶鲁二人更好地阐释了朱熹的学说,尤其是饶鲁的著作应该受到习理学者的重视:"书者,修齐治平之方也。圣作明述,昭昭具存,犹之于医,定标本,察虚实,按而用之,无难焉。而犹云方多效少者,非方之罪也。理学至伊洛而大明,逮考亭而益精,学者家庋其书,归而求之有余矣。而拘者束章句,虚者掠声称,专门户以为高,游辞说以为达,若存亡、愚智交病。双峰饶先生(饶鲁)最晚出徒,得从其高第弟子游,乃独泳泽穷源,抉根披枝,共派而分流,异出而同归,廓然焕然于此也。仆不肖,少获事徽庵程先生(程若庸),知双峰之学为详。盖二先生之志同,其造诣亦同。今观双峰之于言,抑何其富也。大道之不明,非书之不多,若双峰之书,政患其未多耳。"④

程钜夫虽然有理学的传承,但是他主要是作为文臣服务于朝廷,对理学的政治学说没有系统的论述,所以他自己也并未以理学学者自居,只是在各种政治建议中带有一定的理学色彩而已。应该说,与其他南人臣僚相比,程钜夫更敢于直言,其理政见解更为系统,并由此获得了较

---

① 程钜夫:《送朱苇序》,《雪楼集》卷14(《全元文》第16册,第123—124页)。
② 程钜夫:《答存心何修之自修书》,《雪楼集》卷23(《全元文》第16册,第108页)。
③ 黄宗羲原著,全祖望补修:《宋元学案》第4册,第2809—2810页。
④ 程钜夫:《双峰先生文集序》,《雪楼集》卷14(《全元文》第16册,第118页)。

高的声望,在江南隐士中亦得到了不少的赞誉。

四 陈天祥的行德政观念

陈天祥(1230—1316年),字吉甫,号缑山,赵州宁晋(今属河北)人,陈祐之弟,曾任监察御史等职,遭桑哥诬陷去职,后复任廉访使等职,著有《四书辨疑》等。陈天祥曾上书弹劾卢世荣的奸邪行为,已见前述。[①] 在他的著述中,还较系统地阐释了德政的观念。

(一)安民与护民的举措

陈天祥在地方任职时,曾多次采用安民与护民的举措,就是要践行德政,可列举几例。

至元十三年,因为收缴民间的兵器,在兴国军引起骚乱。行省以陈天祥为权知兴国军事,陈天祥并不急于平息骚乱,而是入城宣告民间可置兵仗以自卫,骚乱即自动平息。陈天祥特别向行省提出了弭盗的如下建议。

> 镇遏奸邪,当实根本,若内无备御之资,则外生窥觎之衅,此理势必然者也。推此军变乱之故,正由当时处置失宜,疏于外而急于内。凡在军中者,寸铁尺杖不得在手,遂使奸人得以窃发,公私同被其害。今军中再经残破,单弱至此,若犹相防而不相保信,岂惟外寇可忧,第恐舟中之人皆敌国矣。莫若布推赤心于人,使勠力同心,与均祸福,人则我之人,兵则我之兵,靖乱止奸,无施不可。惟冀少加优容,然后责其必成之效。

行省同意陈天祥采用从便处置的方法,陈天祥乃下命兴国军的百姓以十家为甲,每甲设立甲长,结成自保的组织。当时州县官吏都没有俸禄,陈天祥亦从便规措月给其俸禄,以制止官吏的贪扰行为。

(二)对德政的理论解释

陈天祥之所以能够多次向皇帝上书弹劾奸臣和提出各种理政的建议,是因为他有较系统的德政理念。在《四书辨疑》中,陈天祥重点强调了六种理念。

[①] 《元史》卷168《陈天祥传》。本节引文未注明出处者,均来自此传。

一是教化理念。陈天祥以孝弟为治理天下的根本,而教化的目的就是教民以孝弟:"古之明王教民以孝弟为先,孝弟举则三纲五常之道通,而家国天下之风正,故其治道相承,至于累世数百年不坏,非后世所能及也,此可见孝弟功用之大,有子之言,可谓得王道为治之本矣。"① 经过教化之后,在民众中会形成良好的社会风气,并对品行不良之人形成一定的约束,使其难以作乱:"明德之后,须有新民之化,使人人以孝弟礼义为心,则自无贪竞争讼之事。风俗既已如此,虽有无实之人,在其礼让温良之众人中间,亦自不敢肆意妄为,尽其虚诞之辞,其势然也。此乃大畏民志之谓,知本谓知为治之本也。"② "欲致天下之治,其道在迩不在远,而于远处求之,其事在易不在难,而于难处求之,此古今之通患,而世莫之悟也。果能遵先王之道,于心得躬行之余,以孝弟仁义教化其民,使人人皆亲其亲、长其长,自无悖理乱伦无父无君之事,而能上下安和,故曰天下平也。"③ 尤为重要的是,要教化民众,教化者自己要以身作则,以己之善而作为天下之表率,才可能达到民众信服并从善的目标,所以取信于民应置于教化之前:"教民为善,亦须自有为善之实,而民信服,然后教化可行。尧舜教天下以仁而民从之,以其先有可信之实也。若桀纣教天下以仁,民必不从,以其先无可信之实也。由此观之,民信于我,亦不直在教化既行之后矣。"④

二是得众理念。陈天祥强调德政的关键在于了解得众与失众的关系,只有以忠信得众,才能长治久安:"在位之人,得与失皆有自然之大道理存焉。得众以得国者,必因忠信以得之。失众以失国者,必因骄泰以失之。自古以来,未尝闻有因忠信而失众失国,因骄泰而得众得国者,此乃自然之大道理也。"⑤ 陈天祥还特别指出,忠信是两事而不是一事:"盖忠当以心言,信当以言论。心无私隐之谓忠,言有准实之谓信,此乃忠信之别也。"⑥ 德则是忠信的集中代表,只有施行德政,才能达成得众的目标,并且要特别注意德政并不只是针对治国而言,在各

---

① 陈天祥:《四书辨疑》卷2《论语》,四库全书本。
② 陈天祥:《四书辨疑》卷1《大学》。
③ 陈天祥:《四书辨疑》卷11《孟子》。
④ 陈天祥:《四书辨疑》卷6《论语》。
⑤ 陈天祥:《四书辨疑》卷1《大学》。
⑥ 陈天祥:《四书辨疑》卷2《论语》。

层级和不同的地方都应该推行德政:"为政者道之以德,则众皆归服,如众星之拱北辰也。治一邑则一邑之众归服,治一国则一国之众归服,治天下则天下之众归服。为政以德,本无定所,不可专以天下为言。"①

三是用人理念。陈天祥认为轻贤重色是当政者的通病:"盖轻贤重色乃古今之通患,而其真能贤人之贤,真能轻易女色者,求之于古今天下,不多得也。"②但是治理国家,不能不讲究用人之道,因为用人不当会为国家带来重大的灾难:"人君之用人行政,乃国家大得失所关,天下大利害所系,岂可置而不问哉。为人臣者明知其君用人既非,行政既失,而曰此不足过谪,此不足非闲,使大奸巨滑日前日进,暴官污吏日盛日繁,庶政颠堕,生民涂炭,由由然坐视而已,大人之道不如是也。"为能择用贤者治国,君主不仅要正心正己,还要做到认真选择宰相:"人君之职,惟在慎择宰相,宰相择用百官,百官分行庶政。由此观之,天下之治与不治,系在人君一心之正与不正之间耳。人君之心,天下之本也,其本乱而末治者否矣。"而正君心的最有效方法,就是在君主身边聚集正人贤士,不仅对君主的不当行为随时加以谏诤,还要真正发挥监察机构的作用,克服有监察之名而无监察之实的弊病:"格,正也,格君心,正其君心之不正也。大人格君心之非,其格之之道不在一一亲身自为。自其君为太子以至登极,举道德可尊者以为师宾,择梗正可严者使任谏诤,左右前后皆置放正人。平居无事则经筵师臣讲明道义,考论古今,资益其见闻,辅养其德性,不使非心有可萌之隙。及其行有差失,则台谏诸官同心协力,随事规戒,期于一举一言必出于正而后已,此古制正君之明法也。""君正则朝廷正,朝廷正则内外百官皆得其人,天下无有不治也。近代以来往往不先于本而齐其末,内虽有宪台察院,外虽设廉访、采访、观察、按察之类,专务弹劾奸恶、纠按非违,谪去一人,十人复至,闲去一事,十事复来,舍其源而清其流,不亦难乎。"③

四是为政理念。陈天祥认为德政要有基本的规矩,并且要始终注重"守中"的絜矩原则:"所谓平天下,在治其国者,上老老而民兴孝,上长长而民兴弟,上恤孤而民不倍,是以君子有絜矩之道也。所恶于上

---

① 陈天祥:《四书辨疑》卷2《论语》。
② 陈天祥:《四书辨疑》卷2《论语》。
③ 陈天祥:《四书辨疑》卷11《孟子》。

毋以使下，所恶于下毋以事上，所恶于前毋以先后，所恶于后毋以从前，所恶于右毋以交于左，所恶于左毋以交于右，此之谓絜矩之道。"① 尤为重要的是，要清楚地知道听讼是重要的政务，但不是为政之本："圣人为政，不以听讼之明为贵，但在教民从善，使以孝弟礼义为心，则自无争讼，此乃正本清源之谓也。然则听讼亦为政之急务而不可忽，但非为政之本耳。"② 在理政中，君主则要先劳于勤政，才会使百姓的后劳不至于产生怨恨："先之谓先己之劳，劳之谓后劳其民也。如古人戴星而出，戴星而入，此正先之之义，所谓先己之劳是也。己先有此勤政之劳，然后以政勤劳其民，民虽劳而不怨也。"③

五是均平理念。陈天祥对均平的理解，是尽可能做到上下均匀，使贫者能够因感受到均匀而安于贫："均谓贫富均匀也，贵贱上下各依其分，上无余富，下无余贫。虽或贫寡，而上下均匀，人自安和，不觉其贫。故曰：均无贫也。"④ 国家要保证上下均匀，必须做到不与民争利，尤其是不能以各种增加税收的方法来加重百姓的负担，要真正体现轻徭薄赋的宽政原则，否则必会带来民政的困苦："国不以利为利，以义为利也。长国家而务财用者，必自小人矣。彼为利之小人之使为国家灾害并至，虽有善者亦无如之何矣。"⑤ "贷谓借其赋也，益谓增其数也，言于常赋之外，称为借贷，重复取之也。近代有以用度不足，于此年赋税既已征足，又指下年者，假称借贷为名以征取之。又有别指名项，借征于民，如税舟车间架之类及和雇和买，竟不给偿者，凡如此者，皆于常赋元额数外所增益者。"⑥ "缓谓宽缓轻取之也。三者之中，其一既重取之，余二者取不尽数，此谓用其一而缓其二也。若重取其二惟轻其一，民已有殍。若三者俱重，则有父子相离者矣。近代以来，往往于赋税正额之外，别立名色，横加掊敛，如赵光奇对德宗者是也。若此类者，取虽各以其时，民亦岂能免于饥饿流离之患哉。"⑦

六是治学理念。儒者治学，首先要注重道与理的区别："道与理当

---

① 陈天祥：《四书辨疑》卷1《大学》。
② 陈天祥：《四书辨疑》卷6《论语》。
③ 陈天祥：《四书辨疑》卷7《论语》。
④ 陈天祥：《四书辨疑》卷7《论语》。
⑤ 陈天祥：《四书辨疑》卷1《大学》。
⑥ 陈天祥：《四书辨疑》卷11《孟子》。
⑦ 陈天祥：《四书辨疑》卷13《孟子》。

有分别，不可混而为一也。道者，事物相接往来交通之道路也。理犹事物之脉理、文理，而为道之准则也，道则依循此理而行。理以贯道，道必循理，此其道理之分也。""盖道谓三纲五常之道，君子之所以正心、修身、齐家、理世，皆此道也。有身而无此道，则心不正，行不修，其身必辱。有家而无此道，则父不父，子不子，其家必坏。有国而无此道，则君不君，臣不臣，其国必乱。此其所以不可须臾离之也。"① 其次，在学习儒家经典和治国理论时，要知道因繁就简的道理，掌握学术的核心理念："圣人之教人也，惟恐言之未详，义之未尽，经书累积，文翰汪洋，所载不胜其博矣，然皆不出于君臣、父子、长幼、夫妇、朋友之间，其道则三纲五常而已，是之为约也。反说约者，引其博以明此道，正心修身为之约守。所谓学问之道无他，求其放心而已矣，此又博约之捷说也。"②"大抵解经以言简理直为贵，使正义不为游辞所乱，学者不为繁文所迷，然后经可通而道可明也。"③ 再次，儒者要以治己的自治学问为主，而不能专门学习治人的学问，才能成为真正的有为之才，因为只有先学会如何治己，才能懂得如何治人："盖为己欲治己也，为人务欲治人也。但学治己，则治人之用斯在。专学治人，则治己之本斯亡。若于正心修己、以善自治之道不用力焉，而乃专学为师教人之艺，专学为官治人之能，不明己德而务新民，舍其田而耘人之田，凡如此者，皆为人之学也。"④"才有大小多寡之不齐，不直至于大、至于多始可为才，但有为者皆才也。"⑤ 最后，儒者要明确自己的地位和作用，对于不如自己、与自己相同和高于自己的儒士可以有不同的态度，但以己之善影响社会，则对所有士人都是相同的："不如己、如己、胜己凡三等。不如己者，下于己者也。如己者，与己相似均齐者也。胜己者，上于己者也。如己、不如己，当以德言，不可以才能论也。己为君子，彼未君子，彼之所为无己之善，是之谓不如己者也。己为君子，彼亦君子，彼之所为善与己均，是之谓如己者也。如己者德同道合，自然相友。""如己者友之，胜于己者，己当师之，何可望其为友邪。如己

---

① 陈天祥：《四书辨疑》卷14《中庸》。
② 陈天祥：《四书辨疑》卷12《孟子》。
③ 陈天祥：《四书辨疑》卷1《大学》。
④ 陈天祥：《四书辨疑》卷7《论语》。
⑤ 陈天祥：《四书辨疑》卷12《孟子》。

与胜己者既有分别，学者于此可无疑矣。"① "己之善盖于一乡，然后能友善盖一乡之士。己之善盖于一国，然后能友善盖一国之士，天下之善士亦然。"②

陈天祥的上述理念，与理学家宣扬的理念有所不同，所以在当时并没有得到儒者的普遍重视，但是不能因此而否认这些理念所具有的重要价值，因为这些理念更注重理想社会的政治描述，尤其是对均平的追求，这恰是陈天祥思想观念的特性所在。

五 其他朝臣的良政观念

在朝廷围绕义利展开的斗争中，阿鲁浑萨理、唐仁祖、腾安上、张之翰、李简、徐琰、姚天福、何荣祖、陈孚、叶李、管如德等朝廷大臣也提出了反对权奸或推行良政的重要建议，可分述于下。

（一）阿鲁浑萨理等人的重善政言行

阿鲁浑萨理（1244—1311年），畏兀儿人，由皇太子真金侍卫进为忽必烈的近侍，历任集贤馆学士等职。在桑哥事件中，阿鲁浑萨理扮演了曲线抗争的角色，已见前述。阿鲁浑萨理还特别向忽必烈建言治天下必用儒术，应广招各种有才之士，以备任使。忽必烈采纳了他的建议，遣使求贤，并让阿鲁浑萨理负责集贤馆的具体事物，"士之应诏者，尽命馆谷之，凡饮食供帐，车服之盛，皆喜过望。其弗称旨者，亦请加赉而遣之"。有人向忽必烈奏报对士人的待遇过高，忽必烈乃怒斥其人："汝欲使朕见而损之乎？十倍此以待天下士，犹恐不至，况欲损之，谁肯至者。"阿鲁浑萨理还向忽必烈建议提高国子监师、生的待遇，也得到了忽必烈的应允。

有江南人向朝廷密报南宋宗室人员谋反，忽必烈已经派遣使者将南宋宗室人员全部逮捕，准备带到京城问罪，阿鲁浑萨理向忽必烈进言："若果反，郡县何以不知？言者不由郡县，而言之阙庭，必其仇也。且江南初定，民疑未附，一旦以小民浮言辄捕之，恐人人自危，徒中言者之计。"忽必烈接受了阿鲁浑萨理的谏言，不仅召回了使者，还派人逮捕和审讯告密者，果真是因私人借贷未果而采取的诬告行为，避免了因

---

① 陈天祥：《四书辨疑》卷2《论语》。
② 陈天祥：《四书辨疑》卷12《孟子》。

私仇带来的重大冤案。①

唐仁祖（1249—1301年），唐兀人，字寿卿，号乐山，在阿合马当政时已在真定、保定两路查核过屡岁不决的钱谷逋欠案，认定为中统年间的积欠，按朝廷旨意全部罢除。至元二十五年，唐仁祖任参议尚书省事，屡次与桑哥发生冲突，桑哥将其降为工部尚书，并让他监督工部的织造事务，如不按时完成即以耽误国家岁用治罪。唐仁祖对部下说："丞相怒在我，不在汝等，宜勉为之。"部下被唐仁祖的敢于承担责任所感动，积极督办，未到期即完成了织造任务，使桑哥的阴谋未能得逞。桑哥被捕后，唐仁祖受命籍没其家产，但第二天桑哥被放出，别人都担心桑哥报复，只有唐仁祖不为所动，并见证了桑哥的倒台。

至元二十八年，唐仁祖、速哥、忻都受命前往辽阳行省赈灾，忻都准备按照户籍的大小口发放赈济的粮食，唐仁祖持反对意见，明确指出："籍上之小口今已大矣，宜皆给以大口。"忻都表示："汝要善名，而陷我于恶耶？"唐仁祖则强调："吾二人善恶，众所夙知，岂待今日，我知恤民而已。"最终还是按照唐仁祖的意见，所有灾民都按照大口的标准给予救济，使得朝廷的救济真正发挥了恤民救灾的作用。②

阿鲁浑萨理和唐仁祖都是色目人，其政治观点都带有鲜明的儒家色彩，表明色目人尤其是部分色目官员的"儒化"，在大一统的政治局面下又有了进一步的发展。

（二）滕安上对良政的表彰

滕安上（1242—1295年），字仲礼，中山安喜（今属河北）人，忽必烈在位时任监察御史等职，著有《东庵集》。

对于忽必烈在清除阿合马后采取的各项措施，滕安上目之为"至元德音"，并在诗作中作了以下评价："至元十九年四月十八日，中山府儒学教授臣某从庶官之后，伏听德音，条凡十五，每读一讫，咸以手加额，踊跃欢抃，如获更生。既而使臣孙某征诗，某职在儒学，不敢以塞浅辞。窃惟明世不能无佞，而能去佞，圣人不难得民而难安民，和万邦而黎民时雍，去四罪而天下咸服，此尧舜所以为尧舜也。惟圣朝接千岁之统，惟皇帝大四海之图，去奸佞，擢贤良，下诏条，安百姓，天地之仁推之而愈宏，日月之光廓之而愈明。"

---

① 《元史》卷130《阿鲁浑萨理传》。
② 《元史》卷134《唐仁祖传》。

温温德音，敷于下土。癃老黎庶，是蹈是舞。德音惟何，天子神圣。奸谗蒙蔽，咸革而正。逸人罔极，窃弄威福。负且乘器，凶以覆㻋。林甫剖棺，弘羊既烹。百僚稽首，天子之明。乃命元老，载谋载惟。有积其弊，以新以厘。命相选贤，允协帝心。鳏寡无盖，式昭德音。奸事箕敛，民多逋亩。天子怜之，贳租已负。奸事罗织，民罹惨酷。天子怜之，省刑绥狱。养老恤孤，和钧平价。次第举行，彰我王化。琴瑟不调，解而更张。四海熙熙，跻于一堂。惟我天子，万寿无疆。皇皇有元，古无比隆。浸以唐德，扇以虞风。惟我天子，垂祚无穷。地平天成，风恬俗熙。臣今何幸，乃亲见之。拜手稽首，献此颂诗。①

对于主管税务的官员宣布免除桑蚕税，滕安上也认为是良政之举，在诗作中给予了表彰。

周官设司市，盖抑商夫贪。法每优农人，俾治亩东南。汉末事筦榷，利孔开穷探。黠商操奇赢，疲氓困镌錾。蚕丝至缣帛，一甚觓再三。孰怜始作俑，迤逦及卵蚕。古人乐仁术，肄业慎矢函。尝逢鹤发翁，典故云饱谙。镃基与经籍，不与百货参。迄今用其一，无乃异苦甘。

圣朝化更张，治古无人惭。钱榖斯高选，秩重伯子男。有来两君子，勿疑朋盍簪。张侯嗜理学，语孟入泳涵。末得张润甫，家世青出蓝。安坐一务中，心迹如禅庵。首罢卵蚕税，喜气腾晴岚。昨间日中市，珠褚盈负担。万家鸣机杼，衣易悬鹑鹌。退想挟纩人，祷颂将何堪。镃基倘随例，悠久播美谈。②

对于能够秉公办案、平反冤狱的官员，滕安上也在诗作中给予了赞誉。

我初识文琬，风骨鹤轩轩。三载几会晤，愈见圭璧温。文彩照群彦，画诺资名藩。小妇哭不哀，一闻申夫冤。握笔辨公是，疑狱

---

① 滕安上：《至元德音诗并序》，《东庵集》卷1，四库珍本。
② 滕安上：《税司除蚕征为赋》，《东庵集》卷1。

多平反。禄位岂在高,有为名节存。秩满事行役,与贫俱出门。长安桂玉难,何以度朝昏。政须囊中金,愧惟赠一言。慷慨行所学,穷达安足论。①

元成宗即位后,滕安上曾就京师地震向皇帝上书称:"君失其道,谪见于天,其咎在内庭窃干外政,小人显厕君子,名实混淆,刑赏僭差,阳为阴乘,致静者动,宜兢兢只畏,侧身修行,反昔所为,以尽弭之之道。"由于当朝官员不敢将他的上书呈给皇帝,滕安上怒而去职,表现了儒者所具有的傲骨。②

(三)张之翰的本标兼治观点

张之翰(1243—1296年),字周卿,号西岩,邯郸(今属河北)人,至元十三年入仕后,历任监察御史、户部郎中等职,著有《西岩集》。

张之翰对南北的统一持高度肯定态度,在诗作中不仅强调江南之人要适应统一的新形势,亦表示北方的官员应善治江南地区。

山压长江,流不尽,滔滔深碧。形胜地,以江为堑,以山为壁。兵府旧分城上下,人家新住洲南北。说当年,天马入川时,皆传檄。

市不易,居如昔,龙已去,攀何及。问人人能道,圣朝恩德。蕞尔南州成底事,宛然上将劳吾敌。看红尘,一骑捷书来,来春必。③

莫惜辞燕远入吴,圣朝南北混车书。四千里是两都会,三百年开一坦途。簿领定应谈笑了,宴游多在治安余。西湖烟景钱塘月,尽作归舟卧看图。④

统一之后为方便漕运实施的开通南北大运河工程,张之翰也颇为关注,在诗作中表示只要用对了监督工程的官员,就能够受到功成民不疲

---

① 滕安上:《送王文琬镇幕秩满北行》,《东庵集》卷1。
② 姚燧:《滕安上墓碣铭》,《牧庵集》卷26(《全元文》第9册,第793页)。
③ 张之翰:《满江红·登汪帅展江楼》,《西岩集》卷11,四库珍本。
④ 张之翰:《送李仲芳赴临安行省掾》,《西岩集》卷6。

的良好效果。

> 鄞州西北低复起，中有清河走清泚。青龙折身东入海，不接御河余百里。我朝混一凡几载，南北舟车日琐委。风帆咫尺不得到，费尽人牛不停轨。九重有诏许开凿，官不选材何所倚。寓轩尚书今礼部，兵曹郎中前御史。请行复有马漕台，在鲁诸公宜办此。古来水运非不多，良法相传今有几。襃斜砥柱固莫论，邗沟汴渠差可拟。欲通尾尾万舳舻，先看粼粼一篙水。功成事办民不疲，钝笔非才尚堪纪。他年岸柳绿荫中，听取人歌张与李。①

针对忽必烈在位后期各地盗贼蜂起的现象，张之翰特别献上了既要治本也要治标的弭盗之策。

> 窃思盗者古今之通患，去盗之术无他，使斯民崇本而已。昔一夫受田百亩，力穑作劳，春耕秋获，惟知仰事俯育，奚暇他及？是以非意不萌，戾心不起，盗何从而发？今盗贼繁多，在淮及北且未论，观南方归附以来，负贩之商，游手之辈，朝无担石之储，暮获千金之利。始则茶商，终则因茶而为盗；始则盐商，终则因盐而为盗；始则铜铁铅矾之商，终则因铜铁铅矾而为盗；始则海运之夫、蕃船之商，终则因海运蕃船而为盗；皆由逐什一之利，终不免为盗贼之归。是天下之盗，常起于利孔之一诱，故一旦去本趋末，舍农为商，因商作盗。或聚集于山林，或剽掠于江海，而又诱饥寒逃散之民，并作过经断之党，相附而为盗。虽致之之由不同，所以为害一也。近者省札旁午，台文络绎，一则责军官，二则责民官，至于罚，至于杖，其治盗之法可谓严且急矣。然法日重而盗日多，其故安在？盖治盗不如弭盗，责官不如选官。何谓弭盗？教贩商以务农，散梢水以作民，抚流移以复业，拘刺断以供役，非弭欤！何谓选官，布循良以典郡，去贪暴以远民，用智谋以主兵，间承袭以备员，非选欤！虽然，曰弭曰选，本也，可缓不可急；曰禁曰捕，标也，可急不可缓。今强盗劫某处，窃盗生某处，镇守者固无所逃

---

① 张之翰：《送张礼部李兵曹奉命开河之行兼简高和之漕副》，《西岩集》卷4。

罪，问之抚字者汝何为而致此邪，必曰某无龚遂之便宜，何以罢渤海之盗；某无赵广之擅诛，何以制颍川之盗；某无虞诩之伏兵，何以擒朝歌之盗。而况有案牍之劳形，有钱粮之掣肘，有狱讼之焦心，每遇盗贼不过率领县尉巡检一二人，县尉巡检不过率领弓手三二十人，彼贼众多，动百千，寡不敌众，弱不敌强，但束手待毙而已。且残民者贼也，御贼者军兵也。土官不能遣军而镇守，遣之良民，不敢执兵器，而贼徒执之，如此而望盗止贼息，是北辕适楚，南辕适燕，必无济事亦明矣。为今之计，必欲罪军官，亦及民官。凡有镇守官处，除出征调度不得干预，其余贼发火起之事，许路府州县达鲁花赤长官依腹里兼管奥鲁例，一同提调区处，无分彼我。城郭内外元有军铺，除已设外，更许增置，仍摘管其地，斟酌顿放，南北军人相参巡警。及无军铺之处，从本管官司保结，验人烟多少，官为量给有印烙凿记军器，不过数十件，令纯实之家收掌，以备不虞，亦目下治盗之大端也。必欲禁止消弭，其澄源正本之术，不可不讲。①

尽管张之翰知道忽必烈不喜欢科举，但是他依然建议要恢复科举取士的方法，因为舍此难以为国家真正作成人才。

自国家混一以来，凡言科举者，闻者莫不笑其迂阔，以为不急之务，愚独谓不然。盖自古忠臣烈士、名卿贤大夫，未有不由此乎出。窃见比年老师宿儒凋落殆尽，后生子弟无所见闻，稍稍聪明者，不为贴书，必学主案。今年一主案贴书，明年一州胥府吏；今年一州胥府吏，明年一部掾省杂；不数年之间，内而省部台院，外而府州司县，出身一官人矣。习以成风，莫之能革。岂有煌煌大元，土地如此其广，人民如此其繁，官吏如此其众，专取人于此，求其所谓经济之学、治安之策，果有耶？无耶？愚所不知也。为今之计，莫急于科举。科举之目，曰制策，曰明经，曰赋义，曰宏词，在议择而行之。果人知所学，将见贤才辈出，建立太平，可为圣朝万世之光也。②

---

① 张之翰：《议盗》，《西岩集》卷13（《全元文》第11册，第265—267页）。
② 张之翰：《议科举》，《西岩集》卷13（《全元文》第11册，第267页）。

张之翰曾指出权臣当道引起的弊政,已见前述。在与桑哥的斗争中,王约被罢职,张之翰特别以诗作安慰王约:"仕正强时却处闲,闲中委顺最为难。树萱近户供亲乐,移竹当轩伴岁寒。风浪莫如人海恶,乾坤不似醉乡宽。我知造物安排意,留着功名向后看。"① 张之翰自己不久也愤而去职,但是与其他汉人臣僚做法不同的是,他没有用激烈的言辞攻击权臣蠹政,只是以较为隐晦的说法表示不满,这应该与他的处世原则有密切的关系,因为张之翰并不在意功名利禄,而是更向往较为自在的隐居生活,在诗作中对此作了明确的表述。

> 人皆识余面,人孰知我心。问余心如何,学古不学今。十年清要地,奔趋非所任。故人水东流,直道日西沉。几时有钟鼎,何处无山林。相为浪自苦,枕中车马音。南来了何事,一气空盈襟。回头长安道,尘土日益深。浩歌归去来,蕙带而兰衿。②

朝廷清除桑哥等权奸后,下发诏书祛除各种弊政,张之翰以诗歌的形式描述了当时的情形。

> 万人如堵塞春街,清晓朝廷有诏来。休道天人不相应,蛮烟瘴雾一时开。
> 垢污危疑正满前,从今一洗尽安然。黄童白叟欢如海,圣寿宜过万万年。
> 下诏推恩今始见,上章拜号古难逢。小臣华祝嵩呼处,一炷心香彻九重。
> 无人辩狱多冤滞,有吏侵民尽动摇。此事不知谁坏了,却劳明主布宽条。
> 天意人心本不侔,人心何用苦相仇。一封丹诏从天下,喧破东南数百州。
> 一诏才颁万国春,好生恶杀见深仁。叮咛开谕惟新意,恐有从傍弄法人。
> 幸灾乐祸皆非意,讦直沽名岂本心。费尽精神成底事,九重天

---

① 张之翰:《寿王彦博都事》,《西岩集》卷6。
② 张之翰:《和光辅吾友见示韵》,《西岩集》卷1。

子圣恩深。

一天和气暖融融，今日淮南酒尽空。若使琼花根尚在，也应开向此春风。

主圣臣贤会合时，九年一诏未为稀。香烟约住云间鹤，半日盘空不肯飞。①

德是皇基政是阶，群阴散尽日华开。美名本自臣心报，宽泽都从圣意来。万里坤舆得霖雨，八荒屯难解云雷。箫韶九奏春风里，愿祝君王第一杯。

圣主如天不可阶，五云深处诏书开。九州四海颂声作，万口一辞和气来。物泰民熙沾雨露，河清海晏息风雷。宽恩便是无疆寿，未用垣平玉刻杯。

天上三阶是泰阶，册名才进瑞光开。南山寿址万年峻，北海恩波千文来。香引仙禽纷似雪，风吹驿骑疾如雷。谁将淮海都为酒，尽醉尧民不用杯。②

政柄由来不易持，化弦更后可重挥。相门出相古亦有，贤路荐贤今最稀。鄂渚云开山似画，卢沟雪尽马如飞。太平经济非吾事，拟对东风赋式微。③

桑哥事件之后，张之翰还对监察机构应具有的职能作了专门的解释："更化后制度一新，尤注意风宪，改提刑按察为肃政廉访，使责任愈重，选人益精，否者汰而能者举。""自汉、唐治天下，莫不以遣使为急，曰循行，曰直指，曰采访，曰黜陟，与今所谓按察、廉访，其名虽殊，其实则一，率不过美风俗、励政治、禁贪猾、举冤滞、保疲癃、登俊乂。"④ 在张之翰看来，儒者能够在监察机构任职，也是颇为荣光的事情："有地数千里，有城数百区，持肃清之权，按治于其间，喜之而为春，怒之而为秋，使百辟群吏趋走听命之不暇，大丈夫得官宪司，

---

① 张之翰：《听诏九首》，《西岩集》卷10。
② 张之翰：《和阎学士听诏诗韵三首》，《西岩集》卷6。
③ 张之翰：《送崔参政还鄂省》，《西岩集》卷7。
④ 张之翰：《送翰林学士阎公浙西道廉访使序》，《西岩集》卷14（《全元文》第11册，第269页）。

亦荣矣。"①

张之翰还特别强调，国家统一对于儒学的发展具有重要的意义，北方的儒士肩负着使儒学得到"正传"的重要使命，在给李冶的祝寿诗中明确提出了这样的观点。

> 学海波澜接性天，两朝谁不让文权。四贤堂上无余子，三老山中只此仙。身健宛如辞院日，眼明重见渡江年。天教上寿非无意，混一车书要正传。
>
> 四海声华李谪仙，老来风骨愈飘然。授经近似伏生岁，书亥过于绛老年。九转丹砂休漫语，一篇胎息是真传。请看龙首峰头月，常向中秋席上圆。②

尤为重要的是，张之翰认为借统一之势，南北理学的融合已经成为不可阻挡的趋势，江南儒士在这方面可以有更多的作为："往年光岳分南北，今日车书混文轨。先生生长紫阳乡，尝学紫阳子朱子。不知疏凿伊洛源，端可贯通洙泗水。"③ "世变仍道在，道在须人弘。吾元奄四海，一意期升平。肯随蒲轮召，再振革履声。"④ 张之翰还在诗作中，特别强调了儒者对初心和知止的要求。

> 人之有初心，不系进与退。退则善一身，进则泽万类。惟明是达者，皆弗戾于义。胸中无滞着，何往不自遂。⑤
>
> 能行莫如风，能止莫如水。风息籁不鸣，水定波不起。人生百年间，孰不贵知止。止之所不齐，可与不可耳。⑥

张之翰的政治观点主要围绕时政问题展开，较少作理论上的解读，因为他的兴趣主要是作诗，而不是作学问，但不能因此而忽视他所强调的本标兼治等观念。

---

① 张之翰：《送王侍御河北按察使序》，《西岩集》卷14（《全元文》第11册，第271页）。
② 张之翰：《敬斋先生寿二首》，《西岩集》卷8。
③ 张之翰：《方虚谷以诗饯余至松江因和韵奉答》，《西岩集》卷3。
④ 张之翰：《陈菊圃尚书以诗相饯依韵为别》，《西岩集》卷1。
⑤ 张之翰：《题张尚书遂初亭》，《西岩集》卷1。
⑥ 张之翰：《题柳理问止斋》，《西岩集》卷2。

(四) 李简的知进退观点

李简,生卒年不详,号蒙斋,信都(今属河北)人,曾任泰安同知,忽必烈在位期间编成的《学易记》一书,流传至今。

李简强调"学易则知吉凶消长之理、进退存亡之道也"。[1] 由此,需要特别注意圣人所起的作用:"圣人在上,高出于物,犹乾道之变化,万国各得其所而咸宁,犹万物之各正性命保合太和也。"而有为臣僚的选择,关键在于君主:"四为有位之臣,虽有进退之义,而义在有为,故进而无咎。夫人臣进退,在君而不在己。君虽见知,众虽已允,自当退让疑惧。"尤为重要的是,君子进身并不容易,小人则易于得势,所以不得不加以防范:"观圣人之言,可以知君子之难进,而小人之易盛矣。有国者其亦思所以求君子于隐,而防小人之于早也哉。"[2]

李简还特别指出,"群小擅命"是历代干扰朝政的祸因,当政者切不可忽视这样的现象:"群小擅命。岂一朝一夕之故哉。汉、唐之君,其权威在臣下,或在阉竖,或在群盗,皆乱命也。上之人所处虽正,亦不免于羞吝,况未必正乎。"由此,必须将小人视为蛊害,以灭蛊作为正人君子的要务:"朝有小人,则为天下之蛊,凡蛊则不可不治。蛊,所以有干事之象也,故圣人于蛊弊之时,未尝忧其不治,特患干之无其人耳。"李简还特别强调了圣人"盛时立戒"的重要性:"大率圣人立戒,必于方盛之时。方盛而虑衰,则可以防其满极而图其永久;若既衰而后戒,亦无及矣。自古天下安治未有久而不乱者,盖不能戒于盛也。方其盛而不知戒,故狃安富则骄侈生,乐舒肆则纲纪坏,忘祸乱则衅孽萌,是以浸淫不知乱之至也。"[3]

在李简看来,是否刻剥民众,是君子与小人的重大区别:"庐,所以庇民君子之象也。正道削剥既极,则人复思治,故众心愿载于君子,是君子得舆为民所承载也。为小人者,必欲剥其庐,则已无所容身矣。盖亦不思耳,终不可用者。"所以圣人施政要以宽政、善政为本,而不是专注于严刑苛法:"圣人则知所以止之之道,不尚威刑而修政教,使之有农桑之业,知廉耻之道,虽赏之不窃矣。故止恶之道在知其本、得其要而已。不严刑于彼而修政于此,是尤患冢牙之利,不制其牙而獮其

---

[1] 李简:《学易记》卷首《学易记图说》,四库全书本。
[2] 李简:《学易记》卷1。
[3] 李简:《学易记》卷2。

势也。在上者不知止恶之方，严刑以敌民欲，则其伤甚而无功。若知其本，制之有道，则不劳无伤而俗革，天下之福庆也。"①

李简亦将去小人与用贤者联系在一起，不仅说明了贤者进小人退的道理，还强调了贤者所应承担的治国责任："四大臣之位，任天下之事者也。天下之事，岂一人所能独任，必当求天下之贤智与之协力。得其人则天下之治可不劳而致矣。""四大臣之位当艮止之时，上以止人君之邪心，下以止天下之不善，乃其任也。柔而失中，其所辅之君又无阳刚之德，亦安能大有为乎。惟止于其身不失正，能无咎而已，在上位而仅能独善其身，岂足称大臣之位也哉。"②

李简的这些观点，尽管是集各家注释《易经》的说法，谈不上什么新意，但是对于反对权臣的斗争而言，也可以视为一种理论上的支持。

（五）徐琰的别忠臣小人观点

徐琰（？—1308年），字子方，号容斋，东平（今属山东）人，曾任陕西行省郎中、中书省左司郎中、江浙行省参知政事等职。

徐琰对宋朝名臣范仲淹的政绩作了评价，所要强调的就是要区别君子和小人对朝政的不同作用。

> 昔宋人定五代军镇之乱，以儒立国，儒而见用者何限。以公（范仲淹）而不得相其君，展其忧天下、致太平之略，彼一时也，非可为之时乎？自其入馆阁，为谏官，谏之必黜，黜而益谏，陈善闭邪，宁以身蹈不测而不悔，非直以言语侍从为职也。故虽当路不容，委之边镇，才兼文武，适受主知。正己而不求人，相与解仇勠力，卒臣夏人，以安中土，为所当为，一以自信。其屡为守帅，又岂寻常多议论少事功者哉。晚参大政，请仿周官六职，分任辅相，渐复古制。开陈未终，权幸其间，不得安于朝廷之上。虽其国家盛衰由此而分，而君子小人迭其胜负，尝使人踌躇鉴戒而未已也。③

徐琰还借表彰宋臣徐卿孙的机会，说明了君主所用非人，会带来严

---

① 李简：《学易记》卷3。
② 李简：《学易记》卷5。
③ 徐琰：《范文正公祠记》，《全元文》第10册，第623—625页。

重的后果，甚至导致国家灭亡。

> 国朝自至元初元用兵襄汉以来，驿书狎至，日告克捷。既下襄阳，渡大江，所向风靡，有城郭封疆之任者，若崩厥角恐后，卒之混一区宇，际天薄海罔不臣妾。是虽庙谟雄断、师武臣力之故，而江南谋国用世之士，亦从是可知，独时时闻赵卬发死池州，李芾死潭州，马暨死静江，如是者不过十数人。止最后又闻文天祥以宰相使军前，遁海上，被执不屈，久乃伏节。若可起人意者，而于先几之识，前知之见，未之敢论。十数年来，南士车驰毂击，北来不绝，间坐论对，语及其所以亡者，则深忧远计、危言剀论之士亦尝有之，而所用非人，以言为讳，抑而不求，求而不听，听而不用，是以驯至此极，始知人谋非尽不臧，抑亦国运之有所穷，而天命之有所属，故不得不归于有德也。呜呼！是岂一人之力、一朝之故哉。

> 公（徐卿孙）在宋朝，起身儒科，即以治县最当时，其事盖不胜书，人视以为谱。升朝，一再迁为御史，为谏官，垂三年，时其国之事莫急于边备，初见即以励人才、饬军政、结民心三事为告。襄阳之不守，元帅之无谋，我军之在行者犹无不知之，而彼相挟私，蒙蔽上下，略不正其偾军之罚。位于朝者视为软熟，恬不之怪，独公能抗议弹击，第一义已甚可观。继是累十百疏，反复谆切，无非论边之日，言大而不遗其细，谋远而不略于近，料事精密，置论切宜，使吾徒为其国计亦不过尔。取是谋帅，而拔李芾于久废，荐文天祥于列郡，以襄事而陈李庭芝之决不可用，即责时宰陈宜中循行故事，如坐而待亡。其后或抗节死义，或误国谋身，无一不如其言，此则非知人如权衡，识时如蓍龟，则世孰能之殆天与为谋、神授之策者乎。不用其言，而用其身，虽簪笔持櫜，把节持麾，于我何加，至是公去盖益远矣，国亡未几，而身亦随之，悲夫。

> 余闲居坐念，自有宇宙以来，亡国何限，以为其国之有人，则其时其事言之，可为太息，以为无人，则斯人斯言散在史传，何国无之。而卒亦无救于须臾之运者，信在人则在乎用才者为何人，在天则亦顾迓续者之何如耳。后有君子论一代兴仆之由于千载之上，其有取于吾言乎。

亡国之臣，莫知所亡。一或有知，国指为狂。由异代观，惟狂惟圣。我知其人，有死无瞑。千载而下，其言则存。①

徐琰本人亦是难得的能臣，后人曾记下了他任职监察机构时的事迹："徐文献公任浙西廉访使日，遇有诉讼者，必历问其郡邑官吏臧否，分为三等，载诸籍。第一等，纯臧者。第二等，臧否相半者。第三等，极否者。又用复察相同，候分司按巡时，遂以畀之。曰：第一等，褒举之。第二等，勿问。第三等，惩戒之使改可也，慎勿罢其职役。分司遵奉，一道肃清。"② 也就是说，徐琰自己对于用人持的也是极为谨慎的态度，这与他的识人、用人观念是完全吻合的。

（六）姚天福的振台纲观点

姚天福（1230—1302 年），字君祥，绛州（今属山西）人，忽必烈潜邸时入为宿卫，后历任监察御史、大都路总管等职。

阿合马专权时，姚天福上书弹劾其擅权蠹政二十四事，在廷辩时，姚天福刚列举到第三事，忽必烈即明确表示："此三者罪已不宥。"由于姚天福敢于对抗权臣，忽必烈特别赐名为"巴儿思"（蒙古语，意为"虎"）。由于忽必烈并没有马上处置阿合马，不少人担心阿合马会报复姚天福，姚天福的母亲对他说："国尔忘家，汝第尽力。果不测，吾追踪陵母，死日犹生年。"姚天福乃向御史台主官上言："万一得谴，乞不以老母坐连也。"忽必烈听说此事后，给出了"是母子有古义烈"的评价。

由于忽必烈为御史台任命了两名御史大夫，造成纲纪无统的局面，姚大福则向忽必烈奏报："一蛇九尾，首动尾随；两其首，行不能寸。今宪不纲，蛇首二也。"忽必烈赞成姚天福的看法，明确表示："一人二冠，可乎？"在皇帝的示意下，御史大夫孛罗主动以年少为由，辞去了御史大夫的职务。

至元十二年，忽必烈听信谗言，下诏罢各道提刑按察司。姚天福对御史大夫玉昔帖木儿说道："往者悖叛猬起，障塞见闻。今列宪宇内，广视听，虞非常，虑至深远，不但绳督有司而已也。"玉昔帖木儿表示："微公言，几失之。"玉昔帖木儿紧急入见忽必烈，陈述提刑按察

――――――
① 徐琰：《故宋兵部侍郎徐公墓表》，《元文类》卷 56（《全元文》第 10 册，第 630—632 页）。
② 陶宗仪：《廉察》，《南村辍耕录》卷 18，第 224 页。

司的重要性，忽必烈乃表示："此天下安危计也，其勿罢。"

阿合马还是要报复姚天福，乘忽必烈巡幸上都时，派人将其抓捕，并查抄其家。姚天福即明确表示："乘舆行狩，戕害言臣，宰相宁欲反邪？"阿合马无法给姚天福定罪，只能将其贬到地方任职。阿合马被杀后，忽必烈特别派姚天福前往辽东查处其党羽阿老瓦丁，姚天福以"封府库，究簿书，审事察冤，正魁恶，著公道"的行为，不仅完成了这一使命，还在辽东推行各种教化措施，改变了当地民众"不事耕、学"的风气。

至元二十八年，由于桑哥党羽"虐平阳者尤剧"，忽必烈特别以姚天福为平阳路总管。姚天福到任后，"询父老，得郡邑田里真伪利病，缓急先后审行之"，很快纠正了害民蠹政的各种行为。朝廷要在五台山筑寺，"督民运木，夺农伤众"，对于朝廷的役民急令，姚天福置之不理，下属颇为担心，他乃明确表示："吾民牧也，惟民是恤，请待农隙。"对于这样的行为，朝廷不仅没有责怪，反而给予了表彰。

对于姚天福能够像魏征一样直言，忽必烈准备给予奖赏，姚天福即明确表示："臣言，分也。受赏，非分也。"以这样的态度谢绝奖赏，使姚天福更得到了忽必烈的器重。[①]

姚天福的重视直言和肃政台纲观点，尽管是通过只言片语显示的，但是有具体的行动予以支持，所以显得尤为重要，因为在与权奸和不良行为作斗争时，行动比语言的作用确实要大得多。

（七）陈孚的大一统观点

陈孚（1259—1309年），字刚中，号勿斋，台州临海（今属浙江）人，早年曾入佛门以避战乱，后还俗为儒士，因上《大一统赋》被召入朝廷任职，并领命出使安南，[②] 著有《观光稿》《交州稿》《玉堂稿》，均收入《陈刚中诗集》中。

陈孚撰写的《大一统赋》原文已佚，但在他的其他诗作中，可以见到不少赞颂南北统一的词句，可列举要者于下。

> 君不见，蔡州城下三尺雪，绯衣小儿二尺铁。汝水鳞鳞苍瓠悬，不洗逆雏襟上血。吏部落笔走风雨，穹碑清庙生民语。颢叟乃

[①] 孛术鲁翀：《姚天福神道碑铭》，《元文类》卷68（《全元文》第32册，第346—351页）。
[②] 陶宗仪：《五马入门》，《南村辍耕录》卷8，第97—98页；《元史》卷190《陈孚传》。

在邦域中，君诛一臣何足诩。乾坤万世开皇元，天戈一指清中原。方将泥金泰山顶，残灰岂问幽兰轩。①

阳罗残堡高巉屼，乱山势如秋蛇蟠。长江西来五千里，雪涛怒溅秋风寒。忆昔王师驻江上，旌旗百万腾龙鸾。江神俛首不敢喘，镜平河碧无惊湍。乾坤一统自此始，坐见北极朝衣冠。②

帝德尧同大，山河共一天。玺书行万里，铜柱又千年。赤帜明云际，乌衣拜马前。舞阶干羽在，未必赖楼船。③

恭惟皇元混六合，八音均和八风宣。微臣何幸际昌运，得与麟凤瞻初筵。惟愿圣明亿万寿，瑞光长照太微躔。④

在写给安南国王的书信中，陈孚特别指出了南宋的灭亡"固天运有归，亦人谋有以致之也"⑤。他还就葛岭之行，回顾了误国权臣贾似道的可悲结局。

葛岭相君之故居，昔年甲第临通衢。钱横花间甃作径，锦铺泉底流为渠。后庭三千倾城姝，歌舞绝世冰肌肤。麒麟银裳龙绡裾，佩以文螺木难珠。相君出拥万虎士，各操斗戟左右趋。剑履上殿帝赐坐，驰蹄七宝分御厨。望尘拜者颂元老，伊尹周公所不如。岂知一旦事瓦裂，银铛铁镙载以驴。我偶过此访废址，狐兔纵横草焦枯。琨台瑶砌不复见，已有野人来种蔬。却怪当时凿隧道，挟诈出入潜如狙。大臣一身佩天下，版墙复壁何谬欤。山童从我一壶酒，回首落日悲欷歔。摩挲仆碑共踞坐，尚是御赐凌烟图。⑥

对于敢于弹劾奸佞小人的朝臣，陈孚也在诗作中大加赞誉："正色鸳行第一人，危言耿耿耸朝绅。忠州不负平生学，曾与皇家去佞臣。"⑦

---

① 陈孚：《蔡州》，《陈刚中诗集》卷2，四库全书本。
② 陈孚：《阳罗堡歌》，《陈刚中诗集》卷2。
③ 陈孚：《交趾朝地驿即事》，《陈刚中诗集》卷2。
④ 陈孚：《壬辰（1292年）元会亦孚撰进曰金阶万岁声敬纪以诗》，《陈刚中诗集》卷2。
⑤ 陈孚：《元奉使与安南国往复书》，《陈刚中诗集》附录（《全元文》第20册，第564—565页）。
⑥ 陈孚：《葛岭行》，《陈刚中诗集》卷1。
⑦ 陈孚：《承旨野庄董公殊勋清节孚闻之缙绅纪以八诗》，《陈刚中诗集》卷3。

尤其是以儒家经典作为朝臣理政的依据，更被陈孚所看重："带砺家声耀八寰，中书独押紫微班。捧持日月祥云上，泛涤山河湛露间。绿竹正歌淇澳美，赤松聊伴谷城闲。圣门别有经纶事，更对青灯话孔颜。"①

恰是为了坚持儒家的治道学说，陈孚特别对儒生强调了治学不是为了科举的观点。

> 二三子知学之要乎？心者，万理之宗也，其初善也。人性梏于气，棘于欲，梦于意，若摘埴之途而不知觉，故于师而学焉。学者，收其放而存其良也。一人之心，天地之心也，其周流而广大，未尝一息间也。予与而师孜孜汲汲，穷日夕之力，若饮食起居，不可须臾离，岂有他哉，诚以修齐、治平自正心始，未有不须学以成者，实生民之命、天地之经也。江以南台之学常盛矣，异时莘门圭宝无弦诵声，人以不儒为耻。今则异于是，父命其子、兄命其弟曰："无科目矣，士不可卿相矣。儒固秋之蕙、冬之绤也，奚以学为？"

> 夫心，吾之心也。学以存心，亦吾之学也。岂以有科目则学，无科目则不学哉。吾之心，善则舜，利则跖，念则圣，不念则狂。……吾行四方三十载，盖尝近天子之光，职太史氏，见朝廷所以嘉惠多士甚厚，《召南》之风，被于朔易。畿之内三雍肖然，缙绅鼓箧以万数，郊遂皆立之学，而独骇夫江之南台之乡无学也。

> 舜跖之分在义利之间，而念不念，圣狂系焉。从而师若友讲明问辨，默而存之，扩而充之，本一心之妙，极于天地万物之变化，则人物日以明，天理日以融，居家孝弟之效成，在乡礼让之俗兴。使终身穷约，庸何损？仕而立乎朝，则尧舜其君，尧舜其民，皆分内事也，于我何加焉？若以无科目而不学焉，夫健则为垅亩之贱丈夫，猾则为府史里胥城旦之役，又贱则为萤蛉之符、兔园之策，日故果其腹者，此谓失其心哉。②

陈孚的这一番言论，张扬的显然是理学的要义，而所要体现的，正是理学学说应服务于朝廷的基本理念。

---

① 陈孚：《中书大丞相安公延说四书因以诗呈》，《陈刚中诗集》卷3。
② 陈孚：《安州乡学记》，《全元文》第20册，第573—575页。

(八) 叶李的仕元观点

叶李（1242—1292 年），字太白，杭州（今属浙江）人，宋末因上书弹劾权臣贾似道被流放，宋亡后隐居于富春山，谢绝出仕的邀请。[①] 至元十四年，叶李接受了浙西道儒学提举的任命，后来又明确向江南儒者表达了可以仕元的理由。

> 今大元受命，求贤且急，台臣谬以李荐，弗遂遁志，勉受浙西儒学提举。意不与臣同者，不当与其难。不沾仕籍者，不当沾起名。孔孟仕聘，职此之故也。区区读圣贤书，步趋有自，仿佛标准，庶不抵胶柱鲍瓜之失，采薇餐蕨之愆也。

> 近上以仆尽职，俾居政路，督以求贤，跻列要地，使中国士民有所瞻依。国不异政，家不殊俗，衣冠文物之乡，菁莪乐育之化，日臻隆理，此亦人事、天道、昌治一大机括也。仆以非常之事，无非常之人，所不能为也。惟执事华国文章，济时经略，又有大过人者，故推心竭诚而以执事荐也。今旨凡人以此举用，蒲轮不日南下，愿执事幡然改辙，无恋泉石之娱，大展经纶，弗负苍生之望。[②]

至元二十三年，忽必烈指名必邀请叶李北上任职，叶李乃前往大都，并在忽必烈召见时不仅历陈古帝王得失成败缘由，还明确提出了发展儒学教育的建议："臣钦睹先帝诏书，当创业时，军务繁多，尚招致上类。今陛下混一区宁，偃武修文，可不作养人才，以弘治道？各道儒学提举及郡教授，实风化所系，不宜罢。请复立提举司，专提调学官，课诸生，讲明治道，而上其成才者于太学，以备录用。凡儒户徭役，乞一切蠲免。"忽必烈采纳了他的建议。

蒙古宗王乃颜叛乱，忽必烈率军亲征，由于交战双方的主要将领都是蒙古人，不愿意拼死厮杀，叶李乃向忽必烈建言："兵贵奇，不贵众，临敌当以计取。彼既亲昵，谁肯尽力，徒费陛下粮饷，四方转输甚劳。臣请用汉军列前步战，而联大车断其后，以示死斗。彼尝玩我，必不设备，我以大众蹴之，无不胜矣。"忽必烈采用叶李的战法，成功地

---

① 《元史》卷 173《叶李传》。本小节引文未注明出处者，均来自此传。
② 叶李：《与朱清先生书》，《全元文》第 11 册，第 84—85 页。

击溃了乃颜叛军。

至元二十四年，忽必烈任命叶李为御史中丞，兼商议中书省事，叶李则表示："臣本羁旅，荷蒙眷知，使备顾问，固当竭尽愚衷。御史台总察中外机务，臣愚不足当此任。且臣昔窜瘴乡，素染足疾，比岁尤剧。"忽必烈乃以"卿足艰于行，心岂不可行耶"为由不许其推辞，在叶李的一再坚持下，才允许他不在御史台任职，叶李还特别指出了御史台对朝政的重要性："臣今虽不居是职，然御史台天子耳目，常行事务，可以呈省。至若监察御史奏疏、西南两台咨禀，事关军国，利及生民，宜令便宜闻奏，以广视听，不应一一拘律，遂成文具。臣请诏台臣言事，各许实封。""宪臣以绳愆纠缪为职，苟不自检，于击搏何有！其有贪婪败度之人，宜付法司增条科罪，以惩欺罔。"叶李虽未任职于御史台，但他的强化监察职能的建议被忽必烈所采纳。

叶李曾与权臣桑哥共事，并在桑哥倒台后受到弹劾，已见前述。这虽然是叶李的污点，但是责任在皇帝而不在于叶李，因为是忽必烈坚持让他在尚书省中任职，并且凡有军国大事必问道："曾与蛮子秀才商量否？"蛮子秀才即指叶李。忽必烈还特别允许用五龙车接叶李上朝，后人对此作了记载："一日，议事大廷，（叶李）乃不在列。问其故，则病足。遂以所御五龙车召之至，命坐而咨决焉。尝于其孙以道处，见当时所画应召图，五龙车中，坐一山野质朴之老。其遭遇有如此者，使无贾似道以发其正大之论，直一书生耳，而望功名显天下，亦难矣。"①在留下的诗作中，叶李亦对自己的推荐奸臣行为有所反省和辩解。

> 宋时豪士石曼卿，帝命作主芙蓉城。我才比石万无一，半世虚负狂直名。年来似有丧心疾，荐共引鯀辜苍生。天诛未加公论沸，日夕惟待鼎镬烹。何哉异梦出非想，忽遇仙老谈真情。谓余凤是文昌相，漏泄轻举遭弹抨。麾令谪堕饱忧患，且使两足蹒跚行。追思善步不可得，飞升妙术矧敢轻。当时廷议只如此，汝悔当复惟相迎。稽首老仙谢慈愍，臣当罪死天子明。久之寂灭一大乐，盖棺待尽无他营。老仙笑许汝可教，引领直上朝玉京。通明大明二宫殿，林木蓊萃阶瑶琼。芙蓉烂漫锦欲似，帝皇赐以主殿名。赋诗奏谢九

---

① 陶宗仪：《五龙车》，《南村辍耕录》卷26，第324页。

拜起，玉音嘉奖旁观荣。痴人说梦聊一快，我独知命不少惊。只恐才非曼卿敌，相见惭汗应如倾。从今闭目需帝召，玉楼续记时当成。儿孙自有儿孙福，兴农报国须勤耕。①

叶李还就朝政问题提出过两次重要的建议，都被忽必烈所接受。一是兴建太学和引荐儒学教官，叶李不仅明确指出："善政不可以徒行，人才不可以骤进，必训以德义，摩以《诗》《书》，使知古圣贤行事方略，然后贤良辈出，膏泽下流。唐、虞、三代，咸有胄学，汉、唐明主，数幸辟雍，匪为观美也。"他还特别为朝廷推荐了周砥等十人为祭酒等官。二是善待南宋宗室的建议，当有人提出迁徙江南的南宋宗室和大姓于北方的动议后，叶李明确表达了反对的意见："宋已归命，其民安于田里。今无故闻徙，必将疑惧，万一有奸人乘衅而起，非国之利也。"

在南宋遗民看来，叶李不仅仕元，尚且与权奸为伍，其行径为士人所不齿。但是从叶李对朝政的建议看，颇有值得肯定的观点，不能因为一点瑕疵而否定了他的所有作为。

（九）赵与𥕲的视权臣如虎观点

赵与𥕲（1242—1303年），字晦叔，号方塘，台州黄岩（今属浙江）人，宋宗室，中进士后任鄂州教授。元军南下，赵与𥕲针对边将懈怠和士大夫耻言边事的现象，向朝廷上言："文武之用不可偏废，韩、范二公不以言武而失文，曹彬、狄青不以清谈而丧武，文事武备，豫然后立。"当政者未采纳他的建议。元军不久后即渡江占领了鄂州，赵与𥕲即向伯颜上书，力陈不嗜杀可统一天下的道理，并希望以求和纳币的方式保留南宋朝廷，伯颜接受了他的前一条要求，并在灭宋后向忽必烈推荐赵与𥕲为可用之人。②

至元十四年，忽必烈派使者将赵与𥕲请到上都，以显示朝廷对江南贤者的优待。次年，赵与𥕲向忽必烈上书，指出"江南郡县户口繁多，当以简易治。近岁有司急切兴利，殊失安辑新定之意"。他还列出了治理江南的十六条建议，主要内容是择守令、释征敛、厚风俗和存活赵氏

---

① 叶李：《纪梦》，《元诗选》癸集上，第184页。
② 《元史》卷168《赵与𥕲传》；袁桷：《赵与𥕲行状》，《清容居士集》卷32（《全元文》第32册，第503—506页）。本小节引文未注明出处者，均来自此传与行状。

宗族等。至元十六年，赵与罴入翰林院，先后任待制、直学士、侍讲等职务。

至元二十七年，针对朝廷官员在江南地区的胡作非为，尤其是桑哥等人的蠹政行为，赵与罴向忽必烈上书指出："江以南括责营聚，皆大臣与其党类私植货累巨万，愿宽今年田租，以缓赤子。宋世陵寝毁掘及移徙故宗室大姓，皆非初诏本旨，乞正其私擅之罪。"借着京城地震和发现老虎，赵与罴又指出："地为臣道，臣强则震。至正月甲辰西城老虎就擒，虎于象，为兖为金，其著尤异，咎在奸臣簸权。今已执咎，而宸断未果，愿蚤正天诛，以应变异。"忽必烈未采纳赵与罴的建议，他即自动卸职，居家待罪。三个月后不忽木等人向忽必烈建议让赵与罴复职，并指出赵与罴欠债较多，已经难以自养，忽必烈乃明确表示："得非指桑哥为虎者？宜令有司计逋以偿，岁别给帛粟，余勿为例。"忽必烈显然欣赏赵与罴的直言，所以才给予他优厚的待遇。

赵与罴的先人曾为朱熹的弟子，他所学习的理学主要是朱学，而北方的儒士所学理学主要来自许衡等人的传授，如时人所记："（许衡）笃意道德性命之学，奋自饬厉，以文公（朱熹）《四书》为标准，达官高胄，皆俛首承训不敢怠。"赵与罴到北方后，即明确表示："力行致知，近世率清旷自高，言行若枘凿不相入，非先儒本旨。"不仅许衡赞赏他的说法，许衡的门人也认为赵与罴为理学的真正传人，但赵与罴的著述已经佚失，难以说明其在学术方面的建树。

（十）管如德的治国观点

管如德（1246—1289 年），黄州黄陂（今属湖北）人，宋元战争中降元，历任湖北招讨使、浙西宣慰使、江西行省右丞等职。

忽必烈曾问管如德："我何以得天下，宋何以亡？"管如德回答："陛下以福德胜之。襄樊，宋咽喉也，咽喉被塞，不亡何恃！"管如德所指出的南宋灭亡的军事原因，得到了忽必烈的认可。

对于全国统一后如何治理国家，管如德提出了五条建议："一曰立额薄征，二曰息兵怀远，三曰立法用人，四曰省役恤民，五曰设官制禄。"管如德之所以提出设官制禄的建议，是因为"时法制未备，仕多冗员，又方用兵日本倭国，而军民之官，廪禄未有定制"。由于权臣的阻挠，管如德的建议未能被忽必烈所知晓。

管如德自己也注意到了要行爱民之政，如在平定钟明亮起义时，管如德特别采用了招抚的方法，而不是急于进兵，正如他所言："今田野之氓，疲于转输，介胄之士，病于暴露，重困斯民，而自为功，吾不为也。"①

以上列出的各种政治观点和治国建议，大多与反对权臣蠹政有关，表明忽必烈在位时期的义利之争确实是影响政治走向的重大问题，所以才有如此多的人积极倡导重义贬利的政治观念。

第二节　王恽的善政主张

王恽（1227—1304年），字仲谋，号秋涧，卫州汲县（今属河南）人，曾从王磐学习儒学，忽必烈即位后先入中书省任职，后历任监察御史、翰林待制、翰林学士等职，并在地方任职十余年，著有《秋涧先生大全文集》等。② 王恽在奏章、书状和其他著述中所反映的，主要是他的善政主张。

一　政治更化的评价与要求

王恽目睹了从忽必烈即位到成宗即位四十余年的朝政变化，在思想层面既形成了一些基本的认识，也对由创业到守成提出了明确的政治要求。

（一）对正统的理解

至元三十一年（1294）王恽任职于翰林国史院时，曾与友人讨论如何修撰《辽史》《金史》和《宋史》的问题，有人认为应该将《辽史》和《金史》都附载于《宋史》之中，因为要以宋朝为正统。王恽则明确表示，可以仿照南北朝时期正史分为《南史》《北史》的做法，将《辽史》和《金史》都确定为《北史》。

> 完颜氏世为君长，保有肃慎，至武元时而天下，南北敌国，素非君臣。若依席上所言，金为载记，未审《辽史》复如何。况方辽太祖神册之际，宋太祖未生，辽祖比宋前期五十余年已即帝位，固难降就五十年之后也，于《宋史》为载记，其世数相悬，名分

---

① 《元史》卷165《管如德传》。
② 王公孺：《王恽神道碑铭》，《秋涧先生大全文集》附录，四部丛刊本。

颠倒，断无此法。既辽之世纪，宋不可兼，其金有中原，更难别议。以公论处之，据五代相因，除庄宗入汴复仇伐罪理势可观，朱梁篡逆甚于莽新，石晋因辽有国，终为辽所虏，刘汉自立，父子四年，郭周废湘阴公而立，以五代之君通作《南史》，内朱梁名分，犹恐未应。辽自唐末保有北方，又非篡夺，复承晋统，加之世数名位远兼五季，与前宋相次而终，为《北史》。宋太祖受周禅，平江南，收西川，白沟迤南悉臣大宋，传至靖康，当为《宋史》。金太祖破辽克宋，帝有中原，百有余年，当为《北史》。自建炎之后，中国非宋所有，宜为《南宋史》。

又有人指出，欧阳修撰写《五代史》，不称之为《南史》，当时已有定论，为什么现在还要提出分南、北史的问题。王恽就此作了三点解释。一是宋朝修《五代史》，是要明确自己的统续关系。"欧阳公作史之时，辽方全盛，岂不知梁晋汉周授受之由，故列五代者，欲膺周禅，以尊本朝，势使而然。"二是在宋、金之间的交往中，金已经认定了自己的正统地位，所以金大臣的"先于靖康间，宋祚已衰，其游魂余魄，今虽据江左，正犹昭烈之在蜀，不能绍汉之遗统"言论，虽然是"当时继好息民之大略，非后世正统之定论"，但已经代表了金人的看法。三是应注重正统在中原延续的事实，不能厚此薄彼。"至晋宋以后，正统在中原，而后大唐南北一统，后至五代，天下扰扰，无由再议。降及今日，时移事改，商确前人隐约之迹，当从公议"；"国家正闰，固有定体，不图今日轻易褒贬，在周则为正，在金则为闰，天下公论果如是乎"。由于金朝承继的不是宋统，所以"若以《金史》专依泰和朝议，特承宋统，或从今日所论，包为载纪二论，俱非至公"。

另有人提出，辽偏居于燕云一带，法度不一，难以与北魏、北齐相比，王恽则强调了以下看法。

> 以此责之，肤浅尤甚。若以居中土者为正，则刘、石、慕容、苻、姚、赫连所得之土，皆五帝三王之旧者也。若以有道者为正，苻秦之量雄材英略信任不疑，朱梁行事篡夺内乱不得其死，二者方之，统孰得焉。夫授受相承之理，难以此责。况乎泰和初，朝廷先有此论，故选官置院，创修《辽史》，刻期榜状元张檝预焉。后因

南宋献馘告和,臣下奏言靖康间宋祚已绝,当承宋统,上乃罢修《辽史》。缘此,中州士大夫间不知辽金之兴本末各异者。向使泰和间若是《辽史》早得修成,天下自有定论,何待余言。①

王恽借修史的话题,阐述了他的正统观,即北魏、辽、金均为正统的王朝,不能只将宋作为正统王朝。其中所包含的意思,就是元朝以大一统的态势,延续了王朝的正统。这样的论点,并非王恽首创,耶律楚材、杨奂等人已经有过清晰的表述,王恽不过是在确定具体的修史原则时,就此作了更进一步的论证。

(二) 对新政和统一的高度评价

对于忽必烈由潜邸到即位,以及在位三十多年的政治表现,王恽作为臣僚,在各重要时点上都给出了积极的评价。

王恽在中统元年即指出:"方今圣贤在上,治具毕张,朝廷清明,百度改正,内都省而统宏纲,外总司而平庶政。"② 中统二年,他又强调了"国家文治伊始",不少儒士被重用,"于士林有光"③。在中统、至元之交的贺表中,王恽则较全面评价了忽必烈即位以来的各种政治措施。

> 尚求贤而若渴,每从谏于如流。所期无旷于庶官,急欲广闻于民瘼。礼百神而敛福,顺三时而务农。载戢干戈,俾安田里。施仁发政,先困穷无告之人。讲好息民,停边鄙喜功之奏。而又兵民异政,惠爱同行。鉴古昔之安危,立规模于宏远。移官吏而除累年之弊,崇儒雅而兴文治之风。尊京师而强干弱枝,削藩方而如臂使指。分宰相于诸道,专委任而责成功。置统军于退队,蓄精锐而消外侮。唐世之时雍丕变,汉家之治具毕张。以致祥风扇和,时雨需德,炎洗蛮邦之瘴,春回沙漠之寒。车书八方,洵曰治平者也。烟火万里,可谓和乐者乎。④

---

① 王恽:《玉堂嘉话八》,《秋涧先生大全文集》卷100。
② 王恽:《上张右丞书》,《秋涧先生大全文集》卷35 (《全元文》第6册,第30—31页)。
③ 王恽:《玉堂嘉话一》,《秋涧先生大全文集》卷93。
④ 王恽:《圣节望阙祝文》,《秋涧先生大全文集》卷68 (《全元文》第6册,第723页)。

在至元三年的贺表中，王恽重点表彰的是忽必烈即位以来的善政表现："钦惟皇帝陛下，聪明时乂，圣敬日跻，爰从在御之初，未尝以位为乐。大庆同符于汉祖，宏规远迈于唐宗。缵四圣之丕图，新一家之大典。尊崇故老，思致隆平。委任勋贤，迭居宰相。文之以诗书礼乐，律之以轨度仪刑。薄赋轻徭，省官定制，尚侧身而修行，每前席以宾贤。察纳雅言，弥纶元化。上所以恢章先业，下所以弘济生民。凡曰云为务从休息，分总司而去积年之弊，更庶尹而削藩镇之权。"① 在次年的贺表中，则重点强调了朝廷的"得汉唐经国之权纲，极尧舜知人之濬哲"的表现。② 在至元八年的贺表中，王恽又特别表彰了"国字创一家之制，朝章举旷代之仪"的行朝仪举动，③ 并在至元十年确立太子制度时特别强调了"伏以正位建储，举一代当行之典"和"治首宫闱，基隆国本"的重要作用。④

至元十四年，大一统的局面已经形成，王恽在贺表中就此给出了高度的评价。

> 伏以龙德御天，协千载休明之运；星虹流渚，开九秋震凤之祥。正朔所颁，臣民胥庆。钦惟陛下长策远御，睿断有临。凡经制于宏规，思光昭于先业。修振古未修之典，集累朝未集之勋。独运神机，载扬我武。削平六诏，无好大喜功之心；混一三吴，见伐罪吊民之举。治道已隆于贞观，风声仍迈于汉室。尚深阙政之虞，屡钦迂衡之问。询谋元老，怀保小民，体群臣敬其所尊，免赋徭以之固本。而又禁酒酤而重民食，悯兵余而肆赦恩。动顺舆情，咸跻寿域。系尔至元之盛德，优于行苇之深仁。⑤

---

① 王恽：《圣寿节贺表（至元三年）》，《秋涧先生大全文集》卷68（《全元文》第6册，第717—718页）。

② 王恽：《圣寿节贺表（至元四年）》，《秋涧先生大全文集》卷68（《全元文》第6册，第718页）。

③ 王恽：《御史台贺正旦表（至元八年）》，《秋涧先生大全文集》卷68（《全元文》第6册，第721页）。

④ 王恽：《两宫正位称贺表》，《秋涧先生大全文集》卷68（《全元文》第6册，第719页）。

⑤ 王恽：《圣寿节贺表（至元十四年）》，《秋涧先生大全文集》卷67（《全元文》第6册，第698页）。

在此后的贺表中，王恽重点赞扬的也是各种善政之举，如至元十六年强调的"减吏冗而益监司"和"数军实而免贫役"①，至元十七年强调的"卑式九围，大开一统"，②至元二十一年强调的"历观往代之规模，未见今日之全盛，尚轸忧勤之念，屡颁宽大之书，便民之政以次举行，烦民之事悉令革去"③。而在至元三十一年（1294）忽必烈八十岁的时候，王恽更是在贺表中列出了他的主要功绩。

> 恭惟宪天述道仁文义武大光孝皇帝陛下，德本至仁，天申纯佑，继一祖四宗之业，兼三皇五帝之功，燕翼贻谋，动从民志。以太孙抚军而重安国本，以新河转漕而通惠畿民。建大学而首善京师，清中书而杜绝群枉。缓回銮辂，省秋敛而即田功；丕显前光，纂武图而修信史。惟圣神之广运，纳福寿于方来。④

元成宗元贞元年（1295），利用世祖实录完成的机会，王恽对忽必烈又有了一个全面的评价。

> 洪惟世祖皇帝，仁孝英明，睿谋果断。爱从潜邸有志斯民，植根干而佐理皇纲，聘耆德而讲明治道。始平大理，再驾长江，过化存神，有征无战。迨其龙飞滦水，鼎定上都，革弊政以惟新，扩同仁而一视。规模宏远，朝野清明。内则肇建宗祧，创设台省，修举政令，登崇俊良；外则整治师徒，申严边将，布扬威德，柔服蛮羌。加以圣无不通，明靡不烛，守之以勤俭朴素，养之以慈惠雍和。收揽权纲，综核名实，赏罚公而不滥，号令出以惟行。万汇连茹，群雄入彀，削平下土，统正中邦。慕义向风，声教暨朔南之暨；梯山航海，职贡无遐迩之殊。方且开学校而劝农桑，考制度而兴礼乐。国号体乾坤之统，书画焕奎壁之文。馨所有而酬战功，不待计而救民乏。听言择善，明德缓刑。敛福锡民，遇灾知惧，得

---

① 王恽：《十六年贺正旦表》，《秋涧先生大全文集》卷68（《全元文》第6册，第724页）。
② 王恽：《圣寿节贺表》，《秋涧先生大全文集》卷68（《全元文》第6册，第725页）。
③ 王恽：《甲申岁正旦贺表》，《秋涧先生大全文集》卷68（《全元文》第6册，第726页）。
④ 王恽：《中书省贺尊号皇帝寿八十表》，《秋涧先生大全文集》卷68（《全元文》第6册，第711页）。

《洪范》惟皇之理，过周宣修政之勤。以致时和岁丰，民安吏职。盖帝德克周于广运，故至公均被以无方，可谓文致太平，武定乱略，继一祖四宗之志，兼三皇五帝之功。①

王恽对忽必烈一生作为的评价，尽管不乏溢美之词，但还是以主要事实为依据，强调了创业之君对新王朝所起的重要作用。尤为重要的是，王恽在评价中较少使用"汉法"或"新政"的提法，而是采用了"文治"等提法，显示他所依据的是符合儒家治道要求的政治评价标准，并且只能是在这样的标准上，才可以得出忽必烈时期的治理绩效可以与汉、唐盛世时媲美甚至超越汉、唐的结论。

二 施政建议体现的善政理念

王恽在监察机构任职后，将历年上奏的施政建议编为《便民三十五事》，在立法、选官、恤民、息兵力、养人才、节费用、停不急物、侵夺民力不便八个方面下分别言事。至元二十九年，王恽又撰写了《上世祖皇帝论政事书》，提出了十五条建议。② 这些施政建议集中反映了王恽的善政理念，可分述于下。

（一）重视立法

王恽认为立法是善政的基础，没有严密的法规，不可能达到天下大治的水平，所以在《便民三十五事》中，最先强调的就是立法，并明确提出了颁行《至元新法》的要求。

> 自古图治之君，必立一定之法。君操于上，永作成宪；吏行于下，视为准式；民知其法，使之易避而难犯。若周之三典，汉之九章，一定不易，故刑罚省而治道成。今国家有天下六十余年，大小之法尚未定议。内而宪台天子之执法，外而廉访州郡之刑司也，是有司理之官，而阙所守之法。至平刑议狱，辗转为理，不免有酌量

---

① 王恽：《进呈世祖皇帝实录表》，《秋涧先生大全文集》卷67（《全元文》第6册，第696—697页）。

② 王恽：《上世祖皇帝论政事书》，《秋涧先生大全文集》卷35（《全元文》第6册，第16—24页）；王恽：《便民三十五事》，《秋涧先生大全文集》卷90。本节引文未注明出处者，均来自此二文。

准拟之差，彼此重轻之异。合无将奉敕删定到律令，颁为至元新法，使天下更始，永为成宪，岂不盛哉。若中间或有不通行者，取国朝札撒，如金制别定敕条。如近年以来，审断一切奸盗，省部略有条格者，州县拟行，特为安便，此法令当亟定之明验也。如此，则法无二门，轻重当罪，吏无以高下其手，天下幸甚。

在《上世祖皇帝论政事书》中，王恽再次强调了立法的重要性："臣闻自古创业垂统之君，必定制画法，传之子孙，俾遵而守之，以为长世不拔之本。钦惟皇帝陛下圣文神武，以有为之资，膺大一统之运，长策抚驭，区宇民数远迈汉、唐，其所守者，特治道而已。然三十年间，励精为治，因时制宜，良法美意，固已周悉。今也有更张振励，讲明画一，若悬象而昭布之，使臣民晓然知其法之所以，岂不便哉。"

由于忽必烈始终未采纳王恽的立法建议，使得王恽认定忽必烈在治道方面的最大欠缺是没有明立法规，其核心理念就是必有法才能依法治理天下，否则治道难成。

(二) 完善中书议政机制

王恽在忽必烈即位初年即入中书省任职，后来虽然离开了中书省，但一直关注中书省的运行情况，并就完善中书省议政机制提出了三方面的建议。

一是注意中书省宰相的任用标准。王恽认为："士之有志于道者，当以圣人为则；有志于天下者，当以宰相自期，降是夫何言焉。然宰相者，辅天子，坐庙朝，经纶一世，岂偶然哉？是在彼者得之为有命，而在我者乌得而不尽之哉。况相之为任，正己以格君心之非，进贤以尽知人之鉴，理物以代天地之化，权宜以成天下之务，尤需以学术而为之先。若不学无术，则谙于政体，是最大臣之所深敝。故贤如傅说，典学初终；圣若周公，思兼四事。逮夫叔世多故，大学之道不明于上，燮理化为权衡，论思变成机务，相之德业其所存而不亡者几希矣。"[1] 按照王恽的说法，宰相必须是有学问的人，切忌以不学无术的人任宰相之职并毒害天下。

二是注重均衡六部的事物。王恽指出："伏见朝廷设立六部，其官

---

[1] 王恽：《新修调元事鉴序》，《秋涧先生大全文集》卷41（《全元文》第6册，第169页）。

吏品秩相同，而职掌繁简有异。如礼、兵二部，礼以祭祀为大而有太常寺，兵以军旅为重而有枢密院。今者钱谷造作一切等事，尽归户、工，至甚繁剧。若曹务不有所分，则缓急难于办集。合无酌量繁简，令兵、礼二部将可分之事一以兼管，似为便当，且又职掌均一，使两部官吏免尸素之责。不然，繁者愈繁而简者日简矣。"①"今者吏、刑二部官备吏具，专一分治，是朝廷委任既专且重。窃见比年以来，选法不定，刑名无章，黜陟远近，多徇私情，轻重死生，致伤和气。宜考定新制，使宰相兼判两部，以责成效。"② 六部负责具体的事务，难免产生孰重孰轻的问题，王恽确实是看到了问题，但解决问题的思路未必合理。

三是完善集议机制。王恽建议："朝廷大事，有疑似未决者，当下百官集议。汉故事，置大夫专掌议论，自两府大臣、博士以下，皆得预议，以伸己见，不嫌以卑抗尊，既尽其众之所欲言，然后附以人主之独断。此汉之集议，有公天下之意也。方今品式未完，法制未定，其有可行而疑似者，宜遵汉故事，五品以上官集议阙下，各具所见以闻。"③ 在《便民三十五事》中，王恽又进一步强调："窃见宪台初立，遇有军国重事，中书省、台、院约会一同闻奏，若事或不便，许廷议以从所长，其于朝廷大为有益。近年稍乖旧制，至于大政、大刑，其事已行，不得与闻，任言责者既不及论救，且得箝口不职之谤于天下。乞请申明旧例，不致似前阔略，以绝壅蔽，天下蒙幸。"集议和廷议都是忽必烈喜欢的机制，但是能够参加集议的官员较少，所以王恽所言，就是要扩大集议者的范围，使君主能够得到兼听则明的真正好处，并且要切实杜绝违反规定奏事的现象。

（三）强化监督职责

王恽在监察机构任职多年，不仅对具体监察事项提出了大量的意见和建议，还在至元五年十月对御史台的设置和职能等作了全面的解释。

> 盖闻御史，周官也，其职掌赞书、受法令。秦汉以来，乃副贰丞相，任耳目司察之寄。唐制二台，左以纠朝政，右以绳郡县，职非不要，责非不重也。至于天下之大奸，郡国之大豪，时务之得

---

① 王恽：《论六部职掌繁简事状》，《秋涧先生大全文集》卷89。
② 王恽：《论宰相兼判两部事状》，《秋涧先生大全文集》卷86。
③ 王恽：《论百官集议事状》，《秋涧先生大全文集》卷86。

失,生民之利病,京官之迭居内外,郡吏之历事臧否,莫不劾视按问,以之定功罪而权赏罚,不待稽覆证左,会有失实而抵坐之也。是以天下之人,惴惴焉,凛凛焉,惟恐有毫发讹误。风闻疑似,名挂宪章,至于颠越不恭者,盖千百一人而已。故朝廷清而万事咸理,远近一正而奸邪屏迹矣。

我国家列圣相承,重熙累洽。奄宅区夏,垂六十年。迨圣天子登极,典宪日新,百度具举,于是建台司,置僚属,盖将示公道,抑浇私,折奸萌,救内重之弊也。

切惟风宪条目,古今一致也。强宗豪右,田宅逾制,凌弱暴寡,二千石刻损政令,不恤疑狱,背公向私,侵渔百姓,苟阿所爱,蔽贤宠顽,通行货赂,选署不平,此汉六条之制也。唐之目四十有四,今不具见,虽繁简不同,以近事考之,或有可详。若听览未充,衮职有阙,弥缝匡救之者,不敢后也。中书政本,机务所出,整肃纠绳之者不可阙也。官或备员,未得其人,擢任荐升之者不可宽也。综劾之权,内外惟一,强御巽懦之际不可异也。大臣当任责也,反循嘿而无所建明,小臣当奉职也,或僭越觊觎徼幸而至于臣门如市,请谒公行,名器大权假授失当。学校久废,以为非所急而起青衿之讥;贤材在下以为不必用,而兴白驹之叹;选部无法徇情,故而害至公;乡愿贼德,乱朱紫而败俗化;守令不职,怨渎交兴;刑罚失衷,手足无措;胥吏舞文而乱纪,群小告讦以成风;服色僭越,尊卑无章;工技淫巧,交靡日蠹;将帅狃于掊克而边防弛,上下习于垢乱而积弊深;若是者,皆国家之急务,台谏所当亟言而不可后者也。

今圣天子体国子民,度越百代,大经良法,志在必行。然以今观之,台宪一司,整纲顿纪,所以肃清内外,其可不申明大体,姑务毛辛细事,苟以塞诏命而已耶。然有未易以一二言者,试以其事之切于今者明之。

凡台之所纠摘者,皆百官有司逾于法之外者也。今承积弊之后,法制未完,品式未具,官无定资,人无定分。数年以来,抵法冒禁者,人人皆是也。举一而遗其九,是九者幸免,其一者虽置于理,亦未能服其心也。何则?盖其罪均而刑殊,罹于法者少,漏于网者多也。若欲人人而劾之,内自京畿,外及州郡,极刑之间,圜土之内，将不胜其繁者矣。异日法之不行，二者必居一于此。古者大弊之后，必有更始之制，然后法得以行，人莫敢犯，故能洗旧染之污，成维新之化。果克若斯，善之善者也。其或不然，当举其大而遗其细，大者伏其罪而小者栗矣。若张纲之埋轮，阳城之伏阁，贵戚敛手若鲍中丞，金吾胆落如温御史。如是，则吾之法行矣。今中外大小百司，于未立法制已前，其奸赃不发者，不可以枚举，此朝廷有识之士所共知共见者也。制立之后，有畏罪惧法改而奉公为能吏矣，亦有狃于故习未能尽革、少有赃私而轻者矣，极有怙奸自终、长恶不悛、触冒公禁、无所忌惮、奸私狼藉者矣。所谓不能人人劾之者，盖谓此也。如能区别其类，刊去其太甚者，董敕惩艾其情轻者，革心而奉公为能吏者，宜皆褒异奖显，坚其自新之心，如此，则赃私者去矣。①

王恽所要重点强调的是，按照中原王朝的传统做法建立监察机构，虽然是必行之举，但是在御史台建立之初，重在明确监督和惩戒的机制，使官吏等有所畏惧，并且重点弹劾罪大恶极者，为他人作出警戒即可，不能急于对所有官吏进行监劾，因为欲速则不达。为此，王恽还特别强调了监察机构官员应具有的基本标准："天之降大任于斯人也，俾经纶一世之事。其时政之得失，思有以论列之。生民之利病，思有以兴除之。人材沉滞，赖之而荐举。奸邪横恣，仰之而纠绳。况辩公私于时事不同之后，论纪纲于功利竞进之余，是恒处于忧患之役，而践乎艰险之途矣。职台宪者，可谓责之重而任之不易矣。自非材德备具，卓尔千人之英，志气刚明，信乎万物之表，偏蔽躁妄，力制嗜欲之私，视听云为，粹发性情之正，厉忠直而靡他，无瑕疵之可摘，既正身而格物，先律已而治人者，讵能厌公论而服众心，振清风于台阁者哉。"② 也就是说，在监察机构任职，最重要的就是本身就是正人，不能廉正高洁，就不可能有效地监督别人。

王恽还特别为御史台书写了箴言，不仅有对御史台职责的更简练说明，亦有对台官的具体要求，使台官等在实施监察时有基本的依据。

---

① 王恽：《上御史台书》，《秋涧先生大全文集》卷35（《全元文》第6册，第26—29页）。
② 王恽：《克己斋记》，《秋涧先生大全文集》卷39（《全元文》第6册，第120页）。

> 肃肃宪司，虞夏九牧。其在汉唐，刺史都督。控临百城，靡不约束。既重其权，匪轻所责。治弘务简，望隆威赫。有台阁清严，无州郡急迫。绣衣四出，辎轩金节。命服有彰，非尔徒设。奉宣诏条，巡省按决。官之邪正，政之得失，酌汝之言，以明黜陟。俗之美恶，民之休戚，恃汝注措，以安以息。国有重典，越惟刑辟，圜土幽囚，肺石冤抑，仰汝审察。哀矜致恤，毫发或差，追悔何及。刚不可惮，惮则气怫，弱不可欺，欺则众忽。事无避难，避之愈集，法毋情破，破之有窒。何以处之，必正必式，一有私萌，力为之克。如松斯贞，如鸷斯击，其严秋霜，其平砥石。是乃所云，邦之司直，我玉无瑕，彼疵可录。志行气伸，吏畏民服，一道清宁，乃称所属。其或暗夫大体，苛细是烛，较利害之孰多，至首尾之畏蹜。甘于慵身，计日而禄，官谤夙邂，颜厚有恧，爰作斯箴，敢告司仆。①

（四）注重养兵和用兵

王恽是文人，但是对军事问题也较为关心，并就军政的改善提出了五方面的建议。

一是在军队调动方面，建议设置发兵符契："窃见朝廷防马札妄滥也，御前给发奉使，欲远方取信也，佩圆符为征，况兵戎大事乎。近者王著矫伪发兵，利害非细，合议关防契勘。历代缓急调遣兵马，皆验符契，然后得发。今后合无依上起置符契，庶免临时别致事端。"王恽指出阿合马事件中王著能够得到枢密院发兵相助，就是因为没有严格的符契制度，所以应效仿以往中原王朝的虎符调兵制度。

二是在机构设置方面，建议减少行枢密院："伏见近者立行院四处，盖欲养兵力，分省权，而免横役。然不可多设，多设则一旦遇有调遣，号令不相统一，至合而征，苟进涉险难，不肯并力一向，以趋成功。况江岭阻隔，动辄数百里，贼去此而盗彼，即欲加兵，则曰我已降于彼，比缘知会，已杀掠而去，如向者钟贼是也。其在江西，我逐而出境，即睨而不视；其在福建，复逐而出境，亦坐而不问。以至朝廷专差重臣，会三道之兵，总统于上，才方剿绝。臣故曰不可多立者，缘此

---

① 王恽：《宪司箴》，《秋涧先生大全文集》卷66（《全元文》第6册，第634页）。

也。若止设一院于江州,地既酌中,号令四出,复命皇子震统于上,使跨有江淮,遥制兵势,将何冲而不折,何令之不一哉!诚为简便。"在地方设置过多平级的军事指挥机构,确实存在相互掣肘的弊病,所以王恽要求省并行枢密院。

三是在安抚军人方面,建议实行军人更番制度:"随路军人爰自南征以来,攻城野战,万死一生。及平定江南,举望停征,稍得休息。今军前勾起逃亡事故等军,岁无虚月,如父死子继,兄亡弟行,以至一户有病殁、阵亡父子兄弟四五丁者,又有死绝止存老父母与妻孥者,尚然不蒙抚存。况征南将校,例多迁赏,其军士亦宜优恤。合无将见屯戍军士,或二年或三年,使之分番相代省家,父母亲戚岁时有相会之乐,所谓悦以使民,民忘其死。契勘唐制,征防军年及者还民,父母八十者听一子归侍。况今四海一家,正息马论道之秋,如兵戎稍寝,天下幸甚。"在此基础上,王恽还建议对军籍进行重新核定并对军户实施各种较优惠的待遇。

四是在养军方面,建议广泛实行军事屯田的制度:"南北之势,我可以取彼,此必然之理也。然馈饷转输,古无良法,止有屯田,待以岁月,为古今上策耳。朝廷往年已曾施行,不数年积谷几至百万,若行至于今,其利有不胜计者。盖兵食足,民无转输之劳,边有备,官无和籴之弊。兼自古议征不庭,莫不留兵在田,而后收必胜之道。"①"臣闻边储远饷,自古未有良法。如飞挽负载,卖爵赎罪,引种和籴,未免弊困,多不能行,俱未若留兵屯田为古今之长策也。"无论是战争期间,还是和平时期,军事屯田都是有效的养兵方法,所以王恽有此建议。

五是在军事行动方面,建议减少跨国的远征,尤其是不应再起渡海征日本的战争,已见前述。在忽必烈彻底打消进攻日本的念头后,王恽又强调"兵者凶器,战者危事,不得已而用之",应该"息远略,抚已有,以恬淡为心,以在得为戒",就是希望改变"武功不息"的错误做法。

(五) 以恢复科举为要务

在至元五年设立御史台的时候,王恽就结合御史台官员的选用问题,明确提出了恢复科举的建议。

---

① 王恽:《论屯田五利事状》,《秋涧先生大全文集》卷86。

> 必欲备官而无旷于事，其法有五：曰科举，曰吏员，曰门荫，曰劳效，曰选举。其四者前代遗法具在，举而行之则办矣。独选举之制，旧例虽存，拟之当今，权宜节目固有不同。今日选举之法，子孙弟侄其材可备用者，皆得预选。所贡者贤，举主当今内外官五品以上，各举所知，不拘亲故门下，及当以次旌擢。所贡者不肖，与减等致罚，使不得进预京官之例。此五事既行，付之吏部，定为选格。所谓去前之恶，收后之善，承其乏，备其旷，使选举有例，品节有章，朝廷无可指之瑕。不惟法制一定，后世有所持循，使天下徼幸觊觎非望无行之徒，将不革而自去矣。今宪司既建，所当行者，其目甚多，然切于今者，独此五事为要耳。所谓一代之制，纲举而众目张者矣。①

尽管王恽对选举解释较多，但是将科举作为选官五事的第一事，可见其对科举最为重视。此后，他又对恢复科举和具体的考试方法等作了进一步的解释。

> 贡举人材，肇自唐虞，而法备于周。汉兴，乃用孝廉、秀才等科，策以经术、时务，以州郡大小，限其岁贡之数，以赏罚责长吏，极其人材之精，犹古贡士法也。历魏至于后周，中间因时更革，固为不一，要之不出汉制之旧。迨隋始设进士科目，试以程文，时势好尚有不得不然者。至唐有明经、进士等科，既明一经，复试程文对策，中者虽鲜，号称得人，至有龙虎将相之目。其明经立法敷浅，易于取中，当时亦不甚重。又有设制科，以待天下非常之士。故前宋易明经为经义，其赋义法度严备，考较公当，至于金极矣，后世有不可废者。然论程文者，谓学出剽窃，不根经史。又士子投牒自售，行谊蔑闻，廉耻道丧，甚非三代贡士之法。
>
> 伏遇圣天子临御之初，方继体守文，以设科取士为功，若止用先皇帝已定格法，与时适宜，可举而行之。迈隆前代，创为新制，可不详思，揣其本末，酌古今而用之。惟古贡士率从学而出，后世不询经行，徒采虚誉，因循荐举，狃于私恩，不顾公道，此最不可

---

① 王恽：《上御史台书》，《秋涧先生大全文集》卷35（《全元文》第6册，第26—29页）。

者也。莫若取唐杨绾、宋朱熹等议，参而用之，可行于今。绾之法曰："令州郡察其信友孝义而通经学者，州府试通经习所业，贡于礼部，问经义十条，对时务策三道。皆通，为上第。其经义通八、策通二，为中第。其《论语》《孝经》《孟子》兼为一经。"熹之议曰："分诸经史，如《易》《书》《诗》《周礼》《二戴礼经》《春秋三传》各为一经，将《大学》《中庸》《论》《孟》分为四科，并附已上大经，逐年通试，及廷试对策，兼用经史，对以已意，以明时务得失。"愚谓为今之计，宜先选教官，定以明经史为所习科目，以州郡大小限其生徒，拣俊秀无玷污者充员数，以生徒员数限岁贡人数，期以岁月，使尽修习之道，然后州郡官察行考，学极其精当贡于礼部。经试经义作一场，史试议论作一场（题目止于三史内出），廷试策兼用经史，断以已意，以明时务。如是，则士无不通之经，不习之史，进退用舍，一出于学，既习古道，且革累世虚文妄举之弊，必收实学适用之效，岂不伟哉。外据诗赋立科既久，习之者众，亦不宜骤停。经史实学既盛，彼自绌矣。[①]

王恽并不是没有看到前代科举的弊病，所以他建议改变考试的内容，主要考经史，附加以诗赋，而不是像以往那样以词赋文章为主要考试内容，并以此来引导儒者学风的转变。

在中书省和尚书省并存（至元七年至九年）的时候，王恽又就科举问题提出了以下的看法。

今体访尚书省批送礼部，同翰林院官讲议科举事，省拟将词赋罢黜，止用经义、明经等科，其举子须品官保举之人，然后许试。夫如是，恐事出非常，中外失望。

窃惟科举之法，上自隋、唐，迄于宋、金，数百年之间，千万人之众，讲究亦云详矣。如余科或废，独赋义策论取士而不去者，盖以经史道备，格律精当，至公无私，而又可常故也，故前人目为将相科。如宋之韩、范、欧、富，金之高、石、侯、胥，皆其选也。其保举，在宋诸公虽曾建议令官举岁贡，以三百年尚文之世，

[①] 王恽：《贡举议》，《秋涧先生大全文集》卷35（《全元文》第6册，第39—40页）。

尚莫能行，况权舆于今日乎。参详若依上项所拟，将见公道扫地，关节大行，上下成风，相率谀伪，其弊有不可胜言者矣。且品流之人，若果实人材，虽出一切科目，不害为通敏特达之士，何独词赋无益于学者治道哉。至明经设科，正使天下之人舍精就简，去难从易，不出手抄义疏，口诵集解，心熟笺注，其规模不出帖经口试，殆童子答默义之法耳。至于兀兀穷年，白首一经，余不暇及者，必欲绝去。笺疏断以已意，使微辞奥义超越于道学诸儒之上，亦已难矣。由是而观，反不若赋义之淹贯经史，扣系诸子，词理文采兼备之为愈也。故唐人有"进士百一二，明经十二三"之谣。宋人亦云："焚香礼进士，撤幕待经生。"足见经生为易，而进士为贵、为难矣，此王安石之所以创经义而革明经之轻且泛也。外据保举等事论者，不过士不官举，虽盗贼倡优皆得举进士，则贤不肖混淆无以别矣。曾不念亡金举法，如十恶倡优奸盗充吏犯赃至徒等人，明有结罪条理，倘举而行，加其详密可也。不然，则草野遗贤，间阎寒士，将终身陆沉，不复进用于明时矣。且以故事数之，又有甚可虑者。昔唐杨国忠子杨暄举明经科，学术荒陋，文不中格，礼部侍郎达奚珣畏国忠权势，遣其子先白国忠云："郎君所试不中程文，然亦不敢落也。"又杨汝士与钱徽掌贡举，段文昌、李绅各以书属所善进士于徽，及榜出，文昌、绅所属皆不预焉，及第者裴度之子、李宗闵之婿、杨汝士之弟。或曰："今岁取士不公，皆子弟无艺，以关节得之。"上命王起复试，果黜十余人，贬钱徽、宗闵、汝士。由是而观，其明经、保举亦有未便于时者，兹非明验欤。

以某愚见，其词赋宜公然集议，不可遽去。其保举之法，历行不克，终徒为纷纭之变耳。当今之务，惟以多得人材，以备任用为急。①

按照王恽的看法，科举虽然需要尽快恢复，但是既不应该取消词赋的考试，也不应该对考生有所限制，尤其是不能实行以官员推荐考生的做法，因为这样做势必导致不是依赖真才实学而是依赖"打通关节"的恶劣风气。

---

① 王恽：《论明经保举等科目状》，《秋涧先生大全文集》卷86。

在尚书省提出恢复科举的动议后，因为没有看到实际的动作，急不可待的王恽又再次上书，特别强调行科举已经是时政先务，必须给予重视。

窃见科举事理，往年翰林院已经具陈中书省，乞闻奏定拟。顷者，尚书省亦下礼部，复有讲究条目，至今未闻施行，盖未有度其事宜而力为言者。伏惟朝廷凡有大小勾当，圣意每云："寻好人者。"且好人者，大概解官事、识廉耻、以公灭私、不作过犯之人。若科举事行，必须先立学校，使人人力学。学校者，国家之化原人材之大本也。但自教育中来人，终是通古今、解公事、知廉耻、识名义、鲜过犯，如此岂非好人欤。由是观之，庠序、科举，以之育材取士，最为急务，理合举行。兼自立铨选以来，内外郡官其品从散官俸禄职田，子孙荫叙，其为宠数亦已不薄。至于功能升赏之科，过犯降罚之例，又复备具，盖所以磨钝厉世，欲官得其人，以之致理故也。然取人之道未睹其由，应选之人岁有定数，谓如目今随路府州司县见设正官一千五百余员，概以中材较之，其实良能著称者少。又中间身故老病，因罪黜罢及阙员去处，每岁极多，据格法之外，虽有适用长材，又不敢枉法参注一人。是应选常调之者，不数年所存固无几矣。若科举取人之法，于此不早详定，是犹工巧者得制锦之方，而无锦可制，将何以就衮服之功乎。又如儒人户计，委系深通文学者依例免差，若此科不立，恐不能镜别是否，使屡通文艺之人终身不被其泽，而又无路可进，得展实用于明时，诚可惜也。以此参详，科举为法以之取人，实为公当，故历代因仍，虽格制异同，终不能少废，此明验也。鸿惟太宗合罕皇帝圣模宏远，戊戌年间以程试之法略为施行，当时翕然向化，所得人材不少。据设科事理既系先朝已行故事，理宜追述，闻奏定夺施行。如此，则上可以副圣主求贤致理之心，下庶几多得人材，大补铨选内外百官之用。不然，人情急于进用，势利所在，侥竞成俗，若此风一煽，治道无由而隆，风俗因之而靡，尚何选法之有哉。故时政所先，莫此为重。秉国钧者，宜深思远虑，预防其将来之弊，则天下幸甚。[①]

[①] 王恽：《请举行科举事状》，《秋涧先生大全文集》卷87。

至元十三年，朝廷公开讨论行科举的问题（见本书第三章），王恽又借机表达了他坚持恢复科举取士的态度，并对具体的考试内容等提出了明确的建议。

> 伏见朝廷发明诏议科举，以取进士，盖欲明公道、广仕途，以革侥竞之风，选人材、收实用，致隆平之化。然闻礼部所拟，止以经义、词赋两科取人，伏虑浅狭拘窒，于国于士两有未尽，必期登俊良远庸鄙，总揽群材，经理世务，盖有后其所先、先其所后者矣。鸿惟圣天子渴于文治，听言如流，凡所制作，取唐为多。兼国朝科举之设，自戊戌以后未遑再议，天下之士往往留心时务，讲明经史，捉笔著述，一尚古文，顾惟举业多未素习，一旦举非其人，不适于用，反为科举之累矣。今检会到李唐之制，其取士科目不常，率相时置科，以待非常之士。其初试、殿试，止以策问取人。如时务则试方略止五道、直言极谏等策，秀才则博学宏词及道侔伊吕，才堪郡县，下笔成章，茂材异等，皆其选之首也。故得士之多，唐最为盛。以某愚见，审量时势，必欲急得人材，以收实用，莫若以时务对策、直言极谏、切中利病、有经画之略者为首选。何则？试以残宋为言。自渡江以来，以一隅之地偷生百年者，正以多士济济，崇尚议论有用之学故也。其次，以博学宏词兼试典礼议一道，如褅祫斋郎之议者为中选。其经义、词赋两科，乞转经出题，先为布告中外，使学者明知所向，谓如今年《明年》，限以几时，然后赴试。其格律略除苛细如故，实景象明水干羽金在镕之类例，皆为命题。如此，不致隔碍长材，使得展手笔以尽其器能，不数年则五经可以通治矣。然后，使天下之人知大圣人制作出于寻常，万万其有用实学，为圣朝英特之选，一洗辽金衰苶不振之气，岂不盛欤。如此，当国计者上可以副朝廷用儒之实，下可以待俊造非常之士，尽遗贤于网罗，收实用于中外，则文治之功，隆平之化，可计日而待矣。①

至元十三年的行科举讨论，最终得出的是不恢复科举取士的结论。

---

① 王恽：《论科举事宜状》，《秋涧先生大全文集》卷89。

王恽虽然知道忽必烈反感科举的态度，但是在至元二十九年的《上世祖皇帝论政事书》中，还是坚持了恢复科举的初衷，并特别强调了没有科举，学校等于白设的论点。

> 方今名儒硕德，既老且尽。后生晚进，既无进望，例多不学。州府乡县虽立教官，讲书会课，举皆虚名，略无实效，以致非常之才未闻一士，州郡政治苦无可称，思得大儒硕德难矣。臣愚以为不若开设选举，取验之速也。夫进士选，历代号取士正科，将相之材皆从此出，前代讲之熟矣，理有不可废者。若限以岁月而考试之，将见士争力学，人材辈出，可计日而待也。论者必曰："今以员多阙少，见行壅滞，若复此举，是愈壅而滞之也。"臣谓不然。盖科举之设，本以核实学而收多士，清仕途而息杂流，庶得将相全材，为国论治道、备大用也，岂不愈于学校徒设，汗漫而无所成乎。

此时忽必烈已经是年迈之人，当然不会在意王恽对行科举的执着。在忽必烈去世之后，王恽又在成宗铁穆耳即位后提出了行科举的建议，依然没有被采纳。只是到了元仁宗时，科举才得以恢复，详见后述。

（六）育人、用人、管人的有效方法

王恽除了坚持以科举取士解决官员的选用问题外，还在育人、用人、管人尤其是官吏的管理方面提出了一系列的建议。

第一，设学校。王恽认为对于设立学校以养成人才，其重要性无人否定，但关键是要解决学官的待遇问题，使其无生活之忧，才能认真履行育人的职责。

> 夫自昔设立学校，非唯尊师重道，盖欲养育人材，以备内外任使。方今名儒硕德，既老且尽，晚生后辈以上乏教育、下无进望，例皆不学。而吾道不绝如线，设若构一大厦，必用众材可成，况治天下之广居乎。今府州县道，虽设立教官，讲书会课，止是虚名，皆无实效。其随处教官，冷署寒毡，糊口不给，奚暇治礼义而及人。若与医学一体给降俸禄，复官拨学地，资赡生理，然后选职官子弟及乡民之秀异者，使之入学，专以讲明经史，以趋有用实学，不三五年间，一处止有成材五七人，则天下可得数百人，以须国家

之用，岂不伟哉。如以后设立科举，尤须预先教养，不然将见数年之后，非惟无材可取，恐礼义廉耻扫地矣，将何以论治乎。

第二，重保举。在未行科举之前，为了能使朝廷尽快得到可用的官吏，王恽建议实行官员保举官吏的方法。尤其是江南地区，由于授官太滥，更应该实行保举法，使举主和被保者都要承担一定的责任。

> 方今亲民与参佐官，莫县令、经历为重。县令乃百姓师帅，师帅贤则德泽宣；参署为一路纪纲，纪纲振则政务举。今例出常流，安取殊绩？臣愚以为若行品官保举法，庶得其人。其法，品量举主与所保者资历相应，果皆两可，复精加磨勘，无谬妄私意，然后许令入状。相小大之才，授繁简之任，限以岁月（如唐制厘务出二百日者，是也），课其殿最升黜。举主得人者，受知贤之赏，不识者坐不当之罚，举官自然尽心，受保者常恐相累，如此，庶立功而寡过矣。其南选尤宜施用此法。何则？江南北至平定谅为不易，凡所隶附，秋毫无犯，可谓仁义之师。即以调省调官，贿而每放，行省注拟，尤为滥杂，侵渔掊克，惨于兵凶，至盗贼窃发，指此为名。仰顿天恩，幸其无事。今宜委官分拣，以行此法。其停革人员不至罢黜者，降之边远；其见职委有声迹者，使之内迁，亦激劝一法。盖自汉、唐、五代迄于金皆遵而行之，当时号称得人。然必须内设审官、考功等职，专掌其事。

第三，用儒士。相比于保举法，直接选用儒士出任官吏，尤其是出任各级官府的吏员，更为快捷和有效。但这样做要面临两个问题，一是如何确定儒士的身份，在至元十三年核定儒户的时候已经解决了这一问题。二是儒士所学与吏学不同，但王恽认为这样的问题不难解决，只要经过一段时间的磨砺和主官的教持，就能使儒士适应吏员的角色。

> 窃见十三年随路试中儒人，于内多有材堪从政者。若委自各路并按察司取勘相验得实，申报上司，遇台、院、六部、百司、按察司令史、书史阙员，以凭补充勾当，是犹胜谬乱杂取州县无例无学等人。此辈设若吏业非素，终是通晓义理，例有文笔，使官事稍

习,皆可胜用。假令学校吏试便行,须待岁月,猝急不能得用。能此,不但捷于得人,亦是激厉天下为学之方,岂为小补。兼金人旧例,台掾书吏皆于终场举人内试补勾当,但在有司持择,使之精当,不致妄滥请托而已。

第四,重吏员。王恽特别指出,朝政尤其是地方官府的政务,往往被吏员所操控,而吏员不仅大多不学无术,又经常在处理具体事务时上下其手,带来了严重的"吏弊"。而要根除弊病,必须改变吏员的结构,使有学之士充当吏员,并开通吏员进阶尤其是"由吏入官"的渠道。元朝后来全面采用了"由吏入官"的做法,应与王恽的这一建议有密切的关系。

  甚矣,吏之不学,取之无术也。纷纭苟且,自进自退,据其名则正,校其实则非,而官之形势,众之情伪,习不相远也。故谚曰:"画地为圄不可入,削木为吏期不对。"此盖伤其持心近鄙之之辞也。然非吏之性也,势也。今夫一县之务,领持大概者,官也;办集一切者,吏也。簿书期会之所交错也,利害督责之所相须也,锻炼酬酢,日复一日,大体细行,有不遑顾者。少或蹉跌,轻则窘折困辱,重则搒责退黜,吏之为役,贱已极矣,安得不持其事而逾急,欺其心而后语哉。或不经事,昧于自信,闻其名则憎,见其人则易,意复少忤,至忿嫉訾毁,不以礼貌相接也。是皆不澄其源,而责其流之浊也。若使上之人能清心省事,一其法政,简而不扰,虽有桀黠苛刻急遽苟且之心,将安所施哉。余故曰:"非吏之性也,势使然也。"若从其流而责之,所可鄙而伤者甚矣。今天下之人,干禄无阶,入仕无路,又以物情不齐,恶危而便安,不能皆入于农、工、商贩,故三尺童子乳臭未落,群入吏舍。弄笔无几,顾而生奸,重至于刑宪,细至于词讼,生死曲直,高与下夺,纷纷籍籍,悉出于乳臭孺子之口手,几何不相胥而溺也。以至为县、为州、为大府,门户安荣,转而上达,莫此便且速也,人乌得不乐而趋之。尝闻近代吏之出身难矣,由州而吏员,由吏员而部掾,法律刀笔,人材行止,举明有官,否财结罪,然后考试有司,寸步不移,设法既严,百不选一,犹恐中非其人而害于政。以今观之,其可鄙而伤者，当如何哉？且两汉之世，丞相御史下至三槐九棘，蔚为名臣者，多吏也。固必学之有素，进之有道，初不若此纷纭苟且。呜呼！弊极而变，变则通，此必然之理也。然非持衡者，孰为立法而兴革之哉。①

此外，为了保证吏员的质量，王恽特别建议以官员保举和吏员考试的方法选择堪用的吏员，并且希望这种方法能成为一代定制。

> 方今内而省、部、台、院百司，外而按察司、府州司县合用吏员，俱出自州县校书贴写等人，因而上达，以致侥幸成风，廉耻扫地，只以学术无素，选取无方，中间求其廉慎可称、熟练吏事者甚鲜。而天下之务繁而词讼钱谷重，而刑名铨选、生死曲直、高下与夺，悉出于乳臭若辈之手，欲望治道清明、风俗美好，难矣。合无讲究近代考试法式，从府州官公共保举，其法律、刀笔、行止或不相应，罪及保官，其余非此而进者，不许补充随朝勾当。设法既严，人自力学。如此，非惟用得群材，礼义廉耻风动四方，下可以革去侥幸苟且之人，上可以成公平肃清之化，端本澄源，此最急务。

> 前代取吏之法，条目甚严，如宰相子辟举，令取充省杂，终场举人试补台掾，品官子孙、吏员班祗、阁门等人出身者试补六部令史。夫令者，明法令曰令；史者，通经史曰史。今府州司县应用一切胥吏，自帖书中来，官无取材，势须及此，所习既凡，闻见亦寡，欲望明刑政，识大体，务清弊革，难矣。臣愚以谓为今之计，莫若将合岁贡吏人，以吏员法试之，中选者仍许上贡，补充随朝身役。外州府郡见役者，从廉司以校法试验，庶几激之，积渐肯学。其月请俸给，亦合定夺，能使得糊其口，然后可责以廉。何则？今廉司专抑吏权，察非违，少有贪鄙，不计养廉，即按而治之，是纵之窃而责以"何盗之为"，岂理也哉！

---

① 王恽：《吏解》，《秋涧先生大全文集》卷46（《全元文》第6册，第291—292页）。

第五，严监管。对官吏的监管与选择官吏一样重要，所以王恽特别强调了监督机构应对官吏进行严格的监管。

> 臣闻古之善为国者，不使人有怠惰不振之气。若作于心而害于政，苟非以德振起，必须度时宜，本人情，齐之以法，故得小大毕力，上不劳而众事举。今州郡之官，品流殽杂，既无选举甄别，止循常资，纷纷藉藉，聚散于吏部，例得一官，鲜不因循苟且，以岁月养资考而已。欲望承流宣化，趋事赴功，卓有维新之政，亦已难矣。尝观汉、唐之驭吏也，能者增秩赐金，公卿缺则补之以观其贤，否者放田里而不事事。唐则召七品以上官集于阙庭，亲与访问，究得失而进退之。然二者不过爵禄为劝，爵禄极则意满足，意满足则怠心生，亦有无如何者，故持斧直指采访黜陟等使，岁相望于道。而本朝之举，高出前代。比者廉司之设，初气甚张，中外之官悚然有改过自新之念，大奸巨猾致畏慑而不自安，庸人懦夫将卓尔而有所立。行无几何，法禁稍宽，使监视者劲挺之气不息而自敛，听从者奸弊之萌潜滋而复兴，恐徒易其名，而不能革州县之故习。夫刑罚崇宽，固自国家美政，然分别善恶，以示劝惩，岂得专务宽恤！昔者金大定间，尚书省奏顺州军判崔伯时受赃不枉法，准制当削官停职。世宗曰："受财不至枉法，以习知法律故也。所为奸狡，习与性成，后复任用，岂能自悛？虽所犯止于追官，非奉特旨无复录用。"以致犯禁者鲜，此先事之明验也。今风俗浇薄，遇有所犯，苟免无耻。臣愚谓法宜稍重，以权一时，其要在人法并任，精择官僚，优加吏禄。宪纲既立，公道大行，官有作新之气，吏无糊口之虞。我之气既伸，彼安得不振；我之政既肃，彼安敢或私。所谓上行下效，源清流长，将见风彩百倍，有登揽澄清之望矣。

为加强对官吏的监管，王恽还特别提出了两条建议。第一条建议是由监察部门设立官吏的考绩簿。

> 天下重事，无重于州县得人。果得其人，台司何忧不清，州县何忧不治。今按察司既立，请中书吏部具各州县官吏见任姓名为空

行簿,所至州县,先暗行体察,然后遍见官吏,一一询考政绩。得其公廉勤干者,明注实状于簿。其衰老无能、显有不治之迹者,以朱书书之。又有虽是常才,能专长一事,亦以朱书书之。其有中人之才,虽别无奇效,亦不至败阙者,以墨书书之。还台具奏以闻,然后付之吏部,使升斥补充之际可以坐见,群吏贤愚能否不遗一人,则天下之才昭然可得已。①

第二条建议是在朝廷设立专门的审官院,负责对所有官员(包括监察机构的官员)的审查。

> 窃详省、院、台、部皆得选署官属,若公当则人心自服,稍或未安,中外之人皆得指言。数年以来,省、台坏乱,多此之由。夫省、台大僚,近君之重臣也,古人称投鼠忌器,当尚深戒。况天官天秩,一旦使群小得恣情阻坏,非所以体重臣而存大体也。兼若辈处心鲜公不为己私,且泄怨谤,比比若此。合无立审官院,选用有德望、公正大臣,次取知典故、识大体、刚直而敢言者为之辅,其中外一切选举官员,通得论列而疏驳之,不犹愈于若此,纷纭之不定耶。检会得金朝章宗时,台司用一诸科人为监察,审官院竟奏而罢之,致台望增重,远近肃然,当时大为有益。或曰:"若立此官,台谏何为?"曰:"台谏论列至广,审官系封驳之事。古人设立,以用人为为治之本。惟其责之专,则事精详而得实理,所谓开公道而庶人不私议也。"

第六,并州县。为改变官吏过多、十羊九牧的现状,王恽明确提出了省并州县的建议。

> 伏见方今州而为府,县而作州,复有不必县而县者,此盖王进建言,欲务为夸大、以示外方意也。以至增置人员,添给俸禄,无有虚岁。彼所临户口曾不加多,差税转成虚耗,所谓十羊九牧,为政大弊也。今四海一家,郡县版籍何止数倍,夸大之名将何所用。

---

① 王恽:《论置官吏空行簿》,《秋涧先生大全文集》卷86。

不若依旧便，将当省者省，可并者并，岂惟事简官清，不致国家缘虚名而受实费，既省其官据禄薄者，亦宜增而厚之。盖清其吏而不厚其禄，则饰诈而不廉知；厚其禄而不省其官，则财费而不足知；省其官而不知选其能，则事壅而不理。此三者迭为表里，相须而成者也。

对于行省官员以及各路总管府的参佐等如何选择，王恽也有具体的建议，不再一一列出。需要注意的是，王恽提出的育人、用人、管人建议，不少带有过分理想的成分，所以并未引起当政者的重视。

（七）养民、爱民的理政观念

对于核实户籍、确定税额、禁止扰民等，王恽提出过多方面的建议，并重点体现了以下五种养民、爱民理念。

一是重农桑和重教民的理念。王恽和其他儒士一样，特别强调以农为本和对农户的教化，为此在《劝农文》中，特别保留了《劝农诗》，以使农户了解重农桑和遵从基本道德规范的要义。

《总劝》
分司劝课不辞频，汝但闻言日克勤。倘使有名无实效，到头俱是具虚文。

《粪田》
年深莳种薄田畴，粪壤频加自昔留。田果粪余根本壮，纵遭水旱亦丰收。

《种桑》
年年劝汝盛栽桑，相度田园土脉长。属汝一根如法种，明年要见百根长。

《勤锄》
锄头有雨润非常，此是田家耐旱方。果使锄头功绩到，结多得米更精良。

《水利》
细思水利最无穷，普例灾伤独欠丰。倘有可兴须举似，已成毋得废前功。

《女工》

田家门内事纷挐，最紧蚕缫与绩麻。主戒婢奴姑劝妇，趁时作活可成家。

《讼田》

近年田产贵于金，明见无凭恃力争。纵使一时官错向，就中不直有神明。

《结亲》

成婚作赘结欢情，往往年深致怨争。省讼有方渠记取，始须书契两分明。

《读书》

孝慈和顺革嚚愚，说似儿孙自读书。纵不尽为官宦去，省心解事亦良图。

《省讼》

典田卖舍属曹司，何似无争省状词。唆汝致争原是贼，劝令和忍是良师。

《畏法》

禁网宽疏固不苛，慎毋轻犯被拘罗。更思有理无钱语，试估家资有几何。

《屠宰》

上司禁汝莫屠牛，间有人来告事由。岂止到官刑罪惨，怨仇相结几时休。

《斗殴》

农家蚕务与耕田，除却耕蚕半是闲。利害不多休致斗，坏钱当罪片时间。

《教唆》

教唆冤报似循环，比及儿孙已被悠。若欲人生求利远，正须良善养心田。

《盗贼》

一毫非有莫萌心，窃物穿窬罪不轻。重是杖徒微刺记。枉因纤芥坏平生。

《饮搏》

常思群饮与摊钱，此事尤须预禁阑。酗至轻生输到尽，恁时虽悔恐应难。

《安分》

贫须藉富富怜贫，安分惩贪德自新。积取糇粮防俭岁，慎无相率去祈神。

《天报》

四民唯汝最纯风，天悯辛勤报已丰。试看仕途青紫客，大官多半是庄农。

《终劝》

分司劝汝事多忱，今岁诗篇意更深。切把此诗长记诵，来年比劝预关心。文告裁成二十诗，篇篇皆出老农辞。汝归相劝行毋怠，便是分司乐不赀。①

二是善于理财的理念。王恽不仅强调了要以"均斡"作为理财的基本原则，还明确提出了"节浮费"的要求，其目的就是希望朝廷能够在理财方面做到取之有道、用之有方。

> 财赋者，生民之命、国家之大本也。善理者，古今无几焉。盖盐铁事兴，汉庭诸儒纷纭辩论，竟莫能一，其艰在于不伤财而不害民故也。济南漕长赵侯洎其贰储君天章过余，求扁其公堂之颜，遂题曰"均斡"，盖取孟坚志书之辞也。均者，使四民常均，公有余而私不乏。斡者，所以齐众度而抑兼并也。二者为义如此，何古人忧后世之心深且重哉。顾是新政，意若在兹，第不自著者，形与迹耳。盖尝思之，其所以经制于一堂之上者，不过以廉自澡，以静内守，而以法外御也。故务虽繁而愈办，羡比常而益增，此自然理也。异时总会民赋，鼓鬻山海，低昂物货之权，佐理军国之用，从容朝珂，筹之以策，未必不由主静而法，以均斡为得计，而以笼络为末策也。②

三是轻徭薄赋的恤民理念。王恽不仅指出横征暴敛给民众带来的困苦，要求按照轻徭薄赋的原则核定民间差发、徭役等，还明确提出了以

---

① 王恽：《劝农文》，《秋涧先生大全文集》卷62（《全元文》第6册，第578—580页）。
② 王恽：《均斡堂记》，《秋涧先生大全文集》卷38（《全元文》第6册，第88页）。

抄没的奸臣贪污纳贿钱物充抵天下赋税的建议。

> 窃见随路百姓，自攻取襄樊以来，节次将中强等户签充军、站，其见在下户，供给百色军需，已是生受。及江南平定，中外伫望庶得休息，复致前政，烦苛横取，日著急于星火，州县官吏视其如此，因缘作弊，科敛无度。如遇和雇、和买、夫役等事，即验包银，分俵每一两，周岁约出横泛钱三十余贯，止以四两户论之，是一岁著二十倍也。又军户逃户闪下差税，复洒见户包纳，割剥民肌，未见如此之甚。致愁叹不绝，感伤和气，岁旱不收，百物涌贵，衣食艰难，民安得不困。救之之方，在于将和雇、和买必不可阙者，画时支价，两平和买雇赁，并不科俵民间。饥荒去处，官为赈济。累年逋负，已征入官者还民，未征者尽免。其逃亡复业者，付原抛事产，量免三年差役，庶居者安集，而去者思还。然后下宽大之诏，布告中外，使民晓然知朝廷优恤元元本意。

> 又闻阿合马及其党与所没赃贿不可胜计，此物既非天来，皆系生民膏血，向肆威虐聚为己私，可谓赃秽不祥之物。昔汉籍梁冀家财，遂充国用，减天下租赋之半，散其苑囿，使业穷民。合无亦将上项财贿，全代天下今岁租赋之数，使二十年愁怨之苦，一旦消释，诚国家结民心、感和气，其旷荡希世之恩，过于寻常万万也。

四是设立常平仓的备灾理念。在全国广泛设立常平仓，使粮价在丰年、欠年基本持平，是一种重要的备灾措施，所以王恽对此极为在意，并反复强调了常平仓的重要性。

> 常平仓设自至元八年，随路收贮斛粟约八十余万。今仓廪久空，起运具存，甚非朝廷救荒恤民本意。天朝常平法，岁丰增价以籴之，则农重谷而敦本；岁荒则减价以粜之，故民倚安而无菜色。如往年定时估以平物价，竟不克行，殊不若常平之有粟也，盖低昂权在有司，兼并利无专擅故也。若复实常平，倘遇凶欠，出粜三二千石，谷价自平，楮币亦复加重，且免赈济破用军国正储，实为古今良法。

> 窃惟天灾莫重于凶欠，国计无先于贮储。盖储有余则国用足，

国用足则民赖以足。今天下大约，公私之间曾无蓄积以备凶年。况即日自中都而南，蝗旱水涝十有余路，虽未至甚害，万一失所，官须存恤，然不过发仓廪、免租税、重为赈济而已，此特救荒于一时，其于经国远图则未也。以某愚见，莫若复先帝常平之制，就各路已有之仓，令有司预为修理，讲明定法，不使有名无实。昔唐以税茶等钱为义仓之本，深为便益。参详合无亦将随路平准行用钞库工墨钞息，增余现在等钞，分标州郡，作常平粟本，就令本路转运司兼以提举，收籴勾当续用逐年，所得钱数源源不已，则三年之间，百万石之粟可不劳而办，是常有一年之蓄矣。又会验得常平仓，国家自丁巳年（1257）初立，明年戊午（1258）宣德西京等处霜损田禾，谷价腾涌，百姓缺食，官为减价出粜，民赖以安，此先事之效也。兼安便官民，其利有五。且不动官本，无害经费，取办于息，取息之法又无窒塞，一利也。岁或饥馑，就未全济，使民心先安，大有指拟，不必家至户到，感念恩惠，二利也。其力稼之家，又知国家贵谷贱货，务农大本，使趋末之徒争缘南亩，不致有过贱伤农之叹，三利也。至若军旅调度，粮饷为先，比岁军兴，动以和籴，若常平一立，除屯田粮及正税外，复有百万余石之谷，积于中而壮于外，时和岁丰，民无所仰，推以济军，虽调度加倍，民无和籴之扰，军免阙食之虞，四利也。岁稍不丰，平价出粜，钞本不失，人赖以安，使市廛之徒绝幸灾贪利之心，贫乏之家脱转死流移之苦，五利也。若夫平籴常平、富人社义等法，历代相沿，莫能变易，能一旦举而复行，则天下幸甚，所谓不害经费，为国远图，良以此也。①

五是及时赈济的救灾理念。借真定等处救灾的问题，王恽提出的救灾建议，不仅是一般性的赈济，还要求停免各种赋税等，以使受灾百姓尽早脱困。

窃见今岁真定等处春夏亢旱，谷菜皆无，米价涌贵，小民久已阙食，往往采食青棘、槐花、榆叶、拂子等根，加之流窜惊扰，甚

---

① 王恽：《论钞息复立常平仓事》，《秋涧先生大全文集》卷88。

为不安。谚云:"春旱泥仓,秋旱离乡。"盖言比接新来岁月,日远故也。百姓多趁熟,河南今者米粟亦贵,愈无所往,是将坐视饥馑,以待其毙。其救之之术,宜在于早设,不然不过发仓廪、散楮币,仓廪所在皆空,宝钞几许得济。莫若将被灾州县合纳税石,并即今收籴事故等粮,尽行停免,使百姓少宽,且得自救。责委按察司亲临官吏,多方置计,赈济饥乏,及弛山林河泊之禁,权停门摊、酒醋等课,庶几不致流亡失所。

(八) 肃正社会风气的要求

善政可以带来良好的社会风气,所以王恽就肃正风气重点强调了三方面的要求。

一是重均平。王恽指出:"近命新省整治以来,一切事务尽从简静,可谓不严而治、不肃而成者也,中外熙熙,翕然有拭目太平之望。兹盖皇帝陛下屏去奸恶,保合大和,嘉靖邦本,专任责成之效也。然犹有当轸虑者。夫为政之道,政贵均一,不少偏重,否则必更而张之,使至公均被。"也就是说,只要当政者注重均平,就可以带来整个社会沐浴均平的风气。

二是抑奢僭。王恽强调:"夫制度者,明尊卑、别贵贱、法天道而立人极也。故古者衣服、饮食、舆马、屋庐,皆有恒制,至于庶人仆妾其禁尤严,惟在君人者制节谨度,率先化下为务。何则?上之动静为人劳逸之本,上之奢俭为人富贫之源,可不鉴哉!钦惟皇帝陛下临御以来,躬先俭素,思复淳风,如轻纻衣而贵绌缯,去金饰而朴鞍履,至衣服等物销织镀砑之类一切禁止,以奉行渐远,不无弛缓。今也臣民衣饮逾于公侯,妇女衣着等于贵戚,以致聘财过于卿相,男女不能婚姻。正以用之无制,僭越暴殄,有不能供亿者。故物价不得不踊而贵,钱币不得不虚而轻,上下困弊,日甚一日。假若巨室之家,亲属奴隶,衣饰一切自有等差,若例而一之,宁不困乏?臣愚以谓宜一切定夺,大行禁止,使民志定而不少僭越。用既有度,物自丰饶,恐亦实楮币、杀物价之一端也。"王恽所说的"制度",实际上是约束社会的基本规则,与今天所说的制度有所不同,但其所强调的控制全社会的奢侈风气,确实是肃正风气的一项必不可少的内容。

三是崇教化。王恽认为:"自昔风俗美好,由礼义所生。今也礼义既衰，故日趋于薄，一法出则众奸作，一令下则百诈起。何则？民所欲而生者，岁不加益，我过为之求者，日有所增，所谓救生而不赡，奚暇治礼义哉！有司释此不念，每以厚风俗为务，如孝行有复役，节妇有旌议，婚姻立学，师表淑媛，忠臣义士，岁有常秩之类，非不家至户晓，然终无分寸之效者，徒文具虚名而已。夫天下之事，有本有末，知所先后，则教立而化行。臣愚以谓风化之行，莫若国家先以四教为本，曰仁以养之，义以取之，礼以安之，信以行之。何为仁？父爱子育，怀生乐业，温饫以养其心。何为义？轻徭薄赋，取敛合宜，宽裕以畅其气。何为礼？上下有分，毋妄侵辱，诛责以当其功罪。何为信？发号施令，一出不易，忱诚以明其约束是也。"以教化改变社会风气，向来是儒士的主张，王恽只不过是在新的政治环境下，重提了这样的主张。

三　儒士参政的自我规范

王恽以儒士的身份，为朝廷服务了四十余年，深习官场的各种规矩，但是为了保持儒者的本分，他对儒士的参政重点强调了六方面的观点，实际上就是要使儒士有较强的自我规范意识。

（一）正学说

王恽认为儒者必须学习正统的儒学，成为"学问正"的典范。他曾将自己居所中读书的场所名为"醉经堂"，并特别说明了其中的含义。

> 人孰不饮食，而得其味者或寡矣。且天下之事，必期其所嗜而后得。如易牙之别味，养叔之治射，秋之于奕，伯伦之于酒，惟其嗜之酷，故能造其极而哜其胾者矣。矧五经者，圣人之成法，生民之大命系焉。若夫尽乾坤之变，极万物之情，神鬼之所以幽，吉凶消长之所以著，使人穷神知化，乐而不忧，遁而无闷者，《易》之道也。性情之所发，礼义之所当止，天地鬼神之所感动，草木昆虫之所以能区别，俾多闻博识，益耳目之聪明者，《诗》之教也。五帝之建极，三代之授受，邦本所以基而固，生民所以厚而康，布在方策，示人主以轨范者，《书》之奥也。饮食有节，进退有度，使君臣、父子、兄弟、朋友之间，上下志定，而无僭越危乱祸者，《礼》之实也。公是非，明褒贬，君子小人之所以分，乱臣贼子之所以惧，万世而下使大中至正之道纲维世教，不至于魑魅魍魉者，

《春秋》之法也。斯五者，天下之达道。尧舜以之无为，汤武以之顺守，周公以之辅相，孔孟以之垂教，伊尹之致其君，颜子之乐其乐，其皆出于此乎。然非嗜之酷，资之深，守死善道，殆未窥其突奥也。

若予也，幼而学，以举业汩其真；壮而仕，以冥行易所守；内乏中和以植其本，外歉礼义以制其宜。望道而未见，啜醨而失醇，所谓清庙之玄酒，至道之膏腴，时或扬觯一嚼，卒未造乎古人中圣之地。故事变之来，酬酢倒置，鲜中律节，此无他，志之不立，经之不明故也。呜呼，予乎其将醉于经乎。朝而浸六艺之浓郁，夕而味百家之异同，然后蹑丘台而望千钟之圣，骋奥府而追百觚之贤，神凝妙理，心粹太和，浩浩其天，渊渊其渊，不知我之醉经，经之醉我，是则醉经为志，不其旷且乐欤。重为之歌曰："能者在人，不能者在天。幼学壮行，订夫学之正偏，道之隆污，一听天之云然。"①

除了强调学无止境的"醉经"精神外，王恽还特别强调儒者要能区别正学和杂学的区别，并以自己的亲身经历，在诗作和文章中说明了排斥异端邪说的重要性。

吾性懒且拙，置书未尝观。兴来一披读，暂涉意已阑。因伤中道画，勉力鞭使前。奈彼外物诱，既往辄复还。年来天与幸，缪当函文间。朝昏迫童课，未免亲书编。开缄三叹息，知学今十年。虽传失自习，所得亦已偏。正如乘跛马，十步九蹎颠。引领望圣域，尺绠汲丈泉。有时寻坠绪，意会亦惬然。务敏修乃来，自弃诚可怜。譬彼执铫鎒，缓治榛芜田。纵弗曰收熟，犹愈埋荒烟。进进久不辍，功岂止百廛。九原虽不复，圣道具蹄筌。尧舜等人耳，悉自学至焉。从兹自发药，浩浩还吾天。②

呜呼！杂之为学，其害道也甚矣。麴糵杂醴，齐为弗醇；烹饪杂鼎，羹为之变味；宫商杂音，奏为之滞滞，君子之所不取而不由

---

① 王恽：《醉经堂记》，《秋涧先生大全文集》卷36（《全元文》第6册，第41—42页）。
② 王恽：《自喻》，《秋涧先生大全文集》卷2。

也，况学乎。学而杂，心则交错而贰其行，言则丛脞而昧于理，动则拂乱而失其宜。至于文章翰墨，一蹂于杂，偏驳不振，尚何理之能著，家之可名乎？

盖圣贤为学，必务其大者，而使小者从焉。其所以务之为者，明理、致知、收放心、格庶物而已，四者既生存于中，虽诸子之说、百家之言日至于前，犹众川之流朝宗而东，常我之主，孰能雄而长之、挠而浊之者哉。况约之以礼，详之以说，为之澄滓于其后者非一，如是则何患乎问之该洽、学之博杂者哉。

戊子（1288年）夏六月庚伏有七日，发藏曝书，得杂文百余帙，睨而视之，皆予稚岁所阅习，多曲学小道，废日力不少，不觉喟然曰："两汉而下，学无师传，安宅旷而弗居，正路舍而弗由者，其我之谓乎。使我老而困，困而无所成者，职此之由，务于粗而害其大之为也。"于是命儿子辈，屏而绝之，板为三夹，束置高阁，且誓之曰："今而后，非有命，不得发而妄阅，以蛊惑其心目。"①

儒者谈经论典，要在有用于当世，所以王恽特别指出："故为士者，恶可恶其居贫处，贱戚戚然世之不我用也。要当明德志学，思求其致用之方可也。世之所谓学者多矣，有有为之学，有无用之学。穷经洞理，粹我言议，俾明夫大学之道者，此有用之学也。如分章摘句，泥远古而不通今，攻治异端，昧天理而畔于道，若是皆无益之学也。士乎！士乎！于焉而不择其有用，而致力于无用，及其志与年迈，悲叹穷庐，尤其世之不我用，亦已惑矣。"② 也就是说，只有致力于有用之学，摈弃无用之学，才是儒者治学的正道，才能为当世所用奠定必要的学术基础。

（二）正道说

王恽以儒家的治道学说作为从政的思想基础，特别注重对圣人之道的理解，并且明确指出："圣人之道，如长江大河，人人得以饮之。然饮之者有多有寡，为江河者不能使之一一均同其量，任其自然而已。不

---

① 王恽：《屏杂说》，《秋涧先生大全文集》卷45（《全元文》第6册，第274页）。
② 王恽：《贱生于无用说》，《秋涧先生大全文集》卷44（《全元文》，第6册，第260页）。

然，恐造物者亦太劳矣。"① 由此，不能不明确"道"的基本含义。按照王恽的理解："道者何？以正心诚意为体，仁义礼乐乃其具耳。以此出治，阴阳自和，万物咸得其理。舍是，非复有调元之术也。"② 尤为重要的是，圣人之道强调了"守中"的原则，王恽对此作了专门的解释。

> 圣人垂教，千言万论，独以中为天下之达道者，天体如是也。且天地周围三百六十五度，而南北二极，揆上崧高，乃天之中心也，故定极焉，然后天地位而万象则其法焉。故过则为差，不及则气不能成岁，折而中半，二九一十八，则度之数，又称停不偏矣。人出于两间，受其中以生，是谓之理。理者，仁、义、礼、智之谓。由是观之，圣人之为教，所以因其材而笃焉，舍是何以为物，何以为则。③

对于道与理的关系，王恽还特别列出了几种可资世人参考的解释。

> 《易》曰："一阴一阳之谓道。"九峰曰："阴阳以气言，道者阴阳之理。"予曰："理者，气之所以明，所以幽，所以生，所以杀，所以舒，所以惨，所以为君子，所以为小人，世之所以治，世之所以乱。"④

> 五常之道，仁为体，而四者为用。义与智，阳中而含阴；礼与信，即阴之一定者也。曰阳中而阴，盖运动离合，有吉有凶者焉故也。⑤

按照王恽的解释，理是影响治乱的本源，所以儒者必须认真讲究义理，不能有丝毫的大意。

---

① 王恽：《杂记》，《秋涧先生大全文集》卷44（《全元文》第6册，第229页）。
② 王恽：《读魏相传》，《秋涧先生大全文集》卷44（《全元文》第6册，第238页）。
③ 王恽：《中说》，《秋涧先生大全文集》卷46（《全元文》第6册，第303页）。
④ 王恽：《阴阳之道》，《秋涧先生大全文集》卷44（《全元文》第6册，第227—228页）。
⑤ 王恽：《五常》，《秋涧先生大全文集》卷44（《全元文》第6册，第227页）。

> 讲究义理，其用有三。体认明白，临事能施为出，一也。道义传受，必托于言辞笔头发明出来，二也。其或诸生请益，发药启廸，化若时雨，三也。至若都曾经历，只为目前，不曾专心理会，又不能记诵，乍了若无，使此心茫然如道傍空舍，诸物得去来住持，不敢认为已有。又学既不固，及人说著方才省记，终了自无所得。前贤力学，须先除去此病。攻苦食淡，不为一毫外物移动，屏堕气，收放心，一主于敬，不杂观，不过分。此或未毕，辄复他务，才作复辍，今日已过，而有明日，管得无时。定志帅气，如下硬寨，确乎有不可防之势。一物一事，不轻放过，穷理尽性，至于命而后已（性与命只是一个理而已）。若有所得，即极力存养，昼见之于行事，夜验之于梦寐，使真积之功，日新一日，不使顷刻间断，不恤乎时之利不利，不问乎人之知不知，将所乐自喜，专以推崇天爵为至。古之学者，无不尽其极者，恐不外是。不然，困而不学，生而为斯民之下，不知所以学，老而为乾没之人，良可哀也。①

在探究治道学说尤其是讲究义理时，应重视理学的作用，王恽自己虽然不是理学家，但是对理学大师都颇为尊敬，并且对理学给予了较高的评价。

> 二帝三王修己治人之道，待孔孟而后明，立极垂宪，贻则无穷。不幸厄于秦，杂于汉，历六朝、隋唐，虽有名公硕士间作迭出，其器量足以恢弘至道，辟除异端，奈智识不能尽窥圣贤要奥，择焉不精，语焉不详，又局夫章句文辞之末，乱以功利祸福之说，故学者汗漫支离，莫知统纪。时则有卫道之士，而无传道之儒。陵迟至于五季，其斫丧可谓极矣。伊洛诸公奋起，百世绾持道枢，探穷渊源，克绍绝学，内有以究圣贤规模之大，外有以备践履节目之详，故孔孟之教复明，斯文得归于正，后学知所适从，盖二百年于兹矣。然科举利禄之习既久，遽未丕变，以极夫功用之至。伏遇我世祖文武皇帝，资挺上圣，运启休明，崇尚儒术，尊礼贤俊，于是

---

① 王恽：《日用》，《秋涧先生大全文集》卷44（《全元文》第6册，第222—223页）。

许、窦、王、姚诸公宗伊洛学，陈说孔孟立极垂宪之教，以致二帝三王所以修己治人要道，盖已收明德新民殊效于中统、至元之际。今内而赞助经纶，外而佐理政化，多前日执简传经之士，推原本自，则伊洛诸贤发明维持之功，不为鲜矣，虽配享学宫，天下通祀可也。①

王恽之所以强调道、理等说法，其目的就是要以行正道之人来推行圣人之道，这恰是儒士参政的一个重要准则。

(三) 正身说

儒者要从政，需要先正身，否则就会受到官场的污染，丧失儒者的本分。在正身方面，王恽重点提出了六方面的要求。

一是至公无私的要求。王恽认为："天爵，志清明而寿；人爵，气浊乱而夭。或天或人，能寿而不乱者，惟有素所养者能之。曰养者何？至公无私而已。"② 也就是说，人所要养的就是为公之心，而所要经常克制的就是私心。

二是以礼待人的要求。王恽指出："如我以礼待人，人不见答，未免有所不平。不平之彼，则乃有怒意。我当夷其不平，以恕心待之，宁人负我。"③ 以宁人负我而我不负人的态度与他人打交道，才可能真正达到以礼待人的良好境界。

三是安命顺处的要求。王恽要求儒者不仅要知天命，更要服从命运的安排："人之得失，一系乎命之通塞。若既得，则不当过恩于其所举，揣其已才如何耳。失，则又不当致怨于其所沮，亦当量己命之如何耳。若恩有归，是人怜其不才而私之也；怨是沮，是我妄为言而不安其命分也。"④ "人志不定，只是气为之乱。气既乱，却为动静无常，于中互相夺尔。若安命顺处，不以我之所当得，而易其彼之所不当有者，人无日而不自得也。如是，则何患志之不安、理之不明、气之不充者哉。或曰：所当得者何？即天之所命于我者是也，不当得者，即天之未尝付与我者，此君子之所以亟当知也，故曰知命。不然，则谓之不受命。不

---

① 王恽：《创建伊洛五贤祠堂记》，《秋涧先生大全文集》卷40（《全元文》第6册，第135页）。
② 王恽：《天人爵》，《秋涧先生大全文集》卷44（《全元文》第6册，第225页）。
③ 王恽：《恩多怨深》，《秋涧先生大全文集》卷44（《全元文》第6册，第228页）。
④ 王恽：《得失》，《秋涧先生大全文集》卷44（《全元文》第6册，第230页）。

受命,是谓之逆天,故孔子责子贡而货殖焉者是也。"①"知命"和"不受命"的说法,尽管强调的宿命观念,但是重点在于不要有非分之想和做过分的事情,如王恽所言:"甚矣,非分之不可求,犹鸩毒之不可怀也。鸩毒之杀人,世知避忌,非分之存心,其祸有不可测者。有人于此,小智有材,行险侥幸以济其欲,一旦濡首染指,攫取公㯑,是知厥指之可染,不知首领之不可保也。奇货之可居,不知其祸之不可脱也。"②

四是善于隐忍的要求。人不仅要认命,还要能够容忍,所以王恽强调:"忍之为字,以刃加心。少或弗隐,其伤必深。家府维训,挺挺而全。谓予平生,半在官联。万变前陈,履薄临渊。少触与竞,其心即燃。自救弗暇,理何有焉。量汝之性,以忍为先。惟忍则济,钦哉圣言。"③ 王恽在其中道出了他的重要为官心得,就是要善于隐忍。

五是言语谨慎的要求。王恽认为:"语戒过繁,论先期用。我之枢机,宁唯妄动。动躁轻易,违理取胜。过虑思邪,皆言之病。一不知检,有害于性。审察安详,时然后应。非法不言,一出于正。其或不然,自陷于阱,念之念之。"④ 儒者参政,会提出自己的意见和建议,但出言必须谨慎,并且既要有理据,也要有用处,这才是王恽所强调的"慎言"之真谛。

六是正行止谤的要求。在官场中,难免遭人攻击甚至是诽谤,王恽认为只要去掉了影响"正行"的十种做法,即所谓的"十病",就不怕任何诽谤。

> 予作《谤解》,梦人以坏木寓蠹见示,意者谤由我兴,非外至也。然谤之惑人深矣,公孰与制,私无以胜,其说至肆行而不少惮,以阴挤而为阳助,被之者鲜克自处,欲弭之而无术也。呜呼!世教下衰,友道日坏。私好恶者,爱之者欲其生,憎之者即其毙,口溢金兰,心包鬼蜮,谨其藏已射其形,亟为防已螫其毒矣。轻则嚅呫背憎,浸润肤受,妄生事端,横造异议;忘我大德,利彼小

---

① 王恽:《气志》,《秋涧先生大全文集》卷44(《全元文》第6册,第224—225页)。
② 王恽:《非分说》,《秋涧先生大全文集》卷44(《全元文》第6册,第234—235页)。
③ 王恽:《忍箴》,《秋涧先生大全文集》卷66(《全元文》第6册,第636页)。
④ 王恽:《言箴》,《秋涧先生大全文集》卷66(《全元文》第6册,第635页)。

私，倾良惠奸，伤公害义，忍为奸人，坐擅形势。苟浅之为量者，不自返而缩，徒恚夫此胡为而致焉。思其稍达，借势投畀，使恩仇两明，以泄其忿嚏，恐非君子以直而报之义也。夫圣人所以列朋友于天伦者，示其当重而亲，匪大故则不容弃也。

予虽愚而懦，受人侮者不少，然天之所畀于我者似不薄矣。矧谚曰："御寒必须重裘，弭谤莫若自修。"大率常情之所未免者，其疢有十：处已之不恭也，御物之不诚也，嫌与疑不择也，毁与誉肆行也，或以已长格物，或以剽义沽名，或出戏言犯众，或恃口给凌人，责人太重，而以骄吝自矜。审先去此十病，无瑕可摘，谤奚自而生哉。而复守之以敬慎，将之以忠厚，以苏公之心为恕，以中庸之教自处，其或有作于上，力易斯弊，上以格奸人之非心，下以殄谗口之罔极，建中于民，归以厚，俾欲校欲报者，亦不得贼其衷而发之。如此，我之所谓疢者而或有瘳，彼之所谓谤者亦庶几其少熄矣。①

王恽之所以强调正身的各种要求，就是要使儒者真正能够发挥佐理天下的作用："自古至今，止是这些人情，止是这些事理，圣人裁量备尽，六经罔有不具。后之学者学此也，既能通晓穷理，正心行已，临事之际，触类相应，以较其己之相合与否。"② 也就是说，正身也是为了致用，否则正身就失去了其应有的意义。

（四）正人说

为达成善政，必须有真正的人才，如王恽所言："第以品位有崇卑，材术有优劣，得其人则分安而政举，非其材则身劢而事堕。"③ 但是更为重要的是，既要有才，也要有"正人"的德行和操守，才能成为朝廷的栋梁，王恽就此作了专门的说明。

> 朝廷向明而治，圣王顺应而行，图回天功，混一区宇，网罗英俊，片善俱举。彼闻风兴起者，虽山泽之乌莬，布衣之贱士，思砥节砺行，竭力悉智，愿仰副上之好贤乐善之实焉。若曰荐举不私，

---

① 王恽：《谤解》，《秋涧先生大全文集》卷45（《全元文》第6册，第277—278页）。
② 王恽：《体认》，《秋涧先生大全文集》卷44（《全元文》第6册，第224页）。
③ 王恽：《待旦轩记》，《秋涧先生大全文集》卷37（《全元文》第6册，第67页）。

用养得所，其职在于宾师之贤。遇知至上之人，朝夕引翼，一归于正，俾贤者进而不肖者退，此天下重事，而治乱之所系也。故《传》曰："得士者昌，失士者亡。"又《诗》云："济济多士，文王以宁。"盖言世显之士，能如是也。呜呼，何君不圣，何王不明，必得聪明至静之士，见微知著，临事不惑，断于中而察于外，夫然后可得非常之士，而能建莫大之功。①

王恽所说的"正人"，实际就是天下的儒士。他之所以强调这一点，一方面是提醒当政者要有重用儒臣的态度，另一方面也是对"学而优则仕"作出现实版的解释。

（五）儒用说

儒士能否顺利从政，可能受多种因素的影响，尤其是在儒者对国家是否有用的问题上，可能有不同的看法，王恽就此特别表明了自己的态度。

士、农、工、贾，谓之四民。四民之业，惟士为最贵。三者自食其力，能儤所守，时虽不同，固不失生生之理。唯士也贵贱用舍，系有国者为重轻。盖其所抱负者，仁义礼乐，有国者恃之以为治平之具也。国不为养，孰乐育之？君不思庸，孰信用之。不幸斯道中微，我玄尚白，陡穷遗逸，随集厥躬，此士之所以遑遑于下而可吊者也。幸有连茹为引用为主张者，曰"鄙儒俗士，乌足有为也"。切尝惑焉。谓有用也，时不见其所用；谓无用也，一为时用，卓越宏达，莫可企而及者，乌可以时偶无用，概有用悉为无用之具哉。

国朝自中统元年以来，鸿儒硕德跻之为用者多矣。如张、赵、姚、商、杨、许、三王之伦，盖尝忝处朝端，谋王体而断国论矣。固虽文武圣神广运于上，至于弼谐赞翼，俾之休明贞一，诸人不无效焉。今则曰彼无所用，不足以有为也，是岂智于中统之初，愚于至元之后哉。予故曰："士之贵贱，特系夫国之重轻、用与不用之间耳。"呜呼！国之所以为国者，有其人也。今天下之心同然而深

---

① 王恽：《上元仲一书记书》，《秋涧先生大全文集》卷35（《全元文》第6册，第32页）。

惟者，天统大开，六合同轨，及其选一材，取一士，举目茫洋，无所于可正。孔子称杞、宋二邦无足征证，盖伤其贤既不足，文典之传有不可强而为者。

复以时务论之，今选行其上，材乏于下，是有国者之最所当病。故唐取士之法，岁万人为率，犹三十年可尽，况法未备而无所取哉。又老成先进文学经制之士，举海内而计之，不三数人耳。故州郡所谓学校勉励进修之方，从而无实，扫地何有。呜呼儒乎！其微至于兹乎。斯文在天，无可绝之理，是恐不止不行，不塞不流之意邪。然士不用则已，如或用之，固非一朝可就，必须广学校，录师儒，振士气而勃兴，设众科而肆取，故得人材辈出，以膺文武之选，以成久长之业，斯则适其时矣。任是责者，庶闻之油然有蹶于中。①

按照王恽的观点，儒者有用于国家，是不争的事实，关键在于当政者是否具有信用儒者的诚意。王恽还特别记下了与自己仕进有关的对话，以说明对是否被朝廷重用的看法。

客有过秋涧（王恽）而问者，曰："士不旬时而被旌招者三，将谓趣装有期，反泥其轮而脱其轙者，何也？方今王者无外，四海一家，渴于得贤，以光国华，有片善者无不录，效一长者靡不嘉，故有立谈而致卿相，略而不及其它。士或韦布，进无资涯，名不登于仕版，何得挂铨曹之齿牙？子今幸蒙见招，未为不遇，官列郎曹，名都省署，切近论思，周旋宰辅，设或有为，泽及黔庶。曾若无闻，又复何顾？岂子志愿未克，班资尚卑，重有所觊，其行迟迟？"

予仰而叹，俛而思。人各有宜，孰不自知？越分而行，有乖无随。予方以再命而伛偻，尚敢以锐进而为期也。

客曰："岂子欲信犹屈，道污未隆，甘于泥蟠，以固其穷？然闻圣哲，席有不暖，援溺救焚。"

予曰："世之康济，固自我化。道之隆污，盖有不为命者。然

---

① 王恽：《儒用说》，《秋涧先生大全文集》卷46（《全元文》第6册，第290—291页）。

墨突不黔其炊烟，孔辙几环于天下，虽遑遑于救世，亦观时而取舍。予且何人，敢妄为之驾也。"

客复曰："子岂年近耳顺，岁月将迈，心智日强，膂力弗逮？"

曰："若不肖齿发未为衰暮，顾尝揽辔外台，峨冠宪府，从事有年，艾服颇素。其责固重，即其心则安，道可行，虽一日不去，故黾勉尽瘁，不遑宁处。通其考则为四，百其月则去五。予亦知力之有所不及，盖尝以明时可惜，愤功业之不显著也。"

客曰："伊怀既然，子何见其一而二之不睹？投会是机，进退余裕。忖其不可，即以他务，尚不失邯郸之故步，不犹愈于刻舟求剑，守株而待其兔耶？"

今有司以是召我，其行或否，理之所当喻也。若顾量可否，以改图为举，是先以不诚，自将上欺君父，以幸为利，取便己故，是又义之不敢与也。

客曰："然则子之志向，果云何而可哉？"

《传》不云乎："士有二道，出处为大。进退无常，惟义所在。"又曰："可久可速，其行其止。"盖平日所素学，不容以彼而易此。今吾子坚欲推挽，扶之使前，是茫洋径涉，趣入于无涯之渊。设若有为，徒劳勉旃。至于出处之道论之，诚君子之不然。此吾之所以不果执宣父之鞭也。故为可为于可为之时，则从而宁；为不可为于不可为之时，其咎即征。果其可之与会，客何劳于劝惩。吾年虽耄，自顾矍铄，尚或堪于一行。[①]

以上对话的时间是至元二十一年（1284），王恽已经年近六十，但是他依然认为自己有被信用的可能，并且随时做好了重新回到都城任职的准备。不久后他果然被朝廷召回，在翰林院任职，表明他的判断确实是准确的。至于什么时间是可为之时，什么时间是不可为之时，那只能是当事者自己的选择，因为每个人的条件和看问题的角度都会有所不同，难以有统一的标准。

在官场的儒士，亦不得不学习为官之道。王恽中统初年在中书省任职时，曾在宰相讨论功利问题时插话："功利既不能弛心与术，亦不可

[①] 王恽：《答客问》，《秋涧先生大全文集》卷45（《全元文》第6册，第275—276页）。

不辨也。且心以居正为体，术以应变为用，总之体不失而有成者为上，此大臣所先务也。"尽管在场的宰相并没有责怪他的冒失，但是此后不久，即有相臣教训王恽等人："书生论事，大概不差，及询其所以方略，鲜有不迟疑者。若将读书苦心移之治，此只一灯之功尔，于政事何有，汝等励精焉可也，何患兹位之不到哉。"① 也就是说，只有经过官场的磨炼，才可能使书生真正在朝政中发挥重要的作用。

至元九年春，王恽以监察御史任满，改授平阳路判官，特向朝内大臣请教为官之道，右丞相史天泽说："汝读书年长，久在朝行，今官外郡，寅奉之心，当常若在朝廷时。至于事机变转，不可预料，临时制宜可也。"王磐则指出："长次不睦，及首沽虚声，今天下之通患，推让有终为上。《诗》云：靖恭尔位，好是正直。神之听之，介尔多福，况人事乎。"许衡则说："临政，譬之二人对奕，机有浅深，不可心必于胜，因其势而顺导之。同僚间，勿以气类匪同而有彼此，或有扞格，当以至诚感发，无所争矣。"② 史天泽所说的是在官场要学会随机应变，王磐强调的是不慕虚名，许衡要求的是和睦同僚，王恽自认为都是重要的原则，所以特别记下来，随时警诫自己。

（六）功名说

王恽没有就功名问题作过专门的论述，但是在他的诗词中多次提及功名，从中可以看出他对功名的基本看法。

首先，王恽认为功名代表了士人的表现，应该以有为的姿态来博取功名，不应放弃建功立业的机会。

> 四民乐业兵有制，尽彻湖陂变耕亩。时驱大节拥行轩，布德扬威趁春首。丈夫此时不有为，何者功名垂不朽。我虽锻翮思奋飞，会把一麾仍出守。③

> 春风花发四邻香，曲巷时过笑语长。议论有方消鄙薄，功名无地不辉光。签书枢府孤忠壮，气敌长江一苇航。今日八州归总辖，又烦和气致时祥。④

---

① 王恽：《中堂事记》中，《秋涧先生大全文集》卷81。
② 王恽：《政问》，《秋涧先生大全文集》卷45（《全元文》第6册，第281—282页）。
③ 王恽：《杂言送文郎中子周宣慰江西道》，《秋涧先生大全文集》卷8。
④ 王恽：《贺文卿同签宣慰河朔》，《秋涧先生大全文集》卷19。

第七章　侧重实政的政治主张　583

当年剑履上星辰，忠谨持心老益振。药笼功名开寿域，朝端风度见诚臣。勒浆有味沾余论，卿月分光照近邻。吾自讣音增怅望，白云长处是滹垠。①

功名有分事无难，谈笑貂蝉素履间。松菊堂深归未老，西州扶病叹丘山。②

其次，王恽强调所谓功名，必须建立在为民的基础上，只有真心为民做事，尤其是敢与奸党做斗争，才能获得良好的声望。

何者功名是丈夫，细思初不外民区。油油云叶从中合，盼盼群情待一苏。造命岂容论气数，当筵能尽是雄图。圣恩思治方宵旰，几问南熏解愠无。③

南来和气拥辂车。佩玉长裾利走趋。阿阁再鸣瞻彩凤，月明三匝笑惊乌。事机应运深还浅，才气多君有若无。与论功名果何在，此心初不外民区。④

富贵功名恐等闲，丈夫临事节为难。挺然不附奸臣请，似觉功夫出北山。书龛高倚抱阳云，万蛰天葩发异芬。莫讶相君潜伏久，东封西祀要鸿文。凌阁勋名焕日星，豹藏于此贮精英。江山万古风云笔，未觉前贤畏后生。⑤

再次，王恽要求从长远的视角看待功名，不要急功近利，因为能否成就功名，不仅受天命的限制，还要由他人或后人评说。

今秋山北迓回銮，偶得新诗记往还。臣子要知吾分在，功名休问老天悭。满轩光宠居庸道，两袖风烟水峪山。同见同游又同乐，从容恰及一旬间。⑥

百斛春酒遐年寿，千首新诗二品官。穷达不为身外计，功名尽

---

① 王恽：《礼部尚书许公挽辞》，《秋涧先生大全文集》卷19。
② 王恽：《题张太师浩家集后》，《秋涧先生大全文集》卷28。
③ 王恽：《送刘侍御分司上都兼呈中丞》，《秋涧先生大全文集》卷18。
④ 王恽：《和西溪韵送良弼提刑赴宪台之召》，《秋涧先生大全文集》卷18。
⑤ 王恽：《题抱阳山张燕公读书堂》，《秋涧先生大全文集》卷28。
⑥ 王恽：《游水峪》，《秋涧先生大全文集》卷22。

向后来看。细图野隐明归志,静抚孤松爱岁寒。此日称觞宜有颂,两宫恩眷古为难。①

最后,王恽认为士人应该看破功名,功成名就即隐身而退,不要因为眷念功名,耗费了自己的时光。

> 山人踪迹愧搜罗,欲负虬松学隐和。散木分甘遗匠石,荐章谁拟动常何。画义活计青鬼少,晓镜功名白发多。好笑住京王御史,一官羁滞半年过。兽思深处乌虞罗,吾自人徒贵体和。物有盛衰宜辨早,气从舒惨奈时何。眼前迳路黄门迅,镜里功名白发多。不尽一杯浇魂磊,茶烟禅榻尽经过。②
> 十载随人戴豸冠,望离清秩实多难。一身许国无知己,万事关心空汗颜。花样况非时制巧,功名宜为老天悭。季鹰何待秋风起,一夜归心满故山。③
> 半纸功名不足书,暮年心事若为娱。背时伎俩输鸠拙,度岁生涯俭担储。为寂恐贻高密笑,不才争似孔融疏。退藏入密真吾事,谁遣门多长者车。④
> 心安已契长年说,通寂能开不二门。我亦静中存夜气,此身之外欲何存。终日沉迷簿领中,乘闲时过紫豁翁。请师莫作功名看,心似浮云度太空。片言理到释群疑,不待诸生入管窥。收却药笼无个事,一帘春梦落花知。⑤
> 策勋白合画麒麟,佚老荣归帝里春。开卷赋诗还自笑,满缨尘土向时人。身外功名敝屣轻,一亭归卧有余荣。分明昨夜南山猎,梦里弦惊裂石声。⑥

王恽由儒士入官,在朝廷从政多年,擅长的是就朝政的重大问题提出看法和建议,尽管这些意见和建议都来自他的善政观念,但是他并未

---

① 王恽:《寿董承旨》,《秋涧先生大全文集》卷22。
② 王恽:《继张相言怀二首》,《秋涧先生大全文集》卷16。
③ 王恽:《长秋官舍》,《秋涧先生大全文集》卷16。
④ 王恽:《代书寄友旧二首》,《秋涧先生大全文集》卷19。
⑤ 王恽:《紫阳观杂诗和西溪严韵》,《秋涧先生大全文集》卷28。
⑥ 王恽:《荣归亭》,《秋涧先生大全文集》卷34。

深入阐释善政的理论依据，所以主要表现的是实用性政治观点。此外，王恽是一个自我约束较强并且懂得自保的官员，他极少与朝内的权臣、奸臣等发生正面冲突，在建议中也尽量隐讳地提及奸蠹行为，在朝廷的义利之争中，他基本上是一个旁观者，而不是积极的参与者。从维护治道的角度看，王恽是以善政的各种建议来促成治道，而不是以斗争的方式来拨乱反正，这恰是他的政治观念的一个重要特点，看似较为保守，但是对当政者而言，可能更为实际和有用。

第三节　胡祗遹的治世主张

胡祗遹（1227—1295年），字绍开，号紫山，磁州武安（今属河北）人，中统初年入职中书省后，历任应奉翰林文字、太常博士及宣慰副使、提刑按察使等职，著有《紫山大全集》。[①] 胡祗遹留下的大量论著，全面体现了他的治世主张。

一　治世的理论解释

胡祗遹对治世学说涉及的一些基本问题，在理论上作了较全面的解释，可以分述于下。

（一）兴亡论

为说明王朝兴亡的道理，胡祗遹特别列出了历史上的典型事例，尤其是对秦、汉、唐三朝的兴亡作了分析。

> 三代迄于五季，其兴也，祖考之圣明，文武之谋臣策士、熊虎将帅之同心协力；其亡也，先自承宗庙守大器者，庸暗懦弱，荒淫无度，溺近奸邪。故女子蛊惑于床第，宦官谄谀于朝廷，聚敛兴事之小人，投隙而入，逢迎谀媚，成恶敛怨，蠹政失众，以至于丧亡，或以女色，或以宦官，或以权臣，或以外戚，或以藩镇，或以子孙封国强大，或以孤立干弱枝强，不出于是数者。为君人者，当著历代兴亡于屏幛，大字真书，以为鉴戒，兢兢业业，不蹈覆辙，以持盈守成为可惧，日日省察。然则，历数之永不永，人无愧焉，

[①] 《元史》卷170《胡祗遹传》。

归之于天数可也。以德服人者，中心悦而诚服也。祖宗穆德，子孙虽不肖，天下感戴思慕，遗泽遗恩，不忍挤排而遽绝，尚冀其率德改行，必若桀、纣然后见弃于天、见绝于人，夏殷是也。至于周祚，绵延八百年，犹以为共主，浸微浸灭。西汉为王莽窃篡已二十年，民心思汉，光武一举中兴，莽贼身裂陵夷。至于灵、献，以曹操之奸雄，尚不敢正据大位，非不敢也，亦有所自欠而不忍也，尚恐天下之不与也。先主以孤身狼狈，孔明奋起田亩，力欲兴复汉室，还于旧都。然则高帝之去秦苛法，文、景之慈爱养民，岂不明效大验欤？至唐则不然，乘以弑君杀父之贼，残虐不道之甚，太宗奄宁神器，济世安民，功固不小，然武勇杀伐有余，而雍容招怀不足，方之于汉，似有可议。以至手足相诛，夷骨肉相残灭，二百九十年间，内难外艰，竟见废于群贼。吁！以力服人者，非心服也，力不赡也。然而报怨之心，曷尝少忘于心哉？一旦力衰，则共起而毙之矣。观往古，嬴秦是也。故曰："恃德者昌，恃力者亡。"又曰："兵犹火也，弗戢，将自焚也。"故曰："君以此始，亦以此终。"又曰："好战则亡。"①

在这段论述中，胡祗遹重点强调了三个论点。一是王朝败亡，必是上有昏君，下有后宫、外戚干政，或者是权臣、宦官把持朝政，以及藩镇坐大等内在原因。也就是说，内乱往往是造成王朝衰亡的主要原因。二是任何王朝都不能一味地依仗武力，一定要注意汲取"好战者亡"的历史教训。三是王朝统治者要注重"以德服人"，只有实行德政，才能保持国运昌盛、治道有成，才能避免走上败亡之路。

（二）治道论

胡祗遹对"道"的解释是："道者，理也，路也。天为自然之理，在人为日用之间当行之路。德者，得也，得于天之五常万善也。"在胡祗遹看来，"道"本身就已经包含了对"治"的全面要求。

> 道一也，曰王道，曰二帝三王之道，曰圣人之道，曰君子之道，所称各不同，何也？曰：能由是路、用此理者，二帝三王、圣

---

① 胡祗遹：《兴亡论》，《紫山大全集》卷13（《全元文》第5册，第294—295页）。

人君子耳，背是理、舍正路而妄行者，五霸、小人也。圣人在上，则曰天下有道。又曰：国有道，天位无圣明，则曰天下无道。国无道，人能弘道，无圣明，则天理不明达，道废塞矣。

道之体用，包括天地。细而一草一木，蚊睫微尘。自一身言之，上下前后左右，无非气也。理将其气，圣人得气理之全，内则修身，外则应物，尊则朝廷，卑则瞽者齐衰者，皆尽其道。①

也就是说，胡祗遹将"道"视为达到治世的路径，能够体认并追求"有道"者走的是正路，妄行者则会走上"无道"的邪路。尤为重要的是，天下是否"有道"，关键在于君主是否圣明，没有圣明的君主，即便臣僚百般努力，治道的路径也会因塞阻而不起作用。

为说明治道的原理，胡祗遹还特别撰写了《论治道》的长文，可将其论点转述于下。②

胡祗遹先从字义解释入手，强调治道就是要以正身来正万事，才能获得成功，否则必会出现乱局。

古人立言定名，一字不苟。不谓之百事而曰百揆，不谓之万事而曰万几，不谓之庶事而曰庶政，又曰庶绩。因事明理，因理垂戒。揆，度也，不致度则苟而已。几，微也，小有不善，则激触起发，盛大而不救。政，正也，身正则万事正。绩，功也，不尽美尽善，则何以成功，不能成功，则倾覆败乱矣。今之从政者，不师古，不度理，不慎微致远而虑不及远，不正其身而以督逼急切责人，以必不能行肆口从欲而行，不图其成败。其于前人所谓功不百不变法，利不百不易业，功利之效尚不信从，尚不加意，其于正义明道，无所望矣。

胡祗遹随即指出，佛、道两教的徒众，不在士、农、工、商的四民之内，大多起的是扰乱治道的作用，一旦被当政者所信用，必会带来与天下大治相反的结果。

---

① 胡祗遹：《论道》，《紫山大全集》卷20（《全元文》第5册，第486—490页）。
② 胡祗遹：《论治道》，《紫山大全集》卷21（《全元文》第5册，第522—525页）。本小节引文未注明出处者，均来自此文。

> 韩子曰："古之为民者四，今之为民者六，若之何民不穷且盗也。"以今观之，所多者奚啻佛、老氏而已。佛一也，师异道，人异徒，支分派别，不胜其繁，悖逆本宗，莫之有禁。老氏亦然。大抵世治则车同轨，书同文，行同伦，世乱则反是。"惟民生厚，因物有迁。""生民有欲，无主乃乱。"又曰："一人元良，万邦以贞。"又曰："君子之德风，小人之德草，草上之风必偃。"又曰："惟皇上帝，降衷于下民，克绥厥猷惟后。"为人君者，民可以不禁，身可以不修乎？又曰："天下有道，国无幸民。"凡今身不在四民之列，侥幸以蠹国者，反以才俊有道有德待之，欲求天下之治，岂不悖哉。

要想治理天下，就如医生治病，需要对症下药，而不能像庸医一样胡作非为。胡祗遹还特别指出，以直言匡救天下的人，往往会遭人诽谤攻击，而一旦正人钳口，阿谀奉承之风肆虐，国家只能是离治道越来越远。

> 士之论治者，如庸医之治病，不问病之虚实寒热，各随其性之所好而用药。己性优柔，虽大实大满大热之证，而不敢寒以下、浚以削，消导和解而已。己性峻决，虽至虚至羸寒弱不足之证，又投以酷烈，病本不死，医杀之也。天下之势亦然。为治去其泰甚，救其偏而不起之处，防其将然未着之患，宽猛刚柔，简易具备，一相其时之可否，如良医之对病用药。后世论治者，不相其时之可否，君臣之能否，一随性情之好尚。好有为者专振起，好镇静者专苟且，宽者一主于含容，猛者一主于搏击。正如庸医，实实虚虚，损不足而益有余。若此之流，虽不能得其中，要之胸中有主，不务随人。降及近代，专务逢迎揣摩，唯恐其不工。间有出一直言也，则必群聚而沮毁之，多方以倾陷之，必使之见怒于上，见恶于众，不谓之诽谤，必谓之妖讹，不致废退获罪不已，是以五年十年之久，内外小大之臣，略无一言之论治，岂为国之福欤。

胡祗遹列举了两汉的例子，强调治民之道的要义是宽政简刑，建立良好的社会秩序和道德规范。尽管这是所谓"腐儒"的老生常谈，但是他显然希望能够引起当政者的注意。

> 两汉去三代不远,为政者终能穷理尽性。治民之道,虽不能以躬行,心得之余,推以及人,无为而治,然亦知本而示之以好恶。故刑罚清而风俗美,所行者不烦。今年诏曰:"孝弟力田者复其身。"明年亦然,又明年亦然。高、惠、文、景而下,以至于凶国,莫不皆然。人伦不过内外,内能事父母孝而友兄弟,外而事君长则必顺,交朋友则必信必让,不犯上、不作乱、不废情先业,放辟邪侈。民心至此,则囹圄空虚,刑措不用,史书为实录,岂虚言哉。以后世观之,愈见愈信两汉之知本末。
>
> 不劝激以孝弟力田,已为不知急务,而又纵子讼父、弟诉兄、妻妾言夫、婢仆讦主,雕文刻镂,刺绣纂组,嘉美而荣宠之,民俗从风而靡,岁岁丰穰不免冻馁,谷帛收成价愈涌贵。近年以来,民日流移,或不幸岁一不熟,以不孝不弟、无礼无义、背本趋末之凶,人而处乎困约,吾恐笞杖不能禁,狱犴不能容,岂止于犯上作乱而已耶。智者防患于将然,不救患于已然。区区以簿书期会不报为大务者,不以我为迂,必以我为狂,诬妄是古非今,好生事端一腐儒耳。

胡祗遹还特别指出,西汉时期在讨论治乱问题时能做到"不讳君恶,不隐民瘼",因为只有这样,为臣者才能直陈天下的弊病,才能奔向至治的目标。

> 西汉言治之事,不讳君恶,不隐民瘼,昭言天谴,思患预防。以秦为戒,以三代为法,以道德仁义礼乐教化为君德政几之先务,以孝弟忠信修身敦本为臣民之事业,以簿书期会问刑谳狱为可鄙,为俗吏。以后观之,俗吏亦不可得,鄙事亦不能办。子曰:"齐一变,至于鲁。鲁一变,至于道。"后世之政,去齐太远,不知何时而可望乎鲁。为君者以圣智自居,为臣者以僮仆自处,言何可行,此孔子所以辞尊居卑也耶。又曰:"邦无道,富且贵焉,耻也。"

最后，胡祗遹为根除当世的各种弊病、达到天下大治开出了一个复古的药方，即一切都要效仿唐虞三代，凡与三代要求不符的做法全部要予以剔除。他还特别指出，汉武帝的恶行超过秦始皇，切不可以效仿其压榨庶民的做法。

> 为政之要，大体则因依前代，救滞补弊，则或损或益，欲轻之于唐虞三代，则为貊越，欲重之于唐虞三代，则为桀纣。为政大臣不通经学古，不知后世之虐政，殊不出于尧、舜、禹、汤、文、武，皆出于汉、唐。好大喜功，夸侈奢淫，立官无法，取民无艺，检身齐家、临下御众无制，舍三代不遵，而遵秦、西汉，乃万世之罪人。武帝之罪，甚于秦始皇。始皇之未尝行者，武帝创行之后，习熟见闻，以为当然，不以为虐，踵踵不废，有增无损，若之何民不贫且病也，若之何政不紊且乱也。官冗则事繁，欲多则财伤，政紊则民病，吏不循良则祸速。《通典》一书，三代之所无者十盖八九，非三代之君立政立事，不智不才，不能如后世之详备。凡后世之所有三代之所无者，皆病国病民不可行之政也。不可常行，何以为之典哉。

胡祗遹的治道论与其他儒士的最大不同，是完全否定了自秦朝以来号称"治世"的盛世，认定真正的治世只存在于三代。这样的论点当然有利于褒扬圣人之道，但确实很难被当时的人所接受。在今天看来，这样的论点也带有过分美化三代的理想主义色彩，并使得胡祗遹的治道论因为目标不可行，连可用的方法也可能被人们所忽视。

（三）君主论

胡祗遹按照圣人之道的原则，勾画出了"圣王"的良好行为，所要体现的是对当世君主的应然要求。

> 圣王之疆理天下，大则建邦设都，小则封一城食一邑，规模布置、增损多寡各不同，皆有良法美意，未有泛与漫应，轻以假人者也。三代之州牧伯侯，汉之大启九州，犬牙相制，一郡一县，星分棋布，唐之分天下为十道，孰得孰失，概可见矣。
>
> 圣王在上，措民于无讼，措天下于无事，万类熙熙，各得其

所。大君大臣以及下官小吏，皆优游于其职，无烦刑，无苛法，无冗文。后世反是。何以言之？井田限田既定，世守先畴之畎亩，而无田讼。居官者长子孙，内则三公九卿，外则郡县，而无后世循资迁转二三年以转官之繁冗。百亩之田，彻一为税，而无推排物力之烦碎。山泽无禁，而无苛法虐刑。道路男女有别，而无奸淫。婚姻以礼以时，而无淫奔犯非之罪。强干弱枝，以重驭轻，兵农有法，而无背逆诛讨之役。为民者四，而无无常产、无恒心、放僻邪侈之过。贤不肖明白分定，而无侥幸觊觎犯分越礼之愆。人君宗庙宫室常制一定，而无妄兴之土工。国家经费一定，而无滥征横科之费。官制一定，而无十羊九牧之滥、为人择官之弊。多欲则事繁，文繁则吏冗，吏冗则官冗，官冗则议论纷纭，政日紊乱。政日紊乱则物物被扰，物物被扰则祸不可逃矣。一人寡欲，万方蒙恩，国以永宁。自古小人得君，无他才术，逢欲而已。祸乱之作，固出于君昏乱淫虐于上，而群小在位，纲纪坏而人心失。然亦有不至此极而乱者，公私空竭而饥寒切身、水旱为灾是也。天地之道，循环往返，治极则乱，泰极则否，不能无也。①

按照胡祗遹的说法，贤明的君主不仅要清心寡欲、近君子而远小人，还要有效地掌控朝政，以"天下无事"作为最理想的治理状态。为此，不仅要注重轻徭薄赋和改变严刑苛法的做法，还要着意克服冗官、冗兵、冗事、冗费、冗文等弊病。

(四) 臣道论

按照治世的要求，不仅要讲究为君之道，也要讲究为臣之道。胡祗遹对为臣之道作了全面的论述，主要阐释的是以下七个论点。

第一，臣僚必先正身、正心、正行，才能担当起辅佐君主的重任。尤为重要的是，臣僚要坚持以义侍君的原则，努力做到顺时作为而不是逆时而动。

大臣之道，先能正己，德足以服天下，才足以烛万几，救乱于未萌，致治于未乱，不动声色，怀忠贞尽瘁之节，然后以义理雍容

---

① 胡祗遹：《君臣论》，《紫山大全集》卷13（《全元文》第5册，第289—290页）。

不迫，格君心之非，养君心之良德。将顺匡救，以道事君，必知其不可辅，以义而去，见几而作，此为臣始终之义也。若夫既不能正己，又不能养君之德，成事而说，遂事而谏，既往而咎，知其不可而强为，身名俱辱，事亦无成，虽言有可采，亦不足贵。①

第二，朝廷中的臣僚各有不同的表现，根据这些表现，可以区分为圣臣、贤臣、能臣、庸臣、乱臣五类臣僚，入仕之人都要选择作什么样的臣僚。

天下社稷，犹一室也。圣臣都俞吁咈，消患于未形，揖让咏歌，论道于微妙，推理性之土苴，以治天下，此圣臣也，皋、夔、稷、契、伊傅、周召是也。贤臣雍容和缓，格君心之非，不动声响，务引其君以当道，措天下于泰山之安，此贤臣也，管仲、晏子、萧、曹、丙吉、魏征、姚、宋是也。李泌、陆贽之徒，能匡救一时之弊，缓水火之急，虽不能止君之恶，而济之一术，危而持之，颠而扶之，苟延数世之历数，此能臣也。王猛、刘穆之具臣，畏首畏尾，既不能直谏以止君之恶，又不肯退位而贪禄固位耳，此庸臣也。乱臣长君之恶，逢君之过，以私害公，议沮忠臣，敛怨积衅，速亡激危，此乱臣也。②

第三，作为臣僚，要吸取历史教训，杜绝贪污、自保、用私人、举小人、重细务五种弊病，因为当世确实在任用大臣方面出过严重的问题，不能不以此为戒。

前车取覆之由，不以廉节自守，增禄自厚，一也。不能犯颜直谏，嘿嘿自保，二也。不能秉心公正，专用私门，三也。不能振立纪纲，畏首畏尾，不克协心，一力引养小人，以启告讦，四也。不审大利病，切切细务，五也。

近世居大臣之位者，不量己，不知君，无德行，无才学，依人

---

① 胡祗遹：《论臣道》，《紫山大全集》卷21（《全元文》第5册，第529—532页）。本小节引文未注明出处者，均来自此文。
② 胡祗遹：《君臣论》，《紫山大全集》卷13（《全元文》第5册，第291—292页）。

而进。人君之视己如路人不相识，漠然如貊越之不相信，有无不系毫末之重轻。缄默备员窃禄，事败祸至，四海称快。斯人也，又何责焉。君天下者，用人如此，哀哉。

第四，臣僚辅政，要在守静而不是乱为，因为一旦逞己之快，往往会给天下带来巨大的祸患。

> 前代大臣事业有看似平易而后人不能企及者，萧规曹随是也。……后世为臣者，喜于有为而昧于用静，一秉国钧，而求智名勇功，是以纷纷扰扰，求治而愈乱，求利而生害，上无定政而下无宁心，直至于乱亡而后已。若夫萧曹之法，不惟宜施之秦亡汉兴之初，虽万世守之可也。大凡自古败家之子弟，亡国之君臣，皆非靳靳无能之愚人，而悉坏于才俊骛驰之辈，兹可见矣。

第五，臣僚有君子、小人之分，相比之下，小人更容易被君主所接纳，君子则可能被排斥在外。尽管这样的做法有违臣道，但是现实如此，入仕者不能不对此有所认识。

> 古今大臣得君者，其道有二。君子之得君，进以道，合以义，感以忠诚，语以仁义，如皋、夔、稷、契、伊尹、周公、傅说是也。小人之得君，揣知其意向，逢其欲，迎其志，导其所欲为而未能逞尽其心者，必过其所期而后已。笼以权术，曲邀固结，如哲妇妒女，巧谋钳其悟先，哀誓键于宠初，若战国之苏、张，秦之李斯、赵高，汉之弘恭、石显，唐之卢杞，宋之王安石是也。然历观往古，君子之得君者寡，小人之得君者众；君子之得君也难，小人之得君也易。盖君子言不用，道不合，则纳履而去。小人则不耻自售，枉曲求合，一履君门，如油之投面，胶之投漆，牢不可解，密不可间，始于趋利固权，终于丧身败家失国而后止。噫，朝廷之有小人，如阳之有阴，昼之有夜，倚伏对待，何时无之。窥伺人君一念之萌，巧投其所欲，如鼠之俟夜，应时而发。为人君者，好恶取人之际，可不慎欤。

第六，在众多臣僚中，宰相的位置最为重要，所以必须重视宰相的选择及其统领众官的重要作用。

> 穷理治事而不造其精微，受命居官而越职干分，不惟纷庞紊乱，将见心愈劳而事益不集。故唐虞圣君贤相之相戒歌曰："元首丛脞哉，股肱惰哉，万事堕哉。"庄周亦曰："庖人虽不治庖，尸祝不越尊俎而代之矣。"前人亦有以治家喻治国，鸡司晨，犬司户，奴职耕，婢职爨，主人提纲振领于其上，治天下亦犹是也。天子择一相，一相择内外百官，故王臣公，公臣大夫，大夫臣士，士臣皂，皂臣舆，舆臣隶，隶臣僚，僚臣仆，仆臣台，以尊统卑，以卑承上，各有攸司。卑官专职，尊官总持。专职者所掌不杂，故办事服劳。尊官领其勤惰，察其众务，故不亲小劳。宰相似逸而实烦劳，所司者众也。卑官似劳而实省，力所掌者一事也。政如梓人，大厦之百材，成功之制度，皆当照料，而又使之代斤者斤，代斧者斧，代锯者锯，代绳墨者绳墨。然则一官之规模，百执事之孰工孰拙，孰先孰后，孰从而听之。都省者，梓人也；六部者，群匠之各工一能也；百司庶府郡县者，群工之执役者也。

恰是因为宰相的位置重要，胡祗遹特别建议当朝的宰相要注重气、量、识、才、节、学六方面的要求。

> 圣人之心，以谓用舍在君，行藏在我，何喜愠之有。一有喜愠加于其间，是以贵贱贫富得失为怀，而不以道自任也。不然，则是恃才挟德，喜其知己而愠其见弃也。二者有一焉，皆不合于圣人者也。且喜愠交攻，未有不变其所守者也。
>
> 窃惟大臣之道有六，曰气，曰量，曰识，曰才，曰节，曰学。刚大以直，充塞乎天地，洞贯乎金石，势不可沮，威不可挫，夷险一致，视死如生者，气也。见善不喜，见恶不怒，不万全不动，不中的不发，汪洋万顷，澄不能清而挠不能浊者，量也。万事之来，见微而知著，察其几而销患于未萌者，识也。百冗纷至，万钧压手，雍雍容容，不动声气，泛应曲当者，才也。淡然无欲，俨然不动，致身守道死而无二者，节也。天资虽美，不自满假，钦以古

今，临大事决大疑，众议纷纭而莫知所为，我乃援引经史，发举凡例，以折奸谀，以定浮议者，学也。叔世大臣，于是六者，或得其一二，或得其三四，知能及之而仁之不能守者，十常八九。

朝廷清明，圣颜悦豫，一都一俞，进退可观。一旦小变卒起，天威稍严，论难之间，一有沮挫，则神色丧失，手板倒持，魂魄动荡而便溺俱下，是谓之有气乎？知有己而不知有人，毫发有过，切齿以疾之，纤芥之美，极口以称之，责人惟恐不切，出言惟恐不先，毛举细事，否则偷生苟安，以默默为宽，狷狷小明，是足谓之量乎？昧于远大而察于近细，兴小利而不图大患，高自标置，拒绝蒙蔽，间间沾沾，小智自私，是足谓之识乎？搜胥吏、簿书之过，务米盐细务之勤，王体失而不知谋，国论差而弗知断，处常而好生事，遇变而莫知所裁，是足谓之才乎？靡靡焉多欲，容容焉自污，煦煦焉取下，于人以为和，斫方就圆，不立崖岸，以为无过，惟利是趋，泱然亡耻，是足谓之节乎？咏绮丽之诗，诵浮靡之文，务口谈而惊四筵，挥手笔以骇流俗，以经济王道为迂阔，以圣经心学为朴鲁，临事决疑，俛首而问胥吏，是足谓之学乎？

噫，求治之君不世出，如圣天子，可谓求治之君矣。柱石之臣不易得，如阁下之才之美，可谓柱石之臣矣。奸邪憸利小人，何世无之。如欢兜、共工之徒，在唐、虞之廷不能无有，然而未闻皋、夔、禹、稷，以小人间厕，而改前之为也。愿阁下以禹、稷、皋、夔自处，挺然不移，其操日月有明，霾暗恶可蔽。阁下今日之起，天鉴昭然，邪正之辨，不言而喻。前日功业，灿然具在，后图绵绵，福不可量。诚能不为风俗所变，而耻效全身远害，废退怯懦者之所为，期吾君于唐、虞，而以道自任，则天下幸甚。①

第七，为臣之道的一个关键点，是要有良好的君臣关系，而把握这一关键点的是君主而不是臣僚，只有君主认识到了信臣、用臣的重要性，才能使臣道发挥其应有的作用。

君臣之情，不亲爱如父子，不相信如符契，不相得如鱼水，而

---

① 胡祗遹：《上执政书》，《紫山大全集》卷12（《全元文》第5册，第213—215页）。

冀庶绩之咸熙，尚且以尚父自负，谓之盲聩可也。若以尧、舜、禹、汤、文、武、周、孔治天下之法言之，则非圣人未易能也。视后世治天下之法言之，虽腐儒俗吏、赤子健儿皆能之，况良士乎，况俊杰乎，患用与不用耳。以语言号令治天下，已为循末，言又不践，事何以责成，言不顺则事不成，圣人岂欺我哉。

人君之于臣，敬之至，信之笃，爱之深，听之允，行之果，庶几志得道行，保有令终，五者或无一焉，则不得全其道矣。故曰："圣贤千载一合，以唐虞三代言之。"诚哉是言也。以秦汉以下观之，至于今，无一人焉。①

讲明为臣之道，一方面是使入仕之人能够了解做官的基本要求，避免出现各种"失范"的行为；另一方面则是要使君主正确掌握选择臣僚的标准和使用大臣的方法，避免在处理君臣关系时出现重大的差错。

（五）用人论

胡祗遹特别看重人才对治世的重要性，所以在用人问题上，他首先强调的是用人是否得当，关系着国家的治乱和兴亡。

为政之要，莫先乎得人。一县得人则一县治，一郡得人则一郡安，庙堂得人则万方无虞，宸扆穆治。故曰："得贤则为邦家立太平之基"。又曰："不信仁贤，则国空虚。"又曰："不用贤则亡。"汉宣帝亦曰："与我共治者，其为良二千石乎。"是以古者有教养之方，有储蓄之地，有举选升陟之渐，有历试考校之制，有废黜降罚之责。②

君主不但要善于用人，知道用人不易、得人才更不易的道理，还要明确用人的基本标准，尤其是按照德、才、言选人，应以德为先。

君之用人，如梓人之用木焉，视其巨细高下而位置之，当大而小，当高而下，不惟不胜其任，而上栋下宇之工，若之何而成耶。

---

① 胡祗遹：《君臣论》，《紫山大全集》卷13（《全元文》第5册，第290—291页）。
② 胡祗遹：《上李尚书书》，《紫山大全集》卷12（《全元文》第5册，第219—221页）。本小节引文未注明出处者，均来自此文。

人受于天，贤不肖之不齐，百官庶政责成之各殊，可不精选而审处之乎。"知人则哲"，尧、舜以为难。至于命九官，处十二牧，辨邪量能，详悉明审，故古今称至治用人之效者，惟唐虞为盛。……是亦知用人之不可易，人才之不易得也。①

其用人也，德为上（录德定位，贤者在位），才次之（量能授官，能者在职），言为下（不以言举人）。

守官任事，所职不同，至于为主忘身，为国忘家，则一也。一心而二用焉，则私意胜而公道废矣。恃名爵以荣身，怙权位以肥家，惟利是务，以私害公者皆是也。②

尤为重要的是，选人和用人都会遇到如何分辨人才的问题，尤其是区别君子和小人，是用人的一项重要原则。

辨人材最为难。盖事有似是而非者，刚直开朗似刻薄，柔媚疲软似忠厚，廉介有守似褊隘，言讷识明似无能，辨博无实者似有材，迟钝无学者似渊深，攻讦谤讪者似端直，掩恶扬善者似阿比。一一较之，似是而非，似非而是，人材优劣真伪，每混淆莫之能辨也。惟圣人为能，心公识明，衡鉴昭设，君子小人之至前，察言考行，视所以，观所由，察所安，不以言举人，不以人废言，取德以实行，取材以实效，详以理，悉以义，虽万态亿状，眩耀藏闭，莫之或欺。③

之所以要区别君子和小人，是因为小人极会钻营，容易获得君主的喜爱，并会导致祸国乱政的结果。

自古之小人何以得志，逢上之欲也。君子何以失志，抑上之情也。狎者易亲，严者易疏。

---

① 胡祗遹：《上张左丞书》，《紫山大全集》卷12（《全元文》第5册，第218页）。
② 胡祗遹：《送监司之济南序》，《紫山大全集》卷8（《全元文》第5册，第251页）。
③ 胡祗遹：《论取人》，《紫山大全集》卷20（《全元文》第5册，第509—510页）。

乱政百端，究其源则不出于任小人。小人之得志，遂奸其术，不出于逢君之欲，君心甘为小人所惑，覆宗绝祀而不悔者，敬畏之心亡，怠肆之心炽也。此孟子所以急急于格君心之非，尧、舜、禹、汤、文、武之自持，皋、夔、稷、契之匡顺，莫不以敬为主。

奸人之坏天下，可为愚矣。原其处心逢迎导合，不过欲上之爱己而得富贵耳。殊不知人臣之有国家，如鱼之得水，水涸则鱼能生乎。国家既坏，身得富贵乎。李斯、赵高迎媚二世，身死族夷，家与国俱亡，非至愚而何有智者，其肯为之哉。正人端士之道，其子弟从之，则孝弟忠信，国君从之则安富尊荣，然能从者鲜。乐与奸人同辙接踵，安其危而利其灾乐其所以亡者，又愚之愚者也。①

结合当时的朝政，胡祗遹特别强调，与其给小人以仕进的机会，还不如使用皇亲和旧臣的子弟，可能更有利于朝政的稳定。

方今无豪杰英伟，可负万钧之才，莫若养以廉隅，推以赤心，使其亲旧，犹胜于无行恃口之小人。用一小人，不惟启觊觎之心，来谗侮之口，惑清明之视听，抑使方外轻笑朝廷，有用非其人之诮。

官制之立，后世有繁而无省。何则？恃权贪利，天下之心一也。苟可以得之，安知所谓蠹国生事，祸及其身者耶。国家主持名器，相事之烦简、人之贤否而授之。今使贪利窃权之小人，自售自鬻，曰："我可为某官，我愿为某职。"不惟不责其实，罪其妄，又从而信用之。一人得之，千人举而谋之，万人跂而冀之，然则官制何时而定乎，又安得而省之哉。②

自古以来，选人和用人有多种方法，但是在胡祗遹看来，最有效也最公平的方法就是科举取士。

自饰伪要爵之风成，而上不信下，乡论之法废。乡论之法既废，则升于司徒，升于学，升诸司马，告于上，论定而官，任官而

---

① 胡祗遹：《语录》，《紫山大全集》卷26。
② 胡祗遹：《政事》，《紫山大全集》卷21（《全元文》第5册，第536—537页）。

爵，位定而禄之法，又从而并废，取贤之道，渐不复古，致治之效，亦莫如古。为士者不修实德，舍己从时，希世取宠。秦尚功利兼并，而商鞅、李斯之徒出。战国尚富强侵夺，而苏、张之辈兴。两汉虽举孝廉，特示虚条。而授官得职者，实出于科举。由汉而下至于今，一律也。

取人之法，苏东坡辈论之详矣。以欲公而无私，实而无伪，莫如科举词赋、经义制策、宏词明经。[1]

无论采用什么样的方法选人、用人，都应坚持取人务广、用人务精的基本原则，因为违背了这样的原则，即便当政者殚精竭虑，也可能陷入用人不当的困局。

取人务太广，而用人务太精。取之广，则国无乏才。用之精，则职无废事。前代取人，文选一也，而有数路；武选一也，而有数路；任不一也，而入仕之路亦各不同。下至于府史杂流，又不可以枚数。而今皆无之，奚啻不广而已。前代铨调，虽循资历级不相逾越，至于注授之际，则察其所长，而调其干局廉能者，使理财谷、理户口。鉴裁清明，无私阿、无忌刻者，理吏选。详审忠恕者司刑，筹策宏远者主兵。优于文词短于应变者，处翰林、司马、文学、礼官、博士之任。剖决如流、事无壅滞者处繁剧，刚正疾恶、见利不趋、见祸不畏、知无不言者处台谏。德有余而才不足、可以厚薄俗、敦风化者，处师表之任。博古今、美丰仪、应对进退、动必中节者，使乎遐方异域。选百司庶府俊义，在官名，入吏籍，功过不相掩。掌者如持鉴照，如握权衡，妍丑重轻，毫发不少贷。故得美官者，不以为恩；左迁退陋者，不以为怨。今则不然，投方枘于圆凿，以侏儒为梁栋，逆施倒置，奚啻于不精而已。废事败职，略不见罚，不惟二者与古相反，借使官刑从宽，举无废黜，三岁之间，壮者老，老者病，病者死，卒然虚一职，阙一人，求称其任者无之，用非其人则旷官。然则古人储材之意，亦非迂阔过虑，无为

---

[1] 胡祗遹：《论取人》，《紫山大全集》卷20（《全元文》第5册，第508页）。

而为之。今夫一士大夫之家，命一僮，令一仆，付一事，尚度其才，而使授天官者，当如何哉。

而要做到用人务精，只有主政大臣的兢兢业业显然是不够的，还要真正坚持用人的作养、程序、黜陟三大原则。

> 治天下而不先人材，可乎？内则省部台院、百司庶府，外则按察转运、府州司县，事务之殷繁，人民之繁多，邪正纷扰，情伪万端。一县无一贤尹，则一县乱。一州无一贤太守，则一州紊。等而上之，所掌者愈大、愈重、愈多，则人材之责任，非优于州县十倍者，则不能也。自中统建元，政治一新，劳圣虑，勤圣躬，宰相而下，鸡鸣而兴，不可谓不勤、不劳、无所用其心矣。虽旬休假宁，一岁之中，未尝三五旬休假宁也。公退尝以未申，或抵暮，或继之以烛，不可谓不专其事矣。然而每每为口舌者讪讦，曰某事不办，某事错矣。或钱谷会计不当，或刑狱淹滞填塞，或执法前后不一，或进退人物不公、不材，既不能服众心，又无以御佞人之口。纷纷扰扰若此者，其病安在？以识者观之，其失无多端，择人之不精也。自一品而至九品，苟得其人，则事无不治，人无妄议矣。择人得人之术，其要有三：一作养，二程序，三黜陟。激劝如是，而不得其人，无是理也。即今三者皆无，才何自而成，智愚贤不肖何以辨明，邪正功过无以威劝，所以人皆不学，侥幸苟且得位得职而不劳也。有能无能，集事废事，而见之如一也。……三要一立，则无是病矣。何以言之？堪为用则作养之，不堪者不与其数，十得其六七矣。程试以身言书判，则十得其八九矣。大明黜陟，则十得其十矣。①

由于朝廷未行科举，所以在用人方面尽管有举贤用能的做法，但是没有选人、用人的定制，终究会遇到人才短缺的难题。

> 国朝取人之制，勋旧之外莫之能进，授事责效，倒置逆施，大

---

① 胡祗遹：《送霍金事序》，《紫山大全集》卷8（《全元文》第5册，第241页）。

政大法,废而不举,所急者右武丰财而已耳。圣上知此之弊,征贤选能,恩礼偕至,知者竭其谋,勇者效其力,隐者进,屈者伸,贤者在位,能者在职。庙堂之上,老师宿儒谈经论道;台省之内,贤相硕臣调燮匡辅;得贤之美,可谓盛矣。然而养贤之方,选举之法,尚未备举,是犹清其流而不浚其源,养其末而不植其本,得其一而遗其二也。①

我朝开创,固出祖考之神威武略,名王臣族之夹辅匡毗,亦谓一郡一路之施,有不能不自于士人之雄猛桀黠者,故受封袭爵,一方之政治悉以委焉。传至子孙,鲜克由礼,以自取败,是以转选之论兴,取人之议举。以今日论之,三代之法必不可复,至于汉唐以降取人之法,如文选,如武选,如任子,如府史杂流,亦十未一举。世官既不可行,取人之法未立,是以有素无行检、恃利口而得官者,素无才望纳贿行赂而得官者,不经历试以虚声浮举而得官者,似有实无、毫不知耻、厚貌深情而得官者。致使缄默谨约者为无能,贫窭寡交者为退缩无用,逃名务实者为无闻,壮年豪迈、思深虑远、直言谠论、切中时病者为狂妄诽谤。当此之际,而处选举铨衡之任,不亦艰哉。

胡祗遹特别提出了一个过渡性的用人方法,就是由现任官员推举人才,并且强调只要对保举者实行追责的方法,就可以杜绝滥举的弊病。

圣上潜邸至龙飞以来,凡沾一命之人,暨诸经、省部、宣抚、宣慰司委任之人,随路州府曾历任司县无大过之人,暨亡金曾入仕及到殿举人,下至乡里公论推称德行才能兼备之人,立式行下随路取各人姓名、乡贯、出身、历事、行止、备细脚色,仍勒随路官吏不得妄保滥举,妄滥则举主坐之。文籍到部,相其年甲之高下,历仕之久近,出仕之精粗,甲乙门类而次第之,缓急用人如探囊取物,此亦储材之一端也。难者或曰:"若是,则私滥不可胜数。听其言而信其人,遽委以事可乎?"当应之曰:"是大不然。人谁无

---

① 胡祗遹:《上张左丞书》,《紫山大全集》卷12(《全元文》第5册,第218页)。

过，在上之磨厉劝惩之何如耳。尧舜之民，比屋可封，桀纣之民，比屋可诛，此非训导之所致尔。我朝未立俸养廉，以来使为官为吏者，不贪不污，则亦难矣。用人而求全责备，则举世无可用之人矣。其九德咸事，与其进也，瑾瑜匿瑕，舍短取长之论也。至于科举之取人，千载一辙，岂非听其言而信其人乎？今既坐举官之罪，是不择而自精矣。"难者若又曰："若坐举官之罪，名曰取人，而实止人也。"若曰："宽其律而必责其当举人数，则两得矣。"①

在用人方面，胡祗遹知道忽必烈对科举的态度，所以他并未像王恽那样力推科举，而是强调了各种方法选人皆可，重要的是能够使君子得进而小人得退。

（六）官制论

朝廷善于用人，还有一个重要的标志，就是建立系统完备的官制，所以胡祗遹特别指出设官定制是千古不变的通理，并且重点强调了内立省部、外立司农司和转运司的定立官制思路，其核心思想就是要将以农为本与建立有效的管理体系紧密联系在一起。

> 自古革天受命，甫定暴乱，必首定官制。官制定，则百务具举。若夫增损繁简，虽有不同，未有不相因革而甚相远者。大抵建官设职，随时措之宜。古人事简，故官亦简。后人事烦，故官亦烦。官得其制，职获其人，则事举而治；官失其制，职非其人，则事废而乱，不易之理也。
>
> 国朝奄奠四海，武功神略，跨视千古，疆理土宇，穷极四表。然而有民人而不知所以教养之，有土田而不知所以耕树之，有货财而不知所以丰殖之，纲纪制度万不一举，礼乐刑政一无定制，上无道揆而下无法守者，官制未定故也。方今庶官之先者，当内立省部以总其枢机，外立司农司以厚其食货，次立转都运输粟帛于京师以强其根本。至于百司庶府、郡县守令，一选举之法立，而后定百官以治，万几具举，责成刻效，各有所司，君逸于上而臣劳于下，小大职司咸得其人，而天下不治者未之有也。②

---

① 胡祗遹：《议选举法上执政书》，《紫山大全集》卷12（《全元文》第5册，第229页）。
② 胡祗遹：《上张左丞书》，《紫山大全集》卷12（《全元文》第5册，第218页）。

尤为重要的是，无论建立什么样的机构，官制的"元气"应是一致的，就是上下相应、左右协和，即在运行机制方面，保证政务通行无阻。尤其是中央机构处于官制的核心地位，更要积极发挥其主导全国政务的重要作用。

> 我朝官制，内立省部台院，外立府州司县。高下虽殊，元气宜一，如人之身，心思耳目手足，莫不相应，乃为安康之完人，少有凝滞，即疾痛害事。省部台院者，人之心思也；府州司县者，手足十指也；一指之不可屈伸，即非完人；心思之不神明、不君主，四体百骸，孰从而孰听之。①

铨调是维系官制运行的一个重要机制，胡祗遹对这样的机制作了专门的解释。

> 铨之为义，衡也，量也，次也，度也。调之为义，因其各人之功过，依法准律宣之，以言移徙也，拔擢也，贬降也。知二字之义，则铨调之法思过半矣。后世用人，惧其贤不肖之混淆也，则有移问。虑其旷官弃职，日月诈冒，则有解由。又恐其出身入仕之欺罔奸伪，则有对凭。又恐其老疾不胜任，假人替代，因体貌应对，以详其真伪优劣。又察其才能，宜任某职，宜任某官，则有引验。四者既得其情，然后铨次量度，如衡之平，而迁注升降之。以岁月之累而待无功无过之庸才，以升擢不次待茂才异等，以左迁远贬待有罪者。非特止于南移之于北，东徙之于西，治州者复换授以州，尹县者复对授以县。如是，则百职得人，庶官无旷，此铨调之任也。今之主铨调者，能如是乎？能则当谨守而勿失，不能则当尽其道。②

在具体的官制问题上，胡祗遹一方面特别注意县令的选择问题，强调"办事爱民，莫亲于县令，县令得人，则事办而民安，举非其人，

---

① 胡祗遹：《论除三冗》，《紫山大全集》卷21（《全元文》第5册，第534页）。
② 胡祗遹：《铨调》，《紫山大全集》卷21（《全元文》第5册，第540页）。

则事不办而民失业"①,所以他特别撰写了《县政要式》,对如何处理县务作了具体的说明。② 另一方面,胡祗遹看到了吏治的各种问题,特别提出了"身正无私,门无杂人""词讼省减""不投下好尚""钤束吏人"等方面的要求。③

(七) 立法论

胡祗遹明确指出,朝政的一个重大失误是未能立法,造成了天下无法可依的弊病:"区区簿书期会,米盐细务,半岁一变法,旬月一改令,徒善不能行,徒法不能立,号令四出,反汗食言,使君不能以道揆天下,使群有司、百执事无法以可守,纷纭临事,漫呼法官曰视《泰和律》,岂不谬哉。亡金之制,果可以服诸王贵族乎,果可以服台省贵官乎,果可以依恃此例断大疑、决大政乎。一人之治天下,既任法而又任人。今日之弊,既不任人而又不立法。是以一路人言是,朝举而行之;一路人言非,暮止而罢之。"④ 金朝已经灭亡多年,还要动辄在《泰和律》中寻找处理政务等的依据,确实不符合新王朝的施政要求。

为解决这一问题,胡祗遹首先亮明了法是天下公器的论点,并且特别强调立法是为了加强君主的权威,使君主能够更有效地行使权力。

> 法者,人君之大权,天下之公器。法立则人君之权重,法不立则人君之权去矣。何以言之?国之立法,曰杀人者当某刑,伤人及盗者当某刑,使为恶者畏法而不敢犯,犯之则必当以法。虽有奸臣老吏,不能高下其手。据罪举法,或失之轻,或失之重,则官吏抵罪。是以善人有法可倚,良吏有法可守,奸恶有法可恐、可怖、可杀。小大贵贱,惟法之是,视而不敢干越。不怒而威,死而不怨,兹非人君之大权,天下之公器欤。⑤

胡祗遹还特别指出,法不是只指刑法,还包括规范政务和维系社会秩序的各种法令,即所谓"百度百法"。朝廷不立法,臣僚可以恣意妄

---

① 胡祗遹:《精选县令》,《紫山大全集》卷23(《全元文》第5册,第587页)。
② 胡祗遹:《县政要式》,《紫山大全集》卷23(《全元文》第5册,第584—586页)。
③ 胡祗遹:《吏治杂条》,《紫山大全集》卷23(《全元文》第5册,第600—603页)。
④ 胡祗遹:《又上丞相书》,《紫山大全集》卷12(《全元文》第5册,第224页)。
⑤ 胡祗遹:《论治法》,《紫山大全集》卷21(《全元文》第5册,第525—527页)。本小节引文未注明出处者,均来自本文。

为，所以奸人不愿意立法，正人则必然强调以立法为急务。

> 余所谓法者，非止刑法而已也，百度百法皆是也。故正人喜其法立，奸人乐其无法。有法则权在君，无法则权在己。权在君则奉而行之，畏而遵之。权在己则轻重高下，以是为非，以非为是，放肆纵恣，惟我所欲为而莫之禁，使民惟我畏，在一邑则势倾一邑，在朝廷则势倾天下，其原盖出于无法，而以法授人也。
> 法不立则权移于臣下，小则一县一邑，大则一州一郡，无法可守，选官择吏，既不精粹，多非公清循廉之人。民有犯罪，漫无定法，或性情宽猛之偏，或好恶不公之弊，或惑于请谒，或殉于贿赂，或牵于亲戚故旧之情，或逼于权势，或为奸吏之执持恐逼舞智弄文，或为佞言之说诱欺诈，暧昧之间，固不胜其屈，抑公明之下，亦鲜有不失其平者也。今既无法，邑异政，县异法，州异文，郡异案，六曹异议，三省异论，冤枉之情无所控诉，生杀祸福一出于文深之吏，比获叩九重而申明，则枉死者已十九矣。民知畏吏，而不知畏法；知有县邑，而不知有朝廷；故曰："法不立则权移于下吏，而人君之权去矣。"

立法是为了给天下订立规矩，但是要特别注意天下没有不变之法，随着形势的变化，法也要有所改变，但秉公立法的原则不能改变。

> 梓匠轮舆，不以规矩不能成方圆。君天下而不立法，使臣下人自为之诚，未见其可也。后世法令刑政繁多，细密于古百倍，而于天性人伦，略不加意。孝友睦姻任恤，美德也；反是，则国有常刑。今之薄俗，皆犯此六恶，执政者恬不知问，有所厚者薄，则何以为人，人失本心，则虎狼之不若，何以为治。
> 又曰："法可恃乎？"无法则上下无所守据，恃法则久无不弊，弊则奸生。故古人为治，无无法之政，无不变之法。一弛一张，相时救弊，使奸不能生，法不致弊；使贤者创物，不肖者守法，此圣人明义达权，法以情立，亦以情废，虑远议公，人存政举，两尽其美也。

朝廷之所以难以立法，按照胡祗遹的理解，主要是无远虑、无明见、无公论、无信任、无重视五方面的原因。

> 今日之弊，法所以不能立者，其原有五：虑之不远，见之不明，论之不公，信之不笃，用之不重。议法者徇末而不知本，泥古而不相时，自以为是，一人沮之，则卷舌而莫之能辩，岂非虑之不远、见之不明乎。一念私起，创置一法，趋利避害，鬻恩媚势，自相矛盾，为人据摭，莫之敢言，以爵塞谤，补苴罅漏，譬若破釜坏舟，弥缝固塞，左完而右裂，前止而后泄，愈救之而愈坏，岂非论不以公，曲尽私意，人得而攻之者乎。遂令上之人疑惑失恃，曰："汝等建议立法，何不坚定也。若是，人斥其瑕而不能辩，自叛其说而伏其罪。朕之任卿也未尝不诚。卿等负朕也动必以伪，朕谁适从矣。卿等既不可倚，我自有以处之。"是用求之于道，谋无稽之言，弗询之谋，自售自鬻者，踵踵而来前，以致春令而秋改，夏命而冬废，岂非信之不笃、用之不重乎。所以致此者，议法者之罪也，而犹不悟，不能扩示大公，一洗曲弊，俛从众论。又刀笔俗吏小智自喜之人，沾沾笔削，将见窥间伺隙，攻瑕好讦，利口长舌，数倍于前日矣。吁，法果何时而定乎。

在全国统一之前，中原地区有汉人和北人各适用什么法的问题，胡祗遹认为汉人应行汉法，北人应行北法："作事而不立法，事终不能成。治汉人必以汉法，治北人必以北法，择其可使而两用之，参用之亦可也，未有无法而能立事者也。"[1] 全国统一之后，是以北方之法行之南方，还是以南方之法行之北方，又成为立法时不得不解决的问题。胡祗遹的看法是南方、北方情况不同，所以不宜用统一的法，而是为南方定南法，为北方定北法，使南、北的立法不仅各有特点，并且更适用于不同的区域。

> 法之不立，其原在于南不能从北，北不能从南，然则何时而定乎。莫若南自南而北自北，则法自立矣。以南从北则不可，以北从

---

[1] 胡祗遹：《政事》，《紫山大全集》卷21（《全元文》第5册，第537页）。

南则尤不可。南方事繁，事繁则法繁。北方事简，事简则法简。以繁从简，则不能为治；以简从繁，则人厌苦之。设或南北相关者，各从其重者定，假若婚姻男重而女轻，男主而女宾，有事则各从其夫家之法论，北人尚续亲、南人尚归宗之类是也。

胡祗遹还特别指出，朝廷不能再拘泥于《泰和律》，正式颁布法令的时机已经成熟，应尽快促成此事，使国法早日见之于天下。

> 即今上自省部，下至司县，皆立法官而无法可检。泰和旧律不敢凭倚，蒙古祖宗家法，汉人不能尽知，亦无颁降明文，未能遵依施行。去岁风闻省部取《泰和律》，伺圣上燕闲，拟定奏读。愚料圣人万几，岂能同书生老儒缕缕听闻。若复泛而不切闻之，必致倦怠，一与上意不合，为臣子者不敢尘渎，不能早定。愚者不自揆，窃谓宜先选必不可废急切者一二百条，比附祖宗成法，情意似同者，注以蒙古字、蒙古语，解释粗明，庶可进读，庶几时定，上有道揆，下有法守，则天下幸甚。①

> 遵祖宗之训，酌往古之政，增损因革，定自圣裁，以成一书，大纲细纪罔不毕备，而后请名于上，题曰某年律义、某年律令，会同诸王贵族，议可通行。内藏之于金匮，外授之于群有司、百执事，仍戒之谕之曰："自兹以降，顺是令者，有赐有赏；废是令者，有罚有诛。自我一人，亦务必行。"如是，则上以光荣祖宗，成守文之业；下以垂训子孙，为一定之规；中以致吾君垂拱无为，享太平万岁之福。②

由于蒙古人以札撒为法令，对于按照中原王朝的理念立法，没有太大的兴趣。但是在儒士看来，朝廷的新政缺乏立法的环节，代表着国家的转型没有完成，所以胡祗遹对立法的倡导，强调的是祖宗之训（札撒）与北法、南法都是可用之法，对后来的立法起了重要的厘正立法方向的作用。

---

① 胡祗遹：《论定法律》，《紫山大全集》卷22（《全元文》第5册，第572—573页）。
② 胡祗遹：《又上丞相书》，《紫山大全集》卷12（《全元文》第5册，第223—224页）。

（八）礼乐论

胡祗遹认为礼乐关系国家的兴衰，是治乱的根本表象："仁义礼乐，治之本也。法令刑罚，辅治者也。"① 隆礼见和，审乐知政，礼乐不仅起着重要的教化作用，还可以经常提出居安思危的警告。

圣人代天理物，身之以道德，下观而化，无为而治，尚恐身教之而不能齐一，礼乐刑政由是而举焉。自人之始生，至于终身，匹夫之贱，天子之贵，一动一静，莫不有礼。道之为冠婚丧祭，贵之为朝觐会同，生长见闻，习熟于礼。隆礼由礼，则谓之有方之士；不隆礼不由礼，则谓之无方之民。威仪进退、升降揖让、周旋折旋之际，可以见一国之盛衰，一身之死生祸福。礼立矣，而和之以乐，使天理之节文，人事之仪则，知出于自然，不为严敬所苦，粲然有文以相接，欢然有恩以相爱，此乐之所以作也。……喜怒哀乐之发于心形，见于金石，丝竹之不掩，乐之成德也，岂虚语哉。乐之于人也，岂虚器哉，岂直悦耳娱心，以助淫荒而已耶。故曰："审乐以知政，因以知国祚之兴亡。"

今之老师宿儒，礼学、乐学绝口不谈，并以所假之器，略不考较，一听于贱工俗子，是将古人之饰文末节，复不能举明而并绝之也。天秩天和，与夫治政之美恶，感于人心而发于声音，见于仪则，未尝斯须之间断。有学有道者，自能知之。得失兴衰，略不相贷。然而使古人治身为政事，神动天之要典，扫荡而无余，人无贵贱，乖戾不和。哀哉，道德礼乐既废，所谓区区之刑政，亦从而废。为善者未必赏，为恶者未必刑。焚丝沸羹，枭凤乱鸣，贤不肖混淆而莫之能辨，朝不信道，工不信度，君子犯义，小人犯刑，《洪范》八政，无一政之举，彝伦之教，无一典之明。风淫俗靡，上下相侵陵，亲戚相攻讦，廉耻去身，贪冒倾夺，狗彘豺虎之不若。幸而国力强盛，年谷丰登，为乱为恶者未敢举发，昧者因以为无事。天灾流行，圣贤所不能免。安不忘危，存不忘亡，治不忘乱，防患于未然，岂可忽诸。礼乐固非庸儒之所能复，亦非近世之所听信，曰刑曰政，亦无定法，使善人瘖瘂，凶人日炽，暴官污

---

① 胡祗遹：《论按察失职》，《紫山大全集》卷21（《全元文》第5册，第533页）。

吏，顽弟逆子，戾妻僭妾，强奴悍婢，市井无赖，日增月盛，曷以为治。①

尤为重要的是，礼乐教化不行，天下将难以安定，治世将不可求，所以崇尚礼乐，就是崇尚治道。

> 礼乐者，中和而已。中则有伦有序，有序则不乖戾，不乖戾则和。中和存养乎内，又假外物，玉帛钟鼓存养乎外，此圣人制礼作乐之情也。仆自入仕临民，伤礼乐之消亡，哀民心之乖戾。为政者直以刑罚，使民畏威而不犯，力务改过于棰楚之下，杖痛未止，恶念复起。条法责吏曰词讼简，盗贼息，何不思之甚也。礼乐教化既已消亡，休养生息，安宁富庶，学校训诲，又不知务。民生日用之间，父子夫妇兄弟朋友，愁苦悲怨，逃亡贫困，冻饿劳役。居官府者，晏然自得，而以为治民抚字之功，可哀也哉。②

崇尚礼乐，既要注重典故，也要知道礼乐所体现的"仁"的核心要求，胡祗遹对此作了清晰的表述。

> 典故不可不知，典故莫先于礼乐刑政。然孔子乃曰："人而不仁，如礼何？人而不仁，如乐何？"仁则此心循序而和，故礼乐为用；不仁则玉帛戋戋，钟鼓铿轰，文具而已。文具实亡，何以得万国之欢心，祖考来格，凤凰来仪，神人咸和，百福并至者哉。③

尤为重要的是，臣僚必须经常向君主讲述礼乐、仁义等道理，使君主重视这方面的要求。正如胡祗遹所言："道德、仁义、礼乐，人生日用，斯须不能无。儒生俗士进言于时君，不深识人主之德性，不知仁义、礼乐之情状体用，不度时之治乱缓急，我非仁义礼乐，不谈于王前，以至扞格龃龉而不能入，是所谓不善谏之甚也。人主之为政，无非仁义，善谏者因其心、因其势、因其事，开悟诱引，使心解意领，如时

---

① 胡祗遹：《礼乐刑政论》，《紫山大全集》卷13（《全元文》第5册，第292—294页）。
② 胡祗遹：《礼乐论》，《紫山大全集》卷13（《全元文》第5册，第292页）。
③ 胡祗遹：《政事》，《紫山大全集》卷21（《全元文》第5册，第538—539页）。

雨之化物，油然而生发，怡然而欢顺。"① 也就是说，对于礼乐、仁义等道德和社会规范方面的要求，要善于解释和引导，不能因盲目进言而招来君主等的反感。

(九) 直言论

对于治世而言，臣僚能够对君主直言，君主能够纳谏，是极为重要的条件。胡祗遹以良医治病为例，不仅指出了直言的重要性所在，还特别强调了君主拒谏和治世无防可能给国家带来重大的危害。

> 良医之视疾，曰："不治则十年后病，二十年后死。"后果如其言。若是，则可谓神医矣，其言又有征矣。然而得疾者莫之信，莫之从，何也？岂甘心于死欤。曰："非也，断死于二十年之后，其日月则远，其为害则不切，其疾则未有所痛苦，故听者以为迂阔，而莫之信，遂至于死不治。"良臣之忧国也亦然。……谏而不入，又不能去，宜其死也。正犹人之饮食如故，精力如故，四肢百脉如故，有若楚医诊其脉，察其色，曰："汝有疾，二十年后死。"莫之信也必矣。庸人之不知病，庸君之不知亡国，一也。人之有疾，苟有良医，尚敢以言相告知。国之有祸，深识远见，如子胥者，千百年无一二。日与居者，皆谄谀迎媚之人，虽有如子胥之明者，畏见疏害之祸，卷舌而不敢言，至忘国而不知非，反不若匹夫之有良友也。善夫东坡之言曰："古之良臣，忧治世而危明主。明主有绝人之姿，治世无可畏之防。有绝人之姿，必轻其臣。无可畏之防，必易其民，此君子之所甚惧也。"又曰："天下无事，公卿之言轻于鸿毛；有事，则匹夫之言重于泰山。"言之于无事之时，足以有所改，常患于不见信。言之于有事之际，易以见言而患于不及改。孔子曰："中人以上，可以语上也。中人以下，不可以语上也。"然则进言者当察其分限之高下厚薄，受言者之贤愚明暗，庶几免于失言失人之不知，见疏见害之后祸焉耳。②

> 古者明四目，达四聪，不偏听，不妄信，不轻疑，使端悫之人采民谣，听公论，国人曰贤而后用，国人曰罪而后诛。今则不然，

---

① 胡祗遹：《语录》，《紫山大全集》卷26。
② 胡祗遹：《进言论》，《紫山大全集》卷13（《全元文》第5册，第295—296页）。

无稽之言，弗询之谋，皆得而陈之。究其情则，本非为国除奸，一纳其言，则便欲居官而食禄，是以纷纷籍籍，或采之游戏，指以为罪，甚无谓也。①

胡祗遹还特别指出："上欲发欺弊，摘奸邪，通冤滞，抑豪横也。故特借凶人之口，来端直之言耳。殊不察自即位以来，所闻之言无大利害，适足以为口舌者进身之阶，虚失待大臣之体，渎上下之分。""必欲通上下之情，立一二直节敢言之臣，如古之纳言者，何求而不得。"②皇帝有求直言的要求，但是臣僚没有尽到直言的本分，主要是因为俗儒、陋儒的表现太差，"后世陋儒，不识时务，徒举陈言不切之事，乱人耳目"；"俗儒论事，不探其原，不求其情，用计用数，矫枉救弊，民犯罪则峻以严刑，民违令则绳以急法，民浇薄则防以网罟陷阱，殊不知法令愈密，奸恶日滋，上失其道，民散久矣"。为此，胡祗遹特别强调了直言需要遵循的两个重要原则，一是依据时势的特征言事，"言治于无事之世，则其言简而易当。言治于多故之际，则其议繁而难"。二是言事时要言简意赅、切中要害，"官事在前，必不得已而言者，当裁减浮辞长语，不惟养气，亦少口过。心如止水，鉴物则明。发言中节，辞寡服众。由我者当力行（修身），不由我者任自然（外事）"③。胡祗遹鄙视俗儒的言论，所以这样的原则对于敢于直言的真儒而言，显然是极为重要的要求。

二 革除弊政的建议

胡祗遹对朝政有大量的议论，不仅指出了其中的各种弊病，还就如何革除弊政提出了几条重要的思路。

（一）对时弊的认识

胡祗遹特别指出了时弊与法弊的不同，时弊是全面性的弊病，法弊则是局部性的弊病，所以法弊容易救治，时弊不容易救治。

时弊则难救，法弊则易革。法弊者，一政一事，或至讹坏，故

---

① 胡祗遹：《政事》，《紫山大全集》卷21（《全元文》第5册，第537页）。
② 胡祗遹：《礼论》，《全元文》第5册，第297页。
③ 胡祗遹：《政事》，《紫山大全集》卷21（《全元文》第5册，第536—538页）。

易革也。时弊者，贵贱、内外、纲纪、风俗皆坏也，故难救。儒生俗士所见浅近，所守执滞，救时与救法，混而为一，不能分别，又不度德量力，弊不能革，而祸已至身。识时务者，在乎俊杰。时者一时，务者时内之一政，一事自有小大，不可不别。时者，纲也；事者，纪也，纲坏而区区修纪，不惟无成，成则亦不能为用，此贤者避世藏器，待时者也。①

胡祗遹还认为："救弊如治病，去其泰甚，最为先务。"② 国家之所以难去时弊，就是没有找到产生时弊的根本原因，舍本而治末，只能使弊病更为严重。

木有本末，政事亦有本末。欲本乱而末治者，未之有也。木之枝叶花实，茂盛繁硕，则必培植灌溉其根本，不养其本，虽荫护抚育，至智愈巧而术愈疏，木益悴矣。今日之政，已救其末，未究其本，事事皆然。法益严，令益密，而弊日益甚。③

胡祗遹列举了忽必烈在位后期的各种弊病，除了前文已经提到的五冗外，在政务方面的弊病有大臣不决大政、困以细事，为人择官而不是为官择人，吏员奢华和鱼肉百姓等；④ 在军政方面，则有军户重役、逃亡、贫苦、随意勾差以及军官有名无实等方面的弊病；⑤ 在经济方面，则有既收丁粮又收地粮的税弊，⑥ 也有税粮入仓时随意加收耗钱的仓弊，⑦ 还有物价腾飞的价弊，⑧ 以及普遍性的百姓生活困苦的穷弊等。⑨ 胡祗遹还特别举出了导致民间疾苦的五十余种事项，除了上面已经指出的各种弊病外，还有逃户不能复业、税羊重并、站户困弊、和雇和买不

---

① 胡祗遹：《论时事》，《紫山大全集》卷21（《全元文》第5册，第527页）。
② 胡祗遹：《政事》，《紫山大全集》卷21（《全元文》第5册，第536页）。
③ 胡祗遹：《寄子方郎中书》，《紫山大全集》卷12（《全元文》第5册，第224页）。
④ 胡祗遹：《即今弊政》，《紫山大全集》卷22（《全元文》第5册，第570—572页）。
⑤ 胡祗遹：《军政》，《紫山大全集》卷22（《全元文》第5册，第576—584页）。
⑥ 胡祗遹：《丁粮地粮详文》，《紫山大全集》卷23（《全元文》第5册，第608—609页）。
⑦ 胡祗遹：《论仓粮》，《紫山大全集》卷23（《全元文》第5册，第607—608页）。
⑧ 胡祗遹：《论有司不立常平权衡高下一出于编民》，《紫山大全集》卷23（《全元文》第5册，第607页）。
⑨ 胡祗遹：《匹夫岁费》，《紫山大全集》卷23（《全元文》第5册，第609页）。

给钱、盐法颇坏、贿赂公行、公家与民争利、拘刷牛皮之虐等弊病。尤为重要的是，"江南平定，通为一家，南民即我民"，但是"江南民心未甚结固，不可屡失"①，这对于大一统之后的国家稳定确实是一个不容忽视的因素。

(二) 完善制度的思路

革除弊病的第一条思路是制度优化，因为胡祗遹认为良好的制度是治世的重要基础。在新建制度和制度变更方面，胡祗遹提出了多方面的建议，此处只列举两项较为重要的建议。

第一项是建立太子制度的建议。胡祗遹认为应该早日建立太子制度，以避免再次出现皇位之争的局面："太子者，天下之本也，社稷安危之所系，四海向背之属望。立之不可不早，教之不可不慎。太祖以神武定天下，草创之际而典制未立，是以因循不暇及。太宗而下，率皆出于宗室之推戴，强近贵戚之公议，与夺废兴，了无顾命之一辞。不惟有愧于古，其于宗祐之所负托，圣子神孙之所依归，天下亿兆之所披庇，实亦未尽乎善者也。推让之美，圣人岂不欲哉。惟惧其与夺之不能尽，公行之不能永，久其弊也，必至于忿争而力助。是故以嫡不以庶，以长不以有功，定大本而塞乱源也。当准先哲之遗则，酌祖宗之谋训，立以嫡长，教之以义方，立贤师傅以格其非心，广择郡国诸侯之贤子弟而与之游，使庶务洞究，声誉日隆，神器有托而杜绝觊觎。"②别的儒士在讨论太子制度时较少涉及君主继承中的"推让"问题，胡祗遹特别指出推让不能成为一朝定制，就是因为这样的做法很难防止对帝位的武力争夺。

第二项是完善投下制度的建议。由于不少蒙古宗王、贵族在忽必烈即位时给予了积极的支持，所以胡祗遹认为带有分封或封建特征的投下制度应予保留，以起到收买人心的作用："封建之制，出于势之不能已，前贤论之备矣。以今观之，其势盖有似非而实同者。明天子光嗣先业，固出于承太祖之嫡传，圣德神功，天眷人归，然而扶持赞襄，谋谟定册，诸王之力不为少矣。践阼未几，而阋墙之衅生，上赖太祖庙佑之灵，行不义者当毙，固不足以为社稷之忧。而皇舆亲兵，西边被扰，亦可谓干正气而伤至和矣，曾未数月，执俘献馘，投甲拜叩，朝廷无西顾

---

① 胡祗遹：《民间疾苦状》，《紫山大全集》卷23（《全元文》第5册，第590—600页）。
② 胡祗遹：《上张左丞书》，《紫山大全集》卷12（《全元文》第5册，第216—217页）。

之忧，四海惬至宁之望。大驾东还，坐享宴安者，是亦诸王股肱之所助也。圣上天资友爱，又况竭忠效顺，建功立事，如是之大，岂无欲贵欲富之心哉。是必有以处之也，使圣上居亲亲报功之恩，臣下佩感仁戴德之庆，怀德惟宁，宗子惟城，此实社稷宗庙之福也。"① 但是投下制度也需要变革，一方面，要注重诸王及后代的教育，并给予其一定的管治事项，"自冢嗣以降，下及诸王之子孙，皆知务学，知为政，知民事，知吏情"；"与其令舆台皂隶掌一方之政令，处禄食名爵之尊荣，曷若从其所属，分诸王之子孙弟侄慈仁爱物者主之，一则习知为政之要，二则蒙国家推恩之福，三则卒有命令，易使而无邪心，四则亲临所有之土，所有之民，其沾体涂足之劳，祁寒暑雨之苦，各知爱护，久自富贵"②。另一方面，要使各投下绝对服从朝廷的旨令，正如胡祗遹所言："人君者，天下之纲毂也。土地人民虽当与宗室元勋共之，而发号施令，不可使之紊乱而分裂也。""惟亲王贵戚崇勋大宰，所有之民奉承祖宗之成法，与而勿夺外，凡佛老医儒、鹰房打捕、百工技艺、繁名杂目，皆可散入民编，各归于守土之有司。一而不杂，静而不扰，权利归于上，而无科征横敛、擅赏滥罚之祸，天下幸甚。"③ 也就是说，在严格控制投下擅权方面，胡祗遹与其他儒士的态度是一致的。

（三）爱民和养民的思路

革除弊病的第二条思路是通过各种爱民、养民的措施，减少百姓的疾苦。这样的思路，来自胡祗遹强烈的民本思想，正如他所言："为政之要，爱民尔，官人尔。爱民之意诚，则官人之法密。"④ 而要爱民和养民，必须实施真正的养民之政，胡祗遹结合忽必烈即位初年的作为，就此提出了明确的要求。

> 君之养兵，如人之养身。身久劳则欲佚，久劳而不得佚，则倦且堕、困且疲矣，惟民亦然。是故古之英君哲王，开国承家，暴乱既平，首下明诏，必以偃兵息民为先务。是以民乐其生，既庶而

---

① 胡祗遹：《上张左丞书》，《紫山大全集》卷12（《全元文》第5册，第216页）。
② 胡祗遹：《政事》，《紫山大全集》卷21（《全元文》第5册，第536—537页）。
③ 胡祗遹：《上张左丞书》，《紫山大全集》卷12（《全元文》第5册，第218页）。
④ 胡祗遹：《送朱佥事诚甫浙东之任序》，《紫山大全集》卷8（《全元文》第5册，第239页）。

富，皞皞熙熙，而无憔悴愁叹之音，国用饶足而基祚永固，盖知所以养之也。国朝抚定诸夏，历数十年而户口不加多，田野不加辟，税赋不加广，仓库不加殷阜者，何也？其于养民之政，盖阙如也。诚哉孟子之言曰："苟得其养，无物不长。苟失其养，无物不消。"此之谓也。

圣上昔居青邸，养民之心见诸行事。即阼之日，首布恩诏，四海倾听，贺太平，击壤讴歌，思有恒产。方今内衅既平，在耳之言可举而行，使久劳之民少获苏息。凡包银茧丝税粟榷课，减而从轻。奔窜流亡能自复业者，悉蠲赋役。如饥者易食，渴者易饮，德之流行，速于置邮而传命，成康之治，可立而待也。①

休养生息是爱民和养民的最有效做法，胡祗遹特别强调了这种做法对于国家富强所具有的重要意义。

有天下者，休养生息，其民庶而富安，知亲上死长之义。以守则金城汤池，太山磐石；以战则迅雷烈风，决江拥海，天下无敌。民之于君也，所系如此，故君民者，爱民如子，顺民之爱恶，求民之利病，急急于牧民之官，慎难其人。②

由于县令及其下属承担着直接治民的责任，所以推行养民之政，必须注重县官等的选择。

天子建官惟百，要当以亲民者为要职。民天下之本，民之治乱休戚，肥瘠利病，控告亲接，耳提面命，得专抚字者，县令实司之。③

上以礼义荣贵御下，则下以节行忠义事上，反是，则两失其道。民天下之本，郡县良吏者，又生民之本。民可近不可下，民之

---

① 胡祗遹：《上张左丞书》，《紫山大全集》卷12（《全元文》第5册，第217页）。
② 胡祗遹：《送韩主簿茂卿之任序》，《紫山大全集》卷8（《全元文》第5册，第247页）。
③ 胡祗遹：《送冯寿卿之官无极令序》，《紫山大全集》卷8（《全元文》第5册，第244页）。

师帅，宁可使人得欺凌而贱辱乎，宁可贫乏而不足于口体乎。①

胡祗遹还特别指出庶、富、教是治民的三个要素，所以在使民繁衍生息、生活无忧的同时，还要注重对百姓的教化，尤其是通过各种学校教育的方法，使礼乐教化普及民间，也是不可忽视的爱民措施。

> 治民之要三，庶而富，富而教耳。休养生息，子孙蕃衍，昆季强盛，户口滋殖，仓有余粟，笥有余帛，优游卒岁而不识寒馁之苦，爱民如是，而不知孝弟忠信，骄奢淫佚，慢上傲长，犯义犯刑，无所不至，小则正之以法，大则临之以兵，必不得已，不剿灭殄绝，而乱不能息。圣人忧之，礼乐教化，防于未然，此家塾、乡庠、遂序、国学之不可一日而阙也。②

胡祗遹之所以反复强调爱民的理念，是因为在官场中几乎无人重视这样的理念，由此民间疾苦日益严重，根本谈不上养民之政。只有从君主到朝中大臣都认识到了爱民的重要性，才能见到真正的养民之政。

（四）去冗的思路

革除弊病的第三条思路是去冗，在冗官、冗兵、冗事、冗费、冗文五冗中，胡祗遹讨论最多的是去冗官（冗吏）、去冗文、去冗事的问题，因为这三冗之间有密切的联系，"文冗则吏冗，吏冗则事冗。不削冗文，则不能减冗吏。不减冗吏，则不能除冗事"。在朝廷中，文冗的现象已经相当严重，胡祗遹特别指出了其种种表现。

> 即今府司之案，例当申部，有十年不裁决者，有申至数十次而不蒙明降者，有屡申仅得一言曰"不见原行文卷"。或曰："仰申覆若干部分。"或曰："如何才方申覆。"或曰："仰仔细照勘，再行申来。"或曰："不见前申事理。"或已申、备申、累申，而取招问罪不绝。或体覆已完，而再行体覆。或倒递月日，三四十日才方到路者。或今日到路，明日便要到大都者。诸如此类，不可悉数。依例之事，尚且若是。少有疑难，莫望一言。此往来申报文案之弊，若夫狱犴

---

① 胡祗遹：《答王季明求戒辞书》，《紫山大全集》卷12（《全元文》第5册，第231页）。
② 胡祗遹：《益都新修庙学记》，《紫山大全集》卷9（《全元文》第5册，第323页）。

填满不蒙处决，司县人员无人主事不蒙填补，钱谷不得准除，军民户籍交参不获开收，田亩不得推税，州县官或污滥或疲软不胜任，或老病不能治事，不加退罢。似此稽迟违错，罪当谁归。①

欲减吏，当先削冗文。何谓冗文？丛脞僭越，琐细繁叠，纷乱推迎，不当申而申，不当下而下，不当受而受，不当问而问，不当疏驳而疏驳，不当勘当而勘当，已有定例不当体度而体度。上下不相信，往复调虚文。凡系钱谷，虽一二贯文，例须申部，五申十余申，一二岁未获明降。一二百文之争差，往复问答，费纸数千张，而终年不绝。军民争差，例当双行，密院从则户部不从，户部从则密院不从，密院欲以民为军，户部欲以军为民，文字逗遛，连年不决。事头起于某部，余事关于他部，六部不相关付，府州屡申，展转推迎，不得杜绝，其余部分，类多如是。②

要去除三冗，尤其是去除冗文，要先明确冗文的标准，胡祗遹对此有清晰的定义："何为冗文？无妄受，无越诉，无疏驳不法，无申呈无度，如是，则冗文十去其七八。"③ 在此基础上，他认为最有效的去三冗的方法，就是精选人才，用对了人，就可能减少三冗的现象。

三冗欲除，大臣之中必得识时务、通儒、明断、不烦有为之材，为之纲领，定立规模，精选六部左右司官吏。事有条不紊，自上及下，自内及外，各有攸司。遵法奉行，无丛脞，无推递，怠堕违越必罚不贷。文有典册，有案牍，举首见尾，问无不知，受授相承，有行无滞。人材精，政要举，文案明，三冗不除，未之有也。人材不精，则政要不举，政要不举，则文案日烦，纷然沸羹，日甚一日，何以为治。④

胡祗遹还明确提出了沙汰天下官吏的建议，强调只有大规模地淘汰

---

① 胡祗遹：《论除三冗》，《紫山大全集》卷21（《全元文》第5册，第534—535页）。
② 胡祗遹：《寄子方郎中书》，《紫山大全集》卷12（《全元文》第5册，第225页）。
③ 胡祗遹：《民间疾苦状》，《紫山大全集》卷23（《全元文》第5册，第592页）。
④ 胡祗遹：《论除三冗》，《紫山大全集》卷21（《全元文》第5册，第534页）。

不称职的官吏，才能达到官精政简的目标。

> 沙汰二字，外若刻薄，内实利益。食不厌精，去糠秕也。镜不厌磨，去尘垢也。金不厌炼，去贼铜也。当今政治，失于疏阔，混淆而略不程序，拣择失于繁冗，紊乱而略不整齐裁削。何谓繁冗，繁文繁政、冗官冗吏是也。谕如造车，一毂九辋十八辐，减之则阙，增之则赘，阙与赘俱不可行，任人何以异此？又如牧羊，千羊一牧则太寡，十羊九牧则太多，不寡不多，则人力得中，羊亦安肥。今日政治文案，设官置吏，选才不精，署员太多。不精则十不如一，临事又却不得用，太多则互相倚靠，耽误政事。文案丛杂，前后不一，议论纷纭，是非无定。用兵亦然，古之人以二三万之兵而破百万之众，精与不精故也，奚在乎多与寡。设官置吏，斟酌人民、政事之多寡而增减焉。今之一州一郡，不若往昔之一大县，官吏无不具备，而又加焉。孟子曰："无君子莫治野人。"今日府州司县为官吏者，果皆成德多材艺可以治民之人乎？不材者十盖六七，贪污害民者十盖七八。以贤治愚，尚不能办。以愚治愚，乌乎治？除达鲁花赤、县尉外，牧民者皆尝试之以身言书判而沙汰之，吏民则试之以刑名算数。①

冗文、冗官、冗事是封建王朝普遍存在的痼疾，去冗的思路固然重要，但是胡祗遹与其他人一样，并没有找到根除冗弊的有效机制，只能在人的身上打主意，而无论是精选人才还是沙汰官吏，都难以起到扭转三冗状态的真正作用。

(五) 偃兵息武的思路

革除弊病的第四条思路是偃兵息武。因为朝廷以武立国，所以对军政最为重视，但是正如胡祗遹所言："本朝最偏重者，无若军政，最纷乱者，无若军政。贫富强弱，百倍相悬，非偏重而何。大无纲统，细无纪目，非纷乱而何。"② 为改变军政混乱的状态，胡祗遹主要强调的是两方面的要求。

一是要重视基本的用兵之道，建立有效的养兵、用兵体制，使军队

---

① 胡祗遹：《论沙汰》，《紫山大全集》卷21 (《全元文》第5册，第550页)。
② 胡祗遹：《军政》，《紫山大全集》卷22 (《全元文》第5册，第576页)。

既保持应有的战斗力,又不至于骄惰。

> 大抵用兵之道,阙一不可者也。一人情国势,二君王,三将帅,四徒卒,五戈甲器刃,六仓库供应,七天时地形。七事皆尽其美,鲜有不胜者。
> 孔子对门人问为政者二,一曰足兵。兵所以平暴乱,防不虞,重朝廷,镇四海。虽九有无警,亦不可一日而无兵,兵不可一日而无法。无事则养育训练,恩威具举;有事则发纵指示,缓急得宜,多寡悉称,处事故能,闲暇则不至于骄惰,征伐则不至于困惫糜烂。一入其籍,死生有数,什什伍伍,等而上之。至于百夫长、千夫长、万夫长,官无冗员,卒无虚数,节制尽善,以一当十,此养兵用兵之大略也。①

二是在天下平定之后,就应该偃兵息武,不要再轻易展开大规模的军事行动,以耗损国力。

> 兵者,凶器也。圣人以之平暴乱,削强梗,不获已而后用也。国朝开创,数十年于兹矣。中夏既定,而土宇日广,遐方异域,罔有不庭。独东南海隅,擒纵在我。然而寝兵之议,愈不见涯涘。天子仁圣,内难已平,信使如宋者,行当北还。宋既平,则江淮之间可择良将如羊叔子者,分兵以戍之。京畿之内,森立诸卫,实以北军,居重以驭轻。中原郡县,散设诸府,布以汉兵,三时务农,一时讲武,发号使令,一如唐制。单符呼召,如手足之捍头目,莫不毕至。如是,则无尾大之忧,享金城之固,国家殷富,而兵甲日强,则三代、汉唐之盛,可比隆矣。②

> 安有祖考子孙,继继于劳苦征伐,死亡杀勠,无息肩之涯涘,而不惫且困哉。一时之战,气强于一鼓,再鼓而衰,三鼓而竭,物力之必然。虽乌护贲育兼人之勇,亦不能久,而况常人乎。武克商,归马放牛,乱宁而与民休息。好杀无道莫过于秦,六国既平,

---

① 胡祗遹:《论时事》,《紫山大全集》卷21(《全元文》第5册,第528—529页)。
② 胡祗遹:《上张左丞书》,《紫山大全集》卷12(《全元文》第5册,第217页)。

犹销锋镝。汉之灭秦，约法清静，与民宁一。一乱一治，不得不尔。

今南方已定，六合混一，天意人心皆以太平安堵为可乐。天下虽安，兵不可忘。内立诸卫，外于要害设置折冲府三五十府。冗员乱卒，俱合省并，三时务农，一时讲武，毋使军官憔悴而苦虐之。凡因穷老弱不堪服力者，一切放罢为农，十去三四，亦不为少。苟能休养生息，十年之内，力可数倍。舍此不务，纵恣贪暴好生事之小人，略不知止，非所以为宗庙社稷之福。[1]

以偃兵息武的方式改变军政的混乱状态，是儒士的良好愿望，但是元朝实行的是文人不问军政的制度，所以这样的建议，并没有引起当政者的重视。

三 儒士的政治责任

胡祗遹不是理学学者，但是并不反对理学的学说。对于儒士的政治责任，他则是从传统儒学的视角，提出了一些基本的要求。

（一）究学理

胡祗遹强调儒士要穷究学理："为学莫先于穷理，理明则物见本末，事见始终。不急本而忘末，不趋凶而背吉，不舍利而取害，凡反此者，见理不明故也。"[2] 为使儒士了解儒学要义与政治的关系，胡祗遹重点阐释了六点认识。

第一点认识是圣人的道统，核心是仁与义。违背仁义观念，必将带来极恶的结果。只有坚持圣人之德，才能达到极善的境界。

> 尧、舜、禹、汤四圣人之相传以中者，圣人德全同天地，道行侔日月，别无可言，所患少有迟速耳。速则过，迟则不及，故直晓之以中。世衰德薄，至孔子则语颜子以仁。仁则复天理之公，而去人欲之私，全此心之德。道日益微昧，德日益漓，故曾子告门人以忠恕，欲其以诚接物，以己方人也。子思则言诚，见当时学者假仁者众，而无真实、无妄之诚心也。至此则人伪日甚，渐至于难与

---

[1] 胡祗遹：《军政》，《紫山大全集》卷22（《全元文》第5册，第576—577页）。
[2] 胡祗遹：《读春秋》，《紫山大全集》卷20（《全元文》第5册，第495页）。

言、不可以语上。故孟子直说以仁义,恐其又不能晓,不能行,直晓之以四端。因良心之暂发,日用之不可缺,跬步之不能无者。明之执柯伐柯,犹且不悟,故孟子晓以柯则在手之理也。观此,则足以见世变矣。非前圣后圣固立异论也,不仁不义,一从血气之利欲,则入于禽兽矣。禽兽之恶,犹诚于恶。今人之为恶,虽诚于初,展转变化,下达而不已,不能自保。吁,恶亦极矣,善将复建极者,岂无人焉。①

第二点认识是性不仅关系着人生,亦关系着国家的兴亡,所以对性所涉及的各种概念应有全面的认知,因为圣人所倡导的格物致知,就是要使人们了解"穷理养性"的深刻道理。

性情者,与生俱生。才有此心,便有此性。未发已发,真好真恶,宁不自知自觉。

人以毫末之身,宰万物、赞化育、配天地者,性而已。以此性禀受上天之付与,则曰"命"。循性而行人伦当行之路,则曰"道"。循此性自然之理,立法于天下后世,则曰"教"。此性之不偏倚,无过不及,则曰"中"。发中节,则曰"和"。真实无妄,则曰"诚"。禀仁义礼智之良,能万古不变,则曰"五常"。具此众美,得之于天,则曰"德"。见诸行事,则曰"行"。感物而动,则曰"情"。成就功业,则曰"才"。欲有所为,则曰"志",曰"意",曰"念"。虑既有此身、此性,则有父子、兄弟、夫妇、长幼、朋友、君臣,则曰"人伦"。合乎天理则为正性,徇人欲则为气质。语言者,性之声也。文章威仪者,性之光华也。气者,性之徒卒也。心者,性之安宅也。

圣人所以教人格物致知,正欲使人明其性分之固有也。后人之博闻强记,徒以外物填塞胸臆,临事不为己用,就能学步效颦,物不能成,己亦丧失。故孟子教人以学贵自得,资深取之,左右逢其源,亦穷理养性而已耳。②

---

① 胡祗遹:《传道统说》,《紫山大全集》卷13(《全元文》第5册,第298页)。
② 胡祗遹:《论性》,《紫山大全集》卷20(《全元文》第5册,第505—508页)。

世人之所以对性多有误解，是因为前有异端邪说的干扰，后有佛、道二教的祸乱。儒者要阐释性的真谛，不仅必须明确指出佛、道性说的虚妄，还要真正回归儒家所强调的性的基本准则。

> 性也者，与生俱生，天之所以予我。虚灵秀发、四肢百骸之生，仁义礼乐，万善之府也。感于物而动，性之情也。蕴之于身，与德为行，施之于外，成事成业，性之才也。寂然不动，感而遂通，无物不备，配地参天者，性之全体也。性其性者，尧舜也。力行而慎思，反身而践形，求全其性者，汤武也。以先觉觉后觉，立言垂训，过化存神，使人绝恶于未萌，弃小人而成君子，人伦日用之间，晓然知性之理者，孔子也。辟杨墨之害，以明先圣之道，使人存心养性，事天立命，不失其正者，孟子之功也。噫，杨墨甫息于前，而佛老大炽于后，性之理泯泯而无传焉。不惟无传，信其说而陷于邪悖其性者皆是也。为佛之教者，曰寂灭空虚，无往无返者性，教人枯木死灰，举天下万事，一归之于无。然则天地之性，恒久而不已，生生而无穷，必若是，则是绝灭天地也。为老氏之教者，以长生久视、清净无为、永福田利益为养性之说。福果可求乎，有物必有则，人果可痴坐而无为乎，人百年之物，果可长生久视乎。二氏谓之知性，可乎？二氏之说盛，周、孔之教衰。宗公巨儒，又从而主盟张大之，不入于佛，则入于老，是以其放肆烂漫而不可遏也。然则，复性有道乎？曰君君、臣臣、父父、子子、夫夫、妇妇、兄兄、弟弟，各尽其道者，顺性之用也。居仁由义，节之以礼，和之以乐者，养性之源也。如是，则穷通寿夭，富贵贫贱，顺受其正命之理，亦昭昭矣。①

> 释氏言空寂，老庄言无为自然。二家之学，吾儒皆有之，但吾儒兼动静有无而言，不失于一偏。

> 二氏之诞妄如此，近世大君大臣、间阎细民信入心髓者，何也？吾儒务实循理，二氏侥幸苟免，终亦不能侥幸苟免，然则何益矣。②

第三点认识是对政治的解释，应与事物的本原相联系。胡祗遹指

---

① 胡祗遹：《性说呈郑司直》，《紫山大全集》卷13（《全元文》第5册，第299—300页）。
② 胡祗遹：《论释道》，《紫山大全集》卷20（《全元文》第5册，第504—505页）。

出，市井的谚语"万事不离阴阳"虽然简陋，确是有其道理，"万物一阴阳也，静观之，则物物象数皆在其中"。但是，"阴阳只是太极一气之动静"，"万物虽多，不出五行，各从其类也。五行，万物之父母也。动静，五行之父母也，太极，动静之父母也"①。也就是说，太极是事物的本原，由其衍生的五行，则具有仁义礼智信的政治含义，规范着世间的政治生活。由于天之气数主导着世间的治乱兴衰，所以知命者的正确政治态度就是尽人道而顺天命。

> 五行之气，木仁，火礼，金义，水智，土信。得此气之正，纯粹清明而不偏者，圣人也，大贤也。偏驳乖戾，则为下愚，为凶人。有教无类，可与为恶，中人之气禀也。得健顺五行之气而为人，或仁或不仁，岂非气数乎。尧舜在上，则民仁寿。桀纣在上，则民鄙夭。未有君仁民不仁，君不仁而民仁者，此天之气数。生大君，而上以风化下天地，岂欲立不仁者之为君哉，亦气数适然也。尧九年之水，汤七年之旱，岂人为之所致也。然为学知命者，当尽人道以立，而俟天命耳。②

第四点认识是正心的政治准则是执中，所以不仅要着力于修心，还要做到以义理来修成"道心"，而不是随心所欲和随波逐流。

> 世之人于外物，事事皆能著力，或名或利，以死守之，惟于心不知著力，随物屈挠，遇威武则便屈，遇富贵则便骄淫，遇贫贱则便戚戚，卑谄有余，不足随时毁誉，身不知所以立，己不知所以行，譬犹于水，随物赋形。孔子言："三十而立。"此心此身，挺然不移也。世之人以气血为心性，一随气血。气血所欲者惟恐不得，既得则惟恐去矣，凡可以不去失之方，无不为己，无所不至，至此则岂有心乎。形则人，心则犬彘豺狼牛马也。五常万善之性，灵于万物之才，配天地而三之尊爵，天与之而不能有，可哀也哉。③

> 人惟一心，发于义理之正者，道心也；发于利欲之私者，人心

---

① 胡祗遹：《杂言》，《紫山大全集》卷13（《全元文》第5册，第482—485页）。
② 胡祗遹：《论道》，《紫山大全集》卷13（《全元文》第5册，第487—488页）。
③ 胡祗遹：《原心》，《紫山大全集》卷20（《全元文》第5册，第479—480页）。

也。精察一守，可也。圣人恐危者胜，而汩没丧失其微者，又直示之以法，故曰"允执厥中"。①

第五点认识是学者不仅要有见识，还应有极强的政治敏锐性，可以见微知著，预言政治的未来走势。

> 为学莫先于智识，故《大学》以"格物致知"为八目之首。一物即具一理，知之不明，见之不审，行之不著，习之不察，虽终身孜孜矻矻，果何益哉。故曰："终身由之，而不知其道者，众也。"察己观人观事，沉机先务，远见未然、将然、必然，然不觉而独觉，见患于未萌，绝恶于未形。诈伪真实，君子小人，貌言视听，一动一静之间，洞彻其为人。见礼知政，闻乐知德，故能避世、避地、避色、避言，不罹其祸，非智周于世而能之乎。鱼丽于纲罟筌笱钩饵，人死于声利权位，不识不知故也。智及之，则此身与外物孰多哉。不知者，不知格物之用力，加以物欲蔽于前，攫金而不见人也。物欲薄，则天理明矣。前人谓众人之处世，如燕子巢幕，突焚其幕，将及其巢，犹以为安，可以人而同于鸟乎？故君子异于众者，见微而知著耳。故曰：一日二日万几，几者动之，微吉凶之先见者也。②

第六点认识是要学习圣人的立言之道。以忧世救乱而立言，可以存之长久；以一己私利立言，不仅是无用的空言，也不会成为存世之言。

> 圣人立言，皆出于不得已。忧世救乱而作，使人俯仰之间，洞见天道，一循天性，行正路，不背吉，不陷凶。
>
> 圣学失其传，故子思作《中庸》。孟子没而道学不传，故韩子作《原道》。科举极盛，不适用而言不成章，浮淫鄙俚之极，故周子作《太极图》《通书》。圣经虽存，而诂训乖缪，义理昏昧，故二程朱张辈为之注解。前圣后贤，心实若此，非求名也，非华世取宠也，非夸多而斗靡也，非不知而自欺、强以为知而作也。

---

① 胡祗遹：《道心人心》，《紫山大全集》卷20（《全元文》第5册，第493页）。
② 胡祗遹：《尚智说》，《紫山大全集》卷13（《全元文》第5册，第301页）。

> 圣人之立言，如制器然。大而城郭、宫室、甲兵、衣服、饮食，细而权衡度量、规矩绳墨、百千器皿，一一适其用，补其阙，奚有无用者哉。今人之教子，不明经穷理，不养性，不积德，不广才，不尽人之职业，不治事，不穷古今，不达时变。自童蒙入学，便学对句，吟诗课赋，作杂文，劳心思，苦智虑，敝精竭神，剽窃补缀，自旦达夜，为无用之空言，以苟取一朝之声名富贵利达，何不思之甚也。不惟不得所欲，虽得之，亦不能久居而失。①

胡祗遹在读经和读史方面，还有不少精辟的见解，收录在他的《语录》中，尽管有些亦与政治观念有一定的关系，但不在此处一一列举，因为上面列出的六点认识，已经代表了他在治学方面的基本理念。

（二）辨儒士

在王朝政治中，儒士应该扮演什么样的角色，胡祗遹以长篇论著《士辨》作了解答，可列举其主要论点于下。②

胡祗遹首先明确指出士道丧失已经是长久的现象，其原因在于为学之差，不仅是学者的表现差，而是在各方面都有巨大的差距，导致了难以救治的总体性差距。

> 士失其道也久矣。失其道，则失其性，失其身，所失非一而已。其失也，始于为学之差。不惟学者之差，而传道授业为父兄师友，当陶铸甄别、作养摩励之任者，从而为之差。内则父兄，外则师友，下则乡里，上则大臣，教士取士，既为之差，承讹习缪，其差愈深，莫之能救。差者何也？盖所学所取者，士道之土苴，文章之糟粕，衣冠语言之糠秕，影响威仪动作之文饰奸伪。求其志，守身治家，事君之节行才能，则无有也。

士道丧失的重要表象，不仅是士人的趋炎附势，还有士人的卖弄文辞。善文辞者不仅可能堕为小人，亦可能因虚言而贻误国政。

---

① 胡祗遹：《立言》，《紫山大全集》卷20（《全元文》第5册，第491—492页）。
② 胡祗遹：《士辨》，《紫山大全集》卷20（《全元文》第5册，第513—519页）。本小节引文均来自此文。

> 今之守身者，权势所在，奔走趋向，阿媚迎合，取容求悦，胁肩谄笑，不以为耻。立志守身，凡下若此，则责以居官事君之节，责之者误也。舍节行，取文才，而以为士，然则仪、秦、商鞅、李斯、孔光、张禹、柳子厚、刘禹锡、王荆公、吕惠卿，文辞之雄，照耀古今，才术之优，足以遂奸，当时后世置之奸邪小人之流，不齿清议，然则不以文才取人也亦明矣。而况今日之以文辞自负者，剽窃补缀，陈烂冗长，著述数十万言而无一新语，施之于时政，迂阔执滞而不可行，施之于名教，则不足以垂训，施之于金石，不足以取信后世，其视刘禹锡、柳子厚辈若萤火之视列星，欲为文章，糟粕土苴而不可得。

> 贤者，材者。若是不贤不材，年未高，学未至，不为人所称道者，其可用欤？吁，吾道之不幸，以至于此。虽善为辞说者，莫能文也。岂知取士之差，取其末不取其本，见其文而信其实，以文艺之小人，而为君子大贤之流品，以灭裂剽贼无用之浮辞，当致主泽民之重任，所学非所用，所用非所学。

士道丧失，就是因为抛弃了古人的用士标准，用毁誉、末学等替代了对士人的德性、行为、学问和才能的考察。

> 古人之用人，先求其性行，次择其材能。学者之应用，养其气识，修其天爵，尊德性，道问学。今之用人，与学者之应用，能如是乎？以毁誉定去取，以末学要时用。
>
> 为士者，曷尝以雕云镂月之诗，抽青配白之文，蓬头垢面之廉，闭目忘言之谨，以欺世取宠哉。士道之不明，士行之不立，学者与传道者之罪也。取人之差，而不得其用，以至于伤士风而败政治，用人而不求其实也。使其言之可取，犹不以言举人，况无用之空言也。

君主之所以有士不可用的看法，是因为所重用的都不是真儒。尤其是无真才实学、靠庸文虚言获取声名的所谓大儒，已经成为毁坏士道的罪魁祸首。

然则为国择人者，讵可以虚文浮誉，仕久年高者，即谓之贤士而用之。及委之以事而事败，乃爽然自失，曰："士止于此，士不可用。"噫，岂知所用者，非真儒硕士，而皆口舌文辞，欺世取宠之小人也。曷亦求其本矣。何谓本？心术也，节行也，事业也。最害人者，临下为高，拾掇陈言，自以为高世之文。剽窃念诵，往事陈迹，自以为命世之才。主痈疽，与侍人瘠环，偶沾一命，自以为希世之遇。寸长管见，自以为集大成之学。行比一乡，自以为全德。智效一官，自以为泽物之功。世衰道微，无与之较。余所见，大抵若是而不相远。世称以为元老大儒，已亦自负而不耻，可哀也哉。

至于寒窗文士，春礼乐而冬诗书，亦不过以雄文大笔，华世取宠，沽名吊誉以求富贵利达者。就其志之高者而论之，又不过委顺迎合，媚势迎君，假权营私，为一时富国强兵功利之谋。又其大者，粗知王道霸术之异，救时矫弊，然内无实学，无大过人之材，无厌世之德，无铁石之心，无视死生富贵、寿夭贫贱、祸福之来，一处之以义者。总是数者论之，其志趣小大虽不同，其归于私己苟利，则一也。

天下有才有德之人，本已罕见，又不能真正在当世被信用，所以士道颓废的趋势难以扭转，治世的目标也难以实现。

若夫命世之材，豪杰之士，隐则可以处乡里，为天下之师；出则可致君泽民，为帝王之佐，成至治之功。著书垂训，可以继往圣而开来学。若是之人，虽百世无一焉。数百岁之间，间有一二，困苦不遇，又终老于岩穴。时君世主虽或闻知，敬慕而不能举，举而不能用，用而不能尽其才，尽其才而不终始如一。尊敬若师弟，亲信如父子，终必为小人之所间绝而使前功尽废。吁，天下之才之难也如此，才之不遇之难也又如此，欲求治世，不亦难乎。今之为士者，间有一二议时政之得失，忧天下之安危，必丛聚而笑，又从而讥之曰不狂则迂也。

士道如此，士人应有自知之明，在其位谋其政，不在其位则应有自保之道，但始终不能丢弃忧国忧民之心。

> 天下不安，则一国不安。国不安，则家不宁。家苟不宁，身与子孙安焉，否也。是以古人在其位，任其责，则竭力效死而扶持之；不在位，不任其责，见其后祸之几，而知其无可奈何，而不终日安处，奋然有避世之举。既明且哲，以保其身，其是之谓乎。然则为士者，身修、家齐之外，天下安危之势，虽穷居陋巷，不可一日而忘诸心也。

最后，胡祗遹明确了对自己的要求，就是以钻研实学、克己复礼的态度，来应对入世和出世的不同境遇，这实际上也是对其他儒士的劝诫。

> 窃尝思之，求诸己则心广体胖，迁善改过，所守者至约，而所施者至博。不求诸己，则怨天尤人，于悒愤恨，无所不至。君子小人之分，在此二者之间耳。人之读书，存心养性，克己复礼之功，苟不能进，终无自立地位，忽临毫毛利害，所学皆不为用，虽或一二中节，亦偶然耳。

胡祗遹对士道的分析，尤其是对以沽名钓誉为晋身之道的儒士的指斥，既深刻又体现了不怕得罪大儒的风格，对后人确实有重要的启示，因为历朝历代都会出现恬不知耻的文士。

（三）正士风

在士道丧失的大环境下，士风日坏已经成为引人注意的现象，胡祗遹特别列举了士风败坏的种种表现。

> 观夫学为程文者，骈四俪六，立题缀联之外，一无所知，一莫之学。吉凶之礼，则听命于释老之徒与所谓阴阳家者流，乐学则听命于乐工。才欲拈弓矢习射，则互相讥议曰："汝欲为武夫乎？"读兵书，则曰："汝欲为粗官乎？"御车之法废绝已久，不复挂齿。学书则曰："汝欲为书写待诏乎？"学数则曰："汝欲为壕寨之流乎？"谈天文则曰："汝欲为司天算历官乎？"论观人之法，则曰：

"汝非相者也。"论养生,则曰:"汝非医师也。"讲经,则曰:"汝欲为三礼学究耶?"言性情,则曰:"是乃为老氏、释氏耶?"学者之所当学,内则正心、修身、齐家,外则穷理、治天下,上律天时,下袭水土,祖述尧舜,宪章文武。圣人之所学,凡人之所当学者,皆莫之学。《六经》《语》《孟》之学,皆莫之知。一旦射策偶中,出而治人,抚万家之邑,寄百里之命,物情民事一无所知,走卒举案来前,则一听命于胥吏。颇聪明者则曰:"每事自有国法。"反为奸黠揶揄玩侮,而不满一笑。国家所得之人材,其愚若此,欲下民之治安无冤,德化治政之成立,不亦艰哉。①

　　古之人,吾不得而见之。求之于今,内则朝廷贵显,外及山林隐逸,俱未见其人焉。所睹所闻,以寸级斗禄为初心,以高牙大纛为终愿,居官守者不以不得其职为可耻,负言责者不以不得尽言为可辱。随可随否,旅进旅退,朝拜官而夕斥之,非以直谏而获罪。总角入仕,白首保禄,非以高朗而令终。大冠长裾,孔行孟趋,则其中文不足以华世,学不足以经国,问其志,则泊然枵然,弱水大瓠,亦不自知其何处止泊。一时人物雷同,波流靡靡如一然,则国之元气尚何赖焉。万方恃之,系朝廷轻重安危,兆民赖之为四海之治乱祸福者,果谁在哉。至于拯弊救时,轻张暂弛,补苴罅漏,亦皆无法,朝令夕改,自是而自非之,不满细民之一笑者,不可枚数。士气至此,亦可哀也。朝野之人材若此,一旦不能高枕太平,水旱饥馑,流殍贼盗,不测非常之变,则何以御之。

　　海上逐臭之夫,久而不闻其臭,风俗之移人也亦然,久而不知其非。今之老师宿儒,文章事业且置而勿论,至于言语毁誉之间,漫不知轻重高下浅深,毁则微罪而论死,誉则圣贤之所不敢当者。加之于学之晚近,至有才德兼全之语。风俗昏冒浮靡,以至于此,良可惜哉。古之所谓清论公议,孰从而闻之,孰从而辨之,"具曰予圣,孰知乌之雌雄",此之谓也。予之所惧者,不止于此。暗者自以为明,弱者自以为强,不肖者自以为贤,卑者自以为高。越理犯分,冒法触刑,干上凌长,此风浸长,恐非下无觊觎之道也。②

---

① 胡祗遹:《论取人》,《紫山大全集》卷20(《全元文》第5册,第509页)。
② 胡祗遹:《论作养士气》,《紫山大全集》卷20(《全元文》第5册,第511—513页)。

为肃正士风，胡祗遹一方面提出了儒士要善于"修器"的论点，即努力提高自己的智识；另一方面则要做到慎言、慎行和善隐，关键点就是爱惜名节和安于义命。

> 士之自待也不浅，非徒高自标置，虚立崖岸，使人不可攀跻而已也。盖为此身所系，不独上以光祖考，下以成子孙，居乡里则化，居州郡则为民具瞻，处朝廷则福泽天下，以及后世而垂无穷。圣人所谓任重而道远者，正在此耳。
>
> 士以器识为本。器欲宏大，识欲深远。器不宏大，则不能容物。识不深远，则不能见微而知著。士大夫平居无事，自负不浅，忽临毛发事，则莫能承载。摇唇鼓舌，援引往昔，动辄千万言，道是非如辨白黑，目前之事则不知也。何以言之？切身之事，莫切于进退，切时之事，莫切于论政治之得失，人材之优劣。一进一退，俱不中节，可亦进，不可亦进，利亦趋，害亦趋，不察得丧，不问义利。譬如饿虎饥乌，见食而不能见阱，见食而不能见网罟。切身之灾，贪昧若此，政治人材，乌能辨明。
>
> 余每见俗儒技痒，献言投策，辄内省以为深戒。原其意，高者不过欲行其所学，卑者止于技之见售，以为取富贵之媒而已。贪得诱于前，念虑感于中，殊不知是人也，可以与之言欤，有可为之材欤，操可致之权欤，怀有为之心欤。四者俱无，冒昧以前，不犹鼓音于聋、眩色于盲者耶。求有所得，不亦愚乎。而况以背驰纰缪之鄙言，泥古迂阔之陈术，既不足以动摇当途之权贵，又不能流芳于简册，徒使世人指摘若辈，皆以为士夫之流，我辈例从而受谤冤哉。
>
> 言欲讱，量欲弘，事欲密，然何术而能然也。曰：是不难。能知愧怍之过，终身不敢言，不敢复犯，自恕自隐，则三者不劳而能矣。①
>
> 天之健，气以行之。地之重，气以举之。日月之光，雷霆之震，气以充之。然则人之有猷有为有守，群邪不能枉，众哗不能乱，处则为世师表，出则为国柱石，爱名节如饥渴之于饮食，富贵

---

① 胡祗遹：《悲士风》，《紫山大全集》卷20（《全元文》第5册，第519—521页）。

轩冕，贫贱糠秕，安于义命，不留于心，此非至大至刚、仁义中正、绝俗盖世之气，则不能也。①

通过修身和律己，以己之正来对抗整体的风气不正，只能起到小范围的示范作用，实际上于大局无补。胡祗遹恰恰是认识到了这一点，才发出了士风可悲的感叹。

（四）明士用

尽管士风已坏，但还是要讲明儒士为天下所用的道理。胡祗遹特别指出士不求仕，士的地位就会越显重要。之所以士的地位下降，被君主所看轻，就是因为行科举之后，士要仰赖君主得官，供求关系发生了根本性的变化，士越媚上，其地位就会越低。

> 士之进身，与古殊异。三代兴学养士，乡举里选，未闻鬻技售能以求仕也。士不求仕，则其自待也重，不苟就不诡随，不以富贵易其守。有国有天下者，惟恐贤才之不我即，国无仁贤，则国如空虚，吾谁与守。故有就见者焉，有币聘者焉，论其位则君尊，语其德、藉其才则士重。自射策决科之法行，士求食于上而自轻，为上者不以得士失士为重轻，持贵人富人之权而奔走群才，曰："我不汝赖，汝必吾依。"上之轻士也日骄，士之媚上也日卑，日屈日谄，惟恐不善逢迎，以致乎龃龉而不能入。为士者曰："苟能富我贵我，惟君欲之随。"枉寻而不直尺，庸何伤哉。是以治少乱多，身名俱辱。②

儒士洁身自好，不求仕进，但是不等于无所作为。在胡祗遹看来，由儒者充任品级低下并且没有俸禄的儒学教授，恰能发挥儒者为天下培育人才的重要作用，所以需要引起儒士的高度重视。

> 官无美恶，得行其所学，泽可以及天下，且不为竞权利者疾，怒争夺而排斥之，是为美职。然恃才挟气，以卑位无禄而不屑就者，今之所谓儒学教授也欤。或曰："品次最下，又无寸帛撮粟之

---

① 胡祗遹：《论作养士气》，《紫山大全集》卷20（《全元文》第5册，第510页）。
② 胡祗遹：《铨词》，《紫山大全集》卷21（《全元文》第5册，第543页）。

俸，勇于有为者，弃而不受。子以为美职，何也？"余应之曰："事无两全，有似闲散而实切要，舍轻就重可也。士为学而志于仁，岂遑遑矻矻富贵而已耶。官一品，禄万钟，而尸位素飱，跋前疐后，又何荣哉。乐莫乐于教育英才，而兼善天下。有天下者，以人材为急务，人材出于学校。为士者一旦列群英于席下，明经论道，通古今，达事变，讲二帝三王安宗庙、保社稷、治天下、福斯民之大经大法，可措斯世于泰山之安。为国作养人材，长于规画调度者，教之理财；长于干局通变者，教之以剖烦理剧；忠清端方者，教之以献可替否；文学笔力缛赡者，教以辞命；百职六卿，人各有能，各因其材而笃焉。朝廷用人择才，洪纤小大，随取随得。得一贤守，令使人皆曰某官某人之门生也。得一才大夫，曰某郡某学之生员也。长材硕德布满中外，方之会计米盐之细务，劳苦簿书之期会，辩决树桑尺土、汝詈我驱之纷竞，其功孰大孰细，其况味孰荣孰辱，其得失孰厚孰薄，孰轻孰重？"①

在儒士的作用方面，胡祗遹表现出了士人的傲骨之气，应该说，这在当时的儒士中确实并不多见。

（五）重士教

胡祗遹特别看重士人的教育和培养，并为此提出了两方面的要求。

第一方面的要求是儒者要终身学习，不能懈怠。如胡祗遹所言："今之学者，幸而无科举利禄之诱，凡有城邑，皆设学校，树学官。当此之时而不学，趋末利而堕大德，凡庸自弃，可羞之甚也。"② 为强调学习的重要性，他还特别指出不仅要遵从学而优则仕的原则，更要注重仕而优则学的原则。

> 仕而优则学，此句当在学而优则仕之后。
>
> 学不知为已，则无真儒，无善治。虽学过人，不过技艺功利而已耳。
>
> 学而优则仕，仕而优则学。傅说告高宗："念终始典于学。"今之人不学而仕，既仕而又不学，不惟败己，而又败人。先儒言

---

① 胡祗遹：《送任教授之任序》，《紫山大全集》卷8（《全元文》第5册，第238页）。
② 胡祗遹：《送梦弼高君之官序》，《紫山大全集》卷8（《全元文》第5册，第246页）。

曰："世乏良材，乡无善俗。"又曰："学不传，千载无真，儒道不行，百世无善治。"岂欺我哉。①

第二方面的要求是儒者要善为人师，主动承担教书育人的责任。而要教育弟子，进而教化天下之民，成为一代良师，儒士必须正身律己，成为维护正道的典范，否则不但贻误受教者，亦将贻误于天下。

> 文、武、周、孔、颜、孟而下，为君父师者，不知其职，不澄源，不端本，不知正身以化天下，区区以法令刑罚督责而已。为臣子、为门弟者，仰观君父师之所为与所出之语言号令，冰炭矛盾，故不从其言而从其德。法令愈严密，而民不兴行，放僻邪侈，奸伪烂漫而不可遏。刑罚愈苛凶，恶顽嚚滋炽而不可止，盖不知教之源、教之本、教之表所自出也。源清则流清，本直则末直，表端则影正。教也者，正身而已矣，奚事于喋喋之口舌哉。
>
> 今之为师者，不知率性修己以为教；为门弟者，不知主善观感以为学。入学之日，揖让步趋，坐作进退，周旋应对，口何如而言，耳何如而听，目何如而视，手足何如而措，事父母兄长则当何如，见乡党官长先辈则当何如，与等辈交游则当何如，一切蒙以养正，趋后圣之功。为父师者，非不欲教，而先自不模不范。……求媚于其父母兄长，取虚誉于乡党里间，以致后进性识才俊灵明者，无实德，昧人伦，挟口论之末学，傲兄长，骄乡里，反为无理无义之人。然则师也者，成人欤，败人欤。三代之学，皆所以明人伦也。以今较之，其差也不亦远乎。自七八岁入学，诵《孝经》《论语》《孟子》《诗》《书》，以至壮年，才名扬于四方，及其临事，无一事与圣经相合者，下笔数千万言，皆掇拾前人涕唾，无一语出自肺肝者。居家则多弟子之过，处乡党则得罪于乡党，入仕败事病民，立朝廷则以政事戕贼天下后世，皆原于无良师而不善学也。②

胡祗遹强调儒士的政治责任，在为国、为君的前提下，最重要的是儒士要认清自己的缺陷，因为不克服这些缺陷，就可能歪曲了士为天下

---

① 胡祗遹：《语录》，《紫山大全集》卷24、卷25、卷26。
② 胡祗遹：《原教》，《紫山大全集》卷20（《全元文》第5册，第480—481页）。

所用的本义。

胡祗遹与王恽是同时代的人,他的政治观点与王恽相比,不仅更具有理论化的特征,也更具有批判性的特征。恰是因为这样的特征,使胡祗遹在仕途上远没有王恽得意,但是在思想上比王恽所得更多。胡祗遹之所以写出大量的论著,而不是上大量的奏折,就是要表明他的思想即便不被时人理解和接受,也要传之后世,对后人有重要的启迪。应该说,他的这一目标已经实现了,因为他的一些重要观点,在今天看来也应该引起人们的重视,尤其是一些古今的通病,如五冗与士风败坏等,都需要究其缘由并找出有效的应对方法。

第四节 赵天麟的天下太平观念

赵天麟,东平(今属山东)人,生卒年不详,忽必烈在位后期曾以布衣的身份上书,元成宗时将上书的内容编成一书,名之为《太平金镜策》,为的是促成太平之世和讲求新民之理。全书分为八卷,每卷有一个主题,卷一是"建八极以固天下之大业",卷二是"修八政以振天下之宏纲",卷三是"运八枢以公天下之爵禄",卷四是"树八事以丰天下之食货",卷五是"畅八脉以鼓天下之正风",卷六是"宣八令以达天下之恩威",卷七是"示八法以清天下之刑赏",卷八是"举八要以壮天下之财力"[1]。依据上书的内容,可以说明赵天麟所具有的政治观念,尤其是与天下太平有关的各种观念。

一 帝业说

《太平金镜策》的卷一和卷二已经佚失,"建八极以固天下之大业"的八个篇目已难以确知。由于这一主题涉及的是帝业问题,从辑录到的赵天麟的上书内容看,应包括正心用、定理维、重爱民、祭宗庙、守圣文、简游猎、礼大贤、绝谗谄八方面的内容。

(一)正心用

心体和心用是对皇帝的要求,其理据就是儒家关于"道心"的思想,核心理念是既要注重性、情、仁、义、礼、智、信所体现的心的表

---

[1] 赵天麟:《进太平金镜策表》,《全元文》第28册,第108—109页。

现，也要注重理、事、爱、宜、节、觉、实七种陶冶性情的方法。

> 放之弥六合，卷之退藏于密者，心之体也；范围天地而不过，曲成万物而不遗者，心之用也。此两者其实体用而已矣。体以统用，则神道设教而天下咸服；用以达体，则行其无事而真源自净。含之若虚，启之有余，内外周圆，上下如一。三皇大之而道彻终古，五帝性之而德垂后世，三王身之而仁流万邦，五霸假之而功加一时。何以言之？盖四端如四时之相用，五常符五行之不忒，混而为一，谓之太极，畅而示微，谓之无极。非无极，不足以知神人之圆灵；非太极，不足以见圣人之大致。太极即无极也，圣人即神人也。性无不善，人无不同，虽凡愚不能无道心。道心惟微，故圣人贯天下之道。气禀所拘，物欲所移，虽神圣不能无人心。人心惟危，故圣人崇天下之教。道者，名异而理同，既非心而不圆；教者，下学而上达，又非心而不立。夫性者，心之齐而具理也；情者，心之发而为事也；仁者，心之爱也；义者，心之宜也；礼者，心之节也；智者，心之觉也；信者，心之实也。理以存妙，事以应务，爱以尽公，宜以方外，节以畅文，觉以烛暗，实以明诚，此七者，其实性情而已矣。性定而情自检者，心也；情定而性自复者，亦心也。凡在下者心定，则非分之望消；凡在上者心定，则化育之方备。

在"正心用"方面，赵天麟对皇帝的具体建议，就是希望皇帝体察天命，按照三纲五常的要求，做到正心和定心，并以此来安定天下之心，维护国运昌盛之本。

> 钦惟陛下父天母地，寰海为家，四三皇而六五帝，仰三王而俯五霸。以非常之资，御非常之尊，以不世之德，膺不世之运，一言之出，神鬼横集，一意之行，风雷翕变。夫动者，静之末也；静者，动之本也。审乎本末，则心自定矣；原乎动静，则心自正矣；精乎道教，则心自诚矣；昭乎体用，则心自明矣。定正以契天人之相通，诚明以洞天人之无二，又岂在察察以用神，孜孜以致感哉？五常包络于此，四时调和于彼，运天下于掌上，炳天下于胸中，无

为而为，不宰而宰，斯皆陛下固有之当然，已行之常事。伏望慎终如始，畴不赖焉。①

(二) 定理维

无论是祖宗创业，还是子孙守成，要致天下太平，都要注重三理和四维。三理即道、德、仁，四维即健、顺、勇、感。三理四维关乎帝业的基础，所以一定要有理以理之、维以维之的正确政治态度。

> 何祖宗之皆可法，而子孙之不敢忘哉？盖祖宗所以立业，子孙所以守成，立业者须备于三理四维，守成者亦须备于三理四维故也。夫道不足以御天下之众，岂能得天下哉？德不足以一天下之心，岂能服天下哉？仁不足以博天下之施，岂能安天下哉？志于道，据于德，依于仁，此之谓三理。然后行之以乾健，柔之以坤顺，鼓之以震勇，和之以咸感，此之谓四维。理以理之，维以维之，乃能立万世子孙帝王之业也。

在赵天麟看来，从成吉思汗到忽必烈的帝国乃至王朝的兴盛，已经对三理四维有了充分的展现。

> 我圣朝太祖之立业也，英雄入彀，俊义图功；驾福气以长驱，灿天光而下照；强梁之子噤气吞声，悖逆之徒糜躯碎首。礼以定庆赏，义以制刑罚，庆赏以励功能，刑罚以加非辟，上顺天时，下协人欲，凡此皆志于道也。金行既坠，水运方来，冠一家天子之先王，应四海人民之嘉会；风尘未息，雨露常濡，已服者返旧业而安居，未服者不得已而致讨，凡此皆据于德也。袖携三尺，力拯群生，奋遐方沙漠之龙庭，居历世帝王之封域；虽未暇并袭其礼乐，然莫非暗运于权衡，贻厥孙谋，面稽天若，凡此皆依于仁也。而又不遑启居，居常戒饬，握乾符而大有，总师众以同人，翼翼夔夔，兢兢战战，岂非健乎！达宜处事，舍己从人，不先事以启后悔之

---

① 赵天麟：《论心体心用》，陈得芝、邱树森、何兆吉辑点《元代奏议集录》上，浙江古籍出版社 1988 年版，第267—268 页（《全元文》第 28 册，第 109—110 页）。

门，不后时以亏先见之哲，岂非顺乎！果于济世，信于立言，符契有结绳之淳风，戈甲有无敌之利用，岂非勇乎！恩波旁溢，化日高明，方其道行也，圣心开江北之区，及祚盛也，神孙定江南之地；七八九六，无思不服，亿兆三千，惟时各遂，岂非感乎！

面对既有创业之功又有守成之业的皇帝，赵天麟的建议是以道修身，以德御世，以仁扶民，并注重对健、顺、勇、感的迁善、理性、改过、结人的新要求，尤其是在孝的方面要有突出的表现，因为言孝才能起到保太平广业的重要作用。

伏望陛下永言孝思，孝思惟则，保太平之广业，览圣祖之宏规，布于方维，宣昭令典，颁诸史馆，庸播皇风，移向时平乱之端，为今日守成之具，以极天下之望，以尽陛下之孝，不亦可乎！道以修身，德以御世，仁以抚民，健以迁善，顺以理性，勇以改过，感以结人。三理理乎内，四维维乎外，宗庙常享其祭，陛下常奉其祀，卿士常守其职，小民常托其庇，非但通追来孝，亦所以垂裕后昆也。[①]

(三) 重爱民

赵天麟以"天为民而立君"为理据，指出元朝顺天命而行事，已经完成了统一天下的重任，但是君主依然要有所思和有所戒。

君道贵仁，天道辅德。年丁五百，命我皇家。祖帝轩蔓衍之遗芳，扫金宋区分之偏境。东浮洋水，西越昆仑，南蕃于交广之南，北限于玄虚之北。虞夏之玉帛万国，越可相同；汉唐之宇宙一家，犹难并议。功已成矣，德已兴矣，道已行矣，政已平矣，陛下能无思乎？陛下能无戒乎？

君主所要思的，是创业的艰难。君主所要重视的，是以民为本。在天下平定之后，最重要的就是轻徭薄赋，使民能够休养生息，并杜绝各

---

① 赵天麟：《论三理四维》，《元代奏议集录》上，第277—279页（《全元文》第28册，第115—117页）。

种害民的弊政。

> 思夫业之所立者,祖也。方其云兴虎噬,神鬼助功,电激雷奔,龙蛇起陆,欲起处而不遑启处,欲自暇而不获自暇,栉风沐雨,劳身于戈甲之秋,冒棘披荆,抗志于烟尘之际,以至于有天下,兹惟艰哉!今天下已定,守之非易,能不思艰难乎?戒夫业之所本者,民也;民之所恃者,政也。民可近,不可下,非民无以立统,非众罔与守邦。虑其啼饥也,薄取其斛粟;念其号寒也,减征其织帛;冀其知礼也,中之以孝弟;欲其知禁也,示之以好恶。劳之来之,臣之直之,辅之翼之,又从而振德之。且政虽一理,日有万机。一事尚未形,见而即防之。一言虽无大,害而即虑之。堤溃于蚁孔,气泄于针芒,骨销于积毁,轴折于丛薄,可不戒哉!

赵天麟还特别指出,如果皇帝能够做到爱民和养民,必将青史留名,成为可以垂范后世的明君圣主。

> 而又据古今成败以为龟鉴,参天人感应以察休咎。冕旒前蔽,不矜其明而视于至公;黈纩旁塞,不眩其聪而听于大同。委贤以任之,量能而用之,敬以居之,简以行之。勤而不烦,逸而不过,清而不激,默而不窒。披衮服端拱以向阳,执镇圭宴坐而当宁。宝位以之而克安,龟祚以之而克固。传诸子孙,耀于罔极,使史笔欣然而赞之曰:"大元天子之德,皇兮将兮,莫之与京,尚矣美矣,莫之或拟。"不亦光哉!不亦快哉![1]

(四)祀宗庙

孝是德的一种重要表现,为了体现孝,君主都要建立宗庙,并严格宗庙祭祀的礼仪制度。

> 圣人之德,无加于孝,七世之庙,可以观德。尧有文祖,舜有神宗,超逾万国之良图,度越百家之高致。商周而下,秦汉以来,

---

[1] 赵天麟:《论法祖爱民》,《元代奏议集录》上,第270—271页(《全元文》第28册,第111—112页)。

世态潜乖，希传仪礼，儒士难明其学，历代递变其迹。今国家道光五叶，泽被六合，庶事康哉，群黎遂矣，皆祖宗之功德及陛下之圣神，丕显丕承而致然也。

赵天麟详细介绍了历代天子的七庙制度，并建议不仅要建立太庙，还要尽快制定与之相关的礼仪制度，使朝廷以崇宗庙祭祀的举动，达到和悦天下的重要目标。

伏望陛下扩恭肃慈和之心，尽仁孝诚敬之念，断出天衷，力行古道，耸天下士民之企仰，报本朝神圣于无穷，一新太庙之仪章，严接春秋之祭祀。惟陛下先天下以孝，坐弘偃草之风，而天下化陛下之神，咸识移忠之道。如是，则上下和悦，朝野无虞，尚岂有干名犯分，故投宽网之民哉！①

（五）守圣文

赵天麟所强调的"守圣文"，就是要通过讲究天文、地文、人文和王者之文，来开创文治的伟业。

天由文而能生，地因文而能成，人以文而愈灵，王者守文而为天下正。日月有度，星辰有躔，鼓之以雷霆，润之以风雨，千变万化，不失其常者，天之文也。积而山岳，深而河海，五土之高下，百谷之蕃滋，允执厥中，黄裳元吉者，地之文也。君臣父子，礼乐诗书，大理达乎圣贤，英粹宣于翰墨，粲然相接，曲尽诸宜者，人之文也。经天纬地，统制下民，抚善政以勤行，廓皇猷而博施，无私无欲，克长克君，鼓之舞之，以尽其神，焕乎郁乎，以昭其德者，王者之文也。

文者，质之华也。质者，文之骨也。存其质，则既以成夫元化之鸿基。修其文，则可以耀我一家之伟绩。是以质文之理，并道器而同归；文质之情，充显微而无间。

---

① 赵天麟：《论宗庙之礼》，《元代奏议集录》上，第272—273页（《全元文》第28册，第112—113页）。

赵天麟特别指出，现有的朝政只是体现了"致治"的要求，还远没有达到"泰和"的水平，原因就在于还存在各种严重的弊病，尤其是监狱人满为患和官非其人，以及下情不能上达，已经成为不能不解决的问题。

> 今国家省、台、院、部总于内，路、府、州、县分于外，职无不具，事有所司，心安而肢体咸宜，领挈而襟裾就整，临之以天威，抚之以天庆，宜乎道极三才，功齐四代矣。然而仅能致治，未洽泰和。炎荒之小国相持，中土之狱囚常满，陈言纳疏者，无救弊之方，在位食禄者，但用法而已。岂官非其人，而未能尽副圣意邪？将贤材处职，而有术未得尽行邪？抑且民或下愚不移，而不循尧、舜之化，须除恶务本，然后息邪？尝切思之，良有以也。九重深邃，四海悬远，下情不得上通，上意不得下达，枢机既开，责成群下，养民之道或未周，用人之方或未至，当事者以簿书期会为急务，进言者以法令末节为大本，此其所以仅能致治，未洽泰和也。

赵天麟希望皇帝能够以法圣人的态度，积极推行文治，所带来的盛世才能超过前代的君主。

> 伏望陛下轸圣心而虑之，究至理以图之，细推今日之施为，详择群下之得失，观天文以法阴阳，察地文以御柔刚，来人文以化四海，守圣文以照无疆，同夏之文命，比周之文王，超汉之文帝，越唐之文皇，治效班班，可得而议。愚臣观此，蔑有难焉。盖古天下，今天下，易地则皆然；前圣人，后圣人，有为者亦若是故也。①

（六）简游猎

注重游猎是蒙古人的习俗，尽管要向君主阐明以马上得天下但不能以马上治天下的道理，但是赵天麟也明确指出，游猎是平时训练军队的重要方法，所以需要保留。

---

① 赵天麟：《论观天文察地文来人文守圣文》，《元代奏议集录》上，第273—275页（《全元文》第28册，第114—115页）。

先王之临制也，马上得之，而不以马上治之，顺天取之，而又以顺天守之。当其四边有警，中夏未宁，方方兴徯后之心，在在冀更生之日。有天吏之济世，不得已而用兵，事在合宜，心非自豫。迫乎荆榛绝柢，烽火沉光，安不忘危，因时讲武，故春夏秋冬之事，有蒐苗狝狩之名。辕置旌以为门，褐缠质以为臬。前禽遂失，即鹿由虞。不韦陈厉师之文，气严三鼓；戴圣纪合围之戒，礼用三驱。且振旅茇舍，治兵大阅，于以顺少长而习威仪，于以辨号名而读书契，表田莱而是务，防战事之不虞，岂耽嗜云乎哉，亦举仪而已矣。

保留游猎不等于沉湎于游猎，对游猎无所限制。赵天麟以皇帝每年的巡幸上都为例，指出如此大规模地往返于两都之间，并加以游猎的行为，不仅耗费大量的人力，亦增加了使皇帝犯险的可能。

今国家起统于玄冥之域，习俗于弓矢之中，在潜龙之时，而派天潢之尊，驰志于斯，犹为未可，况飞龙之后，而承大器之重，存情于此，云何自轻！国家每春日载阳，乘舆北迈，金风荐爽，大驾南回，因田事以选车徒，采珍异以供食膳。臣疑太甚，敢罄愚衷，庶陛下之思之，顾刍荛而不弃。夫弥旬延月，出仗从禽，并细柳之龙台，接长杨之熊馆，霓旌蔽日，雷鼓震天，九重之兵卫森森，万乘之仪銮凛凛，驰驱迅速，回互腾骧，天马纷飞，斜冲横骛。加之以崇冈峻阜，积薮长林，路不但于千盘，坂或同于九折。窃以千金之子，坐不垂堂，今陛下富无伦，贵无敌，岂宜频冒此险哉！

赵天麟还特别以君主应有好生之德的理念，规劝皇帝降低游猎的频率。尤为重要的是，减少游猎后，皇帝可以有更多的时间与臣僚讨论治道问题，对天下更有好处。

夫敦弓楛矢，长戟利戈，穷山泽以设置罘，合周围而纵鹰犬，云霄杳漠，无可避之捷禽，陵谷交杂，无得逃之驽兽，莫不摧翎卸羽，纴角羁蹄，溅血满于荒芜，号声恸于人耳。窃以君子见其生而不忍见其死，诸侯哀觳觫而行仁术。今陛下禀圣人之资，居圣人之位，贵洽好生之德，用推不忍之心，岂宜屡为此事哉。

伏望陛下游神太素，端虑施仁，常存爱物之心，简夫游畋之事，革延日弥旬之例，戒光武夜归之失，虞德被动植之物，汤罗宽鸟兽之生。如此则承恩幸致于告祥，闻乐因之而率舞，使有知之民倾心感戴，未服之国向化来宾。且如广厦之下，细旃之上，公卿在后，师保居前，访治道以调化机，计公论以和玉烛，周旋揖让，不其乐哉！又何须亲劳奊脆，逞雄心于兵马之间，屈犯尘埃，取微乐于衔橜之上。故曰："好动不如好静，有为不若无为，斯天下之想闻，乃圣王之大道也。"①

（七）礼大贤

君主礼贤是治世的重要表象，赵天麟不仅强调了贤者有独善其身的特性，君主要有屈尊敬贤的态度，还特别指出招大贤必须用特殊的方法，不能用寻常的招人方法来对待大贤。

> 色斯举矣，举则独善其一身，翔而后集，集则泽加于天下者，圣贤之士也；知辅世贵德，而下于一介之德，务好善忘势，而屈其万乘之势者，圣明之主也。故丹山彩凤，不可以常网而罗之；沧海长鲸，不可以常竿而钓之；寰区薄海，不可以常士而治之；命世大贤，不可以常礼而招之。

忽必烈即位之后，即下诏招贤，但是效果不是很好，在赵天麟看来，主要是因为朝廷对贤者的礼遇不够。尤其是以傲慢的态度对待贤者，贤者自然会选择隐居，而不会主动应招而来。

> 今圣明溥班明诏，博访硕人，斯盖取士之一节，未尽举逸之大方也。夫贤有放情江海，佚志山林，隐于朝野贱役之中，混于市井编氓之内，和平表而存乎里，遗其世而享其身，此岂贤者之本心哉，盖由不得已而然也。彼且志深道义，心藐功名，以德言为衣，而弗荣轩冕之服，以道腴为味，而弗嗜膏粱之馔，所耻者德未及古

---

① 赵天麟：《请简游猎》，《元代奏议集录》上，第377—378页（《全元文》第28册，第135—136页）。

人而已矣，所行者尽其在我者而已矣。及乎耳闻丹诏，意慕清朝，弹贡禹之尘冠，空彦伦之蕙帐，奔趋魏阙，启沃尧心。陛下卑辞而得之，屈己以崇之，乞言而行之，推诚以任之，使夫未至之流皆欣欣而曰："吾王之道兮，与吾道同。吾王之心兮，与吾心契。"……其或据爵以骄之，傲而慢之，或震之以天威，或置之而不问，使夫已进者因事而乞骸骨，未进者惩类而甘藜藿，虽复麻经递降，币帛交驰，谁肯鸣英倡俊，以先服王室之劳哉！

大贤要行大道，与君主的要求合拍并得到君主的礼重，才能出而为国家效力。所以皇帝要招来大贤，不仅要有对道的追求，还要有谦虚的态度，使礼贤、重贤成为一代风气。真正做到这一点，不仅不难招来大贤，亦会使一般的贤者亦都被朝廷所用。

轻贤而贤者不至，非贤者之虚养高而乐贫贱，盖防其道之不果行也。在上之待贤以殊礼，非在上之徒自轻而钦寒素，盖由其道之在于彼也。故道者，人君之师也，道之所在，恐不获及，亦既见止，亦既觏止，岂暇计贵贱轻重之云哉！纵未或尽至，亦足以激励风俗。如惠然咸来，则可以同熙帝载。得贤之道，何莫由斯。

今国家鼎安方域，囊括封疆，国保于民，民保于贤，宜乎颙颙之士辐凑金门，济济之徒并生王国。然而内有御史，外有宪司，大臣之抵罪尤频，官吏之坐赃犹众，设明刑而不息，垂峻令而自如，凡以官不得人故也。古之十室尚有忠信，今之万国宁无贤才？伏望陛下谦虚自守，体貌无遗，霁英威而新之又新，和天倪而行所未行，接下思恭，育才为乐，重胎夭以致特角之麟，受马首以致千里之骏，载昭邦宪，置彼周行。如此，则皇基永固，庶职无瘝，神祇安乐而戬谷弥臻，闾里和宁而室家相庆矣。①

(八) 绝谗谄

与礼大贤相辅相成的是斥绝谗谄之人，赵天麟不仅指出了谗臣和谄臣的各种表现，还特别强调只要朝廷中有这样的人，必会带来严重的灾

---

① 赵天麟：《论礼大贤策》，《元代奏议集录》上，第299—300页（《全元文》第28册，第122—123页）。

祸，使治理天下的目标难以达成。

　　天人一致，愚哲同源，因欲引以或迁，守公中而自正。奈有清浊交互，动荡不停，谓其愚骇，则曲尽于聪明，谓之聪明，则不循于辙轨。白衣苍狗，身世多端，覆雨翻云，心君靡定，斯盖溺意于浇漓，有才而无德者也。以之平天下，天下难平；以之治国，国不治；以之齐家，家不齐。施之于口谓之谗，发之于心谓之谄。乃有篡篡不鲜，邪遁为先，曲说以易人主之意，反间以成国家之隙。或谓贤臣可镇何处，而疏之于外；或谓纠弹恐益讦风，而塞之于中；或诬忠谏为谤君，而请加其诛；或赞玩兵为振威，而请勤于远。顺己意者荣之，忤己意者构之。其荣人也，虽周公听其言，亦谓当加厚赏；其构人也，虽咎繇勘其状，亦谓死有余辜。苏、张之捭阖为宗，弘、石之诡辩是效，苍蝇白黑，南箕哆哆，是皆谗臣之甚者也。乃是足恭其志，便僻其容，逢君之过，而邀以成之，疾君之善，而抑以行之。有水害，则曰不当农时也；有贼寇，则曰鼠窃狗偷，不足畏也；螟蝗蟊蠡，则曰不食嘉谷也；彗星夜见，则曰所以除旧而布新也；秋后开春花，陨霜不杀草，则曰阳德盛而获天瑞也；日食地震，山崩水涌，则曰数运之当然也。以鹿为马，以野鸟为鸾。又尝谏无碍之小事，以昭其忠；拜黄宫之路尘，以求其助。裴延龄之谲诡，苏味道之模棱，尸禄素餐，偷安窃位，是皆谄臣之甚者也。谗臣得志，则抵掌以成天下之灾；谄臣在中，则安身以养天下之祸，不绝是二者而欲治，臣未之闻也。

　　忽必烈在位期间，已经杀掉了阿合马、卢世荣、桑哥等奸臣，赵天麟对此给予了高度的肯定，但是他提醒皇帝要吸取教训，不要被谗臣和谄臣的巧言和谄媚所迷惑，做到有小人干政即立刻灭绝，并时刻提防谗臣和谄臣的窜起，为太平之世提供基本的保证。

　　今国家屡下贤良之诏，明行谗谄之诛，加之以圣教通流，污俗浸变，朝廷之上，穆穆锵锵，台阁之中，岩岩赫赫，军民得所，动植安仁，纵有谗谄之人，亦皆改迹以思公，向风而树直矣。臣尚念原头星火，能燃万顷之荒，窗隙微风，能作一身之病。群仆左右，日侍天颜，握轴官员，并承天宠，委无谀谄，咸秉坚贞，设有其人，恐将难救。有则绝之，无则防之。伏望陛下精加裁察，每事再思，无以先入之言为主，而但核其实，则谀者自绝矣；无以侧媚之态为良，而但举大体，则谄者自绝矣。谀谄既绝，则君子道长，小人道消，上下无一毫之私欲，而太平之化勃然兴矣。圣人曰："巧言令色，鲜矣仁。"说者谓："巧言，谀也；令色，谄也；鲜矣者，圣人辞不迫切而明其无也；仁者，天理之公也，言谀谄之人无天理之公也。既无天理之公，恶可与之治天下哉？"臣所以谓有则绝之，无则防之，慎之至也。①

赵天麟的以上八点建议，涉及的都是国家政治走向的问题，其基本逻辑就是要走向太平盛世，必须有能够正心和定理的明君把握基本方向，坚持爱民和守孝的基本原则，以文治替代武功，改变沉湎于游猎的习俗，并且以礼大贤和绝谀谄的方法为治理国家提供必要的人才支持。要稳固帝业，确实不能忽视这些基本的要求。

二　政纲说

赵天麟上书中的"修八政以振天下之宏纲"的八个篇目也已佚失，由于这一主题涉及的主要是与国家政纲有关的制度问题，从辑录到的内容看，应包括教东宫、导宗室、行籍田、崇都省、置谏院、重御史、严枢密、杜利门八方面的内容。

（一）教东宫

忽必烈立真金为皇太子后，命其兼中书令和枢密使，并建立了太子监政的机制。赵天麟则明确指出这样的做法不妥，因为中书省管民政，枢密院管军政，不应该由太子虚领，而应该委任大臣任中书令和枢密使，因为本朝已经有以大臣为中书令的先例。尤其是太子虚领中书省和枢密院事务，可能带来两府官员不敢负责的弊政。

今国家铺张治具，整顿条纲，内焉三公九卿，外焉庶疆诸尹，例皆举贤推德，使宅高下之员，揆务分司，严纠倾邪之类。盖欲有

---

① 赵天麟：《论绝谀谄》，《元代奏议集录》上，第315—316页（《全元文》第28册，第128—129页）。

> 生皆乐，无物不安，旁推恻隐之心，迓续文明之治。至于中书一令，枢密一使，尝使东宫领之，连旬累月，望储闱铜辇之来临；虚榭空帷，设银棨金堳之太坐；事专归于副相，政并于同僚。臣以为，中书者，机务之关津，天门之锁钥，挈四海苍生之命，掌万眷皇阙之家，任之而当，则莫枕磐石，任之未当，则瘝官病政，此实国家股肱心膂之臣也。枢密者，疆场之守卫，熊虎之维纲，武臣效力而有所归依，强寇寒心而潜消变故，良才司令，则坐抚尘清，昧者持衡，则多生僻事，此实国家爪牙统领之臣也。由此观之，军民二柄，治乱所关，具其员而非其才，尚恐难行，设其位而旷其员，云何可治。
>
> 且太子正名之后，虽诸王莫得而同，有三师三少之徒，立詹事属官之院。凡在臣民而咸仰，但惟父母之常尊。君行则守，有守则从，从曰抚军，守曰监国。为天子之元子，其贵无以尚矣；任天下之副君，其盛蔑以加矣，又何须银章玉带，耀一品之华阶，宥府都堂，占大臣之上位？名为重之，适所以轻之也。东宫之领此职，非臣之所获知。若谓藉其重以镇之，则朝臣政事无不奏闻，是天威已镇之矣，何烦太子镇之哉？若为他人不可为此职邪，则太师、太保、国王暨刘公为之矣，太傅、司徒亦有为之者矣，观彼四职不下于此，皆令异姓为之，何独人不敢为此职哉？况耶律公已尝作中书令乎！

在赵天麟看来，太子的主要作为就是守孝和受教，而不是像其他儒臣所建议的介入朝廷政务。所以他建议皇帝为太子选择合适的老师，认真教导太子，使其成为符合正道要求的储君。

> 太子之道，春诵夏弦，秋习礼，冬读书，研磨往古之攸行，爰证当今之可务；龙楼问寝，殷勤于内竖之前，甲观尊师，恳恻于春官之侧；以徽柔为本，以仁孝为先。及其既冠，则有记过之史，彻膳之宰，进善之旌，敢谏之鼓；习与智长，故切而不愧，化与心成，故中道若性。三代之胤祚长久者，辅翼太子有此具也。太子之善，在于早谕教，教得而左右正，左右正则太子正矣，太子正而天下定矣。此所以周公示法于成王，贾子忠告于汉文也。以陛下之

圣，犹立保傅，在太子以奚疑！伏望陛下慎选硕人，辅导太子，无令降居臣职，以轻其身，当使益增其明，以成其孝。如此，则乾符永握，黔黎知大本之安，震德惟新，天地有长男之美。①

(二) 导宗室

赵天麟认为："自非上圣，须待学而知之，已居至贵，须以名而美之。夫学者，规矩之至也。"以此为原则来观察宗室贵族，由于他们的地位特殊，大多是不重视学习之人。

> 方今宗室贵人，幸生圣世，有好学而不厌者，亦有轻学而弗嗜者。臣固知尧、舜率天下以仁，而退陬尚且从之，况于金枝玉叶，亲聆謦咳之音，凤阁龙楼，密迩雍熙之化，向风从教，如琢琼瑶。但以宗族止贵于崇亲，非若师友辅成于德业也。今国家既立宗正府，又立国子学，盖欲申邦宪以公灭私，崇德化以文饰质。然其宗室罕笃于学，或月诵而年闲，或春集而秋散，以驰马试剑为至乐，以援弓射鸿为常事。一日暴之，十日寒之，未能有生者矣；雨露息之，斧斤伐之，未有能萌者矣。臣但惜其已贵而不慕荣名，则惑之甚焉。且宗室之右族，非寒门之同例，欲希贤圣，有易有难。就居移气、养移体而论之，似亦或难；就贫无怨、富无骄而论之，富者实易。所以易者，专于道义而无饥窭之忧，行未半于寒士而获无穷之誉故也。

为使宗室不至于成为贻害天下的因素，赵天麟建议对宗室从幼年起就要进行儒学教育，使之了解治道的基本原理，并为其行止确定基本的规范。

> 若以河润九里，泽及三族，圣躬居万乘之尊，宗戚备极荣之位，俾居藩镇，俾守边疆，设有微愆，或干国典，陛下将如之何哉？置于法则伤恩，原其罪则废法。故不如自其年之幼也，严师以训之，及其过之未也，屈情而学之，乃可复本来之性天，垂荣名于

---

① 赵天麟：《论东宫不当领中书枢密之职》，《元代奏议集录》上，第279—281页（《全元文》第28册，第117—118页）。

后世矣。不求名而名自随之者，上也；知名之美而学以求之者，次也。劝之以次而达之于上者，古今之通理也。伏望陛下导宗室以学问，激宗室以荣名，严宗室之师，重宗室之友，庶使贵人之志各怀希圣之明心，无令博士之流谩作在公之虚号。若然，则东平最乐克广于今，河间道术不能专美矣。①

(三) 行籍田

赵天麟指出朝廷已经建立的宗庙等祭祀制度甚为重要，但是还缺少天子籍田的礼仪，实为一项重大的缺失。

> 祭祀者，人之大端，衣食者，人之常理，上自天子，下至庶人，据此之务，不可阙也。今圣朝天开吉庆，人沐鸿庞，立太常之正卿，设司农之大寺，职尸三礼，望重三农，钦乃攸司，可谓备矣。但以籍田之礼尚未施行，公桑之仪似犹亏阙，至如郊天祀祖，奚为其丰洁之粢盛？有事致斋，何以得鲜明之衣布？则将发仓廪而取粟，向坊局而取衣，是皆农夫之所树艺，红女之所缫织。虽有籍田，而实非陛下之所耕也；虽备服物，而亦非后宫之所出也。以之对越神祇，享于祖祢，道或未尽，礼不徒成，陛下之心，能无少歉？

赵天麟详细介绍了古代籍田礼仪，并明确指出："此礼似轻而实重，此制似小而极大。盖所以答祖宗之功德，尽祭祀之至诚，知稼穑之艰难，先天下以务本也。"也就是说，籍田关系着以农为本的理念，所以应尽快施行这一关乎朝廷形象的做法。②

(四) 崇都省

赵天麟以中书省与行中书省的关系，看待如何保持中书省尊崇地位的问题，所要强调的是中书省应发挥提纲挈领的作用，以去细务决大事为原则，达到政简事洽的治理效果。

---

① 赵天麟：《论导宗室以学问》，《元代奏议集录》上，第281—283页（《全元文》第28册，第119—120页）。

② 赵天麟：《论行籍田公桑礼制》，《元代奏议集录》上，第289—291页（《全元文》第28册，第121—122页）。

车舆之枢要在于管辖,衣裳之提纲系于要领,要领不可以兼衽袂之资,管辖不可以兼辕衡之用。盖器殊缓急,则一无为万有之宗;名限重轻,则一贵乃群卑之仰。

我国家内立中书,外立行省,行省以革藩镇诸侯之专,中书以为公卿大臣之任,防微之理亦已至矣,树治之法可谓盛矣。然犹有未尽,辄敢妄陈愚言。窃见中书内省密迩皇宫,统余省于上游,弼圣君于中域,但当坐而论道,据槐府以秉钧;宽以宅心,守台司而助化。今也汴梁以北,北京以南,西界长安,东穷辽海,毫厘细务,靡不相烦,升斗微官,亦来取决,岂非管辖兼辕衡之用,要领兼衽袂之资乎?伏望陛下载崇都省,申以大名,谏院隶焉,六部隶焉,除乌台、相府所统之外,随朝九品以上亦皆隶焉。选德才无玷、地望极清者为大中书令,其丞相、平章、丞辖、参政,以至府之参议,院之谏臣,暨郎官、都事之司,咸冠以左右之号。凡宰执朝会,商榷万机,常以谏臣班于厥次,有阙斯补,有遗斯拾。如此而圣德加明,治具张矣。凡都省移文于行省,以咨付付之;行省移文于都省,以咨呈呈之。凡都省事关行省,及行省一切合禀事务,咨呈于都省,都省判送六部,六部拟而呈之,转咨行省以行。凡随朝九品以上,及外路受宣命以上官,都省注之。如此而宰执益崇,政事简矣。

腹里地区原来由中书省直接管辖,赵天麟建议在这一地区设立一个行省,以使中书省不再管理地方的细务,专心于中央事务的处理。

更望陛下于腹内取中别立一省,谓之燕南等处行中书省,以间汴梁、北京、辽阳、安西四省之间。凡外路受敕牒以下官,行省注之,然后咨呈都省,乞颁敕牒可也。凡随朝诸有司当受付身者,委都省出之;凡外路诸有司当受付身者,行省出之。如此则上廉远地,而堂陛愈高,都省增崇,而天王益重矣。或者以为国家因四远及蛮荆之新附,故立行省以镇之,腹内不须立也,殊不知汴梁有省,岂汴梁亦新附之城哉?事在不疑,惟陛下察其可否而行之。①

---

① 赵天麟:《论增崇都省并于腹里别立一行省》,《元代奏议集录》上,第307—308页(《全元文》第28册,第124—125页)。

（五）置谏院

理政所遇到的重大问题是下情不能上达，甚而蒙蔽君主，所以君主纳谏是政通人和的重要保证，不能不引起君主的重视。

> 夫妇之愚，可以与知焉，及其至也，圣人亦有所不知焉。由是观之，圣人生知之资，天纵之美，未能尽知也。况于王者以拱默为尊，无为为贵，眼力之所至，不过乎宫禁之间，耳力之所及，不越于轩墀之侧。受天眷命，职司治下，京、府、州、县，缕错星分，烟火茫茫，民以亿计，内委卿士，外任守令，事机情弊，奚以知之？故下情贵于上通，使万里之远，如泥之在钧，灼然于廊庙之奥，而民瘼息矣。上意贵于下达，使九重之邃，如日之在天，普照于闾阎之贱，而王化敷矣。

朝廷已经颁布过求直言的诏书，但直言者甚少，其原因就在于缺少闻过即改的诚意。

> 今圣朝诏许陈言，旁及山野，然无谏议之臣，实欠悦言之至。臣固知陛下丕绳祖武，图任旧人，合九土为一家，光百王于千载，敷天仰睿，比屋从仁，小民膺美于无穷，百司承风之不暇，又何假乎谏也，实无得而称焉。其或覆盆难照，过事微萌，岂不累乾坤造化之功，阙衮冕焜煌之耀乎！在下之臣有言责者，则拜章飞疏，以全益明之明；无言责者，则尸祝不可以代庖人，将无救之者矣。能自得师者王，惟后从谏则圣，以过事非谓之迩，惟有过而不闻，是为过也。

为了使朝廷经常保持纳谏的状态，赵天麟建议仿照旧制，在中书省之下设立谏院，专司谏议之职。

> 前汉以前，有谏大夫，后汉以后，增为谏议大夫，至于唐朝，遂分左右，是诚居极之大端也。伏望陛下因今稽古，崇置谏院，隶于都省。选天下名高德劭、才学该博之士，班分左右，立谏大夫二员，又立司谏、补阙、拾遗各二员。凡上躬之进退从容，政令之更

张制作，假之以阳春之颜，厉之以风霜之节，如沧海之愈下而愈深，如宝镜之愈磨而愈明，不亦美哉！

尤为重要的是，设立谏官是为了使皇帝能够纳谏如流，闻过既改，并且时刻记住"忠言逆耳利于行，良药苦口利于病"的教诫。

> 臣又思之，不患有过，而患乎过之不闻；不患过之不闻，而患乎闻之惮改也。何则？过者，圣贤之所不免也。以孔子犹天而贵徙义，以颜渊入室而不贰过，言未尝无过也。过而不闻者，蔽塞之因也。今已上通下情，若又上立谏府，则无不闻之过，但在转圜而已。……忠言逆耳利于行，良药苦口利于病。更望陛下既立谏臣，又当纳谏如流，改过不吝，毋或加愠，以杜忠直骨鲠之门也。①

(六) 重御史

赵天麟认为，御史台作为天子的耳目，在官场中应具有清、严、威、重、贵五方面的特征，才能起到震慑各方的作用。

> 方今御史台官，内有监察院以隶之，外有廉访司以承之，所以敬肃百僚，风宪万姓，张理上下，整齐人道也。由此观之，御史之职，非天子视听之官而何哉！是以霜简鹭车，柏林石室，昭其清也；援以立秋，象以荧惑，昭其严也；鹰击之谕，豸冠之服，昭其威也；千步清道，王公逊避，昭其重也；中书、门下，并为三司，昭其贵也。五者备矣，然后能指佞触邪，彰善瘅恶，使雄奸巨媚，胆破声消，封豕长蛇，骨寒心颤，则狐狸渺害，蜂虿微毒，将不治而自息矣。

但是朝廷自建立御史台后，尽管为其确立了主掌监察的各种职能，但是未见其发挥作用，尤其是对于阿合马、桑哥等奸臣，御史台的官员并未给予揭露和弹劾，而是保持着视而不见的缄默态度。

---

① 赵天麟：《请崇置谏院》，《元代奏议集录》上，第334—335页（《全元文》第28册，第130—131页）。

> 今国家令御史台凡百官之非违，诸司之案牍，朝会祭祀之事，理断失宜之类，以至于该载不尽，应合纠察者，并行纠察之，其制可谓恢恢而不漏矣。然则朱帷峻位，但小节以为先；苍佩崇班，视大端而难顾。臣请以畴昔验之。阿合马擅政于前，虽龆龀之童亦知切齿而恨也；至桑哥弄权于后，虽牛马之走亦知侧耳而憎也。于是台官以下，察院之属，闭口吞声，见如不见，宴居高坐，闻若不闻。赖社稷福，添曦朗照，太原侠客，揖聂政之长风，大理名卿，致皋陶之淑问，凶渠遂翦，赤子更生。美则美矣，未尽善也。

赵天麟认为御史台之所以处于"不言"的状态，有两个重要的原因。一是由于朝廷风气不正，奸臣弄权，御史台官员为避免杀身之祸而不敢上言。二是由于御史台官员品位太低，不能与中书省、枢密院平起平坐，地方监察机构也不能与行省等平起平坐，监察官员的位低劣势使其不能言。为改变这样的现象，赵天麟的建议是提高御史台官员的品级，使其与被监察的机构在同一品级上，实行平行的监督。此外，对于监察系统本身可能出现的问题，应以绣衣使者巡行天下的方法加以纠劾，并允许天下之人公开检举和揭发，以保证监察系统始终处于清正廉洁的状态。

> 且我国家建兹御史，岂惟计典宪之末仪，顾行文之小事哉！然而宪台之不言，本匪宪台之所欲，由其省府之职秩悬隔，而不敢抗衡故也。况权臣之计，百纲千机，以崔公并职，尚且绳之以极刑；以杨子同僚，犹且陷之于死地。进而极正，则徒遭刑勠，而令清朝有杀直之名；退而引病，则诬以不忠，而谓不肯出皇家之力。眭眦以禁之，艾顶以胁之，所以霍光忠厚，乃能容延年于宣帝之朝廷，梁冀豺狼，终亦致文纪于广陵之贼窟。方今百官公正，庶务丕平，然而弊习不可不防，宪台不可不重。伏望陛下厉宪台之风采，俾行省以齐阶，首之以御史大夫一员，使与行省首官品秩相同，其余员位，以次升之。又宜命监察御史与六部侍郎品秩相同，又宜立绣衣使者八员于中丞之下，秩同侍御史，使之分使天下，专纠行台及廉访司之不如法者。又内台或有愆违，宜命天下皆得举发，如罪状明白，委为故犯，重则投诸四裔，以御魑魅，轻则免官禁锢，放归里

间。如或妄举，反坐其人。故圣王之御下也，用而不疑，疑而不用，委任之，体貌之；及其得罪，则是臣下自以罪加乎身也。幸从臣言，则奸邪难蔽，而中外永清矣。①

(七) 严枢密

枢密院是专门的军政机构，赵天麟以仁义的关系说明了文武之间的相互依存关系。

> 刚柔并用，定鸿钧坱圠之功；文武双行，为国家久长之计。事兼生杀，虽任于人，权在圣明，不宜归下。粤自理分天地，位正君臣，仁为文之实，义为武之干。至如阴阳不测，体用无方，振义武以拯人，仁亦在其中矣。布仁文而肃政，义其可以忘乎？故仁者义之元，而义者仁之宜；文者武之宗，而武者文之助也。

尤其是朝廷设立的枢密院统军制度，赵天麟特别指出了其符合天子掌权、枢府行事的基本原则。

> 夫权者，天子之神器；事者，在下之所行。权维轻重，故非臣下之当持；事各分科，故非天子之宜务。今国家立枢密院，以维中外之军兵，以定武臣之官爵。而又紫垣春色，荣照六军，丹阙神威，凛班诸卫。而又元帅、统军、招讨、奥鲁之官，万、千、百、十夫长之职，熊罴貔虎，八镇方维，骐骥鹰鹯，一遵约束。又如武库武器，设署于京师，弓箭甲局，分工于随处。此皆事行于下也。凡诸事务，皆申枢密以奏闻，此盖权归于上也。钦惟国家处置权事，甚为明切。

赵天麟还把统军将领分为两类，一类是攻战之将，另一类是太平之将。君主统辖将领，对攻战之将要讲究"专委"，对太平之将则要讲究"分统"。而无论是哪一类将领，在统兵时都要遵从忠、计、勇、果的基本方法。而为了使枢密院更好地履行统军职能，就应该使枢密使成为

---

① 赵天麟：《论重御史台职权》，《元代奏议集录》上，第309—310页（《全元文》第28册，第126—127页）。

实职，而不是以太子虚领。

> 将兵者，将也，将将者，君也。将兵之道有四，而行之者八。何谓四？一曰忠，二曰计，三曰勇，四曰果。何谓八？见敌勤王之谓忠，闻敌制胜之谓计，饱直恃力之谓勇，进战期克之谓果，此盖攻战将兵之将也；劝主上以先之谓忠，严军律以养素之谓计，坐帷幄以折衡之谓勇，不生事以希幸之谓果，此盖太平将兵之将也。而将将之道亦有二焉，一曰分统，二曰专委。当其天下已定，将帅优游以备爪牙之用，乃方方殊掌，位位各司，无使一员独为魁首，于是有分统之道焉，实万世之计也。如或边尘暂起，命将兴师，须立名将以总之，乃面告之云："阃以内寡人制之，阃以外将军制之。"于是有专委之道焉，但一时之事也。出征而不专委，则节制难齐；太平而不分统，则久生异事。高爵以宠之，厚禄以食之，二术以御之，举无遗策矣。伏望陛下立枢密院使一员，使与行省首官品秩相同，其余员位，以次班之。今适太平，事无大小，须待同议，无或敢专。若夫卫、府、司、营，已有蒙古监军，不须别议。此即分统之道也。设或动兵，则暂行专委之道焉。更望陛下于中外卫、府、司，训示以愚臣所述攻战将兵、太平将兵之四德。如是，则事常谨于下，而权常归于上矣。权归于上，则人无觊觎，而民得安矣。①

（八）杜利门

由于朝廷已经有过多次义利之争，赵天麟特别指出儒者不是不言利，而是要以守中的观念看待利，取之过者均为之害，所以义强调的是取之有道，言利者所要求的则是取之无限。

> 仁义而已者，亚圣之法言；允执厥中者，圣人之极致。仁义合而为道，道者，利之利也。执中变而为过，过者，利之害也。何以言之？夫爱人利物谓之仁，见得思宜谓之义，以致民心悦顺，基绪坚长，如沧海泄于尾闾，而百川益以归之；如张弓当乎不足，而自然有以补之。此虽不言利，而利已在其中矣。夫取物限多谓之过，

---

① 赵天麟：《论将兵将将之道》，《元代奏议集录》上，第349—351页（《全元文》第28册，第131—133页）。

平限益求亦谓之过，以致民生朘削，恒业消耗。且下之于上，犹枝叶之系本，器物之在室；上之于下，犹本之统枝叶，室之贮器物，未有枝叶朘削而木独丰，器物消耗而室能满者也。此虽力征利，而害已在其中矣。超然上圣，鉴临万方，明义之当然，绝利之可欲，守以行己，推于教人，亦岂并绝其利之利者哉？盖矫枉过直，率之于中而后已也。

朝廷虽然已经诛杀了言利的奸臣，但是对其徒众没有严厉惩治，尤其是没有形成重义轻利的官场风气，所以还可能出现以理财获利而自售的奸人，坚守正道的人对此必须有所警惕。

今国家诛邪臣之好利者以谢兆人，其官吏之嗜利者以委宪职，可谓审乎义利之正矣。然而圣教流布尚未尽从者，利门未杜故也。臣窃以财货委有失漏，献言于上，亦正义也。乃有凶悖之徒，倾巧之子，平地风波，妄谓天下之财货可商计也，有欺蔽也，有羡余也。曲成微理，足移明圣之心；深饰辩言，足惑明圣之听。此等已恶于民，而其实岂欲增国家之利哉？但欲指名握节，侵剥刻除以自济，幸事之办，希功徼赏以自荣也。且自济自荣，亦何济荣之有哉？皆得珠藏腹毙身之类也。是故衅彰加勍，举遗业而并破矣。臣恐后之人昧未形之祸，贪望外之利，亦且仿献利者，此盖未尽从圣教之由也。

为杜绝言利之人再次出现在朝廷，赵天麟不仅建议要追究以往言利之臣及其徒众的责任，永不起复，还要坚决杜绝在朝廷中提出的各种言利建议。此外，为使官员廉洁，赵天麟建议以俸养廉，提高官员的俸禄，并对贪腐的官员实行去职后永不录用的方法，以警戒他人不要重蹈覆辙。

臣又以中外官吏，志道义者据道义而直行，志功名者念功名而自励，以富贵为傥来之物，以忠孝为天爵之金，岂肯滔下民之膏脂，以润其尺寸之肤哉！臣恐有志富贵者，胁肩谄笑于权贵之前，昏夜乞哀于要津之下。其未得之，则患得之之难；及既得之，则仗市井之谋，乘君子之器，奸心大逞，欲窍旁开。苍蝇之技，闻臭而集；苟狗之心，忍羞而计。心计之不足，故口求之，口求之不足，不知身之赴之、手之攫之也。吾家何物未造，造之；吾家何物未完，完之。王事纷纭，委于后矣。若见廉者，则相顾而笑之曰："愚也，拙也，俸薄而廉，徒自苦也。"既又相齐而疾之曰："汝非原范，亦将廉邪？汝不和光同尘，将背吾徒邪？"而陷之，而胁之，遂使廉之固者受排沮于明时，廉之薄者变琳琅而土苴矣。彼一旦祸孽盈溢，闻诸宪职，于是计贿之多寡而之，而复任之，是用被决无耻之徒，复临良民也。如此而欲廉风行，奚自哉？彼习知被决而复获守职，则益无所顾矣。此亦未尽从圣教之由也。故献商计羡余者，莫非怀秽之人；被笞杖复官者，例皆无耻之类。秽既怀矣，恶能清？耻既无矣，恶能廉？伏望陛下大开离耀，明示群方，凡财货委系未贡而无拘检者，许自陈言；凡献商计羡余之议者，并行禁绝，不须疑议，而利门自杜于上矣。凡中外掌政临民官吏，厚增其俸，有受一毫之赂，停锢其身，不假笞杖，而利门自杜于下矣。盖以欲心之起，小大无殊，临民之官，莫先于义也，然后能私弊息而公义自行，百姓足而君无不足矣。①

赵天麟对朝廷重要制度的八项建议，不仅是要完善已有的东宫制度、宗室制度、中书理政制度、枢密统军制度、御史监察制度，还要求建立籍田和谏院制度，并要求将杜利门的做法制度化。尽管有的建议与传统的做法不符（如建议太子不兼中书令和枢密使，以及提升御史台官员的品级），但对于其将朝政制度化的政治观念，还是应给予充分的肯定。

三　用人说

赵天麟上书的"运八枢以公天下之爵禄"，分为慎名器、量短长、考幽明、推公举、别儒文、饰译学、清阀阅、削冗员八方面的内容，都是事关选人和用人的建议。

---

① 赵天麟：《杜利门策》，《元代奏议集录》上，第369—371页（《全元文》第28册，第133—134页）。

（一）慎名器

赵天麟对于忽必烈刚即位时建立的官制体系给予了较高的评价，并指出至元十四年以后，由于奸臣弄权，在江南地区肆意任用官员，使得官制大坏，并带坏了北方地区的官场风气。

> 我国家设官分职以来，政迹彬彬，寖成文化，比屋有遂生之乐，敷天无失所之人，凡以得人故也。自至元十四年新破宋区，权臣行海放之法，使负贩屠沽之辈，臧获厮役之才，或受皇宣，或膺敕札，填海塞市，车载斗量。望江、淮而去者，皆怀劫掠之心；就闽、广而官者，罕有公清之德。行台在上而不能禁，按察严令而不能绝，岂非疮痍之地生蚊蚋之虫，牛羊之群纵豺狼之兽哉！及乎考满，申上移除，贪叨者不知纪极，益思营取而甘宦蛮方；惧险者已致不赀，宁降等级而还官腹内。于是东西南北，滥子交行，汉剑未加，朱云暗叹，十余年间，选法大坏。或者以比齐鹰开府，卫鹤乘轩，臣犹以为未也。夫鹰鹤虽禽鸟，而岂尝害民也哉？近年以来，旧弊犹有存者，仰赖圣朝之福，贤相之力，下皆称职，但恐病源未塞，当立法以防之。

为恢复良好的官制，赵天麟一方面建议按照三德九科和八才二十六等的标准选择全国的官员，另一方面则强调皇帝必须掌握任用官员的主导权，不能让这样的权力落到他人手中，成为祸乱官制的工具。按照赵天麟的理解，只要皇帝能够看重名器，就能解决任官过滥的弊病。

> 臣以为选用之法，莫贵于德，莫急于才。才德兼全者，大丈夫也；德胜才者，君子也；才胜德者，豪英也；有德无才者，淳士也；有才无德者，小人也；才德兼无者，愚人也。故明明德于天下者，淳士以上四德皆所当用也，小人愚人皆所当弃也。于是辨三德分而为九科，简八才分而为二十六等。所谓三德九科者，一曰正直之三科，直而温也，乱而敬也，扰而毅也。二曰刚德之三科，刚而塞也，强而毅也，简而廉也。三曰柔德之三科，柔而正也，愿而恭也，宽而栗也。禽受敷施，九德咸事，皋陶告舜，详具《虞书》。所谓八才二十六等者，一曰赞化之才三等，文史也，礼官也，乐官

也。二曰铨选之才三等，知人也，敬贤也，考校也。三曰风宪之才二等，纠察也，廉访也。四曰戎事之才六等，宿卫也，筹计也，督领也，镇防也，屯田也，刍养也。五曰政事之才四等，使臣也，决断也，农桑也，董役也；六曰监守之才二等，关津也，营造也；七曰钱谷之才二等，明利也，算数也；八曰方术之才四等，僧官也，道官也，医官也，阴阳也。八才之等，以德为基。臣又以太阳下照，恩赐云来，有当赏者宁多赐钱币，而名器不可以假人也。

伏望陛下以三德九科、八才二十六等之说明谕选曹，使之从事于斯。凡未尝进而初进者，据此法而置之于所宜之方；凡已进而考满当流转者，据此法而就改于当然之地。更望陛下惜名器之重，勿以假于人。如是而行之，何患弊之不革乎！何患官之不称乎！官称而政成，政成而民安，民安而国庆矣。①

（二）量短长

对于官员的考核方法，赵天麟认为存在两方面的严重问题。一是考核后官员大多数有进无退，使考核徒具形式。二是官员任一职的时间两年半或三年，时间太短，容易造成官员不负责任的短期行为。

> 今国家选法，腹外三年为一考，腹内二年半为一考，自非负罪之员，皆有进而无退。……臣以为方今选法，宜以贤能为先，不宜以日月为上。不革此弊，则是公卿之位咸可累考幸超而希之也。且人才有大有小，例以初仕者职小，则淹滞英才，例以久宦者职迁，则施为安得皆称哉！切恐郡县之官以苟且存心，有更张之事，则计之曰："三年之后，吾将去此，何用劳吾心哉！"因循而已矣。见贿赂之物，则思之曰："一旦交代，未获即除，何以为家费哉？"营资而已矣。又况郡县之民，迎新送故，甚为劳费，其弊将至于无如之何矣。或者以郡县之官久则擅权生事，钱谷之官久则私弊难制，臣谓此言非也。若循三德八才而用之，则皆才德应官之人矣。人情大可见，莫不慕荣贵，但在国家锡之殊宠，用当其才，然亦有不迁之道焉，言当加爵而不即移其职也。

---

① 赵天麟：《慎名器》，《太平金镜策》卷3（《元代奏议集录》上，第326—328页；《全元文》第28册，第136—138页）。

赵天麟认为选择官员的标准是贤能，而不是任职时间或任期的长短。为此他建议将官员的考核分为初考、再考、终考三个梯次，每考三年，根据考核标准确定官职的升降，并将考核置于御史台的监督之下。按照这样的建议，不仅使官员的一职任期延长到九年，也使对官员的考核更具有实际意义，当然也延缓了官员晋升的速度。

> 伏望陛下量其短长，察其可否，细木常使为桷，大木常使为梁。凡内外官员，三年第一考为初考，上等加官阶二级，中加一级，下则仍旧阶，而上、中、下三等皆复守其本职。六年再考，如初考，而复守本职；九年终考，如再考，然后黜陟其职也。凡考法，令廉访司官重甘保结，考其行实，而牒司路以达于上司，铨定阶次，籍记倚阁。凡三考黜陟，其事业循常者，依累次官阶而除之，以次第所宜；其才德超异者，虽阶次甚卑，而待之以不次之位。如是，则居官守禄者既思阶次之超升，而尽其公道，又惧宪职之知觉，而灭其私心，庶几乎选法有以定矣。①

(三) 考幽明

为完善官员的考核方法，赵天麟又进一步指出，由于正邪难分，确实为考核带来了一定的问题，但是只要有明确的考核标准，这样的问题应不难解决。

> 一人在上，握四海之权衡，四海承风，仰一人之造化。功名之要地，荣利之宏机，廉士贪夫，文儒武帅，或欲呈其才德而冀其道之得行，或欲肆其奸回而冀其情之获恣。故正人指邪人为邪，而邪人亦指正人为邪，忠者以佞者为佞，而佞者亦以忠者为佞。交攻不一，虽曰难分，立法取中，亦为极易也。

> 今国家入仕之门太多，考选之方太阙。臣以为王者之左右携仆亦贵乎正，不正，则如蝎蠹之内生；天下之大官小吏并须乎贤，不贤，则如蝗螟之外起。

---

① 赵天麟：《量短长》，《太平金镜策》卷3（《元代奏议集录》上，第296—298页；《全元文》第28册，第138—140页）。

赵天麟所说的考核标准，就是九征、二十六美和公、廉、勤三要。他不仅对这些标准作了具体的解释，还对如何使用这样的标准提出了建议，其目的就是要通过缜密的考核，使官员的情况由幽变明。

臣谨依经考史，断以愚意，条陈圣人之九征，及当今所切二十六美之三十九类，与夫三要，惟陛下察之。

所谓九征者，一曰远使之而观其忠，二曰近使之而观其敬，三曰烦使之而观其能，四曰卒然问焉而观其智，五曰急与之期而观其信，六曰委之以财而观其仁，七曰告之以危而观其节，八曰醉之以酒而观其则，九曰杂之以处而观其色。

所谓二十六美之三十九类者，一曰文史之美三类：草制饰诏，谆悉词情也；校书正字，可为定体也；教诲后学，德多成也。二曰礼官之美三类：补衮拾遗，将顺其美也；朝会祭祀，仪章丕举也；宣慰风俗，雍熙丕致也。三曰乐官之美一类：金石宫商，理协声正也。四曰知人之美一类：善恶周览，洞晓于心也。五曰敬贤之美一类：推毂进士，常若不及也。六曰考校之美一类：彰善瘅恶，照文无失也。七曰纠察之美一类：弹劾所至，不避权豪也。八曰廉访之美二类：廉察官吏，儆惧肃清也；访问风俗，化成礼义也。九曰宿卫之美一类：小心周密，京辇增威也。十曰筹计之美二类：帷幄画计，遐冲倒戈也；排垒整阵，临时合权也。十一曰督领之美三类：器械精完，士卒闲习也；号令严明，部伍齐肃也；临敌耀威，身先仕伍也。十二曰镇防之美一类：守坚持重，寇盗难窥也。十三曰屯田之美一类：劝励稼穑，勤事多获也。十四曰刍养之美一类：孳畜头疋，茁壮蕃滋也。十五曰使臣之美二类：喉舌宣纳，成美昭光也；委干事务，辨济平允也。十六曰决断之美三类：勾检考核，瑕隙无隐也；要察圆明，因无间言也；疑狱得情，处置合律也。十七曰农桑之美一类：董督树艺，水旱有备也。十八曰董役之美一类：监役合宜，丁夫悦事也。十九曰关津之美一类：奸诈不漏，行旅不壅也。二十曰营造之美一类：练事分功，捷于供奉也。二十一曰明利之美一类：出纳有常，簿藉易昭也。二十二曰算数之美一类：多寡有分，了然胸臆也。二十三曰僧官之美一类：弘宣释教，守戒精严也。二十四曰道官之美一类：弘宣道教，守德精严也。二十五医官之美二类：科品明分，举无不应也；开发后学，成材者众也。二十六日阴阳之美二类：历法推步，授时无舛也；卜筮循经，不为诡异也。

所谓三要者，一曰公，二曰廉，三曰勤。径情服事，不邀功利，谓之公。贿赂在前，不以为念，谓之廉。服劳王室，悉心竭力，谓之勤。

九征之征尽矣，二十六美之类备矣，三要之要具矣，选法考校之源委终矣。伏望陛下以九征考左右携仆，仆臣正，而厥后益以正矣。更望陛下以二十六美之三十九类，与夫三要之说，明谕选曹及内外百官，若三年当考之时，凡一美三要者为上等，凡一美二要者为中等，凡一美一要者，有要无美者，有美无要者，皆为下等。凡美要并无，而虽无大罪者，亦停免之。凡罪犯显明，则有宪职在焉。始以三德八才用之，终以二十六美三要考之，则自中及外，大小官吏，将若玉壶之冰，秋霄之月，凛乎其清，皎乎其明矣。①

（四）推公举

在选人和用人方面，君子和小人有着明显的区别。贤者重义不重利，小人则专注于利和私欲，并且存在君子荐贤和小人类聚的不同进路。

> 君子达上，则思进贤，小人乘时，焉能汲善。君子之人，君子朋之；小人之人，小人党之。同声相应，同气相求，德不孤，决有邻，自然之理也。
>
> 夫贤者知有国，而不知有其身；尝喻义，而未尝喻于利，是以内举不避亲，外举不避仇，公举而不恐妨其位。
>
> 小人则不然，怀私挟诈，以滥天官，饰智屈心，以固权宠，亲同类如就芝兰，憎君子如恶蛇蝎。又尝欲使后进皆出己下，而恐其逾于己也。

朝廷的内外官僚，都应有报效朝廷的作为，赵天麟特别建议实行官

---

① 赵天麟：《考幽明》，《太平金镜策》卷3（《元代奏议集录》上，第304—307页；《全元文》第28册，第140—142页）。

员荐士的做法，并要求按照所推荐人员的表现，确定推荐者的升降奖惩，其目的就是通过贤者举贤来阻遏小人类聚，不仅使朝廷有可用之才，亦可肃正官场的风气。

> 今国家求贤之心极重，取士之路未优。且内外官僚，所食者国家所赐之田也，所衣者国家所给之禄也，脱氓编之贱，而得享尊荣，溢祖宗之光，而获班鼎祭，女不知织，男不知耕，如此而不思报国家之厚祉，其可乎哉？
> 伏见方今虽有贡儒贡吏之格，尚未通行，或阖郡而不荐一贤，或终考而不举一士，因循为务，苟且为心，不几乎杜悰、刘胜之徒乎！臣窃以任职立功，治民兴誉，未若举贤之为美也。何以言之？举一贤，则贤者复举众贤，而报国之绩为多，不举贤，则止一身而已故也。伏望陛下载宣天旨，昭谕中外，凡郡县临民正官七品以上，及诸衙门官三品以上，每三考之中各荐一人。凡荐之士，须称其人籍贯、性行，委系何德何才，可充何职。凡荐书达上，委于都省判送吏、礼部，以三德八才之法，照荐书考校其人果为应否，然后申省，乞随选奏而用之。凡以后其人称职，则初荐官至考满之日，优加爵级；凡其人不称职，则初荐官至考满之日，随轻重以黜其爵级；凡其人临官有非常之罪，则初荐官亦放归田里可也。使方方士子咸慕贞淳，在在官僚共求贤者，而贤者知国家之尚贤，莫不出矣。①

（五）别儒文

赵天麟认为儒士中有真儒和假儒的区别。真儒讲究圣人之道，不尚虚文。假儒则以文学显赫，并无真才实学。由于士风颓丧，假儒被委以朝廷重任，技穷才竭，不仅遭人唾骂，亦贻误政事，还毁了儒者的名声。

> 圣人之立教也，畅达情性而言《诗》，条理纪纲而定《书》，因天理人文以制《礼》，宣国风民俗以作《乐》，参天两地，发挥

---

① 赵天麟：《推公举》，《太平金镜策》卷3（《元代奏议集录》上，第313—314页；《全元文》第28册，第142—144页）。

于阴阳而为《易》，尊上卑下，严示于名分而为《春秋》。自上古洪荒之时，节文虽未分，而此理未尝不具也。统言之为道，分之为五常，散之为五行，可以修身，可以齐家，可以治国，可以平天下，此之谓真儒。

道衰以来，昧道之人竞相推重，以文不加点为颜、孟，以咳唾珠玑为曾、闵，憺公政而弗精，委大猷而莫顾，比之穷一经之流，又出乎其下矣。选曹据之而采人，时议敛之而缄口，及其身居要职，家食丰禄，处事罔然，权归吏手，饱千古之书，泥无决之论，拘一介之廉，滞当时之政，事条丛脞，治迹纷扰，虽复才同司马，廉若范丹，秀而不实，清而不干，将安用哉！遂使狼戾儿曹反唇而相稽曰："儒者之道，我知之矣。听其名则彻于青霄之上，考其实则例于黄泉之下矣。"臣以为此非真儒也，皆文学俗士，辱圣人之门，旷国家之职，盗窃天下之名，滥齿四民之首。

在国家大一统的条件下，赵天麟不仅向皇帝建议要选用真儒，还建议恢复科举，并认为实行科举不仅能够选出真儒，还能起到改变学风、士风等方面的重要作用。

今国家车同轨，书同文，臣以为莫如用真儒，亦未宜遽弃文人之类也。伏见方今内本京师，外覃庶境，皆设学校，以易风俗，张皇化纪。伏望陛下载宣天旨，令有司策问科举，限人数以权衡天下才德之人，则儒、文两无遗矣。凡对策超等，堪以从政者，据三德八才，量入政事流品；凡详习礼义，文学富赡者，许令试课，阅实其等，授以教官；凡教官考满，不限人数，许令对策，策中，累阶与官，不然则止于教官内流转。凡已进政事之官者，则有考幽明之法在焉。庶乎官无旷官，儒无庸儒，且使家塾、党庠、术序、国学莫不究极于道器之妙，研精于政化之源，幼而学之，壮而行之，润当代之宪章，绵社稷之福祚，安黎庶之生资，壮名教之元气，一举而四便立矣。①

---

① 赵天麟：《别儒文》，《太平金镜策》卷3（《元代奏议集录》上，第371—373页；《全元文》第28册，第144—146页）。

（六）饰译学

赵天麟还建议将蒙古字学也纳入科举考试的范围，因为朝廷的翻译人才，不仅要熟悉汉语和蒙古语，还要熟悉政务，才能适应朝政的需要。

> 我圣朝命膺于上，运景于今，四振天声，一新国典。自至元六年命国师创为蒙古字之后，宣敕制诏，并皆用之。又内立翰学，外设提举，随路置教，以宣其风。又于凡百公府各设译使，以程其用。仍令天下能本朝字语者，授以官爵。盖以重北方之言，广本朝文字也。

> 然以国家初统北方，乃北方之主，而当崇北方也。今则东西南北罔不承风，笼今昔而同归，总神祇而独祀，何代之制，非陛下当行之制乎？何方之民，非陛下普庇之民乎？乃所谓天下之主，而非若统北之时也，岂宜独尊异北方之言哉？

> 臣意非谓绝蒙古字语仕进途也，但愿诱而进之于明政审化之路焉耳矣。……伏望陛下载宣天旨，令有司凡考试蒙古进士，仍限人数，照依至元十一年圣旨，问以时务利害五件，各以所见用蒙古文字为对。如所对事情切当，言语有伦理，字画无差错者，为中选。全通为上甲，四通为中甲，三通为下甲。然后各考等第之高下，既又据三德八才而量用之。凡已进政事者，则有考幽明之法在焉。凡已进译使、教官等，待当转移之日，依前试之。中选则累阶而量用之，不中则姑于旧职流转，然不之免也。如是行之，可无旷官矣。①

（七）清阀阅

育人是选人和用人的基础，所以赵天麟特别强调古代教子的良法，需要传承到当代。

> 治国之方，得贤为首；齐家之本，教子为先；立身之法，务学为贵。此三者，天理之极，人事之大也。三代之隆，人生八岁，自

---

① 赵天麟：《饰译学》，《太平金镜策》卷3（《全元文》第28册，第147—148页）。

王公以下至于庶人之子弟，皆入小学，而教之洒扫、应对、进退之节，礼乐、射御、书数之文。及其十有五年，则自天子之元子、众子，公卿、大夫、元士之适子，皆入大学，而教之以穷理正心、修己治人之道，所以备委任也。

由于官宦子弟大多不能从小学习儒学，所以形同废人，甚者还会触犯法网，为官宦之家带来祸乱。

今国家荫叙宦门之子弟，上至朝臣，下及外职，莫不各有其格也，其用之则不计贤愚，其崇之则有逾才德。若其资禀峭异，学问优长，乃足以负荷宠光，增崇阶陛。倘有幼习骄气，家振豪风，借势吹声，行空顾影，耀衣服之鲜靡，竞仆马之繁华，走犬飞鹰，弯弓挟弹，岂识圣贤之道哉！于是父兄既不能教之以义方，又有使习吹弹歌舞之艺，从而矜眩其疏丽妙绝也，厥后行文经营资荫，职司王事，不亦难哉！及陷乎罪，正欲置于法邪，则子文之治犹在，不可以忘之，而使人臣解体也；正欲原其罪邪，则栾黡之恶已彰，不可以宥之，而使后人自恣也。

为了将官宦子弟造就成可用之才，赵天麟建议亦将他们纳入科举考试的范围，并给予直接参加殿试的优惠。尤为重要的是，赵天麟要求将官员不让子弟入学作为监察机构纠核的事项，以强迫的方法将宦门子弟全部纳入儒学教育的范畴。

欲令宦门之子弟勤学，在乎君；君令已行，在乎父兄；父兄付于明师，其学在乎子弟矣。伏望陛下载宣天旨，令有司试阀阅子孙弟侄，不限人数，问以时务伍件，汉楷书写，略如试蒙古进士，定其高下等第及当荫之资格，既又据三德八才，累等第资格之官阶而用之。凡阀阅免乡、府、省三试，直赴御试。凡学术荒疏及不能赴试者，姑令学焉，待其中选而用之。凡阀阅三举不第，恩赐出身量用。凡已进者，则有考幽明之法在焉。

臣又以居官者皆化下民者也，有子弟而不能化，何以化民哉？更望陛下载宣天旨，凡见任宦官之家，子孙弟侄八岁以上，三十以下，不通经书，而父兄不令习经书，不晓文法，而父兄不令习文法者，委宪职纠察，见任官而罚之，使居官者惧宪职之纠察，而钦师以教其子弟矣。为宦门子弟者，知富贵之不可幸希，须先学而后获，则甘嗜于学问矣。国家得天下之英材而乐育之，以备他日之用，可无遗恨矣。①

(八) 削冗员

赵天麟以"官不用多，而在乎得贤，政不在烦，而贵乎省事"为原则，指出了官少政简是圣王理政的基本要求。

> 设计张纲，莫如清简，建官置吏，切戒繁多。夫爵者，官之尊也；阶者，官之次也；品者，官之序也；职者，官之掌也；位者，官之居也；禄者，官之给也；吏者，官之佐也。虽则事非位立而不办，亦有事因位多而益生，此圣王所以贵寡而不贵众，欲静而不欲躁也。

赵天麟也指出朝廷存在官冗的严重弊病，并且强调设置过多的无用机构，是造成官冗的一个重要原因。官冗带来的选法之弊、政事之弊和军民之弊，已经严重影响了国家的治理。

> 今国家立制，自王及国王、郡王、国公以下为爵，自特进、崇进至将军、大夫、校尉、郎为阶，自正一至从九为品，掌典当行为职，各职所居为位，各位养廉之资为禄，各司赞佐行文之史为吏，其制亦以详矣。然而文武二等，分布中外，本欲图宁，而似乎难宁也。臣伏见京师不急之司院，无用之局署，及随朝省、台、院、部以下诸有司官吏，可兼不兼，可并不并，亦已有之矣。畿外行省，随省诸有司、宣慰、廉访等司，路、府、州、县、仓库、局、监等诸衙门，及各衙门内官吏，亦有冗者矣。武臣万户所管不满万人，千户所管不满千人之类，亦已有之矣。
>
> 臣窃以冗官之大弊有三：一曰选法之弊，二曰政事之弊，三曰

---

① 赵天麟:《清阀阅》,《太平金镜策》卷3 (《元代奏议集录》上，第301—302页；《全元文》第28册，第149—150页)。

军民之弊。夫文武官吏员数既多，当考满之时，近春秋之选，资格之簿，扰攘纷纭，保荐之文，交错旁午。有司行文犹且未暇，奚暇顾孰果有才，孰果有德，而考校之也哉！既不遑考校，则取准于籍文荐书之所陈布者矣。如此而欲杂流之人不进，货贿之隙不开，岂可得乎？杂流行贿者得志，则人皆可以仕矣，以致员多阙少，无如之何，经营者早得迁除，养高者坐淹岁月，此选法之弊也。夫文武官吏员数既多，有当决之事而不决，有当行之事而不行，问其职，则曰我此职也；问其施为，则曰僚属非一，岂我之所能独主哉？混齐竽而难辨，受王命而自安。及乎朝廷闻之，遂立稽违期限之罚，不亦甚欤，此政事之弊也。夫文武官吏员数既多，国家用人路广，浮滥亦升，遂使临莅在下，岂能敷政化哉！政化不敷，而刻剥之苦，役使之烦，为害良多，此军民之弊也。三弊不绝，而立法以防之。主法者不能旁照，员益增矣，员增而弊亦自有矣。况法立，而惧法之人、奸欺之计愈生乎！故须三弊尽绝，而后法方可立也。

赵天麟为医治官冗开出的药方，是用罢、并的方法减少机构，用减的方法限制官吏的人数，并以强化官吏考核的方法使官员符合官少政简和治绩显著的要求。

伏望陛下，凡京师不急之司院，无用之局署，及天下诸衙门，可罢者罢之；凡行省随省诸有司，宣慰、廉访等司，路、府、州、县等一切诸衙门，及万户、千户所管不及数之类，可并者并之；凡省、台、院、部以下有诸司之官吏，及天下诸衙门之官吏，可减者减之。然后以慎名器之法择人而用之，又以考幽明之法顺理而考之，则典选者易见其人，易程其效，而选法清矣；临政者事有所归，职有所主，而政绩成矣；在下者省于烦役，免于苦刻，而民业定矣。民者，天下之本也，民业定而天下太平矣。①

赵天麟的育人、选人、用人八项建议，主要呈现的是教贤和用贤的政治观念，并且重点强调用考核和考试的方法来约束官吏的进路。赵天

---

① 赵天麟：《削冗员》，《太平金镜策》卷3（《元代奏议集录》上，第311—313页；《全元文》第28册，第151—152页）。

麟并未提到科举本身存在的弊病，应是有意为之，因为他的建议多与科举有关，所以不言弊病有利于当政者采纳他的建议。

四　食货说

赵天麟上书的"树八事以丰天下之食货"，分为限田产、务农桑、广屯田、课义仓、宽逃民、薄差税、禁奢侈、停淫祭八方面的内容，主要是对如何发展农业的建议。

（一）限田产

赵天麟认为百姓衣食不足，甚至穷困潦倒，主要的原因是豪富者大规模地兼并土地所致。

> 我圣朝东西南北，地境无穷，国家用费之资仅足，下民愁叹之声未绝。且古者方千里之地，得公田子粒七千六百八十万石，方今能得之乎？臣知其断不能也。伏见今王公大人之家，或占名田近于千顷，不耕不稼，谓之草场，专用牧放孳畜。又江南豪家广占农地，驱役佃户，无爵邑而有封君之贵，无印节而有官府之权，恣纵妄为，靡所不至。此而弗治，化实难行。又贫家乐岁终身苦，凶年不免于死亡，荆楚之域至有雇妻鬻子者，虽土风之常然，亦衣食不足之所致也。衣食不足，由豪富之兼并故也。

按照"天时地利，养万姓于鸿钧，富户贫家，皆一人之赤子，理无轻重，政贵施行"的原则，赵天麟建议恢复古代的井田法，并计算出天下可建164万井，私田51200万亩，公田5200万亩。由于马上实行井田制有困难，所以先采用限田的方法，对宗室贵族以及官民之家都确定拥有田产的上限，对公田的数额也进行严格的控制，以强制命令的方式遏制土地兼并，并争取用五十年的时间实行带有均田性质的井田法。

> 方今之务，莫如兴复井田，尚恐骤然骚动天下，豪富之家宜限田以渐复之。伏望陛下一新田制，凡宗室王公之家，限田几百顷，凡庶族官民之家，限田几十顷。凡限外退田者，赐其家长以空名告身，每田几顷，官阶一级，不使之居实职也。凡限田之外蔽欺田亩者，坐以重罪。凡限外之田，有佃户者就命佃户为主。凡未尝垦辟

者，令无田之民占而辟之，且全免第一年租税，次年减半，第三年依例科征。凡占田不可过限，凡无田之民不欲占田者听；凡以后有卖田者，买田亦不可过限也。私田既定，乃定公田。公田之法凡九等，一品者二十顷，二品者十八顷，三品者十五顷，四品者十二顷，其以下俱以二顷为差，至九品但二顷而已。庶乎民获恒产，官足养廉。《易》曰："君子以裒多益寡，称物平施。"此之谓也。如是而行之，五十年之后，井田可以兴复矣。①

(二) 务农桑

赵天麟不仅强调以农为本是国家的基本原则，还指出在士、农、工、商四民中，农民不仅最为劳苦，其经济的基础也最为薄弱，并且最容易受到各种打击和盘剥。

> 我圣朝若稽古道，既立司农司，又令临民官兼管内劝农事，凡以当务之为急也。然天下有无田可耕之家，有有田不耕之者，所以冻馁之人尚众，乞丐之人尚多。臣谓四民之劳苦，天下之大本，莫过农家而已。夫士人学以居位，勤而不劳者也；工人作巧成器，劳而不苦者也；商人通财鬻货，末而不本者也。农人之闲暇，惟冬而已矣。……于是父母之仰事，妻子之俯畜，租税之科纳，军民之差役，胥吏之侵渔，徭役之费给，乡里之庆赠，婚嫁之聘会，宿负之还偿，田具之补置，一年之计，但望秋成，一产之资，破散不一。故区区稼穑，汲汲蚕桑，计其经费，选善者而鬻之，而纳之，而折之，其余丝絮之荒秽者自衣之，谷稻之秕粝者自食之。设如年丰，则一年辛苦而一时欢乐，鸡豚社酒，击壤讴谣，尚可道也。倘遭水旱，则号泣旻天，孰救之哉，将并田宅而鬻之矣。虽然，上至天子，下至庶人，不可一日无农家，故曰四民之劳苦，天下之大本，莫过于农家而已也。

朝廷建立的劝农机制，因贪官污吏的胡作非为，已经名存实亡。为了使劝农机制真正发挥作用，赵天麟既强调劝农者要自备饮食，不得骚

---

① 赵天麟：《限田产》，《太平金镜策》卷4（《元代奏议集录》上，第291—292页；《全元文》第28册，第153—154页）。

扰民家，将劝农变为伤农和扰农；也要求严格劝农的标准，对不达标准的官、民都要给予严厉的处罚，以此来保证劝农的实效。

> 今之劝农者，皆自赍糇糒，往说于田。恐有污滥之官，因劝农而适野，遂恣意以宣骄，饮食非膏粱，先之以怒詈，酒醴非多旨，继之以鞭扑，餍其腹于胥吏，投其馂于鹰犬，名为劝农，适所以扰农也。臣窃伤农家之劳苦，愤官吏之骚扰，顾天下之大本。伏望陛下轸于睿虑，重此农桑，躬耕籍田，后亲蚕以先之。凡农家之孝弟力田者，乡三老具实举之，免其人当年所耕田租税之半。凡民恃富，无他故有田不耕，有桑不蚕者，乡三老具实举之，就于当年倍科其闲田之租税。凡民老幼，有田不能耕，有桑不能蚕者，令下之后，限一年须要雇停客户，完置农具，违限者如无故不耕蚕例。凡劝农官管内有田桑无故不耕蚕者，委廉访司察劝农官而罚之。凡逃户田桑，令下之后，限一年官为召人耕蚕，违限则委廉访司察劝农官而罚之。凡劝农官皆可自具饮食，若以后复有骚扰农家者，委廉访司察之，如受贿之罪罪之可也。如是，则官皆慎劝，民皆力耕，男有余粟，女有余布矣。①

(三) 广屯田

国家备武养兵，在解决大量兵员粮食供给的问题时，入粟鬻爵、入粟免罪、加重赋税和强征豪取都不是长久之计，所以赵天麟建议采用寓兵于农的方法，以军队大规模地屯田作为长治久安的安排，并说明了对军屯的具体要求。

> 兵者城之守也，食者兵之给也，非兵无以守城，非食无以给兵，兵足而城安，食足而兵壮，兵食二者，强国之计也。……历代尚患兵食不足，至有令人入粟鬻爵而滥官者矣，又有令人入粟免罪而败法者矣，亦有赋敛烦剧而失民心者矣，亦有重刑极罚而征民物者矣。是皆见目前而忘后患，得其一而失其百者也。
> 今国家大业已定，不忘武备，江湖岭海闽广川蜀，西北东北边

---

① 赵天麟：《务农桑》，《太平金镜策》卷4（《元代奏议集录》上，第287—289页；《全元文》第28册，第155—156页）。

塞之地，皆有军兵以戍之，坐食粮粟。淮南北等处有屯田官府，而屯田实未之广也。为今之计，宜广屯田。况属承平之秋，非同征伐之日，须立久长之妙法，庶几威德之并行。使先偏后伍之流，务南亩东皋之事，一朝有事，则厉戈擐甲而奋其战胜攻取之能；群寇消声，则力耕服田而求其千仓万箱之积。畋于农隙以讲大事，完其营垒以防不虞，亦既免飞刍挽粟之劳，而又有用寡生多之益也。义归一致，功可双成。

伏望陛下念兹在兹，凡戍兵之处，命戍卒为农，开垦旷田，每百人限几顷；凡所用之牛，官为出直，于南方西方市买而分给之；凡所用之田器，官为于诸冶铸造而分给之；凡力田及不力者，明立赏罚以劝惩之可也。虽一时劳费，而实永逸之基，借众军余力，而建此富强之业，庶乎军民皆以自赡，而各得其所矣。①

（四）课义仓

赵天麟指出，忽必烈即位初年下诏要求广建义仓，是善农之举，符合义行天下、教化农民的要求。但是多年之后仓在粮空，义仓没有发挥在灾害和歉收时救助农民的作用，使得灾民和饥民的四处流徙，成为国家的隐患。

> 政化并言，则化切于政；衣食合论，则食急于衣。欲天下之化行，莫先于义；欲天下之食足，皆在于农。农有预防而业可永安，义有素行而俗自相睦。
>
> 钦奉至元六年八月间圣旨条画内一款该："每社立一义仓，社长主之，每遇年熟，每亲丁留纳粟五斗，驱丁二斗半；年粟不收，许纳杂色。官司并不得拘检借贷勒支，后遇欠岁，就给社民食用。社长明置收支文历，无致损耗。钦此。"臣窃见自是以来，二十余年于今矣，然而社仓多有空空如也之处。顷年以来，水旱相仍，蝗螟蔽天，饥馑荐臻，四方迭苦，转互就食。……若更饥馑不息，民将奚以为生乎？彼隋立义仓之后而富，今立义仓之后而贫，岂今之民不及隋民哉？意者劝督未及，义风未行，天气未和，人事未尽，

---

① 赵天麟：《广屯田》，《太平金镜策》卷4（《元代奏议集录》上，第364—365页；《全元文》第28册，第157—158页）。

以致之哉。若幸从臣所谓务农桑之法之后，自当有余粟矣。

赵天麟认为，当初定义仓制度时确定的计丁纳粟和计丁救济的标准，不符合义仓的行义标准，在限田产的基础上，应实行依据田产纳粟和按照家口数救济的新标准，使义仓有名有实并能普济众生。

> 国家许陈朝廷得失，臣试陈之。今条款使义仓计丁纳粟，其意以为及饥馑之时，计丁出之，故方其纳粟而计丁纳之，以取均也。又条款使驱丁半之，彼驱丁亦人也，尊卑虽异，口腹无殊，至俭之日，驱丁岂可独半食哉？又计丁出纳，则妇人不纳，岂不食哉？又同社村居而无田者，岂可坐视而不获哉？且夫义仓者，贵其义也，若计出纳之锱铢，辨亲驱之多寡，则是有义之名，而无义之实也。乐岁粒米狼戾，乞食者踵门，犹宜与之，况一社之人而至俭岁，岂宜分彼此哉？是盖当时大臣议法者，有乖陛下之本心也。若从臣言限田产之法之后，其田数之多寡亦不甚异矣。伏望陛下普班明诏，详谕农民，凡一社立社长、社司各一人，社下诸家共穿筑仓窖一所为义仓，凡子粒成熟之时，纳则计田产之多寡而聚之。凡纳例，平年每亩粟率一升，稻率二升；凡大有年，听自相劝督而增数纳之；凡水旱蝗螟，听自相免；凡同社万一丰欠不均，宜免其欠者所当纳之数。凡饥馑不得已之时，出则计排家口数之多寡而散之。凡出例：每口日一升，储多，每口日二升，勒为定体。凡社长、社司掌管义仓，不得私用。凡官司不得拘检借贷，及许纳杂色，皆有前诏在焉。如是，则非惟共相振救，而义风亦兴矣。①

(五) 宽逃民

赵天麟肯定了忽必烈在位时颁发的宽逃民旨令，在当时对于逃民复业起了重要的作用。到元成宗时，他又明确指出，逃民增加已经成为不可忽视的现象，而产生逃民主要有天灾、官敛、军扰、借钱、愚昧五方面的原因，而不是百姓有意逃避差税。

---

① 赵天麟：《课义仓》，《太平金镜策》卷4（《元代奏议集录》上，第356—358页；《全元文》第28册，第158—160页）。

贫民业轻而易举，下民心愚而若神，抚之则聚，扰之则散，可以德绥，而不可以力胜，可以道遇，而不可以智欺之也。今国家灼知此道，是以辛酉（1261年）诏令：中统建元以前逃户复业者，户下差税第一年全免，次年减半，三年然后验等第依例科征。自此以后，累颁诏文，优恤逃户，蠲免欠负，斯皆先帝天覆地载，克宽克仁之惠也。

臣谓逃民之故有五：一曰天，二曰官，三曰军，四曰钱，五曰愚。何谓天？有田之家，田为恒产，屡经饥俭，粮竭就食，如此而逃者，天所致也。何谓官？守令苛刻，役敛横兴，富以赂免，贫难独任，如此而逃者，官所致也。何谓军？军资不赡，鬻卖田产，产既尽矣，无以供给，如此而逃者，军所致也。何谓钱？生理不周，举债乾没，子本增积而不能速偿，债主称辞而诉官急征，如此而逃者，钱所致也。何谓愚？弗干父蛊，陨坠遗业，悔恨不及，穷困失所，如此而逃者，愚所致也。夫逃民皆无奈之民也，倘能存生，岂肯逃哉！

又诏云"苟避差发"，臣谓此则非民之罪，乃官长之罪尔。昔汉倪宽为内史，军发负租，课殿当免，民间之大家牛车，小家担负，输租襁属，课更以最，此盖民信爱之故也。官长诚有忧民爱民之心，而民亦信爱其官长，岂有苟避差发者哉！

赵天麟认为，只有坚持以农为本的原则，才能彻底解决逃民的问题，所以除了继续实行鼓励逃民复业的各种优惠措施外，还必须去冗官、限田产、劝农桑和建义仓，以改变农村整体局面的方法来吸引逃民复归于田亩。

又圣人云："君子固穷，小人穷斯滥矣。"非务本而不能治也。若国家但矜而免之，则将致浮浪之民轻举，而苟免之心生；若国家欲急而刑之，则将致无恒之流计极，而邪滥之事起矣。国家矜而免之，急而刑之，不若使之乐极而不逃也。欲使不逃，盍亦务其本矣。

伏望陛下一新污俗，再整淳风，下哀痛之诏，该化导之义。凡令下以前逋负差税并行除免；凡有田而逃者听复本业，优恤之理并同辛酉诏文；凡无田而逃者，听于旷土占田，优恤之理如有田复业者；凡复业占田而贫无牛及田器者，官为贯而颁之，限三年外酬其卖主之值而无息也，其限内自欲酬者听；凡因军而逃者，验实贫与助资之户；凡欠负它人钱债者，复业之后，限五年之外一本一息偿之，其限内自欲偿者听；凡既复业而尚游手荒废农业者，乡三老举于官而罪之。逃民已定，于是慎名器以绝滥虚之官，限田产以绝兼并之家，务农桑以绝废业之人，课义仓以绝凶岁之厄，向之逃民，虽赏之亦不复逃矣，此谓之务本。①

（六）薄差税

赵天麟认为国家确定的赋税，知道安民情的重要道理，但是总体上差税趋重，既不是三十取一，也不是什一之法，而是达到了十取之五的水平。

> 今国家灼知此道，爰究时宜，既立斤丝、贯钞、包银、丁石之法，又立赋税三十而一之例。然而公廪无弥年之积，私家无备急之储，皆以郡县不均之所致也。承平之时，烟火万里，境壤相接，鸡犬相闻。或耽乐游遨，或惨惨劬劳，或栖迟偃仰，或力役鞿掌。富者奢侈而自富，贫者因穷而愈贫。臣谓不急救之，行无及矣。

> 古者什一之法，关市讥而不征，泽梁无禁。夏后氏立贡法，而义士犹以为不及助彻；管夷吾取关市之征五十而一，后人谓之霸道。盖国法有经，而但当平立，民财有而不可轻夺也。方今赋税三十而取一，外有关市之征，及酒、醋、盐、茶、金、漆、竹、树、银、铜、锡、锴、山场、湖泺、海舶、江乡，竭万物而榷之，穷利源而课之，国家亦已富矣。古者什而取一，其实止什一也；方今三十而取一，比古者其实什五也。

赵天麟认为节用当然重要，朝廷应注意控制各种支出，但是更重要的是减税，除了盐课可加税外，税粮、差发和课税都应减半，以此来改变差税过重的局面，使百姓的负担减轻，以达到民安国泰的理想状态。

---

① 赵天麟：《宽逃民》，《太平金镜策》卷4（《元代奏议集录》上，第360—362页；《全元文》第28册，第160—161页）。

夫国家之用有八：一曰宫禁之资，二曰宴好之将，三曰赏赐之颁，四曰俸禄之给，五曰军旅之粮，六曰工役之费，七曰凶荒之用，八曰刍秣之具。于此八者之中，军旅之粮最为浩大。幸从臣言，偃兵戈而不动，广屯田而自赡，亦不须多用民之粮矣。其宫禁、宴好、俸禄、刍秣，已有供之者焉，其余节其所用而用之，亦岂多须哉！臣又以盐者民之日用，增其课例而人不之苦也。伏望陛下降弥天之厚福，顾下土之微民，旁布玉音，允符嘉会，凡天下农民自屯田随处并兴之后，例除租税之半；凡天下民户自盐课约量增添之后，例除差税之半。于是幸从臣先所献万言策内均差税之法，昭谕郡县而均定之，用为成式。若然，则廓造化之洪恩，振内外之喜气，获神祇之阴佑，发太平之祥征，民安而社稷自安，民富而社稷自富矣。①

(七) 禁奢侈

忽必烈在位前期曾发出禁止民间奢侈的旨令，赵天麟在元成宗时重提了这一要求，并就如何控制奢侈提出了京城之人要做天下表率的建议。

至元年间，都堂议得：民间丧葬，纸房金银人马，并彩帛、衣服、帐幕等物，钦依圣旨事意，截日尽行禁断。又准中书省奏，定到官民嫁娶聘财筵会等事。此皆先帝慎俭德以怀永图，推其余以化下民也。夫天下之人，或有见衣服鲜明，驺从翘楚者，从而羡之；见衡门安志，乐业循常者，从而笑之。乃溥民之浅昧，世态之恒情。然而权利滥官，豪富子弟，知其如是，大放厥心，以骄淫相夸，以奢靡相尚，以节约为耻，以贞廉为愚，既不副于上心，又重伤于家业。延及士庶，转相仿效，习以成风，非一旦之能改也。

故古人之言曰："俭，德之共也；侈，恶之大也。"又曰："山林不能给野火，江海不能实漏卮。"言生一破百而易无孑遗也。又曰："城中好高髻，四方高一尺；城中好宽袖，四方全匹帛。"言京师者，天下之仰从也。且闻誉施于身，不愿人之文绣，理义悦我

---

① 赵天麟：《薄差税》，《太平金镜策》卷4 (《元代奏议集录》上，第362—363页；《全元文》第28册，第162—163页)。

心，如刍豢之悦口。今之王公大人，宜去奢从约以增美其名乎？宜务华违俭以徒饰其身乎？伏望陛下体先帝之意，禁京师内王公大人之奢侈，则天下之官民不令自从矣。盖见在上者先俭，而知俭之为美，故不得不然。①

(八) 停淫祀

赵天麟强调祭祀是国家的大事，需要讲求礼制，不得以下僭上，任由民间胡乱祭祀，所以建议皇帝严格禁止此类行为。

> 礼，天子祭天地及天下之名山大川，诸侯祭社稷及名山大川之在其地者，大夫祭五祀，士祭宗庙，庶人祭祖考于寝，上得兼下，下不得僭上，皆有制以节之也。故礼不在烦而在乎诚，事不在过而在乎中，以之应神祇，庶乎其近矣。
>
> 今国家称秩元祀，咸秩无文，既有礼部及太常司、侍仪司以备其节文，又诏令所在官司岁时致祭五岳四渎、名山大川、历代圣帝明王、忠臣节士之载在祀典者，猗欤休哉，皆其宜也。窃见方今小民不安常典，妄事明神，其类甚多，不可枚举。
>
> 伏望陛下申明前诏，使天下郡县官各祭名山大川、圣帝明王、忠臣节士之在其地者。凡下民当祀之神，如祖考及门庭户灶等，听之；凡非典所当祀而祀者，禁之，无令妄渎；凡祈神赛社，浆酒藿肉，饰立神像，泥金镂木者，禁之，无令妄费。如是，则非但巫风之寖消，抑亦富民之一助也。②

赵天麟按照以农为本的原则提出的各项与农事有关的建议，尽管带有一定的理想色彩（如恢复井田制和差税减半的建议），但是其中所体现的守义、均平、减负、节俭等观念，以及用国家的强制手段保护农桑的思路，确实值得时人和后人的重视。

---

① 赵天麟：《禁奢侈》，《太平金镜策》卷4（《元代奏议集录》上，第319—320页；《全元文》第28册，第163—164页）。
② 赵天麟：《停淫祀》，《太平金镜策》卷4（《元代奏议集录》上，第295—296页；《全元文》第28册，第164—166页）。

五　正风说

赵天麟上书的"畅八脉以鼓天下之正风",分为革副封、察风谣、采公议、昭名分、节服章、同制度、汰僧道、恤困穷八方面的内容,主要是对疏通言路和肃正风气的建议。

（一）革副封

君主真诚地求直言,是导正风气的一个重要标志。为使天下的直言之疏不至于被中间阻碍甚至篡改,赵天麟建议上言都用正本加封上奏,严禁使用可能被做了手脚的副本。

江海所以为江海者,以其善纳也;圣明所以为圣明者,以其善听也。古先哲王君临天下,乃有幡韬函鼓以达四聪,樽匜旄旗以萃舆议,求之如不得,用之如不及,虽或涉于诽谤,而犹不之罪也。故智者画图,直者说议,能者献艺,愚者效忠。内契于心,则丕沃天聪,外宣于政,则谓之事业。由是观之,天子之居,深拱九重,任独见,则斧扆之外杳若万里;开言路,则兆民之繁,庶事之冗,了于掌中。今国家累颁明诏,博采直言,盖尧、舜之劳心乂民,不得不然也。

欲能网举无遗,宜杜其弊。夫在下之人,赖圣世之庆运,沐圣世之恩波,谅有犯不测之龙渊,效茅草之狂斐,以答鸿钧者矣。然或家贫力弱,跋涉乏资,内非许、史之亲,外无金、张之托,虽视升天之路,未由观国之光。因诣有司,缴申书疏。若遇无私之人,尚可道也。其或有司未肯即申,追照副本,委于刀笔之小吏,付于章句之俗儒,滞盛事而弗行,迷大体而弗顾,擅成诬罔之议,暗存私曲之心,遂使志士沉光,英材饮恨,览天章而自惜,投明月以无因,卞和之玉不免于石名,郢人之歌见疏于白雪,如斯之类,可不防乎?

两汉以来,皂囊封事,后世至有绝尚书副封以防壅蔽者。今国家诏令上书陈言者,实封呈献闻奏,未有绝追照副封之明文,窃恐外路诸司因缘作弊。夫上书言者,非言朝廷之得失,即言军民之利害;非言军民之利害,即言官吏之情踪。设如官吏恶其直笔,挟愠于内,托名校勘,迁延岁月,进而争辩,则非盛德之所宜,退而自止,则盛事弗达乎上,此又副封为害之甚者也。伏望陛下班诏四方，绝外路追照副封之事，则言路无壅矣。……更望陛下包荒纳善，舍短从长，批鳞逆耳者何患不多哉！幸从臣言，下无遗才，上益圣德，而永超乎百王之治矣。①

（二）察风谣

作为求直言的辅助手段，赵天麟还建议在绣衣使者巡行天下时，采集民间风谣，以起到广采众听的作用。在信息较为封闭的状态下，这样的做法确实能够使朝廷掌握重要的舆情。

> 国家之政或有弛张，下民之心即殊哀乐，验于民而知其政，听其声而见其情。
>
> 圣明开言路之后，陈言者莫非通经典之儒士，习文法之吏员，皆持大体以泛言，未悉舆论而备纪。由是观之，则市井间阎之语，亦实不可弃者也。
>
> 臣窃以为，国家若立采风谣之官，则下民之瘼可以知矣，守令之贤愚可以辨矣，朝廷之得失可以闻而戒之矣。又审市价之高低，则知民之所趋尚者矣；察方俗之善恶，则知政之所当加者矣；聆歌颂之和声，则知法之所当守者矣。伏望陛下令绣衣使者巡行之日，兼采闾里风谣，达之宪台。凡政事之失者，移文都省，改张条目，奏闻丹阙，付于随处行省而行之，所以广仁恩也。凡祝颂之和者，行下太常，播为雅颂，奏闻丹阙，荐于天地宗庙而歌之，所以广孝敬也。仁恩孝敬既广于上，而百姓心和于下矣。心和则气和，气和则形和，形和则声和，声和则天地之和应矣。②

（三）采公议

赵天麟还特别强调："明堂之材，非一树之枝；太平之功，非一士之略。以众人之听为听，则其听益聪；以众人之视为视，则其视益明。"为了使皇帝能够体察下情，百官亦有直言陈情的责任，所以要使

---

① 赵天麟：《革副封》，《太平金镜策》卷5（《元代奏议集录》上，第332—334页；《全元文》第28册，第167—168页）。
② 赵天麟：《察风谣》，《太平金镜策》卷5（《元代奏议集录》上，第330—332页；《全元文》第28册，第169—170页）。

百官进言成为有用的机制。

　　今国家体尧齐舜，坐阜天民，自先帝以来，乾坤再立，日月重明，一家之典式方新，万姓之风俗渐变。太和方立，厄运还来，有共工、崇伯之徒，扇滔天方命之祸。上玄降鉴，歼厥渠魁，复用贤臣，爰修治具。然而覆盆难照之地，生灵无告之者，余风未殄，盛化未弘。知此事者，莫及官吏，不加详问，孰肯明言。臣谓内外官僚，并膺天命，或申风化，或举宏纲，或整治军民，或监守营办，各居其职，各掌其事，斯皆达情弊之渊源，见利害之精微，皆有区区为国之心，坦坦至公之论。以国家虽开言路，未尝专询于百官，彼百官其意将曰："布衣之人，绰绰余裕，无官守之拘，而有言责之阶，则上自朝廷，下及军民，无非所当言者，故敢言之也。今吾辈既当职分，职分之外，非所宜知。"进则恐有侵官之嫌，退则自违忠恳之志，于是超然无惧、敢陈仁义于王前者，万无一二焉。臣窃惜国家之听览犹有所遗，而百官之忠告未获尽伸也。

　　且方今山野草茅之人，白屋衡门之士，犹使之上书陈言，况内外之命官乎。伏望陛下增光鸾纸，垂问鹓联，旁及外路之官，俾适中心之愿。天人之相通，奚以审之？帝王之一揆，奚以行之？朝廷之美庆，奚以增之？古今之大体，奚以施之？守成之治道，奚以先之？化刑之先后，奚以言之？纲常之正理，奚以本之？外方之未服，奚以来之？间阎之疾苦，奚以救之？有司之私弊，奚以革之？食货之富庶，奚以致之？其此等未能悉数者，皆奚以问之？凡省、台、院、部及管民官五品以上，内外诸衙门三品以上官，并各对之，凡官品不在限内而欲对者听。凡无文者，具实事。凡所对在京师者，就呈都省；在外者，缴申所统，达于都省。都省未敢开拆照视，乃奏闻于上，上命大臣议之。于是都省判送礼部，礼部官、察院官一同评议，既定，具呈都省，都省及御史台、翰林院官议其可行者，奏闻而行之。凡言中者至考加阶，不中者无罪。凡英材卓荦超绝伦流者，别行不次用度。若然，则国家之听览无遗，百官之忠告获伸。[①]

[①] 赵天麟：《采公议》，《太平金镜策》卷5（《元代奏议集录》上，第328—330页；《全元文》第28册，第170—172页）。

(四) 昭名分

赵天麟以道统万物的原理，说明了名分既是道的体现，也是君主代天治理国家的重要手段，所以不仅要正名，也要正分，使其符合上尊下卑的三纲五常要求。

> 道真无迹，斡众有之枢机；神用无方，鼓群生于橐钥。无实统有，有尽关无。无者，道之体也；有者，名之分也。
> 惜乎蒸民好德，日用不知，是以圣人立兹名教。太极之理分而为五，曰木、火、土、金、水，五行一太极而本无其极，但以有名名之也。大道之体分而为五，曰仁、义、礼、智、信，五常一大道而本无其道，亦以有名名之也。道即太极也，有名皆道也，非有名不足以定蒸民之心，非有名不足以立蒸民之极。

忽必烈即位以来，已经有了定名正分的举动，赵天麟只是强调要继续维持皇帝掌握名分的做法，并且以正名分来保证政事之正。

> 今圣朝官分九品，职治四民，正名之政，亦已先矣，正分之事，亦已行矣。钦惟陛下继天开统，光祖承基，愿使愚臣，载陈常道。夫五典之教，父子有亲也，君臣有义也，夫妇有别也，长幼有序也，朋友有信也。夫五等之服，一曰斩衰之服，二曰齐衰之服，三曰大功之服，四曰小功之服，五曰缌麻之服，斯皆人纪之当然，天秩之大节，《礼经》昭立，邦典常行。臣窃恐方今上自王公大人，下及诸色士庶，犹未有能悉其制者。伏望陛下令有司大昭仪则，爰定徽猷，使内外诸色士庶皆习其义，备探其真，亦不须泥琐碎之烦文，庶可识圣贤之大体。如是，则尊者尽临制之道，卑者倾承奉之心，上下相安，大小皆定。更望陛下无分者宜惜其名，无名者弗许其器，盖名以出信，信以守器，器以藏礼故也。如是，则名分先正，而政事无不正者矣。①

---

① 赵天麟：《昭名分》，《太平金镜策》卷5（《元代奏议集录》上，第324—326页；《全元文》第28册，第172—174页）。

(五) 节服章

为体现名分之正，赵天麟还要求服装、装饰等也要体现上尊下卑的礼制要求，所以对于违反朝廷规定服饰僭越者，一律采用严格禁止的做法，以使服饰亦能体现风气正的气象。

今国家官阶各异，服色惟三，贯一统于中央，该二仪而混一，裳衣幅舄，冠冕佩环，尽削兹文，咸遵近世。是故有紫有红有绿有碧者，实唐朝之公服也，意或水一火二木三金四者，用四方之间色也。今又举三等之色而遗其碧者，从当时之宜也。

今市井富民，臧获贱类，皆敢居之服之，此臣所以惜之也。臣又按车马者，古之命物也。今六合为一，冀、代马多，天下之人皆得乘之，亦无伤也。然大夫不敢徒行，是以有车。今市井之家往往以骖服驾车而乘之，与士大夫无异，此臣所以惜之也。臣又按上自省台，下及州府吏人，前世皆因黛色以别之，今犹阙焉，出入公庭，与庶人无异，此臣所以惜之也。臣又按僧、尼、道士之服，自有其宜，今此等或不遵本教，杂混常俗，以致风化遂伤，伦流难辨，此臣所以惜之也。臣又按古之五十者方得衣帛，七十者方得食肉。今之富人，墙屋被文绣，鞍辔饰金玉，婢妾曳丝履，犬马食菽粟，每召宾客，一筵之费，其直不赀，竞相推尚，比古者亦以奢矣。古人之俭，是以多寡例均，贫人甚希；今人之奢，是以兼并风行，贫人愈困，此臣所以惜之也。方今之弊，在于下民之心太过，摄御之方未及，须为格例以移之，庶乎贫富各得其正。

伏望陛下略从前古，用御方今，凡房室、车马之类，明立节制，截自令下之后，并不得干冒僭越，凡僭制在令前者，随即改之。凡吏员及僧、尼、道士，各从其服色服之；凡墙室鞍辔，器皿衣服，勿用金银、璧贝、文绣、珠翠之饰。凡违令者，有司以违制论其可也。幸从臣言，则奢者虽家积万金，亦无所矜其纷华荣耀之气，而贪惏之志自皆止矣；僭者虽怀骄恣，亦无所启其望外侥幸之心，而陵犯之念自皆息矣。奢僭既绝，而廉让由兴，廉者守洁于己，让者推逊于人，圣人谓能以礼让为国乎何有。夫奢僭尚存，而欲礼让之化行，两者交战，断不能也。故临民者，贵于明节制。①

（六）同制度

赵天麟所强调的"四海若一堂之上，圣王无二上之尊，颁法制以为先，俾和同之咸若"，主要是要求统一国家的度量衡，并以此来体现大一统的基本规范。

> 方今数已宣于天下，历已职于太史，乐已总于太常，声已协于协律，其所以虽有未定，虽定而未齐一者，度量衡而已矣。臣居山东，但见山东数郡，或隔一镇，或间一河，其度之长短，量之多寡，衡之轻重，已皆不相同矣，则何以示四海一家之平制哉！伏望陛下诏令都省，昭立制度，采刘歆之说，监其可否，定其高低。既约黍粒之多寡，匀长为一尺，复约黍粒之多寡，平重为一斤。外但约今法以十有二斤为斗，五斗为斛，两斛为石，石重百二十斤，水平为概，用铜则焉。三者既定，颁付行省，散于随路，以为各路之的可也。截自令行之后，违者有司治其罪，庶乎自南自北，知制度之昭彰，于外于中，等资财之出纳。圣人尝谓："谨权量，四方之政行焉。"此之谓也。②

（七）汰僧道

赵天麟指出了"方今天下，僧道极多，不织不耕，坐获温饱"的弊病，并提出了以考试的方法沙汰僧道的建议。

> 伏望陛下区分玉石，昭辨薰莸。凡僧尼道士，性行敦雅及深通本教一经之旨者，乃命随处廉访司及名教纲领一同面世，中选听有司除名，各教附籍，出执照尽免本身差役。凡绣衣使者徇行之日，再加考试。若有虚冒，则停试官之职。凡年六十已上者，不在试限。凡已出家者，仍前法以沙汰之。其不中选者，有司收付军民籍

---

① 赵天麟：《节服章》，《太平金镜策》卷5（《元代奏议集录》上，第293—294页；《全元文》第28册，第174—175页）。

② 赵天麟：《同制度》，《太平金镜策》卷5（《元代奏议集录》上，第373—375页；《全元文》第28册，第176—177页）。

而姑令学焉，待其中选，则免其差役。

若然，则如来老氏之教明，僧尼道士之流真，苟避差役之人绝，伤风败俗之事息矣。①

（八）恤困穷

赵天麟指出朝廷已经有救助鳏寡孤独的旨令，但是还应该注意战争伤亡、官吏盘剥、残疾之人和流民饥民四类需要体恤的困苦。

> 国家甲子年（1264）间诏条内一款节该："鳏寡孤独不自存者，给降赡济口粮，有疾病命官医调治，其药物惠民局支给。"今又诏加米绢，盖博施之仁，济众之圣，其揆一也。
>
> 下民之困，情理多端，今略具民之无告者四条，惟陛下察之。乃有谯楼戍垒，边塞它乡，俯一介之微躯，趁诸军之大役，云蒸雾涌，杀气森森，月冷霜凄，忧心悄悄，或遭疫疠，或值伤亡，感白日以沉光，掩黄沙而抱痛，此其困者一也。又有家寒力弱，徭役烦多，官吏督责于前，债主追征于后，局天蹐地，无计安身，愁气上腾，灾异屡降，或自甘于缢刺，或转死于它方，望桑梓以长辞，恨终天之不再，此其困者二也。又有喑聋跛躃，断者侏儒，六亲无依倚之人，元后所以矜怜之者，倘遇正官廉吏，尚承优恤之文，如其暴吏滥官，孰启眼青之顾？已辜丹诏，还谒朱门，或辗转之弗能，向沟渠而委命，此其困者三也。又有枭獍其心性，马牛而襟裾，或当家窘之时，或值年饥之际，曳鹑衣之簌簌，啖藜藿以孜孜，恒产既无，良心尽灭，东西南北，轻遗父母以逋逃，冬夏晨昏，但见老羸之啼泣，霜风易至，日月难延，罔极之恩，恍然犹梦，加之以王事糜宁，户籍常存，将如何哉，维其瘁矣，此其困者四也。

体恤民间困苦，不仅要有各种优抚措施，还要有综合性的措施，提高社会的自助自救能力。

> 伏望陛下宽父母之慈心，拯生灵之困苦。凡军戍之病者，命有

---

① 赵天麟：《汰僧道》，《太平金镜策》卷5（《全元文》第28册，第178—179页）。

司随处以医士治之；凡军役之后，亡卒遗骸聚于一所，命大将军以下具三牲之礼以祭之。庶几下民知恩意之深，抑亦在上尽当行之理也。凡废疾而无依倚者，在不得自存之例，所在官司不承化周赡者，以违制论。凡民之父母年及六十以上，及年虽未至六十而有疾者，子孙弟侄不许远离，离者以不孝弟之罪罪之；如已有人养育，不得已而远离者听。然后慎名器以建官，考幽明以核实，均赋役以立法，务农桑以敦本，课义仓以赈灾，先文化以易俗，禁奢侈以壮财，薄差税以优民。若然，则无告者十可绝其九矣。其余遵前诏而行之，虽欲见困穷之人亦不可得也。①

赵天麟所强调的肃正风气，实际上涉及的是两种风气。一种是朝廷内的风气，可以通过强化直言来改变不良之风。另一种是社会上的风气，则要通过各种措施来树正风和去邪气。

六 武备说

赵天麟上书的"宣八令以达天下之恩威"，分为设武举、诠大将、试嗣将、厚劳赏、宥不庭、柔已服、却贡献、偃兵戈八方面的内容，都是事关军事的建议。

（一）设武举

练兵选将，是武备的大事，赵天麟特别建议皇帝仿照历代王朝的做法，开设武举，以弥补军事人才不足的缺陷。

> 今国家仁义可谓厚矣，节制略已明矣，臣犹以为士卒之类素非练习，或婴孺之流，或老羸之辈，或市井体娇之子，或农亩力钝之徒，若言充数，不其然乎？如此取兵，百无一二。
> 伏望陛下审文武之二柄，固乾坤之一家，先从臣所谓守文化、别儒文之法，以成持盈保大之规；复从臣所谓审兵权、设武举之法，以尽安不忘危之理。以之治内，则穆穆巍巍之道益隆；以之御外，则桓桓赫赫之威弥厉矣。所谓设武举者，采前代之遗事，润色以当今可行之理而行之。若有非常之杰，不世之彦，可以充大将

---

① 赵天麟：《恤困穷》，《太平金镜策》卷5（《元代奏议集录》上，第285—287页；《全元文》第28册，第180—181页）。

者，则以臣所谓诠大将之法而体之，俾程其蕴焉。国家之长策，于是乎定矣。①

(二) 诠大将

赵天麟强调："兵者，凶器也，战者，危事也，既不可不慎动矣；将军者，国家之爪牙，人命之关系，尤不可不慎选也。"所以他特别向元成宗提出了慎选大将、储之待用的建议。

> 方其国家无事之时，遴选英雄，高爵以宠之，厚禄以食之，加之以殊礼，处之以闲职。一旦卒然有急，则行专委之遴焉，于是乃有折冲于樽俎之间，制胜于疆场之际，心口相誓而委命自甘，肝脑涂地而赤心无吝者，岂非王者善将将之所致而然邪！先帝之平江南，由此故也。若夫无事之时，偃然不虑，一旦有急，则任夫肉食之流，设或犯皇家之大戒，亏丹阙之威严，虽复噬脐，何嗟及矣！伏望陛下深符祖意，爰采宏材，下诏林泉，飞书营垒，凡德足以镇服人心，能足以超越伦类，计足以坐消变故，勇足以深入敌阵者，县次续食，令与计阶，至于京师，馆于上室，申之以天鉴，接之以优礼，处之以无事之崇班，寄之以不时之大用。昔者唐有郭子仪，而身为安危者二十余年。更望陛下凡武臣宿将，功高望重，德显才清者，宜加殊遇，以厉将来。臣非不知圣朝与天齐福，启运正隆，但宜柔远以文，尚奚赖于将军之力哉！然而审事务、防变故者，圣人戒慎之至，不得不如此也。②

(三) 试嗣将

赵天麟认为兵有天、地、敌、间、使、卒六险，良将有定心、饱气、策胜、身斗四术。为使武将后人能够堪当大任，他建议对其考核，按才能任以军职，以避免庸才统军的悲剧。

---

① 赵天麟：《设武举》，《太平金镜策》卷6（《元代奏议集录》上，第345—347页；《全元文》第28册，第182—183页）。
② 赵天麟：《诠大将》，《太平金镜策》卷6（《元代奏议集录》上，第351—353页；《全元文》第28册，第183—185页）。

今国家统兵之臣，子承父职，乃有不闲武艺之流，不读兵书之辈，或充副倅，或镇方维，或擐甲以迓征，或横戈而应敌，幸而殊方纳款，穷寇消声，斯皆社稷之灵威，皇王之洪福，奚有将军之智力哉！不幸而不胜，则既损天光，又使功臣之子孙骨委边尘，魂飘异域，士卒之命，石火风灯，流血成河，僵尸蔽野，不亦哀哉！究而言之，皆不审于用将故也。

伏望陛下惜禁卫九重之威，保功臣子孙之命，无致外敌之得利，勿令中土之罹殃。凡武臣九品以上子孙弟侄当承袭者，皆令枢密院试其实能，然后量加以职。若然，则天威永固，民命更生，下无赵括之危，上享轩皇之逸，抑使武臣之子孙知天官之不可滥得，则尽心习其家业矣。①

（四）厚劳赏

赵天麟指出，统军将领之所以经常纵兵掳掠，是因为没有建立严格的赏罚制度，有了这样的制度，即可以形成对军队的基本约束，减少军队扰民的行为。

方今将帅，南征北讨，略无宁岁。已降之域，纵士卒而暴之；已服之人，纵士卒而驱之劫之。所获金币，或入将家，或奉王府，未闻以之赐士卒也。抑且见其暴掠驱劫而不之罪焉，强者多矣，弱者未之有获也；老稚死矣，壮者未之承赏也。若夫得隽而纪于露布以闻之，散于六军以分之，彼六军乃国家之六军也，散之则是犹置于国家之外府、外库也，又能激将来之实效焉。若夫寇敌犯罪而伐之，既服而舍之，彼寇敌皆国家之顽民也，而胁从者皆非其本心也，又何须以为奴妾牵羁，而纵士卒以掠之乎？彼寇敌胁从者，亦且效吾士卒之忠，而劫掠中国之民矣。则是四方之民，互相驱掠，乃复乘威因怒，转战无休。直士不敢以献言，忠臣不敢以纳谏，健儿继踵以就死。原其所致，皆因犒劳或未及，节制或未明，以至于是也。

伏望陛下探赜索隐，发政施仁，幸从臣所谓设武举、诠大将、

---

① 赵天麟：《试嗣将》，《太平金镜策》卷6（《元代奏议集录》上，第353—355页；《全元文》第28册，第185—187页）。

试嗣将之法，则节制无不明矣；复从臣所谓厚劳赏之法，则戍卒誓死而无辞矣。①

（五）宥不庭

赵天麟特别指出，从成吉思汗到忽必烈，已经用武功统一了天下，应该开始注重文德，所以对于元成宗还经常发动对外战争提出了劝诫，强调的是只要做好中国自己的事情，不用动武，也会起到怀服远邦的效果。

> 文德者，养平之膏粱；武威者，定乱之药石。当太平之时，而耀威振武，所谓以药石代膏粱之用，其为害也实曰非轻。是以定乱右武，守成上文，乃国家久长之计也。方今龙飞九五，臣服亿兆。太祖以神武开基，受天眷命，奄有区夏，诞照多方；先帝以圣德乘时，绳其祖武，蛮荆沐化，异域来庭。今陛下若稽上古之勋，光绍前王之迹，普惠黎庶，屡降德音。今臣幸生于太平之世，窃见国家近年以来，越山浮海，征讨不庭。……且吾之军士，皆中国之民也。中国之民，皆国家之赤子，为民父母者，因无用之地而伤其赤子，亦独何心哉！臣固知斯非国家之本心，但恐偶未之思而过听下言，或有此事也。
>
> 臣亦非谓放牛归马不用兵也，但中国迓衡，则越裳不召而自来，肃慎效诚而自至矣，安用征讨为哉！伏望陛下载宣天旨，明谕军帅，厉兵秣马，藩卫边疆，春夏屯田，秋冬校武，于其无事，则备之而内守，脱有不虞，则应之而不逐。殊方之属，欲来则听其来，不来则不以威胁之，但务内崇文化，发政施仁，振我皇纲，一我王度，信我赏罚，兴我礼乐，风以之移，俗以之易，上下和悦，内外无虞，体舜之无为，希大庭之不宰，欲致越裳、肃慎之类，亦岂难哉！此盖太平当务之资，守成上文之理，故曰元气调而无不顺之四时，心术定而无不安之四肢，中国盛而无不来之四远。圣人极致，委在于兹。②

---

① 赵天麟：《厚劳赏》，《太平金镜策》卷6（《元代奏议集录》上，第317—318页；《全元文》第28册，第188—189页）。

② 赵天麟：《宥不庭》，《太平金镜策》卷6（《元代奏议集录》上，第380—381页；《全元文》第28册，第190—191页）。

(六) 柔已服

要使远邦宾服于中国，在赵天麟看来，耀武、结信和谕言都没有用，最有用的方法就是对已经宾服的地方采用柔服的方法，并使其成为招徕远邦的典范。尤为重要的是，柔服他方对中国本身也起着国家安定的关键性作用。

> 中国者，四远之根柢也；四远者，中国之枝干也。自万殊而言之，分虽不同；以理一而推之，其趣一也。耀之以兵而欲其知畏，则彼方将奋其釜鱼之余命，而挟怒以相敌矣。结之以信而欲其来服，则彼方将违其天日之明鉴，而舒虿以相陵矣。谕之以言而欲其回心，则彼方将背其盟誓之大约，而恃强结援以轻中国矣。然则何为而可哉？莫若柔已服以感之而已矣。柔之法奈何？崇其道以临之，昭其礼以制之，厚其诚以孚之，宽其命以逸之，定名分以晓之，降优诏以抚之，置诸度外以待之，如是则使余国未服者闻之而皆曰："彼已服者既能托大国以自固，而又无刻剥督责之苦，吾属奚为而独逆皇天所辅有道之君哉？"自然相率而来服矣。

> 今国家六合群辟，奔执豆笾，中华之区，贡赋有常，其边裔已服之域，正宜行此柔之之道，以尽感之之方，又何须徒费钱粮犒赏，以兴当偃之师，以征荒僻之地，以劳不可下之民哉！其所以柔之者，非但感未服之国，亦所以尽其在我者当然之理也。①

(七) 却贡献

与宥不庭、柔已服相辅相成的是杜绝外邦对中国的贡献，因为在赵天麟看来，中国之物已经足够朝廷享用，不需要来自异邦的各种珍奇异物，并以此来体现大国无欲而尊的威严。

> 今国家天降百祥，天开景运。臣窃见远方玩异，穰属不绝，殊域奇珍，骈罗而至，梯山航海，辇赆舆金，或重译而来呈，或望风而并凑，府无虚月，史不绝书。若以冠带百蛮、车书万里而论之，

---

① 赵天麟：《柔已服》，《太平金镜策》卷6（《元代奏议集录》上，第382—383页；《全元文》第28册，第191—192页）。

则不世之嘉致，莫大之神功。若以帝王大体、古今通义而言之，则受之而不却，启之而不杜，亦所以未尽圣明之本心也。且中国九州，地逾万里，名山大川之所出，日异月新，而以亿计。……亦足以尽国家之所用矣。夫古天下、今天下，一也，岂以古之中国有其物，而今独无之，须待求诸他国而后可以充其所用哉？……且异物荡心，其害一也；使外国闻之，而以国家为有嗜好，其害二也；水陆转运，役人非细，其害三也。有三害而无一利，亦何尚之哉？

伏望陛下昭播徽声，俾扬遐境，凡四远之纳款者，听书檄奏闻，而不求其献物；听子弟入朝，而不求其纳赂。若然，则化天下以德，示天下以无欲，将见西蕃东徼之主君，毳幕灵洲之酋长，承恩而来享，慕道以来王矣。①

(八) 偃兵戈

赵天麟还特别以汉、唐穷兵黩武为例，提醒皇帝在天下统一之后偃兵息武，以保天下太平。尤其是对于希图以域外之功邀取盛名的人，不能视之为良将，而应视之为民贼，因为他们的作为与国家的文治要求背道而驰，所以要时刻警惕他们的动武怂恿。

武贵止戈，兵贵靖乱，圣人不得已而用之。我朝诞膺天命，握符御宇，历代之所不服者，莫不稽颡效节，倾心归命，奉正朔以贡献，因信使以上书，虽或有拒命苟安而不至者，亦已希矣。

国以民为基，民以财为本，地虽广而无所益，崇虚名而受实祸。向之希功幸赏者，方且纡朱怀金，荣妻炫子以成其志矣。彼汉唐之所谓良将，圣人之所谓民贼也。夫人君岂不欲国安民富，坐享荣华？但邪说既行，欲心遂启，以至于是焉。大概汉、唐天下之弊，皆希功幸赏之人之罪，而汉、唐之君亦失之于过听故也。是以王者之临下，未平右武，已平右文，厉兵戈而不黩，积粮储而自固。优游无事，则缮治以备无虞之师；至于用之，则雷奔电激，云腾雨施，济之以英神，行之以仁义，将有不阵而自服，因垒而来降者矣，又何须沾项渐襟，委人沟壑，然后为无敌之师哉！今国家推

---

① 赵天麟：《却贡献》，《太平金镜策》卷6（《元代奏议集录》上，第322—324页；《全元文》第28册，第193—194页）。

不忍人之心，有罪以陷禁网者犹或赦之，况元元赤子未尝有罪，置诸死地，臣知陛下尤不忍行如此之事也。伏望陛下鉴观汉、唐之大弊，勿从在下之幸说，令军士尝切自勉，儆戒无虞，因田致谷，顺时讲武。若遇奸强罪显，则声其罪以讨之。方其境内获安，境外无寇，则乐吾民之业，尽国家之备以全之。如是，则财丰民足，而社稷延于无算矣。①

赵天麟的军政建议，其核心点就是"慎"，不仅要慎选兵将，也要慎于动用武力。恰是由于兵、战是凶、危之事，所以确实要时刻保持慎重的态度。

七　刑赏说

赵天麟上书的"示八法以清天下之刑赏"，分为明制条、儆贵贱、讯臣罪、谨籍没、息赦令、刑顺天、剿三细、决疑事八方面的内容，都是事关刑罚的建议。

（一）明制条

忽必烈在位期间未立法典，已经成为儒士经常诟病的话题。元成宗即位后，赵天麟旧话重提，指出仅靠诏令治国不是长久之事，应该尽快颁布正式的法典，使天下有治刑律的基本依据。

> 今国家圣祖神宗，遗规树典，至于陛下，益广德音，八十余年，一家天地，宣于民，书于史，成于礼，歌于乐者，固非一也。然而中外之臣民，或得其一而不得其二，或见其后而不见其前，互相照依，未遑明辨。循如是之风，而望治宁之至，臣窃谓似乎未之能尽也。

> 又伏见诏令每下，远近震惊欣悦，以为太平之可冀也。开读于京师，降示于外路，流布于司县，张挂于市井。如揭日月，可仰而不可测也；如望江河，可近而不可犯也。及乎三日之后，甫收挂壁之文，而已半知半不知矣；迨于逾年，而知者百无一二焉。小民之愚呆者，欲其不犯，何以能哉？今之人有悒言曰："新条不可犯

---

① 赵天麟：《偃兵戈》，《太平金镜策》卷6（《元代奏议集录》上，第347—349页；《全元文》第28册，第194—196页）。

也。"臣之所痛伤者，尤在于斯焉。小民意以旧条攸远，虽宿吏犹有遗忘，庶可犯之以苟免，故独不敢犯新条也。新条虽新，不久而又成旧矣。不更此化，虽复曹参百辈，亦难兴画一之歌，而成清静宁一之治也。

伏望陛下新天下之视听，定天下之权衡，顿五叶之纲维，立一朝之典式，远求诰制，近采家法，上承天意，下访舆言，乘除常理，勒成一书，颁于四海，垂诸万姓，咸曰"大哉王言"，又曰"一哉王心"。下民昭知而惮犯，官吏守之而不疑，宰相赖之而清化，陛下因之而垂拱矣。①

(二) 做贵贱

为了使"忧公之理，乐私之情，并行而不悖"，赵天麟建议对宗亲贵戚加强约束，其基本原则是重教轻罚，即先教以守礼遵法，避免触犯禁网，有罪则由宗正府负责处置。

> 今国家内族星布，外戚云分，皆获食邑而不预大权，皆仰皇猷而各安常分，汉唐以来未有之也，犹阙防之之道焉。宗正府中已备其员之尊卑，未申厥宪之轻重，欲从轻议，则似亏大正之猷，亦从常伦，则又失议亲之道，向不为之立法，其何以行之哉？夫人之生也，戴天履地，呼阴呼阳，自非智愚之不移，中人上下，大抵相似。处富贵之盛者，即有昂昂之风；在贫贱之困者，咸秉谦谦之志。果其性有异乎？非也，其居使之然也。况乎以天潢之派，挟象阙之尊，接步武于烟霄，联芳馨于桂籍者哉！其或卑职下方之士，穷闾厄巷之人，睢眦之间，承接之际，偶相干犯，难以为敌，有苦而已矣，有死而已矣。下民哀怨，上达于天，宁可不惧之哉！此皆非国家之所恣，但宗室挟贵而然也。万一天听侧闻，则将怒其干纪乱常而加之厚罚矣。或流于远方，或贬于重役，能不失亲亲之恩哉？故与其有罪而加之刑，不若先禁之之为愈也；与其厚罚以禁之，不若申明典宪以绝其苟免之心，而令全德之为愈也。方今贵族，上畏天威，各循绳墨，无敢妄行，臣但恐侥蒙此事，有黩皇

---

① 赵天麟：《明制条》，《太平金镜策》卷7（《元代奏议集录》上，第336—338页；《全元文》第28册，第196—198页）。

明，故云然也。

伏望陛下大昭离日，丕出纶言。凡宗室府内所设官员，选宗室之有德望者而为之，不得已则铨择朝野之贤能以充之，不宜但拘宗族之内以备员也。凡贵戚之在京城者，有罪则宗正府治之，自有常典；凡贵戚之在外方者，有罪则郡县达文于宗正府，宗正府差官治之。凡贵戚之罪，据《周礼》八议，比庶人宜降几等，立条例以明示天下。凡贵戚之有罪者，不宜令卒徒厮役得以詈辱之。凡诸王公主投下人户皆庶人之类，自有常例，委所在临民官治之可也。若又从臣先所谓训宗室之说，明教行而知礼，法明而畏罪，永永维清矣。①

(三) 讯臣罪

在刑罚方面，对百官也要有一定的照顾，按照赵天麟的建议，在朝廷重视选人用人的基础上，对于犯罪官员不能像普通犯罪者那样审讯和处决，而应处以流刑或准许其自裁。采用这样的做法，一方面体现了刑罚亦讲究上尊下卑，另一方面也可形成对官员的威慑，使其谨慎从政，不要触犯法网。

昔者圣人之立法也，君以御臣，臣以临民，民非君而难安，君非臣而孰辅。方今内外诸官，或班行于玉笋之中，或宣化于黄麻之下，或为四海之绳墨，或为一方之表仪，皆国家之所以委治者也，皆陛下之所以仰成者也。疑而勿用，用而勿疑。方其欲用，则询于左右，暨诸大夫，暨国人，以尽其诚。设其误用而罪者，则或降之下职，或屏之远方，或黜之而不齿，或赐之以自裁，皆可也。

今国家立统以来，百官犯罪，上自宰辅，下及守令，决付之理官，而例于小民以鞫讯之，有械系之于市井者，有鞭笞之于官署者，有枭其首以儆戒遐迩者，有醢其躯以熏蒸天地者，甚非尊上卑下、崇礼厚俗之方也。

风俗之盛衰，邦本之厚薄，官吏之廉否，天下之治乱，非细事也。或者以为有罪之人，与众弃之，何足以恤。以臣意之，彼但

---

① 赵天麟：《儆贵贱》，《太平金镜策》卷7 (《元代奏议集录》上，第283—285页；《全元文》第28册，第198—200页)。

得其末节，而不得其本者也。臣建此议，岂欲恤夫有罪之人哉，但惜王政之大端也。夫中人之心，礼之则无地自容，而为善之心兴矣；辱之则自暴自弃，而廉耻之维缺矣。以不廉无耻之人，岂能兴化？不能兴化，则害非一端，民心不和，天灾上应，水旱相因，下民困苦，将何为哉？伏望陛下载审方今之务，定为悠久之规，精选贤能，处位居职。凡百官有重罪而过误，则量等流之；凡大夫以上有罪者，不宜令卒徒詈辱之；凡大夫以上有死罪者，不宜加刑，但听其自裁可也。如此，则官廉民化之政成，而乾坤之分定矣。①

（四）谨籍没

赵天麟虽然同意对罪臣等有籍没的处罚，但是建议对罪臣家属给予一定的优待，不一律流配迁徙，有用之才仍可录用；对于籍没的财产，也应用之于民，而不是分配给宗室贵族。

  我圣朝推天地之深仁，发雷霆之大号，泽及九有，保全群下之生，法约多端，爰罢三族之令，复先王久废之旧章，行前代所不能行之洪惠。彼有罪而当之，及无罪而视之者，孰不感服而钦念之哉！愚臣以为犹有未之尽者也。窃见方今陷大罪者，除本人已就极刑之外，其妻孥亲属，有投诸远方而不齿者，有系于场冶而应役者，有役于右族而为臧获者，有配于士伍而就苦地者，斯皆尽除恶务本之当然，切恐有委沙遗金之余恨也。……又窃见方今或因赃滥，或陷逆流，例皆籍没其财，归诸内府，散于宗室，班于外家。
  伏望陛下留心细虑，下令昭陈，凡当籍没之家内子孙弟侄，若有超然特异、足学知政之人，听有司公举，录德量能而用之，不在禁锢之限。若然，则士知国家之重贤，咸自历身奋志，以希寸禄而程功效实矣。凡当籍没之财，贮于一所，明立簿记，待储积之多，散于无告之人可也。若然，则民化国家之廉仁，咸自立操喻义，以复本然而迁善移风矣。②

---

  ① 赵天麟：《讯臣罪》，《太平金镜策》卷 7（《元代奏议集录》上，第 375—376 页；《全元文》第 28 册，第 200—201 页）。
  ② 赵天麟：《谨籍没》，《太平金镜策》卷 7（《元代奏议集录》上，第 340—341 页；《全元文》第 28 册，第 202—203 页）。

(五) 息赦令

赵天麟还特别提醒皇帝不要轻易颁布大赦天下的诏令，以杜绝犯罪之人的侥幸之心。

> 赦者，欲以荡涤瑕秽，与民更始；以负罪者言之，则实莫大之洪恩；以致治者论之，则非太平之常事也。近世以来，郊天祀宗，建储立后，未有不肆赦者，侥幸之子逆知期会，能不启非滥之心哉？……又况大赦之后，奸邪未尝衰止，朝脱囹圄，夕婴缧绁，其不能承化自新，亦已明矣。
>
> 伏望陛下信赏决罚，无肆赦宥，使上下有纪，内外绝幸，则治天下可运之掌上矣。①

(六) 刑顺天

赵天麟还认为，春季和夏季杀生有违天命，所以应该按照传统的做法，犯死罪的人在核实罪行后，在秋季和冬季再行处决。

> 窃见方今大罪囚徒，鞫讯既成，司、县具词以申于路，路覆鞫之以申达于上司，上司遣理官要察，既审而后刑之，慎之至也。或有及立春之后，所在行刑，此亦似乎之失天本意也。夫罪人系狱，文卷未完，未得即决，或有至于十余年而犹系者。其言下招伏，事情昭灼，又适遇理官出审，而不停滞者，万无一二焉。系之已久，及一旦决，而不能待乎秋冬，何前之太缓，而后之太急哉？
>
> 且春夏行刑，则是春夏二时行秋冬之令，灾殃之效，具见古书，非臣所能尽言也。顷者连年变异，蔬谷不登，或陨霜不杀草而桃李开华，或地震日月食而动静不一，斯皆阴阳反复，而意或有以致之也。此事革之甚易，而所关甚大，天下官吏莫肯启一言者，臣又不知其何也。伏望陛下面稽天意，载审刑章，凡有罪当死以上，命省部秋冬遣理官出而报之；凡罪不至死，及非常之事宜速决者，

---

① 赵天麟：《息赦令》，《太平金镜策》卷7（《元代奏议集录》上，第344—345页；《全元文》第28册，第204—205页）。

不在此限外，依上施行。庶几休征荐至，气候相协，天人一致，而表里相通，体用一源，而显微无间矣。①

（七）剿三细

赵天麟强调教化为本，刑罚为末，指出朝廷已经具有了较完善的教化和刑罚两种手段。

> 化者，政事之本也，刑者，政事之末也。民有贤愚，有深浅，浅者随化而自迁于善，深者非刑而无以制之。圣王灼知此故，既布化，又立刑，以治天下之民。言其极理，则虽有本末之殊，论其设施，则当并举而无先后之异也。……今国家本末并全，化、刑两具。旌义夫节妇、孝子顺孙之门以厚邦风，举茂材异等、不求闻达之者以励后进，济天民之无告以扩恻隐之心，崇郡县之学校以敦教育之本也，凡此皆化也。内立刑部，外设理问，示群下以告捕之赏，儆百僚以风宪之官，凡此皆刑也。

尽管教化、刑罚的大纲已经具备，但是有的细节还需要讲究，尤其是对于犯罪之人的初犯、再犯和三犯，即所谓"三细"，赵天麟建议实行"宽前严后"的不同处置方法，以给予犯罪之人改过自新的机会。

> 又国家之法，未有薄罪当死之刑。今而郡县擅为威虐，宪职闻之而不察，省部视之而不禁，岂不伤圣朝之仁化哉？夫罪有故犯者，有误犯者，有重者，有轻者。常以驭故，权以驭误，极以驭重，薄以驭轻，究而详之，莫非中也。彼败常之人，其罪虽不及死，然以有苟存犬马之命，幸免漏鱼之网，教之不知，导之不移。方其始犯之也，圣人恻然而悯之，小惩而诫之。彼犹不悔，及其再陷刑网，圣人犹曰："焉知其不复改邪？"仍前以治之。及乎三陷刑网，圣人乃曰："此将终无所改矣。"非惟残戕良民，而抑且累澄清之化也。故国家芟夷而不惜，犯者虽死而无辞矣。今有屡犯刑章，而方且坦然自得，由然无耻，纵情以陵无玷之人者，岂不亏圣

---

① 赵天麟：《刑顺天》，《太平金镜策》卷7（《元代奏议集录》上，第338—339页；《全元文》第28册，第205—206页）。

朝之威刑哉。《书》曰:"狃于奸宄,败常乱俗,三细不宥。"言三犯虽细,而亦不之宥也。

伏望陛下止郡县之虐,除怙终之源。凡盗贼细罪一发觉及再发觉者,邦有常条,无得似前循街鞭朴致伤人命;凡盗贼细罪三发觉者,明据前后所犯而诛绝之;凡所犯虽多而发觉未及三者,不在诛绝之限。盖须既惩又惩,然后以为真不能改而施之以极刑也,凡奸宄之罪未及死者同。如是,则官吏无擅杀之权而大化可行,犯者知将来之不免而有以自新,国家除不悛之愚昧而刑罚少措矣。[①]

(八) 决疑事

赵天麟还建议改变官府处理政务经常议而不决的陋风,尤其是对于刑狱之事,不能久拖不断,以减少疑狱而达到刑明风清的目标。

> 夫财有可以取,可以无取,而介乎两间者,为民父母之心,但欲益下而已。奈何关要之地,人共窥觎,天下之达者常少,不达者常多,一日暴之,十日寒之,或姑取之而俟后议,或卒取之而伤廉化,可胜言哉!夫事有可以行,可以无行,而介乎两间者,方其议之也,以为不急,而稽延岁月莫之能定焉;及其行之也,有司应文,而怠慢苟简,莫之能谨焉。况事有至微,而关利害之至大,言有至细,而存风化之至深者,岂宜轻哉!夫刑有可以轻,可以重,而介乎两间者,此又方今弊之尤大者也。伏见郡县之间,一夫系狱,九族衔悲,产业以之而停,田宅以之而鬻者众矣。国家未有律令,有司恣行决罚,窃恐贫者犯刑未尝不重,富者犯刑未尝不轻,且鞭笞之下,何求不获,故有家资者,行赂于当途之人,而委曲以成其轻犯之文矣。彼寒素之族,室如悬罄,故所求不应,激忿怒于无告之人,而挟气以溢其所抵之罪矣。贫民习知如是,虽无罪而与官吏有相干者,或质什器以傲钱,或立文约以假贷,输于官吏,冀获矜怜。如此,则不疑之狱,欲轻则轻,欲重则重,皆成疑狱矣。乃欲化洽政治,岂可得哉?若其果疑之者,迁延无断,有就狴犴之中而死者,有及十余年而不决者。犯罪之家,苞苴私谒,所费不

[①] 赵天麟:《剿三细》,《太平金镜策》卷7(《元代奏议集录》上,第342—344页;《全元文》第28册,第207—209页)。

赀；犯罪之人，久拘囹圄，所苦无极。

伏望陛下溥班明诏，爰示有司。凡赀财可以取，可以无取者，明开其义，减半而取之；凡赀财可以与，可以无与者，明开其义，减半而与之；凡事可以行，可以无行者，明开其义，以便民从事；凡疑狱可以轻，可以重者，明开其义，从轻而决之；凡常狱易决，而傥有赃污弄法者，幸从臣先所谓慎名器、杜利门之法而行之，则自当绝矣。若夫愚昧不悛，则有宪职在焉。如是而清俗泽下之道自成，因威示恩之理无欠矣。①

赵天麟的刑罚建议，主要强调的是四种观念。一是以法断案的观念，要求朝廷尽快颁布法典，作为执法的依据。二是尊卑有别的观念，在刑罚中给予宗室、贵族、百官一定的优待。三是宽刑的观念，在实施各种刑罚时注重以宽仁为怀，不以严刑苛法来对待国家的子民。四是化民的观念，强调教化为本、刑罚为末，不能本末倒置，即便是犯罪之人、籍没之家，也要让其有悔过自新的出路。

八 理财说

赵天麟上书的"举八要以壮天下之财力"，分为顾形势、辨至公、平力役、正营造、屏尤物、束利官、便水运、蓄畜牧八方面的内容，主要是对理财和发展工、商、牧等方面的建议。

（一）顾形势

国家统一之后，要审定天下财力形势。赵天麟特别强调皇帝在判定形势和处理财力问题时秉持好义而不是好利的态度，因为皇帝的好恶决定着财力变化的基本走势。

圣明开世，混万国之车书，法制临时，便群机于掌握，庙堂电断，区宇风从，故得其要则可成长久之功，动其机则可底化安之效。钦惟陛下贵为天子，所衣不过御寒而已，所食不过适口而已，然而智周六合、仁济众有而不惮烦者，盖皇天降命，归于有德，推修身之余以理之也。

---

① 赵天麟：《决疑事》，《太平金镜策》卷7（《元代奏议集录》上，第275—277页；《全元文》第28册，第209—210页）。

> 臣伏以定已然之事者，须据其形；审将来之形者，莫如于势；察形势之大者，莫大于财力。财者，义之基也；力者，德之资也。今国家德义行乎上，而下犹未之尽从；财力壮乎末，而本犹未之丕定。臣所以冒死而言之也，欲下民德义之风行，宜在上财力之方无失也。

尤为重要的是，大一统之后，要看清楚民的运势，量财力而行事，形成财与力并壮的民富国强局面。

> 上好义，则下亦好之；上好利，则下亦好之。臣但以在上之利，皆出于民，转相兼并，以至穷困，百姓不足，君孰与足，此盖财之势也。……今立行省于外，维持错综，众建其官，有诸侯之镇，而无诸侯之权，可谓审于力之形矣。然雨露沾濡之地，乾坤盖载之区，莫非吾之民也，但以国家一统，拱于燕都，非同金、宋、辽、蜀之君，守蕞尔之地以为民主也。且瓜分之国，形势在地，一统之运，形势在民，约力量财，惟军为甚，此盖力之势也。财壮于下而化易行，化行而知耻，知耻而礼让兴矣。力壮于上而权易持，权持而民新，民新而王政成矣。
>
> 伏望陛下顾形势之大，明财力之源，凡息民之务如偃兵戈之类，未降者降之；凡养民之道如限田产之类，未行者行之；凡溥天兆姓，四远诸方，有衔冤无告者，以肺石达之；凡军役之家，宜令枢密院差官，随处与奥鲁官一同照户口产业再行定之。……若然，则财力之形势并壮，而德义之化靡有不从者焉。良由形势系于下民，而下民既均且逸矣，国家岂有不壮者乎！德义岂有不孚者乎！①

（二）辨至公

要民富国强，帝王还必须做到公而不私，尤其是认识到民财均为国财，不能肆意征为私用。

---

① 赵天麟：《顾形势》，《太平金镜策》卷 8（《元代奏议集录》上，第 367—368 页；《全元文》第 28 册，第 211—212 页）。

> 帝王之德，参天两地，贵于公而不私焉。公者，义也；私者，利也。量义以动，则忧以天下，乐以天下，而王道备矣。放利而行，则既失民望，又失民心，而王政怠矣。是以圣人其临民也，懔乎若朽索之驭六马；其抚民也，柔乎若慈母之视婴儿。所欲与之聚之，所恶勿施尔也。且下民皆国家之民也，而民财皆国家之财也，又何须泛取于下而轻用于上哉！

国家赋税在征收和使用方面都存在严重的不公问题。征收赋税时官吏上下其手，不能公平征税，使得富者避税，穷者税重而无奈，造成富者越富、贫者越贫的普遍现象。赋税使用则不能周济贫民，而多用之于末流侥幸之人，背离了财为民所用的基本原则。

> 窃见郡县之中，赋敛之时，乡司里正定其贫富，专加擅减，营利于中。富家之利，优游有余；贫家力不能及，遂举债于他家。其或失期稽限，罪莫可逃，齐之以号令，威之以刑罚，愁怨之气，冤苦之声，充塞天渊，伊谁救者？又或不办，则官吏亦从而得罪矣。及其会计上司，纳于府库，凶年不发其积，贫民不蒙其赐，乐工之流呈戏技而图之，荷宠之人迎喜气以期之，岂不伤于用财之至公哉。

要解决不公的问题，一个重要的方法就是知道财来之不易，以公心处置用财的问题，通过寡用、惜力、节俭等方法，使国家具有善于用财的公信力，并以此来安定民心。

> 伏望陛下思地利之艰难，上审天心之仁厚，知民之欲富也，则寡用其财而众生之；知民之欲逸也，则常爱其力而务存之；知喜之太过而损其阳，则节之；知怒之太过而荡其阴，则息之；知王者之贵于无私，则敷大公以御之；知信之可示于天下，则推赤心以治之。财积而下富上足，心固而下定上安。喜怒有宜，而内外无可悔之机；公信既宣，而上下无相疑之意。如胶漆之固，如埙箎之和，君聿致于无为，民不知其帝力，然而兆人之不富，四远之不服，未

之有也。①

（三）平力役

为避免国家差役妨碍农桑，赵天麟特别提出了每年三月至九月尽量少派差役的建议，并且希望杜绝地方官员随意加派差役的行为。

> 今国家之于下民，可谓厚矣，窃恐州县之官，未奉国家之明法，倘有虐贫凌弱者，可不图之哉！臣伏见近年诏书有云："自三月初至九月终，凡劳民不急之役，一切停罢，钦此。"臣以为国家之心如天如地，非一言之可尽也。彼在外之有司，因王事之靡盬，多以假借为名，农务之间，乱起丁役，局天踏地，无计陈冤，虽曰省之，其实非也。
>
> 伏望陛下居九重之深邃，审百姓之艰难，布告中外，咸使闻知。凡每岁三月至九月，有以劳民不急之事擅起丁役，托假以为名者，并以违制论；凡三月至九月，有耕耨之田者，役无缓急，不在其限；凡三月至九月，有远大差役不得已而差烦农家者，有田务之家助资给，无田务之家出人力。②

（四）正营造

赵天麟认为国家创立两都，大规模地进行两都的修建是必要的，但是增修大量的佛寺、道观，而在大都内未修文庙，则是营造方面的重大失误，所以他建议对都城中的佛寺、道观只可维修，不准新建，并且应尽快采纳臣僚的兴建孔庙的建议。

> 我国家两都宫禁，温清修省，涂粉白丹臒于随年，整帘幕庭陈于逐节，斯皆理之当然也。臣但以发府库之财，役生灵之力，崇修佛寺，多积佛缘，画栋插天，飞甍隐雾，极今古之巧丽，耀金碧之辉光。且依佛经而言，则佛者觉也，将以觉妙悟寂灭声闻缘觉之民

---

① 赵天麟：《辨至公》，《太平金镜策》卷8（《元代奏议集录》上，第268—270页；《全元文》第28册，第212—213页）。

② 赵天麟：《平力役》，《太平金镜策》卷8（《元代奏议集录》上，第358—360页；《全元文》第28册，第214—215页）。

物；而释迦者能仁也，将以仁四恩三有诵经持戒之众生。今乃以下民之财，下民之力，妆点色身之相好，臣窃以为非如来之本意也。钦惟国家武定四方，文绥一统，握历世帝王之大柄，为百家道术之宗盟者，皆孔子三纲五常之力也，岂宜独崇绝灭纲常之教，以率天下奉信浮图之人哉！

臣又以京师者，天下之所瞻仰也。孔子乃帝王之师，纲常之主，而其庙学犹为阙然，臣于先所献万言策内已言之矣。盖理贵得中而已。彼老佛之教，乃山林曲士之所奉，虚无寂灭之一术，无父子之恩，无君臣之义。今国家取其一节而崇其寺观，犹可也，至如师孔子而独惜崇兴庙学之资费，此臣所以不能无言也。故为国家者，于所可止者不容不止，于所不可止者不宜遽止也。

伏望陛下念孔子道德之尊，报孔子纲常之力，采老氏之知足，法如来之能仁。凡两都宫禁但令春秋补葺其弊，革异其损者，不须创建；凡劳民无益之役，不拘时月，并皆停罢。其不急者，如前诏凡僧道寺观，截自令下之后，内本京师，外及所在，但许修整，无敢创立。凡所在文庙，依时修整，自有常制。若夫京师庙学，惟陛下裁之。①

（五）屏尤物

赵天麟所建议的"屏尤物"，与上文已经列出的"却贡献"意思相近，只是更强调了即便是通商交往，也不要着重金珠璧贝，更不用说为猎取奇物而兴兵动武。

夫金珠璧贝，等于尘沙，使膏雨不降，条风不来，五谷不生，桑麻不育，则坐视金珠璧贝亦无益矣。若欲通有无之交易，便商旅之资给，则有中统、至元交钞在耳，安用金珠璧贝哉！夫牛马鸡犬之类，中国之所常有，上下之所共畜之，无失其时，则所谓得实利而壮吾国之基。彼斑斓之兽，粲错之鸟，有之不足以增光，无之不足以为欠者，尽力而求之，则所谓受虚名而招外方之议也。近年以来，有司之秣马厉兵，民庶之糜资破产，以征殊域者数矣。及其

---

① 赵天麟：《正营造》，《太平金镜策》卷8（《元代奏议集录》上，第378—380页；《全元文》第28册，第215—217页）。

胜也，或得咫尺降书之奉，或得无益怪物之献，则是用千万征军之命，而易其无益之怪物也。于是悍将据之而为功，百官因之而表庆，殊不知千万征军之亲族，号泣昊天而哀达九泉矣。天地之气不和，水旱之灾又至，如此而虽尽获彼国之怪物，何以赎中国士卒之痛哉！夫中国常献，足供王用矣，彼山海之珍异，岂须嗜乎！

伏望陛下明探治本，杜绝奢风，凡纂组绫锦、金珠璧贝之用，不关礼经者一皆绝之；凡犀象鸟兽珍馐异味之献，不在贡典者一皆却之；凡上方及外路无益之局署，一皆罢之；凡俳优之流，不宜使之履禁闱而肆淫戏，一皆放之。幸从臣言，则源清而流清，上行而下效，不及十年，风俗移易矣。①

（六）束利官

赵天麟所建议的"束利官"，与上文已经列出的"杜利门"有相近之处，但是更强调的是以朝廷的廉干之臣，取代嗜利之臣，并使得嗜利之臣亦不得不服从善政，以保证国家的财力之政始终掌握在正人的手中。

今国家屡诛嗜利之臣，用谢士民之意，至如官阶内外，爰分清浊之班，人物高低，遂有贤愚之辨。处货利之司者，定惟粗豪之人，而清肃其心者，皆淹身以避之；领商计之务者，但选市井之族，而廉干其德者，皆因名以弃之。则是未居于职，已防污滥之辱其身名；既用伊人，先约资财之偿其失陷。致使当职之人肆情征取，上失在公之委任而虚其位，下为私室之经营而枉其心，愈治之而奸诈愈生，愈防之而计数愈欠。

然财货系于诸课，而为国家之大本，不可一日废焉，矫枉者不能不过于直也。伏望陛下载宣天旨，令有司定制，凡仓场库务之诸官，旧系省部出付身者，今并宜以敕牒分品次之高低，视城郭之可否而设之。凡钱谷官系旧随路出付身者，并以行省札付增崇其职。凡钱谷官旧无俸禄者，今并宜依品次量多寡以给之。凡中外官员不拘门格，或宪职，或民官，皆量材以充钱谷官，考满铨功过以黜

---

① 赵天麟：《屏尤物》，《太平金镜策》卷8（《元代奏议集录》上，第320—322页；《全元文》第28册，第217—218页）。

陟。凡利官既或高爵，又蒙重禄，又得齿于临民之官，又思以后迁升之益，自然相率而廉干矣。其或故犯宪纲，不尽心于正职者，则自作孽而已，奚足恤哉！十年不齿，然后降等量材而用之可也。其或误犯宪纲，非力所及者，则眚而已矣，止征其所当价既足，而随即降等量材用之可也。若然，则利官得人，利源通畅，上有裨于国用，下不损于民资矣。①

（七）便水运

在交通运输方面，赵天麟一方面建议对通过海道向大都运粮的官员给予适当的奖励，另一方面建议对南北大运河的会通河河道进行必要的修理，并设置保证河运通畅的专门机构和人员。

> 窃见方今海道运粮之官，虽万亿及秭，亦皆冒汪洋之险，借风浪之力，以致之于神京之中，诚可谓之有功，然亦其当然之职也。若夫计粮数之斛斗，而酬之不啻巨万，亦以甚矣。伏望陛下载宣天旨，令有司定制，凡海道运粮之官，三年一考，超升于高职而用之，计不失优崇之礼，又待超升旧官之后，而以渐抑其赏赐之资，亦国家之大端也。臣非惜钱物而已，但以与国家出力者，非惟运粮之官，如皆赏之，则不给；如独赏运粮之官，则犹未免大恩于一偏也。且居其职者行其事，何用赏乎！此臣所以欲正其名分也。
>
> 臣又以会通河者，有用之名川也，懋迁有无者由是而经行，官场南北者由是而往返。虽复江、淮、河、汉之大，亦所以赖其朝宗；虽复闽、广、川、蜀之遥，亦足以达其输运。有利有害者理之常，有通有塞者物之变，汤汤然清浪之内，流沙滞焉，荡荡然坦途之上，盗贼生焉。又每岁立秋之后，积于数月之间，濒河农民极被骚扰。又有沙之地，以板卫岸，皆非经久之计也。更望陛下载宣天旨，举天下审知河道地脉之人，改修会通河之有沙者以避之，不然则数年一度修理，甚为烦费，不可不杜其源也。复宜分河路南北军府为三五所，而以千夫长各领之，不备数者，招军士以充之，不预出征之流，不在营田之限，使之专以巡镇非常之警，充给泛舟之

---

① 赵天麟：《束利官》，《太平金镜策》卷8（《元代奏议集录》上，第303—304页；《全元文》第28册，第219—220页）。

役，闸梁有圮则修之，堤岸有损则筑之。若然，则农民庶乎安帖，盗贼庶乎消弭，费寡而效多，暂劳而永逸矣。①

(八) 蕃畜牧

起于游牧的王朝，本应重视畜牧，但是在进入中原尤其是统一全国之后，草原的畜牧已不足以支撑全国的需求，所以既要认真讲究马政，也要重视牛、羊、驼的畜养，赵天麟就此提出了具体的建议。

> 臣窃以名鹰俊犬，异毛鸟兽，国家之所宜弃也，反以收之；驼羊牛马，其用甚重，此皆国家之所宜广也，反不广之。岂爱驼羊牛马之不及鹰犬哉？亦由于袭太平之世，而因循弗虑故也。
>
> 方今四征不息，粮饷未停，就使橐弓矢而不用，戢干戈而不起，则安知他日无罚罪之事哉，则牛马之不可暂阙也明矣。至元癸巳（1293年），括士民之马而拘之郡，出榜文称上司之语，而谓官酬其直也。马既颁军，直又不酬，士民失望。臣非但以国家之弃信而伤之，抑亦由国家之不修马政，临急取士民之御者，故伤之也。
>
> 伏望陛下精思缓急之务，灼明备用之源，凡鹰犬之类，可纵者纵之；凡鹰坊等职，可罢者罢之；凡驼羊马牛，宜以御府缯帛及空名告身，于四远之地及中华之境市而收之；凡所市之马，谅宜仿古制立天驷监以孳育之；凡牛、羊、驼等，谅宜立群牧所以蕃殖之；凡刍秣之具，谅宜择良地募民耕以给之。若然，则可以富国，可以强兵，可以俯宣王考牧之诗而小之，可以思汉武伐宛之事而笑之矣。②

赵天麟的理财和发展工、商、牧等建议体现了两个重要的观念。一个观念是增强物力，尤其是将藏富于民作为国家太平的基础。另一个观念是对财、力的征收和使用要有节制，尤其是要将防止嗜利之臣的胡作非为视为保证太平之世的重要原则。

---

① 赵天麟：《便水运》，《太平金镜策》卷8（《元代奏议集录》上，第365—367页；《全元文》第28册，第220—222页）。

② 赵天麟：《蕃畜牧》，《太平金镜策》卷8（《元代奏议集录》上，第355—356页；《全元文》第28册，第222—223页）。

赵天麟的上书虽历世祖、成宗两朝，但基本精神是一致的，体现地是营造太平气象的治道观念。难能可贵的是，赵天麟不仅全面论述了朝政面临的问题，并且特别关注细节问题，使其建议不仅有理论依据，还有可操作的方法；尤其是他为走向太平之世确定了八个维度的基础，使理想的治世有了成体系并与现实密切联系的具体要求。赵天麟尽管自称为布衣，但显然不能将他所表述的政治理念等归入民间思潮，因为他所阐释的是一个儒者对天下大事的思考，与同时期的儒臣如王恽、胡祗遹等人的基本观念相同，只不过是赵天麟未在朝廷中任职而已。不在朝廷中任职使赵天麟更少了一些羁绊，所以他的上书可以涉及更多敏感的问题，这恰是赵天麟的政治观念所体现的一个重要特征。

忽必烈在位前期主要面对的是如何建立新的农耕王朝和实现统一目标的重大政治问题，忽必烈在位后期主要面对的是如何维系统一和实施有效的国家治理的重大政治问题。重大政治问题的变化，使得忽必烈在位后期的朝臣不再沉溺于对治道学说的解释和新政等的颂扬，而是直面各种弊政，提出自己的政治见解。恰是因为忽必烈以开明政治的态度对待直言，使得具有批评性特征的各种政治主张能够全面呈现，带来了在实证层面政治观念的重大进步，并对朝政变化产生了一定的影响。

第八章 侧重学理的政治主张

忽必烈在位后期，中原和江南的学者和宗教人士等在学理基础上提出了一些重要的政治主张，对当时的社会也产生了一定的影响，可分述于下。

第一节 刘因的仁政理念

刘因（1249—1293年），字梦吉，号静修，保定容城（今属河北）人，生于儒学世家，早年学习经学，究其训诂疏释，认为"圣人精义，殆不止此"，及看到各理学大师的著作后，乃专心于理学研究，成为当时北方著名的理学学者。刘因曾被皇太子真金邀入东宫，教授国学生徒，但不久即因病返回家乡，后又数次谢绝入朝任职的邀请，致力于传经授学，著有《四书集义精要》等，并有《刘文靖公文集》（《静修先生文集》）传世，① 在政治理论方面主要阐释的是仁政理念。②

一 天道尚仁

刘因作为理学学者，重点要求的是以气、理学说奠定仁政的理论基础，所以对理气、道德、仁义等有一套自成体系的解释。

（一）理气说

在理与气的关系方面，始终有"理在气先"还是"气在理先"的争论，刘因就此强调了三点认识。

---

① 《元史》卷171《刘因传》。
② 关于刘因的政治理念，参见徐远和《理学与元代政治》，第78—93页；侯外庐等主编《宋明理学史》（上），第704—720页；蒙培元《理学的演变》，第154—161页。

第一点认识是理与气无所谓孰先孰后。按照刘因的解释,"理与气本无先后之可言,但推上去时,却如理在先、气在后相似"。在理与气之间,应该是相互包容的关系。

> 如阴阳五行,错综不失条绪,便是理。若气不结聚时,理亦无所附著。天地之间,有理有气。理也者,形而上之道也,生物之本也。气也者,形而下之器也,生物之具也。是以人物之生,必禀此理,然后有性,必禀此气,然后有形,其性其形虽不外乎一身,然其道器之间分际甚明,不可乱也。
>
> 所谓真者,理也;所谓精者,气也;所谓则者,性也;所谓物者,形也。上下千有余年之间,言者非一人,记者非一笔,而其说之同,如合符契,非能牵联配合,而强使之齐也。此义理之原,学者不可不察。①

第二点认识是要认清理、气之间的关系,必须注意以理为本的原则。刘因以动和静的关系,说明了理是气之本的原理。

> 有是理便有是气,但理是本。今且从理上说,气如太极,动而生阳,动极而静,静而生阴,不成动已前便无静。程子言:"动静无端,阴阳无始。"盖此。亦且从其动处说起,若论其动以前又有静,静以前又有动,如云一阴一阳之谓。道继之者,善也。此继字,即动之端。若只一阖一辟而无继,即是合杀了。
>
> 静之中,动之始也,且如四时到冬月,万物皆归根,若不生,来年便都息矣。盖自贞而复生元,无穷如此。

第三点认识是即便强调理、气不分先后,或者认可理在气先,也不必事事以此作为依据。按照刘因的看法,具体事物是相当复杂的,只要谨记"理在气中"就行了。

> 问:"理气似不可分先后?"

---

① 刘因:《四书集义精要》卷3《大学三》,四库全书本。本小节引文未注明出处者,均来自此卷。

> 曰："要之也，先有理，但不可说，是今日有是理，明日却有是气，亦须有先后。且如万一山河都陷了，毕竟理却只在此。"
> 问："先有理后有气之说。"
> 曰："不消如此说。今安得知其初为先有理，后有气耶。但以意度之，则疑此气或依傍此理行，及此气之聚则理亦在焉。盖气则能凝结造作，理却无情意、无计度、无造作。只此气凝聚处，理便在其中。"

刘因还特别强调，对理要有全面的认识："理是有条理。""理如一把线，相似有条理。""又指一竹篮曰：一条竹篾如此去，一条又如此去，直是一般理，横是一般理，有心便存得许多理。"尤为重要的是，要用心去体会理，读圣贤之书，就是为了能够更好地体会理的奥妙："理不是在面前别为一物，即在吾心。人须是体察得此物，诚实在我方可。譬如修养家，所谓铅汞龙虎，皆是我身内之物，非在外也。""以圣贤之意观圣贤之书，以天下之理观天下之事。人多以私见自去穷理，只是你自家所见，去圣贤之心尚远。"① 当然，对理的理解，也不必穷其细微，只要掌握其大要即可。

> 随所遇之事，便当理会万事只是一理。不应只求大者、要者理会，其他都不管。譬如海水，一湾一曲一洲一渚，无非海水，不应道大底是海水，小底不是。程子曰穷理，非谓必尽穷天下之理，又非谓止穷得一理。便到但积累多后，自当脱然有悟处。
>
> 今人务博者却要尽穷天下之理，务约者又谓反身而诚，则天下之物无不在我，此皆不是。且如一百件事，理会五六十件了，这三四十件虽未理会，也大概可晓了。②

刘因还在教授经典时，用诗歌的形式对理、气等学说作了简单的总结，可转录于下。

> 万古堂堂共一元，欲于何处觅天根。试从开闭中间看，始觉乾

---

① 刘因：《四书集义精要》卷1《大学一》。
② 刘因：《四书集义精要》卷4《大学四》。

元独自尊。①

　义理胸中好恶真，初非由己与由人。混然生意流行在，惟有枯荄不受春。②

　朝纲一紊国风沉，人道方乖鬼境侵。生理本直宜细玩，蓍龟千古在人心。③

　有乐如从天外来，春风过处百花开。政教万木夜僵立，何害孤根暖独回。人将知我亦何从，天在吾家度量中。此语误人君勿信，我心无愠本冲融。④

　以忍伤肌手自危，割余痛切不胜悲。心同义理元无间，彼此俱看未忍时。生意倏然不遂春，根株盘曲欲轮囷。向前枝叶顽然了，自此乾坤属不仁。⑤

　山下食薇老兴便，荆南采药此心全。乾坤月惨烟愁外，留我羲皇万古天。荆棘埋香死不禁，清泉芳径悒幽寻。移花旋看新生意，方识西山忍饿心。⑥

刘因论述的理、气关系，体现的是一种辩证思维，即不要拘泥于两者谁先谁后、谁决定谁的固化认识，而是要在事务的运行中，看清两者之间的互动关系。这样的看法与其他的理学学者有所不同，但是对于厘清世人的认识论显然有重要的帮助。

（二）天理说

探究理、气之间的关系，除了有哲学层面的意义外，更有重要的政治意义。刘因在理、气基础上阐释的天理说，就是要说明天理对于人生和世道，至少需要注意七方面的认识。

第一，天理即天命，其中蕴含着理、气的基本原理。刘因对天命的解释，主要是重申理学家的论点："命者，天理流行付与万物之谓也。然其形而上者，谓之理；形而下者，谓之气。自其理之体而言之，则元亨利贞之德具于一时，而万古不易。自其气之运而言之，则消息盈虚之

---

① 刘因：《一元》，《刘文靖公文集》卷13，北京图书馆古籍珍本丛刊本。
② 刘因：《讲周而不比章》，《刘文靖公文集》卷13。
③ 刘因：《讲人之生也直章》，《刘文靖公文集》卷13。
④ 刘因：《讲学而首章（二首）》，《刘文靖公文集》卷13。
⑤ 刘因：《讲八佾首章（二首）》，《刘文靖公文集》卷13。
⑥ 刘因：《讲求仁得仁章（二首）》，《刘文靖公文集》卷13。

变,如循环之无端而不可穷也。万物受命于天,以生而得其理之体,故仁义礼智之德,根于心而为性。其既生也,则随其气之运,故废兴厚薄之变,惟所遇而莫逃。"① 但是他还重点强调了天命植根于人的心性,不仅要用心体会天命,还要特别注意天性与非天性的区别:"天性,人也。人心,机也。立天之道,以定人也。此则言圣人之兼体用,以天道立人极者也。天发杀机,龙蛇起陆,则非天性矣。人发杀机,天地反复,则非为人心矣。天人合发,万化定基,则又立天之道以定人者也。夫苟不以道定焉,则天人判而二;以道定焉,则天人合而一。二之,则机过而相悖;一之,则机定而化行。化行,则天地位,万物育,而君臣父子各得乎天理,而止其所矣。"②

第二,天理是对世间万物的约束,尤其是对人生的约束。刘因认为世人都应该知道天理对人生的重要意义:"人之生各具此理,但是人不见此理。这里都黑窣窣地,如猫儿狗子,饥便食,困便睡,到富贵便极声色之奉,一贫贱便忧愁无聊。圣人则表里精粗无不昭彻,其形骸虽是人,只是一团天理,所谓从心所欲,不逾矩,左来右去,尽是这天理,如何不快活。"③ 在诗歌中,刘因也表达了人要服从天理的愿望:"有大如天地,日夜长乾乾。有小如蝼蚁,营营谁使然。我亦形迹中,岂得独安闲。万物相为用,错综盈两闲。如身百骸具,少一为不完。有形无虚生,岂予独赘偏。森然气分内,既有不可镌。蝮蛇谁宥之,生生亦能延。安有人道尊,湮灭独不传。乾乾以为师,余者一听天。"④

第三,按照天理的要求,人要克制私欲,做到克己复礼,才能自享其乐。刘因对于"饮食之间,孰为天理,孰为人欲"的回答是:"饥而食者,天理也。要求美味,人欲也。"⑤ 他还对颜子得孔子克己复礼之说终身受用,指出了克己复礼的重要性:"只是这四个字,不违仁,不迁怒,不贰过,不改其乐。只是这个克己复礼到,得人欲尽,天理明,无些渣滓,一齐透彻,日用之间都是这道理。""私欲既去,天理流行,动静语默之间无非天理,胸中廓然,岂不可乐。此与贫窭自不相干,故

---

① 刘因:《四书集义精要》卷22《论语十八》。
② 刘因:《集注阴符经序》,《刘文靖公文集》卷17(《全元文》第13册,第351页)。
③ 刘因:《四书集义精要》卷13《论语九》。
④ 刘因:《有大如天地》,《刘文靖公文集》卷1。
⑤ 刘因:《四书集义精要》卷4《大学四》。

不以此而害其乐。"① 在诗歌中，刘因也特别强调了无私的要求："天命无私义理公，此身承奉有余恭。人心可信难尽合，亲令何由敢勇从。"②

第四，就天下而言，天理决定着君主的作为。按照刘因的理解，君主只有顺天理，以仁、德绥服天下，才能作成王业："古之圣人致诚心以顺天理，而天下自服，王者之道也。后之君子能行其道，则不必有其位，而固有其德矣。故用之则为王者之佐，伊尹、太公是也。不用则为王者之学，孔、孟是也。若夫齐桓、晋文，则假仁义以济其私欲而已，设使侥幸于一时，遂得王者之位而居之，然其所由，则固霸者之道也。故汉宣帝自言汉家杂用王霸，其自知也明矣。"③

第五，天理讲究大公而无私，尤其是作为当政者，必须坚持为公之心，才能保证依天理助成王道。刘因以君主比圣人，特别指出了以心为公的重要性："无天德则是私意，是计较后人多无天德，所以做王道不成。"④"古人论王霸，只以为王者兼有天下，霸者能率诸侯，此以位论固是如此，然使其匡天下、正诸侯皆出于至公，而无一毫之私心，则虽在下位，何害其为王道。在学者身上论之，凡日用常行、应事接物之际，才有一毫利心，便非王道。"⑤"圣人之心，天地生物之心也。其亲亲而仁民，仁民而爱物，皆是心之发也。然于物也，有祭祀之须，有奉养宾客之用，则其取之也，有不得免焉。于是取之有时，用之有节。若夫子之不绝流，不射宿，则皆仁之至，义之尽，而天理之公也。使夫子之得邦家，则王政行焉，鸟兽鱼鳖咸若矣。若穷口腹以暴天物者，则固人欲之私也，而异端之教遂至于禁杀茹蔬殒身饲兽，而于其天性之亲，人伦之爱，反恝然其无情也，则亦岂得为天理之公哉。故梁武之不以血食祀宗庙，与商纣之暴殄天物，事虽不同，然其拂天理以致乱亡，则一而已。"⑥

第六，天理存亡，与世人的态度有密切的关系。按照刘因的解释，只有讲忠信，去骄泰，才能达到存天理的目标："终之以忠信、骄泰分明，是就心上说出得失之由。以决之忠信，乃天理之所以存；骄泰，乃

---

① 刘因：《四书集义精要》卷11《论语七》。
② 刘因：《天命》，《刘文靖公文集》卷15。
③ 刘因：《四书集义精要》卷26《孟子一》。
④ 刘因：《四书集义精要》卷18《论语十四》。
⑤ 刘因：《四书集义精要》卷8《论语四》。
⑥ 刘因：《四书集义精要》卷14《论语十》。

天理之所以亡。"①

第七，天理流行有其规则，即便是受到一时阻碍，也不会改变其基本运行轨道。正如刘因所言，要行天理，就必须抵御来自私欲的阻碍："天理流行之妙，若少有私欲以间之，便如水被些障塞，不得恁滔滔地流去。""此个道理，吾身在其中，万物在其中，天地亦在其中，同是一个物事，无障蔽无遮碍，吾之心即天地之心，圣人即川流而见之。但天命正而人心邪，天命公而人心私，天命大而人心小，所以与天地不相似。今讲学即欲去与天地不相似者，以与之相似尔。"② 尤为重要的是，要看清天理运行的活泼状态，不能人为地加以阻碍："此所以形容天理流行自然之妙也。盖无所事而忘，则人欲之私作正焉，而助之长，则其用心之过，亦不免于人欲之私也。故必绝是二者之累，而后天理自然之妙得以流行，发见于日用之间，若鸢之飞而戾乎天也，鱼之跃而出乎渊也。"③

（三）性善说

刘因赞成孟子的性善说，并明确指出孔子时不用专门讨论性善问题，到了孟子时为与异端学说辩论，才完备了性善的学说，并以仁、义、礼、智作为性善的四端。

> 性是太极浑然之体，本不可以名字言，但其中含具万理，而纲理之大者有四，故命之曰仁、义、礼、智。孔门未尝备言，至孟子而始备言之。盖孔子时，性善之理素明，虽不详著其条，而说自具。至孟子时，异端蜂起，往往以性为不善。孟子惧是理之不明，而思有以明之。苟但曰浑然全体，则恐其如无星之秤、无寸之尺，终不足以晓天下，于是别而言之，界为四破，而四端之说于是而立。④

刘因还特别指出，即便四端未发，也要看到其中所包含的性善条理，否则会误解性善学说。

---

① 刘因：《四书集义精要》卷2《大学二》。
② 刘因：《四书集义精要》卷18《论语十四》。
③ 刘因：《四书集义精要》卷27《孟子二》。
④ 刘因：《四书集义精要》卷27《孟子二》。本小节引文未注明出处者，均来自此卷。

盖四端之未发也，性虽寂然不动，而其中自有条理，自有间架，不是笼统都无一物，所以外边才感，中间便应。如赤子入井之事，感则仁之理，便应而恻隐之心，于是乎形；如过庙过朝之事，感则礼之理，便应而恭敬之心，于是乎形；盖由其中间，众理浑具，各各分明，故外边所遇，随感而应，所以四端之发，各有面貌之不同。是以孟子析而为四，以示学者，使知浑然全体之中而粲然有条。若此，则性之善可知矣。

尤为重要的是，性善会有各种表象，只有认清了这些表象，才能由外即内，了解其中所包含的理。

然四体之未发也，所谓浑然全体无声息之可言，无形象之可见，何以知其粲然有条如此，盖是理之可验，乃依然就他发处验得。凡物必有本根，性之理虽无形，而端绪之发最可验，故由其恻隐，所以必知其有仁；由其羞恶，所以必知其有义。使其本无是理于内，则何以有是端于外；惟其有是端于外，所以必知有是理于内，而不诬也。孟子言乃若其情则可以为善矣，乃所谓善也，是则孟子之言性善，盖亦遡其情而逆知之尔。

仁、义、礼、智尽管是四端，但是存在四而两、两而一的对立统一关系，并且不仅要注重仁贯通四者的作用，也要注重智的终始作用，因为仁、智的交际，是万物运行的基本原理。

仁、义、礼、智既知得界限分晓，又须知四者之中，仁义是个对立底关键。盖仁，仁也而礼，则仁之著义，义也而智，则义之藏，犹春夏秋冬，虽为四时，然春夏皆阳之属也，秋冬皆阴之属也。故曰：立天之道曰阴与阳，立地之道曰柔与刚，立人之道曰仁与义，是知天地之道不两则不能以立，故端虽有四，而立之者则两耳。仁义虽对立而成两，然仁实贯通乎四者之中。盖偏言则一事，专言则包四者，故仁者仁之本体，礼者仁之节文，义者仁之断制，智者仁之分别，犹春夏秋冬虽不同，而同出乎春，春则春之生也，夏则春之长也，秋则春之成也，冬则春之藏也。自四而两，自两而一，则统之有宗，会之有元矣。故曰五行一阴阳，阴阳一太极，是天地之理固然也。仁包四端，而智居四端之末者，盖冬者藏也，所以始万物而终万物者也。智有藏之义焉，有终始之义焉。则恻隐、羞恶、恭敬，是三者皆有可为之事，而智则无事可为，但分别其为是为非耳，是以谓之藏也。又三者皆是一面底道理，而是非则有两面，别其所是，又别其所非是，终始万物之象。故仁为四端之首，智则能成始，能成终，犹之元虽四德之长，然元不生于元而生于贞，盖天地之化不翕聚，则不能发散，理固然也。仁智交际之间，乃万化之机轴，此理循环不穷，吻合无间，程子所谓动静无端，阴阳无始者，此也。

刘因之所以对性善说作出详细的解释，是因为在政治层面，这样的学说与圣人之政紧密联系在一起。正如他所说："性善者，以理言之称尧舜者，质其事以实之，所以互相发也。其言盖曰，知性善则有以知圣人之必可为矣，知圣人之可为，则其于性善也，信之益笃，而守之益固矣。""性命之理，若究其所以然而论之，则诚有不易言者。若其大体之已然，则学者固不可以不知也。盖必知此，然后知天理人欲有宾主之分，趣善从恶有顺逆之殊。董子所谓明于天性，知自贵于物，然后能知仁义，知仁义然后重礼节，重礼节然后安处善，安处善然后乐循理；程子所谓知性善以忠信为本，此先立其大者，皆谓此也。"①

（四）仁义说

与性善说关系密切的是仁义说。儒学先师之所以在仁、义、礼、智、信的五常中重点强调仁义，是因为仁义可以代表五常，如刘因所言："天地之所以生物者，不过乎阴阳五行，而五行实一阴阳也。故人之所以为性者，虽有五德之殊，然曰仁义，则其大端已举矣。盖以阴阳五行而言，则木火皆阳，金水皆阴，而土无不在。以性而言，则礼者仁之余，智者义之归，而信亦无不在也。""仁者，人也，其发则专主于爱，而爱莫切于爱亲，故人仁则必不遗其亲矣。义者，宜也，其发则事皆得宜，而所宜者莫大于尊君，故人义则必不后其君矣。"② 仁、义、礼、智、信还各有其本："但以爱亲而言，则为仁之本也。其顺乎亲，

---

① 刘因：《四书集义精要》卷28《孟子三》。
② 刘因：《四书集义精要》卷26《孟子一》。

则为义之本也。其敬乎亲，则为礼之本也。其知此者，则为智之本也。其诚此者，则为信之本也。盖人之所以为五常百行之本，无不在此。"①

由于仁主要体现地是爱的原理，刘因对此作了进一步的解释。

> 人禀五行之秀以生，故其为心也，未发则具仁、义、礼、智、信之性以为之体，已发则有恻隐、羞恶、恭敬、是非、诚实之情以为之用。盖木神曰：仁则爱之理也，而其发为恻隐。火神曰：礼则敬之理也，而其发为恭让。金神曰：义则宜之理也，而其发为羞恶。水神曰：智则别之理也，而其发为是非。土神曰：信则实有之理也，而其发为忠信。是皆天理之固然。人心之所以为妙也，仁之所以为爱之理，于此其可推矣。
>
> 或曰："仁为爱之理矣，又以为心之德，何哉？"
>
> 曰："仁之道大，不可以一言而尽也。程子论乾四德之元，犹五常之仁，偏言则一事，专言则包四者，推此而言，则可见矣。盖仁者五常之首也，而包四者，恻隐之体也，而贯四端。故仁之为义，偏言之则曰爱之理，专言之则曰心之德。……其实爱之理，所以为心之德，是以圣门之学必以求仁为要，而语其所以行之者，则必以孝弟为先，论其所以贼之者，则必以巧言令色为甚。"
>
> 仁之为性爱之理也，其见于用，则事亲从兄，仁民爱物，皆其为之之事也。此论性而以仁为孝弟之本者，然也。但亲者我之所自出，兄者同出而先我，故事亲而孝，从兄而弟，乃爱之先见而尤切，人苟能之，则必有不好犯上作乱之效，若君子以此为务而力行之，至于行成而德立，则自亲亲而仁民，自仁民而爱物，其爱有等差，其施有渐次，而为仁之道生生而不穷矣，又岂特不好犯上作乱而已哉，此孝弟所以为行仁之本也。②

刘因还特别看重仁者的作用，并对仁者五种值得注意的行为作了具体的说明。

一是仁者能够通晓事理，所以可以忘忧："仁者通体是理，无一毫私心，事之来者虽无穷，而此之应者，各得其度，所谓建诸天地而不

---

① 刘因：《四书集义精要》卷5《论语一》。
② 刘因：《四书集义精要》卷5《论语一》。

悖，质诸鬼神而无疑，百世以俟圣人而不惑，何忧之有。仁者理即是心，心即是理，有一事来便有一理以应之，所以无忧。今人有这事却无这理，便处置不去，所以忧。"①"所谓仁者，以其天理流行，融液洞彻，而无一物之不体也。举一世而言，固无一人之不然。即一人而言，又无一事之不然也。"②

二是仁者能够以公废私，所以能够忘忧："仁者天下之公，私欲不萌。而天下之公在我，何忧之有。勇者气足，以助道义，今有见得道理分晓而反慑怯者，气不足也。有仁智而后有勇，然而仁智又少勇不得。"③

三是仁者能够注意到动与静的结合，以适应时事的变化："仁者于动之中未尝不静也，静谓无人欲之纷扰，而安于天理之当然耳。若谓仁者常静而不动，则知者亦常动而不静乎。"④

四是仁者能够以理教人，而不是自己独擅其理："理义，人心之所同，然非有我之得私也、向也。吾独得之，虽足以为悦矣，然以之告人，而人莫之信；以之率人，而人莫之从，则是独擅乎此理，而举世怅怅，不得与于其心之所同也。是犹十人同食，一人既饱，而九人不下咽，则吾之所悦虽深，亦何为而能达于外耶。今吾之学，所以得于己者既足，以及人人之信而从者又如此其众也，则将皆有以得其心之所同然者，而吾之所得不独为一己之私矣。夫我之善有以及乎彼，彼之心有以得乎我，吾之所知者，彼亦从而知之也，吾之所能者，彼亦从而能之也，则其欢忻交通，宣扬发畅，虽宫商相宣，律吕谐和，亦不足以方其乐矣。"⑤

五是仁者应该做到不轻易言仁，以免被人们所轻视："命有以理言者，有以气言者。理精微而难言，气数又不可尽委之，而至于废人事。仁之理至大，数言之不惟使人躐等，亦使人有玩之之心，盖举口便说仁，人便自不把当事了。"⑥

刘因从理气到天理，从天理到性善，从性善到仁义，所要表述的就

---

① 刘因：《四书集义精要》卷18《论语十四》。
② 刘因：《四书集义精要》卷22《论语十八》。
③ 刘因：《四书集义精要》卷18《论语十四》。
④ 刘因：《四书集义精要》卷12《论语八》。
⑤ 刘因：《四书集义精要》卷5《论语一》。
⑥ 刘因：《四书集义精要》卷17《论语十三》。

是天道尚仁的基本理念，因为只有树立了这样的理念，才能对仁政有深刻的理解。

二　仁政要旨

以仁义治国理政，在思想方面要理清一些基本的认识，并要确定与仁政有关的基本标准，刘因对此都有专门的解释。

（一）君主仁爱之理

一个国家的君主要用仁爱的态度对待其治下之民，并不是他要不要这样做的问题，而是天理使然，不得不这样做。

> 如君之所以仁，盖君是个主脑，人民土地皆属他管，自是用仁爱。试不仁爱，便行不得。非是说为君了不得已用仁，自是理合如此。试以一家论之，为长者便用爱一家之人，惜一家之物，若天使之然。每常思量著极好笑，自那原头上便如此了。又如父之所以慈，子之所以孝，盖父子本同一气，只是一人之身分成两个，其恩爱相属，自有不期然而然者。其他大伦皆然，皆天理使之如此，岂容强为哉。且以仁言之，只天地生这物时，便是个仁。他只知生而已，从他原头下来，自然有个春夏秋冬，金木水火土。故赋于人物，便有仁义礼智之性。仁属春，属木，且看春间，天地发生，蔼然和气，如草木萌芽，初间仅一针，许少间渐渐生长，以至枝叶花实，变化万状，便可见他生生之意，非仁爱何以如此。缘他本原处有个仁爱温和之理，如此所以发之于用，自然慈祥恻怛。①

尤为重要的是，仁有小仁和大仁的区别，治理天下乃是大仁，所以君主对于此绝不能掉以轻心，而是要向圣人学习，走仁的正路。

> 一事之仁也是仁，全体之仁也是仁，仁及一家也是仁，仁及一国也是仁，仁及天下也是仁。仁者如水，有一杯水，有一溪水，有一江水，圣便是大海水。
>
> 仁是一条正路，圣人行到尽处，欲立欲达，是仁者之心，如此

---

① 刘因：《四书集义精要》卷3《大学三》。

能近取，譬是学做仁底，如此深浅不同。①

（二）追求明德之理

在治国理政中，除了注意仁爱的态度外，还要知道德的道理和具体要求。为此，在明德方面，应特别注意六方面的要求。

第一，要了解何为明德。按照刘因的解释，明德有四项基本的标准。一是善的标准，"以人言则曰明德，以理言则曰至善"。二是治的标准，"治国明，明德于国。齐家明，明德于家"。三是心的标准，"明德便是心中道理。此道理光明鉴照，毫发不差。天之赋于人物者，谓之命。人与物受之者，谓之性。主于一身者，谓之心。有得于天而光明正大者，谓之明德"；"明明德如人自云：天之所以与我者未尝昏，但知其不昏便不昏矣"。四是行的标准，"明德未尝息，时时发见于日用之间。如见非义而羞恶，见孺子入井而恻隐，见尊贤而恭敬，见善事而叹慕，皆明德之发见也，但当因其所发而推广之"②。

第二，要理解明德与齐家治国平天下的关系。刘因特别强调不能将齐家、治国、平天下截然分开，要一并齐之，才能达到明德的要求："有国者不应曰我家未齐，待我齐家毕而后来治国；有家者不应曰我身未修，待我修身毕而后来齐家，无此理也。但细推次序须当如此，若随所遇之当为者，则一齐为之始得。致知格物是穷此理，正心诚意修身是体此理，齐家、治国、平天下是推此理。"③

第三，明德要求的具体措施，是尊老抚幼等爱民行为。如刘因所言："老老、长长、恤孤是治国之事，皆人君躬行以化其下者。至于有夫三者之效，则国治矣。故欲平天下者，必须先有此个本领，效验然后有以为地而致其絜矩之功，所谓平天下，在治其国者也。"④ "老吾老以及人之老，幼吾幼以及人之幼，而天下可运于掌。何也？曰：天地之间，人物之众，其理本一而分，未尝不殊也，以其理一，故推己可以及人，以其分殊，故立爱必自亲始，为天下者诚能以其心而不失其序，则

---

① 刘因：《四书集义精要》卷12《论语八》。
② 刘因：《四书集义精要》卷1《大学一》。
③ 刘因：《四书集义精要》卷1《大学一》。
④ 刘因：《四书集义精要》卷2《大学二》。

虽天下之大,而亲疏远迩,无一物不得其所焉,其治岂不易哉。"①

第四,明德要求修德,并且要按照仁义的标准修德。刘因认为:"德之不修,如有害人之心,便是仁之不修;有穿窬之心,便是义之不修。德是理之既,得于吾心者,便已是我有底物事了,更须日日磨砻,勿令间断。""道者,人之所共由,如臣之忠,子之孝,只是统举理而言。德者,己之所独得,如能忠能孝,则是就做处言也。依仁,则又所行处每事不违于仁。德是逐件上理会底,仁是全体大用常依靠处。据德是因事发见,如因事父有孝,事君有忠。依仁是本体,不可须臾离底。据德如著衣吃饭,依仁如鼻之呼吸。"② 尤为重要的是,德应为天下人所知,所谓"民可以由之,而不可以知之"的真正含义应是民难以知,而不是不让民知:"圣人之为礼乐刑政,皆所以使民由之也,其所以然,则莫不原于天命之性,虽学者有未易得闻者,而况于庶民乎。其曰不可使知之,盖不得使之知,非不使之知也。"③

第五,修德还要懂得自我认知、见仁即止的道理。如刘因所言:"明道曰:与其非外而是内,不若内外之两忘也,说得最好,便是不获其身行其庭,不见其人,不见有物,不见有我,只见其所当止也。如为人君止于仁,不知下面道如何,只是我当止于仁。为人臣止于敬,不知上面道如何,只是我当止于敬,只认我所当止也。以至父子、兄弟、夫妇、朋友,大事小事莫不皆然。"④

第六,不能因德去而擅言革命。刘因显然对革命抱谨慎的态度,认为应该以更宏观的态度来看待无德的问题:"若论有德者兴,无德者亡,则天命已去,人心已离,便当有革命之事。毕竟人之大伦,圣人切要守得这个看,圣人反复叹咏泰伯及文王事,而于武曰未尽善,皆是微意。"⑤

(三) 讲究君臣之道

刘因强调君主之所以能够成为君主,均为天命所定。对于"有聪明睿智,能尽其性者,则天必命之,以为亿兆之君"的说法,他的解释

---

① 刘因:《四书集义精要》卷26《孟子一》。
② 刘因:《四书集义精要》卷13《论语九》。
③ 刘因:《四书集义精要》卷16《论语十二》。
④ 刘因:《四书集义精要》卷1《大学一》。
⑤ 刘因:《四书集义精要》卷15《论语十一》。

是:"既有许多气魄、才德,必不但己必统御亿兆之众,人亦自然归之,如三代以前圣人皆然。及孔子始不得位,盖气数之差至此极,故不能反,然亦闲他不得,亦做出许多事,以教天下后世,是亦天命也。"①

身为君主,应懂得无为而治的道理,但无为而治是有条件的,正如刘因所言:"以身率人,自是不劳力,礼乐刑政固不能废,只是本分做去,不以智术笼络天下,所以无为。"②

对于君臣之间的关系,刘因注重的是两方面的要求。一方面是臣僚必须重君、忠君:"臣之不可无君,犹身之不可无首也。"另一方面是君主必须善待臣僚,才能维持良好的君臣关系:"就人君而言,如孟子所谓君之视臣如犬马,则臣视君如寇仇,岂孟子教人臣如此哉,正以警其君之不以礼遇臣下耳。若只以为臣当忠,而不及人主,则无道之君闻之,将谓人臣自是当忠,我虽无礼,亦得则在上者,是得肆其无礼也。后人好避形迹,多不肯分明说,却不知使上不尽礼,而致君臣不以善终,却是贼其君者也。"③

讲究君臣之道,还要特别注意仁者与智者的区别,因为在刘因看来,仁者能够以大事小,智者能够以小事大,但不能过于绝对地以此标准择人。

> 仁者以天下为度,一视而同仁,惟欲使人各得其所,不复计彼此强弱之势。故以大事小而不以为难,如葛与昆夷之无道,汤文殷勤而厚恤之,及夫终不可化而祸及于人,然后不得已而征伐之,仁之至也。智者达于事变而知理之当然,故以小事大而不敢忽,然而必自强于政治,期于有以自立其功,如獯鬻与吴之方强,太王勾践外卑躬而事之,内则治其国家,利其民人,终焉或兴王业,或刷其耻,此智者之明也。使汤文保养夷葛,恶极而不能去,是不仁而纵乱也。使太王勾践惟敌人之畏,而终不能自强,是无耻而苟安也,又何取于仁智哉。
>
> 仁者与天为一,智者听天所命。与天为一者,嘉人之善,矜人之恶,无所择于利害,故能以大事小。听天所命者,循理而行,顺

---

① 刘因:《四书集义精要》卷1《大学一》。
② 刘因:《四书集义精要》卷7《论语三》。
③ 刘因:《四书集义精要》卷8《论语四》。

时而动，不敢用其私心，故能以小事大。然此亦各因一事而言，惟仁者能如此、智者能如此耳，非专以事大事小为仁智之分、乐天畏天之别也。仁者固能事小，然岂不能事大。智者固能事大，然岂不能事小。但其事之情，则有乐天畏天之异耳。保天下，保一国，以其德之厚薄、量之大小而言，亦无一定之拘。①

（四）注重政局走向

刘因指出："能使人兴起者，圣人之心也。能遂其人之兴起者，圣人之政事也。"② 在朝廷的政事方面，尤其是政局的基本走向，刘因重点强调的是五个观点。

第一个是中国统一的观点。对于"或言九夷尚可化，何故不化中国"的说法，刘因明确指出中国早已被圣人之教所教化，只不过是后人忽视了这样的教化："当时中国未尝不被圣人之化，但时君不用，不得行其道耳。"③ 而在忽必烈发动大规模的灭宋军事行动时，有人认为南宋可以依据长江天险维持南北对峙局面时，刘因则明确指出中国将走向统一，南宋已经无力扭转这样的趋势。

> 表里山河，备败而已。坚甲利兵，应敌而已。以势御势，固未知其孰利。曾不知应之以大机，昭之以大义，而有不可御者。我请为子筹之。我直而壮，彼曲而老，我有名而众，彼无义而小，一也。彼江塞之地，盘桓万里，分兵以守之，则力悬而势屈，聚兵以守之，则保此而失彼，二也。彼持衣带之水，据手掌之隅，将惰兵骄，傲不我虞，其备愈久，其心愈疏，三也。彼荆鄂之民，旧经剪伐，久痛疮痍，见旄裘而胆落，梦毡窟而魂飞，今闻大举，重被芟夷，人心摇落，士卒崩离，四也。彼留我奉使，仇我大邦，使天下英雄请缨破浪，虎视长江，亦有年矣，今天将启，宋将危，我中国将合，我信使将归，应天顺人，有征无战，五也。④

---

① 刘因：《四书集义精要》卷26《孟子一》。
② 刘因：《四书集义精要》卷2《大学二》。
③ 刘因：《四书集义精要》卷17《论语十三》。
④ 刘因：《渡江赋》，《刘文靖公文集》卷1（《全元文》第13册，第326页）。

全国统一之后，刘因在诗作中既指出了南宋儒臣空谈误国的弊病，也强调了不能因此而否定江南理学的重要性。

> 当年一线魏瓠穿，直到横流破国年。草满金陵谁种下，天津桥畔听啼鹃。卧榻而今又属谁，江南回首见旌旗。路人遥指降王道，好似周家七岁儿。朱张遗学有经纶，不是清谈误世人。白首归来会同馆，儒冠争看宋师臣。风节南朝苦不伸，溯流直要到昆仑。世宗一死千年欠，此是黄河最上源。唱彻芙蓉花正开，新声又听采茶哀。秋风叶落踏歌起，已觉江南席卷来。①

第二个是损益变革的观点。对于忽必烈即位以后祖述变通的新政，刘因给予了高度的评价："姑以日用近事言之，凡吾人之所以得安居而暇日，以遂其生聚之乐者，是谁之力欤？皆君上之赐也。是以凡我有生之民，或给力役，或出智能，亦必各有以自效焉。此理势之必然，亘万古而不可易。""今圣天子选用贤良，一新时政，虽前日隐晦之人，亦将出而仕矣，况某平昔非隐晦者耶，况加以不次之宠，处之以优崇之地耶。"② 尤为重要的是，刘因对于新政所应具有的损益和变更，在理论上作了进一步的说明。

> 大抵圣贤变时，只是兴其滞补其弊而已，如租庸调变为广骑长戍之兵，皆是变得不好了。今日变时，先变熙丰之政，以复祖宗忠厚之意，次变而复于三代也。③

> 损益，势自是如此。惟圣人能顺其势而尽其理，其下者不能识其损益之宜，则或过差。如周末文极，故秦兴必降杀；周柔弱，故秦必变而为强戾；周纤悉周致，故秦兴一直情径行，皆事势之变，到这里要做个直截世界。秦既暴虐，汉兴定是宽大；秦既鉴封建之弊改为郡县，削弱宗族，至汉遂大封同姓，莫不过制，后自武帝以下，直至魏末，无非划削宗室，至此可谓极矣；晋武起，尽用宗

---

① 刘因：《书事》，《刘文靖公文集》卷14。
② 刘因：《与政府书》，《刘文靖公文集》卷22（《全元文》第13册，第332—333页）。
③ 刘因：《四书集义精要》卷12《论语八》。

室，皆是因其事势不得不然。①

按照刘因的观念，损益是有规律可循的，尤其是由强到弱，再由弱到强，在历史上有过多次的反复。在了解变革或变更的逻辑时，确实要注意这样的规律。

第三个是重礼与变礼的观点。朝廷所倚重的礼，也要根据现实的需要，有所损益和变化，如刘因所言："所因之礼，是天做底，万世不可易。所损益之礼，是人做底，故随时变更。""虽是人谋，要是大势，不得不出此。"② 更需要注意的是，要注重礼法于自然的原则，不需要矫揉造作的礼。

> 礼是严敬之意，但不做作，而顺于自然便是和。和非外面物事，只就严敬之中顺，理而安泰者，便是也。
>
> 礼之所以有是品节之详者，皆出于人心自然之节。圣人制礼，特使人由是以中其节，而非以人之所不欲者强之也。故行之虽或甚苦，而自有不失其和。若不本于此，而徒勉强于仪貌之间，则是徒礼而无和矣。③

第四个是重义轻利的观点。刘因特别强调了"平天下，谓均平也"的基本原则，④ 并要求对义利要有明确的看法，不能首鼠两端："致知，非欲知人之所不知者也，只是人面前者。如义利两事。昨日虽见得义当为，而却又说未为也无害，见得利不可为，却又说为也无害，此是知未至也。今日见得义当为而决为之，利不可为而决不为之，心下自肯自信，得及此，是知至也。"⑤ 刘因还特别对理学家的义利观作了明确的解释。

> 程子曰："义之所安，即利之所在。"盖万物各得其分便是利，

---

① 刘因：《四书集义精要》卷7《论语三》。
② 刘因：《四书集义精要》卷7《论语三》。
③ 刘因：《四书集义精要》卷6《论语二》。
④ 刘因：《四书集义精要》卷2《大学二》。
⑤ 刘因：《四书集义精要》卷1《大学一》。

君得其为君，臣得其为臣，父得其为父，子得其为子，何利如之此。利字，即易所谓利者，义之和，利便是义之和处。程子当初解得，亦未亲切，不似此语，却亲切正好去解。利者，义之和。义初似不和，分别后万物各止其所，却是和。不和，生于不义，义则无不和，和则无不利矣。①

第五个是君子有为于天下的观点。刘因认为儒臣入仕于朝廷，就要立志于有为于天下，尤其是大一统之后，更应该为朝廷多做兴利除弊的事情。

> 自宋亡，百五十年之分裂，一日复合，凡东南名胜之迹，一日万里而惟其所欲焉，此固不屑屑于当世，以观物自娱者之所乐得也。方天下无事，事有纲纪，士以才能自负者，每以无以自异于中人，而不得尽其所有者以自叹。今沿江南北，皆我所新有，民不习静而多变，有弊以革，有害以除，此亦有志于当世，以有为为事者之所乐得。②

在刘因的诗作中，也体现了同样的要求。

> 江海十年几战酣，劫灰飞尽到耕蚕。乱离文物想犹在，凋敝征科恐未堪。眼底兴亡即今古，胸中形胜欠东南。因君渐有扁舟兴，伫待清风洗瘴岚。③
> 天彻藩篱要混通，古来佳丽数吴中。送君如对秋风起，恨我不随江水东。五瘴可防乡土异，孤云须念母心同。画图留取风烟看，莫趁并刀一剪空。④

刘因未在朝廷中长期任职，所以对具体的朝政事宜不但不给予评价，也没有给出任何具体的建议，因为他的兴趣是阐释基本的治国道

---

① 刘因：《四书集义精要》卷4《大学四》。
② 刘因：《送张仲贤序》，《刘文靖公文集》卷17（《全元文》第13册，第347页）。
③ 刘因：《送人官浙西》，《刘文靖公文集》卷10。
④ 刘因：《送人官吴中》，《刘文靖公文集》卷10。

理，而不是自身去参与治国的实际行为。

三 学者无邪

刘因认为学者要成为仁政的积极支持者，就必须保持自己的学术本色，不能受各种异端邪说的影响。为此，他特别提出了正学术、斥异端、改学风、明儒用等方面的要求。

（一）正学术

刘因以理学学者的视角，指出学者之所以材不全，是因为学术不正，而一旦认真学习理学著作，就可以成为全才，既可以入仕辅佐君主，以治理天下为己任，也可以著书立说，成为一代大儒。

> 性无不统，心无不宰，气无不充。人以是而生，故材无不全矣。其或不全，非材之罪也，学术之差、品节之紊、异端之害祸之也。今之去古也远矣，众人之去圣人也下矣，幸而不亡者，大圣大贤惠世之书也。学者以是性，与是心，与是气，即书以求之，俾邪正之术明，诚伪之辨分，先后之品节不差，笃行而固守，谓其材之不能全，吾不信也。
>
> 如是而治经读史，如是而读诸子及宋兴诸公书，如是而为诗文，如是而为字画，大小长短，浅深迟速，各底于成，则可以为君相，可以为将帅，可以致君为尧舜，可以措天下如泰山之安。时不与志，用不与材，则可以立德，可以立言，著书垂世，可以为大儒，不与草木共朽，碌碌以偷生，孑孑以自蔽，小天之至善，坏己之全材也。①

学者不仅学问要正，还要身正，而身正的重要标准，就是要始终保持为善和为君子的初心。

> 凡人为学，便当以明明德新民，止于至善及明明德于天下。为事不应，只要独善其身，便已须是志于天下。所谓志，伊尹之所志学，颜子之所学也。②

---

① 刘因：《叙学》，《刘文靖公文集》卷24（《全元文》第13册，第388、393页）。
② 刘因：《四书集义精要》卷1《大学一》。

君子立心之初，曰为善而不为恶，曰为君子而不为小人，如是而已。苟为善也，为君子也，则其初心遂矣。夫道无时而不有，无处而不在也。故欲为善，为君子，盖无时无处而不可，而吾之初心，亦无时无处而不得其遂也。若曰："吾之初心，将出以及物也。苟时命不吾与焉，则终身不得其遂矣。"如是，则是道偏在乎出，而处也无所可为者矣。若曰："吾之初心，欲处而适己也。苟时命不吾释焉，则亦终身不得其遂矣。"如是，则是道偏在乎处，而出也无所可为者矣。道果如是乎哉？

夫义当闲适，时在匡济，皆吾所当必为者，然其立心，则不可谓必得是也，而后为遂。苟其心如此，则是心境本无外而自拘于一隅，道体本周遍而自滞于一偏，其为累也甚矣。①

刘因在诗作中亦明确说明了自己致力于学问的心境，以表示对正学术的重视。

学术兵农岂尽无，规模如此亦区区。权书不免增多口，霸论谁教混一途。亲手申韩如果有，许身管乐未全诬。千秋万古中庸在，留与横渠作后图。

谁遣欧阳笔有神，微词端不赦尧臣。樵夫见笑宁无愧，童子羞称亦可人。但得躬耕全性命，犹胜偏霸在风尘。荔莞一语宜深听，楼上元龙且莫嗔。②

人生岂不劳，终古谓之然。孰是都不营，早起暮归眠。过足非所钦，躬耕非所叹。但使愿无违，甘以辞华轩。正尔不可得，在己何怨天。自古有黔娄，被服常不完。荣叟老带索，饥寒况当年。何以称我情，赖古多此贤。

善恶苟不应，鬼神昧茫然。是非苟相刑，行止千万端。世路廓悠悠，聊且凭化迁。居常待其尽，任真无所先。诗书塞座外，弱子戏我前。亲戚共一处，余粮宿中田。促席延故老，斗酒散襟颜。聊以永今朝，百世谁当传。③

---

① 刘因：《遂初亭说》，《刘文靖公文集》卷19（《全元文》第13册，第374—375页）。
② 刘因：《答或者以所注孙子见示（二首）》，《刘文靖公文集》卷10。
③ 刘因：《杂著二首》，《刘文靖公文集》卷1。

（二）斥异端

刘因对各种异端邪说，尤其是佛教和道教对儒学的曲解滥用，虽然深恶痛绝，作了全方位的批判，但是更让他担心的，是儒家学说在当代的没落。

或问："有以攻为攻击之攻，言异端不必深排，但当反经而已者，如何？"

曰："不务反经，而徒与之角无涯之辨，固所以自弊。然视异端之害，而不一言以正之，则亦何以祛习俗之蔽，而反之于经哉。盖正道异端，如水火之相胜，彼盛则此衰，此强则彼弱。反经固所当务，而不可以徒反，异端固不必辨，然亦不可不辨。熟观孟子所以答公都子好辨之问者，则可见矣。"

问："杨墨为我疑于义，兼爱疑于仁，其祸已不胜言，佛氏如何为尤甚？"

曰："杨墨只是硬恁地做，佛氏最有精微动人处，所以士大夫多陷焉。"

问："佛氏所以差？"

曰："从劈初便错。如天命之谓性，它把这个便都做虚空说了。吾儒见得都是实，若见得到自家底，从头到尾、大事小事都是实。它底从头到尾却是空。佛氏说空，非便不是，但空中须有道理始得。若只说空，而不知其中有个实底理，却何用。譬如一渊清水，清泠彻底，看来一如无水，它便道此渊只是空，都不曾将手去探看是冷是温，不知道有水在其中，佛氏之见正如此。"

向来见人陷于异端者，每以攻之为乐，胜之为喜，近惟觉彼之迷昧为可怜，而吾道之不振为可忧，诚实伤痛不能自已，不知是年老气衰而然耶，抑亦渐得性情之正而然也。①

这个物事即是气，便有许多道理在里。人物之生都是先有这个物事，便是天当初分付底。既有这物事，方始具是形以生，便有皮包裹在里，若有这个无这皮壳，斯亦无包裹，如草木之生，亦是有

---

① 刘因：《四书集义精要》卷7《论语三》。

个生意了，便会生出芽蘖出来，便有皮包裹著。而今儒者只是理会这个，要得顺性命之理。佛老也只是理会这个物事，老氏便欲长把住这气，不肯与他散，便会长生久视，佛氏也只是见这物事便放得下，所以生死祸福都不动，只是他去作弄了。①

按照刘因的理解，异端邪说之所以兴盛，儒家学说之所以没落，就在于学者不能穷经究理："吾儒必读书逐一就事物上穷理，彼乃一切扫去而空空寂寂然，乃谓事已了。若将些子事付之，便都没奈何。"② 所以学者必须注重实学，不能以花言巧语欺骗世人和放纵私心："巧言即所谓花言巧语，如今世举子弄笔端作文字者便是，看做这般模样时，其心还在腔子里否。小人评以为直，色厉内荏，则虽与巧言令色者不同，然考其矫情饰伪之心，实巧言令色之尤者，故圣人恶之。"③

（三）改学风

要重振儒学，必须改变儒者的学风。在刘因看来，学风不正，与科举考试有极大的关系，尤其是专以词艺取人，带偏了儒者的治学方向。

> 盖先王之世，教民以德行道艺而宾兴之，故士能谨其言行，则有得禄之道。然圣人之意，则以为君子亦修，其在我者而已，其得与不得，非所计也。故曰禄在其中，如曰仁在其中，乐在其中，直在其中，馁在其中，皆本于此，而反得彼之辞也，岂真教之以是而求禄哉。呜呼，三代之时，先王之法行于上者，既如彼圣人之教行于下者又如此，是虽欲人材之不成，风俗之不厚，盖亦不可得已。正使士之不贤者或不免于外慕，有司之不明者或不足以得人，然其所以相求者，盖犹出于修身谨行之意，一得其人，则其法固万世不易之良法也。岂若后世专以词艺取人，而不考其言行之素，使士之贤者犹不免急于彼而缓于此，有司之良者每恨无以必得行谊才业之人，而其不贤且良者，则固皆以为当然而不之怪也。然则人材风俗之所成就，又安得不愧于古上之人，亦何重于此而不知革哉。④

---

① 刘因：《四书集义精要》卷1《大学一》。
② 刘因：《四书集义精要》卷1《大学一》。
③ 刘因：《四书集义精要》卷5《论语一》。
④ 刘因：《四书集义精要》卷7《论语三》。

儒者的不正学风，也影响了儒学教育，由于教师不能传授正学，即便有学校，也难以作成真正的儒学人才，所以改变流俗，应主要从端正教风入手。

> 先王之学，以明人伦为本，故自其咏歌弦诵之间，洒扫应对之际，所以渐摩诱掖劝励作成之者，无非有以养其爱亲敬长之心，而教之以修己治人之术。是以当是之时，百姓亲睦，风俗淳厚，而圣贤出焉。后世学校虽存，而不复此意，所以教之者不过趋时干禄之技，而其所以劝勉程督之者，又适所以作其躁竞无耻之心，虽有长材美质可与入于圣贤之域者，亦往往反为俗学颓风驱诱破坏，而不得有所成就，尚何望其能致化民成俗之效，如先王之时哉。古之君子盖有忧之，故程夫子兄弟皆尝建言，欲以渐变流俗之谬，而复于先王之意，顾皆屈于俗儒之陋说，而不得有所施行也。后之君子有能深考其说而申明之，其亦庶几矣乎。①

（四）明儒用

学者钻研学问，尤其是以正学立世，应该对天下有用，所以在需要时就应以所学服务于国家。但是需要注意的是，学者由隐到出，或者由出到隐，应该对时势有准确的推断和把握。在刘因看来，在看到有天下大治的趋势时就应该出仕，因为等到天下太平时就太晚了；在看到有天下大乱的趋势时就应该退隐，因为等到天下大乱时已经太晚了

> 自从谢病修花史，天地不容闲。今年新授，平章风月，检校云山。门前报道，麹生来谒，子墨相看。先生正尔，天张翠幕，山拥云鬟。
> 茫茫大地洪炉里，何物不寒灰。古今多少，谎言废垒，老树遗台。太行如砺，黄河如带，等是尘埃。不须更叹，花开花落，春去春来。②
> 扰扰推迁里，谁知不偶然。要从人力外，推见事机先。青白天

---

① 刘因：《四书集义精要》卷 28《孟子三》。
② 刘因：《黄钟·人月圆》，《全元散曲》上，第 72—73 页。

公眼，低昂造物权。俗情谩悲喜，倚伏有他年。①

> 凡古之隐者，非可以一律观。有可以时之所遇而观之者，有可以其才德之高下而观之者。若长沮桀溺之徒，有长往而不返之意，然使天下有道而出计，亦无可施设也，只是独善其身，如老庄之徒而已。大抵天下有道而见，不必待其十分太平然后出；无道而隐，亦不必待其十分大乱然后隐。天下有道，譬天之将晓，虽未甚明，然自此向明矣，不可不出为之用。天下无道，如天之将夜，虽未甚暗，然自此而向暗矣，知其后必不可支，故亦须见几而作可也。②

学者还要保持终身学习的良好传统，尤其是学者入仕，更需要学习。为此，刘因特别对"仕而优则学"作出了以下解释："仕优则学，为己仕者言也。盖时必有仕而不学者，故有是言。学优则仕，为未仕者言也。盖未有以明乎修己治人之道，则未可以仕耳。而推其余意，则又以明夫仕未优而学，则不免有背公徇私之失；学已优而不仕，则亦不免有爱身忘物之累，当时恐或兼有此意也。"③

刘因还以长诗的形式，对世道变迁给儒者带来的各种影响作了解释，并表达了自己作为一名学者，对正道儒学的坚持，其中也包含了他对自身学问可以影响后人的自诩。

> 尊罍上玄酒，此意谁得之。人道何所本，乃在羲皇时。颇爱陶渊明，寓情常在兹。子倡我为和，乐矣夫何疑。有问所乐何，欲赠不可持。
>
> 阮生本嗜狂，欺世仍不情。酒中苟有道，当与世同名。何为戒儿子，不作大先生。良心于此发，慨想令人惊。士生道丧后，美才多无成。
>
> 山人有静癖，苦厌一瓢喧。奈何众窍号，万木随风偏。我常涉千里，险易由关山。今古一长途，遇险焉得还。哀歌叹安归，夷皓无此言。

---

① 刘因：《偶书》，《刘文靖公文集》卷6。
② 刘因：《四书集义精要》卷16《论语十二》。
③ 刘因：《四书集义精要》卷25《论语二十一》。

茫茫开辟初，我祖竟谁是。于今万万古，家居几成毁。往者既已然，未来亦必尔。何以写我心，哀泉鸣绿绮。

生备万人气，乃号人中英。以此推众类，可见美恶情。阴偶小故多，阳奇屹无倾。谁将春雷具，散作秋虫鸣。既知治常少，莫叹才虚生。

十年小学师，一屋荒城隅。饥寒吾自可，畜养无一途。亦愧县吏劳，催征费驰驱。平生御穷气，沮丧恐无余。长歌以自振，贫贱固易居。

士穷失常业，治生谁有道。身闲心自劳，齿壮发先老。客从东方来，温言慰枯槁。生事仰小园，分我瓜菜好。指授种艺方，如获连城宝。他年买溪田，共住青林表。

此身与世味，况若不同时。惟余云山供，有来不径辞。时当持诗往，报复礼在兹。有客向我言，于道未无疑。不为物所役，乃受烟霞欺。闻此忽自失，一笑姑置之。

四时有代谢，寒暑皆常经。二气有交感，美恶皆天成。天既使之然，人力难变更。区区扶阳心，伐鼓达天庭。乾坤固未坏，杞人已哀鸣。虽知无所济，安敢遂忘情。

诸生聚观史，掩卷慕高风。兀如远游仙，独居无事中。盛衰阅无常，倚伏谁能通。天方卵高鸟，地已产良弓。人生皆乐事，忧患谁当得。人皆生盛时，衰世将尽感。水性但知下，安能择通塞。不见纥千雀，贪生如乐国。古今同此天，相看无显默。

人生丧乱世，无君欲谁仕。沧海一横流，飘荡岂由己。弱肉强之食，敢以凌暴耻。优游今安居，欢然接邻里。曲直有官刑，高下有人纪。贫赢谁我欺，田庐安所止。举酒贺生民，帝力真可恃。

人君天下师，垂衣贵清真。羲皇立民极，坐见风俗淳。有德岂无位，万古汤盘新。师道嗟独行，此风自周秦。独行尚云可，谁以儒自尘。有名即有对，况乃一行勤。圣人人道尔，岂止儒当亲。儒虽百行一，致远非迷津。矧伊末世下，空有儒冠巾。何当正斯名，遥酹千载人。①

---

① 刘因：《和饮酒（二十首）》，《刘文靖公文集》卷3。

刘因作为理学的学者,很少提及理学的北方大师许衡、姚枢、窦默、郝经等人,因为他的理学传承不是来自"鲁斋学派",也与郝经没有学术方面的承继关系,而是直接来自两宋的理学名家,并由他创建了北方的另一支称为"静修学派"的理学流派,不仅包括乌冲、郝庸、李道恒、林起宗等弟子,还包括受其学说影响的安熙及其门人苏天爵、杨俊民等人。① 尽管刘因多年处于隐士的状态,并且英年早逝,但是他所倡导的仁政理念,不仅有对理气、天理、性善、仁义等政治哲学问题的新认识,也有对仁政要素的理论解释,还有对学者治学的全面要求,对于元朝中期的政治思想变化,确实产生了不可忽视的影响。

第二节　王旭的善为理念

王旭(?—1301年后),字景初,东平(今属山东)人,终生以教授儒学为业,所著文稿等收入《兰轩集》内,主要阐释的是君子善为的政治理念。

一　顺势而为

王旭依据儒家的学理和忽必烈即位后的政治现状,对君子善为提出了全面的要求。

(一)善治与善为的关系

王旭虽然是北方儒者,但是笃好程朱理学。依据理学的气理学说,他对与治国有关的统、纲、经、纬、维、绍、绎、绰等概念作了简要的解释。

> 统者,总也,众理之所会也。万物散乎天地之间,而一气运于阴阳之表,兹非乾元之统天者乎。《文言》曰:"元者,善之长也。"于五常,则仁之属,统之以元,则众善有归,而仁心不息矣,故统曰之元。
>
> 纲者,网之大绳也,众目随之而弛张,故三纲立而人道行,纪纲废而家国乱。欲宰斯世,舍此其安能乎。古人云:"得其纲,则

---

① 黄宗羲原著,全祖望补修:《宋元学案》第4册,第3019—3026页。

万事理。"纲以宰之，则天下无难事矣，故纲曰之宰。

经者，常也，天地古今之常道也。虽然有常，斯有变，当其变而犹守其常，无乃胶柱之流乎。此权之所以用，而经之所以能济也。经以正天下之常，而权以通天下之变，道其庶乎无弊矣，故经曰之权。

纬者，机丝之往来，而所以配成乎其经者也。在天则常星为经，而七曜为纬；在地则江河为纬，而山岳为经。一经一纬，而天地之文生焉。纬之以文，则彬彬君子而无白贲之不及矣，故纬曰之文。

维者，系也，泛泛杨舟，绋纚维之而后正，置一身于人海之风波，而不知所以维之，可乎？维之以正，则为中流之砥柱矣，故维曰之正。

绍者，继也，继业承基，人子之重事，无忝尔祖，其惟聿修厥德乎。绍之以德，则可以增光前烈矣，故绍曰之德。

绎者，思也，如抽丝相续而不绝之谓也。夫诚者天之道，思诚者人之道，纯而不杂、运而不息之谓诚，绎之以诚，则思无邪，而得性情之正矣，故绎曰之诚。

综为机缕，条而理之也。天下事物不胜其多，而莫不有当然之道。不得其道，则愈治而愈乱，综之以道，则游刃余地，而事物无错杂之患矣，故综曰之道。

绰者，宽而有余裕也。才之受于天者高，德之积于己者厚，非不矜不伐而持之以谦，安能泰而不骄乎。绰而能谦，则心广体胖，而人亦乐与矣，故绰曰之谦。①

王旭还就权为公济、机为公度、枢为公运、格为公理、桢为公干作了具体的解释。

权为称锤，所以平物而不失其中者也。夫天下之事有常有变，而圣人之道有经有权，盖权者所以济乎经之穷也。观《孟子》嫂溺之章，则权之义见矣，故权之字曰公济。

---

① 王旭：《高唐李氏诸昆季名字说》，《兰轩集》卷15，四库珍本（《全元文》第19册，第505—506页）。

> 机为弩牙，乃发动之所由也。君子之为，度其必中而后发，则事功有成而无后悔矣。伊尹之告太甲曰："若虞机张，往省括于度。"则释此其意欤，故机曰公度。
>
> 枢为户本，开合之所由也。居其所而运动无穷，亦犹君子之守道，贵于时、施而运行也，是以斗运四时，亦名为枢义，不以此欤，故枢曰公运。
>
> 格为穷究之义。《大学》之目有八，而莫先于致知。致知之术无他，而必在于格物。盖天下之物，莫不有理，惟其无以格之，是以其理有蔽。苟物无不格，则理无不明，而吾之知亦大矣，故格曰公理。
>
> 桢为墙基，板筑之所依而立也。其植端以固，然非干之持其傍，则无成功。盖桢以立其体，而干以施其用，苟明乎此，则君子之立身行道，又何患无成功于斯世乎，故桢曰公干。[①]

解释治国的各种重要概念，是为了更清楚地解释善治与善为之间的关系。王旭特别强调了义理学说之所以重要，就在于这样的学说所要求的是天明自然之理和人心自然之善不仅要结合于自身，也要施之于他人，以实现君子兼善于天下的目标。

> 有天命当然之理，有人心自然之善，此古今之所同，而愚智之所均得也。何谓当然之理？天以阴阳五行化生万物，而赋以健顺五常之德，此理之当然者也。何谓自然之善？万物之生受天命之理以为性，而具于虚灵之心，性无形而心有体，故仁义礼智蕴于中，而为全德，此善之自然者也。有物则必有此理，有心则必有此善，何尝古今智愚之间哉。然而有君子小人之不同，善恶向背之或异者，无他，是乃不善养之之过也。譬之木焉，生理既具而又能固其封植，时其燥湿，顺其生而无以伤之，则条达畅茂不以为难矣。苟或反是，则倾覆枯朽，亦不为难矣。故曰："苟得其养，无物不长；苟失其养，无物不消。"又曰："养其大体为大人，养其小体为小人。"体有贵贱，养有大小，乃义理物欲之所由分也。世之人唯知

---

① 王旭：《郓城王氏诸子名字说》，《兰轩集》卷15（《全元文》第19册，第507—508页）。

物欲之养，而鲜知义理之养，此其德所以不及古之人欤。是知德虽我有，而不可无养之之功。养之之道将如何？曰："《易》卦之《颐》，养道之善也。"上艮下震，有内虚外实之象焉。盖义理之在天下者为无穷，而吾心亦当与之无穷。内之虚，所以来外之实也。受天下之义理，以实其在中之虚，则吾德内充，而辉光外著，岂非养道之善乎。然而君子非止于是而已也，复推其所以自养者以及于人，则内外无憾，而颐德之功全矣。故曰："穷则独善其身，达则兼善天下。"是乃圣贤之志也。①

（二）顺势而为的基本要求

王旭认为，善为的一个重要要求是君子必须据理而行、顺势而为，才能变乱为治，而倒行逆施必将成为天下的祸患。

> 天下事物纷纶交错，有万变之不齐。徐而观之，莫不各有当然之理，自然之势。苟能因其理势而行之，则事物虽多，而可以至于无事，此君子之心所以常乐而不忧，天下之事所以不劳而能成也。孟子谓禹之治水，行其所无事，盖不过顺其水之性而已。呜呼！岂惟治水哉，大而天地阴阳，小而禽鱼草木，吾未见逆其理拂其性而能行能生者也，况于物之最灵而名为人者乎。夫天生烝民，而与之以五常之性，曰仁、义、礼、智、信也。复列之以五品之伦，曰君臣、父子、夫妇、长幼、朋友也。内而有以顺其性，则天下之善无所遗；外而有以顺其伦，则生人之道无所阙。自世教不明，而人心昏蚀于利欲之余，天性人伦迷谬错乱，无所不至，本原既失，故于天下之事，一皆倒行而逆施之。吁，可叹已。②

尤为重要的是，君子善为才能流芳千古，而一旦作恶，则会遗臭万年。王旭就评价古人的行径，说明了其中的道理。

> 偶阅《晋史》至桓温，有"大丈夫不能流芳百世，亦当遗臭万年"之语，因掩书而叹曰："芳可流，臭可遗乎？是盖奸雄一时

---

① 王旭：《颐德堂记》，《兰轩集》卷12（《全元文》第19册，第511—512页）。
② 王旭：《顺斋记》，《兰轩集》卷13（《全元文》第19册，第529页）。

之言，而非其志之所存也。"及观其终，则彼身既不免为跋扈之臣，而其子玄又以僭逆致败，果无芳之可流，而臭之遗者将不止于万年矣。异哉，何其言之应而如是耶。盖有是言，即有是心，心即天也，祸福感应之源也。一念之善，善即应之。一念之恶，恶亦从焉。使桓温果以流芳百世为心，则忠勋尽节，子孙效之，与国咸休，永世无穷，而芳之流者，亦将不止于百世矣。惜夫温之心乎彼，而不心乎此也。①

王旭还以镜子为例，指出君子必须经常破除蔽障、扫除尘埃，才能自昭明德或明明德，而明德恰是君子善为理念的重要思想根基。

昔故人有以宝鉴遗余者，发奁而观之，则湛乎若寒潭之水，皎乎如秋空之月，悬于高堂之上，而物无不照，以为物来而物未始来，以为鉴往而鉴亦未尝往也。盖虚明无蔽，体立用行，有自然而然者。后余游四方，数年而归，入门问鉴之所在，则儿童出诸败壁之下，尘垢积寸矣，面之昏然无睹也，家人亦以常铜视之，唯数月则一用耳。呜呼！昔之明，今安在哉。语未既，有负局者呼，使治之，涤之以水，摩之以药，转瞬间而昏翳尽去，清光尽还，豁然如层阴之卷太虚，而白日之正中也。余惊喜曰：今之明，何从来哉？噫，人之明德，亦犹是也。原天之所以命于人，而人之所以受于天者，一性昭明，众理咸备。随感而应，神妙无方，初岂有一毫之蔽也哉。良由拘于气禀，汩于物欲，故其昭明者日昏月昧而不能复，是以极于下愚而后已也。人诚知夫天之与我者本自高明而广大，吾反昏蚀斫丧而不能有之，以自同于庶物，岂不可哀而亟思有以反之耶。苟能道问学以开其气禀之偏，尊德性以去其物欲之诱，则前之明德，将一旦复还我矣。其还也，非自外而至也，乃吾之所固有也。《易》卦之《晋》曰："君子以自昭明德。"《大学》之首章曰："在明明德。"《书》之《康诰》曰："克明德。"此三言者，何其同而不异也，是皆圣人指义理之根，原性情之妙，用以示人，而使知其灵且贵于物者，在乎此也。②

---

① 王旭：《流芳堂记》，《兰轩集》卷13（《全元文》第19册，第527页）。
② 王旭：《明德堂记》，《兰轩集》卷12（《全元文》第19册，第510—511页）。

王旭一生从事教学，对善为可能有更系统的理论解释，由于其论著大多已经散失，只能从《兰轩集》现存文字中摘出以上观点。

二　自觉而为

在王旭看来，君子善为不仅要顺势而行，还要有善为的自觉性，而这样的自觉性，既是对君主的要求，也是对臣僚的要求，更是对一般儒者的要求。

（一）对君主善为的期盼

王旭见证了忽必烈即位后的各种作为，在给忽必烈的贺表中不仅肯定了君主的业绩，亦突出表现了一介儒士对君主善为的期盼："建寅以为人统，于夏禹得天道之中；颁历以授民时，在唐尧重岁功之始。""恭惟陛下，巍巍出震，穆穆承乾，披皇图，稽帝文，知人天之共应；降氤氲，调元气，与海宇以咸春。衣冠盛汉代之仪，礼乐复周家之典。"① 在给元成宗的贺表中，王旭则明确表达了在守成政治中如何做到善为的具体要求："恭惟皇帝陛下，道德崇深，规模宏远，扇仁风以春四海，运元气以育群生。持盈守成，治道有光于前烈。继志述事，孝心无愧于先朝。""发政施仁，广天地好生之德；顺时图治，运阴阳不测之神"②。"运启皇元，数允协一元之永；年称大德，又更兼三德之施。""恭惟陛下，道德广运，聪明生知。武烈文谟，丕显承而罔缺；尧仁舜孝，焕巍荡而难名。光临万国之山河，大启一元之历数。"③

王旭还特别指出，全国统一之后正是恢复古代井田制和体现君主善为的良好时机，只是这样的复古建议未能引起当政者的重视，甚为可惜。

> 自秦人废三代之井田，斯人不被先王之泽，千有余年。中间有可复之机者三焉，汉之高、光，唐之太宗是也。皆承大乱之后，土广民稀，有其时又有其才，按古人已成之法，举而措之耳。因循不革，贻恨千古。呜呼！往者不可追，来者未可期，而复古之机，独不在于今日乎。民极少而土极多，四海闲田十居其七，举而行之，

---

① 王旭：《贺正表》，《兰轩集》卷10（《全元文》第19册，第466—467页）。
② 王旭：《长芦运司贺正表》，《兰轩集》卷10（《全元文》第19册，第467页）。
③ 王旭：《天寿节贺表》，《兰轩集》卷10（《全元文》第19册，第470页）。

易于反掌。复三代之仁政，泽天下之苍生，开万世之太平，岂非功之至大而士之至愿欤。惜乎以身任天下之责者，未见其人也。机难得而易失，时难留而易往，兹非志士之所重叹耶。①

作为在野的儒士，王旭显然不愿意涉及朝政的具体问题，只能就君子的应然作为，提出一些基本的要求。

(二) 对宰相善为的要求

治理国家需要祛除弊政，王旭以医生治病为例，强调宰相的善为就是要以良医为榜样，学会治理天下的大术。

> 良医之权与宰相等，而宰相所以治天下者，即良医之术，所以治一人之身者也。盖病者之死生安危系乎医，而天下之戚休治乱系乎相。医之良，则能回死以为生，易危以为安，而利及乎一身。相之良，则能化戚以为休，革乱以为治，而利及乎天下。虽所处有高下，所施有广狭，而权之所寄，实无以大相异也。昔人有言，不为良相，则为良医，岂不以此欤？然而其术之相似，则未有知之者。今夫良医之治病也，必先行其血脉而导其壅滞，养其正气而防其风邪，然后随其证而药之，则疾去身安，可以享和平之福。彼良相之治天下，亦何以异于此哉。内有以格君心之非，而外有以达四方之情，然后随事顺理而区处，则弊去政行，而可以致隆平之盛。良医之术其用如此，君子其可忽哉？②

(三) 打破儒士善为的困境

王旭承认士人在遭遇了半个世纪的冷落后，在忽必烈即位后命运发生重大变化，不少儒者被朝廷所重用，但是他本人并未获此殊荣："自古英雄豪杰之士，莫不以功名自负，而期有为于当世。然云龙风虎会遇常少，而冥鸿雾豹隐遁常多，盖屈伸进退之理，亦存乎大运耳。我国家自草创以来，文风陵迟，士气猥陋，殆五十年。否极而泰，天启圣人，旁求俊乂，丕光鸿业，士之濯泥涂而登云霄者，肩摩而踵接也。余独以

---

① 王旭：《井田说》，《兰轩集》卷15（《全元文》第19册，第503页）。
② 王旭：《送韩子新序》，《兰轩集》卷11（《全元文》第19册，第495—496页）。

书淫传癖,摧颓于衡门之下,操瓠而饮水,苦调而悲歌,与我文质诗文相好。"① 王旭还特别指出:"余拙,不为时所用,避世而深居。"② "余亦白首无成,将指山林为归宿,感念畴昔,不觉慨然,且知命之有在,果非人之所能为也。"③ 尽管自己不能有为于天下,王旭还是希望执政者能够广纳贤才和肃正纪纲,使儒士能够有用于国家。

> 丰狱未开,宝剑腾辉于雷焕;盐车久困,龙驹骧首于孙阳;盖不遇于当时,斯有望于知己。如某者,衡茅贱士,陋巷穷儒,半生玩志于诗书,十载寒心于笔砚,家贫亲老,运拙时乖。北阙黄金不买凌云之赋,南山白石谁听叩角之歌。壮志难酬,流年易往。托孤剑于千里,求知音于四方。鹍化三千,势实资于海水;鹏飞九万,力仍假于天风。不有大贤,谁哀壮士。今者伏遇执事,赋以宽宏之量,卓为俊逸之才,横翔日月之边,进退群士而在其手。高步云霄之上,冠压百吏而为之师。规模宏深,事务详练,纪纲不失,经纶有方。宋广平铁石心,至公而无私;裴琰之霹雳手,处繁而不乱;无臧孙窃位之愧,有周公下士之勤。声名赫赫以傍流,事业巍巍而独著。可谓剑逢雷焕,马遇孙阳。台金九层,何敢先于郭隗;囊锥一出,请自赞于平原。倘一言可以为终身之荣,则九死不敢忘他日之报。④

尤为重要的是,王旭借评价他人的机会,指出了贵贵与尊贤具有同等的地位,上位者只有真正做到尊贤,才能得到可用的儒士。

> 士之读书为学,将以用于世,而非欲以独善也,惟其出处进退之不失其正斯可矣。今仁叔进德修业于家,未尝求名而名我随,未尝即人而人我即,视彼区区于王公之门,摇尾而乞怜者,岂可同日而语邪?且贵贵尊贤之义,自孟氏没而不明于天下也久矣。夫用下敬上,谓之贵贵;用上敬下,谓之尊贤。理势相敌,无有轻重。然

---

① 王旭:《送文质序》,《兰轩集》卷11(《全元文》第19册,第496—497页)。
② 王旭:《送管城君序》,《兰轩集》卷11(《全元文》第19册,第490页)。
③ 王旭:《送张子浩序》,《兰轩集》卷11(《全元文》第19册,第495页)。
④ 王旭:《代人上执政启》,《兰轩集》卷10(《全元文》第19册,第473—474页)。

其所以不明者，由其蔽于势力之偏，而忘其道义之正，是以惟知贵者之当贵，而不知贤者之可尊也。苟上之人非有尊德乐道之诚心，下之人非有由义居仁之高志，则颓俗波荡，谁其反之。①

对于君子入仕，王旭还提出了三个重要的论点。一是入仕要承担一定的风险，"君子之仕，自一命而至公卿，亦可谓身荣而志得矣。然而华亭之鹤，东门之兔，亦或因此而致思也，是知富贵多危机，功名隐奇祸，乃古今之常事，无足怪者"②。二是官吏由民供养，要少做害民和遭民唾骂的事情，"夫吏者，民之役也。民出其税赋之十一，以佣乎吏，使司平于我也。今吾佣一夫于家，受吾直而怠吾事且盗吾货器，则吾必甚怒而黜罚之矣"③。三是为官既要求才干，更要求廉洁，"廉吏，古人所甚重，盖廉则欲寡而心明，政之所以平，而民之所以不扰也。虽然廉而不干，亦止于一身而已耳。如君之干且廉，岂不为可取哉"④。

恰是因为对君子入仕有这些要求，加之时运不济，使王旭彻底断绝了仕进的念头，并在诗作中表达了自己淡薄功名的情怀。

> 吟诗不须工，读书不须博。悠悠襟抱中，适意有余乐。功名一野兔，何用千人搏。渊明绝纷华，子云终寂寞。古风日已息，圣道日已薄。茫茫天地中，吾行欲谁托。万事默已定，轻进孰非错。君看桃李花，春风自开落。⑤
>
> 不踏利名场，岂知尘土腥。不舐丹砂鼎，安知鸡犬灵。洗心海水碧，照眼云山青。拂袖归去来，壶中可长生。⑥
>
> 我本山林人，衣冠厌包裹。归来一念静，稍销利名火。富贵多危机，功名足奇祸。细观秋毫理，未觉泰山大。⑦
>
> 绿鬓凋零，看几度人间，春蝶秋萤。天地为室，山海为屏。收浩气入沈冥。便囊金探尽，犹自有，诗笔通灵。谢红尘，且游心汗

---

① 王旭：《送康仁叔序》，《兰轩集》卷11（《全元文》第19册，第499页）。
② 王旭：《冥鸿亭记》，《兰轩集》卷12（《全元文》第19册，第518页）。
③ 王旭：《送刘公美赴长清簿序》，《兰轩集》卷11（《全元文》第19册，第493页）。
④ 王旭：《赠李主簿序》，《兰轩集》卷11（《全元文》第19册，第492—493页）。
⑤ 王旭：《遣兴》，《兰轩集》卷1。
⑥ 王旭：《古风》，《兰轩集》卷1。
⑦ 王旭：《杂兴》，《兰轩集》卷1。

漫，濯发清泠。

平生眼中豪杰，试屈指，年来稀似晨星。虎豹关深，风波路远，幽梦不到王庭。任浮云千变，青山色，万古长青。醉魂醒，寒灯一点，相伴荧荧。①

即便是隐居，儒者也应心系天下，所以王旭对于其他儒士能够有为于天下，尤其是为官者能够关心和善治其民，还是以诗作表达了自己的殷切期望。

万方玉帛走神京，四海车书会汉庭。宣室夜深前席后，不知谁语到生灵。②
凡仕非为己，所忧在斯民。劳心博寸禄，受直佣其身。此理甚昭然，知之能几人。自从世道衰，愈觉民生贫。悠悠古循吏，谁复嗣芳尘。但见彼贪暴，纵横蛇虎均。俯仰宇宙间，我心未易陈。
赵侯富才术，有志存经纶。三年佐吾州，一德通明神。论政贵无讼，圣门知问津。宽和守中道，恻怛怀深仁。君看甘棠树，勿翦岂无因。好将爱物心，去作东南春。③

三 修学而为

通过教育和学习，为君子有为奠定重要的基础，是王旭重点强调的观点，并且特别符合他一生任教的习性。

（一）儒者治学的主要问题

王旭作为儒者，尽管常年在地方教学，但是已经表示出对当时的治学尤其是教育状况至少有三点不满。

第一点不满是朝廷虽然不断宣称重视教育，但是在社会上普遍存在的是重佛不重儒的风气，孔子庙的败坏就是具有代表性的标志。

至元甲午（1294年）岁，新天子既即位，首颁明诏，于天下

---

① 王旭：《春从天上来·退隐》，《兰轩集》卷9。
② 王旭：《燕城书怀》，《兰轩集》卷9。
③ 王旭：《送赵克明太守之任城》，《兰轩集》卷2。

以兴学养士、修理文庙为言。……恭惟夫子之道，广大若天地，昭明如日月，顾此区区一殿之广狭高下，岂足为增损哉，然世道人心则于是乎卜也。方今释老之宫遍天下，一小邑不下数十区，其壮丽，邦君之居不若也。而宣圣祠庙，州邑阖境数百里唯一设耳，往往卑陋而不彼若，圮坏而不时修。噫，世道之消长，人心之邪正，亦可知矣。①

第二点不满是学官尽管责任重大，但是待遇过低，儒者大多不愿意充当此职，称职的教师过少，难以达到培养人才的目标。

人才之盛衰，关于学校之兴废；师道之隆替，系于学官之贤否。何以言之？盖贤则师道行而教法兴，士类归而文风振，此学校人才之所以兴且盛也。不然则反是。故教官之设职若轻而实重，事若易而实难。爵秩不过九品，月俸不逾千钱，而学校人才之责在焉，岂非轻而重欤？寂寥简淡，无簿书米盐之烦；讲说开陈，有圣贤义理之奥，而又表笺著述之笔寓焉，岂非易而难欤？今之为教官者，往往不以为重难而轻且易之，是其果贤乎，抑亦苟然乎，余不得而知也。今国家偃武修文，崇起学校，而教授之设遍于州郡，其变风俗、育人才之意，可谓至矣。然而天下教法未尽行，文风未大振，而博学才杰之外，亦或未免有不厌人心者，得非有司选择未精之过欤？②

教授，冷官也，然师表一方，教由是出，则所系亦甚重，故非才良行、修博于辞学者，殆弗克居。而近世不然，非惟为士者轻而易之，而为有司者亦未尝知重而难之，故选用多不精，而称者寡。是以州县之间，往往学校未尽兴，教法未尽行，而人材之作成者未多见，良由教授之失其职也。③

---

① 王旭：《砀山重修宣圣大成殿记》，《兰轩集》卷13（《全元文》第19册，第524—525页）。
② 王旭：《送张教授之卫州序》，《兰轩集》卷11（《全元文》第19册，第484—485页）。
③ 王旭：《送刘孟章濮州教授序》，《兰轩集》卷11（《全元文》第19册，第484页）。

第三点不满是国家新设的蒙古字学,只注重文字教育,缺乏儒术教育,不符合教养儒生的要求。

> 人之能足以自立于当世,而犹自视欿然,以求进于道,此其志不安于小成,而君子之所深喜也。今国家设蒙古一学,在诸科之右,其能者往往由是通显,而有不屑于儒术。①

(二) 讲明治学之道

王旭不仅要以教学普及儒学知识,还要向生徒传授治学之道,为此特别提出了五方面的要求。

第一条要求是力学,强调学习儒学必须抛弃功名富贵的利诱,才能知难而进,学有所成。

> 功名富贵皆外物,而有天命,非余所宜言也。独于为学之事,有感于余心者,将于子乎言之。夫人之生,或家贫无力而不得学,或父兄非贤而不容学。幸有力矣,父兄贤矣,或其人之资禀暗弱而不任学。有其资矣,或荒州下邑,弦诵寂寥而师友无其人,则亦安能知所当学,而遂其志哉。是知人生成才之难,而得其全焉者之寡也。②

> 世之所谓乐者,不过多财以为富,而崇爵以为贵耳。以余观之,财归而怨聚,官高而身危,见其可悲,未见其可乐也。今吾以天地为室庐,以日月为连璧,以星辰为珠玑,以万物为使役,据高梧而歌,倚绳床而息,吾之富贵,固不待子之行而后得也。③

第二条要求是中和,强调儒士要善于陶冶性情,将礼乐寓于中和之内。

> 学者之事,莫先于治性情而修礼乐。夫性者,理之所会。而情

---

① 王旭:《送焦教授序》,《兰轩集》卷11(《全元文》第19册,第485页)。
② 王旭:《送王国华序》,《兰轩集》卷11(《全元文》第19册,第497页)。
③ 王旭:《五穷序》,《兰轩集》卷11(《全元文》第19册,第489—490页)。

者，性之所发也。会而无所偏，则性之体立矣。发而无所戾，则情之用行矣。性情体用，所以为天下之大本，达道者其中和之谓欤。故治性情者，不可外中和而他求也。《周礼》大司徒以五礼防万民之伪而教之中，以六乐防万民之情而教之和，盖中者礼之所以立也，和者乐之所由生也。守天理之节文，而无过与不及之失，顺天理之自然，而无倒行逆施之弊，则中和得而礼乐在其中矣。故中和者，所以治性情而修礼乐者也。①

第三条要求是克己，强调儒士要以克己作为自治的方法，并将能否克己作为区分君子和小人的重要标准。

夫圣贤之学，所以为己者，莫先于明理以治性情。性情之德，以仁为首，而求仁之术，以克己为要。其见于颜子之问圣人之答者亦已详矣。然仁者，乃吾心至爱之理，包四端而长众善，其全体混然，本无亏欠，又奚待于克而复哉。惟其有生则不能无情，有情则不能无欲，欲长而理消，人胜而天负。私意一立，物我町畦，而仁之害始不可胜言矣。如太虚之生云，明镜之生尘，清水之生泥，顷刻变化，莫知其本体之所在，苟能收其云、去其尘而澄其泥，则本然之有复还其故矣。盖理欲虽为二物，而克复本同一机。克己即所以复礼，而复礼即所以为仁，非于克之外而他有所谓复也。此克之一字，尤为学者用力之地欤。故克如克敌之克，人欲与天理为敌，克而胜之之谓也。虽然克伐不行而夫子许其难，不忮不克而诗人颂其美，又何耶？曰：此名同而实异也。彼之克施于人，此之克施于己，乃天理人欲之所以分，而君子小人之所以不同也。诚能用力克其可克，而至于无所克焉，则颜子之仁在我，而无不得其性情之正矣。自治之道，岂复有过于此者乎。②

第四条要求是知止，强调儒士要知道止的基本原则和做法，才能了解性命之理的真谛。

此止之说也，若夫君子进修之功，乾乾之诚，虽颜子吾未见其

---

① 王旭：《中和堂记》，《兰轩集》卷12（《全元文》第19册，第516—517页）。
② 王旭：《克斋记》，《兰轩集》卷13（《全元文》第19册，第530—531页）。

止者，故曰：士希贤，贤希圣，圣希天，至于天，若可以止矣。其健行而不息者又何耶？故不达天德，则无以知乾道变化之神；不知乾道变化之神，则无以识品物流形、各正性命之理；不知性命之理，则无以知万物各止其所之妙。今试以人伦言之，如为人君之止于仁也，为人臣之止于敬也，父子之止于慈孝也，国人交之止于信也，人皆知五常之止者当然矣，孰知其理运古今而无穷，未尝有一息间断之时耶。此天命之所以常行，而人心之所以不死也。故不止之中而有当止者在，当止之中而有不止者存焉。①

第五条要求是重儒，尽管佛、道两教也有向善的观点，但是儒士应坚守本业，不被两教的学说所侵扰。

吾闻天下无二道，圣人无两心，而又岂有三家之异教哉？此皆后世失其本而泥其末，师其迹而不师其心者之过也。何以言之？盖天理之自然而人物之所当行者，谓之道；品节其道而为法于天下，使人人有所据依，而不失其中者，谓之教。道也，教也，岂空寂虚无之谓哉？昔仲尼祖述尧舜，宪章文武，六经所载，可据而行，皆天理之当然而不容议者也。彼瞿昙氏生于西方，逃君父，入山林，其乱伦虽不可以为法，而薄嗜欲、广慈悲、炼精神、明心性，盖独善其身，岂欲他人之尽然哉。自汉明之后，其法盛行于中国，坏纲常，溺民心，失瞿昙之意远矣。至如老聃，乃周之史官，孔子尝从而问礼，固儒者也。《道德》一经，无所不载，而妄者独取《谷神》一章，为养生之祖，于是方术神仙、科仪斋醮等事相继而起，皆归之老氏，噫，可谓诬矣。

或曰："昔者杨朱、墨翟，尝为兼爱、为我之说，其后流而为二氏，盖释氏之慈悲，即翟之兼爱也，道家之修养，即朱之为我也。虽见辟于孟子，而有不能终绝者，岂专出于瞿昙、老氏之为哉。今君诚能知夫教之所以为教，去其异，取其同，略其迹，求其心，而不悖于天理人伦之正，则果知天下无二道，圣贤无两心，而三家之是非定矣。"

---

① 王旭：《止斋记》，《兰轩集》卷13（《全元文》第19册，第528页）。

余曰："三家之教，行于世也久矣，然而道不同不相为谋。余也学乎孔氏者，纲常礼乐则尝闻之矣，二氏之教则未之学也。……夫圣人行道于一身，而为法于天下，其心莫不欲斯人之归善去恶，以得其天性之安而已矣。三家之教虽有不同，然而欲人之归善去恶，度其心岂有异哉。而世之为儒者则外二氏，为二氏者亦非儒，是皆拘于形迹之末，而不达其心者也。"①

（三）君子善为的律己要求

王旭的治学和君子善为要求，既针对儒生，也针对自己，在他的描绘人生的长篇诗作中，就体现了这些要求。

> 逍遥天地内，本是一闲人。却笑周嫠妇，怀忧浪苦辛。我有东山约，归欤定几时。流年不相待，添满镜中丝。梦觉闻风雨，寒声隔纸窗。关心无限事，起坐对残釭。老废观书眼，空闲永夜灯。蒲团依壁坐，何异一禅僧。
>
> 天理全真实，人心去吝骄。要知颜子乐，元不在箪瓢。移得黄花菊，开时已过秋。一双何处蝶，来为晚香留。遗膻战群蚁，腐鼠落飞鸢。伫目秋风外，孤鸿入暮烟。雨露青霄远，风霜白屋深。有心图富贵，应不到而今。
>
> 有客谈金马，无心羡石渠。他年携野史，深入白云书。懒废交游礼，贫疏骨肉恩。流年过半百，行止任乾坤。位重忧方大，财多怨亦归。人生要无累，贫贱一麻衣。锦衣思尚䌹，君子亦何心。胡不观谦卦，山藏九地深。
>
> 天地虽云大，犹将形器拘。谁能超物表，独与道为徒。希圣与希贤，工夫不偶然。扫除心上地，开广性中天。炎炎燎原火，始自一星然。须信情当节，谁云怒可迁。天地元无蔽，人心本至灵。奈何将物欲，遮塞自顽冥。
>
> 山溜能穿石，元非一日功。学无坚久力，安得圣门通。万丈沧溟底，神珠尚可求。读书不知道，安可等闲休。宝鉴尘昏却，重磨复旧明。人心何异此，改过善还生。寡欲可延年，存心即事天。神

---

① 王旭：《三教堂记》，《兰轩集》卷12（《全元文》第19册，第522—523页）。

丹何日就，香鼎亦虚然。

释子谈空寂，神仙竟渺茫。古今天地里，惟有一纲常。男女无亲授，当知嫂溺援。世无邹孟氏，谁与辨经权。木怪翻基寿，龟灵反速刳。世情机械外，吾亦爱吾愚。嗜利和心醉，争名至死忙。谁能超此累，庄子在鱼梁。

有定乾坤理，无私造化心。当时炉冶内，枉作不祥金。有说皆非道，无言乃是天。当知六经外，别自有真传。世儒笺注学，愈说愈支离。道妙忘言处，几人真得知。久视能伤目，多思亦损心。焉知心目外，有道自玄深。

博学资详说，当知反约功。圣传精一处，只在片言中。乾坤唯一理，无古亦无今。不有天忠恕，于何观圣心。澹泊忘尘虑，逍遥养道心。愿为无用瓠，羞作不祥金。白发满青镜，功名心已休。春风吹梦觉，周易在床头。①

王旭不是理学学者，他所强调的治学之道和君子善为等理念，尽管多是重复传统儒家学说中的说法，但包含了自己的重要心得，还是应给予一定的重视。尤为重要的是，在存在各种"乱为"甚至"恶为"的现实社会中，如朝廷中屡次出现的权奸蠹政行为，更能体现出君子善为观念所具有的重要价值。

第三节 金履祥的治道理念

金履祥（1232—1303年），字吉夫，号仁山先生，婺州兰溪（今属浙江）人，从朱熹再传弟子何基学习理学，被列为"北山学派"的传人，② 入元后隐居金华山中，著书立说，著有《大学疏义》《仁山集》等，重点阐释了他的基于朱学的治道理念。③

一 明德载道

金履祥在《大学疏义》中对朱熹提出的各种政治观点作了全面说

---

① 王旭：《杂兴》，《兰轩集》卷9。
② 黄宗羲原著，全祖望补修：《宋元学案》第4册，第2719—2720、2737—2742页。
③ 关于金履祥的政治观点，参见徐远和《理学与元代政治》，第150—162页。

明，重点是解释明德载道的道理。①

(一) 明德和止于善的要求

金履祥指出小学与大学的不同，在于小学是基础之学，"小学者养其良心而谨其学业也"；大学则是事业之学，"大学者充其知识而措诸事业也"。而所谓的大学之道，就体现在明明德、亲民、止于至善三个方面，并且三者"俱为大学纲领，而又自相为纲领"。不清楚这样的要求，就会堕入异端学说且不能自省："俗儒记诵辞章之学，异端虚无寂灭之教，其他权谋术数，一切以就功名之说与夫百家众技之流，是其为学皆不知所在者也。"

对于明明德所强调的"人之所得于天而虚灵不昧，以具众理而应万事"的基本准则，金履祥不仅依据理学学说，说明了气、理之间的关系，还特别强调世人要免除闭塞的弊病，只能用格物致知的方法，才能达到诚意、正心和修身的目标。

> 人之所得乎天而虚灵不昧，所谓合性与知觉而言之也。夫所谓人之所得乎天者何也，谓其全具天地之气以为形，而全得天地之理以为性也。夫所谓气者何也，即阴阳五行之气也。所谓礼者何也，即健顺仁义礼智信之理也。理即气之所生，气即理之所秉。夫自其始而言，则有理而后有是气，盖以太极之妙生阴阳五行之化也。自其中而言，则有是气而理即在焉。如阳则健，阴则顺，木则仁，火则礼，金则义，水则智，土则信也。故健顺五常之在阴阳五行，譬犹咸之在盐、酸之在醯也。然理之流行，无物不有，无时不然，固无多寡彼此之殊。而气之运行，揉杂往来，交感万化，则不能无正偏通塞之异，故气正则理之在是者正，气偏则理之在是者偏，气通则理明，气塞则理蔽。故其体质淳全，义理充畅，方寸之内虚无不包，灵无不觉，存主融通而未尝昧焉，是所以具众理而应万事者也。具众理者，体也；应万事者，用也。众理即万事之理，万事即众理之事，蔼然在中随感而发者也。就正偏之内而或有美恶之殊，就通塞之中而或有清浊之异，此其所以又有智愚、贤不肖之别焉。惟上智，乃能全其清美而无少不明耳，下此则或清而不美，或美而

---

① 金履祥：《大学疏义》，四库全书本，本节引文均来自此书。

不清，或恶或浊，各有等分，而通蔽厚薄随之此。所谓气禀所拘，就其有生之初言之也。人欲所蔽，就其有生之后言之也。有生之初已有美恶清浊之殊，而有生之后又有血气耳目口体无穷之欲，故明之在我者拘之于其先而蔽之于其后。拘者，束而不得开之谓；蔽者，盖而不得见之谓。然而本体之明，则有未尝息者。盖其中虚灵昭彻，溶漾盈溢，终有不可得而昧者，而亦无时不发见于日用之间。故学者当因其一时之感，一念之觉，窥见其本明之机，初未尝息而加拂拭开启之功。格物致知以扩其端，而诚意、正心、修身以会其实，则拘者开，蔽者彻，而自复其本然之初矣。

要达到亲民或新民的目标，则要做到以自己的觉悟去影响别人，并且注意影响他人的方法有两种，一种是表倡，另一种是教化。

新民者，推己之明德以觉人也。新者，革其旧之谓也。言既自有以明其明德，又当推以及人而使之，亦有以去其旧染之污也。夫明德之得于天者，我与人本同也。而拘于气禀，蔽于物欲者，亦人己之通病。幸而我之能觉己，有以充其本然灵明之体，则视夫彼之未觉，顾方且痼于昏迷污浊之中，岂不恻然，思所以救之。况天理流行，浑同无间，在我者非可挟之以自私，而在人者初非强人以其所未有，则夫推我已明之德，而觉其旧染之迷，以理觉理，是固天心之所存，而是理之当然也。

至于论其所以新之者，则有二道焉：曰表倡观感之也，曰教化开导之也，礼乐、法度、刑政整齐之也。身修而后家齐，家齐而后国治，国治而后天下平，此固观感表倡之也。然而齐家、治国、平天下，又逐节用功，随事推拓，则是必有开导整齐之事焉。

金履祥还特别强调了明明德、新民所要达到的止于至善的目标，就是没有一毫私欲的极好境界。

言明明德、新民，皆当止于至善也。止者，必至于是而不迁之意，必至于是，以未止之前言之也，不迁，以既止之后言之也。未至于此，不可谓之止；既至而迁，亦不可谓之止。至善，则事理当然之极。明明德、新民，皆当止于至善之地而不迁，是必有以尽夫天理之极，而无一毫人欲之私也者。盖天理散在事物，则莫不各有本，然一定之则在焉，是其极好处也。吾之所以明于己者，不可有一之不造其极，所以新乎人者，不可有一之不用其极，到得十分极好处，便是尽得天理之极，而稍有未至及差处，即是苟且私意妄为之人欲矣。

也就是说，明德、新民、至善既是重要的政治目标，也是儒家治道学说的理论基础，所以谈政治者显然不能离开这三个重要的主题。

（二）治国之本的正心要求

儒家所强调的齐家、治国、平天下，关键在于修身和正心，金履祥特别对理学家的正心要求作了更浅显的说明。

> 天下之本在国，未有其国未治而天下之能平者，故必先治其国。国之本在家，未有家之未齐而国之可治者，故必先齐其家。家之本在身，使其身之未修，则私欲牵蔽，言行无常，未有能齐其家者，故必先修其身。至于身之主则心也，所谓心者身之所主也者，夫四体百骸，块然而已；血气运动，蠢然而已；而所以灵异于物者，以心为之知觉管摄也。不正其心，则血气之躯惟欲之动，何所择于异类也哉。故欲修其身者，必先正其心。而心之发，则意也，所谓意者心之所发也者，盖有心则必有意。心之本体固静正，而意之所向有善恶，惟夫意之所发者不实于善，而每容邪恶于其间，则心始不能全其本体之正矣。故欲正其心者，必先诚其意。或曰：心者身之主，意者心之发，则是心体而意用，心君而意臣，宜于欲诚其意者，先正其心也。而曰欲正其心者，先诚其意何哉？盖心无形影，未易捉摸，人之所以治其心者，亦惟于其发动处着工夫耳。譬之水本静，波荡之波平则水静；火本明，烟罩之烟透则火明矣。心本正，意或累之，意诚，则心正矣，然而意诚则心正，是诚意即所以正心也。

按照理学家的解释，致知格物是为了正心诚意，而为了国家的治理，上至君主下至庶人，都要以正心修身作为基本的政治准则。

夫大学之规模大矣，而致知格物也、正心诚意也二者为大学之大关键。盖诚意正心，身家国天下之本出焉，致知格物，则心身家国天下之理具焉。然则所谓格物者，亦谓心身家国天下之事物耳。自其心而论之，则四端之性情，理欲之界限，志气之邪正，在所当格也。自其身而论之，则言行之节，交际动作之宜，容止威仪之则，在所当格也。推之于家，则有父子之亲、兄弟之序、夫妇之别、朋友族姻之交，凡其为事，皆所当格也。推之于国，则国之事不异于家也，而所以为君臣上下之义，事长使众之节，仁民恤下之政，教化之施，刑政之宜，制度之数，至于百官有司之事，皆所当格也。推之于天下，则天下之事不异于国也，而所以为纲常经纪之化，均平充拓之道，礼乐刑政之达，开物成务、拨乱反正之规，四海九州风气民俗之殊，内夏外夷绥怀化御之略，至于财用甲兵之节制，皆所当格也。随遇皆物，随物皆格，极其小虽草木鸟兽之微非可遗，极其大虽天地阴阳之化非可外。而其为法，或索之心术念虑之间，或审之随事接物日用常行之际，或求之经籍诗书圣贤言行之法，或考之古今治乱人物是非之迹，即事即物，推而穷之，莫不求其所以然之故与其至善之所在而不可易者，此谓格物。

自天子以至于庶人，虽其所施有天下国家大小之不同，然皆未有不修其身而能行者，固不以大小贵贱而有减也。齐家以下，则举此而措之耳，盖其本既立，则举而施之于家、于国、于天下，唯其所施而各得其所止也。

为己者明明德也，为人者新民也。明德者，得之于天，得之于天者理所同有，故自天子至于庶人，壹是皆以修身为本。新民者，施之于人，施之于人者势有广狭，故齐家、治国、平天下随其所施而已矣。然而本明之德得于天而明于己者，惟其所施初无限量，不以天子之施于天下而有余，不以庶人之施于一家而不足。天子虽施之天下，然未有不先于家而能达者；庶人虽修于一家，然而变化国俗，风行于天下，亦分内事而已，

需要特别注意的是，正心是为了行善。金履祥特别指出，仁、敬、孝、慈、信是重要的五善，但这只是就善中的要者而言，由于一事必有一善，所以需要以五善触类旁通，推导出其他的善，作为行事的目标。

圣人之止，无非至善，五者乃其目之大者。盖天下之事，一事必有一至善。圣人之事，则事事各止于至善。所谓一事有一至善者，如仁为君道之至善，敬为臣道之至善，孝为子道之至善，慈为父道之至善，信为与人交之至善也。事事各止于至善者，为君则必止于仁，为臣则必止于敬，为子则必止于孝，为父则必止于慈，与人交则必止于信是也。然而五者之止，其事理之精蕴，固非一语之可尽，而天下之事至多至众，亦非止于五事而已也。故必究其精微之蕴，而又推类以通其余焉。精者，天理之不杂者也；微者，事理之易忽者也。必究其精，则有以见其所当然而不可违，又有以见其所以然而不容已。必究其微，则有以见其至纤至悉之事而不可不尽，又有以见其毫厘曲折之间而不可或差也。推类以通其余者，盖天下之事至众也，非止于是五者而已也。即其事之大者以为之例，以见凡天下之事莫不有至善者在也。故必即此五者类而推之，如兄弟如夫妇以至万物庶事，亦皆有以见其至善者焉，则于天下之事皆有以知其所止而无余矣。

要扬善抑恶，必须以自慊而不是自欺欺人为正心的重要方法，这恰是儒家对君子谨独的基本要求。

在君子必谨之于其独焉，间尝论之，善与恶相反也，善固天理之所当为，恶则人情之所易狥，此则在其自欺、自慊何如耳。自欺、自慊相反也。自欺者，自瞒之谓；自慊者，自尽之谓；此则在其一念之独知何如耳。谨之于独则自慊，自慊则绝恶乐善，君子也。不谨之于独则自欺，自欺则内恶外善，小人矣。此诚意所以为善恶之关，而谨独所以为诚意之要。

以正心作为治国理政的基础，还可以作出更复杂的理论解释，但是从金履祥的解说可以看出，更通俗的解释可能更容易被人们所理解和接受。

（三）重义轻利的絜矩要求

絜矩是治理国家的有效方法，金履祥对此作了专门的说明："所谓絜矩者，图度取方之谓也。所谓絜矩之道者，即其在我度其在人，必使物我之间、上下四旁不相侵越，面面得其所取之方，人人得其所有之分。概而视之，累而观之，皆截然方正，无高低广狭长短不均之处，此之谓絜矩之道也。以絜矩之心，行絜矩之政，天下之大，将无一人之不得其分，无一人之不居其所者，所以人人得亲其亲、长其长、恤其孤，而天下平矣。"絜矩之所以重要，就在于其至少具有五方面的重要功能。

一是絜矩可以为社会建立基本的政治规范，也就是儒家所强调的以三纲五常为基础的上下有序的政治秩序。

> 所谓平天下，在治其国者上老老而民兴孝，上长长而民兴弟，上恤孤而民不倍，是以君子有絜矩之道也。夫老老、长长、恤孤之事行于上，而兴孝、兴弟不倍之心作于下，于此焉可以见人心之同然者矣。夫人之心本无以异于己，则己之心当推以处乎人，使为人上者不能以己之心度人之心。

二是絜矩可以达成秉公废私的以天下之善、为天下之利的政治目标，尤其是能使当政者的仁政和善行起到引导庶民行善行仁的作用。

> 能容者，絜矩者也。不能容者，不絜矩者也。絜矩者无人我之间，故能合天下之善为天下之利。不絜矩者便一己之私，故欲以一己之私而坏天下之善，其利害之分远矣。是以君子推絜矩之心，而知天下之所以利不利。
>
> 仁让积于一家，而一国始有兴起之风；贪戾在于一人，而一国便有作乱之事；此固所谓善必积而后形，恶虽小而可惧者。然而从善如登，从恶如崩，人情之难此而易彼，盖可畏也。是以其机之所在，君子谨之，一言偾事，一人定国，此古语也，故以此谓二字起之，盖引以为喻也。定国谓之一人，盖总一身而论。偾事谓之一言，则不过片言之间，善恶功效之难易尤为可惧也已。

三是絜矩可以起到褒扬忠信和抑制骄泰的作用，因为在金履祥看来，忠信和骄泰是与天道存亡密切想联的大事。

> 忠信则天理存，骄泰则天理亡也，几决于此，而其分远矣。且自其得者观之，有国家者有幸而得人心者矣，然事为之间未可保也，事为善矣，而发于其心，容有未尽未实者焉，亦安得保其久而不变哉。又自其失者观之，有不幸而失人心者焉，苟能转移，犹可格也，其或事为之不善，苟能更张，犹可及止也。若乃骄泰，则自其心术天理已亡，其害于而政，亡于而家、而国者，吾未如之何矣。心术乃善恶乱治本原之地，天下之本，无以加于此，推得失之本，至此切实推得失之效，自此而不可移矣。

四是絜矩可以起到进用贤者和君子的作用，尤其是坚持重义轻利的政治原则，可以有效地防止小人对朝政的干扰，因为一旦出现小人主政的情况，则不仅是国家的灾难，亦会形成难以改变局面的困局。

> 若贤人君子，乃天下国家之所赖，而见之不能举，举之不能先，则是忽而不以为重，不几于轻天下国家之甚耶。
> 国天下之国，家天下之家也。君之者长之而已，固非其所得私也，况可专其利以自私乎。夫为国家之长而惟财用之务，其原必起于小人。小人虽在，亦岂能自肆其毒者，惟有国家者以其言利为善，于体国以其任怨为善，于忠君以其掊克为善，于理财是以使为国家。小人之得为于国家，所以悖取者无所不至，而国家之灾祸患害，亦将无所不至矣。盖民穷众怨，兵连盗起，百姓畔于下，天变怒于上，四邻因其怨，伐其暴而谋取其国家者交至，国家至此不可复为也已。虽有善者以承其后，亦将如之何哉。盖财之聚者，有必聚之怨；怨之聚者，有必至之祸；而祸之已至者，无可回之势甚矣哉。小人之祸国家若是其烈也，不谨于其始，而何以救于其终哉。夫上之人以利为务，则争民施夺，必有灾害并至之患，此利之害也。以义为务，则上仁下义，而可以保国家府库之有，此义之利也。义之利如此，利之害如彼，有国者将安处，故又重言以结之曰：此谓国不以利为利，以义为利也。

五是絜矩可以起到均平天下的作用，在推己及人、人人各得其分的基础上，使民心归附，天下太平。

惟其有德，故能推己及人，而人心归之，则自有人矣；人心所聚，天命归之，则自有土矣；土地既广，田野既辟，则自有财而有用矣。此则推明谨德自然之效，而谨德者，固非为是而为之也。

德者其内之大本，财者其外之至末。若以德为外而不知谨之于己，以财为内而必欲得之于己，则为与民争利而习其民以争斗之风，夺利于民而施其民以劫夺之教，是知上下交征，彼此吞噬，亿兆之心交骛于利，不惟爪刚者抉，齿强者啮，举一世为禽兽之归，而上之人集处富贵之大，则又争夺之所聚也，岂不危甚矣哉。盖财者人之所同欲，一人能絜矩，则推己度物，人人各得其分，而一人亦得以保其分。一人不能絜矩，则争民施夺，人人皆失其分，而一人亦将以失其分矣，此絜矩所以为平天下之要道也。

而要均平天下，在财用方面不仅要讲究理财之道，还要讲究生财之道，并特别注重民聚财聚、民散财散的基本准则。

财者，民生之大命，人情之同欲。为民上者导利而布之，使之各遂其生，各得其欲者也。故夺利而聚之于上，则民心散于下矣。导利而散之于下，则民心聚于上矣。民聚则父母，民散则独夫耳。夫圣贤之意，非故夺其财聚之实利，而强之以民聚之虚名也。要其效而论之，民聚则财必聚，民散则财必散。民聚则财聚者有人有土，而有财之辞也。民散则财散者，争民施夺而悖出之谓也。

财用，国之常经，不可一日无者。但瘠民肥己，则为争民悖入之怨；而务本节用，是乃制国生财之道。苟徒禁其为聚财之政，而不示之以生财之道，则异时国用不给，终不免于横取诸民，遂使时君世主以财聚民散之戒为儒者之常谈，而以剥民自足之政为国之实利，则是以理财为讳者，乃所以为聚财之张本也。

夫所谓生财者，必有因天分地之源，所谓有道者，决非管商功利之术。而究其所以为生财之道者，则生者众、食者寡、为者疾、用者舒而已。天地间自有无穷之利，有国家者亦本有无穷之财，但勤者得之，怠者失之，俭者裕之，奢者耗之。

则所以足财者，非外本内末之效，而君人者亦何必横取诸民哉，是则生财之道乃厚民之本也。呜呼！下多游民，中多蠹吏，上有偏聚之势，而国有无穷之需，生之为之者有限，食之用之者无穷，利源竭而费之每多，民力困而取之益竭，务本节用之不知，而外本内末之益力，曾几何哉，而民之不散也。

夫仁者知生财之道而财足矣，积而能散，故常以财发身。不仁者不知生财之道而崇货焉，则争民施夺而终以身发财。然而仁者惟知散财以利民耳，固非为发身而散之。不仁者惟知发财之利己耳，而亦岂知所以亡其身也。

金履祥所强调的絜矩之道，尽管没有明确指出是谁给忽必烈在位后期朝政带来了严重的危害，但是结合卢世荣、桑哥等人的作为，其指向应该是相当清楚的，因为即便是隐士，对时政还是有所了解，所以他不仅对小人干政给予了激烈的抨击，还明确指出了不仁者必亡其身的结局。

二　注经解要

金履祥为弘扬先儒之说，还撰写了《尚书表注》《论语集注考证》《孟子集注考证》，通过对经典的注解，阐释了自己的政治观点。

（一）复其见天地之心

金履祥之所以撰写《论语集注考证》，按照其弟子许谦的说法，是因为朱熹的《论语集注》"立言浑然，辞约意广，往往读之者或得其粗，而不能悉究其义"，所以要经过考证，"或櫽括其说，或演绎其简妙，或撼其幽发其粹，或补其古今名物之略，或引群言以证之，大而道德性命之精微，细而训诂名义之弗可知者，本隐以之显，求易而得难"[1]。从金履祥的按语中，确实可以看到他的一些重要解释。

如对于"敬信节爱"，金履祥的解释是："敬其事，便足信于民，而分为二事者，盖敬主行，信主言；事属政、信属令也。""敬信节爱，是其所存至于政，则必有法制禁令，纪纲文章。夫子答问，政者亦多从身心说，盖其时先王之制数尚多无恙，但治国者无是心，故其政不行尔。至孟子时，先王制数废改殆尽，故孟子之论治国，往往兼制数言之。"他还特别指出："至简者，惟循一理，自可以御事物之繁。至静者，惟正一心，自足以制天下之动。至寡者，惟修一身，自可以服人心

---

[1]　许谦：《论语集注考证序》，《白云集》卷4（《全元文》第25册，第38—39页）。

之众。"①

对于"圣人之学",金履祥的解释是:"圣人固自有圣人之资,然圣人又自有圣人之学,又自有圣人之进,但非常情所可窥测尔。盖天下之理无穷,而圣人之心纯,亦不已已,则非圣人矣。其实三十而立,圣人之为圣人者已成,此后但愈妙愈熟。所谓借其近似以自名,犹夫子一贯,而曾子借忠恕以名之也。学是圣人之学,立则圣人之成,不惑可以想见圣人之贯,知天命可以想见圣人之一知字如知天地之化育。不惑者,小德之川流,是于万殊处看一本。知天命者,大德之敦化,是于一本处观万殊。耳顺可以想圣人之化,从心、不逾矩可以想圣人之神,此亦因圣人借近似以自名者,而仿佛之在于心体,难以言语形容。"② 金履祥亦特别指出:"人必有言夫子道德之全者,而夫子不敢当,因曰:出但事公卿,入但事父兄,于丧事不敢不勉,以企及不为酒困,如此而已外,此何能有于我哉。一以自谦,二以见道之难尽,三以见近事之不可忽。"③

金履祥还强调:"圣人之心,体用全备,未尝忘天下以为乐,亦未尝出己位以为忧。但自荷蒉者观之,则以为有心尔。圣人之心如明鉴,物自毕照;荷蒉之心如反鉴,不复照物,惟其不复,照物故反,以照物之鉴为有心尔。"④ 他还特别就"复其见天地之心"作了专门的解释。

> 天地之化,包括无外,运行无穷。万类散殊,品物形著,圣人作《易》,所以体天地之撰,而夫子赞《易》,独于复之一卦,系之曰复其见天地之心。夫以卦而论,则卦之六十有四,爻之三百八十有奇,皆天地之心所寓也。以时而论,则春生夏长,万宝秋成,形形色色,生生性性,皆天地之心所为也。而圣人谓天地之心独于复有见焉,盖六十四卦固天地之用,不难见也,惟复乃见天地之心。春敷夏长,万物生成,皆天地之迹,不难见也,惟复乃见天地之心。夫所谓天地之心者,何也?仁也,生生之初也。语其象,则《复卦》一爻是也。夫当穷冬之时,五阴在上,天地闭塞,寒气用

---

① 金履祥:《论语集注考证》卷1,四库全书本。
② 金履祥:《论语集注考证》卷1。
③ 金履祥:《论语集注考证》卷5。
④ 金履祥:《论语集注考证》卷7。

事，风霜严凝，雨雪交作，万物肃杀之极，天地之间若已殆无生息，而一阳之仁乃已潜回于地中。吁！此天地生生之所以为化生万物之初乎。异时，生气磅礴，品物流行，皆从此中出，故程子谓一阳复于下，乃天地生物之心也。盖其仁意浑然而万化之全美已具，生气阆然，而一毫之形迹未呈，此其所以为天地之心，而造化之端生物之始也欤。

愚谓此一爻象天地之心，乃庖牺画卦之始。今人但见六十四卦更互交错，却不知孔子独于复之一阳赞之曰天地之心，何也？此一阳爻，正是伏羲画卦之始也。周子见此意，本于先天一图，所谓天根者也，盖有生生之心，是以有天地生生之用。伏羲画卦，先从天地之心画起，故先画一阳爻，以其相生，于是而有偶，又乘之而为四象，又乘之而为八卦，又乘之而为六十四卦，皆一画之生而此心之用也。此一道理，直看则此一阳六十四卦之始，是为天地生生之心，《太极图说》见之。横看则卦气剥为纯坤，天地生物若已尽矣，而一阳又复，是为天地不穷之心，《先天图》见之。

程子又曰："先儒皆以静为见天地之心，盖不知动之端乃天地之心也。非知道者，孰能识之。"……然以理而论，则静不足以见天地之心，而动之端乃见天地之心。以人心而论，则动不能见天地之心，而静可以见天地之心。何则？人之所以失其良心，迷此仁性，而终不能见天地之心者，盖其欲动情胜，而常失之于动也。夫物之感人无穷，人之好恶无节，此心所存，逐物而动，则飞扬升降，幻贸驱驰，安能体认义理，充养仁心，其于天地之心惘然莫知也。故学者亦须收视反听，澄心定虑，然后可以玩索天理，省察初心，而有以见天地之心。

故尝谓有天道之复，有吾心之复。天道之复前所说是也，吾心之复，则凡善念之动是也。盖四端之心，无时不发，而就中恻隐之心最先且最多，此正天地之心在吾心者。大抵人虽日营营于人欲之中，孰无一线天理之萌，此即吾心之复也。人自不察，亦自不充耳，所以不察、不充，正由汩于动而不能静之故。学者须是于此下耐静工夫，察此一念天理之复，充此所复天理之正，而敬以持之，学以广之，力行以践之，古人求仁之功，盖得诸此。

又况凡事莫不有复。如学宫既废，而新则为学校之复。纲常既晦，而明则为世道之复。国家既危，而安则为国势之复。贤卿帅出镇大邦，作兴学校，崇建明伦之堂，此学校之复也。纲常既废而复明，国势阽危而复振，在诸君子必有得于复之义，而充复之功用者，幸不废焉。①

也就是说，以动和静的方法探究天地之心，不仅是观察事物的重要方法，也是治理国家的重要方法。金履祥以卦象解释天地之心，进而讲明天道之复和吾新之复的道理，就是要强调"复其正"是治道的基本原则，不能不加以重视。

（二）明性命之道

金履祥编撰《孟子集注考证》，也是为了对朱熹的微言大义作更详细的解释。在该书的按语中，同样可以看到金履祥的一些重要论点。

金履祥认为："孟子所言行之，必效以邹、滕之小国，而敬信服行其言以齐、梁之大国，而终莫听纳其说，此真世道之不幸也。"他还特别举例称："孟子于齐宣王指其真心而勉其推，因其不能推而令其审，勉其审，是欲重论其欲是功利重，又晓之以功利之害，诱之以王道之效，教之以王道之本，其开发君心舌端造化之妙如此。"②

金履祥还就重农问题作了如下解释："神农之说，不过躬耕以先天下耳。而为其言者，遂有与民并耕饔飧而治之说，此《集注》所谓传述而失其义理者。又按，《路史》亦戴神农之言曰：士丁壮而不耕，则受其饥；女当年而不织，则当其寒。有余不足，各归其身，士力耕而女力织，力归于上而功被于下，岁余十三，三年而成，岁三十年，而国有十岁之储，有以利下而不足以伤民。故天毁地凶，旱溢并作，而无入于沟壑乞丐者，时其时以待天权也。是以年谷顺成衣食足，而礼义兴奸邪不作。"③

对《孟子》的《性命》章，金履祥还作了系统的讲解，以申明理学的基本性理观念。

"性也"之性，是气质之性。"有性焉"之性，是天地之性。

---

① 金履祥：《复其见天地之心》，《仁山集》卷3（《全元文》第8册，第780—782页）。
② 金履祥：《孟子集注考证》卷1，四库全书本。
③ 金履祥：《孟子集注考证》卷3。

此固不待言，惟二命字难分。有命焉之命一节，是气之理。命也之命一节，是理之气。

何以谓气之理，是就气上说，而理亦在于其中，为之品节限制。何以谓理之气，是就理上说，而气却在于其中，有清浊厚薄之不同。盖理气未始相离，天以阴阳五行化生万物，气以成形，而理亦赋焉，犹命令也。然理则一，而气则有清浊厚薄之不同，所以在人便有智愚、贤否、贵贱、贫富之异。而理固无一而不在焉，此皆所谓命也。但命也之命，自其清浊厚薄者言之，则全属气。有命焉之命，自其贫贱富贵之分限言之，则便属理。命也之命在前，有命焉之命在后。然方其清浊厚薄，便自有贫富贵贱，才有贫富贵贱，便自有上下品节，所以总谓之命。

夫清浊厚薄，气也。而清浊发于所知，厚薄发于所值。自其清者言之，则仁之于父子也，自至；义之于君臣也，自尽；礼之于宾主也，自节；智能自辨贤否，圣人自能吻合乎天道。自其浊者言之，则于父子而仁有所窒，于君臣而义有未充，于宾主而礼有未合，于贤否而智有所昏，于天道固不能如圣人之自然吻合，此命之有清浊也。自其厚者言之，则为父而得其子之孝，为子而得其父之慈，为君而得其臣之忠，为臣而遇其君之敬，宾主之相得，贤否之会避，圣人而得位、得禄、得名、得寿。自其薄者言之，则子孝而有瞽瞍之父，父慈而有朱均之子，君贤而有管蔡之臣，臣忠而有龙逢比干之勠，为主而晋侯见弱于齐，为宾而鲁君不礼于楚，以言乎智，则晏婴而不知仲尼，以言乎圣与天道，而孔子不得位，此命之厚薄也。

气化流行，纷纶错揉，化生人物，随处不同。或清或浊，或厚或薄，四者相经相纬，相揉相杂，而发于心，验于身，遇于事，各有不同者。清者生知安行，而浊者则反是。厚者气数遇合，而薄者则不同，此所以谓之命也。①

金履祥所解释的性命之道，同样有重要的政治意义，因为由气的清浊或厚薄可以导出不同的政治行为，所以修心养气就成为理学家不得不

---

① 金履祥：《孟子性命章讲义》，《仁山集》卷3（《全元文》第8册，第783—784页）。

重点关心的政治问题，而不只是一般的修养问题。

金履祥在传经论道中所体现的各种政治观念，由于与朱熹及江南的"北山学派"有密切的关系，所以成为入元后江南理学思想的重要代表。尤为重要的是，金履祥将程朱理学的政治观点细化和通俗化，对于理学思想的发展和演变起了不可忽视的作用。

第四节　刘壎的治世理念

刘壎（1240—1319 年），字起潜，号水云村，南丰州（今属江西）人，科场不顺，以教学为务，元成宗时曾任建昌路学正、延平路儒学教授等职，著有《隐居通议》《水云村稿》等，在著作中主要体现的是基于理学陆学学派的治世理念。①

一　穷理存心

刘壎强调"儒者职分不在于作文，而在于讲学。讲学不在于章句，而在于穷理。穷理不在于外求，而在于存心"。② 按照穷理存心的基本准则，刘壎对学者如何治学提出了明确的看法。

（一）君子致力于治国之学

刘壎认为儒者要从小致力于学问，而最重要的就是治国、平天下的学问，并强调应向有为之士学习其治学精神，尤其要防止外道学说的侵扰。

> 一日几间，见南丰先生文。阅视其上欧阳公书，乃庆历元年也，时年二十三耳。其书有曰："明圣人之心于百世之上，明圣人之心于百世之下。"又曰："尝自谓于圣人之道有丝发之见焉，周游当世，斐然有扶衰救缺之心，非徒嗜皮肤随波流搴枝叶而已。"又曰："苟得望执事之门而入，则圣人之堂奥室家，自知可以少分万一于其间也。执事将推仁义之道，横天地，贯古今，则宜取奇伟闳通之士使趋理，不避荣辱利害，以共争先王之教于衰灭之中。谓执事无意焉，某不信也。"观先生之志如此，是其少年所学，超卓

---

① 关于刘壎的政治理念，参见徐远和《理学与元代政治》，第 215—231 页。
② 刘壎：《儒者职分》，《隐居通议》卷 1，四库全书本。

不凡，非若新学小生惟务词章而已。且是时濂洛未兴，而先生之学专向圣域，何可得哉？

同日又阅延平李先生《师友问答集》，有挚见罗仲素先生书，其年亦才二十四耳。其书有曰："道可以治心，犹食之充饥，衣之御寒也。人有迫于饥寒之患，为衣食之谋，造次颠沛未尝忘也。至于心之不治，有没世不知虑者，岂爱心不若口体哉，弗思甚矣。"又曰："烛理不明，而是非无以辨。宅心不广，而喜怒易以摇。操履不完，而悔吝多。精神不完，而智巧袭，择焉而不详，守焉而不博，朝夕恐惧，不啻饥寒切身者，求充饥御寒之具也。"又曰："圣学中未有见处，在佛子中有绝嗜欲、捐念想，即无往以生心者，时相与游，亦足以澄汰滓秽，洗涤垢坌，妄情干慧得所休歇，言踪义路有依倚处，日用之中不无益也。然谓儒者之道，可会为一所，以穷理、尽性、治国、平天下者，举积诸此。"

二先生生世不同，人品不同，然皆以甫逾弱冠之年，便已有志于作圣，乃知古人力学自少时已下工夫。回思吾侪小人，当此年纪，不过刻意举业，志求荣达，日夕汲汲惟黄册之文是务，举世陷溺，相习成风，曷尝有一之志于道哉。亦由所师不过如此，缪种相承，卒误后学。斯时也，傥有名师能举二先生之说，开发提警，安知不于道有进邪。虚老一生，晚悔何及。熟复二书，仰天浩叹，要知舍内学而从外务，诚不足道。①

刘壎还特别指出："为学必合从天命性上理会起，此之谓原头。识得原头，从此下工，则如川流之昼夜不息矣。《礼记》论祭河海曰：或原也，或委也。此谓务本，亦是见得此意。佛老俱是略识原头，然亦未可为真识也。"②

刘壎亦以自己的学习经历为例，说明了从懵懂无知到学有所成，就是因为能够穷理存心，才能了解政治的奥秘，并且参透人生的意义。

江之南有州曰丰，丰之濒有民曰刘壎，字起潜，父家浅村水云间。性宽静忍辱，然浸成堕弛，见事迟而课效疏，所丧败常什九。

---

① 刘壎：《古人自少力学》，《隐居通议》卷1。
② 刘壎：《论子在川上章》，《隐居通议》卷1。

初不改其尤骇特者，无位而思救时，无责而喜论事，无财而乐施予。道不行，守道不易。学不用，嗜学不厌。众迁之，自亦迁之，终不改。早参名辈大老，概有闻故于书，不务拘束章句，惟圣贤深旨是求，曰："书以理身心，达政治也。穿凿破碎，无益也。用即治经博士身耳。"诗不求甚工，亦不轻示人，曰："寄吾兴，陶吾情，奚用人知。"读《易》至革，读《诗》至黍离、匪风诸篇，常凄怨不胜情，曰："孰知我哀。"自恨孝养不尽，当生旦，即晨拜祢庙，香一炷，泪数行，曰："哀哀劬劳，忍举觞乎。"世易道隐，群弟子率改化奔放，乃独倏然理残书训饬如素。深夜寒灯，父子谈古今，商义理，槁干苦澹，非人所堪，犹欣然曰："陋巷读书，对圣贤语，未为非乐。"其迂盖如此。

昔太史慈临终叹曰："大丈夫当佩七尺剑，升天子之堂，奈何而死乎。"悲哉斯言。抑穷达命也，死生理也，安命顺理正也，正而毙已矣，而又何悲。铭曰："生何来，死何归，百无成，顽且痴，岂无奇，命制之。有不死者，后天巍巍。"①

对于"大元革命"后仍坚持读书教学的儒者，刘壎不仅加以赞誉，还特别指出了儒士学习后有治国、从政、学术、科举四种出路，并强调了科举乃是最等而下之的出路。

其在人也，精神志气，经天纬地。大则纲常建立，礼乐粲贲，官庙朝市之位，官班禄爵之制；下至州邑以及闾里，莫不仪物黼黻，等威堂陛，有尊有卑，有都有鄙，有巨有细，有纲有纪，施诸政刑，秩然条理，郁郁彬彬，立厥统体。次则制诏坦明，号令传宣，出丝纶而章日月，走风雷而动山川，悍将流涕而向化，癃老扶杖而争先。又其次则奇人秀士，忘餐失寐，雕镂才情，讨论经史，或赓歌以诵太平，或哀吟而慨兴废，或争先圣之教于衰微，或著书以俟百世。其尤下者场屋声华，音调委靡，猎科名，钩富贵，是区区者最不足齿，然苟为之，则亦斯文之一利也。②

---

① 刘壎：《自志》，《水云村稿》卷8，四库全书本（《全元文》第10册，第417—418页）。
② 刘壎：《寿文堂赋》，《水云村稿》卷1（《全元文》第10册，第187—188页）。

(二) 儒者不忌讳悟道之说

"悟"来自佛学,刘壎认为不能因为释家谈悟,儒者就忌讳谈悟:"儒家所以讳言悟者,恶其近禅,且谓学有等级,不容一蹴而到圣处也。故必敬义夹持,必知行并进,必由知止而进于能得,必由下学而造于上达,必由善信美大而入于圣神,虽高明而本乎中庸,此其序也。"[1]"世之未悟者,正如身坐窗内,为纸所隔,故不睹窗外之境,及其点破一窍,眼力穿逗,便见得窗外山川之高远,风月之清明,天地之广大,人物之错杂,万象横成,举无遁形,所争惟一膜之隔,是之谓悟。而儒家不言者,惧其沦于虚寂,不合于帝王之大经大法,而无以成天下之务也。"[2]刘壎还特别强调,儒家亦早已提出了与"悟"相似的要求,所以应将悟道作为儒者的基本学习规范:"昔孔子称愤悱启发,举一反三;而孟子亦言充其四端,至于能保四海,往往近于今之所谓悟者。然仁必有方,道必有等,未有一造而尽获也。一造而尽获,庄、佛氏之妄也。"[3]

刘壎还以空与实为例,强调只有观实而不是观空,才能真正了解空与实的关系,并有助于儒者对大道的省悟。

> 夫空非无因而得名,由不空乃始有空,即空与实对矣。彼不观实,惟空是观,将亦厌夫实之不足恃,故移其观于空邪,顾未悟乎空者正乃实。为之尝试,求诸一身,有五官四体,有五脏六腑焉。尝试求诸一家,有田宅池馆,有器用财贿,与凡旦莫取具以养生者焉。尝试求诸一国与天下,有宗庙社稷,有朝廷百官,有土地人民、兵甲府库焉。夫焉往而非凿凿精实者,日月几何,死生兴替,往往毛骨皮肉化为抔土,乱山寒云啼鸟夕阳,牧竖樵翁相与长吁而太息。而其华榱雕梁,或后嗣之弗克守,或倾颓而灰烬焉。南亩东皋,岁入他姓,家所藏蓄,散落人间。其在上者,则秦城之金人,晋陌之铜驼,运去祚移,鼎迁物换,虎豹九关,玉帛万国,而秋风禾黍,遗老呷嚶,虽万乘九州之权,曾莫能留观于晷刻。悲夫,实不足恃乃若此也。彼有畏其为吾累者,始欲观夫空矣。由是言之,

---

[1] 刘壎:《论悟》,《隐居通议》卷1。
[2] 刘壎:《论悟二》,《隐居通议》卷1。
[3] 刘壎:《魏益之悟入》,《隐居通议》卷1。

空由实生，实互形而空乃名，诡曰观空，孰非观实。朝莫四三，吾累均耳。今吾有以药之，请无观空而空其观何如？且人以实为空非也，吾视空实等亦非也，其眩于两端若是者，将非观为之邪？而能颓然释然，遗尔形，收尔视，泊乎反其初，无观即无空，乃莫吾累矣。苟未能废所观，而曰空也者，虽阒立旷野，洞视太虚，然心目所及，宇宙之内，触景皆实物，游气幻色，亦足点滓将指何者以为空，而又何观。①

（三）以平为要的理政观念

刘壎以理学的政治观点为基础，着重强调的是要以"平"作为理政的基本原则，因为不平会带来严重的社会问题，使国家处于不稳定甚至危机之中。

> 政平讼理，固知古人治郡，惟平则美，毋谓名已改而实可弃也。且权衡不平，则轻重淆；波澜不平，则舟楫废。况夫千里宅牧之权，五马金章之贵，据案执笔，生民命脉所寄者乎？是宜守醇悯，敦简易，酌柔刚，戒偏滞，勿私喜怒，勿违律例。吏胥当戢也，弗戢则舞文弄法而平者陂。豪猾当惩也，弗惩则弱肉强食而平者踬。逸谄当察也，弗察则变白易黑而平者圮矣。故听讼主乎平，则无理者不敢以货饵；折狱主乎平，则无辜者不至于冤死。一平广布，万善斯备；万善所感，诸福毕萃。由是而贯幽明，息沴戾，雨旸和调，黍稷丰岿。斯时也，渤海之牛犊勤耕，颍川之凤凰呈瑞，政绩著闻，重加褒玺。讵止为公为卿，宜孙宜子，且邦本所关，国祚亦受祉矣。傥或昧持平之道，亏和平之味，私蔽乎公，以非易是，虐用鞭笞，弗饬箠楚，华村多吠夜之犬，石壕有捉人之吏，将见不平其鸣，喁喁沸沸，勃郁哽塞，乖气召沴，则否德而禄，殃咎奚避。②

尤为重要的是，要治理天下，需要掌握善恶祸福的规律，所以刘壎在代作的策问中，特别提出了这一问题。

---

① 刘壎：《观空堂记》，《水云村稿》卷3（《全元文》第10册，第366—367页）。
② 刘壎：《延平新郡赋》，《水云村稿》卷1（《全元文》第10册，第194页）。

《易》曰:"积善有余庆,积不善有余殃。"《书》曰:"天道福善祸淫。"又曰:"作善降祥,作不善降殃。"圣经以善恶判祸福,理也。先儒谓其言兼报应,何也?《大学》曰:"货悖而入者亦悖而出。"理欤?亦报应欤?报应,释老之说也,圣贤不废欤?有曰:"报应若有神司之者,纤微必察,诛赏不违,何冥冥之扰扰也。"此殆以人事拟天道,固不足论。或曰:"祸福无不自己求之者,惠迪吉,从逆凶,惟影响人自为之。"天理顺逆之分,即人事吉凶之判是矣。而亦有为善未必福,为恶未必祸者,何居?或曰:"善恶未熟尔,熟即验矣。"审如是,颜子之善不熟乎,何其夭且贫也?盗跖之恶不熟乎,何其寿且富也?不宁惟是,邓攸弃其子而全兄之子,亦可谓笃于善矣,无儿之悲使人流涕。张汤、杜周酷虐,何可当也,而乃俱有良子,且爵位尊显,至建武杜氏爵乃独绝。史谓迹其福祚,元公儒林之后莫能及,盖讶之矣。善恶之验竟如此,此君子所以愤天道之无知,抚遗编而浩叹也。①

刘壎还特别指出,按照儒家的治世思想,国家尽管需要武备,但是不能穷兵黩武,因为兵连祸结,确实是扰乱治世的重要因素。尤其是对于曾遭受兵火的江南地区,对战争的破坏更是有着深刻的记忆。

大凡备不设阱,胜贵能持,天道恶杀,国宜畜威。倘佳兵而不已,必生灵之难支。故当轸荆棘凶年之戒,宜勿犯不仁焦烂之讥。且子独不见夫迩日江乡之苦兵者乎,一闻过师,麕奔鸿飞,逾冈越巘,窜伏颠隮,荷甑釜而负衣橐,携幼稚而扶老羸,或风雨而雪霜,竞号啼于寒饥,井灶无烟,况闻犬鸡,盖其引避之不亟,则房略淫污而囷遗。悍卒纷其肆暴,主将伪为不知,分甘是务,谁恤创痍。故乃粟空于廪,鱼竭于池,或不幸而相遭,必执缚而鞭笞。其遇敌也,率夺气而怯战;其贼民也,反攘臂而怒驰。逮军行而民还,则生业之已堕,既尽坏其器具,且不存于门篱。岁如此者数四,叹虽生其奚为。斯穷黩之贻害,虽传闻而已悲。嗟夫!仁以为城,义以为池,循吏布于郡国,良将镇乎边陲,轻刑薄敛,除暴禁

---

① 刘壎:《策问一》,《水云村稿》卷13(《全元文》第10册,第359页)。

非，四民乐业，五兵何施。是以归马华山而天下一，干羽两阶而有苗归。至是则春秋之阅武，特以示弛兵忘战之危。而道德礼乐之化，自可固子孙帝王之基。天子有道，守在四夷。老子曰："兵者，不祥之器，不得已而用之。"①

刘壎没有像金履祥那样对儒家的治国理念作系统的理论解释，而是以政治评论的方法来表明自己的见解，亦不失为一种有效的思想表达途径。

二　兴亡之鉴

刘壎酷爱读诗读史，不仅对各种诗体作了全面的评价，还对重要史书反映的王朝兴亡事迹作了评价，其目的就是要使后来的当政者能够以此为鉴。

（一）从诗风看兴亡

在刘壎看来，王朝兴起时，往往诗风豪迈，而王朝灭亡时，则诗风萎靡，他特别列举了四名皇帝的诗作，以作为证明。

> 汉高帝大风之歌曰："大风起兮云飞扬，威加海内兮归故乡，安得壮士兮守四方。"宋太祖咏日出之诗曰："欲出未出红刺刺，千山万山如火发。须臾拥出大金盆，赶退残星逐退月。"陈后主之诗曰："午醉醒来晚，无人梦自惊。夕阳如有意，偏傍小窗明。"南唐李后主之词曰："樱桃落尽春归去，蝶翻轻粉双飞。"又曰："门巷寂寥人去后，望残烟草萋迷。"合四君之所作而论之，则开基英雄之主与亡国衰弱之君，气象不同，居然可见。②

王朝的灭亡，往往与奸臣、权臣误国有直接的关系，在诗词中对此会有直接的反映，连刘壎自己也专门作了一首诗，嘲讽贾似道的误国行径。

> 一代之亡，必有一误国者为人所指，目见于吟咏，自唐以来赋

---

① 刘壎：《阅武赋》，《水云村稿》卷1（《全元文》第10册，第196—197页）。
② 刘壎：《兴亡歌咏》，《隐居通议》卷11。

者多矣，虽机轴不免相同，然诛奸谀于既死，诚千古之一快，不可议其蹈袭也。如唐彦谦咏文惠宫人云："认得前家令，宫人泪满裾。不知梁佐命，全是沈尚书。"李泰伯觏咏汉宫云："哀平外立国权分，只为当时乏嗣君。试问莽新谁佐命，祇应飞燕是元勋。"郑毅夫獬咏范蠡云："十重越甲夜成围，宴罢君王醉不知。若论破吴功第一，黄金只合铸西施。"赵汉宗咏张丽华云："陈事分明属绮罗，香尘吹尽井无波。行军长史何劳怒，次第论功妾更多。"予叔长秋麓翁咏陈后主亦云："晋王前殿贺平陈，从此江南雨露匀。四百年间重混一，谁知江令是忠臣。"宋之失国，贾似道为之也，余窃尝为之诗云："三百年余历数更，东南万里看升平。黄金台上麒麟阁，混一元勋是贾生。"①

（二）从忠义看兴亡

刘壎认为历代的忠义行为，并不只是表现为死节，关键在于能够做到以自靖来忠君。

> 君子之于去就死生，其志在于天下，而不在于一身。故其死者非虚名，生者非惧祸，而引身以求去者，非要利以忘君也。仁之所存，义之所在，鬼神知之矣。昔商之三仁，或生或死，或为之奴，而皆无愧于宗庙社稷，岂非其谋之出于此欤，故相戒之言曰：自靖人自献于先王。盖于是时纣欲亡而未悟也，其臣若飞廉、恶来者，皆导王为不善，而不与图存。若伯夷、太公，天下所谓至贤者，则洁身退避，而义不与俱亡矣。为商之大臣而且于王为亲者，惟王子、比干、箕子也，三人者欲退而视其败则不忍，欲进而与王图存则不可与言，虽有忠孝诚悫之心，其孰达之哉。顾思先王创业垂统，以遗其子孙，设为职业禄位，以待天下之贤俊，使相与左右而扶持之，期不至于危亡而后已。子孙弗率，其亡形已见，而忠臣义士之徒，犹不忘先王所以为天下后世之意，以为志不上达，道与时戾，乱者弗可治也，倾者弗可支也，而君子所以报我先王者，惟各以其能自献而已。虽然君子之志不同，而欲死生去就，各当于义，

---

① 刘壎：《吟咏诛奸》，《隐居通议》卷11。

而不获罪于先王,非人所能为之谋,其在于自靖乎。①

但是,对于南宋灭亡时死节的十位大臣,刘壎则明确指出:"每思张、许、二颜同时死国,名芳唐史,与天长存。近代死节诸公,何愧往昔。""窃以慨念,更后几年,遗老渐尽,旧闻销歇,将无复知有斯人者,悲夫哀哉。死,臣子职分,古人常事尔。死矣,宁顾其传不传?乃亦不可无传者,为其系彝伦,关风教,历后代之臣子,愧前日之不如数公者也。采清议得忠义臣十人,史不书,各赋十韵纂其实,曰补史诗。"可列出十首诗于下。

李芾
三已甘退休,十连起迟暮。伊谁急求子,流落乃不怒。黑云来如山,杀气震平楚。恭惟君父命,封疆以身护。合门义不辱,呼卒汝善处。飞魂随剑光,自己投火去。天泣鬼神愁,地摇山岳仆。吾非营柱厉,敢以死丑主。正自常事耳,命义逃安所。冲远谁与俦,睢阳有张许。

赵卯发
若人作何状,立节乃殊伟。人言此蜀珍,位卑名未起。坐分秋浦月,摄此千里寄。沙头风色恶,寒城凛弘峙。吾闻开关迎,弃遁亦复耻。兹惟城郭臣,大义吾知己。间道走帛书,洒血别玉季。细君绝可人,双飞同一死。南八彼男儿,此妇乃如此。骨朽香不废,吾诗当青史。

文天祥
时平辄弃置,事迫甘前驱。呜呼忠义臣,匪直科目儒。江寒朔吹急,列城同一趋。岂不寄便安,纲常乃当扶。移檄倡诸镇,奋袂躬援枹。川决莫我回,万险栖海隅。天乎复不济,道穷竟成俘。一死事乃了,吾头任模糊。悠悠讥好名,责人无已夫。三衢有魁相,投老作尚书。

陆秀夫
天地无托足,海天同黯光。明知复何为,不忍堕三纲。裸荐觊

---

① 刘壎:《张才叔义》,《隐居通议》卷15。

少延，讴歌宁远忘。或者苴在齐，聊且帝一方。竭蹙竟委顿，臣谋非不臧。运去天莫留，力尽心弥强。终不负吾主，名义天地长。怀玺随龙游，举室水中央。斯人文华士，乃尔百炼钢。机云傥通谱，应羞朝洛阳。

江万里

匡庐云锦屏，鸿儒产其下。风神俨如龙，夭矫莫可驾。卷怀经济具，婆娑洛中社。怪事玉床摇，清昼天忽夜。突骑从何来，阴风飘屋瓦。大臣义有死，欲避吾不暇。庭前环止水，万事付一舍。从容友灵均，朝野动悲咤。愍章极哀荣，汗简谁记者。倘有南熏书，季方足堪亚。

密侑

臣有置身义，岂计官崇卑。偏将知死忠，不曰天下奇。汉节既披靡，失位趋江西。闻帐驻临汝，招来乐其归。雪寒南浦愁，羽檄蕲济师。一将奋风虎，鼓行亟飙驰。逾岭疾战苦，裹疮呼健儿。坐缚膝不屈，伏锧甘如饴。小臣裨校耳，职也宜死绥。庐州大将在，白首竖降旗。

李庭芝

淮海接风尘，胡乃似铁壁。卧护有天人，十载藉福力。重来人未老，愁绝事如昔。苦战孤城危，痛哭天柱折。梦游三山上，人伦浮海出。突围志南征，吾欲重建极。天弗鉴臣忠，冥冥堕丛棘。先轸面如生，苌弘血化碧。臣死谁复知，臣忠终不易。一将更大事，嚼舌死骂敌。

陈文龙

淳熙名宰孙，比德粹如玉。决科魁伟英，骎骎荐冠肃。类田烦谏疏，相嗔俄喉逐。补郡仍免归，黄流已漫陆。天族日光薄，力疾支颠覆。蹉跎南冠絷，道病死不辱。往昔五峰堂，倾盖语跋烛。斯人真妙人，哀哉悭厚禄。长揖丙辰魁，各天并黄鹄。不有二忠存，千古笑科目。

张世杰

士有守节死，岂以责武夫。武夫尚能奇，消得银管书。何许熊虎英，铁面美髯须。护寒久枕戈，赴难甘捐躯。金山定活著，志愿嗟违初。江心集群策，炎精回一嘘。间关障海滨，万死存赵孤。时也可奈何，北风散檐乌。漂漂竟何之,无乃膏鲸鱼。渭滨多贵将,反笑斯人迂。

张珏

坤维拓提封,形胜古天府。血战五十秋,零落余八柱。江南传箭急,谁暇此回顾。落日古渝城,杖钺乃甚武。天东甗虽堕,吾自强支拄。渡泸躬讨逆,归来战弥苦。萧条下夔门,机阱伏中路。咄咄快敌仇,谁欤掩抔土。哀哉关西雄,国亡犹不负。同时督军将,腰金插双虎。①

（三）从儒者看兴亡

刘壎读史后的一个重要论述,就是强调秦始皇的焚书坑儒并没有烧掉天下全部儒书和坑杀天下儒士,儒家著作的遗失是学者造成的,不能都怪在秦始皇身上。

> 秦始皇焚书坑儒,遗臭万世,而莆阳郑夹漈樵谓秦未尝废儒学,言有证验,似亦可采其说曰:陆贾,秦之巨儒;郦食其,秦之儒生;叔孙通,秦时以文学召待诏博士。数岁陈胜起,二世召博士诸儒生三十余人问,故皆引春秋之义以对,是则秦未尝不用儒生与经儒也。况叔孙通降汉时,自有弟子百余人,齐鲁之风亦未尝替,故项羽既亡,而鲁为守节礼义之国,则知秦未尝废儒,而始皇所坑,盖一时议论不合者耳。夹漈又曰:萧何入咸阳,收秦律令图书,是则秦亦未尝无书籍也,其所焚者,一时闲事耳。世不明经者,皆归之秦火,使学者不睹全书,未免疑以传疑,然《易》固全书也,何尝见后世有明易之人哉。所谓秦人焚书而书存,诸儒穷经而经绝,盖为此发也。《诗》之亡篇有六,乃六笙诗本自无词,《书》有逸篇,仲尼之时已无矣,皆不因秦火也。自汉以来书籍,至今百不存一二,非秦亡之,学者自亡之耳。②

刘壎还特别指出,宋朝将文人聚集在一起遍撰大型类书,并不是使儒者自豪的事情,因为这样的做法不可能创造儒者中的英雄。

---

① 刘壎:《补史十忠诗》,《元诗选》二集上,第103—105页。
② 刘壎:《秦不绝儒学》,《隐居通议》卷26。

如宋初编《文苑英华》之类，尤不足采。或谓当时削平诸僭，其降臣聚朝多怀旧者，虑其或有异志，故皆位之馆阁，厚其爵禄，使编纂群书，如太平御览、广记、英华诸书。迟以岁月，困其心志，于是诸国之臣俱老死文字，闲世以为深得老英雄法，推为长策。以予观之，是惟无英雄尔。果有英雄，此何足以束缚之，彼以翻阅故纸、寻行数墨者，谓之英雄，宁不足笑耶。当时如江南徐铉，号为辩士之雄，然犹不能使其国之不亡，孰谓既亡之后，犹能逞异志，而使亡者复存邪，此好议者之过也。[1]

对于宋朝的科举取士以及儒者雅好时文带来的亡国之痛，刘壎则对友人发表了长篇的评说。

文固文，而时非时，君何情而犹工之不置，愚又何说为君赠邪？念君意厚不可负，亟细读尽卷，赡丽如云，敷空圆熟，如丸应手，俨然景定、咸淳程度。倘国不亡，科目不废，挟此鼓行，芥拾青紫，惜也贾用不售，盖特可曰举业，而不可曰时文矣。

愚窃有以广君意。夫士禀虚灵清贵之性，当务高明光大之学。然为昔之士，沈薶于卑近，而不获超卓于高远者，盖宋朝束缚天下英俊，使归于一途，非工时文无以发身而行志，虽有明智之材，雄杰之士，亦必折抑而局于此，不为此不名为士，不得齿荐绅大夫。是以皇皇焉竭蹶以趋，白头黄册，翡翠兰苕，至有终老而不识高明之境者，可哀也。

今幸科目废，时文无用，是殆天赐读书岁月矣。寻求圣贤旨趣，洗濯厥心，先立其大，岂不油油然有颜、曾自得之乐。

顾复沈汩于此，则宋人拾郑人之遗契，而曰吾富可待者也，而又有重可哀者。《南唐书》载金陵被围，亡在旦夕，后主犹命伍乔于围城中放进士孙确等三十八人及第，史臣反复哀痛，谓其不识事势，每读使人殆无以为怀。而比岁襄围六年，如火益热，即使刮绝浮虚，一意救国，犹恐不蕺。士大夫沈痼积习，君亡之不恤，而时文乃不可一日废也。痛念癸酉（1273年）之春，樊城暴骨，杀气蔽天，樊陷而襄亦失矣。壮士大马如云，轻舟利楫如神，敌已刻日

---

[1] 刘壎：《古今类编》，《隐居通议》卷13。

渡江吞东南，我方放解试。明年春，又放省试。朝士惟谈某经义好，某赋佳，举吾国之精神工力一萃于文，而家国则置度外。是夏，又放类试，至秋参注甫毕，而阳罗血战，浮尸蔽江，未几上流失守，国随以亡，乃与南唐无异。悲夫！爱文而不爱国，恤士类之不得试，而不恤庙社之为墟。由是言之，斯文也在今日为背时之文，在当日为亡国之具，夫安忍言之。

今君之言曰："吾非乐为时文也，吾平生长技止是，舍是无以自见，且无以应庠序之季考也。"此言逾可悲耳。学以明理，文以载道，其妙在乎自得，岂为炫友朋、校短长计哉。诚不得已而应课试，姑用君所已能，正亦自足，奚必自苦而求深，求深而擅场，正不过三数人中取一魁亚，正复何可语人，人亦谁复推重。吾侪一等，俱非妙龄壮齿，此去日减一日，岁月几何，不于圣贤高明光大之趣求得一二，乃汩汩焉为是不切于用者，以迷其本心，益可哀也已。①

从这段评说可以看出，对于停止科举取士，刘埙并没有视为坏事，而是强调了其正好为儒者注重实学创造了条件，并且科举确实有严重的弊病，不能不重视南宋亡国的历史教训。

三　时政论说

刘埙与其他的南宋遗民的一个重要区别是他对时政有不少评价，以此来体现其对现实中的治世的关怀。

（一）大一统后对明君的期盼

刘埙对于国家的大一统抱持的是积极的支持态度，在给朝廷的贺表中出现的"天下一家，同致东朝之庆"和"王者大一统，式迎泰道之亨"等，就是这种态度的反映。②

对于忽必烈以及后来的元成宗、武宗等，刘埙利用上贺表的机会，表达了他对明君的重要期望。如至元二十六年给忽必烈的贺表中就强调了"为天地立心，生民立命，共乐治平，凡日月所照，人力所通，悉

---

① 刘埙：《答友人论时文书》，《水云村稿》卷11（《全元文》第10册，第221—222页）。
② 刘埙：《太后、皇后正旦贺表》，《水云村稿》卷15（《全元文》第10册，第201页）。

陶化育"的要求。① 而在给元成宗的贺表中，刘壎既强调了"奉烈祖之圣谟，膺皇躬之景命"的守成要求，也强调了"当新政之御图，纪良辰之毓圣"和"应天顺人，善继同轨同文之治"的治理要求，还强调了"岁颁宝历，大一统以为元；春度玉墀，喜万年之介寿；和熏海岱，喜溢乾坤；钦惟德与日新，仁同天覆；车书混一，睿知足以有临；正朔昭明，华夏罔不率俾"的仁政要求。② 在给元武宗的贺表中，刘壎不仅提出了"万象维新"的要求，还特别强调了仁爱的要求："仁洽万方，欢腾八表；钦惟德配天地，孝通神明；得位，得禄，得名，光昭烈祖；重光，重轮，重润，敷佑后人。""钦惟聪明作后，宽惠爱人；天下同轨同文，新崇徽号；王言如纶如綍，诞播洪恩。"③ 臣僚给朝廷的贺表，大多是恭敬、恭维的词汇堆砌，刘壎能在贺表中用极为简短的词句表述对治世的殷切期望，尽管并未被皇帝所重视，但亦不失为思想上的亮点。

（二）对救荒的建议

元成宗大德十年（1306），江浙地区出现罕见的大饥荒，刘壎特别向本地的官府提出了救灾的建议。

> 窃惟民间或有疾苦，学校所当开陈。本州归附三十余年，多遇丰岁，民各安生，亦曾间有艰夅之时，然止是小欠，不至大伤。惟有今年凶荒特甚，岂非岁在丙午，自古以为厄会邪？即今饥民充塞道途，沿门乞食，扶老携幼，气命如丝，菜色雷腹，行步倾倒。一村一保之间，儿号妇哭，所不忍闻。盖缘此州本是穷原去处，山多田少，地狭民贫，虽遇丰年犹有不给。自大德四年以来，连年不熟，罕有积储。至七年、八年，则旱损其半。九年，则虫伤尤多，民户输粮还债之外，所存无几。上年腊月，农家多已无饭度岁矣。苦挨至春，又遇雪冻，闰月以后淫雨连绵，至三月二十一日夜半，西乡峰岭等处山水发洪，冲田拔屋，莽为沙邱，如秧如麦俱已荡

---

① 刘壎：《寿节贺表》，《水云村稿》卷15（《全元文》第10册，第202页）。
② 刘壎：《登极贺表、寿节贺表、正旦贺表》，《水云村稿》卷15（《全元文》第10册，第203—205页）。
③ 刘壎：《登宝位贺表、尊号贺表、寿节贺表》，《水云村稿》卷15（《全元文》第10册，第207—209页）。

尽，沿河一带弥望萧然。常年犹有邻境可以通融，今则邻路俱荒，四境斗绝。常年犹有蔬菜可以助食，今则久雨浸淫，蔬菜腐死。常年犹有客船运米可以接续，今则州民前往下江贩运，多被龙兴、抚、建阑遏，不许到州。常年米硕价止中统钞一十两，籴户犹曰艰难，今则价值日增倍而又倍，且又夹杂水湿沙糠，春簸之余，一斗仅得七升而已。以此展计，每硕乃成三十两之上，小民久困，钞从何来。以至将屋宇园畲、丝麻衣服、牛犁器具甚至猫犬等物，俱已典卖应急。自春至夏，历日滋久，盖亦罄竭矣。且粮多之户不免犹有缺食者，耕农之家困乏可知。弱者忍饥待尽，强者率众开仓，或有百十为群，突入大家，升堂入厨，需求饭食，必待烹猪给酒，醉饱乃去。既曰饥民，谁能抵拒？亦且数众叫嚣震惊，以此税户亦不安居，往往搬移回避，景象殊恶，盖三十年所未见也。

居是邦者，廪廪度日，幸蒙省府矜恤，累次发粜官粮。傥非得此赈饥，则饿死久矣。又奉榜文，委官劝粜，伏睹辞意哀矜恳切，洞察民病，百姓见榜欢声如雷，以至感极而泣。然官仓所粜，每户多者五斗，少者一二斗，而止略计人口不同，大概仅充五日之食。所食既尽，又只忍饥。今才五月上旬，相去秋成尚远，兼本州山深地寒，止宜晚禾，惟有近郭乡村略种早稻，通计十分之内，早稻止有三分，各济本乡，何能普及。近为大水冲田之后，补插稻秧比常年栽插之时甚为迟缓，恐至七月才见收刈，况又未卜有收无收。凡人一不食则饥，再不食则困，三不食则饿且死，岂能空腹忍死待秋熟乎。至如远村止种晚禾，直到秋冬之交然后成熟，似此饥荒正长。委计利害，今则未论秋后，且虑目前。若不多方措置，不惟饿死者众，亦恐别生事端，倍费有司处置。

伏见本州官粮，除已粜出及存留年终支持外，尚有余剩。乞行照勘数目，接续发粜，拘钱还官。仍乞申覆省府，乞于粮多路分转拨万石，攒运前来接济，亦是损有余补不足之意。就乞行下龙兴、抚、建诸路，放行米船，毋得阻遏。均是江西地面一般饥民，何忍妄分彼我，瘠鲁肥杞也。其有富户蓄米待价，固是愚而无知，不恤祸败，理宜督勒随时平粜，庶免后患，可保家业。至若奸民不畏官法，乘时放强，鼓动恶少，不问物主，擅取仓禾，此风亦不可长，所宜折其萌芽，合无多出榜文，严加禁治。尝闻古人救荒有法，凡禁治，闭粜之户、强籴之民，必将二事并行，盖以安富恤贫，不至偏负。①

为救荒事宜，刘埙还向行省的左丞相发出书信，提出了由行省主持救灾的建议："愿相公兴念旧尝亲临整治之地，百姓怀恩靡忘，早晚省官会次，乞赐鼎言，为民请命。左右司官当该省椽，并丐不惜一语赞决，早与行下粜粮赈饥，使民命获全，免致沟壑流离之苦，且以潜消意外之虞。"② 刘埙的救灾建议，作为救急性的呼吁，可以引起行省和路、州官的重视，对救荒应起了积极的作用。

(三) 对时弊的分析

刘埙曾录下元成宗元贞年间别人书写的时政十六策，其中所述的各种时弊，实际上存在于忽必烈在位后期，不过是在忽必烈去世后不久即被人整理在一起。需要注意的是，对这样的策论，刘埙尽管认为缺少缜密的思维和文字表述，并且写作者有自我表现之嫌，但还是指出其所言对策，确实值得学者的重视。

> 元贞新政，有北士吴助教陈定本十六策，其言虽若泛滥，至其条例时弊处，沉著痛快，今摘其要以示后。
>
> 今天下以为乱邪，而海宇清宁，重译来贡，灾沴不作，年谷颇登，未见其乱之迹也。以为治邪，而官吏奸贪，盗贼窃发，士鲜知耻，民不聊生，号令朝出而夕更，簿书斗量而车载，庠序不立，人材无自出之由，律令不修，官府无常守之法，舍真儒用苛吏，弃大本而求小功，空中国事外夷，取虚名而获实祸。汉以火，唐以土，此德运之重事，先儒有相生相胜之评。殷尚质，周尚文，此因革之大纲。今代无所损所益之机，学校、科举、常平、义仓、平准、物货之法，皆今之急务，有益万世而不为。伪金伪银、妄医谬卜、巫觋符水之流，皆古之所禁，不远千里而必取。金银有入而无出，不在乎钞之旧新，田畴少垦而多荒，奚论乎谷之贵贱，布帛翔涌而号寒者滋甚，米粟渐平而啼饥者愈多。边鄙有数十万之兵，仓廪无五

---

① 刘埙：《呈州转申廉访分司救荒状》，《水云村稿》卷14（《全元文》第10册，第214—216页）。

② 刘埙：《通李左丞书》，《水云村稿》卷11（《全元文》第10册，第236—237页）。

第八章 侧重学理的政治主张 777

七年之积，百司多不才之俗吏，诸卫半无用之冗兵。服色混有扎撒孙之权，官爵滥有别里歌之选，郡国苦达鲁花赤不迁之虐，驿站患脱脱和孙细检之烦。海东进名鹰，动有千百骑之扰；安南献驯象，尝遗一万里之忧。鳏寡孤独之人，饥冻不知其广惠；流连荒亡之辈，醉酗不问其所由。受一贯之钱者有刑，撒花银不在此例；争一垄之田者必讼，夺草地莫敢谁何。草料有孛歌孙之偏枯，头匹有不兰奚之乾没。海运粮不能以无扰，盐料草未免乎强科。削民力，置屯田，利于此而害于彼。改提刑为肃政，旧其弊而新其名。秋官乏推谳之人，吏部阙铨衡之法。散官降职事三等，选曹守无谓之规；覃恩增品级一阶，有司败垂成之典。蓝绿朱紫巧官有四时之迁，省部院台善进有九阶之转，骤用者号称不次，满考者目为不通，权门以之大开，公道由是不立。出纳之吝，一生二，二生三，上下交征，万取千，千取百，公行贿赂。守令无牛犊之留，私举钱粮，豪富有羊羔之息。米至仓而官不为入，耆老辛苦于上，都物输公而价不为酬，商旅称冤于外郡。御史言官也经年未见言章，翰林论思也终日未闻论状。北门有编修修撰，所修者未审何书；东观有秘监监丞，所监者未知何事。太常乃礼乐之根本，孰明五音成均实教化之渊源，谁通六艺星芒示异本除旧布新之事。司天但务于祷祈，日蚀为灾，盖扶阳抑阴之征。太史惟陈其躔度，河渠峻由，地形不便，都水失治，水之宜印版坏，无方略可陈。兴文有丧文之罪，曰清流，曰杂职；朝仪混文武之班，为大夫，为将军。官阶失左右之寄，财谷止有此数十倍入，难应横支，官吏既无定员，千万求莫寻见阙。豺狼当道，幸门如鼠穴之多；虎豹守关，甲第如蚁封之密。士生才弱冠，上事君而下临民，亲死不奔丧，内成婚而外入仕。上倍中，中倍下，田禄无公侯异等之颁；穷则变，变则通，楮币失母子相权之道。江南苦茶盐之重税，山西患谷粟之远移。浦县未已于追征，徭役安在乎蠲免，弃产抛家者比比如是，质妻卖子者往往皆然。赐予弗加于贤能，公私以之而匮乏。笞杖无小大之节，徒流无远近之分，俸秩应添而不添，冗员当减而不减。朝士无修己治人之学，台谏尽呈身识面之徒，目刻薄为忠贞，殆似指鹿而为马。用奸黠治郡县，何啻驱狼而牧羊。大臣持禄而不言，小臣畏罪而不敢，以朝三暮四之术，愚醉生梦死之民。方今之势如是而已，虽非大乱，亦未可谓之治矣。

　　如上所陈，多有警语，特有时而牵于对偶，失之不切，则其意惟在作文，非言事之体。又且毛举缕数如此，是内而朝廷，外而郡邑，无一事无弊，无一处非病，尚何足以为国乎。此盖急于吐露，而忘其裁制也。然其文意到处，自是可采。所谓定本十六策，其目曰修实德则天道定，严宇庙则人事定，重一统则大业定，开言路则闻见定，近正人则心术定，设大学则风俗定，杜幸门则奔竞定，罢远征则边鄙定，议律令为政之本，广学校为教之本，增从祀为道之本，复袭封为德之本，兴劝农为富之本，汰监司为治之本，褒隐士为劝之本，用贤才为化之本。以上十六事，文词浩繁，且有重复，迂缓处兹不尽录。或云此人撰成此书，不曾投献而殁。其稿流传果如是，殆亦好名之士欤，虽然犹胜于喑喑默默，与草木俱腐者也。①

刘壎尽管教书多年，但是没有留下对儒家经典的系统性理论解释。好在有各种政治议论的存在，可以反映他治世理念的基本轮廓，不至于被历史的长河所湮没而无闻。

第五节　江南隐士的政治观点

忽必烈在位后期，江南地区的隐士提出了一些值得注意的政治观点，可分述于下。

一　鲍云龙的天变观

鲍云龙（1226—1296年），字秉翔，号鲁斋，歙县（今属安徽）人，宋乡贡进士，入元后在家乡教书，著有《天原发微》一书，重点强调的是天变的观点。

（一）天地变化为常态

鲍云龙以"变化"作为《天原发微》的最后一篇，就是要在理学的学理基础上，说明天地变化为常态，并要特别注意由此带来的政治变

---

①　刘壎：《元贞陈言》，《隐居通议》卷31。

化，他在本篇的开头即对此作了说明。

> 天地变化而阴阳生，阴阳变化而人物生，人物变化而圣贤生。古之为士者，三年有成，十年一化。始乎为士，终乎为圣。人皆变化其气质之性，以复于天命之性。亦曰：敬而已矣。敬则主一，一则诚，诚则形，形则著，著则明，明则动，动则变，变则化，惟天下至诚为能化。……自太极肇判以来，天地如大洪炉，人物生其中。自无而有，皆从里面陶冶出来，自有而无，又从里面销缩将去。由先天开物之初六万四千八百年，后天自禹甲子至今大元至元甲午（1294年），又三千五百一十余年。中间人物，几变几化，圣贤几古几今，陵谷变迁，宇宙更革，安有一人一物之常在，有如虚诞之说者，惟赖典籍之存，有可稽考云尔。寒变燠，燠变暑，暑变凉，凉又变冷，变之中有化焉。故春化为夏，夏化为秋，秋化为冬，寒暑代谢，无有穷已。人之与物，亦囿于天地变化之中，而不能违也。
>
> 以阴阳推之，亦无有不可变者，况灵于万物而为人乎。瞽之子可为尧，涂之人可为禹，陋巷之如愚，可以为圣人，此善于变化者也。其不善变化者，丹朱商均不肖其父，夏癸商辛不类其祖，柳下惠盗跖弟不能化其兄，桓魋司马牛兄不肯似其弟。人为天地万物之灵，而不能自户其气质以复于善，是有负于天地之化育也。然则欲善于变化者当何如？亦惟纯于敬以造诚之阃域，则无愧于为人，而可与天地参矣，士希贤，贤希圣，圣希天，舍敬其将曷。①

鲍云龙还强调了变与化之间不仅存在辩证关系，还明确指出导致变化的核心要素是无所不在的道，因为这是最基本的理学观念。

> 变化相对言，则变是长，化是消。若统体言，则皆是化。到换头处，便是变。变是自阴而阳，自无而有，自微而著，自夜而昼。柔变为刚，寒变为暖。自萌芽变来成枝叶。突然浸长，改换而有头面者，变也。化是自阳而阴，自有而无，自盛而衰，自昼而夜。刚

---

① 鲍云龙：《天原发微》卷5下，四库全书本。本节引文未注明出处者，均来自本卷。

> 化为柔，暖化为寒。凡有形有迹者，皆渐渐恁地消缩去，以至于无者，化也。又曰：阴变为阳，变是进，自然长得猛。阳化为阴，化是退，自然消去无形迹。阳进极而回，故为退。阴退极而上，故为进。故曰：变化者，进退之象也。阳化为阴，阴变为阳，变化也。所以变化者，道也。道者，本然之妙。变化者，所乘之机。故阴变阳化，而道无不在。

鲍云龙还采纳了朱熹的"化而裁之存乎变"的论点，认为"如一岁裁为四时，一时裁为三月，一日裁为十二时，此是变也。阴阳互变，若不裁截，岂有定体。往来不穷谓之通，因其变而处得恰好便是通，通则不穷。化是因其自然而化，裁是人为"。也就是说，在变化中要体现人的能动性，"如天意渐渐凉，到得立秋便截断，这已后是秋，便是变。如子丑寅卯十二时，皆以渐化而不见其迹，及亥后子时便截取，是属明日，所谓变也"。

(二) 治乱盛衰体现天变

就政治而言，关键点是要懂得变通的道理，因为从历史发展的眼光看，既不可能有常盛，也不可能有常衰，治乱盛衰都是在变通中实现的。

> 如亢龙有悔，是不通了。处得来无悔，便是通。通其变，只要常教流通不穷。如人处富贵贫贱，夷狄患难，这是变。行乎富贵，行乎贫贱，行乎夷狄患难，至于无入而不自得，此便是通。只就化处裁截，便是变。就变上处得好，便是通。天下事物之变，只由他阴阳两箇。他自阴了反阳，阳了反阴，只得顺他。圣人若到那善之极处，又自有一个道理。不到得履霜坚冰至之地，阳里才见阴生，便百种去裁抑他，固是如此。若一向是阳，则万物何由得成。他自是恁地国家气数盛衰，亦恁地尧到那七十载时也自衰了，便所以求得一个舜，分付与他，又自重新转过。若一向做去，到死后也衰了。文武恁地到成康也，只得恁地持盈守成，到这处极了，所以昭王便一向衰扶不起了。汉至宣帝以后，便一向衰去。直至光武，又只一二世，便一向扶不起了，国统屡绝。

在治乱盛衰的重大变化中，圣人的作为是顺天而行，而不是逆天而动，因为"吉凶悔吝，无一息停。如大车轮一般，恁地滚将去，圣人只随他恁地去做。所谓先天而天弗违，后天而奉天时，岂有一毫私意于其间哉"。

尤为重要的是，一定要注意"天下将治，人必尚行尚义；天下将乱，人必尚言尚利"的规律，明白义利之争与国运有着极为密切的关系。

> 尚行则笃实之风行，尚言则诡谲之风行，尚义则谦让之风行，尚利则攘夺之风行。是以三王尚行入于义，五伯尚言入于利，下于喜五伯盗而已矣，岂忍言哉。三代世治，未有不治人伦之为道。三代世乱，未有不乱人伦之为道，去人伦则盗矣。

由于君子尚义，小人尚利，所以对于干扰国政的小人，鲍云龙所持的是无须救助的态度："由乎天理，故曰上达，只管透进向上，日进一日。徇乎人欲，日究污下，故曰下达，小人只管向下，一日沉沦一日。被这人欲坠下去，如人坠水相似。大抵上下之分，初间只争些子，少间究竟将去，越见差得多，虽有智力，亦补助救扶他不得了。"而在君子就国政进言方面，鲍云龙则强调了朱熹的"言贵有序"的要求："言不妄出而有序，则人易听易行，而悔可亡矣。汉贾谊有才，文亦雄伟，胸次狭甚，着事不得，有些子尽要迸出来一齐说了，只管跳踯暴躁不已，失进言之序，宜乎其徒绛灌之说帝，亦谦让未遑，终是做事不成。如韩信、邓禹、孔明辈，其言语皆有次序，所以其君易听，终身行之，不易其素，岂特无悔而已哉，素有一定之规模尔。"

（三）在天变中体现人尤其是儒者的价值

鲍云龙重申了理学关于人的基本论点："气之所至，万物各以其气禀，随所禀而受天地之气，以为生生不穷之本。人得天地之中，故与天地同运，而收万物之气于一身。此人所以贵于天地，灵于万物也。有能得天地之道，执其机而用之，是亦天地而已矣。"他还特别指出了因为气禀的不同，形成了圣人、贤者与愚者的不同。

> 人头圆顶天，足方履地，面南背北，左东右西，耳聪目明，手

举足履，无不通正。居天地中，当子午位。君臣父子，五典之伦，仁义礼智，五常之理，根于心而著于外。得其气之清而正且通者，为圣为贤。得其气之浊而偏且塞者，为愚为不肖。至于近东者多仁而柔，近西者多义而刚，亦气禀之异，不得不然。夷狄亦人类，悍暴无礼义者，以其得地尤偏，故禀气亦偏，气使然也，非性也。

人只有体察万物，尤其是注重以心探明万物之理，才能真正实现掌控天下的目标。

其曰声色臭味者，万物之体。目耳鼻口者，万人之用。体用交，而人物之道备。天下之物，莫不有理有性有命。穷之尽之至之，而后可用。天下之目耳鼻口，为己之目耳鼻口，则目无所不观，耳无所不听，口无所不言，鼻无所不通。夫如是，则以天下之心为心。心无所不谋，故能以一心观万心，一身观万身，一物观万物，一世观万世。不观以目，而观以心。不观以心，而观以理。天下之物，孰有出于此理之外哉。故曰：万物静观，皆自得以此。又曰：自天地观万物，则万物为万物。自太极观天地，则天地亦物也。人能尽太极之道，则能范围天地，曲成万物，而造化在我矣，岂千千之物为细物，千千之民为细民之比哉。

尤为重要的是，儒者要承担知书达理、教化民众的功能，发挥治理天下的作用，必须坚守儒家的事业，不能被功利学说所蛊惑而使正学不明，所以鲍云龙特别强调了以下的治学要求。

三代有道之长，人以此立心，国以此立治。自孟轲氏没，此学不传，功利乘之。汉唐而下，千三百年间，未免架漏牵补，过了时日，虽不无小康，而二帝三王周孔所传之学，未尝一日得行乎天地之间也。世之学者，稍有才气，便不肯低心下意，做儒家事业，圣学功夫。但取获禽之多，不羞诡遇之不正，反取敛然规矩准绳之儒而珊笑之，此正学所以不明，而世变日下也。

愚谓圣人之学与天无极，如建千万年之基业。然志欲大而久，故三十以前，十五年一化，入大人之学，以开其志，又十五年，持循已久，则所学不变，而卓有成立矣。自此以后，叠叠地去，十年一化，有渐进底意思。不惑则进于立矣，故洞然于事物当然之理而无所疑。又十年而知天命，则不惑又不足言矣，此心与天命相流通无间然也。又十年而声入心通，无所违碍，不思而得也。由是涵养积累之久，至于从心不逾矩之地。此十年之间，则安而行之，不勉而中矣。盖夫子之学，乾大人之学也。前三十年分为两节，所以开其久大之基。后三十年分为三节，所以造于从心不逾矩之地。确乎，不拔志学也，闲邪存诚而立也。知至知终，不惑也。声气相求，耳顺也，乃见天则不逾矩也。故曰：夫大人者，与天地合其德，日月合其明，四时合其序，鬼神合其吉凶，夫岂一日之力而至此哉。吾故曰：夫子之学，乾大人之学也。

立志讲学以实，而无愧于身。事亲从兄以实，而无愧于家。忠信笃敬以实，而无愧于乡。进思尽忠以实，而无愧于官。有实胜之善，而无名胜之耻。由是复焉执焉，而贤可希；性焉安焉，而圣可希；发微不可见，充周不可穷，而天可希。

还需要注意的是，君子不仅要教人以善，更应该在朝廷中成为多数派，才能达到治国、平天下的政治目标。

凡言教者，教其可教者也。不可教者，非其所能教之也。虽然不可以教之，亦可以戒之，庶几免于凶德也。

南轩张氏曰：人有三等，上焉不变，下焉不变，轩轾斯世者，常是中等人。君子聚于朝中，人皆化为善，则是二分君子一分小人。小人得用，中等皆被引用，则是二分小人一分君子。

愚曰：康节之言，所以教人为善。南轩之言，所以勉励朝廷用君子之善，家齐而后国治。二先生之言，可为万世法。

鲍云龙围绕天变所陈述的观点，核心还是儒家的顺天命、尽人事理念，但是他对人的能动性更为重视，所以也在理论上对儒者从政有了更积极的要求。

二　方回的天道观

方回（1227—1307年），字万里，号虚古，徽州歙县（今属安徽）

人，宋进士，曾上书弹劾贾似道，宋亡后仕元，不久即去职，专心于诗学等，著有《桐江集》《桐江续集》《瀛奎律髓》《续古今考》等书，以理学学说为基础，重点阐释了天道观念。

(一) 天道与心性的关系

方回推崇的是理学的天道学说，他以自己的读书方法为例，特别强调了要了解天道，既要注重读书，也要注重坚持五经一圣（孔子）的学说，尤其是理学九贤的心性学说，才不至于被异端学说所干扰。

> 予自桐江休官闲居，万事废忘，独于读书作诗未之或辍也。客或过予庐，见予之无一时不读书，无一日不作诗也，则问之曰："读书作诗亦各有法乎？"予应之曰："读书有法，作诗无法。"客疑之，则先问予读书之法。予谓学也者，所以学为人而求见道也。圣人人之极，贤人圣之亚，欲学为是人，而不读书不可也。无声无臭，道不可见。一动一静之为阴阳，一阴一阳之为鬼神，天之所以运，地之所以载，日月之所以代明，星辰之所以昭布，风雨霜露之所以变化聚散，水之所以流而不息，物之所以生而不穷，鸢之所以飞，鱼之所以跃，皆与道为体也。欲求见是道，而不读书不可也。

> 然则天下之书可读者不亦多乎，曰不多也。予之读书，五经一圣之言以为律令，九贤之言以为格式，申明天下之书无所不读以为断案。五经者，《易》《书》《诗》《春秋》三礼也。一圣者，孔子也。九贤者，周之四子，颜、曾、思、孟；宋之五子，周、二程、张、朱也。天地人物，有理有气，有性有情，故有正必有变，五经一圣九贤之言，所以扶正而驭变者也。予读《易》而知阴阳大化，有正有变，生必有死，存必有亡，于进退得丧勿竞勿慑可也。读《书》而知禅让之典谟，征伐之誓诰，九德之刚柔，三仁之去就，有正有变，亦各自靖自献可也。读《诗》而知君臣、父子、兄弟、夫妇、朋友人伦之间，有正有变，乐不淫、哀不伤、怨不乱可也。读《春秋》而知天子、诸侯、大夫、陪臣、内夏外夷之名分，有正有变，权善恶、衡是非、正其谊、明其道可也。读三礼而知尊卑上下等杀哀隆，以节天理之正，以防人情之变，由今之变返古之正可也。

> 盖人性无不善，道体无不该，自伏羲始作一画，以至二帝三王

之君之臣世守之，未尝不明不行。至周之末，靡正不变，而几于不明且不行矣，孔子虽不能行，赖孔子之言正其变而复明。孔子之言，赖颜、曾、思、孟而益明。更秦涉汉历唐，荀、董、扬、韩醇疵莫掩，不行之害小，而不明之害大。赖宋有周子、二程子、张子而复明，王氏之学分裂宇宙，涂炭生灵，其后高者入虚，卑者入陋，赖吾州子朱子力正其变而又大明。曰无极太极，曰道心人心，曰天命之性、气质之性，曰命，曰气，曰仁，曰诚，曰中，曰敬，曰阴阳，曰鬼神，曰五经之精、四书之蕴，吾侪小生得以坐而享其成说。

至于近世，译经玉清之官职，天书神霄之祥瑞，西昆龙虫之歌咏，札闼轧苴之词采，国服为息之政事，偏傍字说之场屋，党碑邪籍之绍述，忘君事仇之和议，棒喝顿悟之心法，金铁一锅之史学，变愈下而正愈湮，蛊人心而否世运。惟此之所得于五经一圣九贤者，已确乎其不拔，则彼皆吾道之罪人，又岂容一毫可以侵入吾矩度之内。若是，则天下之书，其可读者亦少矣，此予之读书法也。①

在无极与道的关系方面，方回不仅重申"理必先于事物之有，有与无相为用，而无与有不相离"是儒者的实学观念，还特别指出："谓之无形而有理，故曰无极而太极。谓之有理而无形，故曰太极本无极。太极者，万事万物之根柢，而所谓太极者，不可以形求也。道为太极，道不可以形求；心为太极，心不可以形求。"② 而道所要求的政治准则，就是以善为核心的五常观念："且道何物也，仁义礼智是也，即天之元亨利贞也。元者善之长，即仁之所以首四德、包万善者也。人而能全其本心之仁，则道在是矣。"③ 在方回看来，天与性的关系，只是到了理学的兴起，才有了最完美的解释。

天地之性，人为贵。何以贵，性善也。而或曰："有性不善，

---

① 方回：《虚谷桐江续集序》，《桐江续集》卷32，四库全书本（《全元文》第7册，第120—121页）。
② 方回：《周子无极辨》，《全元文》第7册，第264—265页。
③ 方回：《南轩集钞序》，《全元文》第7册，第71页。

何也?"有天地之性,不能无气质之性。张子曰:"形而后有气质之性,善返之则天地之性存焉。"程子曰:"论性不论气,不备。论气不论性,不明。"千古气性不分,至二先生一旦而决。

天绍绝学,周、二程、张、邵言性始精,而陈了翁、胡康侯、胡五峰、郭白云诸人又小差,朱文公、张宣公继作,其言性一毫无遗憾矣。

性即理也,理即道也。子曰:"成性存存,道义之门。"本然之性,人皆得之成性也,存存者存之而不已也,彼朝存之而暮亡之,暮存之而朝亡之,非存存之谓也。①

了解天道,还要知道变与不变的关系,方回对此的解释是:"天地人之道,易而已矣。易,变也。有变有不变,有易有不易。不易不变,其体也。不容不易,不容不变,其用也。以变训易,易难知,而变不难见也。天道阴阳,阴变阳,阳变阴。地道柔刚,刚变柔,柔变刚。人道仁义,仁变义,义变仁,故曰易变也。"② 尤为重要的是,其他事物皆可变革,只有圣人和三纲五常不能变。方回知道忽必烈不喜欢科举,所以还特别强调了科举可变但是以学校作成人才不能变的观点。

孔子谓夏殷周礼损益可知,而又谓其或继周者百世可知,何谓也?典章制度有可因者,有可革者,圣人从而因之革之,其万古不可革者,虽圣人不能革也。天万古无二理也,人万古无二心也。封建可革而郡县,然有君则有臣,以上治下、以下事上之意不可革也。井田可革而阡陌,然有土则有民,以上取下、以下奉上之意不可革也。忠质文异尚子丑寅异建可革也,三纲五常不可革也。今夫先王长育人才之法,设为学校,而后世乃有科举之法,汉唐宋号得人,而今也天厌科举之弊,一旦革之。然科举可革也,学校不可革也。学校不可革,则取人才于学校,而不取于科举。师之所以训其诸生,诸生之所以尊其师者,果何事邪,岂非万万古之人心,天理所系邪。③

---

① 方回:《天竺僧道成性存存字说》,《桐江续集》卷30 (《全元文》第7册,第244—245页)。
② 方回:《四峰堂记》,《桐江续集》卷35 (《全元文》第7册,第324页)。
③ 方回:《送桐江吴教授南窗序》,《桐江续集》卷33 (《全元文》第7册,第61—62页)。

作为儒家的学者，在方回看来，必须重天理、顺天理："不纯乎天理，公论不尽；不拔乎流俗，人品不高。"① 尤其是在义理与事功的关系上，必须坚持事理在先的原则："为学者先义理而后事功，义理者，事功之权衡也。明于义理，立事建功，何施不可。先以事功入其心，则隘矣。"②

（二）天道与国家兴亡的关系

按照方回的解释，南宋之所以灭亡，就是因为权臣当道，天道难容："宋以老后幼主，佐以权臣贾似道之奸，其罪之尤大者，叛盟爽约，留信使于淮郡，授逆雏于山东，天实亡之，福善祸淫皆天也。"③ 对于贾似道，方回指出其有十可斩之罪：一曰倖，二曰诈，三曰贪，四曰淫，五曰褊，六曰骄，七曰吝，八曰专，九曰忍，十曰谬；又强调有不可不诛者二，一是贾似道当诛而不诛，二是廖莹中当诛而未诛。④ 而权臣误国，在南宋则是一直存在的问题，方回特别列出了其具体的表现。

> 天下未尝无人才，其用舍一出于人主，则废置公于上，人才常作兴而有余。其用舍一出于权臣，则福威移于上，人才常销靡而不足。南风之所以不竞者，士大夫知有权臣而不知有君也。秦桧之事远矣，言其近者，甲子两周，人才心术一切为数权臣之所蠹坏。庆元、嘉泰、开禧，一权臣也，非赵忠定公、朱文公之徒，鲜不屈而媚韩。嘉定、宝庆、绍定，一权臣也，非真文忠公、魏文靖公之徒，鲜不屈而党史。端平、嘉熙、淳祐，迭相不一，微革前弊，然再相庸缪之人，阴为诡随，忌真排魏。始则易楮卤莽，百物价昂，出师轻佻，三京众溃。末则子弟用事，贿赂滋彰，而天下之柄归于宦寺矣。宝祐、开庆，于近习由径则丁大全。景定、淳祐，以军功罔上则贾似道，题期讫录，竟鼎覆于斯人之手。朝廷进用人才不过三路，一曰台谏官，二曰文字官，三曰都司官，贾氏于此三路必谨择平决不畔己之人，私相扳援，互相保任。此路一入而稍有违异，

---

① 方回：《张泽民诗集序》，《全元文》第 7 册，第 76 页。
② 方回：《送安定书院洪山长序》，《全元文》第 7 册，第 66 页。
③ 方回：《平宋录序》，《全元文》第 7 册，第 155 页。
④ 方回：《乙亥前上书本末》《乙亥后上书本末》，《全元文》第 7 册，第 471—490 页。

即斥弃不旋踵。其能交椠授藁，奉风旨，听嗾使，相助为虐，而肆其无君之心者，然后迁侍从、躐执政，或假之宰相之虚名。呜呼！世未有弱公室、强私门、穷人欲、灭天理至此，而不败天下者也。①

方回还指出了南宋朝政的两大弊病。一是监察机构的作用不当："宋之天下，以台谏兴，亦以台谏败，宰相不肖，以台谏去之易也。"二是科举难以产生正臣，而只能使朝臣助长权臣的淫威："昔之科目，士患不中，及既中之，又患不用。何以用之，俾临其民，名曰亲民，始足发身。狱讼赋役，改秩作邑，事罔不试，乃臻朝绩。两豸其冠，两绣其衣，公出再入，眈眈其威。爰立三相，行简之耄，宗勉之夭，嵩之之盗。三皆不合，谁知有君，左螭一出，终身耕云。丁贾败国，燹我台谏。"②

对于元灭宋，尽管经历了残酷的战火，如方回在诗中所述："战尘漠漠草荒荒，兵过村空菊自黄。死尽亲知身偶在，干戈丛里见重阳。"他还特别表示："干戈丛里见重阳，此亦乱离之极感也。"③ 但是在国家统一问题上，他所持的还是积极肯定的态度。如至元三十年方回在为行省写的贺表中特别指出："天地一元，圣神有作。春秋八表，帝王所希。瑞纪虹流，庆均鳌抃。钦惟皇帝陛下，由舜仁义，运尧武文。下江南二十年，包举瓜分之土宇；越海外千万里，生擒卉服之渠魁，莫敢不来，于斯为盛。"在为浙西道廉访司写的贺表中也明确表示："河清而圣人生，一统定九围之域；秋分而寿星现，万方同三祝之心。引领冀都，弛情魏阙。钦惟皇帝陛下，对时茂育，受命溥将。圣神武文，混合南北。仁义礼智，整齐乾坤。虽越在于海陬，亦罔逃于天宪。克尽君君之道，特高将将之能。治冠百王，于三五乎何愧。年登八秩，将亿万以无疆。"④ 在此前为史弼写的《平爪哇露布》中，也明确表示："大元出庶物，罔度索之不来；中国有圣人，岂覆盆而不睹。""恭惟皇帝陛下，转旋乾坤，混合南北。极天所覆，来享来王；率土之滨，悉臣悉主。自

---

① 方回：《送叶亦愚序》，《桐江续集》卷32（《全元文》第7册，第49—51页）。
② 方回：《吕午家传》，《全元文》第7册，第452—454页。
③ 方回：《重阳吟五首》，《桐江续集》卷2。
④ 方回：《崇寿节贺表》，《全元文》第7册，第13—14页。

四海一家之后，皆五风十雨之时。车书同文而文物兴，锋镝销而生齿富。"①

对于国家统一之后的治理，方回不仅强调了要以农为本，还明确要求以士为本，并且要特别注意天道所赋予的所有人皆有而不是少数人独有的治国要求。

> 古之民有四，而士出于农。治国以士为本，富国以农为本，工商亦国之所资，末矣，而非其本也。后世于四民之外，奇邪谲觚，惚恍谬悠，加以佛老之徒而六，舍本逐末者争趋之。
>
> 农以耕桑为本，而勤俭又耕桑之本，士以诗书为本，而孝弟又诗书之本，此其一心一身一家之本。则然要其极，宗庙邑都非士不治，粢盛仓廪非农不富，岂止一家之本而已哉，乃国于天地一世之大本也。今六合一贯，幸遭逢崇本抑末之明时，务本者可以劝矣。②

> 天之所以畀于我者，岂独我有之，人有之，物亦有之；岂独圣人贤人有之，虽愚不肖之小人亦有之。《中庸》曰"天命之谓性"，此专指天所赋而言；曰"率性之谓道"，此兼指人与物所得而言；曰"修道之谓教"，此则专指圣贤之所以异于凡人庶物而言。由夫天之所赋、人与物之所得者观之，则天所与无不公，人与物所受无不同，故曰岂独我有之，人有之，物亦有之，岂独圣人贤人有之，虽愚不肖之小人亦有之。如将由夫圣贤之所以异于凡人庶物者观之，则情欲之累，为桀纣跖蹻始有而不终有；气质之偏，为禽鱼草木仅有而不全有。若圣与贤，气质清明，情欲净尽，于是独能有夫凡人庶物之不终有且不全有者也。呜呼！性也道也，固有之有也，同有也。至于修以为教，而性存道备，则岂非保有之有而独有者也。③

方回还特别指出了全国统一后江南地区在县政中出现了一些严重的

---

① 方回：《平爪哇露布》，《全元文》第 7 册，第 17 页。
② 方回：《务本堂记》，《桐江续集》卷 35（《全元文》第 7 册，第 334—335 页）。
③ 方回：《有有堂记》，《桐江续集》卷 36（《全元文》第 7 册，第 350—351 页）。

弊病:"承平难治乱后易,况今官制权任同。监尹丞簿设四职,圆坐决事皆宰公。三可一否或二否,掀按掷砚纷相攻。北人欺南恃气力,但亦颇畏明与聪。""关节通弊根安在,在俸薄所至贪吏如蝗虫。上征下取至民极,何异大虫食小虫。百姓把盏长官受,饩牲器币厩宇充。自古书传未之见,具人眉目心貙熊。甚至唯恐盗不作,诬谓叛逆兴兵戎。村落仇杀,小斗阋,一室作过千室空。"①

要解决这些问题,关键还是在于用人。而科举在用人方面的弊病,恰是难以入仕而易显达。

> 昔之仕也,难于仕而易于达。今之仕也,易于仕而其达也则难。何谓难于仕而易于达?天下三年一试秋闱,数百人取一人。三年一试春官,百人取六人。余有待补太学生外舍内舍,与春官取中人同到殿,殿试前三名,谓之状元、榜眼、探花,而释褐两优上舍恩例视殿试第二三名,凡三年赐绿袍不过五六百人耳,入仕何其难也。然庙堂有知己,则为台官,为谏官,为文字官,为左右司检正官,今日侍从,明日枢参,以至宰相甚易。②

废除科举之后,应该给平实之人的仕进创造条件,正如方回所言:"人才用世,平不平系安危,实不实系存亡。不实之患,甚于不平。不平者出入于公私理欲之间,挽其偏而还于正,犹可为也。不实者若以锦绣覆坑阱,纯乎人伪而杀人之不恤矣。惟平而又实者,其国家生灵所赖以治安长久者欤。"③ 对于统一后南人难以得到仕进的机会,方回也明确指出,不是南人中没有人才,而是朝廷不能以一视同仁的态度对待南方的儒士:"唐太宗混一宇宙,刊修晋、隋、梁、陈、南北诸史及纂述诸经注疏,人才可用不拘南北。今日而欲笔削近代之是非与诸先儒之论撰,淮汉以南文士之可选者,如毛发未易算。""前乎贾氏一十六年,其所沮挫排击之人才,老死殆尽而各仅存。后乎今日一十二年,其所长养培植之人才,潜蛰欲奋而名未彰,于斯而招贤纳俊,屈指难矣。"④

---

① 方回:《送景文长兴丞》,《桐江续集》卷12。
② 方回:《送仇仁近溧阳州教序》,《桐江续集》卷34(《全元文》第7册,第63—64页)。
③ 方回:《平实记》,《全元文》第7册,第293页。
④ 方回:《送叶亦愚序》,《桐江续集》卷32(《全元文》第7册,第49—51页)。

（三）天道与习用儒学的关系

方回还将自己学习理学的经验传授给了他人，一方面是强调要了解理学的要义，另一方面则明确指出儒者不能受佛、道两教的影响。

> 学所以尽夫固有之性也，尽性在穷理，穷理在致知，致知之要，莫切于读书。天下之书多矣，今之所存九经及《左》《公》《谷》《仪礼》，先读注，次读疏，帝王圣贤体用具备，此乃学者之律令格式。近世诸儒解说，即又所以申述律令格式之意者也，参伍以考之，左右以核之，至于旁通吻合而后无疑。其有疑者，幸而复得周、张、二程、邵康节、谢上蔡、杨龟山、胡文定公父子、朱文公、张南轩、吕东莱以发明于其后，学者壹是以此为主，而用以是非取舍乎子史集之所云，则胸中先有一定之权衡，而谀闻浅见、邪说异端不足为吾惑矣。是故，经，约也；注疏，博也。若子若史若集，亦穷日夜之力读而揽其大纲，博也。其主则在乎经之大旨，与夫诸大老先儒之已断而不可易者，约也。
>
> 盖何特此言典故止于杜佑《通典》，言治乱止于《资治通鉴》，言性理止于《四书》《语录》，然亦未必淹贯通洽也。其于经若注疏，无不茫然若望洋，则世之为士而言学者，岂非欺父兄诳朋友，且自欺自诳其身世，自丧其固有之性，而至于泯无所闻也哉。又有一说，学所以必本于经者，盖以佛老之说乱天下之能言者久矣，濂洛之绪既明，杨墨之波已涸，能言之士惟昌黎韩子、欧阳子、南丰曾子之学，一出于经，余不无环异之资，魅杰之彦，迷竺党聃，没溺鬼道，混深衣田衣羽衣而为一，亦宜引而避之。然则其惟朱文公所学为不可及乎，孟子而后惟兹一人，而其余事文与诗，凡翰墨一句一字无不造深诣极，今之学者舍是不以为准，而驰卑骛近，不亦徒劳矣乎。[1]

佛、道之所以不可学，是因为所谓的禅机和方术，都与儒家的正学格格不入，尤其是在儒士无科举的约束下，更要讲究实学，才能真正成为有用之才。

---

[1] 方回：《赠邵山甫学说》，《桐江续集》卷30（《全元文》第7册，第249—251页）。

> 孔子用世者也，故欲削治之人材而成其器，皆可以有用。老子欲避世者也，故欲天下之人材不必削治而泯其器，悉归于无用。由今观之，学孔子者斫，章甫缝掖，可以修身，可以治人。学老子者朴，星翁羽衣，可以养身，不可以及人。
>
> 愚欲其如梓材之朴，加之以斫，而成其器以有用，不可舍孔子趋老氏，而有朴无斫，置是器于无用也。犹之玉焉，其在石也，亦名曰璞，不琢不雕，虽卞和之玉，谁其识之。必也玉人加剖凿淬磨之功，而后君子比德，学以知道，六瑞三采，遂成大器。①

> 孔子之时，老子已生乎其前，未有所谓服食煎炼长生不死之说，佛亦已生乎西域，而其轮回果报无生之说未入中国。孟子之时，杨、墨、仪、秦之徒异端并作，赖七篇之书排而击之，其说不复信于后世。独奈何由汉迄唐，老佛二氏昌炽淫衍，至与儒学鼎足而称三教，甚至儒者黯无精光，傍睨二氏之肆行，而莫之敢抗。呜呼！其亦可哀也。
>
> 天命之性，率性之道，修道之教在人心未尝泯也。直内方外，致知力行，静而存养，动而省察，诸老先生之言见在方册，今天下学者服膺潜神，亦不谓无其人，是岂区区二氏之所得近哉。老之学清净无为，其变也诡而为方术。佛之学寂灭为乐，其变也诞而为禅机。又其下也，俱不免从事于斋醮祈禳，如古之巫祝云者，奸人以快其嗜欲之私，庸人以蓁其惰顽之体，名为盛而实则衰。今之儒者有学校之养，无科场之累，名为不竞，而其实未尝不自得于中。修之在我，用之在时，顾何羡于彼而亦不足与之角也。②

方回还特别指出，儒士必须学会内省，而内省的目的，就是要按照理学的基本理念，坚持修心和择善而从。

> 善于观天下之人，不如自观。勤于省天下之务，不如自省。是谓近观内省，观犹浅也，省则深矣。是者如此，非者如彼，或善或不善，观而见焉，故曰观之力犹浅也。是者吾充广之，非者吾克治

---

① 方回：《赵朴翁字说》，《桐江续集》卷30（《全元文》第7册，第240—241页）。
② 方回：《送胡子游赴调序》，《桐江续集》卷32（《全元文》第7册，第52—53页）。

之，必为善，必不为不善，省而择焉，故曰省之力则深矣。此圣门心学也。①

由此，以心管口就是自省的最有效方法，君子确实需要将心作为自我观察的镜子，随时体察正与不正、善与不善的行为。

君子之学，于其身无一而不察也。手足耳目鼻口为其一身之所用，而口为甚。《易》震艮之卦，中虚外实，下动上止，象口之颐，一言一语出乎此，一饮一食入乎此。人有血气则有嗜欲，或纵恣放肆，而不于此乎察，则刑辟生唇吻，蛊毒纳咽喉，一慎不慎、节不节之间，利害祸福判焉。口为自养之门，心为自观之镜。自养之际有正不正，自观之后去其不正存其正，此所谓有不善未尝不知，知之未尝复行也，此所谓中庸之独也，己独睹人不睹，己独闻人不闻之时也。己事也，无与乎他人也，以自己之心察自己之中，独复而不远复者也。不然，则习矣不察，自贻伊戚与自求多福，孰得而孰失哉。②

在方回看来，养士既是国家的责任，也是士人的责任："学也者，所以养天下士之地；士也者，所赖以共治天下之人。天下士养于其地，而地有所未称，可乎？此其责在有司。共治天下将有赖于其人，而人或有所未称，又可乎？此则非专于有司之责，为士者不可不自尽其责也。"③ 但是在用士方面，则不是士人能够作主的，正如方回所言："世治也，而仕乎治，不吾与谋；世乱也，而隐乎乱，不吾前知。是故世不问治乱，人品不问高下，仕也者拙之趋，隐也者贤之归。"④ 在南宋灭亡之后，方回主要是以隐士自处，所以在其诗作中所体现的恰是隐士的基本感受，可列出几首有代表性的作品。

惊奔万马屯，岂料此身存。长日唯三饭，闲时或一樽。泉深添

---

① 方回：《观省斋箴》，《桐江续集》卷29（《全元文》第7册，第371页）。
② 方回：《家颐孙自观字说》，《桐江续集》卷30（《全元文》第7册，第239—240页）。
③ 方回：《太平路修学记》，《桐江续集》卷35（《全元文》第7册，第318页）。
④ 方回：《双涧居士马君孺人姚氏墓志铭》，《全元文》第7册，第406页。

井索，果熟闭园门。老病更炎热，收心此避喧。谓我无忧者，其谁会此心。乾坤今古事，岁月短长吟。井冷增瓜味，轩晴表树阴。樽中适有酒，聊与客同斟。篱门矮复斜，乌桕发枯槎。曾守诸侯土，还同百姓家。葛囊悬苴子，梅卤渍栀花。臧获修时事。分衣缺布纱。①

君子食己德，小人食己力。万卷空自读，一钱终不直。使此腹无书，讵可登仕籍。艰难一饭故，展转百忧集。前臑不复梦，归灌畦数席。芋首已足掘，豆荚亦可摘。所烹无不美，自我锄上出。寄谢朵颐人，抱饥幸无戚。②

孤灯独榻夜难晨，秋气初寒展转频。每怪未尝成梦寐，自怜何苦费精神。非关世事兼身事，欲学贤人与圣人。更著冰霜当七十，向来虚费几青春。③

家富敌万乘，吾尝见其人。生死握国柄，不复如人臣。自谓盘石安，扫灭随埃尘。岂不恃狙诈，政用祸尔身。尔身一腐鼠，原野何足陈。歌姬事别主，画堂生荆榛。我叹匪为此，遗祸殃齐民。

茫茫六合间，孰是身自由。贫贱不遑安，故迫口腹谋。万事已云足，心火炎不休。朝服寒食散，夜梦郁仪楼。鄙哉齐公子，泪下雍门周。万世一陶叟，浩歌归故丘。有酒醉即眠，无酒亦不求。④

需要说明的是，方回自诩为诗人，并未将自己视为专攻理学的学者，所以他着重表述的是理学名家的政治观点，以及自己对当前政治的看法。作为诗人，他既选编了大部头的前人诗集《瀛奎律髓》，还在作诗方面提出了符合其隐士心境的见解："问天下何物最大，而答曰道理最大。即今诗意，谓天下何物最佳，曰夕阳最佳也。但恨俗人不具诗眼，则不识耳。"⑤ 需要注意的是，在当时的南方隐士中，方回的名声不好，就是因为他既有过仕元的经历，也有明显偏向新朝的政治论点。从政治思想的发展看，反倒是方回这样的隐士，起到了影响江南士人思

---

① 方回：《暑中闲咏六首》，《桐江续集》卷1。
② 方回：《秋晚杂书三十首》，《桐江续集》卷2。
③ 方回：《不寐》，《桐江续集》卷16。
④ 方回：《秀亭秋怀十五首》，《桐江续集》卷5。
⑤ 方回：《天下夕阳佳诗说》，《桐江续集》卷30（《全元文》第7册，第234页）。

想转化的重要作用。

三 何梦桂的忠义观

何梦桂（1228—1300年后），字岩叟，号潜斋，淳安（今属浙江）人，宋进士，入元后隐居，著有《潜斋集》，忠义是其重点阐释的政治观念。

（一）对忠义行为的表彰

何梦桂对于南宋的灭亡颇为伤感，在诗作中表达了浓厚的故国情怀，可列出其在临安（今杭州）等地缅怀故国的诗句。

> 世事兴亡千古意，山花开落几番春。年年惟有岩头月，照尽今人与古人。①
>
> （杭州）三百余年卧甲兵，天低雨露此生成。万家都会楼台矗，千顷平湖舸舰轻。环佩玉堂人楚楚，靓妆珠箔女盈盈。回头万事俱尘土，惟有湖痕岁岁平。
>
> （孤山）钱塘日夜水东流，回首孤山绿尚稠。千载老仙随鹤去，百年此地少人游。相逢柳色还青眼，说着梅花总白头。身后闲名推不去，当年误识薛杭州。②
>
> 说着兴亡事不同，且斟玄玉驻颜红。云轩梦断宫花逝，彩缕盟寒墓草丰。处处社时茅屋雨，年年春后楝花风。人间不是无栖处，要认当年旧媪翁。③
>
> 歌舞钱塘厌说兵，悠悠往事竟何成。钱镠铁箭千年在，伍子鸱夷一死轻。湖上园亭春代谢，江头潮汐月亏盈。相逢白首休相问，见说宫门草树平。处士横桥野水流，先生家住暮云稠。百年故国成尘梦，千古青山忆旧游。林下客盟寒白鹤，梅边诗稿问苍头。公来但扫坟前竹，莫载虚名入帝州。④
>
> 西风落日怕登楼，倚遍阑干万古愁。衰汉竟成三国误，秣陵不盖六朝羞。江山有恨留青史，天地无情送白头。击碎唾壶歌不尽，

---

① 何梦桂：《赠地理章月岩》，《潜斋集》卷3，四库全书本。
② 何梦桂：《和张按察秋山二首》，《潜斋集》卷3。
③ 何梦桂：《再和》，《潜斋集》卷2。
④ 何梦桂：《再和张秋山杭州孤山二首》，《潜斋集》卷2。

荒台残雨梦扬州。试向昆明问劫灰，几看麋鹿上苏台。闲中历日生青草，梦里乾坤化大槐。塞雁南归春又去，江潮东下暮还来。临平山尽啼鹃歇，可是征人唤不回。①

对于文天祥为国难就义的忠义举动，何梦桂就为其诗集作序的机会，给予了高度的评价。

生而不屈者，气也。死而不泯者，心也。气之不屈者，忠义而已；心之不泯者，亦忠义而已。忠义之道，塞天地、冠日月、亘古今、通生死，而一之者也。宋丞相文公，平生文章在方册，官爵在史书，皆不足为公道。德祐乙亥，天步阻艰，朝野骇震，公从江西率子弟七千人勤王于京师，事之不济，天也。间关奔走，卒为絷囚，奉首朔庭，万折不变以死。古今死节，惟以二颜、张许为称首，然两军交绥，不胜即死，无可拟议者。至于纾之以岁月，锢之于不能进退之间，宗庙且不血食，使回顾却虑而为身后子孙鸡豚霜露之计，鲜有不屈膝者矣。而犹若是，真古今忠义士也。沙场青冢，千古南音，其所流落人间者，惟有流离中吟啸诗史与狴犴中杜诗集句耳，使人读之，至今凛凛有生气。呜呼！公真死矣，不自意其死后犹能以诗写其平生之耿耿而未尽者乎。岂公果不死乎，一点烈烈者，无在不在故也。天地无穷，事会无极，有能起生魄于九京之下，非公吾谁与归。②

何梦桂还特别以诗作表达了对岳飞、文天祥两位忠义之士的敬佩和惋惜之情。

拟吊英雄酒一觞，二公肝胆一冰霜。金人得策将军死，宋事无成国士亡。湖上黄埃寒栢惨，沙场青血夜磷光。生刍一束新亭泪，千古兴亡说未央。如此光阴冉冉何，青萍失手意蹉跎。门前流水溪山在，帘外落花风雨多。百岁身名头半雪，十年世事泪悬河。相逢

---

① 何梦桂：《感寓二首》，《潜斋集》卷2。
② 何梦桂：《文山诗序》，《潜斋集》卷5（《全元文》第8册，第82—83页）。

莫问升沉事，且对尊前听浩歌。①

对于在南宋灭亡之际携子女死节的太学生徐应镳，何梦桂亦专门著文给予了褒奖。

> 夫国之危亡，必有死节。然死者，人情之所甚难，而食人禄、死人事，义有不得不然者。故其忠肝义胆之所激烈，虽太华颓乎前不吾压，况婴斧钺、蹈鼎镬、赴水火，尚复回顾却虑哉。抑古今不能多见，吾于战国得一人曰王蠋，于晋得一人曰嵇绍，于唐得二颜、张许而下六人，五代得王彦章、姚洪而下十一人，如此而已。宋三百年，宗社覆坠于怙权误国者之手，忠臣义士死社稷、死封疆、死学校者相继，固未可谓国无人也。
> 太学生徐应镳巨卿，不忍从三宫以北，将蹈火死不竟，迄沉诸井以死，且与二男一女俱。夫国亡，当事操兵者任其咎，六馆诸生亦微矣，岂义有不得不死者，而若此亦既难矣。况儿女睨睨，能使之骈首相从于九地而无怼色，难矣哉。臣为君死，子为父死，一举而忠孝萃焉。所以敦彝伦，美教化，而惧天下后世之为乱臣贼子者也。呜呼！天地无穷，事会无极，世安有无君、无父之国哉。微斯人，吾谁与归。②

对徐应镳的忠义之举，何梦桂也以诗作表达了哀悼之情。

> 国破君亡一死宜，绝怜儿女死如饴。龙池久负娲皇誓，蛙坎空遗烈士悲。洗骨不污唐六馆，沥心无愧赵孤儿。北行多少生还客，休向梯云读墓碑。③

南宋遗民作为隐士，像何梦桂这样大讲宋臣忠义行为的并不多见，较多见到的是对权臣误国的抨击。应该说元朝不以文罪人，确实为隐士著文立说提供了基本的保障，使得相关的言论得以保存下来，让今人能

---

① 何梦桂：《吊岳文二公二首》，《潜斋集》卷2。
② 何梦桂：《太学正节先生徐公序》，《潜斋集》卷5（《全元文》第8册，第91—92页）。
③ 何梦桂：《挽太学正节先生徐应镳》，《潜斋集》卷2。

够了解隐士的真实心态。

（二）统一后的政事评价

何梦桂尽管有强烈的故国情怀，但是对于能够出现大一统的政治局面，还是抱持肯定的态度，并且特别希望统一能够为江南民众带来更多的好处，在诗作中多有表露。

一统山河遍八埏，江南等作弹丸看。公来踏遍官田土，只有池蛙不为官。青山云影日悠悠，却怪随龙上下游。能卷沧溟为雨去，白云依旧宿林丘。①

一家南北混车书，谁使斯民耳目涂。昔日簪缨今役户，朝时弦诵暮征夫。迩来风雨无完屋，何处乾坤着腐儒。不意斯文天未丧，凤凰来后见河图。苍生下土望天仙，乞得君恩易地然。绣斧聿来霄汉上，丹书先到浙江边。学徒免隶夫征法，官品宁输户役钱。愧死支离疑效报，不妨鼓策乐天年。②

何梦桂还特别指出，淳安"为严陵山水，县民之雕瘵久矣。令尹虚席，民日望得慈父母临之。省部按行博询舆望，以建德主簿边公奉檄摄事，至之日首问民疾苦，登进父老慰谕之，民莫不感激。居月余，田里相谓：府公以贤令尹予我惠至厚也。"为了表彰县尹的休养生息作为，何梦桂为其赋诗二首，一首颂其德，另一首颂其政。

君家久富五经储，更有儿孙读祖书。事究麟经明亥豕，理穷羲易得筌鱼。枳丛不是栖鸾处，花县来观展骥初。北道主人今有托，华山应得老骑驴。

声价中州第一流，双凫飞下锦溪头。隐微去处求民瘼，潜伏中间破吏偷。暮雨烟村无吠犬，去年荒土有耕牛。昼帘余暇浑无事，好去栽花待胜游。③

江南地区确实存在赋税加重、民力凋敝的问题，所以对于能够在江

---

① 何梦桂：《与张郎中省庵二首》，《潜斋集》卷3。
② 何梦桂：《和山房夹谷金事韵二首》，《潜斋集》卷2。
③ 何梦桂：《赠边县尹》，《潜斋集》卷2。

南地区实行宽政的官员，何梦桂用诗作给予了赞誉。

> 白马何方来，青丝红锦鞯。手持省府檄，身着从事衫。分麾莅属邑，衔命司括田。一见为鸾凤，不肯为鹰鹯。视民如有疾，见客似无官。疲民得贾父，僻壤戴苏天。群情有欲愬，百口难具宣。君来五阅月，熟察民颠连。严为浙偏壑，淳在严万山。按图览舆地，邑境若斗然。一分布阡陌，九分奠山川。垦亩杂沙砾，斸土见水泉。桑不给茧丝，农不供粥饘。耕凿地力尽，租税民用殚。江南享有国，钱塘余百年。地偏费实浩，额外赋益繁。和买非正绢，茶役皆嬴钱。民穷未忍死，上慈政令宽。三年输未足，一榜遹悉蠲。遗黎戴白叟，尚能话兴元。天朝大一统，地域跨八埏。中邦定成赋，远氓均受廛。吁嗟天地仁，岂使雨露偏。君归勿委蛇，禁中需牧颇。愿言述民劳，海表同恩波。相彼西人好，东人争奈何。①

何梦桂还特别叙述了建德路金课从无到有并最终被罢除的过程，而想要说明的，就是不能以淘金作为掊克百姓的手段，发现施政中的错误不仅要敢于纠正，而且确实能够纠正。

> 大元跨有东南，初榷金课，盖履山泽之所产而斸取焉。始由饶、歙诸路，次逮建德。建德，古睦州也。睦为古扬州分，荆、扬贡金，在《禹贡》不废。睦万岫千峰，二江十八濑，意亦瀿镠钣铣之所生也。然考古图志，金非其土产，如瑶琨齿贝皆产于扬，而睦亡是。睦视扬为最僻陋，其土物之数，固亦不得与他壤齿也。夷考前代，金所于取，秦汉而下，虽冶山铸海，以竭天下之利，然载之史志，自铜锡铅铁之外无闻焉。唐有陕西暨宣润等州岁银而已。近代固尝征陕与宣、饶、歙、抚、南安诸州金，遄亦中废。试数其地，其隶于扬者，惟饶、歙、抚、南安四州耳，而睦不与数焉，兹岂天产而地藏之，睦固不能化无以为有也。至元己丑（1289年）始籍六邑民为金户，民创见且骇，方俛首就事，官授之方，督具器物，使之披沙抉石而汰焉。民喜，殆谓天雨而鬼之输也。初岁粗

---

① 何梦桂：《送淳安括田省委贾都事》，《潜斋集》卷1。

给，再岁而亏，三岁而竭。其故何哉？盖睦居歙下流，岁春夏潦涨，歙之江渍，扬涛吹沙，澎湃而下，故金之琐屑如糠秕者从之，遇洄洑而伏焉为洲，蠹焉为屿。民日爬摘于此，所得盖锱铢而已，抑不知几千百年之所积，犹不能以供旦夕之所采取，欲久而弗穷得乎。况远乡下邑，距江逾绝，民弃家辍业，裹粮以从拿锸，未至而力已困矣。而其所司又重之以掊克榷剥，羁绁笞捶之害，故上下二三年间，大户病，中户贫，下户卖妻鬻子不足于偿，而逮及邻比亲姻，至于流离转徙者比比也。郡侯为民疾苦无所于愬，上之江浙等处行尚书省，省闻于朝。省官阿老瓦丁平章入觐，条奏凡诸路之不便于民者，如鹰房、河泊除之，商税、酒税轻之，金课特罢建德一路，从所请也。世之务财用而长国家者，虽竭民力而渔之，不恤也，而公之用心如此，其过人也亦远矣。乃今年（1292）二月旨下，省檄诸路管民官详究奉行，本府总管朝列管侯承命以归，与府长贰率其属登进其民而告之曰："是公朝之至恩，而省府官之嘉惠也。"民父老感激欢舞。则又曰："微我侯不及此，今而后得释此，以耕凿、饮食、作息，而免于患者，德至厚也。愿镌石以志不朽。"虽然，兹固幸吾一路之私也。天地生物，止有此数，穷人力乃取之，未有不受其弊者。天子富有四海，所宝固不在此数也。世有观民风者得焉，推而放之，以幸东南，庶乎其可。①

何梦桂还以天理、人性的原理，阐释了建立学校、发展儒学教育的重要性，并指出大一统后朝廷对儒学教育的重视是可以留名后世的善举。

天生人，谓之天民，民心曷常一日无天理哉。其命于天，谓之天性；其得于人，谓之天德；其见之君臣、父子、夫妇、兄弟、朋友，谓之天常。曰天理者，又包内外，该显微，会精粗，而统名之也。天将扶天理于一世，以至千万世，而不至覆坠，故必寄诸人，以继天立极，代天之功，而后天之生人，自开辟以至于今，不至胥为禽兽也。以此，皇帝王霸所以治，礼乐诗书所以教，皆天之所流

---

① 何梦桂：《建德路罢金课记》，《潜斋集》卷9（《全元文》第8册，第161—162页）。

行而不息者也。天生夫子于衰周，盖将使之执礼乐诗书之权，而行皇帝王霸之事，故治之隆污，教之兴废，悉寄于夫子之身，以为一世、千万世无穷之托。故夫子于宋人之害，曰"天生德于予"；于匡人之围，曰"天之未丧斯文也"，"文不在兹乎"。于此可以观天意矣。故学校者，又夫子之所寄以行其治与教，而使民之常存其天而勿失者也。

大元以神武一天下，事定不遑他务，汲汲惟学校是崇，使斯文不至泯灭，皆天之所留以遗斯世者也。①

尽管朝廷未开科举，但是以学校作成人才，依然使儒者受到鼓舞，如何梦桂所言："大元以武功定天下，固未遑事科目。然德音屡降，所以嘉惠学校者备至，饩之廪而蠲其科役，士莫不弹冠结绶，以幸明时之向用也。"② 特别是对于学官以自己的田作为学田的举动，更为何梦桂所赞扬。

学校之法二，教与养而已。三代学校，法出诸公上而不出于私，故司成、乐正，国为设官，所以教也；公田、米廪，国为给事，所以养也。自王公国都以至比庐族党莫不有学，自王太子、王子与夫群后之世子、卿大夫元士之适子以至国之俊选，莫不有教，亦莫不有养。故其四时诵弦礼书，干戈羽钥，若贵者贱者，皆得以一志于学，而责其成。三代学废，其仅存于后世者，惟国学与郡县学耳。教法不备，而养之道益狭，故乡民之秀者，群居自为师友，而诗书礼乐之化，不尽出于公上，齐民或窃取而私之，亦既非古意矣。而况学校之在郡县者，复不能以概举也。其幸而仅存于郡县，又幸而隶于大都大邑，地方千里，计亩万亿，地方百里，计亩百亿，岁取其赢以供学校之不给，是犹太仓损一稊粒，称员饩廪，特易易耳。乃不幸处于穷陋，竭地之力不足以食农夫，尚复问田以禄不耕之士子乎。芹藻榛芜，衿佩落落，顾瞻城阙上之人，亦不得不分任其责矣。分阳为睦最下邑，隶学田仅二十五亩，东北偏池六十亩，岁以莲芡易粒才数石，人日给二缶，养生徒不能十人。至元丙

---

① 何梦桂：《寿昌县学记》，《潜斋集》卷9（《全元文》第8册，第163—164页）。
② 何梦桂：《淳安县学魁星楼记》，《潜斋集》卷9（《全元文》第8册，第170页）。

子（1276年）学士解散，前学官何鸣凤、何寿老茸理复完，章披甫集，在籍至三十人。今学官徐会龙席毡未暖，拨己田三十亩隶之学籍，曰："姑以继廪粟也。士未必宿饱，吾为义倡尔。"呜呼！学校之设，兹固古先圣王所以公天下者，兹乃逸而归诸邑人士之私。使人人若此，则大道之行，三代之英也。推而放诸四海，且将与天下为公也。①

何梦桂还特别强调了易学对治国所具有的重要意义："故易之道大无不包，细无不入，仰观俯观，远取近取，盖无物非易，无易非物。学者所以格物致知，圣人所以穷神知化，国祚所以祈天永命，率由此道也。""圣人之意，固非言之所能尽也，故舍辞求易者，非知易者也。求易而止于辞者，亦非知易者也。善求易者，质辞而通诸卦画，吾见一物之为万物也。征卦画而会诸太极，吾见万物之为一物也。散易为万，易在天地；敛万为一，天地在易；此易道所以为变化不穷，此变化所以为易道之至神也。"② 尤为重要的是，何梦桂专注于以易学来看待时政，在南宋末年即曾向皇帝上书，指出"而况方今之政事，始于元，而未及极于亨"，并特别提出了量地取民、均一赋税、货币子母相权、增加公私积蓄等建议。③ 这样的建议，对于国家统一后的朝政，显然也极为重要。

（三）以闲为要的修身要求

何梦桂作为隐士，已经看破功名，在他的诗作中充分体现了对功名的不屑，当然也包含了对世事的惆怅。

> 吁嗟世事落黄间，倦矣人间行路难。流水已随钟子老，仙舟徒羡李膺观。从来豪杰为时出，到底功名耐久看。大厦将成要梁栋，雪深方见玉龙寒。山人日卧岭云长，扣户诗书柱纪纲。多病半生双白鬓，相思一日九回肠。人情取舍成乌狗，世事兴亡化石羊。明日相逢且□醉，转头三万六千场。④

---

① 何梦桂：《分水县学田记》，《潜斋集》卷8（《全元文》第8册，第156—157页）。
② 何梦桂：《易衍序》，《潜斋集》卷6（《全元文》第8册，第105页）。
③ 何梦桂：《易春秋之元及时政六事策》，《全元文》第8册，第140—142页。
④ 何梦桂：《和抱瓮冯提学二首》，《潜斋集》卷2。

诗书无用戏侏儒，两序今犹见璧图。末路弟兄知己少，中原人物似君无。曲终湘水丝绳绝，书入昭陵笔砚芜。珍重江南春信早，暗随梅萼到西湖。半世虚名我误儒，樊中短翅倦南图。黄尘世路千年改，白发心期四海无。绩纺妇慵麻褐短，耕锄儿懦豆田芜。老来万事心灰尽，只愿君王赐镜湖。①

半生习气被风霜，销尽头颅如许，七十年来都铸错。回首邯郸，何处杜曲桑麻，柴桑松菊，归计成迟暮。一樽自寿，不妨沉醉狂舞。休问沧海桑田，看朱颜白发，转头今故，乌兔相催天也老。千古英雄，杯土汾水，悲歌雍门，苦调堕泪，真儿女兴亡一梦，大江依旧东注。②

何梦桂所崇尚的，是隐士的懒闲、人闲、事闲、心闲"四闲"生活，并在诗作中对此作了明确的表述。

世间万事不如山，老入山来得懒闲。岩日三竿才睡觉，不知山外有人寰。世间万事不如山，趁得渔樵似我闲。山上拾薪山下钓，青蓑箬笠暮歌还。世间万事不如山，输与山中事事闲。薇菜藤羹南烛饭，落花涧底弄潺湲。世间万事不如山，分得心闲眼更闲。终日看云闲不去，暮云阅尽鸟飞还。③

即便是为人的诗集作序，也要表现出闲在所体现的道癖、懒癖、世癖三种癖好，何梦桂特别记录了这样的癖好。

客有挟西坡邵君诗踵门者，余读而喜之，因征余序。余曰："序姑俟他日。"客三四返不得序，且怒去，余曰："毋怒，且止。余有癖，余非靳序也。余有道癖，方其有事，尸坐一室，吾视吾鼎中雄阳玄施，雌阴黄包，方瀹瀹狎猎起，吾何暇序。及其无事，又有懒癖，破缊蒙头，曝日檐下，方熙熙怡怡，休休于于，嗒然忘吾之有四肢，亦何暇序。无是，则又有世癖，经生学士谈诗说书，剑

---

① 何梦桂：《和郦金事见寄韵》，《潜斋集》卷2。
② 何梦桂：《大江东去·自寿》，《潜斋集》卷4。
③ 何梦桂：《又四闲》，《潜斋集》卷3。

> 客棋翁，鸣楸弹铗，坐观卧听，更仆未已，倦则杖屦皋田，与耕夫芸子樵童牧竖相尔汝，逮莫而后返，吾又何暇序。必俟吾三癖尽去，然后取西坡诗，燕坐读之，如亲见其人。使吾所欲序西坡者，横溃突出于吾胸中而不可御，而后使童子研墨濡笔，亟书则序，可以拱手得矣。今吾癖未去，而子亟吾序，故序止此。子持此以语西坡可乎？"客笑曰："此君自序，非序西坡也。"余曰："子持此去，非序西坡，实与西坡作诗法也。使能于吾言下领会，不惟西坡一大公案，东坡复生亦当印可。"①

闲散要求简朴的生活，所以何梦桂明确表示："世固有一食数万钱，犹若不足餍者，此所谓肉食人也。司马温国、晏元献二公，仕至宰相，癯瘠如未仕时，此其志趣。"②

隐士依然要注重学问和修养，所以何梦桂对于其侄孙如何学习《中庸》，提出了以下的建议。

> 《中庸》盖子思子所得于孔门之至深切著明者也。法筵第一句曰"天命谓性"，又一篇之至深切著明者也。知得天命，谓性，然后知率性之谓道。不知性，则所谓率者为何事，道者为何物耶。孟子传于子思，故其言曰尽心知性，知天能知性，而后为真知。不然口耳焉尔，何益哉？三尺之童，授之句读，孰不能口诵《中庸》，问其所谓性，不知也。今世学者胶于口耳，曰："我知性。"此与三尺童子何异。人有群聚观画虎者，孰不曰"我知虎之形状尽于此"。一人者观之，为之色动神变，盖尝真见虎者也。子思子言性，犹画虎也。即指画虎为真虎，非真知性者也。天付予于人性，非由外铄我也。故凡四端五常，万事万物，皆从一性中流出。人之日用之，而不自知者，滔滔皆是，亦可哀也已。子其于此体认切己，真知亲见，使天命之性昭昭灵灵于日用间，则纵横变化，无往而非中庸之道矣。所谓吾道一以贯之，若曰文字而已，则非吾之所谓学，而《中庸》之书亦糟粕尔。子其最哉，他日有得，当信余

---

① 何梦桂：《邵西坡诗序》，《潜斋集》卷5（《全元文》第8册，第80页）。
② 何梦桂：《本心先生疏食谱序》，《潜斋集》卷5（《全元文》第8册，第83页）。

言之不尔欺也。①

与方回相比，何梦桂的政治观点显然是未拘泥于理学的已有观念，而是自成一言，并且颇为洒脱，其确实是同时期南宋隐士中值得注意的人物。

四　郑思肖的抗元观

郑思肖（1241—1318年），字忆翁，号所南，连江（今属福建）人，宋太学生，南宋灭亡后隐居于苏州，著有《心史》②《一百二十图诗集》《郑所南先生文集》等，在著述中极力宣扬的是他的抗元观念。

（一）排斥夷狄的正统论

郑思肖以正统论强调宋朝为中国的正统王朝，并且采用了极窄的正统界定方法，将不行仁政的帝王、王朝以及少数民族建立的王国和王朝，都从正统王朝中剔除，以讲究中国王朝传承自圣人的纯正正统性。

> 后世之论古今天下正统者，议率多端。自《春秋》后，史笔不知大伦所在，不过纪事耳。纪事而不明正理，是者非，伪者正，后世无以明其得失，诸史之通弊也。中国之事，系乎正统；正统之治，出于圣人。中国正统之史，乃后世中国正统帝王之取法者，亦以教后世天下之人所以为臣为子也，岂宜列之以嬴政、王莽、曹操、孙坚、拓跋珪、十六夷国等，与中国正统互相夷虏之语，杂附于正史之间，且书其秦、新室、魏、吴、元魏、十六夷国名年号，及某祖、某帝、朕、诏、太子、封禅等事，竟无以别其大伦。先主（刘备）为中山之后，本称汉，陈寿作史，降之曰蜀；于逆操史中乃称"蜀丞相诸葛亮入寇"，若此等类，岂不冤哉！③

---

① 何梦桂：《赠石崖侄孙序》，《潜斋集》卷7（《全元文》第8册，第129页）。
② 《心史》成书于1283年，郑思肖将其封在铁函中，沉入苏州承天寺的古井中，1638年被发现后刊行，并由此带来了《心史》真伪的问题，经学者的仔细考证，认定《心史》确实为郑思肖所作，见陈福康《论心史绝非伪托之书》，《郑思肖集》，陈福康校点，上海古籍出版社1991年版，第389—415页；杨讷：《心史真伪辨》，《元史论丛》第5辑，第235—242页。
③ 郑思肖：《古今正统大论》，《郑思肖集·心史》，第132—136页。本小节引文未注明出处者，均来自本文。

郑思肖还坚决反对"夷狄行中国事，即为中国正统"的说法，并毫不掩饰地表明了自己仇视夷狄的政治态度。

> 臣行君事，夷狄行中国事，古今天下之不祥，莫大于是。夷狄行中国事，非夷狄之福，实夷狄之妖孽。譬如牛马，一旦忽解人语，衣其毛尾，裳其四蹄，三尺之童见之，但曰"牛马之妖"，不敢称之曰"人"，实大怪也。《中庸》曰："素夷狄，行乎夷狄。"此一语盖断古今夷狄之经也。拓拔珪、十六夷国，不素行夷狄之事，纵如拓拔珪（伪称元魏，伪谥文帝）之礼乐文物，僭行中国之事，以乱大伦，是衣裳牛马而称曰人也，实为夷狄之大妖，宁若即夷狄而行夷狄之事，以天其天也。君臣华夷，古今天下之大分也，宁可紊哉。若夫夷狄风俗兴亡之事，许存于本史，如国号类中国之号（所谓僭号，元魏是也），及年号某祖、某帝、某皇后、太子、朕、诏、封禅、郊祀、太庙等事，应犯天子行事等语，苟不削之，果与中国正统班乎？若国名素其猃狁、单于之号，及官职、州县并从之，犹古之列国，亦犹古者要荒之外，夷狄之地。古者圣人得柔远之道，所以不致其犯分，御之失道，则猖獗四驰矣。

郑思肖还特别指出修史者不能掌握正史的尺度，应该将《北史》等涉及僭逆朝代的史书改为《胡史》或篡逆史。

> 或曰："拓跋氏及今极北部落，皆黄帝后，姑假之亦可。"曰：譬如公卿、大夫之子孙，弃堕诗礼，或悦为皂隶，或流为盗贼，岂可复语先世之事，而列于君子等耶。况四裔之外，素有一种孽气，生为夷狄，如毛人国、猩猩国、狗国、女人国等，其类极异，决非中国人之种类，开辟以后即有之，谓黄帝之后、夏后氏之后，则非也。孟子曰："舜、文，东夷、西夷之人也。"《史记》曰："舜，冀州人也，黄帝之子昌意七世孙。"且文王之先尝避狄难矣，未可遽以东夷、西夷之说而论舜、文也。舜、文，大圣人，岂可执东夷、西夷之语例论后世夷狄也哉。其曰《北史》，是与中国抗冲之称，宜黜曰《胡史》，仍修改其书，夺其僭用天子制度等语。其曰《南史》，实以偏方小之，然中国一脉系焉，宜崇曰《四朝正史》

(《南史》但载宋齐梁陈，故曰"四朝"），不亦宜乎。嬴政不道，王莽篡逆，刘玄降赤眉，刘盆子为赤眉所挟，五代篡逆尤甚，冥冥长夜，皆不当与之。普六茹坚小字那罗延（僭称隋，僭谥文帝，普六茹译姓曰杨），夺伪周宇文辟之土，而并僭陈之天下，本夷狄也。魏证犹引"杨震十四世孙"书之，此必普六茹坚援引前贤以华族谱云，并宜黜其国名、年号，惟直书其姓名及甲子焉。如遇某祖、某帝、朕、诏、封禅、郊祀、太庙等事，宜书曰："普六茹某僭行某事。"吕后称制八年，武后称制廿一年，牝鸡之晨，俱恶逆事，书法同前，但仍书曰吕后，但武后本非高宗后，其名不正，亦不当以后书之。

按照郑思肖确定的中国正统标准，连出身于夷狄的李渊所建立的唐朝，也只能算作中国，而不能称其为正统，所以能够作为中国正统的朝代就只有少数的几个了。

若论古今正统，则三皇、五帝、三代、西汉、东汉、蜀汉、大宋而已。司马绝无善治，或谓后化为牛氏矣。宋、齐、梁、陈，藐然缀中国之一脉，四姓廿四帝，通不过百七十年，俱无善治，俱未足多议，故两晋、宋、齐、梁、陈，可以中国与之，不可列之于正统。李唐为《晋载记》凉武昭王李暠七世孙，实夷狄之裔，况其诸君家法甚缪戾，特以其并包天下颇久，贞观开元太平气象，东汉而下未之有也，姑列之于中国，特不可以正统言。

郑思肖还特别强调了圣人、正统、中国的三位一体关系，以此来支持他的凡僭、逆都不能视为正统王朝的观点。

夷狄行中国之事曰"僭"，人臣篡人君之位曰"逆"，斯二者天理必诛。王莽、曹操为汉臣，逆也；普六茹坚乃夷狄，吕后、武后乃妇人，五代八姓乃夷狄盗贼之徒，俱僭也，非天明命也。以正而得国，则篡之者逆也，如逆莽、逆操篡汉之类是也；不以正而得国，则夺之者非逆也，汉取嬴政之国，唐取普六茹坚之国，大宋取柴宗训之国是也。善乎僭唐李亶（僭谥明宗）露祷于天曰：

"臣本夷狄，愿天早生圣人，吊民伐罪，如汤武则可。"孔子曰："武尽美矣，未尽善也。"汤武忧天下无君，伯夷忧后世无君，断之固有理，后世必藉汤武之事，以长无君之恶。李觏曰："汤武非圣人亦宜。"圣人、正统、中国，本一也，今析而论之，实不得已。是故得天下者，未可以言中国；得中国者，未可以言正统；得正统者，未可以言圣人。唯圣人始可以合天下、中国、正统而一之。

郑思肖之所以要为正统正名，是因为正统关系着天下的治乱，尤其是正统具有引领天下至正之道的功能，无正统即无善治的基础。

子路问："卫君待子为政，子将奚先？"子曰："必也正名乎，名不正，言不顺，事不成，礼乐不兴，刑罚不中，民无所措手足。"大哉"正名"一语乎！其断古今之史法乎！名既不正，何足以言正统与？正统者，配天地，立人极，所以教天下以至正之道。彼不正，欲天下正者，未之有也，此其所以不得谓之正统。或者以正而不统、统而不正之语，以论正统，及得地势之正者为正统，俱未尽善。古之人君有天下而不与，以天下为忧；后之人君执天下为己物，以天下为乐。夫以天下为忧，则君子道行；以天下为乐，则小人道行。此古今治乱之由分也，治则天下如泰山之安，不可摇动；一或不然，朵颐神器者至矣，此天下不容长一统也，有天下者可不敬欤？

郑思肖还提出了编纂《正统通鉴》的建议，并明确表示自己无力完成这样一部史书，只能是为其设定区分正统与否的标准而已。

我经大乱后，烛人事之变，遂通古今上下而定之，确然以正统、僭逆之事为论，思之三年然后定，参错前辈议论，断以己见，惟主于理，以为权衡。厥今统绪坠地，斯民怅怅然盲行，可痛可伤！深欲即诸史通鉴之文，痛辨大义，悉删繁务，考证得失，纂定书法，以明正统、僭逆之事，为第一义，并削僭逆之号、用天子事例之类，宜直书姓某名某、僭行某事，目之曰《正统通鉴》。仍自三皇始，肇其正统之源；至尧始书甲辰，然亦不过统论尧时事；自夏以后，渐用编年，其大不可考者，决不可以意补，宜如"夏五"法。或谓予曰："《正统通鉴》理宜只载正统之事，君所谓三皇、五帝、三代、两汉、蜀汉、大宋而已，其他如两晋、宋、齐、梁、陈，虽曰中国，恐不可书，以紊《正统通鉴》之名。"曰：当知《正统通鉴》四字，是举大纲目之名，两晋以下，其实附之以续编年，至于嬴政、王莽、普六茹坚、五代，则直书其名，亦以附编年，不如此则上下不贯续也。若曰《正统通鉴》全书，我心绪凋瘵，家事凄薄，绝无书籍可为凭借，况其间毫发予夺之权，费订正者甚多，实非一二十年不足以办此书。况先人有未毕之遗书在，为人子者未能足其文，乃私成己见之书，实犯不韪。且万世赏罚之权，实为大事，非忠烈明敏者不能辨察于毫末之间，揆我之才，实恐有所不及焉，尚有赖于后之识正统大义之君子！

郑思肖的正统论所宣扬的是极端的排斥外族和贬斥奸恶理念，这样的理念不仅想要颠覆自南北朝以来对正统的主流看法，亦想改变传统的正史编撰方法，并以此来否定元朝统一全国后所要建立的正统延续关系，这才是他的真实目的。因为只有将元视为僭、伪、恶，才能使其抗元观念有正当的理论基础。

(二) 对忠臣义士的表彰

郑思肖经历了宋元战争，对战争带来的恐惧、忧虑、惆怅乃至亡国之痛，在其诗作中有全面的体现，可列举几首代表作。

> 无力可为用，登楼欲断魂。望西忧逆贼，指北说中原。粮运供淮饷，军行戍汉屯。何年遂所志，一统正乾坤。①
> 火德续正统，东南气运昌。洛京都赤帝，鲁史笔天王。八极开清晓，群星避太阳。讴歌今有在，历数永无疆。②
> 天命尚属汉，大夫空美新。三宫犹万里，一念只孤臣。泪尽眼中血，心狂梦里身。勿云今已矣，举首即苍旻。

---

① 郑思肖：《重题多景（楼时逆贼刘整围襄阳已六年）》，《郑思肖集·心史》，第7页。
② 郑思肖：《火德》，《郑思肖集·心史》，第23页。

未能归赵璧，我不厌干戈。万古青天在，三年白骨多。春风仍岁月，世界自山河。宁忍委国难，飞身入薜萝。

北虏昔深入，东瓯亦未曾。江山能几战，风雨废诸陵。云尽喜天出，宵残愿日升。苍苍今愧祸，谶应两中兴。

不信夜不晓，哀哀锁暗犛。铁城蹲败土，锦国涨腥尘。草泣荒宫雨，花羞哨地春。少焉开霁色，四望一时新。①

世道忽翻覆，愁来痛彻心。腥风行杀气，淫雨哭秋阴。虏眤朝廷玺，官空帑藏金。妃嫔今草地，宫髻泪中簪。②

德祐初年腊月二，逆臣叛我苏城地。城外荡荡为丘墟，积骸飘血弥田里。城中生灵气如蛰，与贼为徒廿六日。茕茕横目无所知，低面卖笑如相识。彼儒衣冠谁家子，靡然相从亦如此。不知平日读何书，失节抱虎反矜喜。有粟可食不下咽，有头可断容我言。不忍我家与国同休，三百十六年，阅历凡几世，忠孝已相传。足大宋地，首大宋天，身大宋衣，口大宋田。今弃我三十五岁父母玉成之身，一旦为氓受虏廛。我忆我父教我者，日夜滴血哭成颠。我有老母病老病，相依为命生余生。欲死不得为孝子，欲生不得为忠臣。痛哉擗胸叫大宋，青青在上宁无闻！自古帝王行仁政，唯有我朝天子圣。老天高眼不昏花，盍拯下土苍生命。忍令此贼恣杀气，颠倒上下乱纲纪。厥今帝怒行天刑，一怒天下净如洗。要荒仍归禹疆土，四海草木沾新雨。应容隐者入深密，岁收芋栗供母食。对人有口不肯开，面仰虚空双眼白。③

对于在战争中尽忠于宋朝的文臣武将等人，郑思肖则以诗歌表达了敬佩之情。

李芾
举家自杀尽忠臣，面仰青天哭断声。听得北人歌里唱，潭州城是铁州城。

---

① 郑思肖：《写愤四首》，《郑思肖集·心史》，第24—25页。
② 郑思肖：《对雨有怀》，《郑思肖集·心史》，第30页。
③ 郑思肖：《陷虏歌（德祐乙亥十二月廿八日作，又名断头歌）》，《郑思肖集·心史》，第41—42页。

李庭芝

大驾迢迢已北行，淮南犹守九州城。只谋渡海南归国，不意忘躯博得名。

姜才

杀气盘空白昼阴，始终不变似精金。直疑碧落三更月，来作将军一片心。

王安节

健儿三百陷胡尘，匹马孤腾勇过人。至死执刀唯骂贼，自言不作两朝臣。

随驾内嫔某氏

玉殿辞春陷马尘，忍将膻秽污贞身。能行男子难行事，羞杀朝中投阁人。①

郑思肖还以诗歌唱和的形式，寄情于被囚禁在大都的文天祥，并以此来表达自己的拳拳爱国心情。

我忆三宫幸朔方，天颜皱黑鬓发黄。鬼风尖尖割肌肉，惊沙扑损龙衣裳。群黎命死北魔手，世界缺陷苦断肠。小臣翅短飞未得，望破痴眼愁更长。呜呼一歌兮哀以伤，白日无光天荒荒。

我忆二王血泪垂，一丝正统悬颠危。士卒零落若霜叶，阵前将军今有谁。以舟为国大洋里，万死一生终安归。至痛无声叫不响，皇天皇天知不知。呜呼再歌兮歌孔悲，风雨骤至昼冥迷。

我忆我父在日时，叱我痴钝无天资。旦旦灌溉仁义泽，灵台豁然开光辉。凤劫孤露命浊世，王事鞅掌生无期。一忆父母教我语，逃罪无地死亦迟。呜呼三歌兮泪淋漓，君父不在倚赖谁。

我忆母氏兮圣善，劳苦家事手生茧。母后父死十五年，教我育我恩不浅。我虽贫拙志不屈，清气棱棱秋莹骨。至今一粟一缕丝，皆是父母流传物。呜呼四歌兮痛恻恻，皇天后土无终极。

我所思兮文丞相，英风凛凛照穹壤。失身匍匐草莽间，屡迫以死弥忠壮。虚空可变心不变，吐语铿然金石响。想公骨朽化为土，

---

① 郑思肖：《五忠咏》，《郑思肖集·心史》，第38—40页。

生树开花亦南向。呜呼五歌兮并凄怆,望公不见愁泱漭。

我生我生何不辰,血泪化作妖花春。平生意气若风云,何苦戚戚悲吟呻。狂来一呼天地动,万物鼓荡俱精神。天上真火灭不得,灼烁大地生光明。呜呼六歌兮歌声清,海岳莹洁日月新。①

郑思肖后来又以诗作吊唁了陈宜中、张世杰、刘师勇等人,②并详细记录了文天祥死节的事迹。③郑思肖还将文天祥称为"大宋之忠臣孝子",特别表示"公之大名,与国一德,乾坤或毁,大宋无极"。④1281年,郑思肖又为包括文天祥在内的14位忠臣写了祭文,以表达自己的哀思。⑤

(三)复国愿望的表达

郑思肖有强烈的复兴宋朝愿望,在临安被元军占领后的第二年(宋德祐二年,1277),即撰写了以《久久书》为名的复国盟檄。

上而天,下而地,中天地之中,立人极焉。圣人也,为正统,为中国;彼夷狄,犬羊也,非人类,非正统,非中国。曾谓长江天险,莫掩阳九之厄。元凶忤天,篡中国正统,欲以夷一之。人力不胜,有天理在。自古未尝夷狄据中国,亦未尝有不亡国,苟不仁失天下,虽圣智亦莫救。我朝未尝一日不仁,乱臣贼子夭阏国脉,贪官虐吏刳剥民命,君上本无失德。今犬羊愈恣横逆,毕力南入,吾指吾在此,贼决灭于吾手,苟容夷狄大乱,当不复生!

吾观吾之身,天地之身,父母之身,中国之身。读圣贤书,学圣贤事,是与圣贤为徒,奚敢化为贼,而忘吾君、吾父、吾母也!欲弯弓射贼,曷能顾母存亡?欲偷生事母,何以扶国颠覆?舍忠不足为孝,舍孝不足为忠,以是迟迟二三百日间,双睛望穿天南之云。天道胡为尚未旋,蚤夜以思,狂而不宁,泪苦流胆,心赤凝血,挺然语孤忠,孑然立大义,与世相背,独立无涯。我母龙钟,

---

① 郑思肖:《和文丞相六歌》,《郑思肖集·心史》,第63—65页。
② 郑思肖:《二唁诗》《哀刘将军》,《郑思肖集·心史》,第87—91、93页。
③ 郑思肖:《文丞相叙》,《郑思肖集·心史》,第122—129页。
④ 郑思肖:《文丞相赞并序》,《郑思肖集·心史》,第153—154页。
⑤ 郑思肖:《祭大宋忠臣文》,《郑思肖集·心史》,第156页。

忧愤成疾,旦莫无期,奚生其生?叫日而日未出,泣夜而夜何长。愈久愈不变,愈不可为愈为。譬贱隶妇,富少年智诱以私,彼不肯玷厥夫,为烈妇;譬贫儒子,贵公卿谋迁为后,彼不忍舍乃父,为孝子;苟有异代圣人,下举匹夫,任以天下事,彼不愿背主而相之,为忠臣。万洁一污非烈妇,小从大违非孝子。一月不变,三月变矣,一年不变,三年变矣。或者虽不甘从贼,置大宋已不不可为,旦旦惟"真主"望,非忠臣。何哉?妇无二夫,子无二父,臣无二君。

吾为大宋民,吾君之德不纠,彼非姬发而夷狄,天如之何倾有道之国?夷齐不怀殷恶,不臣姬发之圣,汝辈独不思大宋忠厚,不怒逢贼惨毒,皆乐然媚鬼,求长生术,畴悟其自促乃死。向之喃喃谔谔誓死不变者,亦委天命于数,伪夷狄以王,胥而为贼,反叱吾愚,执方痴谋,不与时迁,誉其为圣,求变富贵也。闻之心裂,痛不可言。国家大仇未报,天下大迷未瘳,我心大忧未释,仰无天,俯无地,莫人其为人之道。学匪词章之谓,所以学为人;人匪形体之谓,所以人其忠孝。万世大经,不逾忠孝。一人忠,教百千万人忠;一人孝,教百千万人孝。生非所爱,死非所畏,生不得其道,死则为荣。父教于昔,母谕于今,不得不大一举而殪贼,即旧邦新之,于以正天地大位,于以开日月新光。天下忠臣义士,耳兹血盟,愿相从而兴火德、复炎炎中天乎!实父之愿,实母之愿。表忠臣义士于既往,诛乱臣贼子于方来,誓大播厥盟,与国家其无斁![1]

两年后(1279,郑思肖仍按南宋纪年称为德祐四年),郑思肖又作了一篇号召复国的新盟檄。

我被国家仁最深,受父母恩最重,生长理皇圣德汪洋之中,飞跃道化流行之下,诗书理义诚明其心,衣冠礼乐光华于躬,为三朝太平民。一旦罹此祸凶,禽兽其形,乃食人食,得不思大宋乎。岂意天下俯首从贼,竟忘遽变毛角,居禽兽列,乃曰"数也","势

---

[1] 郑思肖:《久久书》,《郑思肖集·心史》,第103—115页。本小节引文未注明出处者,均本于此文。

不可为也","理无不亡国也"。然昔之国亡,必有太康、孔甲、桀、纣、幽、厉、哀、平、桓、灵、僖、昭之君,酷虐祸乱,大坏天下数十年,民大怨憝,奚而不丧。本朝人君,万无一焉,故愤闷不平。思宋者众,宁有一祖十四宗至仁中国,竟若是而已夫,天理必不然也。惟我朝德泽,洽人心也深,故有李公芾、李公庭芝、姜公才、赵公与择、赵公淮、陈公文龙、赵公卯发、王公安节、阮公正己辈,俱死忠烈,大有可观。是数人奇哉,烨烨乎有光华,垂清风于无穷。今死守不失节者,丞相文公天祥,遁身南归;武臣张公世杰,相与驱驰;少傅陈公宜中,挟二王而主之。三宫狩北,未有还期;二王奔南,未奏肤功。上下错乱,天怒神怨,正臣子报国忠义自见之日。

古今忠臣义士,英壮激烈,高风凛然。吾亦人也,独不能为之乎?虽父母遗体,不敢毁伤,坐视君上蒙大难不救,又弃父母所育之身,化犬羊类,生不为全人,死不得全归,终古衔冤,痛于罔极。何忍负吾君,何忍负吾父,何忍负吾母,不为君子终身。"忠孝乃本分事,一毫悖谬,为大恶人",父授我语也。吾父立节刚洁,见理极明,苟在,逆知必死于此贼。又母氏教以"唯学父为法",极拳拳,深望中兴事,期我大有为当世。若不殄逆类,炳炎图,是违父母遗训,为不孝子,讵不大逆。生为吾大宋之民,生为吾父母之子,实一世良遇也。倏遭颓洞,腥污社稷,泪尽心破,安敢有生,当与贼大决一胜,终其为人臣人子之道。

或曰:"子身不过五尺长,弓莫挽三斗强,言空无实,力孤不支,宜箝口命余生;不然,子之肉醢矣!"嗟夫!身可杀,心不可杀;形可泯,理不可泯。平生读父书,箕而不弓,裘而不冶;然至刚至大之气,则塞乎天地间,自反而缩。果其往一举中度,天地光明,开大宋两中兴之运,缉先王万年文明之治,仰拜吾君九天之上,俯拜吾父母九京之下,臣子之事,或庶几乎!今云雾晦塞,草木凄苦,四顾空空,舍我其谁,臣子盟檄所以作。曰"臣子盟檄"何义?"臣"不敢忘君,"子"不敢忘父母,誓吾心不变曰"盟",劝国人皆忠曰"檄"。作于德祐二年九月,昼夜焦思,欲举大事,何期含垢隐忍,又阅五百日,图其大,当重其事,谋其成,不计其日。又惧久而或弛,复喜勇于决行,断断然无负人臣人子之事。吾违兹盟，雷殛其形，理诛其罪；人违兹盟，惟理所在，惟公乃行。人心天理，克复则明。敢率尔旧民，群兴万动，协心丕作，恭听号令，剿兹强丑，聿新有宋家邦，速观乃有成。俾厥今之人，各正天伦；亦期彼后世，咸罔违是盟。

1279—1283 年，郑思肖又为《久久书》作了九次跋，在第六次作跋时，特别强调了复国与人道之间的密切关系。

> 人道立，则天其所以为天，地其所以为地，万物其所以为万物；人之道苟不然，天地万物之道亦几于废矣。盖天地万物不能自为天地万物，必以人而天地万物之，人之道大矣哉。日轮西倾，覆载咸夜，群生冥涂索行，莫知所向，可哀也已。速吾之帝出乎震，开天下晓，使昭昭然行大道中。人道立，则天地万物咸尽其道，吾事毕矣。

在诗作中，郑思肖也表达了强烈的复国要求，并常以复国来自勉，可列举几例。

> 自古无兹难，我朝今遇之。小臣惭逆士，大事决成期。劫坏六龙死，天荒万象悲。时哉弗可失，奋发莫迟疑。
> 愁海茫茫望不穷，黄茅白苇渺阴风。凤凰高遁层霄外，豺虎横行大道中。九庙倾颓郊祀废，四方祸乱国家空。于今建武重兴汉，谁是云台第一功。
> 鞠躬尽瘁吊无君，满耳冤声不忍闻。醉去忘形犹蜕骨，怒来嚼齿欲穿龈。腥风涴晓春应怨，痴雾霾空路莫分。荧惑星明圣人出，频频中夜验天文。①
> 我朝圣明君，一一皆善治。涵育三百年，岂无忠义士。我读我父书，颇曾识大义。无以死恐我，死亦心不二。残生啮胆檗，气怒频裂眦。或时坐如死，突眼瞋相视。先王泽未泯，中兴断可冀。仰呼吁不平，挺身摅大志。四方皆风动，德化成渐被。春秋生杀权，

---

① 郑思肖：《无题五首》，《郑思肖集·心史》，第 62—63 页。

华夷有定位。后有董狐笔,当严于载记。爰以明人伦,永使勿颠坠!

大哉天地经,森然不可逾。圣人治天下,纲常安厥居。谁谓遭大变,干戈血模糊。天地忽破碎,虎狼穴吾庐。毒气孽万物,草木俱焦枯。我为国之臣,于义当捐躯。受死不为痛,国家终何如。念此迫我心,万剑裂肌肤。骨腐尚衔冤,且为国家图。鬼神果有知,闻之亦欷歔。①

为了达到宋朝中兴的目标,郑思肖还专门作了二十砺的诗歌,可摘录要者于下。

(一砺)愈久愈不变,一忱生死俱。独行天与语,枯坐石为徒。血污衣冠国,冤浮盗贼区。何当洗兵马,终古统炎图。

(二砺)钧天梦冷紫宸春,臣子衔哀社稷屯。一缕血忱开白日,两篇心誓(谓前后臣子盟檄也)哭苍旻。渡江祖逖愿兴晋,蹈海仲连羞帝秦。回首故都宫阙恨,满山秋色正愁人。

(三砺)一砺二砺至万砺,盟执牛耳血为誓。灵台空莹白于秋,彻底不生乖戾气。眦裂齿碎志垦恳,貉之天性宁逾汶。我生一双霹雳手,终碎此虏为虀粉。天平地成风俗淳,一统永歌《胡无人》。

(四砺)说杀说不醒,世人良可叹。欣欣从北俗,往往弃南冠。毒露沾肤烂,尖风破骨寒。愿身化作剑,飞去斩楼兰。

(五砺)宋鼎终难问,元酋莫死争。九州俱是泪,一刻不容生。舌在身当贵,心真愿必成。但思湖海上,谁可与斯盟。

(六砺)操得南音类楚囚,早期勠力复神州。须知铁铸忠臣骨,纵作微尘亦不休。

(七砺)天生忠义性,习俗岂能移。道在国常在,我知人不知。眼悬尧历象,心醉汉官仪。前日喃喃者,今谁语及斯。

(八砺)生得贞心铁石坚,肯将识见与时迁。泪如江水流成海,恨似山峰插入天。慷慨歌声闻屋外,婆娑剑影落灯前。篇篇字

---

① 郑思肖:《励志二首》,《郑思肖集·心史》,第58—59页。

字皆盟誓，莫作空言只浪传。

（九砺）忍死以待旦，蹉跎岁又残。堕身囚陷阱，尽命哭衣冠。月死虚空黑，春枯草木寒。床头雄剑在，白气夜盘盘。

（十砺）屏气处逆阱，衡虑画奇谋。指日誓血语，高空开青愁。决志揭大法，一洗天地羞。永使臣子辈，耻列伪逆俦。美俗熏古德，至治昭皇猷。一统万万世，海宇咸蒙休。

（十一砺）钱塘帝王都，宫阙高崔嵬。盛治蔼无外，鼓舞如春台。咸淳圣人去，山崩龙虎摧。弹指变晦冥，铁围生劫灰。丈夫吐一语，霍落飞风雷。直排四海水，并走天外来。手濯天地壳，永去绝纤埃。唤醒群盲儿，欢喜双眼开。

（十二砺）攀断龙髯哭不回，鼎湖仙去下民灾。一身肉痛愁销骨，两脸颜枯瘦入腮。誓以匹夫纾国难，艰于乱世取人才。屡曾算至难谋处，裂破肺肝天地哀。

（十三砺）我有一卷书（即二盟也），仗之以为命。所言非奇辞，教人归于正。昭昭灵台间，生死明于镜。愿为大医王，普治众生病。

（十四砺）法驾遥巡六载余，农桑烟火顿萧疏。深山大泽精灵哭，赤县神州鸟兽居。天下黄金归朔漠，南中白骨蔽郊墟。漳泉数郡屡反正，剩有忠臣野史书。

（十五砺）国家今板荡，旧物一微丝。至苦说不得，长怀病似痴。人心危陷阱，天理过著龟。赖有二盟在，宁无吐气时。

（十六砺）双眼荒荒不寐时，冥搜俊杰慕夷齐。谶符铁券虏当灭，梦出玉清天亦低。城里月明闻虎过，人间夜久望鸡啼。深怜举国巅崖底，谁构悬空万丈梯。

（十七砺）我有真黄金，只作土价卖。陪笑遍示人，竟无一人买。日暮哭归来，反为众所怪。安得明眼人，与之语痛快。

（十八砺）挺挺大丈夫，为世一准则。如何出处间，终始不明白。四皓本周人，多为汉一出。不终为周臣，身与道相失。仅安汉社稷，暗堕张良术。惟我则不然，一身无二适。纵别生圣人，亦当死深密。我出兴我朝，旧都建皇极。今力未能之，昼夜祷空碧。宣王车马来，一见死亦足。

（十九砺）暂尔下生来，落身命尘纲。高明气常清，贫贱语亦响。双足风云行,一心山水想。何时了国事,方外适幽赏。

（二十砺）赵祀必不绝,宋礼吾足评。我土我百姓,永劫心不惊。天君坐灵台,誓行前后盟。念念死亦咒,愿实期必成。口血宁有变,浩劫光晶晶。①

郑思肖将自己比作愚者,并表示这样的愚,恰是对故国的忠诚之心的外在表现。

> 愚,众所鄙之之称也。喜而纳之者,其隐于道者乎？予世今之世,莫人其为人,轧乎愤,骋乎嘱,而兀兀,而讷讷,素无怪其为愚,而喃喃,而岩岩,今亦化而为愚。惜哉,愚于君父家邦,则天其游；愚于胡虏巢穴,则身其囚。吊日景之烛物不晶,惨泪痕之泣睛欲突,临风一呼,将莫裁其所之也。唯予之不甘于愚,乃所以全其隐于愚也耶。②

郑思肖还自称:"我自幼岁世其儒,近中年闯于仙,入晚境游于禅。"③为此他曾自名为"一是居士",并表明了自己终将效死于宋的决心。

> 一是居士,大宋人也。生于宋,长于宋,死于宋。今天下人悉以为非赵氏天下,愚哉。尝贯古今六合观之,肇乎无天地之始,亘乎有天地之终,普天率土,一草一木,吾见其皆大宋天下,不复知有皇帝、王霸、盗贼、夷狄介于其间。大宋,粹然一天也,不以有疆土而存,不以无疆土而亡。行造化,迈历数,母万物,而未始有极焉。譬如孝子于其父,前乎无前,后乎无后,满眼唯父,与天同大,宁以生为在,死为不在耶？又宁见有二父耶？此"一是"之所在也。未死书死,誓其终也,故曰:"死于宋。"

> "一是"者何？万古不易之理也。由之行,则我为主,天地鬼神咸听其命；不然,天地鬼神反诛之。断古今,定纲常,配至道,

---

① 郑思肖:《二十砺》,《郑思肖集·心史》,第69—98页。
② 郑思肖:《一愚说》,《郑思肖集·心史》,第117页。
③ 郑思肖:《三教记序》,《郑思肖集·郑所南先生文集》,第277页。

立众事，自天子至于庶人，一皆不越于斯。苟能深造"一是"之域，与天理周流，明而不惑，杀之亦不变，安能以伪富伪贵刍豢之。①

思肖已舍此身为大宋讨贼、开中兴之大业也久矣。惟累年穷心谋度，无长策自奋，实耻有生，遂誓自为去就计，生莫为之，死则为之。万万必行之，誓决不肯弃于死而竟已。②

郑思肖亦以作有行之人自诫，以表示与无行卿相等人的不同，宣示的还是争取复国的意念。

有行，至贫至贱可以进之；无行，至富至贵不可亲之。何也？有行之人，纲纪森然，动皆法度，不敢一毫越理犯分，恣其所行，虽贫乏不以为不足，无故与之犹不受，况妄谋乎。忠孝仁义，睦于家，蔼于乡，不以害遗于人，断无后殃。无行之人，谲佞残妒，塞于胸间，心目所至，悉犯于理，贪涎满吻，并包之心炽然，使得时则以势劫之矣，虽死且有谋，余孽犹毒于人，必难终以福。匹夫有行，保身、保家、保子孙，遗善为闾里传；卿相无行，亡身、亡家、亡国、亡天下，遗臭为后世笑。敢断之曰："无行之卿相，不若有行之匹夫。"得若人而交之，非损我者也，实益我者也。然我或有一于此，人将拒我，如之何得若是之人而交之耶？其惧人之拒我也，莫若以所以拒于人者反拒乎吾身，庶乎可矣。妄以言议人，则几于小人；能自检其身，则不失为君子。终身其行斯言乎，我少也昧，惟由我父所行之途行焉，凛凛然或恐悖之，怗于父母，愿必进于道，期为君子之归。③

郑思肖还曾表示："我自三十六岁科举断之后，绝不至于学校。又三十一年，终不能忘其为儒也。"为表示不忘儒，他还特别为科举作了辩护，并以此来批驳腐儒无用的观点。

---

① 郑思肖：《一是居士传》，《郑思肖集·心史》，第137—138页。
② 郑思肖：《盟言》，《郑思肖集·心史》，第198—199页。
③ 郑思肖《自戒》，《郑思肖集·心史》，第121页。

甫无愧于为儒,抑亦激励学校,苟未至于大全,其道得以切磋琢磨者,其学问器识可以经纶治道,可著书立言,俾天下人皆不越于礼义廉耻之域,其效博哉。或非其人而儒其业,夫岂曰儒?自古有用之才为君子儒者,尽出于学校。当知学校乃礼义廉耻所自出之地,岂徒有用而已。切勿谓向之学校儒者,惟业科举时文,腐儒何用,何补世道。然科举时文,其所讲明皆九经诸史、诸子百家、天地阴阳、五行万象、历代君臣、圣贤人物、道德性命、仁义忠孝、礼乐律历、制度政事、战守形势、风俗气数、文章技艺、万事万物、格物致知、诚意正心、修身齐家治国平天下之旨要。其中选者众作粲如,亦未尝不妙也。析理则精微,论事则的当,亦多开发后学。其为人物典刑,气节议论,初未尝亡也,特行之有至有未至者,多成空言。今言空言者亦罔闻,更三十年旧儒无矣。后之来者出何不早,不得一拜斯文之盛。[1]

郑思肖作为南宋灭亡后的一个隐士,与其他南宋遗民相比,有更强的爱国情怀和反抗情绪,并且书面表现的言辞更为激烈甚至极端。但是需要注意的是,由于《心史》当时并未流传,加上郑思肖与其他儒士接触较少,所以他的抗元观念能够影响的范围极小,只是在《心史》被发现之后,才使人们对这样的观念有所了解。

五 方逢振等人的义理观点

南宋灭亡之后,方逢振、邓牧、胡次焱、林景熙、丁易东、黎立武、俞德邻等人着重从学理上讨论治道和国家兴亡涉及的重大问题,可以将他们视为"义理派"的江南隐士,分述其主要观点于下。

(一)方逢振论王道

方逢振,生卒年不详,字君玉,号可斋,淳安(今属浙江)人,宋进士,入元后在石峡学院聚徒讲学,被称为山房先生,在理学传承上属于江南的"北山学派"[2],留世著作有《山房逸文》,载于其兄方逢辰的《蛟峰文集》中。方逢振特别指出,王道即生民、爱民与养民之道,以小人趋利带来的括田等行为,完全违背了王道的基本准则。

---

[1] 郑思肖:《早年游学泮宫记》,《郑思肖集·郑所南先生文集》,第277—279页。
[2] 黄宗羲原著,全祖望补修:《宋元学案》第4册,第2724—2725、2749页。

王立民命，道于福基。念本根之系此，即德义以生之。坦然至正之彝理，皆日用推此可遵之，实人遂春熙，圣人出而胎一世之春，天理乃寿群黎之地。惟宽平正大，事事无扰，故涵育浑融，元元咸遂。王维知此，宵旰之念在斯民，道岂他哉，德义之中有生意。观夫《洪范》，其建《驺虞》以成，无反无侧，以修以明，非屑屑以力假，非区区于利征。万端皆正，此《洪范》之攸建，纤芥不仁，岂《驺虞》之大成。

大抵一毫悖理，此岂粹王之道；万宇皆春，莫非吾道之功。故仁寿多在帝治醇醲之际，而糜烂每基于伯图功利之中。王乃纲审其执，贯民所同。极予遵而汝免短凶之咎，仁我行而尔无鄙夭之风。使王民之皥皥如是，见道之生生不穷。情本欲安事，自商汤之制；典因以任教，由成后之通。是道也，在商为极，惟以用康；于夏日中，形而允治。春风惟政之德，时雨行师之义。用能苏怨徯之困，浆食西北，拯瘠捐之命，蚕桑充冀。奈千载以来，亦几斯道之泯，幸一王者作，而受更生之赐。如或戛沈其命，当不任刑，倪令念尔推肌，勿交征利。尝论众形皆有弊，理独不朽坏。证苟弗除，脉终未苏。胡乃括田，非义也。忍矣膏腴之夺，科敛薄德也，伤哉疲弊之敷。曾不曰：怨已满腹，剥将及肤，不去斯二者使承苏也，则生之一脉殆将斩乎。当令化致卤原，寿一农夫之必介，仁先政邑，馁宜老者之无。噫！灭义非可怒，遏怒商顽；败德不必诛，遏诛苗蠢。众芳同植，育则兼育；一物独枯，忍与不忍。王者若曰：顺吾德义者，则施以春生之惠；梗吾德义者，则示以秋杀之威。道宜两尽。噫！陶物以古冶，固善胚腪。医国用盗臣，反滋残忍。毋管晏术行，斩民命于算策。毋孔桑利折，朘民脂于平准。否则遏绝生意，小人未去，皆足为吾民之巨蠹焉，斯道奚其能尽。①

方逢振还对"二十而冠"提出了明确的礼义要求，强调儒者不仅要从小培养，成年后也要对自己所学所行作认真的反省，看其是否符合礼义、道德方面的要求。

---

① 方逢振：《王道以德义生民赋》，《蛟峰文集》卷 8，四库全书本（《全元文》第 8 册，第 275—276 页）。

《冠义》一篇，首及礼义而不先之以冠，礼义备可矣，未也，必礼义立，然后始及于冠，冠其可以不重乎。冠者，大人之服，古者二十而冠，十九而下皆得为童子。一服大人之服，则与童子辞矣，安得不重之哉。人之所以异于禽兽者，以其有礼义也。男子生能饮食，教之右手；能言，教之唯诺；六岁，教之数与方名；七岁，教之能别；八岁，教之能让；十岁学幼仪，十三学诵，成童学舞射御。其为教，不离乎容体、颜色、辞令之间，以常情观之，正容体，齐颜色，顺辞令，初无甚高难行。今自能食能言，至于由小学而大学，岁月若是其久，工夫若是其深，岂徒苦其心志哉，盖大人之坯朴已造于此。容体正，颜色齐，辞令顺，至于礼义始备，以之正君臣而君臣可正，以之亲父子而父子可亲，以之和长幼而长幼可和。至于礼义立矣，然后加之大人之服，故曰冠而后服备，其与童子异也。然所以异于童子者，躯壳云乎哉，盖必有事。既冠以往，三十而有室，则将有父道焉；四十而莅官，则将有君道焉；生乎吾后者，先吾则将有兄长之道焉。回视二十以前，所学何学，则当惕然警，怫然发，痛自督厉。曰正容体，容体果正欤？齐颜色，颜色果齐欤？顺辞令，辞令果顺欤？必能尽乎为人子，而后可以为人父；能尽乎为人臣，而后可以为人君；能尽乎为人幼，而后可以为人长。所谓大人之事者，盖如此。

　　人生之岁月易老，天下之义理无穷。髻龀习之有余，头白行之不足。古人于加冠之始，不得不致丁宁告戒之意，盖终身大人之学，方自此发轫，故又终之，曰冠者礼之始也。后世冠礼废，童子与先生并行，逊让之节既不防闲于幼稚之时，修治之方又不谨严于行冠之始，此人才所以难成，而教道所以戛戛乎难入。[1]

方逢振以隐士和理学学者的身份，以讲述王道和冠礼为由，陈述对治道的看法，应该说是儒者以天下为己任的一种重要表现形式。

(二) 邓牧论君道

邓牧 (1247—1306 年)，字牧心，号文行，又自号三教外人，钱塘 (今属浙江) 人，南宋灭亡后不愿入仕途，先游览名山大川，后隐居于

---

[1] 方逢振：《冠二子说》，《蛟峰文集》卷 8 (《全元文》第 8 册，第 280—281 页)。

余杭洞霄宫,著有《伯牙琴》等。

当隐士的一个好处,就是能够破除约束,放开自我,纵论天下。邓牧就不客气地指出,君主并非异人,凡人亦可成为君主,尤其是崇尚以武力自保的君主,必会带来乱世;而自诩为尧舜的君主,亦会因此而被后世斥为暴秦。

古之有天下者,以为大不得已,而后世以为乐,此天下所以难有也。生民之初,固无乐乎,为君不幸为天下所归,而不可得拒者,天下有求于我,我无求于天下也。子不闻至德之世乎,饭粝粱,啜藜藿,饮食未侈也;夏葛衣,冬鹿裘,衣服未备也;土阶三尺,茅茨不穷,宫室未美也;为衢室之访,为总章之听,故曰"皇帝清问下民",其分未严也;尧让许由而许由逃,舜让石户之农,而石户之农入海,终身不反,其位未尊也。夫然,故天下乐戴而不厌,惟恐其一日释位,而莫之肯继也。

不幸而天下为秦坏,古封建六合为一,头会箕敛,竭天下之财以自奉,而君益贵;焚诗书,任法律,筑长城万里,凡所以固位而养尊者,无所不至,而君益孤。惴惴然若匹夫怀一金,惧人之夺其后,亦已危矣。天生民而立之君,非为君也,奈何以四海之广,足一夫之用邪?故凡为饮食之侈、衣服之备、宫室之美者,非尧舜也,秦也。为分而严、为位而尊者,非尧舜也,亦秦也。

后世为君者,歌颂功德,动称尧舜,而所以自为,乃不过如秦,何哉?《书》曰:"酣酒嗜音,峻宇雕墙,有一于此,未或不亡。"彼所谓君者,非有四目两喙,鳞头而羽臂也,状貌咸与人同,则夫人固可为也。今夺人之所好,聚人之所争,慢藏诲盗,冶容诲淫,欲长治久安,得乎?夫乡师里胥虽贱役,亦所以长人也;然天下未有乐为者,利不在焉故也。圣人不利天下,亦若乡师里胥然,独以位之不得人是惧,岂惧人夺其位哉。夫惧人夺其位者,甲兵弧矢以待盗贼,乱世之事也。恶有圣人在位,天下之人戴之如父母,而日以盗贼为忧,以甲兵弧矢自卫邪?故曰:"欲为尧舜,莫若使天下无乐乎为君;欲为秦,莫若勿怪盗贼之争天下。"嘻,天下何尝之有,败则盗贼,成则帝王。若刘汉中、李晋阳者,乱世则治主,治世则乱民也。有国有家,不思所以救之,智鄙相笼,强弱相陵，天下之乱，何时而已乎。①

邓牧还特别指出，由于君与民之间的关系倒置，使得尧舜之治已经成为遥远的过去，难以再现。

> 又吾中而观人，见君臣父子、典章文物之雍容委蛇，则必慼然忧曰："昔尧之爱此人也，盖尝使契教人伦，有典乐之龙，有典礼之夷。今虽不复见垂衣裳之化，然寤寐思服，若将见都俞吁咈之气象，堂堂巍巍。"吾进吾笾豆而餐也，则见其粝粱与藿藜；吾正吾章甫而出也，则见其黄收而纯衣；吾倚吾荜门圭窦而以为安也，则见其不雕之朴桷，不斫之素题。在万世以如见，岂兰陵之我欺。舜之见尧，见于父子之间，存没之道；君之见尧，乃见于君民之隔绝，今古之乖暌，为舜者慕，为君者悲。②

邓牧认为祸乱社会更严重的是吏，官吏之恶超过盗贼。为了防范这样的祸患，或是以有才的贤者出任官吏，或者干脆废除官吏，由天下自为，也不失为一种有效的治理方法。

> 与人主共理天下者，吏而已。内九卿百执事，外刺史县令，其次为佐、为吏、为胥徒，若是者贵贱不同，均吏也。古者军民间相安无事，固不得无吏，而为员不多。唐虞建官，厥可稽己，其去民近故也，择才且贤者，才且贤者又不屑为，是以上世之士，高隐大山深谷，上之人求之切切然，恐不至也。故为吏者，常出不得已，而天下阴受其赐。后世以所以害民者牧民，而惧其乱，周防不得不至，禁制不得不详，然后小大之吏布于天下，取民愈广，害民愈深，才且贤者愈不肯至，天下愈不可为矣。今一吏大者至食邑数万，小者虽无禄养，则亦并缘为食，以代其耕，数十农夫力有不能奉者。使不肖游手往往入于其间，率虎狼牧羊豕，而望其蓄息，岂可得也。天下非甚愚，岂有厌治思乱、忧安乐危者哉。宜若可以长治安矣，乃至有乱与危，何也？夫夺其食不得不怒，竭其力不得不

---

① 邓牧：《君道》，《伯牙琴》，四库全书本（《全元文》第13册，第211—212页）。
② 邓牧：《见尧赋》，《伯牙琴》（《全元文》第13册，第182—183页）。

怨，人之乱也，由夺其食，人之危也，由夺其力。而号为理民者，竭之而使危，夺之而使乱，二帝三王平天下之道，若是然乎？天之生斯民也，为业不同，皆所以食力也。今之为民不能自食，以日夜窃人货殖，搂而取之，不亦盗贼之心乎？盗贼害民，随起随仆，不至甚焉者，有避忌故也。吏无避忌，白昼肆行，使天下敢怨而不敢言，敢怒而不敢诛，岂上天不仁，崇淫长奸，使与虎豹蛇虺均为民害邪？然则如之何？曰："得才且贤者用之，若犹未也，废有司去县令，听天下自为，治乱安危不犹愈乎。"①

儒者好名，但是按照邓牧的观点，靠自夸和诋毁旁人获取声名是不了解取名之道，而谦虚谨慎并且经常褒扬他人，才是取名之道的真谛。

善誉人者人誉之，善毁人者人毁之，施报之常也。世有好名之士，以其高天下者自负，恐天下之人挟其所长，有以轧己，于是毁之为不足道，为不足与吾并，以表见其高。天下之人不堪其毁，争起而毁之。其始也求得美名，而终也反为天下之恶所归，是不得取名之道也。是以古之君子，道高而愈谦，德尊而愈恭。其于人也，遏恶而扬善，人之有善若己有之，唯恐其不得闻，而以为己所不逮；不幸闻人之过，则亦含容覆护，不忍其不得为君子；故天下之人不堪其誉，争起而誉之，其始也虽若自贬，其终也乃为天下显人，是得取名之道也。

夫以口胜天下，天下之口不犹众乎。或曰："吾道高矣，德尊矣，岂天下所得而强毁者？"曰："在己有可誉之实，人固不得而毁之。然道诚高、德诚尊者，决不至于善毁人，而善毁人未有不为道德之累也，奚其高且尊。"或曰："我诚善誉人，不幸人之毁己也；恶声至，反之如何？"曰："不然。我之誉人也多，则人之誉我也亦多，一人之毁不足胜众人之誉矣。叔孙武叔毁仲尼，仲尼未尝毁叔孙武叔；嬖人臧仓毁孟子，孟子未尝毁臧仓；此孔孟之所以为孔孟，适所以重毁者之恶欤。"或曰："君子语默，唯义而已，何暇恤人之是非，必欲为阿世苟容者乎？"曰："阿世苟容，固君

---

① 邓牧：《吏道》，《伯牙琴》（《全元文》第13册，第182—183页）。

子所不取；如知语默之为义也，则是非固有分矣。夫善誉人者，于己为盛德，于人为令名，此之谓两益；善毁人者，于己为薄德，于人为恶名，此之谓两损。两损两益之间，其相去亦远矣，不可不察也。"①

邓牧还将士比作瑰宝，不仅强调真正的士难以被世人所认识，还特别提出了一士足以关系天地大运的观点，并以此来彰显道德仁义和文章学问对国家兴亡的重要性。

天下有至宝，贵甚夜光，重甚垂棘，而未易识者，一介之士是已。珠隐于蚌，玉藏于璞，与螺蛤瓦石未始不类。然剖之凿之，愚者知为珠与玉。一介之士，道德仁义、文章学问蕴诸其心胸，非如蚌可剖、璞可凿也，脱使得天下高位，则礼乐兴，教化成，天地清宁，神明降格，民物阜殷，举天下至美，愿见不可得者，坐而致之，其为至宝，岂止如夜光、垂棘，一可玩而已哉。奈何一蚌一璞至微，蕴诸大山沧海至深，天下尽心力求之，蛟鳄虎兕有所不避，故为珠玉者迄未尝不得遇。……夫一事成败，一物完毁，莫不有数行其间，岂有天地大运、治乱废兴非是数所为者。一士穷达，常关系天地之大运，岂人力哉。举天下非蠢谬无知，孰不能忧乱思治，哀废乐兴；及治乱兴废所分，日与同处，而卒莫之识，则是穷天下智虑，卒无以自别于蠢谬无知，亦可哀矣。故尝谓一介之士，未尝绝于天下。天无日月星辰，空然气耳；地无山河草木，莽然块耳；人无一士之道德仁义、文章学问，蠢然万物耳。日月星辰未尝一日不丽乎天，山河草木未尝一日不著乎地，一士之道德仁义、文章学问，乃不得常为人类所宗，何人类不幸，独不得如天地之粲然有章、炳然有文也。要之，道德仁义、文章学问，亦未尝一日不与日月星辰、山河草木并立不悖，特显晦不同耳。当天运之泰，则达为稷、契、皋陶、伊、傅、周、召；及天运之否，则穷为夷、齐、孔、颜、长沮、桀溺。故虽穷而在下，未尝不隐然为扶植人类也，使一日无所扶植，人之类绝灭久矣。天下之士，常隐被一士之泽而

---

① 邓牧：《名说》，《伯牙琴》（《全元文》第13册，第182—183页）。

不自知也。世之假士自名者偲然曰："我良治天下国家。"世亦徒以为士，且恶知真所谓士者，与天地相为表里，岂易得哉。一介之士足以关系天地大运者，世既不之识，而号为士者又眇然不足道，则是通天下之惑，有甚于瞽，其何以救之。后之欲治天下国家者，其亦以求夜光、垂棘之心，而求一介之士，则天地大运不可得泰乎，然亦曰有数。①

邓牧所论君道、吏道、名道、士道，既带有指点江山的豪放特征，也带有强烈的忧国忧民特征。尽管他所讨论的问题，是历朝历代都要面对的问题，但是在元朝取代宋朝的特定历史时期讨论这些问题，实际上反映的是他对时政的不满，对于这一点应该有清楚的认识。

（三）胡次焱论子道

胡次焱（1229—1306年），字济鼎，号梅岩，婺源（今属江西）人，宋进士，入元后隐居教学，著有《梅岩文集》。

胡次焱曾自言："甲戌（1274年）、乙亥（1275年）间江左厄运，父子夫妇不相保。当是时一鼎同沸，何有于仁不仁、善不善之分。""人知抢攘，初玉石俱焚，善不善一辙，《周易》几空谈。"② 南宋灭亡后，胡次焱坚持在著文时只用干支纪年，不用新朝年号。有人劝他仕元，他以《媒嫠问答诗》作答，尤强调"女不践二庭，妇不再移天"，以表明自己的守节之志，③ 后人对此举动有"知正之所以胜邪，天理之在人心，犹日月之在天也，可以缺食，而不可以丧其明"的评价。④ 胡次焱还特别以赞扬菊花来表达对守节的重视："菊为守节之士，譬秦政方虐，园绮亨于商岩也。渊明之恋晋也，犹夷齐于商；而其鄙刘也，犹园绮于秦，宜其爱菊为万世之倡。呜呼！士有不幸而类渊明所遭之世者，不有篱菊，将谁与归？"⑤

胡次焱精通易学，在政治理念上着重强调的是"贵有子"的观点，并且从史学、经学、易学等角度对这一观点作了解释。

---

① 邓牧：《宝说》，《伯牙琴》（《全元文》第13册，第190—191页）。
② 胡次焱：《寿庆楼记》，《梅岩文集》卷4，四库全书本（《全元文》第8册，第253页）。
③ 胡次焱：《嫠答媒》，《梅岩文集》卷2。
④ 程以文：《跋媒嫠问答诗后》，《梅岩文集》卷9。
⑤ 胡次焱：《菊墅记》，《梅岩文集》卷4（《全元文》第8册，第255页）。

甲寅（1254年）乙卯（1255年）间，予尝为朋友言曰："富如陶石，贵如金张，未足恃，而有子可恃。贫如原范，贱如奚敫，未足忧，而无子可忧。请以天下譬之。始皇灭六国，吞二周，混一区宇，气势何如，是时太公（刘邦之父）特丰沛中一细人耳。较始皇于太公，何啻泰山与毫毛。无何，而太公为天子父，以天下养。始皇死，肉未寒已为不祀之鬼。始也太公欲为始皇不可得，卒也始皇欲为太公不可得。何也？太公以高祖为之子，始皇以胡亥为之子，此有子无子之效也。大而天下，小而一家，均此理耳。"①

十年前尝跋《辀轩唱和诗集》，极言有子无子之效，于今益信。嗟夫！谈史以迁显，彪史以固显，故曰"贵有子"也，然此史学也，非经学也。充礼以戴传，曾书以祉传，故曰"贵有子"也，然此书礼学也，非易学也。乃若梁丘贺之有临，刘昆之有轶，张兴之有鲂，伏曼容之有暅，易学传家，父作而子述之，赫乎相映，故曰"贵有子"也。②

"贵有子"与孝有紧密的联系，胡次焱为此特别强调了"孝善一理"的观点。

孝非易能也，孔门弟子在鲁论，惟闵子骞以孝称。善非易能也，孟门弟子在轲书，惟乐正子以善称。……虽然，孝善一理耳。顺亲有道，明善为先，善继善述，始谓之孝。闵子骞岂不善，乐正子岂不孝，孔孟姑称其一节，以概其余耳。为孝子必非凶人，为善人必非逆子。

谓善施由亲始，孝则善之本。不间其父兄昆弟之言，推而与人为善，善则孝之扩。以继善言，则秉夷降衷，孝自善出。以积善言，则处己待物，善又自孝出，固一理也。③

胡次焱还指出了要成子道，必须注意学习，而"明经"是极为重

---

① 胡次焱：《跋辀轩唱和诗集》，《梅岩文集》卷7（《全元文》第8册，第236页）。
② 胡次焱：《跋胡玉斋启蒙通释》，《梅岩文集》卷7（《全元文》第8册，第237—238页）。
③ 胡次焱：《孝善胡先生谥议》，《梅岩文集》卷5（《全元文》第8册，第246—247页）。

要的要求。

> 吾固于先朝"经明行修"一语有感焉。夫经明以学问言，行修以践履言，必修行而后经明有实用，非行修则经明徒虚文。
> 惟明《书经》之敦叙，故修而为孝友之行。惟明《易经》之谦恭，故修而为谦逊之行。惟明《礼经》好恶之辟，故修而为喜愠不形之行。……经明而行修，岂独科第而已。……祖宗以行修为明经之实，子孙亦以行修副明经之名。春诵夏弦，必思瞬存而息养；朝吟暮诵，必思昼为而宵得；否则，明经徒纸上语耳，何关于吾身哉。①

> 洁净精微，易教也，不节，则易失于贼。疏通知远，书教也，不节，则易失于诬。温柔敦厚，诗教也，不节，则易失于愚。恭俭庄敬，礼教也，不节，则易失于烦。属辞比事，春秋教也，不节，则易失于乱。教者不节，其失乃尔，岂不沦胥于陷溺乎。济易教之溺当，以不远复为桥，然后骎骎造乾坤之奥境，溺于贼者善达矣。济书教之溺者，当以秦誓、悔过为桥，然后徐徐造尧舜之域，溺于诬者利涉矣。济诗教之溺者，当以思无邪为桥，然后洋洋乎动天地、感鬼神，溺于愚者诞登矣。济礼教之溺者，当以毋不敬为桥，然后骎骎乎三千三百之盛，溺于烦者坦途矣。济春秋之溺者，当以正名辨分为桥，然后熙熙乎西周之美可寻，文武之迹不坠，溺于乱者康庄矣。
> 地理资桥以达险阻，即经义资桥以拯垫溺，无二理也。不特此也，杨子谓天下有三门，由情欲为禽门，由义礼为人门，由独智为圣门。必由道明经之桥，方可诣人门、登圣门，而超乎禽门。先儒谓吾道有两关，以知之致为梦觉关，以意之诚为人鬼关，必问津乎明经之桥，方可唤醒梦关为觉关，摆脱鬼关为人关。人门、圣门、人关、觉关，皆当秣马脂车于明经桥上，将见平平义路，巍巍仁宅，终吾生徜徉外，又可遗子孙，以安驰马高车，抑其细者乎。然则行者非桥，无以造九通八达之衢；学者非桥，无以造六经诸子之

---

① 胡次焱：《明经书堂记》，《梅岩文集》卷4（《全元文》第8册，第248页）。

闻。里有桥,东西南北殊途而同归;经有桥,删定系作殊体而同归。①

胡次焱所论述的"贵有子"的子道观点,以及对明经之桥的说明,包含了重塑理想政治生态的强烈愿望,表明隐士虽然身可以远离政治、远离朝廷,但心依然与政治有着更密切的关系。

(四)林景熙论正统

林景熙(1241—1310年),字德阳,号霁山,温州平阳(今属浙江)人,宋进士,入元后隐居,著有《白石稿》《白石樵唱》等,现存著作为《霁山文集》。

在正统问题上,林景熙的观点与郑思肖接近,但是不像郑思肖那么绝对,只是强调了应以蜀汉为正统,并且在东晋时期,不能将所谓"五胡"建立的政权列入正统的范围。

《通鉴》,鲁史也。《纲目》,春秋也。《鲁史》载二百四十二年行事,至《春秋》笔削严矣。或问紫阳夫子曰:"《通鉴纲目》主意安在?"答曰:"主正统。"每阅其编,如书莽大夫、魏荀攸、晋处士、唐特进,笔削一字间,况老瞒汉盗,玄德汉胄,史不当黜胄而与盗,故以蜀汉系统上承建安、下接泰始,而正统于是大明,用《春秋》法也。同时文昭朱子作《三国纪年》,亦以蜀汉为正,然而不废前史者,犹《鲁史》之于《春秋》也。正统在宇宙间,五帝三王之禅传,八卦九章之共主,土广狭、势强弱不与焉。秦山河百二,视江左一隅之晋,广狭强弱居然不侔,然五胡不得与晋齿,秦虽系年,卒闰也。

抑持寸管以诛奸慝,天地鬼神实与闻之。顾所以自持其身者,必无毫发或愆于正,不然,彼冥冥者亦将有辞。千古在前,万世在后,从圣其尚,谨之哉。②

对于南宋的灭亡,林景熙特别就权臣贾似道故居的景象,指出了权

---

① 胡次焱:《明经桥记》,《梅岩文集》卷4(《全元文》第8册,第249—250页)。
② 林景熙:《季汉正义序》,《霁山文集》卷5,四库全书本(《全元文》第11册,第35—36页)。

臣误国带来的国破家亡的后果。

> 当年构华居，权焰倾卫霍。地力穷斧斤，天章焕丹雘。花石拟平泉，川途致兹鏊。唯闻丞相嚔，肯后天下乐。我来陵谷余，山意已萧索。苍生堕颠崖，国破身孰托。空悲上蔡犬，不返华表鹤。丈夫保勋名，风采照麟阁。胡为一声钲，聚铁铸此错。回首耒草碑，荒烟掩余炸。①

林景熙还在诗作中，特别表彰了陆秀夫和徐应镳的死节行为。

> 南海英魂叫不醒，旧题重展墨香凝。当时京洛花无主，犹有春风寄广陵。②
> 高名不与魄俱沉，鱼腹孤忠耿至今。翠碣已书身后谥，寒泉犹照死时心。神游旧月山河改，梦断疏槐风雨深。埋骨誓终从武穆，栖霞岭树隔秋阴。③

对于宋亡后从皇帝北上的家铉翁志不仕元，八十二岁时才返回江南，林景熙也在诗作中大加褒扬。

> 濒死孤臣雪满颠，冰毡啮尽偶生全。衣冠万里风尘老，名节千年日月悬。清唳秋荒辽海鹤，古魂春冷蜀山鹃。归来亲旧惊相问，禾黍离离夕照边。④

林景熙还曾到杭州游历，以诗歌记录了当时的心情，反映的是对故国的追思以及对现实状况的惆怅。

> （故宫）惊风吹雨过，历历大槐踪。王气销南渡，僧坊聚北

---

① 林景熙：《故相贾氏居》，《霁山文集》卷1。
② 林景熙：《题陆大参秀夫广陵牡丹诗卷后》，《霁山文集》卷1。
③ 林景熙：《太学同舍徐应镳誓义沉井后十年众为营墓立碑私谥正节先生》，《霁山文集》卷1。
④ 林景熙：《闻家则堂大参归自北》，《霁山文集》卷1。

宗。烟深凝碧树，草没景阳钟。愁见花砖月，荒秋咽乱蛩。

（辟雍）冠带百年梦，昔游今重嗟。璧池春饮马，槐市暝藏鸦。堂鼓晨昏寂，廊碑风雨斜。石经虽不火，岁岁长苔花。

（礼闱）枫陛将亲策，兰宫此并驰。凡鳞风雨化，澹墨鬼神司。染柳春衣净，看花晓马迟。偶来追昨梦，戌屋草离离。

（西湖）繁华已如梦，登览忽成尘。风物肇西子，笙歌醉北人。断猊三竺晓，残柳六桥春。太一今谁问，斜阳自水滨。

（孤山）回首咸平梦，清风自满湖。乾坤一士隐，身世此山孤。鹤去空秋影，梅开尚旧株。耳孙今白发，持酒酹寒芜。①

林景熙还特别强调"士大夫一出一处皆有道存"②，并对君子如何保持行善的本色作了简要的说明。

> 予惟天地间事事物物，其初何尝不善。《易》曰："一阴一阳之谓道，继之者善也，成之者性也。"生而后有性，未有性时已有此善，继之斯成之，孟子以利善之间分舜跖，原其初，跖岂不善于舜哉。吾一日之间，鸡鸣而起，孳孳为善，一日之舜也。又自一日而往，以至周天三百六十日，无不为善，一岁之舜也。又自一岁之日而往，以至三万六千，岁岁之日无不为善，终身之舜也。终身为舜不为跖，由是体受归全，归形气之全于父母，归性之全于天，吾毫发无遗憾，何适不善，善吾初也。吾不失吾之善，而非有以善吾也，其言似知道，非深于道也。故不若洙泗之言为正，朝而闻生此道也，夕死可息亦此道也。从心而行，乘化而尽，与道逍遥，吾何知焉。③

需要注意的是，林景熙并不反对大一统，所以对平阳改州后的治理特别提出了以下要求："天下一家，生齿益庶，始改为州，殆兹土之遇也。士校农亩，商途工肆，民风固亦素良，然而抚之则循，激之则骇，人情不甚远也。为政者洗心贞白，一以父母道牧之，美衣甘食为太平

---

① 林景熙：《故宫等诗》，《霁山文集》卷2。
② 林景熙：《青山记》，《霁山文集》卷4（《全元文》第11册，第49页）。
③ 林景熙：《善吾精舍记》，《霁山文集》卷4（《全元文》第11册，第48页）。

民，不亦幸欤。"① 也就是说，只要当政者能够行爱民之道，在故宋地区也能获得民众的支持。

（五）丁易东论易统

丁易东（？—1294年后），字汉臣，武陵（今属湖南）人，宋进士，入元后隐居乡里教学，著有《周易象义》《大衍索隐》等。

丁易东专攻易学，特别强调"易道无穷，识见有限。圣人作易，取此四十九、五十之数，以神蓍卦之用，而天地、人物之理，无所能逃"②。为辩明易学的发展，丁易东特别归纳出了解释易学的十二种体例："一曰以理论易，二曰以象论易，三曰以变论易，四曰以占论易，五曰以数论易，六曰以律论易，七曰以历论易，八曰以术论易，九曰以事论易，十曰以心论易，十一曰以老论易，十二曰以释论易"③。象的解释也有十二种体例，但可归纳为三体，"大抵易之取象虽多，不过三体，所谓本体、互体、伏体是也"④。丁易东还就易与理之间的关系作了以下说明。

> 《易》者，圣人穷理尽性以至命之书。然非若他经之言理也，每即象以明理焉。不得与象，则不得于理；不得于理，则亦不得于象。
>
> 圣人之心，不出于一理。大易之象，不出于八卦。随时变易，将以从道而已。所谓如珠走盘而不出于盘者，其圣人作《易》之谓欤。⑤
>
> 《易》，一太极而已矣。太极，一理之极至而已矣。易，变易也，以其变易而无穷，故谓之易。然其所以变易者，孰主张是有理焉，以其至极无以复加，故尊之曰太极。
>
> 夫《易》，无思也，无为也，寂然不动，感而遂通天下之故。无思，无为，无极，而太极之本体也寂然不动。太极之静，感而遂

---

① 林景熙：《平阳县治记》，《霁山文集》卷4（《全元文》第11册，第59页）。
② 丁易东：《原衍》，《大衍索引》卷1，四库全书本（《全元文》第10册，第633—634页）。
③ 丁易东：《易统论上》，《全元文》第10册，第641—643页。
④ 丁易东：《周易象义自序二》，《全元文》第10册，第637—638页。
⑤ 丁易东：《易统论中》，《全元文》第10册，第643—646页。

通天下之故。太极之动也，冲漠无朕之中，万象森然。已具物物之太极，固已具于吾心一太极之中矣，夫是之谓《易》有太极，夫是之谓心有太极。是故，圣人以此洗心，退藏于密，非天下之至神，其孰能与于此哉。①

丁易东还特别借"田卣拒金"的历史典故，以诗作表达了自己不看重名利金钱，暗含的则是不阿附新朝的政治态度。

> 嘻嘘唏，人奔奔，皆为名利之所役，贤反愚兮明反昏。夜却金兮尚高洁，择一钱兮义同颉。莱芜甑中尘扑飞，悬鱼老子肝似铁。四公嗷嗷何不墨，图中但见齐田稷。蠹蚕吏亏纲未足夸，特貌慈闱耀贞德。奉君本欲娱亲喜，阿母怒兮惊且愧。若使当年一纳间，那得芳名播青史。主圣亲贤臣涤衷，公金赐姁恩爱隆。非独舍之罪不诛，昭昭敦化扬仁风。我披此传重踌躇，岂独田卿贪若斯。谓语今人知不知，偷安苟富诚合如。老万翁，志不渝，费千金，畜此图。此图传后世，后世重义轻金与。②

丁易东专治易学，与江南理学学者的观点有所不同，在理学盛行的江南地区，其影响确实有限，但不能由此而否定他对易学发展所起的作用。

（六）黎立武论明明德

黎立武（1243—1305年后），字以常，号寄翁、元中子，新喻（今属江西）人，宋进士，入元后隐居，著有《中庸指归》《中庸分章》《大学发微》《大学本旨》等书。③

黎立武是理学"兼山学派"（二程弟子郭忠孝所创）的传人，④ 依据理学的学说，他不仅强调"大学之道，其要有三，曰明明德，曰新民，曰止至善"，还特别强调了明明德的基本方法是"内则自明明德，

---

① 丁易东：《易统论下》，《全元文》第10册，第646—648页。
② 丁易东：《田卣拒金图》，《全元诗》癸集上，第34页。
③ 吴澄：《元中子传》，《吴文正公集》卷65（《全元文》第15册，第400—401页）。
④ 黄宗羲原著，全祖望补修：《宋元学案》第2册，第1025、1044页。

外则明明德于天下"①，并对"明明德"的概念和基本要求作了以下解释。

> 大学者，大成之学也。《学记》云："知类强立，谓之大成。"是以化民易俗，此大学之道也，道亦大矣。学，所以明道也，行道也，岂小成哉，故曰大成之学。明德者何？在天曰命，在人曰性，率性曰道。德者，得也。五常具于人，其性得诸天，其道得诸己，虚灵内彻而辉光外著也。明明德者，缉熙光明之义，使内无间断而明益彻，外无壅蔽而明益著也。……夫明德者，天命之本然；至善者，天则之当然。明明德，即自明之道也。新民，即明明德于天下，率仁兴孝之类，明民之道也。②

科举取消之后，黎立武有过"状元及第，今为隔世之虚名"的感叹，③但是对于朝廷在江南的考试儒生，他不仅积极参与并给予了肯定性的评价："至元甲申（1284年），予被檄试补郡学弟子员，得士四十。明年，部使者至，议增员，又拔其尤者七十有四。申令典，除更徭，无滥选，无倖免。已而定儒籍，合郡之第进士者，升太学者，贡乡漕者，并兹选凡若干人，章缝于于，迥异民伍，庶乎贵肆矣。"④也就是说，至少在给儒士以特殊待遇的问题上，黎立武显露的是与新朝合作的态度。

（七）俞德邻论善虑

俞德邻（？—1293年），字宗太，丹徒（今属江苏）人，宋进士，入元后隐居，有《佩韦斋集》传世。

俞德邻亲历了宋元战争，并曾被元军作为人质羁留于军中，他特别用诗作记录了战时的情形。

> 一朝天险失长江，肉食诸公竞卖降。受禅碑中无姓字，只今谁忆鹿门庞。投阁先生著剧秦，陇西降将欲全身。沙场无万沈冤骨，

---

① 黎立武：《大学发微》，四库全书本。
② 黎立武：《大学本旨》，四库全书本。
③ 黎立武：《谢临江李总管重修状元坊启》，《全元文》第11册，第143页。
④ 黎立武：《临江路选中儒士题名记》，《全元文》第11册，第146页。

却是周褮与杞人。①

威弧惨无光，城乌啄大屋。淮云苍莽间，千载几荼毒。忧心甫殷殷，又复正阳筑。正阳亦何许，地接英与六。传闻夜点兵，文书下机速。挥汗起负戈，部伍竞驰逐。平明驱出城，令严秋气肃。岂不实苦辛，主忧固臣辱。前年戍襄樊，去年戍郢复。白骨秋野横，青磷阴房煜。生还偶然尔，忍怨征行促。所悲世路艰，无罪罹杀勠。潢池弄盗兵，绿林仇饷肉。茫茫畿甸间，风尘涴人目。圣明抚遐荒，先事清辇毂。干戈动邦内，岂计颥臾蹙。扶颠要得人，拨乱如转烛。秋山翡翠青，秋水蒲桃绿。去去取封侯，勿羡牧羊仆。②

昔年北兵涉黄渡，官军一万了岩驻。岩前十里无人烟，焉知今日重生聚。老翁殷勤指长孙，生时开庆方改元。今年裹头明年娶，感荷太平天子恩。传闻鼎湖龙又逝，空余弓剑留人世。天上唯多三数公，社稷苍生谁早计。老翁忧时色枯槁，羸卧岩前分犊草。京师来往千万人，欲问明时知者少。嗣皇继圣生神灵，西陲何事犹征兵。襄樊未复郢又急，正阳新筑淮又平。吾侪红颜今有几，青袍白马纷纷是。岩前鬼磷阴雨青，老翁说着心胆惊。愿君努力扶休明，翁也菁羹安余生。③

昔闻月岩岩上月，无今无古无圆缺。天无二日月有二，此岂鬼剔神剜出。我从前月客帝京，月明忽苦虾蟆精。尔时见天会事发，誓取妖蟆膏寸铁。不知岩月当此时，上睹月食悲不悲。我行过此三叹息，此月不食彼月食。再拜山灵问川后，妖蟆到底受磔否。④

明月何皎皎，疏光入城堙。永怀辽鹤去，及归无故人。故人亦何许，往事不忍陈。龙逝鼎河寂，麟伤周道湮。桑溟变俄顷，干戈遍穹垠。眼中万年少，谈笑乘朱轮。王侯与卿士，零落随埃尘。兴亡固有数，贵贱亦有因。狐裘冬则御，桃笙夏乃珍。万事每如此，毋为徒苦辛。⑤

---

① 俞德邻：《感事二首》，《佩韦斋集》卷7，四库全书本。
② 俞德邻：《甲戌（1274年）游盱江，六月二十一日发武林》，《佩韦斋集》卷1。
③ 俞德邻：《甲戌秋过了头岩有感》，《佩韦斋集》卷1。
④ 俞德邻：《甲戌六月十四日月食过半，七月十四日抵广信月岩有感而作》，《佩韦斋集》卷1。
⑤ 俞德邻：《秋夜杂兴三首》，《佩韦斋集》卷2。

第八章 侧重学理的政治主张

在战争中，无论是宋军还是元军，都有大肆杀掠平民的行为，俞德邻为此特别赋诗，以使后人不要忘记这样的历史。

> 妾家浙水东，一门十朱轮。男多止一女，钟爱归妾身。七岁诵经史，十岁学补纫。十五事机杼，二十供藻蘋。不忍嫁张掖，爱我归宁频。去年边事起，处处惊为磷。尽室遁空谷，雷雨弥半旬。狐兔伴我食，虎狼为我邻。群盗政猖獗，白昼昏埃尘。惊忧转成疾，抱痛不敢伸。传闻官军至，草木生欢欣。岂料反纵暴，舞戈猎生人。仓皇不得避，驱斥行海滨。避寇寇幸免，依人人不仁。哀哉有如此，妾生何不辰。①
>
> 前年强寇至，仓忙避空谷。我里数百家，及归半鱼肉。去年南军来，诟詈行杀勠。纵暴与寇等，十家九家哭。今年迎北军，膜拜卷两足。死者归途泥，存者依草木。惊魂苦未定，乃复遭驱逐。凄凄厓市间，寒月照逃屋。乾坤等覆持，圣明均煦育。而我天降凶，伊谁怨荼毒。哀哉勿重陈，回首诉力牧。②

俞德邻还以长诗记述了南宋灭亡的前因后果，其中既有对权臣误国的指斥，也有对忠臣报国的表扬，还有对南北统一后善政的期盼。

> 坏云覆紫微，疾风卷黄屋。生灵半涂炭，社稷竟倾覆。借问谁厉阶，往事具可复。穆陵握乾符，丁揆覆鼎𫗧。北兵渡淮黄，沔鄂盛諠謣。涟海荡为墟，交广骇干腹。兀然天柱摇，凛甚国脉蹙。明诏起臣潜，扶颠秉钧轴。将帅一奋呼，江汉奏清肃。维时望公间，高誉俪方叔。遄归持相印，景定实初卜。百寮迎近郊，至尊略边幅。策勋告庙庭，陈乐备敔祝。煌煌福华编，传者笔为秃。焉知事夸毗，欲掩天下目。得政曾几何，故老尽斥逐。哀哀杞天崩，度皇继历服。定策比周召，卜世过郏鄏。万微委岩廊，十年卧林麓。金屋贮娉婷，羽觞醉醹醁。伍符日空虚，鄽鄾富储蓄。纷纷轻薄徒，睒䀹市自鬻。荃蕙化为茅，龟玉毁于椟。怡然谈笑间，祸机已潜伏。恭惟幼冲人，天步深蹐跼。一朝襄樊破，杀气薄川谷。折冲亦何为，筹边置机速。扞御既失宜，奔溃更相属。含垢护逆俦，况望

---

① 俞德邻：《前哀哉行》，《佩韦斋集》卷1。
② 俞德邻：《后哀哉行》，《佩韦斋集》卷1。

诛马谡。沙武倏飞渡,长江俨平陆。连横万艨艟,悠悠自回舳。老夏亦遁逃,竟学龟藏六。败证剧膏肓,抟手但颦蹙。仓黄出视师,氛埃昧前纛。总统付虎臣,窃倚晋郤縠。下洲师前锋,未战兵已衄。溃卒争倒戈,降将群袒肉。单骑窜维扬,走险甚奔鹿。触热赴清漳,就死何觳觫。蹇予客朱方,沈忧发曲局。谁传田宜中,厦仆支一木。奈何张苏刘,猜忌不相睦。所过皆欲攘,兹事岂颇牧。借箸资腐庸,授钺逮厮仆。焦门集战舰,乾坤一掷足。水陆迷畏途,师丧国逾辱。区区拒毗陵,曾不事版筑。驱民入罟护,骈首遭屠戮。至今用钺地,天阴闻鬼哭。苏秀暨湖杭,死生犹转烛。行成漫旁午,公等真碌碌。独松守张濡,儿戏斗蛮触。信使鬼成禽,贾祸几覆族。三宫泣草莱,万姓呼莠曲。疑丞诣高亭,献玺愿臣属。黼宸释冕旒,羽卫撤弓韣。广益亟南奔,穷荒寻帝倏。茕然太母身,垂老歌黄鹄。彼哉宁馨儿,乘罅叨爵禄。屈膝同所归,伊谁念王蠋。江湖数十郡,李赵差可录。元恶迷是似,万世有余恧。庭芝困广陵,储亡二年粟。力战尚可支,而乃事蜗缩。乙亥仲夏交,此向发一镞。死伤近七千,从此辍推毂。浮海未桴及,委身饲蛇蝮。姜亦就葅醢,淮城危破竹。故国莽丘墟,彼黍何稢稢。翠华渺焉之,扶桑睇日浴。魂断曲江春,新蒲为谁绿。骑鲸事已非,葬鱼势转促。南纪讫朱崖,一战绝遗躅。旋闻俘文相,系颈系燕狱。又闻陆元枢,抗节死弥笃。二公风尘中,耿介受命独。板荡见忠臣,百身竟难赎。恭惟五季间,永昌应符箓。一举平泽潞,最后收庸蜀。文子继文孙,三才归促育。中更靖康祸,流血洒川渎。光尧躬再造,艰苦芜菱粥。淳熙受内禅,德盛仁亦熟。宁理度丕承,膏泽多渗漉。内无褒妲患,外绝安史黩。戚畹及阉寺,屏气但蜷曲。向非彼权臣,玉食擅威福。如何盘石固,转移仅一蹴。凄凉数载间,王侯乏半菽。九庙翳蒿藜,丘陵游豕鹘。向来阛阓地,雨露滋苜蓿。老我亦何为,穷途困羁束。愁伤觉衰曳,垢腻忘颒沐。蛰迹笑桓鲵,窃食愧饥鹜。安得董狐辈,直笔濡简牍。诛奸录忠荩,上与麟经续。海宇今一家,贡赋均四隩。化日满穷阎,淳风变颓俗。余生幸未化,刀剑易牛犊。聊种邵平瓜,且植渊明菊。[1]

---

[1] 俞德邻:《京口遣怀》,《佩韦斋集》卷2。

俞德邻还就陆秀夫的死节,专门写了三首挽词。

　　杞国天将压,苍梧云正愁。龙胡垂可挽,鱼腹葬何忧。万死丹心在,千龄王气收。悬知精卫忿,今古不能休。
　　七朝迷瘴雾,一昔倒狂澜。天意竟难料,皇图不再安。宁甘蹈东海,不忍系南冠。自古谁无死,从容就义难。
　　群雄纷爱死,一士独捐生。历数绝谁续,纲常晦复明。人皆念王蠋,天岂祸程婴。泪眼休枯尽,他年看史评。①

南宋灭亡后数年,俞德邻再到杭州,亦就故都临安的景色,抒发了对故国的怀念之情。

　　十年南国足风埃,锦绣湖山得再来。醉里不知人世改,更从云气望蓬莱。
　　襄城七圣云迷泽,槐里三原草合烟。今古兴亡元有数,福华当日为谁编。
　　万户千门达曙开,管弦嘲哳沸楼台。只今明庆钟声动,已报巡灯响铎来。
　　杖藜乘兴不辞遥,行尽苏堤过断桥。白发老翁依古柳,相逢挥泪说前朝。
　　水秀山明仙佛国,天开地辟帝王家。欲穷胜赏人非昔,独立西风夕照斜。
　　衮绣三朝迈等伦,曾将双美绘麒麟。当年早共赤松去,未必清漳见逐臣。
　　黄门飞鞚赐厨珍,翠舞珠歌度十春。今日败垣荒草合,近前那复相君嗔。
　　堤边杨柳拂晴波,堤上游人炫绮罗。山色湖光浑似旧,采莲人唱采茶歌。
　　慈云岭下拜郊台,表里湖山绣画开。十载西风动禾黍,行人休忆翠华来。

---

① 俞德邻:《故枢密使陆公挽词三首》,《佩韦斋集》卷6。

西马塍边红杏雨,金牛寺外白杨风。杭人忧乐多如此,倪有圣贤吾欲中。①

尽管有思念故国之情,俞德邻并没有抱持反元的态度。对于全国统一之后的尊儒重教措施,俞德邻给予了高度的评价:"今圣天子以神武混一区夏,车书万驿,雨露一天,泚茇泮芹,生意续续,乡有乡师,邑有教谕,郡有教授,置提学以纲维之,命廉访以勉励之,而又蠲其力役,均其廪补,立为岁贡之法。士生斯时,亦云幸矣。"②

俞德邻还以"域民固国威"为例,详细说明了圣人善虑的道理,即最缜密和有效的思虑,是在治国中如何稳固民心、保持国本,而不是靠域民和武力来维系国威。

> 古圣人之虑天下,虽未尝不详,而亦未尝恃其虑之详,何者?圣人以一身为天下之主,必以一心周天下之虑,虑之不周则其为患也。必不测,俟其不测而图之,则其虑也亦晚矣。是以古之圣人,事为之虑,曲为之防,举凡所以经纶维持之具,无一不入乎思虑之中,是皆所以为天下计也。然圣人则未尝恃之也,圣人何心哉?天下之事,固患于虑之疏,而尤患于恃其虑之密。恃其虑之密者,虽密犹疏也。是故封疆可以域民也,而民有时而不可域;山溪可以固国也,而国有时而不可固;兵革可以威天下也,而天下亦有时而不可威。惟其不恃其计虑之周,而默有以为维持经理之具,是则古圣人意也,是则吾孟子所以警战国诸君之意也。

> 域民固国威,天下如何?请得以申孟氏之旨。夫有一家者,必为一家之虑。有一国者,必为一国之虑。有天下者,必为天下之虑。绸缪之戒,必谨于阴雨之初;于隍之虞,必谨于城复之始。虑之不可不周也,尚矣。然尝论之天下犹一家也,善为家者,其有不虑乎垣墉之勤也,缄縢之摄也,扃鐍之固也。其为虑也,亦周矣,然而巨盗之至,负匮揭箧,担囊而趋,惟恐缄縢扃鐍之不固也。然则向之缄縢而扃鐍,不乃为大盗积者乎。故诸侯之有国也,天子之有天下也,立为比闾乡井之法,设为山溪城郭之险,制为干戈弧矢

---

① 俞德邻:《癸未(1283年)游杭作口号十首》,《佩韦斋集》卷7。
② 俞德邻:《镇江路儒学成德堂记》,《佩韦斋集》卷9。

之利，皆所以安国家，皆所以卫社稷也。其虑非不周，其计非不密也。然而有圣贤以主之则安，无圣贤以主之则危。城不改辟也，民不改聚也，兵革不改其坚且利也，昔焉比闾乡井可以坊民，今则并其比闾乡井之法而窃之；昔焉山溪城郭可以卫国，今则并其山溪城郭之险而窃之；昔焉干戈弧矢可以威天下，今则并其干戈弧矢之利而窃之；吾之虑患愈密，人之为吾虑患愈巧，然则世之所谓虑患者，有不为大盗设者乎？所谓域之固之威之者，有不为大盗守者乎？嗟夫，是非虑之过也，恃其虑之过也。

鱼不可以脱于渊，天下之利器不可以示人。凡圣人所以维持天下之具者，是即天下之利器也。是故作兵甲用田赋，鲁不然乎哉。方城以为城，汉水以为池，楚之大竟何如也。超乘免冑靡旌摩垒之勇，彼齐秦独不然乎哉。始于恃其智虑之周，终乃变生于智虑之外，是则毅豹之事也。鲁有张毅者，善养其外而病攻其内；有单豹者，善养其内而虎食其外；天下事亦犹是耳。是以圣人之虑天下，不恃其民之必可域，而恃吾有以固结其心之仁；不恃其国之必可固，而恃吾有保宗庙守社稷之本；不恃天下之必可威，而恃吾有不争善胜、不战屈人之术。凡是者正恐蹈夫缄縢扃鐍之智，而为毅豹之养也。嗟夫，战国诸君其有不为缄縢扃鐍之智者乎，其有不为毅豹之养者乎。今日移民，明日移粟，今日筑薛，明日城宋，今日伐楚，明日伐齐，纷纷纭纭，无有宁岁，然而治竟何如也。吁，此孟子所以深慨也。昔人有以药石卫生者，储醴醪，具针砭，参苓溲勃靡所不备，然不为元气之护，而独规规于外患之弭，防之愈至，而其夭阏愈速，是则战国诸君之所以为社稷计也。孟子曰："得道者多助，失道者寡助。"然则道也者，其维持天下之本也，夫抑维持天下之本也夫。①

俞德邻的善虑之说，显然是有所指的，就是希望元朝的统治者改变以武力树威的方法，用仁政来争取江南民心，才能达到长治久安的效果。

---

① 俞德邻：《域民固国威天下如何论》，《佩韦斋集》卷8。

六　刘辰翁等人的兴儒观点

还有一些江南人士，如刘辰翁、王奕、吴龙翰、家铉翁、汪梦斗、黄仲元、卫宗武、梅应发、曾子良、牟巘等人，主要关注的是儒士的政治前途问题，并就儒学教育、科举取士以及儒者的自身修养等提出了不同的看法，可以将他们视为"兴儒派"的江南隐士，分述其观点于下。

（一）刘辰翁论用儒

刘辰翁（1232—1297年），字会孟，号须溪，庐陵（今属江西）人，宋进士，曾上书指贾似道误国，入元后隐居，著有《须溪集》《班马异同》等。

刘辰翁是江南理学"巽斋学派"（由欧阳守道创建）的传人，与文天祥师出同门。[①] 他强调儒者在与官僚打交道时，应认识到是官求儒而不是儒求官，儒者要有自傲的态度："公卿久不下士，可谓轻先；才能不逮中人，顾堪闻上。独安取此，亦使知之。公求士甚于士求公，上援下，不以下援上，何污而为之洗耳，何嫌而至于绝交。彼将不屑以为名，我乃无言而不报，但存交际，亦是风流。如某者枯木朽株，死灰复溺，文好文，景好老，已不如人，公不公，孔不丘，又何有我。"[②] 与之相应的是，刘辰翁对取消科举后的儒者入仕之途抱怀疑的态度："顾乡里小儿，起白身徒步，如蝇附骥，如隔墙取果，如维摩臂见异国，举津津焉动其心，谅无一人能安分白发者。岂昔之能者皆静退，而今之往者皆英妙耶？意者科举废而瓦缶鸣，官簿非而狗尾续也。"[③] 即便是求得一官半职，在刘辰翁看来，儒者面临的也是极恶劣的环境："士患不入官，入官邂逅恶弱残州冷邑，如囚寄枯悬，俸入不足以塞号啼之忧，回思士贵，至欲复为屠羊不可得。"[④]

刘辰翁还特别指出，作为御史台的官员尤为不易，只有遭遇英主，才能真正发挥谏官的作用。

[①] 黄宗羲原著，全祖望补修：《宋元学案》第4册，第2943、2963页。
[②] 刘辰翁：《谢有山黄提举启》，《须溪集》卷7，四库全书本（《全元文》第8册，第513—514页）。
[③] 刘辰翁：《送人入燕序》，《须溪集》卷6（《全元文》第8册，第529页）。
[④] 刘辰翁：《赠韩道录序》，《须溪集》卷6（《全元文》第8册，第540页）。

> 践官不堕常事，若代有言责高其前，闻人如臧孙达谏鼎出棠鱼上远甚，君子以为必有后，盖三世而至文仲言犹立，盛哉。如臧孙有几，而泯焉者多矣。
> 虽州县小吏，米盐钱谷，驰驱寒暑，排幹山海，岂比乘使者车、坐行台察属部高简贵盛哉。而视世事浮沉利害，若无与瘁，相顾憔悴，妄发为戒，居常疑阳城七年事，不知此七年间，夙兴夜寐，何能自处。人生几七年，官旦暮不保。少年不自爱，快朝饱、忽失声已矣，何限独兢兢，顾畏名节不可为，宁负当年羞万世，尚论解衣赴蹈急病。况仁圣在上，大度如天，吾尝苦口谕亲友，教儿子，虽亡怀亡益，独闻数年间吐哺某事，某事趣销印，趣销印如不及。叹曰："真英主也，勉之哉。"语布衣难，人臣又难。谏人主易，谏英主尤易。①

尤为重要的是，国家兴亡和天下得失，要注重的是仁政是否行之于天下，并且士人也应承担相应的责任。

> 古之得天下者，必问其所以失，猝有问得失于士大夫者，亦知之乎其何以言之。三代之得天下也以仁，其失天下也以不仁，又非其所以失也，学与政不相待也，文与行不相应也。其排击也强，而负荷也怯，则诸君子亦不得不任其责矣。我有先正身为盛时，庆历欧公、中兴忠襄、淳熙以来二杨，端平刚简，间者阔焉，而遂至于此，人人自愧自悔之无及，而纷纷者方肆于平世，则亦乐其所以亡矣。夫余也岂敢以往事咎诸君子哉，均是学也。颠也，或以为非一绳所维。兴也，亦以为非一木之力。一与一同，而兴坏分，进退决，强弱异也。②

为了振兴儒学进而有用于国家，儒者必须认真学习儒家的治道学说，注重学术和人品，而不要抱怨废科举阻塞了士人的出路。

> 道犹天也，凡干戈溃乱之出于宇宙，如雷霆风雨危不可处，而

---

① 刘辰翁：《赠廉监司序》，《须溪集》卷6（《全元文》第8册，第542页）。
② 刘辰翁：《吉水县修学记》，《须溪集》卷1（《全元文》第8册，第578页）。

天体霁然，不待明日，光复其旧，必归于礼乐情性、道德风俗。如使古圣人之所以为天下国家者不用，而一出于兵与刑，则民之类灭久矣，孰非命也。由周公而上千有余岁，命世而为君。由孔子至今亦千有余岁，命世而为儒。君道未尝非儒，儒者实辅是君，以明其道。故诵尧之言，行尧之行，是亦尧而已矣。诵夫子之言，行夫子之行，是亦夫子而已矣。居敬行简，以临其民，南面之夫子也。敬事而信，节用爱人，千乘之夫子也。一日无是道，则国非其国矣。而儒者犹欠然曰不用，道未尝不用于世，而世有无用之儒，代之所以绝续存亡，民之所以死生利病，特系于理之是非，而不在其人之用舍。

得乎道而为天，得乎天而为命，道命一物也，古今一日也。道在是，则夫子在是，夫子在是，则君道在是，故事道如夫子，事夫子如事君。《记》曰："能为师，而后能为长；能为长，而后能为君。"夫子教为君者也，律有烦有省，令有迁有改，惟经之为训毋敢畔，是故《春秋》者拨乱反正、万世太平之书也。利欲之横流也，甚于洪水，然平成之后，不闻复有洪水也。由今之俗望春秋犹治世，非春秋之世治也，所以为春秋者治也。刑之而有不惩也，兵之而有不遏也。君君、臣臣、父父、子子，受之天为中国，受之王为嘉师，必有推明人极之立与天地并，其效常得于世，教之所不及，而后知今之致隆者容有未尽，昔之暂废者本未尝亡也。

夫视学告朔，岂直观美哉。诸生低回习礼，具瞻冕服，其亦思夫东家之匹夫，陈蔡之环辙。时君遗之，乡国违之，而所以致此者，亦其遁世无闷，不怨不尤，屈于一时者，为教大也。故必以迂晦为世守，陋穷为家法，而况上之人优重之、作成之，当路简擢之、著定之，阛邑茂异之。顾其踽踽凉凉，一或不能专志于道，而终安于命，则所以为天下国家者，又未见其有可望，而天下国家亦卒若外之者，未必皆世之咎也。余既言三代余民受罔极之赐如夫子者，又欲陋巷时贤以身之贫贱学其为夫子者，盖进取之事不在科举，而在学术与人品，此世道之古也。[1]

---

[1] 刘辰翁：《临江军新喻县学重修大成殿记》，《须溪集》卷1（《全元文》第8册，第576—577页）。

千年学校敝，而入于科举，以处前名备州县朔望而已。洒扫进退之不讲而应对疏，容貌辞气之不亲而笾豆远，以至门人为臣，一跻一否而长幼之节废，学政不可为也。①

作为战乱后幸存的隐士，刘辰翁更想要表达的是抛弃功名、安心于学问诗词的态度，所以在诗词中多有感慨故国和醉心隐居生活的描述，可列举几首于下。

春尽不知暮，城荒独至今。楼台花下远，草木雨中深。寒食无烟绿，颓垣有月侵。荒苔随意古，落子又成阴。邻笛残兵泪，胡琴故国心。废兴天不语，钟鼓遍园林。②
乱向残年定，东风息战尘。太平如可待，相见贺从新。自笑屠苏老，谁吹画角晨。几人天宝旧，重赏后元春。卖钏犹堪醉，簪花不恨贫。渊明今甲子，犹是晋时人。③
世路故当穷，兴亡一转蓬。闭门羞俗子，仰屋感秋风。旧日施行马，如今掩候虫。铮然一叶下，从此万山空。岁月玄蝉槁，乾坤白雁通。荒凉今又在，吹笛月明中。④
天下事，不如意，十常八九，无奈何。论兵忍事，对客称好，面皱如靴，广武噫嘻。东陵反复，欢乐少兮哀怨多，休眉锁问朱颜，去也还更来么。⑤

应该说，刘辰翁在用人方面表现出的较为悲观的观点，与他多年的隐士生涯相符合，但更为重要的是悲观而不颓废，才是儒者有用于世的真谛。

(二) 王奕、吴龙翰论儒者无用

王奕，生卒年不详，字伯敬，号玉斗山人，玉山（今属江西）人，入元后曾任本县教谕，著有《玉斗山人集》。

全国统一之后，王奕曾邀请江南士人一同前往曲阜参拜孔庙："仆

---

① 刘辰翁：《双溪书院记》，《须溪集》卷1（《全元文》第8册，第581页）。
② 刘辰翁：《城春草木深》，《须溪四景诗集》卷1，四库全书本。
③ 刘辰翁：《新年贺太平》，《须溪四景诗集》卷1。
④ 刘辰翁：《闭门感秋风》，《须溪四景诗集》卷3。
⑤ 刘辰翁：《大圣乐·伤春》，《须溪集》卷9。

慕陶归隐,结屋琊峰,十载耕云,吟计仅足起观宇宙之间人道之大,惟君师而已。天门万里,力未能乘风云,依日月。汶阳邹鲁之邦,吾夫子之宫阙在焉。今九域既一,关河无阻,学者不能致樽酒办香之敬,是不知有师也。欲壮兹行,敢告吾党:伏以阙里宫墙久矣,关河之隔,朝廷疆里,适兹文轨之同,欲瞻尼山师道之尊,合致曲阜心香之敬。况洙泗即非弱水,而邹鲁正是中原,今既在邦域之中,何自弃门墙之外。愧圣师夫子救时犹老于辙环,而吾侪小人阅世甘忘于株守。敢邀同志用决此行,或负笈,或携琴,徜徉于长亭短驿;可乘舟,可策蹇,吟咏乎名山大川。览天地之六经,吊圣贤于千古,慕温良恭俭让之德,想仕止久速时之心,出处不得罪于春秋,生死亦无惭于名教。"① 至元二十六年(1289)王奕一行在曲阜参拜了孔庙,不仅留下了祭文,还观看了孔子的祭祀仪式,② 并以诗作记录了自己的感慨。

> 高垣门十一,云是鲁城基。浮浮化荆榛,孔庙存威仪。奎门出浩荡,杏坛历逶迤。古今帝王所,形仆影即随。人间此天阙,可望不可跻。诗书寿老壁,孙子绵遗规。杲杲不可尚,百世当前知。
> 圣人与天游,择地岂必巧。袤延十里林,老翠镇盘绕。斧斤不可寻,兵劫不能燎。翁仲俨冠带,麟虎峙强矫。书生拜风木,起立九肠搅。筑室今不多,驰踵古应少。春秋泉壤幽,日月天地晓。洙桥一线流,渗注入万沼。入陵见金椀,公相计不早。父乾兮母坤,白骨无寿夭。衔冤绝归鹤,谁复欣华表。九原信可作,两观事未了。
> 人惟君与师,得在天地间。蜂蚁失所主,生息决不蕃。逐日渴未死,顾影悲余年。平生东鲁心,皓首瞻圣贤。上下二千载,历历观遗镌。惜哉数墨子,想象成虚传。十章纪大略,尽和遗山篇。忠肠搅葵漆,喉棘不忍言。③

王奕还游历了宋元会战的地方,用诗词表达了对统一所带来的朝代

---

① 王奕:《东鲁义约》,《玉斗山人集》卷1,四库全书本(《全元文》第10册,第599页)。
② 王奕:《奠大成至圣文宣王文》《祖庭观丁歌》,《玉斗山人集》卷1(《全元文》第10册,第600页)。
③ 王奕:《和元遗山》,《玉斗山人集》卷1。

更替的复杂情感，并强调在这样的世代变化中，无论是忠臣还是儒者，都只能是无力回天，难有作为。

谁橐红炉铸宝刀，辟开太极奠金鳌。尾摇光岳星辰转，背负乾坤日月劳。潮落潮生通气息，帆来帆去动毫毛。不知南北车书混，此际翻身第几遭。①

皇天久矣眼垂青，盻盻先生此一行。遗表不随诸葛死，离骚长伴屈原清。两生无补秦兴废，一出诚关鲁重轻。白骨青山如得所，何消儿女哭清明。襄汉无人替一肩，遂令杞国坠青天。是谁铸此一大错，此事公知三十年。尽爱中都为宰相，岂知上界有神仙。纵饶不返南飞翼，也合津桥化血鹃。②

长江衣带水，历代鼎彝功。服定衣冠，礼乐聊尔就江东。追忆金戈铁马，保以油幢玉垒，烽燧几秋风，只有当头著，全局倚元戎。攒万舸，开一棹，散无踪。到了书生，死节蜂蚁愧诸公。上有黄天白日，下有人心青史，未必竟朦胧。停棹抚遗迹，往恨逐冥鸿。③

翠微亭上醉，搔短发，舞缤纷。问六朝五姓，王姬帝胄，今有谁存。何似乌衣故垒，尚年年生长儿孙。今古兴亡无据，好将往史俱焚。招魂何处，觅东山筝，泪落清罇。怅石城暗浪，秦淮旧月，东去西奔。休说清谈误国，有清谈还有斯文。遥睇新亭一笑，漫漫天际江痕。④

决眦斜晖里，品江山，洛阳第一，金陵第二。休论六朝兴废梦，且说南浮之始。合就此衣冠故址，底事轻抛，形胜地把笙歌，恋定西湖水，百年内，苟而已。　纵然成败由天理，叹石城，潮落潮生，朝昏知几。可笑诸公俱铸错，回首金瓯犚徒，漫溅了，紫云青史。老楣幽花栖断础，睇故宫，空扐英雄牌，身世蝶，侯王蚁。⑤

---

① 王奕：《题金山金鳌阁》，《玉斗山人集》卷1。
② 王奕：《彭泽祭陶靖节祠》，《玉斗山人集》卷2。
③ 王奕：《水调歌头·过鲁港丁家洲乃德佑渡江之地有感》，《玉斗山人集》卷3。
④ 王奕：《木兰花慢·和赵莲澳金陵怀古》，《玉斗山人集》卷3。
⑤ 王奕：《贺新郎·金陵怀古》，《玉斗山人集》卷3。

吴龙翰，生卒年不详，字式贤，歙县（今属安徽）人，宋末曾在史馆任职，入元后隐居，以故地重游的诗作婉转地表达了对故国的思念和书生在国家兴亡中难有作为的感怀。

> 黄尘茫茫北风起，黄芦萧萧日色死。百万征夫血怒流，点污淮南一湖水。向来失著图中原，一朝此地化为边。养兵百年不用力，将军金印惭空悬。南湖南湖君莫渡，万仞山高鬼门户。夜夜青磷照断蓬，训狐自戴骷髅舞。①
>
> 巨灵劈破苍山石，鞭起九龙入空碧。山分两半合不成，夹住长江数千尺。九道惊湍相击撞，雷声怒发谁敢当。神蛟出没不可数，往往杀气摩穹苍。呜呼蜀道行且难，剑门险似铁门关。一夫可敌万夫勇，大开栈道通殽函。固知长江当城壁，立此天堑限南北。东南王气无穷年，此江未必成桑田。君不见，敌兵百万连艨艟，雄师出斗一扫空，书生不能长枪与大剑，只坐帷幄收奇功。②

王奕和吴龙翰的儒者无用观点，在江南隐士中具有一定的代表性，因为只要抱定不与新朝合作的态度，儒者确实难于有为于天下。

（三）家铉翁论儒士

家铉翁（1213—1298年），字则堂，眉州（今属四川）人，以荫补赐进士出身，宋末作为南宋使者被羁留在大都，至82岁才返回江南，著有《春秋集传详说》《则堂集》等。

家铉翁强调儒士要传承自古以来的"自贵"士风，关键在于己而不在于人，只要自己坚持不被名利和进退所诱，就能做到"自贵"。

> 三代盛时，耕于野者为民，升于学者为士。士者，民之秀杰，千百而一二者也。故有选士，有俊士，有造士，由俊而造，德成行尊，是之谓进士。王与二三大臣论其材能，而授之以位，公卿大夫由此其选也。乃若府史胥徒之属，则庶人之在官者耳。蠲其征输而役之，以事官长，所举不以荐之于王，是乌得俊造齿哉。盖上之所贵者在士，故天下之士莫不知所以自贵。风俗淳厚，人才众多，用

---

① 吴龙翰：《过淮南湖》，《古梅遗稿》卷4，四库全书本。
② 吴龙翰：《牛渚山观大江》，《古梅遗稿》卷3。

此道也。降春秋而战国，王者之制日以堕坏，而老学宿儒犹能以道自任，不与世变俱迁也。当时诸侯大国之君，亦知儒之为贵，卑躬尽礼，惟恐不能致其肯，以待众民异术者而待之乎。又降而两汉，选举之制虽与古异，然非经明行修名为儒者，不得在高位，国之羽仪，民之师表，于是乎在。其有由他途而进，或阶曹掾而升，不过职钱谷、治簿书，试以其所长而止耳。自是以来千有余年，九流名家并驰争先，而圣人之道，儒者之教，如三辰丽天，清明光洁，万目同仰，夫岂以一屈一伸、或用或舍而为晦明轩轾乎。道如是，教如是，儒者之所以为贵，亦如是。万钧一羽，在我而不在物也。①

自贵有二，贵己之贵而无慕乎外，学者事也；贵己之贵而无志于世，隐者事也。无慕乎外，可也；无志于世，则亦隐而已矣。二五储精，人得其秀而最灵，是以贵乎物。然天能与人以此贵，而不能使人皆知自贵。知自贵者，其必由学乎。《中庸》之"尊德性"，尊此者也。孟子谓"人人有贵于己"，贵此者也。此学者贵己之贵，而加以学问存养之功，所以全其天也。人固贵乎物，而士君子复有学以自贵其道，夫然后在我者重，而不为外诱所移，穷而独善其身，此贵也；达而得行其道，亦此贵也。处畎亩，在朝廷，素富贵，素贫贱，无入而不自得者，知自贵者也。若夫荷蓧长沮，接舆之伦，傲世放旷，自高其道，彼自以为贵，非圣门之所贵也。

盖贵己之贵，无慕乎外者，士君子之常守。而有此德必在此位者，亦事理之当然。时止而止，时行而行，本然之贵固自若也，岂必高逝远引而后能全其贵乎。②

家铉翁还特别强调，儒者入仕的基础是学问和志向，而学问和志向靠的是平时的学习和积累，这样才能在入仕后发挥重要的作用："士之仕也，观其志之所存；及其既仕也，观其政之所先，其所先者乃其志之所存也。存之于平居，先之于临事，惟学问君子能之，不可望此于众人也。"③ 在这方面，家铉翁与北方的儒士有共同的看法，正如他为中原

---

① 家铉翁：《送杨善长序》，《则堂集》卷2，四库全书本（《全元文》第11册，第728—729页）。
② 家铉翁：《自贵堂记》，《则堂集》卷1（《全元文》第11册，第791—792页）。
③ 家铉翁：《送崔受之序》，《则堂集》卷2（《全元文》第11册，第727—728页）。

一名儒者解释"养志堂"的含义时所言:"既又念来瀛一纪,定交君父子间,见其居家持身处乡,动由矩则,犹有中原盛时道学君子之典刑,故不克终辞,而书以复之曰:养志之事,不特在晨昏定省与夫起居食顷之间,必也以诚合诚,以志承志,乃为能尽其致养之道。"①

家铉翁感叹"丧乱以来,士大夫家服膺祖训恪守无坠者几人",②所以特别按照儒家的学说,强调要使圣人之道流行于当世,必须坚持圣人之道所具有一本和一理。

> 圣人之道,一本而万殊;学者之学,万殊而一致。此曾子、子贡后先所闻两一贯之大旨也。盖道体之大原,其初一理也,分而为二,列而为四,离而为八,衍而至于万,何莫非道体流行之妙。原其初,一而已矣;会其归,亦一而已矣。圣人之道,一本而万殊,曾子所闻于夫子者也。然学者之造道,必由粗而达之于精,由博而返之于约,由条目支节而贯之于道。是故洒扫应对,学也;读书穷理,学也。俎豆之容,登降揖让之节,千绪万端,何往而非学,然究其归,未有出于吾此一之外者。此学者之学,万殊而一致,子贡所闻于夫子者也。前一贯,犹沧海之纳百川,百川之来无穷,沧海之纳无量,古往今来,上天下地,一理之外,岂有他哉。后一贯,如枝叶之于根本,扶疏上出,万有不齐,返而贯之,皆不外乎一本。③

> 时之行,物之生,天道固无所不覆。然天非物物而生之,加以雕镂组织之功,亦贯之于一而已。贯之于一,此天道不言之妙,而圣学之极功,所以与造物相似者也。④

家铉翁还从"明明德"发展出了"德昭"的说法,所要强调的就是儒者要具有自昭其德的精神。

> 君子观《晋》之象而自昭,其本有之明,故曰"自昭明德"。

---

① 家铉翁:《养志堂记》,《则堂集》卷1(《全元文》第11册,第789—790页)。
② 家铉翁:《跋心如水翁治家箴》,《则堂集》卷4(《全元文》第11册,第734页)。
③ 家铉翁:《新绘一贯图书后》,《则堂集》卷4(《全元文》第11册,第738—739页)。
④ 家铉翁:《圣门一贯图书后》,《则堂集》卷4(《全元文》第11册,第737—738页)。

《大学》之"明明德",《晋》之"自昭明德",其义一也。人负阴抱阳,钟五行之秀,有诸己,无待乎外者,此德也。蕴之吾心,虚灵不昧,达之于事,泛应曲当,动与理会,此德之明也。是明也,固厥初之赋与贤愚之同德,而人之闻道有早晚之异,其用功于学有勤惰之不齐,故其事物相接也,目视而耳听,手持而足行,不能纯乎天理,有时而汩于物欲之累。如离明丽乎太空,容光必照,一为阴翳所薄,其明不能无亏,迨夫翳去明见,本体之虚灵未尝一息间也。君子自昭其明,亦不过克去物欲之累,复还本体之真。欲净理明,吾之得诸天而有诸己者,固自若也。夫子既著其义于《易》之《晋》,曾子复于《大学》而详言之,《大学》之"明德",《晋》之"自昭",圣人吃紧为人欲其求诸己无待乎外也。我之德而我自昭之,是之谓自昭。①

学问之道,所贵乎见善之明也,用心之刚也。见善明,知之事也。用心刚,行之事也。二者相须而相为用,去一非学也。②

家铉翁还特别强调了《春秋》非史的观点,认为《春秋》并不是一部历史著作,而是讲明治道原理的政治论著,因为《春秋》所体现的大义,就是明君臣之分和正乱贼之诛。

《春秋》非史也。谓《春秋》为史者,后儒浅见,不明乎《春秋》者也。昔夫子因《鲁史》修《春秋》,垂王法以示后世。《鲁史》,史也;《春秋》,则一王法也,而岂史之谓哉。陋儒曲学以史而观《春秋》,谓其间或书,或不书,或书之详,或书之略,或小事得书,大事缺书,遂以此疑《春秋》。其尤无忌惮者,至目《春秋》为断烂朝报,以此误天下后世,有不可胜诛之罪。由其不明圣人作经之意,妄以《春秋》为一时记事之书也。或曰:"《春秋》与《晋乘》《楚梼杌》并传,皆史也,子何以知其非史,而为是言乎?"曰:"史者,备记当时事者也。《春秋》主乎垂法,不主乎记事。"

---

① 家铉翁:《德昭字说》,《则堂集》卷3(《全元文》第11册,第748页)。
② 家铉翁:《晋斋说》,《则堂集》卷3(《全元文》第11册,第753页)。

> 或一事而累数十言，或一事而屡书特书，或著其首不及其末，或有其义而无其辞，大率皆予夺抑扬之所系，而宏纲奥旨，绝出语言文字之外，皆圣人心法之所寓，夫岂史之谓哉。盖《晋乘》《楚梼杌》《鲁春秋》，史也，圣人修之，则为经。昧者以史而求经，妄加拟议，如蚓蜗伏乎块壤，乌知宇宙之大，江海之深，是盖可悯，不足深责也。①

> 盖《春秋》之作，所以垂王法于后代，明君臣之分，正乱贼之诛，乃王法之大者。……《春秋》为万世立法，以诛讨乱贼为首务。臣而弑其君，岂容尽为之讳乎。而近代诸儒乃曰："鲁史官固直书其事，圣人隐避其恶，而修之曰君薨。"呜呼！君不幸见弑，史臣既书之于策稍，正贼臣之罪，而《春秋》又从而削之，圣人亦何心而为此哉？每见近代诸儒不以明白正大而求《春秋》，务以迂回曲折而求《春秋》，显者或索之于隐，直者或揆之以迂。圣人修经之旨，反因是郁而不通。盖《春秋》书法虽有微辞奥旨之所在，至于命德讨罪，赏善罚恶，《春秋》之心犹帝王之心也，似不必专以隐奥迂曲求之也。②

家铉翁虽然滞留北方多年，但仍以宋臣自诩，并表示死后的坟冢前所立碑石，也要明确写上"宋使姓某，其名某"③。在诗作中，他也表示了强烈的思乡和思故国的情感。

> 曾向钱唐住，闻鹃忆蜀乡。不知今夕梦。到蜀到钱唐。④
> 此地无山喜有台，南瞻北眺两宜哉。衰翁无事日倾倒，佳客何人时一来。孤鹤飞鸣知我在，征鸿嘹唳为谁哀。老来万事如归宿，不为忧愁强把杯。⑤
> 南来数骑，问征尘，正是江头风恶。耿耿孤忠，磨不尽，唯有

---

① 家铉翁：《春秋集传详说序》，《春秋集传详说》卷首，四库全书本（《全元文》第11册，第732—733页）。
② 家铉翁：《春秋集传详说》卷1。
③ 家铉翁：《假馆诗》，《则堂集》卷5。
④ 家铉翁：《寄江南故人》，《则堂集》卷6。
⑤ 家铉翁：《九日登瀛台》，《则堂集》卷6。

老天知得。短棹浮淮，轻毡渡汉，回首觚棱泣。缄书欲上，惊传天外清跸。路人指示荒台，昔汉家使者，曾留行迹。我节君袍雪样，明俯仰，都无愧色。送子先归，慈颜未老，三径有余乐。逢人问我，为说肝肠如昨。①

家铉翁注重儒士守节的观点，使其在江南隐士中获得了较高的声望，但还要注意他的其他观点，才能看清他对儒士的全面要求。

（四）汪梦斗论匡复儒学

汪梦斗，生卒年不详，字以南，号杏山，绩溪（今属安徽）人，宋末任史馆编校，入元后隐居教学，著有《北游集》《云间集》等。

汪梦斗在丁丑年（1277）的教学中，以"复其见天地之心乎"为题，特别强调了对"复"的解释，核心论点就是儒学的发展有起有伏，有明有暗，治乱之交儒学的衰落，暗含着生机，所以儒者不能自暴自弃，而是要有匡复儒学的信心。

> 天地之心，何心也？天地以生物为心者也。天地以生物为心，当于物正生时可见，何独于"复"见之？盖物正生时，万汇已尽发育，百嘉已尽蕃茂，天地生生之道发露在外，人皆可见矣，不必言其见也。……天地生物之心，何由而可见乎？虽然静极则动，阴阳相乘之机无一息间断，古人于十月纯阴之时谓之阳月，以其一阳生五阴之下，群阴渐退，一阳渐长，于是冱寒者可煦，凄冻者可融，黄落者可萌，甲藏蛰者可振动。斯时也，物虽未生，而生之道已勃然不可御，此之谓"复"，此之谓见天地之心。夫纯阴疑于无阳，至此冬至阳回，如去而归，如失而得，故谓之"复天地之心"，不见于显然之时，而隐然见于杀气之中，此是生物之几，如俗所谓"掉转头"是也，虽若不可见，而实可见者也。呜呼！天地生物之心于复可见，天地以阴骘斯文为心，不亦于吾道之复见之乎。
>
> 诸君徒伤世道之否，宇宙闭塞，贤人遁藏，万象萧条，鄙诗书如故纸，唾礼乐为何物，将谓四教可废、五常可泯、六经可弃、儒

---

① 家铉翁：《念奴娇·送陈正言》，《则堂集》卷6。

业摈于不用矣。吾道剥蚀，不殊穷冬。吁，天地以阴骘斯文为心，岂欲世之乱至此极乎？尝考晋末衣冠陵夷，儒者索然丧气，吾道剥蚀甚矣。隋王仲淹教授河汾，著书立言，诸儒生受业者不一，吾道亦如冬至之复矣。唐兴，贞观之治，率其高弟子为之。然则，当晋之季吾道剥蚀，真如纯阴用事，物生已息，而仲淹得以不死，盖硕果不食之象，天地阴骘斯文之心，亦可见也。诸君毋谓时不尚文，时未及学，遽自以为吾道不振，儒不足贵，甘于自暴自弃也。某窃谓：吾道乃人生日用常行之道，斯民共由之而不知者，本无晦明，本无绝续；时若晦矣，而晦之中自有明之几；时若绝矣，而绝之中自有续之几。若于其几见得分晓，便足以见天地之几。既见得此几，是天地阴骘斯文之心，便当于其若晦者明之使愈明，若绝者续之使愈续，以仰副天地生物之心，则吾道将如冬至之复而春矣。

某又请论夫所谓吾道之晦而必使之明，吾道之绝而必使之续，又何为而可明，何为而可续也。盖吾道非他所谓道，敕天命纪民彝之谓道耳，其目有五，曰父子有亲，曰君臣有义，曰夫妇有别，曰长幼有序，曰朋友有信，是五者天命之性，民彝之理。所谓敕者，敕此而已。所谓纪者，纪此而已。契为司徒，敬敷五教者此也。今也世事扰扰，圣智未兴，孰主张之，孰扶持之，孰纲维之。有不泪其父子之伦者乎，然所谓有亲者终不可泪也，亦犹阴杀之中有阳复之几，一念才觉，为子尽孝，便足以见本心复矣。有不泪其君臣之伦者乎，然所谓有义者终不可泪也，亦犹阴杀之中有阳生之几，一念才觉，为臣尽忠，便足以见本心复矣。有不泪其夫妇、长幼、朋友之伦者乎，然所谓别序信者终不可泪也，亦犹阴杀之中有阳生之几，一念夫义妇顺、长令幼从、同门合志，便可见本心复矣。天命之性，民彝之理，一日丧失，人类灭矣。非天地生物之心也，至此而复之，乃天地之心也。[1]

汪梦斗还特别指出，儒者要学习的是天下的大道，而不是将学问用作科举考试和钓取名誉地位的工具，所以必须知道学而为己符合天理、

---

[1] 汪梦斗：《绩溪县学舍冬至开讲》，《北游集》卷下，四库全书本（《全元文》第19册，第681—683页）。

学而为人顺从人欲的道理。

> 人患不知学,既知学矣,又当知天理人欲之辩。六经不言学字,言学始于《说命》。秦汉隋唐以来,字义不明,训一学字,极是舛错。近来所谓儒者之学,不过读书作文,沽科第、钓爵禄而已。吁,曾是可以言学,此固非夫子所谓古之学,亦非夫子所谓今之学。
>
> 且夫子之时,尚无所谓读书作文之弊,而夫子已有为己、为人之分,何也? 朱子之说未著,诸老先生训童蒙,解学字必曰:"学者,学先王之道也。"何谓先王之道? 昔者帝舜使契为司徒,敬敷五教曰:"父子有亲,君臣有义,夫妇有别,长幼有序,朋友有信。"所谓道也,所谓民性之本善者也,学者学此而已。夫子之时,既无近世读书作文之俗,学何莫非学乎此者。夫子何以又有为己、为人之分? 然是五者,莫非己也。人当以此五事为己分上事,一有未尽,则己分未尽。是故父子有亲,或有未亲,必求先觉所以有亲者效而则之,至于必有亲矣,亦己分合当为者耳。君臣必有义,或有未尽,必求先觉所以有义者效而则之,至于必有义矣,亦己分合当为者耳。夫妇、长幼、朋友亦然。如使学为父子有亲者,不曰己分合如此有亲,而乃曰吾能如此有亲,则人知我能处父子也。学君臣有义者,不曰己分合如此有义,而乃曰吾能如此有义,则人知我能处君臣也。推之夫妇、长幼、朋友,莫不皆是。欲见知于人,以若所为皆似不干己事,是之谓为人。人于五者上著力,把作己分合为便是为己,才把作求人知而后为便是为人。为己便是天理,为人便是人欲。圣人教人,直是如此分别,毫厘有差,便有理欲之判。若使圣人见后世之学,读书作文,专于沽科第、钓爵禄,又岂不大可哀哉。①

对于存天理和去人欲,汪梦斗也依据先贤的学说,在甲申年(1284)的讲学中作了具体的解释。

---

① 汪梦斗:《华亭县九峰书院开讲·子曰古之学者为己今之学者为人》,《北游集》卷下(《全元文》第19册,第684—685页)。

梦斗少闻先大父康范家庭之训有云:"天理人欲四字,随处体认,自受用不尽。"某奉此于读书行事间,每见一言一事,便分天理人欲两途。始自人生而静观之,浑然天理,冲漠无朕,万善毕备,无一毫人欲杂乎其中,何恶可言及。夫感物而动,天理人欲两途于此乎分。所谓"几善恶",是时人欲虽生,天理未损,所谓善恶二字最好看。"几"字,正是理欲胜负分两个路头处,去而之善固在此,去而之恶亦在此。然是时天理人欲方交战于胸中,胜负未分,天理胜则本然之善固在,不幸而人欲胜,则下趋于恶,本然之善始丧亡无余矣。

凡善皆天理,为刚为健,为正大为光明。凡恶皆人欲,为柔为顺,为邪曲为暗昧。学者于此而慎其所趋,则阳明用事,而阴浊不行,此所谓能处置者也。圣贤所谓修道,所谓立命,所谓存心,所谓复性,所谓求仁,曰修,曰立,曰存,曰复,曰求,此处置之说,要不过使人克去人欲,复还天理云尔,此学者最急务也。

夫人不食则饥而死,固不能不食,食以充饥足矣,若求饱焉,即有贪婪饕餮之意。夫人木处而颠,土处而病,固不能不居,居以蔽风雨足矣,若求安焉,即有纵肆之意,此便是天理人欲之分。食以充饥,天理也;求饱而流于贪婪饕餮,人欲也。居以蔽风雨,天理也,求安而荡于纵肆,人欲也。以某推之,却是如此,先康范尝言天理人欲两途,本无难辩,人谁不愿存天理而去人欲,然学者不患于分晓处差,只患于近似处差。

然又有一字,分为两途。富与贵是人之所欲也,不以其道得之,不处也,此一个欲字,兼该好与不好在中。富贵人之所欲,此欲字善恶未分,不以其道得之而处,则全向人欲边去,不以其道得之而不处,则自向天理边来。

人每患知而不行,今说天理人欲消长胜负如此较明。理主于静,浑然天理,不杂人欲。欲生于动,动而复乎静,其欲终归于天理。动而一向动,更无静时,其欲流于人欲而不返,此是知一截话。既知矣,于静处则敬以涵养,到动时则又须防闲,不使动而为欲,于静而归于天理,不使之动而无静,而其欲流于人欲,此是行一截话。①

汪梦斗作为理学学者，对于"心"的解释，采用的则是贬陆扬朱观点，指出陆九渊对心的阐释来自佛教，而朱熹对心的解释更为恰当。

心何物也，虽人人有之，而难言也，亦不必言可也，而又不容不言也。世固有指血肉之包以为心，又有误以知觉作用处为心。夫以血肉之包为心，此是一等愚蒙冥顽之人，本不足责。吾心方不运寸，函宇宙，贯古今，悠然千万里之远，无所不至，寥乎千万世之上，无所不照，若止一血肉之包，则心亦一死物耳，岂能如此。孟子以后，惟汉董仲舒、唐韩愈略识此心，余则以血肉之包为心耳，犹未为心学病。至于指知觉作用处为心，特知心之发露处，而心之本体元来未识也，此佛氏言心之病，而近世象山之学宗之。

愚谓心也者，人之神明，具众理而应万变，本虚灵不昧，却是一个活物，或时而哀乐生焉，或时而喜怒生焉。神者有时而不神，明者有时而不明，遂至于失其心。盖心本静，有时不能不动，人惟有以制其动，其动也以天而不以人，则虚灵不昧，全体可以无失。梦斗蚤闻先康范家庭之训有云："洙泗设教，只从实事上用工夫。"《论语》言："居处恭，执事敬，与人忠。""言忠信，行笃敬。""出门如见大宾，使民如承大祭。"非礼勿视、听、言、动，何尝先言心。夫子非不言心也，特不言心之本体为何物耳。至孟子始言恻隐、羞恶、辞让、是非之心及性善之说。仁人心之说，要先识心之本体，而后加防范涵养之功，有所谓存心，有所谓养心，有所谓尽心，有所谓求放心，亦非故与夫子异也。夫子之时，道学未为不明，如刘康公"民受天地之中以生"等语，见得此时，人犹未至于不识本心，故洙泗设教，止是语人以防范、涵养之功。时至战国，道学不明，又甚于夫子之时，人皆不识其本心，孟子不得不如此说。先康范谓象山之学止是得于佛之所谓心，而文之以孟子之说，我文公攻之是矣。本朝濂洛诸先儒辈出，更相发挥，增光润色，孔孟之旨，道学大明，言心学非如汉唐之陋，亦已无异端之

---

① 汪梦斗：《紫阳书院讲》，《北游集》卷下（《全元文》第19册，第687—690页）。

偏，正虑防范、涵养之功有所未尽耳。今日当如夫子从实事上加工夫，不可如陆氏只以本心借口，渐言渐差。①

至元十六年（1279）正月到十月，汪梦斗曾北上游历，目的地为大都，并撰写了《北游诗集》记其所闻所见。尤应注意的是，他在诗作中极力指明"宋亡于儒"的说法不对，儒士尽管有空谈的毛病，但还没有发展到误国的地步，真正误国的是非真儒的权臣。

力成和议得休兵，痛骂犹烦诸老生。拘执行人招覆灭，幸逃诛死罚殊轻。②

衣冠屈辱但长吁，为笑吾徒事业迂。无救于亡焉用相，不知所任正非儒（北方误以逆贾为儒而亡国，不知贾非儒也）。③

朝来收拾挂风蒲，肯效当年贱丈夫。尚有耕庐寄汾曲，岂无卜肆在成都。荷移凉意归红蓼，竹让秋声与碧梧。寂寞南朝亡国恨，当时为不用真儒。

水畔斜阳万马行，柳边残雨一蝉鸣。催人老去何忙甚，觉我新来太瘦生。不死虽然如管仲，有生终是愧渊明。商飙愈紧归心切，莫把诗书博恶名。

士节陵夷久可怜，谓宜作气一时伸。恰求谔谔廷中辩，亦似厌厌泉下人。身死首阳名不死，家贫陋巷道非贫。世推五运今何运，归去何如老海滨。

三间小屋枕山边，一缕沈烟谢老天。康节虽贫犹自乐，希夷当乱只高眠。道非日用常行外，心在吾身未有前。归去重参教透彻，何须更用羡神仙。

身到嬴秦古塞垣，茫茫禹迹故皆存。近来粤客通南货，旧日燕人祭北门。治极汉唐犹驳杂，功侔禹稷有根源。纪纲法度于何是，归醉床头老瓦盆。

留连荒邸况栖栖，席地跧蹲四体胝。饮量素悭愁对酒，杀机元

---

① 汪梦斗：《华亭县九峰书院开讲·心》，《北游集》卷下（《全元文》第19册，第685—686页）。
② 汪梦斗：《过江陵镇》，《北游集》卷上。
③ 汪梦斗：《道旧有感》，《北游集》卷上。

浅倦招棋。相传帝统须求正，莫使王风久下衰。归去林间洗双眼，暮年要看太平时。①

世儒多误入旁门，默坐求心谓道尊。知不兼行无实力，体非有用是空言。穷探天命理为主，尽得人彝性自存。寄语寒毡分郑老，待提此话破昏昏。②

也就是说，即便是怀念故国，也要以匡复儒学为己任，这恰是汪梦斗的远大抱负。

(五) 黄仲元论讲学

黄仲元 (1231—1312 年)，字善甫，号四如居士，后改名渊，字天叟，号韵乡，莆田（今属福建）人，宋进士，入元后隐居教书，有《四如集》和《四如讲稿》等传世。

黄仲元在理学的传承方面属于"沧州学派"③，他特别重视讲学之道，强调讲学重在讲明君臣、父子、夫妇、兄弟、朋友之道。

《兑》大象曰："君子以朋友讲习，则天下之至说者，莫说乎此。"子曰："学之不讲，是吾忧也。"则君子之甚忧者，亦莫忧乎此，信夫讲之不可一日废也。然兑言讲习，而不言所讲者何，讲说云乎哉。夫子言讲学，而不言所学者何，讲书云乎哉。六经未出，奚书可讲。与君言，言敬臣；与臣言，言事君；与父言，言慈子；与子言，言孝父；与兄言，言顺弟；与弟言，言承兄。讲者，讲此耳。六经既出，书未易讲，合数十万言，要只十个字，君臣也，父子也，夫妇也，兄弟也，朋友也。是理流行乎穹壤之间，模写乎圣人之笔，验之于心，体之于身，措之于家国天下，皆是物也，非直为来世口耳之资。④

讲学不在于表现学问高深和论点新奇，而在于易和简，使受教者能够掌握要义并且有所省悟，是黄仲元反复强调的教学要旨。

---

① 汪梦斗：《羁燕四十余日，归兴殊切，口占赋归》，《北游集》卷上。
② 汪梦斗：《寄安道》，《北游集》卷上。
③ 黄宗羲原著，全祖望补修：《宋元学案》第 3 册，第 2348 页。
④ 黄仲元：《四如讲稿》卷 1，四库全书本，本小节引文未注明出处者，均来自此卷。

经学失传，经术分裂，纸上纷纷，舌端譊譊，不独有病乎经，或且病乎身，不独有病乎身，且以病其世，夫奚益焉。是则经不可以不讲，亦不可以徒讲，喜高妙耶其失也，诞穴幽深耶其失也，晦逞新奇耶其失也，凿守其陈耶其失也。拘将如之何而可大传，不云乎易简，而天下之理得易则不劳，简则不烦。六经道理，公平正大，本无崎岖，学士大夫讲明理道，只消平平正正，从分明处看，不从隐僻处看，故易；向本领上寻，不向支裔上寻，故简。游夏于春秋，不能赞一辞，惧支离也。后儒说曰："若稽古至三万言，只添热闹。"善学者讲道以六经为标本，讲经以圣贤为准的。夫子教人读经，尝曰："温柔敦厚，《诗》教也。疏通知远，《书》教也。广博易良，《乐》教也。洁净精微，《易》教也。恭俭庄敬，《礼》教也。属辞比事，《春秋》教也。"每经断以四字，颠扑不破。

六经之学通天下，而人人不皆孔孟，心知耳目有浅深之殊，于是学问有偏正，识见有广狭。汗漫如庄周者，却解说诗以导志，书以导事，乐以导和，易以导阴阳，春秋以导名分，即此五言，直如快刀利斧劈截将去，字字有着落处，政未可以人废言。何则？讲经患乎多言，多言则害道。书最难看，亦难强解。《春秋》微辞隐义，时措从宜者为难知。《礼》讹《乐》缺，参订又难。独《诗》略点掇一两字，读过便教人省悟。此讲经所贵乎易简，不可无训诂，亦不可泥着训诂；不可无文义，亦不可妆点文义；不可不折衷先儒之说，亦不可纯用先儒之说。

大冶一陶而质之美者有限，六经一原而义之精者无尽。化有限而道无尽，学而已。一边作册上工夫，一边作切己工夫，豁开双眼，自看得过悟入落处，庶几霜降水涸而涯涘出，枝枯叶脱而本根见。不在较同异而别为一家，谈然后可以语自得之学。

黄仲元向生徒讲授的六经，主要采用的是理学家的观点，所以对道的概念，要作出专门的解释。

人者何，有气有生有知有义，所以异于物也，得天地之德以为性，禀阴阳之交、鬼神之会、五行之秀以为气，天地亦待之以为主，故又曰：人者，天地之心。道者何，命之源，性之本，心之神，情之动，仁义礼智信之常，父子君臣夫妇长幼朋友之伦，曰中，曰一，曰极，曰诚，皆道也。人所以载是道也，道所以为人之理。

人是一个人，方能廓大其道。道只托于人，安能使其大哉。弘有二义，人之得是道于心也。方其寂然，无一理之不备，亦无一物之不该，这是容受之弘及感而通，无一事而非是理之用，亦无一物而非是理之推，这是廓大之弘其容受也。

有为二字，多少弘道力量尽在个里，大抵人未易为也，亦不难为也。人字从丿从乀，于画甚简，于义甚大。领恶而全，好脱凡近，而游高明。莫为一身之谋，而有天下之志。莫为终身之计，而有后世之虑。不求人知而求天知，不求同俗而求同理。且要做成一个人，先立乎其大者，则小者弗能夺，此所以为大人。做得大人了，然后由正修而齐家，由齐家而治国平天下，然后本诸身，征诸民，考诸三王而不缪，建诸天地而不悖，质诸鬼神而无疑，百世以俟圣人而不惑，道于是乎弘矣。若但以圆首方足而谓之人，知饮食男女而谓之人，有之无益，无之无损，是人也亦物也，又何以异于人哉。志道者切莫把第一等人让与别人做，然后谓之弘道。

黄仲元还特别指出："《论语》开卷，重在学习字上，学之要在于习。"而所要学习的内容，主要就是仁义的要求："孔子所谓学习，仁义而已矣，孟子所谓仁义，即是学习第一件大大事，行其所学所习，则仁义达之天下，这是立本领之大。""孔子性仁义者，所谓诚存而犹自强不息。孟子身仁义者，所谓存诚故所愿学之者。孔子惟先立本领之大，故能接统绪之大。学者将欲接孔孟之统绪，必自学习仁义始，不然本领不立，孔孟未易接也，况敢望孔孟以上诸圣人乎。"黄仲元又进一步指出，要学习孔子的思想，首先应该向颜子、曾子、子思和孟子四子学司其治学之道。

今观四子传道用功切要处，颜子工夫只在克己上，克己者，克去私欲，才知非礼便勿为，如豁开云雾便睹青天，如快刀斩竹一斫一段，如屋里有贼便开门逐去，勿令存在。曾子工夫全在格物上，格物者，穷天下事物之理精粗小大，大而天地之所以高厚，小而禽鱼草木之所以然，或论古今人物而别其是非，或应接事物而处其当否，今日格一件，明日格一件，如好古博雅君子见古器物，彝鼎图画篆刻断落不可考者，一一辨其款识，楮墨于其所自来。子思工夫全在弗措上，弗措者，学问思辨，有不得即不容放过，如掘井不及泉弗弃也，如为山欠一篑不止也，孜孜焉，乾乾焉，如天运无息，日月流转，百倍人之功，千倍人之功，何患有弗得。孟子工夫全在养气上，养气者，以集义为主，勿忘是工夫，不可缓，勿助长，是又不可急，如有田不知芸苗，令其自长，固不可悯其不长而拔之欲长，又不可如炼丹有文武火，火冷则灰死，火猛则丹走，惟慢火常在炉中，可使二三十年伏火，然后养得成丹。孟子下工夫有节度如此，所以成浩然之气而能不动心。

欲学孔子，当先学四子，学四子当熟读四书，看他何处是用功，何处是有得，资禀为如何，气象为如何，皆得想见。由是焉，读六经书为君子儒用之则，行舍之则，藏修身乎，治国平天下乎，致中和而位天地育万物乎，独善其身可也，兼善天下可也。①

学习不仅要学会做人，还可学会认识事物，通过格物致知，达到诚意和谨独的境界。

大学用工处在格物上，正得力处在诚意上，此章最为枢要，上关格物致知，工夫赖此而续；下关正心修身，齐家治国平天下功用由此而推。

故致知者，诚意之本；谨独者，诚意之助。彼自欺者，是知有所未至耳；闲居为不善者，是独有所不谨耳。知未至则独不谨，独不谨则未能，毋自欺未能，毋自欺又安能自慊，未能自慊又安能心广体胖哉。学大学者，欲透此关，为君子，不为小人，请自谨独始。②

黄仲元（韵乡）还特别记录了其与刘肩吾（号畏独）之间有关谨独（慎独）问题的对话，更清晰地表明了谨独的重要性。

---

① 黄仲元：《四如讲稿》卷2。
② 黄仲元：《四如讲稿》卷3。

一日，韵乡问"畏独"之说于畏独，畏独曰："慎独二字自《中庸》《大学》始。慎者，畏也。独者，我也。《中庸》言见隐显微，于慎独之先，示之以当畏。《大学》言视指其严于慎独之后，甚之以可畏。"

韵乡曰："所当畏、所可畏者何？"

畏独曰："理是已。理即天之所赋于我者也，无物不有，无时不在。天下之至当畏与至可畏者，莫如理。我之为我，毫厘或悖乎理，则不足以言人，故吾夫子曰畏天命，舆、思之学其有自来乎。"

韵乡曰："是独也，人人之所谓独，必曰君子慎其独者何？"

畏独曰："小人不知畏天命，故中慙者掩其不善，自肆者无所忌惮。君子知天之所以与我者甚重，故内省不疚于潜虽伏矣之地，诚毋自欺于恶恶好好之时。"

韵乡曰："暗室屋漏，慎则慎矣。造次颠沛，则如之何？"

畏独曰："《易》，天命之书也。素履独行，中行独复，若指所居之地，言日用之常，而下系三言九卦，正教学《易》者以处忧患，德吾德也，夫岂《易》自《易》，我自我哉。九卦阴阳自乾坤来，乾至健而恒易以知险，坤至顺而恒简以知阻，物有情伪，吾无作为，吾惟知闲邪存诚而已，吾惟知终日乾乾夕惕若而已，吾惟知敬以直内而已，吾惟知括囊无咎无誉而已。善观人情世变者莫如《诗》，善言天命者亦莫如《诗》。平居暇日，上帝临女，小心翼翼，如护元气，而及尔出王及尔游衍，无日不显，莫予云觏，不愧于人，不畏于天，居高蹈厚，临深履薄，如集于木，如临于谷，多于变雅见之。亦谓穷通之序如寒如暑，世故之来如风如雨，明理达变者一付之自然，而仁人事天，孝子诚身，如执玉，如奉盈，如弗胜、如将失之，则不顺逆异其境，哀乐贰其心也。"

韵乡曰："言慎独，必言《中庸》《大学》，吾畏独，又言《诗》言《易》者何？"

畏独曰："恐惧忧患，人不能无。《大学》曰：不可使吾心之不正，贫贱患难或所不免。《中庸》曰：不可失吾身之正鹄。曰心曰身，即畏吾独。《诗》也，《易》也，《大学》也，《中庸》也，无二理也。"

韵乡曰："畏途者，父子兄弟相戒，而后出衽席之上，至可畏也。人不知戒，独行不愧影，独寝不愧衾，此事大难，君子必慎其独。"

畏独怵然曰："我辈读书理会，何事命之矣。"①

讲学必然涉及政治问题，而儒家所倡导的中庸之道，就是基本的政治准则。

> 夫圣圣之相传者道，道自尧舜而始明。夫子所以远宗尧舜之道而法在其中，道之所寓者法，法至文武而后备。夫子所以近守文武之法而道在其中，帝王一中庸也。天时，天运行之节，夫子后天而奉天时，所以上律乎天律即法也，水土地生成之常，夫子安土而敦乎仁，所以下袭乎地，袭犹因也，天地亦一中庸也。夫子既法帝王，又法天地，亦循中庸而已矣，岂区区求合其迹哉。②

尤为重要的是，治国者不仅要立正朔以表示受命于天，还要建立各种制度，并发挥其维系帝王之道的重要作用。

> 盖初有国者，必为之历以颁天下。而历本于数，正朔以之正，教令以之行。尧之历象，日月星辰，敬授人时，盖取于此。舜之在玑衡，以齐七政，以协时月正日，受之于尧也。禹之锡洪范九畴，以治历数，以正岁月日，受之于舜也。惟历数在躬，而使天禄永终者，执中而已。中者何，道是也，上合天理，下当人心，中间事事物物无适非中，所以为道，非空虚无据之谓。尧咨之略，舜命之详，其实一耳。汤武革命，亦惟应天顺人，与夫赏善罚恶，责己恕人，大纲小纪，本数末度，莫非道也。下文谨权量、审法度数语，盖同时事，国家之制备于是。修废官以分其职，而后达其政于四方。立二王后所以仁，异代封箕子礼商容所以系群心，养生慎终所以足国而厚俗，宽信敏公所以尽己而及人，皆王道之至也。帝王之道，简而易行如此。

---

① 黄仲元：《刘畏独答问》，《四如集》卷3（《全元文》第8册，第316—318页）。
② 黄仲元：《四如讲稿》卷3。

即便是全国统一之后,在江南地区开设蒙古字学,在黄仲元看来,为了使治国者能够得到有用之才,也需要对学生提出正心、正学和学道等明确的要求。

> 蒙古字学者何?上之人所以达书,名于四方也。是学也,以韵起字,非以字起韵。韵耳学,字眼学,韵有经纬,字有子母,正未易精也。学之所何?莆地偏小,以旧广文馆为之,礼殿泮宫居其左,可以观俎豆,可以迩弦诵,肃如也。学之斋何?斋有四。曰同文者,今天下书同文也。曰正心者,心正则笔正也。曰升俊者,升于学曰俊士也。曰兴贤者,考其艺而兴贤者也。
>
> 学是学者,复其身,设科为最优,藏于斯,修于斯,毋苟免。学是学者,必以时术业,然后专用而志,凝而神,毋自欺。口试宜熟,墨试宜精,日课宜密,月课宜最。尚书御史,实由兹选。征令而比之,劝戒而纠之,必有籍。虽然,字艺也,学道也,无艺无道,无道无艺。古人小学,教以六书,形声假借,一一皆理。六经中有奇字,有俗字,有读如某字;有平音,有侧音,又读如某音,而一字或该数义。君子之道,孰先孰后,艺云乎哉?裘点之语,语也;鲁薛之令,令也。告而诸生,"字"字从子,"学"字从子,事父母则为人子必孝,侍先生则为弟子必恭,循天理则为君子必义。孝者、恭者、义者皆籍,非斯人者勿籍。①

黄仲元在论学中讲治道,尤其是强调对儒士的正心求道要求,既体现了儒者对于国家和社会应尽的责任,也表明了学术的传承带有明显的政治印记,而这样的印记确实不会因改朝换代而被湮没。

(六) 卫宗武论学道

卫宗武(?—1289年),字淇父,号九华,华亭(今属江苏)人,入元后隐居,著有《秋声集》。

卫宗武强调学者的学道,尤其是研读理学学问,必须有"绝己私"的严谨态度,才能使理学的道统和性命之学发扬光大。

---

① 黄仲元:《蒙古字学题名记序》,《四如集》卷3(《全元文》第8册,第305页)。

> 寥寥二千载，道统几欲坠。濂洛暨关中，浚源接洙泗。乾淳诸大儒，流派何以异。无极而太极，性命发其秘。先天而后天，理数稽其至。四书共群籍，精微穷奥义。五常与异端，辨析无遗旨。谓教以渐进，谓功可直遂。为说虽殊科，其归同一揆。践修本诚敬，讲贯非口耳。要在绝己私，浑然循天理。启钥以抽关，发蒙而警聩。后进有所宗，绝学得所继。作者蔑以加，百世或可俟。①

儒士以读书为业，但是读书要有目标，在卫宗武看来，读书的目标就是要了解道的真谛。

> 世固多术业矣，而莫尚乎为士。为士莫先乎读书，故善画者寓意以著其形，能言者属辞以标其目，大要欲其谨从游、防沈酗、戒斗狠，而终之以无怠，盖三者皆得以攻挠吾心、蠹蚀吾书者也，而非日孜孜则无以成为士之业。
>
> 然经以载道，子史百家以鸣道，诵之而不精其义以明夫道，而徒务记览工词艺以媒进取，则莫知正心诚意为何事，道德性命为何物，虽多亦奚以为。当知书贵乎多读，而尤贵乎知所以读。知所以读，则不苟读，而近于道矣。②

卫宗武还特别说明了道是帝王之道和儒道的观点，指出后来的道教教徒曲解了老子关于道的学说，需要加以匡正。

> 道一而已，冲漠无朕兆于泰初，形生气化散于群有，圣人因之以建人极垂世范，赞两仪之化而成其能，遂万物之宜以致其利。根于命，谓之性，众性出焉，乃立教以顺导之，而归于正，动于欲，系乎情，众匿萌焉，乃立政以严防之，而杜其非，古者所以同民心而出治道，莫能易也。是道也，帝王之道也，儒道也。帝王之世，儒之功用光明卓绝，而隐于无名木铎，振于夫子而儒名始彰。老聃生于周，为柱下史，夫子自鲁驾而问道焉，又从而问礼焉，谓非儒不可也。其著五千言，说者訾其尚道德、贬政教，与儒不相谋，

---

① 卫宗武：《理学》，《秋声集》卷1，四库全书本。
② 卫宗武：《跋读书图》，《秋声集》卷6。

噫，是未溯其源耳。盖自惟精惟一之传，既远上之道。化微下之情伪，炽违行而取仁，先利而后义，礼至于匿，乐至于淫，风靡澜倒，愈变愈下。聃也思欲得古圣人功化，密融于无声无臭之中，使夫人丕变于不识不知之际，反其太朴之天，以还邃古之风，遂为是愤世矫俗之论，而不觉其激也。孔子不云乎礼乐，则吾从先进，其亦救弊之辞欤。今观其言，养生修身，去声色，贱货利，戒穷黩，贵慈让，与儒不殊。而所谓得一以贞，即贞夫一也；无为而无不为，即寂然不动、感而遂通也；我无欲而民自朴，即意诚心正而天下平也。安有异旨哉？故鲁论轲书斥隐怪，距杨墨，而无片辞非诋老氏。至子云昉有捶提绝灭之讥，及昌黎河洛诸儒目为异端，与释并言，其故何哉？良由学仙者尽诿其说于老氏，末流之弊杂以方伎，诡谲幻怪，而宗主吾道乃不得不隐。同斥异明有所尊，理势然也。然其论道，穷元造微，未易探索，而近不遗家国，细不弃民物，汉之君相法之成一代之治，是讵可以仙术概之哉。是以朱文公嘉与之谓文帝、曹参得其皮肤，伊川指谷神一篇最佳，涑水注道德论，而后山亦据古说谓关老之书本于六经，微言至论，要不可泯。惜乎其辞之愤世矫俗，虽少贬于儒，而道则无二也。①

依据儒家学说，卫宗武不仅强调了"治忽无常形，今古无常势。必有非常人，以制非常世"的观点，②还在诗作中对"君道"提出了明确的要求。

> 勋华相授受，谟典所具述。其要在厥中，精一而允执。惟诚乃能精，惟诚乃能一。是以无党偏，是以臻正直。三代所共守，百世不可易。伯者假仁义，战国尚诈力。汉唐非无君，文为事矫饰。其能粹而王，一指不可屈。所以无善治，循袭至今日。纯诚而不杂，惟皇斯立极。敛敷锡庶民，懋建昭大德。治欲往古如，舍此他无术。③

---

① 卫宗武：《玉宸道院原一堂记》，《秋声集》卷5。
② 卫宗武：《览古》，《秋声集》卷4。
③ 卫宗武：《君道》，《秋声集》卷1。

卫宗武还以长诗记录了江南地区遭灾后的情形，所要揭示的就是治道欠缺带来的问题。

四月五月淫涝积，噬啮丘垤吞原隰。匪惟为沼荡为陂，万顷秧云泯无迹。攒鸦联尾空飞翻，化鳌为城难障塞。五湖三泖欲贯通，浪接重江势洄潏。茅茨比屋何可存，谷麦千金不论直。懦夫全室葬鱼腹，强者呼侪作蟊贼。闭籴成风牢莫回，劝分有令徒无益。间存坱苗护余苗，曾不什一于千百。旱赤坚粟刈未齐，晚红稚稗苞欲实。饥农竞喜新谷收，一饱充肠云可必。夫何八月天瓢倾，其来震荡而飘忽。势如阵马奔不停，银溜浪浪欲穿石。直疑群龙翻九河，小山摇撼大山兀。须臾泛溢满中庭，平地如渊深计尺。明朝清野变白波，浩浩汤汤弥甚昔。积阴为冷不堪收，殆类鸿蒙未开辟。又如历代政昏蒙，熏如宇宙成幽墨。飙旋雾塞昼冥冥，常俾苍生气湮郁。檐间点滴无时干，犹幸滂沱间霡霂。登场惟苦禾耳生，栖亩尚有禾头出。深虞衮衮倾盆来，已坏垂成俱灭没。大家盖藏悉已空，犹恐有司征敛急。若使租无斗斛收，卒岁输官何自给。贫家薪桂米逾珠，待哺嗸嗸并日食。若使粒价更涌腾，宁不枕藉为沟瘠。彼苍亦必悯时艰，忍视斯民至斯极。我念民穷作此歌，歌此能令鬼神泣。鬼神为我诉之天，天岂不惟民是恤。似闻诰下驱六丁，蔪夷水怪歼群匿。怒霆笑电悉屏除，抉云推上红轮日。更愿阳乌溥至仁，大放光明照幽仄。郁者斯通枉者伸，顿苏民气舒民力。洪波卷空九土晞，多稼穰穰登黍稷。庶令千里免阻饥，可反愁邦为乐国。①

也就是说，卫宗武大谈学道的政治目的，就是要实现儒者的治道理想，对于这一点应给予足够的重视。

（七）黄超然论古风

黄超然（？—1321年后），字立道，号寿云，黄岩（今属浙江）人，宋乡贡进士，入元后隐居，著有《周易通议》《周易发例》《周易释蒙》等。

黄超然认为："昔者圣人之作《易》也，非但以包罗理气、剖析象

---

① 卫宗武：《夏秋积雨岁用大祲长言纪实》，《秋声集》卷2。

数而已，一画一辞，乃理气象数凝结而成文者也，此所以关天地之运也。"①"《易》以德位时义为重，有此德，常此位，适此时，行此义，处己治人之道，趋吉避凶之机，差之毫厘，谬且千里。""窃谓《易》有吉凶，即《春秋》有刑德也"，既然《春秋》有凡例，《易》也应该有例证，这恰是黄超然著《周易发例》的原因所在，其核心理念就是要使易成为更有效的为政治服务的工具。②

黄超然还对古今的学风作了对比，强调儒者应注意时下的学风已经严重偏离了先圣的要求。

窃惟古之学，官自为之而士不及知。今之学，士竞趋之而官不及为。盖时有今昔，事有缓急，亦其势然也。圣人之教，惟曰言忠信，行笃敬，先之以孝弟廉耻之训，次之以礼乐射御之节，又宏之以大学平治之道。迨其成也，刚果者沉厚，柔和者高明，以致当大事而不懈，治小事而不欺，临财则不苟得，临难则不苟免，随其所就，悉有实绩。自近世儒先急于授受，概以天地混沌之源、性命精微之蕴泄之以语人，其瞆目攘者私焉以自足，以颜貌严冷为矜持，以步趋舒徐为涵养，察其所安，则心之所欲与口之所择者，有若冰炭圆方之不同。是故古之学道者修辞以立诚，后之学道者修辞以立伪，弊流而末失，枝落节解，至有不可道者，此岂先圣先师所望于学者之意哉。③

为匡正学风，黄超然认为应该恢复古风，他在诗作中对理想中的古风有以下描述。

不知乃不愠，古人叹难能。我谓直易事，学道非干名。本无求知心，愠亦何从生。所以茅檐下，高枕曲吾肱。琴书坐中友，云山门外朋。肺腑欣有得，耳目谅无憎。愿同子杨子，白首太玄经。④

---

① 黄超然：《周易通义序》，《全元文》第 20 册，第 577—578 页。
② 黄超然：《周易发例序》，《全元文》第 20 册，第 578—579 页。
③ 黄超然：《文庙记》，《全元文》第 20 册，第 580—581 页。
④ 黄超然：《古风》，《元诗选》癸集上，第 32 页。

黄超然在理学传承上属于"北山学派",① 他之所以精研易学,就是希望以自己的易学造诣为恢复儒家古风作一点贡献。

(八)牟巘论真隐

牟巘(1227—1311年),字献之,湖州(今属浙江)人,宋进士,入元后隐居,有《牟氏陵阳集》传世。

牟巘指出:"自昔以来士率以隐遁为高,事或不同,其致一也。有隐于耕者,长沮桀溺耦而耕是也。有隐于钓者,严子陵被羊裘钓于七里滩是也。有隐于卜者,司马季主卖卜长安市,宋忠、贾谊过之是也。"②他还在诗作中,对真隐的追求作了全面的描述。

> 招隐费招呼,习隐聊习步。素隐为素餐,充隐似充数。悠悠千载内,罕与真隐遇。少小慕真隐,每诵坡老句。揭来法华游,正在题诗处。真境忽在前,更慕坡所慕。真则思虑泯,不真精爽骛。真则光尘合,不真圭角露。真书无欹仄,真味无反恶。真乐无安排,真逸无疲苦。所以要任真,从其讶箕踞。所以贵葆真,从他笑椎鲁。但看真隐庐,萧然只环堵。青山以为屏,白云常在户。随宜种花药,快意扫庭宇。可作真率会,可说真实语。可饮真一酒,何者非天趣。玄真乃诗流,季真是仙侣。拉之相与俱,巾屦此容与。坐闻雏鹤鸣,时看苍虬舞。疏散略边幅,谁客复谁主。吾亦忘吾真,酣歌下山去。③

牟巘是江南理学"鹤山学派"(由魏了翁创建)的传人。④ 作为理学学者,他即便是看破功名的真隐,也要坚持修身养性,注重对儒家正学尤其是理学的坚持,牟巘在诗作中也不乏这方面的议论。

> 俛仰一室内,我兴尚无为。凝尘澹素几,乍见闲居诗。吐词甚高简,观者未必知。士固各有志,肯为富贵移。汲多羸其瓶,居然井在湄。何似鸱夷全,张弛随所宜。杨子不违物,赵子不干时。此

---

① 黄宗羲原著,全祖望补修:《宋元学案》第4册,第2752页。
② 牟巘:《耕隐说》,《牟氏陵阳集》卷14,四库全书本(《全元文》第7册,第660页)。
③ 牟巘:《真隐诗》,《牟氏陵阳集》卷2。
④ 黄宗羲原著,全祖望补修:《宋元学案》第4册,第2647、2689—2690页。

意谅所同，相与三复之。

　　势利苦炎炎，名节贵皓皓。河县开桃李，家园熟梨枣。当年归骑省，名誉岂不早。一染金谷尘，萧艾没芳草。胡为闲居赋，乃诮任安巧。所以惟慕陶，固穷而守道。

　　人生与出处，要不失其正。手捧毛义檄，以为庭闱庆。禄养有甘旨，东西惟所命。贺客来何多，踏破苍苔径。再拜称寿觞，闾里生新敬。①

牟巘还以孔子和孟子的教育生徒为例，就何谓君子作出了具体的解释。

　　是气流行，阳一而阴二，故为君子者常少，不为君子者常多。有所不及，则有所胜焉。惟立教之君子，以降衷秉彝修道而制其数，以默扶造化之所不及之为君子，亦欲人之皆为君子。君子多则为物之春，否则草木当大夏而黄落，分数多少之间，教之浅深之验也。

　　古者家塾而党庠遂序，小学而大学，皆有教法。当其时之可，不过时而扞格也。知类通达，至于大成，不小成而止也。从容以尽其声，不徒记问也。长善而救其失，不徒私淑艾也。此即孟子所谓君子所以教者五，虽各因其人品，所施若殊，要不过教人使为君子而已。

　　先儒以孔孟弟子言之，时雨化之之颜曾，成德之闵冉，达财之由赐，固君子也。若乃樊迟之不终绝于君子，陈亢之概有闻于君子，亦得与于答问私淑艾焉。由是而推，诚圣门教人之大法也。后百余载，孔子所教之君子散在四方，既已略尽，异端起而功利炽，孟子不求胜之，惟举圣法以示学者，圣法修则君子多，君子多则邪说息，孟子之所愿也。孟子亚圣似颜子，传道似曾子，时无孔子，不当在弟子之列，方且日与其徒难疑答问，欿然自谓："予未得为孔子徒也，予私淑诸人也。"夫孟子曾不得为时雨之事，淑艾自私，独为君子，岂其所愿哉？天之生圣贤，固不使其自有余于己而

---

① 牟巘：《和赵子俊闲居十首》，《牟氏陵阳集》卷1。

独为君子也。①

由于南宋灭亡后出现了"儒户之科抑，生员之停供"的现象，②牟𪩘还特别强调了兴儒学和教正学的重要性："混一以来，崇儒重道，形于播告。""夫学，所以传道授业解惑也。苟所传、所受不本于正，必流于佛老，为刑名，为功利，学非吾之学矣。虽欲难疑答问，求以正之，其惑也滋甚。"③由此，讲学不仅要强调明理，"讲学所以明理，理之不明，而辞之徒费，虽多奚以为"④；还要起到明人伦的作用："夫五者之论，非人所自为，乃天所叙也。自天子至于庶人，无一人外此人伦；自一家至于天下，无一事非此人伦。人极之立，立此而已。人纪之修，修此而已。仁义礼智之实，由是而著。礼乐刑政之具，由是而修学校庠序之教，由是而设。《易》《诗》《书》《春秋》之书，由是而作。"⑤也就是说，即便是隐士，牟𪩘还是愿意为发展儒学教育起到鼓与呼的作用。

（九）梅应发等论士风

梅应发（1224—1301年），字定夫，号艮岩，广德（今属安徽）人，宋进士，入元后隐居，著有《艮岩遗稿》，已佚，仅存《艮岩余稿》。对于世人认为儒者于国无用，梅应发作出了以下回答："学为儒者之事也。儒道之大，为天地立心，为生民立极，为前圣继绝学，为万世开太平。自帝王以来，所以绵延国寿，措天下于安靖和平之域者，皆由此也。功利之学可并语哉？然必有先觉后觉，以《大学》之明德、新民，《中庸》之修道立教为之范围曲成，使家稷人皋而疏附，先后奔走，御侮之臣措措天下，皆足供一世之器使，则庶乎人不得以贤者无益于国借口。"⑥

曾子良（1224—1292年后），字仲良，号平山，抚州（今属江西）人，宋进士，入元后谢绝了程钜夫推荐其出仕的建议，专心于学问，在

---

① 牟𪩘：《君子轩记》，《牟氏陵阳集》卷9（《全元文》第7册，第679页）。
② 牟𪩘：《嘉兴路重修儒学记》，《全元文》第7册，第709页。
③ 牟𪩘：《重修石峡书院记》，《全元文》第7册，第708—709页。
④ 牟𪩘：《书尚书讲义后》，《牟氏陵阳集》卷17（《全元文》第7册，第642页）。
⑤ 牟𪩘：《嘉定州重修明伦堂记》，《全元文》第7册，第711—712页。
⑥ 梅应发：《四先生祠堂记》，《全元文》第5册，第149—150页。

理学传承上属于陆学的别支，与南宋名臣谢枋得同一师门，①著有《中庸大学语孟解》等。曾子良对《论语》有四赞，所要强调的就是对儒学要义的掌握。"志道赞"为"道既是我，志又是谁。千五百年，惟孔仲尼"。"据德赞"为"得寸即寸，得尺即尺。实有诸己，而非以力"。"依仁赞"为"仁者人也，造次弗违。体贴出来，如人著衣"。"游艺赞"为"习无不利，不习而利。精义入神，事理不二。"②对于南宋灭亡后理学不被朝廷认可，曾子良亦表达了不满的看法："而其易世事君，不闻有格心之论，庇民之功，卒使混一富庶之天下，不旋踵而为鱼肉糜烂之场，有前世载籍之所未见，而至今臣子不忍言者，是则吾与叠山（谢枋得）之所切齿扼腕而不平者也。"③

姚云，生卒年不详，原名姚云文，字圣瑞，号江村，高安（今属浙江）人，宋进士，入元后曾任抚建两路儒学提举。对于儒者治学，姚云比喻为冶金，发表过以下评论："人禀五行之精以生，生以五精为用。金，四物之一，备用而非为宝也。精气为物，秀于物者为人，人之生知者鲜矣，未有不学而知、困而不学者。学犹冶也，金不冶，矿而已，人不学，朴而已，圣贤非异。冶也，因天地所生以养民者，聚之曰府，因其所养道之，以教为事，正德者三事之纲也，所以教也。""正《大易》理财之辞，明《大学》为利之义，必有杰然出为世用者。且乾具四德，始元终贞，贞元相推，其行为金为义。六府地产也，必格物致知。立教之目四，德，天禀也，必尽性知天，克学之极，此古者门塾美化之所先，非正义之君子，孰察乎此。"④

盛象翁，生卒年不详，字景则，号则轩，台州黄岩（今属浙江）人，入元后曾任教授、判官等职，在理学传承上属于"北山学派"⑤。对于儒者的文风，盛象翁有以下评价："夫文辞之体，原于性命，用关于政教。""今有巧思之人，日接众技，无不精工，父母教之文学，则劳师傅，旷岁月而无成功。又有强记之人，经史百家，溃溢胸臆，使执笔为文，非蹈袭而不择，则枯涩而不畅。无他，盖能为文者，才妙天

---

① 黄宗羲原著，全祖望补修：《宋元学案》第4册，第2849页。
② 曾子良：《论语四赞》，《全元文》第5册，第159页。
③ 曾子良：《宅相二山集后序》，《全元文》第5册，第158页。
④ 姚云：《正德书院记》，《全元文》第10册，第178—180页。
⑤ 黄宗羲原著，全祖望补修：《宋元学案》第4册，第2754页。

成，无规矩之可授；机杼心腑，非简编之可习。人为万物之灵，能为文者，又人之至灵者也。故一代超卓之士，百年不过数人；一时惊拔之文，平生不过数篇。岂非文者天地之奇气，人世之至珍，或者不能不知，乃以易视之，此志士甚所不甘也。虽然，六朝之末，以对偶为工；晚唐之末，以音律为工；宋之末，以科场立说之异为工；穿凿大道，投合时好，皆文之靡者也，其鄙于人固宜。至若浩然正大之气，蔼然和平之音，则治世不可一日无者，况曰鄙之乎，但不多见矣。"①

梅应发等人强调匡正士风，尤其是强调儒士和儒学（主要是理学）对治理天下的用处，都是为了在特殊的政治环境下对儒者给予必要的激励，使其不至于过于颓废而忽视发展儒学的责任。

七 黄公绍等人的合和观点

南宋灭亡之后，有一些江南人士如黄公绍、方夔、陈杰、舒岳祥、杨公远、赵文等人，尽管同样有强烈的故国情怀，但是并不否定大一统带来的进步意义，对元朝在江南地区的统治采取理解或合作的态度，进而对如何治国理政提出自己的看法，可以将他们视为"合和派"的江南隐士，分述其观点于下。

（一）黄公绍论南北互通

黄公绍，生卒年不详，字直翁，号在轩，邵武（今属福建）人，宋进士，入元后隐居樵溪，有《在轩集》存世。

黄公绍指出："大元一统以来，际天蟠地，舟车所至罔不砥属，故凡通驿公馆之制，率维用兹圣作之典。"②"自宇宙垂离，南北分裂，生长东南者梦不识齐滕之路"，全国统一后，从江南到大都，则已成为通途，正如黄公绍所言："今天下之趋燕者千途万辙，而由江右，则扬澜左蠡，浮于江，达于淮泗，至于汴，达于河，济河惟冀州，以达于燕；由江左，则当涂采石，济江淮扬州，至于清河，达于邳徐，济河惟兖州，至于河间，以达于燕。"③尤其是对于南儒北游后所写的诗作，黄公绍自称有三点感叹，而最重要的就是不能借统一带来的便利，亲身到中原游历："余高祖父开府公官河朔，家邯郸，仕止信德司录，载在

---

① 盛象翁：《与赵子昂书》，《全元文》第19册，第579—580页。
② 黄公绍：《樵川新驿记》，《在轩集》，四库全书本（《全元文》第13册，第41页）。
③ 黄公绍：《题燕山行录》，《全元文》第13册，第37—38页。

《晦庵集》中。爰从青米之年,遂断黄粱之梦,某水某居,我祖旧游,此其感一。感又有大者,往年客寄西湖,与青阳公实有蕙郁之谊,今北门之视草,而江南之寄梅,正遂愿言怀人,舟车靡从,此其感二。感又有大者,少时读康节诗,有'车书万里旧山川'之句,尝恨此生不见斯事,今四海一家,而余老矣,此其感三。"①

黄公绍亦特别强调了统一之后地方官员应体现皇帝的好生之心,不能乱开杀戒:"我廉访弘道相公以现宰官身来任,澄清之寄,即是佛心以闵众生,因邦人之趋善,广神道之设教,惟欲与民同归善道,毋轻生以杀人,上体当今皇帝好生之心,即是一念对越于神。皇帝之心,便是天地之心,便是神明之心。西乾之神尚且受菩萨之戒,此邦之人岂不感相公之化,爱惜身命,保全家业,化犷俗为善俗,化愚民为良民,以无负贤使者爱念我民之意。"②

黄公绍还以理学学者的视角,对儒者所提倡的"忠恕"观念作了具体的解释。

> 学有体,斯有用,有尽己之忠,斯有推己之恕矣。与人谋,与人交,亦推己之一事也。子朱子《集注》乃言曰:"曾子于其用处,盖已随事精察而力行之,但未知其体之一耳。先儒固言,无忠,做恕不成,忠信二字亦然。"如朱子之言,则曾子之学,不求之体,而先求之用,天下固有无体之用乎。
>
> 忠恕一贯,无二道也,生熟之不同耳。忠也,一也,皆体也;恕也,贯也,皆用也。然则未有此一,而遽欲从事乎贯,可不可乎。
>
> 曾子得力处在《大学》,后两章始言恕,用非所先也。诚意正心,忠之道也。先之以格物致知,讲明此道也。继之以齐家、治国、平天下,推行此道也。不于其体,而于其用,非学也,朱子之言非是之谓也。道之用固散在事物,而其体则实具于人之此心。天下事物固有万之不齐矣,而此心之灵,万理咸备,初非守此块然之一,而遂谓可尽其妙也。愚尝闻之,一之为义,不但不贰不息之谓也,正以其统括万善而得名耳。孟子曰:"万物皆备于我矣,反身

---

① 黄公绍:《题北游吟记》,《在轩集》(《全元文》第13册,第36页)。
② 黄公绍:《戒杀文》,《在轩集》(《全元文》第13册,第44—45页)。

而诚，乐莫大焉。"诚能会万于一，则是一也，岂不可以贯乎万，若其徒一也，则一直止于一耳，奚其贯。吾故曰："天下未有无体之用也，斯道也惟曾子然后能知之，而学者亦不可不勉也。"

一之说昉于唐虞，忠即道心也。心，中心也。道，中道也。中固未易能也，一亦岂易致哉。舜之所以为舜，不过自好问中来，耕稼陶渔无非乐，取诸人以为善者，闻一善言，见一善行，则沛然莫之能御。学固积而后至也，圣人犹然，况学者乎。①

与其他南宋遗民相比，黄公绍在坚持当隐士方面是一致的，所以他在诗词中的自我表述是："蒹葭深处，应有闲鸥，寄语休见猜。洗却香红尘面，买个扁舟，身世飘萍，名利微芥。阑干拍遍，除东曹掾，与天随子是我辈。尽胸中，著得乾坤，大亭前，无限惊涛，总把遥吟月明满载。"② 有所不同的是他能够正视国家统一后带来的南北互通的好处，在政治态度上确实较其他遗民更为积极。

（二）方夔论南北统一

方夔，生卒年不详，字时佐，建德淳安（今属浙江）人，参加科举考试失利，隐居著书立说，著有《汉论》，已佚，但是从他的诗作中，可以看出他的一些政治观点。

对于误国的南宋权臣贾似道，方夔认为应该给予诛杀的处罚，因为流放致死无法使忠臣义士解除亡国带来的心头之恨。

握兵结眷冕旒前，牢落英雄二十年。虎殿寿觞人痛哭，鹓堂私语众喧传。尔身不恤无埋地，此耻奚容共戴天。不有四明倡清议，至今蛟虎卧山渊。③

无论是战争带来的残破景象，还是南宋灭亡后的故都临安重游，对方夔而言，勾起的都是对故国的怀念。

无数青山对坐衙，读书林下静无哗。如今风景那须说，坊郭无

---

① 黄公绍：《姚曾吾字后语》，《在轩集》（《全元文》第13册，第39—40页）。
② 黄公绍：《莺啼序·吴江长桥》，《在轩集》。
③ 方夔：《诛奸（刺贾似道）》，《富山遗稿》卷7，四库全书本。

民吏数家。①

早行高坎市，遗构草新青。败壁蜗留篆，空棺狐读经。落花新旧恨，别酒短长亭。惟有松林下，寒梅尚独醒。②

曾逐东风过曲江，人间俯仰隔兴亡。江头潮涸趋渔浦，山下城空失凤凰。漠漠黄埃昏草棘，悠悠陈迹阅星霜。由来离黍游麋地，不分铃鸣替戾冈。③

朝登北印坂，暮抵乐游原。磷火翳复吐，骷髅夜呼冤。不见昔时主，但见陵与园。银凫已羽化，石马犹草根。向来争天子，一口吞乾坤。谁知百年后，不免遭樊温。宝玉频发掘，朽骨无精魂。景昭去何处，芳草悲颓垣。县官供衣食，当时多子孙。④

南枝憔悴北枝荣，转眼浮华迹已陈。昨梦已空巫峡雨，昔游曾记武陵春。浮生一日复一日，世事后人哀后人。两鬓欲霜行脚倦，悠悠无计谢风尘。⑤

但是对于南北的统一，方夔持的是现实主义的态度，他既表示南人要逐渐适应北人带来的新的统治方式，也表示可以用私家作史的方法，将这一段兴亡史留给后人评说。

旧籍占东南，相去天一握。曩闻大瀛海，出缩几蜗角。欲说耳目陋，欲涉关河邈。离合自有时，甫见一南北。逝将摆世事，羽化骑鸾鹤。朝行过夷门，暮去宿易涿。三晋多权谋，邹鲁守经学。人生出与处，相逢饱商确。弃捐何足惜，无为误奇璞。⑥

冀北渥洼种，堕地已汗血。深目老奚奴，日夜供剪刷。一朝混南朔，驰道三丈阔。道边馆候骑，历历抵燕越。吴儿富金钱，补买计家活。牵来中程度，火印死不灭。置之皁枥中，时彼刍与秫。往来给官行，飞去如电抹。奔走皮骨空，不见淹岁月。区区盐车中，

---

① 方夔：《兵革后初出邑郭》，《富山遗稿》卷10。
② 方夔：《早行临安道中》，《富山遗稿》卷6。
③ 方夔：《过钱塘旧京》，《富山遗稿》卷7。
④ 方夔：《感兴（十二）》，《富山遗稿》卷2。
⑤ 方夔：《杂兴》，《富山遗稿》卷7。
⑥ 方夔：《感兴（十一）》，《富山遗稿》卷2。

莫笑驽马劣。①

万山斗入处,百兽家其间。天寒橡栗富,朝食暮未还。不知鹊与卢,与之有何冤。霜晨饱以饭,猎夫亦加餐。昨日料蹄迹,银湾水犹浑。解绁任所之,理气升冈峦。忽然得遗臭,逐逐穷千山。归涂岩谷震,倒挂九节斑。浑含喜欲舞,明朝急输官。犬乎尔诚能,终然死霜菅。②

我观古人书,得见千载上。正闰互立论,南北纷相谤。自从获麟后,法度久沦丧。非是千万端,史笔不可仗。我欲作野史,笔法师素王。文章行诛赏,约束归至当。其人负吾诛,勿谓已属圹。书成不流传,则本留千嶂。还有知我人,百世永相望。③

尤为重要的是,方夔认为全国统一之后,更显示了理学可以道贯南北的重要性,所以在他给胡祗遹的诗作中强调,弘扬光大理学的希望应该在北方而不是南方。

我生苦不早,已后朱紫阳。居近世未远,颇亦承余光。恭惟紫阳翁,派接周程张。实学有实用,为世作舟航。古人不可见,来者犹有望。紫山豪杰士,理学望北方。帝忧浙右民,烦公持台纲。吾道无南北,得志同济量。我亦忝诸生,得升绣衣堂。厥今民凋瘵,如疾居膏肓。弃捐不自保,况复有蓄藏。吏贪不加恤,乘时肆夺攘。愿公活斯民,风俗还虞唐。④

方夔不仅对北方儒士在江南的治绩颇为赞赏,亦强调了即便是出任学官,也要以体恤民情为要务,而不是着重于功名富贵。

峩峩嵩少精,皎皎河洛秀。东都谁经始,多士传自旧。骅骝冠冀北,尽在伯乐廐。于今虽应姓,况我隆准胄。金闺集群彦,合伴鸳鹭簉。随风落东南,州县倦奔走。王谢旧江山,屏幛列千岫。公

---

① 方夔:《感兴(二十一)》,《富山遗稿》卷2。
② 方夔:《感兴(二十二)》,《富山遗稿》卷2。
③ 方夔:《感兴(二十七)》,《富山遗稿》卷2。
④ 方夔:《上按察胡大使》,《富山遗稿》卷1。

来长莲幕，同列得领袖。殷勤山阴叟，多谢庞不哝。三年贺政成，囊封飞刿奏。胡为靳轩腾，未能脱墨绶。居然寄百里，芒炎应列宿。东安杭属邑，民俗朴且陋。下车日无事，余刃游肤腠。朝廷重民社，政自不轻授。沈沙珠吐光，闭谷兰腾臭。天高元北极，锡马接清昼。森森琅玕姿，错落群玉囿。生贤造物意，积善神明佑。百壶登公堂，祝公南山寿。①

生平讲贯为知几，世好从渠与我违。天下无如书益智，人生惟有仕当归。青灯夜雨虫鱼注，碧水西风鲈鳜肥。莫道尺前难寸退，古来富贵触危机。

清时岩穴下弓旌，儒馆翘才尽至公。诗记行程囊古锦，剑装新匣饰花骢。莫因贵宦负远志，当为饥民念鞠躬。欲问故人在何处，旧山桂树正丛丛。②

方夔早已看破了功名，也鄙视富贵，他对自己的要求是利用科举被废罢的机会，更专心于学问，在经史中实现自己的抱负。

贾不至千万，仕不至万石。时穷两不遂，衰鬓秋萧瑟。平生用力处，文字派六籍。胸中万斛泉，老不出涓滴。丈夫处世间，志愿何时毕。抱此无用物，价重连城璧。蛟龙死泥沙，蟠屈留遗迹。政使传后人，虚名复何益。③

贵者不如贱，桑麻鄙簪缨。富者不如贫，布荆胜珠琼。子平悟损益，持论悍且精。并敌就一向，力与世俗争。所以昏嫁毕，洗然外浮名。投迹崖巘中，便足了一身。颓波不可挽，滔滔自东倾。惟有吾由我，去留听从卿。④

昔时累科举，读书患不足。天今予我暇，有书真不读。煌煌百圣心，清彻寒泉玉。遗泽存读书，浸作生民福。静观灵台中，万象森在目。天寒境自明，欲浅机自触。斯文化异端，骎骎即深谷。睎

---

① 方夔：《代寿新城刘尹迪（河南府人）》，《富山遗稿》卷4。
② 方夔：《送人赴学官二首》，《富山遗稿》卷8。
③ 方夔：《夜坐阅书》，《富山遗稿》卷1。
④ 方夔：《续评史二首》，《富山遗稿》卷3。

颜以自励，吾欲求之复。①

方夔政治观点的重要之处在于不以自身的境遇来看待天下的大势，而能以这样的视角看问题的江南隐士确实不多，更显示了这样的观点确实值得关注。

(三) 陈杰论新朝农本

陈杰（？—1315年后），字寿夫，分宁（今属江西）人，宋进士，入元后隐居，以姜太公钓鱼为榜样，自称为闲舣主人，并说明了自己的抱负。

> 闲舣主人少往来吴楚间，家居多暇，而有江湖舟檝之思。作室池水上，枵然如空舟焉，曰"闲舣"，居其中，盖垂钓于枕，濯足于床，莲与泛而水与依也。
>
> 客或闻而诧之曰："先生误耶？室耶舟耶？以欺人乎，抑自欺也。以欺己而己信之，兹非惑耶？不然，则长乘舴艋，将安之耶？"
>
> 主人浏然而笑曰："夫舟，人之居水也；舟之所舣，而家在焉。为行者乎则未尝去家也，为居者乎则舟有行色，盖朝齐民而暮楚户者也，而吾甚爱之。太公之居海也，五十年于屠钓之间，吾甚慕之。虽然太公尝以渔钓欺天下矣，而卒用于世。种司谏又尝以樵欺天下矣，而天下旋知之。盖放之拜太公之舍鱼，欲盖焉而彰之者也。嗟夫，谓太公非渔耶，则持钓五十年矣，以为渔也，则五十年未尝得一鱼也。以五十年而不得鱼，是犹标表以来知者之为也。而放也，逡巡而拜，甚似而几矣，风期一接，已莫之掩。然则荷莜植杖苇间挐舟之子，不旋去之，亦将得其人矣。避世之士，不亦劳乎。士之避世夫若是，其劳也而走也，一前一却，无以自附。于屠钓之间，烟波之兴，无所于托，则作室为舟，临风把钓，而舟中之乐，已不减五湖，非真为戏焉耳也。"
>
> 客曰："先生诚戏之耳。夫苇间之去，善矣，而有避世之迹焉，无他，我未忘也。不然，则出没于烟波渔钓中，而莫求其迹，箬笠之前，皆渔樵推驾之地，安事一室乎。夫挟是以往，吾不知其有我

---

① 方夔：《续感兴（二十四）》，《富山遗稿》卷3。

矣，人孰从而求我哉。"主人嫣然而笑，使其子樵书而刻之舟中。①

陈杰是宋元战争的亲历者，尤其是在家乡听到江上师溃和京城庸才误国的消息后，倍感不平和屈辱，以诗作记下了当时的感受。

  战骨如山血未干，补疮遮眼肉都剜。向来手诏真哀痛，间者人言已治安。夜访宰臣忧卧榻，昼延学士论危竿。祖宗全盛犹如此，半壁江风面面寒。
  钻刺逢迎状似奴，是非羞恶一毫无。盖间老犬曾供噬，韝上新鹰正待呼。递趯庸回联鼎食，长排耆俊在泥途。一朝政事渠何算，可惜倾人好国都。②
  正徯朝阳听凤鸣，忽传鹈鴂作秋声。百年事会纷成毁，一日光阴屡晦明。张霸安能识时务，翟公久自见交情。人间快意真难待，茅屋看山了此生。
  决汉排淮二十春，玉班步武乍駸駸。紧官为饵刚摇手，退处如饴肯动心。宝剑夜鸣犹斗近，貂裘晚出已寒深。当初若听苞桑计，未必江涛许浸淫。③

南宋灭亡之后，陈杰只能以追忆故人和故都的诗作，来表达自己的爱国情怀。

  班朝曾共多艰日，草疏相过太息时。扶起彝伦千古痛，唤醒忠魄九原悲。我逃微责去汶远，公坐高名出昼迟。危急一朝还并命，举头颠厦欲安之。
  初闻难及庐山老，晚见丧归南海翁。犹被恤章虽弗逮，竟成全节略相同。事惟有死仲连子，貌乃如生颜鲁公。不尽哀荣千载下，爽鸠墟垄几秋风。④
  回首前台谏，寒心事贴危。著高棋败后，力尽厦颠时。国论家

---

① 陈杰：《闲叙记》，《自堂存稿》卷4，四库全书本（《全元文》第13册，第32—33页）。
② 陈杰：《读邸报》，《自堂存稿》卷3。
③ 陈杰：《见邸报》，《自堂存稿》卷3。
④ 陈杰：《挽雷尚书丧归二首》，《自堂存稿》卷3。

无薨，民庸路有碑。絮觞成阻绝，洒泪对倾曦。①

兵前万事举头非，风太无情宰木悲。马鬣未随陵谷变，龙髯还长子孙枝。会看高表鹤归日，毋忘新栽鹿触时。雨露百年思不极，深心更有岁寒知。②

衣如飞鹑马如狗，二尺锦囊香宇宙。车如流水马如龙，濯龙桥边吹断蓬。诸公南渡亦不恶，百年西湖最行乐。师王园地号山庄，戚畹洞天标水乐。铜铺珠箔锦为茵，玉箫金管歌遏云。曲江三月势绝伦，此占四时长作春。岁月无情留不住，园上送官洞更主。当时一聚冶游尘，雨打风飘去安所。三间古屋余老梅，千年放鹤暮归来。③

与其他江南隐士有所不同的是，陈杰在诗作中特别强调了以农为本的思想，因为即便是朝代更替，也不能忘了农桑的重要性。

去国已为农，忧时但愿丰。目光牛背上，世事草庐中。绝异匏瓜悻，聊如艺黍通。新来诗亦变，稍稍近豳风。④

春日悠悠，春风载条，春酒思柔。念我耒人，种秋在畴。春日迟迟，春风载时，春服有晖。念我蚕女，勤于桑畴。翩翩黄鸟，载好其羽。鲜鲜游子，式歌且舞。曾孙万年，敬我有土。⑤

陈杰还特别指出，宝物和食客都是影响农本的重要因素，都应该成为世人唾弃的对象。

隋珠和璧碎一斧，尤物在镕堪万古。王阳巾帼卷握多，顾家之穴董家坞。天生五材贵民用，饥不可糜寒不缕。愿天一拔好爱本，与世潜消祸乱祖。神奇淮南化为宝，谈笑萧齐价同土。尽收地力作阴产，剩长桑麻富禾黍。货无难得平斗量，行或不赉扣门与。辽东

---

① 陈杰：《挽云屋徐侍郎》，《自堂存稿》卷2。
② 陈杰：《题王氏先垄寿松亭》，《自堂存稿》卷3。
③ 陈杰：《重过西湖感事》，《自堂存稿》卷1。
④ 陈杰：《为农》，《自堂存稿》卷2。
⑤ 陈杰：《春日念本也，民为邦本，有土此有民》，《自堂存稿》卷1。

献豕易厌欲，昆山抵鹊谁争所。建德老死不往来，蛮触长辞血流杵。①

巾履鲜明意气洋，高门悬箔走如狂。惯曾携箸从崔赡，可但驱车造辟疆。合五侯鲭为一馔，染公鼎指要先尝。寄声穷巷长饥士，今代何人饷子桑。②

陈杰亦表达了对权贵的不屑，指明沽名钓誉之徒，尽管权倾一时，享尽富贵，但终将落得后人唾骂的结局。

权贵人，多怒嗔，颐指所向四海奔，小忤其意中如焚。发上指冠两目瞋，投袂而起剑及门。当时使气廉将军，君视孰与秦王尊。气力到头同一尽，牧儿持炬上丘坟。③

初持小惠钓声华，禄厚官高誉转加。过客厨丰路碑炫，中朝赂重里言夸。黄金何但买身贵，多粟尤堪作传佳。百世傥无公论在，邪人浑指正人邪。④

拍天富贵有危机，屠钓逃名未觉非。许靖何尝羞马磨，王章安用泣牛衣。班荆道旧身俱晚，折节临分意重违。且复斯须相劳苦，明年我亦荷锄归。⑤

在陈杰看来，理想的治世就是南宋理学家倡导的德政，其核心就是以仁为道。

西周固嬴国，东辙几孱王。信有亲亲弱，终无善善亡。精详隋五教，疏略汉三章。始悟清谈相，嘉言味最长。⑥

太上务为德，后来纷立言。谁非托邹鲁，宁复得羲轩。吾爱黄叔度，人称李仲元。典刑如可作，庶用约文烦。⑦

---

① 陈杰：《尤物》，《自堂存稿》卷1。
② 陈杰：《食客》，《自堂存稿》卷3。
③ 陈杰：《权贵人》，《自堂存稿》卷1。
④ 陈杰：《小惠》，《自堂存稿》卷3。
⑤ 陈杰：《武宁道间遇故旧于负贩中》，《自堂存稿》卷3。
⑥ 陈杰：《冶城清谈》，《自堂存稿》卷2。
⑦ 陈杰：《太上务德》，《自堂存稿》卷2。

天上分明暗，人间浪喜嗔。及鱼殃本妄，得马福非真。酒薄还围赵，渠成适利秦。圣贤惟任道，两不系天人。①

全人未可一偏论，盛德真堪百代尊。房魏其逢犹愧礼，苟陈之道不知文。我朝正有二三老，地位向妨八九分。近日后生谈理学，直将闻百掩前闻。②

至狂而圣至愚神，天命何私与物均。万水各涵全体月，千花同受十分春。一家路透家家路，一性仁通性性仁。秦汉以还无讲学，几多轻弃不赀身。③

陈杰还希望新的当政者能够以仁政治民，并以此来获得政绩和名声。

画前逃弧马，井法开赋役。圣人本仁民，何意重利跰。④

郡小凋残最，兵余旱疫仍。不能无狱讼，但见可哀矜。卿自别利器，吾犹治乱绳。新林有孽尾，珍重莫呼鹰。⑤

关防秋暑双蕉叶，商略时宜十兔毫。赠别不须嗔语浅，如君正复坐名高。

偶题熟纸光浮桂，漫遣生绡色染蓝。入手功名如此耳，人间看北会成南。⑥

对于由北方来的官员，陈杰也对其廉洁的政绩等持肯定的态度，并强调了南北士人不仅能相互了解，而且能够在治道等问题上达成一致的认识。

故家文献世公台，直为遗黎万里来。应念颠崖最辛苦，更移鄂省近南开。

河洛声明莽旧墟，百年消息孕真儒。南方只道足文史，今见北

---

① 陈杰：《天人》，《自堂存稿》卷2。
② 陈杰：《恶讲义不逊者》，《自堂存稿》卷3。
③ 陈杰：《天命》，《自堂存稿》卷3。
④ 陈杰：《读书三首》，《自堂存稿》卷4。
⑤ 陈杰：《请代》，《自堂存稿》卷2。
⑥ 陈杰：《送林一甫试浙漕二首》，《自堂存稿》卷4。

方行秘书。

悃愊无华忧世深，十诗直写古人心。也教穷谷敲椎士，一识中原正大音。

兵前创建教条新，鞍马丛中玉雪身。揭起先牌一廉字，十州草木亦回春。

世变峥嵘可奈何，鱼龙杂袭故应多。风休云定须臾事，惟有高贤炯不磨。

上都仁问远如天，人望公来望岁然。正有郇模三十字，含毫欲愬复难宣。

南北风殊久未谐，乱离更值旱如惔。斗升试酌西江水，应有汤年一溉甘。

诏旨丁宁画一颁，尽驱黠吏革贪官。若行两事无他事，民命那无一线宽。

释老新来各有宗，四民最惜一民穷。挽回世道能无在，主张斯文尽属公。

故园三亩淡生涯，雨横风狂缩似蜗。从此亦称萧相客，合无稳种邵平瓜。①

尽管陈杰留下来的主要是诗作，但是从这些诗作所反映的政治观点，还是可以看出他对大一统的基本态度，颇值得后人玩味。

（四）舒岳祥论江南宽政

舒岳祥（1219—1298年），字舜侯，宁海（今属浙江）人，宋进士，入元后隐居教书，在理学传承上属于叶适的"水心学派"，戴表元、刘庄孙等人出于其门下。② 舒岳祥著作颇多，但大多散失，仅存《阆风集》。

宋元战争中，舒岳祥为逃避兵祸东躲西藏，数次迁徙，在诗作中记录了乱世中的真实景象。

（北兵自瓯闽回，驱男女牛羊万计入蛟湖）麦倒桑折枝，山外花门过。牛亡主不归，妇去蚕未卧。在者哭空村，吞声谁敢大。盲

---

① 陈杰：《贾鹿泉屡约一出小诗代行十首》，《自堂存稿》卷4。
② 黄宗羲原著，全祖望补修：《宋元学案》第3册，第1735页。

晖隐空崖，惊尘飞暗堁。川逝痛陵迁，春深悲国破。可惜此良宵，月轮升紫磨。①

（去年大兵入台，仙居幸免。今冬屠掠无噍类，衣冠妇女相随俱北）初谓无兵祸，那知酷至斯。相看不敢哭，有死未知期。儿向草间没，夫随剑口离。琵琶犹带怨，况是作俘累。②

去年十月吉，四山戎马交。携家走万壑，惟恐草莽凋。今日复此日，回睇龙舒高。青黄杂远树，丹碧暧微霄。黄华一斗酒，慰此两足劳。念兹一釜内，触之成烂焦。我穷天所怜，杯水解郁陶。冥心听回斡，聊以永今朝。③

盗贼自反复，干戈无是非。上谋先劫掠，善胜昧攻围。礼乐成乌有，诗书入翠微。无银堪易米，甘采首阳薇。④

逆水游鲲去不回，两鬐插背尚崔嵬。月将塔影和峰转，风作潮花入寺来。星斗四垂双阙壮，乾坤一览八窗开。山僧高卧还知否，人世如今换劫灰。⑤

千家桑梓兵余痛，十世松楸火后悲。瓦砾成滩无鸟雀，荆蒿如杖有狐狸。咸平树在枝柯损，晚易书亡目录遗。半树瑶花微雨里，向谁寂寞泪将垂。

辟兵辟寇走他方，六遍移家路转长。百醉与君同出处，五穷随我共行藏。柳花暗度谁家竹，燕子寒归何处梁。最羡刘家好男女，稳抛家事客原尝。⑥

亡国的痛苦，加上战争带来的各种创伤，使舒岳祥将自己视为隔代之人，留下了颇多的感叹。

> 故国亡来身已非，千年犹诉不如归。参天古木魂迷路，谁与黎侯赋式微。⑦

---

① 舒岳祥：《过字韵诗》，《阆风集》卷1，四库全书本。
② 舒岳祥：《俘妇词》，《阆风集》卷3。
③ 舒岳祥：《子瞻在惠州，以十月初吉作重九和渊明》，《阆风集》卷1。
④ 舒岳祥：《纪事》，《阆风集》卷3。
⑤ 舒岳祥：《题巾山翠微》，《阆风集》卷6。
⑥ 舒岳祥：《归故园》，《阆风集》卷7。
⑦ 舒岳祥：《雪村闻鹃》，《阆风集》卷9。

平生志大孔文举，牢落依然不可羁。茨阖小窗巢燕子，菰蒲新雨试鹅儿。胸襟大闷书不读，口吻微吟人未知。安得一蓑江海去，持螯作鲙卧鸱夷。①

昨夜鸲鹆声婉娈，斗觉春随呼唤转。今朝检历知立春，屋角梅花笑初绽。向人带笑复含嗔，嗔我今为异代民。我语梅花勿嗔笑，四海已非唐日照。尔花也是易姓花，憔悴荒园守空峤。闻风自是可怜人，六十年来逢立春。安危治乱几番见，到此三年哭断魂。我是先朝前进士，贱无职守不得死。难学夷齐饿首阳，聊效陶潜书甲子。星回世换市朝新，头白空山与鬼邻。更有横金拖紫客，临危不死稳藏身。②

舒岳祥还以庄周梦蝶自喻，指出在乱世中犹如做梦："予自丙子（1276年）数罹忧患，于是悟古今一梦也，此身一蝶也。其有乐乎蝶之乐也，其有忧乎蝶之忧也，不足为有无轻重。己丑（1289年）春盗起兵作，书焚庐毁，身外无余物矣。是夏辟地奉化棠溪，袁中素季厚兄弟乐善好事人也，为予洒扫一室，延入居之，予慨然有感于先生之言，因名寓曰蝶轩。噫，身之所至蝶之所至，蝶之所至轩之所至也。"③

对于为宋朝尽忠的各种人士，舒岳祥亦以诗作表达了钦佩和感怀的情感。

宰辅平生望，儒酸贵日同。诸贤亲盛德，末俗仰高风。道丧悲歌凤，时乖叹卧龙。经纶兹日泯，忧爱与身终。

咸淳无正史，德祐少完人。他日修公传，终身作宋臣。渊明还死晋，商皓本逃秦。壮士元无泪，西风自湿巾。④

翰林真学士，吏部老尚书。蓟北非吾土，鄞江有旧庐。死生今已矣，出处竟何如。卭竹先龙化，人琴一恸余。⑤

早总淮西饷，晚为刑部郎。艰危身九陨，漂泊泪千行。天地孤

---

① 舒岳祥：《六月十一日山窗散愁》，《阆风集》卷6。
② 舒岳祥：《解梅嘲》，《阆风集》卷2。
③ 舒岳祥：《蝶轩稿序》，《阆风集》卷10（《全元文》第3集，第240页）。
④ 舒岳祥：《少师丞相国公西涧先生挽歌二首》，《阆风集》卷3。
⑤ 舒岳祥：《哭谢尚书》，《阆风集》卷4。

忠在，山河遗恨长。寡妻随季女，犹得在鄞乡。①

对于元朝在江南建立的统治，舒岳祥先是抱持疑虑的态度，如未颁布新历，就引起了南宋遗民的疑问。

故国山河成断绝，孤臣江海自飘零。窗间取月离离白，树下窥天碎碎青。一雁不来山驿静，千梅欲动客愁醒。新来未赐王春历，三尺尧阶自有蓂。寒气著人身似病，世途多故鬓如银。劫灰今信胡僧说，野磷多应战鬼新。兵甲纵横满天地，衣冠颠倒走风尘。古今历数归仁义，河洛图书属圣神。②

对于允许渔民用小网在近海捕鱼和减轻赋税等宽政措施，舒岳祥持的也是半信半疑的态度，因为他认为新来的统治者并未认识到爱惜民力的重要性。

民命无魂鹿，烹庖几日休。纷纷浑未悟，炯炯为深忧。并和邻春相，分渔步网收。聊为目前计，瓷椀汲新篘。③

时事传来日日新，信疑相半向谁询。一寒一暑成吾老，多雨多愁过却春。酒畔暂休无限事，花前难买自由身。百年犹有四十在，须见升平作幸民。④

常年此日正月吉，今年经闰腊月一。岁阑喜展一月期，胜似戈挥鲁阳日。搔头偶见鹜陈横，曝背闲看蜂衙出。一冬妍暖三月晴，薄雪微雨麦垄青。平皋十亩锄溉毕，明年拟取瓴石赢。归耕还有新权柄，向时樵长今里正。弟侄推尊不敢辞，斗酒只鸡先自庆。牧猪酿秫待诛求，卖田买钞博性命。北人自好南人恶，人事纷纷天未定。君不见，唐任涛宋魏闲，因诗放后逢宽令。⑤

出童公，入童公，一岭二水分西东。前山万竹入新路，新路苍

---

① 舒岳祥：《哭陈伯求》，《阆风集》卷4。
② 舒岳祥：《新历未颁，遗民感怆》，《阆风集》卷6。
③ 舒岳祥：《八月二十五日闻布新条》，《阆风集》卷5。
④ 舒岳祥：《感怀》，《阆风集》卷6。
⑤ 舒岳祥：《十二月初一日醉歌》，《阆风集》卷2。

海通方蓬。入黄甘,出黄甘,一山二水分北南。北南百谷会江海,镇亭下注南山潭。问君何事经二岭,辟寇辟兵探绝境。青山两路双阙开,桑柘人烟在深井。迢迢横过澄溪头,水风激激流人影。篮舆落日黄泥坂,短策东风日将晚。深竹人家少邻并,麦苗翠被铺平田。忍饥犹自念民饥,饼饵风来一饱宽。况今圣算穷幽遐,检括丁口究阡陌。或说更戍起南氓,或议关防驱北客。中原陇土少人耕,何惜就宽因去窄。自古先王订版图,兵农合一如常式。呜呼!先王为民定军例,后王为军定民籍。呜呼!老儒临风三叹息,为国何如惜民力。①

随着时间的推移,舒岳祥的态度有所转变,尤其是对于忽必烈的重儒学教育的举措,他从国家统一的角度给予了高度的肯定。

> 皇帝既一南北,郡百蛮,乃尊孔氏,隆儒术,阐文治也。京师立太学,郡置学教授,县设学教谕。凡有籍于学者,皆得免徭役。士无科举之累,而务问学之实。郡岁贡一士,庶几乡举里选之意,天下之士幸矣。
>
> 自古一统天下之主,未有不尊孔氏隆儒术者也。汉高提三尺剑,诛秦灭项,干戈甫定,过鲁祠孔子,秦灰既冷之后,孔壁未发之前,有此伟特,可为万世法。东都建武,有唐贞观,亦一统之时也,皆用此道,立太学,幸国子监,命名儒,折衷众说,集成疏义,使学者有所趋向,岂不韪欤。是故自古一统天下之主,必尊孔氏而隆儒术也。
>
> 夫一统之主必若是者,何也?六经者,理义之统也。理义者,人心之统也。人心者,天下之统也。崇经术所以明义理,理义明所以正人心,人心正则天下之统定矣。统者何?惟精惟一,允执厥中,尧、舜、禹、汤、文、武心相授受之统也,孔子心得尧舜之统者也。格物致知,诚意正心修身,此孔子家传之统也。会其有极,归其有极,极者一统之所也。是以历代帝王必得此心之统,而后一天下之统也。孔子之徒,儒家者流,博学审问,以求其说,慎思明

---

① 舒岳祥:《出入二岭行》,《阆风集》卷2。

辨，以究其归。终于笃行，以践其道，不杂于异端，不惑于小知，有天下国家者用其说则治且安，不用则危且亡。古之圣贤无六经外之人物，善乎儒者之用心也。其为学一出于孔子，其用心亦若孔子而已。居无一亩之宫，而区区欲为有天下国家者治其天下国家，抑何迂也。然而安四海之民而不以为泰，建万载之业而不以为功，此帝王所以尊其师而隆其术也。皇帝盖深得统天下之要矣，此则天下之士之幸也，岂惟一郡一县之士幸哉。①

舒岳祥自己也享受到了儒者的待遇，并明确表示要在科举废罢的环境下，不再沉溺于靡丽的诗风中，而是注重有用于治民的实学。

> 绣衣御史当霄立，星次周流到上台。万里东隅观出日，十年幽蛰听惊雷。顿令绝学知书贵，解使贪官觉贿灾。恩及老生何以报，只将颂语献行台。②
> 寒暑一大疟，天地一病躯。古来几寒暑，元气朘削余。人物生其中，短小一侏儒。神农乏药草，黄帝无医书。坐令豺虎横，咬嚼为膏腴。顽疾久不治，脏腑生虫蛆。愿借大雷斧，磔此害物徒。八荒既清廓，万古无忧虞。③
> 耿耿不可忍，相思在东北。花月以为姿，风露以为食。取我虞氏琴，一弹三叹息。冷然不可寻，变为湘江瑟。湘江深复深，哀哀泪千尺。饥饿未必死，甘腴能杀人。惟悴未必殒，逸乐能丧身。所以岩谷槁，以俭全其真。秉耒自耕野，腰斧躬采薪。亦复诵书史，自负亨经纶。兵寇幸无恙，委蛇保天民。④
> 自京国倾覆，笔墨道绝，举子无所用其巧，往往于极海之涯，穷山之巅，用其素所对偶声韵者，变为诗歌，聊以写悲辛、叙危苦耳，非其志也。……方科举盛行之时，士之资质秀敏者，皆自力于时文，幸取一第，则为身荣，为时用，自负远甚。惟窘于笔下，无以争万人之长者，乃自附于诗人之列，举子盖鄙之也。今科举既

---

① 舒岳祥:《宁海县学记》，《阆风集》卷11（《全元文》第3集，第225—227页）。
② 舒岳祥:《谢御史王素行免里正之役》，《阆风集》卷6。
③ 舒岳祥:《放言》，《阆风集》卷1。
④ 舒岳祥:《古思二首》，《阆风集》卷1。

废，而前日所自负者，反求工于其所鄙，斯又可叹也。①

舒岳祥政治态度的转变，引起了一些江南隐士的不满，甚至在后来说明理学各流派的渊源时，故意不提舒岳祥的具体事迹，显然是一种过分拘泥于所谓气节的做法，在今天看来确实失之偏颇。

（五）杨公远论世事变迁

杨公远（1228—1286年后），字叔明，歙县（今属安徽）人，入元后隐居，有《野趣有声画》诗集传世。

对于宋元交替带来的世事变迁，杨公远持的是较为超脱的态度，在诗作中有充分的体现。

幽事知谁可共论，烟浮清晓月黄昏。吟梅细味逋仙句，植蕙闲招楚客魂。暴富小池蛙奏乐，安贫陋室席为门。吾生幸自无荣辱，一任傍人笑作村。

头颅搭飒一山翁，万事随宜敢讳穷。不结东华尘土梦，何干北海马牛风。半生踪迹从容里，一片襟期冷淡中。兀坐有时参世味，古今兴废转头空。

吾庐近野却依城，弹压风光藉酒兵。山色可供图画趣，泉流聊当管弦声。眼前无事方安逸，天下丰年即太平。权势从来难倚仗，只宜孤立度浮生。

径曲通村深复深，听莺吟歇听蝉吟。园林幽雅已成趣，朝市纷华岂到心。匣冷冯欢长铗剑，壁悬元亮不弦琴。故知忤世皆缘直，有口从今只合瘖。②

数竿修竹半池荷，密掩柴门少客过。笔底画能希李郭，囊中诗欠似阴何。一心夜月炯长在，两鬓秋霜积未多。花甲明年重数起，幸逢尘世息兵戈。

时光迅速走双轮，忽忆前朝事已陈。门外难交骑马客，竹边惟结话诗人。生来岂羡陶朱富，老去宁甘原宪贫。处世自怜浑不解，江山聊助笔头春。

细捻吟髭谩赋诗，骚人那敢与争驰。倾杯对月风清夜，倚杖观

---

① 舒岳祥：《跋王槩孙诗》，《阆风集》卷12（《全元文》第3集，第244—245页）。
② 杨公远：《借虚谷太博狂吟十诗韵书怀》，《野趣有声画》卷上，四库全书本。

山云敛时。世事安危浑莫问，人生得失底须悲。何当琢就梅花句，付与高楼画角吹。①

勘破浮生且任真，底须苦苦役精神。静观历代千张纸，细数英才几掬尘。朝市只尊黄阁贵，山林谁念素衣贫。何如领取闲风月，赢得襟怀日日春。②

抱膝长吟更短歌，百年身世易蹉跎。事逢如意从来少，诗不惊人空自多。暖日烘时花著子，东风吹后草成莎。看渠天道无私覆，寒谷阳春有脚么。③

世间名利我无缘，饱看黄花又一年。鬓有几根从带雪，心无一事可欺天。筑居易办观梅阁，取醉难谋种秫田。欲谒昌黎论此意，那知先已寄新篇。④

即便是世道变换，还是期望有太平丰收的年景，杨公远借瑞雪兆丰年的场景，表达了这样的愿景。

天教尘世换规模，万象忧愁心未孚。一夜苍松须白尽，青山顿觉老头颅。

腊前三白兆丰年，此话农家万古传。近值世更人事改，生民全藉老天怜。⑤

对于朝廷下命提刑按察司平反冤狱和劝课农桑（应在处理阿合马事件后），杨公远认为是难得的善举，特别用多篇诗作加以赞扬。

翩翩旌旆下吾邦，六邑喧传姓字香。不著一尘秋夜月，谨施三尺晓天霜。平反狱讼缧囚喜，劝课农桑惰叟忙。昨拜荆州天与幸，敢趋行幕献诗章。⑥

褰帷暂驻小山邦，正值芳春百卉香。洞彻胸襟欺雪月，英豪名

---

① 杨公远：《借虚翁涌金门城望五诗韵以写幽居之兴》，《野趣有声画》卷下。
② 杨公远：《有感》，《野趣有声画》卷上。
③ 杨公远：《偶成》，《野趣有声画》卷上。
④ 杨公远：《高斋韩东尉用前韵见寄次韵谢》，《野趣有声画》卷上。
⑤ 杨公远：《雪十首》，《野趣有声画》卷上。
⑥ 杨公远：《见王书史系按察司所委平反劝课》，《野趣有声画》卷下。

誉冷风霜。评分曲直奸人畏，诗费赓酬竟日忙。寒士无声增重处，珠玑璀璨赐平章。①

山水新安斗大邦，也烦临按马蹄香。扶持秀士蛟逢雨，纠察贪夫草遇霜。对景诗成吟思好，劝农心切去装忙。自惭野叟何为者，白雪阳春拜两章。②

文献中州仰大邦，姓名由此带天香。襟怀月照江湖水，谈笑风生齿颊霜。天理每从闲处见，诗篇常向静中忙。明朝小队郊坰去，傥有新吟寄一章。③

扬鞭迤逦历乡邦，留得清名处处香。六邑春风浓似酒，一轮秋月冷于霜。苏回民瘼宣情好，听彻鹃声归兴忙。满路溪山无限好，只应裁剪入词章。④

对于在江南地区劝课农桑的成效，杨公远也在诗作中作了说明，可节录于下。

一犁雨足快耕农，可卜今年岁事丰。喜见四郊生意好，秧针刺水麦梳风。

杜鹃声里莫春天，桑柘村村绿似烟。分茧称丝将有日，吴蚕今已起三眠。⑤

夫耕妇饷念斯农，蚕麦将登庆小丰。不是今年天意好，皆由教雨与仁风。⑥

揽辔来时柳未烟，榴花又见火初然。一春人坐冰霜国，四野农歌蚕麦天。教雨仁风弥歇境，屏山练水入吟编。明朝马首东归去，仁看清名到日边。⑦

对于在当地任职的北人官员，杨公远亦在诗作中赞扬了他们的善治

---

① 杨公远：《再用韵奉酬》，《野趣有声画》卷下。
② 杨公远：《三用韵奉酬》，《野趣有声画》卷下。
③ 杨公远：《四用韵奉酬》，《野趣有声画》卷下。
④ 杨公远：《五用韵奉酬见寄二首》，《野趣有声画》卷下。
⑤ 杨公远：《迓王书史六邑劝课回四绝》，《野趣有声画》卷下。
⑥ 杨公远：《再韵奉酬》，《野趣有声画》卷下。
⑦ 杨公远：《饯王书史》，《野趣有声画》卷下。

行为。

　　报政三年满，还容借寇么。丝纶来帝幄，襦袴蔼民歌。遗爱棠阴茂，留传锦句多。苍生今有待，霖雨早滂沱。古歙何多幸，民叨抚育恩。清声冠今古，浩气满乾坤。夜月一船载，秋风三径存。莫能攀去辙，恋恋劝金樽。①

　　从容依绿泛莲红，吾郡生民有幸逢。政事分明天外月，风标翘楚雪中松。携琴领鹤宦情好，横笛倚楼诗兴浓。腾茂蜚英闻帝里，行看宠锡禄千钟。②

　　轺车至日岁将更，又趁薰风理去程。历遍山城留好句，苏回民瘼快舆情。人言但有官如此，世道应无事不平。只恐江东难久驻，看看诏趣秉钧衡。③

有人认为杨公远过于谄媚北人，但实际上是这些人并没有深刻体会他的"合和"政治观点。

（六）赵文论废科举

赵文（1238—1314年），字仪可，号青山，庐陵（今属江西）人，宋太学生，曾从文天祥抗元，宋亡后回乡教书，著有《青山集》。

作为南宋遗民，赵文的强烈故国情怀难以向人述说，只能借诗词来寄托自己的愁思。

　　秋风又吹华发，怪流光暗度。最可恨，木落山空，故国芳草何处。看前古，兴亡堕泪，谁知历历今如古。听吴儿，唱彻庭花，又翻新谱。

　　肠断江南，庾信最苦，有何人共赋。天又远，云海茫茫，鳞鸿似梦无据。怨东风，不如人意，珠履散，宝钗何许。想故人，月下沉吟，此时谁诉。

　　吾生已矣，如此江山，又何怀故宇。不恨赋，归迟归计，大误当时，只合云龙，飘飘平楚。男儿死耳，嘤嘤呢呢，丁宁卖履分香

---

① 杨公远：《饯康侯二首》，《野趣有声画》卷下。
② 杨公远：《呈赵提领》，《野趣有声画》卷下。
③ 杨公远：《饯卢按察》，《野趣有声画》卷下。

事，又何如，化作胥潮去。东陵岂是，无能成败纷纷，归来手种瓜圃。

膏残夜久，月落山寒，相对耿无语。恨前此，燕丹计早，荆庆才疏，易水衣冠，总成尘土。斗鸡走狗，呼卢蹴鞠，平生把臂江湖旧，约何时，共话连床雨。王孙招不归来，自采黄花，醉扶山路。①

国家兴亡毕竟是历史的常态现象，所以赵文不但借酒说事，指出古来无不亡之国；亦用读史的心得，强调了功名如同演戏的观点。

前有一尊酒，有酒即无愁。吾评仪狄功，端与神禹侔。微禹吾其鱼，微狄吾其囚。人生十九不如意，一醉之外安所求。古来何国非亡社，古来何人不荒丘。沉思痛至骨，赖尔可销忧。尊中有酒，无酒乃休。饮多作病，酒不可仇。②

夹寨功名节节奇，门高事起更堪悲。身亡家破英雄笑，恰似伶官戏罢时。③

对于全国统一之后江南地区的赋税加重，尤其是官吏的盘剥和压榨百姓，赵文在诗作中亦有具体的描述。

江南西风粳稻熟，纲夫出门纲妇哭。天晴黄雀飞苦高，县吏椎门怒震屋。哨声飞空健鹘过，迟速小误成蹉跎，君庖不充将奈何。④

江南冬前虫未蛰，猎师篝火熏穴急。山中玉面何处藏，供奉期程如束湿。茅檐十日无炊米，蓬鬈鹑衣瘠如鬼。但教得狸何顾尔，易牙奉君尚烹子。⑤

---

① 赵文：《莺啼序·有感》，《青山集》卷8，四库全书本。
② 赵文：《前有一尊酒》，《青山集》卷7。
③ 赵文：《读史》，《青山集》卷8。
④ 赵文：《纲户叹》，《青山集》卷7。
⑤ 赵文：《猎户叹》，《青山集》卷7。

对于已经实行数百年的科举取士，赵文一方面强调通过科举进身的儒士贤者并不多见，而且科举取士还改变了儒士应有的朴实风气，而废罢科举，恰是为学者提供了返璞归真的机会。

> 然自唐以来，科举取士，号称得人，为国名臣前后相望，非神所相，人岂其能。往时科举探筹，学校传舍，士大夫致身富贵，卒负君父者亦多矣。夫独于科举学校将废之际，则有杰人魁士迭生其间，譬之沧海欲竭而至宝横陈，以为数百年崇重斯文之报。①

> 人生有六尺大患，谁能全此朴乎？君方少时，读书为文，擢科第，一行作吏，持手版，俯仰上官，朱墨钩稽版籍多少虚实之数，君之不得以全其朴也久矣。人生自青阳至黄发，世故之累日深，则朴日散。自事变来，前日之浮者，未有不趋于实，此亦世道反朴之机也。②

另一方面，赵文亦以自己的亲身经历，说明了废罢科举，为儒者解除了"科举之累"，使其能够安心于学问。

> 昔者科举命世，士不得志于科举则戚戚，得志于科举，则千里走京师试礼部，试礼部而第，则归而需次，及次而迎亲就养，幸甚。试吏部报罢，则又试成均，试成均不中，又戚戚而归。则是三岁之间，其得安坐事亲者仅一岁。止试成均而中，则终岁争名。天子之学、荣亲之望与思亲之念，常交战于胸中。修廊夜铎，收灯掩卷，敦其独宿，不知二亲千里之外亦已睡否，睡不念其子否，盖科举累人甚矣。
>
> 吾自甲子（1264年）后十年间，正苦为功名役。一日事变，苍黄归，奉亲辟地，数年甫定，而风木之悲不堪言矣。诚知其如此，岂以十年养亲之岁月，而弃之于奔走乎。……无科举之累，有读书之闲；无客外之苦，有养亲之乐。③

---

① 赵文：《文昌阁记》，《青山集》卷4（《全元文》第10册，第128—129页）。
② 赵文：《朴斋记》，《青山集》卷4（《全元文》第10册，第111—112页）。
③ 赵文：《送宋公路序》，《青山集》卷1（《全元文》第10册，第59—60页）。

废罢科举，确实使不少士人陷于彷徨之中，一些人选择了以吏作为进身的途径，赵文认为这是士人自取其辱的做法："科废，士无可为；役烦，民无所庇。后生习为随时之变之论，不惜其身，高者官，下者吏，得一付身，如捧毛檄，走趋庭下为隶甘心焉，辱固已甚矣。一日尻高呼暑，所以贻亲忧者，又重可叹也。"① 士人的真正出路，在赵文看来，应该是发奋治学，以立德和立言传名于当世和后世："今隋唐弊法，废去不用，士无所发身以行其志，自非老无他能如我，宁当栖栖兔园急就老死而已。丈夫负其耿耿，苟不忍草木俱腐，则挟其所能，岂不可以名一时而传后世。"② "昔人言不朽，曰立德、立功、立言。今世何功可立，惟立德、立言，正属我辈。科第或偶然得之，文章不可猝然致也。"③

赵文还特别指出，科举并不能代表学者的收获，学者所要收获的应是义理之学，因为只有掌握了义理之学，才能真正视科举、富贵等为身外之物。

> 古所谓学殖云者，岂必得志于科举而后为有秋哉。学之成，仁之熟，充然而得其所养，是吾之有秋也已。春秋之世无科目，而颜子为孔门四科第一人，是亦颜子之秋也。科有兴废，而是科无兴废也。待百亩之熟，而后无饥者，农夫也。若夫辟谷之士，彼且恶乎待哉。人人有嘉谷，人人可以有不饥者，而人不能耕之也。人人可以为德行第一人，而人不能为之也。……德行，内也；科目，外也；科目之兴废，未可知也。④

> 抑所贵于读书者，以义理之荣敌外物之感也。大莫大于天下，其兴废成败，皆外物尔，而况今之所谓科第者哉，而况今之所谓富贵者哉。若感慨之心不除，终不可以读天下之书，穷天下之理，异时纵有成立，亦不过功名之士，与圣贤所处天地悬绝。⑤

---

① 赵文：《慈和堂记》，《青山集》卷3（《全元文》第10册，第100页）。
② 赵文：《送谢会可序》，《青山集》卷1（《全元文》第10册，第56页）。
③ 赵文：《浮眉楼记》，《青山集》卷3（《全元文》第10册，第96—97页）。
④ 赵文：《秋堂记》，《青山集》卷4（《全元文》第10册，第115—116页）。
⑤ 赵文：《青溪书院记》，《青山集》卷3（《全元文》第10册，第87—88页）。

尤为重要的是,赵文认为学术应该不断地进步。他以蝉蜕比喻儒学的蜕变和发展,并特别强调了大一统为这样的蜕变提供了重要的机会。

> 尝见丹家作蝉蜕图,由蜣螂运丸九转,而后脱壳以飞,其密改潜化,不可知其所以然。学之变化气质,亦犹此矣。吾夫子之圣,变化气质,非有待于学,然犹十年一化,而后至于从心所欲不逾矩之地。况学者气质之偏,而可无学乎。学之蜕也,愚蜕明,柔蜕强,狠愎蜕为温良,浇薄蜕为忠厚,桀骜蜕为谦逊,贪陋蜕为洁廉。学之验也,近世之学蜕异于是。自屈首受书,惟时文是急,朴拙蜕纤巧,重滞蜕轻便,钝蜕敏,直蜕佞。苟能此道矣,即儒蜕官,官蜕盗,圭宝蜕为甲第,缊袍蜕为狐貉,箪瓢蜕为钟鼎,糟糠蜕为姬姜。于是平陆蜕为江海,人类蜕为走飞,宗庙宫室蜕为禾黍。

> 学如蜕,荀卿语也。其言则善,其学则非,不废其言可也。学,所以复性也,而曰"性恶";礼,学者之所当先也,而曰"礼伪"。性恶礼伪,尚何学,此其学所以一蜕而为李斯欤。科举累人久矣,士欲舍科举而专意义理,势有所不能,科举义理之学两进,日有所不给。四海一,科举毕,庸知非造物者为诸贤蜕其蜣螂之丸,而使之浮游尘埃之外耶。第恐学与科举俱废,则改化其形容,以蜕于彼者,更秽于蜣丸尔。①

赵文还记录了友人关于废科举后以读书为至乐的自述,以此来说明罢科举对士人而言并非祸事,而是乐事。

> 吾先人之于书也勤,以书教我,其望我不能不如君言也。自科举罢,吾以为士无所于用,则折节改业,以羞吾先人多矣。今吾去城市而耕于野,而后知读书之为至乐也。昔者吾读书于吾父之侧,天下之至乐也。而吾不知其乐者,科举之累也。科举罢十年,吾犹不知其乐者,犹有所累之也。吾今而后,知其为天下之至乐也。古先圣人之书,至乐具是。天亦哀于四方之士,抱至乐之具,缠于科

---

① 赵文:《学蜕记》,《青山集》卷3(《全元文》第10册,第105—106页)。

举之累,而不得有其乐者七百年。车书混同,脱此桎梏,士之读书者,无时文掇拾之劳,无场屋得失之累,心胸旷然,开卷之顷,圣贤之蕴,天地之心,轩豁呈露是日也。掩书而起,童子伊吾于前,声若金石,素交至门,啜双井斗品共听之。俯仰天地之间,高论六合之外,其乐孰有过此,吾所谓至乐也。①

赵文还强调,废科举不能废教育,士人依然要以教书育人为自己的重要责任:"士者民之秀,士有所教养而相率为君子之归,使邑有所矜式,是所以教一邑已,则又使邻封闻者感动,兴于礼乐,助成一代熙洽之化。士固有以一家一乡变天下者,而况一邑之学乎。此上之人所望于士,而亦士分内事也。"②"夫文运之兴衰,其非人力之所得为也必矣。斯文未丧,诸君之有贤子孙,书院必不可废也。以无田之学校,延不官之师儒,读非科举之书,他日以之应选举者,所谓风俗淳一,运阼长久,终必赖之。"③

对于科举的废罢,江南的儒者有三种具有代表性的态度。第一种是反对终止科举,要求重开科举。第二种是被动地接受,尽管也指出科举的一些弊病,但是内心并不反对科举。第三种是为废罢科举叫好,认为科举确实是应该被淘汰的选人方法,赵文持的就是这种态度。恰是因为持第三种态度的人较少,更显示了赵文观点的重要性所在。

需要说明的是,在国家大一统之后,南北的隔阂尤其是思想上的隔阂逐渐被打破,"合和"已经成为难以阻挡的趋势,黄公绍、方夔、陈杰、舒岳祥、杨公远、赵文等人倡导的"合和"观念,起到的恰是推动南北政治理念聚合的重要作用,对于推动元朝政治思想的发展具有不合忽视的作用。由此,不能简单地以狭隘的"爱国观念"尤其是"讲气节"来否定他们的政治观点,而是要看到这些观点所起到的先行认知的进步作用,因为到了元朝中期,江南士人已经普遍接受南北"合和"的政治理念,并自觉地为朝廷的文治出谋划策。这样的转变恰是因为有了黄公绍等人的铺垫,所以应该充分肯定早期"合和"观念在政治思想发展中所具有的重要地位。

---

① 赵文:《至乐堂记》,《青山集》卷3《全元文》第10册,第94—95页。
② 赵文:《重修万载县学碑记》,《青山集》卷5《全元文》第10册,第135—136页。
③ 赵文:《集义堂记》,《青山集》卷3《全元文》第10册,第98—99页。

八 龚开等人的愁亡观点

与"义理派""兴儒派""合和派"隐士有所不同的是,龚开、于石、连文凤、汪元量、丘葵、王镃、谢翱、方凤等人着重于故国情怀的展示,由于其中不乏对亡国教训的思考,可以将他们视为"愁亡派"的江南隐士,分述其主要观点于下。

(一) 龚开说亡国之鉴

龚开(1222—1304年),字圣予,号翠岩,又号龟城叟,淮阴(今属江苏)人,曾任宋两淮制置司监管,入元后隐居吴中。对于南宋的忠臣文天祥,龚开不仅记录了其生平事迹,还作出了以下评论。

> 古之立国者,权臣握重兵在外,必有重臣居中以制之。若国之危殆,则权臣与重臣合而为一,正须声援相应,此又一时不可同日而语。宋将亡,两淮重镇居西者无议焉,而东镇又在远地。文公自江右提乌合之众入卫,遇战则北。及独松失守,一身在朝,拥将相虚位,而遽解兵印,驾单车称使者不辞,徒曰舒君之急云耳。使事有人,未闻都督军马为之而受执者也。五代时,李嗣源告庄宗曰:"王彦章败,段凝未知;纵知,救兵必渡黎阳。数万众须舟楫,岂能一日而济。此去汴不数百里,信宿可到汴,既入,段兵何施?"盖是时梁朝虚内,重兵尽在外,故唐兵肆行无忌。嗣源以千骑先锋至封邱门,扣关而入,梁君臣束手相顾而已。呜呼!似者尚可取监,况身亲之。以此知兵力与天时、人事,未始不相倚为用也。①

在崖山战败后抱皇子跳海自尽的宋臣陆秀夫(字君实),曾是龚开的上司。龚开也用诗、文记录了他的事迹,并作了以下评论。

> 立事宁将败事论,在边难与在朝分。从来大地为沧海,可得孤臣抱幼君。南北一家今又见,乾坤再造古曾闻。他年自有春秋笔,不比田横祭墓文。

---

① 龚开:《宋文丞相传》,《全元文》第5册,第85—88页。

数关天地人何与，分在君臣礼可无。周栗如山夷叔馁，史书犹日白婴诬。旧邦新命方开化，公法私情本不渝。忠义未须论彼此，后光崇长是昌图。①

以英特伟杰之人，穷而自裁，时人哀之尚无间于亲疏久近，而况舍生就义，为万世立纲常，绝无而仅有者乎。是故大中之道也，陆公君实其谓是矣。②

昔赵简子使尹铎治晋阳。请曰："茧丝乎？保障乎？"曰："保障哉。"尹铎结民心，坚壁垒，以备其入也。及襄子为智伯所攻，卒以晋阳获济。自甲戌（1274年）大敌渡江，东南如晋阳者何所再造而无，几及五年竟无三里之城、七里之郭，使其民效死勿去，惟有皇皇迁转而已。国之亡固有天数，抑亦人事有不至与？而吾君实鞠躬尽瘁，死而后已。呜呼！悲夫！天耶？人耶？③

从这样的评论可以看出，龚开尽管赞扬了文天祥、陆秀夫的死节行为，但是也明确指出了南宋军备不当带来的亡国教训，需要后人引以为鉴。

龚开还验证了北宋时期确实有招降宋江征方腊的事情，并对盗亦有道作出了肯定性的评价："余然后知江辈真有闻于时者，于是即三十六人，人为一赞，而箴体在焉。盖其本拨矣，将使一归于正，义勇不相戾，此诗人忠厚之心也。余尝以江之所为虽不得自齿，然其识趣超卓，有过人者。立号既不僭侈，名称俨然犹循轨辙，虽托之记载可也。古称柳盗跖盗贼之圣，以其守一至于极处，能出类而拔萃。若江者，其殆庶几乎？虽然，彼跖与江，与之盗名而不辞，躬履盗迹而无讳者也。岂若世之乱臣贼子，畏影而自走，所为近在一身，而其祸未尝不流四海。呜呼！与其逢圣公之徒，孰若跖与江也。"④ 称赞盗跖和宋江，是为了抨击乱臣贼子，因为相较而言，后者更容易导致亡国的厄运。

---

① 龚开：《陆丞相君实挽诗》，《龟城叟集辑》，楚州丛书本。
② 龚开：《辑陆君实挽诗序》，《全元文》第5册，第72—73页。
③ 龚开：《陆君实传》，《全元文》第5册，第82—84页。
④ 龚开：《宋江三十六赞序》，《全元文》第5册，第71—72页。

(二) 于石说权奸蠹政

于石（？—1288年后），字介翁，号紫岩，兰溪（今属浙江）人，入元后隐居，有《紫岩诗选》传世。

对于宋元战争给江南地区带来的劫难，于石在诗作中从不同角度作了描述，尽管是仿效了前人的诗体，但不失为兴亡之际世人遭遇的情景再现。

> 今年客路逢寒食，村落无烟春寂寂。荒塚累累人不识，芳草凄凄吐花碧。麦饭一盂酒一滴，哀哀儿女春衫湿。我过其傍因太息，有坟可酹何须泣。干戈满地边云黑，路傍多少征人骨。①

> 客行归故乡，依依一邻叟。把酒向我言，重叹生不偶。大男年二十，前年方娶妇。府帖点乡兵，井邑备攻守。万骑声撼天，战骨今欲朽。小男年十三，娇痴犹恋母。所恃惟此儿，未忍辄笞殴。垂白力耕耘，一饭仅充口。东邻数十家，兵火十无九。西邻破茅屋，萧然一无有。悍吏猛索租，摧剥及鸡狗。嗟子行四方，颇亦闻此否。偶述邻里情，勿讶言语丑。老妇洗瓦盆，呼儿进畦韭。愿子姑暂留，为我进杯酒。②

> 路傍谁家女，踯躅不能去。自言妾小时，家本樵川住。十五嫁良人，长年秉机杼。辛勤奉舅姑，足不越庭户。去年秋枣红，边人健如虎。移家入深林，自谓百无虑。空山鸣剑戟，失色骇相顾。星散各偷生，不幸适相遇。妾身如风花，飘零委尘土。妾命如蜉蝣，焉能保朝暮。一死恨不蚤，空为年少误。去去忽相失，零落在中路。妾有乳下儿，咿哑方学语。四海尚干戈，安知尔生死。回首望天涯，家山在何处。妾命负所天，顾影惟自怜。自怜轻失节，天下何独妾。③

对故国的思念，在于石的诗作中亦多有体现，可列举几首具有代表性的作品。

---

① 于石：《己卯（1279年）寒食》，《紫岩诗选》卷2，四库全书本。
② 于石：《邻叟言》，《紫岩诗选》卷1。
③ 于石：《路傍女》，《紫岩诗选》卷1。

治乱古来有，英雄今岂无。人情云聚散，世态草荣枯。事定见天理，时艰识丈夫。山川渺何许，烟雨暗平芜。①

伊昔西湖柳，清阴满画楼。午凉欺舞扇，晚雨系渔舟。春尽花无主，风寒叶自秋。六桥今在否，空惜旧时游。

伊昔西湖上，孤山几树梅。断篱深院落，流水旧亭台。明月无今古，春风自去来。谪仙不复作，消瘦为谁开。

伊昔西湖里，娉婷十里莲。香凝花上露，影落镜中天。枕簟水亭雨，笙歌月夜船。双鸳不解事，常傍翠阴眠。

伊昔西湖外，清阴九里松。天低深雨露，风怒走蛟龙。林霭通樵径，山云隔寺钟。何时一行乐，重到北高峰。②

钱塘江上一帆风，为我重寻旧日踪。十里湖山空战舰，千年宫阙咽僧钟。潮生潮落东西浙，云去云来南北峰。往事茫茫何处问，残烟衰草泣寒蛩。③

尤其需要注意的是，于石注重从历史的经验看天下的兴亡，并特别强调了以治道和仁政行天下，是保证王朝兴盛的重要条件，而善用人才和与政者谋国而不是谋身，是避免亡国厄运的重要因素。

四山月落正昏蒙，留得书灯到晓红。千古是非昭简册，百年兴废老英雄。人因厌乱方思治，道本无穷岂有通。植立纲常垂万世，至今周孔不言功。④

厥初开辟浩难名，帝降而王绪可寻。百代相因三代礼，七弦何似五弦琴。时逢否泰有消长，道在乾坤无古今。所以孟轲生战国，欲承三圣正人心。

世以燔经咎李斯，斯文兴丧岂关渠。楚人未烈咸阳火，秦府犹存博士书。吾道不随灰烬冷，残烟空锁帝王居。独嗟先入收图籍，刀笔区区计亦疏。

秦亡四海角群雄，三尺胡然起沛丰。首录郯侯忘纪信，不诛项

---

① 于石：《抱膝吟》，《紫岩诗选》卷3。
② 于石：《伊昔》，《紫岩诗选》卷3。
③ 于石：《送友人之武林》，《紫岩诗选》卷3。
④ 于石：《夜坐读书有感》，《紫岩诗选》卷3。

伯勤丁公。亲而寡助宁非叛，国尔忘身始是忠。赏罚于斯庸未当，终然击柱或争功。

汉楚兴亡事已休，至今堪叹亦堪羞。郑君不肯更名籍，项伯胡为赐姓刘。寡助固知亲亦叛，孤忠忍以主为仇，人臣贵在明大义，勿为身谋为国谋。

今来古往一封疆，虎斗龙争几帝王。百二山河秦地险，八千子弟楚天亡。朝廷有道自多助，仁义行师岂恃强。往事废兴何处问，寒烟衰草满斜阳。

莫言世事只如棋，千载是非人共知。吾道废兴时否泰，人才进退国安危。诗书未火秦犹在，党锢无钩汉亦衰。覆辙相寻多不悟，抚编太息此何时。

志士匡君贵善谋，古来直笔有春秋。孔明扶汉何吞蜀，仁杰兴唐乃死周。成败由人天不管，功名遗恨水空流。柬之未相姜维将，二子宁无身后忧。①

对于宵小之徒的争权夺利、害国蠹政，尤其是陷害忠良之臣的恶劣行径，于石用隐喻的手法给予了激烈的抨击。

愚公欲移山，精卫欲填海。嗟乎智力穷，山海元不改。春秋更战国，仁义日荒怠。近趋管晏功，远受仪秦诒。杨墨骋邪说，申韩祸无罪。孔孟生其间，迂阔谁复采。群嚚竞纷纭，智力几百倍。山崩海可竭，吾道固长在。

游鱼闻饵香，宁悟钩入口。不忍一朝饥，竟落渔人手。捕雉必以媒，相呼欣得偶。失身罗网中，乃为媒所诱。嗟哉二物微，智不料其后。飞潜一失所，虽悔复何咎。矧为物之灵，而不慎所守。饥渴能害心，交游多卖友。②

世以鹊为吉，人多喜其鸣。世以鸦为凶，鸣多人辄嗔。吉凶一以定，嗔喜此焉分。相彼新罗鹞，于何分爱憎。群鸦竞喧集，有耳若不闻。一鹊不相容，搏击以为能。不知鹊可喜，甘与鸦为群。妒善复党恶，鸷悍徒不仁。石显怙权宠，望之不容身。林甫擅柄用，

---

① 于石：《读史》，《紫岩诗选》卷3。
② 于石：《感兴》，《紫岩诗选》卷1。

何有乎九龄。宁为望之辱，不作石显荣。宁为九龄死，不作林甫生。邪正苟倒置，是非竟难陈。人事无不然，何独此微禽。①

群蜂割据作生涯，户牖新开蜜酿花。汉世侯王自分国，秦民父子各当家。尊卑两尽君臣义，朝夕争趋南北衙。因感途人本兄弟，无知微物亦何嗟。②

隐士的政治抱负，就是希望重归治道，使百姓免遭盘剥之苦，于石在诗作中充分表达了这样的意愿。

百里子男邦，职任非不厚。治民如牧羊，扰之则惊走。眷兹上虞邑，江海环左右。萧萧北风寒，怒涛声撼吼。元亮已赋归，世事付杯酒。宗子古维城，此行应不苟。茧丝与保障，二者孰先后。勉旃重勉旃，毋袖经纶手。

吾闻句践国，昔有鸱夷子。沼吴收隽功，扁舟五湖里。又闻越东山，安石真奇士。一局别墅棋，失笑屐折齿。缅怀百世风，可以肃顽鄙。峩峩禹穴山，滔滔浙江水。山川今犹昔，宁无安与蠡。为我谢二公，幸为苍生起。③

顽云拨不开，阴风挟严威。大雪止复作，细民已唏嘘。人言丰年瑞，可乐胡反悲。频年岂无雪，雪少寒不知。谁为御寒计，茅屋曝晴曦。今年雪大作，始信贫无衣。地炉燎湿薪，僵坐缩如龟。年丰固可乐，一饱远莫期。但忧今日寒，未虑明年饥。岂知纨绮子，重裘拥柔肌。绣阁蔼春风，金帐环蛾眉。惟恨雪不多，低唱饮羔儿。且尽一己欢，宁为尔民思。尔民毋自苦，会有年丰时。鸡豚燕同社，玉粒香浮炊。一饱有余乐，八珍亦奚为。寄语纨绮子，此意知不知。④

十载驱驰翰墨场，翩翩霞佩高颉颃。赋窥贾马搜班扬，诗崇晋汉卑齐梁。斯文未丧道未亡，欲寻坠绪何茫茫。萧骚袍褐凄风霜，匣中蛟龙吼干将。男儿有志行四方，安用把笔工文章。掀髯长啸俛

---

① 于石：《鹊鸦行》，《紫岩诗选》卷1。
② 于石：《分蜂》，《紫岩诗选》卷3。
③ 于石：《送赵宰之上虞》，《紫岩诗选》卷1。
④ 于石：《丁亥（1287年）冬大雪》，《紫岩诗选》卷1。

大荒，残烟落日尘沙黄。纷纷蚁穴争侯王，邯郸一梦炊黄粱。断鹤续凫谁短长，世间万事俱亡羊。何如长歌归故乡，古松流水绕石床。浊酒一壶琴一张，卧听孺子歌沧浪。①

草庐抱膝方卧龙，狞飙撼户云埋峰。冻鹊依依飞堕地，饥鹰侧翅低盘空。岂知水官夜鏖战，鞭虬笞凤驱前锋。茫茫万里混一色，远近高下俱迷踪。松标特立凛生气，竹腰不折凌高风。长江一派清不泯，浩浩独行天地中。小民祈寒易咨怨，君子守道惟固穷。有雪无雪两不问，仁耕义耨无欠丰。君不见，闭门无人僵卧处，任渠门外深丈许。穷则当与凡民异，达则当为国之瑞。何当燮理司化钧，坐令寒谷回阳春。②

于石尽管留下来的只是诗作，但是其中反映出来的对亡国教训的思考，比龚开等人更为深刻。

(三) 连文凤说富贵兴亡

连文凤，生卒年不详，字百正，号应山，三山（今属福建）人，宋末入仕，入元后隐居，有诗集《百正集》传世。他的浓厚追思故国的情怀，在诗作中多有体现，可列举几例。

吁嗟天地何梦中，魍魑日夜嘘寒风。万物元气销铄尽，文章千古无时穷。先生驱文挟风雨，笔势不停心自语。泮池水暖芹正香，物换星移时不鲁。昔鲁东门已无人，况今门外车马尘。飞尘蔽天黑如漆，灵光一点争嶙峋。新进少年竞浮靡，妆点春妍学桃李。贞元朝士已无多，不识伯淳堪愧死。江空岁晚雪满天，钱塘风景经几年。片言支字落人世，至今识者犹能传。愧乏新诗送盘谷，恨别情多歌不足。语言憔悴更可怜，故都写作断肠曲。潸然老泪愁天津，铜驼巷陌荆棘深。吴云江树黯无色，千里共此凄凉心。昌黎博士头已白，籍湜当年门下客。俱是乾坤无用人，一见新诗重相忆。噫嘻斋前烟雨凄，横江老鹤今来归。我欲附之翎翅短，此情寄与东风飞。③

门巷多车马，空斋掩半扉。天时秋后变，人事日来非。岁月销

---

① 于石：《浪吟》，《紫岩诗选》卷2。
② 于石：《同韵效欧苏体》，《紫岩诗选》卷2。
③ 连文凤：《寄庐陵刘国博会孟先辈》，《百正集》卷上，四库全书本。

英气，风霜敝客衣。谁知光景短，冉冉去如飞。

自怜今老大，空忆旧欢娱。翻覆看时事，艰危涉世途。客身湘浦雁，归梦越乡鲈。安得神仙术，行藏寄一壶。

且说西湖事，未言东海枯。悲风荒野大，落照废城孤。有句填诗债，无钱觅酒垆。不堪重举目，景物入秋殊。

似隐还非隐，未能忘世情。山河亡国恨，风雨客楼声。穷有天堪问，贫无地可耕。桃源窅何处，目断故秦城。

老计笑空疏，清风一草庐。闲门心迹在，仕籍姓名除。曲唱贞元后，吟归丙子初。不言封禅事，谁识病相如。①

君本吴下居，复作吴下游。爱此山水佳，役役不得休。卓哉太史公，涉猎纵冥搜。往躅谁能追，而有苏子由。寥寥百载后，渺渺皆予愁。江南地益卑，士习日益偷。此行数百里，不过三两州。欧韩不复作，去去将奚求。倘君有所得，归以发我幽。②

踏破六桥杨柳烟，乡心迢递怯啼鹃。好花岁岁仍相似，白发星星不再玄。囊里有金堪一醉，瓢中无药可千年。游人不管兴亡事，但把笙歌闹彩船。③

空山木落欲何归，渺渺黄尘污客衣。自叹冯唐今已老，世无刘表孰堪依。炉中丹火工夫浅，篱下文章气焰微。幸识贞元旧朝士，钱塘江上语残晖。④

连文凤自诩为以独居观天下，能够将富贵兴亡等都看作平常事，顺势处之即可。

藐吾生之若浮，寄流光之过隙。抚景忽以西迈，倚长风而抱膝。时会运之相禅，窅洪蒙而莫测。揆余初兮无为，奚终罹以忧戚。謇昼短而夜长，羌天宽而地窄，能虚己以游世，非达观其畴识。此长庆翁所以叩至顺于香山，柴桑子所以赋归休于彭泽也。嗟夫！蚁战蜗争，纷纷诈力，鱼追兽奔，汨汨形役。以静观动，由今视昔，流芳胡翩翩乎尼父，遗臭胡昧昧乎盗跖，奚是奚非，害丧害

---

① 连文凤：《暮秋杂兴》，《百正集》卷上。
② 连文凤：《送张仲实游姑苏》，《百正集》卷上。
③ 连文凤：《湖上行春》，《百正集》卷中。
④ 连文凤：《六和塔访陈右司》，《百正集》卷中。

得。孰若委道化以乐天,泯识知而顺则,托信宿于蓬庐,假梦寝于槐国。如斯可以为无怀之民,游葛天之域也。因论夫俯仰之间,贸贸陈迹,自其以人胜天者观之,则强弱小大或得以紊其常;自其以天胜人者观之,则富贵贫贱亦各顺其所适,非天之不可必乎。光风韶春,好天良夕;持白云以怡悦,酌明月而幕席。随坎止而流行,付盈虚与消息,善葆练以餐和,对炉熏而读《易》。①

由此,对于隐居中的儒者,连文凤亦在诗作中留下了不少感慨。

年来懒作少年狂,一枕功名属梦乡。举世相夸唐字学,几人曾识汉文章。自怜晚岁桑榆景,敢入春风桃李场。到此相逢莫相笑,谁知臧谷两亡羊。②

自笑儒冠不称时,几回堪笑复堪悲。闲门事少知贫好,逆境愁多恨死迟。勋阁麒麟无梦想,故山猿鹤有心期。纷纷尘俗都如许,吟得诗成欲寄谁。③

西风一夕送残蝉,老景情怀更惘然。芦荻病中秋瑟瑟,家山梦里路绵绵。空城点滴寒莎雨,故国凄迷断础烟。待得鹤归华表上,可堪人世又千年。④

对于全国统一后的南人北上求仕,连文凤则在诗作中表现出了以平常心处之的态度:"南方有奇士,湖海声猎猎。功名志气锐,不惮远跋涉。春风一片纸,区区无所挟。持此欲取偿,易于拾秋叶。何以赠君言,勉哉耘其业。"⑤ 这样的态度,在"愁亡派"隐士中确实是较少看到的。

(四)汪元量说亡国惨象

汪元量,生卒年不详,字大有,号水云,钱塘(今属浙江)人,宋亡后以宫廷乐师身份随三宫北上,至元二十五年才返回江南隐居,著有《湖山类稿》《水云集》等。

汪元量目睹了南宋灭亡的过程,对于权臣贾似道率军出征并大败,

---

① 连文凤:《独居赋》,《百正集》卷下(《全元文》第9册,第323页)。
② 连文凤:《有感》,《百正集》卷中。
③ 连文凤:《自笑》,《百正集》卷中。
④ 连文凤:《秋怀酬仇仁近见寄》,《百正集》卷中。
⑤ 连文凤:《送人入北求仕》,《百正集》卷上。

在诗作中饱含了讥讽之义。

> 奏罢出师表,翻然辞庙堂。千艘空宝玉,万马下钱塘。自许命真主,欺孤欲假王。可能清海岱,宗社再昌唐。①
> 夜半挝金鼓,南边事已休。三军坑鲁港,一舸走扬州。星殒天应泣,江喧地欲流。欺孤生异志,回首愧巢由。②

对于贾似道这样的误国罪臣,汪元量借后来过其故居等机会,又有进一步的讥讽和指责。

> 葛岭当年宰相家,游人不敢此行过。柳阴夹道莺成市,花影压阑蜂闹衙。六载襄阳围已解,三更鲁港事如何。栋梁今日皆焦土,新有园丁种火麻。
> 重门犹钉旧桃牌,惆怅行人去不回。万种好花环曲径,一泓流水绕香阶。高堂已见牛羊走,乔木惟闻鹎鵊哀。檐外竹梅森似束,邻翁时剪作烧柴。
> 湖边不见碾香车,断珥遗钿满路途。门径风轻飞野马,亭台火尽及池鱼。海棠花下生青杞,石竹丛边出紫苏。却忆相公游赏日,三千卫士立阶除。③
> 群臣上疏纳忠言,国害分明在目前。只论平章行不法,公田之后又私田。
> 师相平章误我朝,千秋万古恨难销。萧墙祸起非今日,不赏军功在断桥。
> 鲁港当年傀儡场,六军尽笑贾平章。三声锣响三更后,不见人呼大魏王。
> 贾庙巍巍尽敕封,秦齐两国受恩同。木棉庵下无依鬼,合策麒麟第一功。④

---

① 汪元量:《贾魏公出师》,《水云集》,四库全书本。
② 汪元量:《鲁港败北》,《水云集》。
③ 汪元量:《贾魏公府》,《湖山类稿》卷1,四库全书本。
④ 汪元量:《越州歌二十首》,《水云集》。

元军包围临安，宋廷出降，随后皇帝和太后等随元军北上，汪元量痛心地记录下了当时的情形。

> 万里起青烟，旌旗若涌泉。国家开气数，陵谷见推迁。避难浑无地，偷生赖有天。夜来闻大母，已自纳降笺。①
>
> 钱塘江上雨初干，风入端门阵阵酸。万马乱嘶临警跸，三宫垂泪湿铃鸾。童儿空想追徐福，疠鬼终朝灭贺兰。苦议和亲休练卒，婵娟应是嫁呼韩。②
>
> 丙子（1276年）正月十有三，挝鞞伐鼓下江南。皋亭山上青烟起，宰执相看似醉酣。万马如云在外间，玉阶仙仗罢趋班。三宫北面议方定，遣使皋亭慰伯颜。殿上群臣嘿不言，伯颜丞相趣降笺。三宫共在珠帘下，万骑虬须绕殿前。谢了天恩出内门，驾前喝道上将军。白旄黄钺分行立，一点猩红似幼君。……十数年来国事乖，大臣无计逐时挨。三宫今日燕山去，春草萋萋上玉阶。③
>
> 援兵不遣事堪哀，食肉权臣大不才。见说襄樊投拜了，千军万马过江来。淮襄州郡尽归降，鞞鼓喧天入古杭。国母已无心听政，书生空有泪成行。六宫宫女泪涟涟，事主谁知不尽年。太后传宣许降国，伯颜丞相到帘前。乱点连声杀六更，荧荧庭燎待天明。侍臣已写归降表，臣妾佥名谢道清。衣冠不改只如先，关会通行满市廛。北客南人成买卖，京城依旧使铜钱。北师要讨撒花银，官府行移逼市民。丞相伯颜犹有语，学中要拣秀才人。涌金门外雨晴初，多少红船上下趋。龙管凤笙无韵调，却挝战鼓下西湖。南苑西宫棘露牙，万年枝上乱啼鸦。北人环立阑干曲，手指红梅作杏花。伯颜丞相吕将军，收了江南不杀人。昨日太皇请茶饭，满朝朱紫尽降臣。④

汪元量还用诗作记录了南宋君臣在北方的境遇，并在返回江南后，在庆幸能够归隐的同时，继续抒发对故国的追思之情。

---

① 汪元量：《和徐雪江即事》，《湖山类稿》卷1。
② 汪元量：《北师驻皋亭山》，《水云集》。
③ 汪元量：《湖州歌九十八首》，《水云集》。
④ 汪元量：《醉歌》，《水云集》。

北行三十载，痴懒身羁孤。勒马向天山，咄咄空踯躅。穷阴六月内，白雪飞穹庐。冷气刺骨髓，寒风割肌肤。饥餐枣与栗，渴饮酪与酥。弃之勿复言，言之则成迂。前年走河北，荆榛郁丘墟。夜宿古战场，鬼物声呜呜。去年及淮南，黄尘翳行裾。长流漂白骨，满目皆畏途。今年归湖山，乔木依故居。堂前双老亲，粲粲色敷腴。壁间岂无琴，床头亦有书。友朋日过从，可嬉仍可娱。开轩耿晴色，梅花绕庭除。呼儿斫海鲸，新篘酒盈壶。偶尔得生还，相对真梦如。万事一画饼，百年捋髭须。向来误儒冠，今也无壮图。且愿休王师，努力加饭蔬。①

高堂寂寞半开门，草没颓墙竹满园。雨过湖天笼白昼，云归山市锁黄昏。忘机今古鸥来往，说梦兴亡燕语言。行尽六桥吟更好，万松岭上一声猿。②

钱塘江上龙光死，钱王宫阙今如此。白发宫娃作远游，漠漠平沙千万里。西北高楼白云齐，欲落未落日已低。古人不见今人去，江水东流乌夜啼。③

一霎浮云，都掩尽，日无光色。遥望处，浮屠对峙，梵王新阙。燕子自飞关北外，杨花闲度楼西侧。慨金鞍玉勒早朝人，经年歇。昭君去，空愁绝。文姬去，难言说。想琵琶哀怨，泪流成血。蝴蝶梦中千种恨，杜鹃声里三更月。最无情，鸿雁自南飞，音书缺。④

一片风流，今夕与谁同乐。月台花馆，慨尘埃漠漠，豪华荡尽，只有青山如洛。钱塘依旧，潮生潮落。万点灯光，羞照舞，钿歌箔。玉梅消瘦，恨东皇命薄。昭君泪流，手捻琵琶弦索。离愁聊寄，画楼哀角。⑤

南朝千古伤心事，每阅陈编泪满襟。我更伤心成野史，人看野史更伤心。⑥

---

① 汪元量：《南归对客》，《湖山类稿》卷4。
② 汪元量：《湖山堂》，《湖山类稿》卷4。
③ 汪元量：《钱塘歌》，《湖山类稿》卷1。
④ 汪元量：《满江红·吴山》，《湖山类稿》卷5。
⑤ 汪元量：《传言玉女·钱塘元夕》，《湖山类稿》卷5。
⑥ 汪元量：《答林石田》，《水云集》。

汪元量的愁国情感，主要通过诗作来展现，所以被时人称为重要的"诗史"作家，在江南士人中获得了较高的声望。

(五) 丘葵说乱世

丘葵（1244—1333年），字吉甫，自号钓矶翁，泉州同安（今属福建）人，理学传承属于"北溪学派"（由陈淳创建），[1] 入元后隐居海岛，著有《周礼全书》《钓矶诗集》等。

对于南宋灭亡过程中的战乱状况，丘葵在诗作中多有描述，并以此来表达他的故国情怀。

> 挐舟来避难，别我钓鱼矶。帆卸遮春雨，衣濡晒落晖。南师闻鞑走，北马逐人飞。见说漳桥断，銮舆曷日归。[2]
>
> 世乱逢端午，凄凉吊古心。空存蒲苳绿，不见黍包金。蛇蛰横人骨，鳌江绝古音。追思前日事，愁比海波深。[3]
>
> 已拟侍荷蓑，俄抽似叶身。甘为南地鬼，不作北朝臣。屋壁遗文坏，邻州战血新。劫灰飞未尽，碑碣托何人。
>
> 潮士瞻韩木，莆民爱召棠。名随天共远，身与国俱亡。血碧一时恨，汗青千载香。玄虬方隙蹶，螟蛭恣飞扬。
>
> 斯文天何丧，疑义有谁祛。无复谆谆诱，空令咄咄书。秋风坛上木，夜月墓边庐。每与诸孤道，相看泪满裾。[4]
>
> 几月环城万骑屯，一朝闻鞑便南奔。龙枯未必还忧蛰，牛瘠胡为莫偾豚。典午既衰无管仲，吐蕃方炽有怀恩。临风一掬英雄泪，散作弥天暮雨昏。[5]
>
> 天阴尽日黯无光，白骨纵纵横地霜。真鞑未多多伪鞑，拒王不罪罪勤王。昔持耒耜今兵革，人食糟粮马稻粱。正似镬汤无冷处，年三十六死为长。[6]
>
> 黄屋南巡去不回，乾坤举目是尘埃。风轻山鸟犹啼恨，露重园花亦溅哀。支影独看西日落，满城争喜北人来。先生莫为浮云动，

---

[1] 黄宗羲原著，全祖望补修：《宋元学案》第3册，第2240—2241页。
[2] 丘葵：《舟中避难》，《钓矶诗集》卷2，金门县文献委员会1971年影印旧钞本。
[3] 丘葵：《端午》，《钓矶诗集》卷2。
[4] 丘葵：《哭吕朴卿先生》，《钓矶诗集》卷2。
[5] 丘葵：《暮雨》，《钓矶诗集》卷3。
[6] 丘葵：《天阴》，《钓矶诗集》卷3。

忧国双眉皱未开。①

丘葵还以长诗的形式，描述了北人在建立统治时祸乱江南的情况，以及由此带来的忧愁。

> 景炎元年（1276）北人至，撒花初令豪家备。谁梯祸乱敷我民，敲朴日烦无处避。富者有银犹可苏，贫者无银卖田地。呜呼一歌兮已歌哀，天日不见惟阴霾。
> 三宫北狩何时返，猿啼鬼哭尘沙远。李陵耶律甘匪人，岂无蔡琰吹胡管。江南江北骨成山，箭瘢纷纷剑痕满。呜呼二歌兮歌未休，潸然出涕滂沱流。
> 山林啸聚繁有徒，州家买尽静勤招呼。县官被命不敢逊，麒麟出模群狐孤。昨者参州红帕首，高官厚禄恣狂图。呜呼三歌兮歌三发，天翻地覆纲常灭。
> 督府养兵如养子，帛堆其家粟崇庾。少不如意出怨言，恃功偃蹇骄其主。道旁老盰哭告予，未被贼苦被军苦。呜呼四歌兮歌始宣，悲风为我吹尘寰。
> 富儿谐了西园债，身着绿衣足夸诧。那知又有价高人，昨日新官今交罢。近来书满只月余，白头老吏慵送迓。呜呼五歌兮歌未足，末世由来多反复。
> 十家九室厨无烟，儿夫仆后妻僵前。米珠薪桂肉如玉，野无青草飞乌鸢。手持空券向何许，官司有印侬无钱。呜呼六歌兮歌愈悲，天下太平竟何时。
> 我生不辰逢乱离，四方麚麚何所之。欲登山兮有虎豹，欲入海兮有蛟螭。归来归来磨兜坚，毋与蛟斗兮毋充虎饥。呜呼七歌兮歌曲罢，猿啼清昼虫鸣夜。②

朝代更替之后，面对江南地区无法恢复安定局面和恢复太平景象，丘葵发出了对国家兴亡的感慨。

---

① 丘葵：《闻吴丞图漳卒》，《钓矶诗集》卷3。
② 丘葵：《七歌效杜陵体》，《钓矶诗集》卷1。

恶况有谁知,僵妻与仆儿。无人乞颜米,有客泣杨岐。浩劫天难免,凶年鬼亦饥。但言身长在,不敢恨流离。①

民病未苏息,谁为元道州。争趋热禽禽,不念冷飕飕。摧剥先虫户,差科及钓舟。君门千万里,欲往诉无由。②

乱后无鸡犬,昏时足蚋蚊。有翁如老鹤,蹙额说官军。埋谷为春种,鞭禾到夜分。与儿再三话,衣食在辛勤。③

乱后黄花空满篱,惊心节序屡推移。微吟聊续潘郎老,一笑难逢杜牧之。浮蚁共伴今日醉,食糕空忆太平时。牛山泪落龙山宴,付与西风一样吹。④

今古兴亡凡几回,垂芳遗臭等浮埃。蝶飞荒径趋时乐,燕宿颓梁为主哀。周粟不堪夷叔饱,汉车特载绮园来。书生恐被山灵诮,牢把柴门闭不开。⑤

十年江上理丝纶,此日桐城喜见君。造化由来穷我辈,俗儒安得与斯文。人间腥腐荃俱化,圃内宽闲菊自芬。万里秋天愁不尽,取将风月与谁分。⑥

十二年前旧师友,书来欲拆泪成行。几回相忆人千里,往事追思梦一场。琴剑知辞南国久,干戈尚任北方强。伤心吾道秋容冷,遥忆师门数仞墙。⑦

丘葵在乱世中专心于学问,秉持的是"进学在致知,涵养须用敬。廓然而大公,物来则顺应"的态度,⑧ 所以对于朝廷邀其入仕持的是拒绝态度,并以诗作陈述了理由。

皇帝书征老秀才,秀才懒下读书台。张良本为韩仇出,黄石持因汉祚来。太守枉劳阶下拜,使臣空向日边回。床头一卷春秋笔,

---

① 丘葵:《恶况》,《钓矶诗集》卷2。
② 丘葵:《读元次山诗有感而作》,《钓矶诗集》卷2。
③ 丘葵:《田家》,《钓矶诗集》卷2。
④ 丘葵:《九日》,《钓矶诗集》卷3。
⑤ 丘葵:《吴丞远寄和章》,《钓矶诗集》卷3。
⑥ 丘葵:《呈刘秋圃》,《钓矶诗集》卷3。
⑦ 丘葵:《怀玉岩先生谪广州忽自古杭有书至》,《钓矶诗集》卷3。
⑧ 丘葵:《记先贤》,《钓矶诗集》卷5。

斧钺胸中独自裁。①

但是丘葵对大一统抱的是认可态度，强调"方今南北同一天"，②所以对其他人为新朝作学官，持的是支持的态度："君去采芹藻，那知事不同。乾坤已新主，礼乐尚儒宫。雨过山仍绿，春归花尽红。悠悠圣门意，千古独清风。"③

丘葵之所以在泰定元年（1324）撰成并印行《周礼全书》（又名《周礼补亡》），是因为"《周礼》一书，周公为天地立心，为生民立命，为万世开太平之书也"，补正该书，一方面是为了弘扬理学和纠正误解，另一方面则是为了使该书成为朝廷科举考试的用书。

> 叶水心（叶适）谓《周礼》晚出，而刘歆遽行之，大坏矣，苏绰又坏矣，王安石又坏矣，千四百年更三大坏，此后君臣病于难行。然则其终不可行乎？善乎真西山（真德秀）之言曰："有周公之心然后能行周礼，无周公之心辄行之则悖矣。"周公之心何心也？尧舜禹汤文武之心也。以是为书，故能为天地立心，为生民立命，为万世开太平也。歆也，绰也，安石也，无周公之心而欲行之，适所以坏之也。有能洗涤三坏之腥秽而一以性命道德起天下之公也，则是书无不可行矣。
>
> 惟洛之程氏，关西之张氏，新安之朱氏，其所论说不过数条，独得圣经精微之蕴。盖程、张、朱氏之学，心学也，故能得周公之心，而是书实赖以明矣。
>
> 今国朝新制以六经取士，乃置《周官》于不用，使天下之士习《周礼》者皆弃而习经，母乃以《冬官》之缺为不全书耶？
>
> 《冬官》错见于五官之中，实未尝亡，而太平六典浑然无失。欲刊之梓木，以广其传，是亦吾夫子存羊爱礼之意。万一有观民风者转而上达，使此经得入取士之科，而周公之心得共白于天下后世，则是区区之愿也。④

---

① 丘葵：《御史马伯庸与达鲁花赤征币不出》，《钓矶诗集》卷3。
② 丘葵：《次韵吴静能秦桧》，《钓矶诗集》卷1。
③ 丘葵：《送陈判之邑庠》，《钓矶诗集》卷2。
④ 丘葵：《周礼全书序》，《全元文》第13册，第19—20页。

也就是说，丘葵早期无疑是"愁亡派"的重要代表人物之一，但是到了元朝中期，他已经有了与新朝合作的态度，而不是如汪元量等人那样，始终保持着强烈的"拒元"心态。

（六）谢翱、方凤等人的朝代更替感怀

谢翱（1249—1295年），字皋羽，自号晞发子，长溪（今属福建）人，曾从文天祥起兵抗元，后隐居，著有《晞发集》等。

谢翱曾专门作《登西台恸哭记》悼念文天祥，① 并以诗作表彰其忠义行为和自己的哀思："魂飞万里程，天地隔幽明。死不从公死，生亦无此生。丹心浑未化，碧血已先成。无处堪挥泪，吾今变姓名。"② "残年哭知己，白日下荒台。泪落吴江水，随朝到海回。故衣犹染碧，后土不怜才。未老山中客，惟应赋八哀。"③ 对于携子女死节的太学生徐应镳，谢翱亦赋诗以示表彰："凄凉携子女，冠佩赴重阴。塌井千年事，青天此夜深。哀辞山石刻，恤典海舟沉。里族南熏梦，东都直至今。"④

谢翱还在看到故都临安的变化后，特别以诗作强调了自己的故国情怀。

> 禾黍何人为守阍，落花台殿暗销魂。朝元阁下归来燕，不见前头鹦鹉言。
> 紫云楼阁宴流霞，今日凄凉佛子家。残照下山花雾散，万年枝上挂袈裟。⑤

对于汪元量在北方的遭遇，谢翱不仅赋诗表示同情，也寄托了自己的亡国愁思。

> 我赴蓟门，我心何苦。我本南人，我行北土。视彼翼轸，客星光光。自陪辇毂，久涉戎行。靡岁不战，何兵不溃。偷生有愧，就死无罪。莽莽黄沙，依依翠华。我皇何在，忍恤我家。

---

① 谢翱：《登西台恸哭记》，《晞发集》卷10，四库全书本（《全元文》第13册，第536—537页）。
② 谢翱：《书文山卷后》，《晞发遗集》卷上。
③ 谢翱：《西台哭所思》，《晞发集》卷7。
④ 谢翱：《哭正节徐先生》，《晞发集》卷7。
⑤ 谢翱：《过杭州故宫二首》，《晞发遗集》卷上。

瞻彼江汉，截淮及楚。起兵海隈，亡命无所。枕戈待旦，愤不顾身。我视王室，谁非国人。噫嘻昊天，使汝缧绁。奸党心寒，健儿胆裂。黄河万里，冰雪峩峩。尔死得死，我生谓何。

我操南音，爱酌我酒。风摧我裳，冰裂我手。薄送于野，曷云同归。自贻伊阻，不得奋飞。持此盈觞，化为别泪。昔也姬姜，今焉憔悴。山高水远，无相见时。各保玉体，将死为期。

兴言自古，使我速老。麋鹿是游，姑苏荒草。起秣我马，徘徊旧乡。江山不改，风景忽亡。谁触尘埃，不见日月。梨园云散，羽林鸟没。吞声踯躅，悲风四来。尔非遗民，何独不哀。①

谢翱在理学传承上属于陈亮的"龙川学派"，但是其与学术有关的论点已经难以知晓。与他同一学派的方凤（1240—1321年），②字韶卿，号岩南，婺州浦江（今属浙江）人，参加科举考试未中，以特恩授文学出身，宋末曾上书丞相陈宜中，献沿江守备、广用人才等救亡策略，并特别强调了"天下事如一家事，苟利家国，功不必已出，名何难人成"③。南宋灭亡后，方凤一方面表示了对忠臣的追思，如在悼念陆秀夫的诗中所言："祚微方拥幼，势极尚扶颠。鳌背舟中国，龙胡水底天。巩存周已晚，蜀尽汉无年。独有丹心皎，长依海日悬。"④另一方面，他以十首诗作表达了对故国的情感以及面对兴亡时儒者的惆怅心情。

江上巍巍万岁楼，今春花鸟作边愁。伤心欲问南朝事，凤去台空江自流。

愿及行春更一年，中流箫鼓振楼船。不知何处吹芦管，城外风悲欲暮天。

不堪惆怅满离杯，水碧沙明两岸苔。无限塞鸿飞不度，二陵风雨自东来。

---

① 谢翱：《续琴操哀江南》，《晞发遗集补》。
② 黄宗羲原著，全祖望补修：《宋元学案》第3册，第1857—1858页。
③ 方凤：《上陈丞相书》，《存雅堂遗稿》卷3，四库全书本（《全元文》第10册，第654页）。
④ 方凤：《哭陆丞相秀夫》，《存雅堂遗稿》卷1。

> 孤云独鹤共悠悠,别作深宫一段愁。万乘旌旗何处在,白云犹似汉时秋。
>
> 华表峩峩有夜霜,海天愁思正茫茫。遥知汉使萧关外,泣上龙堆望故乡。
>
> 塞上风云接地阴,万方多难此登临。坐中有老沙场客,霄汉长悬捧日心。
>
> 江南江北望烟波,南国浮云水上多。共说总戎云鸟阵,中原将帅忆廉颇。
>
> 边风萧飒动江城,独上高楼故国情。碛里征人三十万,空教弟子学长生。
>
> 愁看直北是长安,云树深深碧殿寒。心折此时无一寸,梦魂不到关山难。
>
> 洞庭西望楚江分,回首姑苏是白云。今日南湖采薇蕨,何时重谒圣明君。①

除了谢翱和方凤的感怀诗外,还可以列出当时较有名气的江南隐士的诗作。

汪斗建(1255—1326 年),字昌辰,号云留,淳安(今属浙江)人。按照后人的记录,汪斗建在宋末曾有上书贾似道的行为:"方襄樊受围,贾似道专国玩兵,不即救,凡在朝者不唯不敢言,乃更相为谄阿,以为周公复生,遂比当时为成周隆平之世。似道于是愈不欲人言襄樊事。时先生(汪斗建)在京学,率同舍七十人伏阙上书,极言国势阽危,上流不可不急援也。书上十日,不报,遂拂衣还故丘。"② 入元后,汪斗建隐居不仕,并以诗作表达了自己的故国情怀。

> 江上城低烟树红,江潮西去几时东。吴宫花草随春暮,禹会楼台入梦空。万里孤云留夕照,千年遗恨诉秋风。凤凰飞去无消息,漠漠遥岑烟雨中。③

---

① 方凤:《三吴漫游集唐》,《存雅堂遗稿》卷2。
② 陈旅:《汪斗建墓志铭》,《安雅堂集》卷12(《全元文》第37 册,第408—409 页)。
③ 汪斗建:《钱塘怀古》,《元诗选》癸集上,第51 页。

汤益，生卒年不详，字仲友，后以字为名，更字端夫，吴郡（今属江苏）人，入元后浪迹湖海，以诗作指责贾似道误国和对故国的怀念，在江南文人中有较大影响。

檀板敲残陌上花，过墙荆棘刺檐牙。指麾已失铁如意，赐予宁存玉辟邪。破屋春归无主燕，荒池雨产在官蛙。木棉庵外尤愁绝，月黑夜深闻鬼车。①

山色波光步步随，古今难画亦难诗。水浮亭馆花间出，船载笙歌柳外移。过眼年华如去鸟，恼人春色似游丝。六桥几见轮蹄换，取乐莫辞金屈卮。②

陈岩（？—1298年），字清隐，自号九华山人，青阳（今属安徽）人，宋末多次参加科举考试，未能中进士，入元后隐居，在诗作中表达了国家兴亡的自身感受。

翘翘车乘力招贤，建业山河五十年。欲问兴亡无问处，一声山鸟忽来前。③

忠诚为国心无累，简易临民讼自稀。与世相安真省事，若为作意苦沉机。④

圣世承平百岁余，老翁因话建炎初。绿林蹒藉人波迸，二壁中间各占居。⑤

阅尽人间万劫尘，平生结习一无存。居山更向山头坐，兀兀真成不动尊。⑥

萧立之（1203—？），又名立等，字斯立，号冰崖，宁都（今属江西）人，宋进士，入元后隐居，在诗作中不仅表彰了文天祥的节义行为，亦表达了亡国后的忧愁情感。

---

① 汤仲文：《过葛岭贾相宅》，《元诗选》癸集上，第24页。
② 汤仲文：《西湖》，《元诗选》癸集上，第24页。
③ 陈岩：《招贤峰》，《九华诗集》，四库全书本。
④ 陈岩：《沉机石》，《九华诗集》。
⑤ 陈岩：《赤石绣石壁》，《九华诗集》。
⑥ 陈岩：《罗汉峰》，《九华诗集》。

退未能休进未前，英雄到此亦堪怜。此心耿耿赤如日，吾道悠悠苍若天。顾我尚堪输九死，观公端可愧诸贤。新诗读罢无谁语，欲折梅花意不传。①

自笑忧兵阅四州，此身只为苦吟留。林栖几见芦穿膝，室毁欲无茅盖头。岁月巧将吾辈老，江山唤起故人愁。诗来忽作山阴想，问字敲门可得不。②

东南文物古遗余，不料冠绅忽弃如。门外逢人作胡跪，官中投牒见番书。谁教天女解作俑，欲倩渔郎寻卜居。更欲久留观此世，昌黎此语倍愁予。③

八表同昏江换陆，孤山今日又花时。感时溅泪无人见，只有当年杜老知。古今有许兴亡恨，出自煌煌入涸阴。惆怅雪花如席处，见梅时节又伤心。④

真桂芳，生卒年不详，括苍（今浙江丽水）人，宋进士，入元后隐居，在诗作中较隐晦地表达了对朝代更替的感慨。

触景多怀旧，凭栏易怆神。飞花游荡子，古木老成人。世换山如醉，田荒草自新。乡关渺何处，回首暗风尘。⑤

冉冉岁云暮，闲居安所之。途穷身是累，痛定语犹悲。衰鬓数茎雪，空囊一卷诗。儒衣例如此，惜也不逢时。⑥

昨夜大江舟，今宵小驿楼。支身千里客，孤枕一灯秋。市酒难成醉，乡书莫寄愁。胸中无史记，浪作会稽游。⑦

长夜更难晓，天寒吟思清。梦魂山馆枕，灯影雪窗櫺。守拙疏生理，安贫识世情。凄风响檐竹，岂是不平声。⑧

一扫权奸九十章，七州不惮历炎荒。黄粱富贵百年短，青史是

---

① 萧立之：《读文山诗》，《萧冰崖诗集拾遗》卷下，四部丛刊本。
② 萧立之：《次曾楚山》，《萧冰崖诗集拾遗》卷下。
③ 萧立之：《寄罗涧谷》，《萧冰崖诗集拾遗》卷下。
④ 萧立之：《和黄立轩梅诗十首》，《萧冰崖诗集拾遗》卷中。
⑤ 真桂芳：《兵后寓舍送春》，《真山民集》，四库全书本。
⑥ 真桂芳：《兵后刘秀宽见过》，《真山民集》。
⑦ 真桂芳：《渡江之越宿萧山县》，《真山民集》。
⑧ 真桂芳：《枕上偶成》，《真山民集》。

非千载长。丞相虽存心已死，先生既葬骨犹香。向令铁汉常留在，天下何缘得靖康。①

两袖春风一杖藜，等闲踏破柳桥西。云开远嶂碧千迭，雨过落花红半溪。青旌有情邀我醉，黄莺无恨为谁啼。东城正在桃林外，多少游人逐马蹄。②

不敢尤人敢怨天，愁来觅酒醉来眠。五穷有鬼偏相虐，九转无丹别自全。游食惧违新下令，力耕苦乏旧存田。灵台坐受忧兵触，荏苒霜华剥鬓玄。③

样不趋时合便休，都将往事付东流。眼看浮世自今古，迹与孤云同去留。泉石定非骑马路，功名不上钓鱼舟。有时但得句无问，只与渔歌互唱酬。④

柴望（？—1280年），字仲山，号秋堂，江山（今属浙江）人，宋太学生，于淳祐六年（1246）上《丙丁龟鉴》言吉凶祸福和治乱得失，触怒当政者，被下狱后救出，隐居不仕，入元后亦以诗作表达了怀念故国的情感。

洒尽梧桐酒一杯，兴亡前事独徘徊。乌衣冉冉斜阳下，白鹭茫茫江水来。凤去不知经几载，客来惟只见高台。闲于登眺成孤啸，五百年间王气回。⑤

怀乡吊古易伤心，绝顶危亭共客临。朝市乱经兵火后，山川转觉树云深。百年歌舞空台沼，六代豪华漫陆沉。惟有乱鸦归去晚，夕阳无限暮城阴。⑥

不记钱王建国年，尚遗强弩射潮痕。地回王气归吴界，山挟潮声出海门。南渡几年犹昨日，西湖疏影自黄昏。客来独凭栏干处，时听渔歌过远村。⑦

---

① 真桂芳：《读刘元城言行录》，《真山民集》。
② 真桂芳：《西湖图》，《真山民集》。
③ 真桂芳：《述怀》，《真山民集》。
④ 真桂芳：《隐怀》，《真山民集》。
⑤ 柴望：《凤凰台》，《秋堂集》卷1，四库全书本。
⑥ 柴望：《石头城和王宁翁韵》，《秋堂集》卷1。
⑦ 柴望：《钱塘》，《秋堂集》卷1。

秦望山头自夕阳，伤心谁复赋凄凉。今人不见亡吴事，故墓犹传霸越乡。雨打乱花迷镇道，鸟翻黄叶下宫墙。登临莫向高台望，烟树中原正渺茫。①

寺北金焦彻夜开，一山恰似小蓬莱。塔分两岸波中影，潮长三门石上苔。遗老为言前日事，上皇曾渡此江来。中流滚滚英雄恨，输与高僧入定回。②

登高回首，叹山河，国破于今何有。台上金仙，空已去，零落逋梅苏柳。双塔飞云，六桥流水，风景还依旧。凤笙龙管，何人肠断重奏。闻道凝碧池边，宫槐叶落舞，马衔杯酒。旧恨春风，吹不断，新恨重重还又。燕子楼高，乐昌镜远，人比花枝瘦。伤情万感，暗沾啼血襟袖。③

王镃，生卒年不详，字介翁，括苍（今属浙江）人，宋末任县尉，入元后隐居，在诗作中既揭示了宋亡后宫殿、帝王陵寝被毁的惨境，也显示了个人对兴亡由天和权臣误国的基本认识。

国事雕零王气衰，东南豪杰竟何之。云寒废殿排班石，草卧前朝记事碑。沙涨浙江龙去远，天宽北阙凤归迟。可怜不老吴山月，曾照官家宠幸时。

入北銮舆竟不回，衔花辇路长苍苔。九重禁地为僧舍，六代攒陵变劫灰。宋国衣冠春草绿，赵宫珠翠野花开。虽然兴废俱天数，祸自奸臣误国来。④

凉丝疏柳条，秋满石闸桥。吴越兴亡事，晨昏来去潮。云开天日近，水接海山遥。望到西陵渡，风帆影自飘。⑤

王镃作为一介隐士，表面上已经不再关心世事，但是心里却依然保留着强烈的复国愿望。

---

① 柴望：《越王勾践墓》，《秋堂集》卷1。
② 柴望：《江心寺》，《秋堂集》卷1。
③ 柴望：《念奴娇·山河》，《秋堂集》卷1。
④ 王镃：《古杭感事二首》，《月洞吟》，四库全书本。
⑤ 王镃：《钱塘江》，《月洞吟》。

山花幽草自成春，深入仙源欲避秦。地僻不知南北事，相逢尽是种桃人。避世移家入乱山，松风杉雨打窗寒。床头一卷麻衣易，自点松灯尽夜看。①

羽书飞报南州捷，百万戎师尽转官。豪杰危中成事易，规模狭处济时难。云生杀气鹎旗暗，风肃军声虎帐寒。何日山河还正朔，汉人重睹旧衣冠。②

鱼叔难寄水空流，两袖西风破黑裘。客梦芦花晋城月，归心枫叶浙山秋。世情老去谙方熟，愁事来时醉便休。满目关河怀古恨，如今何处问孙刘。③

董嗣杲，生卒年不详，字明德，号静传居士，钱塘（今属浙江）人，入元后入道门，著有《庐山集》《英溪集》《西湖百咏》等。

在元军准备渡江时，董嗣杲已经表现出了对国运的忧心忡忡："上流未偃戈，战血沍荆楚。近畿天示儆，岁月不我与。就食难下咽，酸恨彻心膂。"④南宋灭亡后，他则以诗作劝友人对战乱保持"以逆境作顺境"的态度，实则宣扬的是道家的"安心立命"观念。

程子过我庐，俯首发悲叹。前年遭兵火，故业委涂炭。乡邦更疫疠，骨肉尽离散。不觉两春度，梦中度昏旦。昔仰茶园给，到此复牵绊。山荒不可摘，旧引莫反汗。挂官名籍在，催期有虚案。出江既无力，安得便离岸。东奔又西走，踪迹甚鼠窜。我今语程子，不消苦疑难。为生固艰苦，得利亦浩瀚。逢时纵艰险，当作顺境看。今夜月色朗，谁将眼界换。呼酒联吟句，失笑两醉汉。棹舟过盘塘，身世入汗漫。⑤

唐泾，生卒年不详，字清父，道州龙山（今属湖南）人，用数首诗作描述了南宋灭亡的经过和自己的感叹。

---

① 王镃：《仙源即事》，《月洞吟》。
② 王镃：《时事》，《月洞吟》。
③ 王镃：《金陵感秋》，《月洞吟》。
④ 董嗣杲：《甲戌（1274年）武康大水净林寺山门殿屋悉皆倒敝》，《英溪集》，四库全书本。
⑤ 董嗣杲：《程申叔来备言近况因与之饮》，《庐山集》卷2，四库全书本。

甲戌（1274年）客临安（时贾似道当国）

金谷烟花醉未醒，鼾边无梦到功名。十郎腹里长函剑，六丈胸中旧贮兵。天豕星沉狼有影，海鳅风紧鹤无声。如闻浩浩愁相讯，何日衣冠乐太平。

丙子（1276年）纪事

才结岁寒盟，归来诧太平。阁中呼尚父，殿下狎门生。著手营三窟，回头失两京。闻今不闻古，咄咄诡知兵。

江南西迁国之亡天也歌以纪之（杭亡）

吴峰一发暮云孤，愁向湘垒讯故都。凤去只余韶乐在，雁来还有帛书无。杏坛有客陈孤注，平陇何人复五铢。歌彻黍离风雨恶，南山深处叫乌乌。

闽亡徙东广

狄泉已矣又茹荪，半壁乾坤只恁休。频岁建勺移北斗，何人持节救东瓯。烟蜚樯橹风涛怒，云锁楼台日月愁。南望羊城天欲暮，可堪回首问神州。

广亡徙海

箕冠如枊拥茅旌，谁执驿旌歇晋盟。遵海而南关气数，渡江以北少功名。火旗掩蔼云藏阙，水阵周遭雪压城。一榻不容人鼾睡，那知雾岛是神京。

崖山亡

万里舆图入朔方，摇摇孤注海之阳。石尤风恶云藏轸，天驷星沉月掩房。岛上有人悲义士，水滨无处问君王。羲和指著乌飞路，去去虞渊暮色苍。

读史怀友

羞登广武议英雄，匣却吴钩弢却弓。幕下清谈王太尉，门前白马诸司空。一编衮斧风尘表，千古纲常天壤中。说与华阴扪虱老，何曾正朔在江东。[1]

江南隐士彭秋宇亦用多首诗作描述了南宋灭亡的过程，以及对误国之臣的抨击。

---

[1] 唐泾：《甲戌客临安等诗》，《元诗选》癸集上，第122—125页。

庚申（1260年）喜闻

万方欢喜醉春风，数路飞书奏凯同。天拟诸公扶社稷，人言多难识英雄。周邦虽小名犹正，楚国方强力易穷。从此东南基岱岳，好磨崖石颂成功。

襄樊失守

六年绝援困重围，到此无谋更称奇。慷慨如张虽有愧，孤穷似李亦堪悲。列城寒月惊鸿散，夷路西南哨马驰。机速房深谋画处，岂无高著活危棋。

江上师溃

江上西风督戍秋，国人延颈捷随收。中宵弃甲三军溃，往岁藏弓百战休。其羡虞工前采石，可怜丁谓后雷州。诸贤著意筹新局，嫠妇如今正有忧。

乙亥（1275年）纪闻

羽书朝暮涨氛埃，天诏勤王起草莱。塞上风高鹰飐去，江头雾暗马飞来。诸贤忠爱谋安出，四将英灵唤不回。漠漠雪天秋万里，飞鸣无数雁鸿哀。

乙亥冬

祸乱方来苦不禁，此生谁料有如今。四郊云扰旌旗影，诸闽风寒社稷心。杞国有人忧凛凛，桃源无路入深深。少陵野老怀忠愤，醉里攒眉强自吟。

罪言

四境风寒满目秋，区区嫠妇隐深忧。岂无豪杰二三策，亦有东南百十州。斫案肯迎新造魏，择戈曾复旧宗周。仓公一望休惊走，好把囊中瞑眩投。

感旧

五更漏尽醉魂醒，谁富胸中十万兵。如昔襄阳坚砥柱，至今江东屹金城。南来铁马吹唇沸，北去铜人泪眼盈。闻说钱塘风景异，胥涛犹有不平鸣。

世事

茫茫世事等浮云，愁绪方浓醉又醒。日月双飞天不老，干戈百战地常腥。此时弓马多秦戍，何日衣冠见汉庭。宇宙西风愁不尽，谁家门巷草青青。

读吟啸诗二首

兴废明知数有天，臣心感激意当然。孔明尚欲西都蜀，王蠋宁甘北面燕。凤鹤不灵凄落日，蛟龙已逝冷长川。丈夫一为纲常死，表表人间万古传。

力支大厦炯孤忠，太息黄旗运不东。天若有情虹贯日，人谁不死气凌空。倍增晁董儒科重，可与夷齐史传同。地位九分人物好，更于何处觅英雄。①

南宋皇室宗族赵宜诚则指出："我宋南渡，驻跸临安。主暗臣奸，偷安姑息。始则桧贼陷忠良之将，而仇耻莫伸，失机收复，终则贾贼绝樊襄之援，而藩屏既撤，遂至危亡。虽运祚之在天，亦奸邪之误国，千载之后，有遗恨焉。"他在诗作中表现出了忧伤的故国情感。

重过西湖访故宫，还思往事恨无穷。长城自坏封疆蹙，重镇轻捐保障空。日断寒潮孤落日，愁看秀麦几生风。时危英杰犹难济，况任奸回托幼冲。

皇元兵势克樊襄，南下临安事可伤。玉牒无光随帝业，金闺遗址属僧房。年深堤柳还春色，岁晚宫梅尚暗香。景物不殊人事改，六桥风月几炎凉。

繁华胜景误前朝，留恋湖光锐气销。七世衣冠还寂寞，百年宫苑总荒寥。屯营将士符天命，故国君臣恨海潮。天堑风涛犹莫恃，寒更梦觉雨潇潇。②

应该说，江南隐士在诗作中所表现的故国情怀，既是一种情感的寄托，也是重要的政治反思，如方凤所强调的是南宋在军事上的无能，以及对复见明君的期盼；陈岩则强调了对治世的基本要求就是简政爱民；真桂芳既指出了权奸误国带来的灾难，也道出了在新政权下民间的疾苦；柴望、王镃、赵宜诚都表现出了对南宋故都破坏的不满，并且都希望旧恨和新仇能够激起反抗的浪潮，重建属于汉人的王朝。诗作中所反映的政治观点肯定是不完整的，但是其中包含着真实的政治态度，所以

---

① 彭秋宇：《庚申喜闻等诗》，《元诗选》癸集上，第125—129页。
② 赵宜诚：《钱塘怀古题仙源云仍家谱三首》，《元诗选》癸集上，第131—132页。

应给予充分的重视。

第六节　宗教人士的政治观念

忽必烈在位时期，重要的宗教人士如八思巴、释圆至、李道谦、李道纯、杜道坚等人，都显示出了重要的政治观念，可分述于下。

一　八思巴和释圆至的政治观点

忽必烈在位时期佛教人士的重要政治观点，可以八思巴和释圆至为代表。

（一）八思巴的大一统说

八思巴（1235—1280年），吐蕃萨斯迦人，幼从萨迦班智达学习佛法，后继任萨斯迦教主，并被忽必烈任为国师、帝师，主掌吐蕃事务，在吐蕃地区推行政教合一的政治制度。[①]

八思巴以藏文字母为基础，创造了一种新的蒙古文字，被称为八思巴字或蒙古新字，忽必烈认为这是助成文治的一个重要贡献，于至元六年二月颁发诏书在全国通行这种文字。

> 朕惟字以书言，言以纪事，此古今之通制。我国家肇基朔方，俗尚简古，未遑制作，凡施用文字，因用汉楷及畏吾字，以达本朝之言。考诸辽、金以及遐方诸国，例各有字，今文治浸兴，而字书有阙，于一代制度实为未备。故特命国师八思巴创为蒙古新字，译写一切文字，期于顺言达事而已。自今以往，凡有玺书颁降者，并用蒙古新字，仍各以其国字副之。[②]

为了向皇太子真金传授佛法，八思巴特别撰写了《彰所知论》一书。八思巴不仅在书中陈述了蒙古国的帝统传续，还着重强调了四方面的认知。[③]

第一方面是因果的认知，因果都由缘生，既要注意内生与外生的不

---

① 关于八思巴的生平事迹，见陈庆英《元朝帝师八思巴》，中国藏学出版社1992年版。
② 《元史》卷202《释老传·八思巴》。
③ 以下引文均见八思巴《彰所知论》（沙罗巴译）卷下，大正藏本。

同，也要注意顺生和逆生的不同。

> 因缘相藉而生，故曰缘生。缘生有二，一外缘生，二内缘生。外缘生者，成世界法，如种生芽，如前已说。内缘生者，如有无明即有行等，名顺缘生；如无明灭即行等灭，名逆缘生。

第二方面是心法的认知，八思巴从佛学的角度，强调心法分为六大类四十六种。

> 一大地法者，有十种。受谓领纳；想谓令心执境；思谓令心运动；作意谓令心缘境；胜解谓令心于境印可，即是令心于所缘境无怯弱义；欲谓希求；触谓和合了境；慧谓拣择；念谓令心于境明记不忘；定谓令心专注一境。如是十种遍一切心，名大地法。
> 二大善地法者有十。信谓令心于境澄净；不放逸谓恒习善法守护心性；轻安谓心堪任性；舍谓令心平等；惭谓于诸功德及有德者，恭敬而住；愧谓于罪见怖；无贪谓不著有漏；无嗔谓于诸有情不乐损害；不害谓怜愍有情，令无损恼；勤谓于善令心勇悍。如是十种遍诸善心，名大善地法。
> 三大烦恼地法者，有六种。痴谓愚痴，即是无明、无智、无显；逸谓放逸，不修诸善；怠谓懈怠，心不勇悍；不信谓心不澄净；惛沈谓身心相续，无堪任性，是昧重义；掉举谓心不寂静。如是六种遍烦恼心，名大烦恼地法。
> 四大不善地法者，有二种。一者无惭，谓于诸功德及有德者，令心不敬；二者无愧，谓于诸罪中不见怖畏。如是二种遍不善心，名大不善地法。
> 五小烦恼地法者，有十种。忿谓令心愤发；恨谓于忿所缘事中，数数寻思结怨不舍；谄谓心曲；诳谓惑化；嫉谓不忍他德；恼谓坚执诸罪，由此不受如理谏诲；覆谓隐藏自罪；悭谓于己法财令心吝惜；骄谓染着自身所有色力种族等事，令心傲逸；害谓于他能作逼迫。如是十种唯修所断，遍意识地，名小烦恼地法。
> 六不定法者，有八种。寻谓令心于境粗转为相；伺谓令心于境细转为相；恶作谓恶所作业是追悔义；睡眠谓不能任持身心相续，

令心昧略；嗔谓令心于有情等乐为损害；贪谓爱著有漏；慢谓令心恃举；疑谓令心犹豫。如是八种于前诸地无有定故，名曰不定。

第三方面是学道的认知，在修习佛法时，要特别注意正见、正思惟、正语、正业、正命、正精、正念、正定等八种学习方法。

> 修加行道，暖位之中，已生恶令断，未生恶令不生；已生善令增长，未生善令生。如是四法名，四正勤。
>
> 见道位中了知四谛，名曰正见。正语发起，名正思惟。如法正说，名曰正语。舍不善业，名曰正业。弃舍邪命，名曰正命。希求善法，名正精进。明记不忘，名曰正念。专注一境，名曰正定。如是八法，名八圣道支。

第四方面是对作人的要求，八思巴特别强调了智者、断者、利他者、圣者等应具有的行为。

> 智者有二，一者遍智，二者正智。遍智者，谓了蕴界处因果体性，故曰遍智。二正智者，谓知四谛中无常等法，故曰正智。
>
> 断者有二，一断烦恼障，二断所知障。断烦恼障者，谓对治贪等根本烦恼，及随烦恼令断灭故。二断所知障，谓对治能障境时，自性无知之法，令断灭故。
>
> 利他者有二，一者于诸有情安置解脱，弃舍相违令住于道；二者于诸有情安置善趣，弃舍于恶令住于善。
>
> 诸圣者等言功德者，有十一种，谓无诤愿智、四无碍解、六通、四静虑、四无色、四无量、八解脱、十遍处、八胜处、三等持等。
>
> 无诤者，谓依第四静虑心，愿诸有情勿缘己身生诸烦恼，思惟等持，故名无诤。
>
> 六通者，一神境通，游行石壁等无碍故；二天耳通，若近若远诸异音声，皆了知故；三天眼通，能随所应取被障隔极细远等诸方色故；四他心通，能知他心有无欲故；五宿住通，知自及他宿世事故；六漏尽通，知世出世一切道故。

> 十力者，一处非处智力，二诸业异熟智力，三静虑解脱等持等至智力，四根上下智力，五种种胜解智力，六种种界智力，七遍趣行智力，八宿住随念智力，九生死智力，十漏尽智力。
>
> 四无所畏者，一正等觉无畏，二漏尽无畏，三说障无畏，四说道无畏。由有智力于他不惧，故名无畏。

八思巴所强调的以上认知，与儒家的正心、正人学说有不少相近之处，在处世的要求中蕴涵了一些基本的政治要求。

八思巴还为出家修行者编撰了《根本说一切有部出家授近圆羯磨仪轨》，八思巴的弟子胆巴利用印行仪轨的机会，高度评价了忽必烈即位后的善治行为："大元御世第五主宪天述道仁文义武太光孝皇帝登极也，天资福惠，谛信内乘，普使万邦咸归一化。虽敷天垂拱而至治无垠，眷支那弘道，而在躬不息，欲以自佛相承，师资继踵，迄今不替。正戒仪轨，为拳拳从善之行人，俾一一恒持于静戒，精练三业，坚守四仪，此实圣皇匡正佛法之睿旨也。"①

尤为重要的是，在忽必烈统一全国的过程中，八思巴提供了重要的帮助，如时人所记："时则天兵飞渡长江，竟成一统，虽主圣臣贤所致，亦师（八思巴）阴相之力也。"②"皇元启运北天，奄荒区夏，世祖皇帝旧神武之威，致混一之绩。思所以去杀胜残、跻生民于仁寿者，莫大释氏，故崇其教以敦其化本，以帝师拔思发（八思巴）有圣人之道，屈万乘主尊，尽师敬之节，咨询至道之要，以施于仁政。是以德加于四海，泽洽于无外，穷岛绝域之国，衣服魋结之氓，莫不草靡于化风，骏奔而效命。其政治之隆而仁覆之远，固元首之明，股肱之良，有以致之。然而启沃天衷，克弘王度，实赖帝师之助焉。"③ 对于八思巴如何助力于统一，藏文史书《汉藏史集》有具体的说明，可转引于下。

> 当薛禅皇帝（忽必烈）与上师八思巴施主与福田二人在一起闲谈时，皇帝向上师说："从前在成吉思汗收服广大国土时和我在整治安定国土之时出过大气力之蒙古军士们，如今财用不足，可有

---

① 胆巴：《近圆羯磨仪轨序》，《全元文》第11册，第717页。
② 王磐：《帝师发思八（八思巴）行状》，《全元文》第2册，第260—261页。
③ 释法洪：《敕建帝师殿碑》，《全元文》第28册，第327—328页。

什么方法增加他们的财物？"上师答道："陛下可出御库中的钱财，点查军士及怯薛之数目，赏赐给足够数年衣食生活之物品。"皇帝照此行事，共点得蒙古军士五十万及大量怯薛卫士，赏赐之物品亦够使用。

又有一次，皇帝说道："现今，财用不敷。蒙古地方的南面，有叫做蛮子的国王（指南宋），其治下百姓富庶，我朝若派兵攻取，依靠佛法的气力，能否攻克？"上师答道："现今陛下身前尚无能建此功业之人，故不宜骤行，我将访行之。"

次年，皇帝之弟额沁旭烈兀为向皇帝进献贡品和新年礼物，派遣其名叫伯颜的怯薛长为首，率领五百名乌拉差役前来。此后，当伯颜到达大都朝见皇帝之时，宫中正举行大宴会，上师八思巴也应邀参加。上师见伯颜朝见皇帝时的仪态、行步，启奏时能言善对，知其有大功德，向皇帝说道："英杰中之英杰，正是此人。"皇帝知上师此言之意，就派自己的一名怯薛长代替伯颜，与干练的金字使臣一道，携带赏赐品及对新年礼品的回赠去旭烈兀处，而命伯颜留在朝中。①

也就是说，八思巴不仅提出过征集军队的建议，还帮助忽必烈选择了统领南下大军的统帅伯颜。至元十二年（1275）元军渡过长江后，八思巴尽管已经在返回吐蕃的路中，还是向忽必烈发出了《赞颂应赞颂的圣事》的贺表，预祝统一的实现，全文如下。

顶礼上师三宝！
向一切福德之源、三界之依怙、殊胜之佛陀虔诚顶礼！
陛下仗先世所积善业海之福德，安定各方及边土之众生。陛下之国政不劳而自成，以一身之福德智慧，任运治理，令人叹为神奇。陛下亲属王族中，或有受他人欺惑而反叛者，复迷途而知返，前来归顺，此亦足称神奇。较之先世诸多帝王亲率大军讨伐不臣，陛下未曾亲征，亦未劳神费力，而能治理各地。以此福德，施政于各方，臻于安乐。如此威德，大地之上先前无人有过，故陛下声名

---

① 译文引自陈庆英《元朝帝师八思巴》，第162—163页。

遍及三界。陛下一人之福德,世上实无匹敌。亲见陛下之福德受用者,莫不眼神迷离,以为所见俱是幻化神功,不敢置信;听闻陛下之功业威力者,莫不心动志摇,犹如受干渴煎逼之人,闻山雨欲来之风响。陛下之福德使社稷安宁、江山一统,奋转轮之威,合四洲为一。须弥山之上所居众神睹此,亦当疑惑浊世何以竟有如此伟业。如此福业之果已成,众生唯愿享陛下之福荫,具足圆满。能使天下众生享受如此安乐者,先前帝王中未曾有过。颂扬陛下子育黎民、亘古所无之欢悦声,犹如铙钹击响。伏愿陛下圣心喜乐,众生亦得欢悦。

陛下除以法度治理臣民,复播下教法之种,施以水肥,使安乐之幻芽生,解脱之果实熟,自他俱享各种欢乐。犹如福德黄金大地,吉祥之水绕流,无论自他,无论何时,布富足自在之种。陛下洞悉诸种教法,于诸物无不察,于诸教无不通,陛下之英明天纵,非言语所能说明。闻陛下之名声,余心即得康乐。犹莲花之芳香,因轻风而传之偏远,弱小蜜蜂觉之,亦振翅而作响,逢此应赞颂之圣事,余亦寄此而示贺。所有十方佛陀,亦为此赞颂吉祥。愿陛下圣体坚如须弥,福德广如大海,常以如意之宝,满足众生之愿!

因蒙古第五传大皇帝忽必烈之福德,所有国土终成一统,尤其立国已久、王统未尝断绝、社稷稳固、疆土广大之蛮子国归降于人主脚下之莲台,使皇帝福运之光遍照于直抵大海之大地坛城。为赞颂此圣业,比丘八思巴阴木猪年秋八月二十二日吉时写于马尔康地方之赞多新寺。①

这篇贺表去掉了佛教的色彩后,所要表现的,恰是八思巴支持国家统一的鲜明政治态度,以及对亲民、爱民之政的重视。尤为重要的是,八思巴期望的是将爱民之政普施于大一统后的天下,而这正是忽必烈能够接受并愿意推广的政治理念。

(二) 释圆至的兼善说

释圆至(1256—1298年),字天隐,号牧潜,俗姓姚氏,高安(今属江西)人,少年时学习儒学,19岁改学佛学,住建昌能仁禅寺,著

---

① 此贺表收录在《萨迦五祖全集》中,译文引自陈庆英《元朝帝师八思巴》,第168—169页。

有《儒之文之病四十三章》《牧潜集》等。

释圆至兼通儒、佛二学，特别提出了儒、释、道三教出于一本的观点，而一本的基础就是善。由于都是扬善之学，所以三教不应该相互排斥。

> 佛儒老氏，均以性为学、为教于天下，其导物之方、权巧之径不同，至于成性以通乎至神，则说之宗、学之序一也，然必至灵甚睿之材，乃足受其极深难闻之旨。孔子以为器之有是者寡，故中质不及者存诸笔舌之外，而罕言之于定书，则首唐虞取世常行者为典，而秘羲黄以严大道，盖欲上智者察吾不言而默得之，不欲以中下之疑者骇常人之耳目，以增其蔽，此孔氏之酌，其教与二教所张卑高夷峻之势异也。然伏羲之书虽世不传，其先天数象，犹略见于宋。而黄帝书间为众说所引者，其文亦时杂见于战国诸子之间。观其论辩所明，壹皆死生化变，神明之妙，性命之原，入诸老经释典，犹一人之说。比雅诰所述、礼章乐数所陈者，其精粗详简特异。古今圣人，以一道善，世不相见而相同，所谓行乎中国，若合符节，宁不信哉。后之君子，学止于传所见之书，不能于纲纪数度常迹之间得群圣人之同者，以继仲尼上达之传，反守其耳目所知，疑其智之所不及，于一本之教析而三之，相仇相胜，以希先儒捍卫攘斥之名，岂仲尼意哉。①

释圆至还明确指出，所谓儒佛之争，主要责任在于儒而不在于佛，儒者不仅以理学窃取了佛家的学说，还要窃夺佛家的田产寺院等，确实应该给予指责和处罚。

> 儒佛之斗，古无有，其祸始于韩愈、欧阳修之好名，然二子竞于外而事其末，故诤止于教而不及道。伊洛学出，始窃吾意以饰尧舜孔子之言，其建号立名，又二子之智所不及。既窃之，则讳之、绝之。然其窃止于道，不及其财。近世乃有坏寺而墓，攘田以食，而吏不罚者，盖宋季之昏俗亡政，又众子所不及矣。夫尚孔子，下

---

① 释圆至：《饶州梁山资福禅寺记》，《牧潜集》卷3，北京图书馆古籍珍本丛刊本（《全元文》第20册，第48—49页）。

杨、墨，孟子之志也。使一旦蔑国禁，夺杨、墨之田以食孔子，固孟子不为也。而况吾穷神极性之道，天子所上以教者然。或者攫其食而吏弗禁，得称才吏哉。①

释圆至依据自己的学历经历，将佛学称为"己学"，儒学称为"旧学"，强调旧学亦需要明人指点，才能有所成就："某野人也，少从父兄为举子学，盖仅成而弃之，更学于佛，以求其志。然于己书之外，间读治世圣贤书，及汉秦唐宋作者之文，爱其雄深辩达，能言吾意之欲言者，则未尝不欣然喜，慨然欲少似之。故于己学之暇，复以余力，治其故学，盖读而思者五六年，而后始识其出辞之方。然犹仰其高，则若平地而望浮图之杪，虽目及之，足不能至。然随其力之所蹈而升焉者，又十余年矣，其至之远耶，卑欤，已弗能知也，惟鉴于旁者知之，然必其人之目若离朱之瞭，则其鉴信之可恃。"而旧学之所以不兴，就在于儒者出于功名利禄的自售，严重地败坏了士风。

> 某闻之，古之君子怀其美而掩于世，则必借誉于知言之士，以发己之光。虽孔子圣贤，不免乎是。由汉以降，士尤以知己为兢兢，苟有人焉，虽布衣贫贱，而道足以信毁誉，言足以权是非，则天下之士趋而求之。夫趋而求之者，岂必其口舌之权，足为进取之阶、利禄之途哉，亦以掩于世者，没而不闻，则无以自慰其为学之志也。惟其然，故虽自献以求合，而其友不讥，其上不疑，盖有聆其一言，览其一文，遂成其终身之名者众矣。及后之衰，士之志于上者，非货则禄，于是学为利媒而道始轻，苟其能出于人，惟恐其售之不先于人也。柳宗元、韩愈之徒，噭欢朝野之间，狂奔怪号，至为危言以惧其上，曳裾衔袖，三拒于阍者而不知止。上之人疑其求之急也，益薄而厌之。呜呼！吾之道由学而至于成，其勤不为易矣，而以一日之求，贱其所可贵，顾不足惜欤。②

为了肃正士风，释圆至特别强调了君子不能为虚名所累，尤其是朝廷废科举之后，更应该讲求实学，以精深学术和作成人才为己任。

---

① 释圆至：《建昌州福圣院方蛟峰祠堂记》，《牧潜集》卷3（《全元文》第20册，第47页）。
② 释圆至：《与某官书》，《牧潜集》卷5（《全元文》第20册，第2—3页）。

盖名者，道之表也。古之人有其表，则求其实以应之。而今之士反以表害实，一居其名，则崇高之势，傲然不可复屈。虽内揆其不慊，亦安肯降心以求其所未至耶。噫，此古今所以异，道之所以衰欤。①

夫才之于人，足以发名，亦以媒患。君子察其然，是故甚惧而慎之以德，所以消患而养名也。辞学议辩，才之发也；温恭慎让，德之行也。二者不偏胜，而成身之道终焉。故艺掩群而众不忌，名先于人而人安乐之。

君子成学于文，以荣身也。使学成而辱至，固不如不学之安矣。天下能者不一二，不能者恒十百。不能者固害能者，以一人而当十百之忌，于是乎不戒，又夸其辞色以媒之，则祸之来，犹矢于的也。②

然勇于自献而不让者，抑中所志有欲陈于左右者也。某尝谓宋之文始振于天圣，极盛于熙宁之初，衰于王氏经义，大坏于伊洛训诂。士大夫于学，能是二者，已足钧位而纲名矣。更化以来，场屋精舍之路既废，宿师老生稍弃其旧而趋于古，然入之既深，绝之已遽，是以未获其所欲，而先丧其所能。务为离奇佶屈，钩咽戟吻之辞，以矫其举子之声，而律吕蹇逆，粉墨黯杂，反不逮其课试所为者。夫蛇所以能为龙者，固以其蜕也。然不深蟠久伏，以待其质之自化，而刳其皮、抉其骨，速求其为龙，则龙不可成，而又丧其所以为蛇。今之弃举子而为古者，其道类是。某诚知之而病疾急，其志不能深探力抉，以取其所欲得。虽然，岂谓其咸无得也。旧所为记序铭文十余篇，致诸座右，公政之暇试取读之，亦足知其所存，与课试、训诂之徒盖少异矣。③

释圆至还特别指出，中和之说与佛学关系密切，所以在谈性情尤其是注重"静"的功能时，要特别注意他的观点。

---

① 释圆至：《送妙智上人入淛序》，《牧潜集》卷4（《全元文》第20册，第10页）。
② 释圆至：《答魁首座》，《牧潜集》卷5（《全元文》第20册，第3—4页）。
③ 释圆至：《与某官书》，《牧潜集》卷5（《全元文》第20册，第5—6页）。

> 余谓未发者，静者也，性也。发者，感而动者，情也。故感于其所不忍，而恻隐生焉；感于其所不为，而羞恶生焉；感于可欲可恚，而忿忮淫辟生焉。无不本于性，无不感于情。中者性之恒，和者情之善，性情之辨，学之大端也。世儒言中曰不偏，夫性感而情兴，然后其发也，有善恶偏正。自孟轲氏以情言性，世儒尊守之，而弃仲尼、子思之说，谓其近于佛而不敢取，余不可毋辨。①

释圆至毕竟是佛教中人，所以对于世事中的争名夺利，抱的是淡然旁观的态度，在诗作中即体现了这样的态度。

> 霜叶黄蝶飞，崖泉白蛇挂。行行寻故迹，往物已屡化。高步万石上，独立一木下。悠然顾吾影，残日在林罅。古来遗世士，泯观混真假。所视既已齐，乘险意亦暇。智愚相与夺，得失纷代谢。吾欲营力耕，穿岩树茅舍。②
>
> 君不见，蓬莱仙人五云深，兴来忽起尘寰心。手拈造化作一剧，世上瓦砾皆黄金。又不见，珠宫灵娥睡新起，赛吃云浆赌骰子。蓦然发笑成电光，不料阴阳嘘颊齿。道人文章亦如斯，落笔心手不相知。岂如曲士拾蠹纸，尧桀满腹堆群疑。愿君闭口毗耶室，竺贝孔韦皆长物。着鞭捷出灵运前，莫斗生天斗成佛。③

释圆至并没有强调"三教合一"的观点，但是他的三教兼善观点，对于将佛学视为异端邪说的理学学者而言，确实是给予了应有的回应和批驳。

二 张留孙等人的政治观点

张宗演、张留孙、李道谦、李道纯、杜道坚等道教人士阐释的政治观念，可分述于下。

（一）张宗演的护民说

张宗演（1244—1291 年），字世传，号简斋，贵溪（今属江西）

---

① 释圆至：《静中斋铭》，《牧潜集》卷2（《全元文》第20册，第50—51页）。
② 释圆至：《重登牛头峰》，《牧潜集》卷1。
③ 释圆至：《次韵答许府判见嘲诗癖之什》，《牧潜集》卷1。

人，正一道第三十六代天师。至元十三年，忽必烈将张宗演召到大都，对其说明了重视正一道的原因："昔岁己未（1259年），朕次鄂渚，尝令王一清往访卿父，卿父使报朕曰：后二十年天下当混一。神仙之言验于今矣。"忽必烈后来还看了正一道所传承的天师玉印、宝剑，对手下说："朝代更易已不知其几，而天师剑印传子若孙尚至今日，其果有神明之相矣乎！"① 在元军攻宋时，忽必烈已经下令保护张天师的教派，"由是士大夫有不能出者，贫无处者，阡陌之负耒耜者，亲者故者，莫不挂冠易服，庇风雨寒暑，由是入其境者，若华胥军行而狼顾者，曰天师之赐履也，催科而旦适者，曰天师之所抚存也"。按照张宗演弟子的说法，"以其简为近道"是张宗演主张的传道护民方法："惟师以愚守智，惟师以俭致福，惟师以清静御外物，故能涉乎边境，而不祸挢乎九万，而不中道夭，而又能以余力济世得名，又非特脱于其厄而已。"②

张宗演并不排斥儒家的学说，在为他人书写序时明确表达了可融儒家思想于道家的观点："《道德》数千言，吾教之所独尊，古今未有能废之者。然传注层出，渺茫丛惑，莫适指归，徒见多歧之纷纷也。雷思齐嗜学有要，精研是书，探核本旨，为之传释，合儒老之所同，历诋其所异，条分绪别，终始一贯，不翅入老氏之室，避之席以相授受也。其将学是者，终究其说，知其玄之玄而不昧其所向，传之将来，庶几于吾教非小补也。"③ 雷思齐字齐贤，号空山，临川（今属江西）人，亦是道教中人，尤擅长于易学，晚年在广信山中教授生徒，亦被当时的儒者所称道。④

（二）张留孙的助政说

张留孙（1248—1321年），字师汉，贵溪（今属江西）人，正一道道士，随张宗演北上觐见忽必烈，留在朝中，授以玄教宗师、玄教大宗师等职，并曾主掌集贤院事。⑤

---

① 《元史》卷202《释老传·张宗演》。
② 刘辰翁：《张宗演真人墓志铭》，刘壎转录于《隐居通议》卷16。
③ 张宗演：《空山先生易图通变序》，《全元文》第11册，第724页。
④ 袁桷：《雷思齐道士墓志铭》，《清容居士集》卷31（《全元文》第23册，第673—674页）。
⑤ 袁桷：《张留孙家传》，《清容居士集》卷34（《全元文》第23册，第547—550页）；虞集：《张留孙墓志铭》，《道园学古录》卷50（《全元文》第27册，第658—661页）本小节引文未注明出处者，均来自此传和墓志铭。

张留孙在随忽必烈巡幸上都时，曾治好了皇后的疾病，自此深受皇帝器重。忽必烈想以张留孙继任天师之位，张留孙即明确表示："嗣天师，汉张陵之裔，今居龙虎山，愿正其传。"忽必烈乃称张留孙为"张上卿"，并在两都都设立了崇真宫，作为专属于张留孙的道观。

至元十六年，有人建议焚毁道藏，原因是"道藏经多舛杂，宜焚去不录"①。张留孙特别对皇太子真金说道："黄老书，汉帝遵守，清净尝以治天下，非臣敢私言，愿殿下敷奏。"真金向忽必烈奏报后，忽必烈有所省悟，"召翰林、集贤议定上章祠祭等仪注，讫行于世"。

至元二十八年权臣桑哥被处置后，忽必烈准备任完泽为中书省丞相，在占卜时得"同人"之"豫"卦，张留孙为忽必烈解释了该卦的含义："同人柔，得位而应乎乾。豫利建侯。同人为得位，豫为建侯，象、传之辞也，陛下所拟为无疑。"完泽由此顺利地担任了丞相之职。张留孙还于当年代忽必烈前往南岳祭山，并留下了以下记载："至元辛卯之二月，皇帝御宸极，发玉音，惟名山大川，国之秩祀，岳渎四海，宜加封号。其以南岳为司天大化昭圣帝，分命玄教宗师、总摄荆襄等路道教都提点、同集贤院商议道教事张留孙必阇赤，养呵奉诏，持香诣祠恭告，以致极崇之意。""皇元混一区宇，以历代册号未尽神德，进加大化。"②"是时天下大定，上思与民休息"，张留孙特别向忽必烈陈述了"黄老治身清净，在宥天下"的道理，深得忽必烈的赞赏。

至元二十九年，忽必烈欲以通惠河沟通运河漕运，问张留孙是否便利，张留孙明确表示："漕为国本，孰敢议非是。诚减民力，取实效，民必趋之。""大臣闻公论伤财害民之故，乃至躬负畚锸以为民先"，"由是河役卒不为民病"。

元成宗刚即位时，宰相对御史台不满，皇帝为此痛斥御史台官员，御史中丞崔彧向张留孙请教应对办法，张留孙则表示应面见宰相，作出解释，以消解误会。张留孙与崔彧共同去见宰相，确实起到了解除误解的作用。张留孙还特别对近侍说："御史台，世祖皇帝建立，专以惩奸悟势，尊则纲纪明，削之则台不能立矣。"近侍向成宗呈报后，成宗特别在次日的大明殿大宴时对崔彧说："台为朕耳目，朕曷不知，忧卿等不职，故告谕，宜勿惧，其尽心焉，朕行为汝增重矣。"

---

① 唐方：《圣旨焚毁诸路伪道藏经之碑》，《全元文》第 19 册，第 596—600 页。
② 张留孙：《祀南岳记》，《全元文》第 13 册，第 284 页。

张留孙作为宗教人士，秉持的是助政而不干政的理念，所以时人对他的助政行为有以下评价："朝廷有大谋议，必见咨问。其救时拯物，常密斡于几微，未尝以为己功。所荐用排解，皆死生荣辱之大故，而未尝以语人。""至于排解荐助，人不知所自，亦不肯自以为功，绝口不言朝政。贵客至，争短长，酒尽三爵，即假寐。客去，礼复初。""昔公之存也，宫禁邸第、巨族故家待公如神明，朝廷馆阁大臣、达官礼公如父师，际会之荣，尊贵之极，从古以来未之有也。而公视之若无，未尝萌丝发满假之意，潇然山间林下之臞仙。"① 恰是这样的政治理念，使张留孙能够历经世祖、成宗、武宗、仁宗、英宗五朝，都能得到皇帝的敬重。

（三）李道谦的以儒释道说

李道谦（1119—1296 年），字和甫，汴梁（今属河南）人，早年学儒，后因战乱入道门，为全真教道士，曾任京兆道门提点、陕西四川道教提点兼领重阳万寿宫事，赐号天乐真人，著有《祖庭内传》《七真年谱》《终南山记》《甘水仙源录》《筠溪集》等。

李道谦"本儒家子，能读六经，及入道门，辅之以清静性命之学，故蓄之胸臆者义理精深"。他与杨奂、姚枢、王磐、商挺等人都有过密切的交往，并在治国问题上提出了儒道兼容的观点。②

首先，李道谦指出，道教亦具有匡世救民的重要使命，尤其是全真教，"当国朝革命之际，其救世及物之功，不为不腆"③。但是道家的学说，在千百年的流传中被扭曲，需要作正本清源的工作："夫道家之学，以祖述黄老而宪章庄列者也。后之学者去圣逾远，所谓微妙玄通，大本大宗，弘衍博大之理，枝分派别，莫得其传，盖已数千余岁于今矣。道不终否，待时而行。"④

其次，李道谦追溯了老子的起源，特别强调了老子的学说从根本上说就是修身、齐家、治国、平天下的学问。

> 老子者，道也，生于无恒之先，起于太初之前，混混沌沌，虚

---

① 吴澄：《张留孙道行碑》，《吴文正公集》卷64（《全元文》第15册，第394页）。
② 宋渤：《李道谦道行碑铭并序》，《全元文》第32册，第23—25页。
③ 李道谦：《七真年谱后序》，《全元文》第3册，第464—465页。
④ 李道谦：《甘水仙源录序》，《全元文》第3册，第466—467页。

无自然。及乎结气凝精，分神变化，或出于龙汉之纪，或现于赤明之季，随世诞灵，无有纪极，悯时垂教，代为帝师。至其降迹殷周，传经授道，凿开浑沌，剖析鸿蒙，启众妙之门，示重玄之旨，以清静无为为宗，以虚明应物为用，以慈俭不争为行。以之修身则身修，以之齐家则家齐，以之治国平天下，则国治而天下平。是盖秉要执本，有常道存焉。①

再次，李道谦对于道的本义作了具体的解释，所要强调的就是道产生德仁义礼的论点。

> 故体是道者，无古今，无终始，在天地先而不为古，后天地存而不为老，非有非无而该乎有无，非阖辟往来而行乎阖辟往来。寂而灵，空而妙，其深至于不可见，不可闻，其为无也至矣。及其用而为有也，若天至地产为人物，人物皆蕴元气，大道派为德仁义礼，而德仁义礼至于万有，又皆分载混成之一。无即一，夫言之未始丰于智，欠于愚，生而有，死而亡，圣狂不殊而觉昧殊，明晦在时而不在心，至均且完，各不相借，其曰有无妙徼者，即《易》之上下道器也，生生之本在是矣。夫《易》作于三圣，极乎天人之道，究人事之始终，合天地之运动，有无相乘，盈虚相荡，此天地之用，圣人之功也。而老子之书，造辞立用，一皆冥契，特欲出于天地范围之表，而道前古圣人之所未道者，然亦不外乎盈虚相荡，有无相乘。所谓道者，盖羲皇周孔之所贯，岂复有所异哉，

最后，李道谦不仅指出老子之说早于六经，还说明了各种邪说使老子之说脱离了本义，返之本义，则老子与孔子的学说相通相融，都是需要坚持的治道学说。

> 六经之学，纲纪万世，而二篇之要，又将有得于六经之外。故太史公言："六经浩浩，不如老子之约。"……是以先黄老而后六经，然善用之，为黄昊，为唐虞；其不善用之，则为两晋齐梁之

---

① 李道谦：《楼观大宗圣宫重修说经台记》，《全元文》第3册，第475—479页。以下引文均来自此记。

弊，有不可胜言者，此非言者之过也。唐陆希声作传，有曰："杨朱宗老氏之体，失于不及，以至贵身贱物。庄周述老氏之用，失于太过，故欲绝圣弃智。申韩失老氏之名，而弊于苛急。王何失老氏之道，而流于虚无。"由此六子之失，而世因谓老氏之指，其归不合于仲尼，訾其名，病其道不可以为治，是使老氏受诬于千载，《道德》不行于当世，良有以也。

孔子盖尝从之问礼，凡曰"吾闻诸老聃者"，皆谨事之语，诚无间然。讵有圣手从之，而为弟子者畔之，见而知者尚之，闻而知者咈之。……古今言老子者多矣，未有若孔子之所言也。

先王以道治天下，至周而弥文。及其衰也，文灭质，博溺心，礼坏乐崩，奸宄并起。老子方将复淳反本，以静制躁，故立言矫激，薄仁弃义，虽圣智亦在所摈，彼其心岂真以仁义圣智为不足以治天下哉？先王之道若循环，春夏以出生为功，秋冬以敛藏为德，一则使之荣华而致用，一则使之凋落而反根。道犹岁也，圣人犹时也，明乎道，孔老相为终始矣。是则成己成物，内圣外王之道，此二子之所以彼此不言也。然则或语或默，或从或咈，识量有不可强者，于此可以观圣贤矣。

李道谦的说法，在儒士尤其是理学学者看来，属于扰乱儒学的观点，不值得关注。但是这样的说法，继承了丘处机以来全真教各位先师的儒道合流理念，还是有其特定的价值。

(四) 李道纯的三教一理说

李道纯（？—1306年后），字元素，号清庵，又号萤蟾子，都梁（今属湖南）人，师从全真道南宗五祖之一白玉蟾弟子王宗蟾，至元年间居金陵中和精舍，教授生徒，著有《周易尚占》《道德会元》《中和集》等。

李道纯秉持的是儒、释、道"三教一理"或"三教一贯"的理念，并记录了师徒之间关于这一理念的问答。

问：或谓崇释与修道，可以断生死，出轮回。学儒，可尽人伦，不能了生死。岂非三教异同乎？

曰：达理者奚患生死耶？且如穷理尽性以至于命，原始返终，知周万物，则知生死之说。所以性命之学，实儒家正传。穷得理彻，了然自知，岂可不能断生死轮回乎？且如羲皇初画易之时，体天设教，以道化人，未尝有三教之分，故曰："皇天无二道，圣人无两心。"

问：《语》云："吾道一以贯之。"如何？

曰：圣人言身中一天理，可以贯通三才、三教，万事无不备矣。如释"无我、无人、无众生、无寿者"，道教"了一，万事毕"，皆一贯也。

问：儒有先天《易》，释有《般若经》，道有《灵宝经》，莫非文字乎？

曰：非也，皆圣人以无言，而形于有言，显真常之道也。释教一大藏教典及诸家语录因果，儒教九经三传、诸子百家，道教洞玄诸品经典及诸丹书，是入道之径路，超升的梯阶。

问：先生云："三教一理，极荷开发。"但释氏涅槃，道家脱胎，似有不同处？

曰：涅槃与脱胎，只是一个道理。脱胎者，脱去凡胎也，岂非涅槃乎？如道家炼精化气，炼气化神，炼神还虚，即抱本归虚，与释氏归空一理，无差别也。

洁庵（李道纯弟子）曰：先生精造金丹之妙道，融通三教之玄机，随问随答，极玄极妙，岂敢自秘？当刊诸梓，与同志之士相与开发，隋珠赵璧，自有识者。[1]

李道纯还特别说明了学习三教的要义，并以此来增强人们对"三教一理"的认识。

佛书云："若人欲了知，三世一切佛，应观法界性，一切由心造。"是谓有造则有化，造化皆由心。人皆谓造化万物者，造化之工也。予独不然。造化本无工，万物自造化也。何以故？一切万物均有是心，既有是心，便有造化，岂非自造化耶？

道书云："有无相生，是谓无生有造也，有生无化也。"又云：

---

[1] 李道纯：《洁庵琼蟾子程安道问三教一贯之道》，《中和集》卷3，四库全书本（《全元文》第24册，第114—125页）。

"致虚极，守静笃，万物并作，吾以观其复。"是谓观复知化也。知化则不化，不化则安得有造？非洞观无碍者，孰能及此。

儒书云："不忮不求，无咎无誉。"是谓不忮不求，则不受造也；无咎无誉，则不受化也。《易·系》云："远取诸物，近取诸身。"予谓远取诸物，则知万缘虚假；近取诸身，则知五蕴皆空。外屏万缘，内消五蕴，故能顺天施运，懽乐于天。知物之始终，知幽明之故，知死生之说，穷理尽性，以至于命也。乐天故不忧，尽性故不疑。非致知者，孰能及此。

于此观之，三教惟心也，造化由心也，出造化亦由心也。

学佛之要，在乎见性。若欲见性，必先以决定之志，夺习俗之气，以严持之力，保洞然之明，然后照破种种空妄，心不着物，念不随情。

学道在乎存性。若欲存性，必先以慧剑斩群魔，火符消六欲。次以定力忘情绝虑，释累清心，至于心清累释、虑绝情忘，是谓存性。真性既存，则无造化。今之学者，为情识之所夺也。欲去情识，先除生灭心。

儒学之要，在乎尽性。若欲尽性，在明明德，在止于至善。知止而后有定，有定则能忘物我。……知止故能忘物我而全天理，是谓尽性也。今人不能尽性者，为身心之累也。①

在诗词中，李道纯也向不同的人特别强调了他的"三教一理"观点。

> 道释儒三教，名殊理不殊。参禅穷理，只要抱本还元初。解得一中造化，便使三元辐辏，宿疾普消除。屋舍既坚固，始可立丹炉。炼还丹，全太极，采玄珠。②
>
> 教有三门，致极处，元来只一。这一字法门，深不可测。老子谷神恒不死，仲尼心易初无画。问瞿昙，教外涅槃心，密密密。学神仙，须定息。学圣人，忘智识。论做佛机缄，只凭慧力。道释儒

---

① 李道纯：《隐语·教外名言》，《中和集》卷6（《全元文》第24册，第142—146页）。
② 李道纯：《水调歌头·示众会分彼此》，《中和集》卷6。

流都勘破，圆明觉照工夫毕。看顶门，进破见真如，光赫赫。①

三教正传，这蹊径，元来蓦直。问老子机缄，至虚静极。释氏性从空裏悟，仲尼理自诚中入。算始初，立教派分三，其源一。道玄关，常应物。易幽微，须嘿识。那禅宗奥旨，真空至寂。刻刻兼持无间断，生生受用无休息。便归根，复命体元虚，藏至密。②

李道纯还特别注重"中"的意境，所以将他的居所称为"中和"，在诗词中也表现了一切都要"守中"的要求。

《礼记》云："喜怒哀乐未发谓之中，发而皆中节谓之和。"未发，谓静定中谨其所存也，故曰中；存而无体，故谓"天下之大本"。发而中节，谓动时谨其所发也，故曰和；发无不中，故谓"天下之达道"。诚能致中和于一身，则本然之体，虚而灵，静而觉，动而正，故能应天下无穷之变也。老君曰："人能常清静，天地悉皆归。"即子思所谓"致中和，天地位，万物育"，同一意。中也，和也，感通之妙用也，应变之枢机也，《周易》"生育流行，一动一静"之全体也。予以所居之舍"中和"二字匾名，不亦宜乎哉！③

中是儒宗，中为道本，中是禅机。这三教家风，中为捷径，五常百行，中立根基。动止得中，执中不易，更向中中认细微。其中趣，向词中剖露，慎勿狐疑。个中造化还知，却不在，当中及四维。这日用平常，由中运用，兴居服食，中里施为。透得此中，便明中体，中字元来物莫违。全中了，把中来劈破，方是男儿。④

李道纯之所以要编写《道德会元》一书，是因为诸家解义，所见不同，"得之于治道者执于治道，得之于丹道者执于丹道，得之于兵机者执于兵机，得之于禅机者执于禅机。或言理而不言事者，或言事而不

---

① 李道纯：《满江红·赠密庵述三教》，《中和集》卷6。
② 李道纯：《满江红·赠丁县尹三教一理》，《中和集》卷6。
③ 李道纯：《中和图说》，《中和集》卷1（《全元文》第24册，第104—105页）。
④ 李道纯：《沁园春·勉中庵执中妙用》，《中和集》卷6。

言理者。至于权变智谋，旁溪曲径，遂堕于偏枯，皆失圣人之本意也。殊不知圣人作经之意，立极于天地之先，运化于阴阳之表，至于覆载之间，一事一理，无有不备，安可执一端而言之哉"。为说明治道的基本原理，他除了对《道德经》逐句加以注释外，还于"各章下总言其理，以明究本穷源之序"①。从该书的论述中，可以归纳出李道纯借道德经阐释的对治道的六方面要求。②

一是无为而治的要求，这是道家的基本政治要求，也是李道纯重点阐释的政治理念，并且最终导出的是小国寡民的理想政治形态。

万物之奥，为无为，无所不为，事无事，事事有成，味无味，其味幽长，此三者道之奥也。大者小之，多者少之，怨以德报之，图难于易，为大于细，积小成大，从微至著，圣人功业大成，不自为大。天不自天，成天者物。圣不自圣，成圣者民，以其不自圣故能成圣。为大必自细，升高必自卑，难事易成，易事难成，易事不可轻示，轻则人忽之，故圣人犹难之，得之难，失之难，凡事不轻易则终无难。

天地无为，万物生成；圣人无为，万民安泰。以修炼言之，都无作为。于安静之时存其无象，毫发之动便要先觉，既觉便以无名朴镇之。朴本无形，又曰无名，谓空也。道无为，朴无名，心无欲，则自然复静也。静之又静，天下将自正。

无为则无事，有为便有事。执者失，为者败，有为之戒也。强、羸、载、惰互相倚伏，如影随形，才有成便有败。是以圣人去贪甚，去奢侈，去骄泰，深戒后世。

上德无为，故合道；下德有为，不合道。仁义犹近德，可为进道之阶。礼者，纯是作为，多不实，以礼齐物，物转不齐。盖有为终有失也。执之不失，亦可渐入佳境。自仁义而反德，自德而反道，直造无为也。

至于无怨可惩，无欲可损，以至无为，则万民化而天下归往也。苟或妄有作为，则民乱而难治。……与其国乱显忠臣，何若无为民自化。

---

① 李道纯：《道德会元叙》，《全元文》第24册，第91—93页。
② 李道纯：《道德会元》上、下，四库全书本。本小节以下引文，均来自此书。

> 小国寡民,言知足而不贪也。国虽小,民虽寡,自以为足,使有才能者不得见用,则民自然,无知无欲,不迁不变,无争无竞,安守常分,服食兴居,常乐于道,邻国彼此无犯,永无争夺也。

二是行仁政和以正治国的要求,这样的要求带有强烈的道儒合流色彩,并且特别强调了宽大之治恰是无为而治的重要表象。

> 天覆地载,化民育物,可谓至仁。言不仁者,忘其所自也。圣人爱民治国,亦复如是。修身养命,亦复如是。
>
> 有道则清净,清净则天下正,天下正则罢兵事、务农事。……无道则不清净,不清净则天下不正,则用威武征伐。……以修身言之,清净则欲心止,欲心止则意大定。
>
> 多忌讳,多利器,多技巧,多法令,皆不正也。上无忌讳则民裕,绝权谋则民化,薄税敛则民富,道之以德则民朴。无为、无事、无欲、好静,皆正也。以此治国,则海晏河清;以此行道,道泰时亨;以此修身,气固神凝。一人正,万民皆正;一心正,万化皆正;一身正,万事皆正,正之义大矣哉。
>
> 上宽裕则民淳实,上多事则民昏暴。闷闷,宽也。察察,谨也。宽则得众,尽法无民。祸福相倚,正奇相待,善妖相反,理之然也,可不戒诸。修福不如远祸,用正不若闲邪,正虽为善,苟自矜为奇,德则反为妖。正之为正,斯不正已;善之为善,斯不善已;是以圣人方正其身,刑罚清而万民服,清廉其德,不恶而严,梗直其行,和而不流,清明在躬,虑其太察,自昭明德。
>
> 以正治国,其政闷闷。治人事天,皆治大国之义。小鲜者,细小之鱼也。譬如烹鲜,扰之则糜,言治平天下,扰之则乱也。以无为正其心,以清净养其性,卑以自牧,则民心悦服,天下归往也。往而不害,天下和平,使刚暴无以施其能,鬼不神也。至于化暴从善,虽有强能而无害物之心,圣人亦不加刑于小人,上下以德相交,故两不相伤。以之修身,清净无为为本,则情欲绝而阴魔消散,形存寿永,精复神全,此长生久视之道也。

三是返璞归真的治国要求,强调治国不仅要求正,还要求俭求真,才能达到民风淳朴的政治目标。

> 婴儿、太极、太朴，天下之大本，惟守雌抱一则能返本。治国以此，不假裁制，民自淳而物自朴也。
>
> 治人事天，莫若从俭。以国言之，省刑罚，薄税敛；以身言之，省言语，节饮食；以心言之，省思虑，绝视听。尽其心，养其性，可以事天也。

四是慎兵的要求，主张偃兵息武，反对穷兵黩武，这一点对于大一统后的元朝而言，尤为重要。

> 以道佐人主者，不尚兵武，善恶皆有报。戒后世有国有家者，守雌抱一，勇于不敢，至于不得已亦不敢取强，故曰："善者果而已。"
>
> 兵者不祥之器，圣人于此深戒。万世之下，有国之君以无为清净治化，自然家国咸宁，虽有甲兵无所陈之，永无争夺之患也。

五是爱民的要求，一方面强调要以保民、爱民、化民的方法解决民难治的问题，另一方面强调不能用残暴的方法对待民众，而是要用戒省刑罚的安民方法。

> 保者，万物恃之以生也。虽下愚不肖者，未尝离也。举动应酬无非此道，百姓日用而不知者，为尘识所昧。立天子置三公，作之君，作教师，教化下民，使不善者从其化。拱璧驷马见，不足为贵，不如坐进此道。修己以安百姓，先之以敬让而民不争，陈之以德义而民兴行，示之以好恶而民知禁，是以圣人常善救人，故无弃人。求则与之，有罪宥之，不责于人，有罪以免，故天下尊之也。
>
> 民之饥，民之难治，盖由政教不正。民不遂其生，是以贪生而不顾危亡也。道之以刑则民暴，道之以德则民格，上好静则民乐而从其化也。
>
> 民不畏死，是上之政化不善，民失其业也。民失其业，欲遂其生，故不畏死。又加之刑禁，使民畏死，则是致民于死地也。尽法

无民，天之所恶，故圣人亦不容也。常有司杀，谓天不可欺也。代司杀者，谓掌刑罚之官也。代大匠斫，谓不当也。稀有不伤其手，言用刑之极，有伤和气也。圣人于此，戒省刑罚之切也。

其安易持，反善之速也。故次之善为士者，非以明民也，言无为宽大治平天下，民之福也。有为严谨，宰制下民，国之贼也。民之难治，以其多事，是以圣人以无为清净治国，使夫知者不敢为。虽与物反，久惯自然，民遂其生，获百倍之庆，天下治平成大顺之化。尽此道者，是谓玄德。

上之政化不善，有伤和气，故天下多刚暴。以无为清净修己，足以挽回和气，民遂其生，乐其业，刑不试而万民悦服，何刚暴之有？是以修齐治平，皆以柔和为本。

苟用刚暴，尚权谋智术，求其胜物，非道也哉！比如鱼本水中物，求异群鱼，欲脱于渊，可乎？既不可，则人亦不可尚权。尚权者，反常也，如鱼离渊必死。国之利器不可示人，即孔子所谓："可与立，不可与权。"

六是对治国之人的要求，既要能够修身自省和自我约束，还要有强烈的忧患意识，更要能够做到取信于人，尤其是使天下同心。

圣人治平天下，必以修身为本。

天不自天，地不自地，故能生生不息。圣人不自圣，故能与天地合德。

不矜自己之贤能，则民淳；不贵奇货，则民富；不见可欲，则心定。

善为士者卑以自牧，故次之以江海为百谷王，即上善若水之义。以言下民，民忘其劳，以身后民，民忘其死，皆道德感通也。修真志士以卑自牧，则身修。

王公大人不忘其本，以是自称，卑下谦损也。谦损者必受益，强大者必招祸。圣人设此，戒人克己行谦，见不善而内自省也。

有所知则道心坚固不失其守，故次之以善建者不拔也。以之修身，观心察性，心定，则身之修也。以之治国，观民察己，民化，则国之治也。天正有一不善，则是自己政化不善也。书云："百姓有过,在予一人。"此之谓也。反观诸己,心有一尘染着,则是我之性天未明也。

以治道言之,太上以下不能无为,亲之、誉之,有言之教也。畏之者,刑禁也。侮之者,上失信也。上失信于民,则民不信。犹其贵言,不言之教也。不言之教,无为而成,刑不试而民自服也。至于功业成遂,还淳反朴,则亲誉畏侮俱忘矣。百姓安居乐俗,忘其所自,故曰谓我自然。

苟或言不合道,妄有作为,不能取信于人,反为人轻忽也。易系云:"言行,君子之枢机,荣辱之主也。"可不慎乎!

苟能思患而预防之,则终身无患。推此道而治平天下,则天下永无危殆。有国者忧天下如忧一身,则天下乐推而不厌。

所谓无常心者,随机应感,不逆民物之情,故百姓遵圣人之言,行圣人之行,从圣人之化,天下同一心也。

李道纯还对上述观点作了总结,并以"不争"作为核心理念,来表明自己的鲜明政治态度。

信言不美,忠言逆耳也。美言不信,巧言令色也。真实之言淡薄,虚妄之言华饰,善为道者无分别,故不辨。善辨者致争之由,故曰不善。真知者光而不耀,故曰不博。广博者明见于外,故曰不知。圣人损其所有,爱养万物,不为主,故曰不积。养其无象,象故常存,守其无体,体故全真。视之不足见,听之不足闻,用之不可既,故曰为人愈有,与人愈多。天地大德曰生,故曰利而无害。圣人守位曰仁,故曰为而不争。

若讷、若拙、若愚、若朴、若屈、若昏,不尚己贤,不贵奇货,俨兮若客,敦兮若朴,旷兮若谷,浑兮若浊,知白守黑,知荣守辱,不自见,不自是,不自矜,不自伐,已上皆不辨之善也。尚奇务货,自高、自大、自见、自是、自矜、自伐,勇于敢,嗜于欲,不畏威,不畏死,不知足,不知止,强知、前识、昭昭、察察,已上皆不善之辨也。

不出户知天下,不窥牖见天道,塞其兑,闭其门,挫其锐,解其纷,和其光,同其尘,不言而信,不见而名,无为而成,已上皆知者不博之谓也。知物、知人、知事、知外，无狭其所居，无厌其所生，开其兑，济其事，舍俭且广，舍后且先，不知为知，皆是妄知，已上皆博者不知之义也。

为而不恃，长而不宰，功成不居，绝圣弃智，绝仁弃义，绝巧弃利，少私寡欲，见素抱朴，损之又损，以至无为，去甚，去奢，去泰，无知、无事、无欲，已上皆不积之义也。至于曲全、枉直、洼盈、弊新、万物归之，万民化之，天地合之，广施博济，不穷不弊，不殆不勤，用之不可既，此为人愈有与人愈多之义也。

天之道生成运化，称物平施，生之畜之，长之育之，成之熟之，养之覆之，无所不利，至公无私，惟德是辅，不言善应，不召自来，高者抑之，低者举之，有余者损之，不足者与之，一切有情无不覆载，此利而无害也。

圣人之道守雌抱一，处柔行谦，和光同尘，后己先人，同于道，同于德，同于失，方而不割，直而不肆，光而不耀，不责于人，善贷且成，善者善之，不善者亦善之，小国寡民，自以为足，使民反朴忘其彼此，民至老死不相往来，皆不争之义也。只这不争二字，八十章之要也。若是信得及底，把这不争二字为日用，久久纯熟，则自然造混元之境，真常之道至是尽矣。

无论是"三教一理"的学术观点，还是建立在无为思想上的"不争"政治理念，都与当时在江南地区占主导地位的理学学说格格不入，所以李道纯只能在"小众"中宣扬自己的理念，但不能因此而忽视他的一些重要观点。

(五) 杜道坚的精诚治国说

杜道坚（1237—1318年），字处逸，号南谷子，当涂采石（今属安徽）人，入元后任杭州路道录，著有《文子缵义》。

元军渡江南下时，杜道坚特别到伯颜军营，提出保民安民的建议，受到伯颜的重视，并派人护送杜道坚北上，到上都觐见忽必烈，向忽必烈献上求贤、养贤、用贤的建议，得到忽必烈的首肯，不仅要他在江南搜访贤人，还任命他为杭州宗阳宫住持。[①] 杜道坚在元成宗时特别肯定

---

① 赵孟頫：《杜道坚碑》，《松雪斋文集》卷9（《全元文》第19册，第277—278页）。

了伯颜在国家统一中所起的作用："今国朝之兴，元辅之臣，股肱爪牙之士，辨博之人，肩摩踵接，固多有之，以仆所见，未有逾于太傅（伯颜）者也。用兵江汉，不嗜杀勠，城下之日，百姓谧然，是太公之将也；辅我圣皇克正大位，是子房之傅也。"①

杜道坚还特别指出，新被发现的《关尹子》一书是道家集大成之作，对国家统一后的文治有重大的意义："今皇元启运，华夷混一，文同轨会，而书乃出焉。""即其道之事者言之，如曰女婴龙虎，即今之丹道；笾豆瓦石答问，即今之空宗；水可火因，南夭北寿，即今格物致知之学。互会兼晓，若此者众，后代理性命三氏之学，于时未彰，而此书悉已建明。"② 也就是说，杜道坚所持的显然是三教同源的观点。

杜道坚还强调："古之君天下者，太上无为，其次有为，是故皇以道化，帝以德教，王以攻勠，伯以力率，四者之治若四时焉。"③ 他在解读辛钘（文子）著作的"缵义"中，对道家所宣扬的精诚治国学说主要作了七方面的解释。

第一，对无为而治的解释。尽管古今所面临的政治形势不同，但无为而治都是最重要的治国方法，只要做到以精诚治天下，无为而无不为，就能达到国家隆平的治理效果。

> 古之圣人，官天地，府万物，藏精存诚，无形无声，正其道而任物之自然。当是时也，朝无幸臣，野无遗逸，国无游民，干戈不起，劳役不兴，四民乐业，故不待家至人晓而坐致隆平。
>
> 身有形，神无形。有则有言，无则无言，知有无之相生，则无不害有，有不害无。是以圣人无为而治者，身不伤神，神不伤身也。夫知不神而所以神，故两不相伤矣。④
>
> 有国家者，犹天地也。天不言而四时行，地不语而百物生。文子问为国之法，老子语以挽车之歌，前呼后应，亦犹圣人先天弗违、后天奉时之意。治国有礼，初不在于文华之辩，不知治体而滋

---

① 杜道坚：《平宋录序》，《全元文》第9册，第315—316页。
② 杜道坚：《大宗圣宫重建文始殿记》，《全元文》第9册，第319—320页。
③ 杜道坚：《通玄真经缵义序》，《全元文》第9册，第317—318页。
④ 杜道坚：《文子缵义》卷2，四库全书本。

彰其法令者，适以为盗法贼民之资。①

古今为国，其道不同者，俗变故也。古人淳朴，上无苛令，官无烦治，士无伪行，工无淫巧，是故人心易足，为治不难。后世俗变风移，上行下效，奢侈相尚，贪欲无厌，是以人心难足，为治不易。②

第二，对道德治国的解释。精诚治国的一个重要要求是讲求道德，由此不仅要以道德赢得人心，还要以道德正己、正人，遵从天理，祛除人欲尤其是祛除私欲，才能达到以道御人而不是无道受制于人的理想境界。

道尊德贵，异名同出，存乎吾心，不从外得，生之畜之，不无不有。圣人之心，有如明镜，物来则应，物去则静。含乎精诚，纯乎道德，不为何败，不执何失。③

礼贵乎先，言贵乎后，此人之情，故可服以德，不服以力。是以圣人进退有度，先后有节，故天下乐推而戴之。

德胜者霸，得人心也。胜敌者强，得人力也。然非得人之心，未有能用人之力也。敌何由胜，强何由霸哉，德自得也。自得，则柔弱胜刚强，故能胜。不若己者，至于若于己者，而格是德，相若也。柔胜出于若己者，其事不可度，则德又胜我矣。故能以众不胜成大胜者，惟圣人能之。

道心，人心，天理人欲之分也。理胜则所为皆天，欲胜则所为皆人。此又君子小人之分矣，理欲相胜，邪正相伤，君子不为，况圣人乎。

为善不求福而福至，为恶不求祸而祸生。遗臭万世，流芳千古，宜有闲然。是故爱名重则心不用道，造道深则身不求名，此天人之所以分。

爵高志骄，人必妒之。官大气豪，主必恶之。禄厚不施，人必怨之，高下相倾之道也。惟谦卑好施，贵不忘贱，高不忘下，故无

---

① 杜道坚：《文子缵义》卷 7。
② 杜道坚：《文子缵义》卷 11。
③ 杜道坚：《文子缵义》卷 2。

怨尤。①

　　德一也，有二焉，长养万物天之德，爱养百姓君之德。夫君者国之心，君有德，则心广体胖，气不乱而身自治。治国犹治身，君臣相安，国其有不治者乎？②

　　道德仁义裂而皇帝王伯分，世变使之然也。道以导之，德以生之，仁以恩之，义以宜之，四代之治固若不同，而其君臣有分则一焉。夫道而不德者皇，德而不怀者帝，恐失仁义者王。义失其宜，智诈兴矣。③

　　人有私心，罔不害道。人主无私，故法一而令行。是故德有心则险，心有眼则眩，知权衡规矩，一定而不易，则知一者无为之为，百王用之，万世享之。④

　　良医不治已病，治未病。为道者塞邪隧、治未然，其良医之谓欤。故不贵自是贵，不为非则无可欲之求、可夺之争矣。故有道则可以御人，无道则受制于人。⑤

第三，对善民养民的解释。君主善待其民，自会得到民的拥戴，反之则会遭到民的反对，所以君主不仅要善于从民的角度考虑问题，还要遵行养民之道，才能真正实现守社稷、保人民的重要目标。

　　日月星辰，天之神。水火土石，地之神。雨风露雷，暑寒昼夜，皆神也。人性最灵，是又神于物者矣。天之生物，不见所养，日见其长。圣人养民，除害兴利，亦如之，皆由精诚，内著气感于天，阴阳顺之，神明佑之，而嘉祥至矣。

　　圣人非无欲，因其利而利之。圣人非无事，当其为而为之。异路同归，存亡一致。损己利人，不忘天下。虽殊方异域，俗变风移，语音不同，性情则一。悟于中，发于外，乐则歌，哀则哭，随感而发，皆吾民也，而可忘乎。若周公之夜以继日，坐以待旦，则

---

① 杜道坚：《文子缵义》卷4。
② 杜道坚：《文子缵义》卷6。
③ 杜道坚：《文子缵义》卷7。
④ 杜道坚：《文子缵义》卷9。
⑤ 杜道坚：《文子缵义》卷11。

是昼夜不忘者也,泽及远矣。

圣人怀道,泽及民祥,可见也。君臣乖心,见乎天殃,可见也。远者无为,近者无事,神气应征,有不待召而至矣。①

天地人物更相盗,为养,盗得宜则安,盗失宜则害,是故食能养人,亦能害人,民能戴主,亦能悖主。夫上之法创事以盗,民力初若利之,至于末流,未有不自贼者也。知得在时不在争,治在道不在圣,则无相盗之失矣。

事人以宝币者,币殚而欲不厌。结交以卑辞者,辞穷而约反先。惟内修道德,上下一心,则可以守社稷,保人民,其道全矣。②

天地一身,天下一气,阳变阴化,陶冶万物,皆乘一气,而圣人爱养万民,视为一家,故天下和平也。若乃用多而财寡,事力劳而养不足,则民贫苦而忿争生,非通治之道矣。

圣人诚而明之,反其性初,民复于善民,性善则天地阴阳从而包之,财足人赡,贪鄙不生,忿争乃息,仁义不用而道德定于天下矣。③

第四,对治乱兴亡的解释。治乱兴亡是正常的政治现象,尤其是在大一统的政治环境下,不仅要摆正"帝王富"与"国富"之间的关系,还要警惕苛政导致乱亡的政治后果,并特别注意可能引发祸乱的苗头,以"知全生之具"的知变态度看待治乱问题。尤为重要的是,要防止祸乱,最有效的方法是治而不劳,其次是劳而不病,最差的方法则是病而益劳。

车同轨,书同文,天下一俗。赏不僭,刑不滥,四海一心。能如是,则人主之思不出四域,而教化如神。上好取而无度,下贪功而不让,智诈起而民力残,上下相怨,天地不交,而万物不通矣。

天垂象示吉凶,人皆见之。君布令明赏罚,民皆信之,君其天矣乎。水浊鱼噞,政苛民乱,理所必然。是故上多欲则民兴诈,上

---

① 杜道坚:《文子缵义》卷2。
② 杜道坚:《文子缵义》卷4。
③ 杜道坚:《文子缵义》卷9。

好静则民不争。圣人抱道推诚，天下从之，可谓知本矣。

知心为身本，则知君为民本。是故人君之好，不可不正。好勇则劫杀之乱生，好色则淫泆之难起，惟好德精诚别于内，好憎明于外，刑罚不用而奸邪服。本根既固，国家自宁。①

君以天下为心，人以义爱，则忠孝乃兴。党以群强，则奸雄遂起。安危所系，可不察而辩之。

无古今治乱而不易者，土宇也。古之今之或治或乱而不一者，君民也。帝王富其民，霸王富其地，危国富其吏，治国若不足，亡国困仓虚。是故唐虞之代天下富，战国之世无富民。

国之苛政横出，犹江河之大溢，风雨之暴作，曾不少久亡其及矣。唯忧无德而知变者，尚可转祸为福，以弱为强，其不可自满也，明矣。

时有治乱，政存乎人知治乱之机，而莫知全生之具者，失在人而不在时也。圣人随时动静察其所变，终身行之而无所困。当时而秉政者，恶可自惰，而不知全生之具耶。

祸福之机有开，必先可不察欤。赏罚，人主之大柄，非以为己，以为国也。君子小人，有义利之间。治而不劳，政之上也。劳而不病，政之次也。病而益劳，政斯下矣。夫箕子之泣象箸，孔子之叹偶人，国有不待终而知其亡。②

抚我则后，虐我则仇。圣人运天下心，得天下力，而天下治。若夫桀纣之为君，有南面之名，无一人之誉，此汤武之所以不为之臣。天子失道，诸侯为守，谁之过欤？③

第五，对用兵的解释。善于治国者看重文德而不注重武功，因为兵为凶器，不得已而用之，恃武而强必不长久，好用兵者虽大必亡。

行文德者，虽小必存。好用兵者，虽大必亡。善为政者积其德，善用兵者蓄其怒。惟知兵本以止乱，而不以为乱，则民不伤而

---

① 杜道坚：《文子缵义》卷2。
② 杜道坚：《文子缵义》卷7。
③ 杜道坚：《文子缵义》卷9。

国长存。①

　　治天下有道，奚以兵为哉，不得已也。强国之兵必死者，义迫之也。然则有道之主，忍以强国而置民于死地乎？上视下如子，下事上如父，是故义君修政积德，国将自强，世固有之矣。②

　　第六，对君主用贤的解释。用贤是精诚治国的基本要求，为此一是要注意人不仅有至人、圣人、大人的区别，还有君子和小人的区别；二是要注意君主依赖于贤臣，只有善用贤臣才能实现国治民安的目标；三是要注意为臣之道，尤其是注重臣僚以忠孝事事君的基本准则；四是要注意世无全才，君主用人重在用其可用之处，而不必拘于小节。

　　　　至人、圣人、大人，宜有别矣。夫至人视民犹己，同乎利害，人乐亦乐，人忧亦忧，未有不王者也。圣之法始不可见，终不可及，令出如流。大人行可说之政，顺时而出命，顺则人从，逆则民伤。
　　　　人禀天地之灵，心乃神明之府，大人者则又灵于人者也。一念之动，若善若恶，天必鉴之，是故政有得失，见于灾祥，随事而应，罔有差忒。书曰："慢神虐民，皇天弗保。"有官守者可不慎钦。
　　　　士见危授命，临大节而不可夺者，忠孝使然也。……圣王在上，民乐其治，二帝三王也。圣人在下，民慕其意，元圣素王也。③
　　　　知有用之，不可与言政，治国者要在一人，非众人则不能治。欲得贤，而不先养士，可乎？是以圣人畜道待时，得人则兴，未有不为我用者也。
　　　　文武所以安天下之民，为尧舜所以成垂衣之治，为国家而善用人者，民孰不知归乎。
　　　　皇极居中，资八辅而后建车毂，虚中藉众，轴而后行。天子中天下而立，位万民之上，而无政教之原，是犹无千里之足。欲观九

---
① 杜道坚：《文子缵义》卷9。
② 杜道坚：《文子缵义》卷11。
③ 杜道坚：《文子缵义》卷2。

州之地，其何以行之。惟正位端居，百官分职，不下堂而天下治矣。

作事有法，事无不成。用人有方，人无不济。车毂之各直一凿，明官事之各有守也。蚈足众而不相害，由用得其宜矣。石坚芷芳，随其才而用之，则贤者明，愚者力，成功一也。①

君藉臣以为治，犹瑟之有声，辐之致远，执要用大，则无不治之世矣。

君子小人均是人也，为君子而教，不被于小人，何德以资小人之养哉。治国乐其存，虐国乐其亡。君善下而不争，则群臣献其忠，柢固根深而国安矣。②

明良相合，千载一逢。夫明君不世出，良臣不万一。以不世之君，得万一之臣，唐虞而下若成汤之于伊尹，文王之于吕望，世不多见。如齐桓之管仲，亦不世出，是以治日少而乱日多，抑由君子少而小人多欤。③

上义者明于天人之分，通于治乱之本。治有本末，知所先后，则近于道德矣。术其可以治天下乎？老子曰："治人之道，其犹造父之御驷马也，齐辑之乎辔御。"……今夫权势者，人主之车舆也；大臣者，人主之驷马也。身不可离车舆之安，手不可失驷马之心，故驷马不调，造父不能以取道，君臣不和，圣人不能以为治也。

天地一马，万物一指，圣人格物之至，而以舆譬乎权势，驷马譬乎大臣，人主因而乘之，不烦智力，无远不服，是乃治之方也。

君依臣而立，臣依君而行。君无为乎上，臣有为乎下。论事处当，守职明分，臣之事也。君臣各得其宜，即上下有以相使，小大有以相制。故异道即治，举措废置，有关于治乱，为君者不可不审也。

世之全材难得，自古皆然。夫工师之求栋梁，能不拘小节，故大材可得。人主之论臣佐，知屈寸而伸尺，则大贤可得矣。盖人无

---

① 杜道坚：《文子缵义》卷6。
② 杜道坚：《文子缵义》卷7。
③ 杜道坚：《文子缵义》卷9。

十全，事无尽美，舍小取大，何功不成，弃短从长，何事不济。①

第七，对立法的解释。法为治道提供基本保证，既要注重法随时变，也要注重不因尊卑而损害法的天下准绳作用，还要注重赏罚对民众的普遍性教诫作用。

> 道乃法之体，法乃道之用。夫治国有常，而利民为本者，道也。政教者，道而令行，为古者法也。圣人法与时变，礼与俗化，法度制令各因其宜，故曲士不可与论至道，为其束于教耳。
>
> 圣人立法，本为禁奸恶、平冤抑、保人民也。三皇无制令，而从五帝而下所制法令赏罚，代各不同者，时变故也，明主其可不究乎。
>
> 法者，人主示度量为天下准绳也。法定之后不二，所施夫犯法者，虽尊贵必诛，中度者虽卑贱无罪，故私欲塞而公道行矣。古之置有司，立人君，制礼法，三者不废，天下无怨，民世可反朴，法令何庸哉？
>
> 生长杀藏，天之道也；赏罚取与，人之道也。圣人上法天道，下因民心，而为平治之本。夫有天下者，能于四者之柄，每事尽善，故赏一人而天下归之，罚一人而天下畏之。②

杜道坚阐释的精诚治国观点，带有极强的儒家学说色彩，或者可以说是道、儒融合的学说，即便是讲究道家学说，也重在恢复老子叙道的基本宗旨，以达到助成"孔老立言，其率而修之"的效果。③ 在以儒释道已经成为道家的一种重要风气时，杜道坚不过是以自己的作为助长了这样的风气，并尽可能在江南地区扩大其影响。

忽必烈在位后期南北儒者（包括江南地区的隐士）和宗教人士提出的各种偏重学理的政治理念，既是大一统后不同政治心理的重要表现，也从不同角度深化了对政治现实的理论解释。对于国家的发展而言，对重大政治问题的理论探讨，可能比时政建议更富有远见卓识，对

---

① 杜道坚：《文子缵义》卷11。
② 杜道坚：《文子缵义》卷11。
③ 任士林：《南谷原旨发挥序》，《松乡集》卷4，四库全书本。

政治思想的发展起着更重要的推动作用，这恰是其价值所在。本章之所以胪列了几十人的政治观点，就是希望能够较全面地反映当时的理论探讨情况，并强调学者无论在什么样的政治生态下都不会远离政治，都会强烈地作出政治性的表态，这既是学问使然，也是责任使然，所以对不同的政治观点，都应给予高度的重视，而不能厚此薄彼，只关注有利于新朝统治的观点。

主要史料目录

《河汾诸老诗集》,四部丛刊本。
《元朝秘史》(15卷本),东方文献出版社1962年影印本。
《郑思肖集》,陈福康校点,上海古籍出版社1991年版。
八思巴:《彰所知论》,沙罗巴译,大正藏本。
白朴:《天籁集》,四库全书本。
鲍云龙:《天原发微》,四库全书本。
柴望:《秋堂集》,四库全书本。
陈得芝、邱树森、何兆吉辑点:《元代奏议集录》,浙江古籍出版社1998年版。
陈孚:《陈刚中诗集》,四库全书本。
陈高华、张帆、刘晓、党宝海点校:《元典章》,中华书局、天津古籍出版社2011年版。
陈杰:《自堂存稿》,四库全书本。
陈天祥:《四书辨疑》,四库全书本。
陈岩:《九华诗集》,四库全书本。
程矩夫:《雪楼集》,四库全书本。
邓牧:《伯牙琴》,四库全书本。
丁易东:《大衍索引》,四库全书本。
董嗣杲:《庐山集》、《英溪集》,四库全书本。
杜道坚:《文子缵义》,四库全书本。
段成己、段克己:《二妙集》,四库全书本。
段志坚编:《清河真人北游语录》,重刊道藏辑要本。
方逢辰:《蛟峰文集》,四库全书本。
方凤:《存雅堂遗稿》,四库全书本。

方回：《续桐江集》，四库全书本。
方夔：《富山遗稿》，四库全书本。
龚开：《龟城叟集辑》，楚州丛书本。
顾嗣立、席世臣编：《元诗选》癸集，中华书局2001年版。
顾嗣立编：《元诗选》初集，中华书局1987年版。
顾嗣立编：《元诗选》二集，中华书局1987年版。
顾嗣立编：《元诗选》三集，中华书局1987年版。
郝经：《郝文忠公陵川文集》，北京图书馆古籍珍本丛刊本（第91册）。
何梦桂：《潜斋集》，四库全书本。
胡次焱：《梅岩文集》，四库全书本。
胡祗遹：《紫山大全集》，四库全书本。
黄公绍：《在轩集》，四库全书本。
黄时鉴编校：《元代法律资料辑存》，浙江古籍出版社1988年版。
黄仲元：《四如集》，四库全书本。
黄仲元：《四如讲稿》，四库全书本。
黄宗羲原著，全祖望补修：《宋元学案》，中华书局2009年版。
姬志真：《云山集》，北京图书馆古籍珍本丛刊本（第91册）。
家铉翁：《春秋集传详说》，四库全书本。
家铉翁：《则堂集》，四库全书本。
金履祥：《大学疏义》，四库全书本。
金履祥：《论语集注考证》，四库全书本。
金履祥：《孟子集注考证》，四库全书本。
金履祥：《仁山集》，四库全书本。
孔齐：《至正直记》，粤雅堂丛书本。
黎立武：《大学发微》《大学本旨》，四库全书本。
李道纯：《道德会元》，四库全书本。
李道纯：《中和集》，四库全书本。
李简：《学易记》，四库全书本。
李俊民：《庄靖集》，四库全书本。
李庭：《寓庵集》，藕香零拾本。
李修生主编：《全元文》，江苏古籍出版社1998—2004年版。
李冶：《敬斋古今黈》，四库全书本。

李志常：《长春真人西游记》，《王国维遗书》本。
连文凤：《百正集》，四库全书本。
林景熙：《霁山文集》，四库全书本。
刘秉忠：《藏春诗集》，北京图书馆古籍珍本丛刊本（第91册）。
刘辰翁：《须溪集》，四库全书本。
刘辰翁：《须溪四景诗集》，四库全书本。
刘祁：《归潜志》，中华书局2007年版。
刘壎：《水云村稿》，四库全书本。
刘壎：《隐居通议》，四库全书本。
刘因：《刘文靖公文集》，北京图书馆古籍珍本丛刊本（第93册）。
刘因：《四书集义精要》，四库全书本。
牟巘：《牟氏陵阳集》，四库全书本。
彭大雅、徐霆：《黑鞑事略》，《王国维遗书》本。
丘处机：《磻溪集》，北京图书馆古籍珍本丛刊本（第91册）。
丘处机：《摄生消息论》，丛书集成本。
丘葵：《钓矶诗集》，金门县文献委员会1971年影印旧钞本。
释行秀：《从容庵录》，大正藏本。
释圆至：《牧潜集》，北京图书馆古籍珍本丛刊本（第91册）。
舒岳祥：《阆风集》，四库全书本。
宋濂等：《元史》，中华书局标点本，中华书局1976年版。
苏天爵编：《元朝名臣事略》，姚景安点校，中华书局1996年版。
苏天爵编：《元文类》，四部丛刊本。
隋树森编：《全元散曲》，中华书局1986年版。
谭处端：《水云集》，北京图书馆古籍珍本丛刊本（第91册），书目文献出版社1988—2000年版。
陶宗仪：《南村辍耕录》，中华书局1997年版。
腾安上：《东庵集》，四库珍本。
汪梦斗：《北游集》，四库全书本。
汪元量：《湖山类稿》《水云集》，四库全书本。
王鹗：《汝南遗事》，四库全书本。
王晓欣点校：《宪台通纪（外三种）》，浙江古籍出报社2002年版。
王旭：《兰轩集》，四库珍本。

王奕：《玉斗山人集》，四库全书本。
王恽：《秋涧先生大全文集》，四部丛刊本。
王镃：《月洞吟》，四库全书本。
卫宗武：《秋声集》，四库全书本。
魏初：《青崖集》，四库珍本。
吴龙翰：《古梅遗稿》，四库全书本。
萧立之：《萧冰崖诗集拾遗》，四部丛刊本。
谢翱：《晞发集》、《晞发遗集》，四库全书本。
许衡：《鲁斋遗书》，北京图书馆古籍珍本丛刊本（第91册）。
杨公远：《野趣有声画》，四库全书本。
杨弘道：《小亨集》，四库珍本。
杨奂：《还山遗稿》，北京图书馆古籍珍本丛刊本（第93册）。
耶律楚材：《西游录》，向达校注，中华书局1981年版。
耶律楚材：《湛然居士文集》，谢方点校，中华书局1986年版。
耶律铸：《双溪醉饮集》，四库全书本。
叶子奇：《草木子》，中华书局1997年版。
尹志平：《葆光集》，正统道藏本。
于石：《紫岩诗选》，四库全书本。
俞德邻：《佩韦斋集》，四库全书本。
元好问：《遗山先生文集》，四部丛刊本。
张之翰：《西岩集》，四库珍本。
赵珙：《蒙鞑备录》，《王国维遗书》本。
赵天麟：《太平金镜策》，北京图书馆藏元刻本（残本）。
赵文：《青山集》，四库全书本。
真桂芳：《真山民集》，四库全书本。
周密：《癸辛杂识》，吴企明点校，中华书局1988年版。

［波斯］拉施特：《史集》，第1卷第2分册，余大钧、周建奇译，商务印书馆1983年版。

［波斯］志费尼：《世界征服者史》，何高济译，内蒙古人民出版社1980年版。

［英］道森编：《出使蒙古记》，吕浦译，周良霄释，中国社会科学出版社1983年版。

元代

中国政治思想通史

政治思想史 中卷

史卫民 著

中国社会科学出版社

目　录

（中　卷）

第四编　元朝中期的政治思想(1295—1331年)

第九章　元朝中期皇帝的统治观念 ………………………… (5)
第一节　元成宗的守成观念 …………………………………… (5)
　　一　政治守成的宣示 ………………………………………… (5)
　　二　规范理政行为的政治诉求 …………………………… (10)
　　三　留意文治的表述 ……………………………………… (21)
　　四　宽政的着力点 ………………………………………… (24)
第二节　元武宗的重利观念 …………………………………… (30)
　　一　即位时的政治承诺 …………………………………… (30)
　　二　急功好利的朝政 ……………………………………… (35)
　　三　诏书治国的极致 ……………………………………… (44)
第三节　元仁宗的重儒观念 …………………………………… (50)
　　一　革除弊政与倡导文治 ………………………………… (50)
　　二　理学政治的浮现 ……………………………………… (57)
　　三　朝政的得与失 ………………………………………… (60)
第四节　元英宗的新政观念 …………………………………… (69)
　　一　新政观念的阐释 ……………………………………… (69)
　　二　步履艰难的新政 ……………………………………… (76)
第五节　泰定帝的守旧观念 …………………………………… (82)
　　一　清除逆臣 ……………………………………………… (82)
　　二　遵旧制治国 …………………………………………… (85)

第六节　元文宗的以文饰政观念 …………………………（90）
　　一　帝位之争 ………………………………………………（91）
　　二　以文兴邦 ………………………………………………（96）
　　三　保守型的朝政 …………………………………………（102）

第十章　朝政变化体现的政治观念 ……………………………（108）
第一节　注重守成的政治观念 …………………………………（108）
　　一　对政治守成的规划 ……………………………………（108）
　　二　支持守成的理政观念 …………………………………（128）
　　三　有助于守成的施政建议 ………………………………（142）
第二节　注重更化的政治观念 …………………………………（158）
　　一　李孟的崇文观念 ………………………………………（158）
　　二　元明善的致治观念 ……………………………………（160）
　　三　拜住的善政观念 ………………………………………（163）
　　四　邓文原的革变观念 ……………………………………（166）
　　五　同恕的更新观念 ………………………………………（171）
　　六　王结的善俗观念 ………………………………………（178）
　　七　支持更化的理政建议 …………………………………（187）
第三节　注重文饰的政治观念 …………………………………（206）
　　一　张珪的守正观念 ………………………………………（206）
　　二　其他臣僚的政治观点 …………………………………（214）

第十一章　儒臣倡导的理政观念 ………………………………（223）
第一节　郑介夫的长治久安观念 ………………………………（223）
　　一　居安思危 ………………………………………………（223）
　　二　重贤养士 ………………………………………………（228）
　　三　革新官制 ………………………………………………（233）
　　四　定律建储 ………………………………………………（240）
　　五　解民忧难 ………………………………………………（244）
　　六　厘正风俗 ………………………………………………（251）
　　七　加强武备 ………………………………………………（256）
第二节　刘敏中的贤能治国观念 ………………………………（260）
　　一　肃正朝政的建议 ………………………………………（260）

二　与用人有关的要求 …………………………………………（270）
第三节　袁桷的用儒观念 …………………………………………（277）
　一　重礼仪之制 ……………………………………………………（277）
　二　解科举新意 ……………………………………………………（283）
　三　明儒者实用 ……………………………………………………（291）
第四节　张养浩的善政观念 ………………………………………（299）
　一　述为君之道 ……………………………………………………（299）
　二　纠时政之弊 ……………………………………………………（305）
　三　明善政要求 ……………………………………………………（317）
第五节　陆文圭的策论 ……………………………………………（329）
　一　论选人之法 ……………………………………………………（329）
　二　论农田之法 ……………………………………………………（338）
　三　论革弊之法 ……………………………………………………（341）
第六节　马祖常的政论 ……………………………………………（347）
　一　施政建议 ………………………………………………………（348）
　二　择士之要 ………………………………………………………（355）
第七节　虞集的文治论 ……………………………………………（360）
　一　治国之要 ………………………………………………………（360）
　二　用人之方 ………………………………………………………（371）
第八节　许有壬的正始论 …………………………………………（377）
　一　作新风宪 ………………………………………………………（378）
　二　去逆正始 ………………………………………………………（390）

第十二章　侧重于时政的理学政治理念 ………………………（400）
第一节　贤人政治理念 ……………………………………………（400）
　一　任士林的贤能理念 ……………………………………………（400）
　二　戴表元的善人理念 ……………………………………………（406）
　三　刘将孙的用儒理念 ……………………………………………（423）
　四　徐明善的儒臣理念 ……………………………………………（436）
第二节　善政政治理念 ……………………………………………（444）
　一　赵孟頫的文治理念 ……………………………………………（444）
　二　陈栎的立教理念 ………………………………………………（459）
　三　蒲道源的治世理念 ……………………………………………（473）

四　吴莱的良政理念 …………………………………… (481)
　　五　柳贯的礼治理念 …………………………………… (491)
第三节　不同类型的政治评价 ……………………………… (501)
　　一　赞颂型评价 ………………………………………… (501)
　　二　纪实型评价 ………………………………………… (525)
　　三　批评型评价 ………………………………………… (533)
　　四　建议型评价 ………………………………………… (540)

第十三章　侧重于理论的理学政治理念 ……………………… (557)
第一节　吴澄的治道学说 …………………………………… (557)
　　一　治道的义理基础 …………………………………… (558)
　　二　治道的道德解释 …………………………………… (567)
　　三　治道的仪礼支持 …………………………………… (577)
　　四　治道的敬孝要求 …………………………………… (587)
　　五　治道的现实表现 …………………………………… (592)
　　六　治道的用人准则 …………………………………… (601)
　　七　治道的治学精神 …………………………………… (619)
第二节　许谦的善治学说 …………………………………… (625)
　　一　为政论 ……………………………………………… (625)
　　二　用人论 ……………………………………………… (628)
　　三　治学论 ……………………………………………… (634)
第三节　熊禾、安熙等人的政治理念 ……………………… (644)
　　一　熊禾的治学理念 …………………………………… (644)
　　二　陈普的定则理念 …………………………………… (654)
　　三　谭景星的重道理念 ………………………………… (665)
　　四　安熙等人的政治观点 ……………………………… (672)
第四节　宗教人士的政治理念 ……………………………… (703)
　　一　朱思本的恤民论 …………………………………… (703)
　　二　陈义高等人的政治观点 …………………………… (710)
　　三　释大䜣的文治论 …………………………………… (719)
　　四　其他佛教人士的政治观点 ………………………… (727)

主要史料目录 …………………………………………………… (732)

第四编

元朝中期的政治思想
（1295—1331年）

1295—1331年的元成宗到元文宗时期，通常被称为元朝中期的历史。对于这一时期的政治思想，需要注意三方面的变化。

第一方面是频繁的帝位更替带来的变化。在元朝中期的三十八年中，成宗、武宗、仁宗、英宗、泰定帝、明宗、文宗等相继即位，除成宗在位超过十年、仁宗在位接近十年、明宗在位不到一年外，另四位皇帝在位的时间都在三至六年间。每个皇帝都要体现自己执政风格所具有的统治观念，如成宗的守成观念，武宗的重利观念，仁宗的重儒观念，英宗的新政观念，泰定帝和明宗的守旧观念，文宗的以文饰政观念。不同政治观念的交织，导致了朝政多变的政治格局。这样的政治格局尽管体现了走向文治的总体趋势，但隐蔽和公开的帝位之争所带来的政治危机，给文治乃至国家的稳定带来了极大的负面影响。

第二方面是朝臣政治观念的变化。元朝中期的朝臣，既要适应不同君主的执政风格，也要应对帝位更迭带来的官场变化，还要面对积重难返的各种弊政，不得不随时调整辅政的言行。由此出现了两种不同的做法。一种是明哲保身的做法，其主要表现就是以赞颂作为政治表态的基调，尽量少提甚至绝口不提朝廷的弊政。不少大臣尤其是名噪一时的儒臣，采用的就是这种做法。在这种做法下提出的政治观点，重点强调的是善政或者文治的正确方向，而不是现实中的重大政治问题如何解决，往往成为影响大、作用小的空论。另一种是敢于直言的做法，以批评或建议作为政治表态的基调，不仅公开抨击各种弊政，还能提出克服弊政的方法。尽管元朝中期政局变化诡谲，但每一朝皇帝在位时都不乏直言者。直言者的批评和建议可能缺乏系统的理论阐释，并且多数情况下不会被君主全面接受，但是恰是这样的批评和建议，使得元朝中期的文治思想有了更具现实意义的发展。

第三方面是理学政治思想的变化。元朝中期恢复了科举取士的做法，以朱熹等人的著作作为考试的标准用书，理学思想由此成为朝廷认可和尊崇的政治思想，南北理学亦成功实现了合流。南北的理学学者，既有将理学学说与时政问题密切结合的"实务派"，也有系统发展理学政治学说的"理论派"。两派学者关注的政治问题有所不同，共同推动了理学思想的全面发展。肇端于宋朝的理学思想，在元朝能够成为官方化的政治思想，就是因为在众多理学学者的努力下，使理学学说具有了解释现实政治现象和规划未来政治发展的重要作用。

应该承认，元朝中期的政治形态并没有实现由统一到致治的转变，但是在思想形态上，已经完成了认可元朝统治并将其纳入文治轨道的转变。政治思想的发展领先于政治现实，应该说是这一时期政治思想发展的一个重要特征。

第九章 元朝中期皇帝的统治观念

元朝中期的各位皇帝，尤其是成宗、武宗、仁宗、英宗、泰定帝和文宗六位皇帝所表现出的不同执政风格和统治观念，可以按照时间先后分叙于下。

第一节 元成宗的守成观念

元成宗名铁穆耳，真金第三子，生于至元二年（1265），至元二十四年受命出镇漠北，至元三十年被忽必烈授予皇太子印，但并未正式册封为皇太子。忽必烈于至元三十一年正月去世，当年四月铁穆耳即位，先后采用元贞、大德年号，大德十一年（1307）正月去世，在位十三年，是元朝中期诸帝中在位时间最长的人，主要展现的是守成政治的观念和执政风格。

一 政治守成的宣示

铁穆耳即位略有波折，在忽必烈朝旧臣的帮助下顺利即位，所以他奉行的是重用旧臣和尊世祖之政的原则，在即位初年即明确提出了政治守成的各种要求。

（一）即位时的争执

由于铁穆耳没有正式的皇太子身份，所以从严格意义上说，并不是忽必烈指定的帝位继承人。忽必烈去世后，在上都举行的推举新皇帝的忽里台（大会）上，真金长子甘麻剌与铁穆耳形成了竞争的关系。按照波斯史家的记载，他们之间的争执靠比试口才得以解决："薛禅合罕即忽必烈合罕曾经盼咐，让那精通成吉思汗的必里克的人登位，现在就让你们每人来讲他的必里克,让在场的达官贵人们看看,谁更为精通必里克。因为铁穆耳合罕极有口才,是一个好的讲述者,所以他以美妙的声音很好地讲述了必里克,而甘麻剌则由于他稍患口吃和没有完善地掌握词令,无力与他争辩,全体一致宣称,铁穆耳合罕精通必里克,他较漂亮地讲述了必里克,他应取得皇冠和宝座。"①

但是实际情况并非如此简单,铁穆耳的即位实际得力于忽必烈朝重臣的帮助。曾率兵攻宋并担任过中书省右丞相的伯颜,被忽必烈指定辅佐铁穆耳,在发生帝位争执时,伯颜的作为是"陈祖宗宝训,述所以立成宗之意,辞色俱厉,诸王股栗,趋殿下拜"。忽必烈朝的另一位重臣玉昔帖木儿则对甘麻剌说:"宫车晏驾,已逾三月,神器不可久虚,宗祧不可乏主。畴昔储闱符玺既有所归,王为宗盟之长,奚俟而不言。"甘麻剌听了玉昔帖木儿的建议后,才明确表示愿意尊奉铁穆耳为皇帝。②

也就是说,铁穆耳的成功即位,有三个重要的因素。一是他出镇漠北,节制漠北诸军,军事优势强于只统领太祖(成吉思汗)四大斡耳朵的甘麻剌。二是铁穆耳毕竟持有皇太子印,表明忽必烈有意让其继承帝位。三是忽必烈朝重臣对铁穆耳的支持,既有高压式的胁迫,也有较温和的劝解,迫使甘麻剌不得不放弃竞争帝位的企图。在竞争帝位的形势下,胜出者依靠的只能是实力,而不是口才。

(二)即位诏书展示的守成意愿

元成宗的即位诏书,出自儒臣王构之手,可转录于下。

> 朕惟太祖圣武皇帝受天明命,肇造区夏,圣圣相承,光熙前绪。迨我先皇帝体元居正以来,然后典章文物大备。临御三十五年,薄海内外,罔不臣属,宏规远略,厚泽深仁,有以衍皇元万世无疆之祚。
>
> 我昭考早正储位,德盛功隆,天不假年,四海缺望。顾惟眇质,仰荷先皇帝殊眷,往岁之夏,亲授皇太子宝,付以抚军之任。

---

① [波斯]拉施特:《史集》第2卷,余大钧、周建奇译,商务印书馆1986年版,第376页。
② 《元朝名臣事略》卷2《伯颜事略》,姚景安点校,中华书局1996年版,第22页;《元史》卷119《玉昔帖木儿传》,中华书局1976年版。

今春宫车远驭，奄弃臣民，乃有宗籓昆弟之贤，戚畹官僚之旧，谓祖训不可以违，神器不可以旷，体承先皇帝夙昔付托之意，合辞推戴，诚切意坚。朕勉徇所请，于四月十四日即皇帝位，可大赦天下，自四月十五日昧爽以前，除杀祖父母父母、妻妾杀夫、奴婢杀主不赦外，其余一切罪犯，已发觉未发觉，已结正未结正，罪无轻重，咸赦除之。敢以赦前事告言者，以其罪罪之。

尚念先朝庶政，悉有成规，惟慎奉行，罔敢失坠。更赖祖亲勋戚，左右忠良，各尽乃诚，以辅台德。布告远迩，咸使闻知。①

这份诏书除了强调即位后体现新皇帝的宽仁之心和实行大赦外，最重要的就是宣布要遵守先朝皇帝的庶政成规，也就是儒臣所说的"守成"。

在至元三十一年十一月的《元贞改元诏》中，成宗更明确宣示了"守成继统"的政治意愿："朕荷天洪禧，承祖丕业。守成继统，弗替于孝思；逾年改元，勉遵于旧典。履端伊迩，纪号惟新，可改至元三十二年为元贞元年。"②

有人为元贞改元专门写的颂词，所要体现的也是对守成政治的期盼。

皇帝践祚，圣同尧禹。纂承丕基，光顾宗祖。载宏洪烈，继离照午。昭德惟新，民物咸睹。明视达聪，通今博古。登能庸贤，左右规矩。克剪奸凶，靡遗细钜。服德畏威，跼蹐伏俯。海夷毕臣，罔敢违拒。天锡皇元，混一寰宇。绥厥黎庶，德滂仁煦。岛壤蛮陬，无远弗溥。元贞元日，百典具举。

天锡皇元，作万邦主。如日之升，下照九土。箙矢橐弓，式偃兵旅。国既阜丰，民亦无窭。愿永万年，惟馨德辅。③

---

① 《元史》卷18《成宗纪一》；《元典章》卷1《诏令》，陈高华、张帆、刘晓、党宝海点校，中华书局、天津古籍出版社2011年版，第13页。《元文类》（四库全书本）所载即位诏书，文字略有不同。

② 《元典章》卷1《诏令》，第15页。

③ 释希陵：《正元祝赞诗》，《元诗选》癸集下，中华书局2011年版，第1381页。

这样的赞颂所要表达的意思，显然是期望守成之君不仅能够维系忽必烈时的大一统格局，也能够以德政造福于百姓。当时的儒臣还专门为成宗的政治守成作了系统的规划，在本书第十章有详细的说明。

（三）体现守成的施政措施

按照儒臣李谦的记载，成宗发出即位诏书的时间是至元三十一年四月十四日（甲午），诏书中还有"宣圣庙，国家岁时致祭，诸儒月朔释奠，恒目清洁，渎者有禁"的内容。第二天（乙未）又以十四条诏天下，其中第九条是兴学的要求。[①] 这则诏书已不见全文，但是可以从其他记载中，找到十四条要求中的九条要求。

一，除大都、上都两路差税一年，其余减丁地税粮十分之三。

一，系官逋欠，一切蠲免。民户逃亡者，差税皆除之。

一，诸色户计秋粮已减三分，其江淮以南至元三十一年夏税，特免一年。已纳官者，准充下年数目。

一，诸处酒税等课，已有定额，商税三十分取一，毋得多取。若于额上办出增余，额自作额，增自作增，仍禁诸人扑买。

一，国用民财，皆本于农。所在官司，钦奉先皇帝累降圣旨，岁时劝课。当耕作时，不急之役一切停罢，无致妨农。公吏人等非必须差遣者，不得辄令下乡。仍禁约军马不以是何诸色人等，毋得纵放头足，食践损害桑果田禾，违者断罪倍还。

一，学校之设，本以作成人才。仰各处教官、正官钦依先皇帝已降圣旨，主领敦劝，严加训诲，务要成才，以备擢用。仰中书省议行贡举之法。其无学田去处，量拨荒闲田土给赡生徒，所司常与存恤。

一，屯戍征进军人，久服劳苦，仰管军官、管奥鲁官抚养军人，奥鲁不得妄行科配。衣粮例应请给者，随时支给，无致克除。其临阵而亡、被病而死者，尤当哀悯。例应存恤一年者，存恤二年；应存恤半年者，存恤一年。贫难单弱，不能起遣者，从枢密院定夺优恤。

一，五岳四渎，遣使诣祠致祭。其名山大川，圣帝明王烈士载

[①] 李谦：《纶章阁记》《赡学田记》，李修生主编《全元文》第9册，江苏古籍出版社1998—2004年版，第68、78页。

在祀典者，所在长吏，除常祀外，择日致祭。庙宇损坏，官为修理。

一，该载不尽事件，钦依先皇帝累降圣旨条画施行。外，据民间利害兴除有未尽，当今急务有未行者，仰中书省续议闻奏。①

也就是说，成宗即位伊始颁布的诏书，除了要求大赦天下外，还明确提出了减差税、免逋欠、减税粮、薄税敛、劝农桑、兴学校、抚军士、崇祭祀等方面的要求。从这些要求可以看出，除了对减免差税有具体规定外，其他多是重复忽必烈时的规定，确实体现了成宗的政治守成愿望。

元贞三年二月，由于西北叛王归附，成宗下诏将元贞年号改为大德年号，并在诏书中涉及了抚恤军户和大赦天下等举措。

朕荷天地之洪禧，承祖宗之丕祚，仰遵成宪，庶格和平。比者药木忽儿、兀鲁速不花、朵儿朵怀等去逆效顺，率众内附，毕会宗亲，释其罪戾。适星芒之垂象，岂天意之徼予？宜推一视之仁，诞布更新之政。可改元贞三年为大德元年，所有诏条，开列于后。于戏！侧躬修行，咸摅奉若之诚；革故从新，聿底雍熙之治。咨尔臣庶，体于至怀！故兹昭示，想宜知悉。

正军、贴户贫富强弱不均者，除常例外，各给布绢一匹。所在长官常切省视。奉行不至，廉访司纠弹。

自大德元年二月二十七日已前，除谋杀祖父母父母、妻妾杀夫、奴婢杀主、谋故杀人、但犯强盗不在原免，其余一切罪犯，已发觉未发觉者，并从释放，侵盗官物及盗贼正赃，依例追征。②

在这份诏书中，尽管使用了"更新"和"革故"的概念，但是亦强调了"仰尊成宪"的重要性，显示成宗还是要以守成作为重要的政治准则。

---

① 《元史》卷18《成宗纪一》；《元典章》卷2《圣政一》，第44、49—50、53、56、78页；《元典章》卷3《圣政二》，第87、109页。
② 《元典章》卷1《诏令》，第15—16页；卷2《圣政一》，第56页；卷3《圣政二》，第117页。

大德九年六月，成宗立德寿为皇太子，在诏书中宣布："惟我太祖圣武皇帝、世祖圣德神功文武皇帝，规模宏远，预建储嗣，式与古合。朕恪遵祖宗成宪，允协昆帝金言，立嫡子德寿为皇太子，兹有日矣。比者远近宗亲复以为请，又中书百司及诸老臣请授册宝，昭示中外。朕俯从众愿，于今月五日授以皇太子宝，所有册礼，其如常制。属兹盛举，宜布新恩。于戏！庆衍无疆，既正名于国本；仁同一视，尚均福于黎元。故兹昭示，想宜知悉。"① 尽管当年十二月皇太子德寿即因病去世，但是可以看出在立太子的问题上，成宗也要遵循先皇的旧制，并以此来体现对政治守成的坚持。

二 规范理政行为的政治诉求

守成政治的基本要求，就是按照忽必烈在位时确定的理政原则，对朝政的运行作进一步的规范。成宗重点确立了六方面的理政规范，并由此反映出了他的一些重要政治诉求。

（一）勤政诉求

中书省作为议政机构，不仅要解决择相的问题，还要解决干扰中书省议政和中书省官员不作为和乱作为等问题。

至元三十一年六月，御史台官员上言："名分之重，无逾宰相，惟事业显著者可以当之，不可轻授。"② 成宗认可这样的选相标准，不仅在任命中书省官员时主要选用世祖朝的老臣和有见地的儒臣，还严格控制了中书省主要官员的人数，于大德七年二月规定中书省设官自左、右丞相以下，平章二员，左右丞各一员，参知政事二员，定为"八府"。既注重宰执的选择，又控制了中书省主要官员的人数，使成宗一朝没有出现过独相专权的情况。

为了使中书省官员能够尽职尽责，不至于怠误政事，成宗特别于至元三十一年十月对中书省右丞阿里、参政梁德珪等人说："中书职务，卿等皆怀怠心。朕在上都，令还也的迷沙已没财产，任明里不花，皆至今未行。又不约束吏曹，使选人留滞。桑哥虽奸邪，然僚属惮其威，政事无不立决。卿等其约束曹属，有不事事者笞之。仍以朕意谕右丞相完泽。"大德三年二月，完泽等上奏所铨定的省部官员，以次引见，成宗

---

① 《元典章》卷1《诏令》，第16—17页。
② 《元史》卷18《成宗纪一》。

又表示："汝等事多稽误,朕昔未知其人为谁。今既阅视,且知姓名,其洗心涤虑,各钦乃职。复蹈前失,罪不汝贷。"① 成宗对官员的勤政要求,建立在责罚的基础上,体现的是以罚求勤观念,并由此给官员带来较大的压力,使中书省官员不得不高度重视怠政和失职等方面的问题。

成宗并不相信因天灾而撤换大臣的说法。大德三年正月,中书省官员上言:"天变屡见,大臣宜依故事引咎避位。"成宗即明确表示:"此汉人所说耳,岂可一一听从耶?卿但择可者任之。"大德六年十二月,御史台官员又上言:"自大德元年以来,数有星变及风水之灾,民间乏食。陛下敬天爱民之心,无所不尽,理宜转灾为福;而今春霜杀麦,秋雨伤稼,五月太庙灾,尤古今重事。臣等思之,得非荷陛下重任者不能奉行圣意,以致如此。若不更新,后难为力。乞令中书省与老臣识达治体者共图之。"② 成宗赞赏官员的直言,但依然没有因灾变更换中书省的官员,而是让中书省和御史台共议救灾方法。主政大臣因灾变去职,从积极意义上讲是对朝廷的"失政"负责,从消极意义上讲是让朝廷马上陷入更换主政大臣的"失人"状态,成宗显然意识到了这方面的问题,所以始终坚持的是不因灾变换人的态度。

成宗还明确要求中书省议政必须符合既定的规矩,如元贞元年六月下令:"凡上封事者,命中书省发缄视之,然后以闻。"大德七年二月又下令:"枢密院、宗正府等,自今每事与中书共议,然后奏闻;诸司不得擅奏迁调,官员虽经特旨用之,而于例未允者,亦听复奏。"大德九年二月中书省官员上言:"近侍自内传旨,凡除授赏罚皆无文记,惧有差违,乞自今传旨者,悉以文记付中书。"这一建议也被成宗所采纳。③ 也就是说,隔越中书省奏事和按宫内传旨行事,都被视为不规范的理政行为,所以需要加以限制。

大德十年五月,成宗特别发出诏书,命令右丞相哈剌哈孙答剌罕、左丞相阿忽台等整饬庶务,不仅强调"凡铨选钱谷等事,一听中书裁决,百司勤怠者悉以名闻",还对各级官员的行为提出了明确的要求。

---

① 《元史》卷18《成宗纪一》,卷20《成宗纪三》。
② 《元史》卷20《成宗纪三》。
③ 《元史》卷18《成宗纪一》,卷21《成宗纪四》。

> 朕自即位以来，累降诏旨，图治虽勤，绩效未著。盖司民政者抚字乖方，居风宪者弹劾失当，不能副朕爱恤元元之意。今命右丞相哈剌哈孙答剌罕、左丞相阿忽台中书省官从新整治，其布告天下。凡在官司，自今以始，洗心易虑，各尽乃职。贪污败政者责罚黜降，廉勤公正、治有成效者特加升擢。期于政化流行，黎民安享和平之治。
>
> 内外官吏公勤奉职，遵守累降诏条，抚安百姓有效者，仰监察御史、廉访司从公体察，具实绩申台复察呈省，量加升擢。其贪奸不法、蠹政害民者，纠治。①

由诏书的内容可以看出，成宗知道在朝廷理政中存在各种不良做法，但他也只能是强调以弹劾和奖罚的办法进行整治，以使官员符合勤政的要求，缺乏克服吏弊的具体举措。

需要注意的是，成宗对于中书省采取的是完全放权的做法，让中书省对全国的政务实施管理，所以他在位的十三年中，较少对地方官府的运行规则作出明确的规定，包括整饬全国庶务在内的各种具体事务，实际上都由中书省决定如何运作，最终呈现的多是不了了之的结果。以淘汰冗官为例，至元三十一年五月御史台官员已经明确指出："内外官府增置愈多，在京食禄者万人，在外尤众，理宜减并。"成宗命令御史台与中书省共议减并办法，随后就没了消息。大德七年二月，成宗又下诏中书省淘汰诸有司冗员，但也未见到具体的行动。② 也就是说，成宗只是起了定规则的作用，并未起到督促规则落到实处的作用，并由此显示了理政观念和朝廷实政之间存在着不小的差距。皇帝虽然不乏对勤政和良政的认识，但是这样的认识，并没有在皇帝的坚持下变成有效的治国行为，这恰是成宗政治作为的一个重大缺陷。

（二）追责诉求

至元三十一年七月，成宗下诏给御史大夫月儿鲁（玉昔帖木儿），命令他肃振台纲，诏书全文如下。

> 今命月儿鲁那演太师、录军国重事、御史大夫首振台纲。凡军

---

① 《元史》卷21《成宗纪四》；《元典章》卷2《圣政一》，第40—41页。
② 《元史》卷18《成宗纪一》、卷21《成宗纪四》。

民士庶诸色户计，所在官司不务存心抚治，以致军民困苦，或冤滞不为审理，及官员侵盗欺诳，污滥不法，若此之类，肃政廉访司、监察御史有能用心纠察，量加迁赏。若罪状明白，廉访司、御史台不为纠弹，受赂循情，或别作过犯，诸人陈告得实，罪比常人加重。诬告者，抵罪反坐。肃政廉访司官、监察御史察出公事，取问其间，诸人毋得搅扰沮坏。彼若悖此，非理妄行，以致人难，宁不畏罪？其御史台、肃政廉访司、监察御史应有大小公事，照依累降圣旨条画施行，各尽乃心，毋旷厥职。故兹戒谕，想宜知悉。①

成宗所要求的肃振台纲，也是要彰显政治守成的作为。为进一步规范监察制度，他还特别推出了六项重要的举措。

一是明确地方监察的层级和责任。元贞元年十月，成宗采纳中书省和御史台共同议定的地方监察机制，要求监察御史和肃政廉访司在按核时，在路一级与本路官员共同审理所属州、县官员的案件，在宣慰司一级与本宣慰司官员共同审理所属各路官员的案件，在行省一级与本行省官员共同审理属下宣慰司官员的案件。按照这样的要求，行省、宣慰司、路三级的官员都有配合监察机构监督下一级官员的责任。

二是明确监察机构的选人要求。大德元年四月，中书省、御史台官员上言："阿老瓦丁及崔彧条陈台宪诸事，臣等议，乞依旧例。御史台不立选，其用人则于常调官选之，惟监察御史、首领官，令御史台自选。各道廉访司必择蒙古人为使，或阙，则以色目世臣子孙为之，其次参以色目、汉人。又合剌赤、阿速各举监察御史非便，亦宜止于常选择人。各省文案，行台差官检核。宿卫近侍，奉特旨令台宪擢用者，必须明奏，然后任之。行台御史秩满而有效绩者，或迁内台，或呈中书省迁调，廉访司亦如之；其不称职者，省、台择人代之。未历有司者，授以牧民之职；经省、台同选者，听御史台自调。中书省或用台察之人，亦宜与御史台同议，各官府宪司官，毋得辄入体察。今拟除转运盐使司外，其余官府悉依旧例。"② 在这样的选人建议中，既有按旧制选择监察机构官吏的要求，也有一些变通的要求，都被成宗所认可，成为其在

---

① 《元典章》卷2《圣政一》，第35页。
② 《元史》卷19《成宗纪二》；《宪台通纪》，王晓欣点校，浙江古籍出版社2002年版，第40—43页。

位期间选择监察机构官吏的基本要求。

三是明确不排斥汉人官员的要求。元贞二年正月，御史台官员上言："汉人为同僚者，尝为奸人捃摭其罪，由是不敢尽言。请于近侍昔宝赤、速古而赤中，择人用之。"成宗即表示："安用此曹？其选汉人识达事体者为之。"① 也就是说，不能因为有人排斥监察机构中的汉人官员，就换掉全部汉人官员，而是要采用以汉人换汉人的方法，维系汉人官员在监察机构中的应有地位。

四是明确控制特权的要求。大德六年正月，成宗向御史台官员询问："朕闻江南富户侵占民田，以致贫者流离转徙，卿等尝闻之否？"御史台官员回答："富民多乞护持玺书，依倚以欺贫民，官府不能诘治，宜悉追收为便。"成宗不仅下令追收各种护持玺书，还要求对吐蕃僧人的不当行为也由监察机构参与纠核："自今僧官、僧人犯罪，御史台与内外宣政院同鞫，宣政院官徇情不公者，听御史台治之。"② 也就是说，无论是玺书给予的特权，还是僧人享有的特权，都要被纳入监察机构监管和控制的范畴。

五是明确官员的受贿标准。元贞二年六月，成宗下令颁布了官吏受赃条格，将官吏受赃行为分成了十三等。大德七年三月，又改成了十二章即十二等的赃罪标准。

六是重申监察机构的职责要求。大德五年三月和八月，成宗两次下诏，要求强化监察机构的作用。三月的诏书要求监察官员用心纠察各地官员的不当行为，八月的诏书则重申了监察机构的"弭盗贼、修政事、纠不法、抚良民"职能，并要求监察官员认真审核累年不决的疑案。大德十年五月，成宗又在诏书中强调："监察御史、廉访司官吏，所以纠劾官邪，徇求民瘼，肃清刑政，共成治功。今后各思所职，有徇私受赂者，照依已降圣旨，加重治罪。"③ 重申监察机构的职责，就是要提醒各级官吏，不能将监察视为形式，而要知道其具有不可忽视的责罚威力。

为了给监察提供助力，成宗还采用了奉使宣抚的做法。大德七年三月，"诏遣奉使宣抚循行诸道：以郝天挺、塔出往江南、江北，石珪往

---

① 《元史》卷19《成宗纪二》。
② 《元史》卷20《成宗纪三》。
③ 《元史》卷20《成宗纪三》；《元典章》卷2《圣政一》，第36—38页。

燕南、山东，耶律希逸、刘赓往河东、陕西，铁里脱欢、戎益往两浙、江东，赵仁荣、岳叔谟往江南、湖广，木八剌、陈英往江西、福建，塔赤海牙、刘敏中往山北、辽东，并给二品银印，仍降诏戒饬之"。奉使宣抚是代表皇帝了解各地的情况，回京后直接向皇帝奏报。当年十月，御史台官员和奉使诸道的官员指出的最突出问题是"行省官久任，与所隶编氓联姻，害政"，成宗即下令互换各行省的官员，以杜绝此弊病。①

成宗之所以如此关注监察问题，一方面显示他不仅知道监察机制的重要性和监察不利的状况，另一方面显示他确实希望减少官员的怠政、蠹政行为，以有为的官员助成良好的守成政治。由此需要注意的是，成宗不仅确定了监察机构官员的责任，也确定了追究责任的方法，使追责成为维系监察机构良好运行的标志性内容。当然，这样的追责，既包括对监察对象理政失责的追究，也包括对监察机构本身纠察失责的追究。

（三）用贤诉求

尽管成宗在即位诏书中提到了议行贡举，并且不少人提出了恢复科举取士的建议，但是成宗并未准备重开科举，在这方面他与忽必烈保持了高度的一致。作为科举未行的替代方法，成宗选择了推举官吏的做法。

元贞元年二月，中书省官员上言："近者阿合马、桑哥怙势卖官，不别能否，止凭解由迁调，由是选法大坏。宜令廉访司体覆以闻，省台选官核实，定其殿最，以明黜陟。其廉访司官，亦令省台同选为宜。"成宗同意革除选官的弊病，按照中书省提出的方法选官。当年三月，中书省官员又上言："枢密院、御史台例应奏举官属，其余诸司不宜奏请，今皆请之，非便。"成宗乃明确作出了专令中书拟奏官员的规定。②

元贞元年五月，成宗命麦术丁、何荣祖等人厘正选法。大德元年三月，完泽上奏了新的铨调选法。大德二年三月，成宗下诏命廉访司作成人才，以备选举，具体方法就是由各廉访司在所按治的区域内，每年推举廉勤二人，以备选用。

大德九年二月，成宗正式发出了推选官员的诏书："天下之大，不可亡治，择人乃先务者也。仰御史台、翰林国史院、集贤院、六部，于

---

① 《元史》卷21《成宗纪四》。
② 《元史》卷18《成宗纪一》。

五品以上诸色人内,各举廉能识治体者三人已上,行省、行台、宣慰司、肃政廉访司各举五人。务要皆得实材,毋但具数而已。"① 按照诏书的规定,中央机构和地方机构都要保举官员,这确实是选官制度的革新做法。

吏员的产生,采用的则是推选加考试的方法,在元贞元年七月已经形成了定例,具体要求是"有儒吏兼通者,各路举之,廉访司每道岁贡二人,省台委官立法考试,中程者用之,所贡不公,罪其举者"②。

成宗既要解决官吏的来源问题,也要解决官吏待遇太低的问题。至元三十一年五月,他已下诏议增官吏俸禄,但是直到大德三年正月,才下命增给小吏俸米。大德六年,确定了各处行省、宣慰司、致用院、宣抚司、茶盐运司、铁冶都提举司、淘金总管府、银场提举司等官循行俸例。大德七年五月,"始加给内外官吏俸米。凡俸一十两以下人员,依小吏例,每一两给米一斗。十两以上至二十五两,每员给米一石。余上之数,每俸一两给米一升。无米,则验其时直给价,虽贵每石不过二十两。上都、大同、隆兴、甘肃等处,素非产米之地,每石权给中统钞二十五两,俸三锭以上者不给"。大德九年十月,御史台官员又提出了增加官吏俸禄的建议,成宗只是表示让御史台与中书省共议此事,后来并没有再采取增俸的措施。③

采用官吏推选方法和给官吏增俸,是成宗在吏治方面的两项重要贡献,颇受到当时人的称赞。当然,小额度的增俸并不能达到以俸养廉的目标,官吏推选也只是部分解决了用人问题,但更重要的应是从中可以看出成宗确实具有重视贤才和信任贤才的观念,因为放手由官员保举或推选人才,其前提就是对现任官员的充分信任。

(四)量财诉求

皇帝要以岁赐的方式赏赐蒙古诸王、公主、驸马、大臣,是忽必烈时定下的规矩,成宗当然要遵守,但是在日益吃紧的财政状态下,不能不对赐赉加以节制。

至元三十一年四月,中书省官员上言:"陛下新即大位,诸王、驸马赐与,宜依往年大会之例,赐金一者加四为五,银一者加二为三。又

---

① 《元典章》卷2《圣政一》,第45—46页。
② 《元史》卷18《成宗纪一》。
③ 《元史》卷18《成宗纪一》,卷21《成宗纪四》,卷96《食货志四》。

江南分土之赋，初止验其版籍，令户出钞五百文，今亦当有所加，然不宜增赋于民，请因五百文加至二贯，从今岁官给之。"所谓加四为五和加二为三，就是五倍或三倍于原赐赉标准，即赐金五十两者增至二百五十两，银五十两者增至百五十两。赐赉标准的提高，带来的自然是赐赉数额的剧增。当年六月，中书省又上言："朝会赐与之外，余钞止有二十七万锭。凡请钱粮者，乞量给之。"成宗依据中书省的建议，确定了新的岁赐标准："定西平王奥鲁赤、宁远王阔阔出、镇南王脱欢及也先帖木而大会赏赐例，金各五百两、银五千两、钞二千锭、币帛各二百匹；诸王帖木而不花、也只里不花等，金各四百两、银四千两、钞一千六百锭、币帛各一百六十匹。"这样的标准，不过是进一步明确了赏赐倍增后的额度。十一月，中书省官员又特别指出："国赋岁有常数，先帝尝曰：'凡赐与，虽有朕命，中书其斟酌之。'由是岁务节约，常有赢余。今诸王藩戚费耗繁重，余钞止一百十六万二千余锭。上都、隆兴、西京、应昌、甘肃等处籴粮钞计用二十余万锭，诸王五户丝造作颜料钞计用十余万锭，而来会诸王尚多，恐无以给。乞俟其还部，臣等酌量定拟以闻。"成宗亦同意采用暂时终止赐赉的方法。①

元贞二年二月，中书省官员明确提出了控制赐赉的建议："陛下自御极以来，所赐诸王、公主、驸马、勋臣，为数不轻，向之所储，散之殆尽。今继请者尚多，臣等乞甄别贫匮及赴边者赐之，其余宜悉止。"这一建议被成宗接受。当年十二月，又确定了新的赐赉标准："定诸王朝会赐与，太祖位，金千两、银七万五千两；世祖位，金各五百两、银二万五千两，余各有差。"②尽管依然是高标准的赐赉，但是有了固定的标准，就可以对赐赉稍加节制。

大德二年三月，成宗指示中书省官员："每岁天下金银钞币所入几何，诸王、驸马赐与及一切营建所出几何，其会计以闻。"中书省右丞相完泽上报了会计的结果："岁入之数，金一万九千两，银六万两，钞三百六十万锭，然犹不足于用，又于至元钞本中借二十万锭，自今敢以节用为请。"③ 如前所述，忽必烈在位后期的年收入钞在接近三百万锭的水平上，成宗即位后的几年内，年收入钞已经增加了六十万锭，但依

---

① 《元史》卷18《成宗纪一》。
② 《元史》卷19《成宗纪二》。
③ 《元史》卷19《成宗纪二》。

然是入不敷出，成宗不得不下令减少朝廷的土木工程。

由于财政吃紧，成宗后来一直坚持了控制赐赉的做法。如大德三年正月中书省官员上言："比年公帑所费，动辄巨万，岁入之数，不支半岁，自余皆借及钞支。臣恐理财失宜，钞法亦坏。"成宗即明确表示"自今一切赐与皆勿奏"。大德四年五月左丞相哈剌哈孙答剌罕又明确指出"横费不节，府库渐虚"，成宗再次下诏，明确规定"自今诸位下事关钱谷者，毋辄入闻"①。

正是因为对赐赉有所节制，才使得成宗朝未出现巨大的财政危机。纸钞贬值虽然仍是严重的问题，朝臣提出了刊行新钞和铸造铜钱的建议，但是对于不喜变更的成宗而言，所做的恰恰是坚定地维持忽必烈时期确定的钞制，不希望因变换钞法带来社会的震荡。

需要注意的是，在财政问题上，成宗既不提量入为出，也不提扩大收入的理财之法，只是强调控制赐赉，所体现的显然不是节用观念，而是平衡财与赐的"量财"观念。毋庸置疑，赐赉是朝廷的最大财政支出项目，当财政难以满足庞大的赐赉需求时，只能量财赐赉，自然就有了对赐赉的稍加节制。在不加重百姓赋税负担的基础上，使朝廷的财政状况不至于恶化，并能满足一定标准的赐赉需求，恰恰体现了成宗处理财政问题的高明之处。

(五) 集权诉求

成宗在位时的一项突出成就，就是迫使西北地区的窝阔台后王和察合台后王罢兵求和，使得自忽必烈后期以来的蒙古诸王叛乱得以全部平定，大大减轻了来自边疆地区的军事压力。在取得这一成就的同时，成宗亦对蒙古宗王、贵族加强了控制，一方面是为了强化朝廷的集权和凸显皇帝的权威，另一方面则是要防止宗王等的恶劣行为对朝政带来不利的影响。

控制宗王的第一条措施是不许宗王、贵族染指所在地区的政务。典型的事例就是元贞二年正月安西王阿难答的王傅铁赤、脱铁木而等人上书请求立王相府，成宗明确表示："去岁阿难答已尝面陈，朕以世祖定制谕之，今复奏请，岂欲以四川、京兆悉为彼有耶？赋税、军站，皆朝廷所司，今姑从汝请，置王相府，惟行王傅事。"② 也就是说，王相府

---

① 《元史》卷20《成宗纪三》。
② 《元史》卷19《成宗纪二》。

可以设立，但是这样的机构并没有管辖军政和民政的权力，宗王不能插手朝廷机构所掌的任何政务。

控制宗王的第二条措施是驳回宗王对朝廷的索取。元贞二年五月，安西王阿难答派遣使者来朝廷"告贫乏"，成宗即明确回答："世祖以分赉之难，尝有圣训，阿难答亦知之矣。若言贫乏，岂独汝耶？去岁赐钞二十万锭，又给以粮，今与，则诸王以为不均；不与，则汝言人多饥死。其给粮万石，择贫者赈之。"大德三年正月，成宗又向中书省下令，强调"自今后妃、诸王所需，非奉旨勿给"①。对于贪得无厌的宗王，朝廷确实不能一味地让步，而是要明确遏制其不断索取的念头。

控制宗王的第三条措施是防止宗王干扰朝政。一方面，不许宗王等介入朝廷的选官事宜，如大德三年正月明确规定"各位擅置官府，紊乱选法者，戒饬之"。另一方面，禁止宗王擅发令旨，如大德二年六月明确规定"禁诸王擅行令旨，其越例开读者，并所遣使拘执以闻"。此外，还严禁宗王等拷打地方官员，如大德七年五月明确规定"诸王、驸马毋辄杖州县官吏，违者罪王府官"②。宗王干政可以有多种方法，成宗只是限制了几种具有代表性的方法，以显示朝廷对宗王干政有高度的警惕。

控制宗王的第四条措施是禁止宗王及其手下的扰民行为。如大德元年十二月，诸王也只里部的忽刺带于济南商河县侵扰居民，蹂践禾稼，成宗下令缉拿问罪，忽刺带逃回也只里处，以期得到庇护。成宗即对也只里下令："彼宗戚也，有是理耶？其令也只里罪之。"③ 成宗之所以明确要求也只里处理忽刺带，就是要警告其他宗王不要纵容和庇护属下的扰民行为。

控制宗王的第五条措施是禁止宗王等夺占民田和强占民户。元贞二年五月，成宗已经明令"禁诸王、公主、驸马招户。诏诸王、驸马及有分地功臣户，居上都、大都、隆兴者，与民均纳供需"。大德元年十二月，成宗又下令："禁诸王、驸马并权豪毋夺民田，其献田者有刑。"大德二年正月，成宗更在诏书中强调："诸王、公主、驸马，依在前圣旨体例里，漏籍并不干碍他每的户计，休收拾者，休隐藏者，地土也休

---

① 《元史》卷19《成宗纪二》，卷20《成宗纪三》。
② 《元史》卷20《成宗纪三》，卷21《成宗纪四》。
③ 《元史》卷20《成宗纪三》。

占者。已收拾来的户计，已占来的田土，依体例回付者。这般宣谕了呵，庶人每隐藏户计，自意占地土，诸王、公主、驸马每根底呈献户计、地土呵，有罪过者。"① 也就是说，对于宗王而言，无论是强占的还是投献的民田和民户，都在禁止之列。

这五条措施未必能够禁绝蒙古宗王等的各种胡乱行为，但是有明确的控制条款，至少能够对宗王太出格的行为有所限制，并且可以在出现各种不法行为时有追究、纠正甚至处罚的依据。

（六）明政刑诉求

成宗于大德三年四月命儒臣何荣祖更定律令。次年二月，他又对何荣祖说："律令，良法也，宜早定之。"何荣祖则回答："臣所择者三百八十条，一条有该三四事者。"成宗特别指示："古今异宜，不必相沿，但取宜于今者。"此时何荣祖已编成了全书，被定名为《大德律令》。但是与何荣祖曾编定的《至元新格》有所不同的是，成宗只是下诏元老大臣聚听《大德律令》，并未颁行该书。② 现存的《大德典章》（只有遗文数则）应与《大德律令》有一定的关系，但并不是同一本书。③

成宗在位时，还曾发出过明政刑的两条诏令，既要求民众遵守法令，也要求官员悉心治民。

> 大德五年八月□日，钦奉诏书内一款：近获贼人段丑厮等，妄造妖言，扇惑人众，已将同情及闻知不首之人并行处斩，妻子籍没，首捉事人各与官赏讫。其使排门粉壁晓谕，告捕者有赏，不告者有刑。仍令社长、里正、主首、各处官司、肃政廉访司常加体察，毋致愚民冒触刑宪。
>
> 大德七年三月□日，设立奉使宣抚钦奉诏书内一款：饥荒去处，虑有盗贼生发，或小民扇惑不安，管民官用心抚治，务使安静。④

对于从速审理案件和平反冤狱，成宗也在诏书中作出了"见禁罪

---

① 《元史》卷19《成宗纪二》；《元典章》卷2《圣政一》，第62页。
② 《元史》卷20《成宗纪三》，卷168《何荣祖传》。
③ 黄时鉴：《元代法律制度辑存》，第50—62页。
④ 《元典章》卷3《圣政二》，第112页。

因，详加审录，重者依例结案，轻者随即决遣，无致冤滞"的明确规定。①

需要说明的是，无论是编写《大德律令》，还是发出各种明政刑的诏令，并不意味成宗对法有深刻的认识，法制缺失是朝臣明确指出的一个重要缺陷。有蒙古传统的札撒和忽必烈时的一系列令旨，对于成宗而言已经足够用了，这应该是《大德律令》没有颁行的一个重要原因，因为成宗显然没有更新律令的意愿，更容易做的就是重申忽必烈时的规定。

成宗将政治守成观念细化为理政的勤政、追责、用贤、量财、集权、明政刑等诉求，并按照这些诉求规范朝政行为，使世祖朝定下的各种规矩得以延续，对保持朝政稳定发挥了重要的作用。尤为重要的是，成宗汲取了忽必烈信用理财之臣的教训，不刻意任用言利之人，不仅避免了朝廷内部的义利之争，亦使得其在位期间极少有大臣因权斗丧生或因言获罪，确实可以被称为延续了开明政治的皇帝。

三 留意文治的表述

按照忽必烈在位时的做法，成宗也推出了尊孔子、兴学校等措施，并以此来显示他对文治亦有所关注。

（一）崇孔子

在成宗的即位诏书中，已经有祭祀宣圣庙的规定。至元三十一年七月，成宗又"诏中外崇奉孔子"，诏书由儒臣元明善起草，具体内容如下。

> 皇帝圣旨里，中书礼部会验，钦奉诏书节该，谕中外百司官吏人等：孔子述道，垂宪万世，有国家者，所当崇奉。曲阜林庙、上都、大都、诸路府州县邑庙学、书院，照依世祖皇帝圣旨，禁约诸官员、使臣、军马毋得于内安下，或聚集理问词讼，亵渎饮宴，工役造作，收贮官物。其赡学地土产业及贡士庄田，诸人勿得侵夺。所出钱粮，以供春秋二丁朔望祭祀及学生廪膳。贫寒老病之士为众所尊敬者，月支米粮，优恤赡养。庙宇损坏，随即修完。作养后进，严加训诲，讲习道艺，务要成材。若德行文学高出时辈者，有

---

① 《元典章》卷3《圣政二》，第114页。

司保举肃政廉访司，体复相同，以备选用。本路总管府提举儒学，肃政廉访司宣明教化，勉励学校。凡庙学公事，诸人毋得沮坏。据合行儒人事理，照依已降圣旨施行。①

按照这份诏书的要求，崇奉孔子不仅要对孔庙加以保护，还要优待儒士，并以兴学的手段为朝廷培养可用的人才。

大德九年八月，成宗又采纳中书省的建议，特别为曲阜的孔庙拨付了赡庙田和赡养孔庙的民户。

> 大德九年八月初四日，中书省奏：答剌罕丞相等伴当每说将来，"济宁路曲阜县里有古时起盖来的孔夫子庙有。在前那庙有赡庙地陆伯顷来，在后兵革时分百姓每节次占了来，若不与些小田地呵，不中也者。那里有的尚珍署管的屯田地内拨与伍拾顷呵，怎生？"商量来。又看守孔夫子庙的上头，在前汉人朝代时分有壹伯户来，后头忽都忽那演抄数户计时分，不教那户计当差，依旧教看守庙，抄数予来。在后阿合马坐省时分，孔夫子的子孙多有，只教他每自看守么道，将那户计拨做军站民户当差有来。那户计是自古时守庙来的，如今那户计内除当军站外，其余贰拾捌户民户教依旧看守庙呵，怎生？奏呵，奉圣旨：那般者。钦此。②

除了注重祭祀孔子外，名山大川的祭祀同样受到重视，大德五年八月的诏书即要求"岳镇海渎，名山大川，风师、雨师、雷师，当祀之日，须以本处正官斋戒行事。有废不举、祀不敬者，从本道廉访司纠弹"。大德九年六月的诏书又要求"岳镇海渎，名山大川，凡载在祀典者，所在长官严加致祭"③。

成宗亦高度重视太庙的祭祀。元贞元年十月，中书省官员上言："去岁世祖、皇后、裕宗祔庙，以绫代玉册。今玉册、玉宝成，请纳诸各室。"成宗即表示："亲享之礼，祖宗未尝行之，其奉册以来，朕躬

---

① 元明善：《礼部禁约榜示碑》，《全元文》第 24 册，第 286—287 页；《勉励学校诏》，《全元文》第 22 册，第 224 页。
② 《通制条格》卷 5《学令》，黄时鉴点校，浙江古籍出版社 1986 年版，第 65 页。
③ 《元典章》卷 3《圣政二》，第 109—110 页。

祝之。"他亲身前往太庙致祭，并由此形成了皇帝祭祀太庙的惯例。①

需要说明的是，成宗的尊孔和注重祭祀礼仪，不过是按照忽必烈时的定制行事，在崇儒重教方面未增添任何新内容。当时的儒者抓住诏书中的几句话，就将成宗放大成了尊孔的皇帝，于事实有极大的出入，因为成宗对于佛、道也颇为推崇，显示的恰是自成吉思汗以来的君主诸教并重的基本态度。

（二）兴学校的具体措施

如前所述，在即位时成宗已经明确提出了兴办学校的要求，在尊孔诏书中又重申了这样的要求。大德十年五月，成宗更在诏书中强调："所在蒙古、儒学教官，务要用工讲习，作养后进。有钱粮去处，有司毋得干预侵借。廉访司以勉励宣明为职，所至之处，严加程督，毋得废弛。教官不称职任者，纠劾。"② 中书省和御史台还按照诏书要求，拟定了兴办学校的五条规定，下发全国执行。

一、学官人品不同，真伪混淆。今后教官得代，如任内学粮未足，荒田未开，庙宇损坏，教养无实，不许朦胧给由。其或行止玷缺，文学疏谬，就便究停。本部议得：各处赡学钱粮，令路府州县文资长官提调关防知数，除廪给师生、修理庙宇外，不许破用。教授任满，提调官照勘得别无侵欺粘带，方许给由。或在任有行止不臧、忝居师席者，从廉访司纠弹。

一、学校田土本以养士修学，今学官职吏，或卖作荒闲，减额收租，或与豪家转令仆佃兼并，及巧立名色，滥行支破，正俸之外，又作随侍子弟等供。本部议得：诸处学田收租，各随乡土所宜，师儒俸廪，自有定例。学官职吏减额收租、转令仆佃、豪户兼并、滥行支破等弊，令提调长官关防革去。

一、学校钱粮本为作养人材而设，各学视为己物，每岁派分。今后除学官禄米、贫士口粮外，所有钱粮计其多寡，尽以养赡生员。提调正官时一下学挑试生徒，其有讲说不通，文理不明，以次责罚。在籍儒人不遣子弟入学，别习他业，量事轻重，申各处提调官究治。本部议得：学粮赡养师生，天下通例。生员多寡，各随所

---

① 《元史》卷18《成宗纪一》。
② 《元典章》卷2《圣政一》，第50页。

宜。至于试讲程式，教训规程，并勤堕赏罚，令各处提调正官朔望依例诣学省视，严行课责。

一、贫寒老病之士为众所尊敬者，月支口粮养赡，明有已降圣旨，所在学官多不钦奉，却有伎术游谒之人，挟恃要取，虚糜廪粟。今后仰本学推举所尊敬贫老之士，钦依养赡，余尽汰去。本部议得：贫寒老病之士，验各处钱粮多寡，依例养赡。其间若有冒滥，从各处提调学校正官改正。今后应养之士，从学官列名保举，府州司县申覆到路，体覆是实，发下本学，令教官支付钱粮养赡，仍牒廉访司体察。

一、学院所以教养人材，严祀先圣。先圣之所，亵渎饮宴，明有禁例。间有各学容纵已替学官，将带家小，公然占住，其为亵渎甚矣。今后似此占住学校之人，廉访司官严行究治，并问本学官容弊之罪。本部议得：各处学官带家属于庙宇内亵渎居止者，拟合禁治。①

兴办学校的这五条规定，是要解决学官不称职、学田被吞占、学校钱粮使用不当、贫病儒士无人赡养、学庙被占用五大弊病。严格实行这些规定，对于发展儒学教育确实有重要的帮助，所以当时的儒者对此给予了极高的评价，并将其视为倡导文治的重要举措。

四 宽政的着力点

为彰显守成政治的特质，成宗尊崇的是与暴政、急政截然不同的宽政，并选择了劝课农桑、减免赋税和安抚黎民作为宽政的主要着力点。

（一）劝农桑

为体现以农为本的观念，成宗在即位诏书中即提出了劝农桑的要求，并于元贞元年五月"诏以农桑水利谕中外"，以表示对农桑的重视。② 大德二年三月，成宗又下诏，强调损坏庄稼、果树等必须照价赔偿。

> 大德二年三月，钦奉圣旨节该：大司农司官人每奏，过往的军

---

① 《通制条格》卷5《学令》，第67—68页。
② 《元史》卷18《成宗纪一》。

马、富豪、做买卖人等,头口不拦当,田禾吃了踏践了有,桑树果子树啃咬折拆了有,城子里达鲁花赤官人每那般不在意禁约有,么道奏来。从今已后,田禾里,但是头口入去吃了,桑树果木树斫伐了呵,折拆了呵,城子里达鲁花赤每、总管每就便提调者,依着在先圣旨体例里教陪偿了,要罪过者。这圣旨这般宣谕了呵,城子里达鲁花赤每、总管每不好生用心禁约呵,觑面皮不教陪偿呵,咱每根底奏者。虽这般道了呵,推着田禾无体例勾当休做者,休教人每生受者。①

由于大司农司和御史台都有劝课农桑的职责,在地方上就变成了"重并点视"的状态,所以成宗将劝课农桑的职能授予御史台和肃政廉访司,由监察机构督责地方官员的劝农事务。大德七年三月,成宗又在诏书中要求:"农桑衣食之本,比闻劝农官司率多废弛,仰依已降条画,常加劝课,期于有成。"大德十年五月,他又在诏书中强调:"农桑,衣食之源,经费从出,责任管民劝课,廉访司提调。近年往往懈弛,殊失布本裕民之意。仰照依累降条画,依时劝课,游惰者惩戒。路府州县不急之务,毋得妨夺农时。""喂养马驼,并经过军马营寨权豪势要人等,恣纵头疋,食践田禾桑果树株者,照依已降圣旨,断罪赔偿。仰各处达鲁花赤、长官常加禁约。违者,廉访司体察究治。"②

皇帝重视劝课农桑,中央和地方的官员也会有注重劝农实效的建议和行为,总体上都是起了保证经济发展的重要作用。

(二) 减赋税

为体现朝廷的宽政风格,成宗在位期间推出了恩免和灾免两类减免赋税举措。

在恩免方面,主要表现为降低赋税标准或者免征赋税。至元三十一年十月,江浙行省官员上言:"陛下即位之初,诏蠲今岁田租十分之三。然江南与江北异,贫者佃富人之田,岁输其租,今所蠲特及田主,其佃民输租如故,则是恩及富室而不被于贫民也。宜令佃民当输田主者,亦如所蠲之数。"成宗采纳了这一建议,就是要使免租能够惠及所有务农者。大德四年十一月,又有了减免赋税的新规定:"诏颁宽令,

---

① 《通制条格》卷16《田令》,第197页。
② 《通制条格》卷16《田令》,第194页;《元典章》卷2《圣政一》,第53—54、60页。

免上都、大都、隆兴大德五年丝银、税粮,附近秣养马驼之郡免税粮十分之三,其余免十分之一。""江北荒田许人耕种者,元拟第三年收税,今并展限一年,著为定例。"① 大德九年六月,成宗又在诏书中强调:"上都、大都、隆兴,供给繁重,其大德九年差发、税粮,并与除免。腹里路分,各免包银、俸钞。江淮以南诸处佃种官田,租税均免二分。"② 无论是减赋税还是免赋税,都是要以减轻赋税负担的方法给百姓带来真正的实惠。

大德八年正月,成宗还特别在诏书中强调了减私租的要求:"江南佃户承种诸人田土,私租太重,以致小民穷困。自大德八年,以十分为率,普减二分,永为定例。比及收成,佃户不给,各主接济,毋致失所。借过贷粮,丰年逐旋归还,田主无以巧计多取租数,违者治罪。"③ 由朝廷确定削减十分之二的私租,对于佃户而言,也是享受了恩免田租的待遇。

在灾免方面,由于大德年间水旱灾害频发,成宗连续发出了减免赋税的诏书,可列举要者于下。

> 大德元年十月,钦奉圣旨:中书省奏:"随处水旱等灾,损害田禾,疫气渐染,人多死亡。"今降圣旨,被灾人户合纳税粮,损及五分之上者,全行倚免。有灾例不该免,以十分为率,量减三分。其余去处,普免二分。病死之家,或至老幼单弱,别无得力之人,并免三年赋役。贫穷不能自存者,官为养济。江南新科夏税,今年尽行倚免。已纳在官者,准算来岁夏税。

> 大德六年三月,以旱、溢为灾,诏赦天下。大都、平滦被灾尤甚,免其差税三年,其余灾伤之地,已经赈恤者免一年。今年内郡包银、俸钞,江淮已南夏税,诸路乡村人户散办门摊课程,并蠲免之。

> 大德七年三月,设立奉使宣抚诏书内一款:内郡大德六年被灾阙食、曾经赈济人户,其大德七年差发、税粮,尽行蠲免。又一款:荆湖、川蜀州郡,拘该供给八番军储去处,夏税、秋粮,荆湖

---

① 《元史》卷18《成宗纪一》,卷20《成宗纪三》。
② 《元典章》卷3《圣政二》,第80页。
③ 《元典章》卷3《圣政二》,第86页。

与免三分之二,川蜀与免四分之一。

大德七年八月,夜地震,平阳、太原尤甚,村堡移徙,地裂成渠,人民压死不可胜计,遣使分道赈济,为钞九万六千五百余锭,仍免平阳、太原今年差税。

大德八年正月,钦奉诏书内一款:去岁地震,平阳、太原两路灾重去处,系官投下一切差发、税粮,自大德八年为始,与免三年。隆兴、延安两路,与免二年。上都、大同、怀孟、卫辉、彰德、真定、河南、安西等处被灾人户,亦免二年。又一款:大都、保定、河间路分连年水灾,田禾不收,人民缺食生受,别行赈济。外,保定、河间两路,大德八年系官投下一切差发、系官税粮,并行蠲免。①

如此频繁的减免赋税,一方面是自然灾害频发,朝廷不得不及时作出反应;另一方面也确实体现了成宗对百姓的关心,因为无论是恩免还是灾免,都可以使百姓得到一定的好处。

恰是因为施行了恩免和灾免的措施,使成宗对增加百姓赋税负担的做法颇为敏感。大德元年闰十二月,福建行省平章政事高兴上言:"漳州漳浦县大梁山产水晶,乞割民百户采之。"成宗即明确表示:"不劳民则可,劳民勿取。"大德二年六月,御史台官员上言:"江南宋时行两税法,自阿里海牙改为门摊,增课钱至五万锭。今宣慰张国纪请复科夏税,与门摊并征,以图升进,湖、湘重罹其害。"成宗即指示中书省立刻制止重复征税的做法。大德七年二月,成宗还特别向中书省官员表示:"比有以岁课增羡希求爵赏者,此非掊刻于民,何从而出?自今除元额外,勿以增羡作正数。"② 官员以增税作为政绩,以害民铺设升职途径,这样的恶劣行径能够被识破并加以制止,显示了成宗在治民问题上确有独到见解和果断的作为。

减免赋税和控制重复征税等措施,除了包含爱民和恤民的含义外,还体现了成宗不过分看重利和财尤其是不与民争利的观念。在元朝中期的皇帝中,能有这样的观念,确实难能可贵。

———————————

① 《元史》卷20《成宗纪三》,卷21《成宗纪四》;《元典章》卷3《圣政二》,第78—79页。

② 《元史》卷19《成宗纪二》,卷21《成宗纪四》。

(三) 安黎民

为了表示皇帝的宽仁，成宗采用了多种安抚黎民的措施，并希望他的爱民举动能够起到安定社会的重要作用。

一是赦天下。成宗在即位时已经明确宣布大赦天下，此后又有三次大赦。第一次是改元大德，大赦天下。第二次是大德六年三月，因为旱、涝灾害，大赦天下。第三次是大德九年以册立皇太子，大赦天下。在短短的十三年间四次大赦，尽管要体现的是皇帝的仁爱之心，但助长了奸佞之徒不怕犯罪的心理，所以引来不少儒者的批评。

二是严户籍。除了禁止蒙古宗王、贵族的占夺民户外，对于佛教和道教的寺庙及道观隐蔽性地占有民户也要严加控制，所以成宗在大德八年二月的诏书内明确规定："军站民匠诸色户计，近年以来，往往为僧为道，影蔽门户，苟避差役。若不整治，久而靠损贫下人民。今后除色目人外，其愿出家，若本户丁力数多，差役不阙，及有昆仲侍养父母者，赴元籍官司陈告，堪当是实，申复各路给据，方许簪剃。违者断罪，勒令归俗。"大德十年五月的诏书又强调："诸色户计，已有定籍，仰各安生理，毋得妄投别管名色，影蔽差役，冒请钱粮。违者许邻佑诸人首告，并行治罪。"①

三是抚站户。如前所述，成宗在诏书中已经有安抚军户的规定，大德十年五月则在诏书中对安抚站户作了明确的规定："诸处站赤消乏，盖因诸王、驸马并内外官员不详事体缓急，动辄弛驿，以致站户逃移。今后非军情钱粮紧急之务必合乘驿者，毋得滥差。"②

四是恤弱者。对于鳏寡孤独、老弱残疾之人，在颁发诏书时都会强调要给予特殊的救助，并且不断提高救助标准，如大德三年的标准是除常例养济外，每人给中统钞一两，大德四年变为每人给中统钞二两，大德七年再变为每人给中统钞十两。大德九年还特别规定："老者年八十以上，许存侍丁一名，九十以上，存侍丁二人，并免本身杂役。""年八十以上，赐帛一匹，九十以上者二匹。"③

五是广赈济。在遭遇自然灾害后，不仅要减免灾区民众的租税，还要对灾民实施广泛的救济。如大德五年八月的诏书明确要求："贫破缺

---

① 《元典章》卷2《圣政一》，第63页。
② 《元典章》卷2《圣政一》，第65页。
③ 《元典章》卷3《圣政二》，第98—101页。

食之家，计口赈济，乏绝尤甚者另加优给。其余灾伤，亦仰委官省视存恤。"大德九年六月的诏书也要求："诸处百姓，有贫乏不能自存者，中书省其议赈济，毋致失所。"①

六是安流民。频繁的自然灾害带来了大量的流民，在成宗朝后期已经成为严重的社会问题，成宗在诏书中特别对安定流民提出了明确的要求。如大德七年三月的诏书强调："饥民流移他所，仰所在官司多方存恤，从便居住。如贫穷不能自存者，量与赈给口粮，毋致失所。"大德九年二月的诏书规定："往年流民趁时他乡，不能还业者，所在官司常加优恤。有官田愿种者，从便给之，并免差税五年。"大德十年五月的诏书则规定："逃移户计，违弃乡井，尽非得已。仰本管官司用心招诱，复业者，民户保免差税三年，军、站、人匠等户存恤三年。其元抛事产随即给付，有昏赖据占者，断罪。"②

成宗的宽政举措，也是守成政治的重要表现。正如《元史》所记："成宗承天下混一之后，垂拱而治，可谓善于守成者矣。惟其末年，连岁寝疾，凡国家政事，内则决于宫壸，外则委于宰臣；然其不致于废坠者，则以去世祖为未远，成宪具在故也。"③也就是说，守成政治的实现，就在于君臣都有强烈的守成意愿，并能够维系相互配合的关系。

尤其需要注意的是，成宗的守成政治是忽必烈开明政治的延续。成宗作为一个开明的君主，比较注意采纳臣僚的建议，如元贞元年闰四月下命为皇太后建佛寺于五台山，以大都、保定、真定、平阳、太原、大同、河间、大名、顺德、广平十路应其所需，有朝臣建议暂缓工程，成宗即表示难以违反皇太后的旨意。大德元年三月五台山佛寺建成后，皇太后要亲自前往祈祝，成宗即采纳了监察御史李元礼的建议，取消了皇太后前往五台山的活动。当然成宗也有不听臣僚劝告的时候，如大德五年刘深等云南边将要立军功，向成宗建议出军进攻八百媳妇国，尽管哈剌哈孙、陈天祥等朝臣坚决反对，成宗还是作出了用兵的决定，结果刘深出兵大败而回，于大德七年三月被成宗下令处死。在平定西北蒙古宗王叛乱后，成宗确实有过扩大武功的冲动，但是八百媳妇国的兵败给了他一个深刻的教训，使他不得不回归到偃兵息武的基本形态之下，以倡

---

① 《元典章》卷3《圣政二》，第101—102页。
② 《元典章》卷3《圣政二》，第105页。
③ 《元史》卷21《成宗纪四》。

导和平作为守成政治的重要标志。

恰是因为成宗能够接受臣僚的建议,并且多次向臣僚询问弭灾良策,所以朝臣在其在位期间能够积极发表各种见解,尤其是对如何克服朝廷弊政提出具体的建议(详见后第十章和第十一章),再现了君主开明可以带来思想活跃的真实历史场景。

成宗将自己定位为守成君主,重在依仿忽必烈的成功做法,一方面讲究驾驭臣僚之道,一方面注重君主的开明和宽政的做法,使得朝政不偏离忽必烈所确定的政治轨道。这种看似保守的不思进取政治取态,所起到的恰是保持政治稳定的积极作用。从元朝的统治来说,在忽必烈去世之后,需要一个政治稳定的过渡期,而这个过渡期就是由成宗造就的。尤其需要注意的是,成宗缺乏系统的儒学教育,所依靠的只能是经验性的治国方法,而不是理论化的治国学说,所以对于儒臣为他专门设计的政治守成之道并不是特别在意,因为儒家设定的治道目标并不是他所追求的,他所孜孜追求的,就是成功地保住祖宗的基业。从这一点上说,成宗是一个成功者,但并不是儒者所期望的"善治者",在这两者之间,确实有着不小的差距,这恰是一些学者对成宗评价不高的缘由所在。

第二节 元武宗的重利观念

元武宗名海山,真金第二子答剌麻八剌的长子,生于至元十八年(1281),成宗大德三年受命出镇漠北,大德八年被封为怀宁王,大德十一年(1307)五月即皇帝位后,以至大作为新的年号,至大四年(1311)正月去世,在位五年,主要显示的是重利的政治观念和执政风格。

一 即位时的政治承诺

成宗在所立皇太子病亡后未再指定帝位继承人,成宗去世后即爆发了公开的帝位之争,海山在他人帮助下夺得帝位,不得不作出一定的政治承诺。

(一)帝位继承者的抉择

成宗在位时,以海山之弟爱育黎拔力八达及其母答己出居怀州,使得海山兄弟一南一北，都离开了政治中心。

成宗去世后，中书省左丞相阿忽台、平章政事八都马辛、前中书省平章政事伯颜以及中政院使怯烈等人密谋以成宗皇后垂帘听政，立安西王阿难答为新皇帝。中书省右丞相哈剌哈孙秘密派遣使者，躲过阿忽台设置的封堵，督促海山和爱育黎拔力八达迅速返回大都。答己和爱育黎拔力八达先返回大都，与哈剌哈孙联手，抓捕并处死了阿忽台、八都马辛等人，被时人称为"平内难"之举。

内难平定后，答己让阴阳家推算海山和爱育黎拔力八达的星命，看谁更适合即皇帝位。推算的结果是"重光大荒落有灾，旃蒙作噩长久"，重光是海山的出生年，旃蒙是仁宗的出生年，其结果是爱育黎拔力八达更适合作皇帝。答己乃派遣近臣朵耳前往海山处，对其明言："汝兄弟二人皆我所出，岂有亲疏？阴阳家所言运祚修短，不容不思。"海山即明确表示："我捍御边陲，勤劳十年，又次序居长，神器所归，灼然何疑。今太后以星命休咎为言，天道茫昧，谁能豫知？设使我即位之后，所设施者上合天心，下副民望，则虽一日之短，亦足垂名万年，何可以阴阳之言而乖祖宗之托哉！此盖近日任事之臣，擅权专杀，恐我他日或治其罪，故为是奸谋动摇大本耳。"他一方面派近臣康里脱脱前往京城向答己陈述自己的看法，另一方面亲率大军分三路南下，准备付诸武力。此时在大都已经有诸王阔阔出、牙忽都等人劝爱育黎拔力八达即位，爱育黎拔力八达则更清楚当时的不利局面，乃明确表示："王何为出此言也！彼恶人潜结宫壸，构乱我家，故诛之，岂欲作威觊望神器耶？怀宁王吾兄也，正位为宜。"康里脱脱赶到大都后向答己转告海山的意愿，答己乃明确表示所谓的"修短之说"出自术家，她也是为了海山的前途着想，并且已经确定了以海山即皇帝位、以爱育黎拔力八达为皇太子的做法。她还特别强调了海山"天性孝友，中外属望"，让康里脱脱帮忙打消海山的疑虑，不要造成母子之间的误会。①

在帝位争夺中，决定胜负的关键是军事实力。答己和爱育黎拔力八达惧怕海山动武，不得不选择以退为进的方法，使海山作出兄终弟及的帝位承继承诺，避免了兄弟之间再为帝位爆发公开的冲突。

---

① 《元史》卷22《武宗纪一》，卷116《后妃传二》，卷136《哈剌哈孙传》，卷138《康里脱脱传》。

（二）即位诏书显现的更始意愿

大德十一年五月，由漠北南下的海山与由大都北上的答己、爱育黎拔力八达在上都会合，在上都举行了海山的即位大典，即位诏书由儒臣阎复撰写，可转录于下。

> 昔我太祖皇帝以武功定天下，世祖皇帝以文德洽海内，列圣相承，丕衍无疆之祚。朕自先朝，肃将天威，抚军朔方，殆将十年，亲御甲胄，力战却敌者屡矣。方诸藩内附，边事以宁，遽闻宫车晏驾，乃有宗室诸王、贵戚元勋相与定策于和林，咸以朕为世祖曾孙之嫡，裕皇正派之传，以功以贤，宜膺大宝。朕谦让未遑，至于再三。还至上都，宗亲大臣复请于朕。间者奸臣乘隙，谋为不轨，赖祖宗之灵，母弟爱育黎拔力八达禀命太后，恭行天罚。内难既平，神器不可久虚，宗祧不可乏祀，合辞劝进，诚意益坚。朕勉徇舆情，于五月二十一日即皇帝位。任大守重，若涉渊冰。属嗣服之云初，其与民而更始，可大赦天下，自五月二十一日昧爽以前，除谋杀祖父母父母、妻妾杀夫、奴婢杀主不赦外，其余已发觉未发觉，已结正未结正，罪无轻重，咸赦除之。敢以赦前之事相告言者，以其罪罪之。所有便民事宜，画列于后。于戏！丕承丕显，敢忘持守之心；于蕃于宜，勉效蛊勤之力。共毗新政，聿底隆平。咨尔多方，体予至意！故兹昭示，想宜知悉。①

武宗在即位诏书中列举自己的守边功绩，强调世祖嫡孙的身份，都是为了说明继承帝位的正当性所在。为了表示他要给国家带来"与民更始"的"新政"，诏书还包含了多条施政措施。

> 一，北方军官、军人连年征戍劳苦，仰枢密院定夺，有功者迁赏，贫难者赈给，战殁阵亡者存恤其家。其余军人利病，别行条具，特加优恤。仍禁约管军官、奥鲁官吏，毋得非理科扰。
> 一，上都、大都、隆兴三路，比年供给繁重，自大德十一年为始，百姓差税全免三年。其余路分民户，差发免一年，税粮十分中

---

① 《元典章》卷1《诏令》，第17—18页。《元文类》卷9和《元史》卷22《武宗纪一》所载即位诏书，文字略有不同。

与免三分。军、站、工匠、盐场、铁冶诸色等户合纳丁地税粮，亦免三分。江南路分，今年夏税免五分，秋税免三分，已纳到官者，准下年数。

一，云南、八番、田、杨地面，连年调度军马，供给繁劳，各处差发免一年，积年逋欠并与除免。官吏人等侵欺滥用系官钱粮，可征者征，无可征者，将奴婢、财产准折入官。若有不敷，并从释免。失陷短少者，体覆明白，不须追理。其民间一切逋欠，尽行蠲免。

一，各处逃移户计复业者，元抛事产随即给付，免差税三年。未复业者，有司具实申报，开除合该差税，毋令见户包纳。

一，被灾之处，山场湖泊课程，权且停罢，听贫民采取。诸处铁冶，许诸人煽办。

一，蒙古站赤消乏尤甚，别行接济。其余诸站，仰通政院定夺优恤。仍禁各投下、诸衙门毋得滥给驿马。

一，民者国之根本，军国之用度、一切财赋皆所自出，理宜常加存抚。其经过军马、牧养马驼人等，毋得取要饮食钱物，非理骚扰，纵放头疋，践踏田禾，啃咬桑枣。所在官司严加禁约，违者断罪赔偿。本管头目有失钤束，亦仰究治，重者申闻。

一，学校，风化之源，人材所在。仰教官、提调官勉励作养，业精行成，以备擢用。应系籍儒户杂泛差役，依例蠲免。

一，鳏寡孤独不能自存者，常加存问，合得衣粮依期支付，病者官给医药，毋令失所。

一，诸色人等户，各务本业，毋得别投户名，影蔽差徭，及诸人不得将官民田土妄词呈献。

一，义夫节妇孝子顺孙，具实以闻，别加恩赐。

一，五岳四渎，名山大川，历代圣帝明王忠臣烈士，载在祀典者，所在官司岁时致祭。

一，应合行事理，遵守世祖皇帝累降条格事意施行。民间利害有合兴除者，中书省续议奏闻。①

---

① 《元史》卷22《武宗纪一》；《元典章》卷2《圣政一》，第44、50、57、60、64—66、68页；《元典章》卷3《圣政二》，第80、94、99、105、110页。

从列出的条文可以看出，武宗的即位诏书至少包括了抚军士、减差税、免逋欠、恤流民、救灾荒、恤站赤、安黎庶、兴学校、惠鳏寡、重民籍、旌孝节、崇祭祀、守法令十三方面的要求。这些要求大多与成宗即位时的要求相同，所以武宗所做的依然是一个政治守成的表态，不过是多了"与民更始"和"新政"的政治标签而已。

（三）册封太后和太子

武宗即位之后，即册封答己为皇太后，并在诏书中表示此举符合孝道的要求："盖闻孝治天下者，王政所先；养以天下者，尊称为大。朕恭承先德，寅绍丕基，怆昭考之长违，赖慈闱之笃佑。方衍无疆之庆，曷胜报本之情。谨依先朝成宪，追尊皇考曰皇帝，尊太母元妃曰皇太后。其应行典礼，有司以次举行。"① 被追尊为皇帝的答剌麻八剌，后来的庙号是"顺宗"。

大德十一年六月，按照即位前的约定，武宗正式册立爱育黎拔力八达为皇太子，并颁发了建储诏书。

> 朕承列圣之贻谋，协宗王之翊戴，必谨亲贤之托，共成继述之功。母弟爱育黎拔力八达，性禀温文，行全孝敬。夙著忠勤之节，素明治理之方。载惟靖乱之殊勋，式副元良之渥命。乃尊裕皇居东宫旧制，于六月朔旦，授以皇太子金宝，俾领中书之务，仍兼宥密之司。匪特敦兄弟友爱之情，实以衍宗社隆昌之祚。咨尔多方，体予至意。故兹昭示，想宜知悉。②

武宗特别强调依真金之制授以皇太子掌管中书省、枢密院要务的职权，是因为真金从未真正行使过这样的权力。作为皇太子的爱育黎拔力八达当然深知此意，绝对不能以任何不当的行为使自己陷入更换储嗣的危机，所以小心谨慎，对重大的朝政问题都采取回避的态度，只提出一些无关紧要的建议。

即便是育黎拔力八达处处小心，在朝廷内还是有了换储的动议。至大三年，三宝奴等人劝武宗立皇子为皇太子，理由是"皇子浸长，圣体近日倦勤，储副所宜早定"。康里脱脱明确表示了反对意见："国家

---

① 《元典章》卷1《诏令》，第18页。
② 《元典章》卷1《诏令》，第19页。

大计，不可不慎。曩者太弟躬定大事，功在宗社，位居东宫，已有定命，自是兄弟叔侄世世相承，孰敢紊其序者！我辈臣子，于国宪章纵不能有所匡赞，何可堕其成。"三宝奴则问道："今日兄已授弟，后日叔当授侄，能保之乎？"康里脱脱则回答："在我不可渝，彼失其信，天实鉴之。"在康里脱脱等人的坚持下，换储的想法未能实现。①

需要说明的是，武宗并不是不想换储，而是忌惮强势的皇太后答己，只要皇太后还在，任何换储的行为都会遭到强烈的反对。武宗不愿意由此引发朝内的重大冲突，只能寄希望于爱育黎拔力八达能够在未来履行帝位延续的承诺。

二 急功好利的朝政

武宗即位前的星命说，显然给他留下了重大的心理阴影，加上他饮酒过度，身体多病，在来日无多的预判下，不得不以急变的手法来重塑符合自己要求的朝政。

（一）建立中都

大德十一年六月，武宗下令在旺兀察都建立行宫，立宫阙为中都。旺兀察都在今河北省张北县境内，与上都城离得不是太远。朝廷已经有大都和上都的两都定制，武宗刚一即位就打破这一定制，设立一个新的都城，显然是急于给朝廷留下自己的印记。

为了建设新都城，大德十一年七月设立行工部于旺兀察都，除了调用民夫外，还调用了大批军士，如至大元年正月，敕枢密院发六卫军万八千五百人，供旺兀察都建宫工役。二月，又以上都卫军三千人，赴旺兀察都行宫工役。

至大元年七月，旺兀察都行宫建成，武宗下令设立中都留守司兼开宁路都总管府。八月，立中都万亿司。九月，立中都虎贲司。十二月，又为中都设立开宁县，降隆兴路为源州，升蔚州为蔚昌府，隶属于开宁路，并将大同路划归中都留守司管辖。后来，又在中都设立了银冶提举司、光禄寺等机构。为奖励建中都行宫有功者，武宗特别于至大元年八月下令："工部尚书黑马而下并升二等，赐塔剌儿银二百五十两，同知察乃、通政使塔利赤、同知留守萧珍、工部侍郎答失蛮金二百两、银一

---

① 《元史》卷138《康里脱脱传》。

千四百两，军人金二百两、银八百两，死于木石及病没者给钞有差。"①

中都的行宫建成后，还要修建中都的城墙等。至大元年十一月，武宗特别发出了肇建中都的诏书，一方面强调"惟是开宁一路及宣德、云州之民，供给繁浩，其徭赋除前诏已蠲三年外，更复一年"；另一方面则是以确立新都而大赦天下。②

建筑中都城远比建行宫费力费时，至大二年四月，武宗还明确要求在中都为皇城建筑角楼。中书省官员上言："今农事正殷，蝗螽遍野，百姓艰食，乞依前旨罢其役。"武宗则表示："皇城若无角楼，何以壮观！先毕其功，余者缓之。"至大三年十月，武宗又敕谕中外："民户托名诸王、妃主、贵近臣僚，规避差徭，已尝禁止。自今违者，俾充军驿及筑城中都。郡县官不觉察者，罢职。"十一月，武宗又下令："城中都，以牛车运土，令各部卫士助之，限以来岁四月十五日毕集，失期者罪其部长，自愿以车牛输运者别赏之。"③

与兴建中都同时进行的，还有在五台山和大都新建佛教寺庙的工程，以及为随武宗入京的官员建立宅第。如此庞大的工程造作，使得御史台官员不得不于至大元年五月上言："比奉旨罢不急之役，今复为各官营私宅。臣等以为俟旺兀察都行宫及大都、五台寺毕工，然后从事为宜。"成宗则表示，亲信大臣三宝奴等人的宅第不能停建，其他可以暂停。④

武宗设立中都，是为了能有一个完全属于他自己的常住场所，以脱离大都、上都旧有势力的干扰，但是新都的兴建工程，在他在位时并未完成，他也未能住进旺兀察都行宫。

（二）增加赏赐

按照以往的规矩，新君即位后要对蒙古宗王、贵族等进行赏赐，中书省官员就此表示："前奉旨命臣等议诸王朝会赐与，臣等议：宪宗、世祖登宝位时赏赐有数，成宗即位，承世祖府库充富，比先例，赐金五十两者增至二百五十两，银五十两者增至百五十两。"武宗即下令："其遵成宗所赐之数赐之。"哈剌哈孙特别提醒他："比者诸王、驸马会

---

① 《元史》卷22《武宗纪一》。
② 《元典章》卷3《圣政二》，第81、119—120页。
③ 《元史》卷23《武宗纪二》。
④ 《元史》卷22《武宗纪一》。

于和林，已蒙赐与者，今不宜再赐。"武宗即回答："和林之会，国事方殷，已赐者，其再赐之。"① 也就是说，赏赐不仅要采用高标准，还要采用重复赐给的方法。

建立中都和增加赏赐都要大量的支出，立即凸显了财政紧张的局面。中书省官员于大德十一年八月上言："以朝会应赐者，为钞总三百五十万锭，已给者百七十万，未给犹百八十万，两都所储已虚。自今特奏乞赏者，宜暂停。"九月，中书省官员又上言："帑藏空竭，常赋岁钞四百万锭，各省备用之外，入京师者二百八十万锭，常年所支止二百七十余万锭。自陛下即位以来，已支四百二十万锭，又应求而未支者一百万锭。臣等虑财用不给，敢以上闻。"武宗不得不表示："自今赐予宜暂停，诸人毋得奏请。"②

至大元年二月，中书省官员上言："陛下登极以来，锡赏诸王，恤军力，赈百姓，及殊恩泛赐，帑藏空竭，豫卖盐引。今和林、甘肃、大同、隆兴、两都军粮，诸所营缮，及一切供亿，合用钞八百二十余万锭。往者或遇匮急，奏支钞本。臣等固知钞法非轻，曷敢辄动，然计无所出，今乞权支钞本七百一十余万锭，以周急用，不急之费姑后之。"武宗即明确表示："卿等言是。泛赐者，不以何人，毋得蒙蔽奏请。"十一月，中书省官员又上言："今铨选、钱粮之法尽坏，廪藏空虚。中都建城，大都建寺，及为诸贵人营私第，军民不得休息。迩者用度愈广，每赐一人，辄至万锭，惟陛下矜察。"③ 对于这样的建议，武宗也只是听听而已，因为他骨子里的厚赐观念从未有所改变。

至大二年三月，中书省官员上言："国家岁赋有常，顷以岁俭，所入曾不及半，而去岁所支，钞至千万锭，粮三百万石。"按照当年九月的统计，每年国用需要中统钞五百万锭，已经借支的钞本达到了一千六十万三千一百余锭。至大三年六月，在财政极为吃紧的情况下，武宗仍要坚持厚赏赐的方法，下令"今岁诸王、妃主朝会，颁赉一如至大元年例"。八月，尚书省官员上言："今岁颁赉已多，凡各位下奉圣旨、懿旨、令旨赐财物者，请分汰。"武宗则表示："卿等但具名以进，朕

---

① 《元史》卷 22《武宗纪一》。
② 《元史》卷 22《武宗纪一》。
③ 《元史》卷 22《武宗纪一》。

自分汰之。"① 分汰是假，给赏赐是真，为了赏赐，武宗已经到了全然不顾财政状况的地步。

（三）滥任官员

武宗即位伊始，即打破了成宗时中书省宰臣只设八员（即"八府"）的规定，任命了十四位宰臣（除右丞相和左丞相外，平章政事、右丞、左丞各四人）。御史大夫和知枢密院事也都增加到了四员。中书省官员特别就此上言："中书宰臣十四员，御史大夫四员，前制所无。"武宗则让中书省与翰林院、集贤院诸老臣议拟中央机构的职数，拟议的结果是设置中书宰臣十二员，比成宗时增加了四员。② 武宗还首开"遥授"官职的做法，对于不在京城的官员，亦可授予中书省、枢密院、御史台的职务。更为重要的是，通过增设官员，武宗在几个月内即完成了对中书省、枢密院、御史台官员的置换，成宗朝的官员如哈剌哈孙等人都被调到地方任职，几大机构的主要官员均由随武宗南来的近臣担任。

大德十一年八月，中书省官员指出"内降旨与官者八百八十余人，已除三百，未议者犹五百余"，可见官员授予之滥。至大元年七月，枢密院官员亦上言："世祖时枢密臣六员，成宗时增至十三员。今署事者三十二员，乞省之。"武宗下令减少了十一名枢密院官员。当年十一月，中书省官员又上言："世祖时，省、院、台及诸司皆有定员，后略有增者，成宗已尝有旨并省。迩者诸司递升，四品者三品，三品者二品，二品者一品，一司甚至二三十员，事不改旧而官日增。请依大德十年已定员数，冗滥者从各司自与减汰。衙门既升，诸吏止从旧秩出官，果应例者，自如选格。"③ 也就是说，除了增加官员人数外，还有全面提高官员品级的做法，使得官冗的问题更为严重，武宗亦表示认同中书省的看法，考虑淘汰冗员的问题。

至大二年三月，中书省官员表示："中书为百司之首，宜先汰冗员。"武宗则强调："百司所汰，卿等定议；省臣去留，朕自思之。"至大三年九月，武宗特别对三宝奴发出了指示："去岁中书省奏，诸司官员遵大德十年定制，滥者汰之。今闻员冗如故，有不以闻而径之任者，

---

① 《元史》卷23《武宗纪二》。
② 《元史》卷22《武宗纪一》。
③ 《元史》卷22《武宗纪一》。

有旨不奏而擅令之任及之任者，并逮捕之，朕不轻释。"① 从这一指示可以看出，淘汰冗官几乎毫无成效可言，武宗的减少冗员言论不过是做个样子，因为滥任官职恰是体现了他的任意而为执政风格，不可能被改变。

（四）再立尚书省

忽必烈在位时曾经两次设立尚书省，专主理财。武宗急于解决财政问题，乃向忽必烈学习，于大德十一年九月就提出了设立尚书省、分理财用的动议："命塔剌海、塔思不花仍领中书，以脱虎脱、教化、法忽鲁丁任尚书省，仍俾其自举官属。"御史台官员明确提出了反对意见："至元中阿合马综理财用，立尚书省，三载并入中书。其后桑哥用事，复立尚书省，事败又并入中书。粤自大德五年以来，四方地震水灾，岁仍不登，百姓重困，便民之政，正在今日。顷又闻为总理财用立尚书省，如是则必增置所司，滥设官吏，殆非益民之事也。且综理财用，在人为之，若止命中书整饬，未见不可。臣等隐而不言，惧将获罪。"武宗虽然承认御史台官员所言有道理，但明确表示："此三臣愿任其事，姑听其行焉。"考虑到朝内大臣的反对声音过于强烈，武宗不得不暂时搁置这一动议。②

至大二年七月，曾任山东宣慰使并因贪污和党附桑哥被罢职的乐实向武宗上言，不仅强调钞法大坏，要求更改钞法，还与保八等人联合倡议设立尚书省。武宗乃命倡议者与乞台普济、塔思不花、赤因铁木儿、脱虎脱等人集议。集议后保八向武宗报告："臣与塔思不花、乞台普济等集议立尚书省事，臣今窃自思之，政事得失，皆前日中书省臣所为，今欲举正，彼惧有累，孰愿行者？臣今不言，诚以大事为惧。陛下若矜怜保八、乐实所议，请立尚书省，旧事从中书，新政从尚书。"武宗自然愿意接受保八的建议，所以在塔思不花进言"此大事，遽尔更张，乞与老臣更议"时，采取了置之不理的态度。当年八月，正式设立尚书省，以乞台普济为太傅、右丞相，脱虎脱为左丞相，三宝奴、乐实为平章政事，保八为右丞，忙哥铁木儿为左丞，王罴为参知政事，中书左丞刘楫授尚书左丞、商议尚书省事。③

---

① 《元史》卷23《武宗纪二》。
② 《元史》卷22《武宗纪一》。
③ 《元史》卷23《武宗纪二》。

至大二年九月，武宗以尚书省条画诏天下，改各行中书省为行尚书省。在这份诏书中，还包括了肃台纲、饬官吏、求直言、兴学校、劝农桑、恤站赤、厚风俗、惠鳏寡、恤流民、理冤滞等方面的要求。①

从至大二年八月立尚书省，到至大四年正月武宗去世，尚书省实际理政的时间只有十八个月，除了变换钞法（详见下述）外，主要干的是六方面的事情。

第一，完全架空中书省。为支持尚书省理财，武宗特别于至大二年八月"诏天下，敢有沮挠尚书省事者，罪之"。尚书省官员借此将中书省的权力全部移到了自己手中。一是选官和用人权，至大二年八月尚书省特别请准，"尚书省立，更新庶政，变易钞法，用官六十四员，其中宿卫之士有之，品秩未至者有之，未历仕者有之。此皆素习于事，既已任之，乞勿拘例，授以宣敕"。为强化尚书省的用人权，尚书省官员还上言："中书之务，乞以尽归臣等。至元二十四年，凡宣敕亦尚书省掌之。今臣等议，乞从尚书省任人，而以宣敕散官委之中书。"武宗不仅接受了这一建议，还于至大三年十月正式下令："尚书省事繁重，诸司有才识明达者，并从尚书省选任，枢密院、御史台及诸有司毋辄奏用，违者论罪。其或私意请托，罢之不叙。"二是行政处置权，尚书省官员上言："古者设官分职，各有攸司，方今地大民众，事益繁冗，若使省臣总挈纲领，庶官各尽厥职，其事岂有不治？顷岁省务壅塞，朝夕惟署押文案，事皆废弛。天灾民困，职此之由。自今以始，省部一切，皆令从宜处置，大事或须上请，得旨即行，用成至治，上顺天道，下安民心。"这一建议被武宗所采纳，实际上是使尚书省有了随意行事的权力。由此带来的问题是"赐予无节，迁叙无法，财用日耗，名爵日滥"，正如时任中书省右丞相的康里脱脱所言："爵赏者，帝王所以用人也。今爵及比德，赏及罔功，缓急之际何所赖乎！中书所掌，钱粮、工役、选法、刑狱十有二事。若从臣言，恪遵旧制，则臣愿与诸贤黾勉从事。不然，用臣何补！"对于来自中书省等机构官员的抱怨，武宗依然持的是置之不理态度。②

第二，删改律令。至大二年九月，尚书省官员上言："国家地广民

---

① 《元典章》卷2《圣政一》，第38、42、48—49、51、54、66—68页；卷3《圣政二》，第99、106—107、116页。

② 《元史》卷23《武宗纪二》，卷138《康里脱脱传》。

众，古所未有。累朝格例前后不一，执法之吏轻重任意，请自太祖以来所行政令九千余条，删除繁冗，使归于一，编为定制。"①武宗同意尚书省的这一做法，并且清楚地知道，所谓律令归一，就是要删除那些不利于尚书省理财的规定。

第三，按三宫传旨行事。皇帝、皇太后、皇太子三宫由宫内传旨行事，不经过中书省，已经成为干扰朝政的严重问题，中书省官员曾于至大二年正月向武宗进言："诸人恃恩径奏，玺书不由中书，直下翰林院给与者，今核其数，自大德六年至至大元年所出，凡六千三百余道，皆干田土、户口、金银铁冶、增余课程、进贡奇货、钱谷、选法、词讼、造作等事，害及于民，请尽追夺之。今后有不由中书者，乞勿与。"武宗当时表示同意这一做法。尚书省官员则于至当年九月上言："三宫内降之旨，曩中书省奏请勿行，臣等谓宜仍旧行之，倘于大事有害，则复奏请。"武宗随即改变主意，同意按照尚书省的意见处理三宫传旨问题。②

第四，增加赋税。尚书省是专司理财的机构，而理财的最好方法就是提高赋税的标准，使朝廷能够得到更多的钱、粮。至大二年十月，乐实上言："江南平垂四十年，其民止输地税、商税，余皆无与。其富室有蔽占王民奴使之者，动辄百千家，有多至万家者，其力可知。乞自今有岁收粮满五万石以上者，令石输二升于官，仍质一子而军之。其所输之粮，移其半入京师以养御士，半留于彼以备凶年。富国安民，无善于此。"对于这种等同于掠夺的收税方法，武宗的表态居然是"如乐实言行之"。当年十二月，尚书省官员建议"盐价每引宜增为至大银钞四两，广西者如故，其煮盐工本，请增为至大银钞四钱"，这一建议也被武宗所采纳。至大三年正月，尚书省又确定了税课法，即将税课额度与官员的人数、奖惩挂钩。"诸色课程，并系大德十一年考较，定旧额、元增，总为正额，折至元钞作数。自至大三年为始恢办，余止以十分为率，增及三分以上为下酬，五分以上为中酬，七分以上为上酬，增及九分为最，不及三分为殿。所设资品官员，以二周岁为满。定税课官等第，万锭之上，设正提举、同提举、副提举各一员；一千锭之上，设提领、大使、副使各二员；五百锭之上，设提领、大使、副使各一员；一

---

① 《元史》卷23《武宗纪二》。
② 《元史》卷23《武宗纪二》。

百锭之上，设大使、副使各一员"①。这样的方法实际上是鼓励官吏为提高税额而竞争，不惜加重百姓负担甚至百般盘剥百姓。

第五，控制官员。至大三年十月，三宝奴指省部官不肯勤恪署事，武宗特别下令："自今晨集暮退，苟或怠弛，不必以闻，便宜罪之。其到任或一再月辞以病者，杖罢不叙。"②

第六，滥杀大臣。至大三年十二月，"尚书省以武卫亲军都指挥使郑阿儿思兰与兄郑荣祖、段叔仁等图为不轨，置狱鞫之，皆诬服，诏叔仁等十七人并正典刑，籍没其家。"这实际上是尚书省官员为排除异己所制造的一个冤案，不久后即在谢让等人的努力下得以平反。③

与阿合马、桑哥时的尚书省相比，武宗时设立的尚书省不仅缺少一个精通营利之术的核心人物（三宝奴不具有这样的能力），亦未全面形成一个势力强大的言利集团，并且未及实行钩考钱财等恶劣手段。但是十八个月的尚书省理政，将武宗的营利观念实政化，不仅使朝政陷入混乱，亦使百姓深受其苦。与民争利必然带来恶政，武宗的再立尚书省举动，又提供了一个重要的例证。

（五）改钞法，铸铜钱

大德十一年十一月，由于阔儿伯牙里提出了更用银钞和铜钱的建议，武宗要求中书省与枢密院、御史台、集贤院、翰林院诸老臣集议变换钞法的问题，中书省官员阿沙不花、孛罗铁木儿上报的结果是："臣等与阔儿伯牙里面论，折银钞、铜钱，非便。"武宗乃表示："卿等以为不便，勿行可也。"④

设立尚书省后，武宗听从尚书省官员的建议，下决心变换钞法。至大二年九月，正式颁行至大银钞，并发出了诏书，内容如下。

> 昔我世祖皇帝既登大宝，始造中统交钞，以便民用，岁久法堕，亦既更张，印造至元宝钞。逮今又复二十三年，物重钞轻，不能无弊，乃循旧典，改造至大银钞，颁行天下。至大银钞一两，准至元钞五贯、白银一两、赤金一钱。随路立平准行用库，买卖金

---

① 《元史》卷23《武宗纪二》。
② 《元史》卷23《武宗纪二》。
③ 《元史》卷23《武宗纪二》，卷176《谢让传》，卷197《赵一德传》。
④ 《元史》卷22《武宗纪一》。

银，倒换昏钞。或民间丝绵布帛，赴库回易，依验时估给价。随处路府州县，设立常平仓以权物价，丰年收籴粟麦米谷，值青黄不接之时，比附时估，减价出粜，以遏沸涌。金银私相买卖及海舶兴贩金、银、铜钱、绵丝、布帛下海者，并禁之。平准行用库、常平仓设官，皆于流官内铨注，以二年为满。中统交钞，诏书到日，限一百日尽数赴库倒换。茶、盐、酒、醋、商税诸色课程，如收至大银钞，以一当五。颁行至大银钞二两至一厘，定为一十三等，以便民用。①

至大二年十月，武宗又下发了行铜钱的诏书："钱币之法，其来远矣。三代以降，沿革不常。世祖皇帝建元之初，颁行交钞，以权民用，已有钱币兼行之意。盖钱以权物，钞以权钱，子母相资，信而有证。今钞法一新，期于公私两利。重惟经久之计，必复鼓铸之规。"②

武宗时铸造的铜钱分为两种，一种是"大元通宝"，以八思巴字为钱文；另一种是"至大通宝"，以汉字为钱文。"至大通宝"一文与至大银钞一厘相等，十文与"大元通宝"一文相等。至大三年，共计印行至大银钞1450368锭。

至大三年正月，武宗又下令以历代铜钱与至大铜钱相参行用，并设立了资国院泉货监专理铜钱事宜。二月，在尚书省官员的建议下，销毁了至元钞的钞板。由于"至元钞五倍于中统，至大钞又五倍于至元"，御史台的官员对变换钞法持质疑态度，既指出"至大银钞始行，品目繁碎，民犹未悟，而又兼行铜钱，虑有相妨"；又建议"常平仓本以益民，然岁不登，遽立之，必反害民，罢之便"。武宗坚持要用新钞、新钱，并且以此作为"新政"的重大标志，当然不会听从御史台官员的意见。③

使用新钞和铜钱，曾有不少人提出过建议，但是改变钞制要有充分的准备，尤其是以金、银作为钞本，使之成为平衡钞、币价值的基本手段。尚书省匆忙发行至大银钞，根本未作金、银钞本的准备，只是随意印钞和造币，新发行的至大银钞不仅难以兑换金、银，还严格限制民间

---

① 《元史》卷23《武宗纪二》。
② 姚燧：《行铜钱诏》，《元文类》卷9（《全元文》第33册，第182页）。
③ 《元史》卷23《武宗纪二》，卷93《食货志一》。

的金、银，并紧急拘收铜器，使变换钞法不仅未能解决钞轻物重的问题，还成了掠夺财富、祸害全民的一大弊政。财政问题未解决，又带来了社会动荡的问题，尚书省官员的愚蠢和君主的愚蠢加在一起，必定会出现这样的"乱政"，不值得奇怪。

三 诏书治国的极致

皇帝以诏书表达治国意愿和说明治国的各种措施，是沿袭已久的做法。武宗在文臣的帮助下，频繁发出诏书，渲染各种"善政"措施，将"诏书治国"用到了极致，就是要用表象化的"善政"或"文治"措施，来遮掩其急功好利的真实施政行为。

（一）尊孔制书

大德十一年七月，武宗下令将孔子的至圣文宣王封号，加封为大成至圣文宣王。加封"大成"的封号，出自儒臣阎复的建议，增加封号的制书，亦由阎复起草，内容如下。

> 盖闻先孔子而圣者，非孔子无以明；后孔子而圣者，非孔子无以法。所谓祖述尧舜、宪章文武、仪范百王、师表万世者也。朕纂承丕绪，敬仰休风。循治古之良规，举追封之盛典，加号大成至圣文宣王，遣使阙里，祀以太牢。于戏，父子之亲，君臣之义，永惟圣教之尊。天地之大，日月之明，奚罄名言之妙。尚资神化，祚我皇元。[①]

阎复还专门行文，对所加封的"大成"封号作了详细的说明。

> 大德丁未（1307年）秋，近臣传旨，议加至圣文宣王封号。臣复承乏翰林，获预其议。窃谓自古称夫子者多矣，而莫如孟子。孟子曰："自有生民以来，未有孔子也。"又曰："伯夷，圣之清者也；伊尹，圣之任者也；柳下惠，圣之和者也；孔子，圣之时者也。孔子之谓集大成。集大成也者，金声而玉振之也。"盖言孔子集三圣之事，为一大成之事，犹作乐者集众音之小成而为一大

---

① 阎复：《加封孔子制》，《静轩集》卷2，藉香零拾本（《全元文》第9册，第231页）。

成也。

　　自木铎声沉千八百年,有国家者追崇圣号非一,至唐玄宗始进爵为文宣王,宋真宗加"至圣"二字,是皆议出一时,虽□徽美之称,孰若我朝取孟子之言为准,以圣誉圣之深切著明也。①

大德十一年八月,中书省右丞孛罗铁木儿向武宗进献蒙古文译本《孝经》,武宗又特别下诏:"此乃孔子之微言,自王公达于庶民,皆当由是而行。其命中书省刻版模印,诸王而下皆赐之。"②

尊崇孔子,是表倡文治的重要标志,武宗在其他诏书中也多次提到尊孔的要求,但是尊孔并不一定按照孔子的治道学说行事,武宗的表现恰恰证明了这一点。

(二) 整肃诏书

武宗对既往的朝政负面评价颇多,所以急于加以整顿,并为此发出了一系列的诏旨。

大德十一年七月,中书省右丞相塔剌海、左丞相塔思不花上言:"中书庶务,同僚一二近侍,往往不俟公议,即以上闻,非便。今后事无大小,请共议而后奏。"武宗即明确表示:"卿等言是。自今庶政,非公议者勿奏。"他还于大德十一年八月下诏,要求中书省全面整顿朝政:"庶务有所未便者,中书省从新拯治,次第举行。内外大小诸衙门官吏,除奉行本管职事外,一应干系军、民、站、金场、银冶、茶、盐、铁户、课程、宝钞、刑名、选法、粮储、造作、差役等事,毋得隔越中书省辄便闻奏,从而搅扰。事有必须奏闻者,亦须计禀中书省,然后奏闻。违者,国有常宪。"至大元年七月武宗又特别下诏,不仅重申了不得隔越中书奏事的规定,还明确提出了革除议政弊病的要求:"中书政本也,军国之务,小大由之。朕自即位以来,励精求治,爰立辅相,以总中书。期年于兹,大效未著。岂选用未当欤?何万机之犹繁,而群生之寡遂也?今特命左丞相塔思不花为中书右丞相,太保乞台普济为中书左丞相,统百官,平庶政,便者举行,弊者革去,一新条理。"③

大德十一年十月,武宗亦下诏要求御史台全面整顿台纲。在后来的

---

① 阎复:《加号大成诏书碑阴记》,《静轩集》卷4(《全元文》第9册,第242页)。
② 《元史》卷22《武宗纪一》。
③ 《元史》卷22《武宗纪一》;《元典章》卷2《圣政一》,第32—34页。

诏书中，又不断提出整肃台纲的要求。但是在实际运作中，表现的则是对监察官员的打压。如至大元年八月御史台官员所言："奉敕逮监察御史撒都丁赴上都。世祖、成宗迄于陛下，累有明旨，监察御史乃朝廷耳目，中外臣僚作奸犯科，有不职者，听其纠劾，治事之际，诸人毋得与焉。迩者鞫问刑部尚书乌剌沙赃罪，蒙玉音奖谕，诸御史皆被锡赉，台纲益振。今撒都丁被逮，同列皆惧，所系非小，乞寝是命，申明台宪之制，诸人毋得与闻。"撒都丁虽然未被治罪，但是不久即改任刑部尚书，不再任监察之职，亦显示了对监察机制的破坏，实则来自皇帝本身。①

在各次下发的诏书中，大多包括了"饬官吏"的内容，显示了武宗对于严管官吏的渴求。在至大元年七月的诏书中，更特别强调："内外大小官员人等，廉勤材干，尽心奉职，比中书省举明旌擢。贪饕慵懒、扰民败事者，中书省照依累降圣旨条格断罪黜降，重者奏裁。"但是一方面是对官吏的严格要求，另一方面则是改变了官吏的俸禄标准，于至大元年十一月下令"增官吏俸，以至元钞依中统钞数给之，止其禄米，岁该四十万石"②。在纸钞严重贬值的情况下，提高官俸的钞币标准并停止发放禄米，使官吏的实际待遇大大缩水，别说养廉，连实际生活都成了问题，谁还会尽心履职，严饬官吏的要求也就变成了空话。

（三）"善政"诏书

除了前文所述武宗即位诏书和立尚书省诏书包含的各种施政要求外，在改元诏书和上尊号诏书中也包含了施政的要求。

大德十一年十二月，武宗下诏改元至大，并特别明确了"维新"的各项施政措施。

> 仰惟祖宗应天抚运，肇启疆宇，华夏一统，罔不率从。逮朕嗣服丕图，缵膺景命，遵承诒训，恪慕洪规，只畏夤兢，未知攸济。永思创业艰难之始，荧然轸念；而守成万事之统，在予一人。故自即位以来，溥从宽大，量能授官，俾勤乃职，夙夜以永康兆民为急务。间者岁比不登，流民未还，官吏并缘侵渔，上下因循，和气乖戾。是以责任股肱耳目大臣，思所以尽瘁赞襄，嘉谟嘉猷，朝夕入

---

① 《元史》卷22《武宗纪一》。
② 《元史》卷22《武宗纪一》；《元典章》卷2《圣政一》，第41页。

告。朕命惟允，庶事克谐，乐与率土之民，共享治安之化。迩宁远肃，顾不韪欤。可改大德十二年为至大元年。诞布惟新之令，式孚永固之休，画一事宜，开颁于后。于戏！建元立极，然正始于王春；经世裕民，尚仰成于台辅。庶几中外，同底和平。咨尔多方，体予至意！故兹昭示，想宜知悉。①

存恤征戍蒙古、汉军。拯治站赤消乏。弛山场、河泊、芦荡禁。围猎飞放毋得搔扰百姓。招诱流移人户。禁投属怯薛歹、鹰房避役，滥请钱粮。劝农桑，兴学校，议贡举。旌赏孝弟力田，惩戒游惰。政令得失，许诸人上书陈言。僧、道、也里可温、答失蛮，并依旧制纳税。凡选法、钱粮、刑名、造作一切公事，近侍人员毋得隔越闻奏。②

除了诏书节文列出的抚军士、恤站赤、弛禁令（赈饥贫）、安黎庶、恤流民、重民籍、劝农桑、兴学校、议贡举、旌孝弟、求直言、抑僧道、振朝纲十三条措施外，还有饬官吏和崇祭祀两条措施。在这十五条规定中，需要特别注意求直言和议贡举两条措施。前者的要求是："朕自即位以来，孜孜求治，四海之广，万机之众，岂能周知。尚赖辅弼之臣，朝夕启沃，以匡不逮。然恐下情不能上达，凡政令得失，军民利病，许诸人上书陈言。在内者，呈省闻奏；在外者，经由有司投进。若言无可采，并无罪责；如其可取，量加迁擢。其蠹政害民事理，仰巡历监察御史、肃政廉访司官仔细采访，应厘革者，就与厘革；合申闻者，即便申闻。"议贡举的要求则是"其贡举之法，中书省续议举行"③。

至大二年正月，皇太子、诸王、百官为武宗献上了"统天继圣钦文英武大章孝皇帝"的尊号，并"诏天下弛山泽之禁，恤流移，毋令见户包纳差税；被灾百姓，内郡免差税一年，江淮免夏税；内外大小职官普覃散官一等，有出身人考满者，加散官一等"。当年二月，正式发布上尊号诏，强调"爰念即位以来，恒以赈灾恤民为务，而恩泽犹未溥

---

① 《元典章》卷1《诏令》，第19—20页。
② 《元史》卷22《武宗纪一》。
③ 《元典章》卷2《圣政一》，第32、41、48、51、54、57、60、64、66页；卷3《圣政二》，第103、105—106、110页。

博，流离犹未安集，岂有司奉之不至欤？今特命中书省遴选内外官僚，专以抚治为事，简汰冗员，撙节浮费，一新政理，斯称朕意"。在这份诏书中，还包括了饬官吏、安黎庶、复租赋、贷逋欠、惠鳏寡、赈饥贫、恤流民、崇祭祀等方面的要求。至大三年十月，武宗又为皇太后上尊号，在诏书亦包括了重民籍、抑奔竞、复租赋、息徭役、简诉讼、贷逋欠、需恩宥等要求。①

需要说明的是，武宗在上尊号诏书中所说的以赈灾恤民为务，倒是符合实情，因为武宗一朝面临的灾民问题确实极为严重。仅以至大元年为例，就可以看到数次重大的赈济行动。

> 正月，绍兴、台州、庆元、广德、建康、镇江六路饥，死者甚众，饥户四十六万有奇，户月给米六斗，以没入朱清、张瑄物货隶徽政院者，鬻钞三十万锭赈之。
>
> 三月，以北来贫民八十六万八千户，仰食于官，非久计，给钞百五十万锭、币帛准钞五十万锭，命太师月赤察儿、太傅哈剌哈孙分给之，罢其廪给。
>
> 六月，中书省臣言："江浙行省管内饥，赈米五十三万五千石、钞十五万四千锭、面四万斤。又，流民户百三十三万九百五十有奇，赈米五十三万六千石、钞十九万七千锭、盐折直为引五千。"令行省、行台遣官临视。内郡、江淮大饥，免今年常赋及夏税。益都水，民饥，采草根树皮以食，免今岁差徭，仍以本路税课及发朱汪、利津两仓粟赈之。……河南、山东大饥，有父食其子者，以两道没入赃钞赈之。②

面对如此严重的自然灾害，当然要在诏书中强调赈济的各种要求，但是武宗也没有采用大臣因灾避位的做法。至大元年九月，中书省官员上言："夏秋之间，巩昌地震，归德暴风雨，泰安、济宁、真定大水，庐舍荡析，人畜俱被其灾。江浙饥荒之余，疫疠大作，死者相枕藉。父

---

① 《元史》卷23《武宗纪二》；《元典章》卷1《诏令》，第20页，卷2《圣政一》，第42、61、64、69页；卷3《圣政二》，第81—82、88、90、94—95、99、103—104、106、110、120页。

② 《元史》卷22《武宗纪一》。

卖其子，夫鬻其妻，哭声震野，有不忍闻。臣等不才，猥当大任，虽欲竭尽心力，而闻见浅狭，思虑不广，以致政事多舛，有乖阴阳之和，百姓被其灾殃，愿退位以避贤路。"武宗即明确表示："灾害事有由来，非尔所致，汝等但当慎其所行。"①

还需要注意的是，武宗更频繁采用了大赦的方法，大德十一年五月即位、至大元年十一月建中都城、至大二年十月设尚书省后、至大三年十月上皇太后尊号和十一月祭祀南郊，都有大赦天下的要求。每年都大赦，即便是在元朝的历史中也是极为罕见的现象。

在诏书中列举的各项措施，尽管多有重复，对"善政"的表述可以说已经达到了较全面的地步。但是在各种措施中，明显缺少举贤才、均赋役、减私租、薄税敛、赐老者、明政刑六方面的内容。这显然不是武宗及其臣僚的粗心所致，而是刻意回避了这些关键性的内容。武宗只信用身边之人，所以不需要举贤才。他要用尚书省营利，自然不能公开宣示均赋役、减私租、薄税敛和赐老者等举措。武宗自己就带头破坏刑律，并且纵容尚书省诬杀大臣，当然也不便提出明政刑的要求。也就是说，"善政"的表面文章要做足，"善政"的核心要素不能提，是极致化"诏书治国"的宗旨，武宗极巧妙地做到了这一点。当时的一些儒臣已经看出了武宗重利的真实意图，只是不敢言而已，但毕竟有少数勇敢分子，公开指出了武宗在位时的各种弊政，详见本书第十章和第十一章。

武宗的重利政治观念，继承的是忽必烈在位后期的重利观念，但是添加了"急"的成分：急于在历史上留下一笔，急于敛财以满足赐赉和庞大工程建设的需求，以达到笼络蒙古宗亲的急切目标。一切都急的观念，带来的自然是急政，并且是以牺牲政治稳定作为代价。尤为重要的是，武宗朝主要体现的是"武人治国"特征，加上一些营利之徒的帮助，其作为与文治格格不入。但是武宗能够用极致化的诏书治国，把自己装扮成文治的倡导者，这恰是他的高明之处。武宗并不担心朝内的义利之争，因为在以义治国和以利治国方面，他都占据着道德的制高点，并且坚信只有以政治骗术治国，才能使急于实现的政治目标得以达成。由此看来，武宗深谙的是暴君型的帝王之道，只不过是因为在位时

---

① 《元史》卷 22《武宗纪一》。

间太短，所重用的人又大多是废物，所以未及呈现暴君的全部面目就急急谢幕了。

第三节　元仁宗的重儒观念

元仁宗名爱育黎拔力八达，真金第二子答剌麻八剌的次子，武宗之弟，生于至元二十二年（1285），武宗即位后被立为皇太子，至大四年（1311）三月即皇帝位后，以皇庆、延祐作为新的年号，延祐七年（1320）正月去世，在位十年，主要显示的是重儒的文治观念和执政风格。

一　革除弊政与倡导文治

仁宗爱育黎拔力八达与武宗海山的重大区别是他自幼接受过全面的儒学教育，所以能够在武宗去世后不仅迅速革除主要的弊政，还在即位诏书中充分表现了他的文治观念。

（一）儒者之助

爱育黎拔力八达从大德元年（1297）开始从儒者李孟学习儒学，李孟向他灌输孔子的治道学说，使其有了一定的儒学基础。大德九年爱育黎拔力八达与母亲一起前往怀州，李孟也随同前往。经过多年的学习，爱育黎拔力八达已经通达儒术，并且能够妙悟释典，如"明心见性，佛教为深；修身治国，儒道为切"及"儒者可尚，以能维持三纲五常之道也"，等等。①

成宗去世之后，哈剌哈孙派人来请爱育黎拔力八达尽快返回大都，爱育黎拔力八达担心其中有阴谋，李孟则表示："支子不嗣，世祖之典训也。今宫车晏驾，大太子远在万里，宗庙社稷危疑之秋，殿下当奉大母，急还宫庭，以折奸谋、固人心。不然，国家安危，未可保也。"见爱育黎拔力八达依然犹豫，李孟又劝道："邪谋得成，以一纸书召还，则殿下母子且不自保，岂暇论宗族乎！"爱育黎拔力八达被李孟说服，在与母亲一同返回大都后，立即派遣李孟以看病的借口与哈剌哈孙联系，得知了成宗皇后、阿难答图谋篡位的计划后，李孟即明确表示：

---

① 《元史》卷26《仁宗纪三》。

"事急矣！先发者制人，后发者制于人，不可不早图之。"有近侍指出："皇后深居九重，八玺在手，四卫之士，一呼而应者累万；安西王府中从者如林。殿下侍卫寡弱，不过数十人，兵仗不备，奋赤手而往，事未必济。不如静守，以俟阿合（海山）之至，然后图之，未晚也。"李孟则强调："群邪违弃祖训，党附中宫，欲立庶子，天命人心，必皆弗与。殿下入诘内庭，以大义责之，则凡知君臣之义者，无不舍彼为殿下用，何求而弗获！克清宫禁，以迎大兄之至，不亦可乎！且安西既正位号，纵大太子至，彼安肯两手进玺，退就籓国；必将斗于国中，生民涂炭，宗社危矣。且危身以及其亲，非孝也；遗祸难于大兄，非悌也；得时弗为，非智也；临机不断，无勇也。仗义而动，事必万全。"爱育黎拔力八达难以下决心，要求以卜卦来决定，李孟乃预先沟通卜卦者，得到了有利于起事的卦象，李孟即以"筮不违人，是谓大同，时不可以失"为由，使爱育黎拔力八达作出了行动的决定，快速平定了内难。①

评定内难的事实表明，在关键时刻儒者确实能够起到极为重要的作用，并由此奠定了爱育黎拔力八达信用儒者的基础。

（二）守太子之道

武宗即位，以爱育黎拔力八达为皇太子，李孟为避嫌而离去，儒者王约成为东宫的重要僚属。看到了武宗因嗜酒而身体虚弱，王约力劝爱育黎拔力八达节饮，并为其所接受。

武宗为皇太子建立东宫卫军，称为左卫率府，统侍卫亲军万人。东宫官员要求自主任命军官，王约不同意，强调皇太子虽然兼任枢密使，但东宫官员不能任命军官和介入枢密院的事务，则是必须遵守的规矩。爱育黎拔力八达也想自己任命军官，以使东宫卫军成为自己的亲信力量，王约即明确表示："皇太子事，不敢不为；天子事，不敢为。"所有侍卫亲军都要听命于皇帝，皇太子任命军官就是表示要与皇帝分庭抗礼，拿自己的政治生命去冒险，爱育黎拔力八达省悟了其中包含的危机信息，自然打消了这个念头。

随后又发生了更为严重的事件，东宫官员不仅要求增立右卫率府，统管河南蒙古军万人，还要求发文取安西王旧部的兵器，由东宫卫军使用。王约一方面对爱育黎拔力八达密言："左卫率府，旧制有之，今置

---

① 《元史》卷175《李孟传》。

右府何为？"另一方面则对詹事完泽明言："詹事移文数千里取兵器，人必惊疑。主上闻之，奈何？"本来在朝臣中就有废皇太子的密谋，东宫还以扩充卫军和调用兵器为其提供废储依据，爱育黎拔力八达和完泽在明白了其中的利害关系后，立即终止了此类行为。

东宫官员还要到福建选取绣工，并派人前往东宫的陕西分地理事，都被王约所劝止，理由就是"太子，潜龙也。当勿用之时，为飞龙之事可乎？"也就是说，太子就要守太子之道，不能有任何非分的举动。爱育黎拔力八达之所以能在武宗朝安然无事，确实得力于王约的不时提醒和约束。①

（三）罢尚书省

武宗去世，爱育黎拔力八达以皇太子身份监国，立即下令罢尚书省，改行尚书省为行中书省，将丞相脱虎脱、三宝奴和平章乐实、右丞保八、左丞忙哥帖木儿、参政王罴等人以"变乱旧章，流毒百姓"的罪名逮捕并处死，并停止了中都的建城工程和各处的营造工程，还中都所占民田，司徒萧珍亦因"城中都徼功毒民"被逮捕治罪。

在祛除主要弊政的同时，爱育黎拔力八达在即位前实施了五条善政措施。

一是大量召回儒臣。爱育黎拔力八达特别下令召世祖朝谙知政务、素有声望的老臣进京，同议庶务，被召者有平章程鹏飞、董士选，太子少傅李谦，少保张驴，右丞陈天祥、尚文、刘正，左丞郝天挺，中丞董士珍，太子宾客萧㪺，参政刘敏中、王思廉、韩从益，侍御赵君信，廉访使程钜夫，等等。此外，一些老臣如枢密副使吴元珪和左丞拜降、兀伯都剌等人，也被召回，与儒臣共同商议朝廷的政务等问题。

二是注重国学教育。爱育黎拔力八达特命李孟领国子监学，并提出了培育人才的明确要求："学校人材所自出，卿等宜数诣国学课试诸生，勉其德业。"

三是注重选贤任能。爱育黎拔力八达特别对近侍表示："郡县官有善有恶，其命台官选正直之人为廉访司官而体察之，果有廉能爱民者，不次擢用，则小人自知激厉矣。"

---

① 《元史》卷178《王约传》。

四是追究奸臣余党。监察御史上言："比者尚书省臣蠹国乱政，已正典刑，其余党附之徒布在百司，亦须次第沙汰。今中书奏用孛罗铁木儿为陕西平章、乌马儿为江浙平章、阔里吉思为甘肃平章、塔失帖木儿为河南参政、万僧为江浙参政，各人前任，皆受重贿，或挟势害民，咸乞罢黜。"爱育黎拔力八达采纳这一建议，对奸臣余党作出了相应的处理。

五是发布禁罢令，制止扰民行为。如禁诸王、驸马、权豪擅据山场，罢阿老瓦丁买卖浙盐，禁宣政院违制度僧，等等。①

这五条尽管是临时性的措施，但是已经体现出了爱育黎拔力八达与武宗完全不同的执政风格和重儒的政治观念。

（四）即位诏书体现的文治要求

至大四年三月，爱育黎拔力八达即皇帝位。他听了阴阳家的测算，准备在东宫的光天殿举行即位大典，王约即明确指出："正名定分，当御大内。"爱育黎拔力八达听从王约的建议，在大明殿举行登基典礼，并颁发了即位诏书。诏书由儒臣姚燧撰写，可转录于下。

> 惟昔先帝，事皇太后，抚朕眇躬，孝友天至。由朕同托顺考遗体，重以母弟之嫡，加有削平内难之功，于其践阼曾未逾月，授以皇太子宝，领中书令、枢密使，百揆机务，听所总裁，于今五年。先帝奄弃天下，勋戚元老咸谓大宝之绳，既有成命，非与前圣宾天而始征集宗亲议所宜立者比，当稽周、汉、晋、唐故事，即正宸极。朕以国恤方新，诚有未忍，是用经时。今则上奉皇太后勉进之命，下徇诸王劝戴之勤，三月十八日，于大都大明殿即皇帝位。凡尚书省误国之臣，先已伏诛，同恶之徒，亦已放殛，百司庶政，悉归中书，命丞相铁木迭儿、平章政事完泽、李道复等从新拯治。可大赦天下，自三月十八日昧爽以前，除谋反大逆，杀祖父母父母、妻妾杀夫、奴婢杀主、强盗杀伤事主不赦外，其余一切罪犯，已发觉未发觉，已结正未结正，罪无轻重，咸赦除之。敢以赦前事相告言者，以其罪罪之。其可为令法程，拯民急者，具如左方。于戏！凡尔有官君子，皆古所谓治天职、食天禄者，宜一心力，钦乃攸

---

① 《元史》卷24《仁宗纪一》。

司，无替朕命！故兹昭示，想宜知悉。①

即位诏书还包括了"从新拯治"朝政的十八条要求，可转录于下。

一，中书庶政之本，凡制诏、号令、钱粮、选法、刑名一切政务，并从中书省闻奏区处。除枢密院、御史台、徽政院、宣政院各遵旧制，其余各衙门及近侍人等，敢有擅自奏启中书庶政务者，以违制论罪。

一，诸上书陈言，已有累朝令典。凡言军民利病、政事得失，有可采者，量加旌擢；如不可采，并无罪谴。

一，国家租赋有常，侥幸献地之人，所当惩戒。其刘亦马罕、小云失不花等冒献河南地土，已令各还原主，刘亦马罕长流海南。今后诸陈献地并山场、窑冶之人，并行治罪。

一，诸人中宝，蠹耗国财。比者宝合丁、乞儿八答私买所盗内府宝带，转中入官，既已伏诛，今后诸人毋得似前中献，其札蛮等所受管领中宝圣旨，亦仰追收。

一，民间和雇和买，一切杂泛差役，除边远军人并大都至上都自备首思站户外，其余各验丁产，先尽富实，次及下户。诸投下不以是何户计，与民一体均当。应有执把除差圣旨、懿旨、令旨，所在官司就便拘收。

一，内外百司，各有攸职。其清慎公勤、政绩昭著、五事备具者，从监察御史、肃政廉访司察举，优加迁擢。废公营私、贪污败事，诸人首告得实，依条断罪。枉法赃满者，应授宣敕并行追夺。吏人犯赃，终身不叙。诬告者，抵罪反坐。

一，庶事更张，图治伊始，凡经国大猷，式遵世祖皇帝以来成宪，仰中书省参酌时宜，次第举行。

一，国家内置监学，外设提举、教授，将以作养人材，宣畅风化。今仰中书省自国子监学为始拯治，各处州郡正官、肃政廉访司申明旧规，加意敦劝。若教官非才、学校废弛者，从监察御史、肃政廉访司纠劾。

---

① 《元典章》卷1《诏令》，第21—22页。《元文类》卷9和《元史》卷24《仁宗纪一》所载即位诏书，文字略有不同。

一，农桑衣食之本，仰提调官司申明累降条画，谆切劝课，务要田畴开辟，桑果增盛，乃为实效。诸官豪势要，经过军马，及昔宝赤、探马赤喂养马驼人等，索取饮食草料，纵放头疋食践踏田禾桑果者，所在官司断罪赔偿。仍仰监察御史、肃政廉访司常切纠察，考其殿最，以凭黜陟。

一，近设康里军卫，起遣各路存恤军人五千直沽屯田，消乏之余，重经此扰。今康里已令罢散，上项屯军悉听放还，依旧存恤。其余各处军人阵亡、病死者，常例存恤外，各加一年。云南、两广、汀、漳、泉州镇守新附、汉军，每名给布一疋。

一，诸色人户，各有定籍。近者脱脱收聚康里，创立军卫，滥及各投下并州郡百姓、诸色驱奴人等，多至数万，已经散遣。今后各投下诸色人等，并遵世祖皇帝以来累朝定制，不得擅招户计，诱占驱奴，违者治罪。

一，站户消乏，盖因使客繁多，失于检察。除海青外，应进献鹰隼犬马等物，并令止罢。各处岁贡方物，有司自有额例，其余非奉宣索，不得擅进。应有执把圣旨、令旨，尽行拘收。诸王、驸马投下及各衙门铺马圣旨，仰中书省定拟以闻。诸赍物为验者，今后毋得给马。不应差使，营干己私，罪及给马判署正官。监察御史、肃政廉访司常加纠察。

一，商税课程，已有定制，尚书并增为额，又立增酬殿年之令，苟非峻剥吾民，彼将焉取？今后恢办并遵旧制，法外多取及欺盗入己者，监察御史、肃政廉访司依例究治。增酬之令，即仰革拨。

一，土木之工，病民为甚，其营筑中都，已令住罢，自余不急之役，截日停罢。

一，鳏寡孤独废疾无养者，除常例外，每人给至元钞五贯。

一，发政施仁，国有令典。凡年各九十以上者，人赐绢二疋，八十以上者一疋。

一，岳镇海渎，名山大川，圣帝明王忠臣烈士，凡载在祀典者，所在正官涓吉致祭。

一，天下之民，皆吾赤子，苟怀异志，自有常刑。比者尚书省脱虎脱、三宝奴等织罗锻炼，滥杀立威，其韩脱因不花、唐华及郑阿儿思兰等已经昭雪，元没资产悉还其家。今后内外重囚，从监察御史、肃政廉访司审复无冤，结案待报，省部再三详谳，方许奏决。①

仁宗即位诏书所列的这十八条要求，包括振朝纲、求直言、抑奔竞、止贡献、均赋役、饬官吏、守法令、兴学校、劝农桑、抚军士、重民籍、恤站赤、薄税敛、息徭役、惠鳏寡、赐老者、崇祭祀、理冤滞等方面的内容，成了他的基本施政纲领，因为这些要求既包括了祛除武宗朝弊政的内容，也包括了武宗时不提的均赋役、薄税敛、息徭役、赐老者等文治的关键性内容。尤为重要的是，仁宗不再频繁发出诏书重复这些要求，以一份诏书就包含了"诏书治国"的主要内容。

至大四年四月，仁宗又发出了住罢至大银钞、铜钱和恢复中统、至元钞法的诏书。

> 我世祖皇帝，参酌古今，立中统、至元钞法，天下流行，公私蒙利，五十年于兹矣。比者尚书省不究利病，辄意变更，既创至大银钞，又铸大元、至大铜钱。钞以倍数太多，轻重失宜；钱以鼓铸弗给，新旧恣用；曾未再期，其弊滋甚。爰咨廷议，允协舆言，皆愿变通，以复旧制。其罢资国院及各处泉货监提举司，买卖铜器，听民自便。应尚书省已发各处至大钞本及至大铜钱，截日封贮，民间行使者，赴行用库倒换。②

此份诏书还附加了三条施政要求。第一条是肃台纲，要求是"风宪之官，职膺耳目，纠劾百司。凡政令之从违，生民之休戚，言责所关，实要且重。惟今百度载新，图治伊始，式遵世祖皇帝以来累朝成宪，各扬乃职，以肃政纲"。第二条是复租赋，要求是"大都、上都、隆兴，辇毂经幸，供给浩繁，应百姓合纳差税，自至大四年为始，并免三年"。第三条是简诉讼，要求是"近年田宅增价，争讼日繁，除已到官

---

① 《元史》卷24《仁宗纪一》；《元典章》卷2《圣政一》，第34、43、45、49、51—52、54—55、58、65—66、69—70页；《元典章》卷3《圣政二》，第75、87、89、99、101、111、116页。

② 《元史》卷24《仁宗纪一》。

见有文案,并典质借贷私约分明,依例归结,其余在至大元年正月以前者,并仰革拨"①。

增加了恢复以往钞法的做法以及三条要求后,仁宗的祛除弊政事务基本完成,可以实施更重要的举措了。

二 理学政治的浮现

仁宗的尊儒重教,主要是受理学家的影响,所以在政治取态上侧重于按照理学政治学说铺陈文治举措,使"理学政治"成为令时人瞩目的现象。

(一)崇儒教

为表示对孔子和儒学的尊崇,仁宗于至大四年闰七月特别派遣国子祭酒刘赓前往曲阜祭祀。皇庆二年六月,仁宗又下命以宋儒周敦颐、程颢、程颐、张载、邵雍、司马光、朱熹、张栻、吕祖谦及许衡从祀孔子庙廷。此举不仅体现了对理学的崇敬,亦体现了对南北理学融合的认可,因为许衡早已成为北方理学的重要代表人物。

仁宗亦高度重视国子学的作用,于至大四年闰七月明确表示:"国子学,世祖皇帝深所注意,如平章不忽木等皆蒙古人,而教以成材。朕今亲定国子生额为三百人,仍增陪堂生二十人,通一经者,以次补伴读,著为定式。"②

仁宗之所以注重儒学,是因为儒家的治道学说尤其是理学的政治学说有用于当世。由此,他特别注意将重要典籍推荐给朝臣。如至大四年六月,仁宗在阅读《贞观政要》后,明确指示翰林侍讲阿林铁木儿:"此书有益于国家,其译以国语刊行,俾蒙古、色目人诵习之。"延祐元年四月,仁宗又以《资治通鉴》载前代兴亡治乱,命集贤学士忽都鲁都儿迷失和李孟择其切要者译写以进。延祐四年四月,翰林学士承旨忽都鲁都儿迷失、刘赓等献上《大学衍义》一书,仁宗则对臣僚表示:"《大学衍义》议论甚嘉,其令翰林学士阿怜铁木儿译以国语。"延祐五年九月,仁宗又下令将江浙行省所印的《大学衍义》五十部赐给朝臣。③

---

① 《元典章》卷 2《圣政一》,第 38—39 页;卷 3《圣政二》,第 82、90 页。
② 《元史》卷 24《仁宗纪一》。
③ 《元史》卷 24《仁宗纪一》,卷 25《仁宗纪二》,卷 26《仁宗纪三》。

皇庆二年六月，河东廉访使赵简上言："请选方正博洽之士，任翰林侍读、侍讲学士，讲明治道，以广圣听。"仁宗采纳了这一建议，为后来朝廷正式开设经筵打下了重要的基础。①

(二) 重儒臣

仁宗在即位前得到过李孟、王约等人的帮助，所以特别注重儒臣的选用，于至大四年四月下令："国子监师儒之职，有才德者，不拘品级，虽布衣亦选用。"当年闰七月，完泽、李孟等人上言："方今进用儒者，而老成日以凋谢，四方儒士成才者，请擢任国学、翰林、秘书、太常或儒学提举等职，俾学者有所激劝。"仁宗即明确表示："自今勿限资级，果才而贤，虽白身亦用之。"

皇庆元年正月，仁宗还特别对中书省官员说："翰林、集贤儒臣，朕自选用，汝等毋辄拟进。人言御史台任重，朕谓国史院尤重；御史台是一时公论，国史院实万世公论。"为充实翰林院和国史馆，仁宗还于当年六月特别命令李孟博选中外才学之士任职翰林。

皇庆二年二月，仁宗又明确表示："回回以宝玉鬻于官，朕思此物何足为宝，唯善人乃可为宝。善人用则百姓安，兹国家所宜宝也。"②

恰是因为仁宗的尊敬儒臣，使朝廷集中了一批当时的理学名儒，为朝廷的文治出谋划策，详见后述。

(三) 行科举

自忽必烈下令废除科举后，要求恢复科举的声音一直未断，成宗和武宗朝虽曾讨论过恢复科举的问题，最终都是议而不决。皇庆二年十月，中书省官员上奏："科举事，世祖、裕宗累尝命行，成宗、武宗寻亦有旨，今不以闻，恐或有沮其事者。夫取士之法，经学实修己治人之道，词赋乃摛章绘句之学，自隋、唐以来，取人专尚词赋，故士习浮华。今臣等所拟将律赋省题诗小义皆不用，专立德行明经科，以此取士，庶可得人。"③仁宗接受了这一建议，于当年十一月正式发出行科举的诏书，诏书由儒臣程钜夫起草，全文如下。

---

① 《元史》卷24《仁宗纪一》。
② 《元史》卷24《仁宗纪一》。
③ 《元史》卷81《选举志一》。

惟我祖宗以神武定天下，世祖皇帝设官分职，征用儒雅，崇学校为育材之地，议科举为取士之方，规模宏远矣。朕以眇躬，获承丕祚，继志述事，祖训是式。若稽三代以来，取士各有科目，要其本末，举人宜以德行为首，试艺则以经术为先，词章次之。浮华过实，朕所不取。爰命中书，参酌古今，定其条制。其以皇庆三年八月，天下郡县，兴其贤者能者，充赋有司，次年二月会试京师，中选者朕将亲策焉。具合行事宜于后。

科场，每三岁一次开试。举人从本贯官司于诸色户内推举，年及二十五以上，乡党称其孝悌，朋友服其信义，经明行修之士，结罪保举，以礼敦遣，贡诸路府。其或徇私滥举，并应举而不举者，监察御史、肃政廉访司体察究治。

考试程式，蒙古、色目人，第一场经问五条，《大学》《论语》《孟子》《中庸》内设问，用朱氏章句集注。其义理精明，文辞典雅者为中选。第二场策一道，以时务出题，限五百字以上。汉人、南人，第一场明经、经疑二问，《大学》《论语》《孟子》《中庸》内出题，并用朱氏章句集注，复以己意结之，限三百字以上；经义一道，各治一经，《诗》以朱氏为主，《尚书》以蔡氏为主，《周易》以程氏、朱氏为主，已上三经，兼用古注疏，《春秋》许用《三传》及胡氏《传》，《礼记》用古注疏，限五百字以上，不拘格律。第二场古赋、诏诰、章表内科一道，古赋、诏诰用古体，章表四六，参用古体。第三场策一道，经史、时务内出题，不矜浮藻，惟务直述，限一千字以上成。蒙古、色目人，愿试汉人、南人科目，中选者加一等注授。

蒙古、色目人作一榜，汉人、南人作一榜。第一名赐进士及第，从六品，第二名以下及第二甲，皆正七品；第三甲以下，皆正八品，两榜并同。

所在官司迟误开试日期，监察御史、肃政廉访司纠弹治罪。流官子孙荫叙，并依旧制，愿试中选者，优升一等。在官未入流品，愿试者听。若中选之人，已有九品以上资级，比附一高，加一等注授；若无品级，止依试例从优铨注。乡试处所，并其余条目，命中书省议行。

于戏！经明行修，庶得真儒之用；风移俗易，益臻至治之隆。

咨尔多方，体予至意。①

为了以真儒辅治天下，新恢复的科举抛弃了只重词赋文章的考试方法，采用既注重行为操守也注重真才实学的方法。行为操守由地方官员负责考察和推荐，真才实学则通过乡试、会试和殿试层层筛选，考试用书以朱熹的著作为主，显示了朝廷对理学的认可和尊崇。

延祐元年八月，举行了科举恢复后的第一次乡试。延祐二年二月，在大都举行会试，三月举行廷试（殿试），护都沓儿、张起岩等五十六人成为恢复科举后的第一批进士。四月，仁宗赐进士恩荣宴于翰林院，并赐会试下第的举人，七十岁以上者以从七品流官致仕，六十岁以上者任府、州儒学教授，其他人授予山长、学正等职务。优待落榜者只是第一次科举考试的特殊恩例，下不为例。科举恢复后的第二次乡试于延祐四年举行，次年三月廷试产生的第二批进士只有忽都达儿、霍希贤等五十人。②

仁宗对于能够在自己手中恢复科举考试颇为自得，曾明确表示："朕所愿者，安百姓以图至治，然匪用儒士，何以致此。设科取士，庶几得真儒之用，而治道可兴也。"③ 也就是说，尊儒重教和科举取士都是为了以真儒辅治天下，这恰是"理学政治"的真谛所在。

三　朝政的得与失

仁宗信奉儒家的治道理念，尽心按照文治的要求行事，确实取得了一些善政成绩，但是亦在朝政中出现了重大的失误。

（一）任贤爱民

至大四年九月，仁宗下令改元皇庆，在诏书中明确表示："朕赖天地祖宗之灵，纂承圣绪，永惟治古之隆，群生咸遂，国以乂宁。朕夙兴夜寐，不敢怠遑，任贤使能，兴滞补弊，庶其臻兹。敛时五福，用敷锡厥庶民，朕之志也。"④

为体现任贤使能，仁宗在至大四年四月曾向集贤学士忽都鲁都儿迷

---

① 程钜夫：《行科举诏》，《元文类》卷9；《元史》卷81《选举志一》。
② 《元史》卷25《仁宗纪二》，卷26《仁宗纪三》。
③ 《元史》卷24《仁宗纪一》。
④ 《元典章》卷1《诏令》，第22页。

失提出要求："向召老臣十人，所言治政，汝其详译以进，仍谕中书悉心举行。"六月，又命侍臣咨访内外人士，"才堪佐国者，悉以名闻"①。

只有淘汰贪官污吏，才能使贤者得以进身。延祐六年九月，御史台官员上言："比者官以幸求，罪以赂免，乞凡内外官非勋旧有资望者，不许骤升。诸犯赃罪已款伏及当鞫而幸免者，悉付元问官以竟其罪；其贪污受刑，夺职不叙者，夤缘近侍，出入内庭，觊幸名爵，宜斥逐之。"延祐七年正月，御史台官员又上言："比赐不儿罕丁山场、完者不花海舶税，会计其钞，皆数十万锭，诸王军民贫乏者，所赐未尝若是，苟不撙节，渐致帑藏虚竭，民益困矣。"中书省官员也表示："台臣所言良是，若非振理朝纲，法度愈坏。臣等乞赐罢黜，选任贤者。"对于臣僚的这些言论，仁宗都持赞同的态度，并表示中书省和御史台的官员应持合作共事的态度。②

为强调以民为本，仁宗特别于至大四年四月对即将出任江浙行省平章政事的章闾说："以汝先朝旧人，故命汝往。民为邦本，无民何以为国？汝其上体朕心，下爱斯民。"延祐六年三月，仁宗又对御史大夫秃秃合说："御史大夫职任至重，以卿勋旧之裔，故特授汝。当思乃祖乃父忠勤王室，仍以古名臣为法，否则将坠汝家声，负朕委任之意矣。"当年十一月，仁宗亦对御史台官员明言："有国家者，以民为本。比闻百姓疾苦衔冤者众，其令监察御史、廉访司审察以闻。"③

劝课农桑，是以民为本的重要措施。皇庆元年七月，仁宗将大司农司的品秩由正二品提升到从一品，并对大司农司的官员强调："农桑衣食之本，汝等举谙知农事者用之。"延祐二年八月，又命江浙行省印《农桑辑要》万部，颁降有司遵守劝课。延祐五年九月，大司农买住等进司农丞苗好谦所撰《栽桑图说》，仁宗亦表示："农桑衣食之本，此图甚善。"下命刊印千帙，散之民间。④

任贤爱民与盘剥百姓是完全不同的执政方式，仁宗着意强调民为邦本、农桑衣食之本等观念，就是有意要用爱民的善政方式，来继续消除武宗"恶政"所带来的消极影响。

---

① 《元史》卷24《仁宗纪一》。
② 《元史》卷26《仁宗纪三》。
③ 《元史》卷24《仁宗纪一》，卷26《仁宗纪三》。
④ 《元史》卷24《仁宗纪一》，卷25《仁宗纪二》，卷26《仁宗纪三》。

(二) 以法为据

至大四年三月，仁宗曾要求中书省官员"裒集中统、至元以来条章，择晓法律老臣，斟酌重轻，折衷归一，颁行天下，俾有司遵行，则抵罪者庶无冤抑。"延祐二年四月，仁宗又命李孟等类集累朝条格，成书后颁行全国。延祐三年夏季，全书编成，"其纲有三，一制诏，二条格，三断例"。但是该书并未在仁宗时颁行，而是到英宗时，经过进一步的修订，定名为《大元通制》。①

延祐四年八月，仁宗向中书省右丞相合散问道："卿等日所行者何事？"合散回答："臣等第奉行诏旨而已。"仁宗即明确表示："卿等何尝奉行朕旨，虽祖宗遗训，朝廷法令，皆不遵守。夫法者，所以辨上下，定民志，自古及今，未有法不立而天下治者。使人君制法，宰相能守而勿失，则下民知所畏避，纲纪可正，风俗可厚。其或法弛民慢，怨言并兴，欲求治安，岂不难哉？"② 从对段对话可以看出，仁宗特别看重的是以法为据的治国理念。

仁宗在协调朝廷各机构的关系时，也强调了以法为据的要求。武宗时各机构品级的提高和官员数额的增加，在至大四年都得到了纠正，"敕百司改升品级者，悉复至元旧制"；"裁定京朝诸司员数，并依至元三十年旧额"。中都留守司及其下属机构全部被撤销，复置隆兴路总管府。对于乱传内旨的行为，仁宗亦强调："朕前戒近侍，毋辄以文记传旨中书，自今敢有犯者，不须奏闻，直捕其人付刑部究治。"中书省官员上言："世祖定立选法升降，以示激劝。今官未及考，或无故更代，或躐等进阶，僭受国公、丞相等职，诸司已裁而复置者有之。今春以内降旨除官千余人，其中欺伪，岂能悉知？坏乱选法，莫此为甚。"仁宗则明确表示："凡内降旨，一切勿行。"皇庆元年正月，仁宗又对御史大夫塔思不花说："凡大臣不法，卿等劾奏毋避，朕自裁之。"六月，仁宗更特别告诫臣僚"守法度，勤职业，勿妄侥幸加官"③。

延祐六年正月，仁宗还特别对扎鲁忽赤买闾说："扎鲁忽赤人命所系，其详阅狱辞，事无大小，必谋诸同僚，疑不能决者，与省、台臣集

---

① 《元史》卷24《仁宗纪一》，卷25《仁宗纪二》；吴澄：《大元通制条例纲目后序》，《吴文正公集》卷19，四库全书本（《全元文》第14册，第332—333页）。
② 《元史》卷26《仁宗纪三》。
③ 《元史》卷24《仁宗纪一》。

议以闻。"他还进一步指出:"卿等以朕居帝位为安邪?朕惟太祖创业艰难,世祖混一疆宇,兢业守成,恒惧不能当天心,绳祖武,使万方百姓乐得其所,朕念虑在兹,卿等固不知也。"① 这段话表明,仁宗对"居安思危"亦有一定的认识。

在元朝的皇帝中,注重"以法为据"和"居安思危"的不多,仁宗之所以有这样的观念,一方面与他的儒学功底有关,另一方面也是汲取了武宗的教训,刻意彰显他与只知逐利的武宗在思想和观念上的不同。

(三) 控制赏赐

为遵从世祖以来的惯例,仁宗在即位时不得不对诸王大臣等大加赏赐。"以诸王朝会,普赐金三万九千六百五十两、银百八十四万九千五十两、钞二十二万三千二百七十九锭、币帛四十七万二千四百八十八匹。"但是在这次大赏赐后,仁宗即明确表示:"财用足,则可以养万民,给军旅。自今虽一缯之微,不言于朕,毋辄与人。"至大四年十一月,李孟上奏:"钱粮为国之本,世祖朝量入为出,恒务撙节,故仓库充牣。今每岁支钞六百余万锭,又土木营缮百余处,计用数百万锭,内降旨赏赐复用三百余万锭,北边军需又六七百万锭;今帑藏见贮止十一万余锭,若此安能周给。自今不急浮费,宜悉停罢。"仁宗采纳了他的意见,下令凡营缮悉罢之。② 需要说明的是,仁宗朝不是没有工程造作和赏赐,只是有所控制而已。

对于爵位的滥赐等,也有所控制。如皇庆二年四月御史台官员上言:"富人夤缘特旨,滥受官爵。徽政、宣徽用人,率多罪废之流。近侍托为贫乏,互奏恩赏。西僧以作佛事之故,累释重囚。外任之官,身犯刑宪,辄营求内旨以免罪。诸王、驸马、寺观、臣僚土田每岁征租,亦极为扰民。请悉革其弊。"仁宗即要求革除这些弊病。延祐五年五月,有监察御史上言:"比年名爵冒滥,太尉、司徒、国公接迹于朝。昔奉诏裁罢,中外莫不欣悦。近闻礼部奉旨铸太尉、司徒、司空等印二十有六,此辈无功于国,载在史册,贻笑将来。请自今门阀贵重、勋业昭著者存留一二,余并革去。"这一建议也被仁宗所采纳。③

----

① 《元史》卷26《仁宗纪三》。
② 《元史》卷24《仁宗纪一》。
③ 《元史》卷24《仁宗纪一》,卷26《仁宗纪三》。

对于元朝的每位皇帝来说，控制赏赐和爵位都是颇难做到的事情，因为颁赏和赐爵是"祖宗之法"的重要内容，谁也不能违背，仁宗能做的只是稍有一些节制，使其不至于给国家带来过于沉重的负担。

（四）弭灾之术

仁宗朝遭遇了京城地震和严重的水、旱灾害等，不得不认真研究弭灾之道。

皇庆二年三月，中书省官员上言："臣等职专燮理，去秋至春亢旱，民间乏食，而又陨霜雨沙，天文示变，皆由不能宣上恩泽，致兹灾异，乞黜臣等以当天心。"仁宗即明确表示："事岂关汝辈耶？其勿复言。"① 也就是说，仁宗并不赞同大臣避位禳灾的做法。

为了表示对天灾的重视，仁宗特别在延祐元年正月改元年号的诏书中强调："惟天惟祖宗眷祐有国，朕自即位，于今四年。比者阴阳失调，星芒示儆，岂朕躬修德之未至耶？抑官吏未选，而政令之或乖耶？思以回天心，召和气，侧身修行，实切余衷。庸敕攸司，务共乃职，爰布惟新之令，诞敷济众之仁。"② 该诏书附载的以下要求，都与救灾有关。

> 京师，天下之本，比之诸路，供给繁重。大都、上都合纳差税，自延祐元年蠲免二年。被灾去处，皇庆二年曾经赈济人户，延祐元年差发、税粮，尽行蠲免。
>
> 内外一切不急之役，截日住罢。
>
> 百姓欠负系官钱粮，延祐元年正月二十二日以前，并行除免。
>
> 流民所至去处，有司常加存恤，毋致失所。愿务农者，验各家人力，官为给田耕种。不能自存者，接济口粮。如有复业，并免三年差役，元抛事产尽皆给付。逃户差税，已尝戒饬毋令见在人户包纳。虑有司奉行不至，仰照依累降条画，务在必行，毋蹈前弊。
>
> 自延祐元年正月二十二日昧爽以前，除谋反大逆，谋杀祖父母父母、妻妾杀夫、奴婢杀主、故杀致命、但犯强盗、伪造宝钞及官吏取受侵盗系官钱粮不在原免，其余一切罪犯，已未发觉，并行

---

① 《元史》卷24《仁宗纪一》。
② 《元典章》卷1《诏令》，第23页。

释免。①

由于御史台官员指出:"比年地震水旱,民流盗起,皆风宪顾忌失于纠察,宰臣燮理有所未至,或近侍蒙蔽,赏罚失当,或狱有冤滥,赋役繁重,以致乖和。宜与老成共议所由。"仁宗特别于延祐二年二月派出宣抚使,分十二道问民疾苦,黜陟官吏。当年十一月,中书省左丞相合散等人上言:"彗星之异,由臣等不才所致,愿避贤路。"仁宗则再次表示:"此朕之愆,岂卿等所致?其复乃职,苟政有过差,勿惮于改。凡可以安百姓者,当悉言之,庶上下交修,天变可弭也。"②

延祐四年正月,仁宗对臣僚说:"中书比奏百姓乏食,宜加赈恤。朕默思之,民饥若此,岂政有过差以致然欤?向诏百司务遵世祖成宪,宜勉力奉行,辅朕不逮,然尝思之,唯省刑薄赋,庶使百姓各遂其生也。"当年四月,仁宗又问臣僚:"雨旸不时,奈何?"中书省平章政事萧拜住回答:"宰相之过也。"仁宗即问他:"卿不在中书耶?"萧拜住惶愧难以自辩。③

仁宗能够通过灾变自我反省朝政得失,并认识到只有轻徭薄赋才是救灾的根本出路,应该说是抓住了问题的要害,但缺乏的是实际的作为,所以在应对灾害方面,朝廷呈现的是缺乏章法的基本样态。

(五) 延祐经理

仁宗虽然强调选贤任能,招徕儒臣,但是在任用主要大臣时出现的重大偏差,就是不得不重用铁木迭儿。

铁木迭儿是蒙古人,其先祖不怜吉带曾随忽必烈出征大理,铁木迭儿即以功臣后裔的身份成为忽必烈的侍卫,成宗和武宗朝历任宣徽使、江西行省平章政事、云南行省左丞相等职,深得皇太后答己的信任。铁木迭儿曾擅自离职,在答己的庇护下未受处罚。仁宗即位后,答己授意以铁木迭儿为中书省右丞相,仁宗只能认可。

有皇太后的支持,铁木迭儿即于皇庆元年三月向仁宗提出了整肃臣僚的建议:"臣误蒙圣恩,擢任中书,年衰且病,虽未能深达政体,思竭忠力,以图报效,事有创行,敢不自勉,前省弊政,方与更新。钦惟

---

① 《元典章》卷3《圣政二》,第82—83、89、95、107、123页。
② 《元史》卷25《仁宗纪二》。
③ 《元史》卷26《仁宗纪三》。

列圣相承,混一区宇,日有万几,若非整饬,恐致解驰。继今朝夕视事,左右司六部官有不尽心者,当论决,再不悛者,黜勿叙,其有托故侥幸他职者,亦不叙。"仁宗并不反对他的说法,只是不久就让其以病去职。延祐元年九月,在皇太后等人的坚持下,铁木迭儿又被任命为中书省右丞相,他即明确提出了自己的为政主张。

> 蒙陛下怜臣,复擢为首相,依阿不言,诚负圣眷。比闻内侍隔越奏旨者众,倘非禁止,致治实难。请敕诸司,自今中书政务,毋辄干预。又往时富民,往诸蕃商贩,率获厚利,商者益众,中国物轻,蕃货反重。今请以江浙右丞曹立领其事,发舟十纲,给牒以往,归则征税如制,私往者没其货。又,经用不给,苟不预为规画,必至愆误。臣等集诸老议,皆谓动钞本,则钞法愈虚;加赋税,则毒流黎庶;增课额,则比国初已倍五十矣。惟预买山东、河间运使来岁盐引,及各冶铁货,庶可以足今岁之用。又,江南田粮,往岁虽尝经理,多未核实。可始自江浙,以及江东、西,宜先事严限格、信罪赏,令田主手实顷亩状入官,诸王、驸马、学校、寺观亦令如之;仍禁私匿民田,贵戚势家,毋得沮挠。请敕台臣协力以成,则国用足矣。①

为配合铁木迭儿,平章章闾也提出了经理土地的建议:"经理大事,世祖已尝行之,但其间欺隐尚多,未能尽实。以熟田为荒地者有之,惧差而析户者有之,富民买贫民田而仍其旧名输税者亦有之。由是岁入不增,小民告病。若行经理之法,俾有田之家,及各位下、寺观、学校、财赋等田,一切从实自首,庶几税入无隐,差徭亦均。"

仁宗被铁木迭儿、章闾的建议所打动,于延祐元年十月决定实施大规模的经理,即全面清查土地。"其法先期揭榜示民,限四十日,以其家所有田,自实于官。或以熟为荒,以田为荡,或隐占逃亡之产,或盗官田为民田,指民田为官田,及僧道以田作弊者,并许诸人首告。十亩以下,其田主及管干佃户皆杖七十七。二十亩以下,加一等。一百亩以下,一百七;以上,流窜北边,所隐田没官。郡县正官不为查勘,致有

---

① 《元史》卷 25《仁宗纪二》,卷 205《铁木迭儿传》。

脱漏者，量事论罪，重者除名。"按照中书省的要求，仁宗派遣章闾等往江浙，尚书你咱马丁等往江西，左丞陈士英等往河南，督管经理事宜。

由于经理事起仓促，"期限猝迫，贪刻用事，富民黠吏，并缘为奸，以无为有，虚具于籍者，往往有之。于是人不聊生，盗贼并起，其弊反有甚于前者"。"括田增税，苛急烦扰，江右为甚，致赣民蔡五九作乱宁都，南方骚动，远近惊惧。"仁宗不得不于延祐二年八月下令终止经理。①

出了如此大的乱子，铁木迭儿不但没有被处罚，反而加太师封号并兼领宣政院事。对于铁木迭儿的"怙势贪虐，凶秽滋甚"，朝臣忍无可忍，于延祐四年六月以中书省平章政事萧拜住、御史中丞杨朵儿只和上都留守贺伯颜为首，监察御史四十余人联名，上书弹劾铁木迭儿，列举了他的各种恶行。

> 内外监察御史凡四十余人，共劾铁木迭儿桀黠奸贪，阴贼险狠，蒙上罔下，蠹政害民，布置爪牙，威詟朝野，凡可以诬陷善人、要功利己者，靡所不至。取晋王田千余亩、兴教寺后墙园地三十亩、卫兵牧地二十余亩。窃食郊庙供祀马。受诸王合儿班答使人钞十四万贯，宝珠玉带氍毹币帛又计钞十余万贯。受杭州永兴寺僧章自福赂金一百五十两。取杀人囚张弼钞五万贯。且既已位极人臣，又领宣政院事，以其子八里吉思为之使。诸子无功于国，尽居贵显。纵家奴陵虐官府，为害百端。以致阴阳不和，山移地震，灾异数见，百姓流亡，己乃恬然略无省悔。私家之富，又在阿合马、桑哥之上。四海疾怨已久，咸愿车裂斩首，以快其心。如蒙早加显戮，以示天下，庶使后之为臣者，知所警戒。②

仁宗接到弹劾奏疏后，下令逮捕铁木迭儿，铁木迭儿藏到皇太后近臣家中，仁宗认为其得到皇太后保护，难以问罪，只是罢免了他的职务。

延祐经理是仁宗在位时的一个重大失策表现，印证了用奸臣必出乱

---

① 《元史》卷25《仁宗纪二》，卷205《铁木迭儿传》，卷93《食货志一》。
② 《元史》卷205《铁木迭儿传》。

政的定理,并使得仁宗的文治楷模形象遭受了极大的损害,成了他的一个难以抹去的污点。

(六) 立皇太子

按照与武宗的约定,仁宗即位后应该立武宗之子为皇太子,在兄终弟及之后,保证皇位由武宗后人继承。仁宗迟迟不肯立储,就是不想履行这样的承诺。延祐三年十二月,仁宗下决心违背约定,立自己的儿子硕德八剌为皇太子,兼中书令、枢密使,次年闰正月正式发出了建储诏书。

> 朕荷上天之鸿禧,纂列圣之丕绪,比承皇太后慈训,若稽世祖皇帝成宪,深为国本,宜建储嗣,亲王大臣,佥言允同。皇子硕德八剌,地居嫡长,天锡仁孝,可以主重器,奉宗祧。已于延祐三年十二月十九日,授以金宝,立为皇太子。中书令、枢密使,一如旧制,其有司备立册命。因兹盛举,庸布新条。于戏!万国以贞,允属元良之重;四方其训,永建太平之基。咨尔臣民,体予至意。故兹昭示,想宜知悉。①

在这份诏书中,仁宗将选立皇太子的责任推到了皇太后答己和宗王、大臣身上,以显示不是自己要背约。而所谓的"新条",不过是重复了兴学校、劝农桑、抚军士、安黎庶、复租赋、息徭役、贷逋欠、惠鳏寡、崇祭祀等方面的要求,② 以作为点缀而已。

延祐五年七月,御史中丞赵简上言:"皇太子春秋鼎盛,宜选耆儒敷陈道义。今李铨侍东宫说书,未谙经史,请别求硕学,分进讲读,实宗社无疆之福。"次年正月,监察御史孛术鲁翀等人上言:"皇太子位正东宫,既立詹事院以总家政,宜择年德老成、道义崇重者为师保宾赞,俾尽心辅导,以广缉熙之学。"这些建议都被仁宗所接受。但是延祐六年四月,仁宗要任命铁木迭儿为太子太师,又遭到了群臣的反对,"参政赵世延为御史中丞,率诸御史论其不法数十事,而内外御史论其

---

① 《元典章》卷1《诏令》,第24—25页。
② 具体内容,见《元典章》卷2《圣政一》,第52、55、58、61页;卷3《圣政二》,第83—84、89、96、100、111页。

不可辅导东宫者又四十余人。然以皇太后故，终不能明正其罪"①。也就是说，启用铁木迭儿掌皇太子事务，也是皇太后答己的主意，仁宗不敢违抗，并为后朝留下了重大的隐患。

综观仁宗的施政行为，可以看出他基本坚持了尊儒和重视治道的政治观念，并且有推行善政的强烈愿望。但是仁宗过于懦弱，不能与皇太后相抗，所以难免出现重大的失误。守儒道者屈从于赤裸裸的太后干政，历史上有过不少的教训，仁宗也提供了一个重要的例证。

仁宗能够较完整地阐释儒家治道观点，并且坚决清除武宗留下的与治道不合的弊政，以重视儒臣和恢复科举作为"理学政治"的重要标志，这是他的长处所在。但是重儒观念在遭遇实政问题尤其是经济问题时往往束手无策，这是儒家的短板，也就成了受儒家理念影响至深的皇帝的短处。所以说延祐经理的失误，不能只归结于仁宗被奸臣所蒙蔽，更为重要的是仁宗缺乏治国理政的经验。当然，这样的失误，并不影响仁宗在元朝政治思想发展中的地位，因为他毕竟起到了拨乱反正的重要作用，使文治又成为朝政的主调。

第四节　元英宗的新政观念

元英宗名硕德八剌，仁宗子，生于大德七年（1303），仁宗时被立为皇太子，延祐七年（1320）三月即皇帝位后，以至治作为新的年号，至治三年（1323）八月被谋杀，在位四年，主要显示的是倡导新政的执政风格。

一　新政观念的阐释

硕德八剌十八岁登基为皇帝，在辅臣的帮助下，即位伊始即宣示了新政的蓝图。

（一）即位诏书显示的维新观念

延祐七年三月，硕德八剌在大都大明殿即皇帝位，在由儒臣张士观撰写的即位诏书中明确表达了政治维新的意图，除大赦外，还强调了复租赋、免逋欠、恤站赤、抚军士、重招抚、兴学校、崇祭祀七条施政

---

① 《元史》卷26《仁宗纪三》，卷205《铁木迭儿传》。

要求。

洪惟太祖皇帝膺期抚运，肇开帝业；世祖皇帝神机睿略，统一四海。以圣继圣，迨我先皇帝，至仁厚德，涵濡群生，君临万国，十年于兹。以社稷之远图，定天下之大本，协谋宗亲，授予册宝。方春宫之与政，遽昭考之宾天。诸王贵属、元勋硕辅，咸谓朕宜体先皇帝付托之重、皇太后拥护之慈，既深系于人心，讵可虚于神器，合辞劝进，诚意交孚。乃于三月十一日，即皇帝位于大明殿。诞受惟新之命，庸推在宥之恩。可赦天下，自延祐七年三月十一日昧爽以前，除谋反大逆，谋杀祖父母父母、妻妾杀夫、奴婢杀主、谋故杀人、但犯强盗、印造伪钞、侵盗短少系官钱粮不赦外，其余一切罪犯，已发觉未发觉，已结正未结正，罪无轻重，咸赦除之。敢以赦前事相告言者，以其罪罪之。所有合行事宜，画列于后。

一，恤灾拯民，国有令典。应腹里路分被灾去处，曾经赈济者，据延祐七年合该丝线，十分为率，拟免五分。其余诸郡丝线并江淮夏税，并免三分。

一，差发、税粮，民之常赋，贫乏逋欠，在所宜矜。其延祐七年以前征理未足之数，并行蠲免，已征入主典之手者，不在蠲免之限。

一，各处站赤，差发繁并，迤渐消乏，仰中书省、通政院设法撙裁，诸衙门不得泛滥给驿，违者罪及当该判署官吏。路、府提调官钤束站官人等，毋得聚敛侵克，差役不均。监察御史、肃政廉访司严加纠治。

一，远近诸军，征行戍守，终岁劳苦，实可悯怜。其阵亡之家，常例存恤限外，各展一年。本管翼、卫及奥鲁等官，毋得非理科敛，违法放债，勒要重息。监察御史、肃政廉访司常切体究。

一，两广、云南等处哨聚贼人，据特巢险，出没不常。虽蛮荒之俗固然，亦由官府失于威信，不能抚怀，以致如此。诏书到日，限一百日内出官自首，许免本罪，各安其业。限外不悛，依例收捕。

一，农桑、学校，王政之本。盖务农所以厚民，劝学所以幸化。累圣相继，具有典章。仰各处提调官常切加意，勉求实效，勿事虚文。其科举贡士之法，并依旧制。

一，岳镇海渎，圣帝明王，诸在祀典者，长吏择日致祭。

尚念祖宗丕绪，持守惟艰，万机之繁，罔敢遐逸。更赖远近勋戚，左右臣邻，咸一乃心，以辅予治。咨尔多方，体予至意。故兹诏示，想宜知悉。①

在这七条施政要求中，尤其要注意的是对赋税的灾免和恩免规定，灾免的免征比例达到一半，是前所未有的标准，恩免则维持了减征十分之三的标准。施行这样的标准，确实是有新意。

由于英宗即位得到了皇太后答己的首肯和帮助，所以在举行登基大典后，立即册封答己为太皇太后，并在诏书中不仅强调了太皇太后"定大策于两朝"的功绩，还明确表达了"为治之端，无加于立孝；报本之义，莫大于尊亲"的意愿。②

(二) 改元诏书体现的新政要求

延祐七年十二月，英宗下诏改元为至治，并特别在由儒臣元明善撰写的诏书中对新政提出了十六条要求。

朕祗遹诒谋，获承丕绪，念付托之惟重，顾继述之敢忘。爰以延祐七年十二月初二日，被服衮冕，恭谢于太庙。既大礼之告成，宜普天之均庆。属兹逾岁，用易纪元，于以导天地之至和，于以法《春秋》之谨始。可改延祐八年为至治元年，所有便民事宜，条列于后。

一，国家经费，皆出于民。近年以来，水旱相仍，艰食者众。其至治元年丁地税粮，十分为率，天下普免二分。合该包银，除两广、海北、海南权且倚阁，其余去处，减免五分。

一，大都、上都、兴和三路，供输繁重，自至治元年为始，合着差税全免三年。腹里被灾人户，曾经廉访司体复者，下年丝料与免三分。燕南、山东、汴梁、归德、汝宁灾伤地面，应有河泊，无问系官、投下，并仰开禁，听民采取。若有元委抽分头目人等，截

---

① 《元典章》，新集，第2019—2021页。《元文类》卷9和《元史》卷27《英宗纪一》所载即位诏书，文字略有不同。

② 《元典章》卷1《诏令》，第26页。

日革去。

一，诸人侵欺盗用失陷短少减驳合追系官钱粮，如在延祐七年三月十一日诏书已前，已有追理文案者，先将奴婢财产尽数准折入官，不敷之数，体复明白，并从释免。若有不尽不实，从监察御史、肃政廉访司体察。已征入主典之手者，不在此限。

一，回回、汉人、南人典买到蒙古子女为驱者，诏书到日，分付所在官司应付口粮，收养听候，具数开申中书省定夺。

一，百姓流移，害非得已。如欲复业者，所在官司官给行粮。应有在前拖欠差发、课程，并行倚阁。元抛事产，全行给付，仍免差税三年。其腹里百姓因值灾伤，典卖儿女，听依元价收赎。

一，诸奕军人，经岁劳苦，加以管军官、奥鲁官司非理侵渔，消乏者众。汉军贫难，已告到官者，仰枢密院从实分拣，合并存恤，管军官放钱、违例多要利息及翻倒文契者，诏书到日，尽行倚阁。和林、甘肃、云南、四川、福建、广海镇守新附、汉军，除常例外，每名给布一匹。病者，官给医药。死者，给烧埋中统钞二十五两，拘该州、县凭准管军官印署公文，于本处课程钱内随即支付，候有同乡军人回还，就将骸骨送至其家。违者，监察御史、肃政廉访司严加纠察。其余合整治事理，仰枢密院续议举行。

一，站赤消乏，盖因差使频仍。今后诸衙门并诸王、公主、驸马各枝儿常加撙节，如有必合差人弛驿干办公事，斟酌应付，务从省减。一切关防约束事理，悉从旧制。脱脱禾孙用心盘诘，违者随申本道廉访司究问。通政院给马之际，若有不应差人，及多余滥给铺马者，严行断罪。

一，煎盐、炼铁、运粮船户，较之其它，尤为劳苦。户下合该杂泛差役，自至治元年为始，优免三年。其腹里煽办铁课，既敷支用，下年权且住煽，以舒民力。

一，经过军马营帐，围猎飞放昔宝赤、八儿赤并喂养马驼人等，如无省部明文，并不得于百姓处取要草料、酒食等物，纵令头疋损坏田禾树株。如违，所在官司就便追断，重者申闻。若有司不为理问，监察御史、肃政廉访司并行纠治。

一，云南、四川、福建、广海之任官员，已有给驿定例。到任之后，不幸病故，抛下家属无力出还，穷困远方，诚可哀悯。仰所在官司取勘见数，应付元去铺马车船，仍给行粮，递送还家。如有典卖亲属人口，并听完聚，价不追还，永为定式。

一，诸色课程，已各有定额，商税三十分取一，不得多取，已有定制。今有司考较，于正额、增余之外，又求羡余，苟非多取于民，彼将焉出？仰将延祐七年实办到官数目为定额，已后办出增余，增自作增，额自作额。

一，均平赋役，乃民政之要。今后但凡科着和雇和买、里正主首一切杂泛差役，除边远出征军人及自备首思站赤外，不以是何户计，与民一体均当。诸位下、诸衙门各枝儿头目及权势豪要人等，敢有似前影蔽占吝者，以违制论罪。州、县正官用心综理，验其物力，从公推排，明置文簿，务使高下得宜，民无偏负。廉访分司所至去处，严行照刷，违者究问。在前若有免役圣旨、懿旨，并行革拨。

一，天下之大，机务惟繁，博采兴言，庶能周悉。自今诸内外七品以上官，有伟画长策，可以济世安民者，实封呈乘，如其可用，优加旌擢。诸人陈言，并依旧例。

一，守令贤否，民之休戚所系，必得其人，乃能宣化。比者举劾殿最，掌任台察。今徒知黜贪而不知扬善，殊失惩劝之道。今后从监察御史、肃政廉访司官，于常选人每员岁举可任守令者二人，并须指陈廉能实迹。色目官初举，汉官覆察；汉官初举，色目官覆察。限次年三月以里申台呈省，籍其姓名，以备擢用。既用之后，验其政绩成败，与元举官同示赏罚。违期不举，罪亦及之。

一，比岁设立科举，以取人才，尚虑高尚之士晦迹丘园，无从可致。各处其有隐居行义、才德高迈、深明治道、不求闻达者，所在长官具姓名行实，牒报本道肃政廉访司覆察相同，申台呈省，闻奏录用。

一，封赠之制，本以激励臣下。比因泛请者众，遂致中辍。今命中书省从新设法，议拟举行，毋致冗滥。

于戏！奉天思孝，式昭报本之诚；发政施仁，聿广锡民之福。咨尔有众，体予至怀。故兹昭示，想宜知悉。[1]

---

[1] 《元典章》，新集，第2022—2025页。《元文类》卷9和《元史》卷27《英宗纪一》所载至治改元诏书，文字略有不同。

这十六条要求，包括减税粮、复租赋、贷逋欠、释驱口、恤流民、抚军士、恤站赤、息徭役、安黎庶、恤故官、薄税敛、均赋役、求直言、饬官吏、举贤才、谨封赠等方面的内容。改元诏书与即位诏书相同的要求，都有进一步的细节规定。由此可以看出，英宗已经明确了新政的四大着力点。一是着力于革除弊政，以释驱口、抚军士、恤站赤、息徭役、谨封赠等措施，解决沿袭已久的变卖驱口、盘剥军户、滥用驿站、徭役过重、封赠过滥等问题。二是着力于恤民和养民，通过减税粮、复租赋、贷逋欠、恤流民、安黎庶、薄税敛、均赋役等措施，尤其是过去较少提及的均平赋役要求，减轻百姓负担，安定百姓生活，使百姓能够真实体会到朝廷的爱民之意。三是着力于招徕人才，以饬官吏和举贤才的办法，在科举之外开辟了儒者入仕的两条重要路径，一条是监察官员每年推举贤者为官，另一条是访求不愿意参加科举的名儒，直接由朝廷录用，以此来体现朝廷选人用人的新意。四是着力于朝政清明，以恤故官的方法安定官心，以求直言的方法呈现纳谏诚意，所要显示的就是不同于以前的新施政风格。

（三）对尽心治国的理解

英宗除了在诏书中指明新政的要求外，还在与臣僚的对话中展示了他对君主尽心治国的八方面认识。

一是认识到创业和守成的艰难。至治三年英宗巡幸上都时，在大安阁看到太祖、世祖遗衣皆以缣素木绵为之，重加补缀，乃对臣僚说："祖宗创业艰难，服用节俭乃如此，朕焉敢顷刻忘之！"他还特别告诫主要辅臣拜住："朕以幼冲，嗣承大业，锦衣玉食，何求不得。惟我祖宗栉风沐雨，戡定万方，曾有此乐邪？卿元勋之裔，当体朕至怀，毋忝尔祖。"① 也就是说，君臣都要体会到守业的艰难之处。

二是认识到以民为本的重要性。至治元年八月，英宗仍驻在兴和，此时草原上已经寒冷，属下请求尽快返回大都，英宗则明言："兵以牛马为重，民以稼穑为本。朕迟留，盖欲马得刍牧，民得刈获，一举两得，何计乎寒？"至治二年八月，英宗特别命人在上都鹿顶殿的墙壁上绘画《蚕麦图》，强调"以时观之，可知民事也"。当年十二月，宣徽院官员上言："世祖时晃吉剌岁输尚食羊二千，成宗时增

---

① 《元史》卷28《英宗纪二》。

为三千，今请增五千。"英宗要求遵从世祖时的旧制，并明确表示："天下之民，皆朕所有，如有不足，朕当济之。若加重赋，百姓必致困穷，国亦何益。"① 以民为本需要从细节着手，英宗显然对此有深刻的理解。

三是认识到选贤和用贤的不易。延祐七年四月，有人通过近臣向英宗呈献七宝带，英宗即明确表示："朕登大位，不闻卿等荐贤而为人进带，是以利诱朕也，其还之。"他还特别对大臣说："中书选人署事未旬日，御史台即改除之。台除者，中书亦然。今山林之下，遗逸良多，卿等不能尽心求访，惟以亲戚故旧更相引用邪？"至治三年正月，拜住上言："前集贤侍讲学士赵居信、直学士吴澄，皆有德老儒，请征用之。"英宗即明确表示："卿言适副朕心，更当搜访山林隐逸之士。"② 寻访贤能之人为朝廷所用，是新政的急迫要求，所以英宗特别开辟了隐逸人士的进身路径。

四是认识到既要注重朝廷礼乐祭祀，也要注重从简行事。延祐七年十月，英宗对太常院官员下命："朕将以四时躬祀太室，宜与群臣集议其礼。此追远报本之道，毋以朕劳于对越而有所损，其悉遵典礼。"当年十二月，拜住进献卤簿图，英宗即以唐制用万二千三百人耗财，定大驾为三千二百人，法驾二千五百人。至治元年正月，英宗到太庙祭祀后明确指出："一岁惟四祀，使人代之，不能致如在之诚，实所未安。岁必亲祀，以终朕身。"有人建议大祭祀应大赦天下，英宗则表示："恩可常施，赦不可屡下。使杀人获免，则死者何辜？"③ 也就是说，英宗已经知道了过分频繁的大赦所带来的弊病，不愿意重复过去的失败做法。

五是认识到君主必须兢兢业业，不时自省。延祐七年十二月，河南出现重大饥荒，英宗询问致灾缘由，臣僚难以回答，他即明确表示："良由朕治道未洽，卿等又不尽心乃职，委任失人，致阴阳失和，灾害荐至。自今各务勤恪，以应天心，毋使吾民重困。"在遭遇地震灾害后，英宗以减膳、撤乐、避正殿自儆，有近臣称贺，他即怒斥："何为贺？朕方修德不暇，汝为大臣，不能匡辅，反为谄耶？"拜住表示：

---

① 《元史》卷27《英宗纪一》，卷28《英宗纪二》。
② 《元史》卷27《英宗纪一》，卷28《英宗纪二》。
③ 《元史》卷27《英宗纪一》。

"地震乃臣等失职，宜求贤以代。"英宗即明确指出："毋多逊，此朕之过也。"至治三年五月，上都利用监库失火，英宗亦自叹道："世皇始建宫室，于今安焉。朕嗣登大宝，而值此毁，此朕不能图治之故也。"①在灾变中勇于自责，而不是责怪他人，确实体现了英宗的谨守君道观念和不同于他人的自究、自省风格。

六是认识到君主必须善于纳谏。至治元年正月，英宗准备建灯山于宫中，被儒臣张养浩所劝止，英宗即明确表示："有臣若此，朕复何忧？自今朕凡有过，岂独台臣当谏，人皆得言。"②能够纳谏并且鼓励直言，显示的是英宗对实施良政的真诚态度。

七是认识到必须量入为出，节俭治国。延祐七年十一月，英宗以即位赐赉诸王和百官，"中书会其数，计金五千两、银七十八万两、钞百二十一万一千贯、币五万七千三百六十四匹、帛四万九千三百二十二匹、木绵九万二千六百七十二匹、布二万三千三百九十八匹、衣八百五十九袭，鞍勒、弓矢有差"。至治二年四月，中书省官员请求节赏赉以舒民力，英宗即明确表示："朕思所出倍于所入，出纳之际，卿辈宜慎之，朕当撙节其用。"③以节用的方法解决财政困难问题，确实是与以前的皇帝有所不同的思路。

八是认识到儒家经典对治国的用处。仁宗时命翰林院翻译宋儒真德秀的《大学衍义》，延祐七年十二月，翰林学士忽都鲁都儿迷失进献该书的蒙古文译本，英宗即强调："修身治国，无逾此书。"他还特别下令将《大学衍义》印本颁赐给群臣。④

英宗对尽心治国的理解，显示出他要奉行的是儒家所强调的为君之道和治道学说。对于一个年轻的君主而言，这恰是推行新政的重要思想基础，所以不能忽视其对新政所起的重要作用。

二 步履艰难的新政

英宗要推行新政，但是先有权臣干扰，后有叛臣谋逆，导致了新政未成型即夭折的政治悲剧。

---

① 《元史》卷27《英宗纪一》，卷28《英宗纪二》。
② 《元史》卷27《英宗纪一》。
③ 《元史》卷27《英宗纪一》，卷28《英宗纪二》。
④ 《元史》卷27《英宗纪一》。

(一) 铁木迭儿专权

英宗即位前，皇太后答己原以为其较为羸弱，便于操控，但很快意识到判断失误，乃于延祐七年正月任命铁木迭儿为中书省右丞相，加强对朝政的控制。铁木迭儿立即对曾弹劾过他的萧拜住、杨朵儿只、贺伯颜实施报复，以皇太后旨令将萧拜住和杨朵儿只召到徽政院问罪并处死。英宗因为还未即位，所以难以出面制止。

铁木迭儿及其党羽变本加厉，奉皇太后旨令，要求全面更换朝官。英宗则明确表示"此岂除官时耶？且先帝旧臣，岂宜轻动。俟予即位，议于宗亲、元老，贤者任之，邪者黜之可也"。铁木迭儿此计不成，又行一计，在英宗即位前，又以皇太后旨令，"诏中外毋沮议铁木迭儿"，以建立继续擅权的保护伞。

英宗即位之后，即着手对铁木迭儿实施反击。延祐七年三月，御史台官员请求降诏谕百司以肃台纲，英宗明确表示："卿等但守职尽言，善则朕当服行，否亦不汝罪也。"四月，英宗任命太常礼仪院使拜住为中书平章政事，以分散铁木迭儿的权力。五月，英宗又将铁木迭儿党羽中书省左丞相阿散罢为岭北行省平章政事，以拜住为中书左丞相，乃剌忽、塔失海牙并为中书平章政事，只儿哈郎为中书参知政事，对铁木迭儿形成压制之势。

延祐七年五月，铁木迭儿又捏造罪名，将贺伯颜处死。作为反制，在有人陈告岭北行省平章政事阿散、中书平章政事黑驴及御史大夫脱忒哈、徽政使失列门等人谋废立时，拜住要求将他们逮捕问罪，英宗则表示："彼若借太皇太后为词，奈何？"乃直接下令将涉案者立即处死，并以此来发出对铁木迭儿擅权的警告。

延祐七年八月，铁木迭儿又要加害于时任四川行省平章政事的赵世延，并称赵世延只要列举出弹劾铁木迭儿的人员名单，即不仅不治罪，还可以升官。赵世延坚决拒绝。铁木迭儿要求以"违诏不敬"的罪名将赵世延处死，英宗则明确表示："彼罪在赦前，所宜释免。"铁木迭儿强调："昔世延与省台诸人谋害老臣，请究其姓名。"英宗则回答："事皆在赦前矣，又焉用问。"铁木迭儿数次请求处死赵世延，英宗也毫不让步，总算保住了赵世延的性命。

延祐七年十一月，铁木迭儿指中书省平章政事王毅、右丞高昉等征理在京仓库所贮粮，亏七十八万石，所贡币帛纰缪，不仅要求罢免王毅、高昉的官职，还要求郡县重新制造上贡币帛，英宗都置之不理。

太皇太后答己在京城修建寿安山佛寺，监察御史观音保、锁咬儿哈的迷失、成珪、李谦亨等上书反对，铁木迭儿即秉承太皇太后旨意，于至治元年二月将观音保、锁咬儿哈的迷失处死，成珪、李谦亨杖贬。此次事件后，英宗和拜住更加紧了对铁木迭儿的挟制，架空其权力，并对太皇太后干政加以限制，使她以"我不拟养此儿"的自叹饮恨成疾。至治二年八月、九月，铁木迭儿、答己先后病死，相应的专权行为也得以终止。①

（二）新政及其失败

铁木迭儿死后，英宗即以拜住为中书省右丞相，在至治二年十一月的命相诏书中宣布新政的开始。

> 帝王之职，在论一相，于以表正百司，纲领庶绩。朕缵承丕绪，励精图治，然而泽有所未洽，政有所未举，岂委任之道有遗阙欤？今特命中书左丞相拜住为开府仪同三司、上柱国、录军国重事、中书右丞相、监修国史。一新机务，使邪正异途，海宇乂宁，以复中统、至元之治。于戏！朝廷既正著端本澄源之功，风俗斯醇广摩乂渐仁之化。②

为展示新政为百姓带来的实惠，该诏书还重申了一些恤民举措："流民复业者，免差税三年。站户贫乏鬻卖妻子者，官赎还之。凡差役造作，先科商贾末技富实之家，以优农力。免陕西明年差税十之三，各处官佃田明年租十之二，江淮创科包银全免之。"③ 在此后的不到一年时间内，英宗和拜住主要推出了五项新政。

一是淘汰冗官和确立直言机制。至治二年十一月，监察御史李端上言："近者京师地震，日月薄蚀，皆臣下失职所致。"英宗除了表示"是朕思虑不及致然"外，还告诫群臣"亦当修饬，以谨天戒"，并下令废罢世祖朝以后的冗置官署和官员。当年十二月，又以地震、日食频

---

① 《元史》卷27《英宗纪一》，卷28《英宗纪二》，卷116《后妃传二》，卷205《铁木迭儿传》。

② 袁桷：《命拜住为右丞相诏》，《元文类》卷9（《全元文》第47册，第95页）。

③ 《元史》卷28《英宗纪二》。

发,"命中书省、枢密院、御史台、翰林、集贤院集议国家利害之事以闻"。至治三年二月,英宗又对拜住说:"近者地道失宁,风雨不时,岂朕纂承大宝行事有阙欤?"拜住答道:"地震自古有之,陛下自责固宜,良由臣等失职,不能燮理。"英宗即表示:"朕在位三载,于兆姓万物,岂无乖戾之事。卿等宜与百官议,有便民利物者,朕即行之。"他还特别告诫群臣:"卿等居高位,食厚禄,当勉力图报。苟或贫乏,朕不惜赐汝;若为不法,则必刑无赦。"至治三年五月,英宗还特别下发了开言路的诏书,强调"行于国家大体例上头,但凡有得济便益的好勾当,频题说者。有可采的言语呵,教行;不可采的言语呵,饶也者。"① 也就是说,臣僚可以大胆上书直言朝政弊病,不用担心因言获罪。

二是颁行律书。至治三年正月,英宗命枢密副使完颜纳丹、侍御史曹伯启、也可扎鲁忽赤不颜、集贤学士钦察、翰林直学士曹元用等人,听读仁宗时纂集的累朝格例,并增补后续诏令等。当年二月,"格例成定,凡二千五百三十九条,内断例七百一十七、条格千一百五十一、诏赦九十四、令类五百七十七",英宗将其命名为《大元通制》,颁行天下。删定律书,对于国家治理有重要的意义,正如字术鲁翀所言:"圣人之治天下,其为道也动与天准,其为法也粲如列星,使民畏罪迁善,而吏不敢舞智御人。鞭笞斧钺,礼乐教化,相为表里。及其至也,民协于中,刑措不用,二帝三王之盛尽于此矣。虽刑罚世轻世重,而士制百姓于刑之中,以教祗德,古之制也。圣朝因事制宜,因时立制,时有推迁,事有变易,谋国之臣斟酌损益,以就中典,生民之福也。"② 英宗要通过颁行《大元通制》来体现对法制的重视,亦有其深意所在。

三是行助役法。为解决差役不均和贫民赋役负担过重的问题,英宗于至治三年四月下诏推行助役法,"遣使考视税籍高下,出田若干亩,使应役之人更掌之,收其岁入以助役费,官不得与"③。助役法是均平赋役的一项重要措施,还需要其他措施的跟进,只是未及宣布而已。

---

① 《元史》卷 28《英宗纪二》;《南台备要》,载王晓欣点校《宪台通纪》,第 192 页(《全元文》第 47 册,第 98 页)。

② 《元史》卷 28《文宗纪二》;字术鲁翀:《大元通制序》,《元文类》卷 36(《全元文》第 32 册,第 293—294 页)。

③ 《元史》卷 28《英宗纪二》。

四是定奸臣罪。至治三年五月，监察御史盖继元、宋翼上言："铁木迭儿奸险贪污，请毁所立碑。"英宗乃下令追夺其官爵及封赠制书，并于六月"毁铁木迭儿父祖碑，追收元受制书，告谕中外"。① 这一做法显示的是只有明确了奸臣的蠹政、害政行为，才能彰显新政的正当性理由，为新政扫除思想认识方面的障碍。

五是整肃台纲。英宗曾对御史台官员明确表示："朕深居九重，臣下奸贪，民生疾苦，岂能周知，故用卿等为耳目。曩者，铁木迭儿贪蠹无厌，汝等拱默不言，其人虽死，宜籍其家，以惩后也。"至治三年正月，英宗特别下发诏书，要求全面振举台纲。

> 谕中书省以下内外诸衙门官吏人等：中书省总理庶政，御史台纠劾百司，犹股肱耳目，体用相助。近命拜住为中书右丞相，整治省事，已尝诏告天下。今命御史大夫铁实振举台纲，同心协力，弼成治功，期于奸贪屏息，中外乂安，式副委任责成之意。所有台察合行事宜，条列于后。
>
> 一，方今治化更新，凡政令未便、刑赏失宜、臣下之奸邪、民间之疾苦，御史台、监察御史、肃政廉访司官皆得具实纠言。于事切当，量加迁赏。
>
> 一，张官置吏，本以为民。若抚字乖方，贪纵不法，以致军民困苦，监察御史、肃政廉访司严加禁治。
>
> 一，学校，作养人材之地；农桑，生民衣食之本。仰肃政廉访司督责有司，勉励劝课，务要实效。
>
> 一，内外诸司，各有攸职；风宪之任，专以纠察。非奉特旨，诸衙门不得奏委监察御史、肃政廉访司官一同追问公事。
>
> 一，除内府文卷外，其余内外大小诸衙门，凡行文案，监察御史、肃政廉访并行照刷。其不该刷卷官吏人等，有犯取受不公，亦仰依例按问。承追合问人数，毋得占吝不发，违者究治。
>
> 一，肃政廉访司官，所责非轻。能使一道镇静，官吏畏服，乃为称职。苟细生事，暗于大体，纪纲废弛，庶务不修，是不胜任。岁终具行过事迹报台，以言事大小，定为升降，仍委监察御史巡历

---

① 《元史》卷28《英宗纪二》。

体察,声迹不佳者,随即注代。

一,监察御史、肃政廉访司官,分司巡历去处,毋令有司官吏人等远出迎送,妨废公务,饮食供帐,不得过分。

一,诸人陈告职官俸吏取受不公,监察御史、肃政廉访司官亲行追问,不得转委有司。若事干人众,地里窵远,未及亲到者,听依旧制。

一,举善荐贤,为治之要。今后监察御史、肃政廉访司官,每岁各举所知职官一员,称其材器堪充何职,以备选用。须开著明政绩,不得泛言其善。并仰独员保举。复察将来,不如所举,或犯赃私,其举察之官斟酌轻重黜降。怀才抱德、隐晦不仕者,亦听荐扬。

一,御史台、监察御史、肃政廉访司行事之际,应管公事,大小官吏及各投下诸色人等毋得侵犯沮扰,违者治罪。

一,诸被问官不得推称事故,擅自赴上;近侍人员亦不得徇私,蒙胧题奏宣唤,侥幸脱罪。犯者,以违制论。

一,风宪官吏不先正己,何以责人?凡在台察,并宜公勤奉职,廉慎律身,无忝清要。严行约束吏属,毋令擅作威福。若犯非违,罪比常人加重。①

这一整顿台纲的新规,不仅强调监察机构的官员要认真履行上言职责和纠弹职责,真正使官吏畏服,还要求建立有效的新监察机制,包括不得送往迎来、亲身查验和真实举荐贤能者等新规定。尤为重要的是,对监察官员特别强调了"正己"的要求,并宣示不称职者将受到严于他官的惩治。

如此严厉地整治台纲,加上英宗和拜住"振立纪纲,修举废坠,以进贤退不肖为急务",使本为太皇太后党羽的御史大夫铁失预感到了被纠治的危险,乃密谋杀掉英宗和拜住以自保。英宗和拜住毕竟年轻,对重大的危机未能察觉。至治三年八月,英宗巡行上都南还,驻在南坡,御史大夫铁失、知枢密院事也先铁木儿、大司农失秃儿、前平章政事赤斤铁木儿、前云南行省平章政事完者、铁木迭儿子前治书侍御史锁南、

---

① 《南台备要》,第189—191页(《全元文》第47册,第90—93页)。

铁失弟宣徽使锁南、典瑞院使脱火赤、枢密院副使阿散、金书枢密院事章台、卫士秃满及宗王按梯不花、孛罗、月鲁铁木儿、曲吕不花、兀鲁思不花等人联合发难,以铁失所领阿速卫兵为外应,先杀拜住,后杀英宗,造成了震动朝野的"南坡事变"①。

英宗和拜住推动的新政,虽因"南坡事变"而终止,但是他们倡导的治国观念,在元代政治思想的发展中留下了重要的一笔。应该说,英宗所推行的新政,重点是革除弊病,以达到他所理解和追求的良治水准。革除弊病一定会损害权贵的利益,甚至威胁到一些人的生命,使其不得不以政变的形式自保。还需要说明的是,忽必烈能够"效行汉法",得益于一批儒者的长期熏陶和一群文武干才的鼎力相助,英宗的新政,则只是在几个人求新图变观念下的突兀举动,既缺乏来自儒者的系统性理论支持,也缺乏来自群臣的积极响应,所以在多数人还未做好改革的准备时,主持新政的人已经成了新观念的殉道者。没有充分思想酝酿和实践准备的革新求变可能迅速失败,英宗新政恰是提供了一个深刻的教训。

第五节 泰定帝的守旧观念

泰定帝名也孙铁木儿,甘麻剌长子,生于至元十三年(1276),成宗时袭父爵为晋王,领军镇守漠北,至治三年(1323)九月即皇帝位,先后以泰定、致和作为新的年号,致和元年(1328)七月因病去世,在位六年,主要显示的是恢复祖宗旧制的执政风格。

一 清除逆臣

泰定帝虽然与"南坡之变"有一定的关系,并且因弑君之罪在去世后连皇帝的谥号都没有得到,但是他即位后不久就处决了参与谋逆的人,也算是有了一个清楚的政治交代。

(一)漠北即位

"南坡之变"之后,也孙铁木儿即于至治三年九月在漠北的龙居河即皇帝位,并且在诏书中宣布大赦天下,诏书全文如下。

---

① 《元史》卷 28《英宗纪二》,卷 207《铁失传》。

薛禅皇帝可怜见嫡孙、裕宗皇帝长子、我仁慈甘麻剌爷爷根底，封授晋王，统领成吉思皇帝四个大斡耳朵，及军马、达达国土都付来。依著薛禅皇帝圣旨，小心谨慎，但凡军马人民的不拣甚么勾当里，遵守正道行来的上头，数年之间，百姓得安业。在后，完泽笃皇帝（元成宗）教我继承位次，大斡耳朵里委付了来。已委付了的大营盘看守著，扶立了两个哥哥曲律皇帝（元武宗）、普颜笃皇帝（元仁宗），侄硕德八剌皇帝（元英宗）。我累朝皇帝根底，不谋异心，不图位次，依本分与国家出气力行来；诸王哥哥兄弟每，众百姓每，也都理会的也者。

今我的侄皇帝生天了也么道，迤南诸王大臣、军上的诸王驸马臣僚、达达百姓每，众人商量著：大位次不宜久虚，惟我是薛禅皇帝嫡派，裕宗皇帝长孙，大位次里合坐地的体例有，其余争立的哥哥兄弟也无有；这般，晏驾其间，比及整治以来，人心难测，宜安抚百姓，使天下人心得宁，早就这里即位提说上头，从著众人的心，九月初四日，于成吉思皇帝的大斡耳朵里，大位次里坐了也。交众百姓每心安的上头，赦书行有。①

也孙铁木儿郑重说明守漠北根本之地和在成吉思汗的大斡耳朵即皇帝位，都是强调自己继承皇位的正当理由。诏书中所表现的急于即位是真的，但是没有争立帝位的人则是假的，因为武宗的两个儿子都在，完全有资格继承帝位。他之所以选择在漠北即位，就是担心一旦南下，会遭到朝内大臣的反对，使即位成为泡影。

(二) 处决逆臣

泰定帝也孙铁木儿尽管不是"南坡之变"的谋划者，但至少是知情者和获益者。他的亲信近臣倒剌沙一直与铁失等人有密切的联系，倒剌沙还将自己的儿子哈散派到拜住身边当卧底。至治三年三月，倒剌沙已经参与推翻英宗的密谋。八月初，铁失派人告诉也孙铁木儿准备发难，事成后推举其为皇帝，也孙铁木儿只是派人前往上都"告变"，而不是加以制止。之所以酿成"南坡之变"，也孙铁木儿显然有不可推卸的责任。

---

① 《元史》卷29《泰定帝纪一》。

更显示泰定帝与"南坡之变"关系密切的是在其即位后,参与谋逆的人大多得到了重要的职务:铁失被任命为知枢密院事,阿散任御史中丞,章台任同知枢密院事,孛罗任宣徽院使,失秃儿仍任大司农,月鲁铁木儿袭封为安西王。当然,也可以说这是先稳住叛臣的重要手段。

至治三年十月,泰定帝下决心以清除逆臣的方法坐稳帝位。他先将在漠北的也先铁木儿、完者、锁南、秃满等人处死,随后又派遣旭迈杰、纽泽等人前往大都,将铁失、失秃儿、赤斤铁木儿、脱火赤、章台等人处死,并戮其子孙和籍入家产,以此为南下大都扫清舆情障碍。

至治三年十一月,泰定帝经中都抵达大都,接受百官朝贺,算是最终完成了即位的程序。

为了与"南坡之变"完全撇清关系,泰定帝继续追究逆党。至治三年十二月,御史台经历朵儿只班和监察御史撒儿塔罕、兀都蛮、郭也先忽都等人,并坐党附铁失免官。监察御史脱脱、赵成庆等人上言:"铁木迭儿在先朝包藏祸心,离间亲藩,诛戮大臣,使先帝孤立,卒罹大祸。其子锁南,亲与逆谋,久逭天宪,乞正其罪,以快元元之心。月鲁、秃秃哈、速敦皆铁失之党,不宜宽宥。"泰定帝下令将锁南等一干人全部处死,并以参与逆谋罪,流放宗王月鲁铁木儿于云南,按梯不花于海南,曲吕不花于奴儿干,孛罗及兀鲁思不花于海岛。中书省左丞相旭迈杰上言:"近也先铁木儿之变,诸王买奴逃赴潜邸,愿效死力,且言不除元凶,则陛下美名不著,天下后世何从而知。上契圣衷,尝蒙奖谕。今臣等议,宗戚之中,能自拔逆党,尽忠朝廷者,惟有买奴,请加封赏,以示激劝。"泰定帝采纳了旭迈杰的建议,封买奴为泰宁王,并接受御史台的建议,为被铁木迭儿诬杀的杨朵儿只、萧拜住、贺伯颜、观音保、锁咬儿哈的迷失以及被贬斥的李谦亨、成珪、王毅、高昉等人平反昭雪。泰定元年正月,泰定帝又以诛逆臣也先铁木儿、铁失等诏告天下。

泰定二年九月,礼部员外郎元永贞上言:"铁失弑逆,皆由铁木迭儿始祸,请明其罪,仍录付史馆,以为人臣之戒。"泰定帝同意这种做法,并于当年十二月授予在"南坡之变"中遇害的翰林学士不花、中政使普颜笃、指挥使卜颜忽里等人功臣谥号。[①]

---

① 《元史》卷29《泰定帝纪一》。

泰定帝处理"南坡事件"越彻底，越是要表明他与该事件毫无关系。但是这样的努力并未被时人和后人认可，也使其始终难以彻底摆脱参与"弑君"的阴影。

二 遵旧制治国

泰定帝对儒家的治道学说有一定的了解，在位期间基本遵循的是按照世祖朝旧制理政的原则。

（一）以旧制为规

泰定帝即位伊始，就宣布了遵守世祖时定制的基本原则。至治三年九月，他已明确表示："凡铨授官，遵世祖旧制，惟枢密院、御史台、宣政院、宣徽院得自奏闻，余悉由中书。"十月，泰定帝又特别下诏，要求百司遵守世祖成宪。十二月，泰定帝更明确要求百司惜名器，各遵世祖定制。泰定元年四月，任命秃忽鲁、纽泽为御史大夫，并明确要求他们按照世祖时的定制，从新整治纪纲。[①] 泰定二年十一月下诏整治台纲，又特别强调了"不拣甚么事务，依着世祖皇帝定制行"的要求。[②]

遵循旧制也会有一定的变通。如至治三年十二月太常院臣上言："世祖以来，太庙岁惟一享，先帝始复古制，一岁四祭，请裁择之。"泰定帝则表示："祭祀，盛事也，朕何敢简其礼。"他的选择是依然维持一年四祭的做法，而不是像世祖时的一年只有一次祭祀。

泰定元年二月，泰定帝要求改变仁宗、英宗时"台宪岁举守令、推官二人，有罪连坐"的方法，命令中书省按常选方法选择守令和推官，实际上是以恢复世祖旧制的名义，抛弃了新政的做法。他宣布的吏员入官可至正四品的规定，则打破了过去吏员入官限制于七品或五品的界限。[③]

泰定二年九月，泰定帝将全国分为十八道，遣使宣抚，在诏书中特别强调了对宣抚使的要求。

朕祇承洪业，夙夜惟寅，凡所以图治者，悉遵祖宗成宪。曩屡诏中外百司，宣布德泽，蠲赋详刑，赈恤贫民，思与黎元共享有生

[①] 《命秃忽鲁、纽泽并为御史大夫制》，《宪台通纪》，第71—72页。
[②] 《整治台纲》，《南台备要》，第192—193页。
[③] 《元史》卷29《泰定帝纪一》。

之乐。尚虑有司未体朕意，庶政或阙，惠泽未洽，承宣者失于抚绥，司宪者怠于纠察，俾吾民重困，朕甚悯焉。今遣奉使宣抚，分行诸道，按问官吏不法，询民疾苦，审理冤滞，凡可以兴利除害，从宜举行。有罪者，四品以上停职申请，五品以下就便处决。其有政绩尤异，暨晦迹丘园，才堪辅治者，具以名闻。①

奉使宣抚采用的是官员易地出使的方法：（1）两浙、江东道，由湖广行省参知政事马合某、河东宣慰使李处恭出使。（2）江西、福建道，由江东道廉访使朵列秃、太史院使齐履谦出使。（3）江南、湖广道，由都功德使举林伯、荆湖宣慰使蒙弼出使。（4）河南、江北道，由礼部尚书李家奴、工部尚书朱赞出使。（5）燕南、山东道，由同知枢密院事阿吉剌、御史中丞曹立出使。（6）河东、陕西道，由太子詹事别帖木儿、宣徽院判韩让出使。（7）山北、辽东道，由吏部尚书纳哈出、董讷出使。（8）云南行省，由陕西盐运使众家奴、中书断事官韩庭茂出使。（9）甘肃行省，由湖南宣慰使寒食、冀宁路总管刘文出使。（10）四川行省，由山东宣慰使秃思帖木儿、陕西行省左丞廉惇出使。（11）京畿道，由翰林侍讲学士帖木儿不花、秘书卿吴秉道出使。

奉使宣抚的方法与忽必烈在位时设立的宣抚司有密切的关系，成宗时分十四道奉使宣抚，仁宗时分十二道奉使宣抚，泰定帝将奉使宣抚分为十八道，主要的参照物就是忽必烈在位时所设的各道宣抚司。

（二）恤民之政

泰定帝是一个想有一番作为的人，所以在至治三年十二月的改元诏书中，明确强调了"更新"的概念："朕荷天鸿禧，嗣大历服，侧躬图治，夙夜祗畏，惟祖训是遵，乃开岁甲子，景运伊始，思与天下更新。稽诸典礼，逾年改元，可以明年为泰定元年。"诏书还列出了施政尤其是恤民的复租赋、薄税敛、免逋欠、抚军士、求直言、赐老者、抑奔竞等方面的内容："免大都、兴和差税三年，八番、思、播、两广洞寨差税一年。江淮创科包银三年，四川、云南、甘肃秋粮三分，河南、陕西、辽阳丝钞三分。除虚增田税，免斡脱逋钱。赈恤云南、广海、八番

---

① 《元史》卷29《泰定帝纪一》。

等处戍军。求直言。赐高年帛。禁献山场湖泊之利。"泰定五年二月,泰定帝下诏改年号为致和,也在诏书中包括了恤民的以下要求:"免河南自实田粮一年,被灾州郡税粮一年,流民复业者差税三年,疑狱系三岁不决者咸释之。"①

对于自然灾害带来的朝政问题,泰定帝亦高度重视。泰定元年四月,他曾因风烈、月食、地震,以手诏戒饬百官。当年五月,泰定帝又特别对亲信大臣倒剌沙说:"朕即位以来,无一人能执成法为朕言者。知而不言则不忠,且陷人于罪。继自今,凡有所知,宜悉以闻,使朕明知法度,断不敢自纵。非独朕身,天下一切政务,能守法以行,则众皆乂安,反是,则天下罹于忧苦。"他还明确指出:"凡事防之于小则易,救之于大则难,尔其以朕言明告于众,俾知所慎。"② 也就是说,泰定帝不仅重视言路的通畅,亦明白谨慎理政、守法行事的基本道理。

在自然灾害的影响下,朝廷出现了大臣辞职的高潮。泰定元年五月,御史台官员秃忽鲁、纽泽上言:"灾异屡见,宰相宜避位以应天变,可否仰自圣裁。顾惟臣等为陛下耳目,有徇私违法者,不能纠察,慢官失守,宜先退避,以授贤能。"泰定帝则表示:"御史所言,其失在朕,卿等何必遽尔。"秃忽鲁又上言:"臣已老病,恐误大事,乞先退。"在他的影响下,中书省官员兀伯都剌、张珪、杨廷玉都上书请求被免职,中书省丞相旭迈杰、倒剌沙也表示:"比者灾异,陛下以忧天下为心,反躬自责,谨遵祖宗圣训,修德慎行,敕臣等各勤乃职,手诏至大都,居守省臣皆引罪自劾。臣等为左右相,才下识昏,当国大任,无所襄赞,以致灾沴,罪在臣等,所当退黜,诸臣何罪。"泰定帝即明确表示:"卿若皆辞避而去,国家大事,朕孰与图之?宜各相谕,以勉乃职。"在他的坚持下,朝臣辞职的浪潮被终止。

泰定二年正月,泰定帝又对朝内大臣说:"向者卓儿罕察苦鲁及山后皆地震,内郡大小民饥。朕自即位以来,惟太祖开创之艰,世祖混一之盛,期与人民共享安乐,常怀祗惧,灾沴之至,莫测其由。岂朕思虑有所不及而事或僭差,天故以此示儆。卿等其与诸司集议便民之事,其思自死罪始,议定以闻。朕将肆赦,以诏天下。"按照大臣们商议的方

---

① 《元史》卷 29《泰定帝纪一》,卷 30《泰定帝纪二》。
② 《元史》卷 29《泰定帝纪一》。

法，闰正月即下诏大赦天下，并采取了"除江淮创科包银，免被灾地差税一年"的救灾方法。①

泰定三年三月，泰定帝又以不雨自责，"命审决重囚，遣使分祀五岳四渎、名山大川及京城寺观"。他还让百官集议急务，中书省官员提出的汰卫士、节滥赏、罢营缮、防徭寇等建议，都被他采纳。当年六月，中书省官员上言："比郡县旱蝗，由臣等不能调燮，故灾异降戒。今当恐惧儆省，力行善政，亦冀陛下敬慎修德，悯恤生民。"泰定帝对这一说法表示赞赏，并对官员因灾变辞职仍保持的是不允许的态度。

泰定四年七月，御史台官员上言："内郡、江南，旱、蝗荐至，非国细故，丞相塔失帖木儿、倒剌沙，参知政事不花、史惟良，参议买奴，并乞解职。"泰定帝又一次明确表示："毋多辞，朕当自儆，卿等亦宜各钦厥职。"

泰定帝时兴建了不少大型工程，劳民伤财，泰定三年十月中书省官员特别上言："养给军民，必藉地利。世祖建大宣文弘教等寺，赐永业，当时已号虚费，而成宗复构天寿万宁寺，较之世祖，用增倍半。若武宗之崇恩福元、仁宗之承华普庆，租榷所入，益又甚焉。英宗凿山开寺，损兵伤农，而卒无益。夫土地祖宗所有，子孙当共惜之。臣恐兹后藉为口实，妄兴工役，徼福利以逞私欲，惟陛下察之。"泰定帝虽然赞赏朝臣的直言，但是并没有因此而减少工程造作。②

如上所言，泰定帝鼓励官员直言，对于侍御史高奎上书所说的"求直言，辨邪正，明赏罚"，他颇为赞赏，特别赐给银币以示奖励。但是朝臣的尖锐意见和祛除弊政的建议，往往是"不允"或"不报"。"不允"是皇帝不予采纳，"不报"则是有人阻拦，可列举一些重要的实例。

> 泰定元年三月，监察御史宋本、李嘉宾、傅岩起言："太尉、司徒、司空，三公之职，滥假僧人，及会福、殊祥二院，并辱名爵，请罢之。"不报。
>
> 泰定元年五月，监察御史董鹏南、刘潜、边笥、慕完、沙班等人上言："平章乃蛮台、宣徽院使帖木儿不花、詹事秃满答儿党附

---

① 《元史》卷29《泰定帝纪一》。
② 《元史》卷30《泰定帝纪二》。

逆徒，身亏臣节，太常守庙不谨，辽王擅杀宗亲，不花、即里矫制乱法，皆蒙宽宥，甚为失刑，乞定其罪，以销天变。"不允。

泰定元年六月，张珪自大都至，以守臣集议事言："逆党未讨，奸恶未除，忠愤未雪，冤枉未理，政令不信，赏罚不公，赋役不均，财用不节，请裁择之。"不允。

泰定二年闰正月，河南行省左丞姚炜请禁屯田吏蚕食屯户，及勿务羡增以废裕民之意，不报。

泰定三年十二月，御史言："比年营缮，以卫军供役，废武事不讲。请遵世祖旧制，教习五卫亲军，以备扈从。"不报。

泰定四年正月，御史辛钧言："西商鬻宝，动以数十万锭，今水旱民贫，请节其费。"不报。①

从列出的实例可以看出，泰定帝朝的"求直言"，使臣僚敢于直言，但是关键性的建议被阻隔或者被皇帝直接拒绝，使得以直言改良朝政几乎等同于空话，良政也就成了可望而不可即的东西。

（三）初开经筵

在文治方面，泰定帝基本按照先朝皇帝的做法行事。至治三年十一月，他特别派遣使者到曲阜祭祀孔子。泰定元年三月，按照以往的规矩进行科举考试的殿试，不仅录取了八剌、张益等八十四名进士，还规定"会试下第者，亦赐教官有差"，再次使用了仁宗时的特例。此外，泰定帝还下令翻译《列圣制诏》和《大元通制》，并将两书的刊本赐给百官。

泰定帝更为重要的文治措施，是为朝廷正式引入了经筵制度。

泰定元年二月，江浙行省左丞赵简请求开经筵及择师傅，令太子及诸王大臣子孙受学。泰定帝即命平章政事张珪、翰林学士承旨忽都鲁都儿迷失、学士吴澄、集贤直学士邓文原，以《帝范》《资治通鉴》《大学衍义》《贞观政要》等书进讲，并让右丞相也先铁木儿总领经筵事宜。

以经筵讲解历代皇帝的圣训，成为泰定帝的一个重要要求。泰定二年七月，纽泽、许师敬编成《帝训》一书，请于经筵进讲，泰定帝即

---

① 《元史》卷29《泰定帝纪一》，卷30《泰定帝纪二》。

要求将该书翻译成蒙古文。泰定三年三月,翰林承旨阿怜帖木儿、许师敬完成了《帝训》的翻译,泰定帝下令将该书改名为《皇图大训》。当年七月,他又命翰林侍讲学士阿鲁威、直学士燕赤翻译《世祖圣训》,以备经筵进讲。泰定四年六月,翰林侍讲学士阿鲁威、直学士燕赤等人进讲时,泰定帝又提出了翻译《资治通鉴》的要求。致和元年三月,泰定帝又充实了经筵的人员,以赵世延知经筵事,赵简预经筵事,阿鲁威同知经筵事,曹元用、吴秉道、虞集、段辅、马祖常、燕赤、李术鲁翀并兼经筵官。

泰定帝初创经筵制度,在进讲的时间和内容上都未达到规范化的要求,但毕竟是有了君主学习儒家经典的方法。[1] 这一方法也影响到了皇太子。泰定元年三月,泰定帝立皇子阿速吉八为皇太子,臣僚请求选择名儒和正人辅佐皇太子,泰定帝不仅应允了这样的要求,还强调经筵用书,尤其是《皇图大训》,也要让皇太子观览,使之能够成为合格的皇储。

对于儒者而言,皇帝开经筵是一件大事,并且是朝廷文治的一个重要标志,其作用不亚于科举取士,所以给予了颇多的赞扬。但是对于泰定帝而言,只不过是表现出了他对以往治国经验的重视,充其量不过是儒家治道学说的学习者而已。

从泰定帝的执政表现看,还算是有所成就,至少不像武宗那样言行不一,所以《元史》对他的评价是"能知守祖宗之法以行,天下无事,号称治平"[2]。由于"弑君"的阴影始终挥之不去,造就了泰定帝过分小心谨慎的心理,遵守旧制,不越雷池一步,就是最合理的政治选择。应该承认,守旧的政治观念和相应的政治行为,对于恢复谋逆事件后的朝政秩序有着积极的作用,所以不能完全抹杀泰定帝对元朝政治的贡献。

第六节 元文宗的以文饰政观念

元武宗有两个儿子,长子名和世㻋,生于大德四年(1300),次子名图帖睦尔,生于大德八年(1304)。仁宗时封和世㻋为周王,出镇云南,后改为出镇西北。英宗时以图帖睦尔居海南,泰定帝封图帖睦尔为怀王,先居建康,后居江陵。泰定帝去世后爆发帝位之争,和世㻋于天

---

[1] 张帆:《元代经筵述论》,《元史论丛》第5辑,第136—159页。
[2] 《元史》卷30《泰定帝纪二》。

历二年（1329）南下即位时暴卒，被追认谥号为明宗，图帖睦尔两次即帝位，用天历、至顺年号，至顺三年（1332）因病去世，在位五年，庙号为文宗，在位时主要体现的是以文饰政的执政风格。

一　帝位之争

泰定帝去世后，为争夺帝位爆发了大规模的战争，并导致了兄弟相残的政治悲剧。

（一）两都之战与文宗首次即位

致和元年七月，泰定帝在上都去世，九月，倒剌沙在上都立皇太子阿剌吉八为皇帝，改元天顺。

致和元年八月，留守大都的金枢密院事燕铁木儿发动兵变，宣称"武宗皇帝有圣子二人，孝友仁文，天下正统当归之。今尔一二臣，敢紊邦纪，有不顺者斩"。兵变者拘捕了泰定帝北上时留守的官员，派遣使者前往江陵迎图帖睦尔北上。九月，在燕铁木儿等人的推戴下，图帖睦尔在大都即皇帝位，在由儒臣虞集撰写的即位诏书中明确表示了勉强即位的理由，以及准备让位于兄长的意愿。

> 洪惟我太祖皇帝肇造区夏，世祖皇帝混一海宇，爰立定制，以一统绪，宗亲各授分地，勿敢妄生觊觎，此不易之成规，万世所共守者也。世祖皇帝之后，成宗皇帝、武宗皇帝、仁宗皇帝、英宗皇帝，以公天下之心，以次相传，宗王、贵戚，咸遵祖训。至于晋邸，具有盟书，愿守藩服，而与贼臣铁失、也先铁木儿等潜通阴谋，冒干宝位，使英皇不幸罹于大故。朕兄弟播越南北，备历艰险，临御之事，岂获与闻！
>
> 朕以叔父之故，顺承惟谨，于今六年，灾异迭见。权臣倒剌沙、乌伯都剌等，专擅自用，疏远勋旧，废弃忠良，变乱祖宗法度，空府库以私其党类。大行上宾，利于立幼，显握国柄，用成其奸。宗王、大臣，以宗社之重，统绪之正，协谋推戴，属于眇躬。朕以菲德，宜俟大兄，固让再三。宗戚、将相、百僚、耆老以为神器不可以久虚，天下不可以无主，周王辽隔朔漠，民庶遑遑，已及三月，诚恳迫切。朕故从其请，谨俟大兄之至，以遂朕固让之心。已于致和元年九月十三日，即皇帝位于大明殿，其以致和元年为天

历元年。可大赦天下,自九月十三日昧爽已前,除谋杀祖父母、父母,妻妾杀夫,奴婢杀主,谋故杀人,但犯强盗,印造伪钞不赦外,其余罪无轻重,咸赦除之。

于戏,朕岂有意于天下哉!重念祖宗开创之艰,恐堕大业,是以勉徇舆情。尚赖尔中外文武臣僚,协心相予,辑宁亿兆,以成治功。咨尔多方,体予至意。①

图帖睦尔在这份诏书中,坐实了泰定帝参与"弑君"的罪名,当然也就使阿剌吉八的即皇帝位失去了正当理由。文宗并不掌握泰定帝谋逆的真凭实据,但是在政治斗争中的"构陷",不需要真凭实据,只要将对手钉在耻辱柱上就达到了目的,这正是图帖睦尔所要做的事情,并且由此在帝位之争中占据了道德的制高点。

要夺得帝位,还需要军事上的胜利,因为两都之间在阿剌吉八、图帖睦尔即位前已经爆发了战争。燕铁木儿率军遏阻了上都军队对大都的进攻。天历(致和)元年十月,辽东的军队突袭上都,抓捕倒剌沙、阿剌吉八等人,上都势力瓦解。燕铁木儿随即派军镇压了陕西、四川和云南的兵变,为图帖睦尔提供了军事优势的保证。

图帖睦尔在即位前已经明确表示:"昔在世祖以及列圣临御,咸命中书省纲维百司,总裁庶政,凡钱谷、铨选、刑罚、兴造,罔不司之。自今除枢密院、御史台,其余诸司及左右近侍,敢有隔越中书奏请政务者,以违制论,监察御史其纠言之。"即位之后,他又特别强调了对监察机构的要求:"今后监察御史、廉访司,凡有刺举,并著其实,无则勿妄以言。廉访司书吏,当以职官、教授、吏员、乡贡进士参用。""凡各道廉访司官,用蒙古二人,畏兀、河西、回回、汉人各一人。各司书吏十六人,用职官五。各路司吏五,教授二,乡贡进士四人。本台经历品秩相当者,除各道廉访使,都事除副使,本台译史通事考满不得除御史。"监察御史撒里不花等人上言:"朝廷政务,赏罚为先,功罪既明,天下斯定。国家近年自铁木迭儿窃位擅权,假刑赏以遂其私,纲纪始紊。迨至泰定,爵赏益滥。比以兵兴,用人甚急,然而赏罚不可不严。夫功之高下,过之重轻,皆系天下之公论。愿命有司,务合公议,

---

① 《即位改元诏》,《元文类》卷9;《元史》卷32《文宗纪一》。

明示黜陟。功罪既明，赏罚攸当，则朝廷肃清，纪纲振举，而天下治矣。"图帖睦尔亦表示认同他们的看法。① 从这样的作为可以看出，图帖睦尔显然未把自己看作临时的君主，而是已经有了长坐帝位的打算。

天历二年二月，图帖睦尔确认其兄长和世㻋已经即位于漠北，乃特别下令："凡二月二十一日以前除官者，速与制敕；后凡铨选，其诣行在以闻。"但是他又下令设置奎章阁学士院，"秩正三品，以翰林学士承旨忽都鲁都儿迷失、集贤大学士赵世延并为大学士，侍御史撒迪、翰林直学士虞集并为侍书学士，又置承制、供奉各一员"。由此所表现的，依然是图帖睦尔没有交出帝位的诚意。三月，图帖睦尔派燕铁木儿送皇帝玺印于和世㻋处，并明确表示："宝玺既北上，继今国家政事，其遣人闻于行在所。"四月，和世㻋派人来大都，立图帖睦尔为皇太子。六月，图帖睦尔即明确要求在大都的臣僚："皇帝远居沙漠，未能即至京师，是以勉摄大位。今亢阳为灾，皆予阙失所致。汝其勉修厥职，祗修实政，可以上答天变。"七月，图帖睦尔接受皇太子册宝，并为与其兄长的会面作了全面的准备。② 图帖睦尔不得不违心地交出帝位，是因为以两都的军事力量与漠北的军事力量相比，明显不占优势，所以只能表示屈从。

（二）明宗的遵旧制观念

和世㻋在仁宗时已经与朝廷发生过重大的冲突。延祐三年他前往云南出镇，抵达延安后，其部下以"天下者，我武皇之天下也，出镇之事，本非上意，由左右构间致然"为由，起兵反抗，被朝廷派军击败，和世㻋乃西行节制西部蒙古宗王，为朝廷守护西北边境。

两都之战平息后，图帖睦尔派人来迎和世㻋，和世㻋即率军至漠北，于天历二年正月在和林城北即皇帝位，并向派往大都的撒迪等人表示："朕弟曩尝览观书史，迩者得无废乎？听政之暇，宜亲贤士大夫，讲论史籍，以知古今治乱得失。卿等至京师，当以朕意谕之。"也就是说，和世㻋对于治乱学说并不生疏，并且自认为有教训弟弟的资本。

和世㻋个人所表现出的政治观念，则不是尊儒重道的儒家理念，而是谨守祖宗之制治国的政治信条。他特别对御史台官员表达了按世祖定制行事的要求。

---

① 《元史》卷32《文宗纪一》。
② 《元史》卷33《文宗纪二》。

> 太祖皇帝尝训敕臣下云："美色、名马，人皆悦之，然方寸一有系累，即能坏名败德。"卿等居风纪之司，亦尝念及此乎？世祖初立御史台，首命塔察儿、奔帖杰儿二人协司其政。天下国家，譬犹一人之身，中书则右手也，枢密则左手也。左右手有病，治之以良医，省、院阙失，不以御史台治之可乎？凡诸王、百司，违法越礼，一听举劾。风纪重则贪墨惧，犹斧斤重则入木深，其势然也。朕有阙失，卿亦以闻，朕不尔责也。①

对于中书省、枢密院等机构的处理政务，和世㻋也按照祖宗旧制提出了明确的要求。

> 世祖皇帝立中书省、枢密院、御史台及百司庶府，共治天下，大小职掌，已有定制。世祖命廷臣集律令章程，以为万世法。成宗以来，列圣相承，罔不恪遵成宪。朕今居太祖、世祖所居之位，凡省、院、台、百司庶政，询谋佥同，摽译所奏，以告于朕。军务机密，枢密院当即以闻，毋以夙夜为间而稽留之。其他事务，果有所言，必先中书、院、台，其下百司及亵御之臣，毋得隔越陈请。宜宣谕诸司，咸俾闻知。傥违朕意，必罚无赦。②

和世㻋依据武宗和仁宗的关系处理图帖睦尔已抢先即位的问题，将图帖睦尔立为皇太子，不仅明确表示"凡国家钱谷、铨选诸大政事，先启皇太子，然后以闻"；还特别强调："修德应天，乃君臣当为之事。""天明可畏，朕未尝斯须忘于怀也。皇太子来会，当与共图其可以泽民利物者行之。"和世㻋对政治斗争的险恶显然缺乏了解，以为按旧例就可以摆平他与图帖睦尔之间的关系，所以对即将出现的危险毫无心理准备。

天历二年七月，监察御史把的于思上言："朝廷自去秋命将出师，戡定祸乱，其供给军需，赏赉将士，所费不可胜纪。若以岁入经赋较之，则其所出已过数倍。况今诸王朝会，旧制一切供亿，俱尚未给，而陕西等处饥馑荐臻，饿殍枕藉，加以冬春之交，雪雨愆期，麦苗槁死，

---

① 《元史》卷31《明宗纪》。
② 《元史》卷31《明宗纪》。

秋田未种，民庶遑遑，流移者众。臣伏思之，此正国家节用之时也。如果有功必当赏赉者，宜视其官之崇卑而轻重之，不惟省费，亦可示劝。其近侍诸臣奏请恩赐，宜悉停罢，以纾民力。"和世㻋亦表示出了对此意见的重视，并希望此类问题到大都后都能顺利解决。①

天历二年八月，和世㻋与图帖睦尔在旺兀察都行宫（即中都）会面，大宴后和世㻋暴卒，实际上是被图帖睦尔、燕铁木儿所毒死。和世㻋在短暂的皇帝生涯中所表现出的政治观念，亦无法实行于真正的治国行为之中。

（三）文宗的再次即位

和世㻋去世后，图帖睦尔和燕铁木儿等人赶到上都，在大安阁为图帖睦尔举行了第二次即位典礼，并在由虞集撰写的诏书中再次宣布大赦天下。

> 惟昔上天启我太祖皇帝肇造帝业，列圣相承。世祖皇帝既大一统，即建储贰，而我裕皇天不假年，成宗入继，才十余载。我皇考武宗皇帝归膺大宝，克享天心，志存不私，以仁庙居东宫，遂嗣宸极。甫及英皇，降割我家。晋邸违盟构逆，据有神器，天示谴告，竟陨厥身。
>
> 于是宗戚旧臣，协谋以举义，正名以讨罪，揆诸统绪，属在眇躬。朕兴念大兄播迁朔漠，以贤以长，历数宜归，力拒群言，至于再四。乃曰艰难之际，天位久虚，则众志弗固，恐堕大业。朕虽从请而临御，秉初志之不移，是以固让之诏始颁，奉迎之使已遣。寻命阿剌忒纳失里、燕铁木儿奉皇帝宝玺，远迓于途。受宝即位之日，即遣使授朕皇太子宝。朕幸释重负，实获素心，乃率臣民北迎大驾。而先皇帝跋涉山川，蒙犯霜露，道里辽远，自春徂秋，怀艰阻于历年，望都邑而增慨，徒御弗慎，屡爽节宣。信使往来，相望于道路，彼此思见，交切于衷怀。八月一日，大驾次旺兀察都，朕欣瞻对之有期，独兼程而先进，相见之顷，悲喜交集。何数日之间，而宫车弗驾，国家多难，遽至于斯！念之痛心，以夜继旦。
>
> 诸王、大臣以为祖宗基业之隆，先帝付托之重，天命所在，诚不可违，请即正位，以安九有。朕以先皇帝奄弃方新，摧怛何忍；

---

① 《元史》卷31《明宗纪》。

衔哀辞对，固请弥坚，执谊伏阙者三日，皆宗社大计，乃以八月十五日即皇帝位于上都。可大赦天下，自天历二年八月十五日昧爽以前，罪无轻重，咸赦除之。

于戏！戡定之余，莫急乎与民休息；丕变之道，莫大乎使民知义。亦惟尔中外大小之臣，各究乃心，以称朕意。①

在文宗的新即位诏书中，和世㻋的去世原因是旅途劳累。但是细心的人可以发现，和世㻋抵达旺兀察都的时间是八月一日（乙酉），八月二日（丙戌）图帖睦尔与和世㻋会面，八月六日（庚寅）和世㻋去世，八月十五日（己亥）图帖睦尔就再次即位，时间是太过短促了，显然是早有精心的预谋。图帖睦尔再次即位之后，虽然没有了其他的帝位竞争者，但是"弑君"的阴影同样长久挥之不去，所以文宗在去世时特别留下遗诏，将帝位传给明宗的儿子，② 算是对兄长的一点政治补偿。

二 以文兴邦

为了掩盖即位时的不光彩行为，文宗特别对粉饰文治的作为感兴趣，并由此带来了奎章阁学士院和《经世大典》两项重要的建树。

（一）设立奎章阁学士院

天历二年二月设立的奎章阁学士院，八月由正三品升为正二品，其职能是以"儒臣进经史之书，考帝王之治"。奎章阁学士院的大学士为正二品，侍书学士为从二品，承制学士为正三品，供奉学士为正四品。学士院下设艺文监、群玉内司及艺林库、广成局等机构。③

儒臣虞集特别在奏疏中指出了设立奎章阁学士院，是兴隆文治的极为重要举措。

> 臣某等言，特奉圣恩，肇开书阁，将释万几而就佚，游六艺以无为，此独断于睿思，而昭代之盛典也。乃俾臣等并备阁职，感兹荣幸，辄布愚忱。钦惟皇帝陛下以聪明不世出之资，行古今所难能之事。以言乎涉历，则衡虑困心，艰劳之日久；以言乎戡定，则拨

---

① 《即位诏》，《元文类》卷9；《元史》卷33《文宗纪二》。
② 《元史》卷138《燕铁木儿传》。
③ 《元史》卷33《文宗纪二》，卷88《百官志四》。

乱反正，文治之业隆。然而功成不居，位定不有。谦逊有光于尧、舜，优游方拟于羲、黄。集群玉于道山，植众芳于灵囿。委怀澹泊，造道精微。若稽在昔之传闻，孰比于今之善美。而臣等躬逢盛事，学愧前修，虽既竭于论思，惧无堪于裨补。然敢不咏歌《雅》《颂》，极襄赞之形容；探赜《图》《书》，玩盈虚之来往。冀心神之融会，成德性之纯熙，揆微志而匪能，诚至愿其如此。仰祈天日，俯察刍荛，臣某等不胜惓惓之至。①

至顺元年二月，由于未能快速完成《经世大典》的编撰，奎章阁学士忽都鲁都儿迷失、撒迪、虞集等人提出辞职，文宗特别表示："昔我祖宗睿知聪明，其于致理之道，自然生知。朕以统绪所传，实在眇躬，夙夜忧惧，自惟早岁跋涉艰阻，视我祖宗，既乏生知之明，于国家治体，岂能周知？故立奎章阁，置学士员，日以祖宗明训、古昔治乱得失陈说于前，使朕乐于听闻。卿等其推所学以称朕意，其勿复辞。"由于奎章阁大学士赵世延身兼三职，燕铁木儿于当年六月上言："向有旨，惟许臣及伯颜兼领三职。今赵世延以平章政事兼翰林学士承旨、奎章阁大学士，引疾以辞。"文宗亦表示："朕重老成人，其令世延仍视事中书，果病，无预铨选可也。"闰七月，监察御史葛明诚上书弹劾赵世延，指其"年逾七十，智虑耗衰，固位苟容，无补于事，请斥归田里"，燕铁木儿则明言："赵世延向自言年老，屡乞致仕，臣等以闻，尝有旨，世延旧人，宜与共政中书。御史之言，不知前有旨也。"文宗亦表示："如御史言，世延固难任中书矣，其仍任以翰林、奎章之职。"② 也就是说，对于以奎章阁留住儒臣，文宗还是相当在意的。

至顺二年正月，奎章阁建成，虞集在当年四月为皇帝代写的《奎章阁记》中，指明文宗每天都要到奎章阁来，已经将该阁作为一个重要的处理公务场所。

> 大统既正，海内定一，乃稽古右文，崇德乐道。以天历二年三月，作奎章之阁，备燕闲之居，将以渊潜遐思，缉熙典学。乃置学

---

① 虞集：《奏开奎章阁疏》，《道园学古录》卷12，四库全书本（《全元文》第26册，第41页）。

② 《元史》卷34《文宗纪三》。

士员，俾颂乎祖宗之成训，毋忘乎创业之艰难而守成之不易也。又俾陈夫内圣外王之道，兴亡得失之故，而以自儆焉。其为阁也，因便殿之西庑，择高明而有容。不加饰乎采斫，不重劳于土木，不过启户牖，以顺清燠，树庋阁以栖图书而已。至于器玩之陈，非古制作中法度者，不得列。其为处也，跬步户庭之间，而清严邃密。非有朝会、祠享、时巡之事，几无一日而不御于斯。于是宰辅有所奏请，宥密有所图回，诤臣有所绳纠，侍从有所献替，以次入对，从容密勿盖终日焉。而声色狗马、不轨不物者，无因而至前矣。自古圣明睿知，善于怡心养神，而培本浚原，泛应万变而不穷者，未有易乎此者也。盖闻天有恒运，日月之行不息矣；地有恒势，水土之载不匮矣；人君有恒居，则天地民物有所系属而不易矣。居是阁也，静焉而天为一，动焉而天弗违，庶乎有道之福，以保我子孙黎民于无穷哉。①

虞集还奉文宗之命，为奎章阁制作了以下铭文："维皇穆清，中正无为。翼翼其钦，圣性日熙。乃辟延阁，左图右史。匪资燕娱，稽古之理。经纬有文，如日行天。爰刻贞玉，垂美万年。"②

至顺三年二月，文宗以燕铁木儿兼奎章阁大学士，领奎章阁学士院事，给了奎章阁学士院更高的规格。当年四月，文宗又下命奎章阁学士院以国字译《贞观政要》，并刊行印本赐给百官。五月，撒迪请求"备录皇上登极以来固让大凡往复奏答，其余训敕、辞命及燕铁木儿等宣力效忠之迹，命朵来续为《蒙古脱卜赤颜》一书，置之奎章阁"，这一建议对文宗极为重要，亦被文宗所接受。③

泰定帝时成书的《皇图大训》，也被奎章阁学士院所刊印，虞集记述了刊印该书的重要意义。

> 《皇图大训》者，前荣禄大夫、中书右丞臣许师敬，因其先臣衡以集修德为治之事尝进说于世祖皇帝者，而申衍之。而翰林学士承旨、荣禄大夫、知经筵事臣阿怜帖木儿，奎章阁大学士、光禄大

---

① 虞集：《奎章阁记》，《道园学古录》卷22（《全元文》第26册，第437页）。
② 虞集：《奎章阁铭》，《道园学古录》卷21（《全元文》第26册，第60页）。
③ 《元史》卷36《文宗纪五》。

夫、知经筵事臣忽都鲁都儿迷失, 润译以国语者也。天历二年, 天子始作奎章阁, 延问道德, 以熙圣学。又建艺文监, 表章儒术。取其书之关系于治教者, 以次摹印而传之。清燕之暇, 偶得此编, 以为圣经贤传有功于世道者, 既各有成书, 而纂言辑行会类可观者又尽出于前代, 独此编作于明时, 文字尔雅, 译说详明, 便于国人, 故首命刻之, 仍敕臣集为之序。臣闻古之人君, 能自得师者, 莫先于稽古; 古之人臣, 真知爱君者, 务引于当道。后世岂无聪明之君, 而无睿哲之实者, 弗考于古训故也。为之臣者, 亦岂有不爱其君者, 然而不以阿顺旨意为敬, 则以承奉疏节为忠, 不知古学以至于此, 为其君者独何利哉。今天子以天纵之圣, 克尊前闻, 又欲群臣遍知其说, 使不至徒徇细人之爱, 为具臣之事而已也。于乎! 圣心所在, 如天日之昭明, 得是书者, 其可不深思于此也哉。①

奎章阁还刊印了不少有用于治世的书籍。如忽思慧编撰的《饮膳正要》, 被虞集赞誉为"推一己之安, 使天下之人举安; 推一己之寿, 使天下之人举寿。圣天子以天地之心为心, 而为生立命者, 盖如此"。又如承天仁惠药局刊印的药方, 虞集亦有如下评价: "古者帝王之于民也, 其为之衣食以生养之, 又为之谨襘禳治砭焫, 以救扎瘥之不测, 此所谓先王有不忍人之心, 斯有不忍人之政者也。今皇上一日万几, 而思虑之周至于仁惠局之设, 可谓至且尽矣。"②

文宗还确立了一项重要的制度, 就是在决定重大事项时, 要求中书省、枢密院、御史台、奎章阁学士院共议, 使得奎章阁学士院不仅仅是一个学术机构, 还成了一个能够参与政务的重要政治机构。

(二) 编修《经世大典》

天历二年九月, 文宗命翰林国史院与奎章阁学士院合作, 采辑本朝典故, 按照《唐会要》和《宋会要》的体例, 编修《经世大典》。至顺元年正月, 又特命赵世延、赵世安领纂修《经世大典》事。二月, 以修《经世大典》久无成功, 专命奎章阁阿邻帖木儿、忽都鲁都儿迷失等译国言 (蒙古文) 所纪典章为汉语, 纂修则由赵世延、虞集等人负

---

① 虞集:《皇图大训序》,《道园学古录》卷22 (《全元文》第26册, 第63页)。
② 虞集:《饮膳正要序》《承天仁惠局药方序》,《道园学古录》卷22 (《全元文》第26册, 第64—65页)。

责,燕铁木儿如修国史之例,行使监修职责。九月,以奎章阁纂修《经世大典》,命省、院、台诸司以次宴其官属。至顺二年四月,奎章阁以纂修《经世大典》,请从翰林国史院取《脱卜赤颜》一书以纪太祖以来事迹,被国史院以"《脱卜赤颜》事关秘禁,非可令外人传写"为由拒绝。当年五月,全书编成,并被命名为《皇朝经世大典》。

虞集作为编修大典的主要参与者,不仅记录了该书的编修过程,还特别强调了编成此书的重大意义,就在于全面反映了大一统后的国家典章制度和治国要义。

钦惟钦天统圣至德诚功大文孝皇帝,以上圣之资,纂承大统,聪明睿知,度越古今,至让之诚,格于上下。重登大宝,天命以凝,于是辟延阁以端居守中心之至正。慨念祖宗之基业,旁观载籍之传闻,思辑典章之大成,以示治平之永则。乃天历二年冬,有旨命奎章阁学士院、翰林国史院参酌唐、宋会要之体,会萃国朝故实之文,作为成书,赐名《皇朝经世大典》。明年二月,以国史自有著述,命阁学士专率其属而为之,太师丞相答剌罕、太平王臣燕铁木儿总监其事,翰林学士承旨、大司徒臣阿怜帖木儿,奎章大学士臣忽都鲁都儿迷失,奎章阁大学士、中书右丞臣撒迪,奎章阁大学士、太禧宗禋使臣阿荣,奎章阁承制学士、佥枢密院事臣朵来,并以耆旧近臣,习于国典,任提调焉。中书左丞臣张友谅,御史中丞臣赵世安等,以省台之重,表率百官,简牍具来,供给无匮。至于执笔纂修,则命奎章阁大学士、中书平章政事臣赵世延,而贰以臣虞集,与学士院艺文监官属。分局修撰。又命礼部尚书臣巙巙,择文学儒士三十人,给以笔札而缮写之,出内府之钞以充用。是年四月十六日开局,仿六典之制,分天、地、春、夏、秋、冬之别,用国史之例,别置蒙古局于其上,尊国事也。其书悉取诸有司之掌故,而修饰润色之。通国语于尔雅,去吏牍之繁词。上送者无不备书,遗亡者不敢擅补。于是定其篇目,凡十篇,曰君事四,臣事六。君临天下,名号最重,作帝号第一。祖宗勋业,具在史策,心之精微,用言以宣,询诸故老,求诸纪载,得其一二于千万,作帝训第二。风动天下,莫大于制诰,作帝制第三。大宗其本也,藩服其支也,作帝系第四。皆君事也,蒙古局治之。设官用人,共理天下，治其事者，宜录其成，故作治典第五。疆理广袤，古昔未有，人民贡赋，国用系焉，作赋典第六。安上治民，莫重于礼，朝廷郊庙损益可知，作礼典第七。肇基建业，至于混一，告成有绩，垂远有规，作政典第八。刑政之设，以辅礼乐，仁厚为本，明慎为要，作宪典第九。六官之职，工居一焉，国财民力，不可不慎，作工典第十。皆臣事也。以至顺二年五月一日草具成书，缮写呈上。

　　臣集等皆以空疏之学，谬叨委属之隆。才识既凡，见闻非广，或疏远不知于避忌，或草茅不识于忧虞。谅其具稿之诚，实欲更求是正。疏略之罪，所不敢逃。窃观《唐会要》始于苏冕，续于崔铉，至宋王溥而后成书。《宋会要》始于王洙，续于王珪，至汪大猷、虞允文，二百年间三修三进。窃惟祖宗之事业，岂唐、宋所可比方。而国家万万年之基，方源源而未已。今之所述，粗立其纲。乃若国初之旧文，以至四方之续报，更加搜访，以待增修。重惟纂述之初献，实出圣明之独断。假之以岁月，丰之以廪饷，给之以官府之书，劳之以诸司之宴，礼意优渥，圣谟孔彰。而纂修臣寮，贪冒恩私，不称旨意，下情兢惧之至，惟陛下矜而恕之。①

《经世大典》全书已经散失，部分内容在明朝的《永乐大典》中可以看到，但是《经世大典》的《序录》被苏天爵收入《国朝文类》（《元文类》）中，可以使人们了解该书的基本内容。

（三）尊孔与去佞

天历二年二月，文宗曾经派遣翰林讲用学士曹元用前往阙里祭祀孔子。至顺元年闰七月，文宗特别下令加封孔子父齐国公叔梁纥为启圣王，母鲁国太夫人颜氏为启圣王夫人，颜子为兖国复圣公，曾子为郕国宗圣公，子思为沂国述圣公，孟子为邹国亚圣公，河南伯程颢为豫国公，伊阳伯程颐为洛国公。为理学家加封号，表示了朝廷对理学的尊崇。至顺三年正月，文宗又下令为孔子夫人加封号，并在诏书中强调："我国家惇典礼以弥文，本闺门以成教。乃眷素王之庙，尚虚元媲之封。有其举之，斯为盛矣。大成至圣文宣王妻开官氏，来嫔圣室，垂裕世家。笾豆出房，因流风于殷礼；瑟琴在御，存燕乐于鲁堂。功言逸若

---

① 虞集：《经世大典序录》，《道园学古录》卷5（《全元文》第26册，第65—67页）。

于遗闻,仪范俨乎其合德。作尔祎衣之象,称其命鼎之铭。噫!秩秩彝伦,吾欲广《关雎》《鹊巢》之化;皇皇文治,天其兴《河图》《凤鸟》之祥,可特封大成至圣文宣王夫人,主者施行。"① 尊儒是文治的重要标志,所以文宗愿意在这方面多作一些前所未有的举动。

对于国子学的教育,文宗于至顺元年十二月明确提出了要求:"国子生积分及等者,省、台、集贤院、奎章阁官同考试,中式者以等第试官,不中者复入学肄业。"至顺二年六月,监察御史韩元善上言:"历代国学皆盛,独本朝国学生仅四百员,又复分辨蒙古、色目、汉人之额。请凡蒙古、色目、汉人,不限员额,皆得入学。"这一建议因为涉及改变四等人的限制,所以未被文宗采纳。②

至顺二年三月,司徒香山指陶弘景的《胡笳曲》中,有"负扆飞天历,终是甲辰君"的诗句,与文宗的生年、纪号相合,认为"此实受命之符,乞录付史馆,颁告中外"。文宗命翰林院、集贤院、奎章阁、礼部集议,翰林院官员明确提出了反对意见。

> 唐开元间,太子宾客薛让进武后鼎铭云"上玄降鉴,方建隆基"为玄宗受命之符,姚崇表贺,请宣示史官,颁告中外。而宋儒司马光斥其采偶就之文以为符瑞,乃小臣之谄,而宰相实之,是侮其君也。今弘景之曲,虽于生年、纪号若偶合者,然陛下应天顺人,绍隆正统,于今四年,薄海内外,罔不归心,固无待于旁引曲说以为符命。从其所言,恐启谶纬之端,非所以定民志。③

文宗采纳了翰林院官员的意见,使诡佞附会之风受到了压制。弘扬文治极容易出现"文化造假"和阿谀奉承的现象,好在有头脑清醒的儒臣和还算听得进意见的皇帝,能够对不良的文化现象有所压制。

三 保守型的朝政

在处理朝政问题方面,文宗秉持的是按照旧制行事的较保守态度,只要维持朝政运转即可,既不要求革除弊政,更不期望有所创新。

---

① 虞集:《封宣圣夫人制》,《道园学古录》卷22(《全元文》第26册,第7页)。
② 《元史》卷34《文宗纪三》,卷35《文宗纪四》。
③ 《元史》卷35《文宗纪四》。

（一）独相政治

燕铁木儿在扶持文宗两次登基中功劳卓著，作为报答，文宗特别在至顺元年二月作出了独相理政的安排，并对中书省官员明言："昔在世祖，尝以宰相一人总领庶务，故治出于一，政有所统。今燕铁木儿为右丞相，伯颜既知枢密院事，左丞相其勿复置。"当年五月，文宗又特别下诏强调了对独相的尊崇："燕铁木儿勋劳惟旧，忠勇多谋，奋大义以成功，致治平于期月，宜专独运，以重秉钧。授以开府仪同三司、上柱国、太师、太平王、答剌罕、中书右丞相、录军国重事、监修国史、提调燕王宫相府事、大都督、领龙翊亲军都指挥使司事。凡号令、刑名、选法、钱粮、造作，一切中书政务，悉听总裁。诸王、公主、驸马、近侍人员，大小诸衙门官员人等，敢有隔越闻奏，以违制论。"对于敢于指责燕铁木儿的人，全部视为"谋反"，一律诛杀。① 文宗的两次即位，完全依赖于燕铁木儿，以"独相"的崇高地位作为回报，表明执政亦要依赖燕铁木儿的支持。

天历元年三月，文宗曾下命御史大夫铁木儿补化、玥璐不花振举台纲，御史台即明确提出了禁止干扰御史台监察、其他机构不得选用廉访司官员以及廉访司参用蒙古人、色目人和汉人等要求。② 当年十一月，文宗又命词臣记录了他对御史台的要求。

> 天历元年十一月壬申，御史台臣入见内殿。皇帝若曰："以予观于天下之治，不有台宪之司布在中外，则何以肃纲纪、正风化、辅成朝廷之大政，而休息吾民者乎。昔我世祖皇帝即位之十年，始立御史台以总国宪，其忧深虑远，使吾子孙有以周防于隐微，禁制于暴著，其在斯乎。朕三复贻谋，究观法意，惧无以彰皇祖创始之明，责任之重，其刻石内台，俾有位于无穷焉。"③

在文宗的督促下，监察机构能够对一些不良官员加以弹劾。如至顺元年九月，监察御史朵罗台、王文若上言："岭北行省乃太祖肇基之地，武宗时，太师月赤察儿为右丞相，太傅答剌罕为左丞相，保安边

---

① 《元史》卷34《文宗纪三》，卷138《燕铁木儿传》。
② 《元史》卷33《文宗纪一》；《宪台通纪》，第73—76页。
③ 虞集：《御史台记》，《道园学古录》卷22（《全元文》第26册，第438—440页）。

境，朝廷遂无北顾之患。今天子临御，及命哈八儿秃为平章政事，其人无正大之誉，有鄙俚之称，钱谷甲兵之事，憒无所知，岂能昭宣皇猷，赞襄国政。且以月赤察儿辈居于前，而以斯人继其后，贤不肖固不待辩而明，理宜黜罢。"文宗即下令将哈八儿秃罢职。当年十一月，御史台官员上言："陕西行省左丞怯列，坐受人僮奴一人及鹦鹉，请论如律。"文宗即表示："位至宰执，食国厚禄，犹受人生口，理宜罪之。但鹦鹉微物，以是论赃，失于太苛，其从重者议罪。今后凡馈禽鸟者，勿以赃论，著为令。"至顺二年九月，御史台官员上奏："四川行省参政马镕，发粮六千石饷云南军，中道辄还，预借俸钞一十九锭以娶妾，又诟骂平章汪寿昌，罪虽蒙宥，难任宰辅。"文宗即明确指出："纲常之理，尊卑之分，憒无所知，其何以居上而临下，亟罢之。"①

对于官员的升迁和行为举止，文宗朝也作了一些规定。如天历二年十月中书省官员上言："旧制，朝官以三十月为一考，外任则三年为满。比年朝官率不久于其职，或数月即改迁，于典制不类，且治迹无从考验，请如旧制为宜。"文宗即下令："除风宪官外，其余朝官，不许二十月内迁调。"至顺二年六月，文宗又下令："诸官吏在职役或守代未任，为人行贿关说，即有所取者，官如十二章论赃，吏罢不叙终其身；虽无所取，讼起灭由己者，罪加常人一等。"至顺二年十二月，河南河北道廉访副使僧家奴上言："自古求忠臣必于孝子之门。今官于朝者，十年不省觐者有之，非无思亲之心，实由朝廷无给假省亲之制，而有擅离官次之禁。古律，诸职官父母在三百里，于三年听一给定省假二十日；无父母者，五年听一给拜墓假十日。以此推之，父母在三百里以至万里，宜计道里远近，定立假期，其应省觐匿而不省觐者，坐以罪。若诈冒假期，规避以掩其罪，与诈奔丧者同科。"文宗则下令御史台与中书省、礼部、刑部及翰林院、集贤院、奎章阁共同议定了官员给假规章。②

至顺元年八月，御史台官员上书，请求立燕王阿剌忒纳答剌为皇太子，文宗表示："朕子尚幼，非裕宗为燕王时比，俟燕铁木儿至，共议之。"十月，诸王、大臣复请立燕王为皇太子，文宗又表示："卿等所言诚是。但燕王尚幼，恐其识虑未弘，不克负荷，徐议之未晚也。"文宗之所以推辞，是因为背负着篡位的嫌疑，不能理直气壮地立储。但是

---

① 《元史》卷34《文宗纪三》，卷35《文宗纪四》。
② 《元史》卷33《文宗纪二》，卷35《文宗纪四》。

他不久即改变了注意，同意立储，并于当年十二月派遣伯颜等人以将立燕王阿剌忒纳答剌为皇太子告祭于郊、庙，随后正式册立燕王阿剌忒纳答剌为皇太子。有监察御史上言："昔裕宗由燕邸而正储位，世祖择耆旧老臣如王颙、姚燧、萧斠等为之师、保、宾客。今皇太子仁孝聪睿，出自天成，诚宜慎选德望老成、学行纯正者，俾之辅导于左右，以宏养正之功，实宗社生民之福也。"文宗亦采纳了这一建议。① 但是立皇太子后不到半年，阿剌忒纳答剌即因病去世。

(二) 恤民与鼓励直言

文宗在位期间采用了救灾和恤民的一些措施，如天历二年十月，下令民间拖欠官钱无可追征者，尽行蠲免；大都至上都并塔思哈剌、旭麦怯诸驿，自备首思（祗应，即供应来往使臣的饮食分例），供给繁重，天历三年官为应付；免征奉元路民间商税一年，命所在官司设置常平仓，免各处煎盐灶户杂泛夫役二年。至顺元年四月，中书省上言："迩者诸处民饥，累常赈救，去岁赈钞百三十四万九千六百余锭、粮二十五万一千七百余石。今汴梁、怀庆、彰德、大名、兴和、卫辉、顺德、归德及高唐、泰安、徐、邳、曹、冠等州饥民六十七万六千户，一百一万二千余口，请以钞九万锭、米万五千石，命有司分赈。"这一建议也被文宗所接受。在颁发至顺改元诏书时，更明确要求"河南、怀庆、卫辉、晋宁四路曾经赈济人户，今岁差发全行蠲免，其余被灾路分人民已经赈济者，腹里差发、江淮夏税，亦免三分"②。也就是说，文宗也注意到了免逋欠、恤站赤、复租赋、救灾伤等方面的问题。

文宗也有求直言的举动。如天历二年十二月下令百官一品至三品先言朝政得失一事，四品以下悉听敷陈，仍命赵世安、阿荣辑录所上章疏，善者即议举行。对于不按照规矩议事，也有所限制，如中书省官员上言："旧制，凡有奏陈，众议定共署，乃入奏。近年，事方议拟，一二省臣辄已上请，致多乖滞。今请如旧制。"文宗即就此明确表达了依旧制议事的态度。③

(三) 难以应对的财政困局

文宗在位时朝廷的收入有较大增加，天历二年中书省计算的赋入之

---

① 《元史》卷34《文宗纪三》，卷35《文宗纪四》。
② 《元史》卷33《文宗纪二》，卷34《文宗纪三》。
③ 《元史》卷33《文宗纪二》。

数是金三百二十七锭,银千一百六十九锭,钞九百二十九万七千八百锭,币帛四十万七千五百匹,丝八十八万四千四百五十斤,绵七万六百四十五斤,粮千九十六万五十三石。每年从江南通过海运调到大都的粮食,在二百万石至二百五十万石之间。①

收入增加的速度,远远比不上支出增加的速度,所以朝廷依然是在入不敷出的财政状况下度日。正如天历二年九月史惟良上疏所言:"今天下郡邑被灾者众,国家经费若此之繁,帑藏空虚,生民凋瘵,此政更新百废之时。宜遵世祖成宪,汰冗滥蚕食之人,罢土木不急之役,事有不便者,咸厘正之。如此则天灾可弭,祯祥可致。不然,将恐因循苟且,其弊渐深,治乱之由,自此而分矣。"至顺元年七月,中书省官员也上言:"近岁帑廪虚空,其费有五:曰赏赐,曰作佛事,曰创置衙门,曰滥冒支请,曰续增卫士鹰坊。"至顺二年二月,中书省官员更明确指出:"国家钱谷,岁入有额,而所费浩繁,是以不足。"②

在严峻的财政吃紧形势下,文宗不得不对支出有所限制。如在赏赐方面,天历二年八月中书省官员上言:"祖宗故事,即位之初,必恩赉诸王、百官。比因兵兴,经费不足,请如武宗之制,凡金银五锭以上减三之一,五锭以下全畀之,又以七分为率,其二分准时直给钞。"文宗同意采用这样的做法。至顺二年四月,中书省和枢密臣联合上奏:"天历兵兴,诸领军与敌战者,宜定功赏。臣等议,诸王各金百两、银五百两、金腰带一、织金等币各十八匹,诸臣四战以上者同,三战及一战者各有差。"文宗即表示:"赏格具如卿等议。燕铁木儿首倡大义,躬擐甲胄,伯颜在河南先诛携贰,使朕道路无虞,两人功无与比,其赏不可与众同,其赐燕铁木儿七宝腰带一、金四百两、银九百两,伯颜金腰带一、金二百两、银七百两。"最终的赏赐结果是受赏者九十六人,用金二千四百两,银万五千六百两,金腰带九十一副,币帛千三百余匹。③

在淘汰冗员方面,朝廷也去掉了一些怯薛人员,但总体效果并不明显。尤其是在云南、广西等地有持续的平叛战争,军费开支也成了朝廷的重大负担。而大型工程造作的持续进行,佛事的不加限制,更使得朝廷难以摆脱财政的困局。

---

① 《元史》卷33《文宗纪二》。
② 《元史》卷33《文宗纪二》,卷34《文宗纪三》,卷35《文宗纪四》。
③ 《元史》卷33《文宗纪二》,卷35《文宗纪四》。

应该承认，文宗的以文饰政有一定的效果，至少他没有像泰定帝那样被直接定上"谋逆"的罪名，连皇帝的谥号都没能得到。由于燕铁木儿和伯颜都曾在顺帝朝任要职，所以不仅给了文宗的谥号，还对其文治成果大加赞赏，因为无论是皇帝还是大臣，绝对不能还原旺兀察都的真相，使大家都担上"谋逆"的罪名。

需要说明的是，文宗有较好的儒学功底，并且认同儒家的治道学说，本应在治国理政方面取得令人瞩目的成就，但是"夺位"之举使其丧失了大展宏图的底气，依赖并受制于燕铁木儿又使其在施政方面难有作为，只能将注意力集中在文化方面，作出一些装饰门面的成绩。以文饰政实际上是文宗的无奈之举，背后隐藏的是已经被扭曲的政治观念和以文化为救赎之途的政治心理。当时的文人当然乐见文治的盛景，但后人不能被此所迷惑，要对文宗所遭遇的思想困境有清楚的认识。

综观元朝中期各位皇帝的政治表现，可以看出尽管在统治观念和执政风格上各有特点，但是有三个重要的共同点。一是历任皇帝都表现出了尊奉孔子的政治态度，无论是为了装点门面，还是真心地尊儒重道，都离不开抬高孔子的地位，所以孔子的封号不断增多，祭孔的礼仪规格也越来越高。皇帝尊孔的政治取态为儒学的发展创造了有利的环境，使理学有了长足的发展。二是历任皇帝都认可文治的基本要求，即便是有着严重营利倾向的武宗和强调遵守旧制的泰定帝，也都要为自己披上倡导文治的外衣。与忽必烈时代相比，元朝中期的文治确实有重要的发展，这样的发展当然是历任皇帝大力倡导和推动的结果。三是历任皇帝都要求臣僚直言，除了少数几例奸臣滥杀谏臣外，大多数时间朝臣都可以向皇帝直陈意见，当然皇帝是否真正的纳谏，则有很大的不同。元朝中期总体保持着较为宽松的议政环境，使得各种意见尤其是尖锐的批评意见能够得以较充分的显现。不阻塞言路，是元朝中期政治的一个重要特点，并由此带来了不同政治意见的"喷发"，在后面四章将就此作进一步的说明。尤为重要的是，元朝中期历任皇帝的统治观念，尽管还带有草原帝国统治思想的痕迹，但总体上呈现的是中国传统农耕王朝统治思想居主导性地位的样貌。对于这一点，应该有清醒的认识。

第十章　朝政变化体现的政治观念

从元成宗到元文宗的元朝中期，朝政发生了重大的变化，朝臣依据变化提出的施政建议以及所体现的不同政治观念，可以分述于下。

第一节　注重守成的政治观念

成宗和武宗两朝的朝臣，重点强调的是守成的政治观念，并就守成政治急需解决的问题提出了具体的建议。

一　对政治守成的规划

政治守成并不等于政治保守，而是要有继往开来的政治作为，所以需要朝臣作出全面的政治规划。王恽和程钜夫都是忽必烈在位时已展现才干的儒臣，他们在忽必烈去世后所述守成政治规划，再加上荣肇的守成政治观点，可以使人们全面了解当时的儒臣对政治守成的基本要求。

（一）王恽的《守成事鉴》

忽必烈在位时，王恽等人已经考虑过皇位继承和新君主的守成问题，王恽还特别为皇太子真金撰写了《承华事略》，提出了讲究"太子之学"的二十条要求（见本书第四章）。真金去世后，忽必烈没有再正式册立太子，只是在至元三十年六月将皇太子宝赐给真金之子铁穆耳，加之铁穆耳在北方统军，所以朝臣无法对他实施"太子之学"的教育。在铁穆耳即位后，王恽即正式呈上《守成事鉴》，强调了君主守成的十五条要求。[1]

---

[1] 王恽：《元贞守成事鉴一十三篇》，《秋涧先生大全文集》卷79，四部丛刊本。本小节引文均来自此文。

第一条要求是"敬天"。王恽以天命观为基础,强调守成之君必须向圣贤学习,敬奉天命,小心翼翼行事,才能够顺利主掌朝政。

> 王者为天眷命,贵为一人,富有四海。然随其所行得失,即降鉴而灾祥之,此天人感格必然之理,吁可敬也。伏惟陛下英明仁孝,继天而王,如宝符应运,庆云开瑞,年谷丰登,内外安足,可见天心眷佑深至。然祀告者寅畏意也,政事者感格本也,故臣采自昔圣贤敬天实德,为陛下言之。夫抑畏显命恒厥德而保小民者,成汤也;严恭祗惧谨身而修政事者,高宗也;小心翼翼顺帝之则者,文王也;夙夜畏威日靖四方者,周后也。《传》曰:"动人以行不以言,应天以实不以文。"此之谓也。三代明君惟克若是,故得申命用休,享永年之祚,幸陛下鉴观,日新圣德。

第二条要求是"法祖"。王恽以忽必烈的善政为榜样,强调新君的"法祖"就是要依照忽必烈的做法行事,可以带来延续善政、臣民遵行、继承先志三大好处。

> 伏见国家,未有如今日之大,亦未有若世祖文武皇帝之圣者。陛下新即大位,规模法度,首为重事。然先事者后事之鉴,祖宗者子孙之法。缅惟先皇帝临御天下三十五年之间,洪规远虑,典章文物粲然备具,但未纂为一代成宪。宜令有司条具纲目,不时鉴观,遵而行之,譬犹弩之有机往省括干度,则发无不中矣。为益有三:使祖宗良法善政,永见于方来,一也。臣民安夫习熟,易于奉行,二也。继述先志,茂隆孝治,三也。昔周武广文王之声,永清四海;汉文遵高祖之法,化洽多方。又《书》曰:"鉴于先王,成宪其永。"无怼兹非明效欤,惟陛下留神览察。

第三条要求是"爱民"。在大一统的环境下,要达到善政的要求,需要在爱民方面有实际的举动,王恽重点强调的是新即位的君主应采用息兵、省刑、薄敛等爱民措施,以达到与民休息的目标。

> 天以至仁生万物,人君代天理物,故当以仁爱为主。国家自太

祖肇造区夏，至于先皇帝，混一六合，功成治定，可谓至矣。今陛下继体守文，如周成康措世于安宁，汉文景注意于休息，中外颙望，正在今日。所谓子爱实惠，不出于息兵、省刑、薄敛而已。兹者肆赦蠲徭，停罢远征，固得其要。尚当究仁爱之本，使民永受其赐。夫敦化厚俗，使民自远于罪，此乃省刑之本也。内修文德，外严武备，怀柔远人，至不得已而用，此乃息兵之本也。躬先俭素，撙节浮费，不至厚取于民，此乃薄敛之本也。愿陛下扩充诏条，日新庶政，何患德泽不被、声教之不广哉。又江南版籍，贫下者众，去朝廷远，易动难安，尤宜慎择守令，抚字有方，秋毫无犯，则盗贼自然消弭。所谓天下本无事，但庸人扰之耳，十羊九牧，诚可为鉴。

第四条要求是"恤兵"。兵役过重，在忽必烈时期已经是朝廷要经常面对的难题，王恽再次提出这一问题，是希望新君以核实军户财产状况等方法，彻底解决这一问题。

兵民国家大本，二者互相为用，自昔视之如一。伏惟陛下即位之初，审其如是，首蠲民差，重恤军役，可谓得爱养不偏之道矣。今宽恩已被于民编，实惠未沾于军籍，切恐纶音徒深众望。兼近年民间凋敝，凡有杂泛，与之分当，小户何堪，实为重并，此当论者一也。军籍自至元八年缘强弱不均，已曾推并，迄今廿余载。新强旧乏，陡然不同，今一体应役，岂不偏重。其九年军虽行合并，十一年签者当时起遣，已是生受，此当论者二也。彼贫难者未免赴愬，自下而上，中间龃龉，比获存恤，至甚不易，恐徒开有力者侥幸之门，终不能为贫之无力者之地。至于癃老病弱等户，虽宽限优养，譬犹疲乏犬马，终难复旧，留之将安所用，此当论者三也。国家用兵六十余年，今天下已平，不可忘战，但讲治之法与时高下者，有所阔略，幸遇陛下旷示洪恩，作新国政，比之以姑息为惠，何若诏所司依八年例再行通阅，使贫富适宜，至公均被，则福禔中外，岂不盛哉。

第五条要求是"守成"。守成之君与创业之君不同，并且守成往往难于创业，所以君主要特别注意仁、义、礼、乐的治道要求，才能保持不堕不溢的政治守成状态。

> 古称继体之君，犹持盈守成。盈者，器之满；成者，物之聚。既成既盈，手执身护，一或怠则堕其成，一或侧则溢其盈，可不慎哉。伏惟陛下聪明睿知，足以保临。即位之初，追崇祖考，尊礼大臣，息兵爱民，慎官节用，已得守成之道。臣所以孜孜为言者，盖以治安难恃、骄怠易生故也。昔唐太宗问创业、守成孰难，魏征对曰："昔之兴，乘乱覆昏，殆天授人与，既得则鲜不怠骄，有国之弊常由此起，守成为不易。"太宗以征言为然。司马光亦曰："夫民有千金产者，犹思先世所致，必苦身谨守，惟恐失坠，况享祖宗奄有四海之业，将传于无穷，当如何哉。"伏望陛下以司马光之言为鉴，唐太宗之问为法，岂惟宗社之福，实天下幸甚。若夫圣子神孙，既明其体，不可不新其用，敢略以四者为言。纂武功平祸乱而一统者，垂统之祖也。尚文德以柔道而为理者，守成之君也。仁、义、礼、乐，乃治之具也。仁者政之德，所以固亿兆易动之心。义者事之制，所以明政务当然之宜。礼者万事之节，所以革去僭越，定上下之分。乐者声音之和，所以荡涤淫邪，浃天人之气也。此四者先王致治要道，正在用之何如尔，惟陛下垂察。

第六条要求是"清心"。王恽之所以强调守成之君的"清心"而不是"正心"，应该是考虑到了"正心"的说法过于复杂，不易于被理解和接受，并且用"清心"也完全可以点明治道"以心为本"和"守中"的基本原则。

> 心为一身主，万善所从出，惟澄治不为物欲蔽迁，故得耳目聪明，志虑精一。况人君是心，包罗万虑，经纬八方，苟非澄治，一或少差，得失系焉。昔二帝三王传授治道，以心为本，然不出执中、建中而已。曰中者何，无过之谓中，则天理之公，过则人欲之私，国之所以治者，只在存此心、清此心耳。如此，则或差之虑不生，至公之理可得。率至公之理以临治其下，孰不心服而化从。今陛下英明睿哲，气志如神，事无微而不察，物无远而不照，复能鉴

二帝三王之执中，节嗜好，远功利，使心镜澄澈，昭然一德，照临百官，虽万几前陈，酬酢听断，将无逃于圣鉴矣。

第七条要求是"勤政"。由于铁穆耳以统军皇孙的身份登上皇位，对朝政不是特别了解，所以王恽特别强调了讲究视朝之礼的勤政要求。

人君代天理物，所当法者天也。天惟乾健不息，四时行而岁功成；君惟体之不息，帝载熙而百揆叙。故大禹业业勤邦明德，垂百王之法；太宗孜孜为治，贞观有三代之风；后之君人者，可不鉴哉。况军国大事，日有万几，须敷奏以时，听鉴有所。今殿廷庆宴已有定仪，视朝之礼尚旷而未行，行之正在今日。勤政之实，无逾于此。

第八条要求是"尚俭"。王恽不仅强调了守成者应该遵循忽必烈崇尚俭约的基本原则，还明确提出了量入为出的建议，因为这既是对君德的要求，也是对善政的要求。

夫上俭约则下丰足，上侈靡则俗凋敝，此必然之理也。故先皇帝崇尚俭约，如重绸缯而轻纻衣，去金饰而朴鞍履，服用婚嫁，一切有制，以奉行渐远，不无稍缓。今臣民衣著等于贵戚，婚嫁聘财逾于公卿，其僭越暴殄，有不能供给者。如汉文景时，海内富安，风俗淳厚，盖示以敦朴，率先天下故也。今陛下新即大位，尚俭去奢，最是切务。且天之生财，必供一世之用。今国家财赋至广，每岁支持不易，盖事胜于财故也。为今之计，省事节用，量入为出，以过有所费为戒。昔金世宗时，有以不给为请者，世宗曰："汝辈何駴，殊不知府库之财，乃百姓之财耳。我但总而主之，安敢妄费。"至今称为君人至言，可不鉴哉。

第九条要求是"谨令"。君主号令不能不谨慎，王恽希望新君能够坚持忽必烈时的集议方法，并以此来降低发出错误旨令的概率。

臣闻号令者，布德泽，宣壅滞，法天顺民者也。犹天之雷霆，一出而不可掩。故《书》曰："谨乃出令，令出惟行弗惟反。"唐太宗亦云："发号施令，当永为式，须审定而不轻出。"今陛下受命维新，万务伊始，吏民奉行，期于至治，可不谨而一之。如政有所必革，事有所当行，发自宸衷，询之辅相，稽祖训则例明，协民心则允协。如是而行，既谨而一，则威肃而民信，君尊而国安。又旧例军国事，省与台、院一同奏闻，有所未当，即议从所长，当时行之，甚为便益。目今各行专达，既不通知，事或窒碍，必须更易，其于大体不无少亏。宜申明旧例，且防壅蔽，天下蒙幸。

第十条要求是"立法"。朝廷需要定立成系统的法律和规章制度，是王恽的一贯看法，之所以对守成之君提出立法的要求，就是希望能够及时解决"无所守之法"的问题。

法者，辅治之具，则不可一日阙。历观自古代有成宪，子孙守而不失，如周之三典、汉之九章是也。今国家有天下六十余年，大小之法尚未定议。内而宪台、天子执法，外而廉司、州郡法吏，是具司理之官，而无所守之法，犹有医而无药也。至平刑议断，旋旋为理，未免有酌量准拟之差，彼此轻重之异。臣愚谓宜将先朝拟定律令，颁为元年新法。如是，则法无二门，轻重适当，吏安所守，民知避而难犯，亦继述之大事也。

第十一条要求是"重台谏"。王恽曾在监察机构供职多年，深知其对朝政的重要性，所以特别对即位不久的君主提出了重视监察机制的要求。

臣闻台谏者天子耳目，朝廷纪纲。耳目聪明，则事无壅蔽；纪纲振理，则朝廷肃清；惟系重如此，故权不宜使之轻，气不可使之沮，否则聪明自蔽，纲纪自缓，将何所赖。惟职专纠弹，不悦者众，又近年以来，被劾者欲缓已罪，反行诬告，权臣因之沮抑，靡所不至，究其无实，多不抵坐，致使邪气转甚，正人结舌，根本内拨，枝叶外瘁，甚失风宪大体。故古人有言："鹰隼获禽，猎人随护，不然反为物伤。"可不念哉。昔裕宗皇帝听理东朝，审其如是，力为扶持。今陛下即位之初，特为系重，一切所行率由旧章，悠久如是，岂惟肃正朝纲，聪明有赖，执法明而尊严之道备矣。

第十二条要求是"选士"。在众多儒臣中，王恽是坚持推行科举之人，忽必烈在位期间已经有过明确的表述，此时再次强调科举的重要性，就是希望能在新君的应允下，使科举得以恢复。

伏睹先皇帝在潜、登极四十年间，招延侧陋，寻访好人，略无虚岁，得士之多，于斯为盛。以选择难精，任使乖用，设科取士，常有定议。计古今治道，良法美意行之略遍，独此未及行耳。比读诏条节该，议贡举之法，可谓得先帝遗旨矣。况科举取士，历代讲究，既公且当，无逾于此。若将十一年已定程试格式举行，甚允当也。但科场停罢日久，欲收实效，行之不可草略。必先整学校，选教官，择生徒，限以岁月，方可考试。如是，则能得实材，以备国家之用。臣愚所以为言者，选取人材最为方今切务，不可缓也。顷年世祖皇帝暨裕宗皇帝所以将行而未遑者，天其意欲以遗陛下，俾为今日守成致治之本欤。

第十三条要求是"慎名爵"。王恽希望守成之君不要滥授官职，因为这是忽必烈后期存在的重大弊病，需要有所改变。

《书》称："官爵天秩，王者不可私以予人。"何则？砺世磨钝，鼓舞一世，使天下之人奔走为吾用者，正赖此耳。惟贤惟能，然后授之，尚虑得之轻则视之轻，视之轻则人不重，人不重，君子耻而小人至矣。今四海一家，廓然无事，收揽威权，正在今日。朝廷宜重而惜之，不轻与人。谓如李唐季年，使职或带相衔，初无分省实权，何则？既远阙廷，岂容别置省府，所以然者。盖亡金南渡后，一时权宜，不可为法，其勋伐者，当如汉、唐封加官爵。夫有功劳者酬以官爵，有材德者任以职位，此人君御下之术也。未闻以辅相之职，为赏功之官者，宜讲明典故，别议施行。

第十四条要求是"明赏罚"。这一条要求的内容与上一条接近，只不过更强调以立制的方法解决官员冗滥的问题。

> 赏罚为国大柄,惟政先定体,官有定员,则大柄可行,能责人以成效。况古人为官择人,后世为人择官,职此之由,政本不立,遂成冗滥,此古今之通弊也。故唐太宗贞观元年首明致理之本,任贤去冗,定文武官才六百余员。金世宗即位之初,专以廉能责下,遣官分察州郡,以三等大明黜陟。比闻诏有司减官增俸,是将汰冗养能,正此意也。顷年亦尝定夺,缘事重责大,行之有所未尽。今者之举,非断自宸衷,先定体而行之,恐无异于前时。臣故曰:"减冗员莫若议新制,责廉能无如明黜陟。内则遵太宗以为法,外则取金朝以为鉴,若此,孰不承风振厉,庶几名实两得,渐消苟且因循之弊,则贞观三代之风,大定惟新之治,恐不专美于前代矣。"

第十五条要求是"远虑"。王恽认为只有居安思危,持续推行善政,才能达到"致治"的效果,并使守成之君能够有一定的政治建树。

> 伏见陛下纂承以来,时和岁丰,万方晏然,可谓既安且治,似无可虑者。然自昔明主,不狃安目前,常存深远之虑者,盖事生于细微,患成于所忽,故《易》以履霜坚冰为言,《书》以不见是图为戒。又贾生有云:"天下大器,置之安处则安,置之危处则危。"以方今论之,如备御边防,抚安新附,堤防水旱,敦厚风俗,肃清官吏,可远谋而深虑者,岂皆无之,惟在究其所未然,而图其所当置,则致治保邦为不难矣,何近忧切患之有哉。故《传》曰:"远乃猷。"又曰:"君子思患而预防之。"皆圣人以远为虑也。幸陛下鉴观,毋以目前之安为安,惕然以久远治安为虑,恐先皇帝付托遗意,正在于是。

应该看到,王恽的以上要求,实则是为守成之君所作的全面政治规划。在这样的规划中,体现的是三层政治设计。第一层是对君主自身的规范,包括敬天、法祖、清心、尚俭、谨令、勤政六方面的要求。第二层是对朝政总体走向的规范,包括守成、远虑、立法、重台谏、爱民五方面的要求。第三层是对具体政策的规划,包括恤兵、选士、慎名爵、明赏罚四方面的要求。支撑这三层设计的,就是守成政治必须符合儒家治道准则的政治观念。这些要求尽管没有被元成宗全部采纳,但不能因此而忽视王恽对"守成政治说"的建树之功。

(二) 程钜夫所记的守成君主要求

成宗大德十年(1306),由于发生了严重的干旱、暴风雪等灾害,要求中书省、御史台、集贤院共同讨论弭灾之策,程钜夫记下了讨论后形成的五条要求。①

第一条要求是"敬天"。强调敬天,就是要以儒家天命观的理念,说明灾害是上天对政务紊乱的示警,而要消除灾害,君主不仅要敬天和惧天,还要革除弊政,以善治的方法弭灾。

> 天育万物,不能自理,乃立之君以主之,故君者所以代天育物也。惟明君能知天监在上,赫赫甚迩,凡一语动、一政令,罔不兢兢业业,思合天则,期当天心。若论官,则曰天命有德,五服五章,不敢乘一时之喜怒而轻予夺之也。若论刑,则曰天讨有罪,五刑五用,不敢因一时之喜怒而出入之也。凡事如此,谨守勿失,于是阴阳和、风雨时而万物育,天相之也。乃若政令之或爽,天必出灾异以儆之。而儆之者,所以仁爱人君,欲其久安长治,而万物得其育也。故明君遇此,则必省躬以知惧,昭德而塞违,诚格政修,天意乃得,于是灾变弭而和气复矣。故虽尧、汤之世,不能无水旱,而卒以无害者,尧、汤用此道也。

第二条要求是"尊祖"。强调尊祖,是希望皇帝时刻不忘祖宗创业的艰难,而真正的目的是劝诫君主修明政务,尤其是在用人和用财问题上始终保持谨慎的态度。

> 自古帝王创建国家。无不自艰难而得之。而传之子孙,犹灾畲者之望播获、作室者之待堂构也,夫固不易哉。我太祖皇帝起自朔方,身历百战,收附诸国,恶衣菲食,栉风沐雨,何如其辛勤也。世祖皇帝亲历行阵,心筹计划,恭俭敬畏,以有天下,混一南北,

---

① 程钜夫:《议灾异》,《雪楼集》卷10,四库全书本(《全元文》第16册,第99—102页)。下文五条要求的引文,均来自此文。

何如其辛勤也。主上以仁明天纵之圣，绍膺景命。盖常以此存心，思祖宗开基建业之不易，而遇是徽也。固益兢兢业业，用一财，则必曰："此民力也，自祖宗艰难而得之也，岂可轻用。"官一人，则必曰："此国柄也，自祖宗艰难而致之也，岂可轻与。"动静整敕，每事如此，则百司自然供职，庶政自然修举，祖宗在天之灵必皆欢悦，而天佑响答，福禄日臻，邦基益固矣。

第三条要求是"清心"。君主的清心，实际上就是正心，因为只有君主心正，才能有朝廷政务之正，使奸佞小人不能祸乱朝政。

心者，一身之主而万事之本也。夫目之于视，耳之于听，口之于言，手之于执，足之于履，皆惟心之所使。心得其正，则接物临事之际，视听言动皆得其正，而无有缪误乖戾之患。况四海之广，万几之微，皆仰治于一人，而一人之所仰者，非惟心乎。盖水必止乃可以涵物像，镜必明乃可以别妍丑，故帝王贵清心。清者，静一不迁之谓也。若声色之娱、饮宴之乐所不能无，尤当节适，使不至挠吾心之清。心清，则四海之广无不烛，万几之微无不察。光明洞彻，不言而信，谗谀不得施，邪伪不敢前。百官有司各安其职，无有挠格之患，则法制流行，纪纲振举，灾变息而天下治矣。《语》曰："本立而道生。"故帝王以清心为本，实总揽权纲之要道也。

第四条要求是"持体"。君主要善治天下，不仅要保持政令的稳定，还要注重抓大放小，把握政局的总体走向，细务则由专门的机构处理，这恰是持体的最基本要求。

事莫不有体。体者，得其要之谓尔。人君任宰辅以驭百官，守法度以信万民，斯其体也。若乃任一小官，罚一小过，有司之事耳，而人君亲之，则有司惧矣。夫上下正，政令壹，赋敛以时，用度有节，赏罚必信，此天下之守也。而朝行夕改，守无所止，则臣下恐惧，皆思为己，而怠其所职，殃害及民，怨讟不免，而或召灾异。故为君之道，在乎持大体，先有司裁制予夺，必信必一，则雍熙之治可坐而致，何灾异之有哉。

第五条要求是"更化"。所谓更化，就是希望皇帝下决心革除弊政，尤其是革除理财无法、选官失序和官场风气不正等弊病。这样的弊病忽必烈在位时已经存在，臣僚们到成宗时才提出，就是希望能够借助成宗之手，彻底解决这些突出的问题。

《传》有之："琴瑟不调甚者，必解而更张之。为政不行甚者，必变而更化之。"今有司所甚患者，曰财用不足，曰选法挠乱，曰官府不治，三者而已。改弦更张，此其时也，盍亦思其所由乎。财用不足，岂非所入者有限，所出者无穷与？选法挠乱，岂非贤不肖混淆，越格者多，而非格者不少与？官府不治，岂非赏罚不明，而名节素不励与？宜敕有司，详校一岁钱谷，所入几何，所出几何，若所出皆为当出，则财之不足将无法可理；若犹有不当出而可以已者，如不急之营缮，无名之赐予，据其名件，一皆止之，则财用必足矣。又详校铨选，除合格外，越格与非格者几何，任回量其根脚功过定夺，仍原其所由迹辙，一禁绝之，则选法必行矣。官府之制，上下内外相维相资，各有条理，果皆得人，何有不治。然人材不齐，善恶必有，故赏罚立焉。若善者当赏而不赏，恶者当罚而不罚，则善者变而为恶，而恶者狃而益甚。又如犯至不叙，大罪也，而或巧图复用；老病谢事，常理也，或恋不忍去；至有贪欺害民，善于自蔽，不即败露，上官不以审，风宪不以察，因习成风，不知有耻，治何由兴。宜严敕省、台，公赏罚，励名节，由京朝始，则官府自治矣。凡此三者，更化之大略也。三者果更，民力必纾，人材必多，祥瑞必集，国势必隆。然非更之之难，行之之难也；非行之难，守之之难也。惟圣天子以敬天、尊祖、清心之德守而行之，又何难哉。

程钜夫后来还特别强调，只要有清醒的认识和各种行善的作为，救灾并非难事："人言救荒无良法，余谓不然，顾所行如何耳。方大德之末，天下旱蝗，饥疫荐臻，发粟之使相望于道，而吴、越、齐、鲁之郊，骨肉相食，饿殍满野，行数十里不闻人声，此固天灾，然皆如右三君所陈，亦可少庶几矣。呜呼，岂独救荒为然哉。"① 所谓"右三君所陈"，指的是柯谦（字自牧）"以救荒得民心"②，并撰写了《救荒记》一书，袁桷也曾以诗作记录过此书。③

在仁宗实行科举之后，程钜夫还明确表示重儒学（理学）、行科举对国家治理所具有的最重要作用，就是在武功的基础上实现了文治的要求。

> 皇庆二年（1313）春，皇帝若曰："我元胤百圣之统，建万民之极，诞受厥命，作之君师。世祖混一区宇，亟修文教，成宗建庙学，武宗追尊孔子，所以崇化育材也。朕纂丕图，监前人成宪，期底于治，可树碑于庙，词臣文之。"
>
> 臣某拜手稽首奉诏言曰：皇帝御极，升先儒周敦颐、程颢、程颐、司马光、张载、邵雍、朱熹、张栻、吕祖谦、许衡从祀，广弟子员为三百，进庶民子弟之俊秀相观而善业精行成者，岁举从政。又诏天下三岁一大比，兴贤能。于是崇宇峻陛，陈器服冕，圣师巍然如在其上，教有业，息有居，亲师乐友，诸生各安其学，咸曰："大哉，天子之仁至哉。"相臣之贤，工曹之勤，其知政治之本源矣。
>
> 臣窃谓天地至神，非风雨霜露罔成其功；斯道至大，非圣君贤相罔致其化；人性至善，非诗书礼乐罔就其器。列圣相承，谓天下可以武定，不可以武治，所以尊夫子、建辟雍、复科举，诚欲人人被服儒行，为天下国家用耳。然则黎民于变时雍顾不在兹乎，于戏隆哉。④

救灾建议在成宗时未受到重视，到仁宗时程钜夫才因倡导恢复科举受到重视，守成君主的要求也不再被提起，但不能因此而忽视敬天、尊祖、清心、持体、更化所体现的对守成君主的基本政治要求，以及更具

---

① 程钜夫：《书柯自牧自序救荒事迹后》，《雪楼集》卷25（《全元文》第16册，第208页）。
② 张养浩：《柯谦墓志铭》，《归田类稿》卷13，四库全书本（《全元文》第24册，第701—703页）。
③ 袁桷：《题柯自牧救荒记》，《清容居士集》卷9，四库全书本。
④ 程钜夫：《大元国学先圣庙碑》，《雪楼集》卷6（《全元文》第16册，第338—339页）。

有理论色彩的善政诉求。

（三）荣肇强调的治道要求

荣肇（1226—1307年），字子兴，盐官（今属浙江）人，隐居多年，成宗时受召入朝，任国子助教、国子祭酒等职，有文集《荣祭酒遗文》传世。

荣肇依据儒家的政治学说，系统阐释了治道的六方面要求，可分述于下。

一是遵从丧制。孝义是治道的基础，荣肇强调臣僚必须坚持守丧之制，不允许以夺情起复和在任丁忧等做法，来败坏国家的风俗和扭曲孝道的基本准则。

> 臣闻人心者，国家之元气也，而人心莫重于敦本。夫人莫不本于父母也，无论官骸发肤，为父母精血所遗，即夫鞠育之，顾复之，饮食之，教诲之，幸其成，虑其败，靡朝靡夕，无在不系于父母之怀。欲报之德，昊天罔极，此蓼莪孝子所以哀哀于生我也。孔子所云三年之爱，为宰我安于短丧，故发是言以警醒之，岂诚谓父母爱子止有三年哉。先王酌理准情而制丧服，谓人子之于其父母也，思恩无穷而致哀则有节，示以中正之则，定为三年，自天子至于庶人，贵贱同之。
>
> 夫人主以一人而统四海，日有万几，不可以三年致旷政务，则三年谅阴既不可复，而短丧又不忍，如周武帝所诏，军国重事亲自视朝，而衰绖之服、苫庐之礼，悉遵前典，亦庶乎变而不戾于经也欤，然此人主不得已而为之也。
>
> 至于大臣佐理国事，或居丧而去位，岂无他人焉可以代任其事者，而后世乃有夺情起复之说，先儒以为有金革之事则然，夫即有金革，使其人果不有折冲御侮之才，欲平祸乱以救宁图功，非此人莫可属，则不得不从此变礼。如亦庸庸，无所短长，自有听其守制，何事夺情而起复。
>
> 而近世封疆大臣与夫郡县之吏，乃有在任丁忧之事，夫既曰在任，何为丁忧，既曰丁忧，何以在任。夫在任必有任中所宜临之事，宜行之礼，将衰绖而临事行礼乎，抑易采服而临事行礼乎。衰绖则于事不顺，易采服则于心不安，何可也。且凡丁忧而营留任

者，岂真重国家之事，而欲报效于朝廷耶，度不过贪位恋禄，不欲一日去其居官之荣已耳。如果心乎为国，则平日居官，必勉尽厥职，不敢有一念一事欺君而病民矣。而有不能也，则平日之旷职负国已多，乃于居父母忧，将去位而托为报效，留任办事，其心尚堪问乎。夫官长者，士庶之所观瞻而则效也，而先薄于所生，则士庶效尤，欲使人心之厚，风俗之淳，其可得乎。

　　故夺情起复、在任丁忧之弊习，断宜禁而不行，使为官者各重于所生，以为士庶倡，亦天子所以广孝治天下之意也。正人心而厚风俗，以护元气，其道盖莫先于此矣。①

二是善于牧民。爱民是治道的基本原则，荣肇强调要行爱民之政，必须懂得以民为本的道理，以畏民之心祛除急征暴敛的催科弊政。

　　天下之可爱者民，而可畏者亦莫如民者。圣王知其然也，是以常思所以保护而安全之。第天下之大，亿兆之众，岂人主一人之身所能一一而亲抚之，此不得不以宣布德教，委于牧民之有司。郡有守，县有令，而又设监司督率于上，以察属吏之治否。凡此皆为民之牧，承君之命以保乂夫民人者也。

　　夫监司统乎郡县，守统乎令，而与民最亲而近，众务待以理者，则尤在乎县令也。县令，牧民之微员耳，其位卑，其事繁，其责重，而又受制于诸上司，为之亦正不易矣。然使为令者，诚能尽乎父母斯民之心，勉勉焉以教养其民，而俾无失所，则吏治修举，亦庶无负于民牧之责哉，而无如吏治之不古若也。一有地方之任，他不暇顾，其心辄计曰："吾将何以肥室家，而为子孙计乎。"是直以一官为居奇殖财之地，问以抚字不知也，问以教化不知也，即问以诘禁而亦有所不暇及也，其精神之所专注者，则惟在于催科。

　　夫催科，乃为朝廷惟正之供，万无容于急缓。然而赋有定数，征有定期，按期而征，如数而取，亦何害。近乃以先期力征为能，以格外浮收为计，急征暴敛，并从其书胥及官之家人仆从，恣为奸利，百姓怨咨，全不为恤，司牧者容如是乎。且其为肥私之计，又

---

① 荣肇：《论短丧疏》，《荣祭酒遗文》，丛书集成本（《全元文》第5册，第181—183页）。

不仅在是也。开贿赂之门，寄耳目于衙蠹，结心腹于无赖绅衿，于编户内搜察其家资之厚薄，一有事值，即为之关通说合，以攫取其贿。其所以网利之方，凡可以浚民膏脂者，盖纤细靡遗焉，而民以病矣。夫贪牧莅于上，虽岁岁丰稔，闾阎犹不无愁叹，不幸而遇凶荒之灾，田禾无收，米价腾贵，民艰于食，比户嗷嗷，而有司则曰："是非余所知也，余所知者，惟有急于催科以收其羡余而已。"

夫不能裕民之食，而但思夺民之食，不能保民之天，而直欲绝民之天。呜呼，为民父母，何忍乎荼毒而至于斯极也。

夫民怨不可蓄也，众怒不可犯也。百姓虽积蓄怨怒，而究不敢与有司为难者，非特畏官也，乃畏法耳。其所以畏法者，直畏夫死耳。仇有司而罹于法，死亡之祸必立至，不如姑为隐忍，犹可以苟延旦夕之命。虽然，有司莫谓小民不足畏也，使困民而处之有死无生之地，则民不畏死矣。死既不畏，何有于法。法且不畏，而官复何所恃耶。嗟乎，自古国家致乱速祸，未有不起于聚敛之有司。竭泽而渔，不恤其民，为人主敛怨于下，因以酿天下之变。故欲固邦，莫如安民，欲安民，莫要于慎择牧民之吏。……知民之可畏，毋弃之为仇雠，则官民相得而上下安。①

三是善于用人。用人是治道的重要保障条件，荣肇强调君主要有知人之明，不能使奸佞小人有可乘之机，尤其要防止奸臣、权臣的祸国乱国行为。

天下之治乱，系于任人。任得其人则致治，任失其人则致乱，此其大较也。而欲任人之无失，在乎人主有知人之明。能知人，则邪正辨而举措胥当，不知人，则是非淆而用舍乖宜。治乱之分，实根于是。

吾尝谓人主所处之势，至尊也，而实至孤。高居九重之上，进退予夺生杀，其权惟君得而主之，故望之如帝天，威焉若雷霆。上自公卿，下及黎庶，薄海内外，罔不肃然而禀于一人之命，势何尊也。然以一人之身，而宦官宫妾希宠于内，群臣百僚求荣于外，环

---

① 荣肇：《民牧论》，《荣祭酒遗文》(《全元文》第5册，第183—185页)。

而伺焉，百端杂出以尝试之，苟君心一有牵系，即有以蔽其聪明之运，而奸邪之徒遂将乘其间，颠乱黑白，以蒙人主之不能察。由是君子斥，小人进，牵类引朋，布列于廷，内外交结，共为壅蔽，而举朝几无一可为人主俨然倚赖之人矣，其势不又孤乎。夫处至尊之势，而形或孤立，何也？私欲蔽其聪明，暗于知人，受奸人之欺谩而不觉也。且夫奸邪之人，所以逢君之欲，以固其宠者，其术何所不至哉。君好色，则进之以妖冶之姿；君好利，则导之以聚敛之术；君好佚乐，则夸之以游畋戏玩之事。凡夫土木、甲兵、祷祠，可以广侈其君之心者，无不为献媚贡谀以成之。

彼奸人之初，岂即计及于是哉，不过贪富贵之乐，媚于上以邀之耳。迫位愈高，势愈厚，权愈重，而心益以放肆。故其始也，恃君之宠，假其权以制人，而其既也，即人主并为其所制，动静不得以自由，而国之象危矣。然彼方侈然自满，矫饰太平，天变谪见于上以为不足警，人怨沸腾于下以为不足畏，灾荒频告，盗寇蜂兴，而以为不足忧，遂酿成天下无穷之祸。自古任奸败国，往往而然，何可胜叹哉。

夫世之人君，孰不思兴而治，孰不思废而乱，其任人也，孰不乐得忠贤而任之。惟是喜夫人之顺己之私，从己之欲，遂至以佞为忠，以奸为贤，是崇是信，委之为心膂，且专且久，虽罪恶彰著，而犹不忍去之也。如是，欲天下之无败坏，其可得乎。诚使为天下主者，正其心，诚其意，廓然而无私，粹然而无欲，谨于君子小人之辨，择人而任，毋为奸人之所中，则庶矣。①

与用人密切相关是分辨君子与小人，荣肇秉持"天下未有贤奸互任，邪正并立，可以致治而不至于乱者"的论点，坚决反对调停君子与小人关系的做法。

夫小人道长，则君子之类必至于锄尽，正类既尽，而国家之大祸成矣。此固小人之罪也，亦由君子不务尽去小人之党，姑为调停以优容之，使之乘闲而起，张其虎狼毒噬之威，而至于此也。

---

① 荣肇：《任人论》，《荣祭酒遗文》（《全元文》第5册，第197—199页）。

夫国以用君子而治，以用小人而乱。人君莫不喜治而恶乱，莫不知君子不可一日无，小人不可一日有也，而用人则往往反是，无他，君子守正不阿，不肯曲意以从君之欲，危言谠论，未免逆耳，是以人君貌虽重之，而情实疏焉，一闻浮言，辄以摇夺矣。君子见几，亦即引身而退，故常不得久于其位。若夫小人，内藏险谲之心，外饰恭顺之貌，窥伺人主意旨之所向，献媚贡谀，巧为逢迎，人主喜其能顺适己意也，出相得而无间，纵有历数其奸而攻之，而君亦不信，言者徒获罪而已。迨政事日坏，祸乱丛生，君乃觉其误国，而欲去之，则有所牵制而不能，何也，其盘踞既固，而党援者众也，此小人在位得专而久也。嗟乎，当小人柄用之日，君子受其摧伤而莫进，及其既败，乃欲任一二君子以挽救之，而事已不可为，亦第诿于无如何而已。自古国家受小人之祸，大抵然也，何可胜数哉。是故宜辨之早，而断之以果。其何以辨之，秉乎义者，君子也，故其人难进而易退；逐于利者，小人也，故其人易进而难退。惟人君能清心寡欲，无恶直而好谀，则君子小人正自可辨。知其为正，任之弗贰，知其为邪，去之弗难，则君子道长，小人道消，国何患不底于治哉。不然，执狐疑之见，使君子小人杂然而并处，欲望其不酿而为乱，其可得耶。①

荣肇还认为君子不应自陷于朋党之祸："甚矣，朋党之为祸烈也。夫同道相合曰朋，同恶相比曰党。惟小人有党耳，君子岂有党哉。然君子恶小人之为党，而小人亦诬君子以为党。不以党诬君子，欲排去君子，安能一网而尽之。""天下之坏也，岂非朋党实贻之戚哉。夫大厦之倾，支之非易，狂澜之倒，障之其难。君子当否塞之会，小人横行之秋，正宜藏器于身，静处以待时，又何事过为激烈，而尝小人之锋，俾诬陷党籍，祸中于己身，而害并及于国家也。"②

四是要有远虑。荣肇强调，对于政治守成者而言，就是不能在祖先的基业上坐享其成，而是要有防止祸乱的长远准备，以善政尤其是得人心维系国家的长治久安。

---

① 荣肇：《论调停君子小人》，《荣祭酒遗文》（《全元文》第 5 册，第 201—203 页）。
② 荣肇：《论朋党》，《荣祭酒遗文》（《全元文》第 5 册，第 204—205 页）。

天下之患，常有出于所备之外。夫有备犹不能无患，矧不备不虞，安得无一旦卒然不可知之忧。

盖安不忘危，存不忘亡，治不忘乱。古之君子为保世之谋，未有不兢兢业业图于几先，虑之深远，而预为之备焉者也。其在后世开创之君，身历艰难，深鉴前代兴废之故，欲为子孙作久远计，其君臣相与讲画，以定一代之规模者，亦必虑之固而处之详。而后之嗣君，生长崇高，席承平之业，薄海内外，莫不顋首听命，自谓有泰山之安，而可无他患矣。于是以祖宗所以纲纪一世之道，渐成废弛，其有因循而仍未废者，亦不过视为具文而已矣。其君既狃于宴安，无忧盛危明之意，而其臣复务为容悦，无陈善责难之心，固宠贪荣，方且竞事营私，互为朋比，率相欺谩，以蒙蔽人主之聪明。若此者，危乱之机已伏，恃恃以为安而不自知也。斯时也，非无一二老成深识之人，忧天命之靡常，虑人心之叵测，出其忠言至计，剀切指陈，而君既逆耳违心，拒而不纳，举朝且群笑其为不识时务，无端徒发此狂言，有相与排而去之也。抑知患起于微，祸生于忽，不能于祸患未形之先，早为之图，一旦变故突生，仓皇无措，国事常有至于溃败而不可救。

虑之不可以不深，而备之不可以不预也。夫国家一切制防之法，所谓备之于有形者也。而无形之备，则在于结人心。

古之王者，其虑民也意甚精，其诱民也道甚笃，其治民也具甚备，其防民也术甚周。日渐月摹，旁皇周浃，民服其教而畏其神，自无不依依于父母元后之戴。不然，自贵而贱其民，自智而愚其民，自肥而瘠其民，自雄而弱其民，束缚之，驰骤之，劫之以势，威之以刑，行督责之术以钳制天下，自谓天下其莫敢谁何，而能为子孙作万年之计矣。不知民不聊生，人有叛志，土崩瓦解，其端实由于兹。何也？过为猜防，虑不见远，而所以备之者，失其道也。是可知有国家者，远虑而预为之备，其道在彼不在此。[1]

五是严惩贪腐。贿赂和贪腐是治道的重大威胁，荣肇强调要刹住贿赂贪腐之风，必须做到大小官员都要有贪必惩，才能达到吏治清明

---

[1] 荣肇：《远虑论》，《荣祭酒遗文》（《全元文》第5册，第199—201页）。

的效果。

　　古之人有言曰："贪吏不可为也，廉吏亦不可为。"夫贪固不可，而廉则何不可之有？盖廉则无私，无私则明，吏治有不修乎。贪则多欲，多欲则昏，吏治其能修乎。以是思吏治之要，莫要于崇廉而去贪。然而天下贪吏多而廉吏少，何也？人逐于利耳。以利为尚，则虽欲遏其贪饕之欲而不能。夫廉吏之风可慕，贪吏之名不可居，人尽知之者也，何一行作吏，贪念辄生，举平日所致，慨于有司之无良者，有不禁躬自蹈之，利诱于外则志昏于中耳。身应父母斯民之任，而惟是逐逐于网利之为，此固凡为吏者之罪也。而揆厥所由，州县之吏其贪也，半在营己身家之肥，而半因于上司之多诛求。嗟乎，为封疆大吏，诚使其秉廉正洁白之操，以倡率于上，贿赂不通，人不得以私干之，则凡其所属之吏，孰不肃然知畏，何敢以一官为奇货之居而肆其欲。无如为大吏者，位高矣，禄厚矣，势尊而权重矣，而贪得之心亦竟恃之而愈炽。方且纵属吏之贪污，为己聚利薮。盖群吏之为优为劣，进退黜陟，其权一操于大吏。快其欲即引而列于荐牍，拂其意即挤而挂诸弹章。其所举劾，无不计赂之有无轻重，以上下其手。彼群吏见大吏之所为如是也，顾安得不竭力弥缝，竞事馈奉以结其欢。于是虽至于下浚民膏，上蚀国赋，而有所不惮。

　　此弊之沿积也久矣，非圣天子赫然大振厥威，务为惩创而扫除之，则虽命使者四出，严行盘查，而其弊卒牢固而不可破，何则？州县既有亏空，闻使者之出，则必预为掩饰支吾之计，迨使者入境，必巧探其意旨所欲，曲为承迎，厚贿其左右，以求隐为之庇。彼使者其果自守廉直，真能为天子任其劳怨，无封殖之欲，无徇庇之私乎，而未必然也，则亦不过借是以射利，苟且完事，以复上之命而已。有盘查之名，无盘查之实，纵一使既还，一使复出，徒为扰扰，其于事曾何济之有。愚窃以为，欲去其弊，则必究其弊之由生。州县亏空之弊，其原生于上司喜贿赂，下属竞进奉耳。

　　大吏者，群吏之表也。大法则小廉，故国之于大吏也，待之甚优，而责之特重。使其怙尊贵之势，肆然于上，贪而无艺，欲而无厌，国计民瘼了不为念，而基封疆异日之祸，是何可不严以法惩之。如以其为大吏也，纵罪恶已彰，而姑为宽纵，不过薄示其谴，吞舟之鱼竟使漏网，则大吏其何所畏。不惟大吏无所畏也，群吏见大吏虽有罪，而法所不加，则共思争前趋承，倚之为援，而背公奉私，妨民病国之事，又何惮而不为。古者法行自贵，盖深有见及于此也。愚故谓吏无大小，一以贪败，而法在所必行，其赃贿虽经抄籍入官，犹不得幸免于罪，则刑均而法严，人生畏惧之心，长其廉耻，遏其贪墨，而浚剥侵蚀之弊自戢。①

六是严禁奢侈。治道需要良好的社会风气，由此荣肇特别强调了要禁止奢侈之风，树立崇尚俭朴的良好风气。

  风何以淳，本于俭也。俗何以坏，成于奢也。嗟乎，自奢风一倡，浸淫人心，溺而不知所返也久矣。富者相耀而贫者竞慕，凡吉凶之事，强欲效富人所为，以饰一时之美观。于是多方那移，重息称贷，既而逋负累累，索债盈门，父母妻子衣食坐是以不给。其在富者，自恃素蓄饶盈，极欲穷奢，祖宗锱铢积之，彼直泥沙弃之。夫如山之积，奢则易消。

  诚以奢欲一开，不可复遏，他日惛心蔑德，何一不为。败亡之祸，即基于是焉耳。

  夫人常苦于不足，我独享其有余，是因天之厚我以生也。天厚之，而我顾自斫而薄之乎，则何如返之于俭，去其淫靡，归于淳朴，以为后人法。且与其纵一己无穷之欲，恣为荡耗，曷若推其所余，润及于宗戚、友朋、乡党、邻里之鳏寡孤独穷而无告者，俾无失所，厚种德以贻子孙，则富可长保。纵不能常保其富，要必有贤子孙振起于其后。以视夫恃富而奢一败涂地者，其得失相去，奚啻什伯也哉。②

荣肇的上述要求，与朝廷存在的诸多问题有密切的关系，不仅彰显了他敢于直言的风格，也对政治守成的规划有重要的帮助，因为在他看来，守成政治的最基本要求是居安思危，只有强化治理，才能长治久

---

① 荣肇：《惩贪》，《荣祭酒遗文》（《全元文》第5册，第193—194页）。
② 荣肇：《论奢》，《荣祭酒遗文》（《全元文》第5册，第195—196页）。

安，由此既要善于用人和善于牧民，还要善于克制腐败，并且作成符合纲常要求的良好社会风气。也就是说，荣肇的六方面要求有着紧密的内在联系，所要阐释的就是守成版的治道学说。

对于在位的皇帝而言，朝臣的守成政治规划可能被视为可有可无的政治说教而置之不顾。但是对于政治思想的发展而言，这样的政治规划是要开启一个不同于世祖朝的新政治风貌，所以有其不可忽视的意义。

二 支持守成的理政观念

除了守成的政治规划外，成宗、武宗在位时期的一批朝臣还提出过一些重要理政观念，以显示对守成政治的支持。

（一）哈剌哈孙的不喜变更观念

哈剌哈孙（1257—1308年），蒙古斡剌儿部人，世祖时赐号答剌罕，成宗时任中书省丞相，"既当钧轴，益以天下自任。每退食，延见四方宾使，访以物情得失，吏治否臧，人材显晦，年谷丰歉，采可行行之。凡论议，先以国典，参以古制，揆以时宜，必当而后已。其可否事，犹元化之运，顺无留滞。惟不言利，不喜变更，一以节用爱民、重名爵为务"①。也就是说，不言利，不变更，是哈剌哈孙的基本施政观念。

有人曾向成宗建议："世祖以神武开一统，功盖万世。陛下未有伐国拓地之举，以彰休烈。西南夷八百媳妇国弗率，可命将往征。"哈剌哈孙即明确表示："山峤小夷，去中国辽绝，第可善谕向化。苟将非其人，未见所利。"成宗不听他的劝告，最终导致了出征军失利的结局。

大德四年六月，哈剌哈孙向成宗提出过"横费不节，府库渐虚"的警告。大德七年四月，哈剌哈孙又上言："僧人修佛事毕，必释重囚。有杀人及妻妾杀夫者，皆指名释之。生者苟免，死者负冤，于福何有？"②哈剌哈孙既被成宗所重用，"常言治道先守令，至是选抡益详，时号得人。定官吏赃罪十二章，及丁忧、婚娉、盗贼等制"。他的主要作为，就是帮助成宗实现了政治守成的愿望。成宗去世后，哈剌哈孙助

---

① 《元朝名臣事略》卷4《哈剌哈孙事略》，第55—61页。本小节引文未注明出处者，均来自此事略。

② 《元史》卷20《成宗纪三》，卷21《成宗纪四》。

成了武宗的即位，已见前述。

（二）张伯淳的廉能观念

张伯淳（1243—1303年），字师道，嘉兴崇德（今属浙江）人，宋进士，入元后历任杭州路儒学教授、浙东道按察司知事、翰林直学士、翰林侍讲学士等职，有《养蒙文集》传世。

至元三十年，张伯淳受命入朝，忽必烈问以冗官、风宪、盐政、钞法等方面的问题，都能直陈其论点，受到忽必烈的赏识，留在翰林院任职。① 元成宗时的一些诏书、制书等出自张伯淳之手。在给成宗的贺表中，张伯淳不仅称赞其"仁孝本于圣性，英明见于事机"，还明确表达了"薰协气，为太平，欣逢盛事"和"统百官，谐万民，聿新治象"的赞誉，以及希望新君主"持盈守成，励精为治"的愿望。②

张伯淳最关注的是为官者的廉能问题，尤其是以士为官，不仅要特别注重廉洁奉公的问题，还要注重爱物和爱民的问题。

> 士自一命以上，苟能于方册寓目者，孰不曰廉为本也，公生明也。然而五尺童子所与知，有皓首不能行之者，岂无其故哉。曩余随牒推移，持此训严甚，辄尝合二说而一之，以为明固自公而生，未有不廉而能公者也。往往一命之士，不以金玉视其躬者，则以温饱视其官矣。愚者不足责也，智者或暗于分义，而逐逐无遗算焉。贫者不必深责也，富者或犹以为未足，而求多焉。于是一私缠扰，百事晦昧，几其能为万物吐气，难矣哉，识者所以重有憾于昔之仕者也。③

> 士有一命以上，苟存心于爱物，于人必有所济。今得百里地，贰政其间，百姓于我乎仰乐乎心则一邑之人喜，不乐乎心则一邑之人惧，关系不轻也。一命之士可以行志，况再转为丞乎。况是邑环其封不翅数百里，责任尤不轻，而有志济人爱物者，盖足以行之而

---

① 程钜夫：《张伯淳墓志铭》，《雪楼集》卷15（《全元文》第16册，第415—416页）。
② 张伯淳：《成宗即位翰林院贺表》《大德改元贺表一、二》《大德四年贺正表》，《养蒙文集》卷1，四库全书本（《全元文》第11册，第177—179页）。
③ 张伯淳：《送张丞北归序》，《养蒙文集》卷2（《全元文》第11册，第182—183页）。

有为也。①

由此，张伯淳不仅强调了"从来足国在宽民"和"边民所贵宽民力"的观念，②还在诗作中赞颂了能够以廉能理政的官员。

> 四海一家尧同仁，绣衣四出皇华新。仁风所及大无外，尚念海表多疲民。遂由陇右分使节，诏旨丁宁何谆谆。一时人物称妙选，佳话未数湖南宾。具公治平有家学，持平荆楚曾选抡。当年奸党急聚敛，远之则怨近则嗔。回思往事孰难易，大抵无瑕可戳人。况今吏治务责实，交相纠正非无因。刚柔在吾不在势，惟公惟正罔不伸。③

廉能是需要培养的，张伯淳不仅强调了士要好学和自重，还特别强调了廉公一体的观点，而学校的重要功能，就是要克服以往只重形式不重内容的教育弊病，培养既廉且公的士人。

> 天地山川之气钟而为人，而得其秀者为士。士非徒深衣大带之谓也。古者八岁入小学，十五入大学，自洒扫、应对，以至礼乐、射御、书数，以至穷理、正心、修身、治人之道，一不知不足谓士，由今视之，亦难矣。后之士之于学虽未必皆古，亦必日积月累而得士之名。其或未尝有积累之功，猝然号于人曰："吾士也。"己固不敢自信，人亦将群聚而非之。④

> 郡有学，教之所由阐，所以培养人才为异日用，非直教之也，而又有以养，国家待士之意不轻也。自教法不明，徒以课试为教，意已非古，甚者并课试复不省，惟知过用其精神心术于养士之具，而忿争所至不免，学校于是乎日轻。呜呼，皆不公、不廉者之为也。余每谓公、廉虽二，而实一。惟廉故公，未有不廉而能公者。苟廉

---

① 张伯淳：《送范药庄序》，《养蒙文集》卷2（《全元文》第11册，第186—187页）。
② 张伯淳：《送李仲常运使》《送张子仁》，《养蒙文集》卷9。
③ 张伯淳：《送吴石塘赴海南宪幕》，《养蒙文集》卷7。
④ 张伯淳：《送胡石塘北上序》，《养蒙文集》卷2（《全元文》第11册，第187—188页）。

矣，而或昧于事，虽洁一己何益，又必通儒，而后可以语此。①

张伯淳作为来自江南的儒官，亦难免要对南宋的亡国原因作出评价。他在指出权臣误国的同时，还特别强调了南宋苟安一隅、不思进取是重要的亡国因素。

> 寂寞千岩万壑秋，欲穷望眼更登楼。曾观海者难为水，自出山来无此游。前代衣冠随世运，故园草木染春愁。重门深闭闲庭院，难掩当年富贵羞。②
> 宴安毒江左，百年不知兵。酣歌溺鱼贯，荒游愧卢令。羽书撤床下，暖帐犹春醒。主辱不系井，垒耻固在瓶。流芳与遗臭，等是百世名。所以贤圣君，厉阶无由生。兴亡虽有数，祸衅人所成。三代亦亡国，此理似难明。③

张伯淳在世祖和成宗两朝皇帝下任职，作为南人臣僚自然是小心谨慎，所以对朝政涉及的具体问题既无评价也无建议，但是他所表现出的廉能观念，尤其是廉公一体观念，就当时的政治生态而言，显然有重要的价值。

（三）王构的政教观念

王构（1245—1310年），字肯堂，号安野，东平（今属山东）人，世祖朝曾公开反对桑哥的不法行为，已见前述，成宗、武宗朝历任翰林学士、翰林学士承旨等职，有《修辞铨衡》传世。

成宗的即位诏书出自王构之手，他还特别强调忽必烈的业绩就在于创立了有效的治国体系："洪惟世祖文德武功皇帝握图御宇，因时立制，嘉言善政，唯唐虞三代是则，在宥三十五年，功成治定，道治化隆。"④ 在他为朝廷起草的册文中，更是历数了忽必烈的主要作为："钦惟先皇帝应箓受图，体元立统，蚤从藩邸，茂著徽称。为治之基有常，

---

① 张伯淳：《送陈笠峰赴安庆教授序》，《养蒙文集》卷2（《全元文》第11册，第191—192页）。
② 张伯淳：《贾氏望梅楼》，《养蒙文集》卷9。
③ 张伯淳：《次韵李治书赋辱井》，《养蒙文集》卷7。
④ 王构：《锦江书院记》，《全元文》第13册，第141—142页。

经国之略则远。役用众智,独断于衷。总揽万机,如指诸掌。内朝廷,外侯牧,等威迭降,罔不失中。先教化,后刑名,本末相随,亦皆有序。""慎终如始,每存好仁之心;保小以仁,特示包荒之量。""离纲复缀,混一四方。传檄而氛祲开,涣号而方维定。乾旋坤转,不足以喻其机;雷厉风飞,不足以比其捷。至于嘉言博采,惟典谟训诰是师;诸艺毕延,尽阴阳图纬之学。考音律以创字画,参古今以制礼仪。振耀威灵,肃陈兵卫。白旄黄钺,时则亲巡。犀甲雕弧,止于不用。其圣德弗可及已,神功蔑以尚焉。盖文之所加者深,武之所服者大。"① 王构特别赞颂的,不仅是忽必烈个人所体现的睿智、善理朝政和好仁之心,还有其给国家带来的文治和武功,包括统一全国、创新文字、确立两都制度、创立侍卫亲军等。在政治守成之际,对先君的评价可以起到重要的教诫作用。

王构还特别强调了兴学育人的政教作用:"皇元既一天下,罢屯戍,艺桑麻,民不执戈,野无旷土。比岁以来,为州牧者体圣朝崇儒重道之意,敦崇教化。"②"牧民之吏,孰不曰簿书期会,狱讼征科,当代之急务也,一有不及,则殃咎随之,莫不奉身畏避,上下相蒙,苟延岁月而已。彼乌知天下不可一日无政教,而学校者,正教之原也,礼乐之兴替,风俗之美恶,恒系于此。果能以身率下,黾学校之间而群下化之,舍其末而务其本,孳孳焉,汲汲焉,惟礼义之相尚,诗书之诵习,知所以修身,知所以事上,则彼之所急者,虽不治可也,亦何足恃哉。况朝廷之制,劝农桑,兴学校,厚风俗,著之甲令,告之四方,未尝不以为务。而奉行不虔,后其所先,缓其所急,以致三代教养之素浸不复存。"③

王构所说的政教,就是教育要与政治尤其是吏治紧密结合,因为从忽必烈以来就提倡教育,但政教效果并不明显,原因就在于教与治的严重脱节。以复古的方式达到政教的目标,恰是王构所要坚持的政治观点。

(四)姚燧的良臣、中和观念

姚燧(1238—1313年),字端甫,号牧庵,洛阳(今属河南)人,

---

① 王构:《世祖皇帝谥册文》,《全元文》第13册,第131—132页。
② 王构:《重修文庙碑》,《全元文》第13册,第145—146页。
③ 王构:《新河县重建学校记》,《全元文》第13册,第135—136页。

名儒姚枢侄，从许衡学习理学，历任翰林直学士、大司农丞、江西行省参政政事等职，武宗和仁宗初年的诏书、制册文等多出自其手，有文集《牧庵集》传世。

姚燧自称在许衡的弟子中"学最为怠，而不加进"①，所以他并没有成为理学学者，而是作为一名儒臣为朝廷服务，由此特别关注仕进的途径和官吏的贤良问题，并专门著文赞扬一名儒吏的善行，符合"以儒术饰吏事"的要求。

> 太凡今仕惟三途，一由宿卫，一由儒，一由吏。由宿卫者，言出中禁，中书奉行制敕而已，十一之。由儒者，则校官及品者提举教授，出中书，未及者则正录而下出行省、宣慰，十分一之半。由吏者，省、台、院、中外庶司、郡县，十九有半焉。吏部病其自九品而上，宜得者绳绳来无穷，而吾应员有尽，故为格以扼之，必历月九十始许入官，犹以为未也，再下令后是增多至百有二十月。呜呼，积十年矣，劳乎哉！
>
> 李君茂卿，尝同燧受学先师司徒公，儒者也。父户部恩泽既推其兄之子，及将试吏，堂帖令出掾湖广省，盈九十月，将赴铨中书，燧贺之曰：人有不职，幸不纠于御史者，君以勤效，无此。人有饕墨，幸不罹罪罟者，君以清慎，无此。人有依庇有力，窃离所事同列之欢，以自求容一时，幸不谴斥者，君以中行不阿，无此。人有挟仕而商，赋之州县而倍责赢入，以肥其家，幸不讼于民，与众树姻党，子弟入官，以防后至之途，幸不贬于士者，君禄入外无他营，舍仆马则顾影无朋举，无此。
>
> 大而经国子民，细而米盐甲兵，于尽得夫人之情，而熟知夫事之势，增益其所不能者，不既多乎。今之老于刀笔筐箧，以致达官贵人，皆下视之，吾逢掖以为言阔事情而不适为用者，恃其能此焉尔。
>
> 昔也人吏之，今焉吏人，其留中，其居外，主乎闻司徒平生六经仁义之言，而济以今所能，古所谓以儒术饰吏事者，非君其谁哉。②

---

① 姚燧：《送雷季正序》，《牧庵集》卷4，四库全书本（《全元文》第9册，第376页）。
② 姚燧：《送李茂卿序》，《牧庵集》卷4（《全元文》第9册，第379—380页）。

姚燧指出在三种为官途径中，怯薛入职、儒者为官只占少数，最多的是以吏为官，所以儒者不屑于吏职的态度不可取，可取的态度恰是不仅要承担吏职，还要起到以儒饰吏即用儒术改造吏的重要作用。

姚燧还指出了在现有的入仕途径下，儒者为官尽管艰难，但是不能因此而忽视教职，因为许衡就曾教出了不少有为之士。

> 取士以文，始于隋而盛于唐。其法，有司择学修其家、名闻其乡者，歌鹿鸣而进之朝，谓之贡。至则试之以声律之文，中程度者谓之选，犹未即得仕，必待有位者之举，犹视举主何人，或众且贤，以断其人之材否，始授之官。胜国因之而小变焉，选即官之，惟不使得为令，必制置、提刑、转运诸司五人举，始用为令。令而上郡牧、侍从、五府之官，无不能至者，则自贡而选为举，千百人不一得焉，亦硗乎其艰哉。
>
> 凡今仕者，闻职乎民，以有治赋听讼无事为，莫不色喜；闻职乎士，则以无有贡选利禄之望，人怠于学，虚师席而夏楚不试，卒不怿乎其中。……无远稽古，而监之今。司徒文正许公（许衡）微时，于大名，于辉，于秦，于河内，以倡鸣斯道为己任，谆谆私淑，少长不一其年也，锐纯不齐其材也，积多至数百人。闻之天聪，征为成均，俄拜左相，岁余辞免，复求成均。后其弟子继司鼎铉者将十人，乡曹风纪二千石，使棋错中外者，又十此焉，其于隆平之治，岂不少赞乎。①

尤为重要的是，"国家必聚耆英俊髦教育乎是，盖须其成德达才，举而庸之，以立化民成俗之本也"②，所以对于利用朝廷重视儒学教育的机会侵吞学田等恶劣行为，姚燧给予了严厉的抨击，并特别强调朝廷罢废科举用意就在于使儒者更注重实学。

> 世祖御极之十有七年，当至元十有三年，宋平。凡江之南，财之储府库、赋之产山泽者悉输京师，独遗贡庄学田仍畀之学，俾资教育。后尚书用非人，大网罗天下之利，夺归之官。在庭之士子媒

---

① 姚燧：《送姚嗣辉序》，《牧庵集》卷4（《全元文》第9册，第380—381页）。
② 姚燧：《澧州庙学记》，《牧庵集》卷5（《全元文》第9册，第425—427页）。

进取而不得者，乃希其意，求分道钩核素所出入，于职学之官责偿其负，而促为期，有关木而婴笞者，士穷不堪，至图其惨以上之，帝闻不善也。其人罪诛，希意者亦窜废，诏还所夺，至仁也。皇上嗣圣，申诏若曰："圣人之道，垂宪万世，其还正贡贡庄、学田，以为释奠完庙、养老师生之廪之须。"至明也。为良有司昭睹两圣崇植期文之盛，在在莫不作新庙学，求称宣化。

盖江南学田，宋故有籍，守者利之私，椟其家或投水火，以灭其迹，使他日无所稽，曰："城下之日，学吏持而失之也。"或曰："其人死，不知何归也。"以幸迷误，久而为己产。一闻有司将加核正，反肆为谤语，讦扬其短，恐之使不得竟。又有身为教官，自诡佃民，一庄之田连亘阡陌，名岁入租，学得其一，己取其九。又有以己硗确易所上腴，曰："故簿惟是。"至与学吏为讼，诋诟嚣租入庾矣。犹掊诸生之堂馈，留者儒之廪俸，而虚为之名，以征逐府县，而归余其室。提学之司又繁为文，鱼鳞而取之，惟与求荐教职入贿为市，罪而去者相踵也。呜呼，守以是曹，譬如以狼牧羊，不尽不止也。

上之膏泽斯士也，如何而不善其职者，屯之事有急此乎。且始疾者，犹先其标，何也，苛痛呻苦之所在也。教养之道，如三代以德行六艺，宾兴贤能。汉举孝廉，经术而庭策之。魏晋尚文辞，犹不遗乎经术。隋炀始专赋诗，唐因之，虽置科明经，而止乎记诵，又有投牒自售之贱，贡举之法熄，杨绾、李德裕极言其非。宋神宗始罢之，治五经、语、孟，哲宗复赋诗。辽金不革者，有我世父太子太师公（姚枢）、故窦太子太傅公（窦默）、故杨昭父君（杨恭懿）议贡举之法在，皆朝廷制度，考文之事，非州县所得擅择。历古所宜，于今而为者，惟得是说而为针石。①

姚燧还在诗作中特别赞颂了廉希宪等良臣的善政表现，以此来进一步展示他的良臣观念。

呜呼平章公，懿质天所性。气钟三光粹，量包九泽净。加以资

---

① 姚燧：《崇阳学记》，《牧庵集》卷5（《全元文》第9册，第427—429页）。

阁学，寸晷如与竞。不有斯人徒，孰佐天子圣。山立当轩陛，侃侃言议正。搜贤及耕钓，岩薮沾币聘。十年泰阶平，四海弓不櫜。①

南地秋冬际，五月无云阴。上帝遣心膂，用汝作傅霖。新苗饱新泽，布地胜布金。吾民未乘高，示尔风云侵。世事只如此，忧乐长相寻。皇天老眼在，一如父母临。人心惟顺受，天意良自斟。助尔耕垦力，实我丰穰心。无非圣所感，共戴君恩深。②

自非威信结夷蛮，祠庙谁修爨棘间。从此牺裘具牲酒，不来徼福碧鸡山。人臣用世孰无能，由子非才不见称。观此移忠与纯孝，是家台席有重登。③

姚燧自己则表示了为官适可而止和醉心于隐居山林的政治态度，因为所谓的功名利禄，到头来都是一场空。

半生奔走路尘红，老合投间向此中。炙背可亲冬日叟，胁肩休笑夏畦翁。前除梧槚皆黄叶，别院橙柑尚绿丛。荣悴不齐谁使尔，欲将斯理问高空。

富贵贱贫交态一，何人耐久伴间中。书繁插架尽良友，笔老免冠真秃翁。睡起鳣鱼沿败渚，吟来蚯蚓发寒丛。忘君畎亩吾何敢，正贺三边候燧空。

往古来今无限士，何人不在好名中。洼樽牛饮笑謦叟，绝笔渔歌奇放翁。关内旧诗传菊帛，穰间新事缚著丛。至将大衍供除扫，烹鹤烧琴不是空。

年少诸贤莫笑侬，人逾五十日过中。白头特未到君耳，造化岂私令我翁。南国香橙难似桔，西川慈竹本名丛。世间贵耳多如此，块垒孤怀正要空。

时才位地难齐同，过犹不及非是中。御人漱石信辩士，为子移山真拙翁。鹏翻溟渤扶摇水，鷃抢榆枋朴枝丛。万物自人惟是我，为君高视九围空。

忧国惟求一岁丰，商歌遥夜几时中。长悬谤木古来主，欲献食

---

① 姚燧：《平章廉公挽章》，《牧庵集》卷32。
② 姚燧：《右丞索赋复有此作》，《牧庵集》卷32。
③ 姚燧：《挽云南参政张显卿四首》，《牧庵集》卷34。

芹何处翁。虚应苍麟才一角，瑞时朱草必孤丛。伤心千载怀沙赋，日月何尝不在空。

无补明时出处同，一毛得失九牛中。云山不是世争物，田舍正宜吾作翁。文或问津牛马走，才难入网凤麟丛。灯前百万呼卢掷，未问家储甔石空。①

在国家统一的问题上，姚燧则沿袭了不少学者的以北统南说法，并列出史实作为佐证。

江汉，南北之限也。三王之德之封建，嬴秦之力之郡县，汉氏则曰吾王霸杂兼封建、郡县而犬牙之。是时无有裂幅员而自帝者，殆汉始有之德不能以相高，力不能以相卑，虽皆画是为守，而帝南者直不能北。有尺地藉以一天下，能一之者，皆自北而南也。故吴自帝，晋平之。宋、齐、梁迭自帝，迄之于陈，隋平之。宋自帝，我元又平之。岂江汉能限世道之否，不能限天运之通欤。②

对于统一后的天下治理，姚燧明确提出了"中和"的要求，并以此作为重要的政治理想。

造化之奠位，必合两而成其和。圣人之成位，必参两以用其中。盖和者，致泰之极功；中者，致和之大本也。

礼乐所以合天地之化，中和所以致万物之育，吾之于民，苟能以礼乐导其中和之教，以中和行其左右之道，则吾民之中，即天地之中也，吾民之和，即天地之和也。圣人象泰，以财成辅相之任属之圣人，而必以左右民继言之，厥有旨矣。昔之言泰和者必曰唐虞，则唐虞之时，地天交泰之时也。以言其治，则地平天成也；以言其道，则精一执中也；以言其化，则黎民于变也。中和之应，未有盛于此时也。然要其所以致中和，无非用中于民，始之作讹成易有其时，析因夷隩有其序，六府则孔修，三事则允治。彼其潜通天地之和，默制造化之机，固有左右尔民之治存焉。如曰舍斯民而他

---

① 姚燧：《道中即事十九首》，《牧庵集》卷34。
② 姚燧：《江汉堂记》，《牧庵集》卷7（《全元文》第9册，第443—444页）。

有所谓财成辅相之事，特阴阳固闭之学，聋巫瞽史之为，尧舜其然乎，不然也。春秋以来日蚀有书，地震有书，不雨又有书，是何阴阳缪戾如是耶，得非治不唐虞，世则春秋，大中之治不建，而太和之治不复乎。吁！是必有瘖痱尧舜于千百载之上，而为天地立极，为万世开太平者。①

姚燧所强调的"中和"，是以"守中"作为基本政治准则，以和天地、和万民作为重要的政治目标，以礼乐教化作为基本政治手段，使国家达到善治的水准。在元朝中期阐释"中和"的观念，所暗含的显然是他对政治现状的不满。

姚燧身在官场多年，虽著文颇多，但极少评价朝政，显示他深谙为官保身之道，所以在他的良臣观念中包含的仕途顺利而不是为民所争要素，能够被当时的官吏所重视和吸纳，并使他获得了较高的声望。实际上，"中和"及"遁世"才是他较少示人的重要观念。

（五）阎复的兴学观念

阎复（1236—1312年），字子靖，高唐（今属山东）人，世祖朝任翰林直学士、集贤院侍讲学士、翰林学士等职，受桑哥事件牵连免官，成宗时任集贤学士、翰林学士等职，有后人辑录的文集《静轩集》传世。

成宗即位前夕，阎复即明确表示地方官府，尤其是江浙行省，应该做到"内给弓兵，外通海漕，理财以经国，勤政以绥民，以至筑围田以备水，平籴价以赈饥，盗贼止息，人安田里，以布宣皇泽唯谨"②。他还特别强调了以仁义理政的要求："利欲之兵，或堕吾城；躁厉之机，或发吾瓶。墨其余，不卷修仁义之干橹；金其城，不若驾圣贤之说铃。若然，则城何惧于脱扃，瓶何患乎建瓴哉。"③ 对地方官府的善政要求，当然也适用于对中央机构理政的要求，因为基本理政理念是相通的。

---

① 姚燧：《地天交泰后以财成天地之遗辅相天地之宜》，《牧庵集》卷31（《全元文》第9册，第410—414页）。
② 阎复：《江浙行中书省新署记》，《全元文》第9册，第246—247页。
③ 阎复：《瓶城斋铭》，《静轩集》卷2，藕香零拾本（《全元文》第9册，第254页）。

按照阎复的记载，不仅是忽必烈重视儒学，新即位的成宗也有兴盛儒学的强烈愿望："世祖圣德神功文武皇帝仁沾义洽，九域混同，文物灿然可观。内立国学，外置郡邑学官，而于先圣之后，尤所注意。遴选师儒，训迪作成。""圣上嗣服之初，祇述祖考之成训，兴学养士，严祀先圣。"① 由此，阎复特别在元贞元年（1295）提出了"京师宜首建宣圣庙学，定用释奠雅乐"的建议，还建议"曲阜守冢户，昨有司并入民籍，宜复之"，成宗乃下诏赐孔林洒扫二十八户，祀田五千亩。阎复后来又曾建议"定律令，颁封赠，增俸给，通调内外官"，并明确指出："古者刑不上大夫，今郡守以征租受杖，非所以厉廉隅。江南公田租重，宜减，以贷贫民。"这些建议，未被主政者所重视。②

阎复亦曾向武宗提出过惜名器、明赏罚、择人才三条建议。他还特别表示："方今文轨混同，皇仁一视，疏瀹教源，此其时也。"③ "天之生才，闾间退迹，长育作成之功，系乎学而已。"④ 也就是说，兴学是朝廷关注的事情，所以臣僚必须就此作出努力，为国家培育人才。

阎复与姚燧的不同之处在于他能以兴办儒学的观念为核心，提出一些具体的施政建议。在政治观念与政治实务相结合方面，阎复显然表现得更为积极，因为与谈其他事务相比，谈教育在任何时候都是比较安全的做法。

（六）李谦的圣道观念

李谦（1233—1311年），字受益，号野斋，郓州东阿（今属山东）人，世祖在位时曾为东宫官员，为真金讲授太子之学，已见前述，成宗朝任翰林学士、翰林承旨等职。

李谦特别重复了成宗即位后的兴学校要求："皇帝建元初有诏，略曰：宣圣庙国家岁时致祭，诸儒月朔释奠。""越翼日乙未，以十四条诏天下，其九曰：敷劝学校，教养生徒，议存贡举，量给学田。虑犹未也，其年上月，复诏中外百司，申明中统之旨，辞义敷畅，视前加详，

---

① 阎复：《曲阜孔子庙碑》，《静轩集》卷2（《全元文》第9册，第255—257页）。
② 《元史》卷160《阎复传》。
③ 阎复：《平江路常熟县重修文庙记》，《静轩集》卷4（《全元文》第9册，第243—244页）。
④ 阎复：《重修莒州学记》，《全元文》第9册，第245—246页。

恩至渥也。"① 借助皇帝所表现的尊孔兴学态度，李谦对儒家的圣道观念作了四点解释。

一是圣人之道重在内容，不在形式。"窃惟圣人之道，经纬天地，纲常民俗，亘万世而无弊，虽运有污隆，时有否泰，而道固自若，岂以庙之兴废为损益哉。"② 祭祀孔庙只是形式上的尊孔，实质上的尊孔是要真正重视孔子的治道学说。

二是对圣人之道的态度，有良吏、俗吏之分。"郡县之吏，以寅奉诏条崇风化为职，苟惟急于功利，征求近效，顾教化为不切，不过为俗吏耳。""圣主遵道劝学，风励天下之意甚深且厚，为吏者不知体详是意，能为识治道本末先后者乎。""县吏去民为最近，责任所在。""导民之道，惟所欲为。所常见则识之，所常闻则知之。耳目熟习而中心不喻，宁有是理耶。"③ 俗吏重功利，良吏重教化，这是两者之间的本质性区别，而要奉行圣道，所依赖的只能是良吏。

三是儒士应该注重实学，纠正科举带来的不正学风。"窃惟人性根于天，未始有今昔之异，而学随事变，则有今昔之不同。""人之所以学，师之所以教，圣贤之所以传，以之正心、修身、齐家、治国、平天下者，此外无他说。今之学者则不然，呻其占毕作为辞章，驰骋辩说簧鼓一世，以为儒学极致，求之古人之学，相去远矣。""盖天秩彝伦，其为品有五。人君代天为治，施有攸尚，其为教者亦五，舜命契敬敷者，此也，皋陶明刑以弼者，此也。夏殷之际，纲常紊乱，成汤肇修人纪，武王重民五教，皆是物也。周室扰兆民则敷之，君牙和民则又敷之，古先圣王所以设官分职训迪其民者，无外乎是。原其设为庠序学校之意，凡以明此而已。后世以科举取士，学者为利禄所汩，国家之所尚，父兄之所教，词章记诵之外无与焉。噫，词章记诵，学之末也，舍本逐末，非学也。幸国制简易，取人之法未立，为士者盍亦志也，本为已返古道斯可矣，古道且不可复，明经修行，蹈先汉之风，犹之可也。"④ 由于科举带来的是只重词赋的末枝之学，所以朝廷废科举，起的是可以使儒士重返明经修行治学正途的重要作用。

---

① 李谦：《纶章阁记》，《全元文》第 9 册，第 68 页。
② 李谦：《重修成武庙学记》，《全元文》第 9 册，第 75—76 页。
③ 李谦：《重修高唐庙学记》《肇修庙学记》，《全元文》第 9 册，第 77—78、86—87 页。
④ 李谦：《平原县修庙学记》《大名路重修庙学记》，《全元文》第 9 册，第 81—84 页。

四是学道的目的在于培育人才。"窃闻古之教者,党有庠,术有序,国有学,盖明教之地,人才所从出焉。然教之之法不过因其所固有,开导而训饬之,则治化休明,风俗醇美,良以此尔。后之为治者,一切从事于政刑以塞服官之责,学校之设视为具文,而所以教者又失其本指,欲望休明之治难矣。""予尝谓庠序名教之地,人材所从出。圣天子尊道劝学,崇化励贤,诏数及之,所在守土之吏奔走从事惟恐其后。今庠序遍天下,教事粗举,然阅岁滋久,未闻有特起之士经术文雅辅赞治化者,何也,无乃开导训饬有所未至耶,抑三物宾兴有所未尽耶,殆所学非所用,所用非所学,学者之心趋所易而舍所难,徼近利而忘远图,此其所以不能振励兴起者也。"① 国家要培育人才,也要走实学的路子,因为所学非所用不可能培养出符合圣道要求的人才。

仁宗即位时,李谦已经是年迈之人,依然被召见询以治道问题,李谦乃上书言正心术、崇孝治、选贤能、广视听、恤贫乏、课农桑、兴学校、颁律令、练士卒九事:"正心术以正百官,崇孝治以先天下,选贤能以居辅相之位,广视听以通上下之情,恤贫乏以重邦家之本,课农桑以丰衣食之源,兴学校以广人材之路,颁律令使民不犯,练士卒居安虑危。至于振肃纪纲、纠察内外,台宪之官尤当选素著清望、深明治体、不事苛细者为之。"② 这些建议所涉及的是李谦对改善朝政的全面看法,而支撑这些看法的,正是他一贯秉持的圣道观念。

李谦所倡导的圣人之道观念之所以重要,就在于他将理论化或理想化的圣道与现实结合,提出了圣道对现实政治的具体要求,并能够使主政者加深对治道思想的理解。

(七) 卢亘的儒饰观念

卢亘(1272—1314 年),字彦威,汲郡(今属河南)人,曾任国史院编修官、翰林修撰、翰林待制等职。

卢亘特别以不忽木为例,说明了儒者对文治的重要作用:"(不忽木)研精圣道,得先儒源渊秘之传;藻励忠规,承世皇简注之渥。荐应器使,遍历清华;殚物洽闻,而守以正;经德迪虑,而不近名。属熙朝更化之初,开明堂垂拱而治。""事至立断,言为天下为公;知无不为,才实王者之佐。""是用宠以帝傅之崇,赐以周公之履,庸起具臣

---

① 李谦:《重修庙学记》《始建学宫记》,《全元文》第 9 册,第 87—88、90—91 页。
② 《元史》卷 160《李谦传》。

之劝，允为儒者之光。"① 也就是说，儒者不仅要有弘扬圣人之道的自觉性，还要有天下为公、守正不阿的作为。

卢亘还在诗作中强调了儒士在翰林院所应扮演的粉饰治道角色："自非鸿才士，训诰何由作。""王功与帝德，昭昭日月揭。""天地岂不仁，盛德禀命独。""翰林子元子，武库森戈矛。英声迈千古，逸韵横九州。"② 以文饰道，是儒者服务于朝廷的重要形式，当然也是翰林院所具有的最重要功能。

卢亘认为在守成君主的努力下，"无象太平今有象，共欣良相遇明君"。所以亦能够通过治理河患看到爱民的善举："导河积石尧解忧，滔天之水成安流。何年决啮半南土，清淮怒卷黄云愁。宣房既筑汉歌喜，越巫抱璧神光起。害除梁楚二渠成，海溢西南九河死。后来群策知谁贤，何人捧土能防川。彭城楼堞照黄土，河平堰石愁金天。吾皇放勋超万古，泽世余功平水土。睢阳塞决付贤侯，解变狂澜作安堵。于今此功宁复有，从容小试经纶手。千年遗爱在邦民，春风吹水浓如酒。"③

成宗、武宗两朝臣僚所展示的各种政治观念，基本的指向就是将朝政纳入治世的轨道，这应该是多数儒臣所认同的政治目标，也是政治守成的原则性要求。

三 有助于守成的施政建议

为了帮助皇帝完成政治守成的重要政治目标，成宗、武宗在位时一些朝臣提出了重要的施政建议，可作概要的介绍。

（一）陈天祥的止盗建议

成宗元贞元年（1295），陈天祥出任山东西道廉访使。由于山东各地盗贼蜂起，他特别向成宗上书，提出了不再颁布赦令而是严刑止盗的建议。④

> 古者盗贼之起，各有所因，除岁凶饥馑，诿之天时，宜且勿

---

① 卢亘：《平章不忽木赠谥制》，《全元文》第54册，第28页。
② 卢亘：《送侍讲学士邓善之辞官还钱塘》，顾嗣立编《元诗选》二集上，中华书局1987年版，第325—327页。
③ 卢亘：《奉贺李秋谷平章宿西郊》《题张国纲理问塞河诗卷》，《元诗选》二集上，第328、330页。
④ 《元史》卷168《陈天祥传》。本小节引文未注明出处者，均来自此传。

第十章 朝政变化体现的政治观念

论,他如军旅不息,工役荐兴,聚敛无厌,刑法紊乱之类,此皆群盗所起之因。中间保护存恤长养之者,赦令是也。赦者,小人之幸,君子之不幸,一岁再赦,善人喑哑,前人言之备矣。彼强梁之徒,各执兵杖,杀人取后,不顾其生,有司尽力以擒之,朝廷加恩以释之;旦脱缧囚,暮即行劫,又复督勒有司,结限追捕。贼皆经惯,习以为常,既不感恩,又不畏法,凶残悖逆,性已顽定。诚非善化能移,惟以严刑可制。

陈天祥特别强调了经常性的大赦是"小人之幸",助长了盗贼的气焰,只有采用严刑的方法,才能遏制盗贼,为民众提供安全保障。朝廷采用了陈天祥的建议后,山东等地的盗贼很快被镇压而不再复起。

成宗大德六年,陈天祥升任江南行御史台中丞,他特别就朝廷派兵征讨八百媳妇的举动,向皇帝上书表达反对意见,认为应该采用招抚而不是兴兵的方法解决八百媳妇的变乱行为。

兵有不得已而不已者,亦有得已而不已者。惟能得已则已,可使兵力永强,以备不得已而不已之用,是之谓善用兵者也。去岁,行省右丞刘深远征八百媳妇国,此乃得已而不已之兵也。彼荒裔小邦,远在云南之西南又数千里,其地为僻陋无用之地,人皆顽愚无知,取之不足以为利,不取不足以为害。

深欺上罔下,帅兵伐之,经过八番,纵横自恣,恃其威力,虐害居民,中途生变,所在皆叛。深既不能制乱,反为乱众所制,军中乏粮,人自相食,计穷势蹙,仓黄退走,土兵随击,以致大败。深弃众奔逃,仅以身免,丧兵十八九,弃地千余里。朝廷再发陕西、河南、江西、湖广四省诸军,使刘二霸都总督,以图收复叛地。湖北、湖南大起丁夫,运送军粮至播州交纳,其正夫与担负自己粮食者,通计二十余万。正当农时,兴此大役,驱愁苦之人,往回数千里中,何事不有。或所负之米尽到,固为幸矣。然数万之军,止仰今次一运之米,自此以后,又当如何?

比问西征败卒及其将校,颇知西南远夷之地,重山复岭,陡涧深林,竹木丛茂,皆有长刺。军行径路在于其间,窄处仅容一人一骑,上如登天,下如入井,贼若乘险邀击,我军虽众,亦难施为也。又其毒雾烟瘴之气，皆能伤人。群蛮既知大军将至，若皆清野远遁，阻其要害，以老我师，或进不得前，旁无所掠，士卒饥馁，疫病死亡，将有不战自困之势，不可不为深虑也。

且自征伐倭国、占城、交趾、爪哇、缅国以来，近三十年，未尝见有尺土一民内属之益，计其所费钱财，死损军数，可胜言哉。去岁西征，及今此举，亦复何异。前鉴不远，非难见也。军劳民扰，未见休期，只深一人，是其祸本。

又闻八番、罗国之人，向为征西之军扰害，捐弃生业，相继逃叛，怨深入于骨髓，皆欲得其肉而分食之。人心皆恶，天意亦憎。惟须上承天意，下顺人心，早正深之罪，续下明诏，示彼一方以圣朝数十年抚养之恩，仍谕自今再无远征之役。以此招之，自有相续归顺之日，使其官民上下，皆知未须远劳王师，与区区小丑争一旦之胜负也。昔大舜退师而苗氏格，充国缓战而羌众安，事载经传，为万世法。

为今之计，宜且驻兵近境，使其水路远近得通，或用盐引茶引，或用实钞，多增米价，和市军粮。但法令严明，官不失信，可使米船蔽江而上，军自足食，民亦不扰，内安根本，外固边陲。以我之镇静，御彼之猖狂，布恩以柔其心，畜威以制其力，期之以久，渐次服之。此王者之师，万全之利也。若谓业已如此，欲罢不能，亦当虑其关系之大，审详成败，算定而行。彼溪洞诸蛮，各有种类，今之相聚者，皆乌合之徒，必无久能同心敌我之理。但急之则相救，缓之则相疑，以计使之互相仇怨，待彼有可乘之隙，我有可动之时，徐命诸军数道俱进。服从者恩之以仁，拒敌者威之以武，恩威相济，功乃易成。若舍恩任威，以蹈深之覆辙，恐他日之患，有甚于今日也。

陈天祥的这一靖边建议未被元成宗采纳，他被召回京城后，也未获得向皇帝面奏相关事宜的机会，所以称病辞职，返回了家乡。

陈天祥还在《四书辨疑》一书中，提出了一些重要的政治观点，可以列出他所强调的六方面要求。

一是要注意政治教化的作用。"明德之后，须有新民之化，使人人以孝弟礼义为心，则自无贪竞争讼之事。风俗既已如此，虽有无实之人，在其礼让温良之众人中间，亦自不敢肆意妄为，尽其虚诞之辞，其势然也，此乃大畏民志之谓。""教化，教民为善也。教民为善，亦须自有为善之实而民信服，然后教化可行。尧舜教天下以仁，而民从之，以其先有可信之实也。若桀、纣教天下以仁，民必不从，以其先无可信之实也。由此观之，民信于我，亦不直在教化既行之后也。"① 按照这样的解释，儒家之所以强调明德和新民，就是要使其成为教化的有力工具，以达到民信于我的理想政治状态。

二是要注意不能过分地劳民。"夫劳民不恤，乃古今之通患。桀、纣、幽、厉之事且置勿论，请以近代易知者言之。秦始皇、隋炀帝之世，劳民之事无所不至，四民废业，人不聊生，死者相枕藉于道路，于是盗贼群起，天下大乱，生民荼毒，何可胜言，由其施劳于民之所致也。颜子之言于世厚矣，愿无施劳安人之志也。既无伐善，又无施劳，内以修己，外以安人，成己成物之道不偏废也。"② 劳民过度导致的亡国教训，对于所有主政者而言，都是严重的警告。

三是要特别注意君主正心的作用。"端本清源，务先正其君心之不正。君正则朝廷正，朝廷正则内外百官皆得其人，天下无有不治也。近代以来，往往不先于本而齐其末，内虽有宪台、察院，外虽设廉访、采访、观察、按察之类，专务弹劾奸恶，纠按非违，谪去一人，十人复至，闲去一事，十事复来，舍其源而清其流，不亦难乎。孟子言一正君而国定，诚为万世之格言也。"③ 儒家所强调的正君心说法，对元朝中期的政治观察有特定作用，因为典型的实例就是武宗完全背离了君主正心的要求。

四是要注意小人的言利行为，会给国家带来重大的灾难。"为政者道之以德，则众皆归服，如众星之共北辰也。治一邑则一邑之众归服，治一国则一国之众归服，治天下则天下之众归服。""君子有大道，必忠信以得之，骄泰以失之。是故君子先慎乎德，有德此有人，有人此有土，有土此有财，有财此有用。德者本也，财者末也。外本内末，争民施夺，是故财聚则民散，财散则民聚，是故言悖而出者亦悖而入，货悖而入者亦悖而出。生财有大道，生之者众，食之者寡，为之者疾，用之

---

① 陈天祥：《四书辨疑》卷1、卷6，四库全书本。
② 陈天祥：《四书辨疑》卷4。
③ 陈天祥：《四书辨疑》卷11。

者舒，则财恒足矣。仁者以财发身，不仁者以身发财，未有上好仁而下不好义者也，未有好义其事不终者也，未有府库财非其财者也。""国不以利为利，以义为利也。长国家而务财用者，必自小人矣。彼为利之小人之使，为国家灾害并至，虽有善者亦无如之何矣。"① 从理论上说，只要有言利小人被重用，就会引发小人与君子之间的义利之争，而过度的营利行为必定成为国家的祸患。陈天祥尽管没有列举本朝的实例，但是指向是相当清楚的。

五是要注意对人的全面观察，而不能只以表象定其善恶。"观人之道，必先视其见为之事，以审详之。见所为者虽善，未可遽以为君子也，见所为者虽不善，未可遽以为小人也。王莽未篡之前，恭俭礼让，似其为善，若视其为善者便以为君子，则王莽为君子矣。伊尹初放太甲，斥主逐君，似其为恶，若视其为恶者便以为小人，则伊尹为小人矣。须更观其事迹来历从由，循其从由，以察本心所主定止之处，则王莽心主于篡汉，伊尹心主于致君，至此则君子小人善恶之实始可判矣。"② 君主用人，只要是确定了用君子不用小人的用贤原则，自然要特别注意全面考察其言行，而不能被假象所蒙蔽，犯不善于识人的错误。

六是要注意对治道的全面理解和把握，否则会被异端邪说带偏方向。"道，治道也；事，亦为治之事也。欲致天下之治，其道在迩不在远，而于远处求之；其事在易不在难，而于难处求之；此古今之通患，而世莫之悟也。果能遵先王之道于心，得躬行之余，以孝弟仁义教化其民，使人人皆亲其亲、长其长，自无悖理乱伦、无父无君之事，而能上下安和，故曰天下平也。""盖道谓三纲五常之道，君子之所以正心、修身、齐家、理世，皆此道也。有身而无此道，则心不正，行不修，其身必辱。有家而无此道，则父不父，子不子，其家必坏。有国而无此道，则君不君，臣不臣，其国必乱。此其所以不可须臾离之也。若异教异术，出天理人伦之外，与三纲五常不相干涉，有则于世无所益，无则于人无所损。凡其如此不急于用、人皆可得而离之者，俱不可以为道，故曰可离非道也。"③ 以近处和易事求道，以获得治道的真谛，确实是

---

① 陈天祥：《四书辨疑》卷1、卷2。
② 陈天祥：《四书辨疑》卷2。
③ 陈天祥：《四书辨疑》卷11、卷14。

值得重视的看法。

如上所言，陈天祥的这些观点大多是有感而发，因为朝廷中的不少弊政，就是背离了治道的原则，才变得难以抑制和纠正。用著书的方式阐释其中的道理，所要彰显的就是儒者对这样的问题要有清醒的认识。

（二）何荣祖的利民建议

何荣祖（？—1300年后），字继先，太原（今属山西）人，曾任尚书省参政、中书省平章政事等职，著作有《学易记》《观物外篇》《载道集》等，皆佚。

何荣祖曾公开与阿合马、桑哥等发生冲突，已见前述。桑哥被处死后，何荣祖特别在上书中强调了革除弊政、利国利民是中书省和御史台要务的论点。

> 国家用度不可不足，天下百姓不可不安。今理财者弗顾民力之困，言治者弗图国计之大。且当用之人恒多，而得用之人恒少。要之，省部实为根本，必择材而用之。按察司虽监临一道，其职在于除蠹弊、安斯民，苟有弗至，则省台又当遣官体察之，庶有所益。①

何荣祖还在诗作中强调了人到老年才能得到真知的论点："名教无穷乐，真知在暮年。中庸万事乐，太极一心全。世事频观易，人情静看天。与来时有句，率尔亦飘然。"② 真正到了老年，才能看清世道，这既是自我感叹，也是对世人的警戒。

何荣祖是《至元新格》和《大德律令》的编撰者，对于元朝的立法有重要的贡献，所以有人对他的此类行为给予了高度的评价："惟其练达老成，故立言至切；惟其思虑周密，故制事合宜。虽宏纲大法、不过数千言，扩而充之，举今日为治之事，不越乎是矣。盖昔者先王慎于任人，严于立法，议事以制，不专刑书，是以讼简政平，海宇清谧，其皆以是为则欤。"③ 也就是说，立法并不是要求法繁刑苛，而是要达到法明讼简的目的。

---

① 《元史》卷168《何荣祖传》。
② 何荣祖：《斋居杂言》，《元诗选》癸集上，第176页。
③ 苏天爵：《至元新格序》，《滋溪文稿》卷6，陈高华、孟繁清点校，中华书局1997年版。

(三) 杨恒的时务建议

杨恒（1234—1299年），字武子，号辛泉，兖州单县（今属山东）人，世祖朝任职太史院，成宗时任监察御史、秘书少监等职，著有《六书溯源》《六书统》《书学正韵》等。

杨恒于成宗即位后上书，就时务问题提出了二十一条建议："一曰郊祀天地；二曰亲享太庙，备四时之祭；三曰先定首相；四曰朝见群臣，访问时政得失；五曰诏儒臣以时侍讲；六曰设太学及府州儒学，教养生徒；七曰行诰命以褒善叙劳；八曰异章服以别贵贱；九曰正礼仪以肃宫庭；十曰定官制以省内外冗员；十一曰讲究钱谷以裕国用；十二曰访求晓习音律者以协太常雅乐；十三曰国子监不可隶集贤院，宜正其名；十四曰试补六部寺监及府州司县吏；十五曰增内外官吏俸禄；十六曰禁父子骨肉、奴婢相告讦者；十七曰定婚姻聘财；十八曰罢行用官钱营什一之利；十九曰复笞杖以别轻重之罪；二十曰郡县吏自中统前仕宦者，宜加优异；二十一曰为治之道宜各从本俗。"①

这二十一条建议，可以归纳为五方面的施政措施，一是规范礼仪制度，包括祀天地、享太庙、正礼仪、访乐官等措施；二是规范朝政制度，包括见群臣、定首相、定官制、补吏员、优吏员、增俸禄、复笞杖等措施；三是规范儒学教育制度，包括设学校、正监名、进侍讲等措施；四是规范财政制度，包括讲究钱谷、罢行用钱等措施；五是规范社会风俗，包括行诰命、别贵贱、禁告讦、定聘财、从本俗等措施。这五方面的建议，构成了对守成政治的全面认识和要求。

杨恒还特别强调了儒、吏不应分途的论点："后世乃以不明六德、六行、六艺，惟区区于章句长短之末技者目而为儒，亦不达先王养民治民之政教；惟专于簿书征发之余习而为吏，又有儒、吏兼通之语。然吏舍儒，则所资者何事，儒舍吏，则所行者何事也。以至妄至非毁，儒毁吏，则以贪污无行诋之；吏毁儒，则以孱不干济诮之，皆本自蠹其末枝自摧其干者也，此皆不明政教之源，遂至于此。方今圣朝。以还淳返朴为天下之大本，学校遍于乡党，而后世当以六德、六行、六艺之准学为儒，仕之为吏。明乎大源，无仅以章句之末技，簿书之末习，遂分儒、吏为两途，庶乎知予之所忧为不近也。"② 杨恒强调的是按照政教的要

---

① 《元史》卷164《杨恒传》。
② 杨恒：《单州夫子庙碑》，《全元文》第9册，第135—136页。

求,儒、吏需要相通而不是相隔,这样的论点,比以儒饰吏显然更近了一步,并且更适合朝廷的需要。

杨恒还曾指出:"今朝廷方当布文教,善风俗,以为致治之本。"① 他对孔子的治道学说也作了简要的解释:"皇元有天下,以夫子之道保国家、安民生,莫不由之。""惟民生多欲,无教乃乱。圣人之为教非遏其欲,实节其欲也。欲节则天理明,天理明则人道安,人道安则五品逊,五品逊则百姓亲,百姓亲则天下平。是道也,所以家喻而户晓者也。"② 按照这样的解释,节欲是平天下的重要基础,而朝廷治国的不足,恰恰就是难以做到节欲。

也就是说,杨恒的系统性时务建议,其核心要素就是要使朝廷遵循夫子之道的要求,确立各种必要的政治规范,以达到合乎儒家政治理想的治世水准。但是这样的建议并未被主政者所重视,因为主政者重点关注的是如何维系表层化政治"平静"的问题,而不是如何填平治世理想和政治现实之间巨大沟壑的问题。

(四) 王约的纠弊建议

王约(1252—1333年),字彦博,真定(今属河北)人,由吏入仕,历任监察御史、翰林直学士、刑部及礼部尚书等职。

成宗即位时,王约上书言二十二事:一是实京师,二是放差税,三是开猎禁,四是蠲逋负,五是赈穷独,六是停冗役,七是禁鹰房,八是振风宪,九是除宿蠹,十是慰远方,十一是却贡献,十二是询利病,十三是利农民,十四是励学校,十五是立义仓,十六是核税户,十七是重名爵,十八是明赏罚,十九是择守令,二十是汰官属,二十一是定律令,二十二是革两司。他还上言请求中书去繁文,一取信于行省,一责成于六部。③

王约的这二十三条建议,十条涉及克服吏弊的问题(振风宪、除宿蠹、询利病、重名爵、明赏罚、择守令、汰官属、定律令、革两司、去繁文),四条涉及经济问题(实京师、放差税、开猎禁、核税户),六条涉及减轻百姓负担和救济弱者的问题(蠲逋负、赈穷独、停冗役、禁鹰房、利农民、立义仓),三条涉及肃正社会风气的问题(慰远方、

---

① 杨恒:《修孔子庙垣记》,《全元文》第9册,第128—129页。
② 杨恒:《重修庙学碑记》,《全元文》第9册,第129—130页。
③ 《元史》卷178《王约传》。

却贡献、励学校）。这些建议，所侧重的就是去除朝廷弊政和在良政方面有所建树。

仁宗即位后，王约又提出了行封赠、禁服色、兴科举三条建议。

王约还特别指出："县阶末也，尹秩卑也，然承流宣化，移风易俗，实本于此。今之治县者，例以督责聚敛为先，期会奔走为急，故狼戾者汇缘以侵渔，庸琐者依违而取给，名曰牧民，而实为民蠹。求其所谓庶之、富之者不可得，况教之哉。"① 由于县官是国家治民的主要依赖者，所以革除弊病，首先应该从教诫县官做起。

王约以除弊作为时务建议的基本出发点，因为朝廷的弊政由上至下，已经发展到了相当严重的地步，采用全面整肃的方法或可有救。但是对于守成的成宗而言，显然不会采纳这样的建议，因为全面整肃并不符合成宗的执政风格。

（五）王利用的善政建议

王利用，生卒年不详，字国宝，通州潞县（今属北京）人，历任翰林待制、翰林直学士等职。

成宗在位时，以王利用为太子宾客，他即上书言时政十七事：一是谨畏天戒，二是取法祖宗，三是孝事母后，四是敬奉至尊，五是抚爱百姓，六是敦本抑末，七是清心听政，八是寡欲养身，九是酒宜节饮，十是财宜节用，十一是有功必赏，十二是有罪必罚，十三是杜绝谗言，十四是求纳直谏，十五是官职量材而授，十六是工役相时而动，十七是俾近侍时赴经筵讲读经史。②

这十七条建议，六条涉及君德和太子所应守（谨畏天戒、孝事母后、敬奉至尊、寡欲养身、酒宜节饮、经筵讲读），六条涉及治国方法和原则（取法祖宗、抚爱百姓、敦本抑末、清心听政、杜绝谗言、求纳直谏），五条涉及具体政务问题（财宜节用、工役相时而动、官职量材而授、有功必赏、有罪必罚）。这些建议归结为一点，就是王利用所倡导的善政观念。

王利用还特别以诗作强调了地方官员应积极推行善政："钜镇遵天眷，名藩甲潞州。提封连上党，沃壤接屯留。善政犹前昔，遗风尚列侯。喜闻新令尹，大有望于秋。""古殿枕清漳，遥冈壮武乡。泉灵通

---

① 王约：《重建三河讲堂记》，《全元文》第17册，第423—424页。
② 《元史》卷170《王利用传》。

海远，林茂接天长。民爱年年赐，神安世世香。为言贤令尹，时复到岩廊。"①

王利用亦强调了教育所应起的教化作用："京师，天下之首善也；总府，一方之首善也。首善者何，教化风俗之所出也。然则教化风俗之所出，舍儒学何适哉。儒学明善之地，故京师有之，总府有之，州县亦有之，其崇而尚之者无他，皆所以明人伦也。"② 也就是说，要落实教化，京师和总府都应该起到重要的示范作用。

王利用的善政建议，大多符合成宗的执政风格，易于被采纳。在成宗的各种政治措施中，也确实体现出了取法祖宗、谨畏天戒、敦本抑末、求纳直谏等基本的要求。

（六）张孔孙的弭灾建议

张孔孙（1233—1307年），字梦符，号寓轩，隆安（今属山东）人，历任礼部侍郎、集贤大学士等职。

张孔孙曾在地震后就弭灾之道提出过八条建议：一是蛮夷诸国，不可穷兵远讨。二是滥官放遣，不可复加任用。三是赏善罚恶，不可数赐赦宥。四是献鬻宝货，不可不为禁绝。五是供佛无益，不可虚费财用。六是上下豪侈，不可不从俭约。七是官冗吏繁，不可不为裁减。八是太庙神主，不可不备祭享。不久后，张孔孙又上言："凡七十致仕者，宜加一官；丁忧服阕者，宜待起复；宿卫之冒滥者，必当革；州郡之职，必当遴选；久任达鲁花赤，宜量加迁转；又宜增给官吏俸禄；修建京师庙学，设国子生徒，给赐曲阜孔庙洒扫户；相位宜参用儒臣，不可专任文吏；故相安童、伯颜、哈刺哈孙与廉希宪等，各宜赠谥。"③

张孔孙还在成宗在位时特别强调了与儒士有关的两条要求。一是以兴学培育人才，如其所言："盖王政非教化不立，教化非学校不兴，是以今上继承大统，以兴学养士为先。""今上嗣登宝位，告诏天下，孔子之道垂宪万世，有国有家者所当承奉，庙学损坏随即修完。作养后进，严加训诲，讲习道义，务在成材。"④ 二是以儒为吏不是儒者唯一

---

① 王利用：《过屯留县（喜官吏廉干，作诗以勉之）》《偕刘县尹谒灵润祠》，《元诗选》癸集上，第180页。
② 王利用：《太原府学明善堂记》，《全元文》第22册，第425—426页。
③ 《元史》卷174《张孔孙传》。
④ 张孔孙：《修庙学记》《重修乐安儒学记略》，《全元文》第9册，第31—34页。

的入仕途径，儒者不仅可以由其他途径入仕，吏者也要认真学习儒学知识："贤才之在斯世，任于朝而忠言直节，有益于人之国，居于家而德行文学为乡党之所敬慕。""国家承平日久，海内学者彬彬出焉，于是各路间咸许贞偓士一名补宪司书吏，考满升六部令史，又转台院及省掾，入流品而登仕，启然有司。众士匪此一透，士之进身若所望不过如此，是失国家崇儒重道之意也。""作成人材，使之从政，为治之要，莫过于此，岂专簿书、狱讼、期会、敛散而已哉。且吏不明道，人不知学，虽簿书、狱讼、期会、敛散之事，皆不得其当，其弊尤甚焉。经不云乎，君子学道则爱人，小人学道则易使也。牧民之吏，可不务学使人知道乎。"①

需要说明的是，弭灾只是张孔孙提出建议的由头，他所强调的乃是实施文治的重要诉求，因为偃兵息武是文治的基本前提，注重礼仪、赏善罚恶、兴学育人是文治的基本原则，整顿吏治、肃正风气等则是文治的重要方法。以文治解决朝政面临的各种问题，而不是拘泥于救灾的细节或技术性问题，所呈现的恰恰是根本性的弭灾之道，只是这样的用心，很难被皇帝和朝臣所理解，而被视为泛泛之谈的空论。

（七）尚文的治河建议

尚文（1236—1327 年），字周卿，祁州深泽（今属河北）人，世祖朝曾参与制定朝仪，任湖北廉访使等职，成宗时任御史台侍御史、中书左丞等职。

元贞二年（1296），尚文上书提出了"治平之世，不宜数赦；不急之役，宜且停罢"的建议。次年，黄河决于蒲口，尚文上书提出了不塞决口的建议。

> 长河万里西来，其势湍猛，至盟津而下，地平土疏，移徙不常，失禹故道，为中国患，不知几千百年矣。自古治河，处得其当，则用力少而患迟；事失其宜，则用力多而患速，此不易之定论也。今陈留抵睢，东西百有余里，南岸旧河口十一，已塞者二，自涸者六，通川者三，岸高于水，计六七尺，或四五尺；北岸故堤，其水比田高三四尺，或高下等，大概南高于北，约八九尺，堤安得

---

① 张孔孙：《重修束晳祠碑记》《清丰县重修庙学记》《修庙学记》，《全元文》第 9 册，第 32—36 页。

不坏，水安得不北也。

　　蒲口今决千有余步，迅疾东行，得河旧渎，行二百里，至归德横堤之下，复合正流。或强湮遏，上决下溃，功不可成。揆今之计，河北郡县，顺水之性，远筑长垣，以御泛滥；归德、徐、邳，民避冲溃，听从安便。被患之家，宜于河南退滩地内，给付顷亩，以为永业；异时河决他所者，亦如之。信能行此，亦一时救荒之良策也。蒲口不塞便。

由于地方官员强调"不塞则河北桑田尽为鱼鳖之区，塞之便"，朝廷采用了塞蒲口的做法，但是第二年蒲口再次决口，导致了"塞河之役，无岁无之"的不利局面。

有西域贾商人向朝廷官员出售"押忽大珠"，要价六十万锭，官员指此珠"含之可不渴，熨面可使目有光"，尚文则明确表示："一人含之，千万人不渴，则诚宝也；若一宝止济一人，则用已微矣。吾之所谓宝者，米粟是也，一日不食则饥，三日则疾，七日则死；有则百姓安，无则天下乱。以功用较之，岂不愈于彼乎！"[①]

无论是降低大赦的频次、停罢不急之劳，还是不塞黄河决口、重本抑末，都体现了尚文的善治观念。并且尤为重要的是他比别人更有远见，更能预见短视行为所带来的严重后果。

（八）李元礼谏巡幸五台

李元礼（？—1297年），字庭训，真定（今属河北）人，世祖朝曾任大都路儒学教授、太常博士等职，成宗即位后任监察御史。元贞二年（1296）朝廷在五台山建佛寺，皇太后拟临幸该寺，李元礼特别上书加以劝止。

　　古人有言曰："天下之得失，生民之利害，社稷之大计，惟所见闻而不系职司者，宰相得行之，谏官得言之。"今朝廷虽不设谏官，监察御史职当言路，即谏官也，乌可坐视得失，而无一言以裨益圣治万分之一哉。

　　伏见五台创建寺宇，土木既兴，工匠夫役不下数万人。附近数

---

① 《元史》卷170《尚文传》。

路州县供亿烦重，男不暇耕，女不暇织，百物踊贵，则民将有不聊生者矣。又闻太后亲临五台，布施金币，广资福利，其不可行者有五。何则？时当盛夏，禾稼方茂，百姓岁计，全仰秋成。扈从经过，千乘万骑，不无蹂躏，其不可一也。太后春秋已高，亲劳圣体，往复暑途数千里，山川险恶，不避风日，轻冒雾露，万一调养失宜，悔将何及，其不可二也。陛下即位以来，遵守祖宗成宪，正当就业持盈之日，凡上举动，必书简册，以贻万世之则，书而不法，将焉用之，其不可三也。夫财不天来，皆出于民，今朝廷费用，百倍昔时，而又劳民伤财，以奉土木，其不可四也。佛者本西方圣人，以慈悲方便为教，不与物竞，虽穷天下珍玩供养不为喜，虽无一切为献亦不为怒。今太后为国家、为苍生崇奉祈福，福未获受，而先劳圣体，圣天子旷定省之礼，轸思亲之怀，其不可五也。伏愿中路回辕，端居深宫，俭以养德，静以颐神，上以循先圣后之懿范，次以尽圣天子之孝心，下以慰元元之望。如此，则不待祈福，而福自至矣。

臣元礼谬当言路，不避僭越，而惓惓不已者，诚以臣子爱君之心切，冀其一悟圣聪。与其受不言之责，宁获敢言之罪，天下幸甚。①

李元礼以"五不可"阻遏皇太后的行程，确实是体现了谏臣敢于直言的风格。对于这样的上书，御史台未敢上奏。大德元年（1297），侍御史万僧指御史中丞崔彧与李元礼勾结，"为大言谤佛，不宜建寺"，成宗即将李元礼免职，并命右丞相完泽、平章政事不忽木询问此事，完泽明确表示："其意正与吾同。往吾尝以此谏，太后曰：'我非喜建此寺，盖以先皇帝在时，尝许为之，非汝所知也。'"不忽木也明确指出："他御史惧不肯言，惟一御史敢言，诚可赏也。"成宗采纳了完泽、不忽木的意见，未处罚李元礼并恢复了他的职务。②

李元礼敢于直言，成宗能够纳谏，显示的是开明政治的风格，尽管其中必有曲折，但总算是有了一个较好的结局。

---

① 李元礼：《谏幸五台》，陈得芝、邱树森、何兆吉辑点《元代奏议集录》（下），浙江古籍出版社1998年版，第18—19页（《全元文》第22册，第132—133页）。

② 《元史》卷176《李元礼传》。

(九) 王寿的选用君子建议

王寿（1251—1310年），字仁卿，涿郡新城（今属河北）人，成宗朝任燕南河北道廉访副使、御史台侍御史等职。

王寿曾受命到江南祭祀名山大川，并暗访民情，回朝后奏报："民之利病，系于官吏善恶。在今宜选公廉材干、存心爱物者专抚字，刚方正大、深识治体者居风宪。天灾代有，赈济以时，无劳圣虑。惟是豪右之家，仍据权要，当罢其职，处之京师，以保全之，此长久之道也。"也就是说，官吏腐败和豪强横行，是王寿发现的主要问题，他只不过是以委婉的形式对这样的问题作了表述。

王寿还特别与御史台官员一同上书，强调了朝廷必须选择正人君子为中书省相臣的要求。

> 宰相内统百官，外均四海，位尊任重，不可轻假非人。三代以降，国之兴衰，民之休戚，未有不由相臣之贤否也。世祖初置中书省，以忽鲁不花、塔察儿、线真、安童、伯颜等为丞相，史天泽、刘秉忠、廉希宪、许衡、姚枢等实左右之，当时称治，比唐贞观之盛。迨至阿合马、郝祯、耿仁、卢世荣、桑哥、忻都等，坏法黩货，流毒亿兆。近者，阿忽台、伯颜、八都马辛、阿里等专政，煽惑中禁，几摇神器。君子小人已试之验，较然如此。臣愿推爱君思治之心，邪正互陈，成败对举，庶几上悟天衷，惩其既往，知所进退，天下之事，可从而理也。①

成宗时曾采用奉使宣抚的方法了解民情，王寿不在"明察"的奉使宣抚之内，而是用"暗察"的方式反映问题，更容易受到君主的重视。他的选良官、重宰相建议，与成宗的执政风格合拍，不仅被采纳，还就此形成选人任人的一套基本规矩，已见前述。

(十) 阿沙不花的节欲建议

阿沙不花（1263—1309年），康里人，助武宗即位有功，任中书省平章政事、知枢密院事等职。

阿沙不花曾特别向武宗进言："八珍之味不知御，万金之身不知

---

① 《元史》卷176《王寿传》。

爱，此古人所戒也。陛下不思祖宗付托之重，天下仰望之切，而惟曲蘖是沉，姬嫔是好，是犹两斧伐孤树，未有不颠仆者也。且陛下之天下，祖宗之天下也，陛下之位，祖宗之位也，陛下纵不自爱，如宗社何。"武宗不仅明确表示"非卿孰为朕言，继自今毋爱于言，朕不忘也"，还要赐饮酒以表彰直言，阿沙不花则表示："臣方欲陛下节饮而反劝之，是臣之言不信于陛下也，臣不敢奉诏。"①

慎饮酒和节欲是从成吉思汗到忽必烈都曾提出过的要求，阿沙不花不过是向嗜饮的皇帝重提这一要求而已。但是武宗并未听从阿沙不花的劝告，并使得嗜饮成了短命的重要因素。

（十一）冯福京的减租建议

冯福京，生卒年不详，自号学泉居士，潼川（今属四川）人，曾任庆元路学副教授，成宗时任昌国州判官，向州官提出了减少涂田田租的建议。

> 切照昌国在环海中，概管四乡一十九都，除富都一乡与本州连陆外，其余三乡都分俱各散在海洋，不比其他州县，止是一边靠海。所有涂田，周围皆咸卤浸灌。民自备本，筑坝堤岸，使涂为田。苟失时不修，堤岸崩漏，田复为涂。其近堤岸田亩，与咸水为邻，止可种稗。其去堤岸稍远，与山脚相接，方可种稻。若遇久旱，则咸气蒸郁，禾尽枯槁。设或久雨，则山水泛滥，禾尽淹没。惟雨水调匀，方可得熟，然后及其他州县下等所收之数。又兼本州别无淡水河港，其山水注下，去处皆与潮通，咸水易以冲入，以此并无肥田。近据民户毕信等告，亡宋时，每亩纳蛮会十八界五百文。归附后，起征省米八合七抄有零，折中统钞一钱二分，以中熟年份秋成价数言之，亦可买折省米二升。今拟涂田每亩科征，折省米二升，似为相应矣。观此申述，则州民之贫困，亦可想见，岂忍重赋之哉。②

冯福京还提出了减少昌国州盐引定额的建议，因为增加定额已经成为一项扰民的恶政。

---

① 《元史》卷136《阿沙不花传》。
② 冯福京：《讲究涂田租米状》，《全元文》第32册，第275—276页。

第十章 朝政变化体现的政治观念 157

　　每年计口请买食盐，句追笞责，重费经营。自至元二十七年抄数诸色户，计有二万二千四百余户，计一十万三千五百余口。岁买食盐二千零五引一百余斤，无问大小，每口月该食盐一十余两。因此递年以来逃亡事故，民户比元数已亏，而盐额如故。多是里正主首及见在户口，代为闭买。年复一年，已皆靠损。兼海岛别无蔬菜，惟食咸水鱼鲜，贫户无盐，亦可度日。况今盐价每引增上二十五贯，则二千零五引，比旧该增六百余定，必致愈见生受。盖海山之民，多无常产，若不从宜均定，不惟失误官课，将恐民不聊生，流为盗贼，深系利害，乞照详事得此行。据两浙都转运司申照，得昌国州周岁该盐二千五引一百四十三斤二两四钱，今拟十分中量减二分。委为官民两便，省府除已行下浙运司准申外，合下仰照验行。①

　　列举出具体的数字，说明田租、盐引给百姓带来的困苦，使主政者难以驳斥，不得不慎重考虑其建议。

　　冯福京还就兴学问题提出了自己的看法："天下定以一，一者何，道是已。是故三代之得天下以仁，得此道也。恭惟皇帝嗣登大宝，嘉与天下，洗涤维新，他未遑及，首发明诏，惠顾学校。""数十年来，庠序日广，而道学愈不明，士籍日增，而心术愈不正，其何故哉，无乃学者误于耳目之见闻，不能真体实认，而知行之未至耳。""盖欲其深造自得，实有以见夫道体之大，全非徒从事言辞而已也。"② 只有将兴学与兴道密切联系在一起，才能真正发挥学校的作用，这恰是冯福京所要表明的论点。

　　冯福京虽然只是一个地方上的小官，但是他所提出的改变恶政和注重兴学实效等建议，关系到国家的政治全局，有其重要的价值。

　　成宗、武宗两朝的臣僚提出的施政建议，对于守成政治起了重要的助成作用。尤其是成宗和武宗在即位前都是北方的出镇藩王，对于如何处置朝政问题既无经验，也缺乏相应的知识，确实需要得到来自臣僚的帮助。尽管成宗和武宗对施政建议的态度有所不同，但不能忽视这些建

---

　　① 冯福京：《减盐札》，《全元文》第32册，第276—277页。
　　② 冯福京：《重修大成殿记》《翁洲书院记》，《全元文》第32册，第281—282、284—286页。

议的所具有的向往善治的积极意义。

第二节 注重更化的政治观念

仁宗、英宗两朝的朝臣，为配合两位皇帝的文治、新政需要，积极倡导更化的政治观念，可择要者分述于下。

一 李孟的崇文观念

李孟（1255—1321年），字道复，号秋谷，潞州上党（今属山西）人，成宗时入为东宫官员，助平定内难，已见前述。仁宗即位后，李孟任中书省平章政事、翰林学士承旨等职，以崇文观念为仁宗的文治提供了重要的支持。

（一）守东宫之道

李孟作为东宫官员，重点强调的就是太子要守东宫之道。他特别对皇子爱育黎拔力八达说："尧、舜之道，孝悌而已矣。今大兄在朔方，大母有居外之忧，殿下当迎奉意旨以娱乐之，则孝悌之道皆得矣。"他还向爱育黎拔力八达"讲论古先帝王得失成败，及君君臣臣父父子子之义"。爱育黎拔力八达"深见吏弊，欲痛划除之"，李孟则明确表示："吏亦有贤者，在乎变化激厉之而已。"由于李孟不遗余力地向爱育黎拔力八达传授儒家的治道学说，使其有了大力推行文治的抱负，并曾以握拳显示"所重乎儒者，为其握持纲常，如此其固也"的志向。[①]

李孟在帮助爱育黎拔力八达平定内难、扶持武宗即位后，曾明确表示："执政大臣，当自天子亲用，今鸾舆在道，孟未见颜色，诚不敢冒当重任。"为了避免遭他人构陷，李孟自动离朝而去，并以诗作向已经成为皇太子的爱育黎拔力八达表达了要善于应对危局的愿望。

> 艰危勤扈从，俯仰尽周旋。小试屠龙技，翻成抱虎眠。脱钩鱼纵壑，漏网鸟冲天。万事从今始，灰心未死前。
>
> 十年陪顾问，一旦决安危。自合成功去，应惭见事迟。长城徒自坏，孤注莫相疑。辟谷求仙者，高名百世师。[②]

[①] 《元史》卷175《李孟传》。本节引文未注明出处者，均来自此传。
[②] 李孟：《寄东宫二首》，《元诗选》二集上，第198页。

如前所述，王约等人在约束爱育黎拔立八达守东宫之道方面起了重要的作用，但是李孟的预先铺垫，其作用也不可低估。

(二) 倡举贤任能

武宗去世后，李孟即得到仁宗爱育黎拔立八达的重用。仁宗于至大四年二月命李孟领国子监学，并特别强调："学校人材所自出，卿等宜数诣国学课试诸生，勉其德业。"李孟作为回报，于四月向皇帝上奏："陛下御极，物价顿减，方知圣人神化之速，敢以为贺。"仁宗反倒是较为清醒，明确表示："卿等能尽力赞襄，使兆民乂安，庶几天心克享，至于秋成，尚未敢必。今朕践阼曾未逾月，宁有物价顿减之理。朕托卿甚重，兹言非所赖也。"李孟自知此言欠妥，乃于当年闰七月与完泽共同上奏："方今进用儒者，而老成日以凋谢，四方儒士成才者，请擢任国学、翰林、秘书、太常或儒学提举等职，俾学者有所激劝。"他们的这项建议被仁宗所采纳。①

李孟还提出了节赐与、重名爵、核太官之滥费、汰宿卫之冗员等建议，并针对"司空、司徒、太尉，古之三公，自大德以来，封拜繁多；释、老二教，设官统治，权抗有司，挠乱政事，僧道尤苦其扰"的弊病，向仁宗进言："人君之柄，在赏与刑，赏一善而天下劝，罚一恶而天下惩，柄乃不失。所施失当，不足劝惩，何以为治。僧、道士既为出世法，何用官府绳治。"仁宗亦表示认同李孟的说法。

仁宗时的一些新措施，如经理民田、增茶盐课税等，引起朝廷内外的不满，李孟则明确表示："变理之责，儒臣独孟一人。"②"臣学圣人道，遭遇陛下，陛下尧、舜之主也。臣不能使天下为尧、舜之民，上负陛下，下负所学，乞解罢政权，避贤路。"仁宗依然表示了对他的信任，特别指出："朕在位，必卿在中书，朕与卿相与终始，自今其勿复言。"也就是说，仁宗并没有因为延祐经理的失误，而怪罪于李孟。

(三) 定科举之法

李孟在与仁宗讨论用人问题时，特别强调应以恢复科举取士的方式选拔人才："人材所出，固非一途，然汉、唐、宋、金，科举得人为盛。今欲兴天下之贤能，如以科举取之，犹胜于多门而进；然必先德行

---

① 《元史》卷24《仁宗纪一》。
② 《元史》卷176《刘正传》。

经术而后文辞,乃可得真材也。"仁宗命李孟与许师敬、程钜夫共同商议恢复科举事宜,并最终采纳了程钜夫的"经学当主程颐、朱熹传注,文章宜革唐宋宿弊"的建议。①

科举恢复后,李孟不仅主持该事,还在廷试时任监试官。在第一次考试结束后,李孟等人又上言:"下第举人,年七十以上者,与从七品流官致仕;六十以上者,与教授;元有出身者,于应得资品上稍优加之;无出身者,与山长、学正。受省札,后举不为例。今有来迟而不及应试者,未曾区用,取旨。"仁宗则表示:"依下第例恩之,勿著为格。"② 也就是说,优待考生的方法只适用于初试,并不是行于长远的定制,已见前述。

李孟还在诗作中记录了初次科举考试的情况:"百年场屋事初行,一夕文星聚帝京。豹管敢窥天下士,龙头谁占日边名。宽容极口论时事,衣被终身荷圣情。愿得真儒佐明主,白头应不负平生。"③

李孟尽管出身儒者,但是使其出名的并不是他的学问,而是他尽心辅佐仁宗的政治行为,并且为铁木迭儿的专权提供了重要的助力,所以英宗即位后,将李孟由中书省平章政事降为集贤侍讲学士,"悉夺前所受制"④,使其不久后即抑郁而终。

在元朝中期的儒臣中,李孟的官职最高,也是最善于政治押宝的人。过分的政治投机,使其放弃了文治的基本准则,迎合权臣的营利需求。为保官保位不惜阿谀奉承和放弃基本的道德准则,往往是身居高位儒臣的通病,李孟不过是以自己的行为,提供了一个较典型的事例而已。

二 元明善的致治观念

元明善(1269—1322 年),字复初,大名清河(今属河北)人,尊吴澄为师学习理学,被列为"草庐学派"学人。⑤ 元明善以儒为吏,曾长期辅佐董士选,仁宗时入为翰林待制,后历任翰林直学士、翰林侍讲学士、礼部尚书、湖广行省参知政事、集贤侍读等职,有后人辑录的

---

① 《元史》卷 172《程钜夫传》。
② 《元史》卷 81《选举志一》。
③ 李孟:《初科知贡举》,《元诗选》二集上,第 199 页。
④ 《元史》卷 27《英宗纪一》。
⑤ 黄宗羲原著,全祖望补修:《宋元学案》第 4 册,第 3072—3073 页。

文集《清河集》传世，在著述中重点阐释了他的致治观念。

（一）倡导致治

元明善在为科举廷试设计的策问中，不仅明确提出了"致治"的概念，还说明了"致治"的基本标准，并强调要达成"致治"，确实需要良策，以解决治理不善的问题。

> 朕闻贤圣之君之治天下也，或恭己无为，或不遑退食，或宽仁恭俭，或力于为善。其所以致治虽殊，及乎民安物阜，风淳俗美，刑辟措而鲜用，颂声作于田里，制礼作乐，翕然大和，而麟凤龟龙，嘉禾朱草，甘露醴泉，诸福之物，莫不毕至。虽帝王之美不徒在是，亦其气之应也。舜文之德化尚矣，若汉之文帝，唐之太宗，犹能致治如彼，况薄汉、唐而不居者乎。今天下虽久宁谧，户口虽甚蕃滋，而稼穑或荡于水旱，细民或致于阻饥，未能家给人足，时犹仰济县官，岂行仁义犹未尽效邪。子大夫明古以识今，知常而通变，毋迂阔于事情。毋乖戾于典则，明以对朕，朕将亲览焉。①

在这篇策问中，元明善之所以明确点出朝政的不足之处，就是希望能够引导考生思索真问题，而不是空发议论。

在诗作中，元明善亦表达了对致治的追求："四海重瞻尧日月，万年长履禹山川。恩波浩荡沾民物，文运休明属圣贤。""使节再临民志定，兵锋一举贼心寒。书生奋力效驰逐，要写功名久远看。"②

（二）推崇科举

仁宗恢复科举，元明善作为首任的考试官和读卷官，不仅对科举的作用有所说明，回答了一些人对恢复科举的质疑，还明确提出了对科举入官者的基本行事要求。

> 上患吏弊之深以牢也，思有以扶而破之，于是考取士之法，仿于古而不戾于今者，乃设两科以待国之士。诸国士、汉士、江南士，第一名品第六，第二名品第七。天下翕然以应，英翘之士被乡

---

① 元明善：《廷试策问》，《清河集》卷4（《全元文》第24册，第286页）。
② 元明善：《书湖广省中壁》《送董慎斋左丞讨贼》，《清河集》卷1，《元诗选》二集上，第306—307页。

荐而回视南宫者，百三十五人。

余，侍臣也，每闻上旨，无或不在儒者，有曰："儒者守纲常如握拳。"然嫉者曰："俗儒迂阔多窒。"有曰："处大事，立大议，则吏不彼能也。"乃黜吏者之秩而发其机牙，峻之堤防，风俗为之一变，若曰："吾将收儒之效矣。"黜者曰："尚相观彼儒之所为。"噫！为而辈者，不其殆哉。夫儒效不易立也，不效，则将孤所望，孤所望，且将疑尔儒之不足恃也。扼击泄愤，乘隙而入者林林也。而辈之被攻，踣者一人，孤上之人之望而疑尔儒也，吾且奈何？今即官守，慎勿挟所得，恃所眷贵，出几微于辞色。而所诵之书，不有有司之事乎，卿大夫之职乎，宰相之业乎。毋慕高远，毋忽卑近，尽心于其所试，而我者湛乎其中存，夫如是，何患夫儒之效不立哉。①

儒、吏对立或者儒、吏之争，是现实政治中的现象，不足为怪，而儒者要获得社会尊敬，确实需要创立真实的"儒效"，否则即便有科举，所产生的也只是俗儒或者腐儒，这恰是元明善所要表达的重要观点。

（三）兴学教人

大力发展儒学教育，培养人才，是达到致治的重要路径，元明善就如何发展儒学教育，尤其是以理学促成实学教育和国家的善治，提出了明确的要求。

记事必载其实，兴学当原其本。礼始立学，释奠先圣先师，学之有庙，汉以还始闻也。孔子先圣，颜氏先师，唐以来始定也。由学尊庙，因庙表学，庙焉而不敦夫学，非制也。

圣朝龙奋北天，弓剑辟国，顾乃首尊孔氏，旌用儒生。列圣锡礼崇祀，加谥增秩，若稽典则，昭陈政化，揭科比士，登贤建官，不有望于圣道、赞化天下乎。夫道，不玄渺以为高，不空寂以为深，大则充周乎万物，小则流行乎一身。法制谨严，经权周密，盖不越《易》《书》《诗》《春秋》之外矣，亦不离纲常常事为之闲

---

① 元明善：《送马翰林南归序》，《清河集》卷4（《全元文》第24册，第288—289页）。

矣。若夫尽学士之上达，极圣贤之能事，固非指顾可会，文辞所判，而君子也，而贤者也，不谆谆欤？德言曰君子德非徒德，才言曰贤者才非徒才。道明义著，智周行圆，其用而出也，细不遗而钜有措，其舍而处也，近者化而远者格，为良臣，为大人，为节士，为真儒，非由外假，端在我尔。①

旷百世无真儒善治者，官不知政，而士不知学也。学，所以修己也。学为己事，则讲习之所，士者自图焉可也。而古圣人必设庠序学校以教之，学校不修，国人以刺其上，盖官之政有在于是，不可诿于士也。官知政，而士不知学，则有愧矣。士知学，而官不知政，甚者役士以就其一切之政，可乎？皇元甫橐干戈，即兴学校，圣圣相承，唯是以作成存恤绥完为先，比唐虞三代之政也。

然士之知学有当勉者。自统绝学散，一转而尚游说，再转而矜词章。王肃注"学而时习之"曰"学者以时习之"，先儒尝叹今学校仅有直诵而已。周程继孟，朱子翼程，然后人知效先觉之所为谓之学。觉者体之，所以立也，为者用之，所以行也，此善治之本也。老庄言理而不及事，觉而无为也，管商言事而不及理，为而无觉也，是皆不足以善治。至于一以讼词习艺为事，则体用俱废，又老庄、管商之下尔，是蔽天下也。凡此像服俨然，临之在上，曷非先觉，其所为可考而知也。觉而先觉，为而先觉，真儒善治，舍我其谁哉，此古圣人设庠序学校而圣朝作成本意也。②

兴学教人是为了给社会培养真儒，并且达到"真儒善治"的"儒效"，元明善的观点是相互贯通的。尽管他留下的政论著述不多，但是观点明晰，对于了解当时儒臣的主流观念确实有所帮助。

三 拜住的善政观念

拜住（1298—1323年），蒙古札剌儿部人，丞相安童孙，英宗即位后助其推行新政，在"南坡事变"中遇害，已见前述。拜住能够以一介青年辅助新政，就在于他有较强的善政观念。

---

① 元明善：《武昌路学记》，《清河集》卷4（《全元文》第24册，第296—297页）。
② 元明善：《德兴县学记》，《全元文》第24册，第306—307页。

(一) 重儒守道

拜住在仁宗朝任太常礼仪院使时,已经显示出两方面的理政特点。一是遵守典故,二是重视儒者的意见,《元史》记录了他的处事风格。

> 每议大事,必问曰:"合典故否?"同官有异见者曰:"大朝止说典故耶?"拜住微笑曰:"公试言之,国朝何事不依典故?"同官不能对。太常事简,每退食必延儒士谘访古今礼乐刑政,治乱得失,尽日不倦。尝曰:"人之仕宦,随所职司,事皆可习。至于学问有本,施于事业,此儒者之能事,宰相之资也。"①

拜住还特别关注儒学教育的普及,"每以学校政化大源,似缓实急,而主者不务尽心,遂致废弛,请令内外官议拯治之"。有人称佛教可以治天下,拜住即明确表示:"清净寂灭,自治可也。若治天下,舍仁义,则纲常乱矣。"

拜住承袭了安童的做法,以儒者为师,以治道学说和祖宗之制作为理政的基本原则,为后来辅助英宗实施新政奠定了重要的思想基础。

(二) 新政要务

延祐七年五月,英宗以拜住为中书省左丞相,拜住任职后的第一件事就是整顿吏治和刑狱。"近侍传旨以姓名赴中书省铨注者六七百员,选曹为之壅滞。拜住奏阁之,注授一依选格次第,吏无容奸。刑曹事有情可矜者宽恕之,贪暴不法必不少容。"由此,英宗特别对臣僚表示:"汝辈慎之,苟陷国法,我虽曲赦,拜住不汝恕也。"对于拜住雷厉风行的施政风格,英宗显然颇为欣赏。

至治元年,英宗明确向拜住表达了由其助成善治的要求:"朕委卿以大任者,以乃祖木华黎从太祖开拓土宇,安童相世祖克成善治也。卿念祖宗令闻,岂有不尽心者乎。"拜住即明确表示:"陛下委臣以大任,臣有所畏者三,畏辱祖宗,畏天下事大,识见有所未尽,畏年少不克负荷,无以上报圣恩。"当年十一月,拜住上言:"受尊号,宜谢太庙,行一献礼。世祖亦尝议行,武宗则躬行谢礼。"②次年正月,英宗出崇

---

① 《元史》卷136《拜住传》。本节引文未注明出处者,均来自此传。
② 《元史》卷27《英宗纪一》。

天门郊祀,拜住即明确表示:"陛下以帝王之道化成天下,非独臣之幸,实四海苍生所共庆也。"

英宗和拜住推行新政,最大的阻力来自中书省右丞相铁木迭儿。"时右丞相铁木迭儿贪滥谲险,屡杀大臣,鬻狱卖官,广立朋党,凡不附己者必以事去之,尤恶平章王毅、右丞高昉,因在京诸仓粮储失陷,欲奏诛之"。拜住向英宗进言:"论道经邦,宰相事也,以金谷细务责之可乎?"英宗采纳了拜住的意见,保下了王毅和高昉。对于来自铁木迭儿的加害,拜住虽有警惕,但是并不惧怕,他明确表示:"我祖宗为国元勋,世笃忠贞,百有余年。我今年少,叨受宠命,盖以此耳。大臣协和,国之利也。今以右相仇我,我求报之,非特吾二人之不幸,亦国家之不幸。吾知尽吾心,上不负君父,下不负士民而已。死生祸福,天实鉴之。"

至治二年十月,英宗以拜住任中书省右丞相,主持新政的推行。拜住未辜负英宗的期望,任右相后即"召用致仕老臣,优其禄秩,议事中书。不次用才,唯恐少后,日以进贤退不肖为重务。患法制不一,有司无所守,奏详定旧典以为通制"。他还明确表示:"中书选人署事未旬日,御史台即改除之。台除者,中书亦然。今山林之下,遗逸良多,卿等不能尽心求访,惟以亲戚故旧更相引用邪?"① 由于海运粮比世祖时已增数倍,江南民力困极,而京仓充满,拜住特别奏准每年减少二十万石的运粮。其他新政事务,已见前第九章,毋庸赘述。

(三) 劝诫君主

英宗一方面推行新政,另一方面也有不少骄奢之举,拜住作为主要辅臣,不得不随时加以规劝。

至治元年正月,英宗准备在宫内设灯楼,张养浩上书劝止(详见本书第十一章),其上书就是经由拜住转呈。英宗在巡幸上都时,又要扩建察罕脑儿的亨丽殿,拜住乃进言:"此地苦寒,入夏始种粟黍,陛下初登大宝,不求民瘼,而遽兴大役以妨农务,恐民失望。"英宗由此打消了扩建宫殿的念头。

英宗还算是愿意纳谏的人,他曾对拜住表示:"朕思天下之大,非朕一人思虑所及,汝为朕股肱,毋忘规谏,以辅朕之不逮。"拜住即回

---

① 《元史》卷28《英宗纪二》。

答:"昔尧、舜为君,每事询众,善则舍己从人,万世称圣。桀、纣为君,拒谏自贤,悦人从己,好近小人,国灭而身不保,民到于今称为无道之主。臣等仰荷洪恩,敢不竭忠以报。然事言之则易,行之则难。惟陛下力行,臣等不言,则臣之罪也。"英宗特别问拜住:"今亦有如唐魏征之敢谏者乎?"拜住的回答是:"盘圆则水圆,盂方则水方。有太宗纳谏之君,则有魏征敢谏之臣。"也就是说,要形成朝廷的纳谏风气,需要的是君主和臣僚的共同努力,任何一方的缺失,都会导致纳谏的名实不符。

至治二年,英宗要去五台山,拜住上言:"自古帝王得天下,以得民心为本,失其心则失天下。钱谷民之膏血,多取则民困而国危,薄敛则民足而国安。"英宗则表示:"卿言甚善。朕思之,民为重,君为轻,国非民将何以为君?今理民之事,卿等当熟虑而慎行之。"有元一代,君臣之间认真讨论民心问题的并不多,英宗和拜住对民心的论说,应是值得注意的一个例证。

尽管"南坡之变"终止了新政,但是拜住在元朝中期强调的善政观念,不仅显现了儒家治道学说对蒙古人带来的深刻影响,也显现了政治转型已经成为朝政发展的需要,而转型失败所带来的将是不可逆转的王朝衰落。

四 邓文原的革变观念

邓文原(1259—1328年),字善之,号匪石,杭州(今属浙江)人,师从张莘夫学习理学,成为"北山学派"的传人,[①]历任杭州学正、翰林应奉、江浙儒学提举、国子祭酒、集贤直学士等职,著有《素履斋稿》《内制稿》《读易类编》等,均佚,[②]只有文集《巴西集》传世。

(一)更新朝政的建议

科举恢复之后,邓文原于延祐元年、延祐七年在江浙行省主持乡举考试,并于泰定元年以国子祭酒的身份知贡举事。在延祐元年的考试中,邓文原将朱熹的《贡举私议》书写在考场内,以告诫考生不要重蹈以往科场的弊病。在延祐七年的考试中,邓文原选中的泰不花在后来

[①] 黄宗羲原著,全祖望补修:《宋元学案》第4册,第2767页。
[②] 吴澄:《邓文原神道碑》,《吴文正公集》卷64(《全元文》第15册,第391—392页)。

的廷试中获得第一名。泰定元年考试后的廷试,邓文原则充任廷试的读卷官,对科举取士颇多贡献。

邓文原还多次提出更新朝政的建议,但是都未被主政者所采纳。第一次是皇庆元年,邓文原任职国子司业,建议修明学政,因与乐于因循、惮于改作的主政者意见不合,乃辞职离去。第二次是延祐六年,邓文原任佥江东道肃政廉访司事之职,"徽、宁国、广德三郡,岁入茶课钞三千锭,后增至十八万锭,竭山谷所产,不能充其半,余皆凿空取之民间,岁以为常。时转运司官听用乡里哗狡,动以犯法诬民,而转运司得专制有司,凡五品官以下皆杖决,州县莫敢如何"。邓文原请求罢转运司,使郡县领茶课,被主政者所阻遏,未能上报朝廷。第三次是至治二年,英宗因地震下诏,求弭灾之道,邓文原明确指出了当时的四项弊病:一是天下之士师非才,惟受成于吏。二是死囚岁上刑曹,类延缓不报,瘐死者众;宜慎选理官,死囚应决即决,冤则释之。三是河北流民复业,朝廷虽令计口给缗钱,而有司奉行不至;宜会计海运粮支发之,羡余随处置仓,以备凶年而赈之。四是茶法害民,请罢榷茶转运司,以息人怨,感天和。邓文原的建议与时论不同,亦被主政者所阻遏。①

祛除弊政本是文治和新政的基本要求,但是邓文原的相关建议多次受阻,显示了要更新朝政,确实面临巨大的阻力。

(二) 改变官风的议论

邓文原还期望能够改变不良的官风,尤其是士人入仕后,能够给官场带来新的风气,所以他在诗作中对有为的儒臣多有褒扬和鼓励。

> 位正三台拱太微,德人山立玉扬辉。致身直道难谐俗,救世危言易触机。空谷霜严苍桧在,长空雨尽白云归。闲亭燕坐观春草,依旧东风自款扉。②

> 衣冠文献参诸老,台阁功名负此公。十载黄尘看去马,万山青眼送飞鸿。挥毫对客风生座,载酒论诗月满篷。昭世需才公论定,起分春雨浙江东。③

---

① 《元史》卷172《邓文原传》;黄溍:《邓文原神道碑》,《金华黄先生文集》卷26,四库全书本(《全元文》第30册,第183—187页)。
② 邓文原《寿何平章》,《元诗选》二集上,第278页。
③ 邓文原《送鲜于伯机之官浙东》,《元诗选》二集上,第280页。

作新官场风气,要求士能通经,正如邓文原所言:"士不通经,不足与论政刑,明之即力于善。"① 他还特别强调了"从经则治"的论点,指出即便有了科举考试,士人也应该以通经而自重,而不是汲汲于猎取功名。

夫道莫先于经,先王之典则万世之范防具在,诸子百氏书则阐明乎此,而醇疵杂焉者也。从经则治,拂经则乱,历代隆污,则史臣笔之以为世监者也。士之蒙瞽庸琐者既不通经,而负英特者又多好异书之观,其为失则均,世有乐尊经之名而求其实者乎。朝廷设科以选士,而士不敢以进取累其心,建学以养士,而士则曰:"吾岂志安饱。"此士所以自重而教化所由兴。②

邓文原还强调了"仕者知道"的论点,尽管这是他的友人送给他的警句,亦已成为他所倡导的要求。

余谓友人胡牧仲曰:"世之仕者,或以出处易其守,至于困戹颠踬,为俗姗笑。今吾此行,是在《周易》履之讼曰:素履,往无咎。"牧仲喜曰:"士患不知道耳,知之,则居陋巷不为忧,任卿相不为荣。造乎性命之精,而安于所遇者也,吾子其慎诸。"今余委琐无似,滥缀通籍,牧仲斯言不敢忘也。③

要"通经"和"知道",即深谙儒家的治道学说,儒者必须严格要求自己,善于修身和作养心性,而不能"放心",邓文原特别就此作了如下的解释。

君子则存焉,以养性正焉,以修身莫先于心。心既放矣,孰求之,将以心求心乎,曰:非然也。譬诸求水,流者为川,止者为泽也,止而能流,则川行不竭。心本平静,能静而动,则非放矣。放

---

① 邓文原:《送王明之推官北上序》,《巴西集》卷上,四库全书本(《全元文》第21册,第24—25页)。
② 邓文原:《奉化州儒学记》,《全元文》第21册,第75—76页。
③ 邓文原:《送郭文卿赴浮梁知州序》,《巴西集》卷上(《全元文》第21册,第26—27页)。

者，物交物，非动之正也。吾所谓静者，非死灰之谓。鸿鹄将至者，失之动；死灰者，失之静也。①

对于朝廷重用儒臣的做法，邓文原给予了高度的评价："钦惟仁宗上承祖武，搜罗俊彦，求治靡宁。尤尊礼儒臣，务敦风化。"②他还在诗作中特别表示："翰墨真儒者事，书生如山未知。判取诗书万卷，来看风霜一枝。"③也就是说，只有得到儒者之用，文治才大有希望。

应该看到，邓文原的"作新官风"与"仕者知道"是一脉相承的观点，因为只有对儒者入仕提出明确的要求，才能使入仕者以新的作为引领官风，真正符合朝廷重用儒臣的需要。

（三）端正学风的议论

改变官风与端正学风相辅相成，因为在邓文原看来，儒学教育早已偏离了注重实学的轨道，难以培养有真知的人才。

> 六经之书，先圣王之道在焉。前乎书契，言未有闻也。然道非言不传，既有言矣，又必因人而行，故六经在天地、亘万古无敝。而世有兴衰理乱之不常者，人也，而非书也。古者时教，必有正业，凡诸子百氏非先王之典者，皆不足以蔽其聪明，易其趋向。及其考校，则自一年视离经辨志，以至九年知类通达，强立而不反，然后谓之大成。夫惟蒙养端，故教化一而治道可兴也。更秦历汉，经籍复振于燔灭埋绝之余，诸儒分文析义，各立训说，多者逾数十家，弟子转承师授，于是专己守残，党同门闻而妒道异者，蜂午而起。后世习其读者，不患书之不多，而患夫是非纷乱，无所折衷；不患文之不胜，而患夫矜奇炫巧，卒莫能复归于质也。而况权利兴而政教微，淫哇竞而和乐废，礼制荡于刑名，阴阳杂于巫祝，离道器重者窒偏见，崇虚无者昧伦理，而经之用几息。历代以明经取士，士亦以博闻强记相尚，有真知而实践者鲜矣。④

---

① 邓文原：《求心斋记》，《巴西集》卷上（《全元文》第21册，第68—69页）。
② 邓文原《奉题延祐宸翰并序》，《元诗选》二集上，第279页。
③ 邓文原《文湖州竹二首》，《元诗选》二集上，第283页。
④ 邓文原：《常州路学重建尊经阁记》，《巴西集》卷下（《全元文》第21册，第62—63页）。

在端正学风方面，邓文原强调的是复古方法，并认为只有依靠超出常才之人，才能使实学行之于天下。

> 古之学者，不惟诗书礼乐之教，熏濡涵育，习性易融，至于宫室、车马、器物、奉身之具，皆有品式，以为世范防，使人日由于善而不知。后世厌古，徇俗去道日远。夫治莫先于建学，而古制莫之考，征汉儒撷拾残缺，若米廪、成均、瞽宗、东胶、虞庠、辟雍、泮宫之异，其说各禀师承，义相抵牾。今郡学犹古乡庠也，非复如《周官》会民射饮之旧，故堂室之制泯。昔之为大夫士者，归老于乡，道尊而德美，乃为弟子师，非若后世选于有司而授之职也。礼释奠于先圣先师，自易之以像祠，仪文莫称，世俗之士亦鰓鰓然莫辨其孰为非是。然圣贤之道，布在方册，学者犹可因言而求理。得理而忘言，内以藏器于身，外以施泽于天下，而又汩于肤见，剽闻异端曲学，矜小才者希近名，骛私智者趋末利，斯道几何而能复古也。今之司民牧者，亦有思乎？
>
> 选士之不古，久矣。在宋熙宁明道先生建白学制，教规考察宾兴之法，纲条具备。不幸王氏之学兴，其议遂格。厥后晦庵先生极论贡举之弊，语益激切，而群邪巧进，正道榛荒，先生之身不得一日安于朝廷之上，况能从其言也。距今余四十年，而其说乃大行，则士之立身行道者，可以自信不惑；而公论不合于今者，必宜于古见拙于当时者，必信于后世，与夫计是非得丧于旦暮之顷者，其贤不肖岂不大有径庭哉。此学圣贤之事，而非常才所能与也。①

邓文原还特别指出，朝廷给国子学以特殊的待遇，应特别强调生员自重和自勉的要求，否则难以作成人才："近制，国家岁贡弟子员，稽其入学之次第而甲乙之，以登名于集贤及礼部，乃召而试其业，苟辞达者为中选，而授爵自六品以下有差。夫士有淹洽经传、槁死岩谷，而不获一命以信其志者，而国学弟子员日丰其饩廪，命师教之，计日而荣其身，朝廷之待国子亦优矣。待之优，惟中人以上，知内愧而自尽。下焉者如小吏牵补岁月，徼幸禄秩而暴弃者，又不与焉。如此，岂上之人

---

① 邓文原：《广德路修建庙学记》，《巴西集》卷上（《全元文》第21册，第58—60页）。

所望于国子，而国子所以自贵重其身者哉。"①

端正学风可以有多种方法，邓文原所强调的复古和精英教育方法，尽管带有一定的理想色彩，但对当政者应有一定的启发。

在历史观方面，邓文原所表现的则是以发展的眼光看待南宋的灭亡："干戈短景去匆匆，回首南朝一梦中。世事尽随天道北，春正依旧斗杓东。四时玉烛堪调燮，万国车书想混同。寂寞荒山老松树，看渠梅柳竞春风。"② 认可大一统的进步意义，在元朝中期已经成为多数江南儒者的共识，邓文原只不过是作了更清晰的表述而已。

邓文原的政治观念，核心点是"求变"，不仅要变朝政、变官员，还要变教育和变观念。这样的观念与仁宗、英宗的政治意愿相近或相同，本应起到支持文治和新政的重要作用，但是却被置之一旁，所显示的只能是严酷的政治现实所带来的重大遗憾。

五 同恕的更新观念

同恕（1254—1331年），字宽甫，奉先（今属陕西）人，勤于治学，与萧㪺合称为北方理学的"萧同学派"③，英宗在潜邸时任太子左赞善，英宗即位后任集贤侍读学士，辞职返乡教学，有文集《榘庵集》传世。由于与英宗有特殊的关系，同恕表现出了倡导更新政治的观念。

（一）论太子之要

仁宗延祐七年（1320）正月，同恕向皇太子上书，明确提出了持孝、恭敬、慎选僚属三条建议。

> 臣闻古者立元嗣之教，行元嗣之法，载于《礼记·文王世子》篇，详备无遗矣。后代因时著义，随事纳谏者，亦不出此。是篇首言文王之为世子，朝于王季日三：鸡初鸣而衣服至于寝门外，问内竖之御者曰："今日安否何如？"内竖曰："安。"文王乃喜。日中及暮，亦如之。食上，必在视寒暖之节；食下，问所膳。盖为子止于孝，论德者以是为先，修德者以是为本，此问安视膳所以为太子

---

① 邓文原：《赠国子生太易术归省亲序》，《巴西集》卷上（《全元文》第21册，第27—28页）。
② 邓文原《正旦有感》，《元诗选》二集上，第281页。
③ 黄宗羲原著，全祖望补修：《宋元学案》第4册，第3143页。

之职也。况今殿下始被恩旨，参总万几，圣上以社稷人民教殿下矣，事体之重孰有加于此者。固宜朝夕过宫，问安之余，和色柔声，具事之可否利害，详问熟禀，期于至当，则圣情可得而亲见，圣语可得而亲闻，慈孝之和洋溢中外，嫌疑何自而生，间言何自而入。孔子所谓爱敬尽于事亲，而德教加于百姓，刑于四海，政此时矣，此臣所欲献者一。

《礼记》又言："三王之教世子，必以礼乐。"是故其成也，怿恭敬而温文。夫太子天下之本，王业之基，其素教预养，俾慎修于始者，不容不如是也。而慎修之道，推其极，不过曰恭敬而已。恭敬者何？非法不言之谓也，非礼不动之谓也。盖恭敬则心收敛，收敛则日进于明，明则万理得矣。不恭敬则心放肆，放肆则日入于昏，昏则万事失矣。殿下睿德天成，动中矩度，方机政之与闻，乃劳神之伊始，人之诚伪至难知也，事之得失至难审也。宜进宫臣之忠实，听话言之裨益，使吾视听言动一循乎礼，好恶取舍不违乎天则，上可以慰悦圣心，下可以允惬民望，百司庶府不严而治矣。先儒言"敬"之一字，圣学所以成始而成终，尧、舜、禹、汤、文、武所谓传恭者，盖如此也，此臣所欲献者二。

臣又闻作和羹者须盐梅，作酒醴者须曲糵，而左右羽翼者，君德之所以成也。今殿下仁孝明哲之姿，恭敬温文之德，至性自然，不假勉谕，天下之人闻而知之，孰不欢忻爱戴，谓上天所以锡我皇元永永无疆之福者如此其大，吾属益安乐矣，此可见殿下盛德之感人心之应也。抑臣之愚，谓殿下金精玉粹，固可必其终始如一，然左右前后将顺其美者，或不尽其方，亦恐德之孤立也。窃愿殿下得贵戚勋旧之臣敦厚忠谨者，日以圣祖神宗大训大政诵读开晓，殿下知祖宗所以维持天下，能守其家法也。又得端良博古之士，于世祖所赐裕皇诸经及今殿下受圣上所赐《尚书政要》等书，或三日或五日，讲说其义，殿下知言行有法鉴于先王成宪也。善乎贾谊之言曰："太子生而见正事，闻正言，行正道，左右前后皆正人。"夫习与正人居之，不能无正，犹生长于齐，不能不齐言也。习与不正人居之，不能无不正，犹生长于楚，不能不楚言也。此其潜扶默助，积濡累润者所系，岂不重且要欤，此臣所欲献者三。

夫孝也、敬也，所以修之于内也。左右羽翼，所以修之于外也。内外交修，圣功之成不难矣。殿下得欢心于两宫，播令誉于万姓，重离之光，增华宗社，岂特愚臣之愿，实天下之至愿也。①

同恕之所以提出这样的建议，就是希望皇太子能够谨慎行事，直待顺利即位，避免重蹈真金的覆辙。

(二) 倡更新之政

英宗即位时，同恕特别在贺表中表达了政治更新的愿望："伏以天命维新，历数膺在躬之福。圣人有作，邦家开利见之祥。""伏以天与民归，诞抚龙飞之景运，父传子受，于昭燕翼之诒谋。绵庆祚于方昌，壮丕基于永固。瑞缠五色，欢溢万方。中贺恭惟陛下，仁孝性成，聪明凤赋，念兹皇祖，事其事而心其心，立我烝民，忧其忧而乐其乐。以农桑学校为当务之急，以珍玩奇货为侈用之先。勉勉自修根本无为之治，孜孜求助股肱在位之臣。"② 在其他贺表中，同恕也表达了对新政的愿望："志以道宁，政由俗革，无一事不师于古，有所虑必在乎民。""惇典庸礼，淳风还治古之隆，善政养民，德泽浸绵区之广。""以爱民为心，故亟省循之使，以得贤为治，故严黜陟之官。""勤俭如禹，聪明类尧。黜幽陟明，以广我庶功，知人则同乎虞舜。发政施仁，必先斯四者，视民何异于周文。对扬开后之睿谟，润色无前之至治。"③ 也就是说，同恕所期盼的维新或者新政，实际上就是以复古为主要目标的善政要求。

同恕曾在仁宗朝受命主持陕西的科举乡试，在他所设计的策问题目中，无论是养才、明明德，还是备荒，同样体现的是复古的善政观念。

> 问：国家养才以致用，学者藏器以待时。不致于用，养之何为？不待其时，行之何能？恭惟祖宗以真履实践之学训迪多士，泽厚且久矣。主上丕绳祖武，厉精图治，取昔所议行而有待者，设为科目，延聘诸君，诸君可谓得其时矣。伏睹明诏有曰："经明行

---

① 同恕：《上储君书》，《榘庵集》卷4，四库全书本（《全元文》第19册，第329—331页）。
② 同恕：《贺登宝位表》，《榘庵集》卷1（《全元文》第19册，第325—326页）。
③ 同恕：《贺正旦表》《天寿节贺表》，《榘庵集》卷1（《全元文》第19册，第324—327页）。

修，庶得真儒之用；风移俗易，益臻至治之隆。"大哉，渊乎圣人之为心也。夫自明德、新民之学不讲，法术功利之说胜，儒者甘于博而寡要、劳而少功之讥，莫知自奋。历世之治，可以比隆乎古昔者，亦寥寥也。伊欲使道德一，风俗同，化洽民心，刑措不用，真儒之效得以复见，岂无其说乎？诸君从事于致用之学，盖将有是责而不可辞者。乃若端本澄源之用，大纲小纪之施，孰为古之可法，孰为今之可行，其究陈之，有司得以寓目焉。

问：《大学》之道在明明德，在新民，在止于至善。唐虞三代之盛，上以是教而取之，下以是学而行之，故当其时，治无异学，教化行而风俗美，协气流而瑞应昭。粤自功利法术之说兴，杂霸辞艺之业作，历数十世，虽以一时之所立仅致小康，而所谓明德、新民之休烈，则蔑乎其未有闻也。主上御极之初，锐情继述，兴学养才，思启圣治于无穷，首取帝王选士之法讲而行之。诸君涵濡《大学》之教为日已久，是固深惟其义而力行其知矣。敢问明德者何？而吾又何以明之？民之所以新，至善之所以得而止之，是必有其说矣。有司愿详闻之，以观诸君所以副今选择之意。

问：天灾流行，四方代有。尧汤之世，九年之水，七年之旱，盖所不免。然晁错谓国无捐瘠者，以蓄积多而备先具也。乃者自去秋不雨，至于今六月旱干为虐，才一岁耳，庐井嗸嗸，十室九空，民之流离颠沛，已不知所以为计矣。夫善为国者，当忧其未忧，而不忧其已忧。蓄积之备既日失之于前，而所以善其后者，可不熟讲而亟图之邪。矧今祷祀之礼，救荒之政，载在典册，可举而行者有几，愿条陈件列，以观他日学优而仕之用。①

设计策问不仅是为了使朝廷能够考选真材，还是使朝廷能够得到有用的治国建议，正如同恕在诗作中所言："圣主忧勤图治日，人才推择辍耕年。久知德行符乡誉，更喜诗书得士贤。分定果谁能巧拙，论功当自有媸妍。太平万古吾儒策，明德新民第一篇。"②

---

① 同恕：《策问四道》，《榘庵集》卷1（《全元文》第19册，第332—333页）。
② 同恕：《又送王在中赴试京师》，《榘庵集》卷12。

(三) 用实才真儒

无论是倡导文治还是推行新政，都离不开人才。同恕由此特别强调了儒士不仅要有学而有用的抱负，还要对用有正确的把握："古人学贵有用，有用非他，入则用家、出则用国二者而已。未知出之用，当于入之用者观焉。""子夏所谓学而仕，仕而学，非两事也。感乎上者莫若诚信，信乎下者莫若洁己。不逢迎媚悦以取宠，不阴险深刻以持文，守之以中正，行之以敬畏，举吾所以悦乎亲而信乎友者，措之于此，使堂上有得士之称，数千里无失法之议，今日之用虽曰近小，则夫所谓远且大者，又可以必其然于后日也。"① 也就是说，儒者入仕与否不是有用的关键问题，关键在于从小用开始，才可能有大用。

同恕认为，朝廷不仅有用人的迫切要求，还设定了不同的用人途径，使真儒能够脱颖而出："国家取人非一途。由儒学，既设经明行修科，以极选举之公；又令得察贡，各道宪司试补掾属，盖欲使习知政体，以权衡百司。故凡得践是途者，谓之清流。岁积月累，大以成大，小以成小，器无乏用，而庶职交举。"② 尤为重要的是，御史台和翰林院是真儒会集的地方，同恕特别强调了儒者在其中可以大有作为。

> 祖宗深仁厚泽，涵浸几百年。中和所致，美祥灵瑞，仰而星虹云露，俯而草木鸟兽，殆未暇数，其绝异殊尤钟为人才，以待我国家用者，前踪后迹，衰衰相继。故凡中外百司，纲举目张，配虞朝之绩熙，迈周官之业广，非培植之久，举错之精，能为盛如此乎。若御史台、翰林院主法之所守，王言之所出，两途雄峻，华邃东西府，犹荣视之，虽尊卑秩叙之有差，一获践焉，其为真贤硕能，不问可知。③

> 御史台，国家寓法之司，百僚取法之地。故凡职于此者，非名门世德之英髦，必博古通今之良吏。盖其仁足以有守，而无权度之失中；知足以有别，而无好恶之恂情；勇足以有为，而无理义之不顾。有是三德，衾受敷施，上可以抚五辰，下可以凝庶绩，朝廷于

---

① 同恕：《送李正德序》，《榘庵集》卷2（《全元文》第19册，第343—344页）。
② 同恕：《送张克礼序》，《榘庵集》卷2（《全元文》第19册，第338页）。
③ 同恕：《送权御史序》，《榘庵集》卷2（《全元文》第19册，第340页）。

是乎得人，声教于是乎四达矣。由宪府择任，难慎若此，非惟一世之法，有所屹立而不倾，而激厉群品，储育众才，虽百世之用，可以左右而逢原也。①

儒者有用，当然要成为贤臣良吏，同恕在诗作中特别对入仕者表达了殷切的期望。

为吏居百职，能否随用彰。峨峨进贤冠，独得名循良。民实国之本，委寄尤慎详。轻车就熟路，十倍君才长。外户夜不闭，弦歌声洋洋。卓鲁亦人耳，可复同休光。②

房簿今贤吏，儒宫见设施。改图非得已，善治本于斯。构筑勤三载，观瞻耸一时。嗣音同好德，尚不废成规。③

圣世幅员自古无，海东直到海西隅。恩波尽是涵濡地，良吏经营正所须。能仕如君信不疑，远人今有乐生期。单车九折邛峡路，记取王尊叱驭时。④

同恕还特别强调了学官的重要性："国家以经明行修设科取士，真儒之用，期底隆平，小大学校任其职者，可易视哉。""国家开设学校，长育人材，凡以建民极之中庸，跻至治之馨香也。若县若州若府，庠序遍洽于四裔。其求诸人也，由孝弟忠信以达于成己成物。有事其实，无事其华，是虽三代之隆作新斯民，何以加此。故士之职于教者，必其纯诚博雅，道艺交举，然后为称。"⑤ 在同恕看来，朝廷颇为重视学官的选择，尤其是儒学提举的选择，更是慎之又慎："国家注意学校垂百年，凡以人才出治之本，莫此为急。近自京师，远虽荒裔，若路若州若县，曰教授，曰学正、学录、学谕，大小相维，彼此相资，莫不设官分职，俾修教事，以登济济多士之美。既犹恐德意之未孚，长育之未洽也，又逐行省所在，辟儒学提举司，以程善诱。规模宏远，于斯为盛，

---

① 同恕：《送殷良辅序》，《榘庵集》卷2（《全元文》第19册，第347页）。
② 同恕：《送刘民望尹安定》，《榘庵集》卷11。
③ 同恕：《房渭南移学》，《榘庵集》卷11。
④ 同恕：《送焦溉臣易良州同知二首》，《榘庵集》卷15。
⑤ 同恕：《送智德融序》《送吕元彬序》，《榘庵集》卷2（《全元文》第19册，第338—339、342—343页）。

视前代盖万万也。提举之职其重若此，提举之选，故在朝廷为甚难。"①由此，作为学官，确实不能辜负朝廷的重托，正如同恕在诗作中所言："学官开郡国，于职未为卑。风动弦歌俗，功成俎豆师。通才如子少，远业不吾迟。笑貌均知德，期将答圣时。""文明开圣治，殷序接周庠。郑重师儒选，丁宁俊造方。久知闲德义，且喜赡辞章。古学标三在，修途贵自强。"②

同恕修习理学多年，其系统的理学观点由于著作散失，已经难以知晓，但是在他的诗作中，还是可以看到一些零星的论点。

一是对于"梦觉"的理解。"天地人心一理通，阳开阴合自无穷。百年翻覆七情里，万境驰驱一枕中。轩后政须求力牧，仲尼端合见周公。觉时记取先贤语，可卜吾家学问功。"

二是对于"知行"的理解。"下深磅礴上昆仑，乞我形骸万古春。纸上得来终觉浅，脚根到处始成真。有为自可符玄德，中虑犹当辈逸民。约礼博文明训在，永怀欲罢不能人。"

三是对于"象刑"的理解。"三尺昭昭圣法平，几时高下得人情。忍心敢谓无天理，遂恶方知据礼经。前度覆车真目击，此来故辙却身行。千年徒有驺虞感，谁为弦歌发古声。"③

四是对于"诚"和"善"的理解。"万世无怠斡化机，理非至宝讵能斯。圣门极效论参赞，须信工夫始不欺。千载思舆授受心，一堂参倚信功深。熏然内外交孚地，妙用何尝间古今。""求仁索义力孜孜，去尽吾心有为私。脚底一条平直路，出门无日不由斯。""太极分明造化根，人人灵府种深浑。聪明不是颜曾独，自谓颜曾有力存。圣门孟氏有深功，两字光明日月同。不用茫茫寻下手，熊鱼但味七篇中。"④"损己益人方是益，损人益己损还多。语君细翫皇羲画，去尽私心养太和。"⑤

同恕还强调了要防止无质无学的治学毛病："夫以圣人清明纯粹之禀，退然不以自居，好古敏求，老至不厌，其能出类拔萃，独盛于生民以来者，可但诿曰天分乎。有是质而无是学，犹为弃井，况质学之两

---

① 同恕：《送孔提举序》，《榘庵集》卷2（《全元文》第19册，第346页）。
② 同恕：《送季永言延安学正》《送李季孚》，《榘庵集》卷11。
③ 同恕：《梦》《行》《读朱子象刑说有感》，《榘庵集》卷13。
④ 同恕：《思诚斋》《安善堂》《性善堂》，《榘庵集》卷14。
⑤ 同恕：《益斋》，《榘庵集》卷15。

病，又何议也。"① 所以他始终以学无止境自警："算海谁能到底深，春冰虎尾政斯今。下愚蠢蠢无先见，上帝皇皇有赫临。老稚街头三尺喙，圣贤纸上七分心。此身莫道吾能了，不入洪炉不是金。"②

同恕确实是"好古敏求"，所以他的更新观念，无论是朝政的更新，还是儒者的更新，都是按照复古主义的标准设计的。这样的更新，显然不符合英宗、拜住等人的要求，所以同恕在新政中几无作为。他的观念之所以重要，是使人们知道了对于新政可以有不同的理解和设计，而复古确实是不少理学学者梦寐以求的政治目标，无论这样的目标能否实现，在不令人满意的现实条件下对其作出描述都是需要的，只是听众较少而已。

六　王结的善俗观念

王结（1275—1336 年），字义伯，易州定兴（今属河北）人，以仁宗潜邸宿卫入仕，历任集贤直学士、顺德路总管、参议中书省事、中书省参知政事等职，有文集《文忠集》传世，在著述中重点阐释了善政、善俗和善学的观念。

（一）言时政八事

元成宗时，王结游历京城，特别向当时的中书省宰相上书，强调国家大治，必须以用人为本，并且应该尽快解决法制未备的问题。

> 天生民而立之司牧，内设公卿，外置藩屏，盖将抚循教训其民人，勉其不逮而养其无告，俾各奠其生，各遂其性，非但以崇高之位，美食安坐富贵娱乐之也。故长县者忧一县，守郡者忧一郡，居辅相者忧天下，亦非所勉强而为之，盖皆全其性分之所固有，行其职分之所当为故耳。恭闻相府诸公留意经纶，励精政治，未明视事，日昃不遑，暇食忧勤之心可谓至矣。以非常之人，据可致之势，又有忧天下之心，苟能循其本而行之，则政可成，民可安，古之贤相可企及矣。盖经世之道，有本有末，得其本则纲举目张，用力不劳而天下治；失其本虽竭精疲思，用力愈劳而天下乱。经世之道，其本者人材是也。古之君子不动声色，雍容于庙堂之上，而天

---

① 同恕：《送王君冕序》，《榘庵集》卷 2（《全元文》第 19 册，第 339—340 页）。
② 同恕：《自警》，《榘庵集》卷 13。

下治安者,岂有他术哉,亦惟兴举俊杰,共宅天位,使贤者吁谋于上,能者任使于下,渐之以道德,摩之以仁义,弼之以政刑,如斯而已耳。后世能尽其道则大治,或用其偏则小康。周汉以还,其理乱隆替之迹,可按而考也。故曰:"人存政举,人亡政息。"又曰:"得士者昌,失士者亡。"

国家自中统以来,仰稽古昔,建立省部百司,迁转世官,求治之意锐甚。然而日复一日,垂五十年,虽宇内无事,而治安之效终未大著者,何也?盖不端其本而正其末,不澄其源而清其流。虽法令纷更,威刑严密,以兹求治,如北辕适越,愈骛而愈远矣。因循废弛,至于今日,风俗未淳,法制未备,清浊无辨,能否混淆,官壅于上,民困于下,饥馑荐臻,灾异数见。朝廷开悟,故进退大臣,更新庶务,暨擢进二三老臣,参预大政,甚盛举也。将期丕平,比隆粹古,端本澄源,政在今日。必当广求俊贤,昭布庶位,自两府大臣暨台察六部,稍皆得人,然后择其通经术、达治体、识时务尤所谓杰然者,聚精会神,都俞吁咈于庙堂之上,讲求古人良法美意,损之益之,与时宜之,建为一代之制,大其规模,密其文理。法制既定,循序而行之。变之以渐,行之以确,持之以久,不责近效小利,以为三十年之规,然后治功可成,太平可致,百年宴安之弊可革也。盖历代之政,久皆有弊,惟圣君贤相为能变而通之,以为长久之道。然创法立制,至难事也,在大臣启沃君心,灼知必如是行之,然后可以振纲纪,得民心,宗社灵长,万姓蒙福,则不恤浮言,不贰小人,法制可立也。①

王结所说的法制,是"创法立制",即朝廷正规地立法和确立正规的制度,并且法制要由贤能者促成和维系,所以最根本的问题是善用儒士,并且要牢记"得士者昌"的王朝兴盛准则。

王结在上书中还特别列出了与时政有关的八条建议。

第一条建议是"立经筵以养君德",强调的是以正君为治国之本,应该以经筵的方式作养君德,以君主心正引领正朝廷、正百官和正万民。

---

① 王结:《上中书宰相八事书》,《文忠集》卷4,四库全书本(《全元文》第31册,第328—335页)。本小节引文未注明出处者,均来自此文。

一正君而国定矣，故为治之本在于正君，而正君之道贵于养德，而所以养德者，当用有道之士傅导之也。仰稽前代开设经筵，妙选真儒有道德者为讲读官，以近侍贵臣崇儒乐善者为之长，万几余暇，俾经筵官讲明圣经，从容启迪，以资听览。日就月将，缉熙光明，笃信而力行之，则正心之理，修身之则，治国之道，用贤之方，无不尽善，而民情物理，稼穑艰难，备见纤曲。故开益聪明，变化气质，熏陶德性，莫此为至。先儒所谓正心以正朝廷，正朝廷以正百官，正百官以正万民是也。

第二条建议是"行仁政以结民心"，强调的是要实行仁政，收揽民心，必须采用制恒产、薄赋敛、慎刑狱、戢兵戈、擢良吏、去贪残、省营缮、减徭役等善政措施，并下决心革除各种弊政。

有国者当仰法三代，兴行仁政。所谓仁政者，其本则爱与公也。爱则民心顺，公则民心服，既顺且服，则上下交孚，而为治有地矣。其事则制恒产，薄赋敛，厚之而不困；慎刑狱，戢兵戈，生之而不伤；擢良吏，去贪残，驯之而不害；省营缮，减徭役，节其力而不尽。顺其所欲，去其所恶，则天下之人欢忻逸豫，尊君亲上，爱戴无已，如赤子之慕慈母，岂有强梗不顺之心哉。古之人所以巩固丕基，建长久之业，而无一旦土崩之患者，用此道也。

第三条建议是"育英材以备贡举"，强调的是在不恢复科举的情况下，不仅要以实学育成人才，还要在选用人才时加入考试的环节，并且要特别注意培养"经济之才"。

今学校遍天下，教官塞铨，然徒文具而无其实，以此求人材成，风俗美，犹系风捕影，不可得也。愿命内外儒臣，各举经明行修之人，择其尤者以为太学之师，次以分教天下之学，以官民子弟之俊秀者以为生徒，专治经术，屏弃隋唐以来科举之业，约周汉养士取士之制，教之以孝弟忠信、礼义廉耻、格物致知、修己治人之道，修己以三纲五常为主，治人以经世综物为事。待其有成，献其贤者、能者于朝。朝廷选用，以有德行晓达治道为主，或问以所治之经，或咨以经世之务，其文辞学西汉策论可也。学校之规，养士之具，生徒之员，考试之法，入流之数，更请考古人良法参酌施用，所贵教以经济之业，取以经济之才，庶几他日有通儒实材可备大用。国朝贵族及诸国人，亦令入学，讲求修己治人之道，知所谓稽古爱民者，则亦可以从政矣。

第四条建议是"择守令以正铨选"，强调的是以推荐贤才的方法选官，以改变官员尤其是州县官员靠资格和无为而晋升的不良做法，使这些官员真正起到爱养百姓的关键性作用。

> 郡守县令，朝廷所赖以共理天下者，今漫无遴选，泛然进用，贪残无状者有之，庸愚无知者有之。三年之间侥幸无事，给由到部，则为慎行止、无过犯之人，资考本格，复得迁用矣。以此望民安政成，亦难矣哉。愿朝廷慎遴选之方，立考课之法，行黜陟之典，明保任之道。宰执选府尹，台官、侍从、儒臣、六部长贰、廉访长贰，各举知州一人，县尹一人；各道佥宪、各路总管、知州，各举县尹一人。得前件所举之人，铨曹提其纲要，加察详焉。举主多者，先次差除。后日所举一人如赃滥败政者，举主坐之。余州县官无人保任者，虽资考满格，且只升迁散官，止于佐贰官内任用。辟举知州、县尹任回，民安事理果著实绩，廉洁才能又有举者，当加等升擢。旌别贤俊，以破资格、贤否同流之弊，庶几得人，为国家爱养百姓，宽赋敛，均徭役，俾各获安宁，遂其生。

第五条建议是"敬贤士以厉名节"，强调的是朝廷应该建立一套有效的尊崇贤者的礼仪制度，不仅使尊贤成为良好的社会风尚，亦可以使贤士愿意为国家所用。

> 古之仕者，上自宰执，下及丞尉，虽贵贱有殊，然皆王臣也。故其所以相敬相下，各有礼节。今之士者昧于此义，上之于下颐指气使，诟辱怒骂不以为过；下之于上趋走奉承，擎跽曲拳不以为耻。此有志之士，所以宁老于丘壑，而不图进用耳。他日学校之政成，黜陟之典立，仕集者稍皆贤俊也，请考前代典故，

定其上下相见之仪，相接之礼，等杀度数，灿然详明，著之于令，晓谕百官各宜遵守，庶几在位者崇礼让，厉名节，廉耻道行、风俗淳美矣。

第六条建议是"革冗官以正职制"，强调的是革除冗官的弊病，不仅要大规模地合并机构，还要大面积地裁减冗员，明确各机构的职能，才能达到官少事专的实际效果。

> 今既建立省部矣，有户部又有大司农司，有礼部又有太常寺、光禄寺、侍仪司、会同馆，有兵部又有通政院、太仆寺、尚乘寺，又有也可达鲁花赤，有工部又有将作院、武备寺、少府监、中尚监、利用监。各寺监长官，资品视尚书有加焉。如此则不相统属，政事纷裂，虚费廪禄。多设掾吏，实为冗长之甚。其余职司之繁，不能遍陈。外路有行省，又有宣慰司，又有总管府，不惟此耳，内自京师，达州府长贰，员数不胜繁多。凡建官设司，本为民庶，今职司太繁，员数太众，不能治民，徒为烦扰。请参酌唐人遗制，立二十四司以为六部统属，凡京朝职司合归六部者，皆并入二十四司，以复古制之旧，则上下相承，政事有统纪而无分裂矣。
>
> 国家幅员之广，前古莫及。方面要会，既建立行者，如福建、两广、四川，控制溪洞边徼去处，又立宣慰司可也。其余路分，宣慰司实为虚设。又各州领数县，上属省部，又有总管府，是古人所谓当重并者也。在朝职司员数多者，可详考古制，渐行厘革。州府之官请依唐宋故事，大略不设总管府，大都会处立为府，其余去处止置州、军，各领数县，直隶省部，令廉访司官监治按察之。领县不多，庶易为治。府设监郡一员、知府一员以为长，通判一员以为贰，州、军亦如之。幕官设数员，分治六房，如司户参军、司理参军之类是也。幕僚多而长贰少，幕僚分掌事务，商榷可否，长官提其纲而处决之，则政出于一，有统纪伦序，事可集而民可安矣，不至如今日官多而不一、事繁而不简之甚也。

第七条建议是"辨章程以定民志"，强调的是以定立朝廷章程的方法肃正民风，尤其是改变竞相奢侈的风尚。

第十章　朝政变化体现的政治观念　183

> 今礼制不修，风俗侈汰。公卿大臣之家用不中节，穷极奢靡，以相矜夸。富商大贾争相仿效，莫知纪极。金珠荧煌，锦绣炫烂，岂止乘坚策肥、履丝曳缟者，或美恶不分，贵贱无别，既无厉禁，有财即为。民无恒心，日趋于利，奸伪百端，求厌其欲，廉耻道丧，风俗日薄，此政争乱之道也。今宜增损古制，定为章程，公卿、四民各有品节，越礼僭上，官有常刑。如此，则贵贱差别，奢俭得中，民志有定，而莫敢觊觎，人情渐归于忠厚，而争乱消弭于未萌矣。

第八条建议是"务农桑以厚民生"，强调要真正以农为本，不仅必须认真劝农，还要使常平仓等能够发挥平抑物价的真实作用。

> 今疆宇至广，生齿日繁，然物益贵，民益困，衣食日蹙，转徙日多，不幸凶年，饥殍满路。原其所由，盖耕者少而食者多，公私各无储蓄，上下奢侈、用度不节故也。救之之术，当驱游惰归之南亩，优重农民，勿令扰害。州县官有劝农之名，无劝农之实，文移堆积，上下相蒙。今宜慎选良吏，准酌《农书》，岁课种树，责其成效，不为虚文，行之久远，庶几有益。更考隋唐之法，各路立常平仓，官置本钱，兼储米粟、布帛、丝麻之类，贱则加价而收之，贵则下价而出之，令廉访司官提举检察，纠其不如法者。如此，则虽水旱为灾，而物不腾贵矣。国家又当崇尚节俭，赏与有节，用度有经，省营缮之役，贱奇巧之服，则谷帛可贱，财用可丰，饥馑可备，民生厚而国力愈强矣。

王结还特别指出，这八条建议"皆当今急务，非有甚高难行之事，然政有更张，事有改作，庸人不便于己私者，必以为生事而变乱旧章矣。其因循苟简之人，反以为目前无效，迂远而阔于事情，不若仍旧之为愈也。此等之言，皆似是而非，各为身谋，非国计也"。出于国计的考虑，必须创立法制："创法立制，出于天理，合于人情，沛然孰能御哉。法制既备，则上有道揆，下有法守，治功可期，天下蒙福。"也就是说，朝廷的弊政与法制不完备有密切的关系，而最有效的解决办法，就是确立必要的法制体系。

王结提出这八条建议时才二十几岁,所以语气尖锐,并带有较强的理想色彩。从提出问题的角度看,年轻人能够选择出八大急务,实属难能可贵,但是从解决问题的角度看,则是对可行之法缺乏更全面的思考,尤其是对朝政格局了解不够,所以很难被主政者所采纳。

(二) 明善俗要求

元仁宗在位时,王结出任顺德路总管,为敦化民风,特别编成《善俗要义》一书,强调了对善俗的三十三条要求,可以将这些要求分为四个类别的善俗。

第一类是生产方面的善俗,包括务农桑、课栽植、育牝牸、畜鸡豚、养鱼鸭、治园圃、兴水利(防水患)七条要求,其中最重要的是务农桑,"夫治国之道,养民为本。养民之术,务农为先。盖人生所资,惟在五谷、布帛,所以累奉条画,劝民敦本抑末、勤修农业者,以此故也"。

第二类是生活方面的善俗,包括广储蓄、殖生理、致勤谨三条要求,其中最重要的是广储蓄,"今后人民但有收成,除紧急用钱必合粜卖外,当渐为储粟之法,一年之间能三两月粮,岁月相继,蓄积自多,又当新陈换易,以防浥变,不幸或遭凶欠,斯民庶免饥馁流散之患"。

第三类是为人处世的善俗,包括勤学问、敦孝悌、隆慈爱、友昆弟、和夫妇、别男女、正家室、亲师儒、睦宗族、敬耆艾、正婚姻、择交游、明要约十三条要求,其中最重要的是勤学问,"众人之生性中,皆有仁义礼智,惟学乃能知其理而造其道,贤人君子皆由此。致若不解学问,则懵然蚩蚩之民"。

第四类是官府治民的善俗,包括办差税、聚义粮、尊官长、赈饥馁、恤鳏寡、息斗讼、禁赌博、弭盗贼、罢祈享、戒游惰十条要求,最为重要的是办差税和尊官长,"盖有户则有差,有地则有税,以至为军为站,出征给驿。普天率土,皆为一体,此古今之常经,上下之定分,与生俱来,而不可免者";"盖官府乃朝廷署置,我能敬之,是重朝廷而畏天命也。百姓敬官府,官府遵上司,四方遵朝廷,则上下辨,民志定,而天下治矣"。

王结还特别指出,作为地方官员,不能满足于"治簿书,严期会",而是要教化百姓,"使之勤农桑,正人伦,厚风俗,远刑罚也",

而这恰是倡导善俗的要义。①

为强调善俗的重要性，王结以捕杀蝗虫为例，在诗作中说明了在面临灾害时，更需要上下官府的合作，以及对百姓的全方位动员："田家爱苗如爱身，朝锄夕拥屯苍云。那知螟螣作妖孽，雄吞恣食何纷纷。田间四望无边垠，老农蹙额心如焚。飞文令丞报郡守，扫除扑击连朝昏。桑林骇骇伐鼖鼓，万指奔趋赫如怒。火云烜赫日方炎，御灾捍患宁辞苦。夜深然火更焚瘞，恐入邻州罹罪罟。蝗虫未尽苗已空，妇子哀哀泪如雨。九重睿哲烛幽远，庙堂至计宽邦本。诏书已复田租半，赈乏行看倒仓囷。贫民小忍勿逃亡，眼中乐土知何乡。皇家盛德惠黎庶，能令饥馑为丰穰。"② 由有效的抗灾可以看出，爱民是维系善俗的基本理念，所以从上到下都不能忽视这样的理念。

（三）重君子知行

王结有北方理学的学术背景，他的老师董朴属于"鲁斋学派"③，所以他的为政建议体现了较强的理学因素。他还依据理学学说，对学者的求仁和克己复礼提出了明确的要求。

> 孔门教人以求仁为务，而求仁之方，则又以克己复礼为要也。盖克己者，微而念虑之间，著而言为之际，审察所谓人欲之私者，力去决胜，拔本塞源，不使少有一毫之累。而复礼云者，循规蹈矩，品节灿然，从容浃洽，深造于至极纯全之域而止焉。诚如是也，则日用之间，皆天理之流行，而本心之德，复全于我矣。扩而充之，又岂有一民之不被吾爱，一物之不遂其宜哉。天理人欲虽为消长，然克复之功不容偏废，若徒克己不知复礼，则虽免徇物外驰之弊，而亦无可居之地，可即之安，危殆脆脆，而不能久也。
>
> 学者则当先其致知之功，凡仁道体用之全，天理节文之密，视听言动之非礼，所以害夫仁者，皆深思明辨，使之缕析毫分，明白

---

① 王结：《善俗要义》，《文忠集》卷6（《全元文》第31册，第335—348页）。
② 王结：《捕蝗叹》，《文忠集》卷2。
③ 黄宗羲原著，全祖望补修：《宋元学案》第4册，第3017—3018页；《元史》卷178《王结传》。

昭晰而无所蔽焉，则克复之功可得而施矣。①

王结所要阐释的是儒家的经典命题，即仁与"克复之功"的关系，并且着重重复了以求仁为目标、克复为手段的论点。

王结还特别强调了学者要注重知与行之间的关系，因为两者有任何的偏颇，都会影响其治学和为人。由此，要特别注意明心的作用，心明才能行明，使言行皆以理为据，这恰是理学家所重视的基本要求。

> 士之为学，盖欲变化气质，涵养德性，微言精义融会于心，而措诸其躬。一人之身，具仁义礼智之性，父子、君臣、夫妇、昆弟、朋友之伦，至于视听言动，进退步趋，其绪至多，其理至密，苟不先有以知其所以然，未有能行其所当然者也。故必毫析缕解，识其性情之别，体用之异，区别其分之不同，而会于理之至极。如烛照数计，明白晓析，洒然无疑，然后能躬行实践，造于极致之地而无憾也。知之明，故行之力，行之力，则其知愈明矣。体用相发，不可偏废，一而二，二而一者也，然则知与行者，岂非为学之要乎。
>
> 然知吾知，行吾行，非强所不可知，责所不当行。以吾心之明，究可知之理，物理既极，本心愈明，则措诸其躬者，始可得而言矣。不以一知自止，一行自画，穷理于学问思辨之际，力行于颠沛造次之间，使吾心之所具，身之所接，耳目之官，手足之职，无一理之或遗，无一事之不当，则气质变化，德性纯粹，盖有不期然而然者矣，其真为学之要也哉。②

学者治学，当然是为了当世而用，所以对于仁宗恢复科举的举动，王结给予了高度的评价："皇元绍运，开一函夏。爰自中统之初，稽古建官，庸正百度，一时硕儒元老，屹然立朝，文献彬彬，莫可及也，独贡士之制未遑举行。厥后台阁之位，率取敏锐材干、练达时事者居之，其效官举职，治繁理剧，固不乏人，而格君经世蹈道迪德者，盖未多见也。呜呼！岂天之产材隆于前而杀于后哉，亦势使然尔。仁皇龙飞，励

---

① 王结：《复斋记》，《文忠集》卷4（《全元文》第31册，第364—366页）。
② 王结：《知行说》，《文忠集》卷4（《全元文》第31册，第350页）。

精图治，复尊用儒臣，以风厉天下，继诏郡国宾兴经明行修之士，天子亲策于廷，而擢其俊秀焉。于是文风丕变，得人为多。"① 从这样的评价可以看出，王结最在意的是科举取士能够使朝廷汇集真儒并为己所用。

王结尽管在官场多年，依然保持了敢言的风格。如英宗以拜住为丞相，推行新政，王结即对拜住说："为相之道，当正己以正君，正君以正天下；除恶不可犹豫，犹豫恐生它变；服用不可奢僭，奢僭则害于身。"泰定帝时，王结亦利用"天变"的机会，向皇帝进言："今朝廷君子小人混淆，刑政不明，官赏太滥，故阴阳错谬。咎征荐臻，宜修政事，以弭天变。"他的建议是否被采纳并不重要，重要的是王结要做到的，恰是保持"非圣贤之书不读，非仁义之言不谈"的"正人"本色。②

从善政到善俗再到善学，既可以说是王结政治观念发展的三个重要阶段，其中善俗观念的影响最大；也可以说是王结对善政理念的不断充实，因为善俗和善学，实际上都是善政的重要要求。一个人在年轻时候的想法，可能影响到他的一生，王结就提供了一个重要的样板，颇值得后人玩味和重视。

七　支持更化的理政建议

仁宗、英宗两朝的其他臣僚，也就文治和新政遇到的具体政务问题提出过一些重要的建议，可列举要者于下。

（一）郝天挺的政化建议

郝天挺（1247—1313 年），字继先，号新斋，太原（今属山西）人，从元好问学习儒学，历任吏部尚书、御史中丞、河南行省平章政事等职。

仁宗即位后，郝天挺首陈纪纲之要，并且以打猎作为比喻："御史职在击奸，犹鹰扬焉禽之，弱者易获也，其力大者，必借人力。不然，不惟失其前禽，仍或有伤鹰之患矣。"他还上疏提出了与政化有关的七条建议，一是惜名爵，二是抑浮费，三是止括田，四是久任使，五是论好事，六是奖农务本，七是励学养士。③

---

① 王结：《书松厅事稿略》，《文忠集》卷4（《全元文》第31册，第348—349页）。
② 《元史》卷178《王结传》。
③ 《元史》卷174《郝天挺传》。

郝天挺亦在诗作中显露了他的政化主张："圣主尊贤辅，明时仗老臣。策勋分二陕，锡土列三秦。边徼风尘息，乾坤雨露均。遥知黄阁下，得句更清新。"①

郝天挺的政化建议，核心就是尊儒重道，与仁宗的执政观念相符，所以容易被仁宗所采纳。但事实上是仁宗并没有重视他的意见，如果采纳了他在皇庆元年即已提出的止括田建议，就不会有后来的延祐经理了。也就是说，朝政的重大失误，可能就在于忽视了朝臣的真知灼见，而听信了小人的蛊惑。

(二) 叶知本的减盐价建议

叶知本，生卒年不详，嘉兴（今属浙江）人，仁宗在位时向朝廷上书，明确提出了减盐价的建议。

> 今天下一统，四海息兵，无宿师转饷之费。万邦贡赋，俱入玉府，无用度不足之忧。而为政者但思今日增盐额，明日增盐价，必欲困竭江南之民财，斫丧国家之根本，臣不知其用心何如也。
>
> 除淮盐外一百万引外，臣只以浙盐言之，已收唐时三倍之利，比德宗时一岁租赋，已有九百万定之多，至此亦可止矣。大德年间，又增盐额十万引，又增盐价十五贯。至大四年，又增盐价十贯，续又增二十五贯，通作一百贯一引，是官价二百五十文一斤也，较之唐宋最重之价增多四倍，民何以堪。价既取二百五十文一斤，官豪商贾乘时射利，积塌待价，又取五百文一斤，市间店肆又徵三分之利，故民持一贯之钞，得盐一斤，贱亦不下八百。濒海小民犹且食淡，深山穷谷，无盐可知。
>
> 陛下登极，聪明睿智，远览古今，天下臣民想望至治。臣意前日聚敛之臣所为害民之政，陛下必能革除，以结人心、固邦本也。皇庆二年，忽又增两浙盐额十万引，差拨灶户，害及附场百里外之民，怨怼亡身者有之。延祐二年，又增盐价每引一定。臣不意陛下以圣明之君，而左右大臣犹行此剥民之政也。使臣遇德宗、卢杞之时，臣不敢言，今陛下圣学高明，上厘尧舜，下本禹汤，如汉宣帝减盐价之事，独不能行之乎？此臣所以惓惓有言也。臣愿陛下痛减

---

① 郝天挺：《寄李道复平章》，《元诗选》癸集上，第191页。

盐价，使天下之民皆无淡食之苦，然后选任运官，设检校所，限官豪买引，复附场百里卖盐。另置鱼盐局，以便海岛小民。均拨滩场柴荡，以优恤新拨灶户。如此处置，皆太平快活条贯也。愿陛下注意行之，勿为聚敛之臣所误，天下幸甚。①

叶知本将增盐额和增盐价视为聚敛之臣的剥民之政，希望仁宗能够像终止武宗留下的弊政一样，加以制止并大幅度削减盐价。在给转运使郭郁的信中，叶知本亦强调了克服盐政弊病的建议。

夫盐法之弊，居今为极矣。天生五材，水作咸而为盐，土作甘而为稼穑，皆天所以资民用者也。帝王盛时，未尝以盐为利。至汉武用兵，海内虚耗，乃以桑孔贾竖小人而行牢盆之法，铸铁为盘，官取其价，若非后世尽夺民利者也。然当时贤良文学之议，犹欲罢之。呜呼！国用不足，不得不取之于盐，为国理财，取天地之养民者，罔之资国，仁人君子于此，当何如其用心哉。废法亏课，固不可也；尽法伤民，亦不可也。惟仁人君子能识天地之心，能推帝王之仁，能理国家之财，能用朝廷之法。

今国家政事无阙，骎骎太平，独盐之弊日深一日，倘使房、杜、姚、宋为相，必须改更。②

叶知本的建议显然未引起主政者的重视，所以盐政的弊病在后来还时常被人提起，但都没有看到纠正弊病的实际作为。

（三）叶岘、郭应木的重农建议

叶岘（1269—？），字见山，青田（今属浙江）人，至顺二年进士，曾任南安县尹，著有文集《见山集》，已佚。

叶岘重视以农为本，特别于延祐四年（丁巳，1317）写下了长篇的《劝农文》，可视为对重农的建议。

岁丁巳二月望日，邑长官出东郊，召父老，饮之酒而告之曰："劝农，吾职也；力农，尔事也。当职以实意为尔农劝，尔农当以

---

① 叶知本：《陈减盐价书》，《全元文》第39册，第8—10页。
② 叶知本：《上运使郭公书》，《全元文》第39册，第10—11页。

实意受劝,却不是应故事,为一场话说而去。尝记大儒徽国朱文公(朱熹)守郡日,以《孝经·庶人》一章,句句解释,劝谕百姓。后来参政真文忠(真德秀)典藩,亦以此章作一段劝农文。盖缘尔农生长阡陌,虽知书不深,至于《孝经》却是从孩提遍诵读,孰不通习。当职辙从朱、真二大儒遗意,将《庶人》章四句系以韵语,庶几尔农易为解晓,归语子弟,仔细讼习,毋怠毋忽。

因天之道,春宜深耕,夏宜数耘。天道有常,民生在勤。孰早孰晚,及时种莳。某坡某渠,及时濬治。东作既勤,西成可望。勿惰勿偷,丰年有象。

因地之利,高田宜黍,下田宜稌。禾麻菽麦,罔俾旷土。是土可种,是种有获。毋为游堕,而怠力作。修而疆亩,饬其耒耜。能尽人事,斯获地利。

谨身节用,循理畏法,常务谨饬。省费啬用,常思爱惜。莫斗莫狠,斗狠罹灾。莫饮莫博,饮博坏财。尔身克谨,善名所归。而能用节,起家之基。

以养父母,五常百行,惟孝为先。爱义父母,必敬必虔。昆季宗族,兄弟同气。常务和睦,勿声乖异。周有典贤,汉有举孝。归语子弟,尔训尔教。①

叶岘还赞扬了能够主动减税的地方官员:"青田邑万山间,壤瘠而确,粪种之宜,惟蜃灰为尤。蜃生海濒,风涛荡激,委积成丘阜。山农岁驾巨艘,市之海上,归则水煅水淬之。岁东作,粪其田而后播。微是,螟蝗生,藜莠蕃矣。然则兹土之用蜃灰,殆亦草入土化之遗意与。顾征商者利其赢,重邀税入,联樯续牒,填溪塞港,率不得以时去,耕耨为之失期,而力本之者病矣。下莫之言告,上亦莫之闻也。延祐乙卯(1315年),皇华至此,东阳许君以其事闻于使者,即日闻之省,立罢其榷。大山长谷,黄童白叟,莫不鼓舞踊跃,以为数十年沉痼之疾,一日而苏也。"②

郭应木,生卒年不详,仁宗在位时亦写作了一篇《劝农文》,所要强调的是劝农既要去除官府害耕的行为,也要防范耕者自害的行为。

---

① 叶岘:《劝农文》,《全元文》第37册,第77—78页。
② 叶岘:《罢壳税序》,《全元文》第37册,第76—77页。

劝农，重事也，故所在守宰以之系衔。县缺正官，权官以书生摄其事。所谓田里稼穑之务，耕耨播种之方，吾不如老农，不敢袭陈言，应故事，为尔农告。窃以为官府未尝不劝耕，百姓亦未尝不乐耕，但当去其害于耕者耳。然其害有二，有官府害其耕者，有百姓自害其耕者，是不可以不辨也。权县本佐他州，来摄异县，勉强承乏，蒿目吏奸，故凡政之害于耕者，必思所以去之。盖害除则利自兴，恶惩则善自劝，此必然之理也。吏卒之道社，害尔耕者也，今既拘诸原而尸诸野矣。总甲之鸠敛，害尔耕者也，今既正其罪而罢其役矣。里正主首之募役，害尔耕者也，今既究且源而穷其奸矣。茶食住人头之教唆，害尔耕者也，今既伏其辜而朱书其门矣。此官府之责，而不容不然者也。若尔农之自害其耕者，亦曾念及之乎？游手好闲，弃本逐末之害于耕者，倘不反本，则佚游于城市者，其能服勤于田亩乎。尚气嚣讼，毁家求直之害于耕者，倘不惩其忿，则俯伏于讼庭者，其能安居于田里乎。好勇斗狠，背理伤道之害于耕者，倘不革其非，则桎梏于囹圄之间者，其能未耜于田畴乎。出理入法，逃刑遁身之害于耕者，倘不悔其祸，则漂泊于异乡者，其能回顾于田庐乎。

然则事之自害于耕者，盍思所以去之乎。春耕夏耨，秋敛冬输，尔农分内之事。官能尔劝，而不能代尔耕；能不尔扰，而不能代尔输。春雨知时，西成有望，黄鸡白酒，歌咏太平，行且见之也。①

在劝农方面，叶岘侧重的是引导，使人们知晓农桑的重要性；郭应木侧重的是警示，使人们注意防范对农耕的他害和自害。尽管重点有所不同，但是要使力农成为人们的自觉行为，则是相同的。

（四）张仲寿推崇善政

张仲寿（1252—1320年后），字希静，号畴斋，钱塘（今属浙江）人，擅长书法，曾任翰林学士承旨，有《畴斋文稿》传世。

张仲寿有强烈的隐士情节，正如其所言："我欲学为儒，山鸟怪我衣。我欲学为吏，或虑逢鞭笞。山林与市廛，四顾非我宜。""我本得

---

① 郭应木：《劝农文》，《全元文》第38册，第554—555页。

意者，人不堪我忧。妻子亦厌之，日与蔬稼仇。蔬布亦匪易，不勤何从求。岂无轾与肥，道异难为谋。"① 在别人看来，张仲寿可能是个怪人，但这正是他所要示人的不落俗套的风格。

对于儒者表现出的善政行为，张仲寿则颇为赞扬。他在诗作中赞颂了一名县丞的爱民作为："妙年宦海陵风波，所至襦袴腾谣歌。锡山勾稽刮烦苛，纠录奏最闻嘉禾。云间赋重劳征科，割劈海县苏疲疴。公来员丞绝鞭诃，五伯断影村落过。下车塞额民坎坷，自公退食方委蛇。叠岁涝暮纷札瘥，公但抚问莫谁何。""诗卷之外靡有他，寅寮相顾无侧颇。羔羊播咏皆丝纯，生憎污吏同膏蛾。"对于海漕运粮中的善治者，张仲寿也给予了赞誉："向来旌节照钱唐，俗靡人奢古难痊。明公按辔恩济威，尺捶不施称极治。良民老众识刀剑，翻见龚黄暗生愧。政成声闻达九霄，万里龙骧烦处置。神仓岁入数百万，帆范不堕句浃至。萧何刘晏亦太劳，流马木牛困机智。天开地辟缺东南，正拟皇元供国计。"②

张仲寿之所以强调善政，是因为民间的疾苦确实需要来自善政的拯救："荒郊亘穷阴，寒风袭长宇。冻土有裂纹，丛林无妍树。拥衾如露宿，展转天向曙。中夜百忧集，匪思儿女故。所忧穷檐民，朝餐不谋暮。纺绩供县官，布不蔽肘露。安得天下春，鼓腹皆含哺。"③ 从这样的忧民思绪可以看出，张仲寿的所谓"怪"，就在于他敢于指出所谓文治盛象下的百姓生活艰难的状态，并且希望这样的状态能够在朝廷的干预下得到改善。

（五）段天祐等人以古训今

段天祐（1276—?），仁宗在位时为东宫说书官，著有《大学直解》《孝经直解》等，已佚。

延祐五年，段天祐上《叙古颂》于朝廷，一方面强调了对仁宗文治的赞颂："钦惟皇帝陛下，以上圣之资，抚重华之运，崇文尚道，遵尧舜之遗风，至孝纯仁，履汤文之圣武。临御以来，励精求治，下询谠议，旁采舆言，设举士之科，纲罗俊乂，开纳言之路，奖拔忠贞，将以固植隆平之本，为泰山磐石之基。"另一方面，则强调了借鉴自古以来

---

① 张仲寿：《赠稼隐陈文》《癸卯（1303年）元正试笔》，《畸斋文稿》，北京图书馆古籍珍本丛刊本。
② 张仲寿：《送上海范县丞》《送漕运于万户》，《畸斋文稿》。
③ 张仲寿：《苦寒不寐》，《畸斋文稿》。

治道经验的重要性:"臣今采撷经史成言,效荀卿《成相》之体,叶为声韵之辞,著为一编。首载帝王之道,守成之说,至于王霸义利之分,耕蚕征戍之勤,存心养性之要,防微杜渐之几,贞臣直士之情,邪佞奸回之状,此皆万务之根本,故不敢不述。若威福予夺,赏善罚恶,听言纳谏,圣学传授,民情离合,此亦君道之纪纲,故特载之,继以世次相承之统,撮取前代治乱兴衰之迹。"① "臣尝谓帝王之学,贵于简而得其要,不以博览多闻为尚也。于是经辑史提纲挈要,著为此书,以备圣览,讴歌讽咏,既不谬于民谣,修齐治平,颇有关于国是。"② 该颂完成之后,同为东宫说书官的范可仁和萧贞又特别增补了注解。

《叙古颂》正文已经散失,但是存留了范可仁和萧贞的注解,从中可以看到其所包含的主要内容。③

第一,诫告君主。《叙古颂》的首章是"帝舜作歌曰:股肱喜哉,元首起哉,百工熙哉。皋陶赓歌曰:元首明哉,股肱良哉,庶事康哉。"段天祐对此的解释是:"此虞庭君臣一倡一和而相告戒也。无偏无党,王道荡荡;无党无偏,王道平平;无反无侧,王道正直,此箕子陈《洪范》以告武王也。盖言以载道,歌以永言,而吟哦讽咏之间,感激惩创之际,得效尤速。故古者君之戒臣,臣之告君,贵于声韵之辞也。"范可仁则指出:"二帝三王治天下之大经大法,备见于《诗》《书》。秦汉以来治乱兴衰之迹,具存乎史册,欲遍览而考其得失,则汪洋浩浩。虽儒者矻矻穷年,将有不能周者,况陛下庶务之繁,万机之众,安可劳圣意于无穷极之简编哉。臣天祐撰是颂,掇诗书史册之要,于八十六章辞义之间,而数千载帝王行事之验,一饭之顷,可以洞见其拳拳忠厚之心,耿耿忧勤之意,不无谓矣。臣尝玩读其书,每观人主失御,臣下窃权,莫不掩卷伤悼,及见其顷刻覆败,则太息流涕不能自已。于是复读卷首所著挈纲揽权之说,王霸义利之云,与夫忠贞邪佞之情,民心离合之势,则天下事机昭昭乎见矣。此诚几上良规、掌中之明镜也。"君主要注重自古以来的治国理念和经验教训,显然是《叙古颂》的核心论点。

第二,帝王之道。范可仁指出:"帝王之道,备于尧舜,故叙古自

---

① 段天祐:《叙古颂表》,《全元文》第37册,第106—108页。
② 段天祐:《中书省进叙古颂妆》,《全元文》第37册,第108—110页。
③ 段天祐:《叙古颂》,《永乐大典》卷10888。下文所涉《叙古颂》的注解,均来自此颂。

尧舜始焉。""盖王纲举则万化理,王制定则四海一,王仁至则庶民归,此国之本也。至若典章文物,礼乐教化,国之用也。凡是数者,皆帝王之根蒂,理国之要端,故首述之,以见王业本乎此也。""仁义礼乐,德化之本,先公先王,修而行之,后王子孙,遵而守之,此其所以卜年延永,古今莫及也。"萧贞也指出:"纲举则众目张,君道举则万化理,亦犹纲纲举而众目张也。三光,日月星也。为君之道,烛显照微,犹日月星之当天无不照临也。人当制作法度以训子孙,使之有所遵守,则益以昌盛也。""尧舜氏称帝,为帝之道,稽考古人之制效而为之,必使德化恩泽,如雨露之濡浃沾被及四海,有以沦入人之肌肤骨髓。如此,则虽没世之后,而人犹思念之不忘,讴吟歌诵,传播永久不废替也。""帝王之道,无所偏倚,不用智巧,广大平易,如天地之覆载含容包括。宁人负己,无己负人,所以长治久安,至善之道也。"弘扬帝王之道,重在施行仁政与德政,不用智巧驭天下,而是要用教化使天下宾服。

第三,王道和霸道。范可仁认为:"王道者,尧、舜、禹、汤、文、武之道是也。夫道之明,其下化之如影响;道之行,速于置邮而傅命。后世人主,依阿曲径之中,唯恐人之负己也,安得为荡荡平平哉。""霸为者,齐桓、晋文之为是也。故势力强则不得已而服从,势力衰则莫之制而瓦解。"萧贞也认为:"霸者之为,无诚心而任智术以弥缝其国。如狙翁养猨,朝三暮四,以笼络其民,名虽似信,而实则欺诈也。故其势力虽可以制服天下,而民不怀其恩德,易以离心也。"所谓的王道,就是帝王之道,与依靠智巧的霸道有本质的不同。明白了两者之间的差别,才能行王道和去霸道。

第四,养民之道。萧贞指出:"君道主于敬民,而示之以诚信,使之亲戴其上,然非可罔也。民虽至愚,其心甚神,苟敬信无实,安能使之悦而诚服,故人君有至仁之德,则皆仰顾瞻望而归之矣。""君人者,能作民父母,爱养生民,如爱妻子,此乃保守九州之道也。然所以养民者,非馈食赐帛之谓也。贤者举之,能者任之,使之各当其职,佞者远之,奸者黜之,使之不为患害。如此,则祸乱无由而生,国家可以长治久安矣。"范可仁也指出:"国之安危,在于民心之向背也。""民者,国之本也。财者,民之心也。议率民财以赏将士,则民心离矣。创业之际,民心一离,则大事去矣。""帝王之有天下也,其始必有大功于民,而后以德泽继之，又以教化成之，然后可以延世也。"养民之道的核心观念是民为国本，基本方法是以敬民、爱民、恤民来争取民心和维系民心所向，以使国家立于不败之地。

第五，择臣之道，范可仁指出："孟子曰，观水有术，必观其澜。择相之道，亦犹是也。""盖正直，阿党，谗佞，奸邪，其情状或有阳似而阴非者，故必详审熟虑而后见之。"萧贞则强调："论宰辅，观所处，贫视不敢富视与；居视所亲，穷视不为达视举。""正大之臣，志在正君，然人君威严神怒之际，或阿意迁就者，其执心不坚之证也。于此时难所出口之言，切切谏争，辞气不屈，言论详悉，事理明白，虽则当时权势之臣，无所畏避，其言如骨之鲠喉，使人难咽。敢批逆鳞，不畏神怒，此尤见其胸中正大端确之至，此为正臣也必矣。""忠直之臣，言辞质直，少有文饰。"择臣之道的关键在于君主不能以自己的好恶来选人，而是要秉持选择正人君子的基本标准，全面观察何为忠良之臣，何为奸臣、权臣。

第六，防奸之道。范可仁强调："君子贤其贤而亲其亲，小人乐其乐而利其利，此以没世不忘。不忘者，君子小人各得其所故也。"萧贞则指出："谗佞之臣，审其辞气言令，则见之矣。或探索人君之意向，开导诱引，或与人君论事之际，承顺颜色，阿意迁就，唯恐违忤其意，其言甘滑美软，不逆耳听，使人悦之如食糖蜜。浸渍渐润，投间抵隙，切中人之病机，此为谗佞之臣也必矣。人君苟不远之，岂不殆哉。""奸邪之臣，必窃主柄，以作威福。树立朋党，根蟠胶结，使之平固，更相倡和，若雷之发声，物无不应者。既而赏罚之柄，移入其手，而人主尚且不悟。如此，而国势不危，未之有也。"君主最难防范的就是小人，所以时时重视防奸之道，警惕奸佞侵入，是君主维系国家安全的必不可少的做法。

第七，赏罚之道。萧贞认为："慎守宪度，国祚昌盛世以延。人君当收揽权柄，必使赏罚皆由己出，凡所谋为，又当出人先意，勿为不得已而从人之计，威福予夺，一皆出于公正而无偏私，又当谨守法度，不使废弛，则国家之福祚昌盛，世数延长矣。""勇而决之为果，截然不疑为断，要皆出于人君之筹算。夫赏善罚恶，皆天理当然，人君奉天理以行天罚者也。故法贵于适宜，而忌于渎玩也。"范可仁则强调："盖帝王居天之位，其所职无非天之事者，赏善罚恶，皆天理也。""权者，人主之大柄，不可以假人也。若以太阿之柄授人，而赏罚不由己出，则国事危矣。"赏罚之权必须操在君主手中，不能旁落，显然是赏罚之道的最基本要求。

第八，纳谏之道。萧贞指出："忠言逆耳而可用，譬若苦口之药虽若难咽，而利于病也。尧帝大圣，尚听采柴草之人言语，况于不及者乎。且尧之盛德光华，炳然昭明，绵远无穷，岂以下问为智不足，而损其光明哉。"善于纳谏的君主必为明主，乃是纳谏之道的真谛。

第九，防微杜渐之道。萧贞认为："微，谓事理之未盛者。凡事势于机微之际，必致谨以防之。譬如水之始漏，消滴甚微，以为无害，不即止遏，则将成池矣。"范可仁也强调："几微之际，人所忽也。然燎原之火，发于荧荧，决河之水，漏于涓涓，可不慎乎。"由此可见，所谓的防微杜渐之道，就是君主居安思危之道。

第十，重义轻利之道。萧贞指出："王者以仁义利天下，则百姓皆利，而国无不利矣。若以货财为利，则民怨其上，而国不利矣。故以仁义为主，乃国之大利也。""小人剥削民财以奉其君，君以为爱己，而能任人之怨，殊不知民之怨心皆归之于君，岂不可畏也哉！"范可仁也指出："仁者，心之德，爱之理。义者，心之制，事之宜。仁义者，无所施而不可者也。人君以仁义为先，而不言其利，则利在其中矣。苟以利为先，而后仁义，则亦无所往而利矣。"重义轻利，是以仁义行大利，坚决反对的就是孜孜不倦于剥夺百姓的营利行为，因为前者得到的是民心，后者得到的是民怨。由此，在义利之争中，前者始终占据的是道德制高点，但后者则对君主有更大的诱惑力，所以确实需要理清义可以包含利的基本关系。

第十一，养心之道。萧贞认为："养心之要，当以荒淫为戒；耽乐饮酒，易以沉溺。""但当平定其心，和易其气，勿使外诱之私得以汩之，又须亲有德，近正人，与之熏陶渐染，优游潜泳于古圣之道，动循礼法，而以嗔怒为戒。肺为气主，嗔怒则伤气而损神，苟能如是，则心平气和，道德日进，神明澄彻，而天命全矣。"范可仁也指出："孟子曰：养心莫善于寡欲，戒荒淫者，即寡欲之谓也。盖人心易纵而难收，故大禹之训，有禽荒色荒之戒，以为有一于此，未或不亡，可不畏哉。""人君接贤士大夫之时多，亲寺人宫女之时少，则自然气质变化，德气成就。"养心之道的核心要素是清心寡欲，但是这对于君主而言，实在难以做到，所以只能退而求其次，以节欲和戒荒淫为基本要求。

第十二，用兵之道。范可仁指出："盖兵者凶器，圣人不得已而用之，自殷周而下，以武戡乱，以文治平，治平之时，亦不可忘其武也。""遣兵之际，成败之几也。王者当怀其心而闵其苦，则人皆为我用矣。"萧贞则指出："王者之兵，以诚信为主。推吾诚心置人腹中，使人人知有尊君戴上之义，则无内变之虞矣。又当旌别其材艺，如能弓者授弓，能戟者授戟，使之长以卫短，短以救长。训导练习，使其锐气精明，器械坚利，慎择堪任将率以领之。夫将者国之司命，存亡所系，不可不慎择也。有罪虽在大必诛，有功虽存小必赏，所谓威信不废也如此，则敌人畏服而邦国安宁矣。"在和平时期，更要注意有可用之将与可战之兵的用兵之道，以备不时之患。

第十三，太子之道。范可仁指出："太子天下之本，本一正而天下定矣。近端人，亲有道，所以熏陶德性，涵养气质，以正天下之本也。唐虞三代之君，圣招贤明，道全德备者，用此道也。"萧贞也指出："贾谊上书有曰：古之王者教太子有三公三少，明孝仁礼义以道习之，遂去邪人，不使见恶行。选天下端士与太子居处出入，使太子见正事，闻正言，行正道。又曰：习与正人居，不能无正，习与不正人居，不能无不正，今太子未学，可太息也。"太子之道关键在于正，尤其需要正人襄助，萧贞之所以说太子未能学正，所指的就是以权臣燕铁木儿为东宫主官，使太子难以接触正人。

第十四，为臣之道。范可仁指出："夫孔子以道言，则配天地，以功言，则贤于尧舜。前代之君拜老乞言，未闻以为不宜，曾谓所拜之人有圣于孔子者乎？故君子有言曰：天下国家所患，莫甚于人臣不知学；人臣不知学，则其君不得闻大道；不得闻大道，则浅俗之论进，而功德无由成矣，然则学岂非君臣之急务乎。"按照这样的说法，为臣之道的关键是大臣知学，因为没有学问的大臣是不合格的大臣。

第十五，理学之道。萧贞指出："尧、舜、禹、汤、周、孔之道，自孟子没而不传，故自秦汉以来，王道不明于天下。汉唐之治，杂用霸术，故王道不明，政化浇薄，而功业不及于古也。及二程并出，乃续孔孟不传之统，自战国至于五代，数千载讹谬之习，一鼓振而扇去之，使不得乱人之心术。"范可仁也指出："先儒有言曰，道不行，百世无善治，学不传，千载无真儒，盖尧舜之道不明久矣。夫君德非尧舜之道不备，天下非尧舜之道不治，二程既出，则尧舜之道复明于世矣。由孟子而来，未有如二程者也。继以朱氏集大成于诸儒之后，于是帝王之道益明，实由二程夫子以倡之也。""天子必读书，必亲儒臣，则德进道明，奸邪不能欺矣。"理学的兴盛，关乎治道的延续，所以皇帝用真儒，才能更好地发挥理学对国家的重要作用。

第十六，统一和正统之道。范可仁指出："此书所述，皆正统相承，不叙偏国。""宋氏、金氏分为两国，而臣天祐不叙金氏者何也？盖金氏发于宋后，亡于宋前，实未尝得正统也，此春秋尊王法大一统之义欤。""我朝之收江南也，悃信既乎，人心怀德，克城之日，兵不血刃，市肆不变，海水不潮，岂非诚感于天而天垂应耶。"萧贞也指出："思忆中原之地，自古及今，历几何变更，迭兴迭废何可胜言。今六合之内无有外邦，海阻乘舟，山阻乘梯，咸归于圣朝也。"在正统问题上，元朝接宋统是不少儒者坚持的看法，范可仁不过是认同这样的看法而已。

《叙古颂》及其注解，实则是以古训为由头，对治道作全面的说明，并且多少联系了当时的一些实际问题。对于这样一篇有价值的政论之作，不仅仁宗未给予重视，可能亦被英宗和拜住所忽视，因为未见他们特别提及此颂。

（六）郭郁的善政表现

郭郁，生卒年不详，字文卿，号复斋，汴梁封丘（今属河南）人，学易于侯克中，历任知浮梁州、高邮知府、庆元路总管、福建都转运盐使、江浙行省都事等职。

仁宗在位时，郭郁的善政表现已经引起了时人的注意。皇庆元年（1312）他任职浮梁州后，即有人用长诗记载了他的善政表现。

下车先政辟儒宫，不但张夸栋宇雄。次第更徭加勉励，吾身亲见汉文翁。

千古浮梁锁要津，名存实废几经春。济川小试为霖手，从此应无病涉人。

抑强扶弱凛秋霜，落胆奸豪走欲僵。金石可销山可动，毫端未易转炎凉。

医官昔日奠三皇，几向槐宫借讲堂。此日殿庭新壮观，蒲阶草碧木苓香。

颠连无告有穷民，已沐经年养济仁。浚雨震风嗟不庇，一朝栋宇喜重新。

税粮置局记年年，监局人情与限钱。今岁但令甘限状，里胥催办反争先。

首忧初秋叹久晴，竭诚斋诚祷神灵。几番甘霖苏枯槁，好刨东坡喜雨亭。

往载金粮多宿弊，增亏生没笑谈间。远稽旧籍还元额，赖有明公烛吏奸。

口词自古出词人，书状谁知巧撰新。不是明公能摘伏，良民宽讼几时伸。

痴民背母卖婚书，媒灼符同实证虚。州尹判官明似镜，奸豪无计夺贫愚。

走税飞粮役不均，混殽玉石伪成真。设非挨究更前弊，豪滑皆为漏网人。

不畏官刑号泼皮，良民往往被侵欺。一经痛断仍书壁，应有翻然改过时。

往岁官瓷卖土夫，专胥破釜攫犁锄。近来何事欢趋役，工雇无亏食有余。

省委巡炉偶下都，米须自籴酒须沽。手遮西日行山轿，父老相传自昔无。

市民犬毙使君羊，不学前官责倍偿。艳彼惭颜怀厚德，易牛仁术笑齐王。

泮宫冠盖亦纷纷，讲课从来只具文。听讲近来官与吏，讨论浑不间朝曛。

怡怡禄养奉严君，寿旦团栾酒一樽。尽日黄堂闻戏彩，不通馈献画窗门。

主首屠儿共协谋，撰词脱判欲槌牛。色观词听知奸状，枷令谁能更效尤。

浮梁今岁定差徭，大守公排在一朝。吏贴令无涓滴水，纷纷浮议不能摇。

祗侯当年过百人，不耕而食蠹吾民。州官叱道今虽少，闾阎安生气象春。

先寻状首例相传，被告须偿杖予钱。事毕衙番仍贺喜，始知今是大平年。

昌江学校漫多儒，经阁从来属子虚。一旦洋洋弦诵起，不惟教养更储书。

庭揭西山戒谕文，同僚相与励廉勤。水南水北欢声远，惠政何愁不上闻。

久矣浮梁不产茶，课程岁岁只虚加。上司严令申难准，姑与均敷有税家。

挨究民田久用心，奈何都职弊仍循。重重改正经三季，始得州家版籍新，

酒课更张欲便民，不嫌改正又重新。公心如秤何轻重，当便乡都市井均。

殷勤养老复尊贤，自古循良此事先。况是此邦多善士，崇儒重道已经年。

为政由来患不公，能公何患不明通。民胞物与浑如此，六万人家肯异同。①

从这首长诗可以看出，郭郁的善政主要表现在敢于减轻赋役课税和约束胥吏的胡作非为，并且能够以劝学来引导风气向善。所以有人就此指出："民生之憔悴，必为政者未知所以为政。""大抵为政而不能教，其弊必尚法制，而以忠厚愧耻之化为迂。""侯（郭郁）之政不沧于末，由先教而知所本也。廉且能，而不过用其才，由好学而进于道也。"②郭郁还曾向属下明言："国家置而属，所以去奸欺、成岁赋。厚禄养廉，当蚤夜深惟尸位素餐甚惧，无以报效，况贪暴乎。"③

儒者潘必大除了赞扬郭郁四履江西所带来的善政外，还特别指出了希望他来纠正的江西八大弊政："今江西之地，治有未至者八，请得条之。农桑非不劝也，而游堕之民不能尽地力。学校非不勉也，而士风有不振。求贤非无诏也，而山林遗逸莫不举。科举非不行也，而合郡或不

---

① 徐东：《编类运使复斋郭公敏行录·昌江百咏诗》，宛委别藏本。
② 姚畴：《知州郭侯德政序》，《编类运使复斋郭公敏行录》。
③ 徐冬：《运使复斋郭公言行录》，宛委别藏本。

荐一人。强暴非不挫也，而吞并之风自若。流民非不招也，而弃亲离墓不知复业。茶法非不严也，而假茶滥引恣行无恐。站户非不恤也，而流离转徙消乏□□。凡此八种，所谓治有未至者也。其间得失利病，其在明公悉心推访，举而行之。一有未至，则是耳目之官不司，何以安天下如一身哉。"① 所谓的八大弊政，是劝农无效、士风不振、求贤无术、科举无望、吞并肆行、流民难返、茶弊难除、站户破产。由此可以看出，一两名官员的善政，尽管十分抢眼，但是很难改变弊政遍地的状态。

（七）曹伯启的肃贪宽刑建议

曹伯启（1256—1333年），字士开，号汉泉，济宁砀山（今属江苏）人，以儒入吏，由吏入官，武宗时任御史台西台监察御史，仁宗时召入御史台，后历任刑部侍郎及福建、北山、浙西廉访使等，有《曹文贞公诗集》（《汉泉漫稿》）传世。

仁宗延祐年间，大同宣慰使法忽鲁丁扑运岭北粮，大肆贪污，使应运粮与实到粮之间有巨大差额。朝廷派人来查验，法忽鲁丁上下行贿，受贿官员不仅不治其罪，反而为其开脱。曹伯启前往查案，法忽鲁丁已死，乃对其子弟明言："负官钱，虽死必征。与其纳赂于人，曷若偿之于官。第条汝父所赂之数，官为征之。"受贿官员则将所受贿赂暗中还给法忽鲁丁之子，总计行贿钞五十余万缗，全部被曹伯启所收缴。②

英宗即位后，下令建西山佛宇，监察御史观音保等人以遭遇饥荒为由，上言缓建佛寺，英宗听信谗言，将上言者处死。曹伯启即明确表示："主上聪明睿断，是不可以不净。"乃上言弹劾御史台官员遇事缄默，使皇帝背负杀谏臣的恶名。他还向英宗和拜住建议："五刑者，刑异五等，今黥杖徒役于千里之外，百无一生还者，是一人身备五刑，非五刑各底于人也，法当改易。"这一建议虽被采纳，但未能在英宗朝落实。

曹伯启在监察机构任职的时间较长，曾明确指出监察官员普遍存在妄论的弊病："扬清激浊，属在台宪，诸被枉赴诉者，实则直之，妄则

---

① 潘必大：《问民疾苦》，《编类运使复斋郭公敏行录》（《全元文》第37册，第193—195页）。

② 《元史》卷176《曹伯启传》；王结：《曹伯启神道碑铭》，《曹文贞公诗集》附录，北京图书馆古籍珍本丛刊本。本小节引文未注明出处者，均来自此传和碑文。

加论可也。今论冤一切不问，岂风纪定制乎？"当然，御史台官员也有难处，"伤廉伤惠两皆难，成始成终耐岁寒"①；所以只能寄希望于监察官员以有所作为的姿态助成圣政："圣政优优布四方，绣衣宾幕姓名香。海隅守令难求备，天下浮夸喜变常。神志高闲烟瘴远，道途萦绕世缘长。庆门忠孝垂千古，又见闻孙叱驭郎。"②

曹伯启也看到了民间的疾苦，希望朝廷官员能够普行善政，减轻百姓负担，并认真救济灾民和帮助弱者。在诗作中，他全面表达了这样的意愿。

瘦筇高陇看西成，风偃黄云四望平。不赖天公怜赤子，官逋私债几时清。③

缁衣终日诵慈悲，蝼蚁伤生亦皱眉。一镱高悬万人命，贪嗔当畏老天知。

沴气无情苦降灾，饥民往往背如鲐。微躯不惜填沟壑，还我生前布施来。④

江左频年水为厄，廪庾枵然民菜色。猥予分职古鹅州，材质疏庸谩筹画。苟循辙迹失公忠，才事征求便烦刻。何如丰欠都不知，日侍诸贤浮大白。⑤

景行高名二十年，披云吴会睹青天。士林硕果存生意，宦海清波被俗怜。腊雪随车消瘴疠，仁风合道振鱼鸢。汉廷求治新颙面，期与瓯民共息肩。⑥

肩舆坐尤稳，官事倦逢迎。南来只乘马，仆隶教编氓。洗则养神骏，秣之爱长鸣。四时腓且安，主人心始平。翻思历兹郡，牧民为正名。科徭思日寝，刑罚愿时清。胡为政多门，青紫乱纵横。讼言无巨细，案牍竟纷争。鬻田给征税，伐木空原茔。民心无正归，歌谣有新声。服劳于王事，孰悼夜与明。征求苦烦急，日用何由生。争如作宦马，蒙背银鞍轻。吾侪闻此风，郁郁伤中情。不有治

---

① 曹伯启：《众御史议行酬答之礼》，《曹文贞公诗集》卷9。
② 曹伯启：《送王庭瑞经历之广东宪司》，《曹文贞公诗集》卷7。
③ 曹伯启：《观稼》，《曹文贞公诗集》卷9。
④ 曹伯启：《叹宜兴无锡饥民二首》，《曹文贞公诗集》卷9。
⑤ 曹伯启：《戏作村中谣呈吉甫提举诸兄》，《曹文贞公诗集》卷2。
⑥ 曹伯启：《上周宣慰》，《曹文贞公诗集》卷5。

安策，自惭非国桢。歌诗赠官长，敢效舂陵行。①

需要注意的是，在为官问题上，曹伯启还有两点重要的认识。一是选官不分南北，南人不应对此有疑虑："朔方崇信义，南渡浸浮夸。土实国风厚，火空文物嘉。皇天亲有道，元气造中华。万事非人力，含灵本一家。"② 二是以儒为吏体现的是以儒道饰政事，儒士对此不仅要有清醒的认识，还要有所作为："盛世官规量材职，逢掖仍须肆刀笔。猥予南北阅人多，彼此技能相得失。江东复一季良出，姓字相闻不相识。同事同星几研亲，得觇干局无俦匹。简书衮衮笑谈了，政事优优儒道饰。忽惊奏最觐天庭，万里秋风动颜色。"③ 为此，曹伯启特别在诗作中对儒生提出了自重和勤学的明确要求。

    修身戒昏惰，学业贵精勤。圣人惜寸晷，志士耻无闻。勤惰不自省，贤愚此中分。流观八纮内，矻矻穷朝曛。农者国之本，三时务耕耘。作劳乃有得，老稚俱欢欣。梓匠服工役，营营操斧斤。商旅涉险阻，衷情若惔焚。中年致丰富，筑室连青云。士也责尤重，凡流岂同群。纲常继绝学，仁义匡时君。圣道苟不熟，几何能策勋。升平古来少，幸际书同文。发愤简师友，励精攻典坟。萤雪代膏蜡，斋盐鄙膻荤。衡门拒游宴，世虑祛丝棼。涵养至成德，功名奚足云。绣衣来何莫，文帜张吾军。敦劝果无怠，英材见纷纭。④

曹伯启本身就是由儒为吏、入官的典范，在江南、江北都有过任职的经历，所以他提出的入仕论点，可以说是重要的经验之谈，容易被士人所接受。

（八）锁咬儿哈的迷失的肃朝纲建议

锁咬儿哈的迷失（？—1321年），畏兀儿人，英宗时任监察御史，因与观音保、成珪、李谦亨等上书反对在京西的寿安山兴建佛寺，被权

---

① 曹伯启：《官马行呈李总管》，《曹文贞公诗集》卷1。
② 曹伯启：《答南冠》，《曹文贞公诗集》卷3。
③ 曹伯启：《送蔡季良》，《曹文贞公诗集》卷2。
④ 曹伯启：《宪使徐公子方俾诸生赋勤学诗，盖示勉励之意，僭题卷末》，《曹文贞公诗集》卷1。

臣所诬杀。①

被杀之前，锁咬儿哈的迷失曾上书英宗，明确提出了整肃朝纲的建议。

> 国家命令，所以宣扬政化，敷布纪纲，为法于当时，垂宪于后世，苟非为国为民，不可轻易发也。《书》曰："谨乃出令，令出惟行，不惟反。"古之王者，其于发号施令，慎重如此。王言一出，天下莫不廓然丕变，各得所欲，虽山川草木，亦皆观光动色。故曰"圣人感人心而天下和平"，良以此也。昔唐以中书奏事，门下封驳，尚书奉行，亦谨号令之意。伏惟圣朝中天建极，祖宗以来凡出号令，必与大臣协谋，然后诞告天下。是以亿兆承听，莫不耸动。故自中统建元至今，诏令遂为家法。窃见比年所降号令，非但烦数，间亦未孚。且皇元立制，政柄总归中书，虽屡诫中书不得隔越奏事，然诸司奉行不久，旋即背违。凡有陈情，辄自朦胧奏行，变易纷纭，法无所守，诚非所以取信于四方，为百姓之观瞻也。迹其所由，盖因挟权挠法之臣，不惜国体，越职犯分，各私其所为而致然耳。近如帝师法旨护持各路寺庙，居然宣示其始终办理，竟与纶音相似，求之礼法，尤且悖戾。盖发号施令者，人君之大柄，非帝师所宜行也。嗣后应令闻奏，取自圣裁。若隔越奏事者，朝廷戒饬虽严，然而朝出暮更，且行且违者，无他，赏罚不信故也。亦将从前隔越中书已行诏旨尽数拒收，仍明定擅自奏事科断之条，以示必罚，不可再长侥幸之风。至朝廷诏诰，既皆由国史翰林，其承旨学士等员，皆带知制诰，以知国朝典政者首领院事，拟撰纶绋，应专命掌之。凡有奏行布告，并从中书省送院详定可否。其或措置失宜，有损治体者，则缴驳封回。其可行者，则加润饰译写。此亦唐中书、尚书、门下之制也。②

锁咬儿哈的迷失虽然是色目人，但是所提建议带有鲜明的儒者色彩。尽管他的恢复唐制设想难以实现，对于朝纲的整肃意向还是值得高度重视。

---

① 《元史》卷124《锁咬儿哈的迷失传》。
② 锁咬儿哈的迷失：《上英宗书》，《全元文》第37册，第126—127页。

（九）孛术鲁翀的良政建议

孛术鲁翀（1279—1338年），字子翚，女真人后裔，师从萧𣂏学习理学，被列为北方理学"萧同学派"学人，[①] 历任翰林国史院编修官、监察御史、国子祭酒等职，著有文集《菊潭集》。

仁宗在位时，孛术鲁翀即建议为太子选择正人为辅佐，并明确反对多造刑具的做法，强调"国家所以立风纪，盖将肃清天下，初不尚刑也"。对于以吏入官止于七品的做法，他也明确指出："科举未立，人才多以吏进，若一概屈抑，恐未足尽天下持平之议。请吏进者，宜止于五品。"[②] 这一建议被仁宗所采纳。

英宗即位后，孛术鲁翀对拜住等人助成新政表示支持，不仅在英宗前往拜住先人立碑处时撰写了《驻跸赋》，强调"君臣道合，岂徒示恩"，"一以至公，熙我天载"[③]；还特别对拜住说："夫为宰相者，必福德才量四者皆备，乃足当耳。"应该看到，这是对改革主持者的高标准要求和殷切的期望。

泰定帝在位时，孛术鲁翀重点强调的是遵守忽必烈立下的各种规矩，而不是选择一两个贤者装点门面："世祖立国，成宪具在，慎守足矣。譬若乘舟，非一人之力所能运也。"对于以守旧自诩的泰定帝而言，这样的建议极为重要，可惜未被泰定帝所重视。

在为大都乡试设计的策问中，孛术鲁翀不仅强调要注重治国所需的礼乐政刑问题，也要注重解决士农工商所面临的具体问题。

> 朝廷者，纲纪所综，而风化所有由宣。京师者，郡县所望，而民物所由阜。以上达下者，礼乐政刑也，事孰大焉？以下奉上者，士农工商也，业孰广焉？事振于上，万方治象以之昭明。业修于下，万世邦本于是巩固。生民以来，天下国家莫之能易也。夫礼，天地之节也，三代损益虽可概见，叔孙之仪后世因之。开元之礼，通典载之，宋、金虽未定其书礼之记录者，国有大议，庙堂诹询，宸宁断制，必采而用之。其于事天，享帝之为敬，君臣、父子、夫

[①] 黄宗羲原著，全祖望补修：《宋元学案》第4册，第3145页。
[②] 《元史》卷183《孛术鲁翀传》。本小节引文未注明出处者，均来自此传。
[③] 孛术鲁翀：《驻跸赋》，《菊潭集》卷2，藕香零拾本（《全元文》第32册，第315—316页）。

妇之为纲,孝友、睦姻、任恤之为教,果尽古昔之道,适时措之宜乎?乐,天地之和也。瞽宗制氏失传,雅益趋俗。近古有为之君、知方之士思复古制而竟未能一,其或有作,不能无憾,沿袭至今,署两大乐,律吕果吻合乎?治忽果关系乎?政以德,德本于天。法制禁令,政之条目也。施无所本,足以帅其下乎?刑弼教,教宗于礼,斧钺鞭扑,刑之不得已也。用无所宗,足以戢其乱乎?民于下者,士也,农也,工也,商也。士,俊造之薮也,将相百执事之阶也。今养士法加详,取士路加辟,而士习益陋,士气益卑,岂学非所用,用非所学乎?其何道以砺之?农,衣食之原也。上有司农之政,下有劝农之臣,垦令虽严,而污莱闲于圻甸,占籍可考,而游惰萃于都城,况其远者乎?其何法以治之?工,利器之府也。奇功炽而夺稼穑之务,苦窳售而耗库廪之储,其何方以正之?商,懋迁之资也。钞法久堕,农末交病,市扰不测,有无俱艰。徼幸者公私相欺,折阅者上下莫愬,其何术以平之?①

孛术鲁翀被视为北方理学的重要传人,所以他特别强调了理学自两程、朱熹到许衡的承继关系:"世益大坏,河南程氏兄弟承先圣之绪救之,终赖其言,道不堕地。建安朱氏师则两程,裒辑遗言,贯通折衷,以悟百世。先正许文正公见其书,神感明会,相我世皇,同符尧舜,世道人心翕然大正。洙泗渊源日月昭明。"② 可惜他的理学论点,因为著作散失没有流传下来。

第三节 注重文饰的政治观念

泰定帝守旧重文,文宗以文饰政,两朝的朝臣也表现出了重文的政治倾向,并且不得不对弑君行为给予严厉的抨击。

一 张珪的守正观念

张珪(1264—1327年),字公瑞,号潜庵,易州(今属河北)人,张弘范之子,历任江淮行枢密副使、浙西肃政廉访使、御史中丞、中书

---

① 孛术鲁翀:《大都乡试策问》,《菊潭集》卷2(《全元文》第32册,第295—296页)。
② 孛术鲁翀:《真定路宣圣庙碑》,《菊潭集》卷3(《全元文》第32册,第317—319页)。

省平章政事等职。作为功臣后代和朝廷重臣,张珪有较好的儒学功底和施政经验,重点强调的是守正的政治观念。①

(一)惩贪官污吏

成宗大德三年曾遣使巡行天下,张珪出使川、陕,"问民疾苦,赈恤孤贫,罢冗官,黜贪吏",获得时人好评。他后来出任浙西肃政廉访使,不仅处理了一批贪官污吏,还发现了盐运使司的种种不法行为。当事者怕被揭发,唆使林都邻等人诬告张珪"收藏禁书及推算帝五行"和"沮挠盐法"。朝廷派人纠察,证实张珪无罪,并处罚了盐运使司和行省的贪蠹官员。② 张珪又上书朝廷,提出了修德行、广言路、进君子、退小人、信赏必罚、减冗官、节浮费七条建议,并揭露大官不法者和近侍荧惑者的各种行径,但是该上书被人阻遏,未能上报给皇帝。

仁宗即位后,张珪任中书省平章政事,特别提出了"减烦冗还有司,以清政务,得专修宰相之职"的建议,但是不久既因得罪权臣,被杖责后逐出京城。

英宗即位后启用张珪,拜住特别向他询问:"宰相之体何先?"张珪答道:"莫先于格君心,莫急于广言路。"权臣铁木迭儿以私怨杀平章萧拜住、御史中丞杨朵儿只、上都留守贺伯颜等人,张珪即因灾变上言:"弭灾,当究其所以致灾者。汉杀孝妇,三年不雨;萧、杨、贺冤死,非致沴之端乎。死者固不可复生,而情义犹可昭白,毋使朝廷终失之也。"这样的建议未被英宗所采纳,使得受冤者的平反昭雪问题,拖到泰定帝时才得以解决。

(二)诛乱臣贼子

"南坡之变"后即位的泰定帝,未及时追究参与弑君者的罪责。泰定元年六月,张珪从大都赶到上都,上平逆党奏折,明确表示:"弑逆未讨,奸恶未除,忠愤未雪,冤枉未理,政令不信,赏罚不公,赋役不均,财用不节,请裁择之。"奏折中要求严惩逆党的内容,可转引于下。

国之安危,在乎论相。昔唐玄宗前用姚崇、宋璟则治,后用李

---

① 《元史》卷175《张珪传》。本节引文未注明出处者,均来自此传。
② 《元史》卷20《成宗纪三》。

林甫、杨国忠,天下骚动,几致亡国。虽赖子仪诸将,效忠竭力,克复旧物,然自是藩镇纵横,纪纲亦不复振矣。良由李林甫妒害忠良,布置邪党,奸惑蒙蔽,保禄养祸所致,死有余辜。如前宰相铁木迭儿,奸狡险深,阴谋丛出,专政十年。凡宗戚忤己者,巧饰危间,阴中以法,忠直被诛窜者甚众。始以赃败,谄附权奸失列门及嬖幸也里失班之徒,苟全其生,寻任太子太师。未几,仁宗宾天,乘时幸变,再入中书。当英庙之初,与失列门等恩义相许,表里为奸,诬杀萧、杨等,以快私怨。天讨元凶,失列门之党既诛,坐要上功,遂获信任,诸子内布宿卫,外据显要,蔽上抑下,杜绝言路,卖官鬻狱,威福已出,一令发口,上下股栗,稍不附己,其祸立至,权势日炽,中外寒心。由是群邪并进,如逆贼铁失之徒,名为义子,实其腹心,忠良屏迹,坐待收系。先帝悟其奸恶,仆碑夺爵,籍没其家,终以遗患,构成弑逆。其子锁南,亲与逆谋,所由来者渐矣,虽剖棺戮尸,夷灭其家,犹不足以塞责。今复回给所籍家产,诸子尚在京师,夤缘再入宿卫。世祖时,阿合马贪残败事,虽死犹正其罪,况如铁木迭儿之奸恶者哉!臣等议:宜遵成宪,仍籍铁木迭儿家产,远窜其子孙外郡,以惩大奸。

君父之仇,不共戴天,所以明纲常、别上下也。铁失之党,结谋弑逆,君相遇害,天下之人,痛心疾首,所不忍闻。比奉旨:"以铁失之徒既伏其辜,诸王按梯不花、孛罗、月鲁铁木儿、曲吕不花、兀鲁思不花,亦已流窜,逆党胁从者众,何可尽诛。后之言事者,其勿复举。"臣等议:古法,弑逆,凡在官者杀无赦。圣朝立法,强盗劫杀庶民,其同情者犹且首从俱罪,况弑逆之党,天地不容,宜诛按梯不花之徒,以谢天下。

《书》曰:"惟辟作福,惟辟作威。"臣无有作福作威,臣而有作福作威,害于而家,凶于而国。盖生杀与夺,天子之权,非臣下所得盗用也。辽王脱脱,位冠宗室,居镇辽东,属任非轻,国家不幸,有非常之变,不能讨贼,而乃觊幸赦恩,报复仇怨,杀亲王妃主百余人,分其羊马畜产,残忍骨肉,盗窃主权,闻者切齿。今不之罪,乃复厚赐放还,仍守爵土,臣恐国之纪纲,由此不振。设或效尤,何法以治。且辽东地广,素号重镇,若使脱脱久居,彼既纵肆,将无忌惮,况令死者含冤,感伤和气。臣等议:累朝典宪,闻赦杀人，罪在不原，宜夺削其爵土，置之他所，以彰天威。

刑以惩恶，国有常宪。武备卿即烈，前太尉不花，以累朝待遇之隆，俱致高列，不思补报，专务奸欺，诈称奉旨，令鹰师强收郑国宝妻古哈，贪其家人畜产，自恃权贵，莫敢如何。事闻之官，刑曹逮鞫服实，竟原其罪。辇毂之下，肆行无忌，远在外郡，何事不为。夫京师天下之本，纵恶如此，何以为政。古人有言，一妇衔冤，三年不雨，以此论之，即非细务。臣等议：宜以即烈、不花付刑曹鞫之。

张珪之所以要求严惩逆党及其他违法犯罪者，就是要以"南坡之变"为戒，以防犯上作乱的事件再次发生。

（三）行守正之政

在给泰定帝的奏议中，张珪还提出了十七条与时务有关的建议，重在强调朝廷应行守正之政。

第一条建议是终止朝廷买卖珍宝。"中卖宝物，世祖时不闻其事，自成宗以来，始有此弊。分珠寸石，售直数万，当时民怀愤怨，台察交言。且所酬之钞，率皆天下生民膏血，锱铢取之，从以捶挞，何其用之不吝。夫以经国有用之宝，而易此不济饥寒之物，又非有司聘要和买，大抵皆时贵与斡脱中宝之人，妄称呈献，冒给回赐，高其直且十倍，蚕蠹国财，暗行分用。如沙不丁之徒，顷以增价中宝事败，且存吏牍。陛下即位之初，首知其弊，下令禁止，天下欣幸。臣等比闻中书乃复奏给累朝未酬宝价四十余万锭，较其元直，利已数倍，有事经年远者三十余万锭，复令给以市舶番货。计今天下所征包银差发，岁入止十一万锭，已是四年征入之数，比以经费弗足，急于科征。臣等议：番舶之货，宜以资国用、纾民力，宝价请俟国用饶给之日议之"。所谓宝物，实为助长奢侈之风的废物，一直有回回商人等以此来获取暴利，所以被张珪视为亟须禁止的恶劣行为。

第二条建议是追究太庙失窃办案不利的责任。"太庙神主，祖宗之所妥灵，国家孝治天下，四时大祀，诚为重典。比者仁宗皇帝、皇后神主，盗利其金而窃之，至今未获。斯乃非常之事，而捕盗官兵，不闻杖责。臣等议：庶民失盗，应捕官兵尚有三限之法；监临主守，倘失官物，亦有不行知觉之罪。今失神主，宜罪太常，请拣其官属免之"。太庙失窃,是当时的一件大事,由此张珪特别提出了追究失职者责任的要求。

第三条建议是重申停建西山寺庙的命令。"国家经赋,皆出于民,量入为出,有司之事。比者建西山寺,损军害民,费以亿万计;刺绣经幡,驰驿江浙,逼迫郡县,杂役男女,动经年岁,穷奢致怨。近诏虽已罢之,又闻奸人乘间奏请,复欲兴修,流言喧播,群情惊骇。臣等议:宜守前诏,示民有信,其创造、刺绣事,非岁用之常者,悉罢之。"如前所述,在西山建寺庙是英宗时的事情,应是英宗施政期间的一大败笔,既已有停建之举,确实不应再重启工程。

第四条建议是给还受冤官员家产。"人有冤抑,必当昭雪,事有枉直,尤宜明辨。平章政事萧拜住、中丞杨朵儿只等,枉遭铁木迭儿诬陷,籍其家以分赐人,闻者嗟悼。比奉明诏,还给元业,子孙奉祀家庙,修葺苟完,未及宁处,复以其家财仍赐旧人,止酬以直,即与再罹断没无异。臣等议:宜如前诏,以元业还之,量其直以酬后所赐者,则人无冤愤矣。"张珪的这条建议,是要求不但要恢复受冤者的名誉,还要给予产业等物质补偿,使平反昭雪能够落到实处。

第五条建议是严格刑罚、审核疑案和体恤边民。"德以出治,刑以防奸。若刑罚不立,奸宄滋长,虽有智者,不能禁止。比者也先铁木儿之徒,遇朱太医妻女过省门外,强拽以入,奸宿馆所。事闻,有司以扈从上都为解,竟弗就鞫。辇毂之下,肆恶无忌,京民愤骇,何以取则四方。臣等议:宜遵世祖成宪,以奸人命有司鞫之。臣等又议:天下囚系,冤滞不无,方今盛夏,宜命省台选官审录,结正重刑,疏决轻系,疑者申闻详谳。边镇利病,宜命行省、行台体究兴除,广海镇戍卒更病者,给粥食药;力死者,人给钞二十五贯,责所司及同乡者,归骨于其家。"刑罚不严是普遍性的问题,张珪列举了一个例证,就是希望主政者能够重视这方面的问题。

第六条建议是罢珠户使入民籍。"岁贡方物有常制。广州东莞县大步海及惠州珠池,始自大德元年,奸民刘进、程连言利,分置户七百余家,官给之粮,三年一采,仅获小珠五两六两,入水为虫鱼伤死者众,遂罢珠户为民。其后同知广州路事塔塔儿等,又献利于失列门,创设提举司监采,廉访司言其扰民,复罢归有司。既而内正少卿魏暗都剌冒启中旨,驰驿督采,耗廪食,疲民驿,非旧制,请悉罢遣归民。"设珠户显然是营利者的蠹民之举，所以需要加以纠正。

第七条建议是追赠"南坡之变"和权臣蠹政的受害者。"善良死于非命，国法当为昭雪。铁失弑逆之变，学士不花、指挥不颜忽里、院使秃古思皆以无罪死，未褒赠；铁木迭儿专权之际，御史徐元素以言事锁项死东平，及买秃坚不花之属，皆未申理。臣等议：宜追赠死者，优叙其子孙，且命刑部及监察御史，体勘其余有冤抑者，具实以闻。"追赠受害者是为了弘扬正气，尤其是对于泰定帝而言，这样的举动更可以为其树立正面形象，这恰是张珪的用意所在。

第八条建议是减并官署，淘汰冗官冗吏。"政出多门，古人所戒。今内外增置官署，员冗俸滥，白丁骤升出身，入流壅塞日甚，军民俱蒙其害。夫为治之要，莫先于安民；安民之道，莫急于除滥费、汰冗员。世祖设官分职，俱有定制。至元三十年已后，改升创设，日积月增，虽尝奉旨取勘减降，近侍各私其署，夤缘保禄，姑息中止。至英宗时，始锐然减罢崇祥、寿福院之属十有三署，徽政院断事官、江淮财赋之属六十余署，不幸遭罹大故，未竟其余。比奉诏：凡事悉遵世祖成宪。若复循常取勘，调虚文，延岁月，必无实效，即与诏旨异矣。臣等议：宜敕中外军民，署置官吏，有非世祖之制，及至元三十年已后改升创设员冗者，诏格至日，悉减并除罢之；近侍不得巧词复奏，不该常调之人亦不得滥入常选。累朝斡耳朵所立长秋、承徽、长宁寺及边镇屯戍，别议处之。"张珪的这一建议，是要在英宗新政的基础上，继续淘汰冗官，但是这样的提法，显然难以被泰定帝所接受。

第九条建议是罢功德使司和限制滥作佛事。"自古圣君，惟诚于治政，可以动天地、感鬼神，初未尝徼福于僧道，以厉民病国也。且以至元三十年言之，醮祠佛事之目，止百有二。大德七年，再立功德使司，积五百有余，今年一增其目，明年即指为例，已倍四之上矣。僧徒又复营干近侍，买作佛事，指以算卦，欺昧奏请，增修布施莽斋，自称特奉、传奉，所司不敢较问，供给恐后。况佛以清净为本，不奔不欲，而僧徒贪慕货利，自违其教，一事所需，金银钞币不可数计，岁用钞数千万锭，数倍于至元间矣。凡所供物，悉为己有，布施等钞，复出其外，生民脂膏，纵其所欲，取以自利，畜养妻子，彼既行不修洁，适足亵慢天神，何以要福。比年佛事愈繁，累朝享国不永，致灾愈速，事无应验，断可知矣。臣等议：宜罢功德使司，其在至元三十年以前及累朝忌日醮祠佛事名目，止令宣政院主领修举，余悉减罢，近侍之属，并不得巧计擅奏，妄增名目；若有特奉、传奉，从中书复奏乃行。"元朝中期佛事过盛，已经成为蠹国之害，所以张珪特别强调了限制佛事的要求。

第十条建议是以节用为要，禁止妄投宿卫等行为。"古今帝王治国理财之要，莫先于节用，盖侈用则伤财，伤财必至于害民；国用匮而重敛生，如盐课增价之类，皆足以厉民矣。比年游惰之徒，妄投宿卫部属及宦者、女红、太医、阴阳之属，不可胜数，一人收籍，一门蠲复，一岁所请衣马刍粮，数十户所征入不足以给之，耗国损民为甚。臣等议：诸宿卫宦女之属，宜如世祖时支请之数给之，余悉简汰。"财政吃紧，是元朝中期的常态化问题，张珪无力解决财政的开源问题，只能是在节用方面提出一些可行的做法。

第十一条建议是对民养官马加以规范，纠正其害民行为。"阔端赤牧养马驼，岁有常法，分布郡县，各有常数，而宿卫近侍委之仆御，役民放牧。始至，即夺其居，俾饮食之，残伤桑果，百害蜂起；其仆御四出，无所拘钤，私鬻刍豆，瘠损马驼。大德中，始责州县正官监视，盖暖棚、团槽枥以牧之。至治初，复散之民间，其害如故，监察御史及河间路守臣屡言之。臣等议：宜如大德团槽之制，正官监临，阅视肥瘠，拘钤宿卫仆御，著为令。"元朝中期的马政，已经成为蠹民之政，由民养改回官养，在张珪看来应是解决问题的根本途径。

第十二条建议是制止边将乱开边衅。"兵戎之兴，号为凶器，擅开边衅，非国之福。蛮夷无知，少梗王化，得之无益，失之无损。至治三年，参卜郎盗，始者劫杀使臣，利其财物而已。至用大师，期年不戢，伤我士卒，费国资粮。臣等议：好生恶死，人之恒性。宜令宣政院督守将严边防，遣良使抵巢招谕，简罢冗兵，明敕边吏谨守御，勿生事，则远人格矣。"边将为捞取功名，不惜挑起事端，引发战乱，已经给朝廷带来了深刻的教训，张珪当然不希望这样的悲剧重新上演。

第十三条建议是将官田全部收归朝廷，不得由私人占有。"天下官田岁入，所以赡卫士，给戍卒。自至元三十一年以后，累朝以是田分赐诸王、公主、驸马，及百官、宦者、寺观之属，遂令中书酬直海漕，虚耗国储。其受田之家，各任土著奸吏为庄官，催甲斗级，巧名多取；又且驱迫邮传，征求饩廪，折辱州县，闭偿逋负，至仓之日，变鬻以归。官司交怨，农民窘窜。臣等议：惟诸王、公主、驸马、寺观，如所与公主桑哥剌吉及普安三寺之制，输之公廪，计月直折支以钞，令有司兼令输之省部，给之大都；其所赐百官及宦者之田，悉拘还官，著为令。"官田私占确实是严重问题，但是与朝廷赐赉有密切关系，所以收官田显然是难以被接受的建议。

第十四条建议是维持江北地区只收丁税的旧制，废除再征田租的恶法。"国家经费，皆取于民。世祖时，淮北内地，惟输丁税，铁木迭儿为相，专务聚敛，遣使括勘两淮、河南田土，重并科粮；又以两淮、荆襄沙碛作熟收征，徼名兴利，农民流徙。臣等议：宜如旧制，止征丁税，其括勘重并之粮，及沙碛不可田亩之税，悉除之。"张珪的这一建议，秉持的是不能双重征税的原则，目的则是要减轻民众的财税负担。

第十五条建议是僧道占田应一体纳税服役。"世祖之制，凡有田者悉役之，民典卖田，随收入户。铁木迭儿为相，纳江南诸寺贿赂，奏令僧人买民田者，毋役之以里正主首之属，逮今流毒细民。臣等议：惟累朝所赐僧寺田及亡宋旧业，如旧制勿征，其僧道典买民田及民间所施产业，宜悉役之，著为令。"僧道有优免的待遇，但是不能由此而广蓄田产和隐占民户，所以要用严厉的手段加以限制。

第十六条建议是僧道娶妻者均应罢遣为民。"僧道出家，屏绝妻孥，盖欲超出世表，是以国家优视，无所徭役，且处之官寺，宜清净绝俗为心，诵经祝寿。比年僧道往往畜妻子，无异常人，如蔡道泰、班讲主之徒，伤人逞欲、坏教干刑者，何可胜数。俾奉祠典，岂不亵天渎神。臣等议：僧道之畜妻子者，宜罪以旧制，罢遣为民。"此条建议也是强调僧道不能享有额外的特权。

第十七条建议是严格朝廷赏赐，纠正滥赏赐的弊病。"赏功劝善，人主大柄，岂宜轻以与人。世祖临御三十五年，左右之臣，虽甚爱幸，未闻无功而给一赏者。比年赏赐泛滥，盖因近侍之人窥伺天颜喜悦之际，或称乏财无居，或称嫁女取妇，或以技物呈献，殊无寸功小善，递互奏请，要求赏赐回奉，奄有国家金银珠玉，及断没人畜产业。似此无功受赏，何以激劝，既伤财用，复启幸门。臣等议：非有功勋劳效著明实迹，不宜加以赏赐，乞著为令。"滥赐是不少皇帝的通病，张珪不过是强调了要对赏赐加以节制而已。

张珪还特别指出："臣闻日食修德，月食修刑，应天以实不以文，动民以行不以言，刑政失平，故天象应之。惟陛下矜察，允臣等议，乞悉行之。"由于张珪的言辞较为激烈，又多涉及敏感问题，自然不会被泰定帝所采纳。

张珪的十七条建议，两条涉及制度规范问题（减官署、止边衅），五条涉及刑罚奖惩问题（追失盗、还家产、惩恶行、雪冤案、严赏赐），四条涉及控制僧道问题（罢建寺、减佛事、役寺田、汰僧道），六条涉及经济问题（止宝物、去珠户、禁投纳、善马政、收官田、罢重征）。从这些建议可以看出鲜明的儒学尤其是理学的"守正"政治观念，因为张珪曾师从江南"巽斋学派"的邓光荐（与文天祥同门）学习理学。[①] 作为武将的后人，能够就朝政问题提出较全面的建议，确实难能可贵。尤为重要的是，这些建议折射出了泰定帝时的政治生态，使后人知道泰定帝的所谓守旧政治，实则是尽量掩盖矛盾的不作为政治。

二 其他臣僚的政治论点

泰定帝和文宗两朝的其他大臣，也提出了一些重要的政治观点，可择要者分述于下。

（一）赵师鲁奉劝君主

赵师鲁（1285—1337年），字希颜，霸州文安（今属河北）人，泰定帝朝任监察御史等职。

泰定帝欲在元宵节设置灯山，赵师鲁上言："燕安怠惰，肇荒淫之基；奇巧珍玩，发奢侈之端。观灯事虽微，而纵耳目之欲，则上累日月之明。"泰定帝为此终止了设灯山的做法。

针对朝廷中权臣秉政的现象，赵师鲁特别上书，请求皇帝采用抑制权臣的议事方法："古之人君，将有言也，必先虑之于心，咨之于众，决之于故老大臣，然后断然行之，涣若汗不可反，未有独出柄臣之意，不咨众谋者也。"由于权臣的阻挠，他的这一建议未能上呈给皇帝。[②]

赵师鲁敢于直言，皇帝也还肯于纳谏，但总是会有人在中间设阻，对言论进行"筛选"。对于设阻者而言，不仅要阻断对自己不利的言论，还往往要揣摩圣意，替皇帝阻断不中听的言论，赵师鲁的遭遇，恰恰提供了这样一个言路受阻的重要例证。

---

① 黄宗羲原著，全祖望补修：《宋元学案》第4册，第2963—2964页。
② 《元史》卷176《赵师鲁传》。

(二) 刘致的礼仪建议

刘致（？—1355年），字时中，号逋斋，石州宁乡（今属山西）人，历任太常博士、翰林待制等职。

泰定帝时，刘致专门就朝廷宗庙的序位提出了具体的建议，并强调在朝廷的礼仪中，不必过分拘泥于尚右还是尚左的习俗。

> 窃以礼莫大于宗庙，宗庙者，天下国家之本，礼乐刑政之所自出也。唐、虞、三代而下，靡不由之。圣元龙兴朔陲，积德累功，百有余年，而宗庙未有一定之制。方圣天子继统之初，定一代不刊之典，为万世法程，正在今日。
>
> 周制，天子七庙，三昭三穆，昭处于东，穆处于西，所以别父子亲疏之序，而使不乱也。圣朝取唐、宋之制，定为九世，遂以旧庙八室而为六世，昭穆不分，父子并坐，不合《礼经》。新庙之制，一十五间，东西二间为夹室，太祖室既居中，则唐、宋之制不可依，惟当以昭穆列之。父为昭，子为穆，则睿宗当居太祖之东，为昭之第一世，世祖居西，为穆之第一世。裕宗居东，为昭之第二世。兄弟共为一世，则成宗、顺宗、显宗三室皆当居西，为穆之第二世。武宗、仁宗二室皆当居东，为昭之第三世。英宗居西，为穆之第三世。昭之后居左，穆之后居右，西以左为上，东以右为上也。苟或如此，则昭穆分明，秩然有序，不违《礼经》，可为万世法。
>
> 若以累朝定制，依室次于新庙迁安，则显宗跻顺宗之上，顺宗跻成宗之上。以礼言之，春秋闵公无子，庶兄僖公代立，其子文公遂跻僖公于闵公之上，史称逆祀。及定公正其序，书曰"从祀先公"。然僖公犹是有位之君，尚不可居故君之上，况未尝正位者乎。
>
> 国家虽曰以右为尊，然古人所尚，或左或右，初无定制。古人右社稷而左宗庙，国家宗庙亦居东方。岂有建宗庙之方位既依《礼经》，而宗庙之昭穆反不应《礼经》乎。且如今朝贺或祭祀，宰相献官分班而立，居西则尚左，居东则尚右。及行礼就位，则西者复尚右，东者复尚左矣。①

---

① 《元史》卷74《祭祀志三》。

刘致所说的宗庙序位问题，实则揭示了元朝内在的制度冲突问题，即"汉制"与"蒙古制"并行带来的矛盾。在皇帝即位、宗庙祭祀等方面都是兼容两制，[①] 在两制冲突的情况下依"蒙古制"，刘致知道其中的奥秘，所以有意用忽视右、左的说法，倡导遵行"汉制"的做法。

刘致还强调朝廷应尊重作为"不召之臣"的隐士："圣王之治天下也，必有所不召之臣。盖志意修则骄富贵，道义重则轻王公，蝉蜕尘埃之中，翱游万物之表，不事王侯，高尚其事者以之。""士君子之趣向不同，期各得所志而已。彼不求人知而人知之，不希世用而世用之，至上彻帝聪，鹤书天出，辟箨动色，岩户腾辉，犹坚卧不起，不得已焉始一至，卒不挠其节，不堕所守而去，亦可谓得所志也已。"[②] 隐士不为朝廷所用，历代有之，刘致所希望的只是通过对隐士的尊敬，来体现朝廷求贤的诚意。

（三）柳赟的重法观点

柳赟，生卒年等不详，泰定帝时任江西等处儒学提举，建议重新刊行校订过的《唐律疏议》，并明确提出了他对法律的如下看法："国家立经陈纪，迪德践猷，较诸近世之中，稽合唐制为多。故凡垂之为申令，著之为事比，无非忠厚恻怛之所形，累圣重光，何其甚似乎太宗也。予常备数礼官，陪在廷末议，见吏抱成法置前，曰律当如是，不当如彼，虽辩口佞舌，无不帖帖顺德，无敢出一语为异。及按而视之，则本之唐以志其常，参之祖宗睿断以傅其变。非常无古，非变无今。然而必择乎唐者，以唐之揆道得其中，乘之则过，除之即不及。过与不及，其失均矣。呜呼！法家之律，犹儒者之经，虽五经载道以行万世，十二律垂法以正人心，道不可废，法岂能以独废哉。彼谓除参夷连坐之罪，作见知部主之条，为萧张控制天下之一术，其论抑浅末矣。予何足以知之，因其理之在人心者而窃窥之耳。"[③] 由于朝廷缺乏立法的作为，不得不参照唐律断案，所以刊行《唐律疏议》固然重要，但更重要的是朝廷立法，这恰是柳赟重法观念的本意。

---

① 黄时鉴：《元朝庙制的二元性特征》，《元史论丛》第5辑，第131—135页。
② 刘致：《萧贞敏公谥议》，《全元文》第33册，第74—75页。
③ 柳赟：《故唐律疏议序》，《全元文》第51册，第44—46页。

（四）曹元用倡修德明政

曹元用（1268—1329年），字子贞，号超然，汶上曹庄（今属山东）人，历任翰林国史院编修、应奉翰林文字、礼部主事、礼部尚书、翰林侍讲学士等职，著有文集《超然集》，已佚。

泰定帝时，"宰执有欲罢科举法者"，曹元用特别指出："国家文治，正在于此，胡可罢也。"① 他还在代拟的会试策问中，强调"我国家隆平百年，功成化治，礼乐之兴，维其时矣"②。在诗作中，曹元用也对科举给予了赞誉："席庐清画列千袍，射策词场百战劳。明日京华春榜揭，蓬莱天近五云高。"③ 科举是文治的重要表象，曹元用作为儒官，自然要表示捍卫科举的明确态度。

泰定三年，因日食、地震、星变，朝廷集议弭灾之策，曹元用明确提出了修德明政的八条建议："应天以实不以文，修德明政，应天之实也。宜撙浮费，节财用，选守令，恤贫民，严禋祀，汰佛事，止造作以纾民力，慎赏罚以示劝惩。"对于科举取士之法，他也强调了"当革冒滥，严考核，俾得真才之用"④。所谓"修德明政"之实，就是以善政取代恶政，从根本上解决弭灾不利的问题。

文宗天历二年，曹元用代皇帝祭祀曲阜孔子庙，借机阐释了儒家的治道论点："元用窃谓：孔子之教，非帝王之政不能及远；帝王之政，非孔子之教不能善俗。教不能及远，无损于道；政不能善俗，必危其国。由汉以来，有天下者，消祸乱于未萌，宁邦家于悠久，以孔子仁义纲常之训浃于人心，忠孝迭发，默有以相之也，是故历代所以崇奉其教者甚至。"⑤ 在其他论述中，他也强调了孔子之道对于国家治理的重要性："大哉孔子之道，洋洋乎盈天下，久而弥盛，远而愈彰。自九州以薄海表，人诵其书，家闻其训，贤者粹其德，能者遂其才，智者并其明。身以之正，家以之齐，国以之理，天下以之而治平。纲常所以立，彝伦所以叙，仁义所以兴，俗化所以美，大抵皆吾夫子之力也。"⑥ "天

---

① 《元史》卷172《曹元用传》。
② 曹元用：《拟会试策问》，《全元文》第24册，第243—244页。
③ 曹元用：《丁卯（1327年）校艺贡院作》，顾嗣立编《元诗选》三集，中华书局1887年版，第168页。
④ 《元史》卷172《曹元用传》。
⑤ 曹元用：《代祀阙里孔子庙碑》，《全元文》第24册，第262—263页。
⑥ 曹元用：《永城县孔子庙碑》，《全元文》第24册，第255—256页。

生圣人，至于孔子而后止；历代褒崇，至于皇元而后定，夫岂偶而已哉。天下之人，苟能体圣天子褒崇之意，遵孔子之教，君臣、父子、兄弟、夫妇各由其道，则纲常立而百度张，礼乐兴而风俗美，比屋可封，四海永宁矣。"① 曹元用强调孔子之道与帝王之政之间的密切关系，就是要说明治道学说的实用价值在于扬善惩恶和保证国家的长治久安。

曹元用还对任职于州牧官的人提出了善于理政的要求："世之治郡牧民者，往往操刑赏以徇私，朘民膏以自奉，侵渔剥削，毫发无遗。余黎百一，喘焉偷生，家有官租私券之积，人有愁苦无聊之心，尚何意于逸乐哉。今侯为州，独能敷施惠爱，俾上下辑宁，且以闲暇之日，营园囿以同民乐，变风易俗，熙熙然若斯其美，是可传也。"② 理政之善，在于爱民，这正是曹元用所要强调的论点。

修德明政是孔子之道的重要要求，曹元用的独到之处，就是根据现实状况，提出了修德和明政的具体做法，并希望以此来改变不理想的政治生态。

（五）陈思谦的去弊病建议

陈思谦（1283—1353年），字景让，赵州宁晋（今属河北）人，陈祐之孙，文宗至顺帝朝历任西台和御史台监察御史、兵部郎中等职。

文宗至顺元年，陈思谦上书提出了八条建议：一是正君道，二是结人心，三是崇礼让，四是正纲纪，五是审铨衡，六是励孝行，七是纾民力，八是修军政。

至顺二年，陈思谦又向朝廷上书，陈述了治天下、节开支、修马政、重铨选四事，尤其是在铨选方面，明确提出了以三策救四弊的建议。

> 上有宗庙社稷之重，下有四海烝民之生，前有祖宗垂创之艰，后有子孙长久之计。中论秦、汉以来，上下三千余年，天直一统者，六百余年而已。我朝开国，百有余年，混一六十余年，土宇人民，三代、汉、唐所未有也。民有千金之产，犹谨守之，以为先人所营，况君临天下，承祖宗艰难之业，而传祚万世者乎。臣愚以兴亡恳恳言者，诚以皇上有元之圣主，今日乃皇上盛时图治之机，兹

---

① 曹元用：《大元加封大成至圣文宣王记》，《全元文》第24册，第251—252页。
② 曹元用：《静乐园记》，《全元文》第24册，第246页。

不可失也。

户部赐田，诸怯薛支请，海青狮豹肉食，及局院工粮，好事布施，一切泛支，以至元三十年以前较之，动增数十倍。至顺经费，缺二百三十九万余锭。宜节无益不急之费，以备军国之用，苟能三分损一以惠民，夫岂小哉！

军站消乏，签补则无殷实之户，接济则无羡余之财，倘有征行，必括民间之马，苟能修马政，亦其一助也。方今西越流沙，北际沙漠，东及辽海，地气高寒，水甘草美，无非牧养之地，宜设置群牧使司，统领十监，专治马政，并畜牛羊，数年之后，马实蕃盛，或给军以收兵威，或给站以优民力，牛羊之富，又足以给国用，非小补也。

铨衡之弊，入仕之门太多，黜陟之法太简，州郡之任太淹，朝省之除太速，欲设三策，以救四弊。一曰，至元三十年以后增设衙门，冗滥不急者，从实减并，其外有选法者，并入中书。二曰，宜参酌古制，设辟举之科，令三品以下，各举所知，得才则受赏，失实则受罚。三曰，古者刺史入为三公，郎官出宰百里，盖使外职识朝廷治体，内官知民间利病。今后历县尹有能声善政者受郎官御史，历郡守有奇才异绩者任宪使尚书，其余各验资品通迁，在内者不得三考连任京官，在外者须历两任，乃迁内职。绩非出类、守不败官者，则循以年劳，处以常调。凡朝缺官员，须二十月之上，方许迁除。①

陈思谦还建议"兵荒之余，当罢土木，以纾民力"。这些建议引起了文宗的重视，但是并未见到采纳建议的具体行动。

陈思谦与强调以太子为国本、以中书为政本、以人才为治本的陈祐有所不同的是，他更注重的是以治去弊的做法，因为正君道、结人心、正纲纪、崇礼让、励孝行、纾民力等都是治天下的基本要求，而修军政、节开支、重铨选（审铨衡）等则需要采取特定的除弊方法，并且只有建立了必要的治道体系，才可能革除弊政。也就是说，具体的革弊对策固然重要，但更重要的是从全局而不是局部来解决弊政问题。

---

① 《元史》卷184《陈思谦传》。

（六）史惟良的善政建议

史惟良（1273—1347年），字显夫，郓城（今属山东）人，累仕至中书省左丞，在文宗至顺帝朝曾多次提出施政建议。

天历元年，史惟良上书言十事，"大略以为今大事未定，可忧者陕西据河山之固，四川有顺流之便，江南素多草窃，高丽迫近直沽，皆当预为之防。至于量材授职，录德定位，乃万世良法。迩者特恩太多，旁及无功，未尽合于外议。况兵革未息，财用当量入为出，不可滥加赏赐。且节俭必自内始，增设怯薛丹，宜权住其请给"①。

天历二年，史惟良向文宗进献唐太宗《帝范》及《端本求治十事》，包括畏天、爱民、修身、纳谏、求言、薄敛、崇俭、求治、御群臣等内容。不久后又上书言时务十四事，"大略以为，今视至元初年，天下输租纳税之民既已减少，土地又不加多，而宫女、宦寺、怯薛丹、昔宝赤及法师、医官、乐工之流，视昔何啻十倍，即宜分拣。元贞、大德以后创置官府，尤当减并。赐予名爵钱物，必须称其功德。僧道以不杀、不贪、清净为教，祝赞祷祠之事宜令自备，毋耗官物。大司农司专尚文具，当整治以求实效。随朝官必历二十月，然后改调，以息奔竞。吏员必申明取补试验程序，以防冒滥。内侍、医卜、乐官不得混授文武散阶。遇大朝会，乐官别为一班于后，以别流品。不急之役，动扰军民，可一切罢之"。当年九月，史惟良又在上疏中指出："今天下郡邑被灾者众，国家经费若此之繁，帑藏空虚，生民凋瘵，此政更新百废之时。宜遵世祖成宪，汰冗滥蚕食之人，罢土木不急之役，事有不便者，咸厘正之。如此，则天灾可弭，祯祥可致。不然，将恐因循苟且，其弊渐深，治乱之由，自此而分矣。"②

至顺四年，史惟良又上书陈政要三十四事，"首言自去年冬迄今半载，内外臣民触法抵禁，公然无忌。昔世祖践阼之初不肆赦，仁宗不赦贪官污吏，深意存焉。宜恪守前规，戒饬中外，使知非常之恩不可幸觊，此定民志之先务也。次言修律令，择守宰，辨人品以清风宪，限民田以抑豪强"。

史惟良的善政建议涉及面极广，可惜只能知其纲目。这些建议虽然

---

① 黄溍：《史惟良神道碑》，《金华黄先生文集》卷26（《全元文》第30册，第217—223页）。本小节引文未注明出处者，均来自此碑。
② 《元史》卷33《文宗纪二》。

切中时弊，但是主政者志不在此，所以并未给予重视。

（七）王都中的爱民观念

王都中（1278—1341年），字元俞，号本斋，福宁（今属福建）人，王积翁之子，历任浙东宣慰副使、两浙盐运使、户部尚书、江浙行省参政等职。

王都中入仕后体现出的能力，受到朝廷的重视，武宗时推行铜钱，即以王都中为通才，任命其为江淮泉货监，全国铸造铜钱的六个监司，江淮泉货监的铸钱为最精。有能力还要敢于作为，王都中在任饶州路总管时，遭遇饥荒，米价颇高，他将官仓米定为三等价，以下等价出售给灾民，不久又将下等米的价格减十分之二，都未及向行省报告。行省官员指其为专擅行为，王都中则回答："饶去杭几二千里，比议定往还，非半月不可。人七日不食则死，安能忍死以待乎！"饶州民众也明确表示："公为我辈减米价，公果得罪，我辈当鬻妻子以代公偿。"行省官员不愿意触犯众怒，乃不给予王都中责罚。在征收赋税方面，王都中更有突出的表现，他不仅纠正了饶州十倍征收包银的做法，还在其他官员都不敢纠正盐法弊病的时候，明确表示"为臣子者，使皆避谪，何以集事"，请命巡视江浙盐场，验盐户物力确定其课税，达到了"役既平而课亦足，公私便之"的效果。这样的方法，亦被王都中应用于两淮的盐场，同样取得了修复盐法的效果。①

王都中之所以能够有各种善政行为，是因为他具有"俾一方民物华盛，岁时丰稔"的强烈爱民观念。② 这样的观念，在他的诗作中也有充分的体现。

　　一心常欲洗民冤，清白炉烟可付天。但愧才疏为政拙，只宜及早赋归田。③

　　督役贤能不用刑，飘然东下似扬舲。一江雪浪翻银屋，两岸烟峦立翠屏。④

　　捐躯难报圣明君，补拙惟将一寸勤。为政但当求实效，劝农何

---

① 《元史》卷184《王都中传》。
② 王都中：《华丰楼记》，《全元文》第32册，第221—222页。
③ 王都中：《书怀二首》，《元诗选》三集，第263页。
④ 王都中：《督役江行和雪窗韵》，《元诗选》三集，第262页。

敢具虚文。夜来江上一犁雨,晓起山前万锸云。愿得岁丰民物阜,素餐犹可度朝曛。①

公驰兼夜役兵夫,轧轧轻舆稳胜车。山险似人人更险,星疏如我我犹疏。心持坦荡无留碍,路蹑崎岖信所如。行路古来难若此,相逢何必问其初。②

应该说,在元朝中期的官员中,像王都中这样突出表示其爱民观念的并不多见,所以值得重视。

元朝中期的朝臣所显示的政治观念,无论是善于自保者还是敢于批评者,一个重要的共同点就是以文治作为最基本的要求。尽管对文治可以有不同的解读甚至设定不同的标准,但是对于与文治背道而驰的观点和行为,都明确采取了排斥的态度。当然,本章所述的朝臣,都是赞成文治并有所作为的人,而与他们共同服务于朝廷的朝臣,除了能够提出更系统政治见解的人外(详见本书第十一章),更多的是不知文治为何物、只知保身求荣的官僚,以及善于钻营的权奸和小人,这些人的势力更大更强,更容易左右朝政。在政治生态不佳的状况下,还能有人不断发出倡导文治的声音,不仅要赞扬他们的学识和勇气,更应该肯定他们所起的作用,因为尽管有极大的阻力,元朝中期的文治毕竟有所发展,并确实与部分朝臣的积极推动有着密切的关系。

---

① 王都中:《依紫崖韵和彬卿》,《元诗选》三集,第260—261页。
② 王都中:《和雪窗永兴山行》,《元诗选》三集,第261页。

第十一章 儒臣倡导的理政观念

元朝中期的一些重要儒臣如郑介夫、刘敏中、袁桷、张养浩、陆文圭、马祖常、虞集、许有壬等人，依据朝政变化的情况，阐释了较具系统性的理政观念，需要用专章加以说明。

第一节 郑介夫的长治久安观念

郑介夫，生卒年不详，字以居，号铁柯，衢州开化（今属浙江）人，成宗时上"一纲二十目"（现存十七目）的长篇奏折，后来又有数篇奏折，系统阐释了他的长治久安观念。

一 居安思危

郑介夫之所以上长篇奏折，就是要提醒皇帝在大一统之后，还有一些潜在的危机，需要以居安思危的态度认真处理各种政务问题。

（一）朝政关乎兴亡

在"一纲二十目"的篇首，郑介夫明确指出大一统来之不易，在大一统后要达到长治久安，应该清楚地看到朝政中存在的严重问题，尤其是谏言受阻的问题，因为不改变这样的局面，国家难免陷入危机之中。

> 钦惟圣朝布威敷德，临简御宽，极地际天，罔不臣服，混一之盛，旷古所无。三代以降，自周至今二千年间，得大一统者，惟秦、汉、晋、隋、唐而已。秦、隋晋以贻谋不远，旋踵败亡；汉、唐虽传数十世，其间又乱日常多，治日常少。古今一统其难如此，

而能保于长且久者，又难如此。毋谓四海已合，民生已泰，可以安意肆志，而不思否泰相因，离合相仍，大有可忧可虑者存也。

昔贾谊当汉文宴安之时，犹为之痛哭，为之流涕，为之长太息。方今之势，恐更甚焉。安得如谊者复生，为朝廷画久安长治之策。今观朝廷之上，大臣则悠悠然，持禄而顾望；小臣则惴惴然，畏惧而偷生。含糊苟且，以求自全之计；玩岁愒月，以希迁转之阶。谁肯奋不顾身，出为百姓分忧者，然或有之，又招疑速谤，不能自容于时矣。

都堂总朝廷之枢柄，谓宜立经陈纪，为万世法程，进贤退不肖，殖邦家根本。制礼作乐，以黼黻皇猷；崇文兴义，以变移风俗，当今之急务也。卯聚酉散，因循度日，案牍纷填，剖决不暇，间或举行一二，下侵有司，又皆不急之细事，殊欠经远之宏规。台察乃朝廷之耳目，振刷风采，修立纪纲，错举枉直，扶弱抑强，职分之宜然也。民冤载路，十诉九退，贿赂充斥，掩耳不闻，纵豺狼之肆暴，取狐鼠以塞责，谩膺搏击之名，殊乏风宪之体。六部乃朝廷之手足，宜思官尽其职，职尽其事可也。言乎吏，则铨衡之无法；言乎礼，则文逊之不兴；言乎刑，则奸慝之滋甚；言乎户，则赋役之未均；言乎兵，则运掉之无方；言乎工，则规画之不一。使贾生身今之时，目今之事，不知何如其痛哭流涕，又何如其长太息也。

高见远识之士，虽以斧钺在前，刀锯在后，其能自已于言乎。数年以来，固有指陈事实、倾吐忠蕴者矣，虽措辞不无纯疵，言事各有锐钝，中间岂无一事可行，一语可采者，往往堆案盈几，略不省察，类皆送部，置架阁库而已。闻者扼腕，谁肯为言。于是忠直退，谀佞兴，或陈说田土以要利，或进献珍奇以希赏，或赋述大都，颂称一统，而得官升职，是皆无益于理乱，所当类入架阁者也，而反获嘉宾优容之厚□。张齐贤以洛阳布衣，太祖引见赐食，谓不如是，则上无以推纳谏之诚，下无以作敢言之气也。今朝廷合奏之事，委积满前，动是浃旬半载不得闻奏，而得奏事者，又仅止二三大臣及近幸数人而已。言官诤士，莫得一睹清光，所陈无问可否，若抑而不奏，则终为废纸。或事有紧切合从便宜者，必待送拟完议，宛转迟误，久而不决，则遂至乾休。上意不得下达，下情不得上通，万机之来，何由尽知，此古今之通患，有国之大戒也。

介夫幼勤于学，长习于吏，备员儒泮，偃蹇无成，侍直禁垣，有年于此。田野之艰难，朝廷之利害，尝历既久，靡不悉知。胸中抱负，颇异凡庸。虽迹近权门，不善造请，故碌碌无闻，少有知者。欲缄默无言，则上负明时，下负所学。纵瞋目张胆，罗缕自陈，则不免束之高阁，否为刀笔吏覆酱瓿而已。古语有曰："樵夫之言，圣人择焉。"又曰："愚者千虑，必有一得。"或冀一言见听，可为涓涘之助云尔。如言而足取，则施之时政，必有所裨；言无可采，亦宜恕其狂僭，以来谏诤之路。①

郑介夫曾在宫廷中充当侍卫人员多年，目睹了各种弊病带来的危害，所以才会有强烈的危机感，并希望自己的大胆上言，为克服弊政提供一些帮助。尤为重要的是，郑介夫指出的官员不作为或乱作为，以及形式主义的纳谏，已经带来了严重的朝政危机，到了非解决不可的地步。

（二）灾变要求更化

大德七年八月，太原、平阳等地发生大地震，影响到京城。② 郑介夫再上奏折，不仅提出了更化朝政的求直言、进贤才、清选法、减冗吏、明刑赏、均俸禄、裁怯薛、息奔竞、定法律、正风俗、平物价、崇学校、急备荒、抑僧道、行贡举、修武备、平赋役、瘳民瘼十八条建议，还明确提出了朝廷命官应对政事失误负责的论点，并继续强调朝廷采纳谏言的重要性，否定了天子减膳、大臣避位、大赦天下等不切实际的救灾方法。

> 近睹朝廷庶政更新，广开言路，愚尝采摭二十余事，陈之省台，自谓言当乎理，事当乎情，可以少裨圣政之万一。而乃视为迂疏不切之论，为泛常虚调之行，外示容纳，内怀猜疑，展转数月，竟成文具。古人谓忠言逆耳，夜光按剑，良有以也。苟禄素餐，固可蒙蔽，皇天后土，岂堪厚诬。未几，八月初六之夕，京师地震者

---

① 郑介夫：《上奏一纲二十目·序》，杨士奇等编《历代名臣奏议》卷67，四库全书本；《元代奏议集录》（下），第52—53页（《全元文》第39册，第22—24页）。

② 《元史》卷50《五行志一》。

三，市庶恟恟，莫知所为。越信宿，而卫辉、太原、平阳等处，驰驿报闻者接踵，虽震有轻重，而同出一时。人民房舍十损八九，震而且陷，前所罕闻，迄今动摇，势犹未止，亦可谓大异矣。

窃闻古者人君每日视朝，不遑宁处，故欲上意下达，下情上通，故能致天下于泰和之域。又闻古者凡遇灾异，必诏求直言极谏，冀有以补时政之不逮，达民隐之未知，故能感格天地，转祸为祥。今得奏之臣有限，而奏事之日甚稀。忧爱之忠虽至，而九重之邃不闻，君臣隔塞，情愫莫抒，是犹天地之气不交，安得不反泰而否乎。然则胡为天不示变，而独见之地震者，良由群臣不能顺承天地，下遂万物之情，故变见乎地，以深儆之，固已明矣。

以今日之人事观之，阃仪严肃，女谒不行。如吕、韦之专，赵、杨之宠，无有也。后宫列陈，名不盈数，如三千一万之充满，无有也。秉国钧者皆色目、汉儿，未尝一官任舅后之族，如吕、霍、上官之僭奢，无有也。敷奏出纳，非省台不得与闻，未尝一事出阉宦之口，如恭、显、鱼、程之专擅，无有也。春秋出畋，循行故典，宫墙殿宇，一安旧规，如阿房复阁之兴，楼船锦缆之侈，无有也。然则致是变也，既皆非此之故，则当归之执政大臣矣。

今大小政事，总于都省。有奏皆准，无言不行。意欲若此，君亦从其若此；意欲如彼，君亦从其如彼。不闻天子以己意强用一官，夺行一事，则官之不职，事之不举，是谁之过欤？不闻天子以私欲行一不义，杀一不辜，则仁心之未被，德政之未敷，是谁之过欤？为执政大臣者，乌得以辞其咎哉。既得君，又得时，又得可为之权，亦可以有为矣。使不可为，则诿曰非我之过；使得为之，而安于不肯为，愚不知其何心。且近来朝廷所行，其忤天意咈人心者，殆非一端。民之所欲，天必从之。使能取弊政一整而新之，民心既顺，安知天意之不回乎。

朝廷一举一动之间，神明在上，昭不可欺。能尽目前当行之事，则无远不通，无幽不格矣。昔陶侃谓禹惜寸阴，常人当惜分阴。今观大臣群像，皆持禄顾望，相与依违。堂食既升，一日又了，务为潜者近者，不求其远者大者。暖衣饱食，乐以忘忧，不思在下之穷人饥寒所迫，度日如年，甚非易过也。近朝廷完议一事，至数月不得施行。终岁之间，宁堪几议？虽以司县不能为理，而谓

第十一章　儒臣倡导的理政观念　227

负天下之寄可如是乎？万机之辐凑，如水之趋海焉。巨川三百，支流三千。奔忙杂沓，莫之能御。日夜泄之以尾闾，犹惧不蕆，乃欲持瓢抱瓮，区区以升斗计之，其不泛滥于中土者几希。休运难逢，良辰岂再，异至不应，灾将随之。失今不图，则后祸未可知也。常人之言曰："地变因于天运，天子宜减膳撤乐。"今吾君之服御供馔，务从俭朴，虽大禹之恶衣菲食不是过；乐人如林，非大朝觐，而音律不入于耳。愚以为膳不必减也，乐不必撤也，但使通下情，责实效，内修己德，上应天心，则天地之气交，而万物咸通矣。常人之言曰："地变应乎中位，大臣宜避位辞禄。"今都堂一新，隆膺委任，正是协赞扶危、鞠躬致命之时，当思体坤以承乾，灭凶而致吉。愚以为位不必避也，禄不必辞也，但使庶事毕张，群贤咸集，百司尽职，万姓全生，凡可以竭臣道之当为者，无所不至，则妖沴自消，休祥自降，德合无疆，乃终有庆矣。

常人之言又曰："凡变异之来，宜布新颁赦，减税放租，以安人心，以答天谴。"斯言无稽，必不可信。《传》曰："无赦之国，其刑必平。"故诸葛孔明之治蜀，绝口不言赦，而国以大治。若肆赦之频，徒以长奸贪，资贼盗，初无利于君子也。奸贪盗贼，乃覆载之所不容，因变而复赦之，宁不重神人之怒乎？《书》曰："怀保小民。"又曰："以小民受天永命。"盖天意所属，惟在小民。若减放之多，徒以继富，初无利于小民也。彼终岁勤动，仅食其力，户无税而官无租，纵除免天下十年之粮，而小民亦不沾分毫之赐。富豪乱众，乃幽明之所同忿，因变而附益之，又非以重神人之怒乎。为此谋者，实无补于时政之阙失，是犹田舍翁适遭患难横逆，不知自返，遽修因果，以为禳灾徼福之计，亦愚甚矣。伏惟圣君贤相其拒之绝之。①

郑介夫的更化朝政建议，除了专门言及的减少大赦外，还是对皇帝有一定的影响，尤其是不以灾变更换大臣的观念，就是在郑介夫等人的反复强调下，成立元朝中期历任皇帝的基本观点。

————————
①　郑介夫：《因地震论治道疏》，《历代名臣奏议》卷68，《元代奏议集录》（下），第126—135页（《全元文》第39册，第73—80页）。下文涉及的更化朝政建议，引文未注明出处者，均来自此文。

与其他儒臣不同的是，郑介夫并没有于成宗在位时采用"守成"的政治概念，而是重点强调了"长治久安"的政治概念，因为"守成"是较为保守的政治取态，"长治久安"则是积极的政治取态，只有用积极的态度，才能认真面对从世祖朝后期以来积累的弊病，而不是用维系世祖"圣政"的说法和做法来掩盖太平景象下的各种矛盾。

二　重贤养士

治理国家之要，在于选用贤才，郑介夫为此特别提出了求贤、养士、息奔竞、重直言四方面的要求。

（一）求贤

郑介夫指出："贤才所当进也。未闻朝廷因一言而知一人，由一能而擢一职，若非书尺转送，必须势援梯引，次则贽礼先容，贿赂取悦。舍此之外，决不能无因而至前也。近闻廉察交章以荐者不少，使果贤也，既不任之风宪，亦宜升之民职。省资台呈而至者亦多，使果有治效也，既不加以资品，亦宜赐之褒奖。今保在台者已成子虚，呈到省者亦化为乌有，非时政之弊乎。"为克服求贤所遭遇的官样文章弊病，郑介夫建议在未恢复科举的条件下，采用官员寻访、推荐贤者的做法，以使君子能够替换小人、贤臣得以控制污吏。

> 治天下无他道，得人而已矣。《诗》曰："得贤则能为邦家立太平之基。"《书》曰："野无遗贤，万邦咸宁。"自古及今，国家之兴废，世祚之长短，系乎君子小人之分。用君子必治，用小人必乱，不待缕数详陈，虽三尺之童，亦知此语也。
>
> 钦睹明诏，有德行才能不求闻达者，具以名闻。上意非不勤也。未有一山泽之贤、布韦之士得进于朝廷者，岂四海之广，尽无其人耶？天之生才，代不乏绝，何尝借才于异代？不患无才，所患求之之道未至耳。待其自求而后用之，求进者必非佳士。其有异才者，必不肯自鬻其身也。混一以来，中外荐举，纷奏选章。而取好人之使，接踵交驿，类皆猥琐龌龊之辈，次则庸医缪卜及行符水、售妖术之流耳，未见得一真好人也。古语云："达视其所举。"又云："惟贤知贤。"荐引者己非好人，安能识一真好人耶？况贤才之生，散在四方。古今大贤，多产于遐陬僻壤之地，出于闾阎寒素

之家，虽明君哲辅不能周知，岂岩廊之内，跬步之间，所能尽天下之贤。今朝廷选人，省部台院互相推举，见任者既罢，前废者复起。往来除授，不出眼前数辈而已。使皆贤也，尚不足以举政，况未必皆贤耶。既不取人于寒微，又不历试其能否，数年之后，旧人已死，来者又皆不经事之少年，无仁贤则国空虚，识者之所甚忧也。

当今既无广取之科，又无精选之法，取人于吏，他无进身之阶。海宇之中，山林之下，怀瑾握瑜，韫匮自珍者，甚不少也。如郡县之吏，或以市井小辈，或以仆御贱夫，皆顽顿亡耻之徒，技止于刀笔，力困于期程。彼磊落之才，必不肯屑就明矣。如朝中小吏，若非达官之瓜葛，即是见役之梯引，争附炎门，自同舆皂，皆游惰无知之子耳。或有生脚而至者，以文学结交，决难投合，非礼物贽见，何足动人，又岂贫者之所能办。彼有志之士，必不肯苟合亦明矣。

今朝廷上下，不问何人为贤，不知贤为何物，但以巧令迎合，即为精细；以勤奔走，善枝梧，即为了得；以久出门下包苴追往，即为知识好人。所知者止此，所举者亦止此。而使此流皆得以居官治民，只见人才日少，政事日乖，纪纲日坏，不可得而复整矣。使一路一县一衙门之内，止得一真贤委而用之，何政不举，何事不办。不浚其源而澄其流，不端其表而正其影，虽日夜纷更，徒劳无益也。

宜令各道廉访司、随路文资官采访遗逸，无问已仕未仕、见仕在闲，但德行可取，才能足称，卓然为乡里所敬及郡邑有声者，不限员数，具以名闻，待以不次之擢，任以繁要之职；兼内外台设监察御史五十余员，各令岁举一人，重责执结，如大失举，甘当罢职不叙，必然不肯徇情容私，以自贻身祸也。贤者遭时，喜于自效；朝廷得人，足以分忧。古者明良相逢之盛，复见于今日矣。①

如前所述，成宗朝采用的官吏推选方法出自中书省的建议，与郑介夫倡导的不限人数推荐"好人"的方法略有不同，但选贤原则应是一

---

① 郑介夫：《上奏一纲二十目·求贤》，《历代名臣奏议》卷67，《元代奏议集录》（下），第90—92页（《全元文》第39册，第52—54页）。

致的，表明郑介夫的建议可能产生了一定的影响。

（二）养士

要作成贤者和人才，必须注重学校教育，正如郑介夫所言："学校所当崇也，而视为不急之务。往往求进者因朝廷不以为重，多不揆己而妄求，而朝廷亦以为轻，故不择人而准保。非惟主领失人，学校虚设，而选法之坏，士风之薄，亦职此之故，又非时政之弊乎。"他所提出的养士建议，就是要慎选教师，不仅要给予教师丰厚待遇，亦要明确其所承担的教书育人责任。

> 自唐虞、三代、春秋、战国以来，王宫国都，下及闾巷，莫不有学。由闾塾而升之党庠、遂、序、乡校、国学，自月书季考，以至三年大比，兴贤能而爵之禄之。汉唐以后，崇尚益加，建太学赡生徒，至亿万计。如六朝之纷扰，南北之战争，亦未尝一日废学。而公卿大夫，有不出于学校中者，虽处尊荣，终身为耻。是以古今用人，必从学校，舍此他无取焉。
>
> 钦睹明诏，学校之设，所以作成人才，仰各处正官教官，主领敦劝，严加训诲，务要成材，以备擢用。仰中书省议行贡举之法。今内而京都，外而郡邑，非无学也，不过具虚名耳。
>
> 学校已为虚设，又立一儒学提举司，上不能承流宣化，下不足仪表后进，尤为冗滥者也。且今之为教授者，失于遴选，熏莸并进，有犯赃十恶之徒，有市井无赖之辈，亦有江湖间说相谈命技术之流，及有新进少年，假儒之名，全不通文理者。主领不得其人，安能责成其效。
>
> 夫士列四民之一，为国效役，乃分之宜。而治国、平天下，必须取才于士，非工、农、商之比，在朝廷自当有以优异之，故除徭以逸其身，存恤以养其心，好爵以縻其材，信任以行其志。必如是，可以尽乐育之道也。尽优异之虚文，无激劝之良法，终何补于世用。
>
> 今后宜以教养实效责之教授，常令风宪官及随路文资官严行体访，但素行有亏无足师范者，即便弹罢。精选德行文学所推敬者，补授见阙，勤加勉励。每岁于朝廷优给衣粮以赡养之，限二百员或三百员，校其能否，次第录用，庶使学校不为虚设，人人各知自

奋，数年之间，诵济济多士之诗矣。①

成宗朝确实在兴学措施中有对教师的较严格要求，与郑介夫等人的建议应有一定的关系，但各地的儒学提举司并没有被撤销，只是对任职者和职能有了更明确的规定。

（三）息奔竞

郑介夫强调："奔竞所当息也。今求仕必须亲身，升等必待营干。若朝市之近，山林之远，有闭户读书绝迹权门者，决无得官之理，又非时政之弊乎。"奔竞已经成为当时恶劣的士风，所以郑介夫希望朝廷能够出重手刹住此风。

> 奔竞之风，尤不可长。古之人惟患德之不修，学之不讲，不患人之不己知。故用行舍藏，一安于命，仕止久速，各随其时，何尝识有奔竞之事。国朝混一之初，力革虚伪，选任实才。此时求进者少，人心犹有古意。近年以来，幸门大开，庸妄纷进，士行浇薄，廉耻道丧，虽执鞭拂须舐痔尝粪之事，靡所不为。其有攀附营求即获升迁者，则众口称之羡之以为能；若安分自守羞于干谒者，则众口讥之笑之以为不了事。习已成风，几不可解矣。

> 夫尺寸之名，求则得，不求则不得，人安得而不争？锥刀之利，趋前则有，居后则无，人安得而不逐？俗流相因，恬不知怪。而能不求不趋，卓然自立于名利之外者，千万中无一人也。风宪之官，尤为礼义廉耻之所自出，往往亦可求而得之，又何怪世俗之皆然耶。昔人云："天下有道，公论在朝；天下无道，公论在野。"甚矣天下不可一日无公论也。公论所在，如鉴空衡平，纤毫不能以容其伪，虽无事于奔竞可也。自公论不明之后，美恶妍丑，略无定价，爱憎取舍，一出私情。人非乐于奔竞也，其势不得不然耳。

> 当今中外穷达之士，有皓首穷经，赤心报国，而未获一阶半级之升者，何可胜计。仅能点缀字画，便可以拾取朝廷之官爵，岂不贻笑于天下后世耶。市井之间，莫不忻慕得写者之迁擢有期，又怨咎不得写者之求干不早；而得写者皆志高意满，不得写者亦深自悔

---

① 郑介夫：《上奏一纲二十目·养士》，《历代名臣奏议》卷67，《元代奏议集录》（下），第92—95页（《全元文》第39册，第54—57页）。

恨。民习淳漓之判，正在此日。失今不救，则流祸未知所终也。若遽欲反其浇风，易其心术，夫岂一朝一夕之故。且先自志书、金经二事始，宜将前次之已升已注者，追理前资，尽行改正；今次之求升未升者，截日停革，杜其妄想。使天下之人明知上意之所向，自然各识进退去就之宜，出处行藏之正，虽未能尽化天下之俗，而奔竞之风亦能十去其七八矣。其于世教，实非小补。①

需要说明的是，郑介夫所强调的息奔竞，指的是用人方面的奔竞，即采用不正当手法谋取要职和显官，而不是朝廷所要抑制的以贡献田产等谋取庇护的奔竞，因为后者在郑介夫看来应该是"投献"而不是"奔竞"。郑介夫以"公论"控制奔竞的说法尤为重要，因为在用人方面一旦没了公论，什么丑恶的现象都可能出现。

（四）重直言

贤者直言，对主政者具有重要的意义，所以郑介夫指出："直言所当求也。近虽容受陈言，可即行之，否即舍之，而乃反复议拟，动经旬月，议以为非，已同故纸，议以为是，亦成虚文，非时政之弊乎。"他不仅强调了朝廷要真心纳谏，还要注重实效，因为虚政最为害人。

> 虚文无实，坏政尤甚。汉宣帝信赏必罚，综核名实，政事文学法理之士，咸精其能。其时犹有王成虚增户口，黄霸妄指神雀，议者以有名无实讥之，况下此者，不言可知。今朝廷布政颁令，出于一时漫浪之言，百司不知所守，百姓不以为信，习为文具，徒美外观，虽庶人不能以理其家，况可以治天下乎。

> 且即所见而言之。明诏德行文学高出时辈者，有司保举，肃政廉访司体覆相同，以备擢用。年来中外所举，不为少矣，未见擢一才，拔一士，岂非虚文求人乎。若荐状明白，必须录用；如人不当任，则必与保官同黜，斯为用人之实也。明诏政事之未便，人情之未达，朝廷得失，军民利害，有上书陈言者，皆得实封呈献。年来官庶所陈，不为少矣，未闻纳一谏，从一事，岂非虚文求言乎。宜选省台中曾历外任文资官，专一披详，择其可取者，不必议拟，即

---

① 郑介夫：《上奏一纲二十目·奔竞》，《历代名臣奏议》卷67，《元代奏议集录》（下），第96—98页（《全元文》第39册，第57—59页）。

见施行,斯为用言之实也。

近朝廷庶政更新,整除前弊,如裁减官吏,分拣怯薛歹,禁绝别里哥,一时号令雷厉风飞,众听群心为之惊耸,谓德化之成,指日可待。侧耳数月,皆已寂然无闻。是朝廷虚言以戏人耳,欲民之无骇,不可得也。凡布一政,颁一令,务在必行;设一官,分一职,责以必效。上无苟且之谋,下无慢易之心,上下一意,以实相与,所谓执此之政,坚如金石,行此之令,信如四时,据此之公无私如天地,将何事之不可成哉。①

郑介夫对成宗即位后形式主义政治措施的严厉批评,是较为深刻的,因为所谓的"守成政治",确实存在着只说不做的严重缺陷。尤为重要的是,只重形式不重实效的理政方式,以及名为纳谏实为拒谏的行事风格,已经使朝廷严重失信于民,而主政者显然并未认识到问题的严重性。

从以上郑介夫的用人和养人建议不难看出,他对因循守旧、表面文章、敷衍拖沓、不愿或不敢作为的官场风气极度不满,不改变这样的风气,再好的养人、选人、用人方法也没有用,因为"贤人政治"与这样的风气格格不入,贤臣良吏也只能成为恶劣风气的牺牲品而已。当然,要改变官场风气,确实不是一件容易做到的事情,所以郑介夫于此所呈现的只能是悲观的态度。

三 革新官制

吏弊是历代王朝的通病,为解决这样的难题,郑介夫提出了任官、选法、俸禄、怯薛四方面的建议。

(一) 任官

郑介夫指出:"官冗吏繁,所当减并也。近闻置局商度当否,犹豫半岁,竟已寂然。夫添一官,则为民增一害;省一职,则为民去一蠹。此理甚明,其事甚易,合存则存,合革则革,立谈可决,正不用如此狐疑也,非近事之失乎。"他不仅要求淘汰冗官,还特别强调在任官时要打破儒、吏互不相通甚至互相对立的格局,并明确提出了吏员应全部出

---

① 郑介夫:《上奏一纲二十目·核实》,《历代名臣奏议》卷67,《元代奏议集录》(下),第98—102页(《全元文》第39册,第59—62页)。

于儒学子弟的建议。

> 古者任官之法,由儒而吏,自外而内,循次而进,无有僭逾。今中外百官,悉出于吏。观其进身之初,不辨贤愚,不问齿德,夤缘势援,互相梯引。有力者趋前,无力者居后。口方脱乳,已入公门;目不识丁,即亲案牍。区区簿书期会之末尚不通习,其视内圣外王之学为何物,治国、平天下之道为何事,苟图俸考,争先品级,以致临政懵无所知。
>
> 《传》曰:"仕而优则学,学而优则仕。"不知为学,岂知为仕,心术既差,气节何在。今随朝吏员通儒明吏者,十无二三。天下好官尽使此辈为之,甚可为朝廷名器惜也。夫吏之与儒,可相有而不可相无,儒不通吏,则为腐儒,吏不通儒,则为俗吏,必儒吏兼通,而后可以莅政临民。《汉书》称儒术饰吏治,正谓此也。今吟一篇诗,习半行字,即名为儒,何尝造学业之深奥。检举式例,会计出入,即名为吏,何尝知经国之大体。吏则指儒为不识时务之书生,儒则指吏为不通古今之俗子。儒自儒,吏自吏,本出一途,析为二事,遂致人物之冗,莫甚于此时也。
>
> 昔宣帝以太守为吏民之本,尝曰:"庶民所以安其田里,而亡叹息愁恨之声者,政平讼理也。与我共此者,惟良二千石乎。"太宗谓养民惟在都督、刺史,县令尤为亲民,不可不择。如路、府、州、县之官,实百姓安危之所系,若以内为重,以外为轻,是不知为政之根本也。久任于内者,但求速化,不历田野之艰难;久任于外者,惟务苟禄,不谙中朝之体面。今朝廷既未定取人之科,当思所以救弊之策,在朝宜少加裁抑,在外宜量与优迁可也。
>
> 今后州县吏员,当尽取之儒学子弟,每岁令风宪官选其行止无过、廉能可称者,贡补省、部典吏。县则补于部,州则补于省,满考,则部典吏发充外路司吏,省典吏发充宣慰司令史。又每岁择其上名贡补六部寺监令史,满考,则发充各省令史,并令依例入流。其台院令史,从外任八品官选取,其省掾从外任七品官选取,通理内外俸月以定升黜。县教谕与路司吏同资,路学正与宣慰司令史同资,各从所长而委用之。百官自三品以下,九品以上,并内外互相

注授。历外一任，则升之朝；随朝一任，则补之外。凡任于外者，必由内发；任于内者，必从外取。庶使儒通于吏，吏出于儒，儒吏不致扞格，内外无分于重轻，虽不能尽选举之规，亦足以救一时之弊也。[①]

任官还应该严格实施官吏考核，使"五事"成为真实衡量地方官员好坏的标准；御史台、司农司、翰林院等机构也应该发挥真正的作用，郑介夫就此提出了明确的要求。

格例该诸县尹，以五事备者为上选，三事成者为中选，五事俱不举者必黜。今各官解由之内，无有不备五事者，皆是满替之后，巧装饰词，私家填写。上司更不推问，但办凭无伪，俸月无差，便给半印，依本抄连。到选之日，真伪无别。实备五事而无力者，止于常调。虚称五事而有力者，则引例升等，岂非虚文考绩之弊乎。宜从各官所属上司，考察其在任有无五事实迹，另行开申付部，以定升黜，斯为责效之实也。

国家立御史台，立肃政廉访司，不拣甚么勾当，并令纠弹，凡有取问公事，诸人无得沮坏。今所纠劾者，仅可施之小官下吏，若据要津凭城社者，莫敢谁何。纵令言之，亦不听之。所荐举者，呈省到部，俾同故纸，虽有异才，终不见用。言既不行，因以为欺。而外任巡按书吏人等，反有借风宪之威，徇私纳贿，无所畏忌，其为民患，过于有司。今台选中所用人物，冗杂逾甚，岂非虚文重台察之弊乎。责任既专，则言无可否，必合信从；若所言不公，则严加诛罚，斯为任风宪之实也。

国家立司农司，以敦农政。路县正官衔内，加以兼劝农事。每岁仲春，令亲行劝农，重农之意可谓尽矣。夫农桑之事，民所恃以为命者，一日不作，则终岁饥寒，谁肯惰农自安，以贻伊戚。惟在上之人养之爱之，使之无失其时，自然各安生理，不废农业。若使亲民官吏纵其侵渔，日夜叫嚣，鸡犬不得宁焉，虽家置一劝农之官，何益于事。如每岁出郊劝农，各官借此为游宴之地，带行不下

[①] 郑介夫：《上奏一纲二十目·任官》，《历代名臣奏议》卷67，《元代奏议集录》（下），第56—58页（《全元文》第39册，第25—27页）。

数十百人，里正社长科敛供给，有典衣举债以应命者。一番扰民，诚为不小，所谓以无益害有益，岂非虚文务农乎。若严禁游手之徒，罢绝妨农之事，则力耕者众，田野自辟，斯为重农之实也。

国家仿古立翰林院、集贤院、秘书监、太常寺，可谓彬彬文物之盛矣。今翰林多不识字之鄙夫，集贤为群不肖之渊薮，编修检阅，皆归于门馆富儿；秘监丞著，太半是庸医缪卜。职奉常者，谁明乎五礼六律？居成均者，谁通乎诗书六艺？且为公家分任一日事，则酬以一日俸。今十日之间，仅聚三日，一月二十一日闲居私家，虚给俸禄，受若直而怠若事可乎。况九日完坐，又不过行故事同杯酌而已。若云无事可举，不必滥此职名以示美观也。如医学、儒学、蒙古学，各置提举司，尤为无益于国政。若此者众，不可枚举，岂非虚文设官乎。无问内外衙门，凡新所添设，尽行沙汰，旧有冗员，严加减并，则官无旷职，人无废事，斯为命官之实也。①

在任官问题上，郑介夫最看重的是用什么人的问题，所以在儒、吏、官的关系上，他与其他人观点的最大不同，就在于不仅强调了儒者为官的重要性，还特别强调了以儒代吏的论点。应该看到，恰是郑介夫明确提出了将吏全面儒化的要求，使他成为最积极和最彻底的以儒为吏论者。

(二) 选法

郑介夫认为："选法所当清也。近吏曹铨拟，纵私逾甚；集贤翰林，乱保滋多。待除求进之人，接袂摩肩。不平之鸣，溢于闾巷。选法紊坏，日甚一日，非时政之弊乎。"为此，不仅要使省部选官的"常选"和皇帝选人的"别里哥选"并为一途，还要真正使选法发挥作用，而不是徒具形式。

> 选曹乃治化之原，人材所自出之地，至甚不轻选者，选择之义也。古之选法，选其能者取之，不能者去之。今之选法，但考俸月之多寡，定品给之高下，如是而已。有虞三载考绩，三考黜陟幽明；成周三岁则大计群吏之治而诛赏之，不闻三年必转一官，三考

---

① 郑介夫：《上奏一纲二十目·核实》，《历代名臣奏议》卷67，《元代奏议集录》(下)，第98—102页(《全元文》第39册，第59—62页)。

必升一级也。选法弊坏,莫甚于此时矣。

古者自州县官以上,皆天子自选,故铨曹每拟一官,必先禀命于天子。天子欲用一人,亦询其可否于执政。今乃以省部除授之官指为常选,以天子委用之人指为别里哥选。夫天下之官,孰非天子之臣,安得以一朝省而自分为两途耶?缘常选所除,非出天子之意,而别里哥所用,又非中外推许之人,所以不能归一。若尽以别里哥不得预常选之列,则是天子之言得制于省部之手,太阿之柄几于倒持矣。

今宜先择风宪官,委令常加体察,除赃滥正犯之外,有疲软不胜任者,行止不廉者,帷簿不修者,依阿取容而无所成立者,并许弹罢。有德行可以廉顽立懦,才干足以剸繁治剧,但一事可称、一行可取者,并许摘实荐举。依古法分为上中下三考,书上考者升,中考者平迁,下考者降,不入考者黜,从宪司上下,半年或每季终,造册开呈都省。如各官根脚、年甲、籍贯、三代,已载元除,在任实迹,已见考书,解由之内,不必赘写,止称历过俸月足矣,并令还家听除,不许亲赍赴都。各省逐月类咨差官,驰驿入选,令选曹自计考书之上中下,以定黜陟诛赏,然后照阙铨注,将合授宣敕,发付各省,于元籍标散。贤能者不待致力而自升,谁不知劝。愚不肖无所容私而被降,谁不知惧。赏罚既公,众心自服矣。如民生休戚,官吏贤否,既已责任宪司,又有监察御史不时差出问事,何须重复遣使巡行郡邑,但每岁委清干官巡按各道,专一体问风宪。僚属有政事无取,举劾不公者,比之有司,罪加二等。如此行之一年,选曹不得而卖阙,仕人不得而计置,台察不得而徇私灭公,此绝弊幸之要道也。①

郑介夫还明确提出了恢复科举取士的要求:"贡举所当行也。虽尝形于诏书,终然付之埋没。今合朝官职尽属吏员,其进身也既不出于文学,亦不由于选举。问其吏,则不知民间疾苦;问其儒,则不通文理句读。十数年后,儒之类灭,欲求识一丁字者,亦无之矣。虽未至焚书坑儒,而不焚之焚,不坑之坑,其祸尤烈于昔。此事大有关于理乱之故,

---

① 郑介夫:《上奏一纲二十目·选法》,《历代名臣奏议》卷67,《元代奏议集录》(下),第58—62页(《全元文》第39册,第27—30页)。

执政者何不垂鉴乎。"郑介夫的无科举将导致儒灭的说法，显然是言过其实，因为废罢科举几十年来，并没有出现儒灭的现象，他不过是要以危言耸听来强调科举的重要性而已。

(三) 俸禄

为袪除吏弊，不仅要注重任官和选法，还要特别注意俸禄不均的问题，正如郑介夫所言："俸禄所当均也。近增官吏俸米，通支粮二十八万余石。外任分给公田，多归于冗员冗职；实勤王事，则不免乎号寒啼饥。内任虽曳紫悬金，立可企斯，而买桂炊玉，居甚不易。纵益之以升斗之粮，莫能禁其寻尺之枉，徒多费太仓之粟，实未得均禄之道，非近事之失乎。"解决这一问题的思路是为官吏加俸，其理论基础则是以俸养廉。

  孟子曰："禄足以代其耕也。"在官者不耕而食，故制禄以代之。禄有不及，何以养廉。汉宣帝诏曰："吏不廉平，则治道衰。"今小臣皆勤事而俸禄薄，欲无侵渔百姓，难矣。近来贪官污吏习以成风，禄之有余者，则视为傥来，略无撙节之心，禄之不足者，则借曰无可养廉，恣为侵渔之地。上下交征，相承为例，廉耻道丧，不觉其然，宜思所以整救之可也。时务所急，虽未专在此，而禄之不均，自是朝廷一大缺政。

  议事之臣，日夜讲求俸米之说，谩尔纷纷，莫穷要领。其有俸钞，有职田，则过于厚；无俸钞，又无职田，则过于薄。尸位素餐者空负靡廪粟之讥，服勤输力者乃有饭不足之叹。若能哀多益寡，截长补短，职田所收，自可敷用。今有额外多费二十八万余石粮，徒于国储大有所损，实于官吏未见其益。且丞相职居人臣之右，每月得俸八锭有零，一日之俸不满十四两，若放晋之何曾日食万钱无下箸处，虽罄竭私帑，亦不能自给矣。天子立相，必须厚禄以优崇，大臣律身，自宜戒奢而从俭，岂可先处以约而薄其所养哉。今俸自三锭以上者，不得添米，官益高而俸益薄，甚非尊尊贵贵之道也。又如随朝大小官及各处行省、宣慰司，皆是枢要重臣，既无所取于民，又无职田可收，纵添些少俸米，何足为养廉计。君子犹良骥也，欲责之日行千里，又不饱以刍菽，世无是理也。宜尽取原拨职田，合收子粒钱粮，官为收贮，将中外合设人员，分别差等而普及之。随朝官吏俸给虽厚，米价则穿，凡俸五两，月给米一石。外任官吏俸给既薄，米不值钱，凡俸五两，月给米二石。五两以上，随俸加之。不愿支米者，则随时价准之以钞。内外台察院、廉访司，事烦而形神劳，官清而交往绝，比之有司，量加优添，所以重风宪也。和林、上都、山后、河西诸州城，不系出米去处，照依本处时估折价，不当拘以二十五两，所以重边鄙也。无分军民各色官吏，但请俸钱者，随所给钞数，按月支米。原无俸钱者，随所授品从，依例增支。将官收职田钱粮，先尽外任数足，其余剩者，尽令起运赴都，以给随朝官吏。计其所得，倍多于前，又可无过费太仓之粟，此所谓利国利官之要道也。其禄既均，其政自平，免致饥寒之忧，自存廉耻之节，然后律之以赃贪之法，彼亦不得而有辞矣。①

成宗朝确曾有增加官吏俸米的做法，应与郑介夫的建议有关，但是增加了俸米，仍与以俸养廉的标准相差甚远，亦不可能达到"均俸"的要求。

（四）怯薛

朝廷特有的怯薛，已经不再是一个纯粹的军事组织，早已成为一个重要的入仕途径，所以郑介夫强调："怯薛所当裁减也。近奏准分拣，中外忻快，而各官掩护，力寝其行。良家有才无力之士，反不见取，军站杂色无赖之流，则当直自若，非近事之失乎。"裁减怯薛的最有效方法，就是要排除各种阻力，使"别里哥选"与"常选"真正合为一途，而不是对怯薛实行有名无实的分拣。

> 古称侍卫禁直左右前后之人，今谓之怯薛歹。以今仿古，而古者为数甚多，立名甚繁。今之名数，视古颇简。
>
> 夫怯薛之名，将以侍君侧，直禁庭也。今乃出入私门，效奔走于车尘马足之下，实当怯薛者，十无二三。是各官门下之怯薛，非天子根前之怯薛也。
>
> 愚臣不肖，隶名正宫位下奥剌赤，身役三年于兹，稔知其弊，

---

① 郑介夫：《上奏一纲二十目·俸禄》，《历代名臣奏议》卷67，《元代奏议集录》（下），第86—90页（《全元文》第39册，第49—52页）。

常窃自笑。每岁朝廷支粮给衣，以养我辈，何补于国哉。今江北江南，富家巨室夤缘而至者不计其数，纵贿挥金，略不爱惜，鞍马骑从，有似贵游，或以坐子为家，或取乐人为妾，似此之流，大伤风化。究其所因，自韩光甫以说谎出入于脱火伯之门，不及半年，便除杭州府判，人争羡慕，谓投当怯薛者，即可得六品管民官，扇惑富豪之民，妄生奔竞之心，皆有以召之也。

近睹朝省有严行分拣之令，私窃自喜，遭遇圣朝行此善政，虽被斥逐，实所甘心。岂谓各官头目顾为私谋，不恤大体，其势必不可行矣。若去一人，虽国家得省一名之虚费，而各官未免失一户之供给。取办于公而归利于私，宜其百端阻当也。今遽改前令，停罢分拣，固见圣德之宽容。然以为不当分拣，则宜拒绝于闻奏之初。如以为必合分拣，岂宜变易于已准之后。王言如丝，涣号犹汗，使既出而可以复反，百姓观瞻不可掩也。万世青史，谓之何哉。

如准所陈行之，自可免分拣之多事也。每岁国家省粮数十万石，缎子数千万锭，岁收草料三中之一，足了支持。而百姓亦免盐折草之料，官省其劳，民受其利，诚为两得矣。既有职役定员，则挟赀投入者无所容力；既有出身定例，则别里哥选不禁自无。此国家无疆之休，子孙万世之利也。①

对于积习已久的吏弊，郑介夫建议的都是"下猛药"做法，如以儒代吏、恢复科举、大增俸禄、取消别里哥选等，因为没有这样的强硬措施，不可能革除吏弊。当然，在守旧的官员看来，郑介夫的建议太过理想化，与现实差距太大，所以不仅不会被全部采纳，还可能被斥之为腐儒的迂阔想法。而后人所赞赏的，恰恰应是郑介夫的"积弊用猛药"的政治变革思路。

四　定律建储

要想长治久安，需要注重法律等方面的要求，郑介夫为此特别提出了定律、刑赏、储嗣三方面的建议。

---

① 郑介夫：《上奏一纲二十目·怯薛》，《历代名臣奏议》卷67，《元代奏议集录》（下），第107—109页（《全元文》第39册，第66—68页）。

（一）定律

郑介夫认为，法律的缺失是影响良治的一个重要因素，所以强调："法律所当定也。窃闻都城内外，近闻亦有强盗夜劫之风。且闻临清以东，河西以北，私酤私牛，狼藉官道，藐视官府，若无所禁，虽都下正自不少，外路概亦可知，是人心全无忌惮也，又非时政之弊乎。"郑介夫所要求的定律，就是《大德律令》，因为他认为有了律令，臣民才能守法。

> 律者，所以齐天下之动，至公大定之制也。皋陶作士，明于五刑；穆王训画，罚属三千。纲举目张，井然不紊。故百官奉法，各知所守而不敢逾；百姓视法，各知所避而不敢犯。自三代而下，国家立政，必以刑书为先。历观古今，未有无法而能一朝居也。
>
> 孔子曰："刑罚不中，则民无所措手足。"今者号令不常，有同儿戏。或一年二年前后不同，或纶音初降随即泯没，遂致民间有一紧二慢三休之谣。上无道揆，下无法守，不闻如是可以立国者。
>
> 昔先帝时，尝命修律，未及成书。近议大德律所任非人，讹舛甚多。今宜于台阁省部内，选择通经术、明治体、练达时宜者，酌以古今之律文，参以先帝建元以来制敕命令，采以南北风土之宜，修为一代令典，使有司有所遵守，生民知所畏避，国有常科，吏无敢侮，永为定制，子孙万世之利也。诸色衙门投下头目，除管领钱粮造作外，无问大小词讼俱涉约会者，并令有司归问，似望政归一体，狱无久淹，可谓成物之简能，太平之要道矣。①

从郑介夫的建议可以看出，何荣祖编撰的《大德律令》之所以未能刊行，一个重要的原因是朝臣等对该律令并不满意，所以还需要有进一步的制订律法行为。

（二）刑赏

郑介夫明确指出："刑赏所当明也。近闻采访使巡行各道，所断官

---

① 郑介夫：《上奏一纲二十目·定律》，《历代名臣奏议》卷67，《元代奏议集录》（下），第81—84页（《全元文》第39册，第46—47页）。

吏，皆绝知识、失计置之徒。若稍有智力者，已望风先为逸罪之谋矣。潜形掩寇，必无逃理，建鼓求亡，谁不趋避。中以私情，纵放侥幸，脱免者何可胜数。大奸巨蠹，未尝少惩，兼巡历之广，阅人之多，岂非出类拔萃者，亦不闻荐一贤，为国家深长计。以言乎刑则未公，以言乎赏则未见，非近事之失乎。"在刑罚和奖赏之间，郑介夫更偏重于后者，并提出了具体的操作方法。

> 夫赏庆刑威，国之大柄。刑威不加，则人无所畏，赏庆不明，则人无所慕，二者不可偏废也。古者立刑，必先施于赃吏。盖赃吏为患，甚于酷吏之肆虐，酷吏虽为少德，人犹得而避之，赃吏徇私灭公，人之受害尤甚。国法之不得行，民冤之不得伸，上情之不得下达，善政之不得及民，皆由赃吏有以蠹之。先去赃吏，犹除草必先去其根也。赃既不行，则刑自平矣。
> 夫法为小人而设，非为君子也。君子之人，必不自同于赃吏；而赃吏之法，必不及于君子。立法非过于严也，治小人之法，当如是耳。然今日之政，不患罚之不至，而弊于赏罚之不公；不患贪者之难制，而病于贪廉之无别。赃吏固严其罪矣，而廉吏则未见其赏也。今省部置立过名簿，不闻有功绩簿；宪司岁报赃罚册，不闻有廉能册。夫人性不大相远，利欲人之所易动，苦节人之所难能，岂以功绩廉能为不美哉。谓暴无伤，谓善不足为也。若为善而无以劝，则皆相习为不善矣。舜去四凶举十六相，而天下大治，非罚之少而赏之多，使善者并进而恶者自化也。明王施政，犹天地之于万物，雨露以滋养之，而后雪霜以肃杀之。有雪霜而无雨露，非所以化育；有刑罚而无恩赏，亦非所以为政也。
> 朝廷昔有封赠之条，该具虽明，而举行未见。今后无分内外大小官员，有一廉如水无扰于民者，令风宪官从公保举，申台呈省，俾同实迹，优升一等，历一考则封赠其父母，再历一考则封赠其妻妾。但才德公勤有一可称者亦如之。不过费朝廷一纸之虚名，而可以收激励人材之实效，使居官报役者，明见赃吏之被祸，及其身，及其父母妻孥，尽不免于戮辱；又见廉吏之蒙福，及其身，及其父母妻妾，俱得享于荣华，谁不愿趋荣而避辱，舍贪而从廉。不待畏

法而不敢犯，举皆革心而自无所犯矣。①

郑介夫将恶吏分为"赃吏"和"酷吏"，强调"赃吏"为害大于"酷吏"，是颇有新意的提法。而刑赏的重点，自然就是以厚赏鼓励廉吏，以严刑处置赃吏，因为廉与赃是完全对立的关系。

（三）储嗣

与法制密切相关的是皇帝应该尽快册立皇太子，以避免可能发生的帝位之争，郑介夫郑重地向皇帝提出了这一建议。成宗于大德九年正式册立德寿为皇太子，应与郑介夫的建议有一定的关系。

> 储嗣一事，最为当今急务。自三代殷周以来，人君即位之初，必先定储嗣，所以示根本之固，杜觊觎之心也。
>
> 钦惟皇帝陛下春秋鼎盛，德业方隆，亿万斯年，正当发轫之初。而拳拳愚忠，首陈储建，则似乎不急不切。然揆古度今，未有如兹事之急且切也。朝廷之上，不知为古今常行之故实，往往视为希世之旷典，虽心知其事之必不可缓，相与钳口结舌，莫敢发言，此爱君忧国者重为之寒心也。今皇太子天性聪明，嫡而居长，神人协赞，朝野归心，宜早建储宫，正名定号，所以尊崇宗社，所以培埴国本，所以镇安天下，圣朝万世不拔之基，实系于此。
>
> 皇太子嗜欲未开，心术未定，宜选择端人正士以傅翼之，与之居处出入，教以汉儿文书，使通古今治乱之成迹，明君子小人之情伪，所谓教得而太子正，太子正而天下定矣。今民家有十产之资，便欲延师训子，为持盈守成之计，孰谓善谋国家者，不如一家之谋邪。古者建东宫，立太子，将以表异示尊，定民志，非泛然之美称也。
>
> 上下二三千年，国家之兴废安危，未有不因储嗣一事。鉴前代已然之失，为今日庶政之先，速定大谋，使天下晓然知之，所谓先立乎其大者，大纲既求，其余事务次第举行，则宗社幸甚。②

---

① 郑介夫：《上奏一纲二十目·刑赏》，《历代名臣奏议》卷67，《元代奏议集录》（下），第84—86页（《全元文》第39册，第47—49页）。
② 郑介夫：《上奏一纲二十目·储嗣》，《历代名臣奏议》卷67，《元代奏议集录》（下），第54—56页（《全元文》第39册，第24—25页）。

郑介夫的定律、刑赏、储嗣建议，在成宗朝得到了一定的重视，因为这样的建议与其他儒臣的建议相同，所以更容易被当政者采纳。

五　解民忧难

长治久安必须关注民生问题，尤其是切实解决蠹民、害民之政的问题，郑介夫为此提出了改钞法、正盐法、严户计、去民瘼、备灾荒五方面的建议。

（一）改钞法

郑介夫指出："物价所当平也。近来钞价贱，物价踊，昔值一钱者，今值一贯，物值钱而钞不值钱。若不改易钞法，增造铜钱，则民生之危蹙殆未已也，又非时政之弊乎。"郑介夫所建议的改钞法，基本原则是钞、钱并用，不仅要新制大德钞，将纸钞改为帛钞，还要铸造新的铜钱，与以往的铜钱通用，以使货币真正起到平准物价的作用。

> 自汉以来，止用铜钱，亦用铁钱。至前宋祥符年，始置交子，续蔡京又请创会子。今之钞法，乃袭前宋交子、会子之旧耳，非古法也。不必究其法始何代，但可以利国济民者通古今可行也。前宋铜钱与交会并行，以母权子，而母益贵。是时民间贫无置锥者，亦有铜钱官会之储，无他，子母相权而行也。今国家造钞虽广，而散在民间者甚少，小民得之者亦甚难，无他，轻重失相权之宜也。夫法立一时，而弊出他日，非法之不善也，乃久而自不能无弊耳。事极则变，变极则反。能因弊更新，然后可传之不朽。

> 当今救弊之策，宜增造大德新钞，与至元钞兼行。大德五贯或二贯，准作至元一贯，明以大德易中统，不过扶至元之轻，以整一时之弊，钞母既起，则物价自平矣。

> 钞法既正，更议铸铜钱法，使辅钞而行，则国家日富，百姓日殷，隆古至治，将复见之。若造新钞而不行铜钱，则钞易坏烂，损之多而益之少，决难经久。造铜钱而不行新钞，则至元太过，恐一旦行之，轻重相悬，不以为便，二者不可偏废也。

> 愚今请造铜钱，以翼钞法，虽于国未见近利，将以大利于民耳。如一岁造钞一百万锭，五岁该五百万锭。纸之为物，安能长久，五年之间，昏烂无余，逐年倒换，尽皆烧毁，则五百万锭举为

乌有，所存者仅工墨钞十五万锭而已。如一岁造铜钱一百万，散在天下，并无消折，岁累一岁，布流益广，虽亿千万年，犹同一日，所谓钞为一时之权宜，钱为万世之长计也。

详今用钱之便有三：一则历代旧钱散在民间，如江浙一省，官库山积，取资国用，可抵天下周年之税，非为小补。二则市廛交易，不烦贴换，虽三尺孩童，亦可入市，免有挑伪昏烂疑认之忧。三则国之所出者钞也，民之所出者货也，钞以巨万计，国不可以得民货，货以畸零计，民不可以得国钞。若使畸零之货可易铜钱，则巨万之钞自然流通，此国与民之两便也。

禁钱之不便亦有三：一则见有废钱日渐消毁，随处变卖，镕化为器，灭弃有用之宝，沦为无用之铜，深为可惜。二则市井懋迁，难以碎贴，店铺多用盐包纸摽，酒库则用油漆木牌，所在风俗皆然，阻滞钞法，莫此为甚。三则商贾往来，途旅宿食，无得小钞，或留质当，或以准折。村落细民出市买物，或背负谷粟，或袖携土货，十钱之货，不得五钱之物，或应买一钱之物，只得尽货对换，此则农商工贾之通不便者也。

钞法之弊，其害有不可胜言者。钞，国课也，朝廷之柄用也，而与民间共之，可为长太息，可为痛哭。今民间之钞，十分中九皆伪钞耳。伪钞遍满天下，而朝廷略不动念，不知谋国之臣何如其用心也。

愚于读书之暇，反复绅绎，颇得其说，既乏权位，虽有其策，志不得伸，言不得达，惟有怀能抱恨而已。以纸为钞，决难久长。如欲用钞，必须改法，宜仿古用币之意，以绢为之。国家立局，置匠起机，依钞样织成方幅，每贯自为一张，约以尺二长、七寸阔，四围边幅俱全。其贯文就机织成，却以五方印色关防之，取青于极东，取红于极南，取白于极西，取黑于极北，取黄于中土，五色备具，非民间可得之物，虽欲伪为，将焉用之。然织者可作大张，难制小幅，零用自有铜钱，不必小钞，若朝廷出纳，则代以轻赉。此即子母相权之说，一则可以数十年不坏，二则伪造者不得为之，三则免倒换烧毁之烦。行之数年，成多损少，其钞自不可胜用矣。立法之善，无出于此。故曰钱决不可用，钞决不可改，此事有关国计，非泛泛杂律常例之比，可以富民，可以强国，可以解岁饥，可以弭外患，可以万世开太平，真久治长安之策也。虽是群言噂沓，谁适为谋，筑舍道旁，岁不我与，因循苟且，唯唯悠悠，最为政之大患也。①

郑介夫的改变钞法建议，最值得注意的不是钞、钱并用，因为其他人早已提出过此类建议，而是以帛钞取代纸钞，以增加伪造的难度。要克服钞弊，不能不注重钞本问题，郑介夫于此较少提及，就是因为至元钞早已是无本纸币，只能就事论事地提出一些治标不治本的建议。

（二）正盐法

朝廷实行的盐法，已经成为害民的弊政，郑介夫所建议的就是撤销各地的盐课转运司，由地方官员兼领盐政，并确定控制私盐的准则，使蠹政变为良政。

富国惠民，无出于铸山、煮海二事而已。铸铜为钱，固乃国家之大务；煮碱为盐，虽知为重，而未得规画之方。今随处立运司，各场置令丞，实以课程浩大，必须另设衙门，以专管领，不知为蠹民间甚不小也，致弊百端，何可胜言，其于国家，实无所益。且如福建一道，仅抵淮浙一场，周岁办盐七万引，亦设运司正官首领官吏人等，所辖一十场，批引入所盐仓二处，官攒人吏游食之徒，不计其数，惟蚕食盐户而已。

煮盐榷课，所以资助国用。今言者但知为国兴利，不知为国省力。总其所入，为数虽多，扣其所出，已费不少，何异以羊易牛，犹谓之得策耶。且以一引盐论之，岁给工本及柴草等物，又有盐司官吏月支俸给、般运水脚之费，通以价钱准除折算，而官司月过本钱将及一半矣，此则大不便于国家者也。夫畜猫防鼠，不知馋猫窃食之害愈甚；养犬御盗，不知恶犬伤人之害尤急。今盐司官吏犹馋猫恶犬之为害也，宜先去之，则鼠自穴藏，盗亦屏迹矣。

为今之计，不必立奇求异，但祖述刘晏之遗规，则尽善矣。宜将盐运司衙门及各场所设官吏、团军、巡卒尽行革罢，并入有司管领。选省部内才干官一员充榷盐使，于各州县摘佐贰官一员提调盐

---

① 郑介夫：《上奏一纲二十目·钞法》，《历代名臣奏议》卷67，《元代奏议集录》（下），第62—70页（《全元文》第39册，第30—36页）。

事，于出盐去处设乡官一员专掌支发。但签取本处有抵业富家，应当亭户，分认周岁盐额，令亭户自行收拾，灶户任便煎煮，随处立仓交纳，亭户不致于逃亡，灶户可息于追剥，民户亦免团巡诬逮之挠，既无所扰，自皆乐于应办矣。若非亭户、灶户而自煎者，方为私盐，许令盐户告发，依条治罪。事既归一，谁肯轻犯。如工本实为盐司所有，而盐户虚受其名，得免额外苛虐，已云幸矣，虽不支工本，亦无怨也。终岁额办盐引，预于春季作一次发下诸路，给散各乡官收管，令客人径于收盐去处支买，依时价两平交易，听从他处发卖，随所至缴盐引，自可革去买引、揽引、支盐、分例、批引、过关一应之弊。商人获利既厚，则贩者必多，而民间亦可得贱盐食用也。

古今盐法，不过为办课耳，使课而无亏，何必广布衙门，自取多事。今盐有定额，户有定数，私煎有定罪，若一委之有司，取办于亭户，既省俸给工本，自可全收课程，官享其利，而民安其业矣。至于户日蕃而赋益广，盐日多而利益博，他日之增羡，未可以限量计也。富国惠民之道，已尽于此。①

应该承认，郑介夫的正盐法建议带有极强的理想色彩，因为无论是盐课转运司还是地方官员，在"榷盐"方法下都难以改变以盐获利的做法。不改变"榷盐"方法，"盐有定额，户有定数，私煎有定罪"只能是一种永远无法实现的美好愿望。

（三）严户计

郑介夫还特别指出，朝廷设立的诸色户计本是良法，但是在执行过程中出现了不少问题，所以需要回归其最初定制时的做法。

国家设立诸色户计，最为得法，古今不能易也。然法久弊生，若能因弊修理，使久而不坏，即是良法。如军、站乃法之尤善者，而弊在乎消乏。且军户虽困于供给军期，站户虽疲于造船买马，亦多是人家子弟不肖，自行破荡，未可全归咎于军、站之难当也。然当站必须见钞，可无丁不可无产；当军必须亲身，可无产不可无

---

① 郑介夫：《上奏一纲二十目·盐法》，《历代名臣奏议》卷67，《元代奏议集录》（下），第70—74页（《全元文》第39册，第37—39页）。

丁；实则丁产相资，皆不可无也。

今议者纷纭，一则以为当差便，一则以为不便，殊不知南北不同，似难一律。北方站户多贫，终岁营生，仅了应办。南方站户皆巨富，有输粮百石之家，止以四石当水站，其余则安享其利，靠损贫难。北方军户皆元签有丁产大户，一家亲躯至四五十口，限地之外，余剩亦多。南方止是新附军人，间有一二出等大户，乃军官之家，余皆亡宋时无赖之徒，投雇当军，归附后籍为军户，仅有妻子而无抵业。以此北站、南军，再当差发，直是贫不聊生；北军南站，虽重复当之，未为大损也。如照依元签顷亩粮石以定则额，仍旧除免，外有余剩者，却令与民一体当差，庶南北无偏负之失，徭役免重并之忧矣。

如金户一项，所签户计散在诸路，而淘金之地聚在数场。虽令各户自行淘采，其实用钞买金，以办官课耳。既与之免税免役，以税役之费，为买金之资，亦无损于民也。

如匠户一项，随朝所取匠人，与外路当工者不同。在京都者，月给家口衣粮盐菜等钱，又就开铺席买卖，应役之暇，自可还家工作，皆是本色匠人，供应本役，虽无事产可也。外路所签匠户，尽是贫民，俱无抵业，元居城市者与局院附近，依靠家生尚堪存活，然不多户也。其散在各县村落间者，十中八九与局院相隔数十百里，前迫工程，后顾妻子，往来奔驰，实为狼狈。所得衣粮，又多为官司捐除。……今后除随朝匠户外，各路局院宜悉令有司管领，量设局官一员，支给俸禄，其余职名尽行革去。照依水马站例，于有税户内签取人匠，除其税徭，令顾匠当工。如本户自能当匠，或顾匠愿入局受顾者听。庶贫难下户，可免顾工，又得顾钱，以赡其家，自然人匠不至逃亡，工程易以办集。

凡此所言，皆在民间得之，目睹田野利害，无因上达，而朝廷清问，不及下民，似此弊端，何由知之。所宜早加整救，使民得安心而奉公，官不劳力而办事，于国于民，两得其便云尔。

圣朝定夺诸色户计，实为得法。或有未尽善处，非朝廷之失也，不得周知民间之疾苦故耳。若使知之，安得不从而改之。圣朝以仁慈为政，何尝一毫损民之事。如水马站户，与之除粮免差，粮资足以补办，祗应可抵里役。如金户办金，则就推本户合纳之税。

如匠户当工，则官资口粮以赡养之。如灶户烧盐，则给以工本。银场炼锻，既给工本，又与口粮，计所入之课程，正与买价无异。朝廷不以屑较者，将以优恤百姓耳，宁过费于公储，不以重困于民力，爱民之厚，于此可见。①

户计制度之所以败坏，就在于赋役不均，使得不少人不得不以"投献"等方法来"脱役"。正如郑介夫所言："赋役所当平也。如军、站，既已出力当官，每岁租入，仅了支持。而匠户之贫窭尤甚，岂堪重并当差，饮恨吞声，有言莫诉。如儒户，虽无效劳，实关国体。《传》曰：'土之美者善养禾，君之明者善养士。'今儒人之二税既输，初无损于公上，但与除免杂泛差役，少安其心，庶见朝廷乐育人材之意可也。如僧道户计，隐占过半，仍复全免，深为不均。此事尤切于民，执政者何不动念乎。"对于"僧道户计，隐占过半"的"奔竞"，朝廷采用的是严禁"投献"的方法，郑介夫建议的则是以"省役"（或"平赋役"）和"恤养"固化户计的方法。相比之下，郑介夫的方法会增加国家的养民成本，但可以使"以民养国"获得更长久的保障。

（四）去民瘼

郑介夫认为："民瘼所当瘳也。近年以来，存恤之诏屡颁，而举目乏雍熙之和；苛虐之政罕有，而比屋交愁怨之声，亦当思其所以然之故矣。今闾阎之下，田里之中，冤民抑事，丛如猬毛，虽罄南山之竹，莫能枚举而条陈。然疏远琐碎之务，安得一一上烦朝廷，而朝廷亦无以尽知之。故汉相平、勃于决狱钱谷几何之问，而谢曰不知。蜀相亮罚二十以上皆身亲之，失于太察，盖谓其各有司存也。使路府州县牧民之官，任得其人，各尽所职，则凡可便益于民间者，自能尽举。若任非其人，纵其残暴，虽日严禁治之章，家至而户晓，亦无救于百姓也。故曰安民无他道，在乎知人而已。任贤去邪一事，尤为庙堂之急先务，执政者岂可尚付之悠悠乎。"也就是说，能否医治病民之政，关键在于能否以贤者治民。去民病先要去官病，这恰是郑介夫所强调的基本原则。

（五）备灾荒

由于自然灾害不断发生，郑介夫特别强调："备荒所当急也。近睹

---

① 郑介夫：《上奏一纲二十目·户计》，《历代名臣奏议》卷67，《元代奏议集录》（下），第102—107页（《全元文》第39册，第62—66页）。

省部议行赈济，标散户帖，每石六贯五百，放籴官米，每石一十六贯。百姓均为皇帝之子，而限以有无户帖之分；米粮均为皇家之公储，而自为高下价钞之异。如今年阙食止数处耳，未足以言荒也。或有甚于此，更值连岁之欠，出有限之见管，应未已之长饥，将何以救之。每年海道运粮，幸赖洪休，安然得济。或遇不测之风涛，一岁所仰，没为泥沙，将何以继之。修举储蓄之条，置立义仓之策，执政者何不究心乎。"对于如何设立义仓，郑介夫给出的具体建议就是百姓自己出粮入义仓，并且在灾荒时自己支配所入之粮。

  凶年饥岁，古不能免，每每乱亡，由此召之。是以牧民之官，常切究心备荒之策，至甚详密。
  国家混一以来，年谷屡登，民无菜色。间有不稔，未见深害。所以上下偷安，不为经久之思。万一遇大水旱、大凶歉，饥馑相因，骨肉不保，户口星散，盗贼云起，将何策以救之。今民间一年耕，仅了一年食，虽有余粮，亦不爱惜。如近年河南小荒，江淮一水，便已荡析流离，无所依归。
  被灾阙食，朝廷拨降钞三万锭，委官计户见数，大口二斗，小口一斗，赈济两月。……然民生不可一日无食，七日不食则死，安能忍饥以需赈济。若待所在官司申明闻奏，徐议拯救之术，展转迟误，往往流亡过半，此不可一也。灾荒之地，自冬而春，春而夏，直至秋成，方可再生。纵得两月之粮，岂能延逾年之命，此不可二也。天虽雨玉，不可为粟，家累千金，非食不饱。若给以见粮，犹能济急。今散以钞物，非可充饥，纵有钞满怀，而无米可籴，亦惟拱手就死而已。官虽多费，而惠不及民，此不可三也。无预备之先谋，至临危以立策，虽有上智，无如之何。今京都之下，达官大家亦无储蓄，百工庶民皆是旋籴给爨，朝不谋夕。只今米多价平，尚且不给，设使价起，更值凶荒，尽为填壑之饥殍矣。此皆可为甚虑者，而执政恬然不以加意，识者为之寒心。
  伏睹《至元新格》，诸义仓本使百姓丰年储蓄，俭年食用，此已验良法，其社长照依原行，当复修举。文非不明也，意非不嘉也，越十三载未见举行。朝廷泛然言之，百官亦泛然听之，不过虚文而已。

第十一章　儒臣倡导的理政观念　251

> 然此法不可行于今矣，何也？贪官污吏，并缘为奸。若官入官出，民间未沾赈济之利，且先被打算计点之扰，及出入之时，又有克减百端之弊，适以重困百姓也。宜于各处验户多寡，或一乡一都，于官地内设立义仓一所，令百姓各输己粟，自掌出入之数，不费官钱，可免考较。民入一石之粟，自得一石之价，不费于公，亦无损于私。虽不若官支价钱之为便，然为仿古酌今之良法也。①

郑介夫针对民生问题提出的各种建议，在成宗朝未引起重视，武宗即位后则采纳了其中的一些建议，如颁行新钞和铸造铜钱，已见前述。如何解除百姓的忧难，可以有具体的建议，但是更重要的是要有"爱民"和"恤民"的理念，这正是郑介夫反复强调但被主政者完全忽视的内容。

六　厘正风俗

长治久安与社会风俗有密切的关系，郑介夫为此特别提出了抑僧道、抑豪强、正风俗三方面的建议。

（一）抑僧道

郑介夫明确指出："僧道所当抑也。而红帽黄冠，骈阗巷陌，二司头目，分布郡县。朝廷上下，仰之如日月，畏之如雷霆，而官府士民，嫉之如仇雠，恶之如蟊贼。使能祈请而获福，禳度而免祸，必无地震之变矣。其为虚妄，显然可知。今一番灾异，则一番好事，灾异愈甚，而好事愈广，岂天地示儆之至，专为僧道布施之阶，执政者何不深省乎。"由此，郑介夫提出了抑制僧道的具体要求。

> 窃自唐虞、三代以来，国祚延长，群生康泰，不闻有释老也。三国、六朝以后，僧尼道士始布满天下。求福田利益者，不之老则之释。人君好尚，往往过之。夫福，非如粟帛金宝可求而取之物也。上好俭则民财丰，节力役则民不困，养生送死无憾，则四海皆跻于仁寿之域。民生安乐，便是好事，狱讼无冤，便是布施，何必

---

① 郑介夫：《上奏一纲二十目·备荒》，《历代名臣奏议》卷67，《元代奏议集录》（下），第78—81页（《全元文》第39册，第43—45页）。

张浮费，事繁文，泥金检玉，而谒之于虚无也。一僧一道之祝延，不若百姓群黎之同愿；一寺一观之祈祷，不若千门万户之齐声。古谚云："福从赞叹生。"正此谓也。

今各寺既有讲主长老，各观既有知观提举，足任管领之责。随路又滥设僧录司、道录司，各县皆置僧纲威仪，反为僧道之蠹，所宜革去也。且僧道另设衙门，三代以下，前所未闻。亡金弃人尚鬼，故立二司，与民官鼎立而三。岂谓巍巍圣朝，不师古圣王之常法，而踵残金之弊政耶。况为僧录、道录者，皆无赖之徒，立谈遭遇，遽授此职，便与三品正官平牒往来。以白身之人，一旦居此荣贵，得之既易，视之亦轻，宜乎逞私妄作而无复顾藉也。

近令宪司纠刷文卷，僧官局蹐知惧，而僧人皆喜得安，此明验也，所欠道家犹未一体刷卷耳。若僧道中有栖心寂灭、息念尘寰者，必不自絓宪纲，虽无假官府可也。若行止不检，身陷刑戮，亦佛法、道教之所不容，宜令有司管领，严行究治，罪状明白，比之常人更加一等，断遣还俗，彼亦甘心。

今僧道不蚕而衣，不耕而食，皆得全免徭税。而愚民多以财产托名诡寄，或全舍入常住，以求隐蔽差役，驱国家之实利，归无用之空门。视民间输税之外，又当里正主首，又当和顾和买，非惟弃本逐末，实是劳逸不均。今后寺观常住税粮，宜准古法，尽令输官，俟其有佛法高妙道行绝伦者，从众推举，然后蠲其徭役，除其税粮，庶可养成清净之风，亦足激励浇薄之俗也。①

郑介夫还特别说明了儒、释、道三者的关系，使人们知道信守儒家学说和远佛、道的道理。

窃谓释、道之教与夫子之道，并立为三，不知释、道之所谓教者何事。背弃君亲，毁灭纲常，舍本逐末，以此教人，可乎？明知其非而趋从愈广，盖辟之者不针其病，彼得以有辞，谓世间无佛无仙不可也。诚有之，一言以蔽之，曰无用耳。于国无益，于人无济，虽宗而事之，将焉用之。夫圣人之道，不可一日无；三纲五常

---

① 郑介夫：《上奏一纲二十目·僧道》，《历代名臣奏议》卷67，《元代奏议集录》（下），第110—112页（《全元文》第39册，第68—70页）。

之理，不可一日缺。百姓恃此以自存，无此则不能以一朝居。虽无佛可也，无仙亦可也，况彼二者之说，不过窃圣道之绪余耳。夫子之所不屑为，彼方挟此以自高。夫子岂不知佛之为佛，仙之为仙，以其不切于日用常行，故未始言之。昧者反谓佛能超世，夫子不能免于世；佛为上一截事，夫子为下一截事，故夫子之不及佛也。噫，为是说者，愚亦甚矣。殊不知夫子正是上截事，佛乃下截事耳。季路问事鬼神，子曰："未能事人，焉能事鬼。"敢问死，曰："未知生，焉知死。"此一章乃三教是非之所由分也。谓佛超世者，以其入圣而不沦于鬼，趣长生而不与俗同腐也。谓圣人不免于世者，以其犹未能脱然于鬼与死也。其言固高矣，不思天下百万亿苍生，岂能尽为佛、尽为仙乎。能超世者，宁几何人。溯古及今，或得一于千百中，或阅数世而不得一焉，正自不能免于世也。三纲沦而九法斁，礼乐崩而阴阳隔，人之类灭久矣，安得有所谓佛与仙耶？夫子所以不言者，盖为世道深长思也。①

也就是说，抑制僧、道，不仅仅是为了解决经济问题和社会问题，也是为了解决政治问题，因为对僧、道的纵容，实则是对治道学说的重大挑战，不能不引起主政者的重视。

（二）抑豪强

抑制豪强，是厘正风俗的一项重要内容。郑介夫认为抑制豪强的根本方法是参照古代的井田制，实行严格的限田方法，以控制土地来抑制豪强的滋生。

豪侠之辈，代不能绝，世降俗末，流弊滋甚。古之豪霸，犹能赈穷周急，谦退不伐，色取仁以合时，好立虚誉，以要权利。今之豪霸，所谓御人于国门之外者，真生民之蠹，国家之贼也。然有席祖父之势者，有挟富强之资者。其下则有经断官吏，闲废于家，务为泼皮无赖者。人虽不等，均之为蠹为贼耳。凭震主之威，执予夺之柄，死可使活，生可使杀，富可使贫，贱可使贵，此在朝之豪霸也。气烁同寅，吞声莫校，威凌胥吏，奉令惟谨，借公道以纵贿

---

① 郑介夫：《请去佛道疏》，《历代名臣奏议》卷68，《元代奏议集录》（下），第112—116页（《全元文》第39册，第88—91页）。

赇，营私财以夺民利，此在官之豪霸也。布置爪牙，把握官府，小民畏奉，馈遗填门，其孳产视为己物，其妻子婢同奴婢，此在乡之豪霸也。地虽不同，亦均之为蠹为贼耳。然在乡者，虽为豪霸之幺幺，而祸及于百姓则甚大也。且即在下而小者言之，凡有词讼，必须经手，若不禀白而径陈之有司者，则设阱寻隙，陷之于刑。既已归命于己，而官吏有不顺从者，则别生事端，累赃诬告，其齑粉可立而待也。威势既成，动皆如意，村落居民事之如父母，敬之如神明，郡县守宰颐指气使，俯首听命而已。间有一二刚方自立，奋然出为冤民施一援手，仅能抑之一时，被罪还家之后，故态依然，真是法制所不能及，礼义所不能移。朝廷便民之事亦甚不少，微有一利，举入豪家，而细民何尝得沾濡沫之惠。使美政不能下逮者，尽此辈有以阻之也。由此推其大者，为患何可胜言。

圣朝开国以来，轸恤民忧，禁治豪霸，制令甚严，终莫能少戢其风。今上而府县，下而乡都，随处有之，小大不侔，而蠹民则一，蜂起水涌，诛之不可胜诛，虽有智者，莫如之何。愚尝日夜思之，不究其源，徒窒其流，未易以制也。制之之道，惟有井田一法，今不可得而行矣。

为今之计，豪强卒难禁止，惟有限田之法可以制之。酌古准今，宜为定制。每一家无论门阀贵贱，人口多寡，并以田十顷为则。有十顷以上至于千顷者，听令分析，或与兄弟子侄姻党，或立契典卖外人，但存十顷而止。或败亡而所存不及十顷者，亦听。十顷以下至于一亩者，许令增买，亦至十顷而止。宽以五年为限，如过限不依制而田富如故者，除十顷外，并没入官。然官不归于公，仍将没官田召卖与贫民，所得田价，一半输官，一半给主，彼富者亦甘心而无辞。不出十数年，而豪强不治而自无矣。此法不惊民，不动众，不用井田之制，而获井田之利，使周公复生，亦何以易此哉。①

郑介夫要求以限田的方法抑制土地兼并，进而起到遏制豪强的作用，思路有可取之处，但是真正做起来难度颇大，并且可能一弊未

---

① 郑介夫：《论抑强状》，《历代名臣奏议》卷68，《元代奏议集录》（下），第118—122页（《全元文》第39册，第80—84页）。

去，他弊又生。仁宗朝实行的"延祐经理"，尽管与郑介夫的建议无直接联系，但确实包含了一定的"限田"因素，其失败的结果亦证明了土地问题确实值得关注，但不能用过分理想化和简单化的方法来解决问题。

（三）正风俗

郑介夫还特别指出："风俗所当正也。京阙之地，教化所先，淫风大行，灭弃廉耻。南北之民，相习为薄，鬻妇贩子，绝恩离情。今天下皆急私而慢公，先利而后义，所关甚不小也，又非时政之弊乎。"郑介夫要求从六方面正风俗，一是不许逼良为娼，二是禁止收继婚，三是禁止奴告主，四是惩罚不孝之人，五是禁止随意休妻，六是严格执行服色的规定，并明确提出了以法令维系风俗的要求。

> 礼义不立，廉耻不兴，风俗日薄，人心日漓，如人之一身，已无元气，安能长久。风俗乃国之元气，国祚修短，系乎风俗之厚薄，所关甚不轻也。知为政之要者，当以移风易俗为第一义。夫移风易俗，莫大于礼乐教化。
>
> 自混一以来，今将三纪矣。以时考之，则可兴礼乐，崇教化，变风俗，不可谓之太早计。而朝廷上下略不及此，苟且一时之谋，不思万世之策，甚可为长太息也。
>
> 德风所加，靡如草偃，令行禁止，谁敢不从。所谓道以政，齐以刑，民知远罪而未至，革心化行，俗变之余，所谓道以德，齐以礼，民日迁善而不自知。风俗既淳，人心自固，各遵德义，视法如仇，欲挽回唐虞三代之风不难矣。[①]

郑介夫强烈要求厘正风俗，其建议的方法偏重于"管"而不是侧重于"化"，抑制僧道，抑制豪强，抑制各种不良做法，都主要依赖于朝廷的严格限制。在恶俗肆虐的形势下，先限后教，不失为良策，只是限田制已难以再现，分拣僧道的方法亦不会被朝廷采纳，所以这样的建议也只能被束之高阁。

---

① 郑介夫：《上奏一纲二十目·厚俗》，《历代名臣奏议》卷67，《元代奏议集录》（下），第74—78页（《全元文》第39册，第40—43页）。

七　加强武备

在太平环境下，不能不重视军事事务，所以郑介夫明确提出了加强武备的要求："武备所当修也。今将帅重臣，皆承荫子弟、不经兵事之少年。军卒战士，乃互换替名，不习骑射之惰夫。一旦警生意外，驱弱将冗兵投之敌前，其为国家大计甚可忧也，执政者何无远虑乎。"为了推动朝廷重视武备，郑介夫特别提出了阅武、马政、边防三方面的建议。

(一) 阅武

郑介夫强调武备关乎国家兴亡，是长治久安的重要基础，所以必须重视武将的培养选拔和兵士的训练等，因为依靠庸庸碌碌的宿将后裔治军，必将使国家陷入无军可用的境地。

>　　取兵于民，最为近古，计户签军，乃国家之良法。亡宋弛于军政，用钱雇军，以有限之国储，供无穷之战役，遂至兵尽国亡而不可救，此可鉴之覆辙也。
>　　国家自车书大同之后，诚偃武修文之时，既未尚文，又不事武，文武两失，非计之得也。夫治不可恃，安不可偷，天命靡常，难保其长如一日。庙堂之上，习于安娱。辕门之中，恬于豢养。兵不知律，将不知兵，国不知将，一旦走檄传警，以弱将冗兵投之敌前，小出则小挫，大举则大北，何异驱市人而置之死地耶。
>　　昔之为元帅，为万户，为千户镇抚者，皆是披荆棘，冒矢石，身经百战，万死一生，然后报以此职名也。今子弟承荫，不为降资，是不忘其父而惠及其子，固见朝廷之厚德。然承荫者例皆弱冠乳臭之子，著衣吃饭之外，他无能焉。悉赖世资，骤膺异擢，若再有军功，则以何爵赏之。夫兵，凶器也；战，危地也；岂可使不历事之小儿，以当一面之重任哉。兼向出于海放者，今皆无军可管，虚担宣敕牌面，子弟亦复承袭，尤为冗滥，可尽减并也。军人自混一以来，久不知兵。昔之善战者，壮而老，老而死，所余今无几矣。都城之下，禁卫军卒，每岁雇替应役，倏来倏往，互换代名，甫谙兵事，又复还家，尽皆游惰之夫，岂识战为何事。外路镇守者，不闻兵革，不习骑射，升斗之粮，不了供应，汲汲焉买卖为

生，为糊口赡家之计。况各处军官头目，不思分镇军户及国家之士卒，而以该管军人为梯己之丁夫，或令报役私门，或遣营运远方，上失备御之谋，下夺农商之利，虽名为军，实与百姓等耳。似此之徒，使之临敌制胜，惟有束手就擒，虽千百不足以当一二也。

今后军官子孙宜择有器识才力者，比民官承荫之例稍优一等，待其久习战事，显立军功，然后复之以祖父之职。军户宜点其丁壮强悍者，永当官身，勿令交换，朝夕训习骑射，优其衣粮，更立赏格，以激励之。夫将不在多，兵不在众。若训练之精，搜阅之勤，将为勇将，兵皆胜兵，孰有当其锋者。此事似缓而实急，长计远虑者所宜究心也。①

从居安思危的角度看，军队的状况最令人担心，因为在长年没有战事的形势下，军队战斗力下降是常态现象，加之军官无能、内部腐败等，实则已形成难去的痼疾，所以郑介夫有了加强武备的强烈呼吁。

（二）马政

为解决军队和朝廷用马问题，已经实行多年的"刷马"办法，带来了极大的弊病，所以郑介夫建议取消这种办法，发挥游牧民族的长处，在草原地区养马，以达到用马不缺、于民不扰的良好效果。

古今立国，未尝怠于马政，盖以边庭守战之备，马不可缺，而车辇出入，百官拥从，及檄书交驰，邮传迭发，尤不可一日无也。

国朝开基以来，以牧放为俗，羊马之群，遍满谷野，生长草地，不假喂饲之劳，随意所用，如取厩中，是以出兵行师，所向无前，皆资马之力也。近年偃武之余，用马日少，故于马政不复介心。古者给价换马，已非长策，今乃刷马民间，尤为弊政。且南北之风土不同，生长于南者，则不禁其冷；生长于北者，则不禁其热，随其土产之宜而用之可也。若刷东南之马，以供西北之用，则立见其死亡耳。又兼牧于野者，安于水草，习于驰骤，以之临敌，易于鞭策。蓄于私家者，饱以刍豆，勤于剪拂，一旦置之荒郊，便已瘦弱无力，况当矢石之冲，何济于用。朝廷失于计划，苟且目

---

① 郑介夫：《论阅武状》，《历代名臣奏议》卷68，《元代奏议集录》（下），第122—124页（《全元文》第39册，第84—85页）。

前，不循广马之成规，而行刷马之下策，虽曰和买，何异白夺。且刷马之政，出于亡金。其时邻敌交攻，疆土滋削，未免刷之民间，以应一时之急耳。堂堂天朝，不宜蹈袭亡国之遗辙也。兼刷至之马，实无所用，而民间之怨，皆归于国，甚非经久之计。今民间皆畏惮，不敢养马，延以岁月，民马已稀。万一国家急欲用马，何从而得，宜及闲暇早为之谋可也。

今国家之地，数倍于唐，水草美处，尽在版图之中。择宜牧之地，各设牧马监官，给牝马，选用能吏，使专牧马之权，重之以职任，优之以俸禄，责之以成效，不十数年，马不可胜用矣。向来家自为牧，衣食之资皆仰于此，取其余而用之，犹且不竭。况今以全盛之国，又助之以官府之力，因其旧俗而行之，亦甚易事，何必以刷马为政，徒结怨于民间也。①

应该承认，在中原等地区"刷马"，恰是因为草原地区的载畜能力有限，难以支撑国家庞大的用马需求，暂时取马于民间，以作为补充。问题恰恰在于临时性措施变成了长久的做法，使郑介夫不得不以其为弊政，而要求放弃这样的做法。

(三) 边防

在边防问题上，郑介夫重点强调的是两点要求。一是委任边将之后，要给予其处置边务的全权，但必须告诫边将不得妄开边衅。二是边将的僚属，不能听任边将保举，而是要由朝廷统一选取，以使边疆地区有可用之人，并防止边将以此谋私获利。

边远之任，至甚不轻。古王者之遣将也，跪而推毂曰："阃以内寡人制之，阃以外将军制之。"故边将咸得以便宜从事，朝廷不得而专之，无他，谓其谙于风土，习于形势，久知其人之可用与否，以之临事，如身之使臂，臂之使指，莫不顺意。若待朝廷选官分任，无非纨绔膏粱之子，刀笔筐箧之吏，不习兵事，不历艰难，到彼无所用焉。故昔者边鄙用人，每岁给降空头宣敕，令帅臣就便补拟类名申奏而已，以其所用之人，出乎常调之外，非持文墨议论

---

① 郑介夫：《论马政状》，《历代名臣奏议》卷68，《元代奏议集录》（下），第124—126页（《全元文》第39册，第91—92页）。

者所可制其短长之命也。且就安避危，人之常情。万里之远，烟瘴之区，在常选中者，必不肯往。《黄石公·军势》曰："使智，使勇，使贪，使愚。"使智者，乐立其功；勇者，好行其志；贪者，急趋其利；愚者，不计其死。若非至贪与至愚，谁肯离妻子，去坟墓，置身于必死之地。其有轻生好名之人，激节赴义之士，不顾父母之遗躯，求升数级之资品，朝廷亦何吝一纸虚名以勉励之。

然今日未尝无边远选，固有准保定夺者矣。但保举之初，欠于立法防奸；区用之后，失于计功核实耳。如云南、甘肃、八番、两江等处统帅藩臣，一赴阙下，便行保人，就于京都旋捏前资，以所保之品级，定价例之重轻，多者百锭，少者亦三之二。或尽数纳足，或先与一半，或立利钱文书，呈解到省，官可立得。以此，淹困仕人、街市富子每闻一帅臣至，则争先求之，并未尝涉历塞庭，练习边事也。处于豢养者，不吝资财，苟图根脚，又为改仕之谋。出于微贱者，侥幸荣名，欣然勇往，何济缓急之用。

往者，刘、郑二帅妄开边衅，以致云南小有不安。尺地皆祖宗之遗业，一民皆祖宗之赤子，不宜置之度外。如八百媳妇之国，素不沾化，纵令尽有其土地人民，初无益于圣朝之万一。生事之臣但知可以要功希赏，不知有损于国家甚大也。且外夷小丑，何足芥蒂，服不能为国之荣，叛不能为国之辱，得之不足以加国之富，失之不足以致国之贫。故古圣人以不治治之，不计其去就也。

今后远方之事，一切委任边将，借以予夺黜陟之权，责以内守外攻之效，听其择人而使，伺隙而动，可以进则取，不可以进则守。其有赴阙朝见者，乃臣子之彝礼，慰谕勤渠，赐宴增级足矣，不许在都以白呈滥保。凡有合用之人，并从本处公举完签，转申移咨都省，随其所拟职名，即与准给宣敕。若不由各省咨来者，别无定夺，则帅臣不得以容其奸矣。既除之后，考核真伪。有已受不任而借径他求，或已在不职而耽误官事，并须罪及本人，罚及保官，则求仕者揆已无能，自不妄求，保举者量才无取，必不轻保，而边境获真才之用矣。①

---

① 郑介夫：《论边远状》，《历代名臣奏议》卷68，《元代奏议集录》（下），第116—118页（《全元文》第39册，第86—88页）。

郑介夫毕竟当过皇帝的宿卫，不仅对军事有所了解，更目睹了宿将后人的种种不堪行为，所以他的强化武备建议，确实不是泛泛之谈，可惜未能引起主政者的重视。

综观郑介夫的理政建议，尽管不像忽必烈在位时的赵天麟那样系统而全面，但是所体现的语言犀利和对时弊的大胆揭示，对大臣懦弱行为的大胆抨击，以及所倡导的"猛药"措施，都是赵天麟所不及的。尤其是他的"居安思危"忧患意识，更值得时人与后人重视。在太平气象下，由这种意识导出的各种议论，往往被视为不和谐的"杂音"，但恰是敢于直言的大胆声音，已经为元朝的统治敲响了警钟，只是人们当时没有意识到而已。

第二节　刘敏中的贤能治国观念

刘敏中（1243—1318年），字端甫，号中庵，济南章丘（今属山东）人，忽必烈在位时任兵部主事、监察御史等职，成宗、武宗、仁宗朝历任翰林直学士、国子祭酒、集贤学士、翰林学士承旨等职，有《平宋录》和文集《中庵集》传世。刘敏中在世祖朝曾受权臣桑哥迫害，已见前述，本处主要说明其在元朝中期所提出的治国主张。

一　肃正朝政的建议

从成宗朝到仁宗朝，刘敏中多次向皇帝上书，提出了肃正朝政的具体建议，可分述于下。

（一）重吏治

成宗大德七年（1303），派宣抚使巡行诸道，刘敏中受命出使辽东、山北诸郡，返回后向皇帝上书，就朝政问题提出了九条建议。

> 近蒙都省遣差，钦赍圣旨奉使宣抚山北辽东道，尊依巡历回至大宁路，乃以八月初六日戌时地震。土人云："本处自至元二十七年八月二十三日地震之后，至今时时震动未已。"当时不以为虑，数日访之旁郡以及上都、隆兴皆然，而太原、平阳为甚。九月，复历上都、隆兴等处，其震不时复作，未见止息。钦惟圣上以聪明圣智之姿，受天景命，嗣守大位以来，亲择相臣，精选台官，蠲租宥

第十一章 儒臣倡导的理政观念　261

过，赈乏恤孤，覆焘之恩洋溢中外。比又遣使七道，分行天下，问民所疾苦。虽尧舜博施济众之心，不是过也。然而地道愆常，尚勤圣虑者，静思其故，灼有由来，良以有司不能尽体上心，扩充至化。况更张之始，宿弊革而尚存，新政郁而弗通。积阴凝结，阳气上行，不得宣达而为此变也。何以言之？凡理顺为阳，理逆为阴，则是顺理之政少而逆理之政多也。君子为阳，小人为阴，则是君子少而小人多也。公则为阳，私则为阴，则是奉公少而怀私者多也。虽然阳进有元，阴退有渐，养其元需其渐，阳进而阴退矣。某辄敢不避僭越，谨书管见所得凡九事：一曰重省台，二曰明相职，三曰清省务，四曰正六官，五曰慎赏罚，六曰均荣辱，七曰严禁卫，八曰禁奢僭，九曰励学校。固知迂阔，无足采录，然皆进阳退阴拳拳之义也。合行开坐，具呈中书省照详施行。

一曰重省台。天育万物，不能自理，付之天子。天子理万物，不能独为，责之中书。中书所以行天子之令，而裁制天下者也，其事权不可不专。犹虑有阙焉，于是置御史台，以法绳之。绳之者，所以成之也，其纪纲不可不振。苟中书之事权不分，宪台之纪纲不沮，天下无难事矣。曩者近侍诸衙门往往奏事干预朝政，省台未免沮抑，事致纷庞。近钦奉圣旨节该，诸衙门不得奏人做官。开读之日，人情大悦。愚见以为都省宜与御史台同议闻奏，更乞颁降圣旨，戒饬近侍及诸衙门，除本管职务外，凡关系有司一切合行政事，毋得干预陈奏。必有事须奏者，亦须奏讫宣付中书省或御史台，照依札撒施行，仍许省台详事可否回奏。不由省台而辄奏行者，有罪。如此，则事权归一而纪纲振，万几之务不劳而理矣。

二曰明相职。凡诸司守职者皆不可私，而宰相为甚。诸司之私，不过败一事，损一民，废一职，殃一郡而已。宰相之私，小则害天下，大则误国家矣，相可私乎。宰相之私大率有四，而货贿不与焉。或恃势以临下，或固宠以媚上，或苟安而不为，或畏祸而不言。恃势以临下，则权必归己，请托行而朋党分矣。固宠以媚上，则道不由公，谀谄进而小人肆矣。苟安而不为，则百职不举而庶政堕矣。畏祸而不言，则忠告不闻，人罹其害，而国事殆矣。凡此四私，可不一朝有也。爰自至元乙亥（1275年）之后，老奸巨蠹继踵用事，所谓四私者极矣。一二十年之间，居官为吏者，惟知贿赂关节可以进身,憸佞薄刻可以得名。正直者指以为狂,谨守者嗤以为愚,不知有礼义廉耻也。即今吏弊,连根株民,病成膏肓,实由宰相之私有以使之耳。必欲痛惩斯弊,莫如昭示无私,宜先下令曰:凡有传称诸相钧旨及假倚门下威福,胁制诸司属托公事者,所该官吏随时赴省禀首究治,仍许诸人察举,御史纠弹。若所该官吏不即禀首,与属托者同罪。辄已施行,违法者加等。盖身正则令从,上行则下效,将见百司悚畏,善政流行,风俗革而相职得矣。

三曰清省务。中书省宰相之府,所以临百司,统万几,定谋画,出政令,佐天子以安天下者也。其地不为不崇,其责不为不重。然居崇有容,任重有要,容宜肃,要宜简,盖肃者众所严,而简者繁之制也。能简而肃,则所谓定谋画,出政令,佐天子以安天下者,可得而言矣。至元初年,丞相到省,诸人无故不敢入外门,外门不敢入,得入省房者少矣。不敢入省房,得入都堂者绝少矣。是时诸房省掾所掌,惟一钧旨簿,控制六曹,而天下之事井井皆办,省中廊然,望如神明,得简肃之道也。厥后一二十年之间,巨奸继作,相踵一途,群小乘时蚁聚蝇附,莫不苟缘公事以济私权。如胥吏管库之免除,四帛筋丝之出内,皆须琐碎呈禀,驳勘往来,竞以生事为能,号称用心出力,文随事具,日积日繁。由是检举困于两司,判署疲于八府,终日怔惚,特一繁剧大有司耳。虽有夔、稷、伊、傅之贤,其于赞襄调燮之功,盖有所不暇矣,兹可谓简乎。又每旦诸相入省,例引门下亲信数辈诸人混入,森列满堂,或伪或真,互不能辨,内隐奸慝亦莫可知。使郎吏启覆于喧杂之中,执政可否于厮役之后,不惟泄漏政事,实为亏损尊严,兹可谓肃乎。详此二事,初若甚微,久而相仍,其弊实大。宜令六部各具所掌事务名件及施行体制,委官分间,凡有定例及涉细碎重复不必呈禀者,悉皆削去,一取至元十年以前典故,遵依施行。仍禁约诸人无故不得入省门,每日诸大人聚会,亲随不许入后堂。堂内令有职役者一人轮直,听候命令。知印、通事、省掾出入,恒不过四五人,如议事皆令回避。即有诸投下及诸衙门以事禀说者,令客省使分间,亦不过一二人得入。如此,省廷肃而愈尊,相职清而多暇,其所以佐天子安天下者,徐尔图之,宜无不办。

四曰正六官。按《周礼》,六官以配天地四时,盖六官得其职，则天地四时之气可得而正也，今之六部是已。六部果得其职乎，略举而言之。吏部实为天官，掌别淑慝，平铨衡，使贤者进而不肖者退，乃其职也。今其法惟以日月为功，不以能否为断，衙门欲并而不果，冗员方汰而遽停，贤者果能进乎，不肖者果能退乎，则天官未得其职矣。刑部实为秋官，掌司威罚，平狱讼，使恶者诎而善者伸，乃其职也。今律令未见施行，所掌分于宗正，或乃不分轻重，指名脱放罪囚，恶者果诎乎，善者果伸乎，则秋官未得其职矣。又如礼部之礼制无所定，科举未能设，兵部之军役不得均，驿政不得间，则春、夏二官未得其职矣。详此数事，余可类推，而天地四时之气有所未正者，或果出于此乎。《易》曰："后以裁成天地之道，辅相天地之宜，以左右民。"宜令六部条具所掌得失，参酌古制，定夺闻奏，颁定新规，刮去旧辙，使之各得其职，责以必成，实裁成辅相、左右万民之大端也。

五曰慎赏罚。古之有国家者，凡能使一世之英杰奔走用命，四海之人厌服而慕化者，无他术焉，赏罚而已矣。故赏罚者国之大柄，人主之所固执而慎施，有司之所敬守而奉行者也。故赏一善，则使天下之人皆曰此宜此赏也，莫不跃然而喜为善；罚一恶，则使天下之人皆曰此宜此罚也，莫不悚然而惧为恶。夫能使人惧为恶而喜为善，则天下无事矣。苟为善者不必得赏，虽赏而有所未至，为恶者不必得罚，虽得罚未必皆当，及不应赏或以喜而赏之，不应罚或以怒而罚之，则恶者无所为惧而日益逞，善者无所为喜而日益懈。为善者懈，为恶者逞，而天下多事矣。由此言之，赏罚可不慎欤。今后拟乞闻奏上位处分，及都省诸司所行关系予夺、升黜、赏罚事理，未行之间，当该有司皆须详审精究，必皆当理，然后施行。即或理有未当，得以驳举，辨覆更改，不举者有罪。风宪衙门随事纠弹究治，大者闻奏。

六曰均荣辱。近钦奉圣旨，颁降处决官吏取受条格十有二章，既示其辱矣，其所以荣之者，宜亦加焉。伏睹历代盛时，内外职官所受制敕，皆有勋爵，其父祖母妻随其所受官资，例有封赠诰命。窃尝思之，盖人主以恩礼假名爵之重，以励其为臣之忠；人臣以忠力取名爵之荣，以显其为子之孝，则是恩荣一致，上下相资，不易之典也。且夫劝奖之方，无如荣辱之切。况人之至亲至爱者，至于父祖母妻极矣，今使勋爵之华，封赠之泽，奉公守职则从而予之，至亲至爱者均其荣；贪污败政则从而夺之，至亲至爱者均其辱，其为劝奖，孰切于斯。宜令有司检会前典，定拟闻奏颁行，不惟臣下深警荣辱之公而竞效其忠，实表圣朝太平礼文之备，而大著其美矣。

七曰严禁卫。古者天子之居，必通籍乃得出入，示尊严，谨几微也。钦惟车驾所幸，轩陛宿卫之下，宜加严密。至于做好事，僧道各有寺观，亦不宜频在宫禁。诸色近侍及艺术承应人等，皆宜定给符验，出入辨认，更乞详酌闻奏。

八曰禁奢僭。风俗必不可使奢，奢则必僭，僭必犯礼，犯礼则狱讼兴，奸邪炽，伤财不论也。今之风俗，可谓奢且僭矣。市道之间，有一笠直百五十贯者，有一靴直二百余贯者，逾常过费，闻之骇人。夫靴以为足，笠以庇首，仅得完洁成礼足矣，亦何取百五十贯及二百余贯之贵哉，岂非奢乎。又如销金镀金之禁，婚姻嫁娶之制，虽尝施行，未见禁止。富者恣欲而无穷，贫者破产而不足，如此等类，盖非一端。古者车服器用皆有等差，婚姻丧葬各有品节，宜令有司参酌古今，定立各各制度，闻奏施行。如靴笠销金镀金等事，一皆禁断，不惟风俗渐厚，礼义兴行，实省财佐民之急务也。

九曰励学校。学校者，风化之源，人才之本也。其勉励之道，朝廷已有累年条格。顷年以来，各处牧民之官竞以修建文庙为事，在于政迹固为可佳，然考其师生教授之实，人才作养之功，百无一二，是务其外而遗其内也，是知其标而不知其本也，终亦何益哉。即今所历府州司县，首领官吏往往不识字，上司所下文檄，有不会句读旨意而错施行者，中间实系利害，学校不兴之过也。今后合令各道廉访司严行督责，所属凡学校之务，须要用心整治，期于必成。所教生员名数及所业次第，每季申报廉访司，以备阅试察举。生员入学者，与免本身杂役。能通一经者，免本身差发。通二经者及成功课者，除免本身差役外，本户杂泛全免。三年无成者，依旧当役。其有学业精熟，材行超异者，廉访司官体访是实，保举量材区用。其学校成否实迹，提调官任满解由内开写。如此，庶望学校兴行，风俗美而人材众矣。①

刘敏中提出的这九条建议，主要涉及的是与吏治有关的内容，因为明相职、重省台、清省务要解决的是官僚机构运作的问题，正六官、励学校要解决的是官员的选择和培养问题，慎赏罚、均荣辱、严禁卫、禁奢僭要解决的是官员的行为约束问题。尤为重要的是，刘敏中依据气理说，指出新政不行的原因是阴盛阳衰，具体表象就是小人和怀私者大行其道。这样的说法尽管有点牵强附会，但毕竟起着在理论上支撑九条建议的重要作用。

（二）行善政

成宗大德九年（1305），刘敏中以集贤学士兼任商议中书省事，即以中书省臣的名义向成宗上书，提出了整朝纲、省庶政、进善良、剔奸蠹、显公道、杜私门、广恩泽、实钞法、严武备、举封赠十条建议。②这十条建议的具体内容已不可知，但后来刘敏中又以中书省官员的名义提出了十一条建议，与这十条建议有密切的关系。

> 一伏见诸处水旱相仍，山裂地震，谨宜整朝纲，省庶政，登进善良，划剔奸弊，显公道，杜私门，使禁止令行，泽及幽远，庶几可以称上心、答民望、弭天变耳。
>
> 一今有司所患，大率有三：人材未得，吏弊未除，民瘼未去。不知之患，由赏罚未立耳。赏罚诚立，小人可使为君子；赏罚不立，君子可使为小人。夫砥石所以磨钝，故赏罚者民之砥石也。今之服役之吏，公勤廉恪者未必有功，乃或以媒孽诖误而更得谴罚；贪纵不法者未必有罪，乃或以结托承奉而得优迁。是以廉勤者心益怠，或不能守，因去而为小人；贪纵者志益得，有所嫌忌，相扇而害君子。以故人材委靡，奸弊日兴，致有司之患也。今诚明其劝戒，公其赏罚，确然执之，不可动摇，视其功过能否，为之与夺黜陟。其治行超异者，擢以不次，赏以非常，如汉时增秩赐金故事。其不职尤甚者，罚亦称是。赏罚既立，人材自得，吏弊自除，民病

---

① 刘敏中：《九事》，《中庵集》卷15，北京图书馆古籍珍本丛刊本（《全元文》第11册，第379—385页）。

② 《元史》卷178《刘敏中传》。

自去。故曰：赏罚者，人之砥石也。

一今之议者皆谓钞法甚虚，用度不足，谋为生财之计，不知财非天降，必出于地而因于人，生财之道，孰外于是。今之四方大小差发、诸色课程尽矣，总其额数，不为不多，有司诚得量入为出，故当有余。然而钞法甚虚，用度不足者，惟不能节用故耳。迄今有司照堪每岁财赋，所入若干，所出若干，其所出名项可以减省者，闻奏减省，期得不过所入之数。其余风俗奢僭过分伤财等事，一皆禁止。严定条格，务在必从，钞法自实，用度亦足。不然，生财计行，生民之困又未知何如也。

一顷年中宝货之人有以铢两之石得宝钞十四五万锭者，向尝禁止，今犹未已。窃思古来宝货，无逾金玉。今以一小石为宝，假令果胜金玉，计其所出，亦系我圣元天下封内山川所产官物，所献之人孰非我民。以官民献官物，如悯其勤劳，约量小小犒赐足矣，何至敢与国家交市论价，以铢两之重，以取十四五万锭之酬哉。一石之价，以民赋约之，百五十万户一年之赋也（每户门摊五两，内包银四两，俸一两），且此价例何从而来。亏损国用，莫斯为甚，宜依前奏，请停罢。

一即今诸处缺食，赈济不给，来春虑恐盗贼生发，官司难于制御。所据细民无田可耕，无财可营者，量与免放差役，或五年，或三年。有力之家能出粟周急者，乞依先降诏例，量知旌用。其诸不急之役，一切停罢，所以广恩泽、收人心也。

一灾伤阙食最甚去处，宜与免放酒课。止许穷民小户造酒，货卖自养。诸有力之家，不得酿造，违者准私酒法科断。如此，即与赈济无异。

一五卫军人所以卫京阙，严武备，宜从枢密院常加抚养，无以工役徒致疲敝，务得训习，精练中用，诸处镇守军人亦然。

一诸处官府往往废弛不立，各道廉访司皆称缺官，妨误按治。况又年饥，民不聊生，中间事系利害所据，御史台已选官员早宜发付，不尽事理续后议奏。

一天下之人所共奔走者，不过利名二者而已。二者之中，名又为重，盖利主富、名主贵也，故使人莫如名。何谓名？古者职官所受制敕，官职外皆有勋爵，父祖母妻皆有封赠。今诚参酌古典，闻奏颁行，公勤称职者举而予之，父祖母妻同其荣，贪污败事者削而夺之，父祖母妻同其辱。若夫为小利而败合门之名，舍其荣而取全家之辱者，以人情言之，必知其少矣。则是人以实荣而励其廉，国以空名而济于用，一举而两得也。

必有僚佐，盖欲上下相维，互为匡救，庶得政行而民治也。近闻诸处大小官府往往同僚不协，至有公坐而相殴詈者，正是怀私为己，犯分争权，如此成风，下民何观，政事安在。宜令廉访司体察究治，甚者各解见任。

一大臣承一人，临百司，理万机，安四海，其责实重。苟循其要，为之不难。其要在于心为一心，德为一德，和调相下，各尽至公而已。心德既一，洞无猜疑，凡所谋为，无非国体，精诚交孚，事权不分。于以献可替否，则上必悦从；于以出号施令，则下皆畏服。夫然后万机理，四海安，大臣之责塞矣。①

在这十一条建议中，不仅提到了整朝纲、省庶政、进善良、剔奸蠹、显公道、杜私门六条建议，还包括了广恩泽、实钞法、严武备、举封赠四条建议的具体内容，并且新增了弭天变、立赏罚、禁宝货、放酒课、饬官吏等方面的内容，其核心要求就是施行善政。需要注意的是，在这些建议中，有一些是重复两年前的善政要求。

（三）弭天变

元武宗在位时，刘敏中入翰林院任职，借助朝廷官员集议弭灾之道的机会，他除了像程钜夫一样记录了臣僚的畏天、敬祖、清心、持体、更化五条建议外，还特别上书提出了两条建议。

窃闻今之议者，皆曰实惠不能及民。钦惟圣天子即位以来，诏令频下，未尝不以崇本抑末、兴利除害、恤孤赈乏为务，实惠至矣。然且云尔者，有司不能奉宣德意，而有以格之耳。其甚者有二事，列于后。

一察吏治。官府之设，本以为民，然而民弗蒙惠者，岂非任职之人廉正者恒少，而贪邪者恒多欤。恒少者宜培植，而反摧抑之

---

① 刘敏中：《都堂提说事目》，《中庵集》卷15（《全元文》第11册，第369—372页）。

欤。恒多者宜简除,而反拥护之欤。何以知其然也?夫廉正者,仰不能悦上官,而复或忤也,憾怒蓄矣;俯不能媚奸民,而又常戢之,怨增积矣。或举一事则沮于上,行一政则谤于下,奸人乘衅,猾吏授计,扇党构诬,哗然讼之,蓄怨者得以折辱求索,锻炼而成其罪。夫以缙绅廉正之士,一旦屈膝受诬,置对于无赖之小民,纵万一得解,而风概扫地矣。彼贪邪者,于上则先意以希合,于下则越礼以求媚,赃贿狼藉,无由败露,宪司、上司佯为不知,安然秩满,给由而去,乃且奔走权要,徼取优等,择授美官。是廉正者少而益少,贪邪者多而益多也。呜呼!所谓实惠者,将孰从而致之哉。夫源清则流清,本治则末治。宜端本澄源,特发严令,戒敕内外官吏,皆当洗心易虑,奉公为民。所在宪司及上司衙门,毋敢抑正容奸,务要精详察举。其治行超众者增秩赐金,如汉世故事,贪鄙尤甚者黜窜不齿。宪司或失察举,亦行论罪。如是,良吏日多,奸吏日少,官府立而政化行,惠及民而灾变息矣。

一除民患。公家百须,皆民所出,取之有法,民不知病。今夫夏丝秋税乃其常赋,和买和雇官皆给价,宜无所病者。然和买和雇,名件不一,骈至迭出,责办须臾。故和买必至望户科著,贪吏憸人得缘为奸,易新钞为烂钞者有之,给价撙除者有之,谬指其物恶劣焉而受者有之,预吓以多买而取赂者有之,受赂当买之户而移之下户者有之。而又追呼停留,费用过当,民不胜扰矣。其和雇,则十车之运,而为百车之雇,有车之家,合境追摄,必赂而后免。故和买和雇,奸民之利,而细民之病也。今后一切和买和雇,宪司必须密为体察,仍许诸人首告,似前犯者痛行追断。监临有失防禁,罚俸标过,甚者降等,宪司不察同坐。惟复止于大都,将年例和买段疋、丝绢等物,预期张立榜文,各开色样幅尺,粗细轻重,添价收买,仍许中买盐引,商旅四集,旬月可办,不惟省减脚力、防押官兵及免水火盗贼之虞,实永绝奸人因公规利害民之弊。若虑或有耽误,且可内外分买。若大都果便,来岁通行,斯亦惠民弭灾之切务也。①

---

① 刘敏中:《又二事》,《中庵集》卷15(《全元文》第11册,第375—377页)。

刘敏中记述的七条建议，前五条建议主要涉及的是君德问题，后两条建议涉及的则是革除弊政的问题。一般而言，臣僚向皇帝上书，较少提及君德问题，怕引起皇帝的震怒和责罚。刘敏中等人利用天变而言君德，则不仅未引起皇帝的不满，还被皇帝所"嘉纳"[①]。

（四）专事权、振纪纲

仁宗即位之后，刘敏中曾上书言八事，具体内容不详。皇庆元年（1312），刘敏中又向皇帝上书，提出了专事权、振纪纲的建议。

> 臣某等言，盖闻人臣以报国为忠，效忠以进言为先。况臣等以衰暮之年，遭逢圣运，首膺宠召，过荷异恩，不有一言，将何以报。窃惟天育万物，不能自理，付之天子。天子理万物，不能独为，付之中书。中书所以行天子之令，而裁理万物者也。其事权不可不专，犹虑有阙焉，于是置御史台，执宪以绳之。绳之者，所以成之也，其纪纲不可不振。苟中书之事权不分，台谏之纪纲不沮，天下无难事矣。故圣王无为，无为者，得其要也。其要奈何，省台是已。臣等前陈八事，既尝言之矣。钦惟皇帝陛下聪明智睿，出于生知，宽仁慈爱，发乎至性，爱自潜邸，至践东闱，再翦巨奸，一匡宗社，其规模注措，固已有在矣。即位之日，尊述世祖皇帝成宪，颁降明诏，播告天下，丁宁切至，闻者感动。其于利民去弊之道，至矣尽矣。至谓除枢密院、御史台、徽政院、宣政院各依旧制，其余诸衙门及近侍人等，敢有擅自奏启中书政务者，以违制论。又至元三十年以后，诸衙门改升创设并多余员数，非世祖皇帝之制者，从省台分拣，减并降罢。详此二条，圣意之所以假权中书、畀重宪台者，昭然可见。何者？急于图治耳，是以中外拭目，欣睹太平。
>
> 然臣等愚谬过计，犹有不得不冒罪为陛下言者。夫欲得而患失，兴喜而夺悲，人情之所同也。今当分拣减降之始，其患失而悲夺者，为不少矣。虑或姜斐之言，伺便而入，浸润肤受，谤归省台。傥省台一摇，政本随易，必至上烦圣虑，下紊诸司，在于远图，所系甚大。伏愿陛下弘乾坤之量，廓日月之明，谨更始之方，

---

① 《元史》卷178《刘敏中传》。

守已颁之制，提纲挈要，确然不移，使微渐之萌密遏潜弭。如此，事权自一，纪纲自振，庶政万几不劳而理。陛下雍容高拱，坐抚至治，享万斯年无为之乐，臣等之愿也。①

综观刘敏中记述的各种建议，表明他对如何变革朝政有过全面的思考，并将其分成了三个层次的要求。第一个层次也是最重要的要求是正君主，君主正才能朝政正，由此就必须有畏天、敬祖、清心、持体、更化等对君主的要求以及由君主主导的整朝纲、振纪纲等具体的建议。第二个层次的要求是正治法，即讲究治国的正确方法，包括了明相职、清省务、正六官、慎赏罚、均荣辱、励学校、进善良、剔奸蠹、广恩泽、实钞法等多条改良吏治和推行善政的措施。第三个层次的要求是正社会，即用革除弊病的方式引导社会建立良好的风气，由此不仅要革除吏弊和各种害民之举，还要去奢侈和禁宝物等。这些建议显然未被元朝中期的君主全部接受，但不能说对当时的朝政毫无影响。

二 与用人有关的要求

君主治国，不仅要创造文治的环境，还要注重用人，刘敏中为此特别关注了用人问题，并提出了多方面的要求。

（一）作成文治

刘敏中指出："圣人有天下，必以爱民为先务，恻怛畏敬，大明厥德，是以民人和于下，天瑞应于上，而天下治矣。"他对忽必烈在位时的大治天下，给予了高度的评价："主上以圣神文武天纵之德，嗣膺丕绪，以为凡此有民，天实付任在予，予其祗承天意，勿使失性，周济厥理。故自即位，专以德教为治，建官位事，惟贤惟良，民以不扰而靖；赋役简省，禁网充阔，民以不蹙而裕。是以风俗大和，内外无患。至于礼乐文物，法度典章，凡所设施，粲然大备。数年之间，三光顺轨，风雨寒燠，各以其叙。而自古疏绝不臣之域，皆凿山驾海，执其土物，重译而来朝，咨嗟舞蹈，愿睹上国之风，迓太平之光。盖周之成康，汉之文景，唐之贞观、开元，不足比其隆也。"②"国家以神武拯斯民，以人文弘治道，凡户以儒籍者，世复其家，民之后学者，复其身。中统、至

---

① 刘敏中：《皇庆改元岁奏议》，《中庵集》卷15（《全元文》第11册，第378—379页）。
② 刘敏中：《至元恩泽颂》，《中庵集》卷14（《全元文》第11册，第471—473页）。

元以来，通儒硕才并进迭出，由是罢世侯，更制度，混一区夏，臣服绝域，典章礼文之懿，罔不备具。"① 刘敏中还特别指出，由忽必烈到元成宗，朝廷已经形成了文治的传统："二帝三王文明之教，焕乎侔日月矣，斯孔子之道也。是道也，由之则理，否则乱。然则孔之道，又文之本欤。""皇元抚有方夏，凡所设施，一本是道，历中统、至元，迄于元贞、大德，文治猬兴，跨越汉唐。"②

尤为重要的是，文治与吏治相辅相成，朝廷用人好坏直接影响文治的水平，正如刘敏中所言："然而俗虽恶，吏有以善其治，则王政洽而顽鄙革，不治而至于治。俗虽美，苟其吏治之不足，则王政格而巧弊生，治且为不治矣。故雨泽之降，地无腴瘠，人力致而树艺无不荣。王政之被，俗无美恶，吏治善而方邑无不治。我国家以神武一海内，以人文化天下，声教攸暨，罔不咸理。""广大混融，与天地同流，为法于万世者，吾圣人之道也。尊圣人之道，示教于天下者，天子之政令也。行天子之令，使其民同归于理者，长民之责也。呜呼！凡任长民之责者，可不慎乎哉。"③ 也就是说，在理论或理念层面，而不只是在时务层面，必须看清吏治与善治的关系，没有官吏的清明，不可能有真正的善治。

（二）以俸养廉

忽必烈在位后期，曾暂停发放官员的俸禄，刘敏中明确表示这样的做法不妥，不仅要求恢复官员的俸禄，还强调了应坚持以俸养廉的原则。

> 承奉中书省札付，将内外官吏俸给住支。切惟圣朝自改元以来，更制法度，审究治端，首行选官颁俸之法，著为成规，内外有差，小大有宜，是以官不易方，民不知扰，迄今二十余年，卒成一家太平之功者，良以此也。今者一旦将官吏俸给遽尔住支，若即别有定夺，则无不善，若遂因而勿与，则未见其可。盖与之，费易给

---

① 刘敏中：《济南路文庙加封圣号记》，《中庵集》卷1（《全元文》第11册，第483—485页）。
② 刘敏中：《般阳路文庙加封圣号记》，《中庵集》卷1（《全元文》第11册，第489—490页）。
③ 刘敏中：《齐东县文庙加封圣号记》，《中庵集》卷1（《全元文》第11册，第487—488页）。

而官易治；勿与，则费必重而民必困。何者？俸禄之法所以使人，以责其廉也。今天下之俸为数虽多，然要必有定限，官吏自俸之外一有所取，即名为赃，苟能廉者，固自畏避不敢犯矣。至若贪污不法之人时或有之，则有司得以覆按而绳之以法，尽取其所赃之物归之于公，然后黜罚之，戮辱之，如此贪污者足以戒矣，所谓费易给而官易治也。今诚一切勿与，则非徒无以使人，将见向之廉者，亦必困饿不能以自守，而贪污不法之人幸乘是隙，必皆曰："无俸矣，其何以责我？"视其民譬若逸虎之得群羊，必且快意而噬之，此其所取者宁复有限耶，较之俸禄当不啻十百千万也，然则有司宜如何而绳之哉。以此言之，是去防而纵之贪也；自惜目前有限之费，而遗百姓无穷之患也；是见其所得，而不见其所失之多也，而可乎哉，所谓费必重而民必困也。况今幅员堂堂，雄跨千古，生财之道不一其源，亦何啬此区区之俸，而重斯民之困者哉。虽然，诚亦有可议者。盖其分职太繁，设员太多，而仰食者太冗也。《传》曰："省吏不如省官，省官不如省事。"为今之计，莫若停冗各省、冗职、削冗员也。如此，则事一而官不杂，官不杂则冗食者去，而用度自足矣。俸禄不可不复也。①

需要注意的是，刘敏中强调的是给俸禄与去冗官相结合的方法，而不是就俸言俸，其实行难度显然大于一般的减俸或增俸。

（三）选官之要

刘敏中还曾专门就用人提出过下列问题："为国之本，在乎得人，是以王者之作，莫不以用人为切务。然以历代考之，二帝三王而后，才贤益国者恒少，而妄邪败事者恒多，岂其所以用人之道有所不足欤？岂其才贤之生，盛衰有时欤？以其道之不足言之，则选举有常，考试有科，予夺有制，降升有等，固未为不足也。以其才贤有盛衰言之，则天地以一气钟万物，而人居其中，特物之灵者耳。夫百围之材，千里之足，无世无有，岂才贤独异乎，固未始有盛衰也。然而才贤恒不足于用者，其故何耶？夫欲内外、上下、小大百司皆得其人，而无有妄邪败事之患，必亦有道乎？"② 这些问题的核心点，就在于如何把握用人之道。

---

① 刘敏中：《察院与台呈》，《中庵集》卷15（《全元文》第11册，第387—388页）。
② 刘敏中：《用人策》，《中庵集》卷16（《全元文》第11册，第445—446页）。

依据自己在官场上的经历,尤其是对国情的了解,刘敏中特别提出了与用人之道息息相关的选官和为官八条要求。

第一条要求是各级官府都有选人用人的职责,只有官员认真选择人才,才能使朝廷有得人之实。

> 俊逸隐遁之士,不求于有司,而有司求之矣。况乎名登十等之列,行已闻于人,才已效于用,名实暴白可以纪录者,有司其宁舍之耶。天子坐明堂,理万民,而其所以为务者,不过得人于有司,而责其得人也。天子务得人于有司,有司务得人于天下,是则有司之责亦重矣。故凡任是责者,必良有司也。其必知人材之所当必得,又知人材之不可易得,故常平允其心思,精明其鉴识,奖拔铨选无敢有忽,汲汲焉惟恐失之,而负其得人之责也。①

第二条要求是所谓的"大人君子",都有推荐人才的责任,因为儒士入仕,确实需要别人的推荐和扶持。

> 今夫士之生不得其地,进不得其道者,亦必待大人君子有以感发振起之也。夫水大可以载舟,然水固无兴于舟,而舟自利于水也。大人君子行为言动,亦无兴于士,而士之兴起者,自有以得大人君子也。②

第三条要求是入仕者要正确看待荣辱问题,只要行为端正,有所作为,就能得到相应的荣誉。

> 古之君子以仕宦论荣辱,而贵贱不与焉。九锡之宠,万钟之养,贵且荣矣,然或处之而非其宜,任之而乏其劳,则君子以为辱。抱关击柝之役,乘田委吏之事,贱且辱矣,然或用焉而称其能,考焉而举其实,则君子以为荣。由此言之,则贵不必荣,而贱不必辱,惟所行之何如耳。故惟君子为能尽荣辱之正,而亦当有君

---

① 刘敏中:《送蔡知事序》,《中庵集》卷12(《全元文》第11册,第397页)。
② 刘敏中:《送王绍明郎中序》,《中庵集》卷12(《全元文》第11册,第393—394页)。

子之仕者乎。①

第四条要求是入仕者必须坚持以民为本的原则，兴利除害，而绝不能以贪蠹的行为害民害国。

> 大率君之为治，以明察果毅，抑强梗，靖狱市，以宽小民之力；以严厉信，必谨期会，赴事功，以遵大府之政；以周密勤劬，伺几微，审动静，以尽其事上之礼。②
> 有国以保民为难，保民以得人为难。究其得人之尤难者，曰惟守令焉耳。何哉？民近故也。故守令得人，则民之利之，不啻慈父母焉。苟非其人，则民之病之，不啻饿豺狼焉，非其近然乎。夫所谓利焉者，不一其道，而廉为本。所谓病焉者，不一其事，而贪为始。盖廉则公，公则明，施诸政事皆得，民不胜利矣。贪则枉，枉则暗，施诸政事皆失，民不胜病矣。③
> 郡邑遍四海，众星拱天枢。一邑固甚微，近民切肌肤。邑有令丞簿，宣化要相扶。得人与不得，利病见须臾。良吏犹种松，百枚望一株。贪吏踵相接，攫噬剧佃渔。为邑苟如此，民病何由苏。④
> 大邦角立环九州，庶邑附丽拱四周。职烦民近莫邑若，一邑得人非易求。得人何啻如父母，不得或甚遭螟虫。⑤

第五条要求是既要注重对高官尤其是对宰相的要求，也要注意对下层官员尤其是县官的要求，因为各级官员对于治民而言具有同等重要的位置。

> 故天子当宁，百官奉命奔走而不敢暇者，盖亦为民而已矣。而其系民之最切者，莫如宰相。县令之微，固不敢望于宰相，今所系而与之一者何哉，盖宰相上之极天子之至密者也，县令下之极民之至密者也。故宰相一言一动之际，天下或受其利病，则所系既已重

---

① 刘敏中：《送高敬之序》，《中庵集》卷12（《全元文》第11册，第401—402页）。
② 刘敏中：《解安卿代饯行序》，《中庵集》卷12（《全元文》第11册，第405—406页）。
③ 刘敏中：《饮江亭记》，《全元文》第11册，第454页。
④ 刘敏中：《送颜主簿诗》，《中庵集》卷17。
⑤ 刘敏中：《送江县令》，《中庵集》卷19。

且大矣。而县令之所系，殆有甚于此者，凡下之冤苦愁恨，纤悉委曲之情，有望于上者，宰相容有所不知，而县令皆知之，然蔽而弗闻，则在上者又安能加意而恤之哉。凡上之教化恩泽，所以逮于下者，宰相既行之，而县令或不能承宣，则在下者又安知恩泽之及我哉。下之情既达于上，而上知所恤矣；上之泽既宣于下，而下受其赐矣。①

第六条要求是要知道作为吏员的不易，并且不能轻视参佐之类的吏员，因为由参佐而成大官，乃是职务晋升的一条重要途径。

凡吏为长难，为贰亦难，为参佐为尤难。中位而处，专席而坐，诸曹掾书迭进白事，巨细之务杂然前陈，此可此不可，此非此是，轻重予夺，须面决乃已。一言之失当，一判之或谬，下之人皆得以环视聚听，窃笑而哄议，此为长之难也。然事专而名正，得以肆焉。有随而后行，待倡而后和，言焉或掎焉，默焉或訾焉，前也而或谓之借，后也而或谓之缓，劳而不可辞，为而无所成，此为贰之难也。然位近而势分，得以抗焉。若夫参佐之难也，有官长之尊以莅乎上，有掾吏之众以待乎下，其视上也以位则甚悬，以分则甚严，有过举焉不敢以不诤，诤之而弗从，不敢以遽违，有当行焉不敢以不言，言之而有成不敢以为功，凡善上归之，凡过己归之。其视下也，以势则相成，以事则相须，其威不足以相压，其分不足以相固，急之则哗而忿，缓之则弛而纵，过则众分之，责则己归之。至于案牍之至繁必举，会计之至密必详，期会之至严必谨，晨而入，抵夜而退，砣砣焉，惴惴焉，惟恐其失也，所谓肆与抗者咸无焉。吁，其难也如是乎！然由此以进，而至于大官者，比比而出，何哉？盖必有尽己之忠，而济之敬，然后可以事上；必有过人之才，而济之以容，然后可以服下；必有辩折之明，而济之以勤敏，然后可以举案牍，详会计，谨期会，而无兴失。忠而能敬，才而能容，明而勤且敏，将无往而不可，则其进而至于大官也亦宜哉。②

---

① 刘敏中：《送霍巡检之无棣序》，《中庵集》卷12（《全元文》第11册，第395—396页）。
② 刘敏中：《杜知事饯行序》，《中庵集》卷12（《全元文》第11册，第392—393页）。

第七条要求是掌民官员与掌兵官员应该一体铨选迁调,不能忽视甚至歧视掌兵官员。

> 盖闻设官务先使能,序爵在乎首功,功有小大,能有优劣,而官爵崇卑贵贱之差定矣。官爵一定,而上下无有觊觎废堕之心,则五帝三王之治,又何难致哉。
> 方今京府州县,上下自有次第,其官调选之制,视此为定,不可易也。且万户府、总管府其品敌耳,然而总府掌民,而万户掌兵,兵民不同,其于为国之功则无异也。今掌民之属,无问小大久新,率皆延引荐举,调选入格,以为常例。而掌兵之属,处则修号令、正簿帐、董器械、戒斥候,虞度衅隙,以究其一切之利害。至其有警,则舍文墨,就矢石,摜甲执戈,以与士卒共。及事稍已,则士卒即得休息,而此属方且释戈甲,操文墨,第功议罚,数鞫讯俘,虽神乏力竭,不敢言苦,此其劳不减于掌民者明矣。顾乃困顿边境,弥年累月,虽勤劳若此,而其情不得上达,思如掌民间调一官、进一爵,不可得矣。且比来调补兵幕,往往皆用掌民之员,而此属盻盻又如故,遂使其徒自甘于废堕无所望之地,而朝廷亦遂委之于疏远不收录之所。夫掌民者如彼,而掌兵者乃如此,恐非所以公调选之制也。且此属岂皆固为军伍之人哉,盖惟迁调官吏之前为本路差遣,不敢辞谢,以致夤缘滋久,而朝廷乃一以视之若此,良可悲也。伏望开辟公道,察其勤劳,使内外之任同其恩荣,兵民之功无所偏废。①

第八条要求是地方官府和学官都负有兴办学校和培育人才的职责,只有两者相互督促和协助,才能履行好这样的职责。

> 圣天子下纶言,未始不以兴学敕有司为先务。学所以明人伦,本风教,作人材也,有司之责重矣乎。而为有司者,乃或以学官吾制也,窘束之,简忽之,修洁之士纳履而去矣。以生徒民编也,控摄之,震惧之,寒僻之人匿迹而遁矣。兴学何如哉,盍亦思之曰:

---

① 刘敏中:《代上执政呈》,《中庵集》卷15(《全元文》第11册,第388—389页)。

学官，师席也，必吾礼之下之，而人知敬之矣，师之道日以尊。生徒，乡秀也，必吾抚之优之，而人知慕之矣，向学者日以多。师之道尊，向学者多，兴学何难哉。斯有司之责也。学官之责奈何？载籍之阔深，文艺之宏远，天地之变化，古今之得失，旦夕勖生徒，讲授肄习，锻炼而淬砺之，必至焉乃已，而人伦之极，风教之致，人材之用，举在其中，兴学之责塞矣。呜呼！学之兴，有司与学官相须而成者也，事若易而系甚大，位益下而责弥重，则凡任是责者，可无惧乎。①

应该看到，刘敏中的注重用人要求，与他的变革朝政要求是一脉相承的，所要强调的，都是为治国尤其是使朝廷巩固文治的成果提供重要的帮助。元朝中期的作新政治或者是推行新政，需要得到政治观念的支持，刘敏中所提供的是极为重要的贤能政治观念，因为他的所有建议和观点，都建立在贤君与贤臣的基础之上，并且表现出了贤者去旧图新的强烈愿望。

第三节 袁桷的用儒观念

袁桷（1266—1327年），字伯长，号清容居士，庆元（今属浙江）人，师从戴表元学习理学，被列为"深宁学派"传人，② 元成宗时被阎复、程钜夫、王构推荐为翰林国史院检阅官，后历任翰林修撰、待制、直学士、侍讲等职，成为朝廷的重要词臣，著有《易说》《春秋说》和文集《清容居士集》等，在著述中系统阐释了用儒治天下的观念。

一 重礼仪之制

儒者用于国家，必倡导文治，讲究朝廷礼仪是文治的一项重要内容，所以袁桷给皇帝上的一个奏议就是《进郊祀十议状》，并在其他著述中说明了礼仪的义理基础。

（一）论易与命

袁桷钻研易学，明确指出"先儒多以辞、象、变、占拟《玄》之

---

① 刘敏中：《送王学录序》，《中庵集》卷12（《全元文》第11册，第406—407页）。
② 黄宗羲原著，全祖望补修：《宋元学案》第4册，第2876—2881页。

方、州、部、家,仆独以为非",要通占法,必须保持以静观动的基本态度:"古必有占书,今既散轶,但当以变者为主。然一爻之变犹可究索,至二爻三爻之变,则茫不可通。旧闻唐正卿深于筮,若二爻变者便不敢臆断。古人心虚静,因动生变,随变而推,有千万变而不可尽者。今人心念驳杂,无感而遂通之理,纵有所感,其感不一,当从何处下手。康节推象变之说,亦不外此说。卦乃占之本,能通其类,尚庶几。仆甚有意于此,然一行作吏,终未有至静工夫,苟能静,斯得矣。"① 也就是说,袁桷并不认可以往的占易方法,而是更向往静观的方法。

命与易有极为密切的关系,袁桷以理学的论点,不仅对"命"的概念作了具体解释,还强调了只有君子才能知天命的论点。

> 命也者,禀于有生之初也。夫人之生,天所与者,有一定而不能移。先儒虽有理气之分,以命言之,其实一也。天以命人者气,人受于天者理。若仁、义、礼、智则理也,贫、贱、寿、夭则气也,是岂命有二也哉。析之虽殊,命则一也。尚论古圣贤之言命者,其辞旨盖有不同,亦各从其所由而发之。启道德之门者有之,达微妙者有之,有不得已而言之者有之,又有有为言之者有之。故《易》曰:"穷理尽性,以至于命。"孔子言"知命",孟子亦曰"知命",知其命者,夫是之谓君子。君子之所以知之者,修身成德,顺其正而已。至若见危亡身不苟去就,死宗庙、社稷、城郭、封疆者,皆得其正者也。自罹刑戮,此以罪致,而不知命者矣。孔子曰:"公伯寮其如命何言?"公伯寮何预焉,在我者岂委而废,在天者岂强以必。今之言命者悖于此,至若不保其身,死于岩墙之下,当在不吊之义。然所谓命者,乃天命之命,孟子之言详矣。②

袁桷秉持的是"命为一"的说法,并且强调了"命"的政治属性

---

① 袁桷:《答高舜元经史疑义十二问》,《清容居士集》卷42,四库全书本(《全元文》第23册,第396—398页)。

② 袁桷:《答高舜元经史疑义十问》,《清容居士集》卷42(《全元文》第23册,第401—402页)。

就在于"正",所以所谓的"知命",就是能够"得其正",这恰是在重申儒家的传统政治观点。

袁桷自称"读《易》二十年,岁月逾迈,所见益惧"。易之所以难学和难解,就在于"积数以成,变易以动,肇于方寸,散于六合,幽眇广大,取而莫穷,应而莫遗,因卦以测,善算喻者不能穷也。举世舍是,矛盾互持,虽百世莫能以解"①。所以他特别强调:"夫亡《易》者,非圣人之本旨也,神以易圣人之易得矣。然则曷为神,无端而莫可见也。惟无端焉,故无体焉。存而明之,而数以生焉。数生矣,而始有变。变立矣,而会以理。理者,其一也。理不能以尽《易》,因数以立者,理也;用变以逆者,非理也;故曰阴阳不测之谓神。"②"原夫八卦既列,象斯立焉,故卦有理者焉,有象者焉。理有以言为象,象有以理为用,理与象不得而偏也。"③也就是说,只有清楚了理与易的关系,才能以理为基础,穷究易的奥秘。以不变之理,究万变之易,显然是袁桷积多年学易的艰辛所悟出的真谛。

(二) 论礼仪与祭祀

朝廷的祭祀,应与礼仪规范吻合。袁桷认为规范礼仪的《周官》和《仪礼》两书都不是伪书,而是基于当时制度的重要产物。

> 礼为礼,仪为仪。成周盛时,自天子至于士,皆躬行而亲习之者。聘射燕飨昏冠之礼,考于经,无有不合,谓存于书而不行者,非也。后人因《周官》一书,谓周公营洛之后所成,未及举行,遂并《仪礼》有疑,其说陋甚亡取。按《艺文志》以《仪礼》谓之礼,古经未尝有仪礼之名,先儒疑后汉学者见十七篇中有仪有礼,遂合而名之者,是也。

> 《周官》或谓周公营成周后成此书,而不及行,其说无所据。甚者方之为战国阴谋之书,吾不知其何者为阴谋也。或又言刘歆伪为,歆何所为而伪为之耶。三说皆非。仆尝谓:周八百年,其间更革损益不一,穆王之《吕刑》,夫子不存于书,或者又将以为周公之所作矣。两汉唐宋,历年不及周王之半,而官制更改,皆有成

---

① 袁桷:《易集传序》,《清容居士集》卷21 (《全元文》第23册,第222—223页)。
② 袁桷:《易三图序》,《清容居士集》卷21 (《全元文》第23册,第221—222页)。
③ 袁桷:《大易通义序》,《清容居士集》卷21 (《全元文》第23册,第230—231页)。

书,则《周官》之书,当审为周时所作,特不能定为何王时书也。然《周官》井田、禘祫、郊社,绝无其名,先儒必欲以郊为圜丘、井田为授地之类,难以勉从。实以其书列官分职,整然有条,欲强合于诸经,遂不得不支离其说。①

正是在对礼制旧书认真考证的基础上,袁桷向朝廷提出了遵从旧礼实行郊祀的建议。

> 窃伏思念国家车书混同之后,声文昭明,典章纯备,议礼考文,实惟圣明之大本,观会通以行典礼,今维其时。然因循有待,几三十年,得非睹历代仪文之繁缛,费用之浩博,故由是而未举也。桷尝质五经之本文,较群说之同异,自汉而下,良由郑玄注释,殽杂遂不得其当。若郊坛神位之侈靡,牲牢尊罍之加多,又皆出于东西两汉之旧。增益愈繁,而古礼愈失,有司益惮其费而不敢议。若岁必亲祀之说,下至唐宋,承平大盛,犹不能一岁一祀,则历代所行,足以知非五经之正礼矣。昔孙叔通奉汉高旨意,成野外之仪,独鲁两生不至。方是时承秦绝学,使鲁两生号为知礼,其补亡正误,当不至如叔孙通绵蕞而已。故儒先惜两生之不来,而复议两生之迂介。金马碧鸡之颂,茂陵封禅之书,桷虽愚贱,度不敢为。独怀区区之说以陈者,实以郊祀为国之大事,不应阔略而未议。方今翰林为清切之职,典章文物悉自此成,而众贤肃和,讨论润色,不忧其不至。谨献所为《郊祀十议》,以补缺佚,备皇朝之礼,明郊祀之本。②

袁桷所说的《郊祀十议》,一是昊天五帝议,其要义是"夫天无二日,是天尤不得有二也,五帝非人也,然不得谓之天",所以祭天只能是"尊上帝而黜五天帝"。二是祭天名数议,其要义是"祭天岁或为九,或为二,或以变礼者为正",关键在于"祀天之礼,有常有变,有因事之祭"。三是圜丘非郊议,其要义是"圜丘不见于五经,郊不见于

---

① 袁桷:《答高舜元经史疑义十二问》,《清容居士集》卷42(《全元文》第23册,第398、400页)。

② 袁桷:《进郊祀十议状》,《清容居士集》卷41(《全元文》第23册,第121—122页)。

周官",主要是澄清以圜丘和郊作为降神之地的误解。四是后土即社议,其要义是"后土,社也","郊社即以社为祭地","后世既立社,又立北郊,失之矣"。五是祭天无间岁议,其要义是"古者,天必岁祭。三岁而郊,非古制也","夫郊,以报一岁生物之功也,夫岂三岁一生物而三岁一报耶"。六是燔柴泰坛议,其要义是"独燔柴泰坛为祭天,与古礼合,特取其说"。七是郊不当立从祀议,其要义是"正合祭群祀之失",祭天时从祀五岳、四渎等,"其坛愈广,其牲牢愈繁,而其礼愈失";"今若悉如三代典礼,不伤财,不害民,一岁一郊,则何惮其不可行也"。八是明堂与郊天礼仪异制议,其要义是"郊质而尊之,义也;明堂文而亲之,义也",祭天和祭祖的制度不能混淆,"礼仪文质之异,不可以不辨也"。九是郊非辛日议,其要义是"以至日而祭,则至日非常以辛也"。十是北郊议,其要义是"北郊之名,不见于五经","罢北郊之谬,其不在兹乎"①。也就是说,袁桷所提出的祭祀建议,一方面要去疑取真,恢复祭祀的古制;另一方面是去繁就简,使祭祀既可以起到顺天命、张国本的作用,也能起到不增加民众负担的作用。

需要注意的是,袁桷的郊祀建议并未被朝廷采纳,所以他在后来的诗作中对此颇有感慨:"至道悬日月,无言炳阳秋。辟世端有方,低昂少淹留。汲古理修绠,寒泉漾清流。永怀鲁两生,议礼终秉周。我言失造次,燥吻谭郊丘。此悔行已止,归田赋宜休。空余六籍意,岁晚期冥搜。"②

(三) 论修史作用

袁桷在国史馆任职多年,除了对《春秋》作了深入研究外,还在修史方面提出了三个重要的论点。

第一个论点是修史不应拘泥于"正统"问题。"'正统'二字于经无所见,《尚书》止有'大统'二字,汉历法有'三统'二字。后人泥正统之说,故皆不通,前后遮护不得。"③ 在编修宋、辽、金三史时,首先要处理的就是以哪个朝代为正统的问题,所以袁桷才有可以搁置正

---

① 袁桷:《郊祀十议》,《清容居士集》卷41(《全元文》第23册,第122—139页)。
② 袁桷:《次韵伯生》,《清容居士集》卷3。
③ 袁桷:《答高舜元经史疑义十二问》,《清容居士集》卷42(《全元文》第23册,第401页)。

统争论的说法。

第二个论点是修史不能乱例。"日历、起居注、时政记条目,欧阳公言之详矣。实录乃加谥以后书,必有臣传,亦有字数限式。宋元丰以后,日历坏于王安石。建炎以后,日历坏于秦桧。至咸淳之谬,尤不足据。然遗书旧闻,皆足考证,若欲讨论,非经月议论不可。"①

第三个论点是国家一统之时,正是为前朝修史之日。袁桷以修辽、金、宋史为例,特别强调了收集资料和加紧修史的重要性。

> 猥以非才,备员史馆,几二十年。近复进直翰林,仍兼史职,苟度岁月,实为旷功。伏睹先朝圣训,屡命史臣纂修辽、金、宋史,因循未就。推原前代亡国之史,皆系一统之后史官所成。若齐、梁、陈、隋、周五代正史,李延寿《南北史》,房玄龄等《晋书》,或称御撰,或著史臣,此皆唐太宗右文稽古,数百年分裂事志悉得全备。至宋仿依唐世,爰设官局,以成《唐书》。是则先朝屡命,有合太宗文明之盛。
>
> 自惟志学之岁,宋科举已废,遂得专意宋史,亦尝分汇杂书文集及本传语录,以次分别,不幸西城火灾,旧书尽毁。然而家世旧闻,耳受目睹,犹能记忆。或者谓:国亡,史不宜修。南方鄙儒,讵敢置论。年齿衰迈,分宜归老田里,旷官縻职,实为旷功。而区区素蕴,亦蕲别白,以称朝廷奖拔之厚。凡所具遗书散在东南,日就湮落,或得搜访,或得给笔札传录,庶能成书,以备一代之史。②

国史馆编成本朝五位皇帝的实录后,袁桷又特别上书说明了编写史书所具有的文治意义。

> 皇祖有训,聿成四系之书。大历无疆,允缵五朝之治。凤陈载笔,上彻凝旒。钦以邦启治平,运符熙洽,礼乐刑政教化之具,炳若丹青,典谟训诰誓命之文,昭如日月。维累圣继承之述作,实皇

---

① 袁桷:《答高舜元十问》,《清容居士集》卷42(《全元文》第23册,第405页)。
② 袁桷:《修辽金宋史搜访遗书条列事状》,《清容居士集》卷41(《全元文》第23册,第140—146页)。

家混一之谋猷。官谨具寮，书严信史。虽编摩之匪一，幸闻见之悉同。钦惟陛下祗奉鸿图，光膺龙御，惟天佑以一德，咸曰汤孙受命丕若，历年悉循尧道，仁宣孝治，学广文明。臣某等职忝汗青，官惭尸素，帝王之制可举。今已萃于巨编，诗书所称何加，愿有光于亿载。①

尤为重要的是，只有通过修史，才能体现儒者的重要价值："大帝仁功遍八寰，敢将铅笔强修删。宝舆花覆箫声趁，黄道松分佩影环。仗簇金吾开雉尾，香浮黼座仰龙颜。还家陡觉词臣贵，独恨年深鬓已斑。"② 作为史官，袁桷既感到荣耀，也注意到了所肩负的重要责任。

二　解科举新意

袁桷目睹了科举由废到兴的过程，既对科举的弊病作了分析，也对重开科举提出了新的要求。

（一）论科举弊端

袁桷认为，科举的弊病主要是带坏了儒者的学风，尤其是在朝廷废罢科举后，应该着力克服这一弊病，在儒学教育中，不能只注重《四书》的章句注解，要吸取南宋末年清谈误国的教训，增加施政学问的讲解。

唐杨绾尝曰："进士诵当代之文而不通经史，明经但记帖括，投牒自举，非侧席待贤之意。"宋之末造，类不出此。今科举既废，而国朝国学定制，深有典乐教胄子之古意。倪得如唐制五经各立博士，俾之专治一经，互为问难，以尽其义。至于当世之要务，则略如宋胡瑗立湖学之法，如礼乐、刑政、兵农、漕运、河渠等事，亦朝夕讲习，庶足以见经济之实。往者朱熹议贡举法，亦欲以经说会萃，如《诗》则郑氏、欧阳氏、王氏、吕氏，《书》则孔氏、苏氏、吴氏、叶氏之类。先儒用心，实欲见之行事。自宋末年，尊朱熹之学，唇腐舌弊，止于《四书》之注，故凡刑狱、簿书、金谷、户口靡密出入，皆以为俗吏而争鄙弃，清谈危坐，卒至

---

① 袁桷：《进五朝实录表》，《清容居士集》卷38（《全元文》第23册，第99页）。
② 袁桷：《进史明仁殿书事》，《清容居士集》卷12。

国亡，而莫可救。近者江南学校教法止于《四书》，訾龇诸生相师成风，字义精熟，蔑有遗忘，一有诘难，则茫然不能以对，又近于宋世之末尚。甚者，知其学之不能通也，于是大言以盖之，议礼止于诚敬，言乐止于中和；其不涉史者，谓自汉而下皆霸道；其不能词章也，谓之玩物丧志。又以昔之大臣见于行事者，皆本于节用而爱人之一语，功业之成，何所不可。殊不知通达之深者，必悉天下之利害，灌膏养根，非终于六经之格言不可也。又古者教法，春夏学干戈，秋冬学羽钥，若射御、书数皆得，谓之学，非若今所谓《四书》而止。儒者博而寡要，故世尝以儒诟诮。由国学而化成于天下，将见儒者之用不可胜尽，儒何能以病于世。①

袁桷还特别强调了忽必烈对儒者实学的要求，并且指出理学的兴盛，就是要克服章句之学的弊病。

世祖皇帝混同区夏，崇学校，定国子学成宪，皆东南儒先，而朱文公所说，咸取以为经史模楷。于是穷徼绝域，中州万里之内外，悉家有其书。然而急近功者，剿取其近似，以为口耳之实。天人礼乐，损益消长，切于施为，所宜精思而熟考者，一以为凡近迂缓而不讲。至于修身养心，或相背戾而不相似，则缘饰俨默，望之莫有以窥其涘际。夫明绝学以承先圣之统，可谓难矣。弊生于苟易，守其说而湮其本，将不胜其弊。②

郡博士而下，其尊且专者，莫若书院。数十年来，朱文公之说行，祠宇遍东南，各以《四书》为标准，毫抄撷抉，于其所不必疑者而疑之，口诵心臆，孩提之童皆大言以欺世，故其用功少而取效近。礼乐政刑之本，兴衰治乱之迹，茫不能以知。累累冠绶，碍于铨部，老死下僚，卒莫能以自见，良有以也。③

袁桷还认为按照唐、宋科举的做法，朝廷连像样的词臣都难以得

---

① 袁桷：《国学议》，《清容居士集》卷41（《全元文》第23册，第139—140页）。
② 袁桷：《庆元路鄞县学记》，《清容居士集》卷18（《全元文》第23册，第418—419页）。
③ 袁桷：《送陈山长序》，《清容居士集》卷23（《全元文》第23册，第200—201页）。

到："伏惟贤良学士，汗简功深，韦编思切。议词章之弊，肇于扬、刘。发骚雅之幽，拟于屈、宋。单出杂比为律吕，五采一就分等夷，靡然变藻缋之工，绰矣成灏噩之古。然而明理者邻于直致，修辞者萎于曲裁。谓笺记止媚上之文，能之实少；而制诰得儆众之体，作者犹难。"①"今居显荣清密者，凛凛不自置，名至矣，文不能以称。文不能以称，造物之所不畀，于是乎有覆绝之忧焉。"②袁桷自己就是靠实学而不是靠科举成为词臣的，所以确实有资格作出这样的评价。

（二）说科举新规

袁桷曾参与新科举方法的制定，并对重开科举表现出了四点担心。

第一点担心是以经义和知行取士，既会面临如何从千篇一律的文章中选出优异者的问题，也会面临如何把握宽严尺度的问题。

> 抑尝考隋唐选举之法，不久即弊。今夫所谓经义者，以知行体用而铨约之，不中不远，经说萃于一家，按其形模而脱蟄焉，不敢以自异也。有司守固陋而程式之，千士一律，欲求其总核同异，会众美以合乎至论，不可得矣。赋贵于铺扬，因雕虫之讥，而以理致为长。屈宋、两汉之作，诚不若是之易也。至于考晁、董之对，则方诸近作，有不待辨而明者。自设科取士，桷未尝不预议焉。严以取之则近于隘，俛以售之则邻于率，心恧焉以不释。③

第二点担心是各地没有统一的选择贤能标准，尤其是缺乏如何识别虚文甚至是剽窃之文的标准，难以选出真才实学者。

> 今世论道理、词章为二途。师道德之说者，毫分缕析，派其近似而删黜之，其言博以约，据会统宗，谓一足以总万也。然惧其辞工而胜理，则必直致，近譬山林颓放谚俗之语，皆于是乎取。甚者金石著述剿其说而师仿之，莫得有议焉者矣。昔者夫子言行见记于门弟子，简絜精粹，尝并于五经，初非有意于辞也，谓不若是不足以有传也，性与天道不可得闻。私独怪近世学者，参错辈出，过子

---

① 袁桷：《答朱生》，《清容居士集》卷40（《全元文》第23册，第166页）。
② 袁桷：《送曾巽堂南归序》，《清容居士集》卷23（《全元文》第23册，第194页）。
③ 袁桷：《送薛景询教授常熟序》，《清容居士集》卷23（《全元文》第23册，第203页）。

贡十百倍，将惟其所尚而然邪。抑群圣之道存于书，涵泳濡哜，不期然而能者欤。科举废已久，今天子崇阐文治，损益条制，以兴其贤能。八表之士连轸结袂，于然以来。然而沿袭之弊，相寻于无穷，爱憎之说，若不相似。

余固感夫二者之不相同也，缀言以绩文，将以明理也。理不自得，剽袭以求之，文益弊而理日益远，将焉以为准。兴之以化成天下，实自有司始。操绳墨，审程度，有司尽之矣。合八音以成律吕，师旷犹难之。噫，有司之任，其果能有同乎。①

第三点担心是乡试取人太多，汇总于礼部后，在鱼龙混杂的情况下，礼部亦难于抉择，并且更难考究考生的实学根基。

汉五经各立博士，唐兼以词赋取士，至宋废置不一，然各精其能者，始得为主司。五经难以兼，而词赋号为浅且难，以浅且难而兼五经，孔、郑复生不能为也。科举废既久，先皇帝慨然崇文，酌损为进士条制，今将十年。岩居谷隐，习其学者，家传而户授，其芜拙而宜黜者，主司之任也。余尝预考进士于礼部，乡贡而来者盖疑之，而不敢有汰也，汰则德伤而体损。由江以南求试于外省，多至八千余人，司绳墨者其无乃失于铨考与。抑亦以其耳目闻见之，不接者而疑之与。以昔贤之所难而兼之，其于任也实重。古学之不讲，于今有年矣。卒然加士林之上，冒焉以承，不咎于己而曰试者之未至，故取之常合其谫薄。进于礼部，礼部不得已，足其数观其所取者，则咎礼部之未至，礼部诿受其责。吾知夫八千之士，功深而学优者，讵不大有遗者矣。②

第四点担心是重开科举，可能导致不重实学的旧弊复发，进而败坏学风和士风。

桷尝闻之，先儒以明理为纲领，讥诋汉唐不少假。濂洛之说盛

---

① 袁桷：《赠宣城汪泽民登第归里序》，《清容居士集》卷23（《全元文》第23册，第191—192页）。
② 袁桷：《送刘生归乡试序》，《清容居士集》卷24（《全元文》第23册，第216—217页）。

行，诚敬忠恕，毫分缕析，一以体用知行概而申之，由是髫龀之童悉能诵习，高视阔步转相传授。礼乐刑政之具，狱讼兵甲之实，悉有所不讲，咮口避席，谢非所急。言词之不工，则曰"吾何以华藻为哉"；考核之不精，则曰"吾何以援据为哉，吾唯理是先，唯一是贯"。科举承踵，骎骎乎魏晋之清谈，疆宇之南北，不接乎视听。驯致社亡，求其授命死事，率非昔时言性理之士。后之学者，宁勿置论而循其故习者哉。①

也就是说，恢复科举对于儒士而言尽管是好事，但其中既有考生取巧甚至作弊的问题，也有取人是否得当的问题，还有皓首穷经而未能入选的问题，所以不能漠视其中的难处。

贡士搜天巧，经营缥渺间。露虫吟喷喷，雨叶战潸潸。董贾传醇正，扬刘陋险艰。铨衡同水镜，辱赠不知还。

古殿苍云里，疏星出树间。案灯光闪闪，檐溜滴潸潸。便觉登瀛易，谁言与选难。白头心更苦，沧海探珠还。②

由此袁桷特别强调了南北的儒士都应该向许衡学习，不以进取为主要目标，而是要具有真才实学："致太平经济之道，章句占毕不能以尽也。文正公（许衡）恬于进取，率躬以化其乡。耄至而辞禄，德之本也；导掖其秀民，仁之至也。其徒卒昌于时，孰不曰文正公所作成也。"③ 也就是说，理学的发展和重开科举应该是相辅相成的，只有创造学问正的环境，才能达到科举正的目标。

（三）策问关注的政治问题

袁桷作为朝廷的重要词臣参与科举，设计策问题目是其中的一项必不可少的职责。在袁桷的著述中，可以看到不同年份的五篇策问。

（仁宗延祐四年）先王之政，莫先于养民。《洪范》以食为先，

---

① 袁桷：《昌国州重修学记》，《清容居士集》卷18（《全元文》第23册，第427—428页）。
② 袁桷：《次韵王正臣书史试院书事二首》，《清容居士集》卷14。
③ 袁桷：《封龙山书院重修记》，《清容居士集》卷18（《全元文》第23册，第423—424页）。

故昔之水旱，历年多而民不病者，有以也。周汉上计簿，以周知民数，三年则大比，以登于王府。制国用之法，日计岁会，使之裕如者，将以预其备也。大无麦禾，《春秋》非之。则周知民数，将悉民以备不虞欤，其止为国用乎。耿寿昌立常平，皆以为便，或以不便罢之，其去取可得闻欤。京师天下之本，实粟重内，理所当急。唐贞观转运之法，岁不过三十万石，后虽增多，然止给军用，至于贞元，所入不过四十余万石，而京邑未尝有阙。抑内地无闲土，民不仰于官欤。抑有司定制，无泛冗欤。圣天子惠养元元，实粟内畿，间遇不登，漕运或不能足。今天时雨泽，上协圣心，中外丰熟，九年之蓄九谷之数，可讲而行也，将取诸民而备诸意。其有烦扰也。社仓之法，唐首用之后，复有科折之患焉；敛散之法，坏于后人，国服为息之辩，非本旨也。藏富于民，贫者得以济乎。谷贱伤农，因时而官收之，积岁朽腐，何以处之。上下给足，因其丰穰，而讲行实在。今日习进士业者，通识时务，宜陈说便利以俟讲明焉。①

（仁宗延祐五年）制曰：盖闻昔之圣人，垂衣裳以成无为之治。稽于《书》《传》，任贤设教，品节备具，谆谆然命之矣。是无为者始于有为也，事久则弊。唐虞之世，历年滋多，不闻其有弊也。治莫重于定国体、尊国势。纲常之分严，风俗之化一，国体定矣。善恶之类明，赏罚之制宜，国势尊矣。廉远堂高，上下之辨也。量才授官，莫得逾越，国之大柄也。若是者，其道何以臻此。《记》曰："礼乐刑政，四达而不悖，王道备矣。"夫礼以防民，乐以和志，刑以禁暴，政以善俗，四者何所先也？夙夜浚明，卿大夫之德也。知其邪慝，则知所以儆之；知其困穷，则知所以振之；为吏习常，恬不知省，其故何也？继体守文，善论治者尤以为难。朕承累圣之丕绪，宵旰图治，罔敢暇豫，于变时雍，若有缺然者，子大夫观乎会通，酌古今之宜，毋迂言高论以称详延之美，朕将有考焉。②

---

① 袁桷：《大都乡试策问（延祐四年）》，《清容居士集》卷42（《全元文》第23册，第388—389页）。
② 袁桷：《试进士策问（延祐五年三月六日进）》，《清容居士集》卷35（《全元文》第23册，第40—41页）。

（英宗至治元年）夫《书》者，即古之史。孔子删述，自唐、虞二典以讫于周之《文侯之命》，附以《费誓》《秦誓》，而《三坟》《八索》《九丘》诸书皆芟而不录。至其约史记，修《春秋》，托始于鲁隐公元年，实周平王之四十九年也。褒善贬恶，特书屡书，至获麟而绝笔。前乎唐、虞之所著，岂不过于《文侯之命》等篇，而去彼取此，溯平王而上，沿获麟而下，岂无可纪之事，而绝不为书，是皆有深意存焉。司马子长创为《史记》，首轩辕以逮汉武，或有孔子所芟者，子长乃从而录之，后人翕然以为有良史之才，爱其雄深雅健。凡操史笔者，如班孟坚、范蔚宗诸儒，争相蹈袭是祖是式，而未有取法于《春秋》者焉。岂圣言宏远，匪常人所可拟其仿佛邪？自荀悦仿《左氏传》为《汉纪》，体制稍为近古，于是袁宏、孙盛之徒并为编年之书，而学者或忽而不习，终不若子长《史记》盛行于世。司马公编《资治通鉴》，造端于周威烈王二十三年，系年叙事，历汉唐以终五代，勒成一家之言，渊乎博哉，此近代所未有也，其亦得圣人之意否乎？我国家隆平百年，功成治定，礼乐方兴，纂述万世之鸿规，敷阐无穷之丕绩，吾儒之事也，故乐与诸君子讨论之。诸君子游心载籍，闻见滋广，其于《书》《春秋》之所始终，《史记》《通鉴》之所以制作，必详究而明辩之矣，愿闻其说。①

（泰定帝泰定元年）制曰：朕闻自昔圣王之治天下，罔不在初政。故舜之嗣位也，明目达聪，命九官，咨十有二牧，礼乐刑政之道粲然备具。禹成厥功，祗承于帝，精一执中，实圣圣传心之要。汤黜夏命，以克绥厥猷为本。武王胜殷，首访于箕子，天人之际明矣。《诗》之《访落》《公刘》，《书》之《无逸》《立政》，亦惟成王嗣服之始，君臣交修，以成继志述事之业。唐虞三代，其揆一也。维我世祖皇帝圣神启运，时则有同心同德之彦效谋输忠，故能混一区宇，治化旁洽。朕祗承丕绪，永惟帝王事功，见于经传，悉遵而行之。时有古今，制宜损益，若稽世祖之宏规远略，垂统万世，夙夜寅畏，以图治安。然人才之列于庶位者，犹若未及；治道

---

① 袁桷：《会试策问（至治元年）》，《清容居士集》卷42（《全元文》第23册，第389—390页）。

之达于庶政者，犹若未备。子大夫其以前王之坦然明白可行于今者何策，世祖政典之纲领，当今未尽举行者何事，宜悉心以对，以辅朕惟新之治。①

（泰定帝泰定三年）用贤之道，治天下国家先务也。人才之贤否，本乎心术之邪正。邪正者，义利公私之辨，君子小人之所由以分。古之时宜无有黩货而鬻狱者，然伊训曰"其刑墨"。先儒谓贪以败官之刑也，《吕刑》论五过之疵，亦曰"惟货"，又曰"无或私家于狱之两辞"，当时谆切告戒已如此。汉去古未远，尝举孝廉矣，乃或万家之县无应令者，或合郡不荐一人，岂自昔廉吏已难其选欤。贾长沙之言曰："有坐不廉而废者，曰簠簋不饬。"或谓："此粗可厉廉隅之士，而顽顿亡耻者不格也。"贤良若董仲舒、公孙弘、倪宽，皆称经术，而公孙弘卒以布被脱粟之诈，见讥当世，则廉者又未可深信欤。杨震辞暮夜之金，刘宠却父老之馈，世以为美谈。然震之刺荆州，宠之守会稽，皆治行卓著，民咸德之，岂廉特守己之一节，而惠泽之及民者不专在是欤。方今圣明在上，荐绅之士分布中外，封赠足以遂显扬，禄廪足以供事育，而十二章之典又严且密也，刑赏劝惩之道亦至矣。然廉者守法奉公未必见知，贪者嗜利营私不为少戢，岂刑赏之外，犹有当加意者欤。官吏之贪廉，其于政事之臧否，民生之休戚，所系至重也。诸君有明当世之务者，其悉意以对。②

从袁桷设计的这五篇策问可以看出，在仁宗朝他主要关注的是治理问题，不仅要求听到新的治国建议，还希望考生关注治理的具体问题，如漕运和常平仓等问题。在英宗朝他并没有就新政设问，而是提出了如何修史的问题，这样的问题当然与他的史馆职责有关，但是亦暗含了有意回避敏感政治问题的用意。在泰定帝时，袁桷既明确提出了如何重返忽必烈的治道问题，又提出了如何反腐和倡廉的问题，显示他已经不再

---

① 袁桷：《试进士策问（泰定元年三月六日进）》，《清容居士集》卷35（《全元文》第23册，第41页）。

② 袁桷：《江浙乡试策问（泰定三年）》，《清容居士集》卷42（《全元文》第23册，第390页）。

有所顾忌，所以敢于触及比较敏感的政治问题。

三　明儒者实用

有真才实学的儒者必有用于天下，是袁桷始终坚持的观点。他特别从四个方面对这一观点作了说明。

（一）儒者耻于自售

袁桷指出，儒者不顾廉耻，以游说等方式自售，已经成为当时的一种风尚："四方士游京师，则必囊笔楮、饰赋咏以侦候于王公之门，当不当，良不论也。审焉以求售，若乘必骏，食必稻，足趼而腹果，介然莫有所遭。夫争艺以自进，宜有不择焉者心诚知之，孰惭其非。故幸得之，则归于能，其不得之，则归于人。惕然而自治，吾未之见也。"①袁桷强调儒者的"自治"，就是表明十分厌恶儒者自售的风气。

朝廷广招人才，似乎为儒者自售打开了方便之门，但是袁桷明确指出，自售者实难得逞，因为朝廷自有择才的标准："世祖皇帝大一海宇，招徕四方，俾尽计画以自效，虽诞谬无所罪。游复广于昔，敝裘破履，袖其囊封，卒空言无当，以其无所罪也。合类以进省署禁闼，骈肩攀缘，卒无所成就。余尝入礼部，预考其长短，十不得一。将遏其游以喻之，游者迄不悟。朝廷固未尝拔一人以劝，使果拔一人，将倾南北之士，老于游而不止也。""儒以为本，复挟能以自张，其宁有不遇者。故余历言，游者之幸不幸。"②

国家确实急需人才，正如袁桷所言："方今舆地纪载，悉归于梯航，观阙会朝，相望其冠盖。东渐西被，上际下蟠，法过密则烦扰而不安，赦愈多则奸偷之滋幸。理钱谷，虽号为俗吏，当究其出纳之源。议礼乐，实本于儒生，孰明其沿革之理。同风俗以合志尚，敦朴素以去奇帙，言举斯心可运诸掌。然文盛必有武弊，而阳长尤惧阴来。积薪忧燃，非贾谊之过计；前筹借箸，乃张良之远谋。"③但是儒者能否得到重用，靠的是真才实学，而不是无才无德者的自售，袁桷就此作了详细的说明。

> 切以取士之歧不一，用儒之道实高。贾谊少年，忧国之策允

---

① 袁桷：《送范德机序》，《清容居士集》卷23（《全元文》第23册，第188页）。
② 袁桷：《赠陈太初序》，《清容居士集》卷23（《全元文》第23册，第198—199页）。
③ 袁桷：《谢李承旨》，《清容居士集》卷39（《全元文》第23册，第161—162页）。

著；马周逆旅，入对之疏密谐。法如牛毛，贱若鱼目，将望然而引去，宁挽之以必来。方今人文交修，礼乐备举，金马碧鸡之颂可被弦歌，赤麟白雁之祥宜书竹帛，孰为称选，佥谓当仁。①

近世先达之士类，言求进于京师者，多羁困不偶，煦煦道途间，麻衣弊冠，柔声媚色，无以动上意，其言若谆切恳款。后进之士，怀疑而不进，百以十数。然遇不遇，命也。而言若是，则抱道自足者，益无志于世，而或者亦得以窥其介且固焉。夫道成于同，而弊于孤。云龙之相从，风水之相应，其理然也。往岁余与巴西邓君道所以，尝以为今世无是决矣，吾徒当力学为己，闭门息心，耕六籍之圃，溉根以茂实，若古逸民高士，退静自乐，其于道也无害。

君子之出也，大言以行道者，夸诬之流也。相时而行，守身于不辱，谨德避难，贞白而无愧，斯近之矣。方今食太官，衣御府，亡虑数百，拟之汉世为盛。吾意秉义怀仁之徒，道不相类，若贡禹之经明行絜，区区车马之对，亦若无可取者。苟不以是进，则其气昌而愈完，行周而无蹶，于得丧益无病矣。夫处顺者逆言莫能入，嗜味者腊毒无终悔。②

抱有升官发财目的的儒者，自然是要不停地自售，而这恰是袁桷最为痛恨的行为，所以他特别强调了儒者应以自重、自治等方法与之对抗，使朝廷的用儒不至于走上偏颇、怪异的路径。

（二）士无南北之别

对于朝廷中的轻视江南士人论调，袁桷以五条理由给予了驳斥。一是来自江南的朱学已经遍及全国，没有人敢于贬斥朱学。二是忽必烈时即特别重视选择南士，谁敢说忽必烈做得不对。三是建国初期的老臣都颇欣赏南士，谁能说他们的不是。四是持此观点者喜欢江南物品而讨厌南士，本身就不能自圆其说。五是学制、科举都本于朱学，更不能排斥江南的儒者。

许文正公（许衡）定学制，悉取资朱文公。至仁宗皇帝集群

---

① 袁桷：《回冷教授》，《清容居士集》卷39（《全元文》第23册，第155页）。
② 袁桷：《送邓善之应聘序》，《清容居士集》卷23（《全元文》第23册，第186—187页）。

儒、定贡举法，五经皆本建安书。

今九州之地非不广，而道德师表不敢有异于文公者，由文正公独建大议，而圣天子有以成之也。今之为议者则曰："南士浅薄，不足取。"又曰："其文学论议，与中原大异。"夫行事必本于经，考成均之法，惟文公是师，而南士独有背何耶。余尝入议者之室，其服食器用由南以来者颇若慊所好，其无乃贵物而贱士与。识患于不弘，党患于过偏。自昔创业之君，合一海寓，必取退陬荒域之士以自近辅。维昔世祖皇帝能知之选取，盖可稽也。

今六合一家，文公之学行于天下矣。士能通其学者，其宁有固执之弊。桷官京师逾二十年，见昔时诸老津津于南士者甚众，考其异同，其亦南士之不如昔耶，其亦异者之不如于群公邪。……故历南北好恶而知，吾文公之道千万世南北不能以易也。①

袁桷还特别指出："车书一致，江海相逢，岂无它人因以合谱。"②"今皇元以仁武函诸夏，卉裳重译罔不臣服，幅员倍古。限南北取士，非上意也。立贤无方，是则世祖之明训。而凡吾徒之居于南者，稍得致通显辄言财用，掇奇祸或言刑法，致深文根株排连，牢不可破，守正修己悉不复自达矣。桷曰：珠玉蕴于山渊，采择者必之夫绝域，是宁有远迩耶。世祖皇帝遣使征聘，必先夫江南。岁月既远，闻者益荒，见者益狭，彼区区售技自献者，实不与昔时并。"③也就是说，在皇帝眼中，本无南北士人的差别，只要是贤才都可以得到重用，当然无才自售者不在其列。

朝廷的某些机构，如翰林院和国子监，因为历史的原因，确实是南人较少，但不能由此而产生抱怨，能否得到重用的机会，确实不是个人所能把握的。

朝廷清望官曰翰林，曰国子监，职诰令，授经籍，必遴选焉。始命，独东平之士什居六七。或曰："洙泗先圣之遗泽也，诚宜

---

① 袁桷：《送朱君美序》，《清容居士集》卷24（《全元文》第23册，第214—215页）。
② 袁桷：《回宗人袁庆远教授》，《清容居士集》卷39（《全元文》第23册，第151—152页）。
③ 袁桷：《送闵思齐调闽府序》，《清容居士集》卷23（《全元文》第23册，第202页）。

然。"又曰:"其浸汪洋渟伏,昔东诸侯阐兴文儒,飞矢交集,弦歌之声不辍于黉序,有自来矣。"桷向为翰林属,所与交多东平,他郡仅二三焉,若南士则犹夫稊米矣。士乐得所依,连汇以进,各以其所向,上有以挽之,下有以承之,势使之然也。

嗟夫,类聚以方,士患不得之。既得之,则不宜以遗佚随声媚容,置之良是矣。才焉而不遇,则在上者宁得以辞其责焉。①

袁桷之所以强调士人无南北之别,就是既要改变北人的偏见,也要打消南士的顾虑。在全国统一多年之后,还歧视南人和南士,确实是逆历史潮流而动,应该加以纠正。

(三) 肇始儒吏合一

与袁桷同时代的儒者,大多强调以儒为吏是儒士入仕的重要途径,袁桷则更进了一步,明确指出恢复科举考试后,已经呈现了儒吏合一的趋势。

世尝病夫儒与吏,其道不同,卒莫有一其说者。为吏者曰:"法定于后王,微忽不可以相混也。征调出入官簿,浅深不可以逾越也。童而师之,犹不能以尽。今儒者之说,急于所缓,高而迂滞,而疏卒一遇焉,吾深知其莫能成事矣。"儒者则曰:"法有不忍人之意也,审官别人,制用有常。沾沾然迎好以刻意,非为治之本也。"然而为儒者莫有以见于用,间尝用之,其肯綮节脉融贯昭晢之理,疑有所滞,而益得以借口,吁,是诚难矣。

今天子崇尚儒术,立进士科。昔之举茂才者,咸试吏以尽其材智。宪府举按守令,间阎纤粟,令式高下,日接于耳目,果勤而敏修,若视鉴焉,瞭其妍丑,无有逃遁,于是儒吏之一,仿自今始。②

儒吏合一可以改变多年存在的吏弊,袁桷特别以浙江救灾为例,说明了吏弊的具体表现。

---

① 袁桷:《送程士安官南康序》,《清容居士集》卷24(《全元文》第23册,第210页)。
② 袁桷:《赠孟久夫南台掾序》,《清容居士集》卷23(《全元文》第23册,第196—197页)。

今之为守令者，据文法以具事，事弊而法具，虽更百吏焉无易也。事当而文不具，一挠诘之，咋舌无所对。岁部使者入境，吏曹取旧牍相考订，附益完善，至名押善题署，恣所补不复问。使者坐所治决事，搜摘十不得一二，然皆毫末麈细，于政体不相涉。故称能吏者，或以苛察议。噫！徒法不足以致理，任情而失实，故先王为法以禁其过，久而繁滋，则审于治者，简而易之，使不病焉，斯可矣。大德丁未（1307年）浙东西以饥告，牒移日属于道。官会其数于乡，将赈活之，其不实者究焉。乡登名于县，县审而始闻于郡，郡以事为重，合郡僚以议，其一以故不预，则旬月以俟，乃得达部使者。部发使于乡，复询察而周详，始定其议令。如夫幸民之饥乘而弊焉者，群下之过也。因其弊而持久之，则民之死者日益甚，法顾安得以救。有司者之意，夫岂不知是拘于文、狃于故，相安而不改，其势然也。①

袁桷还特别强调，只要能出以公心，就不难克服吏弊："今之言赞画者，以摭拾为能。群吏抱成牍，入幕府，一不可意，辄旷日相持不决。由是揣摩迎合，弊有不胜言者矣。昔人之善吏治，事决于顷刻，理定于造次，安于其自然，人莫能有以为非者，心出乎公也。"② 当然，儒吏合一是要以儒者为良吏而不是恶吏，正如袁桷所言："余向为史属，见南士焉执案牍者，刻若法吏，其滑稽跅弛，不善避忌，酒酣大言无所顾，吾深忧之。"③

袁桷的儒吏合一论点与郑介夫的以儒代吏论点有相近之处，但是袁桷更注重的是现实状况，郑介夫所强调的则是理想状态，所以袁桷的论点只是强调柔性、自然的儒、吏"相合"，而不是刚性、强制的儒对吏的"取代"。

(四) 讲究为官之道

为官和为吏既然是用儒的重要方法，就不能不讲究为官之道。人们习惯于对官吏的应然要求，即如何做才能成为好官和良吏，袁桷则从反

---

① 袁桷：《送刘习卿序》，《清容居士集》卷23（《全元文》第23册，第189—190页）。
② 袁桷：《崔君都事饯行诗序》，《清容居士集》卷23（《全元文》第23册，第197—198页）。
③ 袁桷：《送陈仲刚序》，《清容居士集》卷24（《全元文》第23册，第218页）。

向提出了要求,即为官不能做什么。

一是为官既不能自夸其政绩,尤其是不能强迫他人为自己歌功颂德,也不能鄙视学官,因其无利所图而弃之不为。

> 士之为吏,病饬于内而骛于外者多矣。饬乎内者,无赫赫之功,而亦不足以取仕。骛于外者,自处善士之目,率先得大官厚禄。故仕而临民,虽百里之邑,其势亦足以动众,智亦足以防口。凡所居官,将解印绶,必讽谕能为文章者,书刻其政绩,方古循吏。殆未惬意,间有不肯操笔,辄威胁罪诛。闾里者艾争相效承,长缣巨轴,联衢表道,先出郊饯祖,语啧啧不自已。迨其去官,犹视彼黜陟为废置。而士不幸为师儒之官者,则不能是,盖其秩最卑,势最下,其行事不能以致众,方苟度岁月以冀脱去,故来也无闻,去也无迹,而儒者之道愈缺然矣。噫!先王致治之效,必本于学校之兴废,而谓其道不足以致誉以自弃者,则过矣,且誉果可以致而哉。①

二是为官不能以刻薄百姓为自己创造政绩,作为升官的资本。只有真正的爱民和善民,才可能带来真实和显著的政绩。

> 今世善言利者,督括虚籍,峻鞭朴以求媚,尝誾誾以告:"吾所居官能赢余以自效,当升夫资秩。"相率以效,朘削日广,而其徒争不肯自置,其猥阘者则攘臂以取,不顾利害,其弊有不可胜言者。今崔君两得之,不希于公,不病于民,絜矩之道至而儆夫在位者,皆得以同是道也。崔君往为内史府官,见天子于王邸,大器异之。今即位,首拜兵部员外郎。兵曹之事多于昔,飞符调发,水陆之需,顷刻在立办,宽则事不能以济,稍苛急民之病有甚于专征之弊。崔君推昔日之心,明以核之,仁以恕之,政绩之著有逾于昔。②

三是为官不能不顾当地的习俗,肆意妄为,尤其是在边疆地区,不

---

① 袁桷:《陈彦恂饯行诗后序》,《清容居士集》卷24(《全元文》第23册,第219页)。
② 袁桷:《赠崔兵部序》,《清容居士集》卷23(《全元文》第23册,第195页)。

能违反因俗而治的基本原则。

> 在昔世祖皇帝宁一海宇，幅员衮广，凡为仕者，力不能以自达于京师，故岁必遣朝廷望官即其地，如选部注授焉。省之远者，曰湖广，曰江西福建，曰云南。其最远莫如云南，故自三品而下皆得除，拟奏而后出命，视他省为最重。其受任使者，非清慎明正，不足以当之。维世祖由壬子入吐蕃，破蒙、段二姓，宋、金所不能臣，至是逾三百年始定，神武伟著。时则有若赛公，称合上意，羁縻而绥抚者，厥有攸治。夫以蛮猪之俗，俾安其素习，诚不在于烦促苛削也。因其民风而俾之为官长者，子孙不越于其境，则安而简易矣。边隙之生，所从来久，出于长民之贪黩。殿最莫严于考课，循岁月以善解视其成牍，则调是官者，虽离娄之明，将何以辨之哉。厥今御史循行郡县，察采是不，而坐驿顷刻促具食上马，惧夫事之填委，将终岁不能以尽也。今之为迁调者，居于是邦，雍容咏歌，得览其山川，询其陋塞，仕焉而已者入间以问之其隐，而在下者详延以博询之，则仕于彼之士，吾将瞭焉胸臆而示诸掌矣。不然，拾级循叙朱墨之职，一介吏足以办，何假于陈君乎。①

袁桷还特别以诗作强调了在边疆地区的简政要求："荡荡哀牢国，耕桑换不毛。官船乘驿稳，铜鼓报筲高。事简归王化，民淳汰吏曹。端知清净理，山水纵游遨。"②

四是为官不能随意向皇帝上言，因为上言可能惹祸，甚至是杀身之祸，所以必须知道上言的禁区何在。

> 御史言事，有二不幸焉。折群阴初萌之机，论国是于未定之日，若难矣，不至履其危而蹈其祸也。至若奸孽肆凶，株党连结，钳口拱手者千士一律，至是而有言焉，非夫舍成败死生不能也。③

---

① 袁桷：《送陈景仁调官云南序》，《清容居士集》卷24（《全元文》第23册，第211页）。
② 袁桷：《送濯伯玉之官云南》，《清容居士集》卷15。
③ 袁桷：《书杨御史奏稿后》，《清容居士集》卷49（《全元文》第23册，第358页）。

五是为官不能言利,因为自古以来言利者都没有好下场。

> 英宗皇帝更庶政,除前相所行不便事,下诏天下,命御史台、枢密、翰林、集贤集议,桷时得预末席。叔能首言:"江南两税已定,复增贾区银赋,贾无常居,赋重即逋逃。今征额籍具,使无能输,将并于主户,主户既主徭役,是徭役之外别有银赋,将不胜其害。"群公以为然。新诏既下,取首建议为多。古之善言利者,莫先于刘晏。晏所行不至急刻,而晏迄不善后。是兴利为害身本也,躁于求进卒之,自唐以来如晏者皆无以自保。吁,可无惧哉。①

六是为官不能恋位,要懂得适时而止的道理,不要做出老不知耻的行为。

> 郡守之任亦重矣,视其精神为之折冲御扶,一不加意,吏挟以侮,民逞以奸。故其食息,尝内省外顾,非智与力两全者不能也。朝廷察为仕者之有病于吾民也,于是著致事令,而其疲软昏眊不待年而具者,朝廷亦不能以限之也。余官京师,见有请于庙堂,自陈其刚强矍铄,虽不之许,察其意犹有觖望。噫!羞恶是非,人皆有之,若是果何如哉。②

明确了不能做的各项为官要求,就知道了"无为理清净,世儒汩其真。君子法简易,坐致羲皇淳"的重要性,③才可能带来袁桷笔下的善政:"帝京布文教,列邑施官曹。井屋鱼鳞齐,禾黍黄云高。幡然土俗变,怗首羞雄豪。出宰试敏手,良庖靡更刀。善政旧牒传,据案除民饕。村村烟火通,长途罢建櫜。鸡鸣流水远,雁过平陂翱。"④

袁桷作为当时的名士,既颇为自傲,也颇会自保,所以他重点阐释

---

① 袁桷:《送王叔能守会稽序》,《清容居士集》卷23(《全元文》第23册,第195—196页)。
② 袁桷:《送蔡府尹归里序》,《清容居士集》卷23(《全元文》第23册,第201页)。
③ 袁桷:《寿程内翰二首》,《清容居士集》卷3。
④ 袁桷:《送鄱阳刘县令之官宣宁二首》,《清容居士集》卷5。

的用儒观念不仅容易被各方面的人士所接受,亦可体现他对政治的关心,从而掩盖了他从不对具体朝政问题发表看法的短处。由此带来的结果,就是他的名气越来越大,但是所起的主要是粉饰太平而不是革除弊政的作用。

第四节　张养浩的善政观念

张养浩(1270—1329年),字希孟,号云庄,济南历城(今属山东)人,因治学成名,被不忽木推荐给朝廷,历任监察御史、翰林直学士等职,著有文集《归田类稿》等,在著述中重点阐释的是善政观念。

一　述为君之道

张养浩在元成宗即位时曾上书朝廷,专门讲述为君之道,并明确表示:"臣养浩尝读孟轲氏书,至言'我非尧舜之道不敢以陈于王前',其风裁凛然,壁立万仞,千百世下犹可令人想见。盖臣之于君,惟敬之至,故其为虑也深;虑之深,故其期之也远。虽三代皋、夔、稷、契、伊、傅、周、召之用心,率不越此。所可惜者,不能告之天子,施诸当代,乃为战国区区一邦之君而发,明月夜光,宜彼不知其珍也。然由是而使后世为人臣者知必如此,乃可尽为臣之心;为人君者知必如此,乃可尽为君之道。其有功世教,议者谓不在禹下,讵不信哉。钦惟皇帝陛下宽仁明哲,以无心而承大业,兢兢守成,惟祖是式,而又创开经筵,登进儒雅,御书求治,至于再三。臣某忝以宫僚,召预侍讲之末,际兹隆盛,欣感交集,辄不自揆,僭陈平昔所闻于先哲者。"[①] 也就是说,张养浩向守成之君陈述的为君之道,理论基础是孟子的学说,主要包括五方面的内容。

(一) 君德说

张养浩所强调的君德,实则是对明明德的要求,即通过君主的自明,去怒止好,扬善去恶,以德昭示天下,并要特别注重上天对不善之举的警示。

---

① 张养浩:《经筵余旨》,《归田类稿》卷1,四库全书本(《全元文》第24册,第555—559页)。本节引文未注明出处者,均来自此文。

> 刚健笃实，辉光日新，人君之德也。尧之德曰钦明，舜之德曰文明，禹、汤曰祗承于帝，曰圣敬日跻，皆辉光日新之谓也。今夫天所以转四时、括万象者，刚也，惟刚故健，惟健故万古不息。人君上法乎天，则宜刚健厥德，使辉光日新，而声色外物举不能蚀矣。夫物之感于人也，始则甚微，及其盛则逸不可制，惟刚与明乃克胜之。盖明则能自知，刚则能自断，割爱于所嬖，止怒于愤发，回心于笃好，改行于已然，非于人心、道心了然者不能。况人君与天体虽殊，而其心则一，隐显之间，影响斯应。一念之善，虽未形诸言，天必应之以和；一念不善，虽未见诸事，天必应之以异。所以自古帝王遇灾警省，发政施仁，卒能变而为祥者，往往由此。舜何人哉，顾立志何如耳。

张养浩之所以提出这样的君德要求，是因为忽必烈在位后期已出现过所谓"上天示警"的灾异现象，而成宗即位后也遇到了这样的情况，引起君主的忧虑，而明明德之说，足以起到克服君主忧心的作用。

（二）君道说

张养浩所陈述的君道，等同于天道，重点强调的是君主无私无欲的要求，即只有以公心对天下，才能大安、大荣、大乐并流芳百世；而以私心对天下，必将大危、大辱、大悲并遗臭万年。

> 天之道，即君道也。天道无私，人君亦无私。尧、舜、禹、汤有天下而己不预焉，公也。桀、纣、幽、厉有天下而民不预焉，私也。公者以天下为心，一己之奉不计也。私者以一身之乐、一时之适为心，天下皆失其所不恤也。然而数千载下，闻尧、舜、禹、汤之风者，莫不感戴如父母；闻桀、纣、幽、厉之风者，莫不疾恨如仇雠。回视当时所乐，若琼宫瑶台，今皆荡为太虚之尘，而无毫发踪影之可见，其昭然而存者贪暴之名，万古如一日。呜呼，尧、舜、禹、汤动相规戒，不自暇逸，其始也若自苦，由今观之，乃大安也，大荣也，大乐也。桀、纣、幽、厉穷奢极欲，人莫敢言，其始也若自得，由今观之，大危也，大辱也，大戚也。呜呼，圣人立教，每以尧、舜、禹、汤为天下后世法，桀、纣、幽、厉为天下后世戒者，其有以夫。

对君主而言，希望流芳百世是常态的政治心理，张养浩只不过是抓住了这样的心理，阐释了能够流芳百世的路径而已。

（三）君体说

所谓君体，即君主的表象，所强调的是简与静的要求，即君主不仅要自重，做到赏罚严明，不徇私情，还要敬重贤者等，行为得体，以达到天下归心的目标。

> 维简维静，为人君之体。简非省事，谓不侵臣务也。静非无为，谓应物而物，不能挠也。鉴之空，衡之平，物有万殊，美恶轻重靡不毕见者，得应物之体也。故圣人之治，天下泊乎其心，与衡鉴等。爵以待有德，不敢私于所旧；刑以待有罪，不敢贷于所亲。况人君以一心而应万机之繁，以一身而临亿兆之众，深居九重，而欲使天下皆安，百官皆举其职，非于赏罚之柄握之坚、行之必，其何以臻此。我世祖皇帝临御三十余年，而赏罚之柄未尝一日或失，端严简重，而天下归心。昔汉高既帝矣，拥戚姬，骑周昌项，慢骂臣下，故四皓耻而不仕；唐太宗由秦邸而践天位，好胜自矜，犹藩王之辙，是皆有失乎人君之体也。然则得体之道奈何，曰敬。

张养浩以忽必烈作为榜样，告诫新君主要行为得体，尤其是不能滥加赏赐，实则是隐含了对朝政和君主作为的不满。

（四）君威说

张养浩所说的君威，是要求君主以纳谏立威，并且特别强调了不杀不罚言臣，应该成为最基本的政治原则。

> 盛饰仪卫，非君威也。专于诛杀，非君威也。峻其宫阙城郭，非君威也。然而为威者何？不杀谏臣，以作台谏敢言之气，此天子之威也。古人喻谏者为批龙鳞，又为犯雷霆，幸而见从，犹虑不测，万一致怒，轻则杖之，重则刃之，又重则籍而族之，自非忠恳出于极不得已，孰肯舍身为国，甘受如许之祸哉。故自古迄今，人臣以谏闻者，百无一二。王者知其然，故表木以来之，和颜以听之，重赏以劝之，人犹畏首畏尾而不至，况压以势而中之以法，孰敢伸其喙哉。大哉人臣之纳谏也，必有拂乎人君之心，使其言惟务

于顺，则非所谓谏矣。然顺心之言多喜，逆心之言多怒者，亦人主之常情。但于其将怒也，反而思曰："彼所以冒罪而谏者，抑为谁欤，苟为国为民，则是忠于我者而怒之，则天下必将惩艾而为不忠矣。呜呼，为人君而使天下以言为戒，则何弊不生，何奸不起，何乱不作。"人主诚能如是思之，则凡进言者，万不至于加罪矣。故前代以不杀谏臣为天子家法，告之宗庙，传之子孙，颁诏天下，真后世人主享国绵远之计哉。

强调谏臣不应受到君主的责罚，是因为从忽必烈在位后期以来，确实出现过谏臣被杀、被关、被贬的现象，张养浩借着君威的说法，所要表达的意思，就是希望这样的悲剧不再上演。

（五）君治说

张养浩所说的君治，就是对君主致治的要求，主要强调的是君主要善于用人，不仅要用君子、远小人，还要特别注意选用守正道的侍从。

夫人君致治之要有三，一曰宰相得人，二曰台谏得人，三曰左右侍从得人，盖得人则朝廷尊而君德日盛。于斯三者，而左右所系为尤重。昔孟子谓左右前后皆薛居州，王孰与为不善；左右前后皆非薛居州，王孰与为善。夫宰相、台谏进见有时，左右之臣则朝夕所亲炙，苟不严示以法，使之恒有所警，则虽宰相、台谏之职，亦将有所不能行矣。夫君子多易疏，小人多易亲，盖君子惟知纳君于善，诡随容悦，虽死不为；小人惟知谄佞奉迎，百无所顾；一或不察，则以忠者为不忠，不忠者为大忠矣。三代而下，有国家者所以致治致乱，大概不出此二途。善乎楚共王之言曰："常侍筦苏与我处，常忠我以道，正我以义，吾与处不安也，不见不思也。虽然，吾有所益焉，其功不细。申侯伯与我处，常恣纵我，吾所乐者劝吾为之，吾所好者先吾服之，吾与处欢乐之，不见戚戚也。虽然，吾终无所益焉，其罪不细。"于是重赏筦苏而逐申侯。呜呼，人君能以是为心，则天下何患乎不治。

由于元朝实行怯薛制度，君主的侍从都来自怯薛，所以张养浩的君治或用人说是有所指的，即特别强调了不能使怯薛组织成为小人的群聚之地，从而起到败坏朝政的恶劣作用。

元武宗时，张养浩又在上书中对为君之道作了四点重要的补充性说明。①

第一点是君主必须重视言官的作用，言官也要有不怕杀头和贬职的勇气及自觉性。

> 伏闻御史，言官也。人君深居九重，耳目有不及者，设监察御史言之。是知御史者实朝廷耳目，人主所倚，以为聪明者也。伏自世祖皇帝立御史台，迨今五十余年矣。昔阿合马特饰奸乱政，台谏不言，为盗杀之。桑哥罔上酷下，迨其诛灭，世祖皇帝震怒台臣不先事而言，几至危殆。是知国家未尝负言官，而言官则有负国家者矣。况陛下方总群策，以收太平之功，责言于人，而以言责之，万不如是，政使或尔死自其职，又可避乎。臣自承乏言官，常欲披肝沥胆，具白当世之务，以父年喜惧，章成复毁者至于再三。倘朝廷怜其居职不能不言之心，少赐清闲，使竟其说，或诛或窜，止于臣身，则受辱之日，皆感恩之年也。

第二点是君主要特别注意平和景象下隐伏的危机，并且认真对待臣僚提出的各种警告，这恰是对居安思危的最重要要求。

> 臣尝观自古国家之难，多伏于治平无事之日。为人臣者，欲及未然而言，则恐败无实迹，人主忽焉而莫之信；欲俟已然而言，则又恐事成不救，贻人主无可奈何之忧。世徒知听言者难，而不知进言者为尤难也。夫子之于父，非不亲且敬也，惟亲也，故有过不敢争，惟敬也，故争之不敢不尽其诚。为父者若曰，吾尊也，汝卑也，奈何汝不我从，而欲我之从汝言。或及此，则人子之职堕矣。臣之于君，与是奚异。

第三点是提醒君主要沿承祖制，尤其是遵从忽必烈在位时的基本做

---

① 张养浩：《时政书》，《归田类稿》卷2（《全元文》第24册，第563—565页）。本小节以下的引文均来自此文。

法，继续以守成的姿态达到天下大治的效果。

> 伏惟皇元有天下垂百余年，始则太祖皇帝以义兵起朔方，次则宪宗皇帝以勤劳绍国统，次则世祖皇帝以赏罚一天下，又次则成宗皇帝以简重守成功，列圣相承，咸有彝宪。
> 初陛下抚军漠北，天人胥顺，灵旗所指，辄以捷闻，中外之心愿其即真，悬悬焉殆如农夫之望岁。会奸谟内构，欲僭宸极，天下之人皇皇焉又如盗入其家，靡所宁止。赖宗庙之灵，社稷之佑，太母元弟之断，虐焰已灰，期月之中，民之翘首企足，以迟六飞之至者，不契而同，遐迩一意。后闻正位上京，士贺于朝，民庆于市，于以见臣庶之欣戴陛下者可谓至矣。以陛下孝武英睿，鸿福永年，固民之心，仍祖宗之宪，少抑浮费，则隆熙之治，可必底无疑，固不必纷纭更张，求胜前人为也。《传》曰："道在迩而求诸远，事在易而求之难。"又曰："监于先王成宪，其永无愆。"前辈亦云："天下本无事，庸人自扰之。"伏愿陛下详味斯言，则致治之方有不难见。大抵厥今天下，譬则一室，祖宗基构涂茨，靡微不完。但陛下择一二端重耆臣，谨而守之，自可坐享亿万年无疆之庇。况陛下龙飞之始，已诏内外，凡百一遵世祖皇帝旧制，当时识者佥谓圣心及此，幸孰大焉。

第四点是希望君主不要轻信巧言之臣，要有自持力和判断力，区分务实与虚言的不同，以注重实效的态度处理朝政问题。

> 夫人固有闻其言则若有为，施诸事则无实效。圣人谓言之非难，行之惟艰。恶利口之覆邦家者，不可不察。昔赵括学兵于父，持其辩，自谓天下莫敌，然其父则不为许。母问其故，父曰："兵者，死地。而括每易言之，使其为将，必败人军。"后赵王将括，母上父言，不听。未几，果坑赵军四十万长平，身亦不保。夫以赵括谈兵，意其料敌制胜如在目前，然父灼其必败者，政以两军之交，千变万化，未尝躬历其险，欲以三寸舌为战胜之具，安往而不败哉。此古人所以重质愿，轻浮华，薄巧言，敦实行，务守成，重改作者，盖有见乎此也。且祖宗之得天下也，非一朝

一夕之积，其立法也，亦非一臣一士之谋，比及尺地之获，一令之出，族画朋议，旷时引月，然后定焉。今乃于顷刻之间，因一人言，纷纭变易，岂不与陛下初年诏旨大相戾乎。盖尝伏虑，厥今天下，藩镇无有，外敌无有，犬盗窃发者无有，宦官作福者无有，女谒乱政者无有，然而所以未极于治者，良由任事之臣惟利目前，而不虞其久远之弊；惟知泥古，而不察时势之难；惟知曲意迎合，而不知进逆耳之忠言；惟务一切更张，而不知绳武祖宗足以为治。

张养浩对君主之道的阐释，显然不是对君道的系统理论说明，而是针对现实问题提出的政治建议，所以应注重的不是其理论意义，而是他为了追求善政，敢于向君主直陈其政治见解的勇气。

二 纠时政之弊

元武宗和元英宗时，张养浩都曾上书要求纠正朝政中的弊病，并以此来显示他所倡导的善政观念。

（一）武宗时的十大弊政

张养浩在武宗朝任监察御史，对于设立尚书省始终持坚决反对的态度，明指其"变法乱政，将祸天下"。御史台主官阻止其上书，张养浩即明确表示："昔桑哥用事，台臣不言，后几不免。今御史既言，又不以闻，台将安用。"设立尚书省后，由尚书省任命御史台官员，张养浩又感叹道："尉专捕盗，纵不称职，使盗自选可乎？"[①]

张养浩不顾阻挠给武宗上书，特别指出导致朝廷弊政的重要原因，是违反了忽必烈时的定制，脱离守成政治的轨道并随意变更制度。

近年以来，稽厥庙谟，无一不与世祖皇帝时异者，岂陛下欲自成一代之典，以祖宗为不必法欤。将臣下工为佞辞阴变之，而陛下不知也。世祖皇帝时，官外者有田，今乃假禄米以夺之。世祖皇帝时，江南无质子，今乃入帛谷以诱之。世祖皇帝时，任人必循格，今则破选法以爵之。世祖皇帝时，守令三载一迁，今则限九年以困

---

① 《元史》卷175《张养浩传》。

之。世祖皇帝时，楮币有常数，今则随所费以造之。世祖皇帝时，省台各异迁，今则侵其官而代之。世祖皇帝时，墨敕在所禁，今则开幸门以纳之。世祖皇帝时，课额未尝添，今则设苛禁以括之。世祖皇帝时，言事者无罪，今则务锻炼以杀之。彼当国者，始言齐政令以苏民瘼，今则瘼愈剧而政令纷然；始言实钞法以阜邦财，今钞法愈虚而经费日诎；始言下情弗达，今雍蔽愈甚；始言一新视听，今迓迓怨咨；始欲去弊，而弊益繁；始欲变法，而法愈坏。其他奸谋诡计，谬论诈忠，以荧惑朝廷，欺天罔人，惟己是利者，殆难枚举。①

以忽必烈时的定制为参照标准，张养浩不仅列举了武宗在位时的十大弊政，还指明了革除弊政的方法。

第一项弊政是赏赐太侈。针对武宗即位后赏赐无节制的弊病，张养浩认为既要知道钱财来之不易，也要了解忽必烈时严格限制赏赐的深意，才能从爱民的角度对赏赐进行有效的控制。

> 盖闻自昔国家之制，赏典将以来有功，昭有德，砥砺群情，鸠集庶事者也。故功有大小，赏有重轻，德有厚薄，爵有高下。轻其所重，则勤劳之人解体；高其所下，则侥幸之徒生心。是以善为国者，当其可赏，虽仇而不吝；其不可赏，虽亲属不以假之。况货财非从天降地出，皆世祖皇帝铢累寸积而致之，百姓疲精殚力而奉之，将外供上帝百神之祀，成朝聘享颁之礼，待边陲征戍之需，备年岁凶荒之变。施当其度，则国足民逸，上下裕如；少失其宜，则国困民乏，中外骚动。陛下所知者，谓堂堂天下，何珍不有，何奇不臻，随取随盈，故不靳惜，而不知四方万里之外，穷乡狭邑，疲氓嫠妇，发鹤于耕，手龟于织，采玉者蹠不测之危，煎卤者抱无涯之苦，拣金、求珠者冒莫能度量之深。比至积微成巨，剔伪存真，变恶为美，改朴以文，不知为日几时，为功几许，为费几何，然后得入有司之选。其上之也，水焉则舸，陆焉则舆；虞其盗也，则又抽兵以卫之，调民以警之，乾没则责偿于见官，腐坏则倍征于来

---

① 张养浩：《时政书》，《归田类稿》卷2（《全元文》第24册，第563—578页）。本小节引文未注明出处者，均来自此文。

者。其成、其贡、其来、其入、其始、其卒，在下者有如此之难。苟因一笑之欢，一醉之适，不论有功无功，纷纭赐予，岂不灰民心、糜国力哉。

昔我世祖皇帝临御三十年，乘舆服御皆尚俭素，左右之臣虽甚爱者，未闻无故而得尺帛寸金之赐，故能外芟寇乱，内杜臣奸，国用日饶，威权两盛，兹非万世圣子神孙所当取法者欤。伏睹陛下即位以来，每及民瘼，常欲锐意愈之，其子爱元元之心，非不切矣。然四三年间，呻吟者尚多，岂非朝廷于恩赏庆赉之际，或未惜欤。《易》曰："节以制度，不伤财，不害民。"《语》曰："节用而爱人。"臣尝歧而二之，今乃知节用斯爱人，伤财斯厉民矣。伏愿自今，凡有所赐，上思世祖皇帝惜财富国之意，中思圣人制度之言，下思百姓殚力疲精之苦，将不待旁取他求，而公私无不给矣。

第二项弊病是刑禁太疏。由于朝廷颁发赦令过于频繁，造成人不怕犯法的恶劣现象，由此不仅要少发赦令，还要严惩犯法者，使想犯法之人有所畏惧。

窃闻法者，天下公器，将以威奸弼教围民于一者也。比见近年臣有赃败，多以左右贿赂而免；民有贼杀，多以好事赦宥而原。加以三年之中，未尝一岁无赦，杀人者固已幸矣，其无辜而死者，冤孰伸耶。故古人以赦为偏枯者，政以谓此。

臣尝官县，见诏赦之后，罪囚之出，大或仇害事主，小或攘夺编民，有朝蒙恩而夕被执，旦出禁而暮杀人。数四发之，未尝一正厥罪者。又有始焉鼠偷，终成狼虎之噬者，问之，则曰："赦令之频故耳！"

又古之赦令出人不意，今诏稿未脱，而奸民已复群然诵之。乘隙投机，何事不有。以致为官者不知所畏，罪露则逃；为民者不知所惩，衅深益炽。又古者犯法受刑，今也犯法受赏。……伏望朝廷，自今臣有犯法，止左右毋得祈请好事。当原者，先老幼疾废，其余犯者，一律于法。如此，则刑罚中而臣下肃矣。

第三项弊病是名爵太轻。授官职过高、过滥，是成宗、武宗两朝的通病，武宗朝尤为过分，张养浩亦无良策，只是要求对无武功者的授职加以限制而已。

> 伏睹陛下正位宸极、皇太子册号东宫以来，由大事初定，神器再宁，喜激于中，故于左右之人往往爵之太高，禄之太重，微至优伶、屠沽、僧道，有授左丞、平章、参政者。其他因修造而进秩，以伎艺而得官，曰国公，曰司徒，曰丞相者，相望于朝。自有国以来，名器之轻，无甚今日。夫爵禄，人君所以厉世磨钝，使天下之人骏奔事功而不容后者，以其有此而已。故《书》谓"官不及私，昵惟其能；爵罔及恶，德惟其贤"。苟不论臧否劳逸，因一时之欢，辄加以极品之贵，则有功者必曰：吾艰苦如此而得是，彼优游如此而得是，则自今孰肯赴汤蹈火，以徇国家之急也哉。大抵人所以重夫势者，以众不能皆高，而己独岿然；众不能皆丰，而己独绰乎有余故也。
>
> 夫与夺轻重之间，则朝纲张弛、人情离合、国体强弱系焉。古之人有见乎此，故宁赐人以金帛他物，不以天下公器假人。……我世祖皇帝朝伯颜丞相，负平宋大勋，官止金紫光禄大夫。今朝廷诸大臣不知有何勋何戚，无一不阶开府仪同三司者。使其有伯颜丞相之功，则不知复以何官与之。伏望自今量加沙汰，其有凤尝近侍、立功漠北、奉特命而官者，听其仍旧，以贡献以请谒如墨敕斜封之类，下有司拘括，已授者满日黜降，未授者一遵选格差除。如此，则侥幸者无隙可乘，朝廷尊而名爵有所劝矣。

第四项弊病是台纲太弱。张养浩重申了君道说中纳谏的重要性，并强调设立尚书省后，由尚书省决定御史台官员的选用，所起到的是使监察机构处于无用地位的极坏作用，必须坚决杜绝此类做法。

> 夫国家之有台宪，犹边陲之有御兵。虽敌人远遁，而反侧之患不可不防；虽奸党敛踪，而专擅之谋不可不察。其或见敌人之来，而攻之过惨；闻小人之僭，而击之失实；在上者则当嘉其为国忧而容之，以伸其勇敢之气，而收他日缓急之用。
>
> 且责言于人而以言见罪，是犹饮人以酒而以醉见疏，驭下之

术，恐不如此。昔我世祖皇帝每戒饬台臣及下求言之诏，必曰其言可采，优加旌擢，如不可采，亦无罪责。夫冕旒之前，言不中礼，宜若可罪，然国制不论者，盖恐因一人而沮天下之善，为细故而失天下百姓计也。苟以一言不中，径加诛戮，则天下必将钳口结舌，无复告以善道者矣。上不闻善，则何弊不生。昔唐太宗尝曰："自古帝王有兴有衰，犹朝之有莫皆为蔽其耳目，不知时政得失，以至灭亡。朕既深居九重，不能见天下事，故布之卿寺，以为耳目，勿以天下安宁，便不存意。"观太宗之言与我世祖皇帝求谏之意，数百载下，若出一辙，于戏圣哉。

伏惟御史台乃国家耳目所在，近年以来，纪纲法度废无一存。昔在先朝，虽掾吏之微，省亦未尝敢预其选。今合台之官，皆从尚书省调之。夫选尉，所以捕盗也。尉虽不职，而使盗自选之可乎？况中外之司，论其关系，重者无过省台。就二者言之，台为尤重，盖省有宰执，为朝廷股肱，台有言官，为朝廷耳目。夫人必先聪耳明目，然后乃能运用股肱。若耳目有所蒙蔽，股肱虽能运动，讵得如其意哉。以是论之，则人主苟欲保全宰相，莫如精选言官。言官得人，则宰相必恒恐惧，修省不至颠危。言官不得其人，则宰相必肆行非度，卒与祸会。是知言官之严，乃宰相之福；言官之懦，乃宰相速祸之阶。臣尝观史籍所载，自古奸臣欲固结恩宠、移夺威福者，必先使台谏默然，乃行其志。为人上者苟不时引台臣访以得失，则奸至前而不察，弊盈外而不知，衅伏中而不闻，庶绩毁而群心摇矣。

第五项弊病是土木太盛。武宗在大都、上都之外，又修建中都城，加上新修寺庙和扩建宫殿等，用民用财已至极限，所以张养浩特别建议缓建寺庙，以舒缓民力。

比见累年山东河南诸郡，蝗旱荐臻，沴疫暴作，郊关之外，十室九空，民之扶老携幼累累焉鹄形菜色，就食他所者，络绎道路。其他父子、兄弟、夫妇至相与鬻为食者，在在皆是。当此灾异之时，朝廷所宜减膳彻乐，去几缓刑，舍禁蠲征，损服御，发仓庾，止贡献，停一应不切之役，下纾民力，上答天心。今闻创城中都，崇建南寺，外则有五台增修之扰，内则有养老宫展造之劳，括匠调军，旁午州郡，或渡辽伐木，或济江取材，或陶甓攻石，督责百出，蒙犯毒瘴、崩沦压溺而死者无日无之。粮不实腹，衣不覆体，万目睊睊，无所控告，以致道上物故者，在所不列。似此疲氓，使佛见之，陛下知之，虽一日之工亦所不忍。彼董役者，惟知鞭朴趣成，邀功觊赏，因而盗匿公费，奚暇问国家之财诎，生民之力殚哉。

夫自古帝王非无土木之役也，惟相时而举，度力而行，可则兴，否则辍。其有必为不容己者，则基焉以待岁年。在下者既知上之人爱悯如是，故临期操畚荷插，乐然趋事，靡遗余力焉。

夫人君所持以为国者，无急城离郭焉，使筑之非时，何损于政，而圣人略不少贷，必大书特书者，盖天之于物也无不爱，王者之于民也无不养，养民之道无他，不夺其时而已矣。时不夺则民力足，民力足则生理饶，生理饶则礼义兴，礼义兴则风俗美，风俗美则教化成，教化成则天下治。故为国以养民为本，养民以不夺其时为本。

况五台、新寺等役，其费岂止百金，其劳岂特一宫之役，其值又岂止中人十家之产而已。伏愿陛下于是数工而罢其一，无俾汉文皇、唐太宗专其美于前，则天下幸甚。

第六项弊病是号令太浮。针对朝廷出令随意、朝令夕改的不正常现象，张养浩要求从制度上解决问题，即恢复忽必烈时的集议和廷辩制度，并使慎出令成为基本的理政准则。

夫上有所为，而天下无不响应者，号令之信而已矣。号令之于国，犹血脉之于人。血脉无凝则疾病不作，而人必安；号令推行则奸恶不生，而国必治。《书》曰："慎乃出令。"《易》曰："涣汗其大号。"传曰："命重则君尊。"又曰："国之安危在出令。"凡此皆言人君当慎重其命，不可轻易出而造次发也。

臣伏见近年朝廷用人，不察其行，不求诸公，纵意调罢，有若弈棋。其立法举事，亦莫不尔。虽制诏之下，未尝有旬月期年而不变者。又甚则朝出而夕改，于事甫行而止者随至，一人方仕而代者踵随，不惟取笑于一时，又贻口实于后世。庙堂之上，举措如此，则外方他郡，事体可知。原其所以致此者，盖由执政褊心自用，恃宠大言，人情有未谙，时势有未审，事理有未达，或急于迎合之私，或牵于好恶之过，或狃于闻见之迂，所以轻率无谋，而徒为是纷扰也。

昔世祖皇帝每举一事，明见其可，亦必下公卿大夫、馆阁诸老集议，何则？盖兼听则明，偏听则暗，独任则小，任众则弘。至其听览之时，又必出而坐于路寝之外。其或不出，亦必毕入群臣，使各罄所怀。如此，而情伪之间犹有未悉。况今省台奏事，多则三人，少则一人，其余同僚皆不得预，有一人得旨而出，众人懵然不知者，有众人欲奏，而得入之人抑不上闻者，欲望下情上达，上泽下布，其亦难矣。臣愚乞自今凡有更革之事，仰遵世祖皇帝馆阁集议旧制，使彼悉心专意，博询利病，详究可否，然后面同入奏。庶几命令之出，有建瓴之易，无反汗之难，若官若民，举知遵守而无翻覆不一之患矣。

第七项弊病是幸门太多。由于朝廷对宗王、大臣等过于纵容，使其能够网罗亲信，扩充势力，进而觊觎皇位。为保证王朝的安全，堵塞幸门和政柄归一已经是急需采用的政治手段。

伏闻众星丽天，其所拱者北辰；百辟在官，其所奉者天子。次天子而尊，则太后焉；次太后而尊者，则皇太子焉。虽亲且贵，要皆人臣，事无专制，义无独行，所谓尊无二上者是已。今国家为制宽大，所以诸王宗室皆有生人、杀人、进退人之权。夫庆赏刑威，当出于上，久假不归，则飞扬跋扈之势成，有不可制之一旦者矣。惟谨于始，则无后患；防于渐，则无近忧。

臣比见天下淫僧邪巫、庸医谬卜、游食末作及因事亡命无赖之徒，往往依庇诸侯王、驸马，为其腹心羽翼。无位者以之而求进，有罪者以之而祈免。出则假其势以陵人，因其众而结党；入则离间宗戚，造构事端，啖以甘言，中以诡计。中材以下，鲜不为其所惑。如近阔阔出太子，赖发觉之早，未尝变生；少有不及，岂不可为寒心也哉。其致此者，非但下之人不知涯分，自底灭亡，抑亦在上者，恩之太重，御之太宽，有以纵之使然也。夫自古乱臣贼子，初亦未尝敢有觊觎神器之心，或以辨给遇，或以诙谐入，或以伎艺亲，或以功利合。久则爱，爱则赏，赏则骄，爱之极则肆。始焉望阙而不敢进，今则出入如己家。始焉被问不敢言，今则纵谈无所忌。始焉蹴乌而心悸，今则骑其骑而服其服。始焉妻妾皆常人，今则贵族宗藩之所御者。使其能夕惕兢兢，深自贬损，尚或可免。苟因是而思曰：吾所服如此，所骑如此，所御如此，其去南面之贵，复有几何？于是求所不当求，问所不当问，日滋月炽，恶积罪盈，乃从而按问诛之，非在上者有以纵之使然而何。故君之于臣也，尚严而不尚和，虽爱而不锡以过分之赏，纵狎而不授以非据之官，非政则不与之言，无故则不命之坐，非大勋劳则不赐以车服珍异之玩。何则？盖谨微防渐，其理不得不然也。臣之于君也，尚敬而不尚谀，过位则变，入门则偻，背阙而坐者纠，蹴马之刍者罚，道焉则下车，有命则不俟驾而赴。何则？盖臣近于君，恐其亵渎慢易、狎远不敬故也。

于戏，使上下胥尽其道，则自古败亡之祸岂复踵于世哉。……臣见厥今藩王宗室、左右大臣佚肆尤甚，伏望朝廷自今待宗藩以恩而济之以义，遇群臣以礼而辅之以严。凡一切鄙俚之谈，隐微之请，并赐禁绝，庶使尊卑之分明而政柄归乎一矣。

第八项弊病是风俗太靡。对于风气日下的局面，张养浩只能强调君主以自正的方法来引领天下风气，舍此则更无良法。

尝闻治天下有至简且易之道。倡于上则应之于下，作于迩则应之于远，端一身而千万人化者，风教之谓也。夫一家之风欲正，为亲者所宜先之；一郡之风欲正，为牧守者所宜先之；一国之风欲正，为诸侯者所宜先之。盖自上而下者谓之风，因上而成者谓之俗，故风俗，国家之元气。风俗厚则元气盛，而享国之日长；风俗薄则元气衰，而享国之日不敢必。故古之善观人国者，察乎此而已矣。

臣伏见方今之俗，以华相上，以伪相高。在仕者愚玉碎而才瓦全，贵雷同而鄙崖异，以冰蘗为沽誉，以脂韦为达时，以吹毛求疵为异能，以走势趋炎为合变，顺己者虽跛、躇而必用，逆己者虽夷、惠而靡容。自非确焉有守，不顾一世非笑者。出而正之，则未易善其后。

古人以身教者从，以言教者讼。《语》谓："其身正，不令而行。"孟轲氏曰："贤者以其昭昭，使人昭昭。"今以其昏昏使人昭昭，非以此欤。夫以宰相之贤，而犹使人感化之速如此，况贵为天子，果有志于移风易俗，信乎其不难矣。

第九项弊病是异端太横。张养浩不仅指出僧、道过多影响农本并耗费国家大量钱财，还指出忽必烈在位时未下决心沙汰僧、道是一项重大的失误，应该立刻采取沙汰僧、道的举措，使二教中凡是有家室之人全部还俗为民。

伏闻三代有天下者，以四海为一家，中国为一人，视民饥寒不翅在己，故并天下之田，使民均有其业。其有逸居不事其业者，谓之闲民，倍其赋以责之。古者十农夫而闲民或一，今也十闲民而农夫仅一焉，欲民无饥寒之虞，邈矣。夫富民之道，固不必家赐户赏，塞其蠹财害民之源而已。

臣见方今释老二氏之徒，畜妻育子，饮醇啖腴，萃逋逃游惰之民，为暖衣饱食之计，使吾民日羸月瘠，曾不得糠秕蓝缕以实腹盖体焉。今日诵藏经，明日排好事；今年造某殿，明年构某宫。凡天下人迹所到，精蓝胜观，栋宇相望，使吾民穴居露处，曾不得茎茅撮土以覆顶托足焉。彼不知惠迪从逆之原，妄谈祸福，不知原始反终之故，谬论死生，簧鼓流俗，聚徒结党，使人施五谷以为之食，奉丝麻以为之衣，纳子弟以为之童仆，构木石以为其庐室。而人见其不蚕、不稼、不赋、不征，声色自如，而又为世所钦，为国家所重，则莫不望风奔效，髡首从游，所以奸民日繁，实本于此。今夫田野之农终岁勤劳，犹不免饥寒之苦，彼一祝发则情欲餍足，莫敢谁何，固无讶其舍彼之难、为此之易也。使其精严所业，真能为国祝厘延祚，犹为庶几。今也盗获者有焉，奸败者有焉，谋反大逆者有焉。夫人必先齐心明德，然后可以动天地感鬼神，苟秽恶周身，彼神明方且恶而走避之不暇，矧肯歆其祭而降之福哉。

> 昔世祖皇帝尝欲沙汰天下僧道，有室者籍而民之，后夺于众多之口，寻复中止，至今识者深惜焉。古人谓十农夫之耕，十蚕妇之织，不能衣食一僧，盖言其蠹财害民之甚也。臣尝略会国家经费，三分为率，僧居二焉。以之犒军则卒有余粮，以之振民则民有余粟，以之裕国则国有余资。彼烧坛设醮，吹螺伐鼓，奚为哉。近者至大二年十一月，昊天寺无因而火，天意较然，可为明鉴。伏望自今谕旨省臣，凡天下有夫有室僧尼道士女冠之流，移文括会，并勒为民，以竟世祖皇帝欲行未及之睿意，岂不可为旷代未闻之盛典也哉！

张养浩还特别撰文分析了佛、道为害的思想原因，并明确指出所谓轮回之说，不过是骗人的把戏。

> 异端横中国，释为甚，黄老次之。然二氏为害，绵千数百年，而卒莫之夷灭者，其故何哉？盖人所恶者，莫甚于死，而老氏饵之以长生；人所好者莫甚于福利，而释氏饵之以因果。上而王公，下而闾阎邱民，莫不笃信其说，以为敬而事之，则能资福弭祸，今虽贫，则其再生也必富，今虽夭折，则其再生也必年。呜呼，是不知人之寿夭贵贱，皆命于天，殆非佛老二氏所能移易。况人既死，则其魂体俱离，岂有能复假胎于人，轮回而生之理。①

第十项弊病是取相之术太宽。君主用相过于随意，带来了相臣擅权蠹政的严重后果。要改变这样的局面，只能是规劝君主慎于择相，以达到进贤臣去奸佞的目标。

> 伏闻宰相之职，代天理物，表率百僚，国之柱石，民之冠冕，于是乎在其贤与否，天下治乱系焉。……故古者命相，内则询诸大臣，外则酌之舆议，上以稽诸国典，下以应乎民心。殆不可宠一人，使千万人受害；徇一己好恶，废天下后世议论之公。以尧舜之明，将有所登庸，亦必四岳是咨，而不独主己见，岂非宰相任天下

---

① 张养浩：《送蒋府判为道士序》，《归田类稿》卷3（《全元文》第24册，第593页）。

之责，其势不得不与天下共选之故欤。或者以为人君任相，可断之独，而不可夺众，是不知夫所谓独者，集众人之议，折衷一言之谓，是岂弗谋于下惟己是任之谓哉。

钦惟皇帝陛下肇登宝位，推心御物，纳谏如转圜，人有片善，不考其素，辄超资猎等，用如弗及，是知陛下于用人听言之间，可曰两得之矣。然言有是非，贵于详审；人有贤佞，贵于别白。似是而非，似贤而佞，圣人谓恶郑声之乱雅、恶红紫之乱朱者，不可不察。比闻中外皆曰朝廷近年命相，多结罪入状自求进焉。若无其事，何幸如之。万一或然，自古岂有入状而为宰相之理。今夫一县一邑，将任一主办小吏，犹必择其廉慎素为众所信服者为之，岂有宰相国家安危所系，而各从其自举哉。伏望朝廷自今凡有大除拜，宜下群臣会议，惟人是论，毋以己所好恶、上所憎爱者、以私去取焉，将见庙堂无冒进之嫌，人主无偏听之失，公道开而人君之能事毕矣。

张养浩还就以上的十大弊政与忽必烈在位时的朝政作了对比，对忽必烈的开明政治给予了高度肯定，并希望武宗能够以先祖为榜样，使治道行于天下并造福于万民。

臣闻世祖皇帝在位三十余年，方内宁谧，臣严其威，民孚其德者，不过于此十事见之明、守之固、行之必焉而已矣。然功虽赏而不至于泛，罪虽罚而不至于苛，知名爵为报德酬功之具而不轻授，知号令为戢奸弼教之物而不屡更，台纲虞其弱而激厉者多，土木恶其劳而兴造者少，其他如躬俭素以敦风化，别异教以崇士流，安不忘危，治不忘乱，此皆三代以来圣君哲主之所谨，而后世子孙所当拳拳服膺，不可忘于须臾者也。观夫中统、至元之间，其效为可见矣。伏睹陛下四三年之间，事祖宗以孝，遇臣下以仁，怀生民以惠，其志非不欲追踪世祖，跻世泰和。然而再易省臣，迄无成功者，盖有二焉：一则左右之臣只知逢迎，而不知尽言竭力以效忠；二则陛下惟知责臣僚，而不知改奢从俭以端本。夫匡时济世，为臣子者固当以身任之，然治理之成，亦须人君侧躬修行以应于上，然后颂声可作，而王化可兴。《经》曰："为君难，为臣不易。"惟陛下幸垂鉴焉,则君国之术不外是矣。

张养浩在上书中对忽必烈时的朝政过于赞美,带有明显的崇前贬后基调,所以被武宗时的相臣所不容,不仅将其罢职,还准备追究其罪责,张养浩不得不"变姓名遁去",其建议也被弃置一旁,未能起到革除弊政的作用。①

(二) 戒奢侈之举

英宗至治元年正月,已任参议中书省事的张养浩通过拜住上书,指出元宵节在宫内设置灯山的举动为奢侈之举,建议取消这样的举动,以向天下表示朝廷崇俭的革新气象。

> 伏念臣养浩,才行无奇,窃食于官,殆三十年矣。每愧出仕明时,无有寸报。兹盖伏遇皇帝陛下,英明仁孝,自登大位,近除凶慝,远镇边荒,亲祀祖宗,溥恩黎庶,薄海内外为臣为民者,无不欢忻踊跃,以为世祖规模,复见今日。而陛下又颁诏旨,凡百政务一遵世祖旧制,为臣民者愈益欢忻,思观治化。
>
> 臣养浩近闻一事,不无所疑。欲默不言,受国厚恩,有所不忍。欲言,恐天威一震,势无生全。然人臣事君,宁坐犯颜,不敢缄默。外人皆曰,今岁正月十五夜,圣上欲于宫中结绮为山,树灯其上,盛情诸戏以为娱乐。臣养浩初闻其事,意谓妄传,岂有万乘英明仁孝之君,临御之初,而肯为此浮华无益之事。既而质诸近侍,颇以为然。臣养浩不敢远引古昔,钦惟我世祖皇帝在位三十余年,每值元夕,虽市井之间灯火亦禁。盖圣人之心,所虑者远,所防者深,况宫掖之严,尤当戒慎。往岁,曲律皇帝由辅导非人,创构灯山,喧哄数夕,迄今中外百官,嗟惜不已。虽取乐于一时,而史册书之,适足为大不乐于千载。
>
> 臣养浩于今月初六日,密言此意于左丞相拜住,丞相第曰已知。臣养浩不胜悾悾,蝼蚁微诚,尘渎天颜,僭陈所见。伏愿皇帝陛下以世祖皇帝崇俭虑远为法,以曲律皇帝喜奢乐近为戒,寝其灯宴,止其所为之山。臣养浩虽获罪于圣明,而于平昔报国之心,庶

---

① 《元史》卷175《张养浩传》。

少白今日矣。其从与否，伏乞圣鉴。①

英宗在看到张养浩的上书后，先怒后喜，明指"非张希孟不敢言"，乃采纳他的建议，不再设灯山。②

张养浩的两次上书，一次被宰相所遏阻，一次被宰相直接送呈皇帝，显示了不同时间相臣的不同行为，对朝臣的直言所起的关键性作用。相比之下，张养浩的分析十大弊政的上书更为深刻，尽管未为武宗所知，但是对于后人全面了解当时的政治状况确实有重要的帮助。

三 明善政要求

张养浩还在书信和文章中，就他所倡导的善政观念，提出了四方面的要求。

（一）对言官的要求

成宗即位后不久，张养浩即在给新任御史中丞的董文用的信中，特别强调了应重申忽必烈时对御史台的重视，尤其是要对言官加以保护。以强化监察机构的方法助成新君主的善治，是张养浩在信中所表现的强烈愿望。

> 盖闻中外之官，莫要于风宪，亦莫难于风宪。民瘼有所未闻，国政有所不知，奸恶有所不白，设风宪之官使言之，兹非其要与。其言也，及大臣则大臣待罪，及天子则天子改容。听而信从则留连，而不信不从则洁身纳履而去，兹非其难与。往者博陵公（崔彧）以搏击之才，挟敢言之气，历事两朝，其事功灿然，至今表表在人耳目，然为小人中伤者凡四五，赖主上圣明，克终厥职。崔之后，特敕先朝旧臣平章军国公不忽木以领之。盖中丞三品官耳，今乃属之宰相，则其要且难，又非前日之比矣。夫军国为人详慎儒雅，动持大体，而不轻于纠弹。譬之良医治疾，不专伐其邪，惟以滋荣元气为本。切尝合二公论之，其任斯职也，均为得体，非崔之严，人不知台宪之为重，非军国之雅，人不知台宪之为尊。

---

① 张养浩：《谏灯山书》，《归田类稿》卷1（《全元文》第24册，第561—562页）。
② 《元史》卷175《张养浩传》。

明公忠勋累世，蔚为中朝故剑大臣之家，而又重以力量，才猷足以压服众望。顷因中司缺员，中外一辞，皆曰非阁下莫宜继二公者，既而诏下，果然。虑枢府之有别奏，又奉特命以止之，于以见圣上知人之明，图治之切，眷顾世臣之重，而专风宪之寄也。

如此，为人臣者当何如哉。走也才绵德凉，不足以知当世之务。自吏风宪，迨今四阅寒暑，其间失得，颇尝究之，以意不众同，未敢轻出诸口。前年因友人元复初得瞻拜眉宇，而明公破城府，略齿爵，握手如平生欢。每退辄自感激，且惭无以报效。兹因明公晋居风宪，凡仆囊昔所怀者，愿由此以效一得焉。

伏自世祖皇帝肇立御史台，迨今三十余年矣。其间一隆一替，一伸一屈，理所不无，然其所以为台者，则自若也。盖自昔立法，其始也人莫不知惧，及其久则亦莫不狎而玩焉。善守法者逆知其然，则必有时而振作之，使玩者变而为惧，惧者化之而至不敢犯，然又不可以常常然也。今夫人之所以怖雷霆者，以其有时而震也。设使轰轰焉日夜以警众，则人将视以为常，而彼为雷霆者则亦无以取惧于人矣。法之于人，奚以异此。仆见今之莅官者，类皆因仍岁月，不力于政，虽任风宪者，亦莫不然。此其故，盖以法之与人日疏以远，而人久而自不知其流而至于忘法也。自非有以大警耸之，未易善其后。今莫若因阁下执宪之初，以世祖皇帝肇立御史台之意，上前申明敷奏，期于必行，仍分诸道以戒饬之，俾中外百司晓然知上所以任公之意，顾不伟与。

且公先任行省，而省务再新；次任行台，而台纲具举。后召入枢府，而故奸宿弊为之一空。盖其英声茂绩，上以结主知、下以孚于人也，久但明公挈其要振之，不必曳裾断鞅，而海内之人固自粲然而耳目新、藹然而胆气夺矣。过兹以往，其有饕财蠹政、循默不胜事与夫绝私徇公者，无问近远强弱，选其尤者而赏罚之，以示惩劝。如此，则号令肃而教化行，积习除而纪纲立矣。

且人臣献言于君也，不可专恃口吻之辨，自昔固有直其辞而不从，婉其言而欣然见纳者，其故何哉，诚与不诚而已矣。……况台官所陈，又非他司之比，轻则夺人之爵，重则戕人之生，又重则回雷霆之威而挽江河之决，苟不以诚将之，一有所窒，则其所系岂浅浅哉。且执法之官，人好之者少，恶之者多，无事尚且吹毛求疵，

第十一章 儒臣倡导的理政观念 319

> 幸其有失而持以借口，安可不虑于意外以中奸人之计乎，以向日监察御史观之可知已（时有二人下狱）。伏惟皇上临御以来，宵衣旰食，日图善治，无远而不烛，其渴于求贤，敏于从谏，三代圣王殆无以过，而于台察尤倚注焉。彼当路者诚能孜孜为国，随所宜而匡救之，则雍熙之俗有不难致。①

文宗天历二年，张养浩任陕西行御史台中丞，在给御史台的信中特别强调了对至公无私的要求，并再次提出了不杀谏臣应成为定规的建议。

> 臣某伏闻天无私覆，地无私载，日月无私照，王者无私恩。又闻圣人谓："大哉尧之为君，惟天为大，惟尧则之。"盖尧之所以能则天而为君者，其道无他，至公无私而已矣。夫名爵赏罚，天下之公器，所以奔走豪杰，惩劝臣下，初非为人主喜怒之资而设也。如欲赏一人，则当询诸省台，若省台以为可赏，然后赏之，是庆赏无所私也。如欲罚一人，亦当询诸省台，若省台以为可罚，然后罚之，是刑威无所私也。夫赏无所私，虽至旧至亲者不敢妄有所祈；罚无所私，虽至爱至狎者不容有所贷。三代有国家，所以享祚绵远，垂拱无为而天下乂安者，其道由此。钦惟皇帝陛下宽仁大度，早历艰难，天相民护，迄复于今。龙飞伊始，愿陛下思得之之难，与天下从新更始，万几之来，稽诸祖宗成宪，而陛下应之以无心，处之以无职，毋因怒而辄刑人于市朝，毋因喜而辄加官于左右。凡进谏者，皆为主进忠之人，愿自陛下为始，勿加诛戮，以彰圣明，传之万世子孙，永为家法。夫赏善罚恶，国之大柄，此而公当，帝王之能事毕矣。②

张养浩还特别陈述了他在御史台履职时的情况，以此表明只要是作为言官，就要有敢于直言和敢于担当的勇气。

> 至大改元，始与今右司员外郎郭君干卿同拜监察御史。先虽识

---

① 张养浩：《上董中丞书》，《归田类稿》卷2（《全元文》第24册，第578—581页）。
② 张养浩：《西台上王者无私疏》，《归田类稿》卷1（《全元文》第24册，第562页）。

君众中，其所抱则未之知也。迨共事宪府，每私相勖曰："仕宦而至御史，要莫甚焉，平昔所怀，庶乎可以言矣。"于是凡朝廷利疚，得诸闻见者，靡不言之。其章则余二人必共议合署，联其衔以上。未来之祸，所甘心焉。是虽秘而不传之人，君与余每言及之，亦未尝不慨然自许。至于知与不知，则固有所不计也。虽然，君由余而濒危邻殆，余由君而垂毙虎口者，亦云屡矣。呜呼，使当时万一蹈祸，则余二人尚得联武青琐以有今日哉。由是而论，人之莅官临事，顾忌不前，所谓无关得丧，徒缺雅道者，信矣。

  古人举事，未始不忠义自将，固不以幸存苟免为智也。忠则尽于所事而无不言，义则安于所遇而无不定。若乃依阿淟忍，凡可保身固位者无有不至，一旦事败情露，罪延其家，乃自取耳，尚何人之责哉。故由道得祸，君子不以为辱，而以为福。枉道得福，君子不以为荣，而以为祸。①

敢于直言和敢于担当的重要前提是不能因言杀人和罪及家人，所以张养浩反复强调对言官的保护，在无法达到"言者无罪"的情势下，只能是对生命和家庭的保障。

（二）对地方官的要求

要促成善政，地方官员甚为重要，如张养浩所言："利人泽物，士君子之通愿也。然扼于穷而不获施者，十恒七八，苟获厥施，无曰官之广狭，皆足以效其所有。况令为民率，一邑之政，靡不仰成，虽所及有限，他日扩而充之，以相天下，以福斯民，有弗难者。呜呼，孰谓州县之职为徒劳人哉。"② 但是在张养浩看来，多数地方官并不称职，原因在于施政方式有重大的偏差："余谓古者亲民之吏任师师之寄，莫不以承流宣化为务，凡教化之未孚，风俗之未淳，惕然以不胜职为惧。今之为吏者急于簿书期会，征发赋役，以应公家需，而于古良吏所任奚暇治哉。"③ 在已经被败坏的官场风气下，一旦有能为百姓免除苛政的官员出现，就会受到普遍的赞誉，但对于善政而言，这恰

---

① 张养浩：《送郭干卿序》，《归田类稿》卷3（《全元文》第24册，第592页）。
② 张养浩：《归信县尹史君去思碑》，《归田类稿》卷9（《全元文》第24册，第646—648页）。
③ 张养浩：《莱阳庙学记》，《全元文》第24册，第610—611页。

是可忧之事。

> 凡今为令者,率病监县非其人。刻心挠法,盛气立威,阴嗾同僚,使日以私闻,甚则飞谗语以怒上官,滋厚息以与民市。令一摇手,则沮遏百端。才者弛于承宣,庸者甘为所压而无所于诉,此厥今州县之常,而天下为令者之通患也。走尝闻而私陋,为令者不通无术乃尔。大抵人非木偶,畴无良心,莫猛虎狼,卒使弭耳下人者得其制之之术也。夫驯暴莫如仁,格邪莫如正,治伪莫如诚,允若是,虽秦越之人亦不吾梗,是岂宜独咎监县也哉。①

> 医之弗良,犹可他求。牧者非其人,民将焉适,民无从适,不几挤之死乎。走也亦尝尹县于堂矣,每惠推毫许,而民之欣荷若山岳弗胜。始则甚疑,既而复有所感,盖民习苛政,未尝沾循吏之化,譬之久病热者,辄被冷风,则已洒然莫喻其适,非余恩之之深,由彼虐之之极故也。大抵时多贪者,则清者易著。为国为民者寘乏于世,则忠者易章。是虽可喜,实为可忧。呜呼,安得幅员州县牧,举龚黄卓鲁之埒,毋使吾民怅焉惟贤其一二,岂非士君子平昔志愿哉。②

恰是因为张养浩曾任过县官,才有任官不易的感受:"一县安危任不轻,初闻恩命喜愁并。徒劳人尔岂吾意,何以报之惟此诚。操刃岂容伤美锦,循墙谁敢望高名。前贤为尹规模在,他日须期与抗衡。"③ 越是有了好的官声,张养浩越是要求谨慎自己的作为:"吾邑堪藏拙,胡为又此临。四知民过誉,三语吏惊心。越俎惭非据,操刀愧不任。幽怀谁与语,风竹有清音。"④

对于能够主动要求去北方极远之地的和林宣慰司任职的同僚,张养浩不仅充分肯定了其入仕为国的政治观念,还特别强调了宽仁信义是为

---

① 张养浩:《送堂邑忽哥赤宣差序》,《归田类稿》卷3(《全元文》第24册,第588—589页)。
② 张养浩:《莱芜县三皇庙记》,《归田类稿》卷4(《全元文》第24册,第602—603页)。
③ 张养浩:《初拜堂邑县尹》,《归田类稿》卷19。
④ 张养浩:《自堂邑移政博平权县事》,《归田类稿》卷18。

官的基本准则。

> 余少闻和林,漫不知为何许,及来京师,得诸常往者。和林为朔汉穷处地,沍寒不敏艺植,禽鸟无树栖,而畜牧逐水草转徙。举目莽苍,无居民。盛夏亦雪,风则沙砾胥扬,咫尺无所辨。行者日一再食,惟马湩禽炙而已。夜则直斗取道以前,茫乎若迷者,累月乃至。驿置五十,为里六千有奇。朝廷以濒冲边要,往年诏辟元帅府填之,又选贵胄耆德参莅厥职,而责任之专,殆与一行省埒。今年春,帅府都事阙选,数辈俱以远辞,于是堂掾田君信卿慨然请行。或曰:"都事非正员,和林非内地。子今掾满,循所宜得,固不失一近县,乌用自弃荒远如是哉。"君曰:"仕不心乎国,而惟幸一身之安,吾所耻也。"或白执政,遂优而遣之。及行,同事咸祖健德门外,友人张某执酒前曰:"今人于仕,资格小不合意,呶呶论列,若无以为生,既遂或所授差远,辄称疾托故以避,纵往不事事,事事又不克竟者,闻吾信卿,其亦有所愧矣。大抵天下之事,常患无非常人任之,得其人,则难可易,危可安,犷可制,而携者可怀。且今阻声教者,非他族别种,皆国家所尝股肱手足,视者第以厥初,怵于邪说,艰于卒改,故自伏于日月所不耀之地,是岂异姓诸侯王怙强逆命者比哉。苟怀之以宽仁,要之以信义,无蹙其境,而迟以岁月,彼有不格者乎。"信卿尝与共事,知其临事有远虑,故敢以是语之,意必不以为迂而粪土吾言也。①

对于能够在地方主动平反冤狱的官员,张养浩也大加赞誉,并特别指出设置推官对于"慎刑狱"具有重要的作用:"狱无小,毫厘或爽,死生异焉。三代民物淳直,罪疑者鲜,圣人犹曰钦曰恤,后世反淳为醨,俗日以下,所在狴犴充牣,黯焉而莫辨、抑焉罔克伸者十且七八。呜呼,任厥事者,亦确确其难哉。圣元以仁覆天下,州县之狱皆长官领之,虑其或未悉也,于路又益官曰推,不夺他事,俾专职焉,代则朝廷等威其绩而陟黜之,然非智足灼微、才猷周密、能权时宜者不轻畀。"②

---

① 张养浩:《送田信卿上和林宣慰司都事序》,《归田类稿》卷3(《全元文》第24册,第590—591页)。
② 张养浩:《葛推官平反诗序》,《归田类稿》卷3(《全元文》第24册,第584—585页)。

地方官员有任职的各种难处，张养浩所强调的只是一般的为官之道，并且不乏经验之谈，所以对于一些任职者确实有所帮助。

（三）对儒士的要求

张养浩按照儒家的传统政治理念，强调儒士小可以有用于一家、一乡，大可以有用于一地乃至国家，所以不必抱怨时运不济，而是要始终保持重义轻利的政治本色。

> 士未尝不志乎天下也，亦非有志而无其才也。志与才两有，其所以不获施者，时不与焉耳。时苟不与，虽圣贤恶乎施。虽然，夫水不必江汉，然后能润物，一沟之溉，所及若不广，谓于物无益，则不可也。迹是而论，士凡得仕中外者，无曰崇卑大小，苟有所效，人有不蒙其泽者乎。穷庇草茅，可谓时不与矣，行修乎身，善刑乎家，化流一乡一国，则其所补亦岂细哉。尝观自古名人志士，遭时际运，出而用世，动焉则民从，语焉则君听，其事业炳焉，足为天下后世法者，莫不皆由薄于己而厚于民，约于家而丰于公室，举天下利，欲不能动其心之所致耳。夫衣焉必华，食焉必珍，居焉必闳丽，位焉必高崇，其为心如是，而曰我能为善，吾不信也。虎豹熊罴，天下至威之兽，然卒肉于食、皮于寝者，骄气盈而欲心炽也。大抵义与利不能两大，义重则利轻，外浓则厥中枯落，此理必然，无足疑者。①

儒士只有抱持有为于天下的愿望，才能做到不好名爵和富贵，甘心于贫贱的环境下修身养性，以待施展才干的机会，这恰是张养浩对儒士的最基本要求。

> 士之贵贱，顾其行之若何，爵之有无不列也。何谓行？子焉则孝，宗族焉则仁，朋友焉则义以信，或任之事，则必殚忠罄力而后已。呜呼，士而能是，虽身韦布、庐草茅，吾未始不见其晔然簪组之辉，奂乎榱题之崇且丽也。故古之人有被褐穷处，而天下以公辅期者，如八顾、八龙、八及之类。盖其德具于身，而时论不诬，舆

---

① 张养浩：《送王克诚序》，《归田类稿》卷3（《全元文》第24册，第595页）。

望攸属，虽国家有不可夺者。由是而论，则士之为士，果待夫位然后为显耶，彼中无所存，要轩冕以诮俗，假货财以润屋，虽曰贵且富焉，吾未始不以为墙间之乞，市中之攫，御人于国门之外也。然则二者荣辱优劣，讵不灼然易辩也哉。所以君子之学，惟务矻矻于内，凡物在外者，不使入其舍而为吾之扰。苟于焉未竟，崇虚饰于雕虫篆刻之末，一旦纳之繁而责以事，譬犹策枯以捍敌，桴朽以济海，是自趣其败与溺也，尚何功之可期哉。①

尤为重要的是，儒士要有真才实学，才能有用于天下，并且应该清楚地认识到，入仕和作学问是有用于天下的不同方式，因为要弘扬儒家的治道学说，入仕是为了"行道"，而作学问则是为了"传道"，两者具有同等重要的作用。

士所贵夫学者，安于内不摇乎外而已。用则经纶天下不以为夸，否则著述山林不以为欠。盖经纶所以行道，著述所以传道，其升沉显晦虽若不同，揆诸事业则埒也。故士之处世，进不欣，退不戚，一意义命，嚣嚣然无入而不自得者，灼于此而已矣。大抵彼于焉不务，急利而徇名，所以伛伛于未得、施施于幸成，陨获乎失、狼狈乎退者比比是，欲望穷达胥有所立，难矣。②

张养浩特别列举了自忽必烈以来历朝皇帝的重儒态度，并指出只有许衡可以作为以理学发展治道学说的唯一代表人物，因为其学说和行为符合历朝皇帝重实学的要求。

伏惟夫子之道，莫隆于今，其祀之盛，亦莫尚于今。世祖皇帝复儒士，兴国学；成、武二宗作庙新城，加大成封号；仁宗皇帝创新贡制，英宗克绳克守，今天子肇辟讲筵，虽穷徼极裔，罔不承休服化，弦诵声相闻。凡兹盛典，皆旷代所不一际者，至我朝则大备。然而圣圣相承，前后百有余年，魁人硕士褒然辈出，其传圣人

---

① 张养浩：《送蔡天祥之般阳路儒学正序》，《归田类稿》卷3（《全元文》第24册，第597—598页）。

② 张养浩：《送元复初序》，《归田类稿》卷3（《全元文》第24册，第596页）。

道者，乃惟覃怀许衡氏蓼焉一人，何邪？盖尝考夫许氏之学，其所拳拳者小学、四书，未尝以博洽称焉，未尝以能文辞称焉，未尝以多才艺称焉。其所守至简，其用力至省，而其究乃杰然夐出一世之表，而从祀于圣人，何哉？盖彼所以剧且劳，卒不克蜕凡近者从事于技也，此所以简且省，顾日跻高明者，从事于心也。心焉者，言行慥慥，不弛于冥，不饬于显，穷达祸福，一无所挠。技焉者，则忘己而役于物，外观若美，中实无所持。故儒有君子，有小人，有为己为人之不同者，此也。大哉，我世祖之训士："不务实学，惟虚文是徇，缓急其可倚。"呜呼，吾元所以享亿万世无疆之休者，其本于斯欤。或曰："若然，则贡举奚为设哉？"抑闻三代取人以行，征诸王制可知；后世取人以文，征诸隋唐以来可知。我朝则先德而后文，明诏不曰："浮华过实，朕所不取。"于以见规摹宏远，而世祖贻厥燕翼者韪矣。①

张养浩还认为即便是恢复了科举考试，朝廷也不是像唐、宋那样只靠科举取士，而是保留了多种取士的途径，并特别指出由于儒者没有真才实学，导致了国未负儒、儒负于国的结果。

窃惟圣元之于儒教，其隆尚崇用，古无与伦。姑自唐宋以来言之，彼取士之制，大率不越贡举一途，外此虽有绝学异行，则亦无级而进。吾元贡举之外，其科目尤多，有隐晦焉，有茂异焉，有岁贡焉，有郡邑校官焉，有馆阁荐用焉，有州县路吏之辟焉。大以成大，小以成小。于戏，士生斯时，何其幸之甚欤。往年参议中书，执政病士进太杂，恐不足致实才，适以开侥幸，将令天下学者一归科举，其余所入咸壖塞焉。仆谓："古有之广罗豪隽，若然，则不得谓之广矣。"其议遂寝。虽然，抑尝论之，国家之于斯文，优至如此，其至取士之路，假之如此其宽，然真才实学每不多见，而浮华蠹政郁于世务者，所在旁午。于以见国家未尝负儒，彼业儒者则有负于国矣。呜呼，自今以始，其务天理而心人文，而躬厚其积以需其庸，毋离于中，毋佞之从，毋后义而首功，如此庶不实悠悠之

---

① 张养浩：《棣州重修夫子庙记》，《归田类稿》卷4（《全元文》第24册，第604—605页）。

言，于他日而人才辈出，亦不患其不能移风易俗，登斯世于三代之隆也。①

张养浩亦就儒臣李孟在功名极盛时要求归隐发表评论，强调儒臣一定不要眷恋权位，要有功成即退的自知之明，否则会陷入危险的境地。

> 辩章秦国公（李孟）早以儒术事皇上（仁宗）潜邸，从行中外且二十年，格论嘉猷，所以开广天聪，封植国本，阴毗治道以裨以迪者，靡遗余力。皇庆改元，上以耆望旧学，既相之省，又公而国诸秦，未几，又承旨翰林，不再年，授一品之职者三，其睿眷隆洽，有国儒臣鲜有俪者。公自以布衣致此，惧弗克任，数请致政休居，上弗为允。遂于上党先茔距数百举武某山之阳构亭曰还山，志其退也。或曰："士方穷处，其志未尝不欲用世，今秦国公天子大臣，两定内难，不可谓道不行，军国重务，奏无不允，不可谓言不听。夫人臣亟于退者，不越远谗、避祸二焉耳矣。盖谗不必远，当正身率物，使谗言无隙之入为可法。祸不必避，当殚诚为国，使祸患不自我作为可师。允能是，则庙堂之高与山林之邃也，奚其异？"仆曰："是言也，固臣子律己之上策。然闻之天地无全功，圣人无全能，善作者不必善成，所以自古明哲之士，审几隆盛，而戒进于满盈，初非借以自全。盖阴阳消长，物理人事之自然者也。尝见史籍所载，勋高位重者，国家一旦顾遇少不及，悻悻其色辞，彼不自讼，夫己之昧于去就，乃横生怨望，卒之罹尤逢殆，使君臣之间胥失，不能善厥终者，何可枚数。况一治一乱，固由人事，究其本言之，要亦有数存乎其间。圣人不语及者，盖恐国家有所倚，而不力于治理故也。彼曰：'吾留则治，吾去则乱。'又曰：'容有少俟。'皆烛理不明，信道不笃，自治不勇，有所牵冒恋嫪而然。复有一跻仕途，求田问舍，绝口不及，人或劝之，非惟力拒，又从而衔入骨髓。呜呼，其乐然受之而践之者，几何人哉。尝谓山林之乐，造物甚靳，而不轻以畀人。苟非其人，虽见留于暂，终必假轩裳以去之。以是知钟山之英，草堂之灵，必福德俱盛者可以填服

---

① 张养浩：《费县重修孔子庙记》，《归田类稿》卷4（《全元文》第24册，第605—606页）。

张养浩在仁宗初开科举时"以礼部侍郎知贡举",对进士的拜谢一律采用回绝的态度,并明确表示:"诸君子但思报效,奚劳谢为。"② 他所要表达的,就是对儒士为国不为己的一贯要求。

(四) 对治乱的理解

在治乱问题上,张养浩重点强调的是以农为本的观念,因为农安即国安,所以他结合历史长河中的治乱兴衰现象,对自忽必烈以来的劝农举措给予了高度的评价。

> 谆谆三代治安本,修水火金并土木。烝民既立教乃敷,和气春风生比屋。自从秦鞅废井田,王政丝棼民湿束。利归兼并富啮贫,万世祸基从此筑。汉兴文帝殊有为,瓦砾黄金金玉粟。蠹农一切悉禁绝,千耦如云四郊绿。下及魏晋隋若唐,或耀武功或货黩。尽刳民力供上需,何异养身还饵毒。间时偶尔值小登,悔祸元出天公独。劝农使者徒上功,虚丽只堪文案牍。绎骚后迨五季间,竞投钱镈悬刀镯。民间十室九呰窳,父子几何不沟渎。吾元有国天所资,世祖躬历艰难熟。未遑礼乐刑政颁,首辟司农惟稼督。至今在在著作林,枝干排云叶犹沃。当时治效概可知,行不赍粮居露宿。兹非前圣后圣规,岂特千年万年福。③

张养浩还用诗作指出治乱兴衰有所谓的"十机",即天机、教机、心机、投机、乱机、先机、千机、忘机、化机、违机。每一机都有其内在的奥妙,所以要真正了解其微意。

> 治运方开乱已随,阳奇阴偶见天机。纲常坏自周秦始,礼法传由汉魏非。歌凤楚狂声振野,获麟宣圣泪沾衣。若无直笔开来世,一脉斯文想更微。
> 善教何心不我随,底须智力巧为机。每怜铸铁作人谬,更觉悬

---

① 张养浩:《李平章还山亭记》,《归田类稿》卷6(《全元文》第24册,第628—629页)。
② 《元史》卷175《张养浩传》。
③ 张养浩:《赠刘仲宪》,《归田类稿》卷17。

金徙木非。千载舒长尧日月，九重垂拱舜裳衣。眼中龟鉴昭然在，莫信摄提入太微。

揖让雍容万喜随，纷纷攘夺费心机。前车才覆后车继，曩日为公今日非。神器果谁承正统，博徒亦复著黄衣。云翻雨覆无从诘，可是天公寓意微。

季子纵横六印随，张仪无语不投机。周衰遂使诸卿显，孟出方知二子非。岂止古今知轨范，要令杨墨尽冠衣。理明天下无难事，可惜时君力量微。

不信忠良信诡随，于兹可灼乱亡机。东京党锢迷臧否，西晋玄谈混是非。被祸枉投冠在地，复仇空拔剑挥衣。因知高蹈丘园者，不是区区爱翠微。

为善恒难恶易随，事机未晓况先机。剥床已及犹言稳，覆鼎将空不悟非。尽委货财求佛果，谁分襁褓到民衣。金瓯休倚完无缺，只恐奇灾发隐微。

作德休征影响随，一诚端足破千机。才如智伯才何益，智似苌弘智愈非。言行但宜遵圣轨，浮华且莫羡时衣。轩然三命车中舞，堪笑渠侬眼孔微。

大斾高轩忧患随，可能娱乐故忘机。退延多士岂遑饭，进受群言毋遂非。任使货盈元载物，莫教鹿化士衡衣。丈夫用世当如此，不尔超然赋式微。

吉凶消长相相随，此是乾坤造化机。物盛则衰奚足讶，功成者去未为非。鶏鶋岂乐金石奏，鷇鵴乌庸锦绣衣。试问商岩采芝叟，功名何啻一毫微。

政有经纶孰汝随，疏迂况复动违机。久知好瑟吹竽拙，每笑还珠买椟非。幕府高谈人侧目，田园长往子牵衣。分明二者安危在，不信君其问子微。①

张养浩所说的"十机"，天机蕴含治乱的规律，教机要求重教化不重智巧，心机强调费心夺国的兴亡教训，投机指明持异端邪说均为投机者，乱机强调不用忠良必导致衰亡，先机要求以行善为治国先务，千机

---

① 张养浩：《读史有感自和十首》，《归田类稿》卷21。

强调以诚之不变应万变，忘机指明了享乐误国的道理，化机要求以宏观的视角看待治乱和功名，违机则是张养浩自己对治乱的洒脱态度。"十机"尽管有拼凑之嫌，但毕竟是张养浩对治乱兴衰的全面认识。

综观张养浩的各种政治观点，所显示的是带有批评精神的善政观念。他不仅敢于批评皇帝和大臣，还敢于批评大多数的儒士和官员。在元朝中期政坛诡谲多变的形势下，能始终保持着强烈的批评精神，确实值得重视，并充分肯定他对善政所作的较全面思考。

第五节　陆文圭的策论

陆文圭（1252—1336年），字子方，江阴（今属江苏）人，宋贡士，入元后家居教学，谢绝入仕的邀请。元仁宗时开科举，强迫陆文圭参试，中乡举。[①] 陆文圭虽然没有入仕，但是在其文集《墙东类稿》中，保留了与朝政有关的大量策论，从中可以看出他对文治观念的理解。

一　论选人之法

在陆文圭的策论中，选人之法是最主要的内容，包括科举、儒者入仕、养士、士行等方面的内容，可分述于下。

（一）科举取士

在科举恢复之前，陆文圭秉持的是揭露科举弊病、赞成取消科举的态度，强调废罢科举可以起到改变文风和学风的重要作用。

> 隋唐选士之弊，至宋尤甚。数尺之纸谓足以尽己之长，三日之场谓足以考人之素。文未必工也，况实学乎。学未必充也，况实行乎。行未必顾也，况实用乎。识治体者深病其故，无术以救之。虽文公私议，不过改经义之式、均州解之额而已。乡举里选之制，疑不可以复行也。夫斯文关阴阳之运，而易代有好尚之殊。国朝刊削浮华，敦崇简朴，废科举不用。三十年来，一洗时文之陋。场屋遗才，老死岩壑。后生新学，无荣进之诱，专志诗书，颇知古人为己

---

① 《元史》卷190《陆文圭传》。

之业。当是之时，立礼兴化，敬教劝学，可以一变至道。①

废罢科举使儒士失去了仕进的机会，不少人认为学已无用，不如归隐山林。对于这样的悲观情绪，陆文圭特别强调儒士应该保持以才学俟命的态度，并指出必会出现儒风重振的机会。

> 时天下方尚武功，庠序废坏，吏不由科第进，子昭独俯首于文字间，艺与时左，遂郁郁不得志。一日，慨然谓余曰："吾穷而不达，与人动辄得咎，命也夫。吾老矣，不能与新贵人竞，敔山之麓，诛茅三间，将归守先人坟墓，愿闻一言以自宠。"予持酒与殽候于道左，祖其行而告之曰："百花百草之英，逢春芳秀，已而秋霜拂之，颜色剥落，物之所遭时也。吾道在世间，屈伸消长，亦有时焉。士之出处，视时为之去就。昔汉州什邡县，吏民恶猾难制，特不喜秀才，每儒服谒县门者，吏辄坐门下骂辱之。盖宋初时，沿五代乱离，儒风不竞如此。至天圣、嘉祐间，宇内太平，荒州僻邑，诵声洋耳。凡曩时平江南、平蜀名将家子弟，皆衣白衣，从乡进士举于有司。夫彼此各一时也，其姗侮崇尚之意不同。时有显晦，道有污隆，君子行法以俟命而已矣。故曰：用之则行，舍之则藏，失志而不忧，遁世而无闷。"②

科举恢复之后，陆文圭在策论中继续强调要克服科举的弊病，除了按照理学家核定的儒家经典考试外，还要特别注意时务对策的作用，使之成为重要的取人标准。

> 有圣门教人之法，有朝廷取人之制。教人之法有高下优劣之分，取人之制有兼收并蓄之意。
> 由汉至唐，以门地任子弟，以科目取孤寒，不出两途。门地之弊，不过纨袴而已，不过膏粱而已。科目之弊尤甚焉，拘于声病，

---

① 陆文圭：《送萧仲坚序》，《墙东类稿》卷6，四库全书本（《全元文》第17册，第521—522页）。

② 陆文圭：《送曹子昭归隐敔山序》，《墙东类稿》卷5（《全元文》第17册，第511—512页）。

止于雕刻,言语尚未能也,况于文学;珉中玉表,厄貌蜡言,文学尚未能也,况于政事;画饼充饥,谈河止渴,政事尚未能也,况于德行,盖科目之弊极矣。天朝神武,混一区宇,科场条贯废格不用,一扫场屋向时之弊,士始知有务内之学。真人勃兴,天下文明断自宸衷,不由奏请,遵成周乡举里选之法,考宾兴大比之制,明诏有司必以乡党称其孝弟、朋友服其信义为先,猗欤盛哉,不图今日复见成周也。

执事先生首主斯文之柄,下策承学,以孔门四科之别,而有感于今日取人之制。愚不敏,窃有叹焉。孔门之教人,一人各专一科,而今日之取人,一人欲兼四科,岂人才盛于古耶,是不然。一人各专一科者,直指其实事也。一人欲兼四科者,仿佛其意也。愚生固不敢厚诬圣代以为无人,然四科以颜子为先,颜子之下,不闻复有颜子,千顷之黄宪不足比也。四科以子夏为后,子夏之殁,不闻复有子夏,小冠之杜钦不足数也。士固不望其人人如颜渊,然何可以不希颜渊也。士固不望其人人如子夏,然何可以不慕子夏也。今以孝弟信义取人,纵不如孔门之德行,而事亲从兄、交友待人之际,可轶荡于规矩准绳之外乎。今以《五经》《四书》取人,纵不如孔门之文学,而格物致知、穷理尽性之学,可视为空谈、止于套括而已乎。今以古赋、诏表取人,纵不如孔门之言语,而代王言而主讽谏,宣上德而尽忠孝,可不以诗书为程准而止于宏博而已乎。今以时务对策取人,纵不如孔门之政事,而朝政之得失,民间之利病,斟酌于古,便宜于今者,可不以董、贾为比拟而止于制科而已乎。呜呼,以千余年科目之积弊,而骤革于今日,以百余年文体之不振,而更新于今日,为多士者当何以称明诏而奉隆旨哉。劝学崇化,风厉四方,上之人责也。行义达道,尊主庇民,下之人责也。①

对于自己的乡试中举,陆文圭抱的是"自惭白雪之盈头"和"胜之不武"的态度。② 他更为期待的是"贤才本所以致太平,科目亦足以得奇士","尊崇正道,长育英才,表经术以淑人心,黜辞章

---

① 陆文圭:《策·选举》,《墙东类稿》卷4(《全元文》第17册,第457—459页)。
② 陆文圭:《谢友人贺请举启三首》,《墙东类稿》卷2(《全元文》第17册,第470—471页)。

以新士习"。① 因为重开科举，就是要达到"修道谓教，取人以身，追三代之淳风，崇四方之美化"的目标，② 所以需要褒扬的，就是皇帝能够达成选儒士助成大治的目标："驭臣以礼，覆物皆仁，设庠序学校以明伦，崇礼乐诗书而立教，勤于作士，既成追琢之章，务在养贤，又得饪烹之道。""美化厉俗，明德新民，推至诚乐与之心，成恭已无为之治。"③

（二）兴学与养士

大力兴办儒学教育，是培养人才即"养士"的重要方法，陆文圭在代拟的策问题目中，明确提出了如何成为士的问题。尤其是在士的能力方面，他所看重的是能否有效处理抚恤弱者、为政宽严、取之有道等问题。

> 近世学校之盛，名都大邑学租以数千石计，偏方小县亦不下数百焉。天恩浩荡，凡贫难老病之士，咸沾及之。然谓之士，则众所推服者也。不为众所推服者，可及之与？为众所推服者，可不及之与？贫难者可恤也，富连阡陌、目不知书者，在所当黜与？老病者可矜也，年少惰游、不肯任事者，在所当黜与？风宪之纠核，正官之提调，有司之干预，或过于严则拘，或过于宽则弛，如之何则可？出纳之吝，则有司存何以在四恶之列？食之虽寡，用之既舒，何以为生财之道？可以与，可以无与，可以取，可以无取，取不伤廉，与不伤惠，如之何则可？若夫版籍不明，何以厘之？莱田多荒，何以辟之？监临自盗，何以禁之？逋负积弊，何以澄之？养士之计，亦学校急务也，幸详以告。④

陆文圭还特别指出了仕者与大夫的区别，即初入仕的士只能处理官府的小事，而作为官长的大夫，处理的是国家的大事。由仕者到大夫，需要循序渐进的过程，但是最为重要的是为仕而学，因为仕而不学，无

---

① 陆文圭：《拟行省进乡试合格进士花名表》，《墙东类稿》卷1（《全元文》第17册，第448页）。
② 陆文圭：《拟谢赐进士及第表》，《墙东类稿》卷1（《全元文》第17册，第449页）。
③ 陆文圭：《代谢进士及第锡燕表》，《墙东类稿》卷1（《全元文》第17册，第449—450页）。
④ 陆文圭：《策问·养士》，《墙东类稿》卷3（《全元文》第17册，第438—439页）。

论是对于国家还是对于个人，都会成为危险的事情。

今从之幼而学者，兼小大学而言。十九以前为幼，则自八岁至十五而入小大学矣。古之生子，能言则教之，是时知思未有，习化未有，前言至论，日夕薰聒，涵泳善心，珑琢美质，久而安习，保固完全，私智偏嗜不能入矣。二十成人，可以胜衣冠，冠礼曰弃尔幼志，醮而字之，责成人也，然体犹未壮，故曰弱。三十则血气定矣，可以授室，合二姓之好，以事宗庙，有父道焉。四十曰强，孔氏曰强有二义，智虑强，气力强。吕氏曰强则材成，材成者智虑定则谋事审，气力完则任事果，故可以出仕。然必至于五十，阅理深而熟，更事久而精，然后可以为大夫。五十曰艾，艾发苍白色，服政为大夫也。

仕者始为士以事人，治官府之小事；大夫者居上以长人，治邦国之大事。盖才可用则命之仕，德成则为大夫，其间非无早知夙成之人也，以为养之熟则成效著而收功博，不待其成而用之，则有美锦而学制，未能操刀而使割也。

大抵士修于家，学优则仕。王事鞅掌、东西驱驰者不过二十余年耳，未四十也，才纵可以有为，而不当使之为。已六十也，才犹可以有为，而不欲使之为，其用人也有制，其待人也有礼。六十曰耆，筋力既衰，不任其劳，可以使人不可以使于人也。七十曰老，不服戎，不与事，外则致王事于君，内则传家事于子，仕止矣。八十、九十曰耄，耄，昏忘也。

昔者先王制礼立法，以律人心，劝学崇化，以节民性。使人学问审博，血气充盈，志意坚定。少者待其成，壮者服其劳，老者享其寿。未用者无躁进之心，当退者无不知足之戒。人生其时，沐浴圣泽，舞蹈仁风，耳目聪明，四肢安逸，夫夫妇妇而家道正，长长幼幼而王政行，虽孤鳏之民、冻饿之老，犹得与昆虫草木各遂其生，况凡民之秀为学士、大夫者哉。当时王道修明，风气长厚，根本全在学上。学不是空言，要措诸事业，致知诚意所以治其国，明善诚身所以治其民。这学不是词章之学，浮靡用不得；不是训诂之学，肤浅行不得。虞典教胄子，周礼宾三物，直是后日要得他用。如桑麻谷粟，凿凿皆精实。公孙侨曰："侨闻学而后入政，未闻

> 以政学者也。"此之谓矣。然学政不是在下自扶立得，直须上之人辅翼振德，方始成就。《中庸》曰："率性之谓道，修道之谓教。"人自襁褓以至成童，便有这个性，可尧可舜，不教则失之。圣人能尽己之性，以尽人之性，其必由学乎，学所以修性也。自天子至庶人，未有不学而成者也。学废则礼废，冠礼废，而成人有童心不弟之源；昏礼废，而嫁娶不待年不寿之源；考比之礼废，而官制坏不治之源；饮射之礼废，而养老缺不孝之源。嗟乎，其来非一日矣。
>
> 然自古不学而杀身者多矣，虽然此可为仕而不学者之戒，未仕而学则将奈何，曰：孔子我师也，昔者孔子生而知之，而曰我非生而知之者，好古敏以求之者也。……生世间一日，则有一日之责，百年则有百年之责。天地无穷尽学亦无穷尽。①

陆文圭还代拟了劝学的诏书，所强调的就是扫除浮华的学风，以实学来培育人才。

> 盖闻古之设庠序与学校，所以教养人才，将以致用也。《书》不云乎："不学墙面，莅事惟烦。"呜呼，自周衰以来，先王之道浸微浸灭，法度多缺，礼乐废坏，图治者以古为迂，措事者以苟为得。士习于空言，礼义廉耻缺而不思。朋党比周，靡然成俗。伊欲黜汉唐之浅陋，追尧舜之高明，乐育天下之英才，使修洁之士充于朝廷，孝弟之风行于乡党，何修何饰而致乎。此自今有敦行谊谨名节明经笃学者，有司具以名闻，朕将考择而用之，以劝于尔众。浮华之习，吾所不取，咨尔多士，尚懋戒哉。②

以学校培育人才是一个缓慢的过程，但是从教而致用出发，必会达到修洁之士为朝廷所用的效果，这正是陆文圭所持的重要观点。

（三）儒吏关系

自古以来，儒与吏的关系大多数时间处于紧张甚至对立的状态，陆文圭将此称为儒与吏"不相入"，即儒视吏皆为俗吏，吏视儒皆为腐

---

① 陆文圭：《志学解》，《墙东类稿》卷1（《全元文》第17册，第592—596页）。
② 陆文圭：《拟劝学诏》，《墙东类稿》卷1（《全元文》第17册，第435页）。

儒。尤其需要注意的是，在新朝的选官体制下，儒与吏相较，已经明显处于劣势的地位。

儒与吏不相入久矣。汉起丰沛，萧何以刀笔取功，叔孙以衣制求媚，帝之厌儒自是始矣。解冠已甚，何至于溺之乎。贾生有言："使天下回心向道，非俗吏所能为也。"生谓俗吏不知大体，而大臣短之，谓生新学欲专擅权，夫定经制，兴礼乐，岂新学之所能。当时大臣留心簿书期会之间，以为大故，此正贾生所谓俗吏，其不喜生也宜哉。然生讥俗吏，是已生于儒者之体，亦未得其全也。生精敏有余，而纯正不及；才比仲舒有余，而学比仲舒不及。汉儒以仲舒为首，两相王国，正身率下，动以礼法，治行卓然有儒者之效。当时张汤、赵禹顾以深文巧诋为公卿，而仲舒卒老于家，岂胜叹哉。魏晋以后，选法不定。隋唐以来，科目大兴，而循吏之效不及两汉，则有由矣。

国朝深鉴前代之弊，斥去浮华，废科场不用，一切以格例从事。官吏日月资品，累次而升，上有定制，下无觊心，此所以为善也。及其既久，用事者不通于学，学者不适于用。夫学者不适于用，是六经载籍皆事外之空言也。用事者不知学，是三纲五常皆法外之赘物也。亦惟学不适用，用之辄败，是以用事者不悦学，谓学果无用也。俗儒不知时变，彼固以此借口，殊不知俗儒之无用，今可弃也，俗吏之不堪用，今不可缺也。以可弃之儒，而视不可缺之吏，儒固不胜吏也。薛宣有言："吏道以法令为师，可问而知能与不能，何可学也。"当时以宣言为然，夫宣有子不能教，乃谓吏不当学，何其谬也。众以为然者，真时俗之见耳。善乎王通氏之论曰："吏而登仕，非古也。古者士登乎仕，吏执乎役，盖吏而能学，可谓之士，已吏而不学，执役之材耳。"[①]

对于儒与吏的"不相入"，陆文圭在策论中强调的观点是儒和吏各有所失，儒失之于空论，吏失之于不学，两者应该相互取长补短，而不是指责对方的不足。

---

① 陆文圭：《送马伯亨序》，《墙东类稿》卷6（《全元文》第17册，第519—520页）。

儒不习吏，谓之拘儒。吏不业儒，谓之俗吏。儒诮吏曰："务刀笔筐箧，不知大体。"吏诋儒曰："有人民社稷，何必读书。"二者胥失之。然君子不以为吏之过，而以为儒之过。夫儒者，学周公、仲尼之道者也。周公、仲尼者，荀卿氏之所谓大儒，扬雄氏之所谓真儒也。四海皇皇，枕奠于京，周公用于周之大效也；齐人章章，归其侵疆，仲尼用于鲁之小试也；岂博而寡要、劳而无功者耶。儒于道最高，与天地并，乌可与簿书期会之间较优劣也。彼之所以敢较吾儒者，以儒者之效不白于世耳。

汉儒守章句，非科第之秀才也；汉吏长子孙，非案牍之吏员也。走马看花，浮薄是习，雁行钳纸，贪墨是营，唐人又愧汉人矣。内翰条贯，隔截太甚，中书吏额，纷争不息，宋人又愧唐人矣。人才不古，每况愈下，少知治体者，岂不为寒心哉。

大抵近世一种议论，上自台阁，下至郡县，以趣办金谷为才，以勾稽朱墨为智，以不报期会为大故，以谨守绳墨为无能。纳贿成风，与奸为市，习熟闻见，以为当然。至于岩穴隐伏之人，守道而莫前；门户孤寒之士，无阶之可入。群非迭毁，极力挤排，儒风不振久矣。朱博谓诸生曰："吏奉三尺律令从事，亡奈生所言何，且持此道归，待尧舜君出而陈之。"俗吏所言，大率类此。今天将兴唐虞之化，而尧舜之君出焉。万邦黎献，共惟帝臣。诸生幸得遭遇其时，当建万世之长策，辅太平之隆基，驱一世之民跻之仁寿之域，关朱博之口而夺之气可也，岂止明经取青紫，夸一时而荣一乡哉。虽然，崇儒道者，非止设科目之谓也；抑吏权者，非止减资品之谓也。崇化厉贤，彰善瘅恶，孝弟申明于庠序之间，勤俭仪刑于表著之位，意向招徕可以鼓舞群动，政教清明可以临照百官。①

在诗作中，陆文圭也强调了不能承继俗儒不知变通的毛病，而应该有向吏学习治国技能的正确态度。

儒吏不相得，异器如薰莸。儒视吏不屑，吏嫉儒为仇。俗儒不知变，譊譊孔与周。事丛委不理，言大怍不酬。嗟乎铅椠生，谢此

---

① 陆文圭：《策·儒学吏治》，《墙东类稿》卷3（《全元文》第17册，第453—456页）。

第十一章 儒臣倡导的理政观念 337

刀笔流。安得经济手，一洗吾侪羞。①

陆文主还特别指出，在北方地区实行的"以儒为吏"，确实是值得称赞的方法，尤其是到江南地区任职的北儒，已经在这方面作出了重要的表率。

> 江南以儒试吏，名不登礼部者，不在吏部选。其弊也，士不能执弓矢，而国以弱亡。天朝神武，混一区宇，尽矫前弊，以法制从事。自中州而之官南土者，大率皆资性纯朴、材力猛健之士，故所至俱以吏能显，而精其能者亦自谓毛锥子无复用也。岁在庚辰（1280年），济阴曹君士开佐暨幕府。始至，观其议论，州人相与惊曰："曹公儒者，今儒者亦为吏耶？"已而观其政事，则又相与惊曰："北方儒者不徒以其名闻，顾有实用如此耶？"君闻之笑曰："儒之道，顾安止此。"于是益聘名士，崇礼学校，孜孜焉求所未闻。公退之暇，书籍不去手，执贽而见者无贤不肖，悉延纳，盖将食举箸而废者，日率三四以为常。其好贤乐善之心出于天性，士亦以此多归之，故声名籍甚。②

尤为重要的是，江南儒士已经因自身的缺陷，在全国的取用人才中处于劣势的地位，必须认清这样的局面，奋发有为，才能改变这样的状态。

> 近世以科目取士，以资格任官。宋过江百五六十年，不能破规矩用一士，士亦无一人能自出于规矩。浮诞补缀之词章，清高虚旷之议论，怠玩姑且之政事，百五六十年而后亡者，独非幸耶。
>
> 今夫山东长于刀笔，冀北习于鞍马，而荆扬之人，亡国之俘也，固不敢与之度长较短，以并驾于当世。奈之何，廉耻寡鲜者嗜进而无厌，材术空疏者投试而辄败，呜呼，此固士宏之所以逡巡退却，缓辔徐驱于骏奔之后者乎。古之君子，穷不羡达之所有，达不变穷之所守。仰愧于天，俯怍于人，虽宰天下有不为也。内省不

---

① 陆文主：《送袁仲野赴昆陵》，《墙东类稿》卷15。
② 陆文主：《送曹士开序》，《墙东类稿》卷5（《全元文》第17册，第505—506页）。

疢，则一巡徼吏可以抱膝而长吟，嗟乎，此岂易与俗人言哉。①

陆文圭还代拟了为朝廷求贤的诏书，其目的就是要不分南北，各地都有举贤的责任，使各地具有真才实学的贤人都能得到为国家效力的机会。

> 盖闻上古之治，君臣同心，开广贤路，宣招四方之士。是以上下和洽，海内康平，其德弗可及也。朕纂承丕绪，敬仰休风，托于士民之上。夙寤晨兴，念虑万方，不忘元元，惟恐羞先帝盛德。当今之务，务在得贤而已。昔仲弓、季氏之家臣，子游、武城之小宰，孔子犹诲以贤才，问以得人。明政无大小，以得人为本。今天下贤者，智能岂特不如古之人乎，患人主不求之耳。夫十室之邑，必有忠信；三人行，必有我师。今合郡不荐一人，是化不下究而积行之君子壅于上闻也，士奚由进。自今以后，令郡国选贤举能，岁以为常。贤士大夫有肯从我游者，吾能尊显之。布告天下，使明知朕意。其有明德达材者，必身劝为之驾，遣诣京师，或年老疾病勿遣。②

对儒吏关系的解释，陆文圭只是强调儒、吏之间相互容忍、取长补短的平和共处（即"相入"），与袁桷的儒吏合一和郑介夫的以儒代吏论点相比，显然是更为保守的看法。

二　论农田之法

在策论中，陆文圭专门讨论了农桑和田制问题，所强调的都是以农为本的政治观念。

（一）劝课农桑

陆文圭认为，以农桑为国之根本的道理天下尽知，尤其要注意孟子、贾谊、晁错的相关论述。尤为重要的是，全国统一之后弃本逐末已渐成风气，必须以良策加以应对。

---

① 陆文圭：《送曹士宏序》，《墙东类稿》卷6（《全元文》第17册，第527—528页）。
② 陆文圭：《拟求贤诏》，《墙东类稿》卷1（《全元文》第17册，第434页）。

德者，本也；财者，末也。农桑，本也；商贾、游民，末也。上之人外本内末则财不足，下之人弃本逐末则财不足，是故重在务本。圣人守位，以仁聚人，以财理财，正辞禁民为非，以农桑为急务。人一日不再食则饥，终岁不制衣则寒。饥寒迫于人之肌肤，欲其亡为奸邪，虽慈母不能保其子，君安能保其民哉。是故，导其衣食之源，绝其饥寒之路，民可使富也。自未耜取诸益而茹毛之风革，自衣裳取诸乾坤而衣皮之俗易。

自仁政之说不售，战国折入于秦，秦为无道，虐用其民，男子疾耕不足于粮饷，女子纺织不足于帷幙，民力不堪，秦亦以是虚其国。汉兴，天下草创，百姓思乐息肩，文帝恭俭宽仁，爱人节用，帝亲耕籍田以供粢盛，后亲蚕公室以供祭服，不可谓不务本者。诏令数下，一则曰为酒醪以靡谷，二则曰纂组以害女红，不可谓不务本者。然不能使末技游食之民转而缘南亩，奚止酒靡谷而已；不能禁倡优下贱之人不得为后饰，奚止害女红而已。汉之为汉五六十年，公私之积犹可哀痛，贾谊、晁错掇拾孟子余论，复屡屡陈之。谊之言曰："仓廪实而知礼节，一夫不耕或受之饥，一女不织或受之寒，生之有时，用之无度，则物力必屈。今背本而趋末者众，淫侈之俗日月以长，天下财产安得不蹶。"错之言曰："圣王在上，而民不冻饥者，非能耕而食之，织而衣之也，为开其资财之道也。今地有余利，民有余力，生谷之地未尽垦，山泽之利未尽出，游食之民未尽归农也。"二子亦可谓知本之论。然孟子专论王道，二子杂伯者富强之术，观者不可不察也。

今南北混并，天下一家，烟火万里，农桑满野，升平之业视汉有加。然而经制不定，征敛无艺，赋入虽广，调度实繁，天时不登，地力有限。加之大官窃禄，小吏侵渔，商贾操市之奇赢，缁黄侵国之经费，困穷失职，贪惰成风，长此安穷，救之无术。设使晁、贾二子复生于今日，亦当苦口进言，而昔所建明，有宜于今世者，有司条陈之，以次施行可也。[1]

强化劝农，使以农为本落到实处，应作为国家的良策，所以陆文圭

---

[1] 陆文圭：《策·农桑》，《墙东类稿》卷4（《全元文》第17册，第460—461页）。

特别对劝农提出了以下要求。

> 每岁仲春，劳农于东郊，此古之礼而朝廷之令典也。州县长官以劝农事三字系之，职衔之下于事为重，诏书每下，率以农桑为王政先，申明禁约，唯恐不至。
> 农，重事也，州县官以劝农二字系衔。每岁春月延见父老于东郊，诫之农事，礼也。夫水旱之不时，此天数也。堤防必筑，以泄水患；陂塘必浚，以通水利，修水旱之备也。人事不尽，诿之天时，尔农所以重困。一夫不耕，或受之饥；一妇不桑，或受之寒。衣食不足而有饥寒之患，则不肖之心生，尔农戒之哉。古书有之，若农服田力穑，乃亦有秋。服字有用力之意，力字有勤劳之意。不用力不勤劳，即是惰农，惰农安有秋成之望。①

> 浚乃沟洫，慎乃堤防，利乃耒耜，修乃疆畎，事事有备，有备无患。又须孝养父母，弟逊兄长，毋淫于逸、于游。惰农自安不勤不劳，越其罔有黍稷，尔农戒哉。②

按照陆文圭的要求，劝农不能只是摆摆样子，必须有具体的措施，才能发挥尽人事和利农事的真实作用。

（二）作新田制

为遏制土地兼并，自古以来已经有井田、均田、度田等田制，陆文圭在策论中特别分析了各种田制的优点与缺点。

> 封建，古法也，司马晋行之，而叛者起。肉刑，古法也，汉文废之，而人心悦。井田，亦古法也，新莽效之，而失业者怨。然则，古法不可行耶，曰：不可行，则古人不行久矣。夫行古人之法，当得古人之意。故有尊贤、亲亲之意，则可以行封建之法；有尚德缓刑之意，则可以行肉刑之法；有损上益下之意，则可以行井田之法。不得其意，而守其法，是为徒法，徒法不能以自行。
> 阡陌开而贫者无立锥，王田禁而市道有泣涕，仲舒、师丹限田

---

① 陆文圭：《劝农文二首》，《墙东类稿》卷10（《全元文》第17册，第724—726页）。
② 陆文圭：《戊辰（1328）劝农文》，《墙东类稿》卷10（《全元文》第17册，第726页）。

之请不行于汉，汉民之不幸也。魏文、周、隋均田之制卒定于唐，唐民之犹幸也。塞兼并之路，减田宅之价，此议法之善者；口分给老小，世业传子孙，此立法之善者，然亦徒法而已。

度田之法，为之以渐，持之以久，本之以信，济之以宽严而从于宽，权之以义利而主于义，酌之以今古而宜于今。慢经界者始于污吏，务财用者始于小人。与其百姓不足，不若君不足；与其有聚敛之臣，宁有盗臣。渊中察鱼不祥，罝中掩兔不仁。大弦急则小弦绝，末耜夺丁男之利，丝纩竭红女之力。普天之下莫非王土，岂屑屑计此，桑宏羊、宇文融之故智不可用也。昔周世宗夜半读元微之均田图，慨然叹曰："此致治之本也。"诏颁其图，使吏民先习知之，期以来岁大均天下之田。彼区区五代之君，犹能留意民事如此，况上嘉唐虞之令主乎。

迩者经理之法，良法也，有司奉行未得其意。尧仁如天，亦既与之更始矣。快活条贯，次第举行，执事犹以成效藐然为疑，何哉，仆也识字耕田夫耳，愿受一廛而为氓。乡校议执政，夫我则不暇。①

在田制问题上，陆文圭并没有坚持复古的立场，要求恢复井田制，而是希望以南北朝和唐朝的均田制为基础，对天下的土地进行经理，并将其视为固本强国的重要手段。他所要求的均田，与郑介夫所要求的限田如出一辙，并且都未预料到土地经理所带来的弊病。

三 论革弊之法

在元朝中期的政治环境下，陆文圭特别分析了朝政的四大弊病，并且提出了救治弊病的十二策："策者，所以料成败、计得失、明是非、审利害也。词藻云乎哉，记诵云乎哉。科场废不用四十余年，学士老弃林丘，遗书束之高阁，然时文之弊，亦扫地尽矣。天诏兴贤，策以经、史、当世之务，以求博古通今之才。于是执事下诹承学以四者之弊，书生不达时宜，颇谙往事，管窥壁听，粗有千虑之一得，敢因明问而条陈之，盖今日之弊有四，所以救弊之策十有二。""而十二策之可行与否，

---

① 陆文圭：《策·田制》，《墙东类稿》卷4（《全元文》第17册，第462—464页）。

则在乎上之人择而用之耳。"① 有弊必除是陆文圭的基本政治态度,由此需要列出他对四弊十二策的具体说明。

(一) 恤流民

流民过多是第一大弊病,为救治流民,陆文圭提出的对策,一是择守令,二是轻赋役,三是议赈贷。

> 天灾流行,国家代有区画,备御在得其人。古之循吏所至郡邑,浚陂渠,立堤防,课农桑,广储蓄,四民乐业,安土重迁,设遇旱潦,恃以无恐。今也为人择官,不为官择人。千里之师帅,教令不先;百里之父母,抚字不职。郡邑无承流宣化之人,朝廷无考课黜陟之法,常平之政不修,社仓之义不劝,劳徕不急、招集有功者不闻显赏,合境逃移、户口稀散者不必受罚,何异受人之牛羊,立而视其死欤,此守令不可不择也。
>
> 小民难保,天亦哀矜,本固邦宁,若古有训。升平之时犹宜轻徭薄赋,灾欠之后岂堪虐使苛征。且乡田同井,谁甘死徙,维桑与梓,岂不怀归。而余粮栖亩责之全租,一室悬磬算之口赋,检覆之额未宽,追呼之费已重。役半饥之氓隶,兴不急之工役,良由"此邦之人,莫我肯谷",所以"逝将去女,适彼乐郊"。九重勤恤之旨屡颁,田里愁叹之声未息,是谓上慢而残下,不能己溺以视人,何异扼饥者之吭而夺之食乎,此赋役不可不轻也。
>
> 民以食为天,不再食则饥。方其遇灾之始,倘为措置之方,通商劝分,薄敛已责,但有苟旦夕免沟壑之计,谁无恋坟墓保妻孥之心。惟其守死之余,遂起逃生之念。山墙野水,露宿草行,蒙袂嗟来,傍人门户,岂得已哉。而所至之处,不能存恤,官吏便文自营,封廪不发,驱之出境,委曰无他。愚谓宜留者给之闲田,贷之牛种;行者与之裹粮,续其口券;复业者返其田宅,正其疆界,利其家复其身可也。凡此破除之费,一出公上之储。国家富有四海,仁圣视民如子,岂与琐兮尾兮流离之子较是区区者哉,此赈贷不可不议也。

---

① 陆文圭:《策·流民贪吏盐钞法四弊》,《墙东类稿》卷4(《全元文》第17册,第464—468页)。本节引文未注明出处者,均来自此文。

第十一章　儒臣倡导的理政观念　343

在择守令方面，陆文圭还指出，不仅要注重地方官员应履行的安民、恤民职责，还要注重官员的明德要求，尤其是勤于体察下情和掌握宽政、严政尺度的要求。

> 牧民者，职在于民，不损犹应言损，故当以宽为本。不奉法者，义不容私，民之情伪，尽欲知之，故当以严为本。然仁意流行于密察之中，大纲振举于节目之内，严之中又未尝不以宽也。今恶检田之不实，而归其责于州县，州县则归罪于里胥，里胥未免取偿于细民。细民抑纳而无所诉，而里胥之所获则自若也。昔人有言，检放之弊在于后时而失实，后时所以失实也。州县近民者也，稼之未敛，驱车而出，履亩而视之，尽在吾目中矣，时固未为后也。获既空矣，种既易矣，后来者无所考矣，田固不能言也。田不能言，而里胥代之言，里胥之言则为民也，其意则为己也，而亦不尽然也。怀刑而畏法者，间亦有之，然则如之何。《大学》曰："无情者不得尽其辞，大畏民志，此谓知本。"本者何，明德是已。①

对于能够及时检核灾情、安抚流民的官员，陆文圭则在诗作中给予了赞颂。

> 辙鲋活斗升，莫向肆中索。已无秋成望，况复岁暮迫。蓉城一小县，舞袖折旋窄。针芒万亩青，席卷一川白。苦肠真食蓼，枵腹思啖柏。蒙袂嗟饥氓，肱箧畏暴客。将怀转壑忧，谁任求刍责。为政推仁心，匹妇无弗获。登途只王命，东西固不择。汉纲殊阔疏，挂一直漏百。但令大纲正，潜使宿弊革。斯民本同体，难以一膜隔。发奸虽有术，救急岂无策。不惮原隰驱，要知闾里陌。消平蛇龙居，安集鸿雁宅。庶免愁叹声，谣诵沸广陌。②

在议赈贷方面，陆文圭则不仅强调应全面采纳各种备荒的建议，还以代拟诏书的形式表达了对灾民的关心和抚慰。

---

① 陆文圭：《送丁师善序》，《墙东类稿》卷6（《全元文》第17册，第528—529页）。
② 陆文圭：《和丁师善韵（时奉省檄检灾）》，《墙东类稿》卷15。

> 问：壬戌（1322年）之秋，浙西水旱相仍，民食大祲。朝廷轸念元元，议赈贷之，民获更生。有司奉行惟谨，实惠犹未遍及，何与？然事已在前矣，天时无常，继今豫备之策不可不讲。立堤防、浚沟浍、厚储蓄、修义仓之法，严检核之令，孰便孰否，孰利孰害，请条陈之，将转闻于上。①

> 吏有从南方来，郡国被水，百姓散流者众。保聚不完，扶老携幼，困踬道路，朕甚悯之。《洪范》五行，初一曰水，皇之不极，厥罚常阴。朕夙夜靡宁，思执其咎。古者有水官，水得其性，时修其利。又吏牧民者为浚陂塘，立堤防，以消息其灾。今不豫具无及已，有司其议所以赈贷之。秋稼不登，流庸未复，农失其业，有可以佐百姓者，条奏其宜，将施行之。郡国不能为朕究心，徒文具者，以不职论。明诏中外，知朕意焉。②

从三项针对流民的对策可以看出，陆文圭想要重点强调的是为官择贤、轻徭薄赋和存恤有方三个论点。

（二）革贪吏

贪吏横行是第二大弊病，革除贪吏的方法，在陆文圭看来，主要有三种方法，一是清选法，二是均俸给，三是严纠劾。

> 官之失德，宠赂日章，源之不澄，其流滋蔓。方今大小之职，颇稀清白之风，良由入仕之初，但由保举，夤缘请托，靡隙不钻。既仕之后，不试贤能，日月为断；不推功效，阀阅是先；吏掌铨曹，有如互市；视阙之久近，计秩之崇卑；倘未属厌，不无淹滞；高下在手，迟速在心；营求之力既殚，取偿之意愈急。驱车在道，见物垂涎，不畏莫夜之知，殆成白昼之攫。而况幸门旁启，中旨特颁，又出于常调之外者，此选法不可不清也。

> 分田受禄，古有常制。苟无君子，莫治野人。吏俸不足以代耕，人情必至于内顾，虽欲洁身，势有不能，故其廪糈宜从优厚。王事鞅掌终婺且贫勤而无怨者，能几何人。非礼不怀，非禄不劝，

---

① 陆文圭：《策问·备荒》，《墙东类稿》卷3（《全元文》第17册，第446页）。
② 陆文圭：《拟郡国水灾赈贷诏》，《墙东类稿》卷1（《全元文》第17册，第435—436页）。

见便则夺者，夫人皆是。今越在内服，取家辽远，不逞将父。京师薪米、旅泊良难，月之所得，不供日之所需，故人思补外，不乐内迁。越在外服，则大江以南优于内地。圭田之多寡，视列郡之肥瘠，差等不为定制，有无不能相补。夫不足以养其身，而徒以禁其欲，欲无侵渔百姓，难矣，此俸给不可不均也。

总于货宝，古有常刑，杖之朝堂，罚不为过。今列郡置于监司，监司统于御史，又有监察之职，迭司举案之权。然而根党钩连，颜情易稔，交通诡密，冤状莫伸。当道之狼，慑不敢问；依社之鼠，忌不欲言。间有不畏强御之才，反招过为矫亢之咎，未能致辟，旋已报闻，遂令碌碌之徒，思受容容之福，甚至与奸而为市，有同监主之盗财。风宪谓何，纲纪日坏，岂所望于天子耳目之官哉，此弹劾之不可不严也。

朝廷对既廉又能的官吏给予奖励，也应该是抵制贪吏的重要方法，因为在陆文圭看来，廉能的官吏实在是少之又少。

天下郡国之吏可知己便文营私，侮法以为奸，怀利以自殖，是人也，盖十之九矣。拘职而弗敢以不勤，畏义而弗敢以不廉，惧法而弗敢以不谨，是人也，盖十之二三矣。若夫正大而不私，循良而有守，宽惠而能断，是人也，千百之一耳。[①]

从三项针对贪吏的对策可以看出，陆文圭想要重点强调的就是官德至上、以俸保勤和奖惩有道三个论点。

(三) 拯盐法

盐课之法错乱是第三大弊病，要拯救盐法，陆文圭建议采纳的对策，一是减官额，二是省职员，三是恤亭户。

盐者国之宝，天之所生，地之所产。晴风朗日，苦雨阴霾，盈缩有时，消长不一。自兴利之臣图进身之阶，但知数羡，遑恤额亏，视初立法不啻数倍。岁煎之利有限，官给之本几何。输既求

---

① 陆文圭：《送李良辅同知北上序》，《墙东类稿》卷5（《全元文》第17册，第514—515页）。

赢，出宜长价，灰砂夹伪，铢两求余。况挽越于官豪，致抑塞于商贾。出门之引转鬻，在场之数虚包。长此安穷救之无术，不思公私之积务要流通。慈父榷子，情所不忍，上损下益，于计曰宜，此官额不可不减也。

转运之职始于开元，在后租调、度支、漕运、盐铁、酒酤、贡举、按察之权，皆隶此官。今既分有所属，所掌唯盐，似宜从简，而张官置吏，有如大夫、六曹分案，动至溢员。公事既稀，复营差委；场官已备，安事催煎；案牍无多，岂宜典史。如监运、称盘之类，检校、管勾之名，色目横生，弊端百出。一官之下，必有数卒，纵横井邑，莫敢谁何。衣食所须，包苴所入，盐课之外，他无藉手，巧为支破，公然克剥。利亏于官而不亏于此辈，害及于下而不及于汝曹。设使尽汰冗员，正亦何妨国计，此职员不可不省也。

滨海之民以牢盆为业，勤苦尤甚，春不得避风尘，夏不得避暑潦。天时不顺则失其利，官本不敷则失其利，盐丁逃役则失其利，利耗民散，亭场空虚，于是迁拨之令行，而亭户重受害矣。黠者行赇而规避，弱者吞声而受役。倚权上交于台府，发愤变激于里闾。破产立偿，轻生何忍。令甲虽严于私贩，巡兵阴纵其横行，势有相容，情难独禁。莫若效古之法，听其与商人为市，而官收其税，数年之间亭户稍得苏息，而官亦无不利焉。而其法又当熟议而行之，此亭户不可不恤也。

与郑介夫的"正盐法"建议相比，陆文圭的拯救盐法建议尤其是"减官额"的建议，更具有减轻盐弊的实际作用。而三策所包含的，主要是不与民争利、简政去官和顺势而为三个论点。

（四）救钞法

纸币贬值是第四大弊病，为改变物重钞轻的局面，陆文圭强调应采用三种重要的做法，一是住印造，二是节用度，三是禁奢侈。

古者以货为币，采铜为钱，无所谓楮也。汉以鹿皮荐璧，民间未始行用。唐有飞钱之制，轻装以趋四方，合券而取京师，楮之渐也。今中统之造，五十余年矣。物以少而贵，多而贱，贱则折阅，贵则宝重，此势然也。易之以至元，以五准一，犹云可也。更之以至大，低昂太骤，民听惶惑，已行辄罢，亦势然也。故虑楮之轻，莫若住造，民间鲜得，市价自平。取数既多，后何以继，或虑经用乏阙，则又有说矣，此印造不可不住也。

朝廷初平中夏，是时未有钞法，贸易不过丝银，科差以是为准。官府创立，制度一新，征伐四出，调度繁兴，未闻有乏财之忧也。江南既平，库藏充溢，金帛如山，而用之者舒矣。外而四方之朝聘，内而千官之俸秩，近而诸司之侍卫，远而边庭之供亿，日增月盛，时异事殊。而况赏赐滥及于俳优，营缮力殚乎工木，商舶市宝价莫得名，藏室翻经费不胜计。山林莫供于野烧，海水终泄于尾闾，桑谷渐空，工役方急。楮轻物重，职此之由。真人践阼，躬履节俭，力改前非，然财散不可复收，弊久未能损革，此用度不可不节也。

勤俭者，衣食之源。奢侈者，匮乏之本。古者衣服有常，上下有制。今倡优得为妃后之饰，皂隶可僭公卿之服，涂金织翠，佩玉曳缟，物直如之何而不穷。古者游末有禁，务农为上。今鸣钟鼎食，酾酒刲羊，何曾下箸，万钱不足，毛仲请客，百事皆备，财产如之何而不耗。今世以豪侈相尚，俗以淫靡相煽，上行下效，风流波漫。惟其取之无术，用之无艺，是以生者莫给，作者莫供。盖钱陌轻微、百物腾踊之害小，而工贾得志、兼并伤农之害大，此奢侈不可不禁也。

由于武宗时的变换钞法已经失败，所以陆文圭强调的是稳住现行的钞币体制，用钞外之法如减少开支、禁止奢靡来解决钞弊问题，并且重点强调了因势利导、量入为出和勤俭治国三个论点。

综观陆文圭的策论，可以看出他擅长于问题的分析，不仅能够指出各方面问题的表现和特征，还能找出产生各种问题的主要原因，但是对于如何解决这些问题，他只能泛泛地提出一些带有理想色彩的建议。陆文圭毕竟是个儒者，没有从政的实际经验，能够对现实问题作出全面的思考已是难能可贵，不必苛责其不足。

第六节　马祖常的政论

马祖常（1279—1338 年），字伯庸，蒙古汪古部人，寓居光州（今属河南），幼年学习儒学，恢复科举后乡试、会试均为第一名，廷试第二名，历任翰林应奉、监察御史、翰林直学士、礼部尚书、参议中书省事等职，曾将《皇图大训》《承华事略》等翻译成蒙古文，著有《千秋记略》等，有《石田文集》传世，保存了其政论的主要内容。

一　施政建议

仁宗在位时，马祖常曾提出过一系列的施政建议，可按时间先后分述于下。

（一）为太子择师

仁宗即位后正式册立太子，马祖常即上书请求为太子慎简师傅，以教成合格的储君。

> 伏睹延祐三年十二月十九日，皇太子正位春宫，百司上笺称贺礼毕，钦惟列圣继统，治功大洽，文恬武熙，百年于兹矣。圣天子高览古今军国之机，蕃建天下之本，日月之明无以比德。皇太子殿下温文仁孝，天赋美资，急宜招延天下硕德雅望文采博通之士，朝夕起居以侍左右，辅养懿美，薰陶冲和，三代绍述，厥要惟兹。《传》云：成王始为太子也，太公为师，周公为傅，召公为保，伯禽、唐叔与游，目不阅淫艳，耳不闻优笑，居不近庸邪，及为君也，血气既定，游习既成，虽有放心，不能夺已成之性。今皇太子殿下春秋鼎盛，神明日强，道德之言，礼乐之事，当豫讲而速亲，其方不过求贤而已。伏乞今后议行建立官寮之时，公集大臣，核求名实相副、端能调护羽翼储闱之才，以系四海之望。所谓下官臣仆，亦宜精择而不可杂以商贾冗琐之流。天下休戚之源，实在于此。①

恰是因为马祖常有了这样的建议，使太子周围出现了一批儒臣，为其即位后的新政打下了重要的基础。

（二）建白十五事

仁宗即位之后，依然住在东宫，饮酒常过度，马祖常乃上书，明确

---

① 马祖常：《请慎简宫寮疏》，《石田文集》卷7，北京图书馆古籍珍本丛刊本（《全元文》第32册，第386页）。

提出了"御正衙,立朝仪,御史执简,太史执笔,则虽有怀奸利己乞官求赏者,不敢出诸口。天子承天地祖宗之重,当极调摄,至于酒醴,近侍进御,当思一献百拜之义"的要求。① 该上书包括施政的十五条建议,全文如下。

  窃惟古者建立言事之官,非徒摘拾百官短长,照刷诸司文案,盖亦拾遗补阙,振举纲维,上有关于社稷,下有系乎民人。礼文风俗,治体所存,名爵谥赠,政理斯在。教化有方,则善恶自别;设施有法,则缓急自明;重谷则农自勤,定制则官自守,修武则先恤兵,严试则可劝吏。事欲究其本末,言似涉于繁芜,统论难悉,条析易陈所有建白事一十五件,逐一开具如左,合行具呈宪台照详,伏请闻奏施行。
  一夫惟天子者,上承天地,下绍祖宗,社稷是寄,黎庶是戴,嵩崇高尊大,无与比隆。奉养当极其精美,保爱当极其严密,大而一饮一食,小而一颦一笑,若调摄圣体,凝顺中和,则清明在躬,淑善咸应。钦睹皇上仁心如尧,俭德如禹,伏愿重以承天地祖宗之鸿业,于进御之间,当以玉食宜乎荣卫者为先。至于酒醴,固是谷麦所酿,然更乞于进御之际,命近侍臣邻思一献百拜之义,则天下生灵不胜幸甚。
  一郊祀者国之大礼,在古所隆。钦惟圣上仁慈孝敬,度越百王。伏愿今后郊祀之日,大驾亲有事于南郊,亲裸于太室,则天地答贶,神明降禧,薄海内外咸仰圣德太平之福,群生幸甚。
  一大内正衙,古之帝王朝百官之地,今大明殿是也。观阙盘郁,城雉缭环,祖宗之所御,黎庶之所瞻。今圣上谦德弥恭,尚居东宫之旧,窃虑民物观听有所未喻。伏愿赐御大明正衙,镇服华夏,统体天地。何以言之,譬日月星辰,顺居次舍,则万物被光,群生仰明也。
  一百官朝见奏事,古有朝仪。今国家有天下百年,典章文物悉宜粲然光于前代。况钦遇圣上文明之主,如科举取士、吏员降等之类,屡复古制,惟朝仪之典不讲而行,使后世无所鉴观,则于国家

---

① 《元史》卷143《马祖常传》。本节引文未注明出处者,均来自此传。

太平礼乐之盛，实为阙遗。且夫群臣奏对之际，御史执简，史官执笔，缙绅佩玉，俨然左右，则虽有怀奸利乞官赏者，亦不敢公出诸口。如蒙闻奏命，中书省会集文翰衙门官员究讲，参酌古今之宜，或三日二日一常朝，则治道昭明，生民之福也。

一古之为治盖有礼乐，非徒事刑法之末也。夫有道之世，措置施设悉存礼乐之义。钦惟圣上君德昭然，孝慈纯备，向居潜邸，招致天下儒学之臣，延纳海内知名之士，礼乐文物洽乎圣性，故践位以来，进儒术而抑吏道，却珍禽而绝游畋，清心寡欲，民物丰阜，其用儒之效固已验矣。独未闻今皇储左右，天下儒学之臣有几也，海内知名之士有几。伏愿宪台闻奏，乞赐依准治古之法，命朝臣集议典制，请行皇太子视学齿胄之礼，明示天下教化之本。虽道德之躬，仁孝温文，固已笃至，然闻见习熟，又在薰陶，此实系国家万世之福。卑职先上章疏，特请选择师傅左右之人，至今未蒙施行。然区区之情，实念及此，不胜切至之甚。

一中书省、枢密院、御史台三府掾史，虽职掌文书，亦日佐大臣决理政务。伏请闻奏，设立律学、算学博士，命随朝二品、三品正流衙门吏人，欲求转补三府掾史者，就其所业于律学、算学博士之前应试，依科举差监察御史监试，吏、礼部官知举。每一周岁试举一次，则三府有得人之实，下无躁进营求之私。试中之人不必限以出身之高下，不中者发下本役，考满不得过从七品。仍预照会施行，则立贤无方，公道不偏。

一诸道宣慰司，除吐蕃、南诏、两广、福建外，如淮东、浙东、荆南、山东四道，并为无用，徒月费俸廪，坐养官吏而已。如依准前代之制，就令一道重镇路分总管、达鲁花赤带受本道宣慰使等职名，钤辖数路，上不烦朝廷虚设职官人吏，下不使数路官府牵制烦复，无益于事。

一诸翼军官自万户下至百户，子弟承袭父兄之职者，合参酌古今之宜，设立武举，并须习学兵法武艺。如蒙古、色目人，只试以武艺，如愿试兵法，中者升阶。汉人兼试兵法、武艺，中式者方许承袭。如布衣之士愿试及中者，于各翼或不叙或户绝等歇空相因名阙内擢用。如此，庶使武备不弛，军政稍严，保大定功之事，为体不轻。必若今日难于更张，则四方宣力老将既已病死，承袭骄脆子弟但知酒色裘马为华好，一旦真欲冒矢石、执干戈以犯劲敌，不惟本人自取肝脑涂地，从军将吏死复何辜。卑职历观前古之迹，其祸患弊病未有不生于太平之世，窃虑及此，伏乞施行。

一司徒、司空皆古三公之流，人臣名爵无极此位。比者圣上践祚之初，沙汰冗滥，尤慎此官。近岁屡有杂人等如沈宗摄、汪元昌辈亦受司空、司徒，窃虑天下后世传为口实，非便。

一亲民之官，守令为急。然守令者缘系朝廷迁除之人，才或不良，心亦知惧。而行省所差府州司县提控案牍、都吏目、典史之徒，往往恃其名役之细微，纵其奸猾，舞文弄法，操制官长，倾诈庶民。盖此徒出自贴书小吏，数十年间转充是役。卑职顷居田亩，尝闻此等言曰："我等身无品级，子无荫叙。"原此初心，谓之无赖，而令窃弄府州司县之权，剥刻单弱以肥其妻孥，良可悯叹。如蒙闻奏命中书省，除各路存留流官、经历、知事、照磨外，其余革去，请参酌古制，令各州判官佥书州事，各县主簿勾稽本县文簿，实为官制不紊，体统稍均。人既有名，事自不苟，为系于民不细，伏乞施行。

一命将守边，国之司命。然御将之方，当尽其道，毫铢一失，利害悬绝。要先知其艰难劳苦之情，平居使之顺其逸乐，略其深文密法，而不责其小廉曲谨，然后效死也易。是为御将之道，夫将不可不择也，择而用之勿疑，不疑则专，专则重，重则可倚，倚之而不效，则召而杀之，无轻召之理。今近岁连召北边大将，似涉轻易。古语云：临敌易将，非荣也。窃虑及此，伏乞闻奏施行。

一汉军征戍岭海之南，岁病而死者十率七八。其所属军官，利在危殆之际，必用资财拟指军人北方本家所有孳畜田产，厚息借贷，准折还纳，终致破产，不敢有词。夫以世袭军官蚕食部下行伍，深可哀痛。今后如蒙将在岭海及漳汀等数处征戍军人，果有病患，除官为看医外，其贫苦阙用之人，比及取发封装以来，宜令本处有司约量借放，封装到日，拨除还官，并不收息。或应借贷而不借贷，不应借贷而借贷者，从本道廉访司体察究治。如此，庶不致中原军户日蹙，军官日富。

一侍卫亲军根本所系，宜令各卫指挥使立时教阅，练习武艺膂力，训养精锐，则万一仓卒得用。仍除镇卫守把外，不令与官员作工盖造，役使劳苦，幸甚。

一太常定谥，古今美制，欲使奸人知惧于死后，善人有劝于生前。近岁谥号之称不公殊甚，如今后太常定谥不公，宜令监察御史纠弹，庶使舆情稍伸，国典不旷。

一农谷天下之本也，四民则以农为次，百货则以谷为首。操帛布之重轻，关生民之休戚者，谷为急焉。而近年工商淫侈，游手众多，驱垄亩之业就市井之末，盖为政者失劝农之道焉。今后乞将各路府州县达鲁花赤专管诸军奥鲁，总管、知府、知州、县尹专劝农事，事既归一，功仍可就。更讲究重谷劝农之方，画一开坐，行下有司遵守。如民有马牛骡畜递相食践田苗，并此彼争告田土疆界不实等罪名，及民间婚姻债负拖欠金银资财，许得以谷赎罪，准折轻赍之类。果有力田之人，县州劝农官等就于见在钱粮内拨赏束帛豚酒，然后开申。不实者，许廉访司体察。如此旌异慰劳，行之数年必有成效。①

马祖常的这十五条建议，除了为太子择师是重复以前的建议外，戒嗜酒、重郊祀、御正衙、立朝仪四条是与为君之道有关的建议，试掾吏、控名爵、罢宣慰、革恶吏、严谥法五条是与为官之道有关的建议，重农谷是有关国家治本的建议，考军官、御大将、养侍卫、恤汉兵四条则是与为兵之道有关的建议。这十五条建议大多是为了克服已有的弊政，只是马祖常未采用"时弊"的说法而已。

（三）劾奸举贤

马祖常作为监察御史，在弹劾奸臣方面发挥过重要的作用。他先指出大都路总管范完泽有严重的越职行为："伏惟京尹之职，民实具瞻，汉唐以来尤慎兹选，至如我朝抡才审官，尝难其人，不以轻授。初如严、游、张、郭，近如姚、冀、二王等，俱负才干，悉有名称，缘饰文雅，练达事务，中外厌服，士论美之。苟非其人，曷以尸职。今某非儒非吏，素无寸长，才名不著于当时，禄位苟同于先辈。复若近日私家被盗一事，自至所属兵马司公廨，迫勒讯问贼徒，侵官失体，废法任情。即此而观，他可概见，理宜奏代，别选才能相应。"② 其后，他又指出

---

① 马祖常：《建白一十五事》，《石田文集》卷7（《全元文》第32册，第387—391页）。
② 马祖常：《弹大都路总管范完泽》，《石田文集》卷7（《全元文》第32册，第392—393页）。

右丞相铁木迭儿、中书参议孛罗等人的权奸行为："伏见中书右丞相铁木迭儿贪纵不正，擅弄威福，国之奸邪，民之蟊蠹。已尝上章论列，今复体察到不公不法等事一十一件云云（当时不曾存稿），如蒙宪台早为闻奏追问，则天下生灵不胜幸甚。""近为太师右丞相铁木迭儿滥用人员，窒塞常选，已尝论列。今察知中书参议孛罗、刘吉等四人俱系铁木迭儿腹心之人，依凭请托，假借权势。孛罗乃前尚书省得罪之人，刘吉乃宣政院起身之冗吏，左司都事冯翼霄在宣政院侥幸骤进，右司都事刘允忠乃胥吏微品，朦胧奏准起复丧次，以图躁进。如此四人列居显要，赞画政事，岂惟玷辱名爵，实废清议，宜从宪台奏罢。"① 需要特别注意的是，马祖常是在铁木迭儿主政时对其弹劾，足见其与权臣抗争的勇气，并在不久后即遭到了权臣的报复。

除了弹劾奸臣和权臣，马祖常亦上书对贤臣加以举荐："窃闻传云：王臣蹇蹇，匪躬之故，国家实赖焉。夫便佞办给，徒利一己，视国与民漠然如无情者，国家何补哉。伏见中书左丞王伯弘、前中书平章政事拜住，曩在政府，常以直言正色，力持公平，与权臣铁木迭儿抗论可否。若此二人，其于国家缓急之际，刚毅不屈，信可倚仗，宜从宪台闻奏，将二人擢置机要，不令外补，实社稷之计。""修国史则足以宣扬圣业，代王言则足以润色皇猷。久次翰林属官，诚为淹抑。翰林修撰陈观，性禀端方，操履严慎，使之居纠察之地，必能振举职业，不苟于事。前国子司业吴澄，知经博古，学术淳深，求之海内可谓名儒，如蒙擢置两院，以备访问相应。"② 也就是说，去奸臣和进贤臣是相辅相成的，不能只偏重一种做法。

借陕西秦州发生山移灾害的机会，马祖常又重申了排斥奸佞、重用贤臣的建议："伏见议遣大臣驰驲陕西，赈恤灾异，祈谢岳镇，卑职叨冒言路，敢有愚昧，谨用敷请。夫山移大变，实维天谴。是为不动之物而动，大臣以下各宜辞避官位，推让贤能，畏惧修省，表奏待罪，庶乎对越上帝，而为国绵延丕基，非但遣使祈谢赈恤一方一隅，而可弭灾也。窃又闻之，应天以实不以文，昔师旷对晋平公石言之语，载在方册，世世为监。今山移之谴，理无虚示，岂非在野有当用不用之贤，在

---

① 马祖常：《弹右丞相铁木迭儿》《弹中书参议孛罗等官》，《石田文集》卷7（《全元文》第32册，第393、396页）。

② 马祖常：《辨王左丞等》《举翰林侍制袁桷等》，《石田文集》卷7（《全元文》第32册，第392、396页）。

官有当言不言之佞，所以感召不动之物而动，毒延庶民，甚可哀痛。且端本首善，在乎几微，万物咸遂，百职共宜，然后高下奠位，山川宅宁。伏乞宪台早为敷奏，任用贤才相应。"① 在处理重大自然灾害时，提出进用贤臣的建议，更容易被主政者所接受。

马祖常还明确提出了限制官员请赏的要求："比见随朝见任请奉官员，不思廉慎奉扬乃职，或求妇嫁女，或市宅营私，往往交为恳奏财物，私相卖恩，实蠹公帑。夫宠赏赐赉，下及臣庶，国之所以鼓舞激厉天下之具。而为人臣者，蒙受恩泽之时，又当戒盈畏溢，固让力辞，必不允请，然后敢受，岂容敢渎亵天听，乞请财物者哉。况见任官员自有俸给禄廪之厚，品职封荫之荣，至如一钱一米，拟合为官惜费，而乃上虚府库，自肥其家，其于忠孝廉耻胥失之矣。今后如蒙宪台明白闻奏，禁约见任请俸官员不得交相恳奏财物，仍令监察御史纠弹，庶几赏及有功，贪人知惧。"② 滥赏已经成为朝政的重大弊病，马祖常要求将请赏纳入监察范畴，不失为控制滥赏的一种有效方法。

马祖常还要求在刑罚方面有所改变。一是订立流徙条例："礼乐刑政，治国之具，有一不修，则弛法度。钦惟国朝有天下以来，不嗜杀人，仁覆生齿，涵濡煦育，洽然太和，而于用刑尤切慎重。然伏见近年颁降德音，中间屡无量移流徙之文，窃虑圣人爱物之仁，推恩未悉，有伤至化。夫大辟死罪，或被赦原，释然归保妻子，而减死流罪，竟无宽宥，不得生还里间，此岂法之平允哉。乞今后如有例合长流罪恶，别请定拟长流条例，其不应长流者，亦请验情轻重，度地善恶，每遇恩泽，辄行量移。如蒙检举典故施行，则天下生灵幸甚。"二是不应徒增新的罚例："近承奉照会，该钦奉奏准禁约，汉人百人以上执弓箭打围处重刑，百人以下流远方，微及一兔之获，罪各有差。窃谓作法有名，垂训无弊。且今日见行条例，已有禁汉人弓矢之科，又有禁诸人聚众之制，若复以上项打围处重刑等例，错综而网罗之，诚恐愚氓举足陷罪，难避易犯，实为可怜。而朝廷受禁人捕兽兔之名，尤为非美。宜从合干部分检举禁䦥围地旧规，遵守施行，不胜幸甚。"③

---

① 马祖常：《论秦州成纪县等处山移事》，《石田文集》卷7（《全元文》第32册，第394页）。
② 马祖常：《论百官请赏》，《石田文集》卷7（《全元文》第32册，第394—395页）。
③ 马祖常：《请量移流罪》《论执弓矢禁例》，《石田文集》卷7（《全元文》第32册，第391—394页）。

从马祖常提出的各种施政建议可以看出，他不仅是一个善思者，也是一个敢言者，只是因为机遇不佳，使他的建议未能受到主政者的重视，但其中所反映的善政观念等，显然不能被治政治思想史者所忽视。

二　择士之要

马祖常不仅在给皇帝的建言中谈及用人问题，还专门阐释了择士所需要解决的各种问题。

（一）重选官之法

马祖常在为科举会试设计的策问题目中，特别指出了选官之法的重要性，希望考生能够提出更好的选官建议。

> 圣王之设官也，俾在位之臣咸称厥职，以亮天工者，其法不越乎选举而已。皇元稽古立制，用贤使能，叙进差等，成法具在。夫事久将弊，亦可变通者乎。入官者日滋月积，循名责实，有不胜其烦。然选举乖方，则瘝官病民，曷术得以无二者之失乎？命风纪择可为守令者善矣，然必求于资历相当，足以尽抚字之才乎？汉世公卿二千石皆得辟举，可施于今乎？课绩，良法也，今以五事备责守令，往往虚文，考功可复乎？州郡牧守限于品秩，缺员者众，唐以来权行守诚激厉奖借之道，独不宜于今乎？诸君子襃然举首，各悉其说。①

朝廷的开科取士是一种重要的选官方法，马祖常用诗作记录了当时的考试和取士场景。

> 尽省春风满礼闱，彩缯双表日晖晖。文章笔橐三千士，烂烂奎星近太微。②
>
> 汉家束帛聘诸儒，狗监何须奏子虚。大比南宫谁第一，白袍当殿赐银鱼。
>
> 龙门雷鼓响丰隆，百箭穿杨技不同。大上河鱼还击水，退飞宋鹢岂搏风。
>
> 杏园三月换银袍，燕子西飞背伯劳。赋罢长杨传唱急，天门金

---

① 马祖常：《会试策问》，《石田文集》卷8（《全元文》第32册，第379页）。
② 马祖常：《第一场观进士入院》，《石田文集》卷4。

榜日华高。

红绫饼啖出宫闱,赐宴恩荣玉殿西。白发词臣曾射策,榜名欣见武都泥。①

诏鸾封湿武都泥,赐食沙羊杂树鸡。黄道日中侬观阙,紫微天近隔棂题。麒麟才出千人贺,鸑鷟初生五色齐。圣主文明天下治,澄澄云汉夹宸奎。

一石黄涯半斛泥,披沙新诏下金鸡。校文眼涩寻诗句,体国心劳选赋题。须信楚材生六晋,还知汉服出三齐。太平有象文明盛,帝主星垣望画奎。②

马祖常亦明确指出了科举取士存在明显的不足:"天子有意乎礼乐之事,则人人慕义向化矣。延祐初诏举进士三百人,会试春宫百五十人,或朔方、于阗、大食、康居诸土之士,咸囊书橐笔,联裳造庭,而待问于有司,于时可谓盛矣。然其进之道,虽则曰应诏对策,皆不过文艺细碎,矫诬情实,求合乎有司,而觊得一官于天子也,未闻其不为利禄而不干世用,特立而独行,违今而趋古,孟轲所谓虽无文王犹兴者也。"③也就是说,科举取士并未能达到选贤任能的要求,所以他特别强调了儒士入仕的最基本要求就是勤政爱民:"士专思一虑,以劳其职,以宣布上德而无苟且,以忧勤百姓之务,余知其必能成在官之政,为后来可守之法矣。"④

(二) 议考选武官

如前所述,马祖常在给仁宗的"建白十五事"中,已经提出了考选武官的建议,在后来为科举设计的策问题目中,他又进一步提出了如何进行武官考试的问题。

> 文武之道,有国家者不可偏废也。文艺对策,取学问之士,我朝已行之矣。独武举未讲,非所以备文武之道也。方今四海亿兆之

---

① 马祖常:《贡院次曹子真尚书韵》,《石田文集》卷4。
② 马祖常:《试院杂题》,《石田文集》卷3。
③ 马祖常:《送李公敏之官序》,《石田文集》卷9(《全元文》第32册,第403页)。
④ 马祖常:《送雅虎参书之官静江诗序》,《石田文集》卷9(《全元文》第32册,第411—412页)。

众，蕴畜才能者，岂无其人乎。夫武职子弟袭受世赏，衣食为事，游媚富贵，使之将万人，率千夫，其于功勋之裔则至厚矣，国家何赖焉。兹将议立武举，以求草泽弓马膂力之夫，谋略技能之士，以应武选，其策何先乎？必功勋世臣之裔，草泽有能之人，兼用并置，仍不戾于时，宜何者为便益之道乎？子大夫学通今古之制，裒然来廷，其悉以对，朕将亲览焉。①

马祖常之所以有这样的提问，是因为他见到过文武兼通的官员，认定考试武官确实是一个可行的选官途径。

曩余在颍汝间，识泰山刘君文可。时文可尉新蔡县，尝骑骝驹，戴武冠，手大鸣镝，腰长刀，骁勇劲悍，合县狗鼠不敢窃发。余方疑文可，直一武士尔，于文吏事盖廓如也。又七八年，余策试京师，每与缙绅学士论才器人，即先以泰山刘君为称首，无一人或短之，余又疑斯人者，特乡里姓字之同者也，非余向之汝颍间所识者也，以是乏造请之礼焉。一日阗门而谓余舍人曰："前新蔡尉刘君来。"余起走阶阼下，速诸宾位，拜既，历叙往时余先大夫官淮南行事，暨尊俎歌诗，风流讲射御，田原教种树农桑，诸论著文字，数真如，诎五指，而信之也，余于是尤贤之，重诒之曰："昔君尉县河外，不过如幽并豪侯等，而今也蜚声称文儒，虽学术之力，而何功之亟也。"刘君曰："不然，丈夫子一蹶，而当女子百跃，我视之尚为不力，何亟也。且我前年尉一县，今贰一郡，子知其道乎？令甲岁造楮币若干，置工官，秩视外县令丞上，凡工官岁造楮币，患不给。至大中，天官氏以我是司，我倍其岁之入，而不剽民以自炫，属考官最，乃吏我为二千石亚，今将之官，子其序以表我。"遂序之曰：昔也武而今也文，昔也县而今也郡。河南成周之墟，周南、汝坟之化不泯。我圣天子文教隆盛，似周成王，要必刑措而后制礼作乐。君官河南日，当喋喋问文献衣冠家，掇拾周之逸书，以须上之征，则余也又将操觚牍以俟。②

---

① 马祖常：《拟廷试进士策问》，《石田文集》卷8（《全元文》第32册，第380页）。
② 马祖常：《送刘文可之官汝州序》，《石田文集》卷9（《全元文》第32册，第398—399页）。

马祖常的"武举"建议,有助于科举制度的进一步完善,但是这样的做法不利于朝廷所倚重的武人集团,所以不会被主政者所采纳。

(三) 严官员考课

马祖常还特别关注如何建立有效的官员考课制度,在为科举廷试设计的策问中,特别提出了这一问题。

> 朕纂承大业,祗遹先猷,畏天爱人,罔敢不敬,故屡诏有司各扬乃职,使恩泽下流,而吾民得以遂生而乐业,斯朕之志也。而闻有司瘝官者不一,或贪墨不法,以抵冒条禁;或优游不事,以苟年劳;或保禄自营,或矫情取誉,廉耻之风几于不兴。且有官之士在民之上,所以师表百姓,而百姓赖以安者也。而乃自治不严如是,何以居人之上哉。又古者刑不上大夫,而官序有常,庶绩咸熙。而今也风纪之司纠劾论治,偷堕因循之俗日盛,未见其振起者,何欤?岂公家审官之术未得其要欤?抑毁誉养交不核实欤?将求激厉廉耻之道,而期官士自治,王泽下流而百姓安,其策何自?子大夫明古今之义,其于事宜之体讲之详矣,悉心以对毋隐。①

加强御史台纠肃官员的作用,是强化考核的一个重要途径,马祖常乃特别强调:"审官之法既坏,仕者杂出而天下始不治矣。或因缘时贵以取进,或多赀以交结,变易诡诈,佞媚侧辟,一朝居位而临民,民乌能偿其积贪乎。世祖皇帝至元五年立御史台,设监察御史,振肃庶官,纠劾贪邪,以绳吏蠹,以除民瘼。当是时宋尚未纳土,馈饷供给,羽书四驰,中原数十百州,日以飞挽为事,自汉唐之主观之,当以军府为急矣,而我世祖皇帝忧民方深,不俾瘝官毒我黎庶,则虽尧舜之明四目、达四聪者,岂过是哉。列圣相承,成法具在。"②"世祖肇建官制,兴起文物,属命御史台昭布体统,振肃纲维,正仪崇化,靡不绲绥。迨及列圣继明,屡扬宝训,亦靡不显示常宪,儆尔百官。钦惟皇上日月中天,烛见幽隐,绍述祖宗成法,申命台端,严兹纠

---

① 马祖常:《拟廷试进士策问》,《石田文集》卷8(《全元文》第32册,第380页)。
② 马祖常:《察院题名记》,《石田文集》卷8(《全元文》第32册,第426页)。

劾，不俾瘝官贻忧茕独。"① 以中书省为代表的行政机构对官员进行全面考核的"审官"和以御史台为代表的监察机构对官员的"纠劾"，本应各自发挥作用，但是审官不严，不得不更倚重于纠劾，这恰是当时人的无奈之举，马祖常亦只能循这样的思路提出相应的建议。

（四）倡以儒为吏

马祖常在给仁宗的"建白十五事"中，已经点出了吏弊问题。为了克服这一弊病，一个有效的途径就是以儒为吏，尽管世人对此颇多非议，如马祖常所言："谈者谓近世治赋之臣，率多弄刀笔，画筹策，日夜屑屑析毫毛利害，飞文舞书，阳与阴掇。一有豪杰魁伟之士，学古之人，以仁义为说者，则群笑目讥，指号狂惑，恐斥去后。"② 马祖常还特别记录了一则与吏的对话。

> 有计吏河外来，称河外斗菽三十千，弱民持钱告籴大家，大家亦无有。菽日益贵，民日益病，而有司赋之日益急也。余方食，投箸既其说且曰："菽之比粟也，奚急而病若是，是履贱踊贵也。有司赋之丞，其谓何，请子悉之。"吏曰："子，儒服者，所谓治天下之事，子盖憒憒也。故事，国马食，岁征诸内地而不给，则漕河间盐错置郡邑，算民之口而廪食之，估当其直，而以藁秸入之官。又不给，则差河北郡县，凡民数几，可秣马几，俾马就食于外。今中山、河间、赵地百姓，无糠粃救旦夕命，人挈男女之里中，不得易斗米，其均赋于河外，有以也。子泥于古而昧于今，而不知道方之道。子不仕则已，子而仕，将见瘝官之罚，集子之躬矣。"余曰："古尽不可信耶。"③

也就是说，马祖常认为吏对儒的攻击并不是毫无道理，要改变世人对儒的偏见，必须倡导以儒为吏，所以他对于以儒为吏的人特别给予了鼓励："浙水秋涛溢尾闾，外台清政自涵虚。七州课最求儒效，一府分曹责吏书。冰蘖久知谐素履，风霜兹复见廉车。春坊记我曾联属，悬喜

---

① 马祖常：《察院题名记》《风宪宏纲序》，《石田文集》卷9（《全元文》第32册，第407页）。
② 马祖常：《送崔少中序》，《石田文集》卷9（《全元文》第32册，第400页）。
③ 马祖常：《记河外事》，《石田文集》卷8（《全元文》第32册，第430—431页）。

迎亲侍板舆。"① 他自己也曾经明确表示，并不惧怕以吏进身："嗟哉寡谐合，苍发秃不齐。舫至即饮醨，犹恐逢诃诋。众人以儒进，我不限吏资。入官养交誉，惟恐不合时。含笑作雅咏，遭骂亦诡随。出入践华要，諈诿成其私。积阶渐崇贵，剽猎章句辞。鼓颊说古今，证据称云为。斯世岂可诬，小夫甘自欺。兴言发喟叹，饮者终不知。"② 需要注意的是，马祖常只是说明了以儒为吏是可行的路径，还未达到陆文圭的儒、吏"相入"的认识水准。

马祖常的政论涉及问题较多，显示他不仅熟悉治道学说，亦对如何使朝政达到善政的水准有过全面的思考。对于一个出身于蒙古世家的儒者而言，确实是难能可贵。尤为重要的是，马祖常一直保持着敢于直言的风格，更值得钦佩，因为到了元朝中期，敢于揭露朝廷弊政的儒臣已经越来越少了。既能直言又能说理，马祖常的政治观念表述，已经达到了可以与不忽木媲美的地步。

第七节　虞集的文治论

虞集（1272—1348年），字伯生，号邵庵，又号道园，祖籍四川仁寿，生于湖南衡州，侨居江西临川崇仁，师从吴澄学习理学，属于"草庐学派"学人，③元成宗时入朝，历任国子博士、太常博士、翰林直学士、翰林侍读学士等职，成为朝廷的重要词臣，著有《道园学古录》（又名《道园类稿》）、《道园遗稿》《伯生诗后》等，重点对文治学说作了阐释。

一　治国之要

虞集在朝廷任职多年，曾对朝政提出过不少建议，辅之以其他著述，可以较全面反映他对治国的看法。

（一）论国家礼仪

虞集作为儒臣，高度重视国家的礼仪问题："自古帝王之为治，礼乐其具也，政刑所以辅其成者欤。""我皇元太祖皇帝，受天命以兴，

---

① 马祖常：《送胡长史之浙宪》，《石田文集》卷3。
② 马祖常：《饮酒》，《石田文集》卷1。
③ 黄宗羲原著，全祖望补修：《宋元学案》第4册，第3073页。

列圣继作,至于世祖皇帝一统天下,立朝廷,定制度,以御万方。郊庙社稷之祀享,朝廷之会同,斟酌前代衣服鼎俎之制,金石羽佾之节,以奉于天地神祇祖宗,以合其宗王臣邻百官及四方之来宾者,骎骎乎礼乐之殷矣。"① 尤其是朝廷的祭天之礼,体现的是国家文治圣典,恰如虞集所言:"先王之礼,莫严于事天矣。国朝大德十年,始杂采周、汉、唐、宋儒者之说,为坛于国南门外,曰圜丘,以祀天,尝以大臣摄事。国有大典礼,当请命,则于是告焉。而窃闻祖宗之制,天子与后亲祀天,必更服,服甚质,礼甚简,执事者非世族、其先祖尝与祀事者不敢与。""礼乐之制作大备,极太平之盛典,将在今日矣。"②

在讲究国家礼仪时,一方面要强调主掌其事的官吏应通晓礼仪的规制:"国家置太常礼仪院,以奉天地祖宗之祭,外则山川鬼神之祀典咸秩焉。其长贰参佐十数人通领之,典故议论属诸博士,而郊社宗庙,执礼治乐器服币,各有攸司,而审时日,庀物数,治文书,以达上下中外,分隶职事者,则存乎府史矣。是故干羽舞蹈之容,律吕始终之奏,玉帛品物之节,醴醴牲杀之仪,笾豆鼎俎之实,升降进退之宜,鬼神享格之义,凡从事于斯者,莫不通习而具知焉。"③ 另一方面,要使儒者和儒生都知道遵守朝廷礼仪,因为这关系着儒者是否有用于朝廷的大问题。虞集在国子监任职时,有国子生酒后失礼,他即坚持将其开除,并强调"国学,礼义之所出也,此而不治,何以为教。"他还特别向拜住介绍了古代的礼仪制度和"古今因革治乱之由",使得拜住"益信儒者有用"④。

(二) 论科举取士

元仁宗时重开科举,"说者谓治平可力致",虞集则强调要着力克服科举的弊病。泰定帝时,虞集又明确提出了灵活取士而不是先定标准的要求:"国家科目之法,诸经传注各有所主者,将以一道德、同风俗,非欲使学者专门擅业,如近代五经学究之固陋也。圣经深远,非一人之见可尽,试艺之文,推其高者取之,不必先有主意。若先定主意,

---

① 虞集:《重刻礼乐书序》,《全元文》第 26 册,第 244—246 页。
② 虞集:《送集贤周南翁使天坛济源序》,《道园学古录》卷 5,四库全书本(《全元文》第 26 册,第 220 页)。
③ 虞集:《袁州路分宜县新建三皇庙记》,《道园学古录》卷 36(《全元文》第 26 册,第 484—485 页)。
④ 《元史》卷 181《虞集传》。本节引文未注明出处者,均来自此传。

则求贤之心狭，而差自此始矣。"尤为重要的是，虞集多次作为科举的考官，始终坚持的是取士的实学标准，所要强调的，就是科举不是专为考试而考试，而是要为国家选用有真才实学的儒士。

> 圣元混一区宇，且五十余年，而进士之议始行。当是时，固以先儒之忧为忧，而为之制曰，询孝弟于所居之乡，以观其行之力；考学问于所治之经，以见其道之正；求才华于适用之文，察举措于论事之要。求之之术，亦既精且详矣。果得如斯人而用之，则天下宁有乏材之叹乎。①

虞集还强调，既然科举的基础是实学，儒士就应该注重真知灼见，而不是靠钻营取巧在考场猎取功名。

> 朝廷设科取士，正求实学，今徒以施平日之谈论，固已非所谓经学。及用之场屋，又别为一说，不亦末之又末者乎。科举定制，虽尝举四传之目，然有真学者即所出题，据四传之言辨其是非，与圣人之意合与不合，以己所得而折中之，以见其所学，岂非明有司愿得复于上者哉。大抵区区之意切先要知圣人旨意，得其说者，可以措诸行事而无疑。应举之时，直以所学言之，有司识不识，科举得不得，则付之义命，庶不愧《春秋》之万一也。②

> 国家设进士科以取人，治《春秋》者三传之外，独以胡氏为说，岂非以三纲九法，赫然具见于其书者乎。而治举子业者，掇拾绪余，以应有司之格，既无以得据事直书之旨，又无以得命德讨罪之严，无以答圣朝取士明经之意。③

重实学要有合格的教师，所以虞集在科举恢复后即向仁宗提出了选择教师的建议。

---

① 虞集：《瑞州路新昌州重修宣圣庙学记》，《道园类稿》卷22，元人文集珍本丛刊本（《全元文》第26册，第448—449页）。
② 虞集：《答方仲约论春秋书》，《道园学古录》卷39（《全元文》第26册，第48页）。
③ 虞集：《春秋胡氏传纂疏序》，《道园学古录》卷31（《全元文》第26册，第83—84页）。

> 师道立则善人多，学校者，士之所受教，以至于成德达材者也。今天下学官，猥以资格授，强加之诸生之上，而名之曰师尔，有司弗信之，生徒弗信之，于学校无益也。如此而望师道之立，可乎？下州小邑之士，无所见闻，父兄所以导其子弟，初无必为学问之实意，师友之游从，亦莫辨其邪正，然则所谓贤材者，非自天降地出，安有可望之理哉。为今之计，莫若使守令求经明行修成德者，身师尊之，至诚恳恻以求之，其德化之及，庶乎有所观感也。其次则求夫操履近正，而不为诡异骇俗者，确守先儒经义师说，而不敢妄为奇论者，众所敬服，而非乡愿之徒者，延致之日，讽诵其书，使学者习之，入耳著心，以正其本，则他日亦当有所发也。其次则取乡贡至京师罢归者，其议论文艺，犹足以耸动其人，非若泛泛莫知根柢者矣。

在虞集看来，科场失意对于儒士而言并不一定是坏事，因为有志者可以通过其他途径实现其远大抱负，不必拘泥于科举一途，更重要的还是要有修己治人的真实才干。

> 夫进士者，朝廷取材之一途耳。有志之士，固不以其废置得失，而有所作辍也。夫儒者之事，进士而已乎哉。为进士者，明斯经也，修斯行也，为道莫近焉，于是反求而自治，即此而不待于他求矣。取诸圣经贤传之言者，舍炫鬻趋竞之文，而求修己治人之实，其所以见诸乡党邻里者，不以苟逃吏议为侥幸，不以委曲乡原为自喜，而求夫天性人伦之至焉。其来游于斯学，致力于斯经斯行，朝益暮习，悉心尽悴，父兄之相教，子弟之相承，如攻进士业之勤苦，因其抗果强伟之质而勇于为善焉，则人才成就，邹鲁何愧焉。①

元顺帝在位时曾短期废罢科举，虞集不仅特别强调了仁宗对科举取贤的厚望，又重申了科举取士重实学不重虚文的原则。

---

① 虞集：《抚州路乐安县重修儒学记》，《道园学古录》卷35（《全元文》第26册，第465—467页）。

昔者仁庙以世祖皇帝之遗意，设进士科以取士。某尝闻之时宰之言曰："或谓进士取人多而得官速，且病其无实效也。"仁皇曰："千百人中得一范仲淹，斯足矣。"然则得希文，斯得伊尹矣。圣神之见，岂不明且远哉。然自此科而进者，凡七举而小辍，其为人也，或显或晦，或升或沉，命则有不齐者焉。

当始议科举时，某承乏奉常，略闻其议论之末，有云明道欲取天下之俊秀，聚而教之京师，其成者散之四方，以教其人，盖一道德而同风俗之事，则无患乎异端旁说或得以出乎其间，使圣贤之传不明，而天下不被其泽者也。是时廷臣欲有由答得意而患夫其道有待于悠久也，乃定取士之法，其书必曰《易》《书》《诗》《春秋》《礼记》，其道必出于尧、舜、禹、汤、文、武、周公、孔子，其学之授受必由乎颜、曾、思、孟、周、程、张、朱，以为论定而不可逾越者也。然则如此而得士焉，而用之则必有以希文自期待而达于伊尹者出焉。惜乎趋而应之者，仅以为入仕之途，及其得之，俯首所事不过众人之事而已，使说者得以为辞，岂当时之意乎。今既辍而复兴，圣明特达之造，群贤赞襄之美，岂徒然哉。

国家之制，通问《四书》之疑，而各明一经之义，如此而学者其于文义固不待言，施诸有政何可御也。所恨者各奏其技以应之，有司者随其所得而取之，是以失之于昔，而不可不勉于今者也。就令有司者以虚文取之，而吾党之士其为学也，则不可以苟焉也已矣。①

虞集始终认为科举取士是文治的一大盛世，所以对于能够参与其事，颇感荣耀，在诗作中多有体现。

先朝亲擢总真儒，列坐春官席不虚。白首子云天禄阁，校文宁愧食无鱼。

禁城钟铎已隆隆，把卷犹看烛影同。愿得真才充国用，庶闻质行化浇风。

忆昔坡头接锦袍，深堂披卷效微劳。三年重得同清夜，宫烛飞

---

① 虞集：《送朱德嘉序》，《道园学古录》卷34（《全元文》第26册，第235—236页）。

帘见月高。①

　　玉堂策士诏儒臣，御笔亲题墨色新。省树坐移帘底日，宫壶驰赐殿头春。虞廷制作夔龙盛，汉代文章董贾醇。书阁莫年偏感遇，但歌天保答皇仁。②

　　艺闱群策手封斜，遍阅纵横墨湿鸦。拜赐频酾千日酒，思归宁惜少年花。此时吟咏斋宫曙，同是瞻承绛阙霞。想有小团分学士，好将新水试浮槎。③

认可科举的积极作用，避免虚华文风再起，是不少儒者的看法，虞集不过是因为所处位置不同，使其论点更具有代表性和影响更大而已。

（三）论经筵作用

泰定帝和文宗时，虞集都曾作为经筵讲读者，所以特别强调："经筵之制，取经史中切于心德治道者，用国语、汉文两进读，润译之际，患夫陈圣学者未易于尽其要，指时务者尤难于极其情，每选一时精于其学者为之，犹数日乃成一篇。"尤为重要的是，经筵讲读还有翻译的问题，正如虞集所言："集昔以文史末属，得奉禁林，见廷中奏对，文字言语皆以国语（蒙古语）达。若夫德音之自内出者，皆书以汉书，而下之诏诰，出于代言者之手，又循文而附诸国语，其来尚矣。其后备言劝讲，上之人欲闻尧、舜、禹、汤、文、武、周、孔之道于其书，欲知秦、汉、隋、唐历代治乱得失之迹于其史，讲臣择其切于心德治道者以为进，然必命善国家文史之侍从，参错绅绎，言必尽其指，率累日月而后成章。盖世务易于言，而难于极其情，圣学虽无不可陈，而为言难极其要，是以非易事也。"④ 也就是说，元朝的经筵，因为语言文字问题和皇帝的理解问题，更需要参与者谨慎行事。

虞集不仅认真向皇帝讲解经书等，还特别强调了经筵对于治国具有重要的意义。尤为重要的是，经筵讲解者不必试图影响皇帝的决定，只要尽自己的本分，就达到了使皇帝接受儒家治道思想的目的。

---

① 虞集：《丁卯（1327）礼部考试次韵》，《道园遗稿》卷5，北京图书馆古籍珍本丛刊本。
② 虞集：《玉堂读卷》，《道园学古录》卷3。
③ 虞集：《用退朝韵奉怀伯长试院久别》，《道园遗稿》卷3。
④ 虞集：《送谭无咎赴吉安蒙古学官序》，《道园类稿》卷21（《全元文》第26册，第201—202页）。

伏惟昔者明王不以天纵而自圣，本之先哲，式资道揆以开人。故伏羲则画于河图，神禹锡畴于洪范，凡将图治，慎在求闻。盖帝王传授之精，布乎方册，而古今治乱之迹可以鉴观。爰兹博洽之材，用广聪明之识，然守职业者特见诸政事之著，惟任启沃者先端其心术之微。故兹旷典之行，实重真儒之寄，必经业可以发圣贤之蕴，必器能可以相礼乐之成，必养德之全素蒙孚信，必至诚之积可致感通，苟非其人不称兹选。而臣等性本固陋，学尤迂疏，守其师说之遗，仅不忘其章句，及转国人之译，方稍达于性情，所谓材有限而道无穷，口欲言而心不逮，犹重昔人之叹。况乎臣等之愚，是故设醴上尊，敷毡广厦，既极询咨于累岁，蔑闻补报于纤豪，敢谓能自得师坐进此道，更锡官联之重，俾兼诵说之司。虽窃恩荣，愈增忧责。兹盖伏遇皇帝陛下以乾坤之德为德，以尧舜之心为心，无一念不在于民生，无一事不遵于祖宪，遐方毕服，犹虞水旱之为灾，群贤在朝，尚恐俊良之攸伏，必合二帝三王之至盛，以登四方万国之太平。下收支末于刍荛，俾益涓埃于山海，臣等敢不力循古训，恪尽微衷，非先王之法不敢言，冀必由于正路，虽末世之事不敢避，庶有戒于前车。①

赵集贤（赵世延）始以建议召入侍讲，一日既进书，待命殿庐，赵集贤慨然叹曰："于是四年矣，未闻一政事之行，一议论之出，显有取于经筵者，将无虚文乎？"集乃言曰："乡者公奏荧惑退舍事，玉音若曰，讲官去岁尝及此。又欲方册便观览，命西域工人捣楮为帙，刻皮镂金以护之，凡二十枚，专属燕赤缮录前后所进书。以此观之，简在上心明矣。诚使少留渊衷，则见于德业者，何可得而名哉。且先儒有言，政不足适，人不与间，其要格心而已。然则所虑者，言不足以达圣贤之旨，诚不足以感神明之通。吾积吾诚云耳，他不敢知也。"②

虞集还在诗作中特别记录了经筵的场景："丞相承恩自九天，讲臣

---
① 虞集：《经筵谢宣表》，《道园学古录》卷12（《全元文》第26册，第27—28页）。
② 虞集：《书赵学士简经筵奏议后》，《道园学古录》卷11（《全元文》第26册，第323—324页）。

春殿秩初筵。养贤敢谓占颐象,陈戒犹思诵抑篇。既奏文韶兼善美,岂无后稷暨艰鲜。愿推余泽均黎庶,乐只邦基亿万年。"① 也就是说,对于经筵的作用,不能只看当前对皇帝的有限影响,而是要看到其对国家长治久安的深远意义。

(四) 论养民之策

虞集尽管较少对朝政弊病提出批评,但是他可以利用接近皇帝的机会,提出一些施政建议。泰定帝在位时,虞集就提出过围海屯田的建议,但是这一建议未被接受。

> 京师之东,濒海数千里,北极辽海,南滨青、齐,萑苇之场也,海潮日至,淤为沃壤,用浙人之法,筑堤捍水为田,听富民欲得官者,合其众分授以地,官定其畔以为限,能以万夫耕者,授以万夫之田,为万夫之长,千夫、百夫亦如之,察其惰者而易之。一年,勿征也;二年,勿征也;三年,视其成,以地之高下,定额于朝廷,以次渐征之;五年,有积蓄,命以官,就所储给以禄;十年,佩之符印,得以传子孙,如军官之法。则东面民兵数万,可以近卫京师,外御岛夷;远宽东南海运,以纾疲民;遂富民得官之志,而获其用;江海游食盗贼之类,皆有所归。

文宗时,虞集又借海运有重大失误的机会,重提围海屯田的建议,仍未引起主政者的重视。

> 世祖皇帝岁运江南粟,以实京师,漕渠孔艰。吴人有献策,航海道便以疾,久之,人益得善道,于今五十年,运积至数百万石以为常。京师官府众多,吏民游食者不可算数,而食有余、贾常平者,海运之力也。天历二年,漕吏或自用,不听舟师言,趋发违风,信舟出洋,已有告败者。及达京师,会不至者盖七十万。
>
> 往年,某尝适吴,见大吏发海运,问诸吴人,则有告者曰:"富家大舟受粟多,得佣直甚厚,半实以私货,取利尤多,器壮而人敏,常善达。有不愿者,若中产之家,辄贿吏求免。宛转期迫,

---

① 虞集:《进讲后侍宴大明殿和伯庸赞善韵》,《道园学古录》卷3。

辄执畸贫而使之。舟恶,吏人朘其佣直,工徒用器、食卒取具授粟、必在险远,又不得善粟,其舟出辄败,盖其罪有所在矣。"今日之事,此其一端乎。近岁大农以乏用告,会议廷中,各陈裕财之说。有献议曰:"国家方取江南,用兵资粮悉出于中原,而民力不至乏绝。及尽得宋地,贡赋与凡货财之供,日输月运,无有穷已,而国计弗裕者,上不节用而下多惰农故也。且京师之东,莦苇之泽,滨海而南者,广袤相乘,可千数百里。潮淤肥沃,实甚宜稻。用浙闽堤圩之法,则皆良田也。宜使清强有智术之吏,稍宽假之,量给牛种农具,召募耕者,而素部分之期,成功而后税,因重其吏秩,以为之长,又可收游惰,弭盗贼,而强实畿甸之东鄙。如此,则其便宜又不止如海运者,奈何独使东南之人,竭力以耕,尽地而取,而使之岁蹈不测之渊于无穷乎。"时宰以为迂而止。①

文宗即位后,关中地区出现严重的饥荒,"民枕藉而死,有方数百里无孑遗者",虞集特别提出了救灾的建议。

承平日久,人情宴安,有志之士急于近效,则怨讟兴焉。不幸大灾之余,正君子为治作新之机也,若遣一二有仁术、知民事者,稍宽其禁令,使得有所为,随郡县择可用之人,因旧民所在,定城郭,修闾里,治沟洫,限畎亩,薄征敛,招其伤残老弱,渐以其力治之,则远去而来归者渐至,春耕秋敛,皆有所助,一二岁间,勿征勿徭,封域既正,友望相济,四面而至者,均齐方一,截然有法,则三代之民,将见出于空虚之野矣。

虞集还在为会试设计的策问中,提出了如何兴修水利的问题,以显示他对治国之术的高度重视。

昔者神禹尽力沟洫,制其畜泄导止之方,以备水旱之虞者,其功尚矣。然其因其利而利之者,代各有人。故郑渠凿而秦人富,蜀堋成而陆海兴。汉唐循良之吏,所以衣食其民者,莫不以行水为

---

① 虞集:《送祠天妃两使者序》,《道园学古录》卷6(《全元文》第26册,第159—160页)。

务。今畿辅东南河间诸郡,地势下,春夏雨霖辄成沮洳。关陕之交,土多燥刚,不宜于暵。河南北平衍广袤,旱则千里赤地,水溢则无所归。往往上贻宵旰之忧,至发明诏修庶政,出粟与币分行赈贷,恩德甚厚。然思所以永相民业,以称旨意者,岂无其策乎?五行之材,水居其一,善用之则灌溉之利,瘠土为饶;不用之则泛溢填淤,湛溃啮食。兹欲讲究利病,可使畿辅诸郡岁无垫溺之患,而乐耕桑之业,其疏通之术何先?使关陕河南北高亢不干,而下田不浸,其潴防决引之法何在?江淮之交,陂塘之迹,古有而今废者,何道可复?愿详陈之,以观诸君子之学。①

虞集还特别指出:"我国家既定中原,以民久失业,置十道劝农使,总于大司农,慎择老成重厚之君子而命之,皆亲历原野,安辑而教训之。今桑麻之效遍天下,齐鲁尤盛。其后功成省专使之任,以归宪司,宪司置四佥事,其二则劝农之所分也,至今耕桑之事,宪犹上之大农,天下守令皆以农事系衔矣。前代郡县所治大门,东西壁皆画耕织图,使民得而观之,而今罕为之者。"所以他在诗作中强调:"乡里蚕桑勿失时,画图劝相又题诗。当时补衮应无缺,金玉余音到蚕丝。吴越蚕桑用日多,始终吟咏极婆娑。工成茧馆间琴瑟,宜荐房中备乐歌。昔者东南杼柚空,咏歌蚕织到图穷。劝农十道先齐鲁,百世兴王衣被功。"② 也就是说,只有真正做到以农为本,才能有养民的实际效果。

(五) 论为治之道

虞集总体上强调的是儒家传统治道理念,所以在为科举设计的廷试策问题目中,特别提出了如何实现治道的问题。

> 朕闻伏羲、神农、黄帝之事,见于《易》,尧、舜、禹、汤、文、武之治,存乎《书》,皆圣人也。其号名虽殊,而治化则一。日月星辰之为天,丘陵川泽之为土,君臣父子、夫妇长幼之为人,三极之道有以异乎?宗庙也,朝廷也,师旅也,礼乐也,佃渔也,耕桑也,时之所尚,虽小有损益,其为治之具,岂有易于此者乎?然而伏羲、神农、黄帝之所以为伏羲、神农、黄帝,尧、舜、禹、

---

① 虞集:《会试策问》,《道园学古录》卷21 (《全元文》第26册,第27页)。
② 虞集:《题楼攻愧织图》,《道园学古录》卷30。

> 汤、文、武之所以为尧、舜、禹、汤、文、武，可得而别欤？伏羲之卦，文王申之，神禹之畴，武王询之，文无异也，道无异也，然伏羲之作造化备矣，何以有待于文王、武王之心神明通矣？何以犹待于箕子？然则群圣之奥，有待于后世者，犹无穷乎？子大夫习之于师，考之于古，得之于心，宜之于今，亦素有其说乎？朕诚以为非伏羲、神农、黄帝，无以为道；非尧、舜，无以为德；非禹、汤、文、武，无以为功。心术之精微，制作之会通，子大夫其悉陈之，朕将亲览焉。①

针对朝廷"宗藩暌隔，功臣汰侈，政教未立"的形势，虞集还在文宗时为科举设计的廷试题目中，"首以劝亲亲，体群臣，同一风俗，协和万邦为问"，题目原文如下。

> 洪惟太祖皇帝受天明命，肇兴景祚，列圣继作，四征不庭，锋旗攸指，靡不率服。迨我世祖皇帝混一区宇，职方所载，振古未有。于是建国纪元，立官府，置郡县，制礼乐，定贡赋，帝德王功之盛，粲然如日星之行天，四时之成岁也。六七十年之间，讲之益明，治之益习，天下晏然，守其盈成者，又何以加之哉。朕缵承正绪，夙夜祇惧，承我圣祖神考之心，比岁再祼太室，仰而思之，求尽其道而未能也。夫亲亲莫内于九族，今百世本支，繁衍盛大，则既尊位重禄矣，尚有以劝之之道乎？尊贤莫先于百姓，今世臣大家，勋业昭茂，则亦既富方谷矣，尚有以体之之道乎？多方内附之众，因其俗而导之者，亦既久矣，一而同之之道，尚有可充者乎？生聚教养之民，因其生而厚之者亦既周矣，协而雍之之道尚有可致者乎？《书》曰："鉴于先王成宪，其永无愆。"朕之志也。子大夫咸以道艺来造于廷，其备陈之，朕将亲览焉。②

由于题目涉及的问题过于敏感，文宗并没有采纳这一题目，但是虞集针对这一问题，强调了朝廷必须重视约束宗族的行为，因为已经有了英宗被弑的教训："昔世祖皇帝缵太祖、太宗之业，受天明命，作君万

---

① 虞集：《廷试策问》，《道园学古录》卷21（《全元文》第26册，第25页）。
② 虞集：《廷试策问》，《道园学古录》卷21（《全元文》第26册，第24—25页）。

方，统绪之传，本支分定。成庙嗣守，社稷尊安。武皇、仁皇公天下以授受，人无间言。英罹大故，有乘其虚，宗亲诸侯王大臣以为非祖宗主制，未有以正之也。"① 对功臣后裔等，也要加以注意，正如虞集所言："国家之初，任才使能，惟其所宜，以成天下之务者多矣。制度修明，见用之亲切者，惟公卿大臣之子弟。见闻于家庭，习熟于典故，而又宿卫禁近，密勿周慎，出纳辞令，有非疏远微贱草茨造次所能及之者。""国朝兴王之初，其勋劳功多之大臣，天下所共仰。曾未数十年，而一日勃然赫然以贵显者，未必皆其子孙也。"② 要和睦亲族和大臣，一个有效的方法就是善于教育其子孙，使其"惟学务修德"③。

二 用人之方

虞集除了注意朝政的走向外，还特别关注朝廷的用人问题，并就如何用人和养人提出了自己的看法。

（一）论用贤

虞集认为，自忽必烈以来，朝廷已经形成了用贤的机制和标准："国朝初入中原，即用其豪杰，以经理纲纪，安绥人心，以致其财用。其豪杰亦知天命之所归，思与其父兄子弟脱颠沛而就休养，故其大者奋于智勇，为之将相，其廉取者往往不卑小官而为用。盖其所存者，非徒然也，其必有所见矣。矧夫中统、至元之初，制度已立，文物已著，士君子乘兴运而生者，居一官、效一职于当时，固已隐然有高名重望而爵禄之崇盛者，殆其所当有者也。"④ 恰是有了用贤的机制和标准，才使得贤者辈出，助成了中统、至元之治。

在虞集看来，贤者有用于当世，必须有爱民的善政，才能获得良好的声望："人臣之功勋灼然可见于行事者，易知而可名，其有潜融密化于几微之间者，无迹之可纪，而生民实受其赐者，君子之所当发其微而

---

① 虞集：《右丞北庭散公宣抚江闽序》，《道园类稿》卷21（《全元文》第26册，第210—211页）。
② 虞集：《送冷敬先序》《左丞平阳王公宣抚江闽序》，《道园类稿》卷21（《全元文》第26册，第208—209、212—213页）。
③ 虞集：《送国子生野里瞻省亲序》，《道园类稿》卷21（《全元文》第26册，第209—210页）。
④ 虞集：《两淮转运副使潘琚谥议》，《道园学古录》卷12（《全元文》第26册，第44页）。

著之焉。"① 尤其是宰相之职，必须以贤臣充任，否则会给国家带来重大的损失："尝闻善相天下者，盖必本忠厚之心，廓容受之量，明理事之识，周经营之材，极久远之虑，躬负荷之责者，而后可庶几焉。是故待事有先几，应变有余智，持久有定力，处物有成谋，其功业始可得而论矣。若夫以狭薄之资，险忍为术，污陋为习，巧佞为伎，命与时遇，位以幸致者，充位之辱，欺世之祸，彼且无逃于天地之间，生民何赖焉。"② 虞集之所以有这样的议论，就是因为有太多的奸佞之徒窃据过相臣的位置。

国家确实需要贤臣，但是贤者必须以民为重，这恰是虞集一再强调的论点："国家之所以乐得英才者，诚欲寄以生民之命也。仕者不知学，则视污隆以为勤怠，窃侥幸以便利欲，志不在民，将焉用之。"③ "人心之天理，汩亡于风气习俗久而极矣。长民者不笃于躬行，则民不信；不示之好恶，则民无所从。民不信，而强使之，则治不立。不知所从，而导非其道，则教不行。"④ 为此，对于能够行爱民之政的官员，虞集特别在诗作中给予了表彰："陕郊得时雨，生意始来复。存者事稼穑，还者葺墙屋。安知凋瘵余，政可致新福。辟除正广术，区井表深渎。均齐定恒志，忠厚保敦笃。岂无忧世士，受仕在刍牧。为义苦多违，好名常不足。治书肃将指，善类庶有勖。"⑤ 表彰良吏，就是为了使以民为本的观念深入人心，并成为官员的基本行为准则。

(二) 论监察和直言

朝廷之所以设立御史台，就是要使之成为监督朝政的有效工具，尤其是要发挥其监督朝廷用人的重要作用，虞集特别记下了文宗在为御史台立碑时强调台臣责任的要求。

> 天历元年十一月壬申，御史台臣入见内殿，皇帝若曰："以予观于天下之治，不有台宪之司布在中外，则何以肃纲纪，正风化，

---

① 虞集：《中书平章政事赵璧谥议》，《道园学古录》卷12（《全元文》第26册，第43页）。
② 虞集：《中书平章政事何荣祖谥议》，《道园学古录》卷12（《全元文》第26册，第45页）。
③ 虞集：《送夏成善北学宫监序》，《道园类稿》卷16（《全元文》第26册，第74—75页）。
④ 虞集：《宁国路大冶县儒学记》，《道园类稿》卷23（《全元文》第26册，第472—473页）。
⑤ 虞集：《送西台治书仇公哲》，《道园学古录》卷1。

辅成朝廷之大政，而休息吾民者乎。昔我世祖皇帝即位之十年，始立御史台，以总国宪，其忧深虑远，使吾子孙有以周防于隐微，禁制于暴著，其在斯乎。朕三复贻谋，究观法意，惧无以彰皇祖创始之明，责任之重，其刻石内台，傥有位于无穷焉。"

臣集承诏再拜稽首而言曰："我皇元之始受天命也，建旗龙漠，威令赫然，小大君长无有远迩，师征所加，或克或附，于是因俗以施政，任地以率赋，出其豪杰而用之，禁罔疏阔，包荒怀柔，故能以成其大制作之事，盖有待也。世祖皇帝圣由天纵，神武不杀，智绌群策，取善无方，定天下而一之，乃考帝王之道，酌古今之宜，建国纪元而著令典焉。立官府，置郡县，各有其职，而上下相承，内外相维，联属贯通，以通功成务。丞相治中书以统之，上承天子出政令于天下，较若画一，莫敢逾焉。其或任焉而非人，令焉而非法，近焉而弗察，远焉而弗达，交修其非，以辅其所不逮，则责诸风宪。它官虽贵且重，不得预，况乎朝廷百执事，郡县小大之吏，作奸犯科为不善者乎。是故，使其君子安焉以尽心，使其小人惧焉而迁善，而天下之治成矣，此其官所以不可一日阙与。"①

监察系统的一个重要功能，就是要直言朝政的弊病，所以虞集对御史台官员达溥化兼善特别提出了敢于直言的要求。

古人有言，朝廷天下之事，宰相可行之，台谏可言之。行者或不无牵制，而言者庶几得以尽心焉。非其位不得言，得其位或不足于言，故世以为难也。兼善以先朝进士第一人，事今上天子于奎章之阁，一日辍以为行台御史，此所谓得言之位、可言之时、能言之人者乎。予闻之，事有大小缓急之异，小而急者骤言之，大而缓者深言之，而又有大且急者，如东南水旱频仍，民力凋耗，赋用不给者乎，吾意兼善受命之日念故已在此矣。医之为病也，知证易，用药难。药具矣，而病家用不用，服不服，又有不可知者，而医不敢不尽其技。圣天子在上，视民如伤，当宁以思，无言不从，无谏不入。兼善在阁下朝夕之所见者也，使数千里之远，如在疏戺之下，

---

① 虞集：《御史台记》，《道园学古录》卷22（《全元文》第26册，第438—440页）。

非兼善吾谁望乎。①

需要注意的是，虞集从未在监察机构中任职，他也从来不以直言者自居，所以对于监察机构的作用等，只能是泛泛之谈。

（三）论儒者入仕

在用人方面，虞集提出了一个重要的论点，就是时尚影响用人，要想使儒者得到重用，就必须形成重儒的时尚。

> 木之为器以利民用者，非生而成形也。欲圆者取以为规，欲方者取以为矩，居者取以为屋室，行者取以为舟车。揉之为弧矢，屈之为杯圈。惟其有是材也，因夫人之所急，定之为器，以致用焉，人亦犹是矣。其生也，初未有士、农、贾、吏之名，儒、墨、名、法之习也。时有所尚，则群趋之。时尚黄、老，则趋黄、老。时尚申、韩，则趋申、韩。时尚仪、秦，则趋仪、秦。尚风节则有党锢，尚标致则多清谈，非生而然也。时之所尚，人之所趋，则豪杰者必为之先。故尚黄、老，则人材出黄、老；尚申、韩，则人材皆申、韩；尚仪、秦，则人材多仪、秦。党锢之祸多奇节，清谈之流俱雅人，非此数者之能为人材也，豪杰者趋其所尚，而表表然出乎其间矣。
>
> 国朝之始定中原也，其先离乱伤残之日久矣，老儒学士几如晨星，未之为继。而天下初定，图籍文书之府，户口陬塞之数，律令章程之故，会期征役之当，趋赴奉承之劳，盖必有足其用者焉，而操他业者不得与于此也。于是贵富之资，公卿之选，胥此焉出矣。然则豪杰之士，舍此奚进哉。豪杰由是而进，则名是业者，沛然足以周当世之用也，无疑矣。迩者圣上嘉尚儒学，而为儒者或以迂缓巽懦取訾笑，嗟夫，非儒者之不足用也，儒之名久不振，非有特立独行之识量不足以究其至，而世之所谓豪杰，有贵富公卿之器以足用夫世者，不屑有是名故也。诚使一日表章之，则向之所谓豪杰有贵富公卿之器以足用夫世者，必折而从此矣。果折而从乎此，则其业之所讲，志之所存，术之所操，岂不益有可观者哉。故愚尝以为人非生而有习业之专名也，时尚有以驱之耳。必也端其尚而正其

---

① 虞集：《送达溥化兼善赴南台御史诗序》，《道园学古录》卷6（《全元文》第26册，第163页）。

趋，使夫人由经术道谊以达其才而广其用，则未必徒见表于书计便给而已也。①

儒者本身能否入仕，关键在于是否有真才实学和有志于天下的抱负，而不能斤斤计较于是否获遇于一时，虞集就此特别提出了以下要求："昔者有道之君子，内充然而有余，无所待乎外也，未尝求用于世，亦未尝不求用于世也。有天下国家者，知其有道，尊敬而信用之，则为之出，于是应之以文学政事，随施而见，不为喜幸，不用则不为变移，其志大矣。然或者假事以自售，已见用而无足以行之，则以偃蹇日取盛名终身不一试，谓古今为可诬也邪。"② 真儒不屑于自售，但是也不能自我封闭，足不出户，拒绝为国家出力，正如虞集所言："古者仕不出其乡，去乡国而远出者，其为使于四方者乎，使事毕而还归，无岁月之淹、父兄亲戚之久违也。今则不然，薄海内外皆吾圣天子之疆宇，虽岭海之极际，相去万里，殆若户庭，然宜其腹心之所寄，耳目之所托，气脉通贯，情意乎浃，痒疴疾痛无不毕达，绥辑姁煦无不罩及，是以仕者不知其远焉。且为之士者，修学于己，于用无不周，受命于天，于行无不可。彼惴惴不肯出户限，逐逐求龙断之登者，亦岂君子之志哉。"③ 也就是说，在入仕问题上，儒者确实需要拿捏分寸，否则必有失误。

（四）论君子善学

儒士要成为有用之才，必须善于学习。虞集承认许衡在传播理学和培养人才方面发挥了重要的作用，但是亦指出北方学者已经形成因循守旧的弊病，不愿使学问更为精深，更有用于国家。

> 国学之置，肇自许文正公（许衡）。文正以笃实之资，得朱子数书，于南北未通之日读而领会，起敬起畏。及被遇世祖皇帝，纯乎儒者之道，诸公所不及也。世祖皇帝圣明天纵，深知儒术之大，思有以变化其人而用之，以为学成于下，而后进于上，或疏远未即

---

① 虞集：《送彰德韩经历赴官序》，《道园学古录》卷5（《全元文》第26册，第167—168页）。
② 虞集：《翰林学士陈俨谥议》，《道园学古录》卷12（《全元文》第26册，第46页）。
③ 虞集：《送常伯昂序》，《道园学古录》卷33（《全元文》第26册，第228—229页）。

自达，莫若先取侍御贵近之特异者使受教焉，则效用立见，故文正自中书罢政为之师。是时风气浑厚，人材朴茂，文正故表章朱子小学一书以先之，勤之以洒扫应对以折其外，严之以出入游息而养其中，掇忠孝之大纲以立其本，发礼法之微权以通其用。于是数十年彬彬然，号称名卿才大夫者，皆其门人矣。呜呼，使国人知有圣贤之学，而朱子之书得行于斯世者，文正之功甚大也。文正没，国子监始立官府，刻印章，如典故，其为之者大抵踵袭文正之成迹而已。然余尝观其遗书，文正之于圣贤之道、五经之学，盖所志甚重远焉。其门人之得于文正者，犹未足以尽文正之心也。

夫天下之理无穷，而学亦无穷也。今日如此，明日又如此，止而不进，非学也，天下之理无由而可穷也。故使文正复生于今日，必有以发理义道德之蕴，而大启夫人心之精微，天理之极致，未必止如前日之法也。而后之随声附影者，谓修辞申义为玩物而从事于文章，谓辩疑答问为躐等而始困其师长，谓无猷为为涵养德性，谓深中厚貌为变化气质，是皆假美言以深护其短，外以聋瞽天下之耳目，内以蛊晦学者之心思，此上负国家、下负天下之大者也，而谓文正之学果出于此乎？①

先正鲁国许文正公实表章程朱之学，以佐至元之治，天下人心风俗之所系，不可诬也。近日晚学小子不肯细心读书穷理，妄引陆子静之说以自欺自弃，至欲移易《论语》章句直斥程、朱之说为非，此亦非有见于陆氏者也，特以文其猖狂不学以欺人而已，此在王制之必不容者也。②

虞集还特别强调："学道者何事乎？穷理尽性，以至于命。""是非之较然者易辨也，似是而非者难辨矣。言出于异端者易辨也，言出于我儒而多歧者难辨矣。""然则圣人之道，一而已矣。曰治，曰教，推之天下，均齐方一，无有异者。"③ 而学者的学道，就是要学习"集大成

---

① 虞集：《送李扩序》，《道园学古录》卷5（《全元文》第26册，第173—175页）。
② 虞集：《送李彦方闽宪》，《道园学古录》卷1。
③ 虞集：《送危晋序》《赠李本序》，《道园类稿》卷21（《全元文》第26册，第200—201、204—206页）。

为一家之言"的朱熹学说,因为"宋氏之亡,北方学者钜儒大臣,实尊信而表章其言,以相天子创业垂统,开万世之基"①。为了使君子善学,虞集一方面重复了朱熹的教学方法:"朱子之教人也,岂有他哉。其性,仁义礼智也;其伦,则君臣、父子、夫妇、兄弟、朋友也;其书,《易》《诗》《书》《春秋》也;其学,则颜、曾、思、孟之得于孔子,而周子、程子其而传直者也。于是乎识察乎问学之博,考验乎躬行之实。"②另一方面,虞集特别强调了对德的培养:"德也者,得于天者也,知所以尊乎得于天者,则知学矣。学也者,所以为己,非以为人也,然而修诸己,则可以治乎人矣,此学之道也。"③

虞集虽然著文颇多,但是没有系统论述文治观念的文章,并且对朝政主要采用的是赞扬而不是批评的态度,因为对于他而言,最重要的就是能够在诡谲的政局中保身,在功成名就后退隐。正如他在诗作中所言:"为政贵察色,读书在研覃。司视既不明,两者无一堪。尚不逭吏责,为师固宜惭。圣世无弃物,况兹久朝簪。决去岂我志,知止亦所谙。"④"每怀衡岳读残书,似忆青城旧隐居。万一天恩怜贺监,敕令何处结茅庐。"⑤也就是说,名气大的儒臣,反而很难知道其真实的政治观念,虞集就提供了这样一个较典型的例证。

第八节 许有壬的正始论

许有壬(1287—1364年),字可用,汤阴(今属河南)人,年轻时以儒为吏,科举恢复后参加考试,于延祐二年列名朝廷的第一批进士中,历任南台和御史台监察御史、奎章阁侍书学士、中书省参知政事、集贤大学士等职,有文集《至正集》《圭塘小稿》传世。针对元朝中期权臣、叛臣的恶劣行为,许有壬明确提出了"正始"的政治观点。

---

① 虞集:《送胡士则序》,《道园类稿》卷21(《全元文》第26册,第207—208页)。
② 虞集:《南康路都昌县重修宣圣庙学记》,《道园类稿》卷23(《全元文》第26册,第470—471页)。
③ 虞集:《新喻州重修宣圣庙儒学记》,《道园学古录》卷35(《全元文》第26册,第461—463页)。
④ 虞集:《后续咏贫士四首》,《道园学古录》卷1。
⑤ 虞集:《自述》,《道园遗稿》卷5。

一　作新风宪

英宗在位时，为了助成新政，许有壬提出了一些重要的时政建议，其中最重要的就是要求作新风宪，即强化监察机构的作用。

（一）风宪十事

许有壬在给英宗的上书中明确指出："照得延祐三年六月钦奉圣旨作新风宪一款：监察御史廉访司官，凡利害可以兴除、军民休戚切于时政者，各宜尽心敷陈，以凭采择。又至治改元诏书：天下之大，机务惟繁，博采舆言，庶能周悉。自今内外七品以上官有伟画长策可以济世安民者，实封呈省。伏念卑职一介寒微，屡叨甄录，凡伟画长策之可采，岂浅才末学之所知。既博采于舆言，且下询于百职，况叨言责，敢竭愚诚。尝谓天下之事非一，设官分职，各有攸司，而官职之中，风宪尤重，所以纠百官之非违，示百官之轨范。故其用人也，必当极天下之选，而于行事也，必当尽天下之公。奉法持衡，毫发无间，然后可以责人，未有己所不能而责人之不至者。迩来风宪之司，或已有成法，而不能奉行，或虽有旧规，而事当损益。庭荒田治，盖所未闻，故不敢他及，而以风宪十事具陈如左。"① 也就是说，直言和作新风宪都是皇帝的要求，臣僚只是充当尽责上书的角色，指出作新风宪所涉及的十方面问题。

"风宪十事"的第一事是"取补书吏"，要求在推选吏员的基础上严格考试制度，以克服吏员素质低下的弊病。

> 书吏名役至轻，所系至重，补用之法，屡有变更，所以不惮烦者，必欲得人而后已也。然而改法愈密，得人愈难，事壅法堕，其弊益甚，至使外而郡邑，内而朝廷，语及此徒，无不颦蹙。岂天下果无其人而立法终于不善邪，盍亦究其所以然者。夫天下之才才本难，而宪司之事权实重。事重则庸人力不胜任，权重则小人挟以营私。纪纲之废，职此居多。苟能依例，令管民文资正官从公保举，廉访司官覆察相同，面试中程，然后补用。如有不应，元举覆察考试正官、首领官黜退，该吏断罪勒停，则亦何患其人哉。今则所

---

① 许有壬：《风宪十事》，《至正集》卷74，四库全书本（《全元文》第38册，第27—39页）。本小节引文未注明出处者，均出自此上书。

举，大率非强有力者，不得覆察者，符以虚文甚无谓者，面试之日皆与符同，公堂秉笔、落纸成文者，盖百无一二也。考试之官初亦岂有私意，不过谓人身事辛苦至此，忍使流离奔走不遂而归，意则佳矣，奈国事何。后来者又复如此，久久相因，是使宪司不终于得人也。使其对面依例必试，虽元举覆察已完，而其不实者则皆不逐而自退矣，岂不革一切之弊哉。至于败缺，往往有之，而所谓黜断者绝未闻也，人亦何惮而不因循故常哉。补用之法，以此为纲，始终相维，但必行之，人自得矣。若夫节目之损益，亦有不容不及者。岁贡儒人，虽有明敏之资，而遽为未试之事，殆未易也。今后须要年三十以上，覆察完备，先历路吏一考。三台典吏，虽案牍素所习学，而资质既有不同，工拙遂致迥异。其应充书吏者，亦合先历路吏一考，然后试补。官既获用，彼遂达材，亦将乐于趋事也。奏差名役，虽又稍轻，今皆转补。书吏始由州吏取充，较之路吏，所历既浅，所进亦优，合于岁贡不尽路吏内举察取用，依例试补。书吏若是，则曰纲曰目，交相维持，申明旧纲，参酌新目，补用之初，责以必试，若有败缺，将元举官吏必罚无恕。人各有警，而人才自得矣。

"风宪十事"的第二事是"会议还司"，要求严格监察官员的巡历制度，禁止以各种借口减少巡历时间、地点的行为，以巡历实效克服监察官员不能深入了解民情民瘼的弊病。

照得作新风宪诏书：各道分司，若不遍历，百姓利害、官吏贪廉岂能周知。除廉访司使守刷按置司去处，余拟每年八月中分巡，至次年四月中还司。如不依期出巡，及巡历未遍，托故回还，或依期还司，不曾遍历，及应结绝之事而不结绝者，听总司申台区处。窃惟外郡远邑，小民茹苦含悲而不能赴诉，污吏窃时肆暴而恬然自安者，宪司之官非身践其地，心诚求之，盖未易周知也。朝廷立法，谓旧制日月拘迫，不能遍历，改拟八月中分巡，四月中还司，所以责其郡邑必遍，而事务必办也。今则每至分司之时，总司依时分道发印，而各官因循宿留，非半月两旬不能出户。总司未免催促，遂至构怨生隙，妨害公事。至于文移之往来，自有递铺，必曰重事，亦自有额设差乘驿往来。或者又有必须议论面相可否之事，须要经手谙知首尾之人，则书吏固其人也。今则每遇会议公事，司官必领吏属躬自还司，驿马祗应之劳费，郡邑官府之送迎，岁月因循，事务废弛，一行之间所失若是之多也。又每遇诏赦，不问条款拘该如何，指称未奉通一例，回还直候，申禀明降方行出司。虽有明白赦前应追会者，亦漫不省视。至于体覆体察之事，与赦文了无相干，一切付之不理，此尤不可不论者。且以已往通例，考之即可见也。今次遇赦，不过照出先奉例文，称说合无比依前例一体施行，省部拟议大率皆准旧格，至于再四，重重相因。岂有假此为名，遂谓无事？设若一二新事，旧例所不该者，候奉明降至日施行，与其余盖无相妨也。推其所由，一则妻子在家，急于看视；二则辞难避事，玩废岁月，因循苟且，培养资品而已。百姓之利病，官员之贪廉，盖漠如也。夫外郡远邑，望司分之来，若饥渴之待饮食。一事未毕，飘然而归，其失望为何如哉。况有已经论告之人未曾究问者，挟恨报仇，适足以重吾民之害耳。彼得以为辞者，止谓无事，而虚费祗应。使其果无一事，但监临州郡，所以消贪邪、护疲瘵者不能尽言，祗应之费其有几何。况会赦而可行者，不可胜计。除出司不依期及不曾遍历已有明文外，今后凡会议公事，重者止许差书吏还司，其分司官理宜禁止。若遇诏赦，亦合止于所分州县听候通例按行。其余合办公事，至四月中依例回还，庶免旷弛。

许有壬亦曾对在地方监察机构任职的哈只、蔡衍的贪蠹和擅离职守行为，专门向英宗上书弹劾，要求将他们罢职。

士居下位，尤殚心力于公忠；权贰一司，已极班行之清要。苟守己或乘于彝宪，则原情尤重于常刑。况郡邑毫厘之私，莫不抵法而奸邪什百其害，乃欲治人，论劾不明，劝惩何在。近奉台札，江西守省体覆各道，声迹至海北广东道，体察得本司副使哈只、蔡衍不公等事。谨案：哈只者，心本贪邪，才兼诡谲，败事何限，黩货无厌，风闻肆威，垄断罔利，有司之所罕见，邑胥之所不为。先任海南道副使，延祐三年十一月到任，随时出司，照刷石康盐课提举司文卷，所欲既厌，将分司印信分付随行书吏，于延祐四年二月称病径归。今除本道，于至治元年二月到任，至治二年七月二十日遽尔托病出广。其蔡衍者，腐儒散材，凡庸小器，素无令望，屡玷清班。至治元年十一月到任，奉公守法之微效未见，营私违禁之实迹已明，于至治二年闰五月十一日亦行称病出广。若候声迹通行具报，缘各官俱已离职，诚恐宪台不知，或加选擢，实玷公论。伏乞显示黜斥，用肃宪纲。"①

"风宪十事"的第三事是"文案稽迟"，要求在各道廉访司复设书吏，专司案牍刷磨事务，克服公文迟误等弊病。

风纪之设，振肃纲维、宣明风化、镇遏奸邪为重。至于刷磨案牍，特簿书期会之末。然而刑狱之重轻，金谷之出纳，舞弄于巧密之内，包括乎繁冗之中，故照刷之时，尤宜介意。且诸司文案，宪司得以治之。迟者督之使行，错者厘之使正，随其轻重而施其决罚。虽一检一札之失行，十日半月之稽缓，盖必较而不恕也。至于宪司之事，错者迟者何限，首领官虽有检举之名，分司回还亦有照刷之说，而常人之情，无所警畏，习于故常，狎于情好，终于付之不问而已。苟以照刷有司之法待之，将何所措手足耶。有总司立案，候分司出巡施行之事，分司回日，或以还司日近，或以巡历不曾到彼，或转行委官，却行卷连回牒总司。明年出司，又复如此。搬卷往来，有至二三年者。本司如此，而欲责有司之迟慢，可胜叹哉。夫书吏权重，上下之所共患，而莫究其所以然者，请因是论之。夫分司之出也，官吏三四人而已。为之官者，使皆熟于案牍，精于事情，则为之吏者，虽欲高下其手，舞智作奸，其可得乎。其有高坐堂上，大小事务一切付之于吏，可否施行，漫不省录，事权之重欲不归之于吏，不可得也。为吏者虽欲避之，亦不可得也。况有所见之不同，书吏所执虽是，而不能抗官长之势，其不诡随者鲜矣。窃照按察司设立书吏，当时议论事事周悉，但用非其人，不能无弊，遂以为冗员革去。今欲去事务之稽违，削书吏之权重，莫若每道依旧设立书吏四名，巡行之时分道而出，赞画公论，扶持纪

---

① 许有壬：《纠副使哈只等》，《至正集》卷75（《全元文》第38册，第43页）。

纲，还司专一分轮检举照刷文案。其三台察院，亦合各设一员，并于各道并行。台察院考满书吏，应任提控案牍，及儒贡书吏两考之上，选充一考之后，依例入流。如此，则案牍免稽迟之患，而书吏之权不削自轻矣。

"风宪十事"的第四事是"荐举官员"，要求举荐官员时指明被推荐者的特长，而不是泛言"五事具备"等，并由在任官员单独而不是联名推荐，以克服举人不当的弊病。

> 为治之要，在乎得人。取人之道，必当极天下之公论，而后能尽天下之人才。荐举之法，固取人之急务，然举之苟不以道，恐复有遗才之恨。今日之事，试以四事论之，举之未尽善者有三，而导之使竟者则有一焉。
> 所谓未尽善者，一曰五事举人之弊。五事之目，因循虽古，实则虚文。户口之增，不过析居、放良、投户、还俗，或流移至此，彼减此增之数，夫何能哉。江南之田，水中围种；齐鲁之地，治尽肥硗，虽有真才，五终不备。辽海之沙漠莽苍，巴蜀之山林溪洞，龚黄继踵，能使田野辟乎。欲盗贼之息者，有盗匿而不申。求讼词之简者，将应理之事亦付不问。至于赋役，则上下贫富，品答科派，自有定规，尽能奉行亦分内事，况实效茫然，凋瘵日甚。惟其必以五事全备取之，则谁不巧饰纸上。且例文明谓所举但有败阙，罪及元举察官。今败阙者何限，而黜责未闻，宜其玩习苟且，非恩不举也。今后莫若令监察御史、廉访司官，凡路、府、州、县官，各举所知，不必拘以五事，明言其才能事政，著明实迹，以备采择，严其同坐之科，必罚无怨，则人才将自得也。
> 二曰不明所长之弊。夫人才古今所难，人各有能有不能，不可强其所短而废其所长也。比年以来，每见所举之文，一概无非可居风宪言路之人。若夫治民、用兵、理财、听讼、主文、参幕、考工、明术者，世岂无之，见于荐剡者，盖百无一二也。今后拟合各言所长，至省部籍类，以凭采择，庶铨用之际，各适其材。
> 三曰连名举同之弊。监察御史举人之际，多挽同列，联署满纸。同署之人复有论荐，亦复要之，虽有素不相知之人，未免委曲

顺从，殆如答礼，盖以平日往复之有素也。夫人之相知，各有深浅，必欲同衔，实乖公论。今后拟合令单名荐举，果有同识其贤，亦合别具荐状，庶革牵联之弊。

其一事导之使竞者，比见荐到五事备廉能官员，宪台既已除擢，后又与之呈省，遂营求升等减资。且始言荐之，以其可居风纪，激励贪浊，俾居清要，则是已赏之矣。又图升减，不惟有碍选法，实导之使竞也。今后拟合将已经台除者再不升减；其已经省部升减之人，宪台若欲除用，须待再举无瑕，然后甄录，庶少抑奔竞之风。

许有壬就曾单独向朝廷举荐了吴炳、陈绎曾等人，并特别指明了他们的专长："窃见处士汴梁吴炳，业专圣学，文造古人，特立不渝，真积力久，忘情轩冕，守道衡茆，势利不足以动其心，贫窭不足以累其志。又江南陈绎曾，博学能文，怀材抱艺，挺身自拔乎流俗，立志尚友乎古人，放志山林，富贵浮云。但各人既不自鬻，恐后日或有遗贤，如于文翰之职内不次征用，不惟摅其素蕴，抑亦可以砥砺流俗。"[①]

"风宪十事"的第五事是"廉使频除"，要求保证官员的任期稳定，克服官员职务频繁更动、难有治效的弊病。

分职之在外者，莫重于宪司。用得其人，则一道之间功效有不可胜言者。况廉访使职长一道，权总副佥，分司总司皆听处决，是以其职尤难其人。苟得其人，可不假以岁月，使之尽展其长乎。今天下二十二道，阙者盖十常六七。遍历精选，仅得几人，而到任未几，寻复改授。夫天下之事，非责之专任之久，未易有成也。朝廷定制，内任以三十月，外任以三周岁为满，虽有明敏过人之才，至于本末之后先，轻重之缓急，布置施为，各有条序，固非急遽之能尽也。《语》曰："苟有用我者，期月而已可也，三年有成。"夫子大圣，周岁之月但能仅布纪纲，至于治功，必三年而后成。子产相郑，一年而谤之，三年而颂之。今之所用果何人哉，苟得其人，则又或一年、或半年、或数月，纷纭改易，席不暇暖，家赀尽于迁

---

① 许有壬：《荐吴炳陈绎曾》，《至正集》卷75（《全元文》第38册，第48页）。

移，筋力疲于道路。公务益堕，纪纲不振，职此故也。夫省台所职，虽有不同，机务重轻，亦未易别，大抵事体相需、同欲致治而已。今宪台选用官员，所至之处，吏属尚未尽识，而省部论择，复与改除。其省用者，台亦如之。遂使一人之身一岁数迁，一或不除，皆置不用。人才固难，而用之如此，将何以责其成效耶。今后廉使既得其人，部省不请改用，须待将满却听选除。庶三年之间，一道之事得以尽其所施也。

"风宪十事"的第六事是"远道阙官"，建议采用就近选官的方法，出任边远地区的监察官员，以克服边远地区监察机构缺官的弊病。

> 天下之大，生民之众，抚之以郡邑，纲之以宪司，可谓治具毕张矣。而远迩之间，有不容不辨者。各道司官，除廉使守司刷按置司去处，其副使、佥事分道出巡，所至词讼填塞，公务纷纭，推问不公，审断狱刑，照刷文卷，点视仓库，及体覆体察一切公事，一有缺员，则巡历未至之地，必有受其弊者。今所至阙官，或令副使、佥事守司，而按治州郡皆不暇及。况腹里边远，事势不同。腹里时有阙官，郡邑官吏犹或有所忌惮，设有纵恣不法，而礼法之民有苦而已。若夫边远地面，山川溪洞之险阻，猺黎夷獠之冥顽，抚字或乖，利害不浅。官吏凭恃险远，率多贪污，渔猎茧丝，无所不至。非持宪之人监临弹治，使之有所警畏，殆未易靖也。今年广西一道，至今阙官，令经历权摄司事。广东、海南、福建悉皆阙人，盖是已除者托故不来，而到任者不久即去。迹其所由，亦各有说。人情孰不欲身之安逸，以遂其仰事俯畜之心哉。今则不择其地之远近，人之便否，一概授之，虽严其不赴之罪，亦无以作其必往之心也。江南三省接连及广海地面，二品至七品官员可任风宪者，岂无其人。若将各道分相近地面，官员有政绩昭著曾经荐举者，遴选铨除，庶人皆知劝，可无阙官之患。

"风宪十事"的第七事是"冗食妨政"，建议取消各道廉访司通事，由译史兼管其事，以克服吏冗害民的弊病。

宪司设官置吏，虽大小不同，而人各有职，岂有无事安坐，赘员冗食，不能少裨治理，又复有蠹于政事者哉。且司官、首领官责任之重，固不待言，译史则标译文字，译写表章；书吏则按行照刷，审理推问；奏差则往来传达，实为行人，以至典史之微，亦各有事。而通事之设，本为蒙古、色目官员语言不通，俾之传达，固亦切用之人。然而今日各道监司，大率多通汉人语言，其不通者虽时有之，而二十二道之中，盖可屈指而知也。则是所用之时常少，而无用之时多。虚縻廪禄，又与出身，日无所事，不过挟司官之势，凌侮吏曹，俯视官府，擅立威权，恐喝有司，嘱托公事，附带买卖，影蔽富民。诚以安坐而食，无所用心，故其为己营私既专且精也。举世皆知书吏握事权重之弊，而不知此曹虽不握事权而事实由之，故其为害若轻而实重。弊难尽除，去其太甚，今后莫若令译史兼之，各路亦合一体照磨。虽曰职官，皆重慎廉耻，架阁承发，付以典吏，纸札祗候，遂为专司，余则无所事而安坐冗食，亦合减去，令知事兼之。今各道照磨阙处不少，未闻兼之而有失惧者也。或谓寺监三品，清闲衙门，皆设照磨、通事，此可减乎？曰：风纪之司，一事之微，皆当极天下之公论。天下冗员，不知其几，风纪之司，皆当建白整顿。纵不能此，忍自畜之？哉或者又谓欲此阙安置人员，尤非公论，孰谓风纪之司而有为此论者乎。倘蒙详酌议行，亦有补于风宪。

"风宪十事"的第八事是"铨除御史"，建议从有政绩的县官中选取监察御史，以克服监察御史等碌碌无为的弊病。

监察御史，前代八品之职，国朝官制为正七品。选格内任一考，与升从六；外任两考，方进一等；握算计资，毫发不贷。至于宪台除用历御史者，即除各道佥事，正五品。职内转台为都事，必授副使正四品级。非戾于选法也，诚以御史非百职可比，庶务之利病，皆得而敷陈，百官之奸邪，皆得而纠劾，朝廷使之位卑而言高者，盖御之有道也。人之常情，望其所未至，则必奋发激励，勇于趋事，刀锯在前，有所不顾。位卑禄轻，则易于弃去，无患失之念，去就既轻，作事必勇。若厌其所望，满其所欲，则必委曲周旋，保全遮护。今也四品五品，率皆除之，甚有资历已及三品而浮沉其中，彼果何望而奋于立事耶。故事之来也，含糊模棱，目曰老成，钳口缩头，号为持重。迨晚景者顾影而自惜，计子孙者留意于将来，因仍改除，遂为得计。今后莫若先尽县达鲁花赤、县令有治迹者，次及内外六品七品才德堪充之人，其资品高者，不必铨用，庶无患失之心。又比年以来，每将怯薛之人除充是职，夫聪明敏达者固亦不少，而事务生疏者不能无焉。亦合精选上等知识而明敏刚直能胜其任者为之，庶几适用于宪纲，不为小补。

"风宪十事"的第九事是"赃罚赈济"，建议离京城较远地区，可以用监察机构罚没钱财赈济灾民，以克服救灾不及时的弊病。

> 近承奉台札：淮西河南廉访司将赃罚钱赈济饥民，奏准今后若有赈济，没俺文字，休交动支。窃谓民以食为天，遇时有阻饥之患；国以民为本，救荒实为政之先。圣朝子育黎元，鳏寡孤独给粮养赡，灾伤水旱蠲税赈恤，德音谆谆不一而足。又令所在存留义粮以待凶岁，勤恤至矣。然而州县非才，奉行不至，不幸有水旱之不时，细民实获其惠者未之见也。而况经费不赀，帑藏有数，嗷嗷仰给，卒无以应之，遂至鬻子卖妻，轻则为道路之流民，重则为原野之饿殍。救之之道，当如拯水火中之焚溺也。夫廉访司所收赃罚钱物，始则实出于民，皆滥官污吏掊克聚敛之物，与其他用，不若归之。且各处人民，必见已饥而后陈报，未有逆料将来而敢预为申请者也。若待明文，恐有不及。如蒙详酌，若有赈济，附近道分拟候明降，其余远道有司钱谷果有不敷，许令支用，庶望饥民不至失所。

"风宪十事"的第十事是"农桑文册"，要求取消攒造劝农文册，切实劝农，克服形式主义的劝农弊病。

> 农桑，生民之所天，有国之大计，人无智愚，皆知其为重且急也。世祖皇帝内立大司农司，总挈天下农政。各处正官，岁时劝课。无成效者，御史台、按察司纠察究治。又立行司农司、劝农

司，分地管领。为是农桑已见次第，并入按察司，添设佥事二员。后欲减省，台官一同奏准，廉访司事多，依旧存设。在后节次奏准，管民官提调，廉访司体察，未闻废弛。延祐七年四月，大司农司奏奉圣旨节该：廉访司为农桑两遍添官，交依旧管行，每岁攒造文册，赴大司农司考较。夫责之廉司者，盖以劝课官知所警畏，初不系文册之有无。文册之设，本欲岁见种植、垦辟、义粮、学校之数，考较增损勤惰，所以见廉访亲为之。然养民以不扰为先，而害政惟虚文为甚。农桑，所以养民也，今反扰之；文册，所以责实也，今实废之。各道比及年终，令按治地面依式攒造，路、府行之州、县，州、县行之社长、乡胥，社长、乡胥则家至户到，取勘数目。幸而及额，则责其报答之需；一或不完，则持其有罪，恣其所求，鸡豚尽于供饷，生计废于奔走。人力纸札一切费用，首会箕敛，因以为市。卑职向叨山北宪幕，盖亲见之，而事发者亦皆有按可考。以一县观之，自造册以来，地凡若干，连年栽植，有增无减。较其成数，虽屋垣池井尽为其地，犹不能容，故世有纸上栽桑之语。大司农岁总虚文，照磨一毕，入架而已，于农事果何有哉。况分司所至去处，公事填委，匆匆未毕，已迫程期，岂能一一点视盘量。兼中原承平日久，地窄人稠，与江南无异。若蒙详酌奏闻，依旧巡行劝课，举察勤惰，籍册虚文，不必攒造，民既无扰，事亦两成。

许有壬亦秉持"言官无罪"的原则，为遭权臣打击的监察御史说情，要求从轻处置。

雷霆震怒，终不废于生成。雨露沾濡，初何分于美恶。况沛九天之厚泽，固宜一视而同仁。凡仕清朝，举承殊渥，岂容余润独限遐陬。钦惟今上皇帝以上圣之资，举旷世之典，被服衮冕，躬祭太庙，制作卤簿，耸动神人。大礼告成，有生胥庆，推恩臣下，罔有崇卑，内外四品以下职官普减一资，至于至治二年以前入役者，考满入流日皆与优减。天休所被，踊跃难胜。若有在官得罪而情或可矜者，亦宜量加湔濯，祭统所谓明惠之必均也。比者监察御史李谦亨、成珪以言事得罪，钦蒙宸断，窜之千里地面，获全首领，幸已莫量。但各人适际昌期，举行盛事，倘均沾溉，益见恢洪。若蒙发还原籍，准复量移近里，薄示从宽，不惟使之得以自新，抑见天地父母之德，宏大难名，远迩无间也。①

尽管许有壬的"风宪十事"对于新政颇为重要，但是未及被采纳新政已经夭折，只能留为后人参考。

(二) 吏制三事

许有壬还就如何改良吏制，专门上书"言三事"，即提出了三方面的建议。

第一事是"吏员"，要求将由吏入官的品级限制，由从七品改为从五品，以使儒吏能有进身的希望，并以此来逐步改变吏员的结构。

> 钦奉圣旨节该：汉儿吏道，从七品以上休委付者；教授秀才并职官内取的令史，依旧例委付者。又宪台奏准，监察御史、廉访司，依保守令例，每岁各举谙练刑名者一人，注充推官。窃谓一统万邦，治虽多术，大经要道，首在得人。论材有长短之不齐，立法贵变通而无弊。故求贤择善，必自多门；而趋事赴功，庶臻成效。钦惟我朝建元以来，百度修举，惟科举条目议而未行。出官之制，大率由吏，而贡吏之法，必以儒通吏事，吏通经书，然后补用。在后奉行不至，试补之间，多不依法，遂使贤愚混淆，政事败阙。仁宗皇帝励精图治，痛惩其弊而一新之。由吏出身者，限以从七，不使秩高权重，得以纵恣。设立科举，取人以德行为首，试艺以经术为先，求贤之方，视古无愧。但科举未行之时，以吏取人，实学之士亦未免由此而进，一概限之，不无同滞。且名器之设，所以陶铸人才，鼓舞为善者也。各衙门通事、知印、宣使、奏差之类，劳逸悬绝而出职反高，又得升转；独于吏员，待之既殊，遏之又甚，自非特立坚守之人，亦何劝而为善耶。目今中县以上，铨衡有乏材之叹，郡邑多阙官之所。又钦奉圣旨，岁举推官一人。推官从六品职，必精晓刑名，洞达事理，慈祥恺悌，历练老成之人，方可任此。不广其途，亦难选举。夫吏弊蠹政，固不为少，但科举未行之

---

① 许有壬：《言监察御史李谦亨等量移》，《至正集》卷74（《全元文》第38册，第26页）。

前，儒皆为吏，其贪虐鄙俚之徒限之固宜，而廉慎儒雅之才，恐遂并弃。合无自颁行科举诏书日为始，以前该降吏员，量许陞至三品；以后入役者，从五品止。庶贤愚无同滞之患，官府有得人之效。①

第二事是"封赠"，建议按照新政的要求，对中央和地方官员尽快实行封赠，以激励官员的善行。

> 照得延祐七年改元诏书，封赠之制，本以激劝臣下，比因泛请者众，遂致中辍。今命中书省从新设法议拟举行，毋致冗滥。窃谓劝善惩恶，有国之大经；宣力输忠，人臣之常事。然必劝之有道，惩之有法，而后可以使之身无遗力，心无遗忠。苟为不然，虽刑罚日严，终无以格其为恶而进其为善也。朝廷举行封赠，使为臣者一身之贵，上及祖父母、父母，下逮妻子，天下臣僚孰不感激奋发，思报万一，劝之道可谓尽矣。至于但犯取受之赃，并行追夺，虽有至愚无知，见其父母已受之恩一旦夺去，苟有人心，岂不惭痛，惩之之法不已至乎，则是劝善惩恶未有逾于是者也。朝廷此制初行，在京官员七品以上，就任申请，悉被恩荣，普沾存殁，至于丞升丞请再赠再封者有之。而外任职官，例皆任满给由方得申请，适遭中辍，不及沾被。钦承诏旨，再许推恩，中外臣邻莫不欣戴。延望逾岁，未蒙举行。或亲衰耄虑不及于生荣，或身迫暮年恐莫酬于孝思。希望之情，固不能已。如蒙仰遵明诏，俯悯下情，早赐颁行，不惟臣下普被天恩，抑且励忠劝孝，其于政化实非小补。②

第三事是"丁忧"，要求严格实行官员的丁忧制度，不轻易使用夺情起复的方法，避免奸佞小人钻空子。

> 至大四年三月钦奉诏书：官吏丁忧，已尝著令，今后许终制，以厚风俗。朝廷夺情起复，蒙古、色目管军官员不拘此例。窃惟治道必以教化为大经，人道必以孝忠为大本。教化不施，虽

---

① 许有壬：《吏员》，《至正集》卷75（《全元文》第38册，第42—43页）。
② 许有壬：《封赠》，《至正集》卷75（《全元文》第38册，第40—41页）。

有刑政不能为善治；孝忠无取，虽具形体不足为全人。而况忠出于孝，则是孝又百行之大者焉。钦惟圣朝以孝理天下，稽考典礼，除蒙古、色目各从本俗，其余居官，著为丁忧之制，将以美教化、厚人伦，为治之要道也。所谓夺情起复者，盖有道德行艺可以范世，谋猷材画可以经邦，天心简眷，人望素服，或边臣宿将，久谙军政，智谋韬略可任边寄。似此必用之人，谓之起复，谁曰不然。其或碌碌凡庸如冯翼霄，才无过于常人，行每乖于清议，徒以谄佞奸邪，亦复冒膺起复，实玷风教。宜明白奏闻，除上位知识必用之人，取自圣裁，其余人员并遵旧制。其于治道，不为小补。①

许有壬的吏制三事，应引起了英宗和拜住的重视，因为在新政中，确实包括了与之相关的内容。

二 去逆正始

"南坡事变"的弑君行为，给许有壬以极大的震动，他既明确提出了追究弑君者的要求，也强调了朝廷在遭遇谋逆事件后，应以"正始"为要务。

（一）清除逆党

泰定帝即位并抵达大都后，许有壬即上书要求彻查"南坡事变"主谋铁失的逆党，严厉惩处所有参与弑君的叛逆者。

近为铁失恶逆，狗彘之所不伍，枭獍之所不为，历代之所未闻，天地人鬼之所共怒，止戮其身，未快人意。合依古法，尽诛本族。坏室污宫，遣逐其妹。其余但犯知情贼徒，等第论罪，已尝论列。除铁失之弟并子已行诛戮外，其余一切未蒙施行。民心疑骇，不满所望。窃谓国家有非常之变，必以非常之法治之。如铁失者，身为台端，兼领数职，妹为君配，已正位次，先帝待之情过骨肉。其余各贼，皆累世富贵，义同休戚。而怯薛官员，又腹心股肱之托。其赤子帖木儿，微贱匹夫，位极宰辅，子女玉帛，房室田园，

---

① 许有壬：《丁忧》，《至正集》卷75（《全元文》第38册，第41页）。

不可胜数，荣遇豢养，无以复加，纵不报效，忍为寇雠。自古宫闱之变，未有若是之惨者。兴言及此，痛心陨绝，待以常法可乎。且寻常杀人，罪必处斩，各贼所犯，当何法以加之。若苟且如此，更无施行，不惟神人欠望，威刑失宜，继今以往，何以为国。区区臣庶之心，亦知大臣必禀命圣上，而圣上英断，必有以处之，然而不可缓也。为今之计，当一震威怒，显示大刑。凡与铁失同谋之人，皆合尽诛其族，拆毁居室，潴为污池。其余不系同谋而但犯知情随从者，等第论罪。……如此则刑法适宜，奸邪知畏，神人称快，国祚永康矣。圣点践祚之初，首宜以服人心、安百姓为务。此事既行，人心自服而百姓自安矣。①

许有壬还以"人臣之恶，莫大于无君"为标准，弹劾了党附于铁失的御史中丞阿散、经历朵儿只班、监察御史撒儿塔罕、兀都蛮、郭也先忽都等人。②

许有壬还以作为监察机构的官员，不能及早发现叛逆行为，自我纠劾，要求罢职黜退。这样的建议当然不会被泰定帝所采纳，但足以显示许有壬的清除逆党决心。

窃谓君亲无将，既载必诛之训；路马不齿，又昭有罚之文。况恶逆亘古之罕闻，宜臣子戴天之不共。如元恶铁失等狗彘之所不伍，枭獍之所不为。富贵熏如，自不胜其饱暖，鬼神夺魄，俾偶遂其凶邪。虽养豢之极深，曾寇雠之不若。履霜失辨，留虎自防，致大行之暴崩，实溥天之同愤，传诸道路盖不忍言。不惟诗书历代之未闻，诚为国家百年之大变。卑职等风闻未审，心摧已深。《春秋》之法，人得而诛。风纪之中，责斯尤重。岂敢顾影自惜，背义忘恩。但以乘舆未来，控诉无所。欲论列而上达，念通进之难期。兼同恶之布满要津，恐无益而徒启他衅。是以含忿忍耻，度日如年。庶觐清光，少摅积恨。兹者钦遇今上皇帝奋出宸断，张皇天威，肆诸市朝，大伸邦宪，神人称快，亿兆腾欢。使纲常复明于今

---

① 许有壬：《恶党论罪》，《至正集》卷76（《全元文》第38册，第55—56页）。
② 《元史》卷29《泰定帝纪一》；许有壬：《纠中丞等》，《至正集》卷76（《全元文》第38册，第51—52页）。

日，乃社稷无疆之福。然元恶铁失身为台端，妹为君偶，其同恶之贼，或寒微致相，或宿卫承家，休戚既同，安危攸寄。今擢发不足以数其罪，齑粉不足以报我仇，止戮其身，未快人意。拟合将各贼照依古法，尽诛本族。其妹难居宫闱，仍坏室污宫，以戒非常之变。其余但犯知情人等，以次论罪。卑职等为耳目之职，任纠劾之司，有所不知与知而不能得其详，及有所待而不即言，皆合黜退。①

铁失之乱，根源在于铁木迭儿，所以许有壬强烈要求公开昭示权臣铁木迭儿的恶行，并将其子弟等一并论罪，以免后患。

窃谓刑赏者人主之大柄，有国盛衰之所系也。故刑一人而天下服，赏一人而天下劝者，当其实也。苟有功不赏，有罪不诛，滔滔横流，日复一日，其祸有不可胜言者矣。《书》曰："惟辟作福，惟辟作威。"此言天子之事也。臣而盗弄，所作虽当，犹至于害家凶国，况颠倒错乱、岸然横恣者乎。圣朝混一区宇以来，言大奸邪，必阿合马、桑哥之徒，如铁木迭儿者，兼诸人而过之。今治化更新之日，其人虽亡，其流毒遗恶伤国体而妨新政者何限，无以变之，则其流害恐未易竟也。至若平章王毅、右丞高昉等，备位台辅，而以短少粮数仓官所职之事，追夺所受宣敕，尤公论之不惬者。其门下同恶之人，先因本官事发，一一斥逐，及其再入中书，朦胧奏启，一一征还，滥授骤升，非其才而忝要者有之。各人念其私恩，必不能尽忠于国。昔梁冀既败，故吏宾客免黜者三百余人，朝廷为空，盖古今之共怒者也。铁木迭儿之恶，死有余辜，侥幸获免，虽是非邪正播告明白，而天下之愤尚未少泄。拟合剖棺戮尸，将妻子家属迁徙远方，以谢天下。应被诛谴人数，从省台委官一一照勘，有冤抑者即与昭雪，殁亡者加以褒赠，流窜者即与征还，黜罢者即与收录。②

尝谓有功不赏，有罪不诛，虽唐虞不能治天下。如奸臣铁木迭

---

① 许有壬：《自劾》，《至正集》卷76（《全元文》第38册，第50—51页）。
② 许有壬：《铁木迭儿门下等事》，《至正集》卷76（《全元文》第38册，第54—55页）。

儿蒙蔽先朝，专权政府，包藏祸心，离间宗室，妄作威福，诛害大臣，使先帝子然宫中，以致贼臣铁失等乘衅为逆。其子锁南亦与其事，兼本人阴险狡猾，陷害台谏，附凶党恶，罪不容诛，已经纠呈闻奏。今奉命乃令杖决，物议喧腾，非示极刑，曷伸邦宪。乞赐早正其罪，仍命辞臣声逆贼等罪恶，昭告天下，以快元元之心，天下幸甚。①

许有壬的纠劾建议，符合泰定帝急于撇清与"南坡事变"关系的愿望，所以都被采纳，确实起到了惩处奸恶之人的作用。

（二）平反冤狱

针对权奸、逆臣的行为，既要惩奸也要扬善，许有壬特别要求为遭受权臣、贪官迫害的赵世延、刘藻等人平反昭雪，并详细叙述了二人遭受冤屈的经过，以警示世人权奸之可恶，必去之而后快。

伏以公论昭明，见朝廷之政治；正人伸雪，乃风宪之振扬。苟有见闻，岂容缄默。窃见光禄大夫、前四川行省平章赵世延，先任御史中丞，倡率监察御史，奏劾奸臣铁木迭儿不法一十余事。及中丞杨朵儿只等按问铁木迭儿下总领蔡云，因冯开平身死，公事过付张五十三，许与铁木迭儿中统钞一千锭，本人受要说事钱二百锭，招证明白，征赃到官。其铁木迭儿幸得脱免，追印罢职，因此怀蓄忿怒。至延祐七年，复入中书，盗弄威权，专务报复，陷害忠良，无所不至。将中丞杨朵儿只并萧拜住织罗诛杀，又以温迪罕尝赞其事，坐以减死之罪。为平章赵世延远任蜀省，令人诱说伊房弟胥益儿哈呼，将赦前干名犯义虚妄事情排陷陈告，差人勾唤，赴都对问，行至中途，遇诏赦释免。又行差官催促到部，令伊门下心腹人尚书答里马失里非法锻炼，勒要招服，锁发前去三不剌。复还大都，凌虐枉禁，前后三年，意逼自裁。本官刚明自负不为匹夫自经沟渎之事，其原告人自知诬妄，不敢面对，因此在逃，根勾不获。为本官患病，奏奉圣旨，保管在外。刑部议拟，胥益儿哈呼讦告房兄赵平章，逐项事理俱在革前。原告人在逃百日之上，依例革拨改

① 许有壬：《锁南》，《至正集》卷76（《全元文》第38册，第53页）。

正。蒙中书省闻奏,令还家养病。兹者钦遇圣天子登极之初,眷念忠良枉罹刑害如杨朵儿只、萧拜住、温迪罕等,首降德音,特与昭雪。其平章赵世延即与中丞杨朵儿只等一体,中外共知,理宜辨正。况本官庙堂伟器,柱石良材,省台出入垂三十年,劬瘁焦劳,幸脱虎口,似此老成,盖未易屈指也。江南行台已尝辩明,如蒙奏闻擢用,允惬舆情。①

绳愆纠缪,固为宪治之常;美化移风,尤系人伦之重。故经典著子为父隐之训,而法律有许相容隐之文。诚以教化乃刑政之原,而名义又教化之本,使其干名犯义,讦证皆实,其于治体。所伤已多。况有是非未分,曲直不辩,抱没齿之究者乎。圣朝明诏天下,著为定例,承宣奉行者,其可忽邪。伏见前淮东道廉访使刘藻,皇庆元年因扬州路包办酒课不便,本官力言议减瓶花价钱,遂忤众意。本道蛮子监司受讫酒户赵胜中统钞三百锭,经宿却行,赍至公厅,唤到与钱人赵胜等取问,指出上下官府钱一千五百五十锭内,刘廉使下家口周来安钞五十锭,就令赵胜等具状首告。此时并无刘廉使名字,为周来安出外,本官自行根唤送官。省台委官追问,状外逼问供指曾令周来安将钞一百锭过付本使收受,未见虚实,将刘廉使监收之后才将周来安勘问,勒指伊使。本人不禁苦楚,符同强正将刘廉使抑勒招承,追赃到官。事未结正,钦遇原免。延祐三年,奉使宣抚巡历淮东,耆老士庶并赵胜等列名陈辩,及淮东宣慰使孙通奉等洞知情伪,皆为辩白,于今有十余年尚未改正。窃惟刘藻扬历有年,报效无愧,凡平居之自守,亦众人之稔知。不幸枉被赃诬,名节扫地,含冤无诉,垂老可怜。假使元赃果有,即系奴证其主,不惟有伤风化,抑且违别诏条,甚非朝廷美教化、厚风俗之初意。况兼原状初无本官名字,即系节次状外展转供指数目。即此二端,则是非判然矣。如蒙悯其无辜,特与照勘改正,庶几诬构得明,而公论有在也。②

许有壬的平反冤狱建议也被泰定帝所采纳,并以此来显示君主的

---

① 许有壬:《辨平章赵世延》,《至正集》卷76(《全元文》第38册,第48—49页)。
② 许有壬:《辨廉使刘藻》,《至正集》卷76(《全元文》第38册,第49—50页)。

开明。

(三) 正始十事

许有壬还特别强调，既要妥善处理谋逆事件，更要以此为契机，实施新政，作为更化之始。为此，他特别向泰定帝呈上了"正始十事"的奏章，全文如下。

窃谓《春秋》王即位，大一统而谨始也，盖为政莫大于谨始，未有不正其始而能善其终者也。钦惟今上皇帝以圣神之姿，嗣大历服，凡在有生，孰不忭跃，思见一新之治。夫继政之间，圣圣相承，怗然无事，犹必厉精更始，思有以耸动天下之视听，况处大变之后者乎。自非举纲撮要，因事制宜，则必迂缓不切，何补于治。卑职忝当言路，不敢烦琐，谨以十事切于新政者，具列于后。

一曰傅翼太子。盖闻太子天下之本，择人傅翼，实有国之急先务也。贾谊谓选天下之端士，使与太子居处出入，生而见正事，闻正言，行正道，左右前后皆正人，不能无正。又曰太子之善在于早谕教，夫心未滥而先谕教，则化易成，此古今不易之至论，而治安长久之上策。钦惟今上皇帝春秋鼎盛，万年发创之始，天地祖宗社稷之佑，太子金玉美质，天性聪明，泰山磐石之基也。当此嗜欲未开、心术未定之时，首宜选择正人端士以傅翼之，教之以祖宗宝训并汉人文书，使知创业之艰难，治乱之成迹，培养德业，习与性成，则本一正而天下定矣。

二曰选择长官。盖闻家之隆替在于主家之人，官之废兴系乎长官之责。如中书之总机务，枢密之握军政，台宪之司风纪，为之责者，可谓重矣。当于蒙古人内选择老成历炼、敦厚公忠者用之，苟得其人，又宜久于其任，责之以必成，则天下之事庶乎有济。世祖皇帝时，为台省官有终其身者，故当时之治，视古无愧。其六部、二品衙门、行省、行台、宣司为首官员，俱合一体委任。虽然，此特末耳，请以其本言之。国家每用大臣，未尝不难其人，盖以储蓄培养之无素也。深山之木，必参天而后胜大厦之栋梁，此岂一朝一夕之所致哉。若急于用，而以拱把之木为之，不惟摧折不堪，而倾覆被害者多矣。培养之道无他，在乎学校而已。世祖皇帝用许鲁斋（许衡）为国子先生，当时蒙古生员教育成材者何限，至于怯薛鹰房，皆知所谓三纲五常。今之学者不过粗识文字，又复废之，使乳臭之子骤膺重任，礼义廉耻视为何物，惟欲保其富贵，又安知君臣之义，堕事陨身，乃其宜也。今后拟合令蒙古人员子孙弟侄必须入学，培养教育，使之有成，而后量材授职。他日必有出类拔萃之才出，为国家之大用，其至下者，亦必知君臣之义。此似迂而实切于事者也。

三曰宫禁通籍。盖闻千金之子坐不垂堂，万乘之尊岂宜无备。故深居九重，宫室宿卫严肃周密者，盖以预备非常，为祖宗社稷万年计也。《周官·小宰》治宫禁之法，而《刑统》阑入罪有等差。我朝立国，宽厚相承，凡有朝贺，虽臧获之徒皆得直至廊庑，纵观行礼。平居无事，大臣奏对之时，亲随吏卒皆得入内。虽恢洪无外，大示宽容，而小人何知，不可不谨。其司门禁者，惟视衣服之美恶而出入之，朝士恶衣捶楚交下，卒隶鲜服往来自如，贵贱无分，一至如此。且禁之为言，禁也，禁人而使之不得至也。今一切不禁，而禁卫之设果何为哉。拟合截日令省部约会合干衙门，参酌汉唐之制，立通籍之法，其于事体关系最重。

四曰削去兼领军职。盖闻总揽威权，乃人主之事，臣下责任岂宜使之有出位过分者。故太平则注意宰相，有事则责成将帅。世祖皇帝立中书省以总机务，立枢密院以治军旅，治民者不与兵事，治兵者不与民事，其所以防闲之道，截然有不可犯者。迩来渐至紊乱，如元恶铁失，既为台端，又领军卫，虽包藏祸心固不易测，而恃威藉权实由乎此。常人之情，手有鞭杖则思棰击，无是物则无是心也。又如欲击人者，空拳赤体，虽欲奋作，人得以制；一旦被之以铠甲，授之以兵仗，则无所不至矣。拟合照勘各衙门官员，凡兼军职领各卫者，皆与削去，以消奸宄于未萌，且为无知小人之福。

五曰太平武备。盖闻有文事者必有武备，又曰有备无患。夫天下之患，莫大于无备。山居有虎狼之患，则高其垣墉；富家有盗贼之患，则坚其扃鐍，而况为天下者乎。备之之道，若治兵尔。夫折冲御武，使四海为一，兆亿晏然，虽大奸雄不敢轻发者，独系乎此而已。承平日久，恃其无用，卒日以惰，将日以钝。将帅袭其父祖，旧部例皆膏粱乳臭之子，声色是务，朘剥是习，至有不能挽弓者。士卒非老病则幼弱，非影蔽则雇代，器仗之颠倒不知，况所谓搏斗击刺之法。其军户消乏，奥鲁官不知存恤，管军官日复侵削，困苦疲弊，无以供军需、应屯戍者，滔滔皆是也。天下无事则已，一旦或用，则何以哉。拟合令枢密院讲究拯治教习之法，先自五卫，次及天下屯戍去处，必使官知调度，士知战斗，不可因无鼠而养不捕之猫，此太平之先务也。

六曰逆贼妻妾。盖闻有非常之变，必有非常之法治之。比者元恶诸贼，蒙圣朝恩宠，虽海岳不足以喻其高深，而怯薛之设，又腹心股肱倚托无疑者，一旦如此，赤其九族，未足以雪天下忿怒之万一。钦惟今皇上奋雷霆之断，尽歼枭獍，襁褓之子，殄灭无遗，京师万民鼓舞忻跃。但各贼妻妾尚未区处，各贼存日同享富贵，其夫所犯盖历代之所未闻，天地人鬼之所共怒，不以非常之法治之，譬犹被万斤重物之击而以寸莛报之。拟合将同谋诸贼妻妾一体论罪，或流窜远方分配流囚。其诸人索要为妻，仍享富贵，一旦又遇祸变，视夫家如传舍，狃玩诛戮，恬然自安，使纲常扫地，痛宜禁止。索者、奏者俱坐以罪，庶几刑罚轻重适宜。

七曰颁诏以正前赦。盖闻令出惟行不惟反，此常道也。不得已而处天下之变，必欲泥于古而蔽于常，则亦不通之甚矣。比者各贼恶逆，传闻四方，震骇物听。既而诏告天下，除杀祖父母、父母、妻妾杀夫不赦外，其余如谋反大逆、奴婢杀主皆与释免。百姓闻之，不得不为之疑也。岂知各贼雄居两都，或握兵权，或操省印，或在台宪，布满要地，号令百姓。乘舆远在数千里外，朝廷一有轻举，则居庸之关不守矣。当时危急之势易于反掌，虽恶逆授首在理可必，而两都生灵先肝脑涂地矣。圣上沈机远谋，宸断有待，不欲轻发，贻害百姓，故以宽恩而释其疑，使恶逆之徒有以自安，不至狂肆或生他变。及神机之发，诛殄元恶，特烦一介之使尔，此自古圣王之所不及也。然而先行诏书已遍四方，百姓不知，将谓谋反大逆、奴婢杀主皆可侥幸获免。拟合再诏天下，使知恶逆之授首，以大慰众心，其谋反大逆、奴婢杀主者，亦合复追入禁，为万世纲常之助。

八曰铁木迭儿家产。盖闻刑赏者人主之大柄，有国盛衰之所由也。近籍没铁木迭儿家产，生前所授诸王各人等钞物金银不可胜数。其为奸恶，不待缕陈，故以刑赏大节论之。其杀失列门、也里失班当其罪者，矜夸为功。至于拜住、杨朵儿只、贺伯颜，天下皆知其无罪，盗弄威权，致之必死。监察御史锁木儿哈的迷失、观音保、李谦亨、成珪虽以言事忤旨，而其子锁南为治书，观音保又尝发其刘司徒事，是以父子表里媒孽，使四人竟坐诛窜，则嫁怨于上。又复阴党逆贼铁失，致先帝暴崩，皆铁木迭儿为之张本也。近奉圣旨，免其抄籍。圣上厉精图治之初，刑赏大节尤当得宜，拟合依旧断没其诸子家产。先因事发获免之后，分张别居，足见预为三穴之计。合依哈散诸子例，一体籍没，仍将家属迁发远方，以谢天下。

九曰籍没以补经费。窃谓臣下奸邪既正诛戮，闾阎疾苦首宜讲求。迩者巨贪宿恶以次诛锄，籍没其家，动以万计。是为蒙蔽奏请，无补经费，监察御史建言明立卷册，拨付省部，以助经费。果有特奉赏赐，经由中书明白奏禀，然后放支，钦蒙允许。近为铁木迭儿恶迹败露，籍没其家，本人之恶盖不待言，其家人之富又天下之所共知者。云南、吐蕃之杀夺，中书、宣政之掊克，卖官鬻狱，滥赏冒支，其目虽多，无非朘剥生民膏血而致之者。……铁木迭儿及诸子，并已籍没失列门、也里、也班、黑驴、哈散、小罗也里牙、阿撒儿不花等家产，又至大四年三月十八日至今应系赏赐臣下断没钱物、田土、房屋、人口，尽追还官，计其总数，共有若干，拨付省部收掌；却将铁木迭儿续添盐课刱科包银放罢，不惟民力少苏，又且各处盐课易办。昔梁冀败，收其财货，减天下税租之半，散其苑囿，以业穷民，古今称美。今化瑟更张之时，天下方拭目以待，此其大者也。

十曰撙节无益之费。盖闻去奢崇俭，乃能化民；节用爱人，可以裕国。朝廷之于财用，盖一日而不可阙者。虽自古极治之世，亦莫非取之于民，但取之有道，量入而出，故国无匮乏，民无疲困。中统、至元之初，南供大军之需，北给防守之费，方且廪有余粟，帑有余财。江南既平，江淮之财用库藏之，蓄积暴露于外，未闻一毫无功之赏，一钱不当之费。至大以来，赏赐不赀，造作不节，与夫其余一切蠹财之事，不可枚举，而经费始有不足之患矣。故累年以来，每以银粮不敷为患，益求所以生财之道，至于囊括茧丝不遗毫发，亦复不足者何哉，特用之不节耳。民惟邦本，本固邦宁；财用不节,害必及民。圣上践阼之始,当近年多费之余,承其弊而革之,诏告天下,但凡系官工役造作停罢,此蠹财之尤者而先去之,得节用之大者矣。天下生民,不胜幸甚。宜令中书省讲究,凡如造作之蠹财者,皆明白条具,逐项撙节,依世祖皇帝用财之道,则四海家给人足,此新政之最切者也。①

需要注意的是,许有壬的"正始十事",有五事依然是对谋逆事件和权臣的追究与处理(削去兼领军职、逆贼妻妾、颁诏以正前赦、铁木迭儿家产、籍没以补经费),另五事(傅翼太子、选择长官、宫禁通籍、太平武备、撙节无益之费)才是对朝政的新要求。也就是说,许有壬所强调的"正始",包括了去旧弊和行新政两方面的内容,因为不去旧就难以图新,两者之间有着不可分割的关系。

为推动朝廷"正始",许有壬还坚持了二事。一是京城出现饥荒,许有壬请求即刻赈济,有人指赈济"亏国",许有壬即明确表示:"民,本也,不亏民,顾岂亏国邪!"在他的坚持下,朝廷"发粮四十万斛济之,民赖以活者甚众"。二是主政者采用张起岩的建议,废弃国学的积分入仕法,改为"以推择德行为务"的推选入仕法,许有壬明确提出了反对意见:"积分虽未尽善,然可得博学能文之士,若曰惟德行之择,其名固佳,恐皆厚貌深情,专意外饰,或懵不能识丁矣。"在他的坚持下,推选入仕法不久后又改回了积分入仕法。②

许有壬在顺帝朝也提出了不少值得重视的建议,在本书下部中将作详细的说明。

元朝中期儒臣提出的较全面施政建议和较具系统性的理政观念,尽管对朝政的影响有限,但对于政治思想的发展有着不可忽视的影响,因为针对政治现实的积极思考,确实提出了一些值得注意的新政治观点,并被时人或后人所发扬光大,带来了政治理念的重要进步。

---

① 许有壬:《正始十事》,《至正集》卷77(《全元文》第38册,第57—62页)。
② 《元史》卷182《许有壬传》。

第十二章　侧重于时政的理学政治理念

元朝中期科举考试的恢复，使理学政治思想得到了官方的认可。在这样的政治背景下，不仅南、北理学的合流得以完成，还有不少理学学者针对棘手的时政问题提出了一些重要的政治观点，使理学的政治学说有了重要的发展。

第一节　贤人政治理念

元朝中期的任士林、戴表元、刘将孙、徐明善等人将理学学说与现实问题结合，强调了与贤人政治有关的一些重要理念。

一　任士林的贤能理念

任士林（1253—1309年），字叔宝，奉化（今属浙江）人，在理学上属于辅广所建的"潜庵学派"传人，① 在上虞、会稽、钱塘、湖州等地教学，著有《中易》《论语指要》和文集《松乡集》等，在诗文中重点阐释的是贤能理念。

（一）易学关乎治道

任士林治易学，所强调的是易的政治功能，即易学能揭示治道的基本原理："人生天地万物备，日与造物者磅礴乎无垠，非一部全《易》乎。穷变通久之机，追感攻推之妙，是不可不谨其初也。初乎，易乎，百骸九窍其迭为君臣乎，何有乎图书。易乎，初乎，日用饮食皆羲文周孔之妙。"② 尤为重要的是，学易要讲究正确的"体用"，既不能专述其

---

① 黄宗羲原著，全祖望补修：《宋元学案》第3册，第2066—2067页。
② 任士林：《戴易初说》，《松乡集》卷5，四库全书本（《全元文》第18册，第375页）。

理，也不能只注重其中包含的数和各种表征："盖《易》之为道，远而天地之始终，近而一日之旦夜，大而天下国家之经纶，小而一身之进退得失，体而用之无不在。是故举理而言，神明通矣，而遗于末也。举数而言，三五成矣，而离于一也。变化见而观象者求之，则囿于物矣。吉凶生而尚占者玩之，则梏于征矣。"① 以"体用"作为解易的真谛，恰是任士林高度重视的政治论点。

正是因为易学重要，任士林特别强调了要按照理学的学说，认真探讨其与修身、齐家、治国、平天下之间的关系。

> 大哉，《易》乎！立天之道曰阴与阳，立地之道曰柔与刚，立人之道曰仁与义，如斯而已矣。是故在天成象，在地成形，圣人设卦之宜也。化而裁之存乎变，推而行之存乎通，神而明之存乎其人，圣人作易之旨也。《易》乎！《易》乎！彰往而察来，钩深而致远，原始而返终，其几神矣。
>
> 圣人通变立言之旨，粲然甚明，格物致知，正心诚意，修身、齐家、治国、平天下之道，尽在是矣，可不究乎。②

任士林之所以强调以理学为基础研究易学，就是因为他在世时科举还没有恢复，儒者正好有机会认真研读理学家倡导的体用关系。

> 夫子之道，散在六经，纲领在四书。千载之下，说益支，道益远。子朱子者出，诸儒之论始定。今天下一家，学者无科举之累，取朱子之书而读之，君臣父子之纲，身心家国之目，体用兼该，本末一致，其不为世道深系乎。③

> 经世之士，明道之儒，本非二致也。自明道之言支以离，而经世之法简以易，故有事宦学者，往往陋所闻以自高，若不相入也。圣人之道，六经之言，所以为修齐治平法者，果何事而漠然若此乎。去其支且离，以示其简且易，则精粗兼举，本末一致，不在所

---

① 任士林：《易体用序》，《松乡集》卷4（《全元文》第18册，第359—360页）。
② 任士林：《中易序》，《松乡集》卷4（《全元文》第18册，第355—356页）。
③ 任士林：《重建文公书院记》，《松乡集》卷1（《全元文》第18册，第381—382页）。

讲乎。①

时人称任士林行文"沈厚正大,一以理为主"②,在对易学和理学的解释中,确实体现了这样的特征。

(二) 贤能用于国家

任士林在评价大一统带来的进步作用和君主的作为时,采用了道教的无为而治观念:"世祖圣德神功文武皇帝,以神武不杀一天下,故日月所照,熙然邃古之世,素朴之民,以慈俭无为理天下,故天地欣合,蔼然清静之治,宁一之风。"③ "国家混一区宇,玄风淳化,如肇开辟。圣天子慈俭无为于其上,大臣清静宁一于其下,中外大小之臣有忠无倦,礼乐刑政之具有举无斁,斯民熙熙然齿发太古,饮哺自然。"④ 任士林以无为的观念评价大一统,尽管有新意,但是与事实不符,所以很难被他人说接受。

贤能之士应该为国家效力,是任士林的重要观点。他依据理学的君子有为于天下理念,特别强调了五方面的要求。

一是改变科举颓风。科举带来的重文字、轻实学的不良风气,在科举废除之后应一并扫除,以重学养气的方法为国家培养贤能之士。

> 往时科举事具,人方以言语相雄长,文字第甲乙,不旁搜以为奇,远引以为博,钩致以为深,有不可也。今天下一家,元气浑合,大声洋洋,朝廷之上躬行古人而右文之治,四海风被,山林之远,时及睹播告之修,纪载之作,咏歌之章,浑然典谟之温润,风雅之清扬,将作为一经,以袭六为七,何其盛耶。
>
> 呜呼! 质乎,文乎,若循环乎。盛古之风,躬行之治,历数千百年而后振乎,则夫操制作之柄者得不有思乎。⑤
>
> 异时科举事具,士蓊然文字之间,师友以持其成,公卿以震其

---

① 任士林:《绍兴路学重修讲堂记》,《松乡集》卷1(《全元文》第18册,第383页)。
② 赵孟頫:《任叔宝墓志铭》,《松雪斋文集》卷6(《全元文》第19册,第263页)。
③ 任士林:《大护持杭州路宗阳宫碑》,《松乡集》卷1(《全元文》第18册,第440—441页)。
④ 任士林:《杭州路开元宫碑铭》,《松乡集》卷1(《全元文》第18册,第442—444页)。
⑤ 任士林:《送邓善之修撰序》,《松乡集》卷4(《全元文》第18册,第341—342页)。

闻，有司失得以摧其锐，而又岁月以老其涉，有不索然者乎，今举无是困也，气安得而不充乎。视向之薾然索然者，可熟视无睹也。夫年以养学，学以养气，有充然之守而待之，以薾然索然之容，胡不观之海与木乎。济以渔者狎焉，絷之围而材者取焉，未见其薄于发也。①

二是改变入仕态度。贤能者以才能行于天下，无论职位高低，都要以国事为上，任劳任怨，而不能计较个人得失。尤其是在出任教职或学官的问题上，多数儒士抱的是不屑为的态度，而在任士林看来，恰恰是这样的职务，具有可为和难为的特点，有待儒者去争取并有所作为。

　　仕犹农也，以既获为能事。富贵犹射也，以既中为良工。天下每以是求材，而卤莽之耕、诡遇之获不计焉。夫出处有时，仕止有节，父兄之教成而素守之，天定造物者不振耀之，则善者惧矣。②

　　夫士自束发至白首，崎岖场屋间，迄一第于有司，侥幸出是选者，则以不拜吏部为荣，以脱身捶楚为贺，其选岂不甚重乎？今科举事废，上之人择材于乡里之公郡博士，考所业而进之，部使者加考核焉，县教谕由此其选，既而分录纠正郡教事，由所部升之，省加详察焉，而后畀之。如是十余年，始克问选于吏部。间关万里，风雪满途，而狐裘为缁，获观上国之光者几何人，而老者病者不在焉。吏部定天下选，路府若州阙有限而考有期，来日多而应日狭，不知岁月之坐困也。盖横一经而坐皋比，部使者以为僚，二千石以为客，书生之至贵，不惟朝廷甚惜之也。二十年来，人之取富贵甚易，故视此选为甚难。③

　　士一命而上，皆有王事，唯教事故为最优。然闻诸仕者，莫不劳且悔以去。夫士有教事，而悔且劳如此，岂知方之士乎。盖士处穷约时，廓其庭以受诸生，甚尊严且优游洋洋也，举莫以违其意。

---

① 任士林：《刘思鲁侍父之浏阳序》，《松乡集》卷4（《全元文》第18册，第345页）。
② 任士林：《送揭阳赵令君序》，《松乡集》卷4（《全元文》第18册，第346页）。
③ 任士林：《刘梅泉松江教授序》，《松乡集》卷4（《全元文》第18册，第344页）。

逮名在下士，诸生在前，吏议在后，急者教不足，弱者事不足，劳且悔亦宜也。①

三是改变急于求成的心态。士一举而成名于天下，豪气可嘉，但可能性极小，所以要成为贤能者，必须按照循序渐进的方法，才能最终实现自己的政治目标，并且要知道在栋梁之材和桷榱之用之间，后者才是最为普遍的现象。

> 士有袭家学以为珍，负材识以为文，其气充焉，其声先焉。然而仕循循进，无异常人曾不得超踔寥廓而窥光天衢，岂天下广大，以名进吏部，夫人而能为贤乎。将蛰尔声，抑尔气，不使激昂于时，以一于格律之公乎。抑道塞仕薄，未尝日造中州上国，屈折王公之前，拜自献以成其身乎。不然，栋梁者未之收，而桷榱之用，将无自而振乎。②

四是改变谄渎之风。无论是官还是吏，都盛行谄媚上级之风，而贤能之士就是要敢于不按这样的风气行事，保持自己一贯的行事风格，不作谄人和渎人。

> 州千里之地，建其牧，有长有贰。而案牍之寄，则有吏目，所以达民吏之情，而受成于长贰者也。事之然不然，可不可，长吏不得独决于上，必于吏目折衷焉。于是狱讼簿书，始于吏手之拟度，而成于吏目之笔削。非心贯格律，性融理道，吾未见其能济者也。
> 旧言在也，夫人谄则直不举，直不举则道不行。渎则临不庄，临不庄则令不从。语人以谄与渎，则忿然怒，怫然辞，而终身谄人也，终身渎人也。③

五是改变荒政之道。贤能之人治国，最忌讳的就是荒政之道，任士林特别以杭州为例，指出了荒政的基本表现。

---

① 任士林：《张仲实教授宜兴序》，《松乡集》卷4（《全元文》第18册，第342页）。
② 任士林：《送俞时中北上序》，《松乡集》卷4（《全元文》第18册，第343页）。
③ 任士林：《送徐春野兰溪吏目序》，《松乡集》卷4（《全元文》第18册，第352—353页）。

郡之民命，寄在牧守。牧守为政，莫切杭城。盖以数百万之民，一仰籴于升斗。水旱之余，居富者不知政，居官者不知民，民与政交相病也。是故心太切则政烦，心不一则政渎。令出未孚而督者在道，惠施未均而核者在庭，奈之何其为荒政之道也。①

要避免荒政，不仅要坚持"民为有国之本"的基本原则，尽管难以做到"治民事神之间，能无所愧；修身齐家之道，罔底于行"②，但是也要尽量推行各种善政措施，"不浮病官，不损耗人"③。"涉历明，本心定，知大体，勤小务"④；"示人以善者政之良，遇事而思者感之至"，"居之以忠，守之以仁，莅之以庄，动之以礼"⑤，都是值得肯定的贤能治国的做法。

（三）隐者心怀天下

任士林将隐者之道分为身隐和心隐两种，但无论是哪种隐者，都应该有用于天下和后世，而不是追求隐迹于世的闲适生活。尤为重要的是，在两种隐者之道中，心隐的境界更难达到。

隐者之道有二。其身隐，其道为天下后世用而不可泯也。其心隐，其迹在朝市进退间而不可窥也。若夫生江海之上，老耕钓之间，无卓绝之行以自异，无弘济之道以自闻，而徒区区行怪者之归，则亦胥而泯泯然耳，隐云乎哉？然而谈笑之侯无世无之，徒步之卿相无人而不得也。则夫智虑宇宙之外，精神尘埃之表，琴书以自娱，诗酒以自乐，偃然世故之不得浼，独非隐者事乎。

夫五湖之广，而纳之一瓢之小；一世之纷，而坐之斗室之安，

---

① 任士林：《杭州路三教人士送监郡序》，《松乡集》卷4（《全元文》第18册，第350—351页）。
② 任士林：《省府祈晴意旨》《省府祈晴青词》，《松乡集》卷10（《全元文》第18册，第470页）。
③ 任士林：《江浙行省春运海粮记》，《松乡集》卷2（《全元文》第18册，第416—417页）。
④ 任士林：《平章政事赛典赤荣禄公世美之碑》，《松乡集》卷1（《全元文》第18册，第444—447页）。
⑤ 任士林：《江浙行省平章政事高公去思碑》，《松乡集》卷1（《全元文》第18册，第439页）。

非隐者不能也。……余六十翁矣,迹不一趋利禄之途,而心未尝往也,然尚曰:"吾隐者,吾隐者。"人不谓信也。①

隐者之"闲闲",也只能是在完全的忘我情境下才能实现,并且这样的"闲闲"是为了追究天地之义理,而不只是为闲而闲。

洞天下之物理者,形色不能移。究天下之事情者,耳目不能役。是以无营无求,嗜欲净也;不将不迎,天宇宁也。夫天以贫富、贵贱、毁誉、饥渴、寒暑命于人,而人之生日侈,且无孳孳之事者其志貌屈,室无扰扰之入者其妻子怠。故酬酢日工,驰逐日劝,吁,亦劳矣。然而声利之府而有尸居之安,车马之场而有踵息之乐,其故何也?盖万物以默默中人,识其机之来者不危;万境以察察移志,审其处之安者常吉。是故充吾知之所至以应,夫事之方来,如止水之过骈跷,镜台之坐蓬垢,举不足以浼我,岂不绰绰然有余裕哉。则坐忘之斋,天游之室,日在人境中矣。庄子曰:"大知闲闲。"此之谓也。②

所以任士林对自己的要求就是"不言之默,吾全吾身。无言之默,吾全吾真。时行物生,夫子圣人"③。也就是说,以隐者行圣人之思,才是隐者的最高境界,才能使隐者的思想观念被今人和后人所重视。任士林在他的政治理念表述中,掺入了不少道家的观念,这恰是他与其他儒者的重大区别所在。

二 戴表元的善人理念

戴表元(1244—1310年),字帅初,又字增伯,自号剡源先生,奉化(今属浙江)人,宋进士。在理学传承上,戴表元属于王应麟首创的"深宁学派",注重的是兼习理学各流派的学说。④ 戴表元曾自述其入元后的经历:"会兵变,走避邻郡,及丁丑岁(1277)兵定归鄞,至

---

① 任士林:《瓢湖小隐诗序》,《松乡集》卷4(《全元文》第18册,第357页)。
② 任士林:《闲闲说》,《松乡集》卷5(《全元文》第18册,第372页)。
③ 任士林:《题默斋》,《松乡集》卷9。
④ 黄宗羲原著,全祖望补修:《宋元学案》第4册,第2875页。

是三十四岁矣。家素贫，毁劫之余，衣食殆绝，乃始专意读书，授徒卖文以活。老稚鄞居，度亦不可久，遂买榆林之地而庐焉，如是垂三十年。执政者知而怜之，荐授一儒学官，因起教授信州。噫，老矣，大德丙午（1306 年）归自信州。"① 也就是说，戴表元经历了由南宋遗民向元朝学官的转换。元成宗时，戴表元以文章大家名重东南，有文集《剡源集》传世。② 在政治观点方面，戴表元重点阐释的是善人理念。

（一）善人恶人之分

戴表元以有德和无德作为区分善人与恶人的重要标准，并特别强调之所以要褒善人和贬恶人，是因为国家只有依靠善人，才能作美风俗、作实教化和作成治世。

> 先王盛时，礼乐修，刑政举，为善者既众矣，而又有以使之知劝，为恶者既鲜矣，而又有以使之知耻。传称尧舜之俗比屋可封，成周人人有士君子之行，虽不尽然，其风气纯美可知矣。后世不复望其如古，然人心天理何尝一日见其断绝。故乡里之故家遗俗，学校之明师良友，常隐然相与扶持之。或豪杰兴起，或闻见濡染，大抵俱为善人之归，无有有倡而无和者，此之为德不孤，必有邻言，其理、势自当如此也。今且与诸贤试以目前事验之。徐行后，长者坐不敧、立不跛，此近于有德人也。谦冲退让，恂恂然言若不出诸口，此近于有德人也。诸贤以此人为何如？若见之，则必敬之、重之、心然之，退而之其家，则欲其子弟效之。其有粗率躁竞，憸中而利口者，此近于无德人也。诸贤见此人，则必恶之、贱之、心非之，退而之其家，则不欲其子弟似之。如此朝咻暮诱，年迁月革，见一不善自然如睹怪物，惟恐不相离，见一善人自然如对芝兰玉树，惟恐不相入。行之愈久，习之愈熟，何患风俗之不美，何患教化之不成，刑不清而盗不弭邪。此圣人周流环辙之余，救时扶世之心，尚有见于此也。讲学不明，人多以异于流俗为贤。夫既为贤，则自然与流俗异，但秉彝好德之良心，初不相远，其机栝在父兄、师友、先觉者倡率开导之耳。③

---

① 戴表元：《剡源文集自序》，《剡源集》卷首，四库全书本（《全元文》第 12 册，第 2 页）。
② 《元史》卷 190《戴表元传》。
③ 戴表元：《讲义·子曰德不孤必有邻》，《剡源集》卷 25。

戴表元还特别强调了在大一统的条件下，讲究仁政所具有的特别意义，就是能使百姓亲身体会到太平治世所带来的各种好处："洪惟皇元，继宋御宇，奄有诸夏。囊弓偃钺，而天下戢其威；蠲征缓狱，而天下颂其平。惟兹海邦，远在数千里外，慈仁所加，无间轩陛。故诏书每下，斥卤之氓，岩穴之叟，投绺植耒，欢喜出听，诚可谓千载一时，太平混合之嘉会。"① 正是因为戴表元有了重要的身份转化，所以他能够对统一给予如此积极的评价。

（二）善人的修身要求

培养善人是儒者认定的重要政治目标，戴表元对于以修身的方法成为善人，提出了五方面的要求。

一是善心的要求。儒家强调的人性善理念，被戴表元发挥为善心的观点，即只有心在善，才能成为善人，所以修心养性的一个重要目标，就是以心向善，并且能够以自己之善而成他人之善。

> 善者，天理之总名，人人有之。人人有之而有不能有之者，心不在焉故也。心于善者，不但能有己之善，又能有人之善，不但能有人之善，又能与人同其善。心不在于善者，人己两失之矣。②

> 天下之善，惟其不免于私之为者，常人之所易容，而君子之所必察。然亦有心知其然，而名义之责不可加，则举而归之于天，何者？吉凶祸福，是非善恶，至于天而庶几乎各有所止矣。故曰："人无所不至，惟天不容伪。"余尝怪今世士大夫，位卑而气高，身微而欲广，于力之所及为志之所得施，一切无所辞让，而独姝姝其容，訾訾其辞，倾己以行悦于人，曰："将为谦以求益。"是果以谦而益者乎哉，是岂非穿窬之行，垄断之道，而天地鬼神之所忌疾者乎哉。③

二是仁心的要求。善人除了要有善心，还要有仁心，因为本心之仁，不仅可以使人看破富贵贫贱，还可以坚持君子之道而不他顾，达到

---

① 戴表元：《仁寿殿记》，《剡源集》卷1（《全元文》第12册，第281—282页）。
② 戴表元：《讲义·孟子曰子路人告之以有过则喜》，《剡源集》卷26。
③ 戴表元：《谦益斋记》，《剡源集》卷2（《全元文》第12册，第323—324页）。

乐在其中的境界。

天地之间，动物之最灵莫如人。人之为动物，而能最灵者，以此心为之本也。心为人之本而能动、能最灵者，以有仁也。故心有仁，则人得以谓之人；心不仁，则人不得谓之人，虽名之曰禽兽可也。敢问于何而观之？曰：于人之处富贵、处贫贱而观之，而心之仁不仁可见矣。盖夫富贵之为物，非不美也，苟其道之当得而得之，君子未尝避焉，舜、禹、周公是也。贫贱之为可恶，苟其道之当得而得之，君子未尝辞焉，孔子之在陈绝粮，乘田委吏、伐木削迹之类是也。如必曰我学为舜、禹、周公，我有居富贵之道，我不可以不富贵；我学为孔子，我无取贫贱之道，我不可以贫贱，则其心不仁矣。何也？我有居富贵之道，我不可以不富贵，则必慕富贵而苟求。曰我无取贫贱之道，我不可以居贫贱，则必耻贫贱而不安。慕富贵而苟求，耻贫贱而不安，其心何所不至，其人何所不为，其于本心之仁，何能保其必存而为君子哉。故曰：君子去仁，恶乎成名。君子无终食之间，违仁造次必于是，颠沛必于是，言人能不失其本心之仁，不愧于人之所以为人，则不失于君子之名，不但于平安无事时能存之，虽急遽苟且、颠覆流离之时亦能存之。其为人也，当富贵而富贵，则为富贵之君子；当贫贱而贫贱，则为贫贱之君子，安往而不预于舜、禹、周公、孔子之伦乎。呜呼，天之命斯人以为人，予以最灵之心，其初一也。一能存之，虽贫贱不失为舜、禹、周公、孔子；一不能存之，虽富贵不免近于禽兽，可不畏哉。①

始余儿童时，受《论语》至仁智乐寿之章而疑之。有老先生教余云："人惟无物以累其心，则寿乐生。"余时爱其言简，而终不解。盖自涉事以来，行世故苦乐荣辱四十年，然后知其言妙于理也。今夫人之居世，虽强弱劳逸不同，而年寿之量，大约皆可期以百岁。富至于万金，贵至于卿相，与夫陋巷一瓢之贫贱，充其所求，亦各有以自乐。然得于天者，或失之于人；得于人者，或失之

---

① 戴表元：《讲义·子曰富与贵是人之所欲也》，《剡源集》卷25。

于天。故山林虚旷矫世之徒，为庄周列御寇之学者，宁不愿久生富贵以为高，其说曰："人寿则多辱，南面之乐，不如泥途之无忧。"而市朝沉溺之士，至于服金丹、信方士，以庶几长年不死，幸而苟存，又不过驰骛货财，声伎狗马，宫室之区以肥耳目之欲。余以为似是之类，殆皆过也，惟无物于心者则不然。其中休休乎如山之无不容，而造次颠沛，不可得而迁也。其外油油乎如水之听其所趋，崎岖百折而亦莫之碍也。由是其心虽不期于寿与乐，而二物自至；虽不必辞之以为高，而二物不能为吾累，此仁智之道也。①

三是会心的要求。善人不是与生俱来的，而是需要学习和培养，尤其是要用会心的方法了解理学的真谛，才能真正做到理学家所要求的善行善为。

盖夫性理之学，其体也在于心传，而不可以耳受；其用也在于躬行，而不可以言说。今姑无论夫子时。夫子没，夫子之道湮塞晦昧者数百年，赖孟子明之，孟子没，又湮塞晦昧者千有余年，赖濂洛周程以来诸儒明之。方诸儒之未明也，人人以性理为难言而不敢言，故讲学者必尊所闻，读经者必阙所疑。推贤敬古，风俗朴厚，而真修实践之意，常逾于议论之表。自诸儒辩析既精，记录亦繁，字义无所窒于心胸，谈柄无所滞于唇舌也。②

宇宙之间，一事一物莫不有理存焉，君子不可以不知也。然何由而能尽知之，于是必有方册纪载之钻研，师友问学之讲论。是之谓文于方册而得之，则理在方册；于师友而得之，则理在师友，是犹资于外也。于是必有以会之于心，体之于身，而复验之于事物，是之谓行矣。行矣，君子之学可以本末谦该而内外交养矣。然不主于忠信，文何以实其文，行何以成其行。③

今之君子所以不如古人者，多是自倚其聪明才智，师心而行，

---

① 戴表元：《寿乐行窝记》，《剡源集》卷3（《全元文》第12册，第340—341页）。
② 戴表元：《讲义·子罕言利与命与仁》，《剡源集》卷25。
③ 戴表元：《讲义·子以四教文行忠信》，《剡源集》卷25。

据己而发，其天资纯美者或能暗合义理，无大差谬，而思之不周，讲之不熟，反致祸患。其他强敏者强敏而失，矜骄者矜骄而失，苛细者苛细而失，迟重者迟重而失。惟多识前言往行，则念念有龟蓍，事事有轨范，平时或得于考究，或闻于讲明，耳濡目染，心领意会，今日积一善，明日积一善，日日积之，以至无所不通，无所不悟，如富人多藏货物而不妄用，如深山大泽草木生之宝藏兴焉，而不见其运动，一旦临是非，据利害，剖析无不中节，施行无不合宜，此大畜之所以为美也。……人不多畜其学问，德行而速于欲行其志者，可不为戒哉。①

天下之艺，惟其辛苦力学而后能者，不如天性之自然。天性之自然发之于内，耳目之聪明接之于外，有不学，学必积矣。良冶之子当学为冶，良弓之子当学为弓，父业而子世之，宜也。今日良冶之子必学为裘，良弓之子必学为箕，何也？以言为冶之家，习见其为冶之事，锢补穿凿者有似于为裘，故不用之于冶，而用于裘。为弓之家，习见其为弓之事，调揉挠煣者有似于为箕，故不用之于弓，而用之于箕。此亦天性自然之所近得于聪明，之所接故不待力学辛苦而能者也。岂惟艺人之学，为圣贤君子之事，亦如此也。学仁者始于孝弟，学义者始于不妄取，学礼者始于不妄动，学智者始于不妄为，学信者始于不妄语。学仁而能孝悌，虽不得仁，去仁不远矣。学义而能不妄取，虽不得义，去义不远矣。学礼而能不妄动，虽不得礼，去礼不远矣。学智而能不妄为，虽不得智，去智不远矣。学信而能不妄语，虽不得信，去信不远矣。②

四是怨心的要求。俗人难去怨心，以抱怨为常态。善人之心，以己之善度人之善，并且即便有恶，亦可待其改过为善，所以可以达到无怨的境界。尤为重要的是，以善为基础的无怨之道要行之于天下，必先始于善人的本心。

天下之至难平莫如怨，而至易偏莫如好恶。我有是善也，而人

---

① 戴表元：《讲义·大畜象曰》，《剡源集》卷26。
② 戴表元：《讲义·良冶之子》，《剡源集》卷26。

不知以为善，我未必有是恶也，而人断之以为恶，怨斯兴矣。人有是善也，而我不知以为善，人未必有是恶也，而断之以为恶，好恶斯不足孚于人矣。伯夷、叔齐以清隘闻于天下，乡人一冠不正，望望然去之，与恶人居若坐涂炭中，意其平日必持己太严，而责人已甚。夫人乃以为不念旧恶怨，是用希谓所恶之人今日为恶，明日能改过为善，则伯夷、叔齐亦不追记而咎之。审如斯言，岂有一毫芥蒂荆棘之意。以此道处一家，则一家可以无怨；以此道处一乡，则一乡可以无怨；以此道处一国，则一国可以无怨；以此道处四海，则四海可以无怨。……然则用伯夷、叔齐之道，岂独四海可以无怨，虽万世无怨可也。今之人好恶，不由其理，一杯羹德色则悦之，一睚眦反唇则仇之，闻二子之风，亦盍少动心乎。①

五是常心的要求。所谓常心，就是要按照中庸的要求，保持平常心，尤其是不能事事想着标新立异。

中是不偏不倚，无过不及，庸是平常，此二字惟圣人能行之，若非圣人，决然有偏倚，决然有过不及，决然不能平常。故处事而无偏倚，无过无不及，与夫合于平常者，天下之至理也。既是至理，自然民鲜能行之。尧舜之禅授，于理当禅授，尧舜不容不禅授。禹之传贤，于理当传贤，禹不容不传贤。以至汤武之应天顺人，伊尹、周公之训太甲、教成王，仲尼之辙环天下，由后世观之，其事至难，其迹各异，在圣人当时处之，不过当然之理，此所以为中庸也。

近世士大夫说及中庸，又降而归之中才庸人，闻中庸之名往往讳而叹之。故每发一议，每创一事，必求以异于人。嗟夫，中庸者，夫子、子思谆谆以教天下后世，以为之难能，而士大夫讳之不为，亦可伤哉。②

戴表元提出的善心、仁心、会心、怨心、常心，显然是做人的高标准要求，当然要成为善人，就必须有高于常人的政治标准。

---

① 戴表元：《讲义·子曰伯夷叔齐不念旧恶怨》，《剡源集》卷26。
② 戴表元：《讲义·子曰中庸其至矣乎》，《剡源集》卷26。

(三) 善人的入仕要求

戴表元认为,《周礼》所说的天官冢宰,应是周公所言,所强调的就是以九事系邦国之民:"一曰牧,以地得民。二曰长,以贵得民。三曰师,以贤得民。四曰儒,以道得民。五曰宗,以族得民。六曰主,以利得民。七曰吏,以治得民。八曰友,以任得民。九曰薮,以富得民。"他还对九事有更具体的说明。

> 周公之所以联缀邦国之民,使之绸缪固结而不散者,有此九事两者耦也,犹言均平备具,不偏枯孤单也。一曰牧,郑氏以为州长是也。民无土地,则无生业使相养育,九州之长各有土地,以养育其民,岂不上下相得。凡言得民者,非谓得而有之也,谓得其心也。二曰长,郑氏以为诸侯是也。九州岛内之诸侯,公侯伯子男,各贵于其国,然苟徒以贵临之,则威权控制,势分扞格,而不相得矣。古之诸侯,盖以贵养贱,非以贱养贵也。三曰师,师之为言凡能以善教得民者,皆是也,故以贤。四曰儒,儒之为言凡能以善道得民者,皆是也,故以道。后世言师儒,拘于学问文艺,故失其指。如古之禹、稷、伊、傅之流,朝为田夫,暮为卿相,所吐之言皆为经,所行之事皆为史,至今千百世下,遵之则为圣贤,悖之则为愚不肖,非师儒而何。五曰宗,民无族则离,惟有大宗小宗之法,则有族以相纠合。六曰主,民无主则乱,惟有世世食采之主,则有利以相赈恤。七曰吏,民群居易争,惟有吏以治之,则不至于无统摄。八曰友,民分耕必力弱,惟有友以信之,则不至于无救助。九曰薮,民各产常产,而不及乎其它,惟有薮以富之,则不至于无储蓄。以上九事,于居民之法、养民之具,纤悉备尽。人以为非周公之书,非周公谁能为此书哉。

戴表元让学生重点讨论的,是九事中的师、儒两事,因为这两事都与善人入仕有重要的关系,而要认真思考的问题,就是"所谓贤者何说,所谓道者何物。设使居田里,其何以为俗。设使居官府,其何以为政。贤莫先于自治,而后可以治;物道莫妙于无为,而后可以为事;二者其何以能得民之心"①。

戴表元自己对这些问题给出了明确的答案,重点强调的是善人(贤者)入仕的七方面要求。

一是贤者必仕的要求。贤者或君子助政,不贤者或小人蠹政,为了达成善政,贤者必须作出入仕的选择,因为贤者皆隐而不仕,仕者必为不贤者,天下必受其害。

> 人之居世,自其身之起居寝食,与其家之指挥洒扫,推而大之,为官吏而受人之民人,为师儒而受人之子弟,无非事也。人自幼少强壮而至于老,日日而学之,凡以求无愧其事而已,未有当曰"我不能而姑止者也"。而今之君子,率习为之辞曰:"我学治其身,治其家,犹未之能也,而安能治人。"此说行,故贤者得成其谦,而不肖者亦以容其伪。及乎人不得已而取之,则谦者退处,伪者售焉,此甚非君子之通法也。②

> 古之君子,苟自知其道可以及,人才可以用世,则皆未尝有必不仕之心,何也?天之生斯人,必有所托以治之,我幸可以治之,而又不屑为,则徇己之私而绝物太甚,非君子之事也。孔门诸弟子,其贤者多不仕而仲弓之徒仕于季氏。夫季氏非可仕也,季氏不可仕,而天下皆季氏,则贤者有终身不仕而已。贤者不仕,则不贤者必仕。贤者不仕,而不贤者仕,则天下愈病矣。仲弓之贤,岂不知此故,不以季氏为嫌而仕之。非独仲弓不嫌,而夫子亦不责,非独不责,方且因其问政,而教之曰:先有司,赦小过,举贤才。呜呼旨哉!人之患莫大于自用,其聪明非聪明,不可用而事物之多,非一己之聪明所能尽也。故为政者必先使有司各任其职,然后我徐考成否而赏罚之,此先有司之说也。君子谁能无过,过之小者,于事又未害也,人未得展其大能而先录其小过,则人无可用而事必多废,此赦小过之说也。先儒有云:强毅聪察之谓,才强毅聪,察小人如鲧、共工、桀、纣,亦或能之,惟贤才则可用而不害于政,此举贤才之说也。仲弓于前之二言油然领会,不劳致疑,而惟以举贤

---

① 戴表元:《讲义·周礼天官冢宰》,《剡源集》卷26。
② 戴表元:《送袁伯长赴丽泽序》,《剡源集》卷12(《全元文》第12册,第33—34页)。

才为问，此其真知为政之要，而不苟于问也。知人尧、舜所难，虽夫子不免失之，宰予、子羽而谓已足以知之乎。迨夫子教之，以举尔所知，尔所不知，人其舍诸而取人之道始备。此三言者，岂但可为季氏宰，盖千万世宰天下法也。圣道未明，人才日陋，为学者未能治己而治人，为政者不暇信人而信己，纤悉于小节而卤莽于大纲，牢笼于虚誉而阔略于实德，闻仲弓之风，可不愧汗自省也哉。①

戴表元还以自拟对话的形式，驳斥了隐而不仕的观点，所要强调的就是即便老迈之人，也要坚持贤者必仕的基本原则。

戴子既为缩轩于剡居之西，有客过之，哂然而叹曰："戴子将隐乎？抑将以为德乎？何其志之高而言之谦也？"

戴子曰："不然。吾三十年行乎功名之途，而涉于是非之林，及今年渐衰而始休，业无成而多悔。进不能有为于时，以光宗姻、起门祚；退不能资其所自力，以树田园、活尊稚。七暑而一葛，十晡而九糜，皇皇乎徒勤而无所施，荒荒乎内怵惕而人莫之知。支隙巢以窜伏，聊憩惫而逃墟，盖不武以成怯，非能高而为卑，而何暇于隐，何以德为哉。"

客曰："子不观于南山之熊、东海之鲸鱼乎。夫南山之熊，人知其勇也，然而未尝狎为郊，岂不知夫郊之获为饱于麓，如使日月而见之，则人得以轻其勇矣。东海之鲸鱼，其怒也，能覆千斛之舟，习于海者未尝遇而覆其舟也。今夫能言之士，听先生之说，以游于千万人之都，与操利业以闻伺于四通八达之市，人人志于取也。趋喜而违怒，据安而逊危，其事良苦矣。有一不当意，而无尺寸之地以居其躬，子不匿避之，而欲以常盛之名，揭乎必趋之冲，此岂徒无得而已，殆难知其所终。故曰：'寡求而少愿者，守身之宝也。不争而善让者，远灾之道也。'且夫华韡者老而归根，饰美者劳而返素。火以晦传烬，历以退合度。子毋以昔之揭揭，而病今之龊龊，安知非子德之将就，而乐其夸耶。官虽薄，犹贤于无名。

---

① 戴表元：《讲义·仲弓为季氏宰问政》，《剡源集》卷25。

居虽陋，犹愈于无家。三遇兵而不死，一谋归而就成，心怀贞士之操，身漏闲民之征，一以子为佣胥，亦或以为夫，一以子为羁雌，亦或以为雄。熙熙乎，茧茧乎，无誉无诼，人不得以锢子之衔，无势无辱，天不得以制子之梏。子于此犹不足顾，今之侧肩曲项，擎拳累足以求伸者，宁得如子之缩乎。察子之介介，诚有所缺。然子且自视，孰与古之黔娄、莱芜贤。黔娄贤而死不衾，莱芜贤而生无炊，子敢望丰衣给食乎哉。姑务缩而图之，缩于贵者康，缩于力者强，缩于名者良，缩于德者百世不忘。故今登子之轩，嘉子之谊，将阔略乎隘夫曲士之节，而荡摩于大贤君子之事，于子何如？"

戴子闻其言，始而戚然若无所容，既而涣然以怡矣，久而恢然于中，忘其居之约而身之穷也。①

二是贤者待时的要求。贤者不一定能被主政者及时发现，甚至终生埋没，都与时运有关，所以不能一心求仕，而是要始终保持修身俟命的良好状态。

今有人焉，口诵圣贤之言，身履君子之行，则乡里必取之以为师范，国家必取之以备官府，是犹沧浪清水之贵，而人取之以濯冠缨也。又有人焉，言不出于礼义，而鄙悖是习，行不准于先王，而市井是行，则朋友必弃之以为恶子，官府必摈之以为凶徒，是犹沧浪浊水之可贱，而人取之以濯足也。同一水类也，而用之有如此，其殊同一人类也。而待之有如此，其远亦可以自择矣。或曰："水本清也，而人有用之以濯足，人本贤也，而人有不用之以居高位，则奈之何。"曰："是有命焉，不可以概论也。"季氏世为大夫，而孔子怀羁旅之忧；臧仓王欢得君，而孟轲有不遇之叹。故君子得福以为常，而小人得福以为不幸；小人得祸以为常，而君子得祸以为不幸。亦犹水之清者，人固辱之以濯足，而可贵者无损；水之浊者，强用之以濯缨，而可贱者犹在也。循理以安分，修身以俟命，事之在我者谨而行之，事之在人者静而听之，学问之道其庶几乎。②

---

① 戴表元：《缩轩赋》，《剡源集》卷21（《全元文》第12册，第8—9页）。
② 戴表元：《讲义·有孺子歌曰》，《剡源集》卷26。

需要注意的是,当政者选人入仕,尤其是在江南选人,不是易为之事,所以儒者一旦入选,就要珍惜其机会。正如戴表元所言:"曩时江南士大夫去关洛远,尝患于难仕。仕又必须材望,虽有家门之行、乡曲之誉,而非官府公荐、公卿通知,则不可必得,往往尘埋窜伏,没世而无闻者多矣。"① "大江之南,民齿多者以约计之,郡不下三十万男子,幸而为儒者,居千之一。而幸能以名字自通于上,以取荣禄显仕者,居万之一,其选可谓至艰,而得之可谓劳矣。"②

三是贤者自致的要求。贤者入仕,不应采用自售或求人的方式,因为这样做有失贤者的尊严,类于可耻的行为。合理的方式是自致,以自己的修为造成一定的影响,使主政者闻名而来,促其入仕。

> 周公之相周也,勤于求士,天下之士执贽而见者十人,还贽而见者三十人,貌贽之士百有余人,欲言而请毕事者千有余人。后世文人墨客夸而张之,以为美谈,表元窃独以为不然。当周公时诚多士,安有千余人日扰扰焉于周公之门而不耻,而受其谒者。方疲精惫体,有战国四豪、吕不韦、陈豨之所不暇,曾是以为周公乎,盖理之必无者也。故夫古之君子之求人也,其道必有不劳而致之。而君子之见求于人,亦必有以自致。贞女之行,不出于乡间,知者详也。鬻宝玉者不登门,信者先也。今有善匠将使之为巨室,问其材木之所产,耳目之所经历,口疏指画,一日而办。求马价于良御,某优某劣,某悍某驯,虽千里之远,举能言之。何者?考之熟而蓄之素也。③

四是贤者有才的要求。贤者能够入仕的一个基本条件是有才,有才才能在仕与不仕之间选择。而要有才,必须善学,所以在考究入仕者时,必须考虑其所学为何。

> 古之君子可以仕乎?曰:"可以仕而可以不仕者也。"今之君子不可以仕乎?曰:"不可以仕而不可以不仕者也。"可以仕而可

---

① 戴表元:《送方中全北行序》,《剡源集》卷13(《全元文》第12册,第50—51页)。
② 戴表元:《送贡仲璋序》,《剡源集》卷14(《全元文》第12册,第57—58页)。
③ 戴表元:《通谢张可与参政书》,《剡源集》卷24(《全元文》第12册,第20—21页)。

以不仕，何也？其材与学可以仕，而其身可以不仕者也。不可以仕而不可以不仕，何也？其材与学不可以仕，而其身不可以不仕者也。古之君子其得材也厚矣，其师良，其学之之法备，上之人时其可仕也然后仕之，然而不必皆仕也。不必皆仕而为民，则亦无不乐也。今之君子其材不及古矣，师不必皆良也，学之之法不必皆备也，其可仕也，上之人不必皆仕之也，然而皆有欲仕之心焉，以为不仕而为民，则其身将不免于累也。故古之君子可以仕而仕，则为仕者皆为贤公卿大夫；可以不仕而不仕，则不仕者皆为良民。今之君子，其仕者既无以心服不仕之民，而不仕者至于无以自容其身，今古之不齐，与其俗之静躁、人之治乱，如斯而已矣。①

学之于人，不得而废者，非欲以求仕也，而有仕之道焉。古之君子学成而不仕者有矣，则始以其学教于其乡。故仕有可能，而以其学教于其乡者，不可能也。后之君子则不然，曰："吾宁不暇学，而不可不仕。"呜呼，是不亦重其易而轻其难耶。②

五是贤者知难的要求。贤者入仕，应知道仕途艰难，官越大越难。即便是在地方充任学官，也要知其难任，而慎重处之。

天下之官，其愈大者为之愈难。知其愈难而畏之不为，则道废。不知其难而冒为之，则官废。官与道，其废必有一焉。废其一而其一不废者，亦随之矣。天之于人，未尝一日弃也。寒而欲授之衣，饥而欲授之食，危而欲之安，昏而欲之明，则当其时必生其人以须之，故贤能之人未尝一日绝于世，而其人有用有不用也。于是为大官者不幸而非出于天之所须，则往往不称之患深，而责之者苛；其小者才可称一官，则事止于一官，非天下众论之所咻也。然而犹惮以为难者，谓精神膂力必足以检校应接，心思智计必足以周匝运掉而已耳，无他望也。

惟夫州教授者，责尤轻而事尤简，世之所共目，以为冗慢而不急，若可以浮沉寄岁月于其间。大德庚子（1300年）秋，盛元仁以

---

① 戴表元：《送屠存博之婺州教序》，《剡源集》卷13（《全元文》第12册，第34—35页）。
② 戴表元：《送贡九万诗序》，《剡源集》卷13（《全元文》第12册，第44页）。

纯儒茂老、清才笃学拜吉水学官之命。候人趣行于途，姻党载饯于郊，见之几有蹙缩不安之色。问之，曰："若吾者其敢自谓无愧于教授一州乎哉？自吾之能言，而受教于父兄。自吾之能诵，而受教于师友。举吾族里州国一善一能之加于我者，皆我所受教，而惧其不足也。自今以往，其将以教我者而授诸一州之人矣，则一州之人皆不我若也，吾安得不愧且惧乎哉。且今天下内外百司之官，皆不可谓无职，而教授之职专以道，他日化行俗美，则吾职举。州诸生子弟，有一悖理而堕业者，是吾教之授之不至也，吾又敢自谓之有道乎哉。"余闻其言，为之面汗内热。盖其官也，余之畴昔亦尝容易为之，而不思其难者也。今世诸人之居其官，如余之不思而为之者皆是也。以余与诸人皆不思，而元仁之才之学之可以优为也，而独能思之，余知元仁之职易称，而居之真无愧矣。①

六是贤者愿劳的要求。贤者既然入仕，就要任劳任怨，因为为官责任重大，必须勤劳于政府，才能不负众望。

夫人之生于世，劳矣。其不劳者，非人道也。古之为民，无刑狱猝至之忧，无赋役淹久之苦，人知其可羡如彼也。然其筋骸肤体疲于田畴而拘于耒耜，狎习于风寒暑湿之事，与今之农夫正等耳。居之久也，以百里奚、宁越之贤，不免于叩角而嗟，释锄而起，他可知已。今之民，一名为儒，则其处也唾壶而尘尾，其出也高车而驷马，乃有古时已仕在官者之所不及。至于在家庭为子弟仆役，在道途为少贱负戴，在庠序为生徒肄习，其劳逸万万相远于古人，又未论也。已仕者之当劳，较于未仕之责愈难也。均已仕也，仕而为人师长之当劳，较于为官吏愈难也。未仕者之责止其身，已仕者之责及其人。为官吏者治人以政，为师长者教人以道也。②

七是儒者有用的要求。儒者自己为善人、贤者，不但有利于自身，

---

① 戴表元：《送盛元仁赴吉水教授序》，《剡源集》卷13（《全元文》第12册，第37—38页）。

② 戴表元：《送屠存博之婺州教序》，《剡源集》卷13（《全元文》第12册，第35页）。

也有利于国家，有利于行善天下，所以必须坚持儒者有用的原则。对于各种儒者无用的论点，都应予以坚决的驳斥。

> 故夫子老而学易，其语人曰："仕而优则学。"而子路未知子羔之何如，乃先断之以何必读书，几何不以人民社稷为戏乎。夫子既斥其佞，子路亦必愧悔。闻其说者，宜可以为戒。而流俗之弊至今，反以为口实。得百里之地为古诸侯，见儒如仇，见书如毒药怪物，悍悍然曰儒无益于世，曰书能误人，相率摈而弃之。呜呼，安得知过服义如子路者而与之语哉。①

> 夫以慈祥信实之人，临民莅政，能使其人不为恶而免于刑杀，此非一人一日所致，故必待于百年之久。先儒谓汉自高、惠至于文、景，黎民醇厚，几致刑措，庶几近之唐虞三代，既不易为。儒者说汉初礼乐则不暇兴，经术则无人讲，风气可谓朴陋之甚，其为政者萧何起自刀笔，曹参、周勃辈皆百战行伍，而一团真淳宽厚之味令人感动。盖承秦人刻薄之余，真所谓饥者易为食，渴者易为饮也。萧、曹既创之于前，相接为政者申屠嘉、周亚夫之徒，亦如泰山乔岳，俨然不动，虽无善人之名，而有善人之实。后来公孙弘以明经封侯作相，儒术始显，海内亦纷纷多事，以此想望善人为邦气象欲如汉初以来，何可复得。论者遂疑儒者无益于世，多虚而少实，徒劳而无功，儒者亦无以自解。殊不知汉初鲁国两生及申公、董仲舒等，若幸而得用，又久其岁月，又推举其同类，使相继至于百年之浃洽，安得无效。只如陈太丘、鲁恭、卓茂仅得尺寸之地，亦自移风易俗，耻于为恶，大概可以见矣，岂可谓儒者无益于世，而皆可疑耶。②

> 世人尝讥嘲儒者无所用，以为必不得已，宁退而躬耕野间，为农以毕世，犹为无所愧负。余每临而非之，使儒者诚用，将无民不得业，而农预其数矣，安在栖栖然亲扶犁负耒，而后为善。
> 而儒者之道，所谓为民父母，能近怀而远悦者，有不当然乎。

---

① 戴表元：《讲义·子路使子羔为贵宰》，《剡源集》卷26。
② 戴表元：《讲义·子曰善人为邦百年》，《剡源集》卷26。

于是伯善自永丰橐其书曰《农器图谱》《农桑通诀》，示余阅之，纲提目举，华寒实聚，顾旧农书有南北异宜而古今异制者，此书历历可以通贯。因为序发其大指，并附载所闻见，以信儒者之用世，皆非空言。①

即便科举取士有一定的弊病，但是在戴表元看来，不能完全否定科举的作用，因为在科举之下也可以作成人才，江南人才辈出就是重要的证明。

近日之江南，又异于昔，人物磊落者十数公，则皆出于科举。科举不足论，论科举之得士，视春秋、汉、晋诸所以取之，功过犹足以相补。而世嗤之不已，非徒嗤之，且群诋族诽之。惟丹阳龚子敬过予，与之商略此事，犁然有当予之心者。盖子敬之学，淹通而稹实，多据古而少尤今。其先人大父复俱由科举，出为名公卿贤师帅。②

元朝前期不行科举，易之以选官之法，亦不能说没有弊病，戴表元特别强调了成宗时给县学官以升迁之路，就是一个重要的进步。

科举兴，铨格密，其说先裁之以中人以下可能之文艺，然后拘之以愚不肖易成之岁月，以至江南异时自通守令丞主簿尉，若钱谷刑狱诸僚，若州县学官，注调一决于选部，法不可谓不陋。而人情往往不难于为通守令丞诸僚，而一闻师儒之号，虽百里之学，亦趑趄畏报，而不敢轻赴。彼诚知夫通守令丞诸僚不过簿书胥史勾稽剖析之类，而师儒之职有不止是焉者，则法之所不及，又系乎其人之自为之欤。属者科举之弊既除，诸选犹守铨格，惟县学官以其秩卑，付诸下大夫之领之者，使得专志。有志节者或耻为之，而官益不重。大德庚子岁（1300），吴楚闽越士待命于中书行署，行署长取其阙升府，俾宰士捧牒，以次礼进其人，廷授之，观者以为荣。③

---

① 戴表元：《王伯善农书序》，《剡源集》卷7（《全元文》第12册，第101—102页）。
② 戴表元：《送龚子敬序》，《剡源集》卷14（《全元文》第12册，第66—67页）。
③ 戴表元：《送柳道传赴江山序》，《剡源集》卷14（《全元文》第12册，第74—75页）。

戴表元自己所追求的，则并不是以入仕达到显贵，而是更希望成为隐者。所以他对隐者有如下评论："古之言隐者，谓其材可以仕，而时不用、志不屑就而去，放于山林陇亩之间，然后己无所愧，而人有闻焉。"① "世之为高者，多托隐于山林。山林之去人甚近，贫贱而居之则累于身，富贵而居之则累于名，是二者皆非所以安也。于是又有逃踪绝俗之士，求超然于事物之表以为安，而终不免于累心者也。"② 从严格意义上说，戴表元并没有成为隐者，所以他以"无官一身轻，有子万事足"赋诗，对他的善人入仕观点作了全面的总结。

一无字
骄云散飞雨，随风为有无。老农终岁日，望施在须臾。平生官田粟，长此礼义躯。置之且勿戚，一饱任妻孥。

二官字
青青泽中蒲，九夏气凄寒。翾翾翠碧羽，照影苍溪间。巢由薄天下，俗士营一官。小大各有适，自全良独难。

三一字
穷居无公忧，私此长夏日。蛟蝇如俗子，正尔相妒嫉。麾驱非吾任，遁避亦无术。惟当俟其定，静坐万虑一。

四身字
流萤出草莽，空飞乱星辰。蜻蜓水虫质，一变能轻身。物情羡速化，过眼异新陈。嗟嗟白屋士，吾方保吾真。

五轻字
当暑苦炎暍，日□秋风生。穷忧在衣褐，霜露亦可惊。徘徊念年少，岁月去已轻。岁月可奈何，学道恐无成。

六有字
自古皆有隐，陶生隐于酒。炎氛四面集，一窟在北牖。世人羡桃源，桃源复何有。惟容醉乡徒，百世得相友。

七子字
永日岂无饥，盗粟非所拟。暍行岂无劳，恶木非所止。君家碧梧轩，莲荷泛芳沚。我来息凉阴，嘉宾荐君子。

---

① 戴表元：《陶庄记》，《剡源集》卷4（《全元文》第12册，第343—344页）。
② 戴表元：《董可伯隐居记》，《剡源集》卷4（《全元文》第12册，第345页）。

八万字

幽虫聒午枕，掩抑声千万。风前以虚鸣，蟋蟀最多怨。我静乃得闻，一一来自献。憧憧道傍子，与尔故相远。

九事字

炎方有朱鸟，璀璀颜色异。土人目为凤，信尔可安致。生雏固当奇，千岁会一至。纷纷鸿燕期，寂寂非我事。

十足字

朝游剡山巅，暮戏剡山足。英英丹霞洞，不受尘土辱。飞仙复何许，诸子如立鹄。酌君沧浪泉，和君紫芝曲。①

戴表元所醉心的是专心读经评史、不为世事所扰的生活，在诗作中也有全面的表述。

学农无年尤可待，学儒无成只益馁。羡君终岁作书痴，聚室嗷嗷穷不悔。客来问计何所出，一饱自悬饘粥外。平生据案嗷心，汗简为犁笔为耒。蘖芽百氏草避耨，膏泽群经泉赴浍。日高洛诵乌鸟悦，夜半吴吟风雨会。世间梁谷何足道，开卷穰穰心欲醉。旅熏辟蠹防雀鼠，更缮巾箱筑仓廥。古言乐岁生礼义，先见儒门消鄙悖。租符且免里正索，子本时容书客侩。东邻有田多牛翁，日执牙筹亲细碎。困粮竟作谁腹饱，骑吏惊惶汗流背。此时畲斋谈无事，峨冠正与周孔对。礼义适口即为味，牛心菊苗皆可脍。我诗君意两自知，且勿譊譊语儿辈。②

戴表元的善人理念，主要针对的是儒者在国家政治中的地位，要求的是儒士能够善学、善思、善行，这恰是他一生治学和教书的结晶，所以在当时的江南儒士中有不可忽视的影响。

三 刘将孙的用儒理念

刘将孙（1257—?），字尚友，庐陵（今属江西）人，刘辰翁之子，

---

① 戴表元：《六月十三日寿陈子徽太博十首，以无官一身轻有子万事足为韵》，《剡源集》卷27。

② 戴表元：《余既题畲斋，有闻纸田之说而笑者，复作长篇》，《剡源集》卷28。

承父号须溪先生，时人称为小须，亦属于江南理学的"巽斋学派"[1]，曾任临汀书院山长、延平教授等职，有文集《养吾斋集》传世，在著述中进一步阐释了其父的用儒理念。

（一）辩儒者无用

对于甚为流行的儒者无用看法，刘将孙甚为厌恶，特别以诗作揭示了书生所遭遇的不平待遇。

> 书生何用三寸舌，嘲风戏雨晴飞雪。等闲日食米二升，比似常人倍磨折。书生枉费头上冠，同流合污良独难。俗人固已嗤鄙我，吾党亦在瑕疵间。人生谁遣称书生，诈怜伪喜中实憎。十人共语九不应，一语不中谤已腾。书生薄命为诗人，呕心刳胃供笑嗔。千金谁要长门赋，万首不救哭雪贫。早知所遇有如此，恨不投笔弃脱屣。只今鬓影半苍凉，正在尘中不生死。惜君所向非郑庄，叹我裹饭徒子桑。江湖鱼命自相吊，宇宙蜗角争何长。为君感发嗟薄命，我亦风尘老孤夐。金莲何限两足尊，我尔三生宁好径。明年我亦归去来，君游氾滥途方开。江空年晚黯执手，他年须记此衔杯。[2]

儒者无用的一个重要理据，是其不能博古通今，所以不能有用于当世。刘将孙明确指出这是对儒者博学的误解，博学就包括了对当世政事的通晓，以及自古以来的治国经验，以不通今来否定儒者的用处，纯属谬论。

> 古患不能博耳，世或訾儒者曰："知古而不通今。"此未尝学者之论也。士惟不知古，是以不通于今。若知古之事君为臣，治民、行政、理财、治兵其难如此，无非吾事者，则何今之不通。又或自量以为言曰："古今不同制。"此不通之论也。事至于理而止，古之所以传至于今者何以哉，理而已，顺之则治，悖之则乱，未有古之所不能行，而能行于今者也。
>
> 古人之所谓博，其取诸人者，非口耳之谓也。后来者非载籍无以为学，博者博于此而已，然且犹有不及博者也。故博为贵，然审

---

[1] 黄宗羲原著，全祖望补修：《宋元学案》第4册，第2963页。
[2] 刘将孙：《送平阳李汉臣》，《养吾斋集》卷3，四库全书本。

思明辨之功，精神心术之妙，纸上者犹糟粕也。故博之外，犹有事也，是乃所以为博也。①

儒者过于自傲，又往往有过多的抱怨，即所谓"士之不自达也，往往气岸高而责备广"，可能是产生儒者无用论的一个重要因素，所以儒者确实需要自强，并且重在志强而不是气强，正如刘将孙所言："士不能不屈折于世，以求一日之达。其间参差俯仰，可使人销沮者，政自不少。若以草茅慷慨之气行之，徒有怅然去之而已，其亦不可以不之忍也。强者强其志，非强其气也。"②

误解历史，尤其是夸大科举取士的弊端，是产生儒者无用论的又一个重要因素。刘将孙特别强调了从科举发展和南宋的兴亡看，并不能得出儒者无用的结论。

往年场屋终场，动万计，乡漕凡十八九等，临轩亲策，诸科南廊赐袍笏，浮千百。岂其太平一统，事事超古昔上，而独士之盛乃不及偏方时。如必以为此在所不必盛，则蔼蔼吉士不称于周，冠带之万计不著于汉矣。士之盛，国之盛也，士未必无用也，而类自訾曰："何用？"东南百年，一隅逼仄，长三边不得休息。其间捃拾饾饾，文貌巨丽，养兵赡禄，撑拄兴发不见耗矣，哀哉之叹微白面书生不及此，武夫健将以是屈其下，卒其所以亡者，乃在彼不在此，士何负于世哉。③

真正导致儒者无用的，是儒者不具备真才实学，所以需要担心的恰是儒士不重实学和自暴自弃的不良学风，使其难以成为有用于国家的干才。换言之，世不弃士，士自弃于世，是对儒士极为重要的警告。

夫学，何为者也？揭焉以为名，则必有所事乎此矣。学非为人而学也，致知、格物、正心、修身，孰非己之事者。虽推之治国、

---

① 刘将孙：《申屠致远博古堂记》，《养吾斋集》卷18（《全元文》第20册，第273—274页）。
② 刘将孙：《送刘桂翁序》，《养吾斋集》卷13（《全元文》第20册，第192—193页）。
③ 刘将孙：《送倪龙骧序》，《养吾斋集》卷12（《全元文》第20册，第188—189页）。

平天下，大而伊傅周召，经纶制作，有益于天下国家者，其迹亦有时而熄。而勋名闻望，揭天地而明日月者，其言与之俱长，则亦自为而已。道之不行也，我知之矣。士不以三代自期，学不以圣贤自任，不知陋巷易地有禹、稷之道，顾乃自菲于下州小邑，殊时异事，若无与吾责者。抑知道不以穷达计，孔、孟皆匹夫也？邑不以所居小，鄹、邹皆附庸也。思昔辙环历聘，崎岖穷困无所庇焉，以明其道。今也美之宫室以居之，厚之米廪以食之，立之学官以掌之，复之不征以奖之，然且学之不讲，本之不修，升堂挟策，名焉而已，诿曰世未必我用也，是则世弃士耶，士自弃耶。叔孙通、陆贾抱遗经，携诸生，转侧兵间，移说马上，事难力倍，然千载君子之议犹有遗责。瞻言梁木，回首荒墟，岁月几何？轮奂如旧，衣冠衿佩，在列洋洋，固贤大夫弦歌之化以及此。而抚今怀昔，免于兵革之余，安居游咏，歌圣人之道，视昔贤不愈幸耶，盖圣朝如天之仁大矣。《诗》不云乎："无德不报。"二三子其何以报上哉。[1]

儒者是否有用，还有一个重要的因素是主政者是否愿意用儒。刘将孙以王朝中兴为例，特别强调了用人才必须适得其所和尽其才干的论点，否则用人也等于无用，有能也等于无能。

> 人才未尝无抱负也，其用之则存乎上之人焉。夫当事变艰难之日，此正人才功名之会，然不世之功非人之能自立也，顾上之人用我者何如耳。得人而不能用也，用之而不当其才也，当其才而不尽其才也，皆不足以得英杰之士，而成中兴之功。何者？天下未尝无才，人才未尝无志，而不能自为能也。能以用而见不用，则虽能者亦不能耳。幸而用之，使得以功名自见，而乃用逾其才，彼能战也而使之谋，彼能谋也而反使之战，才不称职，则亦皆不能耳。及其用之而称其才，任之而得其职也，又不终日而去之，不待成功而沮之，此特愈于不用者耳，其实亦不能使能者自奋也。嗟夫，盖世之功不立，未必皆无才之过也。有其志而无其能，固不足以经济天下。有其能而无其时，则亦终于泯没无闻而已矣。此英雄豪杰之所

---

[1] 刘将孙：《建宁县重修学记》，《养吾斋集》卷15（《全元文》第20册，第226—228页）。

以不多见,而中兴大功之所以鲜立也。古今中兴称人才之盛者,惟曰二十八将,然亦适逢其时耳,如不遇光武,虽具志能,复何道以展用哉。

呜呼,人谁无所志哉。闾巷小人,一闻有大义之所不安者,则拂衣而起,切齿而叹,直欲捐其力于其间者,而从容久之,卒无所措,岂其志之不立哉,弗能故也。天下有恃毛发丝粟之才,奋然挺然将欲有为者邪,下有能而上不见用,则拊髀流涕,特寄之空叹息焉耳。用其人而不当其才,使其人而不能以称其用,非不用也,是虚其用也。及用之矣,而不能使之倾困倒廪,而或有未尽用之长,未尽施之技,特愈于不用耳,而亦何以异于不用哉。

古今之负大志、抱奇能者多矣,陆沈草野之间,遁迹山林之邃,不见知于世,不见用于君,则能者自能耳,能而未见于用,犹无能也。……故论者尝谓其贤亮而不尽亮,贤于不用而已,有亮如无亮也。①

刘将孙之所以就儒者无用论提出一系列的看法,就是希望儒者能够全面否定这一论点,以自强和有为的姿态应对世人对儒者的责难和挑战。

(二)学有用之学

有用于天下的儒者,必须具备有用于天下的学问。由此,刘将孙认为儒者要有正确的治学态度,不能犯自欺欺人和好高骛远的错误:"而世之学者不能以相过者,往往皆聪明累之也。""人生读书识字以往,精神之所驱使,智慧之所鼓舞。一目之十行,万言之倚马,父兄炫之以为奇,师友语之以为异,孰知词华胜而去道远,嗜欲深而复初难,复欲反为赤子之无知而亦不可得矣。大人者不失其赤子之心者,蒙之道也"② 尤为重要的是,儒者要在六经上苦下功夫,刘将孙在诗作特别强调了学习六经之实的要求。

六经之为文,其文汪以洋。浩然如河汉,万古流清光。斯文一

---

① 刘将孙:《中兴志能之士如何论》,《养吾斋集》卷23(《全元文》第20册,第350—351页)。

② 刘将孙:《蒙斋书院记》,《养吾斋集》卷15(《全元文》第20册,第230—231页)。

变史，理绌气始张。奇字抉幽渺，陈说极焜煌。岂不雄千古，洪水之汤汤。耳目虽可骇，意象焉得望。况如占毕者，呐呐岂文章。凄其怀古心，宇宙何微茫。

读书初何为，耿耿各有意。精神在宇宙，沙淬为文字。圣贤不自遇，存此俟来世。悠悠空言载，未坠犹既坠。徒然三千年，竟未见行事。谁知此空言，亦复有时废。来者愈难知，伤哉圣贤志。

道本无一言，无言乃为天。传心不传言，所谓以是传。回愚参也唯，由赐未足贤。多言固破碎，不言非空玄。向非载六籍，何用行千年。沉酣文义间，于此求大全。赫然废兴统，欲夺王伯权。何斯黄面老，不立言语禅。悟入得近似，捷解驰联翩。尽驱诸夏豪，堕落彼中边。悄悄八九公，一二挽百千。书多言自长，心苦辨愈坚。至今讲糟粕，未得离蹄筌。

王言贵深浑，此道何久荒。断从西汉下，偶俪为辞章。剪截斗纤巧，何异于优倡。代言袭一律，设科号词场。个字夸歇后，庾词竞遗忘。缀拾蚁注字，套类蜂分房。谓此台阁体，哀哉虞夏商。我欲揭古书，使识谟洋洋。又恐仿大诰，句字摹偏旁。①

在理学盛行的学术氛围之下，则要认真学习朱熹的学说，不仅要精读其著作，更要认真体会其所述心、理的奥秘。

由尧、舜、禹、汤、文、武、周公之传，莫盛于夫子，其所以盛者，以六经存也。由荀况、扬雄、韩愈以及濂洛诸贤之讲，又莫盛于朱氏，其所以盛者，以四书、语录在也。心此心也，理此理也，引之而如有未发，开之而如有所待者。觉之有先后，而阐之有显幽也。闻知所以盛于见知，以其用心苦、致力深，而自得之也。然则吾党之士怠且弃者，毋亦成书具在，讲贯粲然，得之易而知之速哉。②

吾党之士去圣人之世虽远，而逢至治之泽方新。沿伊洛而辨千

---

① 刘将孙：《感遇》，《养吾斋集》卷1。
② 刘将孙：《重修南剑路顺昌县双峰书院记》，《养吾斋集》卷15（《全元文》第20册，第233—235页）。

年学问之所以分醇疵，溯洙泗而会见知闻知之所谓合符节，因损益而悟粲然之何以散，观会通而识确然之此乎兴，将义理融为文章，而学问措之，事业、人才、世道端有望焉。①

刘将孙不仅重视儒者慎独、格物的要求，还特别强调了儒者必须看重和掌握絜矩之道，并以中和为重要的治学和行事标准。

诚之者为慎独，学之者为格物，用之者为絜矩。独也，物也，矩也，人之所同也。慎也，格也，絜也，我之所以为我也。慎犹自修之道，若格与絜，将无事不有，无物不然，所谓无不用其极也。《中庸》之"致中和"，致亦是物也，故致中和而天地位、万物育。絜矩之道，举之而天下平，而天地变化，草木蕃茂，莫非其效。一方一圆，理有自然，特患人不絜而度之耳。苟以是心度，未有不睹其故也。人心之好恶，能蔽于爱憎之私，而无以加于本心之愧。虽外之纵横变化，移白黑，易左右，而旦昼之交，血气之定，霜降水涸之见，未尝无一隙之明而一念之复。倘其初尝絜而后处，岂复有后悔余憾哉。嗟夫，矩无形，事无体，物无方，吾欲为矩，而彼不与我为矩，吾揆之则矩矣。②

中和者，天地间之元气也。阴阳以调，寒暑以正，四时以化，万物以生，人得之以为人，圣贤充之以为学问，措之以为事业。
中者所以为和，和而天地万物之理，不可以复加矣。人生一天地也，吾身立而子孙著焉，兄弟并焉，条分汇列，而莫不各遂其生焉。近来远说，而莫不各尽其心焉，非中和何以哉。人身一天地也，呼吸运动，既与元气者相表里，充周流动，犹有以补造化之所不及，燥湿之推移，不足以动素定之体，流峙之变化，不能有加于保合之用，非中和何以哉。天下之大本达道如此，而其端其究，不过家庭之间日用之常，人情之不能无，物理之所必至者。内而父子、兄弟、长幼之各尽其分，外而酬酢、出入、泛应、曲当之各中

---

① 刘将孙：《吉州路重修儒道碑记》，《养吾斋集》卷15（《全元文》第20册，第220—222页）。
② 刘将孙：《絜矩堂记》，《养吾斋集》卷18（《全元文》第20册，第280—281页）。

其节,扩而充之,乃弥纶之用至此。中和一理,非二物,而道常并行,中未有不和,和又必致其极。吾以元气体之,岂不油油然如鸢天鱼渊意哉。①

儒者推崇明明德,但是对明明德要有正确的理解。在刘将孙看来,明明德不是他明,而是自明,不是用明明德来改造自然和社会,而是要使自己能够以明心的方式认识自然和社会,以充实自己之德。

> 其明也明矣,犹有待于予言也耶。抑斯义也,有一言而可以尽,有千万言毕精竭智而不得于辨一言。而可以尽者,明明德是也,吾儒之说也。有千万言而不能得于辨者,佛氏之所谓明也。彼其指明以示人者,未尝不与吾儒同。而欲明其所以明者,由明分暗,由暗分塞,见闻觉知,种种成碍,汗漫奇诡,经论充栋,而卒不得其指归。
> 吾夫子一语曰"在明明德"四字而止,始知择精而守约者固如此也。明者,自明也。本然者,无不明也。自然者,无非明也。明德者,本心之天也。明明德者,但明之而已无不明也。《大学》之教,如亲民,如格、致、诚、正、修、齐、治、平,皆致力之道,无所不用其极。而于明德特曰"明明"而已,岂顾于此不用力哉,盖欲用其力,而不可得也。他氏之说,乃抽丝析缕以索之,则愈惑而已矣。
> 明明者,如梦之觉也。方其梦也,不动于耳目而已矣,耳目自若也。梦无不觉,觉而知觉,运动有不期然而然者矣。明明者,如坐之起也。方其坐也,无所事乎手足也。已而起,起而信缩往来,有不自知其所为者矣。虚灵知觉者,天命之谓性,而人得之为心。应事接物者,心所以为神,而性所以为用。性,吾性也,心,吾心也,非失而复得也,非去而复还也,不求以明之,是知垢而不以濯也。心有所资,以求其明,是怀宝而外索也,是明者在物而不在我也。明明者,明之而明,无加于本然者也。本然者已尔,虽欲竭吾力以修之、治之,而亦不可得而加也。即充其明德,以至于为圣、

---

① 刘将孙:《中和堂记》,《养吾斋集》卷19(《全元文》第20册,第287—288页)。

为贤，而皆其固有也。①

应该看到，刘将孙对明明德的解释，与其他儒者的不同点就在于他认为"本然者，无不明"，所以明明德"无加于本然者"，并由此限定了明明德所具有的自我作用。

(三) 成有用之才

刘将孙对朝廷的文治给予了高度的评价："方今文治方张，混一之盛，又开辟所未尝有，唐盖不足为盛。"② 文治需要人才，朝廷重视兴学育人，各地积极改变学校的面貌，确实是重本之举："皇朝造士，迈前猷而追古制，教养兴励，视县与郡一考举论秀，必自邑以升，士然后自靖以学，有司交相劝勉为职业。诸邑校起废改观，相望规制，上方郡无不及，是则知本之至也。"③ "国家混辟区宇，崇植学校，布人文以化天下，兴礼乐而敦经训。凡东南郡县学向之因陋就简者，无不更新美大。"④ 在这样的环境下，显然需要对培育人才的事业提出更明确的要求。

> 学始于孝弟，而极于忠信。孝弟者所以修之家，忠信则所以措之事业，而有国家者之所望也。议论多而孝弟远，文貌饰而忠信疏，此学问之敝，而世道之衰，古今之异也。地无小大，尽其心者，所以事天；事无难易，竭其力者，所以报上。人人以小为不足为，难为不可为，迂为不必为，而天下无事功矣。无事功则学问亦无以自见，未可以此为精而彼为粗也。昔者夫子喟然思禹于千载之上，乃以致孝乎鬼神，致美乎黻冕者，同于沟洫万世之功。吾党之士其亦有感触，而悟其所谓无间者乎。学之为圣贤者，皆所以为天下国家任也。先辈记学，而必以臣忠子孝，乃不为二三子之羞，而为国家之忧念哉其言之也。⑤

----

① 刘将孙：《明明斋记》，《养吾斋集》卷19 (《全元文》第20册，第291—293页)。
② 刘将孙：《天下同文集序》，《养吾斋集》卷9 (《全元文》第20册，第148页)。
③ 刘将孙：《建宁县重修学记》，《养吾斋集》卷15 (《全元文》第20册，第226—228页)。
④ 刘将孙：《朴山书院记》，《养吾斋集》卷15 (《全元文》第20册，第231—233页)。
⑤ 刘将孙：《南安路上犹县新建县学记》，《养吾斋集》卷15 (《全元文》第20册，第228—230页)。

科举确实对儒学教育和培育人才带来过不利的影响，正如刘将孙所言："学之不明也久矣。古者官有学，非聚士而养之也，特养老、乞言、叙伦、教乐于此而已。乃所谓教者，在于党庠遂塾之间。后世建学，徒以多士为盛，而教之道未之讲也。才不能尽致之其中，教不能尽达之其才，科举兴而学之文具益甚矣。"① 但是不能因此而苛责科举，因为大儒的成就并未完全依赖于科举。

> 西京举孝廉、举贤良，历数世百年，几诏几廉，而后仲舒出焉，计仲舒亦中年矣，岂前是皆无知其人者哉。唐科最盛，以昌黎之才，试艺不合，而三谒光范，极其所以求合，复胁之而不可，舍之而不可，历落孤夐极矣，而昌黎卒由科目进，书复何益哉。东坡少年，自眉山至益州，遇张安道，试开封，选南省，一时名动当世，独以自蜀来诸书耳。后之知韩、苏者，诸书揭揭，乃试之选者未尝称也。嗟夫，仲舒之徐起者，以命；韩、苏之特奋者，以才；其对策科举，特借径而已。天于人物未尝不惓惓也，乃其变化成就也有时，遇合发越也有道，天且有所不能与也，况于人哉。今盛时急士如渴，恨宿士羞自炫，而后进多捷出，故没没无所短长至此。②

对于仁宗恢复科举的做法，刘将孙持的是赞扬的态度："圣上龙兴，嘉惠斯文，首兴科举以登贤才，既褒进擢升加等，凡乡贡而来者，悉齿之仕版，年及者加锡服以归老，进退光宠，度越前古。重惟育材之本始于学校，既申命所以崇异敦勉之者。"③ 当然，为了祛除科举的弊病，还需要采用一些能够选出真才的方法。

> 以科举取士，入唐最盛。然唐进士良不易，科场或开或不开，每不过数十甚或不满十。贡士投卷、温卷，望公卿一言为知己，遇合论荐，以至伏光范不惮其间名讳转触，展转拘忌，不可胜道，非如后来糊名较艺，三岁两科，动千计。士俛起草野，倘其有命，弱冠徒步，无不骤致青云之上。即不幸潦倒，第名荐

---
① 刘将孙：《朴山书院记》，《养吾斋集》卷15（《全元文》第20册，第231—233页）。
② 刘将孙：《送郭适安学正序》，《养吾斋集》卷13（《全元文》第20册，第196—197页）。
③ 刘将孙：《会昌州新修儒学记》，《养吾斋集》卷15（《全元文》第20册，第223—225页）。

书，犹得赐袍笏。故其敝滥吹假手，侥幸冒窃，泯泯不足称数复在此，虽欲不废亦不可复继也。后有作者宜一反于此矣，其必以三代乡举里选为经，以唐法赞荐试考为纬，庶几文字之外以耳目得人物。①

尤其是江南的儒生，更应该利用科举的机会，以求有为于天下，并以此来改变世人轻视南士的风气。

剑南诗老文章公，一生隔绝江以东。时时夜梦出关塞，荥河温洛恍惚中。人生材命不相合，本志历落空辞雄。一衣带水又百载，九州今乃吾世同。昔人梦游所不及，皆可杖屦舟连通。如何闭置守乡里，仰屋偪仄如途穷。坐令小儿竟得志，跃跃鞍马欺盲聋。山河奇杰须俊句，我辈不往谁当上。东南人才堕衰弱，正坐顾虑怀士风。向来岂无英特士，偷安未肯陈范鸿。贾生不奉宣室对，江充来见犬台宫。居然时论卑南土，更俾方士随旌弓。生儿朝气正几许，二十寒暑颜非红。青年不早快奋翼，白首何恨如飞蓬。②

刘将孙还特别强调了培育人才的标准是养育真士，所以要特别重视以下警示："士未易言也，名焉而已孰不为士，傥循实而求之，何如斯而可谓之士也。虽及孔氏之门者，犹有非吾徒者也。""修身笃行，战兢临履，岂为君子者必若是难哉。""故古之求忠臣者于孝子，而观大节于其细。吾道在宇宙间，有迂阔而无切近，有是非而无利害，有名检而无得失，一篑之不加，九仞亏焉，涓流之不塞，江河及焉，此固为士者之所当自省也。"③ 也就是说，士所追求的应是修身、有为、善行的实绩，而不是浮夸之名。

（四）行有用之事

儒者有用于国家，必须行有用之事。如果说治国需要贤才的话，在刘将孙看来，全国统一之后，江南地区出现的各种乱政现象，就是因为缺乏贤才，而使贪官污吏得以肆行乱为。在诗作中，刘将孙就记录了各

---

① 刘将孙：《送吴文彬序》，《养吾斋集》卷13（《全元文》第20册，第193—194页）。
② 刘将孙：《送李生》，《养吾斋集》卷3。
③ 刘将孙：《吉州路重修学记》，《养吾斋集》卷15（《全元文》第20册，第218—220页）。

种乱政情形。

> 县吏家家夜打门,春寒悄悄昼空村。料应仰屋多窃叹,安得先生肯正言。乳虎一时宁复计,弘羊千古不称冤。岂无他术搂高位,亦使苍生得自存。又说舟车算赋租,宁惟硗确化膏腴。遗民堕泪元太守,蛮子叩头桑大夫。有客不须夸泛宅,从今敢复叹乘桴。闲中今古聊成笑,难载西施泛五湖。①
>
> 把禾箩谷,人生无足。去年谷熟不偿债,今年籴谷如食肉。朝相催,暮相催,秧田水放三两回,尚待谁家借谷来。
>
> 提葫芦,村村处处,无酒酤。去年驿骑乘锋车,江淮酒课江西敷。江西之水不得力,若问沽酒江西无。②
>
> 乾德一六合,千古莫或先。功业既如此,扶持赖诸贤。东南所以坏,贪黠胥官联。甘言谩墙壁,实害流林泉。原推商监失,此即周命延。法度贵尚明,文武各不偏。备官必惟人,以之为民天。经纶有公等,草野徒多言。③

刘将孙认为,对于国家的稳定而言,治县是要务,所以儒者不应该忽视县官的职位,而是要将其作为贤者有为的开端。

> 官莫古于宰,莫正于尹。今言三代之官,举圣门之教,不过宰之职存焉耳。虽推之天下,亦同此名也,同此理也,而重轻则有间矣。自昔有志于爱民者,未有不重此官也,至有以郎官出为之者。后来或指为滩、为债,巧避不屑为,仁人君子宜不如此也。士大夫出身从政,岂不欲分寸及物,若政近民而民受赐,其未有若宰之便也。事得行而志得遂,足以表见于世者,又未有若尹之顺也。即上而府,大而监司,而上至廊庙,是非不能以夺一宰,而利害不能即达之民。而宽之一分,解弦急而苏釜热,又未有若宰之得贤尹也。故古今才贤,多以邑令著名。而取人才,择六察,必以县最为首。然弱者或不获乎上下,健者或不顺乎民心,兴利者或以害,好名者

---

① 刘将孙:《志闻》,《养吾斋集》卷6。
② 刘将孙:《禽言六首》,《养吾斋集》卷4。
③ 刘将孙:《与参议史文彬》,《养吾斋集》卷1。

特私自为。其间簿书期会，慢诛急索，飞钓钳制，非此复无以自全，于是邑之难治，宰之未易，为亦多故矣。①

只要行事，就会遭人议论，而儒者行事，就是要排除所谓公论的干扰，因为在刘将孙看来，并不存在真实可靠的公论，存在的是难以被欺瞒的天道。

> 古今论之不直，天道常相之。倘非茫茫者若有为于阴骘，世岂复有公论哉。自古高材绝俗，所遭不偶，往往皆屈于一时者也。天定而公论归之，以是为不朽。而使物论常公，而人事无忤，亦无所于见人物。古人云：难平者，事也。岂非变化之不可知，而直道之不必信哉。公论，所以扶人才也。人才邂逅蹉跌，何所不有。古人常以一善掩百瑕，而后来辄以一瑕不复问百善。思前修身为公论，明难明之谤，雪不可雪之冤，于其人不于其事非，必皆故旧之私也，固终已无他。而当时仰穹俯厚，恨执我不力，亦复壹郁而与谁语，此公论之所以不足恃，而人才之所以不振也。虽然，于是乎有天道。②

刘将孙还指出："士大夫奉命出使，未有如按狱虑囚之为快也。"③但是他更看重的不是这样的快意，而是官员的善民之举，所以对于妥善处理盐政问题的官员给予了表彰："夫民，国之本也。民不失业而食盐者众，则商贾无淹滞之忧，而官课之及额易矣。有德于民，所以有功于国也。"④

刘将孙发展了其父刘辰翁的儒用论点，将消极的用儒观改成了积极的用儒观，其原因就在于所处的时代不同。江南文人已经摆脱了南宋刚刚灭亡后的悲观情绪，自然会在儒者的出路方面有更乐观的看法。

---

① 刘将孙：《送镇阳王廷秀庐陵县尹序》，《养吾斋集》卷12（《全元文》第20册，第182—183页）。
② 刘将孙：《送赣州路治中金侯序》，《养吾斋集》卷12（《全元文》第20册，第179—180页）。
③ 刘将孙：《真定郑侯德政碑记》，《养吾斋集》卷18（《全元文》第20册，第270—271页）。
④ 刘将孙：《李运副德政碑记》，《养吾斋集》卷18（《全元文》第20册，第271—272页）。

四 徐明善的儒臣理念

徐明善（1250—1319年后），字志友，号芳谷，德兴（今属江西）人，历任隆兴路儒学提举、江西儒学提举等职，有文集《芳谷集》传世，在著述中重点阐释了如何成为合格儒臣的理念。

（一）述科举作用

徐明善强调："方今圣朝偃兵尚文，比隆三代，将不复烦君以军旅之事矣。"① 在这样的环境下，又重开科举，更是助成文治的一项重要举措，所以对于儒士是否参加科举考试，徐明善抱的是积极支持和鼓励的态度，他特别记录了助人下决心参加科举考试的一段对话。

> 圣天子开亿载太平，设科搜真儒，兴善治，六合咏仁，万世诵圣，猗欤盛哉。丁巳（1317年）秋试士如制，士欢欣距跃。上饶刘君自谦之子埜踵门言曰："家君宦役湖海，命埜守闱。今者母命之曰：汝曾祖擢上第，汝祖预乡贡，世为儒家，宜就举图袭世美。埜居行将焉从，敢决于先生。"予曰："试士，诏书也，子又重以母命。子之母其闻陶孟之风，而兴起者哉。世科宜继，世德宜懋，世业宜修，德懋业修，科未有不可继者。子之母，其属子也不浅矣。予闻子之家在长川大谷之中，英秀清淑之气，磅礴郁积异甚。子之曾大父、大父收科策名，虽其材越轶侪类，亦其地灵发泄然也。数十年郁而未泄，安知收科策名不在子，子往勿疑。往而捷，明年对天庭，分天职，予之告子，又当有进乎此者。"②

徐明善还认为，科举考试为江南儒者提供了重要的机会，可以借科举取士改变南人不被朝廷重视的现象，并提振江南的士风。

> 穷理者为学之要，任理者为政之本。吾知有理而已，压之以丘山而身不屈，战之以虎兕而色不变，而况宫室妻妾所识穷乏者之琐琐哉，此不负所学之大端也。不负所学，斯不负天子矣。四十年来，东南士或消声林薮，或未忘爵禄，然材学兼茂者亦无有几人，

---

① 徐明善：《从军诗序》，《芳谷集》卷上，四库全书本（《全元文》第17册，第227页）。
② 徐明善：《送刘君序》，《芳谷集》卷上（《全元文》第17册，第213页）。

故东南之人望日以轻，予甚病之。今幸科目搜真儒，使得敬舆一二辈，则科目重，人望丘山，东南增气矣。故凡以科第奋者，予同一钦迟。①

徐明善亦指出科举还有三方面的重要作用。一是可以通过科举达到选出真儒的目标。"圣朝建学设科，务得真儒，臻善治，上嘉虞周，下陋汉唐，丕休哉，千载一遇也。""予闻无为小人，儒之谓真儒，先自治而后治人之谓善治。物未格，知未至，人之所以为人者，百未究一二，其敢曰真儒、善治邪。"② 二是能够借助科举奠定理学的正统地位，尤其是确定《四书》的崇高地位。"《四书》所以药凡愚为圣贤，然口耳者犹之未咽而吐，卒未能效天启圣明。进士业先《四书》，自汉、唐以来未有，然为士者，身履之以辅世长民则可，笔传之以哗众取荣则不可。双峰先生不践场屋，今科举先《四书》，则士者不当自外场屋。朱子云：'非是科举累人，自是人累科举。'此一言可深省也。条儒先之说，以收科而异时，贿政市狱，无以异于刀笔之仕者，岂惟累科举，且累《四书》矣。"③ 三是在科举的带动下，可以使儒学教育以培养正人修士为要务。"夫道本有功，义无不利。然欲明正乎此，乃谋计乎彼，则人欲为主，天理为客，久之壹是人欲，而天理忘矣。故日用动静之间，学问思辨之际，俯焉孳孳，惟道义之为务，而通塞得丧不入乎其心。虽贤科方开，程试之文，必本仁义，必尚忠孝，又皆躬履乎是而非空言夫然，故他日由学校出者，必正人修士，而功利自足以及物。"④ 徐明善并不是不知道科举的弊病，并在讨论儒者入仕问题时谈及了一些弊病，但是有弊病和肯定其作用可以并行不悖，都显示了他对科举的重视。

（二）明儒臣要求

作成儒者是为了使儒者能够有用于当时，无论是入吏还是为官，都是有用之举，所以儒者不应该轻视以儒为吏的做法。徐明善还特别指

---

① 徐明善：《送彭幼元赞府序》，《芳谷集》卷上（《全元文》第17册，第224—225页）。
② 徐明善：《送汪子中序》，《芳谷集》卷上（《全元文》第17册，第207页）。
③ 徐明善：《送李易仲石洞山长序》，《芳谷集》卷上（《全元文》第17册，第209—210页）。
④ 徐明善：《送董师文山长之齐山序》，《芳谷集》卷上（《全元文》第17册，第205—206页）。

出，选吏只注重"材"是不够的，还要注重其"民望"："今之吏，所尚者材也。明法律，铦刀笔，锐于事而给于言，凡官长所欲为，如手足之奉腹心，不待发声征色，若此者所谓材也。然余求之古，设官分职以为民极，府史胥徒在焉。极者，标准之名也，民望以取正者也，则古之吏又未必专以材选矣。"① 之所以提出这样的要求，是因为得良吏才能达到善治的要求。

千里民社之寄重矣，经画教令，历阅简书，所以佐夫任民社之寄者，岂轻哉。幸而司牧贤也，民严之若师保，怀之若父母也，清映冰雪，明侔水鉴也。而幕僚又贤，则九重德泽，速于置邮，列城皆然，而天下治平矣。其或作牧者徇私忘公，利己病民，民孰敢与争是非，敢与争是非者独幕僚尔。必幕僚贤也，彼虽欲徇私病民也，十事或四五沮勿使下，则民亦职有利哉。否则沦胥以铺，千里阱攫如矣。然则经历之设，系政之臧否，民之休戚，顾不重欤。②

前代千里之生杀予夺系乎守，守据案操笔，吏常离立不敢视，百里亦然，故择官而郡县治。今则官与吏参决，择官不择吏不可，官少而吏繁，虽慎择欲其尽才且良，难哉。天开圣明，路府州县秀才生员充吏，此平治大机要也。儒生顾惜终身，畏法尚义，受财鬻狱必大减少。又土田市井，风俗利害，非其少长之所闻，则其乡先生长者之所告，一旦出而佐贤守令之设施，专虑毕力，蠲民瘼之所急，不待旁诹熟察而后决，郡县之治不犹运之掌乎。吏者，官之臂指，得良吏则力省而治最，贤守令将汲汲焉。③

尤为重要的是，即便是通过科举入仕的儒者，也往往置身于吏的包围下，所以徐明善特别提醒他们，要善于与吏打交道，并且要注意不能失去儒者兴利除害的本色。

王谌有言："山泽不必有异士，异士不必在山泽。"试之场屋

---

① 徐明善：《送别刘正卿序》，《芳谷集》卷上（《全元文》第17册，第187页）。
② 徐明善：《送毕敬甫序》，《芳谷集》卷上（《全元文》第17册，第203页）。
③ 徐明善：《送董仲缜序》，《芳谷集》卷上（《全元文》第17册，第208—209页）。

者，言也。试之官府者，事也。夙夜之学，畴昔之志，倾写于数刻之试，而胸中未尝有一日效官之备也。政体谞于吏，可不视其僚，自受爵之日为学制之始，比于试官府者，固若驾轻车驰康庄矣。《礼》曰："儒以道得民。"要在均之以道得民尔。①

圣天子设科，擢用海内孝弟忠信文学之士。岁戊午（1318）康山李君粲然中其科，调抚州崇仁丞。盖自汉至唐、宋，无不以廷对入官为荣，虽尉簿凡刺牧无不与为礼，惠利足以及民，禄足以逮事育，故荣也。今颁禄不如古，往往空乏其身，事涉兴利除害，官长泊典案牍者，辄能拂乱吾所欲为，虽苦心志无益。他日以事诣府，吏摩以肩不顾挥，庭立与府史无辨，督赋役惧失期会，则劳筋骨，饿体肤，无不有矣。方李君未收科时，饘粥之养，鱼菽之祭，可无外求，味先圣之遗言，探六艺之微旨，有以足其乐于己。乃今一旦去士君子之林，而夷于府史之间，舍自肆之安而践乎拘迫之地，若此者，其足以为荣邪。虽然，此孟子所谓增益其所不能，而异时胜大任者也。子夏曰："仕而优则学。"先儒谓当其事者，必先有以尽其事，而后及其余。予愿君暂息乎其已能者，而勤乎丞之职业，身虽空乏，而毫馈缕谒绝之益严，兴利除害，彼虽拂乱吾所为，吾终不相与得罪于民。宁劳筋骨，饿体肤，而不使失期会。夫如是，则荣虽不足藉，而辱既远矣。天理不可泯，公论未尝暗，锥颖呈露，声实流闻，而大任于君乎属必也。夫市狱贿政，搰泥扬波，四目四聪，电视霆怒，故设官取士为苍生一洗之，李君可不钦承乎哉。……今日之不足于荣者，安知异时不赫赫于天下后世乎。②

对于朝廷可能倚重的儒臣，徐明善则重点强调了六方面的要求。

一是守廉要求。"不冒货，廉也。不幸爵，尤廉也，今天下真廉固不少，亦有矫为廉以要人爵者，且冒货者有惩而幸爵者无沮。彼有所惩而不为，此无所沮而不处也，非廉之尤而何。吾见廉士罕，见尤廉者则

---

① 徐明善：《重赠董仲缜序》，《芳谷集》卷上（《全元文》第17册，第222—223页）。
② 徐明善：《送李粲然崇仁丞序》，《芳谷集》卷上（《全元文》第17册，第219—220页）。

尤罕。"① 儒者为官，要做到真廉而不是贪取廉的声名，就是因为真正的廉洁者确实少见。

二是守恒要求。"天地恒而已矣，四时日月，终古不息，何恒如之，故人有恒心，官有恒守，不可失也。一失其恒，为巫医且不可，况天吏乎。圣朝地跨四海，官倍前古，虑郡县不恒牧而贼，不恒廉而墨，则改立肃政廉访司以纠治之，所以钦天恤民，为万亿年永命之本，匪徒新其官称也。然人直谓官称虽新，风采犹故，何哉？余读《书》，见武王诰孟侯寇攘奸宄，曰：'速由文王作罚，刑兹无赦。'又曰：'无或刑人杀人。'然则诸侯果何据乎？盖有天下者，慎罚敬刑，播告之修，类皆如此，决非使诸侯弛罚刑也。圣明在上，其揆一而已矣。由此观之，居是官者，僾昧斯义，易恒心，失恒守，异时上赫然震怒，斥旷败，汰疲软，岂曰或承之羞云矣哉。"② 官员守恒，就是要守治道之恒，对通晓治道学说的儒臣而言，这是最为基本的要求。

三是宽政要求。"至元二十九年春，上将征海南岛夷，命行省具舟楫、戈甲、弓矢，无敢不善。于时东南自曩岁征日本、交趾，疲于需役，由奉命者挟威济欲，所至侵暴，民大惧复然，往往重足，惴不自保。而尚书李公实来，温惠谨洁，不亟不徐，凡取之民者，戒郡县即予直，材随所产，不责以无有，工用所长，不强所不习，时其饮食而巡督之，民忘其劳。未三月，悉具艨艟完坚，犀铁精良，军无乏兴，人乃大悦。嗟夫，使曩者奉命者其意虑设施与公不异，安得东南兆庶疮痍至今未合哉。"③ 徐明善特别举出良臣的例证，就是要说明儒臣应敢于顶住压力，实施有利于民的宽政，而不是盲从于急政、酷政和暴政。

四是爱民要求。"天下者一邑之积，邑有仁令，天下之平不难也。今之为令者，往往以民为贽而达其身，以民为飧而饱其家尔，不尔者十无一二焉，何独无不忍人之心邪。子曰：'君子学道则爱人。'今之学道者不多见，则溺于利欲，而不知人之当爱，又何足异哉。""必与今之为令者异，视民如身，恐其伤不以为贽；视民如家，恐其匮不以为飧。政平讼理，光泽为治邑，放之他邑而准，天下可平也，予何言哉。

---

① 徐明善：《送马贵权江州德化主簿序》，《芳谷集》卷上（《全元文》第17册，第202页）。
② 徐明善：《送李德隆佥湖北宪司事序》，《芳谷集》卷上（《全元文》第17册，第183—184页）。
③ 徐明善：《送李尚书序》，《芳谷集》卷上（《全元文》第17册，第181页）。

虽然，学不可以已，爱人仁之一事，非复其初之天，而全体不息者，未仁也。涵养省察，须臾有间，而仁或几乎息矣。然则君有人民社稷之重，未若仁以为己任之尤重也。"①儒者有爱民之心，才能有爱民之政，所以行仁政对于儒臣而言是一种基于本分的要求。

五是不惧远仕要求。"南粤去京师万里，风气异中州，故仕者辄不乐往。以余观之，出而仕者岂为身谋哉。去天既远，雨露偏枯，宅土最穷，蛇鳄暴横，同吾胞与无所困极，士大夫安得恝然于此，皆曰'吾不乐远宦'，将如远民何意。必有官数千里外，如出户庭，知有生民之休戚，不计一身之便否者矣。圣朝一视同仁，加惠远方，四牡咨询，接于卉服，慎简使人及其僚佐。"②儒者入仕是为了天下和国家，所以在徐明善看来，根本不必考虑在哪里任官的问题，也就没有了对"远仕"的忧虑。

六是甘做冷官要求。"章甫逢掖之士，仕州若县者，得行其志鲜焉。独官于学者，在守先圣之道，模范后学，比于他官无所屈志，故贤者求自试不为过。""夫己，人之师也。圣贤，己之师也。孔孟宪言，无富贵之泽，典谟大训，非温饱之用。饭疏饮水，陋巷箪瓢，万世之谟，无以加焉。则官冷宜然，自名以寄其不满者，非也。今之为学官者，其教不能植，其志有所挠，往往不堪其冷而然。""风雩必舞雩，有芝山之高。浴雩必沂水，有鄱川之洁。云移花落，妙寄悠然，春煦物茁，冷复何有。"③徐明善一生多任学官，所以他并不惧怕做冷官。尤为重要的是，从冷官的角度可以看到儒臣的种种不足，所以徐明善能够提出为官的一些重要准则，既是对自己的要求，也是对他人的要求。

（三）论仕进之学

作为一介儒臣，必须懂得仕而学、学而仕的要求，正如徐明善所言："古者仕而学，学而仕，相为无穷。其学也，非章句诵说之谓；其仕也，非富贵利达之谓。立人达人，学即仕也；尊美屏恶，仕即学也。由正长至郡博士，非有狱讼求情察辞之劳，可以大肆其力于学。学进矣，仕未进犹进也。仕进矣，学之进者未至焉，犹未进也。"④"古之学

---

① 徐明善：《送李可行光泽县尹序》，《芳谷集》卷上（《全元文》第17册，第186页）。
② 徐明善：《送王廷瑞序》，《芳谷集》卷上（《全元文》第17册，第183页）。
③ 徐明善：《送李君序》，《芳谷集》卷上（《全元文》第17册，第182页）。
④ 徐明善：《送方方山教谕序》，《芳谷集》卷上（《全元文》第17册，第221页）。

而仕，仕而学，如车两轮，不容缺一。方其学也，非章句诵说而已，修齐治平之本，礼乐刑政之经，观其会通，所以仕也。及其仕也，非富贵利达而已，去就进退之节，经纶参赞之业，时措从宜，所以学也。若夫学焉，而以入仕，固今日所不免。惟其得之也，遂以为既足，而不复知古者之仕而学，或知学矣，而所学又非古人之所谓学，是以植立之卑，成就之陋，虽贵穷人爵，而不足以副苍生之望，厌士大夫之心也。然则振起山川之消歇，张皇绂冕之缺绝，第一等爵虽不可必，第一等人在我而已。"① 也就是说，仕而学和学而仕是相辅相成的关系，核心要素就是学无止境。

儒臣以学习儒家经典入仕，入仕后还要继续学习儒家经典，并且要注重的是读书而不是藏书，正如徐明善所言："三代而上书不多，而圣贤多。三代而下六经、诸子、百家，梓刻日传万纸，书不少而圣贤少。夫何故？收书者贮之库笥，而不贮之虚灵之府、神明之舍，故书自书，人自人，此大患也。"② 尤为重要的是，无论是仕与不仕，都要特别注意学习中的"先觉"要求。

> 学之事，《大学》之条目是也。学之义，则效先觉之所为而已。其曰先觉，自孔子言之，尧、舜、禹、汤、文、武、周公是也。自今学者言之，尧、舜以下，书契以来，凡嘉言善行可效法者，皆是也。而孔子集大成，故后觉必效孔子，而百圣云为，举在是矣。人性皆善，先觉所为，无不善之杂，由体达用也。学者效先觉之所为，亦无不善之杂积，久与先觉之性不殊，因用明体也。
>
> 惟其效先觉之所为，故不可以不时习。如尧、舜稽古，我效之；尧、舜精一执中，我效之；尧、舜亲族察伦，为古今治平之极，我效之。深造自得，便是尧、舜，其间多少工程。
>
> 先觉行之，我亦行之，日至行熟，则所学在我。在我者，知其固有知也，是内外合一也，是善已明、初已复而成性存存也。今人但以读书、考古今、作文章为学，有能一日用其力于先觉之所为者乎，未之见也。③

---

① 徐明善：《送汪子磐山长序》，《芳谷集》卷上（《全元文》第17册，第223—224页）。
② 徐明善：《陈文穆收堂序》，《芳谷集》卷上（《全元文》第17册，第218页）。
③ 徐明善：《学而时习说》，《芳谷集》卷下（《全元文》第17册，第271—272页）。

> 旷百世无真儒善治者，官不知政而士不知学也。学所以修己也，学为己事，则讲学之所，士者自图焉可也。而古圣人必设为庠序学校以教之，学校不修，国人以刺其上，盖官之政有在于是，不可诿之士也。官知政而士不知学，则士有愧矣。士知学而官不知政，甚者役士以就其一切之政，可乎？钦惟有元，宇亘坤载，甫橐干戈，即兴学校，圣圣相承，一是以作成存恤缮完为先，此唐虞三代之政也。
>
> 先儒尝叹今学校仅有直诵而已，周、程继孟，朱子翼承，然后人知效先觉之所为之谓学。觉者，体之所以立也；为者，用所以行也，此善治之本也。……觉如先觉，所为如先觉，真儒善治，舍我其谁哉。此古圣人设庠序学校，而圣朝作成本意也。①

也就是说，"先觉"既是对学校教育的要求，也是对入仕者学习的要求，并且先觉本身就包括了学与行的要求，所以是为学和为政的基本要素，其既定的政治目标就是实现真儒善治。当然，学必有师，儒者还承担着教天下的重要责任，所以对于朝廷规定的五十五岁以下不得任府、州儒学教授的规定，徐明善表示了极大的不满，因为这样的做法阻碍了中青年儒者的教学路径，不利于儒学教育的发展。

> 东南涵濡圣化三十年矣，科辍士散，赖命教犹古，穷乡陋闾有不怠士之业者，必之都授者讲焉。盖前辈星稀，后生云变，舍是无与言仁义云尔。余里居时，必诣都授称弟子。韩子有言，生乎吾前，其闻道也，固先乎吾。生乎吾后，其闻道也，亦先乎吾，吾师道也。暨来京师，或告曰："新例年五十五以下者，不得为州若府教授。"余为怃然。何也？余今年五十五，自兹以往，生乎吾后而闻道先乎吾者，吾不得而师之矣，可恨也。德无常师，而曰常于老也。东南数十州之士，年与余相若者不少，不忍怠业而讲于都授者当亦不少，岂不与余同其恨也。②

徐明善还强调在治学中，要有以理观史的视角："裳有要，衣有

---

① 徐明善：《德兴儒学记》，《芳谷集》卷下（《全元文》第 17 册，第 276—277 页）。
② 徐明善：《送黄伯善序》，《芳谷集》卷上（《全元文》第 17 册，第 191 页）。

领，然后服者便之。自秦讫五代，治乱千三百年，具于史，必有要领，然后观者便之也。太虚一理，形为万物，散为万事，合则治，离则乱，顺则正，悖则邪，所谓要领者，亦理而已。"① 之所以重视理，就是因为能够依据理指出治乱兴衰的基本规律。

与其他学者相比，徐明善虽然也提到了儒吏，但是他更多论及的是儒臣，因为在文治的大背景下，儒臣确实能比儒吏发挥更重要的作用。

对于儒者而言，贤人政治可能与现实政治有着极大的差距，但是作为一种崇高的政治理想，值得追求和探索。无论是任士林的贤能理念、戴表元的善人理念，还是刘将孙的用儒理念、徐明善的儒臣理念，都包含了对贤人政治的理解和解释，都应该给予充分的重视。尤为重要的是，贤人政治理念的核心要素是人，与下文所述的以事为核心要素的善政政治理念有着明显的区别。以人为中心的贤人政治理念，自然关注的是贤人如何产生和如何有用于国家的重大问题。

第二节 善政政治理念

根据元朝中期的朝政状况，亦有一些理学学者提出了与善政或善治有关的政治理念，可分述于下。

一 赵孟頫的文治理念

赵孟頫（1254—1322年），字子昂，号松雪道人，宋宗室，定居湖州（今属浙江），以父荫补官，入元后被列为江南名士，受诏北上，曾在忽必烈于位时参与与权臣的斗争，已见前述。成宗时赵孟頫参与编修《世祖皇帝实录》，后历任翰林侍读学士、翰林侍讲学士、集贤学士等，著有《尚书集注》和《松雪斋文集》等，在诗文中重点表现的是他的文治理念。

（一）抒故国情怀

赵孟頫尽管亲眼见证了南宋灭亡的过程，但是亡国时毕竟年轻，后来也不愿意深究亡国的深层次原因，只是采用了天数使然和救国无策的通常说法。

---

① 徐明善：《读史要领》，《芳谷集》卷下（《全元文》第17册，第254页）。

朝出南郭门，遥指西山阴。马蹄与石斗，宛转愁我心。溪谷莽回互，寒风振穹林。黄叶洒我衣，岩泉走哀音。凄凄霜露降，穷思浩难任。人生亦何为，百年成古今。华堂昔燕处，零落归丘岑。况复不得保，悲来泪沾襟。

昔年干戈动，兵尘暗三吴。长江已无险，智勇亦难图。筑垒依平山，谋国一何愚。桢干群林空，遗址莽丘墟。至今蓬蒿下，犹有白骨枯。天阴万鬼哭，惨惨荒山隅。兴亡自有数，不敢问何如。独怜野菊花，立马为踟蹰。①

赵孟𫖯与其他南人儒者一样，有着强烈的故国情怀，尤其是在面对故都时，更会在诗作中表现出亡国的愁思。

东南都会帝王州，三月烟花非旧游。故国金人泣辞汉，当年玉马去朝周。湖山靡靡今犹在，江水悠悠只自流。千古兴亡尽如此，春风麦秀使人愁。②

鄂王坟上草离离，秋日荒凉石兽危。南渡君臣轻社稷，中原父老望旌旗。英雄已死嗟何及，天下中分遂不支。莫向西湖歌此曲，水光山色不胜悲。③

赵孟𫖯亦曾将自己视为南宋逸民，准备以治学守道终老于山林，并以诗作表达了这样的志向。

凤凰览德辉，奋翅翔千仞。矫矫孤竹子，求仁斯得仁。于心有不厌，视世等埃尘。俯仰志不屈，又不辱其身。圣言一以宣，万古无缁磷。谁言首阳山，卓与嵩华邻。采采山中薇，愧尔肉食人。

劳生本非情，禄仕吾不苟。古来畎亩间，亦有沮溺叟。依依耦耕心，千载思尚友。中道世所难，狂狷诚足取。如何绝代下，相知不忠厚。仲尼不复作，斯怀向谁道。

驱车秣驽马，吾将适齐国。闻有鲁连子，倜傥好奇画。一谈秦

---

① 赵孟𫖯：《赵村道中》，《松雪斋文集》卷2，四库全书本。
② 赵孟𫖯：《钱唐怀古》，《松雪斋文集》卷4。
③ 赵孟𫖯：《岳鄂王墓》，《松雪斋文集》卷4。

师走，再说聊城拔。功成不受赏，高举振六翮。布衣终其身，岂复为世役。茫茫千载远，安往访遗迹。踦踽东海上，向风长太息。

四时相代谢，荣耀何足恃。瓜田引新蔓，不见桃与李。知士解其会，遇坎当复止。邵生故秦吏，乃亦睹兹理。贤哉感我怀，三叹不能已。

南州有高士，食力事耕稼。优游聊卒岁，不矫亦不隘。大木行欲颠，绋纆岂足赖。何为诸老翁，栖栖不遑舍。斯言非无见，明哲自高迈。谁能悬一榻，待子来税驾。

鹿门何亭亭，下有避世贤。凤雏隐中林，卧龙蟠其渊。一朝起高翔，斯人独深潜。功名不可为，我志久已安。一闻耆旧传，使我心悠然。

尘事非所便，田园久见招。归来三径中，蔚蔚长蓬蒿。虽有荷锄倦，浊酒且自陶。茫茫大化中，委运将焉逃。唐虞去已远，由来非一朝。粲粲霜中菊，采采忘其劳。①

但是赵孟頫成为被忽必烈点名征召的江南名士后，终止了隐士生涯，使他不得不格外关注新朝的政治走向。

(二) 赞文治成果

忽必烈为表示对赵孟頫的重视，将他的位置放在叶李之上。② 为表达对皇帝的知遇之恩，赵孟頫在至元二十四年至二十六年在兵部任职时，特别在贺词中表达了对治世的赞扬。

阊阖曙光生，觚棱瑞霭横。治朝春有象，严跸物无声。簪笏千官列，箫韶九奏成。彤墀簇仙仗，翠树拂霓旌。绝域梯航至，来庭玉帛盈。皇图天远大，圣德日高明。兵息知仁布，民熙见化行。耄倪齐鼓舞，率土共升平。③

在忽必烈去世后，赵孟頫更是在诗作中全面肯定了其大一统和文治的卓越功绩。

---

① 赵孟頫：《咏逸民十一首》，《松雪斋文集》卷2。
② 《元史》卷172《赵孟頫传》。
③ 赵孟頫：《元日朝贺，兵曹时作》，《松雪斋文集》卷4。

东海西山壮帝居，南船北马聚皇都。一时人物从天降，万里车书自古无。秦汉纵强多霸略，晋唐虽美乏雄图。经天纬地规模远，代代神孙仰圣谟。①

对于助成统一的伯颜丞相，赵孟頫也在诗作中作出了帝仁相忠的赞誉。

兴废本天运，辅成见人庸。舆地久以裂，车书会当同。先帝昔在御，如日行虚空。六合仰照耀，一方顾颛蒙。授钺得人杰，止戈代天工。铁马浮渡江，坐收破竹功。草木纷震动，山川变鸿蒙。地利不复险，金城何足攻。市廛易肆忧，兵无血刃红。孰能年岁间，伐国究始终。老稚感再生，遗黎忘困穷。归来一不取，匹马走北风。九域自此一，益见圣世崇。大哉先帝仁，允矣丞相忠。嗟我始弱冠，弗获拜此公。作颂歌元勋，因之写吾衷。②

赵孟頫还特别记录了从成吉思汗到元仁宗的帝位传承情况，所要说明的就是朝廷张扬文治的过程，其中不仅有忽必烈的奠基之功，也有成宗和武宗的守成之功，以及仁宗即位前的平内难之功。

惟上帝降大命于圣元，太祖法天启运圣武皇帝起自朔方，肇基帝业，兵威所至，罔不臣服。盖以睿宗仁圣景襄皇帝为之子，睿宗躬擐甲胄，翦金河南，虽不及抚有多方，笃生圣嗣，是为世祖圣德神功文武皇帝，聪明冠古，无远弗烛，雄略盖世，而神武不杀，命将出师，不再举而宋平。九域分裂者余二百年，一旦一之，遐陬荒裔，咸受正朔，幅员之大，古所未有。于是治历明时，建官立法，任贤使能，制礼作乐，文物粲然可纪。中统、至元之间，海内晏然，家给人足，而又妙悟佛乘，钦崇梵教，慈惠之德洽于人心。肆世祖之享国三十有五年，施及裕宗文惠明孝皇帝，正位储宫，仁孝而敬慎，问安视膳之暇，顺美几谏，天下阴受其赐多矣。至元廿二年，裕宗陟方，未几，顺宗昭圣衍孝皇帝亦遽宾天。三十一年，世

---

① 赵孟頫：《钦颂世祖皇帝圣德诗》，《松雪斋文集》卷4。
② 赵孟頫：《述太傅丞相伯颜功德》，《松雪斋文集》卷2。

祖登遐。当是时，徽仁裕圣皇后不动声色，召成庙于抚军万里之外，授是神器，易天下岌岌者为泰山之安。大德二年，武宗抚军于北，今上（元仁宗）日侍隆福，怡言煦之，摩手抚之，择师取友，俾知先王礼乐刑政为治国平天下之具，恩莫大焉。四年，裕圣上仙，皇上追思罔极，因念在世祖时帝师八思巴弘阐佛法，故我得闻其义，舍归依三宝，修崇冥福，将何以尽吾心，始建佛殿于大都。既而之国罩怀，属成祖登遐，内难将作，上驰至京师，先事而发，殄灭大憝，封府库、奉符玺，清宫以安太后，遣使以迎武宗。武宗既践阼，以上至德伟功，不逾月而立上为皇太子。①

仁宗对赵孟頫极为欣赏，"尝称孟頫操履纯正，博学多闻，书画绝伦，旁通佛、老之旨，皆人所不及"。有人欲让仁宗提防赵孟頫，仁宗乃明确表示："赵子昂，世祖皇帝所简拔，朕特优以礼貌，置于馆阁，典司述作，传之后世，此属呶呶何也！"② 赵孟頫也在诗作中称颂了仁宗时的文治成效。

> 日照黄金宝殿开，雕阑玉砌拥层台。一时侍卫回身立，天步将临玉斧来。殿西小殿号嘉禧，玉座中央静不移。读罢经书香一炷，太平天子政无为。③
> 春满皇州，见祥烟拥日，初照龙楼。宫花苑柳，映仙仗云移，金鼎香浮。宝光生玉斧，听鸣凤，箫韶乐奏。德与和气游，天生圣人，千载希有。祥瑞电绕虹流，有云成五色，芝生三秀。四海太平，致民物雍熙，朝野歌讴。千官齐拜舞，玉杯进，长生春酒。愿皇庆万年，天子与天齐寿。④
> 阊阖初开，正苍苍曙色，天上春回。绛帻鸡人时报，禁漏频催，九奏钧天帝乐。御香惹，千官环佩，鸣鞘静，嵩岳三呼，万岁声震如雷。殊方异域尽来，满彤庭贡珍，皇化无外。日绕龙颜，云

---

① 赵孟頫：《大元大普庆寺碑铭，奉敕撰》，《松雪斋文集》外集（《全元文》第19册，第288—290页）。
② 《元史》卷172《赵孟頫传》。
③ 赵孟頫：《宫中口号》，《松雪斋文集》卷5。
④ 赵孟頫：《应制月中仙》，《松雪斋文集》卷10。

近绛阙蓬莱，四海欢忻鼓舞。圣德过，唐虞三代，年年宴，王母瑶池，紫霞长进琼杯。①

天上春来，正阳和布泽，斗柄初回。一朵祥云捧日，万众生辉，帝德光昭四表。玉帛尽，梯航来会，彤庭厂，花覆千官，紫霄鹓鹭徘徊。仁风遍满九垓，望霓旌缓引，宝扇徐开。喜动龙颜，和气蔼然交泰，九奏箫韶舜乐。兽尊举，麒麟香瑷，从今数，亿万斯年，圣主福如天大。②

文治的核心问题是行仁政，所以赵孟頫为仁宗设计的科举殿试题目，就是让考生就如何落实仁政提出具体的建议。

制曰：朕闻治天下之道，必本于仁义。唐虞三代之盛，用斯道也，刑罚之施不过辅治而已。朕承祖宗丕显之业，嗣守大宝，君临万方，思得贤士大夫与之共治，故延问于子大夫。子大夫诵先圣之遗书，深明厥旨，夫行仁义，必尽心于民事，本末先后之叙，究之详矣，其为朕言之，朕将择焉。③

应该承认，作为朝廷的重要词臣，赵孟頫对于文治有过多的溢美之词，但透过这些溢美之词，还是可以看出他对文治的期盼，这一点显然更为重要。

（三）论士人入仕

赵孟頫认为："世所谓丈夫者，率盛气大言，骄岸倨肆，常易一介之士。至一介之士，当仁不让，奋然仗义，与人争是非，不肯碌碌苟止，亦非世所谓丈夫者所能也。"④ 士人的作为与常人的作为有所不同，一个重要的原因是士能通过入仕实现自己的抱负，但是入仕是要有用于国家，而不是为了自己的私利，所以要认真考虑自己的学识是否可用于天下，赵孟頫对此特别作了说明。

---

① 赵孟頫：《应制万年欢》，《松雪斋文集》卷10。
② 赵孟頫：《元日朝会乐府万年欢》，《松雪斋文集》卷10。
③ 赵孟頫：《御试策题，皇庆二年（1313年）》，《松雪斋文集》卷10（《全元文》第19册，第20页）。
④ 赵孟頫：《送凌德庸赴淮东宪幕序》，《松雪斋文集》卷6（《全元文》第19册，第67页）。

士少而学之于家，盖亦欲出而用之于国，使圣贤之泽沛然及于天下。此学者之初心，然而往往淹留偃蹇，甘心草莱岩穴之间，老死而不悔，岂不畏天命而悲人穷哉。诚退而省吾之所学，于时为有用耶，为无用耶，可行耶，不可行耶，则吾出处之计，了然定于胸中矣，非苟为是栖栖也。①

宋朝以科举取士，带来了不少的弊病。有人认为一些重要大臣和儒学大师都因科举而名显，赵孟頫则强调这些人之所以出名，并不只是因为科举的进身，而是因为他们的学识。

宋以科举取士，士之欲见用于世者，不得不由科举进。故父之诏子，兄之教弟，自幼至长，非程文不习，凡以求合于有司而已。宋之末年，文体大坏，治经者不以背于经旨为非，而以立说奇险为工；作赋者不以破碎纤靡为异，而以缀缉新巧为得。有司以是取士，以是应程文之变，至此尽矣。狃于科举之习者则曰："巨公如欧、苏，大儒如程、朱，皆以是显，士舍此将焉学？"是不然。欧、苏、程、朱其进以是矣，其名世传后，岂在是哉。②

士人入仕可以有远大的抱负，成为循吏应该成为一个重要的目标，因为自古以来的循吏并不多见，正如赵孟頫所言："予读《汉史》，至《循吏传》，观古循吏之所为，政事教化之所感召，能使蝗不入境，虎渡河去，民至称之为父母。嗟乎，何以得此于民哉。三代而上，未置郡县，循吏之名未立。由汉以来，士大夫之贤者苟不得一郡一邑而为守令，政事不见于世，德泽不及于民，何由列于史官，使循良之名愈久而常存也。"③ 如果入仕者均为循吏，国家就用不着设立监察机构了："国家之设守令，本以为民也。廉访司之设，国家之不得已也。使守令皆循良，民安于田里，无叹息愁怨之声，虽不设官以纠之可也。然而守令或不肖，不能宣上德意，视民如仇，而后廉访司始不可无矣。故曰廉访司

---

① 赵孟頫：《送吴幼清南还序》，《松雪斋文集》卷6（《全元文》第19册，第66页）。
② 赵孟頫：《第一山人文集序》，《松雪斋文集》卷6（《全元文》第19册，第72—73页）。
③ 赵孟頫：《送田师孟知河中府序》，《松雪斋文集》卷6（《全元文》第19册，第68页）。

之设，国家之不得已也。"① 由此，必须注重善恶之分，因为一旦入仕，个人的善恶选择会影响到被其所管的人的命运。

> 《书》不云乎："作善降之百祥，作不善降之百殃。"善恶之应，若水之流湿，火之就燥，乃天理之自然，毫发无爽者也。人之生也，性本皆善。中人以上，固不待勉而后为善。中人以下，或移于气习，或狃于利欲，迷焉而不知复，学焉而不知警，恶日积而不自知，及乎天定，祸不旋踵。凡人皆尔，而仕宦者尤不可以不慎。盖士大夫受天子命，位于州县之上，权足以威众，而事足以及物，善固易宣，而恶亦易播。然为善者，安富尊荣，泽流子孙；为不善者，毒流众庶，身世殄绝，可不惧哉。②

赵孟𬱖还通过对有为儒臣李孟的赞颂，特别强调了圣主得贤臣的重要作用。

> 鱼水千年庆，龙云亿载春。乾元开泰运，圣主得贤臣。画像丹青炳，书题刻画真。春官承宠旧，秋谷赐名新。扶日登皇极，经邦赞化钧。甘盘基相业，傅说应星辰。报国非私己，逢时岂爱身。谁能动天子，今复见山人。始白诗书效，行看俗化淳。愿陈归美意，作颂比烝民。③

也就是说，仁宗时的重用儒臣是文治的一个重要标志，与之相配合的，就是士人要端正入仕的态度，知道入仕的难度，才可能成为对国家真正有用的贤臣。

（四）重农桑为本

仁宗在位时，为了表示对农桑的重视，曾下令刊行新制作的《农桑图》，赵孟𬱖特别强调了制作该图，就是为了体现以农为本的治国观念。

> 延祐五年四月廿七日，上御嘉禧殿，集贤大学士臣邦宁、大司

---

① 赵孟𬱖：《送张元卿序》，《松雪斋文集》外集（《全元文》第19册，第69页）。
② 赵孟𬱖：《为政善恶事类序》，《松雪斋文集》外集（《全元文》第19册，第84页）。
③ 赵孟𬱖：《奉赠平章李相公十韵》，《松雪斋文集》卷4。

徒臣源进呈《农桑图》，上披览再三，问作诗者何人，对曰翰林承旨臣赵孟頫；作图者何人，对曰诸色人匠提举臣杨叔谦。上嘉赏久之，人赐文绮一段，绢一段，又命臣孟頫叙其端，臣谨奉明诏。

臣闻《诗》《书》所纪，皆自古帝王为治之法，历代传之，以为大训。故《诗》有《七月》之陈，《书》有《无逸》之作。《七月》之诗曰："三之日于耜，四之日举趾，同我妇子，馌彼南亩。"又曰："十月获稻。"又曰："十月涤场。"皆农之事也。其曰"女执懿筐""爰求柔桑""蚕月条桑""八月载绩，载玄载黄"，皆妇工之事也。《无逸》之书曰："君子所其无逸，先知稼穑之艰难，乃逸。"二者周公所以告成王，盖欲成王知稼穑之艰难也。

钦惟皇上以至仁之资，躬无为之治，异宝珠玉锦绣之物不至于前，维以贤士、丰年为上瑞，尝命作《七月图》以赐东宫，又屡降旨设劝农之官，其于王业之艰难，盖已深知所本矣，何待远引《诗》《书》以裨圣明。此图实臣源建意，令臣叔谦因大都风俗，随十有二月，分农桑为廿有四图，因其图像作廿有四诗，正《豳风》因时纪事之义。[1]

在《农桑图》"耕"的配诗中，赵孟頫不仅强调了耕者的辛苦，更指出这样的辛苦劳作，恰是国家大治和天下太平的重要基础，

正月
田家重元日，置酒会邻里。小大易新衣，相戒未明起。老翁年已迈，含笑弄孙子。老姬惠且慈，白发被两耳。杯柈且罗列，饮食致甘旨。相呼团栾坐，聊慰衰暮齿。田硗藉人力，粪壤要锄理。新岁不敢闲，农事自兹始。

二月
东风吹原野，地冻亦已消。早觉农事动，荷锄过相招。迟迟朝日上，炊烟出林梢。土膏脉既起，良耜利若刀。高低遍翻垦，宿草不待烧。幼妇颇能家，井臼常自操，散灰缘旧俗，门径环周遭。所冀岁有成，殷勤在今朝。

---

[1] 赵孟頫：《农桑图序，奉敕撰》，《松雪斋文集》外集（《全元文》第19册，第83页）。

三月

良农知土性，肥瘠有不同。时至万物生，芽蘖由地中。秉耒向畎亩，忽遍西与东。举家往于田，劳瘁在尔农。春雨及时降，被野何蒙蒙。乘兹各布种，庶望西成功。培根利秋实，仰天望年丰。但使阴阳和，自然仓廪充。

四月

孟夏土加润，苗生无近远。漫漫冒浅陂，芃芃被长阪。嘉谷虽已植，恶草亦滋蔓。君子与小人，并处必为患。朝朝荷锄往，薅耨忘疲倦。旦随鸟雀起，归与牛羊晚。有妇念将饥，过午可无饭。一饱不易得，念此独长叹。

五月

仲夏苦雨干，二麦先后熟。南风吹陇亩，惠气散清淑。是为农夫庆，所望实其腹。沽酒醉比邻，语笑声满屋。纷然收获罢，高廪起相属。有周成王业，后稷播百谷。皇天贻来牟，长世自兹卜。愿言仍随稔，四海尽蒙福。

六月

当昼耘水田，农夫亦良苦。赤日背欲裂，白汗洒如雨。匍匐行水中，泥淖及腰膂。新苗抽利剑，割肤何痛楚。夫耘妇当馌，奔走及亭午。无时暂休息，不得避炎暑。谁怜万民食，粒粒非易取。愿陈知稼穑，无逸传自古。

七月

大火既西流，凉风日凄厉。古人重稼穑，力田在匪懈。郊行省农事，禾黍何旆旆。碾以他山石，玉粒使人爱。大祀须粢盛，一一稽古制。是为五谷长，异彼稊与稗。炊之香且美，可用享上帝。岂惟足食人，一饱有所待。

八月

白露下百草，茎叶日纷萎。是时禾黍登，充积遍都鄙。在郊既千庾，入邑复万轨。人言田家乐，此乐谁可比。租赋以输官，所余足储峙。不然风雪至，冻馁及妻子。优游茅檐下，庶可以卒岁。太平元有象，治世乃如此。

九月

大家饶米面，何啻百室盈。纵复人力多，春磨常不停。激水转大轮，硙碾亦易成。古人有机智，用之可厚生。朝出连百车，暮入还满庭。勾稽数多少，必假布算精。小人好争利，昼夜心营营。君子贵知足，知足万虑轻。

十月

孟冬农事毕，谷粟既已藏。弥望四野空，藁秸亦在场。朝廷政方理，庶事和阴阳。所以频岁登，不忧旱与蝗。置酒燕乡里，尊老列上行。肴羞不厌多，炰羔复烹羊。纵饮穷日久，为乐殊未央。祷天祝圣人，万年长寿昌。

十一月

农家值丰年，乐事日熙熙。黑黍可酿酒，在牢羊豕肥。东邻有一女，西邻有一儿。儿年十五六，女大亦可笄。财礼不求备，多少取随宜。冬前与冬后，婚嫁利此时。但愿子孙多，门户可扶持。女当力蚕桑，男当力耘耔。

十二月

一日不力作，一日食不足。惨淡岁云暮，风雪入破屋。老农气力衰，伛偻腰背曲。索绹民事急，昼夜互相续。饭牛欲牛肥，茭藁亦预蓄。寒驴虽劣弱，挽车致百斛。农家极劳苦，岁岂恒稔熟。能知稼穑艰，天下自蒙福。

在《农桑图》"织"的配诗中，赵孟頫在强调织妇辛苦的同时，亦指出这样的辛苦与国家的礼义规制和对庶民的教化有着密切的关系。

正月

正月新献岁，最先理农器。女工并时兴，蚕室临期治。初阳力未胜，早春尚寒气。窗户当奥密，勿使风雨至。田畴耕耨动，敢不修耒耜。经年牛力弱，相戒勤饭饲。万事非预备，仓卒恐不易。田家亦良苦，舍此复何计。

二月

仲春冻初解，阳气方满盈。旭日照原野，万物皆欣荣。是时可种桑，插地易抽萌。列树遍阡陌，东西各纵横。岂惟篱落间，采叶惮远行。大哉皇元化，四海无交兵。种桑日以广，弥望绿云平。匪惟锦绮谋，只以厚民生。

三月

三月蚕始生，纤细如牛毛。婉娈闺中女，素手握金刀。切叶以饲之，拥纸散周遭。庭树鸣黄鸟，发声和且娇。蚕饥当采桑，何暇事游遨。田时人力少，丈夫方种苗。相将挽长条，盈筐不终朝。数口望无寒，敢辞终岁劳。

四月

四月夏气清，蚕大已属眠。高首何昂昂，蛾眉复娟娟。不忧桑叶少，遍野如绿烟。相呼携筐去，迢递立远阡。梯空伐条枚，叶上露未干。蚕饥当早归，秉心静以专。饬躬修妇事，黾勉当盛年。救忙多女伴，笑语方喧然。

五月

五月夏已半，谷莺先弄晨。老蚕成雪茧，吐丝辞纷纭。伐苇作薄曲，束缚齐榛榛。黄者黄如金，白者白如银。烂然满筐筥，爱此颜色新。欣欣举家喜，稍慰经时勤。有客过相问，笑声闻四邻。论功何所归，再拜谢蚕神。

六月

釜下烧桑柴，取茧投釜中。纤纤女儿手，抽丝疾如风。田家五六月，绿树阴相蒙。但闻缫车响，远接村西东。旬日可经绢，弗忧杼轴空。妇人能蚕桑，家道当不穷。更望时雨足，二麦亦稍丰。沽酒及时饮，醉倒妪与翁。

七月

七月暑尚炽，长日弄机杼。头蓬不暇梳，挥手汗如雨。嘤嘤时鸟鸣，灼灼红榴吐。何心娱耳目，往来忘伛偻。织为机中素，老幼要纫补。青灯照夜梭，蟋蟀窗外语。辛勤亦何有，身体衣几缕。嫁为田家妇，终岁服劳苦。

八月

池水何洋洋，沤麻水中央。数日麻可取，引过两手长。织绢能几时，织布已复忙。依依小儿女，岁晚叹无裳。布襦不掩胫，念之热中肠。朝缉满一篮，暮缉满一筐。行看机中布，计日渐可量。我衣苟已成，不忧天早霜。

九月

季秋霜露降，凛凛寒气生。是月当授衣，有布织未成。天寒催刀尺，机杼可无营。教女学纺纑，举足疾且轻。舍南与舍北，嗜嗜闻车声。通都富豪家，华屋贮娉婷。被服杂罗绮，五色相间明。听说贫家女，恻然当动情。

十月

丰年禾黍登，农心稍逸乐。小儿渐长大，终岁荷锄镬。目不识一字，每念心作恶。东邻方迎师，收拾令入学。后月日南至，相贺因旧俗。为女裁新衣，修短巧量度。龟手事塞向，庶御北风虐。人生真可叹，至老长力作。

十一月

冬至阳来复，草木渐滋萌。君子重其然，吾道自此亨。父母坐堂上，子孙列前荣。再拜称上寿，所愿百福并。人生属明时，四海方太平。民无札瘥者，厚泽敷群情。衣食苟给足，礼义自此生。愿言兴学校，庶几教化成。

十二月

忽忽岁将尽，人事可稍休。寒风吹桑林，日夕声飕飗。墙南地不冻，垦掘为坑沟。斫桑埋其中，明年芽早抽。是月浴蚕种，自古相传流。蚕出易脱壳，丝纩亦倍收。及时不努力，知有来岁不。手冻不足惜，冀免号寒忧。①

赵孟𫖯还特别指出了"盐政"已经变成扰民的"盐祸"，需要有为的大臣以减轻民众负担的方法来革除弊病。

盐为生民食，日用犹水火。虽非饥所急，一日无不可。但令商贾便，那复愁国课。数年人坏法，贪欲肆偏颇。利多归私室，民始受盐祸。尔来又计口，强致及包裹。榷酤穷滴沥，征商剧遮逻。东南民力竭，此事非细琐。朝家更政化，选择堪负荷。君为尚书郎，精白色瑳瑳。明当戒行李，往理吴越柁。祝君无别语，编户要安妥。湖山多胜处，亦可供宴坐。谈笑尊俎间，佳声满江左。②

赵孟𫖯在与权臣桑哥斗争时曾显示的敢于直言的作风，在成宗至仁

---

① 赵孟𫖯：《题耕织图二十四首，奉懿旨撰》，《松雪斋文集》卷2。
② 赵孟𫖯：《送程子充运副之杭州》，《松雪斋文集》卷2。

宗朝已较少展现，重要的原因是朝政的格局发生了重要的变化，并且赵孟頫有较长的时间在地方任职，所以不便对朝政发表评论。尤其是在仁宗特别敬重赵孟頫的情势下，他只能改为用委婉的方法表达对一些弊病的不满。

（五）述义理之要

赵孟頫是由程钜夫推荐给朝廷的，所以终生以程钜夫为师，在理学传承上被列入了"双峰学派"[①]。赵孟頫从至元十六年（1279）开始编撰《尚书集注》，到大德元年（1297）完成，此后二十余年中，又有所增补。[②] 他穷一生精力为《尚书》作注，就是因为该书不仅有今文和古文的不同，还有旧注的错乱。只可惜赵孟頫的集注没有刊行，只能看到他对集注目的的解释。

> 《诗》《书》《礼》《乐》《春秋》，皆经孔子删定笔削，后世尊之以为经，以其为天下之大经也。秦火之后，《乐》遂无复存，《诗》《书》《礼》《春秋》由汉以来诸儒有意复古，殷勤收拾，而作伪者出焉。学者不察，尊伪为真，俾得并行，以售其欺，《书》之古文是已。嗟夫，《书》之为《书》，二帝三王之道于是乎在，不幸而至于亡，于不幸之中幸而有存者，忍使伪乱其间耶。又幸而觉其伪，忍无述焉，以明之使天下后世常受其欺耶。余故分今文、古文而为之集注焉。嗟夫，可与知者道，难与俗人言也。余恐是书之作，知之者寡，而不知者之众也。[③]

赵孟頫还特别指出，儒者治学尤其是读书，必须抱着解疑的态度，因为无疑即无思，有疑才能有思，有思才能学有所成。

> 大凡读书不能无疑，读书而无所疑，是盖于心无所得故也。无所得，则无所思，不思矣，何疑之有，此读书之大患也。善读书者，必极其心思，一字不通弗舍之，而求一句；一句不通弗舍之，而求一章；一章不通弗舍之，而求一篇。夫如是，则思之深；思之

[①] 黄宗羲原著，全祖望补修：《宋元学案》第4册，第2830页。
[②] 赵孟頫：《重辑尚书集注序》，《全元文》第19册，第90—91页。
[③] 赵孟頫：《书今古文集注序》，《松雪斋文集》卷6（《全元文》第19册，第71页）。

深，则必有疑；因其疑，而极其心思，则其有得也。凡书皆然，经为甚，何者？六经其来最古，传之久而讹谬生焉，以今人而臆度古人，吾见其不能矣，则夫疑之多也何怪。①

赵孟頫还特别强调："夫儒者之事，通乎天人而接乎圣贤。推而放之，可以为邦国之光；卷而怀之，犹不失为身修家齐之士。"② 由此，士人不能过于看重功名，而是要以道义为上："志功名者，荣禄不足以动其心。重道义者，功名不足以易其虑。何者？纡青怀金与荷锄畎亩者殊途，抗志青云与徼幸一时者异趣。此伯夷所以饿于首阳，仲连所以欲蹈东海者也。矧名教之乐，加乎轩冕；违己之病，甚于冻馁；此重彼轻，有由然矣。"③ 讲究道义的儒者，行文不是为了邀名获利，而是为了弘扬儒学的义理，所以为文必以六经为师："文者所以明理也，自六经以来，何莫不然，其正者自正，奇者自奇，皆随其所发而合于理，非故为是平易险怪之别也。后世作文者，不是之思，始夸诩以为富，剽疾以为快，谈诡以为戏，刻画以为工，而于理始远矣。故尝谓学为文者，皆当以六经为师，舍六经无师矣。"④ 以六经为师，就是对"正学"的坚持，这恰是赵孟頫所要申明的论点。

赵孟頫尽管入仕多年，但自诩对功名并不在意，而是在意如何成为重道义的君子和有思于天下的隐士，在诗作中对此多有表述，可列举几首。

君子重道义，小人贵功名。天爵元自尊，世纷何足荣。乘除有至理，此重彼自轻。青松与蔓草，物情当细评。勿为蔓草蕃，愿作青松贞。⑤

我性真且率，不知恒怒嗔。俯仰欲从俗，夏畦同苦辛。以此甘弃置，筑屋龟溪滨。西与长松友，东将修竹邻。桃李粗罗列，梅柳亦清新。渐与市朝远，颇觉渔樵亲。自谓独往意，白首无缁磷。安

---

① 赵孟頫：《叶氏经疑序》，《松雪斋文集》卷6（《全元文》第19册，第79—80页）。
② 赵孟頫：《完州前进士题名记》，《松雪斋文集》卷7（《全元文》第19册，第188页）。
③ 赵孟頫：《五柳先生传论》，《松雪斋文集》卷6（《全元文》第19册，第182页）。
④ 赵孟頫：《刘孟质文集序》，《松雪斋文集》卷6（《全元文》第19册，第75—76页）。
⑤ 赵孟頫：《自释》，《松雪斋文集》卷2。

知承嘉惠，再踏京华尘。京华人所慕，宜富不宜贫。严郑不可作，兹怀向谁陈。①

诗亡春秋作，仲尼盖苦心。空言恐难托，指事著以深。大义炳如日，万古仰照临。凤鸟久不至，楚狂乃知音。愁来不得语，起坐弹吾琴。

烈风号枯条，落叶满周道。原野何萧索，川流亦浩浩。离居日以远，怀思令人老。功名会有时，生世苦不早。顾瞻靡所骋，忧心愁如捣。

浮云何方来，不知竟安之。飘飘随风去，汗漫以为期。自昔功名士，往往事驱驰。白驹空谷中，谁能加絷维。皎皎难见容，翻受世妍媸。虚名诚无益，不见斗与箕。②

赵孟頫更为出名的是书法和绘画，但不能因为其书画的名气，而忽视了他所倡导的文治理念，因为他当时的政治地位，亦与这样的理念有着极大的关系。

二　陈栎的立教理念

陈栎（1252—1334年），字寿翁，号定宇、东阜老人，徽州休宁（今属安徽）人，以治朱学为要，被列为理学"沧州学派"学人，③ 以教书为业，仁宗时在官府强力敦促下参加乡试中选，称疾未赴礼部考试，著有《读易编》《书解折衷》《四书发明》等，均佚，有文集《定宇集》传世，其著述主要体现的是圣人立教理念。

（一）立教的理论基础

儒家六经所阐释的治道学说，是圣人立教的理论基础。陈栎不仅强调"六经莫先于《易》，亦莫难于《易》"④，还特别指出："盖以《诗》虽三百篇之多，大要不出美善、刺恶二者。读美善之诗，可以感发吾之善心；读刺恶之诗，可以惩创吾之逸志，皆所以正吾心，而使无邪思

---

① 赵孟頫：《述怀》，《松雪斋文集》卷3。
② 赵孟頫：《古风十首》，《松雪斋文集》卷2。
③ 黄宗羲原著，全祖望补修：《宋元学案》第3册，第2354—2355页。
④ 陈栎：《百一易略自序》，《定宇集》卷1，四库全书本（《全元文》第18册，第114页）。

也。"① 在六经之中，《书》尤为重要，"诸经各得其一体，而《书》具诸经之全体"；"治经而不尽心于此，非知本者"②。《书》的要旨就是治道，正如陈栎所言："《书》载帝王之治，而治本于道，道本于心。道安在？曰在中。心安在？曰在敬。揖让放伐、制度详略等事虽不同，而同于中，钦、恭、寅、祗、慎、畏等字虽不同，而同于敬。求道于心之敬，求治于道之中，详说反约，《书》之大旨不外是矣。"③

儒家所说的"道"，与老子所说的"道"有所不同，陈栎就此作了专门的说明："老子之言'道德'，与六经孔孟之言'道德'不同，所以韩文公曰：'道其所道，德其所德，非吾所谓道德也。'今姑以老子之说读老子耳。盖老子之学，爱说道体而不的见夫道之体，欲穷道原而不精探夫道之原，其论道本于无，颇似周子无极之说；其论不欲以静，颇似周子无欲故静之说，而实不免乎有病也。无不与有合，体不与用贯，故其论有弊，而其学终不行。"④ 之所以有这样的说明，所要表现的就是扬儒贬道的基本态度。

"道"出于天，所以陈栎强调："道之大原出于天，此语自稳当，包涵无尽道理，无可瑕疵也。文公尝引以解《中庸》首三句观子思，自源头说下来，率性之谓道，原于天命之谓性，岂不是道之大原出于天。"⑤ 尤为重要的是，圣人一心贯道，无驳杂可言："圣人以一心贯道，非深于道者未易知也。夫道之体一而已矣，而其用则散于万殊。虽万殊也，而实不外乎一本也。天下无心外之道，圣人之于道亦惟以一心贯之。道之万殊，不外乎一本，圣人以一心贯道，则一本可该乎万殊。以一本言，无杂也。以万殊言，亦不可以杂言也。道本无杂，可杂非道也。""盖至诚无息者，道之体，万殊之所以一本也。万物各得其所者，道之用，一本之所以万殊也。天地以生物为心，亦惟以一心贯通而已。天之道，犹以一心贯之，孰谓圣人之于道而不以一心贯之乎。圣人之道其泛应曲当，用各不同，若杂然而无伦也。然圣人之心，则惟浑然一理之贯通而已，曷尝有一毫之驳杂者，故曰吾道一以贯之。"⑥ 陈栎既强

---

① 陈栎：《诗经句解序》，《定宇集》卷1（《全元文》第18册，第112—113页）。
② 陈栎：《书解折衷自序》，《定宇集》卷1（《全元文》第18册，第105—107页）。
③ 陈栎：《尚书蔡氏集传纂疏自序》，《定宇集》卷1（《全元文》第18册，第107—108页）。
④ 陈栎：《老子节注序》，《定宇集》卷1（《全元文》第18册，第114页）。
⑤ 陈栎：《答问·问虚谷云道之大原出于天》，《定宇集》卷7。
⑥ 陈栎：《讲义·道不欲杂论》，《定宇集》卷13（《全元文》第18册，第219—221页）。

调了以心体道即所谓"一心贯道"的理学宗旨，也强调了道所体现的"一本万殊"的体用关系。

"道"与"理"有密切的关系，陈栎由此引入理学的性理学说，说明了性与理之间的关系。

> 天所赋为命，人所受为性，所赋所受，不过此理而已。理，道理也。然道字大纲包涵说，理字就道字中分析精细说，如言文理、条理是也。在物为理，理虽散在万物，而实具于人之一性。故程子曰："性即理也。"性中之理，何物也？就其大者言之，仁义礼智是也。故朱子《大学序》曰："天降生民，则既莫不与之以仁义礼智之性。"观此言可见矣。天下之理，此四者足以该之。天下道理千般万样，皆自此四者出耳。故言道理之学，须兼着"性理"二字言之。言性不言理，则不知性中实具此理。性为何物乎？未免如荀扬之言性矣。以理言性，则可见天下无不善之理，则无不善之性可知矣。言理不言性，则但知理之散在万物，而不知理之具于一性，是理自理，我自我，与吾性有何交涉哉。知在物为理，又知性之即理，则物我贯、内外合矣。以理言性，则性非气禀食色之粗。就性求理，则理即吾仁义礼智之实。天下无性外之理，亦不于性外而求理，此物我一理之妙，而合内外之道也。以此言性，理其庶几乎。①

陈栎认同理学家"性即理"的基本论点，并特别强调了性与理之间的紧密关系，就体现为无性外之理和不性外求理的基本原则。

性理学说之所以重要，就在于以理为基础，形成了命、性、道、教的不同要求，并且天下之人必须有圣人立教，才能做到守道和行道。

> 虽有命、性、道、教之分，一以贯之，仁义礼智之理而已。天以是理赋于人，谓之命。人受是理于心，谓之性。循是理而行之于身，谓之道。品节是理以善天下，谓之教。天能与人以是性，而不能使人皆全其性，是故不可无圣人之教也。天与人以性，而人不能

---

① 陈栎：《答问·问性理二字如何解》，《定宇集》卷7（《全元文》第18册，第198—199页）。

皆全其性，何也？以气质之禀有不齐也。天以阴阳五行化生人物，气以成形，而理因赋焉，所谓命也。理何理也？即太极之理，流行而为元亨利贞者是也。元亨利贞，天道之常，仁义礼智，人性之纲，天人非二理也。人未受而为性，则惟可以元亨利贞言，而未有仁义礼智之名耳。得天命之元，在人性为仁；得天命之亨，在人性为礼；得天命之利与贞，在人性为义与智。天所赋之命，即为人所受之性，此所谓"天命之谓性"也。率，循也，循其性之自然而行之于身，即道也。循其仁之性，则自父子之亲，以至仁民爱物，仁之道也。循其义之性，则自君臣之分，以至于敬长尊贤，义之道也。循其礼与智之性，则恭敬辞让之节文，是非邪正之分别，礼与智之道也。率，非用力之谓，顺其所受之性，而行其所当行者耳，此所谓"率性之谓道"也。使人皆全其天命之性，而共由其率性之道，则何待于教哉。惟夫性道虽同，而气质有异，太极动静而为阴阳，阴阳变合而为五行，而人生焉。太极之理已不能离乎二五之气之中，人禀太极之理以成性，禀二五之气以成形，天地之性，其能离乎气质之中乎。气清质粹之极者为圣人，故性焉安焉，而气质不能拘焉。自圣人以降，则气有清浊，质有粹驳，随其分数之多寡，而智愚贤不肖于是乎分。贤智之于道不免于过，愚不肖之于道不免于不及，过不及皆差也，其不能全天命之性一也。斯人也，何可无圣人之教哉。圣人之道，亦非外立一道以为教也，不过因人所率循之道而品节之以为教，使过不及者有以取中焉耳。辨亲疏之杀，而使各尽其情，则仁之教立矣。别贵贱之等，而使各尽其分，则义之教行矣。为之制度文为，使之守而不失，则礼之教得。为之开导禁止，使之有别而不差，则智之教明矣。品节仁义礼智之道，以为仁义礼智之教，使不能知其性之所有而全之者，今皆不拘于气质，不蔽于私欲，而无过不及之差，以复全其仁义礼智之性焉，此所谓"修道之谓教"也。常人之性，不免拘于气质清浊粹驳之杂，故不能全其所受于天者，而有待于教。圣人之性超然于气质极清极粹之表，故其功能有助于天，而为天下以立教。有降命之天，不可无立教之圣人也。[1]

---

[1] 陈栎：《讲义·天命之谓三句》，《定宇集》卷13（《全元文》第18册，第241—243页）。

而要真正了解圣人如何立教,就必须精读强调"穷理正心、修身治人"的《大学》一书,① 陈栎特别以讲义的形式说明了《大学》的要旨。

"明明德"者,大学之体;"新民"者,大学之用;"止至善"者,明德、新民之准则;自"知止"以至"能得",所以言"止至善"之次第也。"格物致知""诚意正心修身者","明明德"之条目;"齐家治国平天下"者,新民之条目;物格知至则知所止,诚意而下则得所止之序也。凡此皆先儒之所已言,亦学者之所通知,辞不待赘矣。愚尝摘二本末之辞而味之,物有本末之云,以明德、新民而分本末也;本乱末治之云,以身与家国天下而分本末也。以明德、新民分本末,则明德为本,而新民为末矣。以身与家国天下分本末,则格物致知、诚意正心修身者为本,而齐家治国平天下为末矣。本者体之谓,末者用之谓。由本而末,其体立而后用行之谓乎。于三者之纲而论其体用,必当极其所止以为归宿之地。于八者之目而论其体用,必当知其所始以为从入之途。何谓极其所止以为归宿之地?止于至善是也。何谓知其所始以为从入之途,格物致知、诚意是也。明明德者,明己之明德,新民之体也。新民者,明民之明德,明明德之用也。然明明德、新民皆当止于至善之地,以为归宿之准则,然后有以尽天理之公,而无一毫人欲之私。使明德、新民而不止于至善,则所以修己治人者,终苟道也。故必知其所止,而渐进以求得其所止,则明德、新民之体用始无遗憾矣。于三者之纲而论其体用,必当极其所止以为归宿之地,此之谓也。格物致知、诚意正心以修其身,明明德之事也,大学之体所以立也;齐家治国平天下,新民之事也,大学之用所以行也。身苟修矣,齐家以下举而措之而已。然身则未易修也,修身之事有二关,致知为梦觉关,诚意为善恶关。能格物以致知,则为觉,否则梦;能诚意而意诚,则为善,否则恶。透过此二关,则知至而知以明,意诚而行以达,由是而进进不止,心以是而正,身以是而修,则体立矣,家以是而齐,国以是而治,天下以是而平,则用行矣。②

---

① 陈栎:《经疑·小学大学》,《定宇集》卷13(《全元文》第18册,第230—232页)。
② 陈栎:《讲议·大学之道全章》,《定宇集》卷13(《全元文》第18册,第239—241页)。

陈栎所说的明明德和新民之间的体用或本末关系，已经是当时的流行观点，但被一些理学家所质疑，因为这些理学家所强调的是两者不可区分的一体关系。尽管有这样的质疑，并不影响陈栎对圣人立教的总体性说明。

（二）立教的治国建议

陈栎特别在策论中指出，要解决国家的时务问题，不能就事论事，必须追溯其本原，以圣人立教的方式，根除各种弊病。

> 问：经史所载，皆时务也。读《虞书》，则知尧舜之务。读夏、商、周之书，则知禹、汤、文、武、周公之务。读史亦然。至于史，则时与务靡然俱下，何欤？无乃知为务以救时，而不知稽经以为务欤？钦惟皇上神圣冠伦，嗣大历服，只若祖训，以科举取士，岂徒务以经术变前代设科之陋而已，盖务得真儒而用，使风移俗易，臻至治也。混一以来，垂四十年，草创因循，至于今日，官冗吏污、民嚣俗敝有矣。欲致隆平，当去太甚，然则官冗不可不汰也，当如汉光武吏职减损十置其一欤？吏污不可不惩也，当如隋文帝使人遗以钱帛，受者加罪欤？民嚣而争讦相尚，当如赵广汉者钩距求情，痛绳以法欤？俗敝而奢侈无节，但令如贾谊者太息于庶人帝服、倡优后饰欤？自古一法立，一弊生，弊生则又为之法，于是法如牛毛，弊如蜂午，时与务靡然俱下，由此故也。然则使人何以无幸爵之心，而不壅铨曹？何以使吏消黩货之念，而不干邦宪？何以使民知逊悌？何以使俗知礼节？古之治天下者，经具焉，而何务为之本？知经之要，明务之本，逢今之时，平天下犹运之掌上耳。魏征论五帝三王不易民而化，封德彝非之曰："魏征书生，岂识时务，彼不知教化乃时务也？"魏征言焉，太宗纳焉，是以有贞观之治。尝闻"取法于上，仅得其中"。使皇元之治止如贞观，而不进于唐虞三代之隆，果有真儒出焉，将其心愧耻矣。诸君钦听明诏以来，念此至熟也，其稽经以对，副圣天子侧席真儒之意。
>
> 对：恭惟皇上聪明天生，缉熙圣学，行圣祖神宗欲行未行之事，肇新科举，一是以经学训多士。执事先生钦若明诏，发策乡闱，析经与史、时与务，而以官、吏、民、俗四事贯穿经史，责真儒之用焉，大哉问也。

愚窃谓经所以载道，而道非有体无用之道也，道之体必达于事之用。史所以载事，而事非有用无体之事也，事之用必当本于道之体。惟道能制乎时，而今可返之古。徒事则制于时，惟见古寖降于今。清官冗，涤吏污，化民嚚，移俗敝，皆事也，即所谓时务也。惟以道之实行之，则事无非实事，有唐虞三代之得，而无由汉迄隋之失矣。读虞、夏、商、周之书，则知尧、舜、禹、汤、文、武之道。知尧、舜、禹、汤、文、武之道，则知尧、舜、禹、汤、文、武之务。

由今考之，唐虞官百，夏、商倍，周三百六十，允厘董正，皆责以实也，官奚由冗。九德及于简廉，三风列夫殉货，谕迁戒其贝玉，皆训以实也，吏奚由污。嚚讼虽胤，子犹非之，顽嚚不友之凶必罪焉，皆警以实也，民何患其嚚。禹之克俭，文之卑服，商俗之服美矜夸，至于风移，皆化以实也，俗何患其敝。唐虞三代圣人皆以道之实，时务之中，教化与焉，有体有用，稽之经者然也，兹其为帝王之时乎。自汉以下，具见于史所载时务而已矣，事多不本于道，是天下有无体之用也。徒知为务以救时，而时卒不可救。汉光武并省州县，减损吏员，无可议者。隋文患吏之污，使人遗以金帛而陷之罪，自为欺而责人以廉，岂为君之道。赵广汉为鉤筒事钩距发奸，擿伏一时若可快，终非循吏所为。汉文帝恭俭朴素，为天下先，而庶人帝服，倡优后饰，尚有如贾生所云。

执事枚举四事，谓官冗不可不汰，吏污不可不惩，民嚚当去其讦，俗敝当戢其奢，是皆以事言之，而未及道之本也。一法立一弊生，一弊生而一法又立，岂非徒知时务而不知教化者为之乎。时务，事也。教化，道也。不徒时务之末，必本之以教化之道，于平天下乎何有？土广则民稠，民稠则事伙，事伙则官不得不冗。侥幸者争奔竞焉，愈冗矣，岂不可择其可汰者而汰之，而严铨选之法欤。然此犹事也，必欲革其幸爵之心，非得教化之道则不可。徒知吏之道当重禄以养其廉，而制官刑以警其贪，或纠之者自犯之，是汉人所谓奸法与盗法也，必痛革此，则污吏庶可惩，然此犹事也。必欲化其黩货之心，非得教化之道则不可。珥笔当禁，哗讦当惩，今禁权豪亦严矣，然或上下相蒙，而嚚讦未可变，毋乃徒为其事，而未修教化之道，以生其逊悌之心欤。服色之僭当限，奢靡之习当更，如销金珠翠，尝禁矣，犹视为具文，而僭奢未遽变，毋乃徒为其事，而未崇教化之道，以使其自知有礼节之心欤。

事必本于道，道必本于心，惟在于正心以正人心而已。今国家薄海内外悉主悉臣，唐虞以来之天下未是有也。得其道以平天下，真犹运之掌耳。治天下具于经，而何经为之要，其《大学》一书乎。经言平天下务具焉，而何务为之本，其絜矩乎。朱子之论絜矩有云："所操者约，而所及者广。"此平天下之要道也。絜矩之大者，务在与民同好恶，而不专其利耳。与人同好恶者，用人之事也，不专其利者，用财之事也。今辅相大臣，皆皋、夔、周、召其人，参错天下为邦伯，皆龚、黄、召、杜，其人民之所好好之，民之所恶恶之，用人允合平天下章之旨矣。生财之道，前世未及藏富于民，而不徒藏富于国，得无尚有可思者乎。絜矩者，平天下之要道。正心者，又絜矩之要道。透格物致知之梦觉关，而理无不明。透诚意正心之善恶关，而心无不正。心之正，即心之可以为矩者也。正一心以正朝廷，正朝廷以正百官，正百官以正万民，正万民以正四方，正四方而天下平矣。官之冗，吏之污，民之嚣，俗之靡，一丕变之易易耳。魏征以行仁义劝唐太宗，而以当今为鬼为蜮者，非封德彝是矣。使征能以《大学》平天下之要道进其君，则贞观之治，岂止如今之所观而已。[①]

在这篇策论中，陈栎充分发挥了道的体用关系论观点，强调的是得道即弊除、失道即弊生的基本政治准则，并指出革除弊病不在于细枝末节的应对，而是在于要有正心得道的宏观思路。

朝廷恢复科举之后，陈栎认为既要克服以往科举的弊病，也要注重圣人之教："窃唯科目久行于历代，弊端莫甚于迩年。经穿凿而不根，文浮华而过实，士鲜学问，国奚取于若人。世蔑事功，众遂疑于吾道，谁谓昊天之不复，必待圣人而后行。洪唯我皇作新多士，举祖宗欲举之典，岂唯发第以决科，善海宇本善之心，教以明经而修行。"[②] 他不仅对倡导道学的理学家许衡大加赞赏，还明确指出开科取士就是为了改变百世无善治、千载无真儒的状况。

[①] 陈栎：《策试文·时务》，《定宇集》卷13（《全元文》第18册，第236—239页）。
[②] 陈栎：《发解谢路总管张公启》，《定宇集》卷11（《全元文》第18册，第67—68页）。

第十二章 侧重于时政的理学政治理念

栎闻之,周公往,百世无善治;孟子没,千载无真儒。无善治,圣贤之道不行;无真儒,圣贤之道不明。道不行而犹明焉,以其讲明见诸推行,道犹有可行之日。道不行而并不明焉,则人心昧昧乎莫知所之,而道终无可行之时。所谓百世无善治者,如汉之萧曹丙魏,唐之房杜姚宋,非不可佐天子,相天下,而事业终有愧于古。所谓千载无真儒者,汉儒莫如董仲舒,然言正心而不及诚意,唐儒莫如韩退之,然言诚意而不及格物致知,是以虽能著卫道之功于一时,而无以任传道之责于万世。故孟子而后,能为往圣、继绝学而任传道之责于万世者,曰近世之周子、程子,而集周、程子之大成者,有朱子焉。朱子之学初明于东南,而未明于西北。恭惟先正鲁斋先生(许衡)钟乾坤之间气,于覃怀而挺生,真所谓豪杰之士,北方之学者未能或之先者也。首宗朱子,心会身行,遭时得君,倡鸣道学,上而启沃乎圣主,次而启迪乎储皇,又次而作成乎贤士大夫,其有功于斯道大矣。以不世之真儒,佐圣世之善治,道不特明于斯世,且将行于斯世矣。天不憖遗,赍志以往,善继善述,有先生焉。孔孟周程之嗣子,未闻其家学绳绳如先生(许师敬)之继先正者,天独厚于先生,天其无望于先生乎。圣主继兴,缉熙圣学,开文明之运,为科举之行,赞皇猷,定科条,一是以朱子之学,风励海宇,以经明行修责望多士,先生之功居多。亲劳徒御,策马南来,江浙省闱躬为董督,一是以宽厚加惠多士,先生之功又居多。政声洋溢,岂久外藩,不日召还,又阐相业,使道之未尽行于先正者,盛行于先生,继孟子之真儒,成周公之善治,天下苍生不于先生乎望,将谁望哉。此不特天下苍生之所望、圣天子之望也,而实天之望也。[①]

栎闻之,姬公没,百世无善治;亚圣往,千载无真儒。无善治,圣贤之道不行;无真儒,圣贤之道不明。汉唐以来,往往坐此。恭惟国公(李孟)大贤问世,遭时得君,可谓继亚圣之真儒,致姬公之善治,远方寒士虽不能尽知辅相大业,然海宇苍生沐浴于深仁厚泽中,岂非圣贤之道得公而行乎。科举宏开,昭昭然以朱文

---

① 陈栎:《上许左丞相书》,《定宇集》卷10(《全元文》第18册,第10—12页)。

公之学，揭日月而行之，天经人理，复浸溉士心，闻皆公所建白，岂非圣贤之道，赖公而明欤。①

朝廷重开经筵，是重圣人之教的重要举措，陈栎对此也给予了高度的评价，并在给邓文原的信中，特别强调了任经筵之教者，可以通过其对君主的影响，达到善治国家的目标。

> 钦惟圣天子聪明天纵，缉熙月将，俾祭酒之臣进陪讲读，发明帝王心传之懿，讲贯修齐治平之本，于以绍道学于既往，开太平于方今，皆责之于祭酒，是合经筵、贤关为一官，而委重于先生。愚故曰：见今日儒臣之尤重，盖谓此也。此盖即唐朝储君受业之意而充广之，非近世太学国子祭酒专任学政之比也。先生何以称此尤重之任哉，愚知之矣，不出先生前所提调校刊之书而已矣。《大学》一书，君天下者之律令格例也。真文忠公《大学衍义》一书，儒臣毗赞圣学之根本龟鉴也，如有用我，执此以往，先生平昔所有志而未得行者，今得行其所志，不在此书其将焉在。上而启沃，下而训诱，窃料必已熟讲乎此矣。愚犹不能忘言者，亦欲先生之知其知我心也。赞襄圣学，其本体也；佐兴圣治，其功用也。有本无用，非学也。以耆寿俊为社稷臣，愚将大有望于先生焉。近江东佥事郭公会间谈及先生三日一进讲，积诚感动，研精敷陈，可谓致主泽民，千载一遇矣。近世明经筵讲义，必推广经义，以达于治道，不徒空谈道理而已。东南民力、吏治之利若病，先生之所熟知，昔欲为一道之福星不得专焉。今虽未沛天下之霖雨，将有待焉。阴滋潜润，本于沃心，昔唐令储君受业，所以预培他日治平之根基；今兹俾赞襄圣学，可以立见当世治平之效验，岂直教雨沾濡于馆下诸生而已。学颜子之学，志伊尹之志，使是君为尧舜之君，使是民为尧舜之民，此尊先正觉民生，先正之有志而未酬者，善继其志而酬之，不在先生乎。先正之所以期望于后之人者，其不在兹乎。②

需要注意的是，对经筵作用的解释，陈栎也强调了体用的关系，即

---

① 陈栎：《上秦国公书》，《定宇集》卷10（《全元文》第18册，第12—13页）。
② 陈栎：《贺邓祭酒书》，《定宇集》卷10（《全元文》第18册，第17—20页）。

弘扬理学为体，助成善治为用，其重要表现就是以推广经义的方法来达成治道的目标。

（三）立教的做好人要求

从圣人立教的角度，陈栎还明确提出了成为君子或做好人的六方面要求。

一是诚实的要求。君子或好人既要讲究诚，也要讲究实，尤其不能被"好名"所误。"观人之法，当于名实、诚伪之间辨之。慕其名而为之者，伪耳，非实焉而诚也"。"圣贤所以真能者，诚也，实也"。"好名之人能之，非出于诚实也，徒出于一时之钓名干誉而勉强为之耳，非本能轻富贵之人也，乃伪也。惟其伪也，故于大处虽勉强，而于小处不觉发露"。"盖好名之伪，不及伪为于此焉之表，而鄙吝之诚于中者反露焉，忽之故也。是以圣贤观人之法，不于其所勉，而于其所忽，然后见其所安之实也"。"是盖彻表里，贯小大，一于诚实者也，其与好名之人伪于表而非诚于里，勉于大而不觉露于小者，所以不可同年而语也"。①

二是为善的要求。君子或好人要成为善士，最重要的就是要有心中之善。"人性本无不善也，今曰一乡之善士，则以善盖一乡言；一国、天下之善士，则以善盖一国、天下言。以人性之皆善，而此有盖一乡、一国与天下之善，岂其性独与人异乎哉。均此赋予之善者，虽人性之所同，能不失于赋予之善而充极之者，则善士之所独，此所以有善士之名也。""能为天下之善士，非自尔也，以其能友一乡、一国与天下之善士，故能兼一乡、一国与天下之善，而为我之善也。""有心中之善，而后能取古人之善；有方寸之古人，而后能知方册之古人。我能为天下之善士矣，岂有诵诗读书而不知古人之为人者乎，是以必论其当时行事之迹也。行事之迹也者，考其托之行事与诗书之载诸空言者合也。"②

三是胆大心小的要求。君子或好人的行为风格，应该是志高而胆大，慎为而心小。"人要希圣希贤，如云舜何人也，予何人也，有为者亦若是，及程子云不可将第一等事让别人做，此胆欲大也。小心翼翼，有事君之小心，此心欲小也。胆大而心不小，则是世之粗心大胆人矣。

---

① 陈栎：《讲义·好名之人一节》，《定宇集》卷13（《全元文》第18册，第243—245页）。

② 陈栎：《讲义·子贡问为仁一章，一乡之善士一章》，《定宇集》卷13（《全元文》第18册，第245—247页）。

智者周流无滞，有似于水，此智欲圆也。立身行己，端严方正，如所谓，'简而廉'，廉乃廉隅方整之谓，此行欲方也。智圆而行不方，则是世之乖猾无行检人矣。胆大而心能小，则志虽高，而心每下，其胆大者始不至于粗；智圆而行能方，则智识圆转而大闲不逾，其智圆者始不流于狡。""凡谨慎不敢自大，皆是心小。所以程子曰：'胆欲大而心欲小，智欲圆而行欲方。'可以为法矣。"①

四是去私欲的要求。君子或好人的自修和自律，一个重要的方法就是清心寡欲，尤其是去私欲而树公心。"孟子欲学者之养心，必自寡欲始，故以寡欲而心存望之，存即养也。心为性之郭郭，欲为心之蟊贼，养心不自寡欲始不可也。孟子本章，辞不待赘。窃谓'寡欲养心'在《大学》属'诚意正心'，'尽心知性'在大学属'致知格物'。非知性尽心，以致其知，误认人欲为天理者有矣。其于欲也，虽欲勉强以寡之，东窒而西流，朝薙而暮苗，求寡其欲，戛戛乎其难哉。必知性尽心，以致其知，则见善既明，用心必刚，更加诚意正心之功，庶欲可得而寡矣。勉勉循循而不自已，寡之又寡，以至于无，未必不由此而进者。点雪不容于红炉，冰澌自释于旭日，非寡焉，而犹留其根也。蝉脱人欲之私，春融天理之妙，是心也，始焉操之而后存，今焉不待操而自存矣。"②

五是祛除迷信的要求。在迷信思想盛行的状态下，君子或好人必须能够把持自己，尤其要勘破生死，不被迷信所惑。"世俗图风水之说，深入蔽锢，谁能烛破而不之信，今吾侪却自见得破矣。但恐既归三尺土，子孙或有祸患，泥于枯骨，从而改掘，虽智者不能为身后之防，但自存方寸之地，以葬圆穹之天，感格得孝子慈孙不如此无理，庶几可免。然亦不必虑此，在世上一日，则做一日好人，读一日好书，死后万事皆空，自有死而不朽者，不在朽骨上。"③

六是为学的要求。君子或好人必是好学者，因为不好学，就不会懂得如何做人。"忠孝者，人所以为忠臣孝子也。仁义者，人之道所以立

---

① 陈栎：《答问·问孙真人曰胆欲大而心欲小，智欲圆而行欲方》，《定宇集》卷7（《全元文》第18册，第203页）。
② 陈栎：《养心堂记》，《定宇集》卷12（《全元文》第18册，第253—254页）。
③ 陈栎：《答问·问司马温公不信风水》，《定宇集》卷7（《全元文》第18册，第205—207页）。

也。学为忠孝，学为仁义，即所以学为人也。人参天地而为三才，颅圆趾方者，人之形，仁义礼智者，人之性，父子至朋友者，人之伦。圣人，人之极，贤人，人之次。凡人具人之形，学之得其道，则凡人未有不可希贤人、圣人者。圣贤者，人之样，六经、《四书》者，化凡人为贤人、圣人之仙方。《十七史》《治鉴》者，人所以鉴妍丑之明镜也。"①"所以自厚不负乎天者，其必由学乎。"②"学者规模贵大，工夫贵密。规模不大，而工夫徒密，则狭隘而无以受道之广大。工夫不密而规模徒大，则疏略而无以造道之精微。譬如一片屋，间架大矣而无门无壁，是何等屋？里面虽绘饰极好，而间架卑陋，又何足取。"③

要成为君子或好人，必须经常受教，教师是圣人立教的重要执行者，所以必须对其既有学问和为人的要求，也要有教学方法和教学内容的要求。尤为重要的是，"好为人师"不符合师道的要求。

> 今世儒者之学，当深探其渊源，以绍正派，然后时出其绪余，以掇巍科，必志于为百世之士，匪直徼一时之荣而已。
>
> 教官非他官比，圣道显晦、人才成否关焉。从昔以来所甚重，而在我尤当自重。庆历以来，州县皆立学，学皆设教官，试而后除，又必甲科舍优方得除。州郡坐次，通守之下即教授，六曹未能或之先也。教邑庠曰主学，必南廊老儒始得为之，其重之也如是。近年以来，多借径于斯，牵补架漏，选任不如前之重，任之者亦鲜知自重，深思之，胡得。然教授任千里师儒之寄，教谕亦任百里师儒之寄者，而可不知所自重乎。自重如之何？曰：深根源以绍正派是也。④

文所以明理，必明理然后能作文，必讲学然后能明理。讲学当于何下手，不出乎读六经、《四书》而已。六经非大儒不能尽通，初学且先通一经。《四书》亦当读之有次序，文公定法，先《大学》，次《语》，次《孟》，末及《中庸》，今皆当按此用功精熟。

---

① 陈栎：《送吴玄庵序》，《定宇集》卷2（《全元文》第18册，第87—88页）。
② 陈栎：《送朱季裕北上序》，《定宇集》卷2（《全元文》第18册，第86—87页）。
③ 陈栎：《随录》，《定宇集》卷8。
④ 陈栎：《送王弥道江宁教官序》，《定宇集》卷2（《全元文》第18册，第102—103页）。

以看《四书》穷一经，然后读官样典雅程文，以则仿之，又求之古文，以助其文气，晓其文法，虽大儒教人，亦不过如此而已。①

师道在天地间，不可一日不立也，尚矣。人生三事如一，三者何，君、父、师也。人非父不生，非君无以治，其生非师无以善其生，师道之重，与君父等。

是师也，本为道成而上者言也。道成而上者有师，艺成而下者亦因谓之师，是殆师其所师，而非吾所谓师矣。

为师者，不可有好为师之心。彼为师者而好为师，是未知温故知新始可以为师，而记问之学犹不足为师焉。则方汲汲于义理之无穷，而不敢沾沾于记问之有限，于师将有所不暇为矣，而何好之有。

夫温故知新与记问之学不同。温故知新者，时习旧闻而每有新得也。记问之学者，无得于心而所知有限也。天下之义理无穷，学问之工夫何尽，能温故以无亡其所能，而每知新以日知其所亡，则所学日新而其应不穷，始可以为师矣。

有好为师之心，则自足而不复有进矣，此人之大患也。愚谓好为师者，是未知师道之为重、师名之难称者也。彼知新者，始仅可以为师，记问犹不足以为师，而我乃敢好为师乎。能知新而不徒为记问之学，则虽不好为师，而人必将师之。不能知新而仅为记问之学，或不能为记问之学焉，则虽好为师，而不足师矣。

要知性者，万物之一源，非有我之得私也。以在我学问之有余，而应学者之不足，此公天下之用心耳。

学广问多，道隆望重，不待温故而始知新焉，不徒仅为记问之学焉，则以我觉觉彼后觉，不私理义之悦心，使均得以悦于心，方且弘乐育之造，尚安有好为之患者。……师道立则善人多，善人则朝廷正而天下治，为弟子者何幸弟子者何幸顺下风而立。②

陈栎由此特别强调了"学用灾畲比，精由粗乃成。譬诸农父事，训

---

① 陈栎：《随录》，《定宇集》卷8。
② 陈栎：《经疑·师道》，《定宇集》卷13（《全元文》第18册，第228—230页）。

以圣人经"①。以学和用作为标准,还可以区分真儒和假儒:"世固伸知己,真儒始识真。学将开百圣,才可进千人。""儒立三才命,其何以假为。但矜麟作瑞,已昧虎为皮。气见大巫索,才非男子奇。谁司人物柄,明辨勿遭欺。"② 国家需要的是真儒,这恰是陈栎的立论基点所在。

陈栎系统阐释的立教理念,显然不是泛泛的理论之谈,而是有针对性的实用之谈。不能因为陈栎终身未入仕,而忽视了其理念的实用性价值。还需要注意的是,区分本末或体用,是陈栎常用的分析方法,这既是他的论说特点,也是容易遭人非议的地方。

三 蒲道源的治世理念

蒲道源(1260—1336年),字得之,号顺斋,兴元(今属陕西)人,仁宗时曾任国史院编修官、国子博士,有文集《闲居丛稿》传世,在著述中重点阐释的是治世理念。

(一) 治世之道

蒲道源所期待的治世,是礼乐与刑政并重的治国形态,所以他在为乡试设计的策问中,明确提出了如何改变重刑政、轻礼乐现状的问题,并特别强调国家要切实以农为本,使劝课农桑能够发挥真正的作用。

> 问:古之治天下者,必以礼乐刑政为务,然礼乐本也,刑政末也。子曰:"道之以政,齐之以刑,民免而无耻。道之以德,齐之以礼,有耻且格。"又曰:"礼乐不兴,则刑罚不中。"由秦汉至于今,其为治不过刑政,礼乐之废久矣。非惟不能行,纵有欲行者,则举世笑以为迂阔矣。然则礼乐果不可行耶?果不可复耶?夫风俗者,国之元气也,廉耻者,又风俗之本也。今廉耻之道不立,是以贵者不以贪冒为辱,贱者竞锥刀之利,恬然不以为怪,反以为当然。僭越由是而生,祸患由是而作。夫欲矫而正之,何道可致耶?又生民之道,以食为先,古者三年耕必有一年之食,九年耕必有三年之食,以三十年之通制,虽有旱干水溢,民无菜色。今国家辑劝农之书,责部使者及守令劝课矣,而民储蓄不古若,一有水旱,发

---

① 陈栎:《经训乃灾畬》,《定宇集》卷16。
② 陈栎:《有赋假儒真儒者,今赋二首》,《定宇集》卷16。

廪以济，然所及有限，而所谓义仓者，又名存而实亡，是以穷民不免流离，为居位者之忧。救之之方，其术安在？诸生以宾兴欲登仕进之途矣，其预讲明之，俾有司择焉。①

蒲道源还在国学的策问中，特别指出了乱世多、治世少，可能与治术、事势、气数有关，并且最关键的应是治术问题。

> 问：前世之君，无不欲措世安宁，传国长久，贤才进而吏称其职，国用饶而下不告病，家有蓄积，俗兴礼让，奸宄销，颂声作。然数千百载以来仅一二数，岂为之而不得其术欤？或事势之牵制，而不可为欤？抑气数之使然欤？何治世之恒少也。愿治之主，果何施设而可以臻此？诸生际圣明之时，学以待用，愿讲明其说。②

治世需要摆正武功与文治之间的关系，所以要达到善治的水平，必须做到武事不黩和文事不虚。

> 问：古之有天下者，不过文武二端而已。武以定之，文以绥之。然兵者毒民之器，圣人不得已而用之。及天下已定，欲遂弛之，则恐安而忘危，祸生所忽。文者为治之具，圣人之所甚重也。盖典章法度，黼黻润色不可阙焉。及其久也，则有浮靡之弊。欲其武事修而不至于黩，文事举而不涉于虚，何以臻此？又三代以降，称善治者，汉有孝文，当是时也黎民醇厚，太仓之粟陈陈相因，红腐而不可食，府库之钱贯朽而不可校，何修何为而致然耶？二三子习时务之要，宜详言之毋忽。③

在国学的策问中，蒲道源还专门提到了关中地区的治理问题，因为该地区在遭受自然灾害后，出现了灾民流徙和人相食的惨状，需要尽快

---

① 蒲道源：《乡试三问之一》，《闲居丛稿》卷13，四库全书本（《全元文》第21册，第244页）。
② 蒲道源：《国学策问之二》，《闲居丛稿》卷13（《全元文》第21册，第242页）。
③ 蒲道源：《国学策问之四》，《闲居丛稿》卷13（《全元文》第21册，第243页）。

拿出有效的方法，彻底改变这种不利的局面。

> 问：古之治天下者，安不忘危，治不忘乱，然后能长保其治。盖治道非一端，而其要必以食为先，使民苟有饥寒，失其恒心，为善则难，为恶则易。考之于《书》，雍州之境，厥田上上，周之王畿，控制天下，秦之建国并吞诸侯，其富庶饶足，不待言而可知。有国以来，亦为繁会。粤自近岁，一值荒旱其极也，父子夫妇不能相保，道殣相望，至于相食。幸天悔祸，赐以丰熟，民忘向日之饥。为治者若以昔年为监，当为长久之虑欤？抑归之于天数欤？若为长久之虑，其措画亦必有道矣。夫礼乐者，化民之具也。前日之相残，岂礼乐或阙，未能化其良心欤？或礼乐虽兴，亦不足化欤？学者当素讲明之，以待他日之用，其悉心以对。①

在给陕西行省官员的信中，蒲道源更明确指出救灾只能解决眼前问题，即"近虑"问题，要恢复治世，必须有"远虑"，就是要用劝课农桑、教化民众和慎选官吏等方法，从根本上解决问题。

> 某闻之，为治者贵能知要而通变，盖纲举则目可张，弦更则瑟可调，然必待智者而后能，常人则不知也。今陕西以师旅、饥荒、疾疫之余，圣天子简贤以宁辑之，公是以来参其行省之政，救荒之术可谓竭其智而尽其心矣。然不过请钱于内府，移粟于他郡尔。此纾目前之急，活垂死之民，以止流移之心尔，汲汲焉为之犹未暇也，尚遑他恤哉。某犹以为此则近虑，而非远虑。夫近虑不可废，远虑尤不可忽。盖钱粟有尽，久远之计将如之何？关中之灾，近古罕见，疾疫固天之流行，而饥馑亦岁之代有，至于人民相食，以及其亲属，尚可忍闻而忍言哉。
>
> 今朝廷以州县阙官废事且淹滞者众，遣重臣迁调之，此特常事耳。某谓远虑者，国家自有关陕以来，涵育几百年，生齿之繁伙，一旦疾疫饥荒相戕害而食与夫流徙四方者，十室而九空矣。州郡县邑荒凉至甚，人情所不乐居。若得知稼穑艰难，勤于劝课，知礼义

---

① 蒲道源：《国学策问之五》，《闲居丛稿》卷13（《全元文》第21册，第243页）。

廉耻，明于教化之人，勿拘常例，增其品秩，优其俸禄，限以岁月，责其功效，劝课以足其食，教化以淑其心，盖陟其能而黜其不能，远足为治也。产于土者，然后可以足其食；生于心者，乃其固有之善。秦人文王化之，以兴二南之仁，嬴氏用之，以致斩级之果，其善不善由上之人导之何如尔。倘不以此言为然，则流亡未可遽集，民食未可必足，俗恶未可复美，其患有不可胜言者。夫事未至而言，人以为迂阔，待他日不迂阔已不及矣。斯言也，惟某不识忌讳，得以言之，惟明公特达，足以闻之，昌言于朝，俾陕重地巩固而不摇，而公亦获知变通达之美，而免常人之讥尔。①

蒲道源还明确指出，朝廷不应该撤销兴元山河堰河渠司，因为该机构发挥了重要的协调作用，撤销后带来了一系列的弊病。由于恢复机构需要一段时间，作为暂时性的措施，他建议行省派出水利官员，对山河堰进行专门的管理，改弊政为良政。

某闻之，周有天下，修废官，四方之政行焉。盖官有可废，有不可废，可废而不废，则为冗员，不可废而废，则为阙事，兴元之河渠司，乃不可废者也。兴元之为郡，其地之广衍，视他大郡不及什之二三，所恃者惟渠堰而已。渠堰之水，兴元民之命脉也。渠堰在在有之，无虑数十，然皆不及山河堰之大，其浇溉自褒城县竟于南郑县江北之境。旧设河渠司以领之，其秩五品，其任职也专，其受责也重。故堰之修理，无抛弃渗漏之水；水之分俵，无浇溉不均之田。视夫水之多寡，以为水额，强不得以欺弱，富不得以兼贫。浇溉之法，自下而上，间有亢旱之年，而无不收之处。及朝廷以天下繁冗之官，遣使可减者减之，当时议者曾不究其实，希合取容，例为可罢，使者实不知其利害，信意从之。自是以来，委之有司，而有司复差设掌水者，率不知水利之人，是以政出多门而不一矣，法生多弊而莫制矣。堰不坚密，水抛弃于无用。拔盖水门也，无人视巡。筒盖则水以浇田者，高下任移，自下而上浇溉之法废；强得欺弱，富得兼贫，以力争夺，数日之间，悠忽过时而不及事，官府

---

① 蒲道源：《与蔡逢原参政书》，《闲居丛稿》卷17（《全元文》第21册，第179—180页）。

又不为理，如秦人视越人之肥瘠。岁稍值旱，惟田近上源之渠者得收，下源远渠者全不收矣。修堰之时，下源者一例纳木供役，而不得水浇溉，赋税公田之征定额则不可免，民转沟壑可知矣。其罢河渠司也不过岁，省官吏俸给数千缗之费尔，然足食、足赋税不闻，以今赈济所费校之，孰为多乎？某窃谓欲复立河渠司，朝议非年载间不可定，莫若省府权分委属陕西渠堰官吏奏差等官各一员，监视兴元渠堰，庶使水利均平，岁无荒欠之患，盖利于民，即利于国也。①

治世的关键在于用人得当，所以蒲道源对前往四川的官员明确表示，做官的根本问题不是善于处理繁杂政务，而是要心正，因为心正才能官正。

> 客有为余言："益为四蜀都会，土地广衍，民物繁庶，其总治之府，簿书期会，财赋出入，使传之往来，狱讼之参决，宜乎填委矣。必得少年明锐辨博通济之上，为之僚属，相与议论其是非，弥缝其缺失，然后可济，不则败事。"
> 余应客曰："子之所言，固然也。以余观之，殆末耳，未及其本也。凡今天下郡国之事，繁冗者岂特益耶，其败阙者又岂特其才之不足耶，是固有说矣。夫居官者，不患乎职业之不修，但患吾心之未正。心正，则本立矣；本立，则事变之酬酢，如权度之于轻重长短焉，而又勇以决之，谦以出之，勤以成之，尚何败事之有。或者不求其本，而规规于事为之末，将见事未立而名已堕，利未得而害已随，尚能谋人之是非，而补其阙失耶。"②

蒲道源还特别在诗作中对官员的行为提出了要求："治民敬事凛如斋，先圣微言要永怀。异议只从三尺谨，同僚休失八音谐。官闲农务宜

---

① 蒲道源：《与蔡逢原参政第二书》，《闲居丛稿》卷17（《全元文》第21册，第180—181页）。
② 蒲道源：《送李寿卿之成都路知事序》，《闲居丛稿》卷18（《全元文》第21册，第189—190页）。

敦劝，讼简衙兵勿用排。自此修程无滞碍，端由轮辙不相乖。"①

蒲道源对治世之道的解释，看似较为零散，但贯穿着实用型的治术理念，因为没有术来证道和行道，治世只能处于理想状态而不能变为现实。

（二）取士之道

对于朝廷恢复科举考试，蒲道源既认为是以古制取士的好方法，也担心科举能否真正发挥选取贤才的作用，所以在为国学和乡试设计的策问中，都提出了如何选拔人才的问题。

> 问：昔舜命契为司徒，俾敷五教。命夔为典乐，俾教胄子，养其德性，使合于中。又教之以诗言志，书敷纳以言明，试以功，车服以庸，此帝世之学，育材用人之张本也。三代以来，庠序学校之设，皆所以明人伦。而周大司徒以六德、六行、六艺教万民，三岁大比，献贤能之书于王而宾兴之。至秦绝学，在所不论。汉兴设学校，以求儒雅，武帝亲策贤良，彬彬可观，东京之学最盛，置五经师，大臣子弟莫不授经。唐初大征天下名儒为学官，学生满三千六百余员，能通经者听得贡举，至其中叶，声律之学始盛，而乡贡之士多由此兴。宋因之而不革，伊洛诸公虽有复古之议，而不果行。洪惟我朝置国子监，立师儒以教贵戚卿大夫之子，以洒扫应对、治经为本，岁贡其有成者而不限其额。今生徒增至数百员，糊名以考其业，岁许贡六人焉，不为多矣，然犹未能厌服时望而免其议，其故何也？圣上断自宸衷，首复儒科，命卿大夫举其有行义者以充试，废声律之学，一以明经、古人射策为式，可谓复古之制也。而幅员之广，三岁以百人为额，而赴于春官者，取百人焉而恒不满其数，其卓绝奇伟之才，尚有羡于汉、唐、宋也，岂教养之法未至欤？或有司应故事，而不能举行欤？或法之所拘，山林硕学之士不可出欤？抑人才之果难得欤，何如是之乏也。今欲得才之盛，且远迈汉、唐而追三代，以副宵旰渴贤之思，辅文明之治，亦必有道矣。诸生学古而期于用者，必有考于此，愿闻其说。②

---

① 蒲道源：《和秋谷平章示内弟韵》，《闲居丛稿》卷6。
② 蒲道源：《国学策问之一》，《闲居丛稿》卷13（《全元文》第21册，第241—242页）。

问：国家设进士之科，于今七举矣。廷对入官者，不啻五百人，而多其政事，文学卓然见称于时者，仅不及半，将遴选之不精而侥幸欤？抑既得之后，自满弃其旧学犹敝屣欤？或为利欲所牵，而不能守其素欤？莫可得而究也。今欲使人人奋励，精白其心，益乩勉其学。居馆阁者，其文章足以黼黻皇猷；登台省者，其政事足以贞固干事，化民善俗；居守令者，其廉足以律身，而抚字无愧于古之良吏，将何道以致之？夫前代以词赋设科，得人犹有可称者。矧今日以其浮华纤巧，废之而专尚经学，宜有敦厚朴实、任重致远之材，今乃如是，况敢望制礼作乐以兴太平之治欤？学者当无负圣朝作养举用之意，详悉以对，庶得观其志焉。①

科举取士的一个重要不足，是只能看到考生的外在表现，而不能了解其内心，所以极可能出现错选的现象，正如蒲道源所言："夫以外观人而不求其内，不足以尽天下之才，而适以滋天下之伪。不幸有端章甫而非士，服黔娄而实贤者，苟不能辨之，不几乎宝燕石而弃荆坑之璞欤。"②也就是说，即便是有推荐和考试，也难免在选人尤其是选择真儒方面出现重大的失误。

至于儒士能否有机会入仕，则不能完全委之于命运的安排，而是要以能动的态度面对这一问题："夫达而在上，穷而在下，世固所谓命也。然不能尽人事之当然，举而付诸命，是犹不耕耔而望获也，其可乎？昔子张以干禄为学，圣人告之以谨言慎行，所以抑其好高慕远之气，姑使之反诸身以植其本而已。至于使漆雕开仕，出疆载质，亦未尝偏废也。士非天授，天资警敏，达于时宜，读书请业，声誉甚洽。"③在蒲道源看来，除了科举以外，以儒为吏和以吏为官也是重要的取士途径，所以他对儒吏给予了积极的鼓励和评价："昔日廉能簿，曾闻去后思。悬知温县政，不负冷官师。制锦心优解，鸣琴化易施。民安即循吏，何用更求奇。""俗吏固不可，腐儒良足嗤。明经先植本，读律贵

---

① 蒲道源：《乡试三问之三》，《闲居丛稿》卷13（《全元文》第21册，第245页）。
② 蒲道源：《送陈洪道后序》，《闲居丛稿》卷19（《全元文》第21册，第197—198页）。
③ 蒲道源：《送任士行从调京师序》，《闲居丛稿》卷19（《全元文》第21册，第195—196页）。

知时。还自士林秀,升从宪府宜。更将清慎字,座右作箴规。"① "十年为吏困无赀,平昔操存便可知。精悍不妨身短小,笑谈足了郡支持。宗资主诺应多暇,仪狄裁书且暂辞。赠别一言君记取,莫教人作腐儒嗤。"② 从这样的诗文可以看出,蒲道源秉持的是儒与吏相通的观点。

(三)问学之道

儒者的本分是问学,蒲道源在为国学和乡试设计的策问中,都专门提及如何学习的问题,所要强调的就是要学有用之学。

> 问:古之学,士大夫专守一经,以为家法。由汉以来,置五经博士,如夏侯之于《书》,毛苌之于《诗》,大小戴之于《礼》,公谷之于《春秋》,梁丘贺之于《易》,各取其专且精者,以垂世立教,至于今宗之。今之学者耻一经之不遍,及究其归趣,则茫然莫拟。近时又有以注释经义媒仕进者,视其书,皆掇拾先儒已成之书,初无自得之实,而徒耗蠹纸札,庞乱经训,益使人厌之。今欲令学者各守一经,则不免于陋;欲兼通诸经,则汗漫而不精;欲拒注释之烦杂,则恐或废其善;欲容而受之,则徒滋奔竞之伪,而反惑误学者。诸生必能思而处之,矫其弊而适其中,乃吾党从事于斯者之所愿闻焉。③

> 问:古之学者,不徒记诵词章、夸多斗靡而已,将以期于用也。如圣人之问仲由、冉求、公西赤答言志之问,皆为邦之事,圣人亦皆许之。今之学者果如是乎?若有志于是,又当以何为体,以何为用?人之学也,必先明道术之正,而变异端之惑。孟子称伯夷圣之清,柳下惠圣之和,尊之为百世师,又以圣人许之,而复曰:"伯夷隘,柳下惠不恭,隘与不恭,君子不由也。"是之于前,而非之于后,则是夷、惠后之人果不可学欤?杨朱、墨翟,孟子之所辟以为异端者,夫杨氏为我,似近于伯夷之清,墨氏兼爱,似近于柳下惠之和,孟子何为遽以无父无君是禽兽也而拒绝之,其辞曾不少恕。学者欲不陷于杨、墨,其所以精察明辨者,又当何如?夫欲

---

① 蒲道源:《送刘宰之官温县》、《送刘彦让山北宪史》,《闲居丛稿》卷3。
② 蒲道源:《送赵君锡之秦州吏目》,《闲居丛稿》卷4。
③ 蒲道源:《国学策问之三》,《闲居丛稿》卷13(《全元文》第21册,第242—243页)。

知人之贤否，必先听其所言，自昔唐虞取人，莫不由是道也。《书》曰："敷纳以言。"至西汉发策，则有科举之渐，后之糊名取士，其法寖密。以古今揆之，古立法疏，得人为多；今立法密，得人为少。言之者则皆谈仁与义矣，听之者亦取其说之合经矣，用之者自夫州县以达朝廷矣，何其未见卓然名世如古之人者？二三子学以致知，格物为先，其必有考于是数者，有司愿闻焉。①

教书也是重要的问学途径，所以对教官要给予充分的重视，正如蒲道源在诗中所述："诏下开文治，君归得教官。读书酬雅志，旋饰诧荣观。勿以居夷陋，当思称职难。方知误身者，初不在儒冠。""学职无卑小，能弘亦在人。升高须自下，温故可知新。勿慕囊中颖，还轻席上珍。他时看成就，一振旧衣尘。"② 儒者确实不能鄙视教职，因为其承担着兴盛儒学和为国家培养人才的重要责任。

蒲道源还强调"读书期有用，出仕愧无名"③，所以要特别注意区分为己和为人的学问："有为己之学，有为人之学。知义理之当然，必欲有得于己，孳孳焉，汲汲焉，老而不厌者，为己之学也。惟利禄之是要，必欲求知于人，营营焉，屑屑焉，终亦必亡者，为人之学也。夫知为人、为己之分，则庶乎可与言学矣。"④ 也就是说，在做学问上也有义利之争，为己之学重义，为人之学重利，两者有着重大的区别，所以学问的正途也应该是重义轻利。

蒲道源阐释的政治观点尽管没有高深之语，但是更注重解决实际问题，并由此成为陕西较有影响的人物。

四　吴莱的良政理念

吴莱（1297—1340年），字立夫，婺州（今属浙江）人，从方凤学习理学，属于"龙川学派"传人，⑤ 参加科举考试不利，发奋著书，著有《尚书标说》《春秋事变图》《春秋传授谱》《古职方录》《孟子弟

---

① 蒲道源：《乡试三问之二》，《闲居丛稿》卷13（《全元文》第21册，第244—245页）。
② 蒲道源：《送肾秀才赴云南教授》《送人赴教官》，《闲居丛稿》卷3。
③ 蒲道源：《送人之宪史》，《闲居丛稿》卷3。
④ 蒲道源：《送薛仲章之宪司书吏序》，《闲居丛稿》卷18（《全元文》第21册，第187—188页）。
⑤ 黄宗羲原著，全祖望补修：《宋元学案》第3册，第1858—1859页。

子列传》《唐律删要》等书，有文集《渊颖集》传世，在著述中重点阐释了良政的治国理念。

(一) 论君主节俭

针对朝廷入不敷出的财政状况，吴莱结合历史上倡言节俭帝王的言行，明确指出仅靠君主率先节俭，是弃本逐末的做法。要真正解决问题，必须改变横征暴敛的做法，以轻徭薄赋和善官良吏行于天下，才能达到大治的效果。

> 史有言周高祖俭者。高祖常服布袍，寝布被，诏天下庶民以上惟听衣绸、绵、丝、布、圆绫、纱、绢绡、葛布九种，余悉禁之。予谓高祖未尝知俭，未尝知禁者也。夫古之长民者，欲齐其民，于是国有异服之禁，必使其衣服之不二，而从容有常。然而齐王之衣紫，邹君之长缨，举国皆从而效之，且至去衣紫、断长缨而后止。高祖之意固是也，乃以人主之至尊，至贵布袍、布被，自同于庶民，而矫诬于当世乎。然自元魏、周、齐之际，兵戈日寻，民物虚耗，高祖且欲以一俭率先天下，使凡奢侈过度者皆有厉禁，则国家之经费，民庶之藏蓄，可以日趋于富盛，而无有不足，可谓善矣。诚求其如王者之政，是犹未得其本之说也。

> 夫以天下九州之广，生齿之众，今之世去古远甚，然而国家经费之务常若不给，民庶藏蓄之资亦或荡然无所赢余。上固不容不以俭化其民，而民亦当以俭而自化。虽然，未也。当国初时，始得河北，即议宣课银绢之数，河南犹未下。及下河南，而江淮吴楚实为财赋贡输之渊薮，犹未能隶度支。命将出师，运刍馈粟，宜若昼夜驰驱，民人困厄不能供亿，然亦未闻上下以是而不足。天下一统六十余载，经费、藏蓄两无其实，又何独异乎国初之时哉。夫汉自文、景富庶之余，孝武承之而益以侈大，东征西伐则有费，修郊祀求神仙则有费，兴土木造宫室则有费，巡游般乐则有费，卒使言利用事之臣，疲民蠹国，海内空虚，及其末年始欲务农重谷以救之，亦幸而有此尔。当今之世，一遵祖宗之成法，边境无矢镞之警，宫庭无丹臒之饰，岁时常祀，亦未始欲讲封禅而虚务般游也。然而山林薮泽土力之所产，茶盐酒醋民业之所资，一皆日增月羡，丝分缕析，而悉输于上。西域之羊马，云南之毡罽，青齐之丝纩，江淮之

粳稻，又皆毕入于天府，而无所阙。夫何大家亡资，中户破产，小民嗷嗷，曾无衣食之所，国家上下终未得如文景之富庶，岂或犹有类夫孝武之空虚者乎。当是之时，上欲常服布袍，寝布被，以一俭而化之，且未能化，又从而务明上下服色之禁，自以为高祖之良法善意，得行于天下，孰禁之哉。谭大夫之诗曰："西人之子，粲粲衣服；舟人之子，熊罴是裘。"是故奢侈不法每形于上，杼柚其空日困于下。人主不是之思，乃欲自若其身，而往敕天下之俗，且曰吾以一俭率先天下，是墨子之道也。墨子之道，是岂圣人君子之所得为哉。吾故谓高祖未尝知俭，未尝知禁者，是犹未得其本之说也。

世之议者，每究其本，盖曰："国家经费之务，必在于抑横政而节用。民庶藏蓄之资，必在于修农事而重谷。"君民上下，贵贱一体，贫富相因，感之而民不徒于从化，制之而民不徒于知禁者，盖亦反其本矣。昔者齐宣王出猎于社山，父老十三人劳王，王曰："父老苦矣。"谓左右赐父老田不租，赐父老无徭役。间丘生独不拜，宣王怪之，间丘生曰："臣闻大王来游，来劳大王，愿得所欲于大王。今大王赐臣田不租，是仓廪空虚；赐臣无徭役，是官府无使，非臣所敢望也。臣愿大王选良富家子有修行者以为吏，平其法度，春秋冬夏振之以时，无烦扰百姓，则臣可以少得所欲焉。"呜呼，自高祖之良法善意，行于天下，又必实之以间丘生之一言，则天下郡县之间，选廉绌贪，平法薄赋，且将以是为抑横政，修农事之本焉，是谓知本，是即孟子所谓无仁政不能平治天下者也，是即吾所谓王者之政也。[①]

从理论上说，以节俭解决财政问题是墨子之道，以仁政解决财政问题是孟子之道，吴莱所尊崇和阐释的，自然是孟子之道的基本要求。

(二) 论治国要义

吴莱还指出："予闻古今欲治之主不世出，尝必立为治天下之法，使其后嗣子孙有以世守之，而不敢失坠。不幸而一旦昏庸懦弱之主或继其后，亦得有所扶持凭借，不至于甚乱而仅存。此虽三代圣人创基垂

---

① 吴莱：《俭解》，《渊颖集》卷11，四库全书本（《全元文》第44册，第139—141页）。

统,立经陈纪,而务欲定为法度典章者,然亦不过数传,则已自弃其先祖之训,蹙国败家,接踵而有。"①"圣人治天下,万国无不欢。视民本如伤,动植总相安。刑名威雪雹,剑戟血波澜。庙堂苟失策,闾里转穷殚。"②按照这样的说法,所谓政治守成,就是要使治天下之法不至于废堕,这正是对所有守成君主的要求。

要想长治久安,还必须坚持儒家的治道理念,不被异端杂说所影响:"儒者之学,通古今,彻上下,有国者无不赖之。""夫儒者,本学士之称也。苟儒矣,虽其居一国大夫之职,而其为天下平治之器举在我。惟治有广狭,则其德之所及者有远迩。""夫既儒者之名立,而后百家异说,岁聒日斗,哓哓然矣。其昧于私,溺于一偏之见,浸淫蔓衍,而不知返其诬者,且谓吾道为无益,必欲煨烬灭裂以尽之,而自快其所欲为,于是周公、孔子之法耗矣。故秦人之言曰:诗书不如律令,仁义不如刑罚。诗书仁义荡焉无余,卒至于危急败亡,而曾不少寤也。"③吴莱所要强调的,就是用儒兴国、废儒败国的道理。

坚持儒家的治道学说,需要名实相符,吴莱由此强调应该重视公孙龙子的循名责实说法。

> 孔子尝有言曰:"觚不觚,觚哉觚哉。"言觚而失其形制,则将有不得为觚者,又况治天下国家,而不得其所以为治者乎,此固吾圣人之所慎也。
>
> 吾圣人且以名正言顺为先矣,名位不同,节文异数,圣人尝以义权其轻重,礼正其进退,是皆天造地设,亘古亘今,决于人心,著于耳目,溢于礼官之篇籍,必曰道之所贵者中,中之所贵者权。天下之事,虽未尝出于一定,当其权,合其中,则固圣贤用心之所极,无俟乎辨士假物而取喻者也。今则彼为坚而此为白,此为同而彼为异,吾徒见其纷更变乱而已矣,何补于天下国家之治哉。虽然,世之本公孙龙之说,而欲求其为循名责实者少矣。自今之言吏治者观之,恒多文而少实,官具成式,吏抱成案,标注时日,指陈辞窍,非深刻也,非巧诋也,非轻纵也,非失出也,则已补苴其诖

---

① 吴莱:《读唐太宗帝范》,《渊颖集》卷10(《全元文》第44册,第137—139页)。
② 吴莱:《小园见园丁缚花》,《渊颖集》卷3。
③ 吴莱:《读韩非子》,《渊颖集》卷6(《全元文》第44册,第125—126页)。

阙，钩摘其奸伏，类无有毫发遗者。然而经制之不定而虚文之相蒙，风俗之不一而私心之相胜，是虽有百公孙龙之喙，且未足以处之者也。然惟汉之宣帝，自丞相以下，必欲其循名责实为治，诸生必守家法，文吏必课笺奏，至于文学、政事、法理之具，一切必务其职者似矣。然以圣人之治天下国家，凡事惟执其大纲，而不察其细，略其小疵，而不受其欺。

与其名是而实非，则又何贵乎循名责实之治哉。呜呼，白黑之纷糅，贤不肖之混殽，后世之治为，不及乎宣帝远矣，此予所以犹有取于公孙龙之说也，言治道者，可为永慨也哉。①

自古以来就有治国用儒还是用吏的争论，西汉宣帝"亦谓俗儒好是古非今，使人眩于名实，不知所守，何足委任。当世果有儒者，亦将以是而受讥焉"②。吴莱所要强调的则是儒必知吏、吏必知儒的论点，并且明确指出治国不能只依赖于严刑苛法，还要切实发挥德化的作用。

夫古者先王之治人也，以德而辅之以刑。后世之治人也，德则不足，而惟刑辟之是用。

夫以秦、隋，惟吏之是师，法之是徇，自谓其法律之密，督责之峻，可以肆其钳制束缚之术于朝廷之上。故尝以一人狙诈猜忌之心，而尽疑天下，至于衡石程书，卫士传餐，而日有不给。及观其所以为效，秦则始皇东巡西狩，而郡县之供调不闻不足。隋则文帝黎阳、洛口仓庾丰盈，而其后犹足以聚数百万之盗贼而不尽，诚可谓极其盛者。虽然关东之祸，至有土崩瓦解之势，而一切诱为鼠窃狗偷之盗，而不欲闻曾不旋踵而二代之亡，若出一辙，是何德化之不足而刑辟之是用者，遂致然哉。

故汉尝引经以断狱，而深得夫法律之本；唐则每以书判拔萃取士，则犹使之知有法律之实，而不为空言。此殆儒者用世之功，天下致治之效，将万一乎先王明刑弼教之余，而固非秦、隋任法用吏之世可遽及也。呜呼，古今立法之浅深，用刑之轻重，悉已具见乎

---

① 吴莱：《读公孙龙子》，《渊颖集》卷6（《全元文》第44册，第126—128页）。
② 吴莱：《书张良传》，《渊颖集》卷6（《全元文》第44册，第129—130页）。

此。儒者何尝不知吏，而吏则不可不通儒。尚德化者，何尝不任刑辟。任刑辟，则不可不务乎德化者也。是盖汉、唐之所以得，秦、隋之所以失，诚可为后世之龟鉴矣。"①

由此，必须坚持圣人之学，尤为重要的是要大力传播理学，如吴莱所言："圣人之言，记诸《论语》，垂在六经，是其一体一用，妙道精义之发，昭然若揭日月而行诸天也。"②"自昔道术本一原，后来杂沓乃异辕。粤从西汉始立传，独守章句称专门。唐人疏义不改旧，宋代理学交相敦。吾知众儒此间出，遂指濂洛为雄藩。"③ 恰是因为理学发展了孔子的治国学说，所以应引起主政者的高度重视，并且要特别注意"治世日少事，朝廷正求贤"的良政要求。④

(三) 记南宋教训

吴莱以记录历史的方法，说明了南宋亡国留下的深刻教训："当宋季年，大兵压境，两宫且以琴酒自娱。故老言：度宗在宫中，常以壶觞自随，尽日不醉。权臣弄国，江上之师不暇一战，反以捷闻，盖必有以壅塞其耳目，蛊惑其心志而然欤。否则栗栗危惧之不恤，而又何乐于酒，藉令长江天堑北军不能飞渡，安能坐守东南数郡，为一龟兹国哉。"⑤ 亡国教训固然要汲取，但是对于士大夫的忠义表现，还是应铭记不忘："后宋再造东南区区山海之间，内政不修，外犹恃夫江淮以为固。久之，南北夹攻，而汴蔡之藩篱自撤其蔽，荆襄受围，鄂渚有警，巴蜀侵陷，广西之烽燧亦不绝，此其国势垂尽，受兵处多，殆如囊中探丸，围中逐鹿，无复有潜藏隐伏地矣。所可幸者，天下学士大夫，二三百年祖宗培养作成之泽，熏蒸者久，忠臣义子，或死节，或死事，盖无愧焉。卒之宋瑞、秀夫前后死国，精忠激烈，诚有在于天地，而不在于古今者。呜呼，吴、晋、陈、隋之变，岂复有一人若是哉。"⑥ 为此，吴莱特别以诗作记录了赵复被俘后在北方传播理学以及襄樊失守、崖山兵败等重要史实和自己的感慨。

---

① 吴莱：《唐律删要序》，《渊颖集》卷 11（《全元文》第 44 册，第 46—47 页）。
② 吴莱：《读孔子集语》，《渊颖集》卷 6（《全元文》第 44 册，第 128—129 页）。
③ 吴莱：《送郑献可南归莆田寄周公甫》，《渊颖集》卷 2。
④ 吴莱：《送郑浚常北游京师》，《渊颖集》卷 3。
⑤ 吴莱：《续琴操哀江南》，《渊颖集》卷 8（《全元文》第 44 册，第 24—26 页）。
⑥ 吴莱：《桑海遗录序》，《渊颖集》卷 12（《全元文》第 44 册，第 55—57 页）。

第十二章 侧重于时政的理学政治理念 487

江左一丸国，北兵临鄂城。鄂城小不敌，围堑泣孤孥。赵公本儒士，皓首困槊枪。老身念未死，势肯举降旌。坐随清野民，虏入骠骑营。凄其尽忠义，愤使衅鼓钲。长揖上堂阶，五弦偶铿鏳。黄须何鲜卑，指下尚正声。中原真有人，大将世豪英。幕府喜致汝，军师岂徒惊。终然类脱兔，夜即葬鲦鲸。两目嗔欲裂，汨罗我同贞。和门遽出令，逻卒复纵横。扶持返旧路，慰劳赐冠缨。古今多分溃，光岳极战争。干戈自有责，黼唪合裸京。演畴庶不惮，经渎孰重轻。从知道在己，讵用死易生。汴土久不守，金源遂交撑。纷纷戎马间，务以儒术鸣。遗经益南徙，义理却后瞠。繁章仅北往，礼乐要抗衡。平阳卖瓜叟，立教绘国黉。诗书得笺疏，江汉昪律程。当时乃世运，何士非我桢。楚材仍与晋，汉学特逃嬴。藏敛或征气，鼓箧须播精。荧煌一王事，卓荦千载成。陆机但辨语，庾信空衰情。我且用我法，吁嗟我仁卿。①

老翁曝日坐，头发乱如丝。历言前朝事，怳似震业时。东南立国久，天子重西陲。长江一户限，钜敌千熊羆。吕家好兄弟，身拥襄汉危。围深救不至，望绝但孤师。戈兵空鹤膝，部伍尚鱼丽。居民并习战，结束类鲜卑。炮车烧楼橹，斤斧遽已施。榷场漫互市，军垒竟登陴。夏贵本小校，戎行早驱驰。当街苦醉酒，袒跣受鞭笞。双瞳夜照路，面刺斗锋旗。积功到大阃，绫诰叠若坻。沐熏乃得见，感激有涕洟。英雄颇用术，血死矧敢辞。上流忽以溃，淮楚屹不支。终同祖约走，恨比刘琨罹。芜湖十三万，钲鼓且弃之。人力不至此，百年知者谁。②

故国今安在，新营忽此山。藩王收末烬，义将捍边关。典礼存周法，威仪复汉班。开衙旗帜动，结寨舳舻环。节制通江逻，枪牌集洞蛮。龙涛多击硙，岭峤半榛菅。置阵移官港，帷宫泊女湾。狗流疑尾扫，龙殒莫髯攀。莫殡须求继，驱驰独任艰。抢攘残戍屋，杀戮罄居阛。玳瑁洲仍隔，珊瑚岛并跧。干餐娃灶减，卤饮辘轳悭。道断无前援，民哀有老鳏。飓掀云赤晕，鲸斗电朱殷。大业从舟尽，元戎弃仗闲。炎丘朝服袭，贝阙御弓弯。衮仆堕冠冕，娇婴泣剑镮。駃騠冲栅象，精卫避笼鹇。败气徒延喘，英飙欲起屚。一

---

① 吴莱：《观姚文公集记赵江汉（赵复）旧事》，《渊颖集》卷3。
② 吴莱：《檐下曝背听客话吕安抚夏贵杂事》，《渊颖集》卷3。

> 沈知有决，再缚惧何颜。去矣曾青盖，行哉彼翠鬟。城危嗟呗闹，井辱痛脂斑。出督空悬令，回军却算锾。蜀泸家失奥，襄汉国忘檃。月照丹心苦，风扬白骨顽。谀儒轻战勇，秽史进降奸。世远神终在，天高泪或潸。绮罗归北府，疆理混南寰。毒浪悲潺内，烟氛苍莽间。一时磨石处，万里凯歌还。①

> 向来天堑如有限，日夜军书费传羽。三楚羁民类鱼鳖，两淮大将犹黑虎。锦帆十里徒映空，铁锁千寻竟然炬。桑麻夹岸收战尘，芦苇成林出渔户。宁知造物总儿戏，且揽长川入樽俎。悲哉险阻惟白波，往矣英雄几黄土。独思万载疏凿功，吾欲持觞酹神禹。②

也就是说，只依仗天险，以偏安一隅自娱自乐，必会带来亡国的厄运，即便有少数忠臣良将，也难以扭转大局，这恰是南宋灭亡给后人留下的重要教训。

（四）说服倭良策

吴莱曾上书朝廷，专门讨论倭患问题，强调不宜对日本用兵，而是应该以贸易的方法使其服顺朝廷，并且自告奋勇，愿意充当前往日本的使者，承担说服日本的重责。

> 臣愚不佞，揆今之世，提封万里，东西止日所出入，南北皆底于海。边徼无烽燧之警，士卒无矢镞之费。外夷重译，乡风效顺，梯山航海，莫不来献方物，汉、唐之盛所未有也。然以倭奴海东蕞尔之区，独违朝化三十余年，奉使无礼，恃险弄兵，当翦其鲸鲵以为诛首可也，而迄今未即诛、意者其有说乎？
> 臣窃即前事观之，海东之地为国，无虑百数，北起拘耶韩，南至耶马台而止，旁又有夷洲纻屿，人莫非倭种，度皆与会稽临海相望。大者户数万，小者仅一二百里，无城郭以自固，无米粟以为资，徒居山林，捕海错以为活。汉魏之际，已通中国，其人弱而易制。慕容廆曾掠其男女数千，捕鱼以给军食。其后种类繁殖，稍知用兵。唐攻百济，百济借其兵，败于白江口，乃遂巡敛甲而退。今

---

① 吴莱：《新得南海志观宋季崖山事迹》，《渊颖集》卷2。
② 吴莱：《风雨渡扬子江》，《渊颖集》卷4。

之倭奴，非昔之倭奴也。昔虽至弱，犹敢拒中国之兵，况今之恃险且十此者乎？乡自庆元航海而来，艨艟数十，戈矛剑戟莫不毕具，铦锋淬锷，天下无利铁，出其重货，公然贸易，即不满所欲，燔燫城郭，抄掠居民。海道之兵猝无以应，追至大洋，且战且却，戕风鼓涛，汹涌前后，失于指顾，相去不啻数十百里，遂无奈何。丧士气，亏国体，莫大于此。然取其地不能以益国，掠其人不可以强兵，徒以中国之大，而使见侮于小夷，则四方何所观仰哉。唐太宗擒颉利，而靺鞨来朝，太宗曰："靺鞨远来，突厥既服也。"今倭奴不及于突厥远甚，若其内属如靺鞨者又多，臣恐其有效尤于后也。

以臣度之，倭奴之国去高丽、耽罗不远。今戍高丽、耽罗者，当不下数百万。戍庆元海道者，当亦不下数百万。比岁水教以作士卒之气，大舰数百，薄海上下，然迄未能以兵服之者，地绝大海险故也。以间往征之，三军之士感激呜咽，誓不再见父母妻子。飓风连昼夜，大鱼跋扈，惊触篙栰，劲弩不暇发，咶舌相视，不幸而有覆舰之虞，衣衿结联，溺死枕藉，幸而一存，拔刀斫舷，手指可掬，虽亲戚不相救援，生死尚未能保，何暇较胜负哉。昔者隋人统五十二万人伐高丽，高丽终拒守不下，所恃者鸭绿一小江耳。今倭奴之强，固不如高丽，而大海之险甚于鸭绿水者，奚啻几十倍。其人率多轻悍，其兵又多铦利，性习于水，若凫雁然，又能以攻击为事。而吾海道之兵，擐甲而重戍，无日不东面望洋而叹。使其恃强不服，虽尽得而剿之，摧朽拉腐也，而彼乃肆然未尝一惧，非恃险也，何敢若是。吴尝浮海伐夷洲矣，获其人三千，而兵不助强；隋尝浮海伐留仇矣，拔其城数十，而国不加益。何也？人非同我嗜欲，弗能生也；地非接我疆土，弗能有也。为今之计，果出兵以击小小之倭奴，犹无益也。古之圣王务修其德，不敢勤兵于远。当其不服，则有告命之词而已。今又往往遣使臣奉朝旨飞舶浮海，以与外夷互市，是有利于远物也，远人何能格哉。

彼倭奴者，心嗜利甚，我苟不以利徼之，虽不烦兵，犹服也。何以知其然也？汉建安中，鲜卑轲比能稍寇辽东三郡，其后来朝，则诘之曰："我虽外裔，亦人也。禽兽犹知择美水草以居，况我人乎哉。前者守臣数徼我以利，使吾不得畜牧，吾故叛去。今反其法，吾故来。"又况倭奴之人，稍知文字，岂反不及轲比能耶，而独不知效顺者，此臣所以日夜扼腕切齿，为朝廷惜也。

臣年长矣，每思傅介子、班超之所为，慨然叹息。使二子不自奋于绝域，未免为田里之匹夫，功或不成于汉朝，至老死亦无闻于后世。臣自揆不能如二子之智，而欲有二子之功，罪不容于死，幸而朝廷假臣一命，奉其告辞，得往喻之，亦一奇也。议者必曰："乡曾数遣使，犹不得要领。近自对马、绝景等岛，渡大海，径趋太宰府，高丽、耽罗沮挠百出，留使臣不使遽见。中夜守护，排垣破户，喧呶叫号，兵燧交举。后虽仅得其使介来廷，终至渝平而不服意者。一泛使之遣，未足以服之乎。"自臣观之，今则高丽、耽罗已服，所未服者倭奴而已，然亦不胜其惧矣。故今遣使，不可与乡遣使并论也。臣必谓其王曰："海东之地，曾不能当中国一大州，其兵众之多寡，可料而知也。以今中国之盛，不即加诛于海东者，天子之德，不忍烦兵于远，非有爱于海东也。乡者王之众航海而来，惊我海道之兵，且战且却，王之辎重丧失者太半，而我曾不损一毫。三军之士，忿然含怒，甚唯寐忘之。当庆元海道者，莫不被坚甲，跖劲弩，带利剑，飞舰蔽海而东，超足距跃，轻风涛万里之险，决死生以问罪于王。兼之高丽、耽罗之众，其识海道习水性与王国同，是王数面受敌也。然迄今未即加兵者，意王犹有人心，欲以礼义服之，又不忍烦兵以苦王，以故遣使臣来。今朝廷攻王之土地，非如伐夜郎，略朝鲜，可以置城守也。虽得之，越海弗能有也。宝珠金帛，积如丘山，不恃外夷之贡献也。殊方异物，来献于廷，又不假王之重货也。罢我之互市，从王之贸易，是吾土地之所产，王反得而用之也。然王之名物，不译于舌人也久。边隙一开，市易且有禁，非王之利也。旦夕大兵且来，王必悔之。王若听使臣，是得效顺之美名，而免受敌之实患也。"此臣喻之之说也。①

吴莱的服倭建议未引起朝廷的重视，他也只能是继续研究学问。吴莱所阐释的良政理念尽管未对朝政产生任何影响，但是对治国学理的发展，尤其是对理想治世的描述，确实有重要的贡献。

---

① 吴莱：《论倭》，《渊颖集》卷5（《全元文》第44册，第96—99页）。

五　柳贯的礼治理念

柳贯（1270—1342年），字道传，号乌蜀山人，浦江（今属浙江）人，师从金履祥学习理学，属于"北山学派"学人，[1] 历任国子助教、国子博士、太常博士、江西儒学提举、翰林待制等职，有《柳待制文集》传世。在其著述中，重点阐释的是儒家的礼治理念。

（一）重礼乐

柳贯在为国子学设计的十一道考题中，有六道考题涉及礼乐问题，可见他对礼乐制度的高度重视。

在关于乐的方面，柳贯既强调要定立《乐》经，以弥补礼制的不足；也强调祭祀先圣、先师、先老，应该乐、舞并用，以显示祭礼的隆重。

> 问：自秦灭经籍，至汉兴，《易》《书》《诗》《礼》《春秋》稍出，而《乐》遂亡矣。或曰孔子之时，挚干缭缺，适齐适楚，适蔡适秦，鼓入河，籔入汉，少师磬襄入于海，而器与人已不复传，非亡于秦也。盖虽制氏在汉世为其官，颇能记其铿锵鼓舞，而不能言其义。则河间所献，又特杂采诸子之言而已，宜后之论乐者纷纷而莫之底定也。以隋、唐、周、宋诸儒之所更定，而犹不无遗憾焉，则待其人而后行，固自有时哉。今明天子在上，有意于制礼考文之事，搜揽废坠，讨论而兴起之，抑岂无其人乎？则推其端而究其末，引而信之，以备六经未备之经，而耸吾元之德于秦汉之上，顾不甚盛甚韪也欤？试相与诵其所可取者焉。[2]

> 问：凡祭祀必有乐，学校之祭，小则释菜，以食为主，大则释奠，以饮为主。故舍菜合舞于春，颁学合声于秋。而《礼记》之书，特以仲春上丁习舞、释菜命之乐正，又谓凡释奠则必有合于时。释奠于先圣、先师、先老，若所谓乐祖者，无专祀也。其习舞与声，皆大合六代之乐。北齐尝以太牢释奠孔子，配以颜回，设轩

---

[1] 黄宗羲原著，全祖望补修：《宋元学案》第4册，第2959页。
[2] 柳贯：《国学私试十一首（其二）》，《柳待制文集》卷7，四库全书本（《全元文》第25册，第89页）。

县之乐，六佾之舞。至唐始以孔子为先圣，颜回为先师，两京用宫县，令三公摄事，隆礼备乐，斯亦至矣。然宋既加王仪，其乐第用判县施之堂上，而又不设舞于庭，盖宫县判县一丰一杀，当时议礼之臣其所损益亦有意欤？抑有歌无舞，又与古人习舞合声之制有戾欤？今仲春上丁将举祀礼，则礼乐之事，亦诸生所当讲切而究明之者，愿绅绎其说。①

在先皇祭祀的配享方面，柳贯强调的是因时制宜，因为每个王朝都应该根据本朝的实际情况，确定一代的礼仪定制。

问：古之王者立庙以萃人心之涣，盖制为祀享，而天下不一之论定矣。故上自商、周有功之臣，从于大享，祭于大烝。而汉以降，则惟烝尝配食于庭，崇德明勋之意，示人心之有统，而且以劝嗣臣也。唐武德中，尝论次太原功臣，由裴、刘而下总四十三人，贞观所录亦五十三人，长孙、赵公实为之首，而房、杜、王、魏无差等焉。他日配祀高祖之庭者，殷开山、刘正会、淮安、河间二王，而太宗之庭则房、魏、屈突通、高士廉而已。裴、刘之绩固不多于郧、渝二公，靖元二王也邪。梁、郑尚矣，乃若无忌、如晦与珪之风节，抑犹在蒋、申之间也邪。凌烟之图赞，即麟阁、云台之模写，彼一时之定次，果不足以望十八侯之功籍也邪。将不一之论第能定之于一时，而未能祛千载之惑也邪。先儒以大烝为袷祭，谓禘于夏而袷于冬耳，其与《周礼》秋烝冬尝之制异矣。然贞观之议亦曰：禘及时祀功臣，皆不应享，则三年一袷，五年一禘，以其合于天道之大小而言之，大则人臣不与，而小则人臣可以兼及之欤？崇德明勋，今犹古也，其即夫天理人心之所安，而稽之往制之得失，以详著于篇。②

在建立正朔方面，柳贯所强调的则是要明白以往立正的基本原则，并且根据本朝需要修治历法。

---

① 柳贯：《国学私试十一首（其三）》，《柳待制文集》卷7（《全元文》第25册，第89页）。
② 柳贯：《国学私试十一首（其八）》，《柳待制文集》卷7（《全元文》第25册，第92页）。

> 问：三正之起尚矣。说者谓夏正建寅，为人正；商正建丑，为地正；周正建子，为天正。夫子因鲁史作《春秋》，凡国君即位，必书"元年春，王正月"。夫《春秋》尊王之书，以正次王，以王次春，则正月者，周天子所用之正也。先儒谓其以夏时冠月，而以周正纪事，正月非春时，固不易然。书序一月戊子，师渡盟津，而经言十有三年春，大会于盟津，则一月者周之一月，亦遂以为岁首矣。不知《春秋》假之以立义者，亦他有所考据乎？或者又谓周人改月而兼存夏正，其证已多见于经传所载之文，乃若《周官》，既曰正月，而又曰正岁。《豳诗》既曰七月、九月，而又曰一之日、二之日。左氏固已惑之，而《孟子》所记，徒杠舆梁之成，则一以当代正朔言也。夫子以四代礼乐，答颜子为邦之问，首之曰行夏之时，此则圣人经世之法之所寓如是，而犹有焚经以建亥者矣。不然，则建辰、建卯，将何时而可定乎？摇光昏见于子，而阳气已潜萌乎黄钟之宫，此天之所以为春，而万物之所由生也。治历明时，实为王政之大端，舍是而不之讲，则非当务之急矣。①

柳贯还以诸葛亮为例，指出其可能有未完成兴礼作乐的遗憾，但是毕竟充分显示了儒者之学确实有用于治世。

> 问：儒者之学，要以明体而适用，故养之之至，蓄之之深，则其奋发为事业，为文章，必皆硕大光明，可以贻诸后世而无愧。彼或以成败利钝论人者，失之远矣。季汉诸贤以名节高自标表，至于矫枉过直，而诸葛孔明躬耕南阳，抱膝长吟，自方管仲、乐毅，时其知者不数人，而不知者未必不以为矜名饰誉者之为耳。及先主起蜀，一闻徐庶之论，三往乃见，其画为跨荆益、和西戎、抚夷越之策善矣，遂能挈成败之机，约合孙权，挟飞云之众，围取成都。迨建兴总政，一试于南，而资用以饶，治戎讲武，从容北举，二疏之陈，开朗激烈，忠诚所撼，岂徒文乎哉。乃若制木牛流马之运，演兵法八阵之图，雄据武功，杂耕渭上，深谋定虑，有足称矣。使亮而未死，则举魏并吴，兴礼作乐，汉之为汉，直反手耳。议者乃

---

① 柳贯：《国学私试十一首（其六）》，《柳待制文集》卷7（《全元文》第25册，第90—91页）。

谓其制戎为长，奇谋为短，是得为知孔明哉。由周而下，遭时之难而处英雄之不幸者，孔明也。挺身托孤，不放不摄，而人无间言，权逼人主，不疑不忌，而士知所劝，所谓约官职，从权制，开诚心，布公道，盖无非帝者之政也。观其规模宏远，真足以鼓舞豪杰。凭借一世而身陨，未几炎祚遂熄，使操持妄议者犹得伸彼以抑此，故其知孔明者，不过以为是特将略之雄耳，而不知儒者明体适用之学，至孔明无余蕴矣。先儒曰："孔明有王佐之心，而道则未尽。"又曰："孔明，庶几礼乐夫。"亦安所指哉？讲肄之暇，试究评之。①

在国子学中，如何进行礼乐教育，是柳贯重点关心的问题，其目标就是要使乐德乐教能够深入人心。

问：舜始命官契为司徒，亦既任之以敷教之事矣。至后夔典乐，则于胄子之教尤特隆焉。盖自天子之元子、众子至于公卿大夫士之适子，通谓之胄子，是皆与有天下国家之责。使非有以涵养其性端而和柔其气质，则乐德乐教何以深入乎心，而直者必失于温，宽者必失于栗，刚必至虐，简必至傲矣。历夏而商而周，若大司乐之建学政，若师氏之三德三行，保氏之六艺六仪，所以教养国子而进之于道者，非于贵游子弟而有私焉。故周、召、毛、原、刘、尹、荣、单之族，皆世食其禄，并仪朝著，与周匹休，直教使然耳。盖天下者天下之天下，受之先王，固将与夫勋庸之子姓共有之，周之法岂独致隆于公卿哉。以国子之系国体，其重如此，则教之之隆，所以责之之至也。汉世吏二千石至六百石，及关内侯五大夫，皆得任子，若侍郎、郎中、庶子、洗马、制贲、郎将，往往以父任为之。成帝时，伏湛始由父任为博士弟子，其颜色和顺，身体修治者，以为宗庙舞人，而董仲舒谓"子弟未必皆贤"，王吉谓"子弟率多骄傲"，或欲除去其令，或欲稍减其员，此徒见任子之弊，而不知救弊之源，无怪其论议之纷纷也。今国之胄子，有学有教，固已大仿虞周之制。而出于父任，又皆一用汉法，所谓乐德乐

---

① 柳贯：《国学私试十一首（其十）》，《柳待制文集》卷7（《全元文》第25册，第94页）。

教，乃未之闻焉。至于舞宗庙之酳者，世或非贱之矣。孟子曰："仁之实，事亲是也；义之实，从兄是也。"又曰："乐之实，乐斯二者，乐则生矣，生则恶可已也。"然则五典者，仁义之实，而六乐岂自外至者欤？彼六律六吕、五声八音之为用，又岂非三德三行、六艺六仪之所发施也欤？抑乐之为乐，偶于六艺之中，其为教亦有轻而有重欤？或曰《春秋》讥世卿为尹氏也，则虽周、召、毛、原、刘、尹、荣、单之族，其必资教以成者，庸可得而后之欤？虽然，虞周之教，其致隆如此，今亦岂遂不可得而复之欤？虞之胄子，周之国子，汉之任子，其所以为法，亦孰得而孰失欤？愿悉相与商订其说。①

泰定帝时，柳贯还借英宗入太庙之礼的时候，提出了赏赐参与祭祀官员的建议，以显示朝廷对祭礼的重视。

窃惟帝王之兴，实由祖功宗德积累所致，故制为庙祀，以极崇报之礼。配天同大，猗欤盛哉。粤昔世祖皇帝肇建宗庙，创修礼文，圣子神孙，继绍纂承。乃英宗皇帝，断自睿谟，载广庙室。至于今上皇帝，嗣服之初，始克落成。爰以泰定元年五月十四日，奉迁祖宗神主，妥灵新庙。廿六日，钦奉显宗皇帝、英宗皇帝神主，升祔朝祭，盛仪缛典，照映古今。凡诸臣子获与奔走，实为非常万一之遇。盖有殊特之礼，必有殊特之恩。宋金以来，每行大礼，则必等第颁赐行事之臣，以为非此则无以均厘锡福于下也。今朝廷丕崇太室，迁主礼成，而显宗皇帝始由晋邸昭受大号，与英宗皇帝并祔于祖宗之次，此皆旷世甚盛之举。谓宜参酌古今，特推恩沛，自献官而下行事官员等第赏赐，庶几有以隆熙朝闭祀之贶，而书之信史，亦将示法于将来。②

柳贯还特别指出，祭祀所用的法服只有夹衣而没有单衣，是因循守旧，应该专门制作单衣，以适合夏、秋两季的祭祀。

---

① 柳贯：《国学私试十一首（其十一）》，《柳待制文集》卷7（《全元文》第25册，第95—96页）。
② 柳贯：《升祔礼成请推恩赏状》，《柳待制文集》卷7（《全元文》第25册，第86页）。

> 钦惟世祖皇帝肇建宗庙,始定祭礼。每岁孟冬卜日大飨,命大臣摄行其事。以时方寒冱,故自献官下至与祭诸职合用法服等,皆以夹罗为之。因袭已久,遂为故事。至如南郊太社,虽别造祭服,亦止循用夹衣之制。比年英宗皇帝更定四孟时飨以来,每遇孟夏孟秋行礼之时,被服夹衣,升降拜跪,往往暑气蒸郁,流汗沾濡,其于肃将祀事之意,或者不无乖戾。今检照到亡宋太常因革礼祭服条内该,真宗大中祥符六年,准详定所言月令,孟夏初衣暑服,孟冬始裘。今尚衣库衮冕等,盖每岁仲冬祀圜丘所服,皆是夹衣,宜依冕服制度,改用单罗,则是古人制作衣裳,唯欲适宜,未尝以单夹为拘。以此参详,若依太常因革礼所定典故,除太庙、南郊、太社各有法服外,各处权宜添造单罗法服,全副二十身,专充夏秋祭祀献官、近上职事行礼之用,庶几馨香达于神明,而于祡祀之仪,不为无补。[1]

重礼乐往往被世人视为儒者的迂腐之举,就是因为大多数人并不了解礼乐制度对文治的助成作用。柳贯对礼乐的强调,就是要满足王朝兴盛的需要,在现实政治生活中维系礼乐的重要地位。

(二) 举贤才

柳贯在为国子学设计的试题中,特别列举了自古以来的各种选贤方法,并强调朝廷重开科举,是结合了举贤和考试的优良方法。

> 问:道驭天下之术既微,而庠序学校之教以兴,圣人之于人,有甚不得已焉者矣。盖成周以三物四术举于乡,升于司徒,意犹为近古。至西都则孝悌有科,孝廉有举,命之九卿,命之郡国,而不举孝为不奉诏,不察廉为不胜任,失当者有罚。纷纷若是,其与乡举里选之意,果有同欤?当时率以户口多寡,察人口二十万一人,满百二十万六人,限之以四科,而博士、御史、三辅县令于是乎取。至博士弟子,亦命二千石察其好文学、敬长上、肃政教、顺乡里者,得诣太常受业。然武帝初弟子员千余人,成帝末增至三千人,岂计口察人之路不广,而受业太常者特二千石之所罗致也欤?

---

[1] 柳贯:《请添造单罗法服状》,《柳待制文集》卷7(《全元文》第25册,第86—87页)。

且善事父母为孝，清洁廉隅为廉，而又博综经籍，穷阐微奥，其选艰矣。今考之于史，以廉举者若赵广汉、朱博、薛宣、黄霸、尹赏不数十人，而以孝廉为郎者，自京房外亦不多见，则计口以察大郡满六人止者，抑岂过计欤？大抵法之凉贪，皆不能以无弊。后之议者或以新衣好车为不廉，而藏舆服、絜壶飡者得以盗名检，或以割股庐墓为非孝，而揖诸生闭空舍者得以著行义，一是一非，其间相去不能以寸，公论尚得而贷之欤？盖汉承秦战争之后，借锄取彗之俗未革，谓彼能孝亲而弟长，则知所以治身而推之可以为吏矣，此高祖转移斯世之一机也。是其同乎成周者，果可以其迹而论之欤？今朝廷设科取士，先德而后文，必孝弟称于乡，信义服于友，始得以名上有司，固已合成周、先汉之制而一之矣。则郡县之所举，馆学之所升，凡欲为天下得人，以推广主上好德贤贤之仁心，猗欤休哉。桥门多士，方鼓勇作气，以俟决战，则夫征之古事而验之时宜，固辞锋笔阵之一助也，其毋以吾言为赘焉。①

柳贯自己也曾经向朝廷上书，推荐学有成就的贤儒乞石烈希元出任太常博士的职务。

窃惟用人当求实才，荐贤务合公论。其人贤矣，则称其才而荐之，非过举也，取其长而用之，非市恩也。方今设科取士之外，凡隐晦丘园，才德彰著之士，又令所在以其名上闻，朝廷急于得贤之意兹可见也。比年以来，若杨静起于成都，即除四川提举；史灼、董士廉起于燕南，即除翰林编修、国子助教，皆由布衣以荐入官。今更数除，率能崇尚名节，而有难进易退之风，则荐非谬荐，用非滥用，亦已明矣。伏见都城处士乞石烈希元，年逾半百，笃志穷经，尤于《易》《春秋》二书精考密察，探赜钩玄，不背先儒训释之旨，自得圣人制作之微，安贫乐道，若将终身。而孝友之行形于家庭，信义之实称于朋友，迩者翰林集贤诸老、监察御史惜其老于文学，累尝交章论荐，以为京师首善之地，有一安恬之士，独能遗外声利，笃学力行，起而用之，则可以表倡四方，兴起风化，非直

---

① 柳贯：《国学私试十一首（其九）》，《柳待制文集》卷7（《全元文》第25册，第93—94页）。

为希元私也。某猥以庸虚,忝职奉常,日虞旷败,获戾官箴,盖讨论礼典,稽考仪文,必得通经学古之儒,老成名德之士,乃为称选。某熟知其贤,用敢举以自代,如蒙转而上闻,将乞石烈希元权充博士,代替某名阙,必能修举职业,上副朝廷优贤崇礼之仁。①

在任官员举荐贤者为官,在元朝中期并未成为常态化的做法,所以柳贯对贤儒的推荐,只能被视为特例而不是惯例。他还在诗作中特别强调:"迭材古所难,此事若冥搜。岂无甲乙簿,珠砾同一妆。""将令周道正,遑恤楚人咻。循吏果再见,斯民庶得瘳。"②

(三) 明治道

柳贯为国子学设计的考题,有四道题目涉及治道问题,其中两道题目涉及的是土地制度和户籍制度问题。唐代的租庸调制度是否适用于当代,以及如何做到田土辟、户口增,显然是柳贯重点考虑的问题。

> 问:井田废而阡陌开,乡遂都鄙之制不可复矣。厥后名田之请,限田之议,均田之法,作辍纷纭,前以为利,后以为害,识者有遗憾焉。唐之计口授田,有口分,有世业,粟稻曰租,绫绢曰调,与夫岁二十日人力之庸,其取之民者如是而已,可谓法之善者也。亡几而遂废不举,岂其制虽有所本,而于时或非其便欤?抑人多田少,必不得已而后废之欤?井疆远矣,计口授田之制,今犹可践而行之也,愿与诸生订其古法之可以宜于今者。③

> 问:自田不井疆,民不什伍,而分田令赋,造器制禄,起田役,作军旅,凡先王所以维系其民之意,于是微矣。秦开阡陌,汉事兼并,人忘重迁,俗尚流寓。至晋稍明土断之制,逮齐复申黄籍之令,故户口漏于国版,而夫家脱于联伍者,皆受而注之,其后百家有谱。东南别族,侨旧错处,奸伪益滋,宽乡为墟,狭邑成聚,虽以辟田、增户列之五事责之守令,而犹未之有止也。今欲上知宁人之方,下知安土之利,存亡更守,出入相同,有无相贷,疾病相

---

① 柳贯:《荐乞石烈希元状》,《柳待制文集》卷7(《全元文》第25册,第87—88页)。
② 柳贯:《文字方寓直翰林数日即以使往云南典选用识别》,《柳待制文集》卷1。
③ 柳贯:《国学私试十一首(其一)》,《柳待制文集》卷7(《全元文》第25册,第88页)。

救，一道德而同风俗，顾以何术而跻登？兹试考核古今之宜，以详著于篇。①

在官制设置上，柳贯抱的是复古态度，认为周朝的官制最为完美，但是后代不断变更，已与周制相差甚远，应该改弦更张，重返古制。

  问：六官之属备于周，合而典则柄统，散而庖翟舂藁，莫不有政有事，今其书详焉。汉去古远，大抵多仿秦旧，而法制日密，名数日滋，以建武之减损，犹不能革元始之更置。下逮宇文拓跋，号名复古，而建官之意邈如，宜其效之若彼也。夫以六典之书，为周公始致太平之具，奈何一用于后世，而遂起变法更令之端，则周之制果不可行欤？盖尝以今而揆古，则今之官犹古之官，名之存犹实之存也。国计主于大农，而金谷之虚赢，岂不可考。公卿领于尚书，而庶官之殿最，岂不足核。居是官，举是职，而其道可以达之天下。《国风》刺候人，《春秋》讥世卿，吁，可畏哉。孔子曰："修废官而四方之政行焉，举逸民而天下归心焉。"今圣贤相逢，而天下犹有废而不修之官，逸而未举之民，此则明诏所为拳拳者也。善乎先儒之言曰：有《关雎》《麟趾》之意，而后可以行《周官》之法度，然则今非其时欤？彼其藉以为变法更令之端者，夫亦泥其迹而不知其意欤？诸生蒙被菁莪乐育之仁，是皆有民物之责于身，试订言之，抑以观所学。②

柳贯还特别强调，开通言路是弘扬治道的重要途径，应该以制度来保障和鼓励直言。

  问：下情之通塞，治乱得失之变系焉。工箴瞽诗，道谤市议，不以人废言之意，盖三代同之。自是而降，汉最近古，凡所论建必合其同。或诸侯王之有诏，或列侯宗室之与议，或达二府之金谋，或用谏大夫之决策。以博士、议郎之小臣，而犹得与丞

---

① 柳贯：《国学私试十一首（其四）》，《柳待制文集》卷7（《全元文》第25册，第90页）。
② 柳贯：《国学私试十一首（其七）》，《柳待制文集》卷7（《全元文》第25册，第91—92页）。

相、列侯、二千石并预咨访，亦几乎公天下以为心者矣。然言路浸广，而治道浸微，岂苟同挟和之论，徒为希意顺指之私耶？抑履霜坚冰之喻，尚不足以开自牖纳约之明耶？其不制为一定之法者，无亦示夫广听兼览之公，不于其人而于其言耶？今朝廷求言，视汉而益切，顾处士横议与学校正论，孰得孰失，必有能辨之者矣。①

在为皇帝代拟的廷试策问中，柳贯更是直接点出了影响治道的各种因素，尤其是不能选贤任能和吏治败坏，应该引起世人的重视。

> 朕观帝王制治之道，未尝不承天以从事，法祖以立政。然而仁义彰施，恩德和洽，则本之教化，成之礼乐，其效固亦可睹已。孔子称舜无为而治，观其始于修己，而终于恭己；劳于求贤，而逸于得贤；无刑而威于刑，不赏而劝于赏，能大有为而后无所为，舜果无为者哉？乃若克艰以图乂，昭德以建中，不遑暇食，而即夫康功田功，无作好恶，而至于会极归极，是皆有以协和天人之际，而臻兹至治之休。三代受命之符，厥有在矣。朕惟我国家基业之崇，土宇之广，固已掩迹虞周，复绝唐汉，而传序在予，式承祖宗全付之重，忧兢寅畏，凛乎朽索之驭而春冰之履也。顾诏书屡下，而惠化未孚，德泽屡降，而阴阳未应，岂铨条有失于精核，而进贤之路或壅欤？抑吏治或过于烦苛，而致理之绩有欠欤？伊欲显忠而遂良，兴廉而起孝，通教化之原，达礼乐之用，使世底隆平，民跻仁寿，其以何方式济登？兹子大夫学究终始，其于贤良三道之要，《春秋》一统之指，讲之熟矣，悉著于篇，朕将亲鉴。②

柳贯还特别指出，为适应治道的要求，儒者必须克服私利，一心学道和行道："比数十年，学者大抵有自利之心，而志日益卑，道日益远。夫其自利之心，根着于中，则未得谓得，未至谓至，自高者耻于问，自多者耻于求。而若剽掠纤碎，缘饰浅末，已足以雄夸于制作之

---

① 柳贯：《国学私试十一首（其五）》，《柳待制文集》卷7（《全元文》第25册，第90页）。
② 柳贯：《御试一首（代赵承旨作）》，《柳待制文集》卷7（《全元文》第25册，第96—97页）。

林，而为猎取名爵之资矣。""盖学以致夫道，群圣人载道之言，具于经可见已。古之人所以底至于道者，亦曰尊闻行知，而不敢以吾一己之私，系累于其间耳。""涵养益密，识察益精，则发之文章，自然极夫义理之真，形之歌咏，自然适夫性情之正矣。切不可就彼今人，以日沦于洿下，而莫之救也。"① 由于自利已经成了儒者的通病，柳贯才明确提出了学以致道的要求。

一般而言，贤人政治主要解决的靠谁和用谁统治的问题，善政主要解决的用什么方法统治的问题。赵孟頫所强调的文治，陈栎所强调的立教，蒲道源所强调的治世，吴莱所强调的良政，以及柳贯所强调的礼治，都是对善政学说的发展，并且都有重要的实证支持。善政不仅不排斥贤人政治，还可能倚重于贤人政治，所以在善政学说中，也不乏对贤者的要求，只是不像贤人政治学说那样以人作为核心要素而已。

第三节　不同类型的政治评价

理学学者勾画的贤人政治或善政、善治图景，往往与现实政治有巨大的差距，所以学者会就现实政治作出不同的评价，可以选择一些有代表性的观点分述于下。

一　赞颂型评价

一些理学学者对元朝中期政治现状的评说，基本保持的是赞颂或者粉饰太平的基调，即便略有批评，也并不影响其正面肯定的主要论调。

（一）揭祐民赞大一统

揭祐民，生卒年不详，字希韦，广昌（今属江西）人，泰定帝朝曾任邵武路经历，后隐居不仕，自号盱里子。

对于忽必烈在位时伯颜统军灭宋，奠定大一统的基础，揭祐民在诗作中特别强调了仁义之师的作用。

> 泽欲流，强用兵。仁者师，无威声。持百万，如云行。令所出，时扬鹰。不血刃。惟功成。

---

① 柳贯：《答临川危太朴手书》，《柳待制文集》卷13（《全元文》第25册，第122—123页）。

来南东,用生道。前旌旗,后盾纛。称兑戈,存障堡。上韬略,匪勇暴,泯杀机,遂仁好。

东苍龙,入震泽。民胥生,道得国。始用牡,振太白。徐用止,田有获。吴山高,著铭勒。

虎丘奠,西师安。念越栖,稽山完。国既逊,无胥残。泰伯祠,在江干。过禹穴,碑勿欢。

王临襄,继逾淮。以所履,觇云雷。利建侯,雄基开。入图像,麒麟才。视王仪,毋能侪。

笳鼓竞,铙歌长。王有灵,福此方。男吹笙,女协簧。抚琴瑟,升中堂。惠我杭,时无疆。①

揭祐民还指出,在大一统的政治形态下,南方和北方都应该注重养民和保民的问题。

西风碍长养,冷气移当暑。河北饥未赒,燕中久无雨。传言山东地,亦有流冗故。细民辄疵疠,天意肯回互。犹闻客子船,买口向南去。饥馑事关天,肯使为利赂。南人多暴殄,米粟易珠土。此理焉可常,翻覆随朝暮。向岁江浙间,眼见吁可惧。长愿四序平,秋香熟禾黍。②

揭祐民认为"万物自有弊,至理难穷言";"祸乱有本原,臣子出忠爱"③。所以,确实需要对臣僚提出助行治道和注重均平的明确要求。

河之水,波悠悠。见世泽兮在中流,夹日焜耀兮为国伊周。保合元气兮春阳和柔,功有绍兮名长留。

扬之土,春煦煦。美有济兮世此所,荐生良弼兮为国申甫。辅翼治道兮还虞复古,猗其人兮衮是补。

会稽之月,下照禹穴,履海岛兮被吴越。勤劳王孙兮秉玉节,

---

① 揭祐民:《淮安王吴山歌六章》,《元诗选》二集上,第425—426页。
② 揭祐民:《西风碍长养》,《元诗选》二集上,第427页。
③ 揭祐民:《南山泉》《登凤凰台》,《元诗选》二集上,第426—427页。

为国南镇兮地罔触啮。彰旧闻，声烈烈。①

中原七郡地，气厚风还淳。天分涧瀍水，路入河洛春。圣贤所经营，绳准相均平。六合昔有隔，一观恨无因。怀哉此盛区，理者皆先民。曾经龙虎啖，重为狼羊贫。大若斡元化，细物涵深仁。一士行其间，鞍马犹逡巡。解带思古道，题诗清路尘。望迷黄河北，欲度正怆神。遗黎当道隅，涕说青城滨。青城不可说，回首伤天津。②

也就是说，揭祐民所要表现的，既有对大一统的赞颂，也有对治道尤其是爱民观念的坚持。

(二) 周权赞太平景象

周权 (？—1327年后)，字衡之，号次山，松阳 (今属浙江) 人，曾被袁桷推荐至史馆任职未果，乃归隐，有《此山诗集》传世。

周权曾在大都逗留数年，用诗作记录了元朝中期都城所呈现的太平气象，并且特别强调了圣政所起的重要作用。

水入金河滟玉虹，填街车马拥尘红。九重天近风云壮，万雉城高鼓角雄。花底催朝冠佩列，酒边听曲绮罗丛。太平光景春台乐，物物熏陶圣化中。③

乾坤瑞气蔼燕山，天仗初开虎豹关。金爵觚棱银汉表，玉阶平城彩云间。紫泥香暖春宣诏，清跸声寒晓趣班。千载明良今庆会，喜看新雨涤尘寰。

剑佩声磨九轨衢，欢传虎拜听嵩呼。一天雨露流春泽，万古山河壮地图。造化机缄新宇宙，太平气象又唐虞。丹心一寸葵倾处，夜夜泰阶明六符。

穆穆皇风世道淳，吾君敛福锡斯民。六龙日焕彤墀晓，五凤云深紫禁春。洞达遐荒无异俗，痒疴疾痛视同仁。野人亲睹朝纲整，可是乾坤气象新。④

---

① 揭祐民：《河南王孙南谷平章诗三章》，《元诗选》二集上，第426页。
② 揭祐民：《中原道上次欧阳汲齐汲韵》，《元诗选》二集上，第427页。
③ 周权：《京都》，《此山诗集》卷8，四库全书本。
④ 周权：《阙下遥瞻》，《此山诗集》卷8。

斗杓半夜回天东，人间凤历开华风。联镳飞盖拥千骑，家家银烛摇春红。金门玉漏声初歇，已闻晓钥开间阖。圣人端拱九天上，殿前晓仗催班列。曈曈瑞日红云开，太液春生万寿杯。龙旗微动曙烟暖，山呼虎拜声如雷。乾坤千载开元会，太和气象唐虞世。千官宴罢带花回，十二天街喧鼓吹。①

地方也可以看到太平景象，尤其是在朝廷宣布减租之后，不仅能够改变庶民的生活状况，也更有利于强本抑末。当然，百姓更期待的是官吏的廉洁和少受胥吏的巧取豪夺。

晨墟跣妇鬻鱼虾，两岸髻童牧艾豭。赋敛输官农事足，太平气象属淮沙。②

闲马嘶云牧远芜，高原下隰尽耕锄。太平里巷都无事，老卒支颐听读书。③

生长畎亩中，稼穑少已谙。既壮忽复老，支赢谢锄芟。小舟栊断沟，鸡鸣松树檐。农闲子于茆，春至妇亦蚕。出门无远途，一室常团栾。所期年岁登，更愿官府廉。官污岁复欠，我哭何由黔。

篱畔白板扉，墙头乌桕树。负暄鹤发翁，衣绽纫老姁。群儿嬉翁前，丁壮入场圃。忽闻新诏下，昨日减租赋。比邻喜津津，手额递相语。悍吏无叫嚣，晏然处环堵。丰年乐无涯，况乃生乐土。床头酒新篘，前村赛神鼓。④

周权虽然有"三年客梦天之北"的怀才不遇感叹，但是依然以"方今妙选需贤才"来激励他人。⑤ 官场不顺倒是成就了周权的诗名，袁桷、欧阳玄、陈旅等人都曾为他的诗集作序或跋，对其带来的新颖、朴实诗风给予了赞扬。

---

① 周权：《元正观朝贺》，《此山诗集》卷4。
② 周权：《即事》，《此山诗集》卷10。
③ 周权：《道傍即事》，《此山诗集》卷10。
④ 周权：《田家辞》，《此山诗集》卷1。
⑤ 周权：《次韵济翁叔并谢诸公》，《此山诗集》卷5。

(三) 黄文仲赞大都气象

黄文仲，生卒年不详，号独愚，福州侯官（今属福建）人，曾任侯官县尹，文宗时撰写《大都赋》献给翰林国史馆，以表现他对"大元之盛"的赞颂。[①]

黄文仲首先强调了自己前往大都的用意，是以大都与前朝废都作比较，以彰显大一统的盛景。

> 有客以风云为气，江海为量，一蹈万里，顾盼伊壮。尝掉鞅金陵，鼓枻钱塘，浮汴入洛，西游咸阳。临残城之余景，黯烟草其悲凉。悲哉败国之迹，何必于此乎彷徨。方今天廓一宇，地合八埏，皇居帝阙，新宅于燕。万方臣妾，罔不后先，犹北辰之朝列宿，东海之会百川。今也不往，白首何年。道齐鲁以前迈，历赵魏而北辕，亦既至止，观于都内，非雷而喧，非电而奔，懱兮恍兮，殆失所存。

随后，黄文仲在与"大都主人的"问答中，说明了大都建都的过程，以及大都所具有的特定地理优势。

> 大都主人，目而招之曰："子岂出蛙坎而望沧溟，脱蚁封而睹瑶崑者邪？何神志不定，四顾市人，若将袭而问之也。"
>
> 客曰："唯唯，予行天下多矣，独此大都，足不及履。城阙之雄，风物之异，幸子告我，毋以为鄙。窃闻燕之为壤，古曰幽州，召公拓其规，昭王阐其猷，慕容据之以争中夏，完颜临之以朝诸侯。名踪胜迹，万岁千秋，子能举之否乎？"
>
> 主人抚掌而笑曰："固哉，客之问也。彼小国一君，偏方一主，朝盛夕衰，何足以语。维昔之燕，城南废郭，维今之燕，天下大都。宇宙千龄而启运，帝王一出而应符，山川改观，民物易居，开天拓地，自作制度，岂辙人之轨而蹑人之趺。我太祖皇帝之龙兴也，乘乾位，王水德，耀玄武，抚璿极，铁骑长驱，金烬奄熄，控扼南邦，于焉驻跸。列圣相承，有事疆场，顾宫室其未遑，日饬厉

[①] 黄文仲：《大都赋》，《御定历代赋汇》卷35，四库全书本（《全元文》第46册，第131—138页）。本小节引文未注明出处者，均来自此文。

乎兵革。世祖皇帝神圣武文，既传国以建号，复纪元而书春，操等策而驭群雄，临水火而救兆民。授阃钺者如靖如绩，运庙谟者如张如陈，有角皆崩，无扰弗驯。雨露所被知其泽，风霆所至知其神，是宅是图，以取以守。恢皇基于亿载，隆畿制于九有。因沧海以为池，即琼岛而为囿。近则东有潞河之饶，西有香山之阜，南有柳林之区，北有居庸之口；远则易河溥水带其前，龙门狐岭屏其后，混同鸭绿浮其左，五台常山阻其右，所谓子孙万世帝王之业，与海岳相为长久者也。"

所谓"大都主人"在介绍了都城的城门、宫殿、园林情况后，还特别指出了大都所具有的重要政治功能。

以佃以渔，以舟以楫，普为万民之利，圣人之心可谓至矣。且以一统之大，四海之富，非不能穷美而极丽，固将昭恭俭之先谋，垂法则于后世也。于是东立太庙，昭孝敬焉；西建储宫，衍鸿倾焉。中书帝前，六官禀焉；枢府帝傍，六师听焉；百僚分职，一台正焉；国学崇化，四方景焉；王邸侯第，藩以屏焉；神州赤县，首承令焉。彬彬乎簪笏之林，古无此盛矣。乃辟东渠，登我漕运，凿潞河之垠塄，注天海之清润，延六十里，潴以九堰，自汴以北者挽河而输，自淮以南者帆海而进，国不知匮，民不知困，遂使天下之旅，重可轻而远可近。

大都已经成为国家的重要商业中心，"大都主人"对此作了说明，并且重点强调了朝廷的以农为本和文治作为。

社长不见呼，县官不见科，喜丰年之无价，感圣化而讴歌。嗟夫，饥者帝食之，寒者帝衣之，居者帝安之，乱者帝治之。中统之深恩，至元之厚惠，民之思之，庸有既乎。矧我皇上缵二世之鸿烈，绍六世之宏基，明侔乎两曜，令信乎四时。惠顾下土，载谋载惟，谓一农不遂其耕，则四民或受其饥，伤我畜者虎狼，害我苗者鹿麋。每岁孟春，亲御六飞，南临漫衍，大猎乎溵水之湄。万骑分驰，霆奋飙发，弦鸣禽落，网动兽蹶，百鹫举，层云裂，群獒奔，葳草绝，飞者委毛，走者僵血，虞衡奏功，天子乃悦。匪耽意于游畋，将讲武以搜阅。毕献禽而行赏，回翠华而北辙。遂幸上都，避暑于朔，虑牧畜之妨农，逐水草于广莫。云妫以南，既艾既获，徐拥舆卫，毋俾民虐。千官领至，群乐大作，天子之心，为民而乐。弥畿甸之千里，悉扈驾之部落，维牛维羊，维马维骆。贫民以百计，富者以千约，民之五鸡二彘，何辽邈哉。由是庆区宇之升平，彰穹昊之明贶，严圣心之翼翼，爱洁备乎祀缛。道流间南北之音，释子杂蕃汉之状。步虚而欵鸾鹤，演乐而供狮象，穆穆在前，赫赫在上，非沈非甲，而在乎明德之馨香。于戏，列祖造之，圣主保之，贤臣佐之，兆民好之。上帝无私，善必报之。故《诗》以太平为万年，《书》以皇极为五福，天人相与之际，殊无奇术异道也。猗欤盛哉，大都之事，何可胜纪。

黄文仲还以问答的形式，说明了大都之"大"所要表达的，就是前所未有的大一统之意。

客曰："然酰人夸酽，酒人夸浓，毋怪乎当时之士，好鼓舌而摇唇。古我帝王，自冀至洛，惟以都名，汉唐东西，因以方名，吴蜀魏汴，咸以地名。今名以大，夸孰甚焉。"

主人变乎色曰："尔言过矣。岂谓鸿之翮而犹鹏之翮，蜥之鳞亦犹龙之鳞邪。大之为义，无匹无伦，非我皇上之德，畴克当之，汝复坐而听我所云。帝不争土，王始制地，始焉万国，终焉七氏。畿封之内，会盟战誓，自君自长，何有于天子。厥后能统一者，秦、汉、晋、隋、唐而已。西至乎玉关，东至于辽水，北至于幽陵，南至于交趾，得纵者失横，有此者无彼。大哉天朝，万古一时。绿江成血，唐不能师，今我吏之。辽阳高丽，银城如铁，宋不能窥，今我臣之。回鹘河西，汉立铜柱，马无南蹄，今我置府。交占云黎，秦筑长城，土止北陲，今我故境。阴山仇池，缺舌螺发，劙面雕题，献獒效马，贡象进犀，络绎乎国门之道，不出户而八蛮九夷。谓之大都，不亦宜乎。"

最后，黄文仲特别借用"大都主人"之口，强调了"大元"所包含的"大治"含义,这才是《大都赋》所要陈述的最重要政治观点。

客曰:"博哉,子之所言。上周乎乾,下括乎坤,故能独高万古,而号曰大元。"

于是主人曰:"未也。尔知其大,未知其所以大,是犹远望巨峰,而不见其址,近睹长江,而不见其源。吴起不以西河为美而德其美,娄敬不以洛阳为安而德是安,况巍巍荡荡之境,必有强其本而壮其根者也。且夫陈主归隋,周王入秦,山阳祖送,万古悲辛。惟我国家,待降以宾,藐江南之赵孤,能纳土而称臣。既宠之以封爵,复全之以终身。彼南巢之放,犹有惭于古人,孰大乎吾天子之仁。元封殚力西南之墟,贞观暴骨东南之土,一人逞欲,万姓何苦。惟我国家,止戈为武,谓荒裔之民得之不利于用,谓赘疣之地取之不益于富,罢横海之戈船,但遣使而存抚。彼有苗之誓,犹且蹂于师旅,孰大乎吾天子之恕。羽林象天之仪卫,梨园传月之音乐,帝皆是却,不警不跸,从百僚之控鹤,何其然也,舜德之大,临下简也。江都锦绣,亦可赧也,织坊烂霞之金,绣局委云之茸,帝不是用,以彰美吾圣躬,何其然也,周德之大,在位俭也。商台玉衣,亦可念也,惟我圣皇,五辂不乘,八鸾不驾,雨则独乘象舆,雾则只御龙马,何其然也,念我烈祖铁衣雨汗,弗敢安也。神禹之大,胼胝四载,思艰难也,惟我圣皇奉坤母,建隆福,正事御,构五华,宫不为广,殿不为奢,何其然也,念我先皇居数十年,弗敢改也。唐尧之大,土阶三尺,防骄泰也。若乃国之大宝,惟忠惟亮,圣皇思之,是崇是尚,可官也不以勋门、不以世赏,可擢也或贾或术、或伶或匠。开东阁者,载搜载访,宁不起胶鬲于鱼盐,拔百里于厮养。国之大鉴,惟天惟祖,圣皇奉之,是惕是惧,瞻彗象则宥刑,闻水旱则蠲赋。百官贡香,如帝亲举,祗见宗庙,俎豆钟鼓。弥天浮屠,浩不可数,普阅法藏,币帛金楮,变阴阳者,载佐载助,宁不睹景星而瞻庆云,酌醴泉而饮甘露。国之大柄,惟赏惟刑,圣皇操之,是重是轻,或锡之黄白,予之土田,而赐之服乘,非必大功也,以一技一善,亦人之所能;或释之桎梏,免之斧锧,而周之金缯,非必大恶也,以一形一气,亦人之所生。掌邦典者持权而视衡,宁不陋敝袴之韩侯,隘不赦之孔明。国之大本，惟民惟社，圣皇忧之，靡夙靡夜，劳矣哉遣问疾苦，困矣哉诏恤矜寡，庶狱繁哉宥之以洗冤，贪夫毒哉戮之以惩下。居郡国者，承流而宣化，宁不歌康衢之谣，播行苇之雅。至若亲亲也则诸王巩磐石之宗，分边戍、总兵戎；老老也，则大臣忘祖帐之送，奉朝请、食鼎钟；柔远也，至简至易，亶明亶聪。大纲既举，大化亦洪，将胥慕于稷契，孰肯附于鲧共。丕显哉圣皇之德，日盛日隆，前乎百世不得轧其步，后乎百世不得踵其踪，惟其有大德之大，故能成大元之功，惟其有大元之大，故能成大都之雄。"

也就是说，《大都赋》所要起的是政论文章的作用，用特殊的体裁对国家统一带来的重大政治变化作了系统性的说明。

黄文仲还强调了儒者的入仕要求："君子学而仕，仕而学，言顾行，行顾言，以此食君之禄，则和而安，淡而爽，饮清冷如醇酏然。"① 尤为重要的是，士大夫在理财问题上，应坚持爱民的基本原则："古之仁者不言财，义者不言利。今以好仁好义之人，而司曰财曰利之事，是难为也。使财出于人力而民无恶，利归于天府赋而民无怨，由无恶而至于爱，由无怨而至于思，是又难得也。"② 黄文仲的这些表述，与《大都赋》所体现的基本政治观点是完全合拍的，都是强调善政才能带来国家的强盛。

（四）杨载赞史馆盛景

杨载（1271—1323年），字仲弘，杭州（今属浙江）人，仁宗时由布衣入为翰林国史院编修官，参与编修《武宗实录》，重开科举后中进士，受职后辞归，有《杨仲弘诗集》传世。

南宋灭亡时杨载虽然年幼，但是成年后有着强烈的故国情怀，对于为国尽忠的文天祥和谢枋得，他都专门以诗作表达了追思之情。

> 大厦就倾覆，难以一木支。惟公抱忠义，挺然出天姿。死既得所处，自顾乃不疑。恻怆大江南，名与日月垂。我行见遗墨，再拜堕涕洟。名堂有深意，亦唯岁寒枝。可知平昔心，慷慨非一时。岁

---

① 黄文仲：《运使复斋郭公敏行录序》，《全元文》第46册，第139—140页。
② 黄文仲：《福建等处都转运盐使复斋郭公遗爱碑》，《全元文》第46册，第142—144页。

斲著栋宇，昭昭示民知。勿使风雨败，永慰千古思。①

荆南失守见亡形，太岁徒闻忌丙丁。赢老扣心天藐藐，鬼神号哭夜冥冥。忠臣效死招乌合，烈妇捐生报雉经。辞气凛然遗墨在，再三寻绎泪双零。

故宫愁见黍离离，大厦元非一木支。义士忠臣徒走死，寡妻弱子谩伤悲。五经文字宁虚设，一代人才颇中衰。慷慨杀身犹易事，似公方可正民彝。②

尽管南北统一是大势所趋，但是当身处钱塘之时，杨载仍颇有对故朝遗迹的感叹。

江湖清浊自天开，鸿雁凫鹥与往来。黄道星辰环太乙，紫云宫殿拥蓬莱。论文竞奏王褒颂，献寿深倾阿母杯。九域舆图今混一，百年耆旧独兴哀。

斜界钩陈通大道，中分魏阙对层峦。云生殿上金炉暗，露下庭前玉井寒。江汉飞龙俄窅窅，沧溟泛鹢竟漫漫。中天会合宁非数，坐见苍生莫枕安。

山回禁御入云长，无复陈兵卫两厢。千石金钟埋野草，万年珠树落秋霜。龙文不徙阳人聚，鸟篆终降轵道傍。九市尘埃来衮衮，一江波浪去茫茫。

化人宫阙被层阿，栋宇高低若涌波。翠石文章书日月，宝珠光焰烛山河。空桑说法黄龙听，贝叶翻经白马驼。谁谓一无超众有，只今尘土重来过。③

杨载被召入国史馆后，感受到了京城的兴文治气象，由此特别用诗作记录了当时的情况。

王气浮空御殿开，金衣照日近臣来。丝囊已进千秋录，黼座还称万寿杯。王子吹笙双凤下，羲娥揽辔六龙回。衢樽此日沾恩赐，

---

① 杨载：《题文丞相书梅堂》，《杨仲弘诗集》卷1，四库全书本。
② 杨载：《题谢叠山遗墨二首》，《杨仲弘诗集》卷6。
③ 杨载：《次韵钱唐怀古四首》，《杨仲弘诗集》卷6。

散作祥风遍九垓。①

恭承明诏策群英,欲为斯民致太平。孔孟教人先礼乐,申韩操术尚刑名。混同已正千年统,恒久方观万物情。勿谓成周多吉士,朝阳亦有凤凰鸣。②

诏编国史有程期,正是诸郎僚直时。虎士守门官杳杳,鸡人传箭漏迟迟。窗间夜雨销银烛,城上春云压彩旗。才大各称天下选,书成当继古人为。③

杨载亦希望有贤臣良吏助成国家的大治,所以对于有所作为的官吏,都给予了鼓励或赞扬,如对于有治世之才的大臣,主要是赞颂其能够减轻百姓负担和革除弊政。

经济才高负重名,早趋兰省执权衡。唐除宰相同三品,汉拜司农列九卿。礼乐正图兴美化,锥刀先务已苛征。公家事业齐周召,重使斯民望太平。④

庙堂为政已优游,第秉纯诚赞大猷。五纬连珠环北极,万方同轨会中州。衣冠肃肃趋金殿,钟鼓迟迟报玉楼。治世贤才今盛集,愿陈旱麓颂宗周。⑤

君为胄子入京都,才望高华世所无。秘殿为郎监玉篆,雄藩作守判铜符。科条自可苏民瘼,议论还宜赞圣谟。更倚覃怀功业盛,峩峩天柱立坤隅。⑥

对于御史台官员的赞颂,则是其能够惩奸除恶,维系天下的公道。

圣主敷皇极,元臣建上台。虚心求俊乂,削迹去奸回。拜命超凡品,知君秉大材。淳风随日播,公道应时开。负鼎资烹饪,操刀

---

① 杨载:《七月十九日大明殿早朝》,《杨仲弘诗集》卷6。
② 杨载:《赐宴谢恩》,《杨仲弘诗集》卷7。
③ 杨载:《赠同院诸公》,《杨仲弘诗集》卷6。
④ 杨载:《送户部康里尚书二首》,《杨仲弘诗集》卷6。
⑤ 杨载:《寄康里公二首》,《杨仲弘诗集》卷6。
⑥ 杨载:《呈马昂夫佥院》,《杨仲弘诗集》卷7。

贵剸裁。铦锋行肯綮，异味合盐梅。庙议常参决，朝班复共陪。艰难须攽助，豁达远嫌猜。遗佚闻风起，英豪接踵来。经纶非董贾，辞藻亦邹枚。①

秦中古帝都，遗俗五方并。君为监御史，出治周百城。上当采民风，下当宣德明。赫赫英威振，奸恶皆振惊。弭节事观览，慷慨有高情。宅土称上腴，后稷此躬耕。秔稌既充实，烝民日已生。②

对地方官员的赞颂，则是能够以善政克制急政、恶政和弊政。

史君宰宜黄，政绩颇殊异。廉不至苟取，明不可壅蔽。有诏行括田，使者自临视。限期已促迫，责在州县吏。乘时自揞克，上下受其弊。君不惮劳苦，日夜亲算计。顷亩无增损，成书极根柢。邻壤大盗起，相约不犯界。三皇大圣人，典祀承国制。捐金修庙学，首政系瞻视。事事有条理，后来蘉难继。集贤秉直笔，称述传后世。当令处风宪，择才颇详谛。一朝任击搏，风采必严厉。英主方在上，明见万里外。鄙诗或流闻，亦可当献替。③

主簿非高士，通才或暂为。催科虞惨急，勾校虑稽迟。慎察文无害，详观狱有疑。温纯规白璧，正直视朱丝。要使声名著，何嫌品秩卑。乌台悬日月，举辟实无私。④

杨载自己也曾短暂在地方任职，并且自认为做到了宽政为民的要求："南来受命佐为州，喜遇丰年暂出游。过岭崎岖寻道路，上山硗确治田畴。修藤挂树龙蛇走，怪石攒溪雁鹜浮。赋役已宽词诉简，素餐无补谩优悠。"⑤

在杨载留下的诗作中尽管有揭露吏弊等文字，但其主调还是赞扬文治和贤者，对当时的政治环境给予了较积极和肯定的评价。

---

① 杨载：《寄王继学二十韵》，《杨仲弘诗集》卷4。
② 杨载：《李御史之陕》，《杨仲弘诗集》卷1。
③ 杨载：《题史仲宪重修三皇庙》，《杨仲弘诗集》卷1。
④ 杨载：《送董与可为句容县主簿》，《杨仲弘诗集》卷4。
⑤ 杨载：《点义仓即事》，《杨仲弘诗集》卷6。

（五）柯九思赞文治硕果

柯九思（1290—1343 年），字敬仲，号丹邱生，仙居（今属浙江）人，文宗时入奎章阁，文宗去世后流寓江南，著有文集《丹秋生稿》等。

对于文宗朝的文治景象，尤其是设立奎章阁和重视儒臣，柯九思在诗词中大加赞誉："亲王上玺宴西宫，圣祚中兴庆会同。争卷珠帘齐仰望，瑞云捧日御天中。四海升平一事无，常参已散集众儒。传宣群玉看名画，先进开元纳谏图。"①"轩冕朝元涌翠埃，中天鸡唱内门开。云飘五凤层楼蠹，日绕群龙法驾来。谒者引班联宝带，上公称寿进金杯。撞钟告罢宫花侧，人指儒冠锡宴回。"②"旋拆黄封日铸茶，玉泉新汲味幽嘉。殿中今日无宣唤，闲卷珠帘看柳花。春来琼岛花如锦，红雾霏霏张九天。底事君王稀幸御，儒臣日日待经筵。"③

柯九思还曾向文宗推荐江南佳士韩性和张翥，本准备在完成《经世大典》后即召二人入朝，但是未及实现，所以他在诗中颇有惋惜之叹："二美人间少，胡为沧海涯。文章联璧贵，声誉九重知。宣室今无召，丘园谩有诗。苍梧云暧暧，回首泪空垂。"④

文治的繁盛景象下，也有不尽如人意的现象，尤其是君主不能纳谏，已经预示了危机的出现，柯九思在诗作中，以怀古的形式道出了自己的忧虑。

> 尺五城南瑞蔼浮，曾陪玉辂祀圆丘。太平礼乐逢昌运，亲见嘉禾屡有秋。
>
> 尺五城南悯忠阁，平壤归来有所思。魏征不作碑已仆，朝廷久乏谏诤姿。
>
> 尺五城南故国基，武元皇帝有穹碑。苔痕手剥推终始，载记当年备拾遗。
>
> 尺五城南可垦田，势随高下接平川。十年沃野连千里，能减东吴漕运船。

---

① 柯九思：《宫词十五首》，《元诗选》三集，第 183—185 页。
② 柯九思：《元日朝会大明宫》，《元诗选》三集，第 197 页。
③ 柯九思：《春直奎章阁二首》，《元诗选》三集，第 197 页。
④ 柯九思：《至顺初上尝御奎章阁》，《元诗选》三集，第 204—205 页。

尺五城南望帝都，孤臣去国意踌躇。箧中尚有忠臣疏，不是相如封禅书。①

柯九思还指出："古之人，行合乎道，则曰雅行；发于声诗，得性情之正，则曰雅歌；放郑卫之音，鼓天地之和，则曰雅乐，无往而非正也。君子安之，故造次不离乎正也。贵富不之厚，困穷不之尤，必守道之笃者，然后能与于此。"② 由此，对于贤臣的要求就是能够出以公心，实行宽政和祛除弊政："祖宗混一区宇，其仁如天。欲亿兆咸遂其生也，内设太医之署，外置提举之司，以领各郡学官，俾讲明其本，知生死，决嫌疑，定可治，以制其禁方，可谓仁之至矣。""夫民之不时不节，一身之疾也；其或赋役之频，狱讼之繁，一郡之疾也。"③"知德者在于间巷，知政者在于草野，无他，以其论至公也。"④

柯九思的诗作尤其是宫词在元朝中后期影响较大，但此处所关注的不是他所歌咏的宫廷生活景象，而是其诗作中所体现的政治观点。

（六）贡奎赞朝廷重儒

贡奎（1269—1329年），字仲章，号云林，宣城（今属安徽）人，历任翰林应奉、江西儒学提举、翰林待制等职，有诗集《云林集》传世。

贡奎高度肯定了元朝中期朝廷重用儒臣、以儒术治国的做法："太平开治急需贤，除目新从驿骑传。天远斗牛南纪外，地高车马北辰边。文章未尽诸公学，人物端为一代全。令际定超贞观盛，四方丰稔会书年。"⑤"方今用儒术，中外布才彦。会合当有时，祢生奚待荐。"⑥"大道传孔孟，盛治跻虞唐。造物重责任，间出非才常。隆隆金玉贵，采采麟凤祥。庄词补天衮，雨露昭春阳。令誉守严介，崇居乐清康。愿为民物寿，讵止斯文光。清朝重儒术，赞论知自来。譬彼阳泽布，生物遍九垓。岂无干时士，挟策攀崔嵬。后生厌藜藿，遗老□□莱。学者日以

---

① 柯九思：《酬陆友仁城南杂诗十首》，《元诗选》三集，第205—206页。
② 柯九思：《安雅斋记》，《全元文》第51册，第412页。
③ 柯九思：《赡学田记》，《全元文》第51册，第409—411页。
④ 柯九思：《运司同知赛典赤公德政碑记》，《全元文》第51册，第408—409页。
⑤ 贡奎：《寄朝省诸公》，《云林集》卷5，四库全书本。
⑥ 贡奎：《赠李二生》，《云林集》卷2。

疏，颓波何由回。愿言寿斯道，为国培英才。"① 重儒术和重人才，自然也强化了儒者为国家培养人才的责任。

对于朝廷的重开科举，贡奎在诗作中记录了当时的情形，也颇具赞赏之意。

圣代斯文盛，天和萃庆门。双亲开八帙，五世见诸孙。家训称朝野，科名列弟昆。积深端食报，阴骘更何论。

太平庆人瑞，尚德在乡间。喜报泥金帖，新回皂盖车。斑衣堪入画，青史可传书。会见申公召，临轩趣赐舆。②

上国衣冠待漏残，翠蓬云雾锁雕阑。紫薇花近东庭栢，暖日銮坡许共看。深院梨花似雪残，春寒向晚怯凭阑。流莺却爱清阴好，飞上高枝与客看。③

大鹏击海六月息，老鹘摩空万里秋。一脉斯文扶盛世，千年人物壮南州。巨儒小试功名手，大雅终为廊庙材。万里云霄双眼豁，片帆烟浪一时开。④

通过科举入仕的人，贡奎则希望他们能够成为自觉推行善政的良臣。

赤城离东南，苍岩间石扉。灵槎截尘界，晓日明烟霏。古称神仙居，欲往事已非。林树藏野县，空街行迹稀。之子万里役，黄尘手频挥。辛苦事科举，一笑辞布衣。我公得兹地，扁舟惬南归。讼简民俗淳，官清吏仍饥。荒庭啮瘦马，钩帘燕交飞。健笔凌青云，江梅素英蜚。性静恒自安，谫辞速群讥。士生亦乐乐，矧以友道微。持樽赠远别，矢心谅无违。⑤

贡奎亦能体会民间疾苦，尤其是天灾人祸带来的困苦，并特别表达

---

① 贡奎：《寿阁承旨》，《云林集》卷1。
② 贡奎：《庆寿堂（为李子威状元赋）》，《云林集》卷4。
③ 贡奎：《试院和史参政韵》，《云林集》卷6。
④ 贡奎：《送高罗谷学正》，《云林集》卷6。
⑤ 贡奎：《送俞元明之官仙居县》，《云林集》卷2。

了对酷吏恶行的憎恨。

> 避暑北山下，修篁夹林阴。客来澹忘言，稍觉清我心。酷暑尚可避，酷吏不可禁。迹绝畏途辙，凉飙散尘襟。却嗟避名者，犹恨山未深。为言暑与吏，纵酷何能侵。①
> 湖乡暑雨连一月，积水弥天无间隔。青墩绿屿远人村，怒涛翻作蛟龙宅。岸声崩裂势轰雷，横流暴比黄河决。抛妻委子岂复顾，屋舍飘浮如败叶。偶攀高树活须臾，却畏虫蛇上蟠结。旁观缩手救无策，惯弄扁舟犹胆怯。忆昔湖光千顷开，十年波浪变尘埃。山田枯皋民饥死，连云穞秅生湖底。贪夫徇利龙断成，廪粟红陈多更累。新堤挟捷走蜿蜒，尽塞河流功未已。我嗟细民罹以哭，天道恶盈乃其理。深耕易耨有常居，偶尔偷生合高徒。农田使者重承宣，疏流注海圣所传。何当少抑贪夫气，坐使间阎太平世。②

受灾后的民众急需救济，所以贡奎殷切希望朝廷倚重的儒臣能够推行良政，救民于水火之中。

> 燕州连日雨，六月寒装绵。闭户断车辙，修途溢如川。朝晴悦物性，槐阴起初蝉。衣篝瀑余润，照眼阶葵鲜。闻君去仪曹，五马行翩翩。缅怀古单父，高堂坐鸣弦。政理日以愉，宝此千载贤。矧此荐岁饥，夏潦仍相缘。嗷嗷东南州，流移踵车船。死者相枕藉，羸瘵甘弃捐。民命悬守令，壅遏谁当怜。君怀策世才，往哉寄承宣。譬彼善牧者，鞭击非所先。戴星亦有人，何乃任力专。凄凉二子远，故老应相传。我昔尝经游，土风尚熙然。回河抱阡陌，桑麻绿浮烟。岂无秫稻区，草木纷华妍。维兹重责任，慎彼浇俗迁。会征太史书，家声振当年。③

从贡奎留下的诗作可以看出，他对时政有褒有贬，但主调还是对文治的褒扬和期盼。

---

① 贡奎：《避暑》，《云林集》卷1。
② 贡奎：《积雨行》，《云林集》卷3。
③ 贡奎：《送夹谷伯敬之单父》，《云林集》卷1。

(七) 俞琰说周易和科举

俞琰（？—1324年后），字玉吾，号石涧，又号林屋山人，吴郡长洲（今属江苏人），入元后隐居著书，著有《读易举要》《周易参同契发挥》《易外别传》等，有《周易集说》《席上腐谈》《书斋夜话》和诗集《林屋山人漫稿》传世。

俞琰自称："予自德祐（1275—1276年）后，文场扫地，无所用心，但闭户静坐，以琴自娱，读《易》，读内、外二《丹书》，遂成四癖。琴之癖欲以六律正五音，问诸琴师，皆无答。后得《紫阳琴书》《南溪琴统》《奥音玉谱》，始知旋宫之法，乃作《周南》《召南》诗谱，及《鹿鸣》《皇华》等诗，弦歌之。《离骚》《九歌》《兰亭诗序》《归去来辞》《醉翁亭记》《赤壁赋》皆有谱，琴之癖遂已。《易》之癖，集诸儒之说为卷一百二十，名曰《大易会要》，以程、朱二公为主，诸说之善为辅，又益以平昔所闻于师友者，为《周易集说》四十卷，《易》之癖遂已。内丹则集汉唐以来丹诗歌诀一百卷，名曰《通玄广见集》。至元癸未（1283年），遇异人授以先天之极玄，乃撰《参同契发挥》《悟真衍义》等书，其癖亦已。外丹则朱砒汞不知几成烟焰，一夕猛省《参同契》'金以沙为主，并和以水银'之说，世惟有金丹，无银丹也，遂碎其炉皂钳钩之属，此癖乃不复作。"① 琴、易、内丹、外丹四癖，说明的是俞琰的学习经历和学术的不断进步。

俞琰还特别指出："予生平有读《易》癖，三十年间，虽隆寒大暑不辍。每读一字一句而有疑焉，则终日终夜沉思，必欲释其疑乃已。洎得其说，则欣然如获拱璧。亲戚朋友咸笑之，以为学虽勤而不见用于时，何乃不知时变而自苦若是耶。予则以理义自悦，犹刍豢之悦口，盖自得其乐，罔知所谓苦也。粤自至元甲申（1284年）下笔解上下《经》，并六十四《象辞》，与夫《象传》《爻传》《文言传》，期年而书成，改窜者二十余年，凡更四稿。"② 他所撰成的《周易集说》，就是要"集诸说之善，而为之说也。曷为善，能明三圣人之本旨，则善也"③。他的一个重要论点是："盖元、亨、利、贞四字，文王本意只是大亨，

---

① 俞琰：《席上腐谈》卷下，四库全书本。
② 俞琰：《周易集说后序》，《全元文》第21册，第8—9页。
③ 俞琰：《周易集说序》，《周易集说》卷首，四库全书本（《全元文》第21册，第7—8页）。

而利于正。夫子分为四德，以象四时。则元乃动之始，亨乃动之极，利乃静之始，贞乃静之极。静极则复动，贞尽则又元，乾道之所生也，生不穷也，此也。向使夫子不曰性情，而曰情性，则是利而贞，自动而静，谓之情，复乎性亦可。今不曰情性而特曰性情，盖发明贞下起元，静中有动，四时循环，终而复始之义。若但情复乎性，则终于贞而不元，静而不动，生意或几乎熄矣，岂易之旨哉。"① 也就是说，性情和情性的不同，就在于情性重点关注的是利与贞的关系，性情重点关注的是贞与元的关系，所以性情更能准确地说明四时循环中的动与静之间的关系。

俞琰还就"气"的说法提出了自己的见解："邵康节（邵雍）曰：本一气也，生则为阳，消则为阴，故二者一而已矣。朱晦庵（朱熹）曰：阴阳只是一气，阳之退便是阴之生，不是阳退了又别有阴生。愚谓天地间阳气，即太阳之气，凡太阳所及处便是阳，不及处便是阴，非别有所谓阴也。请以四时观之：春秋太阳去远近，均故寒暑平；夏则太阳之在人顶上，直射于地，故热，阴雨则稍凉；冬则太阳在大海之南，去地远，故寒，雨雪则极寒。四时之温凉寒暑，盖皆由太阳之远近而然也。更以昼夜观之，盛夏昼热而夜稍苏，隆冬昼寒而夜尤甚者，太阳昼则见，夜则没而不见也。"② 俞琰不过是把朱熹的阳退阴生说法，改成了阳不及处即阴的说法，并未否定阴阳一气的基本论点。

俞琰还以自己的亲身经历，说明了科举取士的弊病，并特别强调了以性命之学至上的治学态度。

> 邵康节云：科举之外，有义理之学；义理之外，有物理之学；物理之外，有性命之学。程伊川曰：古之学者，三异端不与焉，一曰文章之学，二曰训诂之学，三曰儒者之学。盖文章之学，即科举之学；训诂之学，即义理、物理之学；儒者之学，即性命之学。性命为上，物理、义理次之，科举之学末也，学吟诗又其末也。

> 张子韶（张九成）云：学者专意时文，不知研穷经史，则举业之外，叩之空空如也，亦可耻也。前辈久不以古今灌溉胸中，试

---

① 俞琰：《书斋夜话》卷2，四库全书本。
② 俞琰：《书斋夜话》卷4。

引镜自照，面目必可憎，对人言语无味，谓此也。

　　愚谓幼习科举之学，十六岁而三场粗通，辄应咸淳癸酉（1273年）乡贡进士举，尝手编省监时文，效选赋格，前韵编造句干意，后两韵与论策，皆编立说主意并字面。乃今思之，俪花斗叶，破碎大道，雕虫篆刻，小技而已。然当时以此取士，为士者盖不得不然也哉。

　　两人共试，而甲之文工于乙反被黜，乙之文不如甲反中选，何也？殊不知考试官每房分若干卷，限定各取几名。甲所以被黜者，文虽工，更有高于甲者，盖分于某房众好卷之中也。乙之文虽不如甲，幸而分于某房无好卷之中，未免短中求长，是以中选。甲胜于乙而被黜，乙不如甲而中选，兹非命也欤。①

对于朝廷恢复科举后进身的儒者，俞琰在诗作中明确表示："金榜题名愿已酬，从今仕与学俱优。后来纵有文章士，应是输君第一筹。"②对于以儒为吏的人，俞琰也给予了鼓励："闻君吏学优，昔者亦儒流。案牍勤披阅，兵机善讲求。仁而为己任，忠以与人谋。他日宰天下，当时曲逆侯。"③也就是说，在儒者入仕方面，俞琰表现的是对科举和儒吏都给予肯定的开放态度。

（八）青阳翼说儒吏

青阳翼（？—1322年后），字君辅，丹徒（今属江苏）人，隐居不仕，但是对于朝廷的以儒为吏有积极的评价："儒吏之选严矣。""延祐中，仁皇帝诏天下诸邑吏、儒生以簿书期会，一切趋办。吏无所不可者，何乃以儒生为，盖将以古之儒术，正今之吏习，以去其弊，于以修政图治，加惠斯民甚厚，圣谟明远甚至。夫何有司所举，用名实行，能足以仰副明诏者盖鲜，而或者以儒相诟病，儒之用，诚有待其人哉。""仕焉者，诚能廉勤公正，明慎无阙，以获乎上，则举夫人之所难，而吾有以图其易矣，上以报称乎圣天子用儒之盛意，下以奉承乎贤公卿大

---

① 俞琰：《书斋夜话》卷3。
② 俞琰：《送干寿道同知赴昌国并呈张东轩》，《林屋山人漫稿》，北京大学图书馆藏清抄本。
③ 俞琰：《赠陈仲达》，《林屋山人漫稿》。

夫政化之所成。"① 从这样的评价可以看出，青阳翼所持的是以儒代吏论点，并且重点肯定的是以儒术正吏习的做法。

青阳翼还特别强调了兴学和均赋的重要性："余谓党庠术序，今古异制，而厉贤善俗之所以同然者有以也。"② "余闻赋敛之法，有天下之公正，而轻重多寡均于非义，故衰益称物宜，公理得存乎其人。"③ 公正和公理的说法，别人较少提到，应给予重视，但是青阳翼对这两个概念没有作进一步的解释。

（九）龚璛说官员善政

龚璛（1266—1331年），字子敬，镇江（今属江苏）人，居吴中，历任宁国路学教授、宜春县丞、江浙副提学等职，有诗集《存悔斋稿》传世。

全国统一之后，大江南北都需要贤才佳士出任要职，承担治国理政的具体事务。对于朝廷能够多选佳士，龚璛在诗作中表达了殷切的期盼："此日朝廷多妙选，何人幕府最贤劳。共知饷馈须刘晏，且为明时坐省曹。""王化本随沧海阔，县官常念远民劳。极知簿领非能事，试看廉台旧掾曹。""长为人材论弃置，肯从幕府坐侵寻。重闻台省须佳士，且寄匡山大雅音。"④

对于全国统一之后的重用贤臣，以及在各地有善政佳绩的官员，龚璛在诗作中都有所有表彰。

> 混一谋猷早，承平属任繁。躬行儒不及，阴德狱无冤。草木知遗爱，人林痛达尊。双珠掌中见，宦业绍家门。⑤

> 时平宰辅致民康，事合天心雨露香。要补崇丘极高大，请歌成相用贤良。车书混一轻金玉，螟虫销除富黍粱。四海丰年化为酒，愿余酾饮寿吾皇。⑥

> 人材并用几相投，法度难持每独忧。众味调和羹一鼎，此身屹

---

① 青阳翼：《从事钱塘赠行序》，《全元文》第51册，第82—83页。
② 青阳翼：《丹徒县学记》，《全元文》第51册，第80页。
③ 青阳翼：《镇江路儒学增租记》，《全元文》第51册，第81—82页。
④ 龚璛：《送漕府王子方经历》《送钱仲昭任永春簿》《送石仁卿南康知事》，《存悔斋稿》，四库全书本。
⑤ 龚璛：《陈君祥参政挽诗》，《存悔斋稿》。
⑥ 龚璛：《次庄恕斋总管》，《存悔斋稿》。

立柱中流。时贤幸际升平福，世事深烦久远谋。满眼江湖又丰岁，汉廷行拜富民侯。

支离无状获升堂，旧事惊嗟重永伤。葛帔令人愧刘峻，鸡群往日见嵇康。车书混一谁东道，风树凄迷此异方。文献北来今咫尺，敢从公衮借余光。①

龚璛也明确指出，在江南理政，尤其是施行仁政，要着意消除冗官、役重、兼并、酒榷、钞轻等弊病。

芒芒九土大，赫赫初日临。迢迢江之南，斯民有呻吟。伊谁分顾忧，志通亦惟深。将令被其泽，王道由仁心。
冗官固当汰，一手挥万蝇。群类虽难除，臭腐宁久凭。致治固有要，必去世所憎。彼物无已害，天民本蒸蒸。
斯民如良苗，岂堪食根蟊。抵冒取其财，不尽有不休。汉人附五行，周家先九畴。正直方世用，万古清风留。
编氓召往役，破产纳官中。吁嗟不均患，兼并遂成风。义米可救弊，上下当齐同。譬如山有林，众木成其丛。
吴市昔繁盛，酒垆器铮铮。子钱永为额，官榷久不行。干办责府城，醉梦相死生。损多以予少，人心刻嘉名。②
吴侬畏雨如畏虎，不道梅霖是时雨。江湖占水多作田，雨来水涨无坚土。年年相戒筑岸围，州县施行督田主。纷纷何益耕者劳，冬冬还听踏车鼓。乡风种麦属农家，拾穗泥中镰不举。公私上下望西成，儿女插秧深没股。饥荒却忆四年前，百货如今尚高估。惟有斗米八十钱，虽贱伤农未为苦。此事犹应费将护，因民所利物无迕。诸贤炼石天可补，肯使穷阎怨寒暑。③

龚璛还特别强调了兴学和科举对治国的重要性，不仅仅是取贤才、明学术和正人心，还在于其厘定了国家的治道方向，为天下太平奠定了重要的基础。

---

① 龚璛：《呈高显卿参政二首》，《存悔斋稿》。
② 龚璛：《次马唐卿与高参政八诗》，《存悔斋稿》。
③ 龚璛：《吴侬行》，《存悔斋稿》。

夫二帝三王之传，开物成务之道，建学立师，独为儒者哉。前代失其统，明体适用者亦寡见。谓迂阔，舍此而它求，常不足以立。治弊而改图，往往复归诸此。盖君臣、父子、夫妇、长幼、朋友之伦，仁义礼智之性，斯道也，所以直道而行也。君子小人，莫不有学。本末先后，平实昭彻。彼浅薄近似，诚不得而与矣。皇上表私四书而会六经，不特九州之内也，必使四海之外，凡有血气，率由于义理之中，明学术，正人心，建万世之太平。士生斯时，抑何幸也。昔之士，借曰未有以取之也，取之矣，士将何以待用乎。取其文，文浮于行，不可也；用其材，材充其德，可也。古之学者为己，成己所以成物也。人己之辨，善利之分，如此则科举非利禄。而设学校，又岂饮食课试而已哉。①

对于可以利用科举进身的儒生，龚璛则认为是兴学的重要成果，应当加以鼓励："士也今安用，何为志必行。将无因技术，亦可遂功名。""黄堂邓公直，金匮史迁书。朝野太平久，文章全盛初。北方多宿老，南士有新除。此事须公等，秋江晚执袪。"②

龚璛对官员善政的称赞，是因为他们或者敢于在任内扫除一些弊病，或者有重要的爱民、恤民举动。也就是说，龚璛还是把握了赞扬的尺度，在与恶政的比较中，反衬了善政的难能可贵。

（十）范梈说贤能吏守

范梈（1272—1330年），字亨父，一字德机，清江（今属江西）人，大德十一年（1307）入为翰林院编修官，仕至湖南岭北道廉访司经历，有《范德机诗集》传世。③

范梈在翰林院任职，特别用诗作记载了朝廷的文治气象，并特别表明了儒臣所处的尊贵地位。

圣治尊皇极，天章达紫微。礼宜崇报祀，时则重瞻依。吉日初躅策，圜丘肆太祈。相君苍玉佩，卿士赤金围。高管寒犹混，清鞭昼渐稀。合苤来北阙，敷队出南畿。夜雪伖伖过，晨烟阵阵飞。难

---

① 龚璛：《昆山州新学记》，《全元文》第24册，第5—6页。
② 龚璛：《送李孔言上舍北游》《游桃花坞次郭祥卿陆友元韵喜善之赴召》，《存悔斋稿》。
③ 《元史》卷181《范梈传》。

叨惟帝泽，独敬在天威。礼乐宁无述，歌声何有归。从知尧德大，不外赞巍巍。①

礼殿肃春荐，斋居清曙钟。斜街星斗转，阿阁雾烟重。久去金华直，暂依赤社封。非才沾教育，希世念遭逢。文风洙泗，治日舒黄农。深恩曷效报，彝典幸追踪。粲粲金石列，锵锵珂佩从。饮福婴多疾，高卧对千峰。②

晓星寥落动晴霄，双阙香烟近眼飘。警跸西来天影近，衣冠北上海光摇。间因正笏知春漏，忽报箫声押昼朝。忝后词人虽寡陋，极知圣主体轩尧。③

作书太史具有喜，徒步拾遗方可忧。明日待朝天上去，何由赠我紫骅骝。④

对于朝廷的开科取士，范梈也认为是重要的文治措施，由此对新科进士大加赞扬："圣主征儒用文学，翩翩五士起海角。元戎虎帐飞荐鹗，泮水成材玉新琢。""词场先锋夺霜锷，万里青山上黄鹤。明光宫中问礼乐，董生策有经济略。一朝声名动河朔，往取青紫如六博。"⑤他还明确表示，考生的论策，必须有真实见地，对国家有用："彤廷下诏简贤良，大府新开艺战场。一道风雷严号令，九霄星斗焕文章。求材正合隆天爵，发策应当急岁荒。昨夜雨声传数点，争烧银烛待新凉。"⑥

范梈特别以郡的赞佐官为例，说明了官员自正的道理，强调只有自正才能正于他人，否则将被他人所正。

夫正人者，乌得有不平者乎。且百官之有赞佐，莫今郡为难也。郡方千里，责有民社，都辖者厌于上，众听者仰于下，郡处中焉。制经历、知事、照磨，秩自七至九，郡凡三员。上以承太守，下以摄郡吏，己又处中焉。卑不得有所挫，崇不得有所陵，凡所兴起处操持者，皆国之故也。事无大小重轻，具于案牍，纷至吾前者

---

① 范梈：《奉观百官迎香舆出南郊》，《范德机诗集》卷2，四库全书本。
② 范梈：《上巳日文宣王庙陪祀》，《范德机诗集》卷1。
③ 范梈：《大明殿奶朝》，《范德机诗集》卷7。
④ 范梈：《诘朝进书西宫问卢九修撰，借马戏奉绝句》，《范德机诗集》卷6。
⑤ 范梈：《赠海康举进士者》，《范德机诗集》卷4。
⑥ 范梈：《八月二十日晚试院得雨次时作》，《范德机诗集》卷7。

有万不同。吏曰可，未也；守曰否，未也；赞佐者常执其衡，进退其权，而取事之中，举无所容吾心。是以守虽贵不得以废吏之是，吏虽贱不敢以徇守之非，政于是乎平，讼于是乎理，教化于是乎宣，风俗于是乎淳。其致此者何哉，以吾无私而已。夫私者非贪黩比同之谓，一有容于吾心，即贼乎天理之公矣。故有诘强而立异，依违而苟随。居两上下之间而不思其难，所兴起处操持或异，则衡将不在己而在人，欲正人而人反正之。正人则衡在己，人正则衡在人。一公私之间，而利害相悬若此，服庶官者，可不慎欤。①

范梈还以百粤的潮阳为例，说明了郡守贤良对国家的重要作用，实则是对所有地方官员的要求。

今太守，古诸侯也。天以天下付一人，不能遍覆而周治，于是剖千里之地与其民，简其人，使分牧之，所以重所付也。太守受地与民，拥朱幡、绾三品章绶，官有承贰佐吏，奔走者自邑令长、群执事咸下风听命焉，亦崇且华矣。得人则一方受其安，不得人则一方蒙其残。

然不必尽良，得一人则一方重，势可见已。国朝疆守之广，度越三代，人材之盛，超轶汉唐。诏书方又重郡守之选焉，有应是责而居是邦，食天禄而治天职，乃自附于不为者乎？或曰："潮之距京师远，其治固有缓急。"是又不然。譬之天生物之丽乎土者，去天诚若夐绝矣，而物之所由以生者，雨露之泽至深切也。郡视京师虽万里，有国之制昭如日星，设官分职以宣布之，信赏必罚，具在有司。今且云然，是犹知天之高不可极，而不知生物之无一日不蒙其泽，知朝廷之远，而不知典章法度之至近矣。太守任宣布之职于其间，亦思无愧于易与良者而已。此非独为潮言也，为天下道也。②

范梈推崇的是无为而治的政治理念，即所谓"美哉唐虞圣，至治以

---

① 范梈：《经历司衡政厅记》，《全元文》第 25 册，第 594—595 页。
② 范梈：《总管府忠爱堂壁记》，《全元文》第 25 册，第 593—594 页。

无为"①，可惜的是他在这方面的论述，因著作散失没有流传下来。

赞颂型的政治评价历朝历代都有，只要不是极尽阿谀奉承的无耻吹捧和一味地歌功颂德，都有其重要的价值，因为社会的进步，确实需要一定的正面评价，需要对有效的政治成果加以肯定。

二　纪实型评价

元朝中期还有一些理学学者用纪实的手法记录了各种政治现象，寓褒贬于纪实之中，可列举要者于下。

（一）吾衍记民间灾难

吾衍（1268—1311年），又名吾丘衍，字子行，号贞白居士，钱塘（今属浙江）人，擅工篆印章等学，著有《续古篆韵》《周秦刻石释音》《学古编》《闲居录》《竹素山房诗集》等。

吾衍特别以诗文记录了大德十一年（1307，丁未）江南地区遭灾后的悲惨场景。

> 越壤吴江左，州民泰伯余。田莱空草莽，井色共萧疏。相食能无忍，传闻信不虚。寒沙满骸骨，掩骼意何如。②

> 大德丁未，两浙饥，浙东为甚，越民死者殆尽，父食其子，以图苟存。戊申（1308）春，绕市卖越州观音现身图，云有妇人至任氏语年荒事，谓昔年浙西荒，小儿能累甓为塔，拜念观音，遂获丰稔，而越民不顾，乃有此报。言讫令任视壁遂出，任见壁有观音如画，光明满空。自是市井皆为小塔，互相夸尚，小民老稚相率绕街礼拜，殊可憎恶。已而问及越人，绝无是说，乃市中卖画之家妄设此说，为谋利之计，州府虽加警责，而愚民之惑自若焉。③

次年两浙地区迎来了丰收之年，吾衍则在诗作表达了欣喜之意，并希望能继续有好年景为民造福。

---

① 范梈：《述古》，《范德机诗集》卷2。
② 吾衍：《丁未岁哀越民》，《竹素山房诗集》卷1，四库全书本。
③ 吾衍：《闲居录》，四库全书本。

> 南亩晨烟白，西风万宝成。人民减饥色，井陌聚欢声。高廪还堪赋，馋乌为浪惊。耕耘岂吾事，转觉愧平生。①
> 好雨来还歇，霏霏入暮多。薜墙遗旧湿，庭树忽新柯。生意能如此，黎民喜若何。田畴近东作，为美玉山禾。②

吾衍还记录了朝廷兴办学校中的存在的用人不当的严重弊病："大德间，州学皆设经师，为之者多非其人，利禄而已。一日御史问礼记师《礼记》何人述，竟不能答，或耳语之曰戴胜，遽然曰戴胜降于桑，其谬若此。其人已死，不欲书其名云。"③

江南人周达观曾随使者到真腊国，著《真腊风土记》一书，吾衍对此颇有兴趣，专门写下了赞颂的诗作。

> 裸壤无霜雪，西南极目天。岂知云海外，不到斗牛边。异域闻周化，奇观及壮年。扬雄好风俗，一一问张骞。
> 绝域通南舶，炎方接海涛。神仙比徐市，使者得王敖。异俗书能记，夷音孰解操。相看十年外，回首兴滔滔。
> 汉界逾铜柱，蛮邦近越裳。远行随使节，蹈海及殊方。快舌劳重译，龙波极大荒。异书君已著，未许剑埋光。④

吾衍生性孤傲，尤其鄙视官员，如时人所记："性旷放，有高世不仕之节，自比张志和、郭忠恕。玩亵一世，遇人巧官善富，如虫蛆臭腐将噬染己。其所厌弃者诣门请谒，从楼上遥与语：吾出有间矣。"⑤ 恰是这样的性格，使吾衍能够真实地记录了当时的情况，以起到警示后人的作用。

(二) 仇远论吉凶祸福

仇远（1247—1328年后），字仁近，自号近村，又号山村民，钱塘（今属浙江）人，入元后历任学正、教授、杭州路知事等职，有诗集

---

① 吾衍：《戊申（1308）嘉稔》，《竹素山房诗集》卷2。
② 吾衍：《好雨》，《竹素山房诗集》卷2。
③ 吾衍：《闲居录》。
④ 吾衍：《周达观随奉使过真腊国，作书纪风俗，因赠三首》，《竹素山房诗集》卷2。
⑤ 胡长孺：《吾子行文冢铭》，《竹素山房诗集》附录（《全元文》第13册，第555—556页）。

《山村遗集》《金渊集》传世。

对于人间的吉凶祸福,仇远以理学的视角作了解释:"人生天地间,凡吉凶福祸善恶得失消息盈虚之故,一感应之理而已。感应者,其阴阳之妙用,气理之真几欤。""万化不穷,感应一理,所以感应者,皆自心出。言者心之声,行者心之迹,言行实感应之枢机也。善则明理,不善则昧理。""盖以天下事,未有不积而成者。所积善则福及子孙,积不善则灾流后世,庆所以勉君子,殃所以戒小人,此感彼应,如响斯答,事理必然,无可疑者。故曰:善不积,不足以成名;恶不积,不足以灭身。""予谓鸡鸣而起,孳孳为善,一言一行,不欺心,不欺人,尽己之忠,以实之信,如心之恕,主一无适之敬,唯恐少失,其人即是君子。否则,言行不相顾,心口不相应,不畏天戒,不恤人言,其人非小人而何。"① 也就是说,只有明白了心和理的关系,才能了解吉凶祸福等产生的原因,并以善心和善行从容应对个人的命运。

仇远一直有较强烈的故国情怀,他特别为南宋忠臣陆秀夫写下了悼念的诗作:"乾坤那可问,至痛老臣心。甘抱白日没,不知沧海深。忠魂随上下,义骨肯浮沉。草木长淮泪,秋风起莫阴。"② 在南宋遗老相继去世后,仇远又以诗作表达了惆怅的心情:"诸老俱尘土,令予双泪流。几年能再见,一气故应休。江左衣冠尽,人间翰墨留。空山茅屋底,野史属谁修。"③ 但是出于谨慎,仇远不会公开表达对故国的留恋,对国家兴亡问题采取的是回避的态度,在诗作中明确表示"我亦懒谈今世事,自看吊古战场文"和"相逢且可谈风月,莫话兴亡与是非"④。

对于朝廷的兴兵海外,仇远在诗作中记录了民间的愁怨景象,所期望的是休兵止战的太平世道。

> 虎林城中正月半,十万人家灯灿烂。溧阳风景方放灯,通宵不禁人游玩。大雪深寒万木僵,家家冷坐无薪炭。典钱买竹又买灯,

---

① 仇远:《太上感应灵篇图说序》,《全元文》第19册,第569—570页。
② 仇远:《陆君实挽诗》,《山村遗集》,四库全书本。
③ 仇远:《方万里、史敬舆、陈孝先、龚圣予、胡穆仲相继沦没,令人感怆》,《金渊集》卷3,四库全书本。
④ 仇远:《寄董无益》《和范爱竹三首》,《山村遗集》。

糠油结冻点灯暗。豪民张灯唤歌舞,鼓笛喧轰夜忘旦。忽闻买丝造海船,府檄专令豪户办。仓皇且救火燃眉,纵有华灯何暇看。老夫掩关拥炉坐,一盏青灯置书案。良辰乐事怅难并,顷刻欢声作愁叹。苏公买灯状,陈子题灯诗。痴儿呆女知不知,月明月暗反复手,且愿麦熟休王师。①

由于仇远的多数论著已经散失,只能看到他对政治问题的零星看法,并从中体会他的忧国忧民之心。

(三) 汪炎昶记江南灾变

汪炎昶(1261—1338年),字懋源,自号古逸民,婺源(今属江西)人,不求仕进,有文集《古逸民先生集》传世。

汪炎昶师从南宋遗民孙嵩学习理学,特别强调了两个政治论点。一是存心说,要求君子以存心自律:"夫心,吾心也,非身外物,奚其存,盖以常情论,则固无事于存。吾念虑之发,少有不谨,则失之矣,是必贵乎能存之也。""君子之心既存之而能存矣,而犹有不待存而无不存者焉。存之至于不待存而无不存,斯其至矣,然必自能存。始今既能存之矣,则必将无一顷一息而不存,存之又存,无一动一静而不存,无一语一默而不存,以至于不待勉强而自然无不存也。以如是之心,施如是之术,其利人也,庸有既乎。"② 二是忠义说,要求君子能尽忠报国:"忠义之士固能立功于当时,而亦能乘休于后世,盖天理之在人心,终古而不朽也。人惟私家之念重,报国之念轻,当危机之时,罔知以忠义自负,而徒依阿顺旨,浮沉取容,其何以能立功乘休耶。"③

对于不能以平生所学治理天下,汪炎昶在诗作中留下了无奈的感叹。

> 广厦或不足,陋巷乃有余。毫车惴蛰手,商嗫疑灾肤。华裾制大布,盛馔庖荒蔬。先圣遗礼法,甚能闲腐儒。
>
> 孔道贵平治,蔡忧危于陈。回也得其术,回也亦最贫。征言堕

---

① 仇远:《元夜叹》,《金渊集》卷2。
② 汪炎昶:《存心说》,《古逸民先生集》卷2,续聚珍版丛书本(《全元文》第21册,第725—726页)。
③ 汪炎昶:《总辖胡公序赞》,《全元文》第21册,第724—725页。

编简，又以诒我人。徒能相困悴，未能泽斯民。

  痴尝泥编简，谓世无难为。家国共条贯，圣贤类我欺。发彩斑断雨，灯影清凉风。吾道适自尔，贫贱岂所期。

  四载即五十，无闻了可知。身有俯仰责，书无毫发裨。痴犹未能弃，嗜若可疗饥。彼哉一何智，莫或效我为。①

汪炎昶特别用诗作记录了江南地区的两次大灾。一次是大德十一年的旱灾，灾民靠"竹米"度饥荒："父老相传，前丙午、丁未皆大饥。今大德丁未（1307年）夏仍丙午之饥，民用困甚，自里之南入穷山，处处皆有竹实，始或采以自给，卒转相告，无老稚毕往，日至数千百人，涉旬乃已。其竹甚细，野人呼为苦油竹。露苞攒绿，既实而槁。实圆大，色深紫，酷侔麦粒，凿则灿如，可渐可糜，气味宛类赤小豆，或屑为汤饼。自穷源迤逦而东北，逾休宁界，民得之尤多，通计户与丁日采不下三千石，民赖以安。"

  天灾集午未，岂意非虚传。忽从坦夷中，如堕崔嵬颠。年年稻半获，间日民一飦。性命毫毛轻，骨肉草芥捐。惟类偶遗脱，此君所安全。春花簌坠露，夏实攒荒烟。……功与稻粱并，状如年麦然。俚语漫纪实，敢希辑为编。②

另一次是至大二年的蝗灾："至大己酉（1309年），江浙大饥疫，死者众。自徽衢以南则稍安，然多艰食。明年夏六月，有蝗自东北蔽天而南，其稍迟回于此者，惟食野草及竹叶栗苗而已，禾黍无大伤也。"

  饥疫灾方息，飞蝗又作群。扰空吹密雪，障日度轻云。濒死欣才脱，偷生骇乍闻。分官严捕痊，吏卒日纷纷。③

经历多次灾变，汪炎昶几乎是得了旱灾忧虑症，在诗作中特别表示："一身肩百虑，旱暵最关心。稻获饥逾甚，民贫祸转深。偷生庸可

---

① 汪炎昶：《读书感愤四首》，《古逸民先生集》卷1。
② 汪炎昶：《次韵竹米并序》，《古逸民先生集》卷1。
③ 汪炎昶：《记蝗并序》，《古逸民先生集》卷1。

必,此咎杳难寻。苦被浮云恼,时时谩作阴。"① "见说他州旱,孤怀尚惨然。泉流分脉细,稻垅劚泥坚。墟落才连壤,阴晴若异天。苍茫千里隔,甘泽固应怜。"② 这样的忧虑,体现的恰是他的忧民和爱民之心,正如其所言:"人事正难料,天时犹可猜。仲冬连日雨,中夜数声雷。穷谷无薪卖,深村有虎来。疲民饥馑极,逃徙哭声哀。"③

(四) 尹廷高诉太平愿望

尹廷高(？—1313年后),字仲明,号六峰,遂昌(今属浙江)人,曾任温州路儒学教授,有诗集《玉井樵唱》传世。

尹廷高始终保持着强烈的故国情怀,在诗作中不仅表现出对战乱的深刻记忆,亦对战后的颠沛流离、有家难回发出了沉重的感叹。

> 百万西来势莫撄,孤危甘死战尘腥。欲询往事无遗老,日暮城头鬼火青。④

> 故家尽焦土,天地我何归。世数至此极,人烟存者稀。溪山虽不改,巷陌已全非。尚忆堂前燕,傍谁门户飞。⑤

> 战哭多新鬼,江山云雾昏。余生如过鸟,故里但空村。蜂虿终怀毒,狐狸不足论。销魂避锋镝,作客信乾坤。

> 遭乱发尽白,凭轩涕泗流。望乡应未已,疾恶信如仇。岁月亦已久,干戈不肯休。何时灭豺虎,高枕对南楼。⑥

> 故国无书问,他乡有弟兄。霜风欺老病,江海寄余生。黄叶天涯路,清风雨外城。东邻似相恼,深夜捣衣声。⑦

> 败叶萧萧乱打窗,山河入望正凄凉。千年巷陌风流尽,一曲庭花霸业荒。马载客愁嘶楚月,雁传乡信带吴霜。悠悠今古兴亡事,断础寒烟几夕阳。⑧

---

① 汪炎昶:《悯旱》,《古逸民先生集》卷1。
② 汪炎昶:《六月二十一日大雨,数里外旱如故,是岁淮浙皆大旱》,《古逸民先生集》卷1。
③ 汪炎昶:《冬夜闻雷》,《古逸民先生集》卷1。
④ 尹廷高:《常州》,《玉井樵唱》卷上,四库全书本。
⑤ 尹廷高:《故里兵火后》,《玉井樵唱》卷中。
⑥ 尹廷高:《悲故乡集杜诗句二首》,《玉井樵唱》卷中。
⑦ 尹廷高:《古杭秋日三首》,《玉井樵唱》卷中。
⑧ 尹廷高:《江东书怀》,《玉井樵唱》卷中。

第十二章 侧重于时政的理学政治理念

> 铁锁沈江事已非，枉将阳九咎天时。皇王运会无停息，南北山河几合离。吴越英雄春梦断，张韩勋业暮云悲。凄凉一掬兴亡泪，隐隐遥峰哭子规。①

重返故乡后，尹廷高不仅有陌生之感，还明确表达了对太平世道的渴求。

> 二十年前此战场，隔溪野燐尚凄凉。儿童生长他山久，却把家乡作客乡。
> 谁识当年老令威，去家千载尚知归。交游散尽邻人少，只有诸峰绕四围。
> 海宇年来喜晏安，减租时拜一分宽。太平莫道全无象，好向莺花静处看。
> 燕子重寻旧主人，呢喃语别几经春。足间红缕犹无恙，巷口斜阳记不真。②

依尹廷高所见，江南地区在全国统一后的治理状况不佳，饥民四处流徙而无人关心，就是乱象之一。

> 此邦幸小稔，窃禄似有缘。出门见流民，令我心恻然。十十复五五，乞食相后先。有男方呱呱，中道甘弃捐。谁无父母心，其势难两全。况遭疫疠苦，十病无一痊。死者相枕藉，活者难久延。彼哉万钱箸，所厌皆肥鲜。饿骨半王孙，汝食能下咽。嗟嗟吾赤子，斯食寄之天。似闻齐鲁郊，斗粟价十千。③

由此，对于一些朝廷官员在江南地区的善政佳绩，尹廷高不仅给予了表彰，还特别强调事简政清是善治的重要途径。

> 一力行安静，临民最有容。官清琴独古，事简印长封。马瘦廉

---

① 尹廷高：《钱唐怀古二首》，《玉井樵唱》卷中。
② 尹廷高：《庚子（1300年）营又青旧业四首》，《玉井樵唱》卷上。
③ 尹廷高：《永嘉书所见》，《玉井樵唱》卷下。

声出，鲈肥归兴浓。双凫早朝阙，长乐听疏钟。①

事简寻常早放衙，槐根寂寞雀堪罗。印生绿藓文移少，厅对青山诗料多。千室春风响机杼，一帘夜月听弦歌。双凫此日朝天去，白玉堂中稳佩珂。②

永嘉令尹冰雪胸，永嘉之民齐鲁风。公未下车六载前，乡村寂莫鸡犬空。民畏县门如虎穴，吏卒惝突乎西东。公来抚字六载后，家家机杼年年丰。人以庭家视官府，心事洞达民情通。事繁治剧谈笑里，兴废补弊千年功。平生学道得古意，仁爱一念阳春融。公庭罕闻响鞭朴，千门月色弦歌中。乃知德化最有补，宜与俗吏开盲聋。丹桂江上明画锦，忽起归兴随征鸿。冷官岁晚感知己，双凫直上何匆匆。愿将政绩告太史，芳猷从此书无穷。③

尹廷高曾北上大都，不仅以诗作记录了大都的景象，还在伯颜、三宝奴等人的故居前，发出了功臣、奸臣都是过眼烟云的感叹。

鳌极曾重建，真元一气钟。乾坤雄析木，日月绕居庸。霁色千门柳，高风半夜钟。儒生亦何幸，白首际时雍。

万里观光客，吟怀浩荡间。黄埃深似雾，绿树远疑山。海鹤当秋奋，宫鸦入夜还。破愁惟有酒，春色上衰颜。

如许山河壮，重来谩寄游。红云金阙晓，黄菊玉泉秋。迁策知难用，颓龄窃自羞。长镵归斸雪，聊复自为谋。④

当代麒麟第一功，及门尚想见英雄。征南事往图书在，上殿人非剑履空。房杜子孙还有几，伊周事业许谁同。绿槐庭院无车马，坐听黄鹂韵晓风。⑤

太山顷刻化冰山，偃月堂空一梦残。富贵转头成鬼朴，奸谀到死带奴颜。梁间燕子新依佛，柳外蛙声并属官。门户凄凉千骑散，独留野鹤守禅关。⑥

---

① 尹廷高：《送王令尹》，《玉井樵唱》卷中。
② 尹廷高：《送章令尹》，《玉井樵唱》卷中。
③ 尹廷高：《送永嘉宰王吉卿满任》，《玉井樵唱》卷下。
④ 尹廷高：《京都三首》，《玉井樵唱》卷中。
⑤ 尹廷高：《伯颜丞相第（在苜蓿地）》，《玉井樵唱》卷中。
⑥ 尹廷高：《三宝奴丞相故宅今为法藏寺》，《玉井樵唱》卷中。

尹廷高对自己和儿子的要求是尽管当时的儒士地位不高，但也要以谨守儒业来安身立命。

> 先生堂前白板厨，不藏金玉惟藏书。牙签免讥手未触，非但目览仍腹储。我无负郭田二顷，家传经训真灾畲。虽然未蒙稽古力，修身慎行端有余。汝曹继志当自勉，勿使贻笑金银车。纵无科目可谋进，诗礼自足光门闾。当今公卿亦下士，衣冠独许来庭除。达知诸老固有命，大者凤阁小石渠。一丁不识人所贱，渐弃笔砚归犁锄。语言无味面目俗，名胜安肯临其庐。少陵觅句示宗武，渊明任运责阿舒。古人训子皆如此，卖金买书非吾疏。但愿尔辈贤复寿，世世保此安仁居。①

应该说尹廷高是带有悲情色彩的纪实者，恰是因为悲情，才能体现出他对太平盛世的渴望。

需要注意的是，在学者的纪实型评价中，批评往往多于褒奖，并且其主要用意就是希望人们能够关注和解决现实中的疑难问题。

三　批评型评价

另有一些理学学者明确表达了对元朝中期政治现实的不满，用暗讽或者公开批评的方式，指出了朝政的各种弊病。

（一）艾性夫暗讽朝政

艾性夫，生卒年不详，字天谓，号孤山，临川（今属江西）人，入元后曾任江浙道儒学提举，有诗集《剩语》传世。

艾性夫经历了战乱，用诗作记述了当时的情形："去年菊里辱经过，秋思萧萧又草坡。兵火东南关气数，交游湖海隔风波。书缘辟乱经年少，诗想忧时近日多。倘有鳞鸿幸相寄，青灯无奈忆君何。"② "乱里相逢各自忙，少依松影话凄凉。古来尚有种桃处，今去当传辟谷方。马蹴黄尘遮日暗，鬼吹青燐隔林光。海田未必非天数，空对西风老泪滂。"③ 艾性夫在住所于战乱中被毁十年后，才重建小屋，他对此也颇

---

① 尹廷高：《题书示儿》，《玉井樵唱》卷下。
② 艾性夫：《寄清旷邓隐夫》，《剩语》卷下，四库全书本。
③ 艾性夫：《辟乱逢故人》，《剩语》卷下。

为感叹:"旧址相传五世昌,寒芜忍堕十年荒。老吾衰落空怀土,幸汝辛勤自肯堂。袖里莫忘无恤简,墙头犹有孔明桑。地灵旧日钟文气,且要扶持此脉长。"①

无论是南宋灭亡后的故都重游,看到昔日的贡院变成米仓,还是再观浙江潮水,以及对亡灵的追悼,所激发的都是艾性夫的故国情思。

> 担夫勇似踏槐忙,卫卒严于夹棘防。千古文章成画饼,万人场屋忽敖仓。籍存尚或思班爵,礼废宁容并去羊。立尽斜阳还独笑,功名自古梦黄粱。②
>
> 按节波神逆水来,鱼龙掀舞斗崔嵬。浪高峰顶青天雪,风助江声白昼雷。势欲上时掀海立,怒无泄处触山回。世间亡国知多少,谁似灵胥恨未灰。③
>
> 秋瑟凄凉忽断弦,自砻山石志新阡。稍闲即病身无福,竟死难医命有天。会绩忍看烧烛泪,遗簪聊抵买花钱。最惭误看刘蕡策,辜汝相依四十年。
>
> 死生最怕堕危机,乱世全身正自稀。满地干戈殊不定,盖棺丘陇未为非。鹿门不共庞公隐,凤褐谁缝杜老衣。愁绝梧楸烟雨地,藁砧百岁拟同归。④

艾性夫还特别在诗作中对江南名士谢枋得的守节行为大加赞誉:"不甘摇尾乞人怜,视死如归气浩然。千古六经俱扫地,独公一柱肯擎天。乾坤万劫英雄尽,文节双高日月悬。惆怅老身空有泪,玉亭无路荐寒泉。"⑤

对于地方官员搭克百姓的贪婪,艾性夫以猎雁作为比喻:"君不见,春初淮白鱼,秋深黄雀儿。川潜山泊谁得知,灾身不幸甘且肥。官饕弗渠赦,竟作一网打。头颅千百奉苞苴,猩红熊白风斯下。吾生亦何好,独坐味颇厚。急符星火督虞人,覆巢空类无遗噍。宁逢江南射生

---

① 艾性夫:《旧庐毁于乱十年矣,吾老他寓,每不能再葺;戊子(1288)冬,良异聚芸人之资自构小堂,因以勉之》,《剩语》卷下。
② 艾性夫:《废贡院为米廪过之值磬廞》,《剩语》卷下。
③ 艾性夫:《观潮》,《剩语》卷下。
④ 艾性夫:《悼亡》,《剩语》卷下。
⑤ 艾性夫:《文节谢公挽歌》,《剩语》卷下。

手,莫遇雁门馋太守。"① 安南向朝廷进贡大象,也被艾性夫视为无聊之举:"锦鞯宝勒度南云,到处丛观暗驿尘。人喜此生初见象,我忧今世不生麟。半年传舍劳供亿,德色中朝动搢绅。粉饰太平焉用此,只消黄犊一犁春。"②

艾性夫还以照镜子为题,强调了儒者要看破兴亡治乱和功名利禄:"人生两瞳子,烂烂岩下电。见尽天下人,不见自己面。古哉容成侯,作我眼外眼。我老得君照,君老还我见。藓花绕背字痕青,仿佛阳冰八分篆。神光一点未埋没,尤物千年几流转。君不见,扬子江心水如练,年年铸入凝阴殿。后来血染江水浑,至今端午人闭门。"③ "自摩寒镜看头颅,短发萧萧不受梳。天地风霜吾辈老,江湖烟雨故人疏。道穷分命真如纸,世乱功名不要书。纵有黄金难铸错,一编残易伴犁锄。"④

从艾性夫诗作中体现的政治批判观点,可以看出他是一名悲情主义者,一直未能摆脱政治悲观的情绪。

(二) 黄庚批判科举

黄庚(?—1327年后),字星甫,天台(今属浙江)人,入元后未仕,有诗集《月屋漫稿》传世。

对于科举取士,黄庚秉持的是批判的态度:"唐以诗为科目,诗莫盛于唐,而诗之弊至唐而极。宋以文为科目,文莫盛于宋,而文之弊至宋而极甚矣。""国以诗文立科目,非世道之幸。士以诗文应科目,又岂人心之幸,宜古道之滋不可挽也。""盛者乃所以为衰也。然诗盛于唐,唐之诗脉自杜少陵而降,诗以科目而弊极于五代之陋。文盛于宋,宋之文脉自欧阳诸公而降,文以科目而弊极于南渡之末年。以科目而为诗则穷于诗,以科目而为文则穷于文矣,良可叹哉。仆自龆龀时,读父书,承师训,惟知习举子业,何暇为推敲之诗作、闲散之文哉。自科目不行,始得脱屣场屋,放浪湖海,凡平生豪放之气,尽发而为诗文。"⑤

在不受科举影响的诗作中,黄庚主要从三个方面展示了他的故国情怀。

一是对忠臣的表彰。黄庚特别强调了文天祥节气将流芳千古:"垂

---

① 艾性夫:《雁塔》,《剩语》卷上。
② 艾性夫:《安南贡象》,《剩语》卷下。
③ 艾性夫:《古镜词》,《剩语》卷上。
④ 艾性夫:《看镜》,《剩语》卷下。
⑤ 黄庚:《月屋漫稿序》,《月屋漫稿》卷首,四库全书本(《全元文》第19册,第566—567页)。

垂大厦颠，一木支无力。精卫悲沧海，铜驼化荆棘。英风傲几砧，滨死犹铁脊。血洒沙场秋，寒日亦为碧。惟留吟啸编，千载光奕奕。"①

二是对奸臣的贬斥。就权奸贾似道的故宅景象，黄庚对其误国行为作了无情的鞭挞："当年构华屋，权势倾卫霍。堂宇穷斧斤，天气焕丹雘。花石拟平泉，水陆致兹壑。惟闻丞相嗔，肯后天下乐。朱门锁荆榛，花木已萧索。苍生颠堕崖，国亡身孰托。空悲上蔡犬，不返华表鹤。丈夫保勋名，风采照麟阁。胡为一声钲，聚铁铸此错。回头暮烟昏，不能掩余怍。""不学苍龙卧浙东，惊风吟佩堕青璁。既无长策安江左，空有名园似洛中。危栈连云晴亦雨，飞楼近海夜生风。人间富贵皆尘土，回首吴山落照红。"②

三是对遭逢丧乱的感叹。黄庚既有有家难回的愁绪，如"十年不作还家梦，荒草深深锁竹扉。无主落花随水去，有情啼鸟劝人归。儒冠寥落风流减，客路凄凉故旧稀。何日携琴赋归去，踏云自采故山薇"③。也有触景生情的悲情，如"触目钱塘昨梦非，行春载酒忆当时。花间不碾香轮入，柳外空鞭骏马飞。落日荒山和靖墓，断云流水子胥祠。忘情鸥鹭闲于我。应笑江湖尽未归"④。还有难以忘怀的亡国之痛，如"园林芳事歇，风雨暗荒城。转眼青春过，临头白发生。啼鹃亡国恨，归鹤故乡情。三径多荒草，东还计未成"⑤。

但是需要注意的是，黄庚并不是政治上的悲观派。他不仅对北上做官的人给予鼓励，还明确表达了对朝廷在江南地区推行德政的殷切期望，并对官员的各种善行给予了充分的肯定。

> 鞭影拖云入帝京，少年正好作功名。不辞驿骑三千里，欲奋鹏搏九万程。白玉堂中挥翰墨，黄金台上被恩荣。何须折柳送行色，只写诗篇话别情。⑥

> 行李担书一鹤随，莲香幙幕政声驰。山川太史九州记，桑稼豳风七月诗。如晦箕裘传相种，少陵衣钵付孙枝。谋身儒术谁云拙，

---

① 黄庚：《读文相吟啸稿》，《月屋漫稿》。
② 黄庚：《故相贾秋壑旧府》《贾秋壑圃》，《月屋漫稿》。
③ 黄庚：《故国有怀呈任子宏提举》，《月屋漫稿》。
④ 黄庚：《游西湖次毛玉田韵》，《月屋漫稿》。
⑤ 黄庚：《晚春即事》，《月屋漫稿》。
⑥ 黄庚：《送任子敏司丞赴北》，《月屋漫稿》。

尧舜君民正此时。①

　　行部巡荒察吏奸，皇皇使节古刑官。声摇天上星辰动，清过云间风露寒。肃政严持三尺法，恤民特放十分宽。香名已覆金瓯底，便作他年宰相看。②

　　满载琴书事宦游，皇皇使节重咨诹。蒲帆风饱三千里，绣斧霜寒十六州。荆渚行观新德政，越人共忆旧风流。市桥衰柳难攀折，只拗梅花送去舟。③

对于被朝廷重用的儒臣李孟，黄庚更是在诗作中表达了敬仰的心情。

　　儒林学海老宗师，每恨闻名识面迟。一部山川司马记，百篇风月谪仙诗。玉堂挥翰思当日，金鼎调元定此时。抱负大才应大用，行看事业迈周伊。

　　表表声名动缙绅，金銮奏事旧词臣。胸中千古渊源学，天下十分端正人。犹记演纶依日月，行看听履上星辰。枝南枝北云山异，何日抠衣拜后尘。

　　中朝人物总称贤，恬退闲居又几年。独抱丹心长恋阙，因思绿野且归田。未应隽轨淹东鲁，行看文星照北燕。见说君王思国老，鹤书即下九重天。④

也就是说，黄庚既有对科举的批评，也有对乱世的评判，还有对文治行为的赞扬，但需要重点关注的应是他的批评和否定性的评价。

（三）丁復论去恶政

丁復（？—1339年前），字仲容，天台（今属浙江）人，曾与杨载、范梈一同在京城求职，未能被选入翰林院，乃浪迹江淮间，晚年寓居金陵，有诗集《桧亭集》传世。

丁復用长诗记录了浙东地区百姓在恶政下的凄惨境遇，并殷切希望

---

① 黄庚：《呈营田司杜希圣提领》，《月屋漫稿》。
② 黄庚：《上廉访分司官》，《月屋漫稿》。
③ 黄庚：《送张按察移节江陵》，《月屋漫稿》。
④ 黄庚：《上李承旨学士三首》，《月屋漫稿》。

能有贤臣来改变这一状况。

> 老客浙东民,喜闻浙东使。浙东山海区,七郡疏星置。石田垦硗确,积叠登栈庋。编屋困贫瘠,颇复崇礼义。然松夜读书,卖薪给朝馈。妇女供蚕绩,租税庶用备。衣裳太粗疏,颜色甚憔悴。淡食鬻溪泉,饱卜足滋味。儿童知畏官,长老怕逢吏。养儿充门户,生女早捐弃。辛苦力田农,不必了生事。县令无鲁恭,郡守非龚遂。犁锄遭贱辱,刀笔致赢利。况从官卖盐,十室九空匮。强黠骋哗嚣,寡弱甘縠载。嚃啮罄遗骼,椎剥方纵恣。每年八九月,俟我使者至。望望焦釜沃,往往烈火炽。伏地靡号诉,仰天但悲喟。
> 明公禀至仁,凤负经济志。渊源邹鲁学,肺腑唐虞治。彤庭二三策,至言答天意。琼林预高宴,玉堂资小试。股肱将迩延,耳目先远暨。往年冠尧弁,江山发新丽。冰霜含春阳,妪煦畜凌厉。渐阶绣斧持,仍专纪纲地。果然新诏下,趋整东南骑。白发海渍生,喜语连梦寐。亦知吾父兄,迤及弟子类。遂痊疮痍肤,顿伸湮郁气。排阖出幽闭,却枕起痿痹。欢声召太和,福物下祥瑞。英才不徒生,生则必名世。由来文儒用,岂但黼黻谓。匪幸一道私,四海悉渐被。微羽慕灵凤,蹇足羡良骥。栖身市巷陋,揣分天壤异。①

在少数民族地区,同样存在恶政,并且激起了民变,所以更需要贤臣良吏前去治理,尤其是要得到当地百姓的信任,才能恢复正常的秩序。

> 荔浦更在云南头,砦中小官君莫愁。生猺亦是天所产,赋予五性为人俦。渠岂不知官好恶,怒则猖狂喜还乐。近日大官虎嗷嚼,骨肉可羹髓可酪。等以选荒视宛洛,我官我强民尔弱。鄙夫鱼蚕肆椎凿,是故不堪凶乃作。前年道州杀人去,太守万户走无路。赋去官归欢聚醑,彼亦那知有其故。将军旧是广东使,属州被患往相视。此迹彼情知久矣,今官况是猺之方。山砦迫小官无房,未足展仁化,但用勤备防。出入买卖无相妨,往来见之等寻常。殷勤趋庭

---

① 丁復:《送索都事调浙东金宪》,《桧亭集》卷2,四库全书本。

使下拜，喻以天子仁圣臣忠良。诏书下天子，恩被大汪洋。尔亦具人性，不谓殊遐荒。顺之则尔养，逆之则尔戕。尔岂无父子，尔岂无爷娘。尔如彼之贼，彼岂不尔偿。彼此相贼之，于尔亦何臧。宪府选清介，提挈正纪纲。帅府示威武，斧钺为弛张。我为小官勿我小，能对大官说尔之肺腹。①

为了革除弊政，丁復不仅强调"抚字不妨催课拙，平安即遣报书频。□官起吏多为酷，县令于民实最亲"②；还特别指出儒者为吏，更要懂得良政和爱民的道理："读书初试吏，捧檄且娱亲。当代推经济，何人独隐沦。河兼淮海远，雪满渚城春。里舍多凋瘵，周旋及抚循。"③也就是说，在丁復看来，仅靠批评恶政显然是不够的，还要有系统性的良政建树，才能改变治效不佳的状态。

（四）卫培拒绝为吏

卫培，生卒年不详，字宁深，号月山先生，以研习经史为务，知州邀请其出任吏员，他提出了十条理由加以拒绝。

> 且谓儒非吏则不识时务，吏非儒则不明义理，忧民体国，忘寐失飧，搜括利病，究问疾苦，必欲使所部之民不知有所莅之官，期称承流宣化之职。以某生长田野，颇知民事，忽欲进之曹掾之列，明公之视某则厚矣，某之自视则不然也。盖州吏虽微，仕途所始，上司每每照堪，历任察视贤否，某素无历过，请俸月日又不肯虚饰根脚，以罔上司，一不可也。平时峨冠博带，高谈阔论，举止散诞，不谙仪矩，二不可也。即日守缺者数十余人，一员有缺，众所必争，甚至相告而攘者，三不可也。缘其所争者众，州官因而靳与，有挟贵挟权为之干请者，有俟候数年而不可得者，四不可也。当今秉刀笔司简牍者，皆通练世事，谙熟官事之人，才智心力胜某万倍，岂宜以愚妨贤，妨众贤之路，处公私之嫌，五不可也。人心不同，有如其面，若城若村，岂无某亲知、友契，平日不免与官司交接者，事有关涉，顺之则欺公而速咎，逆之则伤私而招怨，六不

---

① 丁復：《王将军歌送瑞卿之荔浦巡检》，《桧亭集》卷3。
② 丁復：《送镏尧甫之榆次县尹》，《桧亭集》卷7。
③ 丁復：《送李景初试吏淮阳便养》，《桧亭集》卷5。

可也。某短视、口寒吃，短视则不便于读说，寒吃则不利于传言，旷职失仪，贻笑公署，七不可也。平居无事，教子读书，经传在左，子史在右，每讽咏终日，如与古圣贤同时笑语，虽蔬食菜羹，自谓胜于列鼎而食，一行入吏，此事便废，舍礼仪之真乐，从案牍之劳形，八不可也。本州官下车以来，或八九年，或一二年，有偶识者、不识者，皆不知某为何如人，一旦趋走于其左右，不能无三至之疑，九不可也。民间风俗之弊，至今极也，明公欲以一人之耳目手足转移而陶熔之，一见先定，百语难夺，积此不已，必致同僚侧目而坐，曹吏重足而立，非惟弊坏之俗不可革，而明公之势亦孤矣，明公之势孤，则某之进退何如哉，十不可也。①

卫培拒绝为吏的十条理由，经历不可、举止不可、才智不可、身体不可强调的是自己不符合吏的条件，实际上是不愿为吏的托词；争职不可、营私不可、招怨不可、官场不可、进退不可强调的是难以适应为官为吏的显规则和潜规则，实则是对吏弊的批评；而最为关键的理由是学业不可，即不会放弃儒者的优雅状态而屈就于吏职。

卫培还以赞颂赵孟𫖯的字为由头，婉转批评了儒者不重实学的做派："宋季事性理，书法悉废置。况复攻程文，视此等末技。岂知古小学，书乃在六艺。此语非我出，得自松雪公。""我欲卧碑下，朝暮究点画。其次攻程文，最上穷理学。呓语君勿嗤，那有扬州鹤。"②

批评朝政和揭露时弊需要勇气，所以批评型的政治评价主要来自未在朝廷中任职的学者，而这样的评价亦往往不被朝廷所知，但是给后人留下了重要的启示。

四　建议型评价

有一些理学学者在对朝政的建议中，带有一定的政治评价倾向，其要点往往不在于褒贬时政，而是积极解决现实政治中的重大问题。

（一）萧𣂏说灾异

萧𣂏（1241—1318 年），字惟斗，号勤斋，奉先（今属陕西）人，多次谢绝朝廷入仕邀请，隐居读书多年，与同恕合称为北方理学的

---

① 卫培：《上昆山孙知州书》，《全元文》第 39 册，第 659—661 页。
② 卫培：《墨秒亭》，《元诗选》癸集上，第 288 页。

"萧同学派",著有《三礼说》《小学标题驳论》《九州志》等书,① 有《勤斋文集》传世。

成宗大德七年（癸卯,1303）陕西、山西发生地震,萧㪺以问答的形式表达了自己对天变的看法。

有问于余者曰:"某将有祷于天地,而或谓此地动也,何关天事。又纷纷之言,不可胜记。某亦不之听信,但未知此何祇之所主,何以为辞而祷之,如之何其可?"

余闻之曰:"吁,人之不学,乃至此乎,此其所以有此大变异也欤。天地一也,岂有二乎。天包地外,地居天中,人生天地之间,受气于天,受形于地。乾为父,坤为母,故人之一身,气则天也,形则地也,心则人也。"

曰:"天如何而包地也?"

曰:"仆闻之,天积至阳轻清之气耳,其为气也,至刚至健,旋转至急,故包得地居其中。地则气之至阴而重浊者,积之而后成形质,然其初本一气也。动则为阳,静则为阴,阴阳分则两仪立,虽曰两,而实未尝相离也。故曰天地自相依附,天依形,地附气也。"

曰:"天地其变如此,何也?"

曰:"失其理也。"

"如何而失其理?"

曰:"由人而失其理也。人者天地之心,安有心病而身不病者乎。"

"请备言之。"

曰:"闻之天之理曰乾,地之理曰坤,故乾健而坤顺,乾动而坤静,乾刚而坤柔,乾发舒而坤生成之,乾覆焘而坤负载之。人之理曰仁、义、礼、智、信,所谓天地之中,民受之而生。若仁者爱之,理也;义者宜之,理也;礼者敬之,理也;智者别之,理也;信者实之,理也。此人之性也,亦曰人之德也。盖此理得之于天,亦曰德性也。故仁之发为怵惕恻隐之心,义之发为羞恶之心,礼之

---

① 黄宗羲原著,全祖望补修:《宋元学案》第 4 册,第 3141—3142 页。

发为恭敬辞让之心，智之发为是非之心，信之发为诚实之心，此人之情也。仁则为父子之亲，义则为君臣之义，礼则为长幼之序，智则为夫妇之别，信则为朋友之交，此人之道也。盖是为人，当行之正道，万世不可改易者，亦曰人伦者也。……盖人之理，其大者为五常，其细者有万善，反之则皆为恶，名数不可尽举，此大略也。又虽曰是理，而施之不当其可，则为恶矣。如爱与敬，理也，若不爱敬其父母，而爱敬他人，则谓之悖德悖礼。以此为例而推之，可遍通矣。"

曰："闻之致中致和，天地位，万物育者，何也？"

曰："此圣人之能事，学问之极功，未易言也。若粗言之，不过使天下人之心，一静一动，各尽其理尔。人尽其理，则人道立，故天地自位。天地位，则万物育，亦犹人心安泰，神志清明，俯仰无愧，则气血和平，肤革丰盈，化化生生，寿考康宁矣。"

曰："此在位者政治教化之事，匹夫空言何益哉？"

曰："此童蒙之见也。夫治民而教之，自秦汉以来此道废矣。然自此民物之休戚亦可考矣，尚何言夫人之有生，得天所赋之理方有此形，既生为人而丧失所赋，谁之过欤？天使为人，而自弃之，孟子曰人之所以异于禽兽者，几希？庶民去之，君子存之，此自是己所当为，何待人教乎。"

曰："同是人也，同有是理，君子小人何自而分？"

曰："孟子言之矣，从其大体为大人，从其小体为小人。大体心，小体耳目口鼻形体血气之属也。心有五常四端，是天所赋，谓之天理。口体之属止有声色饮食男女，是人所欲，谓之人欲。人若以天理心思为主，则为大人、君子，若但以人欲口体为主，则为小人也。"

曰："然则，君子无欲耶？"

曰："君子以理制欲，使皆合义，小人则专从人欲灭天理耳。虽然，先儒有言，小人不合小了他，本不是恶，若学以明理，能制其欲，即为君子。盖天地之间只有阴与阳，天理阳也，人欲阴也。使天下之人皆能以天理胜人欲，则自然事事合于天心，自然阴阳和，风雨时，百谷丰登，万生畅遂，灾害不生，祸乱不作也。"

曰："然则祈祷谢过，无益乎？"

曰："知其过而改，以迁于善，则可。若不知其过，或畏难而不改，则是欺天侮神，反招祸矣，何益之有。……今天地大变，而人岂可偃然无所变其处哉，须一切废罢宴乐声伎纷华利欲之事，常以忧畏改悔处之，则可。"

曰："闻之自古灾异，多云政令之阙失，何也？"

曰："各尽其职分，可也。职分者，各人分限中理之当为者也。在位者固当自改其一官之政治阙失，然而无位者不当自责其一身之失理乎。……天下之人皆知自责以自修，则皆得其理。若但责人，则皆失其理矣，不可不慎也。所以先儒有责上责下而中自恕，岂可尽职分之戒。"

曰："终疑有滥者？"

曰："思之痛心，难尽言也。于此只当断定以天道与圣贤之言为决可信，决不误人。且为善犹未获福，为恶更欲何望。今遇此大变异，只合深自恐惧修省，唯恐悔改不及，而祸变大至，岂尚有疑惑工夫。故曰吉人为善，唯日不足也。且为善而安富尊荣，为恶而诛死祸贼，此天理之正也。若或反之，则在君子为不幸。小人为侥幸。"

曰："自古地震多矣，未有如子之说，何也？"

曰："若有，则不必说矣。"

曰："亦有与子说异者。"

曰："此所以言人必须学问也。人不知学，则闻人之言，是与非莫能辨，往往只被邪说惑乱引去，闻正言则反疑矣。"

曰："事天有道乎？"

曰："有。孟子曰存其心，养其性，所以事天也。诗云畏天之威，于时保之。人能常常兢畏齐栗，如对君父，如事鬼神，则心不流荡放去，心既常存，则能保守得天所赋之理，完具不失，顺而行之，不敢夹杂一毫己意，即事天之道也。

曰："虽然，吾将有祷也，子姑为之辞。"

余口授之曰："坤灵震荡，民物夭伤，皆昏冥多失于降衷，致清宁有乖于常理。遘此大警，敢不痛惩，誓除既往之愆，敬迓好生之德，斯可也。"①

在这份长篇问答中，萧䢖以气理学说分析灾害的成因和弭灾之术，重点强调的是五个论点。一是天、地、人均本于气。二是天变的原因是人的失理。三是人之理就是仁、义、礼、智、信五常，尽其理则人道立，废其理则乱象生，所以君子重视的是天理，小人追求的是人欲。四是弭灾之道的根本就在于以天理胜人欲，而不是表现为畏天的祈祷和谢过。五是革除弊政是最重要的救灾方法，其基本要求就是天下之人各尽所职，各修其身，以得天理之正，以守事天之道。

对于朝廷的尚儒术、重学校和重开科举，萧䢖强调的是这些举措助成了以理学为基础的真儒事业。

> 皇元奄有九围，教尚儒术，屡敕有司勉励学校。世祖渊龙，。书召鲁斋许公（许衡），畴咨启沃之余，命教人于京兆，成德者多为时用。②

> 隋立进士科，专尚文辞，唐、宋、辽、金因之，致多士蒙干泽之辱，载籍为射利之具，民彝泯乱矣。理极而复，世祖圣德神功文武皇帝天纵圣哲，别诏设官，劝农立社，择师教以《孝经》《小学》《大学》《论》《孟》经史，敦本抑末。今圣上（仁宗）仰绳祖武，知为治本乎风俗，而风俗本乎士，以德行、明经设科，以孝弟信义为本，以四书五经、程朱训传为学问躬行之要，思济斯民以先王之道，将致成德全才，睹真儒之事业。③

萧䢖还特别对参加科举考试的人提出了仁义等方面的要求："人之所以为人，以其有仁义。仁义之大者，亲亲尔，尊贤尔。""昔贤有云：学者所以学，为忠为孝。又谓：欲求事君，而先欺君，不可。讵有方将为学，而先伤父母之心者乎。游必有方，以父母之心为心也，乌可易其

---

① 萧䢖：《地震问答》，《勤斋文集》卷4，四库全书本（《全元文》第10册，第735—746页）。
② 萧䢖：《学古书院记》，《勤斋文集》卷1（《全元文》第10册，第747—748页）。
③ 萧䢖：《醴泉县庙学记》，《勤斋文集》卷1（《全元文》第10册，第746—747页）。

处哉。且学者之求师，犹行者之问途，资其指导之一言尔。至于道路物色难易，曲折缓急，则登途自见，要在善行之而已。"① 他还针对科举考试，特别提出了"能无矜乎，能无忮乎，能忘富贵乎，能静乎，能中正乎，能希贤圣乎，知通塞乎，无患得乎"的八条要求。② 不自大、不逞强、弃富贵、重于静、守中正、效贤圣、知通塞、不患得患失，显然是萧𣂏给所有儒者的道德行为建议。

（二）王炎午倡表彰忠义

王炎午（1252—1324年），初名应梅，字鼎翁，号梅边，安福（今属江西）人，南宋时为太学生，入元后隐居，有文集《吾汶稿》传世。

王炎午曾追随文天祥抗元，在文天祥被俘后，他自称"于丞相之德则未报，遂作生祭丞相文，以速丞相之死"，因为要表示对宋朝的忠义，文天祥的"文章邹鲁，科甲郊祁，斯文不朽，可死；丧父受公卿祖奠之荣，奉母极东南迎养之乐，为子孝，可死；二十而巍科，四十而将相，功名事业，可死；仗义勤王，使命不辱，不负所学，可死"；"虽举事卒无所成，而大节已无所愧，所欠惟一死耳"③。在文天祥死节后，王炎午则特别赞誉为"扶颠持危，文山诸葛，相国虽同，而公死节"④。王炎午之所以鼓励文天祥死节，是因为他目睹了亡国前无人为国效力和尽忠的悲戚场景："自龙渡建邦，承平何啻百载，暨鹿矶解甲休息，亦且十年。岂抚此东南半壁之全，而不解襄樊六年之困。倍道赍粮，攻坚持久，彼虑触藩则必除。因臂使指，爱齿护唇，此乃堕甑而不顾。将帅陈往事，则人人瓦解，藩维无斗志，而处处风寒。当局者如人醉覆舟之中，身已溺而魂不悟。忧国者如马走画图之上，势欲往而形则拘。事既亟于燃眉，谁独为之流涕。"⑤

在南北统一之后，王炎午希望能够就修《宋史》的机会，不仅广泛收集江南的野史笔记等，也要"襃拔亡国节义"之人，并特别强调"一代之兴，必有一代之文运"；"方今混一之时，元气昌明之会，文安

---

① 萧𣂏：《送陈耕道序》《送孙秀才序》，《勤斋文集》卷1（《全元文》第10册，第724—726页）。
② 萧𣂏：《送王弇序》，《勤斋文集》卷1（《全元文》第10册，第725—726页）。
③ 王炎午：《生祭文丞相》，《吾汶稿》卷4，四库全书本（《全元文》第17册，第369—372页）。
④ 王炎午：《望祭文丞相》，《吾汶稿》卷4（《全元文》第17册，第373页）。
⑤ 王炎午：《赞谢叠山》，《吾汶稿》卷7（《全元文》第17册，第322—323页）。

得不在兹乎"。"惟是南北未一,江广闽浙有死城郭封疆者,有深隐甘冻饿者,有孝义率乡间者,虽非事之所急,亦足以移风易俗。"① 也就是说,王炎午既肯定统一的进步作用,也要求对前朝忠义之士的尊重和表彰。

王炎午还特别就科举废罢后的儒士出路,表达过较为消极的看法:"里选废而士不得不游,封建改而游不得不息,盖人才与世道升降尚矣。汉、唐踵秦制,设守令,官满且去,何以游士为哉。然汉有侯王,唐有藩镇,士尤得以自托。枚皋在吴,相如游梁,石洪赴河阳,董生适燕赵,是以韩退之尤以为古之士之齐不可,则之宋、之秦、之楚。今天下一家,四海一国,舍是则无所往。嗟乎,此退之未得与。科盛时苟未得志,尤欲依附以自达,况乎无科举、无侯国、无藩镇时耶。"科举恢复之后,儒士亦未必都选择科举入仕的途径:"念吾党拘儒,当科未复,不能出门一步,及科复,则又徒欲守常途,不肯决失得于场屋。"② 按照王炎午的说法,国家统一多年后,依然存在儒士进身途径不畅的问题。

王炎午还明确表达了政治主静不主动的论点:"凡人事物理之动者,不能无静,善处之则吉,而凶悔吝不生矣。昆虫鸟兽之微,无非动者,然兽昼而隐,鸟不夜鸣,虫蛰冬而蛰,虽天所赋,然天岂能一一而为之耶,其自处则有道矣。惟人则不然,圣人主静,贤人处静,不肖者妄动而厌静。故国不处静,则垂拱无为转而为土木征伐矣;政不处静,则清净画一变而为法律坑焚矣。彼异端以寂灭为静,虽戾于道,而面壁观白,亦其处之有方也。虽然,本乎静者易守,反乎静者难安。鹄之鷇,马之驹,休于巢,伏于枥,则安矣。既翔千仞,走千里,乃笼之絷之,其有不顿足而奋翼者乎。故以人事言之,安贫贱者本乎静也,由富贵而贫贱反乎动者也。反乎动而以本乎静之意处之,焉往而不利哉。"③ 政治主静,倡导的是无为而治论点,应是王炎午基于对政治现状的不满所提出的重要建议。

---

① 王炎午:《上参政姚牧庵》《拟再上参政姚牧庵》,《吾汶稿》卷1(《全元文》第17册,第325—328页)。
② 王炎午:《送右卫教授刘一青北上》,《吾汶稿》卷3(《全元文》第17册,第353—354页)。
③ 王炎午:《处静堂记》,《吾汶稿》卷3(《全元文》第17册,第357—359页)。

（三）贯云石的施政建议

贯云石（1286—1324年），本名小云石海涯，号酸斋，畏兀儿人，世祖时名臣阿里海牙之孙，从姚燧学习理学，仁宗时任翰林侍读学士，不久即辞官云游天下，著有《孝经直解》《酸斋集》等。

仁宗即位后，贯云石曾上书提出六条建议：一是释边戍以修文德，二是教太子以正国本，三是设谏官以辅圣德，四是表姓氏以旌勋胄，五是定服色以变风俗，六是举贤才以恢至道。① 这六条建议，就是希望仁宗能够按文治的要求行事。

贯云石之所以编撰《孝经直解》一书，就是要说明《孝经》对全社会所具有的重要教化作用。

> 子曰："人之行莫大于孝。"□□移风易俗，莫善于乐；安上治民，莫善于礼。一□□□□五刑，莫大之罪。是故《孝经》一书，实圣门大训，学者往往行之于口，失之于心，而况愚民蒙昧，安可以文字晓之。古之孝者，父母爱之，喜而不忘；父母恶之，劳而不怨，犹常礼之孝也。立身行道，扬名于后世者，其犹远哉。尝观鲁斋先生（许衡）取世俗之语直说《大学》，至于耘夫荛子皆可以明之，世人视之以宝，士夫无有非之者。于以见鲁斋化艰成俗之意，于风化岂云小补。愚末学，辄不自量，僭效直说《孝经》，使匹夫匹妇皆可晓达，明于孝悌之道，庶几愚民稍知理义，不陷于不孝之罪，初非敢为学子设也。②

贯云石还特别强调了儒学对于治世的作用，尤其是从南宋不能真正用儒的历史经验看，治国不能不依仗于儒学的基本学说，以及儒者的学而致用。而朝廷之所以能够善治天下，就是因为有了真儒之用。

> 古者天子无学，不学则不圣，辟雍是也。既圣矣，又求圣辅，不辅则圣不大，庠序是也。
>
> 三代而下，各隅一天，生杀自期，春秋至战国，圣贤六七作，而莫之有思焉。孔子不得在位，自悲不遇其时。颜子早逝，百几年

---

① 《元史》卷143《小云石海涯传》。
② 小云石海涯：《孝经直解序》，《全元文》第36册，第190—191页。

又生孟子，其学欲辟放荡之言，进不能佐兴唐虞雍熙之和，退不能信三代之余风，遂焦肝烂肺，终于没闻。自是纷乱，华夏尧舜之道，实有舛废。

及归赵氏，位几年而不得其死，后有用儒者之讴，无用儒者之实。澶渊辱后，寇准南行，富弼直言不采，范希文西行边事，司马光在位不长，终陷为党，其大儒虽有小官，而弗行其用。至金马南牵，二三子直入孤境，京师大震，尚由腐臭口颊叨叨下议，一笑而宋陵荒没，父兄沙漠，孤马南驻，不去臣字，心杀力将，喂奸细之口，苟安卯冰之位，眈眈抚于萎靡咕嗫之文，百几年来，了不一悟。已而权臣用挟，学者不复出，势乃大丧，惟一文天祥是节而已矣。何自三代以下，学者出而不时，时而不位，是以天不欲治欤。

惟我圣祖，代天启运，一化中州，德归南土，日出月没，靡不臣妾，有天有□，有君有臣。首信许公衡，举相天下，《诗》《书》大振。今行学者不□□，□□一人之圣，取于庶民，庶民之学，□□天子□，□□□□邑，务亲学规，熏沐自成，人材并用。今四海可越而环，岂上世区区避燕秦之落肝胆邪。人无不学，莫盛吾元，学无不用，莫盛今日也。①

贯云石在诗作中也以赞龙为话题，表现出了对化灾难为吉祥、出现尧舜之治的期盼："老墨糊天霹雳死，手擎明珠换眸子。一潜渊泽久不跃，泥活风须色深紫。虬髯老子家燕城，怒吹九龙无余灯。手提百尺阴山冰，连云涂作苍龙形。槎牙爪角随风生，逆鳞射月干戈声。人间仰视玩且听，参辰散落天人惊。潇湘浮黛娥眉轻，太行不让蓬莱青。烈风倒雪银河倾，珊瑚盏阔堪不平。吸来喷出东风迎，春色万国声龙庭。七年旱绝尧生灵，九年涝涨舜不耕。尔来化作为霖福，为吾大元山海足。"②天下大治已经成为色目人儒者的坚定理想，确实值得注意。

（四）许约建言五事

许约，生卒年不详，许衡门人，理学"鲁斋学派"传人，仁宗时特别就祭祀许衡的机会，强调了许衡在北方传播朱学和助成圣政的功绩："出而佐时也，必欲底雍熙之和；进而事君也，必欲止唐虞之圣。

---

① 小云石海涯：《夏氏义塾记》，《全元文》第36册，第192—194页。
② 小云石海涯：《画龙歌》，《元诗选》二集上，第267页。

事必探乎几先,俟其久而乃应。言治乱之所生,尽天人之交胜。其高也入于无伦,其近也不离于日用。叙天工而振王纲,正人心而祈永命。"①简而言之,就是许衡为朝廷的治道打下了重要的思想基础。

许约还曾向朝廷上书,提出了开经筵、立谏官、祀勋臣、定配享、广荐举五条建议。

伏睹世祖皇帝登极诏书有曰:"天下大业,非一圣一朝所能兼备也。"切惟官有未备,政有未举,正赖后圣补之。方今天下官职咸备,治具毕张,其所以辅成先朝之弘规者远矣。然于天朝盛典,顾尚有未暇举行者。约以不才,猥当言路,切有管见五事,伏冀采择。一曰开经筵,所以资圣学也;二曰立谏官,所以隆大业也;三曰祀勋臣,所以劝有功也;四曰定配享,所以明道统也;五曰广荐举,所以求遗逸也。缕陈如左,合行具呈御史台闻奏施行。

一曰开经筵。夫经筵之设,将以讲明正学,培养君德。所谓经筵侍讲,与今翰林侍讲侍读名同而实异。自汉、唐以来,人君听讲经史者多矣。至唐穆宗,始召韦处厚、路隋为侍读,命讲诗书。至宋,司马光、程颐尝充是选,此即经筵侍讲崇政殿说书也。世祖皇帝尝令左丞许衡具六经中有益于政事者进讲。裕皇在东宫时,亦尝令宾客宋衜日讲《尚书》。今圣上崇尚儒雅,励精求治,凡可以兴太平者莫不举行,唯经筵之制,未能复古。纵有为之建明者,而有司行移翰林,令侍讲侍读就充是职,殊不知其职所掌实不同也。今莫若于在廷诸臣中,择其学问正大、义理精明者二员,俾为经筵讲读官,于经史中择有补于世道时政者进讲,不必屑屑于章句,但举其大义,质诸政事,明天地性命之理,古今治乱之原,君子小人之辨,学术邪正之分。又选近臣二员领其事,伺圣上清燕,为之引进导达,或半月一讲,或一月一讲。仍预令翰林编集世祖嘉言圣德,与凡政事之弛张,贤哲之谋谟,人材之进退,财用之出纳,及命将出师,混一区宇,远谋宏略,类为一书,如《贞观政要》,每遇经筵,必先令讲读一二条,次及经史,其于治道实无小补。

二曰立谏官。古者天子有诤臣七人,诸侯有诤臣五人,大夫有

---

① 许约:《鲁斋先生升从祀祭文》,《全元文》第17册,第305—306页。

诤臣三人，其职即汉之谏议大夫，与近世左右司谏正言也。考之前代，并隶中书省。古之贤君，不惟善纳谏，又屡赏谏臣，导之使谏，是以能成至治。《传》有之："赏谏臣者国必兴。"今百司庶府已备，独谏官犹未设，诚为朝廷旷典。伏望于廷臣中，选其色温气和，进止从容，明先王之道，合乎当今之宜，不激切以沽名，不矫亢以立异者二员，俾为谏议大夫，使之开陈治道，启沃圣心，此诚当今之急务也。孟子云："责难于君谓之恭。"况吾皇聪明仁圣，不以为难，必能赏谏言以来天下之善言矣。

三曰祀勋臣。大禘，《诗》曰："实维阿衡，实左右商王。"禘于太祖，则知当时功臣与祭，故末章明言伊尹也。盘庚告群臣曰："兹予大享于先王，尔祖其从与享之。"是知功臣配享，实始于殷。孔安国曰："古者录功臣，配食于庙，祭于大烝。"烝，冬祭也。谓之大者，物成众多之时，其祭于三时为大也。孔颖达曰："近代已来，功臣配食，各配其所事之君。"《周礼·司勋》："凡有功者，铭于王之太常。祭于大烝。"此功臣配享之见于经者也。故唐以房玄龄、高士廉、屈突通配食太宗；以马周、张行成、李勣配食高宗。宋以赵普、曹彬配食太祖；以薛居正、潘美、石熙载配食太宗。其余各以功臣配，此功臣配享之见于史者也。钦惟我朝，自太祖皇帝肇起朔方，奄有区宇，开国元勋皆蒙古大臣，表表见于世者甚多。今国家除荐新外，十月上旬大祭，诚合古者冬祭大冬烝之礼，宜以功臣配享，不惟不忘旧勋，实有以勉励群臣。虽古人泰山若砺、黄河如带之意，何以过此。望令近臣讲究太祖以来蒙古大臣各配食于所事列帝之庭，是诚一代之盛典，传诸无穷矣。

四曰定配享。自唐祀夫子，配以颜子，至宋升孟子与颜子并配，然当时未知道统之传也。自伊洛之学兴，性理之说明，始以颜、曾、思、孟并列于夫子之左。盖得夫子之传者，颜、曾、子思也；得曾、思之传者，孟子也，道统之传，于是得其序矣。故江南诸路庙学，皆以四子并配，以子张居七十二子之首，自两庑升于十哲，以补曾子之阙。虽云亡宋之制，然纲常名教所系，此当因而不当革者也。今京师庙学与河北诸路府学，并循亡金之旧，左颜右孟，与夫子并居南面，奚有是理哉。孟子学于子思，子思学于曾子，是知孟子乃曾子门人之弟子，曾子乃孟子师之师也。今屈曾子于从祀之中，降子思于廊庑之末，师之师不过一笾一豆，门人弟子牲牢币帛一与先圣等，又岂有是理哉。况今天下一家，同轨同文，岂容南北之礼各异也。或谓学校所以明人伦，然路、点皆父也，回、参皆子也，子先父食，于理安乎？窃以为不然。盖庙学乃国家通祀，犹朝廷之礼也。父为庶僚，子为宰职，各以其德与勋也。如遇朝会殿庭班列，则父虽尊，安能超之子上哉？殊不知抑私亲而昭公道，尊道统以崇正学，乃所以明人伦也。如今序传道之配，使颜、曾、思、孟并列于夫子之左，虚其右隅，以避古者神位之方。自两庑升子张于十哲，以补曾子之阙，不惟先儒师弟之礼不废，使南北无二制，天下无异礼，亦可以见我朝明道统得礼之中，足以垂世无穷矣。

五曰广荐举。天生一世之才，足以供一世之用，顾其用之者何如尔。科举之法，实始于隋唐，后世因之，而科举益甚。然科举与辟举之法并行，故唐之人才为盛。然房、杜、裴、郭诸公，未必尽出于科目也。宋起孙明复于泰山，而处之胄监；拔苏洵于眉山，而进之容台；擢程颐于西洛，而置之讲筵，所以尊尚有德，自足以耸动天下。而人才之盛，职此之由。今罢荐举，独行科举之法，命有司以防奸欺，设逻卒以检怀挟，功名之士，不拘小节，固不以为嫌，彼恬退高蹈之士，必不屑就。大抵科目固足以得士，亦岂能尽得天下之贤。中人已下之资，可以利诱；若学际天人、道全体用者，安肯决荣辱于三场，竞是非于寸晷哉。当于科目之外，别立荐举之法。若学行兼备，肥遁林泉，不求闻达，不屑科目者，听所在保举，待以不次。夫如是，不徒有以奖拔恬退，而野无遗贤之美，溢于唐虞矣。①

从上书的内容可以看出，许约上书的时间应在仁宗开科举之后。他的这些建议大多在泰定帝时被采纳，所以很可能是泰定帝时的上书，对朝廷发展文治起了一定的作用。

（五）何中论用士

何中（1265—1332年），字太虚，抚州乐安（今属江西）人，元

---

① 许约：《建言五事》，《元文类》卷15，参见《元代奏议集录》（下），第179—183页（《全元文》第17册，第300—303页）。

成宗时入大都求职未果，文宗时受聘为龙兴郡学师，著有《易象类》《书传补遗》《通鉴纲目测海》《通书问》《六书纲领》等书，有文集《知非堂稿》《知非堂外稿》传世。

何中自认为与南宋遗老的故国情怀相通，在诗作中有明显的表露："遗老今犹在，方知有乱离。为言前宋事，曾见理宗时。邑远何年到，身癯独步危。已无桃可种，力穑赖诸儿。""新晴破积阴，淑气泛行襟。千里山河眼，百年耆旧心。霞飞沧海远，烟入绿村深。学剑江东者，茫茫不可寻。""试数乱离年，伤情更惘然。牛羊荒草树，天地老风烟。白骨苍苔外，山花野水边。幽禽未栖宿，来往自翩翩。"① 他还特别用诗作表达了对南宋军队在鲁港兵败的感叹。

> □□西来天堑长，大波如山险莫当。黄芦未花秋黍熟，欲吊□□空苍茫。十六年间老师相，格天勋业伊周上。仪真使容□□□，襄阳将军尽降将。西园价积郿坞金，伴食光禹趋雄禁。法宫穆清坐高拱，赤舄雍容众口瘖。葛岭祥烟笼甲第，吴娃理曲争新媚。珊瑚枝边酒影春，水晶帘外花香醉。主君千年万年计，甲光如水边风寒。虚传奇士画三策，临危讳病医良难。古来何限韩擒虎，天马如神解飞渡。出师拜表真孔明，不计□□九节度。半闲堂前杏归途，阁中诸客今何如。前时晋公魏公语，今日欢骡苗鯀书。残月无情上阳晓，木绵破□闽山道。潮落潮生人不归，陌上花开几番好。②

何中并未痴迷于怀旧，而是更关注现实的政治状况。他看到了国家统一后需要大量人才的形势："元受景命，际天所覆，帝王之所未尝统一者，莫不湛恩洽霖，至德融畅。然而地大以遐，故必分建省藩，镇奠柔驭。庞臣硕辅，节钺交晖。密合天宰，丕翊皇纲。其宏规远模，绝出汉、唐者，其势然也。是以下而橼属，亦必其可与经体赞元者，然后辟置。"③ 但是对于士人而言，即便有真才实学，如果抱的是挑别时机和位置的态度，就可能被弃之不用，所以何中强调了随遇而安的用士观

---

① 何中：《遗老》《饶州道上》《春郊》，《知非堂稿》卷3，四库全书本。
② 何中：《鲁港行》，《知非堂稿》卷4。
③ 何中：《送吴省郎叙》，《全元文》第22册，第178—179页。

点:"古之所谓士者,苟可以行其所学,则功业焯焯,随遇而见,不必俟尧舜汤文之君,而后可以为得时,不必俟禹稷伊周之位,而后可以为行志,为委吏则会计当,为乘田则牛羊遂。圣贤之所以太过人者,无他焉,不求能称,惟务事实。至于所居之或崇或卑,所及之或远或近,或小或大,则不能必之于所遇,要亦尽吾心之所至而已。"①"帝王代兴,制不相袭,有伊尹、傅说、姬旦、召、奭之学,则亦随其所居之地,皆为可行之时,固无必至之位也。"② 何中仕途不顺,还能有这样的观点,确实难能可贵。

(六) 韩性说科举用经

韩性(1266—1341 年),字明善,绍兴(今属浙江)人,终生未仕,著有《礼记说》《书辩疑》《诗音释》等。

仁宗时恢复科举取士,儒者多注重文法,韩性即明确表示:"今之贡举,悉本朱熹私议,为贡举之文,不知朱氏之学,可乎?《四书》《六经》,千载不传之学,自程氏至朱氏,发明无余蕴矣,顾行何如耳。有德者必有言,施之场屋,直其末事,岂有他法哉!"他所教授的生徒,"不为甚高论而义理自胜,不期文之工而不能不工,以应有司之求,亦未始不合其绳尺也"③。

韩性还特别强调了教学的重要性:"夫教学,古所甚重也。士不可以一日而废学,士之施教,其可一日而废哉。"④"庙学之设,将使为士者鼓箧释菜而讲习于此,非直为观美而已。天之生人有常性,人之生有常事,私欲之萌而复知远也,惰慢之习而为之无勇也,失其常者有矣。善为学者,精以察之,勤以为之,毋忽毋怠,毋失其当为之时,勉勉循循,致其辑续之功焉。用力之久,盛德日新而不穷矣。"⑤

韩性之所以强调科举所用的《四书》《六经》,是因为理学已经成为占统治地位的学说,所以必须在教学中毫无保留地传授义理的要义。

(七) 岑安卿说儒者作为

岑安卿,生卒年不详,字静能,号栲栳山人,余姚(今属浙江)

---

① 何中:《与罗沧州书》,《全元文》第 22 册,第 172—173 页。
② 何中:《贺元参议明善书》,《全元文》第 22 册,第 175 页。
③ 《元史》卷 190《韩性传》。
④ 韩性:《重建余姚县学记》,《全元文》第 24 册,第 31—32 页
⑤ 韩性:《绍兴路学修大成殿记》,《全元文》第 24 册,第 32—33 页

人,以隐士著称,有诗集《栲栳山人集》传世。

岑安卿认可朝廷重儒的举动,在诗作中指出:"侧闻朝廷遗逸征,集贤著作空盈庭。紫薇堂上日午饭,世祖山河如砥平。"① 但是现实政治状态并不理想,不仅是"恶人恒多善人少"和"白昼大盗犹纵横"②,乞食者也日益增多:"齿豁鬓萧飕,幽栖东海陬。家贫难施与,世乱易诛求。饷道二千里,戈船五百艘。招安复征讨,食肉岂无谋。"③ 在这样的环境下,岑安卿重点强调了对儒者的四方面要求。

一是力学的要求。儒者守道需要坚实的学问基础,所以应该做到"农夫务耘植,为学奥义求";"为学不苦心,虚谈政何益"④。由此,兴学和为人之师尤为重要:"吾闻许文正(许衡),道德开皇基。文明耀中土,四裔犹虫蚩。译经入国语,训迪良在兹。所以化庭贵,抚字皆伦彝。""达为天下相,穷作人世师。穷达有定命,勿叹时非时。""育材阐王化,道义相磨砻。""愿精学道旨,再使民俗忠。"⑤ "昭代文明治,先儒理化行。九畴皇极建,万象泰阶平。一德乾坤正,诸经日月明。""力言扶正学,格论见深诚。之子诸孙行,为儒命世英。"⑥ 表彰先儒和先师,就是因为他们为力学和学而致用树立了重要的榜样。

二是德政的要求。在士风日下的环境下,需要强调的是行德行善的作为,并且要坚决反对以术取利的做法:"饭至即举箸,不问米有无。寒风催短褐,谁能忍须臾。平生耕稼心,愧此老病躯。掩卷空太息,相对惭妻孥。贪夫富且寿,吉士饥复寒。什袭宝燕石,白璧泥涂间。老成愧苟得,童稚羞无官。如何羊裘翁,不念归来难。登崇任资算,用舍计月日。善既无所嘉,恶政不须嫉。是以利禄人,处世惟用术。吉凶虽无恒,万世德惟一。""叹息无所言,神哉孔方子。天以一生数,积累乃至万。不一事转多,触目皆恨怨。干戈致陵夸,可否更替献。"⑦ 看破

---

① 岑安卿:《出门偶赋》,《栲栳山人集》卷中,四库全书本。
② 岑安卿:《正月闻鸦有感》《防盗夜行》,《栲栳山人集》卷中。
③ 岑安卿:《见乞食者日多感而有作》,《栲栳山人集》卷下。
④ 岑安卿:《古意四首》,《栲栳山人集》卷上。
⑤ 岑安卿:《为题庆元路太守雍吉剌氏传家录书答郑景尹》《和李元善自警诗》《送郑学可赴平江学道书院长》,《栲栳山人集》卷上。
⑥ 岑安卿:《送杜洲山长刘公辅》,《栲栳山人集》卷下。
⑦ 岑安卿:《偶读戴帅初先生寿陈太博用东坡"无官一身轻,有子万事足"二句为韵有感》,《栲栳山人集》卷上。

功名富贵，才能使儒者坚守基本的道德底线。

三是恤民的要求。官吏的横征暴敛已经是司空见惯的现象，连僧人也不放过，正如岑安卿所记："一朝命令下，俾齿齐民役。征输与挽漕，鞭棰困驱策。"① 催科者更是"卜夜之早晚，恐违官事"，使人留下"王者化无外，公家事有程。民心虽谨畏，何日是升平"的感叹。② 为此，岑安卿特别对个别官员的恤民行为给予了赞誉："刘侯宦辙半天下，台阁府州无不可。王良驯马熟路车，杨仆楼船顺流柁。政刑德礼随设施，贤智愚顽成切磋。曷来贰政临吾州，民习浇漓更偷惰。我侯振举纲目张，治剧理繁惟琐琐。每嗟田赋籍不明，玉板青绫空叠垛。大邦有命独见推，万指不停吹夜火。富民有田不忍欺，贫士无田愈闲暇。今年赋役称均平，吏不容奸民俗妥。侯能施惠泽吾民，民亦祝侯膺福嘏。祝侯福嘏当何如，正笏垂绅辅宗社。"③ 也就是说，只有良臣带来的善政作为，才能使人们看到治世的希望。

四是不阿谀权贵的要求。儒者要自重，尤其是到京城任职的人，更是要注意名声，不依附于权贵，并且无论在哪里任职，都要谨言慎行："渥洼产良骥，振鬣鸣天衢。力虽任远重，赤汗流殷珠。兄材足驰骋，惜为百里拘。善政无浪誉，鄙彼讦直徒。琴堂风日闲，疲氓自春苏。迩来解组归，实笑乐友于。揽辔忽言别，触热之皇都。风波幸宁息，道途谅无虞。谷禄天所与，慎勿权门趋。铜章绾绿绶，昔日青毡儒。""仪式著宏纲，临事须谨饬。""王侯近下士，接待礼尤宽。人视所为主，结交慎扳援。"④ 儒者无耻，历代有之，岑安卿不过是告诫人们远离这样的行为。

岑安卿自身则保持了"狂士"的风格，不仅自言"只惭天子不我知，沟壑老填为可叹"⑤；亦明确表达了不重功名、只愿潇洒的态度："人生底用愁如织，朝看朱颜暮无色。何如生死两忘怀，日月梭飞任交掷。君不见，秦皇入海求方瞳，包括区宇摧群雄。沙邱辒辌鲍鱼臭，一世万世今何功。又不见，班生投笔逾流沙，封侯万里威远加。玉门东望

---

① 岑安卿：《简从山僧亮明道》，《栲栳山人集》卷上。
② 岑安卿：《八月十九日宿慈水》，《栲栳山人集》卷中。
③ 岑安卿：《送镏同知》，《栲栳山人集》卷中。
④ 岑安卿：《送易直兄入京》《送张巡检满任归冀宁》《送景融侄之浙》，《栲栳山人集》卷上。
⑤ 岑安卿：《十一月初五日初度》，《栲栳山人集》卷中。

不可入，上书祈请心咨嗟。我生于人何所为，即死于人何所悲。乌鸢蝼蚁何所苦，珠襦玉柙何所辉。不如生前赋诗饮酒放浪山水间，死与造物默默还同归。"① 只有看透了世事奥妙的人，才能显露出其狂傲的本色。

理学学者的建议型评价，大多基于对时政的不满，所以较多体现的是负面评价。带有负面评价倾向的政治建议，自然不会被主政者所喜好和接受，但是对于后人了解当时的政治状况能够提供重要的帮助，这恰是其重要价值所在。

---

① 岑安卿：《和王子英醉后歌》，《栲栳山人集》卷中。

第十三章　侧重于理论的理学政治理念

与上一章所述理学学者政治理念有所不同的是，元朝中期的一些理学家主要从理论上阐释其政治观点，尽管也会涉及一些现实问题，但主要表现的是自成系统的政治理论以及值得注意的政治理念，需要专章加以说明。道教和佛教人士的政治观点，亦在本章说明其理论价值。

第一节　吴澄的治道学说

吴澄（1249—1333年），字幼清，晚年字伯清，抚州崇仁（今属江西）人，初学理学时为"双峰学派"学人，后来并重朱学和陆学，被时人称为草庐先生，创立了理学的"草庐学派"，元明善、虞集、陈旅、苏天爵、贡师泰、危素等人都出自此学派。[1] 忽必烈在位时，吴澄曾被程钜夫作为江南名士推荐给朝廷，但入朝后不久即辞归，成宗至泰定帝朝历任江西儒学副提举、国子监丞、翰林学士等职，著有《易纂言》《易纂言外翼》《书纂言》《仪礼逸经传》《礼记纂言》《春秋纂言》《孝经正本》《道德真经注》和文集《吴文正公集》，在著述中系统阐释了他的治道学说。[2]

---

[1] 黄宗羲原著，全祖望补修：《宋元学案》第4册，第3033—3037页。
[2] 关于吴澄的政治思想，参见吕振羽《中国政治思想史》（下），第471—475页；萨孟武《中国政治思想史》，第404—406页；刘泽华总主编《中国政治思想通史·宋元卷》，第352—358页。在理学思想的发展中，吴澄亦占据重要的地位，参见徐远和《理学与元代社会》，第103—124页；侯外庐等主编《宋明理学史》（上），第731—748页；蒙培元《理学的演变》，第142—152页；张岂之主编《中国思想学说史（宋元传）》，第315—320页。

一 治道的义理基础

在吴澄看来，治道的理论基础是理学的义理学说。综合理学名儒的观点，吴澄对性理、太极、正心、仁义、明明德等问题作了进一步的阐释。

（一）论性理

吴澄对性理的最明确解释是："性者，天所付于我之理，纯粹至善者也"。这是对"性即理"之说的发展，并且特别强调了性、理与心气的关系："盖人之生也，天虽赋以是理，而人得之以为仁义礼智之性。然是性也，实具于五脏内之所谓心者焉，故必付以是气。"[1] 吴澄不仅说明了气的基本运行规则，[2] 还专门解释了"天地一气"的说法，即天地之性和气质之性都来自一气，而性理之学就是知性和养性的学问，其核心就是教人按照仁义礼智的要求行善去恶。

> 自未有天地之前，至既有天地之后，只是阴阳二气而已。本只是一气，分而言之，则曰阴阳。又就阴阳中细分之，则为五行。五气即二气，二气即一气。气之所以能如此者，何也，以理为之主宰也。理者，非别有一物在气中，只是为气之主宰者，即是无理外之气，亦无气外之理。人得天地之气而成形，有此气即有此理，所有之理谓之性。此理在天地，则元亨利贞是也；其在人而为性，则仁义礼智是也。性即天理，岂有不善。但人之生也，受气于父之时，既有或清或浊之不同；成质于母之时，又有或美或恶之不同。气之极清、质之极美者为上圣。盖此理在清气美质之中，本然之真无所污坏，此尧舜之性所以为至善，而孟子之道性善所以必称尧舜以实之也。其气之至浊、质之至恶者为下愚。上圣以下，下愚以上，或清或浊，或美或恶，分数多寡，有万不同。惟其气浊而质恶，则理在其中者被其拘碍沦染，而非复其本然矣。此性之所以不能皆善，而有万不同也。

> 盖天地之性，气质之性，两性字只是一般，非有两等性也，故

---

[1] 吴澄：《杂识一》，《吴文正公集》外集卷2，明成化刻本（《全元文》第15册，第686—687页）。

[2] 吴澄：《原理》，《吴文正公集》卷1，四库全书本（《全元文》第14册，第444—448页）。

曰二之则不是。言人之性本是得天地之理，因有人之形，则所得天地之性局在本人气质中，所谓形而后有气质之性也。气质虽有不同，而本性之善则一。但气质不清不美者，其本性不免有所污坏，故学者当用反之之功。反之如"汤武反之也"之反，谓反之于身而学焉，以至变化其不清不美之气质，则天地之性浑然全备，具存于气质之中。故曰：善反之，则天地之性存焉。

所谓性理之学，既知得吾之性，皆是天地之理，即当用功以知其性，以养其性。能认得四端之发见，谓之知。既认得日用之间，随其所发见保护持守、不可戕贼之谓养。仁之发见，莫切于爱其父母，爱其兄弟，于此扩充，则为能孝能弟之人，是谓不戕贼，其仁义礼智皆然。有一件不当为之事而为之，是戕贼其义。于所当敬让而不敬让，是戕贼其礼。知得某事之为是，某事之为非，而不讨分晓，仍旧胡涂，是戕贼其智。今不就身上实学，却就文字上钻刺，言某人言性如何，某人言性如何，非善学者也，孔、孟教人之法不如此。如欲去燕京者，观其行程节次，即日雇船买马起程，两月之间可到燕京，则见其宫阙是如何，街道是如何，风沙如何，习俗如何，并皆了然，不待问人。今不求到燕京，却但将曾到人所记录逐一去挨究，参互比校，见他人所记录者有不同，愈添惑乱，盖不亲到其地，而但凭人之言，则愈求而愈不得其真矣。①

吴澄还坚持了"必先有理，而后有气""天地与人，理固一矣""天地人物，万殊一实，其分虽殊，其理则一"等论点，② 并特别指出："圣人穷理尽性，有以穷极乎是理，而知之无不尽也。"而世人的存心养性，则应有两方面的重要表现，一是"用力克己"，二是"所以事天"；亦可解释为"圣贤之学但在天理人欲上用功，天理之发苟不刚以克之，吾未见其不为人欲所夺也；人欲之萌苟不刚以锄之，吾未见其不为天理之贼也"③。这恰是理学家对于为人的最基本要求，吴澄亦常以克己和去人欲自警："去病非难，当拔其根。已私既克，天理复还。"

---

① 吴澄：《答人问性理》，《吴文正公集》卷2（《全元文》第15册，第76—78页）。
② 吴澄：《理一箴》，《吴文正公集》外集卷1（《全元文》第15册，第339—340页）。
③ 吴澄：《杂识九、十一》，《吴文正公集》外集卷2（《全元文》第15册，第695—696、698页）。

"一旦克己，随即复礼，天下归仁，其效如此。""人欲之极，惟色与食。食能殒躯，色能倾国。""呜乎食色，今其戒兹。戒之若何，刚以治之。"① 这样的自警，显然是吴澄对儒者守圣人之道的最基本要求。

（二）论太极

性理学说还特别重视对太极的解释，因为太极作为"道"，不仅是统会天地万物的至极之理，也可以表现为无极的境界。

> 太极者何，曰道也。道而称之曰太极，何也？曰假借之辞也。道不可名也，故假借可名之器以名之也。以其天地万物之所共由也，则名之曰道。道者，大路也。以其条派缕脉之微密也，则名之曰理。理者，玉肤也，皆假借而为称者也。真实无妄曰诚，全体自然曰天，主宰造化曰帝，妙用不测曰神，付与万物曰命，物受以生曰性，得此性曰德，具于心曰仁，天地万物之统会曰太极。道也，理也，诚也，天也，帝也，神也，命也，性也，德也，仁也，太极也，名虽不同，其实一也。极，屋栋之名也。屋之脊檩曰栋，就一屋而言惟脊檩至高至上，无以加之，故曰极。而凡物之统会处，因假借其义而名为极焉，辰极、皇极之类是也。道者，天地万物之统会，至尊至贵，无以加者，故亦假借屋栋之名，而称之曰极也。然则何以谓之太？曰太之为言大之至甚也。夫屋极者，屋栋为一屋之极而已。辰极者，北辰为天体之极而已。皇极者，人君一身为天下众人之极而已。以至设官为民之极，京师为四方之极，皆不过指一物一处而言也。道者，天地万物之极也，虽假借极之一字，强为称号，而曾何足以拟议其仿佛哉，故又尽其辞而曰太极者，盖曰此极乃甚大之极，非若一物一处之极。然彼一物一处之极，极之小者尔。此天地万物之极，极之至大者也，故曰太极。

> 然则无极而太极者，何也？曰屋极、辰极、皇极、民极、四方之极，凡物之号为极者，皆有可得而指名者也，是则有所谓极也。道也者，无形无象，无可执着，虽称曰极，而无所谓极也。虽则无所谓极，而实为天地万物之极，故曰无极而太极。②

---

① 吴澄：《克己铭》《消人欲铭》，《吴文正公集》外集卷 1（《全元文》第 15 册，第 341—343 页）。

② 吴澄：《无极太极说》，《吴文正公集》卷 4（《全元文》第 14 册，第 630—631 页）。

在认识论上，吴澄既强调了对"太极"的自然属性认知，即道、理、诚、天、帝、神、命、性、德、仁和太极的实质是相同的，即所谓的"名虽不同，其实一也"；也强调了对"极"的辩证认知，即有极和无极是辩证统一的关系，尤其是作为无极的道，恰是天地万物之极。

吴澄还指出："大概古今言太极者有二，当分别而言，混同为一则不可也。庄子云在太极之先，《汉志》云太极函三为一，唐诗云太极生天地，凡此数言，皆是指鸿蒙浑沌、天地未分之时而言也，夫子言易有太极，则是指道而言也。与庄子、汉唐诸儒所言太极字绝不相同。今儒往往合二者为一，所以不明。"① "夫子所谓太极，是指形而上之道而言。"② 也就是说，所谓造物时的太极，与孔子所说的代表道的太极，是两种不同的认识，不可混为一说。由此，吴澄在与人讨论太极问题时，特别强调了他所坚持的对太极的四点认识：一是以太极为道理；二是理在气中，同时俱有；三是阴阳变易之中有理为之主宰；四是将太极作为至极之理。③

在实用层面，吴澄认为体会了太极的奥秘，可以使人知道如何处理"放心"和"收心"的关系。

> 其体则道，其用则神，一真主宰，万化经纶，夫如是心，是为太极，或已放去，所宜收也。于名于利，于色于味，妄念纷扰，私意缠滞，夫如是心，是为剧贼，或未放下，不宜留也。不可以放，还家即次者欤？不可不放，解悬弃屣者欤？虽然，放故不放，不放故放，二者相通，而不相戾，此学之全。知不放心，不知放心，二者相尚，而不相同，此学之偏。虚豁豁地，无毫发累，常惺惺法，无须臾离，其放不放，如是如是，吾会其全，以救其偏。在吾可圣，在彼可仙，于乎至矣，安得起邹叟、蒙吏而与之言。④

了解太极还有一个重要的目的，就是要善于处理动与静之间的关

---

① 吴澄：《答海南海北道廉访副使田君泽问》，《吴文正公集》卷3（《全元文》第15册，第83—86页）。
② 吴澄：《答田副使第二书》，《吴文正公集》卷3（《全元文》第15册，第87—98页）。
③ 吴澄：《答田副使第三书》，《吴文正公集》卷3（《全元文》第15册，第99—108页）。
④ 吴澄：《放心说》，《吴文正公集》卷4（《全元文》第14册，第631—632页）。

系。由此必须避免两方面的误解。一是误解太极是动与静的本原，应该认识到气机才是动与静的本原。二是误将太极作为静的本体，应该认识到太极并没有所谓体与用的区别。

> 周子太极动而生阳，静而生阴之说，读者不可以辞害意。盖太极无动静，动静者，气机也。气机一动，则太极亦动。气机一静，则太极亦静。
> 至若谓静非太极之本体也，静者所以形容其无声无息之妙，此言大非。动亦一，静亦一，即无动一静一之可疑，盖因误以太极之本然者为静，阴阳之流行者为动故尔。太极本无动静体用也，然言太极则该动用静体在其中，因阳之动而指其动中之理为太极之用尔，因阴之静而指其静中之理为太极之体尔，太极实无体用之分也。①

吴澄还特别强调了要以"谨言动"自警，才能达到成为大圣巨贤的目标："君子所重，惟言与动。凡言必敬，凡动必正。谨言伊何，言必可师。辩事说理，读书诵诗。鄙俚之辞，亵慢之语，一出诸口，如茹粪土。谨动伊何，动必可式。周规折矩，趋徐拱翼。毋傲毋轻，毋惰毋侧。虽在暗室，如对宾客。非礼勿礼，非礼勿言。夫子之学，颜子是传。容远暴慢，辞远鄙倍。曾子之学，敬子是诲。大圣巨贤惟此之谨。"② 这样的自警，实则包含了重要的政治行为规范要求。

（三）论正心

知性理和知太极，是为了修身养性，正如吴澄所言："养天性，治天情，正天官，尽天伦。奚而养，奚而治，奚而尽，未知之，则究之，既知之，则践之。究者何，穷其理。践者何，履其事。若何而为仁义礼智之道，若何而为喜怒哀惧爱恶之节，若何而为耳目口鼻手足四肢之则，若何而为君臣父子夫妇长幼朋友之常，探其所以然，求其所当然，是之为穷其理。存之于心则如此，见之于事则如此，行之于身则又如此。内而施之于家则如此，外而推之于人则如此，大而楷之于天下则又

---

① 吴澄：《答王参政仪伯问》，《吴文正公集》卷2（《全元文》第15册，第71—75页）。
② 吴澄：《谨言动箴》，《吴文正公集》外集卷1（《全元文》第15册，第346页）。

如此，躬行之焉，力践之焉，是之为履其事。"① 养性的一个极为重要的方法就是正心，并要以此来达到去邪的目的。

> 盖闻邪者，正之反也。偏者，正之偶也。事违于理之谓邪，心倚于物之谓偏。故夫正之为言，有以事言者，有以心言者。所行无邪，事之正也。所存无偏，心之正也。正之名一也，而正之实有此二端焉。所养之正，其事欤？抑心欤？曰：事之无邪，为之而已，不待养也。心之无偏，苟非养之于素，养之于渐，则岂能遽至哉。养正云者，养其心也。凝然在中，不近四旁，是为心之正。喜怒忧惧，一有所偏，非正也。未正之前，不失其养，既养之后，斯得其正矣。正之所贵乎养者，何也？若地之养禾然，不可无雨露之滋也，不可无穮蓘之勤也。若山之养材然，不可有斧斤之伐也，不可有牛羊之牧也。方其静而无思也，主敬以直其内；及其动而有为也，不可不养之于外也。养之于外如之何？亦在乎所行之事，一皆无邪焉尔。盖必行无邪之事，而后可以养无偏之心也。外之无邪与内之无偏，虽不相同，然不相悖，而实相资也。凡不可以质诸天，不可以语诸人者，邪而不正之事也。于邪而不正之事不肯为，此养心之道也。养之之久，则渣滓净尽，本体浑全，正而不偏之心又岂俟他求哉。②

吴澄还以自己的体验说明了正心的重要性："心，统性情者也。""夫羞恶知觉，人皆有之。愚猛省昔懵不知道时，凡动作云为之谬，心术念虑之差，安然处之，恬不知怪。其后略有见识，则凡一有非义理之正，而不得其本心之安者，其羞愧悔恨之情火于中而泚于面，必至泄于辞以自道其恶，而后其情得以少纾焉。此无他，羞恶知觉之真心发见，自然而然，不能自已者也。"③ 也就是说，养心和正心的关键在于能有正己心之邪的勇气和作为。

（四）论仁义

在仁义礼智信的五常中，吴澄特别强调了仁义的重要性："天理之

---

① 吴澄：《自修箴》，《吴文正公集》外集卷1（《全元文》第15册，第341页）。
② 吴澄：《养正堂记》，《吴文正公集》卷44（《全元文》第15册，第242—243页）。
③ 吴澄：《杂识十三》，《吴文正公集》外集卷2（《全元文》第15册，第699页）。

至，惟仁与义。仁只在孝，义只在弟。苟孝于亲，是能为子；苟弟于兄，是能为弟。能为子弟，他不外是。此之不能，何况他事。尽乎人伦，尧舜为至。然其为道，孝弟而已。知斯二者，即所谓智；节斯二者，即所谓礼；实有二者，即信之谓。实行二者，乐则生矣。五常百行，不离斯二。"[1] 他还特别解释了仁义与道德的关系，即在理学家看来，道德的实质就是仁义。

> 仁者，爱之理。义者，宜之理。由之之谓道，得之之谓德，礼则节文斯二者是也。仁义无礼之节文，则或过或不及。故必有礼，然后成完而无亏缺。
> 所谓道德者，仁义而已矣。道者以其通于天地者言也，德者以其得于吾心者言也。礼本乎仁义，而仁义又以礼而后成。成者，仁义之全于己也。教训之备，分辩之决者，仁义之及于人也。教训以导其善，仁也；因此使之不入于不善，则仁之义。分辩以禁其不善，义也，因此使之归于善，则义之仁。[2]

按照理学的解释，仁义主要来自仁心，只有存仁心，才能祛除各种恶念，达到仁义礼智统于仁的理想精神境界。

> 学静虚者，亦曰敬以存其心而已。所存之心何心哉，仁义礼智之心也，非如异教之枯木死灰者。仁义礼智四者，统于一，一者，仁也。仁者，天地生生之心也。而人得之以为心，故爱人利物之心满腔皆是，而伤人害物之心一毫无之。由父母、兄弟而宗族、姻戚、朋友、乡里，欲人人各得其所，温然如九州四海而为春，视人之所愿成全之，视人所患救护之。盖同生天地之间，皆吾之同气同体也。或伤害于彼而便益于我，且不为也。况无便益于我而伤害于彼者，其肯为哉。……能存此心，则妄念不起，恶事不留。此心廓然豁然，与天地同其静虚，圣学之极也。[3]

---

[1] 吴澄：《长天理箴》，《吴文正公集》外集卷1（《全元文》第15册，第342页）。
[2] 吴澄：《礼记纂言》卷1，四库全书本。
[3] 吴澄：《静虚精舍记》，《吴文正公集》卷45（《全元文》第15册，第260—261页）。

吴澄还明确指出："亲爱则仁也，尊敬则义也。仁义，政教之本也。"① 由此，即衍生出了对仁政的明确要求。

> 释《礼记》"圣人南面而听天下所且先者五，民不与焉，一曰治亲，二曰报功，三曰举贤，四曰使能，五曰存爱，五者一得于天下，民无不足无不赡者"：圣人南面，谓即天子位。向明，以临臣民也。听天下，谓天下之事悉接乎耳目也。或言听朝，则听该视。或言视朝，则视该听也。且先谓且当以此为先，而后又有事也。民谓治民之事，所且先者五事，而治民之事不与焉，行之在五先之后也。明伦以齐家，最所当先，故治亲为五先之一。官人以治国，其次也，故报功举贤，使能继之功，谓世臣、旧臣已用之贤，能有功于国者，急报答之，或登庸于内，或封建于外，皆报其功也，故报功为五先之二。贤谓有德者，虽非有功之臣，然有德而未用，急举擢之，俾为卿大夫也，故举贤为五先之三。能谓有才者，虽非有德之贤，然有才而可用，急使令之，俾居一职任一事也，故使能为五先之四。仁民以平天下，又其次也，故存爱继之，存爱谓仁民，凡天下之民不问贤愚能否，皆当存爱之之心，《论语》所谓泛爱众也，故存爱为五先之五。上言民不与焉，此言存爱，其所爱者，即民也。乃云不与，何哉？盖存爱也者，存爱民之心尔。民也者，行治民之事，先有不忍人之心，而后有不忍人之政也。一得谓所先五事，一一行之，皆得其当，而无失无不足，谓民财民力两无匮欠，赡则又有余饶也。或曰足谓财之足，赡谓力之赡。一物纰缪，谓所先五事中，有一事行之失其当也，纰缪犹丝之纷乱无纪。先五者而继之以行仁政，则赋敛必轻，徭役必省，而民财不空，民力不困，既无欠而又有余也。若于所当先之五事，但有一事错舛，则敛必重，役必繁，而民受冻馁疲劳之祸，不得其正命而死也。五先皆得，而民生始可厚。五先一失，而民死旋不救。见福民则难，祸民则易也。②

也就是说，要实行仁政，必须先有治亲、报功、举贤、使能、存爱

---

① 吴澄：《礼记纂言》卷28。
② 吴澄：《礼记纂言》卷16。

五事，五事缺任何一事，都不可能作成仁政，这恰是吴澄所强调的君主治民的最基本政治标准。

（五）论明明德

吴澄对明明德的解释是"昭明，能明其明德也"，"尧能自明其大德，椎以齐家治国平天下，而家齐国治天下平也"①。尤其是对于朱熹的明明德论点，吴澄作了进一步的说明。

> 先言克明德，以明文王独能明其明德，而众人不能，则人之未能明其明德者，不可不求所以克明其明德也。然欲求所以克明其明德者，当如之何哉？盖人之明德，即天所以与我之明命也。自天所付于人而言，则谓之命；自人所得于天而言，则谓之德，其实则一而已。然常人类为气禀物欲之所昏，而不察乎此，是以昏昧蔽塞，不能自明，至于梏其性而忘之也。故欲求所以克明其明德者，必常自在乎天所以与我之明德而有所察焉，则必能因其所发，而致其学问思辨推究之功，又能因其所明，而致其存养省察推行之实，则吾之明德亦得以充其本体之全，以无气质物欲之累，而能明其大德，与尧无异矣。

> 一旦存养省察之功，真有以去其前日利欲之昏而日新焉，则亦犹其疏沦澡雪，而有以去其前日尘垢之污也。然既新矣，而所以新之之功不继，则利欲之交将复有如前日之昏；犹既洁矣，而所以洁之之功不继，则尘垢之集将复有如前日之污也。故必因其已新而日日新之，又日新之，使其存养省察之功无少间断，则明德常明，而不复为利欲之昏。……能自新如此，然后可推己之自新者为之标准，以齐家、治国、平天下，而振起作兴其自新之民。

> 既自新之至，而推以作兴其自新之民，则是己德既新，而能推以新民，将见民德皆新，而天命亦与之俱新矣。故如周之有邦，自后稷以来千有余年，至于文王，明德日新，能作兴于上以新民，而民德亦新，故天命之有天下，是其邦虽旧，而命则新也。盖民之视效在君，故自新既至，则有以作兴，而民德皆新。天之视听在民，故若能作兴而民德皆新，则天命之新亦随之矣，此自新而新民之极

---

① 吴澄：《书纂言》卷1，四库全书本。

效一至于此。是故君子之于自新与新民，无所不用其极至之善，皆欲止于此，而唯恐不一毫之不尽而未至也。

夫既明明德止于至善，而徇顺威仪之效如此，新民止于至善，而亲贤乐利之效又如此，则斯人也，以斯德也，临斯民也，是其己德既明，自然有以大畏服民之心志，而使之去恶迁善以自新，故其听讼虽无异于人，而自能使之无讼也。斯人也，可谓知本矣，言知以明德为本，新民为末，故但务明其明德而自足新民，与世之弃本而不知明其明德，乃区区于分争辩讼之未以新民者异矣。①

由此不难看出，吴澄所给出的明明德基本路径，就是自新—他新—民新—命新—国新。由于自新是明明德的基础，所以他对自新的要求是："士之守己，当如女子；文人治身，当如武人。女子居事，必无一毫点污，介然自守如此，是谓守己如女。武人杀敌，必须直前不顾，勇于自治如此，是谓治身如武。"② 也就是说，明明德作为达成治道的重要政治方法，所要求的是一系列的积极政治作为，而不是消极的避世和无所作为。

二 治道的道德解释

吴澄致力于为老子的《道德经》作注释，就是要用理学的学理重新说明《道德经》的治国要义，为治道学说厘定道德基础。

（一）守善之道

对道和德可能有不同的定义，吴澄特别指出了老子和庄子之间的差别："老子则以太虚为天地之所由以为天地者而谓之道，以气化为万物之所得以为万物者而谓之德。道指形而上之理，不杂乎气者而言，庄子所谓常无有也。德指形而下之气中有此理者而言，庄子所谓太一也。故其道其德以虚无自然为体，以柔弱不盈为用。"③

吴澄还特别指出，老子所说的道，实际是圣人治天下之道，"而虚心、实腹、弱志、强骨，后世养生家借以为说，其说虽精，非老子本旨也"。对于这样的道，应该特别注意三条基本的要求。

---

① 吴澄：《杂识五》，《吴文正公集》外集卷2（《全元文》第15册，第689—693页）。
② 吴澄：《自新铭》，《吴文正公集》外集卷1（《全元文》第15册，第340页）。
③ 吴澄：《道德真经注》卷1，四库全书本。本小节引文未注明出处者，均来自本卷。

一是与天同道的要求。所谓与天同道，强调的是圣人之道与天地之道相同。"盖天地得此道以为天地，圣人得此道以为圣人，其所以能大者，以其有此道也。""盖气之至大者天，形之至大者地，圣人之身眇然而立乎两间，以其道同乎天地，故其大亦同乎天地，而不以气形与身之大小论也。""是天地之道虽大，而不自以为大。圣人亦若此矣，是以能成其大也，亦以其道大而不自以为大，故能成其大焉尔。"由此，就要特别注意所谓的法地、法天、法道、法自然的行为。"人之所以大，以其得此道而与地一，故曰法地。地之所以大，以其得此道而与天一，故曰法天。天之所以大，以其与道一，故曰法道。道之所以大，以其自然，故曰法自然。非道之外别有自然也，自然者，无有无名是也。"上升到政治层面，道为君主统治提供了合理化的依据。"至尊者道，故人之体此道者，可以君天下而天下不敢臣之。"① "公者，一国之主，言能保其一身之所有也。王者，天下之主，言能兼有天地之所有也。天谓与天为一也，与天为一则道在我矣，道在我则与道同其久。"如果不能与天同道，很可能给国家带来危殆的命运。"殆者盖危而将近于死也。死者气尽而终，盖有穷匮竟尽之意，没身不殆，终此身而生长可保也。"

二是以善为上的要求，亦可称为上善若水。"上善谓第一等至极之善，有道者之善也。其若水者，何也？盖水之善以其灌溉浣濯有利万物之功，而不争处高洁，乃处众人所恶卑污之地，故几于有道者之善。""夫惟有道者之上善，不争处上而甘于处下，有似于水，故人无尤之者。尤谓怨答，众人恶处下而好处上，欲上人者有争心，有争则有尤矣。"尤为重要的是，上善与众人的居、心、与、言、政、事、动七善是有区别的，七善只是常人之善，而不是道之上善。"彼众人所善，则居之善必得地，心之善必如渊，渊谓静深。与之善必亲仁，与谓伴侣，仁谓仁人。言之善必有信，政之善贵其治，事之善贵其能，动之善贵其时，时谓当其可。七者之善皆择取众人之所好者为善，可谓之善而非上善也。"也就是说，治国之善，必须要以有道者的上善作为最高的标准。

三是爱民治国的要求，尤其是要时刻保持爱民之心。"盖圣人之心

---

① 吴澄：《道德真经注》卷2。

虚而无所倚著,若有心于爱民则心不虚矣。""爱民治国谓君国子民用仁用智,神用于外未能交媾于内,然身虽有事而清静自然,形不疲劳,所谓无为也,此住世之人能养形者也。""天子之尊,四海之富,皆以其身为天下者也。知道之人爱惜贵重此身,不肯以之为天下,宁不有天下而不轻用其身,夫惟如此,乃可以寄托以天下也。""舜禹有天下而与焉,所以可受唐虞之禅,彼宠其辱以为荣,贵其大患以为大利者。鄙夫尔何可付之以天下哉,贵以身为天下,富以身为天下,老子之意善矣。"清静无为与爱民治国有着密切的关系,这恰是从老子处得来的重要启示。

吴澄还对大道、仁义、智慧、大伪四种治国形态的降等关系,作了具体的说明。

> 太上犹言最上,最上谓大道之世,相忘于无为,民不知有其上也。其次谓仁义之君,民亲之如父母,及仁义益著,则不但亲之而又誉之矣。又其次谓智慧之主,民畏之如神明,及智慧渐穷,则不但畏之而又侮之矣。信者,大道之实也。自大道之实有所不足,不能如上古之时,则君之于民有不以其实者焉,而日趋于华,于是一降则用仁义,再降则用智慧也。
>
> 不知有之者,大道也。亲誉之者,仁义也。畏侮之者,智慧也。自大道一降再降,已是三等,智慧又变为大伪,则共有四等也。然大道废而后有仁义,则其变犹稍缓;智慧出而遄有大伪,则其变为甚亟。四者之分,与邵子所言皇帝、王伯、圣贤、才术之等略相似。
>
> 圣智,智慧也。巧利,大伪也。导民以巧,诱民以利,以工商之术率其民,如管仲治齐、卫鞅治秦是也。……绝弃帝者仁义以反于皇之大道,则民复其初,子孝于父,父慈于子,如淳古之时矣。绝弃王者圣智以反于帝之仁义,则民利其利,比于王之时相去百倍矣。绝弃霸者巧利以反于王之圣智,则虽未及帝之时,而思虑深远,政教修明,亦无有为盗贼者矣。
>
> 皇之大道实有余文不足,自皇而降渐渐趋文。帝者以皇之治为文不足,于是降大道一等而附著于仁义。王者以帝之治为文不足,于是降仁义一等而附著于圣智。伯者以王之治为文不足,于是降圣智一等而附著于巧利。三者之治各令有所附著者,以文不足故尔,

而岂知大道之民，外之相示以素，内之自守以朴。……质而已矣，奚以文为。

吴澄以皇帝、王伯（霸）、圣贤、才术对应不知有君的大道、仁义之治、圣智（智慧）之治、大伪（巧利）之政四种治国形态，所要说明的是治国的最高理想就是实现大道，而最应该排斥的就是大伪的政治生态，这恰是理学家所强调的基本政治诉求。

（二）无为而治

无为是老子的重要政治理念，吴澄特别强调了要理解无为的两层含义。一是心态层面的无为，"圣人以不事而事，故其事无所为；以不教而教，故其教无所言。无为不言，则虽有美有善而人不知，是以其美其善独尊独贵而无可有与对。若有为之事，有言之教，则人皆知其为美为善，而美与恶对，善与不善对，非独尊独贵不可名之美善矣。"①"欲谓有心为之，作犹起也，言未能纯乎无为之道者，方将待物之化而遽有心于欲其化，欲之心一起，则非无为之道矣。"二是做事层面的无为，"道之无为，久而不变，非特暂焉而已，故曰常无为。虽一无所为，而于所当为之事，无一不为也。若无为而事有废缺，则亦何取其无为也哉。此之无为，盖性焉安焉者也。"②

按照无为的要求，不仅取天下要注重无为，守天下更要注重无为，因为由智力带来的极有可能是导致国家乱亡的作为。由此，圣人与愚人在政治作为上的最大不同，就是圣人能够做到去甚、去奢、去泰，并以此来保障天下的太平。

> 无事无所事即无为也，因言取天下者亦止是无为，盖德盛而自归之，必用智力而有作为之事，何足以取天下哉。③

> 取天下谓使天下悦而归己也。为，谓作为。取天下者德盛，而人自归之尔。苟若有所作为，则是欲用智力以强服天下，岂能得天下之归己哉。

---

① 吴澄：《道德真经注》卷1。
② 吴澄：《道德真经注》卷2。
③ 吴澄：《道德真经注》卷3。

天下者至大之器，有神司之，不可以智力有为而得。败谓不成也，彼以智力为之者，欲成其事而其事反不得，谓不能得天下之归服也，故曰为者败之。未得天下而取天下者固不可以有为而得，既得天下而守天下者亦不可以有心而留。譬如宝器，若常执之在手，不须臾舍，惟恐其或失者，反不能保其不陨坠而失也，故曰执者失之。

有天下者，岂能保天下之长为我有，而不亡也哉。盖得失存亡之相禅，如行随吼吹强羸载堕八者之相反而相因，圣人知其势之必至于此也，而处之有其道焉。凡过盛必衰，衰则亡之渐也，惟不使之过盛，则可以不衰，而又何有于亡。甚也，奢也，泰也，极盛之时也。去甚者，欲其常如微之时。去奢者，欲其常如俭之时。去泰者，欲其常如约之时。能不过盛，则可以保天下之不亡矣。……苏氏曰："或行于前，或随于后，或吼而暖，或吹而寒，或强而益，或羸而损，或载而成，或堕而毁，皆物之自然，势之不免者也。"愚人私己而务得，乃欲拒而违之，其祸不覆则折。惟圣人知其不可逆则顺以待之，去其甚，去其奢，去其泰，使不至于过，而天下无患矣。①

具体而言，就是君主需注意清静的要求，保持无为而治的心态，以达到无为而无不为的理想治国境界，因为表现为无为、无欲和好静的"无事"，可以起到使天下之民归心的作用。

清静，无为也，心者无一尘之滓，寂然不动也。正犹正长之正，犹言为天下君也。夫为天下之君者亦多事矣，然弊弊焉有为者，岂能为之哉？惟清静无为者，无为而无不为，故能为天下正，所谓相反而相为用也。或谓胜热之静与胜寒之躁为对，各偏于一，惟清静之静无与为对，静中有动，动静一致而无所偏，故能为天下正。其论虽高，盖非本旨。

为道者减损其有为之事，损之又损，及损之既尽而无复有可损，则至于无为也。彼有为者为一事不过一事，为十事不过十事而

---

① 吴澄：《道德真经注》卷2。

已，其未为之事何啻千万，不可胜穷，岂能事事而为之哉。惟无为者一事不为，故能事事无不为也。

无为、好静、无欲，皆无事也。既无所事，何必致天下之向附，而民自然而化，自然而正，自然而富，自然而朴，其效如此，是以之取天下而有余也。①

为此，吴澄特别表现出了对"以智治国"的反对态度："民之所以难治者，以其明智之多，是以法出奸生，令下诈起。以智治国，谓聪明睿知以有临使其民亦化而明智，则机巧慧黠而难治。以智治国者，国之贼害也。不以智治国，谓自晦其明以苊众，使其民亦化而愚昧，则悾侗颛蒙而易治。不以智治国者，国之福利也。"② 吴澄之所以将以智治国者称为国贼，就是因为这样的人必定是扰害国与民的乱为者。

（三）道德准则

治国要有一定的道德准则，由此先要明白道与德之间的关系，吴澄特别说明了道一、德二、仁三、义四、礼五、智六的排序关系。

> 吾之所谓道、德、仁、义、礼、智，以其天地人物之所共由者曰道，以其人物之所得于天地者曰德。德其统名，分言则四。得天地生物之元以为德，而温然慈爱者曰仁；得天地收物之利以为德，而截然裁制者曰义；得天地长物之亨以为德，而粲然文明者曰礼；得天地藏物之贞以为德，而浑然周知者曰智。老子则以道为无名，德为有名，自德而为仁义礼智，每降愈下。故此章之等以道为一，在德之上，故曰上德；以德为二，在仁之上，故曰上仁；以仁为三，在德之下，义之上，故曰下德上义；以义为四，在礼之上，故曰上礼。而总名之曰失道而后德，失德而后仁，失仁而后义，又继之曰失义而后礼，以礼为五也。又先言夫礼，而后言前识，以智为六也。拟诸易卦之六位，则道初、德二、仁三、义四、礼五、智六。道实智华，实实虚华，初上为始终也；德根礼叶，根厚叶薄，二五为世应也；仁干义枝，干单枝坼，三四为比邻也。道犹天也，包含遍覆万有之原。德犹地也，忠信为土，四端所资。仁犹春也，

---

① 吴澄：《道德真经注》卷3。
② 吴澄：《道德真经注》卷4。

德土禅木。义犹秋也，仁木禅金。礼犹夏也，义金禅火。智犹冬也，礼火禅水，各传所胜也。①

为维系治道，吴澄还强调应该坚持四条重要的道德准则。

一是道止于德准则。"道之无名而为德，则名亦既有矣，故人之用此德者，当知止于德，不可再降而下也。……老子以道为上德，言在德之上，以仁为下德，言在德之下也。又言失道而后德，失德而后仁，失仁而后义，失义而后礼，故专言道德而槌提仁义，盖以仁义下于德也。""德之有名，已下于道，复下于德可乎？知止于德，则犹未远于道也。""盖道之在天下，犹江海为众流之所归。德者犹溪谷之众流，德而复归于道，则犹溪谷之会同于江海。"② 对于这一准则，既要注意道高于德并且不能下于德的要求，也要注意道与德之间的相互归依关系。

二是授命准则。"人之尊贵必或命之，天子之尊，以上帝命之而后尊，诸侯之贵，天子命之而后贵。道尊德贵则非有命之者，而万物常自如此尊贵之也。"按照这样的准则，所谓授命是有层级要求的，即天（上帝）授命给天子，天子再授命给诸侯、大臣等。依据授命，才能建立和维系等级制的政治秩序。

三是修德准则。"德修于身，以及于天下，无一不修。""能使子孙祭祀不辍者，惟修德于身而已。修德于身，乃全吾常道之真也，身外皆长物，夫岂有所为而为哉。德修于身，则报应之效自有不期然而然者，而能保国延祚，如此非我欲之也。""保守身形由于积德。德者，万物身形之母。保有身形者，以能保有身形之母也，故可长久。气为身形之母，气能留形，形亦能留气。气之生于下，如木有根，养形以培根则根深不拔；气之荣于上，如果有蒂，养形以滋蒂，则蒂固不脱。根不拔则木永不枯瘁，蒂不脱则果永不陨落，此身所以长生，目所以久视，而能度世不死也。深根固蒂，形之留气；长生久视，形之留气也。"修身积德不只是为了保人长寿，而是有其重要的政治含义，就是以修德来保证国家的长治久安，由此必须注意涵养正气的重要作用。

---

① 吴澄：《道德真经注》卷3。本小节引文未注明出处者，均来自本卷。
② 吴澄：《道德真经注》卷2。

四是善以待人准则。"民之善不善信不信,圣人不分其是非,皆以为善,以为信,不惟善者得善,信者得信,而不善者亦得善,不信者亦得信矣。""从事于道,谓以道为事也。道者,有道之人。德者,有德之人。失者,庸下之人,所为不能无失者也。""故凡上等、次等、下等之人,皆视之一同而无非异。盖道者德者与我为一,无所容言矣。至若失者,他人虽以为失,彼则自以为是,固亦有自然之是也,岂可不因其所是以是之,而乃妄言以非之哉。""道德之人以我同之,印证参同,夫何间然。失者之人以我同之,亦或缘彼之独是而悟我之公是,则三者之人皆以我同之而有得也。然此惟有道之人者能之,苟道之实有所不足于己,则其待人也,必有不以道之实者焉,而是是非非强加分别矣,岂能如此玄同也哉。"也就是说,不管他人善或不善,都要以善待之。更为重要的是,不仅要善于待人,还要善于做人,尤其是要杜绝自见、自是、自伐、自矜的四种行为方式,正如吴澄所言:"彼自见者之终不能明,自是者之终不能彰,自伐者之终无其功,自矜者之终无所长,亦若此焉尔。食之不尽者曰余,肉之附生者曰赘,物兼人与鬼神而言。自见、自是、自伐、自矜之人,若律之于自然之道,譬若食之已余者不当食,行之如赘者不当行也。加多于常分而不可用,幽显之间有物亦当恶之,而有道之人不肯以此自处也。"[①] 囿于己见、自以为是、自我败坏、骄傲自大四种方式,确实不利于道德修养和为人处世,更不利于治国理政。

(四)治国要术

吴澄还对老子的治国之术作了全面总结,重点强调了五种治国之术。

第一种是以正治国之术。以正治国之术用于守天下而不是取天下,其要点就是明庶政和来百工,而不是过分依赖法令、利器和技巧。

> 正者,法制禁令正其不正。管商以正治国,帝王以修身齐家为本,不恃法制禁令以为正。奇者,权谋诡诈谲而不正。孙吴以奇用兵,帝王以吊民伐罪为心,不尚权谋诡诈以为奇。奇者仅可施于用兵,不可以治国;正者仅可施于治国,不可以取天下。

---

① 吴澄:《道德真经注》卷2。

以正治国,可谓善矣,而其民缺缺,则治国者将无所用于正耶。盖正与不正对,正一反则为不正之奇,正善而奇不善;善不善对,善一反则为不善之妖。惟无所谓正,无所谓善,而不至反为奇之妖也。能知此者,其惟圣人乎。常人迷昧不知此理,其日固已久矣,非自今日然也。故但知以正治国之为善,而不知无所谓正之为正也,以无正为正,则与无事取天下者何以异哉?

忌讳谓畏避,防禁严密,本欲正民德也,然民一举手摇足,辄陷罪戾,有所畏避,不得安生乐业而趋于贫矣。利器,利便于民之器,如网罟耒耜杵臼舟车之属,本欲利民用也,然利器民得自为,虽度量权衡之公,亦将不出于上,无所统一,则国家黯无精采而疑为昏矣。技巧,造作利器之工,末业众多,争能竞利,则有售奇伪之物者矣。法令者,民所畏惮,彰明易犯,民不聊生,则多为盗贼之归者矣。八句所言二事,法令彰所以多忌讳,技巧多所以多利器,盗贼之有由于民贫,奇物之起由国家之昏。明庶政使民知畏避,来百工使民足财用,所谓正也。正以政,盖期其国之治,然民贫于下而或为盗贼,政昏于上而售奇物,其效如此,是以之治国而犹不足也。①

第二种是简静治国之术。吴澄对老子的"治大国若烹小鲜"的解释是:"小鲜,小鱼也。国大则民众,治大国当以简静,不可扰动其民,如烹小鱼,唯恐其坏烂而不敢扰动之也。"② 简静治国的要义,就是无为而治和无事而安。

第三种是慈爱治国之术。以慈治国,是保证国家安全的重要方法,正如吴澄所言:"慈者,人人亲之如父母,岂有子而敌其父母,攻其父母者哉?故以慈而战守,则人不忍敌攻,是能胜能固也。纵有来敌来攻之寇,人助其父母者多,亦必能胜能固,或人力不逮,天亦将救助之,不令其败且溃。天所以救助之者,以其能慈而卫护之也。曹操、苻坚吞噬无厌,不慈之甚,吴、晋虽非能如圣人之慈,其御寇也不得已而应之,比之曹、苻,则此善于彼亦近于慈者。赤壁风火势顺而北船毁,青冈风鹤声闻而氐众奔,吴、晋虽弱,挫曹、苻百万之兵,是亦天救之

---

① 吴澄:《道德真经注》卷3。
② 吴澄:《道德真经注》卷4。本小节引文未注明出处者,均来自本卷。

也。"君主不轻易杀人,是慈爱的重要表现,不必担心恶人因不杀而逃脱惩罚:"圣人不轻易杀之,则为恶者皆得漏网,而天网不漏也。天之于恶人,非如人之以力与争,而天定自能胜人,非如人之以口与言,而其应如响应声。其报应之速不待召之而自来,至恶有恶报,虽用智计不可逃免。天虽无心,坦然平易,而巧于报应,有非人谋之所能及此。天网恢恢,广大似若疏而不密,然未尝失一恶人无得漏网者,圣人虽不杀之,而天自杀之也。"

第四种是化民淳朴之术。吴澄否定了智民难治、愚民好治的论点,认为愚民之术并不是好的治国方法,好的治国方法应该是教民和化民:"有所知为明,无所知为愚。古者圣人明己之德以明民德,亦欲民之愚者进于明而有所知也。惟其愚而不能使之知,非不欲其明而固欲其愚也。老子生于衰世,见上古无为而治,其民淳朴而无知,后世有为而治,其民浇伪而有知。善为道者化民为淳朴,非欲使之明,但欲使之愚而已。此愤世矫枉之论,其流之弊则为秦之燔经书,以愚黔首。"

第五种是勤俭治国之术。治国者自身勤俭,才能善治其国:"有道之君贵为天子,富有四海,而不自有其贵富,菲饮食,恶衣服,卑宫室,为天下惜财而不苟费;制田里,教树艺,薄税敛,使民家给人足,是以己之有余而奉天下也。"由此需要特别注意三方面的要求。一是德泽天下的要求。"道之功普遍于天下,譬如天地之气相合而降为甘露,虽无人使令之,而自能均及于万物。万物生畜于此道之中,故有道者可以为万物之主,而万物咸宾焉。"① 二是君臣守分的要求。"君臣上下各由其道,而无有昏乱,则臣之忠者亦其常分,不知其为忠也。商纣不君,奸回群聚,而后有知三代之忠臣。"三是功成身退的要求。"世有金玉满堂莫能守者,何哉?盖因富贵而骄,自遗其咎耳。是以功成名遂而身退,乃合于天之道,此言不可盈之也。""身退谓不盈之者,天之道虚而不盈,故四时之序,成功者去。""富贵二者相须而有,故骄盈而不保其富,是即不保其贵也;身退不盈而长保其贵,是亦长保其富也。"②

需要说明的是,以正治国、简静治国、慈爱治国、化民淳朴、勤俭治国五种治国之术之间,并不是相互排斥的关系,而是相辅相成的关

---

① 吴澄:《道德真经注》卷2。
② 吴澄:《道德真经注》卷1。

系，共同构成治理国家的方法论系统。

将《道德经》的要求用于宋元时期，强调治国的基本理念，是吴澄对政治思想发展的一个重要贡献。吴澄以儒者的身份重新解释道家经典，可能不被当时的儒、道两家中人所理解和重视，但是对后人有重要的启迪作用。

三 治道的仪礼支持

朱熹考定了《易》《书》《诗》《春秋》四经，未完成《仪礼》的考定，所以吴澄不仅为《仪礼》作注，还编撰了《仪礼逸经》和《仪礼传》等书，① 并全面说明了治道的礼制要求。

（一）重礼说

吴澄指出："礼之所尊，尊其义也。""凡人之所以为人者，礼义也。礼义之始，在于正容体、齐颜色、顺辞令。容体正，颜色齐，辞令顺，而后礼义备，以正君臣、亲父子、和长幼。君臣正，父子亲，长幼和，而后礼义立。"②

也就是说，礼主要起的是政治规范的作用，由此需要特别注意由礼带来的八种规范。

第一种是对君主行为的规范。礼是君主的重要治国工具，"人君居百姓之上，惟所令而莫之违者，恃礼以为治也。一人有礼，众思敬之，有不安乎？一人无礼，众思伐之，有不危乎？此所以系人之安危，而不可不学者"。由此，既要注重君德，也要注重立教，"先君德而后朝廷，先朝廷而后天下也"；"故圣人制行以立教，必与天下共之，以天下之所能行者为之法，所以为达道也"。"仁、圣、礼、义，性之四德。圣者生知之智，无所不通者也。在朝廷临莅群臣，议论政事，口之所道，无非性中之德。苟非四德，则口不道，谓无庞杂之言也。"尤为重要的是，君主必须遵从"以礼使民"的规范。"人君因天所生之时以授人，因地所生之财以聚人，因父所生师所教之人。以为己之民，其用时、用财、用民，一皆以正天下国家之礼而用之。君身治犹治水之治，得立于无过之地者，动皆以礼故也。若不以礼，则不免差谬，是有过也。""德可为师，身皆无过，故人视效之若君。视效人则是身

---

① 吴澄：《三礼叙录》，《吴文正公集》卷1（《全元文》第14册，第434—439页）。
② 吴澄：《仪礼逸经》卷2，四库全书本。

犹有过，而不足为师矣。以一人而享万人之奉者，君也。若君养人，则以寡养众，而瞻给不足矣。以万人而受一人之役者，君也。若君事人，则以上事下，而失君位之尊矣。百姓取则于君之德，以自治者也。出贡赋以供养其君，君抚临之，而冀得自安者也。竭膂力以服事其君，君任使之，而冀得自显者也。"①

第二种是对治国行为的规范。循礼治国国安，无礼或乱礼国危，所以要特别注重礼对于正天下国家的作用。"治国，谓治一国之人情。礼之所尊，尊其义也。礼粗义精，精者粗之大，故为礼，必本于义也。""礼所以治其国之政使不乱，安其君之位使不危也。""礼可以正天下国家，政不正谓为政不以礼也。政不正之所致有二，一则君位危，谓君不安也；二则法无常，谓政不治也。君位危谓失其尊，高下无忌惮，则大臣为奸，小臣为盗，君务严刑胜之，而上下暌乖，习俗敝坏矣。法无常谓渝其律令，下无遵守，而天秩之仪亦紊。"为了使礼真正发挥正天下国家的作用，必须坚持"爱人有礼"的做法。"治，犹治水之治，谓整理之也。君之为政，欲使人各遂其生而已，故曰爱人有礼，则人各安其分，不至争乱而得遂其生，是礼者所以爱人也。"士大夫则应该成为尊礼的典范，"士之所事者礼也，有国而无礼，则士无所服习矣。民之所归者德也，有刑而无德，则民无所怀向矣。此疵病之国也"②。

第三种是对具体政事的规范。在处理朝廷政务时，不仅在朝堂之上有礼的限制，还要有"官得其体"的限制。"朝廷有礼，谓君相主治朝廷，用人各当才德，故贵贱有序。官得其体，谓官属分任一职，如人身之一体者也。""官属之所职皆称，政事之所施皆当，亦是得礼之效。""官得其体，谓设官分职，各得其尊卑之体，犹若长官与属官亦尊卑异，而共掌一事。政事，言布政治事，各得所施之处措置也。众谓万事也。以礼加身，而措之于前，万事动用，皆得其所宜也。"尤为重要的是，以礼为政，所带来的是民乐于服从的民治和政治合为一体的善政。"盖因其礼，以治其政也。政原于礼则政善，而民乐之，所以治也。礼得居处于其所存者之政，礼之所以序而不失也，谓礼寓于政之中也。民得习熟于其所乐者之政，民之所以治而不乱也，谓民安于政之善也。民

---

① 吴澄：《礼记纂言》卷1、卷25、卷27、卷32。
② 吴澄：《礼记纂言》卷25、卷28。

之治，即政之治也。"①

第四种是对治民的规范。在以礼治民方面，有三条特别的要求。一是归一民心的要求。"天下一家，中国一人，此岂臆度料想，姑为是言哉。古之圣人总摄人心，起天下联络亲比之义，而革其乖戾违背之习，盖亦灼见是理而为之。惟知天下之情，是以开辟天下之义，兴利销患，而人心一。惟不知天下之情，是以失天下之义，背利纵患，而人心离也。"二是以礼齐民的要求。"君子详定此礼以齐其民，则民之善恶情实毕露。其从于礼者为善，违于礼者为恶。虽奸诈之徒，欲作伪以欺罔其上，而不可也。""盖礼者敬让之道也，人皆由礼，则凡奉宗庙者皆敬，先入朝廷者皆贵，处室家者皆让父兄，处乡里者皆让长老，敬让之道达于宗庙、朝廷、室家、乡里，故上为下之所敬，让而居上者不危，不危则安矣。民知君之当敬让，而为民者不乱，不乱则治矣。其安其治，皆由有礼而然。"三是近民和劝民的要求。"先王之政，苟无道以教之，其末也不能无敝。如清之末至于隘和之末，至于不恭也。忠之政使民近人，而己不求其所不能知，劝于为善而已。""周尊礼则强民以其所不能行矣，虽敬事鬼神而能远之，则犹未渎神也。夏先爵赏以劝人之善为急，殷先刑罚以惩人之恶为急，周虽用夏之爵赏而不足以劝，虽用殷之刑罚而不足以惩，故曰穷矣，盖承殷之后，时愈难治故也。"②

第五种是对社会关系的规范。按照礼的要求，必须为全社会建立有效的亲亲关系。"儒者之道必始于亲，盖天之生物一本，譬木枝叶繁盛，而所本者一。收族，如穷困者收而养之，不知学者收而教之，宗族既合，自然繁盛。族大则庙尊，如宗族离散，无人收管，则宗庙安得严邪。有国家社稷，然后能保宗庙，故必重社稷。国以民为本，无民安得有国，故必爱百姓。心诚爱民，则谨于刑罚矣。庶民安，谓民有定居，而上不扰之，所以生殖财用，时和岁丰，万物盛多，财用既足，故百志成。虽有此志，而无财以备礼，则志不成矣。""礼俗刑谓民化于亲亲之礼，而成俗刑于四海，可为后世法。人君自一身亲，亲一家亲，亲至于一国皆亲，其亲天下皆亲。其亲尊祖敬宗，收族而宗庙严，一家亲亲之效也；重社稷、爱百姓而刑罚中，庶民安、财用足、百志成，一国亲亲之效也。礼俗刑而民乐，天下亲亲之效也。"需要特别注意的是，建

---

① 吴澄：《礼记纂言》卷25、卷29。
② 吴澄：《礼记纂言》卷25、卷27、卷32。

立亲亲关系，是为了达到天下大顺的政治目的。"盖由先圣王能修治其礼，而达之于礼之义，以教天下之人，体实理于心而达之于一身之顺，充而为家、国、天下之顺之故也，遂至天地人物同一大顺焉。""父慈子孝而其情厚，兄友弟恭而其情亲，夫义妇听而其情不睽乖，此一家之顺。大臣有持循，小臣有分辨，设官以治，职分识以居官，不相紊乱，君以礼使臣，臣以忠事君，非相为赐，此一国之顺。天子有德，以安民之居如车之承载，有乐以和民之心如御之调适，诸侯邦交，互相施报，大夫言行，俱有律度，庶士忠顺，各无欺伪，百姓出入相友，守望相助，疾病相扶持，此天下之顺。家、国、天下一一皆顺，故曰大顺。"①

第六种是对道德人伦的规范。亲亲的社会关系，需要来自道德人伦的支持。"天地之常经，人道之治亲是也。治亲之目有四，总言之均谓之亲，分言之则亲亲者在下子孙之亲，尊尊者在上父祖之亲，长长者在旁昆弟之亲，男女有别者在内夫妇之亲也。""人之大伦有五，而此四亲者，唯父子、兄弟、夫妇三伦尔。而曰人道竭矣，何也？盖此三伦者，一家之伦也；一国之伦，则君臣之伦。自家之尊，尊而推也，朋友之伦。自家之长，长而推也，四亲足以该贯五伦。五伦者，天下之达道也，故人道竭尽于此。"讲究人伦规范，还可以起到改变耻辱的重要作用。"国耻，君耻也。君臣之行有可耻者，礼足以救之，足以兴复之。""君臣父子皆正，故以立上下之敬，至于事之废坠可耻者足以振之，国之衰弱可耻者足以兴之，为政之本，孰先于此乎。"由此，需要特别注意对人伦的不同态度，带来的是圣人、君子、小人、亡人四种人的不同表现。"始言敬身，中言明伦，终言尽性至命，三者皆礼义之功，故唯有圣人能知此礼之不可不为，而不已于为也。下愚不肖之人，所以坏其国、丧其家、亡其身者，盖不知此礼之不可去而去之故也。坏国谓坏乱之国，丧家谓丧败之家，亡人谓亡身之人。以礼治人，譬如以蘖酿酒，均之为用蘖之酒也，厚用蘖则其酒醇，薄用蘖则其酒醨；均之为用礼之人也，厚于礼则为君子，薄于礼则为小人。君子者贤人也，虽未能如圣人之知礼，然比之小人则为厚矣。小人者鄙夫，虽未至如坏国、丧家、亡人之去礼，然比之君子则为薄矣。其品有四，不已于礼者，圣人也；

---

① 吴澄：《礼记纂言》卷16、卷25。

厚于礼者，君子也；薄于礼者，小人也；去其礼者，坏其国、丧其家、亡其身之下愚不肖也。"①

第七种是对仁义的规范。对仁义的规范，已经形成了对礼的几项特定要求。一是对仁人和孝子的要求。"仁人者，能全心德之人。孝子者，善事父母之子。仁人尽人道，孝子尽子道，故并无差失之事。事亲如事天者，孝子也；事天如事亲者，仁人也。然仁人能兼孝子之行，故先言其事亲如事天，而后言其事天如事亲。孝子虽未必能尽仁人之道，然其事亲也无一事之差失，故亦可谓之成身。"二是对至道、义道和考道的要求。"义道，谓道之以义而入门者，即利仁之贤也。考道，谓道之以稽考寻究而后得者，即强仁之人，希贤者也。全德纯备，不学而能仁体混成而包并乎义，是为安仁者之至道。随事详察笃行，乃能一以贯之义理，精熟而造诣乎仁，是为利仁者之义道。勇敢锐进，悉心竭力，十倍百倍其功以徙义求仁，而后可与利仁者一，是为强仁者之考道。三者之德有异，因其德差其位，则至道之圣人，可以君天下而为王；义道之贤人，可以长诸侯而为霸；考道之人亚于贤，虽未可为诸侯之长，亦可保其诸侯之国而不失，或下而为卿、大夫、士，能保其家，能保其身，俱可谓之无失者。"三是对强仁者和利仁者的要求。"理虽有万，本在一心，及其久也，理之万殊总聚于一，而心德浑全矣，是之谓仁。然有强仁者，有利仁者，未遽至于安之也。欲造安仁之域，非用力所可到，惟当涵养以俟其自至。"四是灵活处置仁义问题的要求。"仁有数义，有长短、小大者。义无定体，惟其所宜而已，宜长则长，宜短则短，宜大则大，宜小则小。如孔子可以仕则仕，可以止则止，可以久则久，可以速则速。礼有以高为贵者，以下为贵者，有以大为贵者，以小为贵者之类是也。"五是坚守义理底线的要求。"乱者，违乎礼义也。理义，人心所同。然君君、臣臣、父父、子子，所以保天下国家也。臣之事君，唯命之从，及违于礼义，则臣得以争于君。匹夫不可夺其志，君以我为贤，则可处之以富贵；以我为不肖，则可处之以贫贱；以我为无罪则可生，以我为有罪则可杀；六者惟君所命，其不可夺者，吾之义理而已。"②

第八种是对儒者行为的规范。儒者作为尊礼、守礼和传礼的特定群

---

① 吴澄：《礼记纂言》卷16、卷25、卷28。
② 吴澄：《礼记纂言》卷25、卷28、卷32。

体，在行为上自然要有自立、容貌、备豫、近人等特定的要求。"儒者之行，始于自立，故初一曰自立，五事所以修身也。而修身自貌始，故次二曰容貌，曾子曰动容貌，斯远暴慢矣。然亦不可不备豫，故三曰备豫。备豫者治己重以周而或失于太严，严则人不亲，故四曰近人。近人矣，又恶其无特操，故继之以特立。特立则刚毅，刚毅则自立，故继之以刚毅自立。前言于道能自立，此言于事能自立，如是而仕可也，故继之以仕。仕则不能无忧，故继之以忧思。忧思或失之过，故继之以宽裕。夫欲宽裕，岂可以无助为之也，故继之以举贤援能。举贤援能不能任之，犹不举不援也，故继之以任举。于任举则疑若有待也，故继之以特立独行。如是虽不仕，吾弗愧也，故继之以规。为凡此虽在我，亦交友之力也，是故继之以交友。儒行至于此，备尽矣。守之以让而已，故继之以尊让。""儒者以忠信礼义御患难，谓有忠信礼义，则人不敢侵侮也。戴仁而行，仁之盛；抱义而处，义不离身，虽有暴政，不更改其志操，迥然自成立也。""身虽为人所尊，己未尝自尊之也。俭于位，非贪位也。寡于欲，非慕禄也。让于贤，非争名也。卑己故能尊人，小心故能畏义，君子之为此者，岂它求哉，求以事君而已。以是事君而得君者，义也。以是事君而不得君者，则有命存焉。"换言之，儒者的行为，就应该是君子的行为。"君子者，成人之名，以其人之完全无亏，而以是名之也。吾能敬身，而百姓推本吾身所自遂谓吾亲为君子。君子二字之名，完全其亲者之名也，盖言以其亲之德完全无亏，而得是名也。君子者成其亲之名，犹言君子者成德之名云尔。"①

吴澄所说的礼对君主行为、治国行为、具体政事、治民、社会关系、道德人伦、仁义、儒者行为的八种规范，是儒家所倡导的礼治的基本内容，他不过是就此作了更系统的说明。

（二）教礼说

礼不可能自然而成，所以必须遵循先教后礼的规律，使受教者知礼、懂礼、尊礼、用礼。"受教者之德成，则教者为有功，而教者之道尊。教者之道尊，则所教之人能求贤审官，而百官无不正。百官无不正，则君明臣良，政事修举，而其国无不治。如此，则可以为人君矣。"②

---

① 吴澄：《礼记纂言》卷 28、卷 32、卷 34。
② 吴澄：《礼记纂言》卷 8。

对于王朝统治而言，教礼的重点是教子，尤其是君主对世子的教育。"为世子之时，当教之以为人子、为人臣、为人幼之义。盖知为人子之义，然后它日可以为人之父；知为人臣之义，然后它日可以为人之君；知为人幼而事人之义，然后它日可以为人之长，而能使人也。""凡天下之为人父者，于其子虽有父之亲，而无君之尊也。凡天下之为人君者，于其臣虽有君之尊，而无父之亲也。唯君之于世子其亲，则父其尊，则君既为之父，又为之君，然后能兼天下。尊、亲二者而有之，有之谓有父之亲、有君之尊也。彼但有父之亲而无君之尊者，犹不可不知教其子，况兼亲、尊二者而有之者，其于教世子而可以不慎乎。"①

教礼还会涉及官员、士人及各色人等。"官谓已仕者，士谓未仕者。已仕者先教之以居官之事，未仕者先教之以为士之志。""道者，人伦日用所当行之路，人性所固有，然惟上知之资生而知之，无所亏欠。大贤已下，知而不遍，百姓之愚，由而不知。苟非有以教之，使之效乎先觉者，则不能知人伦日用所当行之道何如也。古者建王国，天子自君其畿内之民，又建侯国，命诸侯各君其封内之民，其民饱暖逸居而无以教之，则近于禽兽。故天子、诸侯之国皆必建学立师，以教其民，使之知有理义。"②

教礼还可以区分为内教和外教。"外教以尊君长，内教以孝其亲。教以尊其君长，由其君之明而已，故曰诸臣服从。教以孝其亲，在乎崇重宗庙、社稷而已，故曰子孙顺孝。严上固足以教之尊其君长，追养固足以教之孝其亲。尽其道者，尽祭之道而无遗也。端其义者，端祭之义而有所立也。有道有义，教之所由生也。"③

尤为重要的是，吴澄还特别强调了在教礼方面，君主的身教重于言教。"君能敬身、敬妻子，而百姓效法之，亦能敬其身与妻子。是君能敬其身，以及百姓之身，敬其子以及百姓之子，敬其妃以及百姓之妃也。""敬身者慎于言动，不使差失。君上一身，百姓之仪表。言动者，身教也。命令者，言教也。君身之言动无过，则百姓视效，不待教命而

---

① 吴澄：《礼记纂言》卷8。
② 吴澄：《礼记纂言》卷35。
③ 吴澄：《礼记纂言》卷24。

自能敬恭，敬恭者亦如君之敬其身也。"①

有教礼就有学礼，全社会的人都应该学礼，吴澄特别强调了学礼的两条要求。

第一条是严师的要求。"古人行礼，有教化存焉。严师所以尊道，尊道则民知敬学，帅天下之人而皆知敬学，天下岂不大治。""严师为难，盖言尽严师之道为难尔。能尽严师之道，则师始严。师所以传道，师严则道自尊。道未尝不尊，因其尊而尊之，则系乎人之严师也。"②

第二条是多学的要求。"治官、礼官、政官、刑官、事官五官之职，各有所治。惟司徒以德行道义教民，于五官所治无所不学，不专主于学何官也。然非为学之人，则不能治五官之治，是学者五官之本也。斩衰、齐衰、大功、小功、缌麻五等之服各有所亲，然非得师之教，则不能亲五服之亲，是师者五服之本也。""小德亦有可取，如官之各有所职，德之大者无所不宜，非如一官之但专一职而已，故曰不官。小道亦有可观，如器之各有所用，道之大者无所不可，非如一器之但适一用而已，故曰不器。人之有信，许诺盟誓，事事必须要约，此信之小者尔；圣贤心德相孚相契，是谓大信。何以要约为哉？天之有时，春夏秋冬，岁岁无不齐同，此时之小者尔；古今气运，或治或乱，是谓大时，岂可以齐同测哉。然则不官者官之本，不器者器之本，不约者约之本，不齐者齐之本。君子察此，则可以有志于本也。"③

教礼之所以重要，是因为它不仅能够通过理念的灌输为礼治奠定重要的思想基础，还能够起到传承和维系儒家思想的重要作用。

（三）用礼说

重礼和教礼，都是为了能够更好地用礼。吴澄特别强调了君主用礼是齐家和治国的重要方法。

> 古者天子，后立六宫、三夫人、九嫔、二十七世妇、八十一御妻，以听天下之内治，以明章妇顺，故天下内和而家理。天子立六官、三公、九卿、二十七大夫、八十一元士，以听天下之外治，以明章天下之男教，故外和而国治。故曰天子听男教后听女顺，天子

---

① 吴澄：《礼记纂言》卷28。
② 吴澄：《礼记纂言》卷35。
③ 吴澄：《礼记纂言》卷35。

理阳道后治阴德，天子听外治后听内治，教顺成俗，外内和顺，国家理治，此之谓盛德。是故男教不修，阳事不得适见于天，日为之食；妇顺不修阴事，不得适见于天，月为之食。是故日食则天子素服而修六官之职，荡天下之阳事；月食则后素服而修六官之职，荡天下之阴事。故天子之与后，犹日之与月，阴之与阳，相须而后成者也。天子修男教，父道也。后修女顺，母道也。故曰天子之与后，犹父之与母也。[①]

礼亦是区别尊卑贵贱的重要方法，不能弃之不用。"古者圣王明义，以别贵贱，以序尊卑，以体上下，然后民知尊君敬上，而忠顺之行备矣。是故古者天子之官，有典命官、大行人掌诸侯之仪，以等其爵，故贵贱有别、尊卑有序、上下有差也。"

以礼体现爱人之心，同样是不可忽视的治国方法，并且要特别注重爱、敬、亲、尊四大要素。"君子之言曰：爱人者，使人爱之者也；敬人者，使人敬之者也；亲人者，使人亲之者也；自卑者，使人尊之者也。是故公养宾、国养贤，其义一也。未有爱之、敬之、亲之、尊之，而其位不安者也。未有不爱、不敬、不亲、不尊，而能长有国者也。将由乎好德之君，则将饴焉，唯恐其不足于礼。将由乎骄慢之君，则将曰是食于我而已矣。"

吴澄还特别指出，君主要保持既有的权势和地位，以及建立良好的社会风俗，都必须依据礼制的要求，采用合适的方法。

以礼为重，而行下五事也，著明也。事有未当，以礼明之，而使皆得其宜，考成也。民有相欺，以礼成之，而使皆以其实；有过差者，以礼明之，使是非不惑，刑则也。行仁者以礼为则也，用礼与义讲论之使揖让也。以礼行上仁义礼智信之五德，示民以为常法，若为君上者。不能用此礼以行之，则虽在富贵势位，而众人视之为祸恶如桀纣幽厉，则失其天下而势位去已也。

世淳俗美，凡所谈说皆不欺之言，凡所行习皆亲睦之行。君既无私，故人法之，而不独亲己亲、子己子；天下之老者皆得赡养，

[①] 吴澄：《仪礼逸经》卷2。本小节引文未注明出处者，均来自本卷。

以终其天年；壮者不受其力而均有所用，重任分轻，任并斑白者不提挈是也；幼者皆获长育以成人，穷民无告及有疾者皆获恤养；男子无才者耕，有能者仕，各当其职，无失分也；女谓嫁为归，嫁不失时，各得其所，故云有归也。货既天下共之，不独藏府库，但人不收录则物坏世穷，无所资用，故收而藏之，恶弃地耳，非藏为己用，有乏辄与也。为事不惮劬劳，恶惜力不出于身耳，非私己营办也。夫谋起于诈，天下一心，则图谋之事闭塞而不兴起也。民无匮乏，而能者在位，则盗窃乱贼不作。外户扉从外阖也，不闭者不用关闭之也。重门系柝为御暴客，既无盗窃乱贼，则户无事于闭也。但为风尘入寝，故设扉耳，无所捍拒，故从外而掩也。率土皆然，故曰大同。①

对于朝政中涉及的礼制问题，吴澄亦能明确表明自己的态度。如泰定帝时新定太庙之制，"议者习见同堂异室之制，乃作十三室"，吴澄即明确表示："世祖混一天下，悉考古制而行之。古者天子七庙，庙各为宫，太祖居中，左三庙为昭，右三庙为穆，昭穆神主，各以次递迁，其庙之宫，颇如今之中书六部。夫省部之设，亦仿金、宋，岂以宗庙叙次而不考古乎。"由于他的复古建议未被采纳，吴澄不久即辞官而去。②

在为科举设计的试题中，吴澄亦专门涉及了礼乐问题，以显示他对朝廷礼制的关心。

问：昔在有虞，伯夷典礼，后夔典乐。逮至成周，宗伯、司乐悉属春官。周道衰微，礼乐在鲁。韩起得见周礼，季札得观周乐。周之经制，破坏于秦。汉定朝仪，杂采秦制。鲁两生谓礼乐百年而后可兴，故文帝谦让未遑，至于武帝，而后号令文章焕然可述。然古制不复，君子不无憾焉。天佑国家，光启文治，学校盛，贡举行，礼乐之兴于其时矣。厥今玑衡历象，太史掌之；舆图职贡，秘书掌之；至精至详，度越千古。独太常礼乐，尚循近代之遗。伊欲大备皇元之典，若之何而为礼，若之何而为乐，必有能明制作之本意者，庶几有补于明时。若曰事得其理之谓礼，物得其和之谓乐，

---

① 吴澄：《礼记纂言》卷25。
② 《元史》卷171《吴澄传》。

苟得其本，何以文为礼云、乐云、度数声音云乎哉，沦于高虚，流于苟简，则非有司之所愿闻。①

建立规范的礼仪制度，是文治的重要基础。吴澄对礼的进一步阐释，就是为这样的基础提供相应的理论解释，其重要性既体现为对理学学说的发展，也体现为对现实礼制的规范性要求。尤其是在元朝中期的儒者较少讨论礼制问题的形势下（在多数学者看来，这样的问题在忽必烈在位时已经有过较充分的讨论，并且为朝廷建立了成系统的礼仪制度，无须作重大的改变），吴澄能够花大力气整理《礼记》等书，并提出系统性的看法，确实值得后人敬重。

四 治道的敬孝要求

敬、孝既与道德有关，也与礼义有关。由于吴澄特别强调了敬、孝在理学学说中的重要位置，所以需要以专节来说明他的主要观点。

（一）主于敬

吴澄认为，主于敬或者主敬，是程朱理学的核心论点，因为修己治人之道就集中表现为敬。

> 修己治人之道，一言而撮其要，曰敬而已。俨者，敬之形于外者也。自昔圣贤教人为学，莫不由此而入门。孟子而后，吾夫子之道不得其传。汉、唐名卿巨儒，或资质之暗合，或言议之偶中，而能的然知学之有要者，其谁乎？宋河南二程子续孔孟不传之学于千载，提一言以开后觉。新安朱子究竟发挥，而其学益以显，时则伊洛之学独明于南土。近年覃怀许公（许衡）读朱子之书而有得，复恢河南之绪，然后伊洛之学盛行于中州。从之游者，立身临阵，往往异于人。人见其异也，不问可知其出于许公之门。上而宰辅，次而庶官，下而秀士，比比有焉。
>
> 古曲礼三千余条，逸于秦火。汉儒掇拾其遗，冠于《礼记》，首篇之首凡十二字，首言敬，次言俨，何也？学之道无它，主于中者，敬是也。敬之道无它，形于外者，俨是也。外肃则内安，貌庄

---

① 吴澄：《丁巳（1317年）乡试策问三首之一》，《吴文正公集》卷2（《全元文》第15册，第69—70页）。

则心一，俨所以为敬之第一义也。夫子而孟子，孟子而程子，程子而朱子，而许公之所得于朱子者，其学不在于斯与。①

主敬与正心有密切的关系，因为人心以敬为主，主敬才能使心实而不虚。尤为重要的是，敬与静强调的是同样的要求，与之相对的都是虚，在修心方面言敬和言静，所要揭示的都是理学的真谛。

《易》《书》《诗》《礼》之言敬者非一，及夫子答子路之问，则其辞重以专，而子路莫之悟也。再问三问，意若有所不足。圣人语以尧舜犹病，虽能已其问，而子路犹未悟也。呜呼，子路圣门高第弟子也，果于从人，勇于治己，当时许其升堂，后人尊之为百世之师，亲承"修己以敬"之诲于夫子，而未能心受也，况后圣人千数百载，而掇拾其遗言者乎。伊洛大儒嗣圣传于已绝，提敬之一字为作圣之梯阶，汉、唐诸儒所不得而闻也。新安大儒继之，直指此为一心之主宰，万事之本根，其示学者切矣。夫人之一身，心为之主；人之一心，敬为之主。主于敬，则心常虚；虚者，物不入也。主于敬，则心常实；实者，我不出也。敬也者，当若何而用力耶，必有事焉，非但守此一言而可得也。②

心学之妙，自周子、程子发其秘，学者始有所悟，以致其存存之功。周子云："无欲故静。"程子云："有主则虚。"此二言者，万世心学之纲要也。不为外物所动之谓静，不为外物所实之谓虚。静者其本，虚者其效也。

周子言静，而程子言敬。敬者，心主于一，而无所适也。夫苟主于一而无所适，则未接物之前，寂然不动，非静乎。既接物之后，应而不藏，非虚乎。静虚二言，敬之一字足以该之。③

为显示对敬的重视，吴澄还特别写下了主敬的铭言以自警："维人之心，易于放逸。操存舍亡，或入或出。敬之一字，其义精密。学者所

---

① 吴澄：《俨斋记》，《吴文正公集》卷40（《全元文》第15册，第181—182页）。
② 吴澄：《主敬堂说》，《吴文正公集》卷5（《全元文》第14册，第646页）。
③ 吴澄：《静虚精舍记》，《吴文正公集》卷45（《全元文》第15册，第260—261页）。

当,服应弗失。收敛方寸,不容一物。如入灵祠,如奉军律。整齐严肃,端庄静一。戒谨恐惧,兢业战栗。如见大宾,罔敢轻率。如承大祭,罔敢慢忽。视听言动,非礼则勿。忠信传习,省身者悉。把捉于中,精神心术。检束于外,形骸肌骨。常令惺惺,又新日日。"①

(二) 思于诚

吴澄对孔子所说的"九思"作了以下解释:"思之目有九,前之六思,存心治身之要也;后之三思,明理克己之务也。何也?目之视,耳之听,见面之色,举动之貌,出口之言,应接之事,皆属于身者。视而思,听而思,色、貌、言、事莫不有思。思者,心之官也。身之职统于心之官,内有所主,而外从其令。故以视则明,以听则聪,色与貌则温而恭,言与事则忠而敬。此颜子之视听言动悉由乎理,孟子之先立乎其大者,而小者不能夺也。六者之思,其圣学之根基与,学者所当学而未易也,毋亦先以三者之思为务哉。盖欲之易诱者,利为甚,见得而思,必不舍义而污己也。情之难制者,忿为甚,当忿而思,必不趋难而害己也。疑而未通,必问于人。彼不思而耻下问者,宁终身而不知。疑而思问,则理无不明。思难思义,则己无不克。理无不明,己无不克,则操心而心存,检身而身治,聪明、温恭、忠敬固无所不能也,思之功大矣。"② 也就是说,九思可以分为两大类,视、听、色、貌、言、事六思关系的是人的自身修为,得、疑、忿三思关系的是达成善思的重要方法。

九思可以有不同的要求,但是思于诚应是最基本和最具原则性的要求,因为只有思于诚,才能避免各种邪思的侵蚀。

> 子思子之《中庸》曰:"诚者,天之道也。诚之者,人之道也。"孟子述其语,不曰诚之,而曰思诚,何也?思也者,所以诚之也。通书云:"诚者,圣人之本而。"又云:"思者,圣功之本。"前后圣贤之立言,若合符节。天何思哉,而四时行焉,而百物生焉,自须臾顷刻之近,至于千万亿年之久,而如一,夫是之谓诚。天之道若此,而圣人亦天也。其德之纯,同天之不息,生而知之,不待思而得,是以安而行之,不待勉而中也。下圣人一等,思而后

---

① 吴澄:《敬铭》,《吴文正公集》外集卷1 (《全元文》第15册,第336页)。
② 吴澄:《九思解》,《全元文》第15册,第685—686页。

能得，则勉而后能中矣，斯其为思诚者欤。①

诚者，圣人无妄真实之心也。物接乎外，闲之而不于乎内，内心不二不杂而诚自存。以《大学》之目，则正心之事也。凡人昧然于理欲善恶之分者，从欲作恶，如病狂之人，蹈水入火，安然不以为非，蛮蛮蠢蠢，冥顽不灵，殆与禽兽无异。其次颇知此之为理为善，彼之为欲为恶，而志不胜气，闲居独处之际，邪思兴焉。一有邪思即遏制之，乃不自欺之诚也。夫既无邪思，则所思皆理皆善矣。然一念才起，而一念复萌；一念未息，而诸念相续；是二也，是杂也。②

所以吴澄对于自己的善思，明确提出了"思则彻晓，得则疾书"和"是以君子，虽夜必兴，谨修其身，思省其过"等要求。③

（三）守于孝

吴澄指出："夫子遗言惟《大学》《论语》《中庸》《孟子》所述醇而不杂，此外传记诸书所载，真伪混淆，殆难尽信，《孝经》亦其一也。窃详《孝经》之为书，肇自孔、曾一时问答之语。"④"窃谓孝经虽未必是孔门成书，然孔鲋藏书时已有之，则其传久矣。""学者岂可因后儒之傅会，而废先圣之格言也。"⑤

吴澄对《孝经》进行校订后，着重指出了孝所承担的五项重要治理功能。

一是治天下。"以孝治天下，谓天子能孝于先王，而推其爱敬于一家、一国以及天下之万国也"；"盖能孝于先王，然后能推之以及天下，而得万国之欢心"。

二是治国。"治国，以孝治其国也，谓诸侯能孝于先君，而推其爱敬于一家以及一国之百姓也"；"盖能孝于先君，然后能推之以及一国，而得百姓之欢心"。

---

① 吴澄：《思诚说》，《吴文正公集》卷5（《全元文》第14册，第653—654页）。
② 吴澄：《思无邪斋说》，《吴文正公集》卷5（《全元文》第14册，第656—657页）。
③ 吴澄：《勤箴》《纪梦》，《吴文正公集》外集卷1（《全元文》第15册，第335—336、343—344页）。
④ 吴澄：《孝经叙录》，《吴文正公集》卷1（《全元文》第14册，第440—442页）。
⑤ 吴澄：《答张恒问孝经》，《吴文正公集》卷2（《全元文》第15册，第64—66页）。

三是治家。"治家以孝,治其家也,谓卿大夫能孝于亲而推其爱敬于一家之人也";"盖能孝于父母,然后能推之于一家之人而得其欢心"。

四是治身。"性者,人物所得以生之理;行者,人之所行也。人物均得天地之气以为质,均得天地之理以为性,然物得气之偏而其质塞,是以不能全其性。人得气之正而其质通,是以能全其性而与天地一。故得天地之性者,人独为贵,物莫能同也。性之仁义礼智统于仁,仁之为爱先于亲,故人率性而行其行莫大于孝也。"

五是教天下。"以孝教天下之人者,不待各至其家、日见其人而谕之,但上所行、下自效之耳。孝施于兄则为弟,施于君则为臣,同一顺德也。上之人躬行孝,弟臣以教,则天下之人无不效之,而各敬其父兄与君。""君教以孝,则民知有亲而爱其父。君教以弟,则民知有礼而顺其兄。"①

吴澄不仅强调"甚矣,人之不可忘孝也。孝者何?常以父母为心而已矣"和"此孝之所以为至德也"②,还强调儒士无论是参加科举还是入仕,都要以孝子作为基础,将自己培养成仁人。

> 夫孝者,非止顾父母之养而已。至若擢儒科,登仕版,以荣其亲,亦世俗之所荣,君子不以为荣也。然则孝当如之何?曰:生我者父母也,所以生我者天地也,天地吾之大父母乎。吾所受于亲以为身者,全之而一无所伤,是之谓孝子。吾所受于天以为心者,全之而一无亏,是之谓仁人。孝子者,仁人之基;仁人者,孝子之极。故孝子之事亲也如事天,仁人之事天也如事亲。③

尤为重要的是,守孝人人都可以做到,关键点在于是否愿为。知道了守孝的重要性后,就能使其成为自觉的行为。

> 修天爵之方,唯反己用实功,虽不可谓易,而人皆可能也。人皆可能者,何也?己所自有,不待假借也。仁义礼智,人人有之,不为则已,为则人人能之。有所慈爱,而扩之则仁也。有所羞恶,

---

① 吴澄:《孝经正本》,四库全书本。
② 吴澄:《杂识十七》,《吴文正公集》外集卷2(《全元文》第15册,第702—703页)。
③ 吴澄:《送潘汉章序》,《吴文正公集》卷30(《全元文》第14册,第186页)。

而扩之则义也。有所敬让,有所辨别,而扩之则礼也智也。婉顺父母谓之孝,雍睦兄弟谓之弟,尽心为人谓之忠,推己待人谓之恕。仁也,礼也,义也,智也,孝也,弟也,忠也,恕也,岂人所不能哉。其有不能,非不能也,不为也。为之而能,能之而熟,熟之而极,则虽尧舜之道亦不过孝弟而已,虽夫子之道亦不过忠恕而已。人而能孝,能弟,能忠,能恕,则人人可尧可舜可夫子也。夫如是,名满天下,法垂后世,虽无人爵之贵,而莫之能及,其视小夫贱隶一时之所荣,生与鸟兽同群,死与草木俱腐者,岂不相去万万哉。①

敬、思、孝之间有密切的关系,在注意其价值观和行为准则的同时,还应特别注重其政治功能,才能知道其在治道学说中的重要位置,这恰是吴澄所要阐明的观点。

五 治道的现实表现

吴澄目睹了由宋入元的过程,尤其是在一定程度上参与了元朝中期的文治,所以能够对传统治道在现实中的表现作出解释和评价。

(一) 统一新解

吴澄高度肯定忽必烈有为于天下的功绩,强调"元后宅土中,神皇主天下。书传三千年,未有如此者"②。但是对于空前的大一统,他并没有采用儒者通用的"车同轨,书同文"说法,而是明确指出元朝带来的是车不同轨、书不同文、行不同伦的统一。

> 善言古者,必有验于今。君于方册所有之事皆能言之矣,今日之事,有书契以来之所未尝有者。自古殷周之长,秦隋之强,汉唐之盛,治之所逮,仅仅方三千里。今虽舟车所不至,人迹所不通,凡日月所照,霜露所坠,靡不臣属。如齐州之九州者九而九,视前代所治,八十一之一尔。自古一统之世,车必同轨,书必同文,行必同伦。今则器用各有宜,不必同轨也;文字各有制,不必同文

---

① 吴澄:《安福州安田里塾壁记》,《吴文正公集》卷41(《全元文》第15册,第194—195页)。
② 吴澄:《感兴诗二十五首》,《吴文正公集》卷91。

也；国土各有俗，不必同伦也。车不同轨，书不同文，行不同伦，而一统之大，未有如今日。睢盱万状，有目者之所未尝睹；呷嗢九译，有耳者之所未尝闻。财力之饶，兵威之鷙，又非拘儒曲士之所能知。君之史学，苟徒稽诸方册之所纪载，而不证诸耳目之所见闻，得无有阙乎？①

之所以不能书同文，是因为八思巴为新朝创制了蒙古新字，与汉字并用。由于蒙古新字被称为国字，位置在汉字之上，吴澄后来又以重视国字为由，强调了另一层次的书同文含义："钦惟世祖皇帝朝八思八帝师肇造蒙古字，为皇元书同文之始。"② 他还就国字的创制和通用，作了具体的解释。

> 钦惟世祖皇帝混一区夏，创建法度，远近大小文武之才各适其用。帝师，佛教之统也，翊赞皇猷为有力焉。爰自古昔圣神君临万邦，因时制作，各有不同。鸿荒之世，民淳事简，结绳而治之。至于黄帝，始命其臣苍颉肇造书契，乃有文字以纪官政，以纠民慝。更数十年而周之臣籀颇损益之，名为大篆。又数百年而秦之臣斯再损益之，名为小篆，且命程邈作隶书，以便官府行移，遵而用之，逮今千有余岁矣。其字本祖苍颉，而略变其体，然观汉臣许慎《说文》所载字以万计，而不足以括天下之声，有声而无字者甚多也。皇元国音与中土异，则尤非旧字之所可该。帝师具大智慧而多技能，为皇朝制新字，字仅千余，凡人之言语苟有其音者，无不有其字。……此佛氏遗教声学大原，而帝师悟此，以开皇朝一代同文之治者也。③

> 皇元兴自漠北，光宅中土，欲达一方之音于日月所照之地，既有如古之象胥通其言，犹以为未也。得异人制国字，假形体，别音声，俾四方万里之人，因目学以济耳学之所不及，而其制字之法则与古异。

---

① 吴澄：《送萧九成北上序》，《吴文正公集》卷26（《全元文》第14册，第115—116页）。
② 吴澄：《抚州路帝师殿碑》，《吴文正公集》卷50（《全元文》第15册，第364—365页）。
③ 吴澄：《南安路帝师殿碑》，《吴文正公集》卷50（《全元文》第15册，第362—363页）。

> 国字为国音之舟车，载而至中州以及极东极西极南之境，人人可得而通焉，盖又颉籀斯邈以来文字之一助也。皇风浩浩，无远弗被，建学立师，以宣其教。内置学士，外提举官，而路府州各设教授与儒学等，敕国字在诸字之右，示所尊也。①

南北统一带来了交通和交流的便利，正如吴澄所言："唐人惮播州荒僻，往者多非其欲。我朝疆土之广，旷古所无，播虽远在西南，一方人士去来，视犹中州，曾不以为难。"② 尤为重要的是，尽管各地人情风俗等有所不同，在大一统的形势下，所相同的是心性："夫五方之人言语有不通也，嗜欲有不同也，而其仁义忠孝之心，则一而已，岂以东西南北之地而间哉。何也？人之生于两间也，地之所以成其质者异，而天之所以成其性者不异也。仁义忠孝，根乎性者也。"③ 以心性的一致作为大一统的思想基础，恰是理学家对统一特点的最新诠释，值得高度重视。

（二）文治之道

吴澄秉持的是"观盛治者，宜近不宜远"观点，④ 并以他在朝廷中的见闻，对自忽必烈以来的文治发展作了概要性的总结。

> 国朝以神武定天下，我世祖皇帝以武之不可偏尚也，广延四方耆硕之彦，与共谋议，遂能禅赞皇猷，修举百度，文治浸浸兴焉。中统间，命儒臣教胄子。至元间，备监学官。成宗皇帝光绍祖烈，相臣哈喇哈孙钦承上意，作孔子庙于京师。御史台言胄子之教，寄寓官舍，隘陋非宜，奏请孔庙之西营建国子监学，以御史府所贮公帑充其费。逮至仁宗皇帝，文治日隆，佥谓监学椟藏经书，宜得重屋以庋，有旨复令台臣办集其事。……英宗皇帝讲行典礼，贲饰太平，文治极盛矣。
> 臣闻若古有训，戡定祸乱曰武，经纬天地曰文。武之与文，各

---

① 吴澄：《送杜教授北归序》，《吴文正公集》卷25（《全元文》第14册，第100—101页）。
② 吴澄：《送徐则韶赴播州儒学正序》，《吴文正公集》卷26（《全元文》第14册，第113—114页）。
③ 吴澄：《送崔兵部序》，《吴文正公集》卷25（《全元文》第14册，第107页）。
④ 吴澄：《送徐则用北上序》，《吴文正公集》卷25（《全元文》第14册，第104页）。

适所用。然戡定祸乱用于一时而已，经纬天地则亘古亘今不可无也。何也？日月星辰，天之文也；山川草木，地之文也；人文与天地相为经纬，则亦与天地相为长久，而可一日无也哉。我世祖匆匆用武，日不暇给，而汲汲崇文，惟恐或后。此其高识深虑，度越百王，宏规远范，垂示万世，以为圣子神孙法程，夫岂常人所能测知。盖创业之初，非武无以弭乱；守成之后，非文无以致治。武犹毒药之治病，病除即止。文犹五谷之养生，无时可弃也。

有文治之君，必有文治之臣。文治之臣苟非教习之有其素，彼亦惘然，孰知文之所以为文者。故建学以兴文教，畅文风，涵育其人，将与人主共治也。斯文也，小而修身、齐家，大而治国、平天下。言动之仪，伦纪之叙，事物理义之则，礼乐刑政之具，凡粲然相接，焕然可述，皆文也。古圣贤用世之文，载在方册。不考古人之所以用世，不知今日之所以为世用者也。然则圣朝之崇文，岂虚为是名也哉。①

吴澄所指的文治成果，主要是重用儒臣、祭庙尊孔、兴办学校、收藏经籍等，并且重点强调的是守成政治必须依赖于文治的论点。

朝廷的文治尽管卓有成效，但还是需要解决一些与治道有关的棘手问题。吴澄在为儒士准备的科举策问中，特别列出了得公族之道、为宰相之道、得台谏之道、得（中书、尚书）两制之道、得馆阁之道、得史馆之道、得监司之道、得将帅之道、得守令之道、得学校之道、得铨选之道、得任子之道十二个问题，从提问的角度显示了他对文治基本问题的关注。

治天下之事多矣，有司尝考今古，以为其事之大者十有二。稽之古而不能无疑，曷可行于今欤？试因识时务者议之。

第一，古者胄子有教，何教乎？师保有训，何训乎？显中诸吕之谋乱与奋节甘露变故之后者孰优？精忠于贤否混淆与抗疏朝廷草创者孰劣？上书美莽，何谬欤？醉入赋诗，何迂欤？愿闻所以得公族之道。

---

① 吴澄：《崇文阁碑》，《吴文正公集》卷50（《全元文》第15册，第357—358页）。

第二，古者力牧之外，何以有六相？禹皋之外，何以有十六相？丞相欲斩二千石与置部刺史，而相府不相干者，孰非？丞相欲斩戏臣与小臣加官，而相府不相统者，孰是？萧曹旧隙，何以同心？姚宋不同，何以勠力？严明宽厚，何以相资？善谋善断，何以相用？醇谨相饬，才何劣？而系天下安危二十四考，量何宏？二党交攻，量何隘？而为天下轻重二十余年，何才欤？愿闻所以为宰相之道。

第三，古者谏无官，王事无阙。后世置谏大夫，世道不古。御史为传命记事，果得乎？御史为平章按察，果失乎？擢补阙以增直臣气，谓谏议有谏臣风者孰优？以中大夫守东海，谏官补刺史者，孰劣？守饶州而给事不肯草制，可法与？除刺史而舍人封驳，可嘉欤？愿闻所以得台谏之道。

第四，古者金马承明之著作与中书之官，孰是？尚书侍郎之起草与立学士之号者，孰非？取誉于贞观与德音除书者同乎？齐名于元和与号大手笔者异乎？赐与宫锦与下诏而悍卒泣涕者，孰贤？赠以玉带与赐诏而王逵效顺者，孰胜？愿闻所以得两制之道。

第五，古者东观、禁中之名同乎？弘文、崇文、秘书之号异乎？秘书府居于外何所始？秘书阁藏于外何所因？刘章、元成、施雠、周堪何官？扬雄、班固、傅毅何职？黄香、卢植、蔡邕、马融与马怀素、褚无量，何所显乎？贾逵、丁鸿与张说、徐坚、元澹，何以名乎？愿闻所以得馆阁之道。

第六，古者左右史与内史何所殊？大小史与外史何以异？兰台掌图籍与禁中注起居孰优？太史居丞相上与史馆于门下省者孰是？三坟五典纪之何人？春秋梼杌作之何氏？章程必付柱下，元功必藏御史，何意乎？太史必职司马，科斗必职东家，何见欤？隙太宗观史与隙文宗者孰贤？隙张说托言与隙李德裕者孰智？愿闻所以得史馆之道。

第七，古者掸人巡省四方与橡史分制诸郡同乎？刺史秩卑权重与州牧秩重权专异乎？刺史扬州奏二千石罪与刺史冀州不察长吏者孰优？不肯救火与不肯捕蝗者孰劣？补职三百不以私挠设学校变风俗与真刺史者孰胜？单造贼垒不毁淫祠破禨祥与三独坐者孰负？百城闻风而震悚果贤乎？奸赃望风而解绶果得乎？愿闻所以得监司之道。

第八，古者六官掌于司马孰为将？汉唐府卫孰为帅？韩彭卫霍之功孰多？靖绩光弼之才孰愈？筑台简注而上客何以诛？设坛宠拜而椒房何以罚？汉中可战则战非轻乎？荆州可和则和非怯乎？朝受诏夕引道与军旅俎豆者孰是？卯受命辰出师与庙堂朝歌者孰非？请抗强晋而学《春秋》者，何以有陈涛之奔？轻袭平吴而文赋者，何以有河桥之败？赵不敢东，匈奴不敢寇，愈于毁其家以舒国难者乎？胡不敢南，突厥不敢顾，愈于匈奴未灭何以家为者乎？愿闻所以得将帅之道。

第九，古者渤海颍川之良果拜守相，辄见问之功乎？河北二十四郡无一忠，岂侧门俟进止之过乎？由荥阳为田大夫与上蔡擢河南守者何如？道不拾遗虫不犯境与江陵反风不期伏虎者何似？肥乡之才何以称益昌？山阳之才何以美滥赏？王成何谓贤之不识？真卿何以复国？德化三异与忠信三善孰优？民不敢欺与民不忍欺孰善？愿闻所以得守令之道。

第十，古者庠序学校之名同乎？司乐学政学之制异乎？六德六舞干戈羽钥之制何以殊？礼乐诗书乡司徒之教何以别？置子弟员五十人，而至百人千人，而至二千人，何以盛？圜桥亿万计，黉舍千八百室，之与每岁课三科，岁复增二科，何以精？国子三百人，太学五百人，四门千三百人，又何以盛？鹿鸣之歌，燕室之琴，举成送尚书，何以精？博士弟子领于太常，得乎国子监，隶太常寺，当乎？举司隶之幡与救朱穆皇甫规者孰优？拒朱泚之乱与褒陈仲举留阳城者孰胜？教牢修之书何以乎？喉张显之诬何因乎？愿闻所以得学校之道。

第十一，古者选部有尚书何所始？尚书有吏部，吏部有侍郎，何所自？用人不分流品，故有引强蹶张致相者何？法官必取之法律，而财赋必取之入粟补官乎？选官清鉴与详密者何如？平允与请谒不行者何若？山公启事与二十年天下无遗才者孰优？金背镜与二十年留得人者孰是？或无藻鉴或贤否杂进与曳白之讥孰非？或较核失实或大纳贿赂与市瓜之讥孰劣？愿闻所以得铨选之道。

第十二，古者八元八恺谁之苗裔？邓虢毛原何所自出？仕者世禄与三衙三卫之制何以殊？崇德象贤与武选之较何以异？多憨之夫三筴之才与元城之守节孰优？细柳之屯朱崖之排与萧育之贤孰优？任太子洗马太子庶子与校书郎博士弟子者孰胜？任侍中司空为郎为中郎将者孰负？父任与兄任孰贤？族父任与宗任孰愈乎？教子以谄者何故？教子以容者何为？或谓任子不通古今，果当乎？或谓杂色入流者，果宜乎？愿闻所以得任子之道。①

在这十二个问题中，得公族之道重点关注的是如何以忠贤教育贵胄的问题，为宰相之道重点关注的是如何把握贤相标准的问题，得台谏之道重点关注的是如何为监察机构建立更有效的谏诤机制问题，得两制之道重点关注的是中书省与尚书省的矛盾冲突问题，得馆阁之道重点关注的是朝廷文化机构如何发挥助成文治作用的问题，得史馆之道重点关注的是史官的职责问题，得监司之道重点关注的是监察机构如何有效监控地方的问题，得将帅之道重点关注的是朝廷如何得良将和用良将的问题，得守令之道重点关注的是地方官员如何实施善政的问题，得学校之道重点关注的是如何传授实学的问题，得铨选之道重点关注的是如何选贤任能的问题，得任子之道重点关注的是如何克服世袭制弊端的问题。

吴澄还在经筵讲义中，特别强调了君德的两条要求，一是不嗜杀人，二是宽厚爱民。

> 孟子道不爱杀人的心，厮似前贤曾说这道理来，只有汉高祖省得这道理来，汉家子孙四百年做皇帝。我世祖皇帝不爱杀人的心，与天地一般广大，比似汉高祖，不曾收服的国土，今都混一了。皇帝依著世祖皇帝行呵，万万年太平也者。②

> 唐太宗是唐家很好底皇帝，为教太子底上头，自己撰造这一件文书，说着做皇帝底体面。为头儿说做皇帝法度，这是爱惜百姓最紧要勾当。国土是皇帝底根本，皇帝主着天下，要似山岳高大，要似日月光明，遮莫那里都照见有。做着皇帝，天下百姓看着，都随顺着，行的好勾当呵，天下百姓心里很快乐有。行的勾当不停当呵，天下百姓失望一般。志量要宽大着，宽大呵，便容得人心。要

---

① 吴澄：《私试策问》，《吴文正公集》卷2（《全元文》第15册，第79—82页）。
② 吴澄：《通鉴》，《吴文正公集》卷90（《全元文》第15册，第60页）。

平正着，平正呵，处得事务停当。非威武仁德，这田地国土怎生肯来归附。非慈爱忠厚的心，百姓怎生感戴。皇帝的宗族好生亲爱和睦者，休教疏远者。朝廷大官人每好生祗待，休轻慢者。奉祀祖宗的上头好生尽孝心者，坐著大位次里好生谦恭近理休怠慢者，拣好底勾当尽力行者，这是做皇帝的体面么道。①

对于治道而言，这两条要求都极为重要，尽管自忽必烈即位以来就不断有儒者强调这样的要求，但是在泰定帝时重申此要求（元廷初开经筵的时间是泰定元年即 1324 年，吴澄与张珪、邓文原等同为讲官），② 显然带有引导皇帝保持文治传统的用意。

（三）法制要旨

治道要求文治，文治需要得到刑政和法制的支持，吴澄特别在科举考试中提出了刑政和法制两方面的问题。

> 问：赏以劝善，罚以惩恶。赏贵乎信，不信则人不怀。罚贵乎必，不必则人不畏。古昔圣人仁如天地，亦不能无刑而治。刑之所加，有宥无赦。流宥五刑，情轻者宥之而已。省灾肆赦，过误者始或赦之。逮至吕侯所命，五罚皆赦，非过误者亦赦之，何欤？鲁肆大省，《春秋》示讥，岂咎之小者可赦，而大者不可赦欤？楚有星害，其臣劝之修德，修德岂无他事，而必以降赦为德，何欤？诸葛为相，国以大治，其果不赦之效欤？王仲淹云：无赦之国，其刑必平，岂数赦所以惠奸欤？贤能明于古今，达于刑赏，愿闻至当之说。

> 问：古昔圣人用刑政以治天下，立法制以传后世。周官所掌，则有刑典。吕侯所命，则有刑书。汉继秦后，首定律令，盖惟邦宪之重，民命所关，苟无条章可以遵守，则奸胥黠吏以意重轻，刑罚不中，民无措手足矣。律十二篇，历代承用，疏义雅奥，与三礼相经纬。或言律是八分书者，盖有所见，伊洛大儒深然其说，岂道德之士于律亦有取欤？或言读书不读律者，盖有所讥，及其释经辄引

---

① 吴澄：《帝范君德》，《吴文正公集》卷90（《全元文》第15册，第59—60页）。
② 《元史》卷171《吴澄传》。

律文，岂文章之士于律亦不废欤？当今断狱用例不用律，然断例合天理，当人情，与律奚异，岂阳摈其名阴用其实欤？或欲以今例古律，参合为一；或又谓例即律，律即例，有例固可以无律，然欤？否欤？宾兴之贤能，皆识时务之俊杰，其悉意以对，有司将以复于上。①

对于后一方面的问题，吴澄以《大元通制》为例，作了部分的解答。

皇元世祖皇帝既一天下，亦如宋初之不行周律，有旨金太和律休用，然因此遂并古律俱废。中朝大官恳恳开陈，而未足以回天听圣意，盖欲因时制宜，自我作古也。仁宗皇帝克绳祖武，爰命廷臣类集累朝条画、体例为一书，其纲有三，一制诏，二条格，三断例。延祐三年夏，书成。英宗皇帝善继善述，申命兵府宪台暨文臣一同审订，名其书为《大元通制》，颁降于天下。古律虽废不用，而此书为皇元一代之新律矣。以古律合新书，文辞各异，意义多同，其于古律暗用而明不用，名废而实不废，何也？制诏、条格，犹昔之敕令、格式也。断例之目曰卫禁，曰职制，曰户婚，曰厩库，曰擅兴，曰贼盗，曰斗讼，曰诈伪，曰杂律，曰捕亡，曰断狱，一循古律篇题之次第，而类辑古律之必当从。虽欲违之，而莫能违也，岂非暗用而明不用、名废而实不废乎。②

按照吴澄的解释，刑政指的是刑罚措施，法制指的是成文律法。由于元朝前期没有颁布成文律法，所以在断案时采用的是用例不用律的方法。朝廷正式颁布《大元通制》之后，有了统一的新律，就可以逐步达到符合法制要求的依律断案。尤为重要的是，吴澄明确指出元代的新律与历朝的旧律有着重要的传承关系，名义上是废除了古律和前朝旧律，但实际上保存了古律和旧律的内容，使古律和旧律的实用性由明用

---

① 吴澄：《丁巳乡试策问三首之二、之三》，《吴文正公集》卷2（《全元文》第15册，第70—71页）。

② 吴澄：《大元通制条例纲目后序》，《吴文正公集》卷19（《全元文》第14册，第332—333页）。

改成了暗用。换言之，元朝的法制在实质上是对历代王朝法律传统的延续，而不是完全的背离，这恰是容易被人们所忽视的治道现实表现的又一个重要特征。

六　治道的用人准则

在治道学说中，君主善于用人是极为重要的内容。吴澄描述了元朝前期和中期的用人情况，并就基本的用人准则提出了自己的看法。

（一）从重吏到重儒的变化

吴澄明确指出，从忽必烈到元仁宗，朝廷的用人取向有重大的变化。忽必烈在位前期，秉持的是重吏轻儒的基本态度，所以吏处于贵重的地位。但是全国统一之后，受江南轻吏之风的影响，吏地位的下降已经成为不可逆转的趋势。

> 先汉之初任文吏，宰相往往由吏起。吏贵重，故吏亦自贵重。严酷者或有之，而贪浊者鲜有也。其后重者浸浸以贱，逮宋之季极矣。国朝用吏，颇类先汉。至元间予尝游京师，获接中朝诸公卿，自贵戚世臣、军功武将外，率皆以吏发身，盖当时儒者进无它途，惟吏而已。曰官曰吏，靡有轻贱贵重之殊。今之官即昔之吏，今之吏即后之官，官之与吏，情若兄弟，每以字呼，不以势分相临也，而其时之吏多修洁。越十数年，吏习丕变，何也？杂以南土旧日之吏故也。夫南土旧吏，人所轻贱，不齿于大夫士也。国朝之吏，又所贵重，可至于宰相者。以可至于宰相之地，而卑不齿于士大夫之人，其无识无耻，岂能自贵其身哉？不惟彼不自贵重也，而向之稍自贵而且重者，亦且相熏相染，同为无所顾藉之归，通天下皆然，莫可救药，可叹也。[①]

朝廷的重吏轻儒，固然是主政者的态度使然，但是儒者自身也难逃其责，吴澄特别指出："夫古之学者，概以谨言谨行为学。今人执笔粗能文辞，则谓儒不过如是，其平居之言行岂暇计哉。肆口所发，类多鄙倍之言；任己所为，不免疵玷之行。既不自知其非，而人之所以游处

[①] 吴澄：《赠何仲德序》，《吴文正公集》卷24（《全元文》第14册，第87页）。

者，亦恬不以为怪。士之不以谨言谨行为学，非一日也。"① "世以儒为无用久矣，惟撰述编纂之职、讲论传授之事不得不归之儒，是所谓无用之用者。噫，有用之用难也，而无用之用岂易哉。予观儒以无用之用，用于世而无愧焉者几希，则儒之见轻，未必皆轻之者之过也，殆亦由己取之，而于人也何尤。"② 也就是说，儒者才行皆缺，是导致世人轻视儒者的重要原因。

仁宗即位后，在用人方面发生的重大变化，就是明确了贵儒抑吏的态度，而其核心要求，在吴澄看来，就是要以行仁义和保廉洁的儒者来替代贪残的官吏。

> 窃观吏选入仕之人，循资格，历岁月，戛戛乎其难；而儒科之变化甚速，人所歆羡以为荣。我仁宗皇帝之贵儒抑吏也，盖以吏多贪残，而儒流知有仁义故也。仁者之临民，恻然有慈爱之心；义者之律己，凛然有高洁之行。或不能然，如当道之豺狼，伤人害物以自肥，而无盈餍；如倚门之妖冶，目挑心招以求利，而无愧耻。夫如是，则馋兽尔，贱娼尔。吏之稍自重者，犹有所不为，而儒流乃为之，宁不为彼所笑，而亦何以报答明时崇隆优奖之意乎。夫人其面而兽其心，官其身而倡其行，不惟君子所不齿，抑亦众人所同恶也。③

> 当今贵儒而贱吏。贵儒者非徒贵其能，盖贵其廉也。贱吏者岂谓其不能哉，恶其不廉耳。④

在贵儒的气氛下，儒者入仕及晋升的路径亦清晰地显现出来："今世儒者入仕格例无不阶县学官而升，苟得之，则显官可以积渐致，故其职浸重，而求为是者率多新进之俊流，昏耄不任时用者，自瑟缩而不敢进焉，然选者未必皆当其人也。"⑤ 由此需要特别注重儒臣的言行，不

---

① 吴澄：《送傅民善赴桃源州教授序》，《吴文正公集》卷29（《全元文》第14册，第169页）。
② 吴澄：《送邓善之提举江浙儒学诗序》，《吴文正公集》卷25（《全元文》第14册，第94—95页）。
③ 吴澄：《送彦文赞府序》，《吴文正公集》卷33（《全元文》第14册，第216页）。
④ 吴澄：《赠梁教谕序》，《吴文正公集》卷28（《全元文》第14册，第145页）。
⑤ 吴澄：《送周德衡赴新城教谕序》，《吴文正公集》卷30（《全元文》第14册，第188—189页）。

辜负朝廷的重儒期望。吴澄对于准备到翰林院任职的人，就特别强调了这样的要求。

> 夫翰林之职，自唐、宋至于今，一所以宠异儒臣也。公之文名，天下莫不闻，岂以宠异之数而为轻重哉，是盖未足为公荣也。然而有可以为天下喜者，何也？国有大政，进儒臣议之，此家法也。公事先皇帝，为亲臣三十年，朝夕近日月之光，朝廷事、宫禁事耳闻目见熟矣。凡宏规远范、深谋密虑，有人不及知，而公独知之者。事或昔然而今不然，昔不然而今然，苟有议，公援故事以对，言信而有证，听者乐而行者不疑，其与疏迂之臣执经泥古、师心创说而于成宪无所稽者，相去万万也。《诗》曰："维今之人，不尚有旧。"谓其明习旧事者也。儒之为天下贵也，用之而有益于斯世也。若曰是官也，职优而地散，秩崇而望清，步趋襜如，言论渊如，炳如也，锵如也。华虫黼黻，如玉磬琴瑟，于以仪天朝、瑞盛世而已。言及当世事，则曰夫既或治之，又奚庸间，公不如是也，而亦非天下士所望于公也。①

吴澄之所以指出从轻儒到重儒的变化，就是希望儒者能够清楚地理解这种变化所带来的新要求，并为适应新要求及时调整自己的心态和行为。

（二）官场弊病的发展

从元朝前期到元朝中期，官场的弊病也有所变化，吴澄重点指出了元朝中期官场存在的六种弊病。

第一种是官不用心的弊病。官员对于所任之职不用心，敷衍了事，任满即甩手而去，丝毫没有任职一时、造福一方的责任心。

> 士大夫以家事视官事，则何事不可为。然自人心不古，苟非利于其身，私于其子孙者，往往不肯为；肯为之者，亦不敢为。其不肯者，志之偷也；其不敢者，气之馁也。于是乎习以成风，凡莅官之处，视犹传舍，俟满而代，则脱屣而去，谁复以家事视之，而为

---

① 吴澄：《送卢廉使还朝为翰林学士序》，《吴文正公集》卷25（《全元文》第14册，第92页）。

永远计哉。①

　　三代之时，民自选举贤能，以长治其乡里。选之举之者，必当其人，所以利于我也；长之治之者必尽其心，所以仁其乡里也。自选举不本于乡里，而仕于四方者，或不谙其土俗，或视其民如路人，而螟螣之、鱼肉之，靡所不至。一旦官满，掉臂而去耳。乌乎，人心吏治之不古也，比比若是，可叹也。②

第二种是贪污成风的弊病。官员利用任职的便利，大开贪黩之门，不仅自己贪污受贿，还纵容子弟等取要索贿，廉洁之官倒成了极罕见的现象，需要特别提出来加以表彰。

　　人每以居官之所拿攫而肥其家，侯（史敏中之父）独以居家之所营办而赡其官，今世所希有也。不惟是也，凡居官有所施与，类皆虚言无实，侯修庙学自助钱二十万。
　　今世贪官之子随父行者，父受贿赂，子又外有所取。或父虽不受，子亦私取于人。敏中洁白自将，不损侯之廉名可谓贤子哉。③

　　官之于人也，不戾于其才；人之于官也，不戾于其职。此盛治之世，而人不能以皆然也。纠察之官必明如水镜也，而疲软昏庸者有之。字牧之官必慈如父母也，而贪饕残虐者往往而是。至于儒之设官，此古之所谓以道得民者，岂偶然哉，必曰立师道以善一世，固难其人，傥能为其所能为，以不堕其职，斯亦可矣。④

第三种是官员不能守孝的弊病。不少官员违背守孝原则，置双亲于不顾，严重败坏了官风和士风。

---

① 吴澄：《送江州路景星书院山长吕以能序》，《吴文正公集》卷33（《全元文》第14册，第226—227页）。
② 吴澄：《送李吉夫赴河南行省理问序》，《吴文正公集》卷26（《全元文》第14册，第109—110页）。
③ 吴澄：《赠史敏中侍亲还家序》，《吴文正公集》卷24（《全元文》第14册，第85—86页）。
④ 吴澄：《临江路修学记》，《吴文正公集》卷40（《全元文》第15册，第186—187页）。

余犹记数十年前，仕而少亏于子道，清议不容，不以人类比，数坐是终身沦废者有焉。而窃怪海宇混同以来，东西南北之相去，地理辽绝，有违其乡而仕远方者，于其亲也，或五六年或七八年或十余年而不一省，不惟安否之问、甘旨之供阙，至有畜妻抱子、新美田宅于它所，而其亲自营衣食，自给徭役于家，窘穷劳苦而莫之恤，老矣而无欢，或不幸永诀而不相闻，甚者闻而不奔，又甚者匿而不发，饮食衣服言语政事扬扬如平时。噫，是岂独无人心哉，其沦染陷溺之深而然与，其未尝讲闻礼经之训而然欤，可哀也已。迩来国典许人子以终养终丧，此孝治天下之第一事也。颓风流俗之中，能自拔者谁乎？①

第四种是官员禄薄的弊病。朝廷为官吏确定的俸禄多年不变，在纸钞贬值、物价飞涨的情况下，这样的俸禄已经难以满足其生活所需，所以不得不营利以自补。

圣人言天下国家之经，以重禄为劝士之道。古之府史与下士同禄，薄者食五人，厚者至于食九人，禄足以代其耕。当是之时，人人有士君子之行，虽府史亦然，何也？惟其有养，是以能有守也。国朝官吏之禄未尝不厚，然自中统以来至于今，物价之相悬，奚啻数十倍，物日以重，币日以轻，而制禄如其旧。于是小官下吏，或有不能自给者矣。彼不能自给，而欲其不疚于利，难矣哉。②

第五种是民众负担过重的弊病。以公田供养学官等，应该秉持什一税的轻税原则，但是普遍实行的是什五税甚至更高的重税方法，使得公田耕种者因负担过重而逃亡，带来了官、民两失的恶果。

士大夫治官如治家，则何事不可办。官府学校之间，大率视如传舍，苟且以俟代去，孰有视如家事者哉。进贤学产隐没亏折，前后学官安视而不经意。教谕万君始搜括究竟，悉革其弊，学计顿增。然万君能复其旧而已，非有所增也。什一中正之赋，通古今可

---

① 吴澄：《送李文卿序》，《吴文正公集》卷31（《全元文》第14册，第210—211页）。
② 吴澄：《赠张嘉符序》，《吴文正公集》卷30（《全元文》第14册，第193—194页）。

行，至今官之取于民者不过此。惟豪民私占田，取其什之五以上，甚矣其不仁也。而近世公田因之，亦十五以上，耕者不堪，逃亡荒废者过半。于是官抑配于富户，以取赢焉。学产与公田一也，其赋虽不能如什一之轻，幸未至如豪民之取。而奸民或增租入，以饵职掌之人，而求夺佃。予提举儒学时，凡若是者，必沮遏。夫万君有功于进贤之学，而予虑规利者不知大体，绿是以增租为能，则是厉民以自养也，其可乎？①

第六种是地域歧视的弊病。在朝廷的选人、用人中，往往带有严重的地域歧视倾向，以御史台选官为例，就存在着明显歧视江南人士的现象。

近年宪府之选其属者，必不产于荆、扬者始与其选，盖疑其荆、扬之人轻狡险黠，未易制御，故摈斥不用，而仅得以周旋于岭海之间。夫人才苟可用，随地皆可；苟其不可用，则无处而可；岂有不可用于彼，而犹可用于此者哉。三道之宪，独非朝廷之宪乎？二广之民，独非朝廷之民乎？而何其待之以轻重厚薄也。虽然所重、所厚之处，其所选、所用，果能尽得其人乎？不论其人之何如，而惟论其地之所产，何耶？②

吴澄列出官场的上述弊病，并不是要嘲讽朝政，因为他从未就朝政的具体问题上书皇帝。这样做只是要让世人知道这些弊病，并找出克服弊病的方法。

（三）科举取士的利弊

吴澄目睹了科举由废到兴的过程，并且在年轻时已经看到了科举的弊病，自愿选择了排斥科举、钻研实学的治学态度。

今世之儒所学者果何学也，要不过工时文，猎科第，取温饱而已。呜呼，陋矣哉。或稍有见识，与之言及圣贤之学，其刻薄者则

---

① 吴澄：《题进贤县学增租碑引》，《吴文正公集》卷56（《全元文》第14册，第500页）。
② 吴澄：《送邹文度仕广东宪府序》，《吴文正公集》卷29（《全元文》第14册，第172—173页）。

笑之曰"迂阔",其忠厚者亦不过曰"可施之议论,而难形诸践履"。至于狡诈者,则又窃取其名以欺世。吁,圣贤之学皆切己事,而乃曰"迂阔";圣贤之学正在躬行,而乃曰但"可施之议论";圣贤之学不诚无物,为己为人间不容发,而乃窃取其名以欺世,皆圣贤之所不胜诛也。斯人也,纵或擢高科,登显仕,愚不知,朝廷何用于若人哉。

年十有六,始知举业之外,有所谓圣贤之学者,而吾未之学,于是始厌科举之业,慨然以豪杰之士自期,必欲为周、程、张、邵、朱,而又推此道,以尧舜其君民而后已也。①

吴澄还特别指出,一些大儒虽然曾出身于科举,但并不是以科举而显名,而是以其真实学问和才干立名于世。尤其是朱熹,亦早已对科举的弊病有深刻的认识。

盛时方行贡举,贡举者,所以兴斯文也,而文之敝往往由之,何也?文也者,垂之千万世,与天地日月同其久者也。贡举之文,则决得失于一夫之目,为一时苟利禄之计而已矣,暇为千万世计哉。贡举莫盛于宋,朱子虽少年登科,而心实陋之,尝作《学校贡举私议》,直以举子所习之经、所业之文为经之贼、文之妖。今将以尊经右文也,而适以贼之、妖之可乎?斯敝也,惟得如欧阳公者知贡举,庶其有瘳乎?闲之于未然,拯之于将然,俾不至于为贼为妖,而为朱子所陋,则善矣。②

对于朝廷的恢复科举取士,吴澄持的是支持的态度:"钦惟仁宗皇帝视儒为宝,特开贡举之途,网罗天下英俊。自设科以来,逮至顺初元,凡六试士。"③他也愿意为参加科举考试者提供帮助:"往年河间李岳及吾门,以治《周易义》应举,吾观其所为文,曰可擢科矣,遣之去,次年果成进士。豫章舒庆远侍其亲至京师,亦治《周易义》。予试

---

① 吴澄:《谒赵判薄书》,《吴文正公集》外集卷3(《全元文》第14册,第65—68页)。
② 吴澄:《送虞叔当北上序》,《吴文正公集》卷27(《全元文》第14册,第131—132页)。
③ 吴澄:《都运尚书高昌侯祠堂记》,《吴文正公集》卷35(《全元文》第15册,第110—112页)。

之难题，剖析密微，敷畅明白，得经之旨，合时之格，其去而决科也，岂在岳之下哉。明年值可应举之年，今侍其亲南归，予既以必能成进士期之，又语之曰儒之学不止能决科之文而已，为利达而学者，滔滔皆是也。"①

科举的恢复，不能连弊病一起恢复，所以吴澄特别表达了对能否按照明经和修行标准取士的担忧，就是希望能从根本上铲除科举的弊病。

> 古者教人以德、行、艺三事。教之而成，乃宾兴其贤者、能者，俾之长治其民。后世之取人异矣，而隋、唐以前犹未有科目也。科目兴，而取人不稽其本实，所取者辞章之虚而已。就使辞章如马、班、韩、柳，抑不过为艺之下下，其视古者礼、乐、射、御、书、数之艺，天壤绝也。况其辞章之鄙浅，何尝梦见马、班、韩、柳之仿佛乎。唐世兼采人望，虽未免于私，而间或不失一二。糊名考校似为至公，其弊不可胜既，然亦时有俊杰出于其间，何也？世运方盛，则暗中摸索，往往得才。偶然尔，天也，而非人也。国朝贡举率因前代，而拳拳欲取经明行修之士，意欲烛其弊而防之者。夫经苟明，则知、仁、圣、义、中、和六者之德，无一不知。行苟修，则孝、友、睦、姻、任、恤六者之行，无一不能。德无不知，行无不能，六艺纵或有缺，不害其为本立而末未备。不审今之进士，经果明欤？行果修欤？抑否也？②

吴澄重点强调的是科举取士的德、修要求，因为这恰是其治道学说的育人和用人的基本标准。

(四) 儒者的正确入仕态度

科举的恢复和朝廷用人取向的变化，对儒者的入仕态度可能产生重要的影响。在儒者的入仕态度方面，吴澄首先强调的是智者与愚者的不同，智者即儒者中的贤人君子，应该选择入仕。儒者只要是抱定以公心而不是以私心入仕的态度，就不应该受时不我与和位阶太低等因素的影

---

① 吴澄：《送舒庆远南归序》，《吴文正公集》卷29（《全元文》第14册，第179—180页）。
② 吴澄：《送崔德明如京师序》，《吴文正公集》卷26（《全元文》第14册，第111—112页）。

响,因为任何时间和任何职位,都可以有一番作为。

> 天之生是人也,此为智为贤且贵,而为公卿大夫也;彼为愚为不肖且贱,而为庶人也。固将使贤智而贵者,治其愚不肖而贱者,此行其道而彼被其福也。故禹稷居位,视天下之饥溺,犹己实饥溺之;伊尹虽耕于野而未仕,见匹夫匹妇有不得其所者,若己推而纳之沟中焉。孔门弟子问夫子所志,亦曰安怀老少而信朋友。夫老者年高于己者也,朋友年齐于己者也,少者年卑于己者也。举天下之人,凡年高于己、齐于己、卑于己者,吾则安之、信之、怀之,是使之一皆得其所也。三者之人欲其无一之不得其所,故曰圣人之心犹天也。若夫自处其身于无过之地,而视人之得其所不得其所若无与吾事然,是则杨朱为我之学,而圣贤之所深辟也。若曰时不可为,不若全身避害之为得,又曰今与古昔圣贤所遇之时不同也,所居之位不同也,切谓不然。夫时不同,为其时之所可为者而已;位不同,为其位之所当为者而已。若复瞻前顾后,趋利避害之私,则是于义命未能灼然无所惑也。夫贤人君子于众人之中,千百不一觏焉,幸有其人矣,而所为有未合于圣人之道,此固有识者之所惜也。①

> 时无不可为之时,事无不可处之事,岂弟君子,神所扶持,亦惟谨其在我者,安其在彼者而已。智欲圆,行欲方,有定见,有定力,岂不绰绰然有余裕哉。②

尤为重要的是,儒士的知遇和显达在乎天而不在乎己,可遇而不可求,所以应该坚持的是自修以待天时的态度。

> 夫士孰不欲遇且达也,而其遇不遇,达不达,系乎天,岂人所能为哉。是以古之君子,不当富贵而富贵则不处,不当贫贱而贫贱则不去,素位而行贫贱亦荣,不义而得富贵祗辱尔。君子曷尝恶富贵而不求,知其无可求之理也。既不可求,虽戚戚汲汲,其何益?

---

① 吴澄:《与宪佥赵弘道书》,《吴文正公集》卷11(《全元文》第14册,第15—16页)。
② 吴澄:《与冯廉使书》,《吴文正公集》卷11(《全元文》第14册,第26页)。

圣人固云："学也，禄在其中矣。"在其中者，不求而自至之辞。吾但修吾之所当修命，一旦而通，富贵之来也孰御，正不在乎戚戚汲汲以求之也。①

儒士的待时，当然不是消极的等待，而是以积极和有为的态度等待时机，正如吴澄所言："士之自修者，为己之外，任其自然而已。君用之，则安富尊荣；子弟从之，则孝弟忠信，士之用功于人在此。然其一可期，其一不可期。吾惟勉尽于其所可期，而不希觊于其所不可期，吾之心所以泰然无事而常乐也。世俗之荣辱，曾何足为吾之轻重哉。"②而儒者一旦入仕，就要尽于职守，不能走以私心谋显达的路子："苟未至于达，可行之天下，而守一官效一职，顾何往而不可？而恋内者或以补外为戚，羡外者或以留中为苦，二者各有所为，以图便其私，而儒者不如是。……夫无所不可者，儒者之心也。"③

吴澄还特别强调了用不难、成器难的论点，要求儒士以成器成才的态度入仕，而不是在器、才未成时即轻率入仕，带来世人皆不愿意看到的后果。

> 士之生斯世也，其必有以用于世也。用也者，其肖于器耶，虽然，是有三：上焉者不器，用可也，不用亦可也；次焉者器也，用则可，不用则废；下焉者器之未成，未成而用，而用适其事者鲜矣。然则士非用之难，而器之成者难也。夫器岂一而取之，取其适于用而已。舟车之可以利天下也，帆樯柁楫轮辕轸盖其器也。室屋之可以蔽风雨也，栋梁楹榱枀桷节梲其器也。矛盾弓剑之为兵者也，钟鼓笙磬之为乐也，敦牟卮匜之以食以饮也，皆器也。是数者体不相同也，用不相通也，其适于用一也。士之成器，类乎是。④
>
> 才难之叹，从古以然。夫所谓才者，取喻于木也。可以成室屋，可以成械器，大小长短随其所宜，各适于用者，木之才也。圣

---

① 吴澄：《赠番阳柴希尧序》，《吴文正公集》卷30（《全元文》第14册，第183—184页）。
② 吴澄：《复颜可远书》，《吴文正公集》卷12（《全元文》第14册，第37页）。
③ 吴澄：《送邓善之提举江浙儒学诗序》，《吴文正公集》卷25（《全元文》第14册，第94—95页）。
④ 吴澄：《送黄文中游京师序》，《吴文正公集》卷31（《全元文》第14册，第204—205页）。

如周公，贤如孟子，其才不可得见，已生斯世，为斯人，凡纷至沓来者日接乎前莫非事也，不有其才，将何以应之哉。昔在圣门，季路之于兵，冉求之于财，公西之摈相，端木之应对，皆其才之所优。为后之士，清谈雅望，饮食安坐，而一事不理者有矣，识者恶得不兴才难之叹哉。①

为了能够成器成才，就要不断地学习，不仅入仕前要学习，入仕后更要学习，否则难以达到儒者有用于天下的目的，正如吴澄所言："学于国学者，学义理也。仕于宪台者，学政事也。""古者公卿大夫之子，凡未仕必学。学以明义理，仕以行政事。所明者本，所行者用也。本之所培者深，则用之所达者优。""然古人十五入大学，四十始仕，所以培其本者久。今人学之日速，则学必数倍其功。数倍其功，虽仕亦不可以废学也。"②

（五）贤者的为官准则

吴澄强调"国家兴贤兴能，将与共治，此诚重事"③。对于以贤者为官，或者为官惟贤惟善，吴澄提出了七方面的要求。

一是君主的以德用人要求。从理论上讲，君主要使用有德之人，因为君主不可能以一己之力自治天下，必须在有德官员的辅助下，才能达到共治天下的目标。

> 天子所以用九德之人者，盖不能自治，天职故也。无毋通禁止辞教，谓上行而下效之。逸谓安逸，欲谓嗜欲。兢兢戒谨，业业恐惧，几微也，旷废也。天子者，诸侯之视效，不可导之以逸欲，当戒惧一日、二日之万几。一日、二日，日之至浅，万几，事之至繁。一日、二日之间，事之细微，至于万焉，其可逸欲而不兢业乎？己虽兢业，然万几之多，岂一人所能自治，庶官与我共治者也。盖天子所事，皆天之事，天以此事付之君，君不能自治，而分

---

① 吴澄：《送鳌溪书院山长王君北上序》，《吴文正公集》卷27（《全元文》第14册，第138—139页）。
② 吴澄：《赠王士温序》，《吴文正公集》卷31（《全元文》第14册，第211—212页）。
③ 吴澄：《回刘参政书》，《吴文正公集》卷12（《全元文》第14册，第29页）。

之人，是庶官所治之事，皆代天而为之也，其可有一职之旷废乎。①

二是官员的公心要求。吴澄在给程钜夫的信中明确表示，只要是抱有大公至正之心的贤官共同努力，就能在短期内起到廓清吏治的作用。

> 忠贤得路，自古所难。畏天命，悲人穷，君子大公至正之心焉。事业不必出于己，名声不必归于己，竭吾诚，输吾所学，有能用之，天下被其福，则君子之志愿得矣，此外何求哉。此不可为鄙夫道，惟阁下则可。天下颙颙，望治如饥渴，事半古，功必倍。得贤守令数百，布满郡县；公廉之人十数，典持风宪；俾贪浊者不敢肆，则治平指日可冀，机括转移易易耳。诸君子同堂合席，一心一德，尝致思及此否乎。往年当宁，赫然发愤，去邪任贤，旬月间天下改观，如久阴乍晴，久疾得瘳，此阁下所亲见，机括转移之易，岂不信哉。②

三是官员的廉能要求。吴澄不仅强调廉、能是对官员的普遍性要求，亦对能够体现廉、明、仁、能、公"五善"准则的官员给予了高度的评价。

> 今之仕者，由儒官而民官，由民官而清要，虽位极人臣可也。然居官之大要，不过曰廉、曰能而已。廉而不能则失职，能而不廉则失己。廉者，德也；能者，才也；有德有才，谁不称其美。③

> 古之为士者，苟可以仕，则选于里、举于乡，而长治其乡里之民，在公得以行己志，在私得以资禄养。此古之士所以自安于分内，而无愿外之想也。后世取士之法不一，虽存选举之名，而实与古不同，何也？所取不于其可用之实能，而于其不可用之虚伎；可以仕者或不得仕，而不可仕者乃或得仕。时之多失人，士之多失

---

① 吴澄：《书纂言》卷1。
② 吴澄：《与程待御书》，《吴文正公集》卷11（《全元文》第14册，第13页）。
③ 吴澄：《赠梁教谕序》，《吴文正公集》卷28（《全元文》第14册，第145页）。

志，往往由是。①

予尝称李尹之善，一曰廉，二曰明，三曰仁，四曰能，五曰公，而为言之曰：世固有廉者矣，其见不明，则为吏所蔽，虽廉奚补。亦有廉而且明者矣，其心不仁，则自矜其廉明，而深刻严酷，略无岂弟慈祥之意。或其心虽仁，而短于剸裁，徒有仁心，而民不被泽，仁而不能故也。或其才虽能，而意之所向不无少偏，终亦不免于小疵，仁而未公故也。全此五善者，盖难矣哉。②

四是官员的谨慎从事要求。为强调这样的要求，吴澄特别转录了别人的为官赠言，并表示自己完全认可其所说的为官之道。

天麟去史院而适淮士，中书参政王继学赠之以言，其纲一，曰慎；其目五，曰惧也，曰平心也，曰扩虑也，曰明无恃也，曰聪毋偏也。其为言也忠矣，予虽欲有言，复何言哉？天麟其绎之。徒悦之而不绎焉，则非予之所望也。③

五是官员的行五事要求。对于地方官员尤其是县官所需要践行的五事，吴澄认为最重要的是简诉讼和均赋役两事，因为此两事为纲，户口增、土地辟、盗贼息三事均为目，做好了两事，就能起到纲举目张的作用。

予闲居，思天下之治法，以为禹、稷、伊尹之志，苟得一县，亦可小试。何也？县之于民最近，令之福惠所及最速，莫是官若也。而举世督督，孰知其任之为不轻，专务己肥，遑恤民瘵，壅阏吾君之德使不得下达，愁怨之气弥漫两间，以至上干阴阳之和者，十而八九也。聚群羊而牧之以一狼，恣其啖食，何辜斯民而至斯极。于斯之时，攸有人焉慰惬其苏息之望，则民之爱之也，乌得不如子之爱其父母哉。

---

① 吴澄：《赠易原迁袁州掾序》，《吴文正公集》卷24（《全元文》第14册，第90页）。
② 吴澄：《送常宁州判官熊昶之序》，《吴文正公集》卷26（《全元文》第14册，第114页）。
③ 吴澄：《送邵天麟序》，《吴文正公集》卷25（《全元文》第14册，第108页）。

> 尚论邑政之最，必曰五事备。予谓简讼、均役二事尔，户增、土辟、盗息三者，其效也。贪官喜民讼之繁，则其需贿之路广。架虚诬告，欣然听纳，蔓延岁久而不决。受诬之人，甚则殒身破家；事冀求直，而枉者先有所输，则直者无复得伸。役户议差之际，鬻卖殆遍，惟无力请赇者不脱免。即此二端，欲民之聊生可乎。
>
> 讼简役均，县之大纲举矣，此外皆其目也。事倘便民，诸利毕兴；倘不便民，纤害必除。有关系于伦纪风教者，尤切切。富既获安，民亦乐业，百里之内一和如春。①

尤为重要的是，治人者要知道被治者的疾苦，因为治人者所享用的一切都出自民力，所以必须以爱惜民力为重要的治人准则。

> 君子小人，以位言所语辞也。古人盟誓之辞，发端皆曰所其者有所指，而言无逸者，勤劳而无休息也。勤劳之事非一，而惟小人之于稼穑最为艰难。君子于人所勤劳之事，首先能知乎此身体尽瘁，湿渴备尝，耕种耘获，终岁无有逸时，此小人劳逸者之为也。君子虽不为之，而能知之，故乃暇逸之时，则能知小人之所倚赖以为生者在此而不敢厚敛多取，以困其力也。视彼小人，其父母勤劳于稼穑，而为农家之子，乃不服田亩，反不知稼穑之艰难。故乃暇逸之时，猥狎俚言，既恣为夸诞矣。不然，则又侮讪其父母曰：古老之人无所闻知，徒尔自苦也。夫劳心以治下者，君子也；劳力以奉上者，小人也。周公教诫成王，亦欲其勤劳于心耳，岂欲其勒劳于力哉。然不知小人劳力之事者，必不能为君子劳心之事。盖劳心者治人而食于人，劳力者食人而治于人。居人上者，当思我之崇高富贵，凡宫室、衣服、饮食之奉，无一不出于民力。彼之劳力以奉我者如此其至也，我其可不劳心以治之，而使之得遂其生乎。②

六是官员的学习要求。官员不管是什么出身，都应该精通儒、吏两

---

① 吴澄：《廉吏前金溪县尹李侯生祠记》，《吴文正公集》卷35（《全元文》第15册，第116—117页）。

② 吴澄：《书纂言》卷4。

术。为使二者不偏废，为官者就要持续、认真地学习儒学和吏事，正如吴澄所言："昔汉之取士，每以先圣之术、当世之务并言，盖不通世务者不能以有所为，不明圣术者不能以有所守。二者有一之不具，不可也，故必兼能而后谓之有为有守之士。今之用人，于儒学、吏事不偏废，亦以是欤。"① 尤其是对于以儒为吏者，应该学习的是吏的知识和技能，并且排斥吏的各种恶行，始终以良吏自律。

夫耕问奴，织问婢，宜也。借视听于盲聋，则不可为。吏者自当就吏师而问，顾乃于迂儒而求益焉，不亦左乎？虽然，必有以也，而予何敢默。古之庶人在官者，曰府史，受禄与下士同，待之亦不轻矣。当时人人有士君子之行，其贤其能，固已推举为长民治民之官，至若府史之职，亦必乡里推举，其独无士君子之行乎？自俗不古，吏习于贪，习于刻，为人所畏，不为人所爱，于是世始贱吏而不知责。今日以儒为吏，上之人盖欲革吏之心也。本之以慈，行之以公，不汩没于利，凡事之曲直，无高下其手，无变乱其黑白，文无害而人不冤，讵非古昔盛时之府史乎？苟其不然，虽满其意于一时，殃于其身以及其子孙，可指日而待也。②

豫章高晋以儒试吏，而求儒言，余谢之曰："子逃吏归儒，则可问余。今舍儒就吏，当以吏为师，而奚于余乎问。腐儒本迂阔，而老年逾昏耄。子方备世用，开仕途，不资长于卓荦奇伟之时流，而拾短于迂阔昏耄之野叟，为计不亦左欤？"礼辞固辞，而请不置，于是为之言曰："孟子尝谓矢人之心，岂不仁于函人，而择术不可以不慎。挟矢人之术，则虽有函人之心，不能不变而伤人矣。孟子所言，盖为工人而发。工人者，庸俗人也。庸俗人之心，因其术而变。君子则不然，虽杀人而有生道，虽劳人而有逸道，外术恶足以移其内心哉。况今所谓吏，古之府史也，从长贰以施政，官府之所不容无。夫岂皆有矢人伤人之心者，以伤人为心，殆末世贪残之吏所为，古府史不如是。倘使余年少而为吏，何但云无害而已，将悉令民无冤，而子子孙孙受无穷阴德之报于天。今之吏非不能

---

① 吴澄：《送毕宗远序》，《吴文正公集》卷33（《全元文》第14册，第219—220页）。
② 吴澄：《赠袁州路府掾张复先序》，《吴文正公集》卷28（《全元文》第14册，第148页）。

之，特不为耳。此余迂阔昏耄之言也。然乎，不然乎，子其择焉。"①

七是官员的直言和任事要求。利用送董士选到江浙行省任职的机会，吴澄强调了对朝廷重臣的直言和任事要求，即前者要敢言，后者要敢为。

> 天子一新庶政，御史中丞董公（董士选）改授江浙行中书省右丞，于是朝野之正人君子咸咨嗟叹息，相与言曰："人臣之所以委身报国者二，言责也，事任也。事任有大小，不得相侵越；而言责实关天下之重。故公之昌言直气，心有所不可无不言，往往陁于任事者之非其人，而不得行化且更矣，非公得行其言之时乎？而又以一方之事任出，是不系乎一身之轻重也。"余谓诸君子之忠虑诚深。
> 当事任而敢于为，当言责而敢于言，不坠其家，不负于国者，知忠而已。身之或出或入，庸何知焉。今以大臣出行中书省事，视古牧伯为尤重。江浙之地，公之先正暨公皆抚临之，与召伯世掌东方诸侯何以异，其任岂轻且小哉。迩年上下相蒙，远近相师，政乖民怨，无处不然，况江浙地大人众，素号难治者乎。凡弊之根株，蠹之孔宄，公盖了然于胸中，划除剔决无难也。本之以廉正刚明，辅之以精密详审，毋偏听，毋轻信，不期年而政事成。夫子论为邦，终之以远佞人，又申之以佞人，殆圣人非设危辞以恐人也。彼佞人者，其言可取也，其才可爱也，而孰知其不可近也哉。江浙东南之都会，人物之渊薮，而公好贤乐善为天下最，听言信行之际，尚其慎诸。②

尤其是作为言官的御史台官员，除了敢于直言之外，还应该尽量导人为善，才能结合直言和任事，成为"儒御史"，而不是停留在"才御史"的水平上。

---

① 吴澄：《赠豫章高晋序》，《吴文正公集》卷25（《全元文》第14册，第105页）。
② 吴澄：《送董中丞赴江浙右丞序》，《吴文正公集》卷25（《全元文》第14册，第91—92页）。

皇元因前代郡县之制损益之，郡之大者曰路，其次曰府若州，其下有属县，若古附庸，府若州如古次国、小国。路设总管府，如古大国之为连率。路总于道，古之州牧也。内有省，外有行省，以总诸道，古之方伯也，此其监临统治之职也。内有御史台，外有行台，台之属有监察御史，各道有肃政廉访使，视刺史、观察，则其事专；视直指、八使，则其职常，此其举刺弹击之任也。各道、各路府若州若县，廉访司纠之；内省、外省，监察御史纠之。故监察之权，比各道廉访为尤重。夫服七品之服，而自一品以下之官府，莫不畏惮；地无远近，事无大小，官之得失，民之利病，有闻无不得言，有言无不得行，其权不既重矣乎。权之重若此，其权不大重矣乎，而岂人人当其选哉。

夫贪邪害民者之侧目于宪府也，犹羽族之于鹰隼，毛群之于猫虎，何如其畏惮也，以弹击去官，或终身不复得仕者，前后相踵也，而未闻其有所惩而少戢，何也？导之以德不先，而齐之刑徒密也。夫澄源正本，使人相率为善者，上也；发奸摘伏，使人不敢为恶者，下也；而世之议者曰御史之职以发奸摘伏为事而已耳，而曰澄源正本，何其迂也。夫世安，儒者也，与予同业也，是以为是言也。夫孟子之言，时君咸以为迂；夫子之言，门人犹以为迂也。以儒者之言言之于儒者之前，人之迂之也固宜，而孰知其有不迂者存乎其间哉。不然，今日罢一官，明日抶一吏；今日平反一狱，明日改正一事；如是而曰："吾职已尽。"噫，此才御史也，非儒御史也。世安非徒才者也，才而儒者也，才而儒，儒而才，他日御史之最，其不在吾世安乎。①

监察官员要导人为善，最重要的是先正己，然后再去正人。这样的要求，显然也适用于在其他机构任职的官员。

风宪之官，关系人心世道不小也。国朝设官之初，各道有提刑按察司，后乃更名为肃政廉访，其意若曰为治一于刑，待天下亦薄矣，是以不曰刑，而曰政。政者，正人之不正也。政

---

① 吴澄：《送监察御史刘世安赴行台序》，《吴文正公集》卷25（《全元文》第14册，第98—99页）。

以导之于其先，导之而不从，则刑以齐之于其后，而岂专尚夫刑也哉。

夫肃政者，固以正夫人也。正人之具，有法有制，有禁有令。能执政者，其察或至于见渊鱼，其刻或至于穷穴鼠，发擿以为神，弹击以为威，非不甚可畏也。然止奸而奸不止，戢贪而贪不戢，将欲正人而人愈不可正，何也？欲正人而不知正人知有其本也。正人之本安在？正己是己。先哲尝言，正己以格物，为御吏之方。格云者，为之楷式也。己为楷式以正夫人，孰敢有不正者乎。近而正一司所总之府史，远而正一道所部之郡县，一皆本诸己也。表直则影直，源清则流清，其效盖不期然而然。彼无诸己而欲以求诸人，有诸己而欲以非诸人者，曾何足以语此哉。①

吴澄自己也有过入仕的经历，但是他志不在此，所以对于名利和富贵等，抱的是超脱的态度。

世之人遑遑不安者，其祟有二，曰名、曰利而已。苟是之不务，则何往而不适。然富贵人所欲，生（翟生）其果不欲人之所欲乎？抑时之未可，而姑为是退缩乎？欲贵欲富之心，生不能无，而亦不必无也。余不病生之欲贵欲富，而病生之所欲者小尔。人人有高爵崇秩，安宅腴田，即而取之，居而治之，是为莫可加之贵，是为莫与敌之富，而生欲之乎？如欲之，己自求而自得，不待资诸人也。如得之，视世间区区之名，琐琐之利，奚翅土梗之不若哉。②

近年贪浊成风，在在而然，行之不以为非，言之不以为耻，陷溺至此，盖有为也，何为？为饮食之费，妻妾之奉，子孙之遗而已。澄酒肉俱绝，而无所于费也；中馈久虚，而无所于奉也；二三儿躯干壮健，写字读书之余，各务耕桑，自营衣食于家，可以不饥不寒，而无俟于其父之遗也。萧然一身，二竖给使，令纸帐布衾如

---

① 吴澄：《江西廉访司经历司听壁记》，《吴文正公集》卷35（《全元文》第15册，第113页）。

② 吴澄：《送翟生序》，《吴文正公集》卷27（《全元文》第14册，第134—135页）。

道寮禅榻，随所寓而安。案上古易一卷，香一炷，冬一褐，夏一绤，朝夕饭一盂，蔬一盘，所至有学徒给之，无求也，而无不足。身外皆长物，又焉用丧所守以取赢为哉。此区区自乐之实，而无所资于人。①

需要注意的是，吴澄重点说明的各项为官准则，并不只是基于理论的理想准则，而是基于官场实际情况提出的具体要求。当然，这样的要求只能影响与他有所接触的官吏，难以起到改变整体官风的作用，但不能因此而忽视其对发展治道学说的重要影响。

七 治道的治学精神

吴澄作为一名学者，更关注的是学术的发展。他希望以严谨的治学精神来弘扬儒家的治道学说，并就此提出了一些明确的要求。

（一）重真知实践

经过多年的发展，已经实现了南北理学的合流，吴澄对于许衡在中原地区传播理学的作用给予了赞誉性的评价："至覃怀许文正公（许衡）尊信《四书》，小学书以教，而国朝士大夫始知有朱子之学。帝制以十贤从祀孔子庙，后学跃然有所兴起。"② 但是在吴澄看来，尽管理学已经风靡大江南北，但是真正能够了解理学真谛的人并不多见，其原因就在于学者未能采用正确的学习方法。

博文约礼者，圣贤相传为学之方也。自周以来千五百余季，而后其传续，又自周、程、张子以来至朱子殁，而其学失。近世家藏朱子之书，人诵朱子之说，而曰其学失，何也？非复圣贤博文约礼之学也。夫以约礼为事者，诚不多见。以博文为事者，未尝无也。而曰非复圣贤之学，何也？穷物理者多不切于人伦日用，析经义者亦无关于身心性情，如此而博文，非复如夫子之所以教，颜子之所以学者矣。而真能穷物理析经义者，抑又几何人哉。③

---

① 吴澄：《答姜教授书》，《吴文正公集》卷11（《全元文》第14册，第24—25页）。
② 吴澄：《十贤祠堂记》，《吴文正公集》卷41（《全元文》第15册，第201—202页）。
③ 吴澄：《答孙教谕选书》，《吴文正公集》卷11（《全元文》第14册，第14—15页）。

吴澄着重强调了陆九渊的真知实践的治学和教学方法，认为只有采用这样的方法，才能改变不重实学、只知记诵的不良学风。

> 夫朱子之教人也，必先之读书讲学；陆子之教人也，必使之真知实践。读书讲学者，固以为真知实践之地；真知实践者，亦必自读书讲学而入。二师之为教一也，而二家庸劣之门人，各立标榜，互相诋訾，至于今，学者犹惑。呜呼，甚矣道之无传而人之易惑难晓也。
>
> 当以朱子所训释之《四书》，朝暮昼夜，不懈不辍，玩绎其文，探索其义。文义既通，反求诸我，书之所言，我之所固有，实用其力，明之于心，诚之于身，非但读诵讲说其文辞义理而已。此朱子之所以教，亦陆子之所以教也。然则其要安在？外貌必庄，中心必一，不如是不可以读书讲学，又岂能真知实践也哉。①

吴澄为自己确定的就是真知实践的治学目标，并希望有人与他一起来实现这样的目标。

> 孟子而后，道学无传，儒者惟知以记诵词章为事。宋兴，大贤辈出，觉痴指迷，学者始知天下学术固不止于前二端之陋而已。新安夫子训释《四书》以惠后学，使世之学者由是而知学焉，德至渥也。今世之士皆知尊尚其书，而乐诵之矣，曾不知《四书》之中所言者，果何事也，古圣贤之所学者果何学也。呜呼，汉、唐之儒不知读其书，而不能行其言者，吾无责焉已矣。今世之士知读其书矣，乃徒慕其名以为高，而不究其实之可用，徒知从事于口耳，而不知反之于身心；终身诵之，而不知一言为可行，不亦《四书》之罪人也乎。澄为此惧，不惟不敢，实亦不肯，今之世果有愿与我同志者乎。若有之，吾将与之游，于以共学焉。②

吴澄以真知实践作为治学的基本准则，尽管重点倡导的是朱学，但是并不排斥其他的理学流派，所以才有批评朱学与陆学之争的言论。

---

① 吴澄：《送陈洪范序》，《吴文正公集》卷27（《全元文》第14册，第141—142页）。
② 吴澄：《杂识十四》，《吴文正公集》外集卷2（《全元文》第15册，第700页）。

(二) 以格物醒梦

格物致知是真知实践的重要方法，在知的方面，吴澄既不同意将致知分为德性之知和闻见之知，也不同意将学者所要深究的义理分为无义之理、有义之理和多义之理。

> 儒者之学分而三，秦、汉以来则然矣，异端不与焉。有记诵之学，汉郑康成、宋刘原父之类是也。有词章之学，唐韩退之、宋欧阳永叔之类是也。有儒者之学，孟子而下，周、程、张、朱数君子而已。
>
> 知者，心之灵而智之用也，未有出于德性之外者。曰"德性之知"，曰"闻见之知"，然则知有二乎哉。夫闻见者，所以致其知也。夫子曰："多闻阙疑，多见阙殆。"又曰："多闻择其善者而从之，多见而识之。"盖闻见虽得于外，而所闻所见之理则具于心，故外之物格，则内之知致，此儒者内外合一之学。固非如记诵之徒，博览于外而无得于内。亦非如释氏之徒，专本于内而无事于外也。
>
> 夫凡物，必有所以然之故，亦必有所当然之则。所以然者，理也。所当然者，义也。程子曰："在物为理，处物为义。理之有义，犹形影声响也，世岂有无义之理哉。理如玉之肤也，有旁通广取其义不一而足者，是以圣人之学，必精义而入神。"今以多义为妄，有义为失，而以无义为真，然则圣人精义之学非与？告子外义之见是与？记曰：礼之所尊，尊其义也。失其义，陈其数，祝史之事也。名物度数者，如称之有铢两、度之有尺寸也，有目者类能辩之。至于理，则得其皮者未必得其肉也，得其肉者未必得其骨也，得其骨者未必得其髓也。今曰"名物度数难通，而理易穷"，乌乎，何其不思之甚哉。[①]

吴澄还重申了朱熹的治学要求，强调学者必须过格物和诚意两关，而过格物关的目的就是醒梦而为觉，过关的方法就是精研和慎独。只有过了这两关，才能成为真儒。

[①] 吴澄：《评郑夹漈通志答刘教谕》，《吴文正公集》卷2（《全元文》第15册，第66—68页）。

《四书》进学之本要也,知务本要趋向正矣。虽然,读《四书》有法,聊为子言之。必究竟其理而有实悟,非徒诵习文句而已。必敦谨其行而有实践,非徒出入口耳而已。朱子尝谓《大学》有二关,格物者,梦觉之关;诚意者,人兽之关。实悟为格,实践为诚。物既格者,醒梦而为觉,否则虽当觉时亦梦也。意既诚者,转兽而为人,否则虽列人群亦兽也。号为读《四书》,而未离乎梦、未免乎兽者盖不鲜,可不惧哉。物之格在研精,意之诚在慎独,苟能是,始可为真儒,可以范俗,可以垂世百代之师也。①

按照吴澄的要求,真儒不仅要达到觉的水准,还要自觉地维护理学的学说,因为记诵和辞章之学都已不适用于当世,适用于当世的只有被称为"儒者之学"的理学。

(三) 纠教学之弊

吴澄承认自忽必烈以来历朝皇帝对儒学教育的重视,对于尊师重教起了不可忽视的作用。

天子所与分治其民者,侯牧也。封建为郡县,而郡太守实古侯牧之任,其治民也有政焉,有教焉。政以导之使不为恶,教以化之而使为善也。教民必自士学始,后世教民之道虽不能纯如古,而牧民之守必崇士学,则由汉以至于今,未之有改也。崇士学之目不一,而尊立教之人为之纲。

国朝既得天下,郡县儒学悉如旧。世祖皇帝于京师首善之地,肇创国子监,学春秋释奠,以前代之乐行事,列郡遵而行之。……其敦礼乐也,所以尊圣师。其尊圣师也,所以励士学。其励士学也,所以成善教,而为善政之本,斯其无负于牧民之寄也。②

但是儒学教育的现状,确实难以令人满意,原因主要在于施教者大多数不称职,只教以记诵,并且忙于琐事而未专心于教学。

---

① 吴澄:《赠学录陈华瑞序》,《吴文正公集》卷25 (《全元文》第14册,第103页)。
② 吴澄:《南安路儒学大成乐记》,《吴文正公集》卷36 (《全元文》第15册,第127—128页)。

我国朝设官，循唐、宋之旧，路府州俱有教授。余至中朝，观彼所谓教授者，聚生徒数十人，日从事于占毕句读，虽未能知其教何如，而授之职则不旷矣。江以南或不能然，凡授之事，往往于教授之下别立一职以掌。授且如此，教其可知也。问教授所职何事，则曰吾有政。问其政安在，则曰稽钱谷也，缮治黉舍也。夫是二者，货殖家一奴，营造家一胥，所可办也，而教授之职固若是乎。噫，总总而是也，可叹已。①

为革除儒学教育的弊病，吴澄提出了两种方法。一种方法是慎选教师，以有善行的儒者充任教职。另一种方法是承认受教者之间的差异，调整教学内容，既要坚持相同的伦理教育等，也要采用因人施教和因材施教的灵活做法。

盖古之学，教人明人伦。今之学，其教不过习无用于世之文辞，以钓有利于己之爵禄而已。使义塾之教亦若是，虽有塾奚益。其必以择师为先乎，其师也不必记览之多也，不必言语之工也，择其有实行，孝于亲，弟于长，敦于宗族，笃于外姻，信于朋友，仁于乡里，行己有廉耻，待人能忠恕者。②

今之职教者，苟度岁月以俟叙迁。能思其职，慕效先贤，以图寡过者盖鲜，况又不肯安于小成，而欲进于古之圣人。

抑古圣人之教人，初非过为高远，而以人所不可知、不可能者强夫人也。因其所固然、革其所不然而已矣。生而爱其亲，长而敬其兄，出而行之于朋友，娶而行之于夫妇，仕而行之于君臣，此良知良能之得于天，而人人所同也。以其所禀之气，所赋之质，不能皆清且淳，故于伦理之间，有厚者，有薄者，有全者，有偏者，有循者，有悖者，于是而有万有不同者焉。圣人之教，使人顺其伦理，克其气质，因其同，革其异，所以同其同也。契之教也，顺其伦理之同也。夔之教也，克其气质之异也。③

---

① 吴澄：《送陆教授序》，《吴文正公集》卷34（《全元文》第14册，第236页）。
② 吴澄：《旧冈义塾记》，《吴文正公集》卷41（《全元文》第15册，第197—198页）。
③ 吴澄：《送南城教谕黄世弼序》，《吴文正公集》卷27（《全元文》第14册，第139页）。

吴澄于至大元年至皇庆元年（1308—1312）在国子监任职，他不仅能够做到对儒生的"各因其材质，反复训诱之"，还倡议设立了四条教法：一曰经学，二曰行实，三曰文艺，四曰治事。吴澄亦特别指出："朱子于道问学之功居多，而陆子静以尊德性为主。问学不本于德性，则其敝必偏于言语训释之末，故学必以德性为本，庶几得之。"由于吴澄的教学理念与其他儒者不同，受到同僚的排斥，乃辞职南返，未能实现他的兴教目标。①

（四）变华彩文风

吴澄指出："夫今之学者之学，不过二端，读书与为文而已矣。读书所以求作圣人之路径，而或徒以资口耳。为文所以述垂世之训辞，而或徒以眩华采。如是而学，欲以变其气质，不亦难哉。"② 为改变华彩奢靡的文风，吴澄强调的方法是先学会为人，再学习为文。

> 盈天地之间，一气耳。人得是气而有形，有形斯有声，有声斯有言，言之精者为文。文也者，本乎气也。人与天地之气通为一气，有升降，而文随之。画易造书以来，斯文代有。然宋不唐，唐不汉，汉不春秋、战国，春秋、战国不唐虞三代，如老者不可复少，天地之气固然，必有豪杰之士出于其间，养之异，学之到，足以变化其气，其文乃不与世而俱。今西汉之文最近古，历八代浸敝，得唐韩、柳氏而古；至五代复敝，得宋欧阳氏而古；嗣欧而兴，惟王、曾、二苏为卓卓。之七子者，于圣贤之道未知其何如，然皆不为气所变化者也。宋迁而南，气日以耗，而科举又重坏之，中人以下沉溺不返，上下交际之文往往沽名钓利而作。文之日以卑陋也。

> 夫七子之为文也，为一世之人所不为，亦一世之人所不好，志乎古，遗乎今，自韩以下皆如是。噫，为文而欲一世之人好，吾悲其为文；为文而使一世之人不好，吾悲其为人。③

通观吴澄所阐释的治道学说，可以看出他是以义理和新的道德解释

---

① 《元史》卷171《吴澄传》。
② 吴澄：《送方元质学正序》，《吴文正公集》卷27（《全元文》第14册，第136—137页）。
③ 吴澄：《别赵子昂序》，《吴文正公集》卷25（《全元文》第14册，第93—94页）。

作为治道的理论基础，以仪礼和敬孝为治道框定基本方向和准则，以现实问题的合理解释和有效对策改善治术，为治道提供重要的保障。尤为重要的是，吴澄要求以真知实践的态度来改造或再造理学，使其成为足以支撑治道或治世的更完整和更有用的思想体系。政治现实或政治场景的变化，需要理学学说的发展和变化，尤其是对于新现象和新问题，必须作出新的理论解释。吴澄在元朝中期政治思想的发展中之所以能够占据重要的地位，就在于他积极推动了治道学说的现实化（或实用化）、系统化、道德化的转变，并使这样的转变得到了主政者和学术界的认可和支持。

第二节 许谦的善治学说

许谦（1270—1337年），字益之，号白云，金华（今属浙江）人，曾师从金履祥学习理学，成为"北山学派"的重要传人，[①] 以讲学和钻研学问为务，著有《读四书丛说》《读书丛说》《观史治忽几微》《诗名物钞》和文集《白云集》等，在著述中较全面地阐释了理学的善治学说。[②]

一 为政论

许谦依据理学的治道学说，特别强调了为政的治乱、止战和远小人三方面的观点。

（一）治乱说

对于儒家所说的"治"与"教"，许谦特别作出了解释："治者，法制禁令，赏善罚恶，凡政事施设皆是。教者，躬行心得能感化而可推充者也，大小学之教固在其中。"他还明确指出："战国以来，固是治少乱多。然五季五十三年间，五易代，八易姓，于时天下分裂为十余国，争地杀人。无日无之，至于弑父弑君，篡攘倾夺，权谲变诈，无所不有，人伦丧尽，天理消亡，自古以来未有甚于此时。"为了达到由乱到治的效果，一方面要注重治国的方法，如许谦所言："治国平天下，

[①] 黄宗羲原著，全祖望补修：《宋元学案》第4册，第2756—2759页。
[②] 关于许谦的政治思想，参见徐远和《理学与元代社会》，第163—178页；蒙培元《理学的演变》，第161—166页。

一曰感化，一曰推充。已有德，人感而化于善者，上也。推此道而充广者，次之。然人不能尽化，而所观感者亦未必劲天下之事，故须有礼乐政教，使人有可效之法。"另一方面，则要讲究絜矩之道："治天下在乎絜矩，而絜矩于用人取财处为要，然得失之几全在忠信骄泰上。发于心者忠，接于物者信，则事皆务实，好善恶恶，皆得其正，而能尽絜矩之道。存于心者务骄，行之以侈肆，必不得絜矩，则远正人而谗谄聚敛之人进矣。故忠信骄泰，治乱之原也。"①

正是基于理学的治乱学说，许谦对元文宗时所提倡的文治在上表中给予了高度的评价："兹盖伏遇皇帝陛下，历数在躬，文思稽古，宏阐图书之府，广延帷幄之儒。每机务得遂于燕闲，而圣睿犹资于启沃。学于古训，虽寸阴克慎于渊衷；钦乃攸司，俾百辟咸遵乎成宪。是以发号施令，克广好生之仁；立政任人，深得诒谋之道。"② 也就是说，重儒和好仁，确实符合圣人对善治的最基本要求。

（二）止战说

对于国家的大一统，许谦认为是中国历史发展的必然趋势："一谓统天下为一家，正如秦、汉之制，非谓如三代之王天下而封建也。""今世既合，不可复分，终必又并而为一，举天下而郡县之而后已。至于秦汉，孟子之言即验，但秦犹嗜杀人，故虽一而不能定，至汉然后定也。"③ 也就是说，大一统需要制度基础，而郡县制恰是大一统所依赖的一项重要制度。

在全国统一之后，最需要的是终止大规模的战争，以达到休养生息的目标。许谦以凭吊古战场为题作赋，一方面充分肯定了朝廷以不嗜杀实现一统天下目标的做法，另一方面特别强调了战争会带来严重的破坏，所以应继续保持止息干戈的状态，以展示上国的和平景象。

> 以今度古，不能尽变化之万一，而战陈之具，钲鼓之教，虽百年而犹信宿。是以竹树吞吐烟尘之表，目茫茫乎昆阳之旌旗，鹳鹤嘹唳风云之间，耳聩聩乎八公之草木。月白兮骷髅寒，天阴兮鬼声哭。彼进取之君，争城争地，而暴白骨如草菅，忍使天下之人，兄

---

① 许谦：《读四书丛说》卷1，四库全书本。
② 许谦：《进通鉴前编表》，《全元文》第25册，第3—4页。
③ 许谦：《读四书丛说》卷3。

散弟离，子孤父独。自夫达者而观之，何异左蛮而右蜀也哉。方今堪舆块圠，开统拓迹，自江左之献版图，未尝复有干戈之役，遐荒莫敢不来王，所谓不嗜杀人者能一，民皆安土，地不遗力。眷此大墟，固可制井经而务稼穑。飞潜动植，皆囿于发生之仁，熙熙如登春台而享太牢之物，于是舞干羽于两阶，朝衣冠之万国。①

尽管元朝中期较少大规模的战争，但是许谦的担心不无道理，因为泰定帝去世后为争夺帝位展开的两都之战，确实给全社会带来了巨大的破坏。

（三）远小人说

至于国家的政务，最忌讳的就是小人作乱，而最容易出现的现象，恰是朝廷中小人过多而君子过少，许谦对这样的现象作了解释。

余读欧阳子《朋党论》，洞见小人之情状。嗟乎，君子之生斯世，何其不幸欤。愚以为朋党之祸，固小人为之，亦世道衰而君子少也。何也？以其可以名指而数计也。唐虞之民，比屋可封，可以名指而数计乎，惟时小人则可以数计，曰共工，曰驩兜，曰三苗之君，曰鲧。尧舜之世，指小人之名而数计之，足以见天下皆君子，而惟四小人也。朋党之论兴，亦指君子之名而数计之，足以见天下小人多，而惟数君子也。盖尝论天人之理一致耳，天之气有阴阳，人之类有善恶。夫阳生于子而极于巳，消于午而尽于亥，春夏之时虽或有严厉苍凉之气，不能终日，以阳方盛不可夺故也。秋冬之时虽或有炎蒸温燠之气，亦不能终日，以阳既衰阴得以专故也。以尧之时而四凶人间于其间，为善类之玷，故务决去，若众阳之消微阴，不劳力而已复于和气之中矣。阴道既盛，阳不得而胜之，犹国家之运衰，圣贤之君不作，群小人进用，而数君子方欲与之力争而较胜，彼阴邪小人必牵引丑类，排抑摧沮，无所不至，驯致其祸，自履霜而至坚冰也。君子小人不两立，而寡固不可以敌众，势然尔。且党之所逮，非惟居位食禄者而已，下而草茅布衣，凡行义有以异乎小人者，必皆搜摘而无遗。夫举当世天下之善士，至今可以

---

① 许谦：《拟古战场赋》，《白云集》卷2，四部丛刊本（《全元文》第25册，第1—3页）。

指其名而数之，则君子之少可知矣。《易》之为书，道阴阳而明吉凶者也。在夬之上六，曰："无号，终有凶。"微阴为众阳所决，虽号亦凶也。剥之上九，曰："硕果，不食，君子得舆。"阴盛矣，惟孤阳如硕大之果独存，譬君子在上势虽孤，犹为众人所仰望也。圣人之抑阴扶阳盖如此，阳不可绝，剥穷则复。君子虽少，君人者能用之，犹可以为善，国且将拔汇以进矣，在处之何如耳。朋党之祸始于汉，其亡国也不旋踵。唐不能监之而又亡，宋不能监之而又亡。呜呼，使唐、宋之君知殷监之不远，而观象以玩辞，则不蹈前人之危辙矣。①

许谦之所以特别说明东汉、唐、宋的朋党之祸，就是希望这样的祸乱不要在新朝重演，而重点张扬的，就是远小人的基本政治观点。

二 用人论

许谦作为一名江南的学者，较少对朝廷的具体政务发表评论，但是在朝廷的选人和用人问题上，他明确提出了自己的见解。

（一）论择时而仕

在用人方面，许谦首先强调了两个重要的观点。一是对于主政者而言，为政的先务就是选用人才，所以无论是中央政府还是地方政府，都有择贤而用的重要责任。二是对于儒士而言，选择入仕不仅要有行治道于天下的志向，还要有自我修养并可示范于他人的德行。

难制者，心也。难明者，理也。难穷者，事也。以难制之心，究难明之理，而应难穷之事，或中焉，或否焉。未能定心而不外求者，类然也，人岂易知哉。故大禹曰："知人则哲。"为政以得人为先，虽十室必有忠信，况大邑通途，肩摩袂属，岂无遗逸而在下者。上之人不能援而进之，使之陷穷而莫敢告，是之谓弃才。舍有所藏，用有所行，而乃招之不来，挽之不进，知自洁其身，而不为天下虑，恳恳乎木石居而麋鹿友，是之谓乱伦。或援之，或推之，不度其德、量其力，外以欺于人，内以欺于心，嚣嚣然而康而色，

---

① 许谦：《朋党论》，《白云集》卷4（《全元文》第25册，第44—45页）。

曰:"予攸好德。"惟恐自鬻之不克售,实乃嗜利无耻之人耳,是之谓不知命。弃才不可也,乱伦不可也,不知命尤不可也,君子适其可而已。

古之君子未尝不欲仕,道可以济天下,德足以致中和,自修者已至,然后思及乎人,然岂汲汲于进哉。未至于此,而且汲汲焉,则为养为贫者也。为养为贫而仕,抱关击柝可也,乘田委吏可也。浙水东七郡,户不下数百万,食禄者千余人,利害休戚,进退黜升,皆系乎一司。而欲使无一物不得其所,澄源而清流,彰善而瘅恶,树之风声而示之成宪,其为任莫重于此者矣。①

尤为重要的是,入仕要选择合适的时机,有道乃仕,无道不出,但是只要选择了入仕,就要坚持到底,即便遭遇无道,也要以身殉道或者殉国。

有道无道,只言国之治乱。有道乃可仕之时,无道无可出之理。君子之出也,固当合乎中庸。然此却只言出以后事,盖君子平日自修,须有能守之节,上之人亦为其有所守,故用之。及既仕,则必坚守平昔所守者可也。今乃不能守其前志,不为富贵所淫,则为事物所汩尔。为所汩者,知未尽,为所淫者,仁未至,皆是不能勇以全夫知仁者也。故以不变塞为强,若国无道,不变平生所守,是穷而在下,当不可仕之时,虽困悴穷塞不能全其生,亦必死而安于天耳。推而言之,虽已仕国者,适逢国变而无道,则必屹立不移,以身殉国。若此,岂非至强者欤。②

许谦的殉道、殉国观点,体现的是儒者的政治气节要求。这样的要求在元朝中期只是说说而已,但是到了元朝后期,则成了儒者不得不面对的现实问题。

(二) 论由吏入官

许谦虽然见证了仁宗时的重开科举,但是科举取士毕竟只是选用儒士的一种方法,并且选人有限,由吏入官仍是当时儒士晋升的主要途

---

① 许谦:《上宋经历书》,《白云集》卷3(《全元文》第25册,第14—16页)。
② 许谦:《读四书丛说》卷2。

径，许谦特别对由吏入官的合理性作了说明。

> 汉自萧何以佐命为相国，而曹参次之，二人皆吏也，故终汉世选官多由吏。后虽设科博举，而由吏进者未尝废，名公卿大夫今可指数者班班也。而自郡县吏积功致大位者，尤卓然如于定国、杨震、陈蕃、王允、寇恂、冯异、赵广汉、张敞辈数十人，皆由是出。盖天地储才以为时用，视上之所好而趋之，得其人皆足以辅化兴治，不必较其所从来也。然昔之进者虽自吏选，莫不尊德问学，秉义守礼，尚廉耻，谨节行，故能师表当时，流芳千载，非特操笔书牍、玩法舞文而已。圣朝混一之初，革文华取士之弊，它科目未设，选官颇类汉法，而庶人在官者皆以年劳叙迁，可计日以俟进，其任用之重，盖过于汉矣。故得人有为名公卿大夫，亦不愧于古。①

> 周官自公孤至下士凡八等，外取于诸侯，内举于学校，皆以德以才。大夫而下，大事则从长，小事则专达，是受一命以上，皆得以行所学而遂其志。其赞治之吏曰史，则官长所自辟，蠲其课役，而使之造文书、给趋走而已，谩不敢可否事。汉初用萧、曹为相国，而二人皆出于吏，是以由吏入官者终汉世不革，自县郡佐吏、斗食吏进而为公卿者，往往多硕德大才，如于定国、丙吉、薛宣、袁安、杨震之徒数十人，皆是选也。然虽为吏，其于政事进退予夺，皆得预参廷辨面争，不专以诡随为事。是周之吏贱，而汉之吏贵矣。大朝式考古训，自吏择官，故由吏升而为公卿者，不可一二数。今圣天子下明诏设科取士而官之，德至渥也，有不得预于此者，则使由吏以进。夫取才于学，周制也；选官于吏，汉法也；由儒入吏，由吏拜官，则兼周汉之任人。然则，今之为吏者可谓贵，而士之生斯世可谓幸矣。②

对于可能有所作为的儒官，许谦则在诗作中或者给予鼓励，或者对其取得的政绩等加以充分的肯定。

---

① 许谦：《送林中川序》，《白云集》卷2（《全元文》第25册，第32—33页）。
② 许谦：《代人上书补儒吏》，《白云集》卷3（《全元文》第25册，第25—26页）。

江南佳丽萃金陵，早岁游观壮气伸。月旦当年曾许子，平原今日正须人。鹰鹯得志三秋翮，鸿雁随阳万里身。入手功名便回首，白云深处有鲈莼。①

北风萧萧吹江芦，清霜载道冰在须。奚奴束书催上车，政成卷斾归京都。暨阳眇处天一隅，里间凋瘵烦爬梳。负戈攘臂众暴寡，探囊肢箧争捐躯。天民秉彝同好德，带牛端为饥寒驱。倅州宽惠别淑慝，瘅恶岂必连妻孥。甘棠蔽芾有余荫，百里宁谧无援桴。存心忠孝本天性，为政固与常人殊。寿中自乐归河中，希文隐忧居江湖。白云舍近毕志愿，青霄路迥宁踌躇。前年螟旱遍八区，一文不获今岂无。愿君易地尽仁爱，返淳敦俗需吾儒。②

许谦只是论证了以儒为吏可行，回避了儒、吏之间的矛盾问题。与郑介夫、袁桷等人的观点相比，显示的是更为保守和温和的态度。

（三）论台官作为

在朝廷的各种官员中，许谦尤为重视御史台官员的作用，并特别指明在江南地区设立的行御史台，最重要的就是用人得当："切惟天朝分省之规，盖循晋室行台之制。德泽欲加于万里，嘉谋兼赖于众贤。肆选真才，共兴善治。"③ 对于能够有为于江南地区的台官，许谦同样给予了赞誉和鼓励。

使者被绣衣，上注意海邦之右；天孙织云锦，亲承恩香案之前。威感山川，光生原隰，七郡遽兴善治，列城自无冤民。行属县而雨随，祭东门而旸若。所操公溥，自契神明，进陟副端，实符众望。昔在廷皆知惮黯，今弄印无以易尧。白简绛骖，耳自暂司于察视；内屏黄阁，腹心有待于论思。人所共期，理之必至。④

君子尚志，修己以及人，不偏废学也。然下学上达，功不可

---

① 许谦：《送余之问赴乌台一首》，《白云集》卷1。
② 许谦：《送诸暨俞州判一首》，《白云集》卷1。
③ 许谦：《贺宪使敬威卿除江西参政启》，《白云集》卷3（《全元文》第25册，第10—11页）。
④ 许谦：《贺赵淞涧除行台治书启》，《白云集》卷3（《全元文》第25册，第9—10页）。

画,可仕而仕,进退有义。故自治常严,而及人者不汲汲。学每病于满与怠,自满者不思益,意怠者不足有为。如是,则所谓及人者,岂果有志于行道哉,亦慕荣务得而已尔。进修以为之本,可仕之几合于义,由是而行其志焉,君子固所愿也。今之仕者必欲登风宪之门,谓无掣肘之虞,得以遂其志。暨入其阃,乃无所志,而可耻者有之矣。吾友汝南郭君子昭,自浙东宪史迁浙西,复升为御史掾,好善恶恶,介洁正平,所至有声。昔者余与子昭同受业于仁山先生,时师门数十人,惟子昭与余合志以求道,温厚静恭,不汨流辈,群会无长语,昼讲肄有条,夜执经问辨,析理较毫缕,率下漏过半,疲极俱罢,抵足卧觉则复共索所未悟。稍闲,各言其志,思苴漏易弊,振奋以迈寻常,若是者甚久。后虽从仕,时相过语,不改不倦。别五载,复会金陵,道平生欢,皆叙离群而自致者。子昭遍循大江之南,获交当世君子,多随其高下,师尊之,友接之,所自得者益广,而其正本大纲,不倍师说。大夫士论子昭当官廉慎,有补公道,如出一口。是子志真可尚,满与怠之心未尝生,而于修己及人两无愧矣。①

许谦一生未仕,亦不屑于了解官场的规则,所以只能就所见的官场表象,略作评价而已。

(四) 论作养人才

善于用人与育人,都是走向善治的必不可少条件。许谦看到了朝廷发展儒学教育的成绩,并就此作出了积极的评价:"钦惟大朝立法而遴选,亦举前代故典而设施。取之者闻所闻,已縻好爵;将俾之觉后觉,容可素餐。自孔子而下,君师之职分,则学校之官、教育之责重。人之大伦有五,义所当明;学之达德者三,诚则可进。事变之糅杂,物理之贯通,鬼神之幽,礼乐之著,先致知是为博文之要,主持敬以收复礼之功,岂口耳之云然,宜足目之俱到,是须自得于己,而后可及乎人。"②"近代以文辞取士,而不考其实。惟务雕镌镂刻,破碎支离、诐淫邪遁之辞靡所不至,六经之道或几乎息矣。圣朝敦尚实行,放斥浮辞,固学

---

① 许谦:《送郭子昭序》,《白云集》卷2(《全元文》第25册,第31—32页)。
② 许谦:《上宪使刘约斋启》,《白云集》卷3(《全元文》第25册,第6—7页)。

者之所愿也。州若县皆有学，立师而教之，抑仿佛古人之遗意欤。"①

许谦还简述了学校育人的发展历史，重点不是为了评价古人的功过是非，而是要强调兴学是善治的基础，因为只有恢复上古的以学校育人、取人做法，才是真正的致治之术，而不是以养士为标签的"饰治之文"。

> 三代取士于学校，为致治之术。后世养士于学校，为饰治之文。治道所以不同者，在于学校废兴而已。昔者圣人有高世之虑，绝人之智，举天下而经纶之，以谓非人材不足以为治，而众人者非教诲鼓舞之，不足以成其才，此学校所由兴也。自闾里之塾，至于党庠、术序、国学，教以三物，造以四术，尚贤以崇德，简不肖以绌恶，其教之也详，而取之也严，是故天下无不学之人，而用者无不材之士。以天下之大，付于人理之而求皆备于学，故学校者为治之原也。圣人百世之师，事不师古，而徒曰"我善为治，而不本于学校，不法于三代，吾未见其可也。"
>
> 嬴政破灭吾道，非毁圣贤，销简编而尚锋镝，左仁义而右谋诈，遂使百世不复见三代之善治者，秦之罪也，秦不足道也。继秦之后，足以有为之时屡矣，将大有为之君时出而习闻其说，乐为其所，为设科择人，而不取于学校，其流至于以文辞翰墨覙天下之士，亦陋矣。然则，使百世无善治者，非独一秦也。魏、晋以变诈攘夺得天下，乌足以知此。陵夷至于隋，俗益薄而伪益滋，道日丧而文日胜，虽或开学校聚生徒，养之不能用，教之不法古。唐、宋立学遍郡县，得其名未见其实，大抵失于养士以饰治尔。
>
> 夫天下之人，皆习今而厌古，以耳目之所迫者为常。一旦舍其旧而新是图，则将惊骇眩瞀，而不知所止。事之既失不远，而复可也。堕三代之法者，固秦之罪；复三代之古以救秦之弊者，实汉之责。东都光武起自诸生，故功成而兴学。明帝尊敬师傅，临雍拜老，开学馆招经生，近古为盛，亦不过举祖宗之旧法，未能复乎古也，其责岂不在西汉乎。高祖马上得天下，间关百战之余，继以乱臣叛将承踵接武，弓不及韔，胄不及免，已入于长陵之土矣。况以

---

① 许谦：《送尉彦明赴开化教谕序》，《白云集》卷2（《全元文》第25册，第33—34页）。

溺冠嫚骂之资，辅以叔孙通绵蕞卤莽之学，责人不可求备也。文帝时天下衣食足，可以施仁义，而谦让未遑，惜哉。然则使百世无善治者，汉文之过也。武帝举遗兴礼，置博士弟子，倡为章句训诂之学，岂经济之道哉。圣人之教，于此尽矣。呜呼，或者以为汤举伊尹于野，高宗举傅说于徒，文王举太公于钓，岂必皆学校。曰：人生自八岁皆入小学，及十有五年，选其俊秀者入大学，以养成之，学校之外岂有遗材乎。如伊、傅、太公之伦，学成而隐者也。尧之举舜也，何如？曰：陶唐之学，其详良不可得闻，而尧、舜性者也，亘古今一舜耳。当此之时，比屋可封，则其教化亦可知矣。礼乐至周而大备，非圣人之自私也，理也，势也。吾故曰：为治者不本于学校，不法于三代，未见其可也。①

许谦在元朝中期大谈用人问题，是有其深意的。一方面，他确实看到了宋朝用人的种种不足，尤其是科举取士带来的弊病，希望朝廷能够在用人方面以复古的方式走出一条"新路"。另一方面，朝廷在用人方面已经暴露出了严重的缺陷，尤其是武臣揽政对文治已经形成较大的威胁。许谦不愿意非议朝政，只能以宏观的用人说来表示他对此类问题的关注。

三 治学论

许谦曾多次谢绝入仕的邀请，专心于学术和教学，并依据善治理念对治学涉及的重要问题作出了明确的解释。

（一）论心性

作为理学学者，许谦固然要强调气理学说的重要性："天之生人，理气俱到。然有此气，故理有所泊，是以谈者多是先说气。"道以气理为基础，可以分为天道、人道，而《大学》所说的道，则主要指的是修身之道，与天、人两道有所不同。"凡言道有二意。天理气化运行不息者，谓之道。人由义理而行，亦谓之道。圣人赞易多言天之道，余经中所言皆是言人所行之道也。此大学之道，又非二者之谓，却是言大学中教人修为之方尔，如君子深造之以道之道。"②

---

① 许谦：《学校论》，《白云集》卷4（《全元文》第25册，第42—44页）。
② 许谦：《读四书丛说》卷1。

理学家之所以强调气理和道的作用，是因为它们与心性有直接的关系。"天以善理赋人，而人受之，存于心者为性，故性字从心生，是有此心，即有此理也。得此性存于心，其体则尽具万物之理，其用则可应天下之事。"① 由此需要特别注意两方面的要求。一是要"知性"，如许谦所言："尽心知性，性即天地万物之理具于心者。知性，则穷究物理，无不知也，无不知，则心之全体尽明矣。"② 二是要以人心服从于道心，许谦就此特别强调："人心是所欲为之事，道心是发应事之理。人心听命于道心，只是事皆顺理耳，危者既安，则便是道。"③

讲求心性的一个重要政治目标，就是要达到明明德的理想境界。按照许谦的解释："凡言德亦有二意。得天理而存于心者，德也。行道有得于心，亦德也。此明明德字，就得处言，则是上一意。及加明明之功，而有得于己，然后有下一意。""人之初生，禀天地之气以为形，禀天地之理以为性。理无有不善，则其性亦皆善，所谓德也。以其虚灵而能具万物之理，而可应万事，故谓之明德。""明德竟被昏昧，学者当凭开发磨莹之功，变化其气质，消去其物欲，使此德复明，此明明德之意。人之生同此理，与我无异，既自明德，又当推以及人，使亦如我之用功明其德。"④ 由此可以看出，许谦重点关注的是明明德的方法论问题，即明明德既要得明于天理，也要得明于实践；既要注重于自明，也要注重于明于他人。

许谦还特别指出，既有能为天下确定法则的圣人，也有学有所成的圣者："圣人大率有两等。有自然之圣，生知安行，所谓性者也。有学而成之圣，积而至于大而化之，所谓反之者也，此不言圣人而言圣。神是指性之自然，神明不测之圣也。此言上古创始有位，道与天合之圣人，言动皆可为天下法则者，为天下之始，下此皆是接传其统者。"⑤ 之所以要做这样的区分，是因为学者要了解治道，就必须向圣人学习，尤其是要掌握纲常之理。

---

① 许谦：《读四书丛说》卷1。
② 许谦：《读四书丛说》卷3。
③ 许谦：《读四书丛说》卷2。
④ 许谦：《读四书丛说》卷1。
⑤ 许谦：《读四书丛说》卷2。

然而所学果何事耶，学为圣人而已。圣人果可学而至耶，圣人之性非与人殊，不过尽人伦之至而已。学者以圣人为之标准，知其的，日行以来其至，明其道而不计其功。至于圣贤之分量，成效之浅深，皆自然而然，已不得预也。一有计较期必之心，则非所以为学矣。且天之生人也，其伦有五，曰君臣、父子、夫妇、长幼、朋友。五者天下之达道，举天下之事错综万变，莫不毕在五伦之中。天之赋人以形，即命之以性，其类亦有五，曰仁、义、礼、智、信。五者天下之常道，举天下之理，枝派万殊，莫不毕在五性之中。《诗》曰："天生烝民，有物有则。"人伦，物之大者也；五常，物之则也。昔者圣人使契为司徒，教以人伦，父子有亲，君臣有义，夫妇有别，长幼有序，朋友有信，曰劳之、来之、匡之、直之、辅之、翼之，使自得之，又从而振德之。使教者以是而教，学者由是而学，盖人伦之外无余事也，五常之外无余理也。父子之所以亲，为人心本有此仁。君臣之所以合，为人心本有此义。心本具乎礼，长幼所以有序。心本具乎智，夫妇所以有别。朋友之所以交，非心本有此信乎。五常之理，原具于吾心而无少亏；人伦之事，日接于吾身而不能舍；此道之所以不可须臾离也，此学之所以当逊志而务时敏也。五常之道配乎人伦，虽各有所主，然而未尝不互相为用。父子主于仁，而深爱和气，愉色婉容，是仁之仁；父母有过，谏而不逆，是仁之义；应唯敬对，周旋慎齐，是仁之礼；先意承志，乐心不违，是仁之智；生敬死哀，事亲有终，是仁之信；此子事父之大略也。君臣主于义，而以君成礼，弗纳于淫，为义之仁；道合则从，不可则去，为义之义；责难于君，陈善闭邪，为义之礼；达不离道，泽加于民，为义之智；托孤寄命，节不可夺，为义之信；此臣事君之大略也。由是而推之，保身以尽夫孝，致身以尽夫忠，细微委曲，莫非五常之用也。又反而推之，父慈其子，君使其臣，亦莫非五常之用也。又广而推之，夫妇之别，长幼之序，朋友之信，而五常不可胜用矣。钧是人也，钧赋是性也。圣人生而知之，安而行之，众人则迷而渐远。故效先觉之所为，乃可明善而复其初。然而天下之理岂易穷？天下之事岂易周？非尽博学、审问、慎思、明辨之功不可也。①

尤为重要的是，对于国家统一后的弘扬理学学说，南北的儒者都能发挥重要的作用，许谦在诗作中特别强调了这样的要求。

道原出于天，合变无终穷。群经载道器，言异理则同。民生有物则，所要求厥中。先几在知止，实践乃圣功。心广体自胖，万象皆春融。宁为四寸学，坐想成玄空。
濂溪振遗响，伊洛探玄旨。龟山载道南，江汉隔万里。乾淳号邹鲁，三子森鼎峙。皇图启昌运，寰海共文轨。得人道乃弘，今古无不在。殊途固同归，遐迩均一视。
中原清淑气，世代生伟人。伯阳孔子师，千载今云孙。穷经入闑奥，探道提纲纶。襟怀洒秋月，论议开愚昏。大材古难用，暂屈宁久伸。要当推所学，利泽均斯民。
东南互乡子，古道昔所慕。悠悠二十年，所向皆谬误。私淑得硕师，引发使自趋。鞭绳屡提掣，远道迷蹇步。缅怀天下士，一睹快披雾。抠衣登公堂，隅坐视朝暮。②

心性不仅是学问或学术问题，也是重要的政治问题，所以许谦强调了南北士人都要深刻理解理学的基本观点。

（二）论分殊

要弘扬理学，必须理解理学的要义。由于许谦曾师从金履祥，所以自学理学的吴师道特别向许谦请教，除了在居敬、穷理两方面下功夫外，还应在学问长进方面注重哪些问题。

仆生幼而读书为文，盛气而锐思，贪博而骋能，自以为适也，既而悔之。闻义理之学、圣人之道于是乎在，时则仁山金子讲道淑婺之人，而弗果从。家贫无书，里良师友又少，闭门矻矻，弗知所向。窃自念道散于群经，会于《四书》，周、程、朱、张诸儒又表章发挥之，微言精义，抉露无余矣。遂慨然曰，吾他无书，独无

---

① 许谦：《八华讲义》，《白云集》卷4（《全元文》第25册，第50—52页）。
② 许谦：《上李照磨四首》，《白云集》卷1。

《四书》乎。吾无所与游，独弗能尚友古人乎。于是诵其书，思其人，优游涵泳乎性命道德者几时。始而茫乎其失也，继而粲乎其明也，久而确乎其信也。呜呼，道迄孟氏不传，毅如荀谓性恶，懑如扬谓善恶混，醇如董子谓性者生之质，懿如王通以性为五常之本，正如韩愈氏言性有三品。斯五人者，其绝类离伦，非不卓卓然著矣，而皆昧于论性。今予之愚，一朝而识之，天之予我者如此，先儒所以启我者又如彼，奈何忍而弃耶。然闻之不如见之之亲，见之不如授之之精，无师友以为资，亦终焉寡陋是惧。环视当世，污染沦胥，讪笑迂阔，友且未多见，况于师乎。足下早登仁山之门，深探王、何之传，质纯而气清，道信而学笃，于仆则又道先齿长，实师而非友也。比尝幸得见，退而迫困世故，弗获有请，一年于兹，足下又警迪之以文字者屡矣。仆诚不佞，试以所得于先儒而欲终身行者诵言之。涵养须用敬，进学则在致知。学者工夫，惟居敬、穷理二事。正容、谨节、存心、主一，敬之事也。读书、问道、应事、接物，穷理之方也。二者皆主于敬焉。斯言也，先儒所以会圣贤之精微而示人以约者与？备体用本末而入德之要与？仆之生也愚，而师之求也久，方将请事于敬，未能习而安也，而缺焉亲炙复若是，如进学何？足下倘嘉其志，矜其愚而辱教之，赐一言以自证，则先儒之启我也，足下之成我也，幸孰大焉，幸孰大焉。①

许谦高度肯定了吴师道自学成才的业绩，并明确指出研习理学，必须了解分殊的重要性。而所谓分殊，就是理虽为一，但是表象各有不同，学者必须对此有所辨别。

《大易》画而人文开，《典》《谟》作而大道著。圣圣相传，至夫子而大明。孟子殁，则日以晦矣。濂溪浚其源，程、张疏其流，朱子放而极于海，可谓光前绝后，宜其悠久而无息也。今朱子之书满天下，诵而习之者岂少其人，能升其堂而窥其室，于今几何人哉。去其世若此未远，犹且如是，则继今以往，其明晦未可知也。尧舜之道，孔子集其大成，中虽有晦明，无害也。孔子之道，朱子

① 吴师道：《与许益之书》，《礼部集》卷11，四库全书本（《全元文》第34册，第19—20页）。

发其大全，中虽久晦，无害也。今朱子之言满天下，诵而习之者既多，安知不有知朱子如朱子之知孔子者，亦未须预为之忧也。窃独自悲，抱朱子之书而诵之，若操扁舟下沧溟，遇风涛而失楫，伥伥乎无所底止。方忧己之不暇，尚敢忧人哉。足下气质清淑，求之于朱子之书，凡所诵言既已得其要领矣，方且遑遑若有所不足，谆谆若有所求，是不自贵夜光之明，而欲求熠耀之助也。虽然，辱交既深，固知足下之心无不诚，而言无不信。来书之云云，盖亦真以为有所未足，而欲求之耳。贫而求于富，寡而求于多，固宜矣。某之才之学，不逮于足下远矣。而且以是来盖将警省其昏懦，鞭驱其驽怯，真不屑之教诲也。奉教以还，三复吟诵，初跃如其喜，且惕然而惧，故迟而不以书对者，有所不敢也。今足下以此为疑，盖深惜暗投其珠耳，姑诵闻之于师者以复足下。昔文公初登延平之门，务为笼侗宏阔之言，好同而恶异，喜大而耻小，延平皆不之许。既而言曰："吾儒之学所以异于异端者，理一而分殊也。理不患其不一，所难者分殊耳。"朱子感其言，故其精察妙契，著书立言，莫不由此。足下所示程子"涵养须用敬，进学在致知"之两言，固学者求道之纲领。然所谓致知，当求其所以知，而思得乎知之至，非但奉持致知二字而已也。非谓知夫理之一，而不必求之于分之殊也。朱子所著书盖数十万言，巨细精粗，本末隐显，无所不备。方将句而诵，字而求，竭吾之力惟恐其不至，然则举大纲、弃万目者，几何不为释氏之空谈也，近日学者盖不免此失矣，吾侪其可踵而为之乎？抑愚又有所闻，圣贤之学，知与行两事耳。讲问辨诘，朋友之职也。至于自得之妙，力行之功，他人不得与焉，非自勉无所得也。某虽愚钝，然不可谓无志于此。足下于斯两者涵泳从容，精修力践，旦旦有得，幸明以告我，赐中流之一壶，则感责善之德深矣。①

辨分殊是为了更好地理解"圣人之道，中而已矣"的要义，所以许谦不仅在治学中"致其辨于分之殊，而要其归于理之一"，还"事事求夫中者而用之"②，并特别强调："执两端而用中，谓众人所言于此一

---

① 许谦：《答吴正传书》，《白云集》卷3（《全元文》第25册，第18—19页）。
② 黄溍：《许谦墓志铭》，《金华黄先生文集》卷32（《全元文》第30册，第332—333页）。

事虽同于善，然却有处之厚薄不同，却将己之权度在心者，度而取其中，或在厚，或在薄，必合于此事之宜者而行之。"① 在专为吴师道写的诗作中，许谦亦清晰地表达了"分殊"与"求中"的关系。

> 衢江扬清波，秀气产佳士。学优言更卑，神峻志无涘。求道本五经，尚友论千禩。文词珠玉价，璀璀光焰起。焉能遂倒澜，抱璞良有俟。咸韶乱桑濮，盆盎喜罍洗。大道无晦明，斯人有臧否。乾坤斡元化，昼夜川逝水。总总散万殊，昭昭归一揆。巨细含分差，毫厘辨疑似。是中有卓然，可变非至理。从容适中和，极乐非可以。要须齐足目，岂必务口耳。真积乃有功，两马却成轨。某也独何人，占毕聊复尔。茫茫谬黑白，前却昧所止。轻尘栖弱羽，簸荡天万里。日暮途且长，心远迹自迩。佳篇出壮语，三复兴愧耻。古人吝许可，名实贵相拟。汝南月旦评，一言定非是。顾兹荛末材，誉论何过侈。神交居匪遥，千里如一跬。意笃故不忘，时能致双鲤。②

许谦之所以反复强调"分殊"的重要性，不仅仅是为了强调本学派的特性所在，还因为"分殊"具有认识论和方法论的重要意义，无此则难以有符合儒道的观念和言行。

（三）论异端

许谦与其他理学学者一样，对佛教和道教采取的是排斥的态度，并特别强调了俗儒害于内、异端害于外的论点。

> 俗儒是害于内者，异端是害于外者。凡非圣人之道，而别立异论者，皆异端。此是总名，虚无寂灭，又是其中目之大者。老氏以无为道，而其用专以清静为宗。释氏以万物皆空，然后见其本牲，而以寂灭为期。圣学止是五常人伦，一切都是实事，全然相反。庋权，变诈也；谋阴，计也；术数，小道智数也。百家各自立意持论，人人不同，诸子小说是也。众技阴阳、卜筮、医药、种树、杂艺是也。一切就功名者，专以功利惑世。百家众技，又以新奇诡异

---

① 许谦：《读四书丛说》卷2。
② 许谦：《酬吴正传一首》，《白云集》卷1。

祸福射利之说诬民，所以人皆眩瞀奔趋之不暇，是故沉迷汩没不复知仁义之归，是充塞而不能行也。杂出乎其间，是俗儒异端之间，盖老释二教虽皆非正道，然其立言高远，又无尘俗势利之趋，故彼他立得根基牢，若可与正道角。①

许谦还特别指出，儒者不要因为追求新说而否定前贤的学说，以免堕入佛、道的虚妄之说。

> 夫圣人之道，常道也。不出于君臣、父子、夫妇、昆弟、朋友应事接物之间，致其极则中庸而已尔，非有绝俗离伦、幻视天地、埃等世故如老佛氏之所云者。其道虽存于方册，而不明于世久矣。周、程、张、朱诸子出，而辟邪扶正，破昏警愚。秦、汉以来千五百年，英才多矣，而有昧于是。吾侪生于斯时，未必能蹴于千五百年之才，而独有见于圣人之道如是其明也。幸而生于诸子之后，固当平气虚心，随而求之，阶之梯之，以达乎上，顾实有益于己而止。何庸倔强自意，撼奇务新，力与作者争衡，又将轹而践之哉。古之立言者，诵于口而可以心存，存于心而可以身践，而成天下之务，则圣人之道也。今口诵之而不足明乎心，降其心以识之而不可施于事，是则老佛之流之说尔。为老佛之说者，措之事固不能行于跬步，而自理其身，庸可以为善人则。好为异说者，其风又下于彼矣。道在天地间，弘博精微，非可以躁心求也。而乃攘袂扼腕，作气决眥，售其说而竞后息，欲以厌今人、陵古人，则吾未之信也。②

许谦并不是守旧之人，他自己也对一些旧说作出了新的解释。他所要反对的是缺乏依据和引入邪说的标新立异。

（四）论史学

为推荐金履祥所著《通鉴前编》一书，许谦特别指出了史书所应具有的载道作用。

> 道于万物，无所不在。用物而中于道与否，则存乎人。均一事

---

① 许谦：《读四书丛说》卷1。
② 许谦：《送胡古愚序》，《白云集》卷2（《全元文》第25册，第29—30页）。

也，彼应之则非，此应之则是，非事物之理本有是非也，人于理有明、不明，而措诸行事有当、不当尔。昔者圣人与天同道，建皇极于上，天下之人莫不服其睿知而怀其道德，与之俱化，而不自知其所以然。雍雍熙熙，囿于和气，举天下无一事一物不得其所，此不言而教，不动而化，尧舜之世比屋可封者，为是故也。盖阴阳运行无息，纯粹清明之气常少，而错糅偏驳之气常多，故圣人不世出，其得气之清纯而受大任者，既立乎其位，而化当世矣。又深虑夫继之者未善而晦斯道也，故不得已而后立言，此其以天之心为心，而亘宇宙同胞其民也。孔子之圣，适逢天运之失常，而不得立乎其位以化当世，又忧后世圣人之不复作也，故取前圣之言而折衷之，以为不可易之大经。万世之下，道之显晦，则系乎人之明不明，而载道之器未尝不全于天地之间也。《诗》以顺情性之正，《易》以谨事变之几，《礼》以固其外，《乐》以和其中，《书》以示圣贤之功用，而《春秋》以诛赏其善恶。孔子之意，岂不曰吟咏乎《诗》以养其原，涵养乎《礼》《乐》以成其德，应事则察乎《易》之几，使知惧于《春秋》，而取法于《书》也。《易》《礼》《乐》《诗》，循天理，缘人情，品量节制，犹若有意为之，《书》与《春秋》则史官纪当时事实尔。孔子恐史之所录记善恶混殽，不足以示惩劝，于《春秋》严其褒贬之辞，使人知所惧，于《书》独存其善，使人知所法。故《春秋》之贬辞多而褒甚寡，《书》则全去其不善，独存其善而已。

先师仁山金某吉父，生于《外纪》既成数百年之后，而于《书》逆求千古圣贤之心，沈潜反复，觉与史氏所纪者大异。于是修成一书，断自唐虞以下，接于通鉴之前，一取正于《书》，而兼括《易》《诗》《春秋》之大旨，旁及传纪诸子百家。虽不敢如《纲目》寓褒贬于片言只字之间，而网罗遗失，芟夷繁芜，考察证据，坦然明白。其于《书》则因蔡氏之旧，而发其所未备，其微辞奥义则本朱子而断于理。勒成若干卷，名曰《通鉴前编》。某受业师门，昔尝窃窥一二，而未获见其全书。至于病革，犹删改未已。将易箦，则命其二子曰："《前编》之书，吾用心三十余年，平生精力尽于此，吾所得之学亦略见于此矣。吾为是书，固欲以开学者，殆不可不传，然未可泛传也。吾且殁，宜命许某次录成定本，此子他日或能为吾传此书乎。"某闻之，抱书感泣。今既缮写成集矣，吾谓君子之身存而其道之行不行者，天也；身亡而其书之传不传者，人也。……今以公天下为心，著书以利后学，乃反郁而未传，则君子之所宜动心者。①

恰是在许谦的推动下，《通鉴前编》终于得以刊行，并流传至今，成为古代编年体史书的代表作之一。

（五）论修学

许谦专心于理学的研究，深知治学之不易："学之为道，难矣哉。洙泗诸子亲得圣人为之依归，谆谆然命之者至矣。然其才有高下，则其得有浅深。如天降时雨，溥博洋溢，而地有肥硗，则生物不能齐也。"② 为此，他对儒者的修学，不仅强调了"究于至善"的要求，还强调了不追求名利尤其是不自售的要求。

二仪圠圠，万汇阜蕃。气立乎表，人生其间。得形质之正，赋性命之全。躯七尺而充塞宇宙，量方寸而包括乾坤。备其体而极其用，唯圣人其至焉。若夫哲人知几，君子务本，微显阐幽，探赜索隐，相彼稼穑，基此耕垦，步终海岳，足始寻引，战战兢兢，勤勤恳恳，岂曰能贤，惟惧不敏。盖其一心危微，万变参伍，下器上道，来今往古，融一理而会通，贯万事之旁午，学不究于至善，人虽生而何补尔。

其通，则致尧舜，达礼乐，振遗音，返淳朴，富贵若固有，俯仰无愧怍。然藏器待时，居易俟命，静而有常，动必以正，不矫矫以洁身，不汲汲以干进，嗟小人之务得，非君子之所性。至于咿喔呢警，卑疪孅趋，望尘下拜，自鬻上书，营蝇苟狗，膻蚁饵鱼，势引利导，身辱名污，何其谬哉。亦有伪行钓誉，假隐求知，世俗易罔，君子可欺，少室索价，北山勒移，亦何取焉。③

许谦还以白鸟自喻，表明了自己致力于学问而不被世事所干扰的志

---

① 许谦：《上刘约斋书》，《白云集》卷3（《全元文》第25册，第19—22页）。
② 许谦：《上李照磨书》，《白云集》卷3（《全元文》第25册，第16—17页）。
③ 许谦：《复张子长文》，《白云集》卷3（《全元文》第25册，第13—14页）。

向和宏大胸怀。

> 有白斯鸟，生于林皋。棱棱骨格，翯翯羽毛。母兮天方，匪鹯伊雕。含哺忘恃，哀鸣嗷嗷。嗷嗷哀鸣，迁于壤木。岂无好逑，敦彼独宿。渴饮而泉，饥啄而粟。聊乐我冥，亦曷云足。飘风自南，霖雨既淫。蟒断山拔，龙兴海吟。堕卵覆巢，林莫我深。翅翕罔举，口噤若瘖。荧荧明星，上丽于汉。泛泛行舟，亦达于岸。维此好鸟，所止泮奂。控地决飞，鷃鹠斥鷃。鸿雁在渚，鹡鸰在原。物以群分，维性是便。尔鸣雍雍，尔怀急难。无胥远矣，今亶其然。朝阳爰飞，夕月哕止。嗟彼燕雀，厥志焉拟。何天之衢，侧目万里。扶摇一冲，时之俟矣。①

许谦在当时的文人中有较大的影响，是因为他在治学方面确实有值得称道的成就。我们所重点关注的，是许谦的善治学说，而这样的政治学说，恰恰被当时的人所忽视，在今天看来则依然有重要的价值。

第三节　熊禾、安熙等人的政治理念

吴澄、许谦是元朝中期理学政治思想发展的代表性人物，与他们同时期的南方和北方理学学者如熊禾、陈普、谭景星、安熙等人，也提出了一些重要的政治理念，可分述于下。

一　熊禾的治学理念

熊禾（1253—1312年），字位辛，一字去非，号勿轩，又号退斋，建阳（今属福建）人，师从刘敬堂学习理学，被列为"潜庵学派"学人，②宋进士，入元后家居讲学，著有《四书标题》《大学广义》《三礼考异》《易经训解》等书，有文集《勿轩集》传世，在著述中重点阐释了治学的理念。

（一）说科举弊病

熊禾虽然参加了南宋末年的科举考试，但是已经明确认识到了科举

---

① 许谦：《白鸟》，《白云集》卷1。
② 黄宗羲原著，全祖望补修：《宋元学案》第3册，第2068—2079页。

的严重弊病:"某窃惟有司举贤,以为国用,士子应举,亦将以为国用,固无所事乎私谢。重惟今天下事,非待智者而后见也。通国上下,已仕未仕,莫不疚回于利禄刑祸之中,而不敢议,区区茅草场屋之文,何能为世轩轾。出语稍生,即震于有司,用顿不敢上。"①"窃谓国朝之取士,独由科目以得人。持衡者不当徒较其辞章,当以收拾人材为务;操管者不当徒志乎爵位,当以扶持世道为心。矧方艰难多故之时,而有文武欲尽之叹。圣主念事会之无极,欲广贤路之招徕;廷臣慨士气之未昌,犹惧科条之隔截。恩施既不厚于士,德意尚何白于人。有司怀触讳之疑,语生辄忌;举子有患失之虑,气馁可知。以此取士,何以得人材;以此入官,何以扶世道。稍有志者,盖已羞之。""我知科举乃进身之初,宁忍获禽于诡遇。已置得失于度外,敢期摸索于暗中。"②

熊禾还从性、理学说的角度,对科举提出了进一步的质疑,其用意就是希望儒者追求实学,而不是被科举所累。

《大学》之不可以不明也,谈性命者入异端,谈事功者入吏道,论文者工诗词,稍高者藉古文之声响以饰语言而已,论学者务记诵,稍异者剽先儒之绪余以资讲说而已,大略不出此数端。或有见焉,则又安于小知,而欲以是言道,若是者,亦未知其可也,《大学》何时而可行乎。③

孔子罕言命,又曰:"不知命,无以为君子。"孟子不谓命,又曰:"得之有命。"然则将孰从?盖命有二,以性言,则理一而已;以气言,则分有万之不齐。智愚、贤否,一类也。以理制数,以性御气,愚可明,柔可强,勤之可以不匮也,仁义之可以得天爵也,修养之可以延年,为善之可以获福也,孰谓其不可变乎。是故君子但当言理,不当言数;但当论性,不当论命;当然在我,适然在天。敢问三代盛时,家有受田,阡陌未裂,阴耗之星夫何居?里有公选,科目未兴,科名科甲之星夫何丽?皇极不建,君相不以造

---

① 熊禾:《谢乡举论学》,《勿轩集》卷5,四库全书本(《全元文》第18册,第511—513页)。
② 熊禾:《谢乡举启》,《勿轩集》卷5(《全元文》第18册,第513—514页)。
③ 熊禾:《送夏思学归江东序》,《勿轩集》卷1(《全元文》第18册,第521页)。

命自任，听天下之人如酰鸡之在瓮盎中自起自仆，不得顺受其正者，亦多矣。①

科举的废罢，在熊禾看来并不是坏事，因为正好可以利用这样的机会来改变颓废的文风和学风。

(二) 说性理之学

熊禾曾感叹："秦、汉以下天下所以无善治者，儒者无正学也。儒者所以无正学者，六经无完书也。六经无完书，则学不可得而讲矣。儒者无正学，则道不可得而明矣。"② 正是在程朱理学兴起后，可以使儒者有正学可学，熊禾特别说明了儒学的传承尤其是理学兴起的过程，并指明在大一统的条件下，以朱学为代表的理学北传具有划时代的意义。

> 古者建学立师，教学为先。而其所学，则以道德功言为重，而道其总名也。太上立德，其次立功，其次立言，是三者皆非有得于道不可。立德者，道之本也。立功者，道之用也。立言者，所以载道之文也。言学而无见于道，则不足以为学。言道而无见乎道之全体，则亦不足以为道矣。是故一善之德，亦可以言立德，一时之功，亦可以言立功，一语之有关于世教，亦可以为立言，而皆无见乎道体之全，则亦不足与乎道统之正矣。今观六经之文，皆其德被生民，功加万世，尧、舜、禹、汤、文、武、周公、孔子之传在是。自是之后，四代礼乐之具，惟颜氏有之。晚年则惟曾子所传，独得其宗。曾传之思，思传之孟矣。《大学》《中庸》七篇之书，皆可具见。道丧千载，直至濂溪、明道、伊川、横渠、晦庵五先生，而后此道始大明于世，而其学皆足以为天地立心，生民立极，往圣继绝学，万世开太平，其立德、立功、立言，未有大于此者矣。③

> 我生海南万山间，出门冈陇相回环。平田更无十里阔，何处知有天地宽。男儿堕地六合志，抱此一寸常惓惓。蚤年曾作天府客，

---

① 熊禾：《赠熊云岫挟星术远游序》，《勿轩集》卷1（《全元文》第18册，第523—524页）。
② 熊禾：《送胡庭芳后序》，《勿轩集》卷1（《全元文》第18册，第519—520页）。
③ 熊禾：《三山郡泮五贤祠记》，《勿轩集》卷2（《全元文》第18册，第574—583页）。

长歌东出穆陵关。关头仰天坐叹息,百年事业如弹丸。乾坤只恨衣带水,何由万里窥中原。只今文轨一朝混,地不改辟时易然。斯须洛京见嵩华,咫尺孔林登泰山。圣贤往迹正在此,譬如木水有本原。北方学道古所贵,当年楚产皆其偏。从来一气有旺歇,况及人事多移迁。程门立雪道南后,幸此一脉犹绵延。武夷考亭今洙泗,文公之学行八埏。当时亦号小洛阳,游胡刘蔡居相联。风流不减程邵马,至今故老人能言。起来蒿目视八荒,斯文一缕千钧悬。人心不窗溺焚急,茫茫大柄伊谁颠。但得人读周孔书,不患古道今无传。图书龙马事阔远,荣河温洛仍当年。畴分三三卦八八,举目法象非虚玄。大哉伊亳一德书,此极翼翼甸幅员。太平六典深识此,下方余意公惓惓。不惟周官列三百,更将仪礼陈三千。成周致治绝千古,空余轨则绍残编。尼山已叹凤不至,只有梦寐相周旋。从兹架漏过千载,何时赤子当息肩。汉初自是有余责,仁义经制皆蓰绵。董公年老贾生少,至今秦法常袭沿。娄敬一言岂通论,长雄气习争相挺。绝爱东都一代治,犹是三代气象存。泱泱思乐鼓钟地,冠带几万圜桥门。尊师重傅古亦少,一变至道夫何难。惜哉桓荣无此学,西方现出金光仙。马来牛去事甚浅,自此正气常腥膻。秣陵青山那得似,独有此地余衣冠。王通元经莫轻议,太和文治诚班班。一时礼乐盛兴学,千间万井皆均田。殷周而下此一治,王苏诸老重讨论。却恨晋阳好昌运,大纲不正他何观。此几一失又几载,高天厚地衔深冤。虽然正气当有合,古今良会应非悭。书生杜门三十载,邂逅三生一日缘。愿言挟册拜曲阜,更欲促驾窥涧瀍。河南夫子倡道地,似开荒草凝凄烟。圣贤事事在耳目,依然昔日佳山川。文公之道会当北,古今此理常往还。昭代表章自此始,九州四海犹同文。大道久分要统一,皇极一建趋荡平。老瘵扶杖何日见,深衷寓此观洛篇。尧夫卜宅太平日,有道经世常一元。扬帆东南必沧海,振役西北须昆仑。鲁侯僖伯我有望,残山剩水难为妍。①

熊禾还明确指出,理学之所以重要,就在于能够为君主提出明确的正心、尊师原则,为臣僚确定格心、重学的基本辅君规范。

---

① 熊禾:《观洛行》,《勿轩集》卷8。

> 人主一心，攻之者众，或以声色，或以货利，投吾之欲，千条万端。大抵亲贤臣，远小人，则阳明胜而天理用事，此其所以治而兴也。亲小人，远贤臣，则阴浊肆而人欲用事，此其所以乱而亡也。尧、舜、禹、汤、文、武之为君，必有皋、益、伊、莱、姬、吕之为臣，皆以辅弼之职，居师保之位，其从容启沃，赞导弥缝，所以纳君当道，而格其非心，其功端不细矣。后世人主正心之学不讲，大臣格心之道不明，其患盖本于无相业、无师道。上之人往往好臣其所教，而尊德乐道之意未有。其在下者又道失正传，学昧素业，至于事君亦苟焉富贵利达而已矣。茫茫宇宙，至以天下之大，而无可相，以天子之尊，而无可师。①

尤为重要的是，君主重视儒道，率先垂范，尊师重教，才能为治理天下打下良好的基础。

> 若孔子实兼祖述宪章之任，其为天下万世通祀，则首天子，下达夫太学，春秋释奠，天子必躬亲，岁事养老乞言、退就师保，一言行，一政事，天子一是以此为法，教化本原一正于上，四方其有不风动也哉。夫然后公卿近臣举天下道德学问之士，以礼延聘，萃于京师，馆之太学，一如明道先生熙宁之所奏。讲明正学，以次传授，自国学达于郡邑乡校，其为学一依古人小大学教法，凡近世学官一切无用之虚文，悉以罢去。学问必见之践履，文章必施之政事，使圣人全体大用之道复用于世，不数十年，作养成就，士习丕变，人材辈出，先王至治之泽，不患不被乎天下，顾上之人力行何如耳。②

也就是说，理学不只是儒者的学问，更是如何治理天下的学问，确实需要引起主政者的高度重视。

（三）说儒者入仕

儒者治学在于实用，入仕是体现儒学实用的一个重要途径，熊禾特别以诗作说明了理学与官员善行的关系。

---

① 熊禾：《史纂通要序》，《勿轩集》卷1（《全元文》第18册，第528—529页）。
② 熊禾：《三山郡泮五贤祠记》，《勿轩集》卷2（《全元文》第18册，第574—583页）。

七闽天南陬，实惟文明方。风气一以开，文治何其昌。我思常公化，迪我真无疆。开端固匪易，再造伊谁当。大哉伊洛传，正统接洙泗。一源肇南来，九曲清自泚。百年尚无有，千载那可俟。崇台励风化，此是第一义。四海文公书，行世日杲杲。晚年制作心，三礼重探讨。质之贵时宜，消长关世道。炯然百圣心，来哲当有考。因思传记学，本欲释经义。春秋列三家，仪礼亦存二。荆舒彼何人，繁碎妄讥毁。煌煌姬孔书，坐此竟废弃。春秋得忠臣，炎绍犹有述。至今十七篇，末学或不识。乾淳有大儒，奏请非不力。一时失良遇，志士重嗟惜。古人重民教，礼乐用为急。虞书有三官，周典犹二职。太学领奉常，西都有余责。两生既不来，何参又无术。汉兴历数世，兹事竟未遑。一绝不复续，千载重慨慷。房魏辅贞观，汪沈空流浆。开宝袭唐陋，仪俨负义方。煌煌五星聚，瑞世启文治。明道十事奏，横渠一方议。有志不得行，曲学竟持世。六经亡其一，此责竟谁诿。南方尚秉礼，文风未云衰。释奠古雅乐，乡饮旧汉仪。表章在正学，舍鲁将安之。愿言假良遇，制作逢昌时。斯文迓续交，天意岂无拟。猗欤恪斋翁，雅者敦典礼。推行大经纶，宣风自兹始。百世常公祠，罔俾独专美。①

尤其是在地方任职的儒官，更应该成为"善政人"，以爱民、革弊、教化等措施来体现儒者的政绩观。

我思程伯子，试令晋城邑。岂弟父母人，一念诚恳恻。存心民必济，正己吏自格。虽然一邑小，允矣天下式。槃槃古东阳，亶为礼义国。弦歌视曲阜，岂惟文公泽。尚想兴学功，百年未陈迹。古来号难治，此语谅非必。人怀学道心，功化亦俄刻。重惟伊洛传，道南此其脉。家传余政谱，师授存学则。此邦有美俗，文献犹可及。接畛皆儒黉，兴起易为力。当今尚文化，乡校首扶植。非无善政人，教化岂遑急。明公下车来，声誉已洋溢。三年田里间，公来始休息。简静公优为，不优知政绩。山人重期望，亹亹慎无歝。四海文公邦，正学自兹出。政教岂殊途，饰吏贵儒术。善化必因俗，

---

① 熊禾：《上严廉访》，《勿轩集》卷7。

吾世俱有责。到手事必为，莫让功第一。①

荒山十室九无人，行道三年两调兵。闻得老贪今授首，老夫买犊要春耕。书生久叹三纲绝，天道那无一发存。东海不须更忧旱，迩来一妇已无冤。道傍竹马彩旌旗，颂德歌辞纪政碑。使者郊原问民瘼，也应采到老夫诗。②

在儒者入仕方面，熊禾还特别强调了两个论点。一是要重视学官，因为学官在培养人才方面大有可为："当路遴选儒官一途，非但可资以进身也。涵养德器，修砺学业，正在此时。夫以一乡未足，而之一国焉，见闻颐养，当益广矣。今风俗偷薄，纲常扫荡，前修文献欲尽。吾闽自道南以来，号小邹鲁，樵昔为多士之国，当有韬德蕴道，升堂而发熏养之叹者，坐明伦堂领袖前庑，岂但曰友之云乎，抑当有事之者云耳。"③ 二是要重视以儒为吏，因为儒道和吏治本为一途，不应将其拆开，所以在儒士的学习中必须加入吏治的内容："天有四时，无非教也，古人立教，法天而已。天之道，元亨利贞其体也，春夏秋冬其用也。在人则仁义礼智其体也，而其所以为用者，岂独无所事哉。闻之师曰：农象春，礼象夏，刑象秋，兵象冬，此人事之四时，而教之所寓也。未仕而学校，则学此者也。已仕而官府，则行此者也。儒道、吏治，岂有二乎哉。昔安定胡公以经术德行教人，至农事、礼乐、刑政、兵防之类，亦使之人治一事，世称为明体适用之学。"④

熊禾还在诗作中赞颂了以儒为吏者的良善行为，就是要强调儒道与廉吏的相通关系。

儒道未易行，俛首为禄仕。仕而不得禄，卓哉见廉吏。关征是自润，人谓恶能廉。吾独知彦修，一叶亦不沾。莆城如斗大，征额千万积。逭责犹未能，余润安可得。市廛有宽征，僚吏无间言。弊例亦麾却，益知彦修贤。课余自哦诗，诗罢还教子。时时视橐余，质鬻市薪米。世无半山叟，叹息屏间诗。曾参尚投杼，知己何敢

---

① 熊禾：《与程县尹》，《勿轩集》卷7。
② 熊禾：《上张廉访》，《勿轩集》卷8。
③ 熊禾：《送詹君履学正序》，《勿轩集》卷1（《全元文》第18册，第522—523页）。
④ 熊禾：《晋江县学记》，《勿轩集》卷3（《全元文》第18册，第584—585页）。

斯。古来抱关人，玩世可无闷。内省既不疚，得仁又何怨。正直男子身，自有神与谋。世治天理现，何必事祷求。彦修但自修，逆境堪进德。知我自有天，纯固在学力。世事良可见，浩荡书生心。先民亦会计，儒道终当行。①

百世古君侯，一邑天下积。掾曹拟六官，典领几相职。民亲教弥数，职要事应剧。慎哉勿辞卑，儒术随所益。愚尝闻之师，六官欠经制。户礼与刑兵，上法天时四。丞曹象阴阳，左右各分治。斯言扩前闻，大小岂殊致。自从大道裂，教法日益殊。文学与政事。往往成两途。簿书吏应俗，占毕儒诚迂。二者不相能，世道良可吁。每爱湖学规，明经必治事。待宾与吏师，伊川有成议。皇极欠统一，体用非有二。早学无专科，已仕竟何试。我爱熙然翁，识畅度亦夷。饰政心以儒，公余只吟诗。利欲胶盆中，三叹斯人希。安得公百辈，万宇阳春熙。②

熊禾的儒道、吏治一途说，为儒、吏相合或儒、吏相入提供了重要的理论依据，确实是值得注意的观点。

(四) 说以农为本

熊禾虽然入元后并未入仕，但是对于朝廷的政务问题极为关注。利用地方官员刊刻《农桑辑要》的机会，他不仅强调了以农为本的重要性，高度肯定了朝廷蠲免农租的做法，还明确提出了恢复井田制的建议。

二千年疆理之政，一坏于战国之慢经界，再坏于秦人之开阡陌。董仲舒限田之策既不行于国实民富之时，苏悦均田之论又不用于土旷人稀之后。举天下农桑大利，上不在国，下不在民，而悉归于兼并封君之家。奴婢厌绮纨，犬马饫粱肉，而耕夫织妇终岁丝丝而计，粒粒而数，有不得以遂其一日之温饱者矣。不反其本，而汲汲焉末节之是详，不能制民之产，则虽朝讲夕究，徒为空言，月要岁成，亦无益于实政也。

每爱元魏、后周口分、世业之法，至桑麻田产，亦各有给，一

---

① 熊禾:《送税官仇副使诗》,《勿轩集》卷7。
② 熊禾:《赠王典史》,《勿轩集》卷7。

时斯民生意津津，可以三代。使自隋迄唐守而不失，勿开卖买之门，勿变两税之法，虽至今存可也，夫岂寥阔而难行哉。老癃遗氓钦睹诏书，蠲农租十分之二，永为定式，不觉举手欣贺，曰："此王政之始也。"何也？南北风气虽殊，大抵农户之食、主租已居其力之半，主户奉公上之余，诚能复损其二以益之，则所得佃租，视采地之禄亦略相当矣。诚能举而行之，以渐复古者五亩、百亩之制，使贫者得以受野人之田而食其余，富者得以享君子之禄而不失其养，赋税可均，徭役可省，地不改辟，民不改聚，经制一定，岂惟三代可复，虽为上古耕凿击壤之民可也。①

熊禾还特别在诗作中指出了米贵伤农的弊病，强调平抑物价是抚农安农的急务："春来一月雨，米斗钱三千。江空尽绝市，灶冷厨无烟。我从莆城来，四望良凄然。滨海皆食淡，逻卒相寻挻。累累起夫役，庶局供熬煎。玉食宁几何，千百俱并缘。只今二月节，何暇及种田。使臣询民瘼，当务固有先。近仓有陈粟，庶解朝夕悬。州县价一平，乡间自然宽。欲言事何限，何当息民肩。"②

对于利用盐政坑农害民的做法，熊禾更是表现出了极大的愤慨，希望至少在福建地区尽快解除盐禁。

七闽古要荒，是为越南徼。秦汉列职方，黎民亦稀少。文风渐骞开，李唐盛称表。问之何因尔，风气有先兆。桓桓观察公，切切廑告诏。至今章掖流，诗书被余照。伊洛道既南，考亭重继绍。譬之中天日，万古垂炳耀。岂但行中原，衣被弥岭峤。云何一气迁，变化有难料。百年诗书地，末俗事攘矫。岂是殷民顽，此亦关盛召。天下本无事，庸人自为扰。庸人亦何伤，贪人祸非小。小贪人易知，大贪一何巧。豺狼不堪问，狐鼠何足道。哀哀清漳民，仁者宜一吊。何年彗篲头，燐火犹有燢。十家九空荒，落日曛野烧。迩来痛甫定，生意渐原草。三年两征兵，行人亦伤悼。闽地本硗瘠，山海相带绕。两耕不供餐，俭岁而有殍。独藉煮海余，易以供岁调。古人弛厉禁，琐琐不尔较。但令官无亏，一任民转漕。近年盐

---

① 熊禾：《农桑辑要序》，《勿轩集》卷1（《全元文》第18册，第535—536页）。
② 熊禾：《春雨》，《勿轩集》卷7。

法密，适以长贪暴。茫茫一溟渤，乃是大阱沼。下不济民穷，上不资国耗。饥狼与饿鼠，白昼敢噪噪，民膏宁几何，尔腹安得饱。我思山海藏，本是天地宝。公家卖盐引，本钱亦铢钞。只今增倍蓰，安得不为挠。上恩岂不厚，末弊诚不料。官曹既犹御，何责汝为盗。千钧发鼷鼠，桃虫集飞鸟。我欲陈其言，哀情动深悄。①

由于赋役过重，加上榷盐等恶政，使得沿海的民众不得不弃本逐末，以海船取珍宝贩卖。对于这样的做法，熊禾希望加以控制，当然更重要的是朝廷要有重本的有效措施。

易经致民用，肇自羲农先。耒耜既先聚，市易还懋迁。公私不交病，本末无倒悬。古人致主术，称物靡有偏。厥初禹作贡，不但中邦田。四海自锡贡，不惮来远边。碣石来冀右，海岱青徐连。东南并淮扬，亦自江海沿。夫岂宝远物，有道归陶甄。成周制国用，半在周官编。虞衡与商贾，胡不末利捐。艰难开国心，什一犹欲蠲。裒益固有道，公功格皇天。后儒不知学，说理多虚玄。生财昧大道，民命日益朘。管商一作俑，蠹弊贻千年。渔盐尚抑末，奈何诱开阡。怀清一以筑，茕独堪哀怜。封君擅半赋，公私重熬煎。寒城冻女手，汗粒赪农肩。织衣不上体，春粟不下咽。伤哉力田家，欲说涕泪涟。何如弃之去，逐末利百千。矧此贾舶人，入海如登仙。远穷象齿徼，深入骊珠渊。大贝与南琛，错落万斛船。取之人不伤，用之我何愆。奈何昧轻重，屑屑穷弄鞭。锱铢较鹭股，漏网鱼吞船。安得体国臣，为天屈玑璇。上资国脉寿，下拯民瘼癫。朝夕禹贡志，菲食甘胝胼。九载不入门，千古孰与贤。更想公旦心，待旦尤乾乾。世俗吝与骄，曾不丝毫牵。所以泰和治，常在虞周前。此道久已亡，利欲充培埏。岂曰治不及，曾是心无传。明公中州杰，自是天分全。问学甚充厚，愿力还精坚。博物功不劳，无欲心湛然。维此一枢轴，实秉大化权。如天有北斗，物物归玑璇。帝念南海民，风化旧所宣。皇皇风霜节，炳炳奎壁躔。纤微亦何况，合散有大权。利用六府修，制用九府圜。古人不可作，得意皆蹄

---

① 熊禾：《寄张廉访，时清漳元以贪守科盐致扰》，《勿轩集》卷7。

筌。谁哉识治本，治此大化弦。①

在现实问题的阐释中，熊禾都能将其治学理念融入其中，而这恰恰是他的政治表述的一个重要特征，这样的特征亦符合理学政治理论"实化"的基本走向。

二　陈普的定则理念

陈普（1244—1315年），字尚德，号惧斋，宁德（今属福建）人，居石堂山治学，属于理学的"潜庵学派"，被尊称为石堂先生，②一生读书教学，著有《四书句解键》《学庸指要》《孟子纂图》《周易解》《尚书补微》等书，有文集《石堂先生遗集》传世，在讲义和著述中对治道中的定则等作了具体的解释。

（一）学道与守道

陈普明确指出了全国统一之后理学有南北融合的趋势，并表示在理学传承上，既要尊朱也要尊许："吾闽自有天地以来，为草木篁竹之地，至唐始有书声。书声三百年，而文公朱子（朱熹）生焉，道统在焉，心之无在不在也。许平仲（许衡）覃怀人也，相后不百年，而相去数千里，一旦于吾朱子之书，忻喜踊跃，如获连城。上以广一人尧舜之心，下以起同类曾闵之行，而复能真体实践，蔼然于立身处家、进退行藏之际。六合既一，北方人物之美，趣尚之正，不绝于南来者之口，而《四书》之檐发于武夷之下，逾江淮、黄河，越行、华，出居庸、雁门、玉门，以极于日月之所照，霜露之所坠，是固平仲之功，亦无非帝降之使然也。"③儒者由此更要坚信儒术对行道的重要作用："儒冠多误身，儒术我何有，此愁人愁语也。不儒则人类灭矣，何误之有。众嚣嚣而杂处兮，咸嗟老而嗟卑视。予心其不然兮，虑行道之犹非。"④

陈普对于理学家所重视的"道"作了专门的解释："道本同得，学惟反思，不于人而远也，率吾性以为之。""是道也，本太极体，为天

---

① 熊禾：《上致用院李同知论海舶》，《勿轩集》卷7。
② 黄宗羲原著，全祖望补修：《宋元学案》第3册，第2063—2066页。
③ 陈普：《大学要略序》，《石堂先生遗集》卷13，明万历刻本（《全元文》第12册，第525—526页）。
④ 陈普：《和开元余兄儒术误身》，《石堂先生遗集》卷17。

地公，坦易明白，流行贯通。"① "道者性也，性者人之所同得也。世而无人则已，苟人类犹未息也，则道岂能离乎人而自废于无用之地哉。利心胜，智力生，世变下，诈伪起，一治一乱，古今所不免也。" "道无止息，性无存亡，诈力终有穷，礼义之心常如故。"② 这样的解释，所要强调的就是道、性一体和以心体道的基本认识。

道用于治国，首先需要讲明道对于治世的作用，就在于以良药为政，应处于后发而不是先发的位置，先发的应是养民尤其是防止病民的各种措施。

> 圣人之爱道，常如保赤子，苟可以养其耳目，全其真纯，迟留需待而可无伤，含护隐匿而可不病者，必操而不纵，宁闭而不开，盖必至于阽危而后用其扶颠救死之剂，必入于晦冥而后出其抉盲破暗之药，是皆所谓不先天以开人，各因事而立政者也。③

而所谓的"守道"，就是以仁心治世，不被功利所迷惑；以善治理天下，不被恶政所阻挠。

> 仁者人心之全也，计功谋利，害其全者也。犹知功利之所在，而顾惜谊道，不敢谋而不敢计焉，亦不足以为全也。为仁贵乎勇事在谊道，而犹见得之可喜，生之可爱，则必不勇于谊道矣。古之循谊而弃利，守道而忘功，无所留难者，皆一于谊道，而不见得与生之为利故也。④

> 太极之分，上立天，下立地，中立人，为三才。才者能也，所谓良能是也。是故天地人非徒形也，而各有性焉，性者所以为良能也。覆帱运行，天之良能也；持载生育，地之良能也；爱亲，敬兄，忠君，弟长，仁民，爱物，善善，恶恶，人之良能也，是皆情也，而出于性焉。

---

① 陈普：《道不远人赋》，《石堂先生遗集》卷15（《全元文》第12册，第496—497页）。
② 陈普：《天下有道如何》，《石堂先生遗集》卷11（《全元文》第12册，第589—590页）。
③ 陈普：《仁义道义》，《石堂先生遗集》卷11（《全元文》第12册，第583—584页）。
④ 陈普：《谊利道功》，《石堂先生遗集》卷11（《全元文》第12册，第587—588页）。

> 曰仁人心也，曰仁者人也，性善也。曰尧舜与人同，曰人皆可以为尧舜，性善也。人皆有所不为，人皆有所不忍，性善也。无为其所不为，无欲其所不欲，性善也。人伦明于上，小民亲于下，性善也。君仁莫不仁，君义莫不义，性善也。经正则庶民兴，庶民兴斯无邪慝矣，性善也。
>
> 曰仁与义天下一家，谓性不善得乎。……良知良能无间于物，谓性不善得乎？贪夫小人，奸雄大盗，乱臣贼子，其为恶也必乘阴，其欲发也必畏义，闲居为不善，见君子则掩之，平生嗜穷欲，及将死则悔之。利害在己，弑父与君亦为之；利害不在己，取人一介亦知其为贪。利害在己，杀人如麻有不恤；利害不在己，一蚁有不践焉。[①]

尤为重要的是，圣人之道在于治国时必须以德礼为本，政刑为末，粗政刑而精德礼，并且要坚持以德为礼之本的原则。

> 圣人示人为治之道，精粗本末无不尽也。圣人之道，辅世立人之道也，而贵乎尽，不尽则为苟。道非所以立人，人道不立而谓之治者，未之有也。两间莫大于人，而君者人之主，而任立人之责者也。其所以立之者，政刑其粗，德礼其精，而德又精于礼也。
>
> 政者生之安之，而有不生其生，不安其安，而为非作乱于其中，则刑之所由起也。刑者禁其为非而治其作乱，所以一之，使之各生其生，各安其安，而犹未也，何者？政刑者治人之身，而不能治其心。心者人之所以为人，治其人而不能治其所以为人，身免于罪戾而恶之根犹伏在于心，不足谓之一也。是故先之以德以兴起其同得之天，继之以礼以裁成其有生已定之性，修身、齐家以为不息之本，制礼、敷教以同其风兴起以动其变之机，裁成以尽其化之道，如是则民之身得其治而其心复无不治，表里流通，形性合一，得其为人而复得其所以为人，人道于是而始立，而君之道亦于是而后尽矣。
>
> 故君人者，其责为甚重，其位为大宝。非位无以正人，而其所

[①] 陈普：《性善》，《石堂先生遗集》卷11（《全元文》第12册，第602—604页）。

以正之者，非苟焉忽焉，若后世之为治者也。何者？正民者正其心也，生民、安民之具不可无，防民、禁民之器亦宜有，而能使之沛然革心，奋然为善，洗涤旧恶，而皆为善人、君子之归，则非政刑之所能也。是故德礼精而政刑粗，德礼本而政刑末，而德又精于礼而为之本。……礼者，全体之中粲然截然者也。道之以德，亦惟光尽其礼而以孝弟为先，齐之以礼者亦惟推其同得之天，牧事为之，制物为之，则以尽其财成辅相而已。是故德、礼虽二而实一，惟德常为之先，而礼之推行则其次耳。不然，德为虚器，而礼者强民使之从也，岂能有耻且格兴起而齐一哉。①

陈普还特别在诗作中强调了仁心与治道的关系，要求坚持治道学说，排除异端学说的干扰。

  仁以生为道，岂不在子孙。贤愚固难必，厥初同一原。无根不能生，有作斯可述。冈极垂统心，非禽岂无识。
  仁心忧万世，出语岂能无。拟之而后言，一字一明珠。万化必有成，大中在方策。渊泉端有自，聪明达天德。
  人皆爱子孙，贻遗无不至。苟无深远心，率以害为利。韦贤未知道，不贵满赢金。欲永金张业，但传周孔心。
  圣心天地蕴，言语其精华。本末惟一贯，根香非两家。薄言采撷之，入口如含咀。始知真滋味，熊掌不足语。
  释氏矜传灯，老庄抱生白。自言摩尼珠，谁知黑如漆。荀杨不识性，依旧如夜行。万世真日月，四书与五经。
  骊龙抱明珠，高卧万丈下。岂无善水人，谁是得珠者。至人有神手，上智无浅心。直须入无伦，始克开重阴。②

尤其是对于儒士而言，学用结合，就是要始终坚持学习程朱的治道学说，否则将学而无成。

  太极肇判两仪生，其中人为万物灵。人亦天地一物耳，独以道

---

① 陈普：《政刑德礼》，《石堂先生遗集》卷11（《全元文》第12册，第584—586页）。
② 陈普：《文公书橱八首》，《石堂先生遗集》卷16。

义超众形。立为三才中宇宙，发挥天理经人伦。兹事初非外铄我，毫发皆备七尺身。后生可畏如日出，千金之躯岂可轻。寸阴可惜莫虚掷，百年安得长青春。有力如虎当猛省，何况责望深父兄。不通六籍不是学，未了三才未是人。希圣必须志尧舜，希贤必用为颜曾。义理彝伦精讲究，礼乐制度须详明。体用源流务透彻，血脉文理仍流行。会通两尽始无碍，范围未始离曲成。无尘胸次贮万卷，拔山笔力扛千钧。不用高枕卧丘壑，用之家齐、国治、天下平。不但匹夫匹妇皆获所，草木鱼鳖咸清宁。此皆后进本分事，不为干利与求名。更须扫除谑浪傲惰嗜欲声色情。一物一则同一敬，牢守孔孟张朱程。吃紧工夫决有效，令闻广誉垂千龄。英雄气概为则是，一变至道非难能。君不见，四十、五十无闻不足观，总是惰而不学、昏昏瞀瞀，枉生天地间。①

从以上列举的各种论点可以看出，陈普所述的学道和守道，其核心要素就是基于性善论的仁心观念。

（二）天秩与定则

在治国理念上，陈普还以道、理关系为出发点，强调了天秩对于国家和天下的重要性，就在于天秩所代表的是天理和天道的礼的准则，这样的准则对世间的品位次序起着重要的规范作用。

先儒曰："天专言之则道也。"又曰："天即理也。"夫以形体而言谓之天，以主宰而言谓之帝，其实即一，自然之道体也。秩者，品位之次序也。朱子曰："礼之为体虽严，而皆出于自然之理。所谓天秩，有礼者也。"礼者圣人之所制，而实皆天则之当然，天理之自然，天道之本然，圣人不过循之而已。②

讲究天秩是为了给国家定则，即给国家建立必要的规矩，陈普就此作了详细的说明。

则者，大小事物之理，各有常度定法，一毫不可过不及，皆天

---

① 陈普：《劝学歌》，《石堂先生遗集》卷15。
② 陈普：《天秩有礼赋》，《石堂先生遗集》卷15（《全元文》第12册，第498—499页）。

命之当然，人心之同得，古今天下之公道，百王圣贤之共守，而不敢有所损益。

君天下者，惟于事事物物各守其不可逾越之定则，则一正而国定矣。自饮食、起居、车服、宫闱、品数、限节以至于朝廷、军国、天下、政刑，不以大小，各有一定之本分、常理，所谓则也。国者，一天下宗庙社稷。定者，不独朝廷正，天下、宗庙、社稷亦永固而不摇矣。盖事事皆守其则，则无一事之不善，而人心天命归之矣。

国有典立，事无妄为，惟其则之正也，主于中而定之，但循有典之常，不由他道，则是安邦定国之深计，益壮鸿基。盖尝闻之，道外无保邦制治之谋，上圣有止善执中之力，一循天命之至正，永固皇图之翼翼。

一事各有一中，定国莫逾定则。礼制有常，心君有主。循物无违，帝命不改，人心不摇，配天罔极。大抵天命人心，观为政之善恶，物则事理，在用功于执持。

岂不曰天理流行，守之则永受眷命，我民视听，顺之则相安国野。惟者惟其无过差焉，定则定之以中正也。异端苟道，一皆召乱致亡，诚意正心，始可居尊治卑。噫，道理之原，必性与命；治平之具，惟《诗》及《书》。①

按照陈普的解释，为国家定则需要遵循三项基本原则。一是正的原则，强调定则是为了正天下、正国家、正朝廷等。二是中的原则，强调主于中是定则的基本方法。三是顺的原则，强调在行为方式上要做到顺则而不是逆则，并以此来保证政治的守则。

定则还与用心有密切的关系，所以要特别注意"念"的作用："天生人而予之以心。心者，善恶、邪正、是非、得失、治乱、存亡、死生之主也。用其心则善则治则安则存则生，不用其心则恶则乱则危则亡则死。上自一人，下至吾党，远自前古，近至方今，何国何人而不然也。""盖所谓念者，即孔子所谓用心，孟子所谓勿忘是也。天下之事，善者念之则知为之，恶者念之则知戒之。修身、齐家、治国、平天下之

---

① 陈普：《惟则定国赋》，《石堂先生遗集》卷15（《全元文》第12册，第499—501页）。

事，念之则可以无不举，亡国、丧家、杀身、伤生之事，念之则必有所不敢为。事亲事长之礼，事君临民之道，苟能念之，则夙兴夜寐以为之，犹恐之不逮也。"① 也就是说，念就是人的认识，而这样的认识发自内心，认识的对错导致行为的优劣。此外，在行为方式上，还要注意"御"的作用："御者，依帖扶持以翼其行而遂其至，若臣子之御君父，在帝左右是也。庶政万事，礼乐教化，井田学校，修身、齐家、治国、平天下，皆君臣上下之所以赞化育财，成辅相变，理平成而御天地也。不然，天地之理有极，而其用有不能以自至，故必待人而后成也。"② 守则需要得到帮助，而这样的帮助就称为"御"。

明明德亦与定则有一定的关系，正如陈普所言："明德，性也，仁义礼智人人同得于天而常虚灵不昧者也。明明德，学也，格物致知，诚意正心，释其气禀之拘，撤其物欲之弊，而流行其所得于天之全体，为孝、为弟、为忠、为信、为爱民爱物，而无所壅淤间断者也。身、家、国、天下，皆人也，修身、齐家、治国、平天下，不过欲其明德，皆明而成其所以为人者也。"③ 陈普将明明德定位为做人的原则，显然包含了维持天秩的守则要求。

对于"正心所以明明德，则心与明德自为两物"的说法，陈普明确提出了心与明德为一物的看法："凡心多主已发，言恻隐、羞恶、辞让、是非之心是也。性实主未发，言仁义礼智是也。四端其发动处未发动处时，则为仁义礼智之性。非有是理，无以为是端也。是故《大学》之明德即《中庸》未发之中，明德而止于至善即致中，其为新民之本，即天下之大本也。大抵性者，天命之一原，人之所同得，其不能不动则为心。心与性本亦非二物，所谓道心仁义之心，所谓本心良心者是也。""故曰心为太极，又曰心一也。有指体而言，寂然不动是也。有指动而言者，感而遂通天下之故是也。又曰天命率性，即道心之谓也。观是三言，则心即性也。盖性本无为，非心无以行；心为动物，非性无以范。故心为性之郛，性为心之理。盖本动静二体为一，使静者有以行，而动者有所主，是皆天之所为也。""天下无性外之物，性中只有

---

① 陈普：《尚书中念字》，《石堂先生遗集》卷7（《全元文》第12册，第550—551页）。
② 陈普：《问三极三才》，《石堂先生遗集》卷8（《全元文》第12册，第560—566页）。
③ 陈普：《大学讲义》，《石堂先生遗集》卷1（《全元文》第12册，第544—546页）。

个仁、义、礼、智四者是也。""大抵除却人心,则道心与性只是一物。"① 心与明德为一的理论基础是心性为一,坚持心性为一的立场,就不会随意采用心与明德二分的说法。

在为阅读儒家经典所作的诗作中,陈普还特别强调了维系治道学说的九方面要求。

一是注重天秩的要求。"三千三百皆天秩,第一无如事死难。丧祭两端无愧悔,民风行作舜时看"。"农田万顷战车千,五者相因敬在先。更把敬来充拓去,四方百里已尧天。"② 认识到天秩的存在,才能有维系天秩以达成尧舜之治的自觉行为。

二是服从天理与天道的要求。"天理须殊本自然,自然天道合无天。一毫小智生穿凿,所性之真已弗全。""道之所贵通全体,何暇区区旋较量。惟是纲维无所作,千条万目自分张。""天下最强惟理义,英雄颠倒莫能为。依依一缕人心在,天命于斯自不违。""千圣相承惟道一,忧勤惕厉意尤深。至诚之理元无息,有息良非天地心"。③ 天理和天道都要以心体之,以义理释之,才能达到明道的最高境界。

三是天命对人性的制约要求。"善出于人元即性,在人在我本无殊。常人未免为私累,上圣之心道与惧。""路同平夷多折轴,或因危阻遂安全。吉凶岂必皆由命,畏玩之中各有天。""穷理知天所性全,存而顺事没而安。保全是理无容失,所受于天或可还。""生杀存亡我敢专,德刑予夺出诸天。曰天所命惟其理,夫岂谆谆告语然。""心具良知所性根,若非穷理亦能昏。心须物格无余蕴,藩蔽开除本体存。""理苟非形何以具,有形有象即其郭。非能尽性充乎体,空守人间血肉躯。"④ 人不与天争命,不等于无所作为,因为穷理、守善、良知,可以使人知天命和顺天命。

四是坚持仁义和排除利欲的要求。"正色忠言始是人,一毫巧令兽为邻。本心面目无难见,识比非仁即是仁。""圣心仁义相为一,行动无非个里来。己自不思并不勉,曷尝着意为安排。""自贼其君固不恭,

---

① 陈普:《问明德是性是心》,《石堂先生遗集》卷8(《全元文》第12册,第567—569页)。
② 陈普:《论语·慎终追远·道千乘之国章》,《石堂先生遗集》卷19。
③ 陈普:《孟子·行所无事·当务为急·仁不可为众·禹汤文武周公》,《石堂先生遗集》卷19。
④ 陈普:《孟子·善与人同·生忧患死安乐·天吏·尽心知性·践形·事天立命》,《石堂先生遗集》卷19。

责难陈善乃为忠。要知尧舜夫何道,只在常言仁义中。""利出私情害万端,义循天理乐而安。是非得失分霄壤,相去其初一发间。"① 仁义与利欲的对立,就是所谓的义利之争,这样的对抗既可能发生在朝廷之上,也可能发生在个人身上,所以正人君子必须始终坚守仁义的底线。

五是明明德所应体现的要求。"德既能明效自充,黎民皞皞变时雍。神功妙用浑无迹。只有纯而不已中。""德诚已有夐容力,假伪非由力莫为。若使桓文居万里,不知功效竟何施。""贵贵如天礼极隆,无人更识下贤风。岂知坤位居乾上,天地之交泰道通。""至刚至大莫能言,宇宙天人总一般。须是意诚心正日,本来体段始堪观。""猰豕之牙须有道,执牛之尾岂良图。乱臣贼子乾坤里,天地人心未必无。""今古无过只一中,随时适变不相通。圣贤心术无偏倚,事业虽殊道则同。""为尧为舜配三才,功用都从此处来。颠倒反为饥渴想,迷轻失重亦堪哀。"② 这样的要求,所体现的主要是守中的明明德基本准则。

六是君子自治和自戒的要求。"出话谁能敢不仁,未行未足信于人。欲求内外皆无间,兑口终须后艮身。""真精二者合而凝,形气中涵太极真。道即是身身即道,从来道外本无身。""利名物外夐必用,至贵无亏备自身。舍己从人徒取贱,到头还自丧其真。天爵在人非我有,重轻取予系于人。要知良贵人难夺,德义尊荣本自身。""玉食珍羞不谓荣,箪瓢陋巷岂为贫。亭亭当当无偏倚,宇宙纲常任自身。"③ 轻视名利富贵,甘以清贫守道,尽管是儒者经常强调的自律准则,但确实不易做到,所以要时常自警。

七是君子正心、养气、修身的要求。"食色虽然人固有,原于形气所由根。苟徒即此名为性,太极之真已弗存。""气无所帅任崩奔,东骛西驰利欲昏。人事才停机械息,天心无间本真存。""见道分明了不疑,气常无暴志常持。确乎理气为标准,变故艰危岂足移。""己私净尽复何为,触处逢原与理随。心广体胖无所累,浩然之气未尝亏。""真纯未凿本诸天,饮食啼号所性然。情欲不生无外诱,圣人之质自浑

---

① 陈普:《论语·巧言令色章》《孟子·由仁义行·尧舜之道陈王·义利》,《石堂先生遗集》卷19。
② 陈普:《孟子·过化存神·王霸·贵贵尊贤·浩然·巨室·易地皆然·养小失小》,《石堂先生遗集》卷19。
③ 陈普:《论语·子贡问君子章》《孟子·仁者人也·天爵·大丈夫》,《石堂先生遗集》卷19。

全。""心体能存无走作,油然义理自中生。更无物欲相攻伐,萌蘖欣欣竞向荣。""刍豢膏粱嗜不休,悦尽之乐孰能求。倘知礼义真滋味,陋巷箪瓢岂足忧。""心体自然安用养,多因迷欲易成昏。但能寡欲无私累,本体清明理自存。""养气元本甚可为,只须身与理相随。待今自反俱无欠,直是工夫效验时。"① 修身养性的核心要素就是去私欲、树正气,而最有效的方法就是明义理和知礼义。

八是排斥异端邪说的要求。"墨氏似仁杨似义,佛如美色与淫声。刀圭乌喙甜如蜜,何况专攻欲尽精。""异端岂必皆邪说,执一之偏或过中。隘与不恭如失正,到头流弊亦皆同。"② 之所以要排斥佛、道、墨等异端邪说,就是因为其违背了守中的基本原则。

九是儒者善学的要求。"致知格物最为难,梦觉关中善恶关。若得二关俱过了,方成人在两仪间。"③ "大学真儒耻小成,一源体用要流行。当知万物备于我,直自修身至治平。""孝弟谨信泛爱众,亲仁犹未是全功。圣贤成法事物理,都在诗书六艺中。""学专复性习为功,千五百年初发蒙。悦乐已深加不愠,此身与道始流通。""事理纷纷未易穷。其间脉络要通融。能于博处知其约,渐次收功一贯中。""井深九仞已劳功。未及于泉等是空。学问垂成还自弃,有为何异不为同。"④ 要成为真儒,必须以实学为基础,以集大成为目标,这恰是陈普所要倡导的治学精神。

(三) 井田与兴亡

在现实政治问题上,陈普从复古主义的角度,提出了恢复井田制的建议,并且自拟了给皇帝的上书,说明恢复井田制的理由。

> 臣闻天下有不可不为之事,臣子有不可不言之忠。不可不为而为之,所以尽君道而立民命。不可不言而言之,所以成君德而承天心。
>
> 今陛下以尧舜之圣,深子民之心,讲行善政,戒饬官吏,凡有

---

① 陈普:《孟子·食色性也·夜气·不动心·不愧不作·赤子之心·存心养性·理义悦心·养心寡欲·养气》,《石堂先生遗集》卷19。
② 陈普:《论语·攻乎异端章》《孟子·隘与不恭》,《石堂先生遗集》卷19。
③ 陈普:《大学·三关》,《石堂先生遗集》卷19。
④ 陈普:《论语·君子不器·弟子入则孝章·时习章》《孟子·博学反约·井未及泉》,《石堂先生遗集》卷19。

诏条无非恤民厚下之意，而下之俗终不得同于二帝三王之世，上倡而下不应，君有道而民俗不符，此亦无他故也，心与古圣人同而政未出于汉、唐之上也。臣闻天生民而立之君，所以经纶天下之大经，理人道，尽人事，而成位乎三才之中也。何谓大经，一曰井田，二曰礼教，三曰封建。井田所以立民命，礼教所以叙人伦，封建所以维持二者，以底于大定无穷者也。

夫天下国家岂可无数百年之安，民之生也岂可无百年之乐，其多动少静，久劳暂逸，百忧一喜者，非养民之道，亦非守国保邦之深计远谋也。

古之王者之之于民也，不徒为以生与食为重，其所以足其食，厚其生，使之渐成杲杲之风，有日出而作、日入而息之熙熙，而无凶年饥岁之狼顾者，非疆理天下定为八家同井之制不能也。何者？井田行则天下无饥人，不行则虽尽耕无旷土，而民食常不足，民志常不定。

大概议论之初，必有以久废难复，与富人巨室难夺为辞，张载、朱熹皆尝讲此以为必可行也。富人巨室亦有处之之术，使之甘心无怨。

惟陛下行焉，则天下之民自今以始少动多静，多逸少劳，常乐无忧，水旱螟蝗咸无所虑，盗贼奸宄无由而生，给足之人多，豪夺之家少，然后兴学校，教人伦，按家塾党庠遂序之制，举五教六礼三物十二数之经，渐讲寓兵于农之旧。①

陈普之所以提出恢复井田制的要求，是因为他坚信井田制可以达成"耕者有其田"的政治目标，遏制土地兼并，缩小贫富差距，为国家奠定长治久安的基础。当然，这只是一种理想主义的政治观念，不仅难以被主政者接受，亦难以被当时的多数儒者所接受。

井田制只是涉及理论上的国家兴亡问题。对于现实中的国家兴亡，陈普一方面抨击了南宋君臣安于享乐、无所作为导致的王朝灭亡："忆昔度宗皇帝时，十年十三日食之。似道员嚣湖海曲，天子宫庭耽乐嬉。满朝翕翕皆妇人，祸来照镜方画眉。北军顺流日食既，两国正尔争雄

---

① 陈普：《拟上皇帝乞行井田书》，《石堂先生遗集》卷12（《全元文》第12册，第509—515页）。

雌。兴亡岂必皆有数，百年以来士气索。文臣髀肉不识马，武士惊魄怕见旗。"① 另一方面，他也从朝代更替的角度，说明了历史发展所具有的合理传承："高宗南渡宋复兴，建都钱唐歌舞地。孝及光宁守偏方，托胄既诛由诸史。在位历年四十余，前有仁宗后有理。至于度宗宋祚微，皆由平章似道弃。建隆德祐十六传，大元一统兴燕蓟。"② 也就是说，大一统既有天命的因素，也有人为的因素，并且人为的因素可能更为重要，因为恰是宋人的乱政为统一提供了重大的帮助。

陈普对治道学说的解释，尤其是对定则的看法，不只是对其学生有所影响，对理学政治理论的发展也有一定的影响。因为在新的大一统形势下，南方理学学者的重要贡献，就在于能够提出一些新的政治理念和政治要求。

三 谭景星的重道理念

谭景星（1267—1319年后），字明望，号西翁，茶陵（今属湖南）人，曾任永明县教谕，有文集《村西集》《西翁近稿》传世，在著述中重点阐释了维系孔子之道的政治观点。

（一）夫子之道

谭景星对夫子之道即孔子之道的基本概括是"其道易明，其教易行"，并论述了其基本的政治要求。

> 夫子之道，始于家而及于国，以被于天之下。知愚贤不肖，皆得以行其道。是道也，在乎平居常行之间，饮食起居之际，而人日用不自知，其如布帛菽粟之于世，不可一日无之。万世之下，蔑以有加，圣人复起，不可以易者。其为道易明，而其为教易行也。夫子不过因其道而为教，又无甚高难行，故易明而易行。
>
> 夫子祖述尧舜者，盖二帝之道至夫子而大成，其贤且远，殆不为过矣。其为教也，曰君臣、父子、夫妇、兄弟、朋友而已矣。君臣有道，父子有亲，夫妇有别，兄弟有爱，朋友有信，则其道备矣，其教行矣。
>
> 夫人秉彝伦，生天地间，特因其本有彝常伦理，而叙之以为之

---

① 陈普：《壬辰日蚀》，《石堂先生遗集》卷16。
② 陈普：《历代传授歌》，《石堂先生遗集》卷15。

教。其文则《易》《书》《诗》《春秋》，其法则礼乐政刑，其位则君臣父子，其民则士农工商贾，莫不有规矩于其间。夫子言必称先王，未尝为放言高论，尝以平易正直，虽匹夫匹妇，可与知之，可与行之。及其至也，亦有所不知，有所不能，此其所以为夫子之道也。①

按照谭景星的解释，夫子之道就是通俗易懂的治道学说，其核心理念就是以礼乐政刑和纲常伦理来规范政治行为。

谭景星还特别强调："六经，日月也，自孟子后，千数百年，至朱子而复明，无复晦暗矣。"② 由此，他对夫子之道的几个重要政治概念作了进一步的解释。

一是乐忧。乐和忧不仅都体现为道，而且都要求去私欲。"圣人之乐，所以异于众人者，乐之所在，道之所在也。""忧之与乐，亦惟道而已"；"乐亦道，而忧亦道，则可以知圣人矣"；"夫圣人之于人也，出类拔萃，混然天理，无一毫人欲之私，富贵不能移其心，贫贱不能夺其志，是以从容无人而不自得，乐在是，道在是矣，非所谓有待于道而后乐之也。"③

二是守中。守中作为基本的准则，其根本要求就是守本心之正。"中，中也，天之道也。中之者，人之道也。天下正道大本，不外乎是。以吾心为之准，则直上直下之理，已发未发之节，持其两端取之，使之不偏不倚，无过不及，全乎吾性之德，而以形道之体，发乎吾情之正，而以显道之用，实备于我，不可须臾离也。大圣以之而传心，精以察夫危微之间，一以守夫本心之正。""夫宇宙非不大且广也，一事一物，一隅之偏，莫不有其中焉，未有以知之也。且吾所守吾中之中，非所谓虚空中之中，以求夫中外之中，则将危而惟危，愈守愈非矣。穷理尽性之士，物格知至，因其中而观其守，因其所守而知其中，故无不守，无不中者。"④

三是为仁。仁既是对君子的基本道德要求，也是对士有用于天下的

---

① 谭景星：《孔子论》，《全元文》第 31 册，第 213—214 页。
② 谭景星：《朱文公论》，《全元文》第 31 册，第 230—231 页。
③ 谭景星：《颜子之乐论》，《全元文》第 31 册，第 214—215 页。
④ 谭景星：《守中说》，《全元文》第 31 册，第 239—240 页。

基本要求。"夫仁者，天地生物之心，人得之以为心也。得之以为心，不可无以充之。故心大则物无不通，心小则物无不违。当理无私，仁人心也。""盖仁以有为而立人，人之所亲也。己欲达而达之，达之者也。故达之里者始乎家，达之家者始乎身，达之身者始乎心。心仁故身仁，身仁故家仁，家仁故里仁，充之天下无所往而非仁者，未尝不始乎里者。士之仕也，欲推吾仁以及乎人，非为养己也。能以饥溺为己任，即此以征之，亦必有道矣。任一邑之事，邑之休戚系之。任一郡之事，郡之休戚系之，可不推吾仁哉。"①

四是明明德。明明德作为一种方法论，关键在于自己如何明。"明，明之也。明德，心之虚灵，具众理而应万事也。不昧谓之明，纯乎天理之谓明德。然本体之明，未尝少息；人欲之蔽，有时乎昏，特因其所明而明之，以复其天者之初也。自格、致、诚、正、修以至于齐、治、平，莫不有秩序焉。格则致，致则诚，诚则正，正则修，凡此五者，内有以明之之实也。齐焉而后治，治焉而后平，凡此三者，外有以新之之效也。故物不格则知不至，知不至则意不诚，意不诚则心不正，心不正则身不修，恶有乎齐治平哉。本者五之，末者三之，本之所先，末之所后，于是本末先后之序立矣。"②

谭景星对夫子之道的阐释，要点在易懂和实用，所以他对乐忧、守中、仁、明明德等概念，重点强调的是其在当世的实用价值和可行的方法，而不是高深的理论解释。

(二) 性理之说

依据理学的性理学说，谭景星对性理的解释，不仅强调性、理、天的一致性，更侧重于对性善观的坚持。

> 性即理也，理具于性。善即未发之中，发而中节之□，不善则发而不中节者。古无不善之性，故无不善之人。后之人性无分于善不善，而不善者始见于天下，于是祸仁义矣。如使知其本然之性，所欲莫甚于善，则凡所以为不善者有不为矣。所恶莫甚于不善，则凡可以为善者无不为矣。故所欲莫甚于善，所恶莫甚于不善，岂独圣贤有是性哉，人皆有之。而圣贤无私欲之蔽，极其体之大，而无

---

① 谭景星：《里仁说》，《全元文》第 31 册，第 256—257 页。
② 谭景星：《明明德斋记》，《全元文》第 31 册，第 279—280 页。

不尽者耳。夫尽其心，则知其性，尽其性，则知其天。以理言之，谓之天。以禀言之，谓之性。以存诸人者言之，谓之心。天也者，由太虚而有是名也。性也者，合虚与气而有是名也。心也者，合性与知觉而有是名也。知心故知性，知性故知天。心也，性也，天也，一而已矣。①

谭景星还特别强调："生也有命、心、性、情赋焉，四而一也。心以命立，命非心不率，非性无以为之体，非情无以为之用，心其性情之母欤。凡四者之不可离，是亦不可相离而言之也。命而后有心，心而后有性，性而后有情。因情知性，因性知心，因心知命。以体显用，以用明体。所求乎动，自其静者而观之；所求乎静，自其动者而观之。"由此而产生的四说，"命说"重点强调的是"富贵贫贱，定乎天也。轻重清浊，所禀然也。厚吾生不以其道，富贵不处也，贫贱不去也，忧患困苦不尤也"。"心说"重点强调的是"静而求之，动以观之，然后见其无往不在，中其舍也。其始也，统乎性情。其至也，包乎天地"。"性说"重点强调的是"以善言之，纯乎天理也。以恶言之，有礼法以防之也。以混言之，贤不肖杂也，其始无不善也"。"情说"重点强调的是"使不失夫正，持其未发者焉，以其发也，自然无过不及矣。"② 概而言之，命说要求顺天，心说要求守中，性说要求守善，情说要求守正，涵盖了对人生的全面认识。

谭景星亦说明了性命等不能依赖于卜筮的道理："《易》者随时变易以从道，设卦观象系辞以明其吉凶，非所以求于卜筮也。文王之序《易》也，以乾坤为首。孔子系之曰天尊地卑，乾坤定矣。圣人象之者，所以正君臣之分于天下也，夫岂以卜筮为之哉。""道德性命之理，消长盈虚之机，神以知来，知以知往，了然如见之矣。古所谓卜筮者，不过因其已成之事而契之，以听于天耳，亦未尝全归之于卜筮也。夫理，天出也，所为而苟合于理，则必合于天，虽天亦不遗之矣，又何疑之可听于天哉。"③ 这样的解释之所以重要，就在于点明了人要倚重于自知而不是迷信卜筮的基本认识。

---

① 谭景星：《孟子论》，《全元文》第 31 册，第 215—216 页。
② 谭景星：《四者总说》，《全元文》第 31 册，第 240—242 页。
③ 谭景星：《卜筮论》，《全元文》第 31 册，第 231—232 页。

讲究性理，是为了规范人的行为，所以谭景星特别强调了五条箴言。一是貌箴，"凡动于心而见于面之不可揜，是以存乎中者，所以应乎外，制其外者，所以养其中"。二是言箴，"君子有不言，言而必为天下后世法"。三是视箴，"天心正则日月明，人心正则眸子瞭"。四是听箴，"此心正，入乎耳者无适而非正，或不得其正，凡入乎耳而摇乎其心，又何听之去哉"。五是思箴，"人不可以无思，无邪思尔"①。这五条箴言，构成了君子修身的总体性要求。

（三）为士准则

谭景星指出："予尝观士之怀独行者，义不苟合于世，而世亦笑之。"② 为了不使世人讥笑儒士的迂腐，他明确提出了士要守本分、重实学的要求："苟不系于人心，不陈于教化，不及于道德仁义，皆为游言耳。如之何哉？如之何而已矣。吁，学者之病也。若夫旁搜而远采，博学而强识，盈箱累箧，多多汋汋，以此相高，去古弥远。""盖滞于所见，不知通变，不足以为人师，又学者之腐也。""是以守道之人，不湮于陋巷，自衒之士，终沦于他时。理之所在，无怪其然，亦曰天下后世公论而已。此人之所以甘于守道之士而恶其自衒者也，惟自知明者泽焉。"③ "夫为学者，所以为致知致明之道，有所未明，岂无所以致其明，有所未知，岂无所以致其知。吾从而致之，未明者明矣，未知者知矣，岂有终不明不知者乎。"④ 从明明德的角度看，儒者不能自明，是问题的核心所在，所以必须克服治学的通病，以通变的方法做成有用之学，才能够有用于当世并且获得真正的尊重。

士能否知遇于当世，可能有多种情况。"惟士君子之遇知于世也，有偶然莫逆于心者矣，日接膝不相知者矣，千里晤对者矣，累世相慕者矣。或有以类从，以心感，以辞接。盖有其世，有其时。"⑤ 在谭景星看来，无论是遇到何种情况，都应该以平常心处之，不能自暴自弃："故君子居违以俟其遭，苟未遭之，不可谓之终违，是自弃也。居穷以俟其达，苟未达之，不可谓之终穷，是自暴也。达之而穷焉，乃信乎命

---

① 谭景星：《五者总箴》，《全元文》第 31 册，第 291—293 页。
② 谭景星：《答陈仲滨一》，《全元文》第 31 册，第 172—173 页。
③ 谭景星：《答陈仲滨二》，《全元文》第 31 册，第 174—175 页。
④ 谭景星：《答谭仲仁》，《全元文》第 31 册，第 175—176 页。
⑤ 谭景星：《通总管张肖斋书》，《全元文》第 31 册，第 177—178 页。

之穷也。遭之而违焉,乃信乎时之违也。"① 守身自爱、俟时而动是不少儒者认可的入仕态度,谭景星显然认可这样的态度。

谭景星曾自叹"生十年而科废","及五十而科行"②,所以在科举恢复后,他不仅以守孝为由谢绝了参与考试的邀请,还向主持科举考试者表达了对科举能否取到真士的担心。

> 窃谓儒者之行,席珍以待聘,强学以待问,怀忠信以待举,力行以待取,非时不见,非义不合,养其身备预如此,以有为也。故有不待聘之聘,不待问之问,不待举之举,不待取之取。而之聘、之问、之举、之取,唯恐其不能以致之矣。举咎繇,不仁者远矣,聘伊尹,不仁者远矣,皆儒行之效也。伏观设科选士之法,先之以德行,次之以经术,论德定次,量能授官。唐虞三代之世,用贤何以加此,盖务其才德全,言行顾,不徒事于虚言,可以为毕命之士也。非有大儒之行,力学之实,孰能与于计偕者。而县得以荐之州郡,郡得以荐之宣阃,阃得以荐之省台,而小试焉拔其尤,乃得以荐之朝,试而进用之,孰不鼓舞振励。士之有能有为,莫不愿尽其所能所为于今日也。
>
> 己能之人以为不能,不病人之不己知也。己不能,人以为能,吾病人之已知,己之未能也。苟无所于能,汲汲于科名,以不得进为己之羞,务求速化之术,夫岂礼义之中哉。渊怀珠而媚,石蕴玉而文,宜其存乎中而召乎外也。儒焉而积于学,犹农积于薅,工积于削,贾积于货,固非一日之积也。孰有意于古学,躬行笃实尽力乎其内,百世以俟圣人而不惑,吾未之见也。而局促郡庠之门,以干荐举,比肩并起,下至司阍隶不谓进不敢退,仰面以希咳唾而不耻者,必有望于进取,在乎圣贤诗书礼义之外,以侥富贵利达。所谓礼乐制度兵谋刑法止宜,古今兴亡治乱得失之要,有不通之经,不习文史者矣,不知主司自有衡鉴,岂可幸而至耶。
>
> 今阁下举以试士,慈侍闻而叹曰:"吾守志教子读书,无所于用。今明时以科目取士,千载一日也。子有所试矣,其以昭吾辛勤教子之心欤,他日瞑目无憾矣。"伏惟天家以忠孝治天下,设科选

---

① 谭景星:《通赵同知书》,《全元文》第31册,第171—172页。
② 谭景星:《答刘主簿养吾书》,《全元文》第31册,第189—190页。

士之始，岂宜远亲以效试，则不孝莫大焉，非所以为设科选士之始意也。①

也就是说，恢复科举是好事，但是所定取士标准太高，推荐环节过多，未必是好事，而改变文风与学风，也确实不是短期能够实现的目标。

（四）革除弊政

谭景星认为：“盖长人者，人心之法也，治人者，人心之中也。子法而民法矣，子中而民中矣。刑期于无刑，刑自祥矣。讼使与无讼，讼自无矣。故君子尽心焉，如此然后可以为民父母。"②他还在给太守的信中，特别列举了地方管治中的民力病于茧丝、吏奸袭于前弊、词讼因于起灭、赋役困于偏重四大弊病，要求地方官员去弊行善。

> 然其所以为弊者有四，皆吏有以为之，而未有以处也。夫民力病于茧丝、吏奸袭于前弊、词讼因于起灭、赋役困于偏重者四也。故茧丝除而民力舒，前弊革而吏奸去，起灭息而词讼平，偏重无而赋役均。信能除此四者，而政行矣。
> 观之州之为治，不过视中邑尔。而供给执事之人，与所司所隶，不下数百，皆食于人。有一事而数职任之者，公上之给一，而私下之取什倍。以故市井小辈，稍能弄笔，即隶诠写，苟可健步，即入走胥。奔竞之风，于斯为盛，无非取于人者。伺有差遣，则率其党横行村落，凡所经历，十室九空，甚于狼虎。夫一人耕而众人食，一人桑而众人衣，耕之寡而食之众，桑之少而衣之繁，终岁之农不暇自饱，以供他人之饱，终岁之蚕不暇自暖，以供他人之暖。况于耕未熟而谷已空，蚕未茧而丝已售，旦旦之取，日夜之望，相寻于彼者如鱼鳞。以有限之力，应无涯之需，力竭有不堪言者，欲使之不饥不寒，未有之矣，奈之何不穷且困也。
> 夫茧丝未除，则民力不可以舒。前弊未革，则吏奸不可以去。起灭未息，则词讼不可以平。偏重不无，则赋役不可以均。故舒民力者，必在于宽。去吏奸者，必在于果。息词讼者，必在于化。均

---

① 谭景星：《谢贰守黄可老书》，《全元文》第 31 册，第 179—181 页。
② 谭景星：《与庐阳尉石君瑞书》，《全元文》第 31 册，第 184 页。

赋役者，必在于公。苟宽之不行，果之不立，化之不宣，公之不由，于斯四者，可得而去之乎？今夫见一善而不能举，是犹未见之也。知一恶而不能去，是犹未知之也。凡民之曰善曰恶，吏之曰酷曰循，皆不逃大明之下矣。然而举善之道甚易，去恶之道甚难。盖君子难进而易退，小人易进而难退也。非刚于果断，其孰能去之。故宽以行之，所以舒民力也。果以立之，所以去吏奸也。化以宣之，所以平词讼也。公以由之，所以均赋役也。为今计者，莫若敦善民以示劝，而恶者远矣；选良吏以循法，而酷者去矣；美风化以平治，而嚚者耻矣；徇公道以均赋，而役者不害矣。而后不劳而治，不赏而劝，为治之效，效莫大焉。①

应该看到，谭景星的去四弊之说，包含了四种重要的政治理念。除茧丝体现的是舒缓民力的宽政理念，去吏奸体现的重视绩效的良吏理念，平词讼体现的重教简政的善治理念，均徭役体现的则是以爱民为基础的均平理念。也就是说，谭景星不止是在理论层面讨论夫子之道的问题，在时务层面也强调了用夫子之道解决问题，并以此来体现了其政治理念的实用价值。

四　安熙等人的政治观点

安熙等学者的政治理念，由于著述散失，已经难以全面论述，只能记录他们的一些重要政治观点。

（一）安熙论弘扬朱学

安熙（1270—1311年），字敬仲，号默庵，又号神峰野客，真定藁城（今属河北）人，以刘因为师未果，从刘因弟子乌苏备接续刘因学说，被列为理学"静修学派"学人，弟子有苏天爵、李士兴、杨俊民等人。② 安熙一生从事教学，著有《四书精要考异》《续皇极经世书》《诗传精要》《丁亥诗注》等，只有文集《默庵集》传世。

安熙在自己设计的一段对话中，强调了尊崇朱熹学说的立场，以及对于北方儒者诋毁或者假冒朱熹学说的不满。

---

① 谭景星：《通孟太守书》，《全元文》第31册，第191—195页。
② 黄宗羲原著，全祖望补修：《宋元学案》第4册，第3026—3031页。

或有问于余者曰:"子之为学,其亦有以异于人乎?何其踽踽凉凉,独立而无徒也。"

余应之曰:"余自趋庭,日以诵读六经与夫孔孟之遗书为事,幸而私淑于师友,而与有闻焉,乃知用力于周、程夫子以及朱夫子所以继往圣开来学之书,亦将以求夫千载不传之传者,以治吾心而修吾身焉而已矣,又何暇他求为哉。"

或曰:"然则子之所学,其世之所谓道学者耶?"

余曰:"固然也。道之大原出于天,其传在圣贤。伏羲、神农、黄帝之所以继天立极,尧、舜、禹之所以更相授受,成、汤、文、武、皋陶、伊、傅之所以为君为臣,皆此道也。吾夫子既不得君师之位以行之,独以列圣之所以相传者,笔之于经,将以传万世。曾子传之子思,子思传之孟子,孟子没而其传泯矣。自是以来千载余之间,士子溺于记诵训诂词章之习,以希名射利,不复知有圣人之学,而又有异端之邪说以间之,不有真儒者出,孰能有以明斯道于既晦,而振百代之沉迷乎。是以濂溪夫子不由师传,默契道体,建图而著书,二程夫子见而知之,扩而大之,然后斯道复明于当世。至朱夫子则求其所以,用力于喜怒哀乐之未发者,而得乎所谓天下之大本与夫古昔圣贤相传之心,是以有以集周、程三夫子之大成,而折衷之,而道以大明。既又以为道之所以不明,由说经者之不足以得圣贤之意,于是竭其精力,以研穷圣贤之经训作为传注以著明之。至于一字未安,一词未备,亦必沉潜反复,或达旦不寐,或累日不倦,必求至当而后已。故章旨字义至微至细,莫不理明词顺,易知易行,所以妙得古人本旨于数千载之上,使读而味之者如亲见圣贤而面命之。其关于天命之微,人心之奥,入德之门,造道之阃者,可谓极深研几,探赜索隐,发其旨趣而无所遗矣。至语学者入道之序,则又使之先读《大学》以立其规模,次及《语》《孟》以尽其蕴奥,而后会其归于《中庸》。尺度权衡之既定,由是以穷诸经,订群史以及百代之书,则将无理之不可精,无事之不可处矣。此朱夫子之所以继往圣、开来学而大有功于后世。独以世衰道微,知德者鲜,俗生鄙儒,胶于见闻,安于陋习,是以不能有以与于此,而目之为邪说者也。"

或曰:"子之说诚美矣。然世之名卿,有自以文章为得计,而谓不害兼通乎道学者；又有自以为真得圣贤之意，而谓朱子解经流于诐淫邪遁异端之说，惑世误人而不自知，著为成书以辨之者，是皆学者靡然向之此，又何耶？"

余曰："皆非也。为前之说者，其害浅而小。为后之说者，其害深而大。彼自以文章为得计，而谓不害兼通乎道学者，其意但出于恐知道者之议己，而为是说以文之耳。其自以为真得圣贤之意，而轻视前贤，妄肆诋排，庸俗鄙陋，浅薄不经而高谈大论，旁若无人，藉是以济其私，而为欺世取名之计。学者方以謏闻浅识，未知所向，乃并与其心术而坏之，则其为害岂浅鲜哉。此予之所以日夕深惧，而莫知所以救之者，而子尚以是而为疑耶。"

或曰："国朝自元统以来，大儒先生以此道相继，而为天下倡，或达而在上，以致君而行之；或穷而在下，以推明前圣后贤之意，以淑诸人，以传诸后，砥柱屹然，壁立万仞者。今子以眇然之身而区区焉以是为学，其不起谤议而害身也几希矣，子其亦以是而思之乎？"

余曰："不然。夫道固不以穷达而有加损，而人亦不以穷达贤愚而有异也。是其所以亲承心授精微之旨，而羽翼斯文者，其传固有在矣。但人之为学，则皆当以是为的而求之，庶无差失，而可以造夫道之极致。是又安得顾世俗之讥议，畏迂儒之曲说，屈己徇物，颠倒迷惑而昧于所从哉。"

或曰："彼之所疑，盖必有以真见其失，而后为之辨也。且子既不之许，曷不扬言于众，以明晓之乎？"

余曰："彼之为学，我知之矣。盖尝得其书而读之，见其于朱子之说，多有不得旨意而妄疑之者，甚或不能知其句读、语脉之所在，而遂疑其平生为学始终之致。及其所论著，或未之见，故其所论掣肘矛盾，支离浅迫，殊不近圣贤气象。以此推之，则朱子之语脉旨意尚不能知，又安能指其罅隙而非议之也哉。原其本意，盖欲藉是以取名而率然立论，曾不知其为害之甚也。使其年益高，而于天下之理玩之益熟，一旦幡然尽弃其学而学焉，则吾知其必当愤然悔其前日之为，而火之矣。况君子之学，亦反经而已，固不当屑屑然轻与之角胜负于一日之间也。至于甚不得已而不能不辨焉，则亦有所不得而辞者矣。"

或者唯唯而退，时余方欲为之剖其疑而折其辨，以发明朱子所传之微意，因悉次其语以自警云。①

在这段对话中，涉及的一个重要政治问题就是朱熹的学说是否有用于当世。安熙之所以捍卫朱熹学说，就是要强调其学说是重要的治世理论，而曲解甚至诋毁朱学的都是欺世盗名的邪说。

安熙还明确表达了自己的志学志向："某至愚极陋，总角趋庭，私淑诸人，实始闻道。自兹厥后，钦诵遗编，近本程朱，上窥思孟，以求经旨，以探圣心。庶竭驽顽，进德修业，孰云不力，中道而迷。悲叹穷庐，摧颓已甚，虽由病废，实亦惰偷。内自省循，枯落是惧，兹焉感愤，避俗岩居。追忆旧闻，卒究前业，洒扫应对，谨行信言。余力学文，穷理尽性，循循有序，发轫圣途。以存诸心，以行诸己，以及于物，以化于乡。或异有成，不悖于道。"② 在诗作中，他也明确表达了对朱学的坚持："静中观四子，掩卷慕朱公。所幸斯文在，殊非吾道穷。众星元拱北，万水自朝东。远意无人会，芳樽谁与同。"③

安熙致力于教学，对于朝廷倡导的儒学教育，也按照朱熹的学说，提出了学行并重的明确要求。

> 某窃惟古先圣王继天立极，建学立师，以教天下后世，使皆有以明夫三纲五常之道，而不失乎民生日用彝伦之常。而其为教，则必始于洒扫、应对、进退之节，礼乐、射御、书数之文，而修其孝弟、忠信，以立其本，然后从而教之，格物致知以尽其道，使知所以诚意正心，由身及家，自家及国而达之天下。
>
> 圣人之言，具在方册。学者诚能从事于古者小学之书，而励志乎孝弟、忠信、礼义、廉耻之行，则学之本立矣。然后先之《大学》以立其规模，参之《论》《孟》以尽其蕴奥，而后会其极于《中庸》，于以穷诸经、订群史，建立大本，经纶大经，读天下之书，论天下之事，无所为而不成，无所处而不当。其于穷理、修身、齐家、治国及平天下者，真无以见其难矣。④

---

① 安熙：《斋居对问》，《默庵集》卷3，四库全书本（《全元文》第24册，第532—534页）。
② 安熙：《封龙书院释菜先圣文》，《默庵集》卷4（《全元文》第24册，第547页）。
③ 安熙：《病中斋居杂诗次和仲韵》，《默庵集》卷2。
④ 安熙：《石州庙学记》，《默庵集》卷3（《全元文》第24册，第537—538页）。

安熙之所以尊敬刘因并崇尚朱学，是因为刘因能够直接学习朱熹的著作，而不是像其他北方理学学者那样经由赵复的转述，所以自认为是承继了朱熹的正统学说。恰是因为这一点，使安熙不被北方理学儒者所重视，在当时处于和者盖寡的境地。

（二）张𬭚说性理之学

张𬭚（1236—1302年），字达善，导江（今属四川）人，从王柏学习理学，属于"北山学派"学人，① 曾任东平路儒学教授。在教学中，张𬭚主要传授的是朱熹的学说，"教人读《近思录》为四子阶梯，《四书》以朱子章句、集注为本"，"读史及诸子百家，定其是非邪正，作文书字亦各有法"②。他曾著《经说》和文集，文集被称为"议论正，援据博"③，但都已散失。

由于有人质疑性命之学，张𬭚特别对性、理的基本原理作了说明，并强调了穷理的重要作用。

> 或曰："圣人之道，乃夫人日用所当行，如君臣、父子、夫妇、长幼、朋友是已。今而高谈性命，毋乃沦于空虚而无实用邪？"
>
> 是不然，性者，天赋于人物之理，而诚则天理在我之实然者。自得于天者言之，则浑然一理。及其散于万事，则物物一理。人能穷是理，知其皆本于天，则知物物各有其则，不容一毫之私闲乎其间。④

张𬭚还特别强调了孟子学说的重要性，并指出不重视其学说，会对治国者带来严重的损失。

> 盖知言养气，得天地之性善，扩前圣所未发者，其学也。谈仁义，黜功利，贵王贱霸，以正人心者，其志也。周衰礼废，诸侯恶其害己也而去其籍，先王纪纲法度，辨上下、定民志者，未见存什一于千百。而三年之丧，井田之大略，班爵禄之等差，于文字废缺

---

① 黄宗羲原著，全祖望补修：《宋元学案》第4册，第2753页。
② 吴澄：《张𬭚墓碣铭》，《吴文正公集》卷73（《全元文》第15册，第496—498页）。
③ 吴澄：《张达善文集序》，《吴文正公集》卷15（《全元文》第14册，第267—268页）。
④ 张𬭚：《修复子思书院记》，《全元文》第9册，第211—212页。

之余，本帝王之大经，而合时措之宜，考诸三王而不谬，建诸天地而不悖，质诸鬼神而无疑，百世以俟圣人而不惑。即是而观，以其才用天下，居帝者之世，则皋、夔、稷、契；居王者之世，则伊、尹、周、召，奈何无舜、禹也，无汤、武也。时君昏庸，谓迂阔于事情，宜矣。后世英明之主，亦指君臣一二语以为言，岂能探其学、观其志而知其才也哉。世无真儒，斯民不复见三代之治，邪说诬民，充塞任意之害，至斯极也。

　　知者过之，愚者不及，道难明也久矣。然则欲知孟子，质诸关洛诸君子之言，庶几信而有征，固不在多言也。①

按照张昷的说法，孟子学说是体现治世要求的帝王之学，而弘扬孟子学说的恰是理学，所以当世的真儒必要坚持这样的学说。

由此，张昷明确提出了重学重教的要求："人心人路，无间古今，体验扩充，无负孟子之教。养浩以提其纲，求仁、集义以张其目，盖古人之学，庠序、学校之教，举不外是，非特为邹人言也。"② 也就是说，重视孟子学说应成为儒学教育的普遍性要求，而不只是局限于孔孟的家乡。

（三）胡炳文通四书

胡炳文（1250—1331年），字仲虎，号云峰，婺源（今属江西）人，理学传承属于董梦程所创的"介轩学派"③，历任江宁教谕、信州路学录等职，著有《周易本义通释》《易义》《四书通》《纯正蒙求》和文集《云峰集》等。

胡炳文编撰的《四书通》，原名《四书通旨》，著书的缘由是以往儒者为四书作的注释"或失之泛，或失之舛"④，"惧其读者得其辞未通其意也"⑤。胡炳文用五十年的时间编成此书，在书中对一些重要的政治概念作了新的解释。

第一，明明德。明明德的概念载于《大学》之中，""《大学章句》

---

① 张昷：《重修孟子庙碑》，《全元文》第9册，第219—220页。
② 张昷：《元贞元年邹县创建儒学碑记》，《全元文》第9册，第217—218页。
③ 黄宗羲原著，全祖望补修：《宋元学案》第4册，第2986—2988页。
④ 胡炳文：《与草庐吴先生书》，《云峰集》卷1，四库全书本（《全元文》第17册，第89—91页）。
⑤ 胡炳文：《四书通序》，《云峰集》卷3（《全元文》第17册，第122—123页）。

所以于国家化民成俗有补者,古今帝王之所以为治不能外此大学之道也,于学者修己治人有补者,古今圣贤之所以为学不能外此大学之道也"。由于"明明德一句是大学一书之纲领",胡炳文对其作了三点新解释。一是明明德要使事与理都明,"心外无理,理外无事,即事以穷理,明明德第一功夫也"。二是明明德可以普及全民,"为明明德于天下者言也,彼庶人虽无治国、平天下之事,身亦不可以不修,家亦不可以不齐,然则亦为庶人言也。天子非此大学之道不可以为君,庶人非此大学之道不可以为人"。"明明德是自明我之天,新民是使民自明其天至善,而没世不忘人心之天,自有感于吾心之天。"三是明德有本和用的区别,"盖明德即是吾之本心,明德自具,全体大用"①。

第二,絜矩。絜矩与明明德有密切的关系,"絜矩是致知力行之极功。矩者何?人心天理当然之则也,所谓明德是也"。胡炳文特别强调了矩有体和用的区别:"吾心自有此天则,圣人随吾心之所欲,自不逾乎此则,故曰不逾矩。人心同有此天,则学者即吾心之所欲以为施于人之则,故曰絜矩。乍看不逾矩,矩字似说得精;絜矩,矩字似说得粗。要之只是一个矩字,但不逾矩之矩,浑然在吾方寸中,是矩之体,是大德之敦化;絜矩之矩于人已交接之际,见之是矩之用,是小德之川流。规矩皆法度之器,此独曰矩者,规圆矩方,圆者动而方者止,不逾矩即是明德之止至善,絜矩即是新民之止至善。"在政治实践中,则更能体现出絜矩的重要性:"忠信以得之者在己有矩之心,而发己自尽则为忠,在物有矩之理,而循物无违则为信。骄泰以失之者,骄者矜高不肯下同乎民之好恶,非絜矩之道也;泰者侈肆必至于横敛乎民之财用,非絜矩之道也。忠信是真实之心,道以此得。骄泰是虚浮之气,道以此失。"②

第三,格物致知。胡炳文对格物致知的解释与他人略有不同,强调的是格、致同义:"人心之灵莫不有知,此知字是良知之知,得于天性。理有未穷,知有不尽。此知字是致知之知,得于学力。经不曰欲致其知者,先格其物,独变文曰致知在格物,格即是致,不格未见其至,欲致其知,舍格物非所以为知。"他还特别指出,知可以分为幼知、小学之知、大学之知三类:"一谓人自幼即知爱亲敬兄,是其已知者得于

---

① 胡炳文:《大学通》,《四书通》卷1,四库全书本。
② 胡炳文:《大学通》,《四书通》卷1。

天性，今入大学，即加学问，即其已知者推而极之。一谓小学收放心养德性，其为学已略有所知，今必使之即夫事物之中因其所知，推究各至其极。一谓大学用力之方，且所已知者，晚益穷之，昨日已知者，今日益穷之。"恰是因为大学之知最为重要，所以是格物致知的功夫所在："为大学之道者，其工夫皆自身心工做来，其功化皆自天理中流出。工夫自格物而始，物无不格，理无不知，即此便可见其局量非偏浅者。"①

第四，分君子小人。胡炳文首先在修身标准上对君子、小人作了区分："君子、小人之所以分，只在自欺与自慊上两自字，与自修之自相应。自欺者诚之反，自修者不可如此。自慊者诚之充，自修者必欲如此。"以此为基础，可以确立更重要的君子、小人区分标准，就是与治国有密切关系的诚意和中庸："盖诚意者善恶之关，过得此关方是君子，过不得此关犹是小人。""长国家而务财用之小人，即此闲居为不善之小人也。意稍不诚，已害自家心术，他日用之为天下国家，害也必矣。""君子中庸，小人反中庸，是其为君子小人者可见于行事之际；此则言其所以为君子、小人者，已见于立心之始。淡而无味，其味最长；简而无文，其文自章；温不求其理而无有不合于条理者，此君子为己之学也，不求其文之著而自不能不著者也，小人则反是矣。"按照这样的标准，士都应该是真正的君子，正如胡炳文所言："盖士之所以为士者，行其本也，才其末也。志有所不为而才足以有为，是本末俱有可观。其次则孝悌，但取其本立。又其次则信言果行者，本末皆无足取，而犹不失为自守，故曰下此则市井之人，不复可为士。呜呼，今之为士者，诞漫苟贱，往往多市井之人，而名之曰士，可乎？不可乎！"②

第五，化。胡炳文特别强调了化的作用："有家国天下者，每患知政不知化。""但自身而家有感必有应，是为化之端；自家而国，而天下所应复为感，是为化之大。""自修身而齐家，自齐家而治国，自治国而平天下，有二道焉：一是化，一是推化者。自身教而动，化也。推者，推此道而扩充之也。"所谓的化，就是教化，自然是既有被教化之人，也有推行教化之人。更为重要的是，化与正人和正心等有着密切的关系："齐家、治国、平天下，皆所以正人之不正。格物致知、诚意、正心、修身，皆所以得于心而不失也。古之为政者皆自正心、诚意推出

---

① 胡炳文：《大学通》《论语通二》，《四书通》卷1、卷6。
② 胡炳文：《大学通》《中庸通三》《论语通七》，《四书通》卷1、卷4、卷11。

来，故无为而天自化。后之为政者不知以修身为本，而欲家齐、国治、天下平，难矣，故所为愈劳而效愈邈也。"①

第六，天命。胡炳文转引了他人对天命的解释："天命自禀受而言曰天性，自流行不息而言曰天道，自道中条理而言曰天理，自主宰而言曰天心，自遍覆而言曰天载，自暑度而言曰天文，自可推而言曰天数，自甚美而言曰天体，自可法而言曰天则，自感应而言曰天变，自不可犯而言曰天威。宇宙间无有一能外于天者。"也就是说，天性、天道、天理、天心、天载、天文、天数、天体、天则、天变、天威等，都是天命的来源和表现。而尤为重要的是，天命的核心要素是正："在天无不正之命，知命则能顺受其正。在人有不正之言，知言则不惑于人之不正，知得天地间止理，为天地间正人，是谓千古相传之正学。"胡炳文还特别强调了天命与道是体与用的关系："天命谓性，是道之体；修道谓教，是道之用。"由此还可引申出对道的具体解释："所谓道者，仁义礼乐而已。""道、义二字分看，则道为体，义为用，合看则天下之达道也，而君臣之义具焉。圣人之行义也，而中庸之道存焉，非道自道、义自义也。"讲究天命的政治含义，就在于君主要以民心向背作为顺天命的基本准则："义与命不是两般。义之在人者，即命之在天者。天下之人义之以为主，是即天命之以为天下主，天命固不在人心外也。不有夫子之论，则在下者不知有尊王之义，而民可以无君矣。不有孟子之论，则在上者不知天命之改不改在民心之向背，而君可以无民矣。"②

第七，性与理、气。胡炳文认为性可以分为两类，"有天命之性，有气质之性"。性与情之间则是由心带来的体与用关系："性者，心之体，其未发也，本然全具。情者，心之用，其初发也，各有条理，反求默识知之事，扩充行之事，至于天之与我者无不尽，即是尽心而知之无不尽，尽性而行之无不尽也。"与此相关的诚与道，则是本与用的关系："此诚字即是天命之性，是物之所以自成。此道字是率性之道，是人之所当自行。物之所以自成，是全不假人。为人之所当自行，为之全在乎人。诚以心言，本也；道以理言，用也，专为人之所当自行者而言。"上升到修身的层面，则要注重以性控情，以达到理胜欲、德胜气

---

① 胡炳文：《大学通》《论语通一》，《四书通》卷1、卷5。
② 胡炳文：《中庸通一》《论语通九、十》《孟子通一》，《四书通》卷2、卷13、卷14、卷15。

的理想境界："德本于性故贵乎崇，惑生于情故贵乎辨。""能克人欲之私，是理胜欲；能克性质之偏，是德胜气。""义者天理之所宜，利者人情之所欲。循天理之所宜者，自然无乖戾之心。循人情之所欲者，自不能无阿比之意。"①

第八，仁孝诚敬。胡炳文虽然强调了"仁、孝、敬皆不可不诚，而诚之至者仁、孝、敬当无不至也"，但是对仁和敬还是提出了更明确的要求。以仁而言，君子必有不同于常人的认识和表现："仁则如人元气，浑全而自无所谓疾者也。天下无一人非天理之融彻，无一处非生意之流通，故曰仁。""好恶之心人皆有之，独仁者能之。""能克己则能知人，能知人则能好人、能恶人，非仁者能之，其孰能之。""欲富贵，恶贫贱，众人无异乎。君子审富贵、安贫贱，君子独异乎众人。人之本心何尝有异，众人去之，君子存之而已，然必富贵贫贱不能动其心，然后造次颠沛不至失其心，造次颠沛此心常不失，则富贵贫贱此心愈不动矣。"以敬而言，则需要特别注意其与治己和治人的关系："敬为立心之本，必有制事之义，然后可以达吾敬，敬义夹持之功固如此。""居敬是正心、诚意、修身，事行简是齐家、治国、平天下事。惟是平日心身所主者敬，由是而行之家、国、天下，皆自心身上推出来，行之以简可也。若夫心、身上工夫既自疏略，行之又复疏略，则治己、治人无非卤莽灭裂之为者矣。"②

第九，君主治国之道。胡炳文借通四书指明了君主治国的四条要求。一是去功利的要求："先王有不忍人之心，斯有不忍人之政。今虽有不忍之心，而不能推之以行不忍之政，无他，夺于功利之私也。功利二字，依旧是向霸功上去，入于彼必出于此，世安有不能黜霸功而能行王道者哉。"二是重民之事与服民心的要求："大抵民之事皆人主身上事，未有无事而空行者。""万化万事皆生于心，王伯之分只在心之诚伪。伯者本无为仁之心，姑以其国富兵强之力，而假行一二为仁之事，人之服之，非服其仁也，服其力。王者即其心之所得者而推行之，自无往而非仁，人之服之心悦而诚服也。""使民畏不如使民爱，得民财不如得民心。""无善政则百姓不足，君孰与足矣；然有善政以得民财，

---

① 胡炳文：《中庸通三》《论语通六、七》《孟子通三》，《四书通》卷4、卷10、卷11、卷17。
② 胡炳文：《论语通二、三、七、八》，《四书通》卷6、卷7、卷11、卷12。

孟子犹以为不如善教之得民心,况后世无善政而取民之财者哉。"三是君主重贤的要求:"进贤当出于人主之本心,岂有所谓不得已者。如不得已,谨之至也。谋之左右,左右皆曰贤,若可已矣。而必询之诸大夫,诸大夫皆曰贤,若可已矣。而必询之国人,国人皆曰贤,若可已矣。而必亲见其贤,然后用之,此其进贤而谨审之至也。""人君当以国家为重,贤者常以所学自重。君不以国为重,自失其国。贤者不以所学自重,自失其学。故庸君患贤者不能从其所好,而贤者决不肯自舍其学以从君之所好。"四是抑制豪强兼并的要求:"夫均之为民也,而有豪强者焉。有司所以治民也,而有贪暴者焉。豪强得以兼并,而天下多游民,贪暴得以多取,而天下多穷民。"①

胡炳文对政治概念等的解释,一个重要的分析视角是区分体用或本末,这样的视角虽然有新意,但是并不为其他学者所认同,所以多年的努力并没有为他带来较高的名望。

(四)程端学论治学

程端学(1278—1334年),字时叔,号积斋,鄞县(今属浙江)人,从史蒙卿学习理学,属于"静清学派"学人,② 泰定帝时进士及第,历任国子助教、翰林编修等职,著有《春秋本义》《春秋或问》《春秋三传辨疑》等书,有文集《积斋集》传世。

在儒者治学方面,程端学在与他人的讨论中,重点强调了六个论点。

一是教人以仁。"仆闻孔子之教人也,仁而已。""为仁之方,敬恕是也。敬所以存仁也,恕所以推仁也。""及观其为仁之具,则又不过《诗》《书》《礼》《乐》而已,射御书数其末也。"以仁教人,主要内容是《诗》《书》《礼》《乐》,所要达到的则是敬和恕的目标。

二是承继古学。程端学特别强调了儒学曾遭遇四坏的厄运,而理学则起到了挽救儒学的重要作用:"一坏于秦火,再坏于汉儒训诂,三坏于老佛异说,四坏于文章记诵。《诗》《书》虽存,而其用泯矣。然幸而孔子之书存乎世,幸而曾子、子思、孟子之徒诵而述之,幸而程、朱之徒理其湮,究其赜,而其言已明。今学者苟能因程、朱以求孔、孟之

---

① 胡炳文:《孟子通一、二、三、五、十三》,《四书通》卷15、卷16、卷17、卷19、卷27。

② 黄宗羲原著,全祖望补修:《宋元学案》第4册,第2934—2940页。

说，因孔、孟以求《诗》《书》之用，庶乎有以知尧、舜、禹、汤、文、武、周公之所以相传者如此，孔子之所以教人者如此，权衡丈尺，秩然在我，又以身体而力行之，敬以存之，恕以推之，接物之际，合圣人之法为之，非圣人之法改之，积力既久，自至一贯之地，则礼虽废，乐虽坏，为仁之具虽缺，而为仁之方尚有赖也。"以理学而追溯到孔、孟之学，以知晓儒学的真谛，显然是对儒者治学的最基本要求。

三是不能只服孔子，不服孟子、程、朱等。"夫圣贤有不同者，化之守之之谓也。其旷然大公，不以私意累其本心，则一也。故曰：或生而知之，或学而知之，及其知之，一也。或安而行之，或利而行之，及其成功，一也"。"故《大学》《中庸》《孟子》者，三子忧后世之心也，传述之以辅翼圣人者也。今因其言以求其心，其有悖于孔子者几希。虽当礼废乐坏之余，而圣贤修己治人之大经大法，固因之而有在也，何得遂谓无传乎。至于程、朱之言，则又其遗意也。""夫自礼乐废于千载之上，程、朱之徒尽力于沦没破碎之余，剖析于毫厘得失之际，求圣贤之心而以身体之，鞠躬至死，其亦勤矣。虽其立论辨析驰骋不如孔子之浑然简易，其不得已而救弊之辞，故曰衰世之志也。"孔、孟和程、朱都是以儒学立论，并且都以弘扬圣学为己任，所以不应有尊孰贬孰的问题。

四是圣人复起。"圣人复起，亦不失其本心而已。如其得位，必将损益古今，制礼乐，正人心，然六籍之大法不易也。如不得位，则亦如孔子之补残缺、存圣轨、裁后学、诏来世而已。"圣人复起尽管是重要的政治现象，但是其作为亦早已被治世学说所框定，不能背离圣人之道而为所欲为。

五是读书方法。程端学认为："读书者，致知中之一事。致知已不止此，况致知为力行之地乎，程子论此备矣。然致知之始，舍读书又将焉务。今礼乐坏矣，射御、书数又无其法，处今之世者，惟有循序读书，以明其理。理明而后，有以辨古人之得失，察事物之是非，而后可由敬恕以养本心也。况礼乐既坏，本心有不坏者乎。《大学》所以先致知而后诚意者，正以此也。未有所知而欲行，犹不知南而游越，不知北而游燕也。《大学》者，指燕越之路者也。"读书的最基本要求，就是要以致知的学习态度，达到明理的学习目标。

六是朱学与陆学之争。程端学不赞同朱学与陆学后人的相互贬损，特别强调了朱、陆殊途同归的治学路径："人当观其理，不当观其迹。《传》曰：尊德性而道问学。夫尊德性，诚意正心也；道问学，致知格物也。就《大学》论之，致知格物先也，诚意正心后也，道问学以为尊德性之地也。陆氏之学，舍问学而尊德性者也。朱子之学，尊德性而道问学者也。生之者谓之自诚明，学之者谓之自明诚。陆氏之学欲自诚而明，以圣自居，而实不易至者也。朱子之学自明而诚，由学而至，人所可及者也。佛氏之说，一悟即了，儒者之说，劳而后通也，朱陆门人大略如此。"①

在对国学学生的学习要求中，程端学还特别强调了学习六艺的重要作用。

> 古之学者诵诗读书，习礼乐之节，射御书数之文，然后有以敛束其情，熏陶其性，以成其材。故礼有经礼、曲礼，至于三百三千，必动容周旋无不中，是而后可以言礼。乐有五声、六律、八音，必训习审察使无夺伦，而后可以言乐。至于射必内正外直，进退适宜，然后中正鹄；御必范其驰驱，调其疾徐，然后免覆辙；虽书数之微，亦研覃源委，不差毫厘，然后有实用，而谓之通六艺焉。吁，何其烦且难哉。然养其外有素，则在其中者益坚，故其成材也易。今之学者，当六艺尽废之余，兀坐终日，诵四书五经，宜若简且易，而造其微者难。其人盖六艺之事少而肄之，以至于壮，即其事可以明其理，故人乐为其学而易为力。四书五经圣贤之蕴，诵而不得其意，则其心困以怠，怠则终弃之而难为功，自然之理也。然则今之学者终无成乎，亦在乎不已而已。夫礼缺乐坏，射御书数相继而废，非一朝一夕矣，不可得而学也。苟能即四书五经而专之，详其句读，审其训诂，涵泳从容，以求其意不已则熟，熟则浃洽而乐生焉。学而至于乐，虽微六艺之具，而六艺之本在我矣。意既得，知既至，而行有不得者，吾未之信也。②

程端学还特别指出，科举取士恢复之后，依然存在不少弊病，加之

----

① 程端学：《与单良能论学书》，《积斋集》卷3，四库全书本（《全元文》第32册，第142—145页）。
② 程端学：《赠国学生伯颜归觐序》，《积斋集》卷3（《全元文》第32册，第159—160页）。

科举要求的是全才,所以儒士由科举进身实际上是颇难的事情。

> 昔之举士选于州,今之举士选于省。省领州数十,而登名者不当一州之数,是一州不一人,于是有连数州不举者焉。昔之治一经者,惟意是适,不必依经立义,而宏辞别为一科。今也必明奥旨,必守儒先成说,而所谓经义者,又出人意外,研赜明微,以求圣贤指归。古赋、诏诰、章表,即昔之所谓宏辞者,而今也兼之,不持片幅,悉由记忆。士之得与是选者,厥惟难哉。然才有所长,命有所遇,其得之又若易然。夫士之所尚,知义命而安之耳。知义命而安之,则穷通得失,不以动其心,宜若易然而实难其人,何者?进士百取其一,历试诸难而得选于省,奔走数千里,会试京师,又三取其一,而二不偶。苟非持养于平日,不但为科举学者,孰免计较之私哉。由是观之,与选者虽难而易得,不动心虽易而实难。①

由此,程端礼不仅强调了"人之用世,不可以无才"②;还强调"士有可用之才,而不见用于世,然后人惜之;有可进之机,而不自进其身,然后人信之。其或非所用而不用,无所进而不进,势穷力屈而止者,碌碌之徒耳。""人固有同出于儒,而异其设施者,未可执此以议彼也。"③儒士能否得到重用,受多种条件的限制,所以不必相互讥讽议论。

在时政问题上,程端学则特别就盐政问题发表过评论,重点强调的主政者为了人民获利,要敢于有所作为:"古之煮海以为利,非直富国而已也,将厚民之生,而国依以富也。今利归于公者有经,而民被其毒者无已,岂非以其法有未尽者哉。亭灶之家,无赖久矣。富者破产以输公,贫者焦劳困悴为沟中瘠,其弊未易革也。苟得良有司焉,弥缝其缺失,援坠陨于重溺,起痿羸于将绝,则亦庶几云尔。程子谓:一命之士,苟存心爱物,于人必有所济。故其辟王氏新法甚严,而身为条例司官者,盖以新法之害势未易除,吾就其中为民求生道,拯一分弊,则民

---

① 程端学:《送李晋仲下第南归序》,《积斋集》卷3(《全元文》第32册,第156—157页)。
② 程端学:《送王汉卿典史秩满序》,《积斋集》卷2(《全元文》第32册,第149页)。
③ 程端学:《送江声伯序》《送蒋远静山长序》,《积斋集》卷3(《全元文》第32册,第157—158、162—163页)。

受一分之利，缓一分征，则民免一分之苦。君子之所为，其诚恳恻怛有如此者。"① 在这样的评论中，最值得重视就是去一分弊民即得一分利的论点。

（五）龙仁夫论易象

龙仁夫（？—1335年），字观复，号麟洲，永新（今属江西）人，曾任陕西儒学提举，有《周易集传》传世。

龙仁夫以永新的情况，说明了科举废兴的情况："至元初，科废，山川英华小蛰，然乡校岿立劫灰间，龟蚨龙文鱼煜烨故无恙。天之未丧斯文，可知也。皇庆诏下，于今二十年，自行省入贡若干人，擢上第为天朝命官。"② 他还特别强调了学者应以实学进身的要求："惟君子之学，以为己为立身之本，以下学上达为进道之阶，外之穷理以廓其志，内之持敬以树其本。"③

从周易的角度，龙仁夫对治道作了一些解释。如对人君的要求，强调的是君主的行为，应比于天道。"人君比天下之道显明，其比道而已。如诚意以待物，恕已以及人，发政施仁。使天下蒙其惠泽，是比天下之道也。天下自然来比，来者抚之，固不煦煦然求比于物。若田之三驱，禽去不追，此王道之大，其民呆呆而莫知为之者也。愚按，古者将田，必先告诫都邑之人，如《周礼》大司马教大阅前期，群吏戒众庶族师，作民师田，掌其治令戒禁，皆是邑人不诚亦无容心之谓，此圣人大公至正，归斯爱之之心也，宜为吉占。"④ 君主的行为，还必然会对民众带来重要的影响。"盖君民上下，势虽穹绝，心则潜通。在上者行事之顺逆，本心之诚伪，如影响形声，不爽毫发。《大学》谓尧舜帅天下以仁而民从，《中庸》论笃恭天下平之理，至以上天之载，无声无臭，赞之是也。"⑤ 由此，按照圣人之道的要求，君主不仅要善于养贤、养民，还要善于养万物。"圣人则养贤才，与之共天位，食天禄，俾施泽于天下。养贤所以养万民也。夫天地之中，品物之众，非养不生。圣人裁成天地之道，辅相天地之宜，以养天下，至于禽兽草木，皆有养之

---

① 程端学：《送张大方之任序》，《积斋集》卷2（《全元文》第32册，第146页）。
② 龙仁夫：《永新州学进士题名记》，《全元文》第20册，第73页。
③ 龙仁夫：《重修河南书院碑》，《全元文》第20册，第76—77页。
④ 龙仁夫：《周易集传》卷1，四库全书本。
⑤ 龙仁夫：《周易集传》卷4。

之政，其道配天地。"① 对于臣僚而言，既要明白君子、小人之间的长消关系，"阴阳内外，分别截然者，此世道之泰。若阴当外，而内则小人道长；阳当内，而外则君子道消，亦非所以为泰"②；也要知道所谓占卜，不过是为了给君子决定去留提供一个参考而已，"臣之承君，如地承天，理当然也。而有陈善责难，勿欺而犯之义焉，非徒承也。二当否时，以坤阴居大臣之位中，所包含惟奉顺之心而已，不逢君之恶几希，此小人道也，岂君子行志时哉。故断之曰小人占之吉，大人占之则不享，易岂为小人谋者，明吉凶之决，所以赞大人进退之决也。或吉或否，随所占之人而已"③。

龙仁夫以易释道，尤其是列举大量的卦象，难以被不懂易者所理解，所以在当时的影响不是很大。

（六）郑滁孙论中天

郑滁孙，生卒年不详，字景欧，处州（今属浙江）人，宋进士，成宗时任集贤学士、侍讲学士等职，著有《周易记玩》《大易法象通赞》等书。

郑滁孙曾向朝廷进《中天图》，并明确表示："臣窃惟圣人之道与天地准，《易》有圣人之道亦与天地准。""恭惟帝王之盛，早朝听政，清燕颐神，宜有图书以昭法象。""帝王诚能体乾元御极之理，则与天地合其德，日月合其明，四时合其序，鬼神合其吉凶，先天而天弗违，后天而奉天时。"④ 郑滁孙上《中天图》的目的，就是希望君主能够奉行天道以治民。

郑滁孙还特别指出："夫两仪生而阴阳分，八卦定而吉凶见。气机之变，所以不可乱不可恶者，飞龙在天，上治之力也。恭惟圣朝，龙兴四海，曾同普天率土，同一庆赖。""乾元有御天之道，圣人体乾有御世之法，是故知《易》之数，不可不知《易》之理也。中天者，《易》理之宏纲，大用悉备于此，圣人之崇德广业无不出于此。为人上不知中天，则不知所以治世。为臣子不知中天，则不知所以事君、事父；为人不知中天，则不知所以诚意、正心、修身。"他之所以编著《大易法象

---

① 龙仁夫：《周易集传》卷7。
② 龙仁夫：《周易集传》卷7。
③ 龙仁夫：《周易集传》卷2。
④ 郑滁孙：《进中天图表》，《全元文》第11册，第91—93页。

通赞》一书，就是要"承先圣所以体天地之撰，通神明之德，补中天图象，释大绅义于久湮未堕之际，使人天德隆盛，前乎弗违太极之根底，后乎弗先太极之流行，庶几天下后世，举悟性命一源，古今一日，修者不怠，悖者能驯，正人心，息邪说，距诐行，当有取于斯。"[1] 也就是说，郑滁孙是在用易学对中天的阐释，为朝廷的统治提供合理性的解释。

（七）丘应辰论舆地

丘应辰，生卒年不详，字咏圣（或作咏性），黄岩（今属浙江）人，成宗时曾谢绝青田的教职，著有《忧忧集》，已佚。

丘应辰有恢复井田制的论述，已不存，现存的论述舆地的《正异论》，只有下半部分，重点强调的是不要迷信舆地善恶之说，因为无论是家庭还是国家，靠的都是以德兴盛，而不是以地兴盛。

> 家世尚德者昌，灭德者亡，如影响之契于形声也。自世道微，人欲胜，信释道福田之诱而谄非祭之鬼，于阴阳地理之说劳心求焉，古尤有也。今世贫者，不葬其亲。其葬者，自非达德，必请地师择之，以不得地，至旷延未举，终日相随，出入山谷，听地师指此山吉，曰富且贵焉，彼水凶，曰贫且贱焉。遍一邑之境，谓美而可葬者，取什一于千百。吁，一邑之广，何啻数百里，其居者何啻千万人，而可葬者止此，余皆何以处之。
>
> 夫天地之中，因其高者名山，顺而下者导水，且遂以其向背为吉凶，且有年利年不利之说。然则先王制礼，天子七月，诸侯五月，大夫三月，士逾月而葬，皆非也。凡今美而可者，果古人未葬者耶。自有书契以来，有美地而未葬，是懵于古而明于今也。自揆古今聪明，法天象地，孰贤欤？礼乐刑政，孰备欤？衣食宫器，孰工欤？今不逮古矣，何其令子孙取富贵之道不若今也。或曰自古王君国都，皆必取形势之地，为城池之固，富家甲地，亦择美壤居之，堪舆言何必尽非，然未见其定福人。咸阳金城千里，秦二世而亡，金陵六朝转易，所都则一而已。鉴之在昔，由德之兴衰，非其居之谓也。[2]

---

[1] 郑滁孙：《大易法象通赞自序》，《全元文》第 11 册，第 94—95 页。
[2] 丘应辰：《正异论下》，《全元文》第 22 册，第 497—498 页。

丘应辰的舆地说，其重要价值就在于敢于破除迷信，以减少世人的各种荒唐行为。

（八）尚野说教学

尚野（1244—1319年），字文蔚，保定（今属河北）人，世祖朝入为国史院编修官，成宗至仁宗朝历任国子助教、国子博士、翰林直学士、集贤侍讲学士、国子祭酒等职。

尚野在国子监教学，强调的是先经学而后文艺："学未有得，徒事华藻，若持钱买水，所取有限，能自凿井及泉而汲之，不可胜用矣。"①他所注重的，是朱熹的教学方法，并说明了为己之学和为人之学的不同。

> 孔子尝言古之学者为己，今之学者为人。先儒新安朱氏（朱熹）所记庙学无虑十数，而必以是为说焉。曰天，曰性，曰心，曰民彝，曰物则，曰固有，曰人伦，曰仁义礼知之性，君臣、父子、夫妇、长幼、朋友之伦，曰学校，曰五教，曰乡三物，曰大小有序，曰政事之本、道德之归，曰道德性命之指，《诗》《书》《礼》《乐》之文，曰孝悌、忠信、礼义、廉耻以修其身，求师、取友、诵诗、读书以穷事物之理，曰洒扫、应对、进退、礼乐、射御、书数、致知格物、自身及家、自家及国、达于天下，曰明义反本，曰不慕人爵、为君子儒，曰不失其性、不乱其伦，曰人材众多、风俗美盛，是皆所谓为己者也。曰科举文字，曰场屋雕篆，曰记诵文词，曰记诵剽掠，曰割裂装缀，曰夸多斗靡，曰异端杂学，曰荒虚浮诞，曰阿世徇俗，曰干时取宠，曰追时好而取士资，曰忘本逐末、怀利去义，曰其趋卑陋、惟利禄之知，曰徇近小之利、忘其所贵于己者，曰穷高极远、不务力行之实，循常守旧而不知义礼之所以然，曰重失其性、益乱其伦，曰风俗日敝、人材日衰，是皆所谓为人者也。②

也就是说，重视天、性、心及伦理道德的实学，都是为己之学；而记诵虚文、沽名钓誉、异端杂学等，则都是为人之学。儒者治学，自然

---

① 《元史》卷164《尚野传》。
② 尚野：《霸州重修庙学记》，《全元文》第13册，第9—11页。

要追求的就是为己之学。

尚野对治学方法的说明，显示的是南北理学已经融合后的要求，对于理解北方儒者的治学态度有重要的意义。

（九）侯克中说治道要求

侯克中（？—1325年后），字正卿，号艮斋，真定（今属河北）人，以治易学为时人所重，著有《大易通义》，已佚，有《艮斋诗集》传世。

侯克中用诗作解释了易学的重要性，并强调要掌握易的奥秘，必须认真学习理学大家的学说。

> 庖牺作易果如何，信手画成非有他。阳卦自奇阴卦耦，治时常少乱时多。乾资刚健推元化，坤以安贞保太和。不有邵图程传出，圣人心鉴定谁磨。[1]
>
> 大禹庖牺两圣人，所存所尚自超群。易传龙马图中数，范则灵龟背上文。实外虚中元有体，耦偏奇正岂无君。非公善发尧夫蕴，千古何由得与闻。
>
> 太极阴阳尚混淆，一生为两四还交。象仪立后成三画，贞悔明时备六爻。须信有情皆一本，断知无物不同胞。等闲写出先天妙，恨不同时载酒肴。
>
> 大衍神蓍五十茎，体惟虚一用斯行。圆神方知总千变，分挂揲归成四营。错综统包天地数，变通曲尽鬼神情。迩来两背双眉语，未审何由得此名。
>
> 读易当明作易因，玩占观象果何人。六爻进退时消长，一气飞潜道屈伸。上下无常惟视变，阴阳不测岂非神。四千余卦无穷事，只有庖牺善写真。[2]
>
> 索隐探微亘古今，寥寥千载几知音。邵图程传从渠说，羲画周经各自心。时有张华方铸剑，世无钟子莫弹琴。不从三圣源头看，枉向诸生笔底寻。[3]
>
> 庖牺元不费搜寻，奇自为阳耦自阴。楚些吴侬皆已见，郢书燕

---

[1] 侯克中：《学易》，《艮斋诗集》卷1，四库全书本。
[2] 侯克中：《易学启蒙四首》，《艮斋诗集》卷1。
[3] 侯克中：《答学者问易》，《艮斋诗集》卷1。

说岂初心。伊川笔底天人备，康节图中旨趣深。总被晦翁摸写出，朱弦三叹有遗音。①

在治道学说方面，侯克中则重点强调了儒家经典的重要奠基作用以及规范后世的作用。

（《书》）汗简烟销费讨寻，汉家训诂满儒林。岂期万古千秋后，得见三王二帝心。孔氏壁藏多傅会，伏生口授太艰深。考亭去取无遗恨，况复门人有蔡沈。

（《诗》）诗纬诗经各有三，大音谁为发机缄。圣功昭著终三颂，王化流行始二南。毛郑形容多草草，吕苏头角颇崭崭。不图删定千年后，玉振金声满晦庵。

（《周礼》）庶职班班总六卿，圣人布置自天成。一时美意行良法，千古遗书号太平。可怪献王增外记，不堪新莽盗虚名。谁言制度伤纤悉，官府规模不厌精。

（《礼记》）劫火燔经亦有年，曲台仿佛记遗编。谁将秦汉参周制，我喜曾思得孔传。法度幸然存一二，威仪徒尔说三千。康成未解分经传，名物精详亦自贤。

（《春秋》）西狩归来泪满襟，麟经笔削示人深。一言一字存褒贬，真是真非尽古今。二百余年天子事，亿千万世圣人心。召陵城濮俱陈迹，依旧乾坤一孔林。

（《论语》）圣学渊源岂易量，一编鲁语足辉光。读时似觉文词易，积久潜知意味长。上知下愚终莫变，朝闻夕死尽无妨。大哉尼父参天地，学者毋窥数仞墙。

（《大学》）赫然明命本诸天，推己新民教乃宣。心似鉴空方尽物，身如山立适行权。纪纲条达该精蕴，节目分明有后先。贤传圣经潜玩久，乃知一贯不虚传。

（《中庸》）人道须臾未可违，圣贤微旨在操持。不偏不倚存诚处，无过无亏应物时。小恶遂成千里谬，至公宁许一毫私。共知百世传邹孟，一脉春风自子思。

---

① 侯克中：《易说》，《艮斋诗集》卷1。

（《孟子》）上下交征逐末流，力陈仁义说诸侯。衍仪巧构当时祸，杨墨深贻后世忧。养气每云无助长，放心惟恐不知求。吾儒尚有疑非论，所见皆偏恐未周。①

侯克中还表现出排斥佛教和道教学说的鲜明态度，指出其不仅虚妄，还可能误国。

禅分五派教三宗，大道何尝有异同。男女悉归三宝戒，乾坤不待百年空。死生怖我诚堪笑，因果迷人恐未公。梁武陨身还失国，可怜虚费护持功。

词意艰深理亦精，截然图象似丁宁。远希经世虽霄壤，仅与潜虚作户庭。踪迹本来宗禹范，规模到底出羲经。以三为用终无体，有影谁能不具形。②

为仁非易亦非难，心广应知体自胖。克己要从偏处克，观天须向静中观。巍巍圣道明三极，蔼蔼吾心具四端。大命赫然人莫守，古今宜被二家瞒。

好名专利已为贪，学佛求仙更可惭。万物固殊原有一，兆民虽众教无三。法皆空相非真见，道本无为是赘谈。覆载生成天地了，圣人不作定谁参。③

侯克中以诗作对以往的历史作出了评价，其中既有对圣王如尧的歌颂："文思钦明四美全，龙飞九五应纯乾。民怀帝德终千古，圣笔虞书第一篇。随物生成惟体道，与民休戚更同天。执中岂是丹朱任，只许重华得正传。"也有对宋朝兴亡的论说和对南宋忠臣的表彰："五季惟周觉最贤，陈桥一夕宋山川。得从寡妇孤儿处，失向庸人孺子边。前后共成十六主，东南分据百余年。爱民养士虽堪尚，畏敌亲仇亦可怜。"④"宣公苗裔有余馨，耿耿丹心醉六经。独力生难扶社稷，全家死不负朝

---

① 侯克中：《读书》《读诗》《读周礼》《读礼记》《读春秋》《读论语》《读大学》《读中庸》《读孟子》，《艮斋诗集》卷1。
② 侯克中：《释氏》《太玄》，《艮斋诗集》卷1。
③ 侯克中：《姚左丞席上谈释老》《述教》，《艮斋诗集》卷4。
④ 侯克中：《尧》《宋》，《艮斋诗集》卷2。

廷。世间民听犹天听，海底台星拱帝星。岁月不消忠义气，崖山十倍向时青。"①

侯克中还明确提出了公心为政的要求："欲知为政果何如，私意才萌便扫除。妍丑岂能逃藻鉴，尘埃初不到冰壶。日间接物常持敬，夜后潜心细玩书。平旦气清还致用，不须更下别工夫。"②勤政和勤学结合，才能保持公心为政的状态，显然是侯克中所要宣扬的政治观点。

由此，侯克中对公心为政提出了两方面的要求。一方面是要求官吏读书，"为矢为函亦偶然，病根一入老难痊。斡旋赤蚁纵横阵，把握青蝇黑白权。鸠葛岂宜藏药笼，申韩元不到经筵。宽平易简唐虞治，且许皋陶得正传"③。另一方面要求官员行廉政、去贪恶和爱民护民，侯克中在送别官员任职的诗作中特别表达了这样的愿望："此回宣慰江淮了，四海苍生望息肩。""豺狼满路君须问，细务何烦较米盐。""大奸猖炽从常宪，细务纷纭付有司。""分宠南来按浙东，几人夔铄得如公。狗偷鼠窃林梢露，吏称民安草上风。"④

侯克中未入仕途，以诗作表达的是最基本的政治观点，没有新颖和成系统的理念，所以在当时谈不上有什么影响。

（十）彭士奇说天道

彭士奇（1266—1331年），初名庭琦，字士奇，号冲所，庐陵（今属江西）人，泰定元年进士，历任南昌县丞、建昌路经历等职，著有《理学意录》等书，已佚。在留下的科举策论中，可以看到彭士奇对天道的看法。

> 古先哲王之临天下也，以道不以势。自其势观之，则居重驭轻，若可侈吾立国之规模。自其道而推之，则柔远能迩，惟当治吾及民之政化。得天下有道，得其民也。得其民者，得其心也，而岂特势以为重哉。彼有谓莅中国而抚四夷，振长策而驭区宇，非形胜无以为固，非壮丽无以示威，于是为强干弱枝之图，壮金城汤池

---

① 侯克中：《题陆君实死节卷后》，《艮斋诗集》卷3。
② 侯克中：《为政》，《艮斋诗集》卷4。
③ 侯克中：《勉吏员读书》，《艮斋诗集》卷4。
④ 侯克中：《送河南崔宣慰赴军前》《许献臣经历拜监察御史》《徐廉访寄西湖杂诗因答之》《送刘大使按察浙东时年七十》，《艮斋诗集》卷5。

之险，自谓可以掩六合为己有也。然其视王者为天下之所归德也，乃终不可以同日而语，何哉？噫，彼以其势，而此以其道也。……是盖谓得天下者在于得民，得民者在于有道。

论至于是，则知博施济众，固行仁之极功，而自内及外，亦为政之定序。前朝后代，固建国之弘规，而安民和众，乃经世之先务。吾能使都邑之民安，则海隅苍生皆将仰都邑而尊慕；吾能使圻甸之制定，则要荒遐服皆将视圻甸而依归。上倡而下应，此感而彼孚，固自有不期然而然者，是道也，帝王之所同也。……嗟乎，王者之有道，则下可以治民心，上可以膺天眷。四海来假，而民心建不拔之基，百禄是柯，而天眷绵无穷之祚。①

道之在天者，深远而无穷；德之在圣人者，明著而不杂。……世之言天与圣人者，必曰"诚"。夫诚者，天之道也。圣人浑然一理，真实无妄，则亦天之道也。天道极其诚，而元亨利贞之德，密运于冲漠之表，故庶类群生，亘万古而不息。圣道极其诚，而仁义礼智之性，不汨于人为之伪，而千变万化，妙一念而无穷。圣人一天也，天一圣人也。②

贤王积德以承上天之命，尽心以光前圣之业，故今能以安靖天下者，皆贤王之赐也。大抵永天命者在乎德，广王业者在乎心，而天命王业之所以盛，则在乎民生之得所。……天有爱民之心而不能以自达，故托之文、武，文、武有爱民之德而不能以常存，故托之后世。后世能安靖生民，宜有以大慰夫天与祖宗之心，而向之天命王业，至是愈隆而愈远矣。③

从彭士奇的论述可以看出，他所论述的天道即圣人之道，除了注重以"诚"行道外，关键是以德治国的爱民之道。由此，他在别人试卷的批注中特别指出："王者惟能备天下之德，而后足以系天下之心。夫系天下之心者，以德不以力，而德未易言也。外貌必极于尊严，内行必

---

① 彭士奇：《延祐四年文选诗义江西乡试考卷》，《全元文》第24册，第14—15页。
② 彭士奇：《至治三年文选诗义江西乡试考卷》，《全元文》第24册，第16—17页。
③ 彭士奇：《泰定元年文选诗义中书堂会试考卷》，《全元文》第24册，第17—18页。

极于纯洁,纯洁者必播而为令闻,尊严者必著而为令望,表里之相符,名实之俱至。如是而后,可以为岂弟子之君子,如是而后,四方以为纲。盖君为臣纲者理之常,而四方以为纲者德之至。夫能使四方以之而为纲,则非以力服人者也,必其以德服人,能使之中心悦而诚服也。"①也就是说,以德治国作为重要的政治纲领,确实需要人们对此有全面、深刻的理解。

(十一)吴亮、许名奎说忍

吴亮,生卒年不详,字明卿,号蟾心,钱塘(今属浙江)人,精通经史,成宗末年撰《忍经》一书,特别强调了忍是对仁者的必备要求。

> 忍乃胸中博闳之器局,为仁者事也,惟宽恕二字能行之。颜子云"犯而不校",《书》云"有容德乃大",皆忍之谓也。韩信忍于胯下,卒受登坛之拜;张良忍于取履,终有封侯之荣。忍之为义大矣,惟其能忍,则有涵养定力,触来无竞,事过而化,一以宽恕行之。当官以暴怒为戒,居家以谦和自持,暴慢不萌其心,是非不形于人。好善忘势,方便存心,行之纯熟,可日践于无过之地,去圣贤又何远哉。苟或不然,任喜怒,分爱憎,捃拾人非,动峻辞色,干以非意者未必能以理遣,遇于仓卒者未必不入气胜,不失之偏浅,则失之躁急,自处不暇,何暇治事,将恐众怨丛身,咎莫大焉。②

吴亮还特别对当官者之忍提出了以下要求:"当官处事,不与人争利者,常得利多;退一步者,常进百步;取之廉者,得之常过其初;约于今者,必有垂报于后,不可不思也。唯不能少自忍者,必败,此实未知利害之分,贤愚之别也。""当官者先以暴怒为戒,事有不可,当详处之,必无不中。若先暴怒,只能自害,岂能害人。前辈尝言,凡事只怕待,待者详处之谓也,盖详处之,则思虑自出,人不能中伤。"当面对忧患时,明理顺受以使是最明智的态度:"人生世间,自有知识以来,即有忧患不如意事。小儿叫号,皆其意有不平。自幼至少,自壮至

---

① 彭士奇:《聂炳考卷后自作诗经冒子》,《全元文》第24册,第20页。
② 吴亮:《忍经序》,《全元文》第28册,第283—284页。

老，如意之事常少，不如意之事常多。虽大富贵之人，天下之所仰羡以为神仙，而其不如意处各自有之，与贫贱人无异，特所忧虑之事异耳，故谓之缺陷世界。以人生世间无足心满意者，能达此理而顺受之，则可少安矣。"所以在处世时，遇事贵为忍耐："人能忍，事易以习熟，终至于人以非理相加不可忍者，亦处之如常。不能忍，事亦易以习熟，终至于睚眦之怨深不足较者，亦至交詈争讼，期以取胜而后已，不知其所失甚多。人能有定见，不为客气所使，则身心岂不大安宁。"①

许名奎，生卒年不详，号梓碧山人，四明（今属浙江）人，武宗时编成《劝忍百箴》一书，所要强调的就是"人为血气所使，至于凶于而身、害于而家何限"，由此需要"逆来顺受，不与物竞"②。

许名奎列举的"百忍"，可以分为七类。第一类是言、气、声、宠、辱、息、怒、笑、妒、忽、惧、好、恶、躁、骄、矜、急、满、快、不平、不满 21 种情感之忍。第二类是贫、富、贱、贵、疾、变、侮、谤、誉、诐、忤、仇、争、欺、劳、苦、勇、直、生、死、取、与、乞、求、失、祸福、挫折、不遇、随时 29 种处世之忍。第三类是忠、孝、仁、义、礼、智、信、俭、利害、顽嚣、无益、小节、背义 13 种道德之忍。第四类是色、酒、食、乐、淫、贪、佟 7 种嗜欲之忍。第五类是才技、事师、为士、为农、为工、为商、好学 7 种职业和学习之忍。第六类是父子、兄弟、夫妇、宾主、奴婢、交友、年少 7 种家庭亲情之忍。第七类是权、势、安、危、虐、听谗、苛察、屠杀、苟禄、躁进、特立、勇退、事君、同寅、将帅、宰相 16 种理政之忍。

许名奎对各种忍都有明确的要求，如"权之忍"的要求是："子孺避权，明哲保身；杨李弄权，误国殄民。盖权之于物，利于君不利于臣，利于分不利于专。""忠之忍"的要求是："事君尽忠，人臣大节；苟利社稷，死生不夺。""誉之忍"的要求是："好誉人者谀，好人誉者愚蠢。""苟禄之忍"的要求是："窃位苟禄，君子所耻；相持而动，可仕则仕。""躁进之忍"的要求是："仕进之路，如阶有级；攀援邀等，何必躁急。""勇退之忍"的要求是："天人一机，进退一理；当退不退，灾害并至。"许名奎最后对"好学忍"提出的则是以下要求："立

---

① 吴亮：《忍经·当官不能自忍必败·戒暴怒·忧患当明理顺受·事贵能忍耐》，四库全书本。
② 许名奎：《劝忍百箴序》，《全元文》第 36 册，第 327—328 页。

身百行，以学为基；古之学者，一忍自持。凿壁偷光，聚萤作囊；忍贫读书，车胤匡衡。""及乎学成于身，而达乎天子之庭。鸣玉曳祖，为公为卿。为前圣继绝学，为斯世开太平。功名垂于竹帛，姓字著于丹青。"①

吴亮和许名奎所说的忍，宣扬的是儒家处世之道，其中所包含的"政治忍术"内容，确实值得注意。

（十二）黄泽说经学

黄泽（1261—1346年），字楚望，九江（今属江西）人，曾任江州景星书院山长、豫章东湖书院山长，著有《易学滥觞》《十翼举要》《六经补注》等。

黄泽以探究经学奥秘为己任，"尝以为去圣久远，经籍残阙，传注家率多傅会，近世儒者又各以才识求之，故议论虽多，而经旨愈晦；必积诚研精，有所悟入，然后可以窥见圣人之本真"。他还明确表示："学者必悟经旨废失之由，然后圣人本意可见，若《易象》与《春秋》书法废失大略相似，苟通其一，则可触机而悟矣。"② 也就是说，治学的要素就在于能够做到自悟。

黄泽将自己探究经学的心路历程，以《思古吟》十章加以表述，重点强调的就是对经学的求真求解要求。

其一章曰：有一人兮，温温其恭。学不厌兮，教思无穷。去之将二千载兮，莫继其踪。思而不可见兮，吾将曷从。

二章曰：有一人兮，闲居而优。游《诗》《书》《礼》《乐》兮，《十翼》《春秋》。肩类子产兮，其颡如尧，淑我后人兮，使我瘳。思而不可见兮，中心摇摇。

三章曰：有一人兮，后千载而长存。天地其道兮，河汉其文。我有冠裳兮，孰知我原。思而不可见兮，中心悁悁。

四章曰：有一人兮，代天而行。义尊王黜乱兮，复古其志。变史为经兮，百世昭示。去之久远兮，孰测微意。思而不可见兮，使我忘寐。

五章曰：有一人兮，太极合德。君子之谦谦兮，曰五十而学

---

① 许名奎：《劝忍百箴》，岳麓书社2003年版。
② 《元史》卷189《黄泽传》。

《易》。羲文姬旦兮，先后揆一。端倪晓示兮，舒泄幽密。去之久远兮，神秘其迹。思而不可见兮，使我忘食。

六章曰：有一人兮，尼首而河。目象环之佩兮，温其如玉。文章焕烂兮，斯道长续。存荣没哀兮，大成者独。我思入神兮，如见其复。瞻前忽后兮，惟日不足。

七章曰：有一人兮，天高而日。光蒙俱其面兮，禹汤之长。我思入神兮，梦至其傍。膝行而有请兮，冀一涉乎津梁。悯微衷之拳拳兮，忽若洗髓而涤肠。酌我以井冽之泉兮，被我以坤文之裳。去我扃鐍兮，谓我其臧。亦戒以世俗之夸谈兮，曰吾非素王。汝克复予之常兮，予无汝忘。

八章曰：有一人兮，衣逢掖而冠章甫。上律天时兮，下袭水土。累累其容兮，背若微偻。祖述尧舜兮，宪章文武。我思入神兮，恍尔而遇。俯伏下风兮，将泣而诉。悯中诚之拳勤兮，忽独与处。授我以三绝之编兮，与我心语。介我于文王周公兮，遗我以二百四十二年之鲁。忽然而醒兮，有涕如雨。

九章曰：有一人兮，翼翼小心。顺其天兮，演《易》示人。屈伸消长兮，默识其故。吉凶悔吝兮，曷为而无因。崇阳兮抑阴，福善兮祸淫。因孔氏以膝行乎王之前兮，测其原而益深。豁然悟兮，日月昭临。噫，人有尊卑兮，道无古今。噫，人有尊卑兮，道无古今。

十章曰：有一人兮，赤舄几几。制作孔备兮，之才之美。文王我师兮，亲为父子。申以爻辞兮，如掌之示。去之久远兮，玄理蒙蔽。胡然而险阻兮，胡然而简易。因孔氏以膝行乎公之前兮，发其机于久秘。恍然而悟兮，神授天启。洩洩融融兮，恢我乐地。呜呼，苹藻之微兮，足以荐贵。呜呼，苹藻之微兮，足以荐贵。①

黄泽还有《读易吟》十二首，他认为其中四首最具有代表性，揭示了易学的要义。

万事多于近处迷，贪前说后更参差。不从言外窥三圣，虚说淮

---

① 黄泽：《思古吟十章并序》，赵汸编《春秋师说》附录上，四库全书本（《全元文》第 21 册，第 705—707 页）。

南有九师。井困干枯干有水,丰暌暗昧观生辉。如何天地都颠倒,却道圣人正得时。

不是浮花烂漫开,有枝有干有根荄。一声也自喉咙出,六脉元从腑脏来。莫向壁间看旧画,也依火后拨寒灰。要餐一斛黄连后,恐怕余甘稍自回。

天机地轴谁曾见,脉络相关也要知。只眼不开千眼闭,一波才动万波随。便成儒子终非活,已出蚕蛾不是丝。直要浑然方见易,断章取义且寻诗。

卦情物理两堪疑,此处谁能析隐微。鸣鹤胡然逢子和,高鸿何事不云飞。干将有气须冲斗,龙马虽神必受羁。役使阴阳全是易,踌躇未易泄天机。①

黄泽还强调了学易的五条要求。一是明象的要求,"学《易》者,当明象,此确然不易之论。但象不可明,故忘象之说兴;忘象之说兴,而象学遂废,亦可叹已"。二是知变的要求,"天道主于变,人道主于常。天道变中有常,人道常中有变。天道变而不可违乎常,人道常而不可不知变"。三是明义理的要求,"易象学迷失一千有七百余年,汉儒及近代诸儒所说颇细碎,虽不可废,然于大体未明,终无益也。但易之未易明者,非直象学。盖义理之说,至伊川、晦庵,可谓精切粹美,而易之大义未能复古者,亦多有之"。四是象主数用的要求,"象与数,不可相离。象为主,而数为用"。五是虚心求易的要求,"大凡易象,皆圣人用意深远,当虚心以求,不可浅躁,仍俟其体会,不可牵合,苟精神之至,必有默相之者"②。

黄泽对包括易经在内的经学的钻研,不仅仅是解释经义,还要依据经义治国,这恰是他所要表达的"天机"。

(十三) 董鼎说孝道

董鼎,生卒年不详,字季亨,号深山,番阳(今属江西)人,从族兄董梦臣学习理学,被列为"介轩学派"学人,③ 著有《尚书辑录纂

---

① 黄泽:《易学滥觞后序》,《易学滥觞》附录,四库全书本(《全元文》第21册,第707—708页)。
② 黄泽:《易学滥觞》。
③ 黄宗羲原著,全祖望补修:《宋元学案》第4册,第2972页。

注》《四书疏义》《孝经大义》等。

董鼎认为:"善事父母为孝,人之行莫大于孝。尧、舜大圣人也,其道不过孝悌而已。禹、汤、文、武、周公传之孔子,一以此道。"[1] 孝道与治国有密切的关系,就在于其核心是对仁、德、善的要求,并关系着政教的好坏。

> 古先圣王之所以治天下,自有极至之德,切要之道,以顺其心,故天下之民以此和协而亲睦上下,举无所怨,汝其知之否乎。盖天下之怨,每生于不和;不和之患,常起于不顺。今有一个道理,能使之和顺而无怨,诚学者所当知也。
>
> 一孝字,即所谓至德要道也。仁、义、礼、智虽皆谓之德,而仁为本心之全德,仁主于爱,爱莫大于爱亲,故孝为德之至。父子、君臣、夫妇、兄弟、朋友之交五者,虽皆谓之道,而亲生膝下行之,最先故子孝于父,独为道之要。本犹根也,行仁必自孝始。
>
> 故夫所谓孝者,始于事亲为孝子,中于事君为忠臣。忠孝两尽,则终于立身为全人矣。盖孝者五常之本,百行之源也。未有孝而不仁者也,未有孝而不义者也,未有孝而无礼、无智、无信者也。以之事君则忠,以之事兄则悌,以之治民则爱,以之抚幼则慈,一孝立而万善从之。
>
> 人生天地之间,禀天地之性。如子之肖像父母也,得天之性而为慈爱,得地之性而为恭顺。慈爱恭顺,即所以为孝。故孝者,天之经,地之义,而人之行也。孝本天地之常经,而人于是取则焉。则者,法也,天地之经常久而不变,人之取则于天地,亦常久而不易。其于众人之中,又有圣人者出,法天道之明,因地道之义,以此顺天下爱亲敬长之心而治之,是以其为教也不待戒肃而自成,其为政也不假威严而自治,无他,孝者天性之自然,人心所固有,是以政教之速化如此。

董鼎还就《孝经》所记天子之孝、诸侯之孝、卿大夫之孝、士之孝、庶人之孝,提出了具体的要求。

---

[1] 董鼎:《孝经大义》,四库全书本。本小节引文均出自本书。

天子者，又德教之所自出也。为天子而爱其亲者，必于人无不爱，而不敢有所恶于人。敬其亲者，必于人无不敬，而不敢有所慢于人。我之爱既尽，则人亦兴于仁而知所爱矣。我之敬既尽，则人亦兴于礼而知所敬矣。夫如是，则四海之大，百姓之众，皆知有所视效而同归于孝矣，此盖天子之孝当如是也。

诸侯初受封，则天子赐之土，使归其国而立社稷，以社主土，稷主谷，民生所赖以赡养者也。诸侯在一国臣民之上，而不敢自骄，则身虽居高而不至于危殆不安矣。制节财用，谨守法度，则财虽盛满，而不至于涌泛荡溢矣。居高位而不危，则不失其位之贵，是所以长守此贵也。处盛满而不溢，则不失其财之富，是所以长守此富也。富与贵常不离其身如此，然后乃能保有其社稷而和调其民人，此盖诸侯之孝当如是也。

为卿大夫者，当遵守礼法，谨修德行。非先王之法服不敢服，惟恐服之不衷，身之灾也。非先王之法言不敢道，惟恐言轻而招辜也。非先王之德行不敢行，惟恐行轻而招辱也。以此之故，非法则不言，言则必合法；非道则不行，行则必中道。出于口者既无可择之言，行于身者亦无可择之行，是以言之多至于遍满天下而无口过，行之多至于遍满天下而无怨恶。服法服，道法言，行德行，三者既全备矣，然后上无得罪于君，下无得罪于民，斯能长守其宗庙，以奉其先祖之祭祀矣，此盖卿大夫之孝道也。

资于事父以事母而爱同，资于事父以事君而敬同。故母取其爱，而君取其敬，兼之者父也，故以孝事君则忠，以敬事长则顺，忠顺不失，以事其上，然后能保其爵禄而守其祭祀，盖士之孝也。

庶人未受命为士，既不得以事君，所事者惟父母而已，故以养父母为孝。然养父母在于足衣食，足衣食在于务农桑，务农桑又在于顺时令、别土宜。天之道，春生、夏长、秋敛、冬闭，我则以春耕、以夏耘、以秋收冬藏，用天之道。如此，则顺时令矣。地之利，高下、燥湿各有宜植，我则或禾黍，或秔稻，或菽麦桑麻，因地之利。如此，则别土宜矣。盖顺天道而不辨地利则物无以成，辨地利而不顺天道则物无以生，必天道、地利二者皆得，而后生植成，遂有以足于衣食矣。衣食既足，又必谨其身而不敢放纵，节其用而不敢奢侈，唯恐纵肆则犯礼而自陷于刑戮，侈用则伤财而不免于饥寒。常以此为心，则所以养其父母者，不徒养口体有余，而养志亦无不足矣，此则庶人之孝所当然也。

夫子既条陈五孝之用，而具言孝道之极至，则天子可以刑四海，诸侯可以保社稷，卿大夫可以守宗庙，士可以守祭祀，庶人可以养父母，其必致之效有如此者，闻者亦宜有以自勉矣。……盖所谓孝者虽有五等之别，实为百行之本。其始于事亲，终于立身，则天子至于庶人，一而已矣。

臣僚进言，君主纳谏，既是忠的要求，也体现了孝道的基本精神，所以董鼎特别强调了忠孝是良好君臣关系的重要基础。

天子有天下，四海之大，万几之系，善则亿兆蒙其福，不善则宗社受其祸，故必有谏诤之臣以救其过而后可。

盖后世所谓忠，必至犯颜敢谏，尽命死节，而后为忠，不知救其横流而拯其将亡，未若防微杜渐，为忠之大也。此龙逄、比干之忠，所以不如皋、夔稷、契之良，而吾夫子亦以将顺其美，匡救其恶，为尽忠补过之至也。苟非君子，进则面从，退有后言，有美不能助而成也，有恶不能救而止也，激君以自高，谤君以自洁，谏以为身而不为君也，是以上下相疾，而国家败矣。今以君子而事上，所以忠爱其君者如此，则君享其安佚，臣预其尊荣，故君臣上下能相亲也。君犹父，臣犹子，相亲犹一家也。君为元首，臣为股肱，相亲犹一体也，此相亲之至也。

教人以孝道，需要抓住要点，正如董鼎所言："夫子言君子之教人以孝也，非必家至而户到、耳提而面命之也，亦在施得其要而已。必教之以孝，使凡为子者皆知尽事父之道，即所以敬天下之为人父者也；教之以悌，使凡为人弟者皆知尽事兄之道，即所以敬天下之为人兄者也；教之以臣，使凡为人臣者皆知尽事君之道，即所以敬天下之为人君者也。盖致吾之敬者终有限，惟能使人各自致其敬者，斯无穷也。"

董鼎对孝道的解释重在通俗，所以他的论点虽然缺乏新意，但是对于时人全面理解"以孝治国"可以提供重要的帮助。

第四节　宗教人士的政治理念

元朝中期的宗教人士，在朝廷政治形势不断发生变化的形势下，也提出了一些值得注意的政治观点，可分述于下。

一　朱思本的恤民论

朱思本（1273—1336年后），字本初、号贞一，临川（今属江西）人，龙虎山道士，以张留孙为师，成宗时入朝，辅助吴全节掌管玄教事务，有《舆地图》《贞一斋诗文稿》传世。

（一）星命之非

朱思本虽然是道士，但是有极高的儒学造诣，对于所谓星命说持的是批判态度。其族人朱好谦因相信星命说而放弃科举考试，朱思本即在信中强调了参加考试是为国之举，不能因相信星命而放弃。

> 仁宗皇帝即位之七年，诏天下举进士，好谦实与是选。明年，战艺于京师，屈于人而归。时予有荆、襄之役，弗及见也。延祐七年，圣天子龙飞，策进士如旧制。予留京师，意好谦必遂成名。是冬，乡里人来云，好谦以星命者言运限未通，不就试，予甚疑之。去年南归，会于家庭，以已往事不复相询相勉。今详来书，不知所谓命者，果性命之命欤，抑星命之命欤。若性命之命，则从游于草庐先生（吴澄）之门殆将十年，讲明其亦熟矣。若星命之命，斯惑也已。夫星命之说始于何时，非唐李淳风、袁天纲耶？淳风、天纲事在青史，言人休咎，若合符契。自是厥后，寥寥七百余年，岂天生二人，亦犹麒麟、凤凰，千百年乃一见耶？今之所谓星命者，断可知已，往往揣度人意，牵合附会，以媚悦于人，以图利其身，人之所趋誉而进之，人之所背阻而绝之，所谓吉凶祸福，如响应声者，求十一于千万，吾未见其能李、袁也。
>
> 好谦知足以明理，学足以剔伪，于星命之说奚信之深、守之笃如是耶？今夫人有疾病，必求医药以疗之。设有星命者谓寿命不可延，将遂信之而屏药饵，以坐待其毙耶？将听命于医，以全其生耶？此理昭然，无足疑者，虽庸人、孺子皆能知之，孰谓读书学道

者反泥于是乎哉。且思本之所以相勉就试者，非为干禄以荣其身，以及其亲与宗族也，诚以古之人学圣人之道，非独善其身而止耳。将推而广之，以施于天下国家也。好谦之为学实专且久，不就试又二科，其终惑于星命之说，而无异于是乎？①

朱思本还特别著文，揭露星命者的造伪事实，并强调了恰是世人的迷信，助长了骗术的流行。

世有星命者流，其法列十二宫，定太阳躔次，以人之生时，从太阳宫推知命纬之所在，又推而知限之所至。其主则日、月、五星，益以罗睺、计都、紫炁、月孛，曰十一曜。推其躔次、喜怒、命限值之而知穷通、寿夭焉，谓之五星。以人之生年、月、日、时，配以十干、十二枝，由始生之节序先后，推而知运之所值，五行生克，旺相死绝，而知吉凶祸福焉，谓之三命。挟斯术以游于通都大郡，下至闾阎田里，比比皆是也。予客京师十有五年，所见名动公卿者数人，自谓人之死生、得失悉能前知，断以年月，无毫厘少差。荐绅交相荐誉，招致赂遗，殆无虚日。轻裘肥马，光采照地，由是而获禄仕者有之。时予居道宫，甚无事，旦夕与之游处，因举平昔所记贫富、贵贱、存没、年命凡数十以质之，十不一验焉。予固疑之，久而得其说焉。其见遇于公卿也，推之则曰："某时迁，某时相，某时受上赏，寿八十余若干，或逾七十。"其见接于常人也，推之则曰："某时获财，某时成名，某时大显。"寿如前所云，闻者莫不欣慰。历岁时，间数十百人中幸而有验者，则奔走相告，语曰："某术士，神人也。"由是而名声日彰，游从日广。其不验者问之，则曰："今虽未验，当在某时。"其人益信之，日夕延颈以俟。至期复不验，问之，则曰："非吾术之疏也，若生时之误也。"或语他人曰："某之命贫且贱，或不能至大官，问予以富贵何时，予嗤其不自量也，惧其怒且骂也，则姑应之曰某时富贵。今而不验，乃求之于余，余岂司富贵者哉！"公卿岁有诛者、死者、谪者、左迁者，咸未闻其前有言焉。及是而问之，则曰：

---

① 朱思本：《答族孙好谦书》，《贞一斋诗文稿》卷1，适园丛书本（《全元文》第31册，第373—375页）。

"吾固知其然也,彼方赫赫有位,吾其敢昌言以贾祸哉?"听者不察,遂以为神。呜呼,虽其挟诈规利,亦患得患失者有以成之也。患得者惟恐其言之不吾与,患失者惟恐其言之不吾固,遑遑焉,汲汲焉,惟命之推术者揣知其如是,则累千百言以谀之。其既也验者恒少,诞者恒多,少者扬之,多者藏之,为之者则洋洋然自得而无愧矣。然则其何以矫之,曰:"君子居易而已。"①

朱思本亦认为不能相信雷惩恶人的说法,因为雷击是自然现象,并不具有惩恶扬善的作用。

雷之兴,隆隆焉,其甚也,轰轰焉,虩虩焉。其震于物也,奄焉以灭,靡焉以碎,不疾而速,不见而彰。其为神也审矣,世之言震于人者,则曰:"是为恶者,恶稔,帝怒,故使震之。"予曰:"不然。今夫牛马畜兽蠢然无知,或震焉,是不必为恶而后震也。"或曰:"此释氏所谓轮回果报者,昔尝为人恶,未罚,今其形兽也,心固人也,故震之。"予曰:"是大不然。今夫木石偃然无情,或震焉,又岂为恶轮回者耶?人之生百行,莫先于忠孝。世之不忠其君,不孝其亲,滔滔者皆是,曾不斯震,顾乃及无知之畜兽、无情之木石耶?是必不然也。""然则其震于物者,果何为者耶?"予曰:"雷者,阴阳之气,磅礴奋激,固天地之怒气也。惟人与兽,或感恶气以生,复丁是气,震以灭矣,木石则适遭其逢耳。"②

朱思本作为道士,不但不以道术骗人,还要求反对迷信,确实是道家中的"异类",显示的是以儒释道的基本取向。

(二)选官之要

朱思本虽然不是儒者,但是对于以科举进身的人特别关注,并明确指出:"士生乎今之世,不汲汲于进取,惟惧乎德之不修、学之不讲者,是可尚矣。至治三年,有司遵旧制举进士。凡明经义、工文辞者,莫不奋迅鼓舞,由里胥籍其姓名、行业上于县大夫,县大夫上于府州守,府州守上于省、宪二府,乃就试焉。二府定其可举者,升于朝,礼

---

① 朱思本:《星命者说》,《贞一斋诗文稿》卷1(《全元文》第31册,第384—385页)。
② 朱思本:《雷说》,《贞一斋诗文稿》卷1(《全元文》第31册,第383页)。

部总诸道之所升更考试之，加察详焉，拔其尤者以贡于天子，中书定其差等而官之。不十年，服金紫者前后相望，去贱贫而即贵富，无先于此途者。宜乎为士者，遇斯时而奋迅鼓舞也。"① 在诗作中，朱思本也对应试者给予了鼓励："皇元启休运，文物粲金玉。道统系舂陵，大贤匪私淑。宾兴下明诏，多士纷场屋。有客西南来，渥丹映晨旭。虽逾知命年，未改双鬓绿。长才浩河汉，笔阵轻尺牍。自云全相国，礼下肯推毂。君须慎仪矩，未敢脱边幅。粹然廊庙姿，岂复在空谷。旦夕金榜悬，弹冠喜新沐。今辰感良会，共此泛萸菊。射策期春风，承恩炫朝服。燕雀徒纷纷，焉能识鸿鹄。"② 也就是说，对于朝廷的科举取士，朱思本秉持的是极为赞赏的态度。

朱思本亦在诗作中特别表达了对柳贯以儒者身份入仕后，仍能坚持以儒家治道学说治国的赞誉。

> 忆昔事北游，山川饱经行。挥鞭过河朔，振袂趋神京。维时柳夫子，倾盖相逢迎。成均有鸿儒，安能复退征。箴规靡晨夕，孔道日以明。义胜尘虑遗，理融心神清。粤从分别来，耿耿驰中诚。易水霜月白，燕山云树青。曷来振鸣铎，坐使聋瞶惊。翼轸吴楚交，秀气钟元精。自古足文献，化机浩无停。欧曾出奇正，王晏何踪横。往者不可作，汗漫骑长鲸。予生百年后，企望心靡宁。公来实增重，末俗儒化成。贪污变廉耻，谗诐还忠贞。信知德有征，孰谓风无形。圣皇急求贤，为霖洗炎蒸。召还匪朝夕，羽翮横青冥。挥手提天纲，举足顿地纮。吾闻柳柳州，千古更炳灵。抵掌载言笑，吾孙得吾耕。家声亦烜赫，何心尚怦怦。夫子不自满，犹言有常经。用舍非所牵，澹然自和平。俯仰无愧怍，在己惟德馨。再拜服斯训，文华愿收声。当为松栢姿，勿作桃李英。③

朱思本对朝廷选人用人中的不足，则有所批评。他明确指出朝廷在选择两广官员时有严重的弊病，需要以一视同仁的方法选择边远地区的

---

① 朱思本：《送李士元秀才游学序》，《贞一斋诗文稿》卷1（《全元文》第31册，第378页）。
② 朱思本：《安成贡士周敬修惠诗次韵》，《贞一斋诗文稿》卷2。
③ 朱思本：《送道传先生》，《贞一斋诗文稿》卷2。

官吏，否则不仅百姓受难，国家亦可能面临失治的危机。

> 五岭之南，列郡数十、县百有一十，统于广、桂、雷三大府，自守令至簿尉，庙堂岁遣郎官、御史与行省考其岁月，第其高下而迁之，谓之调广海选。仕于是者，政甚善不得迁中州、江淮，而中州、江淮夫士，一或贪纵不法，则左迁而归之是选焉，终身不得与朝士齿。虽良心、善性油然复生，悔艾自新，不可得已。夫如是，则孜孜为利，旦旦而求，仇贼其民而鱼肉之，其志则曰："吾知丰吾财、利吾子孙而已，抚字非吾事也。吾身之不能恤，庸讵知夫吾子若孙，不资是而获仕于中州乎。"部使者每至，必相语曰："某郡瘴疠甚，某邑猺獠杀人，某使者行部几不免焉。"则巧计而趋避之。民之冤痛号呼者，终于无所愬而止。故地益远而吏益暴，法益堕而民益偷。甚则疾视其上，构结徼外蛮夷，凭陵郡邑，贼杀长吏之祸成矣。是法也，行之且五十年，大府知之而莫之言也，言之而莫能变也。今之论者必曰："世皇混一区宇，法制具兴，远迩无废，小大不遗。后之人循守，犹恐弗及，敢轻议乎。"呜呼，世皇之制，岂端使然哉。法无不弊，弊则必更，明王治天下之要道也。夫以海隅之于天下，犹爪发之于人身也，虽微且末，或拔焉，或折焉，则举体为之不安。退陬僻壤，一夫不获，其所撞搪叫呼，扇动远近，中州、江淮之氓庸独安乎。昔者李唐之制，重内轻外，班生入朝，以为登仙。赵宋之法，远近适均，偏方一隅无足多论。然则今日之事将奚师，曰："圣人一视而同仁，笃近而举远。"①

在这一段论说中，最值得注意的是"法无不弊，弊则必更"的论点，所强调的就是即便是圣贤定制，行之久远也会出现弊病，所以需要有随时纠正弊病的正确态度。

（三）体恤黎民

朱思本在大都生活二十余年，目睹了朝政缺失带来的各种弊病。一方面是贵族子弟的骄横和儒者的被轻视，如其诗作所言："青徐十月天色黄，欲雪未雪云茫茫。将军马肥鹰隼疾，草枯狐兔那能藏。良家子弟

---

① 朱思本：《广海选论》，《贞一斋诗文稿》卷1（《全元文》第31册，第387—388页）。

尽骄悍，弯弓大叫随跳梁。停鞭借问谁氏子，虎符世世绾银章。或在鹰坊久通籍，或属爱马从藩王。生来一字都不识，割鲜豪饮须眉张。夜归酣笑诧妻妾，鞍马累垂悬两狼。古今治乱殊未省，岂有谋策输忠良。一朝亲故相荐拔，起家执戟齐鸳行。剖符作郡拥旄节，炙手可热势莫当。儒生心事良独苦，皓首穷经何所补。胸中经国皆远谋，献纳何由达明主。猎徒一出专城居，慎勿平原轻猎徒。"① 另一方面是官吏为非作歹，天灾人祸带来的悲惨景象："御河注东北，汩汩如浊泾。流尸日夜下，水气为之腥。饮食常呕吐，欲住不可停。舟子向我言，此辈皆天刑。东吴没巨浸，食及蒿与萍。死者十七八，存者多飘零。为奴逐商贾，疫疠剿其龄。脂膏饲鱼鳖，魂魄游沧溟。守令肆豺虎，里胥剧蝗螟。庙堂列皋夔，直以远莫聆。绣衣自天来，号令驱雷霆。遗民愿绥辑，庶用答皇灵。"②

朱思本还用诗作记录了其他地方百姓的生存状况，所要强调的就是无论是海运、盐政，还是运送木材等，都成了竭泽而渔的弊政。国家不体恤黎民，已经成为严重的政治问题，必须改弦更张，才能摆脱困局。

  畴昔使钱塘，夜宿庙山驿。维时九日至，丰年尽欢怿。亭长醉如泥，推情靡呵责。迩来二十年，驻此感今昔。黄花复重九，采采耀颜色。良由没巨浸，鱼鳖为鲜食。壮健多流亡，老羸转沟洫。厨传恒萧然，酒炙那复得。清晨驱车去，城埋更寥阒。当道多相知，欲语泪沾臆。东南千万斛，岁漕输上国。今兹民力竭，何以继供亿。圣明仁如天，闻此应怆恻。谁当绘为图，献纳通宸极。③

  大舶乘天风，蓬蓬转溟渤。岁漕千万斛，弥旬经燕越。归虚浩无底，九首争闪舌。操舟失常度，千夫共沦没。芦沟导金水，瀹沄带金阙。直沽环海澨，地利殊未发。屯田信良谋，经国在明喆。王畿苟殷富，飞挽诚可辍。圣明仁如天，忍使民力竭。郑白亦何人，谁当继遗烈。④

  长芦际东海，海水日夜盈。斥卤白皓皓，穷年事煎烹。舟车遍

---

① 朱思本：《观猎》，《贞一斋诗文稿》卷2。
② 朱思本：《御河》，《贞一斋诗文稿》卷2。
③ 朱思本：《庙山九日》，《贞一斋诗文稿》卷2。
④ 朱思本：《观海舶》，《贞一斋诗文稿》卷2。

第十三章　侧重于理论的理学政治理念　709

燕赵，射利俱营营。官盐苦高价，私鬻祸所婴。里胥肆奸贩，均输及编氓。食货实邦本，损益偕时行。竭泽匪中道，无乃伤其生。丙魏垂休光，弘羊竟何成。①

　　楩楠生楚蜀，材性坚且良。都邑营塔庙，致之极遐方。一筏贯十木，十筏为一航。迭鼓促牵挽，联绵百夫行。其北及淮泗，其南过山阳。令佐迭迎送，崩迫如驱羊。候望久不至，弥旬裹糇粮。既至斯服役，挥汗犹翻浆。孰敢问农圃，饥羸固其常。舟楫或相遇，剽掠无余囊。商贾俱远遁，骚然日抢攘。圣明忧黎元，事佛徼福祥。奉命失厥度，所至罹祸殃。吾闻佛慈悲，必以报我皇。自兹绝水旱，岁岁成丰穰。大哉尧舜君，允矣斯民康。②

　　客行秦邮道，触目增惨凄。死人乱如麻，肝脑倾途泥。草屋半颓压，牢落如鸡栖。一室四五人，骨肉同颠挤。狗彘既厌饫，乌鸢亦悲啼。腥风彻云汉，沴气干虹霓。问之何为尔，苦饥食蒿藜。春夏生疾疫，累累委沟溪。亲戚俱已没，他人各东西。过者皆拥鼻，我何独酸嘶。掩骼著经训，仁人讵终迷。安得元结辈，惠化周群黎。③

　　广陵城外秋草肥，广陵城中车马稀。斗鸡蹴鞠不复见，朱箔青楼尘掩扉。圣世承平六十载，何事繁华一朝改。长老未说泪先垂，听我长歌尔应骇。去年春旱天无雷，种不入土心已摧。夏秋日色烈如火，万里良田俱草莱。三冬杀气更严酷，运河冻合光如玉。十室八九无炊烟，父兄愁叹妻孥哭。今春雨滑动犁锄，忍饥力作交相呼。奈何螟蝗蔽天起，所至草木无遗余。捕蝗作食已云恶，疫疠无端扇余虐。死亡枕藉无人收，赖有王官为掩骼。广陵城中十二门，抱关老卒记甚勤。舆尸一门日百数，两月渐见无行人。庙堂赈济颁良策，宣闻爱民心甚力。县胥里正肆奸欺，远者那能沾帝泽。十人今有几人留，况值秋田又半收。只今痛定更思痛，转觉涕泗纵横流。人生有情须怆恻，惆怅龚黄难再得。大书传作广陵行，持斧何人应动色。④

---

① 朱思本：《长芦镇》，《贞一斋诗文稿》卷下。
② 朱思本：《木筏》，《贞一斋诗文稿》卷2。
③ 朱思本：《秦邮道中》，《贞一斋诗文稿》卷2。
④ 朱思本：《广陵行》，《贞一斋诗文稿》卷2。

君不见，浙右良田千万顷，陈陈积粟深于井。又不见，东南漕运输上京，舳舻千里浮沧溟。去岁江淮丁旱暵，黎民饿死殆将半。米舟来者皆东吴，处处延颈争欢呼。今岁东吴遭海溢，太湖涌波高百尺。夏秋之间阴气凝，十旬风雨韬阳精。吴江浙水不复辨，仿佛蓬莱眼中见。稽天巨浸十六州，良田漭漭蟠蛟虬。豪家发粟赈贫乏，室如垂罄无余留。饥民即死不能舍，聚为盗贼横戈矛。此邦租赋半天下，安得不贻黄屋忧。明年海运何自出，必藉邻境交相求。江闽湖广迭兵旱，比岁疮痍殊未瘳。救荒有术在青史，河东河内非良谋。太平天子至神圣，亿万苍生仰司命。一念通天天必从，普天愿见年年丰。①

朱思本在诗作中表达的恤民观念，并未引起当政者的重视，而他恰恰指出了元朝由盛转衰的深层原因：一个不能体恤百姓的王朝，显然是难以持久的。由此，对于朱思本的政治理念，既要注意其不信星命的观点，也要注意其敦促朝廷革除弊政的观点。对于一个"儒道"而言，他的观点确实有一般儒者所不能及的独到之处。

二 陈义高等人的政治观点

陈义高、马臻、宋无等道教人士，也表达了对政治形势的不同看法，不应被研究政治思想史的学者所忽视。

（一）陈义高说用人

陈义高（1255—1299年），字宜父、宜甫，号秋岩，长乐（今属福建）人，玄教道士，曾提点洪州玉隆宫，后入晋王王邸，并随晋王出镇漠北，有《秋岩诗集》传世。②

陈义高在来往漠北、漠南的行程中，经常以诗作抒发幽古之情，并感叹天下一统和太平的来之不易："我来长城下，饮马长城窟。积此古怨基，悲哉筑城卒。""昔人饮马时，辛苦事甲兵。今我饮马来，边境方清宁。"③"近山一台突兀势，远山一台出天际。何时筑此望烽火，留及如今太平世。六十年来无甲兵，西方乐土边陲清。君王神武今混一，

---

① 朱思本：《东吴行》，《贞一斋诗文稿》卷2。
② 张伯淳：《陈义高墓志铭》，《养蒙文集》卷6（《全元文》第11册，第249—250页）。
③ 陈义高：《饮马长城窟》，《秋岩诗集》卷上，四库全书本。

藩篱大剖无金城。"①"北方毡车千万两,健牛服力骆驼壮。清晨排作雁阵行,落日分屯夹毡帐。""江南野客惯乘舟,北来只梦烟波秋。于今天下皆王土,欲得回辕到彼游。"②"老农村里别无营,饱饭惟知乐太平。天子驾来应下顾,低头鞭犊自春耕。"③

陈义高亦在诗作中记录了元成宗时朝廷的一些重要活动,尤其是扈从皇帝、晋王出行时的情形。

> 诏下改新元,元贞体大乾。风云开景运,日月丽中天。桃实三千岁,萝图亿万年。微臣仰春泽,早润及穷边。④
>
> 奏凯引降骑,长歌入帝都。人皆带弓箭,我独载诗书。考绩惭无补,怀归盍早图。故交相慰劳,尊酒话勤劬。⑤
>
> 昔日宪皇帝,和林建此宫。中原尽朝贡,嘉运会英雄。沙漠皇风远,蒿莱古殿空。最伤西蜀道,六御不回龙。⑥
>
> 丹诏香传紫禁泥,九重台殿晓云低。碧桃露重初莺语,青草风微去马嘶。剑佩元依新日月,旌旗惯识旧山溪。野人扈从惭无补,空落诗名在陇西。⑦

陈义高虽然身为道士,但是对于朝廷的用人问题颇为重视。他在诗作中特别强调了治理国家需要用真儒的论点:"圣朝方选士,补治举弘纲。""治由经济信真儒,周度咨询用厥谟。嘉爵已崇承旨贵,至尊常独状元呼。"⑧真儒对治国的重要作用,一方面是献治国安民之策:"低拨琵琶怨思长,不禁尘染汉衣裳。君王岂是无奇策,闲却将军用女郎。""智囊剩有安民术,荷橐能无荐士章。拭目看君承宠渥,春风花对紫微郎。""伫看医国陈奇术,春养苍生合太和。"⑨另一方面,则是

---

① 陈义高:《隆德县望火台》,《秋岩诗集》卷上。
② 陈义高:《毡车行》,《秋岩诗集》卷上。
③ 陈义高:《驾行道中见老农》,《秋岩诗集》卷下。
④ 陈义高:《读改元诏》,《秋岩诗集》卷下。
⑤ 陈义高:《元贞丙申(1296)十月扈从晋王领降兵入京朝觐》,《秋岩诗集》卷下。
⑥ 陈义高:《丙申秋同失剌平章重过和林城故宫》,《秋岩诗集》卷下。
⑦ 陈义高:《扈跸作》,《秋岩诗集》卷下。
⑧ 陈义高:《送徐留村之上饶教授》《读忠斋题西游稿诗有怀》,《秋岩诗集》卷下。
⑨ 陈义高:《昭君出塞图为姚承旨赋》《得姚牧庵左丞书赋此以答》《送东崖刘大使重赴上都朝觐》,《秋岩诗集》卷下。

能够为国家推荐有用之才:"窗萤干死册尘埃,满拟功名寄酒杯。富贵逼人从分定,等闲乘兴出山来。马鸣晓入皇都府,鹗荐秋飞御史台。君与石温同去就,乌公元自识奇材。"① 尽管是以诗作示人,但所体现的恰是陈义高毋庸置疑的重儒政治倾向。

(二) 马臻说处世之道

马臻(1254—1325 年后),字志道,号虚中,钱塘(今属浙江)人,自少学道,成宗时随天师张与材至大都、上都,朝廷欲授予道职,不受辞归,在杭州道观中修道吟诗,有《霞外诗集》传世。

朝廷要求道教中人为天子祈福,马臻以诗作记录了道教宗师为朝廷服务的情景。

> 黄道无尘帐殿深,集贤引见羽衣人。步虚奏彻天颜喜,万岁声浮玉座春。
>
> 殿中锡宴列诸王,羽褐分班近御床。特旨向前观妓乐,满身雨露湿天香。
>
> 清晓传宣入殿门,箫韶九奏进金樽。教坊齐扮群仙会,知是天师朝至尊。②
>
> 金殿深沉晓伏寒,鼓钟三奏列仙班。祥开宝埤玄风洽,道在清朝白日闲。七御瑞光浮帝座,两宫和气蔼天颜。殷勤三献封人祝,五色云生万岁山。
>
> 醮罢龙楼异渥新,煌煌印剑嗣金真。纶音锡命期三日,奏牍传诚走百神。云叶尚笼中夜月,雪花已散万方春。太平有象乾坤大,一片丹心拱北辰。③
>
> 皇皇古道尊三五,云从龙兮风从虎。至尊垂拱四海宁,诏令昭事玄元祖。维时羽服昕趋朝,环佩参差肃仪矩。大哉圣德合天心,霓旌昼下胎仙舞。初疑瑞雪飘晴空,渐似云来玉宇。瑶坛春静立多时,碧落风清更延伫。奇祥所致森有神,阊阖门开又高举。是日

---

① 陈义高:《闻崔中丞举荐李明府》,《秋岩诗集》卷下。
② 马臻:《大德辛丑(1301)五月十六日滦都楼殿朝见,谨赋绝句三首》,《霞外诗集》卷3,四库全书本。
③ 马臻:《大德辛丑冬内醮礼成,天师真人亲奉上旨祈雪继沐感通,谨赋七言律诗称贺二首》,《霞外诗集》卷4。

第十三章　侧重于理论的理学政治理念　713

天颜喜色动，荡荡肺阶俨干羽。乃知无为无不为，真化风行迈前古。真人有道通杳冥，力扶至教垂常名。野人献诗欣再拜，山林自此陶休明。上延景祚康黎民，万岁千秋歌太平。①

　　雨阴六月摧骄阳，开平客舍白日长。官街污泥没马股，出门忽似河无梁。土风不解重鱼鸟，东邻西舍惟烹羊。山人肺腑蔬笋气，对此颇觉神不扬。昨日楼头望远色，海雾不动晨光凉。青山四面拱城阙，龙盘虎踞争翱翔。乃见宸京势宏大，囊括造化吞洪荒。惟甘槁木卧林壑，岂意野服朝明光。太平天子崇道德，绘丽琳宇开清扬。列仙缥缈环佩下，五里十里闻天香。惟皇上帝降百祥，煌煌大业垂无疆。②

　　马臻也殷切希望贤臣良吏能够助成国家的善政，如以真儒为肃政廉访使，要达到的目的就是"一夜霜风动列城，黠胥缩胆如饥鼠"③。以贤臣为县令、太守等，就要以爱民之心克服各种弊政，营造太平景象："圣贤法大道，二气调辟阖。所以稷契心，妙与古先合。载闻盛明世，总总任英达。""维摩隐几非干病，病为民心病未平。五马扬扬风化首，且将仁惠及苍生。""太平无象今有象，政化已及民风淳。"④ 而儒者应召入京，则应该无保留地向朝廷献上治国之策："玉宇风云开北极，金台日月聚文星。近闻下诏求贤急，刘向终须论五经。"⑤

　　但是更为普遍的现象是文士和真儒不被朝廷所重视，正如马臻所言："万顷恩波一寸心，玉阶青草断车声。文章近日无人爱，休把黄金乞长卿。""黄河一清一千年，天下何代无才贤。""每思古人去不返，肝胆偪仄愁如悬。"⑥

　　在这样的境况下，马臻认为文士和真儒应该注重处世之道，排除六方面的干扰。

　　一是来自"纷纷"的干扰。"纷纷宠辱暗消磨，汶上曾闻叹逝波。

---

① 马臻：《瑞鹤诗上大宗师真人》，《霞外诗集》卷1。
② 马臻：《开平寓舍》，《霞外诗集》卷3。
③ 马臻：《奉酬容斋徐廉使》，《霞外诗集》卷1。
④ 马臻：《送姚江村回高安》《呈达卿焦使君二首》《寄太平使君畅学士》，《霞外诗集》卷6。
⑤ 马臻：《送杨仲弘之京》，《霞外诗集》卷6。
⑥ 马臻：《释宫怨》《简野泉兼呈同席诸公》，《霞外诗集》卷1。

利欲根心公论少,是非私己嫉言多。神伤涸辙鱼相煦,眼见权门雀可罗。拟住南山餐白石,不须扣角向人歌。"① 所谓"纷纷"的干扰,就是难以抵御利欲的诱惑。

二是来自"扰扰"的干扰。"扰扰行尘应接劳,由来斥鷃乐蓬蒿。胸中丘壑开图画,霞外光阴托酒醪。未必汉廷疏四皓,至今吴地事三高。功成便合谋身退,缑岭春风正碧桃。""丈夫慎出处,功成乃身退。古人夫如何,八十钓清渭。"② 所谓"扰扰"的干扰,就是难以抵御功绩的诱惑。

三是来自"是非"的干扰。"昔嫌上界多官府,不道人间足是非。四十年来悲喜梦,倚栏闲看柳花飞。""一真自可了生死,万事不必论等差。""浮云世事付悠悠,局促谁能笑沐猴。终见是非身后定,合将名利死前休。"③ 所谓"是非"的干扰,就是难以抵御名利的诱惑。

四是来自"愁怨"的干扰。"去者不可追,未来难强名。二气运昏晓,万物遂生成。泰山若为重,鸿毛若为轻。苟不任天命,百虑徒营营。杞人一何愚,无事忧天倾。"④ 所谓"愁怨"的干扰,就是过于怨天尤人。

五是来自"意气"的干扰。"人生在世无愚智,不惜黄金争意气。黄金用尽意气消,大力不开玄室闭。君知生死徒离忧,我知生死真浮休。春风自来还自去,野花空笑山头路。"⑤ 所谓"意气"的干扰,就是过于意气用事。

六是来自"贫富"的干扰。"豪士惜春不惜金,老夫得句如得宝。固知贫富本殊途,各向东风展坏抱。"⑥ 所谓"贫富"的干扰,就是难以抵御富贵的诱惑。

排除各方面的干扰,是为了人的安分,正如马臻所言:"分明物物理非殊,不足无心望有余。往事百年槐国梦,清风千古漆园书。画龙已愧迷真伪,抱瓮还怜较疾徐。满屋秋声堪隐几,莫惊钟鼓飨鹓鸰。"⑦

---

① 马臻:《纷纷》,《霞外诗集》卷2。
② 马臻:《扰扰》《客夜不寐偶成短句十首》,《霞外诗集》卷2、卷4。
③ 马臻:《偶成》《无事》《浮云》,《霞外诗集》卷1、卷7。
④ 马臻:《释愁》,《霞外诗集》卷2。
⑤ 马臻:《蒿里行》,《霞外诗集》卷3。
⑥ 马臻:《春日口占》,《霞外诗集》卷10。
⑦ 马臻:《安分二首》,《霞外诗集》卷9。

马臻还特别强调了以史为鉴的论点，因为无论是奸臣秦桧、贾似道，还是功臣岳飞，最终留下的无非是一个空名而已。

宋家王气久凋零，奸桧元来党彗星。陷得忠良冤渍骨，路人空唾牧牛亭。

一篑功成触祸根，忠名还与此山存。寺田废尽谁能复，武穆王家六代孙。

王孙德业是真儒，楚楚衣冠六十余。渐觉令人不好武，传家惟只用诗书。①

有诗不敢吟，吟诗恐未工。有酒不敢饮，饮酒多昏蒙。无诗无酒情味俗，眼前何以慰幽独。幽寻恰得两三人，双桡破碎湖光绿。鸦回古树云不开，兴阑更问初阳台。只恐西山贾太傅，嗔怪我辈乘船来。却忆少陵诗转好，古人白骨生青苔。如何不饮令心哀，贾太傅，安在哉，西风落日飞黄埃。②

娲皇补天阙，后土遂咸宁。化化者不化，是为元化精。先王官天下，其政以结绳。战国事争讨，四海森甲兵。仲尼既去鲁，老聃西出秦。后世滋华伪，机巧易其诚。愚智互吞吐，得失纷相仍。迩来百千年，一一垂空名。白骨填恨土，大风吹不平。我生宇宙间，短羽飞秋萤。进寸而退尺，圣人戒其盈。披衣起中夕，念此伤心情。素月行广汉，明星流太清。但觉昼夜转，不知人世更。默坐观天运，万壑回秋声。③

马臻所显示的政治观点，以遁世的处世之道为基础，符合他的道者身份。但是需要注意的是，在阐释这样的观点时，带有较强的儒家色彩，这恰是当时道者普遍带有的学理倾向。

（三）宋无说文治

宋无（1260—1340年后），字子虚，又名朱晞颜，号翠寒道人，吴郡（今属江苏）人，有诗集《翠寒集》《啽呓集》《鲸背吟集》传世。

南宋灭亡多年后，宋无仍有"中国衣冠尽"和"祀典当时盛，忠

---

① 马臻：《因话金陀遗编奉呈复斋岳仙尉就叙别怀》，《霞外诗集》卷5。
② 马臻：《游葛岭有怀》，《霞外诗集》卷7。
③ 马臻：《怀古》，《霞外诗集》卷2。

曾保赵孤。谁知宋祚绝，今与庙俱无"的感叹。① 尤其是对于南宋故都杭州，宋无在诗作中更表达了对故国的思念："山势犹龙凤，行宫已劫灰。北人偏怅望，曾见汴京来。"② "故都日日望回銮，锦绣湖山醉里看。恋著销金锅子暖，龙沙忘了两宫寒。"③ 他还用长诗追述了亡国时的情形，并表现出了对时人已经忘记前朝的愤懑之情。

  玉垒开方面，金汤控上游。连营骠骑宅，重栿雁行楼。强弩虚空发，飞桥日夜浮。烟生烽燧地，草死虎狼秋。此处兵威震，当时国步忧。六年襄郡守，三策荩臣谋。大将深围陷，长江万里休。两淮先按堵，孤注独横筹。破竹才乘势，闻风已置邮。乾坤机轴转，海岳版图收。春变山堂柳，波通汴水鸥。平坡南下马，远渡北来舟。无复琼花梦，犹余芍药愁。尘埃何竖子，还拥黑貂裘。④

尤其是在江南地区遭灾后，宋无更表现出了忧国的悲伤："行李依吴榜，飘蓬更楚乡。山川岁云暮，风雨夜何长。此地从兵革，斯民复旱蝗。荐饥怀赈粟，久渴望携浆。船妇争遗穗，樵童拾弃芒。哭丧多藁葬，征旅少赢粮。岂有灾重并，而无户损伤。一年租幸免，众口饭谁将。生晚羞干禄，忧时念彼苍。"⑤

宋无亦对文治有极大的兴趣，在诗作中有专门的表述："多士当文治，明良际盛时。骚坛先佩印，策阵已搴旗。西极蹄千里，南溟翼四垂。疾雷天地破，崩岳鬼神移。学过三都赋，神超七步诗。阴何须大赏，鲍谢只平欺。尺璧光难掩，华钟响发迟。人游丹桂窟，凤哕碧梧枝。汉室方虚席，枚皋复擅词。数承恩诏见，趋赴重官仪。黄阁登清要，苍生息旧疲。"⑥ 所以他既赞赏"忠言如海胆如山，趣入金门虎豹间"和"马卿赋猎兼忠谏，独许骖乘锡尚方"的直言行为，也强调了朝廷的官吏应以恤民为务："昭代详刑谳，贤僚体圣仁。袴襦怜故老，

---

① 宋无：《送邓侍郎归江西》《祚德庙》，《翠寒集》，四库全书本。
② 宋无：《杭州》，《翠寒集》。
③ 宋无：《西湖》，《元诗选》初集中，第1293页。
④ 宋无：《扬州即事》，《翠寒集》。
⑤ 宋无：《己亥（1299）秋淮南饥，客中怀故里朋游寄之》，《翠寒集》。
⑥ 宋无：《寄翰苑所知》，《翠寒集》。

狃犴念冤人。英干登时望，文华异等伦。固宜膺宠渥，岂但活疲民。"①也就是说，怀旧和图新，所要体现的都是宋无褒扬的文治精神。

(四) 林辕说修道

林辕，生卒年不详，字神凤，号玄集子，三山（今属福建）人，成宗在位时著《谷神篇》一书，专释道教的养生之道。

林辕特别强调了修道就是修身的论点："尝闻修道而得仙，参禅而作佛，习儒而进仕。盖斯三事，奇男子之大学者而患不能也。夫道以理也，医以理也，治亦以理也。世无理字，道何附以强名。人有此生，数难逃于老死。有言修道者，即是修身也，炼丹者，即是炼形也。""夫道也者，乃日用常言，世俗之务也。理至精微，机怀动静，特为旁近取譬，苟非正心诚意于学问者，终鲜克知。此道乃是吾贤君子之所可闻否乎。"②

修道要求守一，核心要素是修德，林辕就此所作的解释是："道之无名，因一而立；物之无形，因一而生。道区率性之源，一绳系命之蒂。乐道而忘一者，得其常名；守一而行道者，抱其淑质。故一为万数之始，一为万物之兆，一为万字之母。是故道一具载，体用兼明，一为体而道为用，性无生而命有生。""老子抱一，谈道德五千言，道要神功，德符阴隐。德之易传者，颜渊三月不违仁。仁者，义也，德也，可以传其德。""今也世俗之学，忘本以逐末，失道而修德，以万为物数之至贵，以一为物数之至贱。闻无则切，闻有则哂。道为一之蒙庇，一为道之讳忌。世多学士，哄称抱一守一，了一得一，虚名端的承当此一不起，正如见方不重药也。所以一者不易于形言，言之不足，咏歌之不足，嗟叹之不足也。学道失此一之体用，正所谓千金易得，点水难消。古之得道者，是得一也。"③

林辕所要求的是广修仁德，并且特别强调了守动和守静都是为了守道："天之道，阴常胜阳；人之道，静常胜动。人禀阴质太重，故言三魂七魄。修仙道常自吉，修鬼道常自凶。《易》之变，亦曰与鬼神合其吉凶。然世事文理，亦是百件虚而一件实。守动亦是道，动极致静，静

---

① 宋无：《上冯集贤》《喜马伯庸待制扈从还京》《送陈行之之信州推官》，《翠寒集》。
② 林辕：《谷神篇述》，《谷神篇》卷首，明正统道藏本（《全元文》第35册，第159—161页）。
③ 林辕：《理一真篇》，《谷神篇》卷上（《全元文》第35册，第161—163页）。

则神凝。守静亦是道,静极复动,动则气散。"①

林辕还指出元气即道,忽视了元气就不可能真正做到守道:"人之元气何物也,其始也,是无始气中一点露珠也,生天也,生地也,资于木石而生人也,至及祖宗、生身之父母也。今之在人之身而有者,乃两肾中间一点神气也,自父母遗而有也。""前贤往哲,有谈道之无极者,演《易》之太极者,论天文地理者,学艺射书数者,推万物盛衰者,多是不从元气立说。至于穷理尽性,正好下句处,泛言常道,既不为己任,髁骬依何,厚薄筋骸,相因束辕,则皆与修身无益也。于是孟轲但言善养浩然之气,庄周亦且怡悦应现之神,全似不知元气之真,一名曰道哉。直论元气者,是一也。一也者,是三才共同此一,立命之基也。有物也,有象也,是人我之本来面目也,万法归根而名之也。归源而复命亦一一之一也,始于一也,反复进退皆一也,孰可二其名也,故得指一归元气之说。"②

林辕还在诗作中强调:"山间林下有愚夫,名利甘心不去图。既道万绿皆寂灭,可堪欢笑待其无。君相臣僚士庶贤,惜精保命莫求天。人生精髓非天与,枉了烧香乞寿年。日月高奔入紫庭,工夫闹里亦堪行。居官守道浑无阂,只恐伊家行不清。"③"金瓶投木箭,气穴引神归。心正形端者,机筹养发挥。"④

由以上的叙述可以看出,林辕的修道观点,显然带有明显的儒家学说尤其是理学心性学说的色彩。

从列举的几位道教人士的政治观点可以看出,即便是在道家中,在元朝中期已经几乎无人提及"儒道合一"之类的观点,而被普遍接受的,则是"以儒释道"的观点。之所以产生这样的变化,至少可以指出三方面的因素。一是宗教因素,元朝中期道教受重视的程度远不及佛教,道教为提高自身的政治影响力,不得不着力于新的政治学说,而不是与佛教比拼宗教教义。二是学术因素,理学家如吴澄等人对道家经典的重新阐释,不能不引起道者的关注,以理学学说丰富道家的政治学说,是道者最易作出的选择。三是交友因素,较有名气的道教人士大多

---

① 林辕:《静功虚名篇》,《谷神篇》卷下(《全元文》第35册,第163—165页)。
② 林辕:《元气说》,《谷神篇》卷下(《全元文》第35册,第166—173页)。
③ 林辕:《火候行持绝句诗》,《谷神篇》卷上。
④ 林辕:《投壶口诀图》,《谷神篇》卷下。

愿意结交儒者，尤其是有名气的儒者；儒者尽管在理论上排斥佛、道学说，但是并不排斥以道教人士为友。在儒、道人士的交往中，会产生相互间的影响，为"以儒释道"提供重要的助力。也就是说，从大蒙古国时期的"以道释儒"，到元朝中期的"以儒释道"，确实是政治思想发展中值得关注的重大转变。

三　释大䜣的文治论

释大䜣（1284—1344年），字笑隐，俗姓陈，南昌（今属江西）人，入佛门后发扬禅宗学说，历任中天竺寺、大龙翔集庆寺住持，有文集《蒲室集》传世，在著述中重点阐释的是对文治的看法。

(一) 说性善

释大䜣强调性为人之本，所以入佛门者都要懂得报本："性者人之大本也，振天地而莫知其始，穷万世而莫知其终。佛与众生均有是性，悟之而登妙觉，迷之而流浪生死。从劫至劫，六道异趣，业报展转，无有穷已。所赖圣训洋洋，堪作依怙，吾徒忝形服与法系，遵其行之为律，宣其言之为教，传其心之为禅，而循吾所谓大本者，以同夫物之全体妙用，始可称佛子而续慧命也。"[①] 尤为重要的是，佛家所说的性与儒家所说的性是相同的，释大䜣借解释《周易》的机会，特别指出了儒、释两家言性的相通和相汇之处，以使世人对性有全面的理解。

> 吾俗世业儒，而吾幼学佛，于儒之事不通。临川危太朴（危素）以其从父有为释氏曰月公者所注《周易》，征序于予。予谓儒先于《易》论之详矣，庸置吾喙于其间哉。吾与月，佛之徒也，不若以佛之意求之。佛言性之初虚而明，虚明而风金火水相荡相摩，而天地人物形焉，与《易》有太极而生两仪四象八卦，其旨相合。而老子曰道，扬雄曰玄是已。或谓："人禀二气五行以生，而曰性出天地，何哉？"夫性之体，其大无外，其始无初，其存无终，不可得而名状也。古之至人以其高而明者象乎天，博而厚者象乎地，又于其中灵然不昧假夫形气以生者为人，与天地而三之。天地变化而有雷风水火山泽，重之以六十四卦，衍之以三百八十四

---

① 释大䜣：《奉敕重修百丈山大智觉照弘宗妙行禅师禅林清规九章序·报本章》，《蒲室集》卷8，四库全书本（《全元文》第35册，第396页）。

爻，而刚柔尊卑之位别焉。犹人之貌言视听思，其质有圣愚之相远，其事有吉凶悔吝之倚伏，虽万不同，未有不循夫性而出者也。而世之以气以习论性，而自狭自私以自戾。夫先圣之言，吾无取焉，唯邵子谓"心在天地先，而天地自我出"者得之。譬之水出于昆仑，其始滥觞，流而为江为河为海，汇而为沼，泓而为泉，凿而为井，鼓而为潮汐，激而为波涛，漂而为沫为沤为泡，汩而为泥为浊为秽，冱而为冰，融而为液，其实皆水也。如以一沤之小而责其水之不同，不知水之全者也。人之局于形气之微，而自昧其性之广，不识夫性之全者也。能识夫性，则可以言全《易》矣。故先贤曰"心易"曰"己易"者，有得于佛之说，人人廓然，以见夫自性之妙，不儒释而异也。①

在释大䜣看来，佛家和道家的性命说也有相同之处，只是未能被世人所了解，造成了两教之间的重大歧异。

或者又曰："自战国、秦、汉以来，王道不行，士大夫无世守之业，故豪杰之士往往寄迹于浮图、老子中，而世道系之矣。"噫，以是说者，指其迹则似之，溯其世，推其事，则有足悲也，而不察夫道有常有变，有异而同，同而异，而终合于大同也。人之贵在明性，而孔子罕言之。至于上古之三坟大道，又阙而不传，岂以生乱时惟因事制弊，急以纲常之教维持之。故于若性、若命、若死生鬼神，有不暇论，且不欲以广大无征之语以疑其俗，然犹时发其秘，惜无上智之资，能自求而独得于言外也。及佛入中国，而言性也详以尽，济物也溥而博，而大道益明。于老氏之《道德》，使人溯流穷源，复于大朴，以即乎性命之正者，虽翕张不伦，而同所以辅世也。如曰"是有太极，是生两仪"，曰"有物混成，先天地生"，与吾所谓"三界唯心，万法唯识"者不同乎；曰"精气为物，游魂为变，万物出于机，入于机"，与吾所谓"三世果因，善恶影响"者不同乎。而后之不能本其道之同，而斥以两歧之异，不惟其教之善而訾以末流之弊者非通论也，又安得通人而与

---

① 释大䜣：《月上人周易解序》，《蒲室集》卷8（《全元文》第35册，第406—407页）。

之论哉。①

出于对性的认识，释大䜣特别指出了众生在修性求真方面是平等的："我观如来真性海，离名离相本空寂。以悲愿力度众生，庄严百宝为净土。众生根性即不同，于诸境界有差别。丘陵坑坎或高下，随业示现诸恶趣。发真归元一念顷，众生诸佛悉平等。"② 这样的平等观念，尽管带有宗教色彩，但确实是难得一见的思想认知，对后人有重要的启迪作用。

释大䜣还认为，佛家与儒家都力主性善说，在行善方面，都要尊崇圣人之教，所以不应人为地制造佛、儒的对立。

> 或问于予曰："世有《诗》《书》《礼》《乐》之教，若是得无混淆乎？"予曰："圣人之教不同，而同于为善。夫《诗》《书》《礼》《乐》郁乎文也，而百姓有日用而不知者。是道也，无分于上知下愚，由一念以扩夫自性之妙，虽庸夫灶妇可能也。使家授人诵，下以戢恶兴善，虽刑措可也，上以合乎道真，虽比屋可封也。又将游乎清泰之都，跻乎仁寿之域，则物也、我也、圣也、凡也吻然同体，尚何分于世教哉。③

由此，释大䜣还特别写下了明善的箴言，其对善的要求，与儒者同出一辙："天性之善，充乎至仁。如天元气，与物为春。有万不齐，流布无垠。大包六合，上悬星辰。"④ 他明确要求重视天时地利和以农为本："风雨以时，天之道。百谷生成，地之利。所以祖师道：心地生诸种，因事复生理，果满菩提圆，华开世界起。""驱耕夫牛，夺饥人食，啐啄同时，箭锋相直。一拳还一拳，一踢还一踢。"⑤ 他还特别强调了

---

① 释大䜣：《送侄陈九万道士序》，《蒲室集》卷8（《全元文》第35册，第404—405页）。
② 释大䜣：《中天竺禅寺语录》，《笑隐䜣禅师语录》卷1，续藏经本（《全元文》第35册，第588—596页）。
③ 释大䜣：《天禧寺嵩讲主刊施五十三佛名经序》，《蒲室集》卷7（《全元文》第35册，第380—381页）。
④ 释大䜣：《明善箴为陈氏作》，《蒲室集》卷14（《全元文》第35册，第474页）。
⑤ 释大䜣：《湖州路乌回禅寺语录》，《笑隐䜣禅师语录》卷1（《全元文》第35册，第611—614页）。

善于养民的要求:"安养国中,水鸟树林悉皆念佛。知足天上,树相撑触演说苦空。""报国不是将官物作自己人情,也要诸人同一受用。"①也就是说,农本和民本同样是佛家的治国主张,并且不能背离以善治国的基本原则。

(二) 说用佛

佛教是否有助于文治,释大䜣给出的是肯定的回答,并特别强调了佛教对于国家的第一个重要作用就是化民为善。

> 或有取于五行之说者曰:"我国家肇自北,北,水也。佛生于西,西,金也。金水相生,欲培本以强干,浚原以导其流,若子母然。"噫,无亦议其迹而不本夫教,论其功而不及夫道,是未知佛也。钦惟世祖奄有区宇,文绥武定,各有攸施。而佛者慈仁怡愉,无刑威赏劝,人自畏恶而趋善,可以熏陶至和而跻吾民于仁寿之域,舍是无有加者,故累朝遵之以为盛典。②

> 客有问于予曰:"尚书为天子近臣,学问政事方施之天下,人望之朝以继夕,而乃濡滞于一寺之役,无若不相当然。况佛之道不知于世教,何如也幸勿蔽于私,为我陈之。"于是进之曰:"佛之教简大无为,上智者由之,以造乎性妙,合乎道真,而中人以下犹能迁善畏祸。故其化之弛张,有大焉,有小焉。如唐之太宗、房、杜,宋之仁庙、富、范,亦谓君相之圣且贤者,然皆资其道以善于世。而国朝崇信之笃,度越古昔,盖以薄海内外万方毕臣,其习俗各异,十已八九而鲜有不事佛、遵其化以善者,孰谓于世无补。其或接之过度,纵其徒而不问,堕礼法,蠹生民,是溺其迹而不适其宜,然非佛之咎也。③

佛教对于国家的第二个重要作用是用祈天、祭祀等方法,为皇帝和国家祈福,以回报朝廷对佛教的尊崇和优待。

---

① 释大䜣:《杭州路禅宗大报国寺语录》,《笑隐䜣禅师语录》卷1(《全元文》第35册,第614—617页)。
② 释大䜣:《送岳柱留守还朝序》,《蒲室集》卷7(《全元文》第35册,第392—393页)。
③ 释大䜣:《王可毅尚书还朝序》,《蒲室集》卷7(《全元文》第35册,第390—391页)。

> 人之所贵在明道，故自古圣君崇吾西方之教，不以世礼待吾徒，尊其道也。钦惟国朝优遇尤至，特蠲赋役使安厥居，而期以悉力于道。圣恩广博，天地莫穷，必也悟明佛性以归于至善，发挥妙用以超乎至神，导民于无为之化，跻世于仁寿之域。以是报君，斯吾徒所当尽心也。
>
> 国有禘祫四时之祭，所以昭功德、隆本始、重继嗣也。而圣朝崇佛，世祖而下咸各建寺，谓由佛应身以御天下，化仪既终，复归佛位。于是设圣容具佛坛场，月以五祭。①

佛教对于国家的第三个重要作用是为民禳灾，以解救民众的疾苦，释大䜣在禳灾祈祷中特别表达了这一要求。

> 天无私盖，地无私载。山河大地，尽被恩光。四圣六凡，咸资化力。所以道一切世间诸所有物，皆即菩提妙明元心，清净本然，周遍法界。良由众生业重情深，故有阴阳失序，风雨不时，彗孛飞流，日月剥食，山河崩决，世界迁移。近者盐官水失故道，沃壤化海波而去，生民为鱼鳖之忧。官僚士庶哀号祈祷，诸山僧众咒力加持，精进感通，当获报应。②

佛教对于国家的第四个重要作用是鼓励皇帝实行文治。大龙翔集庆寺是于文宗潜邸所在修建的寺庙，释大䜣作为首任住持，不仅盛赞文宗的文治功绩，还强调了后继者应继续保持文治的作为。

> 圣意若曰："世祖由南征平天下，定邦畿，作宫阙，以开万世之基，是不可一日忘也。"身为适曾孙，而自任以世祖之重，使登其山，居其官，毋以逸豫为期，而思四海之广，必人物咸若登春台、跻寿域，而后可同乐也，猗欤盛哉。③

---

① 释大䜣：《奉敕重修百丈山大智觉照弘宗妙行禅师禅林清规九章序·祝圣章·报国恩章》，《蒲室集》卷8（《全元文》第35册，第395—396页）。
② 释大䜣：《中天竺禅寺语录》，《笑隐䜣禅师语录》卷1（《全元文》第35册，第588—596页）。
③ 释大䜣：《恭题文宗皇帝御画万岁山画》，《蒲室集》卷13（《全元文》第35册，第411页）。

> 钦惟文宗圣明元孝皇帝陛下，妙得佛心，生知圣哲。攘群凶而复神器，功迈中兴。尊元老而开奎章，道隆文治。①
>
> 钦惟陛下圣哲生知，神武天纵，临驭八极。察民物之微情，扫荡群凶，复祖宗之正统。故自即位，荐降休祥，海水不溢而百川安流，岁时告丰而五谷大熟。至若光武复汉，犹崇赤伏之符；肃宗保唐，尚刻中兴之颂，皆夸一时之虚美，未有今日之圣明。
>
> 如我文宗皇帝，乘佛愿轮，缵皇正统。灵枢密运，廓清魔孽之封疆；宝印全提，绍正祖宗之神器。屡推义让，广布仁慈，宰辅效忠，建大勋于伊吕。嗣皇继圣，臻至治于唐虞。八表归仁，万邦乐业。
>
> 掀翻宝藏，不涉言诠。顿悟经王，宁拘文字。所以道在圣同圣，在凡同凡，在天同天，在人同人。尘尘尔，刹刹尔，念念尔，不动纤豪修证心，一超直入如来地。诸人若能如是披阅，方可上承文宗皇帝神御。②

释大䜣还特别指出："文皇以孝治天下，严祀祖考，特设太禧院总之，复置隆祥使司，皆以师相领其事，其司属悉选用，不轻授。"③ 对于朝廷重视礼仪以彰显文治，他亦在诗作中大加赞赏："圣皇孝治严宗禋，祠官秩秩皆大臣。光动云霄金鹭鹭，骏奔风日玉麒麟。"④ "圣皇思孝治，禋祀答鸿禧。文祖尊虞典，祠官肃汉仪。嘉言资画诺，直道在纲维。珍重如金玉，山林慰所知。"⑤

（三）说时政

在时政层面，释大䜣将性命学说转换成了对道的要求，并且特别肯定了理学家对道的解释，就是希望儒者和官员都能够按照道的要求助成文治。

---

① 释大䜣：《水陆斋疏》，《全元文》第35册，第584页。
② 释大䜣：《大龙翔集庆寺语录》，《笑隐䜣禅师语录》卷2（《全元文》第35册，第596—610页）。
③ 释大䜣：《鲁山铭》，《蒲室集》卷15（《全元文》第35册，第483页）。
④ 释大䜣：《寄隆祥使司张司丞》，《蒲室集》卷2。
⑤ 释大䜣：《送秦元之参议赴太禧宗禋院二首》，《蒲室集》卷4。

夫尧、舜、禹、汤以道继者也，文、武、周公继志者也，而孔子东西南北之人也。孟子历聘诸国，俱不得位，而道则继尧、舜、禹、汤、文、武、周公者也。由孔、孟而下，不得其继焉。宋有儒宗者能远绍千载，而学者廓然以得夫性命之正。呜呼，世之欲学孔、孟者，则必若是继之之为得也。昔者公侯有国，大夫有家，民有恒产，三代而降，制不如古。虽环堵之室，士不必有，惟道则修诸身，职夫我者也，君子其尽力于斯而已。①

所谓道者，即吾性之虚灵不昧日用不失之谓也。不与生而存，不与死而亡，穷天地，亘万世而不磨者也。人均有之，而为物欲所蔽焉尔。于是先哲教人，于十二时中无丝毫间断，有一念万年之说。动静常照，悟寐一如。及用工纯熟，则外而居官莅民，内而应酬事物，饮食男女，是非纷扰，而不废大臣之事情，斯可为法。

自顾枯槁，无一觊望，犹喜大人君子出佐圣主，行仁政，薄海内外涵濡化育，而莫知其力，斯民幸甚。②

更进一步说，道即圣人之道，要行此道，必须重视动与静的关系，审时度势，慎选进退的机会。当然，无论是进还是退，君子都要谨守圣人之道。

圣人之道必由定而静，以接于群动，严乎显微，而后辉光著于事业，是以静隐之功致于学者也。及其成德，则虽穷困隐约，寓诸耕钓版筑，未尝一日忘天下，岂若寒灰槁木，漠然自弃于无用。既而出为卿，为公，为帝者师，则列土而封，五鼎而食，岂若泰然肆志，甘蹈祸辟而不止者。故君子闲居则思致君泽民，处荣则思静退，是又以静隐之道砥砺志操，而审乎进退之几也。夫静也，微也，动也，著也。循夫内以应夫物，而全吾心之德也。出也，隐也，观夫时以进退吾身也，皆所以存吾道而求合于圣人之道也。③

---

① 释大䜣：《继斋说》，《蒲室集》卷13（《全元文》第35册，第443—444页）。
② 释大䜣：《与胡平章书》，《全元文》第35册，第337—338页。
③ 释大䜣：《静隐字说》，《蒲室集》卷13（《全元文》第35册，第445页）。

释大䜣尤为重视御史台的作用，因为台官多数是儒者，即所谓"台阁清流孰与同"①。他既指出了御史台官员的一些不良甚至是恶劣的表现，也明确提出了合格台官的标准。

> 按《周官》，御史掌传命记事者，由秦、汉以来任以弹劾，宋复以兼谏诤。而国朝之待是选也，人佩一印，使得以专言事，若朝廷之纪纲，中外百司之贤否，官之蠹政，民之隐疾，必周知而备言之。虽曰责人，而不知人之责己者尤重也。然知之有不周，言之或不当，于是有巡按之典察其风俗、访其得失焉，犹古者观诗以知民风，持节以听政，于天下事无所不得言。而后之君子不克举其职，唯覆其案牍，奉行故实而已。不任于人而任于法，不求诸实而求其迹，使人有不直，而吏者深文巧诋，牢不可破，虽有子产之智，何疵以得焉。或者苟禄自爱，见有怙势作威与无辜被祸而牵于上之好恶者，则惴惴焉，唯恐有闻以累于己也，必先委之而去，况敢击其所强而直其所枉乎。又有避嫌畏讥，日驰百里，夜宿公馆，戒阍吏，固扃鐍，虽亲友莫得面，睨屋梁，坐终日，澹然无所为，至户外事漫不加省，而乌在所谓察与访乎，若是犹曰守文毋害，而况有不可胜言者耶。虽然衣必垢也而后濯之，井必甃也而后渫之，不有敝也，其孰更之。故上即位之初，首定风宪之选，凡所擢用率皆奇士，而子安尤蒙宠知。吾见其謇謇匪躬，肃清邦宪，以奋其大有为也，必也尊道德而抑奔竞，则君子以类进，而小人不敢徼幸矣；先教化而后刑罚，则吏畏法以知义，而狱讼简矣；择贤守令而汲进之，扶植之，使得以尽牧字之道，则家给人足，盗贼息而国用纾矣。若吕公著之言，御史当论国家利害之大计，勿察官司簿领之细过者，吾取之。②

释大䜣亦深知钞币的弊病，希望处理相关事务的官员能够体恤民情，尽可能减少钞弊的危害。

---

① 释大䜣：《送张可道管勾赴任西台》，《蒲室集》卷5。
② 释大䜣：《送张子安御史序》，《蒲室集》卷7（《全元文》第35册，第388—389页）。

孔子万世师，委吏尚为之。吴君学孔氏，义尽所当为。国用资泉府，况复官非卑。钱币有轻重，相权酌其宜。舟车运四海，使命速星驰。流行防壅遏，新故代有时。糜腐昇炎燎，监临肃官威。迩来苦剡伪，奸弊日繁滋。简阅役间左，逃奔困囚累。君才剸烦剧，洞照情无遗。铢两析肯綮，爬梳理棼丝。强弱均惠施，示信明质剂。骈罗纷琐碎，不异贝与龟。贸易欣所获，童稚莫或欺。巨贾或深藏，或负歌而嬉。互市置酒庆，父老再陈辞。郡侯乐僚友，飞章省与司。为政尽如此，宁忧事不治。①

释大䜣不仅强调了司农官的作用是"分职农司重，为邦食货优"②，还特别强调了儒者应坚持"是故君子，道不苟售"的原则，③ 其目标就是达到更高的文治水平，正如他在诗作中所言："已见崇儒效，端由取士优。涵濡知圣化，启沃待嘉谋。""高盖相迎候，遗经得校雠。人材臻盛世，文物并中州。"④

在时政问题上，释大䜣显然更多使用的是儒家的说法。但是就其整体理念而言，体现的应是佛、道、儒相合甚至相融的特征，对这一点应给予特别的注意。

四 其他佛教人士的政治观点

元朝中期的佛教人士如释英、释善住等人，也对政局等表达了一些重要的看法。

（一）释英说禅机

释英，生卒年不详，俗姓厉，字实存，号白云，钱塘（今属浙江）人，泰定年间住阳山福岩精舍，有诗集《白云集》传世。

释英在诗作中表现出的禅机，一是要让世人看破名与利，不要终生为名利所累。

浮生空役役，谁肯死前休。今日复明日，黑头成白头。百年身

---

① 释大䜣：《送吴希贤提举》，《蒲室集》卷1。
② 释大䜣：《荅张雪峰司农二首》，《蒲室集》卷4。
③ 释大䜣：《泉石为刘君安赋》，《蒲室集》卷1。
④ 释大䜣：《送宋诚夫侍郎福建注选归朝》，《蒲室集》卷3。

世梦,两字利名愁。输与僧闲好,眠云看瀑流。①

名利等膏火,业风吹焰起。世人竞趋附,至死不知止。霍光竟赤族,季伦终弃市。名利岂害人,人自害之耳。上人自保铭,大意良有以。慧日破昏蒙,慈波荡浮靡。法轮转无时,后学攀逸轨。②

二是要让世人看清世事无情,以随缘的态度处世,才能像化外之人一样,荣辱不惊,怡然自得。

涉世情怀冷似冰,狂歌醉饮任腾腾。随缘即是无心佛,达理何拘有发僧。但得遗风追贾岛,不须虚誉继卢能。归山未有谋身计,空忆闲云锁碧层。③

温饱非吾志,箪瓢独固穷。看云知世变,对竹悟心空。犬吠庭花日,莺啼野树风。市朝荣辱事,那得到山中。④

翠微深处结茆庐,著我闲身一事无。点得白云三万顷,年年不用纳官租。⑤

三是要让世人知道,只要做过忠心守节之事,就会得到人们的尊敬,老年由北方返回江南的家铉翁,就是一个典型的代表。

故国衣冠已变迁,灵光此际独依然。一身幽蓟三千里,两鬓风霜十九年。归去午桥非旧日,梦飞秋塞隔遥天。江南遗老如公少,青史名高万古传。⑥

四是要让官员认识到只要不搜刮民脂民膏,就能获得清正廉明的赞誉,而不要计较个人的得失。

三载浣花溪,松边日赋诗。一官清似水,众口好如碑。明月轻

---

① 释英:《浮生》,《白云集》卷1,四库全书本。
② 释英:《书定长老自保铭后》,《白云集》卷3。
③ 释英:《涉世》,《白云集》卷2。
④ 释英:《山中春日书怀》,《白云集》卷2。
⑤ 释英:《山居》,《白云集》卷3。
⑥ 释英:《家则堂大参南归》,《白云集》卷3。

归棹,晴风乱彩旗。怪来肥骨瘦,为不食民脂。①

释英所表露出的禅机,尽管通俗和简单,但是代表着佛教中人对政治的重要见解,不能因其简而忽视它的存在。

(二) 释善住说天命

释善住(?—1327年后),字无住,号云屋,居吴郡报恩寺,著有诗集《谷响集》和《净业往生安养传》。

释善住作为江南的佛教人士,对南宋的亡国有惆怅的情思,在诗作中有所反映。

> 江山王气终,江水自流东。钟鼓传新寺,烟花失故宫。龙亡灵沼竭,凤去寝园空。残月西风夜,无人倚井桐。②
> 抱疾卧长夜,愁心那可降。蛩声寒并枕,月色冷侵窗。贾傅吊湘水,杜陵哀曲江。空怀千古恨,无语对秋缸。③
> 天涯芳草碧萋萋,何事王孙去不归。城郭人民半已非,信音稀,几度无言对落晖。④

但是大一统确实是重要的进步,释善住亦在诗作中对此给出了积极的评价。

> 鲸波渺渺接遥空,今古由来一苇通。斗柄夜悬常辨北,日轮朝涌始知东。车书既混文无异,爵服才分语不同。乡路眼中应已熟,好携包笠叩玄宗。⑤
> 古道久榛塞,今朝始廓然。乾坤新雨露,华夏旧山川。世上无周鼎,民间有汉钱。不须闻击壤,已是太平年。⑥

在佛家看来,世人的富贵腾达和穷困潦倒,或者是碌碌无为等,都

---

① 释英:《送暨阳田丞》,《白云集》卷2。
② 释善住:《钱唐感旧》,《谷响集》卷1。
③ 释善住:《秋夕怀古》,《谷响集》卷1。
④ 释善住:《忆王孙·有怀》,《谷响集》卷3,四库全书本。
⑤ 释善住:《赠日本僧》,《谷响集》卷2。
⑥ 释善住:《古道》,《谷响集》卷1。

是由天命所定，所以人不与命争，是一个重要的准则，而人们之所以有烦恼，就是因为不能深刻地理解这样的准则。

> 生无轩冕志，老不释渔竿。对食惭周粟，纫衣尚楚兰。江城犹雨雪，花柳政春寒。穷达皆由命，初非行路难。①
>
> 穷通皆有命，孰肯强求知。举世思趋利，何人听说诗。云闲依碧嶂，鱼乐绕清池。更欲投深密，诛茅计已迟。②
>
> 高阁工书三十年，艺成媒祸少人怜。猖狂得意既由命，坎壈缠身莫问天。半夜飞蚊消广夏，一天凉雨润高田。虽然老朽成羁绊，还在山边与水边。③
>
> 白云深处掩茆茨，回首人间万事遗。愚知得时皆有命，古今造物本无私。阮公漫解开青眼，墨子终须泣素丝。腊尽雪销梅放后，寂寥寒谷是春姿。④
>
> 人生事事皆前定，切莫猖狂欲妄行。季子金多终富贵，张仪舌在漫从衡。柴桑鸡狗还追放，甫里烟波绝斗争。枫叶已丹秋欲老，水村随处捣香秔。⑤
>
> 茫茫碧海尚扬尘，落落苍松合化薪。若使金钱堪买命，世间应更少闲人。
>
> 横黄曳紫仕途游，宠辱惊心易白头。身后功名半张纸，梦中生死一场愁。⑥

即便是身处凡尘闹市中，只要心静，就能远离世道纷争和名利诱惑，这恰是释善住所强调的佛家境界。

> 城郭居来久，因吟与俗分。琴声宜月色，剑气应星文。酒对山妻酌，莺兼稚子闻。门前名利路，车马自纷纷。⑦

---

① 释善住：《赠隐者》，《谷响集》卷1。
② 释善住：《借韵酬无功》，《谷响集》卷1。
③ 释善住：《癸亥岁（1323年）寓钱唐千顷寺述怀》，《谷响集》卷2。
④ 释善住：《癸亥岁莫书怀》，《谷响集》卷2。
⑤ 释善住：《秋思二首》，《谷响集》卷2。
⑥ 释善住：《遣兴二首》，《谷响集》卷3。
⑦ 释善住：《过幽人居》，《谷响集》卷1。

出门皆可适，何事独兴哀。固是分邪正，争知绝去来。云霄还直上，榛棘且低回。又道长安市，风埃聚作堆。①

　　万事无求心便安，莫论人世道途难。风声绕树夜将半，月色到窗灯未残。峭壁倚天苍藓古，断崖飞瀑白云寒。饥飡困卧随缘过，趼足何劳作野盘。②

　　悠悠世事几时休，身后身前岂足忧。天地都来一钓舟，下中流，卧看青天飞白鸥。③

　　顶中玄发已成丝，回首不如归。浪宕人间，蹉跎岁月，清梦绕西池。百年光景无多日，七十古来稀。物外闲身，眼前尘事，休把误心期。④

　　释善住较消极的政治观念，对当时的江南文人如仇远等人有一定的影响。即便是到了元朝中期，依然有遁世论点的延续，对于这一点应给予足够的重视。

　　释大䜣、释英、释善住所代表的是倾向于儒家政治学说的观点，与元朝中期帝王更推崇的佛教密宗人士阐释的佛法有明显的不同，所以其影响主要在民间而不是在朝廷，在这方面应有清醒的认识。

---

① 释善住：《路》，《谷响集》卷1。
② 释善住：《山中二首》，《谷响集》卷2。
③ 释善住：《忆王孙·渔者》，《谷响集》卷3。
④ 释善住：《少年游》，《谷响集》卷3。

主要史料目录

《通制条格》，黄时鉴点校，浙江古籍出版社 1986 年版。

《元典章》，陈高华、张帆、刘晓、党宝海点校，中华书局、天津古籍出版社 2011 年版。

艾性夫：《剩语》，四库全书本。

安熙：《默庵集》，四库全书本。

孛术鲁翀：《菊潭集》，藕香零拾本。

曹伯启：《曹文贞公诗集》，北京图书馆古籍珍本丛刊本（第 94 册）。

岑安卿：《栲栳山人集》，四库全书本。

陈得芝、邱树森、何兆吉辑点：《元代奏议集录》，浙江古籍出版社 1998 年版。

陈栎：《定宇集》，四库全书本。

陈普：《石堂先生遗集》，明万历三年刻本。

陈天祥：《四书辨疑》，四库全书本。

陈义高：《秋岩诗集》，四库全书本。

程端学：《积斋集》，四库全书本。

程矩夫：《雪楼集》，四库全书本。

仇远：《金渊集》，四库全书本。

仇远：《山村遗集》，四库全书本。

戴表元：《剡源集》，四库全书本。

邓文原：《巴西集》，四库全书本，可参考北京图书馆古籍珍本丛刊本（第 92 册）。

丁復：《桧亭集》，四库全书本。

董鼎:《孝经大义》,四库全书本。
范梈:《范德机诗集》,四库全书本。
龚璛:《存悔斋稿》,四库全书本。
贡奎:《云林集》,四库全书本。
顾嗣立、席世陈编:《元诗选》癸集,中华书局2001年版。
顾嗣立编:《元诗选》初集,中华书局1987年版。
顾嗣立编:《元诗选》二集,中华书局1987年版。
顾嗣立编:《元诗选》三集,中华书局1987年版。
何中:《知非堂稿》,四库全书本。
侯克中:《艮斋诗集》,四库全书本。
胡炳文:《四书通》,四库全书本。
胡炳文:《云峰集》,四库全书本。
黄庚:《月屋漫稿》,四库全书本。
黄溍:《金华黄先生文集》,四库全书本。
黄泽:《易学滥觞》,四库全书本。
拉施特:《史集》,第2卷,余大钧、周建奇译,商务印书馆1985年版。
李修生主编:《全元文》,江苏古籍出版社1998—2004年版。
林辕:《谷神篇》,明正统道藏本。
刘将孙:《养吾斋集》,四库全书本。
刘敏中:《中庵集》,北京图书馆古籍珍本丛刊本(第92册)。
柳贯:《柳待制文集》,四库全书本。
龙仁夫:《周易集传》,四库全书本。
陆文圭:《墙东类稿》,四库全书本。
马臻:《霞外诗集》,四库全书本。
马祖常:《石田文集》,北京图书馆古籍珍本丛刊本(第94册)。
蒲道源:《闲居丛稿》,四库全书本。
任士林:《松乡集》,四库全书本。
荣肇:《荣祭酒遗文》,丛书集成本。
释大䜣:《蒲室集》,四库全书本。
释善住:《谷响集》,四库全书本。
释廷俊等编:《笑隐䜣禅师语录》,续藏经本。

释英：《白云集》，四库全书本。
宋濂等：《元史》，中华书局标点本，中华书局1976年版。
宋无：《翠寒集》，四库全书本。
苏天爵：《滋溪文稿》，陈高华、孟繁清点校，中华书局1997年版。
苏天爵编：《元朝名臣事略》，姚景安点校，中华书局1996年版。
苏天爵编：《元文类》，四库全书本。
同恕：《榘庵集》，四库全书本。
汪炎昶：《古逸民先生集》，续聚珍版丛书本。
王结：《文忠集》，四库全书本。
王晓欣点校：《宪台通纪（外三种）》，浙江古籍出版社2002年版。
王炎午：《吾汶稿》，四库全书本。
王恽：《秋涧先生大全文集》，四部丛刊本。
吾衍：《闲居录》，四库全书本。
吾衍：《竹素山房诗集》，四库全书本。
吴澄：《道德真经注》，四库全书本。
吴澄：《礼记纂言》，四库全书本。
吴澄：《书纂言》，四库全书本。
吴澄：《吴文正公集》，四库全书本。
吴澄：《孝经正本》，四库全书本。
吴澄：《仪礼逸经》，四库全书本。
吴莱：《渊颖集》，四库全书本。
吴亮：《忍经》，四库全书本。
萧㪺：《勤斋文集》，四库全书本。
熊禾：《勿轩集》，四库全书本。
徐明善：《芳谷集》，四库全书本。
许谦：《白云集》，四部丛刊本。
许谦：《读四书丛说》，四库全书本。
许有壬：《至正集》，四库全书本，可参考北京图书馆古籍珍本丛刊本（第95册）。
阎复：《静轩集》，藕香零拾本。
杨载：《杨仲弘诗集》，四库全书本。

姚燧：《牧庵集》，四库全书本，可参考北京图书馆古籍珍本丛刊本（第92册），书目文献出版社1988—2000年版。

尹廷高：《玉井樵唱》，四库全书本。

俞琰：《林屋山人漫稿》，北京大学图书馆藏清抄本。

俞琰：《书斋夜话》，四库全书本。

俞琰：《席上腐谈》，四库全书本。

俞琰：《周易集说》，四库全书本。

虞集：《道园类稿》，元人文集珍本丛刊本。

虞集：《道园学古录》，四库全书本。

虞集：《道园遗稿》，北京图书馆古籍珍本丛刊本（第94册）。

元明善：《清河集》，藕香零拾本。

袁桷：《清容居士集》，四库全书本。

张伯淳：《养蒙文集》，四库全书本。

张养浩：《归田类稿》，四库全书本。

张仲寿：《畴斋文稿》，北京图书馆古籍珍本丛刊本（第95册）。

赵孟頫：《松雪斋文集》，四库全书本。

周权：《此山诗集》，四库全书本。

朱思本：《贞一斋诗文稿》，适园丛书本。

元代

中国政治思想通史

政治思想史 下卷

史卫民 著

中国社会科学出版社

目　　录

（下　卷）

第五编　元朝后期的政治思想(1332—1368年)

第十四章　从"更化"走向"救亡" ……………………（3）

第一节　权臣政治观念 ……………………………………（3）
　　一　燕铁木儿的擅立观念 ………………………………（3）
　　二　元统年间的文治表象 ………………………………（7）
　　三　伯颜的反文治观念 …………………………………（15）

第二节　更化政治观念 ……………………………………（27）
　　一　与天下更始 …………………………………………（28）
　　二　至正更化呈现的文治观念 …………………………（39）

第三节　重要的政治争论 …………………………………（58）
　　一　正统辩 ………………………………………………（58）
　　二　钞法辩 ………………………………………………（74）
　　三　治河辩 ………………………………………………（82）

第四节　危机与对策 ………………………………………（89）
　　一　遭遇自毁的会战策略 ………………………………（89）
　　二　扶植地方势力的恶果 ………………………………（100）
　　三　内耗政治终结元朝统治 ……………………………（107）

第十五章　维系文治的政治观念 …………………………（123）

第一节　许有壬的文治观念 ………………………………（123）

一　释文治精华 (123)
　　二　述为政之要 (130)
第二节　苏天爵的治世观念 (142)
　　一　论治世 (142)
　　二　论刑政 (157)
　　三　论文治 (168)
第三节　欧阳玄的治本观念 (177)
　　一　治国之本 (177)
　　二　维系文治 (186)
第四节　黄溍的善治观念 (192)
　　一　善治策问 (192)
　　二　时政论说 (208)
第五节　其他臣僚的善政观点 (217)
　　一　揭傒斯的用贤说 (217)
　　二　胡助的治化说 (226)
　　三　朱德润的善治说 (231)
　　四　傅若金、宋褧等人的重民说 (239)
　　五　宋本、王士熙等人的儒治说 (254)

第十六章　救亡图存的政治观念 (269)
第一节　刘鹗的报国观念 (269)
　　一　论性理 (269)
　　二　论救危 (276)
第二节　余阙的守国观念 (288)
　　一　说文治 (288)
　　二　说战守 (296)
第三节　陈高的忧国观念 (300)
　　一　忧朝政 (301)
　　二　忧战乱 (308)
第四节　挽救危局的对策 (318)
　　一　贡师泰的用贤建议 (318)

二　李士瞻的救亡建议 ………………………………… (326)
　　三　卢琦的救世建议 …………………………………… (329)
　　四　王沂的良政诉求 …………………………………… (334)
　　五　王毅等人的救危建议 ……………………………… (342)
　第五节　末世诗作的政治意韵 ……………………………… (354)
　　一　成廷珪倡儒者报国 ………………………………… (354)
　　二　王冕揭乱世现象 …………………………………… (366)
　　三　陈镒的愁世情怀 …………………………………… (375)
　　四　张翥的忧国心境 …………………………………… (381)
　　五　廼贤的仁政愿景 …………………………………… (388)
　　六　吴景奎等人的危机表述 …………………………… (392)

第十七章　理学政治理念的发展 …………………………………… (409)
　第一节　吴师道的治国理念 ………………………………… (409)
　　一　为政根基 …………………………………………… (409)
　　二　治国用贤 …………………………………………… (416)
　　三　时务举要 …………………………………………… (424)
　　四　正学之道 …………………………………………… (431)
　第二节　李存的正心理念 …………………………………… (438)
　　一　心学要义 …………………………………………… (438)
　　二　时政之变 …………………………………………… (448)
　第三节　郑玉的正道理念 …………………………………… (453)
　　一　论治学 ……………………………………………… (453)
　　二　论君臣 ……………………………………………… (458)
　　三　论时政 ……………………………………………… (461)
　第四节　赵汸的守正理念 …………………………………… (466)
　　一　学问之正 …………………………………………… (466)
　　二　乱世之正 …………………………………………… (473)
　第五节　王祎的救世理念 …………………………………… (484)
　　一　释治国纲领 ………………………………………… (485)
　　二　说学术要求 ………………………………………… (495)

三　述救亡之策 …………………………………………………（500）
第六节　程端礼等人的政治理念 …………………………………（507）
　　一　程端礼的儒吏理念 ……………………………………（507）
　　二　刘诜的真儒理念 ………………………………………（515）
　　三　刘岳申的正道理念 ……………………………………（522）
　　四　唐元的爱民理念 ………………………………………（529）
　　五　史伯璿的善政理念 ……………………………………（534）
　　六　王充耘的治世理念 ……………………………………（541）
　　七　陈旅等人的文治理念 …………………………………（552）
　　八　黄玠等人的良政理念 …………………………………（565）

第十八章　危机感悟与兴亡评价 …………………………（580）
第一节　遗民政治观念的生成 ……………………………………（580）
　　一　吴当的济世观念 ………………………………………（580）
　　二　张宪的忧世观念 ………………………………………（586）
　　三　张昱的故国观念 ………………………………………（596）
　　四　戴良的治平观念 ………………………………………（602）
　　五　王逢的兴亡观念 ………………………………………（613）
　　六　李祁等人的怀旧观念 …………………………………（625）
第二节　宗教人士的政治观点 ……………………………………（649）
　　一　释惟则的行善观念 ……………………………………（649）
　　二　张雨等人的为善观念 …………………………………（657）
第三节　跨代之人的危机表述 ……………………………………（665）
　　一　乱世求文治 ……………………………………………（665）
　　二　危局须良策 ……………………………………………（677）
　　三　救民于水火 ……………………………………………（692）
　　四　叹国运不济 ……………………………………………（703）
第四节　对元朝政治的评价 ………………………………………（715）
　　一　危素说治世 ……………………………………………（715）
　　二　陈基说善行 ……………………………………………（722）
　　三　朱右说统绪 ……………………………………………（729）

四　谢应芳说救危 …………………………………… (733)
　　五　李继本说用人 …………………………………… (739)
　　六　杨维桢等人说王朝更替 ………………………… (747)

主要史料目录 ………………………………………… (757)

后　记 ………………………………………………… (763)

第五编

元朝后期的政治思想
（1332—1368年）

1332—1368年的元顺帝时期，通常被称为元朝后期的历史。对于这一时期的政治思想，需要注意四方面的变化。

　　第一方面是顺帝在位前期朝廷理政观念的变化。顺帝即位前后，分别出现了燕铁木儿和伯颜的专权擅政现象。在权臣政治观念的影响下，朝廷中爆发了能否坚持文治方向的争论。在解决权臣问题后，朝政转入"更始"或"更化"的政治轨道，在政治改良的总体气氛下，不仅发挥了儒家治道学说的拨乱反正作用，还呈现出儒臣系统阐释文治观念的现象，并就正统、钞法、治河等问题展开过激烈的争论。

　　第二方面是顺帝在位后期救亡观念的兴起。红巾军起义对元朝的统治带来了巨大的冲击，尤其是面对战乱危局和朝廷的无能，如何救亡图存成为忠臣义士不得不认真思考的问题，并由此产生了一些值得注意的政治观点。这些观点尽管没有起到挽救王朝败亡的作用，但是较充分地反映了王朝末世有识之士的政治意识，在政治思想发展中具有重要的地位。

　　第三方面是理学政治理念的变化。在元朝后期乱政和乱局的影响下，理学学者的政治论说由一般性的治道阐释，转向了以善政和救世为主的理论解释，并且对于如何维系大一统和改良朝政等问题提出了一些重要的观点。理学政治思想在南宋末年未及完成的系统剖析乱世的任务，在元朝后期得以完成，不能不说是一个重大的历史性进步。

　　第四方面是王朝的更替，呈现出不同的政治观念。明朝取代元朝的政治变局，带来了守旧和迎新的不同观念。既有人始终抱持的是忠心于朝廷、甘作元朝遗民的立场，也有人较早就表现出了认同王朝更替的态度，还有人在元亡前持的是守国救亡态度，元亡后则转而逢迎新王朝的统治者。尤其需要注意的是，在由元到明的历史进程中，出现了大量的"诗史"，其中所反映的各种政治观点，也是元代政治思想的重要内容。

　　需要说明的是，为明朝的建立提供思想和理论支持的政治观念等，将在《明代政治思想史》中作专门的介绍，本书较少涉及这方面的内容，只是保留了部分由元入明的人评价王朝更替的较具代表性的观点。

第十四章 从"更化"走向"救亡"

元朝后期主政者政治观念的变化，可以分为三个重要的阶段。1332—1340年为第一阶段，主要表现为权臣政治观念以及反对权臣政治的各种观点。1341—1351年为第二阶段，主要表现为更始或更化的政治观念，核心要素是重塑文治观念的主导地位，并以此来实现政治的改良。1352—1368年是第三阶段，主要表现为应对乱世的救亡政治观念，以及君主不以天下为意的荒政观念，并最终导致了亡国的悲剧性结果。三个阶段政治观念的发展和变化情况，可分节叙述于下。

第一节 权臣政治观念

权臣政治的特征是重臣对朝廷权力的全方位控制，其认知基础就是君轻臣重的弄权观念。元朝后期的燕铁木儿和伯颜两大权臣，依赖的都是这样的观念，但是弄权的重点有所不同，并由此带来了不同的政治生态。

一 燕铁木儿的擅立观念

燕铁木儿是元文宗所依赖的重臣，其专擅主要表现为对帝位继承的操纵。这样的专擅，并没有对当时的文治带来根本性的破坏，只是起了延缓妥懽贴睦尔（元顺帝）即位的作用。

（一）立幼不立长的理由

至顺三年（1332）八月，文宗在上都病逝。念及毒害兄长和世㻋之事，文宗对皇后卜答失里、太子燕帖古思及重臣燕铁木儿留下了遗言："昔者旺兀察都之事，为朕平生大错，朕尝中夜思之，悔之无及。

燕帖古思虽为朕子，朕固爱之，然日今大位，乃明宗之大位也。汝辈如爱朕，愿召明宗子妥懽贴睦尔来，使登兹大位。如是，朕虽见明宗于地下，亦可以有所措词而塞责耳。"① 也就是说，文宗要以传位于明宗之子的方法，补偿自己的弑君政治过失。

明宗和世㻋有两个儿子，长子妥懽贴睦尔出生于延祐七年（1320），已经十三岁，当时被谪居于广西静江；次子懿璘质班出生于泰定三年（1326），当时只有七岁，居于大都。燕铁木儿也是弑君的参与者，担心来自明宗后人的报复，所以力主以太子燕帖古思继承帝位，并对卜答失里皇后明言："阿婆且权守上位，安王室，妥懽贴睦尔太子居南徼荒瘴之地，未知有无，我与宗戚诸王徐议之可也。"尽管燕铁木儿具有独相的地位，"礼绝百寮，威焰赫赫，宗戚诸王无敢以为言者"，但卜答失里皇后表明了按照文宗遗言行事的态度后，燕铁木儿不得不退一步，采用立幼不立长的方法，同意以懿璘质班继承皇位，因为幼童更容易被他所控制。②

至顺三年十月，懿璘质班在大都即位，颁布的即位诏书由儒臣虞集撰写，全文如下。

> 洪惟太祖皇帝，启辟疆宇；世祖皇帝，统一万方；列圣相承，法度明著。我曲律皇帝（武宗）入纂大统，修举庶政，动合成法，授大宝位于普颜笃皇帝（仁宗）以及格坚皇帝（英宗）。历数之归，实当在我忽都笃皇帝（明宗）、扎牙笃皇帝（文宗），而各播越辽远。时则有若燕铁木儿，建义效忠，戡平内难，以定邦国，协恭推戴扎牙笃皇帝。登位之始，即以让兄之诏明告天下，随奉玺绂，远迓忽都笃皇帝，朔方言旋，奄弃臣庶。扎牙笃皇帝荐正宸极，仁义之至，视民如伤，恩泽旁被，无间远迩。顾育眇躬，尤笃慈爱。宾天之日，皇后传扎牙笃皇帝顾命于太师、太平王、右丞相、答剌罕燕铁木儿，太保、浚宁王、知枢密院事伯颜等，谓圣体弥留，益推固让之初志，以宗社之重，属诸大兄忽都笃皇帝之世嫡。乃遣使召诸王宗亲，以十月一日来会大都，与宗王、大臣同奉遗诏，揆诸成宪，宜御神器，以至顺三年十月初四日即皇帝位于大

---

① 权衡：《庚申外史》卷上，上海商务印书馆1922年影印本，第1页。
② 《元史》卷114《后妃传一》，中华书局1976年版；《庚申外史》卷上，第1—2页。

明殿。可大赦天下，自至顺三年十月初四日昧爽以前，除谋反大逆、谋杀祖父母父母、妻妾杀夫、奴婢杀主、谋故杀人、但犯强盗、印造伪钞、蛊毒魇魅犯上者不赦外，其余一切罪犯，咸赦除之。

大都、上都、兴和三路，差税免三年。腹里差发并其余诸郡不纳差发去处，税粮十分为率，免二分。江淮以南，夏税亦免二分。土木工役，除仓库必合修理外，毋复创造，以纾民力。民间在前应有逋欠差税课程，尽行蠲免。监察御史、肃政廉访司官并内外三品以上正官，岁举才堪守令者一人，申达省部，先行录用。如果称职，举官优加旌擢。一任之内，或犯赃私者，量其轻重黜罚。其不该原免重囚，淹禁三年以上、疑不能决者，申达省部，详谳释放。学校农桑、孝义贞节、科举取士、国学贡试，并依旧制。广海、云南梗化之民，诏书到日，限六十日内出官，与免本罪，许以自新。

于戏！肆予冲人，托于天下臣民之上，任大守重，若涉渊冰。尚赖宗王大臣、百司庶府，交修乃职，思尽厥忠。嘉与亿兆之民，共保承平之治。咨尔多方，体予至意！故兹诏示，想宜知悉。①

在这份诏书中，正式公布了文宗以明宗之子为帝的遗愿，为燕铁木儿立明宗幼子为帝提供了正当性的理由。按照以往的惯例，诏书除了宣布大赦天下外，还包含了减租税、省造作、免逋欠、举贤官、决疑案、劝农桑、兴学校、正风俗、行科举、抚边徼等方面的施政要求。尤为重要的是，诏书强调的"共保承平之治"政治诉求，所要体现的就是实际主政的燕铁木儿能够继续保持文宗时的执政风格，使朝廷不偏离文治的轨道。

(二) 以文饰政的延续

幼帝即位，燕铁木儿要求"中书百司政务，咸启中宫取进止"，并于至顺三年十月专门为卜答失里皇后设立了徽政院、中政院两个机构。十一月，又正式册立卜答失里为皇太后，但是册封仪式不久幼帝懿璘质班即病死，后来上庙号为宁宗。②

借帝位空缺的机会，燕铁木儿再次提出了以燕帖古思继承帝位的动

---

① 《元史》卷37《宁宗纪》，《元文类》（四库全书本）卷9所载即位诏书文字略有不同。
② 《元史》卷37《宁宗纪》。

议，又被卜答失里拒绝，理由是"天位至重，吾儿恐年小，岂不遭折死耶？妥懽贴睦尔在广西静江，可取他来为帝，且先帝临崩云云，言犹在耳"。也就是说，皇太后还是要坚持实现文宗的遗愿，燕铁木儿不得不再次作出让步，派人前往广西接妥懽贴睦尔回京。①

妥懽贴睦尔返京抵达良乡时，燕铁木儿特别赶来迎接，既向妥懽贴睦尔表示自己是积极的迎立者，又表明治国的艰难所在。妥懽贴睦尔出于恐惧，没有一句答复，引起燕铁木儿的猜疑，"恐其即位之后追举前事"。妥懽贴睦尔入京后，燕铁木儿不仅不安排即位事宜，还唆使太史院官员上书，称不能立妥懽贴睦尔为皇帝，"立则天下乱"。拖延了数月，燕铁木儿病死，妥懽贴睦尔即位的最大障碍才得以消除。②

需要说明的是，燕铁木儿虽然以擅权的姿态操弄帝位继承，但是依然能够保持文宗的以文饰政执政风格。至顺年间有人提出的"严武备以备不虞，简兵卒以壮国势，全功臣以隆大体，惜官爵以清铨选，考实行以抑奔竞，明赏罚以杜奸欺，计利害以孚民情，去民贼以崇礼节"的八条施政建议，③以及颁丧制、立政刑、专仓官、革旧弊等建议，④显然引起了燕铁木儿的重视，并由此带来了一些善政行为。如对于江南常州路亿丰仓的整治，按照当时人的记载，就颇有成效。

> 国家谨租赋之入，东南诸郡尤加之意，故二千石长官专任其事，所以重民食也。常之为郡，沃壤多而税石夥，于是置仓无锡州以便海漕。合是州及义兴、溧阳之粮，凡为石四十七万八百五十有奇，悉于此输纳焉。岁率大府分官董之，其责至不轻也。今总管丁侯（名亦祖丁）以开敏练达之才兼得为政之体，历扬中外，周知民间利病。至顺三年冬，实莅是仓。先是，仓吏并缘为奸，往往高下其手，当民租入时设计渔取，或至倍输，羡余既多，则纵奸民乘间为欺，诡揽掩冒，莫能究也。夫漕事有严，发廪视之，米色腐黑者有焉，粮数折阅者有焉，向常为官府之累矣。侯思所以革之，爰

---

① 《庚申外史》卷上，第2页。
② 《元史》卷38《顺帝纪一》，卷138《燕铁木儿传》。
③ 《元史》卷185《盖苗传》。
④ 龚端礼：《上万言书》，李修生主编《全元文》，江苏古籍出版社1998—2004年版，第47册，第47—48页。

命属吏疏厥粮多者使先输，且躬授教条，立期程，信赏罚，壹斗概，均富贫，政不扰而民信从，率皆趋事唯谨，务先期以济。向之渔取倍输之患，有不征而自息焉。①

燕铁木儿虽然抱有左右帝位继承的擅权观念，但又有以文饰政的文治观念，使得文宗时的文治得以延续到了宁宗在位前后，这恰是当时的儒臣并不反感燕铁木儿的重要原因。因为儒臣眼中的权奸，一个重要的标志就是反对儒家的治道学说，尤其是表现出强烈的反文治倾向，燕铁木儿显然不是这样的人，所以权臣并不必然就是权奸，这正是燕铁木儿与伯颜的最大区别。

二　元统年间的文治表象

燕铁木儿去世之后，卜答失里以皇太后的身份确定了妥懽贴睦尔之后由燕帖古思继承帝位的原则，使妥懽贴睦尔在至顺四年（1333）六月得以在上都即位，并以立双相的举动带来了元统年间（1333—1135年）的平衡政治形态和短暂的文治景象。

（一）皇太后的政治平衡术

妥懽贴睦尔的即位诏书，只是讲明了拥立新皇帝的理由，并宣布大赦天下，没有对施政措施的说明，诏书全文如下。

> 洪惟我太祖皇帝，受命于天，肇造区夏；世祖皇帝，奄有四海，治功大备；列圣相传，丕承前烈。我皇祖武宗皇帝入纂大统，及致和之季，皇考明宗皇帝远居沙漠，札牙笃皇帝戡定内难，让以天下。我皇考宾天，札牙笃皇帝复正宸极。治化方隆，奄弃臣庶。
>
> 今皇太后召大臣燕铁木儿、伯颜等曰："昔者阔彻伯、脱脱木儿、只儿哈郎等谋逆，以明宗太子为名，又先为八不沙始以妒忌，妄构诬言，疏离骨肉。逆臣等既正其罪，太子遂迁于外。札牙笃皇帝后知其妄，寻至大渐，顾命有曰："朕之大位，其以朕兄子继之。"时以朕远征南服，以朕弟懿璘质班登大位，以安百姓，乃遽至大故。皇太后体承札牙笃皇帝遗意，以武宗皇帝之元孙，明宗皇

---

① 陈迈：《亿丰仓记》，《永乐大典》卷7514（《全元文》第59册，第495—496页）。

>帝之世嫡，以贤以长，在予一人，遣使迎还。征集宗室诸王来会，合辞推戴。今奉皇太后勉进之笃，宗亲大臣恳请之至，以至顺四年六月初八日，即皇帝位于上都。
>
>于戏！惟天、惟祖宗全付予有家，栗栗危惧，若涉渊冰，罔知攸济。尚赖宗亲臣邻，交修不逮，以底隆平。其赦天下。①

之所以发出这样的诏书，是因为燕铁木儿死后，朝政操于皇太后卜答失里之手，她只关心赶紧立一个皇帝，所以不会考虑具体的施政措施，任命辅政大臣之后，即可由其打理具体政务。

卜答失里在政治上依赖燕铁木儿家族的势力，但是对这一势力又有所忌惮，于是使出了政治平衡的手段，在顺帝即位后即任命伯颜为中书省右丞相，燕铁木儿弟撒敦为中书省左丞相，燕铁木儿子唐其势为御史大夫，并明确规定"太师、右丞相伯颜，太傅、左丞相撒敦，专理国家大事，其余官不得兼领三职"。为了拉拢燕铁木儿家族，卜答失里还于至顺四年八月将燕铁木儿之女答纳失里立为顺帝的皇后，时人称之为伯牙吾氏皇后。

新皇帝即位要有新气象，所以特别改用了"元统"的年号，并在至顺四年十月的改元诏书中强调："在昔世祖皇帝，绍开丕图，稽古建元，立经陈纪，列圣相承，恪遵成宪。肆予冲人，嗣大历服，兹图治之云初，嘉与民而更始。乃新纪号，诞告多方，其以至顺四年为元统元年。于戏！一元运于四时，惟裁成之有道；大统绵于万世，思保佑于无疆。"② 也就是说，所谓的"元统"，就是要维系一元之大统。

（二）维系文治的要求

中书省右、左丞相并立，伯颜的势力与燕铁木儿家族的势力对峙，两股权臣的势力都不敢乱来。在政治相对平衡的状态下，主政者提出了以下有利于文治的要求。

一是延续科举、优待儒户和兴办学校的要求。元统二年二月，"诏内外兴举学校"。同年三月，"诏科举取士，国子学积分，膳学钱粮，儒人免役，悉依累朝旧制，学校官选有德行学问之人以充"。该诏书的主要内容，可转引于下。

---

① 《元史》卷38《顺帝纪一》。
② 《元史》卷38《顺帝纪一》，卷114《后妃传一》。

第十四章　从"更化"走向"救亡"　9

　　集贤院官人每奏："我世祖皇帝潜邸以来，首务立学养士，及登宝位，天下混一，内自京师，外及郡县，无不立学，以明人伦，以厚风俗，以养人材。列圣相承，谆谆勉励，科举条章，国学典制，俱以昭明。伏虑有司□为文具，怠于学行，皇帝即位作新学校的圣旨，颁降四方，以期成效。"么道，奏有。如今科举取士，已有成规。国子积分（下缺）圣旨行者。秀才儒户每，不拣甚么差发，依着世祖皇帝圣旨体例里，休当者。儒户及民间俊秀子弟（下缺）使臣军人休安下，休断词讼，休假筵会，休造作，休顿（下缺）休侵夺者。在学钱粮，供办春秋二丁，朔望祭祀（下缺）学舍者。曲阜林庙如有损坏，依例修理者（下缺）坏者。儒学提举教官人等遴选有德行学问（下缺），路府州总管人每，常切用心提调者。①

　　需要说明的是，元统元年已经有过一次科举取士，录取的进士有同同、李齐等一百人（蒙古人、色目人五十名，汉人、南人五十名）。② 再发诏旨，只是为了表明朝廷要延续科举取士做法的态度。

　　二是肃正台纲的要求。元统元年六月，脱别台、唐其势被任以御史大夫之职，并发出了"首振台纲"的诏书，诏书的主要内容如下。

　　元统元年六月二十四日，钦奉圣旨：中书省、枢密院及内外诸司官吏人等根底宣谕的圣旨：世祖皇帝立御史台，弹劾中书省以下内外百司官吏人等奸邪非违，肃清风俗，审理冤滞，刷磨案牍，益国便民有来。今命脱别台、唐其势为御史大夫，首振台纲。凡军民士庶诸色户计，所在官司不务存心抚治，以致吾民困苦，或囚狱冤滞不为伸理，及官吏侵盗欺诳，赃污不法，若此之类，监察御史、肃政廉访司官有能恪尽乃职，用心纠按，量加迁赏。监察御史、廉访司官察到公事，取问其间，诸人无得搅扰沮坏。曾经监察御史、廉访司官按问纠劾官吏人等，不得摭拾陈告元问元言官吏。果有冤抑，在内赴御史台、在外赴行御史台陈告。及被问之际，推称事

---

① 《淇县文庙圣旨碑》，《全元文》第 55 册，第 23 页。
② 《元史》卷 81《选举志一》；《元统元年进士录》，《庙学典礼（外二种）》，王颋点校，浙江古籍出版社 1992 年版，第 171—224 页。

故，欲脱其罪，近侍人员朦胧题说、宣唤的，不拣是谁，休奏者。但有朝廷得失，军民利害等事，从监察御史、廉访司官尽心题说。其余合行事理，并遵世祖皇帝以来累降圣旨条画事意施行。①

元统二年四月，改为唐其势、马札儿台并任御史大夫，下诏"肃清风纪，振举宪章"，重申了与元统元年六月诏书相同的规定。② 元统三年七月，又发出新的诏书，对监察官员巡视边远地区的时间作了明确的规定。

> 云南广海地面多系烟瘴，又经值变乱以来，生民百无一二。虽有郡名，无州县之实。若于中原一体，八月中分巡，次年四月中还司，正当烟瘴肆毒之时。其出巡官吏多系生长中原，不服水土。刷按已毕，他每不敢回还，坐待日期，虚吃着祗应。久在瘴乡，因而感冒成疾，死于边荒，诚可哀悯。今后至十月初间分巡，二月末旬还司，首思省久之费，分司官吏免烟瘴之害。③

无论是首振台纲、振举宪章，还是规范监察官员的巡视地方时间，所要强调的都是按照文治的要求，以肃正台纲的方式强化监察机构的作用。

三是限制朝廷开支和注重恤民的要求。元统二年四月，中书省官员上言："佛事布施，费用太广，以世祖时较之，岁增金三十八锭，银二百三锭四十两，缯帛六万一千六百余匹，钞二万九千二百五十余锭。请除累朝期年忌日之外，余皆罢。"这一建议，被主政者所采纳。为了稳固自己的地位，伯颜也多少表现出了一点恤民的姿态，"赞帝率遵旧章，奏寝妨农之务，停海内土木营造四年，息彰德、莱芜冶铁一年，蠲京圻漕户杂徭，减河间、两淮、福建盐额岁十八万五千有奇，赈沙漠贫户及南北饥民至千万计"。④

---

① 《命脱别台、唐其势并为御史大夫制》，《宪台通纪（外三种）》，王晓欣点校，浙江古籍出版社2002年版，第80—81页。
② 《振举宪章制》，《南台备要》，《宪台通纪（外三种）》，第196—197页。
③ 《云南、广海分司出还日期》，《南台备要》，《宪台通纪（外三种）》，第198—199页。
④ 《元史》卷38《顺帝纪一》，卷138《伯颜传》。

需要注意的是，在两大权臣势力的相互制约下，只能提出一些具有表象意义的文治要求，因为这样的文治要求不会损害各势力的根本利益。在这样的文治要求下所展现的"元统之治"，亦不过是朝廷作了文治的一些表面文章而已。

(三) 臣僚的善政建议

在文治观念依然占主导地位的形势下，朝臣尤其是朝廷中的儒臣自然会提出善政的诉求，可列举一些有代表性的建议。

成吉思汗时的功臣木华黎的后人朵尔直班，元统元年任监察御史后，即上书就时政问题提出了弭灾变、祀宗庙、用正直、明赏罚、止盗贼五条建议。

> 其一曰太史言三月癸卯望月食既，四月戊午朔，日又食。皇上宜奋乾纲，修刑政，疏远邪佞，颛任忠良，庶可消弭灾变以为祯祥。二曰亲祀郊庙。三曰博选勋旧世臣之子，端谨正直之人，前后辅导，使嬉戏之事不接于目，俚俗之言不及于耳，则圣德日新矣。四曰枢机之臣固宜尊宠，然必赏罚公，则民心服。五曰弭安盗贼，振救饥民。

在河北和山东发生严重旱蝗灾难后，朵尔直班又在上书中提出了杜幸门、节财用、减佛事、汰冗官、均公田、铸铜钱、罢理财机构、停止经理土地、禁止官员取高丽女为妾九条建议。

> 一曰比日幸门渐启，刑罚渐差，无功者觊觎希赏，有罪者侥幸求免，恐刑政渐堕，纪纲渐紊，劳臣何以示劝，奸臣无所警惧。二曰天下之财皆出于民，民竭其力以佐公上而用犹不足，则嗟怨之气上干阴阳之和，水旱灾变所由生也。宜颛命中书省官二员督责户部详定减省，罢不急之工役，止无名之赏赐。三曰禁中常作佛事，权宜停止。四曰官府日增，选法愈敝，宜省冗员。五曰均公田。六曰铸钱币。七曰罢山东田赋总管府。八曰蠲河南自实田粮。九曰禁取姬妾于海外。①

---

① 《元史》卷139《朵尔直班传》。

朵尔直班两次上书提出的十四条建议,尽管有重复的地方,但是其主调是君主对大臣要有所节制,并明确指出了朝政的缺失,表明的恰是与主政大臣不同的坚守治道原则态度。

在元统元年的科举考试策问中,儒士亦对守成君主的应有作为提出了各种建议。[①] 如蒙古、色目人进士第一甲第一名的蒙古人同同,主要强调的是君主行仁政,不仅要注重正心守道的要求,还要特别注意法祖宗、明庶政、纳谏言、用贤能、崇节俭、隆教化、兴礼让、谨号令等方面的要求。

> 臣闻自古之有天下者,创业至难,守成尤难,何也?天将有以大奉而王天下,必先使之勤劳忧苦,涉险蹈阻,功加百姓,德泽及四海,然后授之大宝,以为天下之谊主。是故人之情伪,事之得失,稼穑之艰难,前代之兴废,靡不历览而周知。盖操心常危,而察理也精,虑思常深,而立法也详,故能平一四海,而无不致治者。守成之君兢兢业业,恪守先王之宪章,犹惧不治,况且深宫而登大位,习于宴安,不复知敬畏。贵为天子,富有四海,便佞日亲,师保日疏。声色、货利、游畋、土木,与夫珍禽异兽,所以惑志而溺心者,不可胜数,管仲所谓宴安鸩毒是也。苟非刚明而大有为者,讵不为其所动。其间间有足以有为之资,则其颂功德、称太平、奏丰年、献祥瑞者,投间抵隙,接踵于朝廷。于是志骄气盈,穷兵黩武,以祖宗之法为不足法,好大喜功,分更变异,至失厥位而堕厥宗者比比又如此。
>
> 臣闻治天下莫大于仁政,而仁政莫先于教养。……承悦慈极,尊任师傅,博求贤能,修明庶政,进敦笃,退浮华,谨访问,纳规谏,以天下之耳目为之视听,以天下之心志为之思虑。万国至广也,吾为天地以容之。万民至众也,吾为日月以照之。人之所欲者安也,吾为行仁政以安之。人之所欲者富也,吾为崇节俭以富之。人之所欲者寿也,吾为隆教化、兴礼让,使之驱善远罪以寿之。立经陈纪,不以小有故而沮挠;发号施令,不以小利钝而变更。次第而行之,强力以守之。念祖宗之勤劳,致王业

---

① 所涉及的各位进士名次,见《元统元年进士录》,《庙学典礼(外二种)》,第171—172、194、204页。

之不易，慎终如始，必其成功。心即祖宗之心，治即祖宗之治，将见功高大禹，德并文武，日新又新，同符成汤保天下之事备矣，持盈守成之道至矣。①

蒙古、色目人进士第一甲第三名的畏兀儿人寿同海牙，重点强调的是遵祖训和重贤臣的要求，并明确指出正君心和亲贤臣是本末之间的关系。

> 臣闻人君知创业之艰难，当知守成之不易。其守成之道莫不有先后本末焉，知其先后本末而力行之，则圣德光而天下治，礼仪行而刑罚措矣。自古明王之绍治天下也，未尝不以遵祖训为先，顺时宜为后之，正君心为本，亲贤臣为末。……盖不能遵祖训，正君心，是以自我作古，睎人之欲，放其本心，遗弃忠良，求治而愈乱，求安而反危，以至不能继承也。
> 臣闻善言天者必有征于人，善言古者必有验于今。夫春者，四时之首也；祖训者，万世之法也。春能体天生生之德，化生万物，四时之候，则当长养顺成之；祖宗之训尽善尽美，子孙则当尊奉持守之，此臣之所以愿陛下遵祖训也。春既王矣，物不可以终生，故夏以成之，秋以实之，冬以藏之。夫法久必弊，文在乎损益以就中，此臣之所以愿陛下顺时宜也。心者，身之主；人君者，天下之主。君心正，则天下正矣，此臣之所以愿陛下正圣心也。贤臣者，君之辅；善言者，德之辅，此臣所以愿陛下亲贤臣也。……世祖皇帝典章文宪具在方册，炳乎若日月之在天。学而行之，乾乾不息，天下治矣。其或法久而弊者，又愿陛下咨访大臣，以置乎无过不及之中。夫如是，可以继祖宗之盛，六五帝而四三王。②

汉人、南人进士第一甲第一名的李齐，强调的则是祖宗之心就是帝王之心，所以君主要以法祖之心正朝廷、正百官和正万民。

> 臣闻圣人之治本乎道，圣人之道本于心。古之圣人所以临亿兆

---

① 同同:《对策》,《全元文》第 56 册，第 260—264 页。
② 寿同海牙:《对策》,《全元文》第 59 册，第 344—346 页。

之上而成一代之治者,孰有加于此心哉。……臣以为祖宗之心即皇帝王之心,祖宗之道德即皇帝王之道德,陛下欲法帝王,惟法祖宗,法祖宗,则可以至天德,行皇道而皇,行帝道而帝,行王道而王,顾所行如何耳。

臣愚,惟愿陛下当春秋方富之时,人心望治之日,心祖宗之心,法祖宗之法,端一心以为出治之原,谨一心以为万化之本。而又辟奎章之阁,设经筵之官,俾万机之暇,接贤士大夫之时多,亲宦寺宫妾之时少。涵泳圣德,保泰圣躬。正心以正朝廷,正朝廷以正百官,正百官以正万民。由是而推之,则道可以配三皇,德可以迈五帝,功可以过三王,为天地立心,为生民立命,为万世开太平矣。①

汉人、南人进士第三甲的陈植,重点强调的则是君主要以正学来正心,而所谓的正学,就是理学家所阐释的心学。

夫皇而帝,帝而王,应时而立号,因时而制宜,此其治之不同也。然其所以出治之道,则未始以不一。一者何,心是也。故皇、帝、王有不同之治,无不同之道者,心而已矣。伏惟陛下讲求学术之要,慎察此心之微,则心即皇、帝、王之心,而道德之归有日矣。

臣愚,知今日且复元之元而春之春矣。盖天地有大气运而后有大混一,今之混一,旷古所无有,旷古所无之世,必有旷古所无之治。陛下神圣聪明,由乎天禀,有志师古而问及邵子之学,邵子之学先天下之学也,先天下之学,心学也,臣知陛下有志于正心之学矣。②

臣僚和儒士的善政建议,重点尽管有所不同,但是都希望新即位的皇帝能够成为一代明君。这样的要求,既是文治思想的合理发展,也是短暂的元统之治的一种重要表象。

---

① 李齐:《对策》,《全元文》第47册,第408—413页。
② 陈植:《策对》,《全元文》第39册,第247—249页。

三 伯颜的反文治观念

顺帝妥懽贴睦尔年少即位，并且被皇太后卜答失里视为过渡性的皇帝，只能表现出顺从的姿态，以求自保。有人曾向他建议："天下事重，宜委宰相决之，庶可责其成功；若躬自听断，则必负恶名。"这样的建议显然符合顺帝的愿望，他特别营造出了"深居宫中，每事无所专"的样态，为伯颜的专权提供了便利的条件，伯颜则肆无忌惮地展开了恶劣的政治表演。①

（一）清除异己

元统二年五月，中书省左丞相撒敦请求以唐其势代其为相，唐其势谢绝了这一安排。燕铁木儿家族成员的这种自我更换位置的行为，引起了中书省右丞相伯颜的警觉，他由此加紧了消灭与之对峙力量的步伐。一方面，为拉近与皇太后的关系，伯颜于元统二年十月筹划了为皇太后上尊号的仪式，并且派船只出海贸易，专为皇太后营利。另一方面，伯颜于元统三年三月唆使御史台官员上言："丞相已领军国重事，省、院、台官俱不得兼领各卫。"这一建议被采纳，使得燕铁木儿家族的撒敦和唐其势等人不再拥有掌管侍卫亲军的权力，而伯颜则能够将朝廷的侍卫亲军全部抓在自己手中。在做了这些准备之后，伯颜借撒敦去世的机会，于元统三年五月假惺惺地请求将中书省右丞相的位置让给唐其势，皇太后当然不会应允，只是任命唐其势为中书省左丞相。② 对于这样的安排，唐其势大为不满，明确表示："天下本我家天下也，伯颜何人而位居吾上。"唐其势等人密谋杀死伯颜，伯颜乃抢先动手，于元统三年六月以谋逆罪抓捕唐其势及其弟塔剌海，并由此涉及了顺帝的伯牙吾氏皇后，《元史》对这一事件有以下记载。

> 初，唐其势事败被擒，攀折殿槛不肯出。塔剌海走匿皇后坐下，后蔽之以衣，左右曳出斩之，血溅后衣。伯颜奏曰："岂有兄弟为逆而皇后党之者。"并执后。后呼帝曰："陛下救我。"帝曰："汝兄弟为逆，岂能相救邪。"乃迁皇后出宫，寻鸩之于开平民舍，

---

① 《元史》卷38《顺帝纪一》。
② 《元史》卷38《顺帝纪一》，卷138《伯颜传》。

遂簿录唐其势家。①

在危急时刻，顺帝不肯对伯牙吾氏皇后施以援手，一方面是慑于伯颜的淫威，另一方面也有对伯牙吾氏皇后的不满。顺帝先已纳高丽女子祁氏（名完者忽都）为妃，甚为宠爱。伯牙吾氏皇后身为权臣的女儿，"习于娇贵，又轻帝年幼，见帝宠祁氏，心不平之，日夜捶楚祁氏，几不胜。一夕，又跪祁氏于前，穷问其罪，加烙其体"。正是这样的恶劣行径，引来了顺帝的愤恨，并葬送了伯牙吾氏皇后的性命。②

唐其势等人被杀，撒敦弟答里聚集党羽起兵，但很快被伯颜派军镇压，并将答里等人处死。事定之后，在朝廷内部展开了清除燕铁木儿余党的行动，"罢燕铁木儿、唐其势举用之人"。元统三年七月，朝廷正式发出了平定叛逆的诏书，全文如下。

> 曩者文宗皇帝以燕铁木儿尝有劳伐，父子兄弟显列朝廷，而辄造事衅，出朕远方。文皇寻悟其妄，有旨传次于予。燕铁木儿贪利幼弱，复立朕弟懿璘质班，不幸崩殂。今丞相伯颜，追奉遗诏，迎朕于南，既至大都，燕铁木儿犹怀两端，迁延数月，天陨厥躬。伯颜等同辞翊戴，乃正宸极。后撒敦、答里、唐其势相袭用事，交通宗王晃火帖木儿，图危社稷，阿察赤亦尝与谋，赖伯颜等以次掩捕，明正其罪。元凶构难，贻我皇太后震惊，朕用兢惕。永惟皇太后后其所生之子，一以至公为心，亲掣大宝，畀予兄弟，迹其定策两朝，功德隆盛，近古罕比。虽尝奉上尊号，揆之朕心，犹为未尽，已命大臣特议加礼。伯颜为武宗捍御北边，翼戴文皇，兹又克清大憝，明饬国宪，爰赐答剌罕之号，至于子孙，世世永赖。可赦天下。③

按照这份诏书的说法，燕铁木儿及其家族成员都成了叛臣，伯颜则成了平定国难的大功臣。但是细纠此事，伯颜乃是所谓叛逆事件的真正导演者，他以激怒唐其势的方式，使其落入了早已布置好的圈套之中，

---

① 《元史》卷138《燕铁木儿传》。
② 《庚申外史》卷上，第3—4页。
③ 《元史》卷38《顺帝纪一》。

达到了一举而彻底消灭异己力量的目的。

（二）颠覆文治

作为平定叛逆的回报，伯颜于元统三年七月享有了独相的位置，不再立中书省左丞相，政治平衡的格局变成了伯颜全面专权的格局。

为了给专权贴上合理的标签，伯颜于元统三年十一月将年号改为至元年号，并借顺帝之口，表明了要实施忽必烈时的善政。

> 朕祗绍天明，入纂丕绪，于今三年，夙夜寅畏，罔敢怠荒。兹者年谷顺成，海宇清谧，朕方增修厥德，日以敬天恤民为务，属太史上言，星文示儆。将朕德菲薄，有所未逮欤？天心仁爱，俾予以治，有所告诫欤？弭灾有道，善政为先。更号纪年，实惟旧典。惟世祖皇帝，在位长久，天人协和，诸福咸至，祖述之志，良切朕怀。今特改元统三年仍为至元元年。遹尊成宪，诞布宽条，庶格祯祥，永绥景祚。赦天下。①

这样的表态不过是为了做做样子，伯颜所具有的是根深蒂固的反文治观念，所以在大权独揽后，陆续推出了八项颠覆文治的举措。

一是破坏礼制。后至元元年八月，在伯颜的倡议下，准备将皇太后册立为太皇太后，遭到中书省参知政事许有壬的反对。许有壬明确指出："皇上于皇太后，母子也，若加太皇太后，则为孙矣，非礼也。今制，封赠祖父母，降于父母一等，盖推恩之法，近重而远轻，今尊皇太后为太皇太后，是推而远之，乃反轻矣，岂所谓尊之者邪。"伯颜不听许有壬的意见，于当年九月举行了册立太皇太后的仪式，并在十二月给太皇太后上了新的尊号。②伯颜为了获得太皇太后的全力支持，经常出入太皇太后宫殿，太皇太后也常有丰厚的回报，如后至元四年，太皇太后曾特别命将作院官员"以紫绒、金线、翠毛、孔雀翎织一衣段，赐伯颜太师，其直计一千三百定，亦可谓之服妖矣"。由此，京城中有了"上把君欺，下把民虐，依着太皇太后"的传言流行，指的就是伯颜在

---

① 《元史》卷38《顺帝纪一》。
② 《元史》卷38《顺帝纪一》，卷114《后妃传一》，卷182《许有壬传》；杨瑀：《山居新话》卷1，四库全书本。

太皇太后支持下的擅政行为。①

二是废罢科举。后至元元年十月，监察御史吕思诚等三十人上书指中书省平章政事彻里帖木儿变乱朝政，伯颜包庇彻里帖木儿，不予处理，吕思诚等人全部去职。彻里帖木儿在江浙行省任职时，对于科举考试时的"驿请考官，供张甚盛"颇为记恨，明确提出了罢科举的动议。许有壬坚决反对废罢科举，于是在中书省内出现了伯颜与许有壬的以下对话。

> 伯颜："汝风台臣言彻里帖木儿邪？"
>
> 许有壬："太师以彻里帖木儿宣力之故，擢置中书。御史三十人不畏太师而听有壬，岂有壬权重于太师耶？"
>
> 许有壬："科举若罢，天下人才觖望。"
>
> 伯颜："举子多以赃败，又有假蒙古、色目名者。"
>
> 许有壬："科举未行之先，台中赃罚无算，岂尽出于举子？举子不可谓无过，较之于彼则少矣。"
>
> 伯颜："举子中可任用者唯参政（指许有壬）耳。"
>
> 许有壬："若张梦臣（张起岩）、马伯庸（马祖常）、丁文苑（丁哈八石）辈皆可任大事。又如欧阳元功（欧阳玄）之文章，岂易及邪？"
>
> 伯颜："科举虽罢，士之欲求美衣美食者，皆能自向学，岂有不至大官者邪？"
>
> 许有壬："所谓士者，初不以衣食为事，其事在治国、平天下耳。"
>
> 伯颜："今科举取人，实妨选法。"
>
> 许有壬："古人有言，立贤无方。科举取士，岂不愈于通事、知印等出身者。今通事等天下凡三千三百二十五名，岁余四百五十六人。玉典赤、太医、控鹤，皆入流品。又路吏及任子其途非一。今岁自四月至九月，白身补官受宣者七十二人，而科举一岁仅三十余人。太师试思之，科举于选法果相妨邪？"②

---

① 《庚申外史》卷上，第8页。
② 《元史》卷142《彻里帖木儿传》。

许有壬尽管澄清了他与吕思诚等人的弹劾彻里帖木儿无关,并且陈述了保留科举取士的理由,时任参议中书省事的铁木儿塔识等人也明确表示了保留科举的态度,但是难以改变伯颜的决定,因为伯颜早已向顺帝表达过反对学习儒学和反对科举的态度:"陛下有太子,休教读汉儿人书,汉儿人读书其间好生欺负人。往时我行有把马者,久不见,问之,云往应举未回,我不想科举都是这等人得了。"在伯颜等人的坚持下,后至元元年十一月正式颁发了罢废科举的诏书。科举取士是元朝中期以来的重要文治成果,罢废科举立即被视为反文治的代表性做法,引起了儒者的强烈不满。次年七月,礼部侍郎忽里台等人请求恢复科举,亦被伯颜所拒绝。①

三是废官员推选法。后至元元年十一月,伯颜请准"内外官悉循资铨注,今后无得保举,涩滞选法"。已经实行多年的推荐官员方法,由此而终止。为使官员循资升降有所依据,又于后至元四年五月新建了考功机制,"命佛家闾为考功郎中,乔林为考功员外郎,魏宗道为考功主事,考较天下郡县官属功过"②。这样的考较官员不过是走走形式,实则官吏大多靠贿赂升职。"自秦王伯颜专政,台宪官皆谐价而得,往往至数千缗。及其分巡,竟以事势相渔猎,而偿其直,如唐债帅之比。于是有司承风,上下贿赂,公行如市,荡然无复纪纲矣。肃政廉访司官所至州县,各带库子检钞秤银,殆同市道矣。"③

四是定严刑苛法。为了加强对臣民的控制,后至元二年八月颁布了从严处罚盗贼的诏令:"强盗皆死,盗牛马者劓,盗驴骡者黥额,再犯劓,盗羊豕者墨项,再犯黥,三犯劓;劓后再犯者死。盗诸物者,照其数估价。省、院、台、五府官三年一次审决,著为令。"当年十一月,又颁布了"禁弹弓、弩箭、袖箭"的禁令。④权奸最怕来自各方面的不满和对抗,所以要用严刑苛法来震慑臣民。

五是强化民族歧视。元朝实行四等人制,本来就有涉及民族歧视的规定,伯颜则变本加厉,于后至元三年四月明令"汉人、南人、高丽

---

① 《元史》卷38《顺帝纪一》,卷140《铁木儿塔识传》,卷182《许有壬传》;《庚申外史》卷上,第6页。
② 《元史》卷38《顺帝纪一》,卷39《顺帝纪二》。
③ 叶子奇:《草木子》卷4下《杂俎篇》,中华书局1997年重印版,第82页。
④ 《元史》卷39《顺帝纪二》。

人不得执持军器，凡有马者拘入官"。"诏省、院、台、部、宣慰司、廉访司及部府幕官之长，并用蒙古、色目人。禁汉人、南人不得习学蒙古、色目文字"。不许汉人、南人持兵器的禁令原来就有，但是过去从来没有过全部拘收汉人、南人马匹的做法，也从未禁止汉人、南人学习蒙古、色目文字。更为过分的是，伯颜还在后至元三年提出了尽杀张、王、刘、李、赵五姓汉人的建议，幸而未被顺帝所采纳。后至元五年四月，伯颜重申了汉人、南人、高丽人不得执军器、弓矢的禁令，以彰显其对汉人、南人的防范之意。①

六是增加课税。伯颜于后至元三年二月设立了船户提举司和采珠提举司，以增加课税的方法为自己谋利。"立船户提举司十处，提领二十处。定船户科差，船一千料之上者，岁纳钞六锭，以下递减。""中书参知政事纳麟等请立采珠提举司。先是，常立提举司，泰定间以其烦扰罢去，至是纳麟请复立之，且以采珠户四万赐伯颜。"② 以前朝廷设立尚书省，重用理财之臣，还是为皇帝敛财，伯颜则连这一点都做不到，赤裸裸地为自己敛财，充分显示了权奸的贪婪本色。

七是毁坏前朝玉玺。伯颜将太府监保存的历代王朝玉玺磨去玺文，改制成押字图书的印鉴或饰物等，分赐给其手下，只有武则天的玉玺因为尺寸太小，难作它用，才得以留存。③

八是滥杀宗王、大臣。后至元五年，伯颜构陷镇守北疆的郯王彻彻秃谋反，"奏赐死，帝未允，辄传旨行刑"。有人专门记录了这一事件的经过："丞相伯颜执国枋，忌王之贤。至元四年，王来朝，伯颜以子求婚而王不从，乃与从子婿知枢密院事者延不花谋构祸于王。明年，阴使人说昌王实蓝朵儿只，告郯王将为变。时王既奉藩和林，征下枢密院狱，鞠其家奴，无一验者。十二月，诏杀郯王光熙门外。"④ 还有人记下了当时人对伯颜滥杀的反映："太师伯颜擅权之日，郯王彻彻秃、高昌王帖木儿不花，皆以无罪杀。山东宪吏曹明善时在都下，作《岷江绿》二曲以风之，大书揭于五门之上。伯颜怒，令左右暗察得实，肖

---

① 《元史》卷39《顺帝纪二》，卷40《顺帝纪三》；《庚申外史》卷上，第7—8页。
② 《元史》卷39《顺帝纪二》。
③ 陶宗仪：《毁前朝玉玺》，《南村辍耕录》卷5，中华书局1997年重印本，第57页。
④ 《元史》卷138《伯颜传》；危素：《夏侯尚玄传》，《危学士全集》卷10，江西巡抚采进本（《全元文》第48册，第385—386页）。

形捕之。明善出避吴中一僧舍，居数年，伯颜事败，方再入京。其曲曰：长门柳丝千万缕，总是伤心处。行人折柔条，燕子衔芳絮，都不由凤城春做主。长门柳丝千万结，风起花如雪。离别重离别，攀折复攀折，苦无多，旧时枝叶也。"[1] 任翰林学士承旨的唐兀人亦怜真班，亦因为敢于直言而受到伯颜的迫害，"元统、至元之间，伯颜为丞相，专权擅政，嫉其论事不阿，出为江南行台御史大夫，寻杀其子答里麻，而谪置海南"[2]。伯颜制造这些冤案，完全是出于私怨，尤其是敢于向蒙古宗王下手，可见其已经到了毫无忌惮、为所欲为的地步。

伯颜专权带来的乱政，引起了社会的动荡，暴乱迭起成为顺帝后至元年间的重要政治表征。在边疆地区有广西徭民起义和西番边民起兵，在中原和江南地区见于记载的则有后至元三年正月的广州增城朱光卿起兵，二月的汝宁信阳州棒胡起兵，四月的合州大足县韩法师起兵，八月的"京畿盗起"，以及后至元四年六月的袁州周子旺起兵、漳州路李志甫起兵，后至元五年十一月的开封杞县范孟起兵等。这些起义或起兵虽然都被朝廷派军剿灭，但是已经显露出了天下不稳的先兆。

朝廷的乱政亦导致了谣言的蔓延，后至元三年夏季发生了"民间讹言朝廷拘刷童男、童女，一时嫁娶殆尽"的事件，有人专门记录了这一事件所造成的恶劣影响："后至元丁丑夏六月，民间谣言，朝廷将采童男女，以授鞑靼为奴婢，且俾父母护送，抵直北交割。故自中原至于江之南，府县村落，凡品官庶人家，但有男女十二三以上，便为婚嫁。六礼既无，片言即合。至于巨室，有不待车舆亲迎，辄徒步以往者，盖惴惴焉惟恐使命戾止，不可逃也。虽守土官吏，与夫鞑靼、色目之人亦如之，竟莫能晓，经十余日才息。自后有贵贱、贫富、长幼、妍丑匹配之不齐者，各生悔怨，或夫弃其妻，或妻憎其夫，或讼于官，或死于夭。此亦天下之大变，从古未之闻也。"[3] 乱政必会带来人心不稳，自然难免出现这样的乱象。

对于伯颜的专权尤其是反文治恶行，有人勇敢地提出了对抗性的意见。如后至元三年陕西行台监察御史瞻思上书提出了法祖宗、揽权纲、敦宗室、礼勋旧、惜名器、开言路、复科举、罢数军、一刑章、宽禁网

---

[1] 陶宗仪：《岷江绿》，《南村辍耕录》卷8，第103页。
[2] 《元史》卷145《亦怜真班传》。
[3] 《元史》卷39《顺帝纪二》；陶宗仪：《谣言》，《南村辍耕录》卷9，第112—113页。

十条建议，"时奸臣变乱成宪，帝方虚己以听，瞻思所言，皆一时群臣所不敢言者"。侍御史赵承庆为此特别发出了"御史言及此，天下福也"的感叹。① 其他人也对伯颜的恶行有隐晦的批评，见下面几章的叙述。但是需要注意的是，对于伯颜的反文治行为，反对声音是零散的，能像许有壬、瞻思一样的勇敢直言者并不多见，所以难以起到阻遏反文治逆流的作用。

（三）盛极而亡

伯颜把持朝廷的军政大权，气焰极盛，俨然凌驾于君主之上，将权臣政治发展到了极致。正如后人的记载所言："伯颜为中书右丞相，既诛唐其势，益无所忌，擅爵人，赦死罪，任邪佞，杀无辜，诸卫精兵收为己用，府库钱帛听其出纳。""伯颜自领诸卫精兵，以燕者不花为屏蔽，导从之盛，填溢街衢，而帝侧仪卫反落落如晨星。势焰熏灼，天下之人惟知有伯颜而已。""时天下贡赋多入于伯颜家，省、台、院官皆出其门下，每罢朝，皆拥之而退，朝廷为之空也。"② 伯颜还是个好名之人，不断为自己树碑加号，如后至元四年七月，"诏以伯颜有功，立生祠于涿州、汴梁"。后至元五年四月，"立伯颜南口、过街塔二碑"。当年十月，又以伯颜为大丞相，加元德、上辅功臣封号。③ 伯颜的官衔，已经达到了前所未有的地步，时人特别记录了其无耻的捞取名爵行径。

> 伯颜太师所署官衔曰："元德、上辅、广忠、宣义、正节、振武、佐运功臣，太师、开府仪同三司、秦王、答剌罕、中书右丞相、上柱国、录军国重事、监修国史，兼徽政院侍正，昭功万户府都总使，虎符威武阿速卫亲军都指挥使司达鲁花赤，忠翊侍卫亲军都指挥使，奎章阁大学士，领学士院、知经筵事、太史院、宣政院事，也可千户，合必赤千户达鲁花赤，宣忠斡罗思扈卫亲军都指挥使司达鲁花赤，提调回回、汉人司天监、群牧监、广惠司、内史府、左都威卫使司事，钦察亲军都指挥使司事，宫相都总管府，领太禧宗禋院，兼都典制神御殿事、中政院事，宣镇侍卫亲军都指挥

---

① 《元史》卷190《瞻思传》。
② 《元史》卷138《脱脱传》《伯颜传》；《庚申外史》卷上，第7页。
③ 《元史》卷39《顺帝纪二》，卷138《伯颜传》。

使司达鲁花赤，提调宗仁蒙古侍卫亲军都指挥使司事，提调哈剌赤也不干察儿，领隆祥使司事。"计二百四十六字，此系至元五年五月所署之衔也。①

至元朝秦王太师潜行不轨，欲要誉于天下，以私钱十万锭，济怯怜口站户之乏。庚申帝下诏曰："有臣如此，宜极褒嘉。"加以美称凡十四字。此又古之大臣所未有也，此又殆九锡之渐者乎。②

后至元间，伯颜太师擅权，谄佞者填门。略举其尤者三事，漫识于此，余者可知矣。有一王爵者驿奏云："薛禅二字，往日人皆可为名，自世祖皇帝尊号之后，遂不敢称。今伯颜太师功德隆重，可以与薛禅名字。"时御史大夫帖木儿不花，乃伯颜之心腹，每阴嗾省臣欲允其奏。近侍沙剌班学士从容言曰："万一曲从所请，大非所宜。"遂命欧阳学士（欧阳玄）、揭监丞（揭傒斯）会议，以"元德、上辅"代之，加于功臣号首。又典瑞院都事建言："凡省官提调军马者，必佩以虎符。今太师功高德重，难与诸人相同，宜造龙凤牌，以宠异之。"遂制龙凤牌三珠，以大答纳嵌之，饰以红剌鸦忽杂宝，牌身脱钑"元德上辅功臣"号字，嵌以白玉。时急无白玉，有司督责甚急，缉闻一解库中有典下白玉朝带，取而磨之。此牌计直数万定，事败毁之，即以其珠物给主，盖厥价尚未酬也。又京畿都运纳速剌言："太师功勋冠世，所授宣命，难与百官一体，合用金书，以尊荣之。"宛转数回，遂用金书"上天眷命皇帝圣旨"八字，余仍墨笔，以塞其望。③

伯颜的专权行为，不仅使顺帝极为不满，也使其族人有了可能被灭族的危机感。伯颜的侄子脱脱幼年时被伯颜养育，后师从于江南名士吴直方。在伯颜气焰极为嚣张之时，脱脱特别向其父马札儿台表示："伯父骄纵已甚，万一天子震怒，则吾族赤矣，曷若于未败图之。"要实施扳倒伯颜的举动，自然有极大的风险，不能不问计于吴直方，吴直方即

---

① 杨瑀：《山居新话》卷2。
② 叶子奇：《草木子》卷3下《杂制篇》，第59—60页。
③ 杨瑀：《山居新话》卷3。

明确指出:"《传》有之大义灭亲,大夫但知忠于国家耳,余复何顾焉。"脱脱听从了吴直方的建议,不仅与顺帝所亲信的世杰班、阿鲁、杨瑀等人密切交往,亦以大义灭亲、忘家殉国的表态获得了顺帝的信任。

脱脱等人原计划在后至元五年秋季发难,但是担心军事准备不足,不能一举拿下伯颜,不得不暂时隐忍不发。伯颜以开封杞县范孟起兵为借口,唆使御史台官员上书,称汉人不可为廉访使。吴直方告诉脱脱,以汉人为廉访使是不可废罢的祖宗法度,应直接向皇帝报告,脱脱即奏报顺帝,顺帝很快驳回了御史台的上书。伯颜知道此事与脱脱有关后,乃向顺帝怒言:"脱脱虽臣之子,其心专佑汉人,必当治之。"顺帝则明确表示:"此皆朕意,非脱脱罪也。"① 顺帝还反其道而行之,特别于后至元六年正月发出诏书,下令恢复了推选御史台官员的做法:"尝谓立法任人,乃为政之本,窃惟盛朝汲汲于求贤,孜孜而图治,然而立法虽已尽善,而守法者不能举行,欲人才进而治道隆难矣。今后凡遇保举德行才能可居风宪之人,监察御史并各道廉访司官所举之人,须要开写出身、历仕、行过,著明实迹,直言所长,结罪荐举。御史呈台司官,移牒总司,候承准剳付牒文,依例令蒙古、色目、汉人相参,覆察相同,然后申呈宪台,以备区用。"② 有了皇帝的保护和支持,伯颜一时难以对脱脱下手,但脱脱等人亦意识到形势紧迫,确定了待伯颜上朝时将其擒拿的行动方案,并加强了宫廷的防卫。此举引起伯颜的警觉,他也加强了自身的护卫力量。

后至元六年二月,伯颜携燕帖古思等人出京前往柳林春猎,脱脱等人抓住这一时机,调动京中的怯薛和侍卫亲军,关闭京城城门,拒伯颜于城外,并发出了罢黜伯颜的诏书。

> 朕践位以来,命伯颜为太师、秦王、中书大丞相,而伯颜不能安分,专权自恣,欺朕年幼,轻视太皇太后及朕弟燕帖古思,变乱祖宗成宪,虐害天下。加以极刑,允合舆论。朕念先朝之故,尚存

---

① 《元史》卷138《脱脱传》。
② 《保举官员蒙古、色目、汉人相参复察》,《南台备要》,《宪台通纪(外三种)》,第202—204页。

悯恤,今命伯颜出为河南行省左丞相。所有元领诸卫亲军并怯薛丹人等,诏书到时,即许散还。①

这份诏书,是由顺帝钦定的,有人专门记录了顺帝对诏文的改动,并以此来说明皇帝的聪明和智慧。

> 至元六年二月二十五日,上御玉德殿,命史臣榻前草诏,黜谪太师伯颜。诏文有云:"其各领所部,诏书到日,悉还本卫。"上曰:"自早至暮,皆一日也,可改日字作时字。"时伯颜以飞放为名,挟持皇太子在柳林,意将犯分。诏既成,遣中书平章只理瓦歹赍至彼处开读,奉皇太子归国,而各枝军马即时散去。盖一字之中,利害系焉。②

为防止伯颜以燕帖古思为人质,顺帝已经派人于夜间秘密接回了燕帖古思。脱脱则在大都城门上向伯颜派来的人宣布皇帝旨意:"诸道随从伯颜者并无罪,可即时解散,各还本卫,所罪者唯伯颜一人而已。"伯颜当时尚在柳林,其亲信建议:"拥兵入宫,问奸臣为谁,尚未晚也。"伯颜知道所统侍卫亲军的各卫军已经难以被自己所用,乃无可奈何地表示:"只为汝辈尝时与脱脱不和,至有今日,尚欲误我也。情知皇帝岂有杀我之心,皆脱脱贼子之所为也。"颁发圣旨的使者随即来到柳林,各卫军的将士皆散走,伯颜还想入京见皇帝,使者则明言:"皇帝有命,命丞相即时起行,无入辞。"伯颜不得不听命前往河南,不久又被迁往岭南安置,死于江西龙兴路的驿馆中。朝廷抄没伯颜的家产,"数月摒挡不尽"。有人特别题诗讥讽伯颜:"百千万锭犹嫌少,堆积金银北斗边。可惜太师无运智,不将些子到黄泉。"③

朝廷罢黜伯颜,还是有一定的风险,尤其是闭锁大都的城门,可能导致城中百姓的不满和骚动,所以杨瑀明确提出了稳粮价、安民心的建议,并特别录下了当时的情形。

---

① 《元史》卷40《顺帝纪三》。
② 陶宗仪:《圣聪》,《南村辍耕录》卷2,第20—21页。
③ 《元史》卷138《脱脱传》《伯颜传》;《庚申外史》卷上,第13—15、17—18页;陶宗仪:《讥伯颜太师》,《南村辍耕录》卷27,第341页。

瑀于至元六年二月十五日夜，御前以牙牌宣入玉德殿，亲奉纶音黜逐伯颜太师之事。瑀首以增粜官米为言，时在侧者，皆以为迂。瑀曰："城门上钥，明日不开，则米价涌贵，城中必先哄噪。抑且使百姓知圣主恤民之心，伯颜虐民之迹，恩怨判然，有何不可？"上允所奏，命世杰班殿中传旨于省臣，增米铺二十，钞到即粜。都城之人，莫不举手加额，以感圣德。①

伯颜的盛极而亡，成为当时的重大事件。正如有人所记："后至元间，太师秦王伯颜专权变法，谋为不轨，贬岭南，道江西，死于荐福寺，遂殡于是。有人以诗吊之曰：人臣位极更封王，欲逞聪明乱旧章。一死有谁为孝子，九泉无面见先王。辅秦应已如商鞅，辞汉终难及子房。虎视南人如草芥，天教遗臭在南荒。盖其在生，出令北人殴打南人不许还报，刷马欲又刷子女，天下骚动。"② 儒臣胡助则用长诗的形式，痛斥了伯颜的以反文治为基本特征的权奸行为，并强调其恰配得到的是遗臭百世的政治评价。

自从天历干戈起，四海一家如鼎沸。权奸簸弄贪天功，攀龙附凤皆倒置。海内苍生望太平，鼎湖仙驭俄上升。老虎未死人莫测，孰扶日毂迟迟行。大夫当时秉大义，手挈神器正天位。爱立作相隆委寄，太师秦王势益炽。朝廷大权既已归，斥贤用邪图己私。变乱法度施横政，卖官鬻狱谁敢非。王侯将相望尘拜，歌功颂德多丰碑。九重深拱方无为，天下万事由太师。起居玉食胜天上，生杀贵贱操主威。千兵万马常自卫，爪牙武士争光辉。龙虎大符擅天宠，振古权臣无若斯。天变民灾何足恤，神人怨怒宗社危。纲常万古不可绝，君臣之分不可越。近郊出猎果何谋，飞扬跋扈当车裂。一朝天子奋乾刚，下诏薄责流远方。太阳杲杲冰山摧，凶徒恶党潜逃藏。家财簿录不胜计，石崇元载犹毫芒。德音屡闻天下喜，治道复还旧典章。呜呼，太师权势如火灭，鼎覆餗兮车覆辙。作诗哀之戒后来，遗臭百世何为哉。③

---

① 杨瑀：《山居新话》卷2。
② 叶子奇：《草木子》卷4上《谈薮篇》，第73页。
③ 胡助：《哀太师》，《纯白斋类稿》卷6，四库全书本。

朝廷清除了权奸，也算是正气压倒邪气，使人欢欣鼓舞。理学学者李存特别在诗作中表示："权奸近已死龙兴，闽贼咸诛亦罢兵。"① 元朝后期的理学家吴师道更在诗作中明确指出，消灭权奸后，需要拨乱反正，使朝政重归文治的正轨："上圣方虚己，元台屡集凶。雷霆轰震怒，日月出溟蒙。一扫苛秦法，重恢大汉风。孔堂全简在，郿坞积金空。覆辙垂明鉴，更弦起隽功。戚休开一相，黜陟正群工。急务除民蠹，先宜择宪聪。"② 也就是说，终结伯颜的权臣政治，就是要扭转反文治的思想逆流，这在当时的儒者中显然已经达成了共识。

需要注意的是，燕铁木儿和伯颜主导的权臣政治，尽管在擅权方面表现出高度的一致性，但呈现的是两类不同的权臣观念。一类是"善权"观念，即将专擅的权力着力于善的方面，保持文治或善政的政治取向。在这样的观念下，紧握权力是为了个人或家族的私利，违背儒家的权力授受原则，但是权力的行为输出具有稳定文治或善政成果的为公和利国作用，按照儒家的治道学说，还能勉强归入"君子观念"的类别，燕铁木儿秉持的就是此类观念。另一类是"恶权"观念，即将专擅的权力着力于恶的方面，坚持的是反文治、反善政的政治立场。在这样的观念下，紧握权力完全是为了个人或家族的私利，权力的行为输出具有明显的恶政特征，所起的是蠹国、害国甚至乱国的恶劣作用。按照儒家的治道学说，此类观念不仅应归入"小人观念"的类别，还可以专称为"权奸观念"，伯颜表现出的就是这类观念。元朝以前就已经存在这两类权臣观念，燕铁木儿和伯颜不过是在元朝后期的特定时点再现了这两类观念，并且突出表现为伯颜对阿合马、桑哥、铁木迭儿"恶权"观念的继承和发展，其行为自然会遭遇儒者的强力反对，并留下历史的骂名。

第二节　更化政治观念

结束伯颜带来的权臣政治后，顺帝重用脱脱、太平等人，以"更始"或"更化"的政治观念，推动政治改良，将朝政扳回到了文治的轨道。朝政的变化亦使朝臣就如何维系文治或推行有效的良政措施，提

---

① 李存：《答饶心道所寄五首》，《俟庵集》卷11，四库全书本。
② 吴师道：《即事》，《吴礼部文集》卷6，四库全书本。

出了一些值得重视的观点。

一　与天下更始

伯颜之所以能够专权数年，是因为有太皇太后卜答失里的支持。顺帝要稳住帝位，只能下决心清除这一隐患，才能开启"与天下更始"的新政。

（一）讲究为君之道

顺帝虽然年幼即位，但是毕竟接受了较系统的儒学教育，对为君之道有所了解。他以畏吾儿人沙剌班学士为儒学教师，已经表现出了尊师重儒的风格。如时人所记，沙剌班"尝在上左右，一日，体少倦，遂于便殿之侧偃卧，因而就寐。上（顺帝）以籍坐方褥，国语所谓朵儿别真者，亲扶其首而枕之。后尝患疖额上，上于金钵中取佛手膏躬与贴之。上之隆师重道，可谓至矣尽矣"。顺帝还特别注意到了君主的节俭问题，"国朝日进御膳，例用五羊。而上自即位以来，日减一羊。以岁计之，为数多矣"①。即便是在装饰品的小事上，也能显示出顺帝倡导节俭的意愿。

> 太府少监阿鲁奏取金三两，为御靴刺花之用。上曰："不可，金岂可以为靴用者。"因再奏请易以银线裹金，上曰："亦不可，金银乃首饰也。今诸人所用何线？"阿鲁曰："用铜线。"上曰："可也。"②

顺帝也表现出了愿意纳谏的姿态。后至元元年二月，顺帝准备前往柳林狩猎，御史台官员上言："陛下春秋鼎盛，宜思文皇付托之重，致天下于隆平。况今赤县之民，供给繁劳，农务方兴，而驰骋冰雪之地，倘有衔橛之变，奈宗庙社稷何。"顺帝采纳御史台官员的建议，取消了此次狩猎活动。后至元三年正月，顺帝在柳林狩猎的时间长达三十五天，监察御史丑的、宋绍明上言指时间过长，顺帝不仅接受了他们的建议，还要对进谏者有所赏赐。丑的等人不要赏赐，顺帝即明确表示：

---

① 陶宗仪：《隆师重道》《减御膳》，《南村辍耕录》卷2，第20页。
② 杨瑀：《山居新话》卷1。

"昔魏征进谏,唐太宗未尝不赏,汝其受之。"① 脱脱也曾向顺帝进言:"古者帝王端居九重之上,日与大臣宿儒讲求治道,至于飞鹰走狗,非其事也。"对于这样的直谏,顺帝亦颇为赞赏。②

罢黜伯颜之后,监察御史乌古孙良桢明确提出了改弦更张、重视经筵的建议。

> 天历数年间纪纲大坏,元气伤夷。天佑圣明,入膺大统,而西宫秉政,奸臣弄权,畜憾十有余年。天威一怒,阴晦开明,以正大名,以章大孝,此诚兢兢业业祈天永命之秋,其术在乎敬身修德而已。今经筵多领以职事臣,数日一进讲,不逾数刻已罢,而执御小臣,恒侍左右,何益于盛德哉。臣愿招延儒臣若许衡者数人,置于禁密,常以唐、虞、三代之道,启沃宸衷,日新其德,实万世无疆之福也。

乌古孙良桢还要求改变"国俗父死则妻其从母,兄弟死则收其妻"的收继婚习俗,强调各族人都要按照符合儒家伦理纲常的礼制行事。

> 纲常皆出于天而不可变,议法之吏,乃言国人不拘此例,诸国人各从本俗。是汉、南人当守纲常,国人、诸国人不必守纲常也。名曰优之,实则陷之,外若尊之,内实侮之。推其本心,所以待国人者,不若汉、南人之厚也。请下礼官有司及右科进士在朝者会议,自天子至于庶人,皆从礼制,以成列圣未遑之典,明万世不易之道。

乌古孙良桢还特别强调,要想使御史台真正起到作新风宪的作用,必须纲目并举,"以举贤才为纲,而以厚风俗、均赋役、重审理、汰冗官、选守令、出奉使、均公田为目"③。

乌古孙良桢的这些建议尽管未被顺帝全盘接受,但至少可以对君主理解何为治道有一定的帮助。

---

① 《元史》卷38《顺帝纪一》,卷39《顺帝纪二》。
② 《元史》卷138《脱脱传》。
③ 《元史》卷187《乌古孙良桢传》。

需要注意的是，顺帝有重用理财之臣的强烈愿望，他曾对朝廷重臣铁木儿塔识说："王文统奇才也，朕恨不得如斯人者用之。"铁木儿塔识是理学根底深厚的儒臣，所以明确提出了反对意见："世祖有尧、舜之资，文统不以王道告君，而乃尚霸术，要近利，世祖之罪人也。使今有文统，正当远之，又何足取乎。"① 也就是说，要讲究"法祖宗"的为君之道，必须守住用正人、远奸佞的底线，这恰是儒臣对君主的最基本要求。

（二）放逐太皇太后

后至元六年六月，顺帝正式下发诏书，撤掉文宗在太庙中的牌位，将太皇太后卜答失里迁往东安州安置，并放逐燕帖古思于高丽，诏书全文如下。

> 昔我皇祖武宗皇帝升遐之后，祖母太皇太后惑于憸憸，俾皇考明宗皇帝出封云南。英宗遇害，正统寝偏，我皇考以武宗之嫡，逃居朔漠，宗王大臣同心翊戴，肇启大事，于时以地近，先迎文宗，暂总机务。继知天理人伦之攸当，假让位之名，以宝玺来上，皇考推诚不疑，即授以皇太子宝。文宗稔恶不悛，当躬迓之际，乃与其臣月鲁不花、也里牙、明里董阿等谋为不轨，使我皇考饮恨上宾。归而再御宸极，思欲自解于天下，乃谓夫何数日之间，宫车弗驾。海内闻之，靡不切齿。又私图传子，乃构邪言，嫁祸于八不沙皇后，谓朕非明宗之子，遂俾出居遐陬。祖宗大业，几于不继。内怀愧慊，则杀也里牙以杜口。上天不佑，随降殒罚。叔婶卜答失里，怙其势焰，不立明考之冢嗣，而立孺稚之弟懿璘质班，奄复不年，诸王大臣以贤以长，扶朕践位。国之大政，属不自遂者，讵能枚举。
>
> 每念治必本于尽孝，事莫先于正名，赖天之灵，权奸屏黜，尽孝正名，不容复缓。永惟鞠育罔极之恩，忍忘不共戴天之义。既往之罪，不可胜诛，其命太常撤去图贴睦儿在庙之主。卜答失里本朕之婶，乃阴构奸臣，弗体朕意，僭膺太皇太后之号，迹其闺门之祸，离间骨肉，罪恶尤重，揆之大义，削去鸿名，徙东安州安置。

---

① 《元史》卷140《铁木儿塔识传》。

燕帖古思昔虽幼冲，理难同处，朕终不陷于覆辙，专务残酷，惟放诸高丽，当时贼臣月鲁不花、也里牙已死，其以明里董阿等明正典刑。①

对于这份正式昭告文宗弑君罪名的诏书，需要澄清涉及帝位之争的五大疑点，因为这五大疑点关系到重要的政治评价问题。

第一个疑点是弑君的主谋应是文宗和燕铁木儿，为什么在诏书中对燕铁木儿只字不提，而是明确点出了月鲁不花、也里牙、明里董阿三位参与逆谋者的名字。明里董阿曾任河南行省参知政事之职，是燕铁木儿派去迎接文宗北上的使者之一。月鲁不花（又作玥璐不花）在文宗北上前任侍御史之职，文宗第一次即位后被任命为御史中丞。也里牙（又作野里牙）曾受封为秦国公，文宗即位后被任命为太医使，至顺元年六月以怨望、诅咒等罪名被处死。从这三个人的地位看，不过是弑君逆谋的执行者而已，尤其是明宗死于中毒，太医使也里牙难辞其咎，所以文宗和燕铁木儿必杀其灭口。明里董阿和月鲁不花则在文宗朝都被重用，顺帝发诏给文宗定罪时月鲁不花已死，所以追究罪责的结果只是于后至元六年九月将明里董阿处死。顺帝在诏书中不提燕铁木儿，是因为元统三年七月颁发的诏书已经将燕铁木儿定性为奸臣和叛臣，而平定燕铁木儿后人叛乱有功的恰是伯颜。隐去燕铁木儿的名字是为了便于给伯颜定罪，避免节外生枝，因为天下人都知道帮助文宗弑君的人就是燕铁木儿。

第二个疑点是文宗嫁祸八不沙皇后的说法是否完整。按照《元史》的记载，宁宗之母八不沙皇后死于至顺元年四月，而谋杀八不沙的是卜答失里和宦者拜住，杀死八不沙的理由是她主导了立明宗太子为皇帝的密谋。受这一事件牵连的有十几位重臣，"知枢密院事阔彻伯、脱脱木儿，通政使只儿哈郎，翰林学士承旨教化的、伯颜也不干，燕王宫相教化的、斡罗思，中政使尚家奴、秃乌台，右阿速卫指挥使那海察、拜住，以谋变有罪，并弃市，籍其家"②。也就是说，以谋变罪处死八不沙皇后等人，主谋者不仅是文宗一人，还应该加上当时的皇后卜答失里。

---

① 《元史》卷40《顺帝纪三》。
② 《元史》卷34《文宗纪五》，卷114《后妃传一》，卷138《燕铁木儿传》。

第三个疑点是顺帝非明宗之子的说法从何而来。顺帝非明宗之子的说法，最早见于文宗至顺二年："至顺元年四月辛丑，明宗后八不沙被谗遇害，遂徙帝（顺帝）于高丽，使居大青岛中，不与人接。阅一载，复诏天下，言明宗在朔漠之时，素谓非其己子，移于广西之静江。"①这样的说法，似乎来自顺帝乳母的丈夫："初，文宗在上都，将立其子阿剌忒纳答剌为皇太子，乃以妥懽贴睦尔太子乳母夫言，明宗在日，素谓太子非其子，黜之江南。驿召翰林学士承旨阿邻帖木儿、奎章阁大学士忽都鲁笃弥实书其事于《脱卜赤颜》，又召（虞）集使书诏，播告中外。时省台诸臣皆文宗素所信用、同功一体之人，御史亦不敢斥言其事，意在讽集速去而已。"②但是从其他记载可以看出，顺帝非明宗之子的说法恰是来自文宗本人。"尚书高保哥奏言，昔文宗制治天下，有曰我明宗在北之时，谓陛下（顺帝）素非其子。帝闻之大怒，立命撤去文宗神主于太庙，并问当时草诏者为何人，遂欲杀虞伯生集（虞集）、马雍古祖常（马祖常）。二人呈上文宗御批，且曰臣受敕记载，实不获已。脱脱在旁，因曰：彼皆负天下重名，后世只谓陛下杀此秀才。故舍之而不问。"③"文宗皇帝尝潜邸金陵，后入登大位，不四五年而崩。专尚文学，如虞伯生诸翰林，时蒙宠眷。一时文物之盛，君臣相得，当代无比。因有以今上皇帝非其子草诏，伯生几至祸，以意出内殿且自省免罪。"④也就是说，文宗为了把妥懽贴睦尔赶出京城，编造了其不是明宗之子的谎言，谁最先说出这样的谎言并不重要，重要的是顺帝已经认定了谎言的制造者就是文宗本人。至于后来又有人指妥懽贴睦尔为南宋皇帝赵㬎之子，⑤更是以讹传讹的荒诞说法，不值得采信。

第四个疑点是顺帝贬斥卜答失里，是不是为了报杀母之仇。按照当时流行的一种说法，顺帝的生母迈来迪是被卜答失里害死的："文宗后尝椎杀周王妃于烧羊火坑中，正今上（顺帝）太后也。"⑥"台臣奏曰：太皇太后非陛下母也，乃陛下婶母也，前尝推陛下母堕烧羊炉中以死，

---

① 《元史》卷38《顺帝纪一》。
② 《元史》卷181《虞集传》。
③ 《庚申外史》卷上，第16页。
④ 孔齐：《文宗皇帝》，《至正直记》卷1，粤雅堂丛书本。
⑤ 《庚申外史》卷上，第17页。
⑥ 孔齐：《周王妃》，《至正直记》卷1。

父母之仇，不共戴天，乃贬太后东安州安置。"① 这样的说法未必可信，因为按照《元史》的记载，迈来迪"生顺帝而崩"，后至元二年二月，"追尊帝生母迈来迪为贞裕徽圣皇后"②。如果顺帝与卜答失里有杀母之仇，必然会在诏书中明确指出卜答失里的罪责，并痛加处罚。之所以会出现文宗后杀周王妃的说法，应是卜答失里确实有谋杀八不沙皇后的举动，被野史和笔记作者错记为卜答失里所杀之人为迈来迪，并演义成了顺帝要报杀母之仇的说法。

第五个疑点是卜答失里的真正罪恶是什么。诏书中说卜答失里"离间骨肉，罪恶尤重"，可以有不同的理解。一种理解是卜答失里先以懿璘质班为帝，离间明宗二子之间的关系。另一种理解是离间顺帝与燕帖古思之间的关系。如前所述，卜答失里在顺帝即位时已经确定燕帖古思是未来的帝位继承人，并且只是将顺帝视为一个短期在位的过渡者。而在伯颜垮台后不久，卜答失里即被贬斥，真正的原因应该是当时人所说的"伯颜与太皇太后谋立燕帖古思而废帝"；"伯颜久蓄无将之心，一日记以打猎，领出兵次于外，谋归朝即行废主之事"。顺帝之所以下决心清除伯颜，就是要彻底消除废立的隐患，由此不仅要驱逐卜答失里，也要干掉可能的帝位继承人。废太皇太后的诏书六月发出，七月燕帖古思即死亡，而杀死他的就是朝廷派出的押送者。"放燕帖古思于高丽，未至，月怯察儿害之于中道"。"太子燕帖古思沈阳路安置，乃使云都赤月怯察儿押送沈阳。将至沈阳，太子忽心惊，知其将杀己矣，飞马渡河而走，月怯察儿追之，拉其腰而死。"③ 也就是说，卜答失里的真正罪恶是谋废立，但是还未及行动，所以只能在诏书中采用了比较模糊的说法，并为最终处置燕帖古思预埋了伏笔。

顺帝贬黜卜答失里母子的举动，在朝臣中有不同的看法，如监察御史崔敬就公开上书，要求朝廷召回卜答失里和燕帖古思。

> 文皇获不轨之愆，已撤庙祀；叔母有阶祸之罪，亦削鸿名。尽孝正名，斯亦足矣。惟念皇弟燕帖古思太子，年方在幼，罹此播迁，天理人情，有所不忍。明皇当上宾之日，太子在襁褓之间，尚

---

① 《庚申外史》卷上，第15页。
② 《元史》卷39《顺帝纪二》，卷114《后妃传一》。
③ 《庚申外史》卷上，第10、15—16页；长谷真逸：《农田余话》卷下，宝颜堂秘笈本。

未有知，义当矜悯。盖武宗视明、文二帝，皆亲子也，陛下与太子，皆嫡孙也。以武皇之心为心，则皆子孙，固无亲疏；以陛下之心为心，未免有彼此之论。臣请以世俗喻之：常人有百金之产，尚置义田，宗族困厄者，为之教养，不使失所。况皇上贵为天子，富有四海，子育黎元，当使一夫一妇无不得其所。今乃以同气之人，置之度外，适足贻笑边邦，取辱外国。况蛮夷之心，不可测度，倘生他变，关系非轻。兴言至此，良为寒心。臣愿杀身以赎太子之罪，望陛下遣近臣迎归太后、太子，以全母子之情，尽骨肉之义，天意回，人心悦，则宗社幸甚。①

顺帝发出诏书，就是要否定卜答失里确定的帝位继承原则，并彻底终止太皇太后支持下的权臣政治，当然不会采纳崔敬的意见，只会加速处置燕帖古思的步伐。

（三）政治更始的要求

后至元六年二月贬黜伯颜后，顺帝任命太保马札儿台为太师、中书省右丞相，太尉塔失海牙为太傅，知枢密院事塔马赤为太保，御史大夫脱脱为知枢密院事，汪家奴为中书省平章政事，岭北行省平章政事也先帖木儿为御史大夫。按照这样的安排，马札儿台取代伯颜成为独相，脱脱掌管枢密院，朝政基本掌控在马札儿台、脱脱父子手中。

权臣伯颜倒台之后，需要清除其带来的弊政，恢复文治的做法。后至元六年二月，正式下令废除各处船户提举司和广东采珠提举司。三月，为表明对经筵的重视，以知枢密院事脱脱、御史大夫别儿怯不花、知枢密院事牙不花知经筵事，中书参议阿鲁佛住兼经筵官。为体现对儒士的尊重，"诏赐江南行台御史中丞史惟良、御史中丞耿焕、山东廉访使张友谅、中书参知政事许有壬上尊、束帛"，并以治书侍御史铁木儿塔识为奎章阁大学士，翰林直学士揭傒斯为奎章阁供奉学士。七月，命翰林学士承旨腆哈、奎章阁学士巎巎等删修《大元通制》。十月，顺帝给明宗上了新的尊号，亲祀太庙，并特别在诏书中表达了"大礼既成，庸修庶政，用彰孝治，式慰群情"的愿望。马札儿台辞去中书省右丞相职务，顺帝以脱脱为中书省右丞相，宗正府札鲁花赤帖木儿不花为中

---

① 《元史》卷184《崔敬传》。

书省左丞相,恢复了双相的格局。"脱脱乃悉更伯颜旧政,复科举取士法,复行太庙四时祭,雪郯王彻彻秃之冤,召还宣让、威顺二王,使居旧藩,以阿鲁图正亲王之位,开马禁,减盐额,蠲负逋,又开经筵,遴选儒臣以劝讲,而脱脱实领经筵事,中外翕然称为贤相。"正式宣布恢复科举取士的时间是后至元六年十二月,还特别增加了在科举中优待国子生的规定:"国子监积分生员,三年一次,依科举例入会试,中者取一十八名。"①

需要说明的是,为郯王彻彻秃平反,是在夏侯尚玄、逯鲁曾等人的共同努力下才得以实现,可引录两段与之相关的记载。

> 明年(后至元六年)三月,诏黜伯颜,免为庶人。尚玄自江南来,首上书曰:"郯王守国北门,军民宴安十有九年,厥心罔不在朝廷。亲亲睦族,安远抚近,忠孝之心,神明所知,而乃诛勠其身,放逐其子嗣,键闭其室庐,籍入其府库。衔冤抱屈,上无由知。今知枢密院事脱脱尽心于国,以义灭亲,乞遣使致祭郯王,立庙祭享。"居亡何,又上书,以为郯王所统军四十八万,其将帅皆素所信任之亲,王设有他志,则尝与之谋议矣。而乃遣使于千里之外,与异姓之王而图之,此虽儿童知其必不然矣。况昌王者,郯王与之素有隙,其言岂可听也。书凡万余言,不报。已而复上书,号哭叩头,闻者莫不感动。执政乃皆叹曰:"古之义士也。"七月,诏天下,明郯王之非辜,遣使致祭,还其赀产,优礼其子孙。尚玄曰:"吾报主之志毕,可以行矣。"②

> (逯鲁曾)上言:"前伯颜专杀大臣,其党利其妻女,巧诬以罪。今大小官及诸人有罪,止坐其身,不得籍其妻女。郯王为伯颜构陷,妻女流离,当雪其无辜,给复子孙。"从之。除刑部员外郎,悉辨正横罹伯颜所诬者。③

---

① 《元史》卷40《顺帝纪三》,卷138《脱脱传》;王沂:《亲祀诏》,《伊滨集》卷13,四库全书本(《全元文》第60册,第40页)。
② 危素:《夏侯尚玄传》,《危学士全集》卷10(《全元文》第48册,第385—386页)。
③ 《元史》卷187《逯鲁曾传》。

在清除弊政的基础上，顺帝做出了改元的决定，并在至正元年正月的改元诏书中明确提出了政治更始的要求。

> 朕惟帝王之道，德莫大于克孝，治莫大于得贤。朕早历多难，入绍大统，仰思祖宗付托之重，战兢惕励，于兹八年。慨念皇考，久劳于外，甫即大命，四海觖望，夙夜追慕，不忘于怀。乃以至元六年十月初四日，奉玉册、玉宝，追上皇考曰顺天立道睿文智武大圣孝皇帝，被服衮冕，祼于太室，式展孝诚。十有一月六日，勉徇大礼庆成之请，御大明殿受群臣朝。
>
> 爰自去春，畴咨于众，以知枢密院事马札儿台为太师、右丞相，以正百官，以亲万民。寻即控辞，养疾私第，再三谕旨，勉令就位，自春徂秋，其请益固。朕悯其劳日久，察其至诚，不忍烦之以政，俾解机务，仍为太师。而知枢密院事脱脱，早岁辅朕，克著忠贞，乃命为中书右丞相；宗正札鲁忽赤帖木儿不花，尝历政府，嘉绩著闻，为中书左丞相，并录军国重事。夫三公论道，以辅予德，二相总政，以弼予治，其以至元七年为至正元年，与天下更始。①

顺帝发出的这一诏书，与儒臣许有壬的建议有密切关系。在要改至正年号时，许有壬曾经明确提出过"帝当亲祠太庙，母后虚位，徽政院当罢，改元、命相当合为一诏，冗职当沙汰，钱粮当裁节"的建议。② 而所谓的"与天下更始"，就是要去除权奸带来的恶政，以政治改良的方法来重塑朝廷的德政体系。

臣僚的贺表，亦表现出了对恢复科举取士的肯定，以及对政治更始的期盼。如秘书监的贺表所言："春秋大一统，群臣举元会之仪；闰月定四时，太史纪有年之庆。诸福毕集，万姓交欢。中贺恭己无为，纯一不已。崇儒重道，载兴取士之科；尊祖敬宗，聿严躬祀之典。天地位而万物育，极致中和。股肱良而庶事康，爰资谋断。缉熙圣学，而作之君师。率由旧章，而建用皇极。"③ 翰林国史院和国子监的贺表也表示：

---

① 《元史》卷40《顺帝纪三》。
② 《元史》卷182《许有壬传》。
③ 程益：《正旦贺表》，《秘书监志》卷8，高荣盛点校，浙江古籍出版社1992年版，第152页（《全元文》第52册，第11页）。

"献岁发春，新国家之泰运。对时育物，体天地之同仁。""中贺钦惟皇帝陛下德洽群生，道参元化。正祖宗之丕绪，崇礼乐之休风。鱼跃鸢飞，多士闿弘钧之造。凤仪兽舞，九功宣圣治之成。"① 理学家吴师道则强调："伏以乾始统天，毓圣协纯刚之月；泰元授策，发祥当至正之年。光被堪舆，祚绵宗社。恭惟宅心立事，绳武继文。复科目以宾兴，求贤致治；开经筵而典学，逊志务修。"②

与天下更始，还需要得到相应的政治理念支持，由此出现的三种说法，尤其值得注意。

第一种是政说。政说即为政之道的说明，曾任馆陶县尹的沈瑀，明确提出了施行宽政的政说要义。

> 夫为治之道，其要莫如省心，心省则事省，事省则民安。一或纷然，则上下胥罹其扰矣。然事有不能省者，又在乎区画提防之术何如耳。一役之兴，一宴之设，一讼之冤，一事之为，凡所施为，必思虑周详，斟酌繁略，则民受赐不浅。古云：宽民一分，则民受一分之赐。某尝为县被胥吏，春则追农以报农桑，夏则檄尉以练卒伍，秋则会社以检义粮，冬则赋刍以接畜马。其他若括逃户，若捕盗贼，若起夫饲递，若岁用科敛，事有百端，不贿不释，汇缘克落以养儿孙，此愚之甚者也。某见其然，审其可行者即行，不可行者挥牍不署，暇则将一二谨厚吏胥，亲诣其地按视之，可行者行，可止者止，惟以信义集事，吏人不敢妄为，百姓获安，旁邑取以为法。③

监察御史成遵亦于至正二年就为政之道提出了三方面的看法。一是力劝君主节欲，"言天子宜慎起居，节嗜欲，以保养圣躬，圣躬安则宗社安矣"。二是要注意监察机构存在的四大弊病，"一曰差遣台臣，越职问事；二曰左迁御史，杜塞言路；三曰御史不思尽言，循叙求进；四曰体覆廉访声迹不实，贤否混淆"。三是善治国家需要坚持四项基本原

---

① 陈旅：《翰林国史院元日表》《元日表（国子监）》，《安雅堂集》卷13，四库全书本（《全元文》第37册，第224—225页）。
② 吴师道：《贺圣节表》，《吴礼部文集》卷11（《全元文》第34册，第13页）。
③ 沈瑀：《政说》，《全元文》第59册，第276—277页。

则,"一曰法祖宗,二曰节财用,三曰抑奔竞,四曰明激劝"①。皇帝要与天下更始,政说所起的恰是明确治道方向的重要作用。

第二种是权说。权说是对权宜之变的说明,而不是对权力的说明,曾任吉水县州判的胡荣祖就此作了问答式的解释。

> 或问:"权之为说,汉儒解之于前,宋儒非之于后,不识权者果何物也?"愚曰:"权亦事之宜也。""然则,权与义同乎?"曰:"不同。""请闻其说。"曰:"有常之宜曰义,临时之宜曰权。"闻者未达,曰:"权之说如此,不有害于道乎?"曰:"否。孟子尝言之矣,权正为害道者设也。窃尝思之,盈天地之间,往者过,来者复,裁制万事,变通无穷者,惟其义而已。盖仁者义之爱也,智者义之辨也,礼者义之仪也,中者义之则也,信者义之实也。虽然人之情万殊,事之出万变,或爱有不可施,智有不可用,礼有不可执,中有不可定,信有不可必,是皆孟子所谓害道者也。圣人知其然,故曰:可与共学,未可与适道。可与适道,未可与立。可与立,未可与权。夫权者,圣人忧道之深谋处变之大用也。如可乎可,不可乎不可,此义也。或可之中有不可,而不可之中有可,此权也。权与义,无非道也。然君子之用心所当日进者学也,深造者道也,谨守者义也,不可预知者权也。愚故曰:有常之宜曰义,临时之宜曰权。"②

朝廷要与天下更始,可能需要不少权宜之计,所以理清权的含义有重要的意义。

第三种是弭灾说。弭灾说是对弭灾之道的说明,监察御史王思诚于至正二年提出了以下看法。

> 京畿去年秋不雨,冬无雪,方春首月蝗生,黄河水溢。盖不雨者,阳之亢,水涌者,阴之盛也。尝闻一妇衔冤,三年大旱,往岁伯颜专擅威福,仇杀不辜,郯王之狱,燕铁木儿宗党死者,不可胜数,非直一妇之冤而已,岂不感伤和气邪,宜雪其罪。敕有司行祷

---

① 《元史》卷186《成遵传》。
② 胡荣祖:《权说》,《全元文》第48册,第563—564页。

百神，陈牲币，祭河伯，发卒塞其缺，被灾之家，死者给葬具，庶几可以召阴阳之和，消水旱之变，此应天以实不以文也。①

以阴阳的说法阐释弭灾之道，尤其是强调平反冤狱，核心要求就是消除伯颜专权的倾向，对更始政治亦有重要的理论支持作用。

这些说法并未引起顺帝的重视，因为他依然秉持的是不亲理朝政原则，任由宰执处理具体政务，并由此带来了朝臣的不同作为。

二 至正更化呈现的文治观念

按照当时人的说法，去除伯颜的弊政，尤其是恢复科举，除了含有政治更始的意义外，更能体现政治改良的概念应是"朝廷更化"，即通过更化体现文治的进步。② 以至正元年（1341）为起点，至正十一年（1351）为终点，按照中书省右、左丞相的任职时间，朝廷的更化可以分为脱脱之政、阿鲁图之政、太平之政、脱脱再政四个时期，每个时期朝政所体现的是主政者的不同观念。

（一）脱脱的更始观

如前所述，脱脱、帖木儿不花任中书省右、左丞相的时间为后至元六年十月。至正三年十二月，以别儿怯不花取代帖木儿不花的中书省左丞相位置。至正四年五月，脱脱辞去中书省右丞相的职务。脱脱在主政的近四年时间中，重点是落实"与天下更始"的八项措施。

第一项措施是减赋税和礼高年。至正元年正月，下令免天下税粮五分。十二月，发出优待老人的诏书，规定"民年八十以上，蒙古人赐缯帛二表里，其余州县，旌以高年耆德之名，免其家杂役"。至正三年十月，又以郊祀礼成，诏大赦天下，"文官普减一资，武官升散官一等，蠲民间田租五分，赐高年帛"。郊祀减租的动议来自铁木儿塔识，他特别强调："大祀竣事，必有实惠及民，以当天心，乃赐民明年田租之半。"③

第二项措施是重农桑和节钱粮。为了满足各地劝课农桑的需要，特别于至正二年二月颁印《农桑辑要》于各地。至正三年六月，中书省

---

① 《元史》卷183《王思诚传》。
② 许有壬：《跋首科贴黄》，《至正集》卷72（《全元文》第38册，第161—162页）。
③ 《元史》卷40《顺帝纪三》，卷140《铁木儿塔识传》。

户部以国用不足，请撙节浮费。七月，户部又要求撙节钱粮。这样的建议，都引起了脱脱等人的重视。至正四年，有僧人以"郡县所苦，如坐地狱"为由，要求恢复僧司的设置，脱脱即以"若复僧司，何异地狱中复置地狱"的说法，驳回了僧人的建议。①

第三项措施是宽盐政。至正元年四月，"以两浙水灾，免岁办余盐三万引"。当年还特别发出了官员共商盐政的诏书："福建、山东俵卖食盐，病民为甚。行省、监察御史、廉访司拘该有司官，宜公同讲究。"至正二年十月，中书省右丞相脱脱、平章铁木儿塔识等上言："两浙食盐，害民为甚，江浙行省官、运司官屡以为言。拟合钦依世祖皇帝旧制，除近盐地十里之内，令民认买，革罢见设盐仓纲运，听从客商赴运司买引，就场支盐，许于行盐地方发卖，革去派散之弊。及设检校批验所四处，选任廉干之人，直隶运司，如遇客商载盐经过，依例秤盘，均平袋法，批验引目，运司官常行究体。又自至元十三年岁办盐课，额少价轻，今增至四十五万，额多价重，转运不行。今户部定拟，自至正三年为始，将两浙额盐量减一十万引，俟盐法流通，复还元额，散派食盐，拟合住罢。"这一建议被顺帝采纳，在杭州、嘉兴、绍兴、温州、台州等路专门设立了检校批验盐引所，并下令免除福建盐额三万引。②

第四项措施是严监察。至正元年，监察御史李稷建议："御史封事，须至御前开拆，以防壅蔽之患。言事官须优加擢用，以开谏诤之路。殿中侍御史、给事中、起居注，须任端人直士，书百司奏请，及帝所可否，月达省台，付史馆，以备纂修之实。"③ 这一建议引起主政者的重视，当年正月，即发出了规范监察机构官员奏事的诏书，诏书全文如下。

> 伯撒里大夫、古纳剌侍御、何治书、锁南班经历、史都事、蒙古必阇赤阿鲁威等奏：监察御史常泰等文书里说有，尝谓置官风纪，朝廷寄耳目之司，给印同文，柄用表威权之重。洪惟我世祖皇帝，肇建管制，中外立三台，分廉访司二十二道，欲其振扬风采，而肃清民俗也。然三台设御史七十有四人，各有印信，执法之象上应太微，政所以示职任之专，而临事得以自便也。夫何近年以来，

---

① 《元史》卷40《顺帝纪三》，卷41《顺帝纪四》，卷138《脱脱传》。
② 《元史》卷40《顺帝纪三》，卷97《食货志五》，卷140《铁木儿塔识传》。
③ 《元史》卷185《李稷传》。

或选非才,寝讹旧典,劾一官则众人共署,保一人则阖院同佥。议论之间,高下其事,一堂之内,自相矛盾。乖争陵犯,必吹毛求疵,并及其人。至于机事不密,则又互相纠弹,执罗诬罔,靡所不为,殊失朝廷建官之意,大伤风宪用人之公。卑职以谓,今后监察御史除分省出巡、守院得以同事外,凡弹劾、保举、建言及其余一切章疏,既各有印信,不许连衔并署,以昭体统之大,而著礼分之宜,以彰司宪之严,而增纪纲之气。若然,则登是职者彼此相规,人人自勉,庶几有以合朝廷初设置旧制,公道幸甚的说有。俺商量来,依着监察御史每说来的交行呵,怎生,奏呵。那般者,么道,圣旨了也,钦此。①

至正三年三月,又发出作新风宪的诏书,强调了十条规定。一是依制弹劾不法者,"在内之官有不法者,监察御史劾之;在外之官有不法者,行台监察御史劾之"。二是举荐贤能监察官员,"监察御史、廉访司官,举荐廉能官员可任风宪者,须具德望才能,施于有政,绩效昭著,惠利及民"。三是遍历巡查,"内外监察御史,今后守省体覆声迹,不过九月初旬,必须遍历,事毕方许回还"。四是巡历地方,"各道分司,以时巡历,所务咨询民庶利病,察举官吏贪廉。今后每岁须以八月中出巡,次年四月中还司,仍具出巡还司日期申台"。五是兴学劝农,"学校,育材之地;农桑,衣食之本;水利、水害,民政之先务也。有司官府不能举职,以致废弛。仰监察御史、肃政廉访司所至之处,勉励觉察,务臻成效,毋事虚文"。六是控制离职,"风宪官无故不得擅自离职"。七是纠察监察官员,"其风宪官吏,罪迹明白,并听纠察"。八是不得分外理事,"设官分职,各有攸司。御史台官、监察御史、肃政廉访司,肃清风化,辩理冤滞,体覆体察,建言纠劾,乃其职也。今后不许与各衙门追问公事,监捕盗贼"。九是改正冤屈,"曾经监察御史、廉访司纠问责断之人,不得挟仇撼拾,言告元问官吏。果有称冤事理,在内赴御史台、在外赴行台陈告,别行委官归问。实有冤抑,随时改正,元问官吏量事轻重究治"。十是遵循旧制,"其余风宪合行事理,并依世祖皇帝立御史台以来累降圣旨条画施行"②。

---

① 《监察御史不许连衔署事》,《南台备要》,《宪台通纪》(外三种)》,第205—206页。
② 《元史》卷41《顺帝纪四》;《作新风宪制》,《宪台通纪续集》,《宪台通纪(外三种)》,第113—115页。

第五项措施是重礼仪。至正三年九月对太庙进行修理，十月太庙修理完毕，奉安神主后，顺帝参加了告祭太庙的仪式。到宁宗的牌位时，顺帝问仪礼使："朕，宁宗兄也，当拜否？"太常博士刘闻答道："宁宗虽弟，其为帝时，陛下为之臣。春秋时，鲁闵公弟也，僖公兄也，闵公先为君，宗庙之祭，未闻僖公不拜。陛下当拜。"顺帝乃礼拜宁宗牌位，以示对礼仪的尊重。①

第六项措施是定六事。至正四年正月，"诏天下立常平仓。先是，以五事备取守令。至是，取守令以常平仓得法，凑成六事"。"定守令黜陟之法，六事备者升一等，四事备者减一资，三事备者平迁，六事俱不备者降一等。"②考核守令的标准由田野辟、户口增、赋役平、盗贼息、词讼简五事，增加常平仓得法成为六事后，有人专门编写了《六事备要》一书，并对如何实施这样的标准作了说明："国家重熙累洽，百度修举，独守令法迄为更张。皇上御天，尤轸宸虑，于是辟举之法，责成之训，优待之礼，无所不用其极矣。且今六事，根昔五事也。增农桑、学校、常平法、户口、田野，其有取陆宣公之议乎。农桑富之，而后学校教之。至于赋役，虞夏之不能免，则使之均而不滥。词讼，群居之不能已；盗贼，隆古之不能无；化之使息，上也，简之屏之，次也。夫然后水旱之系于天者不常，则为常平以赈之，为政之本末备矣。虽然，法则备矣，而有在于法之外者焉。《周官》曰：学古入官，议事以制，政乃不迷。叔向讥子产铸刑书，其有意乎。先王人法并任，任人为多。天下之大事，变无穷。人才之生，愚哲异适。非其人，视成规不能行，甚者堕易之。得其人，法虽未至，推而充之，为利百倍，况备若今日，其及人可胜计哉。"③也就是说，能否达到六事的要求，关键在于守令的选择是否得当。

第七项措施是重用人。在用人方面，许有壬特别对脱脱强调了礼贤下士的要求："窃惟涉巨川必待于丞徒，构大厦不遗于小木。是以公卿之论道，贵乎陪贰之得人，非藉真才，曷毗大政。苟有知非而求志，亦当行恕以包荒。恭惟右丞相阁下，大乎辅天，奇功盖世。负两间之重大，佩四海之安危。岂惟救弊于一时，盖欲跻隆于三代。奋庸实效，名

———
① 《元史》卷41《顺帝纪四》，卷183《李好文传》；《庚申外史》卷上，第25页。
② 《元史》卷41《顺帝纪四》；《庚申外史》卷上，第25页。
③ 许有壬：《六事备要序》，《至正集》卷35（《全元文》第38册，第130—131页）。

爵重而仓库充。报主诚心，天地知而鬼神佑。劳而不伐，谦以自卑。是犹海岳之高深，尚待涓埃之增益。为国家而下士，宁辞吐哺之劳，使山野之陈人复与在廷之列。"① 为了体现知人善用的原则，朝廷对严格选用吏职人员有了新的规定："至正二年六月，准御史台咨，中书省奏，内外诸衙门额设掾、译史、通事、知印、宣使、奏差，补用之法，内职官一半相参，具有成宪。比年以来，所司失于奉行，往往违例补用侵塞职官名数，岁积月增，官冗事弊，其于选法不无塞滞。俺商量来，今后内外诸衙门所设掾、译史、通事、知印、宣使、奏差，并依今次立定等第，职官一半相参。掾、令史相应文资流官内选取，译史选识会蒙古、畏吾儿文字语言，通事选精通译语，及知印并于流官内选取，宣使、奏差于蒙古、色目、汉人无粘带职官内依例相参取补。上项各色合用人数，须于任回有解由，已除未任，不系急阙并见任有注代职官内选，俱要历及一考。除宣慰司、廉访司依例减资，其余等衙门验应得资品升一等。不许就役升转，止除元任地方。有过并杂职不预。其初满类选换授人员，在内衙门不许取用，须要任回依例取补，违者当该首领官吏断罪。"② 恢复科举考试之后，为了扩大用人范围，监察御史成遵等人于至正三年三月上言："可用终场下第举人充学正、山长，国学生会试不中者，与终场举人同。"这一建议也被主政者所采纳。③

第八项措施是重经筵。至正元年，有人提出了罢废文宗所立奎章阁、艺文监的建议，儒臣康里人巙巙特别上言："民有千金之产，犹设家塾，延馆客，岂有堂堂天朝，富有四海，一学房乃不能容耶？"主政者采纳巙巙的意见，于当年六月将奎章阁改名为宣文阁，艺文监改名为崇文监。巙巙还明确指出："天下事在宰相当言，宰相不得言则台谏言之，台谏不敢言则经筵言之。备位经筵，得言人所不敢言于天子之前，志愿足矣。"重视经筵的建议亦被主政者所采纳，并由巙巙主掌其事，"诏选儒臣欧阳玄、李浩文、黄溍、许有壬等四人，五日一进讲，读五经、四书，写大字，操琴弹古调"。脱脱也表现出了对经筵的重视，他曾对顺帝进言："陛下临御以来，天下无事，宜留心圣学。颇闻左右多沮挠者，设使经史不足观，世祖岂以是教裕皇哉。"知经筵事的朵尔直

---

① 许有壬：《上右丞相启》，《至正集》卷70（《全元文》第38册，第64—65页）。
② 《掾、译史人等职官相参》，《南台备要》，《宪台通纪（外三种）》，第207—208页。
③ 《元史》卷41《顺帝纪四》。

班还特别为经筵编写了《治原通训》一书，分为《学本》《君道》《臣职》《国政》四卷，"明道、厚伦、制行、稽古、游艺五者，《学本》之目也。敬天、爱民、知人、纳谏、治内五者，《君道》之目也。宰辅、台察、守令、将帅、执御五者，《臣职》之目也。兴学、训农、理财、审刑、议兵五者，《国政》之目也"①。时人也记录了顺帝重视经筵的情况："今天子宽仁明睿，天性自然。践阼以来，务遵节俭，食菲而衣绨，台卑而囿小。不溺情于便嬖，不惑志于游畋，可谓有不世出之资矣。然犹痛念汉、唐失学之弊，慨然欲上追唐、虞、三代遐元之迹，荐开经筵，以访多士。自大丞相而下，及凡侍从宰执之有与于劝讲者，莫不毕趋禁近，俾得推演化原，以讲求其意，举六艺载籍之文，而绅绎其说。"②

对于朝廷的更始之政，隐士杜本曾在给脱脱的上书中指出："以万事合为一理，以万民合为一心，以千载合为一日，以四海合为一家，则可言制礼作乐，而跻五帝三王之盛矣。"③从脱脱落实的各种措施，可以看出他确实想解决吏弊、盐弊等方面的问题，并以此来推动朝政的改良。脱脱之所以于至正四年五月辞职，表面的原因是其身患疾病，并听信了术者"年月不利"的说法，实际原因是中书省左丞相别儿怯不花等人发起了对马札儿台、脱脱的攻击，使脱脱不得不以辞职来表明自己的清白。脱脱去职之后，别儿怯不花仍唆使御史台官员上告马札儿台、脱脱父子有谋反之心，御史大夫亦怜真班即明确表示："凡为相者，孰无闲退之日？况脱脱父子在官无大咎过，奈何迫之于险。"亦怜真班的建议未被采纳，马札儿台和脱脱后来都被贬出了京城。④朝廷的内斗，以及顺帝对脱脱的猜疑（马札儿台和脱脱毕竟是伯颜的亲族），显然是终止脱脱更始之政的主要原因。

（二）阿鲁图的文治观

脱脱辞职时，推荐功臣博尔术的后人阿鲁图为中书省右丞相。在任命阿鲁图的诏书中，顺帝特别对脱脱的"至治"成效给予了高度的

---

① 《元史》卷138《脱脱传》，卷139《朵尔直班传》，卷143《巎巎传》；《庚申外史》卷上，第20—21页。

② 戴良：《经筵录后序》，《九灵山房集》卷5，四库全书本（《全元文》第53册，第208—209页）。

③ 《元史》卷199《杜本传》。

④ 《元史》卷138《马札儿台传》《脱脱传》，卷145《亦怜真班传》。

肯定。

> 朕嗣纂鸿图，抚临方夏。爰立一相，统理万几。惟进退之虽殊，乃国体之攸系。开府仪同三司、上柱国、录军国重事、中书右丞相脱脱宣劳总治，于今五年，法度修明，海宇宁谧。朕方推心仰成，登于至治，而引疾恳辞政柄，勉喻不回。历陈父子之继承，备述君臣之际遇，体其诚至，良用恻然。载惟向者乃心王室，大义是崇。图任之初，再三避让，斯言在念，朕不汝忘。用嘉忠勤，宜从息偃，用兹抚徇，以表谦光。重惟政位不可以久虚，任人必惟乎旧德。知枢密院事、广平王阿鲁图资全忠孝，世济勋庸，怦幄周旋，朕所眷倚。今命为开府仪同三司、上柱国、录军国重事、监修国史、中书右丞相。凡中书一切机务，悉听总裁。敢有隔越奏请者，以违制论。于戏，化民成俗，所以崇礼让之风；论道经邦，所以专钧衡之任。体予至意，祗服宠章。①

阿鲁图于至正四年五月被任以中书省右丞相之职，至正六年十二月辞职，在两年半的时间内，实施了与文治有密切关系的三件大事。

第一件大事是完成辽、金、宋三史的修撰，使之成为元朝后期文治的重要业绩，详情见下节。

第二件大事是展开大规模的奉使宣抚行动。至正五年十月，在阿鲁图的推动下，顺帝发出了奉使宣抚巡行天下的诏书，全文如下。

> 朕自践祚以来，至今十有余年，托身亿兆之上，端居九重之中，耳目所及，岂能周知。故虽夙夜忧勤，觊安黎庶，而和气未臻，灾眚时作，声教未洽，风俗未淳，吏弊未袪，民瘼滋甚。岂承宣之寄，纠劾之司，奉行有所未至欤？若稽先朝成宪，遣官分道奉使宣抚，布朕德意，询民疾苦，疏涤冤滞，蠲除烦苛，体察官吏贤否，明加黜陟，有罪者，四品以上停职申请，五品以下就便处决。民间一切兴利除害之事，悉听举行。②

---

① 王沂：《阿鲁图为右丞相诏》，《伊滨集》卷13（《全元文》第60册，第40—41页）。
② 《元史》卷41《顺帝纪四》。

此次奉使宣抚，分为十二道：（1）江西行省左丞忽都不丁、吏部尚书何执礼巡两浙江东道。（2）前云南行省右丞散散、将作院使王士弘巡江西福建道。（3）大都路达鲁花赤拔实、江浙行省参知政事秦从德巡江南湖广道。（4）吏部尚书定僧、宣政院佥院魏景道巡河南江北道。（5）资政院使蛮子、兵部尚书李献巡燕南山东道。（6）兵部尚书不花、枢密院判官靳义巡河东陕西道。（7）宣政院同知伯家奴、宣徽院佥院王也速迭儿巡山北辽东道。（8）荆湖北道宣慰使阿乞剌、两淮运使杜德远巡云南省。（9）上都留守阿牙赤、陕西行省左丞王绅巡甘肃永昌道。（10）大都留守答尔麻失里、河南行省参知政事王守诚巡四川省。（11）前御史台西台中丞定定、集贤侍讲学士苏天爵巡京畿道。（12）平江路达鲁花赤左答纳失里、都水监贾惟贞巡海北海南广东道。

如此大规模的奉使宣抚，由于"诸道奉使，皆与台宪互相掩蔽"，"朝廷遣官奉使宣抚诸道，问民疾苦，然而政绩昭著者十不二三"，所以成效不大。稍有一点成绩的是京畿道奉使宣抚定定、苏天爵，不仅揭露了御史撒八儿等人的罪状，还能够"究民所疾苦，察吏之奸贪，其兴除者七百八十有三事，其纠劾者九百四十有九人"。四川省奉使宣抚王守诚不仅平反了不少冤案，还特别提出了解决四川官员俸禄问题的建议："仕于蜀者，地僻路遥，俸给之薄，何以自养。请以户绝及屯田之荒者，召人耕种，收其入以增禄秩。"①

需要说明的是，此次奉使宣抚与整顿监察机构的行动几乎同时展开。至正五年七月以也先帖木儿、铁木儿塔识并为御史大夫，并下诏作新风纪。铁木儿塔识特别上书指出："近岁大臣获罪，重者族灭，轻者籍其妻孥。祖宗圣训，父子罪不相及，请除之。"这一建议被主政者所采纳，并在作新风纪的诏书内明确规定："内外大小官吏若犯贪污、不公不法等事，其父兄子孙弟侄，事不相干、罪不相及者，不许因而一概纠劾。"至正六年，有监察御史上书弹劾别儿怯不花，别儿怯不花怪罪御史台，将御史大夫亦怜真班贬为江浙行省平章政事，引起了台臣以辞职表示抗议的风波，所显示的恰是所谓作新风纪，也不过是走走形式而已。②

---

① 《元史》卷41《顺帝纪四》，卷183《苏天爵传》《王守诚传》。
② 《元史》卷41《顺帝纪四》，卷139《朵尔直班传》，卷140《铁木儿塔识传》；《作新风宪制》，《宪台通纪续集》，《宪台通纪（外三种）》，第121—123页。

在大规模的奉使宣抚和作新风纪后，有人专门拦驾上书，指出奉使宣抚存在严重的问题，上书的全文如下。

江西布衣书生黄如征，百拜上书皇帝陛下。如征忝生僻土，遭遇明时，用竭愚衷，冒干天听，伏望采览万一焉。夫皇朝版图之广，历古所无。法制之良，万世莫易。而水旱灾变连年不息者，实由官皆污滥，民悉怨咨之所致也。钦惟陛下忧民之心，日夕孜孜，遂于去年冬，分遣大臣奉使宣抚诸道，正欲其察政事之臧否，问生民之疾苦，礼贤德，振贫乏，信冤抑，起淹滞，俾所至之处如陛下亲临焉。苟能宣布圣泽，各尽乃职，则雍熙泰和之治，正在今日。然江西、福建一道，地处蛮方，去京师万里外，传闻奉使之来，皆若大旱之望云霓，赤子之仰慈母。而散散、王士宏等，不体圣天子抚绥元元之意，鹰扬虎噬，雷厉风飞，声色以淫吾中，贿赂以缄吾口。上下交征，公私朘剥，赃吏贪婪而不问，良民涂炭而罔知。闾阎失望，田里寒心，乃歌曰："九重丹诏颁恩至，万两黄金奉使回。"又歌曰："奉使来时，惊天动地。奉使去时，乌天黑地。官吏都欢天喜地，百姓却啼天哭地。"又歌曰："官吏黑漆皮灯笼，奉使来时添一重。"如此怨谣，未能枚举，皆百姓不平之气郁结于怀而发诸声者然也。此盖庙堂遴选非人，使生民感陛下忧恤之虚恩，受奉使掊剥之实祸。陛下于此而不察，将何以取法于后世哉。如征，无官守，无言责，所以不惮江河之险，不畏斧钺之诛，而诣阙以陈其事者，正恐散散、王士宏等回觐之日，各饰巧言，妄称官清民泰，欺诈百端，昏蔽主听。陛下不悟，为奸邪所卖，擢任省、台，恣行威福，流毒四海，则江西、福建一道之痛苦，与天下共之。以此而望阴阳和、风雨时、年岁登、边隅静，不亦难乎。倘陛下不弃刍荛之言，委官察其实迹，责以欺天罔民之罪，投诸遐荒，雪江西、福建一道之痛苦，以为百官劝，则天下幸甚，万世幸甚。如陛下以为诽谤大臣，置而不问，非惟今日祸起萧墙，抑且天下万世之不幸矣。如征鄙语俗言，不知避讳，触犯清跸，罪在不赦，请伏锧以俟命。

顺帝对黄如征的上书颇加赞赏，不仅要求保护黄如征，还授予他江西儒学提举之职,但是并未处罚散散、王士宏等人,显示顺帝并未认真看待奉使宣抚的作用。①

第三件大事是完成《至正条格》的编撰。后至元四年三月开始编撰的《至正条格》,至正五年十一月完成,至正六年四月正式颁布《至正条格》于天下,成为元朝后期立法的重要成果,有人详细记录了该条格的编撰情况。

> 至元四年戊寅(1338年)三月二十六日,中书省臣言《大元通制》为书,缵集于延祐之乙卯(1315年),颁行于至治之癸亥(1323年),距今二十余年。朝廷续降诏条,法司续议格例,岁月既久,简牍滋繁,因革靡常,前后衡决,有司无所质正,往复稽留,奸吏舞文。台臣屡以为言,请择老臣耆旧、文学法理之臣,重新删定为宜。上乃敕中书专官典治其事,遴选枢府、宪台、大宗正、翰林、集贤等官明章程、习典故者,遍阅故府所藏新旧条格,杂议而圜听之,参酌比校,增损去存,务当其可。书成,为制诏百有五十,条格千七百,断例千五十有九。至正五年冬十一月十有四日,右丞相阿鲁图、左丞相别儿怯不花、平章政事铁木儿塔识、龚卜班、纳麟、伯颜,右丞相搠思监,参知政事朵儿直班等入奏,请赐其名曰《至正条格》,上曰:"可。"既而群臣复议曰:"制诏,国之典常,尊而阁之,礼也。昔者《周官》,正月之吉,始和太宰而下各以政教治刑之法,悬之象魏,挟日而敛之,示不敢亵也。条格、断例,有司奉行之事也。甫刑云:明启刑书,胥占其所,从来远矣。我元以忠质治天下,宽厚得民心,简易定国政,临事制宜,晋叔向所谓古人议事以制之意,斯谓得之。请以制诏三本,一置宣文阁,以备圣览;一留中书,藏国史院。条格、断例,申命锓梓示万方。"上是其议。②

需要说明的是,朝廷正式颁布的《至正条格》只有条格和断例,没有制诏,是因为朵尔直班明确指出该书如果包含前朝皇帝的制诏,就

---

① 陶宗仪:《拦驾上书》,《南村辍耕录》卷19,第228—230页。
② 欧阳玄:《至正条格序》,《圭斋文集》卷7,四库全书本(《全元文》第34册,第427—428页)。

不能称为《至正条格》。他还反对以条格作为书名，理由是条格仅为律的一个门类。主政者不愿意更改书名，只能是在正式刊行时去掉了制诏的内容。①

阿鲁图具有粗浅的文治观念，所以特别反感别儿怯不花等人构陷大臣的行为，曾明确表示："我等岂能久居相位，当亦有退休之日，人将谓我何？"他也注意到了善用人才的问题。在商定刑部尚书人选时，有人称"此人柔软，非刑部所可用"，阿鲁图即明言："庙堂即今选侩子耶？若选侩子，须选强壮人。尚书欲其详谳刑牍耳，若不枉人，不坏法，即是好刑官，何必求强壮人耶。"至正六年，别儿怯不花唆使御史台官员弹劾阿鲁图，指其不宜居相位，阿鲁图避于城外，不屑于自辩，并明确表示："我博尔术世裔，岂丞相为难得耶，但帝命我不敢辞。今御史劾我，我宜即去。盖御史台乃世祖所设置，我若与御史抗，即与世祖抗矣。"② 应该承认，阿鲁图作为功臣后裔，对朝政并不熟悉，所以他只能是作一些文治的表面文章，并最终选择了以不贪恋相位的态度，自动终结了主政的行为。

（三）太平的善政观

阿鲁图去职之后，至正七年正月以别儿怯不花为中书省右丞相，但当月别儿怯不花即辞职。相位空缺两个多月，四月才又以别儿怯不花为中书省右丞相，铁木儿塔识为中书省左丞相。九月，铁木儿塔识去世，以功臣木华黎的后人朵儿只为中书省左丞相。别儿怯不花被御史台官员弹劾，不久即去职。十二月，以朵儿只为中书省右丞相，上都留守贺胜的后人贺惟一（御赐蒙古姓，名太平）为中书省左丞相。至正九年七月，为给脱脱腾出相位，朵儿只、太平同时去职。

朵而只曾明确表示："臣藉先臣之荫，蚤袭位国王，昧于国家之理，今备位宰相，非得太平不足与共事。"由此才有了以太平为左丞相的任命。按照朝廷的定制，汉人不能任中书省右丞相，朵儿只认为自己领右丞相虚衔即可，政务全由太平处理，"一时政权颇出于太平"，所以这一时段的朝政实则为太平之政。太平主政的特点是推行善政，"太平请僧道有妻子者勒为民以减蠹耗，给校官俸以防虚冒，请赐经筵讲官坐以崇圣学，立行都水监以治黄河，举隐士完者笃、执礼哈郎、董立、

---

① 《元史》卷139《朵尔直班传》。
② 《元史》卷139《阿鲁图传》。

张枢、李孝光"。"朝廷无事，稽古礼文之事，有坠必举；请赐经筵讲官坐，以崇圣学；选清望官专典陈言，以求治道；核守令六事，沙汰僧尼，举隐逸士"。① 也就是说，太平作为朝廷中位置最高的汉人儒臣，重点推出的是汰僧道、崇儒学、重经筵、举隐士、选守令、正台宪、兴水利等善政措施，并由此显示了他确实具有较系统的善政观念。对于后三项善政措施，可依据当时的一些重要规定作进一步的说明。

在选守令方面，至正五年十二月曾下诏制定荐举守令法。至正七年十二月，以连年水旱，民多失业，选台阁名臣二十六人出为郡守县令，"仍许民间利害实封呈省"。至正八年四月，正式下达了荐举守令的诏书，规定"京官三品以上，岁举守令一人，守令到任三月，亦举一人自代。其玉典赤、拱卫百户，不得授县达鲁花赤，止授佐贰，久著廉能则用之"。同时还要求"守令选立社长，专一劝课农桑"。按照当时人的记载，被选中的守令，都要"陛辞"后才能上任，这是以前未曾有过的新做法："命天下郡守各选其人，凡其人之官，皆陛辞听旨，谕之曰：汝守令之职，如牧羊然。饥也，与之草；渴也，与之水。饥饱劳逸，无失其时，则羊蕃息矣。汝为我牧此民，毋使之失所，而有饥渴之患，则为良牧守矣。时上方有励精图治之意，凡人选转某人为某官，必问曰：此人以前行过事迹，果然一一皆善否，为我悉陈之可也。"②

在正台宪方面，至正七年七月，顺帝在作新风宪的诏书中强调："惟我世祖皇帝，继天立极，迈德庇人，致俗化于和平，拯生民于涂炭。立中书省总理庶务，建御史台纠按百司，犹股肱耳目之相资，规矩准绳之相正。列圣世守垂九十年，功存于人，泽流于后。肆予小子，获缵鸿基，念祖宗创业之艰难，思古今守成之不易，惧德弗嗣，罔敢怠荒。然以长于深宫之中，暗于经国之务，弗精委任，遽堕纪纲。系狱之囚，冤抑莫释；在位之士，奸恶犹存。耕桑废于田庐，风俗趋于浇薄。重以和平未洽，灾沴荐臻，水旱连年，盗贼时起。富民被掠，农人阻饥。得非股肱失于维持，无乃风纪怠于纠察。""振举台纲，澄清天下，同心协力，弼成治功。期于贤才登庸，奸恶屏息，风俗淳厚，中外治安。"该诏书还列出了鼓励上言、考核实迹、纠正失误、慎选台官、申理冤滞、善待囚徒、兴学劝农、尚德求贤、维护常平仓、申报灾情盗

---

① 《元史》卷139《朵尔只传》、卷140《太平传》。
② 《元史》卷41《顺帝纪四》；《庚申外史》卷上，第29页。

第十四章 从"更化"走向"救亡" 51

情、不得差占弓手、不得滥报军功、不得滥行和雇和买、不得以职田扰民、不得泛滥给驿、不得滥补吏员、不得向新入职者要见面钱、被弹劾者不得重新入职、不得追问原告、遵守旧制二十条作新风宪的措施。①至正八年五月,监察御史脱火赤等人指出:"比年以来,水旱相仍,官府失治,盗贼蜂起,民物凋耗。本官职司风宪,分治一方,不能遵守成宪,依期遍历,以惩官邪,以究民隐。顾乃倦于勤劳,安于怠惰,先期一月之前,无故违例还司,合行公事尚未结绝,声迹略无所闻。据此,行为有乖宪体,拟合奏代。"朝廷由此特别下诏,要求御史台对于监察官员不能按期巡视地方的行为加以全面的整治。②

在兴水利方面,至正七年十一月,因黄河决口,命工部尚书迷儿马哈谟巡视金堤。至正八年二月,"诏济宁郓城立行都水监,以贾鲁为都水"。至正九年正月,"立山东河南等处行都水监,专治河患"③。至正九年还专门发出了修治陂塘的诏书,所要强调的就是"农田之有水利,犹人之有血脉。血脉不畅则人病,水利不通则田病。惟不病农,而后不病田";以及"然塘不蓄则泄,陂不修则坏,塘泄虽欲不病农,不可得也。及农隙而修治之,非守与令责欤"④。

太平主政,还有善于用人和能够听取意见的特点。"平生好访问人材,不问南北,必记录于册,至是多进用之。"至正七年,京城寒冷,太平不仅赐给乞丐皮服,还要清点"在官所藏皮服",全部赐给贫民。右司都事归旸上言:"宰相当以广济天下为心,皮服能几何,而欲给之邪。莫若录寒饥者,稍赈之耳。"太平乃听取归旸的意见,改变了救民的方法。⑤

朝内的善政措施,对地方会带来一定的影响,出现了一些善政作为。如至正七年(丁亥年)到八年(戊子年),杨大举在东莞推行均赋役的做法,时人记录了他的作为。

    夫所贵于为政者,以其规模之先定也。盖天下之事,始之不

---

① 《作新风宪制》,《宪台通纪续集》,《宪台通纪(外三种)》,第133—138页。
② 《分巡违期》,《南台备要》,《宪台通纪(外三种)》,第209—210页。
③ 《元史》卷41《顺帝纪四》,卷42《顺帝纪五》。
④ 《至正九年修陂塘诏》,《全元文》第55册,第55—56页。
⑤ 《元史》卷140《太平传》,卷186《归旸传》。

立，其卒不能以成，或始之欲立，而卒之于无成焉，则其所规模者亦苟焉而已矣。

岭海版图归王府余七十年，东莞隶会府，号壮县，生齿日多，田里日辟，租赋日繁，上下相蒙，各私其利，籍去而税不于其田，赂行而役不于其税，错乱纷纭，茫不可诘。凡任催科之责者，惟以苟且应命为能，岂惟私欲掣肘，亦其才力然耳。噫，其始不立，其卒不成，官政紊而民力窘，毋怪也。

至正丁亥十二月，杨公奉议来莅兹邑，廉以律己，勤以出政，不以远近敝彝其民，惟日孜孜思尽厥职，未半载，政通人和，颂声以作。先是，台宪建议，凡州县之税，在输粮之籍者，俾其役得相义。议诚以比间闾族党物力，悉虚实相形，不容独有侥幸者也。法美矣，而前政未有能举行之者。公阅胅懨然曰："此非令之责乎。"乃考图籍，计乡都，定税亩，审高下，核虚实，复询之于众，以广闻见。邑之版为里者六，地有广狭，税有多寡，小缀于大，贫系于富，年之远近，役之先后，必使有以相当，如鳞次，如栉比，其终而复始也，如循环然。昼帘夜籥，手自较阅，方将登其目于籍，以上于府，若宪若闻，俾后人守为悠久不刊之规。噫，盛矣哉。公之心，勤矣哉。公之政，岂急于一切、成于仓促者之所办哉。不立则已，立无不成，亦其规模之先定故也。①

至正九年，庆元路总管阿殷图推行的每季度考试儒生的做法，也被时人赞为文治的重要表现。

永维圣天子建中和之极，皇图肇开，万方侯伯，贤在位而能在职也。国朝制科，十有二举矣。士君子笃信义，慎名节，行修于下，名著于世，皆乡校所由出，而学校之教，诚牧守风化之原，大本大经，所以经纶天下者也。学有本，则文治兴焉。

至正九年春正月，嘉议大夫阿殷图公，亲聆玉音，署庆元路总管府事，始至，大惧儒效阔疏，无以报称上意。同寅德让，谋谟允协，首开季试，负笈升堂，盖六十人。次年就试，且百人。岁大

---

① 陈颖：《均赋役记》，《全元文》第58册，第512—513页。

比，导民乡风，行乡饮宾兴之礼，使之渐摩乎威仪，揖逊之容以养夫岂弟温良之性。逮决科秋闱，与是列吾邦有二人焉，宁非牧守敬教劝举学，陶淑人心之功乎。①

太平的去职，与脱脱的构陷有密切关系。脱脱被贬后，太平坚持认为"脱脱乃心王室，大义灭亲"，所以力主请脱脱还朝。至正七年十一月，顺帝召脱脱返回京城，至正八年四月，以脱脱为太傅，综理东宫之事。脱脱误以为太平是排挤自己的大臣中的一员，加上汝中柏等人的挑唆，乃鼓动御史台官员弹劾太平，迫使其下台并离京而去。②

（四）脱脱的善治观

至正九年闰七月，脱脱任中书省右丞相之职，不设中书省左丞相，独相政治再现。至正十年四月，顺帝颁布大赦天下的诏书，更特别强调了"图任一相"所带来的治国成效。

> 朕纂承洪业，抚临万邦，夙夜厉精，靡遑暇逸。比缘倚注失当，治理乖方，是用图任一相，俾赞万机。爰命脱脱为中书右丞相，统正百官，允厘庶绩，曾未期月，百度具举，中外协望，朕甚嘉焉。尚虑军国之重，民物之繁，政令有未孚，生息有未遂，可赦天下。③

脱脱以独相秉政，特别显示出了对教育太子的重视。至正九年七月，"诏命太子爱猷识理达腊习学汉人文书，以李好文为谕德，归旸为赞善，张冲为文学。李好文等上书辞，不许"。十月，"命皇太子爱猷识理达腊自是日为始入端本堂肄业。命脱脱领端本堂事，司徒雅普化知端本堂事。端本堂虚中座，以俟至尊临幸，太子与师傅分东西向坐授书，其下僚属以次列坐"。爱猷识理达腊正式被立为皇太子的时间是至正十三年六月，是时顺帝有两位皇后，一位是后至元三年三月立为皇后的蒙古弘吉剌部人伯颜忽都，另一位是后至元六年立为第二皇后的高丽

---

① 范梈：《至正九年记》，《全元文》第58册，第549—550页。
② 《元史》卷138《脱脱传》，卷140《太平传》，卷143《泰不华传》。
③ 《元史》卷42《顺帝纪五》。

人奇氏（名完者忽都），即爱猷识理达腊的生母。① 按照当时人的记载，第二皇后奇氏和太子爱猷识理达腊都显示出了对学习儒家经典的重视。

> 今上皇太子之正位东宫也，设谕德，置端本堂，以处太子讲读。忽一日，帝师来启太子母后曰："向者太子学佛法，顿觉开悟。今乃受孔子之教，恐损太子真性。"母后曰："我虽居于深宫，不知道德，尝闻自古及今，治天下者，须用孔子之道。舍此它求，即为异端。佛法虽好，乃余事耳，不可以治天下，安可使太子不读书。"帝师愧服而退。

> 皇太子方在端本堂读书，近侍之尝以飞放从者，辄臂鹰至廊庑间，喧呼驰逐，以惑乱之，将勾引出游为乐。太子授业毕，徐令左右戒之曰："此读书之所，先生长者在前，汝辈安取亵狎如此，急引去，毋召责也。"众皆惊惧而退。②

脱脱亦高度重视漕运畅通问题。至正九年，都漕运使贾鲁就漕运时务提出了二十余条建议，脱脱采纳了其中的八条建议，"一曰京畿和籴，二曰优恤漕司旧领漕户，三曰接连委官，四曰通州总治豫定委官，五曰船户困于坝夫、海粮坏于坝户，六曰疏浚运河，七曰临清运粮万户府当隶漕司，八曰宣忠船户付本司节制"③。

脱脱还特别推出了肃台纲、汰冗官、均俸禄、荐守令等善政措施。至正九年九月，发出整治台纲的诏书，不仅强调"凡建言中外利害者，诏委官选其可行之事以闻"，还强调了"荐拔贤才，责在风纪"和"言路通塞，有关治道"等方面的要求。④ 淘汰冗官的行动始于至正九年，是元朝仅有的一次大规模合并机构和减少官吏数额举动，按照至正十年十一月十八日诏书的说法，"中书省、枢密院、御史台、内外大小诸衙门内，度其事务繁简，合并衙门一百一十处，沙汰冗官员六百四十五

---

① 《元史》卷42《顺帝纪五》，卷114《后妃传一》。
② 陶宗仪：《后德》《端本堂》，《南村辍耕录》卷2，第21页。
③ 《元史》卷42《顺帝纪五》，卷187《贾鲁传》。
④ 《元史》卷42《顺帝纪五》；《整治台纲》，《南台备要》，《宪台通纪（外三种）》，第213—215页。

员，裁减吏额二千九百三十二名"①。均俸禄要求重新确定官员的俸禄标准，至正十年十一月确定标准并发出诏书，要求从至正十一年正月开始实行新的俸禄标准。②荐守令则由以往的六部、宣慰司、廉访司推荐守令，变成了各级官府都要荐举守令，按照至正十一年三月诏旨的规定，"今后在内六部，司农司、集贤、翰林国史、太常礼仪院，秘书、崇文、国子、都水监，侍仪司，在外宣慰司、廉访司并各路、府达鲁花赤、总管、知府，到任三月以里，各举才堪守令者一人。州以下达鲁花赤、州尹、知州、县尹、录事，到任亦限三月以里，各举一人自代。从中书斟酌注用"③。

需要注意的是，重视守令已成为科举取士时的重要话题，在至正十一年的殿试时，江西考生吴裕就专门陈述了对重民生、贤守令的看法。

> 臣惟世祖皇帝创业垂统，与当时同心同德之臣立经陈纪，以创一代之法度。赋财有制，用材有节，莫非以厚于斯民为心，此子孙万世所当法也。然国初海漕不过四百石，今则数百万石矣。国初盐课不过银十两一引，今则数锭矣。是昔者赋财有制，而今无制，昔者用财有节，而今无节。凡若此类，殆非所以为厚民之政也。伏愿陛下心法世祖之心，制赋而不过取，节用而不侈费，则民以康和，物以蕃阜，列圣之熙治太平复见今日矣。
>
> 臣窃惟今世之民富者田连阡陌，贫者地无立锥。贫富不均，莫甚于此。而又国家之赋日增月羨，贪暴之吏日朘月剥，凡急政横敛皆取给于田亩。富者犹以田多而给其诛求，中下之户疲于供亿者多矣，而佃人之田者其困苦尤甚焉。力本者反不如游食之安饱，是以民多弃本而逐末，或转徙而流离，农不能无遗力，地不能无遗利，良以此也。陛下推原其故，而归之拊循劝率有所未备，牧之者未得，民数不实而力役不平，田制不均而赋敛无艺，此盖陛下深烛时弊而后有是言也。臣窃以为任拊循劝率之责者，守令事尔。陛下非不慎择守令，守令之贤者非不能究宣圣志，然而明版籍，正经界，此正牧民者所当先务。顾乃法禁之所拘，豪民之所病，非朝命之下

---

① 《沙汰减并》，《南台备要》，《宪台通纪（外三种）》，第223—226页。
② 《均俸秩》，《南台备要》，《宪台通纪（外三种）》，第219—221页。
③ 《守令》，《南台备要》，《宪台通纪（外三种）》，第222—223页。

不敢擅举，然则陛下虽有志于拊循，虽有志于劝率，守令欲究而宣之，不可得也。伏愿陛下选守令之贤，从守令之便，明其版籍，实其民数，正其经界，均其田制，毋拘以文法，毋迫以限期，使民数实而力役平，田制均而贡赋定。如是而尽拊循劝率之道，则民得安于田里，耕者众而农无遗力，垦田广而地无遗利矣。

臣窃以为，料民之法，度田之政，皆当责成于守令可也。国家自有天下至于今，将及百年，仅再料民尔。户无版籍，居无保伍。户签于昔者今或逃亡，业厚于前者今或匮耗。夫家之众寡难稽，物力之登耗难辨，良有以也。惟当使守令岁实民数，三年一造户籍，然后联以保伍之法，使民皆土著，户有定居，出入相友，守望相助，则不特夫家之众寡可稽，而物力之登耗亦可察矣。度田之政虽行于延祐，然田卒不实而赋敛愈急。民诡其户，户隐其税。产入于巨室，税存于贫户。富不免于兼并，贫不免于转徙，良有以也。惟当使守令实其田亩，随田立户，随地纳税，然后行以限田之制，使无甚富、甚贫之民，则不特豪强不敢兼并，而畸贫亦无转徙者矣。延祐度田自实之政所以有弊者，失之遣使行省委任非人，处置无法，徒能驱迫州县，折辱守宰，促之以限期，慑之以威刑。捶楚之下，何求不获。是以官吏无所逃罪，惟有以隐漏为辞，而横加民赋以塞责尔。殊不知财者民之心也，民者国之本也。朝廷惟见增赋之利，而不知大失民心，正在于此。

臣愿陛下明诏天下，俾守令实户口之数，行保伍之法，举度田之政，定限田之制。纪纲当何所先，从便而处之。条目当何所急，亦从便而理之。勿以文法限期为拘，专务实惠及民为上。

臣闻：君心者出治之原，人才者致治之本。故人主能以一念回天下之机，而不能以一身兼天下之务，所赖以共图天下之治者，在得天下之材尔。愿陛下慎择人材，益图治效，内有贤公卿，外有贤守令，则有君有臣，何政不举，天下幸甚，国家幸甚。[①]

吴裕所关注的，显然是守令在国家治理中的实际作为问题。他对延祐经理的看法，以及让守令承担实户籍、核田产、均赋役等方面的责

[①] 吴裕：《殿试策》，《全元文》第47册，第415—420页。

任，确实是值得注意的建议，但是显然未被主政的脱脱等人所重视。

脱脱还有两项重要的业绩，一是变钞法，二是治黄河。这两项业绩都引发了朝廷中的重大争议，在下节将作具体说明。

脱脱再掌朝政，其执政观念由更始观念转向了更为系统的善治观念，具体表现就是敢于挑战干扰善政的钞弊和冗官弊病等，希望能够解决一些深层次的问题，而不是只作表面化的文治文章。但是在遭受了数年的排挤后，脱脱已经变成了一个心胸狭隘的人，"恩怨无不报"，对此前的朝内大臣都不信任，只信任几个亲信，"于是脱脱用乌古孙良桢、龚伯遂、汝中柏、伯帖木儿等为僚属，皆委以腹心之寄，小大之事悉与之谋，事行而群臣不知也"。小圈子决策必会排斥他人的意见，甚至将持不同意见的人赶走，如中书省参知政事韩镛就有此遭遇，"丞相脱脱在位，而龚伯遂辈方用事，朝廷悉议更张，镛有言，不见听。人或以镛优于治郡，而执政废其所长，遂出为甘肃行省参知政事"①。脱脱的这种执政风格，不仅为他几年后的政治悲剧埋下了伏笔，亦使得其推行的各项措施因缺乏广泛的支持而难以发挥持久性的作用。要改变国家治理状态不佳的局面，仅有完美的善治理念显然是不够的，还需要团聚各种力量，确立有效的机制，形成推行善治的合力，才能逐渐显示出善治的效果。个人的缺陷，哪怕是性格方面的缺陷，都可能对由良好理念转变为良好政治产生不利的影响，脱脱恰恰提供了一个典型的事例。

综观至正元年到至正十一年的朝廷政治更化情况，或者更准确地说是朝政改良情况，可以看出无论是脱脱的更始观和善治观，还是阿鲁图的文治观、太平的善政观，都可以划入文治观念的范畴，但是程度有所不同。阿鲁图是被动型的文治观念，只是遵从上意或采纳儒臣的建议，推出一些表象化的文治措施。太平和脱脱都是主动型的文治观念，能够按照自己对文治的理解，推出善政或良政措施，但是相比之下，太平作为汉人，在朝政中处于弱势地位，脱脱则能够在朝政中处于强势的地位，所以太平主要表现的是谦和的主政风格，脱脱表现的则是刚愎自用的主政风格。谦和可以使朝政少犯错误，刚愎自用则会增大朝政出错的概率。总体而言，脱脱对朝政改良所起的作用最大，当然失误也最多。

需要注意的是，由于主政大臣更换过于频繁，朝政措施缺乏连贯

---

① 《元史》卷138《脱脱传》，卷185《韩镛传》。

性，使得更化政治的效果大打折扣。尤为重要的是，主政大臣大多忽视了引发"盗贼蜂起"的尖锐社会矛盾问题，对于平定盗贼的建议不屑一顾。至正五年三月，参议中书省事的陈思谦曾上言："所在盗起，盖由岁饥民贫，宜大发仓廪赈之，以收人心，仍分布重兵镇抚中夏。"至正六年三月，两淮运使宋文瓒上言："世皇开会通河千有余里，岁运米至京者五百万石。今骑贼不过四十人，劫船三百艘而莫能捕，恐运道阻塞，乞选能臣率壮勇千骑捕之。"至正七年十一月，宋文瓒又上言："江阴、通、泰，江海之门户，而镇江、真州次之，国初设万户府以镇其地。今戍将非人，致使贼舰往来无常。集庆花山劫贼才三十六人，官军万数，不能进讨，反为所败，后竟假手盐徒，虽能成功，岂不贻笑。宜亟选智勇，以任兵柄，以图后功。不然，东南五省租税之地，恐非国家之有。"至正八年，监察御史张桢上言："明里董阿、也里牙、月鲁不花，皆陛下不共戴天之仇，伯颜贼杀宗室嘉王、郯王一十二口，稽之古法，当伏门诛，而其子、兄弟尚仕于朝，宜急诛窜。别儿怯不花阿附权奸，亦宜远贬。今灾异迭见，盗贼蜂起，海寇敢于要君，阃帅敢于玩寇，若不振举，恐有唐末藩镇噬脐之祸。"对于这些上言，主政者的态度都是"不听"①。漠视平盗之道，沉醉于表象化文治下的歌舞升平，加以持续不断的宫廷内斗，导出的将是天下大乱的变局，详见下述。

第三节 重要的政治争论

在至正元年到十一年的朝廷更化中，曾围绕正统、钞法、治河三大问题展开过激烈的争论，这些争论都关乎治道问题，所以需要以专节对争论的情况作出说明。

一 正统辩

在脱脱和阿鲁图的先后主持下，朝廷完成了辽、金、宋三史的修撰，并在其间解决了如何看待正统的重大政治问题。

（一）编修三史

编修辽、金、宋三史，在元朝前期和中期都曾有人提出过建议，但

---

① 《元史》卷41《顺帝纪四》，卷186《张桢传》。

是未付诸行动。权臣伯颜被罢黜之后，主掌经筵的巎巎正式向顺帝提出了启动三史修撰的动议，"一日进读司马光《资治通鉴》，因言国家当及斯时修辽、金、宋三史，岁久恐致阙逸。后置局纂修，实由巎巎发其端"①。

修三史需要大量的经费，而朝廷财政拮据，当时主政的脱脱采纳了集中贡士庄钱粮支持修史的建议，解决了修史经费问题，使修史工程得以顺利展开，时人对此有专门的记载。

> 议修辽、金、宋三史，丞相脱脱锐意欲成之，而所费浩大，钱粮经数不足，颇以为忧。掾史行文书，丞相三却之。掾史遂与国史院典籍谋之曰："丞相不喜，若非钱粮无可措画乎？此易耳。江南三省南宋田，颇有贡士庄钱粮者，各路椿寄累年，仓库盈积，有司亦尝借用之。此项钱粮以为修史费，孰曰不然？"掾史即日引见丞相，丞相闻其说甚喜，于是奏臣使儒臣欧阳玄、揭傒斯等，于国史院修撰辽、金、宋三史。②

至正三年三月，正式下诏修辽、金、宋三史，以中书省右丞相脱脱为都总裁官，中书省平章政事铁木儿塔识、中书省右丞太平、御史中丞张起岩、翰林学士欧阳玄、侍御史吕思诚、翰林侍讲学士揭傒斯为总裁官，诏书全文如下。

> 圣旨：至正三年三月十四日，笃怜帖木儿怯薛第三日，咸宁殿里有时分，速古儿赤江家奴、云都赤蛮子、殿中俺都剌哈蛮、给事中字罗帖木儿等有来，脱脱右丞相、也先帖木儿平章、铁睦尔达世（铁木儿塔识）平章、太平右丞、长仙参议、字里不花郎中、老老员外郎、字里不花都事等奏：辽、金、宋三国史书不曾纂修来，历代行来的事迹合纂修成书有。俺商量来，如今选人将这三国行来的事迹交纂修成史，不交迟滞。但凡合举行事理，俺定拟了呵。怎生，奏呵。奉圣旨，那般者。

三月二十八日，别儿怯不花怯薛第二日，咸宁殿里有时分，速

---

① 《元史》卷143《巎巎传》。
② 《庚申外史》卷上，第24页。

古儿赤不颜帖木儿、云都赤蛮子、殿中俺都剌哈蛮、给事中孛罗帖木儿等有来，脱脱右丞相、也先帖木儿平章、铁睦尔达世平章、太平右丞、吴参政、买术丁参议、长仙参议、韩参议、别里不花郎中、王郎中、老老员外郎、孔员外郎、观音奴都事、孛里不花都事、杜都事、直省舍人仓赤也先、蒙古必阇赤锁住、都马等奏：昨前辽、金、宋三国行来的事迹，选人交纂修成史书者么道，奏了来。这三国为圣朝所取制度、典章、治乱、兴亡之由，恐因岁久散失，合遴选文臣，分史置局，纂修成书，以见祖宗盛德得天下辽、金、宋三国之由，垂鉴后世，做一代盛典。交翰林国史院分局纂修，职专其事。集贤、秘书、崇文并内外诸衙门里，著文学博雅、才德修洁堪充的人每，斟酌区用。纂修其间，予夺议论，不无公私偏正，必须交总裁官质正是非，裁决可否。遴选位望老成，长于史才，为众所推服的人交做总裁官。这三国实录、野史、传记、碑文、行实，多散在四方，交行省及各处正官提调，多方购求，许诸人呈献，量给价直，咨达省部，送付史馆，以备采择。合用纸札、笔墨，一切供需物色，于江西、湖广、江浙、河南省所辖各学院并贡士庄钱粮，除祭祀、廪膳、科举、修理存留外，都交起解将来，以备史馆用度。如今省里脱脱右丞相监修国史做都总裁。交铁睦尔达世平章、太平右丞、张中丞、欧阳学士、吕侍御、揭学士做总裁官。提调官，省里交也先帖木儿平章、吴参政，枢密院里塔失帖木儿同知、姚副枢，台里狗儿侍御、张治书、买术丁参议、长仙参议、韩参议、右司王郎中、左司王郎中、老老员外郎、孔员外郎、观音奴都事、杜都事，六部各委正官并首领官提调。其余修史的凡例、合行事理，交总裁官、修史官集议举行呵。怎生，奏呵。奉圣旨，那般者。①

修三史的总裁官，后来增加了李好文、王沂、杨宗瑞等人。纂修官（史官）则有所分工，廉慧山海牙、王沂、陈绎曾、徐昺负责纂修《辽史》，沙剌班、王理、伯颜、赵时敏、费著、商企翁负责纂修《金史》，翰玉伦徒、泰不华、杜炳彝、宋褧、王思诚、干文传、汪泽

---

① 《修三史诏》，《辽史》附录，中华书局1974年版（《全元文》第55册，第48—50页）。

民、张瑾、麦文贵、贡师道、李齐、余阙、刘闻、贾鲁、冯福可、赵中、陈祖仁、王仪、余贞、谭慥、张翥、吴当、危素等人则负责纂修《宋史》。

启动修史工程后，脱脱问揭傒斯："修史以何为本？"揭傒斯答道："用人为本，有学问文章而不知史事者，不可与；有学问文章知史事而心术不正者，不可与。用人之道，又当以心术为本也。"也就是说，以"正人"来修"正史"，是纂修三史的基本原则。揭傒斯还对参与修史者明言："欲求作史之法，须求作史之意。古人作史，虽小善必录，小恶必记。不然，何以示惩劝。"他自己也力求做到"凡政事得失，人材贤否，一律以是非之公。至于物论之不齐，必反复辩论，以求归于至当而后止。"①

（二）正统之争

编修辽、金、宋三史，必然会涉及辽、金、宋三个王朝孰为正统王朝的问题。由此，形成了三种不同的观点。

第一种观点是辽、金、宋三个王朝都是正统王朝。元朝中期，王恽对这一观点作过详细的说明（见本书中卷）。②儒臣王理更明确表示，元朝的正统就是承袭于金、宋两个王朝。

> 皇元起朔方，绍帝运，接天统，资始于天，不因于人，遂大作明命，训咸宇内。一启而金人既南，辽海和辑。再启而西域率服，遂拓坤隅。三启而靖河北，秦晋戢集，河南是同，分宗子以方社，胙功臣之土。四启而庸蜀是柔。五启而江汉奄从，赵氏为臣。陆道西北见角端，慄海无际，舶乃旋舻。凡有血气者，莫不尊亲而崇极配天矣。厥初受命，南北割裂，天气不通，二氏不享，天实丑之，乃眷北顾，俾我圣人作神民主。完颜璟割虐下民，赵扩爽盟背约，自伐丧其国家。大哉贞矣，其允时义也。③

第二种观点是只能将宋朝视为正统王朝，辽、金都不能算作正统王

---

① 《元史》卷181《揭傒斯传》。
② 修端：《辩辽宋金正统》，《元文类》卷45。
③ 王理：《元朝名臣事略序》，《元朝名臣事略》卷首，姚景安点校，中华书局1996年版，第3—5页（《全元文》第54册，第3—5页）。

朝。编修辽、金、宋三史时，儒臣杨维桢特别上书对正统问题作了详细的解释，秉持的就是这样的观点，可摘录上书的主要内容于下。

伏以一代离合之殊，固系乎天数盛衰之变，万年正闰之统，实出于人心是非之公。盖统正而例可兴，犹纲举而目可备。前代异史，今日兼修，是非之论既明，正闰之统可定。奈三史虽云有作，而一统犹未有归。恭惟世祖皇帝以汤武而立国，皇帝陛下以尧舜而为君，建极建中，致中和而育物，惟精惟一，大一统以书元。尝怪辽、金史之未成，必列赵宋编而全备。芸台大启，草泽高升，宜开三百载之编年，以垂千万代之大典。岂料诸儒之谦笔，从为三国之志书，《春秋》之首例未闻，《纲目》之大节不举。臣维桢素读《春秋》之王正月，公羊谓大一统之书；再观《纲目》之绍《春秋》，文公有在正统之说，故以始皇二十六年而继周统。高祖成功五年而接秦亡，晋始于平吴而不始于泰和，唐始于灭盗而不始于武德。稽之于古，证之于今，况当世祖命伯颜平江南之时，式应宋祖命曹彬下江南之岁，亲传诏旨，有过唐不及汉之言，确定统宗，有继宋不继辽之禅。故臣维桢敢痛排浮议，力建公言，挈大宋之编年，包辽、金之纪载，置之上所，用成一代可鉴之书，传之将来，永示万世不刊之典。冒干天听，深惧冰竞，下情无任瞻天望阙激切屏营之至。

辩曰：正统之说，何自而起乎？起于夏后传国，汤武革世，皆出于天命人心之公也。统出于天命人心之公，则三代而下历数之相仍者，可以妄归于人乎？故正统之义，立于圣人之经，以扶万世之纲常。圣人之经，《春秋》是也。《春秋》，万代之史宗也。首书王正于鲁史之元年者，大一统也。五伯之权，非不强于王也，而《春秋》必黜之，不使奸此统也。吴楚之号，非不窃于王也，而《春秋》外之，不使僭此统也。然则统之所在，不得以割据之地、强梁之力、僭伪之名而论之也，尚矣。先正论统于汉之后者，不以刘蜀之祚促与其地之偏，而夺其统之正者，《春秋》之义也。彼志三国，降昭烈以侪吴魏，使汉嗣之正，下与汉贼并称，此《春秋》之罪人矣。复有作《元经》，自谓法《春秋》者，而又帝北魏，黜江左，其失与志三国者等耳。以致尊昭烈，续江左两魏之名不正而言不顺者，大正于宋朱氏之《纲目》焉。或问朱氏述《纲目》主意，曰在正统，故《纲目》之挈统者在蜀晋，而抑统者则秦昭襄、唐武氏也。至不得已，以始皇之廿六年而始继周。汉始于高帝之五年而不始于降秦，晋始于平吴而不始于泰和，唐始于群盗既夷之后，而不始于武德之元，又所以法《春秋》之大一统也。

然则今日之修宋、辽、金三史者，宜莫严于正统与大一统之辨矣。自我世祖皇帝立国史院，尝命承旨百一王公修辽、金二史矣。宋亡，又命词臣通修三史矣。延祐、天历之间，屡勤诏旨，而三史卒无成书者，岂不以二史正统之议未决乎。夫其议未决者，又岂不以宋渡于南之后，拘于辽、金之抗于北乎。

吾尝究契丹之有国矣，自耶律氏之部落始广，其初枯骨化形，戴猪服豕，荒唐怪诞，中国之人所不道也。八部之雄，至于阿保机披其党而自尊，迨耶律光而其势浸盛。契丹之号，立于梁贞明之初。大辽之号，复改于汉天福之日。自阿保机讫于天祚，凡七主，历二百一十有五年。夫辽固唐之边夷也，乘唐之衰，草窃而起。石晋氏通之，且割幽燕以与之，遂得窥衅中夏，而石晋氏不得不亡矣。而议者以辽乘晋统，吾不知其何统也。

再考金之有国矣，始于完颜，实又臣属于契丹者也，至阿骨打，苟逃性命于道宗之世，遂敢萌人臣之将，而篡有其国，僭称国号于宋重和之元，相传九主，凡历一百一十有七年。而议者又以金之平辽克宋，帝有中原，而谓接辽宋之统，吾又不知其何统也。议者又谓完颜氏世为君长，保其肃慎，至太祖时，南北为敌国，素非群臣。辽祖神册之际，宋祖未生，辽祖比宋前兴五十余年，而宋尝遣使卑辞以告和，结为兄弟，晚年且辽为翁而宋为孙矣，此又其说之曲而陋也。汉之匈奴，唐之突厥，不皆兴于汉、唐之前乎，而汉、唐又与之通和矣。吴、魏之于蜀也，亦一时角立而不相统摄者也，而秉史笔者必以匈奴、突厥为纪传，而以汉、唐为正统，必以吴、魏为分系，而以蜀汉为正统，何也，天理人心之公，阅万世而不可泯者也。

议者之论五代，又以朱梁氏为篡逆，不当合为五代史，其说似矣。吾又不知，朱晃之篡，克用氏父子以为仇矣，契丹氏背唐兄弟之约而称臣于梁，非逆党乎。《春秋》诛逆，重诛其党；契丹氏之诛，为何如哉。且石敬瑭事唐，不受其命而篡唐，谓之承晋可乎。纵承晋也，谓之统可乎。又谓东汉四主，远兼郭周，宋至兴国四年始受其降，遂以周为闰，以宋统不为受周禅之正也。吁，苟以五代之统论之，则南唐李升尝立大唐宗庙，而自称为宪宗五代之孙矣。宋于开宝八年灭南唐，则宋统继唐不优于继周继汉乎。但五代皆闰也，吾无取其统。吁，天之历数自有归，代之正闰不可紊，千载历数之统，不必以承先朝续亡主为正，则宋兴不必以膺周之禅接汉接唐之闰为统也。宋不必膺周接汉接唐以为统，则遂谓欧阳子不定五代为南史，为宋膺周禅之张本者，皆非矣。当唐明宗之祝天也，自以德薄，不任社稷生灵之主，愿天早生圣人，以主生灵，自是天人交感而宋祖生矣。天厌祸乱之极，使之君主中国，非欺孤弱寡之所致也。朱氏《纲目》于五代之年，皆细注于岁之下，其余意固有待于宋矣。有待于宋，则直以宋接唐统之正矣，而又何计其受周禅与否乎。中遭阳九之厄，而天犹不泯其社稷，瓜瓞之系，在江之南，子孙享国又凡百五十有五年。

再考宋祖生于丁亥，而建国于庚申，我太祖之降年与建国之年亦同。宋以甲戌渡江，而平江南于乙亥、丙子之年，而我王师渡江平江南之年亦同，是天数之有符者不偶然，天意之有属者不苟然矣。故我世祖平宋之时，有过唐不及汉，宋统当绝，我统当续之喻。是世祖以历数之正统归之于宋，而以今日接宋统之正者自属也。当时一二大臣又有奏言曰："其国可灭，其史不可灭也。"是又以编年之统在宋矣。论而至此，则中华之统，正而大者，不在辽、金，而在于天付生灵之主也昭昭矣。

然则论我元之大一统者，当在平宋，而不在平辽与金之日，又可推矣。夫何今之君子昧于《春秋》大一统之旨，而急于我元开国之年，遂欲接辽以为统，至于咈天数之符，悖世祖君臣之喻，逆万世是非之公论而不恤也。吁，不以天数之正，华统之大，属之我元，承乎有宋，如宋之承唐，唐之承隋承晋承汉也，而妄分闰代之承，欲以荒夷非统之统属之我元，吾又不知今之君子待今日为何时，待今圣人为何君也哉。

盖革命之事，间不容发。一日之命未绝，则一日之统未集，当日之命绝，则当日之统集也。宋命一日而未革，则我元之大统亦一日而未集也。成周不急文王五十年、武王十三年而集天下之大统，则我元又岂急于太祖开国五十年及世祖十有七年而集天下之大统哉。

抑又论之，道统者，治统之所在也。尧以是传之舜，舜以是传之禹、汤、文武、周公、孔子。孔子没，几不得其传百有余年，而孟子传焉。孟子没，又几不得其传千有余年，而濂洛周、程诸子传焉。及乎中立杨氏，而吾道南矣，既而宋亦南渡矣，杨氏之传，为豫章罗氏，延平李氏，及于新安朱子。朱子没，而其传及于我朝许文正公。此历代道统之源委也。然则道统不在辽、金而在宋，在宋而后及于我朝，君子可以观治统之所在矣。①

理学学者朱右也认为不能以辽、金为正统王朝，他编撰了《历代统纪要览》一书，就是要说明南北朝、五代的各王朝以及辽、金两朝，都不能列入正统王朝的序列。

自古帝王建国子民，德位并隆，天命人心于是乎在，礼乐征伐于是乎出，君臣之分既定，天下宗之，故曰天子。是以天子统三公，三公率诸侯，诸侯制卿大夫，卿大夫治士庶人，贵以临贱，贱以承贵，尊卑大小之分正，则君君、臣臣、父父、子子、之道立矣。君臣父子之道立，又何有悖上篡逆之祸耶。五帝以前，荐绅先生难言之，学者不得而传，自唐尧甲辰以后，统绪可考，纪录有稽，迁、固而下载见典籍，历代是宗。惜乎简帙浩繁，不能遍识，正统杂纪，劝惩弗彰。

盖统以正其绪，纪以载其年，统以经之，纪以纬之。若战国、秦、楚、南北朝、五代、辽、金不得正统者，则间见于编。②

另一位理学学者王祎，以公和义作为衡量王朝正统的标准，认为正

---

① 杨维桢：《正统辨》，《东维子集》卷首，四库全书本（《南村辍耕录》卷3，第32—38页；《全元文》第42册，第484—490页）。
② 朱右：《历代统纪要览序》，《白云稿》卷5，四库全书本（《全元文》第50册，第545页）。

统有中断（绝）和再建（续）的状态，从先秦至于元，正统四绝四续，而元朝的正统，实际上是继南宋正统之后的再建。这样的说法，不过是为元继宋统提供了不同视角的论证。

  正统之论，本乎《春秋》。当周之东迁，王室衰微，夷于列国，而楚及吴徐并僭王号，天下之人几不知正统之所在。孔子之作《春秋》，于正必书王，于王必称天，而僭窃之邦皆降而书子，凡以著尊王之义也。故《传》者曰："君子大居正。"又曰："王者大一统。"正统之义，于斯肇焉。欧阳修氏曰："正者，所以正天下之不正也；统者，所以合天下之不一也。"由不正与不一，是非有难明，故正统之论所为作也。

  呜呼，三代之下有天下者，大抵皆不正、不一，而不能合乎至公大义之所在，是非之际于是难明者多矣。盖当其难明之际，验之天文则失于妄，稽之人言则失于偏。是故荧惑守心，应乎魏文帝之殂，而吴、蜀无他故，若可以魏为正矣。然月犯大心，王者所恶，则蜀昭烈之殂实应之，而吴、魏无事也，是蜀亦可为正也，此非失于妄哉。自晋之灭，而南为东晋、宋、齐、梁、陈，北为后魏、后周、隋，私东晋者曰隋得陈而后天下一，则推其统曰晋、宋、齐、梁、陈、隋；私后魏者曰统必有所授，则推其统曰隋授之后周，后周授之后魏，此非失于偏哉。

  呜呼，论正统而不推天下之至公，据天下之大义，而溺于妄于偏，其亦不明于《春秋》之旨矣。且欧阳氏正统之论，以谓正统者听其有绝有续而后可，不必猥以假人而使勿绝也。猥以假人而使勿绝，则至公、大义有所不行矣。故正统之序，历唐、虞、夏、商、周、秦、汉，至汉建安而绝。魏武窃取汉鼎，得之既不以正；刘氏虽汉裔，崎岖巴蜀，又未尝得志于中国；而孙氏徒保守江表而已，皆不可谓居天下之正、合天下于一者也。及晋有天下，而其统始续，故自泰始元年复得正其统。至建兴之亡，正统于是又绝矣。晋氏既南，天下大乱，故自东晋建武之始，止陈贞明之终，二百余年其间，乘时并起争夺僭窃者不可胜纪，其略可纪者犹十六七家，既而大小强弱自相并吞，而天下犹为四，东晋、宋、齐、梁、陈又自分为后梁而为二，后魏、后周随又自分为东魏、北齐而为二，离合纷纭，莫适为正，皆不得其统，正统于是又绝矣。及后周并北齐而授之隋，隋并后周，又并陈，然后天下合为一，而其统复续，故自开皇九年复得正其统。而唐继之，自天祐之亡，正统于是又绝矣。梁氏弑其君，盗其国，以梁为伪固也；后唐之兴，籍曰名正而言顺，实非所以复唐；晋氏受国于契丹，尤无足议，而汉、周亦皆取之以非义，况此五代者皆未尝合天下于一，则其不得以承正统，夫复何疑。及宋有天下，居其正，合于一，而其统乃复续，故自建隆元年复得正其统，至于靖康之乱，南北分裂，金虽据有中原，不可谓居天下之正；宋既南渡，不可谓合天下于一，其事适类于魏、蜀、东晋、后魏之际，是非难明，而正统于是又绝矣。自辽并于金，而金又并于元，及元又并南宋，然后居天下之正，合天下于一，而复正其统，故元之绍正统，当自至元十三年始也。

由是论之，所谓正统者，自唐虞以来四绝而四续，惟其有绝而有续，然后是非公、予夺当而正统明也。呜呼，吾之说至公、大义之所存，欧阳氏之所为说也。欧阳氏之说废，则吾之说不行于天下矣。[1]

理学学者刘岳申也支持以宋为正统王朝的论点，不仅在他为文天祥撰写的传文中特别引用了文天祥的"宋承帝王正统，非辽、金比"的说法，[2] 还特别记载了张弘范平定崖山南宋残余势力的功绩，所要强调的就是正统基于大一统的观点，因为前朝势力的终结，标志着统绪关系的改变，所以崖山战役起的是确定正统的重要作用。

皇元混一天下，尽有华夏蛮貊之地。及至元乙亥（1275年）命丞相伯颜下江南，而后大统一。越三年戊寅（1278年）命元帅张公（张弘范）平崖山，明年崖山平，而后正统定。议者以为元帅之功不在丞相下，盖是役也，元帅亲奉圣谟，以大事付之，而卒伐功成武烈者，元帅也。当是时江南已定，崖山虽存，焉能为有

---

[1] 王祎：《正统论》，《王忠文集》卷4，四库全书本（《全元文》第55册，第355—357页）。
[2] 刘岳申：《文丞相传》，《申斋集》卷13，四库全书本（《全元文》第21册，第549—559页）。

无。然汉亡而章武兴，正统固在，以曹氏父子雄杰师武臣力，终身不能得之庸禅而以闰位死，此元帅所以功盖天下，而名冠古今也。①

曾参与编修辽、金、宋三史的理学学者解观，也特别向皇帝上书，表达了对正统问题的四点看法："辽与本朝不相涉，又其事已具《五代史》，虽不论可也。所当论者，宋与本朝而已。而所以定二国之统者，盖有四说焉：一曰明国朝之大体，二曰稽先哲之成法，三曰证时贤之确论，四曰审事变之微权。"

在"明国朝之大体"方面，解观认为确定王朝正统不能只看兴亡先后，而是要辨明孰轻孰重，依重者建立统续关系。

> 恭惟太祖皇帝龙兴朔土，征伐四克，启运立极，前无所因，此盖班固所谓得天统者也。当时余蘖尚假息河南，至太宗皇帝而后，中原之地践为荆榛，所得户口不过百万，当是时宋犹联夹攻之好。世祖皇帝至元十三年然后平宋，以上接百王之统，东南之地繁盛富庶，所得户口乃一千三百万，是皆居天下十分之八。由是论之，天朝平金在先而事体轻，平宋在后而事体重。今议者乃欲以先后为尊卑，而不知本重轻以正其大体，且得以辨其先后不通之说。
>
> 夫今之职制，先至者居右，议者之论盖本于此。臣愚观之，先至者宜居右，先去者可居右乎？正犹人家长幼，先生者为兄，先死者得为兄乎？推之于国，先兴者为尊，先亡者得为尊乎？此先后之论所以不通也。
>
> 若论轻重，则理易明矣。今之断例，二事俱发，以重者论，是重可以该轻，轻不得以掩重也。在《礼》，祖有功，宗有德。太祖皇帝以开创启运之功，庙貌为祖；世祖皇帝以平宋混一之功，亦庙貌为祖；盖以启运、平宋二者，俱重故也。议者乃欲援金以为正统，如此则承金统者，实在太宗皇帝，然既以守成之德称宗，即有平金之事为轻明矣。若天朝正统截自此始，则推之于前，而太祖皇帝得天统者不白矣，引之于后，而世祖皇帝接百王统者不著矣，此

---

① 刘岳申：《书崖山碑后》，《申斋集》卷15（《全元文》第21册，第481—482页）。

轻重之理所以易明也。臣愚所谓明国朝之大体者，此也。

在"稽先哲之成法"方面，解观强调的是正统王朝要承继先贤之业绩，并特别指出只有宋朝符合这样的标准。

> 有宋则及于汉而过唐，其君则有若太祖、太宗、真宗、仁宗，有若高宗、孝宗，皆贤明之主；其大臣则有若李忠定公、张忠献公、赵忠简公，皆杰出之佐；论道学则有周、程、张、邵、朱、吕之继统，论文章则有欧、苏、王、曾之名世，论隐逸则有陈抟、魏舒、林逋之清高，论忠义则有若李若水、杨邦乂、李芾文、赵韩王、李文靖公、寇莱公、王沂公，有若范文正公、富郑公、韩魏公、司马温公，有若文天祥之死节，类皆炳炳烺烺，足以追迹三代，汉、唐比之隘矣。至于辽则与宋相邻百五十年，金则首末百二十年。辽惟圣宗、道宗二主历九十年，金惟世宗、章宗二主历四十余年，皆与宋讲和，号为承平。然以元魏孝文兴礼乐、崇文治，方之恐犹有径庭也。然则宋之为宋，比之汉、唐有光；辽、金之为辽、金，比之元魏而犹欠。譬之凫雀短长，其天素定，恐非人力所得而继续增损也。臣愚所谓稽先哲之成法者，此也。

在"证时贤之确论"方面，解观认为本朝的先贤已经确立了元承宋统的原则，不必被其他"正统说"所干扰。

> 前清河公作《淮安王神道碑》，言宋承中华之运，世祖皇帝绍运抚图。正献公修《经世大典》，其叙平宋曰："世祖皇帝遂能一六合，以上接百王之统。"又述《补邵》一首曰："元魏伯而王者也，宋、周之期功也，辽之伯，曰抱珥也。"此非有爱于宋而私之也。独东原谢端著书，以主金、辽，亦欲自为私说而已，初未尝谓可加于宋也。且既以高宗为徽宗嫡传，非汉、晋疏属之比，则昭烈、元帝犹得上承正统，于高宗复何疑焉？先世郝文忠公谓《纲目》既正蜀汉之统，而旧史尚仍陈寿之作，乃著《续后汉书》以反之正。姚文公谓昭烈既以帝不书名，《春秋》法也，时书名者，恶其谲诈凭陵，诱执中夏之君而戕之也。金人之在靖康，专以讲和

诳惑为术，卖国之臣从而信其欺，屏撤守备，括金帛巨亿，以填溪壑，卒诱执二帝，驱迫三千口于绝域。其怀诱纵毒，宋之人迷而不悟也，仁人志士至今为抚卷愤惋。夫狙诈狐媚以取天下，石勒犹且羞之，矧大道为公之世乎。仰惟天朝以淳庞忠厚天心修史垂训，所宜取法《春秋》，永昭鉴戒。若强不义者遂可躐居，恐倾夺成风，人欲肆而天理灭矣。臣愚所谓证时贤之确论者，此也。

在"审事变之微权"方面，解观则以对话的方式，阐释了国君受辱并不影响正统所在的论点。

  或者曰："高宗不能复仇，尝屈节称臣于金，岂复得居正统？"臣愚应之曰："唐高祖称臣于突厥矣，然颉利卒为太宗所擒，唐之统固自若也，而何有于突厥。晋高祖称臣于契丹矣，德光入汴，卒不能与汉争，则晋统自有继之者，而何论乎契丹。大抵仓卒举事，不能仗义自立，而屈已称臣于人，岂待智者而知其失策。故继世之君，幸而如太宗，则立雪其耻；不幸如出帝，则自底灭亡。然而中夏有主，则一夫之存亡，固不容以变其统，此《五代史记》所以系汉系周，而初无与于契丹也。有如高宗之失策，特误于奸臣，而又为梓宫太后屈尔。方是时粘罕既死，兀术屡衄，刘锜大捷于顺昌，而岳飞乘势独克，有虎视燕云之势，陕西、山东、两河忠义之士猬毛而起，自非秦桧矫诏杀飞，举垂成之业而弃之，则金人其能坐而有之哉。及孝宗继世，定为叔侄之国，则金世宗已让高宗为兄，与澶渊之盟无几矣。延乎理宗，遂夹攻蔡城而克复之，虽天兵之力，然而殄其祀、屋其社，亦足雪九世之仇耻矣。盖金之兴既在宋后，而其亡也又在宋前，宋统始终自当属于皇元，彼何与于此哉。"

  或者又曰："金人尝甘心于徽、钦，靖康统绝，则金当续矣。"臣愚应之曰："周幽王尝陷西戎之难，平王东迁，宗周黍离矣。仲尼作《春秋》，乃始明尊周之大义，则周之统未尝由幽王而遂绝也。晋怀愍亦罹青衣之辱，元帝南渡，神州陆沉矣。朱子作《纲目》，亦复帝晋，则晋之统未尝随怀愍而遂亡也。圣贤经世立法，正以存天下之大防焉耳。"臣愚所谓审事变之微权者，此也。

诚以此说而勘会之，则群疑冰释，大道天明。正宋统以概举辽、金，公义表著，人心厌服，永有辞于万世矣。①

解观的核心观念也是以宋为正统王朝，元朝承继的是宋所代表的正统，只是论证的角度与杨维桢等人有所不同而已。

第三种观点是编修辽、金、宋三史，不应过分拘泥于正统问题，并且不应担心避讳、无人和无钱的问题，而是要抓住时机，尽快完成三史的修撰。曾任《宋史》纂修官的危素，对这一论点作了具体的说明。

素闻《传》曰："秉中为史。"盖书其事而昭示来世，过不可也，不及不可也。善善而不流于阿，恶恶而不伤于刻，若是者其庶几乎？古之君子何贵于史哉，以其君创业于初，守成于中，失国于终，故后世之为君者考其所以兴，监其所以亡，其仁明可法，其昏乱可戒。

昔人有言，可以亡人之国，不可以亡人之史。盖记载其一国之政者，其事小，垂鉴于万世之人者，其功大故也。则三朝之史，不可以不修也审矣。世祖皇帝当混一天下之初，朝廷之制度未定，草野之疮痍未瘳，三朝之史累有明诏，虽设史官而未遑成书。自大德末年以来，国家多故，于兹事有倡之而无和之者。

素游京师最晚，颇闻议者曰："传天下者必有正统。"今主宋者曰宋正统也，主金者曰金正统也。史官卢公挚、太常徐公世隆、集贤王公约以及张枢修端之说纷然而不一。或谓本朝不承金，则太祖、太宗非正统矣，此皆胶于常论者也。本朝立国于宋、金未亡之先，非承宋、金而有国者也。若是，则宋之与金，国统之正否，自有定论矣。

议者又曰："本朝之取金、宋，其战争攻取之际，当有所讳而不敢书。"夫司马晋之时，尝修《三国志》矣，唐太宗尝修《隋书》矣，宋之时尝修《五代史》矣，其间固有战争攻取之事，据实而直书，史官之职，尚何讳之有。

---

① 解缙：《伯中公传》，《文毅集》卷11，四库全书本（《全元文》第47册，第54—57页）。

议者又曰："耆硕之士尽矣，孰可以任其事哉。"古人有言："人才自足以周一世之用，未闻借其才于异代也。"患国家不为之，不患无其人。设谓今无其人，则待何时然后有当史笔者出邪？诚能破其拘谨，公其举选，则作者云合矣。

　　议者又曰："今有司之于钱谷细若蓬芒，必钩而取，其肯捐弃而为此邪。"我国家以四海为富，赐予近侍，崇奉异教，往往累千万而不爱，而岂靳于此哉。

　　凡此四者，皆非有远见高识，乌足以论天下事哉。今主上仁恕恭谨，言无不从，失今不为，则识者将有以议其后矣。①

作为编修三史的都总裁官脱脱，不得不对三种论点的争论作出裁决。"诸儒议论三国正统，久并决。至是，脱脱独断曰：三国各与正统，各系其年号，议者遂息。"② 脱脱的这一裁决，否定了只以宋为正统王朝的狭隘说法，对少数民族建立的辽、金给予正统王朝的"正名"待遇，实际上也是为元朝的正统提供了合理性的解释。对于这样的裁决，在儒者中有两种不同的态度。持宋为正统论点的儒者大多对裁决不满，甚至有人以脱离修史的行为来表示抗议。如解观的正统观点未被接受，他即因此离开了京城。参与修辽、金、宋三史的江南儒者周闻孙，亦因赞同杨维桢的论点，不合众议，而辞职返乡。③ 但是亦有江南儒者认同元朝承继辽、金、宋正统的观念，如吉安（今属江西）人周巽就在诗作中明确表示："总裁修国史，特命正皇纲。身在云霄上，亲依日月傍。大才司马富，直笔董狐良。运属辽金绝，统承南宋亡。权衡在掌握，正闰系纲常。"④ 正统之争关系到朝廷的政治定位问题，有不同看法是正常现象。主政者能够让各种论点充分展现的做法，显然更值得肯定。尤其是脱脱能够跳过儒者设置的窄化正统观的障碍，为中国设定更符合历史实际的正统观，确实是对政治思想发展的重大贡献，其作用不容忽视。

（三）以史为鉴

辽、金、宋三史的编修，从至正三年四月正式启动，至正四年三月

---

① 危素：《上贺相公论史书》，《危学士全集》卷1（《全元文》第48册，第149—151页）。
② 《庚申外史》卷上，第26—27页。
③ 叶盛：《水东日记》卷24，四库全书本。
④ 周巽：《上翰林学士曼硕揭公三史二十韵》，《性情集》卷5，四库全书本。

完成《辽史》的修撰，至正四年十一月完成《金史》的修撰，至正五年十月完成了《宋史》的修撰。

对于这次大规模的修史，欧阳玄在给皇帝的上表中，特别强调了其所具有的四点政治意义。

一是修三史体现了朝廷重视文治。编修《辽史》《金史》《宋史》，在忽必烈时已经提出要求，仁宗和文宗时都有所推动，但在顺帝即位后才得以完成，是因为皇帝对文治的高度重视。正如欧阳玄所言："钦惟皇帝陛下，如尧稽古，而简宽容众；若舜好问，而浚哲冠伦。讲经兼诵乎祖谟，访治旁求于往牒。兹循史事，断自宸衷。""钦惟皇帝陛下缉熙圣学，绍述先猷，当邦家闲暇之时，治经史讨论之务。""第以变故多而旧史阙，耆艾没而新说讹，弗折衷于大朝，恐失真于他日，于是圣心独断，盛事力行。"

二是修三史体现了朝廷重视理学。参与三史修撰的文士，都有一定的理学背景，所以在修史过程中，特别注重理学所秉持的基本政治准则，如欧阳玄所言："载惟贞元之会合，属当泰道之熙明。众言淆乱于当时，大谊昭宣于今日。矧先儒性命之说，资圣代表章之功，先理致而后文辞，崇道德而黜功利。书法以之而矜式，彝伦赖是而匡扶。虽微董狐直笔之可称，庶逃司马寡识而轻信。至若论其有弊，亦惟断以至公。"尤为重要的是，还要通过修史来体现"我朝之论议归正，气之直则词之昌"。

三是修三史体现了元朝的统绪关系。欧阳玄不仅强调"历数归真主之朝，而简编载前代之事"，还特别强调了修《金史》是"念彼泰和以来之事迹，涉我圣代初兴之岁年"，修《宋史》是"故观赵氏隆替之由，足见皇元混一之绩"，并且要特别表现出元朝的"推大赉以惟均，视一统之无外"。也就是说，既然认可了辽、金、宋三朝都是正统王朝，也就通过修史明确了元朝对正统的承继关系。

四是修三史体现了朝廷的以史为鉴态度。以前代史为鉴，是修史的重要目的，欧阳玄为此特别指出："窃惟天文莫验于机衡，人文莫证于简策。人主监天象之休咎，则必察乎机衡之精；监人事之得失，则必考乎简策之信。是以二者所掌，俱有太史之称。然而天道幽而难知，人情显而易见，动静者吉凶之兆，敬怠者兴亡之机。史臣虽述前代之设施，大意有助人君之鉴戒。"①

三史编成之后，于至正五年十月正式举行了呈进三史的仪式。脱脱当时已经不是丞相，主持仪式的是右丞相阿鲁图，但是脱脱作为都总裁官，亦得到了时人的赞誉。

> 儒臣欧阳玄、揭傒斯等修辽、金、宋三国史告成，礼部引国史合院官禀右丞相脱脱奏闻，脱脱摇首曰："此秀才事，我弗知。"三禀三却，众皆患之。或曰："丞相好美名，今此史具到某修，丞相见其名不列，宜其愠也。盍禀之曰：自古前代史书，虽以史官秉笔，而总裁则必归一人，如《唐书》则欧阳修总裁，《资治通鉴》则司马光总裁。今辽、金、宋三国史成，蒙丞相奏用之力也。某等谨以书丞相为总裁官，丞相幸始终成之，以为一代之盛典，岂不可乎？"于是脱脱大喜，即命舁史具进史，仪部鼓吹导从，前后辉光，自史馆进呈宣文阁，帝具礼服接之，观者以为近代无之。②

对于新修成的史书，阿鲁图、铁木儿塔识、太平等人向顺帝上言："太祖取金，世祖平宋，混一区宇，典章图籍皆归秘府。今陛下以三国事绩命儒士纂修，而臣阿鲁图总裁。臣素不读汉人文书，未解其义。今者进呈，万机之暇，乞以备乙览。"顺帝即表示："此事卿诚未解，史书所系甚重，非儒士泛作文字也。彼一国人君行善则国兴，朕为君者宜取以为法；彼一朝行恶则国废，朕当取以为戒。然岂止儆劝人君，其间亦有为宰相事，善则卿等宜仿效，恶则宜监戒。朕与卿等皆当取前代善恶为勉。朕或思有未至，卿等其言之。"③ 也就是说，顺帝也深谙以史为鉴的道理，并且明确提出了君主和臣僚都要吸取历史经验和教训的要求，亦顺带表明了君主希望臣僚直言的态度。

二 钞法辩

元朝后期，钞轻物重的弊病越演越烈，在经过激烈的争辩后，又有

---

① 欧阳玄：《进辽史表》，《辽史》附录；《进金史表》，《金史》附录，中华书局1975年版；《进宋史表》，《宋史》附录，中华书局1977年版。节文见《圭斋文集》卷13（《全元文》第34册，第393—398页）。
② 《庚申外史》卷上，第25—26页。
③ 《元史》卷41《顺帝纪四》，卷139《阿鲁图传》。

了一次重大的改变钞法行为。

（一）钞法弊重

元朝中期钞法败坏的弊病，延续到了元朝后期。理学学者李存特别以一篇长诗记录了伪钞盛行给百姓带来的困苦状况。

> 国朝钞法古所无，绝胜钱贯如青蚨。试令童子置怀袖，千里万里忘羁孤。岂期俗下有奸弊，往往造伪潜隈隅。设科定律非不重，奈此趋利甘捐躯。纵然桎梏坐囹圄，赎有囊橐并尊壶。生平心胆死相遁，口舌所挂多无辜。人生既以不堪此，恶卒乃藉生危图。苦之棰楚甘酒肉，役用在手犹柈珠。或思夙昔报仇怨，或出希觊倾膏腴。搜求宁肯剩鸡狗，污辱间有连妻孥。何如巧遇贤令尹，烛照剑断神明符。先穷支蔓到根本，矿铁虽硬归红炉。非唯此境少忧畏，亦遣邻邑多欢愉。自怜弱肉脱虎口，从此饮水皆醍醐。誓将白首至死日，顶戴岂与劬劳殊。愿推此举遍天下，咸使良善安田庐。①

儒臣苏天爵在给顺帝的上书中，不仅指出了钞弊的各种表现，还明确提出了钞、钱并用的建议。

> 钱币之制，在古所以惠民；钞法之行，岁久不能无弊。盖米粟布帛，养兆民之本；钱币钞法，权一时之宜。故法久必更，理当然也。昔者世祖皇帝始立法制，遂行中统交钞，其后又行至元宝钞。夫行之既久，真伪不无，坐罪虽曰匪轻，获利自是甚重。爰稽造钞以来，元额已逾数倍，以致钞日益虚，物日益贵。民庶有倒钞、捡钞之扰，官吏有监钞、烧钞之害。欲救其弊，理宜更张。洪惟武宗皇帝即位之初，始命尚书省更行铜钱，本欲复古以便民，未闻有妨于国计。盖因至大已后，一切矫枉太过，因并铜钱遂亦不用。夫行封赠所以劝忠，增俸禄所以养廉，禁干名犯义者厚风化之原，减吏员日月者奖奉公之吏，是皆尚书省所行，未闻人以为非，何于铜钱独为不可。况远自唐、汉，近及宋、金，明君贤臣阜民之制，皆本乎此。矧今国家疆宇万里，钱币之制，祖宗已尝举行，宜从都省明

---

① 李存：《伪钞谣》，《俟庵集》卷2。

白奏闻，令户部官讲究历代鼓铸之方，用钱之制，远近便宜，断然行之。岂惟救钞法一时之宜，实所以遂民生无穷之利也。①

以钞、钱并用的方法变革币制，解决钞法之弊，是不少人认可的良策。如临川人艾本固曾向朝廷上《太平十策》，其中的一策即为"行铜钱以助钞法"②。在科举考试的策问中，也涉及这一问题，可列举两例。

问：钱出于古，而交会创于近代。然所谓交会者，必以钱为之本。盖合券所以取钱，非以彼易此，使之舍实钱而守虚券也。方今钞法独行，而钱遂积于无用之地，立法之初，固有因有革，及其既久，亦宜有变通之道焉。请试言之，以待执事者之裁择。③

钱币之法，所以权衡百货，贸迁有无，历代未有偏废者。国朝始行楮币，一再变法，币益轻而奸益生，往者兴用钱，重轻失中，已而废不用，夫制法之不善，非用钱之咎也，至今议者咸以为惜，此古制之当复四也。伊欲兼行钱币，大矫往失，何术而可欤？④

也就是说，无论是谁主持朝政，都不能再任由钞弊肆行，需要对于是否容许钞、钱并用作出认真的选择。

（二）币制之争

脱脱以独相秉政之后，其亲信武祺等人"知脱脱有意兴作庶事，盖谓前相无闻，其礼乐文章制度之事漠如也，欲大有为，以震耀于天下，超轶祖宗旧法，垂名竹帛于无穷也"，特别提出了变动钞法的动议。至正十年四月，时任左司都事的武祺先提出了便于纸钞流通的建议："钞法自世祖时已行之后，除拨支料本、倒易昏钞以布天下外，有合支名目，于宝钞总库料钞转拨，所以钞法疏通，民受其利。比年以来，失祖

---

① 苏天爵：《灾异建白十事》，《滋溪文稿》卷26，陈高华、孟繁清点校，中华书局1997年版（《全元文》第40册，第19—23页）。
② 危素：《太平十策序》，《危学士全集》卷3（《全元文》第48册，第193页）。
③ 黄溍：《国学蒙古色目人策问十五》，《金华黄先生文集》卷20，四库全书本（《全元文》第29册，第219—224页）。
④ 吴师道：《江西乡试策问四》，《吴礼部文集》卷19（《全元文》第34册，第228—230页）。

宗元行钞法本意。不与转拨，故民间流转者少，致伪钞滋多。"这一建议被脱脱所采纳。当年十月，吏部尚书偰哲笃和武祺又提出了"以楮币一贯文省权铜钱一千文为母，而钱为子"的变更钞法建议。①

变更钞法是一件大事，顺帝特别要求脱脱召集中书省、御史台、集贤院、翰林院的臣僚以集议的方式作出决定，《元史》记载了集贤大学士兼国子祭酒的吕思诚与偰哲笃在集议时展开辩论的情况，可转录于下。

思诚曰："中统、至元自有母子，上料为母，下料为子，譬之蒙古人以汉人子为后，皆人类也，尚终为汉人之子，岂有故纸为父而立铜为子者乎？"

一座咸笑。思诚又曰："钱钞用法，见为一致，以虚换实也。今历代钱、至正钱、中统钞、至元钞、交钞分为五项，虑下民知之，藏其实而弃其虚，恐不利于国家也。"

偰哲笃曰："至元钞多伪，故更之尔。"

思诚曰："至元钞非伪，人为伪尔。交钞若出，亦为伪者矣。且至元钞犹故咸也，家之童奴且识之；交钞犹新咸也，虽不敢不亲，人未识也，其伪反滋多尔。况祖宗之成宪，其可轻改哉！"

偰哲笃曰："祖宗法弊，亦可改矣。"

思诚曰："汝辈更法，又欲上诬世皇，是汝与世皇争高下也。且自世皇以来，诸帝皆谥曰孝，改其成宪，可谓孝乎？"

偰哲笃曰："钱钞兼行何如？"

思诚曰："钱钞兼行，轻重不伦，何者为母，何者为子？汝不通古今，道听而途说，何足行哉。"

偰哲笃忿曰："我等策既不可行，公有何策？"

思诚曰："我有三字策曰：行不得！行不得！"②

吕思诚还特别对脱脱说："丞相勿听此言。如向日开金口河，成则归功汝等，不成则归罪丞相矣。"脱脱被吕思诚的直言所打动，御史大夫也先帖木儿则指出："吕祭酒言有是者，有非者，但不当坐庙堂高声厉色。若从其言，此事终不行耶。"御史台官员随即弹劾吕思诚，吕思

---

① 《庚申外史》卷上，第32—33页；《元史》卷97《食货志五》。
② 《元史》卷185《吕思诚传》。

诚被免职，更改钞法的建议被采纳。①

从争论的状况可以看出，吕思诚之所以强调维持既有钞法的立场，是因为随便更动钞法，会带来更大的弊病，不利于国家的稳定，可惜这样的看法成为少数派的意见，未被急于表现自己的脱脱所重视。

（三）钞钱并用

至正十年十一月，朝廷正式发出了变更钞法的诏书，全文如下。

> 朕闻帝王之治，因时制宜，损益之方，在乎通变。惟我世祖皇帝，建元之初，颁行中统交钞，以钱为文，虽鼓铸之规未遑，而钱币兼行之意已具。厥后印造至元宝钞，以一当五，名曰子母相权，而钱实未用。历岁滋久，钞法偏虚，物价腾踊，奸伪日萌，民用匮乏。爰询廷臣，博采舆论，佥谓拯弊必合更张。其以中统交钞壹贯文省权铜钱一千文，准至元宝钞二贯，仍铸至正通宝钱与历代铜钱并用，以实钞法。至元宝钞，通行如故。子母相权，新旧相济，上副世祖立法之初意。②

为变更钞法，特别设立了宝泉提举司，"掌鼓铸至正通宝钱，印造交钞，令民间通用"。新印造的"中统交钞"背面印有"至正印造元宝交钞"字样，所以又被时人称为"至正交钞"。由于有人利用更改钞法的机会倒钞谋利，至正十一年六月特别发出了整治钞法的规定，强调"敢有似前小倒昏钞、多取工墨、街市行使揭除搭头钞两之人，许诸人捉拿到官，依例断罪"。但是钞、钱并用，未除旧弊，又添新弊，"其造至正交钞，楮币窳恶，用未久，辄腐烂不堪倒换。遂与至元宝钞具涩滞不行，物价腾贵"。"行之未久，物价腾踊，价逾十倍。又值海内大乱，军储供给，赏赐犒劳，每日印造，不可数计。舟车装运，轴轳相接，交料之散满人间者，无处无之，昏软者不复行用。京师料钞十锭，易斗粟不可得。既而所在郡县，皆以物货相贸易，公私所积之钞，遂俱不行，人视之若弊楮，而国用由是遂乏矣。"③ 时人亦留下了讽刺至正

---

① 《元史》卷97《食货志五》，卷185《吕思诚传》。
② 《元史》卷97《食货志五》。
③ 《元史》卷97《食货志五》；《整治钞法》，《南台备要》，《宪台通纪（外三种）》，第230—232页；叶子奇：《草木子》卷3上《克谨篇》，第50—51页。

铜钱的诗作:"金工采得首山铜,范合全凭橐钥功。轮廓回环函太极,圆方相亚启鸿蒙。五铢榆荚非今制,阴缦阳文在昔同。母子权行归至正,悭囊已免一钱空。"①

钞、钱并用不解决问题,有人提出了更大胆的建议。如理学学者王祎就强烈要求废除纸钞,并强调既要大规模铸造小额度的铜钱,还要铸造金币和银币,与铜钱一起流行,以使货币起到平准物价和便于使用的作用。

> 国朝因时制宜,袭近代之法,一切用钞,而钱尽废不用。自中统、至元钞之行,且一百年中,更至大虽尝改法,然旋亦即复旧。乃自顷岁以中统交钞重其贯陌,与至元宝钞相等并行,京师复铸至正新钱,使配异代旧钱,与二钞兼用,其意殆将合古而达今,而不知适以起天下人心之疑。夫中统本轻,至元本重,二钞并行,则民必取重而弃轻。钞乃虚文,钱乃实器,钱钞兼用,则民必舍虚而取实,故自变法以来,民间或争用中统,或纯用至元,好恶不常,以及近时,又皆绝不用二钞,而惟钱之是用。而又京师鼓铸寻废,所铸钱流布不甚广,于是民间所用者,悉异代之旧钱矣。嗟乎,二钞者,国家之所用,而民则以为弃物而弗之用;旧钱者,国家未尝专以为用而民争相宝爱而用之;是天下之民反操国家之柄,而国家之命已下制于民,泉货之弊莫此时为甚矣。
>
> 诏旨屡饬,禁令愈严,民顽然相视而弗之恤,而上之人亦坐视其法之弊,举无策以救之。民情所至,如水就下,势之趋向,不可复遏。是故善为天下者,因民之所利而利之,民以为利,上之人何故而不为。今外宰相得承制行事,亦既审察民情,即江浙省府治鼓铸,累月之间,国用颇赖以资给,则其为效,固有不可诬者。然其所铸乃当十大钱,止用于杭城,而不足以行远,间有流布诸路者,民亦易视之弗信,泉货之弊自若也。
>
> 愚窃以为,今日钞法宜姑置弗问,而钱法当在所速讲。钱法之议有二:一曰广开鼓铸,二曰罢铸大钱。
>
> 盖大钱质轻而利重,利重故盗铸者多,质轻故宝爱者少。小钱

---

① 张仲深:《至正新铜钱》,《子渊诗集》卷4,四库全书本。

费厚而利均，费厚故盗铸者少，利均故贸易者平，此亦势之必然。故历代大钱皆旋踵而废，而至大大钱今亦存者无几，此可见大钱之铸当罢矣。由是言之，鼓铸不可不开，而监局之置不可不广，大钱不可不罢，而小钱之铸不可不多。为今之计，无逾此者。且今江浙地大物众，省府鼓铸固必仍旧，其浙东西、江东、闽中诸路，宜各斟酌所在，分置监局，或一州二州，即为一炉，而凡所铸钱，必以汉五铢、唐开元、金大定、宋大观及今至正小钱为则，其大钱更不复铸。夫鼓铸广则造钱多而人易致，小钱多则称物均而人知贵，易致则其用不匮，知贵则其行可久。推而放之，其法将遍诸天下而准，固不特江浙一省而已。

鼓铸之际，关防严密，制作精致，定其轻重而有度，平其出纳而有常。如是，则今日之钱殆可流于地上，而异代之钱将不销而自废矣，于是国家之命得以伸于民，民生而由之而可遂，因民之所利而利之，莫此为便。匡今之弊，以复古之道为计，宜无逾于此者，上之人岂亦不是之思。诚思之，顾胡为而不亟于行也。

抑尝因是复有其说。古者三币，珠玉为上，黄金为中，白金为下。后世或为二币，秦制黄金以镒为名，及铜钱是也。今诚使官民公私并得铸黄金、白金为钱，随其质之高下轻重而定价之贵贱多寡，使与铜钱母子相权而行，当亦无不可者。且今公私贸易苦于铜钱重不可致远，率皆挟用二金。藉使有司不明立之制而使之用，公私之间有不以之为用者乎？是则用黄金、白金为钱，与铜钱并行，亦所谓因其所利而利之者也。

或者顾谓废钱而用钞，实祖宗之成宪，而于术数之说为有符，今唯用钱，无乃稽之典章，驱之图谶，有相乖违者乎？是不然。天下之法，虽圣人不能使之久而无弊，及其弊也，固未尝无法以救之，变而通之，存乎人焉耳，而可泥于拘挛之见，偏于寻常之论哉。①

儒者孔齐则针对纸钞已经无人使用的状态，提出了通行三等钱的看法。

---

① 王祎：《泉货议》，《王忠文集》卷15（《全元文》第55册，第370—373页）。

> 楮币之患，起于宋季。置会子、交子之类以对货物，如今人开店铺私立纸票也，岂能久乎？至正壬辰（1352年），天下大乱，钞法颇艰。癸巳（1353年），又艰涩。至于乙未年（1355），将绝于用，遂有"观音钞、画钞、折腰钞、波钞、熬不烂"之说。观音钞，描不成，画不就，如观音美貌也。画者，如画也。折腰者，折半用也。波者，俗言急走，谓不乐受，即走去也。熬不烂者，如碎絮筋查也。丙申（1356年），绝不用，交易惟用铜钱耳。钱之弊亦甚，官使百文，民用八十文，或六十文，或四十文，吴、越各不同。至于湖州、嘉兴，每贯仍旧百文，平江五十四文，杭州二十文，今四明漕至六十文。所以法不归一，民不能便也。且钱之小者、薄者，易失坏，愈久愈减耳。予尝私议用三等。金银皆作小锭，分为二等，须以精好者铸成，而凿几两重字，旁凿监造官吏工人姓名，背凿每郡县名，上至五十两，下至一两重。第三等铸铜钱，止如崇宁当二文、大元通宝当十文二样。余细钱，除五铢、半两、货泉等不可毁，存古外，唐、宋诸细钱并用毁之。所铸钱文曰"大元通宝"，背文书某甲子字，如大定背上卯酉字是也。凡物价高者，用金，次用银，下用钱。钱不过二锭，盖一百贯也。银不过五十两，金不过十两。每金一两重，准银十两。银一两，准钱几百文。必公议铜价工本轻重，定为则例可也。如此则天下通行无阻滞，亦无伪造者。纵使作伪，须金银之精好，钱之得式，又何患焉。①

王祎和孔齐的建议显然未引起主政者的重视，所以在失败的更变钞法后，币制混乱的状态一直延续到元朝灭亡，善于记事的元末明初人叶子奇为此专门作出了以下评价。

> 盖尝考之，非其法之不善也，由后世变通不得其术也。元之钞法，即周汉之质剂，唐之钱引，宋之交会，金之交钞。当其盛时，皆用钞以权钱。及当衰叔，财货不足，止广造楮币以为费。楮币不足以权变，百货遂涩而不行，职此之由也。必也欲立钞法，须使钱

---

① 孔齐：《楮币之患》，《至正直记》卷1。

货为之本，如盐之有引，茶之有引，引至则茶盐立得。使钞法如此，乌有不行之患哉。当今变法，宜于府县各立钱库，贮钱若干，置钞准钱引之制，如张咏四川行交子之比，使富室主之，引至钱出，引出钱入，以钱为母，以引为子，子母相权，以制天下百货。出之于货轻之时，收之于货重之日，权衡轻重，与时宜之，未有不可行之理也。譬之池水所入之沟，与所出之沟相等，则一池之水动荡流通，而血脉常活也。借使所入之沟虽通，所出之沟既塞，则水死而不动，惟有涨满浸淫，而有滥觞之患矣，此其理也。当时不知，徒知严刑驱穷民以必行，所以刑愈严而钞愈不行，此元之所以卒于无术而亡也。①

叶子奇指出纸钞无本是钞法失败的主因，要求明确钞币与财货之间的依赖关系，显然是正确的看法。但是将纸钞变成钱引，依然是钞、钱并用，未必能解决钞弊问题，只能是走回弃钞用钱的老路。

三　治河辩

如何治理黄河的水患，在元朝后期已经成为急需解决的问题。在权衡各种治理黄河的方案后，朝廷实施了大规模的治理黄河行动，并顺利完成了这一重大的水利工程。

（一）大都开运河的失败

至正二年正月，中书省参议孛罗帖木儿和都水监傅佐等人建议在大都开运河："起自通州南高丽庄，直至西山石峡铁板开水古金口一百二十余里，创开新河一道，深五丈，广十五丈，放西山金口水东流至高丽庄，合御河，接引海运至大都城内输纳。"中书省右丞相脱脱支持开运河建议，还特别强调："京师人烟百万，薪刍负担不便。今西山有煤炭，若都成开池河，上受金口灌注，通舟楫往来，西山之煤可坐致于城中矣。"②

朝中大臣大多反对在大都开运河，时任中书省左丞的许有壬更上书明确指出妄开运河会带来重大的灾难，上书全文如下。

---

① 叶子奇：《草木子》卷 3 下《杂制篇》，第 65—66 页。
② 《庚申外史》卷上，第 20 页；《元史》卷 66《河渠志三》。

大德二年，浑河水发为民害，大都路都水监将金口下闭闸板。五年间，浑河水势浩大，郭太史（郭守敬）恐冲没田薛二村、南北二城，又将金口已上河身，用砂石杂土尽行堵闭。至顺元年，因行都水监郭道寿言，金口引水过京城至通州，其利无穷，工部官并河道提举司、大都路及合属官员耆老等相视议拟，水由二城中间窒碍。又卢沟河自桥至合流处，自来未尝有渔舟上下，此乃不可行船之明验也。且通州去京城四十里，卢沟止二十里，此时若可行船，当时何不于卢沟立马头，百事近便，却于四十里外通州为之？

又西山水势高峻，亡金时，在都城之北流入郊野，纵有冲决，为害亦轻。今则在都城西南，与昔不同。此水性本湍急，若加以夏秋霖潦涨溢，则不敢必其无虞，宗庙社稷之所在，岂容侥幸于万一。若一时成功，亦不能保其永无冲决之患。且亡金时此河未必通行，今所有河道遗迹，安知非作而复辍之地乎？又地形高下不同，若不作闸，必致走水浅涩，若作闸以节之，则沙泥浑浊，必致淤塞，每年每月专人挑洗，盖无穷尽之时也。且郭太史初作通惠河时，何不用此水，而远取白浮之水，引入都城，以供闸坝之用？盖白浮之水澄清，而此水浑浊不可用也。此议方兴，传闻于外，万口一辞，以为不可。若以为成大功者不谋于众，人言不足听，则是商鞅、王安石之法，当今不宜有此。①

许有壬尽管不是水利专家，但是他特别强调了郭守敬当年开南北大运河时的规划，作为反对开河的依据。脱脱不听许有壬的意见，于至正二年正月下令"开京师金口河，深五十尺，广一百五十尺，役夫一十万"。当年四月，开成新河，"起闸放金口水，流湍势急，沙泥壅塞，船不可行。而开挑之际，毁民庐舍坟茔，夫丁死伤甚众，又费用不赀，卒以无功"。御史台纠劾建言者，孛罗帖木儿、傅佐都被处死，不仅印证了许有壬的说法，亦使当政者尝到了妄兴水利工程的苦果，成为水利史上的一次重要教训。②

（二）治理黄河的不同意见

顺帝即位之后，黄河多次决口，如何根治黄河水患，已经成了朝臣

---

① 《元史》卷66《河渠志三》。
② 《元史》卷40《顺帝纪三》，卷66《河渠志三》，卷182《许有壬传》。

不得不关注的问题。儒者王喜为此特别编撰了《治河图略》一书，依据历代王朝的治河经验，明确提出了因势利导、分黄河为南北流的建议。

> 臣窃谓水之在天下，有自然之利，亦有自然之害。顺而导之者易为力，逆而遏之者难为功。譬犹人之一身，血脉流通则无病，血脉壅滞则病生。审而治之，宣其壅滞，使之流通，则病自去，治水之道亦当如此。
>
> 窃见比年以来，黄河失道，泛滥曹濮间，生民垫溺，中原凋耗，莫此为甚。以致上干宵旰之忧勤，次劳庙堂之轸念。见者闻者莫不恻然，思有以救之，然未有出一谋，建一策，有补于明时者，以其但知河之为害，而未知其所以为害。臣故历考累代河流变迁之故与浚治之术，粗得其详，而知其有无不可为之理。且何以言之，皆缘下流壅滞，水势不能自泄，是以决溢为害。为今之计，莫若浚入淮旧河于南，以顺其流，仍导一新河于北，以分其势。大河既分，其流自缓，无泛滥之患矣。①

王喜还在他所规划的治河方略中，特别强调要注重浚旧河、导新河、专委任、优工役四方面的要求。

> 臣窃谓水之为利，生民之所不可缺，有国之所不可无，关于利害至重矣。历代之虞衡水部，本朝之都水监，所以总天下之水，而重其事也。而黄河之水，又天下之至大者，今其决溢为害，下病生民，上累国家，不可视为寻常细事明矣。必也重其事，委重于大臣，旁求良策，而后可以息灾弭患。臣虽不敏，既图陈于前，复谓所以息灾弭患者，必本于理势之自然，而其要则在于浚旧河、导新河二者而已。所以能息灾弭患者，又必仰于人力之使然，而其要则在于专委任、优工役二者而已，故敢以四事条列于后。
>
> 一，先浚旧河。合于上流淤塞处，约以十里二十里为率，挑出沙土，令深或底。下见流沙，则缚木排平置沙面，为河水立脚之

---

① 王喜：《治河图略序》，《治河图略》卷首，四库全书本（《全元文》第56册，第126页）。

地，仍于两旁立桔槔长竿，提出沙土，渐淘渐洗，使水得行。上流既通，则下流自然汩汩有建瓴之势，不待施工而自顺。若河水已循故道，或可使之全流入淮，则于决河北岸，用竹络木柜等盛石块，垒成河堤，虽非久远之计，亦可救患于一时。故不如因其自决之势，分为两道，最为得宜。要在察其逆顺，审其形势，随宜量度之耳。议者莫不以为旧河沙土壅积如此之高，新决河水如此之深，岂能使之复于故道，此自今日所见之势而言也。然所积沙土高者虽有一丈以来，低者不下五七尺，皆是近年淤积，非天生坚顽之物，固可以人力去之。况其下既有流沙，乃是水脉尚通，与决河相平，故其余流浸渍，特以沙土壅隔，不得流耳。浚而治之，必有成功，是皆他日未形之势人所未见者也。因谓龙门万仞之巅，四山皆石，禹尚以人力凿之，以通河道，况今河行平地沙土之中，决诸东方则东流、决诸西方则西流者乎。此臣断断以为旧河有可浚之理也。

一，后导新河。浚旧河则始上流，导新河则始下流。盖旧河既浚，河流既分，泛滥之水渐平，却于下流因其所穿之径，顺其势导一川，从北清河入梁山泊，合御河入海。又分一道入南清河，合泗水入淮。如此，则南北闸河水增舟顺，可无启闭之劳，而国家永享其利。抑且桑土悉平，可以耕艺，有倍收之获，而民蒙其利。议者莫不以为大河入梁山泊，则必冲坏闸河，直趋东平，为害不小。殊不知河流既分，力弱势缓，不足为害。且以旧事证之。前宋建绍时，曾从济宁、钜野决入，其时全河入于济水，下流分为二道，一道从南清河入淮，一道从北清河入海，尚且不闻其破闸河、害东平也。况今于上流已分半水入汴河，其一半入济水者，又分为南北流，则入于梁山泊者仅四之一耳。而梁山泊八百里之宽，足以渟蓄其怒波，则下流自然平缓，可保其无患矣。此臣断断以为新河有可导之理也。

一，专委任。宜选在朝明达大臣一员，充总领河防使，一应河道合干事务，便宜行事。仍选有学识、有材干之士以为之属，同心讲究，务在兼采众长，取人为善，参酌审量，底于功成。至如董工役、备器物、司出纳、掌簿书，则各有司存。

一，优工役。宜募民择丁壮者为河夫，十人为甲，前期给散雇工钱，必令稍优，使之乐从，尽力工作。其有不趋事者，罚及甲长。仍禁有司毋得因而差发骚扰,重困一方。其铁匠、木匠,则常用制造器具,不致乏用。至如医工,亦所不可缺者。或河夫疾病伤损,必官为医疗,仍给半粮优恤之。凡连年被水灾去处,亦须赈赡之,使得以复业。①

儒臣贾鲁于至正四年被任以行都水监的职务,他对黄河河道进行认真的实地勘查后,提出了治理黄河的两种对策:"其一,议修筑北堤,以制横溃,则用工省。其一,议疏塞并举,挽河东行,使复故道,其功数倍。"② 由于当朝宰臣的更换,贾鲁的对策未受到重视。

至正九年冬季,中书省右丞相脱脱明确表达了根治黄河水患的意愿:"皇帝方忧下民,为大臣者职当分忧。然事有难为,犹疾有难治,自古河患即难治之疾也,今我必欲去其疾。"他准备采纳贾鲁的"必疏南河,塞北河,使复故道,役不大兴,害不能已"建议,即贾鲁治河两策中的第二策。但是朝臣集议讨论治河问题时,"或言当筑堤以遏水势,或言必疏南河故道以杀水势",意见难以统一。脱脱乃于至正十年派大司农秃鲁和工部尚书成遵再次巡视黄河河道,"议其疏塞之方以闻"。秃鲁、成遵"自济宁、曹、濮、汴梁、大名,行数千里,掘井以量地形之高下,测岸以究水势之浅深,遍阅史籍,博采舆论",于至正十一年春季返回都城。③

至正十一年四月,脱脱又召集群臣讨论治河问题,并明言要采纳贾鲁的建议,调动二十万人展开治河工程。成遵则明确提出了"河之故道,不可得复"的看法,并说明了八条理由。《元史》记录了成遵与脱脱辩论的过程,可转引于下。

> 丞相脱脱已先入贾鲁之言,及遵与秃鲁至,力陈不可,且曰:"济宁、曹、郓,连岁饥馑,民不聊生,若聚二十万人于此地,恐后日之忧,又有重于河患者。"
>
> 脱脱怒曰:"汝谓民将反耶!"
>
> 自辰至酉,辩论终不能入。

---

① 王喜:《治河图略·治河方略》。
② 《元史》卷187《贾鲁传》。
③ 《元史》卷138《脱脱传》,卷186《成遵传》。

明日，执政者谓遵曰："修河之役，丞相意已定，且有人任其责矣，公其毋多言，幸为两可之议。"

遵曰："腕可断，议不可易也。"①

成遵之所以反对大规模的治河工程，重点考虑的不是技术问题，而是政治问题，担心大工程会引来民间骚动，带来难以预料的后果。他特别向脱脱进言："工不可兴，浩大难成，且见今南阳、安丰盗贼成群，万一与挑河人夫相挺而杂起，此大乱之机，非细事也。"②脱脱好大喜功，不仅不听成遵的建议，还将其贬为大都河间等处都转运盐使。在确定治河方案后，脱脱采纳了王喜的"专委任"建议，以贾鲁总掌治河事宜。当年四月四日，正式下诏开黄河故道，"命贾鲁以工部尚书为总治河防使，发汴梁、大名十三路民十五万，庐州等戍十八翼军二万，自黄陵冈南达白茅，放于黄固、哈只等口，又自黄陵西至阳青村，合于故道，凡二百八十里有奇，仍命中书右丞玉枢虎儿吐华、同知枢密院事黑厮以兵镇之"③。

（三）贾鲁治河的成效

贾鲁主导的治理黄河工程，于至正十一年四月二十二日聚齐民夫开工，主要是在汴梁路（今河南开封）和归德府（今河南商丘）的北面和东面疏凿由白茅口经黄陵口到砀山的新河道，"七月疏凿成，八月决水故河，九月舟楫通行，十一月水土工毕，诸埽诸堤成。河乃复故道，南汇于淮，又东入于海"。至正十一年十一月，"以黄河堤成，散军民役夫"。"遣使以治河功成告祭河伯，召贾鲁还朝，超授荣禄大夫、集贤大学士，赐金系腰一、银十锭、钞千锭、币帛各二十匹。都水监并有司官有功者三十七员，皆升迁其职。诏赐脱脱答剌罕之号，俾世袭之，以淮安路为其食邑。命立《河平碑》。"④

《河平碑》又名《至正河防记》，由儒臣欧阳玄撰写。欧阳玄不仅详细记录了疏、濬、塞各项工程的施工情况，还特别记下了工程的总体开销，并对治河工程给予了积极的评价。

---

① 《元史》卷186《成遵传》。
② 《庚申外史》卷上，第34页。
③ 《元史》卷42《顺帝纪五》，卷187《贾鲁传》。
④ 《元史》卷42《顺帝纪五》，卷66《河渠志三》。

>　　官吏俸给，军民衣粮工钱，医药、祭祀、赈恤、驿置马乘，及运竹木、沉船、渡船、下桩等工，铁、石、竹、木、绳索等匠佣赀，兼以和买民地为河，并应用杂物等价，通计中统钞百八十四万五千六百三十六锭有奇。
>
>　　鲁（贾鲁）尝有言："水工之功，视土工之功为难；中流之功，视河滨之功为难；决河口视中流又难；北岸之功视南岸为难。用物之效，草虽至柔，柔能狎水，水渍之生泥，泥与草并，力重如碇。然维持夹辅，缆索之功实多。"盖由鲁习知河事，故其功之所就如此。
>
>　　是役也，朝廷不惜重费，不吝高爵，为民辟害。脱脱能体上意，不惮焦劳，不恤浮议，为国拯民。鲁能竭其心思智计之巧，乘其精神胆气之壮，不惜劬瘁，不畏讥评，以报君相知人之明。[①]

由于流传"石人一只眼，挑动黄河天下反"的民谣，使贾鲁治河有了引发红巾军起义的负面评价，甚至出现了造反者预埋石人策动河夫起义的说法，可转引于下。

>　　先是，至正庚寅（1350年）间，参议贾鲁以当承平之时，无所垂名，欲立事功于世。首劝脱脱丞相开河北水田，务民屯种，脱从之。
>
>　　及河决南行，又劝脱相求夏禹故道，开使北流，身专其任。濒河起集丁夫二十六万余人，朝廷所降食钱，官吏多不尽给，河夫多怨。韩山童等因挟诈，阴凿石人，止开一眼，镌其背曰："莫道石人一只眼，此物一出天下反。"预当开河道埋之，掘者得之，遂相为惊诧而谋乱。是时，天下承平已久，法度宽纵，人物贫富不均，多乐从乱，曾不旬月，从之者殆数万人。[②]

这样的说法并不可信，因为刘福通、韩山童发动红巾军起义的时间是至正十一年五月，起义的地点在颍州（今安徽阜阳），不仅与治河工

[①] 欧阳玄：《至正河防记》，载《元史》卷66《河渠志三》（《全元文》第34册，第569—576页）。

[②] 叶子奇：《草木子》卷3上《克谨篇》，第50—51页。

程没有直接的关系，更不是河夫造反，所以不能以此来否定贾鲁治河的功绩。此次治河之后，黄河确实有了几十年的安定期。明朝初年修《元史》时，已经注意到了这一问题，对贾鲁治河给予了较客观的评价："议者往往以谓天下之乱，皆由贾鲁治河之役，劳民动众之所致。殊不知元之所以亡者，实基于上下因循，狃于宴安之习，纪纲废弛，风俗偷薄，其致乱之阶，非一朝一夕之故，所由来久矣。不此之察，乃独归咎于是役，是徒以成败论事，非通论也。设使贾鲁不兴是役，天下之乱，讵无从而起乎？"① 贾鲁不是沽名钓誉的言利之臣，其辅政行为反映的恰是遵循治道学说的儒家政治观念，所以不能简单地将引起天下大乱的罪责推到他的身上。脱脱下决心治理黄河，也是出于善政的考虑，尽管存在用民力过急等方面的问题，但不能因此而直指其犯了决策失误的错误。

第四节　危机与对策

至正十一年的红巾军起义，使元朝的统治陷入败亡危机之中。面临重大的危机，救亡图存成为最重要的政治主题，并且在三个重要时段采用了不同的救亡对策。

一　遭遇自毁的会战策略

至正十一年到至正十四年（1351—1354），为全面镇压红巾军起义，元朝的主政者采用调集重兵主动出击的方法，期望以会战形式击败红巾军等反叛力量，但是在奸臣的破坏下，会战取胜的救危策略以失败而告终。

（一）应对危局的紧急措施

红巾军起义爆发后，主政的脱脱确定的是集中兵力快速平定叛乱的方案，先于至正十一年五月派遣同知枢密院事秃赤率领侍卫亲军出征，被刘福通击败。当年九月，脱脱又派其弟御史大夫也先帖木儿和卫王宽彻哥统率侍卫亲军十万人出征在河南活动的刘福通。至正十二年正月，脱脱又下令调集云南、陕西、四川、江西、江浙、湖广等行

---

① 《元史》卷66《河渠志三》。

省的军队,联合进攻占领徐州的红巾军芝麻李部和占据武昌的红巾军徐寿辉部。出征军队的主旨都是以会战的方式,消灭红巾军各部。至正十二年闰三月,也先帖木儿临战脱逃,所统侍卫亲军随即溃散,各省联军也纷纷失利,红巾军的势力迅速扩张,战乱很快从中原蔓延到了江南各行省。①

为应对突发的乱局,朝廷除了继续调兵出征外,还采用了七项紧急的应对措施。

一是下诏平盗。至正十二年正月,朝廷正式向全国下发了剿捕反贼的诏书。二月,又下诏要求严守江南三省的紧要关隘之地,并诏谕徐州内外之人,"限二十日,不分首从,并与赦原"。闰三月,下诏允许江浙行省官员在讨贼中可以便宜行事:"如今江浙省地面,谋反贼徒烧毁城池,杀掳人民。调兵剿捕之际,行省官凡有轻重事务,若是一一咨禀,诚恐缓不及事。俺省、台、院众人商量来,若不教他每从便行事呵,耽误了勾当有。如今江浙省里一应合行的事,教本省官好生用心行。"② 下发一系列的剿捕反贼诏书,一方面是彰显朝廷平盗的决心,另一方面则是对军事行动作出具体的部署。

二是弃城定罪。至正三年三月,"诏定军民官不守城池之罪",并对临敌脱逃的完者帖木儿给予杖断一百七下、流放海南的处罚。③ 由于对弃城、逃跑的罪罚过轻,所以难以起到督责官员守土抗敌的作用。

三是劝课农桑。至正十二年正月,中书省官员上言:"河南、陕西、腹里诸路,供给繁重,调兵讨贼,正当春首耕作之时,恐农民不能安于田亩,守令有失劝课,宜委通晓农事官员,分道巡视,督勒守令,亲诣乡都,省谕农民,依时播种,务要人尽其力,地尽其利。其有曾经盗贼、水患、供给之处,贫民不能自备牛、种者,所在有司给之。仍令总兵官,禁止屯驻军马,毋得踏践,以致农事废弛。"这一建议被主政者采纳并付诸实施,礼部尚书王思诚就承担了巡视的任务,"帝以四方民颇失业,命名臣巡行劝课,思诚至河间及山东诸路,召集父老,宣帝

---

① 元朝后期战争的具体情况,详见史卫民《中国军事通史》第 14 卷《元代军事史》,军事科学出版社 1998 年版,第 404—429 页,下同。

② 《元史》卷 42《顺帝纪五》;《剿捕反贼》,《南台备要》,《宪台通纪(外三种)》,第 248—257 页。

③ 《元史》卷 42《顺帝纪五》;《完者帖木儿》,《南台备要》,《宪台通纪(外三种)》,第 249—250 页。

德意,莫不感泣"①。朝廷有劝课农桑的要求,地方官员就会有所行动,如张伯玉就在红巾军活动区域内创立了与之对峙的兵农合一机制,"相其山川险易远近,于嵩、汝等州,据险要设立仙人、太平等十有余寨,互为犄角,每寨万户一人,以主栅事。无事民则执耒耕以足食,有事民则荷戈战以自卫,且战且耕,得古寓兵于农之道意"②。

四是举荐守令。至正十二年三月,朝廷特别发出诏书,对荐举守令作了新的规定:"随朝一品职事及省、台、院、六部、翰林、集贤、司农、太常、宣政、宣徽、中政、资正、国子、秘书、崇文、都水诸正官,各举循良材干、智勇兼全、堪充守令者二人。知人多者,不限员数。各处试用守令,并授兼管义兵防御诸军奥鲁劝农事,所在上司不许擅差。守令既已优升,其佐贰官员,比依入广例,量升二等。任满,验守令全治者,与真授;不治者,全削二等,依本等叙;半治者,减一等叙。杂职人员,其有知勇之士,并依上例。凡除常选官于残破郡县及迫近贼境之处,升四等;稍近贼境,升二等。"③这样的规定与以前的不同之处,就在于明确了守令的守土之责,并对在战乱中的试用守令有了明确的要求。

五是选用南官。至正十二年三月,发出了中书省、枢密院、御史台都要参用南人的诏书,特别强调"世祖皇帝时分,不分诸色人等,有才学的选择着,勾当里委付有来。近闻将南人省、院、台不曾委付上头,偏付的一般有。天下四海之内,都是咱每百姓有。如今依着世祖皇帝时分用人例,南人内有才学的好人有呵,省、院、台里教用者"。面对战乱的局势,不能不稍微改变一下对南人的歧视态度,所以才会有这样的规定。④

六是纳粟补官。至正十二年三月,中书省正式发出了纳粟补官的命令,规定"凡各处士庶,果能为国宣力,自备粮米供给军储者,照依定拟地方实授常选流官,依例升转、封荫;及已除茶盐钱谷官有能再备钱粮供给军储者,验见授品级,改授常流"⑤。这样的做法本是为了激

---

① 《元史》卷42《顺帝纪五》,卷183《王思诚传》。
② 王弢:《张宣慰兵农记》,《全元文》第58册,第193—194页。
③ 《元史》卷42《顺帝纪五》。
④ 《元史》卷42《顺帝纪五》;《奏事》,《南台备要》,《宪台通纪(外三种)》,第245页。
⑤ 《元史》卷42《顺帝纪五》。

励士绅等为国效力，但是在执行中严重走样，成了歧视南人的做法，有人对此有较详细的记录。

> 天下治平之时，台、省要官皆北人为之，汉人、南人万中无一二，其得为者不过州县卑秩，盖亦仅有而绝无者也。后有纳粟、获功二途，富者往往以此求进。令之初行，尚犹与之，及后求之者众，亦绝不与南人。在都求仕者，北人目为腊鸡，至以相訾诟，盖腊鸡为南方馈北人之物也，故云。及方寇（方国珍）起，濒海豪杰如蒲圻赵家、戴纲司家、陈子游等，倾家募士，为官收捕，至兄弟子侄皆歼于盗手，卒不沾一命之及，屯膏吝赏至于此。其大盗一招再招，官已至极品矣。于是上下解体，人不向功，甘心为盗矣。又获功之官，于法非得风宪体覆牒文，不辄命官，宪使招权，非得数千缗，不与行遣，故有功无钱者往往事从中辍，皆抱怨望。其后盗塞寰区，空名宣敕，遇微功即填给，人已不荣之矣。①

七是修造城池。至正十二年四月，"诏天下完城郭，筑堤防"②。由此各地大兴造城之风。如中书省辖区内的平原县（今属山东），即按照朝廷的诏令，修造了新城。

> 县邑之不修藩屏者，肇自至元十三年平定江南之后。我皇元混一区宇，治教休明，民无奸宄故也。然承平迄今仅七十余年，蕞尔徐方绎骚不宁，国家乃有修理城垣之命。至正改元之十二年，监县文林郎也先不花奉中朝遴选，承驿莅任，及判簿将仕佐郎王庸、典史龙显祖来为僚属，躬督其版筑穿浚之役，循视故基，规划立法。惟役富厚有丁之家，趋事赴功，戒以勿亟，单弱小民，咸得休息。城既高坚，池惟深广，则东西南北安置大门，创建重室，晨启关而夜扃钥，官民安堵如也。③

江浙行省内的绍兴（今属浙江），"至正十二年秋九月，越人筑新

---

① 叶子奇：《草木子》卷3上《克谨篇》，第49—50页。
② 《元史》卷42《顺帝纪五》。
③ 谢文禧：《重修城池记》，《全元文》第58册，第702—703页。

城，明年春三月告成"，时人特别记录了修城的情况。

> 淮夷梗化，挺祸于大江之南，狼藉州郡如无人之境，守封疆者始思城郭之所恃。而我绍兴距钱唐仅百里近，钱唐既陷，越人皇皇焉，挈幼扶老，走山浮海以遁，不知长林大薮贼之乌合乌钞者尤甚，则又奔播来归，户以数计者，万又五千。时则浙东肃正府分镇于越，而佥事笃满帖穆公劳徕吾民者，实有以为之倚也。既而集父老喻之曰："城池，大役也，岂易劳吾民，然劳于始而利厥终。钱唐大方面，贼直抵行垣者，以城池之废也。始苏界常湖贼越门而去者，以城池之新固也。汝民所自闻，幸相与惩苟且，思经久之图。"民始难之，公又为条告其赀力，先辍俸金，率郡县吏及郡之民饶于财者，不足则以田为之赋粮，二十石上出若干缗钱，筑若干丈尺，四十石上数倍之，三石五石助赀，办各有差。无田者，佣工而就食。民乃悦来，如子听父事，量功命日，不期月落其成。①

广西的桂林，尽管还没有受到红巾军的威胁，也有人明确提出了建城的倡议。

> 至正十有一年，监宪也儿吉尼公宪副是邦。明年，淮右盗起，湖广不守，贼遂入湖南，衡、永皆警，岭海震动。公谕众曰："八桂根本一十六州，国保于民，民保于城。"乃议建筑城池，以为设险守国之要。②

就连边远地区的贵州，也有了修城的举动，时人特别记录了确定修城方略的过程。

> 至正十二年，侯君文卿为贵州幕，不三月，政和而理成。文卿复进父老士庶，与之永图曰："裸袒而战，可乎？"曰："不可也"。"都鄙郡邑，以圉生民，聚民非城弗可也。城弗完，岂尔民之安哉。由前至今，贵为巨州，宾、象、浔、藤，疆土犬牙。溪猺峒

---

① 杨维桢：《绍兴新城记》，《东维子集》卷12（《全元文》第41册，第338—339页）。
② 杨子春：《至正修城碑阴记》，《全元文》第59册，第105—107页。

猺，旦发夕至。州城不治，殆将百年，日月受敌，数倾于陷，吾为若等倡大之。"众喜且谢曰："是足以保我子孙黎民，国家人社之利也，请具畚锸以从。"侯君则出私币，佣军民筑城以卫民。①

对于如何应对战乱，有人为朝廷规划了较完整的策略。如至正十二年，王思诚提出了应对危局的七条建议："一曰置行省，丞相以专方面。二曰宽内郡征输，以固根本。三曰汰冗兵，以省粮运。四曰改禄秩，以养官廉。五曰罢行兵马司，以便诘捕。六曰复倚郭县，以正纪纲。七曰设常选，以起淹滞。"②朵尔直班则提出了少杀人的建议："祖宗之用兵，匪专于杀人，盖必有其道焉。今倡乱者止数人，顾乃尽坐中华之民为畔逆，岂足以服人心。"③亦有人终止了可能带来祸患的对策，如至正十一年，"廷议以中原租税不实，将履亩起税"，户部尚书李稷在中书省的议事都堂上明言："方今妖寇窃发，民庶流亡，此政一行，是驱民为盗也。"主政的脱脱重视李稷的意见，否决了这一动议。④

需要注意的是，朝廷推出的各种紧急措施，都是为重大军事行动所做的辅助性措施。为了快速击败叛军，朝廷紧急从各地调动军队，并且以加征赋税徭役的方法为军队提供军需支持，乃是最重要的策略选择。

(二) 徐州会战的胜利

为了扭转不利的战局，脱脱确定了打击红巾军主力的目标，重点是消灭占据徐州的红巾军芝麻李部。至正十二年七月，脱脱向顺帝提出了由其亲率大军出征徐州的请求，得到顺帝的许可。有人对此提出了异议，明确指出："大臣天子之股肱，中书庶政之根本，不可以一日离。乞诏留贤相，弼亮天工，如此则内外有兼治之宜，社稷有倚重之寄。"顺帝和脱脱都对这样的言论不予理睬。八月，正式发出了命令中书省右丞相脱脱率军进讨徐州的诏书，⑤此份诏书由欧阳玄起草，全文如下。

惟天惟祖宗，混一函夏，全付眇躬。朕承丕基，兢兢图治，罔

---

① 邹鲁：《修城记》，《全元文》第58册，第714—716页。
② 《元史》卷183《王思诚传》。
③ 《元史》卷139《朵尔直班传》。
④ 《元史》卷185《李稷传》。
⑤ 《元史》卷42《顺帝纪五》。

敢逸豫。不谓迩者河南反贼，乘此承平之久，负固弄兵，流毒黎庶。已尝命将讨捕，屡获渠魁，勠以徇众。余党狂獗，尚逭严诛。亦尝肆宥，开以自新，怙终不悛，致烦师旅。太傅、中书右丞相脱脱爰自贼发迄今，屡请董师致讨。朕以心膂之亲，应难其请，而期于自效，诚恳益坚。朕惟事体之大，付托实难，匪资巨济之才，孰胜戡定之任。今命脱脱以答剌罕、太傅、中书右丞相，分省于外，总督诸道军马，水陆并进。其枢密院、御史台各分官属从行，禀受节制，无或有违。务要廓清妖氛，永底隆平。于戏，太傅实左右朕躬，其行在安靖天下，故分总揆之重，属以讨贼之劳。尚克钦承，懋建丕绩。故兹诏示，应宜知悉。①

脱脱于至正十二年九月率军围攻徐州，当月攻克徐州，芝麻李逃走，脱脱班师回朝。不久，芝麻李被擒杀。河南、湖广、江浙的元军也主动出击，杭州、常州、湖州、潭州、岳州等地都被元军收复，形势转而对元军有利。

脱脱以会战取胜，朝廷中的逢迎者请求立《徐州平寇碑》加以表彰，顺帝应允。脱脱更关注的，则是以此胜来遮盖也先帖木儿失败带来的丑行。也先帖木儿兵败返回都城后，仍任御史大夫一职。至正十二年四月，陕西行御史台监察御史蒙古鲁海牙、范文等十二人上言斥也先帖木儿丧师辱国，要求罢职处罚，行御史台的御史大夫朵尔直班签署并上报了监察御史的上书，引起脱脱的震怒，不仅将十二名监察御史全部罢黜，还将朵尔直班贬为湖北行省平章政事。由此带来的，就是"人皆莫敢言事"的恶果。②

由于方国珍在沿海起兵，海运断绝，朝廷失去了来自江南的粮食供应，不得不在北方筹措粮食。至正十二年十二月，脱脱上言："京畿近地水利，召募江南人耕种，岁可得粟麦百万余石，不烦海运而京师足食。"顺帝则表示："此事有利于国家，其议行之。"至正十三年正月，设立分司农司主掌京畿屯田事宜，"命悟良哈台、乌古孙良桢兼大司农卿，给分司农司印。西自西山，南至保定、河间，北至檀、顺州，东至迁民镇，凡系官地及元管各处屯田，悉从分司农司立法佃种，合用工

---

① 欧阳玄：《命相出师诏》，《圭斋文集》卷13。
② 《元史》卷42《顺帝纪五》，卷138《脱脱传》，卷139《朵尔直班传》。

价、牛具、农器、谷种、召募农夫诸费,给钞五百万锭,以供其用"。中书省官员还特别提出了从江南调人帮助屯田的建议:"近立分司农司,宜于江浙、淮东等处召募能种水田及修筑围堰之人各一千名为农师,教民播种。宜降空名添设职事敕牒一十二道,遣使赍往其地,有能募农民一百名者授正九品,二百名者正八品,三百名者从七品,即书填流官职名给之,就令管领所募农夫,不出四月十五日,俱至田所,期年为满,即放还家。其所募农夫,每名给钞十锭。"脱脱不仅采纳了这一建议,还于当年三月兼领大司农司,以显示对京畿屯田的重视。[①]

(三) 沉溺于佛法的君主

至正十三年五月,张士诚起兵反元,占领高邮。张士诚的突然起兵,破坏了元军集中兵力进攻徐寿辉的作战方略,不得不分派军队征讨张士诚。朝廷还是采用会战的形式,以淮南行省平章政事达识帖睦迩统率从各省调来的元军围攻高邮。至正十四年六月,达识帖睦迩在会战中大败,所领诸军溃散。

在军情如此紧急的情况下,顺帝依然是荒于政务,还在宣政院使哈麻的唆使下,迷上了"能使人身之气或消或胀、或伸或缩"的喇嘛教秘术"演揲儿法",并由此表现出了一系列的荒唐行径。

> 哈麻尝阴进西天僧,以运气术媚帝。帝习为之,号演揲儿法。演揲儿,华言大喜乐也。哈麻之妹婿集贤学士秃鲁帖木儿,故有宠于帝,与老的沙、八郎、答剌马吉的、波迪哇儿祃等十人,俱号"倚纳"。秃鲁帖木儿性奸狡,帝爱之,言听计从,亦荐西蕃僧伽璘真于帝。其僧善秘密法,谓帝曰:"陛下虽尊居万乘,富有四海,不过保有见世而已。人生能几何,当受此秘密大喜乐禅定。"帝又习之,其法亦名双修法。曰演揲儿,曰秘密,皆房中术也。帝乃诏以西天僧为司徒,西蕃僧为大元国师。其徒皆取良家女,或四人、或三人奉之,谓之"供养"。于是帝日从事于其法,广取女妇,惟淫戏是乐,又选采女为十六天魔舞。八郎者,帝诸弟,与其所谓"倚纳"者,皆在帝前相与亵狎,甚至男女裸处,号所处室曰"皆即兀该",华言"事事无碍"也。君臣宣淫,而群僧出入禁

[①] 《元史》卷42《顺帝纪五》,卷43《顺帝纪六》,卷138《脱脱传》。

中，无所禁止，丑声秽行，著闻于外，虽市井之人，亦恶闻之。①

"倚纳"辈用高丽姬为耳目，刺探公卿贵人之命妇、市井臣庶之俪配，择其善悦男事者，媒入宫中，数日乃出。庶人之家，喜得金帛；贵人之家，私窃喜曰："夫君颖选，可以无室滞矣。"②

除了修行秘法外，还要照常举行盛大的君主游皇城活动，并装出君主爱民的样子。如至正十四年正月，顺帝特别对脱脱表示："朕尝作朵思哥儿好事，迎白伞盖游皇城，实为天下生灵之故。今命剌麻选僧一百八人，仍作朵思哥儿好事，凡所用物，官自给之，毋扰于民。"

至正十四年，"京师大饥，加以疫疠，民有父子相食者"。与此形成鲜明对照的是，顺帝亲自设计龙船，以供游乐，根本不顾及百姓的死活。

帝于内苑造龙船，委内官供奉少监塔思不花监工。帝自制其样，船首尾长一百二十尺，广二十尺，前瓦帘棚、穿廊、两暖阁，后吾殿楼子，龙身并殿宇用五彩金妆，前有两爪。上用水手二十四人，身衣紫衫，金荔枝带，四带头巾，于船两旁下各执篙一。自后宫至前宫山下海子内，往来游戏。行时，其龙首眼口爪尾皆动。又自制宫漏，约高六七尺，广半之，造木为匮，阴藏诸壶其中，运水上下。匮上设西方三圣殿，匮腰立玉女捧时刻筹，时至，辄浮水而上。左右列二金甲神人，一悬钟，一悬钲，夜则神人自能按更而击，无分毫差。当钟钲之鸣，狮凤在侧者皆翔舞。匮之西东有日月宫，飞仙六人立宫前，遇子午时，飞仙自能耦进，度仙桥，达三圣殿，已而复退立如前。其精巧绝出，人谓前代所鲜有。时帝怠于政事，荒于游宴，以宫女三圣奴、妙乐奴、文殊奴等一十六人按舞，名为十六天魔。首垂发数辫，戴象牙佛冠，身被璎珞、大红绡金长短裙、金杂袄、云肩、合袖天衣、绶带鞋袜，各执加巴剌般之器，内一人执铃杵奏乐。又宫女一十一人，练槌髻，勒帕，常服，或用唐帽、窄衫，所奏乐用龙笛、头管、小鼓、筝、蓁、琵琶、笙、胡

---

① 《元史》卷205《哈麻传》。
② 《庚申外史》卷上，第45页。

琴、响板、拍板。以宦者长安迭不花管领，遇宫中赞佛，则按舞奏乐。宫官受秘密戒者得入，余不得预。①

至正十三年以前，顺帝还算是一个中规中矩的皇帝，尽管不太关心朝政，但至少表面上维持了对儒家治道学说的敬重。自从受人蛊惑修习秘术之后，顺帝不仅彻底背离了君主正心的要求，还明显表现出了厌政和信用小人的特征。有这样一位皇帝，加上一堆奸臣和佞臣，只能是对严峻的军事形势起雪上加霜的作用，并不可避免地为朝廷带来了重大的悲剧。

（四）高邮会战的惨败

由于张士诚已经成为朝廷的头号大敌，至正十四年九月，顺帝又命脱脱统军出征，围攻高邮，诏书仍由欧阳玄起草，全文如下。

> 朕承国家隆平之运，四方无虞，民不识兵，士不讲武，于兹有年矣。不谓迩者河南反贼弄兵构难，荼毒蒸黎。用是前岁，大丞相脱脱请自出征，一战平徐。朕惟股肱大臣，宜朝夕在朕左右，亟命召还，分将致讨。岂谓因循迁玩，攸经二年，湖广荆襄虽尝克复，余贼逋诛，负固恣睢，致使军士暴露日久，吾民供给困繁，愁叹怨嗟，彻于朕听。朕不遑宁处，乃命脱脱以答剌罕、太师、中书右丞相，分省于外，总督诸队军马，振其威武，刻日进兵，殄贼安民，以释朕虑。凡将士用命者赏，不用命者诛。贼众来降者赦，旅拒者勠。于戏，朕与丞相共理天下者也，天下多故，朕轸其忧，相任其劳，理所必致。汝往，钦哉。慎厥事，事乃有济；图厥功，功乃有成。往哉，汝谐布朕威德，措安吾民，朕惟汝赖。汝往，钦哉。②

脱脱此次出兵，统率的军队号称百万，实际兵力为四十余万人，"西域、西番皆发兵来助，旌旗累千里，金鼓震野，出师之盛，未有过之者"。大军顺利展开全面的进攻，于十一月合围高邮，并在城下大败张士诚军。但是就在高邮指日可下的时候，朝内发生了重大的变故。

顺帝将全国的生力军交给伯颜统率，心有疑虑，十二月初即对朝臣

---

① 《元史》卷43《顺帝纪六》。
② 欧阳玄：《再命出师诏》，《圭斋文集》卷13。

进行调整，以中书省平章政事定住为中书省左丞相，使脱脱不再享有"独相"的位置，并将哈麻、锁南班升为中书省平章政事。脱脱的亲信早已将哈麻视为奸佞之人，但哈麻正被顺帝所宠信，难以下手将其清除。哈麻则抓住脱脱不在京城的机会，采用了扳倒脱脱的三大步骤。

第一个步骤是挑起皇后、皇太子对脱脱的猜疑。爱猷识理达腊于至正十三年六月被立为皇太子，并为其设立了詹事院，但是一直没有举行册立皇太子的仪式，哈麻则对第二皇后奇氏秘言："皇太子既立，而册宝及郊庙之礼不行者，脱脱兄弟之意也。"奇氏和爱猷识理达腊相信了哈麻的说法，对扳倒脱脱起了暗中帮助的作用。

第二个步骤是弹劾也先帖木儿。脱脱不在京城，其弟御史大夫也先帖木儿失去保护，哈麻乃唆使监察御史袁赛因不花等人弹劾也先帖木儿，指其"庸材鄙器，玷污清台，纲纪之政不修，贪淫之心益著"。对也先帖木儿的弹劾，得到了皇太子爱猷识理达腊的支持。在反复上书之后，顺帝下令收走了也先帖木儿所掌的御史台印，免去其御史大夫之职，任命知枢密院事汪家奴为御史大夫。

第三个步骤是弹劾脱脱。至正十四年十二月，哈麻唆使御史台官员上书弹劾脱脱，指其"出师三月，略无寸功，倾国家之财以为己用，半朝廷之官以为自随"。顺帝乃正式下诏罢黜脱脱，"以脱脱老师费财，已逾三月，坐视寇盗，恬不为意，削脱脱官爵，安置淮安路"。为迅速扳倒脱脱，哈麻还作了精心的准备，"诸大臣子弟领军从行者，哈麻历告其家，阴遣人先来军中白其长曰：诏书且至，不即散者，当族诛"①。

朝廷的诏书到高邮时，参议龚伯遂对脱脱说："将在军，君命有所不受。且丞相出师时，尝被密旨，今奉密旨一意进讨可也。诏书且勿开，开则大事去矣。"脱脱则表示："天子诏我而我不从，是与天子抗也，君臣之义何在？"诏书开读之后，脱脱亦表示："臣至愚，荷天子宠灵，委以军国重事，蚤夜战兢，惧弗能胜。一旦释此重负，上恩所及者深矣。"脱脱交出兵权后，"诸卫铁甲军抱不平者，尽皆散去，或相聚山林为盗"；"大军百万，一时四散"；"其散而无所附者，多从红军"②。脱脱所表现的是大臣的忠君行为，但是结果却是使国家丧失了

---

① 《元史》卷43《顺帝纪六》，卷205《哈麻传》；《庚申外史》卷上，第47—48页。
② 《元史》卷138《脱脱传》；《庚申外史》卷上，第46—48页；陶宗仪：《纪隆平》，《南村辍耕录》卷29，第356—359页；叶子奇：《草木子》卷3上《克谨篇》，第52—53页。

解除危机的最重要机会。

脱脱被罢黜后，先被安置在淮安路，后又贬往边远地区，被哈麻派人鸩杀。朝廷内斗导致征讨高邮的大军溃散，表面上是哈麻等人构陷脱脱，实际上真正的导演者是顺帝，他更在意的是脱脱成功拿下高邮后对自己的威胁，而不是天下的安危。在愚蠢君主的主导下，元军遭受重创，难以再掌握战场的主动权，以会战取胜的战略性安排，亦以惨败而终止。

二　扶植地方势力的恶果

至正十五年到至正二十年（1355—1360），在难以压倒各地反叛力量的形势下，主政者采用了扶植地方势力的方法，用借力的方法以求自保，不仅助成了军阀的成长，朝廷中也多次上演了宫廷内斗的戏码。

（一）推助义兵的兴起

高邮兵败，元军主力遭受重创，不得不招募"义兵"与红巾军对抗。至正十五年二月，朝廷特别发出旨令，"听富民愿出丁壮义兵五千名者为万户，五百名者为千户，一百名者为百户，仍降宣敕牌面"。至正十七年，又明确下诏，要求"天下团结义兵，路、府、州、县正官俱兼防御事"，并且下令给山东行中书省，强调"团结义兵，每州添设判官一员，每县添设主簿一员，专率义兵以事守御，仍命各路达鲁花赤提调，听宣慰使司节制"①。

在朝廷的倡导下，各地的义兵纷纷崛起。具有影响力的义兵，有陕西的毛葫芦军，淮西的黄军（盐徒军），广西的苗军（又称"猫军"），以及在河南兴起的察罕帖木儿、李思齐军，控制襄阳等地的答失八都鲁军等。

朝廷中的主政者，在脱脱去职后也有所变化。至正十五年二月，汪家奴任中书省右丞相，定住为中书省左丞相。四月，改为定住任中书省右丞相，哈麻为中书省左丞相，哈麻之弟雪雪为御史大夫。定住多次提出辞职请求，顺帝不允。

至正十六年正月，哈麻又开始策划皇帝让位于皇太子的阴谋。他向家人表示："我兄弟位居宰辅，宜导人主以正，今秃鲁帖木儿（哈麻妹

---

① 《元史》卷44《顺帝纪七》，卷45《顺帝纪八》。

夫）专媚上以淫亵,天下士大夫必讥笑我,将何面目见人,我将除之。且上日趋于昏暗,何以治天下。今皇太子年长,聪明过人,不若立以为帝,而奉上为太上皇。"哈麻的妹妹将其密谋告知秃鲁帖木儿,秃鲁帖木儿担心皇太子即位后被诛杀,乃向顺帝密报哈麻的图谋,并特别强调"哈麻谓陛下年老故耳"。顺帝则明言:"朕头未白,齿未落,遽谓我为老耶。"哈麻的行为触动了顺帝的底线,他立即将哈麻、雪雪罢职,但是并未下令将二人处死,而是准备从宽发落,正如其所言:"哈麻、雪雪兄弟二人虽有罪,然侍朕日久,且与朕弟懿璘质班皇帝实同乳,可姑缓其罚,令其出征。"至正十六年二月,中书右丞相定住和平章政事桑哥失里等人又上书揭露哈麻、雪雪的罪行,顺帝才下令将哈麻贬往惠州安置,将雪雪贬往肇州安置,但未及成行,二人都被杖杀。哈麻、雪雪被处置,并不等于要为脱脱平反昭雪,因为他们被处置的缘由是谋废立。①

去除了哈麻之后,定住成为独相,"中书一切机务,悉听总裁"。至正十六年四月,以搠思监为中书省左丞相,又恢复了双相的格局。

为了应付更为复杂的乱局,除了扶植各地的义兵外,朝廷在至正十五年、十六年两年间还先后推出了五方面的措施。

一是在军事方面,要求以黄河为朝廷的重要屏障。至正十五年,任参议中书省事的成遵在上书中明言:"今天下州县,丧乱过半,河北之民稍安者,以天堑黄河为之障,贼兵虽至,不能飞渡,所以剥肤椎髓以供军储而无深怨者,视河南之民,犹得保其室家故也。今贼北渡河而官军不御,是大河之险已不能守,河北之民复何所恃乎?河北民心一摇,国势将如之何。"② 主政者认可成遵的看法,特别发出了严守黄河的诏令,期望以此来力保中原地区尤其是都城的安全。

二是在治民方面,要求采用更灵活的选任官员机制。至正十五年四月,中书省官员上言:"江南因盗贼阻隔,所在阙官,宜遣人与各省及行台官以广东、广西、海北、海南三品以下通行迁调,五品以下先行照会之任,江浙行省三年一次迁调,福建等处阙官亦依前例。"这一建议之所以被主政者所采纳,是因为在江南地区的纳粟入官已经失败,如有人所记:"至正乙未(1355年)春,中书省臣进奏,遣兵部员外郎刘谦

---

① 《元史》卷44《顺帝纪七》,卷205《哈麻传》;《庚申外史》卷下,第51—52页。
② 《元史》卷186《成遵传》。

来江南，募民补路府州司县官，自五品至九品，入粟有差，非旧例之职专茶监务场者比。虽功名逼人，无有愿之者。既而抵松江时，知府崔思诚惟知曲承使命，不问民间有粟与否也，乃拘集属县巨室，点科十二名。众皆号泣告诉，曾弗之顾，辄施拷掠，抑使承伏，即填空名告身授之。平江路达鲁花赤卒不避谴斥，力争以为不可，竟无一人应募者，崔闻之，深自悔报。"至正十六年二月，又对推荐守令作了新的规定："六部、大司农司、集贤翰林国史两院、太常礼仪院、秘书、崇文、国子、都水监、侍仪司等正官，各举才堪守令者一人，不拘蒙古、色目、汉、南人，从中书省斟酌用之，或任内害民受赃者，举官量事轻重降职。"①

　　三是在经济方面，要求施行更便利和实用的税粮等征收办法。由于海运已经处于时断时通的状态，至正十五年六月，江浙行省官员提出了就便征粮储粮的建议："至正十五年税课等钞，内除诏书已免税粮等钞，较之年例，海运粮并所支钞不敷，乞减海运，以苏民力。户部定拟本年税粮，除免之外，其寺观并拨赐田粮，十月开仓，尽行拘收；其不敷粮，拨至元折中统钞一百五十万锭，于产米处籴一百五十万石，贮濒河之仓，以听拨运。"这一建议被主政者所采纳。为保证朝廷的粮食供应，还于至正十五年发出了全面开展屯田的诏令，要求"凡有水田之处，设大兵农司，招集人夫，有警乘机进讨，无事栽植播种"。至正十六年三月，不仅重新设立了酒课提举司，还要求朝臣讨论钞法问题，但并未拿出解决钱币问题的新方法，只是在当年发出了"沿海州县为贼所残掠者免田租三年"的诏书。

　　四是在礼仪方面，既正式举行了册立皇太子的仪式，也隆重举行了郊祀等仪式。至正十五年三月，"命汪家奴摄太尉，持节授皇太子爱猷识理达腊玉册，锡以冕服九旒，祗谒太庙"。在册立制书中，不仅有"家法曰齐，心法曰正"的要求，还特别强调了对皇太子参与治国的具体要求："存心养性者，守身为皇亲之大；任贤去邪者，知人为安民之方。勿谓昊穹之高，一诚意而庶征应。勿谓宫廷之奥，一善言而万方知。与治同道，则唐虞之俗可还。主善为师，则舜禹之域斯至。"当年十月，顺帝向右丞相定住等人表示："敬天地，尊祖宗，重事也。近年

---

① 《元史》卷44《顺帝纪七》；陶宗仪：《鸶爵》，《南村辍耕录》卷7，第93页。

以来，阙于举行，当选吉日，朕将亲祀郊庙，务尽诚敬，不必繁文，卿等其议典礼，从其简者行之。"按照皇帝的要求，中书省安排了具体事宜，并于十一月正式举行了郊祀的仪式，以彰显朝廷对礼仪的重视。

五是在收揽人心方面，由皇帝正式发出罪己诏书。至正十五年十二月，顺帝"以天下兵起，下诏罪己，大赦天下"。但是在颁布罪己诏的同时，顺帝下诏疏浚宫廷内的河道，以便游乐，并且将上言"天下多事，不宜兴作"的官员逐出京城，表明他根本就没有把克服时艰的天下大事放在心上，罪己诏对他来说就是愚弄臣民的文字游戏而已。①

（二）解除对两都的威胁

至正十七年正月，红巾军毛贵部攻入山东，不久即占领山东大部分地区，对河北、山西以及大都造成极大威胁。为应对危局，顺帝不得不启用太平，于至正十七年五月任命搠思监为中书省右丞相，太平为中书省左丞相。

朝臣亦已看到了京城所面临的危机，纷纷提出京城加强守备的建议。如至正十七年四月，监察御史五十九上言："今京师周围，虽设二十四营，军卒疲弱，素不训练，诚为虚设，倘有不测，诚可寒心。宜速选择骁勇精锐，卫护大驾，镇守京师，实当今奠安根本、固坚人心之急务。况武备莫重于兵，而养兵莫先于食。今朝廷拨降钞锭，措置农具，命总兵官于河南克复州郡且耕且战，甚合寓兵于农之意。为今之计，权命总兵官从宜于军官内选委能抚字军民者，兼路府州县之职，务要农事有成，军民得所，则扰民之害亦除，而匮乏之忧亦释矣。"六月，监察御史脱脱穆而亦上言："去岁河南之贼窥伺河北，惟河南与山东互相策应，为害尤大。为今之计，中书当遴选能将，就太不花、答失八都鲁、阿鲁三处军马内，择其精锐，以守河北，进可以制河南之侵，退可以攻山东之寇，庶几无虞。"七月，中书省官员上言："山东般阳、益都相次而陷，济南日危，宜选将练卒，信赏必罚，为保燕、赵计，以卫京师。"监察御史迭里弥实、刘杰也上书指出："疆域日蹙，兵律不严，陕西、汴梁、淮颍、山东之寇有窥伺燕、赵之志，宜俯询大臣，共图克复之宜，预定守备之策。"集贤学士归旸则针对乱局，于至正十七年提出了振纪纲、选将才、审形势三大对策。②

---

① 《元史》卷44《顺帝纪七》；《庚申外史》卷下，第50页。
② 《元史》卷45《顺帝纪八》，卷186《归旸传》。

时任监察御史的张桢,更在上书中指出朝廷面临十祸,即六种根本之祸和四种征讨之祸,《元史》摘录了该上书的主要内容。

>一曰轻大臣,二曰解权纲,三曰事安逸,四曰杜言路,五曰离人心,六曰滥刑狱,所谓根本之祸六也。其言事安逸之祸,略曰:"臣伏见陛下以盛年入纂大统,履艰难而登大宝,因循治安,不预防虑,宽仁恭俭,渐不如初。今天下可谓多事矣,海内可谓不宁矣,天道可谓变常矣,民情可谓难保矣,是陛下警省之时,战兢惕厉之日也。陛下宜卧薪尝胆,奋发悔过,思祖宗创业之难,而今日坠亡之易,于是而修实德,则可以答天意,推至诚,则可以回人心。凡土木之劳,声色之好,燕安鸩毒之戒,皆宜痛撤勇改。有不尽者,亦宜防微杜渐,而禁于未然,黜宫女,节浮费,畏天恤人。而陛下乃安焉处之,如天下太平无事时,此所谓根本之祸也。"
>至若不慎调度,不资群策,不明赏罚,不择将帅,所谓征讨之祸四也。其言不明赏罚之祸,略曰:"臣伏见调兵六年,初无纪律之法,又无激劝之宜,将帅因败为功,指虚为实,大小相谩,上下相依,其性情不一,而邀功求赏则同。是以有覆军之将,残民之将,怯懦之将,贪婪之将,曾无惩戒,所经之处,鸡犬一空,货财俱尽。及其面谀游说,反以克复受赏。今克复之地,悉为荒墟,河南提封三千余里,郡县星罗棋布,岁输钱谷数百万计,而今所存者,封丘、延津、登封、偃师三四县而已。两淮之北,大河之南,所在萧条。夫有土有人有财,然后可望军旅不乏,馈饷不竭。今寇敌已至之境,固不忍言,未至之处,尤可寒心,如此而望军旅不乏,馈饷不竭,使天雨粟,地涌金,朝夕存亡且不能保,况以地方有限之费,而供将帅无穷之欲哉。其为自启乱阶,亦已危矣。陛下事佛求福,饭僧消祸,以天寿节而禁屠宰,皆虚名也。今天下杀人矣,陛下泰然不理,而曰吾将以是求福,福何自而至哉。颍上之寇,始结白莲,以佛法诱众,终饰威权,以兵抗拒,视其所向,骎骎可畏,其势不至于亡吾社稷、烬吾国家不已也。堂堂天朝,不思靖乱,而反为阶乱,其祸至惨,其毒至深,其关系至大,有识者为之扼腕,有志者为之痛心,此征讨之祸也。"①

---

① 《元史》卷186《张桢传》。

面对"外则军旅烦兴,疆宇日蹙;内则帑藏空虚,用度不给"的危急局面,顺帝依然是"溺于娱乐,不恤政务",中书省右丞相搠思监所起的则是隔蔽消息的作用,"四方警报及将臣功状,皆壅不上闻",所以朝臣的各种御敌建议和张桢的言辞激烈上书,都被置之不理。更有甚者,搠思监唆使亲信朵列和妻弟崔完者帖木儿印造伪钞营利,被御史台官员弹劾,搠思监令朵列自杀,希图遮盖此恶行,太平也以"堂堂宰相乌得有此事,四海闻之,若国体何"的说法,为搠思监开脱罪名,只是在至正十八年十月给予搠思监"收其印绶"的轻微处分。①

至正十八年三月,毛贵攻陷蓟州,接近大都,朝廷内顿时乱作一团,"廷议迁都以避之,和者如出一口";"在廷之臣,或劝乘舆北巡以避之,或劝迁都关陕";只有中书省左丞相太平坚决反对迁都,要求坚守都城。四月,"车驾时巡上都",实则是顺帝等人以两都巡幸为借口,躲出了形势危殆的大都。六月,在上都避暑的顺帝正式下诏,"命左丞相太平督诸军守御京城,便宜行事"。统领山东、河北元军的蒙古弘吉剌部人太不花对太平为丞相颇为不满,曾明确表示:"我不负朝廷,朝廷负我矣。太平汉人,今乃复居中用事,安受逸乐,我反在外勤劳邪。"他不仅不按照太平的命令攻击毛贵,仅以粮草不继要挟朝廷,还要设计杀死太平。太平策反太不花的部将刘哈剌不花,将太不花逮捕处死,并以刘哈剌不花统军击败了逼近大都的毛贵军,毛贵逃回济南,大都的危险解除,结束上都避暑的顺帝和皇太子等顺利返回大都。但是当年十二月,红巾军的关先生、破头潘部攻陷上都,焚毁宫阙,使得延续多年的朝廷两都巡幸不得不中断。②

(三) 内禅危机与军阀对立

朝廷解除了红巾军进犯京城的军事危机后,顺帝亦要显示出对匡扶天下的姿态,于至正十九年四月下发了停止天寿节朝贺的诏书,强调"朕方今宜敬天地,法祖宗,以自修省。朕初度之日,群臣毋贺"。为打消皇帝的这一念头,先有中书省左丞相太平率领文武百官上言:"天寿节朝贺,乃臣子报本,实合礼典。今谦让不受,固陛下盛德,然今军旅征进,君臣名分,正宜举行。"随即又有皇太子率领群臣上言:"朝

---

① 《元史》卷140《太平传》,卷205《搠思监传》。
② 《元史》卷45《顺帝纪八》,卷140《太平传》,卷141《太不花传》,卷188《刘哈剌不花传》。

贺祝寿,是祖宗以来旧行典故,今不行,有乖于礼。"顺帝则明确表示:"今盗贼未息,万姓荼毒,正朕恐惧、修省、敬天之时,奈何受贺以自乐。"御史台官员又特别上书指出:"天寿朝贺之礼,盖出臣子之诚,伏望陛下曲徇所请。若朝贺之后,内庭燕集,特赐除免,亦古者人君减膳之意,仍乞宣示中书,使内外知圣天子忧勤惕厉至于如此。"顺帝依然表明了取消朝贺的态度:"为朕缺于修省,以致万姓涂炭,今复朝贺燕集,是重朕之不德。当候天下安宁,行之未晚,卿等其毋复言。"① 这次天寿节朝贺之争,看似顺帝要改弦更张,以天下为己任,但实际上是一次形式主义的政治表演,其要旨是警告图谋帝位者,因为他已经意识到了又有人在打"内禅"的主意。

第二皇后奇氏以顺帝荒于朝政为由,与爱猷识理达腊密谋皇帝让位于皇太子,并希望得到太平的支持。奇氏派宦官朴不花向太平陈告"内禅"的图谋,太平不予理睬。奇氏召太平进宫,向其表明内禅的意向,太平依然不为所动。顺帝得知奇氏主导内禅密谋后大怒,两个月不与奇氏见面。奇氏和爱猷识理达腊密谋失败,乃迁怒于太平。奇氏明确向爱猷识理达腊表示:"太平既不允内禅之事,不可使居相位,兀良哈台其人与汝无所可否,今以总兵居真定,宜劝上召还京师,当以代之,庶几汝事可求也。"爱猷识理达腊更棋高一着,先对太平的亲信下手,以孤立太平,于至正十九年十二月唆使监察御史买住、桑哥失理以受贿罪弹劾中书省左丞成遵和参知政事赵中,将成遵、赵中下狱并杖杀。爱猷识理达腊随即质问太平:"我所用者,汝皆沮之而止,汝所用者,今皆以赃败,何也?"太平则答道:"所知者,才也,故用之。所不知者,心也,故父子之间,亦不能保其无私也。"在爱猷识理达腊的威逼下,太平自知难保,乃上书请辞相位,并于至正二十年二月被罢为太保,出守上都。②

朝廷内部权斗不息,外部形势也日趋恶化。扶持义兵的庞大支出,大多被人贪污,正如至正十九年二月御史台官员所言:"先是召募义兵,费用银钞一百四十万锭,多近侍、权幸冒名关支,率为虚数。"各地官员的便宜行事,更变成了官员随意索求的便宜作恶,至正二十年正

---

① 《元史》卷45《顺帝纪八》。
② 《元史》卷45《顺帝纪八》,卷114《后妃传一》,卷140《太平传》;《庚申外史》卷下,第60—61页。

月，御史大夫老的沙、御史中丞咬住上言："今后各处从宜行事官员，毋得阴挟私仇，明为举索，辄将风宪官吏擅自迁除，侵扰行事，沮坏台纲。"当年八月，朝廷不得不发出"诸处所在权摄官员，专务渔猎百姓，今后非朝廷允许不得之任"的诏令。更为令人不安的是，朝廷的扶持地方势力举措，培育出了察罕帖木儿、孛罗帖木儿（答失八都鲁之子）两大对立的军阀势力，前者控制关陕、河南，后者控制山西北部地区，相互之间冲突不断，朝廷不得不于至正二十年八月明确划分各自的势力范围，命令孛罗帖木儿驻守石岭关（今山西忻县南）以北，察罕帖木儿驻守石岭关以南。孛罗帖木儿不听约束，越过石岭关进攻冀宁（今山西太原）。两大军阀势力之间的混战，在朝廷的不断调解下，到至正二十一年六月才进入停战状态。①

令人稍感欣慰的是，江南地区出现了暂时依附于朝廷的张士诚和方国珍两股势力。他们之所以要借用朝廷的名义，是要对抗迅速崛起的朱元璋势力。在达识帖睦迩、贡师泰等人的努力协调下，以张士诚出粮、方国珍出船的方式，恢复了由江南向大都输送粮食的海运。但是"方、张互相猜疑，士诚虑方氏载其粟而不以输于京也，国珍恐张氏掣其舟而因乘虚以袭己也"，所以至正二十年五月通过海运送达京城的粮食只有十一万石。至正二十一年到二十三年，每年海运到京的粮食也是十几万石，只能对京城略有帮助。至正二十三年后，海运全面断绝，朝廷只能依靠河北等地的粮食供应了。②

三　内耗政治终结元朝统治

至正二十一年到二十八年（1361—1368），内耗政治成为元朝朝政的基调。内有越演越烈的权斗，外有朱元璋派出的明军北上进攻，最终摧垮了元朝的统治，并带来了对王朝末世危机的沉重思考。

（一）匡扶正义幻想的破灭

至正二十年，阳翟王阿鲁辉帖木儿（窝阔台后王）以"国事已不可为"为由，不愿再发兵南下助朝廷攻讨红巾军，乃拥兵数十万，屯于木儿古彻兀（今阿尔泰山西北），胁迫西北蒙古宗王反叛，并派遣使

---

① 《元史》卷45《顺帝纪八》，卷46《顺帝纪九》。
② 《元史》卷97《食货志五》，卷140《达识帖睦迩传》，卷187《贡师泰传》；《庚申外史》卷下，第57—58页。

者告知顺帝："祖宗以天下付汝，汝已失其太半；若以国玺付我，我当自为之。"顺帝对阿鲁辉帖木儿的答复是"天命有在，汝欲为则为之"，并且派出军队前往西北平叛，被阿鲁辉帖木儿击败。至正二十一年，阿鲁辉帖木儿率军南下，逼近上都，朝廷派出大军迎战，并以太平坚守上都。当年九月，元军大败阿鲁辉帖木儿军，阿鲁辉帖木儿被擒，送到大都处死。①

西北叛王的威胁虽然解除，京城的形势依然不容乐观。为挽救危局，枢密副使李士瞻于至正二十二年上时政书，提出了二十条建议："一曰悔己过，以诏天下。二曰罢造作，以快人心。三曰御经筵，以讲圣学。四曰延老成，以询治道。五曰去姑息，以振乾刚。六曰开言路，以求得失。七曰明赏罚，以厉百司。八曰公选举，以息奔竞。九曰察近幸，以杜奸弊。十曰严宿卫，以备非常。十一曰省佛事，以节浮费。十二曰绝滥赏，以足国用。十三曰罢各宫屯种，俾有司经理。十四曰减常岁计置，为诸宫用度。十五曰招集散亡，以实八卫之兵。十六曰广给牛具，以备屯田之用。十七曰奖励守令，以劝农务本。十八曰开诚布公，以礼待藩镇。十九曰分遣大将，急保山东。二十曰依唐广宁故事，分道进取。"②

在局势如此紧急的情况下，朝廷依然有频繁的宫廷造作，所以李士瞻特别强调了罢造作的要求。顺帝还要修复上都被焚毁的宫殿，至正二十二年五月，中书省参知政事陈祖仁特别上书，要求停止上都的建造工程。

> 自古人君，不幸遇艰虞多难之时，孰不欲奋发有为，成不世之功，以光复祖宗之业。苟或上不奉于天道，下不顺于民心，缓急失宜，举措未当，虽以此道持盈守成，犹或致乱，而况欲拨乱世反之正乎。夫上都宫阙，创自先帝，修于累朝，自经兵火，焚毁殆尽，所不忍言，此陛下所为日夜痛心，所宜亟图兴复者也。然今四海未靖，疮痍未瘳，仓库告虚，财用将竭，乃欲驱疲民以供大役，废其耕耨，而荒其田亩，何异扼其吭而夺之食，以速其毙乎。陛下追惟

---

① 《元史》卷45《顺帝纪八》，卷46《顺帝纪九》，卷140《太平传》，卷206《阿鲁辉帖木儿传》。

② 《元史》卷46《顺帝纪九》。

祖宗宫阙，念兹在兹，然不思今日所当兴复，乃有大于此者。假令上都宫阙未复，固无妨于陛下之寝处，使因是而违天道，失人心，或致大业之堕废，则夫天下者亦祖宗之天下，生民者亦祖宗之生民，陛下亦安忍而轻弃之乎。愿陛下以生养民力为本，以恢复天下为务，信赏必罚，以驱策英雄，亲正人，远邪佞，以图谋治道。夫如是，则承平之观不日咸复，讵止上都宫阙而已乎。①

在李士瞻、陈祖仁等人的合力劝阻下，顺帝最终放弃了修复上都的工程，因为朝廷的钱粮也确实难以支撑浩大的工程。但是此时朝政又出现了新问题，主要表现为皇太子沉溺秘法和奸臣的恣意妄为。

皇太子爱猷识理达腊本来学习儒学，已有一定的造诣，顺帝则以"太子善，不晓秘密佛法，秘密佛法可以益寿延年"，引导爱猷识理达腊修习秘法。至正二十二年，皇太子在清宁殿分布长席，列坐西番、高丽诸僧，并明确表示："李好文先生教我儒书多年，尚不省其义。今听佛法，一夜即能晓焉。"② 爱猷识理达腊的顿悟，实则是由此陷入了邪道。

太平去职之后，搠思监任中书省右丞相之职，在皇太子的支持下，与宦官朴不花、宣政院使脱欢（橐驩）勾结，威慑群臣，骄恣不法，将守上都有功的太平贬职，并逼其自杀。至正二十三年，监察御史也先帖木儿、孟也先不花、傅公让等上书弹劾朴不花、脱欢，皇后奇氏公开庇护朴不花、脱欢，向皇太子明言："朴不花是我资政院老火者看家资人也，台家何无情而欲逐之，汝不能与我主张耶。"皇太子即下令将上书的监察御史全部贬职。③ 时任治书侍御史的陈祖仁随即上书皇太子，要求终止贬斥监察御史的行为。

> 御史纠劾橐驩、不花奸邪等事，此非御史之私言，乃天下之公论，台臣审问尤悉，故以上启。今殿下未赐详察，辄加沮抑，摈斥御史，诘责台臣，使奸臣蠹政之情，不得达于君父，则亦过矣。夫天下者祖宗之天下，台谏者祖宗之所建立，以二竖之微，而于天下

---

① 《元史》卷46《顺帝纪九》，卷186《陈祖仁传》。
② 《元史》卷46《顺帝纪九》；《庚申外史》卷下，第56、67—68页。
③ 《元史》卷204《朴不花传》，卷205《搠思监传》；《庚申外史》卷下，第70页。

之重、台谏之言，一切不恤，独不念祖宗乎。且殿下职分，止于监国抚军、问安视膳而已，此外予夺赏罚之权，自在君父。今方毓德春宫，而使谏臣结舌，凶人肆志，岂惟君父徒拥虚器，而天下苍生，亦将奚望。

皇太子的行为遭到挑战，极为愤怒，乃通过御史大夫老的沙警告陈祖仁："台臣所言虽是，但橐驩等俱无是事，御史纠言不实，已与美除。昔裕宗为皇太子，兼中书令、枢密使，凡军国重事合奏闻者，乃许上闻，非独我今日如是也。"陈祖仁则再次上书，明指皇太子的话毫无道理。

御史所劾，得于田野之间。殿下所询，不出宫墙之外。所以全此二人者，止缘不见其奸。昔唐德宗云："人言卢杞奸邪，朕殊不觉。"使德宗早觉，杞安得相，是杞之奸邪当时知之，独德宗不知尔。今此二人，亦皆奸邪，举朝知之，在野知之，天下知之，独殿下未知耳。且裕宗既领军国重事，理宜先阅其纲，若至台谏封章，自是御前开拆。假使必皆经由东宫，君父或有差失，谏臣有言，太子将使之闻奏乎，不使之闻奏乎。使之闻奏，则伤其父心，不使闻奏，则陷父于恶，殿下将安所处。如知此说，则今日纠劾之章不宜阻矣，御史不宜斥矣。斥其人而美其除，不知御史所言，为天下国家乎，为一身官爵乎。斥者去，来者言，言者无穷，而美除有限，殿下又安所处。

陈祖仁再次上书皇太子之后即辞职，"台臣大小皆辞职"，皇太子难以平息众怒，不得不呈报皇帝，陈祖仁则又给顺帝上书，要求严惩朴不花、脱欢二人。

祖宗以天下传之陛下，今乃坏乱不可救药，虽曰天运使然，亦陛下刑赏不明之所致也。且区区二竖，犹不能除，况于大者。愿陛下俯从台谏之言，摈斥此二人，不令其以辞退为名，成其奸计，使海内皆知陛下信赏必罚自二人始，则将士孰不效力，天下可全，而有以还祖宗之旧。若犹优柔不断，则臣宁有饿死于家，誓不与之同朝，牵联及祸，以待后世正人同罪。①

同为侍御史的李国凤也向皇太子上言，特别要求严惩弄权作恶的宦官朴不花。

> 不花骄恣无上，招权纳赂，奔竞之徒，皆出其门，駸駸有赵高、张让、田令孜之风，渐不可长，众人所共知之，独主上与殿下未之知耳。自古宦者，近君亲上，使少得志，未有不为国家祸者。望殿下思履霜坚冰之戒，早赐奏闻，投之西夷，以快众心，则纪纲可振。纪纲振，则天下之公论为可畏，法度为不可犯，政治修而百废举矣。②

顺帝和皇太子完全听不进陈祖仁、李国凤的劝诫之言，不仅将陈、李二人贬出朝廷，还将老的沙以下的台臣全部左迁。以君主之恶、皇后之恶、太子之恶的结合，彻底粉碎了儒臣匡扶正义的幻想。

(二) 皇太子导出的权斗闹剧

皇太子爱猷识理达腊和奇氏密谋的内禅失败之后，爱猷识理达腊另辟蹊径，在朝廷内部与搠思监、朴不花结盟，对外则寻求军阀势力的支持。察罕帖木儿至正二十二年六月遇刺身亡，其养子扩廓帖木儿（王保保）继统其军，爱猷识理达腊很快与扩廓帖木儿建立了相互支持的关系。顺帝所依靠的，则是孛罗帖木儿的支持。

至正二十四年三月，爱猷识理达腊鼓动扩廓帖木儿大举进攻孛罗帖木儿，不仅迫使顺帝下诏削夺孛罗帖木儿官爵，爱猷识理达腊还要亲征孛罗帖木儿，被臣僚劝阻。蒙古宗王不颜帖木儿、秃坚帖木儿等人都站在孛罗帖木儿一边，与其合军抗旨。顺帝立刻表明了自己的真实态度，下诏书指受到了搠思监、朴不花的蒙骗，并恢复了孛罗帖木儿的官职，诏书的主要内容可转引于下。

> 自至正十一年妖贼窃发，属尝选命将相，分任乃职，视同心膂，凡厥庶政，悉以委之。岂期搠思监、朴不花夤缘为奸，互相壅

---

① 《元史》卷186《陈祖仁传》。
② 《元史》卷204《朴不花传》。

蔽，以致在外宣力之臣，因而解体；在内忠良之士，悉陷非辜。又复奋其私仇，诬构孛罗帖木儿、老的沙等同谋不轨。朕以信任之专，失于究察，遂调兵往讨。孛罗帖木儿已尝陈词，而乃寝匿不行。今宗王不颜帖木儿等，仰畏明威，远来控诉，以表其情，朕为恻然兴念，而搠思监、朴不花犹饰虚词，簧惑朕听。其以搠思监屏诸岭北，朴不花窜之甘肃，以快众愤。孛罗帖木儿等，悉与改正，复其官职。①

由于有爱猷识理达腊的庇护，朝廷并没有将搠思监、朴不花贬出京城。至正二十四年四月，孛罗帖木儿发兵直驱大都，务要得到搠思监、朴不花二人，爱猷识理达腊带卫军逃出京城，顺帝即下令将搠思监、朴不花交给孛罗帖木儿处理，孛罗帖木儿将二人处死后，召回进攻大都的军队，外逃的爱猷识理达腊也返回了京城。御史台官员上言："搠思监矫杀丞相太平，盗用钞板，私家草诏，任情放选，鬻狱卖官，费耗库藏，居庙堂前后十数年，使天下八省之地，悉致沦陷，乃误国之奸臣。究其罪恶，大赦难原。曩者，奸臣阿合马之死，剖棺戮尸，搠思监之罪，视阿合马为有过。今其虽死，必剖棺戮尸为宜。"顺帝采纳了这一建议，不仅抄没搠思监家产，还将其儿子流徙远方。②

爱猷识理达腊不能坐视如此的失败，怂恿扩廓帖木儿加强对孛罗帖木儿的攻势。作为反制的手段，至正二十四年五月孛罗帖木儿亲自率军向大都进发。七月，爱猷识理达腊率军在清河迎击孛罗帖木儿军，手下军士均无斗志，爱猷识理达腊逃回京城，不久即逃亡到冀宁的扩廓帖木儿军中躲避。孛罗帖木儿进入大都，被任命为中书省左丞相。八月，孛罗帖木儿又被任命为中书省右丞相，他不仅诛杀了一批奸臣，还采用了一些善政的措施，如罢三宫不急造作、沙汰宦官、减省钱粮、禁止西番僧人滥作佛事等。③

躲避在冀宁的爱猷识理达腊准备一举而击溃孛罗帖木儿的势力，特别让扩廓帖木儿问计于已经隐居于山西的张桢，张桢则向扩廓帖木儿陈上了保君救国的对策。

---

① 《元史》卷 205《搠思监传》。
② 《元史》卷 46《顺帝纪九》，卷 205《搠思监传》；《庚申外史》卷下，第 73—75 页。
③ 《元史》卷 46《顺帝纪九》，卷 207《孛罗帖木儿传》。

今燕赵齐鲁之境，大河内外，长淮南北，悉为丘墟，关陕之区，所存无几。江左日思荐食上国，湘汉荆楚川蜀，淫名僭号，幸我有变，利我多虞。阁下国之右族，三世二王，得不思廉、蔺之于赵，寇、贾之于汉乎？京师一残，假有不逞之徒，崛起草泽，借名义，尊君父，倡其说于天下，阁下将何以处之乎。守京师者，能聚不能散，御外侮者，能进不能退，纷纷籍籍，神分志夺，国家之事，能不为阁下忧乎。《志》曰："不备不虞，不可以为师。"仆之惓惓为言者，献忠之道也。然为言大要有三：保君父，一也。扶社稷，二也。卫生灵，三也。请以近似者陈其一二。卫出公据国，至于不父其父。赵有沙丘之变，其臣成、兑平之，不可谓无功，而后至于不君其君。唐肃宗流播之中，怵于邪谋，遂成灵武之篡。千载之下，虽有智辩百出，不能为雪。呜呼，是岂可以不鉴之乎。然吾闻之，天之所废不骤也，骤其得志，肆其宠乐，使忘其觉悟之心，非安之也，厚其毒而降之罚也。天遂其欲，民厌其汰，而鬼神弗福也，其能久乎，阁下览观焉。谋出于万全，则善矣。询之舆议，急则其变不测，徐则其衅必起。通其往来之使，达其上下之情，得其情，则得其策矣。孔子曰："君君，臣臣，父父，子子。"今九重在上者如寄，青宫在下者如寄，生民之忧，国家之忧也，可不深思而熟计之哉。①

扩廓帖木儿虽然赞赏张桢的看法，但是并未采纳其对策，而是积极准备对京城的进攻。至正二十五年三月，爱猷识理达腊在扩廓帖木儿军中正式发布了进军大都的命令："孛罗帖木儿袭据京师，余既受命总督天下诸军，恭行显罚，少保、中书平章政事扩廓帖木儿，躬勒将士，分道进兵，诸王、驸马及陕西平章政事李思齐等，各统军马，尚其奋义勠力，克期恢复。"孛罗帖木儿则因禁了皇后奇氏，以示报复。当年七月，孛罗帖木儿在大都被刺杀，其属下纷纷逃出京城。九月，扩廓帖木儿扈从爱猷识理达腊返回京城，顺帝乃以伯撒里为中书省右丞相，扩廓帖木儿为中书省左丞相。闰十月，"诏封扩廓帖木儿河南王，代皇太子亲征，总制关陕、晋冀、山东等处并迤南一应军马，诸王各爱马应该总

---

① 《元史》卷186《张桢传》。

兵、统兵、领兵等官,凡军民一切机务、钱粮、名爵、黜陟、予夺,悉听便宜行事"。扩廓帖木儿接受出征的命令后,于至正二十六年二月率部返回河南,秉持的是按兵不动、观望形势变化的态度。①

扩廓帖木儿之所以不愿留在京城,是怕成为皇族内斗的牺牲品。在他扈从爱猷识理达腊还京时,奇氏特别派人与其联络,让他以重兵逼迫顺帝禅位给皇太子,扩廓帖木儿不予理睬,既得罪了皇太子,也得罪了皇后(奇氏于至正二十五年十二月被正式册立为皇后),原来的联盟关系解体,只能是各作打算。

(三)国家不亡,内斗不止

扩廓帖木儿虽然被授予统管全体元军的权力,但是张良弼、李思齐、关保、貊高等新军阀不服从扩廓帖木儿的号令,各路军阀之间又展开了混战。看到扩廓帖木儿已经难以成为朝廷依赖的力量,至正二十六年三月,监察御史玉伦普上书,特别强调了朝廷自保的八条建议:"一曰用贤,二曰申严宿卫,三曰保全臣子,四曰八卫屯田,五曰禁止奏请,六曰培养人才,七曰罪人不孥,八曰重惜名爵。"②

至正二十七年八月,为应对明军的北征,顺帝发出了以皇太子总天下兵马的诏书,主要内容如下。

> 元良重任,职在抚军,稽古征今,卓有成宪。曩者障塞决河,本以拯民昏垫,岂期妖盗横造讹言,簧鼓愚顽,涂炭郡邑,殆遍海内,兹逾一纪。故察罕帖木儿仗义兴师,献功敌忾,汛扫汴洛,克平青齐,为国捐躯,深可哀悼。其子扩廓帖木儿克继先志,用成骏功。爱猷识理达腊计安宗社,累请出师。朕以国本至重,讵宜轻出,遂授扩廓帖木儿总戎重寄,畀以王爵,俾代其行。李思齐、张良弼等,各怀异见,构兵不已,以致盗贼愈炽,深遗朕忧。况全齐密迩辇毂,傥失早计,恐生异图,询诸众谋,佥谓皇太子聪明仁孝,文武兼资,聿遵旧典,爰命以中书令、枢密使,悉总天下兵马。诸王、驸马、各道总兵、将吏,一应军机政务,生杀予夺,事

---

① 《元史》卷46《顺帝纪九》,卷47《顺帝纪十》,卷141《扩廓帖木儿传》,卷207《孛罗帖木儿传》。

② 《元史》卷47《顺帝纪十》。

无轻重，如出朕裁。其扩廓帖木儿，总领本部军马，自潼关以东，肃清江淮；李思齐总统本部军马，自凤翔以西，与侯伯颜达世进取川蜀；以少保秃鲁为陕西行中书省左丞相，本省驻扎，总本部及张良弼、孔兴、脱列伯各枝军马，进取襄樊；王信本部军马，固守信地，别听调遣。诏书到日，汝等悉宜洗心涤虑，同济时艰。①

貊高上书顺帝，请求征讨不听命于朝廷的扩廓帖木儿，并特别强调："人臣以尊君为本，以尽忠为心，以爱民为务。今总兵官扩廓帖木儿，岁与官军仇杀，臣等乃朝廷培养之人，素知忠义，焉能俯首听命。乞降明诏，别选重臣，以总大兵。"顺帝听从貊高的建议，下诏罢黜了扩廓帖木儿的兵权，允许貊高等军进攻扩廓帖木儿。李国凤等人向皇太子建议："向者诏令各将将本部，分道进兵，而不立大将以总之，宜其不从也。古者，太子入则监国，出则抚军，太子何不奏主上，立大抚军院以镇之。凡指挥各将，皆宜出自抚军院，然后行使权归于一，而自内制之，庶几可为。而貊高一部，背扩廓而向朝廷，此宜别作名号以旌异之，然后可也。"皇太子采纳这一建议，向顺帝请准设立了大抚军院，以右丞相完者帖木儿、翰林承旨答尔麻、平章政事完者帖木儿等出任知大抚军院事的职务。完者帖木儿则特别强调了大抚军院与枢密院的分工："大抚军院专掌军机，今后迤北军务，仍旧制枢密院管，其余内外诸王、驸马、各处总兵、统兵、行省、行院、宣慰司一应军情，不许隔越，径行移大抚军院。"②

尽管明军已经攻入山东，形势危殆，皇太子依然致力于攻讨扩廓帖木儿，陈祖仁乃于至正二十七年十一月向皇帝上书，特别强调了当前用兵要分清主次的问题。

> 近者南军（明军）侵陷全齐，不逾月而逼畿甸，朝廷虽命丞相也速出师，军马数少，势力孤危。而中原诸军，左牵右掣，调度失宜，京城四面，茫无屏蔽，宗社安危，正在今日。臣愚等以为驭天下之势，当论其轻重强弱，远近先后，不宜胶于一偏，狃于故辙。前日南军僻在一方，而扩廓帖木儿近在肘腋，势将窃持国柄，

---

① 《元史》卷47《顺帝纪十》。
② 《元史》卷47《顺帝纪十》；《庚申外史》卷下，第87页。

故宜先于致讨，则南军远而轻，而扩廓帖木儿近而重也。今扩廓帖木儿势已穷蹙，而南军突至，势将不利于宗社，故宜先于救难，则扩廓帖木儿弱而轻，南军近而重也。陛下宽仁涵育，皇太子贤明英断，当此之时，宜审其轻重强弱，改弦更张，而抚军诸官，亦宜以公天下为心，审时制宜。今扩廓帖木儿党与离散，岂能复振，若止分拨一军逼袭，必就擒获。其余彼中见调一应军马，令其倍道东行，勤王赴难，与也速等声势相援。仍遣重臣，分道宣谕催督，庶几得宜。如复胶于前说，动以言者为扩廓帖木儿游说，而钳天下之口，不幸猝有意外之变，朝廷亦不得闻，而天下之事去矣。

至正二十七年十二月，陈祖仁又上书皇太子，要求朝廷放弃对扩廓帖木儿的进攻，以保留对朝廷颇为重要的一支军事力量。

近日降诏，削河南军马之权，虽所当然，然此项军马，终为南军之所忌。设使其有悖逆之心，朝廷以忠臣待之，其心愧沮，将何所施。今未有所见，遽以此名加之，彼若甘心以就此名，其害有不可言者。朝廷苟善用之，岂无所助。然人皆知之而不敢言者，诚恐诬以受财游说罪名，无所昭雪也。况闻扩廓帖木儿屡上书疏，明其心曲，是其心未绝于朝廷，以待朝廷之开悟。当今为朝廷计者，不过战、守、迁三事。以言乎战，则资其掎角之势。以言乎守，则望其勤王之师。以言乎迁，则假其藩卫之力。极力勉厉使行，犹恐迟晚，岂可使数万之师，弃置于一方。当此危急之秋，宗社存亡，仅在旦夕，不幸一日有唐玄宗仓卒之出，则是以祖宗百年之宗社，朝廷委而弃之，此时虽欲碎首杀身，何济于事。故今不复避忌，惟以宗社存亡为重，奉疏以闻。①

陈祖仁的建议可能起了一定作用，至正二十八年正月，顺帝发出了诏谕扩廓帖木儿的诏书，对扩廓帖木儿表示了抚慰的态度："比者也速上奏，卿以书陈情，深自悔悟，及省来意，良用恻然。朕视卿犹子，卿何惑于憸言，不体朕心，堕其先业。卿今能自悔，固朕所望。

---

① 《元史》卷186《陈祖仁传》。

卿其思昔委任肃清江淮之意，即将冀宁、真定诸军，就行统制渡河，直捣徐沂，以康靖齐鲁，则职任之隆，当悉还汝。卫辉、彰德、顺德，皆为王城，卿无以貊高为名，纵军侵暴。其晋宁诸军，已命关保总制策应，戡定山东，将帅各宜悉心。"由于扩廓帖木儿不为所动，至正二十八年二月即发出了各军合攻扩廓帖木儿的诏书，表明的是既灭之而后快的决心："扩廓帖木儿本非察罕帖木儿之宗，俾嗣职任，冀承遗烈，畀以相位，陟以师垣，崇以王爵，授以兵柄，顾乃凭藉宠灵，遂肆跋扈，构兵关陕，专事吞并。貊高倡明大义，首发奸谋，关保弗信邪言，乃心王室，陈其罪恶，请正邦典。今秃鲁、李思齐，其率兵东下，共行天讨。"当年七月，貊高、关保在晋宁兵败，被扩廓帖木儿擒杀，顺帝即下命罢大抚军院，杀知院、同知等院官，恢复了扩廓帖木儿中书省左丞相等职务。①

在朝廷依然激烈内斗的时候，北征的明军已经逼近大都。至正二十八年闰七月二十八日，顺帝在大都清宁殿召集三宫后妃、皇太子、皇太子妃和群臣议事，讨论是否北行上都，以避兵锋。中书省左丞相失列门和知枢密院事黑厮明确表示："贼已陷通州，若车驾一出都城，立不可保，金宣宗南奔之事可为殷鉴，请死守以待援兵。"顺帝则回答："也速已败，扩廓帖木儿远在太原，何援兵之可待也。"宦官赵伯颜不花则恸哭上言："天下者，世祖之天下，陛下当以死守，奈何弃之。臣等愿率军民及诸怯薛歹出城拒战，愿陛下固守京城。"顺帝去意已决，于当晚率皇太子等人开健德门北逃。八月三日，明军攻入大都，留守大都的淮王帖木儿不花、中书省左丞相庆童、中书省左丞丁敬可以及陈祖仁等人均死于兵乱之中。②

逃出大都的顺帝一行，在通过居庸关时看到的景象是"道路萧条，关无一兵，车驾至，亦无供张"。顺帝乃发出了"朕不出京师，安知外事如此"的感叹。逃亡的君臣抵达上都后，讨论恢复之计，监察御史徐敬熙特别提出了十条建议："一戒酒。一勿令宫掖干预政事。一选将。一宰相非人，请择贤者、能者。一明赏罚。一严军律。一汰军中老弱。一征兵西北诸藩。一征饷于高丽。一开言路。"这样的建议虽得到

---

① 《元史》卷47《顺帝纪十》，卷141《扩廓帖木儿传》。
② 《元史》卷47《顺帝纪十》；《庚申外史》卷下，第90页；刘佶：《北巡私记》，云窗丛刻本（《全元文》第58册，第216—220页）。

顺帝的赞赏,但是已经难以实施,因为皇后和皇太子还打着以辽东兵攻高丽的主意,西北蒙古宗王自阿鲁辉帖木儿叛乱后已经与朝廷离心,宫廷中依然内斗不止,使人不得不发出"时事至此,犹有朋党之见存"的感叹。至正二十九年六月,明军北上进攻上都,顺帝一行逃出上都,准备前往漠北的和林,但是抵达顺昌后顺帝患病,并于次年死于顺昌。①

(四) 亡国之君政治观念的解读

顺帝在位三十六年,是元朝在位时间最长的皇帝(在位时间比元世祖忽必烈多一年)。忽必烈把元朝推向了鼎盛,顺帝则把元朝推向了衰亡。对于在自己手中崩溃的元朝统治,顺帝至死也没有愧疚之意,更不用说深究为何败亡的道理。参照权衡、孔齐、叶子奇、陶宗仪等人对顺帝的评价,可以对顺帝所具有的五种政治观念作概要性的说明。

一是宽平观念。宽平是顺帝在位前期秉持的主要政治观念,如权衡所言:"帝在位三十六年,当元统、至元间,帝受制权臣,其后权臣相继或死或诛,帝恐惧之心弛,而宽平之心生。故至正改元之后,复兴科举,行太庙时享,赐高年帛,蠲天下民租,选儒臣欧阳玄等讲五经四书,译《贞观政要》,出厚载门耕籍田,礼服祀南郊,立常平仓,因水旱、贼盗下诏罪己,尽蠲被灾者田租,又命使宣抚十道,凡此皆其宽平之心之所为者也。""向使庚申帝(顺帝)持其心常如至正之初,则将终保大位,何至于远遁而为亡虏哉。"②恰是因为顺帝早期具有一定的文治观念,并且确实体现出了懦弱性的宽平特征,才有了朝廷的更化政治举动。但是有宽平之心就不会亡国,只是权衡的假设,只要坚持儒家治道学说就可以保证万世太平,不过是儒者的政治幻想,不能以此来衡量顺帝的是非对错。

二是荒政观念。顺帝即位之初的不理政务,是权臣政治下的无奈选择,但是清除权臣之后,依然忽视甚至厌烦政务,沉溺于秘法,就是将荒政观念贯彻到底了,所以权衡对顺帝的评价是:"始曾留意政事,终无卓越之志,自惑溺于倚纳大喜乐事,耽嗜酒色,尽变前所为。又好听谗佞,轻杀大臣,致使帝舅之尊,帝弟之亲,男女猱杂,何殊聚尘。其后祁后谏已,强其子使学佛法。""堂堂人主,为禽兽行,人纪灭亡,

---

① 刘佶:《北巡私记》(《全元文》第 58 册,第 216—220 页)。
② 《庚申外史》卷下,第 93—95 页。

天下失矣。"① 由此所要关注的问题，是佛法中的邪术确实可以起到改变心智的作用，不仅顺帝被改变，皇太子爱猷识理达腊也被改变，尊儒重道的政治观念一旦被长生不死的秘术观念所取代，就会成为十足的政治低能儿，导出令人瞠目结舌的各种政治悲剧。元朝中后期的多数儒者将佛教视为异端邪说，一个重要的理由就是历史上已经有过佞佛亡国的教训，没想到在现实中又出现了同样的事例。荒政与佞佛结合所产生的"君主脱世"观念，确实起了加速元朝败亡的重要作用。

三是嗜杀观念。有人认为顺帝失于昏庸或优柔寡断，权衡不同意这样的论点，而是明确指出顺帝是一个表现得相当明显的嗜杀君主，并且以其阴毒导致了元朝的灭亡。

> 或曰："庚申帝以昏愚而失天下。"非也，庚申帝岂昏愚者哉。其欲杀是人也，未尝不假手于人，外示优客之状，内实行其欲杀之意，至于死而有不知者，此岂昏愚者之所能为哉。
>
> 或曰："帝以优柔不断失天下。"亦非也，庚申帝岂优柔不断者哉。自至正改元以来，权臣之跋扈有名者，皆死于其手，前后至杀一品大官凡五百余人，皆出指顾之间，而未尝有悔杀之意，此岂优柔不断者之所为也。然则何者而失天下，由阴毒是也。且自古有天下之君，履九五之位，惟秉阳刚之惠、总揽阳刚之权者，为能居之。若操阴毒之性者，适足以亡天下耳。故《大易》称圣人之惠也，必曰"聪明睿知，神武不杀"而后已。夫外有聪明之闻见，内有睿知之机运；外有神武之雄威，内有不杀之仁慈。外聪明而内知惠，外神武而内不杀，然后为圣人之全惠，而后可以居九五之大位。彼庚申帝者，何足以语此，而其为亡虏也，不亦宜乎。呜呼，杀之为言，岂为人上之心哉。杀一恶人而使天下为恶者惧，使天下之为善者喜，如此而后杀之，是天下杀之也。杀一善人而使天下为恶者喜，使天下之为善者惧，则为人上者，宁不杀可也。古之圣人不杀者，其斯之谓夫。②

应该承认，即便在修习秘术之前，顺帝已具备了多疑的性格，由多

---

① 《庚申外史》卷下，第98页。
② 《庚申外史》卷下，第99—100页。

疑而阴毒，则是畸形性格的合理发展，所以他不但不信任大臣，也不信任皇后和皇太子，不信任就要杀人，所以就有了大量的冤死者，当然也有少数的该杀者。从这一点上看，顺帝并未修成"脱世者"，而是一个地地道道的"帝位眷恋者"，为保住帝位而嗜杀，恰是他的成功秘诀所在。

四是厌儒观念。在元朝的统治陷入危亡之际，儒者承担起了抗盗救国的重要责任，不仅向朝廷提出了各种救亡主张，还有突出的尽忠守节表现，正如时人所言："国家以经术宣治化，取人才，兵兴以来，凡死节效命，举进士、知经学者为多，先王之教，不既著哉。"① 尤其是与贪生怕死之辈相比，儒臣、儒士的死节更值得尊重："天下之事战争，十有余年于兹矣。为臣辱国，为将辱师，败降奔窜，不可胜计。甚者含诟忍耻，偷生冒荣，以为得志，名节大闲，一荡去弗顾。求其忠义英烈，于千百之中莫克什一。噫，忠义英烈虽出于天性，要亦讲之有素，处之甚安。故于造次颠沛之际，决然行之而无疑，如李总管黼、王州尹伯颜、樊参政执敬、张御史桓、林教授梦正、萧处士景茂之杀身成仁，视死如归，是必讲之熟而处之当。一旦出于人所不肯为，遂以惊动天下，而精英忠烈之气在宇宙间，与嵩华相高者，自不容泯。"② 但是当朝的君主并不重视儒者，甚至具有强烈的厌儒倾向，恰如孔齐所言，元朝之所以灭亡，就是因为不能像忽必烈一样重用真儒："世祖能大一统天下者，用真儒也。用真儒以得天下，而不用真儒以治天下，八十余年。一旦祸起，皆由小吏用事。自京师至于遐方，大而省、院、台、部，小而路、府、州、县以及百司，莫不皆然。纵使一儒者为政，焉能格其弊乎，况无真儒之为治者乎。故吾谓坏天下国家者，吏人之罪也。"③ 叶子奇也明确指出："大抵北人性简直，类能倾心以听于人。故世祖既得天下，卒赖姚枢牧庵先生、许衡鲁斋先生诸贤启沃之力。及施治于天下，深仁累泽，浃于元元。惜乎王以道文统行吏道以杂之，以文案牵制，虽足以防北人恣肆之奸，而真儒之效，遂有所窒而不畅矣。"④ 应该看到，在政治观念上顺帝确实有过由敬儒、重儒向轻儒、厌儒的转

---

① 包希鲁：《守城记》，《全元文》第47册，第335—338页。
② 陶宗仪：《忠烈》，《南村辍耕录》卷14，第168—170页。
③ 孔齐：《世祖一统》，《至正直记》卷3。
④ 叶子奇：《草木子》卷3上《克谨篇》，第47页。

变，在战乱中也从未将"真儒治国"视为匡扶天下的良策，但是用真儒就不会亡国，同样是儒者的政治幻想，不能就此作出过度的解读。

五是民族歧视观念。元朝后期，不仅仅是伯颜明确表现出了歧视汉人、南人的政治态度，顺帝也对汉人、南人表现出极度的猜疑，太平的遭遇就是一个典型的例证。正如权衡所言："惜乎元朝之法，取士用人惟论根脚，其所与图大政为将为相者，皆根脚人也。而凡负大器、抱大才、蕴道艺者，举不得与其政事。所谓根脚人者，徒能生长富贵，脔膻拥毳，素无学问。内无侍从台阁之贤，外无论思献纳之意，是以四海天下之大，万民之众，皆相率而听夫脔膻拥毳、饱食燠衣、腥膻之徒，使之坐廊庙，据枢轴，以进天下之人士。呜呼，是安得而不败哉。"① 叶子奇也就此留下了三段评价。

> 治天下之道，至公而已尔。公则胡越一家，私则肝胆楚越。此古圣人所以视天下为一家，中国为一人也。元朝自混一以来，大抵皆内北国而外中国，内北人而外南人，以至深闭固拒，曲为防护，自以为得亲疏之道。是以王泽之施，少及于南，渗漉之恩，悉归于北。故贫极江南、富称塞北，见于伪诏之所云也。

> 古之圣贤立心，至公无我。其官人之道，必曰禄罔及私，官惟其能，爵罔及恶，德惟其贤。此其所以能为天地立心，为生民立命也。元朝天下，长官皆其国人是用，至于风纪之司，又杜绝不用汉人、南人，宥密之机，又绝不预闻矣。其海宇虽在混一之天，而肝胆实有胡越之间，不过视官爵为己私物，其视古圣立贤无方之道果何如哉。不知天位天禄，天以命有德，岂能屯膏吝赏，久蔽于汉人、南人哉。是以不及百年，大乱继踵，而爵禄皆归中原之人。盖祸福乘除，其数然也。由是观之，人谋岂能夺天造哉。孰若均平天施，无有南北之分，惟才是任，惟贤是使。譬之水泽，使百川分流，则大有所潴，小有所泄，滔滔汩汩，庶为悠久。若使壅并防遏，蓄而不泄，及其溃决，小则为灾，大则致败，必然之理也。

---

① 《庚申外史》卷下，第 94 页。

> 治天下者，不使利遗一孔，亦必致败，岂惟名爵独然。末流之竭，当穷其源。枝叶之枯，必在根本。元朝末年，官贪吏污，始因蒙古、色目人罔然不知廉耻之为何物。其问人讨钱各有名目，所属始参曰拜见钱，无事白要曰撒花钱，逢节曰追节钱，生辰曰生日钱，管事而索曰常例钱，送迎曰人情钱，句追曰赍发钱，论诉曰公事钱。觅得钱多曰得手，除得州美曰好地分，补得职近曰好窠窟，漫不知忠君爱民之为何事也。[①]

元朝后期的社会矛盾，既有阶级矛盾，也有民族矛盾，主政者的民族歧视观念，确实起到了加深民族矛盾的作用。但是需要注意的是，导致元朝灭亡的根本矛盾是阶级矛盾，不是民族矛盾，因为南人和汉人的上层人士尤其是儒者实际上是元朝统治的支持者和维护者。放大元朝时期的民族矛盾，是明朝初期人士的较普遍做法，治政治思想史的学者显然不应被这样的做法所迷惑，只是认识到顺帝存在民族歧视的观念即可。

元朝的败亡，还有其他的因素，此处只是列出受顺帝政治观念所影响的重要败亡因素。至于皇太子爱猷识理达腊，就是一个只想着上位的政治废物，既无军事才干，也无文治观念，只能充当玩弄权术的丑角。元朝后期危机的加重，在很大程度上是由皇帝和皇太子促成的，所以尽管有臣僚的各种应对危机对策，也难以起到挽大厦于既倒的作用。主政者之恶，带来的是国家的悲剧，元朝后期政治为此提供的重要例证，确实发人深省。

[①] 叶子奇：《草木子》卷3上《克谨篇》，第55页；卷4下《杂俎篇》，第81—82页。

第十五章　维系文治的政治观念

如前所述，从文宗去世到红巾军起义爆发之前，朝廷主要面临的是如何进行政治更化即政治改良的问题。针对这样的问题，在朝臣中既有人提出了系统性的良政建议，也有人阐释了一些重要的政治观点，所要表现的都是维系文治和倡导善政的政治观念。

第一节　许有壬的文治观念

许有壬在元朝中期曾明确提出"正始"观点，已见前述。顺帝在位时，他重点强调的则是维系文治的观念。

一　释文治精华

要维系自元朝中期以来的文治，需要有实际的举动，许有壬重点强调的是经筵和科举的作用，并进一步阐释了元朝大一统的政治意义。

（一）再释大一统

至元二十三年至二十八年，忽必烈命秘书少监虞应龙等编成《大一统志》，全书七百五十五卷，藏于秘书监。顺帝至正七年（1347）下命刊印此书，许有壬受命为该书作序，对大一统作出了新的解释。

> 春秋所以大一统者，六合同风、九州共贯也，然三代而下统之一者可考焉。汉拓地虽远，而攻取有正谲，叛服有通塞，况师异道，人异论，百家殊方指意不同，亡以持一统，议者病之。唐腹心之地为异域而不能一者，动数十年。若夫宋之画于白沟，金之局于中土，又无以议为也。我元四极之远，载籍之所未闻，振古之所未

属者，莫不涣其群而混于一。则是古之一统，皆名浮于实，而我则实协于名矣。且统之为言，昉见于《易》乾之象，曰："大哉乾元，万物资始，乃统天。"说者谓："天也者，形也；统也者，用形者也。"象曰："天行健，君子以自强不息。"则又示人以体乾之道。盖天为万物之祖，君为万邦之宗。乾以至健而为物始，乃能统理于天。皇上体乾行健，以统理万邦。所谓一统，万类可以执一御而六合同风、九州共贯之机栝系焉。九州之志，谓之九坵，《周官》小史掌邦国之志，外史掌四方之志，志之由来尚矣。况一统之盛，跨轶汉、唐者乎。是书之行，非以资口耳博洽也，垂之万世，知祖宗创业之艰难，播之臣庶，知生长一统之世。邦有道谷，各尽其职。于变时雍，各尽其力。上下相维，以持一统。我国家无疆之休，岂特万世而已哉，统天而与天悠久矣。①

过去儒臣所说的大一统，重点强调的是元朝统一的区域超越了汉、唐，许有壬则明确指出汉、唐等王朝的统一"名浮于实"，只有元朝的统一名实相符，确实是有新意的说法。

许有壬还在为马祖常撰写的碑文中，特别强调了大一统与文治有重要的关系。

元大一统，六合同风。南台北莱，芃生其中。部族有儒，文贞（马祖常）伊始。文贞之世，翼翼庙祀。后承聿修，讲学诸夏。延畀至公，大有无撼。崭然异禀，幼不事弄。濡衣扑燎，智剧碎瓮。益习以进，益混以翰。不溺不流，而登于岸。先秦两汉，华咀实撷。天籁冷属，石湍激洌。天子有诏，乃兴乃宾。实三其魁，一推国人。甫试馆职，倏裒豸冠。以尔枘凿，安我考盘。退心浮云，束帛空谷。春坊翊赞，经筵启沃。皇格于天，公司其度。俊造鉴衡，风纪砥柱。②

许有壬目睹了权臣伯颜的反文治行为，所以才要强调维系大一统必

---

① 许有壬：《大一统志序》，《至正集》卷35，四库全书本（《全元文》第38册，第124—125页）。

② 许有壬：《马祖常神道碑铭》，《至正集》卷46（《全元文》第38册，第330—333页）。

须坚持文治的论点。马祖常是蒙古人中积极倡导文治的儒臣，所以表彰马祖常就是为了表彰能够维系大一统的文治行为。

（二）述经筵作用

许有壬曾多年任经筵之职，顺帝时奉旨为经筵撰写题名碑文，不仅记述了朝廷开经筵的过程，还特别强调了经筵对治道的重要性，并指出儒者参与经筵不只是荣耀，还要自觉地向帝王讲授治道要义，以弘扬儒家政治学说为己任。

> 世皇经营六合，崎岖金革间，首索金余黎献及一时经术之士，诹咨善道。及正九五，益崇文治，至元三年十二月遣中都海涯谕旨儒臣："朕宜听何书，其议选来进。"于是商挺、姚枢、杨果、窦默、王鹗言帝王之道，为后世大法，皆具《尚书》，乃以进讲。八年，许衡、安藏进"知人用人""德业盛、天下归之说"，深用嘉纳。仁宗御极，台臣请开经筵，乃命平章政事李孟时入讲诵。泰定间，始以省、台、翰林通儒之臣知经筵事，而设其属焉。今上皇帝法圣祖之宏规，考近制而损益之，开宣文阁，选中书、枢密、御史台、翰林国史之臣，以见职知兼经筵，丞相独署以领，重其事也。其下有兼经筵官、参赞官、译文官，率以中书、翰林僚幕若阁属为之，而不常其员。又其下译史三人，检计四人，书写五人，宣使四人，有公移，翰林、国史、知经筵者署之，仍用国史院印章，奏为著令。至正七年正月二十日，知经筵事、翰林学士承旨笃怜帖木儿暨领经筵事，中书右丞相别儿怯不花奏："经筵启沃圣心，裨益治道，甚盛事也。领知若兼之臣，宜立石以记其姓名。拟翰林学士承旨臣有壬为记，御史中丞臣朵尔直班为书，知枢密院事臣太平篆其额。"制可。

> 臣有壬窃闻，圣人之道，为天地立心，为生民立极，为万世开太平之基，斯道之明，其本于学乎。贾谊谓人君不可以不学，故虽圣人亦资于教。五帝三王皆有师，而求多闻，学古训，逊志时，敏念终始典于学，不独殷高宗为然，古今帝王之至训也。汉之贤君，祖德师经，承师问道，致治之盛其有以哉。若天禄、石渠、白虎、华光与夫唐之弘文、集贤，名虽不同，其讨论坟典，图画治平，皆经筵也。我世皇征用儒雅，开万世太平之基，薄汉、唐而不居，一

本圣人之道，垂裕后昆。皇上以天纵之圣，留心经籍，缉熙圣学，治效之隆视中统、至元无忝矣。臣有壬承乏经筵，前后且十有五年，每番直进说，天颜怡悦，首肯再四。经旨渊奥，有契宸衷，圣德日新，宗社亿万年无疆之休，此权舆也。讲文附经为辞，若古疏义而敷绎之，继以国语译本，覆诵于后，终讲合二本上之，万几之暇，以资披阅焉。夫官署题名，昉自近代，百司且有之，况国家崇儒重道、讲求太平之大者乎。凡与是选，莫不以为荣遇，而列其姓名者，不特荣遇而已，抑将励其倾竭忠诚，以格天心，勿使后之观者指而议曰："某但荣遇耳。"则斯石也，不为观美文具矣。①

在诗作中，许有壬还强调了经筵对治策的重要作用："日漾珠帘动，风生宝殿寒。明时求治策，要道在儒冠。听纳劳前席，咨嗟感从官。黄封颁赐后，愉悦蔼天颜。"② 如前所述，巎巎是顺帝即位后力倡经筵的人，但其已于至正五年去世，许有壬乃成为巎巎之后继续倡导经筵的重要人物。

（三）陈科举要义

后至元元年，围绕科举废罢问题，许有壬曾与伯颜有过激烈的争辩，已见前述。实际上，自从仁宗下诏恢复科举以来，朝廷中一直存在着反对科举的声音，许有壬对此早已有较详细的评说。

> 仁宗皇帝之图治也，谓仕入多岐，不基于学，病治为甚，排众议，出宸断，继世皇之志，始以贡举取士。盖中原自金源氏灭，贡举废且百年，故延祐癸丑（1313年）诏下，天下耸动，思见德化之盛。复限吏秩，广儒用，默寓消长之机焉，圣人之心，其至矣乎。亦惟秋谷李公（李孟）恳恳于播越在渊时，一旦爰立，大议遂定。上而大臣且笑且怒，下而素以士名耻不出此，亦复腾鼓谤议，赞其成者，才数人尔。士出门，持数幅纸，始终缀文才十一首，即得美官，拔出民上矣。彼辇金舟粟费以万计，得一命，寻复夺之，而吾一毫无费也。胥吏辈自执役，几转而得禄，少不下廿年始出官，而吾自乡试至竣事才十月尔，则吾之报称宜何如哉。乙卯

---

① 许有壬：《敕赐经筵题名碑》，《至正集》卷44（《全元文》第38册，第315—316页）。
② 许有壬：《洪禧殿进讲》，《至正集》卷13。

（1315年）迄今六科，内而才学名者可数也，外而政治闻者可数也。昔有人取凡败于货癏厥官者列于朝，继自今有赃虽轻亦坐不叙，其冒藉增年，大非德行经术取人之初意。事君欺君，罪莫大焉，督风纪严察之。且言《四书》赋题，世已括尽，宜兼《五经》为疑问。又言首科士无宿备，而号得人，今为师者教人以躐等，为弟子者但事套括，侥幸一中，其学如此，其施可知，请大更张之。主者虽随事折之，而当时大臣复有不悦贡举、限秩而用事者，欲因而摇之。周旋扶护而潜弭之，一二人是赖。盖设科来，列圣首诏，必有因而摇之者。庚申（1320年）之春，则剥复之机系焉。癸亥（1323年）冬，惴惴几坠。列圣仁明，不惑邪说，以有今日士之扬扬一第者，亦知其难若是，而思所以报之乎。吁，天下之大，由是出官者几人，多歧而眡之者如堵也。予亦玷科第，官且十一转，非曰能之，知行之之难，能惧而已。①

许有壬作为朝廷的第一批进士，对于后至元元年的废罢科举颇为感叹："追思廷对时，文运之亨，如日方升。不图才三十年，遽至废格。虽奸人藉进士瘝墨者若干，以簧鼓上听，而不才适在政府，封缴不武，匡救无术，有愧于七科五百三十七人者多矣，尚敢以瘝墨者为辞哉。"② 无奈之下，他只能以诗作追忆科举考试时的盛况："设科昉自延祐年，招徕贤俊辟四门。太平盛典遂兴举，当国大臣精讨论。宾兴人人重德行，继述在在闻王言。岂惟髦士登棫朴，又恐绝壑遗兰荪。"③

后至元五年，许有壬又特别追述了第一次科举考试时的情况，对于科举废罢依然愤恨不已。但是次年十二月，朝廷即下诏恢复科举取士，他又补记了至正二年参与主持会试和殿试时的情形。

皇朝贡举，启于太宗，定于世祖，申议于成宗，而决行于仁庙。乙卯（1315年）首科得五十六人，而臣有壬忝其一，殿策复玷前列，中实骇怍。赐宴玉堂，知贡举乃读卷平章政事臣李孟，读

---

① 许有壬：《送冯照磨序》，《至正集》卷32（《全元文》第38册，第70—71页）。
② 许有壬：《题杨廷镇所藏首科策题》，《至正集》卷71（《全元文》第38册，第146—147页）。
③ 许有壬：《送揭立礼用原功韵》，《至正集》卷8。

卷参知政事臣赵世延、集贤学士臣赵孟頫皆坐，礼方洽，呼臣有壬前，平章指参政而语有壬曰："始子策第，高下未定。参政言观此策必能官，请置第二甲。吾不许，置上复掇下者，至于再三。"又指集贤曰："学士见吾辈辨不已，乃立请曰：宋东南一隅，每取尚数百人。国家疆宇如是，首科正七品，取多一人不多也，乃从之。吾谓此卷何人，而使吾数老人争论终日，拆名后当观其面目。吾非市恩掠美也，使子知其难耳，子其勉之。"臣有壬谢而复坐，然亦莫究其详焉。得请南归，监察御史臣宋褧行部过鄂，出廷对卷，读卷官拟进贴黄凡廿九帖，而臣有壬在焉，始知以策切于救荒也，视货校直，益重悚惧。切惟愚缘阶是十五转，遂待罪政府，曾不能报其万一。而国家百年论议，二十年已行之盛典，一旦废罢，数奇罹蹇，适丁其会，尚欲胶荣腼面见天下士哉。圣贤在上，一时为覆盆之蔽者，亦已就殛，文运其不远复乎。复不复未可知，而七科已得俊杰不少，必有能收功桑榆，非与臣有壬愤愤苟禄，尝试无效，缩手而归者比。

臣有壬题此卷之明年，朝廷更化，科举取士，诏中书省集议举行。召臣有壬复参知政事，既视事，问所谓集议，则具案故在，而其为集也，如抟沙然。及其集议，不啻聚讼。今丞相爱立，其议始决。臣骤由西台都事，入为翰林待制，会试、御试，臣有壬洎臣褧实皆与闻。其燕而竣事焉，回思始题卷时，可谓幸矣。山林之下，咏歌太平，此其时也。①

许有壬还在诗作中记录了朝廷恢复科举考试后第八科取士的情况，并特别强调科举的恢复，就是文治的恢复。

闭门如井底，春事近如何。柳色寒犹浅，禽声晓渐多。三场严献纳，千卷困研磨。有幸逢今日，天开第八科。②
京国春难雨，沾濡忽有今。声连蓬岛近，寒入棘闱深。圣治无遗策，诸君待作霖。东君办花事，行欲宴琼林。③

---

① 许有壬：《跋首科贴黄》，《至正集》卷72（《全元文》第38册，第161—162页）。
② 许有壬：《早起观诸公考卷》，《至正集》卷13。
③ 许有壬：《三场试罢小雨》，《至正集》卷13。

第十五章　维系文治的政治观念　129

文运如日月，荫翳容有时。长风倏扫荡，光彩曾何亏。又如泉始达，有物或窒之。一朝混混出，万古流不衰。圣皇复文治，硕辅登皋夔。今年适大比，充赋来无遗。南宫举百废，部署严诸司。主文号具眼，妍媸析毫厘。小臣亲奉诏，肩赪力难支。回思三十年，试艺实在兹。窃禄愧未报，鬓发嗟已丝。作者七人矣，碌碌予何为。但期歌有台，太平此其基。他年至公堂，万一征予诗。①

科目中微复盛行，至公堂上寓权衡。鹄袍俨雅四百辈，鹏翼扶摇九万程。椽笔云雷平地起，蘧庐灯火彻宵明。得贤要效涓埃报，白日青天鉴此诚。

五更传钥棘门开，巾卷于于悉俊才。万世重儒有天在，八人承诏主文来。良金政待披沙拣，真玉休教抱璞回。早捧贤书拜天子，红云跬步是蓬莱。②

科举取士的恢复，除了能够为朝廷更多地选取人才外，还应该有两点重要的作用。一是使儒者能够以实学弘扬理学的传承，如许有壬所言："理学至宋始明，宋季得朱子而大明。前辈言天限南北，时宋行人箧四书至金，一朝士得之，时出论说，闻者欠䫖，谓其学问超诣，而是书实未睹也。文轨混一，始家有而人读之。科举行，以经术取人，诏首崇用，又人人治之矣。然昔之读者为己，今之治者为人。昔之读者由博以说约，今之治者求捷似约，而不知所以约。捆摭说经，历历可听，其于躬行心得，果何如哉？""易知者未必易得也，学者诚能因书而求之心，验之身，则一言之得，终身有余，况要而实备者哉。不然，徒为决科捷径尔，虽若愈于昔之未睹者，得不愧于读者乎。先儒有言，志于道德者，功名不足以累其心，而况富贵乎。知此，则知务先之用心，而读者治者，为道德为富贵，从可验矣。"③ 二是改变颓废浮华的文风，使儒者能成有用之文，许有壬由此特别强调："文与道一，而天下之治盛。文与道二，而天下之教衰。经籍而下，士之立言，力非不勤也，辞非不工也，施之于用，卒害其政者，与道二焉耳。"④ 也就是说，恢复

---

① 许有壬：《至正壬午二月复科，知贡举有感而作》，《至正集》卷5。
② 许有壬：《至公堂即事》，《至正集》卷20。
③ 许有壬：《性理一贯集序》，《至正集》卷33（《全元文》第38册，第109页）。
④ 许有壬：《题欧阳文忠公告》，《至正集》卷71（《全元文》第38册，第139—140页）。

科举，要特别注意克服科举带来的弊病，才能真正发挥科举对文治的重要作用。

二　述为政之要

元朝后期，权臣秉政和朝政混乱成为常态化的现象，在政治形势不利的局面下，许有壬依然坚持善政诉求，重点强调了三方面的主张。

（一）重农桑为本

许有壬始终保持着重农桑的态度，对于主管农政的大司农司，他既强调了"大司农总天下农政，其崇且重，视古有加焉"，也指出了该司运行的不足，并强调大司农司应重点关注耕籍田、知膳羞、教种植三项政务。

> 帝王之治，厚生而已。唐虞大圣，首重命稷，箕畴八政，周诗《生民》《七月》，皆王道之始也。世祖皇帝稽古建官，特立农司，虽品秩之隆杀，分厘之内外，时有不同，其所以敦本抑末，责成实效，则无以异也。仁宗皇帝崇其秩从一品，位之崇也，其望益隆，秩之重也，其任益大。
>
> 且农司之立七十七年，其设置责任之意，播种植养之法，纲以总于内，目以布于外者，灿然毕陈，密而无隙矣。责之也严，行之也久，其效宜何如哉。今天下之民，果尽殷富乎？郡邑果尽其职乎？风纪果尽其察乎？见之簿书者，果尽如其说乎？
>
> 方今农司之政，其概有三：耕籍田以供宗庙之粢盛，治膳羞以佐尚方之鼎盉，教种植以厚天下之民生。尊卑之势不同，理则一尔。[①]

许有壬还特别提出了天子可以在上林苑籍田的建议："元统甲戌（1334年），有壬承乏中台，尝与议农政，因语农官，上林隙地可规治艺五谷，若古弄田，皇上几暇监农，不易迁而实切。其说既不行，且有窃笑之者。噫，古制之不复者多矣，岂独是耶。"许有壬并不认为在上林开地是玩笑之语，因为这关系着天子重农的大事。

[①] 许有壬：《敕赐大司农司碑》，《至正集》卷44（《全元文》第38册，第316—318页）。

第十五章 维系文治的政治观念

王政之大，无以加于农乎。林林总总，以食为天。茹饮俗变，稼穑兴焉。唐虞至圣，命稷是先。苍姬八百年之王业，实基于《生民》之篇。炎刘去古而未远，贻谋亦慎乎其传。未央宫中不事流连，树艺有地，是为弄田。谓昭帝幼冲，未能亲于帝籍，钩盾近省，姑试耕以为剧。何考信之不核，致流传之昧实。盖祖宗为敦本而设，虽曰游弄，而亦不忘乎稼穑也。天下之治，生于敬畏。目击之顷，知农夫之艰难，粒米之不易，有不惕然而悟，凛然而惧者乎。其为弄也，非奇技淫巧以斁常也，非狗马游猎以导荒也，非郑卫哇邪以塞聪也，非妖艳靡曼以作蒙也，非以人为玩若董贤、邓通也。

若稽耕籍，有国大教。王后供种，太史播告。秉耒一埒，朱纮有耀。神仓钟藏，冢宰举要。所以劝农民，供粢盛，而事天地与祖庙也。三代共由之大典，百王不废之要道。何周宣中兴之哲王，乃不籍其千亩，至形虢文公之谯，则江东之未暇，又无足与校也。开元之盛，种麦苑中，太子侍登，治并古隆，是亦弄田之遗意，惜其有始而无终。于惟我朝，登三迈五，南郊昀昀，有田千亩，大臣代耕，岁事修举。而斋宫尚稽于享醴，玉趾未亲于举耜。是以奋庸之士，拳拳有望于复古。昔周公之相成王也，《书》有《无逸》，《诗》有《七月》，知稼穑王业之艰难，丕显文承武之谟烈，率妇子而亲观，宜诗人之播说。臣愿割苑中数亩之隙，俾从事于播种，备春秋之游豫，浒未央之名弄，然后讲三推之仪，明五礼之重。①

由此，对于天子的躬耕，许有壬在诗作中亦强调了其所具有的重大示范意义。

行郊摅滞虑，目至意已适。黍实敷如扇，禾穗长过尺。我饥虽有涯，垂涎势已逼。举室百趾余，盻盻朝复夕。有官不疗贫，劳心且劳力。昔贤起躬耕，车从坐传食。牙绯既通守，耒耜尚未释。但期岁有秋，如坻见露积。岂惟弭腹雷，庶免刺不穑。宴安隐鸩毒，侃也犹运甓。无愧食乃安，一饱皆君德。②

---

① 许有壬：《弄田赋》，《至正集》卷1（《全元文》第38册，第5—6页）。
② 许有壬：《观躬耕秋地》，《至正集》卷5。

许有壬深知农民的困苦，所以他所期盼的就是少遇灾年，能够经常见到丰收的年景。

> 民事足纤悉，毫发惭无裨。丰年或苟安，奈此将阻饥。恒旸亘朱夏，田拆纷如龟。稼穑人所天，播种力已疲。禾苗既出土，豌花亦葳蕤。曾无旬日间，青青变黄萎。麻黍皆寸许，芜秽伤不治。野夫指相告，天欲朘我脂。高地饶瓯窭，潟卤荒其卑。雨旸悉时若，岁事犹难期。况兹魃肆虐，枵腹行奚疑。我心焦若焚，重以膏沃之。何由诉真宰，坐视空嗟咨。旷职咎有在，斯民焉取斯。又讶爽惠罚，好恶遂逆施。岂知隆平世，寿域开无涯。一机默运转，万象回雍熙。神功太颖脱，风云随指撝。须臾顾平地，黄流蓄如陂。拔苗验燥湿，新根生玉丝。舆情尚未惬，谓此才微滋。龙公果不斩，天瓢竭淋漓。黄萎复青青，垂死逢良医。官府洗罪谴，闾阎息流移。今朝吾所喜，真知匪当时。胥辈言啜嚅，雨皆山神为。重稑兹已具，盍往酬神私。摇首谢吏曹，别驾方捻髭。作诗志吾喜，冥冥何暇推。①

> 春耕轺轩载耟来，夏耘竭力空芜秽。天时人事两无失，一饱今知堪坐待。农家到秋塞破屋，此乐天今付贫倅。禾头饱重垂拂根，梓擦风声传铚艾。月明健卒担如飞，足茧肩赪汗流背。一场方亩积无隙，更向邻翁借车载。山妻啼饥已拭泪，忙呼赤脚同扫碓。饿夫不言但臆对，大嚼预摇三尺喙。纵横滞穗不假收，西风肥杀钻篱莱。②

许有壬亦重视以水利工程造福百姓，并强调各种水利工程都要与救灾和善政措施有紧密的联系。

> 汤汤十里失津涯，兔穴尽为鱼所家。援溺惭非济川手，海天犹幸可乘槎。

> 滔天巨浪几千尺，郡邑堤防亦漫修。毕竟为鱼天不忍，而今四海总安流。

---

① 许有壬：《入夏四旬不雨，骎骎成灾，五月二十四日沛然一犁，民以为不足。越五日大作盈尺，喜而为诗》，《至正集》卷5。
② 许有壬：《观刈》，《至正集》卷8。

第十五章 维系文治的政治观念 133

　　水可亡人亦粪田，官曹日见簿书繁。欲令让畔回浇俗，虞芮谁能作九原。
　　圣人在上不为灾，巨鼋从渠挟暴颓。消遣闲愁须藉酒，年来多病不胜杯。
　　林深逸足迹无踪，不遣周陆一扫空。赤手于菟犹可掬，山棚谁道便无功。
　　天家食货定丕基，封畛虽分贵两宜。水部大农犹可念，莫教条例及三司。
　　露处风餐饮犊丸，绣衣行部不曾闲。但将一念求民瘼，休问九重深帝关。
　　谪仙诗笔千钧力，方救饥民席不温。回望林虑好山水，一机云锦负天孙。
　　昨夜狂澜复旧流，一方才免陆沉忧。朝廷有道民输力，水部微功不用讴。
　　号饥万口久嗷嗷，扑火犹能未及焦。使者真如洞民瘼，清风明月播天朝。①

尤为重要的是，朝廷依靠大规模的海运，将江南的粮食输送到京城，使北方无缺粮之忧，许有壬对此有深刻的认识。

　　古来漕法无十令，我元弘抚恢自天。至元天子一四海，京师仰给东南田。乱淮溯河略汶泗，远奔瀛莫趋幽燕。荡泥逾埭几跋涉，留连岁月喧劳牵。云帆辽海闻自昔，东吴粳稻曾输边。九重听言获大利，万艘遂发吴门船。晨兴甫动望洋叹，暮炊已接蓬莱烟。夜波阴火乱明灭，神奸怪状呈蜿蜒。樯摧缆断一瞬间，骸骨立腐饯蛟涎。天妃于时悯昏垫，祥飙飚飚来云軿。漕官舟师续乃命，遂使京国丰年年。御灾捍患著昔典，诏使涓洁严牺牷。翰林学士北庭彦，风骨自是人中仙。候神将事尽诚悫，坐致流泽如原泉。都人万亿饱红腐，岂知颗粒皆危颠。十年我亦索米者，无功素餐尤赧然。②

---
①　许有壬：《和李惟中金事行部十首》，《至正集》卷26。
②　许有壬：《湖南监宪普颜实理子谦昔为翰林学士，奉使祠天妃，伯生有序送行，征诗其后》，《至正集》卷9。

朝廷重农桑，就必须去除恶政，不仅要制止贪官酷吏的搭克行为，还要限制富豪大户对百姓的侵扰，因为就如许有壬在诗作中所记述的，各种弊病确实是随处可见。

蠲税输金冀不苛，永蛇为害更加多。打门悍吏如狼虎，销尽镮钗有几何。

禁弛池湖恤困穷，小罟敝笱若为功。拦江数罟横千尺，却被豪家一举空。①

霜余溪湍息奔斗，农隙维时梁可构。往来恐有病涉人，官著恒规谁敢后。邑胥承帖来乡里，乡民见胥如见鬼。督材斩木到坻垄，致期视成驱妇子。人未安行力已疲，冬无旨蓄鸡先死。田家鸡尽真可哀，邑宰旦夕行桥来。吁嗟此役本为利，谁知为害翻百倍。老癃伛偻诉且泣，莫遣吏监民自力。治贪问瘼乃吾事，去甚痛惩尤所急。老癃又言官试听，今日所知百无一。我闻此语愤填膺，不可胜诛空太息。安得落落寰区间，尽是龚黄二千石。②

疲氓一豕关岁计，翁媪旦夕劳鬃视。敢思口腹资御冬，拟待今秋了租税。于菟乘夜夔其壁，攫去怒嚼无余骴。豪家有羊过千百，尔不掠剩宁有畏。乘虚凌弱犬亦耻，天赋尔质徒猛挚。太山昔闻无苛政，荒村今复增酷吏。草莱踩践迹未泯，是我昨日攀缘地。卞庄周处世岂无，毕竟爪牙何足恃。③

鼓声震荡冯夷宫，帆腹吞饱江天风。长年望云生长啸，稳驾万斛凌虚空。主人扬州卖盐叟，重楼丹青照窗牖。斗帐香凝画合深，红日满江犹病酒。钱塘女儿静且姝，臂金盈尺衣六铢。凭阑饭饱观戏鱼，清波照影红芙蕖。江城到处时弭楫，遍买甘鲜穷所悦。千里携家任去留，一生为客无离别。敦农抑商昧远计，遂使素封轻得意。握筹狡侩俯承命，危坐咄嗟收厚利。田庐凋敝君知否，终岁勤劳莫糊口。夏税未了秋税来，三十六策惟有走。④

盛冬袭无完，丰岁食不足。为民籍占驿，马骨犹我骨。束刍与

---

① 许有壬：《鄱阳即事二首》，《至正集》卷23。
② 许有壬：《行建德县，民有诉桥罹害者，作徒杠行》，《至正集》卷7。
③ 许有壬：《虎食邻豕》，《至正集》卷9。
④ 许有壬：《临江见大船宏丽异甚，赋贾客乐》，《至正集》卷7。

斗菽，皆自血汗出。才释鹰师鞍，又服梵子毂。边声或玄象，去马便可哭。朝廷播政令，黎庶供力役。生儿甘作奴，养马愿饲粟。源源急星火，金符出黄屋。譬舟苟使覆，载物其能淑。百年具成规，受他贫敢鬻。粟麦被阳阪，黍稷满寒谷。圃蔬接畛青，树果屯云黑。一朝化榛莽，坐使歌成泣。我身非土梗，我马非铁石。糊口有四方，从渠安传食。①

许有壬当然知道重农不易，去弊更难，所以只能是记下天下大乱前的场景，以说明国家已经病入膏肓，难以救治。但是真正到了红巾起义爆发，他还是"画备御之策十五条"和"招降之策"，具体内容已失，显然未被当政者所重视。②

（二）说取财有术

许有壬曾在两淮盐司任职，将官廨园池之堂称为"谨正堂"，其意就在于取财要谨慎和守正道，并特别强调了谨于取则不扰、谨于积则不耗、谨于出则不滞，谨于防则不滥的取财用财观点。

> 圣朝既平宋，山海之藏，举入内帑。而两淮盐赋实甲天下，乃立都转运使司于杨，即宋江都县旧治为廨以总其政。廨陋且弊，运使张彬拓而新之，西偏隙地规为园池，踵武构筑，园又有堂。天历庚午（1330年）三月，有壬来承，岁大旱，理梦补罅，再阅月，始一坐堂上。幕僚以堂扁无谓，请易以关吾政而可勖后者。于是取管子之文，以"谨正"易之，为之说曰："国有财用，人身气血，江河泉源也。圣人疾务财者，疾非其道尔。古者以入为出，取不苛而用不竭，盐未有赋也。后世以出为入，利益浚而用益窘，盐为厚利，暴不可掩。管氏昌之，历代和之，禁网日密，而毫发不遗矣。且管氏以是而霸齐，后世因之而利国，而识者犹深鄙之甚哉，利源之不可启，以其一启而不可复塞也。自董仲舒言人已病之驯，至今日病可知已。我朝覆焘，大极无外，供亿之繁有不容节者，则管氏谨正之说不能无取焉。故谨于取则不扰，谨于积则不耗，谨于出则不滞，谨于防则不滥，谨于禺商则不忒，谨于周给则不匮。正之道

---

① 许有壬：《养马户次同年马伯庸中丞韵，时尽夺驿地，马户益窘》，《至正集》卷3。
② 《元史》卷182《许有壬传》。

不一，而举能谨之，则国之为利无穷，而民之蒙利均矣。两淮自大德改法，世号精密，历三十年至天历己巳（1329年）、庚午之旱涝，而流弊积疴一旦呈露矣，则谨之之道可不什伯哉，姑摭其尤者言之。昔人谓取利山海，愈于取民。然山海之利，非民孰取，牢盆之民，劳有甚焉。其或掊工本以利私，逮无辜而鬻狱，恣强豪噬微弱，民既弊矣，利何取焉。登斯堂者，亦思所以谨之乎。"①

对于贪官所行的名不符实的银课，许有壬亦上书朝廷，要求取缔，所强调的也是取财有道的要求。

窃谓生财有大道，岂小智之所能。余利不在民，非为国之先务，况有利轻害重，人所共知，法弊事堕，下不堪命者，若不恳陈，其责有在。

蒙山银场提举司，岁办课银七百定，办纳不前，将提举陈以忠断罪。体究得本处银场，在亡宋时官差监场，十分抽二。归附后，至元廿一年拨粮一万二千五百石，办银五百定，后节次添拨粮至四万石。至大元年，拨属徽政院，每岁办纳不前，往往于民间收买，回炉销炼解纳。盖缘归附以来近五十年，本处地面却能几何所用，矿料必取于坑洞，薪炭必取于山林，铢两而求，尺寸而伐，以有限之出，应无穷之求，其地产不已竭乎。加以言利小人如陈以忠，先为连年亏额，自愿每粮一石，减钞十两，折收轻赍三十两，承认额办，因此致令徽政院易于准言，滥受此职。不数年间，却又陈言，欲行添及元数，公然欺罔，虽曰不准，而前后数年，每粮一石，巧立名色，收至六十两，稍或不从，则以输纳迟慢，监锁棰楚，山野之民畏之如虎，斩木伐屋、典卖妻子者比比皆是。本人所画之计，不过为身所行之法，惟务害众，为是本处坑谷已空，薪炭已竭，人力凋敝已甚，侵渔已极，逃移者众。连年亏兑，踪迹显露，计无所施，勉强支撑，中实忧悔，既任其责，欲罢不能，是以又将兴国地面银场协济煽办，移江西之害及湖广之民。及言宁州等处可以煽银，请于所属改拨户粮，造此妄言，苟延残喘。鄙夫患失，无所不

---

① 许有壬：《谨正堂记》，《至正集》卷36（《全元文》第38册，第191—192页）。

第十五章　维系文治的政治观念　137

至，间之居民，欲食其肉。

钦惟圣朝富有四海，视此微利，何啻毫末，奈何容一介小夫之奸欺，为数郡细民之荼毒，使其害及闾阎，得利十倍。邦本所系，犹不可为，而况所得不敷所费者哉。先以行省所委体勘官瑞州总管史朝列等，计料所费每银一两，该钞一定一十三两，亏官损民不便。今银一两，虽曰止该官本十四两，然因矿炭尽绝，烧炼不前，俱系炉户用钱收买输纳，已是添答钞两。至于纳官之时，官吏库子人等百色所需，并带纳折毫，诸般唆剥，及官吏多答钞数，收受轻赍，转行买纳，其弊百端。由是较之，则每银一两，本官十四两外，炉户又加一倍之费，方能了办。民之所费，皆其脂膏，若谓此非官帑所出，视如不费，则父母之于赤子果有间乎。近年以来，坑洞日以深远，每入取矿，则必篝火悬绳，横穿斜入。窦穴暗小，至行十余里，岩石之压塞，水泉之涌溺，其为险恶，盖无可比。加以山岚毒气，旦夕攻侵，枉死之人不可胜数。兴言及此，诚可流涕，耳目所及，敢不力陈。

若以为国有常额，难议除豁，朝廷所用，必不可无，莫若革罢提举司衙门，将所拨粮四万石折收银七百定，依江东诸郡金课例，每年立限从有司征收解纳，则是每粮一石，折收银八钱七分五厘，每银一两，该免粮一石一斗四升二合八勺，官不失额，民不被害。回视剥其脂膏，流无穷之害，陷于坑谷，杀无算之人，而所得不偿所费者，其为利岂不百倍哉。方今政令一新，次第拯治，于斯之时。若谓设立已久，恢办有常，惮于更张，因仍循习，则蒙山民瘼日甚一日，未有涯涘也，穷苦之极其害且有出于经理田粮之外者。卑职亲究其事，义不容默，如蒙早为讲究施行，疲民幸甚。①

许有壬的建议被主政者所采纳，撤销了蒙山银场提举司，对革除此弊起了重要的作用。

(三) 论为官之道

许有壬任官多年，对官场颇为了解。他特别以儒官的视角提出了对为官之道的四方面看法。

---

① 许有壬:《蒙山银》,《至正集》卷75 (《全元文》第38册, 第45—47页)。

一是对中书省选官的看法。在中书省的六部之中，尤其要重视吏部的作用，因为该部负责朝廷官员的选用。许有壬特别以委任官员的手牍为例，记下了吏部选官的情况，就是要说明官员的升降实则带有运气的成分，当事者并不一定能够起到选贤拔能的作用。

> 吏部治铨政，而总于中书。从七品下迄从九品，听部拟注。正七品上，则中书自除。然核其功过，覆其秩禄，定其黜陟，必具于部而后登于省，汇移为籍，宰相具坐，始共论校，岁一或再，而不必其时。部则月为一铨，御史审可，乃合其僚而拟注焉，誊上中书，执政一二人暨参议左司覆听都堂，地之远迩，秩之高下，用之从违，按其籍而校听之。少忤则驳，使复拟其皆合也。执政于手牍人署曰准，乃入奏，奏可而后出命焉。底留掌故，手牍则归于私家，此铨除故常大较也。
>
> 嗟夫，天下之大，才不乏也。年劳格行，皆困于吏部，而又有幸不幸焉。……山林之士，弃于时者多矣。……其有不当废而废者几何，而能若片楮之复出哉。……余待罪最久，弃者不能取，废者不能起，瞆瞆循故常，守废纸犹望其自幸，其可耻哉，因手牍而重有感。①

二是对御史台官员的看法。许有壬对于任风宪之职的监察机构官员，重点强调的是守正、廉洁和先风后宪的要求。

> 崇严之势立，则敬畏之心生。敬畏之心生，兹用不犯矣。此其小者尔，若夫消奸邪于未萌，轧豪猾不敢喘气，使山川失险，里巷不惊，台舆地亦重矣哉。
>
> 然台有恒言，谓之风宪，亦有说乎。风者，天地之使也，王者之声教也，故上行下效谓之风。宪者，法则也，《周礼》悬法示人曰宪法。则是风之与宪，二而一，一而二者也，可相有而不可相无者也。风主于教，宪主于法，上之行下，有不能效者，则继之以法，未有专主于法也。我正，而后责人以正；我廉，而后责人以

---

① 许有壬：《记选目》，《至正集》卷38（《全元文》第38册，第212—213页）。

廉。苟不是求,一以枉法惠文从事,待若束湿,视若寇仇,不亦昧于风之为义乎。故必先之以风,而后之以宪,二者不使偏废。①

御史台选官,多数时间较为严格,如许有壬所言:"世皇立御史台,肃天宪以正百辟,上官底僚罔不各极其选,或损或益,适于当而已。"②由此,不仅要强调"作宪需群材,有类构室堂。栋隆固胜任,梲闑仍资良"③;还要强调台官的敢于作为和不计个人得失,在给台官的诗作中,许有壬就表达了这样的意愿:"乘轺正吏虐,终岁无暂闲。归兴秋方浓,天书忽征还。生平心铁石,每进常自艰。辛苦三十年,所露才一斑。辽海控濊貊,郡邑纷愚奸。伯厚号疾恶,霜风扫枯菅。骢马去何速,飞鸿杳难攀。圣朝达四聪,虎豹闭九关。封章明日上,风采凝朝班。勋名属耆旧,澄清遍区寰。塞垣岁华晚,相思隔云山。惟应第一义,传布到人间。"④

三是对行省官员的看法。行省制度为元朝首创,如许有壬所言:"世皇宏规远模,立中书省总于中,分省厘于外。行省遵成宪以治,所属决大狱,质疑事,皆中书报可而后行,则为行省若甚易者。然地之所直有险易,则任之所寄有重轻矣。"⑤"都省握天下之机,十省分天下之治。然十省之属,自筦库而上,皆命于朝,非若古藩镇,僚佐得自辟也。"⑥尤为重要的是,行省官员要按照朝廷的规定入觐皇帝,并向皇帝呈奏治理地方的策略。

众星丽天而拱北辰,百川行地而宗东海,在人则朝觐之义也。臣所以竭事君之诚,君所以豁疏远之蔽,举系是焉。君臣之分立,上下之志通,朝觐之义大矣哉。昔在唐虞,五载一巡狩,群后四朝。周大行人掌大宾之礼,以亲诸侯,侯甸男卫,要地有遐迩,故

---

① 许有壬:《敕赐重修陕西诸道行御史台碑》,《至正集》卷45(《全元文》第38册,第318—320页)。
② 许有壬:《御史台照磨题名记》,《至正集》卷43(《全元文》第38册,第253—254页)。
③ 许有壬:《送州吏张恕赴宪司》,《至正集》卷5。
④ 许有壬:《送李谦甫金事赴内台御史》,《至正集》卷4。
⑤ 许有壬:《陕西行中书省题名记》,《至正集》卷42(《全元文》第38册,第251—252页)。
⑥ 许有壬:《送蔡子华序》,《至正集》卷32(《全元文》第38册,第71—72页)。

见有疏数焉。《书》称："敷奏以言，明试以功。"礼，春以图事，秋以比功，夏以陈谟，冬以协虑，不独执贽备礼而已也。秦既废古，后时有闻不常也。我元之盛，跨轶三代，亲王守分土，非有命不敢朝。官守居外者，行省十，行台二，长官秩一品，皆帷幄重臣。朝廷有大事，则征集亲王，大会京师，陈祖训，申戒约，鸿谟大法，有古不及。飨劳而归，莫不感悦，而安其世守。行省、台则遣使入请，臣某请入贺，不敢擅奏，可，乃敢行。或易人，惟命得请，率僚属奉宴币给驿，既入见，以宴币上太官，升辞为竣事，飨赉之厚薄，顾上之所知何如。有壬官京师，窃闻老朝官言，世皇时外臣入见，必问部内事甚悉，部内事有利害可罢行，悉敷奏之。虽不屑屑四时，而其图事、比功、陈谟、协虑之意，宛然隆古时也。①

在许有壬看来，给行省作题名记，就是要使行省官员能够有所戒惧："朝廷慎简宜何如哉，则是保厘长贰之善可为法，恶可为戒者，皆不容泯，此所以有待于题名，俾后世得以指议也。国家百年来法令明备，遵之者福，戾之者罚，若痖随所戾而至，孰敢不畏。然人情有玩于法、狃于习而不知畏者，于是法有所不行矣。而其本然之善则未尝泯，可触之机则未尝息，题名一刻，俾一见之顷知某之为善，使人歆慕若是，我独不能效之耶。某之为恶使人嗤唾若是，我独不能戒之耶。用是为政，岂特为法之一助，而弭恶迁善，盖有出于法之外者焉。"②

四是对州县官的看法。许有壬特别看重守令在治民方面的重要作用："守令皆近民，令则尤近。民，邦本也，宜培宜溉。不培不溉，而又拔之揠之，能茂且硕乎？委诸萎芥者，是不培不溉也。委诸贪虐者，是拔之揠之也，令可不择乎？为之令者，职可不尽乎？"而守令最重要的职责，就是推行善政良法："民事非一，良法具存。主以宽慈，任以定力，惟义所在，孰轧孰扼，令果不可为乎？""且令之养民，犹农之养谷。春种夏芸，朝抚夕视，顷刻忘乎怀，非善养也。然农非善养，而

---

① 许有壬：《送刘光远从右丞朝京序》，《至正集》卷31（《全元文》第38册，第68—69页）。
② 许有壬：《陕西行中书省题名记》，《至正集》卷42（《全元文》第38册，第251—252页）。

害之者多矣，水也，旱也，螟螣也，蓩荼稂莠也。水旱必备，螟螣必去，蓩荼稂莠必耨，尽吾力矣，而后可诿之天。若夫不备、不去、不耨，而望无饥，不可得也。甚者戕其根，艾其叶，惨于水旱螟螣，过于蓩荼稂莠，天下之贱农，有不忍为者矣，而乃有忍为之者，可胜叹哉。"①

许有壬还特别强调："士为学，一于己，人不与焉。至于处不顺之际，则学力浅深从可见矣。夫不顺之来，其处之也，有漠如浮云，倏如飘风，泯然若不见而不闻者，或实怠缺，亦罔自反。委物我，混是非，流而为荒唐寂灭之学，为己者固如是乎？复有致力容忍，如饥禁食，如砭受楚，坚制不动，而悻悻者故在，又若惩忿而实非也。欲去二弊，莫若师孟子，以仁存心，以礼存心，爱敬此施，效验彼著。横逆之至，自反再三，内省不疚，在人者，吾何与焉。"② 由此，他在诗作中表述了自己为学、为人和为官的态度。

　　名实剧形影，有实宁无名。义利判金羽，义重利自轻。真知加定力，首在明吾明。之子学有得，云哉聊寓情。
　　昧道徇利禄，醉梦迷黄粱。醒眼见大意，点也初非狂。千金等弃屣，六艺供潄芳。大圣有明训，知微万夫望。
　　进德贵不息，岂羡六十化。水哉非浮云，过续无昼夜。谁令堕眢井，自弃尚自诧。君看一撮土，振海仍载华。
　　上天赋我形，所期不愧天。暝途逐利欲，膏火攻相煎。岁月难把玩，俯仰已百年。况复非其招，纷纷乱旌斿。
　　因书欲求道，倏尔成白头。未免日谋食，嗟来肯承羞。赖此自劳力，仓箱见丰收。乐哉复奚疑，一壑仍一丘。
　　素位非出位，得侯还失侯。由来豪杰士，有志难尽酬。小人愿为囷，得饱不得秋。宁当作焦尾，慎勿为焦头。
　　人言世间事，十九不如意。在理此亦常，得友姑与醉。清风明月天，假尔同此世。宜乎归来人，涉园亦成趣。
　　至宝不可弃，奇货不可居。桑榆既容收，何惭失东隅。富贵如

---

① 许有壬：《送吴安之赴渤海县尹序》，《至正集》卷35（《全元文》第38册，第81—82页）。
② 许有壬：《存心斋记》，《至正集》卷40（《全元文》第38册，第232—233页）。

浮云，况不浮云如。若究云之极，须与天为徒。①

在元朝后期的汉人儒官中，许有壬是位置较高者，所以他的政治见解，还是能够被主政者所注意，但注意并不意味着他的建议被采纳，因为当时已经不具备重返善政的条件，这恰是儒者所思与政治现实的差距所在。应该承认，许有壬在反对权臣政治和推动朝廷政治改良方面确实发挥过一定的作用，但是显然不能高估其作用，而真正需要注意的，恰是他所阐释的文治观念。在这样的观念下，关键点在于如何把握治理国家的细节问题，因为只有从细节着手，才能真正改善治国的形态，这恰是细微化文治观念的特征所在，并由此体现出了与脱脱、太平等主政大臣文治观念的明显不同。

第二节　苏天爵的治世观念

苏天爵（1294—1352年），字伯修，号滋溪，真定（今属河北）人，曾从安熙、吴澄学习理学，② 以国子学贡举入仕，历任翰林国史院典籍官、应奉翰林文字、江南行台及御史台监察御史、翰林待制、吏部尚书、湖广行省参知政事、江浙行省参知政事、大都路都总管等职，有《元朝名臣事略》《国朝文类》（《元文类》）《治世龟鉴》《滋溪文稿》等传世，另著有《松厅章疏》《辽金纪年》《黄河原委》等，已佚。在苏天爵的著述中，着重体现的是他的治世观念。

一　论治世

治世是苏天爵追求的重要政治目标，在他的上书和论著中，较全面地展示了他对治世的要求。

（一）时政五事

顺帝元统元年（1333），苏天爵任御史台监察御史，在上书中明确指出："钦惟国家建置台宪，务求贤哲，克广聪明，若或缄默而不言，有负朝廷之任使。卑职猥以菲才，备员六察，粗有闻见，谨用敷陈。盖畏天变者所以尽事天之诚，享宗庙者所以隆孝治之道，辅圣德者所以建

---

① 许有壬：《和刘楚奇浮云道院二十二首》，《至正集》卷5。
② 黄宗羲原著，全祖望补修：《宋元学案》第4册，第3030、3090页。

太平之基，敬大臣者所以求赞襄之益，恤黎民者所以固邦家之本。匪欲徒为空言，惟务切于时政。"他所论及的时务，包括以下五事。

一，自昔人君之居天位，兢兢业业，不敢暇逸，所祇畏者，惟天而已。然而国家之政既修，则天地之容斯隐，否则天出灾异以警惧之。甚矣，天心仁爱，人君之至也，可不夙夜修省，克谨天戒乎。钦惟圣天子躬膺眷命，丕缵皇图，上应天心，下孚民志，将见治化方臻，祯祥迭至。迩者太史上言："三月癸卯望，月食之既，四月戊午朔，日有食之。"夫悬象著明，莫大乎日月，今焉薄食，得非刑政之失而致然欤？且月食之既为异已甚，日食纯阳之月，古尤忌之，盖阴盛阳微，君子之所惧也，有天下者，其可忽诸。今天子聪明仁孝，天下化服，宜奋乾刚，聿修刑政，疏远邪佞，专任忠良，庶可消弭灾变，转为祯祥，日月贞明，宗社蒙佑。若曰："日月薄食，自有常度，天道悠远，人不可知。"是乃奸邪误国之言，非圣人畏天之意也。

一，郊社宗庙，国之大祀，尊亲兼著，庙享尤隆。是以古之王者必行亲祠之礼，所以报德祖宗，广孝治也。洪惟国家隆兴百年，礼乐文物光昭简册。世祖皇帝肇建太宫，武宗皇帝亲行大礼，列圣相承，典章具在。文皇帝拨乱反正，以定天下，临御五载，治化休明。爰自宾天，臣民思服，载涓吉日，班祔有经。钦惟圣天子祇承遗诏，入奉宗祧，夙夜寅畏，图新政治。恭事东朝，既尽于奉养；顾瞻清庙，宜展其孝思。伏愿率遵旧章，躬行祀礼，则祖宗歆享，降福于万年，圣德孝恭，有光于四海矣。

一，古者天子虽有聪明睿圣之资，必待左右之臣匡直辅导，然后德化可成也。周成王即位之初，春秋方富，于时周公为师，召公为保，辅养保护，克尽其道。以至侍御仆从，亦皆正人。故成王所见皆正事，所闻皆正言，卒能养成德器，致治隆平，享国久长，为周贤君。钦惟圣天子春秋鼎盛，临御九有，睿圣之德，度越百王。然犹开设讲筵，鉴观古训，盖所以辅益圣德，缉熙元化者也。夫以儒臣宰辅进见有时，惟朝夕与居，熏陶德器，正赖侍从承弼之得人也。伏愿博选勋旧世臣之子，端谨正直之臣，前后辅导，使嬉戏之事不接于目，俚俗之言不及于耳，左右交修，内外相养，则圣德日新,治化日隆矣。

一,帝王之职,在任宰相。宰相者,所以辅佐天子,抚绥兆民,燮和阴阳,赞襄政治而已。故人主躬亲庶政,礼貌大臣,常于进见之间,俾尽论思之道。洪惟天朝,富有四海,列圣临御,保守治平。遇臣下者既尽其礼,大臣硕辅,献纳谋猷,事君上者亦尽其忠,君明臣良,千载一时也。钦惟圣天子圣德宽仁,临乎臣民之上,天下之大,万机之繁,朝夕都俞,共图为治者,二三大臣而已。然而古昔人君待遇其臣,亦未尝不至也。故燕飨所以通上下之情,蒐田所以习武备之礼,命之爵禄以求其用,赐之居第以安其身,盖皆昭俭而合礼,未始逾制以厉民。今朝廷政化更新,中外望治,枢机之臣固宜尊宠,是以爵禄之贵,居室之盛,宴享田猎之乐,可为至矣。伏惟二三大臣,同心一德,勉图报称,雍容廊庙,夙夜赞襄。俾公卿得人,风雨时若,纪纲正而朝廷尊,赏罚公而民心服,不亦至盛矣乎。

一,天下之事当谨于微。民惟邦本,尤不可忽。国家自太祖皇帝戡定中原,世祖皇帝混一海宇,黎元休息,百年于兹。爰自近岁以来,云南土人作乱,海南黎蛮为梗,有司视为故常,不加安辑。迩者徭贼大肆猖獗,攻陷道州,杀虏官吏民庶。夫道州湖南一郡也,先此广西之民已被其害,今复转入内地,此其为患不细。方今天下虽号治平,然山东实股肱郡,去年河水为灾,五谷不登,黎民流冗者众,朝廷间尝赈给,犹未克瞻。江淮之南,民复告饥。河北诸郡,盗贼已未获者三千余起。夫民穷为盗,盖岂得已,为民父母,顾将何如?岂可优游燕安,视若无事。伏惟朝廷宜急讲求弭安盗贼方略,赈救饥民长策,使海宇清谧,黎民富足,实为宗社之至计也。[①]

苏天爵所言畏天、敬祖、择正人、选贤相、安天下的时政五事,重点强调的是君主驭天下之道,畏天、敬祖是君主的本分,择正人、选贤相是君主用人的基本要求,安天下则是君主施政的要点。在顺帝即位后的主弱臣强情势下,尤其是元统年间两大权臣势力对峙的政治生态下,

---

① 苏天爵:《建白时政五事》,《滋溪文稿》卷26,陈高华、孟繁清点校,中华书局1997年版(《全元文》第40册,第14—16页)。

苏天爵提出这样的建议，就是希望皇帝能够尽快摆脱权臣的影响，施展更化即"朝廷政化更新"的抱负。

苏天爵还特别向顺帝上书，除了再次强调畏天、敬祖和用忠良之外，更明确提出了君主节欲的要求，希望其能够保养身体，因为毕竟前此已经有了宁宗夭折的教训。

> 天下安危系乎人君之一身，人君身安则天下安矣。是以古之王者慎起居以节嗜欲，亲忠良以稽古训，盖所以调护身体，安定黎民，实惟宗社之至计也。钦惟皇帝陛下缵承正统，端拱渊默，开设经筵，怡神图史，而祖宗基业之隆，天下安危之计，不可不深虑也。昔者太祖皇帝龙奋朔方，肇基王迹，身擐橐鞬，栉风沐雨，削平诸国，以立子孙万世之基。世祖皇帝既臣宋人，遂大一统，选士求材，作新百度，深仁厚泽，普洽群生。列圣相继，保守治平。至我明宗皇帝、文宗皇帝遭时多难，播越南北，拨乱反正，中兴帝业。临御未久，传之嗣圣。
> 洪惟陛下春秋鼎盛，圣质日长，当祗畏以事天地，诚孝以奉宗庙，思祖宗之勤劳，念基业之艰难。四方之人亦皆延颈企踵，注目倾耳，观听陛下德业之光，想见太平治化之盛。近闻起居稍违安适，旋即和平，圣躬万福，然而不可不慎也。夫以陛下承天地、宗庙、社稷之重，守祖宗百年之业，为亿兆之人父母，固当夙夜寅畏，调护圣体，以慰臣民之望。今闻銮舆将出，北幸上都，庐帐服御，供奉惟谨。而道路之间，寒暑雾露，尤宜调摄。盖人君所爱，莫切于身，忠臣事君，亦莫切于爱君之身。尝闻《殷书》曰："惟王不迩声色。"夫成汤清净寡欲，纯乎天德，故能享国长久，为殷盛王。孔子亦曰："少之时，血气未定，戒之在色。"言人少时血气未定，而伤伐本根，或损寿考之福，故君子戒之。伏惟陛下思天下安危之本，监《殷书》、孔子之言，节嗜欲以调养圣躬，亲忠良以日新德业，则宗社莫安，生灵幸甚。①

苏天爵的这些建议显然未被主政者所重视，因为顺帝对朝政并不上

---

① 苏天爵：《请保养圣躬》，《滋溪文稿》卷26（《全元文》第40册，第24—25页）。

心，而在位的权臣也不会重视这样的建议。

(二) 弭灾十事

苏天爵还专门就灾异频发的现象，在给朝廷的上书中指出："盖闻应天以实不以文，动人以行不以言，此自昔国家消弭天变、感格人心之至计也。洪惟天朝列圣临御，深仁厚泽，涵育群生，或遇灾异，犹思修省，诞布德音，务施实惠，是则祖宗畏天爱民之盛德也。迩者日月薄食，星文示变，河北、山东旱蝗为灾，辽东、江淮黎民乏食。方此春夏之始，农人播植之时，灾异若此，岁事何望。夫天之变异，盖不虚生，将恐人事有乖和气。当是之时，国家正宜访求直言，指切时政。矧在卑职忝居言官，岂容缄默。伏愿朝廷哀矜黎民，诞敷实惠，更新庶政，勿示虚文。庶几消弭天灾，感召和气，宗社臣民，不胜幸甚。"除了求直言外，他特别提出了弭灾之道的十条建议。行铜钱的建议已见前述，此处列出的是另九条建议。

一，赏罚者国之大柄，朝廷纪纲系焉。故赏不失有功，则劳臣劝；刑不失有罪，则奸人惧。二者或失，纲纪必堕。故古者爵人于朝，与士共之，刑人于市，与众弃之，虽人君不得而私也，况左右臣邻敢擅威福而为之乎。窃闻近日以来，幸门渐启，刑罚渐差。无功者觊觎以希赏，有罪者侥幸以求免。中外闻之，窃议伤叹，诚恐刑政从此渐堕，纪纲自此日紊，劳臣何以示劝，奸人无所警惧矣。伏愿自今以始，凡官员刑狱，敢有交结近侍互相请托、恣为罔欺紊乱政治者，严行禁治。中书左右两司及六部等官，所以参赞宰臣，决理政务者，有不思奉公守法，阿容苟从，并许究问。庶几刑罚有当，刑政肃清，雍熙之化，可坐而致矣。

一，节用爱民，有国之常经。今朝廷用度不足，弊在于浮费不节。所入者有限，而所出者无涯，遂令内外帑廪皆未充赡。夫天下之财皆出于民，既伤其财，民必罹害，故爱民必谨于节用也。盖国家财用责之户部，户部责之运司、州郡，州责之县，县责之民，至民而止。民竭其力以佐公上，而用犹未足，则嗟怨之气上干天地阴阳之和，此水旱灾变所由作也。宜从朝廷专命中书省官二员，责督户部，详定减省，罢不急之工役，止无名之赏赐，裁官吏之冗员，减僧道之好事，凡百用度，务令撙节，庶几国用既充，民无横敛。

感召和气，莫急于此。

一，遇灾知惧，圣贤之明训。昔之有国家者，凡值凶荒灾异，必减膳撤乐，侧身警畏，忧恤元元，惟恐其不至也。盖天灾方作，民食未充，在位者于此时何忍相与饮食燕乐，而不恤其民乎。近年以来，朝廷无事，待遇勋臣固为优厚，然而宴享太频，财用不能无费。夫珠玑国之重宝，马政国之大事，今宴享必以杀马为馔，珠玑为花，诚恐习俗成风，奢侈日甚，费财扰民，有损国治。矧当灾异荐臻，尤宜警惧，以答天意。今后内外百司，凡有必合筵宴，一切浮费奢靡之物，并宜裁节禁治，是亦恐惧修省之一事也。

一，在古有训："作善降祥，不善降殃。"盖言人之为善为恶，殃咎各以其类应也。后世佛教既入中国，始言人能修奉佛事，辄获福利。小民信之，或不能悟。甚至有国家者，倾其府库，舍施金帛，供佛饭僧，惟恐不至。然其征验，盖可睹矣。是以中外之臣言其可罢者，十常八九，而国家崇信方笃，不忍遽已。迩者徽政院臣以府库不充，金帛不给，启奉懿旨，凡在兴圣宫常例好事，一切罢止。今朝廷政教惟新，方图孝治，宜体东朝之意，凡大内常例好事，宜权停止。岂惟制节浮费有裕于国家，庶几不惑异端，有关于政化也。

一，建官分职，本以为民，官冗事繁，适足害治。盖古者爵禄所以待贤才，熙庶绩，非以供人之欲、给人之求者也。是以上自公卿大夫，下及抱关击柝，皆有定员而无旷职，故官无苟得，人无幸心。洪惟世祖皇帝在位三十五年，建官之制，详酌古今之宜，故治化成而事功立。爰自近岁以来，官府日增，选法愈弊，俸禄既广，事功益堕。夫文翰之职既同，何为复列数职，造作所司既一，不应又置数司。掌军政者亦既俱分，奉祭祀者似太重复。至于属官辟吏，员额杂冗，支俸食米，内外繁多。若不早为裁减，日久愈难沙汰。夫科场取士，三年止得百人。今吏属出身，一日不知其几。即自中书类选，已有积年不调之苦，孰思数年之后，吏部选又将奈何。宜从都省早为闻奏，照依至元定制，合并裁减，不惟省去冗员，清选举之方，亦以节制浮用，为裕财之道。

一，命郡县之官，唯欲图治；班田禄之制，所以养廉。今国家设官固有高下之列，颁禄当无厚薄之分。然而朝廷卿士俸廪既均，郡县公田多寡不一。亦有创设员阙，逐月止请俸钱。故廉者奉公，冻馁其妻子；贪者受贿，辱及其宗亲。各处虽尝申明其事，主者但言设置已久，廉吏嗟叹，无可奈何。宜从户部行移取勘各处所阙公田，于系官田内均行摽拨，岂惟廪禄惠及官吏之一家，庶责贤能洽治郡县之兆姓。

一，治平既久，民获奠居，版籍既定，田无余亩。盖山东益都之境自昔号称广斥，《书》所谓"莱夷作牧"是也。今国家平定盖已百年，户数土田悉有定籍，迩者奸人妄行呈献，凡民之田宅、坟墓悉指以为荒闲。朝廷虽尝差官覆实，辄与符同，不复考察。夫既设置官吏，遂为会敛钱粮，幸因水旱为由，不克收满元额。民既无所控诉，官亦无可奈何。验其一岁所入之税粮，仅足诸人所支之俸给，既不能裕财富国，徒足以害众扰民。矧今山东黎民阻饥，盗贼多有，诚恐因之别生利害。钦睹天历元年诏书节文，有曰："国家租税，自有常例。今后诸人，毋得妄献田土，违者治罪。"拟合钦依明诏，将山东田赋总管府等衙门革去，其百姓合纳租赋并依旧制，庶使一方之民咸获有生之乐，仰称文宗皇帝发政施仁之盛德。

一，薄赋税者，治国之大经；广聚敛者，蠹民之弊法。夫以河南之地，方数千里，所税输粮，已有定数。先之以刘亦马罕妄献地土，既已长流海南，是无闲田，亦已明矣。爰自延祐以来，奸人窃取相位，欲兴功利，以固权宠，辄以经理为名，惟欲扰害其众。名曰自实粮田，实是强行科敛。朝廷深知其弊，累降诏书免除。有司失于奉行，至今令民包纳。夫以堂堂天朝，富有四海，差税之入，悉有定制，乃因兴利之徒，遂遗斯民之害。拟合钦依累朝诏旨，其经理虚桩之数，并行革拨，岂惟彰朝廷薄敛惠民之厚泽，亦以植斯民本固邦宁之远图。

一，国家之治，当视一而同仁。夫以高丽为国，僻居海隅，圣朝肇兴，首效臣节。世祖皇帝嘉其勤劳，厘降公主，盖所以怀柔小邦，恩至渥也。比年以来，朝廷屡遣使者至于其国，选取子女，求娶妾媵，需索百端，不胜其扰。至使高丽之民，生女或不欲举，年长者不敢适人，愤怨感伤，无所伸诉。方今辽东岁欠，民适告饥，和气之伤，或亦由此。今后除内廷必合取索外，其余官员敢有不经中书擅自奏请取索高丽女子，及因使其国娶妻妾者，拟合禁治。庶几彰国家同仁之治，慰小邦向化之心。①

除了弭灾十条建议外，苏天爵还明确提出了减免灾民税粮的建议。

> 天生蒸民，为国之本；地生百谷，为民之财。国非民罔兴，民非财罔聚。故《书》有"本固邦宁"之旨，《易》有"聚人曰财"之文。我国家兴隆百年，子育兆姓，虽赋税专征于郡县，而恩泽常出于朝廷。爰自去岁以来，不幸天灾时见，或值干旱，或遇霖雨，河水泛溢，年谷不登，以致江浙、辽阳行省，山东、河北诸郡，元元之民，饥寒日甚。始则质屋典田，既不能济，甚则鬻妻卖子，价值几何。朝廷虽尝赈恤，数日又复一空。朝食树皮，暮食野菜，饥肠暂充，形容已槁。父子不能相顾，弟兄宁得同居。壮者散为盗贼，弱者死于途路。闻之亦为寒心，见者孰不陨涕。殆兹春夏之交，将谓蚕麦可望，虫已损其桑柘，蝗又食其青苗。夏麦既已不收，秋田犹未下种。天灾若此，民穷奈何。衣食尚且不充，赋税何由而出。诚恐州县官吏，但知依期征索，棰楚既施，疮痍益盛。夫民国之赤子，财者本以养民，宜从朝廷早赐闻奏，验彼灾伤去所，曾经赈济之家，合纳夏税量与蠲免，庶几实惠普洽困穷，销愁怨之苦为欢悦之心。和气既充，阴阳自顺，四时协序，百谷用成，黎民雍熙，天下幸甚。②

苏天爵的弭灾十条建议，可以概括为重赏罚、去浮费、减饮宴、去佛事、裁冗官、均公田、行铜钱、抑献田、纠经理之弊、禁取高丽女；再加上减免灾民税粮的建议，所强调的都是朝廷的善政措施。需要特别注意的是，苏天爵对于仁宗朝的延祐经理持的是全面否定态度，强烈要求根治延祐经理的后遗症。

（三）御盗之方

如前所述，后至元年间的权奸恶政，导致了天下盗贼蜂起的局面。至正初年，苏天爵特别向朝廷上书，要求以安抚的方式处理河南行省的"盗贼"问题。

---

① 苏天爵：《灾异告白十事》，《滋溪文稿》卷26（《全元文》第40册，第19—23页）。
② 苏天爵：《乞免饥民夏税》，《滋溪文稿》卷26（《全元文》第40册，第23—24页）。

自昔国家信赏必罚，敷扬治化，惟务安辑于九有；宣布号令，是欲彰信于兆民。夫治化清谧，则民宴然受惠；号令反复，则事纷然弗宁。故治大国若烹小鲜，夫鱼扰之则乱，民抚之则安，此古人之格言，实有国之明鉴。钦惟皇元，奄有中夏，列圣相继，于今百年，盖以忠厚得民心，以安静养民力，中外无间，号称治平。近因至元五年，盗起河南之境，造谋起意，不过范孟等十余辈，胁从诖误，连及赵文铎等七百人。赖上天垂佑民社，而渠魁旋即诛夷，惟余诖误之徒，迄今议拟未绝。比者承诏，奉使京畿，询民疾苦，疏涤冤滞。省部时政一二，耳目之所见闻，若复循然不言，是负朝廷委托。夫事或涉疑，人误犯者则情有可矜；法已至明，人故犯之则罪在不宥。然时有变通，人有众寡，而为治者亦未尝不致察焉。

昔者中统之初，李璮叛乱，震惊河朔，残扰山东。伏读当时诏赦节文有曰："岂期逆贼，几陷全齐，遂愚尔众，咸蹈祸机。顾其势之使然，岂吾民之得已。今者天讨既平，人心尚惑。奚暇偏枯之恤，庶令反侧之安。除将逆贼李璮父子并同谋者并正典刑讫外，知情胁从诖误及逃移他所流亡外界之人，赦书到日，并皆原免。"钦惟世祖皇帝圣神天纵，临御中国，既诛逆贼李璮，即将知情胁从诖误逃移流亡之人，并皆原免。盖当是时，中原初定，江南未附，国家仁厚宽大，海涵养育，所以收人心安、反侧者如此。迩者河南范孟之徒伪造中书之奏目，矫为行省之文符，路下之州，州行之县，诈称朝廷之使者，未尝明言其叛谋。一言之出，其急事于星火，数日之内，何瑕辨其伪真。是以圣天子上体世祖之宽仁，下轸民庶之昏愚，至元六年三月十八日因颁诏令于天下，特出专条以赦之。河南之民，欢呼鼓舞，帖然安定，始获更生之赐。经今已是数年，议拟犹或未决。窃虑远近民有未安，诚恐中间事有未定。《书》曰："令出惟行，弗惟反言。"号令之出，不可壅逆而不行也。《礼》曰："王言如丝，其出如纶。王言如纶，其出如綍。"言其已行，而不可反也。

又至元四年正月初一日钦奉诏书内一款："反贼棒胡、朱光卿、韩法师等明正典刑外，其余未获诖误之徒，并免其罪。"盖有国家者本欲百姓治安而已，故或罹水旱之灾，则加赈恤之恩，视之惟恐其如伤也。或遭过误之罪，则行宽宥之典，抚之惟恐其不至也。且以李瓒之叛，其知情胁从诖误者并皆原免；棒胡之反，未获胁从诖误之徒，亦免其罪；今范孟等盗杀宰臣，亦已伏诛，而胁从诖误之人既已赦之，又复罪之，是反汗也，是示以不信也。夫以堂堂朝廷之尊，而号令反复若此，既有损于国体，又轻失其人心；岂惟致疑于多方，复恐贻讥于后世。宜从都省早为明白闻奏，将河南胁从诖误之徒，钦依已行诏书，并许赦原，以断天下之疑，以绝四方之惑。使海内之民，信朝廷之号令，而无反侧之心；沐国家之德泽，而安承平之治，不胜幸甚！①

对于山东的"盗贼"多发问题，苏天爵则建议以恤民、选官、录囚三项措施加以解决。

审天下之势者，当谨其微；论生民之治者，当究其本。夫审势而不谨于微，至于著则不可为矣；论治而不究其本，求其末则夫何益矣。钦惟国家布列台宪，盖以重内外耳目之寄，达远近闻见之详。惟兹山东奄奠齐、鲁，控制千里，按临百城，爰自去岁以来，诸处盗贼窃发，始则潜形涂面，犹恐人知，甚则鸣鼓树旗，不畏官捕。郡县闻风而避，弓兵望影而逃。生灵遭其涂毒，府库恣其攘夺。致烦朝廷遣官，中外始获宁息。比者各州盗窃复有，或二十为群，或七八作党，白昼杀人，劫其财物。昔人有言："盗犹火也。"火之为灾，扑之于将燃则易为力，救之于已炽则难为功。故小盗不灭，则大盗不绝，可不豫防之乎。伏望朝廷恤民以安其生，选官以责其治，录囚以除其恶。且山东御盗之方，前后言者不一。有曰峻治城池者矣，有曰缮修兵备者矣，有曰分军镇守者矣，有曰申明赏罚者矣。夫言之甚者，人则以为张皇；言之缓者，人或以为迂阔。是以言者甚难，而听者不可不审也。今兹略陈当行实事，尚冀采择焉。

一，恤民。夫好生而恶死，趋安而避危，人之常情也。今山东之民，往往甘就死亡起而为盗者，盖有其由矣。始于水旱伤农，而贫穷岁无衣食饱暖之给；次则差徭频并，而官吏日有会敛侵渔之

---

① 苏天爵：《河南胁从诖误》，《滋溪文稿》卷27（《全元文》第40册，第39—41页）。

害，此其为盗之原也。昔人有言蜀人乐祸贪乱者，或对曰："蜀人积弊，实非一朝。百家为村，不过数家有食，穷迫之人十有八九，束缚之徒旬有二三，贪乱乐祸，无足多怪。若令家畜五母之鸡、一母之豕，床上有百钱絮被，甑中有数升麦饭，虽苏、张巧说于前，韩、白按剑于后，将不能使一夫为盗，况贪乱乎。"然则后世民之为盗者，岂非饥寒之故欤。兹者山东田亩不加于前，户口日倍于昔；年谷既已不收，衣食至甚不足。初则典田卖屋，急则鬻子弃妻。朝廷虽尝赈恤，一家能得几何。兼以去秋大水，今春疾疫，无牛者不克耕耨，下种者不克耘锄，致使田地荒芜，蒿莱满野。即日秋成，民已无食，不知来春又将若何。欲民之不为盗，难矣。夫国家之设刑名，本不欲民犯法。小民至愚而神，又岂不知法之不可犯乎。盖犯法而为盗则死，畏法而不为盗则饥，饥饿之与受刑，均为一死，忍死之与忍饥，祸存迟速，则民之相帅为盗，是岂得已，长民者可不为之深念乎。惟望朝廷明示六部、百司，凡山东军兵征行之苦，站赤走迎之劳，食盐办课之重，和雇和买之烦，土木不急之工役，食用无益之贡献，但是可以动众役民者，皆当一一简其号令之出，量其科派之数，节其缓急之用，优其输送之期，俾民普受其实惠，皆不至为虚文。庶几生灵得以休息于田里，官吏不能大肆其奸贪。大抵安民之术，不夺其时，不伤其财，惟禁其为非，而去其为害，则民皆安堵矣。

一，选官。夫官不必备惟其人，盖言三公之选，其余庶官各有所治之事，不可一日而缺也。况在山东，频年水旱、盗贼窃发，民多贫穷，可不选官抚治之乎。昔汉宣帝尝曰："庶民所以安其田里而忘叹息愁恨之声者，政本讼理也。与我共此者，惟良二千石乎。"今国家守令之选，不为不严，但庙堂铨选有时，而各处阙官无已。即日山东见阙宣慰使二员，济南、东平、济宁、东昌、益都见阙总管五员，高唐、海宁、沂州见阙知州三员，其余佐贰之职阙者尚多有之。且年六十五以上者先行铨注，固为令典，然多系老耄疾病之人，日暮途远，但知求公田俸禄肥家饱妻子而已，其能洁己奉公勤力于政务者几何人哉。方今山东郡县达鲁花赤俱系投下，守令见阙者十居二三，老病者又居其半，然则欲治化之兴行，盗贼之屏息，其可得乎。宜从朝廷将山东按治所属宣慰司、各路州县官，下及镇店巡检捕盗之属，但是见阙、守阙、省除、部注共为一选，作急铨注。仍须选择年力甚强、历练政务、无大过犯、附近籍居，见阙者勿候宣敕，即使赴任。如此则郡县有人，庶可责以政务，政务既修，则善民获安，恶人知惧。仍须今后但有急阙，随即申达补注，庶不阙官抚治其民矣。

一，录囚。夫刑者诘奸禁暴，所以辅治也。近年以来，郡县或不得人，刑政因以失度，民怨伤于和气，水旱因以为灾。年谷不收，实原于此。且阴阳爕理，虽根本于庙堂，而政化承宣，实责任于郡县。故东海杀一孝妇，枯旱三年，及表其墓祭之，天立大雨。此一郡休咎之征，岂非守令所当责乎。今山东郡县罪囚除宪司审理疏决外，在禁常有八九十起，枷锁不下数十百人。罪状昭著者不得明正典刑，事涉疑似者不敢轻易释放。岂惟淹延囹圄，诚恐别生事端。且如去秋大盗王五十等劫略开、濮等处，脱放禁中罪囚，同力相济，往往得其死力，是则所系盖甚大也。宜从朝廷闻奏，选差五府通晓刑名官员，前来山东，一一审录。如果无疑，比及春分，各正其罪。庶几刑政肃清，恶党警惧。《传》曰："国家闲暇，及是时明其政刑，虽大国必畏之矣。"夫以战国之时，明其政刑，大国犹知畏之，况今山东草窃有不知畏者乎。[1]

在御盗问题上，苏天爵所持的是剿、抚并举的态度，并且更侧重于抚。尤其是采用爱民恤民的各种善政措施来安定社会，对"盗贼"兴起可以发挥重要的釜底抽薪作用，可惜未能引起主政大臣的高度重视。

（四）治世之要

苏天爵还在他编撰的《治世龟鉴》中，集录前人对治世的解释和重要史实等，重点强调了治世的六方面要求。

第一，治体。苏天爵所说的治体，即国家的治乱问题，要趋治避乱，必须注意五点要求。一是以德治国。"德者合敬仁诚之称也，有是德则治，无是德则乱。治固古人有行之者矣，乱亦古人有行之者也。与古之治者同道则无不兴，与古之乱者同事则无不亡。治而谓之道者，盖治因时制宜，或损或益，事未必同而道则同也。乱而谓之事者，亡国丧

---

[1] 苏天爵：《山东建言三事》，《滋溪文稿》卷27（《全元文》第40册，第32—35页）。

家,不过货色、游畋、作威、杀勠等事,事同道无不同也。治乱之分,顾所与如何耳。始而与治,固可以兴;终而与乱,则亡亦至矣。谨其所与,终始如一惟,明明之君为然也。"二是用心治国。"治天下者当用天下之心为心,不得自专快意而已也。"三是保持国家元气。"西汉末年正如病者,元气先败,凡疾皆得以入之,而皆得以亡之。"四是构建太平之象。"司马公曰:君明臣忠,上令下从,俊良在位,佞邪黜远,礼修乐举,刑清政平,奸宄消伏,兵革偃戢,诸侯顺附,四夷怀服,时和年丰,家给人足,此太平之象也。"五是居安思危。"程子曰:圣人为戒,必于方盛之时。方其盛而不知戒,故狃安富则骄侈生,乐舒肆则纪纲坏,忘祸乱则衅孽萌,是以浸淫不知乱之至也。"① 苏天爵还特别强调:"古之为治者,当世难方解,不可复以烦苛严急御之,必宽大简易,以息其民。及天下既定,则建久安之业,成长治之规,正纪纲以修宪度,兴礼乐以施教化。"②

第二,用人。在国家用人问题上,苏天爵重点强调的是四点要求。一是竭尽人才以备国家之用。"五峰胡氏曰:为治须用尽天下人才,人才用不尽,则事便有阙";"人才者国家之基本,乏则养之,有则用之。"二是重用君子而不是重用小人。"人主能辨,小人远之,然后君子道长而天下治。若俱收并用,则小人必得志,小人得志,则君子必被其祸";"程子曰:君子之与小人比也,自守以正,岂唯君子自完其己而已乎,亦使小人得不陷于非义,是以顺道相保、御止其恶也"。三是善于查辨忠奸行为。"横渠张氏曰:观大节必于细事观,立朝必于平日。平日趋利避害,他日必欺君卖国矣。平日负约失期,他日必附下罔上矣";"范氏曰:小人莫不养其君之欲,以济己之欲;使其君动而不静,为而不止,则小人得以行其计矣,岂独奢靡之娱足以荡其心哉。又有甚焉者矣,或殖货利,或治宫室,或开边境,或察臣下,随其所好,以窃权宠,人君乐得其欲而不知其为天下害,是以政日乱而不自知。惟能亲正直、远邪佞,则可以免斯患矣"。四是注重所用人的道德水准。"欧阳公曰:礼义廉耻,国之四维。四维不张,国乃灭亡。况为大臣而无廉耻,天下其有不乱,国家其有不亡者乎"。③

---

① 苏天爵:《治世龟鉴·治体》,四库全书本。
② 苏天爵:《罗山县三皇庙记》,《滋溪文稿》卷4(《全元文》第40册,第163—164页)。
③ 苏天爵:《治世龟鉴·用人》。

苏天爵还特别指出，本朝就有君子与小人之分的实例："当中统、至元之初，群贤萃于朝廷，而王文统欲以权谋功利之说窃位希宠，赖世祖圣明，察其奸邪，旋以罪勠。然则君子甘为君子，小人徒为小人，览者不可不思也。"① 在为科举设计的策问中，他也特别强调了"自古有天下者，皆以人材为务。夫人材盛衰，可以卜世道兴废"的论点。②

第三，守令。慎选守令也是用人问题，苏天爵将其单独列出，是为了强调地方用人与中央用人同样重要，为此他特别提出了三点要求。一是注重历史经验。如西汉初年在选择守令方面，已经为后世确立了重要的典范。二是注重守令之责。"欲治之本，莫若重守令，守令既重，则能者可行。"三是注重守令之贤。"宋孝宗初，朱子应诏上封事曰：四海之利病系于民生之休戚，民生之休戚系于守令之贤否，而本原之地在乎朝廷。若不自朝廷择监司以察州县，虽今日降一诏，明日行一事，欲以惠民而适增扰，欲以兴利而适重害也。"③

苏天爵还针对元末的现实状况，特别强调了朝廷重守令的举动，应该带来普施善政的结果："夫以内外之官，近民者莫切于郡县，敷政者莫先于守令，有国者尚焉。今海宇承平岁久，法制宽简，郡县之吏能者舞文以黩货，下者因循以苟禄，故事功堕而廉耻丧，惟君子常思作新其政，而后能有为也。"④"今海宇治安，时和岁丰，朝廷屡下诏书，遴选守令，其为民求治可谓至矣。远方下邑，宁无思体朝廷之德意，以斯民为念者欤。"⑤"夫长民者苟能示人以好恶之正，则民之所趋向而归于善矣。"⑥

第四，爱民。爱民是治世的基础性条件，苏天爵特别强调了三方面的要求。一是以节用体现爱民。"盖侈用则伤财，伤财必至于害民，故爱民必先于节用。然使之不以其时，则力本者不获自尽，虽有爱人之心，而民不被其泽矣。"二是以仁政体现爱民。"朱子曰：百里小国也，然能行仁政，则天下之民归之矣。省刑罚、薄税敛二者，仁政之大目也。君行仁政则民得尽力于农亩，而又有暇日以修礼义，是以尊君亲上

---

① 苏天爵：《四先生画像记》，《滋溪文稿》卷2（《全元文》第40册，第144—145页）。
② 苏天爵：《策问》，《滋溪文稿》卷24（《全元文》第40册，第46—47页）。
③ 苏天爵：《治世龟鉴·守令》。
④ 苏天爵：《归德府新修谯门记》，《滋溪文稿》卷2（《全元文》第40册，第136—137页）。
⑤ 苏天爵：《光山县钟楼记》，《滋溪文稿》卷2（《全元文》第40册，第145—146页）。
⑥ 苏天爵：《盱眙县崇圣书院记》，《滋溪文稿》卷2（《全元文》第40册，第137—138页）。

而乐于效死也。"三是以重农桑和恤民体现爱民。"范祖禹曰：有国者不忧百姓之贫，而疑其财之有余，取之不已；不恤百姓之劳，而疑其力之有余，使之不已。此二者，亡之道也。人主曷不反诸己，己欲富而恶贫，欲逸而恶劳，则富而逸者，民之所欲也。与其所欲，去其所恶，而不王者未之有也。""故务民于农桑，薄赋敛，广蓄积，以实仓廪、备水旱，故民可得而有也。"①

第五，为政。苏天爵不仅列举唐朝刘晏理财的例子，说明为政的要义在于既能利国也能利民，还特别强调了两条要求。一是善于养民。"程子曰：为民立君，所以养之也。养民之道，在爱其力。民力足则生养遂，生养遂则教化行而风俗美，故为政以民力为重也。"二是沿袭旧制，不要轻易变法。"天下事不可轻易改更，兴一利必有一害，今日之有益于民者，他时或有损于民，是故法不至甚弊，守之可也，载其清净，民以宁一。"② 在给学生的策问题目中，苏天爵也表现出了对国家理财之术的关注："夫财用之制，有国家者所当务也。故《洪范》八政，货居其一。《周官》一书，理财之术亦居其半。圣人岂专为利者乎，盖养民制国，此为重焉。夫古今天下一也，山林川泽之利宁有异乎？何古者财裕而民息，后世财匮而民病乎？岂理财之方未尽其术乎？用之之道不合于制乎？今欲取之有法，用之有度，考诸古而宜于今，其道何以？"③

第六，止盗。在止盗方面，苏天爵重点强调的是君子"知天下之恶不可以力制也，则察其机，持其要，塞绝其本原，故不假刑法严峻，而恶自止也。且如止盗，民有欲心，见利则动，苟不知教，而迫于饥寒，虽刑杀日施，其能胜亿兆利欲之心乎。圣人则知所以止之之道，不尚威刑而修政教，使之有农桑之业，知廉耻之道，虽赏之不窃矣"。他还特别引用了前人的说法："范祖禹曰：自古贼盗之起，国家之败，未有不由暴赋重敛而民之失职者众也。"④ 元朝后期的止盗作为，亦使苏天爵强调："政有因革，事贵变通，古之人考方域，审形势，分画废置，不守故常，皆所以为民也。且民之为盗，亦岂其本心哉，第以有司会敛之

---

① 苏天爵：《治世龟鉴·爱民》。
② 苏天爵：《治世龟鉴·为政》。
③ 苏天爵：《私试策问》，《滋溪文稿》卷24（《全元文》第40册，第44页）。
④ 苏天爵：《治世龟鉴·止盗》。

虐,加以比岁雨旸之愆,民罹穷苦,使有不幸陷于刑辟者矣。""长民者诚能以仁爱存心,廉慎律己,民知有耻,相帅为善,又岂有寇攘之足患欤。""故有国家者,山川之修阻,城池之高深,固所以域民也,然而选求循良,惠养鳏寡,其先务乎。"①

从这六方面的要求可以看出,苏天爵所提出的各种善政建议,都出自他对治世的全面认识,以及他对历来治世经验、教训、前人论说的整理,所以既有较强的治道理论色彩,也有解决现实问题的明确思路和方法,确实不是所谓的"腐儒"空论。

二 论刑政

苏天爵对于刑政问题尤为重视,曾多次上书提出与刑狱、律法有关的建议,可分述于下。

(一)刑狱五事

苏天爵在给朝廷的上书中指出:"盖闻刑者辅治之具,非恃刑以为治者也。钦惟国家列圣临御,其用刑也,本之以宽仁,施之以忠厚,内则论议付之刑曹,外则纠察责之风纪,故治功表著,德泽涵濡。然法之所立,或有所未周,吏之奉行,或有所未至当。"为此,他特别就刑狱问题提出了"五事"的建议。

一,到选官员,年六十五以上者,先行铨注。此国家优恤臣僚宣力既久,恐其年不逮,恩德至渥也。照得各处推官专掌刑名,夫案牍之冗,全藉乎精神;审谳之详,悉资乎耳目。案牍不差则吏无所欺,推审既详则囚无冤抑。今路、府推官往往年老,或视听不明,或神思昏耄,苟图俸禄,姑俟引年。欲望刑政肃清,盖亦难矣。夫"先行铨注"固明时之厚恩,而刑罚不中,亦圣人之明训。今后各处推官有阙,当选吏通儒术、儒习吏事、材力敏明、别无过举,方许为之。其年六十五以上者,铨注别职。如此,则庶几刑罚得中,官无旷职矣。

一,民之犯罪,具有常刑,苟肆攘夺,理宜禁治。窃见各处人民,或称窝藏盗贼,或言收寄赃物,或因伪钞扳援,或为私盐致

---

① 苏天爵:《新升徐州路记》,《滋溪文稿》卷3(《全元文》第40册,第155—157页)。

讼。凡一切刑狱等事，有司公吏巡捕人等往往因其捕获，乘隙肆为抢夺。所犯罪有轻重，家赀为之一空，甚至取其赃仗。其家因为得罪，盖亦不敢告陈，有司亦不受理。江淮之南，此风尤甚。照得旧例："诸被囚禁不得告举他事，其为狱官酷己者听之。"夫在狱被酷犹许陈告，况民之罪状未明，一家已被其虐，不亦甚可恤乎。今后有犯此者，许其家人明立证佐，具状陈告，合无比依抢夺民财估赃定论。官吏失于约束，亦合量情究治。如或挟仇妄告，抵罪反坐。如此，庶几愚民不至甚受其害，而巡捕之人亦知有所警畏矣。

一，至元三年七月内，中书省奏准节该："除人命重事外，偷大头疋等一切罪犯，赃仗完备，不须候五府官审理，令拘该衙门依例归结。钦此。"夫民之犯刑或不得已，累朝钦恤具有宪章。向者三年一次遣官审理，本为罪囚在禁淹滞。今次奏准偷大头疋等罪许令拘该衙门归结，则是人命重事，直待三年五府官处决，诚恐狱内繁多，愈见淹延。照得立御史台条画一款："所在重刑，每上下半年亲行参照文案，察之以情，当面审问，若无异情，行移本路总管府结案，申部待报。其有番异及别有疑似者，即行推鞫。若关中人众，卒难归结者，行移附近不干碍官司，再行磨问实情。若更有可疑，亦听复行推问，无致冤枉。若有冤滞，随即改正疏放。钦此。"今后内外重囚，拟合照依旧例，令廉访司审录。果无冤抑，移牒总管府结案，申覆详断。其三年一次遣官审理，既不得人，徒增烦扰，并合住罢。如此，庶几狱无淹滞，刑政肃清矣。

一，伏睹至元二年八月内宣谕圣旨节文："内外有司官不为用心捕捉盗贼，纵有拿获贼徒，取讫招伏，赃仗明白，指以小节不完，不行归断。今后但有捕获强盗、伪造宝钞贼徒，半年之内，依例结案。偷大头疋，三个月内须要结案。合该杖罪，依例断决。违者在内监察御史、在外廉访司官验事轻重究治。钦此。"谨按，《易》曰："君子以明慎用刑而不留狱。"盖言狱者不得已而设，民有罪而入，不可留滞淹久也。今各处在禁重囚，或为贼盗寄赃仗于别所，或印伪钞藏板具于他乡，或指为首同伴在某处居止，或称家属证佐在某家隐藏，果有堪信显迹事发，官司即须移文勾取，不得因而妄指平民。彼处官司倚恃不相统摄，往往不即追捕，以致贼徒在逃。又令毁弃赃仗，迁延岁月，虚调文移，盖因官吏舞弄作弊万端，以致刑狱淹延不能杜绝。江南州郡，此弊尤甚。今后如有承受各处公文，即当划时追捕。若令贼徒等展转在逃，赃仗亦不到官，合无比依不即捕盗等例，定立罪名。如此，庶几事得结绝，吏知畏惧，而州郡亦无留狱矣。

一，法制之立，既有成规，奸伪之滋，理宜严禁。照得旧例："诸保辜者，手足殴伤人限十日，以他物殴伤者二十日，以刀及汤火伤人者三十日，折跌支体及破骨者五十日。限内死者，各依杀人论。其在限外及虽在限内以他故死者，各依本殴伤法。"参详此法，古今遵守，别难更易。今江淮以南，或辜限已满，其被殴者身死，有司往往比依元贞元年孟福被死事例，加等科断。若皆如此遵行，是辜限为不可用，破已成之法，开奸弊之门，诚恐刑狱日滋，深为未便。照得孟福事例，通制既已不载，有司似难奉行。今后斗殴伤人者，止合依辜限之制，或在限外虽无他故死者，合无止依本殴治罪，其孟福例拟合遍行禁止。如此，庶几奸伪不滋，法制归一矣。①

苏天爵后来又要求对斗殴杀人由中书省作出更明确的界定，使断案者有所依据。

盖闻国之重者，莫先乎刑。刑之重者，莫大乎杀。且立法在于可守，用刑贵于适中。夫法不可守，则徒法不能以自行；刑不适中，则民无所措手足。是以古昔之用刑，必也随世而轻重。故杀人者死，虽有定名，然斗杀之情，至为不一。若皆置之死地，或情有可恕；欲悉为之断放，则死者何辜。照得大德十年八月，刑部郎中赵奉政牒："斗殴杀人，轻重似少详论。本部议得：斗殴杀人，所犯不一，原情议罪，事各有异。若许一例断放，被死之人冤何由雪。又恐官吏乘此弄法，渐生奸弊，甚于刑政不便。如准所言，但犯斗殴杀人，追勘完备，依例结案详断，庶免差池。"都省准拟。又照得至正五年五月中书奏准节该："斗殴以手足殴人，及头撞击，或用他物于人非要害处殴损致命者，或因斗击非虚怯处，痛气

---

① 苏天爵：《建言刑狱五事》，《滋溪文稿》卷27（《全元文》第40册，第30—32页）。

攻心邂逅致命者，并为本无杀心，拟合杖断一百七下，并流三千里。其因斗用刃及他物于人虚怯要害处殴击，登时而死，或因非斗争无事而杀，并被殴者元无怨争，止辩己事，因而致命；若斗殴罢散，声不相接，去而又来，殴人致命身死者，以其即有害心，并从故杀之法，依例结案待报。钦此。"夫以法制平允，则永远可以奉行。如或执一，则刑狱必至淹滞。近因钦奉诏书，巡行畿甸，询民疾苦，疏涤冤滞。所历州县等处，或有斗杀之囚，原情比附新例，往往不克断遣。盖禁奸止暴，固宜严肃，然哀死恤刑，尤当慎重。且今村野人民，素无教养，误犯刑宪者多，而郡县官吏贪污苟且，通知法律者少。夫既不能详情审问，又复不肯追勘结解，致使狱囚淹延一切，死于囹圄，岂惟玩舞刑政，实为感伤中和。《书》曰："罪疑惟轻。"《易》曰："君子以明慎用刑，而不留狱。"宜从都省详定其法，务使平允，庶几天下在狱之囚，幸得以生全；国家好生之德，普洽于远迩。①

苏天爵所说的选择年富力强推官、禁止掠夺罪犯家赀、案件尽快结案等"五事"，以及确定斗殴杀人罪标准，都是强化刑狱管理的具体要求，因为在处理刑狱问题上，确实存在着标准不清、官吏拖延、营私作弊等严重问题。

(二) 差官录囚

为了解决普遍存在的案件淹滞问题，苏天爵于至正九年以江浙行省参知政事的身份向朝廷上书，请求朝廷派官员认真审核案件（即"录囚"）。

钦惟祖宗混一区宇，既有民庶之众，尤宜刑政之修。盖发政施仁，固朝廷之急务；戢奸禁暴，亦郡县所当为。是以司刑官吏允贵得人，若官不得人，则乏推鞫之明；吏不得人，惟务文深之害。或无罪枉陷于刑章，或有罪侥幸以苟免，以致下有冤抑之苦，则必上干阴阳之和。故累朝以来，屡差官审决，盖欲刑政肃清，臣民畏惧故也。

窃惟本省控制四道，总辖三十余路。至正八年十二月分共计见

---

① 苏天爵：《乞详定斗殴杀人罪》，《滋溪文稿》卷27（《全元文》第40册，第38—39页）。

禁轻重罪囚一千三百一十五起，三千九百三十六名。每岁约支囚粮七八千石，冬夏衣钞若干百匹。夫以江浙四道，固曰地大民繁，犯法者众。若使官吏得人，治化清简，则狱讼亦不至如此之多也。考其罪囚在禁月日，有十五年者，有二十年者。又至正八年之内，四道共计死损罪囚五百余人。夫既不能明正典刑，皆徒死于囹圄，何以为奸恶之劝乎。况兼本省之地，东南与海相接，近年海中为盗者众，除已招安为民，各居乡里当差外，其余在禁之人，亦合一体明白审录区处。且以累朝审囚条目，具载宪章。伏睹圣天子即位以来所降诏书，屡以罪囚为念，其恻隐之仁，钦恤之意，可谓至矣。

夫以圣上好生之德，见于明诏者一一可考。然自元统二年至至正九年，十有六年之间，不知各处辨明疏放者几人，结案待报者几起，司刑者独可置之不考其故乎。是以徒见囚徒日益以众，文移日益以繁，有伤圣明仁厚之至化，以致雨旸连年之失时，当国者可不为之深思长虑乎。宜从都省闻奏，精选通晓刑名官员，先将各省见系罪囚多处一一审录。比及立春，使罪状明白者各正其罪，情犯疑似者悉与辨明。庶几国家刑罚见于施行，民庶知所畏惧而不敢犯，冤抑淹延亦得宽释而无怨恨矣。务施圣上恤刑之实惠，勿为有司一切虚文，不胜幸甚。《易》曰："君子明慎用刑而不留狱。"又曰："圣人感人心而天下和平。"此之谓也。本省除将轻囚行下各处依例断决，重囚催督追会完备，听候死损者行移究治外，乞差官录囚，以昭慎重。①

苏天爵还曾以监察御史的身份参与录囚，并写下了自己的感受："至顺三年春，敕省台遣官录囚郡国，天爵备员南台，分行岳、汉、常、澧、辰、沅诸郡。囚在狱者无虑数百人，或无罪被桎梏，或有罪以赎免，既皆随事正之。甚矣，民之可矜，而刑辟不可不慎也。盖用心无欺则可以察人之情伪，守法不挠则可以寄人之死生，自昔君子之治狱，如斯而已。故罚及而人不冤，法设而民不犯。"② 时人则对他的录囚行为给予了较高的评价："古之论治狱之道者，曰明允，曰中，曰敬，曰慎，曰审，曰勤，曰哀矜，曰平恕，有一于此，足以为之本，未有不能

---

① 苏天爵：《乞差官录囚》，《滋溪文稿》卷27（《全元文》第40册，第41—43页）。
② 苏天爵：《书姚君墓志铭后》，《滋溪文稿》卷28（《全元文》第40册，第83页）。

是而可以司民之命也。""公(苏天爵)所莅湖北一道,同列者众矣。微公则出入之误尚谁觉之哉。呜呼,狱也者,造物不能使之生,长吏不能使之死,死者可生,生者不憾于死,其惟苏公乎。""朝廷虑狱囚之多滞,三岁遣官一诣诸道决之,此良法也。近复尼不行,殆必有其故矣。使人人如苏公,复何虑乎。"[1]

苏天爵还在录囚过程中发现囚徒非正常死亡的现象较为普遍,特别上书要求对此加以重视,约束官吏不得虐待囚徒。

> 洪惟圣朝奄有中夏,深仁厚泽普洽于黎元,明罚详刑务存乎宽大。然自近岁伊始,有司或不得人,以致刑狱滋章,重使生灵凋敝,无辜者牵连受刑,有罪者侥幸获免。舞文弄法,悉快于贪奸;肆虐逞威,尤便于皂隶。始则因事以织罗,次则受财以脱放。及闻审囚官将至,却称被罪人在逃。纵欲陈告其取受,却缘本宗事未绝。设计害民,无所不至。其有结案之囚,当使明正其罪,今县未尝申解于州,州未尝申解于路,或畏刑名之错,或因结案之难,不问罪之轻重,尽皆死于图圄。断遣者既未尝有,平反者盖所绝无。夫庙堂宰辅惟恐一人失所,而州县官吏辄敢恣意杀人。感伤天地之和,盖亦莫重于此。

> 近因钦奉诏书,巡行畿甸,询民疾苦,疏涤冤滞。念国家治安既久,本欲生全其民,今中外一岁之中,死者不知其几。其在江南,犹稍知惧。结案幸达于中书,判送悉归于刑部。议拟方在吏手,囚徒已死狱中。且重罪飞申,先使知事之元发;有司月报,又欲考事之施行;今皆视为虚文,一切置之不问。夫朝廷作法如此,郡县慢令可知。京畿积弊如此,天下之事可知。故愤怨蕴于人心,灾异形于天变,水旱大损于禾稼,生灵日入于贫穷。闻者可以伤心,见者当为痛哭。

> 《传》曰:"国家闲暇,及是时明其政刑。"今海宇承平百年,正当申明刑政,感格和平。而乃因循苟且,堕废如此,欲望祯祥骈臻,黎民安乂,盖亦难矣。宜从都省明白闻奏,今后内外轻重罪囚,某事一起,自某年月日到禁,某年月日申解所司,或断讫笞、

---

[1] 吴师道:《苏御史治狱记》,《吴礼部文集》卷18。

杖等罪，或审复结案待报。某事一起，自某年月日到禁，某年月日因患某病，某医用何药饵，竟因某病身故，年终通行开写略节情犯缘由，次年三月以里申达省部。选委刑部文资正官一员巡行，仔细披详，如有淹滞刑狱，决遣不当，妄申急证死损数多，皆当验事轻重，依例治罪。庶几朝廷明其政刑，天下知所警畏，有司不敢生事扰民，罪囚不至冤滥死损。①

除录囚之外，还需要注意平反冤案的问题。苏天爵明确要求按照朝廷的规定，给受冤屈者以昭雪改正的机会。

钦惟圣天子临御天下，仁泽及于臣民，然犹遣使宣布德意，而明诏有曰："和气未臻，灾眚时作。"夫政化既布于多方，而灾异尚轸于圣虑。盖天人之间，其理本一，故人气和平，则祯祥斯格，人心忧郁，则灾异迭见。东海杀一孝妇，枯旱三年，及表其墓祭之，天立大雨。斯其已往之明征，可为后世之规监。我国家承平百年，中外无事。爰自近岁屡兴大狱，或值诬枉陷于极刑，或涉嫌疑辄被流窜，多出一时之好恶，孰思天下之至公。伏睹至正五年二月初四日诏书内一款："近年无辜被害之家，仰中书省分拣昭雪改正。钦此。"中外闻之，咸曰圣天子一视同仁，无间于亲疏远迩。则臣民之家或诬枉于人言，或横罹于非命，某家今当昭雪，某人今当改正。若家赀已散当叙复其官职，若子孙或亡当嗣续其宗族，或在远方当召归于乡里，或人已没当追赠其封谥。庶几生死之无憾，必致瑞应之鼎来。夫诏令既颁于九有，分拣责在于中书。然惟至公可以服人心，惟至平可以召和气，当自某年以后，其未昭雪改正者，早为从公取勘，一一仔细分拣。使圣恩普洽于幽明，公道大伸于天下。然后和气斯臻，灾眚不作，年谷丰稔，黎民雍熙，不胜幸甚。②

苏天爵所说的"屡兴大狱"，应是指将燕铁木儿、伯颜两位权臣的

---

① 苏天爵：《禁治死损罪囚》，《滋溪文稿》卷27（《全元文》第40册，第36—37页）。
② 苏天爵：《论近年无辜被害之家宜昭雪改正》，《滋溪文稿》卷27（《全元文》第40册，第35—36页）。

党羽下狱查办，牵连的人过多，确实需要进行"分拣"，并对受冤之人给予平反。但是苏天爵并不赞同经常大赦天下的做法，他认为对大赦应有节制。

自昔国家务明刑政，苟或赦宥之数行，必致纪纲之多紊。是以先王既兴礼乐以教民，又严法制以惩恶。盖礼乐兴则教化洽，法制严则奸贪惧，未尝数赦以病民也。唐太宗贞观二年谓侍臣曰："凡赦惟及不轨之辈。古语有云：君子不幸，小人之幸。一岁再赦，善人喑哑。夫养稂莠者伤禾稼，惠奸凶者贼良人。朕有天下以来，尝颁慎赦，盖数赦则愚人尝冀侥幸，唯欲犯法，不复能改过矣。"诚哉太宗之斯言也。昔我世祖即位之初，未尝肆赦。临御既久，圣德深仁，丕冒天下，是以刑政肃清，礼乐修举，奸贪知惧，善良获伸。故中统、至元之治，比隆前古。钦惟圣天子承顺天心，子爱百姓，发号施令，必先至仁，践祚伊始，已降宽恩。然自近岁以来，赦宥太数，诚恐奸人贪吏各怀侥幸，大为奸利，非国之福也。夫以世祖皇帝在位三十五年，肆赦者八。近自天历改元至元统初岁，六年之中，肆赦者九。盖敷恩宣泽，虽出于朝廷之美意，然长奸惠恶，诚为政者所当慎也。伏愿自今以始，近法世祖皇帝之所行，远鉴唐太宗之所言，使中外臣民洗心革虑，守法奉公，知非常之恩不可复觊，不胜幸甚。[①]

如前所述，武宗时频繁大赦，已经有朝臣提出异议。文宗到顺帝朝，大赦更为频繁，所以苏天爵也提出了异议，只是巧妙地避开了武宗朝的例证，因为顺帝是武宗的孙子，没必要因此而惹上麻烦。

（三）辨明纠劾

辨明御史台官员的纠劾行为，也是刑政的重要内容，所以苏天爵建议监察机构不仅要慎重择人，更要使台官纠劾负有明确的责任，台官失责亦应严厉追究其过失。

尝谓纠劾贪邪，在乎公天下之好恶；辨明诬枉，所以著一人之

---

① 苏天爵：《论不可数赦》，《滋溪文稿》卷26（《全元文》第40册，第18页）。

第十五章 维系文治的政治观念

是非。好恶既公，则恶党消而奸弊息；是非既著，则善类伸而治化兴。

钦惟世皇肇立台宪，登明选公，欲四海人才之来集；扬清激浊，务一时公论之持平。比者风纪之司，论列涉于轻易，或因察识之未审，故致辨论之多端。自昔国家皆有国是，国是既定，则邪正判而公道行；国是不明，则事非杂而人心惑。宋宰相王曾语谏官韩琦曰："近见章疏，所陈甚佳，高若讷多是择利，范希文未免近名。要须纯意为国家事，斯其谏论之良法欤。"夫天生人才足周一世之用，作而成之则才常有余，沮而弃之则才恒不足矣。然公族贵胄必生于阀阅之家，而谋士轶才或出于山林之下。故伊尹聘于有莘，傅说起于版筑，孰曰出身之卑贱，岂论家世之寒微。此古者数路用人，未尝滞于一也。

夫法令朝廷所定，廷尉天下之平，或笞或杖，受宣者必申禀于中台；或降或黜，无例者必定拟于刑部。是慎重于守法，不敢轻于用刑。今动辄曰"省、院、台勿用"，则当用者宣政、资政之选乎，是降为杂职矣。又曰"有选衙门勿用"，无选者孰敢用乎，是不复得叙矣。且职官犯赃，犹有一贯至三百贯之分，至论其罪，则有殿、降、叙、不叙之别。岂有一遭论列，或犯在革前，或事涉疑似，辄坐杂职任用之科，终身不叙之罪，岂法之平允哉。且犯罪者至于流远，家属尚留于京师；被劾者未至当刑，起遣即归于乡里。盖缘无事可寻，强生于掇拾；洁白素著，特为之污染。致使高尚之人闻而退藏，有志之士亦为敛避，当路兴乏全材之叹，后世有国无人之讥，其于世道甚为关系。

夫孰贤孰否，在君子固自信而不疑；去泰去甚，当言者宜核实以详审。今始者一人纠言其罪，次者一人辨明其非，三人共列于一堂，何以酬酢乎庶政。纵使不行报复，岂能消弭仇嫌。夫史官定千古之褒贬，台谏判一时之是非。褒贬公则后世之人信，是非明则天下之人劝。今或好恶沦于所偏，邪正因以失实，轻则讦人之阴私，甚则诬人之父祖。是以清浊混淆，善恶错乱，朝是而暮非，春劾而夏辨，奏请有烦于圣听，辨论实挠于台端。事至于斯，当究其理。大抵为治莫先于择人，择人贵在于守法。盖诸人呈言并无罪责者，所以通上下之情；台谏论事务得其实者，所以重耳目之寄。若不申其赏罚，何以端其本原。举人不当，今有连坐之科；论事不实，古有抵罪之禁。今后论言人者，必须赦后为坐，果犯赃罪，并从台宪追问，其余罪名，仍须法司拟定。如此，则事不至于反复，法必底于允平，奏请不烦于圣听，毁誉弗紊于朝章，刑政肃而国体尊，是非明而人心服，公论幸甚，天下幸甚。①

苏天爵还特别指出，儒者担任监察机构的职务，需要以身作则，为治世提供重要的保障。

尝闻自昔国家造邦之始，莫不抡材以授官，励己以图治。迨夫承平既久，法制宽简，人情不无怠弛。而患得患失之徒，乐燕安苟且之习，天下之事日入于坏，故必登崇峻杰，修明宪度，肃清其政，作新其人，而治化之隆斯有望焉。惟我世祖皇帝肇建台宪，官秩之清峻，规模之宏远，任贤去邪，正民表俗，其为后世虑至深远也。今天子纂绳祖武，思致丕平，既尊耳目之寄，又严牧守之责，皆所以为民也。然地有远迩，吏有能否，政有美恶，故必遣风纪之臣，尽咨诹之实，世之治忽始能悉焉。盖上下之情通，则政平讼理，和气熏蒸，年岁其有不登，民庶其有不被其泽者乎。士君子极一时之选，居清要之途，高明足以察奸，廉平足以服众，然后称所任使，天下之事可得而治矣。②

元朝后期朝廷内部权斗不断，忠奸混淆，监察机构的官员往往沦为主政大臣相互攻讦的打手，严重扭曲了监察机构的功能，这恰是苏天爵反复强调正监察官员行为的原因。

（四）编修律令

苏天爵认为本朝的诏令颇有特点："我国家累圣相承，兴崇治化，凡议大政，皆命文学老臣共之。故诏令之颁，浑厚质实。及贡举试士，诏诰亦用古体。其轸念黎元，追古制作，诚非近世所能及焉。"③ 以重

---

① 苏天爵：《论台察纠劾辨明之弊》，《滋溪文稿》卷27（《全元文》第40册，第28—29页）。
② 苏天爵：《浙西察院题名记》，《滋溪文稿》卷3（《全元文》第40册，第152—153页）。
③ 苏天爵：《两汉诏令序》，《滋溪文稿》卷6（《全元文》第40册，第73—74页）。

视诏令为基础，苏天爵明确提出了续编《大元通制》的建议，就是要为朝廷提供更完整的律令体系。

> 法者天下之公，所以辅乎治也。律者历代之典，所以行乎法也。故自昔国家为治者，必立一代之法，立法者必制一定之例。盖礼乐教化固为治之本，而法制禁令实辅治之具。故设律学以教人，置律科以试吏，其所以辅乎治者，岂不详且密欤。我国家自太祖皇帝戡定中夏，法尚宽简，世祖皇帝混一海宇，肇立制度。列圣相承，日图政治。虽律令之未行，皆因事以立法。岁月既久，条例滋多。英宗皇帝始命中书定为《通制》，颁行多方，官吏遵守。然自延祐至今，又几二十年矣。夫人情有万状，岂一例之能拘，加以一时官曹材识有高下之异，以致诸人罪状拟议有轻重之殊，是以烦条碎目，与日俱增。每罚一辜，或断一事，有司引用，不能遍举。若不类编，颁示中外，诚恐远方之民，或不识而误犯，奸贪之吏，独习知而舞文。事至于斯，深为未便。宜从都省早为奏闻，精选文臣学通经术、明于治体、练达民政者，圆坐听读，定拟去取，续为《通制》，刻板颁行。中间或有与先行《通制》参差抵牾，本末不应，悉当会同，讲若画一。要在详书情犯，显言法意，通融不滞于一偏，明白可行于久远。庶几列圣之制度，合为一代之宪章。民知所避，吏有所守，刑政肃清，治化熙洽矣。①

苏天爵提出的续修《大元通制》建议，被主政者采纳，后至元四年启动的续修《大元通制》工程，于至正五年完成，但是正式颁布的并非《大元通制续编》，而是《至正条格》，已见前文所述。

从以上各种议论所反映的刑政观念，可以看出苏天爵所注重的是在刑狱问题上的人、事、法三者的紧密结合，既要求执法之人的刚正不阿、秉公断案和监督之人的明察秋毫、严格稽查，也要求明确断案标准和时限，更要求完备的律令体系给予支持。在三者的结合下，才可能达到他所说的"刑政肃清"目标。需要注意的是，苏天爵较多提到了"法制"的概念，如"始立法制""法制具张""法制宽简""法制平

---

① 苏天爵：《乞续编通制》，《滋溪文稿》卷26（《全元文》第40册，第17页）。

允""严法制""法制之立""法制归一"等。他所说的"法制"与"郡县官吏贪污苟且,通知法律者少"的"法律"有明显区别,所包含的意思应该是"立法断案"或"据法断案",是专用于刑狱和处罚的"法制",与今天所说的"法制"也有明显的不同。

三 论文治

苏天爵对朝廷的文治走向颇为关注,在为皇帝代拟的策问中即明确指出:"昔者帝王之有天下也,或创业艰难,或继体守文,虽所遇之时不同,及其成功一也。夫周之文、武、成、康,德业尚矣。汉之高祖、文、景,唐之太宗、明皇,其治功尚有可议者乎?我太祖皇帝肇造洪基,世祖皇帝混一区夏,列圣相继,治底隆平,朕承天地之休,居亿兆之上,夙夜祗畏,罔敢逸豫。载惟祖宗之治,所当先者何欤?成周圣王、汉、唐英主,其得其失所当鉴者何欤?"[①] 针对文治涉及的具体问题,如礼仪、经筵、教育、修史等,苏天爵都明确表达了自己的看法。

(一) 重礼仪

在朝廷仪礼方面,苏天爵强调的是朝贺时要严格按照官员的品级论序,以礼仪维护朝廷的等级秩序和威严。

> 朝觐会同,国家大礼。班制仪式,不可不肃。夫九品分官,所以著尊卑之序;四方述职,所以同远近之风。盖位序尊严,则观望隆重,朝廷典宪,莫大于斯。迩年以来,朝仪虽设版位,品秩率越班行,均为衣紫,从五与正五杂居,共日服绯,七品与六品齐列,下至八品、九品,盖亦莫不皆然。夫既逾越班制,遂致行立不端,因忘肃敬之心,殊失朝仪之礼。今后朝贺行礼,听读诏敕,先尽省、部、院、台正从二品衙门,次及诸司院局,各验职事散官序立,正从班次,济济相让,与与而行。如有跻越品秩、差乱位序者,同失仪论,以惩不恪。庶几贵贱有章,仪式不紊,上尊朝廷之典礼,下耸中外之观瞻。[②]

[①] 苏天爵:《拟廷试蒙古色目策问》,《滋溪文稿》卷24(《全元文》第40册,第45—46页)。

[②] 苏天爵:《请详定朝仪班序》,《滋溪文稿》卷26(《全元文》第40册,第13页)。

在朝廷的祭祀等方面，苏天爵在为皇帝设计的廷试策问中，要求考生回答祭祀与文治的关系，所显示的恰是他对礼乐问题的关注。

朕惟隆古帝王之为治，莫不因郊丘以享帝，严宗祏以事神，所以报本始，崇孝敬也。朕荷天地之洪禧，缵祖宗之丕绪，盖尝洁币玉以祀穹祇，肃圭瓒以奉宗庙。虽诚意之上通，顾制作之当议。若稽典礼，祭天于地上之圜丘，祭地于泽中之方丘，而后世分祭合祭之说，服冕乐舞之数，果同异欤？宗庙禘祫之义，祖宗昭穆之序，诸儒之论何以折中欤？《传》曰："郊社之礼，所以事上帝也。"或以社为祭地。又曰："宗祀文王于明堂，以配上帝。"其说何欤？今天下治平百年，制礼作乐，维其时矣。子大夫明古今之制，通礼乐之原，其详陈之，朕将亲览焉。①

苏天爵还高度重视朝廷颁行历法的作用，不仅在给皇帝的贺表中强调"凤历授时，法《春秋》之一统"；"发政施仁，稽若祖宗成宪，对时育物，裁成天地之功"②；还在为科举设计的策问中明确提出了与《授时历》有关的问题："我国家承金用《大明历》，至元中诏改《授时历》，能知历法及明历理者谁欤？行之五十余年，无数更之弊者，其术果尽合于古欤？夫帝王之治天下，钦天道以授民时，莫重于斯，故岁月日时由斯而成，阴阳寒暑由斯而节，四方之政由斯而行。《易》曰：'君子以治历明时。'诸君子通经博史，其于古今治历之事，考之悉矣。若曰推步之学，乃阴阳家流，则非有司之所愿闻。"③ 也就是说，在讨论历法问题时，要注重的是儒家的系统说法，而不能被杂家或邪说所影响。

（二）重经筵

为表示对经筵的重视，尤其是体现皇帝的尊师重道，苏天爵明确提出了为经筵进讲者设置座位的要求，以儒者的坐而论道来体现经筵的崇高地位。

帝王之治，典学为先。开设经筵，实为盛典。钦惟皇帝陛下天

---

① 苏天爵：《廷试汉人南人策问》，《滋溪文稿》卷24（《全元文》第40册，第45页）。
② 苏天爵：《元旦贺表》，《滋溪文稿》卷24（《全元文》第40册，第4—5页）。
③ 苏天爵：《大都乡试策问》，《滋溪文稿》卷24（《全元文》第40册，第43—44页）。

纵聪明，励精图治。嗣服伊始，诏开讲筵，特命宰辅台臣及选奎章翰林儒宿，十日一进读讲，所以辅益圣德，缉熙大化，实宗社无疆之福，中外臣民孰不欣忭。窃闻讲官所进说者，皆祖宗之圣训，圣贤之格言，然则不可不敬也。自昔讲官侍坐有仪，盖所以尊师重道，从容降接，非第循故事而备外饰也。今陛下春秋鼎盛，圣学方新，其于祖宗之训，圣贤之言，乐于听闻，独于讲官尚未赐坐。夫以三代令王皆置师傅之官，坐论道义，世祖皇帝每召儒臣进对，亦尝赐坐，俾尽所言。伏愿自今以始，每遇进讲，赐坐设几，从容顾问。凡古今治乱之原及民间情伪得失，俾讲官详究敷陈，熏陶感发。如此，则圣学高明，治化熙合，而经筵所设诚非虚文矣。①

苏天爵的这一建议被顺帝所采纳，明确要求在端本堂为讲官设立专门的座位，已见前述。

（三）重科举

苏天爵将科举视为极为重要的文治举措，特别强调"仁宗念故老之日亡，叹人材之不足，于是遹遵祖武，损益旧制，辟进士科，网罗贤俊"，"制科目以取材，非特以备观美而已"②。由此，他特别说明了科举对于兴实学和用真儒起着重要的作用，实则是告诫儒士不要以追逐功名的心态看待科举。

> 我国家混一之初，取才宋金之遗，不乏用也。治平既久，耆旧日亡，开设贡举，网罗贤能，登崇治功，其为后世虑不亦大欤。
> 然则诸君子盍亦深思国家设科之本欤，非第求其文辞之工，惟愿得人以为治也。故询于所居之乡，则欲知其孝弟信义之行；问其所治之经，则欲考其道德性命之学；试之以应用之文，则可见其才华之美；策之以当时之务，则可察其治世所长。他日立于朝廷，仕于县郡，大则谋王体断国论，次则治民事决狱讼，夫如是何患人才之不足，天下之不治乎。或者窃闻时政之所尚，掇拾贡举之绪余，凿经传以傅世好，刺邪说以阿主司，岂国家取贤敛才备治具之意

---

① 苏天爵：《经筵进讲赐坐》，《滋溪文稿》卷26（《全元文》第40册，第11页）。
② 苏天爵：《陕西乡贡进士题名记》，《滋溪文稿》卷3（《全元文》第40册，第146—147页）。

耶。且昔之为文者，命于气，立于志，成于学者也，览者独不可以知其人之所存乎。

间尝伏读科举初诏，有曰："经明行修，庶得真儒之用；风移俗易，益臻至治之隆。"夫士不至于真儒，治不本于学术，则先王发政施仁之实，何以及于天下乎。呜呼，士之怀材抱艺，出应有司之选，当穷经修身，施于有政，弗专事于空言，庶不负朝廷求才图治之美。①

对于权奸伯颜主导的罢废科举，苏天爵明确指出破坏科举者没有好下场："至元后纪元冬，中台御史十八人劾省平章（彻里帖木儿）奸贪不法，章再上，不报，皆投印待罪于家。中外闻之，凛凛叹伏。彼其人方为得计，辄出视事，变更旧典，视台谏如仇雠。以其封章成于儒者之手，心尤恨之，居数日遂罢贡举。未几，其人竟以罪斥海南，而前时御史官远方者悉内徙，其他亦稍稍进用于台阁矣。方其人之用也，威焰赫然，虽以台谏攻之犹不能去。及其败也，卒以台臣往治罪焉。而十八人者，曷其识察之先，驱除之力，盖亦忠直报国求称其职而已，是则台谏之有益于朝廷，乌可一日而缺欤。"②

有人对科举选才抱质疑态度，苏天爵即明确指出："延祐乙卯（1315年）仁皇初策进士，登第者五十六人。今三十二年，以文词政术知名者十余人，不幸才弗满用而殁者又十余人，官之崇卑则在所弗论也。"③"昔者我仁皇开设科举，本以敷求贤才，作兴治化。今观累举得人之盛，或才识所长裨益国政，或文章之工黼黻皇猷，议者不当尽以迂滞巽懦诋誉之也。"④

苏天爵还对儒士专以应对科举考试文章词句的文会表示了质疑的态度："我国家奄有中夏，治安日久，始议设科取士。其为制也，询之孝弟信义，盖欲行之有常；试之经义疑问，盖欲其学之有本；继以古赋、

---

① 苏天爵：《燕南乡贡进士题名记》，《滋溪文稿》卷4（《全元文》第40册，第162—163页）。
② 苏天爵：《题诸公赠御史宝时中诗后》，《滋溪文稿》卷28（《全元文》第40册，第94—95页）。
③ 苏天爵：《跋延祐二年廷对拟进贴黄后》，《滋溪文稿》卷30（《全元文》第40册，第119页）。
④ 苏天爵：《宋翰林文集序》，《滋溪文稿》卷6（《全元文》第40册，第69—70页）。

诏诰、章表，欲其敷扬宏休，以备代言之选；策以经史时务，欲其经济斯世，发为有用之学。是则朝廷设科取士之意，诸君子其亦思之否乎。""他日荐名春官，仰副国家求贤图治之美，岂徒曰文辞之工而已乎。"① 他所要强调的，还是重实学、用真儒的基本准则。

（四）重学校

在儒学教育方面，苏天爵强调的是"今庙学既崇，教养斯设，将见其民涵濡治化，被服儒术，贤材并出，以为世用"②。从培养人才的角度，他特别提出了三条要求。

一是增加国子学生员名额，由原来的四百员提高到五百员，以此来体现朝廷对儒学教育和文治的重视。

> 国家典章，兴隆庠序，敦崇劝勉，责在宪台。夫成均实风化之原，而人材乃邦家之本，是宜增广员额，乐育贤能。昔者世祖皇帝既定中原，肇新百度，知为治必资于贤者，而养贤必本于学官。至元七年，初命中书左丞许衡为国子祭酒，以教公卿大夫之子孙，是时学徒未有定额。其后政教既修，学者寖广。迨至仁宗皇帝，增多至四百员。然而近岁以来，员额已满，至使胄子无从进学，殊非祖宗开设学校、广育群材之美意也。盖自昔国家未有不由作兴英贤而能为治者也，故汉室中兴，圜桥门者亿万计，李唐受命，游成均者三千员，人材之多，近古未有。洪惟国家海宇之广，庠序之盛，又岂汉、唐所可比拟，独于学徒员额犹少。方今朝廷治化更新，嘉惠儒术，至于学校长育人材，尤为先务。宜从都省闻奏，量拟增添生员一百名，内蒙古、色目五十员，汉人五十员。应入学者，并如旧制。钱谷所费，岁支几何，人材所关，实为至重。如此，则贤能益盛，俗化益隆，其于治道，实为有补。③

二是以"明师学"促进儒学教育的发展。"古者学校之设，所以明彝伦而兴贤材也。盖彝伦不明，则不能以立教；贤材不兴，则不足以敷治。甚矣，学不可一日亡于天下也。""尝闻先贤之言曰：善言治天下

---

① 苏天爵：《济阳文会序》，《滋溪文稿》卷6（《全元文》第40册，第66—67页）。
② 苏天爵：《上都庙学碑阴记》，《滋溪文稿》卷2（《全元文》第40册，第134—135页）。
③ 苏天爵：《乞增广国学生员》，《滋溪文稿》卷26（《全元文》第40册，第13—14页）。

者,不患法度之不立,而患人材之不成;善言人材者,不患气质之不美,而患师学之不明。人材不成,虽有良法美意,孰与行之。师学不明,虽有受道之质,孰与成之。今海宇宁谧,法制具张,第患人材之不足尔。夫中国者,圣贤之教所由兴也,礼乐之用所由出也,远近之人所则教也。"①

三是注重学校的化风俗和育忠义之士的作用。"盖化民成俗,必由乎学。诗书礼乐之教,治天下之本也。刀笔筐篋之习,趋一时之急也。学者诚能舍其近者、小者,而图其大者、远者焉,则方闻之士充于朝廷,孝弟之风行于乡邑,庶几列圣兴学作士之意乎。"②"天之生材足周一世之用,方无事时,人材或不克显,及临大节决大事,则忠义材能之士始表见焉。然则有天下者,可不以贤材为务乎。夫学校者,所以长育人材,而风纪之司,又所以敦劝其教者也。"③

苏天爵曾于至正四年以集贤侍讲学士兼任国子祭酒,"自以起自诸生,进为师长,端己悉心,以范学者",所要显现的,就是以身作则的重学要求。④

(五)重理学

为了维护理学的崇高地位,苏天爵特别强调了许衡不仅仅是对理学在北方的普及起了重要作用,更为重要的是使理学学说被忽必烈所重视,使治世理论变成了治世的实践。

> 儒者之学,祖述圣贤之所传,考求经传之所载,端本以正人心,立教以化天下,有若鲁斋先生许文正公(许衡)其至于是欤。
> 夫天将定一函夏,跻世隆康,则生文武神圣之君为斯民主,又必有道德中正之臣以辅相之,然后明道术以叙彝伦,兴礼乐以敷治化。伏睹世祖皇帝之所以为君,鲁斋之所以为臣,其有见于斯欤。故朝廷公卿之上,郡县庠序之中,皆明夫《易》《诗》《书》《春秋》《论语》《孟子》之文,以敦夫君臣、父子、夫妇、兄弟、朋友之典,曲学邪说悉罢黜之。今辑是编(《正学编》),文正之为学

---

① 苏天爵:《新乐县璧里书院记》,《滋溪文稿》卷3(《全元文》第40册,第150—152页)。
② 苏天爵:《新城县庙学记》,《滋溪文稿》卷4(《全元文》第40册,第166—167页)。
③ 苏天爵:《浯溪书院记》,《滋溪文稿》卷2(《全元文》第40册,第139—141页)。
④ 《元史》卷183《苏天爵传》。

也，精思苦索以求其所未至，躬履实践以行其所已知，识儒先传授之正，辨异端似是之非。其被召而立于朝也，严乎出处之义，尽其事上之礼，谓国家居中土当行汉法，则历年多而可久，治天下定其规模，则事有序而不紊。本之于农桑学校以厚民生，辅之以典礼政刑以成治效，盖欲君之德比于三代之隆，民之俗登于三代之盛者也。呜呼，先生德业若此，非学术源流之正乎。是学也，伊洛洙泗之学也。自圣贤既没，正学不传，秦汉以降，学亦多岐矣。或以记诵词章为问学之极致，或以清虚寂灭为性理之精微，或以权谋功利为政事之机要，是皆非学之正，此道之所以弗明，世之所以弗治也。不有儒先君子，探其源而启其途，端其识以正其趋，则士将怅怅然无所依归。

先王经世之志，儒者有用之学，久不著于世矣。世祖临御，方大有为，鲁斋以真儒之学，启沃弼正，俾圣贤之道昭明于时，诗书之泽衣被于世，斯则有功于今日之大者也。是以封爵之崇，从祀之典，百世之公论，终不可诬。当是时，有祖苏、张纵横之术，钩距揣摩，欲以利害动朝廷，智术操天下。赖天子明理灼知，奸邪随殄灭之。或者犹欲踵其余习，盗名欺世，是亦弗思之甚也。列圣继作，文治休明，儒者之学益见于用，而鲁斋扶世立教之功，不可及矣。①

北方理学突出表现为对朱熹之学的尊崇，所以不仅要表彰朱熹，也要表彰朱熹的老师，为此苏天爵特别提出了封赠朱熹之师李愿中的建议。

窃闻《礼》曰："太上立德，其次立功，其次立言。"故古者封爵之典，或以德，或以功，或以言，盖各有等差也。钦惟国家隆儒重道，褒崇之典，靡间古今。上自洙泗之圣哲，下及伊洛之儒先，咸蒙加封公侯爵号，所以尊崇斯道之传，表彰风化之美，诚明时之令则，斯文之盛遇也。然而尚有道德隆重，为世师表，爵位弗称，未及褒崇。卑职起自诸生，叨居言路，所当敷陈。

---

① 苏天爵：《正学编序》，《滋溪文稿》卷6（《全元文》第40册，第65—66页）。

伏睹延平先生李愿中，当宋氏南迁之初，中国扰攘之际，三纲不振，九法亦堕，先生兴自南荒，禀赋异识，阐明圣学，兴起斯文。既退藏于一时，思传授于多士。存孔孟传心之正学，续伊洛经训之格言，独惟朱子学传其要。今天下混一，朝廷右文，《六经》之传，《四书》之训，贡举以之取士，庠序以之教人。所以明圣贤之道，立彝伦之序者，朱子之功盖甚大也。考之宋史，方朱子之初年，出入于经传，泛滥于释老，及见延平，洞明道要，顿悟异学之非，尽能掊击其失，由是专精致诚，剖微穷深，而道统之传，始有所归。由是言之，虽以朱子之高明，犹赖延平之启迪，矧在后世，可不师其学乎。

窃惟近代儒先，莫如伊洛之盛。夫濂溪二程既已封公，张、吕、朱子俱列从祀，而延平之学上传周、程，下授朱子，独未褒崇，诚为阙典。昔者朱子竹林精舍已尝以周、程、邵、张、司马、延平七先生从祀，当时儒者咸谓合礼。然则今之敷陈，非一人之私见，实国家盛德之举也。如蒙奏闻，下礼官议，比拟周、程、朱子，优加封谥，列诸从祀之位，既足以彰圣朝隆儒重道备修祀典之意，又使学士大夫咸知正学之宗，其于表彰风厉，诚非小补。①

尤为重要的是，苏天爵强调理学不能成为词章记诵之学，而是要延续经世致用之学的风格，才能达到真儒善治的目标。

昔我世祖皇帝既定天下，惇崇文化，首征覃怀许文正公为之辅相。文正之学，尊明孔孟之遗经，以及伊洛诸儒之训传，使夫道德之言，衣被天下。故当时学术之正，人材之多，而文正之有功于圣世，盖有所不可及焉。迨仁宗临御，肇兴贡举，网罗俊彦，其程序之法，表章《六经》，至于《论语》《大学》《中庸》《孟子》，专以周、程、朱子之说为主，定为国是，而曲学异说，悉罢黜之。是则列圣所以明道术以正人心，育贤才以兴治化者，其功用顾不重且大欤。夫伊洛之书，固家传而人有之，然学之者欲以见诸实用，非徒诵习其文以为决科之计而已。尝即是书而考之，谓人君当防未萌

---

① 苏天爵：《乞褒赠李延平》，《滋溪文稿》卷26（《全元文》第40册，第11—12页）。

之欲，辅养君德要使跬步不离正人，谓一命之士苟存心于爱物，于人必有所济，则正主庇民之道，岂有外此者乎。谓杀人以媚人，吾不为也。谓荐士当以才之所堪，不当问所欲，则慎刑官人之法，岂有不本于此者乎。其他一言行之嘉，一政令之善，莫不皆可以为法焉。读者能即是而求之，本乎圣贤修己之学，自不溺于词章记诵之习，明乎圣贤治人之方，必不诎于权谋功利之说。庶几先儒次辑是书（《伊洛渊源》），有望于后学者哉。盖学问之传授，不以时世而存亡；师友之渊源，不以风俗而间断。然而异儒无志者不足以有望，必得豪杰特立之士，观感兴起，知求圣贤之学而学焉，则真儒善治之效，可得而致矣。①

应该承认，到了元朝后期，理学已经呈现出表象化（言必尊朱、许）、程式化（说必涉性、理）、科场化（考必重《四书》）等特征，开启了由盛转衰的路径。苏天爵对此有所警觉，但他毕竟不是纯粹的理学学者，所以只能以一些正面的描述来维系理学的地位。

（六）重修史

苏天爵曾在翰林国史院任职，在编修历朝皇帝实录的基础上，明确提出了编修功臣列传的要求，并特别强调"古者史官所以论著君臣善恶得失，以为监戒者也"。在选择入传之人方面，他注重的是两大标准。一是取其实绩标准。"今二品以上，虽有官爵，别无事迹，自可削去。三品以下，或守令之贤，政绩可纪；或隐逸之善，著述可传；或人子之事亲，若王祥之孝感；或义士之赴难，若南霁云之杀身，并宜登载于编，以为将来之劝。"二是善恶兼收标准。"史之为书，善恶并载，盖善者所以为劝，恶者所以为戒也。故《春秋》成而乱臣贼子惧。""彼奸臣者固不恤其书与否也，今从而泯灭之，是使奸计暴行得快于一时，无所垂戒于后世，彼又何惮而不为恶乎。且如阿合马、桑哥、铁失、倒剌沙之流，皆当明著其欺罔之罪，弑逆之谋，庶几奸邪之徒有所警畏。"② 苏天爵的这一建议被顺帝采纳，朝廷很快展开了《后妃功臣传》的编修工作。苏天爵则以一己之力，编撰了《元朝名臣事略》一书，收录成宗朝以前的名臣事迹，但是其中并不包括奸臣的专传。

---

① 苏天爵：《伊洛渊源录序》，《滋溪文稿》卷5（《全元文》第40册，第62—63页）。
② 苏天爵：《修功臣列传》，《滋溪文稿》卷26（《全元文》第40册，第25—27页）。

苏天爵由于任职在外，并没有参与辽、金、宋三史的修撰，但是他通过欧阳玄，对修三史提出了一些重要的建议，正如其所言："至正癸未（1343年），敕宰臣分撰辽、宋、金史，翰林学士欧阳公玄应召北上，道出鄂渚。余以三史可疑者数事就公质之，适公行役倥偬，不果，因书以寄之。"苏天爵的修史建议，除了如何整理资料和廓清史实外，还特别强调了"先儒以修史为难"和"先儒有言，修史者当得人、得书"，以及"今之儒者孰为明天文律历地理之学者乎"①。他的这些建议，对修史者显然有不小的帮助。

苏天爵未经历元朝末年的乱世，他所表述的政治观念，主要是对元朝中期文治或治世观念的延续，并且承继了不直斥弊政的风格。这样的政治观念表述，在一些具体问题上略有新意，但是总体上是重复前人的观点。当然，顺帝在位前期的政治更化，确实需要这样的重复来加以"文饰"，这恰是苏天爵治世观念的价值所在。

第三节　欧阳玄的治本观念

欧阳玄（1283—1357年），字原功，号圭斋，庐陵（今属江西）人，师从"北山学派"的张贯之学习理学，后又从虞集等人学习理学，② 延祐二年进士，历任国子监丞、翰林待制、翰林直学士、监修国史等职，为辽、金、宋三史总裁官之一，有《圭斋文集》传世，在著述中主要阐释的是治本观念。

一　治国之本

欧阳玄在策论和论著中有对治国之本的较全面论说，可分述其主要观点于下。

（一）去弊四本

在科举策问中，需要回答如何克服弊政的问题："今天下之事，有可言者多矣，姑举其大者言之：冗官之未汰，铨选之未精，殿最之未明，法律之未定。此四者，方今之急务，朝廷之所欲闻，而士君子所当讲者，其参酌古今以对，毋泛毋略。"

---

① 苏天爵：《三史质疑》，《滋溪文稿》卷25（《全元文》第40册，第451—456页）。
② 黄宗羲原著，全祖望补修：《宋元学案》第4册，第2771—2772、3082页。

对于冗官、铨选、殿最、法律涉及的弊病，欧阳玄强调的是以敢于直言的态度，指明四弊之本。

洪惟盛时，设茂科，策多士，而开其直述之门；执事典文衡，询承学，而试以时务之大。夫天下之事诚多矣，至于大而可言者，亦今世之所啜嚅者也。自士大夫间以道故常为练事，以言要切为干时，是以至论罕闻。今执事不循故常，不贵泛略，举急务以询诸人，岂非盛时开直述之门，而得为不讳之问。然而所谓直述者，非以其文朴野，而以其言之切直也。既以不讳问，宜以直述对。昔夫子以林放为大哉问，非大其问，以其知本也。事不知本，多言何裨，愚请言事之本矣。

明问有曰云云，是四者，方今所欲闻也。愚谓非特方今之所欲闻，乃方今之已行者也。其间行之弗竟，守之弗一，或者未究其本乎。如冗官之汰，大德之初尝举行之，中书以打减置局而董之，以平章某公或议某司当并，某司则创，某司以兼领之。议者或创而罢者，寻复矣。辛亥（1311年）更化，涣发德音，减遥授之官，改升创设者日议并罢，乃并通政于兵部，武备等院皆复旧制，京畿寺监罢者非一，是则冗官汰矣。然而舆图之广，郡邑之众，旁蹊曲径之捷出者，未悉汰也。铨选之精，则自混一以来，立省选、部选之法为二，别子弟承袭、承继、承荫之例为三，设吏员、译学、儒业、军功出身之科为四，是则铨选精矣。然而氏族贵贱之未别，岁月贤否之同淹，或未暇精也。殿最之明，则自大德、皇庆以来，定十三条之章法，或遣宣抚巡观，或命御史遍历，是则非不明也。然而各处廉能，五人之荐，未见即用也；三考黜陟之法，未见可久也。法律之定，则非无《至元新格》也，非无省部之编例也。然而掾史一时之议拟而通行者，尽合于至元之法意乎？广平何相之撰，拟而未进者，竟能为大德之成书乎？由是观之，四者非不知也，非不行也，愚请论其本焉。

其一曰汰冗官之本，在于减闲散之俸，以厚正官；塞侥幸之路，以清正选。今正官之俸甚薄，而散佚之禄尚多。昔刘景升有大牛啗豆数倍，而负任不及常畜，曹操以之享士，戒冗食也。况方以历俸为出身，减禄俸之无名，则出身有限矣。若侥幸之门，斯又正选之大患也。古者判行使之置，损外同之设，未必非有所循，而为是名以处之。而汉之烂胄，晋之续貂，实滥觞于兹。诚能如汉文欲用啬夫，而张释之终以为不可，家人滥求郎官，而明帝终不以为私恩，则冗者可汰矣。

其二曰精铨选之本，在于严族属之分，以尊吾国人；略岁月之考，以拔其才用。今之女真、河西，明有著令，而自混色目；北庭族属邻于近似，而均视蒙古，乘坚驱良，亟列通显。盖我国人天性浑厚，不自标榜，愚恐数百年之后，求麟趾之公姓，不可复别异矣。欲还淳古之风，去杰黠之习，则必如贞观之于崔、卢氏族，命近臣编之，使其派系分明，不得揉进可也。至于岁月之考，能否同滞，此可畜常调，不可以待贤才。诚能核名实以甄异能，使碌碌庸吏不得含糊洇洇，苟资历求序迁，则当如崔祐甫除官八百而不拘常资，寇莱公却例用新进而号得士，则铨选可精矣。

其三曰明殿最之本，在于择才明之监司，绝殿序之污吏。夫货来之徒，玩法而残民者也，岂可复为民之父母乎。三年之殿，边远之任，未是悛也。孟子曰："不祥之实，蔽贤者当之。"身为方岳而见善不举，岂得复为人之耳目乎。绝污吏，则愿如唐太宗之于党仁宏，苟犯赃贿，虽至亲幸，难以灭公。责监司，则愿如齐宣王之封即墨而烹阿大夫，晋文公之诛曹而数其不用僖负羁，则监司必举，污吏必除，最者非假请托，殿者不可侥幸矣。

其四曰定法律之本，在于酌古今以成法书，优禄秩以选法吏。今法书无一定，法吏无优选，推谳混于常流，条令衷于书肆。官不遍睹，法无定科，轻重高下，逢其喜怒，出入比附，系其爱憎。无成书则近于罔民，无优秩则昧于劝善。昔者子产铸《刑书》，虽曰叔向笑之，而郑以治，以能止辟也。于定国为廷尉，以民无冤而至三公，近代钱若水以同州推官清直而擢枢副，前以示劝也。如是则法书必作，法吏必优，刑自平允，律自精熟矣。

四者之本，愚既已略言之，其目之备更仆未可终也。虽然，四者之本所以行之者，一也。一者何也，信而已。方今天下急务所可言者，孰有大于信之一字乎？《书》曰："令出惟行。"商鞅之伯术，亦以示信为先。令而不信，则冗官何由汰，铨选何由精，殿最何由明，法律何由定乎。愚故曰所以行之者，信而已。

明问有曰:"宜参酌古今以对,毋泛毋略。"嗟夫,执事以急务为问,愚敢以泛略为对乎。然四者之有信,犹水木之有本源也。故敢以为终篇献,执事其思之。①

欧阳玄所说的汰冗官之本、精铨选之本、明殿最之本和定法律之本,实际上是解决四种弊病的基本方法,而"信"才是四本的最基本原则,因为无信和失信都不可能带来善政。

(二) 致治之本

在科举策问中,还需要回答如何达到贤君之治的问题:"制曰:朕闻圣贤之君之治天下也,或恭己无为,或不遑暇食,或宽仁恭俭,或力于为善。其所以致治虽殊,及乎民安物阜,风淳俗美,刑辟措而鲜用,颂声作于田里,制礼作乐,翕然太和,而麟凤龟龙,嘉禾朱草,甘露醴泉,诸福之物莫不毕至。虽帝王之美,不徒在是,亦其气之应也。舜、文之德化尚矣,若汉之文帝,唐之太宗,犹能致治如彼,况薄汉、唐而不居者乎。今天下虽久宁谧,户口虽甚蕃滋,而稼穑或伤于水旱,细民或致于阻饥,未能家给人足,时犹仰济县官,岂行仁义有未尽效耶?子大夫明古以识今,知常而通变,毋迂阔于事情,毋乖戾于典则,明以对朕,朕将亲览焉。"

对于君主之治的问题,欧阳玄以理学的气理学说为基础,强调的是君主必立志于治的论点。

> 臣闻有志者事竟成,人主之致治,莫先于立志。故善观人主之治者,先观其志。夫人主以能致之资,操可致之势,所图无不获,所欲无不成,以求乎天而天应之,以求乎人而人从之。所以然者,以其志之先定也。其或致理之效偶有未备,天人之间偶有未和,则当守之以专,达之以强,以俟夫悠久之效,不可以疑贰阻之也。
>
> 臣草茅贱士,何敢上揆渊衷。然以臣切观陛下之所为,真近古以来大有为之君也。陛下曩在东宫,仁孝之资,英毅之略,闻于天下也久矣,既而征四方书以考古今。飞龙之初,大召宿儒,询问要道。临御之后,不迩声色,不事游畋,凡耳目之娱,营缮之事,秋

---

① 欧阳玄:《策·问今天下之事》,《圭斋文集》卷12,四库全书本(《全元文》第34册,第482—485页)。

毫不经于心，惟经籍史传，日接于前。于是大兴儒科，黼黻至治，祖宗以来百余年之旷典，一旦举而行之，遂使臣之浅陋，亦获叨奉大对于明时。虽然，臣之望陛下者，以陛下为有大志，而陛下之策臣者，亦适有以发臣之愚。

嗟夫，薄汉、唐一语，此乃圣志之发见也。陛下此志，可与四三王，可与六五帝矣。其曰："或恭己无为，或不遑暇食，或宽仁恭俭，或力于为善。"臣愚以谓此未可以观致治之殊，当有以验立志之同也。古人有言曰："始于忧勤，终于逸乐。"若以恭己无为异乎不遑暇食，则隆古之恭己无为者莫舜若也，然而一日二日万几，舜何不少自逸豫乎。若以恭俭宽仁异乎力于为善，则近代之恭俭宽仁者莫汉文若也。然而拊髀思贤，夜半前席，汉文何不为是元默乎。由是观之，未有不自忧勤始者。自忧勤始，志之同也。陛下既薄汉、唐，臣不复肤引汉、唐之事，请以舜、文终焉。舜、文之道，布在典策，陛下既慕舜、文，亦法其所为而已矣。如欲民安而物阜，风淳而俗美，则当思夫利用厚生之何急也，惇典敷教之何先也，由庚、鱼丽何自而多也，关雎、麟趾何从而厚也，陛下能法舜、文，即舜、文矣。如欲刑辟措而鲜用，颂声作于田里，则当求如皋陶者命之明刑，有如虞芮者俾之息讼。《九歌》可使勿坏也，《大雅》可使无废也，陛下能法舜、文，即舜、文矣。如欲制礼作乐，翕然太和，则当求如伯夷、后夔、周公者，命之制作于其间，六典之制或尚可讲也，九韶之音或尚可学也，陛下能法舜、文，亦舜、文矣。至如麟凤龟龙，诸福之物莫不毕至，圣策有曰："亦其气之应也。"臣愚以谓知气则知志矣。圣人志气清明，若神一动，则天地随之。诸福之物，皆自圣人方寸中来，非自外至也。《中庸》曰："致中和，天地位焉，万物育焉。"盖吾之气顺，则天地万物之气亦顺；吾之气和，则天地万物之气亦和。天地之气，见于万物，同一和顺，则百兽自舞于舜之庭，凤凰自鸣于文之岐也，又何祥瑞之足羡哉。

古人有言曰："天心仁爱人君。"若曰稼穑或伤于水旱，则舜之所谓泽水警予者，犹有甚于今之伤稼者也。若曰黎民或致于阻饥，则文王所谓小人怨汝詈汝者，犹有危于今日之阻饥者也。顾二圣人之所以弭灾恤患者，罔游罔淫罔自敬德之外无闻焉。陛下既法舜、文，讵知天之所以启舜、文者，不以启今日耶。陛下以敬天为志，则水旱可变为丰穰；陛下以恤民为志，则阻饥可变为足食，在方寸一转移之间耳。若诿之曰："岂行仁义而未尽效耶？"臣愚窃以为未然。夫仁义之效，如炊之必熟，种之必生。行仁义而未至者有矣，未有行仁义不效者也。陛下如以悠久待之，或曰圣问如此，而臣辄以为可以四三王，可以六五帝者，何自而知之，盖因其已行者知之也，其未行者，扩而充之，斯无难。盖仁义之积，礼乐必兴。彼汉、唐之治，如身衣弋绨，一台惜费，以致海内殷富，与夫斗米三钱，外户不闭，自三代而下，亦可谓盛矣。然贾生劝汉文以礼乐，而辞曰未遑祖孝孙，杜淹劝太宗以礼乐，而曰治之隆替不系于此。臣以是知二君于仁义之效，若有所不知也。今陛下锐情儒科，日议礼乐，而拳拳于仁义之二字，视汉、唐何啻相千万耶。此志所充，宜其俪美于五三盛时也。大概国家之治，当先论其根本，不可责效于目前。古之圣贤之君，未尝不忧勤于其始，逸乐于其终，灾异于其先，祥瑞于其后；今日之不遑暇食，力于为善，他日之恭己无为，恭俭宽仁也；今日之水旱伤稼，黎民阻饥，他日之麟凤龟龙，嘉禾朱草也。若夫备御之不可无术，救荒之不可无政，求弓之不可不择，一贤相事耳，奚以多言为。

臣愚以谓事有古今，志无古今，事有通变，志无通变。圣人之志，与天地之正气相通，志定于此，气应于彼，有理之必然者。倘论水旱，而牵合于夏侯生辈《洪范》五事之说，则邻于迂阔矣；论民饥用乏而附会于权万纪等建利之谋，则流于乖戾矣。臣非不知，实所不敢。臣之拳拳者，惟曰有志者事竟成，陛下留意焉，国家幸甚，天下幸甚。[1]

在欧阳玄看来，君主立志于治，也要讲究治本，并且不能只是着眼于当前，而要考虑长远之计，不拘小事而把控大局，这恰是他的核心论点。

国家统一以来，管理着各族人士，为达到致治的目标，必须协调各族关系，并将不同的文化、习俗都纳入文治的体系，欧阳玄由此在策问

---

[1] 欧阳玄：《策·贤君之治》，《圭斋文集》卷12（《全元文》第34册，第485—489页）。

中专门提出了这一问题:"国家龙兴朔方,浑厚之风,雄武之气,所以度越百王,奄有四海者也。当是时国人忠君亲上之诚,一出天性。既而高昌亲附,乾竺、大夏诸国景从,城葱岭,民流沙,碣石以北,祁连以西,皆隶职方。收其豪杰而用之,亦既尊尚国人之习,而服被其风矣。承平既久,散处宇内,名爵之所砥砺,才胥之所滋演,捷出百家,未有纪极。虽风气大开,文治加盛,执有然者。然而黜浮而崇雅,去漓而还淳,岂无其道欤?亲笔札者兼弓矢之艺,沃膏粱者知稼穑之难,其教当何先欤?别氏族以明本原,同风俗以表归会,其政有当讲者欤?才胥既培养矣,名爵既赐予矣,其所以图报称者以何事欤?"① 由少数民族建立的王朝。确实需要直面这样的问题。

(三)用人之本

在回答"夫子以小器称管仲,而又以如其仁许之,何也"的问题时,欧阳玄的解释是用人既要讲究德之体,也要讲究德之用,前者要求的是成大器,后者要求的是成大仁。两者都能做到,才是完人,才是可用之人。

> 圣人之用人,有以德之体言者,有以德之用言者,不可以一概观也。夫以德之全体而言,则天之所以赋于人,人之所以得于天者,其体甚大也,惟圣人为能践形。下圣人几等,而以德之全体论之,乌得不少为之贬哉。故喻之以器,器者如物之所受,浅深限量,自有不可得而诬者也。若夫有以德之用言者则不然。夫德非徒贵乎足已,以其有及物之功也,而王霸之会,世变之来,有人于此乃能明大义以安斯民,圣人即是论之,安得不深许之哉,故称之曰仁。仁者之用,莫大于爱物也。迹其惠之在民心,功之在天下,亦安得而泯之哉。
>
> 昔夫子之论管仲或曰小器,或曰如其仁,其体用之殊乎。夫仁之一字,夫子未尝轻以许人,是以颜冉之流,工夫造诣之高下,夫子于言仁之际若有分寸较于其间,独于管仲则曰如其仁,如其仁既许而又不一许之,岂有他哉。盖自姬辙既东,楚氛浸盛,生民之扰扰纷纷者,未有纪极也。仲也出而相桓公,合诸侯,匡天下,不以

---

① 欧阳玄:《乡试策问》,《全元文》第34册,第489页。

兵车之力焉，其仁之及物为何如邪，求之当时未见仲比也。至于其器之易盈，不能使己无三归之僭，公无多嬖之失，齐政旋踵而衰，则器之所受不过如是而止。使其扩而充之，以至于一初之全体，则可以拓圣贤之业，载宇宙之重。惜乎，非仲所能及也。盖必至是，然后为大器之体段焉，仲之为小不亦宜乎，然则圣人之论，何往而非公乎。①

欧阳玄对"翕受敷施，九德咸事，俊乂在官，百僚师师，百工惟时"的解释是：所谓"宽而栗、柔而立、愿而恭、乱而敬、扰而毅、直而温、简而廉、刚而实、强而义"的九德，作为最高的用人标准虽然难以达到，但彰显的是以德取人的"得人之本"，而所要排斥的，就是功利权谋之徒。

  自古者以成德观人，而人才治效之盛，为不可及也。夫成德者，君子自然之德。然君子有是德，而不能以是德自见于事功，惟古之圣人有以知之，而每以为观人之法焉。凡有司百执事之臣，莫不由是而取材，故嘉谟之入告，庶绩之咸熙，无往而非是，德之形著也。人才治效之盛，无越于帝舜之朝，此其故欤。《书》曰："翕受敷施，九德咸事，俊乂在官，百僚师师，百工惟时。"所谓九德者，非皋陶所谓人之有九德欤。训《书》者以为成德之自然，非以彼济此之谓也。自帝世以知人为难，而皋陶陈九德之目，或养直而温和，或简易而廉隅，或果毅以为扰，或塞实以为强，其他或六或三，不一概也。有六德而严祗者，则锡之以有邦；有三德而宣明者，则任之以有家。观人之法，拳拳于九德焉。生斯世者，不患其无位也，而患其不能有是德。于是莫不精白以承休，勤敏以趋事者，以圣人能翕合而受之，敷布而施之也。人见其"俊乂在官"也，而不知九德之时措也。故夫九官相逊，兹非"百僚师师"之兴起乎。十有二牧，惟时亮天工，兹非"百工惟时"之则仿乎。所以相逊，所以亮天工者，非九德之君子，孰能与于斯。由是观之，"九德咸事"之一语，其虞朝观人之法，得人之本欤。后世惟

---

① 欧阳玄：《经疑》，《圭斋文集》卷12（《全元文》第34册，第479—480页）。

殷、周之宅俊、灼俊，意为近之，故其人才之盛，亦仿佛有虞之世。秦、汉而降，急于功利权谋之近效，而用区区胜德之小才，于是九德之目，仅存于《书》耳。或曰："虞廷君子之多，而舜犹以知人为难者，盖虑静言庸违之在朝，谗说殄行之震惊朕师者，未尽杜绝，圣人观人之法，不可一日废也。"然吾观"百僚师师，百工惟时"之后，则君子多而不仁远矣，故又曰："何畏乎巧言、令色、孔壬"。①

国家用人，还要有明确的行为标准。欧阳玄特别指出，臣僚事君奉国的基本要求是忠恕，并且既要鞠躬尽瘁，也要有临难死节的准备。这样的要求，在元朝后期遭遇重大危机时，才能体现出其所具有的价值。

> 忠者，尽己之名也。天以事物当然之理赋于人，人尽其所当然者而无憾焉，是之谓忠。今语人曰臣事君以忠，与忠恕之忠同，则莫不骇然以为非，而实然也。或曰："臣尽臣道于君，忠矣；子尽子道于父，何独曰孝乎？"曰：不然也。《礼记》所谓"内尽于己而外顺于道"，忠臣以事其君，孝子以事其亲，其本一也，此即吾说也。"然则上尽其所当然于其下，其名曰何？"曰：尽有不敢不勉之义，上下之间必有别也。故尽之对为推，即恕矣。程子尝谓："忠恕一也。事上之道莫若忠，使下之道莫若恕。"后儒疑之，未喻此也。人生而静动与物接，即有尽己推己二者出乎其间。识者知其然，固无一息而非吾效忠之时也。是道也，所以事君，所以事天。《诗》曰："昊天曰明，及尔出王。昊天曰旦，及尔游衍。"亶其严乎。
>
> 自忠之说不明，士大夫平居无涵养省察之功，莅事无鞠躬尽瘁之志，立朝无直言极谏之风，至于临难死节，能保其必然也耶。呜呼，宇宙间此道明，即天地变化草木蕃，不明即天地闭塞贤人隐，甚可畏也。②

在具体的用人问题上，欧阳玄则以主掌市场的录事之职为例，说明

---

① 欧阳玄：《书义》，《圭斋文集》卷12（《全元文》第34册，第481—482页）。
② 欧阳玄：《忠史序》，《圭斋文集》卷7（《全元文》第34册，第426—427页）。

了对儒者执政的要求。

  《周官》司市，掌市之治教政刑、量度禁令。今之录事，治城市关厢，大略相同，而古今之制则不侔矣。古者都邑如井田，画为九区，前二区为君之宫、之庙社、之厅治，后一区为市，左右三区为民居。市别为四门，日出而启，惟民得入焉。盖二亩半在邑之农也，其余大夫七。凡有爵禄者，入市有罚，所谓出一幕、一帝、一幅、一帷之类是也。内而天子之都，外而诸侯之国，同一法。其君过市，则有刑者赦，所以别尊卑也。古法简，古俗淳，恶嚣而抑末，尚尔。今夫录事所治，则市人、居民出入同其门，综理同其官，而况百族之寓公，四方之游士，官府之府史胥徒，兵戎之游徼，以逮卜祝老释之流，又下而百技工巧，驵侩负贩，奴客倡优，溷处而杂。由之如是，而望其布治教，平政刑，一其量度禁令，如古司市法，不既难矣乎。虽然，儒者将为政，必使沈犹氏不敢朝饮其羊，公慎氏出其妻，慎溃氏逾境而徙，此亦其有道者乎。

  对于欧阳玄的"司市亦讲儒道"说法，可能有人会指为腐儒之说："欲驱市人而读《周公》之法，欲进录事而行孔子之政，其可骇也特甚。"欧阳玄则明确表示，这样的说法只能对儒者说，而不是说给那些不懂治道学说的"市人"听的。[①]

  推而广之，欧阳玄关于治国之本的各种说法，重在理论层面的解释，陈说对象也是君主、大臣和儒者，而不是一般的俗人。

二　维系文治

  除了在理论上说明治国之本的道理外，欧阳玄因参与了朝廷的一系列文治盛事，对修史、立法、科举、兴学等都给予了积极的评价。欧阳玄的修史评价已见前述，本节重点说明的是他对立法、科举和兴学的看法。

（一）编定律令

  顺帝在位时编撰和颁布《至正条格》的情况，已见前述。欧阳玄

[①]　欧阳玄：《送镏文廷之清江录事序》，《圭斋文集》卷8（《全元文》第34册，第412页）。

还借编定律令的机会，特别强调了制法与敬法的要求。

> 人君制法，奉天而行，臣知事君，即知事天。敬君敬天，敢不敬法。《书》曰："天命有德，五服五章哉；天讨有罪，五刑五用哉。"《易》曰："雷电噬嗑，先王以明罚敕法。"又曰："雷电皆至，丰，君子以折狱致刑。"二卦之象，为电为雷，所以明天威也。继自今司平之官、执法之士，当官莅政，有征是书，毋渎国宪，毋干天常。刑期无刑，实自此始，亦曰懋敬之哉。①

《至正条格》全书已佚，但是欧阳玄所强调的畏威守法和简刑观念，依然值得重视。欧阳玄还特别强调了"正法"的作用，须由御史台来体现："祖宗建台之良法，惟其所操者约，所执者中，故国治之久，台纲之重，相为无穷。今夫台臣持三尺之法，而定天下之正邪，御史绾方寸之章，而论天下之利病，归于一是而已。成周立政，有常伯、常任、准人。所谓准人者，执法之官也，准于天下之物，未尝任其重也。而天下之物，必于此取正焉。知是道也，则知建台之初意。"②

（二）赞颂科举

在欧阳玄看来，朝廷有一系列值得称道的文治举措，科举亦在其中："皇风清宁，人文盛开。京师崇天下之本，国学萃天下之才。""子徒慕先汉之遗风，若未睹今日之文治。我国家声教之所暨也，东逾若木之日津，西探崦嵫之月窟，南穷火维之陬，北际冰天之澨。文轨之治既同，弦诵之风四被。视寰海为一辟雍，陶同宇为一庠序。于是在天则应璧府图书之祥，在地则产孔庙金芝之瑞。藏曲阜之特祠，实飞龙之首岁。乃择成均之师，申胄监之制，三年而科，诏颁文治。熠日星乎旷世之条，风霆乎多士之气，将见自今以始，彼汉之亿万，尚敢与今日同年而语哉。大抵惟圣人能尽君师之职，惟吾道能并天地而存，惟养贤为吁俊尊帝之大务，惟建学为化民成俗之大原。"③

欧阳玄出身于科举，对因科举改变人生颇为感叹："臣本江南一布衣，恩荣今日及寒微。""把剑风檐日欲曛，偶从甲舍得高文。烟云过

---

① 欧阳玄：《至正条格序》，《圭斋文集》卷7（《全元文》第34册，第427—428页）。
② 欧阳玄：《宪台通纪续集序》，《宪台通纪（外三种）》，第87—88页。
③ 欧阳玄：《辟雍赋》，《圭斋文集》卷1（《全元文》第34册，第385—386页）。

目犹能记，花柳逢春各自欣。奇字拟从杨执戟，俊才端属鲍参军。客来为我传新作，笔砚无忘旧荣勋。"① 泰定帝在位时，欧阳玄的两位门生中了进士，他在诗作中亦表达了欣喜之情。

  昔被仁皇雨露恩，三朝五度荣临轩。小臣报国无他伎，馆下新添两状元。
  禁院层层桃李开，天街绣毂转晴雷。银袍飞盖人争看，两两龙头入学来。
  淡墨题名二十年，一官独自拥寒毡。居然国子先生馆，三五魁躔拜座前。
  都人举手贺升平，不羡黄金遗子籝。进士从今成典故，唱名才罢拜先生。②

欧阳玄对于顺帝朝的废罢科举极为不满，所以在至正初年极力要求恢复科举。③ 科举恢复之后，他又专门赋诗对科举加以赞颂。

  仁皇下诏急求贤，糠秕当时偶在前。两榜复科新大比，三人联事旧同年。关山道路寻常梦，台阁风云尺五天。但使得材今胜昔，吾侪宁复叹华颠。
  进讲金华集众贤，礼闱衔命拜君前。花摧蜡炬仝清夜，饼啖红绫忆昔年。龙尾步随黄阁老，鹄头书下紫微天。南宫群彦时相问，何似官街有米颠。
  至正群兴郡国贤，威仪重见甲寅（1314 年）前。杏园花发当三月，桂苑香销又七年。豹隐山中文泽雾，鹏抟海上翼垂天。明时礼乐须奇俊，莫道儒生自圣颠。④

  诗作中的"三人联事旧同年"，指的是文宗时命同榜进士马祖常、杨廷镇、欧阳玄三人参与《经世大典》的编修，而此举也被视为文治

---

① 欧阳玄：《侍宴北省》《谢恩日呈同年》，《圭斋文集》卷 2。
② 欧阳玄：《喜门生中状元》，《圭斋文集》卷 3。
③ 《元史》卷 182《欧阳玄传》。
④ 欧阳玄：《试院倡和》，《圭斋文集》卷 2。

的盛事："夜开密钥诏词臣，对御抽毫草帝纶。始信朝家重儒术，一时同榜拜三人。"① 欧阳玄盛赞文治，就是要彰显对权奸颠覆文治的厌恶之情。

（三）兴学育人

在兴学育人方面，欧阳玄依据本朝儒学教育的发展状况，重点提出了六方面的要求。

一是目的论的要求。"世之为儒者苟知读濂溪之书，无不获闻性与天道之言焉。""圣朝重朱子之学，以程序天下之士，则周子之书益表章于世，宜哉。虽然国家兴学之地可谓至矣，周子曰：'师道立则善人多，善人多则朝廷正，而天下治矣。'继自今教者以师道自树，学者以善人自期，将见真儒之效，施于朝廷四方，未有纪极。"② 以理学传承见朝廷的真儒之效，在欧阳玄看来，应是兴学育人的基本政治目标。

二是价值论的要求。"古者教之，以德为先。涵养德性，莫先于乐。故有道德而为师者，其生也以教人，其死也人推本其教，以乐祖祀之。非必洙泗而下，若汉董子，若隋、唐王通、韩愈氏，若宋周、程、张、朱数君子之为先儒，而后为可也。"③ 德是兴学育人的基本价值取向，并且最要讲究的是师德问题，儒者只有以道德律己和教人，才能坚持这样的价值取向。

三是方法论的要求。"金溪为陆子乡，陆子天资高明，学识凝定，两汉而下，儒者罕见其比。特朝廷方崇朱学，而朱子与之异同，其来已远。""夷考二子所以教学者，入德虽殊，造道则一。惟善学陆者，不骛于超诣之宗；善学朱者，不堕于训诂之家。""是故周侯（金溪大夫周自强）欲明道义，成风俗，则先正人心。欲正人心，则先正士习。欲正士习，则先正学术。欲正学术，则先于朱、陆二学之异同会其指归，以教学者。"④ 在兴学育人的方法上，欧阳玄显然不愿意卷入朱学、陆学的纷争，而是强调了兼用朱、陆的教学方法。

四是教化论的要求。"今上皇帝（顺帝）即祚初年，特诏天下兴

---

① 欧阳玄：《出试院有作寄诸弟》，《圭斋文集》卷3。
② 欧阳玄：《道州路重修濂溪书院记》，《圭斋文集》卷5（《全元文》第34册，第498—500页）。
③ 欧阳玄：《贞文书院记》，《圭斋文集》卷5（《全元文》第34册，第500—502页）。
④ 欧阳玄：《金溪县重建儒学记》，《全元文》第34册，第508—509页。

学，除儒者科徭。岁辛巳，改元至正，是岁复科举取士法。四年甲申，中书奏用六事课最守令，而以兴举学校为第一事焉。"①"盖国之虚实，系乎人才之盛衰、教化之隆替也，其来久矣。学校者，人材之所自出，教化之所由者兴也。""今皇帝诏天下守令考课，六事悉备为最，而兴举学校先之。"② 顺帝在位时将考核守令的标准由"五事"增为"六事"，已见前述。欧阳玄之所以强调"六事"中的兴学校要求，就是因为兴学育人关系国家的教化水准，须臾不可忽视。

五是正心论的要求。"夫儒者读书，以正心术为务。医者读书，尤以正心术为急。心术正，则学术亦正。心术偏，则学术亦偏。正则人受其赐，偏则人与己皆为所累矣。"③ 欧阳玄还特别强调了以下要求："人之有学，治心为先。心得其理，乃圣乃贤。贤圣之为，其要曰敬。清明在躬，斋庄中正。敬不于貌，敬于其心。思而俨若，上帝汝临。无贰无虞，惟精惟一。饬我天君，守而勿失。学之终始，惟敬靡他。身之主宰，非心而何。克敬在心，亦敬亦圣。聪明为尧，温恭者舜。汤曰日跻，姬文缉熙。孔严三畏，颜谨四非。孟子养身，尤善养气。彼何人哉，希之则是，勖尔敬心，心以铭镌。"④ 正心是为了正人，所以兴学育人必须以正心作为基本原则。

六是机制论的要求。"世间惟有耕与学，思量二艺皆无错。耕者荣华得富豪，学者羽翼生麟角。耕问：学得恁贤，累年累月在窗前，田地抛荒园圃废，日间忘食夜忘眠。学者答：非容易，笔头虽小惊天地，但看王侯将相家，尽是当年勤苦至学问。耕得恁苦浑身秽，污生泥土，冬月之间被雪霜，春天晓暮遭风雨。耕者答：不辞辛，锄头翻地出黄金，但看世间储积者，尽是当年勤苦人。耕可怜，学可爱，思量二艺皆怀大。少年辛苦老来闲，粉壁朱门多自在。"⑤ 按照欧阳玄的说法，耕与学都要通过持续的努力，才能有所成就，所以勤劳应成为兴学育人所依赖的重要机制。

欧阳玄还特别以曲阜孔庙的修缮，全面回顾了朝廷尊孔的发展历

---

① 欧阳玄：《道州路学重建记》，《全元文》第34册，第510—512页。
② 欧阳玄：《兴国州修学记》，《全元文》第34册，第513—514页。
③ 欧阳玄：《读书堂记》，《圭斋文集》卷6（《全元文》第34册，第553页）。
④ 欧阳玄：《敬心斋铭》，《圭斋文集》卷13（《全元文》第34册，第581—582页）。
⑤ 欧阳玄：《耕学问答》，《圭斋文集》卷4。

程，所要强调的就是尊儒已经成为不可逆转的趋势。

> 皇元龙兴朔方，太祖皇帝圣知天授，经营四方。太宗皇帝平金初年，岁在丁酉，首诏孔元措袭封衍圣公，复孔、颜、孟三世子孙，世世无所与，增给庙户，皆复其家。是岁历日银诸路以其半，东平以其全，给修宣圣庙。寻诏括金之礼乐官师及前代典册、辞章、钟磬等器，遣官分道程试儒业。世祖皇帝初在藩邸，多士景从。比其即位，大召名儒，辟广庠序，命御史台勉励校官，大司农兴举社学，建国子监学以训诲胄子，兴文署以板行海内书籍，立提学教授以主领外路儒生。宿卫子弟咸遣入学，弼辅大臣居多俊乂，内廷献纳能明夫子之道者，言必称旨。在位三十五年之间，取士之法、兴学之条，讨论之规裨益远矣。裕宗皇帝时在东宫，赞成崇儒之美。成宗皇帝克绳祖武，锐意文治，诏曰："夫子之道垂宪万世，有国家者所当崇奉。"既而作新国学，增广学官数百区，胄监教养之法始备。武宗皇帝熄兴制作，加号孔子为"大成至圣文宣王"，遣使祠以太牢。仁宗皇帝述世祖之事，弘列圣之规，尊五经，黜百家，以造天下士，我朝用儒于斯为盛。英宗皇帝铺张巨丽，廓开弥文。明宗皇帝凝情经史，爱礼儒士。文宗皇帝缉熙圣学，加号宣圣皇考为启圣王，皇妣为启圣王夫人，改衍圣公三品印章，归山东盐运司岁课及江西、江浙两省学田岁入中统楮币三十一万四千缗，俾济宁路以修曲阜庙庭。文宗宾天，太皇太后有旨董其成功。今上皇帝入纂丕图，儒学之诏方颁，阙里之役鼎盛。①

更为重要的是朝廷尊儒带来了文风的变化，如欧阳玄所言："皇元混一之初，金、宋旧儒，布列馆阁，然其文气，高者崛强，下者萎靡，时见旧习。承平日久，四方俊彦萃于京师，笙镛相宣，风雅迭唱，治世之音，日益以盛矣。"② "三代而下，文章惟西京为盛。逮及东都，其气寝衰。至李唐复盛，盛极又衰。宋有天下百年，始渐复于古。南渡以还，为士者以从焉无根之学，而荒思于科试间，有稍自振拔者，亦多诞

---

① 欧阳玄：《曲阜重修宣圣庙碑》，《圭斋文集》卷9（《全元文》第34册，第609—611页）。
② 欧阳玄：《雍虞公文集序》，《全元文》第34册，第456—457页。

幻卑冗，不足以名家，其衰又益甚矣。我元龙兴，以浑厚之气变之，而至文生焉。中统、至元之文庞以蔚，元贞、大德之文畅而腴，至大、延祐之文丽而贞，泰定、天历之文赡以雄。涵育既久，日富月繁，上而日星之昭晰，下而山川之流峙，皆归诸灿然之文，意将超宋、唐而至西京矣。"①

文宗即位初年，欧阳玄曾条陈时政数十事。红巾军起，他又"上招捕之策千余言"②，可惜这些建议的内容都已散失，但是从他的一贯表述看，都应该与加强治本有密切的关系。

从欧阳玄留下来的著述可以看出，他的治本观念重在理论层面的阐释，着重于宏观而不拘泥于微观，对于解决具体的朝政问题可能用处不大，但是对于了解当时文人的政治心态可以提供极大的帮助。

第四节 黄溍的善治观念

黄溍（1277—1357年），字晋卿，义乌（今属浙江）人，师从石一鳌、方凤学习理学，③延祐二年进士，历任应奉翰林文字、国史院编修、江浙等处儒学提举、翰林直学士等职，曾编撰《义乌志》，已佚，有《金华黄先生文集》（《黄文献集》）和《日损斋笔记》传世，在著述中重点阐释了善治的观念。

一 善治策问

黄溍在国学考试和科举考试中代拟了多条策问，从中可以反映出他所关注的政治问题以及他的善治观念。

（一）治法之要

黄溍极为重视治天下之法，在承认历朝治法不同的前提下，重点强调的是要理清"道"与"法"的关系，对"道法为一"还是"道外有法"有清楚的认识，并且应以通古今之变的态度看待治法，既不过于泥古，也不以今非古，而是全面吸收古往今来的治国经验和教训。这样的观点，在他所设计的策问中有明显的显现。

---

① 欧阳玄：《潜溪后集序》，《全元文》第34册，第451—452页。
② 《元史》卷182《欧阳玄传》。
③ 黄宗羲原著，全祖望补修：《宋元学案》第3册，第1827、2246、2352页。

第十五章　维系文治的政治观念　193

问：一代之治，必有一代之法。儒者之论，恒以为古之治纯任道，后之治纯任法，天下其果有道外之法欤？洪惟天朝列圣相承，国之所凭藉扶持者，规模至宏远也。征古而验今，或者未能无疑焉。考课之法非不明，而奏最者甚寡。纠察之法非不严，而贪沓者尚多。减繁有法，而狱讼不为之遽衰。服色有法，而僭侈不为之少戢。岂奉行之有未至欤？抑离道以为法而致然欤？其弛张损益，或犹有可言者欤？①

问：圣贤之论治，未尝不取法于古。颜渊问为邦，而孔子告以四代之礼乐；文公问为国，而孟子告以三代之井田、学校，何所取之不同欤？由设施次第言之，必养之以井田，教之以学校，而后礼乐可兴也，其法果可偏废欤？孔、孟所言，布在方策，颜渊无其位而不得行，滕文公有其志而不能行，后世虽或行之而未尽也，今亦有当讲者欤？②

问：事有不本于古而可施于今者，君子所不废也，然亦安可徒守故常，而不究其始终乎？汉之取民者，有更徭，有算赋，而除天下田租之令时出焉。唐之两税，与之孰轻孰重，而迄今以为定制乎？汉之任人者，有察廉，有课最，而举可为将相之诏间见焉。唐之循资，与之孰得孰失，而迄今以为定格乎？其果皆无弊乎？推本而言，则取人莫善于井田，任人莫重于封建。自秦开阡陌，置郡县，千载之下，迄今遵为成宪者，大抵皆秦之旧也。何以能使其法施于人，久而不变乎？汉之限民名田，唐之袭封刺史，非尽泥于古也，亦莫有坚持其而卒行之者，岂时殊事异，通于古者或戾于今，而上下之所便安者，无古今之间乎？民苦于兼并，而无以乐其生；吏病于数易，而不得善其治，又非可谓便安之也。其弛张损益，犹有当议者乎？它如交钞、引盐，近仿于宋以立法者，又未可遽数也。请姑以其大者，考历代之沿革，原其始，要其终，而折衷之，

---

① 黄溍：《堂试蒙古色目人策问》，《金华黄先生文集》卷20，四库全书本（《全元文》第29册，第236页）。
② 黄溍：《国学蒙古色目人策问之十一》，《金华黄先生文集》卷20（《全元文》第29册，第222—223页）。

庸俟上之人采择焉。①

治法之"法"与法制、刑法之"法"有所不同，黄溍既强调了法制要溯本清源，为制定律令等提供重要的理论基础；也明确指出无论是明刑还是省刑，都必须解决在刑法实施方面"专司"和"共司"孰优孰劣的问题，由此即有了与《周官》、政刑有关的提问。

问：三代法制见于经者，惟《周官》一书，大纲小纪，详略相因，其言人事悉矣。然稽之《尚书》《王制》《孟子》之书，有不能尽同者何欤？或以为周公致太平之迹，或以为六国阴谋之书，果何所折衷欤？周衰，诸侯恶其害己，而皆去其籍，是书何以独存欤？汉除挟书之律，是书最后出，而《冬官》亡矣。时以《考工记》足之，或者排其非是。考工有记，果出于谁欤？或又谓三百六十之属，已散见于五官，《冬官》果未尝亡欤？国家以经术取士，而是书不列于科目，岂以刘歆、苏绰、王安石辈用之而不验欤？抑他有可议者欤？厥今朝廷内建六曹，盖古六官之遗意也，岂其成法固在所取欤？抑犹有可举而行者欤？②

问：昔之大儒，盖有以习文法吏事见称于史氏者。然则文法吏事，亦君子之所宜知也，安可忽乎？孔子曰："古之知法者能省刑，本也；今之知法者不失有罪，末矣。"惟夫使之无讼，而后可以省刑，是诚难能也。苟非有以得其情，鲜或不失有罪者，岂易然乎？律学之废已久，理官所掌，固非诸生所得与闻。乃若先王立法之意，考诸载籍，犹可见也。二三子姑以所知者，究其本末而极言之可乎。③

问：自古有国者不能去刑，必设官以主之。虞之九官，明刑者有士焉；而折民惟刑者，秩宗之官也。周之六官，掌刑者有司寇

---

① 黄溍：《江浙乡试南人策问》，《金华黄先生文集》卷20（《全元文》第29册，第235—236页）。
② 黄溍：《江西乡试南人策问》，《金华黄先生文集》卷20（《全元文》第29册，第234页）。
③ 黄溍：《国学汉人策问二十》，《金华黄先生文集》卷20（《全元文》第29册，第228页）。

焉，而以乡八刑纠万民者，司徒之官也。既有刑官，而又以它官分任其职，何欤？岂其为事，固有不同欤？今之刑曹，即古之士与司寇也，礼官无所谓折民之刑，而教官无所谓纠民之刑，职任可谓专而不分矣。夫职任专则事易治，何古之人虑不及此欤？①

尤为重要的是，在刑法的宽、严问题上，黄溍主张的是宽刑的做法，但是这样的做法可能显现儒术的不足，所以不仅需要注意吸收法家学说中的合理要素，还应注意古代处理政务的简、烦做法，在策问中黄溍特别提醒考生应注意其中的区别。

问：《传》有之曰："教之以德，齐之以礼，则民有格心。教之以政，齐之以刑，则民有遁心。"此岂非圣人所以论治者乎？汉崔寔始为严之则理、宽之则乱之说，而史臣以为明于体政。寔之论，犹空言耳？诸葛亮治蜀，刑法峻急，而史臣以为识治之良才，则又见于行事者也。然则圣人之论治者非耶？诸君子明古而识今，宜熟讲于此矣。它日出而从政，则何以哉？②

问：谈者谓秦尚申、韩，故其治刻薄而少恩。晋尚庄、列，故其俗浮华而无实。其说是也。我国家尊尚儒术，褒孔子之道，以昭示乎四方。缙绅先生言必以孔子之诗书执礼，而非敢为申、韩法家之言也；教必以孔子之文行忠信，而非敢为庄、列道家之教也。是宜刻薄之风，浮华之习，为之丕变，乃犹有一二之或存而未尽去者。何百家邪说入人之深，而儒者之效顾若是缓欤？夫岂为士者溺于口耳之末，而昧于当世之所尚欤？不然，则承流宣化者，未能谕上旨欤？愿闻所以转移而兴起之者，其道何由也。③

问：天下之事，恒患夫过与不及。不及则失于简，过则失于

---

① 黄溍：《国学汉人策问二十二》，《金华黄先生文集》卷20（《全元文》第29册，第229页）。
② 黄溍：《国学汉人策问一》，《金华黄先生文集》卷20（《全元文》第29册，第231页）。
③ 黄溍：《国学汉人策问二十一》，《金华黄先生文集》卷20（《全元文》第29册，第228页）。

烦,其不适于中一也。曹参日饮无所请事而不嫌其简,诸葛孔明夙兴夜寐,罚二十以上皆亲览而不厌其烦,俱号称良相。其为事有不同,何以能同归于治乎?岂其才智之不齐,舍所短而用所长乎?抑以世殊事异,其驰张缓急难以概论乎?千载之下,欲以古人自期者,苟未至乎无过不及之地,则守职而不病于间,为曹参可也;奉法而不伤于烦,为诸葛亮可也,不犹愈于为胡广之中庸乎?先儒尝教人以志伊尹之志矣,曹参、诸葛亮之事,宁足多让乎?愿闻诸君子之自期者何如也。①

国家倡导文治,涉及庶、富、教三大要素。在庶和富的问题上,需要克制豪强兼并之家;在教的问题上,则需要注重正风俗的最基本要求,黄溍在策问中特别强调了庶、富、教对治法的重要意义。

问:孔子告门人以既庶加富,既富加教,牧民而三事具,则王道成矣。其设施之略,可得而知欤?稽之《周官》,则所以庶之者,有九两保息本俗;所以富之者,有九职土会土宜土荒政职事;所以教之者,有八统十二教三物八刑五礼六乐;其经制之详,可得而闻欤?孟子之语时君,无非周公之法、孔子之意也。推而行之,果可通于今欤?汉、唐盛时,亦云庶且富矣,君子或以为其教无闻焉,或以为未知所以教也。伊欲尽三事之责,若何而可以去汉、唐之陋,若何而可以比成周之隆,抑有其道欤?其酌古今之宜,而折衷之以对"。②

问:民贫则国无独富,民富则国无独贫,此理势之必然,而无可疑者。今天下之民,以为贫耶,木土被文锦,犬马余肉粟者,亦或有之;以为富耶,裋褐不完,含菽饮水而不免于饥寒者,盖已多矣。国家之调度,将一切取赡于富家,固不能无朘削之患。欲使均无贫,而皆有以待公上之须,又虑夫兼并之弊,终未易除。然则为计者,如之何其可也。③

---

① 黄溍:《国学汉人策问二十四》,《金华黄先生文集》卷20。
② 黄溍:《会试汉人南人策问》,《金华黄先生文集》卷20(《全元文》第29册,第238页)。
③ 黄溍:《国学蒙古色目人策问十》,《金华黄先生文集》卷20(《全元文》第29册,第223页)。

> 问：古之为治者，必正俗习。所尚不同，故其俗为亦异。……贾生谓汉宜损周之文，用夏之忠，何欤？由汉而来，千有余岁，中间土字分裂而政殊俗庞，固未可概论。方今天下大同，德教流洽，而习俗未能丕变以为文耶，则士多因陋而就寡以为质耶，则民多浇淳而散朴以为忠耶，则为吏者又往往舞智而御人，所尚果安在欤？欲救其弊，宜何先欤？诸君子它日获备官使，出而任承流宣化之责，于当代所宜损益者，可无夙讲欤？试言其略。①

对于如何治理天下，黄溍并没有回避当朝所面临的治道方向不清、法律缺失、兼并盛行、风俗不正、弊政难去等重大问题，就是希望在理论上厘清治道的要义，并使之有用于当代。

（二）时政之要

策问必会涉及时政问题，黄溍所关注的，既有明黜陟、抑侥幸、精贡举、择官长、均公田、厚农桑、修武备、减徭役、覃恩信、重命令"十事"的轻重缓急问题，也有"选贤才、重民力、尊儒术、严吏治"如何落实的问题。

> 问：为法必有先后之序，知所先后，则举而措之斯易耳。盖昔之言治者，曰明黜陟也，抑侥幸也，精贡举也，择官长也，均公田也，厚农桑也，修武备也，减徭役也，覃恩信也，重命令也。此十事者，孰于今为急，而在所当先？孰于今为缓，而在所当后？②

> 问：天下事可言者多矣，未易以遽数也，姑举其一二言之可乎。人才有短长，而惟限于资格；民力有高下，而同困于征徭；儒术非不尊，而未能崇雅黜浮；吏治非不严，而未能发奸摘伏。因循积久，莫知所以为变通之方，识时务之俊杰，讵可默默而已乎。愿摅所蕴，以俟为政者择而行焉，毋徒为甚高论也。③

---

① 黄溍：《国学蒙古色目人策问六》，《金华黄先生文集》卷20（《全元文》第29册，第221—222页）。

② 黄溍：《国学蒙古色目人策问十四》，《金华黄先生文集》卷20（《全元文》第29册，第223页）。

③ 黄溍：《上都乡试蒙古色目人策问》，《金华黄先生文集》卷20（《全元文》第29册，第219页）。

国家以农为本，所以不仅要注重具体的劝农措施，使之能够发挥实际作用；还要注重农田水利，使河渠和沟洫都能发挥利农减灾的作用，黄溍在策问中专门涉及了与之有关的问题。

问：古之为国者，必务训农，其民富而俗醇，良有以也。方今朝廷重臣既专领司农之官，郡县长吏又兼任劝农之职，而田里之间，田有遗力，人多游心。谈者率以为田不井，则背本而趋末者众，是固然矣。夫井地之法既未易卒复，若何而能使守本业者有以尽其力，逐末作者有以易其心，幸试陈之。①

问：先儒以经义治道分斋教诸生，而水利居其一，然则水利亦儒者之当所知也。古所谓水利，曰河渠，曰沟洫。沟洫施于田间，故其效易见。河渠限于地势，故其功难成。方今言东南之水利，莫大于吴淞江，视古之河渠与沟洫，其为力孰难而孰易？其为利孰少而孰多？诸君子习为先儒之学，必夙讲而深知之矣。幸试陈之，以裨有司之余议。②

止盗和救灾，是朝廷稳定社会的要务，黄溍所重视的，就是有效的止盗之道、救灾之道和常平之法等，所以会成为策问中的重点问题。

问：国家之患盗，自古而然矣。方今朝廷清明，天下无事，而民间推埋搏掩之习犹有存者，以为养之未至、穷而无赖欤？教之未尽、愚而无识欤？则农桑学校之政尝举矣，以为郡县之治有未善，苦吏急而致然欤？则守令之选，又未尝不精也。愿推言夫不能使民不为盗者，其失安在，弭之之方宜何如？③

问：除盗救荒，非无良法，然莫若思患而预防之。乃今圣仁在

---

① 黄溍：《国学蒙古色目人策问四》，《金华黄先生文集》卷20（《全元文》第29册，第221页）。
② 黄溍：《江浙乡试蒙古色目人策问》，《金华黄先生文集》卷20（《全元文》第29册，第234—235页）。
③ 黄溍：《国学蒙古色目人策问五》，《金华黄先生文集》卷20（《全元文》第29册，第220页）。

上,威行惠孚,蚁聚之众固已肃清,菜色之民殆将苏息。及是时也,警戒无虞,蓄积备具,有不可不素讲者。二三子倘有志焉,于从政乎何有,请试陈之,以俟有司者之询访也。①

问:汉耿寿昌奏设常平仓,萧望之非之,而宣帝不听。常平法既行,民果以为便。后世因之,莫敢废也。夫以望之论议有余,材任宰相,岂迂阔于事情,而不知变通者欤?若寿昌者,徒以能商功利得幸于上,何以使法施于人,如是之久欤?近代常平义仓,领以专使。逮至我朝,乃有义仓而无常平。顷尝有以复常平为请者,事下有司,将行而辄止。或者寿昌之遗法,至是不能无弊,而望之之言为不谬欤?征古验今,以究其得失而折衷之,有司之所愿闻也。②

马政是朝政的难点问题,黄溍特别在策问中强调了应由国家养马,而不是由百姓为国家养马的基本原则。

问:自古国家莫不重马政,所以蕃息之者,必有其法焉。儒者引经而言,则以为卫之诗人美其君,有秉心塞渊、来牝三千之语。盖人之操心充实而深远,故其马生息之蕃如此也。夫苟于刍牧之事漫不加省,而但于吾之一心求马之蕃息,不太迂乎?前史所载,汉诸苑三十六所,马三十万匹。唐八坊四十八监,马七十万六千匹。而后魏之马,乃至二百余万匹。以后魏与卫人所畜较之,几七百倍。果皆本诸其心而致之乎,抑有它术乎?天下之事固未有不本于心者,马政特其一矣。孟子曰:"徒善不足以为政。"释之者谓有其心而无其政也。马政于今为尤重,请即是而试论之,则凡发于心而措于事业者,可以类推也。③

---

① 黄溍:《国学蒙古色目人策问十六》,《金华黄先生文集》卷20(《全元文》第29册,第222页)。
② 黄溍:《国学汉人策问十四》,《金华黄先生文集》卷20(《全元文》第29册,第226页)。
③ 黄溍:《国学汉人策问二十五》,《金华黄先生文集》卷20(《全元文》第29册,第233页)。

黄溍列出的这些时政举措，大多属于"圣政"的范畴，他所关注的显然是如何使这些举措发挥真正的作用，而不是制造表面化的文治政绩。

（三）用贤之要

善治用贤才，是治道的基本要求。黄溍在策问中重点强调的就是如何区分君子和小人，尤其是辨别两者之间的"近似行为"，为君子和贤者进、小人和奸佞退创造必要的条件。

> 问：进贤退不肖，古之道也。国家设官分职，以理庶务，而俾持风纪者，司其黜陟。夫何州县间挂于吏议者，往往而是；登于荐牍者，曾不多见欤？有虞氏所举十有六人，所去四人而已。由是言之，三载之所黜陟，盖可知矣。岂今不古，若贤者少而不肖者多欤？孔子曰："十室之邑，必有忠信。"安可厚诬天下无君子欤？愿试陈之，以祛所惑。①

> 问：自古以知人为难，君子小人所为，如阴阳昼夜之相反，本不难知也，特患夫近似者，未易辨耳。以谨重为君子，浮华为小人耶，则与家人语，而不及朝省政事者，似乎谨重矣，而人不免讥其阿谀人主。向儒术而常毁之者，似乎浮薄矣，而人莫不惮其正直，何也？以恬退为君子，以奔竞为小人耶，则晦迹于终南山者，似乎恬退矣，而怊权利为骄纵，人指其隐居为仕宦之捷径。伏谒于光范门者，近乎奔竞矣，而皇皇于仁义，人仰其道德于泰山北斗，何也？苟不于其近似者而辨之，则人岂诚易知哉。有天下国家者，孰不欲进君子、退小人，而鲜能不失于近似之间。毫厘之差，千里之谬，辨之不可不早也，愿闻其方。②

> 问：君子小人，如阴阳之相反。用君子则治，用小人则乱，不待智者而后知也。然稽之前古，虽治世未尝无小人，果可尽去乎？

---

① 黄溍：《国学蒙古色目人策问三》，《金华黄先生文集》卷20（《全元文》第29册，第220—221页）。

② 黄溍：《堂试汉人南人策问二》，《金华黄先生文集》卷20（《全元文》第29册，第237页）。

夫所以处之者，必有其道矣。圣人推阴阳之消长，以为处小人之法，或尚刚决，或贵于不恶而严，何其不同乎？方今明良相逢，君子道长，时之所以为泰也。欲保其泰，有急于处小人者乎？圣人所谓刚决与不恶而严者，今宜何先，请择于斯二者以对。①

问：盖闻君子学道则爱人，小人学道则易使。今之君子知学道者，诚有之矣。小人而能学道者，初不多见者。伊欲以斯道觉斯民，使化行俗美而比屋可封，则为君子者不得不任其责。请试言之，以观二三子之自任者何如也？②

贤才出于善养，所以国家必重养士之道。黄溍不仅明确提出了养士致用的要求，还希望能够从历代养士的得失中得到重要的启示。

问：养士将以致用也。养之于未用之前者，有教法焉。用之于既养之后者，有选法焉。为法虽不同，而首尾相资，有不可偏任者。夫何今也拘于法守，莫能相通，汉之徒三千不尽登于铨曹，唐之吏八百不皆出于学馆，所养非所用，而所用非所养。选法在今为甚密，教法视古则已疏。法制之疏密既殊，事任之轻重不得不异，此势之所必至欤？果是出于立法之初意否欤？品调消息之使，无彼此轻重之偏，亦有其道欤？③

问：若昔三代之士，论于乡者必升于学，然后官爵加焉。其取之也详，故其为材也备。汉之四科，不皆养于学校。唐之六馆，不皆择于乡间。至宋之方州舍法，遂判焉两途，而亦足以得人，何欤？洪惟国朝自至元间建首善之地于京师，以风四方。逮延祐初乃以科目取士著于令，如种之获，适惟其时。三岁登贤能之书于天府仅百人，以博士弟子而预其列，恒不若偕计吏者之众，岂取之有未

---

① 黄溍：《国学蒙古色目人策问十七》，《金华黄先生文集》卷20（《全元文》第29册，第221页）。
② 黄溍：《国学蒙古色目人策问十二》，《金华黄先生文集》卷20（《全元文》第29册，第223页）。
③ 黄溍：《国学蒙古色目人策问七》，《金华黄先生文集》卷20（《全元文》第29册，第221页）。

尽欤？抑教之有未至欤？或者阀阅贵游耻与寒畯争长欤？伊欲考古之制，自乡而学，自学而官爵之，其可行于今否欤？后世之法，亦有可参用者欤？①

用人既要讲究激励，也要讲究保障，但无论是升迁的机遇，还是俸禄、职田等，都难以起到使官吏既廉洁又有为的作用。对于这样的问题，黄溍设想的最有效方法是士和官的专业和稳定，以及鼓励士成为清官和良吏。

> 问：古者士有常业，官有常守，故其为事专而成效易见也。夫何后世之用人，惟以岁月序迁，而不复审其能否。至于官数易其守，而士数易其业，以儒名家者不得专意稽古礼文，以吏为师者不得专力于簿书期会。自非以数术方技执艺事为世守，鲜有久于其职业者。授以不素习之事，而欲委任责成焉，亦已难矣。岂当世之士，皆有非常之材，而施诸事业者无施不可欤？抑为士者徒知计官资之崇卑，而未能如数术方技执艺事者之安其所守欤？不然，则古者任人之道，不可行于后世欤？②

> 问：为国者皆欲吏之廉，不知所以致其廉。皆患吏之贪，而不知所以去其贪。谈者谓禄秩厚，则廉者有所劝；禁令严，则贪者有所惩，是固然矣。今之禄秩非不厚，而廉吏不为之多；禁令非不严，而贪吏不为之少，其理安在乎？③

> 问：职田之制，其来尚矣，而今也谓之养廉职田。职田而以养廉为名，则是吏之廉否，时视夫所养何如耳。然以田之在官者有限，有田则给焉，无田则弗给也，不几于谷禄不平乎？若夫人品之不齐，又未易以概论。廉者固不待养，而有养者未必皆能廉也。岂非无恒产而有恒心者，惟士为能乎？伊欲使上之所养也均，下之自

---

① 黄溍：《国学汉人策问四》，《金华黄先生文集》卷20（《全元文》第29册，第230页）。
② 黄溍：《国学汉人策问十九》，《金华黄先生文集》卷20（《全元文》第29册，第228页）。
③ 黄溍：《国学蒙古色目人策问九》，《金华黄先生文集》卷20（《全元文》第29册，第222页）。

养也厚，其道何由可得而闻乎？①

贤者、君子与奸佞、小人的最重要区别在于敢言，针对朝廷中的阿谀奉承、不敢直言风气，黄溍在策问中不仅强调对清谈是否误国要有全面的认识，还明确指出清议是贤者的本分，弃之不顾则失去了贤者存在的价值。

问：人材者，国之所与立也。培植本根，以成其名节者，上之待士宜过乎厚；奋扬精采，以持其清议者，士之自待不宜过乎薄。四代远矣，东汉太学之士三万余人，嘘枯吹生，公卿往往折节下之，辟召常出其口。唐之六馆，宋之三舍，犹有能明目张胆叩阍言事者，史谍所载，可信不诬也。方今圣仁在上，菁莪乐育，古所未有，刍荛之言，一善弗遗，夫何以贤士之关萃，四方之英游，而于民生之休戚，政治之得失，一切存而不论，徒规规焉缀缉陈言，以求合有司月书季考之绳尺，视昔人若不能无欠。上之人待之者亦既厚矣，其自待者毋乃太薄欤？岂世降俗敝，士气萎薾，不可复振欤？抑为表率者，未有以舞鼓而作兴之欤？观立朝必于平日，它时倘有言责，亦将守其嘿以为醇谨欤？愿闻所以变今日之积习，追昔人之风烈者，其道何若，亦以观所志焉。②

问：选举之法，其来尚矣。说者率以为古之取士，以实不以文，后世反是，故其人才不古若也。稽之经史，则有虞氏之敷纳以言近于文，成周之宾兴以六德六行近于实。谓有虞氏之法不及成周，可乎？若汉之以孝廉察于有司者，即古所谓德行。唐之以直言极谏对于天子之廷者，即古所谓言也。然以唐人词章之习，较之西汉之儒术，东汉之名节，固自不侔，夫岂文胜其实？诚如谈者所云，虽有虞氏之遗法，亦不能无弊乎？此皆有司所甚惑也，幸相与推言其故。③

问：一代之兴，必有一代之俗。风声既立，气习系焉。东汉尚

---

① 黄溍：《国学汉人策问十八》，《金华黄先生文集》卷20（《全元文》第29册，第227页）。
② 黄溍：《国学汉人策问七》，《金华黄先生文集》卷20（《全元文》第29册，第232页）。
③ 黄溍：《国学汉人策问十》，《金华黄先生文集》卷20（《全元文》第29册，第224—225页）。

清议，而名节日以崇。西晋好清谈，而礼法日以替。得非好尚之殊，遂以成俗欤？然夷考其人，无所回挠，勠力王室者，清议激之也，而亦有逊辞恭色，取媚于时者焉，清议果安在欤？任放为达，废弛职业者，清谈启之也，而亦有检摄众事，未尝少闲者焉，清谈何尝为之累欤？岂士君子之制行，有不随风声气习转移者欤？稽前言往行之得失，以自鉴而防其好尚之偏，不亦学者之切务欤？幸试陈之，以观所趋向者安在。①

用贤需要关注何为贤、何为养、何为选、何为重、何为行、何为言等多方面的问题，所以黄溍才会设计较多的策问题目，以凸显其重要性所在。

（四）兴学之要

重实学是兴学的基本要求，黄溍在策问中不仅表明了反对空言的态度，还特别强调经义和治事都是不可缺少的教学内容。

> 问：昔者孔门弟子之问答，言必以实，听其言，而其志之所趋，学之所造，可知也。去圣日远，后生小子，类以空言相高。端木氏之所不得闻者，若已有闻；漆雕氏之所未能信者，若已可信。雷同剿说，并为一谈。虽有知言之君子，亦莫能察其所志之远近，所学之浅深也。惟自知之明者，其为言也实。二三子宜审于自知矣，幸因答问，少摅其素蕴，以见夫所志所学之实何如也。②

> 问：学者将以行之也，所学何道欤？所行何事欤？弦歌之化，本于四科之文学，后世专门名家，犹有以儒术饰吏者，以经义决事者矣。夫何古道湮坠，士习日偷，群居则玩愒空言，而指簿书、钱谷为细务，从政则苟诨吏议，而视仁义礼乐为虚文，不几于所学非所行，而所行非所学欤？二三子蒙被乐育，以幼学为壮行之地，可无所熟讲而素定欤？孔门远矣，西汉之士有不可企而及者欤？③

---

① 黄溍：《国学汉人策问九》，《金华黄先生文集》卷20（《全元文》第29册，第231页）。
② 黄溍：《国学蒙古色目人策问八》，《金华黄先生文集》卷20（《全元文》第29册，第222页）。
③ 黄溍：《国学蒙古色目人策问二》，《金华黄先生文集》卷20（《全元文》第29册，第219—220页）。

> 问：昔安定先生之教学者，有经义斋，有治事斋。治事者，人治一事，又兼一事，故其出而仕，多适于世用，若老于吏事者，由讲习有素也。夫穷经而不能致用，则经为空言矣。作事而不师于古训，则其为事亦苟焉而已矣。是果可岐而二之欤？然以其成学观之，则又如彼何欤？诸君子朝斯夕斯，所谈者无非经义也，所治事果何事欤？①

黄溍还以复古的态度，要求将乐、射等纳入实学的范畴，并使之成为培养儒士德行的重要基础。

> 问：昔者舜以契为司徒，而敷五教于百姓，命之以一言而已。至命夔典乐，以教胄子，则为言不一而足焉。成周之教万民者，大司徒而已；其教国子也，有师氏焉，有保氏焉，又有大司乐及乐师焉。为教虽不必尽同，略于乡而详于国，则一也。岂不以所轻者可略，所重者宜详欤？洪惟我朝事必师古，乃者纶音洊降，嘉惠乎成均之士甚厚，皆帝王之遗意也。所轻固有在，而待之不加详焉，何以称塞上旨欤？盖古之设教者，有声音、律吕、干戈、羽钥、弧矢之类，为事至详也，果可用于今而不以为戾欤？②

> 问：古之造士，必以四术，而莫尚于乐。有虞胄子之教，典乐专焉。成周国子之教，司乐总焉。考其名官，而所重可知也。岂不以乐者学之所以成终欤？汉、唐去古日远，诗书礼之文虽仅存，而乐之缺有间矣，然犹有以乐立于学官者，有请以乐教诸生者，其为乐果皆出于古欤？我朝沿袭近制，雅乐之设于成均者，惟释奠乃有合乐，而未始用以为教也，其为乐果不通于今欤？孔子适齐，以童子视端行直，而知韶乐之作，乐之善人心，其效如此，而可希阔弗讲欤？伊欲如帝王盛时，俾为士者无不成于乐，亦有其道欤？③

---

① 黄溍：《国学蒙古色目人策问十三》，《金华黄先生文集》卷20（《全元文》第29册，第223页）。

② 黄溍：《国学汉人策问二》，《金华黄先生文集》卷20（《全元文》第29册，第231—232页）。

③ 黄溍：《国学汉人策问三》，《金华黄先生文集》卷20（《全元文》第29册，第229—230页）。

> 问：钦惟天朝建国学为育材之地，二三子以公卿贵胄而齿于诸生，其相与言者，无非天人性命之理。若夫五射六御、干戈羽钥，凡古所用以为教者，皆未尝以接于心目，岂不曰彼所习者器之末，此所讲者道之本欤？是宜成材就实，有卓乎其特异者，乃或不能无愧于古，何欤？先儒之论学，盖曰不可厌末而求本。古人为教之具，亦有可用于今者否欤？①

黄溍还在兴学方法上，着重强调了学校的教化作用和学生之间相互帮助的作用。

> 问：昔之为国者四，曰井田，曰封建，曰学校，曰肉刑。其存于今者，学校而已。夫阡陌之已开者不可复矣，何以使民无甚贫而遂其生乎？郡县之已置者不可复矣，何以使吏无数易而成其治乎？棰令已定，则法之轻者不可加重矣，何以使人无易犯而不陷于罪戾乎？若夫学校，虽以著令仅存，而知仁圣义忠和之教不及于万民，直温宽栗刚简之教不行于胄子，何以使之成其材，就其实乎？先王之遗制，废而莫之举者既如彼，存于今者又如此，其弛张损益亦有可议者乎？②

> 问：为学必求师而取友，师之尊未若友之亲也。樊迟问仁与知，夫子既告之矣，退复质诸子夏，始喻夫子告之之意。当时学者既问于师，又辨诸友，其务实如此，非后进所宜取法欤？二三子群居终日，求于师者为甚详，而取于友者则已略，是固知师之可尊矣，亦知友之当亲欤？在《易》："丽泽，兑；君子以朋友讲习。"释之者曰："兑为说，朋友讲习，说之大者也。"知讲习之为说，则知友之当亲矣，其相滋相益岂浅浅欤？愿以古者须友而成之义相与懋明之，毋苟曰："归而求之，有余师也。"③

---

① 黄溍：《国学蒙古色目人策问十八》，《黄文献集》卷3，四库全书本（《全元文》第29册，第220页）。
② 黄溍：《国学汉人策问六》，《金华黄先生文集》卷20（《全元文》第29册，第230—231页）。
③ 黄溍：《国学汉人策问十二》，《金华黄先生文集》卷20（《全元文》第29册，第225页）。

兴学的核心要素是兴举有用于当世之学，这恰是黄溍考较兴学问题的关注点所在。

(五) 性理之要

黄溍还特别阐释了他对性、理的理解，所要强调的就是气理学说的核心观念就是以守善、正心和美德来躬行天道。

> 天之所赋于人与夫人之宗其天者，一理而已。盖天之生人，非徒具形以与人，而人之好善，由其本心之有善也。苟其不然，则夫人之为性也伪，而为善也矫矣。惟夫生人之初，有气则有理，既莫不与生而俱生，是以本心之正，有理而无欲，亦莫不好善，而恶曰则曰彝曰德，一理而已。
>
> 道者何？即此理也。善者何？亦此理也。诗人惟能烛乎是理，故其推之的。圣贤惟有契乎是理，故其取之也深。先儒紬绎而申言之尽矣。且夫所谓物者，何物乎？自吾身之百骸九窍五脏，达之父子、君臣、夫妇、朋友、长幼，无非物也。其视之明，听之聪，貌之恭，言之顺，推而至于父子之亲、君臣之义、夫妇之别、长幼之序、朋友之信，莫不各有当然之法焉，所谓则也。譬如天之所以高，地之所以厚，日月之所以明，有莫知其然而然者，岂假乎矫揉而增益之哉，自其气之以成形，而理亦赋之矣。是乃斯民所执之常性，物则之外，宁复有所谓彝与懿德者乎，唯其执此以为常也，是以悦此以为美也。润下，水之常，故同归于湿；炎上，火之常，故同趋于燥；性善，人之常，故其情之所同好者，美德而已。今夫小人之为不善，好德之心或几乎熄矣，及其见君子也，未尝不欲掩其恶而著其善。于此又足以见人之恒性有理而无欲，所秉之常有不可得变者，得非良知良能与生俱生而然哉。①
>
> 盖天道之远，虽若难知，所以为天者，生物之心而已。故其生是民也，非徒任其林林焉，总总焉，必使聪明睿知者出乎其间，以厚其生而正其德。斯人之有是情也，吾则遂其饥食渴饮之须；斯人之有是性也，吾则全其天理民彝之懿。《易》所谓"财成辅相，以

---

① 黄溍：《天生烝民，有物有则，民之秉彝，好是懿德》，《全元文》第29册，第241—242页。

左右民",《书》所谓"建其有极者",皆是道也。①

黄溍还在策问中指出,如果理学(道学)变成了纯粹的科举之学,将严重违背理学的本义,因为在理学的极盛外表下,已经蕴含了衰败的危机。

> 问:道学何始欤?危微精一以为传,文行忠信以为教,道学之名未立也。汉董生、唐韩子,皆当世大儒,其亦所谓道学非欤?粤自营道河南、关西倡其前,紫阳、广汉、东莱承其后,逮至我朝文正许公出,而以身任道学之寄,学士大夫莫不知所依归。乃者仁皇在御,明诏有司以经术造士,且示学者以所宗师,道学之盛莫今若也。夫何新学小子味其糟粕者,不过为取科目之计;老成宿学窥其闻奥者,类皆有轻科目之心,古之道学亦若是欤?伊欲循其名,考其实,使下焉者毋徒哗世以取宠,上焉者毋苟轻世而肆志,岂非今日作人之大务欤?②

策问的重点在于提出问题,黄溍所做的就是借提问题的机会,表明他的基本政治态度,这恰是他设计大量策问题目的思想价值所在。

二 时政论说

黄溍在策问中提出的一些重大问题,在他的时政论说中有部分的解答,可分述于下。

(一) 论作养人才

黄溍自称在学习中曾幡然省悟,"尽弃俗学之陋,而务极其业于力之所至,凡圣贤精神心术之妙,古今废兴治忽之由,固尝窃窥之"。由此,他特别强调作养人才需要有良好的政治环境,尤其是要形成"人求士"而不是"士求人"的政治风气。

---

① 黄溍:《思文后稷,克配彼天,立我烝民,莫匪而极》,《全元文》第29册,第242—243页。
② 黄溍:《堂试汉人南人策问一》,《金华黄先生文集》卷20(《全元文》第29册,第236—237页)。

仆闻国之所与立者，曰人才；人才之所由兴者，曰风俗；而风俗之所恃以不坠者，曰大人君子。古者士之仕也，上有求下之制，下无求上之法，故夫学修于家，行孚于人者，其乡之老、之大夫，若列国之诸侯，且以礼而宾送之。汉非古矣，然而州郡之所举，公府之所辟，要非有待于人之求之也。唐、宋以来，士子得以投牒自试，而下之人始有求于上，觊幸之念生，趋竞之俗成矣。国家划除前弊，改试为课，以教不争。其贡士之法，即乡举里选之遗制也。立法不殊于古，而得人之效阙焉未著，岂风俗实为之敚？且古者举一人，而不仁者远；今也一有所举，而巧取豪夺者不知其几人，虽有环伟杰特之彦，且逡巡引却，而羞与之比，又安能俛首匍匐以事，迂曲于其间哉。故所得非乡里之富民，则贵游之子弟耳。盖夫睢盱而欲前也，其言以为凡物之适于欲者，未有不求而得之，奈何世之操予夺之柄者，亦且曰是宜有求于我者也。然则廉耻之不立，岂独忘身徇势者之咎耶。①

作养人才还必须端正学习态度，明白学习的目标不只是当官，即便是当官，也要有学而致用的"干禄之道"。

予观古之君子，有弗仕无弗学。后世自中人以下，非志于仕，弗学也。其学焉者，直以为干禄之资而已。夫干禄固非所以为学，而亦有道焉，孔子之语子张者是也。盖圣人未尝绝人之干禄，又恶不由其道，是故闻与见欲其多，疑与殆欲其阙，言与行欲其慎，能是三者，则虽不言禄，而禄在其中矣。今之学者群居终日，稽经诹史，不患所识前言之不多，患夫搜奇摘隐、苟为难问未能自信耳。不患所识往行之不多，患夫凌高厉空、不习其事未能自安耳。然且言之而不以为诈，行之而不以为欠，以是干禄，犹非其道，况欲希贤希圣乎。吾子既有所受于其师，又遑遑焉取友于四方，闻见非不多也。诚能即其耳目之所及，真知而实践之，盈科而进，成章而达，虽入于圣贤之域可也，奚止可以干禄哉。②

---

① 黄溍：《上宪使书》，《金华黄先生文集》卷3（《全元文》第29册，第25—26页）。
② 黄溍：《送邹生归临江序》，《金华黄先生文集》卷18（《全元文》第29册，第31页）。

学校是作养人才之地，不仅要有良好的师友关系，使教学成为既亲又乐的教学相长过程，亦应使与学校教学和管理有关的官职、师职分开，各司其职和各行其道。

> 古之为师友者，非徒有所严惮切磋，其相与之际，至亲且乐也。盖夫人之少也，既游于党庠术序，而其以贤能兴于乡也，必还使长而治之。逮夫老而不仕，则又朝夕坐于闾塾而为之师，以教其子弟岁时射饮读法之事，莫不相与从容揖让，升降酬酢，奔走出入乎其间。士生斯时，自少而至壮且老，固未有久去乎学者。虽以公侯之贵，任君师之重，为士者不敢以其尊而弗亲之也。
> 古者学校之盛非后世所及者，岂独其道之隆、法之密乎，盖亦相接以粲然之文，相爱以欢然之恩，熏陶鼓舞，优游而厌饫之，有以兴起其良心而成就其德性焉尔。今之士既不必群居于学，主教事者又皆以资格序迁，而不能久于其职，不幸有如荀卿所谓子游氏之贱儒，且将盼盼焉疾视其长上，尚安望其亲且乐耶。①

> 今之官于学校者，自职教一县，等而至于胄监之长贰，咸有师道焉。胄监位尊而秩厚，非鸿德骏望莫能居之。若夫县教官，率选署于闻外，累其月至九十，始得上名铨曹，补郡文学，而与医卜、执技者齿满六岁，乃得预流内铨，其阅历之勤且久，如此老生宿学既无所事乎其间，有志之士苟资以自进，固不得俟乎强而仕矣。盖古之为师，必取之仕焉而已者。而今也一以诿之未及强仕之人，不亦任之轻而责之重乎。
> 古者学官不必自为师，国学之政总于大司乐，而论说于东序者，有大司成焉，司乐勿专也。乡学之政，总于大司徒，而朝夕坐于闾塾者，有父师焉，有少师焉，司徒勿亲也。说者曰："父师、少师，皆仕焉而已者。"又曰："父师司城，司城岂亦仕焉而已者耶。"是故官有职而师无职，官以法师以道也。②

尤为重要的是，要真正成为人才，必须懂得君子不为利、不为名的

---

① 黄溍：《送应教谕诗序》，《金华黄先生文集》卷17（《全元文》第29册，第38页）。
② 黄溍：《送郑生序》，《金华黄先生文集》卷17（《全元文》第29册，第35页）。

道理，黄溍对自己就有这方面的严格自律要求。

仆大德中忝被选举，一时后进之士多见拔擢，而仆方深居田里，或讥其苞苴不修，以为迂阔，乃仿昔贤述其问答之辞云。

客乃怃然有间，曰："夫市井之言，不足以陈于先生之前固也。敢问君子之将售其志者，亦洁名以为高，矜己以自熹而已乎？"

主人曰："何为其然也。昔百里用秦，鬻身五羊；鞁介嬖竖，厥开富疆；毛坐重赵，引锥脱囊；孔舍鲁而历聘挚，匪媵以要汤，是皆韫不世之闳略，将图霸而谋王，诚惧夫厥志之弗究，宁卑己而遑遑。夫以鲰生黔浅，豪补缕拾，退若失九牛之一毛，进若增太仓之一粒，固宜量簣而容，度绠而汲，亦安敢肩圣喆而骈立哉？乃若树不贪以为名，宋司城之宝也；弗枉寻以合污，邹孟氏之道也；斯吾徒之所知，而百世之师表也。且予闻之，时盈时虚，天理之常，乃仁乃义，人道之纲，是以君子立不易方，故曰勿行尔悔，无患名不大；勿信尔欺，无患禄不随。客独不观夫兰滋九畹，珠媚重渊，无胫以自致，无舌以自宣，至其流光晶、吐郁烈，则人亦莫得而弃捐也。若夫卜生投间于乏兴，张季藉势于雄赘，相如发轫于武骑，次公奋迹于沈黎，是亦非孥人子之可几，独共已竣命而奚疑。"①

恰是因为黄溍有这样的自律要求，使其入仕后得到了清廉的赞誉，"在州县唯以清白为治，曰俸弗给，每鬻产以佐其费。及升朝行，挺立无所附，足不登钜公势人之门，君子称其清风高节"②。

(二) 论科举取士

黄溍指出："国朝以科目取士著于令，列圣相承，守之如一。上以继志述事，下以立邦家太平之基，甚盛德也。"③ 他将科举作为文治的盛事，就在于科举不仅可以为朝廷召纳英才，改变文士的命运，还已经成了朝廷重儒术的基本表征，不能轻易被改变。

---

① 黄溍：《答客问》，《金华黄先生文集》卷3（《全元文》第29册，第238—240页）。
② 《元史》卷181《黄溍传》。
③ 黄溍：《诸暨州乡贡进士题名记》，《金华黄先生文集》卷10（《全元文》第29册，第252—253页）。

右辖升庸日，秋闱献艺初。端居烦坐镇，妙柬备贤书。忆昔兴文运，惟天启圣谟。教条行九有，学业出三余。儒术俄中否，词场遂久虚。纶言何噩噩，髦士共于于。吐握承谦德，飞扬感牡图。至公留藻鉴，成物待洪炉。肃穆华星聚，涵容化日舒。谁欤随计吏，行矣听传胪。橘柚天朝贡，参苓相府储。铺张须巨笔，衰朽愧荒疏。①

文治回亨运，群言协睿谋。设科存坠典，传诏极遐陬。风动黄帘晓，霜飞白简秋。近临宣上化，精察副旁求。怀牒鱼鳞集，摛辞茧纤抽。按行承奖饬，鼓舞望甄收。冰鉴垂清照，渊珠免暗投。充庭先品物，入彀总英游。奏自兰台上，名依桂籍留。神仙司下土，桃李在南州。使节光华盛，公堂礼数优。无能裨末论，倾咏独绸缪。②

朝廷重儒术，并不排斥佛教和道教。黄溍与将佛、道斥为异端邪说的儒者不同，明确强调了佛教亦有用于当世、不应该被排斥的论点。

始吾闻浮屠氏称其道，爽然不与孔子异，而世儒恒讥其去尊卑、略贵贱、无君臣礼，其果然哉？厥今薄海外内郡县所置主僧之官，辄与角立，凡府署之崇，傔从之盛，往往眂守令，而其徒卑躬曲意、听命承事之有加焉。吾于是知尊卑贵贱不可卒废，而浮屠氏果无以独异于人也，夫何世儒又有訾乎。其用于时者，以为释氏之子宜捐货财，毁衣服，木茹涧饮以求其所谓道，诚不宜逐逐然，惟印组之为务也。嗟乎，是不亦责人终无已乎。且古之生人必有君也，而一人不能以独理也，必将敛其贤者、能者而授以事，则夫贤且能者，宜为世之所不舍矣，浮屠氏宁于是而复与人异情耶。

《传》曰："大哉乾元，万物资始。"此人之所以为性，而道之所以为本也。其为本不二，故浮屠氏不能苟为异也，而吾且安取异哉？顾其蒙诟于世者，不可以无辨焉耳。③

---

① 黄溍：《试院同诸公为主试官作》，《金华黄先生文集》卷5。
② 黄溍：《试院同诸公为监试官作》，《金华黄先生文集》卷5。
③ 黄溍：《送养直师序》，《金华黄先生文集》卷3（《全元文》第29册，第31页）。

黄溍曾任国子博士之职，亦能做到"视弟子如朋友，未始以师道自尊"，显示了朝廷进士应有的风范。①

（三）论重农抑商

黄溍重视以农为本，在劝农中特别强调了靠人不靠天的论点，并要求以此来作为丰年的基本保证。

> 古之有民社者，未尝不以农事为先。拊循劝率，具有其法。我朝参稽故典，郡邑守令悉以劝农入衔，事莫重焉。比以受任之初，延登耆年，询以风土，咸谓是州地产素薄，兼之襟山带湖，旱涝相半，仍岁凶欠，民多阻饥。夫不知尽其在人，而一切听其在天，可不可也。昔魏文侯使李悝作尽地力之教，以方百里之地为田六百亩，理田勤则岁增粟百八十万石，不勤则岁减粟百八十万石，勤与否之利害相远如此，然则欲尽地力者亦在乎尽人力而已。诚能率而子弟，竭其四肢之力以从事于南亩，将见富岁之入弗减益增，蓄积既多，纵有旱涝，可无乏食之虑。矧今圣仁在上，茂育群品，至和之应，必有丰年。乃若奖励而成就之，固长民者之责也。兹以东作方兴，率遵故常，躬秉耒耜，为尔农劝。其尚勉之，毋苟以为具文，而藐藐其听也。②

重农尤其要避免伤农，在诗作中，黄溍更明确表达了这样的诉求，就是希望以善政来替代恶政。

> 惟王始建官，民命有所司。奈何阅流莩，束手无一施。属者秋夏交，上状殊酸悲。赤日纷按行，人马同时疲。连阡见标榜，不救饥与羸。仍闻恣鞭棰，惨忉伤肤皮。检核须再三，供张常恐迟。哀哀鬻儿女，贸贸行安之。感兹欲无诉，既往何由追。尚惭噢咻恩，稍缓租税期。云胡有仓卒，征敛更相随。但将充其数，肯复计尔赀。肉食不自鄙，谓我非敢知。栖栖甔石储，剥割无或遗。言是邻壤凶，藉此敷恩慈。宁知是州人，俟死他无为。出语余喘息，行步

---

① 《元史》卷181《黄溍传》。
② 黄溍：《诸暨州劝农文》，《金华黄先生文集》卷20（《全元文》第30册，第528—529页）。

须扶持。犹令比乐土,疾苦喘谓谁。俛首州县间,谴责自其宜。况迫大府令,联络飞符移。豺狼方在郊,鹰隼宜用时。区区狝狐兔,政尔何增亏。吾贱不及议,为君陈苦辞。①

对于商人的猎奇获利,黄溍则给予了严厉的抨击,其目的就是使正人君子远离弃本扬末的逐利行为。

曷尝观于贾区乎？吴之盐,蜀之布,会稽之美箭,代之名马,至于漆枲卮茜筋胶药物之众,无不丛聚区列,而贝玑丹银重渊邃谷怪珍之产,又皆爇火腰絚,冒百死之祸,乃能夺而出诸虎豹蛟鼍之宅,亦且毕致而错陈焉。彼其役佣工,费舟车,遑遑颠颠,心计目察,筒者、闲者、在筐筥者,椟而藏者,辨之患弗良,聚之患弗丰耳。辨而良则售益博,聚而丰则获益厚。其货诚千金也,人且以千金至矣,求其张虚肆,负枵橐,自厕其间,而能以操奇赢者,无有也。于是日昃鼓起囊金适市者,莫不鳞集蚁合,辨物以莫贾焉。方嚣哗烟尘之中,一旦有委千金于贩夫贩妇,而未尝少见德色者,诚将交致其利,而向之千金,非以施爱云尔也。仁义忠信,士之大宝,而爵禄车服,国家之千金矣。夫其为宝也,非必烛幽缒深,涉死地而后能有也。彼饰虚怀枵,号呼以望售者,何憧憧耶。偿人之直而能无德色者,又几人耶。呜呼,市井之事,学士大夫所共贱鄙,而羞以污齿牙也。今之称乎大人君子者,果何如哉,果何如哉。②

黄溍还特别强调:"天下之事患不能为与不得为,以能为之材,居得为之地,而时方清宁,无事之可为,则亦无绩用之可言也。""诚令今之守令,咸以君之心为心,使斯人安于田里,以养生丧死而无憾,则君虽以能为之材,居得为之地,不必身任其可为之事,而以绩用自见也。"③ 也就是说,重农是地方官的常态化事务,而真正的政绩,恰恰来自有效的劝农。

---

① 黄溍:《览元次山舂陵行有感近事,追和其韵》,《金华黄先生文集》卷1。
② 黄溍:《贾谕》,《金华黄先生文集》卷3(《全元文》第29册,第216—217页)。
③ 黄溍:《跋张经历德政记》,《金华黄先生文集》卷22(《全元文》第29册,第204—205页)。

（四）论为官之道

黄溍依据治道学说和施政的经验，对于服务于朝廷的为官之道，重点强调了五条原则。

第一条是君子原则。在朝政中必须确立君子胜于小人的政治生态，"君子小人之胜败，国家治乱安危系焉"[①]。

第二条是除弊原则。在黄溍看来，不采用变法的方式也可以革除弊政，关键在于实行宽政："法出乎朝廷，承而行之者，有司也。至于法久弊生，奸吏乘之，下蒙其害而上不察，则承而行之者有未善也。法不可遽变，而弊可以渐除，能发其奸而去其泰，甚斯为良有司也已。昔人谓宽之一分，则民受一分之赐，岂非然哉。"[②]

第三条是忠恕原则。为官忠恕，应体现为事上忠和待下恕的结合，正如黄溍所言："予东南鄙人，风宪之体非所敢知、所能知者，事上必忠，待下必恕而已。忠非悻直之谓也，发于心而无自欺，则上之信任益专矣。恕非宽纵之谓也，求于心而得其同，则下之情伪可尽矣。信任专则志易行，情伪尽则政易治。是道也，自朝廷至于有司百执事之人，无不宜然。"[③]

第四条是循吏原则。身在官场，不能只注重能吏，而是要更注重循吏，黄溍特别强调了循吏和能吏的不同："完旧益新，百废具举，是可谓之能矣，而世未尝乏能吏也。惟夫所居民富，所去见思，至于生为立祠树碑，禀禀庶几循吏之遗风，乃绝无而仅有者也。而况汉之循吏，皆郡国二千石。今也以百里之邑，而得一循吏焉，不愈难哉。"[④]

第五条是直言原则。直言是为官的重要职责，尤其是御史台的官员，更要做敢于直言的表率，黄溍为此特别强调："方今治化休明，群臣遵法，泽及黎庶，海宇乂安，固非有阙政之可议。主上不自神圣，每怀兢业，虚心采纳，片善弗遗。念公久于驰驱，而熟于当世之务，擢置左右，寄以耳目。窃计公之从容献替，苟涉于国家大事，必能极陈人之

[①] 黄溍：《刘忠公奏议集序》，《金华黄先生文集》卷16（《全元文》第29册，第78—79页）。

[②] 黄溍：《丽水县善政记》，《金华黄先生文集》卷15（《全元文》第29册，第404—405页）。

[③] 黄溍：《送赵尧臣序》，《金华黄先生文集》卷17（《全元文》第29册，第58—59页）。

[④] 黄溍：《送周明府诗序》，《金华黄先生文集》卷18（《全元文》第29册，第48—49页）。

所难言。至于本正而末治，纲举而目张，振风纪，饬宪度，以举其职业，直易易耳。"①

黄溍还专门记录了顺帝亲选朝中官员到地方任职的情况，以此来表明朝廷对为官之道的重视。

> 上即帝位之十有五年，并相励贤，更新庶政。念民者国之本，长吏实民命所系，而承宣抚字或未克悉举其职，由其选轻也。乃妙柬廷臣之清方详敏、练达于民事者，畀以郡寄，仍召对于便殿，亲临谕遣之。群臣苟预在行，莫不俯伏就列，顿首受命，惧无以称塞上意，则相率诣政事堂，听所以教。宰执大臣既为敷绎圣训，且告以利害有须兴除，宜亟以闻，而见于施行，不至徒为虚文。台司寻导旨于部使者，俾奖励之，以俟其成效。言事之官又建白勿委以烦碎之务，使得专心于职分之所当为。责任之重，前所无有也。②

黄溍特别记下官员减轻盐政弊病的作为，就是希望以此来为各地的官吏树立循吏的榜样。

> 厥今东南为民病者，莫甚于盐策。始则亭户患其耗而不登，次则商旅患其滞而不通，及均敷科买之法行，而编民之家无贫富莫不受其患。况夫吏得肆其奸，则民之不堪益甚矣。松江府判官致仕王君仲达，被省檄执事于秋闱，过予西湖上，为予言曰：吾所居丽水县之民，岁当食盐以引计者六千三百三十有七，奸吏暗减它县额，而来抑配焉，增加引数至九千一百三十有七。赖吾长官贤明，以阖郡丁口通计之而白于上官，去其所增加者为引二千八百，由是民获少苏。盖吾长官之善政不一而足，惟兹事民受其赐最厚。③

如果不行宽政而行急政，则可能带来官逼民反的恶果，黄溍就此提

---

① 黄溍：《送索御史诗序》，《金华黄先生文集》卷17（《全元文》第29册，第47—48页）。
② 黄溍：《送徐彦礼赴冀州尹序》，《金华黄先生文集》卷17（《全元文》第29册，第53—54页）。
③ 黄溍：《丽水县善政记》，《金华黄先生文集》卷15（《全元文》第29册，第404—405页）。

出了明确的警告:"仕焉者往往惮其俗险而不易治,务出声威以临之,恩意日益衰薄。愚民无知,苦吏急而不自安,始有怀疑饰诈投隙而起者,本其所以致此,由御之乖其方,非人性然。"①

综观黄溍各种论述所反映的善治观点,可以看出他努力搭建的观念层面的善治架构,底层是基础性的理学性理学说,基调是以古鉴今或以古通今,主要起的是"解道"或"论道"的作用;中层是较全面的治道标准或治道要求的理论说明,重点起的是"明道"作用;上层是针对时政的具体善政要求,所要起的是"行道"作用。尽管黄溍没有直接提出时政建议,但是他所论述的政治观念,在元朝后期政治思想发展中确实应占据重要的地位。

第五节 其他臣僚的善政观点

顺帝在位前期的其他臣僚,如揭傒斯、胡助、朱德润、宋本、宋褧、王士熙、萨都拉、陈泰等人,也就善政涉及的重要问题提出了一些值得注意的政治观点,可分述于下。

一 揭傒斯的用贤说

揭傒斯(1274—1344年),字曼硕,龙兴富州(今属江西)人,从许谦学习理学,② 仁宗时被程钜夫等人荐入翰林国史院任职,历任翰林待制、集贤直学士、翰林侍讲学士等职,有《揭文安公文集》传世。王约曾言:"与傒斯谈治道,大起人意,授之以政,当无施不可。"③ 从揭傒斯留存的著述看,他重点关注的是治道的用贤问题。

(一) 善政用贤

武宗在位时,揭傒斯在颂词中特别强调了皇帝的"孝弟足以厚黎民,刚明足以制万几;见贤如己能,闻谏如己出;去恶如薙草芥,好善如嗜饮食"④。在给尚书省右丞相的上书中,揭傒斯更明确提出了进贤

---

① 黄溍:《送杨知州序》,《金华黄先生文集》卷17(《全元文》第29册,第40页)。
② 黄宗羲原著,全祖望补修:《宋元学案》第4册,第2771页。
③ 《元史》卷181《揭傒斯传》。
④ 揭傒斯:《进至大圣德颂表》,《揭文安公文集》卷6,四库全书本(《全元文》第28册,第339—340页)。

者、去小人的建议。

> 偈斯再拜尚书右丞相阁下：偈闻因众者可以显立功，忘己者可以广得贤。千尺之松不蔽其根者，独立无辅也。森木之林鸟兽群聚者，众材咸济也。是故自用无朋，专欲无成，得众者昌，寡助者亡，此贤愚同智、古今一轨者也。《易》曰："拔茅茹以其汇征，吉。"夫《泰》之为卦，君子道长之时也。君子当道长之时，其进尤必引其类则吉，是进而不引其类，虽当泰之时犹凶也。人方安居暇食，若无事于贤，一旦风飞云会，加之百官之上，立于庙堂之内，以数尺之身，任天下之责，方寸之心，关天下之虑，虽有周、孔之智，贲育之勇，未闻能独成其功也。
> 然方今进贤用能之当否在阁下，富民理财之能否在阁下，斟酌庶务之宜否在阁下，天子之所属寄生民之所责望在阁下，其任亦甚重且难矣。夫上有宰相，下有参佐百官，而独责任于阁下者，以阁下明王道，识治体，知本末之所先后，经权之所异宜也，此《春秋》所以责备于贤者耳。由今观之，孰若一上下，齐彼己，旁罗俊乂，广览英贤，因其材而分任之，而坐居其成功，则功可大，名可久，福可致而祸可销也。不然，一身且未知所计，况为朝廷计哉。然凤凰鹭鸶，非凡木可栖；绝奇异能，非常调可致。悬千金之赏，不患无徙木之人；市千里之骨，何忧无绝足之马。诚能推诚折节，激昂鼓舞，则士必乐为用。士乐为用，何功不成。且进贤者，非所以市私恩也，将以佐天子、理万民也。忠以出之，信以行之，忠信之人，天必佑之，毋患乎贤之不为用，但尽其求贤之道而已。牛之肯綮，逢庖丁之刃则解；木之盘错，遇匠石之斤则离；毋患乎事之难行，但尽其用贤之道而已。进一君子，则君子之类应；任一小人，则小人之类应；此善败祸福之由，不可不审且慎也，惟阁下察焉。①

仁宗即位后，在给李孟的上书中，揭傒斯则明确表示，贤者有志于

---

① 揭傒斯：《与尚书右丞相书》，《揭文安公文集》卷 7（《全元文》第 28 册，第 350—351 页）。

天下，但必须由知贤者广为推荐，才能达到朝廷用贤的目标。

> 夫士志为上，时次之，位次之。农不以水旱怠其耕，商不以寒暑辍其负贩，故能致千金之产，登百谷于场，况士之致于道者乎，不逢于今，必显于后。有其时，有其位，道行于天下，天也。无其时，无其位，道不行于天下，亦天也，君子无与焉。故士之所患者，志不立，道不明，不敢计其时与位也。因其时，求其位，以行其道，此士之志也，而不敢必乎天也。士苟志于道，生乎今之世，可谓得其时矣。然犹往往以不得其位为患，其信之不笃而欲必于天者从而为之言曰："上之人不能用，夫士且怨且愤。"呜呼，过矣。尝观夫用舍之际矣，或一人荐之，而百人阻之，不能使之不用且大明其道于天下。或百人举之，而一人抑之，卒罢而归，致老死而无闻。夫一人至寡也，百人至多也，用舍系焉，而无所容于力，非天也耶。上之人苟能知其力之所至，不能夺天之所与，不能畀天之所不与，贤者进而用之，不贤者退而黜之，不置一毫疏戚、爱憎、薄厚之心于其间，惟以国家得人为务，如是而犹有不信乎道上犹有遗才之恨者，未之闻也。尝观士之志立矣，道明矣，得其时与位矣，而不能见知于其君，道终莫能以行，虽行而不远。噫，何其道之难行也耶。
>
> 伏惟阁下学富而德广，志勤而行实，不以摧困折辱而易其节，不以富贵显荣而改其度，尊为天子之旧学，信为天子之腹心，位崇乎公相，功施乎社稷，名声昭乎四海，可谓得其时与位，而道信行矣。又力能进退天下之士，而无一毫疏戚、薄厚、爱憎之心置其间，一务于为国而得人。天下之士，莫不颙颙然厉其志，修其道，以待时之用己。然以一人之明，笼天下之士，岂必能保其固无遗才耶？亦举其所知，倡于其上而已耳。[①]

在给萧㪺的信中，揭傒斯还特别强调了贤者不仅要善于招徕同类，还应该直陈天下弊病，以尽贤者的治天下职责，而不是只考虑自己的荣辱进退。

---

① 揭傒斯：《上李秦公书》，《揭文安公文集》卷7（《全元文》第28册，第348—350页）。

> 惟天生贤哲，常旷数百载不一二见，及有其人，或又废于庸主，格于谗忌，尽于懦怯畏慎，弗克卒其大业，仆甚痛之。
> 宜若公者知无不言，言无不从。然天下之贤士未振者，不闻有所举。天下之政令有阙者，不闻有所陈。悟悟默默，日以怀去为务。又不能借一事决去就，使天下有识之士蹀足搅掔，徘徊四顾而失望。仆诚愚鄙，未达其故，抑尝举之而未用，陈之而未行邪，则去就可以兆矣。道行于天下，谓之达道；不行于天下，谓之穷。孟子曰："穷则独善其身，达则兼善天下。"今公居达之时，行穷之事，尤所未喻。且天之生斯人也，岂徒欲宠荣其身体，利泽其子孙而已，亦欲使生民之有知也。
> 窃为公计，莫若摅肝沥胆，激昂慷慨，极论天下之贤士，求当今政令之得失，典章文物之损益，君储切身之急务，疏而陈之。苟其说行，则从容可为二疏之事；不行，则挂冠神武拂衣而去矣，上不负朝廷之知，下不觖天下之望。天下之士莫不想望风概，咨嗟太息曰："萧公真贤矣哉。"朝廷之尊贤下士，必自公始。则公进为国家之荣，退为斯道之隆，生为万全之人，没有无穷之名，不亦休乎。又不得已，则引年谢病而去耳。
> 或曰："公不得已而起，而身冒大名，被至恩，夙夜战掉兢慓，犹惧不持。若夫进贤补过则掫谏之司，吾所职者辅弼是宜。且言之而中，则吾之归未可期；言而不中，则僇辱所归。况若公者，进退语默，必有其时，岂庸竖贱走所能察识哉。"仆益惑焉。夫公之出处，非若彼旅进旅退之人。旅进旅退之人虽千万，不为天下轻重。公实有万世之系焉，不可不暴白于天下后世，使之有则也。念之念之，时不再矣。①

揭傒斯亦对善政者与廉的关系作了说明，所要强调的就是真正能够做到廉洁的贤者是极少的。

> 夫今之所谓善政者，亦曰廉而已矣。廉非为政之极，而为政必自廉始。惟廉则欲必寡，欲寡必公，公则不匮。然天下皆知廉之为

---

① 揭傒斯：《与萧维斗书》，《揭文安公文集》卷7（《全元文》第28册，第354—356页）。

贵也，而莫知为之何也。禄薄而任重，内不足以给其妻子，外不足以应其诛求，孰能不为之动哉。设有一人焉，则自以为度越恒人且万万矣，遂乃傲大府，慢同列，奴视胥吏而草芥其民。及夫怨怒并兴，祸衅交作，又自咎曰："廉不可为如此。"人亦曰："廉不可为如此。"于是改行易节，售私骋欲，波荡而火燉廉耻之道无遗矣，不败不知。夫如是，政何由善，民何由生哉。故知贵廉而能保其名者，恒求一二于千万也。①

即便是官吏中有少数贤者，也需要明确为政的标准，标准不明，贤者也难以发挥其作用，正如揭傒斯所言："故天下郡县不患无贤守令，患上之人不能正其好恶，以示其向方；公其衡鉴，以别其淑慝；扶其善类，以激昂其志气耳。故行省者，郡县之标准也，苟标不正，准不平，欲其影之直、钧石之和得乎。"②

尤其是遭遇兵变和灾疫之后，更需要贤才出而救民于倒悬，揭傒斯用诗作表达了这样的诉求。

> 佐邑已知为治最，经邦正赖济时才。人情好恶非相远，民力凋残实可哀。③
> 山东拥盗贼，浙右疲征科。岭外兵不解，湘南及干戈。郡县无良材，平人婴祸罗。④
> 亲贤远谗人，古以致康娱。君子诚多材，乃用在驰驱。秦陇阻关塞，岁月浩已徂。鞠躬尽明义，足为世所模。⑤
> 民心随日坏，世态与时迁。况复兵饥接，仍闻疫疠缠。诛求殊未已，蟊贼转相挻。若拟宽忧顾，先须解倒悬。久饥宁择食，多病但求痊。一语堪惩劝，微机足转旋。⑥

---

① 揭傒斯：《送李克俊赴长兴州同知序》，《揭文安公文集》卷8（《全元文》第28册，第375—376页）。
② 揭傒斯：《送张都事序》，《揭文安公文集》卷9（《全元文》第28册，第380—381页）。
③ 揭傒斯：《送王伯循编修赴南台御史》，《揭文安公文集》卷3。
④ 揭傒斯：《送刘旌德》，《揭文安公文集》卷4。
⑤ 揭傒斯：《送马雍古御史抚喻河西》，《揭文安公文集》卷2。
⑥ 揭傒斯：《奉送全平章赴江西》，《揭文安公文集》卷3。

在朝政问题上，揭傒斯也突出表现了他的用贤观念。如脱脱主政时，曾特别向揭傒斯询问："方今政治何先？"揭傒斯答道："储材为先，养之于位望未隆之时，而用之于周密庶务之后，则无失材废事之患矣。"可惜的是脱脱过于自信，未能重视揭傒斯的广用贤才建议。①

（二）科举取贤

揭傒斯并不否认科举的取贤作用，而是明确指出只取贤、不用贤，或者是选真儒而不用真儒，才是朝政急需解决的问题。

> 然上之取士，先德行，次经学，次文艺，次政事，其法甚叙，其道甚备。历二十余年非不久，累七科之士非不多，而天下政烦教弛，民情壅塞，风俗不兴，上之泽不下流，日甚一日，其故何哉？岂学无贤师，游无良友，以仁义道德为虚说，以孝弟忠信为曲行，特窃其言以取禄位，非有躬行之实欤？岂猜贤忌能者尚多，怀奸挟诈者益众，附之则安富尊荣，违之则贫贱忧辱，虽儒者亦委而从之欤？抑琐琐州县，上迫大府，震以不仁之威，压以非理之势，虽欲自竭有所不能，虽能有所不容者欤？抑任小者不可以谋大，任轻者不可以图重，守一官则治一官，居一职则治一职，非宰相不足以变天下之化，易天下之俗，虽更七科，柄用者尚寡欤？夫何儒者之无益于国也，非儒者之无益于国也，不能尽儒者之用焉耳。②

揭傒斯还分析了仁宗重儒和开科举未达到预期用贤效果的原因，强调儒者治学不能只是为了科举得名，而是要为国家考虑，兼通文武、法律和财用之学，才能真正有为于天下。

> 自科举废，而天下学士大夫之子弟，不为农则为工为商。自科举复，而天下武臣氓隶之子弟，皆为士为儒。非昔之人无闻知，而今之人独贤也，顾在上之人所以导之者何如耳。国家臣妾万邦，南北为一，余六十年，而教化不兴，风俗日坏，奸宄屡作者，任法律而务财用也。仁宗皇帝赫然奋起，宾兴天下贤能而用之，虽刀笔筐箧之末，并欲传之于士，天下孰不释耒耜而谈诗书，投干戈而从笔

---

① 《元史》卷181《揭傒斯传》。
② 揭傒斯：《送刘旌德序》，《揭文安公文集》卷8（《全元文》第28册，第360—361页）。

砚。行之二十余年，孔孟之道卒未能大洽于天下者，仁宗皇帝在位日浅，得人未众，作养之士未成，新荑稚蘖不足以胜夫深根固蒂。牛羊日夜又从而牧之，信道笃者类指为迂阔，稍出芒角为国家分忧者尽格之下位，急功利者遂从而弥缝附会，觊旦夕之余景而不知已为他人所衔辔矣。自是法律愈重，儒者愈轻，群然鼓簧，谓士不足用，科举无补于国计，不罢不止。呜呼，果孰为国计哉。

然君子之学，非所以为富贵利达之媒也，所以进其德而达其才者也，故其学不止于为进士。夫文以制治，武以定乱，法律以辅治，财用以立国，皆君子之事所当学者。且文武非两途也，用之制治则文，用之定乱则武，非文之外有武，武之外有文也。法律非不任也，任之以为辅治之具，非为治之本也。财用非不务也，生之有道而用之有节，非瘠民以肥国也。故君子之学也，用以致其君，则为尧、舜之君；用以治其民，则为尧、舜之民；非徒学以自别于农工商贾而已。国家养之必以其道，待之必以其诚，任之必尽其才，非徒用以窃任贤之名而已。然学在我，养不养、用不用非所计也，而用不用实关天地之否泰，国家之盛衰，吾道之通塞，此君子之所忧不敢计焉者。①

由此，揭傒斯特别说明了科举所具有的治国与教化功能，而不仅仅是仕进的功能："夫兼有天下父师之责者，君也。承君之志、行君之化者，宰相与太守也。宰相布于上，太守奉于下，故人之生也，为之学校以教之，设科以举之，必使士有恒业，民有恒志，然后圣人之道可明，贤材可得而治可成也。古之有天下者，莫盛于唐、虞、三代，而不能去学校废选举以为治。秦能去之、废之，二世而亡。虽然，君子之学，视学校为污隆，以科举为去就，亦异乎夫子之教矣。夫善学圣人者，在畎亩则行乎畎亩，在鱼盐版筑则行乎鱼盐版筑，岂待学校之教、科举之劝哉。然世岂能皆伊、傅其人哉，而不为之教与劝也。"②

（三）儒者自贤

揭傒斯认为，朝廷儒、释、道并重无可非议，因为这是统治天下的

---

① 揭傒斯：《送也速答儿赤序》，《揭文安公文集》卷9（《全元文》第28册，第383—384页）。

② 揭傒斯：《富州重修学记》，《揭文安公文集》卷10（《全元文》第28册，第408—409页）。

需要:"自我元有天下,君中国,凡所与共治者,皆群方万国之人,知佛而不知孔氏者十八九。及见国家礼乐刑政而悦之,其子孙亦往往学于孔氏,以之搛高科、跻显仕相踵。然佛之教亦由是而独盛于天下,而三氏并为国家所尊尚,相赘讥者日益寡。延祐中,仁宗皇帝尝语群臣曰:'闻卿等尊周孔者薄佛老,崇佛老者斥周孔,第以儒视儒,佛视佛,老视老,何必纷纷如是耶。'此至言也。"① 但是对于儒者的佞佛和不守儒道的言论,揭傒斯则给予了严厉的批评。

贤者之待不肖,不肖之望于贤,皆不可谓之无意也。苟有忠告,则肝胆相呈,心口相宣,不当蓄嫌畏挟,蒙背若市井途路之人也。

吾道光盛,贤士辈出,礼乐非甚崩大坏,际天所覆无不顺轨,虽有孔、孟,犹不当鹜然自任,略无辞让之色。使执事所学之道,所居之世,诚当孔、孟之任,必待后世之人推尊而光显之,不当自道若此,且以执事自处为何如时哉。今年夏见青田陆如山,谓执事自许直继孟子,非知道之士不能为是言者,犹或不识执事所言之旨,由今而言,则信有之矣。夫孔、孟大圣也,大贤也,当斯文之托者,若孔、孟可矣。而孔子曰:"攻乎异端,斯害也已。"孟子曰:"能言距杨、墨者,圣人之徒也。"然每与执事商论,则甚尊信佛老氏,至欲合三氏而为一,则当斯文之托者,道固应如是乎,此皆甚不可者也。或谓执事有师道而无友道,诚知言哉。传曰:"虽有周公之才之美,使骄且吝,其余不足观也已。"此之谓也。来书又云:"前乎千古圣贤,相传之道,由诗若文而知;后乎千古,亦将由诗若文而知今之道。"予读其言而悲之。自汉以来,继述之文多,可读之文少。夫道有本,文有体,尊卑大小,长短疏戚,华实正伪,截乎若天地山川之不可相陵,昭乎若日月星辰之不可相逾,离乎若飞潜动植之不可相移,惟适当而已耳。近见执事序黄成性文章,言辞夸大,皆非事实,其所称举皆公卿大臣之事,非学道在下者所宜言。抑亦自任之素,不知其言之过也。且文者古圣贤不得已者之所托也,而今世行道之士,不惟其事,尚欲托之此而垂后,不亦甚可悲夫。②

---

① 揭傒斯:《三教堂记》,《全元文》第28册,第453—454页。
② 揭傒斯:《答胡汲仲书》,《揭文安公文集》卷7(《全元文》第28册,第352—353页)。

为使儒者能够自律，揭傒斯还特别强调了儒者尤其是教官的明伦和自贤要求。

> 夫明伦之说，具在《六经》，其要君君、臣臣、父父、子子而已。若尧之惇叙九族，舜之敬敷五教，禹、汤、文、武、周公之所以化民成俗，孔、孟之所以垂世立教，皆是道也。是故君不君则天道乖，臣不臣则地道暧，父不父、子不子则人道绝，其故亦大矣。孔子曰："斯民也，三代之所以直道而行也。"以其道治其民，夫焉有古今之间哉。君子受于天，承于师，备于身，施于家，行之于乡，居一邑则以之治一邑，居一州则以之治一州，任天下之责则以之尽天下之责。不以上不知而慢其政，不以下不从而怠其教。彼方以去礼绝义为悦，我则曰："天叙天秩，不敢废也。"彼方以殚财毁质为欺，我则曰："福善祸淫，不敢诬也。夙夜孜孜，求夫在我。"孟子曰："三代之学，皆所以明人伦也。"君子之学也，求以明之而已；君子之行也，求以推之而已。①

> 我元建国余六十载矣，崇儒之意非不至，兴学之令非不加，俊造之士非不举而用之，而犹未能浸淫乎三代之教者，旬宣之道未尽，廉耻之化未兴，诟病之风未除也。职教之徒，臃肿胼胝，孳孳焉视锱铢升斗是急，使夤缘之吏间窥隙伺，日相与为欺，安敢望有三代之教哉。幸而学无廪稍，又幸而遇贤有司，又幸而近大府，或知所自爱。此外所甚大幸者，教官能自贤，能自贤或不遇有司，又不能以自立。②

为培养贤者，揭傒斯提出了明确的教学、治学要求："故学校与道兴废，上不知学则失其教，下不知学则失其政。学校废，政事失，治道微矣。"③ "古之学者，有纪有伦。忍以定性，恕以求仁。" "古者读书，

---

① 揭傒斯：《庐江县学明伦堂记》，《揭文安公文集》卷11（《全元文》第28册，第426—427页）。
② 揭傒斯：《送刘以德赴化州学正序》，《揭文安公文集》卷9（《全元文》第28册，第379—380页）。
③ 揭傒斯：《彭州学记》，《揭文安公文集》卷11（《全元文》第28册，445—446页）。

学之一事。力行是务，记诵其次。苟非读书，孰稽古典。读而弗学，去圣逾远。""为学至难，莫微于思。一出一入，或公或私。其思伊何，曰诚而已。思有弗诚，毫厘千里。其诚伊何，恐惧戒慎。"①

应该看到，揭傒斯的用贤论说，带有较强的批判性特征。在元朝中、后期的政治形势下，能用批判的眼光看问题的人确实不多，所以对他的观点应予以重视。

二 胡助的治化说

胡助（1278—1350年后），字履信，又字古愚，自号纯白道人，东阳（今属浙江）人，郡举茂才为教官，后被礼部选为翰林编修，任右都威卫儒学教授、太常博士等职，有《纯白斋类稿》传世，在著述中阐释了弘扬治化的政治观点。

（一）揭治世隐忧

胡助到大都后，依据见闻撰写了《京华杂兴诗》，既盛赞了大一统以来的崇礼乐、兴学校、重理学、开经筵等文治成果，也指出繁盛景象之下的奢靡之风和巨大的贫富差距，可能酝酿着重大的事变，并以此来显示对朝廷治化不足的忧虑。

> 朔方古燕国，今为帝王都。建元大一统，万世恢宠摹。声教日以远，巨丽昔所无。梯航极山海，宝玉殚贡输。冠裳集诡异，亲见王会图。
>
> 通门十有二，万雉雄都城。崇天壮宫阙，朝贺临大明。礼乐参今古，郊庙荐德馨。中书总庶务，比屋皆公卿。时有能赋者，扬扬颂休声。
>
> 两院最文馆，优游玉堂仙。扶杖会朝议，秉笔光史筵。辟雍训胄子，济济登才贤。人时正历象，星含仪浑天。东观图书府，圭璧何烂然。
>
> 圣心资启沃，旷典开经筵。大臣领其职，诸儒进翩翩。讲成尧舜道，庶使皇风宣。恭惟帝王学，继统垂万千。方将耀稽古，宠遇光属联。

---

① 揭傒斯：《忍恕堂铭》《读书处铭》《思无邪斋铭》，《揭文安公文集》卷13（《全元文》第28册，第470—471页）。

漕渠越千古，海运连万艘。百灵咸受职，长风驾洪流。都城仰陈腐，日籴太仓筹。本根实储蓄，经费无沉浮。巍巍庙堂上，必先天下忧。

京师聚人物，固足广见闻。经术宗濂洛，词章轶卿云。致理三代上，汉唐何足云。铨衡有定法，刑宪无深文。端能守官戒，岂羞献曝芹。

峩峩十石鼓，列置太学陲。恳恳韩公志，厥今乃见之。文明日以盛，好古如渴饥。千载一俯仰，陈迹何容窥。荒城长春草，寂寂金台基。

君子贵名爵，藏器将俟时。难进每由道，晚成宁觉迟。岂无英俊士，流落日以卑。亦有庸琐才，附骥千里驰。何用多感慨，古人亦如斯。

久安诚富庶，豪华滋奢淫。优坊饰文绣，酒馆书填金。市中商贾集，万货列名琛。驰骋贵游子，车尘如海深。翩翩江南士，骇目还惊心。

富馔有臭肉，贫衣无完襟。贩夫逐微末，泥巷穿幽深。负戴日呼叫，百种闻异音。马流争决拾，曝藏比干薪。苦乐谅习惯，贫富何由均。

我来寓京邑，兴怀旧游遨。春风有遗恨，不见玄都桃。世事若云变，矧兹居市朝。物理忌满盛，荣华易萧条。布衣抱玉雪，宁羡宫锦袍。

世治化由北，风气今咸通。生长太平日，千载能几逢。又幸冠章甫，文思发泉蒙。微吟识百一，浩大能何穷。他年老田野，尚想京华风。①

胡助还特别记录了朝廷元会时的情形："大明元会肃朝仪，万舞充庭翠袖低。千羽龙鸾翔下上，衣冠鹓鹭列东西。星环黼座韶音振，日转瑶阶仗影齐。咫尺天颜知有喜，九重春色焕文奎。"② 为襄助盛事，侍仪舍人王士点特别绘制了《皇朝元会版位图》，胡助亦为此专门作了赞语。

---

① 胡助：《京华杂兴诗二十首》，《纯白斋类稿》卷2，四库全书本。
② 胡助：《元会口号》，《纯白斋类稿》卷8。

> 皇朝元会，礼乐盛美。越古冠今，锡福受祉。崇天阊阖，大明临御。亿兆臣工，旗甲拱卫。虎豹狮彪，列置其外。仪仗缤纷，精密妍丽。旛扇麾幢，旌节斧盖。穆穆四门，前后对启。日精月华，凤仪麟瑞。东西两楼，礼物攸止。内外将军，左右护尉。云和令丞，丝竹鼓吹。纠肃班联，起居黼扆。文武千官，咸有定位。宣赞承传，音吐宏伟。拜举周旋，山呼万岁。职司侍仪，恭事殿陛。导引升降，目击心醉。敬列为图，昭示永世。广文作赞，敢效狂斐。①

与京城的繁华形成鲜明对照的是，即便是有官职的胡助，也曾尝受到饥饿的煎熬，只能以诗作来自嘲。

> 靖节饥来时，扣门或求食。颜公拙生事，乞米形翰墨。古人贵真率，所向无惭色。叔世尚矫伪，孰谓微生直。我今坐旅贫，宫寒不暖席。冬去燕之南，春向蓟之北。及此米如珠，囊空无可籴。并日营一炊，微俸久未得。讵敢求诸人，愧乏古之德。僮仆生怨尤，忍饥长太息。思昔同僚友，飞腾多赫奕。宁顾涸辙鳞，西江水慷激。间有知心者，虚谈谅何益。②

更有甚者，胡助指出贫民连换季的衣服都没有，可见生活之艰难："脱袴脱袴劝我声，声泪如雨。富人脱故还著新，号寒孰恤贫人苦。输官未了偿私逋，旧袴欲脱新袴无。"③

治化显然不能只作文治的表面文章，胡助不仅期待"冠带充朝文物盛，桑麻蔽野人烟稠。太平一统古未有，观光万里今重游"的景象，④更期待官员的善治行为："县宰登庸式，化行若邮传。近民在平易，尚德还古先。花溪范令尹，善政居八年。庭空长秋草，野辟摇春烟。黔首自安业，穷山何晏然。邻封亦欣慕，愿借无由缘。能名属久任，活民旱

---

① 胡助：《皇朝元会版位图赞》，《纯白斋类稿》卷19（《全元文》第31册，第524—525页）。
② 胡助：《饥叹》，《纯白斋类稿》卷3。
③ 胡助：《三禽言》，《纯白斋类稿》卷5。
④ 胡助：《黄河行》，《纯白斋类稿》卷5。

租蠲。代间曾几见，昔人美难专。"① 当然，更为重要的，应是以农为本："农事不可缓，躬耕以养亲。隐居云谷里，老作太平民。"②

胡助在史馆任职，自然注意到了南宋末年权臣当道的史实："蹙国防河事可知，钱塘缀息强支持。权臣偾帅无庸责，天命方开混一基。"③对于本朝的权臣，他也在诗作中给予了严厉的抨击。如对于仁宗、英宗朝的权臣铁木迭儿，胡助给出的就是天理难容的评价："昔见忠贤镌党籍，迩闻奸相立勋碑。雷霆震击分邪正，唯有苍天不可欺。立马东风感慨生，桑田无定几枯荣。权门回首如冰冷，春草离离断石横。"④ 对顺帝在位时权臣伯颜的恶行，胡助所作的评价已见本书第十四章，毋庸赘述。

（二）赞文人际遇

胡助虽然不是科举出身，但是任职翰林院后，颇多参与科考事务，所以不乏记录科举的诗作，可列举有代表性的几首。

>　　礼乐百年全盛日，太平人物在中原。顾予衰老多归兴，却喜门生作状元。⑤
>
>　　天子龙飞朝会罢，即开贡院到南城。燕台桂树秋风老，奎壁光芒五夜明。
>
>　　文场战艺似衔枚，学术源源笔下来。不负皇家图治意，端从乡荐得人才。⑥
>
>　　兴贤求治万方怀，千羽敷文舞两阶。宗伯率先司主试，史官例得预堂差。天香缥缈来深院，烛影朦胧坐小斋。却忆少年勤夜读，山窗月上落松钗。
>
>　　京尹兴贤蕴素怀，盛张驺从入宾阶。但闻计吏趋科选，无复行人说点差。霜气棱棱御史府，礼容穆穆太常斋。临池笔法知何用，书榜纵横折股钗。⑦

---

① 胡助：《送永康县尹范成父》，《纯白斋类稿》卷3。
② 胡助：《空谷耕云》，《纯白斋类稿》卷13。
③ 胡助：《题宋理宗御札赐王霞后》，《纯白斋类稿》卷15。
④ 胡助：《铁木迭儿丞相断碑石二首》，《纯白斋类稿》卷15。
⑤ 胡助：《闻进士唱名》，《纯白斋类稿》卷17。
⑥ 胡助：《朝贺退赴南城试院三首》，《纯白斋类稿》卷14。
⑦ 胡助：《试院和主文鲁子翚金院韵二首》，《纯白斋类稿》卷8。

南宫会试集群英，帘外官曹职事轻。对读文场四君子，监誊笔吏二先生。连朝虚食唯惭色，长昼高谈起笑声。锁院若开星散后，他年莫忘此时情。①

春闱多士集，五日试三场。恳恳言为治，拳拳策救荒。朝曦穿席舍，残雪拥茨墙。笔落风飘忽，帘垂烛炜煌。词源宁有竭，露索岂须防。胸次精忠白，眉间喜色黄。温温明玉质，耿耿耀珠光。对卷翻朱墨，凝眸老雪霜。纵横周礼乐，驰骋汉文章。侧席求贤俊，安民化善良。仁恩推广大，景运极延长。宗伯持金鉴，欧公擅玉堂。考文流电彩，执法染天香。我后今尧舜，垂衣冠百王。②

胡助之所以赞扬科举，是因为科举不仅能够为治国选择人才，还能够提出有见地的治国方略。由此，他特别表达了"用儒臻至治"和"相府群英佐治安""天下安宁似泰山"的强烈愿望。③

在自传中，胡助对自己崇尚朱学的原因作了解释："道六经，而文不六经者有之，未有文六经而道不六经者也。道其体也，文其用也，体用一原，所以明乎道者也。斯道也，自尧、舜、禹、汤、文、武、周公、孔子、颜、孟既没，而不得其传，至宋濂洛诸大儒起，唱鸣道学，以续其传。南渡，朱、张、吕三先生继起，私淑其徒，相与讲贯，斯道复明。而朱子晚年又集诸儒之大成，然后圣人之道，昭揭日星，诸子百家之言折中归一，如水赴海，学者惟当服行而已。若夫近世著书之士，徒剽窃古人糠秕，或执己见，穿凿其说，是书之蠹也，何补斯道耶。""若释老二氏之学，亦知其微，而不惑焉。"至正初年朝廷修撰辽、金、宋三史时，胡助任国史院编修官，"一时后生奔竞图进挟势求为之，中书总史事者往往视人情选择非才，贻笑当世"，胡助反而未成为三史的修撰者。有人劝他辞去国史院的职务，胡助则明确表示："修旧史固史官职也，然用否在朝廷。昔之为史者，不有人祸，必有天刑，甚可惧也。且以昌黎公职在史官，而不肯为史，况我辈焉"④。也就是说，胡助有自己的学问和抱负，所以并不计较这些关乎名利的小事。

---

① 胡助：《春闱帘外纪事》，《纯白斋类稿》卷10。
② 胡助：《和赵可学御史试院纪事十四韵》，《纯白斋类稿》卷12。
③ 胡助：《寄柳道传十首》《贺张毅夫右司燕集》，《纯白斋类稿》卷3、卷15。
④ 胡助：《纯白先生自传》，《纯白斋类稿》卷18（《全元文》第31册，第537—540页）。

三 朱德润的善治说

朱德润（1294—1365年），字泽民，昆山（今属江苏）人，仁宗时任应奉翰林文字，英宗去世后南归不仕，顺帝时复出，助江浙行省官员守城平叛，有《存复斋文集》（《成性斋文集》）传世，在著述中重点强调的是善治的观点。

（一）赞英宗新政

英宗至治二年，朱德润上《雪猎赋》于朝廷，对英宗、拜住所推行的新政加以赞誉，并特别强调了仁义、道德、礼乐、法度对文治所起的基础性作用。

> 东吴小臣，渡江溯河，过鲁适燕，瞻两都京阙之巨丽，揖中州士子之多贤。向曾逐公子王孙之后尘，而闻诸塞上之翁曰：我圣朝神武之师，常以虎贲之众，际八埏而大围，驱兽蹄鸟迹之道，为烝民粒食之基。燎火田于既蛰，入山林而不麋，胎不殀夭，巢不覆枝，讲春搜秋狝之举，临夏苗冬狩之期，效成汤祝纲之三面，思文王搜田之以时。所以丰稼而除害，所以致敬而受禧。收其齿革羽毛，咸工需于民用，洁其牺牲腊脯，盛礼筵于宾仪。论功赐脤，锡胙临壝，太常荐新于庙祀，太官供味于庖胏。救棘匕其膏臀，镶豆飧其肉麋，侑以元醴，享以醇醹。宰臣调其酰甘，学士和其雍熙。皇恩浃，上泽施，武事讲，文教驰，遂乃四方鼓舞，万里梯航，郊人祝栗，无远弗届，玄菟黑獠，致礼其邦。斥候尽职贡之道，象胥讲献纳之方，故众姓之人，闻钟鼓管钥，虽三尺之童，携箪食壶浆，然后知旷百王天人之盛事，启亿万年大元之方昌。今圣天子砺精图治，宽裕有容，绍祖宗鸿熙之运，体上帝好生之功，将以仁义为基，道德为宗，诗书礼乐为治，政刑法度为公，正以网罗俊乂，驾驭英雄，则凤凰鸑鷟不足以为贵，驺虞白泽不足以为崇。岂特西旅之獒，大宛之龙，芝房赤雁之歌，宝鼎白麟之诵，盖将息牧野之如虎如貔，获渭滨之非黑非熊。闻一善以为训，明一艺无不庸，国家有基命宥密，君臣有同寅协恭，跻生民仁寿之域，迥太古淳庞之风。①

---

① 朱德润：《雪猎赋》，《存复斋文集》卷3，四部丛刊本（《全元文》第40册，第458—460页）。

至治三年，朱德润又借祭祀拜住的机会，表达了对破坏新政小人的厌恶："维王姿禀特达，克继世勋，徇国忘家，君臣同德，而岂期变起非常，祸萌同列，于乎哀哉。王虽君子，杀身成仁，而凡惜生恶死者，将以全躯保妻子，而谓为污。此志士之所以短气，而小人得以借口而揶揄。""君子独立，而小人是朋。吾侪虽然享生平之富贵，而不齿蜉蝣、蟊蟻于世者，皆是临一朝之难，而耿耿于千载。"① 新政未成，确实是一大憾事，但更应注意的是朝廷内反文治力量的存在，这恰是朱德润缅怀改革者的用意所在。

（二）说选贤任能

选贤任能是善政的基础性条件，朱德润在给中书省官员的信中，特别强调了以诚信选才的重要性。

> 愚闻古圣贤之所以立天下也，自正心修身而至于治家国，亦曰诚而已矣，曰教，曰政，所以明纲常之要者，亦无非任贤而已。
>
> 自秦坏先王之法，上之人养士之礼废，下之人奉公之道殊，农、工、贾不能尽其业以供于官，士不能尽其道以事其上，或以术数，或以几辨，异端纷纭之说以干时君，而士之业卑矣。
>
> 愚窃谓今之书生有山田百亩，可得安耕而无饥乎，则其号又有甚于曩时者矣。士君子立身行道，扬名后世，盖亦难矣。推其本源，诚信不立也。先儒谓惟后汉清议为美，然每观李膺、范滂以名流相高，显然将别白是非，而党锢一兴，贻笑后世。盖当时诸君子知名教可贵，而不知名教可重也；知名教可贵，而疏别流等，不如重名教而兴贤材，贤材兴则流等知所慕矣，又何是非别白之能间哉。
>
> 切惟阁下道德之声名，当权衡之要道，能监前世之得失，审时事之兴滞，开诚布公，举贤任能，不避小嫌，不辞难事，施之今日，垂之后世，此一时之机也。②

吏部是选官的重要部门，所以朱德润在给吏部尚书的信中，特别提

---

① 朱德润：《故丞相东平王拜住祭文》，《存复斋续集》，涵芬楼秘笈本（《全元文》第40册，第622页）。
② 朱德润：《上王伯洪中丞书》，《存复斋文集》卷7（《全元文》第40册，第476—477页）。

出了慎选各地长、贰官的要求。

> 今天子明圣，贤相复总百揆，愿治之心久矣，于是擢公为吏部尚书。夫吏部，六卿之长也，尚书，吏部之长也。凡内外任官之资，得与宰相参可否，自七品以下又得专裁而铨次之，天官之职可谓重且要矣。夫以庶官之贤否，列职之当否，皆系于生民休戚。而内外百司之官，有长有贰，长曰可，贰曰否，事不得行矣。长曰否，贰曰可，事亦不得行矣。方今治教休明，际天所覆莫非王臣，而比年中原水涝相仍，谷麦不登，湖广地接猺疍，难制易扰，供给之余，耕桑俱废。国家经费独仰于东南而已，往年小丑掠海，民之饥者偷生而从之，盖以征输之过，民失其食，仓廪羡余，州县剥之而不留恤，大府受之而不加诘。凡此数端，皆关于抚字之职。欲择守令之贤，固在于朝堂，而副贰之选，则出于吏部。①

朱德润还特别举例说明了慎选官员与国家治理之间的密切关系："国家岁漕东南诸郡粮三百万石，其转输之程，文移之制，在一漕运府而已。漕府所辖运户几数万人，其官给之直，甲户之当，所司在七所而已，曰昆山、崇明、常熟、江阴等是也。其所以控制七所，而能关决之者，又特一镇抚所而已。按职制，所官皆五品，而镇抚独得控制诸所者，以其无漕运之程，而有理棼戢暴之举也。故常以镇抚得其人，则岁漕宁妥，扶持纲维而已，苟非其人，则漕功方兴，而前锄后铻，不无公私烦劳，威福自用。盖傍海之民习俗懻忮，难制易扰，省不直之，则虽重法不能禁，况有征而扰之耶。"②

朝廷使用的多种选官方法，实际上对儒者不利，朱德润特别指出了多样化的仕途，造成了官员良莠不齐的现象。

> 国朝制自省、台、院、部、百司及方岳土守之职，各有阶官，以崇其功。考其入仕者，自宿卫、供奉、吏学、文儒、僕使等数途，以试其材否。故显官达人，多魁杰英伟，有能经国家而寄民命

---

① 朱德润：《送张尚书序》，《存复斋文集》卷5（《全元文》第40册，第498—499页）。
② 朱德润：《送海道镇抚莫侯北归序》，《存复斋文集》卷4（《全元文》第40册，第485页）。

者。然而朝廷之大，四方之广，或有德不侔而材不迨者，何哉？盖以法制虽一，而风土不同，人情变异，苟非廉明通材，鲜克治焉。①

国家承平垂七十年，治教休明，百度具张，而取士之科尤广。凡入官者，首以宿卫近侍，次以吏业循资。盖近侍多世勋子孙，吏业多省台旧典。自此或以科举，或以保荐，内则省、台、院、部，外则路、府、州、县，咸以岁月计迁，九品分班，森布天下，可谓盛矣。而百家九流之人，亦杂出于其间，岂遴选之多，而士之所以求进者，亦不专以儒术欤。古者为官择人，今则因人授官。古者选官侍从，今则侍从出官。古者乡贡里选，今则归官乡里。此汉世取士之杂，流弊至此，而人不之察，故每有侥幸之心，而奔竞之习相踵矣。②

在这样的大背景下，朱德润希望儒者不要过高估计科举的作用："科举取士非古也，科举之设，由天下公道之不明也。为能明之，则人之贤不肖求之于人得矣，将何使上之人以法拘绳其梯媒，而士以学术猜量其纲目，此古人所或不由也。夫以明经而多诈，以孝廉而冒进，则以成案圆索骥、食饵小鱼之讥。由是论之，余将告进士之不得志于有司者，毋自郁郁焉。而又将励天下之不由科目者，毋自小焉。"③ 他不仅强调入仕的士人要有恤民之心："今世士风混淆，仕进多途，非勉于其职，则以己自任，其能识朝廷用，有恤民之心，无谄渎之习，往而之官，其必有成者乎。"④ 还特别指出了以儒为吏是士人的正常出路："读书所以知天下之有道，读律所以识朝廷之有法。士之出处穷达，夫古今事势，非道无以统体，非法无以辅治，于斯咸依焉。故君子必读书为吏，然后烛理明，见事果。近世士风不古，以谓学儒则悖吏，学吏则悖儒，遂使本末相乖，彼此失用。为儒则泥于变通，为吏则习于矫饰，积

---

① 朱德润：《送王郎中序》，《存复斋文集》卷5（《全元文》第40册，第499—500页）。
② 朱德润：《送强仲贤之京师序》，《存复斋文集》卷4（《全元文》第40册，第490页）。
③ 朱德润：《送张行直下第序》，《存复斋续集》（《全元文》第40册，第511页）。
④ 朱德润：《送同居仁之湖州路府判序》，《存复斋续集》（《全元文》第40册，第506—507页）。

而至于群疑成泄，众志成怨，一关锱铢，亲故异态，南方风俗尤甚，岂非教化之所关焉。"①

在选贤任能方面，朱德润有更高的立意，就是以善治的高度看待用贤问题，所以他在诗作中强调："神圣古立极，百王绍其传。天理自开朗，人文互相宣。礼乐明教化，淳风溯其源。方言虽异听，南北同一天。亲者固当厚，贤者义所先。""于今歌雅道，自古有康衢。至治符三代，淳风播九区。士当随义起，贫不为囊虚。磊磊心仍壮，迟迟行且舒。"② 也就是说，选贤任能需要全国的儒士共同努力，不能歧视南方的儒士。

（三）论恤民善政

朱德润对于元朝中期以来的朝廷弊政颇为不满，在诗作中，对仁宗时的"延祐经理"给予了严厉的抨击。

> 东风凝寒寒欲谢，凤历初临三五夜。闲门寐寐暗尘生，闻道喧吟在官舍。吾闻终岁食在农，耕桑处处随春风。东南疆界有程限，何须括勘劳农功。古来礼制缘人情，骄奢逾越有常刑。世间金玉众所贵，讴歌乐土民怀生。普天之下皆王土，日中为市通商贾。四民衣食在勤生，以法急之何所措。弘羊一来人意殊，愁者已多欢者疏。大人不问逃亡屋，世事悠悠争可图。③

> 官买田，买田忆从延祐年。官出缗钱输里正，要买膏腴最上阡。不问凶荒水旱岁，岁纳亩粮须石半。农家无收里正偿，卖子卖妻俱足算。每岁征粮差好官，米价官收仍取钱。不是军储与官俸，长宁寺内供斋筵。寺僧食饱氆帽红，不知农耕水旱与荒凶。里正陪粮家破荡，剥肤榷髓愁难穷。普天之下皆王土，赋税输官作编户。春秋祭祀宗庙中，长宁僧饭直何补。官买田，台不谏，省不言。不知尧汤水旱日，曾课民粮几千石。④

---

① 朱德润：《送李明之充吴江州儒吏序》，《存复斋续集》（《全元文》第40册，第513页）。
② 朱德润：《感古》《雨中奉寄张清夫提学四十韵》，《存复斋文集》卷8。
③ 朱德润：《上元夜闻有司括勘田粮并禁金玉，甲寅（1314年）岁作》，《存复斋文集》卷10。
④ 朱德润：《官买田》，《存复斋文集》卷10。

官吏俸禄低甚至没有俸禄，则已经成为盘剥百姓的最好借口，正如朱德润所记："无禄员，仓场库务税课官。尊卑品级有常调，三年月日无俸钱。既无禄米充所食，家有妻儿徒四壁。冬来未免受饥寒，聊取于民资小力。宁将贪污受赃似，不忍守廉家菜色。贪心一萌何所止，转作机关生巧抵。臣闻古者设官职，俸禄养身衣食备。父母妻儿感厚恩，清白传家劝子孙。良史每书廉吏传，邑民常奉长官尊。国家厚德际天地，禄养官曹有常例。更祈恤养无禄人，免教饕餮取于民。"①

恰是因为朝政弊病多多，凸显了善政的可贵。至正九年，行省经历官丁诚之请求减免平江科粮七万七千石，即被朱德润视为善政之举："人之于人，同此形气，养疴疾痛之举，切吾身者，仁人之心也。彼虐而不恤，岂伦类之情哉。丁君是来，新公道，去弊政，减赋轻徭，凡可以惠于吴民者，方将以为己任，而况增赋倍敛为民瘼著哉。"②"欲縶者驹，伊人之乘。食彼场苗，怀此惠政。岂无甫田，力民代食。千仓既盈，十亩惟役。服箱有牛，荷耒有农。农岁艰食，积者如墉。焉得赋均，同隙同畛。莫匪王土，分惠其贫。"③

对于其他地方官员的善政尤其是均赋役的行为，朱德润也在诗作中给予了赞誉。

大江东南，甲郡惟吴。国赋岁多，民生亦劬。三农食力，终岁艰食。不有贤守，孰恤其瘠。亦有戚里，官寺陪租。民浚其膏，里胥助输。商税榷酤，百役具将。不有贤守，孰宽其偿。维此高侯，仿汉名杜。善缉其民，以永令誉。④

猗欤白侯，牧伯之良。善缉其民，底于乐康。初衢之人，困于赋役。税者倍偿，劳者弗恤。民饥而号，无隙可逃。侯曰均役，毋重其徭。等甲之殊，验力以敷。遏强抚弱，养老慈孤。民教而劝，吏勤以詟。居者乐生，逋者复业。帝曰守臣，惠利我民。宠锡其章，来帛来臻。柯山苍苍，善政远扬。⑤

---

① 朱德润：《无禄员》，《存复斋文集》卷10。
② 朱德润：《善政诗序》，《存复斋续集》（《全元文》第40册，第530—531页）。
③ 朱德润：《诗美丁诚之经历书满之归》，《存复斋文集》卷1（《全元文》第40册，第588页）。
④ 朱德润：《高德基太守善政铭诗》，《存复斋文集》卷1（《全元文》第40册，第586页）。
⑤ 朱德润：《衢州白太守善政铭诗》，《存复斋文集》卷1（《全元文》第40册，第589页）。

对于转任新职的官员，朱德润也以实施均赋役的善政作为送别赠言："勿信小言，小言或欺。为政在官，赋役在民。敛之劳之，高下俾均。俟之运司，邦境则邻。凡此牧养，孰非吾人。匪严弗威，匪宽弗安。宽以字良，威以戢奸。失此其中，莅事则艰。"① "至正三年秋，理问和侯九思除同知绍兴路事，且将推朝廷爱民之意，而以德礼行之抚字焉。仍得太守达公兼善首新其政，自经界始，分田授役，使千亩之家不得诡隐而逃，百亩之家能足食以自存，此方今之要务。官虽无定制以多寡之，今则使民得安耕而无幸免者，此法意所施之验也。其它如行乡饮以教民让，去妓乐以教民淳，皆善政也。九思当率是而行之可也，虽然临民者念虑有所不尽，而民情多变，吏为之隐，尤不可不慎焉。"②

（四）陈止盗之法

至正七年，朱德润已经明确向人表示，安民是最好的止盗方法："湖广地近蛮蜑，其俗难制易扰。今秋以来，官剥其食，民饥其生，是用猖獗，推原其情，民之乐生恶死者，天下皆然，奚独蜑俗耶。因民之情而安缉之，或者坚甲利兵，不如怀徕之善服也。今公以爱民利物之心，往治兹土，来者怀之，逆者威之，其不易治乎。"③

针对平江等地遭遇的海盗问题，朱德润所强调的弭盗策略是以减赋税作为安民止盗的基本方法。

> 愚闻诚信者，立国之本也。诚信不立，则虽父子不能相孚，而况于民乎。故为国家者，必先开诚心，布公道，量才授官，轻徭薄赋，信赏必罚。此事举行，则盗贼息矣。何则？盖赋役轻，则民安其生，赏罚明，则人效其力。方今太平日久，民不知兵。经费所入，江浙独多。而比岁以来，水旱频仍，田畴淹没，昔日膏土，今为陂湖者有之。而亲民之官，不谙大体，重赋横敛，务求羡余，致有激变，所得有限，所费不赀。且以州县税粮言之，有额无田，有

---

① 朱德润：《太守晁侯除运使铭》，《存复斋文集》卷1（《全元文》第40册，第582—583页）。
② 朱德润：《送和九思之绍兴路同知任序》，《存复斋文集》卷4（《全元文》第40册，第480—481页）。
③ 朱德润：《送韩伯皋参政之湖广序》，《存复斋文集》卷4（《全元文》第40册，第488—489页）。

田无收者，一例闭纳，科征之际，枷系满屋，鞭笞盈道，直致生民困苦，饥寒迫身，此其为盗之本情也。至于酒课、盐课、税课，比之国初增至十倍，征需之际，民间破家荡产，不安其生，致作贩夫入海者有之。目今沿海贫民，食糠秕不足，老弱冻饿，而强壮者入海为盗者有之。一夫唱首，众皆胁从，此其为盗之本情也。其言谓与其死于饥寒，孰若死于饱暖，因是啸聚群起，劫掠官粮，杀伤军民。朝廷既以遣官，而赏罚不立，赋敛如故，一经处所，洪需横出。或人稍有寸长，欲效其力，为名未成，谤毁先至，上疑下壅，又成虚设，此盖诚信不立、赋役繁重、赏罚不明故也。

愚谓目今盗贼已多，欲权救一时之弊者，莫若依初建海道之法，申闻朝廷降金牌、银牌、宣敕若干，使行省官集会海道，并有司官募运户，或民间有人力者，给以半年文券，获贼多，则赏以金牌千户，次则赏以银牌百户，赏者赏以金帛，倘有成功，随即行赏。然后咨申都省闻奏，不使虚行照堪，徒稽岁月。其各处有司水淹虚包田粮，随即申报减除。其盐课、酒课、税课增多难办者，随即申报减除，不使虚行照堪，以失大信。如此，则民安其生，不饥不寒，而作贼者少矣。①

在全国性战乱的形势下，朱德润依然坚持的是减赋止盗的立场，如至正十九年他特别表彰了地方官"凡事悉从宽简，征需自两税外无他敛，徭役自正遣外无烦扰"的做法。②他还特别向掌管军需的张德平提出了平商税的建议："夫商税之征，自至元间轻徭薄赋，民物阜康，后倍其征，而民犹不困者，徒以钱币与物货之权等也。迩者军旅数起，钞币倍出，物重币轻，而官民困矣。""今德平读书识事务，以言事起家，既能赞画其平，以为商贾之便，又能转供军需，而遣飞刍挽粟之劳，可谓才干之美者矣。"③

也就是说，无论是太平时期，还是面临战乱，朱德润所要坚持的，都是善治的观点，而其基本要求就是以恤民的方法来达到安民的结果。

---

① 朱德润：《平江路问弭盗策》，《存复斋续集》（《全元文》第40册，第472—474页）。
② 朱德润：《赠邵仲谦序》，《存复斋续集》（《全元文》第40册，第510页）。
③ 朱德润：《送张德平序》，《存复斋续集》（《全元文》第40册，第509页）。

四 傅若金、宋褧等人的重民说

元朝后期政局多变，但是傅若金、宋褧等臣僚所坚持的文治和重民、爱民观点未变，凸显了儒者对治理天下的责任感。

（一）傅若金论爱民

傅若金（1303—1342 年），字与砺，又字汝砺，新喻（今属江西）人，从范梈学习理学，曾受命出使安南，有《傅与砺诗集》和《傅与砺文集》传世。

在诗作中，傅若金真实地记载了天灾和人祸对百姓的摧残，并且明确表达了对奸臣的厌恶。

> 伤哉何伤哉，出门闻天语，掩袂不敢哀。道傍行者但踯躅，使我寸肠为之摧。呜呼！上天生下民，下民何多灾。玉龙驾若木，奄忽复西回。吾闻女娲断鳌立四极，胡不使之万古不动长崔嵬。天高苍苍不可及，下民号之空仰泣。①

> 舍翁得客喜，亭长见官厌。田家始收获，勤苦供税敛。夜来大雨雹，妇子忧食欠。还闻公侯家，终岁酒肉餍。天子今圣明，诛锄尽奢僭。覆车监前辙，焚室戒微焰。祸淫良已速，福善终必验。区区子何人，行役奚足念。②

国家的长治久安，重农和爱民是最基本的要求。傅若金以重视耕牛为由，所强调的就是这样的要求。

> 达官肥马饱欲死，农家畜牛恒苦饥。春田百亩用牛力，出入饲之须以时。平林苍苍雨如雾，散牧前坡自知路。今年作苦牛勿辞，去岁凶荒阙王赋。③

> 我生田间食牛力，牛为民命古所惜。汉相行逢躬自问，齐王坐见心先戚。看君此图谁所画，牛傍牧者何闲暇。哺禽独坐芳草中，归遥应过竹林下。牛饥或食饱或眠，养之勿害天者全。服箱可以致

---

① 傅若金：《伤哉行》，《傅与砺诗集》卷 3，四库全书本。
② 傅若金：《使至真定，赴都计事，遇大雹伤谷，时逆臣唐其势诛》，《傅与砺诗集》卷 2。
③ 傅若金：《题胡志同所藏牧牛图》，《傅与砺诗集》卷 3。

远道，力穑由来知有年。吾问长民如此牧，养民得肥国当足。君不见，去年东海头，家家卖刀买黄犊。①

禾簇簇，禾簇簇，去年缺雨今年足。人家耕种少得闲，一春强半田中宿。塘上水生禾欲齐，春禽爱近落花啼。出入无人看门户，野庭一任人来去。有时耕罢亦长吟，归来不记入村深。书编从挂牛角上，诗卷闲留桑树阴。田家小心畏法令，常愿秋租得余剩。邻翁昨日到城还，闻说官家有新政。民间禁马不禁牛，有牛耕田君莫愁。②

减轻百姓的赋税负担，是爱民的重要措施。傅若金特别记录了常宁州有效解决"人去赋存"问题的善举，以示表彰。

> 常宁以衡属邑自为州，籍民所占田三十一万八千四百又六亩有奇，岁赋民钱三千四百五十缗，米万二千又百石有奇。始为州，民二万户，既生齿日庶，数窜易其户籍。天历初，属岁荐饥，民多死徙，吞并之家并缘为奸利，往往私取其田，而虚其赋入之数于公，其无所于征徒占名籍中者，为田六千四百亩，赋以岁计为钱五百四十一缗有奇，为米二百十又三石有奇。会其直，又为钱三千二百缗有奇。吏不以其时究实，日月久远，漫不可理。常岁赋入，徒按籍坐所指亩，责之坊保首正，岁终不足，恒系缧鞭扑以督之。其坊保首正贫不堪役者，率堕其产业，至鬻妻子以代责入，民甚苦之。以故富多田者虑害之及，辄诡析户徙役贫者，前时有司坐视，一无所诘。太守余侯之再为是邦，不忍民之日穷且毙而莫之恤也，念得钱万数百缗，为孳息之母，岁视其赢以充计上，可已其害，乃身率僚友捐俸一月，以风其下，郡人闻者争愿出钱，得中统钞以缗计万有四百，遂移州下广盈库寄主其藏，严置出入之籍，以时散之富民，使质贷生息之。月以缗计，入其赢三分于藏，岁计可得钱三千七百四十缗有奇。每岁当民租入时，官具文书，出之以给前赋之无所于征而坐之坊保首正者，其用心亦仁矣。然犹惧同时僚属一旦代去，后之至者不知守而行之，纵苟虐吏侵渔其钱，而惠以不终，谋

---

① 傅若金：《牧牛图歌》，《傅与砺诗集》卷3。
② 傅若金：《禾簇簇，题邹福所藏勤耕图》，《傅与砺诗集》卷3。

第十五章　维系文治的政治观念　241

刻石具其事始末,凡出钱者悉载名其上,以示勿废,其为虑不又远乎。①

针对"郡邑频骚动,朝廷失抚绥"的现象,傅若金所期望的是简政利民的仁政:"至仁终远被,淳俗未全漓。豹隐多文彩,鸿飞足羽仪。五兵闲警逻,千耦乐耘耔。听讼宁求异,观风政在兹。治成听举最,万里慰怀思。"② 由此,他不仅强调了"若到京华论国计,莫令官府重缗钱",还对取消铁冶税表示欣慰:"几年催铁困吾州,乡井供输日夜愁。废冶月明谁鼓铸,空村民散更诛求。岂闻兔肾成干莫,虚拟龙光在斗牛。此日罢征君倍喜,楚江春色满归舟。"③

对于顺帝朝大规模在广西用兵,傅若金在诗作中既指出了官军的恶劣行径,也描述了军民所遭受的苦难状态。

南镇干戈日夜陈,西山寇盗出犹频。荒村百里无烟火,闻道官军更杀人。

比岁供输不自聊,只今氛祲未全消。阵前将士须殊死,莫倚功多气转骄。④

广西谣,一何悲,水泠泠,山凄凄。宁逢猺贼过,莫逢官军来。猺贼尚可死,官军掠我妻与子。⑤

桂林之区,猺贼杂处。南有八十里之高山,绝天绵延开险阻。贼人倚之作巢砦,劫掠经年势还大。官军收捕费供给,主将逡巡竟何待。居民近山昼夜愁,山下行人皆白头。况闻良家半为贼,官府贪横仍诛求。安得大聚边头兵甲铸田器,尽锄高山作平地,高山平,猺贼毙。⑥

征夫远从军,徒旅无时还。炎晖薄五岭,修蛇横道间。朝食未遑饱,夕寝焉能安。驾舟涉广川,驱马登崇山。生别已不惜,矧畏

---

① 傅若金:《常宁州义役钱记》,《傅与砺文集》卷3,四库全书本(《全元文》第49册,第248—249页)。
② 傅若金:《送孔学文之湘乡州判》,《傅与砺诗集》卷7。
③ 傅若金:《送蒙税使》《送梁实翁免催铁归乡》,《傅与砺诗集》卷6。
④ 傅若金:《广西即事二首》,《傅与砺诗集》卷8。
⑤ 傅若金:《广西谣》,《傅与砺诗集》卷3。
⑥ 傅若金:《八十里山行》,《傅与砺诗集》卷3。

道路艰。岂不怀室家,王事有急难。生当同富贵,没当同忧患。①

南屯老翁年七十,官府征徭困供给。大男送粮赴军前,次男守寨不得眠。盗贼时时劫生口,东邻西舍日夜走。今朝喜见朝廷使,持酒含凄说前事。筋力虽微不敢休,辛勤更备官军至。教儿应役莫逃亡,祝男成长身日强。但愿明年尽杀贼,耕种官田得儿力。②

在傅若金看来,朝廷根本就不应该用兵,而是应该祛除各种害民做法,以安抚民众的方法稳定边郡,因为边郡之民与中土之民并没有什么不同,殷切期望的都是朝廷的善政。

边郡视中州远王化,地重而多险,故得人则治,不得人则乱,守令恒难其选。虽其佐吏,朝廷亦皆优其禄秩以庸之,而三岁特一遣尚书御史属会行中书,视大府所上郡县阙,共合比其名数而加铨择焉。

然比年西南兵兴无时,列郡骚动,供亿之费百倍于昔,加之贪虐相乘,掊克无已,民力困弊,斯时为甚,郡守之选,益难其人。

《传》称管仲之言曰:"招携以礼,怀远以德。"吾见今之招怀者,或异于是矣。昔龚遂为渤海而盗兵息,孟尝守合浦而去珠还,无他,去民之害而思其所以利之者耳。夫海隅之民,其情岂独异于中土之人哉。其乐生恶死,同也;趋利避害,同也;其有父母之养,妻子之育,而耕作食饮,同也。求其秉彝之好,见善而喜,见不善而恶,又无不与中土之人同者。苟抚之以其道,则携者以附,远者以来,咸愿列于中土之民矣。不以其道,则虽中土之民,其不胥为乱者几希。《书》曰:"民心无常,惟惠之怀。"孔子曰:"道之以政,齐之以刑,民免而无耻。道之以德,齐之以礼,有耻且格。"夫德惠之感,岂惟中土之民为然哉。③

傅若金还明确指出,朝廷存在严重的禁令无效现象:"去年诏书禁

---

① 傅若金:《从军行》,《傅与砺诗集》卷2。
② 傅若金:《南屯老翁行》,《傅与砺诗集》卷3。
③ 傅若金:《送南宁路总管宋侯之官诗序》,《傅与砺文集》卷5(《全元文》第49册,第279—280页)。

乘马，今年诏下禁持弓。犹闻白昼多豪客，骑马射人官道中。""官家禁弓箭，不得行人把。犹闻马上寇，杀人青山下。"① 他所描述的，恰是伯颜专权时的反文治勾当，对整个社会带来的恶劣影响。

尤其令人担心的是朝廷的用人问题，如傅若金所言："布衣忧国人共哂，有时沉思坐终日。不愁贤才进用尽，但恐吾道经纶屈。"② 所以他不仅指出了"天子开朝策治安"和"腐儒未省经邦计"的困境，③ 还表达了对儒臣应有所作为的期待："只今台阁用文儒，几处疮痍待扫除。"④ "归到高堂说文治，五云遥指帝王都。"⑤

尤为重要的是，为达到用真儒的效果，士人应该考虑的是能否有作为的问题，而不是职位的高低，所以由儒入吏，在傅若金看来是使真儒有为的重要途径，士人对这样的途径不应报抵触的态度。

> 国家科举之兴，进士下第者犹得与诸职官及郡吏岁当贡者，相错补宪府掾。凡其间能卓卓自树立而论建特异者，率科举所取士，儒者信有益于用哉。
>
> 士顾所行何如，用之小大弗计也。且宪司，天子视听之府，群有司所受正焉。民有病于其上者，必于是乎取瘳也。吏虽卑，入则与其官长论议，相可否上下古今之道，而建其事之当行者；出则佐行郡县廉察百司之治，而录其由殿最。夫人之行而黜陟之，霆击电观，所过震慑。出一言而善，百姓德之，有司报焉。一言而不善，有司不敢非也，而百姓休戚系之矣。故使贤者为之，彰善而瘅恶，除弊而兴利，恢恢乎得行其志。不肖者为之，因挟是以张威福自为，即不粥狱于货，必深文以要誉，而残忍不顾焉。是故在位必多贤者，而后能得贤者以用，而使其志得行。⑥

> 国家萃人材，广文治，然科举所取士有恒数。承平既久，士益

---

① 傅若金：《偶成》《即事》，《傅与砺诗集》卷8。
② 傅若金：《送笃敬夫御史之南台》，《傅与砺诗集》卷3。
③ 傅若金：《和危山瘫寄弟四首》，《傅与砺诗集》卷6。
④ 傅若金：《送赵宗吉御史兼寄笃敬夫》，《傅与砺诗集》卷6。
⑤ 傅若金：《送奎章典书王可宾归陈》，《傅与砺诗集》卷5。
⑥ 傅若金：《送傅子通赴山北书吏序》，《傅与砺文集》卷4（《全元文》第49册，第264—265页）。

自奋，为学举者日多。江西岁就试且数千人，而预贡礼部南人才二十有二，于是不能无遗才焉。而朝廷亦恒视其能之小大所胜而录之，使各称其用。国初定令，儒生愿试吏郡县者优庸之，而不屑为者有矣。及比年幸进既多，正途日塞，持法者病其壅于治也，则闭之门而固拒之，冀杜其滥，而儒者亦缘是而胥厄焉。凡子弟之有志禄仕者，苟非藉世胄之资，其不由刀笔发身，则不能以达。吁，亦其时使之然欤。识者知吏治之不可不资于儒也，顾名实何如耳。新淦习文质将以儒术饰吏于富州，而问言于余以别。文质尚究夫国家用儒之实哉？富为上州，距大府不数舍而远，大臣之所监临，风纪司之所纠察，行一政善其上必先知之，行一政不善其上亦必先知之，而黜陟系之矣，吏于斯者可不慎乎。然文质以儒名者也，用真儒，无敌于天下，而况吏一州乎。①

当然，真儒是需要培养的，所以傅若金特别强调既要重视君子之学，也要重视仁心之成："仁以生之，义以成之，仁者其天地之心乎。以之亲亲而亲顺，以之事君而君悦，以之教民而民信，以之顺物而物化。"②"惟兹生人，均厥受命。莫贵惟德，莫尊惟性。惟性如何，万善斯全。君子于学，思罔或愆。惟德如何，有积乃大。君子于学，思罔或懈。诗书六艺，进退洒扫。近思弗遗，上达有道。夙兴夜寐，惟一乃心。"③

傅若金所阐释的爱民等观点，都是以文治观念为基础，实则是对权臣反文治做法的抨击，这恰是其政治观点的重要性所在。

(二) 宋褧论救灾

宋褧（1294—1346年），字显夫，宋本（详见下述）弟，大都（今北京）人，泰定元年进士，历任翰林修撰、监察御史、翰林待制、翰林直学士等职，有《燕石集》传世。

顺帝后至元三年，宋褧特别针对灾异上书，希望在上都的皇帝尽快返回都城，安抚人心，并讲求具有实际内容的弭灾之道。

---

① 傅若金：《送习文质赴辟富州吏序》，《傅与砺文集》卷5（《全元文》第49册，第286—287页）。
② 傅若金：《东野说》，《傅与砺文集》卷6（《全元文》第49册，第293—294页）。
③ 傅若金：《敬业斋铭》，《傅与砺诗集》卷1。

监察御史臣宋褧，伏惟天心仁爱人君，凡灾异之见，所以示警戒也。人君畏惧，必修德以答天意，然后久安长治，享祚无疆，此有国之常经，古今之通义也。我国家承平百年有余，列圣临御，未尝不兢惕畏天，故至今日。皇上即位以来，垂衣拱手，未有过举。然而一岁之内，日月薄蚀，星文垂象，洪水为患，阙前火灾。又自八月十四日夜，京城地震，自夜达旦，连日不定，太庙前殿一室墙圮，神灵震惊，其余官廨民居，间有毁塌。盖京师天子所居，宗庙社稷所在，是以民心皇皇，上下忧恐。灾异迭见，萃于此时，岂国政犹有所未修，民瘼犹有所未愈，以致然欤？理宜奏闻，集议讲求弭灾之道，务求实惠，不尚虚文，然后可以上答天谴，下遂民生。伏望陛下留心修省，早回圣驾，不胜甚幸。①

后至元四年，宋褧又上书指出，除了天灾之外，还有近侍借游猎之名扰民的严重人祸，不去人祸，救灾如同虚言。

窃见檀顺通蓟等处，去岁夏秋霖雨及溪河泛涨，淹没田禾，十损八九，已蒙上司累次查验。卑职亦尝亲诣被灾乡村，一一体覆，除另行外，所至之处，人民告诉百端生受，情状可伤，饥寒蓝缕，不能存活。强壮者犹能趁逐微细生理，日求升合；老弱无依之民，扫拣稗谷以粥饮度日，未蒙赈恤，极被扰害。盖缘鹰坊牧马并各枝儿怯怜人口等，指称昔宝赤为名，骑坐马匹，悬带弓箭器械，动辄三五十人，结成群党，间有携带家小随处坐住，旬日又复他往，须索酒饭雁食等物。州县官吏不能辨其真伪，畏威惧势，尚被凌虐，不能支撑，未免齐敛，已是不堪。犹且未能充其所欲，故意遍往乡村店舍，害及贫穷。被灾之民自给不暇，纵有一二温饱之家，百般被其骚扰，鸡猪口粮为所搜夺，若从其所欲，则无辜之民些小蓄积不能一一应付，稍或推阻诉难，辄便吊缚打拷，重者伤残肢体性命。或男子躲避逃匿，又行凌辱妻女。被害之民亦知州县官司不能禁治，无所申诉，往往拆毁门户，抛弃庵庐，全家流移逃避，冤愁苦楚，去住两难。

---

① 宋褧：《灾异封事》，《燕石集》卷13，四库全书本（《全元文》第39册，第312页）。

尝闻国以民为本，民以食为天。今日岁且洊饥，民将胥毙，为人臣者理宜深忧，痛念有生之民皆吾皇朝赤子，性命衣食无非感戴国恩。然果因差发税粮、征戍屯卫等事，为国捐躯碎骨，分所当为。今纵此曹窃围猎之名，逞戕害之事，政使善良倒悬，黎庶惊骇，不能聊生，民之疾苦莫此为甚，致伤和气，实由于斯。若复飞放之出，百姓何以支持。卑职忝居言路，安忍视为泛常。目所亲睹，不敢负国。即日春首，饥民救死不赡，如蒙宪台具呈都省，设法禁治扰民之弊，其贫乏之民仍加赈恤，俾遂生全，诚国家之大幸。①

宋褧对于灾变之所以敏感，是因为他目睹了天历年间两都之战的惨景，始终心有余悸："忆我前年在滦阳，千里兵尘四郊垒。妻孥哀号不得见，乘驼归来混悲喜。"②"战城南，战城北，前军失利势日迫。敌兵过谷，骥骑据水。相扼乘间，格斗日薄。西陲大车传飨，且噍且战，彼灶不得晨炊。伯兄刺弱小弟，父子对射，泣涕洒马践，渠答行仆踬。剑锋刺，落左骖，脑骨披。厚陈云雾敛，乌乌四面集，高天厚地，哀我身死名不立。奏凯第功赏，持书论首级。皇帝陛下圣寿千万岁，掩骼埋胔告郡邑。"③

救灾与劝农互为表里，所以宋褧特别强调了应强化司农司的作用："夫水木土谷之修，正德厚生之用，司农之职，九功有其六矣。戒之董之之道，其玺书训敕赏罚勤惰之谓欤。劝之俾勿坏者，殆类是石刻之昭示悠久也。比岁不登，中土艰食，继自今膺是选者，精白一心，恪慎乃职，修六府而治三事，使民衣帛食肉，不饥不寒，则是尧舜其君、尧舜其民之义也。"④ 即便是大臣代皇帝出去行祭祀之礼，宋褧注重的也是"今岁效职致丰稔，不负天子圣虑"⑤。

宋褧的救灾建议尽管重要，但是正值权臣伯颜当政之时，所以他的建议完全被皇帝和主政大臣所忽视。

---

① 宋褧：《建言救荒》，《燕石集》卷13（《全元文》第39册，第312—313页）。
② 宋褧：《宇文子诚出掾河南行省二十韵》，《燕石集》卷3。
③ 宋褧：《战城南》，《燕石集》卷4。
④ 宋褧：《司农司题名记》，《燕石集》卷12（《全元文》第39册，第342—343页）。
⑤ 宋褧：《奎章阁学士院照磨林彦广代祀岳镇海渎，以诗送之》，《燕石集》卷4。

宋褧作为进士，特别记下了中进士时的崇天门唱名、恩荣宴、同年会、赐章服、上表谢恩场景，着重渲染的就是"承平天子重科名"的文治气象。① 对于顺帝在位时期的科举罢复，宋褧则作出了以下评价："我国家自仁庙睿谟独断，力兴斯文，以科目取士，累朝继之。起延祐乙卯（1315年），迄元统癸酉（1333年），凡七科。乙亥（1335年）暂停，后至元庚辰（1340年）诏复旧制。呜呼，兴也，停也，终之，复也，人乎，天耶。"② 在宋褧的诗作中，亦特别指出了科举的难处："人海茫茫万仞山，健夫争赴碧岩端。跻攀分寸不得上，始信文场蜀道难（自注：予亦以旧岁失举）。"③ 他所要强调的，就是"士为世虑，不为身谋，虽扣阍无从，是则可尚"的以天下为任、不能只重科名的要求。④

（三）王艮论减租

王艮（1278—1348年），字止善，号止斋，绍兴诸暨（今属浙江）人，历任两浙盐运司经历、江浙行省检校、江西行省员外郎等职。

后至元五年，盐运司官员徐缙向中书省举报松江县有富民包隐田土，为粮一百七十余万石，沙荡为钞五百余万缗，请求立官府纠察收追。中书省命江浙行省查核，王艮经过查核后，不仅指出了徐缙的诳妄说法，还请求减轻当地民众的赋税负担。

> 以天历二年至至元四年□月所收税石较之，除两财赋外，本府实该计拨粮四十二万九千余石，除至顺三年实征到官二十九万三千二百余石，内正粮二十万一千六百石，豆麦九万一千余石去零。至元三年，实征到官二十九万一千二百余石，粮二十万一千六百余石，豆麦八万九千余石。其余八年灾伤太重，所收特少。以十年通而计之，该正耗粮四百五十二万八千七百余石，其实征到官一百七十六万九千九百余石，正粮一百一万八千余石，豆麦七十万九千九百余石，则是每年止收苗米豆麦一十七万余石。考之簿书，粮额则多稽之，仓廪实收则少，盖因民力有限，水旱为灾，以致如此。其

---

① 宋褧：《登第诗五首》，《燕石集》卷6。
② 宋褧：《书进士题名石刻后》，《燕石集》卷15（《全元文》第39册，第326—327页）。
③ 宋褧：《得周子善书，问京师事及贱迹，以绝句十首奉答》，《燕石集》卷8。
④ 宋褧：《跋艾氏策》，《燕石集》卷15（《全元文》第39册，第330页）。

里正主首赔闭官粮，往往消乏。以此观之，官田租重者尚宜优减，水道淤塞者所当疏通，以求实效。

夫以海隅之民，办三十余万定无亏之课，设有些少涂荡田粮未科盐课，所利亦已多矣。国家藏富于民，民富则国富。徐缙所言，盖如贩夫鬻妇屑屑校锱铢之利，岂知国家之大体，是见其末而不见其本，知其细而不知其大者也。万一动摇亏课，则尖大利。推原徐缙所言，不过欲多椿粮数荡钞，以竦动朝廷之听，报复妄告乌马儿□钞开库受罪之宿怨，立衙门，徼名爵，以遂其一己之私而已。

倘从其说，增添租额，伏虑两浙江东三道民心动摇，患生不测，是岂为国家培养根本、久安长治之策哉。①

列举详细数据以说明减租理由，在当时的官员中并不多见，中书省采纳了王艮的意见，使徐缙的图谋未能得逞。安福亦有小吏诬民欺隐诡寄田租九千余石，"初止八家，前后数十年，株连至千家，行省数遣官按问，吏已伏其虚诳，而有司喜功生事者，复勒其民报合征粮六百余石"。王艮经过复核后指出："是州之粮，比元经理已增一千一百余石，岂复有欺隐诡寄者乎？"在他的建议下，多征的税粮全被蠲免。绍兴路总管王可敬指出计口食盐的严重弊病，亦得到王艮的支持，他明确表示："民实寡而强赋多民之钱，今死、徙已众矣，顾重改成籍而轻弃民命乎。且浙右之郡，商贾辐辏，未尝以口计也。移其所赋，散于商旅之所聚，实为良法。"在他的倡议下，行省同意减少绍兴食盐五千六百引。② 王艮之所以如此重视减租税，其动机在诗作中有明确的表述，就是"但愿年丰饱吃饭，击壤细和尧民歌"③。

（四）陈泰论救民

陈泰（？—1354年后），字志向，号所安，茶陵（今属湖南）人，延祐元年中乡举，任嘉兴路儒学教授等职，有诗集《所安遗集》传世。

在诗作中，陈泰明确指出地方官员只知横征暴敛，不知劝农和恤民，使得田家贫苦已经成为普遍的现象。

---

① 王艮：《议免增科田粮案》，《全元文》第32册，第227—230页。
② 《元史》卷192《王艮传》。
③ 王艮：《和敬仲韵》，《元诗选》三集，第280页。

苗青青，东阡西陌苗如云。经年不雨过秋半，苗穗不实空轮囷。田家留苗见霜雪，免使来岁劳耕耘。县官催租吏胥急，粜粟输官莫论直。劝农使，不汝恤。

蕨澄澄，新春食蕨留蕨根。凌晨斸根暮春杵，潋潋大瓮流黄浑。常年春寒粉始冻，谁信秋暑霜翻盆。穷通有数今已识，为死为生尚难测，独立苍茫面如雪。①

蝉声欲断虫声悲，江天月上初弦时。渔翁身老醉无力，矫首坐看云离离。痴儿不识老翁意，苦道平生贫作祟。卖舟买得溪上田，昨暮催租人已至。君不见，长安康庄九复九，雨笠烟蓑难入手。人间万事谁得知，沧江夜变为春酒。②

贫家养女才十五，手足如绵独当户。阿爷前月去行商，小弟伶仃未离母。筠篮日暮挑菜葵，倩人远汆防朝炊。簪花枝重黄垂额，汲涧泉深绿照眉。生时不得嫁时力，却喜夫家惯耕织。堂前奉养老姑存，姑为艰难少颜色。夜来小弟报平安，见说新年百计宽。此身岂愿独温饱，父母养我良辛酸。③

在靠天吃饭的时代，以祈雨的方式缓解旱灾，是救民的重要方法，陈泰特别记录了祈雨的情况。

东南夏旱天所恻，岂为凶年惜甘泽。南云老守叩天公，欲使疲民解饥色。紫麟拔秀神所都，中有海阳老人之仙宅。海阳一生诗酒肠，藉以曲糵和天浆。三更掷笔走风雨，鼻息无声雷殷床。蛟龙入袖谁敢索，但见绕屋飞琳琅。天明钟动官长集，雪浪翻空泥一尺。海阳熟睡都不知，清梦正到华胥时。夜来好雨百事足，稻花吹香稻苗绿。④

黑云童童起东麓，俄顷狂风卷茆屋。黄昏雨势尽连山，入县滂沱四更足。去年八月蝗虫多，今年奈此潦涨何。方当饥馑复忧旱，蛮老惟共寻干戈。谣言诞漫俱难听，群吏询谋起余病。沈公遗迹在

---

① 陈泰：《集民谣》，《所安遗集》，四库全书本。
② 陈泰：《渔父词》，《所安遗集》。
③ 陈泰：《贫女行》，《所安遗集》。
④ 陈泰：《赠谭海阳祈雨有感》，《所安遗集》。

前山，有念叩之无不应。我穷落此荒隅中，岂意神交得沈公。愿香未息甘霖注，如此嘉惠慙何功。岩前古祠空余窍，我欲题诗沈公笑。至人应物自无心，归路联翩月相照。①

真正能够救民于水火的，显然不是祈神弄鬼，而是真正的善治，陈泰由此特别赞颂了循吏的良政行为。

汉世循良谁与俦，孟舒素业传吾侯。云阳久矣无善治，高者惨刻卑贪偷。诗书大体厌迂阔，几阁细故穷咨诹。差科无常板籍废，纪纲攸斁衣冠羞。更张治可用重法，如病沉痼今公瘳。七年府推芋魁饭，昔似皋陶今郑产。吏畏蒲鞭祝颂稀，民思襦袴吁来晚。薄俗方知德化尊，老成依旧典刑存。山中幸有宽闲野，归种甘棠蔽子孙。②

陈泰目睹了红巾军骤起带来的破坏，已经有了天下大乱的危机感，所以不仅发出了"丧乱干戈何世无，往往中间看愈丑"的感叹，还留下了生不逢世的沉重感怀："中道迫生理，忧患未渠央。用此较古今，常疑今世长。息肩幸一憩，忽已鬓发苍。颠倒百年间，悲乐安可量。梦中逢故友，相与倾壶觞。举觞梦即觉，此酒谁复尝。草木依寒暑，荣悴尚有当。人生顾异此，弱质徒皇皇。乔松不可愿，放志聊徜徉。"③

（五）萨都拉论恤民

萨都拉（1272—1355年），字天锡，号直斋，回回人，出生于雁门（今属山西），泰定四年进士，历任应奉翰林文字、江南行台侍御史等职，有诗集《雁门集》传世。

萨都拉体恤民间的疾苦，尤其是对于战争带来的危害记忆深刻，所以特别强调了千年无战保太平的论点。

去岁干戈险，今年蝗旱忧。关西归战马，海内卖耕牛。元老知谁在，孤臣为尔愁。西风吹短发，落日倦登楼。④

---

① 陈泰：《龙南县旱祷于沈公石室有感》，《所安遗集》。
② 陈泰：《赠孟守容斋》，《所安遗集》。
③ 陈泰：《题安成赵如心孝感集》《感寓》，《所安遗集》。
④ 萨都拉：《漫兴》，《雁门集》卷2，殷孟伦、朱广祁点校，上海古籍出版社1982年版，第63—64页。

居庸关，山苍苍，关南暑多关北凉。天门晓开虎豹卧，石鼓昼击云雷张。关门铸铁半空倚，古来几多壮士死。草根白骨弃不收，冷雨阴风泣山鬼。道旁老翁八十余，短衣白发扶犁锄。路人立马问前事，犹能历历言丘墟。夜来锄豆得戈铁，雨蚀风吹失颜色。铁腥惟带土花青，犹是将军战时血。前年又复铁作门，貔貅万灶如云屯。生者有功挂玉印，死者谁复招孤魂。居庸关，何峥嵘。上天胡不呼六丁，驱之海外休甲兵。男耕女织天下平，千古万古无战争。①

朝廷的苛政与战乱一样可怕，带来的是严重的贫富分化和到处可见的萧条景象。萨都拉所能做的，就是在诗作中企盼爱民和恤民的善政措施。

道逢鬻女弃如土，惨淡悲风起天宇。荒村白日逢野狐，破屋黄昏闻啸鬼。闭门爱惜冰雪肤，春风绣出花六株。人夸颜色重金璧，今日饥饿啼长途。悲啼泪尽黄河干，县官县官何尔颜。金带紫衣郡太守，醉饱不问民食艰。传闻关陕尤可忧，旱荒不独东南州。枯鱼吐沫泽雁叫，嗷嗷待食何时休。汉宫有女出天然，青鸟飞下神书传。芙蓉帐暖春云晓，玉楼梳洗银鱼悬。承恩又上紫云车，那知鬻女长欷歔。愿逢昭代民富腴，儿童拍手歌康衢。②

晨牵大河上，曙色满船头。依依树林出，惨惨烟雾收。村墟杂鸡犬，门巷出羊牛。炊烟动茅屋，秋稻上垄邱。尝新未及试，官租急征求。两河水平堤，夜有盗贼忧。长安里中儿，生长不识愁。朝驰五花马，暮脱千金裘。斗鸡五坊市，酣歌最高楼。绣被夜中酒，玉人坐更筹。岂知农家子，力穑望有秋。裋褐常不充，粝食常不周。丑妇有子女，鸣机事耕畴。上以充国赋，下以祀松楸。去年筑河防，驱夫如驱囚。人家废耕织，嗷嗷齐东州。饥饿半欲死，驱之长河流。河源天上来，趋下性所由。古人有善备，鄙夫无良谋。我歌两岸曲，庶达公与侯。凄风振枯槁，短发凉飕飕。③

---

① 萨都拉：《过居庸关》，《雁门集》卷6，第155—156页。
② 萨都拉：《鬻女谣》，《雁门集》卷2，第62—63页。
③ 萨都拉：《早发黄河即事》，《雁门集》卷14，第377—379页。

对于文宗朝的文治，尤其是完成《经世大典》的编撰，萨都拉颇为赞赏并给予了高度的评价。

> 文章天子大一统，馆阁词臣日纂修。万丈奎光悬凤阁，九重春色满龙楼。门开玉钥芸香动，帘卷金钩砚影浮。圣览日长万机暇，墨花流出凤池头。①
>
> 五年晏然草不动，百谷穰稆风雨时。修文偃武法古道，天阁万丈奎光垂。年年北狩循典礼，所在雨露天恩施。②

尽管南宋已经灭亡多年，萨都拉还是在诗作中表达了应重视亡国教训的意愿："平章（贾似道）亦何者，此地起楼台。社稷无人物，湖山养祸胎。前朝亡国恨，遗迹后人哀。落日空江上，王宫亦草莱。"③ "谁记将军亡国时，江东父老鬓如丝。古今天堑几千里，南北楼船百万师。中国一飞传檄箭，前朝谩有渡江碑。太平到处山如画，暖日清风扬酒旗。"④

萨都拉还特别强调了世人可以信佛但不能佞佛："是盖学佛者，习妄迷真，先已自惑，谓必极其庄严，始可耸人瞻敬，报佛功德。又参之以轮回果报之说，谓人之富贵、贫贱、寿夭、贤愚，一皆前世所自为，故今世受报如此。今世若何修行，若何布施，可以免祸于地狱，徼福于天堂，获报于来世。前不可见，后不可知，迷人于恍惚茫昧之途，而好佛者溺于其说，不觉信之深，而甘受其惑。""殊不知佛称仁王，以慈悲为心，利益众生，必不徇私于己，而加祸福于人，亦无意于衔色相以欺人也。"⑤ 由此，他对自己的要求是："心求安乐少思钱，无辱无荣本自然。春日赏花惟贳酒，冬天踏雪旋添绵。频将棋局消长日，时爇香薰篆细烟。万事皆由天理顺，何愁衣禄不周全。"⑥

萨都拉是色目人中的儒者和诗人，在注重其诗词文学价值的同时，也应该重视他通过诗词所表现的恤民和爱民政治观点。

---

① 萨都拉：《奎章阁观进皇朝经世大典》，《雁门集》卷 4，第 101—102 页。
② 萨都拉：《鼎湖哀》，《雁门集》卷 5，第 144—146 页。
③ 萨都拉：《过贾似道废宅》，《雁门集》卷 12，第 329 页。
④ 萨都拉：《采石漫兴》，《雁门集》卷 5，第 121—122 页。
⑤ 萨都拉：《龙门记》，《全元文》第 28 册，第 319—320 页。
⑥ 萨都拉：《安分》，《雁门集》卷 1，第 11 页。

（六）崔敬劝谏君主

崔敬（1292—1358年），字伯恭，大宁惠州（今属河北）人，以通刑名法律之学入仕，历任刑部主事、监察御史、刑部尚书等职。

后至元六年，崔敬曾上书反对将文宗之子燕帖古思流放高丽，已见前述。他还特别向顺帝上书，建议巡幸上都时居于都城的宫殿内，而不是住在城外的失剌斡耳朵。因为失剌斡耳朵是上都"西内"的"帐殿"，是饮宴的场所，不适于长期居住和处理朝政事务。①

> 世祖以上都为清暑之地，车驾行幸，岁以为常，阁有大安，殿有鸿禧、睿思，所以保养圣躬，适起居之宜，存畏敬之心也。今失剌斡耳朵思，乃先皇所以备宴游，非常时临御之所。今陛下方以孝治天下，屡降德音，祗行宗庙亲祀之礼，虽动植无知，罔不欢悦，而国家多故，天道变更，臣备员风纪，以言为职，愿大驾还大内，居深宫，严宿卫，与宰臣谋治道。万机之暇，则命经筵进讲，究古今盛衰之由，缉熙圣学，乃宗社之福也。

崔敬亦建议朝廷严控对近侍等的赏赐："臣闻世皇时，大臣有功，所赐不过椠革，重惜天物，为后世虑至远也。今山东大饥，燕南亢旱，海潮为灾，天文示儆，地道失宁，京畿南北，蝗飞蔽天，正当圣主恤民之日。近侍之臣，不知虑此，奏禀承请，殆无虚日，甚至以府库百年所积之宝物，遍赐仆御阍寺之流、乳稚童孩之子，帑藏或空，万一国有大事，人有大功，又将何以为赐乎。乞追回所赐，以示恩不可滥，庶允公论。"②

崔敬的建议并未被顺帝和主政大臣所重视，只是未因言获罪，已经算是当政者的开明了。

民本思想在中国古代政治思想中占有重要的地位，但是需要注意的是这样的思想在不同的时代会有不同的表述和内容，只有了解其细节，才能全面理解民本的要义，这恰是列出元朝后期朝臣重民观点的用意所在。

---

① 陈高华、史卫民：《元上都》，第120—127页。
② 《元史》卷184《崔敬传》。

五　宋本、王士熙等人的儒治说

宋本、王士熙等臣僚，从儒治的角度指出了元朝后期朝政面临的主要问题，并提出了解决问题的重要建议，可概述于下。

（一）宋本论重儒

宋本（1281—1334年），字诚夫，大都（今北京）人，至治元年进士，历任翰林修撰、监察御史、国子监丞、礼部尚书、集贤直学士等职，著有《至治集》，已佚。

泰定帝即位后，宋本曾上书指出铁失逆党阿散"其罪绝灭伦理，后虽有莫大之功，举不足赎，乞早正天讨"[1]。他还与赵成庆、李嘉宾一起上书，要求就太庙丢失仁宗神主追究太常寺的责任："太庙失神主，已得旨，命中书定太常失守之罪。中书以为事在太庙署令，而太常官属居位如故。昔唐陵庙皆隶宗正，盗斫景陵门戟架，既贬陵令丞，而宗正卿亦皆贬黜。且神门戟架比之太庙神主，孰为轻重？宜定其罪名，显示黜罚，以惩不恪。"[2]

地方官员能否在灾荒时自主决定以公帑救灾，在朝廷内有不同的声音，宋本坚持救灾至上原则，支持地方官员自主救灾，并为此承担了一定的风险，有人记录了此事的原委。

> 湖广行省参知政事段辅由为太常礼仪院判官，奉堂帖发粟赈河间饥，饥民多，粟少，段擅发岁饲官马驼刍粟钞五百余锭以足之。宰相怒，欲加罪，公（宋本，下同）力言曰："某向由江浙还都，道经河间，民襹榆树肤以食，今犹可验。且民七日不食则死，河间去都往返八百余里，比得请，无及矣。段能如此，是可褒者，何罪之有。"众善其说，乃罢。
>
> 时天下州郡荐岁水旱，行省及守臣往往不暇禀命于朝，擅发廪粟，先赈后闻。宰相患之，奏自今天下虽饥，远方州郡果见饿殍，方许权宜擅发，其他虽饥而未死者不许。敕准议，移咨行省。主章掾李彦国英署牒至公，公初不知，愕然曰："安得有是？如此，则

---

[1] 宋褧：《宋本行状》，《燕石集》卷15（《全元文》第39册，第351—360页）。本小节引文未注明出处者，均来自此文。

[2] 《元史》卷74《祭祀志三》。

人皆惧擅发罪，遇饥须禀命始赈，民尽死矣，不可。"入覆中堂，宰相曰："已得旨，奈何？"公蹙额虑久，退谓彦曰："兹事必不可行。欲覆奏，则宰相不肯。无已，则有策，汝能从乎？"彦曰："谓何？"公曰："毋白宰相，但尼是牍。"彦徐曰："公官彦吏，果罪废格，公重彦轻，公能负罪活天下民，彦独不能从乎。但堂帖已录是敕付御史台，台必已檄各道廉访司，如此则事必彰露，且无益。"公曰："吾思有以处之。"退诣治书侍御史王士熙继学，陈其事。王曰："吾犹能省台檄各道廉访司，公牍已署，未用印。若论甚善，吾亦为若尼之。"遂果共尼其牍。未几，有赦，彦贺公曰："可以免矣。"

丞相倒剌沙和平章乌伯都秘密拟定了大赦天下的诏书，其中有"酬累朝献物之直，命中书省录用自英庙至今为宪台夺官者"等内容，宋本乃公开表达了反对意见："本虽汉人，居末僚，然享爵食禄，恒思报效，有所管见，不敢不陈。尝闻医者曰：人病脉不病易治，脉病人不病难治。以人譬国，纪纲法度，脉也。安有朝廷降诏，大臣不知之理。此系纪纲法度，纪纲法度一乱，是脉病也。失今不治，后不可疗。且即赦文言之，尤有不可。今警灾异而畏献物未酬直者愤怨，此有司细故，不宜上挠宸衷。是乃王言宣布，则必贻笑天下。又云诸尝有过为台宪夺官者，命中书录用，后复有奸邪赃秽者，朝廷将治之耶？置不问耶？且自即位以来，屡以仰遵世祖皇帝成宪形于诏旨，不知世祖朝尝录用夺官者否，岂非自悖前诏耶？又云止录用英庙至今夺官者，既畏愤怨，当均蒙录用，其在前后者何故不与？"宋本的建议未被当政者采纳，他即称病不再上朝。

泰定四年，朝廷强起宋本为科举考试官，他即就文治提出了七条建议：一是国史院仿前代制度，增撰志传。二是改试国子生。三是选试国子正录等职。四是国子助教各治一经。五是各路设儒学博士，用进士为之。六是用会试终场下第进士为儒学教官。七是采录天下士人所著之书，分等第而用其人。这些建议虽然未被当政者所重视，但是对当时的儒者有较大的影响。

文宗去世后，新君还未即位，恰逢科举会试之时，中书省准备延期会试，宋本则明确指出："会试乃常事，不奏题，不廷对，何以俟为？

且进士一舍去四方,将以为废科举矣。"在他的坚持下,会试照常举行,并且在新君即位后举行了殿试。"科举条制有云,天下选合格者三百人赴会试,内取中选者百人,概言之也。由前知举官泥条制之人,止凭赴会试数中三取一,故累举中选者恒不及百,沿袭至是,举会试进士亦不及三百。"宋本明确要求中选者达到一百人,并将两榜第一甲只放一人改为放三人,成为后来的科举定制。

(二) 王士熙论用人

王士熙(?—1342年后),字继学,东平(今属山东)人,王构之子,曾任翰林待制等职,文宗即位后被罢官放逐,顺帝朝复任江东廉访使、南台侍御史等职,著有《王陌庵诗集》。

在给泰定帝设计的科举廷试策问中,王士熙特别强调了要理清正俗与善政之间的关系。

> 帝王之相承,质文之迭兴,尚矣。夫治在正俗,致俗之丕变,必在上之人有以作而兴起之,则四海之内,其应如响也。
>
> 三代善政,所以绍五帝之烈,垂百世之范,其为之纲纪枢机者,岂不在兹乎。继是而后,不遑论也。洪惟我太祖皇帝龙兴朔土,世祖皇帝奄宅方夏,制度文为,著之令申,深仁厚泽,涵煦黎庶,其一民俗而定民志者具举矣。
>
> 夫三代不可及,已其所谓弊者,果何在乎?今欲气感而声随,风移而俗易,必从一以为定乎?必择三代之盛而弃其弊乎?此朕所以切于正俗者也。①

王士熙还特别对朝廷用人提出了明确的要求:"夫政之弊,坏于苟简不修,按丛脞、理群讼,嚣嚣然以役其精神,究其设施,则曰不暇。""古之善治民者,严号令,谨储蓄,通货币,兴废举滞,使民不倦。"② 由此,他不仅强调"生平不愿为佣书,亦不愿作章句儒。酒酣诗成吐素霓,意气凛凛吞千夫"[3];还希望儒士能够有坚忍不拔的精神和以智取人的行为准则。

---

① 王士熙:《廷试策问》,《全元文》第22册,第153—154页。
② 王士熙:《广平路创建善政楼记》,《全元文》第22册,第159—160页。
③ 王士熙:《赠广东宪使张汉英之南台掾》,《元诗选》二集上,第539页。

请君莫纵珊瑚鞭,山高泥滑马不前。请君莫驾木兰船,长江大浪高触天。瞿塘之口铁锁络,石栈萦纡木排阁。朝朝日日有人行,歇棹停辔惊险恶。饥虎坐啸哀猨啼,林深雾重风又凄。胃衣绊足竹刺短,潜形射影沙虫低。昨夜云月暗,今朝烟雾迷。青天荡荡红日远,王孙游兮草萋萋。行路难,归去来,振衣涤尘转淮海,故山之云莫相猜。行路难,古犹今,翻手覆手由人心,江空月落长短吟。

辚辚之车渡黄河,泛泛之舟江上波。汉使叱驭九折坂,将军横旗下胖舸。君不见,长安大道人如蚁,漏尽钟鸣行不已。又不见,吴江八月人戏潮,赤脚蹴踏潮愈高。男儿有志在四方,忧思坎轲缠风霜。不及江南豪富儿,一生足不下中堂。烹龙膏,荐麟髓,千金一笑如花美。忽然对面九疑峰,送君千里复万里。生铁无光剑花紫,薄霜碎碎月在水。鸡鸣函谷云纵横,志士长歌中夜起。①

兽环鱼钥开九门,长刀闪月如云屯。军中置酒毛发立,楚汉瞋目争乾坤。楯上切肉衫血浼,白璧入手玉斗破。悲风烈日吹秦声,赤龙将飞沐猴卧。项庄项庄君莫舞,以力取人天不与。明珠美女弃若遗,谁遣骊山作焦土。战旗高高日向曛,天空云散犹待君。汉王夜走灞上路,纪信成灰范增去。②

王士熙之所以在做人和用人方面有如此的感怀,就是因为他有被朝廷贬斥的经历,并且带有明显的怀才不遇情绪。

(三)巙巙论好儒

巙巙(1295—1345年),字子山,号正斋、恕叟、篷累叟,康里人,不忽木之子,出身国子学,历任集贤待制、礼部尚书、奎章阁侍书学士、翰林学士承旨、江浙行省平章政事等职。

巙巙作为儒臣,特别强调了经筵的重要性,已见前述。他还曾以经筵直言的形式,向顺帝提出了以下建议。

一是注重为君之道。巙巙利用经筵的机会向皇帝传授治道学说,"凡《四书》《六经》所载治道,为帝绅绎而言"。他不仅向皇帝讲述了"商王受不听忠臣之谏,遂亡其国"的历史教训,还明确指出宋徽宗不是一个称职的君主,"身辱国破,皆由不能为君所致。人君贵能为

---

① 王士熙:《行路难二首》,《元诗选》二集上,第540页。
② 王士熙:《君莫舞》,《元诗选》二集上,第540页。

君，它非所尚也"。

二是注重弭灾之道。对于重大的天灾，巙巙所主张的弭灾之道是："天心仁，爱人君，故以变示警。譬如慈父于子，爱则教之戒之。子能起敬起孝，则父怒必释。人君侧身修行，则天意必回。"

三是注重科举。权臣伯颜废罢科举后，巙巙曾上言："古昔取人材以济世用，必由科举，何可废也。"伯颜倒台后，在巙巙等人的倡议下，科举取士得以恢复。

巙巙"雅爱儒士，甚于饥渴"，有人问他："儒有何好，君酷爱之。"巙巙即明确道出了好儒的理由。

> 世祖以儒足以致治，命裕宗学于赞善王恂。今秘书所藏裕宗仿书，当时御笔于学生之下亲署御名习书谨呈，其敬慎若此。世祖尝暮召我先人坐寝榻下，陈说《四书》及古史治乱，至丙夜不寐。世祖喜曰："朕所以令卿从许仲平（许衡）学，正欲卿以嘉言入告朕耳，卿益加懋敬以副朕志。"今汝言不爱儒，宁不念圣祖神宗笃好之意乎。且儒者之道，从之则君仁、臣忠、父慈、子孝，人伦咸得，国家咸治；违之则人伦咸失，家国咸乱。汝欲乱而家，吾弗能御，汝慎勿以斯言乱我国也。儒者或身若不胜衣，言若不出口，然腹中贮储有过人者，何可易视也。[1]

在诗作中，巙巙也对儒士的高风亮节给予了赞誉："鹦鹉洲边月明，凤凰台下清风。人物江山两绝，才高不为时容。""会稽太守士林英，金榜当年第一名。一郡疲民应有望，定将实惠及苍生。"[2] 也就是说，巙巙不仅喜好儒学，也重视儒行，确实承继了其父不忽木的风格。

（四）张起岩论兴学

张起岩（1285—1353年），字梦臣，号华峰，历城（今属山东）人，延祐二年进士，历任监察御史、集贤修撰、翰林待制、翰林承旨、知经筵事及辽、金、宋三史总裁官等职，著有《华峰漫稿》《华峰类稿》《金陵集》等，均已失传。

泰定帝时，丞相倒剌沙要重罚敢于直言的御史台官员，张起岩上书

---

[1] 《元史》卷143《巙巙传》。
[2] 巙巙：《送高中丞南台》《清风篇》，《元诗选》癸集上，第164—165页。

表示:"台臣按劾百官,论列朝政,职使然也。今以奉职获戾,风纪解体,正直结舌,忠良寒心,殊非盛世事。且世皇建台阁,广言路,维持治体,陛下即位诏旨,动法祖宗。今台臣坐遣,公论杜塞,何谓法祖宗耶。"在张起岩等人的坚持下,倒剌沙的图谋未能得逞,但是张起岩亦因直言被罢职,文宗即位后才又被委以官职。①

从张起岩留下的文字可以看出,他重点关注的是朝廷的兴学问题,并特别记录了朝廷重儒和兴学的主要表现。

> 今皇上(英宗)践祚,制科举、贡试如旧,典章文物,蔚然涣然,太平之盛,于斯见之。士子彬彬,咸知向学矣。②

> 孔子之道,万世准则,历代崇奉,有隆无替,然未若圣元推尊加号之极其至也。国初庶事草创,文治未遑。太宗英文皇帝建学中都,遣国子就学,士之通经中选者复其家。世祖皇帝敕上都孔庙圣像十二章服,暨纯以金饰之,登用儒先,礼聘文学之士,学校有官,乡社有师,诏旨敦勉,著于令申。武宗仁惠宣孝皇帝加大成至圣文宣王号,遣使阙里,以太牢祀,郡县庙学敷宣纶言,镌之贞石,昭示永久。仁宗皇帝正孔庙配享位,以宋九儒暨先正许魏公(许衡)列诸从祀。文宗圣明元孝皇帝继志述事,加封宣圣考妣。
>
> 盖前圣之道,得孔子祖述宪章而益以显。后圣之心,必孔子是则是效而为尽善。③

张起岩特别指出:"圣朝文轨混一,化行远迩,人沐渐磨之教,士隆淳朴之风,皆知为圣贤之学。"④ 为此,张起岩特别强调了兴学的四条基本要求。

兴学的第一条要求是明圣人之道。"窃惟道之大原出自天,天不能言者,圣人出而立经陈纪,以为人极,而万世则,是所谓道也。自二帝三王以及周公,其人存则政举,亡则政熄。诗书礼乐,皆道之灿著也。

---

① 《元史》卷182《张起岩传》。
② 张起岩:《胶州加封至圣文宣王碑(至治二年)》,《全元文》第36册,第112—114页。
③ 张起岩:《句容县恭刻制词记》,《全元文》第36册,第82—83页。
④ 张起岩:《临淄县加封大成至圣文宣王记》,《全元文》第36册,第93—94页。

吾夫子生衰周之余，承大乱之极，恐道之不明不行也，为之祖述宪章，删之定之，然后二帝三王之道，昭然若日月之揭乎天。"① "迨我圣元，文明治世，学校大兴，诏令有司，严加勉励。朔望日，官属躬诣庙庭，拜礼已毕，即升明伦堂，讲明正学，使人各知孝弟之道，根心固有，以复乎本来之性，而修齐、治平之方循序而进焉，则吾夫子之道益尊，而尧舜之道益明矣。"②

兴学的第二条要求是官员的重视。"国家设官置吏，统率一方，非惟责以治具，盖亦授之风教之任焉。长民之官，以奉宣风化为急务，风化之源，舍学校奚所自哉。"③

兴学的第三条要求是培育人才。"方今区宇宁谧，人民庶富，圣天子兴崇学校，开设科举，以搜天下之士，而长民者汲汲于庠序之修建，可谓知所先务矣。大抵人不知学，犹冥行索途，伥伥然莫知所之。今职师儒奉檄以待次者，不无其人，在学校朝夕之游息者，亦既完美。父兄盍思敦勖子弟以进夫学，学者亦盍思致知力行以明夫道，而称国家乐育之意欤。能如是，将见道德文学之士接踵而出，庶有以表贤簿兴学之成效云。"④

兴学的第四条要求是教化风俗。"自古在昔，建国居民，教学为先。盖教学立，则人伦明，成德达材者众。风俗之厚，治道之隆，于是乎在，谓为承平之先务者，非泛论也。"⑤

张起岩作为编修辽、宋、金三史的总裁官，对三史的修撰有不小的贡献，正如后人所记："起岩熟于金源典故，宋儒道学源委，尤多究心。史官有露才自是者，每立言未当，起岩据理窜定，深厚醇雅，理致自足。"⑥ 三史修成后，张起岩即告老还乡，算是对文治盛事有了一个圆满的交代。

（五）程文论用儒

程文（1289—1359年），字以文，号多南生，婺源（今属江西）人，曾参与编修《经世大典》，历任监察御史、礼部员外郎等职。

---

① 张起岩：《武邑县学宫记》，《全元文》第36册，第101—102页。
② 张起岩：《重修大成殿记》，《全元文》第36册，第89—90页。
③ 张起岩：《般阳府路重修庙学记》，《全元文》第36册，第90—91页。
④ 张起岩：《福山县修学记》，《全元文》第36册，第77—78页。
⑤ 张起岩：《济南路庙学新垣记》，《全元文》第36册，第86—87页。
⑥ 《元史》卷182《张起岩传》。

程文赞扬朝廷的用儒举动，明确指出以翰林院贤者推荐有才儒士入翰林院是正道的做法："国家县三等之爵，以招徕天下之士，其道若大路然。人自不由，顾乃迷惑乎旁蹊曲径之歧，颠踬乎荒榛断梗之途，良可哀也。"① 在送揭傒斯从子揭士弘到绩溪任职时，程文亦明确表达了对儒者因俗而治的要求。

夫仕者之问政，行者之赠言，古之道也。唯贤而后能知政，唯仁人而后能赠人以言，其谁敢窃仁贤之名。虽然，必有以告也。士弘以文安（揭傒斯）之家学，史馆之隽才，奉天子之命以佐小邑，而纪纲法度有所常守焉，于从政也何有，惟其民风土俗，则不可以不察也。

徽之为郡，在万山中，地高而气寒，其民刚而好斗。绩溪当宣、歙之交，尤为扼塞险绝处。国初，有司者乘其新附，虎视而鹰攫之，民不堪命，遂起为乱。朝廷命将出师以讨之，斩山垒泽以为固，攻之不下。其人曰："吾非敢反也，舒死也，若许侯来，无事兵矣。"许侯者，名楫，尝守徽，有惠爱于民，是时迁他官。诏召以来，许侯掉臂入其巢穴，众皆罗拜而出矣。人皆谓许侯贤于三军之师，而不知绩溪之民可以义服，而不可以威屈也。其地今设官以守之，其事尚传之父老，可征而问也。夫民犹水也，顺之则安流，逆之则冲突奔放，虽鲁卫之民犹然，何独绩溪哉。今国家深仁厚泽，涵濡百年，而徽国文公之教本诸乡里，士弘因其风俗，和其令长，挥而治之，将不劳而民自化矣。②

在诗作中，程文也表达了对"圣代崇文迈汉唐"和"幕官好文不好武，要使西羌化东鲁"的赞赏。③ 他还将儒者的文章分为应世之文、名世之文和传世之文三大类，并明确指出："今世人莫不能为文，大概有三。托物连类，因事赋情，语丽辞赡，悦可人意，是曰应世之文。识高志远，论议卓绝，发菽粟之至味，振金石之逸响，使一世之人皆服，

---

① 程文：《送王子充南归序》，《全元文》第 31 册，第 446—447 页。
② 程文：《送揭主簿之官绩溪序》，《全元文》第 31 册，第 447—448 页。
③ 程文：《题虞道园答翼之诗卷》《送文仲德之临洮帅府经历》，《元诗选》癸集下，第 945 页。

曰名世之文。编之乎诗书之册而不愧，措之乎天地之间而不疑，圣人复生不易吾言，千载之下有好之者，所谓传世之文也。有志于文者，亦莫不欲传世，而至于名世者已不可多得，往往应世而止尔，然则文岂易言哉。"① 也就是说，儒者行文必须有用于天下，才有可能成为名世、传世之文，多数人的夸夸其谈文字，无非是用处不大的应世之文而已。

（六）李好文论礼治

李好文，生卒年不详，字惟中，大名东明（今属山东）人，至治元年进士，历任翰林待制、太常院使等职务，著有《长安图志》《大宝录》等。

泰定四年，李好文提出了编辑礼治之书的建议："祖宗建国以来，七八十年，每遇大礼，皆临时取具，博士不过循故事应答而已。往年有诏为《集礼》，而乃令各省及各郡县置局纂修，宜其久不成也。礼乐自朝廷出，郡县何有哉。"② 天历二年七月，全书编成，命名为《太常集礼》，李好文特别指出了朝廷讲究礼治的重要性所在。

> 太常典三礼，主群祀，凡礼乐之事皆自出焉。国家论议制作之原，郊社宗庙缘祀之制，山川百神秩序之典，诸臣节惠易名之实，不知其故可乎。洪惟圣朝天造之始，金革方载，文德未遑。我太宗皇帝勘金五年，岁在戊戌，时中原甫定，则已命孔子之孙元措访求前代礼乐，将以文万世太平之治。宪宗皇帝二年壬子，时则有日月之祀。伏睹当时群臣奏对之际，上问礼乐自何始，左右对以尧舜，则其立神基，肇人极，丕谟睿略，固已宏远矣。世祖皇帝中统之初，建宗庙，立太常，讨论述作，度越古昔，至元之治，遂光前烈。成宗皇帝肇立郊丘，武宗皇帝躬行祼享，英宗皇帝广太室、定昭穆，御衮冕卤簿，修四时之祀。列圣相承，岁增月辑，典章文物，焕然毕备矣。
>
> 一代之治，必有一代之文。纲常典则，天秩人纪，岂易言哉。然事不可以无述，言不可以无统。与其具于临时，孰若求之载籍。与其习而不察，孰若信而有征，此裒集之有编而不敢后者也。③

---

① 程文：《孟君文集序》，《全元文》第31册，第450页。
② 《元史》卷183《李好文传》。本小节引文未注明出处者，均来自此传。
③ 李好文：《太常集礼稿序》，《全元文》第47册，第424—425页。

顺帝即位后，建至元年号，李好文认为："年号袭旧，于古未闻，袭其名而不蹈其实，未见其益。"他为此特别列举了当时不如前至元时期的十几项弊政，但都不被擅权的伯颜所重视。

顺帝为皇太子爱猷识理达腊立端本堂，命李好文以翰林学士兼太子谕德，他特别向宰相表示："三代圣王，莫不以教世子为先务，盖帝王之治本于道，圣贤之道存于经，而传经期于明道，出治在于为学，关系至重，要在得人。自非德堪范模，则不足以辅成德性。自非学臻阃奥，则不足以启迪聪明。宜求道德之鸿儒，仰成国家之盛事。而好文天资本下，人望素轻，草野之习，而久与性成，章句之学，而浸以事废，骤膺重托，负荷诚难。必别加选抡，庶几国家有得人之助，而好文免妨贤之讥。"丞相和皇帝都不同意他的辞太子谕德要求，李好文则明言："欲求二帝三王之道，必由于孔氏，其书则《孝经》《大学》《论语》《孟子》《中庸》。"他不仅为皇太子编辑了《端本堂经训要义》，还编辑了《大宝录》和《大宝龟鉴》两书。《大宝录》主要用于"太子问安余暇之助"，包括四方面的内容："一曰圣慧，如汉孝昭、后汉明帝幼敏之类。二曰孝友，如舜、文王及唐玄宗友爱之类。三曰恭俭，如汉文帝却千里马、罢露台之类。四曰圣学，如殷宗缉学，及陈、隋诸君不善学之类。"《大宝龟鉴》的内容则是"前代帝王是非善恶之所当法当戒者"。李好文还特别向皇太子进言："臣之所言，即前日所进经典之大意也，殿下宜以所进诸书，参以《贞观政要》《大学衍义》等篇，果能一一推而行之，则万几之政、太平之治，不难致矣。"可惜李好文对皇太子的儒学教育，因皇太子弃儒学信秘术而告失败，已见前述。

（七）倪镗论敬孔

倪镗，生卒年不详，字仲瑶，安仁（今属湖南）人，历任儒学教授、翰林待制等职。

对于佛教僧人将孔子贬为"中贤"的做法，倪镗大为不满，特别上书要求终止这样的行为。

臣闻黄帝开天辟地，创制立法，功在天下。百世之后，笃生圣孙孔子，道高德厚，教化无穷，为万代帝王之师。三纲五常不至湮戮者，吾圣道扶持之功也。自汉及宋，报德报功之典有加无已。国家兴学校，申礼教，翕然太平，今日之盛，自古所无。乃有罢黜圣神之事，恐非社稷之福。且孔子所以为帝王师者，以有君臣之义、父子之亲、夫妇之别、长幼之序、朋友之信也。今僧人八思马狡猾无状，敢倡妖言，贬黜孔子为中贤，以愚惑上下，顾取一时之宠。回视孔子为天地立心，为生民立命，为往圣继绝学，为万世开太平，其功天渊矣。

伏乞英断追回罢黜孔子中贤之诏令，中外仍旧崇祀，则天下后世称大圣人之所为出于寻常万万者，岂不快哉。①

倪镗还对朝廷加封孔子"大成"封号的行为特别赞赏："皇元混一区宇，圣圣相承，文治聿兴，加封孔子大成至圣文宣王，遣使曲阜，祀以太牢。"由此，儒者必须以崇祀重学为己任："孔子之道垂宪万世，率土乡风释奠一仿古礼，谆谆乎体面才学智慧，教训之，喻戒之，俾勿堕，孰敢有越厥志。"②

（八）周伯琦论尊儒

周伯琦（1298—1369年），字伯温，番阳（今属江西）人，国子生出身，历任翰林修撰、翰林直学士、崇文太监兼经筵官等职，有诗集《近光集》《扈从集》传世。

周伯琦指出："今天子（顺帝）在位之八年，当至元庚辰之岁（1340年），斥大奸，进群才，一新治化。"③按照《近光集》的记载，所谓的一新治化，就是扳倒权臣伯颜后的政治更始，主要包括五方面的内容。

一是祭祀孔庙。周伯琦受命代皇帝前往曲阜，祭祀孔庙，他以诗作记录了祭孔的情况："葱葱佳气拥龙光，尊湛流霞手炷香。温诏面宣乘驲使，明禋心报缑麟乡。金茎团露瑶台润，紫菊含风翠琐凉。再拜将诚思复命，眼前彩凤集朝阳。""阙里宣尼宅，儒林礼乐区。右文昭代盛，报德圣恩殊。""制作先东鲁，朝廷用大儒。愚生深有幸，归上孔林图。"④在祭祀孔庙后，周伯琦还特别强调了祭孔对文治所起的重要作

---

① 倪镗：《逆鳞疏》，《全元文》第31册，第417—418页。
② 倪镗：《儒学文庙碑记》，《全元文》第31册，第418—419页。
③ 周伯琦：《近光集原序》，《近光集》卷首，四库全书本（《全元文》第44册，第524—526页）。
④ 周伯琦：《七月十二日奉诏以香酒使曲阜代祀孔庙作》《八月六日丁亥释奠孔子庙三十韵》，《近光集》卷1。

用:"皇帝总宏纲,新文治,任贤使能,发政施仁,率由成宪。""窃惟吾夫子之道,悠久无疆,与天地同大,日月并明。""是故有国有家者,必以建学立师为先,大用其道则大治,小用其道则小康。"①

二是重道用儒。在去除权臣后,周伯琦既注意到了皇帝对儒道的重视:"分班扈跸到滦京,侍从官闲暑气清。圣主素知吾道重,颁香特遣孔林行。中原庙貌山川古,万代纲常日月明。虔祀归时迎大驾,共承经术赞承平。"也特别指出了朝廷已经有了用真儒的举动:"苍生归化育,士类荷陶甄。史继龙门志,经传凤穴贤。紫微明晓日,黄菊烂秋天。善治真儒效,斯文元气全。"②

三是重开科举。科举是文治的重要标志,在重开科举后,周伯琦特别在诗作中记录了考试和取士的情况。

上国兴王地,神州避暑宫。规模三代廓,声教万方隆。至正儒科复,留司造士充。③

九重传漏日方中,书献贤能列至公。鸡舌含香颁汉署,龙颜动色坐尧宫。彩翚隐隐窗明电,玉凤泠泠帷度风。近侍皋夔多启沃,人才不减古时隆。④

太平天子策贤良,诏问天人白玉堂。校艺尽遵周典礼,策名宁数汉词章。风鸣松盖宵成韵,雨挹梨花雪有香。承乏幸陪诸老后,凌晨金榜出明光。⑤

凤凰衔诏下亨衢,多士盈庭总八区。北斗光芒明策府,东风生意满皇都。墨池净几环香鼎,烛影疏帘听漏壶。拭目庆云华谷旦,敢令沧海有遗珠。⑥

四是重视经筵。周伯琦作为经筵讲官,不仅要尽心讲经解史,还特别强调了经筵对治道的重要作用。

---

① 周伯琦:《释奠宣圣庙记》,《全元文》第44册,第543—544页。
② 周伯琦:《越五日别翰林诸友》《寿许左丞可用》,《近光集》卷1。
③ 周伯琦:《是年复科举取士制,承中书檄以八月十九日至上京,即国子监为试院》,《近光集》卷1。
④ 周伯琦:《三月七日廷试进士读卷作》,《近光集》卷1。
⑤ 周伯琦:《越三日奏进士榜名作》,《近光集》卷1。
⑥ 周伯琦:《至正十一年岁辛卯二月一日天下贡士及国子生会试京师》,《近光集》卷3。

词垣三组叹才难，延阁横经益汗颜。子佩尽来宗胄贵，儒官忝后相臣班。人文经纬星辰上，圣道流行宇宙间。只尺天光如下听，刍荛敢不竭愚顽。①

玉栋璇题耸闻风，牙签锦褾彻宸聪。天临宝鉴虚空上，人在冰壶皎洁中。列圣皇明齐日月，百年文物烂云虹。抱经莫讶儒冠冷，映雪谁能禁籍通。②

圣王晓御水晶宫，香绕龙衣瑞气融。章句敢言裨海岳，勋华荡荡与天崇。冷冷翠琐度微风，湛湛琼浆注颊红。终日玉皇香案侧，不知身在五云中。③

随班晓侍太微垣，讲席纶音忝特恩。兼馆白麻垂泽渥，一卮云液溥春温。缉熙共仰参亭毒，启沃长思固本根。道统有传民极建，巍巍文德照乾坤。④

疏直承明已四年，殊恩重侍五云边。敢持橐笔依严陛，喜进诗书彻御筵。雪湿龙楼延爱景，春生麟閟围祥烟。陈编何补唐虞治，比屋风清沸诵弦。⑤

黼扆临西内，文臣侍大廷。曙光团露瓦，暑气散风棂。香案陈群玉，彤帷对六经。精微恭奏御，渊默静垂听。共际天颜怿，因承圣德馨。琼浆能洗髓，霞酝可延龄。臞体深沦浃，丹心欲镂铭。锦铺川草碧，龙绕甸山青。芍药摇樊槛，枌榆护迥軿。巡方虞典礼，讲学汉宫廷。道统齐天地，彝伦炳日星。八荒暨声教，万国永仪刑。⑥

五是天下太平。周伯琦曾用诗作记下天下太平的景象："表里山河号盛强，太平民力尽耕桑。原田高下鱼鳞比，村舍横斜鸟翼张。稚子负薪依曲径，老翁牧犊卧前冈。恍然风物皆吴楚，只欠茅庐对夕阳。"⑦

---

① 周伯琦：《至正改元岁辛巳正月廿八日，由翰林修撰特拜宣文阁授经郎兼经筵作》，《近光集》卷1。
② 周伯琦：《水晶殿进讲周易二首》，《近光集》卷2。
③ 周伯琦：《水晶殿进讲鲁论作》，《近光集》卷2。
④ 周伯琦：《二月十九日承诏复兼经筵官，是日进讲咸宁殿》，《近光集》卷2。
⑤ 周伯琦：《至正岁己丑（1349年）仲冬兴圣西殿进讲禹谟》，《近光集》卷3。
⑥ 周伯琦：《五月八日上京慈仁宫进讲纪事》，《近光集》卷2。
⑦ 周伯琦：《太原道中即事》，《近光集》卷2。

他也表露出了对能否长治久安的担心:"宝应湖,接高邮。双城湖上起,湖水四面流。昔时双城号铜铁,今日承平尽堕撤。铜铁不可保,天地同长久。国家德泽长如水,贯穿九州万人喜。直沽稳运苏州粮,京师饱吃高邮米。"①

至正十二年,周伯琦扈从顺帝于两都之间,已经听闻了东南乱起的消息,所以在诗作中特别表达了对止盗安民的重视。

> 吾皇仁圣君,动必循彝章。宵旰贻近忧,苗顽尚跳梁。所赖根本固,忍此枝叶伤。思见万邦宁,野无遗贤良。②

> 旌麾匝云屯,舆帐拟行在。法从各有司,谏垣敢荒怠。边报丛远函,苍黄尽吁怪。解鞍憩前村,伏枕念当代。王纲未疏缀,群生半尘芥。纤轸谁与言,沈思屡长慨。东南何时苏,吾欲问大块(是日驿报杭省有警)。③

> 细民终岁劳,输转日忧煎。苦乐殊云泥,使我中心悁。偶经岩谷胜,复忆江湖壖。升高望白云,楚天浩无边。王师未休息,敢赋归来篇。④

> 斯名岂易得,天以遗吾元。明明传正统,圣子及神孙。巡归遂驻跸,衣冠照乾坤。山川皆改容,草木亦被恩。章华民力竭,柏梁侈心存。岂若因自然,张设一旦昏。雄伟国势重,简俭邦本敦。⑤

周伯琦于至正十三年离开京城后,主要在江浙行省任职,在战乱中的诗文已不多见,所以只能说明其在大乱前的主要政治观点。

元朝后期的和平时期,儒臣之所以极力表述文治观念,是因为在权奸主政时期文治曾遭受重创,后来的政治更化也没有带来令人满意的治理效果。由此,儒臣重点阐释的是五方面的问题。一是对理想文治形态的描述,无论是对文治内涵的解释,还是对治世、治本、善治等观念的宣扬,都是为了提醒主政者不要偏离文治的轨道。二是对文治现象的表

---

① 周伯琦:《宝应湖》,《近光集》卷3。
② 周伯琦:《纪行诗·怀来县》,《扈从集》,四库全书本。
③ 周伯琦:《纪行诗·后海》,《扈从集》。
④ 周伯琦:《纪行诗·入居庸关》,《扈从集》。
⑤ 周伯琦:《纪行诗·龙虎台》,《扈从集》。

彰，尤其是强调科举取士、经筵、修史、兴学的重要性，既是对朝廷文治作为的肯定和支持，也是要借此抬升儒者的地位，以与整体性的轻儒政风做抗争。三是在时政建议方面，主要聚焦于对善政行为的解释以及如何用贤臣推行恤民、爱民措施和肃正官场风气，所要强调的就是只有真儒治国，才能带来良好的政治生态。四是为了使国家有可用之才，除了要求朝廷注意选人、用人机制外，更高度重视儒者的自觉和自律问题，尤其是对儒者以实学进身提出了更明确的要求。五是普遍关注弭盗问题，表明儒臣已经有较强的危机意识，并且能够就如何维护国家稳定阐释自己的看法。在肯定儒臣倡导文治精神的同时，还应该注意儒臣普遍存在的问题是缺乏对朝政弊病的系统分析和公开陈述，以及革新朝政的整体性建议。这既与当时的不良政治环境有密切的关系，也与儒臣的认识有密切的关系。在认定朝政只可能小修小补，不可能进行整体性变革的形势下，儒臣的最合理选择就是放弃整体性、系统性的分析和建议，采用就事论事的方法，因为局部性和碎片化的建议，更可能被主政者所重视，并变成朝廷的实际行动。这是封建王朝后期政治下儒臣的无奈抉择，所以不必过于苛责他们的机会主义或实用主义做法，而是要特别注意治国理政建议中所包含的那些令人深省的重要政治见解。

第十六章　救亡图存的政治观念

顺帝在位后期，因红巾军骤起导致的全国性战乱，最终导致了改朝换代的结局，但是王朝末世显现的有识之士的救亡图存观念和忠君报国观念等，还是值得高度的重视，因为对危亡或末世的政治看法，也是政治思想的重要组成部分。

第一节　刘鹗的报国观念

刘鹗（1290—1364 年），字楚奇，永丰（今属江西）人，原以教书为业，顺帝即位后历任秘书监秘书郎、翰林修撰、广东廉访副使、广东宣慰副使、江西行省参政等职，守韶关兵败被俘，守节而死，有《惟实集》传世。

一　论性理

刘鹗作为儒者，曾专心于性理学说的研究，并就一些关键性问题提出了自己的看法。

（一）说存心

刘鹗认为心有道心和人心的区别，"道心者，纯乎理者也；人心者，从乎欲者也"[1]。而所谓存心，就是要坚持学道心和守道心。

> 太虚者，天也；气化者，道也。合虚与气，有性之名。由性与知觉，有心之名。是心也者，所以尽性体天而默运夫道者也，曰

---

[1] 刘鹗：《存心论》，《惟实集》（宸章楼本）卷1（《全元文》第38册，第526—527页）。

德,曰仁,曰诚,曰敬,言虽殊而理则一,无非所以明此心之妙耳。言天则严其心之所自出,言性则原其心之所由成,言情则验其心之所由发。有志于圣贤者,不可不求诸道;有志于圣贤之道者,不可不求诸心也。世之人不知天之所以与我者,大或放焉,而罔觉天理既丧,人欲渐炽,因之处贫贱而移,处富贵而淫,义命之不知,廉耻之不顾,沦于嗜欲攻取之途,浸淫沉溺,茫乎其莫返。

孟氏谓"学问之道无他,求其放心而已"。夫学亦多术矣。词章记诵,华也非实也。政事功业,外也非内也。知必真知,行必力行,实矣,内矣。然知其所知,孰统会之?行其所行,孰主宰之?无所统会,非其要也。无所主宰,非其至也。孰为要,孰为至,心是已。天之所以与我,人之所以为人者在是,不是之求而他求焉,所学何学哉。夫心惟能存乃大,故大其心则能体天下之物,物有未体,则心为有外。世之人止于见闻之狭,圣人尽性,不以见闻牿其心,其视天下无一物非我,天大无外,故有外之心,不足以合天心。圣门之教,各因其人,各随其事,虽不言心,无非心也。孟子曰:"养心莫善于寡欲。"盖寡焉以至于无,无则诚立明通。诚立,贤也;明通,圣也。是圣贤非性生,必由养心而后至之,养心之善有大焉如此,噫,其要矣乎,其至矣乎。邵子曰:"心为太极。"周子曰:"纯心要矣。"张子曰:"心清时视明听聪,四体不待羁束而自然恭谨。"程子曰:"圣人千言万语,只是欲人将己放之心约之,使入身来。"此皆得孟子之正传者也。[1]

学道心和守道心,必须对"道"有正确的认识。按照刘鹗的解释,道是万物运行的原生动力,性是道运行的表象,所以道为天地之本,既关系万物的基本样态,也关系人的认知和行为方式,而人的能动性就在于能够以心体道。

道为天地之本,天地为万物之本。以天地观万物,则万物为物。以道观天地,则天地亦为万物。故天地之道尽之于物,天地万物之道尽之于人。人能知天地万物,所以尽于人者,然后能知道

---

[1] 刘鹗:《存心论》,《惟实集》卷1(《全元文》第38册,第527—528页)。

也。何则？道之流行，弥纶天地，充塞宇宙，无所不至。在上则鸢之飞而戾于天，在下则鱼之跃而出于渊，其在人则日用之间，人伦之际，夫妇之所知所能，而圣人有所不知不能者，皆此也。飞者鸢，而所以飞者非鸢。跃者鱼，而所以跃者非鱼。盖飞跃者性，而所以飞跃者则道也。为造化之发舒，即为心性之呈露；为在物之灵气，即为在我之天机。翱翔游泳者，为物理之自然；而亲上亲下者，为中和之位育。物物一太极，而莫穷其费也；万物一太极，而莫测其隐也。任举一鸢而飞者，率其飞之性；任举一鱼而跃者，率其跃之性。引而近之，推而远之，而无非是也。君君也，臣臣也，父父也，子子也，各止其所而不可乱也。人能常存此心，则息静之际，全体透露，妙用显行，无所滞碍。①

刘鹗还特别强调，只有了解道的奥秘，即所谓知"道"，才能达到真乐的境界："人患不知道也，不知道则跼天蹐地，而一身无所容，于是觉天下之物皆大而我独小。夫我小而物大，将只见物不见我，其于世之崇高富贵，视之巍巍然，即躬处优裕，而此心常欠然不自足，将戚戚者终其身而无穷期矣。""夫一切可惊、可愕、可忧、可喜之端，而其心安然不动，处之以泰然而无不足，又何箪瓢陋巷之足以累其心哉。夫境自外至者也，心自内生者也。心有未纯，由道有未充耳。道之未充，则境为身累，身为心累，不特箪瓢也，陋巷也，是则富亦可忧也，贵亦可忧也。以视古之履天位而不疚，被衮衣而若固有者，其相去为何如哉。"②

尤为重要的是，知"道"和存心要求去私欲、安贫富，真正做到乐在其中，如刘鹗所言："天地之间元气流行，无一处之不到，无一时之或息。圣人之心与天同体，故无时而不乐也，岂以富贵贫贱之异，而有所轻重于其间哉。何者？天之所赋我大而物小，圣人见其大而忘其小耳。见其大则心泰而无不足，无不足则富贵贫贱处之一也，处之一则能化而齐。然必曰不义而富贵视如浮云，则是以义得之者，视之亦无以异于疏食饮水，而其乐亦无以加尔。""圣人理穷焉而后乐也，性尽焉而后乐也，命至焉而后乐也，此则圣心之真乐也。"③

―――――――

① 刘鹗：《鸢鱼飞跃论》，《惟实集》卷1（《全元文》第38册，第537—538页）。
② 刘鹗：《回也不改其乐论》，《惟实集》卷1（《全元文》第38册，第533—534页）。
③ 刘鹗：《疏水曲肱乐在其中论》，《惟实集》卷1（《全元文》第38册，第531—532页）。

刘鹗陈述的存心之道，不仅仅是做人和做学问的要求，也是坚守儒家德、仁、诚、敬政治底线的要求，并以此来体现了存心说所具有的政治价值。

(二) 说践形

刘鹗还特别指出了气与理的相互依赖关系："气非理无以宰，理非气何所附"，所以所谓的"践形"，就是要"致知以明乎形之理，力行以体乎形之事"①，达成"得天下之理"的初心。

> 参天地者，人也。禀五行者，气也。气以成形，而理寓焉。盖无形者理，有形者物，无形之中而具有形之实，有形之中而体无形之妙。是以君子语上而不堕于虚空，语下而不泥于形器，则仁义立而与阴阳刚柔合，同而化于道矣。众人牿于气禀之偏，狃于习俗之蔽，而不能无人欲之私，是以视则不明，听则不聪，貌则不恭，言则不从，盖不能尽其形色本然之理，则虽有是形，而无以践其形也。圣人以中正仁义而立人极，无一毫人欲之私，是以视则极明，听则极聪，貌则极恭，言则极从，推之仁敬孝慈信，无一不止于其所，是形色本然之理施而悉合焉。顾自二仪既判，有理斯有气，有气斯有形，浑然一体而不见其有余物，各赋物而不见其不足，动静可求其端，阴阳可求其始，天地可求其初，万物可求其纪，鬼神知其所幽，礼乐知其所著。《易》曰："穷神知化，德之盛也。"又曰："穷理尽性，以至于命。"邵子曰："性者，道之形体也。道妙而无形，性则仁义礼智具而体著矣。"程子曰："天运而不已，物生而不息，皆与道为体者也，是以君子尽性而自强不息焉。"朱子曰："太极者，本然之妙也。动静者，所乘之机也。"由是观之，人能超乎形气，拔乎物欲，达其初心，则天下之理得矣。天下之理得，则可以参赞位育，而成位乎其中矣。②

君子践形，一个重要的功能就是"去恶"，如刘鹗所言："恶者，天下之所同恶也。知恶之而又能去之，非仁者能之乎。夫仁者，公足以忘私，明足以烛理，勇足以配道义，无徘徊顾忌之心，有勇往直前之

---

① 刘鹗：《践形论》，《惟实集》（宸章楼本）卷1（《全元文》第38册，第528—529页）。
② 刘鹗：《践形论》，《惟实集》卷1（《全元文》第38册，第529—530页）。

气,如疾风迅雷,长江大河沛然莫之能御,故其去恶,易若拉朽。"①为此,他特别强调了在实政中必有正气之人才能去恶的论点:"负练达之才者,可以受方面之托。抱刚正之气者,可以剔奸蠹之弊。方面至重者也,苟不有练达刚正者,岂不屈于欲也。"②"圣朝推一视之仁,必选硕德重望忠良正直之臣,居风纪之司,以察贪邪,以除凶恶,而后吾民得以享太平之乐,跻仁寿之域。"③

刘鹗还特别用长诗记录了自己在践形方面的理解和作为,可节录于下。

读书冀闻道,何必竞荣名。主宾辨内外,物我孰重轻。崎岖更尝余,愈觉兹理明。浮云视富贵,悠然悟深情。

胸次寡尘虑,随寓皆可乐。孰云柴桑里,不似麒麟阁。雨余草初生,风定花自落。荣辱今两忘,遗经在牛角。

生人以御物,何事随物化。五色双目盲,昏昏旦为夜。高处忽眼新,令我重悲诧。为塞陷天流,云开见嵩华。

留心强为善,万事当听天。天定还胜人,何须苦烦煎。原宪竟得贫,颜子不假年。在彼不我知,在我当勉旃。

失之要本无,既得乃固有。但知贫为常,未知贱者丑。贫贱与得失,命矣果谁咎。万态森前陈,凝然袖吾手。

权门手可热,行路为低头。一朝沧桑翻,言之使人羞。伉俪不能庇,骨肉烂莫收。悠然茅屋间,老矣归山丘。

象箸与玉杯,其流至亡国。箪瓢陋巷间,千载有遗德。采采陌上花,岂无好颜色。终然易零落,岁晚愧松柏。

孟氏有三乐,其一无愧心。俯仰苟无愧,至乐不可任。万化不得羁,超然众芳林。神仙甚非远,何必海上寻。

知耻斯不辱,知足常有余。岂无负郭田,亦有堆床书。春风茶新苗,雨过还当锄。准拟读书暇,茗饮甘如酥。

常怜世间人,晚岁生恐怖。问之此何因,牵以物欲故。孰知不

---

① 刘鹗:《广东金宪张公生祠记》,《惟实集》卷3(《全元文》第38册,第539—540页)。
② 刘鹗:《广东宣慰司同知德政碑》,《惟实集》卷3(《全元文》第38册,第545—546页)。
③ 刘鹗:《广东金宪去恶碑》,《惟实集》卷3(《全元文》第38册,第543—544页)。

得将，此理当自悟。云散月满怀，清风湛归路。①

践形说之所以重要，就在于其不仅涉及认识论方面的问题，也涉及行为论方面的问题，尤其是面对惩恶扬善的政治行为时，刘鹗看似消极的政治态度，所起的恰是救世的积极作用。

（三）说养士

为了使儒者能够为国家所用，刘鹗在为书院制定的学约中，特别强调了崇德行、端士习、重实学、正文体、勤会课、禁浮伪六方面的要求。

> 一德行之宜崇也。《周礼》师氏以三德教国子，一曰至德以为道本，二曰敏德以为言本，三曰孝德以知逆恶。至德者，诚意正心、端本澄源之事。敏德者，强志力行、崇德广业之事。孝德者，尊祖爱亲、不忘本始之事。此先王之教所以精粗两尽，本末相资，而不倚于一偏者也。朱子曰："圣人教人有定本，五常也，四勿也。"自昔圣贤教人之法，莫不以此，多士勖诸。
>
> 一士习之宜端也。自古《周南》之化，先及江汉，王仁所被，其流风余韵，虽百世而遥，犹能望古而兴怀，勿谓楚无风也。多士一步一趋，当以圣贤为法，慎毋竞佻达而薄检绳，尚浮华而贱悃愊，则品行端而正学明矣。
>
> 一实学之宜重也。何谓实学，凡有资于经济、达于政事者是也。夫士学以待用，因待用而学，而学又皆无用，可谓知务乎？古之学者，三年而通一经，此经一明，推之不可胜用也。昔左史倚相能读八索九丘之书，当时称为贤辅，今日岂乏异材，学者不可不求实效也。
>
> 一文体之宜正也。程夫子云："立言之道，不使知德者厌，无德者惑。"孟氏亦云："言近而指远者，善言也。"盖其言不近，则众人亦惑；其旨不远，则君子易厌。此圣贤立言之法，万世操觚者所必宗焉者也。试看《论语》《孟子》，其言何等平易，其意何等精深，使人观之，显然味之无极矣。

---

① 刘鹗：《浮云道院诗二十二首》，《惟实集》卷4。

一会课之宜勤也。以文会友,原是圣贤成法。尔辈随便立会,不拘人数,宜遵白鹿洞教规,恒以实心敦砺,质疑问难,相与开发心胸,显示默规,相与砥砺名节,不矜不伐,下拜昌言,若无若有,近思良友,虞廷孔孟相授之益可想而知也,求友辅仁亦在志士之自奋耳。

一浮伪之宜禁也。国家设学造士,欲求真才实能,共理天下。尔士子披青衿,入黉宫,以远大自期。周子曰:"士希贤,贤希圣,圣希天。"希天一事,旷世不谈。即希圣、希贤,姑亦未论耳。诸生且先希士,士志于道,不耻衣食之恶,无恒产而有恒心,自能爱养廉节、砥砺末俗矣。①

刘鹗还强调了士必须立志的要求:"士生天地间,不患无位,患无其志耳。夫志犹水也,苟其所向,虽周折龃龉,终亦必达。""是亦善观人者,不观其所处之崇卑,但观其志何如耳。"② 而对于世人称儒者迂腐,刘鹗则明确表达了迂腐者非真儒的论点:"世俗尝以吾儒者为迂阔,甚而相与目笑之曰:是腐也,常败乃公事。是果迂阔与腐耶,又乌得谓之儒哉。此必盗儒之名,而实有不称者。果儒者耶,必不至迂阔,况腐乎。"③

养士是为了用儒,刘鹗对朝廷的文治,给予了高度的评价:"唐虞不可作,大雅何寥寥。居然正始音,洋溢天历朝。""礼乐垂百年,圣主乃当御。奎章五云间,人文日宣著。"④ "听罢龙飞诏,扬休万口俱。公忠赖伊霍,揖让见唐虞。礼乐开平治,衣冠协赞谟。祖宗遗泽在,千载巩皇图。"⑤ 尽管文治有成,但是朝廷中依然存在不好儒的现象,使得刘鹗发出了京师不可久留的感叹。

归来乎,文夫既不能如田千秋,一言悟主生封侯。又不能如主父偃,奏书直上黄金殿。君臣千载遇合难,饭牛长夜何漫漫。胡为

---

① 刘鹗:《齐安河南三书院训士约》,《惟实集》卷2(《全元文》第38册,第517—519页)。
② 刘鹗:《送郡史况有容之肇庆序》,《惟实集》卷2(《全元文》第38册,第521—522页)。
③ 刘鹗:《送府推郑君仁化令尹序》,《惟实集》卷2(《全元文》第38册,第522—523页)。
④ 刘鹗:《赵贞常以善斲琴,遇知琴成奏之称旨》,《惟实集》卷4。
⑤ 刘鹗:《十月十四日崇天门听诏有喜二首》,《惟实集》卷5。

久客众公间，进退俯仰多腼颜。归来乎，孟尝君不可作，平原君骨亦枯。买丝欲绣空模糊，迩来卿相不好儒。客且无履安得珠，虽云二子未尽道。尚能与客相倾倒，白玉楼空燕不飞，黄金台圮生秋草。归来乎，京师不可以久留。岁晚霜雪侵貂裘，山中风月如清流。醉余菊花簪满头，千秋奚足顾，主父焉能侔。归来乎，先人有书今尚存，青灯夜雨当细论。孰云落落苦难合，有志可致乎青云。他年岁君在癸酉，看花烂醉琼林酒。

归来乎，古来圣人作《春秋》，始尊王室严诸侯。一辞初不待商偃，肖然古道灵光殿。纲维名教世所难，初非凿空凌溓漫。二百四十余年间，乱臣贼子俱汗颜。归来乎，后世多不然，吾道秋叶枯。纸扇一破难再糊，种瓜冬实欺群儒。魏王反诮齐无珠，纷纷似此不忍道。冠屦衣裳尽颠倒，苏秦六国相金印，园绮商岭饭芝草。归来乎，不可留山中，木绵正堪裘。乘槎鼓枻湘江流，直欲下至沧海头。白衣苍狗纷百变，蛇神牛鬼宁堪俦。归来乎，将安归师之所存，古今得丧奚须论。有口不饮贪泉水，有眼但看南山云。尘埃风雨卯复酉，千载虚名一杯酒。①

也就是说，刘鹗与大多数儒者一样，在太平的形势下重点关注的主要是儒者政治地位的问题，其作养人才的政治论点，亦偏重于理想而不是现实，因为在元朝后期的政治风气下，儒者确实少有真正被重用者。

二　论救危

至正十一年形势突变后，刘鹗成为挽救危局的一名干将，他不仅提出了重要的救危建议，也表达了忠君爱国的强烈意愿。

（一）乱世忧思

中原乱起，刘鹗首先看到的是将逃兵散的混乱景象："君不见，今将官，徒知学公携妓游东山。一朝传闻贼至关，匹马远窜不复还。又不见，桓司马，秦苻坚，叛逆之气凌云烟。惟公胸中兵甲全，成功谈笑神怡然。嗟哉方今群盗等蝼蚁，之子见公应愧死。"②他随即想到的是可能遭遇王朝更替的厄运："平原草木几无主，金谷楼台半是尘。已信齐

---

①　刘鹗：《归来乎》，《惟实集》卷6。
②　刘鹗：《题东山高卧图》，《惟实集》卷6。

桓能辅国，焉知陈胜足亡秦。国家自昔明刑宪，天地由来有鬼神。太息渠侬终不悟，翛然吾自爱吾贫。"①

由此，对于所面临的危局，刘鹗有了较深刻的认识，并且明确了报效朝廷的基本定位。

> 稍稍月当户，萧萧风满林。夜寒香梦远，霜重漏声沉。孝子终身泪，忠臣到死心。承平春似海，岂料有如今。
>
> 祸福当求己，行藏欲问天。干戈今更盛，涂炭愈堪怜。痛恨储胥缺，何由郡国圆。恨无双羽翼，飞诉至尊前。
>
> 礼乐将兴日，干戈独盛时。圣躬无失德，天道苦难知。嗟尔民何负，甘心贼忍为。不平徒怏怏，推枕起裁诗。
>
> 大厦将倾日，徒劳一木擎。揆时难与祸，避位敢忘君。无术能平寇，持威谩张军。中宵时念此，老气欲干云。②

随着时间的推移，战乱已经成为全国性的状态，刘鹗更是表现出了对国运的忧虑和身处乱世的悲苦之情。

> 世变日已深，人心不如古。狐狸向人号，鲵鳅为谁舞。承恩喜则人，怫意怒还虎。白日当交衢，杀人莫知御。官府不敢问，曲意尽摩抚。生者半逃移，死者空尘土。礼法徒有名，生民已无主。矧今居官人，冰炭生肺腑。中心为私室，借口夸公举。何意慕蔺廉，当面成汉楚。事功无由成，丧乱遽如雨。上天亦何怒，生民亦何苦。红日将西沉，悲歌望伊吕。③
>
> 新春和气颇熏蒸，共说今年可太平。满眼干戈谁击贼，绕街箫鼓强题灯。常悲尘世阴晴半，须信人生苦乐并。老去不为儿女态，引杯看剑起呼鹰。
>
> 忧国烦心苦郁蒸，眼中万事况难平。开怀且共新丰酒，乱眼犹疑太乙灯。岁晏孤踪犹岭海，夜阑清梦刷幽并。柳林记得朝元罢，

---

① 刘鹗：《闻新事》，《惟实集》卷6。
② 刘鹗：《夜坐有感四首》，《惟实集》卷5。
③ 刘鹗：《感时》，《惟实集》卷4。

曾侍銮舆学臂鹰。①

刘鹗更为痛心的是，战乱延续了八九年，大多数人好像已经麻痹了，整日醉生梦死，而不是想着如何挽救危局。

丧乱八九年，乾坤日流血。人心久不古，伦义悉磨灭。豺虎在城市，生民半鱼鳖。张弓不得射，令我重呜咽。欲付之忘言，宁无愧司桌。

醉者常百千，醒者才一二。苟或不自持，醒者亦复醉。诸君愿正大，政好持善类。庶几纲目张，或可起憔悴。政事如修明，盗贼亦人尔。无令贾长沙，痛哭至流泪。

丧乱靡有定，天下无全材。苟不事淫酗，辄复多疑猜。徒知尚权势，不恤治体乖。生民化盗贼，田里多蒿莱。狂澜亦既倒，纵挽不可回。愿忍贾生泪，且进渊明杯。②

身处乱世的平民百姓，则往往遭受来自官、贼两方面的夹击，处于生路断绝的悲惨境地。

苍生果何辜，十载堕涂炭。天心不可知，令我重悲惋。自从丧乱来，盗贼苦构患。有田不能耕，有园不能灌。牛羊被虏掠，妻子各分散。穷冬尚无衣，日午犹未饭。官府不我恤，沉浮等鸥雁。胁从姑偷生，纵死冀少缓。昨夜官军来，又复诛反叛。粗豪甚豺狼，猛毒如狌狅。一概尽杀掠，去贼才一间。玉石俱不分，生民重糜烂。纵贼官府嗔，为民贼杂乱。左右将安归，泛若无畔岸。新春雨潇潇，何忍听悲叹。愿言忍须臾，维持夜将旦。③

刘鹗当然不能置身于乱局之外，他既表示要献出拯救危局的良策，也做好了投笔从戎的准备："虚名不直死，何事苦纷纷。旷野惟空垒，

---

① 刘鹗:《新春记实二首》,《惟实集》卷6。
② 刘鹗:《感怀三首》,《惟实集》卷4。
③ 刘鹗:《官军破苏村，恶其与贼通；贼兵破白沙，恶民之不相随》,《惟实集》卷4。

长途只断云。日斜心更恐,风急耳多闻。未用轻衰飒,狂歌一张军。"①
"中庆堂前日欲西,干戈未息思依依。但知为国事经济,纵使傍人说是非。众口难调无善策,人心如面有危机。揆予俯仰无惭怍,山鬼通神自向微。"②

(二) 忠心报国

在红巾军初起时,刘鹗已经明确向朋友表达了忠君报国的决心:"早岁同游凤阙前,于今鬓发各萧然。御街杨柳春风马,海子芙蓉夜月船。满望功名图晚岁,岂期衰朽度残年。九江二水难回首,报国忠君各勉旃。"③此后,他又多次在诗作中表达了为朝廷尽忠的意愿:"自怜老去情怀别,笑拾花钿不复曾。良夜好天千载意,光风霁月四时灯。暂辞江表烟尘海,偶上人间傀儡棚。一片忠君心似血,鬓边白发迩来增。"④"常思为国致升平,每事参差谩有情。天魔未除难学道,国粮不足莫论兵。痛怜劫运如长夜,起视明星近五更。待得朝廷消息好,笑携儿子赋归耕。"⑤

尤其是被朝廷派到韶关驻守后,刘鹗更在诗作中表示出对朝廷的忠诚,以及忠君守节的决心。

> 犹当相与守危关,自古忠臣铁作肝。非敢偷生忘故友,且须忍死报平安。干戈荏苒情何极,礼乐隆平运未残。揽辔澄清当努力,诚心北望思漫漫。⑥
>
> 予生果何为,自愧亦自怜。一官号持斧,从者多控弦。精神复矍铄,手足多胼胝。据鞍气愈壮,报国心愈坚。愿言早平寇,归泛胥江船。⑦
>
> 盛暑远行役,既老尤难堪。矧兹滑石径,乱石何崇巉。上有千丈崖,下有百尺潭。于焉苟失脚,下饱饥蛟馋。况余发尽白,齿落余二三。胡为远行役,揽辔冲瘴岚。为怀圣主恩,优渥如云昙。临

---

① 刘鹗:《早发阳城,疾赴军垒,风雪失路。因记其苦二首》,《惟实集》卷5。
② 刘鹗:《偶成二首》,《惟实集》卷6。
③ 刘鹗:《寄友为红巾破九江府》,《惟实集》卷6。
④ 刘鹗:《明日鹏飞照磨赐和再用前韵二首》,《惟实集》卷6。
⑤ 刘鹗:《枕上偶成》,《惟实集》卷6。
⑥ 刘鹗:《次颜子中都事韵》,《惟实集》卷6。
⑦ 刘鹗:《木槎径》,《惟实集》卷4。

难重却避，臣子宁无惭。平生志许国，何敢辞苦甘。乌知有险阻，快若乘风帆。督师急讨贼，丑类俱除芟。持以谢明主，拂袖还江南。①

余年已七十，持节沧海浔。南北欲断绝，世道多崎岖。田园谩入梦，鱼雁亦已沉。纵使铁石肠，宁能不沾襟。劫运会已极，天道当祸淫。愿言辅吾志，此贼真成擒。浩歌返鸡山，理我无弦琴。②

去年落一牙，今年落三齿。动者日已落，存者能有几。齿落何足悲，所悲岁月逝。行年已七十，德业无可纪。远愧赵充国，成名向边鄙。作图上方略，虽老何矍铄。岂独夸当时，余光耀青史。我今往韶雄，事势焉能已。汉贼不两立，直欲洗国耻。梅关一岭隔，调度亦易尔。会当杀贼奴，持以报天子。何妨衣绣衣，持节老乡里。③

报效朝廷说易行难，刘鹗特别以诗作连缀成"野史"，就是希望后人能够了解他所遭遇的各种难题。

近城民砦十破九，元戎束手未如何。宜章军马虽无敌，只恐来时风雨多。

弯头又益湖南贼，近郭时时掳掠人。足食足兵无早计，明年此际恐无人。

五百健儿乘锐出，十三个贼一时来。行粮功赏俱乌有，兴尽翻然解贼回。

好利善谀周亚父，特皆收录作亲臣。宪君纵有春如海，那得吹嘘及远人。

已闻祗候升州判，巡徼俄闻亦佐州。英德只今为外府，官民多怨更多愁。

得财纵贼寻常事，为报私仇或灭门。我亦临风长太息，一家富贵百家冤。

水军万户嗟何益，何者为军何者船。料想此时为此策，权都归

---

① 刘鹗：《滑石径》，《惟实集》卷4。
② 刘鹗：《题韶州图》，《惟实集》卷4。
③ 刘鹗：《齿落》，《惟实集》卷4。

己利都专。

　　群凶冗扰心何一，二帅参差意不同。关北翻传消息好，关南河道几时通。

　　直将民社同儿戏，不蓄干戈不蓄兵。军马不来无别策，只催百姓急修城。

　　贼兵欲向翁源洞，纠合官陂来打韶。此策若行诚可虑，南雄唾手可能招。

　　遮留使者来文牒，恃势要君真可诛。宪纪皇皇无示弱，盛衰关数不关渠。

　　王师为体须持重，主将犹须纪律明。功业直须豪杰做，如何贪鄙可论兵。

　　群贼知无兵可恃，迩来充斥遍西郊。官陂忽听兵云合，赖有元戎为解嘲。

　　坟墓俄惊俱发掘，妻孥生死若云浮。凭谁乞我金千镒，自愿提兵殄寇仇。

　　五鬼相缠何日了，一官如水曷胜穷。谩凭商贾供薪米，乱石滩头一夕空。

　　甑已破矣顾何益，好把胸怀大展开。天赋我才应有用，千金散尽或重来。

　　抟沙尽力苦难合，谁识同心利断金。白发老臣肠欲断，忍看民社付浮沉。

　　城南健儿亦英锐，恶若哮虎何崎嶬。昨日送船多战死，兴言讨贼亦寒心。

　　东村丧牛不满百，西村丧牛百有余。牛尽田荒民困苦，争趋刀剑去犁锄。

　　解衣衣我食食我，况兼别眼意尤亲。赤心效报翻成咎，自笑书生太认真。

　　迩来比比都元帅，闻此令人颇失惊。颠倒群雄固如此，但愁识者反相轻。

　　料想衣裳俱剥尽，幸怜肢体未伤残。愁心耿耿知无寐，况值严冬夜苦寒。

　　生民困苦亦已极，官府征呼又逼人。上下但知求富利，不知总为贼驱民。

生民憔悴可痛哭，无处告诉只癫狂。更看消息还何似，亦复东风到五羊。

七十已衰仍苦病，自怜无力任驱驰。明当告老乞骸骨，孝子忠臣两得之。

西江涸辙望君久，朝廷倚君真如山。北来军马已云会，好调元戎早出关。

贼兵如入无人境，村落多为失主民。束手待看台领破，班超介子果何人。

可怜日蹙国百里，昨日又破陂头村。哑子食荼徒自苦，少陵欲哭又还吞。

监司待我真骨肉，我敬监司如父兄。纵使监司如可负，敢欺明主负朝廷。

此来恨杀弯头贼，白昼莲花峰上旗。监前半夜闹到晓，公然对面相陵欺。

两月河流干欲断，南雄消息了无闻。苦无良策开道路，时复北望瞻风云。

老军樵采供衣食，官府饥寒痛逼之。贼满四郊无处采，忍闻半日尽逃移。[1]

刘鹗的忠君爱国观念，为他后来的守节行为作了重要的铺垫，因为他确实希望自己能够做言行一致的表率。

（三）守韶方略

至正十九年，刘鹗奉命从广州北上，分兵驻守韶州路（今韶关市），他特别以诗作表达了身负重任时的心情。

玉节光浮士气和，不须更问夜如何。湟中愿学赵充国，徼外当如马伏波。要使蛮夷归礼乐，伫看岭海罢干戈。不烦主将多忧顾，笳鼓归来杂凯歌。

巨镇名藩压海滨，岂期四海涨烟尘。丹心激烈宁辞老，玉斧驱

---

[1] 刘鹗：《野史口号碑四十四首》，《惟实集》卷7。

驰不为贫。此际出师宜有表，向来馈饷岂无人。勿容耿邓专前美，好遣皇家识汉臣。

志未能酬贼未除，衰年岂敢恋安车。愿言息壤坚盟誓，从使中山有读书。寂寞宛如天宝后，升平无复至元初。会当勒石凌烟阁，返我承明旧所庐。

玉节提兵昔见之，风流儒雅是吾师。据鞍矍铄诚堪画，横槊从客谩赋诗。破贼要如驱海鳄，忧民那得避仙蜞。强兵富国当留意，乘兴长驱庶可期。

群盗纷纷苦未休，檄书催我上韶州。已看肥羜供新馔，更泛清尊慰别愁。天眷老臣恩至渥，君于老友礼殊优。他无补报惟忠义，明日驱车不复留。①

在开始的几年中，刘鹗依靠各方的努力，成功守住了韶关关城，他特别以诗作记录了当时的情形。

乱鸦忽收声，群鹊逐我屋。俄传报捷来，渠魁已就戮。生民久涂炭，郡邑久陵谷。道路少人行，冤鬼白昼哭。抚时乱已极，在理往必复。桓桓邝将军，骁勇时所独。将军固可嘉，主宪多盛福。上天既悔祸，盗贼亦厌乱。何况天下心，乱极重思汉。五羊号雄藩，地列江右半。鱼盐足富利，戎马素强悍。宪君居是间，九载屡克叛。运筹多玄机，临事有成算。声名达宸聪，美誉流汗漫。西江望旌旗，如望雨济旱。政宜挥千金，谈笑遣鼖灌。乘机捣豫章，克复在夕旦。笑提叛臣头，庚岭作京观。千秋万古间，留得路人看。勋业垂无穷，人生如露电。②

在赞扬有功将领的时候，刘鹗还特别强调了守城不仅是军事行为，也是政治行为，需要以善政来安抚民心，以得到民众的支持。

桓桓邝将军，讨贼奋英武。所至缚贼奴，将以血衅鼓。淮阴信无双，哙等焉足伍。年富力正强，成功报明主。

---

① 刘鹗：《分司北道留别监宪五首》，《惟实集》卷6。
② 刘鹗：《寄监宪》，《惟实集》卷4。

桓桓邝将军，赋性机甚警。沉毅罕言语，每发中肯綮。及其闻善言，沛然发深省。酷吏尽扫除，疲民得苏醒。

桓桓邝将军，忧国常戚戚。韶民苦凋瘵，军赋从何出。慨然示无私，政令始归一。仓库岂不盈，稽之不终日。

桓桓邝将军，苦天久不雨。青黄不相续，斯民亦良苦。忠诚自心出，虔祷遽如许。神灵亦阴相，青天雨如澍。

桓桓邝将军，拟归集精兵。凉秋八九月，伫看官陂平。其余持土苴，不战将自倾。与子当并驱，笑夺南雄城。

桓桓邝将军，号令甚严肃。荒村人夜行，空谷鬼昼哭。风霆无留滞，迅若置邮速。昨日归牵牛，推恩及茅屋。

桓桓邝将军，仗义能急难。水陆势既合，破贼笑谈间。声名播南海，威武耀北蛮。明当唤班固，勒名貂蝉山。

桓桓邝将军，罕与污冗亲。所以奸谀夫，无所容其身。况耳不妄听，中心明如神。谁知杀贼汉，高出知书人。

桓桓邝将军，密尔宜章市。公然一榻外，老贼敢鼾睡。一朝生致之，持归献天子。天子嘉其功，声名播寰宇。

桓桓邝将军，民社当自重。但愿贼扫除，勿遗民倥偬。居民苟一空，城存复何用。此理君固知，丁宁为君诵。[1]

旷日持久的守关，使刘鹗面临巨大的压力，但是他在诗作中依然表达出了能够守住危城的信心。

我辞五羊来，老气凌云浮。意谓此孽丑，端可一战收。秋初抵韶阳，事有大不侔。主将恣贪暴，田里多怨愁。军马晨星稀，盗贼春云稠。攸围响石砦，穷迫已可忧。又闻湖南陈，围困连桂州。谭侯弃南雄，笃意归旧丘。牒报关外寇，复有开韶谋。民情堪恟恟，俨如浪中舟。乞师与请粮，使者交庭陬。蹇余持空拳，无可应其求。虽云百冗集，乌足回其头。精神强奋迅，随意相应酬。或诱以好爵，或赉以银瓯。或时纠民丁，相予执戈矛。南北各有事，帷幄聊运筹。胸次日扰扰，回首已仲秋。连桂忽报捷，杀贼如星流。州

---

[1] 刘鹗：《送邝将军元帅还郴古诗十首》，《惟实集》卷4。

城虽无恙，民物日已偷。皇天实相我，幸不贻时羞。所嗟响石砦，竟为贼俘囚。援兵既不利，与贼空为仇。桓桓蒙将军，忠义谁与俦。讨贼为己任，誓灭贼乃休。雍容风鸣树，便捷鹰脱鞲。临事每千虑，为虑靡不周。聚粮辄充栋，飨士时椎牛。意气益倾倒，士乐从之游。于时赖有此，长笑看吴钩。①

至正二十二年三月，刘鹗不得不向朝廷上书，请求尽快派来援军，否则局面可能失控。

> 臣刘鹗奏为请旨益师事：天下之师，有劳而卫者，有逸而乐者，其劳逸之不同，将谓将之智愚分乎，师之强弱异乎。不然，何劳者之终于劳，而望逸者之憩而不得也。劳固可以劳终，逸独不可以劳见乎？臣闻措社稷于泰山之安，而河海不扬波者，必歼其奸首，使魑魅之徒烽烟绝灭，然后可以久安长治也。上今仁泽博施，轻赋薄徭，爱恤人才，设参政二十四御其险要，抚于外而佐于内矣。臣虽至愚，前此职任翰林修撰，亲承命令，宣布政治，鞠躬数载，而受恩汪濊。是臣犹在天地之中，戴天而不知其高，履地而不知其厚也。今者洞獠作乱，诏守韶地，寝不安席，食不甘味，兢兢焉只为国家是计，民生是安，即刀锯在前，鼎镬在后，决不敢二三其志，以负我皇上优隆之至意。于是臣男刘运以经历而升掌元帅事，日试士卒，偕将李如璋等力战数月，獠贼逃遁，思悉平之，以杜后患。奈环韶皆山，林深树茂，泉涌石岩，人不能扳援而上，马不能振威而进，虽分兵各崖下、各溪间相应攻之，劳劳刁斗，扰扰干戈，军之困于战者众矣。剿洗巢穴，歼其渠魁，散兵多而主兵少，此崖敌而彼崖之师有难跋峻而救，彼崖战而此崖之师鲜能越川以往。臣即日夜旗鼓夹道，虎帐高悬，用五火之攻，行九地之术，转圆石于千仞之山，决积水于千仞之区，按形据势，斩贼首而奏凯，自料兵少而将寡，愿陛下宥臣当死之罪，念臣汗马之劳苦，耄年之烽垒，敕令司戎发江潞之士卒，沿省之人马，饷粮按期赏给。韶之人民见之闻之，咸曰："兵益也，将广也，我王抚绥百姓之心

---

① 刘鹗：《秋日即事》，《惟实集》卷4。

切也。"獠贼虽有邪狡狁出，奚能当我中夏秉忠抱义济济将吏。况易有曰："王三锡命，长子帅师。"獠贼剿而民风和，将来深宫可以挥弦而理。盖臣报国之心诚，而望援之师急，顾臣冒死奏请，幸切勿以臣言为谬。①

至正二十二年四月，刘鹗又向朝廷上书，除了对江西、广东等地的军事部署提出建议外，还特别指出了朝臣隐瞒真相是导致军事行动不利的主要因素。

臣鹗伏以比岁逆贼啸聚多党，并合丑类，多方告警，焚我蕲黄，陷我江州，诸路守臣皆弃城而逃遁，总管李黼以无援而战死。臣履任之日，浚治城池，缮修器械，召募丁壮，分守要害，偕诸将士百计捍御，虽事势穷蹙之日，宜为安疆定国之计者也。数年之内，强寇稍却，民赖安居。十七年，荷蒙圣恩，授臣广东廉访副使。闻命之日，星夜奔驰，度岭而南，修城濠，缮甲兵，仰仗天威，军士稍集，民志得宁。十九年，迁臣守韶，整顿军旅，抚绥地方，城郭完固，猺獠遁避。谨将江西、广东两省事，宜为陛下直陈之。江西以鄱阳为襟喉，以江州为辅臂，袁、临、吉、赣当楚粤之要冲，抚、建、广、饶控闽越之关隘。至于龙兴，名为省会，居中应外，宜慎简良帅，增设重兵，诸郡有警则分兵援之。至于各府，则修筑城池，固守隘口，团练堵截，粮饷既裕，兵气自奋。诚能于九江、湖口各增一营卫，备兵捍卫，各置战船百艘，相为应援，则荆阳诸盗不敢窥，九江、湖口而臂指相应矣。建昌、信州又于关隘谨以烽堠，守以重兵，则藩篱固，而闽浙一带不得越境而寇矣。若乃广东五岭之外，号为四塞，由南雄可向荆吴，由惠潮可制闽越，由高廉可以控交桂。总广东一省，列郡为十，今分为三路，东则惠潮，中则岭南，西则高雷，此三者皆要冲也。环郡大洋，风涛千里，皆盗贼渊薮。帆樯上下，乌合突来，楼船屯哨可容缓乎？为今之计，东路官军必屯柘林，以固要津。中路之虎头门等澳，而南头为尤甚，或泊以窥潮，或据为巢穴，乃其所必由者。西路对日本倭

---

① 刘鹗：《请旨益师疏》，《惟实集》卷1（《全元文》第38册，第514—515页）。

岛暹罗诸番,变生肘腋,是西路所当急为经画者,又乌可缓哉。然臣今日所言者,悉地方之要害,而国之所患者,由边备之防弛,臣窃虑今日之大势亦岌岌矣。自红巾贼刘福通起兵于汝颍,大为心腹之患,焚蕲黄,陷江州,是不独江西一省也。方国珍聚众海上,屡降屡叛,焚掠沿海诸郡,又不独广东一省也。夫李黼之死于徐寿辉,孤城无援也。泰不华之死于方国珍,驻海兵单也。赵胜普战湖口,而行省臣星吉死之。张士诚据高邮,而知府李齐死之。凡若此者,既不能深防曲虑以消祸患于未然,又不能选将练卒以图恢复于目前,是可叹也。夫天下之弊起于因循,而成于蒙蔽,州郡告警而方镇不以为然也,方镇告警而内部不以为然也。夫国家安危,民生休戚,大臣不以闻,主上不得知,其患可胜言哉。臣愿陛下严简擢之法,省参督之制,核功赏之实,奋刑威之断,举一将则众议必简,任一人则群疑莫夺,赏一功则疏远不弃,罚一罪则贵近不疑。如是,则人格其心,官奉其职,由是而刍粮可充,器马可利,城堑可固,练习可娴,斥谍可明,号令可信,虽八荒之远,六合之广,皆能如身之使臂,臂之使指,若江广区区之地,又何必深长虑哉。敢撮其大端,约其形势,惟陛下断而行之耳。①

刘鹗针对全国危机提出的选能将和明赏罚等对策,切中时弊,可惜在朝廷忙于内斗的状态下,不可能被主政者所重视。

至正二十四年,韶州路遭受来自广西、福建多路敌军的进攻,刘鹗无奈地表示:"浩劫如天似未涯,生民性命等飞花。兵戈镂辐动万计,柴米从容有几家。宇宙岂应将拆裂,英雄到此谩咨嗟。忠肝义胆难磨灭,自昔睢阳世共夸。""麾下更无兵可调,城中又乏米堪忧。孰为报国忠君计,姑作求田问舍谋。兔只守株宁可待,鱼从缘木岂能求。老夫束手愁无奈,白尽平生未白头。"② 当年九月,韶关城被攻破,刘鹗被俘后写下"生为元朝臣,死作元朝鬼。忠节既无惭,清风自千古"的小诗,绝食而死,践行了他的守节行为。③

在元朝末年的危局下,刘鹗完成了由儒者向统军要员的转换,并且

---

① 刘鹗:《直陈江西广东事宜疏》,《惟实集》卷1(《全元文》第38册,第515—517页)。
② 刘鹗:《韶州围城》《谩书》,《惟实集》卷6。
③ 刘玉女:《刘鹗墓志铭》,《惟实集》附录。

坚守危城六年，确实体现了他所强调的真儒不迂腐要求，因为在败亡之际，恰恰是真儒在起着支撑局面的重要作用。

第二节　余阙的守国观念

余阙（1303—1358 年），字廷心，又字天心，唐兀人，出生于合肥（今属安徽），元统元年进士，历任应奉翰林文字、监察御史、淮西宣慰副使等职，率军守安庆，城破后自尽，有《青阳集》传世。

一　说文治

顺帝在位前期，余阙曾就朝廷的文治提出过一些重要的建议，可分述于下。

（一）仁政之要

余阙在元统元年科举考试廷试的策论中，重点强调了"子孙保天下之道，即祖宗得天下之道"的论点。

> 周武王曰："惟天地、万物、父母，惟人万物之灵。亶聪明，作元后，元后作民父母。"此言君天下者，凡以仁而已。臣尝思之，天地生物而厚于人矣，而于生人之中，尤厚于圣人。其所以厚于圣人者，欲其推生物之心，以加诸民，是仁者，人君临下之大本也。
>
> 往古，则仁之为道，夏以之为夏，商以之为商，周以之为周，祖宗以之而创业，后圣以之而守成，其理可谓至要而亦可谓至难矣。
>
> 臣以为人之于仁，忧患而思勉者易，安乐而勿失者难。天造草昧之际，英雄角逐之会，而世主之心所以不敢暇逸者，鲜不如敌国之在旁，严父之在上，其思所以康济小民，惠鲜天下者，盖馈屡辍而寝屡兴，此其势之易然者也。天下既定，方内无事，兵革不动，四荒向风，天下之臣又日奏祥瑞丰年，颂圣德者声相闻于朝，歌太平者足相蹑于道，虽以创业之君，尚不免于不终之渐，况其后世乎。盖治平则志易肆，崇高则气易骄。志肆则败度之心滋，气骄则爱民之意熄，如是，则岂复念夫先世艰难勤苦为何如哉。

第十六章　救亡图存的政治观念　289

　　臣以为惟思祖宗得天下之难者，则于保天下也斯无难。启、太丁、太甲、太戊、祖乙、盘庚、成、康、文、景之君，则思祖宗创业之难，而保之者也。桀、纣、幽、厉、桓、灵则反是。故伊尹之于太甲，则明言烈祖之成德；周公、召公之于辅相成王也，亦谆谆于文王之典、武王之大烈。盖知其祖宗得天下之难，则必能求其所以得之之道矣。知其所以得天下之道，则知所以保天下之道矣。夫祖宗得天下之道，即其子孙保天下之道也。孟子曰："三代之得天下也以仁。"此仁者，祖宗得天下之道也。《易》曰："何以守位，曰仁。"此仁者，子孙保天下之道也。夫仁之难成，亦已久矣。持盈守成之君若是之难得者，宜哉。

　　臣尝妄论之，我国家之得天下，与三代同。自太祖皇帝起朔漠而膺帝图，世祖皇帝挥天戈以一海内，不恃强大而其仁义之师自足以服暴乱，不用智力而其宽大之德自足以结人心。至于渡江临鄂与建元之诏观之，则我国家得天下之本，一仁而已矣。故以曹彬之事命帅臣，而革命之日市肆有不闭。以大易之元建国号，而中统之诏，天下所归心。太祖既以七十余年而平一之，世祖皇帝又以四十余载而生聚之，德在民心，功在史策。以圣继圣，传至陛下，吾祖宗所以得天下之道，是即陛下保天下之道也。

将子孙保天下之道用于时政，最重要的就是君主要以仁心行仁政，余阙就此作了具体的说明。

　　以今日之道而言，臣则以为，守成之本仁也，所当先务者仁也。至曰功，曰利，曰甲兵钱谷，曰簿书期会，曰禁令条教，皆末而当后者也。然就仁之中而其本末先后，亦不容以无序也。有先王之仁心，有先王之仁政。孔子之告颜子曰："克己复礼为仁。"此以心言也。孟子告齐梁之君所谓五亩之宅、百亩之田与夫学校庠序之类，此以政言也。有是心无是政，则其心终不能有洽于天下；有是政无是心，则其政亦不能以自行。必有内外本末交相通贯，是即尧舜之道也。

　　陛下有颜渊明睿之姿，可以致修身之功；有尧舜君师之位，可以推爱民之泽。不宜狃于近功，安于卑下，而不以圣贤自期也。臣愿陛下万机之暇，取孔孟之言而深究之，体之于身，揆之于事，求其何者为欲，何者为理，知其为欲而必克之，知其为理而必复之，明以察其几，勇以致其决，日日而克之，事事而复之，则自心正身修，而仁不可胜用矣。或于听朝之时，或于进讲之际，数召大臣，延问故老，深加咨访，某事为先王之仁政而未尽行，某事为今日之弊端而未尽革，某害未去，某利未兴，某贤未用，某物失所。敏以求之，信以达之，时省而速行之，委任责成而程督之，使天下疲癃残疾得其生，鳏寡孤独得其养，而无有一物之不遂其生，则民物安阜，而人莫能御矣。异时陛下五刑不试如周成、康，圣贤之作如商诸王，夫然后可以答上天玉成陛下之心，生民蕲望陛下之意，先帝慈皇付托陛下之深计，而我国家时万时亿之统，可以传之永世而无疆矣。诗云："宜民宜人，受禄于天。"古人有言曰："爱民者，必有天报。"陛下诚如臣之所期，则申命之休将如日之升、如月之恒矣。①

余阙还明确指出，国家要立于不败之地，必须做到人尽其言。阻塞言路乃至人不敢言，则是自取败亡之道。

先王之时，上与下同患，故国家之政，夫人而得言之。召穆公所谓士献诗，史献典，瞽献书，百工谏，庶人传语，近臣尽规，亲戚补察，故凡事之得失，政之利害，国之治乱，上无不有以全知而慎修之，而至于无败。盖天下之势如操舟，舵师失利，岂特棹夫之患哉，而凡同舟之人患也。故有忧天下之心者，无不有以尽其言，不尽其言者，是不忧天下者也。有忧天下之心者，由有以知其得失、利害、治乱之故，不忧天下者，是不知所以得失、利害、治乱之故者也。夫天下之大患，在于人之不得言，而得言者不以言，与虽言之而不用，其情甚者，至以为俗，虽有忧天下之心之人，而不知天下得失、利害、治乱之故者，亦不敢言，而国遂以乱亡，如秦季世，盖可监已。②

---

① 余阙：《元统癸酉廷对策》，《青阳集》卷5，四库全书本（《全元文》第49册，第102—106页）。
② 余阙：《题宋顾主簿论朋党书后》，《青阳集》卷6（《全元文》第49册，第139—140页）。

余阙曾师从于吴澄的弟子张恒,① 可以算作"草庐学派"的学者,所以重点阐释的自然是理学的政治观点。

(二) 兴学之要

在兴学方面,余阙首先强调了儒者的行文要与求圣贤之言紧密联系在一起,否则难以阐释圣人之道的真谛。

> 文者,物之成章者也。在天而为三辰,在地而为川岳,其在于人,若尧舜之治化,孔孟之道德,仲由之政,冉求之艺,一皆谓之文。今特以言辞之精为文者,夫言之精,莫精于周公、孔子。二圣人之于言,岂有求其精而然哉,而其文何若是其蔚也。扬雄、司马相如、韩子、欧阳子始号为工于文者,彼其于周公、孔子之文,非不欲穷日夜之力,极一世之所好,孜孜焉追琢磨砺以求其精,而卒不能至焉。濂溪二程夫子之学,其视扬雄、司马相如、韩子、欧阳子盖有所不暇,然味其言,渊然而深,雄然而厚,睟然而醇,使得列于圣门,虽颜子、曾子将不能过,则夫言之精者,又若不待穷日夜之力,极一世之所好,孜孜焉追琢磨砺,以求至于圣人而后已。此无他,圣贤道德之光,积中而发外,故其言不期其精而自精,譬犹天地之化,雨露之润,物之魂魄以生葩华毛羽,极人之智巧所不能为,亦自然耳。故学于圣人之道,则得圣人之言,学于圣人之言,则非惟不得其道并所谓言,胥不能至矣。②

尤为重要的是,余阙将性善论与兴学紧密结合,强调了性理学说对教化的关键性作用。

> 学校之教,圣人所以尽人性者也。夫人之性,天命也。天命者,诸生遍予者也。其理,仁、义、礼、智;其器,君臣、父子、夫妇、长幼、朋友;其文,昏丧、冠祭、朝觐、会同、射饮、军蒐,此性之体然也。若夫忠信也而流为残贼,礼让也而流为争夺,文理也而流为淫慝,此性之失而非其本然者也。圣人,人之隆基也,是故为之学校之教,师法之化,礼义之道,所以正人心而定天

---

① 《元史》卷143《余阙传》。
② 余阙:《送葛元哲序》,《青阳集》卷2(《全元文》第49册,第127—128页)。

命也。而世儒之言有曰："残贼、争夺、淫愿者，性也，必赖圣人为之教，然后忠信、礼让、文理兴，而生人之道立。"是不知性者之言也。今夫鸟之鷇也飞而逐其雌，兽之生也走而轶其群，然止于飞走而已也。惟人之性，其天命者也，是故充其知可以通昼夜之道而知死生之说，推其才可以参天地而赞化育，何也，所性而有故也。今曰性无善也，必圣人为之教而后善，则驱鸟兽以由于学校之教、师法之化、礼义之道，亦可以为忠信、礼让之理也，其可乎？是故栖桊栋宇，圣人所以尽木之性也；引重致远，圣人所以尽马牛之性也；学校之教，师法之化，礼义之道，圣人所以尽人之性也。其教已立、其化以行、其道以成之后，于是忠信立而残贼息，礼让著而争夺寡，文理明而淫愿平，其动之也神，其渐之也深，则夫民之心可与为善、可与为恶、可与为治、可与为乱，夫岂夺之以恶而与之以善，易之以乱而诱之以治，使其民至于如是哉，亦尽其性而已矣。有弗若于吾化，弗迪于吾道者，然后为之刑政以齐之，则刑政者先王所以辅治，而未尝以为先也。是故教成而王，政成而霸，咸无焉而亡，其道有大小而其教有浅深如此。自先王之迹息，而天下之治皆苟且，由其知治而不知教，而其甚者遂至乱亡相寻，终莫能胜民之梦梦者，皆不考乎此。大元之兴百有余年，列圣丕承，日务兴学以为教，党庠塾序遍于中国，虽成周之盛将不是过。①

余阙还明确指出，礼乐是教化的重要手段，所以兴学要特别重视孔庙的祭祀，并且既要有祭礼，也要有规范的雅乐，而不是以俗乐应付其事。

礼乐出于天而备于人。卑高以陈者，礼也；絪缊而化者，乐也。故礼者天地之大节，乐者天地之大和，其体极乎天、蟠乎地，其用行乎阴阳而通乎鬼神。夫人者，天地、阴阳、鬼神之会，而礼乐者观会通以行其道也。其君臣、上下、宾主之有其文，升降、揖让、缀兆、清浊之有其度，礼以著节，乐以为和，节以别同，和以合异，是皆天之所畀而非人之所为也。然心，天命也，欲，心生

---

① 余阙：《穰县学记》，《青阳集》卷3（《全元文》第49册，第146—148页）。

也，欲炽而无以治之，则心梏亡矣。礼乐者，先王用之以迪民心而定天命者也，是故朝觐会同礼乐以接，郊社庙享礼乐以成，军旅宾客礼乐以治，用之于天神格，用之于人鬼享，用之于民而民事治，故习俗美而侵侮荡淫之心无自而生，天下之大政岂有出于此者哉。

皇元之兴，诸事未遑，即定著孔子庙祀之礼，既又令天下庙祀用大成乐。令虽具，而吏亦鲜能应诏制，春秋奠荐类以鼓吹行事。夫礼乐者，以之习民使之饱闻而饫见之，然后入人深而成功大。孔子庙者，乡大夫属民敷教之地，而民幸有礼，可以略见先王之道，而乐又不备，由吏之为政不知本末与所先后也。如此，汉阳府孔子庙祀，旧亦循用俗乐。河东谭君知府事，乃率其同寅相与出俸金，作雅乐器。教授余时献以其事来请，宰臣是之，为遣一封传作之平江，数月而乐至，为琴、瑟、笙、笛、埙、篪各二，特钟、特磬、柷敔、鞉鼓各一，箫八，编钟、磬各十六，择诸生肄习之。八月丁丑，有事于学官，人声在上，乐奏在下，翕如纯如，疾舒以度，礼仪既举，观者咸作而叹曰："礼乐之用大矣。"①

在诗作中，余阙也对合乎理想的兴学给予了赞颂："皇情重声教，宵装尔载驰。边城南徼外，礼殿左江陲。揖让陈椰器，弦歌荫薜帷。全胜宜春郭，花落闭门时。""上德抚玄运，吁俊尹神京。三雍烝髦士，五学训齐氓。登歌陈羽县，鸾刀奉丽牲。优游乐清化，大道嘉方行。"②

兴学是文治的重要表征，余阙特别指出了与之相关的三种现象。一是科举之盛。"仁皇帝即位，录怀来功，致高位者无虑数十百人，独韩国李公（李孟）以甘盘之旧为最显，位平章，总百度，君臣一德，锐精治古。而韩公相业见称于天下后世者，设科取士其最也。"③ 二是武人之衰。"皇元受命，包裹兵革，休养元元，民既富庶矣，而又修礼乐，定治具，诸武臣之子弟无所用其能，多伏匿而不出。"④ 三是南士稀少。"尧舜之时，以幽并为朔易。元兴，举尧舜未有之天下而一之，而幽并始为土中，以为四方之极。然其地去荆扬数千里，而气苦寒而多

---

① 余阙：《汉阳府大成乐记》，《青阳集》卷3（《全元文》第49册，第150—151页）。
② 余阙：《送孙教授》《伯九德兴学诗》，《青阳集》卷1。
③ 余阙：《李克复总管赴赣州诗序》，《青阳集》卷2（《全元文》第49册，第126—127页）。
④ 余阙：《送范立中赴襄阳诗序》，《青阳集》卷2（《全元文》第49册，第125页）。

风,非其土著,至则手皲而足裂。其居处服食,异用绨葛,果茗鱼鳙之物,不能以易致,皆性之所不便。故南方之人其至者恒少,非为名与利,无从而至焉。又况浮屠、老子之徒,以遗外世俗为道,其于名与利盖有所不屑,故其至者尤少,或至焉者,则亦名利之人也。"①

针对这样的现象,余阙的观点是南北之士不应相互排斥,而应共同助成朝廷的用真儒之举。

> 我国初有金、宋,天下之人惟才是用之,无所专主,然用儒者为居多也。自至元以下,始浸用吏,虽执政大臣亦以吏为之,由是中州小民粗识字能治文书者,得入台阁共笔札,累日积月,皆可以致通显,而中州之士见用者遂浸寡。况南方之地远,士多不能自至于京师,其抱材蕴者又往往不屑为吏,故其见用者尤寡也。及其久也,则南北之士亦自町畦以相訾,甚若晋之与秦不可与同中国,故夫南方之士微矣。延祐中仁皇初设科目,亦有所不屑,而甘自没溺于山林之间者,不可胜道,是可惜也。夫士惟不得用于世,则多致力于文字之间,以为不朽。而文辞者,有幸有不幸者,不幸者至于老而无所用矣,而其文又遂泯不显,是可哀也。比年大江之南山林之士,有挟其文艺游上国而遇知于当世,士之弹冠而起者相踵,京师大官之家皆有其客,而遇知于当世者亦比比有之。②

由此,对于真儒带来的善政,余阙在诗作中表现出了殷切的期待:"善理崇富教,长郡等烹鲜。况兹久雕瘵,望治切宸渊。""丈夫有远业,文墨非所营。勉布惟良政,持用答皇情。"③

(三) 水利之要

如何治理黄河,是顺帝朝前期朝廷重点讨论的问题,已见前述。余阙不同意多数人所持的护河南下由淮入海的论点,而是力主黄河北上复故道的观点。

> 中国之水,赖禹治之而悉平,而河独为患,至今未已者,何

---

① 余阙:《高士方壶子归信州序》,《青阳集》卷2(《全元文》第49册,第130—131页)。
② 余阙:《杨君显民诗集序》,《青阳集》卷2(《全元文》第49册,第132—133页)。
③ 余阙:《送观至能赴归德知府》《送方以愚之嘉兴推官》,《青阳集》卷1。

也？河失禹之道，而治河者不以禹之所治治之也。盖河出昆仑，合诸戎之水，东流以入中国，其性劲悍，若人性之有强力。其来也甚远，而其注中国也为甚下，又若建瓴水于峻宇之上，则其所难治也固宜。且中原之地平旷夷衍，无洞庭、彭蠡以为之汇，故河尝横溃为患，其势非多为之委以杀其流，未可以力胜也。故禹之治河，自大伾而下则析为二渠，大陆而下则播为九河，然后其委多河之大有所泻，而其力有所分，而患可平也，此禹治河之道也。

然南方之地本高于北，故河之南徙也难，而其北徙也易。自宋南渡至今，殆二百年，而河旋北，乃其势然，非有他说也。比者河北破金堤，逾丰、沛、曹、郓，诸郡大受其害。天子哀民之垫溺，乃疏柳河，欲引之南，工不就。又遣平章政事嵬名公、御史中丞李公及礼部尚书泰不华公，沉两珪有邸及白马而祀之，河之患不已，乃会诸老臣集议治河者。诸老臣无能言其说，独尚书泰不华公以为当浚河弃道，复引河以入彭城；而待制杨梓又力以为弃道不可浚，设使浚之，而河未必能入。庙堂无所从，遣都水使者相其便害，或者以为当筑堤起曹南讫嘉祥，东西三百里，以障河之北流，则渐可图以导之使南。庙堂从之，乃置都水分监以任其事，选朝臣之知水者为都水。

今夫庙堂之议，非以南为壑也，其虑以为河之北，则会通之漕废，其系于朝廷甚重。余则以为，河北而会通之漕不废，何也？漕以汶，而不可以河也。河北，则汶自彭城以下必微，微则吾有制而相之，亦可以舟以漕。《书》所谓"浮于汶，达于河"者是也。余特欲防巨野，而使河不妄行，俟河复千乘，然后相水之宜而修治之，特一人之私言也。①

对于朝廷设置的都水庸田使，余阙亦强调了不能将善民措施变为害民的行为："国家置都水庸田使于江南，本以为民，而赋税为之后。往年使者昧于本末之义，民尝以旱告，率拒之不受，而尽征其租入。比又以水告，复逮系告者，而以为奸治之。其心以为官为都水，而民有水旱之患，如我何。于是吴越之人咻然相哗，以为厉己。""今而得贤使者

---

① 余阙：《送月彦明经历赴行都水监序》，《青阳集》卷2（《全元文》第49册，第121—123页）。

以莅之，修其沟浍，相其作息，不幸而有水旱之灾，则哀矜而为之所，民之穷者其少瘳矣乎。今夫木之实繁者其枝披，其本疏者其干拔，况于国与民乎哉？故善树木者，简其实而厚其本；善为国者，疏其赋而厚其民，理之较然者也。"①

余阙没有全面列举朝政的各种弊病，而是有针对性地提出维系文治的建议，并对这些建议作了精心的学理包装，就是希望主政者能够加以重视，可惜这样的建议并未被主政者所采纳。

二 说战守

战乱骤起后，余阙基于对战局的分析和守城的经验，不仅向主兵者提出了战略性的建议，还强调了战时所必不可少的善政措施。

（一）主攻蕲黄

面对全国陷入战乱的混乱局面，余阙秉持的基本理念是"江南不定，中原殆难独守；中原不守，则朝廷不能独安"②。按照这样的理念，他向在江淮主兵的太平提出了攻取蕲、黄，以取得战争主动权的建议。

> 古人谓解杂乱纷纠者不控拳，救斗者不搏击，批亢捣虚，形势禁，即自为解。今南方之贼，以蕲、黄为之首。往时朝廷太不花平章攻其北，卜颜不花攻其西，卜颜帖木儿平章、蛮子海牙中丞攻其东，贼势大窘，将就擒灭。忽调卜颜不花军入安丰，蛮子海牙军入格溪救庐州，而太不花平章亦还河南住夏，止存卜颜帖木儿孤军驻扎兰溪，以致盗势复振，武昌随陷，沿江诸城闻风皆溃，岂天未欲平治天下，亦由人谋不臧以至此耳。今闻河南之兵已至黄州，以孤军而讨群盗，恐未易定。妄意以为，卜颜帖木儿、蛮子海牙二枝军马，先系蕲、黄收捕军数，正在大人节制之内。今二军收捕江东，江东为寻常，蕲、黄乃心腹之疾。一军之中，得抽勇锐者如王达中万户、胡伯颜同知，使之由望江登岸，剿捕而西，余军留取江东。如此，则不惟可以救援安庆，蕲、黄势分，似亦易破，南贼自

---

① 余阙：《送樊时中赴都水庸田使序》，《青阳集》卷2（《全元文》第49册，第124—125页）。
② 余阙：《上贺丞相书》，《青阳集》卷5（《全元文》第49册，第106—107页）。

平，所谓一举而两得者也。①

> 淮南之敌，今有两枝，一枝在濠，一枝在蕲。擒必先擒其首，余当自定。今庐州、安丰别无官军，似难下手，惟蕲、黄乃有可攻之机。近日潜山县报蕲、黄伪官吴右丞投降，大军攻破沿江诸寨。昨日郡人自贼中逃来，云白水包家窝义丁攻蕲水甚急，白水诸寨，万户陈汉所部也。西兵既进，如东首得一军乘机并进，寇必难支。所索王建中、胡伯颜等，正系节制之内军马，今宣城已降，姑孰犹疥癣，即日又有阿鲁灰平章收捕之军，得一钧帖，调来共攻望江、宿松，蕲、黄之寇东西受敌，决然可定。蕲、黄既定，可以合兵东定庐州、安丰，更得一重臣监军，多与钱粮，建中、伯颜等许以优加名爵，则无不尽力，淮南有可平之望。②

由于太平在江淮统军的时间较短，所以未能全面采用余阙的建议，致使元军错失战机，危局难以挽回。

(二) 用人得宜

余阙还特别指出，用人失宜和赏罚不当，是军队一败再败的主要原因。在他看来，只要用人得当和赏罚严明，不难再定天下。

> 某受知公门，为日已久，军中之事不能悉陈，粗言其略，以复上执事皆知。格亦易定，特以委任失宜，赏罚不当，以致余孽复张，江襄大振。
> 所谓委任失宜者，夫将之用兵自有其才，譬秋之于奕，非学可至。如近宋科目，有文有武，兼是二者，一代几人。而比日将兵，惟用大臣，或用谪官。夫战阵之难，如赴汤蹈火，市井贫贱未得富贵者，或肯捐身为之，大臣富贵已极，夫复何望？又谪官者心志俱丧，岂能有为？覆军杀将，皆由于此。用人不效，甚至用贼，用贼之弊，尤为难言，一则使天下豪杰有以窥朝廷之无人，二则功多赏薄者皆起作贼之志，将恐一贼未灭，一贼复起，目前之事未见快意，将来噬脐有不可悔者矣。如安庆小邑，世袭官军善战者少，而

---

① 余阙：《再上贺丞相书》，《青阳集》卷5 (《全元文》第49册，第108—109页)。
② 余阙：《再上贺丞相书》，《青阳集》卷5 (《全元文》第49册，第109—110页)。

善战之士，多田野市井之子。故某于此事，不尽用世袭军官，而多用田野市井之子，往往得其死力，克捷俱多。朝廷选将，不限有官、无官，惟择能者用之，而以廉公大臣临之，以行赏罚，则将得其人矣。

所谓赏罚不当者，比见军将勇怯，在上有若不知，而上之赏罚与外议绝不相似，颇闻庆刑之典多出爱憎，或左右便嬖为之营干。以近军所赏闻见者而言，如兰溪之功，卜颜帖木儿平章为最，蛮子海牙中丞特因之成事者耳。而朝廷颁赏，中丞居上，平章次之，中丞部内得官者数百人，而平章不过五六人，此犹不过有高下之争耳。如庐州开义兵三品衙门，而使者悉以富商大贾为之，有一巨商五兄弟受赏者，此岂尝有寸箭之功，而有功者皆不受赏。故寇至之日，得赏者皆以城降，而未赏者皆去为贼。夫用兵之道，纪律为先，故街亭之战，武侯不得不诛马谡，智高未破，狄青不得不诛陈曙。比观诸将略无忌惮，拥兵不战，谁与相督，寇至弃城，无复问罪，不惟不罚，甚又赏之，迁官增秩之功无异。故贼之攻城如燎毛，兵之拓地如拔山。某之守此，智勇俱乏，特以有功必赏，有罪必罚，奉以至公，罔敢阿比，是以列郡多陷，小邑独存。朝廷苟于诸部悉以廉公大臣监之，信赏而必罚，天下亦不难定矣。①

如前所述，红巾军初起时，朝廷采用的是会战制敌的方略，而会战往往失败，除了有奸臣捣乱外，用人不当和赏罚不明确实是重要的因素，余阙有实战的经历，自然对此有深刻的体会。

(三) 尽忠守城

战乱初起时，余阙居于合肥（元朝属于庐州路），"合肥之戍，一军皆夏人"，即唐兀人，但风俗已经与以前有所不同，如余阙所言："自数十年来，吾夏人之居合肥者，老者皆已亡，少者皆已长，其习日以异，其俗日不同。少贵长贱则少傲其长，兄强弟弱则兄弃其弟，临小利害不翅毫发，则亲戚相贼害如仇雠。"② 合肥本无城，靠临时设立的木栅坚守，到至正十三年才完成城池的修建。③ 余阙后来主要镇守安庆

---

① 余阙：《再上贺丞相书》，《青阳集》卷 5（《全元文》第 49 册，第 110—111 页）。
② 余阙：《送归彦温赴河西廉使序》，《青阳集》卷 2（《全元文》第 49 册，第 120—121 页）。
③ 余阙：《合肥修城记》，《青阳集》卷 3（《全元文》第 49 册，第 156—157 页）。

(古名为舒州），他特别比较了庐州路、安丰路（古名寿州，路治在安徽寿春）、安庆路的守城情况，所要强调的就是只有爱民、护民，才能长期坚守危城。

> 淮东南西北道之地，其民忠而能守国者三郡，曰庐、寿、舒。自盗兴，寿守先治战备，与民为守，至辄败，然不能保其近地，民无耕收，而长淮之饷道义绝，以致父子相食而后溃。庐大郡，其南沮泽之地大而有名者三十六，俗名之曰围地，广而足耕，而守与将才下余尝识之，凡其日之所营，夜之所思，非宴乐之事，则掊克之政也。民有持耒耜于门者，则曰召使夺而辱之，民饥以死，城大而不能守，乃敛四境乡兵以守之，又无以食，以赋富者大都剽吏杀人而莫之禁，至以其兵去之，城遂陷。余至舒时，国门之外数十里之地，皆盗栅也，幸战而胜，乃为攘剔旁近之地，令民耕之，筑垒以护其作役。其不能耕者时节，与之缮城隍，修矛戟，而又明其政刑，平其赋敛，治其争讼，期月而颇张。今民之勇者无敢哗，弱者无所怅，如承平时。然惟教民之术有未治耳，方将与学士修其庠舍，共讲唐虞治道、天人性命之说，则祸乱有不足定者。①

余阙亦鼓励其他地方的官员行安民之政："告青田县尹叶承事：圣天子忧悯黎元，而承宣者不能道扬德意，反以厉民。君莅邑之初，即有政平讼理之誉，若汉黄霸、鲁恭，皆可师法。诗云：靡不有初，鲜克有终。君尚宜益修美政，以追配于前人，固不伟欤。"②

余阙还曾就在乱局中坚守安庆作了以下评价："调戍安庆，私窃自幸，以为颇得展布矣。到镇以来，丁贼之衰，一战却之。往时贼月一再至，今不至者八月余矣。诸军且会汉鄂，九江、蕲贼大窘，度不久将成擒。惟濠寿主将未甚得人，未见涯涘耳。"③"江淮贼势本不难定，特以考察不明，刑罚失当，诸将玩愒，遂致难图。区区小邑，虽曰上下一心，幸尔完固，大类红炉片雪，实为可忧耳。今长江万里，止存此城，如大病之人命脉未绝，犹有复生之理，失今之救，则首尾衡决，江南大

---

① 余阙：《送李宗泰序》，《青阳集》卷2（《全元文》第49册，第131—132页）。
② 余阙：《勉励叶县尹手批》，《青阳集》卷6（《全元文》第49册，第118—119页）。
③ 余阙：《与子美先生书》，《全元文》第49册，第115—116页。

难定也。"①

在战乱中颇多丑陋现象，正如余阙所言："我国家以仁义肇基朔土，乾端坤倪靡不臣服。列圣相承，风教宏远，宜可以登三迈五，超越乎汉、唐矣。夫何自兵兴以来，州县披靡，能卓然以正道自立者，仅不一二见，其余卖降恐后，不啻犬豕，昂昂丈夫，真无女妇之识，良不悲哉。且天下有可为之机，而无敢为之士；民情有向善之意，而无激善之才；遂使淳良化为枭恶，骨肉转为仇雠，叛溃奔离，益相戕贼。"② 为鼓励坚守安庆的将士，余阙特别把守将韩建的议事厅命名为"大节堂"，以表"劝之无穷"之意。③ 在诗作中，他也明确表示了"辛苦岂足念，杀身且成仁"的意愿。④

余阙坚守安庆六年，最终在外无援兵的情况下，安庆于至正十八年正月失守，余阙自尽，其妻和儿女投井而死，展现了一家的节烈。时人对余阙的作为给予了高度评价："自古天下有盛必有衰，然以予观之，三代而下，汉、唐及宋，未有如元运之盛者。奈何承平日久，武备不修，一旦兵起，淮汉为臣子者，或拥兵自卫，或望风而降，于是中原失守，而忠臣义士几何人斯。稽之史册，自古忠烈煊赫者，唐巡远、宋文天祥而已。若吾余公廷心，钟广岳之灵气，有文武之全才，方气运之盛，黼黻大猷，焕然可述。当多难之秋，战守之功，鲜有俪者。及夫援绝城陷，竟能秉节不屈，视死如归，尤人之所不能及。""然公之忠节，固职之所当为，而公之夫人若子若女，一门之节义，又世之所无者。"⑤ 余阙的所作所为，确实为乱世中的忠臣义士树立了难得的榜样。更难得的，则是出身于色目人的儒者在面对乱局时的冷静思考，所代表的恰是少数民族人士"儒化"的思想结晶，应给予高度的重视。

第三节　陈高的忧国观念

陈高（1315—1367年），字子上，号不系舟渔者，温州平阳（今属

---

① 余阙：《与中书参政成谊叔书》，《青阳集》卷5（《全元文》第49册，第112页）。
② 余阙：《题黄氏贞节集》，《青阳集》卷6（《全元文》第49册，第142—143页）。
③ 余阙：《大节堂记》，《青阳集》卷3（《全元文》第49册，第158—159页）。
④ 余阙：《拟古》，《青阳集》卷1。
⑤ 贾良：《余忠宣公死节记》，《全元文》第59册，第59—62页。

浙江）人，至正十四年进士，任庆元路录事，后避乱于闽浙间，至正二十七年北上谒见扩廓帖木儿，"论江南之虚实，陈天下之安危，当何以弭已至之祸，何以消未来之忧"，不久卒于军中，[①] 有《不系舟渔集》传世，在著述中主要展现的是面对危机的忧国观念。

一 忧朝政

顺帝即位之后，朝廷乱政迭出，使得陈高不能不在著述中表达出他的种种忧虑。

（一）世道之忧

陈高感叹古道难复，仿照朱熹"一寓于理，扶树道教"的诗作，以长诗说明儒家的治道要义，抨击道教、佛教的乱道恶行，并明确指出世风之坏，主要表现为富者奢侈成风，贫者衣食不足，百姓租税沉重并饱受官吏欺凌，官员以中饱私囊为能事，低能者占据显官要职。在这样的风气之下，陈高所忧虑的不仅是贤才远离朝廷，更可能出现政失道亡的大乱，将国家带入万劫不复的境况。

> 混沌既分裂，乾坤遂开陈。九重不可测，八纮渺无垠。遥思天地先，一气应絪缊。自从开辟来，不知几千春。太朴一以散，智巧方纷纭。至化日销荡，谁能反其淳。吾将遗斯世，泰初与为邻。
>
> 两仪辨清浊，万物纷回互。斡旋造化机，岂不以理故。无形焉有象，仿佛随所寓。太极只强名，驾说无乃固。谁能穷其原，逝与游玄圃。
>
> 茫茫上古初，斯人若麋鹿。野处食猩猩，虎狼共驰逐。皇天降神圣，为氓去荼毒。羲农与轩辕，奋起相接足。乘马穿奔牛，揉耒种嘉谷。皮毛作衣裳，巢穴变庐屋。元功被万世，蚩蚩遂生育。古来无圣人，吾其久鱼肉。
>
> 唐虞邈以远，禹汤亦悠悠。周辙一东狩，王纲遂漂流。春秋更五霸，日月寻戈矛。陵夷逮七国，斯民益无聊。战血满沟堑，杀星入云霄。商君佐嬴秦，变法开田畴。积强至六世，虎噬吞诸侯。宰割天下地，郡县罗九州。焚书任法律，儒士咸虞刘。汉皇起丰沛，

[①] 揭汯：《陈高墓志铭》，《不系舟渔集》附录，四库全书本。

三尺诛民雠。开基四百年，烈烈壮鸿猷。惜哉英明主，不学道远谋。一时缯狗徒，赞业非伊周。遂使皇王政，废堕不复修。此机一以失，余恨空千秋。

孔孟起衰世，栖迟走诸国。一身葬邱墟，斯文寄方册。渊然洙泗流，浩若江海泽。伊人一以远，异端日滋息。诱民犹埙篪，奇言胜杨墨。亡羊多歧径，周道长荆棘。举世醒既深，何以挽沉溺。上帝司民政，而乃相淫慝。天意尚如兹，滔滔谁与易。

昆仑几千仞，王母当中居。缥缈三神山，尽宿飞仙徒。粲琼以为粮，鞭虬以为舆。寿命等天地，出入乘空虚。此事古相传，不知真有无。但伤世迫厄，百岁犹须臾。之人果可见，吾欲膏吾车。

有生必有死，芸芸归其根。灵魄既入土，何所藏吾魂。世愚不晓事，妄说相循环。人物互变幻，形散神独存。死生信如此，有身乃赘缘。不用男女构，躯体应自完。兹理至昭晰，可与智者论。

羲和鞭灵车，去去一何速。乍见升扶桑，俄然次蒙谷。光阴既如许，人世诚局促。胡为有限身，乃遂无涯欲。夸父矜其能，走远不知复。至今西海上，青青邓林木。

策马吴城西，揽辔姑苏台。寒林噪乌雀，故址丛蒿莱。登高忽凄怆，怀古思悠哉。夫差藉世烈，起土殚民财。曲木构华馆，离宫蔽层崖。娇娆醉越女，歌舞环吴娃。观乐方未毕，争霸心已灰。不须百岁后，已见麋鹿来。兴亡虽古有，穷欲乃先摧。覆车不自戒，长使后人哀。

青山或可移，白石尚可转。志士怀苦心，九死不愿返。首阳饿仁贤，至今激贪懦。汨罗沉楚累，千载悲忠蹇。人生谁不死，身没名贵显。胡为草玄人，美新思苟免。

楚人废醴酒，穆生不复留。申公眷恩德，终为楚市囚。保身贵明哲，知几谅寡尤。后来贤达士，谁能继前修。

豪家列华第，披金饭珠玉。茅屋耕田夫，衣食常不足。均为羲皇民，胡焉异荣辱。远怀雍熙世，宁复有兹俗。谁与开井田，吾思食其肉。

乾坤奠高卑，设位终不易。圣人定民志，贵贱有常式。云何世道衰，习俗长奸慝。舆台百金袭，氓贾八珍食。贾生久不作，谁为长太息。

缥缈浮屠宫，俨若王者居。列徒二三千，僮仆数百余。饱食被纨素，安坐谈空虚。秋来入租税，鞭扑耕田夫。不惜终岁苦，征求尽锱铢。野人不敢怒，泣涕长欷歔。

五侯佳子弟，弱冠乃高举。承藉阀阅功，官爵纡青组。五马跃春华，一麾守王土。诛求肆狼贪，立威严棰楚。斯民天所眷，视之如草屦。置官择贤才，兹事由来古。君看龚与黄，何尝有门户。

边城将家子，十岁承华胄。腰悬金虎符，万夫拥前后。上马未胜甲，引辔犹脱肘。日日驱官军，指麾纵鹰狗。生当太平世，无复事争斗。天家赐高爵，膂力吾何有。但问祖父资，莫问能事否。

客从北方来，少年美容颜。绣衣白玉带，骏马黄金鞍。捧鞭揖豪右，意气轻邱山。自云金张胄，祖父皆朱旛。不用识文字，二十为高官。市人共咨嗟，夹道纷骈观。如何穷巷士，理首书卷间。年年去射策，临老犹儒冠。

步出城门道，忽见群车驰。车中何所有，文贝光陆离。美娃载后乘，销金灿裳衣。问之何如人，云是官满归。闻者交叹息，清名复奚为。

水生隋侯珠，山出和氏璧。隋珠光照乘，和璧白盈尺。举世以为宝，连城售其直。寒者不可衣，饥者不可食。珠璧之所存，莫夜寻戈戟。所以君子人，其实在乎德。

淳风变浇漓，薄俗废直道。吴女市新妆，入宫擅华姣。中心苟不美，颜色有何好。朝来枝上花，日暮萎芳草。怀哉空谷人，贞洁以终老。

大江日以东，曜灵日以西。在世阅光景，倏忽流驹驰。繁华向春开，落叶迎秋飞。荣枯有常理，人生犹若兹。愚夫昧远识，荒淫速其疲。诞者蕲神仙，不死今有谁。何如安吾分，委顺以从时。

丈夫重意气，不为儿女悲。得丧如浮云，戚戚竟何为。君看松与栢，岁寒青不移。槐柳遇霜露，憔悴无光辉。怀哉古之人，永与今世违。

东风二三月，桃李满名园。乘时得其所，独爱阳和恩。英英篱间菊，开花当岁寒。已无雨露滋，兼有风霜患。君子力为善，穷达宁复论。纷纷竞炎热，得意何足言。

明明空中月，浮云能蔽之。我心忽不乐，清夜有所思。古人既云远，古道日以非。后生采春华，举世吾谁归。飘风飒然至，吹吾裳与衣。恨无双飞翼，远逝凌风飞。感伤复奋激，沉吟以俳徊。

悲风西北来，树木声萧萧。蟋蟀鸣四壁，鸿雁飞层霄。时光忽已异，四序如更谣。人生无百年，转瞩朱颜凋。胡不崇明德，早使勋业昭。空悲千载下，身死名寂寥。①

这篇由 25 首诗构成的长篇诗作，反映的是陈高对世道的基本认知，可以分为五大部分。第一部分是对开天、理兴、古圣、帝业（第 1—4 首）即治道历史的认识。第二部分是对儒学、道教、佛教、人生（第 5—8 首）即正学异说的认识。第三部分是对兴亡、志士、贤良（第 9—11 首）即善治良行的认识。第四部分是对贫富、世风、恶政、恶官、恶兵、恶少、贪官、恶物、恶俗（第 12—20 首）即现世不良表现的认识。第五部分是对顺命、复古、为善、归宿、明德（第 21—25 首）即复归治道的期盼。整篇诗作所渲染的是陈高的悲情主义政治观念。

在和平时期，陈高已经看到了地方出现的乱象，如至正五年他即指出："比年以来，蝗旱相仍，民困于饥，俗浸以偷，奸盗滋炽，其为理殆难。""今世士大夫鲜自砥砺，率以官为生，相与语则曰某所沃壤可为也，某所瘠土不可为也，民瘼利弊，一置不问，恶乎所谓敬其事后其食哉。夫国家设守令，为民师帅，崇其秩禄而责以六事，若利顾一己，如吾民何？"② 至正七年，他又在诗作中强调："非关景物他乡异，自是愁思触处牵。南鄙寇戎当此日，中原饥馑已连年。"③ 陈高的忧虑不无道理，因为几年后就遭遇了天下大乱的变局。

（二）士风之忧

与世道变坏相辅相成的，是士风日下的情势。陈高明确指出，科举已经远离定制时的初衷，成为坏乱士风的重要因素，而要改变这样的状态，必须坚持以实文取士的做法，对抗靡丽浮华的文风。

高尝以为，文章之气，与世变上下，而亦有系夫上之人与夫作

---

① 陈高：《感兴》，《不系舟渔集》卷3。
② 陈高：《送高彦平知高邮府序》，《不系舟渔集》卷11（《全元文》第60册，第813—814页）。
③ 陈高：《丁亥（1347 年）冬感怀，时闻云南有扰》，《不系舟渔集》卷7。

者之为之倡也。故有世道方盛而文章不振者，非世之然也，倡之者无其人也。非无其人也，有其人而不为文章之司命，或为文章之司命又循常习，故而莫之变焉。此文气所以日卑下，而其势固不能以振起也。凡今世之为进士以取科第者，工虫篆之辞，饰粉黛之语，缉陈言，夸记问，斗侈靡，寖寖焉竞取于萎薾颓堕溃败腐烂之乡，而莫知其所止。以今海宇混一，际古所未有，冲原之气，融融焉，熙熙焉，而君上方观人文以化成天下。当此之世，其盛矣乎，而文章之气独尔卑下，何欤？然则世之盛也，若此而文气之不振也若此，非无其人为之倡欤？为文章司命者，尚得以逃其责哉。天下之好尚，视上之趋而何如耳，又况于禄位之存焉者乎。今如是焉，则进而得禄与位，不如是焉，则退而黜伏，人亦孰不乐为此、去为彼耶。设有以太史公、贾生、董仲舒、司马相如、刘向、班固之文，而试于今，其有不见退黜者乎，其能见拔擢而采择者乎，否也。十数年前，进士之为文章，犹时时有浑朴敦庞之气，亦其一时诸老儒先知所以造就之故也，假设其转而试于今，亦必藐焉不为主文衡者之所屑顾矣。呜呼，世之盛而文之卑，文章司命者之忧也。高之不才，而病此也盖久，然往往出己意以语人，则见嗤笑耳，诋讥耳，甚者憎怒而唾骂耳。虽不能不随俗所习以干于时，而求升斗以为贫而养之计，然其志不见信于人，亦何足以恤，而使盛世之文卑弱不振，岂不亦可悲乎。

夫朝廷以文章取士，其立法之意至善也，其取人之道至悉也，其贵之文章司命者至深且重也。是故问之疑以观其明理，质之义以究其通经，试之赋以考其博物，习之诏诰表章以视其代言献纳之方，策之时务以明其政事设施，非徒以革前代之弊也，将以求真才之用也。其得人与否，则皆寄二三主司焉。任兹责者苟能执其公不私其见，要其文皆必要其实，则亦庶乎可以得人矣。若徒以抽黄对白之为工，柔筋弱骨之为美，缀旧闻习成说之为华，则前代之弊犹在耳。若是，则小子后生口乳臭齿龆龀者，举能为之而由以进，而豪杰之士抱磊碕负奇屈者，恶从以得哉。今试能变更积弊，使所试之文必欲其理明而辞确，议论有余，格律高古曲雅而精深，一切屏去浮华偶俪之习，如是焉而取，反是焉则退而黜，若此则非豪杰之士不克进，而小子后生不能以售决也。作养当代之人才，振起当代之文气,一变而之古也,岂不美哉。①

陈高还强调,良好的士风需要儒士自觉约束自己的行为:"大凡士之学古道,思以自别异于庸众者,虽身在困约,而出处行藏之际,至不可苟也。盖出游则以充耳目之接,泄胸中之蕴,亲贤士大夫、名人巨公,以成其材;而居乡则供养父母,笃于宗族、亲戚、闾里,以周其行。二者之势,常不能两全,然则若何而可哉?盖亦较所轻重而行之耳。使居乡而父母之情乐,居焉可也;出游而亲之志安,出焉亦可也,视其孰为重、孰为轻而为出与处之计焉,夫岂苟也哉。"② 此外,儒士要懂得自我磨砺,不要急于求成,因为老成者可能对国家更为有用:"凡士之怀蓄利器,出游无所合,往往困心衡虑,知自磨砺以求实乎内。暨其老于世故矣,然后所就者远大宏达,与夫壮岁得意而暴用其气,以无所树立者,相去何如哉。"③

(三) 命运之忧

陈高个人命运多舛,但是对于术士的胡言乱语并不相信,在诗作中特别强调了自己能够守住儒者的本色,不会被高官厚禄所诱惑。

> 王生年少有奇术,江海风流走霜露。胸中记得许负书,眼底阅人不知数。忽来见我闾间城,纷纶辨口轻风生。自言相将入京邑,曳裾甲第干公卿。我闻古人相有道,相形不如相心好。大官大邑惟论德,奚问颜腴色枯槁。君不见,李将军,援臂舍矢追奔云,一朝降卒化为血,白头不立封侯勋。又不见,裴丞相,半世饥寒苦飘荡,还犀感动天公知,置身台衡九天上。贫穷富贵虽在天,祸淫福善非偶然。重瞳或以刚暴死,蒙倛削爪多圣贤。如何迩来事非昔,天意蒙蒙真莫测。规行矩步厌藜羹,蜂目狼声甘肉食。王生王生良苦辛,我歌尔听慎勿嗔。不如归山读书史,饱食黄精看白云。④

---

① 陈高:《上达秘卿书》,《不系舟渔集》卷15(《全元文》第60册,第808—810页)。
② 陈高:《送林希颜归永嘉序》,《不系舟渔集》卷11(《全元文》第60册,第811—812页)。
③ 陈高:《送林伯和归乡序》,《不系舟渔集》卷11(《全元文》第60册,第814—815页)。
④ 陈高:《赠相士王伯善》,《不系舟渔集》卷4。

陈高曾短期为官，尽管得到过百姓的赞誉，但是饱受同僚等的排斥，所以在去官后道出了其中的辛苦，并表示贤者不受时人重视，乃是自古以来的常有现象，不足为怪。

> 生晚构屯蹇，性真离祸尤。禄仕以为养，反贻父母忧。一身被兹累，愆尤岂无由。末才任冗职，奔走内恒羞。斯民困疮痏，鞭挞忍诛求。缓刑志抚字，厉节怀清修。独醒众所忌，谗构生戈矛。夐然空屋中，经月成淹留。潜栖绝内外，孤坐自吟讴。朝看白日出，夜睹明星流。西风木叶下，四壁蛩声愁。感兹时物变，萧条悲素秋。念昔贤与哲，艰危尚拘幽。夏台曾困汤，羑里乃縶周。屈原忠见放，杨胖贤而囚。缧绁苟非罪，于人吾何雠。知几昧前训，省躬思远猷。安得应天运，吾道方悠悠。①

在乱世之中，陈高依然认为个人的命运与国家的命运有密切的联系，但是竭诚为国出力者，未必有好的人生结果，所以无论是在野还是在朝，都应抱豁达的人生态度。

> 古今世忽易，生死人所同。百年驹过隙，寿考非椿松。胡为极心意，夸毗争长雄。贵贱竟何为，愚哲各有终。或云树名誉，可以垂无穷。讵知身既没，倏忽犹飘风。天地会有尽，人物终渐融。尧桀孰是非，毕竟成虚空。所以达观士，乘化游区中。谁知契兹理，吾与访崆峒。②
>
> 试听白头吟，漫饮尊中酒。古来悲白头，人情苦难久。结发为夫妻，百年期白首。容颜衰落相弃捐，何况君臣与朋友。汉高宽大主，萧何开国功。谗言一以入，几死天狱中。陈余与张耳，刎颈同生死。一朝争相印，仇雠世无比。周文吕望不再见，管鲍结交宁复闻。玄德孔明若鱼水，胶漆孰如雷与陈。斯人自此日以少，今世求之更无有。谈笑寻干戈，那能托身后。听吾歌，歌白头，劝君饮，君莫愁。日月有时而剥蚀，世态谁能终不易。③

---

① 陈高：《愆尤》，《不系舟渔集》卷3。
② 陈高：《达观》，《不系舟渔集》卷3。
③ 陈高：《白头吟》，《不系舟渔集》卷4。

由此，陈高对自己的人生警诫是专心于学问道德："义理之辨，理欲之分。静存畏惧，动戒纷纭。学不可已，过当喜闻。老将至矣，敢不忧勤。"① 可惜的是在战乱中，显然再难以安心于学问。

二 忧战乱

陈高考进士、为官、避乱以至由海道北上，都是战乱中的重要经历。他不仅记录了战乱时的场景和心态，还对如何止乱提出了一些重要的看法。

（一）乱世心态

从至正十二年到二十七年，陈高在战乱中的经历，可以分为三个阶段。

至正十二年至十六年为第一阶段，陈高由儒士变为进士和官员，他和当时的多数人一样，认为所面临的只是暂时的战乱和困局，朝廷很快就能讨平逆贼，恢复和平局面，所以在诗作中主要表现的是较为乐观的情绪。

> 维时尚艰危，武臣奋干矛。王师过淮甸，指日清逖陬。愿言蕴奇璞，磨砻待搜求。崇山覆篑积，源水盈科流。期汝在霄汉，顾我终林邱。②

> 念兹时事艰，日闻报兵燹。东溟舞蛟鼍，中州啸豺犬。征伐劳将帅，奔走困冠冕。吾徒布衣士，忧患聊喜免。且尽花下乐，亦足慰屯蹇。③

> 元日将堪喜，今年贼定平。天心占节候，人事厌戈兵。召虎征淮甸，周王在镐京。遥思鸳鹭集，北阙望驰情。④

> 客居无事日从容，只有伤心似酒浓。金马玉堂成寂寞，田翁渔子惯迎逢。坐看同辈声名起，羞见诸生礼数恭。淮北近传兵甲满，且须归去抚孤松。

> 淮西盗贼成群起，攻夺城池杀害多。保障谁能为尹铎，折冲未见有廉颇。南来羽檄时时急，北向官军日日过。贾谊治安空有策，

---

① 陈高：《自警箴》，《不系舟渔集》卷14（《全元文》第60册，第900页）。
② 陈高：《送商时雨》，《不系舟渔集》卷3。
③ 陈高：《荼蘼花下宴集》，《不系舟渔集》卷3。
④ 陈高：《乙未岁（1355年）元日三首》，《不系舟渔集》卷5。

九重深远欲如何。①

至正十七年到二十二年为第二阶段,陈高辞官隐居,为拒绝方国珍的招徕,不得不隐藏其踪迹,战乱亦已呈现出长期化的特征,陈高在诗作中表达的已经是悲观的情调,其代表作就是至正十七年元旦所作的长诗,可节录于下。

屯蹇悲吾道,萧条客异乡。谋疏多忤俗,性直遂逢殃。鸷鸟缠罗网,翘材受斧斨。世无知己者,谁识此心臧。怅望天同远,忧来水共长。百年千变态,一日九回肠。
粤自群凶起,于今七载强。衅端萌汝颍,滋蔓匝荆襄。处处蜂屯盛,时时豕突狂。食人肝作脯,掠野犬驱牂。雾翳车尘暗,雷轰炮石磅。绛巾明爝火,白骨积崇冈。
天府惟吴会,王州说建康。粟储供海漕,栢列凛台纲。陷没俄相继,分崩遂莫当。重臣谁抗节,方伯罕勤王。将帅推门阀,谋谟出庙廊。捷音空陆续,贼势愈跳踉。
险叹连城失,全怜壮士亡。关河天漠漠,江汉水汤汤。海卒乘文鹢,苗军跨骕骦。立功期克复,畜锐尚彷徨。疾痝终成痼,医招不疗疡。民生遂涂炭,泉冽浸苞秔。厄运丁阳九,何时见一匡。
盛时愁易集,遁世困何妨。骏足悲槽枥,珍禽谢稻粱。塞翁徒失马,臧谷总亡羊。脱略千钧重,消磨百炼刚。闷凭诗暂遣,病倚药频尝。闲散思投绂,韬潜贵括囊。陶公能委运,梅尉盍知彰。故土多薇蕨,春江有鲤鲂。归与理蓑笠,从此钓沧浪。②

在后来几年的元旦诗作中,陈高尽管还有忠心报国的豪情,但是亦表现出了对局势越来越失望的心情。

北风吹江树,冉冉江云度。隔江山岭高,云行过山去。野鸟逐云飞,力尽不能随。新年忆亲友,极目望天涯。③

---

① 陈高:《羁思十首次谢纯然韵》,《不系舟渔集》卷7。
② 陈高:《丁酉岁(1357年)述怀一百韵》,《不系舟渔集》卷6。
③ 陈高:《戊戌(1358年)新岁感怀二首》,《不系舟渔集》卷3。

元日风兼雨，萧条野外村。过门车辙远，记节酒杯存。战伐看今岁，栖迟且故园。兵戈如未息，身世岂须论。①

今日元日风雨，不可以出门。苦寒坐对椒花尊，尊中有酒饮不竭。醉里冻色回春温，浩歌张眼望天地。地远无极，天高难扪。天地生我为人在世间，胡为碌碌及同羝触藩。既不能高飞逐黄鹄，又不能变化随鹏鹍。自从折桂蟾宫还，愁闻戎马弥中原。解脱簪缨委泥土，五年养痼尚邱园。我思古来豪杰士，卓卓荦荦不与时俗浑。或攀龙鳞附凤翼，致君尧舜，上手擎日月，扶乾坤。或怀瑾瑜潜栖傍，岩穴声名，辉赫照耀人目如朝暾。古人已矣不复见，世上余子纷纷奚足论。东西南北满地长荆棘，远游何处推吾辕。我将驾赤豹，乘文鹓，度弱水，登昆仑。长揖西王母，笑携赤松羡门，与之相攀援。玄圃去天才咫尺，驭风直上叩天阍。稽首玉帝前敷衽，跪陈忠謇摅烦冤。帝为万方主，胡乃降淫虐，久困吾黎元。愿遣飞廉与丰隆，扫荡八极烟尘昏。尽殱豺狼貙虎诛鹰鹯，要使驺虞鸾凤生育蕃，湛露降厌浥，万国沾天恩，四海苍生既跻乎寿域。我乃归卧青山根，一年酿酒一千瓮，日日醉饮烹羔豚，人间此乐不可言，人间此乐不可言。②

晓风吹雨漏声残，野径青泥湿不干。椒酒聊从新岁饮，梅花犹似去年看。生逢兵革空流涕，老向田园已挂冠。遥望金门天万里，群公献纳在云端。③

新年览镜白发多，老将至矣可奈何。云霄飞腾无壮志，山林懒拙抱沉疴。江西江东地流血，村北村南人荷戈。生逢此世有何乐，屠苏饮罢强高歌。④

至元二十三年到二十七年为第三阶段，陈高在战乱中与妻子离散，并且只身前往北方，在诗文中所能表达的是近乎绝望的心境，以及为了君臣大义，不得不选择北上的决心。

---

① 陈高：《元日》，《不系舟渔集》卷5。
② 陈高：《元日醉歌》，《不系舟渔集》卷4。
③ 陈高：《庚子岁（1360年）元日》，《不系舟渔集》卷7。
④ 陈高：《辛丑（1361年）元日》，《不系舟渔集》卷7。

第十六章　救亡图存的政治观念　311

　　至正癸卯（1363年）十二月廿七日，平阳失守，余时在郡城，回至州南，闻变仓卒，同江浙行省都事王铨伯衡夜寻山径，泥涂中崎岖行六十余里，至麦城得渔舟，浮海达安固，不及与家人别。明年正月朔至南塘，二月至乐清之玉环，迤逦道途，随处留寓。念余以布衣举进士，辞禄归隐已八年矣。守拙耕田归老，而罹此变，间关遁逃，非有所为也，求无愧于心而已矣。①

　　浮生近五十（1364年），多病老相将。诸事今年懒，闲居白日长。春阴连旧腊，杀气满遐荒。何日干戈静，乘槎意不忘。②
　　今年五十二（1366年），客鬓已萧萧。天地孤篷转，江山万里遥。望乡愁白日，怀友梦清宵。那复同看月，论心坐石桥。
　　自叹飞篷转，年随爆竹残。人烟兵后少，风雪夜深寒。止酒愁囊竭，思家得信宽。墙梅空自好，不似故园看。③
　　守节岂为名，秉义不顾身。于心苟无愧，毁誉从他人。我生发垂白，干戈邅遭迍。衡门久栖遁，故土俄湮沦。鸟逝辞旧巢，鱼游避丝缗。但知君臣义，宁论骨肉亲。行道靡朝夕，知我惟苍旻。王师在河上，四野犹战尘。南征一何缓，忠愤奚由信。仰看双飞翼，涕泗沾衣巾。④

　　在多年的颠沛流离中，陈高特别记下了隐士的逃避尘世状态，以使后人能够了解在战乱中作为隐士的不易。

　　经世惭无策，归田且避喧。干戈随地有，故旧几人存。饵药扶衰病，持杯慰弟昆。不因来往客，终日闭柴门。⑤
　　玄冬降大水，高原流白波。出门无舟楫，念子抱沉疴。空惭乘舆友，岁寒心靡他。不能裹饭往，孰听鼓琴歌。世情日迫厄，四郊斗兵戈。虽出龙蛇岁，贤人犹网罗。达生固委运，天意竟如何。我

---

① 陈高：《子上自识》，《不系舟渔集》附录（《全元文》第60册，第856—857页）。
② 陈高：《浮生》，《不系舟渔集》卷5。
③ 陈高：《岁暮客中二首》，《不系舟渔集》卷5。
④ 陈高：《长行歌》，《不系舟渔集》卷3。
⑤ 陈高：《写怀》，《不系舟渔集》卷5。

身久行役，暂喜归林阿。交朋各忧患，蓬荜谁经过。感时少娱乐，索居叹蹉跎。安得扁鹊术，起子同婆娑。①

久矣居荒村，偶然入城郭。疏懒性所成，俯仰心内怍。物情多变迁，权门势辉燿。交游问时事，忘言废酬酢。壮士山中来，群行竞超跃。市人尽趋避，宁论高齿爵。我昔縻簪缨，今兹释羁缚。知止免殆危，怀宠叹零落。斯理世或昧，遗训仰先觉。相知怜契阔，出酒共斟酌。干戈政纵横，盘餐亦萧索。南山笋可尝，西园麦初获。何能久留滞，归家且为乐。②

战乱容易使人多愁善感，陈高不仅感叹"盗贼攻破信州城，传闻杀勠及孩婴。故人经年无信息，此时无地避刀兵"③；亦感叹为国尽忠者的离去，"命殒艰危日，人推节义雄"；"死生成永诀，交道叹今穷"④；还感叹故友难以再聚："老病成羁旅，妻儿总异乡。卖文常困乏，生计愧农商。盲废书犹著，忧深世未康。兵戈何处避，怅望海云黄。""近得吴中信，伤怀独倚楼。故人逃野外，盗贼满江头。老益妻孥累，闲寻薮泽游。道傍争按剑，明月向谁投。"⑤

（二）救世之说

面对乱世，儒者并不是无计可施，陈高利用与人交流的机会，较系统地提出了他的救世说法。

第一，救世需用良将。朝廷要终止战乱，必须讲究用将之道，因为将帅不良，已经导致了连续兵败的恶果。

兵者，所以诛暴禁乱，不得已而用焉者。故善用之则乱息而民安，不善用之则民受其祸。然用兵之善无他焉，在乎将而已矣。将得其人，则兵之用也，进退有度，攻守有数，夷大憝，芟凶逆，宥胁从，故虽毒天下而民从之。将非其人，则兵之用也，进退无度，攻守无数，残民以逞，以至于失律亡师而殃及其身。呜呼，为将之

---

① 陈高：《大水怀何汝樵》，《不系舟渔集》卷3。
② 陈高：《入郭》，《不系舟渔集》卷3。
③ 陈高：《怀信州彭仲愈》，《不系舟渔集》卷7。
④ 陈高：《阅故同年吴善乡书悲伤赋十二韵》，《不系舟渔集》卷6。
⑤ 陈高：《怀昆山诸乡友六首》，《不系舟渔集》卷5。

道，其可以易言哉。

> 自盗贼梗化以来，有年于兹矣。吾观夫将之贤者，千百人中不获一二焉，其不贤者肩背相摩、踵趾相接也。是故城邑之陷，壤地之失，人民之糜烂流离，奸宄之纵横滋炽，皆由乎将之不得其人焉耳。然所谓贤将者，非专善战斗之谓也。宅心之不忠，字民之不仁，若是者不能已乱，而徒以长乱。呜呼，古之名将，吾不得而见之矣。①

第二，儒者亦可为将。儒者在乱世中也能够奋起而作为统军者，为国家效力，陈高就对进士出身的人作为将帅给予了高度的肯定，并希望其能小心行事，不至于被上司所猜忌。

> 自国家用兵以来，内外之臣有能提卒总戎，出奇制胜，以为王室之干城、四郊之保障者，盖不多见。而同年之中，乃得阁下（进士锁住），以忠义之质，奋英武之略，整肃师旅，征讨叛逆，其声威赫然震动，为朝廷之所倚眷，远近之所称夸，使当世之人知夫为将帅者，必说《诗》《书》而敦礼乐，不专出于猛夫悍卒也，其为吾党之光荣何如哉。高惟驽庸，卧病田里，处士退僻，闻之喜跃，中夜不寐，私心自念若得如阁下者数十人布列海内，则贼何患不灭，而太平岂难致哉。然窃有所进焉。古之良将能臣，以功名终始者，有出人之志而不自用，有盖世之勋而不自矜，事上则翼翼小心，处己则惴惴然如有失，此所以勒铭于鼎彝而流声于竹帛也。②

第三，朝廷应终止内耗。在战乱中，赏罚不明、嫉贤妒能的内耗现象比比皆是，带来的是仁人志士的灰心丧气和战况的逆转，陈高特别在诗作中列出了功臣受排挤的状况。

> 桓桓朱将军，丞相所抡择。才过千人俊，勇为百夫特。征兵来海东，泛舟返燕北。观其磊落怀，终当献奇绩。
> 重臣居省台，铨衡握清选。州郡富官僚，将帅岂疏远。君胡招

---

① 陈高：《赠周元帅序》，《不系舟渔集》卷11（《全元文》第60册，第826—827页）。
② 陈高：《与锁住金院书》，《不系舟渔集》卷15（《全元文》第60册，第807—808页）。

不留，得非厌轩冕。麒麟使可羁，夫岂异羊犬。

将军有双剑，吐气光如虹。元是龙所化，一雌与一雄。指挥走妖魅，奋击生秋风。何时用神武，与国成殊功。

盗贼起襄颍，延蔓梗江淮。征伐六七载，道途犹未开。孰为豪杰士，首义罗群材。共成中兴业，纪功于云台。

吴郡甲天下，城郭何崇崇。仓粟数百万，惜哉饱群凶。诸将未平贼，朝廷已论功。将军有深计，何不觅侯封。

庸医疾多死，扁鹊废居闲。群工毁大木，巧匠在傍观。追奔策驽蹇，击隼舍鹰鹯。嗟哉朱将军，怀才空自怜。①

第四，维系朝廷的生命线。海运极为重要，不能被切断，所以陈高对于海漕能够在能人的主持下得以恢复，给予了高度的评价。

> 国家岁漕东南之米数百万，由海道以达京师。米之所出，多仰吴郡。数年以来，寇盗梗化，吴郡之米不输，海漕之舟不发，京师外馈军旅，内给百官俸禄，粮饷乏绝，上贻庙堂宵旰之忧。江浙行枢密院判官周君以省台之命分镇平阳，绥降讨逆，境邑以宁，艰勤累岁，克底成绩，乃谓京师天下之本，而国用以食为重，为臣子者岂容以退僻方外而弗究弗图。若得漕运之达，无问多寡，庶几可以率先远近守土之臣，咸供馈饷，以成戡定之功乎。由是哀诸境内，得米若干石，载之巨舰，浮海以漕。爰命顾君仲华曰："吾以职守所縻，不可以亲往，子其为我行哉。"仲华毅然承命，初无纤毫难色，趣装戒程，略不以家事为意，涉风波如履平陆，真可谓男子也哉。君子谓周君于是举也，忠爱不忘乎国；顾君于是行也，义劳不图其私。使为臣者皆能如周君，其有不尽其忠者乎。为士者皆能如顾君，其有不勇于义者乎。忠也，义也，人之所尚，而天之所佑者也。②

第五，救世需要特别关注民生问题。陈高认为在乱世中，州县官员必须注重取之有道的做法，以救民的举措稳定王朝统治的基础。

---

① 陈高：《送朱维敬奉使还京十首》，《不系舟渔集》卷3。
② 陈高：《送顾仲华督漕入京序》，《不系舟渔集》卷11（《全元文》第60册，第818—819页）。

> 州县之职，最近民而亲焉。凡民之理乱肥瘠，恒必由也。自寇盗扰攘以来，兵革日用，刍粮器械之所需，咸于民焉取具。武将悍卒，惟暴戾恣睢是务，不顾民之荼毒，动辄迫乎有司。有司或应之稍缓，则凌辱备至。故州县之官虽名刚介果毅、不畏强御者，亦莫之能抗也。由是不得不移其疾于民，以纾己责。日施棰楚于疮痍肤体之上，而严督其所出。贪墨之辈又并缘为奸，则民于是乎重困，往往弱懦者流离，强梗者反侧，遂令安靖之区凡吾赤子皆化为敌者，良以此也。然则居当今之世，任州县之职而欲其道之行、志之伸也，不亦难矣乎。虽然，君子之为政，未尝无其方也。苟设心于爱民，民亦未尝不受其惠也。旅师征敛，固不可以不给，而凡出乎民者，必使之均平，无所偏颇，而又推恻隐之意以取之，则民虽重困而不吾怨，宁竭其赀力，而祸变不生，可以保境，可以全名，此诚有职乎州若县者之所当知也。①

陈高还在诗作中记录了民众在乱世中的苦难状态，就是希望当政者能够真正重视民生问题。

> 日日四山黄雾昏，时时战鼓响江村。愁看春色随流水，那得开怀对至尊。
> 年年花发可怜春，今年见花愁杀人。不是风光近来别，只缘兵战此时频。
> 连年筑寨向山中，晓起俄看野火红。三百壮夫同日死，千家居室一时空。
> 老翁忆子哭声哀，妇怨征夫去不回。前日山中新战死，昨宵梦里见归来。
> 悍吏登门横索钱，人家供给正忧煎。官粮须借三年后，军食尤居两税先。
> 农父江边立荷戈，无人南亩种嘉禾。今年妻子愁饥死，活到明年更奈何。
> 并海居人不种田，捕鱼换米度经年。钓船渔网都狼藉，老稚流

---

① 陈高：《送子丈张君之莆田主簿序》，《不系舟渔集》卷11（《全元文》第60册，第821—822页）。

离哭向天。①

  山高冬晓不见日，海近晴天多出云。何处鱼虾争到市，小溪鹅鸭自成群。农家政苦征租急，县吏还闻出郭勤。独坐幽窗生百感，风前落叶更纷纷。②

  农人艺黍稷，生理在西畴。终岁事耕耨，劳勩望有秋。场圃既已筑，仓庾方期收。大风连日雨，原野涨洪流。万顷坐沦没，比屋尽悲愁。公私急租赋，何以备征求。既伏无腾储，宁免沟壑忧。饥馑乃荐至，兵革仍未休。民生病方悴，天道邈以幽。三复下泉诗，慷慨念京周。③

第六，救世需要儒者的支持。世人对儒者颇有偏见，认定其迂腐的做派难以有所作为，而陈高恰恰认为儒者在乱世中能够大有作为，朝廷不重用真儒，乃是一个重大的失误，而儒者亦应该自勉，尽自己力所能及的作为来报效国家。

  天下宾兴之士，由乡而贡之礼部者，岁大比不过三百人。其与礼部之选而升之天子之廷，获奉大对，授官爵者，不满三之一焉。夫以区域之广，亿兆之众，越南燕北之所至，日月出入之所进，所取之士若是其少也。而一科之中，有能灼灼以事功显著，为时所称道者，又不过数人焉。是则人才之难而不易得也，较然矣。至正十四年，左右榜进士及国子生中选者，凡六十有八人。是科最号为得士，其散于四方，赫然有声誉者，盖班班可数也。

  大抵儒者之在今世，得柄恒轻而任责恒重。方其无事之日，固有以先见夫成败之几，可以有为而曾不得其柄，言之于人，则见以为迂阔而听之藐焉。及夫海内多故，纷纭扰攘，其势日趋于坏烂而不可救，然后始求儒者以为用，而又动辄有所牵制，使不得以尽其才，则复从而咎之曰多议论而少成事，儒者盖不足与有为哉。呜呼，士大夫之生于斯时也，其得卷而怀之耶，抑亦出而任其咎耶。④

---

① 陈高：《即事漫题十首》，《不系舟渔集》卷9。
② 陈高：《客黄山三首》，《不系舟渔集》卷7。
③ 陈高：《秋成大水伤稼悯农有作》，《不系舟渔集》卷3。
④ 陈高：《送曾子白员外序》，《不系舟渔集》卷11（《全元文》第60册，第816—817页）。

第十六章 救亡图存的政治观念 317

> 国家用兵以伐强暴，十有余年矣。后进师师，凡俊秀之子弟，其所业者孙吴攻战之书，苏张揣摩之策也。以是驰骛乎当道，急功利，走权势，至于圣贤六艺之文乃以为不急于用，而莫之习焉。夫自道学不明于天下，世之为学者已不能推究本原，然而犹幸家讽人诵古圣之经，讲求贤传之旨。如有豪杰才士由是而兴起焉，岂不可以造夫高明之域，而尽修己治人之方乎。假令不得豪杰才士而使之兴起，然而其心术犹知慎所趋向，不专以诈谋权变为先，而习俗颓败，未必若是之甚也。虽然，此其失有自，其化有机。能斡其机，斯可以见其失矣，要在乎上之人举措何如耳。故夫俊秀之士，有能不为习俗之所移，吾则举而用之，以风天下，天下之人其有不从风而化者乎。今寇盗就勍，文教复兴，所以正人心，所以易风俗，盖维其时矣。操时之柄者，恶可不用心乎哉。①

在战乱中即便出任教职，也是儒士有为的机会，对促成善治具有极为重要的作用。

> 仕于今之世，其有位卑而任专，可以推行古道化民善俗者，唯学校之职为然。凡郡县皆有学，学皆有师，师专掌教养子弟事。郡守县令治其郡若县之民，政事刑罚咸出守令，而教之以诗书礼乐，使知廉耻退让，明孝亲弟长之节，则必由于师。故有贤守令，无贤师儒，虽能为治，不能为善治。
>
> 同里刘君景玉，以帅府檄为婺之金华教谕。景玉明经而富于学，其智足以谋，其强足以立，敏足以行之，文足以发之，推其才，必能易时之弊，尽己之职，而与令共兴善治者矣。景玉尝抱利器试于有司，屡为其所抑。今居此职，宜若有不屑焉者。然官无大小，皆可以行其志，不以所处之卑而不敬其事，君子之道也。②

陈高尽管没有直接参与平寇的战争，但是他对乱世的思考，尤其是救世的基本主张，在王朝末世的思想展示中确实应占有重要的位置。

---

① 陈高：《送林子植入京序》，《不系舟渔集》卷11（《全元文》第60册，第830—831页）。
② 陈高：《送刘景玉赴金华县学教谕序》，《不系舟渔集》卷11（《全元文》第60册，第820—821页）。

第四节 挽救危局的对策

在元朝末年的战乱中，贡师泰、李士瞻、卢琦、王沂等有识之士提出了不同的挽救危局对策，并就政局作出了客观的评价，成为王朝末世的亮丽政治表象，可分述于下。

一 贡师泰的用贤建议

贡师泰（1298—1362年），字泰甫，号玩斋，宁国路宣城县（今属安徽）人，天历元年进士，历任翰林承奉、参赞经筵、吏部郎中、监察御史、户部尚书等职，有《玩斋集》传世，在著述中重点讨论的是用贤问题。

（一）文治用贤

贡师泰对于朝廷能够重用儒士、兴隆文治的做法颇为赞赏，在诗作中特别强调："清朝隆礼治，仙馆荣贤良。冠冕山河大，文章日月光。九关严虎豹，千仞下鸾凰。此日桥门盛，何论汉与唐。"[1] 尤其是能够利用经筵的机会接近皇帝，更使贡师泰感到荣耀。

> 春日君王出殿迟，千官帘外立多时。觚棱雪转寒无奈，先许儒臣到讲帷。
> 黄绫写本奏经筵，正是虞书第二篇。圣主从容听讲罢，许教留在御床边。
> 殿前冠佩俨成行，玉椀金瓶进早汤。自愧平生饭藜藿，朝来得食太官羊。
> 黄金为带玉为襜，剑戟如林卫紫髯。也爱儒臣勤讲读，向前轻揭虎皮帘。
> 奏对归来日已西，独骑瘦马踏春泥。行从海子桥边过，犹望宫城柳色齐。[2]

但是儒者被重用，可能会遭遇各种困难，正如贡师泰所言："予闻

---

[1] 贡师泰：《南城监试和同院张进远韵》，《玩斋集》卷3，四库全书本。
[2] 贡师泰：《明仁殿进讲五首》，《玩斋集》卷5。

天于瑰伟卓荦峻特之士，必有所抑遏摧沮顿挫，而后志专学力，奋焉有为，以大其业而张其名。不然，其志不专，其学不力，虽有瑰伟卓荦峻特之士，业不大名不张也。"① 由此，他特别向有志于成才者提出了"慎择"的要求。

> 夫君子之进于学也，必慎其择，专其志，厉其行，持之久，积之深，养之厚，然后义精仁熟，几应于中，而处天下之事不难矣。
> 子亦观于舟乎，其胶也，前不能以尺寸，及水至风顺，踔千里在瞬息。车之尼也，鞭棰泥淖，终日疲于跬步，及走康庄，注峻坂，虽雷转飙驱不足以喻其快。岂惟舟车哉，弓之张也，矢之激也，户之运也，橐之鼓也，水之决也，火之燎也，鸟之遇顺而鱼之纵壑也，此其神妙不测何如耶，是必有其几矣。几应于中，而事物之来，如持衡悬鉴，随其长短、轻重、小大、妍媸，无不各当其情，而养亲、事君、居家、治民之道，举不外乎是矣。然择之不慎，则邪说足以干正；志之不专，则事或分于外诱；行之不厉，则往往一篑而亏，半途而画，又乌能进于圣贤之域哉。就有所进，则亦安于一才一艺之成，狃于一善一长之得，而非明体达用之学也。②

贡师泰虽然已经身在官场，但是并不看重富贵和功名，在诗作中明确表达了自我警戒的要求。

> 功名果何为，轻重天下士。得之入云霄，不得堕泥滓。朝列三公行，莫与匹夫比。荣辱既由人，富贵非在己。胡为竟迷途，白首忧不止。纵有盖世勋，仅遗一纸史。往者尚如斯，后来亦徒尔。乃知巢许流，高蹈良有以。
> 黄金本何物，举世相纷争。贱者可以贵，死者可以生。既解平城围，亦散六国衡。神用信莫测，万宝孰敢婴。亦有高世士，唾视瓦砾轻。宁为冻饿殍，不受污辱名。斯人傥可见，吾将与同盟。嗟

---

① 贡师泰：《送刘中守佥事还京师序》，《玩斋集》卷6（《全元文》第45册，第147—148页）。
② 贡师泰：《送郑居贞之建安序》，《玩斋集》卷6（《全元文》第45册，第146—147页）。

哉首阳薇,千载有余清。①

(二) 恤民用贤

贡师泰所在意的,是入仕者能够体恤民众的困苦。借顺帝在位前期黄河的多次决口,他在诗作中明确指出官吏不能恤民,已经导致了恶政肆行、水可覆舟的严重忧患。

> 去年黄河决,高陆为平川。今年黄河决,长堤没深渊。浊浪近翻雪,洪涛远春天。滔滔浑疆界,浩浩襄市廛。初疑沧海变,久若银汉连。怒声恣砰磕,悍气仍洄漩。毒雾饱鱼腹,腥风喷龙涎。鼋鼍出衮衮,雁凫下翩翩。人哭菰蒲里,舟行桑柘巅。岂惟屋庐毁,所伤坟墓穿。丁男望北走,老稚向南迁。县官出巡防,小吏争弄权。社长夜打门,里正朝率钱。鸠工具畚锸,排户加笞鞭。分程杵登登,会聚鼓阗阗。虽云免覆溺,谁复解倒悬。弥漫势稍降,膏血日已朘。流离望安集,荒原走疲癃。孤还尚零丁,旅至才属联。园池非故态,邻里多可怜。贫家租旧地,富室买新田。颓垣吠黄犬,破屋鸣乌犍。秋耕且未得,夏麦何由全。窗泥冷窥风,灶土湿生烟。倾筐摘余穗,小艇收枯莲。卖嫌鸡鸭瘦,食厌鱼虾鲜。榆膏绿皮滑,莼荙紫芽圆。乍见情多感,久任心少便。金堤塞已溃,淇园竹为楗。玉璧沈白马,冠盖相后先。舜禹事疏凿,汉唐劳委填。瓠子空作歌,宝鼎徒纪年。昨闻山东饥,斗米直十千。即今江南旱,骨肉皆弃捐。仓廪岂不实,赈贷犹迍邅。恐是廊庙远。不闻道路传。恐是天听高,致使雨露偏。小臣思覆载,百念倍忧煎。踌躅惨莫发,愤结何由宣。作诗备采择,孰敢希陶甄。平成谅有在,更献河清篇。②

在这样的状态下,贡师泰一方面要求自己成为恤民的典范:"老夫白发已如许,山后驰驱动数年。正为贫民均马政,何嫌富户倍车钱。人生要在心无愧,物论难齐理自然。欲尽微忠报明主,简书深夜

---

① 贡师泰:《古意二首》,《玩斋集》卷1。
② 贡师泰:《河决》,《玩斋集》卷1。

手重编。"① 在整治大都至上都的驿户凋零时，贡师泰就做到了"历究其病原，验其富贫，而均其徭役，数十郡之民，赖以稍苏"②。另一方面，贡师泰希望其他儒者也能做到以恤民为先务："君子之用世，得百里之国而治之，使其民出租税、勤役作以供公上，而无愁苦叹息之声，亦可谓贤大夫矣。"③

（三）乱世用贤

战乱蔓延到全国之后，用贤更成了朝廷的紧要问题，贡师泰为此特别提出了六方面的要求。

一是贤者要重仁义教化。贡师泰强调贤者在重武的同时，更要注重仁政和德化的作用："我世祖皇帝以神武不杀定天下，深恩厚泽，洽于民心，虽古帝王之师不能过也。今南征北伐，兵犹未戢，必欲销天下奸萌，扶天下善类，廓清海宇，丕变时雍，则仁义道德之化，固所当先。"④ 尤其是朝廷任命的监察御史等，更要重视治化方面的作用。

> 国家以丰爵厚禄，网罗天下才俊，其途固不一，而得士之盛，则莫成均若也。至元、大德之间，秉钧轴、握枢机，卓焉以功业自任者，不可胜道；况自皇庆、延祐以来，大开文治，群材辐辏，其得士之盛何如哉。
>
> 方今海内多故，干戈未息，东南诸郡远在海隅，凡军政之不修，官刑之或阙，吏弊之太甚，民病之已革，大奸大慝之未去，御史皆得而按之。然数者之失，其来久矣，非可以一旦威制而力胜之也。其亦周旋咨询，宣道上意，使人人知尊君事长之道，先义而后利，徇公而忘私，则三军之于将帅，如手足之捍头目，庶民之于官府，如子弟之趋父兄，善者知劝，恶者有惩矣。⑤

二是贤者要以天下为重。贡师泰列举了赵木仲为平盗出谋划策的例证，要着重说明的就是贤者必须具有为天下而谋而不是为个人而谋的高

---

① 贡师泰：《榆林有感》，《玩斋集》卷4。
② 《元史》卷187《贡师泰传》。
③ 贡师泰：《送朱元宾赴南靖县尹序》，《玩斋集》卷6（《全元文》第45册，第149—150页）。
④ 贡师泰：《武经总要序》，《玩斋集》卷6（《全元文》第45册，第173—174页）。
⑤ 贡师泰：《送金仲达御史序》，《玩斋集》卷6（《全元文》第45册，第145—146页）。

尚品质。

> 河南衅起，王师徂征，木仲幡然起曰："吾尚能坐视生民涂炭乎？"遂扣军门，手画十余策。主将奇之而不能用，木仲裂策投地曰："是齷齪无能为者，不去将及于祸。"急绝江南还，所过诸将莫不奔走迎谒，开壁设座，北面师事之，凡用其策多奇胜。御史、部使者数论其有文武材，宜用如诏书，事上丞相府，起佥浙东宣慰司副都元帅，兼治县慈溪。大夫、士争走贺之，木仲抵掌大笑曰："诸君以吾得一官为荣耶？吾即荣一官，当国家治平时，视轩冕富贵犹且泥涂而土苴之，况今皂隶厮役皆得取宠，爵厚禄驰骋车马以相雄长，曾谓赵木仲辱与若等伍耶？吾将棹鲸海之月，揽雁山之云，濯缨长流，挂巾绝壁，与高人隐士箕踞放浪，以养吾胸中之浩浩，以俟夫朝廷治化之清，顾不伟欤？吾诚不忍以七尺之躯，徇斗升之粟，纠缠胶扰于是非荣辱场也。"于是大夫、士咸知木仲之出非为身谋，退非果于忘世。①

三是贤者要讲究治法。贡师泰特别指出，朝廷在止盗方面之所以成效不大，就在于未能善用招抚和剿捕的方法。

> 国家用兵十数年，海内骚动，迄今生民未休息者，实由议政之臣首以剿捕而失人心，终以招降而缓天讨故也。盖必于剿捕，则胁从者无以自新；委于招降，则怙终者无所警惧；无以自新，故人畏罪而志益坚；无所警惧，故人玩法而恶益肆。比年以来，朝廷虽已察缓治之非，而更令招捕矣，然而兵连祸结，犹未尽戢者，招其所当捕，捕其所当招，是非混淆，惩劝失实，所以毒流天下，如火燎原，愈扑而愈炽，如水决下，愈塞而愈横也。况七闽去王畿益远，暴将贪兵，毒甚狼虎，其鱼烂而禽弥者，未必皆所当捕；奸民黠胥，乘间负险张旗鼓，以胁取爵位，据租税者，未必皆所当招。②

四是贤者要敢于作为。贡师泰于至正十九年出任两浙都转运盐使，

---

① 贡师泰：《送赵木仲东归序》，《玩斋集》卷6（《全元文》第45册，第144—145页）。
② 贡师泰：《张子固功绩诗序》，《玩斋集》卷6（《全元文》第45册，第182页）。

在处理盐务问题时，特别向有关官员提出了在更新治化方面，只有敢于作为才能有所作为的建议。

> 闽粤诸郡，阻山岸海，租入之数不当东吴一县，其民终岁勤动，仅足给食，而公私所资，悉倚盐赋。比年横兵蜂起，夺攘成风，大者据州县，小者雄乡里，其入乎官者盖益鲜矣。朝廷以海漕间不如数，乃遣使榷盐易粟，以助京饷。然金革伤残之余，急之则民困而变生，缓之则吏懈而事废，其为使者不亦难乎，自非行信于上下而誉交于中外，其克称是选哉。
> 至正十九年，予以谫材谬膺兹任，明年稍更定其法。民虽称便，亦不能无怼于贵家巨室焉。其冬有旨，罢分部，仍以榷漕属之行省。又明年，畿甸大稔，始议以盐赋十之六，杂易一切供上之物。于是河南李君彦闻实以户部尚书使来。君既至，则严法以防奸市，平估以通懋迁，远近闻之，商贾交集，不数月得绫绝锦绮缯布丝枲十数万，将以今年五月浮海还京师。
> 适予行先于君，乃过君别而为之言曰："君之材，过予远甚。且君在朝久，上下信之，中外誉之，嘉声令望，卓然见推于一时，是宜君之倜傥磊落，果于行而无所嫌畏也。虽然，君之所以自任，与朝廷之所以任君者，又岂止是而已哉。凡官政之缓急，民瘼之重轻，守吏之臧否，将校之勇怯，山川地势之险易，人物风俗之浇醇，宜皆有以复于君相者。方今中原底定，奸宄悉平，立经陈纪，更新治化，君其可得而辞乎。"①

五是贤者要推行善政。以善政安抚民心，可以在乱世中起到稳定一方的重要作用，所以贡师泰特别向前往福建任职的官员提出了善治的要求。

> 予闻漳在闽粤极南，漳浦又漳之南，山谷阻深，民獠杂处。比年强横，缮甲兵，据租税，与吏抗，吏既不禁，反相为渔猎。子家龙溪，漳人也，令漳浦，又漳属也，固为难治矣，然而民情物理，

---

① 贡师泰：《送李尚书北还序》，《玩斋集》卷6（《全元文》第45册，第157—158页）。

子所周知，饥渴之余，易为饮食。子能以向者勇义却贼之心，为今日施惠保民之政，处之以廉，赋之以均，烛之以明，抚之以宽，而又将之以不欺，行之以无倦，则民有不被其泽者乎。古者治郡曰牧，治县曰字；牧若童竖于牛羊，饮龁卧起，随其所适；字若慈母于赤子，痒疴疾痛，同出一体；盖令视守尤近民也，子果尔，漳民虽强横，其敢不率令治乎。①

贡师泰对于上虞县官员实施的还湖、核田等行为给予表彰，就是要强调可以采用多种方法，带来优良的治民效果。

国家内附以来，属时屡丰，水利不讲，居民乃窃缘堤高仰以私播种。元贞间，或言之营田使者，得田三十顷，粟五百石。然自是蔓延莫禁，湖之存无几。即有旱干水溢，则五乡咸受其害矣。至正十二年，翰林应奉林希元来为尹，遂定其垦数，余悉为湖。十六年夏旱，豪民乘间侵种，其禁复弛，县尹李睿力复之。明年春，行御史台移治会稽，驻兵县境，或妄言湖膏腴可屯田，典兵者忽于识察，一旦竭如焦釜，所得仅百许石，而官民失利不可胜计。御史察知其弊，俾尝赋于官者田如初，他皆谕罢。明年春，又有献之长枪军者，赖分省阻止之，于是积水盈溢，惠及远近，而湖之利益博矣。②

古昔圣王之治天下也，曰分田定赋，以一其民而已矣。后世田赋不正，徭役不均，豪民得以肆其侵暴，黠吏得以纵其奸贪，然后法制大坏，而斯民始不堪其生。越上虞县大德间定垦田总之凡三十三万二千三百亩奇，其兵、灶、驿、学、寺、观免征者四万七千亩，官民实征者二十八万五千二百亩，具载典册，可谓较然矣。岁久法弊，因去其籍，且推收之法不行，而鬻质之数不实，遂使诡名寄户，飞隐走贴，虚增张并之弊，纷纭杂出，而真伪莫能辨矣。至正十八年夏四月，安阳韩侯谏来为尹，会治兵县境，一切军资悉取于民，重轻失当，怨讟载道。侯为此惧，将有以处之而未暇也。明

---

① 贡师泰：《送许存衷赴漳浦县尹序》，《玩斋集》卷6（《全元文》第45册，第148页）。
② 贡师泰：《上虞县复湖记》，《玩斋集》卷7（《全元文》第45册，第238—240页）。

年春，分省论功升行枢密院都事，仍总制县事，乃进父老曰："若等苦吏横敛久矣，我欲为若等定令，使不得重轻为市，何如？"皆俯伏顿首曰："幸甚。"侯乃下令，听民自陈，即有不实，并以坐吏，仍选乡里大姓有禄位德望者核视之，而侯坐堂上，执朱墨勾稽覆验，穷昼夜不少休。其法，每田一区，署由一纸，载田形地方亩数，与凡执事者其上俾执之以为券，而图以鱼鳞册，以鼠尾分以兜率，总以归类，然后奸欺屏息，田赋正，徭役均，而庭无纷争之讼矣。

嗟夫，治民亦多术矣，要莫大乎得其心，得其心有道，亦不背其所好、不施其所恶而已。或夺其利以戕其生，劳其力以咈其性，则民心其可得哉。①

六是贤者不在乎功名。在乱世中，贡师泰重申了君子淡泊功名的要求："夫士大夫之所以异于人而重于天下者，道德、文学，功名其次也。不以道德、文学自勉，而徒取功名，犹为不可，况龊龊求富贵者哉。""虽然富贵、功名在乎天，道德、文学由乎己，勉其在己者，以俟其在天者，斯古之士所以卓然超出乎千万人之上，而传之千万世之后也。"②

身处战乱，贡师泰在诗作中一方面感叹名士凋谢，另一方面也表达了止干戈、重现太平的强烈愿望。

中朝诸老凋零尽，一读遗诗感慨多。万里还家犹俎豆，十年为客尚干戈。秋风东海云帆举，春水西湖画舫过。此去太平应有象，杏花深处听弦歌。③

江上干戈犹未息，此身何处可偷安。居民战死终无援，主将逃生竟被残。已报老妻来太末，尚怜孤侄寿长干。扁舟十日闽溪上，恨不身生两羽翰。④

酒尽青山莫，书从白雁过。长风断疏雨，缺月挂明河。故国逢

---

① 贡师泰：《上虞县核田记》，《玩斋集》卷7（《全元文》第45册，第240—241页）。
② 贡师泰：《送周克复归省序》，《玩斋集》卷6（《全元文》第45册，第151—152页）。
③ 贡师泰：《题朱教授送行诗卷》，《玩斋集》卷4。
④ 贡师泰：《建宁得宣州家书》，《玩斋集》卷4。

人少，新秋到客多。不知沧海上，何日罢干戈。①

在元朝后期尤其是战乱中坚持用贤，实际上是对文治的坚持，这恰是贡师泰对王朝末世政治理念发展所做的重要贡献。

二　李士瞻的救亡建议

李士瞻（1313—1367年），字彦闻，荆门（今属湖北）人，历任户部尚书、中书省参知政事、翰林学士承旨等职，有《经济文集》传世，在著述中提出了一些重要的救亡建议。

（一）救急六策

李士瞻曾于至正二十二年上时政书，提出了二十二条建议，已见前述。在明军北上攻入山东后，京城形势严峻，李士瞻特别向主兵者提出了以六策挽救危局的建议。

> 夫用兵之要，贵于察敌情，量彼我，审缓急之宜而用之。不务出此，虽有管、葛之智，韩、白之能，仍未见其可也，请姑以目前之势论之。今贼人之形出没难知，我军羁縻动为所制，此政兵家所谓形人而我无形，则我专而敌分。我专为一，敌分为十，是以十攻其一也，则我众而敌寡；今我势反分，贼反专，我形易知，敌形难测，此所以彼势日张，我力日屈，而疲于奔命者也。
>
> 况各处居民，惊惶四散，曾无定志，王畿州县，悉皆空城，有司不才，谁肯死守。且邦家之本，在于百姓，王畿州县，所以藩屏京师者也。今百姓之流离如此，州县之不完如此，有司之不守又如此，此诚危急存亡之秋，不可不慎也。仆窃为今日计，其目有六。
>
> 一者，平章宜统本部军马，于固安、霸州上下，权且深沟高垒，多设疑兵。于青、润、后卫、右卫左右昼夜广张旗帜烽火，以疑贼心。贼虽能深入我境，然其心不能不怀疑惧。我军当乘其巢穴未定，急发精骑攻之，少挫其锐，使贼无必向之志。
>
> 二者，调发诸道援兵，地远一时必不能到。……宜急咨达朝廷，大发府库，并各投下所有珍玩财货，就大都内外募选骁勇之

---

① 贡师泰：《和马仲皋立秋韵》，《玩斋集》卷3。

士，计旬日可得十余万。再别选精锐骑兵，计见在可得五万。使马步错进，作三运而行：一运姑存护京师；二运姑存备非常；三运急引当前敌。

三者，宜急催请太尉也速知院收集各枝军马，除拨军守御单家桥等处，以捍陵州之贼，其余精兵急令各官统领，直趋青州，以助副枢之兵。

四者，近郊之攻既宁，则始可以举我全胜之师，议讨济南、益都之贼。盖兵贵我为主而敌为客，今主客之势既分，便当行远取近攻之策。

五者，朝廷急宜侧身修行，以回天心，振作纲纪，以答人望。专并总兵以一军权，彻去遥制以责成效。汰冗官以给军食，节浮费滥赏以助国用。庶几天怒回于上，人怨销于下，士气鼓舞而人思自奋矣。

六者，宜作急住罢京东南分司农衙门，并入有司，其一切概有已种未垦系官田地，或召诸色人民，或募流移百姓，或验口数，或验丁力，随宜取便，拨付佃种。已熟之地，比依常例，权且增倍征收。未垦之地，照依常例，止令二十取一。仍传谕此等百姓，随宜就便团结，非惟少固民心，抑且有助国用。即日三春将尽，陇无人耕，土无宿种，失此不救，则时不再来。

兴丧安危，在兹一举。凡此数事，皆今日之急务。所惧者姑见是害，优游不断，若能决而行之，则不必上烦睿驾亲征，而天下之势已可以逆料之矣。①

李士瞻所上的六策，重点是军事、民政并举，以稳定民心、军心为要，可惜这样的建议未引起顺帝等人的重视，因为朝廷还处在激烈的内斗中，没人关心御敌之策。

(二) 严明赏罚

李士瞻还曾向主政者上书，要求以败军之责，严厉处罚哈剌把都儿、阿塔赤、贾惟贞等人，并特别强调了在战乱中严明赏罚的重要作用。

---

① 李士瞻：《上中书总兵书》，《经济文集》卷1，四库全书本（《全元文》第50册，第128—132页）。

盖闻赏罚者，国家之大柄，是非者，人心之至公。赏罚无章，虽尧舜不能以为治，况后世乎；是非混殽，虽智者不能以有为，况庸人乎。我国家自太祖皇帝肇基朔方，世祖皇帝奄有区夏，皆未始有尺地专城之藉。一旦乘斯民云霓之望，乃能挥霍八极，席卷中原，一举而麼残金，再举而踬南宋，一时将相大臣，又能丕阐皇猷，聿宣至化，遂使海内之人争效臣妾，豪杰之士奔走慕义，翕然如云龙风虎之相从者，此无他，赏罚明而是非公故也。承平以来，百年于兹，礼乐教化日益不明，纪纲法度日益废弛，上下之间，玩岁愒日，率以为常，恬不为怪。一旦盗贼猝起，茫若无措，总兵者惟事虚声，秉钧者务存姑息。其失律丧师者，未闻显勠一人；玩兵养寇者，未闻明诛一将。是以不数年间，使中原云扰，海内鼎沸，山东、河北莽为丘墟，千里王畿举皆骚动，而终未见尺寸之效者，此无他，赏罚不明而是非不公故也。近者天子以两丞相为元老旧臣，命总万机，今日之事，政宜开诚布公，振作纲纪，明示赏罚，号令天下，使六军之众鼓舞踊跃，忠义之气振彩扬精，一新天下之耳目，以尽扫前日之宿弊，庶几盗贼可平，四海可定，中兴之事业可计日而待也。①

李士瞻在上书中指出的赏罚不严，是元朝末期难以救治的痼疾，即便是主兵的大臣赏识李士瞻的论点，也于此无能为力。

（三）褒扬忠义

战乱爆发后，海运中断，北方面临缺粮危机，李士瞻受命出使福建，曾被海盗拘捕，后助官军清除海盗，恢复海运，以福建等地的粮食为朝廷救急。完成这一使命后，他特别向主政者表示："岂意到闽之日，官无统纪，人情事务动如抟沙。士瞻深思任大责重，不敢拘以无文，遂弗自揆，越分规措。""虽见拘留，未至辱命。彼时纵使不然，惟有一死报国家而已，安敢以身自惜，为使命羞乎。"② 在诗作中，李士瞻亦对恢复海运颇有感慨："海艘岁万漕，便利毋与伦。至今百余年，不复事讨论。遂使奸雄徒，窥测见本根。""我皇开国同乾坤，一年四百万斛运。麾叱雷电役五丁，片艘粒米皆风汛。财成本是神之功，

---

① 李士瞻：《上中书丞相书》，《经济文集》卷1（《全元文》第50册，第126—127页）。
② 李士瞻：《上中书左丞相》，《经济文集》卷3（《全元文》第50册，第133—135页）。

直与天地传无穷。"①

对于在安庆死节的余阙,李士瞻特别著文给予了表彰:"本朝自迩时盗贼蜂起,兵连祸结,十有余年,而谋国驭兵之人率皆昧于形胜,不能先事预图,是致窃据土崩之势,不数年而成。余公廷心以名卿硕儒,朝廷夺之哀而俾镇安庆,公亦以国家多难,宁释亲之丧,毅然一起,以从君上之命。到镇之日,凡可以保城池、佑兆姓以捍贼寇者,无不殚智力而乐为之,日与军士庶民相亲睦,一如父子,而人亦甘为之用。故公死之日,帐中一时士大夫无苟安以向贼者。""由是观之,忠臣志士当兹纷乱之际,屹然如中流砥柱,真足以回颓波而障狂澜,不然将滔滔不已,只见其沦胥以亡耳。"②

在朝廷受制于军阀时,李士瞻上书指出:"窃观今日国家之势,有淹淹将尽之气,无赫赫再振之威,有甘心就亡之意,无救焚拯溺之志。"他希望皇帝"亟下明诏,以彰天讨"。在王朝将亡之际,朝廷还在扩建宫殿等,李士瞻又上书指出:"今造作不已,恐伤民力。传之远迩,有鈹儿鼓儿之戏,播之京师,有斧儿凿儿之谣,而陛下不之寤,臣恐大事一去,虽享有宫室之乐,其可得耶。"③ 李士瞻的建议依然未引起当政者的重视,所以败亡只是时间问题了。

三 卢琦的救世建议

卢琦(?—1362年),字希韩,号立斋,惠安(今属福建)人,至正二年进士,历任永春县尹、宁德县尹、福建盐课同提举等职,有《圭峰集》传世,可以看到他对匡救时局的重要看法。

(一)废常平之法

卢琦曾受命点视福建路州的常平仓,点视结束后即向上司上书,明确指出常平仓存在八大弊病,已经使利民之政变成了害民之政,所以应该废除这一做法。

> 切闻政所以养乎民,惟善则可守,法不必泥乎古,有弊则当

---

① 李士瞻:《吾观桔槔论》《坏舵歌》,《经济文集》卷6。
② 李士瞻:《题安庆余阙廷心左丞死节说》,《经济文集》卷4(《全元文》第50册,第207—208页)。
③ 陈祖仁:《李士瞻行状》,《经济文集》附录。

更。伏睹至正七年诏书内一款："言路通塞，治道所关，内外大小衙门官员，凡朝廷军民利病，直言无隐。"卑职承奉使司札，使前往延建四路点视常平仓，已行遍历点视外，切缘常平之役，昔戴胄、耿寿昌之徒实建明之，丰年增价而籴，欠年减价而粜，盖有成周救荒之遗意焉。国家举而行之，诚良法也。然近年以来，但见其害，而不见其利，盖法立弊生，以至于此。顾今日讲究方新，推行甚力，而鲰生乃欲冒陈其弊，不几于躁妄乎。然其弊不知则已，既知其弊，而姑付之缄默，恐非明诏究利病极言无隐之意也。故敢以足迹之所至，耳目之所逮者，言之其弊有八。

省府明文，丰年收粜本，分派乡都，为里首者阴符吏弊，云某人当领钞若干，某户当纳谷若干，吏辈从而渔猎之。受甲之赇则移于乙，得乙之赇则移于丙，及其姓氏已定，则家家被扰无遗矣，此其弊一也。

省府发降粜本，在各路则减刻于府吏之手，县不能得全数；在各县则减刻于县吏之手，乡都不能得全数。此及输仓，需求多门，而每石之费，盖数倍于官本矣，此其弊二也。

立仓皆于郡邑城郭，然乡村之民，近者三五十里，远者三百里，其不通舟棹之处，又多值饥寒。赈粜往复，跋涉之费若干，听候逗留之费又若干，虽举以贷之而不受其直，民亦未如之何也。已发仓之际，其司县贪猾之吏，市井憸巧之徒，与夫权豪势要之强有力者，往往诡立姓名，悉空其仓而粜之，而闾阎田野困穷无聊之民，虽一夫不得与焉，此其弊三也。

各处阙官子粒充为粜本，其吏贴人等往往挟官府之威，而预期以征之，图一己之利，而穹价以受之，名曰官钱，实归私室。及其迫于上司之文移，则临时取其低价买粜，带水湿者有之，杂秕糠者有之，粮之损坏消折，职此之由，此其弊四也。

粜本发下各县，其提调官典该行吏贴相与为奸邪，以青黄未接、民间艰粜为词，飞申上司，既从其请，则移粜本以为他用。及至上司或差官盘点，或移文催征，往往仓皇失措，或私券而赔贷于富家，或低价而收买于铺户，粜未足而虚装作数，藏未久而浥变损坏，其后官吏仓官人等或以罪去，或以满去，而赔偿之责不过斗级数人而已，或斗级所不能偿，则凡有产之家不免重受其害，此其弊五也。

汀州居万山之中，其民不为他业，惟业农以生。虽以贫民，遇敛岁亦必有积聚。其地又无深溪大川，舟楫所不到，故谷价恒贱，汀人固无所赖乎常平也。官府赈粜，明日收籴，徒作虚文，而汀人受其实害，至有不可胜言者。又况武平、上杭二邑，去汀州为尤远，其谷价视汀州诸邑为尤贱。始者讲究，即二邑之境上共置一仓于黎畲，取其道里均故尔。殊不知聚黎畲而居者，皆屯田军也，人人能耕，家家积蓄，方有司收籴之时，二邑去仓各五十里，欲水运则不可以舟，欲陆输则所费倍蓰，姑得轻赍而就籴于军，而军人坐得添价之利。及其粜粜之日，彼二邑之民无一至者，凡在仓之粮悉为军所粜，而军人坐得减价之利。国家立法之意本以为民，而敛散之利悉归于军，此其弊六也。

仓官攒典人等，近以例革去，而专其责于提调官。使提调官贤，亦不过无扰于民而已，决不能为吾民利也。苟或不职，则任用非其人，收贮不如法，其病抑又甚矣，此其弊七也。

建阳平粜仓，乃前邑令劝率产民舍米以充之，积至千石有奇，择士民之谨愿者司其出纳，而官不与焉，民甚便之，今尚无恙也。崇安亦有平粜令，其法一如建阳。近因常平之设，收籴未敷，本县迫于上司之点视，乃以平粜仓所积之米充其数，邑父老屡诉之，曾不为理，平粜所积悉归于官，常平之惠略不及民，上乖国家立法之美意，下负百姓备荒之初心，此其弊八也。

愿罢各处常平，悉归征元本还官。若欲必行赈粜之法，莫若劝率产民，舍米如建阳等处平粜仓，俾民自掌之。如此，则上不费官本，下不伤民财，而家无扰，犹愈于常平。①

如前所述，设立常平仓是守令"六事"的重要要求，但是好的立意可能带来坏的结果，恤民之政可能被扭曲为害民之政，卢琦的建言，恰是列举了一个重要的例证，只是不被主政者重视而已。

（二）重剿抚并举

元末战乱爆发后，卢琦一方面表达了对朝廷派军平叛的认可，对军

---

① 卢琦：《建言常平》，《圭峰集》卷下，四库全书本（《全元文》第 52 册，第 350—352 页）。

事行动的成功抱有较大的信心,尤其是表达了对丞相统军的赞誉。

> 总戎才略正英年,兼领中朝将相权。天下河山雄百二,幕中宾客灿三千。已承重寄辞储馆,宜策奇功继颍川。请学平南世忠武,勿令专美世皇前。
> 逆竖真成斗兽穷,孤城危立万山中。王师所至如时雨,戎旃长驱有胜风。犀缝朱缦三属甲,虎文琱韣六钧弓。悬知幕府多才士,竚草平南露布功。
> 旄头先日便移军,道上鸣螺寂不闻。长技精兵一当百,高蹄战马万为群。大河渡水合成路,北风卷沙飞作云。今代凌烟岂无阁,为公他日赞鸿勋。①

另一方面,卢琦亦认为需要进行广泛的招抚,以瓦解敌对势力。为此,他特别撰写了招抚泉州"从逆"者的文告。

> 皇元混一天下百余年,近岁构乱,河南、湖广、江浙等处悉皆搔动,人皆为国家忧之,独高见之士以为圣上宽仁大度,宰相贤明,天下必无事。今各处郡邑尽行克复,百姓俱以平宁,自京师至福建一路无阻,汝等居深山,知红巾之乱,未必知红巾之灭;知县官之有虐政,未必知圣主贤相之有洪恩,惜乎无人为汝宣达此意。况泉郡古为佛国,自归附以来,民不知兵,虽有盗贼随即剿除,百姓享承平之乐,他处所未有。汝等一朝作梗,祸连诸邑,百姓受流离之苦,前此未闻。且汝祖、汝父为大元民,汝身为大元民,大元何负于汝,汝乃甘心悖逆为盗乎。汝县官未尝结怨于汝,路官未尝结怨于汝,城中之人未尝结怨于汝,旁县官民未尝结怨于汝,汝敢焚毁他邑,乃复攻打城池乎。
> 我才德不及于众,恩信不孚于邻,是致汝等侵我土疆,毁我县治,掠我人民,惟自责己,不敢怨人。然深思以为盗之由诚非得已,因为汝县官吏、镇守官军虐政所逼,生事激变,汝等一时有所不堪,遂至于此。间胁从者多有富足之家,知理守分之徒,岂不知

---

① 卢琦:《送丞相河南王南征》,《圭峰集》卷上。

古今顺逆之理,但无路脱身,诚可哀痛也。我乃永春令尹,念汝等本皆良民也,念邻之民亦皆吾民也,岂可坐视而不恤哉。

钦惟国家许人以悔过自新,近岁台州方国珍、福宁州康伪元帅俱各聚众数万,悉皆投首复业,众所周知。汝等若能悔前所为,开陈激变缘由,赴官首告,咸与免罪,复业为民。或能为官出力,招谕旁县贼徒,尽数投首,克复他邑,即与申明上司,论功升用,不亦善欤。①

卢琦作为永春县尹,曾激励县民共同御寇,② 并在战后着手修建被焚毁的县衙。③ 但是战乱延续多年,加上官府的自扰,使得卢琦最终也成了避乱者,只能以诗作抒发忧愁和苦闷,并期待和平的早日到来。

世道日纷纭,人人自忧切。路逢村老谈,吞声重悲噎。我里百余家,家家尽磨灭。休论富与贫,官事何由彻。县帖昨夜下,羁縻成行列。邻里争遁逃,妻儿各分别。莫遣一遭逢,皮骨俱碎折。朝对狐狸啼,暮为豺虎啮。到官纵得归,囊底分文竭。仰视天宇高,纲维孰提挈。但恨身不死,抑郁肠中热。南州无杜鹃,欣下空啼血。④

七月十五月正圆,中元遗俗知奉先。乱后人家生事薄,游兵逻卒犹喧阗。山乡路阻无纸钱,江村月落烹细鲜。新魂旧魂百战死,孤儿寡女双泪涟。陈生归来泉石下,独居一屋如磬悬。洁膳孝养复何有,幽轩洒扫花竹妍。青藜之羹荐香饭,翠壶之茗烹清泉。二亲避地海中渚,顾影百拜心凄然。荷衣破碎暮雨急,枕书不寐思去年。烽火连天暗锋镝,遗骸满堐飞乌鸢。兰盆酒果谁复设,若敖之鬼啼秋烟。连兵构祸今未已,疲民重敛何敢言。喜闻王师下闽海,庙堂元宰方筹边。桓桓诸将奋忠烈,义气思欲吞腥膻。下方野人日矫首,旄头早落闽中天。人有居,鬼有享,卖刀买犊耕山田。⑤

---

① 卢琦:《谕寇文》,《圭峰集》卷下(《全元文》第52册,第352—354页)。
② 《元史》卷192《卢琦传》。
③ 卢琦:《永春县重建公署记》,《圭峰集》卷下(《全元文》第52册,第335—336页)。
④ 卢琦:《忧村氓》,《圭峰集》卷上。
⑤ 卢琦:《中元回家拜祭感怀》,《圭峰集》卷上。

薄宦曾充盐荚使，经营邦赋愧非才。此身已拟休官去，斯地还因避乱来。欲觅桃源终缥缈，偶过莲社且徘徊。家僮莫问村醪熟，我已兼旬废酒杯。[①]

卢琦未看到改朝换代的结局，所以他所表达的，既是对朝廷命运的担忧，也是一介儒者无力回天的悲叹。

四　王沂的良政诉求

王沂（？—1362年后），字师鲁，真定（今属河北）人，延祐二年进士，历任嵩州同知、国子博士、翰林待制、礼部尚书、三史总裁等职，有后人所辑《伊滨集》传世，在著述中多有对治乱的评述。

（一）说良政

王沂在嵩州任职时，曾经以与当地诸老对话的形式，表达了他对良政的理解，所要强调的就是教化百姓应成为地方官员的重要职责。

> 王子曰："禽荒者，圣人所戒。驰骋田猎，老氏所不为，是岂可以为美观哉。且饥则附人，饱则扬去，曹瞒之所知也，叟不闻乎，愿言其上。"
>
> 老曰："嵩之铅华，山泽之宝也，民用之富，犹铁冶也。但至其所，则见岩峦纠纷，连冈属岭，盘纡突兀，蜿蟺幽隐。厥气之灵，磅礴委积，万物不得钟此宝殖。千夫运斤，百夫施绠，篝镫索深，才连出矿，其声登登，其宝累累，其负肩赪，雁行手胝。酎以化之，火以烁之，无声无形，变化神奇。既浣既濯，出素清冽，诡谲奇伟，莫知其所以。眩转的皪，璀璨相射，皓皓暄暄，纷糅萦积，或若珠玑，或若珪璧。然后服牛络马，担荷负任，以货以鬻，以征以贡，上以富国，下以富民，若是何如。"
>
> 王子曰："《传》有之：近宝则公室贫，此之谓也。虽然饥不可食，寒不可衣，又何宝焉。吾闻国之宝矣，上帝之粲盛于是乎出，民之蕃庶于是乎生，事之供给于是乎在，敦庞纯固于是乎成，不闻其以纷葩华丽为宝也。"

---

① 卢琦：《寓平南善应庵述怀》，《圭峰集》卷上。

第十六章 救亡图存的政治观念　335

　　王子曰："居高明，远眺望，固先王之政，然余有公事未暇也，请姑陈其要者。"
　　老曰："嵩于《禹贡》为豫州之野，于地志为韩分。昔在夏禹之国，夏政尚忠，故其民好稼穑，恶衣服，而有先王之遗风。当夫列国蜂起，嬴秦虎视，徙不轨之民聚南阳之地，故其俗好渔猎，喜淫靡，弃本业，尚气势，或相随而椎剽，指人之藏以为费，故其民訾窳强悍而难制。呜乎，世亦多变矣，而其见于习俗者，亦朋比夸诈而号为难治，若是何如。"
　　王子悚然曰："此岂溪谷山泽之民之罪欤，三老孝悌不教诲之过也。虽然，施泽于堂庑之上，服冕搢笏，使奸宄息而善良出者，亦在彼而在此耶，吾不得而知之也。"①

　　王沂还特别指出："今之守令以治理效闻者，不过数人，其材行可举者，卒亦罕见焉。"②"夫贤士君子固以不仕为贵乎，余曰不然。昔者圣人之治世也，君有常道，臣有常职，民有常业，各当其分而无私焉。故无非常之誉，则无非常之咎，无卓诡之赏，则无僭厉之罚。是故贤士君子从事于其间，安其性命之情而已。逮德下衰，君失其常道，臣失其常职，民夺其常业，皆私其实而利其名，故有非常之誉，则有非常之咎，有卓诡之赏，则有僭厉之罚。于是时也，高位重禄，不近乎宗庙之牺乎，此贤士君子所以持竿不顾遣使者而逃也。"③ 为此，他特别强调了对善于为官者的六方面要求。
　　一是良政要求官员廉洁和惠民，崇尚简易，杜绝任何嗜利之举。对于任职县尹者，王沂重点强调的就是这一要求。

　　是乃所以任百里也，司马迁序循吏，谨身率先，居己廉平而已。简而易用也，要而易守也。世之声才干扬风采者，则比比鹰击毛挚以自炫，救火扬沸以趣办，彼愚而神者，有涂义而室叹者矣。才乎，才乎，非吾徒之才也。夫德义以渐泽惠爱，以熏蒸而化，冥冥而微，赫赫之声，古所以治，今则曰迂。奋髯抵几，猰㺄以武

---
① 王沂：《嵩问》，《伊滨集》卷13，四库全书本（《全元文》第60册，第43—46页）。
② 王沂：《送安伯宁序》，《伊滨集》卷14（《全元文》第60册，第54—55页）。
③ 王沂：《送邓汉杰序》，《伊滨集》卷14（《全元文》第60册，第64页）。

断，俾庸夫孺子惊骇称快，古所为浅丈夫，今则盗治办名矣。夫名之倒置不足计，而心所存则当辨。名于嗜利，于啗等私耳，其诸心乎廉平颛颛乎。谨身帅先，则庶几君子遗风矣。①

二是良政要求官员善于理财，尤其是以儒者为官，必须遵循取之有道的良法和廉洁公正的原则。对于学友，王沂注重的就是这一要求。

江南谢逢原侍其父游京师，饰金貂而职，常伯者闻其有茂材，除补平江财赋提举司幕官。逢原尝从余同年友国子博士黄先生学，器端识远，素行孝谨，于清资显秩可执契而取也，乃今试之以金谷浩穰，或谓屈其材。余曰："不然。推其已行，可以信其未行，迹其不为，可以任其必为。"世尝患雅士视金谷之计，若将浼焉而自喜，析秋毫者下比商贾，若夫不出度程之中，而自足于经常之内，独非儒者事乎。平江陆海衍沃，冠于东南，是司号脂膏地，簿书出没，千蠹百穴，而民有困弊者矣。惟孝则能洁以将身，惟谨则能密于检核，惟器端识远，则能密扶显相，整奰剔蠹，余知逢原必治办是职矣。逢原其告诸长贰曰："圣朝仁厚节俭，恩及行苇，籍税取民不过常法，官掖之奉不逾制度，理财者洗手擿爪，因旧循常，遵职而已。若夫惨急以为风采，趣办以为有材，则未之敢闻也。"②

三是良政要求官员敢于革除害民的弊政。王沂特别指出了盐政存在的严重问题，并对敢于革除弊政的官员大加赞誉。

两浙盐课岁所入不以时上，宰相择人理之，于时邺城李君舜举擢都转运盐使司判官。舜举雅与余接，间过余，道所经画。余曰："浙漕岁经入几何，亏几何，余皆不能。余闻古之善理财者，使变通不倦，故公私兼足。今之议者孰不曰法之坏久矣，盗鬻之繁滋也，警逻之弗密，亭户之困敝也，抚柔之未至，而求利课丰羡难矣哉。余则曰不然。今之禁网加密矣，而私鬻盗贩者，皆猾民豪室，囊橐游徼戍之卒，事露辄巧法相躐也，而钛于市者，则蹑短素困之

---

① 王沂：《送张常道尹随县序》，《伊滨集》卷15（《全元文》第60册，第79—80页）。
② 王沂：《送谢逢原序》，《伊滨集》卷14（《全元文》第60册，第60—61页）。

民。仁恤之恩非不至也，牢盆之费，或朘削于下，而潦薄旱圢，则莫能随时为令于上也。今之往也，将因循其故耶，吾忧民之重困也。课之亏也，宰相任之之意其然耶。抑求其弊而更张之耶，则必御轻敛散之权，而杜因缘之奸可也。彼前世良吏，上以裕乎国，下以足于民者，岂有他哉，亦勉乎此而已。"①

在诗作中，王沂也特别强调了盐政去弊求善的要求。

盐货重古今，淮漕盖其首。出节付群材，询谋欲经久。岂惟国用足，亦欲民生厚。官居等传舍，其政固多苟。课额岁以增，纷纷谁与守。煎户日困穷，吏职又习狃。追征急星火，犴狱常纷纠。悬鹑不掩胫，破甑或无糗。穷阴不得卤，往往死鞭杻。乡闾人所怀，今也弃而走。倒悬而不救，讵为民父母。傅公由荷橐，选使自朝右。下车未云几，剔蠹什八九。清风抑豪梗，甘泽活枯朽。将更积年弊，上疏明析剖。民瘼置不问，谁当执其咎。蠲荫十万额，措法贻厥后。吏民总欢跃，如释万钧负。至今淮甸间，歌颂不容口。②

四是良政要求官员敢于为民请愿和为民解忧。王沂特别记录了王敏主政宣德府的事迹，并发出了"治理孰难，厥惟王畿。懦或势回，猛威祸基。一弛一张，惟相厥宜。我以吾诚，孰难厥施"的感叹。

延祐三年。陕西牧弄兵，朔汉皆警，上都留守议时丁祁寒，宜预具羊裘以待战士，既具而请其直，赋宣德属邑裘帽袴四百余双袭，既输而直不下。已而西北解严，岁输不已，民以故敝其资，或立券举责，困不能偿，至鬻妻子，历十四年，吏师耳目不究。公（王敏）曰："弊有大于此耶？事首于一时权宜者，曷可因于后，况畿辅根本地，王化所先，民可重困也哉。"即下令其属罢之，既而留守司亦不复语所输。公代去，久之，征如初时。至元三年也，公家居上京，闻之叹曰："夫任其事，必图其效，我为政于彼，而惠莫能终，可乎？且古之君子，有以利人无不为也，今吾岂宜避一

---

① 王沂：《送李舜举转运判官序》，《伊滨集》卷15（《全元文》第60册，第82—83页）。
② 王沂：《傅梦臣淮漕使遗爱诗》，《伊滨集》卷1。

时之嫌，而贻其民百世之害。"乃析陈其颠末于分司御史，罢之如公言，于是民欢呼，以手加额曰："公德我民至矣哉。"①

五是良政要求官员不仅要敢于直言，还要知道言之何事，尤其是监察机构的官员，更要明白知所以言的难处。对于即将任职监察御史者，王沂特别强调了这一要求。

  沂闻古今叹才难有二，不能必行，难也；不能必言，难也。能必行者，执政大臣；能必言者，谏官御史也。今君既居易之地，故告以所难。朝廷引忠鲠亮直魁礧博达之士布在中外清切地，期其吐忠实，陈损益，协三灵之心，洽四海之望也。凡都是选者，固以一人之身，而系天下之得失，当万世之是非也，其不轻而重也。如此，君积是清慎之守，明敏之为，擢置乎此，盍亦图其易以思其难乎。群情颙颙，思见为国家兴太平之基。士大夫褰裳奋怀，望古道庶几可复见久矣，是宜朝拜职而夕建言，所以协三灵之心，洽四海之望者，则非言之难，知所以言为难也。彼以中外之限，趋趄簿书畦陇间浅事塞责者，非余所以望君。而诘奸以枝叶之滥，得情以钩距之巧为材者，又非余所以量君也。君计当世之得失已详，忽时俗之垢污有素，而向之难将见其易矣。②

六是良政要求官员善于得民心，即便是在边疆地区，也应以招徕人心为要务，而不是依赖高压的手段。

  余闻好则人，怒则兽。椎髻卉服之常情，获而杀之，非胜残之道；迁而处之，非顺物之性，顾其控御如何尔。薄其征入，简其绳削，义信以熏蒸，惠爱以渐泽，则豺狼而衣裳可也，奈之何虎而冠者，舞文以逞暴，规贿以自殖，是以有啸呼其群，挽强机毒而跳梁者矣。控御得其人，则屯兵可以无事，否则适重寇耳。今之往者皆异乎前邪，抑不免乎犹前也，议者独得而不思也邪。③

---

① 王沂：《知宣德府王公遗爱碑》，《伊滨集》卷22（《全元文》第60册，第171—172页）。
② 王沂：《送赵仲礼序》，《伊滨集》卷14（《全元文》第60册，第58—59页）。
③ 王沂：《送赵千户序》，《伊滨集》卷14（《全元文》第60册，第54页）。

廉洁惠民、善于理财、兴利除害、为民请愿、敢于直言、善得民心等，是对良吏的基本要求，王沂在元朝后期强调这些要求，反映的恰是他对当时吏治不良的强烈不满。

(二) 说科举

王沂认为朝廷的科举取士，确实起到了选拔人才的重要作用："我朝隆上儒术旧矣，列圣相承，以人文化成天下，作新人材，以故由岩才里秀而超从官大臣之列，备文儒道德之任，累累有焉。惟养其中者至，故发于外者如此，其言可以典诰命，其谋虑可以经天下。"① 而他在诗作中展示的对新科进士的期望，就是能够将良政带到各地，成为治国的干才。

> 朝廷文物称今日，乡郡荣归及岁除。江驿早梅迎去棹，都门残雪送征车。极知民社才堪任，见说山川画不如。地枕乌黎人少讼，湖连彭蠡户多渔。时将旧政询遗老，莫把新科听小胥。乐后登临穷胜概，恩先拊煦到荒墟。
>
> 汉庭发策进英奇，兄弟收科古亦稀。佐幕南州留语别，成名北阙谢恩归。潇湘水阔秋容净，衡岳峰多夕照微。木客朝沽虚市酒，鲛人夜织贝宫机。悬知政著循良效，始信家因孝友肥。民尚魁奇应服教，地饶卑湿旋装衣。催科肯赖文移力，执讯奚劳木索威。观化岂无渔可问，寄书还有雁回飞。公门槐柳闲青昼，驿路烟岚落翠霏。三户楚谣传自昔，九嶷虞葬是邪非。天心吁俊超千载，大厦求才要百围。莫厌临分多苦语，老夫前日忝青闱。②

王沂亦强调，儒士不能斤斤计较于科举的成败，因为科举也存在弃本求末的负面作用，而儒者所应追求的，应是拥有对国家有用的真才实学。

> 《大雅》曰"誉髦斯士"，又曰"蒸我髦士"，非科举所谓士也。誉之所不加，蒸之所不及，科举蔽之也。以科举论天下士，失士甚矣。奈之何雕琢技能以赴绳墨，磨错椎钝以就锋锐，波流相

---

① 王沂：《科举程文序》，《伊滨集》卷13（《全元文》第60册，第48页）。
② 王沂：《送进士》，《伊滨集》卷10。

荡，风声相轧，贬性劳力，冥迷生死而不之悔。①

文章诵说，皆其末流也，奈何学校之政非古，士生既不见礼乐之盛，而科举又橐钥而风声之，经明行修之路不足以胜分积优升之岐，遂皆以渔猎剽袭为学，忘己徇物为行，惟得之务而欲之求，本心之晦蚀而莫之忧，余为是惧久矣。②

无常产而有常心者，古之所谓士也。士之学，欲其得诸心，充诸身，扩而被之国家天下也。噫，士散久矣，治心修身之学之废久矣。其在闾巷间者，用力于空文而峙虚名，其出其仕者赴时趣务驰骋于声利。噫，惑亦甚矣。是以孔子称古之学者为己，孟子称君子欲其自得之，圣贤之心宁以此而易彼也邪。③

对于朝廷的开经筵，王沂也认为是文治的重要举措，在诗作中给予了赞颂。

泰定开皇极，文星拱北辰。雍容治安策，宥密老成人。庙算推先觉，天聪断若神。百年兴礼乐，一德会君臣。超汉开东观，归周尽逸民。给符鸣玉佩，赐坐列芳裀。敷奏天嗟晚，论思地更亲。清都零雨露，仙乐罢韶钧。浑浑唐虞典，熙熙宇宙春。侍臣工点笔，少府宠颁银。侧听经论密，恭惟德教淳。越裳来白雉，宫沼出黄鳞。丙魏声名旧，夔龙宠渥新。伫看归补衮，图象在麒麟。④
元统千龄运，虞廷六府修。奎躔环列宿，虎观奉宸旒。云绕蓬莱仗，春回太液流。登瀛更寓直，稽古赞谋猷。共仰天颜喜，俄传夕箭浮。化兴周礼乐，技拙楚倡优。雨露承华盖，神仙望彩舟。给符鸣玉佩，赐燕设王羞。青琐归应晚，云台议已酬。史臣书盛典，嘉应续阳秋。⑤

---

① 王沂：《送赵叔仪序》，《伊滨集》卷14（《全元文》第60册，第61页）。
② 王沂：《送赵生序》，《伊滨集》卷14（《全元文》第60册，第62—63页）。
③ 王沂：《送张光道序》，《伊滨集》卷14（《全元文》第60册，第65—66页）。
④ 王沂：《题赵敬甫右丞经筵奏议稿后》，《伊滨集》卷9。
⑤ 王沂：《和苏伯修授经筵进讲诗韵》，《伊滨集》卷10。

王沂重视科举和经筵,是因为在顺帝朝出现过罢科举和以秘术反经筵的现象,所以他的论点含有坚持科举和经筵的深意。

(三)说战乱

王沂在老年时遭遇战乱,在诗作中特别记下了仓皇逃难和返回家乡时的景象。

>邻邑举烽燧,长驱寇南平。中宵始闻警,挈家遂远行。仓皇具舟楫,所志惟弟兄。初营暂涉水,将谓复还城。归途逼烟焰,戎马乱纵横。父子两隔绝,惨哉生别情。慈亲力疾起,负掖同遐征。饥分路人食,渴饮田妇羹。儿童不遑息,踽踽昧前程。为谋若不早,临难乃无营。前事杳难测,逢人空涕零。存亡有至理,瞬息且偷生。①

>春日递层阴,鸟鸣池上林。久行忽顾返,伫立怀好音。幽花色相眩,茂草翠交侵。去日春尚浅,归来春已深。亲知各分散,陟彼南山岑。携持尊中酒,谁与同献斟。乱离苦役役,涕泪沾衣襟。②

在山林中找到较理想的避难场所后,王沂既记下了战乱时一小片地方的安宁景象,也表露出了随遇而安的心境。

>汎舟水东偏,择地林塘口。稍纾兵革难,少待旬日久。时时候边警,伫立屡回首。路逢荷蒉徒,坐石荫高柳。及时事耕凿,烦虑复何有。不闻桃林战,昨日窜群丑。泰运未有期,凄凉在郊薮。

>秋田既已插,麦垄亦已翻。林园富桑枣,沼沚具苹蘩。朝耕暮还息,哑哑相笑言。昔闻异人说,物外有桃源。不到武陵境,安知人世喧。

>雾敛众峰碧,日暄群木苍。翛然南轩内,媚此春昼长。手携巨编读,尘境悉已忘。池鱼迭游泳,野鸟纷回翔。物性各有适,营营奚所望。

>树枣易为业,畜萍易为鱼。家家重生产,园沼富赢余。为农乃自适,为士当如何。贤圣去我远,躬耕还旧庐。

---

① 王沂:《九月十一日邻寇逼境,仓皇南渡感赋》,《伊滨集》卷2。
② 王沂:《还家》,《伊滨集》卷3。

牧儿采樵歌，歌起山谷应。中怀讵有思，出口但求胜。雅颂世莫闻，郑卫人皆竞。眷兹音节美，俯仰足清听。
　　白鹭下平田，平田绿秧美。低徊独拳立，奄忽双飞起。周原风日好，远客亦戾止。三茅三家邨，烟尘不曾已。人生本萍梗，流寓随所以。①

战乱中遭遇天灾，更加重了民间的苦难，如王沂所记："朝驰新乐驿，暮走邯郸道。野水啮荒坟，偃禾杂秋草。传云有飞雹，着物物皆槁。坐令原野间，势若磕逢扫。离离逃亡屋，板扉没流潦。岂无劝农吏，但言禾黍好。老农镰滞穗，哀哀哭苍昊。"②对于友人随军出战，王沂也记下了当时的情形："心惆怅，望重城，城之南，屯甲兵。背河赴敌星火急，走马略阵烟云生。战城南，列飞将，操戈矛，脱弓韣。生擒贼酋马上归，壮士鸣鞭两相向。中有一人冰雪颜，遥随主将驰入关。妖星如雨堕地殷，杀气上逐孤云闲。息民按节劳险艰，镌功勒石盘龙山。紫薇花开掖垣里，黄麻诏出彤墀间，城南班师君早还。"③

王沂没能看到和平景象的到来，但是他在元朝后期对良政的期盼，对后人还是留下了重要的启发。

五　王毅等人的救危建议

在乱世之中，王毅、董搏霄、周闻孙、刘仁本、归旸、姚琏等人也提出了重要的挽救危局建议，可概述于下。

（一）王毅的救世论点

王毅（1303—1354年），字刚叔，号木讷，龙泉（今属浙江）人，师从许谦学习理学，红巾军起后助石抹宜孙征战，遭人猜忌被杀，有《木讷斋文集》传世。

在元末的战乱中，王毅首先提出的是严格赏罚的建议："盖闻有功不赏，有罪不诛，虽尧舜不能治天下。方今盗贼扰攘之余，黎庶恐惧之日，握兵权而任民牧者，贤否不同。苟不定其功罪而劝惩之，则恶者以肆，善者以怠，盗贼何由而息，黎庶何由而安乎。夫鉴之明也，妍媸不

---

① 王沂：《寓吉安林塘，避桃林兵警，感赋六首》，《伊滨集》卷3。
② 王沂：《新乐道中》，《伊滨集》卷3。
③ 王沂：《战城南，饯友人从师西征》，《伊滨集》卷3。

可遁，衡之平也，轻重不可欺。苟非在我者如衡鉴之无私，欲定人之功罪，其亦难也。""正宜明目张胆，是是非非，凡为军民之长者，其人果有功也，则断然而拔擢之；其人果有罪也，则断然而黜退之。夫如是，则其清浊无所混淆，善恶有所分别，将见盗贼闻风而向化，黎庶蒙恩而乐业，非特可以复祖宗之盛时，抑亦可以致唐虞之至治矣。"①

以爱民措施安抚民心，是王毅向主政者提出的又一项建议："然事势大有可忧危者，诸邑旱伤俱甚，百姓遑遑以忧，总戎者惟事征求，守郡者不能抚字，辟如卧于枯薪之上，使有一星之火，岂不为燎原之焰哉。""近诏书内一款，江南租税减免二分，田野细民欢欣鼓舞，皆有大君如此、岂忍负之之意。此中富民顽冥，令长疲弱，使我圣天子徒有减免之仁心，而穷百姓不沾减免之实惠。前日欢欣鼓舞者，转而为仇恨叹息，不聊其生。若是足下告之上官，戒饬郡邑，严加奉行，庶可乘时以快其怨，此实固国本、收人心第一义也。"② "窃以为今之为民牧者，往往反为民害，以失民之心，无惑乎其从盗也。君诚能精于连率，严戒属郡，所恶勿施，将见团结民心若金汤然。"③

只有选贤任能，才能力挽国家之危局，王毅亦向主政者提出了注重选人的明确要求："方今盗贼蜂起，天下骚然，原其所自，皆其居风纪者不能分别清浊，为守宰者不能抚字黎元，习以成风，知有利欲，不复知有名节。以理律之，从政者皆无异于盗贼，其间卓然树立，能自拔于流俗者，指不可多屈。如是欲盗贼之息，其可得耶。惟足下当慨然以澄清天下为己任，修德以正身为本，报国以荐贤为先，使在我者，大公至正，无毫发之私，知贤必举，无嫌疑之避。倘海内无在位之小人，无在野之君子，而盗不息，民不安，吾不信也。"④ "毅闻古之善相天下者，进贤退不肖而已。贤者必进之，不肖者必退之，夫如是，则贤者之道得以行，不肖者之欲不得逞，上以格君，下以泽民，相天下之能事毕矣。""承平之世，大有之年，尚当求贤以自辅，况当贼盗扰攘之际，黎庶饥馑之时乎。然则访求贤才，举而用

---

① 王毅：《上高纳麟大夫书》，《木讷斋文集》卷3，清乾隆二十九年刻本（《全元文》第49册，第212—213页）。
② 王毅：《与萧申之书》，《木讷斋文集》卷3（《全元文》第49册，第214—215页）。
③ 王毅：《送孔恕夫照磨之福建帅幕序》，《木讷斋文集》卷1（《全元文》第49册，第199页）。
④ 王毅：《与叶景渊书》，《木讷斋文集》卷3（《全元文》第49册，第216—217页）。

之，实救时第一义也。"①

王毅亦在诗作中表达了止暴平乱、重归太平的强烈愿望："独怜寰区内，连年久不宁。近而我傍邑，豺虎尚纵横。黎元一何苦，四野多哭声。掳掠失妻孥，锋镝伤父兄。想其对明月，泪下如河倾。愿天早平定，四海息战争。盗贼本良民，投戈各归耕。万国共明月，寿域开八纮。我乃安田亩，道义得考评。"②

王毅还指出了吏治败坏已经是朝廷的通病："吏以循良称者，得民心而已矣。所以得其心者，仁爱之而已矣。世之为吏者，鱼肉其民，柔者如蚊如蚋，刚者如为獭为貐，凿齿哑人膏血，曾不知疾痛之同于吾身也。于是民亦仇敌视吏，起而攻之，室于语，途于议，攻之唯恐其不众，去之唯恐其不速，吏民交恶，可慨也夫。"③ 所以对于儒士为吏，王毅持的是保守的态度："士生于世，不过两途，不出则处耳。欲舍韦布之贱，而希轩冕之荣，仕进之门曰进士，曰教官，曰胥吏，不过数路而已。吾观业进士战才艺者，动以千计，能得售者几何人。虽负俊杰之才，有该博之学，固不可必得也。教官、胥吏，虽或可以力致，然自县史文学，累资积日而升诸郡，其不皓首者几希矣。诚欲施泽于民，扬名于时，厥惟根本哉，其汲汲求诸外者，可哀也矣。"④

王毅广招义勇抗敌，已经引起他人的猜忌，正如其所言："朱文公万世之正学，当时小人目为伪学。在前贤尚不免此，况学行未足以仰望古人之万一，则为小人之毁短，亦何足怪哉。"⑤ 但是小人终究得势，王毅亦死于小人之手，成为王朝末世的悲剧性人物。

(二) 董搏霄的军事建议

董搏霄（？—1358年），字孟起，磁州（今属河北）人，由国子生入仕，历任浙东宣慰副使、水军万户、山东宣慰使都元帅等职，在南皮县战死。

至正十六年，董搏霄曾向朝廷上书，对中原等地的军事部署提出了

---

① 王毅：《上思宁普元帅书》，《木讷斋文集》卷3（《全元文》第49册，第217—219页）。
② 王毅：《宿深省》，《木讷斋文集》卷5。
③ 王毅：《送九住主簿之浙省传序》，《木讷斋文集》卷1（《全元文》第49册，第195—196页）。
④ 王毅：《送张德明归湖山序》，《木讷斋文集》卷1（《全元文》第49册，第197—198页）。
⑤ 王毅：《上黑元帅书》，《木讷斋文集》卷3（《全元文》第49册，第219—220页）。

较系统的建议。

> 淮安为南北襟喉、江淮要冲之地，其地一失，两淮皆未易复也。则救援淮安，诚为急务。为今日计，莫若于黄河上下，并濒淮海之地，及南自沭阳，北抵沂、莒、赣榆诸州县，布连珠营，每三十里设一总寨，就三十里中又设一小寨，使斥堠烽燧相望，而巡逻往来，遇贼则并力野战，无事则屯种而食。然后进有援，退有守，此善战者所以常为不可胜，以待敌之可胜也。
>
> 又海宁一境，不通舟楫，军粮惟可陆运，而凡濒淮海之地，人民屡经盗贼，宜加存抚，权令军人搬运。其陆运之方，每人行十步，三十六人可行一里，三百六十人可行一十里，三千六百人可行一百里。每人负米四斗，以夹布囊盛之，用印封识，人不息肩，米不著地，排列成行，日行五百回，计路二十八里，轻行一十四里，重行一十四里，日可运米二百石。每运给米一升，可供二万人，此百里一日运粮之术也。
>
> 又江淮流移之民，并安东、海宁、沭阳、赣榆等州县俱废，其民壮者既为军，老弱无所依归者，宜设置军民防御司，择军官材堪牧守者，使居其职，而籍其民，以屯故地。于是练兵积谷，且耕且战，内全山东完固之邦，外御淮海出没之寇，而后恢复可图也。①

在诗作中，董搏霄也表达了为国尽忠的意愿："一声鼓角凤山秋，山下黄云稻欲收。江汉未清劳国赋，敢辞衰病拥貔貅。"② 他亦以尽忠的行为，成为不少人赞誉的有为儒将。

（三）周闻孙的治衰之策

周闻孙（1307—1360年），字以立，吉水（今属江西）人，曾参与修辽、金、宋三史，因赞同杨维桢以宋为正统的论点，不合众议而辞归，③ 以著述教学为务，有《鳌溪文集》传世。

至正十七年，为改变江西的不利战局，周闻孙特别向主政者献治衰

---

① 《元史》卷188《董搏霄传》。
② 董搏霄：《凤山》，《元诗选》癸集下，第924页。
③ 叶盛：《水东日记》卷24。

三策。上策是用水兵围困安福，集精兵攻取袁州。中策是团结各地义兵，设寨自保，并以官军支撑其防御体系。下策是保护乡民，使其成为朝廷能够倚重的力量。

周闻孙还列举了拯救危局的十四条建议：一是练水军，二是修马政，三是谨斥候，四是严间谍，五是奖义士，六是选总督，七是募散丁，八是诱近地，九是因寇粮，十是置营栅，十一是分屯种，十二是宥诖误，十三是用人才，十四是安民心。对于这十四条建议，他作了具体的解释。

> 官军之所长者有二，曰马军、水军是也。寇之马日少而官军之马日多，寇未尝有船而官军之船日益众，我之所以胜寇者以此。若是，则练水军、修马政二者最先务也。官军之所以短者有二，曰间谍、斥候是也。寇之细作常有以知我之虚实，而我则间谍不谨，无以知寇之情。寇之坐草常有以俟我之往来，而我乃斥候不严，无以为寇之备，寇之所以胜我者以此。若是，则谨间谍、严斥候二者尤切要也。征兵满万不如招募数千，兵在精不在多也。乡丁可以自备而不可以进攻，以其有室家之恋而无死敌之心也。苟能稍假义士以权，则皆畏而听命矣。官军有驱寇之功，而亦有扰民之害，以其绝乡井之念而有轻生之心也。苟总督官得其人，则军令严肃而不敢犯矣。残破之乡，其人不能复业，则招募以为官军，贤于驱土著之民以充其数也。近寇之地，其人与寇相谙，则诱之以为向导，贤于役远境之民以当寇也。前者寇常因粮于我矣，营栅既修，吾岂不可因粮于寇乎。前者寇常置栅以备我矣，水陆相援，吾岂不可树栅以逼寇乎。屯田之法可行于安土之乡丁，而不可施于招募之官军；招谕之令可以行于近地之安福，而不可以施于蕲、黄之凶渠。此十二条也，而用人才、安民心二者，尤今日之急务。夫良将之用人也使愚使贪，而况勇者智者乎。诚能信赏必罚，使人知将校义士之有功者蒙赏赉褒美如是也，而人才有所激励矣。东南民力竭矣，富者且为贫民，而况贫者乎。诚能安富恤贫，使人知寇之为苛暴而吾之为宽仁也，而人心不至离散矣。[①]

---

① 周闻孙：《上全参政第二书》，《全元文》第51册，第133—136页。

周闻孙还曾感叹："窃见国家当承平之时，而江淮为祸乱之首。威弧莫射，专阃非才。宽宏者尝乏战斗之功，勇决者或守廉介之操，当断不断，徒为玩寇，以暴易暴，何以胜残。"①"士大夫狃于豢养，不识兵革，寇至即奔，无有挺然以身捍患者。"由此，对于江西义士奋起抗寇，他特别强调："大江而南御寇者，自吾江西省始。江西列郡之御寇者，自吾吉安始。"②这样的评价可能失之偏颇，但周闻孙要以此来激励士气，也无须过于苛责。

（四）刘仁本的救世见解

刘仁本（1308—1367年），字德玄，号羽庭，天台（今属浙江）人，以进士出身历任温州路总管、江浙行省左右司郎中等职，曾主持海运数年，被朱元璋处死，有后人辑录的《羽庭集》传世。

刘仁本在战乱爆发前就看到了民间的疾苦，在诗作中指出上虞的湖田多被豪强所占，民受其祸。

> 湖水铺铺，或堙或芜。弗治弗疏，深沟为涂。弗剪弗锄，有荷与蒲。彼豪者徒，罔利以图。谓湖可畲，官输是诬。乃泄其潴，以艺其淤。朘我膏腴，以害我农夫。众乃怫怒，彼有余辜。③

他还在诗作中描述了兵役、租税过重给农民带来的困苦，以及出征军人妻子的愁困心境。

> 田家父，作劳苦，有男在边负弓弩，不得归家筑场圃。今年年丰多黍稌，大半供输入官府，去年陈逋还未补。④

> 妾在父母家，衣容常楚楚。一朝无良媒，嫁作征人妇。征人远戍边，勤劳日夜苦。欲往复踌躇，有言不出户。夫君在边戍，妾身守孤帏。欲往备纫柎，不如频寄衣。衣到恐迟迟，不到妾不知。欲知衣到无，明年鸿雁归。⑤

---

① 周闻孙：《见邬都事启》，《全元文》第51册，第136—137页。
② 周闻孙：《义士罗明远庙碑》，《全元文》第51册，第148—150页。
③ 刘仁本：《湖田叹》，《羽庭集》卷1，四库全书本。
④ 刘仁本：《田父吟》，《羽庭集》卷1。
⑤ 刘仁本：《戍妇吟四首》，《羽庭集》卷1。

在饥年中,民众不得不采蕨萁为食,正如刘仁本所记:"去年岁欠食无糜,橡栗拾尽民流离。今年岁欠田无稗,蕨萁食尽将安之。美食太官馔,仁心宁汝悲。但见昨日奏麦两岐,今日进五色芝呈祥,献瑞无休时。载膏载脂,驿骑驱驰。蕨萁蕨萁,官独不汝知。已而已而,岁云暮矣。"①

战乱爆发之后,为解救危局,刘仁本在著述中重点强调了五方面的要求。

一是修德止乱。以德治乱应是朝廷稳定大局的重要手段,正如刘仁本所言:"礼乐将兴未百年,一时民物遽骚然。庙堂鼎鼐乖调燮,海宇兵戈苦结连。寇盗不仁还掠地,君臣修德可回天。独怜边将相蹂躏,纵立奇勋莫自全。"②他还在至正十八年特别指出:"如今者两河既收,山东既复,王师过淮,丑孽不足殄也,须平定之后措置设施,修明周官纪纲法度,由宰相行之。"③

二是教善罚恶。要恢复纲纪,既要注重刑罚,更要注重教化,刘仁本尤其强调了对城乡少年的告诫:"城中美少年,十万当腰缠。朝拥红姬醉,暮入花市眠。青春事游侠,白日行神仙。豪奢侈靡竞夸诧,千金之裘五花马。明珠的砾珊瑚赭,锦囊翠被熏兰麝。生来富贵无与伦,岂知耕稼识艰辛。一朝世变起风尘,少年娇脆无容身。城外恶少年,膂力如虎健。令人出胯下,粗豪逞精悍。舞刀持枪乘世乱,掉臂横行遮里闬。剽掠人赀为己券,昔无担石今百万。结党树群肆欺诞,瞰室凭陵何所惮。一朝黄雾肃清飙,大官正法施王条。堕突追呼行叫嚣,少年浪迹无遁逃。钳锤束缚首为枭,鞭流腥血尸市朝。我作歌,歌年少,毋为美夸毋恶暴。我作歌,歌少年,夜读古书朝力田。作善降祥天则然,生当乱世终得全。"④

三是作养民力。刘仁本特别借养蚕妇之口,道出了战乱中舒缓和作养民力的愿望:"阿婆家中望叶归,蚕饥叶少归来迟。蚕成织绢作征衣,征衣寄与塞上儿。昨夜大儿寄书至,书中点滴关山泪。去年山东置老营,今年又离山东去。河北河南尽战尘,此身生死知何处。采桑采得

---

① 刘仁本:《蕨萁行》,《羽庭集》卷1。
② 刘仁本:《时事》,《羽庭集》卷2。
③ 刘仁本:《送杨敬修赴都序》,《羽庭集》卷5(《全元文》第60册,第292—293页)。
④ 刘仁本:《少年行》,《羽庭集》卷1。

桑已枯，蚕茧未成来索逋。当门下马意气粗，满橐黄金呼阿奴。使君得非是秋胡，使君自有家中妇。妾身岂必秦罗敷，妾身自有塞上夫。使君莫狂呼，男儿当远图。我愿四海罢兵民力苏，年年采桑养蚕供税租。"①由此，需要特别注重减税和劝课农桑："伤心为问筑城人，今古曾经几战尘。负郭长江流不尽，履田瘠土税何频。"② "岂知四野急烽火，置身还自居兵戎。玉帐分弓严虎旅，燃犀照海驱蛟龙。丈夫遭时各有异，莫嗟文事趋武功。君人作县在乡里，劝课犹得随桑农。"③

四是维系海运。由于海运已经成为维系朝廷生存的生命线，所以刘仁本对于能够主持海运事务颇感自豪和责任重大："余尝一再拜命，皆为海道防御漕运官，既涉舟楫出没风涛。"④ 在诗作中，刘仁本特别展示了恢复海运的场景："元元万汇总胚胎，一夜春从天上来。海底龙光射牛斗，空中蜃气结楼台。仰瞻箕翼君王寿，恢复山河将相材。挽漕小臣思报效，东风便拟布帆开。"⑤ "风露双清满柁楼，两旗催发漕官舟。银河直下天倾泻，铁笛横吹海逆流。三四点星瞻北斗，几千里路到皇州。白鸥不管人间事，共此乾坤日月浮。" "喜见江南漕运开，韩家公子济川材。木牛流马陇中起，青雀黄龙海上来。影动云帆拂河汉，香浮霜粒璨琼瑰。蓬莱五色霞光曙，翘首黄金千仞台。" "偶随饷馈上金台，姓氏那知格上台。一点灵犀通海底，九苞威凤自天来。赐衣香织金泥重，锡篆光浮宝匣开。蝼蚁小臣思补报，常瞻云气望蓬莱。"⑥

五是建功立业。乱世之中正是君子建功立业之时，正如刘仁本所言："国家承平将百年，宽以御众，仁以行法，文恬武熙弛张之道息，而奸宄惕玩之心生，循至寇乱蜂起，毒害生灵，民物垫溺，天实厌之。下有文武长材，间气所钟，为国佐命，拨乱反正，膺任大事。"⑦ 他还明确表示文人也要介入军务，甚至随军出战："书律元非戎马材，笑谈偶拂瘴烟开。三军露布劳心尽，一夜霜花入鬓来。映剑淋漓魑魅血，浊

---

① 刘仁本：《采桑妇》，《羽庭集》卷1。
② 刘仁本：《余姚筑城》，《羽庭集》卷3。
③ 刘仁本：《四明行寄临海尹张惟彬》，《羽庭集》卷1。
④ 刘仁本：《跋浙东金宪刘彦常航海传》，《羽庭集》卷6（《全元文》第60册，第330页）。
⑤ 刘仁本：《春日即事》，《羽庭集》卷2。
⑥ 刘仁本：《奉檄泛海督漕运》《送户部侍郎韩君汝舟督漕还京》《防运粮赴京二首》，《羽庭集》卷3。
⑦ 刘仁本：《平益都诗序》，《羽庭集》卷5（《全元文》第60册，第295—296页）。

醑浮泛骷髅杯。便将弓挂山前月，笑折梅花领阵回。"① "虎节门前五鼓挝，衔枚百万寂无哗。鞭鸣金镫敲霜月，锦刺银袍映海霞。化外无知如敌国，军中有令敢思家。元戎期听歌声捷，奏稿应须易相麻。" "往岁曾闻通政掾，东瓯郑子有才名。行逢枢要人推毂，归值乡邦盗弄兵。文事已知能武备，边勋还许继家声。更烦为国陈谋算，夺取江淮阃外城。"②

刘仁本作为儒臣，能够在战乱中为国效力，并提出救世的各种见解，对于了解危机中儒者的政治态度，显然有重要的帮助。

（五）归旸的救国建议

归旸（1305—1367年），字彦温，汴梁（今属河南）人，至顺元年进士，历任国子博士、监察御史、枢密院判官、端本堂赞善等职。

对于如何安抚边疆地区，归旸曾提出过两次重要的建议。一次是顺江路的蛮族首领乐孙请求内附，要求朝廷建立宣抚司和十三处郡县，归旸指出："古人有言：鞭虽长，不及马腹。使郡县果设，有事不救，则孤来附之意，救之，则疲中国而事外夷，所谓获虚名而受实祸也。"他的建议是"其酋长可授宣抚，勿责其贡赋，使者赐以金帛，遣归足矣"。这一建议被主政者所采纳。另一次是朝廷要出兵平定广西的瑶民之变，准备以朝廷将领节制思播地区土著的杨元帅军出征，归旸认为："易军而将不谙教令，恐不能决胜。若命杨就统其众，彼悦于恩命，必能自效，所谓以夷狄攻夷狄，中国之利也。"这一建议未被采纳，并最终导致了广西征战的失败。③

在元末的战乱中，归旸明确指出："我国家造邦万年，其大维天。既混一四海，益与天下为同。兵戢而不耀，城郭之禁弛而不防。江河徼塞候望守戍之所，往来而不诃。重译殊俗，并生其间，如一父子，惠至溥，德至渥也。至元之民日以老死，后来者愚不知恩，吏莫思所以教之，盗得以兽顾而鸟窥，投隙以发。州县之卒又不能以时讨定，至烦朝廷征天下兵。兵益多，盗益不畏。士始有不顾死生，杖戈为士卒充行者，谓之义兵，朝廷亦因其功差定其位次。"④ 他还提出了振纪纲、选将才、审形势的拯救危局三策，可惜未被主政者所重视，已见前述。

---

① 刘仁本：《回军别总兵官》，《羽庭集》卷2。
② 刘仁本：《奉檄征漳寇》《题郑克明纪功诗卷》，《羽庭集》卷3。
③ 《元史》卷186《归旸传》。
④ 归旸：《乃蛮公生祠记》，《全元文》第51册，第109—110页。

（六）姚琏的时务十策

姚琏（1301—1368年），又名廷用，字叔器，晚年号云山一懒翁，徽州路歙县（今属安徽）人，从胡炳文学习理学，任吴江州教授、太平路教授等职，有《云山一懒翁集》传世。

红巾军骤起，姚琏助董搏霄出征，特别向董搏霄道出了形势险恶的原因及应对的总体要求。

> 廷用尝谓天下有非常之事，必遇非常之人。以非常之人治非常之事，固措天下如泰山之安，俾黎庶享仁寿之域。乃幸我天朝奄有四海，膏泽下民，昆虫草木罔有不被雨露之恩者。夫何群贼造衅河南，延蔓江左，流毒两浙，朝廷宰辅不为不多，何期年久功未尽收，原其所以，总兵官皆内负贵戚，初非将才，罕知运筹决胜之术者也。下至万夫长之流，又多初袭，年方总角，已佩金符，使之出师，仓皇失措，欲助功效，未之信也。至行军之际，威迫州县，折辱守宰，倍索行粮。民不聊生，仰望天兵之来如赤子之望慈母。拯民水火，首当以招安复业，厚结人心，使之来归为第一义，何乃将帅士卒以公挟私，尽欲屠洗，玉石不分，滥杀无辜，掳掠妻女，动以千百，强取财货，舟车捆载而还。其残破州县之民，如人一身五脏百骸皆受重证，又岂堪加捶楚哉。
>
> 夫邦国，譬之舟也；斯民，譬之水也。水可载舟，亦可覆舟。民心易动难安，试用守令有如相君，至公无私，何虑生民之不复业，州县之不安堵耶。
>
> 廷用愚昧无知，妄以方今平寇之法，莫急于结人心，结一人之心有一人用，结万人之心收万人之功。①

姚琏还献给董搏霄时务十策，既涉及国家大政，也涉及平叛方略，可述其要点于下。

一是占天文。"惟下方之气有郁而不伸，故上天之象因感而示变。是以今日者窃愿圣主贤臣省灾异之原，揆当世之变，以万民合为一心，以四海合为一家，以千万亿国合为一方，则祸除而福至。"

---

① 姚琏：《上参政董孟起书》，《全元文》第49册，第42—44页。

二是相地势。"善医国者，在相其要害所在，而急为之图。""愿今日者，审查地势，孰为根本，孰是要冲，布营设砦，扼以重兵，遇贼则战，无事则守，进有援，退有据，则贼虽狡，又焉得梗我咽喉，毒我心膂，摧残我性命耶。"

三是察虚实。"识民气之虚实，知所以用兵矣。""此日与国为难者，初非敌国外患也，即上之民也，即上之贪官污吏视如家鸡圈豕，惟所咀啮而椎髓者也。""吾乃以悠悠忽忽，全无纪律之师，当其已逞，我之虚既不胜彼之实，乃受命临戎者，复曾无惩戒，所经之地，鸡犬一空，货财罄尽，妻女为掳，甚且系降者以为获，捕平民以为贼。""故曰此民气之所以虚，即彼民气之所以实。然则如之何而后可，曰其必戢将卒以安众心，施实惠以定民志，尽反前之所为焉，而国乃可治也。"

四是明顺逆。"今天下之乱，在国家无故自树一不顺之名号，以加妄诞之人而启之。""无故而特尊一帝师，已奇矣，又无故而加之号曰皇天之下，一人之上。""今日之事，诚由国家之敬礼者非其人，尊称者无其义，而先导天下以逆故也。故愚以为帝师可诎也，帝师之徒，尽可诛也。"

五是选偏裨。"夫将，犹头面也。偏裨，犹手足也。手足不灵，人如痿痹，头面何所恃以无恐。故为兵之道，在乎选士，而士无敌，士不盖天下，不能正天下也。""是方受夫偏裨之实用，选之不可不急急也。但选将之权在内，朝廷主之；选偏裨之权在外，大将操之。"

六是练士卒。"承平既久，主军伍者既系纨绔，政久益弊，习久益忘，操习之士总所未举，忽尔寇起，上下失措。""故愿今日者，陆军之操，皆如其乌桓之日；水军之习，皆如逼襄阳之时。虽拔泰山，填沧海，可也，尚何锋之不可撄，何坚之不可破哉。"

七是公赏罚。"今天下之赏罚舛错极矣。或战小胜而宠已过，或师大败而刑不加；或勤事树功之人姓名未达于九重，而降符节益封土，翻为贵将之荣；或贼事败众之主官，爵未经褫夺而没私产、正典刑，独治卑弁之罪。""故兵法尚诈，而当其赏必用信，使众贵慈，而当其罚必用严。吾惟行吾意之公，为朝廷和辑士心，砥砺士节，不以彼此殊也，不以贵贱歧也，不以爱憎贰也，不以利害摇也，不狃惠而怯于威也，不习威而啬于惠也。"

八是勤给饷。"是军饷者，天下之大命也，试问今之司农太府，所现储者几何？再稽之县、州、府所存留者几何？业已尽见飞挽之难继矣。必不得已，则取给于各路合籴，又不得已，则取给于纳粟补官，凡此皆救急之计，聊以佐夫给之之勤，而足食之道不在也。欲求足食之道，其募民于各处屯田乎，其令军于所处耕牧乎，此所谓不加赋而粟自裕也，不频给而饷□充也，即古战食其野之遗意也，然而难救夫目前也。惟宜行于目前者，勤请之于目前，可施之于永久者，立行之于今日，要令军不缺于伍，饷不缺于军。"

九是招勇敢。"今之世非乏勇敢也，第勇敢之士，虽未尝有功，而其心莫不自异。惟招之麾下，则乐为我用，任其沦落，则去为寇资。当事者姑毋言利其用，先当惜其去也。"

十是防奸邪。"人臣以身系国之安危，时之轻重，慎无视己之安危轻重为易易也。一自束发事君，立事立功，即有敌国忌之，同朝妒之，群下窥伺播弄之，然三者又每每相因。""蠹恶者犹易御，而奸邪最难防也。""故下之人易于谋上，上之人难于防下。处难防之地，遇难防之人，既役一心以营军务，复分一心以烛奸邪，然则如之何而可耶？其必以慎语默，使彼无所伺吾隙；屏嗜好，使彼无由翳吾明；倚正直为耳目，任忠信为腹心，使彼无以昏吾鉴。"①

姚琏的建议尽管对于扭转危局颇有用处，但是董抟霄不久后即战死，这样的建议也由此未被朝廷所知。

从以上的各种救亡图存建议，可以理出元朝后期儒臣危机对策的基本线索。首先，是对危机的深刻认识，其中既包括了对局面全面失控的清醒判断，也包括了产生危机的原因分析，尤其是指明了朝廷的不正风气及各种弊政与危机的关系。其次，是对朝廷应对危机举措的批评，主要集中于决策失误、小人构乱、对应错乱（如用人不当、赏罚不明）等方面的问题。再次，就军事、政务两个层面提出应对危机的建议，尤其是具体的军事部署和战守方略，以及应该紧急实施的各种善政措施，并且特别强调了军事行动与理政行为之间的相互照应关系，使危机对策具有一体化的功能。最后，强调应对危机的最有效方法就是争取民心，所以危机之战就是人心或者民心之战，只有按照治道的要求去除苛政和弊政，解救百姓于危难之中，才能真正化解危

---

① 姚琏：《上参政董孟起十策》，《全元文》第49册，第44—52页。

机,重现和平的治世。这样的线索表明,在危局中从来不乏真知灼见。但是需要注意的是,真知灼见必会被忽视,是王朝走向灭亡时的基本规律。理念、决策、实施之间的隔断,导致了真知灼见的无效。由危机观念催生的最有智慧和最具可行性的救亡建议,由于地理上的阻隔(地方多层的隔断以及地方与中央的隔断)和人为的阻隔(各级官员的阻拦、奸臣的隐瞒以及君主的不在意等),不能形成对抗危机的系统性对策。即便是有了系统性的对策,也会被各种人为因素所阻断,使对策难以变成有效的救亡行动。由此,治政治思想史的学者只能是强调各种救亡建议对后世的启迪作用,而不是其在现实中的救世作用。

第五节 末世诗作的政治意韵

在元朝末世的败亡危机中,有一批儒者以诗作记录了当时的景象,并以此来展现不同的政治观点,可举要者介绍于下。跨元、明两朝的文人诗作,将在本书第十八章中作详细的说明。

一 成廷珪倡儒者报国

成廷珪(1288—1358年后),字原章,又字礼执,扬州(今属江苏)人,隐居不仕,有《居竹轩诗集》传世,在诗作中不仅记录了元朝后期的政治景象,亦提出了一些值得注意的观点。

(一)文治隐忧

成廷珪认为顺帝即位后朝廷最具亮点的文治成果是完成了辽、金、宋三史的修撰,所以对能够参与修史的儒士在诗作中大加赞扬:"海岳澄清又百年,前朝陈迹散云烟。恭闻天上修三史,连向淮南起二贤。青简旁搜成大典,黄华迭出购遗编。先生善用春秋法,岂下当时太史迁。"[1]

至正二年,汴梁人谷琬(字君玉)出任江南行台御史大夫;至正四年,功臣后人朵儿只出任江浙行省左丞相。成廷珪在送行诗中,都表达了应在江南行善政和舒缓民力的期望,所要强调的就是文治需用良臣的论点。

---

[1] 成廷珪:《送解伯中赴史馆召》,《居竹轩诗集》卷2,四库全书本。

几年坐啸元戎幕,一日来簪御史冠。已有声名惊海内,更须风采动朝端。星明使节三台近,霜落江城六月寒。应救倒悬如水火,东南民力正艰难。①

太祖开中国,元臣起朔方。八荒归版籍,千载际明良。奕世兼茅土,闻孙列庙堂。白麻新命相,紫诰旧封王。镂玉为符契,镕金作印章。既征扶社稷,仍贵理阴阳。辽海风尘静,梁园草木芳。精忠存北阙,化泽被南荒。翠织龙衣密,黄封蜜酒香。三吴歌盛美,百辟仰辉光。士已歌麟趾,人争睹凤凰。小儒狂斐在,有颂继甘棠。②

对于有儒官能够以革除弊政的方法恢复荒废的驿站,成廷珪也在诗作中大加赞赏:"昔游銮江城,曾过銮江驿。庭庑阒无人,萧然草盈尺。饥鸟噪前槛,羸马卧空枥。乃知江南民,于焉久当役。传吏苦诛求,日夜星火急。使者既旁午,棰楚复交集。省城若有忧,选官为苏息。梁君英妙年,力可事繁剧。朝迎南台官,暮送北省客。高马驰若星,大舸密如织。宿弊一洗清,长才世难得。和气回闾阎,光华照原隰。老夫作此歌,奚足颂其德。岂无观风者,传之上京国。驾言当趋装,秋霄起云翮。"③

需要注意的是,至正十一年以前已经出现了天下不靖的苗头,不仅所谓蛮夷的反叛需要朝廷出军征讨,在中原和江南亦有大盗横行,难以剿灭,成廷珪特别记下了与此相关的情形。

大风吹沙扬飞云,五溪白昼缠妖氛。鼎民湏洞走无路,何人靖难收奇勋。捍城惟称纳太守,杀贼惟数王将军。将军行年未五十,上马挥戈勇无敌。岛夷振动江水翻,日昃不令走一贼。④

丁十五,一百健儿如猛虎。几年横行青海头,牛皮裁衫桑作弩。射阳湖上水贼来,白昼杀人何可数。将军宵遁旌旗空,倭甲蛮

---

① 成廷珪:《送谷君玉赴南台御史》,《居竹轩诗集》卷2。
② 成廷珪:《上丞相朵儿只国王》,《居竹轩诗集》卷2;《元史》卷139《朵儿只传》。
③ 成廷珪:《仪真向有馆驿久废,船马俱无,使客不便,省委宣使梁克诚振治一新,粲然可观,诸公有诗题赠,因题卷后》,《居竹轩诗集》卷1。
④ 成廷珪:《送澧州治中王伯颜征蛮诗》,《居竹轩诗集》卷1。

刀贼为主。西村月黑妻哭夫，东坞山深母寻女。屋庐烧尽将奈何，往往移家入城府。不是丁家诸健儿，仗剑谁能翦狐鼠。楼头酾酒齐唱歌，争剖贼心归枹鼓。官中无文立赏功，还向山东贩盐去。①

军队频繁出动和启动治理黄河的工程，使兵役和劳役成为百姓的重要负担，成廷珪特别以诗作录下了一位老人的表白。

戚戚复戚戚，白头残兵向人泣。短衣破绽露两肘，自说行年今七十。军装费尽无一钱，旧岁官粮犹未得。朝堂羽书昨日下，帅府然灯点军籍。大男荷锸北开河，中男买刀南讨贼。官中法令有程期，笳鼓发行星火急。阿婆送子妇送夫，行者观之犹叹息。老身今夕当守城，犹自支更月中立。②

成廷珪还特别记下了至正十一年久旱后的大雷雨情形："八月晦日雷怒号，大雨如注风萧骚。捷如鬼神撼山岳，涌出江海翻波涛。屋茅平卷一重去，河水忽涨三尺高。惊鸿翅湿飞不起，散乱中泽呼其曹。云龙有意洗兵甲，下与苍生舒郁陶。浮云收敛赤日见，天宇廓远无纤毫。岁年不逢亦偶尔，吾将种麦耕东皋。"③当年五月，红巾军已起于颍州，所以成廷珪自然是将天灾和人祸联系在一起，体现出忧国忧民的情感。

(二) 乱世图存

战乱的总爆发，在成廷珪看来，应与黄河决口和治河用民过急有一定的关系，朝廷处置不当，造成了盗贼蜂起的局面。

中原九月黄河水，平陆鱼龙吹浪起。飞霜萧萧鸿雁来，禾黍漂流桑枣死。大风怒号扬飞尘，白昼剽掠如无人。官军不诛海东贼，县吏乃杀西村民。夜闻羽书起丁力，老稚嗷嗷向谁泣。我当六十将奈何，扶杖淮南望淮北。④

---

① 成廷珪：《丁十五歌》，《居竹轩诗集》卷1。
② 成廷珪：《戚戚行》，《居竹轩诗集》卷1。
③ 成廷珪：《辛卯（1351年）秋旱已极，至八月晦天大雷雨》，《居竹轩诗集》卷1。
④ 成廷珪：《闻中原河决盗起有感》，《居竹轩诗集》卷1。

第十六章　救亡图存的政治观念

为了控制局面，朝廷既加强了各地的防御力量，也派出军队征讨叛贼，成廷珪在诗作中记录大军出征的情形，就是要指明战乱带来的破坏和出征者的困境，以及对一举平盗的期盼。

白头老卒衣欲穿，日日织屦能几钱。点名去讨海东贼，别家泣上城南船。自云十五入行伍，掠阵争夸力如虎。卖刀买酒看升平，六十年来不用武。将军醉即骑马归，犹散黄金教歌舞。中原上马贼更多，白昼杀人谁作主。我今老去死即休，白骨填海何人收。朝堂昨日下黄榜，谁家年少当封侯。①

客来为说淮南事，白骨如山草不生。翻覆几回云雨手，登临无限古今情。长街竟日人烟绝，小市通宵鬼火明。欲省先茔归未得，悬河老泪若为倾。②

秋满东南第一山，古来贤达几登攀。两城楼阁西风里，八卫旌旗北斗间。羽扇纶巾君未老，麻衣草座我空闲。闭门拟撰平淮颂，河上来看奏凯还。③

为解决军队和朝廷的供粮问题，朝廷决定调派江南农民到大都屯田，成廷珪亦在诗作中记录了当时的情景，并强调这是利国利民的善举："茱萸湾上发官航，农事相催入帝乡。玉雪手标多似舅，风云意气已为郎。诸公妙算回天地，百谷神功叶雨旸。来岁随班见明主，定颁鸾诰锡高堂。""京畿华壤尽提封，开辟抢材献九重。使者传宣来万里，郎官分职领三农。江淮田赋方全免，邦国军需足上供。今日送君歌此曲，庙堂无复虑年凶。"④

由于官军出征不利，造成徐州等地的战败，不得不由丞相脱脱亲自领军出征，先收复了徐州等地，后又亲率大军征讨高邮，使得成廷珪在大乱中得到了一点慰藉。

---

① 成廷珪：《哀老卒》，《居竹轩诗集》卷1。
② 成廷珪：《次曹新民感时伤事韵三首》，《居竹轩诗集》卷2。
③ 成廷珪：《寄黄观澜经历，时率八卫汉军屯盱眙》，《居竹轩诗集》卷3。
④ 成廷珪：《送曹德辅州判率淮农三百人赴畿内垦田之行》《送刘禹玄州判率农夫多人诣畿垦田》，《居竹轩诗集》卷3。

彭城八月风尘起，数郡义兵多战死。良家子女复何辜，尽作黄河水中鬼。骷髅填海几时归，千古沉冤无处洗。王师一日天上来，虏船夜欲浮桥开。守桥将军不敢敌，狂澜倒泻声如雷。三山回望平如掌，野旷犹闻金鼓响。军中少年当封侯，争入辕门请功赏。江边老翁死即休，血泪沾襟空白头。①

黄河不解洗彭城，空使群凶起斗争。一载始通南国贡，三山犹驻朔方兵。寄奴故里人何在，亚父荒陵土欲平。却忆朱陈好村落，几时烟雨看春耕。②

故人归报朔方兵，已下山东七十城。日月未教乌兔死，风云方更虎龙争。入关谩尔窥周鼎，背水今谁立汉旌。北望中原五千里，黄河之水几时清。③

淮南入幕皆名士，边上从军总贵游。万里又劳丞相出，九重独使圣君忧。禾生异亩虚占斗，木落空江欲变秋。召伯埭前听报捷，高邮城外解通舟。④

成廷珪对战局并不乐观，所以在诗作中更多表现的是对战乱突发的感叹，尤其是对于如何应对世变的忧愁："边报纷纷日转频，彭城犹未息风尘。中原白骨多新鬼，浮世黄金少故人。""世事今如此，吾生可奈何。海东仍盗贼，颍上复干戈。苦雨朝逾急，阴风夜转多。白头无良策，对酒独悲歌。"⑤"边风六月作秋声，世事惊心百感生。台阁故人犹嗜酒，闾阎小子亦谈兵。红巾似草何时尽，白骨如山几日平。甚欲移家渡江水，老来幽独最关情。"⑥

成廷珪亦不得不为躲避战乱早作打算，在诗作中发出了"干戈满地正如此，万水千山何处归"的感叹。⑦ 他最终选择的避乱场所是吴江，并且特别庆幸在乱世中找到了相对安全的"乐土"，原因就在于有良臣

---

① 成廷珪：《悲徐州》，《居竹轩诗集》卷1。
② 成廷珪：《十月一日闻徐州复》，《居竹轩诗集》卷3。
③ 成廷珪：《题杨仲德照磨自汴梁归，话中原荆棘蔽野，人烟断绝，闻复山东，感而赋此》，《居竹轩诗集》卷2。
④ 成廷珪：《和崔元初秋日舒怀感时叙旧情见乎辞》，《居竹轩诗集》卷3。
⑤ 成廷珪：《感时伤事寄张仲举博士》《六月八日》，《居竹轩诗集》卷2。
⑥ 成廷珪：《六月十三日闻边警甚急有感而作》，《居竹轩诗集》卷3。
⑦ 成廷珪：《和李克约东皋杂兴四首》，《居竹轩诗集》卷3。

谢太守在此地实施了爱民之政,可保一方平安。

> 上相深求治,明公独爱民。三江不用武,两郡且行春。陇麦连村好,池秧得雨频。数州飘泊者,来此避风尘。
>
> 淮楚纷纷际,谁怜老逸民。一为吴郡客,三见洞庭春。世路间关久,侯门接纳频。麻衣犹似雪,不敢浣缁尘。①
>
> 持节吴江日,分符檇李辰。双螭交赤帜,五马挟朱轮。冻雨连清道,灵风动洒尘。字民亲若子,破敌捷如神。水寺题诗遍,田家问俗频。莺花苕霅晓,烟树洞庭春。是处歌龚遂,连城借寇恂。湖山当大郡,封壤接比邻。在昔京都富,于今府库贫。三苗空掠地,百粤阻通津。赤县伤凋瘵,苍生受苦辛。髓枯肤未剥,病亟气难伸。画省持衡鉴,乌台列缙绅。谈兵犹辩士,献策尚从人。间世才难得,如公孰与伦。抚时先恺悌,起废莫因循。城筑工尤大,田毛赋必均。烬余驱瓦砾,兵后剪荆榛。惠化仍多举,祯祥或可臻。铸钱资国费,赈粟散仓陈。和气随天转,舆情与日新。斐章书令德,史笔待词臣。②

能够成为"乐土"的,还有在长江以北的六合县,该县离扬州不远,主政者亦有颇多的善民举动。

> 风尘千里暗淮堧,六合孤城独晏然。保障正符明主意,歌谣争颂长官贤。公庭吏散门如水,驿馆宾来酒似川。疏水为湟成重地,返风灭火动皇天。军需会计多雄略,兵卫森罗总少年。兴学未闻忘俎豆,防边仍见戢戈鋋。编民辟地增输赋,远客移家愿受廛。封壤远连瓜步外,妖氛不到瓦梁边。鱼盐山市宵鸣柝,米麦江桥晓泊船。十邑自今称第一,前程谁谓隔三千。王纲政尔关明教,民瘼何人解倒悬。舆论已传霄汉上,丰碑立在县衙前。③

---

① 成廷珪:《和谢雪坡太守东阡道中二首》,《居竹轩诗集》卷2。
② 成廷珪:《赋长律二十二韵题吴江郭州判索送谢太守诗卷》,《居竹轩诗集》卷2。
③ 成廷珪:《赠六合县宣差伯士宁,因兵乱于滁泗之间,独县境肃然,作诗以叙其实》,《居竹轩诗集》卷2。

随着时间的推移，江南战况越来越对朝廷不利，成廷珪伤心地记录了战争带来的悲惨景象。

（八月十五日闻真州官民溃窜，道路蹂躏而死者不可胜言，黄军因之剽掠，则天长、六合等处莽为邱墟矣）白沙消息苦难真，军事危如火上薪。老去未能生报国，愁来只与死为邻。豺狼夜啸逃亡屋，貔虎秋惊战伐尘。怅望天长一条路，王师何处渡淮津。①

青军黄军日自斗，西城南城门不开。诸侯相对面似土，令我不乐心如灰。饥乌在树噤无语，苍蝇满案从何来。②

官吏的横征暴敛，更加重了百姓的苦难，使得成廷珪不得不发出江南农事已废、民力已竭的感叹。

民间升斗籴仓陈，五十青钱一束薪。黑潦满街风雨恶，日中犹有未炊人。

农父驱牛晓入城，可怜牛卖尽遭烹。明年湖上休兵后，一寸荒田不得耕。③

凤凰桥西淮子河，年年租吏夜催科。只今田父无消息，豹虎满天将奈何。④

野寨苍茫落照中，东征三载未成功。黄金似土供儿戏，白骨如山泣鬼雄。天狗星流军府动，水犀兵散弩台空。于今人力消磨尽，谁念东南府库穷。⑤

干戈满地起风尘，民物凋零府库贫。黄犊乌犍烹作食，雕梁画栋拆为薪。江淮经理须贤俊，草泽诛求到隐沦。漫道宽心应是酒，老夫三日不沾唇。⑥

成廷珪后来又迁到近海的华亭避难，并留下了对乱世的诸多感叹和

---

① 成廷珪：《八月十五日》，《居竹轩诗集》卷3。
② 成廷珪：《八月三日书所见》，《居竹轩诗集》卷3。
③ 成廷珪：《杂赋五首》，《居竹轩诗集》卷4。
④ 成廷珪：《和饶介之秋怀诗韵》，《居竹轩诗集》卷4。
⑤ 成廷珪：《闻正月二十日闻泗州盱眙同日失守》，《居竹轩诗集》卷3。
⑥ 成廷珪：《六月二日书所见》，《居竹轩诗集》卷3。

对和平的殷切向往。

> 垂老重来此,临分即惘然。云吞隔浦树,潮打送风船。卜筑虚求地,行藏欲问天。淮南兵革后,荒却种瓜田。①
>
> 满目风尘只自怜,轻装已办有行缠。也知避乱依城郭,更欲移家傍渚田。紫步于今无士马,沧溟何处有神仙。桃源只在人间世,还许渔郎放钓船。②
>
> 行年七十犹为客,何处江湖着老夫。黑发空存数茎在,黄花也笑一钱无。家徒活计如鸠拙,病起形容似鹤癯。独把茱萸仍独酌,酒酣不用阿孙扶。③
>
> 城郭空虚鸟乱鸣,彩旗拂柳夕阳明。山林乐土非畴昔,兵火残民思太平。海燕归来无旧主,野花满地有余情。一尊酹月悲歌后,搔首灯前百感生。④

即便在乱世中,成廷珪还是表明了奉行大道和天下一统的立场,以显示与乱臣贼子政治态度的不同。

> 南省新堤已筑沙,禁城犹是旧京华。山中未识将军树,天上新颁宰相麻。紫电青霜开武库,金符玉节拥高牙。东南定乱成功了,四海车书共一家。⑤
>
> 千古万古道理大,海内海外车书同。青山看世等过客,白发催人吾已翁。干戈三载道路断,斤斧一朝林野空。西轩拭泪付长叹,怅望夕阳天际红。⑥
>
> 世俗今多事,人心此一时。风尘吾道在,江海我生悲。白日终难系,青山不可移。吾方饮吾酒,君自着君棋。⑦

---

① 成廷珪:《四月十三离上洋回华亭》,《居竹轩诗集》卷2。
② 成廷珪:《吾欲卜居海上,未有定止,先作诗寄刘子彬》,《居竹轩诗集》卷3。
③ 成廷珪:《戊戌年(1358年)避地吴门九日感怀》,《居竹轩诗集》卷2。
④ 成廷珪:《灯下有感》,《居竹轩诗集》卷3。
⑤ 成廷珪:《贺王彦诚新除授浙江省左丞之命》,《居竹轩诗集》卷2。
⑥ 成廷珪:《次饶介之述怀佳作》,《居竹轩诗集》卷3。
⑦ 成廷珪:《秋夜杂咏三首》,《居竹轩诗集》卷2。

也就是说，即便在乱世中，成廷珪依然坚持的是忠君、救国、善政、恤民和守道的政治立场。

（三）儒者报国

在朝廷面临重大危机的背景下，成廷珪认为儒者应该以匡救天下为己任："此心随感与天同，念尔斯人水火中。拯溺未能空下涕，救焚何以自成功。百年底事多残忍，四海于今喜扩充。将见运之于掌上，世间无物不春风。"① 由此，他特别强调儒者的乱世报国五说，即五种值得称道的行为。

一是儒者统兵说。率军出征本来是武将的事情，但是在军情紧急的形势下，朝廷不得不任用一些儒者统率军队。成廷珪特别在诗作中表示，文武兼备的儒臣确实可以起到独当一面的重要作用，投笔从戎不失为儒者报国的忠勇行为。

> 秘阁儒臣读武经，亲承斋斧下清溪。鱼龙出海瞻卿月，牛斗回天避将星。扫荡妖氛清社稷，指挥能事速风霆。玉堂岂少昌黎笔，重刻平淮第一铭。②

> 白发儒臣著武冠，公卿相送出朝端。恭承斧钺行天讨，喜见旌旗拥夏官。直北声名从此振，平南筹策有人看。虎皮会见包戈甲，十郡苍生莫枕安。③

> 手分云汉下天津，一洗江淮战伐尘。紫气独行周柱史，白衣谁识李山人。铺陈礼乐三千字，保障东南亿万民。戡定成功在今日，未容归卧五湖春。④

> 上公开府驭群英，妙算神机属老成。裴度向来归绿野，谢安重起为苍生。朝廷约法三章旧，天地功成百谷盈。不有武功除暴虐，岂无文教答升平。⑤

二是守城尽忠说。儒者作为地方的守令，有守土保民的职责，由此

---

① 成廷珪：《题周子端恻隐斋》，《居竹轩诗集》卷3。
② 成廷珪：《送秘书太卿高志道总戎淮西》，《居竹轩诗集》卷3。
③ 成廷珪：《送黄观澜尚书吴伯尚廉使之江西征讨》，《居竹轩诗集》卷3。
④ 成廷珪：《赠李左丞》，《居竹轩诗集》卷2。
⑤ 成廷珪：《贺李左丞再入中书》，《居竹轩诗集》卷3。

对于坚守危城并守节而死的余阙（字廷心），成廷珪特别表达了赞誉和吊唁之情，所要强调的就是为国尽忠确实是儒者的本分所在。

> 保障江淮数十州，中流屹立见君侯。苍生几堕巅崖苦，白发因分社稷忧。蚍虱竟年生介胄，貂蝉今日出兜鍪。玉堂应有昌黎颂，刻在龙眠最上头。①
>
> 两函妙墨古所见，一代高风人未知。用兵不下羊叔子，食粥正如颜太师。今日澄清在我辈，长江保障非公谁。更烦令尹回州日，补入舒人遗爱碑。②
>
> 七年苦战守孤城，食尽无人发救兵。诸将赴河同日死，万家噍地几人生。中台星折天应泣，大节堂空鬼亦惊。国难未平公已往，临风西望泪纵横。③

在九江战死的李黼（字子威）以及为朝廷尽忠的张桓（字彦威）、刘持中（字遵道）等人，同样值得赞颂。

> 清朝如此盛公卿，何以摅忠答圣明。数月未收蕲水贼，一时谁散武昌兵。朱门旧邸空文藻，黑夜归舟有笑声。独使状元贤太守，至今犹捍九江城。
>
> 边报传来实失惊，妖氛独不犯溢城。义兵一日同生死，信史千年托姓名。别戍几人回士马，沧江通夜走公卿。九州尽得如公者，始信文儒有老成。④
>
> 将帅仓皇忽弃城，孤忠何以独支撑。尚闻传檄诛狂寇，犹自开仓举义兵。千古报君心未死，九江土像面如生。至今月黑匡庐下，仿佛悲风有战声。⑤
>
> 平生恨不识张桓，烈烈轰轰御史官。生有高风惊海内，死无遗憾负台端。盘根错节于今见，孝子忠臣后代看。一片汝阳城下土，

---

① 成廷珪：《奉寄余廷心元帅是时出镇之舒州》，《居竹轩诗集》卷3。
② 成廷珪：《题太湖李尹所收余廷心元帅书二封》，《居竹轩诗集》卷3。
③ 成廷珪：《三月十五陪乌本初同金李希颜祭余廷心大参于断崖》，《居竹轩诗集》卷2。
④ 成廷珪：《十一月十四日有感寄江州太守李子威》，《居竹轩诗集》卷3。
⑤ 成廷珪：《哭江州太守李子威》，《居竹轩诗集》卷3。

何人高义葬衣冠。①

百年正气此销沉，空使诸公泪满襟。厚地无人收白骨，皇天有眼识丹心。亲王兵卫终难倚，太尉楼船不可寻。一自岳阳开省后，更无消息到于今。②

三是善政保民说。越是在战乱的环境下，越能显示出儒官以善政保民、养民的重要性，所以成廷珪不仅赞扬已有的治绩，亦对即将出任各种职务的人明确表达了爱民、抚民和肃正纪纲的要求，就是要强调在乱世中仍能看到真儒治国的重要作用。

兴学固常崇俎豆，防边还为戢干戈。四川画省劳询问，一郡苍生望抚摩。楼倚青溟来万景，山横紫翠接三峨。题书别馆鱼堪寄，退食公堂雀可罗。西蜀考功当第一，他山有石为君磨。③

长洲赤子穷无告，正赖郎官为抚摩。兵后人家犹未耝，日长官社有弦歌。越来溪上波声小，鲁望祠前月色多。自古长才须大用，荐书元不待常何。④

应辟江南肃政堂，君才十倍宪诸郎。先公向已乘骢马，多士今还睹凤凰。祖帐晓开山木霁，官船夜泊水花凉。三吴民力诛求尽，当为明时振纪纲。⑤

谪宦南来莫怨嗟，府中争喜判生花。中朝正合持衡鉴，御史何曾负国家。未羡阳城官有库，全胜贾谊傅长沙。终令国事还公等，会见明廷辨正邪。⑥

武昌遗老望旌旗，正是诸君报国时。令弟九江全死节，明公南海有生祠。台中妙选邱山重，湖北先声草木知。一道宪纲还旧睹，真儒端可佩安危。⑦

---

① 成廷珪：《哭御史张彦威》，《居竹轩诗集》卷3。
② 成廷珪：《哭湖广省郎中刘遵道》，《居竹轩诗集》卷3。
③ 成廷珪：《送张可道赴嘉定府太守》，《居竹轩诗集》卷2。
④ 成廷珪：《送马令尹任满》，《居竹轩诗集》卷3。
⑤ 成廷珪：《送李周南之浙西道》，《居竹轩诗集》卷3。
⑥ 成廷珪：《送王仲洢御史除安庆府判》，《居竹轩诗集》卷3。
⑦ 成廷珪：《寄李子洁宪副时湖北残破却于太平开司》，《居竹轩诗集》卷3。

四是出谋划策说。为朝廷献策是儒者应尽的本分，所以各地的儒官不仅要注意平盗之策，更要注重安民之策。尤为重要的是，救世之策所体现的是儒者以天下为己任的政治意念，容不得半点私念。

报政期年上考书，君才端合应时须。三公掾属多为相，两府郎官半是儒。夜帐论兵银烛抚，春庭称寿彩衣趋。苍生久堕巅崖苦，定有嘉言赞庙谟。①

千里旌旗接轴轳，王师日久费供需。只知天下金如土，岂谓人间米似珠。此日论功犹受赏，何人报主肯忘躯。讵无执法如公者，能上封章亦丈夫。②

驿程万里入皇都，还过梁城取别途。天下军需何日了，淮南民瘼几时苏。求田问舍非良策，忧国忘家是壮图。黄阁相君应有问，愿闻一语赞嘉谟。③

霜落平原百草干，出门何处望朝端。山林白发相逢晚，风雪沧江欲别难。使命岂辞行地远，圣恩还复与天宽。群公定问君家世，能为苍生远祖安。④

五是守道兴学说。儒者在乱世中坚持本业，依然以传道兴学为要务，才能充分体现儒者的价值。世乱学不废，恰是儒者最应坚持的报国行为。

乱世兵犹满，崇文礼自宽。青云总朝士，白发且儒冠。苜蓿先迎日，皋比不受寒。娄江足双鲤，好好寄平安。⑤

乱世兵虽满，吾儒气自伸。黄金赠说客，白璧聘从人。念子真才俊，嗟余岂隐沦。向来稽古学，留以奉君亲。⑥

成廷珪毕竟是隐士，所以只能自叹无所作为，并期望尽快终止乱

---

① 成廷珪：《贺长洲县令尹马公除枢密院都事》，《居竹轩诗集》卷3。
② 成廷珪：《送徐州李判官供给役满归》，《居竹轩诗集》卷3。
③ 成廷珪：《送霍仲皋还京》，《居竹轩诗集》卷3。
④ 成廷珪：《送谢参军朝京二首》，《居竹轩诗集》卷3。
⑤ 成廷珪：《送陶教授》，《居竹轩诗集》卷2。
⑥ 成廷珪：《送叶以诚归金华》，《居竹轩诗集》卷2。

世："经纶尚有诸公在，韬略原非我辈长。凭仗天威驱号令，由来和气致休祥。"① 尽管这样的愿景在他的有生之年未能实现，但是他所强调的儒者乱世报国五说等观点，对时人和后人都有重要的启迪作用。

二　王冕揭乱世现象

王冕（1287—1359 年），字元章，又字元肃，号煮石山农，诸暨（今属浙江）人，幼年好学，被韩性收为弟子，成为"潜庵学派"学人，② 科场失意，乃游历大都、上都等地，后返回诸暨九里山隐居，被朱元璋召为幕僚后不久即去世，有诗集《竹斋集》传世。

（一）讽朝政缺失

在世人眼中，王冕是一介"狂儒"，他在诗作中确实表现出了狂傲的气势："人间尘土苦嚣烦，林下风生六月寒。夜半酒醒方脱屐，日高眠起不簪冠。笑看游蚁巡危磴，静听闲花落古坛。老我自无轩冕意，寻常岂是傲时官。"③

作为"狂儒"，王冕自然敢于触碰儒者忌讳的政治话题，在诗作中以隐喻的手法道出了文宗弑兄的乱政行为。

> 滦水城头六月霜，东华门外草皆黄。旌旗影动千官惨，斧钺光沉万马忙。青象不将传国玺，紫驼只引旧毡房。诸郎不解风尘恶，争指红门入建章。
>
> 白草黄沙野色分，古今愁恨满乾坤。飞鸿点点来边塞，寒雪纷纷落蓟门。风景凄凉只如此，人情浇薄复何论。知机可有桑干水，未入沧溟早自浑。④

朝廷中人所说的盛世或天下太平，在王冕看来，则已经是礼崩乐坏，处于危机的边缘，急需的是圣主和贤臣的救世德政。

> 生民日日叹零丁，惟听中朝说太平。万里江山云莽荡，五更风

---

① 成廷珪：《十二月十九日北门书所见》，《居竹轩诗集》卷3。
② 黄宗羲原著，全祖望补修：《宋元学案》第 3 册，第 2080 页。
③ 王冕：《答客问》，《竹斋集》卷上，四库全书本。
④ 王冕：《即事》，《竹斋集》卷上。

雨剑悲鸣。桓温岂解知王猛，徐庶从来识孔明。箫管莫吹关塞曲，野花闲草不胜情。①

窃问老何族，云是奕世儒。自从大朝来，所习亮匪初。民人籍征戍，悉为弓矢徒。纵有好儿孙，无异犬与猪。至今成老翁，不识一字书。典故无所考，礼义何所拘。论及祖父时，痛入骨髓余。我闻忽太息，执手空踟蹰。踟蹰向苍天，何时可能苏。饮泣不忍言，拂袖西南隅。②

喜看新社稷，不问旧封疆。鱼鳖行官道，狐狸上庙堂。凄凄黄叶浦，漭漭白苹乡。提挈何狼藉，奔趋适诈狂。人伦俱丧失，风俗尽凋伤。白纻流吴曲，红花烂楚芳。礼仪从此废，廉耻竟何将。戢戢哀流落，纠纠俱暴强。郎官思卓鲁，牧守想龚黄。鹰隼锋棱劲，豺狼气势张。抚绥徒文饰，渔猎尽逃亡。东鲁书声寂，西秦客梦扬。可怜吾老大，那忍见凄凉。饥望家家火，愁悬处处肠。竞穿泥窟穴，争觅草衣裳。密雪团花大，飞冰就木僵。垂情徒郁郁，极目转茫茫。圣主春秋盛，贤臣事业张。愿言宣德化，四海一陶唐。③

王冕作为南人，一方面保持着对南宋的思念情感；另一方面，他也指出了朝廷仰仗于江南的供给，不能在江南过分索取，陷江南民众于困苦之中。

废苑荒凉官树老，春雨蒙蒙长芳草。翠石玲珑绾毒蛇，土花乱贴榆钱小。犹忆建炎南渡时，五云护拥蛟龙旗。金舆玉辇事游幸，名花不待东风吹。紫霞蒲萄动春浪，腰鼓腾雷盘锦杖。千官景从轩冕入，歌声婉转青天上。阊阖新启铜龙楼，长江万里为鸿沟。中原北望草木秋，王孙不识山河愁。垂衣东南成至治，百五十年真梦寐。只今往事漫蒿莱，文物衣冠俱扫地。西湖水昏迷钓船，南屏月冷啼杜鹃。咸平元祐事茫然，梅花杨柳俱忘言。鄂州老将呼不起，石塔如壶枕江尾。行殿白日古磷飞，游子无言泪如水。④

---

① 王冕：《满目青山轩》，《竹斋集》卷上。
② 王冕：《冀州道中》，《竹斋集》卷中。
③ 王冕：《自崔镇至济州人情风俗可叹三十韵》，《竹斋集》卷中。
④ 王冕：《钱塘纪行》，《竹斋集》卷下。

> 忆昔常过居庸关，关中流水声潺潺。雪花飞寒大如席，白色粲烂西南山。山家野店隐烟雾，水榭云楼有幽趣。汉家封侯已消磨，秦时长城作行路。天险不设南北通，风俗一混归鸿蒙。今人不解古时事，使我感慨心忡忡。滦水城头无苜蓿，马驴尽食江南粟。八月九月朔风高，更有饥鹰啄人肉。太平时节无烽尘，金舆玉辇从时巡。关南关北草色新，四海贡赋来相亲。大车连属小车侣，雪地冰天无险阻。玉帛谷粟取不穷，诛求那信人民苦。书生潦倒家无储，凄凉忽见盘车图。侧身怅望长嗟吁，天子亦念东南隅。①

君子、小人杂处，以盆中之木作为国家栋梁，如此错乱的朝廷用人，可能使指鹿为马、黔驴技穷的景象再现，王冕特别就此发出了警告。

> 松栢引藤萝，反被藤萝绕。划草养禾苗，禾苗不如草。物情有更变，世事何足道。君子小人交，岂能长永好。云游本无定，潦水空浩渺。消涸固有时，畴能见机早。春风泛红绿，造化太奇巧。昨朝杨柳花，今日浮萍草。学佛不成佛，求仙岂能仙。人生因有贪，所以不自然。秦皇既已矣，梁武亦可怜。何如饭牛翁，万事付无言。②

> 橐驼已矣树多病，后世谁能谕官政。盘根错节入盆盂，岂伊所生之本性。童童结盖拥绿云，皮肤转卷生虫纹。幽人重之如重宝，置诸座右同佳宾。时时玩赏勤拂拭，要做人前好颜色。自怜无路接春风，惭愧荆榛得甘泽。人言此树受恩爱，我独悲之受其害。既无所资无所求，何故矫为阿媚态。嗟哉木命既有亏，其所玩者何为奇。君不见，石家珊瑚高且贵，今日根株在何地。又不见，李家花木比异珍，于今野草秋烟昏。姚黄魏紫夸艳美，看到子孙能有几。人生所重重有德，耳目之娱何足齿。我知万物各有缘，胡不听之于自然。平原太谷土无限，樗栎能与天齐年。此树那宜此中种，器小安能成大用。愿君移向长林间，他日将来作梁栋。③

---

① 王冕：《盘车图》，《竹斋集》卷下。
② 王冕：《感怀》，《竹斋集》卷中。
③ 王冕：《盆中树》，《竹斋集》卷下。

君不见，秦皇二世治天下，赵高妄指鹿为马。遂令众口毁权奇，异兽须臾满高价。东亭牝骡十万钱，西城牝驴数百千。驱驴駞驼入奇选，犁幢贾勇穹庐前。三十六郡五百万，一旦惊风堕涂炭。天闲云散雨声寒，峻骨累累秋草烂。毳衣健儿牵狗车，皮冒女郎随橐驼。将军怒斩白鼻騧，丞相唾逐狮子花。独留欵段在君侧，锦韂金鞍青玉勒。喷腺撼动赤墀风，太仆御官愁失色。痛怜物产不偶时，龙媒灭没其谁知。况无古王同尔驰，相逢徒作穷途悲。吾闻天马出西极，霜蹄蹴踢飞霹雳。当年堆壁不敢沽，岂料于今供啖食。庖羲已矣古道芜，何时重见荣河图。孙阳已作饭牛客，非子去随牧羝奴。呜呼不独马之委，天下奇材亦如是。①

海波激撞日月动，琼楼玉宇红云拥。忠良不顾社稷摇，圣明忘却山河重。太平将军倦戍边，春风四海且上元。宣和殿上如市廛，黔驴直到君王前。黔驴之技止于是，君王用意徒为尔。转头朔漠边尘围，腰裹骅骝尽羞死。寒冰朔雪徒步趋，当时客梦知何如。二百年后看画图，令人感恻长嗟吁。②

王冕也曾怀有强烈的报国志向，正如其所言："长大怀刚肠，明学循良图。硕画决自必，不以迂腐拘。愿秉忠义心，致君尚唐虞。欲使天下民，还淳洗嚣虚。声施勒金石，以显父母誉。"③ 但现实是残酷的，儒者只能自叹无用："贾谊治安策，虚劳渎圣明。人民正凋瘵，豺虎恣纵横。白水沈南国，青山没上京。吾儒无可奈，老泪向天倾。"④ 他只能寄期望于新科进士，让他们成为好官人："丹墀对策三千字，金榜题名五色春。圣上喜迎新进士，民间应得好官人。江花绕屋厅事近，烟树连城野趣真。所愿堂堂尽忠孝，毋劳滚滚役风尘。"⑤

（二）记疲民生涯

在王冕笔下，朝廷的百姓已经成为疲民，在饥寒交迫中苦苦挣扎，并且几乎无人过问。

---

① 王冕：《徙马叹》，《竹斋集》卷下。
② 王冕：《宣和殿画驴图》，《竹斋集》卷下。
③ 王冕：《自感》，《竹斋集》卷中。
④ 王冕：《春晚客怀》，《竹斋集》卷中。
⑤ 王冕：《送王克敏之安丰录事》，《竹斋集》卷上。

今晨好风雨，湿云四边驰。落花烂作土，潦水积成池。疲民在涂炭，朝暮苦啼饥。况兼时气乖，好肉生疮痍。方忧旧田秽，无奈新城欹。世情甚促廹，天意将焉为。我生合忘言，感慨徒伤悲。①

沉重的兵役、劳役和租税，加上贪官污吏的肆意妄为，带来的是连绵不断的人间悲剧。

清晨渡东关，薄暮曹娥宿。草床未成眠，忽起西邻哭。敲门问野老，谓是盐亭族。大儿去采薪，投身归虎腹。小儿出起土，冲恶入鬼箓。课额日以增，官吏日以酷。不为公所干，惟务私所欲。田园供给尽，龃数屡不足。前夜总催骂，昨日场胥辱。今朝分运来，鞭笞更残毒。灶下无尺草，瓮中无粒粟。旦夕不可度，久世亦何福。夜永声语冷，幽咽向古木。天明风启门，僵尸挂荒屋。②

江南妇，何辛苦。田家淡泊时将暮，敝衣零落面如土。馌彼南亩随夫郎，夜间绩麻不上床。绩麻成布抵官税，力田得米归官仓。官输未了忧榾腹，门外又催私债促。大家揭帖出陈账，生谷十年还未足。长儿五岁方离手，小女三周未能走。社长呼名散户由，下季官盐添两口。舅姑老病毛骨枯，忍饥忍寒蹲破庐。残年无物做慈孝，对面冷泪空流珠。③

陌上桑，无人采，入夏绿荫深似海。行人来往得清凉，借问蚕姑无个在。蚕姑不在在何处，闻说官司要官布。大家小家都捉去，岂许蚕姑独能住。日间绩麻夜织机，养蚕种田俱失时。田夫奔走受鞭笞，饥苦无以供支持。蚕姑且将官布办，桑老田荒空自叹。明朝相对泪滂沱，米粮丝税将奈何。④

悲风吹沙堕空屋，老乌号鸣屋上木。谁家男子从远征，父母妻孥相送哭。哭声呜咽已别离，道旁复对行人悲。去者一心事，悲者百感随。前年鬻大女，去年卖小儿。皆因官税迫，非以饥所为。布衣磨尽草衣折，一冬幸喜无霜雪。今年老小不成群，赋税未知何所

---

① 王冕：《偶书》，《竹斋集》卷中。
② 王冕：《伤亭户》，《竹斋集》卷中。
③ 王冕：《江南妇》，《竹斋集》卷下。
④ 王冕：《陌上桑》，《竹斋集》卷下。

出。昨夜忽惊雷破山,北来暴雨如飞湍。此时江南正六月,酸风入骨生苦寒。东村西村无火色,痴云着地如墨黑。瞆翁罄妪相唤忙,屋漏床床眠不得。开门不敢大声语,门外磨牙多猛虎。自来住此十世余,古老未尝罹此苦。我感此情重叹吁,不觉泪下沾裳裾。安得壮士挽天河,一洗烦郁清九区,坐令尔辈皆安居。①

疲民一旦遭遇自然灾害,更是雪上加霜,性命堪忧,王冕特别记录了江南遭受大旱时的悲惨场景。

  炎风来何狂,似欲吹山倒。狼藉树底云,散漫屋上草。赤日炽大炉,泥沙热如炒。东皋与西陇,禾苗尽枯槁。疲民日苦饥,性命未可保。谁推至诚心,恳致桑林祷。愿得甘雨沛,洗我烦热恼。②
  狂风吹春无寸雨,天地漫漫尽黄土。病日韬光赤如血,千花万花愁不语。耕牛渴死野草枯,农夫悲啼泪如珠。蚕胎在纸秧在谷,未知何以供官输。道旁流民尽游鬼,十日不食一粒米。唇焦口燥声啾啾,抱瓮沿门求剩水。孰云绮席罗奇珍,龙涎入鼎烟如云。笙歌满耳珠翠拥,醉饱那识人间贫。江北豺虎毒,又见江南狼虎簇。饥狐日食饿死尸,老乌夜叫逃亡屋。峩冠腐儒空读书,骑马小儿真苟图。安得银河倾,泽我枯槁苏,坐令四海常晏如。③

与疲民生活形成鲜明对照的是富人的奢华,如王冕所记:"君不见,江西年少习商贾,能道国朝蒙古语,黄金散尽博大官,骑马归来傲乡故,今日消磨等尘雾。又不见,江南富翁多田园,堆积米谷如丘山,粉白黛绿列间屋,竞习奢侈俱凋残。"④ 如此不平等的社会,带来的将是巨大的祸乱。

(三)述战乱景象

王冕之所以匆匆离开大都,隐居在九里山中,就是因为他向都市中的人预言不久将天下大乱,但是无人相信,只能自己先为家人找好避乱

---

① 王冕:《悲苦行》,《竹斋集》卷下。
② 王冕:《南风热》,《竹斋集》卷中。
③ 王冕:《望雨》,《竹斋集》卷下。
④ 王冕:《船上歌》,《竹斋集》卷下。

的场所。① 在战乱爆发后，王冕用长诗记录了战时的情形，并强调恰是因为治道缺失，导致了大规模的战争，所以不能把责任全部推到治理黄河的贾鲁身上。

> 诏布河流复，其功说贾生。岂因疏凿费，恰重战争名。军士虽然散，农人尚未耕。九州多禹迹，何日与君评。
>
> 燕赵官输急，江淮羽檄忙。山崩云惨惨，河决水茫茫。野客愁无奈，山翁老更狂。途传军士盛，即日下襄阳。
>
> 草木何摇撼，工商已破家。饶州沉白器，勾漏伏丹砂。吴下难移粟，江南不运茶。朝廷政宽大，应笑井中蛙。
>
> 四川听雨化，三辅受风清。但得公行道，何劳苦用兵。关山无阻碍，淮甸渐清平。闻说招民义，衔哀事远征。
>
> 一说妖氛起，生民欲断魂。村墟空壁落，市井变营屯。尽道无生计，谁为奉至尊。吾居更萧索，事业不须论。
>
> 壬辰（1252年）天意别，春夏雨冥冥。云气何时敛，江声未得停。书生怜白发，壮士喜青萍。昨夜登西阁，悲笳不忍听。
>
> 处处言离乱，纷纷觅隐居。山林增气象，城郭转空虚。侠客思骑虎，溪翁只钓鱼。诸生已星散，那得论诗书。
>
> 辟难人争出，居家我独痴。况兼亲已老，无奈病相欺。湖海迷舟楫，关山振鼓鼙。忘机闲看竹，得兴漫题诗。
>
> 密树连云湿，荒村入径斜。山童分紫笋，野老卖黄瓜。忽要千钧弩，寻求百姓家。予生为计拙，见景重咨嗟。
>
> 撒幕愁归燕，颓垣警睡龙。雨声飞玉署，花梦破块窗。紫诏传三省，黄巾出两江。何时舞干羽，尽使有苗降。
>
> 登高聊纵目，怀古忽伤心。北极星辰远，中原草木深。天寒群雁叫，夜静独猿吟。处处知音少，尘埃绿绮琴。
>
> 干戈犹未定，鼙鼓岂堪闻。忧国心如醉，还家梦似云。关山千里远，吴楚一江分。朋旧俱零落，空嗟白鸟群。
>
> 湿云垂地重，孤雁入天鸣。到处干戈近，何时海岱清。孤灯悬古壁，寒漏落空城。可羡商山老，优游待太平。

---

① 《竹斋集》卷首载《王冕传》。

深秋天气好，且喜病魔消。对客论三史，令人愧六朝。山河空板荡，民物竟萧条。白首思无策，甘心学野樵。

秋风清瘴疠，明月照山河。绝国干戈少，空城鼓角多。脱巾怜短发，醉酒觉身和。漫对黄花坐，无劳白苎歌。

自笑青云远，谁怜白发孤。艰难知道路，潇洒问江湖。事业留诗卷，田园入画图。清高过老杜，囊底一钱无。

重阳今日是，风雨满空城。白发殊无赖，黄花似有情。山寒孤树老，江净众鸥明。且愿烽尘息，讴歌乐太平。

雨阻龙山会，云荒戏马台。且看黄菊放，休待白衣来。事业书千卷，功名水一杯。登临聊复尔，吟啸漫徘徊。

吟诗怀杜甫，持酒看吴钩。落叶千林晓，飞鸿万里秋。只嫌风俗变，不为别离愁。向晚闻征鼓，徘徊倚小楼。①

在战乱中，疲民的遭遇更为可怜，达官贵人的行径更为可恨，王冕救世无策的忧愁也更为难解。

雨淋日炙四海穷，经纶可是真英雄。岐丰禾黍泣寒露，咸阳草木来悲风。京邦大官饫酒肉，村落饥民无粒粟。东鲁儒生徒步归，南州野老吞声哭。纷纷红紫已乱朱，古时妾妇今丈夫。有耳何曾听韶武，有舌不许论诗书。昨夜虚雷槌布鼓，中天月破无人补。休说城南有韦杜，白璧黄金天尺五。②

江南民，诚可怜。疫疠更兼烽火然，军旅屯驻数百万。米粟斗直三十千，去年奔走不种田。今年选丁差戍边，老羸饥饿转沟壑。贫富徭役穷熬煎，豺狼左右虎后先。况尔不肯行楮钱，楮钱不行生祸愆。官司立法各用权，生民自此多迍邅。君不见，海东风起浪拍天，海中十载无渔船。又不见，淮南格斗血满川，淮北万里无人烟。通都大邑尽变迁，新鬼旧鬼皆衔冤。今上圣明宰相贤，政如日月开尧天。大布德泽清八埏，百辟忠义何以言。捐生弃死非徒然，我在畎亩心拳拳。无能与尔扶颠连，老眼迸泪如飞泉。③

---

① 王冕：《漫兴》，《竹斋集》卷中。
② 王冕：《痛哭行》，《竹斋集》卷下。
③ 王冕：《江南民》，《竹斋集》卷下。

淮南千里无烟火，淮东近日多军马。寸薪粒粟不论钱，行客相看泪盈把。如何五陵年少郎，卖田去买青楼娼。吴歌楚舞不知夜，归来也学山翁狂。明朝酒醒入官府，方知不是城南杜。落花风急雨萧萧，索寞无言面如土。①

穷居忘节序，见雪却忧寒。渐渐山河失，依依道路难。故人迷信息，无客渡干桑。况尔西南地，疲民夜不安。②

怀人多有梦，忧国竟忘眠。野草皆成药，江云半是烟。悲鸿联阵下，老鹤唳孤骞。孰信残阳外，疲民问井田。③

忧国频看剑，怀人独凭阑。野云秋共黑，江雨晚生寒。盗贼纷然起，军民未得安。相逢谁慷慨，随处说艰难。④

含笑看长剑，开怀对酒樽。江风生席面，山雨湿云根。去国愁征戍，丰年荷圣恩。莫辞情烂漫，白首壮心存。⑤

直北黄河走，江南白浪浮。人民正饥渴，官府急诛求。处处催兵器，城城建火楼。老吾头已白，忍死为君忧。⑥

对于为朝廷尽忠的官员达兼善，王冕还是给予了赞扬："出师未捷身先死，忠义如公更不多。岂直文章惊宇宙，尚余威武振山河。中原正想刘安世，南海空思马伏波。老我未能操史笔，怀思时复动哀歌。"⑦但是面对"大道已沦谢，世情那可论"的乱局，⑧王冕只能是在九里山中等待改变命运的机会。

王冕的乱世诗作，最可贵的是他始终保持着揭露时弊和抨击达官贵人的批判精神，以彰显其"狂儒"形象。危机之中儒者会有不同的选择，王冕尽管后来选择了投向朱元璋，但是并不影响其政治观点的价值所在。

---

① 王冕：《对景吟》，《竹斋集》卷下。
② 王冕：《见雪》，《竹斋集》卷中。
③ 王冕：《怀人》，《竹斋集》卷中。
④ 王冕：《对雨》，《竹斋集》卷中。
⑤ 王冕：《对酒》，《竹斋集》卷中。
⑥ 王冕：《遣兴》，《竹斋集》卷中。
⑦ 王冕：《悼达兼善平章》，《竹斋集》卷上。
⑧ 王冕：《感慨》，《竹斋集》卷中。

三　陈镒的愁世情怀

陈镒（？—1362年后），字伯铢，丽水（今属浙江）人，曾任松阳县学教谕、青田主簿，有诗集《午溪集》传世。

（一）战乱场景

陈镒目睹了战乱带来的严重破坏，在诗作中特别记下了杭州等地经过战火后的凄惨景象。

> 满城瓦砾总成堆，往事传闻尚可哀。士族尽从西渡去，官军却自北关来。黄金宅第无完堵，白骨沙场有湿苔。惆怅钱唐旧时月，夜深空照怒潮回。①
>
> 乱后吴山依旧青，登临一望却伤情。长河白骨沉寒水，落日乌鸦噪古城。湖上采莲无画舫，关东种柳满严营。繁华从此成消歇，潮到空江恨未平。②
>
> 一自兵戈破梧州，豪华尽付水东流。惟闻夜雨新城柝，不见春风旧市楼。负郭田荒青草合，依山冢废白杨愁。烟尘满眼何时静，尚说江淮战未休。③

陈镒经历了东奔西走的避乱生涯，所期望的就是能够找到一个较为安全的场所。

> 携家逃乱世，登君川上楼。自非宿昔心，曷肯为我谋。开轩纳远山，展席临清流。时游古仙岩，颇忆阮与刘。世路尚风尘，此地殊深幽。居然欣有托，不觉成迟留。④
>
> 山城兵火经过后，旧业能留有几人。万事从来皆定数，一杯且喜及新春。谩怜儿女称吾寿，深荷天公眷此身。坐对青山无愧色，红尘幸不污渔巾。⑤

---

① 陈镒：《钱唐乱后》，《午溪集》卷6，四库全书本。
② 陈镒：《秋日登吴山望城东战垒怆然有怀》，《午溪集》卷7。
③ 陈镒：《莲城感事次韵》，《午溪集》卷8。
④ 陈镒：《避乱西涧和蔡伯玉饯别韵》，《午溪集》卷2。
⑤ 陈镒：《庚子（1360年）岁旦次韵》，《午溪集》卷8。

潇潇苦雨湿衣袂，两度移居尚未休。岩树层层云雾暗，野花片片石泉流。怕遭兵火依高寨，愁对妻儿忆旧丘。恰似携家江上住，明朝风浪又移舟。①

亲朋故旧的失散和死亡，是战乱中的场景。在经历十年乱世后还能见到故友，自然是悲喜交集。

长松县里客重来，旧上层楼安在哉。天地无情经丧乱，溪山有恨起尘埃。故人半已归黄壤，遗业多怜长绿苔。寂寞湖南烟色晚，坏垣惟见枳花开。②
春日泊舟城外川，故人相会问平安。十年牢落谋家苦，四海乱离行路难。旅馆青灯宵雨暗，战楼画角晚风寒。豪华往事谁能说，莫向尊前起浩叹。③

更为可叹的是，陈镒虽然在至正十七年和十八年被选为吏员，但是他已深知在乱世中儒者难有作为，所以还是选择了辞职归隐："牢落乾坤一腐儒，却怜半世事诗书。广文方入中朝选，主簿重承外省除。长拟报恩忧力薄，更教佐邑愧才疏。踵门有客来相贺，旋买芳尊剪野蔬。"④

(二) 乱世善行

站在止盗平乱的立场上，陈镒自然希望朝廷能够尽快取得军事上的压倒性胜利，所以在诗作中对出征的将帅颇多鼓励之词："大将雄姿虎豹威，济时又起着戎衣。牙旗有象分行伍，铁骑无声听指挥。黄石一编参武略，孔明八阵合神机。此行尽把妖氛扫，箫鼓风清奏凯归。"⑤

陈镒更希望统兵者能够关注民生和安抚民众，尤其是对于他所熟识的石抹宜孙（曾任副万户、元帅、浙东宣慰副使、行院判官、浙江行省参政等职），更希望其能够以武功和文治带来一方的和平。

---

① 陈镒：《壬寅（1362年）三月八日避乱西涧，十八日复移石梁寨》，《午溪集》卷8。
② 陈镒：《松阳感事》，《午溪集》卷7。
③ 陈镒：《次韵友人郡中访旧》，《午溪集》卷8。
④ 陈镒：《丁酉（1357年）秋浙省除青田主簿，戊戌（1358年）三月再调松阳，感愧有作》，《午溪集》卷7。
⑤ 陈镒：《送元帅胡公往遂昌平寇》，《午溪集》卷7。

第十六章　救亡图存的政治观念　377

只今世乱多战伐，驽骀龙种同驰驱。边城人马半已死，空令抚卷成嗟吁。使君统领百万夫，要平南楚并东吴。英雄事业佐玄德，愿起此马如的卢。①

落日长风动大旗，宁令云鸟识神奇。世家共仰侯门戟，兵策谁参别墅棋。烽火时时蒿目力，指挥往往竭心思。也知韩范兼文武，还带貂蝉侍玉墀。②

使君惠泽似春阳，田有来牟麦有桑。日暖戟门旗转影，风清玉帐剑生芒。深山狐兔潜无迹，旷野黔黎喜欲狂。今日朝廷方倚重，论功应不愧韩张。③

栝苍实小郡，居民守寒悭。食鲜乃钓水，茹美聊采山。迩来遭丧乱，奔走不暂闲。萧条桑柘邨，门巷生榛菅。仰瞻使星临，宛若天开颜。仁风播清穆，英气摧雄奸。勤劳奉王事，辙迹周尘寰。恩波总沾沛，下逮寡与鳏。大参石抹公，理乱历险艰。精诚悬赤日，烈烈照两间。斯文赖宗主，慰我衰老癏。愿言布阳春，共挽生意还。④

对于在战乱中能够推行善政并被小人谋害而死的孙伯融都事，陈镒特别在诗作中给予了表彰。

薄采泮池芹，终朝不盈手。迩来卧空谷，蓬室甘老朽。余生偶然全，当此丧乱后。幸逢治化新，民弊赖绳纠。我公负经济，乃出群贤首。汇征征自兹，海内归浑厚。⑤

左司先生文武兼，统制吾邦居重位。凛然清气逼银河，散此六花飞大地。兵尘沴戾尽洗空，穷谷深山亦渐被。因知天意兆祯祥，明年大有公当记。⑥

半生湖海不相逢，乱罢苍山始识公。暂领一州兼节度，更分数屯总元戎。风流翰墨文多焰，垒块胸襟酒屡中。偶堕奸谋身竟死，

---

① 陈镒：《题院判石抹公见惠赵仲穆双马图》，《午溪集》卷5。
② 陈镒：《次林县尹韵上元帅石抹公》，《午溪集》卷7。
③ 陈镒：《奉和元帅石抹公春晴漫兴诗韵》，《午溪集》卷7。
④ 陈镒：《奉和经略使李公景仪古诗一首并呈参政石抹公》，《午溪集》卷2。
⑤ 陈镒：《呈孙都事》，《午溪集》卷2。
⑥ 陈镒：《次韵孙都事越中大雪歌》，《午溪集》卷5。

千秋万古恨无穷。①

还值得表彰的是地方官员在战乱中依然能够挖渠筑堰,以水利工程为务农者提供保障,并且以行宽政来稳定民心。

> 开堰午溪上,百亩可灌之。长输不尽流,盖有源头为。兴言百世计,生理始于兹。虽然藉地利,亦用人力施。禾菽既沾泽,稍稍慰农私。园田久荒者,一旦皆见治。经营非我能,废兴乃其时。感君相问劳,为作新堰诗。②
> 县公筑堰东九里,大堤横截长溪水。引流下注万顷田,禾稻翻风翠云起。去年陂堰未曾开,况值亢旱天为灾。城中乱罢正萧索,兼无秋实人民哀。今年争看决渠雨,龙骨长闲挂梁梠。老农仰卧歌南风,但知欢乐无所苦。君侯事业如白公,流芳千载无终穷。愿公更展作霖手,均此德泽四海同。③
> 明廷重守令,茂宰出选抡。公家世簪绂,接踵皆良循。丽邑虽旷僻,风俗稍朴淳。自公下车来,息彼涸瘵民。秉公守廉节,敷政从宽仁。眷此垂老年,获睹化瑟新。熙熙百里内,物象俱含春。行看政治理,飞舄登要津。④

陈镒还希望朝廷的善政能够遍及江南,因为只有这样,才能使和平景象重现。

> 使臣持玉节,南国动春容。古驿梨花白,荒城柳叶浓。居官无酷吏,在野有耕农。明日回骢马,苍山云万重。⑤
> 栝山峻而高,栝水清且漪。眷此山水郡,民俗易保厘。府君来司刑,明清如伯尼。坐使狱讼空,青草满圄扉。棠阴亦蔽芾,载歌南国诗。⑥

---

① 陈镒:《挽孙伯融都事》,《午溪集》卷8。
② 陈镒:《午溪新堰》,《午溪集》卷2。
③ 陈镒:《好溪堰,为吴明府作》,《午溪集》卷5。
④ 陈镒:《呈丽水吴明府》,《午溪集》卷2。
⑤ 陈镒:《奉题按察使诗卷》,《午溪集》卷4。
⑥ 陈镒:《饯别李仲正府推二首》,《午溪集》卷1。

三月江南草色新，随车零雨浥轻尘。绣衣奉命安民俗，玉斧扬威出使臣。玄鹤划鸣云洞晓，青芝遍布石田春。太平气象今重见，老我甘为击壤人。①

乱世中常见的是各种恶行，陈镒之所以记下这些少见的善政和善行，就是希望人们在危亡中依然要保持着对善的追求。

（三）世道感怀

陈镒在诗作中更多表现出的是对乱世的感怀，并且重点显示的是五种愁叹。

一是叹国运堪忧。战乱为国家带来的厄运，使陈镒的忧国之心有增无减，并且明确表示，即便是小儒，其忧国情感亦不容忽视。

重阳今朝是，触目皆兵戈。青山岂不好，何由陟嵯峨。菊花泛清露，枫叶飘寒波。睹物增盛怀，奈此时未和。流年易超忽，百世如鸟过。于焉屏烦虑，酌酒还高歌。因观作吏人，动辄遭讥诃。奔驰风尘际，忧患日已多。吾徒守儒素，其乐当如何。②

万木渐摇落，凉风策策鸣。客愁惊老大，世乱念升平。虽忝官曹列，难忘丘壑情。故园频入梦，松菊想敷荣。③

端居聊自适，远色望中明。载诵悲秋句，难忘忧国情。溪风荐微冷，山月吐寒更。兀坐浑无寐，愁闻警柝鸣。④

长天雨暗中秋月，兔影蟾光隔雾烟。疲成抱关双泪冷，小儒忧国寸心悬。阴晴天意讵能测，悲乐人生只自怜。赖有桂花香酝藉，挑灯孤坐不成眠。⑤

二是叹儒道受阻。战乱打破了儒者谈经论道的闲逸状态，儒学教育也因此而涣散，使得陈镒不得不发出"吾道竟如何"的感叹。

---

① 陈镒：《次林彦文县尹韵，送刘伯温都事抚安青田》，《午溪集》卷7。
② 陈镒：《九日次韵周学录》，《午溪集》卷2。
③ 陈镒：《三用韵答松学诸友》，《午溪集》卷4。
④ 陈镒：《次韵萧别驾秋怀四首并呈章参谋》，《午溪集》卷4。
⑤ 陈镒：《中秋风雨再用悬字韵》，《午溪集》卷7。

经年为客在王门，慨古论今道自尊。应念山中贫病叟，独寻黄独斸云根。曾记开尊向夜分，北山堂上共论文。可怜一炬成焦土，空有荒垣锁暮云。①

莽莽深春雨，江花落渐多。客舟偏阻滞，兵甲屡经过。深逝鱼惊糁，高飞鸟避罗。伤怀逢世乱，吾道竟如何。②

三是叹功名无益。陈镒并不认为乱世是儒者博取功名的大好时机，而是强调儒者应该远离功名，隐居自保。

乱世艰难寄此身，暮年食蓼有余辛。一春胜事成虚掷，空忆兰亭王右军。

功名老去念头轻，尽日看山眼倍明。甚欲买田为隐计，囊空未办孔方兄。③

凉气渐凄肃，吟风黄叶鸣。闲庭多雨积，秋草与阶平。久为伤时乱，都忘玩物情。儒官粗堪守，勇爵是浮荣。④

知尔因离乱，移家住白云。已逃狼虎患，且友鹿麋群。消日惟凭酒，伤时懒著文。从今成小隐，荣辱两无闻。⑤

四是叹有家难回。为了逃避战乱，陈镒不得不离家出走，并由此带上了沉重的思乡之愁。

去年登高莲城北，今年复在松山阳。自嗟头发间白黑，忍见菊蕊含青黄。世乱甲兵战未已，日报羽书驰更忙。苦无尊酒慰寂寞，东望家山愁思长。⑥

万事区区磨蚁行，胸中垒块未能平。山深小县春犹冷，溪近层楼月易明。多病未因诗作祟，破愁谩以酒为兵。倦抛书卷支颐坐，闲看飞云弄晚晴。

---

① 陈镒：《奉和刘伯温员外漫兴诗韵并自述一十五首》，《午溪集》卷9。
② 陈镒：《旅愁》，《午溪集》卷3。
③ 陈镒：《次韵吴学录春日山中杂兴七首》，《午溪集》卷10。
④ 陈镒：《再次韵》，《午溪集》卷4。
⑤ 陈镒：《次韵友人移居二首》，《午溪集》卷3。
⑥ 陈镒：《重阳后二日遣闷》，《午溪集》卷7。

击节狂歌酒屡行，栖迟宦况负平生。流年冉冉青春过，衰鬓萧萧白发明。触事每怜遭语阱，忘机已觉息心兵。飘然归思如风柳，万缕千丝乱晓晴。①

五是叹年老多病。老年人遭遇战乱，最担心的是身体受不了流离之苦，所以疾病缠身成为常态，并成为陈镒诗作中的一个重要主题。

海棠花下听啼莺，无奈愁多积似城。乱世每怜家累重，休官仅得此身轻。年来忧事添衰病，老去看花减旧情。便恐胭脂污泥雪，明朝风雨近清明。②

我已多衰病，君今亦老成。闭门惊腊尽，把酒及春生。但愿兵戈息，从无爵禄荣。郡斋风月好，吟咏足幽情。③

今日天无风，肺气稍平和。起行庭户外，好鸟鸣修柯。园花忽烂漫，林笋出已多。物情各向荣，余亦散沉疴。虽当兵戈际，幸此居山阿。有子识生理，解种桑与禾。但知田园乐，禄仕夫如何。④

陈镒尽管感叹"白首频遭乱，其如造物何"⑤，但是与他人相比，他还是幸运的，因为能够在友人的帮助下，在山中安然避乱，正如他在诗作中所言："世事无穷蚁磨还，移家暂隐此山间。耕桑自乐民风厚，兵火无惊客意闲。"⑥当然，避乱依然掩盖不了陈镒的愁世情怀，而这恰是他在乱世中留给世人和国家的重要精神遗产。

四 张翥的忧国心境

张翥（1287—1368年），字仲举，号蜕庵，晋宁（今属山西）人，后至元初年被召为国子助教，参与修辽、金、宋三史，历任翰林应奉、翰林承旨等职，有诗集《蜕庵集》传世。

---

① 陈镒：《再次韵述怀二首》，《午溪集》卷7。
② 陈镒：《次韵海棠》，《午溪集》卷8。
③ 陈镒：《和吴伯京学正立春见寄韵》，《午溪集》卷4。
④ 陈镒：《病起》，《午溪集》卷1。
⑤ 陈镒：《次韵简周济川山长二首》，《午溪集》卷4。
⑥ 陈镒：《次韵杂兴二首》，《午溪集》卷8。

（一）述文治气象

张翥曾用诗作记录大都、上都和平时期的繁华景象，并认为朝廷派遣儒学教授到漠北，是重要的文治行为，受任者不应辜负朝廷的重托。

> 圣祖兴王地，风云护大营。天垂紫塞阔，星戴赤山明。人俗殊淳古，皇文易化成。君行当劝学，无愧鲁诸生。
>
> 绝漠同文轨，提封振古稀。犬牙开武帐，元老秉天威。白马紫驼酒，青貂银鼠衣。那思山下水，曾睹六龙飞。
>
> 野散千军帐，云横万里川。寒多雨是雪，日近海为天。黑黍供甘酿，黄羊饱割鲜。广文但少客，宁虑坐无毡。①

张翥曾参与朝廷的科举取士，特别用诗作记下了当时的场景："白雪青天映日红，楼台高下瑞光中。佳辰正际新春晦，薄冷犹吹向晓风。万国衣冠朝北阙，一时文献集南宫。吾皇方此求贤俊，载笔宁惭奉至公。""老臣载笔侍金銮，自愧三叨读卷官。进士擢科从古盛，大臣考策得才难。芳年荏苒闻鹂鸠，花事从容到牡丹。明发禁扃当彻锁，文光高动五云端。"②他还特别表达了对君主礼贤的赞颂："圣主求贤礼数崇，策名高步冠南宫。乘槎析木天津上，奏赋甘泉卤簿中。染翰墨凝仙掌露，护衣香散御炉风。只今帝业熙千载，正待儒臣黼黻功。""圣主恩荣六赐筵，玉音躬听相臣宣。史裁东观何殊汉，人在瀛洲总是仙。御酒如春浮浩荡，宫花与雪斗婵娟。微生此日沾休泽，只望丹宸祝万年。"③

顺帝仍以至元为年号，张翥即感叹道："此生重见至元年，白发垂垂已满颠。"④对于朝廷的治理成效，张翥也在诗作中大加赞扬："治理逢熙运，钦明仰圣皇。至仁侔覆载，上德配轩唐。大业勤宏济，元臣协赞襄。贤科收俊造，庭实璨圭璋。入贡徕符拔，仪韶下凤凰。普天均雨露，绝域总梯航。每念京师食，遥需漕府粮。神妃所庇护，飓母敢飞扬。前队貔貅发，先驱罔象藏。冷飚鼓万舵，朱火耀连樯。帝敕申嘉

---

① 张翥：《送郑喧宣伯赴赤那思山大斡耳朵儒学教授》，《蜕庵集》卷2，四库全书本。
② 张翥：《甲午（1354年）礼闱》《殿试翥与读卷官》，《蜕庵集》卷4。
③ 张翥：《送宋本礼部状元调选还京》《十二月二十七日雪寒奉旨赐宴史局》，《蜕庵集》卷5。
④ 张翥：《乙亥（1335年）初度，是岁仍改至元》，《蜕庵集》卷4。

惠，祠官按典常。赏劳兼湛瀸，旌烈特巍煌。"①

张翥盛赞文治，就在于他是文治的参与者和获利者，所以自觉地起了鼓吹歌舞升平的作用。

（二）记朝廷出师

红巾军骤起，朝廷派军出征，张翥用诗作记录官军初期作战时的场景，就是希望后人能够了解在重大危机面前，朝廷并不是毫无作为，以会战取胜也是较合理的策略选择。

> 时平久不修武备，一旦盗贼起跳踉。南窥荆邓北徐汝，红巾直来据武昌。摧城破壁官吏走，九江太守能死守。赤眉铜马终殄除，此贼游魂哪得久。天兵势若风雨来，直扫四野无氛埃。庙谟最先择元帅，国计莫重完江淮。堂堂中书开外省，幕府人材倚公等。崔侯如刃新发硎，锋锐所当无肯綮。金汤表里元有捷，正藉前筹资薄伐。草茅有策可采用，义士多方须教阅。酒酣客起征马鸣，壮气满髯肝胆倾。浩歌把剑徒激烈，老矣莫赋从军行。②

> 天子临轩授钺频，东南何处不红巾。铁衣远道三军老，白骨中原万鬼新。烈士精灵虹贯日，仙家谈笑海扬尘。只将满眼凄凉泪，哭尽平生几故人。③

> 总戎十万铁鹞子，殪贼一双金仆姑。白日照开华不注，乱云飞尽大明湖。数年父老回生气，千里山川复旧图。已喜武威平汴兖，可倾东海洗兵无。④

> 圣主中兴大业难，元戎报国寸心丹。军中诸将惊韩信，天下苍生望谢安。露布北来兵气盛，楼船南渡海波寒。拟将旧直词林笔，细传成功后世看。⑤

在战局不利的形势下，朝廷不得不以丞相脱脱统率大军出征，以期一战解决问题，于是就有了张翥笔下的盛大出军景象。

---

① 张翥：《寄题顾仲瑛玉山诗一百韵》，《蜕庵集》卷5。
② 张翥：《送崔让士良都事江淮行省》，《蜕庵集》卷1。
③ 张翥：《授钺》，《蜕庵集》卷4。
④ 张翥：《大军下济南》，《蜕庵集》卷4。
⑤ 张翥：《寄野庵察罕平章（时攻淄郓）》，《蜕庵集》卷4。

南征诸将久无功，丞相亲劳出总戎。虎士严兵屯玉帐，龙庭大宴赐彤弓。万年社稷收长算，百战旌旗得胜风。幕府如云尽才彦，荆徐指日捷书同。①

前军红衲袍，朱丝系彭排。后军细铠甲，白羽攒韝靫。辎车左右驰，万马拥长街。送行动城郭，斗酒饮同侪。壮士当报国，毋为故乡怀。

锻铁作佩刀，磨石为箭镞。中军把辕门，前竖十丈纛。朝上芦沟桥，夕次沟河曲。超乘既夸勇，骋马复齐足。男儿不封侯，百年同视肉。

昨日发万军，今日发万军。明日发万军，枭骑来群群。马蹄所经过，黄埃荡成云。堆粮与作饭，倒树与作薪。道途行者绝，那得有居人。

大军北庭来，部伍各有屯。放马原隰枯，磨刀河水浑。行行且射猎，雉兔不复存。野次群驼卧，弓箭挂车辕。幽幽笛声起，日暮伤人魂。

京师少年子，胆气乃粗豪。倾金售宝剑，厚价买名刀。白毡作行帐，红绫制战袍。结束往从军，谈笑取功劳。当时霍嫖姚，岂在学戎韬。②

步卒伧楚健，长刀短甲衣。大叫前搏敌，跳荡如鸟飞。左提血骷髅，右夺贼马归。黄金得重赏，顾盼生光辉。尔辈疾归命，将军足天威。

我军城东门，呼声震屋瓦。百万山压来，此贼何足打。狂锋尚力拒，转斗血喷洒。城中有暗沟，多陷人与马。将令毋轻入，明当一鼓下。

先锋才攻门，后军已登陴。拔都不怕死，直上搴贼旗。马前献逆首，脚下踏死尸。长河走败船，疾遣飞将追。幕中作露板，应有傅修期。

行行铁兜鍪，队队金骆驼。呜呜吹铜角，来来齐唱歌。总戎面如虎，指顾挥琱戈。马踶无贼垒，手棰可填河。王师本无敌，安用战图多。

---

① 张翥：《送太傅丞相出师平徐方》，《蜕庵集》卷4。
② 张翥：《前出军五首》，《蜕庵集》卷1。

第十六章　救亡图存的政治观念　385

> 魇贼生汝亳，獠贼起于海。婴锋天狗触，堕网奔鲸骇。徐方一战收，振旅已奏凯。江浙尘既清，豫章围亦解。诸将如竭力，削平行可待。①

与大军同行的，是大量的役夫，张翥特别用诗作记录了役夫的悲惨遭遇，实则已埋下了大败的伏笔。

> 城南北风朝卷沙，将军开宴树大牙。黄须健儿饱酒肉，十十五五来将车。尽驱丁男作生口，鬼妾鬼马充其家。呜呼上天不可问，道旁观者徒咨嗟。②
> 潩南有农者，家仅一两车。王师征淮蔡，官遣给军储。翁无应门儿，一身老当夫。劳劳千里役，泥雨半道途。到军遭焚烹，翁脱走故闾。车牛力既尽，户籍名不除。府帖星火下，尔乘仍往输。破产不重置，笞棰无完肤。翁复徒手归，涕洟满敝襦。问家墙屋在，榆柳余残株。野雉雏梁间，狐狸穴阶隅。老妻出佣食，四顾筐篚无。有司更著役，我实骨髓枯。仰天哭欲死，醉吏方歌呼。③

脱脱出师后，张翥还是颇为乐观，特别在诗作中表示："禁苑朝珂集，宫楼昼刻传。云开黄道日，春丽紫薇天。进虎蛮如画，仪鸾仗类仙。晨观净氛气，即是偃兵年。"④ 他难以想到的是，如此大规模的出兵，居然会败于奸臣和昏君之手。

（三）述乱亡心境

脱脱被解职后，战局急转直下，在张翥笔下呈现的已是乱局难以收拾的凄惨景象。

> 沟中人啖尸，道上母抛儿。有眼何曾见，无方能疗饥。干戈未解日，风雪正寒时。归向妻孥说，毋嫌朝食糜。
> 城南官掘穴，日见委尸盈。终朝乌鸟下，薄暮狼狐鸣。冰裂人

---

① 张翥：《后出军五首》，《蜕庵集》卷1。
② 张翥：《城南》，《蜕庵集》卷1。
③ 张翥：《潩农叹》，《蜕庵集》卷1。
④ 张翥：《癸巳（1353年）元日即事》，《蜕庵集》卷2。

剔骨，风悲鬼哭声。茫茫死生理，真宰岂无情。①

战骨填沟尘满城，尚书归说使人惊。方期渤海民沾化，岂意平凉贼畔盟。何日皇天知悔祸，中原故老望休兵。伤心扬子洲边月，忍听江流是哭声。②

在乱世中，一介书生确实难有作为，但是忧国忧民之心常存，张翥以诗作记录了他的凄苦心境。

先人有夙训，闻在幼壮时。岂意衰暮日，乃复新验之。茫茫上天理，讵可私臆知。百年大化中，流浪从推移。信彼杞忧者，徒为众所嗤。

河淮厌兵祸，城邑多荒榛。百里无几家，但见风起尘。燕雀归果树，豺虎饥食人。乡来脂膏地，死骨今如银。流亡使复业，牛种当及春。安得百龚召，错落为拊循。征讨尚未息，奈何尔遗民。③

路滑堆残雪，山晴散宿霾。民生已涂炭，兵气尚江淮。抚世忧徒切，谋身计自乖。临觞且复醉，吾命有安排。④

烽火连齐鲁，干戈接陇秦。四郊多壁垒，万里半烟尘。将帅屯兵久，君王遣使频。老臣叨视草，进罢益沾巾。⑤

闭户复闭户，黄尘千丈生。不雨草无色，冲风人倒行。游子念乡土，腐儒忧甲兵。狂吹不肯息，终夜为心惊。⑥

当年见明月，不饮亦清欢。讵意有今夕，照此长恨端。近闻钱塘破，流血城市丹。官军虽杀贼，斯民已多残。不知亲与故，零落几家完。徘徊庭中影，对酒起长叹。死生两莫测，欲往书问难。仰视云中雁，安得托羽翰。凄其衰谢踪，有泪徒汎澜。山中松筠地，弃置谁与看。河汉变夜色，西风生早寒。累觞不能醉，百念摧肺肝。⑦

---

① 张翥：《书所见，戊戌（1358年）七月》，《蜕庵集》卷2。
② 张翥：《寄成居竹，时张寇已受诏而阴袭扬州》，《蜕庵集》卷4。
③ 张翥：《杂诗》，《蜕庵集》卷1。
④ 张翥：《雪后》，《蜕庵集》卷2。
⑤ 张翥：《西内应制即事》，《蜕庵集》卷2。
⑥ 张翥：《暴风》，《蜕庵集》卷2。
⑦ 张翥：《中秋望月》，《蜕庵集》卷1。

第十六章　救亡图存的政治观念　387

竖儒无术善飞铃，镜里形容亦自嫌。忧世不堪才力弱，告归方畏简书严。风沙惨淡寒吹帽，星斗光芒夜近帘。此际思君倍愁绝，何山容得老夫潜。①

张翥虽然已经年老，但还是要报效朝廷，他特别将战乱以来死节之人的事迹编成了《忠义录》一书，以鼓励时人尽忠报国。② 在诗作中，他也记录了忠臣的表现，可列举几例。

群盗犹铜马，将军真虎牙。死当为厉鬼，生不负皇家。野色含沉日，河声怒卷沙。征东失名将，朝野共惊嗟。③
高邮自昔号铜城，一旦东门委贼兵。杀气仓皇迷野色，怨魂呜咽泣江声。广陵琼树春仍在，甓社珠光夜不明。白首故人悲赵李，临风唯有泪纵横。④
十月三日天地昏，将军扼贼死辕门。火飞华岳三关破，血浸秦川万马奔。望越伍胥方抉目，战篯先轸不归元。北风吹尽英雄泪，倚剑悲歌一怆魂。⑤

至正二十八年，八十岁的张翥已经看到了国之将亡的征兆，并明确表达了为国尽忠的意愿。

从来豪杰愿风尘，奋臂干戈肯顾身。司马诸王只乱晋，祖龙二世竟亡秦。祠旁鬼火狐鸣恶，桥下天寒鹤语神。千古汗青留感慨，山中输与种桃人。⑥
阅世悠悠八十余，此身天地一蘧庐。季鹰只爱生前酒，司马空留后世书。野散未归鸣泽雁，水烦徒唤在渊鱼。可堪漭落风尘里，两鬓霜毛顿觉疏。⑦

---

① 张翥：《寄郯九成即事自述》，《蜕庵集》卷4。
② 《元史》卷186《张翥传》。
③ 张翥：《闻董孟起副枢乃弟鄂霄院判凶讣，哭之二首》，《蜕庵集》卷2。
④ 张翥：《高沙失守哭知府李齐公平》，《蜕庵集》卷4。
⑤ 张翥：《潼关失守哭参政舒鲁杰存道》，《蜕庵集》卷4。
⑥ 张翥：《感兴》，《蜕庵集》卷4。
⑦ 张翥：《病起偶题》，《蜕庵集》卷4。

白丁驱上城，徒手不能兵。斗将无人色，行途多哭声。惟将孔达解，竟遣夙沙烹。满眼黄尘暮，悲风惨淡生。①

此丑今方殄，京城喋血新。也知天悔祸，谁谓国无人。胜气腾龙虎，沉机动鬼神。大廷亲命诏，终夜在延春。②

此丑行当殄，吾身敢顾危。要看夺笏处，正是结缨时。万古千秋在，皇天后土知。寸心三尺简，肯愧史臣词。③

张翥在明军入大都前已经去世，没有看到亡国的结局，但是他的报国之心，依然值得尊重。

五　廼贤的仁政愿景

廼贤（1309—1368 年），字易之，哈剌鲁人，居于庆元（今属浙江），以诗作成名，参与编修辽、金、宋三史，授翰林编修职，有《河朔访古录》和诗集《金台集》传世。

（一）记朝政得失

廼贤在诗作中，重点强调丘处机上止杀之言和忽必烈建都城、统一全国等业绩，就是要展示对"圣政"和文治的向往。

神京极高峻，风露恒冷然。憧憧十一门，车马如云烟。紫霞拥宫阙，王气浮山川。峩峩龙虎台，日月开中天。圣祖肇洪业，永保亿万年。

世皇事开拓，揽策群雾清。完颜据中原，一鼓削蔡城。赵氏守南壤，再鼓宗祚倾。车书既混一，田埜安农耕。向非圣人出，何能遂吾生。

丘公神仙流，学道青海东。维时儒教师，矫矫真天龙。乾坤始开廓，鱼水欣相从。扣马谏不杀，嘉辞动天容。保此一言善，元祚垂无穷。

居庸土高厚，民物何雄强。老稚尚弓猎，不复知耕桑。射雕阴山北，饮马长城旁。驼羊足甘旨，貂鼠充衣裳。酒酣拔剑舞，四顾

---

① 张翥：《四月十三日》，《蜕庵集》卷2。
② 张翥：《七月廿九日》，《蜕庵集》卷2。
③ 张翥：《自誓》，《蜕庵集》卷2。

天茫茫。

　　高槐拱朱垣，楼阁倚空起。剑佩何陆离，车马若流水。昔有社稷臣，艰难辟荆杞。歃血饮黑河，剖券著青史。国家感勋劳，报施及孙子。

　　千金筑高台，远致天下士。郭生去千载，闻者尚兴起。我亦慷慨人，投笔弃田里。平生十万言，抱之献天子。九关虎豹严，抚卷发长喟。①

对于顺帝即位后的朝政，廼贤至少表现出了两方面的不满。一方面是在宫廷内斗中，一些贤臣遭到排挤，他以至正九年中书省右、左丞相朵儿只、太平的去职为由头，强调"行路难"，暗指的就是朝政的艰难。

　　行路难，难行路，黄榆萧萧白杨暮。枪竿岭上积雪高，龙门峡里秋涛怒。嵯峨虎豹当大关，苍崖壁立登天难。千车朝从赤日发，万马夜向西风还。鉴湖酒船苦不蚤，辽东白鹤归华表。夜雨空阶碧草深，落花满院行人少。世情翻覆如秋云，誓天歃血徒纷纷。洛阳争迎苏季子，淮阴谁识韩将军。行路难，难行路，白头总被功名误。南楼昨夜歌舞人，丹旌晓出东门去。子午关谷终南山，青松草屋相对闲。拂衣高歌上绝顶，请看人间行路难。②

另一方面，朝廷虽然鼓励臣僚直言朝政得失，但是真有人直言献策，所遭遇的却是主政者的阻挠和不屑，这不但严重阻塞了言路，亦使得各种弊政错失了纠正的机会。

　　天子开明堂，股肱任夔皋。四方多章奏，俯伏陈陛阙。臣闻黄河流，汹汹怒冲啮。巨野及青徐，千里尽鱼鳖。载忧山东盗，冯陵据巢穴。腰弓入城市，白昼肆攘夺。岭南失控御，猺獞恣猖獗。运饷山溪阻，野战瘴云热。蚌螟寇云南，兵祸久联结。谁怜郦生辩，竟堕韩侯谲。边将多贪残，驼羊尽膏血。南兵久屏懦，海上纵狂

---

① 廼贤：《京城杂言六首》，《金台集》卷1，四库全书本。
② 廼贤：《行路难》，《金台集》卷2。

孽。租庸弊吴楚，蕸征困闽浙。文牒日冗繁，民力愈疲竭。诏下阊阖门，求言补遗缺。张君素忠愤，意气古豪杰。裹粮涉江淮，徒步犯霜雪。伏谒中书堂，扬眉吐奇说。愚策十有六，历历甚详切。傥蒙录一二，亦足解钳掣。鲰生匪狂谬，阁下幸裁决。丞相属春官，分曹校优劣。翩然不俟报，长揖与予别。言归南山庐，白云可怡悦。长溪钓鲂鳜，春山采薇蕨。饭疏饮清泉，终焉养高洁。贱子托深谊，持筋候车辙。既撼平生蕴，尚复鉴前哲。刘蕡竟下第，贾谊空呜咽。读君囊中书，扪君口中舌。歌君白马篇，赠君苍玉玦。相期烂柯山，笑濯澄潭月。①

在这样的政治环境下，即便是朝廷应该做的事情，也能由好事变成坏事。以堵塞黄河决口为例，下决心启动浩大的治河工程，是造福后代的好事，但是用民过急，带来的则是民间凋敝、怨声载道的恶果。

黄河汹汹决中州，三策深烦贾让谋。圣主忧勤过舜禹，相君勋德并伊周。渠通故道鱼龙避，木斩空山虎豹愁。十七万人齐举锸，一千余里总安流。皇天早出图书瑞，赤子行歌黍麦秋。白璧遣官祠岳渎，黄金当殿赐公侯。使君世重无双论，太史功书第一等。绣衮从今登两府，更将忠孝辅皇猷。②

老人家住黄河边，黄茅缚屋三四椽。有牛一具田一顷，艺桑种谷终残年。年来河流失故道，垫溺村墟决城堡。人家坟墓无处寻，千里放船行树杪。朝廷忧民恐为鱼，诏蠲徭役除田租。大臣杂议拜都水，设官开府临青徐。分监来时当十月，河冰塞川天雨雪。调夫十万筑新堤，手足血流肌肉裂。监官号令如雷风，天寒日短难为功。南村家家卖儿女，要与河伯营祠宫。陌上逢人相向哭，渐水漫漫及曹濮。流离冻饿何足论，只恐新堤要重筑。昨朝移家上高丘，水来不到丘上头。但愿皇天念赤子，河清海晏三千秋。③

由此，不能不对国运有所担心，如迺贤所记："日落陵州路，沿流

---

① 迺贤：《赠张直言南归》，《金台集》卷2。
② 迺贤：《送都水大监脱脱清卿使君奉命塞白茅决河》，《金台集》卷1。
③ 迺贤：《新堤谣》，《金台集》卷2。

古岸傍。泊舟人自语,听雨夜偏长。过客愁闻盗,荒村久绝粮。何人肯忧国,得似董贤良(董仲舒)。"①

(二) 解百姓疾苦

元朝后期,沉重的赋税徭役已经带来了百姓破产的普遍现象,廼贤特别记下了一名老妇的悲惨境况,并将其与高丽女子受宠的状态作了对比,以显示社会存在的严重贫富差距问题。

蓬头赤脚新乡媪,青裙百结村中老。日间炊黍饷夫耕,夜纺绵花到天晓。绵花织布供军钱,倩人辗谷输公田。县里公人要供给,布衫剥去遭笞鞭。两儿不归又三月,只愁冻饿衣裳裂。大儿运木起官府,小儿担土填河决。茆檐雨雪灯半昏,豪家索债频敲门。囊中无钱瓮无粟,眼前只有扶床孙。明朝领孙入城卖,可怜索价旁人怪。骨肉生离岂足论,且图偿却门前债。数来三日当大祥,阿婆坟上无纸钱。凉浆浇湿墓前草,低头痛哭声连天。恨身不作三韩女,车载金珠争夺取。银铛烧酒玉杯饮,丝竹高堂夜歌舞。黄金络臂珠满头,翠云绣出鸳鸯裯。醉呼阍奴解罗幔,床前爇火添香篝。②

面对赋税徭役、自然灾害、盗贼蜂起的三重压力,即便是富庶之家,也难免家破人亡,而朝廷的赈灾和平盗,也只能是使百姓得以残存而已。

颍州老翁病且羸,萧萧短发秋霜垂。手扶枯筇行复却,操瓢丐食河之湄。我哀其贫为顾问,欲语哽咽吞声悲。自言城东昔大户,腴田十顷桑阴围。阖门老稚三百指,衣食尽足常熙熙。河南季来数亢旱,赤地千里黄尘飞。麦禾槁死粟不熟,长镵挂壁犁生衣。黄堂太守足宴寝,鞭扑百姓穷膏脂。聒天丝竹夜酣饮,阳阳不问民啼饥。市中斗粟价十千,饥人煮蕨供晨炊。木皮剥尽草根死,妻子相对愁双眉。鹄形累累口生焰,脔割饿莩无完肌。奸民乘隙作大盗,腰弓跨马纷驱驰。啸呼深林聚凶恶,狎弄剑槊摇旌旗。去年三月入州治,踞坐堂上如熊罴。长官邀迎吏再拜,馈进牛酒罗阶墀。城中

---

① 廼贤:《陵州》,《金台集》卷2。
② 廼贤:《新乡媪》,《金台集》卷1。

豪家尽剽掠，况在村落人烟稀。裂囊剖筐取金帛，煮杀鸡狗施鞭笞。今年灾虐及陈颖，疫毒四起民流离。连村比屋相枕藉，纵有药石难扶治。一家十口不三日，藁束席卷埋荒陂。死生谁复顾骨肉，性命喘息悬毫厘。大孙十岁卖五千，小孙三岁投清漪。至今平政桥下水，骷髅白骨如山崖。绣衣使者肃风纪，下车访察民疮痍。绿章陈辞达九陛，彻乐减膳心忧危。朝堂杂议会元老，恤荒讨贼劳深机。山东建节开大府，便宜斩斫扬天威。亲军四出贼奔溃，渠魁枭首乾坤夷。拜官纳粟循旧典，义士踊跃皆欢怡。淮南私廪久红腐，转输岂惜千金资。遣官巡行勤抚尉，赈粟给币苏民疲。获存衰朽见今日，病骨尚尔难撑持。向非圣人念赤子，填委沟壑应无疑。老翁仰天泪如雨，我亦感激愁嘘唏。安得四海康且阜，五风十雨斯应期。长官廉平县令好，生民击壤歌清时。愿言观风采诗者，慎勿废我颖州老翁哀苦辞。①

在迺贤看来，要真正解决百姓的疾苦问题，需要的是全面实行仁政，所以他对官员提出三点要求。一是尽快扫清盗贼，恢复男耕女织的和平景象。"百炼丹心惟报国，一簪华发为忧民。山东豺虎无余孽，洛下桑麻及暮春。解剑从今买黄犊，去思应与芍陂邻。"② 二是使朝廷能够改变急征暴敛的行径，以安抚百姓为重。"编氓政苦诛求急，早望封章达禁闱"；"吏慴神明政，民怀抚字劬"③。三是使仁政措施真正能惠及全民，以挽救国家的危局。"汉庭治狱推忠厚，惠政从今及远民"；"粤闻浙东郡，山穷海奔崩。征徭竭庐室，田畴辍耘耕。下车发仁政，蔼蔼春阳生。令德聿修举，庶用慰休明"④。可惜这样的良好愿望，并没有引起主政者的重视，但毕竟对有些人有所影响，如余阙就是与迺贤交好并能行善政之人。

六 吴景奎等人的危机表述

吴景奎、张仲深、吴讷等人，也在战乱中留下诗作，既记录了乱世

---

① 迺贤：《颖州老翁歌》，《金台集》卷1。
② 迺贤：《送蔡枢密仲谦河南开屯田兼呈倪工部世南》，《金台集》卷1。
③ 迺贤：《送普颜子寿之广西经历》《送达礼麻识理正道监州归江南三十韵》，《金台集》卷1。
④ 迺贤：《送曾文晖之湖州推官》《送余廷心待制之浙东金宪》，《金台集》卷1。

的场景，也表达了对应付危局的看法，可概述于下。

（一）吴景奎说乱世用兵

吴景奎（1292—1355年），字文可，婺州兰溪（今属浙江）人，曾任浙东宪府从事，后隐居不仕，有诗集《药房樵唱》传世。

突如其来的战乱打破了吴景奎的平静生活，使他不仅目睹了战争带来的破坏，亦发出了老年遭难的悲叹。

> 衰晚闻边警，仓皇欲断魂。征兵防列郡，带甲满中原。老去身多病，忧来眼倍昏。此邦犹乐土，吾得守柴门。
>
> 抚景悲凉甚，临风感慨多。荆舒屯虎旅，沧海起鲸波。世事遽如许，吾生奈老何。愁怀翻倒极，对酒不成歌。①
>
> 玉露凋伤草木衰，风云惨淡见旌旗。南征车马无消息，北去关河有蔽亏。画栋云飞腾阁晓，胡床月上庚楼时。遥应此地成萧瑟，日落江城画角衰。
>
> 吴会雄藩实壮哉，薇垣高倚海天开。云连楼阁笙歌市，日照湖山锦绣堆。万国舟车通货殖，四方冠盖集英材。悲风吹破繁华梦，鞞鼓声中半劫灰。
>
> 封豕长蛇夜透关，满城兵火照湖山。生灵化作玄黄血，群盗争探赤白丸。整整堂堂离复合，累累若若去无还。捐躯锋镝樊参政，千载英风史册间。②

无论是朝廷的命将出征，还是地方官员的筑城自保，都给吴景奎带来了平定战乱的希望。

> 诏书飞下紫薇天，太傅仍兼将相权。入总夔龙陪帝舜，出为叔虎佐周宣。西北旌旗腾杀气，东南海岳静烽烟。功高带砺归朝日，圣主垂衣亿万年。③
>
> 提封百万海为疆，猛士如云守四方。楚塞烽烟南去急，燕山兵甲北来强。总戎自信如颇牧，遣使悬知有暴张。多少英才知报国，

---

① 吴景奎：《四月二日二首》，《药房樵唱》卷1，四库全书本。
② 吴景奎：《秋兴三首》，《药房樵唱》卷3。
③ 吴景奎：《喜闻太傅右丞相出师平寇》，《药房樵唱》卷3。

手掺长矢射天狼。①

　　玉帐分弓列虎貔，绣衣阅武又星驰。沙场惨淡旌旗动，城郭峥嵘鼓角悲。偃武修文当圣代，有征无战是王师。扫除天下烟尘息，淇上归来有健儿。②

　　湖山锦绣照青春，烽火惊心岁在辰。文武衣冠全盛日，旄倪歌舞太平人。金戈铁马消氛祲，翠阁朱楼起战尘。赖有总戎云鸟阵，阚如虓虎捷如神。③

　　城复于隍四十年，荆吴忽尔举烽烟。雄藩已设金汤固，惟婺还如铁瓮坚。十万役夫掺畚钟，三层埤堄列戈鋋。引锥蒸土民劳止，但愿皇图际幅员。④

更为重要的是，吴景奎认为在朝廷的征战中，儒士能够发挥出谋划策的重要作用，使儒术见用于乱世。

　　东华尘土扑征袍，鞍马驱驰不惮劳。虎豹天关瞻日月，鱼龙入海混风涛。千金台上英游盛，万岁山前王气高。圣主唐虞臣稷契，颂声端拟汉王褒。⑤

　　舞阶干羽未班师，命将南征即陛辞。绣斧风行迎暴胜，羽书日报获仙芝。宪曹得士资谋画，才略如公出等夷。儒术可亲军旅事，投壶相与雅歌诗。

　　绣衣有缘志冲天，谈笑挥兵用命前。借箸留侯知有后，誓江祖狄勇居先。一时蛇豕俱风靡，万灶貔貅解甲眠。如此贤劳端为国，咏歌当见太平年。⑥

吴景奎的良好愿望就是平息干戈，重见太平景象："春来壬子无风雨，共卜今年麦有秋。且愿王师息征伐，尽安农事乐耕耰。墟中能几炊

---

① 吴景奎：《闰月书事》，《药房樵唱》卷2。
② 吴景奎：《御史登城南阅武亭》，《药房樵唱》卷3。
③ 吴景奎：《次韵忆钱唐二首》，《药房樵唱》卷3。
④ 吴景奎：《筑城》，《药房樵唱》卷2。
⑤ 吴景奎：《勉童良仲入京》，《药房樵唱》卷1。
⑥ 吴景奎：《次韵张子恭督兵衢州二首》，《药房樵唱》卷3。

烟起，闾右惟多赋粟忧。剩喜山城过百雉，长濠如带涨新秋。"①

吴景奎的早逝，使其未能看到后来局势的发展完全背离了他的初衷，但是他在战乱初期的"以诗论兵"的各种见解，依然值得重视。

(二) 张仲深说稳固人心

张仲深(？—1356年后)，字子渊，鄞县(今属浙江)人，隐居不仕，有《子渊诗集》传世。

战乱爆发后，张仲深在家乡避难，重点关注的是官军的动向，并且明确提出了与其忙于筑城设防，不如尽心安抚民心的论点。

> 惕勤宵旰每临轩，方面臣邻作屏藩。上苑只知花解语，南州岂信石能言。奸雄倔强兵难息，郡县堤防政转繁。顾我自惭谋用拙，坐看株守保元元。②
>
> 故朝城郭尽空基，今日增修又一时。于越谁人追范蠡，句吴有客似湘累。杏林煮酒心先醉，草阁看山手自支。无限闲情动吟思，绿杨为我一颦眉。
>
> 中原克复近来闻，鼓角连天起夕曛。杜老有诗如国史，贾生无策奉明君。樱桃入夏千株雨，牟麦先秋万顷云。独有村南垂白老，晓呼妇子饷初耘。③

张仲深认为筹措军需固然重要，但是对于百姓而言，即便变换钞法，增铸铜钱，都已经是钱粮渐尽，所以对于租税不能催逼得过紧。

> 金工采得首山铜，范合全凭橐钥功。轮廓回环函太极，圆方相亚启鸿蒙。五铢榆荚非今制，阴缦阳文在昔同。母子权行归至正，怪囊已免一钱空。④
>
> 只今江海事兵革，群县供给方旁搜。何如楼头度门坐，免使调发穷征求。⑤

---

① 吴景奎：《癸巳(1353年)岁二月壬子日晴》，《药房樵唱》卷3。
② 张仲深：《城鄞，壬辰(1352年)夏》，《子渊诗集》卷4，四库全书本。
③ 张仲深：《次乌继善城南三首》，《子渊诗集》卷4。
④ 张仲深：《至正新铜钱》，《子渊诗集》卷4。
⑤ 张仲深：《题陈君适凝翠楼》，《子渊诗集》卷2。

野人家有一畮宫，女能缉麻妇能桑。今年丝枲颇丰物，里胥横敛需官粮。遂令方冬御单袷，至使卒岁无衣裳。世间贵游多步障，千金买裘绣鸳鸯。罗帏贮娇厌纨绮，尚有文绣蒙宫墙。岂知穷檐有真趣，不炎不凛春风长。方今战士苦寒栗，介胄生虮瘅风霜。急当持之献天子，愿赐被服照恩光。①

夜归藩落内，晓入州县中。征求苦给给，奔走常忡忡。风尘翳白日，江汉号悲风。中原戈甲满，晚岁霜露浓。贵游厌膏粱，谁复怀宸枫。②

儒官在守疆平盗中确实发挥了重要的作用，但是张仲深殷切希望的是他们能够发挥更重要的安抚黎民作用。

贤良赖登庸，奸回幸深剿。书生仰星凤，瞻拜苦不早。高堂抱真素，白发已垂老。愿提五色笔，钧陶藉吾道。俾纾人子心，捧撒自倾倒。洪恩曾靡忘，有如日皎皎。需公职补衮，调燮计非小。他时安黎元，抚掌谭笑了。③

是时世道多暌乖，风尘澒洞连两淮。官军对垒苦死战，守令治剧愁颠崖。参政旌旗控三岭，子策端能复侵境。④

幕府宏开地尽头，微垣星拱列元侯。职颛方面雄诸镇，位重名藩贯七州。盛代文章凌屈宋，太平礼乐属伊周。六韬久已潜深秘，三策于今阐大猷。袖带乌台霜气肃，佩联鸾阁晓声浮。不辞万里风沙远，肯为三年吏士留。剑戟夜明江徼月，旌旗晴拥海门秋。德沾荒服讴歌起，威詟遐蕃赞画优。马系长杨春袅袅，鹿眠闲草舞呦呦。时歌白雪多赓载，满引清香足献酬。⑤

人到老年时遭遇战乱，隐居中的张仲深颇为忧愁。他不仅感叹时运不济，还表示只能以读书作诗来排解愁绪。

---

① 张仲深：《负暄行》，《子渊诗集》卷2。
② 张仲深：《余辟地城南，友人单孟年、项希周相过，分韵三首》，《子渊诗集》卷1。
③ 张仲深：《呈金帅》，《子渊诗集》卷1。
④ 张仲深：《赠鄞山汪彦通》，《子渊诗集》卷2。
⑤ 张仲深：《上浙东金帅董公孟起》，《子渊诗集》卷5。

迤南水陆干戈满，直北关山瘴雾多。船尾斫鱼船首饮，人生只合老渔蓑。①

短短疏篱矮矮门，溪头鸥鸟动成群。酒边诗句空千首，世上兵戈正纠纷。②

无家千里客，此日若为情。异县多风雪，残年见甲兵。梅花因我笑，山月为谁明。照我乡关梦，相随到鄞城。③

今年风尘际，干戈满川岳。居盱尽逃亡，朋知半零落。对花发三叹，抚景恨诗恶。何当起渊明，吟诗檄华发。④

西郊风露夕，凉风入吾庐。焚膏继昼晷，而还读我书。简编散芸香，探索味道腴。玩此圣贤心，油然乐有余。四郊久多垒，兵戈政驰驱。红尘障白日，积胔填沟渠。安得挽天河，为我一荡除。且当度衡门，兀兀究圣谟。⑤

张仲深作为战乱的看客，已经感受到了战争的残酷，并且已经意识到这将是一个长期的痛苦过程，所以在诗作中表现出了悲观的情绪。

（三）吴讷说破敌

吴讷（1331—1357年），字克敏，休宁（今属安徽）人，通兵法，在战乱中以义兵万户战死。

战乱初起时，吴讷即记录了官军与红巾军作战的情形，并对短期内平叛颇有信心。

君不见，蕲黄儿，纷纷白马张红旗。去年陷湖北，今年陷淮西。遂令深山之民皆带甲，四海滇洞含疮痍。堆金积玉亦何有，略地攻城徒尔为。又不见，黄连寨，左带溪山右淮海。天兵如日照雪霜，百万红巾一朝败。亲王按剑定中原，丞相分兵救吴会。边人不识韩将军，极口争夸铁元帅。八座东开昱岭关，群偷欲度愁跻攀。奇兵间道绝归路，可怜白骨高如山。桂林老臣再征起，坐镇西垣几

---

① 张仲深：《题王良与捕鱼图》，《子渊诗集》卷6。
② 张仲深：《溪上次岸上人五绝句》，《子渊诗集》卷6。
③ 张仲深：《岁尽》，《子渊诗集》卷3。
④ 张仲深：《九月菊末花》，《子渊诗集》卷1。
⑤ 张仲深：《秋夜读书》，《子渊诗集》卷1。

千里。昨闻余党犯其锋，血作龙沙半江水。南方猺獠勇莫当，自谓效义收蕲黄。贼徒一见惊丧胆，坚壁不出知天亡。诸君力尽在此举，巢穴不平鼠为虎。相期麟阁画丹青，却忆虞廷舞干羽。①

吴讷在昱关等地与红巾军作战，也取得了不俗的战绩，在诗作中颇显示了年轻将领的豪气。

昱关铁骑争驰突，白羽红翎送金镝。可怜五岭之中间，朽骨茫茫照寒日。贼徒散走东南回，却倚黄连足坚壁。四面长围筑已成，炮架崔巍向城立。自知九死不一生，犹卷朱旗战原隰。君不见，韩将军，陷阵常呼万人敌，我当从之斩妖贼。②

鼓角声雄队伍齐，扬兵晓战昱关西。黄金匣动双龙出，赤羽旗开万马嘶。露布不烦诸将草，诗篇还效古人题。沙溪春酒甜如蜜，醉卧花阴听鸟啼。③

太仓积粟皆红腐，群猫昼眠鼠变虎。前锋不见李将军，何人为发千钧弩。去年我从昱岭来，匹马驰突三关开。北平未入卫青幕，郭隗独上燕昭台。近闻西府罗俊彦，人人自谓能酣战。谁似当年背水军，赤帜才临赵城变。英雄报国如等闲，马革裹尸铜柱间。明朝按剑收中山，谤书慎勿回天颜。④

吴讷在诗作中亦明确表达了忠心报国的意愿："跃马东归古歙州，铁衣如雪照清秋。半生叨食君王禄，百战深遗母氏忧。城上彩旗翻白虎，帐前金络控黄骝。英雄出处缘忠孝，岂为人间万户侯。"⑤ 他最终以自己的尽忠死战行为，实现了报国的意愿。

（四）曹文晦说乱世民生

曹文晦，生卒年不详，字辉伯，号新山道人，天台（今属浙江）人，隐居读书赋诗，诗名盛于江南。

---

① 吴讷：《破红巾》，《元诗选》三集，第 338—339 页。
② 吴讷：《昱关行》，《元诗选》三集，第 339 页。
③ 吴讷：《战昱岭关》，《元诗选》三集，第 340 页。
④ 吴讷：《李将军歌》，《元诗选》三集，第 339 页。
⑤ 吴讷：《东归》，《元诗选》三集，第 341 页。

曹文晦作为隐士,颇为关注的是百姓的生计问题。他所见到的是在乱世之中,官府急征暴敛带来的民不聊生状态,所以不能不发出改弦更张的呼吁。

> 松灯明,茅屋小,山妻稚子坐团团,长夜缉麻几至晓。辛勤岂望卒岁衣,阿翁几番催罢机。输官未足私债急,妾身不掩奚足恤。念儿辛苦种麻归,依旧悬鹑曝朝日。松灯灭,茅屋闭,麻尽机空得早眠,门外催租吏声厉。①
> 东风细儿三尺棰,日逐群鹅泛溪渚。一朝里正办军程,取鹅拔翎鹅痛鸣。一鹅取十十取百,东家取尽西家索。明日输官官数亏,探囊出钱贿吏胥。只见官司造弓矢,年年穷贼贼还起。羽毛异类且不宁,民物况得遂其生。君不见,文王灵囿民同乐,麀鹿白鸟长嚣嚣。②
> 东村桔槔不亦劳,西邻辘轳安足拟。忘机却笑抱瓮夫,巧制端从斫轮氏。天心普顺固无边,人力强为终有已。欲令田野息愁叹,要在庙堂能燮理。五风十雨岁穰穰,弃置沟车如敝屣。③

战争带来的破坏惨不忍睹,曹文晦只能在诗作中发出时运不济、万民遭劫的愁叹。

> 宁为水上荷,不作松上萝。荷叶经秋暂雕瘁,明年薰风满池翠。女萝生意托松高,一朝松伐萝亦遭。丈夫有志当特立,阿附权门何汲汲。君不见,石家金谷起兵戈,二十四友将奈何,曷不听我松上萝。④
> 霞城高,霞城高,城头看霞紫气薄,城下放火红焰交。黄烟腾腾眯人目,炎风烈烈吹鬖毛。台民急起霞城避,回首闾阎化荒址。一旦空悲赤壁风,六丁难挽天河水。霞城高,登不休,四望岂独悲吾州。千岩万壑尽荆棘,置身惟有昆仑丘。物理有穷穷则变,天定

---

① 曹文晦:《夜织麻行》,《元诗选》二集下,第983页。
② 曹文晦:《鹅翎曲》,《元诗选》二集下,第986页。
③ 曹文晦:《水车歌》,《元诗选》二集下,第989页。
④ 曹文晦:《春愁曲二首》,《元诗选》二集下,第984页。

胜人人不怨。春陵三策无路陈，安得时平话封禅。①

朝廷不是没有军队，但是在缺乏良将的状态下，只能是使士卒和百姓受苦受难，难以挽回败局。曹文晦仿效杜甫的诗句，记下了农家子弟在危局中出征的景象。

> 我本农家子，生来事犁锄。手不习骑射，何曾识兵书。一旦应官徭，徒侣同驰驱。茫茫塞路长，去去当何如。
> 卖牛买刀剑，不顾家业殚。密密缝衣袄，迢迢越河关。妻孥问所之，几时寄书还。富贵未可必，投身须臾间。
> 粲粲金锁甲，駃駃雪毛騧。将军出师去，士卒如云多。蚩尤亘天红，刀剑光相磨。非无六奇计，奈尔劲敌何。
> 北风吹沙尘，四野寒日昏。忍闻落梅曲，欲断征人魂。三箭无日发，万灶空云屯。我欲砍庐营，未闻主将言。
> 人言从军乐，岂识从军苦。妇女连车归，玉帛不可数。我行橐屡空，令不违部伍。枕戈夜无眠，悠悠听更鼓。
> 将军不负腹，所至牛酒丰。民间苦箕敛，兵食常不充。曾闻古良将，士卒甘苦同。投醪饮河水，千载怀高风。
> 昔闻横行将，今无深入师。募我备行伍，易若呼小儿。桓桓貔虎装，介胄光陆离。岂知行路人，深为世道悲。
> 月落悲笳动，群马萧萧鸣。惊沙寒掠面，急柝催晨征。中天怒招摇，白光射霓旌。肠断陇头水，乌乌闻哭声。
> 连年苦东寇，今年困西征。身甘马革裹，命若鸿毛轻。安得休王师，一言下齐城。归去对邻里，耕田歌太平。②

由此，曹文晦对时局所持的是极为悲观的看法，认定朝廷已经没有能力平定暴乱，恢复和平景象。

> 在昔曾闻夏变夷，台莱自足固邦基。为言横槊赋诗士，不是投戈讲艺时。野外观风忧稼穑，江边回首见旌旗。斩蛟未有旌阳术，

---

① 曹文晦：《和夏学可霞城高韵》，《元诗选》二集下，第987页。
② 曹文晦：《效老杜出塞九首》，《元诗选》二集下，第987—988页。

安得相从问左慈。

旧时左辖下三台，坚壁相持久不开。但欲黄金留翠袖，岂知白骨长苍苔。两年征伐多荼毒，一旦功名付草莱。大谬最怜分阃帅，受降未了敌还来。

风雨萧萧震广川，前村茅屋冷炊烟。潮声有信来还去，贼势无时断复连。肮筐难存悬磬室，污邪化作不毛田。何时甲洗天河水，月色满城江可怜。

入水无媒得纬萧，谁能驱退恶溪潮。沉沉城郭貔貅老，汹汹波涛蛟鳄骄。败舫似闻川鬼哭，畏途不奈客魂消。舞阶干羽今何在，千载曾闻格有苗。①

曹文晦作为隐士，以乱世中以忧民为重点，在忧民的基础上忧国，在政治问题上展现出的观点确实起着发人深省的作用。

（五）彭炳说贤相作为

彭炳，生卒年不详，字元亮，崇安（今属福建）人，至正十一年被征为端本堂说书，未就职而继续隐居。

彭炳从历史的角度看元末的战乱，强调的是丞相对于国家的兴亡起着重要的作用，而要平息干戈，由贤相辅政是一个必要的条件。

申韩扫淳风，秦吕有天下。九围无建侯，经国弃王霸。相权重丘山，四海自陶冶。李斯至不仁，驱民纳机攇。忽如楚火炎，咸阳半天赭。汉朝相有功，萧魏古人亚。王陵聊可师，平也骋奇诈。元后资大奸，操威变刘社。董凶谁召之，东京解如瓦。大盗工窃攘，神器陷曹马。下民何命穷，皇天武侯舍。六朝吾厌之，无屑论王谢。李唐虽寡珍，房杜凤凰炙。彼绩成武殃，诛夷岂天假。向非狄张才，庐陵恐菹鲊。开元藉姚宋，天宇耿光射。林甫披剑腹，清阳竟长夜。后来炼赤心，何由补天罅。宋田膏雨深，锄耘长灵稼。李韩诸大臣，声光溯风雅。气机春树花，风雨易潇洒。天津愁杜鹃，安石乱王化。沈疴苏未苏，妖狐舞秦贾。有元元气舒，京国凤麟舍。昂昂天马来，长风九州跨。金根承五云，矫矫六龙驾。弭弓休

---

① 曹文晦：《和刘伯温感怀四首》，《元诗选》二集下，第995—996页。

虎貔，弦歌满华夏。比年天寡情，兵尘涌岷华。大风掀海空，烈日悴中野。股肱非不良，干戈几时罢。青山虽宴如，忧心靡纾写。安得起夔龙，与之为御者。①

由此，彭炳不仅强调了收揽人心的重要作用："杯酒干戈相死生，人心窄路马蹄惊。太行若把填东海，展得中原万里平。"② 他还特别表明了期待圣贤救世的政治态度："前有亿万年，后有亿万年。寓形此穹壤，百岁指一弹。古来多少人，灭没已不闻。草木与同腐，可怜生世间。独有圣与贤，明名长久存。圣贤在世时，小心常畏天。终始履周道，没身无过言。所居至广大，靡物可与权。万乘不为泰，一瓢亦自尊。我当师圣贤，无为人所怜。"③

（六）胡天游乱世言志

胡天游，生卒年不详，原名胡乘龙，字天游，号傲轩，岳州平江（今属湖南）人，隐居不仕，有诗集《傲轩吟稿》传世。

至正十二年战乱骤起，胡天游隐居之地的房屋多被盗贼焚毁，只有他的居室得以保存，他在诗作中表达了庆幸的感叹。

> 柴门竟日无车马，芳草沿阶一径荒。珍重祝融随世态，煌煌不到迈阴乡。
>
> 百屋堆钱等梦回，春风多误燕归来。如何四壁都无物，独向人间傲劫灰。
>
> 松竹阴阴绿四围，可怜天亦爱吾庐。床头兔册依然在，不独秦人种树书。
>
> 丧乱离群一老夫，悲歌谁与和乌乌。柴门尽日不难闭，俗客如今亦已无。
>
> 风尘颒洞灵光在，煨烬萧条鲁殿存。事有至难今两得，傲轩犹我我犹轩。
>
> 独酌何须问主宾，兴来鱼鸟亦相亲。苍松翠竹真佳客，明月清风是故人。

---

① 彭炳：《相重》，《元诗选》三集，第313—314页。
② 彭炳：《人心》，《元诗选》三集，第318页。
③ 彭炳：《无为人所怜》，《元诗选》三集，第313页。

避世谁能好采芝，山深谷绝路逶迤。南塘只在人间世，满眼干戈似不知。

武陵桃花落红雨，邵平瓜圃生秋风。不及南塘松与竹，青青长对主人翁。①

战乱中正是武人猖狂和肆意而为的时候，胡天游就记下了武人在他家胡闹的场景，并表示这样的人还真得罪不起。

有卒升我堂，手执丈八殳。自称千夫长，意气何粗疏。公然踞高榻，狞色如于菟。顾盼傍无人，摇头捋髭须。时时越几席，颠倒案上书。我欲呵咤去，恶声恐相随。含愠姑与言，但夸身手粗。昨日战城西，杀逐诸贼奴。高马我夺得，丈夫亦知无。奋臂好临阵，叫嚣若呼卢。袒跣过无礼，貌狠心弗舒。夫子进顽童，互乡亦何诛。当其遇阳货，唯诺无趑趄。豺狼正满野，章甫多泥涂。区区一介士，焉敢拒武夫。逊辞庶免侮，且复忍斯须。日暮方出门，临行更踟蹰。②

战乱中既可能得到官军取胜的消息，也可能看到地方官的一些善政措施，还可能听到来自朝廷的信息，胡天游于此都有所描述。

西南佳气清如水，一骑星驰传好语。陇西将军天下奇，夜半杀贼收城池。我城周遭闉贼垒，将军飞入储胥里。城中妖血渺长衢，帐底渠魁睡犹美。将军掩袭信有功，人物自是南州雄。惜哉士卒多苦暴，弱肉强食鸱鸦同。君不见，往昔经过清我野，老稚逢之无脱者。至今妇女堕戎行，闾里萧条泣鳏寡。呜呼贼退将军留，老夫忧虞犹未休。③

圣主恩深及草莱，侍丁特许免科差。天边凤诏今重见，江上马夫犹未回。八十苍颜怜我老，一双青眼望公开。倘能替换扶衰病，

---

① 胡天游：《壬辰岁（1352年）草昧蜂起，比屋皆煨烬，区室幸存，自扁曰傲轩，因题八首》，《傲轩吟稿》，四库全书本。
② 胡天游：《有卒》，《傲轩吟稿》。
③ 胡天游：《闻李帅逐寇复州治》，《傲轩吟稿》。

结草丹心死不灰。①

　　大明宫前金作鸡，口衔丹书封紫泥。使星煌煌出天北，天路幽险来逶迟。轺车远驻浯溪浒，水畏蛟鼍陆豺虎。杨君忠义不辞劳，匹马南来布天语。上苍久不闻雷霆，老夫倚杖双泪零。圣恩恻怛有如此，嗟尔草木宁无情。石牛山头槌画鼓，短衣独速鸀鳿舞。大瓢酌酒劳杨君，气如长虹贯玄武。杨君杀贼勇有余，十年谈笑持旌麾。腹中落落果何物，兵甲之外皆诗书。雄鸡一鸣天欲曙，上马匆匆不回顾。他时薇省问苍生，为说来苏莫迟暮。②

战争带来的破坏是全方位的，所以胡天游在生活上有无鱼无盐的感叹："羹无盐，餐无鱼，吁嗟先生胡不归。无鱼何以充口腹，无盐何以滋肌肤。"在生产上则有无牛的感叹："荒畴万顷连坡陁，躬耕无牛将奈何。""却忆向来全盛年，万牛蔽野无闲田。干戈滈洞一扫尽，穀觫就死谁能怜。"③ 当然，更为感叹的是儒者面对战乱时无能为力的惆怅心情："野色寥寥一犬鸣，戍楼初鼓绝人行。哭声未断歌声起，渔火将残鬼火明。月暗荒村愁有虎，烟迷行树看如兵。羁怀世故千忧集，竟夕彷徨睡未成。""君王轻爵重艰危，欲把铜山铸虎符。天上故人修诏草，山中幽子看除书。轩裳衮衮争先进，肉食纷纷愧远图。戡乱扶颠今日事，不知廉蔺果何如。"④

即便是乱世，胡天游还是要保持儒者的本色，并立志不为狗苟蝇营的小人："何容媚世以穷其道兮，诚有识之所嗤。使子为倚市之娼兮，孰与夫空谷而幽居。抚青萍以自珍兮，曰有待夫知己。倘千金而非吾徒兮，宁挂壁而无齿。惟圣贤之不遇兮，亦皇皇而西东。矧吾人之数奇兮，敢背道而愠穷。矧达观之无不可兮，付出处于流坎。苟素志之靡违兮，又何伤乎蹙頞。正余冠之崔嵬兮，理余瑟之铿锵。良时叵不可以再得兮，姑从容而徜徉。"⑤ 乱世中的儒者言志，确实值得世人敬重。

（七）马玉麟说权奸误国

马玉麟（？—1367年），字国瑞，号东皋道人，海陵（今属江苏）

---

① 胡天游：《上县尹》，《傲轩吟稿》。
② 胡天游：《赠道州赍诏太守》，《傲轩吟稿》。
③ 胡天游：《无鱼盐叹》《无牛叹》，《傲轩吟稿》。
④ 胡天游：《夏夜闲步》《观除目》，《傲轩吟稿》。
⑤ 胡天游：《述志赋》，《傲轩吟稿》（《全元文》第60册，第239—240页）。

人，元末依附张士诚，曾任平江路总管、江浙行省参政等职，朱元璋攻占平江时自尽，有《东皋诗集》传世。

在战乱中，马玉麟既注意到了壮士的报国情怀，也以贫苦百姓的角度，诠释了对战争的厌恶和对和平的向往。

> 北风吹游子，十年在边城。难怀忠义志，能无父母情。望望伤远道，关河正交兵。家书久断绝，默默泪纵横。
>
> 落日下辕门，西风暮萧萧。击柝月在地，循天斗回勺。将军有严令，壮士不敢骄。功成当封侯，岁久宁惮劳。①
>
> 妾身住家近农亩，新年嫁作田家妇。上堂拜姑阿姑喜，把酒殷勤为姑寿。银钗斜插云鬟光，鲜鲜白苎裁衣裳。春来养蚕蚕更好，绿云绕屋生柔桑。晴窗缲丝织绫锦，尽与阿翁送州县。阿姑莫愁妾无衣，此身已许甘贫贱。白日插秧夜绩麻，手足胼胝无怨嗟。②
>
> 江南九月天雨霜，秋风萧萧梧叶黄。郎君远戍青塞上，经时不得寄衣裳。前年有丝无着处，织成绫罗尽将去。今年蚕病愁阿姑，有丝不足偿官租。思君展转心独苦，坐对青灯泪如雨。且将遗下旧时衣，补短缝长向砧杵。千声万声愁奈何，那得随风度辽河。辽河之水几千尺，不似妾身离恨多。城头慈乌也复啼，凉月皎皎风凄凄。衣成封裹寄君着，用尽妾心知不知。冉冉韶光去如箭，不识何时罢征战。归来共采双芙蓉，白头与君守贫贱。③

马玉麟还指出，恰是官府的横征暴敛，加重了百姓的苦难，所以能够爱民如子的官员，确实值得他人学习。

> 宰邑惭何补，行春意感多。居民才复业，官府尚催科。积水空鱼鸟，颓垣长薜萝。官船随处泊，落日奈愁何。
>
> 有诗驱俗虑，无酒破愁城。晓雨听初歇，春潮看又平。几年遭战伐，百里废农耕。政拙民无赖，骎骎白发生。④

---

① 马玉麟：《从军》，《东皋诗集》卷1，续聚珍版丛书本。
② 马玉麟：《田家妇》，《东皋诗集》卷2。
③ 马玉麟：《捣衣曲》，《东皋诗集》卷2。
④ 马玉麟：《行春有感二首》，《东皋诗集》卷3。

淮海方千里，干戈已十年。空城惟草木，远塞尚烽烟。我独怀深虑，谁令解倒悬。自非匡济略，难秉化工权。①

弁山青，苕水绿，吴侬生长山水间，乐业安居多富足。一朝湖上见旌旗，人家半是逃亡屋。去年郡守陈太邱，痛民疾苦宽民忧。科差只恐尽民力，直气敢犯无公侯。作郡来今风景异，二麦青青接官署。绿阴桑柘浴吴蚕，细雨春溪沤山苎。陇头麦熟供官租，蚕丝上机忙妇姑。麦堪炊饭丝织绢，今岁强如前岁无。闻说武康民尚苦，山空人稀走豺虎。不愁无田事耕稼，但愿循良作慈父。②

马玉麟对奸佞误国颇为愤怒："山河俨如旧，父老哀当时。属娄死忠义，甬东悔何追。兴亡固天道，祸胎由佞辞。令人抱遗恨，呜呼谏诤姿。"③而他自己，则早已做好了忠君报国的准备："劳生非素情，禄仕为亲谋。况兹离乱间，俯仰增百忧。君恩未及报，白发已满头。"④"漂泊三年客，凄迟一病身。朝廷多事日，桃李异乡春。吏隐逢迎少，愁来感慨频。但能全节操，何患走风尘。"⑤国将亡于昏君奸佞，但是士依然要忠君报国，马玉麟以守节行为所诠释的恰是这样的政治观念，所以在临终前明确表示："自从辟掾三公府，十载翱翔雨露边。未有涓埃酬国士，须将忠义答皇天。囊中短疏或遗恨，身后佳名愧昔贤。玉石俱焚嗟此日，中原消息尚茫然。"⑥

（八）陈方等人说儒者作为

陈方（？—1367年），字子贞，号孤蓬倦客，镇江（今属江西）人，死于张士诚之难。

陈方认为儒士为官，可以助成圣政，所以对顺帝朝初年王都中的革除盐政弊病等行为大加赞赏。

圣主光先业，王春再至元。赞襄符妙算，择选副深论。众悉推耆德，三曾镇大藩。虎珠秋月避，乌帜海云翻。籍籍番禺颂，明明

---

① 马玉麟：《送周参政之淮南》，《东皋诗集》卷3。
② 马玉麟：《弁山青送沈县丞之武康兼寄陈元理总管》，《东皋诗集》卷2。
③ 马玉麟：《次韵饶介之吴门杂诗五首》，《东皋诗集》卷1。
④ 马玉麟：《咏怀》，《东皋诗集》卷1。
⑤ 马玉麟：《感怀二首》，《东皋诗集》卷3。
⑥ 马玉麟：《丁未〈1367年〉遗墨》，《东皋诗集》卷5。

造化恩。清标非柏府，高秩是薇垣。煮海民为食，经营古所敦。于淮邦足赋，浩汗利之源。弊政思张弛，长材畀轻轩。光芒分八座，精采送孤骞。鼎重千钧小，胶清万丈浑。龙文须御服，马湩锡壶尊。香散知心醉，春回到骨温。冰霜愁左顾，风雨命前奔。灶灶连云起，船船附蚁屯。绝知忘凤夜，何暇觅饔飧。昔也东西浙，欢然远近言。市无忧折阅，人不因牢盆。公日唯启户，方时亦在门。从容尝接语，叹息每销魂。裋褐形如鬼，传餐首欲髡。潮干晴沫白，日淡暮烟昏。卒戍春鸣柝，人家月照樊。卤成俱井井，地限各村村。碧海浮天际，黄芽暗竹根。缅思多仿佛，已阅十寒暄。识量今逾老，声华晚更尊。谬知惭骫骳，甚欲写玙璠。形吊徒萧瑟，心驰正郁烦。仙花团雪净，江草乱云繁。早晚招渔艇，丘墟问故园。抠衣瞻管仲，扫榻寄陈蕃。袍笏仍图画，山林数记存。此时鸥与鹭，随意乐乾坤。①

陈方还特别指出了南儒地位颇低的现实状态，但是亦强调不能因此而消极遁世。

儒官已在群僚底，南士尤嗟一介微。目送青冥何漠漠，手循华发尚依依。匡衡未老颐堪解，阮籍多穷泪可挥。雁塔近从秋草没，鹗林远傍暮桑飞。人皆鸡口喧争利，子独鳌头坐失机。寂寞宫墙悲传舍，荒芜礼乐见深衣。诸生载酒同题句，贤宰鸣琴共按徽。绿树云回神禹下，白苹风起孝娥归。门当越岭春横眼，地接江潮夜撼扉。定与王郎招爽气，复陪贺监倚斜晖。登临忽转匆匆过，胜绝宁教草草违。端欲早收榱与桷，只愁空老故山薇。②

战乱爆发后，陈方既指出了"金屋妆成贮祸基，君王犹自苦沉迷"的致乱缘由，③也记录了乱世的景象："地接三吴口，人操众楚音。树迷晴漠漠，花乱夕森森。碧是当时血，春非往日心。翻思当矢石，犹暇

---

① 陈方：《呈王本斋（王都中）尚书》，《元诗选》三集，第477页。
② 陈方：《送萧天祥为萧山县学官》，《元诗选》三集，第478页。
③ 陈方：《和曹克明都事灵岩二绝》，《元诗选》三集，第479页。

惜冠簪。丞相戈如雪，将军志比金。仓皇惊破竹，踊跃念披襟。"① 敢于直指昏君乱臣的不良行为，陈方确实是有勇气的人。

对于儒士在战乱中的作用，东阳人胡灭（字景云，号蔗庵，）在诗作中指出："山东病儒四十余，携妻避乱梁城居。城门车马塞官道，行囊独佩轩坟书。马上将军同卫霍，貔貅十万屯河朔。不辞万里立奇功，归来献馘长杨宫。论赏封侯功第一，画戟朱轮照红日。读书自叹无长才，扬雄相如安在哉。病儒犹羡将军贵，明年作赋朝蓬莱。"② 曾任县尹的刘衡也在诗作中强调："为吏勿称能，为政勿称奇。能吏尚苛刻，奇政少恩慈。十年从薄宦，此理渐次知。吾敬民何慢，吾信民何欺。一有所未至，庶事惰而堕。风俗久浇漓，尤当教诲之。惩一以戒百，底用劳鞭答。大官劝农至，轩盖如云弛。条画动十数，应报无停期。养民如养树，郭驼诚良规。安知一牛死，全家老稚饥。见之不敢语，回首长嗟咨。阳城下下考，甘责吾何辞。尚愧志未勇，归来谁汝疵。"③ 也就是说，在乱世中确实不容忽视儒者所能起的重要作用。

元朝末期的文人诗作，至少从三个方面对救亡图存的危机对策做了重要的补充。一是危机认识的补充，文人以"诗史"的形式，再现了各地的战乱景象，可以使人们对乱世有更全面和更深刻的认识。二是救世对策的补充，文人诗作对乱政、恶政以及昏君乱臣行为的抨击，对保民、抚民、安民做法的赞颂，对善政和治世的渴求，所起的一个重要作用就是以事实对朝廷的危机对策进行检验，并作出客观的评价。应该承认，任何对策都需要进行效果检验和评价，在官吏不可能进行这样的检验和评价时，只能由文人以特定的方式来弥补其不足。三是政治意识的补充，文人以激奋或悲凉的诗作发出的感叹，不仅体现了忧国忧民的乱世情怀，也体现了维系王朝统治的忠君、爱国、爱民等理念，为各种救世对策提供了思想和道德层面的支持。由此可以看出，危机中的思想表象是多方面的，文人诗作尽管只能代表作者的部分政治观念，但是同样能够起到帮助人们认识危机和有所作为的作用，所以不能忽视这些诗作所传递的重要政治信息。

---

① 陈方：《华彦清登常州元妙阁有诗因同韵》，《元诗选》三集，第476—477页。
② 胡灭：《八愤》，《元诗选》癸集上，第569页。
③ 刘衡：《屯田作》，《元诗选》癸集上，第462页。

第十七章　理学政治理念的发展

元朝后期的理学学者在政治形势发生巨大变化的影响下，提出了一些重要的政治理念，尤其是对于如何挽救王朝生存危机的理论思考，丰富了理学的政治思想，可择要者分述于下。

第一节　吴师道的治国理念

吴师道（1283—1344年），字正传，兰溪（今属浙江）人，尊许谦为师，被列为理学"北山学派"学人，[①] 至治元年进士，历任高邮县丞、国学助教、国学博士等职，授礼部郎中职时已去世，后人习称为吴礼部先生，有《吴礼部文集》《战国策校注》《绛守居园池注校注》《敬乡录》等著作传世。吴师道留下了大量的科举策问题目，以此为基础，可以大致理清他的治国理念。

一　为政根基

治国理政需要牢固的根基，吴师道特别关注的是夯实为政根基的统一、法祖、武备、律法、礼仪五大要素。

（一）论统一

吴师道重点关注的不是如何统一的问题，而是如何使统一能够保持长久的问题。他不仅强调统一后应该施行仁政，还特别指出维系统一要几代君主的持续努力，其中一旦出现昏庸的君主，就会重蹈秦、隋二世而亡的覆辙。

---

① 黄宗羲原著，全祖望补修：《宋元学案》第4册，第2720、2761—2762页。

三代而后，混一天下者凡六姓，秦、汉、晋、隋、唐、宋，享国长久称汉、唐，晋未久而分裂，宋稍久而播迁，秦、隋最先亡。夫合天下而为一，强盛之势，秦、隋、唐一也。而偾身丧邦或若是亟者，何哉？昔人以忠厚者延长，暴虐者不永，固不易之论。愚尝因而求之，创始之君艰难经营，角智力而得之，非若三代之积德累仁者，独汉为近正，其余已不能然，况秦、隋乎。以仁得之，以仁守之，不可尚已；以不仁得之，以仁守之，独不愈于不仁乎。当其取之之际，威武之时多，惠泽之日少，无以大相过，必其子孙有贤圣者出，于一再传之后，有以结天下而固人心，然后植长久之计，文帝之于汉、太宗之于唐是已。彼秦、隋一传而又得暴虐之主，无怪也。晋武之兴，继以惠帝，特以昏庸召祸，已不可救，其实非若二世、隋炀之恶也，民犹哀之而戴其后。宋兴，数世守文，当靖康间享国已几二百年，故亡而犹存，而混一之盛终不可以复得。彼论徒知忠厚者足以延长，而不知忠厚之泽当上承开国之初而为之，斯时也，治乱修短之决也。武帝穷兵纵欲，虚耗海内，向使继高帝之后，高宗、中宗孱庸不君，向使居太宗之先，汉、唐之祚不保。其往而扶苏不废，杨广不立，秦、隋之为秦、隋，亦未可知也。是故善观人者，不于其先，不于其后，惟于其一再传之君之贤否而知之。千金之家，有子不肖，荡其货财，而曰："其孙犹贤也。"不知孙虽贤，而其富已不得而有矣。吾观子婴慨然诛赵高，似果而材；隋之末世，亦仁柔无罪；天下大势已去，其何救于亡？呜呼，以是观之，则知前说之益可信矣。①

吴师道列举秦、隋二世而亡的教训，既是史论，也是政论，其目的就是要使守成之君懂得统一不易、维系统一更难的道理。

（二）论法祖

治国需要基本的路径或方法，或是仿古，或是法祖。根据元朝中、后期的情况，吴师道倾向于仿古和法祖的结合，所以在为科举设计的策问题目中，特别提出了仿古的君主常朝、专设谏官、重视封驳、钞钱并用四条要求和效法世祖的士无南北之别、征召贤才两条要求。钞钱并用

---

① 吴师道：《秦隋论》，《吴礼部文集》卷10，四库全书本（《全元文》第34册，第219—220页）。

的要求已见前述，此处所列出的是其他要求。

问：有国家者必稽古以为治，为子孙者必视祖以为法。是故率祖攸行，尹以勉君；事不师古，说以进戒；去古寖远，损益靡常。然国家之所宜，人情之甚便者，不得而改之；传世既久，因革不同，然良法之已行，成规之具在者，不得而变也。远稽诸古，近法乎祖，而治道毕矣。洪惟世祖皇帝肇造区夏，酌古准今，创业垂统，缺而未遑者固有所待，传而可继者岂无望于后世之人哉。

有司窃以为当今有宜复古制者四，有宜法世祖者二，顾其中又有可言者，愿从君子质之。

常朝之义，所以接君臣、辨仪等、博咨访、通下情者也。今百官入见，岁不过宴贺一二日，非大臣近侍鲜得望清光者，此古制之当复一也。或谓日日行之，虑以为烦，间日一朝之制，可从否乎？

谏诤之官，所以拾遗补阙，献可替否，不以无可议而弗设也。今台臣虽有言责，靡专匡救之任，此古制之当复二也。伊欲以谏设官，尊与台官，少置其员而专其任，可行否欤？

给事中之官，汉以次侍中分左右曹，平尚书奏事，掌备顾问，唐以隶门下，专掌封驳命令，务使出纳惟允。今虽备朝列，无所关掌，此古制之当复三也。夫既有其官，则宜思其任，抑从汉制为宜欤？抑循唐制，庶几纳言之遗三省之旧欤？

世祖皇帝混一之初，开诚布公，揽延俊乂，南北参用，朝辅彬彬，咸效其能。用事之臣过为甄别，一宪府椽亦屏南士而不用，徒乖无方之义，而示不广之量，或谓兹乃矫浮薄之弊而为之者。今欲法世祖皇帝之参用矫弊之道，若何而无戾欤？

世祖皇帝寤寐求才，间遣使征天下道德魁垒之士，召见赐问，待以不次之擢。当时得贤之盛，无与为比。或谓近年科目既开，又有遗逸之举，便宜不复出，不知遗逸之令，盖有意于科目之所不及，而徒为文具。今欲法世祖之征士、科举之意，若何而无悖欤？①

---

① 吴师道：《江西乡试策问四》，《吴礼部文集》卷19（《全元文》第34册，第228—230页）。

吴师道之所以提出法祖问题，是因为到了顺帝朝，朝政已经偏离了原有的轨道，既有皇帝怠政，也有权臣、奸臣相继而起，确实需要为匡正朝政提出中肯的意见。

(三) 论武备

治国需要文武兼备，正如吴师道所言："夫文武之事，与时弛张，豫而思患，武之所以必饰也，陋而思振，文之所以不坠也，非有道者不能兼尽于此。"国家偃兵息武多年，已经造成了武将后人羸弱的后果："国朝以武定天下，垂五十年，民不识兵。老臣宿将传子若孙，变习而徙志，或挟册吟诵，操数寸管以与数行墨者，竞于是时，方右文矣。愚闻文武一致也，古之人入则吁谟庙堂之上，出则折冲万里之外，而为之民者，力于农，业于学，有急则擐甲胄而为兵，其道之出于一，上下同之，莫或异焉。夫尊君忠上之方，应事制变之宜，所谓文者，夫岂曲学末艺然哉。"① 为改变这样的状况，吴师道在策问题目中特别提出了重武备的要求，就是希望在面临乱局时国家有可用之兵。

> 问：盖闻时平则修武以畜威，世艰则奋武以戡定。闲习之有素，则临事足以折冲；训御之有方，则仓卒可以无患。此经国之远猷，而安人之上务也。我朝承平，兵久不试，边徼材武所萃备则严矣，内郡武臣继袭者多不更事，兵惰律废，殆无所用之。去岁西陲小警，江淮遣戍命下，或群起剽劫杀伤，城邑震扰，野无居人，部统者莫之谁何，甚则纵之为奸，未获分毫之力，而良民先被其害。事已不敢痛惩，务为姑息，此风甚不可长也。

> 夫政之不肃，禁之不严，其责固有在，而法固可举也。窃以为国家不吝爵秩廪食，畜之数十年，希一旦之用，而乃若此，则亦素不知教、不明于义之故也。古大司马三时教振旅，茇舍治兵，因田以及军事，而仲冬大阅，以教其全。办鼓铎、镯铙、车徒、旗物之用，习坐作、进退、击刺之节，其法当行欤？汉、唐举将帅之科，近代习韬略孙吴书、陈校技力之制，可稍采而用欤？夫子曰："以不教民战，是谓弃之。"传者以教孝弟忠信为先，何所寓而施此欤？《东山》《采薇》《出车》《杕杜》之诗，蔼然忠君亲上之诚，

---

① 吴师道：《送北野萧侯序》，《吴礼部文集》卷14（《全元文》第34册，第42—43页）。

先国后家之意，说者以为序其情而闵其劳，悦以使民，民忘其死，何道而臻此盛欤？夫安不忘战，平居闲暇，正宜预备之日，文事必有武备，入而吁谟，出而敌忾，古之人皆是也。诸君子讲于前代之宜，目击当日之事，能不为国家深长虑而有以处之乎，悉著于篇，毋惮出位。①

吴师道提出的重武备论点，尽管未引起主政者的重视，但是起到了重要的预警作用，因为朝廷不久后就尝到了武备松懈的苦果。

（四）论律法

在刑律问题上，吴师道不屑于宽刑的泛泛之论，而是在策问题目中重点强调了"定律"的作用，即朝廷应编定律书，以弥补法律的不足。

> 问：律之为书，定自唐世。国家酌今准古，据以从事，用之最急者也。今学废不讲，吏或不知，将何以议法而制事哉。兹欲仿古置律学授徒，定程序以试吏，可行与否，愿闻其详。②

> 问：治天下者，不能以无刑。墨、劓、剕、宫、大辟，古之五刑也。笞、杖、徒、流、死，后世之五刑也。肉刑难尽复矣。比者治盗，略仿劓刑，有司阁而不用，卒于不行，岂真不可复欤？律之死刑有二，今止为一，遂以轻而从重，徒、流之刑悉代以杖，乃以重而从轻，议者抑未之思欤？刑统之书，自唐以来随时修定，尤为详密。国家酌古准今，亦尝按据从事，谓宜定为程式。若昔者明法之科，吏而仕者必出于此，今之通制或当以刑统附入，而使得兼用，是亦皆时务之所切也。夫治有本末，皆不可废，特有轻重之不同耳。若泛为大言，曰化民以德，为国以礼，何事于刑，则非所以答吾问。③

---

① 吴师道：《江西乡试策问三》，《吴礼部文集》卷19（《全元文》第34册，第227—228页）。
② 吴师道：《国学策问四十道之二》，《吴礼部文集》卷19（《全元文》第34册，第231页）。
③ 吴师道：《国学策问四十道之三十九》，《吴礼部文集》卷19（《全元文》第34册，第253页）。

在审狱方面，吴师道则希望审案和监控相结合，形成更为健全的"录囚"机制。

> 问：朝廷比者患狱囚之多且淹也，每三岁命五府官分诣诸道决之，亦良法也。近复尼而不行，岂有所未便欤？抑以其扰烦而止欤？且天下之囚，自州县至于路，岁有风宪之审录成案，已具上之省部，俟报可论决，则付之在外有司足矣。不然，则遣官之出，疏其年而简其人，是亦可也。二者之中，愿闻折衷。①

如前所述，顺帝即位后既有对"录囚"的细化规定，也有刊行《至正条格》的修律行为，可见吴师道所关注的问题，在时政层面确实有所回应。

（五）论礼仪

儒者重视礼对治国的作用，所以吴师道在策问题目中重点强调了三点认识。一是应将礼书列入科举考试的经书之中，以显示朝廷对礼的重视。二是应注重礼、恩、刑的平衡关系，不能只顾其一而不计其余。三是既要注重国家礼仪，也要注重家礼，所以对朱熹的相关著作应给予高度的重视。

> 问：帝王之礼，至周大备。嬴秦灭学，经籍散亡，汉初遗书稍出，博士诸生亦或记之。《礼》，古经者，今《仪礼》也，记数百篇，二戴删之。今《礼记》，小戴书也。《周官》最后出，立于学官，所谓三礼是也。前代三礼列明经、学究科，士犹诵习，而知其说。王安石废《仪礼》，度数之学遂绝不道，谈虚文而已。夫以三礼论之，则《周官》为纲，《仪礼》乃本经，而《礼记》诸篇则其疏义。三者固有本末之相须而不可缺，是以子朱子慨然定为《仪礼经传通解集注》之书，未完者门人又足成之，可谓礼书之大全，千古之盛典也。方今设科，仅止《礼记》，《仪礼》废久，固莫之异，若《周官》者，岂以其间有与他书不同而疑之欤？抑以用之者徒多事而无益欤？以唐太宗之英君，信其可行，关洛诸儒曾无异论，

---

① 吴师道：《国学策问四十道之十五》，《吴礼部文集》卷19（《全元文》第34册，第236—237页）。

世之诋毁者可尽信欤？朱子为正学之宗，他经训议皆所遵用，礼书乃其用意者，而独在所不取，何欤？谓宜表章《通解》一书，与三礼并其精治者，优异以待之可也。明体适用之学莫大于此，而去取之际不能无疑，愿从诸生质之。①

问：郊之祭也，圣王之所以敬天而尊祖也，有国家者莫先焉。方今当太平之期，海宇晏清，民物阜康，肇举殷礼宜也。然是礼之行，必将具仪物，丰赏赉，则财不免于费；恩泽覃及，则官不免于滥壅；宽宥普行，则刑不免于纵。三者将何以处之，不轻于行者，岂不以此之故欤？②

问：治天下者，莫大于礼，所以辨上下、定民志也。冠、婚、丧、祭，民用尤切，前代皆有成式。今冠礼废久，世不复知有成人之义。婚礼坏于随俗，丧礼坏于异端，庞杂不经甚已。近世司马公《书仪》，朱子《家礼》，号为适古今之宜。好礼之家或所遵用，然不免于讪笑，非出朝廷著令，使通习之，殆于不可。然《家礼》后出，颇采《书仪》，《书仪》所有，或《家礼》所无，又窃闻《家礼》乃未定之本，为人所窃去，未及修补，今所行者是也。然则二书当考而损益之欤？或止用其一欤？《家礼》之外，尚有可议者欤？谓宜定为式程，颁之天下，使民习于耳目而不异，则教化行而风俗美，其不在兹欤？③

吴师道关注为政根基的五个要素，显示出他有较强的危机意识，因为在太平景象下，一旦在治国方向上有了重大偏差，就会出现难以挽救的败局。这样的意识，实际上已经开启了王朝末世的政治思维，只是未引起当时人的注意而已。

---

① 吴师道：《国学策问四十道之二十三》，《吴礼部文集》卷19（《全元文》第34册，第240页）。

② 吴师道：《国学策问四十道之十七》，《吴礼部文集》卷19（《全元文》第34册，第237页）。

③ 吴师道：《国学策问四十道之三十五》，《吴礼部文集》卷19（《全元文》第34册，第250页）。

二 治国用贤

吴师道秉持治国用贤的理念，不仅在理论层面有全面的解释，在时政层面也对如何用贤提出了具体的要求。

（一）论儒士

在如何看待儒士的问题上，吴师道特别强调了仕是士的专有，国家之所以不能达到善治的水平，就是因为非士而入仕，不仅破坏了四民的基础，亦使争利之风盛行，贤者路塞。要改变这样的现状，最有效的方法就是依照古制恢复士对仕的专有，并以此来安定士心和民心。

士之名何始乎？生人之初，冥愚蚩蚩，有聪明才智者出为之君，始求其才智者自辅，而为之公卿大夫，于是举贤于愚，拔秀于庸，而士之名立焉。其后制度益修，选举益精，纳言试功，察德考艺，自家而举于乡，自乡而升于国都王朝，上之取者无异途，下之进者无他道，学焉而后仕耳。当是之时，四民并称，次则农、工、商，惟士得仕焉。夫农竭其力者也，其人椎钝而贱陋。工治其技者也，其人泥小道而弗周，操鄙事而弗惭。商通货财者也，其人贪冒以嗜利，狡诈以厉民，故不可以仕。外是则处官府、职簿书，有吏焉；下是而任奔走服役，有胥徒焉，皆治于人而不可以治人者也。

《传》曰："辨上下，定民志，使士、农、工、商交致其能，吏胥各守其分，上下有章，贵贱有则，礼乐刑政有所措，善治天下者，不出此道而已。"后世不然，士焉失其所以为士，农、工、商、吏、胥失其所以为农、工、商、吏、胥，侵紊汩乱，凌越倒置，荡无经常，民志之不定，上下不止其所，若是而求治，犹适粤而北辕也。盖数者之中，必有一重焉。重焉者，士而已。治国、平天下之道，必出于士。而爵禄名位，皆士所宜有。今也士不专有，而彼得以有焉，安得不杂然而兴，悍然而争，而骛其嗜欲无涯之心哉。故士者众民之纲，纲先坏而余随之。必也变今之道，反古之制，使士有常用，用有常尊，而贤者出焉，为之范防裁制，则一正而民定，何乱之足云。呜呼，天之生斯人也，畀之所以生之道，必使知是道者司其生焉。彼农、工、商之徒，守一能匪不足知道焉鲜耳。士虽不能皆知道，学焉者众耳。人而不学，不足以为人，犹衿裾而禽兽，举而加诸人之上，而令其治人也，可乎哉？夫欲治天下者，必定天下之民，而定民者必先定天下之士，愚故作《原士》。①

如果恢复士对仕的专有，在吴师道看来，还需要重点关注四个问题。

第一个是仕的待遇问题。优厚的待遇尤其是较高的俸禄，可以使入仕者免除后顾之忧，尽心履职，但现实条件是俸禄不足以养家糊口，使仕进缺乏对士的吸引力。"仕以行道，古人皆然。才足以自见，志足以直遂，信己而不拘乎人，而又廪禄充厚，足以养其父母妻子，供舆马道里费，故得安意守职而无私忧。嗟乎，奚为今之不然也。大者不能伸其道，而禄又弗给，夫何乐于仕哉。士生斯世，虽才有高下，平居读书史，考古人成迹，开口论天下事，幸遭明时，可以自致其身，自一命以上，苟存心及物，必能有济，岂甘槁项黄馘，遂与草木俱腐，所以若区区之愚，过不自量，亦进而与时流偕焉。迨其焦劳州县间，屈心摧刚，腼颜蒙诟，前柅后蝎，抗独以捍众，十步九阱，择地而避害，耗资于无益，挈家以自困，未尝不幡然悔，赧然愧，飘然欲去之也。"②

第二个是士不求"自售"的问题。士应该有自尊，在仕进方面不求于人，但是现实状况与之相反，士人"自售"已经成为普遍现象，守学待求则成了迂腐的表现。"盖闻公卿大夫求士，士不敢求于公卿大夫，古之道也。后世失所以求，而干进眩名者靡不至，上之人惟乐于诣佞者之己售，其道遂大坏。若夫穷居草茅修己俟命，非其人不见，非其招不往，终身无闻而不愠者，彼孰从而求之。幸而在位者以道德学问接天下之才，进忠实而黜浮华，奖退静而抑躁竞，则向所谓士宜投足乎其间。然而势分之不可干，介赘之不可以易，犹有不得而进者欲为善而有遇，不其难哉。"③

第三个是士能力不足的问题。士人入仕，眼高手低，往往被讥为官场低能者，其原因就是不能务实求真。"儒之绌于世，甚矣。平居而群，被服谈说，据古道则交手揶揄之，动有所营，则几席之下不能跬

---

① 吴师道：《原士》，《吴礼部文集》卷10（《全元文》第34册，第221—222页）。
② 吴师道：《送吴子彦县尹之辰溪序》，《吴礼部文集》卷14（《全元文》第34册，第47—48页）。
③ 吴师道：《谢赵子英宪副书》，《吴礼部文集》卷11（《全元文》第34册，第20—21页）。

步，或矫众直遂则咎责捷至，况以之趋仕应时，而概欲匿其志，难矣哉。真坚者不折，真洁者不污，真懦者无敌，人特未识真尔。"①

第四个是士难以守志的问题。士人立志容易，履行其志则难，尤其是不屑于小职和实务，更可能使其志落空。"士平居尚志，孰不曰患不吾用，用必济物。一旦得职，则汩没利欲，而不酬其言者多矣。然用有小大，故所及有广狭，而又有不能如其志者焉。若夫职小而施广，志遂而事成者，不亦难乎。"②

在士风日下和世不重士的环境下，士对仕的专有只能是一种理想性的阐释，吴师道对此有清醒的认识，所以在诗作中曾明确表示："士生一失势，忽作鸿毛轻。悠悠百年间，临河俟其清。黄尘涨白日，古道无人行。衰荣迭代谢，故新更送迎。惟有达识者，振古流芳声。"③也就是说，士只有自重和自觉守道，才能改变被世人轻视的状态。

（二）论用人

在朝廷用人问题上，吴师道特别强调了三条原则：一是在法与人的关系上，必以重人为先。二是在用人途径上，必须儒、吏分途，不能相互混淆。三是在用人方法上，不是给权而是给事，重大节而不拘细务。

> 有国者必有法，任法者必任人，二者治道之大端也。法有常制，虽甚庸之国不能皆非；人无常情，虽至治之朝不能皆善。世之所尚论治体者，遂以为人之难任，法之易守也，始有任法不任人之说。其言曰："成周盛时，周召、毛原更迭执政，极治者数百年，晚节祸败，迄不可救，此任人之弊也。后世一定于法，虽庸君中才相与坐而守之，可以无事，此任法之效也。"是不然。周召之徒能用周之法所以盛，其衰则反是，任人非要乎？秦人蔑弃贤智，纯任法律，迨其亡也，未尝改一刑而摇一禁，任法可恃乎？法者，具也。人者，所以操是具也。操得其人，则完而不废；法之用有穷，而人之用无穷。吁，后世之法非古矣，若其大者，则固百世相因而无改，今之有司负今之法尔。夫上而公卿大臣，下而方伯连帅，不得持生杀之柄，而擅利社稷之事。下而为州县之属者，皆得与守令

---

① 吴师道：《送石抹州判序》，《吴礼部文集》卷14（《全元文》第34册，第40—41页）。
② 吴师道：《赠申彦直序》，《吴礼部文集》卷14（《全元文》第34册，第52—53页）。
③ 吴师道：《和黄晋卿效古五首》，《吴礼部文集》卷2。

之政，吏具成案，牵引比附，拱手听命，一答弗得增损，其权轻，其势卑，是虽有大奸慝，亦无所惩，而上之人亦将曰："彼不能出意以有为，则所办于吾法而自足。"不知任之既轻，彼亦应我以轻，苟简其职，卤莽其政，一有不惠，则扞格而为害。国有大禁，则消沮而为容，启民玩愒，而示天下以不信。积习陵夷，益病吾法。法之不行，自上坏之，盍亦反本矣。将欲任法，必先任人，安能逆料人之难继哉。

然则所谓任人者，必如何而后可？曰："所谓任者，非必予之以太甚之权也。专之以责其功，尊之以励其节，予夺操纵，使得稍尽其才，而微文细责不得以激挠之，亦可矣。"吁，今之任人者，固所未论也。今之取人，则愚窃惑焉。儒焉而不尽出于儒，吏焉而不尽出于吏，旁进杂出，不试而用者居多。今将得人以任法，其势不得不择人而授任。古选举之道众矣，岂无适其中而宜于今者乎？必使进取一新，有以振厉天下之才，然后徐议其责任之道，亦适乎其可也。①

用人必须讲究为官之道，吴师道由此特别强调了御史台监管官员的作用，并指出台官的"过"和"不及"行为，都不符合为官之道。

当今天下之官，朝廷之所甚尊，宰相所不得而治，贵臣大职莫之与抗者，风宪而已。士之仕者必此而行志，凡国家利害，民生休戚，官吏贤否，无不得言而行者，号令所加，如迅风奔霆，无有婴其势而逆其指焉。然君子居其官，则思尽其职。职风宪者，宣教化、肃纪纲而已。宽弘清净，化之所以宣也；采察弹劾，纲之所以肃也；后先虽异，而体用相资。而世之为者，多失之天资险薄，好为苛细者，网罗文深，鸷忍毛击，而失之过矣；反是者，又以姑息为仁，含糊为量，保全禄仕为德；其长暴纵贪，积冤壅善，尤有甚者，是皆不知正道，而乖离于风宪之职也。②

为官之道的一个重要原则是做循吏，而不做贪官和恶吏，在送人赴

---

① 吴师道：《任人》，《吴礼部文集》卷10（《全元文》第34册，第223—224页）。
② 吴师道：《上赵侍御书》，《吴礼部文集》卷11（《全元文》第34册，第23—24页）。

任的诗作中,吴师道就明确提出了这样的要求:"名城尚记唐年古,作吏当如汉世循。同是青衫更邻壤,后来还许望音尘。"①

(三) 论科举

科举是文治的重要标志,所以在顺帝朝短期废科举后又恢复科举,吴师道特别表示:"至元六年科举制复行,明年士偕集于春官。自科废且六年,人谓未易卒复,而明良相逢,复之不旋踵。某幸窃禄京师,命下之日,与士大夫举手相庆,又获观英俊之来,风动云合,诚平生一快也。"② 在此之前,他还曾写过赞颂科举的诗作:"圣主龙飞第一春,造廷多士际昌辰。墨痕金榜云烟湿,花艳琼林雨露新。千载文明开至治,九天恩重愧微身。轻肥不逐时人梦,誓守平生一念真。"③

赞颂科举并不等于科举没有缺点,吴师道就特别指出了科举带来的四大弊病。

一是文人取巧的弊病。为应付科举考试,揣摩、括套之风盛行,严重扭曲了科举取真才实学者的本旨。"尝谓今科举之制,先之以《四书》《五经》,传注主某氏,某氏所以明义理、正学术;次之以赋、诏、诰、表,欲其为古文章;终之以策,观其器识。果能是,则其才品亦不卑矣,况又本之以德行乎。二十年间所得,亦可睹矣。窃怪比年义理之学日以晦堙,文章之体日以骫骸,士气日以衰苶懈怠,岂无故哉。大抵司文衡者不肯心服前儒,好持偏见诐说,迷谬学者,敢于违明制而不惧,此最大害也。又有专泥一经,不知兼之六艺,参之赋策,以观其全,而摸拟凤构之弊得以售。又有好取俚拙不文之作,以不拘格律为工,仆每与剧辨者,此也。慎选主司,其责固不在我,学者但当潜心经文,笃守传说,融会而发明之。至于文非贾、马、晁、董、班、扬、韩、柳、陆宣公、欧阳子、王、苏、曾不观,自然追配古人,度越流俗,遇明有司,不患于不见。取彼区区括套之编,揣摩之术,君子之所不道也。"④

二是取人不精的弊病。设科取士,重在得贤才,吴师道曾明确提出

---

① 吴师道:《送刘县丞之官宝应》,《吴礼部文集》卷 7。
② 吴师道:《送曾子白下第南归序》,《吴礼部文集》卷 15(《全元文》第 34 册,第 71 页)。
③ 吴师道:《恩荣宴》,《吴礼部文集》卷 7。
④ 吴师道:《答傅子建书》,《吴礼部文集》卷 11(《全元文》第 34 册,第 29—30 页)。

选人的标准:"科举之选,所以望天下之士者重矣。由科目而仕者,要必以有异乎人。然异乎人者,岂有他故哉。正身明教,守职奉法,一循圣人之道而不戾明天子之意,则所谓异者,又不过即其常而已。彼其矜智能,侈事功,思逾其分于赫赫之誉者,君子顾弗取焉。"[1] 但是从科举取士的结果看,确实存在良莠不齐的现象。"科举、学校,相表里者也,内儒而仕者,不为进士,则为教官。科举废而学校存,柄国者岂不以学校为至重哉。科行二十年,所得者可数,其英隽明达为时儒器者不少,不幸而有滥厕其间,往往速戾败官,议者遂相诟病,以一概百,直决绝之而后已,可胜叹哉。"[2]

三是文风日下的弊病。科举作为重要的风向标,带动了文风的转变,使得文气卑下成为较普遍的现象。"科目废四十年,逮延祐初而兴,又二十年当至元之初而罢,甲子凡一周矣。前乎延祐诸老尚存,典则未泯,学者虽寡少,类皆无所为而为,则诚豪杰之士,而文词亦往往精诣不群。近年士习既殊,高者务求异于前哲,卑者不过争为揣摩笼络之说,文气卑下,骫骳日甚,识者已逆知有中更之事。"[3] "盖昔者上以文取人,士以文致显耀,举世翕然,而豪杰特起之士独深愧之曰:是科举之文,而非古文之文也。"[4]

四是学风日坏的弊病。科举对儒士有速成的压力,使得务实的学风难以为继,学风败坏亦已成为普遍现象。"科举之制行,士故知学其学矣,然而厌精详而喜简略,弃积效而务速成。经旨本明也,而反晦之;传说本正也,而反戾之。委靡熟烂以为文,泛常迂远以持论,此举世之通患也。"[5]

吴师道列举的科举四大弊病,是自有科举以来的通病,元朝即便改变了科举考试的内容和方法,也未能去除这些弊病。与元朝中期一味赞颂科举的人相比,吴师道显然对科举的内在问题有更清醒的认识。

(四) 论荐举

科举取士毕竟取人有限,国家的官吏主要来自正常的选官之法。在

---

[1] 吴师道:《送浦江邑长元凯公序》,《吴礼部文集》卷14(《全元文》第34册,第56—57页)。
[2] 吴师道:《赠姚学正序》,《吴礼部文集》卷15(《全元文》第34册,第64—65页)。
[3] 吴师道:《送胡生序》,《吴礼部文集》卷15(《全元文》第34册,第62—63页)。
[4] 吴师道:《答谢君植书》,《吴礼部文集》卷11(《全元文》第34册,第21—23页)。
[5] 吴师道:《送王仁昭序》,《全元文》第34册,第76—77页。

吴师道设计的策问题目中，不仅指出了按年资升职的不足之处，也点明了国家确实缺乏养才和储才的机制。

> 问：国家幅员既广，职官亦众，铨衡进叙，专以年劳。由是选法多壅，简拔未精，清浊浑淆，贤遇同贯，积久成弊，有识患之。兹欲澄清吏选，大明黜陟，俾清浊异流，贤愚甄别，官称其任，人无幸心，或行考课之法，或用荐辟之令，或因而增秩，或不次擢才，凡兹数者，乐闻折衷。①

> 问：今天下之广，职官之众，取人之路不为狭矣，而在廷之官，或尚有缺。诸道风纪之正使，大郡之牧守，往往虚焉。岂果无其人耶？抑艰其选，而不轻畀耶？夫才不储则乏，不养则衰，失之于平时而索之于一旦，不可得也。国家之于储养，未尝不加之意，且若何而储，若何而养，必有其道矣，试一言之可矣。②

朝廷还以荐举（选举、贡举）的方法扩充官员队伍，吴师道在策问题目中既肯定了这种做法的可取之处，又强调了荐举人才亦面临种种难题。

> 问：前代任官，有辟举之法，资格之外往往得人。国朝铨选属之省部，而贵人百司得以荐举，亦良法也。近者废而不行，岂恶其干请奔竞之私，滥冗壅滞之弊而然耶？夫举尔所知，岂不愈于不知而用者，至于私且弊焉，则禁制之未详尔，乃一切罢绝之可乎？今欲人无滥举，举不失人，合乎古之意，不碍今之法，若何而可？③

> 问：守令之职，最为近民，休戚所系，不可不慎。比常申举人之令，严失实之罚，卒未睹其效。比年此制复格而不行，岂以为无益而止欤？其故何也？今郡守多缺，县令多猥冗不称，或未尝亲民

---

① 吴师道：《江西乡试策问一》，《吴礼部文集》卷19（《全元文》第34册，第226页）。
② 吴师道：《国学策问四十道之十九》，《吴礼部文集》卷19（《全元文》第34册，第238页）。
③ 吴师道：《国学策问四十道之九》，《吴礼部文集》卷19（《全元文》第34册，第234页）。

而辄为是官，尤不可也。铨选之法若何而宜，荐举之方若何而可，此诚时务之切者，试一陈以观远识。①

问：先王之世选举之法，书其德行道艺者，起于乡间，容或不公。而唐虞以来至于成周，数百年间，书传所记选举，有不实之弊。逮至后世，变而任一切之法，若糊名而较其一日之长者，亦可谓至公矣。而往往得人不能如古，岂立法之未至欤？抑有司取人之柄者未善欤？②

吴师道还特别指出了朝廷的荐举具有随意性的特征："凡贡士之见拔于有司者，有座主门生之分，盖自唐已然，儒林之盛事也。然今昔道殊者，昔也取才望以为公，故荐士出于己；今也糊名以防私，虽谓之非知己可也。况乎群十数人，坐一堂之上，甲是乙否，聚讼纷纭，衡鉴之不精，去取之失当，使侥幸者得出乎其间，而且号于人曰：吾主司焉。异时耻累及之，盖有不免而尚得为荣也哉。"③ 在这样的状况下，想依靠荐举解决朝廷的用官问题，只能带来普遍失望的结果："国家未设科举，士舍学校无所于仕，故尝多而壅。十年来旧制既复，士出且有途，而其壅益倍，何耶？或谓贡士数狭不足容，或谓由下升高者业必有成，尝试万一者不可必，未能以此而易彼。斯言信矣，而未深烛夫弊端也。盖向者学校之制专，故有司之察选也加详而严，前辈在列，犹有典刑，清议未泯，犹有畏忌，杂出而躐进者间见于其间，而未若今之甚也。夫其弊成于外，而吏部受之，而始议澄汰，抑难矣。"④

作为荐举的补充措施，朝廷还有所谓的"遗逸之科"，即特例征召隐士中的贤才为朝廷服务，但是吴师道在策问题目中已经指出了这样的方法可能为不肖之徒走捷径创造了便利的条件。

问：近者贡士之外，复有遗逸之科，盖深藏山林高蹈丘园者，

---

① 吴师道：《国学策问四十道之十六》，《吴礼部文集》卷19（《全元文》第34册，第237页）。
② 吴师道：《国学策问四十道之八》，《吴礼部文集》卷19（《全元文》第34册，第234页）。
③ 吴师道：《送张州判序》，《吴礼部文集》卷15（《全元文》第34册，第58—59页）。
④ 吴师道：《送叶审言巡简序》，《吴礼部文集》卷14（《全元文》第34册，第44—45页）。

嫌于自进，而有司不能尽举尔。然夫子尝曰："举逸民。"则古已然欤？三代时，乡举里选之公，士之怀德抱艺者，未尝隐而不见。然耕莘筑岩钓渭之流，何以不与于贤能之书乎？汉之严光，唐之阳城、温造，不可尚矣，其他不免钓采华名、捷径索价之讥，则为是举者，亦有得有失欤？国朝初年征用儒雅耆硕，魁垒之彦接迹于朝，当是时科目未兴也。设科以来，得人可数矣，特行负其言者或出其间，开别是途或足以矫之欤？人心浇讹，清议泯泯，彼方沮于进士之多艰，而幸于举牒之易，得纷然杂起，一郡动数十人，遗逸必不若是多也。本以待特起之才，而反资奔竞之辈，真其人者必耻于同列，则遗逸者愈不可得，其制法殆有可议者欤？[①]

为此，吴师道明确表明了"士不求知"的态度："盖闻修其实而不求人之知，古之道也。然彼诚众人耶，不知吾夫何慊。诚大人君子耶，不吾知吾愧焉。幸而吾知，则天下之乐孰大于是。科举方兴，士投牒自进，操数寸之管，书数幅之楮，以角一日之长，谓之不求知，可乎？虽然《易》有之'君子以同而异'，同于求知，而固有不同者焉。盖自唐虞敷纳以言，非言固不能以知人也。彼其抱美怀奇，因以自见，笃学信古，不阿时好者，岂无出于其间，因其言而得其人，则非贤且明者不能也。"[②]

从吴师道的用贤论点可以看出，在应然和实然方面存在着巨大的差距，他无法消除这样的差距，只能是对应然和实然各自表述，以启迪他人的思考。

三　时务举要

吴师道亦较为关注时务问题，并就救灾、止盗、赋役三类重大时务提出了自己的看法。

（一）论救灾

元朝中、后期自然灾害颇多，吴师道特别用诗作记录了江南地区遭受大旱灾时的情形。

---

① 吴师道：《国学策问四十道之二十二》，《吴礼部文集》卷19（《全元文》第34册，第239页）。

② 吴师道：《谢李溉之都事书》，《吴礼部文集》卷11（《全元文》第34册，第26—27页）。

五月苦旱今未休，青空烈火燔新秋。雨师不仁龙失职，百鬼庙食茫无谋。我欲笺天诉时事，只恐天公亦昏睡。苍生性命吁可哀，风云何日从天来。

皇天不雨一百日，千丈空潭断余湿。连山出火槁叶黄，大野扬尘烈风赤。田家父子相对泣，枯禾一茎血一滴。中夜起坐增百忧，云汉苍苍星历历。

吴乡白波田作湖，越乡赤日溪潭枯。衾绸不换一斗米，细民食贫衾已无。连艘积廪射厚利，呜呼此曹天不诛。闻道闽中米价贱，南望梗塞悲长途。①

青空晶晶月色白，竟夕飘风篾城陌。禾垄扬尘未足惊，千顷沧江亦龟坼。前年一旱困未苏，四年三年见所无。荒村十空减八九，斯人化作沟中枯。田庐尽入兼并室，妻子存者今为奴。空名赈饥不得实，并缘官粟私门储。民田无限纷自恣，贫弱只赖天公扶。吁嗟旱祸独尔及，天道冥漠知何如。②

救灾是朝廷的重要政务，吴师道在策问题目中，特别提出了如何有效救灾的问题。

问：盖闻天运之不齐，阴阳之或愆，旱干水溢，无世无之。虽以尧、汤之盛，而犹不免也。《春秋》水旱不雨必书，所以恐天灾，知戒而思备也。故臧孙辰告籴于齐，说者以为讥其不知预备，九年七年之水旱，而民无捐瘠，汉人美其畜积多而备先具也。国家土宇之广，岁入之丰，而调度实繁，郡县寡储，年或不登，则所在告匮，茫然不知所措，赈救一仰于兼并之家，至不爱名器以假之。丁未（1307年）之灾，亦可监矣。比岁水旱相仍，间有乐土，民仰懋迁，未至大困。今夏亢阳徂秋，不雨数月，江淮南北赤地数千里，米价翔贵，饥馑之忧兆于此矣。朝廷虽设义仓，有司漫为文具，缓急不可倚也。《周官》荒政十有二，可历举而讲求欤？开仓发粟伺得请，则常缓不及当早计而先定欤？督籴劝分，使民重困而无实惠，何术而能周防欤？儒者之虑，尝失之过，今之灾未若丁未

---

① 吴师道：《苦旱行三首》，《吴礼部文集》卷4。
② 吴师道：《后苦旱行》，《吴礼部文集》卷4。

之甚，然有备无患，亦不可以缓也。继今而后，义仓之政若何而无弊，李悝之平籴，耿寿昌之常平，亦在所当行欤？①

问：《豳风》有云："二之日凿冰冲冲，三之日纳于凌阴，四之日献羔祭韭。"盖藏冰出冰，说者以为节阳气之盛，其效至于雷风霜雹，调柔不怒，民不疾夭。或又谓此特圣人辅相燮调之一事，不专恃此以为治，是则然矣。虽非所恃而犹不敢废，何欤？岂阴阳之和，冥冥中赖其助，而人莫之知欤？天人相感之际，亦学者所当究也。彼土牛送寒，钻燧改火之类，推此一端，足以通之，其毋以为不切之问。②

吴师道任职地方官时，曾参与救灾，在与之有关的诗作中，他指出了救灾中的三大弊病：一是救灾事务只有少数当事者为之操心，朝廷中的其他人对此毫不在意。二是地方上根本没有钱粮的救灾储备，所谓朝廷的赈济或是徒具其文，或是只能依赖豪富之家的放粮"义举"。三是豪富的更普遍做法是乘灾获利，以灾害生财，并且难以约束和打击。

我昔仕州县，天历遭岁荒。劝分走郊野，日夜忧彷徨。豪民方乐祸，射利闭囷仓。非无补官令，谁发升斗藏。稍稍绳以法，群怒几中伤。有客为我言，好义关中张。素非高赀家，肯施贫人粮。阴德被乡间，斯士宜表章。因之感前事，使我增慨慷。③
生非适时才，向用更从宦。所至欠辄饥，命薄自招患。去年行视旱，四境几及半。逆知忧未歇，奔走今敢惮。既廪无余粮，私室乏朽贯。民穷固堪怜，俗戾那可劝。饿者拥我前，对之谩兴叹。萧条空山里，茬苒芳序晏。寺幽宿稍便，岭峻步宜慢。看花妨病眼，挥策怜弱腕。止饮已两年，咦檗日无算。独饱岂所安，辍飧空据案。松楸入我梦，忍泪忆洒饭。子规非恶声，夜半勤相唤。是时久不雨，望望复忧旱。风雷忽震荡，檐溜鸣达旦。起看麦青青，翛然

---

① 吴师道：《江西乡试策问二》，《吴礼部文集》卷19（《全元文》第34册，第226—227页）。
② 吴师道：《国学策问四十道之五》，《吴礼部文集》卷19（《全元文》第34册，第232页）。
③ 吴师道：《关中张氏义行诗》，《吴礼部文集》卷3。

一疏散。天心自仁爱，忍使民命断。书生誓及物，此志诚汗漫。投救方自兹，侲仄嗟谁伴。①

吴师道还强调，只要是官员真正努力，有的灾害是可以控制的，他特别记下了地方官员扑灭蝗虫的情况。

去年之夏几生蟊，捕除分道疾如风。宝坻从事心独苦，调选强力休疲癃。焚香祷神神与通，蝗自相食一夕空。大书联帛拥归马，儿童父老争言功。我闻开元相姚崇，按稽古法畀火攻。目前除患事应尔，潜孚乃在冥冥中。当今明良布德泽，四钱米斗何难同。近闻遗种时出地，若遣督捕无如公。②

灾后实行宽政，应该是最有效的救灾方法，吴师道亦对此提出了明确的要求："诵诗三百政云何，出应时需绩已多。要为朝廷陈雅颂，先令井邑化弦歌。淮乡岁晏鸿安宅，海岸云横水息波。喜报太平宽诏下，早宣德泽趁阳和。"③

（二）论止盗

对于朝廷而言，止盗比救灾更为重要，从吴师道设计的策问题目可以看出，他所注重的是以治道去盗的根本方法，而不是所谓的禁防之策；地方的捕盗官员则应达到专业化的水平，而不是滥竽充数，难以承担弭盗的职责。

问：至治之世，不能无盗。唐虞明刑，成周诘奸，见于命官之典，后世从可知矣。方今太平无虞，而蛮徼蜑丁时时窃发，至于兴师。小者夺攘剽劫，道路相望，都邑辇毂之下，奸人无所畏忌，禁非不严也，而犹若是，岂法有所未备欤？抑吏非其人而致然欤？夫道失而民散，民散而盗，滋不求其本，而区区锄治禁防之末，或者不可欤？然欲求其本，则潜消默化，必迟以岁月，而目前之害，救

---

① 吴师道：《二月下旬寒食在郊书事，言怀二十韵》，《吴礼部文集》卷3。
② 吴师道：《陈教授捕蝗宝坻》，《吴礼部文集》卷5。
③ 吴师道：《送刘君锡宰兴化》，《吴礼部文集》卷7。

之殊不可缓,其术果安在欤?①

> 问:巡尉虽卑官,以治盗为职。狱事之发端,人命之所关,非习于法而健于材,不足以为也。方今荫入仕者,例得为尉,当受命为教官者,得假巡简以出,夫以不从事之人,而治重刑之事;未离诵说之书生,而当督捕之任,毋乃用之失其当欤?岂以政而学者不论其素习,而能官固无所不通欤?今天下之务,岂不急于治盗矣,苟非其人,何以责其功?委任之道,试言其宜。②

在红巾军未起之前讨论止盗问题,就是要防止小盗变成大盗,并且恰是因为朝廷不重视止盗问题,才酿成了后来的大祸,吴师道于此亦显示出了先见之明。

(三) 论赋役

在民众的负担方面,吴师道不仅关注赋税的轻重和徭役的均平问题,还特别强调了盐政害民的问题,在策问题目中要求找出合乎仁政的有效方法。

> 问:江浙财赋之渊,经费所仰,曰盐课,曰官田,曰酒税,其数至不轻也。以三者而论,盐课两浙均之,官田浙西为甚,税止于杭州而已。近年法弊,害滋民力瘅耗,富庶之壤化为萧条。朝廷轸念生灵,一旦奋然减盐额十万,罢民食与仓运之法,东南之民欢欣鼓舞遍满田野道路,深仁厚泽前所未有也。官田者盖仍宋公田之旧,输纳之重,民所不堪议者,非不知其害,以为岁久额定,欲减无由言之,未必听也。今观于更张盐法之事,则可以见圣君贤相未尝惮于轻赋,而后于恤民当可言可行之时,俾得轻减并去不拔之害,亦岂不可欤?至于酒税包办,向焉民乐于从,不以为病,而今不然,其故可知,不过官吏虐害之耳。若听民自为而利其利,凡防禁之扰烦一切去之,其便利可久,是岂无术欤?今四方之事众矣,辄因仁政之及于江浙者并及二事,诸生其亦有闻乎,亦尝讲求而思

---

① 吴师道:《国学策问四十道之六》,《吴礼部文集》卷19(《全元文》第34册,第233页)。
② 吴师道:《国学策问四十道之十》,《吴礼部文集》卷19 (《全元文》第34册,第234—235页)。

有以处之乎。①

问：江浙盐法之弊久矣，近者贪暴为政，坏已至极，难概疏举。姑以今之所急者言之，岁课亏额数十万，何以补之？旧引之积而未售者尚多，新者将安所售耶？抑配则重困民，减弛则无以佐国用。遣官讲画，且为此尔，智者处之，必有佐时之策。②

问：民间役法，南北异宜，大概有三，曰差役，曰雇役，曰义役。近者廷议江南雇役许民从便，固良法也，岂北不可行欤？抑差役、义役或可废欤？抑兼存而并用其于南北？何者为便欤？③

和籴、平粜、榷酒和严格服色之禁，既涉及部分人的生活问题，也涉及整体的社会风俗和社会稳定问题，吴师道在策问中亦设定了专门的题目，以显示他对重要时政问题的关注。

问：京师生齿太众，籴价常贵，欲强使之减贱，不可得也。今岁南船沓至，贩区盈溢精凿之米，至与太仓陈积者其价相若，前此所未有也。颇闻外郡旱欠，道多流民，赈贷之事，行将有不免。古之善积者，人弃我取，贱极而贵，物理则然。广储蓄以预为之防可也，为有司计，必出于和籴。和籴则重扰烦，而米且不至矣。然则便利之宜，变通之方，若何而可？④

问：先王之治，崇本抑末，惰游有禁。况乎京师者，四方之所视效，其俗化尤不可以不谨也。今都城之民，类皆不耕不蚕而衣食者，不惟惰游而已，作奸抵禁，实多有之，而又一切仰县官转漕之粟，名为平粜，实则济之。夫其疲民力，冒海险，费数斛而致一钟，顾以养此无赖之民，甚无谓也。驱之而尽归南亩，则势有不

---

① 吴师道：《国学策问四十道之三十七》，《吴礼部文集》卷19（《全元文》第34册，第251页）。
② 吴师道：《国学策问四十道之三》，《吴礼部文集》卷19（《全元文》第34册，第232页）。
③ 吴师道：《国学策问四十道之二十》，《吴礼部文集》卷19（《全元文》第34册，第238页）。
④ 吴师道：《国学策问四十道之十三》，《吴礼部文集》卷19（《全元文》第34册，第236页）。

能；听其自食而不为之图，则非所以惠恤困穷之意。系欲化俗，自京师始，民知务本，而国无耗财，则将何道而可，愿相与言之。①

问：古者惟祀兹酒，群饮有禁。汉著赐酺之令，法意甚美，风俗犹近厚也。利兴于榷沽而流于后世，虽欲禁民之无饮，不可得矣。今列肆饮坊，十室而九，糜谷作醪，不知其几倍于粒食也。斗争凌犯之讼，失业荡产之民，皆由于此，而为政者不知为之限禁，可乎？非惟不之禁，顾礼为有乐而饮，宜纵之尔？古所谓乐民之乐者，固如是欤？伊欲使民循礼而有节，德将而无醉，非教化浃洽，人人有士君子之行者，不能至是，则其效又未可以卒致也，其将何以图之？②

问：隆古盛时，礼节修明，贵贱有章，衣服不二，民志攸定，财用阜蕃。中世以降，浇风日滋，敝化奢丽，服美于人，不为限制。推以经久，故比者朝廷定舆服之程，申刑罚之禁，行之且三十年，有司稍弛，民寖玩愒奢僭益甚。今其何施，俾之自化，请言其本，勿隐勿迂。③

宫廷中还有专门的贡米制度，吴师道用诗作记录了地方官员等小心翼翼保持"专供"的做法。

后皇制任土，职贡来四方。珍异匪余求，服食乃其常。金华有嘉种，玉粲含芬香。土人昔肇端，每岁赋其乡。颇闻播种初，行者避畎疆。敛收毕征纳，老稚不敢尝。扰扰府中集，数日何奔忙。珠玑历万指，错落照九光。圆好中式度，缄封谨缣囊。矧今岁旱干，弥望茅苇荒。野人惧不供，挈瓶越林冈。及兹幸充数，扬帆上天仓。惟民秉恒性，食芹犹不忘。勤动非所辞，有司贵循良。贤侯重承命，护视严周防。行行不可迟，去去凌风霜。玉食倘见登，仁恩

---

① 吴师道：《国学策问四十道之十一》，《吴礼部文集》卷19（《全元文》第34册，第235页）。
② 吴师道：《国学策问四十道之十八》，《吴礼部文集》卷19（《全元文》第34册，第237—238页）。
③ 吴师道：《国学策问四十道之四》，《吴礼部文集》卷19（《全元文》第34册，第232页）。

沐汪洋。愿推及物心，共乐斯时康。陈风以为赠，别意何悠长。①

对于不合理的茶课，吴师道则在给专司此事官员的书信中，建议全部取消，以减轻民众的负担。

> 今兹典领榷司，某适在临莅之下，事关民瘼。而荒山瘠土，物不产一焉，而茶尤绝少，商贾之所不至，木苗草叶足以代茗饮，非民用之所急也。旧来岁办甚微，兼有门摊，已为重困。近年顿增引目六百，外有带办，日加于前，细民无由赴愬，有司莫敢一言。峻责刻期，倚棰朴以济，一邑之害，莫甚于此。某之来也，亲见今岁租赋犹且釜悬，而金纸丝圹杂色之征，交至沓出，怨咨满前，所不忍闻，窃禄于此，固亦何颜。伏惟仁人君子，重哀斯人之穷，而察愚言之非诬，恻然救之，顿减数百道之引，蠲数十锭之钞，使是邑之民，世世子孙毋忘合下之赐。某虽无他长，亦能相与颂赞讴吟，以夸诩其事于无穷，岂不美欤？②

吴师道所述时务问题，其核心内容就是"安民"，即针对不同的问题，采用不同的方法，都是为了安定民众。民安而国安，对于元朝的后期政治而言，确实是一种重要的警示。

四 正学之道

吴师道作为理学学者，在正学方面提出了一些重要的主张，并且表现出了排斥异端邪说的鲜明立场。

（一）论义理

儒者既重视经的作用，也重视史的作用，吴师道在策问题目中特别强调了应注重经与史的相互依存关系。

> 问：经载圣人之道，史记历代之事。经史者，时务之所从出，而经又史之所从出也。以道制事，则经不可以不明；以古准今，则史不可以不讲。舍经史而谈当世之务可乎？今策试之法，或止以时

---

① 吴师道：《送人贡粳米之京》，《吴礼部文集》卷2。
② 吴师道：《与榷茶提举书》，《吴礼部文集》卷11（《全元文》第34册，第30页）。

务，而不及经史。不及经史者，岂专以时务为急乎，抑虽不明言经史，而经史自有所不能外欤？史犹可置也，经者道之所存，而事之本也，其可置欤？①

注重经史是为了通晓治国的道理，至少有一条道理应该引起高度的重视，即"人知有事之为功，而不知无事之为功，有事之功小，无事之功大"②。也就是说，无为而治比大有为或乱作为的效果更好。

吴师道显然意识到了理学兴盛的外表下隐藏的危机，所以特别在策问题目中提出了义理学说如何有用于治国的问题。

问：三代而上，义理素明，学者习而知之，故其材成德立，皆能有益于人之国家，而治效之盛，非后世可及。吾夫子语门弟子，未尝及性而言仁，亦无正训，是时犹不待辨而明也。孟子时则已不然，故举而号于人，曰性善，曰仁人心，大者如此，他概可知矣。孟子没而道无传，由汉逮唐，诸儒之所诵说，学者之所讨论，皆未能灼然有见于道，士生其间，不过随世以就功名，而所立卒不逮古者，职此之由欤？近世大儒特起，始有以续千载不传之绪，性命道德之旨，天人皇王之奥，焕然大明。家习而人诵，三尺童子亦能言之，可谓盛矣。其学之所成就，宜可以为圣为贤，出而见于用，宜皆可以致斯世斯民于三代之上。然校功程能，视汉、唐得人反或不及，其故何哉？昔犹可诿曰"道之不明"，今何所诿乎？岂义理之学，果无益于治欤？抑学者未能实知之，虽知而未能实践之欤？③

吴师道自己对这一问题作了高度概括性的回答："帝王群圣人之道，至夫子而明，群圣贤之言，至朱子而明。朱子之功，异世之夫子也。厥今尊右表章，声教四达，荒陬遐徼，犹知诵其书，思其人。"④由此，亦凸显了经筵的作用，并且按照吴师道的观点，儒者即便是布衣

---

① 吴师道：《国学策问四十道之七》，《吴礼部文集》卷19（《全元文》第34册，第233页）。
② 吴师道：《浦江张县尹惠政记》，《吴礼部文集》卷13（《全元文》第34册，第309—310页）。
③ 吴师道：《国学策问四十道之二十五》，《吴礼部文集》卷19（《全元文》第34册，第241—242页）。
④ 吴师道：《明善书院记》，《吴礼部文集》卷12（《全元文》第34册，第267—268页）。

也可以承担经筵的重任,所以在策问中专门有以下之问:"古之帝王,资学为先。故石渠制决,金华劝讲,崇儒问道,有自来矣。讲读设官,昉于唐世。方今建明,著为令典。积诚启沃,必得其人,将在廷儒学之士自充选与?抑若河南布衣者,亦当进列欤?专任兼领,孰为当欤?员不必备,而唯其人欤?"①

(二)论兴学

在兴学问题上,吴师道重点强调的是要兴正道之学,所以在策问题目中,表明了儒者应主《四书》之说的立场,不能以标新立异来歪曲理学的正道学说。

> 问:《六经》罹秦暴焚灭之祸,独《易》以卜筮存。汉初藏书稍出,《诗》《书》《礼》《春秋》皆残缺不完,故《书》有古、今之文,《诗》杂淫邪之篇,《春秋》三传之异说,《周官》不合于他书,此其体统之最舛者。其他文字之讹错,又在所不论也。诸儒专门党同守陋,既不能以相通,而增析窜移,又悉非旧,虽《易》不免矣。唐儒定为《正义》,主一说而屏诸家,谈者不容复致异。宋初,一二儒者始以己意论说,逮关洛建安诸公大明义理,订定经传,又挈《大学》《论语》《孟子》《中庸》以为之纲,发挥精微,可谓质往圣而不悖,俟来世而不惑矣。是以圣朝建学设科,尊崇表章,使学者有所据守此先王一道德同风俗之盛典也。且论圣人之经于残缺之余,固未尝以为全可通而无疑,阙其所当阙,通其所可通,以会圣人之心,则求之于此已足矣。奈何厌常喜新之徒,穿凿傅会,混乱成说,适有以投合好异者之所欲。夫非圣之言,诐淫邪遁之说,古所深拒而痛斥者,今反有取焉,使后生末学靡然而成风,果谁之咎欤?兹欲明圣朝同道之意,惩陋儒诡经之失,亦吾党之所宜,悉心者幸察索言之。②

在国学的生员问题上,吴师道则在策问题目中明确提出了应将汉人朝臣子弟纳入国学的看法。

---

① 吴师道:《国学策问四十道之一》,《吴礼部文集》卷19(《全元文》第34册,第231页)。
② 吴师道:《国学策问四十道之三十四》,《吴礼部文集》卷19(《全元文》第34册,第249页)。

问：古者胄子之教，专以公卿、大夫、士之子设也。今国子学弟子员，有蒙古、色目、汉人之别。蒙古、色目宜在优崇，故沿牒而至者不限远外，而蒙古之视色目尤优牒保者，不必其子孙弟侄也，遂至滋多，混淆壅塞。其为朝臣者之子弟，乃或待次数年而不得进。盖议法之初，未料其弊之至此也。今欲循教胄之义，而适古今之宜，使序进者疏通而无弊，其何以处之？①

尊师是兴学的重要前提，吴师道作为"北山学派"的学人，与许谦一样尊金履祥为师，不仅盛赞金履祥"少而好学，有经世志，凡天文、地形、礼乐、刑法、田乘、兵谋、阴阳、律历靡不博通"，要求为其在乡学设祀；② 还请求设立北山书院，理由就是"圣朝兴崇正学，表章先儒，盖以学术明则人心正，儒道显则风俗美。是以上稽孔孟之传，下主程朱之派，设科则用其书，秩祀则尊其爵。至于门人高弟，同源分流，或抱道怀德以终身，或著书立言而垂世，故于学舍之外复有书院之置，表厥宅里，附之风声。夫惟设教广而立贤多，是以致治隆而兴善速，此我朝之盛典，视前代为远过也"③。他在建议被采纳后，用诗作记录了正式立祠时的情形："我里堂堂有硕师，穷经白首竟谁知。诸君宣化文明运，百世风流道德祠。乡曲论公身殁后，衣冠色动礼成时。服膺私淑遗编在，岂乏方来秀杰姿。"④

学官与兴学有莫大的关系，并且享有特殊的地位。"天下之官，卑而实贵者，无如学官。其名则师，其职则教，虽风纪之尊与为礼，他有司固弗责以跪拜之节。群居则坐者尚右，说经则听者在下，官箴之所贷，吏责之所不加，雍容委蛇，亦何乐如之。"⑤ 但是朝廷不能精选学官或教官，已经对兴学带来了极大的损害，正如吴师道所言："教官选坏久矣，未若隶各道者之尤甚也。自屠沽负贩以至贱隶杂色，无不得假

---

① 吴师道：《国学策问四十道之十二》，《吴礼部文集》卷19（《全元文》第34册，第235页）。
② 吴师道：《请乡学祠金仁山先生》，《吴礼部文集》卷20（《全元文》第34册，第13—14页）。
③ 吴师道：《代请立北山书院文》，《吴礼部文集》卷20（《全元文》第34册，第14—15页）。
④ 吴师道：《奉安仁山金先生神主二首》，《吴礼部文集》卷8。
⑤ 吴师道：《送刘教授序》，《吴礼部文集》卷14（《全元文》第34册，第45页）。

是名者，可为吾道长太息。盖数年前以司廪计者，升邑谕郡录，或议其非而罢之，当矣。今之为是者，问其名则曰德行、文学也，晦迹邱园也。吁，德行不可诘也已。遗逸之科，朝廷所以待特起之士，安用此蒐琐辈累十百哉。伪委风靡，廉耻道丧，必有任其咎者，而莫之敢言也。"① 在吴师道看来，不改变教官的遴选机制，兴学育人只能是表面文章而已："科举、学校之制，相为表里者也。今科举方兴，而学校日就衰落，是岂无其故哉。教官之选不精，亦其一事也。近议者欲以进士任教官，余取之乡选之中者，盖有意于革杂进之弊矣，而有司未之改也。予窃观延祐以前士舍学校，无所于仕，当时负才望而畏名义者往往居多，且自卑而递升迟以岁月，或白首仅沾一命，其选若是之难也。比年变化，狁狁栖疾俄出而拥皋比，不再转而倚席太府，扬扬然夸于人，曾不少愧。其人如是，尚何责以教养之事哉。"②

吴师道还特别提出了儒者治学的最基本要求："涵养须用敬，进学则在致知，学者工夫，惟居敬、穷理二事。正容、谨节、存心，主一敬之事也；读书、问道、应事、接物，穷理之方也。二者皆主于敬焉。"③

也就是说，按照吴师道的要求，兴学不仅要有合理的机制、尊师的风气、合格的教官，更要有弘扬儒学的治学和教学精神。

（三）论异端

就理学的正道学说而言，对儒家经典的误读、误解甚至曲解，都是异端邪说，吴师道在策问题目中详细列出了此类异端的发展历史，就是要让儒士具有分辨异端邪说的能力。

> 问：周衰，孔子没，七十子之学散，异端并起。孟子时杨、墨盛行，前乎夫子固尝曰"攻乎异端"矣，夫子所指异端者谁欤？夫子问礼于老聃，亲与之接，杨朱师老子者，墨子或以为并孔子时，或曰在其后，盖莫能明。列子、庄子皆传老子之学者，庄子亦与孟子同时，然夫子之言一不及老子、杨、墨，孟子之言不及庄子，何欤？观于七篇之书，管、晏之功利，仪、衍之妾妇，陈仲子亡亲戚、君臣、上下，许行不知君子、野人、农末之相资，白圭之

---

① 吴师道：《送吴学录序》，《吴礼部文集》卷15（《全元文》第34册，第74—75页）。
② 吴师道：《送陶教授序》，《吴礼部文集》卷15（《全元文》第34册，第59—60页）。
③ 吴师道：《与许益之书》，《吴礼部文集》卷11（《全元文》第34册，第19—20页）。

貊道，宋牼之利说，固皆在所斥，然专以辟杨、墨为言，意安在欤？申、韩原于道德之意，太史公有此言也，彼其惨刻少恩，罪浮于诸子，当与善战服上刑者同科，孟子独无一言斥之，何欤？庄子以儒、墨并言，无怪也。东西都以来，儒、墨、孔、老时时发于文士之口，韩子推尊孟子功不在禹下，而孔、墨相为用，何以笔之于书欤？凡此皆求之而不得其说者，若夫后世异端之害，又在所未论也。二三子究邪说之原，明圣贤之意，详陈于篇，以观所学。①

问："太上立德，其次立言"。圣贤之于言，固有所不得已也。道之不明不行，而害正之说兴，不容不为后世虑也。故《六经》之文如日在天，诸子从而翊之，固已有纯驳之不齐矣。自汉以来，诸儒患人读者之不能通也，而又为传注焉。数千百年，赖以不坠。近世义理之学复明，诸大儒讨论折衷，可谓备矣。我朝表章宗主其说，所以一道德而同风俗也。且经之阙讹，传之遗略，岂得而无天下之理无穷，圣贤未尝不望于后之人，若其本原纲领之正，俟百世而不惑者，固无庸以异为也。昔人有言曰：天下不可无此人，亦不可以无此书，而后足以当君子之论。彼其垂世立教于此已足，又奚待有所增益哉，只见其不知量耳。方今有著书授官之令，盖所以待非常之士，意有在也。前代著述之善者，或给札下求，或身后始出，未尝以媒仕进也。奈何不知妄作之徒，剽窃绪余，掇拾浅陋，无关于义理，无裨于政教，纷纷争起，奔走自售，任考核者不过假借以成其干请之私。其甚者逞私说，肆不根，习非圣贤以自诡，反前人以为高，所谓诐淫邪遁，当深拒而痛绝者。乃使之刊布学官，以惑后生小子之视听，亦可叹也。然一切绝之，则失古人精微之意，存之而不为之虑，则落当世浇薄之风。将从何法而可革，此亦学校之所当谋者，其无以为迂也。②

佛教和道教则是另一类的异端邪说，吴师道不仅指出了佛教和道教

---

① 吴师道：《国学策问四十道之二十四》，《吴礼部文集》卷19（《全元文》第34册，第240—241页）。

② 吴师道：《国学策问四十道之三十》，《吴礼部文集》卷19（《全元文》第34册，第245—246页）。

祸害中国的各种表现，还特别强调了信用佛老必大乱、遵守儒道必大治的论点。

> 自佛老祸中国，垂二千载，莫盛于今日。昔者其徒属于有司，而未尝自为官府；别为异教，而未尝假以名位。弃家舍身也，无妻妾子女之畜；恶衣菲食也，无财货车服之养。当度者给牒于朝，未有捐数十缗于主者，而即去民籍也。金紫、银青、开府之号，间见前代，特记其异，未有设大官、拟政府在外者与州县并也。主其教者，尊礼若神，王公在其下，宫居玉食，服御拟万乘。天下塔庙，一郡动千百区，其后率占民籍十三，赀产半有司之赋，商贾室家无异众庶，是以惰游者入焉，无赖者入焉，退官豪民见惩于有司者入焉。假借以肆贪邪，而言之者以为讳，治之者不得逞，甚盛之势，旷古未有也。
>
> 余闻二氏之教，以清静、寂灭、离世、弃俗为务，凡纷华盛丽，皆彼所禁而不得为者。今一切反是，则其教固不行矣。二氏之立言高者，直指性命为宏阔胜大之说，聪明者惑焉，卑者谈祸福缘业，辅以禳祷禁咒，愚昧者信焉。今之目之者曰："是能祈天永命也，是能救灾致福也。"如是而已，不知其诞也。是尊信其粗，而未始及其精也。夫其能自立者，在禁欲忍难，而其溺人心则性命之说为尤甚。今也为其徒而不知其道，尊其教而不及其精，徒曰佛老之盛，盖眩于耳目之外，而不察其实，固未尝盛也。是犹横潦之无根，赢人之盛气，岂足恃也哉。
>
> 昔者进取、词章之学方行于世，遂以为儒道之盛。已而大弊，议者犹未悟。今之大经大法纲常之教，礼乐刑政之具，修明于上，海内乂安，兵寝刑措，此儒之效也。向使佛老之实用，则且大乱，乌睹今日之治哉。进取、词章之不用，而儒道之实用于隐然之中，所谓盛者，不在兹乎彼之盛者实则衰，而吾之衰者实则盛。本则立矣，持之以久，胜之以渐，异端之害有不息者乎。[1]

吴师道之所以要求排斥两类异端，就是因为在理学成为正统思想

---

[1] 吴师道：《异端说》，《吴礼部文集》卷10（《全元文》第34册，第220—221页）。

后，既要面对佞佛、佞道的外来挑战，也要面对理学科场化、虚化甚至异化的儒学系统内部的挑战。吴师道较全面地阐释治国理念，显然包含了回应异端邪说和反文治行为挑战的意图。需要注意的是，以策问的方式提出问题，是带有明显的政治倾向的，对于这样的政治理念表达方式，显然不能因为其没有明确的答案和系统的理论解读，而忽视其价值所在。

第二节 李存的正心理念

李存（1281—1354年），字明远，又字仲公，学者称为俟庵先生，饶州安仁（今属江西）人，师从陈苑学习理学，被列为光大陆学的"静明宝峰学派"学人，[①] 科举不利，专心治学，有《俟庵集》（《番阳仲公李先生文集》）传世，在著述中重点阐释的是正心治国的理念。

一 心学要义

李存按照陈苑的要求，苦心钻研心学，对正心等有了新的认识，并将之与治国联系在一起，提出了一些重要的观点。

（一）说正心要求

李存在写给陈苑的信中，既表达了他对陆学的尊崇，也强调了之所以人心不古，就是惑于邪说，未能了解心学的真谛。

> 人心积衰，风俗大坏，父诈其子，夫欺其妻。藻饰笔舌者谓之多才，纽键术数者谓之适用，分章择句者谓之至教，密文深察者谓之至治。呜呼，尚志之士欲尧舜吾君、尧舜吾民者，亦乌得无情哉。且兽焉而不失其良能者，马之乘，牛之服，犬守而猫捕也，至偶有失其性而不乘、不服、不守、不捕者，则皆弃之弗畜之矣，然亦有千万中无一二者焉。人而失其所以为人，举安之而弗悟其非，则是曾兽之弗若也，不亦重可悲乎。
>
> 使道而可私也，则未必谓之道矣。虽然，昔孔子大圣也，孟子大贤也，所遇之时去成周之泽未甚远也，犹且毁短于人，穷乏奔

[①] 黄宗羲原著，全祖望补修：《宋元学案》第4册，第3104—3106页。

走，虽门徒或谓之迂，至昆弟不喻其意，而况于今兹者乎。敬惟陆子本心之学，光绍于千有五百余年之后，非天地无以喻其大，非日月无以喻其明，非鬼神无以喻其变，而存何足以赞述之。夫岂规规然于绳尺训注之末，以增人昏蚀、牢人陷阱者耶。①

俗中之断断然讪讥未已者，惟知较乎穷达利钝，求乎形迹表襮而已，亦恶知夫义之所在有不可易者，理之所在有不可二者哉。学也者，一听于义理，而无所自用其私焉耳。

是故衮冕车马有不足为其贵也，金玉玩好有不足为其富也，啜粥袒跣有不足为其贱且贫也，鼎钺不足为其威也，死绝不足为其变也，夫岂强为之哉，理则然耳。理之根夫人心者，亦何尝一日泯绝，而非学则不能以自明。而学之不绝如线者，赖遗经存焉耳。而经之义，芜于训诂，近世尤盛。

今而从师亲友，方稍有自得之实，无所可疑，无不可信。屡欲卒请，而师友不能不虑其决择之未明，信向之未笃也。他日或害道，或媚世，累斯文有不细者，然存自研诸心，决择已明，信向已笃，而至教之重，何敢失坠，亦何敢道听而途说。戴天履地，有死无二心者。②

正心之所以重要，是因为其关系国家的前途。李存特别强调了在朝廷以科举取士的环境下，以正心压倒奸伪既是儒战胜吏的必然选择，也是使国家昌盛的基本保证，所以正心的学问实际上是治世的学问，儒者必须坚持本心之正和本心之仁，尤其是要杜绝"欺心"的自欺欺人做法。

古今天下有志于学问者，孰不以孔孟为标的。有志于事业者，孰不以伊周为程度。孔孟之学问，固所以为伊周之事业者，然孔门之学则拳拳在于求仁，孟子愿学则亦不过求放心而已矣。心苟不放，斯仁也矣。古之人有若伊尹者，则毅然以尧舜其君、尧舜其民

---

① 李存：《上陈先生书一》，《俟庵集》卷28，四库全书本（《全元文》第33册，第245—247页）。

② 李存：《上陈先生书二》，《俟庵集》卷28（《全元文》第33册，第247—248页）。

为己任，故其克享天心者，在于有一德也。又有若周公者，则亦思兼三王以施四事，故天尝动威以彰其功，此岂小才小智所能然哉。要其旨归，大概不失其本心之仁耳。

今者朝廷兴科举以取士，此政吾党弹冠相庆之秋。而为《蛊》之"初六干父之蛊"之义，圣君贤相之心，岂不以为吏道之弊渎而斁政，思四海九州之广，涵煦养育之久，宜必有真儒学孔孟之学、志伊周之志者而用之，庶几见于躬行，而有以振起斯民也。为之儒者亦岂可不感君相之盛心，而以伊周孔孟自矜式哉。使伊周之业，孔孟之学，可行于古而不可行于今，则自为申韩可也，自为黄老可也。义不当含糊假借其名，以徒为进取之资耳。若曰言其言而不必心其心，则是心与言自为二矣，亦岂慊慊乎君子言行相顾之义哉，亦岂不孤朝廷所以抑刀笔吏而以高科显仕相待之道哉。《易》曰："言行，君子之枢机也。"言行，所以动天地也，不然，则吏固有吏之弊，而儒亦有儒之伪者矣。

当时孔子为见正学不明，人心昏蔽，无所归命，异端塞途，邪说蜂起而已，又不得其位以行其志，删《诗》，定《书》，系《周易》，作《春秋》，垂之万世，皆所以明乎人心。及其衰也，而后始不复梦周公。而孟子而亦欲正人心，以承三圣，取好辨之讥，彼圣贤之用心，亦岂不可悲矣夫。呜呼，使此心苟得其正，则所谓《书》者此心之行事，《诗》者此心之咏歌，《易》者此心之变化，《春秋》者此心之是非，《礼》者此心之周旋中节。至若孝友、睦姻、任恤，皆此心之推也。是故古之学者先其本而后其末，既得其本，则于其末也，若目之有纲，衣之有领，振而齐之而已耳。故《大学》之道，由其明德而后有新民之功；《中庸》一书，由其率性而后有致中和、天地位、万物育之效。学问之实，政将所以临民莅政者也。读其书者书此事，绩其文者文此事也，初不相悖，谓之一以贯之，谓之举斯心而加诸彼，但不过有先后次序耳。今若不务其本，而徒事其末，吾恐非有志者平日所以自许自期之意，亦恐非伊周孔孟及当今圣君贤相之所以望于后世天下者也。

况今吏弊民瘼，何可胜言，诈伪多端，奸诡百出，徇私而不徇公，知利而不知义，虽使伊周孔孟复生于斯世，亦必精求方略可也。吾党之间若但疲精神于文艺之末，纵使幸而获选，弱者为群逐队,拱手署纸尾,持禄保位而已;强者为矫、为亢、为奋,螳螂之臂以当车辙,而不足以立事功,其高为纳履、为挂冠而已耳。若然者,将以求荣,反以取辱;将以行志,反以丧志。其故在于学非其所用,用非其所学也,可不惧哉。其必曰当其未仕也,姑从事乎言语文字以取之,既得之也,然后从事于实行。殊不知言之非艰,行之惟艰,亦非古人幼学壮行之义矣。且其未得之也,则汲汲然患所以得之,既得之,斯戚戚然患所以失之者有矣。苟患失之,无所不至,其得之道既不能粹然一出于正,则其失之心,又安能恬然泰然,而不以为患者哉。

此心之灵,有不可得而自欺者。自心既不可欺,则上而吾君,下而吾民,岂可欺哉。先圣贤之既往,后圣贤之方来,又岂可欺哉。只此不敢自欺之处,即伊周事业、孔孟学问之根源也。然世亦有有其力量,有其材美,得之于姿禀之厚,行之于镠轕之间,恢恢乎有余力者矣,但其所见所闻者少,而不自知其言之过也。①

李存还以顺帝朝的丞相脱脱为例,指出出身蒙古人的大臣都能注重正心的要求,汉人儒者更应该以此来约束自己。

古今天下之士,因其时随其人而已耳。若欲尽如己志,人人岂皆百岁哉。苟有百岁,所遭之境,逆顺必不齐也,亦何必以有限之身心,而为无穷之忧虑哉。"知足不辱",老子之言,古之君子有举雠者,而后世实称美之。盖但欲得其人耳,或恩或怨,于我何有。《大学》曰:"之其所好恶而辟焉。"言不得其心之正也。

窃以今丞相脱脱公言之,得尧舜之君如彼其专,秉天下之事如彼其重,其年齿如彼其盛,而一旦毅然谢退,万世当以贤宰相称之。彼生于朔北者而犹若是,吾人以诗书为事,又且游方之外,胡为独不然哉。②

从李存的上述观点可以看出,他重点关注的不是正心的学理解释,而是正心的实用价值,这恰是他将正心与现实政治紧密挂钩的用心

---

① 李存:《与友人书》,《俟庵集》卷28(《全元文》第33册,第251—253页)。
② 李存:《复通宗师吴闲闲》,《俟庵集》卷29(《全元文》第33册,第265—266页)。

所在。

(二) 说《春秋》治国

李存还将正心的观念引入对《春秋》的解释,所要强调的就是《春秋》按原心定罪并以此来申明大义的论点。

> 况夫子修《春秋》,正王道,以为百世法也。不以功掩过,不以恶没美。呜呼,圣人岂得已哉。君不君,臣不臣,父不父,子不子,人昧于义,恬不知怪。故曰:"《诗》亡然后《春秋》作。"当《诗》之未亡也,行之是者美之,行之非者刺之,盖王者之迹未熄,人犹知义,美刺得所故也。吾尝以为夫子笔削之际,必流涕叹息不知其几。
>
> 为人臣而不知《春秋》之义,则必有首恶之名。为人子而不知《春秋》之义,则必有弑父之名。《春秋》原心定罪,生于其心,害于其事,所以明为人臣为人子之大义,所以明为人臣为人子之大分,垂教戒于无穷也。为人臣而不忠,为人子而不孝,稍起于意虑之微,则蒙世显戮矣,此所谓天讨有罪者也。后人读者但当据经而精其褒贬,不当任智而过为之纷纷也。且圣人之褒贬,天下之达道,古今之通义;达其道,通其义,无所疑也,无不识也。苟圣人以私意而为之,则亦何惧于当世,何法于后来哉。①

李存还对专长于《春秋》的科举考生张仲举表示,依《春秋》理政并不是空想,而是可能实现的政治目标,其关键就在于要使《春秋》之义覆盖天下。

> 国家以科举取士,士之选必由于其乡。延祐七年春,张仲举将由钱塘归,就试太原。不远千有余里,以书来征余言。仲举,明于《春秋》者也。《春秋》,圣人是是非非之经也。故曰:"知我者,其唯《春秋》乎!罪我者,其唯《春秋》乎!"然昔之传是经者,固或溺于臆说;后之号为通是经者,亦多托之空言;经之不明,其来尚矣。吾尝谓使真知《春秋》者,一日而由乎科举得为政于一

---

① 李存:《与吴养浩论春秋书》,《俟庵集》卷28(《全元文》第33册,第248—250页)。

州一邑，而推是是非非之义以是非其民，则吾见《春秋》之义明于一州一邑者也。又使得序而进立乎朝廷之上，而推是是非非之义于吾君、吾相之前，则吾见《春秋》之义明于朝廷之上者也。亦岂非夫子作经之意哉，亦岂非吾君吾相求明经者之心哉，亦岂非吾民之望哉，亦岂不大可为科举庆哉。苟其志不于此乎在，而汲汲焉于穷达利钝之际，则其于《春秋》是非之义为何如耶。①

在处理实际政务问题时，尤其是在刑狱断案中，《春秋》也可以发挥重要的作用，正如李存所言："然颇闻案牍之间，情文不相称者有焉。夫情文不相称则诬，诬则民玩，民玩则易犯法，易犯法则狱讼繁，狱讼繁则听断或有所不详，听断或有所不详则人不服。是故《春秋》之义，在于刑赏得其当焉而已矣。"②

李存所强调的以《春秋》之义治国，显然不只是强调《春秋》的政治评价标准，而是将推行《春秋》之义视为一种重要的统治方法，并使得作为儒家经典和史书的《春秋》具有了服务于现实政治的重要价值。

（三）说为官正道

李存还将正心学说用于为官之道，所要强调的就是官吏尤其是出身于儒士的官吏要走正道，自觉抵御邪道的侵蚀和诱惑。为此，李存特别强调了六方面的要求。

第一，为官的儒者要保持自己的本色。在给危素的信中，李存特别指出了守学、质朴和至诚，是对儒者入仕的最基本要求。

尊兄今既登仕版，又难同布衣之时，一日肩头上重一日，又要和光同尘，又要不失己，不负平日所学，岂不是难千万。凡百朴实，莫改草莱寒酸；粗衣粝饭，莫妄攀附，莫强追陪，徒自取烦恼，增逋负。纵得一美除，养廉俸禄亦有限，其间致曲有多少忧危处，非做家私还债负之具也，此是古今儒者断断不易之义。③

---

① 李存：《送张仲举明春秋经归试太原序》，《俟庵集》卷16（《全元文》第33册，第307页）。
② 李存：《送祝蕃远赴浔州经历序》，《俟庵集》卷19（《全元文》第33册，第345页）。
③ 李存：《答危太朴》，《俟庵集》卷29（《全元文》第33册，第275—276页）。

但信于古道者，必不合于时宜。近于时宜者，必或远于古道。
酌而中之，不其难乎。前者之言，出于分外，不审能如雅意否也。
任他千鬼百怪，我这里只是一个至诚。知之为知之，不知为不知。
能为能，不能为不能。莫相陵驾，莫相欺诈，亦自心逸日休。古今
天下，唯至诚感人深。《咸》卦六爻，皆无大吉，以此见感人之
难。才有一毫私意，便不足以感人矣。惟有一个至诚，上事天子，
下接臧获，临患难死生之际，皆当如此也。青学乐教，是三代盛
事，然颇闻亦甚难处，既居其位，不可不精思熟虑，庶几求所以少
称其职者，此士君子之用心，难与他人言也。①

第二，儒士要坚持守中的观念。儒士要进身为优秀的官员，按照李
存的说法，不仅要注意有信心、立定志、择正师三项要求，更要注意
"求中之实"是其核心要素。

子无徒求中之说，当求识夫中之实焉可也。然则若何而识之？
一曰有信心，二曰立定志，三曰择正师。今夫众人之欲贵己者，孰
不谓爵禄京师之所自出也，必宜于京师焉求之，是信也。聚粮而橐
飧，忘舟车水陆之劳，易寒暑而不辍，犯霜露而不惧，忍羁旅而不
忧，是志也。求先事于己者，请其干取之方，辨其得失之机，是则
师也。是故由其心之信，而后志之立，由其志之立，而后师之择，
是三者缺一焉不可也。是则求夫中者之实者也，非徒取其称美焉而
已也，非徒资夫滕口占毕也。②

中者何？圣人假言以明道也。道而曰中何？欲人求诸己而不差
也。夫自伊祁氏发之，宣尼父申之，而子思氏述之，三尺童子能诵
绎矣。然要其实，盖有谈中而不识中之中也之人所自有也，患弗
思耳焉，有不识者哉。梏气血，胶意见，蠹淫于邪说杂学之府，蛆
腐于声色货利之场，清明蚀而私辟兴，乃欲望其识中难矣。③

---

① 李存：《又与危太朴》，《俟庵集》卷29（《全元文》第33册，第279—280页）。
② 李存：《刘孟中字说》，《俟庵集》卷21（《全元文》第33册，第408—409页）。
③ 李存：《中说赠黄中子》，《俟庵集》卷21（《全元文》第33册，第409页）。

第十七章 理学政治理念的发展　445

第三，儒者为官，只有以正道立于官场，才能处于不败之地。要坚守为官的正道，需要处理两大难题，一是无贿，二是御吏。在李存看来，只要有坚持守正的公心，就能解决这两大难题。

仕于时者，非但无贿之为难，而御吏之为尤难。苟知无贿，已不为狼饕乌攫者之所动摇，效甘荐脆者之所蛊惑，而不免乎来者之诛求，僚友之酬酢，妻妾之奉，服食之美，未有不中道而变焉者也。无贿之难，不其然乎。其或确然有以自立，毅然有所不为，知食君之禄，除民之害，而无私焉者，义也。尽其在己，而无祈乎其上，脱有不幸，出于防闲之所不及者，命也。如此，则向之所谓难者，又将有不难者存。州县之胥，谙练乎民俗之情伪，惯尝乎官长之巧拙，自其幼而学之，壮而行之者，无非欺公罔民之事。盖其禄不足以仰事俯育，名未足以取青拾紫，使者之行县，稍有风力而振举其职者，械系箠楚，朝施夕用，彼亦何苦而为之。故放其良心而不知求者，亦其势然也。势既如此，则其念念之间，何适而非私。彼其所掌者，分而官长之务，总彼其所资谋者众，而官长之党寡。至又有同僚之暗谬者，则托之以为腹心；编民之豪黠者，则援之以为党与。御吏之难，不其然乎。其或明足以烛微，而不为其所昏蚀；通足以合变，而不为其所陷阱；右吾之诚或有以革其面，奋吾之断或有以折其奸，如此则向之所谓难者，亦将有不难者存。然能无贿，而不能御吏，则其政多出于弱，而无以及乎物；能御吏而不能无贿，则其设施多出于术，而不可以训。

"为人之道，正而已矣"。虽正之为义有精有粗，而君之所为，殆亦出于天性，不皆矫激以为名者也。上府之听谗喙者尝欲挤之，而公论卒不可泯；使者之不辨苍素者尝欲抑之，而微疵终不能以深中。嗟乎，非无贿不弱而有及于物者乎，非御吏不以术而有可训者乎。[①]

由此，儒者入仕，必须坚持无私的立场，因为在现实政治环境下，官府之所以怀疑儒者之正，就是因为"不私"的儒者太少。

[①] 李存：《送刘县尉荣甫序》，《俟庵集》卷17（《全元文》第33册，第321—322页）。

> 学之有正者何，曰正不正也。谓之学已，犹有不正者乎？曰：去古远也。夫学也者，教也，养也，古之教养也一，今之教养也二。何以二？曰教则弦诵是已，养则廪给而已耳。廪士之有田，而无力役、粟米、丝纩之征，古今所同也。无力役、粟米、丝纩之征，则其食之也安。食之也安，则其习之也宜有成。然则今天下之名为教者，大都有三焉，儒也，释也，老也。彼释老者有田而无征，与儒者同；而儒者之出纳，则刺史、县令得以稽考之，部使者又稽考之，小有不当则黜罚行焉；彼释老者，有司未尝过而问。其故何哉？曰儒者所自取也，非有司之过也。儒何以自取？曰彼释老者虽曰方之外其流，犹或未尽私之也，至有乞贷以营赡者，又安肯私其所固有也乎。然则儒独尽私矣乎？曰儒之私也久矣，其有不私者几希，是以见薄于有司也。①

李存对吏持的是极为反感的态度，所以当有人问他"不宿治，以吏治乎"的时候，他的回答是："梏之而已尔，如化何？灵庭冥冥，白昼为傈矣，而莫盗取其器，死不胜得也，如化何？"② 为此，他并不看好所谓的儒、吏兼通的说法："国家选人之制，上焉曰儒吏兼，以为儒不律则疏，律不儒则粗。然而今之持文墨之长者，举旷放而过情；挟刀笔之能者，举苛深而多害，难哉人也。"也就是说，儒、吏本为两途，没必要强拉到一起，当然也并不反对有人做"兼二家之长"的尝试。③

第四，儒者为官，要善于直言。李存重视朝廷的纳谏，但是对于儒者向朝廷进言，他明确提出了紧扣时政要务、少发迂腐空论的要求。

> 元统二年（1334）岁次甲戌十月，邑人张玉良来曰："仆也虽生长草泽，然稍涉经史，不肯自碌碌昧昧。故凡政治之得失，未尝不关于心，苟有所自信辄识诸楮，今将陈之阙下。乡之先辈，或辨义利以教我，或指昔人之迂且狂者以戒我，吾子独将安赠？"
>
> 余曰："新天子明圣，三公九卿百执事多贤也。子所言者，虽不敢请。然吾闻振衣则有领，揭网则有纲，不得其领则颠倒而不

---

① 李存：《送吴景汉赴宁国儒学正序》，《俟庵集》卷19（《全元文》第33册，第338页）。
② 李存：《或问》，《俟庵集》卷12（《全元文》第33册，第399页）。
③ 李存：《赠张举之宣城后序》，《俟庵集》卷16（《全元文》第33册，第310—311页）。

序，不得其纲则紊乱而不张。是故志其大，毋截截于其细，求其本毋究究于其末。以百执事之所宜为者而告之，三公九卿则渎矣；以三公九卿之所宜为者而闻之天子，庸非渎乎？是故胶于古而不通则腐，趣于时而不任则偷。方今朝廷采言者如恐不及，亦岂有言之当而弗采乎，亦岂有采之而弗行乎，亦岂有行其言而弗显其身者乎。吾用是有以卜子之行之不徒也。"①

第五，儒者为官，要善于因势利导。李存重视地方官员尤其是州县官员的重要性，除了强调任职者要有爱民之心外，还明确指出在治民的刑、防、导三种方法中，最有效的应是导民的方法。

> 百司之接于民也者，莫州县官若也。州县官之恒其位，正笔而举措之者，莫尹若也。是故宰天下者，考绩之际，宜于尹焉先，得其人则一州县之民安，不得其人则一州县之民不安。国朝县有监，有尹，有丞，有簿六曹之史，有典参理也，制则密矣，然岂能皆心于为民父母者哉。假有一事焉，或杂举繁例以尝其明，或播诱两造以挠其正，决而行之则议之以为专，固而持之则诎之以为私，由是而引岁月饰案牍，其有能尽达于民情也者几希。②

> 夫尉于一邑虽末僚，责颇重，何者？作奸犯科之民，尉职捕而听其初辞，初辞而情，则其刑也不冤。然古之人不贵于得其情也，贵于禁其为非者也。尉也者，职最专，于民为最近，非禁其为非者欤。吾尝谓苟有窃鸡狗之微者，吾必甚痛之，是教其不敢窃牛马也。平居无事之日，勒群卒，赏扉屦，旗帜设而不张，钲鼓具而不鸣，厉戈露刃橐弓矢以耀境上，使见者怵然，闻者惕然。

> 况今诈伪日滋，尉亦岂易能哉。彼固有怙终者，有劫胁者，有诱者，有饕且偷者，有饥寒者，彼死亡安所恤哉。士君子苟得位，宜尽心焉。善刑之，盖不若善防之。善防之，又不若善导利之。③

---

① 李存：《送张玉良入京陈言序》，《俟庵集》卷18（《全元文》第33册，第329页）。
② 李存：《赠贵溪县梁尹序》，《俟庵集》卷16（《全元文》第33册，第308页）。
③ 李存：《送朱元善序》，《俟庵集》卷20（《全元文》第33册，第353页）。

第六，儒者为官，更要注意正心的要求。要管人先要律己，即所谓"倾人先倾己"，所以"自倾"是官员正心的最基本要求，也是施政的基本方法。

> 仆闻意苟欲倾夫人者，必先自倾者也。人之言曰："出乎尔者，反乎尔。"苟遂吾意，大失吾心，况其有不遂者乎。是故信道之君子，不间于高卑贵贱，必当先正其心。心正，则意不妄起，位乎民上则哀矜恻怛，亦何敢窃国法而轻重市利之，又何敢不欲于己者而施诸居乎四民之中。谨身节用以服事公上，亦何敢持议吏治短长。故曰："官者无失其为官也，民者无失其为民也。"故贵者敬其位而安，贱者敬其身而安，上下相安，则祸败何自而作。①

应该看到，李存所强调的正心要求、《春秋》治国和为官正道，都是对心学正心说的现实版解释。这样的解释虽然只是一种理想型的架构，对现实政治难以产生影响，但是对于理学政治思想的发展有不可忽视的作用。这样的作用并不是体现在李存对陆学的尊崇上，而是体现为正心说的政治化和现实化上，使得科场化的理学有了新的支点。只有认清了这一点，才能理解李存正心说的重要性所在。

二 时政之变

元朝后期的政局突变，李存作为亲历者虽然未看到结局，但是已经有极大的震撼，在著述中表达了自己的看法。

（一）文治之殇

顺帝即位之后，李存对文治信心满满。他不仅指出："今国家之大，际乎天而极乎地，开经筵以崇圣学，设科举以兴俊髦，向之驰马而试剑者，皆彬彬然文学之士矣。"② 还对皇帝亲书"闲闲看云"大加赞赏，认为其标志着"皇帝践阼，尚于文德"；"今皇上春秋鼎盛，左右有老成之辅，朝昏无燕昵之私，圣心之安，神气之和，盖溢于笔墨之外，不但度越前代，有非专门白首所能企及，实宗庙社稷无穷之休也"③。

---

① 李存：《安仁讼决诗卷序》，《俟庵集》卷20（《全元文》第33册，第369—370页）。
② 李存：《和吴宗师滦京寄诗序》，《俟庵集》卷18（《全元文》第33册，第364页）。
③ 李存：《御书赞》，《俟庵集》卷12（《全元文》第33册，第457—458页）。

对于朝廷的科举取士，李存不仅要求考生重视学与行的双修："今国家以科举取士，吾子先修其行，见信于朋友，见称于州闾乡党，明圣人之经，使积于内者先自充然，则发于外者后必烨然。如是而学，则古今之道备矣。"① 他还特别在诗作中强调了科举作为文治的象征，可以起到作新士气的重要作用。

湖水澹暮色，松林郁秋烟。沉沉弦诵堂，济济衿佩员。太守亲试艺，整襟坐寒毡。教言既亹亹，秉志真拳拳。外郡且能来，岂徒我疆堙。竞题虑寸晷，运思穷深渊。喧如昼蜂出，寂若春蚕眠。少辈固卓荦，老翁亦蹁跹。嗟予果何人，雠校追群贤。白昼静兀兀，青灯夜如年。圣朝久熏陶，良牧初承宣。择善敢率尔，逢奇共欢然。顾此且凡庸，虽尝习韦编。粗通象数末，岂达天地先。况复事笺注，真成守蹄筌。去取岂其任，强顾效埃涓。五番亦幸哉，士气新且坚。中程固云喜，暂黜亦足怜。志欲等金石，朝昏自磨镌。重逢大比时，定有高科暌。闻当由辈出，功名或无前。岂惟一时美，足使千载传。②

威胁朝廷文治的，一是朝廷内的权臣伯颜秉政，二是福建、广东的叛乱，好在都在短期内得到了解决。

因思闽广间，壤地有深阻。凶豪据溪洞，老幼负戈弩。几微相啖噬，动辄生龃龉。古今声教远，往往累南土。整齐非束缚，全活在绥抚。荒忽固无常，跳踉乃其所。虽云聚蜂蚁，颇亦顿军旅。远道困供输，穷陬多毒蛊。幸逢天子圣，元帅复雄武。前岁醢光卿，今年烹志父。此虽下愚者，生育皆父母。端由一念失，血肉涴砧斧。天道实宽容，皇威安敢侮。今闻豺狼窟，悉已反农圃。早暮或笙竽，村墟且商贾。奸臣操国柄，近亦死南浦。诏书一日下，海内尽歌舞。横算罢舟车，求贤复科举。间阎皆跨马，流谪归故处。百祥斯可至，万恶为之沮。③

---

① 李存：《赠何伯度序》，《俟庵集》卷20（《全元文》第33册，第355页）。
② 李存：《考试呈同院诸公》，《俟庵集》卷1。
③ 李存：《赠胡巡检民》，《俟庵集》卷1。诗原注：志父、光卿，皆当年叛寇；奸臣，指近年伯颜而言也。

驱赶权臣之后，脱脱为相，李存特别表示了对朝廷更化的企盼："丞相年方壮，高情照世间。堂堂先玉笋，恳恳别金銮。麟纪垂专美，鸡鸣习大闲。聪明既如此，愚守不应难。""国用钱粮大，于今法最严。常征犹有横，尽瘁不宜添。皇上真齐圣，三公足具瞻。喜闻秦运使，奏减浙西盐。"①

但是现实状况并不令人满意，李存不仅指出民众负担过重的问题，还特别强调了酷吏和主首等已经成为害民的通用工具。

八都安仁最下都，易水易旱生理无。奉公往役名主首，半是摘箬担柴夫。或因苗麦仅升斗，或忝殷实元空虚。千中得一称上户，土赤聊当辰砂朱。五更饭罢走画卯，水潦载道归来晡。天下末物诸琐碎，每以附近先供需。课程茶酒率陪闭，所取盐米何锱铢。逃粮逃金不待论，职田子粒尤难输。公家督促过星火，唯听捶挞生虫蛆。几年辛苦垤容蚁，一界了毕锅游鱼。间逢令宰贤恤者，苏息无术空嗟吁。②

自然灾害更加重了地方的危局，如李存所记："邳徐二州皆凶灾，流民如云过江来。布衣縿縿泥水破，黑妻骑驴儿在怀。为余言之心胆摧，剥掘榆皮芦白荄。只今贯钞一升米，不去坐死何为哉。"③ 救灾有各种良法，但是李存明确指出以富民放粮救灾换官爵的做法，是违背天意的恶劣行径，只有无私的救助才符合天意。

明、越、杭、婺、金陵、宣城、广德皆大饥，人相食。有司发而竭，弗苏。旁郡富于粟者，诱而致之，或美价焉，或施焉，而期之以爵，而相传以为天实厉之而欲全之者，是违天也，违天必有大咎。某州某姓氏者，梦神人谓之如是。李存闻而叹之曰："东南之俗，若是其诬也。为是说者，不已忍乎哉。昧者固易以信，然而鄙夫则遂以托焉尔也，而有司或以是怠焉尔也。夫民命于天而生者也，生而厉之，则如勿生而已矣，天岂其然。今夫孺子之蹈水火

---

① 李存：《挽轩竹亭》，《俟庵集》卷6。
② 李存：《义役谣》，《俟庵集》卷4。
③ 李存：《流民歌》，《俟庵集》卷1。

也，有不避焦濡而救之，从未闻见怒于孺子之父母也。然而世之鄙昧者恒千百，而贤智者或不能以一二。鄙昧者恒遇达以有余，而贤智者恒困顿或不能以自存。是故怪诞之易倡，而卓卓之论难树也。呜呼，天果不欲全之耶，则礼者不可信，而神者诚难凭矣。天果欲全之耶，而胡为乎贤智之鲜屑也。天乎，天乎，孰有能问之者。"①

李存希望看到的，不是"坐毡未稳欲交代，催科送迎何时闲。模棱斯可足岁月，否则急急归囊悭"的地方官，而是能够在救荒和平时施政中"义当公天下，私欲安敢取"和"恤民有真意，为政自无倦"的循吏，② 当然这样的循吏并不多见。

（二）战乱之忧

由中原红巾军骤起引发的战乱，很快蔓延到了江南地区，李存亦不得不于至正十四年（1354）弃家逃入山中避难，并在给他人的书信中表露出了陷入窘境的绝望心情："曷来临川大山之间，首与名族明善会，询知绕池华构一旦灰烬，不胜慨叹。区区乡里，遂为寇薮，顽忍且三年不去者，一以平昔与人无恩怨，或者可以相忘；二以老病连年，诚恐死于道路，只得风飧雨宿，草根木皮甘之如饴矣。不图近者暴横愈甚，里之死亡十盖八九，故为此来，甚非得已，而赤手空囊，艰籴择楮，遂致大窘。"③ "盗贼虽纵横如此，而故家乔木倡义捍御，文物礼乐无恙如昔，为之欣喜者累日。区区老拙陷在巢窟，几死者数四，复以疾病饥馑，殆无孑遗，比来方得脱身，就舍于仙郡大山之间，虽旦夕得以安坐奠枕，而空囊悬磬，殊狼狈耳。不肖平生谬作，近方收拾，又复一空。"④ 在诗作中，他也发出了"蠢蠢繁群盗，胡为乱此时。国恩方广被，天运更难推"和"扰扰兵戎际，垂垂老大时"的感叹。⑤

应该说，朝廷在平定福建、广东叛乱时是有经验可以汲取的，李存按照正心的要求，强调了止乱的行宽政、招忠勇、固人心、严守备等要求。

---

① 李存：《辨讹》，《俟庵集》卷12（《全元文》第33册，第401页）。
② 李存：《金溪尹德政诗》《美徐典史再任》《王承事均金谣》，《俟庵集》卷2。
③ 李存：《与吴简文》，《俟庵集》卷29（《全元文》第33册，第273—274页）。
④ 李存：《与吴顺翁》，《俟庵集》卷28（《全元文》第33册，第253—254页）。
⑤ 李存：《次友人韵二首》《再次前韵二首》，《俟庵集》卷6。

夫岭海要荒之服，其人愿而暴，其俗朴而悍，无外郡告讦之长，无他土变诈之习。一有拂于其心，轻则相杀伤，重则首祸乱。吏其土者，在于略小过存大体，安之而已耳。不然，事或起于毫末，而有伤于国体者。

政有不安于心，守经术之正，操觚抱牍，恳恳而开陈之。毋深文，毋货狱，深文则枉情，货狱则冤人。一有剽劫，严军于要害，勿轻用士卒犯瘴毒，争溪洞之险，趣斯须之利其诸要害之氓，宜使自为卒伍，复其身，授之刃，而教之战，立斩敌之赏、避敌之罚。贼至则兵，贼去则农也。购募而有功者，必重轻爵贿之，勿失信，勿因以为市。使海隅数十里之间，老老而幼幼，暖而耕，凉而获，吾则愉愉乎禄于其土，求其物产之美，而春秋荐献焉，亦岂非慈孝之大者欤。①

窃闻黎猺民，熽据雷与廉。牧守或散走，偷生向闾阎。每病法家流，但事笔与椠。虚文失情实，举劾皆细纤。公卿习为常，动辄生疑嫌。落落视大义，营营尽私敛。致令犬豕徒，跳踉在嵁岩。空调外郡兵，入境先痟痁。朝廷重臣职，择彼舆论佥。诛赏一出己，毋拘文法严。彼虽要荒间，声教之所渐。岂无忠勇者，拊膺坐蓬苫。购募不可缓，恩威贵能兼。拊循各有素，强弱无庸觇。土性耐蒸溽，方餐惯煨燖。既耕亦且战，勿责岁月淹。②

由此，面对全国性的乱局，李存所能想到的，依然是"善防"的应对方法："兵为危事，夫子所慎。临之以威，系之以恩，戒励不怠，训练不弛，毋恃敌之不我攻，当恃其不可攻也。"③ 这样的方法，可能对有些地方的"自保"有用，但是显然已经难以改变大厦将倾的危局。文人所能做的，不过是隐居大山中的以文自慰而已："山青水白自深深，谁谓桃源不可寻。一日邻人方命饮，十年故友忽相临。遭时政共干

---

① 李存：《赵舜咨海南海北还役序》，《俟庵集》卷19（《全元文》第33册，第342—343页）。
② 李存：《汪巡检南雄官满过安仁，且将北上，赋诗为别》，《俟庵集》卷1。
③ 李存：《与张玉文》，《俟庵集》卷29（《全元文》第33册，第274页）。

戈际，款语聊同竹树阴。幸得斯文天未丧，秋风杯酒尚论心。"①

第三节 郑玉的正道理念

郑玉（1298—1358年），字子美，号师山，徽州歙县（今属安徽）人，先入"慈湖学派"学习陆学，后融汇陆、朱学说，偏重于朱学，创"师山"学派，② 至正十五年被征为翰林国史院待制，未能赴任，在战乱中被俘后自缢报国，有《师山文集》《春秋经传阙疑》传世，在著述中重点阐释了正道的理念。

一 论治学

在治学问题上，郑玉重点强调的是儒者要革除学风不正的弊病，以力求实学的态度维系理学学说，使其不偏离既有的学问轨道。

（一）理学正道

在给以往同学的信中，郑玉特别强调了他对儒道传承的认识，并明确指出朱熹在光大儒道中具有极为重要的作用。

> 向岁同学时，某懵然未有知识，日用心句读文词之间，而无有得焉。每闻吾兄之言，辄敛容起敬，自以为非已可及。别去七八年，竟不得一见，而某优游厌饫，为日既久，若有所得，及以前所闻者雠之，往往不合，乃知道理在天地间，非真积力久，心融意会，不可恍惚想象，以人而遽为去取也。
> 夫古之时，家家稷契，人人皋夔，比屋有可封之俗，所言者无非理，所行者无非道。逮德下衰，人心沦没，始以道寄圣贤，凡民虽日由之而不自知焉，甚者逆常乱伦而不能由于是矣。况自孟子没，《诗》《书》出秦火中，残坏断缺，无一完备。重以汉儒章句之习，破碎支离。唐人文章之弊，浮夸萎靡。虽有董仲舒、韩愈之徒，或知理之当然，而终莫知道之所以然。故二氏之学，得以乘隙出入其间，以似是而实非之言，饰空虚无为之说，诱吾民而法之。

---

① 李存：《次何允升韵》，《俟庵集》卷8。
② 黄宗羲原著，全祖望补修：《宋元学案》第3册，第2719—2720页；第4册，第3123—2129页。

上焉者落明心见性之场，下焉者惑祸福报应之末，而吾儒之徒，无复古人为己之学，徒以口舌辩给，而卒不能以胜之，使天下有目如夜行，有耳如聋聩，其士者如饮而醉，如病而狂，如是者千四百年。

真元会合之气，散而复聚，于是汝南周夫子出焉，因《太极图》而使人知理气之并行，著《易通书》而教人以明诚之并进。河南两程夫子接迹而起，相与倡明之，而益大以辉，斯道断而复续，晦而复明。至吾新安朱子，尽取群贤之书，析其异同，归之至当，言无不契，道无不合，号集大成功，与孔孟同科矣，使吾道在宇宙如青天白日，万象灿然，莫不毕见；如康衢砥道，东西南北无不可往；如通都大邑，千门万户列肆洞开，富商巨贾轮辕辐集，所求无不可见，而天地之秘，圣贤之妙，发挥无余蕴矣。①

郑玉还对儒家正道学说传承的标准作了界定："斯道之传，不在语言文字之间，而具于吾性分之内；不在虚无高远之际，而行乎日用常行之中。以此穷理，以此明道，以此淑身而传后，以此解惑而觉迷。""道外无文，外圣贤之道而为文，非吾所谓文。文外无道，外六经之文而求道，非吾所谓道。"② 由此，守儒道必须注重实学，否则即为离经叛道的罪人："孟子曰：性无有不善。程子曰：敬者，圣学之所以成始成终。二说皆本诸《商书》，曰惟皇上帝，降衷于下民，惟善之谓。《虞书》即言钦哉矣，是谓圣学。秦、汉、晋、唐以来，文章之士相继而作，非无学者，而曰孟轲死千载，无真儒何也，不知用力乎此，而溺于训诂词章之习，故虽专门名家而不足以为学，皓首穷经而不足以知道，儒者之罪人耳。近世学者，忠恕之旨不待呼而后，唯性与天道岂必老而始闻，然出口入耳，其弊益滋，知而不行，则又秦、汉、晋、唐以来诸儒者之罪人矣。"③

尤为重要的是，儒者要以追求本原的态度掌握气理学说的真谛：

---

① 郑玉：《与汪真卿书》，《师山遗文》卷3，四库全书本（《全元文》第46册，第301—302页）。

② 郑玉：《余力稿序》，《师山文集》卷首，四库全书本（《全元文》第46册，第319—320页）。

③ 郑玉：《王居敬字序》，《师山遗文》卷1（《全元文》第46册，第353—354页）。

"为学之道，用心于枝流余裔，而不知大本大原之所在者，吾见其能造道者鲜矣。周子《太极图说》，张子《西铭》，其斯道之本原欤。然太极之说，是即理以明气；西铭之作，是即气以明理。太极之生阴阳，阴阳之生五行，岂有理外之气。天地之塞吾其体，天地之帅吾其性，岂有气外之理。然则天地之大，人物之繁，孰能出于理气之外哉。二书之言虽约，而天地万物无不备矣。"① 由此，郑玉在诗作中亦强调："人生学业莫参差，勇进方知得意时。义利路头须要辩，重轻权度更宜思。好从道理求原本，莫向文辞学蔓枝。自愧平生无所得，聊将鄙语答君诗。"②

（二）重朱陆之同

陆学和朱学的门徒相互攻击，在郑玉看来，是偏离理学正道的恶劣做法。即便后来郑玉尊崇朱学，但是依然强调不能贬低陆学。

> 然自是以来，三尺之童即谈忠恕，目未识丁亦闻性与天道，一变而为口耳之弊。盖古人之学，是以所到之深浅，为所见之高下，所言皆实事。今人之学，是游心千里之外，而此身元不离家，所见虽远，而皆空言矣。此岂朱子毕尽精微以教世之意哉？学者之得罪于圣门，而负朱子也深矣。况中庸之德，过与不及均之为失。杨朱学义而至于为我，墨翟学仁而至于兼爱，末流之祸，无父无君，可不畏哉。吾党今日但当潜心圣贤之书，视之如军中之羽旄，如丧家之功布，进退俯仰，一随其节，久而吾心与之为一，自有得焉。不可先立一说横于胸中，主为己见，而使私意得以横起，庶几防邪存诚，虽有小失，随时救正，不致大谬。如此，死而后已，以冀于道可入。

> 又近时学者，未知本领所在，先立异同。宗朱子则肆毁象山，党陆氏则非议朱子，此等皆是学术风俗之坏，殊非好气象也。某尝谓陆子静高明不及明道，缜密不及晦庵，然其简易光明之说，亦未始为无见之言也。故其徒传之久远，施于政事，卓然可观，而无颓堕不振之习。但其教尽是略下功夫，而无先后之序，而其所见，又不免有知者过之之失，故以之自修虽有余，而学之者恐有画虎不成之弊。是学者自当学朱子之学，然亦不必谤象山也。此皆以其知而

---

① 郑玉：《跋太极图西铭解后》，《师山遗文》卷3（《全元文》第46册，第333页）。
② 郑玉：《汪仲鲁以诗见寄，颇及道理，因述鄙见以次其韵》，《师山遗文》卷5。

言尔,至若行之之方,以敬为主,则不放肆,而自心广体胖,以谨独为要,则工夫无间断,而自强不息,虽圣人之纯亦不已,皆由此进。①

陆学和朱学都有其优点和缺点,作为理学学者,更需要注意的是两派学说的共同点,而不是着意扩大其差异。

方二先生相望而起也,以倡明道学为己任。陆氏之称朱氏曰江东之学,朱氏之称陆氏曰江西之学。两家学者各尊所闻,各行所知,今二百余年,卒未能有同之者。以予观之,陆子之质高明,故好简易;朱子之质笃实,故好邃密;盖各因其质之所近而为学,故所入之途有不同尔。及其至也,三纲五常,仁义道德,岂有不同者哉。况同是尧舜,同非桀纣,同尊周孔,同排释老,同以天理为公,同以人欲为私,大本达道,无有不同者乎。后之学者不求其所以同,惟求其所以异,江东之指江西则曰此怪诞之行也,江西之指江东则曰此支离之说也,而其异益甚矣,此岂善学圣贤者哉。朱子之说,教人为学之常也;陆子之说,高才独得之妙也。二家之学,亦各不能无弊焉。陆氏之学,其流弊也如释子之谈空说妙,至于鲁莽灭裂,而不能尽夫致知之功。朱氏之学,其流弊也如俗儒之寻行数墨,至于颓惰萎靡,而无以收其力行之效。然岂二先生立言垂教之罪哉,盖后之学者之流弊云尔。②

在融汇陆、朱等先儒的学说后,郑玉既强调了易无所不在的论点,也强调了《春秋》在政治层面无所不用的论点。

伏羲画八卦而文籍生,则《易》于诸经为首出。秦焚典籍而《易》独存,则《易》视诸经为全书。天地万物之理,古今万事之变,《易》无不具;吉凶消长之故,进退存亡之几,《易》可前知;所以为洁净精微之教而示人,以开物成务之道也,《易》其可一日

---

① 郑玉:《与汪真卿书》,《师山遗文》卷3(《全元文》第46册,第301—302页)。
② 郑玉:《送葛子熙之武昌学录序》,《师山文集》卷3(《全元文》第46册,第313—314页)。

不讲乎。

天地一《易》也，古今一《易》也，人物一《易》也，而吾身亦一《易》也。自天地而敛之，以至于吾身，《易》之体无不备；自吾身而推之，以至于天地，《易》之用无不周。又以吾身而论之，心者，《易》之太极也；血气者，《易》之阴阳也；四体者，《易》之四象也；进退出处之正与不正，吉凶存亡之所由应者，《易》之用也。如此，则近取诸身，而《易》无不尽矣，虽无书可也，无画可也。①

呜呼，夫子集群圣之大成，《春秋》见夫子之大用，盖体天地之道而无遗，具帝王之法而有征。其于事也，可以因则因，可以革则革。其于人也，可以褒则褒，可以贬则贬。其为纲也，则尊王而贱霸，内夏而外夷。其为目也，则因讲信修睦、救灾恤患之事，而为朝觐聘问、会盟侵伐之文。其主意也，则在于诛乱臣、讨贼子。其成功也，则遏人欲于横流，存天理于既灭，拨乱世，反之正，损益四代之制，著为不刊之典也。故曰知我者，其惟《春秋》乎！罪我者，其惟《春秋》乎。知之者，知其与天为一；罪之者，罪其以匹夫而行天子之事。又曰：我欲托之空言，不如见之行事之深切著明也。故《易》《诗》《书》言其理，《春秋》载其事，有《易》《诗》《书》而无《春秋》，则皆空言而已矣。是以明之者尧、舜、禹、汤之治可复，昧之者桀、纣、幽、厉之祸立至，有天下国家而不知《春秋》之道，其亦何以为天下国家也哉。②

由此，郑玉在诗作中特别描述了对自身治学的要求："读《书》明执中，诵《诗》存大雅。《乐》以感神人，《礼》以严上下。《易》发天地蕴，《春秋》诛乱者。是在天地间，神光秘欲閟。后圣相继作，大将庭户彣。众人拭目观，俨立如群堕。嗟我山中人，樵归成独坐。六籍在几案，日夕自翻簸。划然有所思，如得时雨洒。"③

---

① 郑玉：《周易大传附注序》，《师山文集》卷3（《全元文》第46册，第322—323页）。
② 郑玉：《春秋经传阙疑序》，《师山文集》卷3（《全元文》第46册，第320—322页）。
③ 郑玉：《汪叔简过师山，不相遇，留诗二首，因次其韵》，《师山遗文》卷5。

二　论君臣

郑玉擅长史论，在留存下来的几篇重要史论中，重点阐释的是君主和大臣的政治行为标准问题。

（一）君主行为的评判

在史论中，郑玉着重指出了君主的三种不当行为，希望以此来提醒世人注重帝王的守正问题。

第一种是君主不分轻重的行为。在楚汉之争中，项羽要烹刘邦（汉高祖）之父，刘邦表示可分一羹，被郑玉视为不分轻重和违背纲常之举："以吾身而视天下，则天下为重；以吾亲而视天下，则天下为轻。故君子之取天下，当大变之来，遇父母之难，又岂可不权其轻重，而为之进退哉。方天下乱离，生民涂炭，以吾身犯锋镝之险，蹈不测之渊，为天下拯焚救溺者，天下重于吾身也。及亲陷贼庭，危在顷刻，则舍天下以全吾亲者，亲重于天下矣。""向非项羽有妇人之仁，高祖无项伯之援，则太公烹于俎上矣。项羽既杀太公，分羹高祖，然后布告天下，谓高祖不顾其父，挟人杀之而食其羹，兴师问罪，则高祖负杀父之名，此身且将无所容于天地之间，又安能与之争天下哉。项羽计不出此，反惑于为天下者不顾其家之言，使太公幸而获免，高祖因之成事，天下遂以高祖为得计，索羹为名言，紊纲常之义，失轻重之权矣。使后世臣子怀必胜之心，忘君亲之难者，未必不自此言发之也。"[1]

第二种是君主弑亲夺位的行为。在郑玉看来，唐太宗李世民在举兵时就应该自建帝业，不必在李渊即位后弑亲夺位，留下骂名："父有天下，传之于子，子有天下，尊归于父，此古今之通义，帝王之常经也。""盖当天下离乱之际，苟德在己，则起而应天顺人，救民于水火之中矣，又奚暇让其父兄哉。昔者隋炀暴虐无道，盈于桀、纣，生民受祸，甚于涂炭，天下怨之，过于寇仇。于是盗贼蜂起，干戈林立，诛隋之师不期而会，然皆陈胜、吴广之徒，未有商汤、周武之比。独太宗以聪明勇决，识量过人，见隋室方乱，阴有安天下之志，当时豪杰皆归心焉，人之议之，则曰命世之才。太宗之心，亦必以高光自许，是盖汤、武之亚矣。众人之论，固未尝及于高祖（李渊），而高祖之志亦不足以

---

[1] 郑玉：《汉高祖索羹论》，《师山文集》卷2（《全元文》第46册，第337—338页）。

及于是也。使太宗因天心之厌乱，顺人心之思治，以天下之忧为一己之任，义旗一举，豪杰云蒸，以之兴吊民问罪之师，行放桀伐纣之事，乘虚入关，号令天下，数炀之恶而诛其身，代炀之位而反其政，然后用汉太公故事，尊其父为太上皇，半年之间定天下而成帝业，身没之后位传于子，前免挟父之名，后免弑兄之恶，汤、武之事复见于后世，唐室之治可追于三代矣。顾乃拘拘于父子名分之间，孜孜于详度论议之细，不量其父之才，必欲强以天下之重，言之而不从，则劫其过失，訹以祸福。及其义兵既举，大事已集，犹且自加殊礼，至于九锡，既不以征伐之事上同于汤、武，乃窃取禅授之名下同于莽、操，亦不闻太宗之有一言，何也？盖太宗才过于德，识不逮志，卒成骨肉之祸，遂陷篡弑之名者，皆始谋之误也。"①

第三种是女人为帝的行为。武则天称帝，史论往往聚焦于狄仁杰的明助周而实复唐的行为是否得当，郑玉则明确表示了女主为贼的论点："予故发明胡氏之意，正名武曌之为贼，使纲常之分大明于天下。后世母后，有托以垂帘听政，包藏祸心，谋为不轨，如武曌之为者，其忠臣义士，防微杜渐，不俟终日，当其未成也，则有以沮之；若其既成也，则有以诛之，庶几篡逆之谋息，而祸乱之原塞矣。"②

郑玉对君主行为的评论，显然有以古喻今的深意，因为元朝中后期出现的弑君和母后主政现象，恰是郑玉坚决反对的做法。

（二）大臣行为的评判

在大臣的行为当面，郑玉重点强调了三个论点，期望引起为臣者的注意。

一是为臣者有为君主分忧的职责，不能坐视国家危亡而不顾。"圣人既为经以定天下之常，复为权以尽天下之变，于是经权相济若体用然，而天下事无不可为者矣。人君者，天下之义主也，义之所在，天下共为之主矣。苟义去之，匹夫而已，岂得为天下之主乎。人臣之事其君，幸而遭遇明哲，固当尽职奉公，竭忠事上，守其常分，毋或凌犯。不幸遭遇昏愚，纵情暴虐，肆行祸乱，毒害生灵，倾危宗社，为之大臣者则权之以义，而有伊霍之事焉。人主尚尔，况母后乎。若曰君臣上下，素有定分，阶级等威不可逾越，拘俗儒之常谈，守匹夫之小节，坐

---

① 郑玉：《唐太宗论》，《师山文集》卷2（《全元文》第46册，第338—339页）。
② 郑玉：《狄梁公论》，《师山文集》卷2（《全元文》第46册，第341—343页）。

视祸乱至于危亡而莫之救,则将焉用彼相矣。"①

二是为臣者在尽忠和守孝之间,应该各尽其能。"凡人处君亲之间,当大变之际,既不能两全其道,则当各尽其道而已。若李璀者,其有得于此乎。方怀光(李璀之父)之将反也,璀陈逆顺之理,尽谏诤之道,知其父之志决不可移也,则言于德宗,使为之备,见君恩之不可背。及怀光之败也,则自杀以殉父,见亲难之不可违。观其言曰:'臣闻君父一也,但今日陛下未能诛臣父,而臣父足以危陛下,故不忍不言。'虽当大变之际,而粲然君臣之伦。又曰:'臣父非不爱臣,臣非不爱其父与宗族也,顾臣力竭不能回耳。'虽在大难之中,而蔼然父子之恩。及德宗问其自免之策,则对以俱死既不背其君,又不遗其亲,斯为忠孝两全矣。君为臣纲,父为子纲,岂不各尽其道哉。"②

三是有才之士应出而辅佐明君,不必因而不仕。"士有间百世而始出,屈万乘以自高,举世谓之有道之士,吾则曰洁身乱伦而已。昔者严子陵与光武(刘秀)同游学,及帝即位,乃变姓名,隐身不见。帝思其贤,物色访之,征拜谏议大夫,不屈。""光武,一代之贤君,所谓可与有为者也。使子陵屈己事之,则伊尹、周公不得专美其前,而生灵被其泽矣。""孔子可以仕则仕,可以止则止。孟子曰:乃所愿则学孔子。此圣人之出处也,子陵其有合乎。"③

郑玉强调的为臣要求,亦应有所指,因为脱脱驱除权奸伯颜,就是大义灭亲的举动;而太平、脱脱等人被罢黜,体现的恰是为天下救危者早夭的悲剧。

(三)表彰前朝忠臣

除了以史论评价忠臣义士外,郑玉还向朝廷上书,要求为文天祥正式立庙,以昭示对忠义的崇敬和表彰。

> 臣窃惟纲常乃国家之大本,忠义为人事之先猷。故武王灭商,首表比干之墓;高祖立汉,即斩丁公之奸;盖忠邪虽在于前朝,而劝戒实关于后世也。此皆圣主贤君所以维持世教、扶植人心之要道也。伏睹至元十三年国家渡江取宋,其君后既就臣虏,宗社已为丘

---

① 郑玉:《张华论》,《师山文集》卷2(《全元文》第46册,第340—341页)。
② 郑玉:《李璀论》,《师山文集》卷2(《全元文》第46册,第345—346页)。
③ 郑玉:《子陵不屈光武论》,《师山文集》卷2(《全元文》第46册,第347—348页)。

墟，独丞相文天祥以亡国之遗俘，立当时之人极，从容就死，慷慨不回，义胆忠肝照耀日月，清风高节荡涤寰区，岂惟作轨范于一时，实可为仪刑于千古。盖自生民以来，一人而已。世祖皇帝天纵圣神，既不屈之于未死之前，又复惜之于已死之后，周王、赵祖之心何以过于此哉。累朝承继，乐举褒封，四海观瞻，以为叙典。臣窃观亡金忠臣赵惪，在世祖皇帝时已尝敕中书传旨，翰林学士王盘撰文刻庙以褒宠惪，其于亡宋，岂有异制，则知本非朝廷吝夫礼秩，自是臣下失于敷陈。

实以此事系于纲常，欲自我朝著为令典。如蒙特降圣旨，宣谕中书，俾吏行封，太常议谥，于吉安路立庙，长吏以时致祭，赏罚既明，纲常自定，人心以之而振，世道由是而兴，天地人神同有依赖，其于国家岂小补哉。①

郑玉还特别指出，表彰文天祥涉及的是治本问题，不能不引起当政者的高度重视："玉以为天下之事有本有末，国家之政有重有轻。举其本而末自修，先其重则轻自理，此为治之要道，用力少而成功多也。何谓本，纲常是也；何谓重，忠义是也。夫朝廷既重乎纲常，臣下必尽乎忠义。忠义既尽，官得其人，人尽其职，天下不治，玉未之闻也。亡宋丞相文天祥，以亡国之遗俘，为当时之柱石，从容就死，慷慨不回，此乃国之忠良，人之仪表。我国家承平已久，所合褒崇以示奖劝，阁下自江西而还，言之急且大者，岂有过于此哉。"② 可惜郑玉的这一建议，并未被主政者所采纳。

三　论时政

郑玉一生未仕，专心学问，但是对时政问题亦较为关注，提出了一些值得注意的观点。

（一）说科举得失

对于朝廷以科举取士，郑玉持的是肯定的态度，并特别强调了科举取士以德行为本、文才为末的要求："科举之设久矣，唐、宋之盛，名

---

① 郑玉：《为丞相乞立文天祥庙表》，《师山遗文》卷3（《全元文》第46册，第295—296页）。
② 郑玉：《与丞相书》，《师山遗文》卷3（《全元文》第46册，第299—301页）。

公巨卿胥此焉出。我国家延祐初诏行科举,今二十年,马伯庸为御史中丞,许可用为中书参政,欧阳原功为翰林学士,张梦臣为奎章学士,科举之士台省馆阁往往有之,不为不盛矣。其取士之法,经疑经义以观其学之底蕴,古赋诏诰章表以著其文章之华藻,复策之以经史时务以考其用世之才,亦既严且详矣。然朝廷不以是为难也,必曰乡党称其孝弟,朋友服其信义,然后得与是选焉,岂非以德行为本、文义为末乎。"①

科举取士已经实行多年,依然存在歧视江南文士的现象,郑玉就此所要表达的论点是儒士不应该计较科举之得失,而是要以学问和治道为重。

至正八年春,朝廷合天下乡贡之士会试于礼部。考官得新安王伯恂之卷,惊且喜曰:"此天下奇才也,宜置第一。"且庋其卷左右,以俟揭晓。未几,同列有谓:"王君南人,不宜居第一。"欲屈置第二,且虚第二名以待。考者曰:"吾侪较艺,以文第其高下,岂分南北耶?欲屈置第二,宁弃不取耳。"争论累日,终无定见。揭晓期廹,主文乃取他卷以足之,王君竟在不取。揭晓之日,考官自相讼责,士子交相愧叹曰:"王君下第,如公论何?"乃议举王君为宣文阁检讨,而王君已飘然南矣。

冬十二月,余过钱塘,与伯恂会于旅邸,则已循常调,受温之瑞安学正,趣装而行矣。顾谓余曰:"学职虽卑,微禄足养,庶几遂吾读书之志也。"予闻而益敬之。夫伯恂以下第受屈,名动京师,终无怨言,安义命也。受一校官,捧檄而喜,荣养亲也,其进退亦可谓合于道者矣。得失祸福,岂能动其中哉,他日造诣未易量也。近世科举之士,用心得失之间,得之则沾沾以喜,失之则戚戚以悲,至于皓首穷经,终不闻道,甚者丧心失志亦有之矣,闻伯恂之事,宁不少愧乎。因其行也,序而送之,庶有闻其风而感悟者,是亦吾党相劝为善之道也。②

为此,郑玉还特别强调了以长远眼光看文士"出处"的论点:"士君子在天地间,唯出处为一大事。故观其出处之节,而人之贤否可知。

---

① 郑玉:《送唐仲实赴乡试序》,《师山文集》卷3(《全元文》第46册,第311页)。
② 郑玉:《送王伯恂序》,《师山遗文》卷1(《全元文》第46册,第317页)。

虽然出处之际，祸患之来，常有不可避者，君子亦曰听其在天者而已。故观人者不特论其得失之见于外，又必察其是非之存于中者，而后人之出处可得而论也。"①

（二）说用人之要

对于朝廷用人，郑玉总体上持的是肯定的态度，并特别强调了慎用官员是为了达到政简民安的治道目标。

> 臣玉窃惟我国家起自朔土，立国以仁，郡县置吏，专用不扰，以安集其民人。今上皇帝潜龙岭海，历试诸难，讴歌狱讼，天下归之，然后入践大宝，故知生民休戚系于郡县，乃重守令之选，严赏罚之科，考其殿最以为黜陟。复虑内外隔绝，民情壅遏，久任于内者必授之以州县，久任于外者必擢置乎省台，其法既详且密矣。三品以上并令陛辞，上亲谕德意，余官亦须堂参，听宰相宣旨，德至渥也。至于简其贤能，加以锡赉，赏一人而千万人劝，可谓得治天下之要道者矣。拜手稽首而献颂曰：皇元混一海宇并，九州四裔尘垒清。大邦小邦连络城，建侯置牧相纵横。考课黜陟法既精，赏罚孰敢紊厥程。皞皞惟我新安氓，女事麻丝男事耕。赋重役繁困科征，操刑论律宜用轻。天惠我侯知民情，政尚宽简心至诚。②

由此，朝廷需要注重的就是以公心选贤用能："昔者周公之为辅相也，一沐三握其发，一饭三吐其哺，急于得贤，以共天位，故能致成周之治，为三代之隆也。然举贤之道，在于公天下之选，不可徇耳目闻见之偏，而堕朋党好恶之弊也。"③

毋庸讳言，朝廷确实存在用人不当的问题，并已经带来了严重的后果："江南州县去京师远，不知朝廷德意，惟恐亏之，官故常疲民以奉上，民困而官不恤，此岂法之罪哉。古之善为国者，必先富民，民者国之本也。国用乏，而哀民财以足之，犹割四肢之肉，充口腹之食，其能

---

① 郑玉：《送徐推官序》，《师山文集》卷3（《全元文》第46册，第309—310页）。
② 郑玉：《皇元至正劝励贤能之碑》，《师山文集》卷6（《全元文》第46册，第392—393页）。
③ 郑玉：《上定住丞相》，《师山文集》卷1（《全元文》第46册，第297—298页）。

久乎。"① 所以郑玉在诗作中明确提出了"固知天降大任人，使察民情知治体"的要求。②

郑玉还特别对出任地方官尤其是底层官员的人强调了用心治民的要求："不卑其官，而勤其事，古人之所以为善政也。……一事之来，必思其当，当而后行，不当必不行。凡阅一牍，商一事，必尽其心，曰钱粮者生民之脂膏，刑名者百姓之司命，词讼不理则民生怨怼，铨选不公则吏不劝戒，如此事其有不当者乎。"③ "古人以治县为最难事，故目县曰县滩，谓人之为县，若舟楫之过滩濑也，然此特指县令而言尔。古今异制，古者县令专制一县之事，簿则分掌簿书而已。今之制，长令与簿共坐一堂之上，遇有狱讼，公议完署而后决遣之，矧一县之事，自下而上，必始于簿。簿苟可否失其宜，政不平矣，故今簿之职，视古为尤难，而责为尤重也。"④ 同时，郑玉也指出了任官吏要掌握一定的技巧："典史，县幕官也，其受省檄，秩从九品下，其事则检举勾销簿书，拟断决，禄薄位卑，务繁任重。一县之得失，百里之利害，常必由之。官所以治其民，民所以治于官，而位乎官民之间者，典史也。欲上而奉承无怠，下而抚字无亏，其为职不亦难乎。故催科少缓，簿书失实，则长贰责我；刑政稍猛，期会太迫，则吏民责我。惟虚心待物，善则称人，过则称己，布长贰之德以施诸吏民，致吏民之颂以归美于长贰，始可免焉。"⑤ 也就是说，朝廷要特别注意越是基层越难治理的问题，既要用对人，也要做对事，才能达到善政的要求。

（三）申尽忠之志

战乱骤起后，郑玉在诗作中既表达了期望和平的强烈愿望，也展现了忧国忧民的情感："极目川原野烧青，深知圣主念生灵。干戈交战川流血，灾异频书夜殒星。盗贼纷纭身自灭，皇明亿万德惟馨。但看八月秋风起，照夜何曾见一萤。""家住江南黄叶村，绳枢瓮牖席为门。自罹盗贼人传死，重见交游我幸存。焦土更无遗简册，供厨惟有旧匏尊。

---

① 郑玉：《颂叶县丞平金课时估诗序》，《师山文集》卷3（《全元文》第46册，第326—327页）。
② 郑玉：《送府判北还》，《师山遗文》卷5。
③ 郑玉：《送郑照磨之南安序》，《师山文集》卷3（《全元文》第46册，第312—313页）。
④ 郑玉：《送鲍国良之官巢县诗序》，《师山文集》卷3（《全元文》第46册，第310—311页）。
⑤ 郑玉：《送赵典史序》，《师山文集》卷3（《全元文》第46册，第308页）。

黄巾迎拜何为者，自愧疏庸不足论。""自愧疏庸一腐儒，赘疣天地欲何如。渔樵到处相来往，守令逢时问起居。头白深知忧国事，身闲且复寄精庐。何时四海收兵甲，还向师山理旧书。"①

至正十五年六月，顺帝采纳皇太子的建议，命人前往江南，赐给郑玉御诏和丝帛，授予翰林国史院待制之职，并促其北上大都任职。② 郑玉即向皇帝上书，明确表达了谢绝任职的意愿。

> 臣闻高祖开汉，不屈四皓之心；光武中兴，终全子陵之志。夫所谓隐士者，或因愤世疾邪，或欲廉顽立懦，故以恬退为事，高尚为风，未必皆有康济之才、经纶之学也。从昔贤圣之君所以特加宠异者，盖欲养成廉耻，激励风俗，为天下劝耳。
>
> 臣幼以樗栎之资，深爱山林之趣，躬耕垄亩，留情著述，初无过人之才、忘世之意也。兹者伏遇皇帝陛下，以天地为心，亿兆为念，求贤不及，从谏如流，谓臣遁迹丘园，特赐尊酒束帛，以翰林待制召臣，闻命恐悚，神识飞扬，循墙扣天，趋避无所。臣窃惟迩年以来士大夫贪得患失，尸位素餐，廉耻日丧，风俗日坏，养成今日之祸，以致盗贼蜂起，生民涂炭，遂使陛下宵衣旰食，忧形辞色，累下哀痛之诏，布宽大之恩，而天下犹未定也。今臣复蹈前辙，贪冒恩荣，不知退避，岂惟负陛下知人之明，抑亦有妨朝廷进贤之路，非臣所以报陛下，亦非陛下所以望于臣也。盖臣学问之浅深，德量之大小，非他人之所能知，而臣自知之，所谓吾斯之未能信者，岂敢炫石为玉，以自欺其心哉。③

在给皇太子的上表中，郑玉也表达了谢绝任官的意愿，还特别强调了"仕止进退必合义，庶几抑奔竞之风，左右前后皆正人，尚益勉端本之学"的要求。④

至正十八年七月，郑玉在战乱中被俘，被关押在友人家中的亦政堂内，郑玉特别对其学生鲍观说："子之奉亲而居是堂也，父父、子子、

---

① 郑玉：《次韵周廉使》《次韵述怀》《书怀》，《师山遗文》卷5。
② 《师山遗文》附录载《宣命》。
③ 郑玉：《让官表》，《师山文集》卷1（《全元文》第46册，第294—295页）。
④ 郑玉：《谢赐酒笺》，《师山文集》卷1（《全元文》第46册，第296—297页）。

兄兄、弟弟、夫夫、妇妇，刑于家而化于乡，是亦为政而已矣，奚必食君之禄，治民之事，而后为为政哉。子兄弟其勉之，斯为不负予之教矣。"①叛军主帅要求郑玉降附，郑玉即明确表示："朝廷授以隆赐，命之显秩，尚辞不出，今何出耶？"他在自杀前还给学生留下了言志的手书："人言食人之食，则死其事，未食其食，奚死然？揆之吾心，未获所安。先哲论殷三仁胥获本心，士临事恶可不尽其本心哉。吾初欲忼慨杀身，以敦风化，既不获遂志，今将从容就死，以全节义耳。"②

郑玉对自己的自我评价是："尔貌甚陋，尔才匪长。尔行多僻，尔性大刚。违世忤物，动辄中伤。有客过我，问尔行藏。远志小草，尔自主张。毋贻林涧之愧，而为一身之光也。希孔明徒有其志，学朱子莫知其方。谈天论地，都成话枋。登山临水，遂为膏肓。或者谓斯人之所造，其圣门之所谓狂也欤。"③从郑玉的言行看，确实具有狂士和忠臣的特征。

第四节　赵汸的守正理念

赵汸（1319—1369 年），字子常，号东山，休宁（今属安徽）人，师从黄泽、虞集学习理学，被列为"草庐学派"学人，④隐居著书立说，明朝初年曾参与修《元史》，著有《周易文诠》《春秋集传》《春秋师说》《春秋属辞》《春秋左氏传补注》《春秋金锁匙》及文集《东山存稿》等，在著述中重点阐述的是守正的政治理念。

一　学问之正

赵汸治学，以《春秋》为主，兼及其他儒家经典，并且尤为强调的是正学对儒者的重要作用。

（一）说《春秋》要义

赵汸指出："《春秋》，圣人经世之书也。昔者周之末世，明王不兴，诸侯背叛，戎狄侵陵，而莫之治也。齐桓公出，纠之以会盟，齐之

---

① 郑玉：《亦政堂记》，《师山遗文》卷 1（《全元文》第 46 册，第 385—386 页）。
② 汪克宽：《郑玉行状》，《师山遗文》附录。
③ 郑玉：《自赞二首》，《师山遗文》卷 4（《全元文》第 46 册，第 389 页）。
④ 黄宗羲原著，全祖望补修：《宋元学案》第 4 册，第 3083—3088 页。

以征伐，上以尊天王，下以安中国，而天下复归于正。"为说明《春秋》的"正人心，示王法"功能，赵汸列出了孔子删定《春秋》的策书之例和笔削之义，策书之例为十四项，笔削之义为十项。赵汸还特别强调："是故以存策书大体为义，而治乎内恒异乎外，则谓之夫子法书者，不足以言《春秋》矣；知春秋以举重为义，而治乎外者恒异乎内也，则谓之录实事而已矣，不足以言《春秋》矣。知一经之体要，所以通治乎内外者，则凡谓《春秋》赏人之功，罚人之罪，去人之族，黜人之爵，褒而字之，贬而名之者，亦不足以知圣人矣。故学者必知策书之例，然后笔削之义可求。笔削之义既明，则凡以虚辞说经者，其刻深辨急之论，皆不攻而自破。苟知虚辞说经之无益，而刻深辨急果不足以论圣人也，然后《春秋》经世之道可得而明矣。"①

赵汸亦明言："春秋之作，所以明王道者也。大而礼乐刑政，圣人盖律之以文、武、成、康之盛；小而纪纲法度，圣人亦律之以文、武、成、康之盛也，盖甚欲王道之复行于天下也。作始于王正月之一语，以王道正春秋之始也，以为由是而尚，可以为成、康之盛也。奈何天下之事不能尽如圣人之意，内而诸侯不奉一王之法，外而四裔不奉一人之法，然犹未有以知王道之果不可行也。至于麟出焉，然后知王道之无征也。绝笔于西狩获麟之一语，以天道正春秋之终也，以为占之于天，必将有战国之衰也。"②"《春秋》皆是处变，常者易处，而变者难处，故《春秋》非圣人不能作。""《春秋》本是一贯之道，夫子以一理而裁万事，洪纤高下各有攸当，而学《春秋》者竟未知其为一贯也。"③

赵汸还列出了学习《春秋》需要注意的八项要求。一是学《春秋》"只当以三传为主，而于三传之中，又当据左氏（丘明）事实，以求圣人旨意之所归"。二是说《春秋》"当求事情，事情不得而能说《春秋》者，未之闻也"。三是学《春秋》以考据《左传》国史事实为主，然后可求书法。四是《春秋》既是经也是史，"本是记事，且先从史看。所以如此说者，欲人考索事情，推校书法。事情既得，书法既明，然后可以辨其何以谓之经，何以谓之史。经史之辨既决，则《春秋》

---

① 赵汸：《春秋集传序》，《东山存稿》卷3，四库全书本（《全元文》第54册，第446—451页）。
② 赵汸：《春秋金锁匙》，四库全书本。
③ 赵汸：《论春秋述作本旨》，《春秋师说》卷上，四库全书本。

始可通"。五是凡说《周易》《春秋》，"须要换却精神心术，方可若有所得"；《春秋》是拨乱之书，"不得已而作，所以有许多委曲难看"。六是说《春秋》者"当先以经证经，又其次引他经证，又其次以经证传，又其次以传证经，展转相证，亦复出入诸书，如此则用心密而乖谬少矣"。七是说经当务平正，"不可失之偏，尤不可好奇立异"。八是凡说《春秋》须先识圣人气象，"要识圣人浑然醇厚，凡一切峭刻烦碎之说皆除去之，毋惑传注，而后圣人之旨自明，褒贬得其当矣"。① 也就是说，学习《春秋》既要注重史学方法，更要注重政治思维，因为《春秋》不仅仅是历史著作，也是阐明治国要义和准则的政治著作。

（二）论朱陆异同

赵汸师从虞集时，曾专门论及陆学与朱学的不同。由于赵汸是从陆学转到朱学的，所以采用的是褒扬二学之同的态度。

> 若夫陆先生之学与子朱子不同，则有非愚生之所能尽知者。然朱子之学实出周、程，而周子则学乎颜子之学者也。程子亦曰孟子才高，学之无可依据，学者当以颜子为师。至朱子之告张敬夫也，则又以伯子浑然天成，恐阔大难依，而有取于叔子以成其德焉，其自知也明矣。陆先生以高明之资，当其妙年则超然有得于孟氏立心之要，而独能以孟子为师。
>
> 今朱子之书，家传人诵，其端绪之明，则颜、曾、思、孟以至于周、程、张子之所传可征也，其工夫之密，则自夫洒扫应对进退，而达乎修齐治平无间也，岂有待于愚言而后知哉。独陆氏之学则知之者鲜，故愚亦不足以言之也。然尝闻孟子曰："仁人，心也，放其心而不知求，哀哉。学问之道无他，求其放心而已矣。"又曰："耳目之官不思，而蔽于物心之官。"则思先立乎其大者，则小者不能夺也，此陆先生之学所从出也。是故先生非不致知也，其所以致知者，异乎人之致知；非不集义也，其所以集义者，异乎人之集义。他日，朱子尝曰："子静是为己之学。"又曰："子静平日所以自任，正欲身率学者一于天理，而不以一毫人欲杂于其间。"则其所以夐出千古者，岂不在于斯乎。若曰苟此心之存，则

---

① 赵汸：《论学春秋之要》，《春秋师说》卷下。

扩充持守为可略，学贵自得，则思索讲习之皆非，则虽学知力行之士，不足以语此，而况于小子后生之至愚极暗者乎。《易》曰："学以聚之，问以辨之。"又曰："精义入神，以致用也；利用安身，以崇德也。"岂徒《易》简之云乎，此先生之高明所以为不可及也，然则其可以易而言之乎。奈何前修日远，后学寡师，求之而不得其要，察焉而不见其端，于是专务考索者傅会缴绕，而终不知本心之犹在；致力持守者私心自用，而卒无以异于常人，然后知二先生之所为深忧，而过计者盖有在也。

夫政治之失由乎学术，千里之缪起于毫厘。断木为棋，刑土为鞠，莫不有法焉。有志于学者，而于求端择术之际无以致其思，则其流弊将有不可胜言者矣。

虞集同意赵汸的论点，并作出了如下评价："古人云，在朝言朝，在野言野。居江右而论江右之前贤，非敢僭妄辨学以正。""陆先生之兴，与子朱子相望于一时，盖天运也。其于圣人之道，互有发明，而吾党小子知者微矣。子常生朱子之乡，而又有得于陆氏之说，其答斯问也，于前数君子既已各极其所蕴，而于二家之所以成己而教人者，反复究竟，尤为明白，盖素用力于斯事者，非缀缉傅会之比也，一时友朋若子常之通达而起予者鲜矣。"①

（三）正理学概念

赵汸曾向黄泽请教："人皆有言，理学至近代大明，明理以释经，而天下之能事毕矣，固无待于后人也。且以大儒先生竭其心思所极而犹有弗得者焉，则亦未如之何矣，今先生尚发其所未发者乎？"黄泽答道："为斯言者众矣，岂非以先儒所未尽者，终非后人思虑可及，不如谨守其已言者之易为功乎。以吾所见，正恐其所已言者，或不容遽知，其所未言，初未尝不可通尔。""思之思之而又思之，而终有不得焉，则阙之可也，以俟后之人亦可也。一或思之而有得，则知先儒之所未及者，或有时而可通。此今未尝用一日之力，而遽诬以为不可更通，且訾他人之用力者，是殆以己之无目，而欲废天下之视也。"赵汸的结论是"盖由是益知讲学而不切于己，治经而不究其事者，无可得之道焉"②。

---

① 赵汸：《对问江右六君子策》，《东山存稿》卷2（《全元文》第54册，第428—434页）。
② 赵汸：《留别范季贤序》，《东山存稿》卷2（《全元文》第54册，第313—316页）。

为深究学问之道，赵汸特别在与儒者的信中，讨论了几个基本概念的理解问题。

一是对太极是否"杂乎阴阳"的看法，赵汸认为不能将"太极不杂乎阴阳"作为定理，因为太极杂乎阴阳是自然现象，不能被纯理论的解释所误导。

> 尊翰"太极不离乎阴阳，而亦不杂乎阴阳，则天命之性不离乎气质，明矣"。按此语须子朱子，而实出勉斋（黃榦）。勉斋曰："天命之性，自其理言之，不杂乎气质而为言尔。"向亦未得其说，后见朱子有云："某解《太极图》，云某此句当仔细看。今于某解说尚未通，如何论太极。"因此求之，方悟朱子微意所在，盖非有以离乎阴阳也。一句是正说太极本体，二句是发明周子立言之旨，谓"无极而太极"五字，乃是即阴阳而指其本体不杂乎阴阳而言之耳，非谓太极真不杂乎阴阳也。故曰"即太极不离乎阴阳而亦不杂乎阴阳"而为言，皆是深致意处。张子曰："形而后有气质之性，善反之，则天地之性存焉。"勉斋恐读者未达此旨，误以禀受于天者为两性也，故以朱子释《太极图》之意释之，盖谓此理既赋于人，则已堕于形气中，非复本然之全体，不可纯以天地之性言。今曰天地之性，乃是自其理而言之，不杂乎气质而为言尔，非谓天地之性真能不杂乎气质，而可以舍彼而全此也。[①]

二是对是否有所谓的"两性"，赵汸坚持的是只有一性和一理的看法，并强调这是理学的认识论基础。

> 尊翰又云："若以理之不离乎气者言之，则天命之性得于有生之初。若以理之不杂乎气言之，则天所赋于有生之初，而我受之以为性者，本无不善也。"此"初"字是指天命人性赋受之初，言所谓不离乎气也。用前二句观之，则是得于有生之初者果有两性也。通后二句观之，则是理之在人者有二，而所谓复其初者，乃是舍彼而全此也。气质之性，虽曰形而后有，然使得之于天，无是本

[①] 赵汸：《答倪仲弘先生书》，《东山存稿》卷3（《全元文》第54册，第474—480页）。本小节引文未注明出处者，均来自此文。

然之性，则亦何以为是气质之性哉？故程子以本然之性为极，本穷原之性，又谓"二之则不是"，意可见矣。

三是对静主德行和存心、动主致知力行的说法，赵汸持反对态度，因为在他看来，这样的区分方法，违背了理学动静一体说的基本原理。

> 尊翰云："尊德性者，存心之事，静时工夫也；道问学兼致知力行而言，动时工夫也；致广大而尽精微，存心而致知也；极高明而道中庸，存心而力行也。"此一节尤不能无疑。盖动静工夫皆是就心上说，如所谓存养省察是也，与致知名义事意不同，可疑一也。且以尊德性专为静时工夫，则与存心而致知力行者自相抵牾，可疑二也。谓存心为尊德性之事则可，谓尊德性为存心之事则不可，可疑三也。昔有以问为致知学为力行者，朱子不以为然，今欲并包力行为说，可疑四也。汸昔年读书，最患多疑，每一开卷则如猬毛而起，虽圣贤书亦然。尝谓程、朱二先生发明斯道，庶无复余蕴，若于其原有一字不通，则是道体之全犹有所昧，故亟欲求教。

四是对明明德与新民的关系，赵汸不同意将其分开变为两事，甚而以明德为本、新民为末，因为他认为两者本是一事，明明德即包含了新民。

> 汸窃谓如曰明德、新民各有分限，是明至善可也。今由其为至善各有分限，是于至善上更有分限矣。《大学》经传于明明德、新民未尝各出至善二字，微旨可见。如曰明明德、新民皆止其分限而无欠无余可也，今曰循其分限，而不相侵越，则未审明明德不止至善，何以为侵越新民界限？新民不止至善，何以为侵越明明德界限乎。
>
> 今明明德、新民虽有内外本末之分，然首尾相因，只是一事，盖明明德止于至善，则家国天下一以贯之，而新民在其中矣。未有余于明明德而不足于新民者，亦未有有余于新民而不足于明明德，何以谓之过此则侵彼乎。
>
> 盖尝论之，必修身以上五者皆备，乃为明明德；必齐家以下三

者皆备，乃为新民，故总以"明明德于天下"一语起之，必明明德、新民无不用其极，方是止于至善。故经传说至善处，皆合明明德、新民言之，不复析为二也。

故访尝谓明明德、新民、止于至善，是举圣人事为《大学》标准，自格物至平天下，乃是学者工夫。举古之欲明明德于天下者，而逆推其用力之叙，则所以明古之圣人亦必由学而后至，而学者之功必可至于圣人，是则所谓《大学》之道。①

赵汸还从易学的角度，对易、道、气、理之间的关系作了具体的说明，所要强调的，也是天下一理的论点。

易画始于羲皇，易词系于文周，人皆谓圣人之书也，不知非圣人自为作也。未有易书以前，其理已具于造化，圣人不过因而发挥之。如易有乾坤，岂自易始哉，天以阳处上，地以阴处下，其一尊一卑已具健顺之理，而乾坤定于此矣。

然则天下之理，一易简而已。尽圣人体易之成，一尽易简而亦尽矣。诚体易简至于久大，则易纯乎易，简纯乎简，一易简而天下之理不遗于吾心而无弗得矣。天下之理得，则天得易以成位乎上，地得简以成位乎下，人得易简以成位乎中，则体道之极功、圣人之能事可以与天地参矣。可见易理即天地之理，天地之理即吾身之理，人当求易理于天地，亦惟求易理于吾心而已矣。

道之名由来尚矣，由今言之，果何谓乎？其一阴一阳之谓乎？阴阳不可谓道，独阴独阳亦不可谓道，惟太极之静固一阴矣，静极而动又一阳焉，阴阳迭运，循环无端，是之谓也。

夫易而归之道，则凡易之所在，皆道之所在矣，而君子可不学乎。是故身之所处为居而安而不迁者，在刚柔变化之易序，至变之中有不变之理，次第不紊不违其宜，则一身皆易矣。

易之道其大乎，天地一阴阳也。易以道阴阳，其与天地该齐准者也。天地所以定位之理，天地之道也，惟与之准，故能弥纶天地之道，其兼阴兼阳，有以联合其全体而无一理之或遗，即弥纶之中

---

① 赵汸：《与袁诚夫先生论四书目录疑义书》，《东山存稿》卷3（《全元文》第54册，第480—487页）。

其分阴分阳，又有以条析其一节，而无一毫之或紊，凡性、理、命无不具于其中，信乎易与天地准也。

圣人体易以知之，则心通造化全体太极矣。天地与我更无彼此之间，我与天地相似，故天地亦自不违我，何也？天地之道，知仁而已。圣人所以尽性者，亦惟知仁而已。圣人以易而尽其仁，尽其知焉。

太极之理一也，分布于乾坤，统会于圣心。自圣心纯乎理，有乾之名，乾则自强不息，极天下之至健也。本此健德以行，则会易知之理而恒易。①

赵汸对理学概念的解释，重在重申和捍卫朱熹的论点，所以较少创见和较多对他人误解朱学观点的批驳。

二 乱世之正

赵汸经历了元末的战乱，他不仅在理论上对治乱循环有所说明，在时政方面也提出过一些重要的建议，并且对明朝初年的编修《元史》作出了评价。

（一）释治乱

赵汸既注重以《春秋》作为治乱兴衰的历史经验，也注重用易学对治乱兴衰作出具体的解释，在《周易文诠》中重点强调了关系治乱的十个要素。②

第一个要素是德。只有知道元、亨、利、贞"四德"的作用，并且有君主实其德的正确政治态度，才能有效治理天下和应对危机。

> 元、亨、利、贞，虽曰天之四德，未始不具于人性中也。元者，生物之始，天地之德莫先于此。故于时为春，于人则为仁，而众善之长也。孩提少长，即知爱敬得之最先，有生以后身心触发，无非此仁统之最全。亨者，生物之通，物至于此莫不嘉美。故于时为夏，于人则为礼，而众美之会也。吾性自然之节文具于人心而体之为齐庄中正，出之为恭敬辞让，三千三百会聚于此。利者，生物

---

① 赵汸：《周易文诠》卷3。
② 对治乱十要素的具体解释，均引自《周易文诠》卷1、卷2。

之遂，物各得宜，不相妨害。故于时为秋，于人则为义，而得其分之和。自然裁制如孝友信别不相凌犯，相安相悦，岂不和平。贞者，生物之成，实理具备，随在各足。故于时为冬，于人则为智，而为众事之干，见真守定，事依以立者也。

四德具于人性，而尽性以合天者惟君子。故君子复天良，遏人欲，所存所发，全体皆仁，自足以仁民爱物而长人。知亨为嘉之会，而动容周旋，萃聚众美，则不必有意致饰而见之，动履无不合礼。知利为义之和，而辨名定分，使物各得其宜，不相紊乱，则义无不和，天下之事依理以立。情识用事则多动摇，贞固者知正之所在而固守之，是持循有主而应变无穷，故足以为事之干，此君子尽人以合天也。

大有固以其势之盛矣，而所以成其有之大者，实以其德。大凡人主出治，柔而不健，则知善而不能举，知恶而不能去，健而不明，则前有谗而不见，后有贼而不知。其德乾健而明，是内则雄谋神断，外则睿知聪明，德之本诸身者纯矣，以此运治，法天之健，宪天之明，而以时出之时乎，断时乎以不断，断时乎明时乎以不明，明自刚，不失之于刻明，不失之于察，而尽制作之善，以极治化之隆，而得元亨。

第二个要素是善。为防止逆乱的发生，最重要的政治手段就是积善，并且要特别防范小人的作乱。

> 天下之事，由积而成。试以一家言之，积善则庆流于子孙，积不善则殃及于子孙。积者，余之本也。以此究小人坚冰之祸，至于弑君，弑父，皆由为君父者于臣子不善之微，不能早辨而逆折之，故至于此。

第三个要素是分。作为君主的臣僚，必须知道守分的重要性，不能以过分之举来祸乱天下。

> 惟内君子则福国庇民之道渐长，惟外小人则蠹国害民之道渐消。

盖人臣之道，王事可从，而才必不可露。一有自炫之心，则敢于专成矣。

盖心安于分，不敢专成也。试以分类观之，凡分之所在，皆道之所在也。

第四个要素是兵。养兵是为了用兵，而不能使兵成为祸民之大害，因为养民是养兵的重要基础。

水藏于地，犹兵藏于民，师之象也。君子以为外民置兵者扰，临敌募兵者晚。若当无事之时，兵民两分，则以民养兵，天下不受兵之益，先受兵之困矣。故惟平居善其政教，田里树畜以养其生，则足民即所以足兵，兵皆有勇，孝弟忠信以养其性，则训民即所以训兵，兵皆知方容保于先如此，他日折冲御侮有备矣。

第五个要素是功。论功行赏是治平的要务，但是要赏得其当，尤其要防止小人居功乱国。

师之终则武功成，顺之极则天下定。勠力功臣，安可不报，大君于是有赏功之命。然赏不可无等，爵必称功。功大开之以国，功小承之以家，无僭差无私吝，乃见王者公天下之大。然惟君子可以当此，若小人有功，固宜一体行赏，苟用以预干国政，必开多事之端，使有爵土，必有叛逆之衅，但优以金帛可也。此非不赏其功，存其身安其爵也。

有功不赏与赏不当功，皆足以生侥幸怨望之心。命爵而有国家之别，正其功之大小也。若小人挟功以逞，必至乱邦，故勿用也。

第六个要素是为。无论是君主还是大臣，要想反乱为治，都必须有正确的作为。

君子处世，不患无可为之时，惟患无可为之道。
在天已有开泰之命，而有不极其刚之德，是反乱为治在人。
君子之于天下，必有忍人所不能忍之德性，然后有为人所不能为之事功。

　　人臣原不为利禄效忠，况居下受益，是仕籍初登，宠任已渥，其报效也必尽心竭力，利用大有作为于凡关宗社系生灵者，为人之所不能为，为人之所不敢为，方足报知主上。然始进而图非常之功，一有不善，疑忌交集，必谋出万全，事图经久，帝王其规模，圣贤其事业，大善而吉，乃可免咎。

第七个要素是安。安民是国家稳定的基本条件，所以要以民为本，不能盘剥百姓。

　　山至高而反附于地，山势倾颓剥之象也。君子以地不厚不能载山，下不厚不能安上。上无宅，下为之宅。故当剥时以救治，必贻以休养，予以安逸，以安民生，则下之民安，而上之宅亦安矣。盖民为邦本，本固邦宁，剥民适以自剥也。

第八个要素是解。解除乱世忧难的最重要方法，就是祛除弊政，敢于救民于水火之中。

　　世道涣散，人心瓦解，故为涣时。
　　当涣之时，九庙震惊，祖考之精神涣矣。王者必假庙以聚之，使人心反本而有系属。抑涣之时，神州陆沉，天下之陷溺深矣，王者必奋，凭河以救之，使斯民拯救而得所安。
　　阴居君位而当国家之变，才弱不足以济，故往来皆厉，无时不危者也。幸其得中能存，小心恐惧修省，不特无大丧失之祸，而且能持危定倾，而有事于补救也。
　　解难之散也，居险能动，才足出险，故为解。大难方解，百姓始离汤火之日，故必去烦涤苛务，为宽大以养，方复之元气，保未固之生机。如西南平，易乃为利也，如此时乱流尽殄而无所往，固当与民休息，来复其所而安静，使国家相安于无事而吉。若遗孽犹存而有攸往，又当早往早复，不可久为烦扰，使国家不苦于多事而吉。

第十七章　理学政治理念的发展　477

第九个要素是革。一旦到了王朝革命的时候，即天道、时运已不可违，只能采取顺而从之的态度。

> 阳刚中正，为革之主，是以大人革命而有天下者，以自新新民之德，而为顺天应人之举，则皇猷帝治焕然一新。
>
> 试以其革而极言之，天地之道，阴极则革而阳，阳极则革而阴，寒暑往来而四时成矣。汤革夏而为商，武革商而为周，盖因天心厌乱，人情思治，而顺且应之矣。可见天地之成化，工圣人之成世道，皆不外于革，则革之所在，时之所在也，时之所趋，不得不革，革之时岂不大哉。

第十个要素是终。在乱世之中，只有终止祸乱，才能恢复治道，所以乱终与治始有着相辅相成的关系。

> 终止者，非终必乱也，盖既济之终，人有止心。是忧勤辍而怠荒生，未有不致乱者，治道于是穷矣。
>
> 上当终乱之时，振作图之犹恐不济。今以因循濡首，丧无日矣，岂可久乎。

赵汸所强调的德、善、分、兵、功、为、安、解、革、终十个要素，恰是元朝末年遭遇败亡危机的理论说明。在时政方面，赵汸重点关注的则是儒士应如何发挥持正治国的作用。一方面，他特别强调了科举出身的人，要尽心为国家履职："朝廷设进士科取天下才，岂直以禄位厚汝书生哉。授以州县，则莅官治民是务。擢之馆阁，则论思献纳是资。登于政府，则发政施仁是赖。是三者，或任其一端焉，则必有其具而后可，苟无其具而徒汲汲焉，以庶几一旦之或得，则夫人之自待者固已浅，其如科目何。"① 另一方面，他殷切期望朝廷能够坚持用真儒的做法："今天下承平，朝廷闲暇，圣天子将登用真儒，上稽唐虞，近鉴中古，建久安长治之策，极维持巩固之方，以垂无穷。"②

---

① 赵汸：《送张子仪还姑苏序》，《东山存稿》卷2（《全元文》第54册，第308—309页）。
② 赵汸：《送江浙参政苏公赴大都路总管序》，《东山存稿》卷2（《全元文》第54册，第296—297页）。

需要注意的是，弄虚作假是治道的大敌，尤其是在劝农方面的造假，必须由真儒加以纠正，才能达到善治的效果。

> 国家既收中原，兵革之后，所在为墟，圣天子恻然思有以安集之，旁求故老宿儒忠厚畅达习知畎亩事，首为劝农使，绾印绶，载官属，行田里间，呼其父兄子弟家人语告谕之，辟榛莽，疏沟洫，立阡陌，假牛贷粟，皆因其所欲而利导焉。遣属吏行傍郡，招徕其人。时江南民苦重役，应之者众，不数年生聚大复。官府之设，公上之供，始得施其政令，于是罢使，以其权归宪府郡邑之长，皆以劝农系衔，大司农司实总核其事，盖古后稷之官，至我朝始复，视前代会计出纳、弛张权利者，不可同年而语矣。
> 然承平日久，良法美意寖失。其初尝见江南郡邑，每岁使者行部，县小吏先走田野，督里胥相官道傍有墙堑篱垣类园圃者，辄树两木，大书畦桑二字揭之。使者下车，首问农桑以为常，吏前导诣畦处按视，民长幼扶携窃观，度不解何谓，而种树之数已上之大司农矣。使职农事者皆若是所为，则国家富有四海之实，何自而可充乎。夫古之帝王所以长治久安者，无他焉，能使天下之人均齐方一以奉其上，无所偏而已。方今经费所出，以东南为渊薮，大河以北，水旱屡臻，流亡未复，居民鲜少，五帝三王之所井牧，燕赵齐晋梁宋鲁卫之所资以为富强，其遗墟故迹多芜没不治，安得衰衣博带，从容阡陌间，劳来绥辑，复如中统至元时哉。①

也就是说，在治平的气象下，已经显露了祸乱的苗头，只是未能引起世人的广泛注意而已。

（二）解危局

元末战争爆发后，赵汸在诗作中记录了其所在地区遭受战乱的景象："戎马生淮甸，烟尘暗江湖。银峰万家邑，转目成丘墟。番君祠既毁，张相墓应芜。千年豪杰堁，但见犳与狐。四邻更问罪，毒螫焉能袪。牺牲待境上，玉帛既与俱。谁将庇吾民，跂踵待来苏。两属固非策，瓜分岂良图。干戈日相寻，山谷皆储胥。甘心仇彼壤，斩刈互相

---

① 赵汸：《送江浙参政偰公赴司农少卿序》，《东山存稿》卷2（《全元文》第54册，第298—299页）。

逾。衅同虞芮争，祸岂蛮触殊。相倾各恃援，肯复哀无辜。"由此，他向一位"推命者"发出了无奈的感叹："只应少日怀经济，垂近中年迫乱离。至乐每从天外得，长生难向命中期。藏书避地俱无计，祸福烦君仔细推。"①

在赵汸看来，盗贼之所以难以平定，主要在于朝廷用人不当。如能选用有为的士大夫尤其是真儒，讲求镇守、安民等策，还是能够恢复天下太平的局面。

> 今为天下患者，盗贼而已。自淮蔡发患，延于江湖，所在蜂起，为祸尝烈矣。然雄杰怙众，有名字力足以横骛四出者，亦无闻焉，视前代中世巨寇不能什一，疑若不足平者。国家以四海全盛之力，命将出师，今五六年，民力已屈，而盗犹未息，何也？不举天下大势，以定攻守之宜，而所在浪战；不求智勇之士真可任将兵者，而使省台贵人与州郡俗吏，纷然群起，共军旅之权；自轩辕氏以来，用武之世，未有能以是而全师制胜者也。仗行省讨贼，御史台督视如平时，而贾凶鬻顽诛求劫夺之弊，债军杀将反复坏烂之由，朝廷终无自知之。兵财两匮，郡县之间繁征横敛，一切以矫假病民，而上官大吏方且拘文法，守故常，不思变通长久之道。赏罚者，用兵之大权也。赏罚不明而是非淆乱，天下之士不复以功名自期，而中世以来治安拨乱之术，行军克敌之方，皆废不讲，吾未知其所以为天下国家者何也。今群盗大者跨郡邑，小者据一城，植根固矣。苟不尽反前失，而欲以岁月削平，安可得哉。为国家计，欲并两淮而南尽江湖之间，求要害形便之地为四五巨镇，镇各屯精兵二万，选士大夫公廉有威信方略能抚士爱民、招纳降附可为大将者，付以一镇之权，慎简中外有文武才学者为之副。凡辟士、募兵、刑赏、律令、训练、程式、进退、节度、出攻、城守、禁防、约束皆自朝廷，考求故事为法以授之。郎官博士出入觇视，以资庙谟，而事无大小，皆得专达。列镇屯军，屹然相望，脉络贯通，首尾为一，内可以尊京师之势，外可以销奸雄之心，鼠窃狗盗进退无据者将不战而自服，其尤倔强者，诸镇出兵，犄而攻之，无不破

---

① 赵汸：《银峰述德诗》《赠推命焦月岩》，《东山存稿》卷1。

矣，其要在得人而已。郡邑之间，皆什伍其民，以相守护，毋使散越于外。一家而三男子，则简尤壮者一人为郡守之兵，以大户之税衣食之，郡皆选贤守以防御系衔，各将其兵以固封围。盖郡守必兼有兵民之柄，而后缓急可仗，不然虽重其失地之罪无益也。此制一定，则列郡有备，而民心不摇矣。夫使诸郡各制其兵，以保一郡之民，而四五大藩皆握成军，据形势以扫清群盗，奠安东南，诚当今之急务也。若夫知人之明，任使之术，在朝廷矣。①

赵汸还特别以于田人坊蒙（字彦辉）守安徽休宁的例证，说明只要策略得当，就能够保一方太平。

> 逾年而红巾盗起，东南震动，名邦大府往往守御无备，间谍不精，讹言相惊，民情大骇，盖芽蘖乎丰炽，渐靡于恬嬉，古今一途，可为深慨者也。侯于是时亲领民丁，凭险以拒盗，而汸亦奉亲避地间关，困苦有不可胜言矣。抑尝闻盗之逼郡境也，侯谓婺源守张君曰："婺源近贼而无险可据，不利于守。郡治，属邑根本也。公能尽率其大家，扶老弱敛财物列壁休宁境上，细民入山清野以待寇，悉索其少壮，与五县之众分拒诸岭之隘，完一郡以为会府西蔽，则有可为者。"又谓郡将之长万夫者曰："今守令不主兵，且临民有久，近恶能得其死力。公以世将居守，与大家为姻娅，通民情，知其厚薄勇怯，以公而用其民，则犹可为也。"将善侯言，而张君终不肯去其守地，婺源遂先陷矣。
>
> 国家承平既久，城郭已堕，兵起仓卒，为吾徽计，无出于侯二画者。然一时不能用，则亦其势使然。盖军民吏既分，郡邑无尺寸之柄久矣。当使省宪一贵臣驰传来徽，以便宜用侯计，总驭其守将，简精锐，求智能，审形势，明赏罚，以尽战守之方，则草窃浮寄之盗恶能深入吾郡，恣睢四方，残民害物若斯烈哉。
>
> 又闻侯之以郡檄告遽于行省，于是行省以侯饷军信州，遂以其主将命计事。南行台太尉大夫公知其贤，命侯往莅牛渚之戍。牛渚为中流要害，乡兵万人皆舍壁外。侯言于分宪，使入宿门内，以备

---

① 赵汸：《送郑征君应诏入翰林诗序》，《东山存稿》卷2（《全元文》第54册，第293—296页）。

非常。酿家夜汲达旦，不避扞摉，则请严刑以禁之。上下二港口，舟楫所通而无桹槩之固，则命立栅为门，设卒守之。军士久屯多疾，或逸游弹射群饮，质及衣仗。郡拘民船断港中为守江备，樯楫日坏，两船苔生。侯请以军容教士，数阅以生其气，精其能，使皆可用。官给钱葺所假民舟备凡用器，以水军之法习之。佥宪虞公与郡之守将咸敬异焉，凡侯所言必行，而武备益修，屹然增巨镇之重矣。嗟夫，当官兵始复吾州时，亦有以兵事为言者，而君吏弗能用，是以屡溃干戈，兵民物故者十六七。然其得失之由，大率如侯所以议牛渚者而已，可为悲夫。①

赵汸还专门记录了在乱世中王子敬治理星源、周君儒治理黟县的事迹，并以此来表示善政确实可以起到减轻祸乱的作用。

自壬辰（1352年）以来，星源兵乱无虚岁，民死亡者十七八，尚未知所届。郡既陷，州人有释众自归者曰："吾以全乡里也。"大府信其言，使还镇星源，以遂其志，凡钱谷甲兵皆得专制以优之，州人德焉，曰："自今而后，吾知免矣。"逾二年，会师番阳，一夕弃其军去，或言死，或言亡，瞋目语难者簧鼓其间，讹言汹汹，变且复作。王公（王子敬）一下车而中外大息，遂以无事，州人如获更生。乃锄强梗，封植良善，轻徭薄敛，重法以禁盗剽者。他部过兵，不敢涉其境内。于是流亡来归，行旅满道，耕者在野，村落渐葺，庐舍痍伤，遗黎始有生人之思矣。盖星源且十载，至是甫定，则公之恩德在吾州者，岂其浅哉。

吾于此又有以知世运之将亨也，乱极必治，斯其时乎。新安领州一县五，星源既别为镇，祁门以隶他将上供黟歙之调度不给者，咸取足休宁，而并缘之奸，有不可胜言者，无艺甚矣。《传》曰："有人斯有土，有土斯有财。"古之善为国家，均而已矣。将分裂破坏郡县，使定于一，以息其民，去其为害者，以平其政，荡陶氏数百年之流毒，正其税籍，使赋不独于一州，安知不在今日乎。吾观王公恕以待人而严于治军，薄于奉己而厚于养民，其志之所存有

---

① 赵汸：《送休宁监邑坊侯秩满序》，《东山存稿》卷3（《全元文》第54册，第443—445页）。

足称者。①

至正十三年三月，侯（周君儒）始至官，即宣布朝廷恩德，使民户晓。凡纪纲禁令悉复旧规，选吏募民守要害，人民翕然还业，无复疑虑矣。数日有使者至，劝民入粟实军储。侯言："盗贼兵火之余，民甫安集，不宜遽有科扰。"使者怒，以语侵侯，且谮之于其长。侯即移文，愿解职事。明日，使者果至，祸叵测，侯毅然上道，曰："得一言而死足矣。"既而主将察侯无罪，第以不当辞职加诮让而已。还县，会府帖下，录诸从事者家。侯曰："诏书已释罪，录其家，非德意。"吏言："始官军至时，给民印号以明归正，邑民不至者数十家，当籍。"侯曰："此等或转徙他郡，或避寇远山未还，或方从军效用，何遽论为盗。"亲治文书上之，皆得免。又有命征郡邑大家城郡治，侯力言小县瘵伤后不堪重役，往返数四，卒得请。郡将捕叛卒之匿民间者，大索境中，比屋惶惑。侯出令："民无得辄动。"日与将居处亲其鞠问，不得妄有称引，民恃以安。

黟地壤沃，一熟而饱三岁。乱后耕稼失时，沟渠壅底，北门堨之渠经邑中，曰槐沟，积秽填芜尤甚。侯按图考问，差次其役，疏浚有方，咸复其旧。县第七都为浮梁、祁门走郡官道，郡盗反复以来，里无居人，田皆芜秽不治。侯按视其地，叹曰："今兹艰食，而田复不耕，则失业者无还期矣。"乃下令远近之民，有能耕吾废田者，比秋成十分其入，耕者取其六，田主收其四。明日，负耒耜至者数十人。侯亲至田所勉励之，无种者假之，不十日境内荒田皆莳矣。前此，侯尝禁邑中廪谷毋得粜入他境，人以为非。至六七月，米斗值十余千，黟人有饿者，始服其远见。第七都所耕荒田大稔，民赖以活者千余家。

黟地狭，号大家不过三四。官吏远来，常恐失其意，于是举一县事惟所欲为，而细民告病矣。郡邑甫定，吏每持豪民陷贼事，民得以财自解，则所负挟无异平时。侯知盗所从起，无深恶于其民，临政明辨而遣决刚毅，大家者不敢尝以私，服役公庭唯谨，小大相

---

① 赵汸：《送总制王公移镇新安诗序》，《东山存稿》卷3（《全元文》第54册，第454—456页）。

安而邑无事矣公。

访闻迩岁廷议，以盗贼滋蔓，由守令非才，有旨牧守得不次试用，称职者满岁为真，尝切叹曰："起一世人才，共成治安之业，事无急于斯者。"圣天子忧民至深至切，顾方伯连帅举措何如耳。①

赵汸还明确表示："削平寇乱，须资忠勇之才；牧养民黎，必藉廉明之政。"② 这恰是他所强调的"止乱"正道。

（三）论修史

王朝更替后，赵汸以诗作记述了惆怅的心境："明月照北林，孤鸿有哀音。揽衣起坐弹鸣琴，忧思徘徊独伤心。可怜堂上生荆杞，空自繁华粲桃李。种瓜寂寞青门外，采薇怅望西山趾。芒砀云归大泽空，后五百岁无英雄。途穷恸哭谁知者，沉湎狂言元自公。""衣冠早日见升平，谈论雍容接老成。已弃图书归劫火，偶从锋刃得余生。大裘千丈仁人志，九食三旬达士情。共看寒梅开腊后，东风渐转北枝荣。"③ 他还把自己称为再难有作为的"病士"："病鹰不忘击，病骥不忘骧。病鹤俛不啄，仰睨霄汉长。惟有病士心，死灰不复扬。居处终鲜欢，起行若痛亡。逢人目辄动，内惕外周章。口虽强诺唯，退省但茫茫。已疾且忘疗，焉知民未康。多谢游谈者，勉旃思自强。是弃果蔴哉，为称充圆方。"④

明朝要修《元史》时，赵汸即明确表示了对新的一统的赞颂："圣天子既混一华夏，即诏修《元史》，乃起宋公景濂总其事，而以子充佐之。书将成而宋公入翰林为学士，子充为待制，此文运将开之候也。"⑤ 但是，他以"山林之人"的身份参与修史，亦明确表达了不应以修史而获罪的心境。

圣天子既平海内，尽辇胜国图史典籍归于京师，乃诏修《元史》，起山林遗逸之士使执笔焉，凡文儒之在官者无与。于是在廷

---

① 赵汸：《黟令周侯政绩记》，《东山存稿》卷3（《全元文》第54册，第493—496页）。
② 赵汸：《代举留沙元帅状》，《东山存稿》卷5（《全元文》第54册，第544—545页）。
③ 赵汸：《读阮嗣宗诗》《存中过余山中，言及乱时所遭，赋此为赠》，《东山存稿》卷1。
④ 赵汸：《病士》，《东山存稿》卷1。
⑤ 赵汸：《华川文集序》，《东山存稿》卷2（《全元文》第54册，第434—435页）。

之臣各举所知以应诏，汸以衰病屡谢征命，亦误在选中。使者至，郡太守将吏皆能言其病状，然莫肯受其咎者，故不得终辞。

士之在山林，与在朝廷异，其于述作也亦然。篆释群经，折衷百氏，处则充栋梁，出则汗牛马，虽其说未必尽合于圣人，非素业与之相出入者不敢议也。崇古学，贵文章，凌厉汉唐，上拟三代，使穷乡晚进谫闻浅见之士目动神耸，不敢出声以诵，自揆终身不能为者。又况陶冶性情，吟咏风月，或以单辞，或以偶句，为人所称，皆足以名世，虽或无取于作者，于人非鬼，责亦何有焉，此皆山林之士所为得也。若夫朝廷之士则不然，太史公网罗旧闻，上接春秋，下迄麟趾，其序高帝创业，文景守成，至今使人如亲见之；书封禅、平准，传货殖，皆谏书也，而后世以为谤。韩退之未遇时，欲作唐一经以垂无穷，既入史馆，不敢有为。柳子厚苦辞迫之，曾不少动，仅以职事成《顺宗实录》数卷，卒困于谗口，窜走无完篇。司马文正公受知神宗，作《资治通鉴》，垂十九年始就，而小人出鄙句以訾之。此皆巨人硕德，名实孚于上，下以著书为大业者也，犹或所遭若是，今吾人挟其山林之学以登于朝廷之上，则其茫然自失，凛然不敢自放者，岂无所惧而然哉。尚赖天子明圣，有旨即旧志为书，凡笔削悉取睿断，不以其所不能为诸生罪，蒙德至渥也。①

从赵汸参与修史的心境可以看出，他所向往的还是隐士的自在生活，但是身不由己，在《元史》修完后他即病逝于金陵。所以后人在评述其生平时，重点强调的是他在学术上的成就，而不是对修《元史》的贡献。②

第五节　王祎的救世理念

王祎（1322—1373年），字子充，义乌（今属浙江）人，从黄溍

---

① 赵汸：《送操公琬先生归番阳序》，《东山存稿》卷2（《全元文》第54册，第436—438页）。
② 詹烜：《赵汸行状》，《东山存稿》附录。

学习理学，被列为"沧州学派"学人，① 顺帝朝入仕不果，隐居著述，明朝初年参与编修《元史》并入仕，前往云南招降时被杀，有《王忠文集》传世。

一 释治国纲领

王祎精通史学，善于以历史的经验和教训阐释重要的政治诉求，并且能够较系统地论述治国纲领。王祎对王朝正统的看法，已见前述，本节要重点说明的，是他对用兵、谏言和治道的看法。

（一）论用兵

在王祎看来，用兵与国家兴亡有重要的关系，由此需要特别注意三方面的要求。

首先，用兵于天下，要名正言顺。"古之用兵以图天下之事者，未有不以有名而能有成者也。""名之立，事之所以成也。此汤所以东征西怨，南征北怨，而武王所以一戎衣而天下定也。汤、武以后用兵，而有名者几希矣。虽然，吾于汉之高帝犹有取焉。秦为无道，天下所共患苦，诸侯并起，孰不名其师曰诛无道秦。秦已灭亡，诸侯各有分地，而楚、汉角战，彼此成败独未可知。方项籍愿与沛公入关，怀王不遣籍而沛公是遣，人皆谓汉事之成，实原于此，而吾以为不在入关之时，乃定于为义帝发丧之日。何者？怀王立为义帝，楚、汉皆北面事之者也，及籍弑义帝，而沛公发兵讨之，则籍为天下之贼，而沛公天下之义王矣，天命人心之所属于此可见，天下之归汉可以计日待。"尤为重要的是，用兵之名正，所起到的是得天下人心的重要作用，关系的是用兵成败的大事。"用兵一也，有名无名之间，而事之成不成系焉。名之一正，则天命人心自不能以他属，而世之用兵欲以图天下之事者，乃不审于是焉，何耶？然天命本难知，而人心为易见，因人心之向背以验天命之去留而兵用焉。王者之举，如是而已。"②

其次，用兵者必须明白天下大势，并且能够据守天下要害之地。"取天下者，必先定其所守。得所守，则天下之势在我，而兵力所向，可以往而不克。昔之有天下者，鲜有不善于审天下之势者焉。""天下之足以为守者不能守，则天下之势非我所能有，故我之所向，无往不受

---

① 黄宗羲原著，全祖望补修：《宋元学案》第 3 册，第 2356—2357 页。
② 王祎：《兵论上》，《王忠文集》卷 4，四库全书本（《全元文》第 55 册，第 358—359 页）。

制于敌矣。"①

再次，善用兵者不仅要用智谋，还不能拘泥于已有的战法，尤其是不能死读兵法而不知活用。"极天下之智，始可以用兵。兵之变无穷，必我之智亦无穷也，然后兵皆足以为吾用。兵之用有正有奇，而奇又有二焉，有奇之正，有奇之奇。呜呼，用兵而至于奇之奇，则其变不可胜穷，而智之用其变，亦不可胜言矣。故用兵者，非用兵乃用智也。用兵而善于用智者，寡可以胜众；不善用智，虽众亦败也。""夫极天下之智而神其所用于兵者，其数术大抵不由于古法，而应奇合变，特顾其一时方略之如何。""盖法有定论，而兵无常形，胶一定之法而欲以应无穷之变，则胜负之数已戾，安往而不取败矣乎。惟夫不以法为守，而以法为用，缘法而生法，离法而会法，顺求之于古，逆施之于今，出入离合，动有节制，向背取舍，各适事机，非特夫人莫知吾之所以然，虽吾亦不能先必其所以然，斯谓之极天下之智。"②

王祎的用兵论点，在元末的战乱中本应有重要的影响，但是在昏君奸臣主政的状态下，只能任由朝廷不会用兵发展到极致。

（二）论谏言

进谏和纳谏，既是政治清明的重要标志，也关系国家的兴衰存亡，所以王祎不仅指出了讽谏和直谏的区别，还特别强调谏言的关键，在于君主的态度。

> 人君之职，莫急于纳谏。人臣之职，莫先于进谏。纳谏难矣，而进谏为尤难。进谏之道有二，曰讽谏，曰直谏。讽谏固难，而直谏又难也。是故引义托物，从容开譬，不动声色，而其说已行，悟主意于片言，置君德于无过者，讽谏之谓也。危言切论，衔鲠骨，批逆鳞，正色而不阿，犯颜而不忌，必究其说乃已，虽杀身而不顾者，直谏之谓也。礼上讽谏而下直谏，岂不以谓讽谏以悟主，将君臣两全其美名；直谏以匡君，则君或至于遂非，臣或至于蹈祸，是君蒙拒谏之恶，而臣获尽忠之害也。故曰人君之纳谏为难，而人臣之进谏尤难。进谏之道，讽谏固难，而直谏又难也。虽然，为人臣而事明君，讽谏、直谏该无施不可，不足为难也。苟事暗主而用直

---

① 王祎：《兵论中》，《王忠文集》卷4，四库全书本（《全元文》第55册，第359—361页）。
② 王祎：《兵论下》，《王忠文集》卷4，四库全书本（《全元文》第55册，第361—362页）。

谏，则鲜有不及其身，而况于讽谏其将若之何，于是二者之谏均为难矣。

　　知无不谏，而谏之以直者，人臣之分也。伤于直而蹈祸不测，使其君蒙拒谏之恶，而己获尽忠之害者，非人臣之得已也。自古无道之君，其过行非一端也，而莫甚于拒谏言而杀谏臣。拒一谏言，杀一谏臣，其事若未害也，而家国之败亡辄不旋踵，殆如烛照而龟卜，不亦深可戒哉。①

由此，对于君主求直言和有人上万言书的举动，王祎特别给予了表扬："圣天子在位之十有五年，并相勖贤，更新治政，诏求天下直言极谏，若曰朝廷得失，军民利病，许极言无隐。遐方之人凡所言事，所在有司为转以闻。于是朱君垕方游成均，睹诏书而叹曰：天子望治之意隆而求治之心至矣。凡有知于鸢飞鱼跃之间者，孰不鼓舞而思以自效，吾顾可默然而遂已乎。则条天下之事，自朝廷以至于边鄙，自政理以及于财用，所以矫其弊而反其正者，本末备陈，纲纪毕举，其目凡二十，曰《治政万言书》。""盖自治古以还，上有纳言之君，则下有尽言之士，上下相成，故太平之业可致也。国家承平日久，天子务以仁厚清静休养元元，至于是非予夺，则虚己尽下，一归于公议而不自用，而二三大臣方相与同心僇力，以图天下之事。故人有不言，言无不纳，而有志之士有不知也，知无不言。上下之际相成如此，可谓千载一时者矣。"② 王祎所未料到的是，顺帝并不是一个能够纳谏的君主，所以《治政万言书》等谏言，只能是遭受不受重视的待遇。

（三）论治道

至正十八年王祎在山中避乱，凭借多年读书的积累，对治道问题作了较全面的思考，重点强调的是十方面的要求。③

第一，仁义礼乐要求。对于治道而言，仁义是治内的要求，礼乐是治外的要求，将其结合在一起，才能带来合于天理和天命的治世。

---

① 王祎：《原谏》，《王忠文集》卷4（《全元文》第55册，第387—388页）。
② 王祎：《治政万言书序》，《王忠文集》卷5（《全元文》第55册，第291—292页）。
③ 治道十方面要求的解释，均引自王祎的《卮辞》，《王忠文集》卷19（《全元文》第55册，第697—709页）。

> 圣人之治天下也，仁义礼乐而已矣。仁义充其所固有，所以治其内也；礼乐修其所当为，所以治其外也，是故内外交治而天下化矣。
>
> 五伯假仁义，仁义不待假也，根于人心之固有者。
>
> 五帝异礼，三王不同乐，此言礼乐之文耳。圣人建天地之中以为礼，导天地之和以为乐，故大礼与天地同节，大乐与天地同和，此万世之所同也。
>
> 天不可知也，可知者理。命不可必也，可必者义。明于理则合天，安于义则尽命。

第二，至诚和道德要求。治国既要讲究至诚之道，也要注重道德规范，才能实现长治久安的政治目标。

> 至诚之道，通天人，贯古今，万理之原，百行之根，其存不易，其运不息，不易故有常，不息故无疆。
>
> 道德，君子之宝也。德其本也，道其用也。修行所以畜德也，立言所以载道也。德成矣，行不期修而自修；道至矣，言不期立而自立。
>
> 千古在前，千古在后，吾身处其间，百年顷刻耳。奈何前承千古，后垂千古乎，亦曰自致于不朽焉耳矣。不朽之道奈何，曰太上立德，其次立功，其次立言。

第三，正心要求。将理学的正心说用于治道，一方面要注重的是以君主心正来正朝廷、正百官、正万民、正四方；另一方面要注重的是臣僚帮助君主革除怠心、欲心、骄心、怒心、忌心、惑心、疑心、偏心等，使其能为天下尽心。

> 道不可以言传也。契之于身，悟之于心，道之全在我矣。身者道之符，心者道之储，彼以口舌为者，窃道之华，弃道之真者也。
>
> 人身甚微细也，而至广且大者，心也。范围天地，经纬古今，综理人物，酬酢事变，何莫非心思之所致也。于是圣贤有心学焉，先之以求放心，次之以养心，终之以尽心。是故心学废，人之有心

者，犹无心矣。无心则无以宰其身，伥伥焉身犹一物耳，何名为人哉。

圣人不忽细微，不侮鳏寡。侈言无验不必用，质言当理不必违，逊于志者不必然，逆于志者不必否，异于人者不必是，同于众者不必非，辞拙而效迂者不必愚，言甘而利重者不必智。考之以实，惟善所在，可以尽天下之心矣。

董仲舒之言曰："人君正心以正朝廷，正朝廷以正百官，正百官以正万民，正万民以正四方。四方正，远近莫不一于正。"公孙弘之言曰："人主和德于上，百姓和合于下。故心和则气和，气和则形和，形和则声和，声和则天地之和应。"美哉乎，皆可谓有德者之言矣。

惟大人为能格君心之非。君心之非，非一端也：莫难强如怠心，莫难制如欲心，莫难降如骄心，莫难平如怒心，莫难抑如忌心，莫难开如惑心，莫难解如疑心，莫难正如偏心。故必随其非而格之，格之之道，攻之以言难为从，感之以德易为化，故非大人莫之能。

第四，至善要求。以性善论为基础的治道学说，重点强调的是以己为善的要求，而最有效的途径就是进善人、远恶人和自觉抵御利欲的影响。

人生而性善者也，溺于利欲，与之俱化，而不自知，悲夫。

道成而不获于天者，命也；时至而不用于人者，性也。命在天，性在人，在天者不可强而致，在人者不可苟而从。人之欲为善也，由乎一念之烈而已，反而求之，克而致之，盗跖有不可为尧舜者乎。

善恶之致祸福，如景响之应形声也。积善在身，犹长日加益而人不知；积恶在身，如烈火销膏而人不见。君子观夫祸福之重轻，可以验乎善恶之深浅矣，是故善无隐而不彰，恶无微而不著。

君子所恃者善而已，善者福之萃也。善由于己，福由于天，由于天者不可以必得，由于己者固可以必为。吾知为吾所可为者而已，所不可必得者，吾安敢以取必哉。以吾所可为，此吾之所为恃也。

  与善人居，如入芝兰之室，久而不闻其香，则与之化矣。与恶人居，如入鲍鱼之肆，久而不闻其臭，亦与之化矣。

  第五，赏罚要求。明赏罚是维系治道的重要方法，所以既要注意任能官、去废话、省赋敛、重农本、进德者、拔有功、罚有罪、赏贤者八种基本做法，也要坚持宽政简刑的基本原则。

  圣人法天而立道。春者天之所以生也，仁者君之所以爱也。夏者天之所以长也，德者君之所以养也。秋冬者天之所以杀也，刑者君之所以罚也。此天人之义，古今之道也。

  圣人操天下之利器，故能为天下宰，绂冕以旌功，斧钺以诛罪，天下曷有不令者乎。

  因能任官，则分职治。去无用之言，则事情得。不作无用之器，则赋敛省。不夺农时，不妨民力，则百姓富。有德者进，无德者退，则朝廷尊。有功者上，无功者下，则群臣选。罚当罪，则奸邪止。赏当贤，则臣下劝。此八者，为治之本也。

  圣人不得已而用刑，辅治之具，匪刑不惩。刑书刑鼎，特以示世之章程。是故简易者制刑之本，矜恤者用刑之情。

  第六，君主治国要求。王祎强调贤明的君主治国，应该特别注意八条基本的要求。

  （1）君主要有君民一体的认识。"天非人无以为灵，人非天无以为生，天人其一气乎。君非民不能自立，民非君不能自一，君民其一职乎。"

  （2）君主要注重立制度和行教化的治国方法。"人君欲天下之气之和也，在遂群生之性而纳之于仁寿。欲人之仁寿，在乎立制度、修教化。制度立则财用省，财用省则赋税轻，赋税轻则人富矣。教化修则争竞息，争竞息则刑罚清，刑罚清则人安矣。既富且安，则仁让兴焉，寿考至焉，而天地和平之气应矣，所以灾害不作，休祥荐臻，四方底宁，万物咸遂也。"

（3）君主要保持有所畏惧的心理。"明主者有三惧：一曰处尊位而恐不闻其过，二曰得意而恐骄，三曰闻天下之至言而恐不能行。"

（4）君主要秉持大公无私的治国准则。"王者能富万民而不能富一夫，能安四海而不能安一户，岂其智弗及而力弗逮哉，无私故也。"

（5）君主之财取之于民，切忌竭泽而渔的贪利做法。"取民其犹渔乎，罛罟之目四寸，则所获皆盈尺之鱼矣，其弗获者固得以遂其生也。竭泽而求之，纤鳞琐鬐无弗获也，而其遗类之存者几希矣。"

（6）君主要特别注意上天的示警。"故灾异者，天之所以谴告人君，使之惊惧。人君能应之以德，则异咎消亡；不能应之，祸败至矣。自非大亡道之世，天未尝不欲扶持而安全之也。"

（7）君主要特别小心来自朋党的祸乱。"古无朋党之名，朋党之名何自而起欤？岂夫人实为之，抑其人自致之耳。汉之朋党，其人以德胜；唐之朋党，其人以才胜。以德胜者，群而不党之君子也；以才胜者，同而不和之小人也。及宋之朋党，则又君子、小人迭为胜负矣。呜呼，朋党之名起，国家未有不遂至于危亡者也。"

（8）君主要注重历史经验和教训，复古是最好的选择。"帝王为政，未有不因乎古者，是故《春秋》大复古，重变古。书初献六羽，大复古也。书初税亩，重变古也。非古是今，秦之所以亡欤。"

第七，重视人才要求。治国需要大量的人才，所以既要讲究国家用人之道，也要讲究君子成才之道。

才各有所用，当其用则其才乃见。

为天下者必先有天下之才，而又有天下之器，乃足以成天下之功矣。才以施之，器以容之，施之欲无弊，容之欲无遗，施之周故其业可大，容之广故其德可久。

君子之于世，仕隐二端而已。食人之禄，死人之事，以身徇国，固为难矣。若夫依约玩世，怀其道而不轻售于人，以完其身，以乐其真，斯尤难也。故忘己以为人，与独善其身其操虽殊，其志于仁则一而已。

不才之人必自多矣，不肖之人必自大矣。自多则谓天下举莫如己矣，自大则谓己有以胜天下之人矣。

贤不贤，才也；遇不遇，时也；用不用，命也。有其才而无其时，虽以孔子之圣周流天下，卒不少遇而获试焉。有其时无其命，故以唐虞之世，而有许由，非由之不见用也，其受于天者非所当用也。

第八，区分君子、小人要求。循天理、绝人欲是君子的作为，循人欲、绝天理是小人的作为。区分这两类作为，对治国理政有极为重要的意义。

天理人欲，势必相反，故循天理则绝人欲，徇人欲则灭天理。然世固有徇人欲而合天理者，有绝人欲而反天理者。齐桓、晋文之霸也，九合诸侯，一匡天下，号令列国，几于改物，无非徇人欲也，然其尊王室，安中国，惩僭窃，则循天理矣。杨朱、墨翟、老佛之徒，以为我、兼爱、清净、寂灭为教，无非绝人欲也，至于无父、无君，殄人类为禽兽之归，则灭天理矣。循天理，绝人欲，惟圣人能之；徇人欲，灭天理，则小人矣"。

君子要循天理和绝人欲，需要高度重视以下八种自律行为。

（1）闻过而喜。"君子喜闻己之过而恶言人之过。闻己之过，则其过可得而遂改；言人之过，乃所以益己之过而已。"

（2）知耻。"君子有五耻，而不能富贵不与焉。行不择义，君子耻之；言不成文，君子耻之；学不闻道，君子耻之；仕不得君，君子耻之；泽不及民，君子耻之。"

（3）不行骗术。"毋以智术杀身，毋以政术杀人，毋以业术杀子孙，毋以学术杀天下后世。天道远，人道迩，故君子贵于尽人道。人心昧，天心显，故君子勤于合天心。人可欺也，天不可欺也，心不可欺也。"

（4）谨言行。"祸患之臻，言行之失召之也，故君子则谨言慎行也，视其足尝若刖，视其舌尝若结。"

（5）远功名利禄。"有身则有害也，惟君子藏其器若虚，爵禄莫敢为之拘；体其道若愚，功名莫能为之驱。爵禄者，灾之隅；功名者，祸之舆。""名之为物，与福相为乘除，与祸相为倚伏。名之重者福必减，名之显者祸必增，故造物之所忌者名，君子欲逃焉而不可得者也。"

（6）知道和守道。"君子观于水，亦可以喻道矣。其流而不息，似道；遍予而无私，似德；所及者生，似仁；其流卑下，句倨皆循其理，似义；浅者流行，深者不测，似智；其赴百仞之谷不疑，似勇；绵弱而微达，似察；受恶不让，似包；蒙清泠以入，鲜洁以出，似廉；至量必平，似正；盈不求概，似度；其万折必东，似信。"

（7）重义轻利。"义与利两相反，君子之交际，莫慎于取予。非所当取而取之，伤廉；非所当予而予之，伤惠。取予之当否，视义之何如。义利之分，其间不能以发。"

（8）远小人。"众君子之中，一小人容焉，鲜有不败其成者。蠹蚁仆柱梁，蚊虫走牛羊。小人虽寡，为害盖甚巨也。故国家之务去小人也，如农夫之除稂莠，稂莠虽微，不得不除者也"。

第九，去弊救亡要求。朝廷的各种弊政，不仅对治道形成重大的威胁，亦可能导致王朝衰落甚至败亡，由此需要特别注意"七亡"和"七死"的说法。

> 天下之势，匪强则弱，而皆至于亡国。周以弱亡，秦以强亡，势之所趋，如水就下，虽圣人莫能遏之而预为之也。
> 民有七亡：阴阳不和，水旱为灾，一亡也。县官重责，更赋租税，二亡也。贪吏欺公，受取不已，三亡也。豪强大姓，蚕食无厌，四亡也。徭役苛烦，失农桑时，五亡也。部落团结，男女遮迣，六亡也。盗贼劫掠，取民财物，七亡也。七亡犹可也，又有七死焉：酷吏殴杀，一死也。治狱深刻，二死也。冤滥无辜，三死也。盗贼横发，四死也。怨仇相残，五死也。岁恶饥饿，六死也。

时气疾疫，七死也。有七亡而无一得，有七死而无一生，欲望国安而刑措，诚难也矣。

在危亡之际，去弊兴利是恢复治道的有效途径，仁人志士要有匡扶天下的决心和行动。

> 道之大原出于天，万世亡弊，弊者道之失也。惟其弊也，故有偏而不起之处，而政有眊而不行。先王举其偏而正之，盖补其弊而已矣。
> 虽然，及其弊也，使圣人而复出焉，则一弛一张，所以消息调护之者，固必有其道矣。
> 古今有乱臣无乱民，夫民未有不厌乱而思治者也。思治者，乱之极；厌乱者，治之复。
> 一围之木支大厦之倾覆，五寸之键制重门之阖辟，孰谓倾危之朝，一人之力不能以维持之哉。
> 君子平居若无所事也，及涉于患难，则智愈明，气愈平，志愈增，德愈成，道愈凝。故曰："不遇盘根错节，无足以别利器。"

第十，顺天行事的要求。在王朝更替之时，既然无力回天，就要顺天认命，不再做无谓的抗争。

> 有心于避祸，不若无心而顺命。为此言者，固云达矣，然必自反无愧，自尽无憾，乃可安之于命，故曰知命者必尽人事，然后理足而无慊也。人之有生必有死，国之有兴必有亡，犹物之有成则有坏，理之必至者也。君子虽知其然，至于养身也，凡可以久生而缓死者无不用于治国也，凡可以存、存而救亡者无不为，至于无可奈何而后已，此之谓知命。

王祎在乱世中对治道问题的思考，尤其是对去弊救亡的思考，尽管重在理论的阐释，但对于处理现实问题显然有重要的定位作用，因为他就是按照治道的基本要求提出了一些重要的救亡建议，详见下述。

二 说学术要求

王祎以理学的视角，对六经和四书等作了解释，所要强调的就是儒者要注重实学和有用之学的论点。

（一）论六经

王祎认为学习六经，必须知道六经的实用价值，不能纯粹以心法来解释六经，甚而作出心为本、用为末的误判，因为六经本身就是体用兼备的学问。

> 六经，圣人之用也。圣人之为道，不徒有诸己而已也，固将推而见诸用，以辅相乎天地之宜，财成乎民物之性，而弥纶维持乎世故，所谓为天地立极，为生民立命，为万世开太平者也。是故《易》者圣人原阴阳之动静，推造化之变通，以为卜筮之具，其用在乎使人趋吉而避凶。《书》者圣人序唐虞以来帝王政事，号令之因革，以为设施之具，其用在乎使人图治而立政。《诗》者圣人采王朝列国风雅之正变，本其性情之所发，以为讽刺之具，其用在乎使人惩恶而劝善。《礼》极乎天地朝廷宗庙以及人之大伦，其威仪等杀秩然有序，圣人定之以为品节之具，其用在乎明幽显，辨上下。《乐》以达天地之和以饰化万物，其声音情文翕然以合，圣人协之以为和乐之具，其用在乎象功德，格神人。《春秋》之义，尊王抑霸，内夏外夷，诛乱贼，绝僭窃，圣人直书其事，志善恶，列是非，以为赏罚之具，其用在乎正义不谋利，明道不计功。由是论之，则六经者，圣人致治之要术，经世之大法，措诸实用，为国家天下者所不可一日以或废也。

> 或曰："六经，圣人之心学也。《易》有先天后天之卦，乃圣人之心画。《书》有危微精一之训，乃圣人之心法。《诗》者心之所发，而《礼》由心制，《乐》由心生者也，《春秋》又史外传心之典也。"又曰："说天莫辨乎《易》，由吾心即太极也。说事莫辨乎《书》，由吾心政之府也。说志莫辨乎《诗》，由吾心统性情也。说理莫辨乎《春秋》，由吾心分善恶也。说体莫辨乎《礼》，由吾心有天序也。道民莫过乎《乐》，由吾心备人和也。心中之理无不具，故六经之言无不该也。"然则以圣人之心言六经者经其内，以

圣人之用言六经则经其外矣。心者其本，而用者其末矣。舍内而言外，弃本而取末，果可以论六经乎？曰：非然也。心固内也，而经则不可以内外分，内外一体也，而尤不可以本末论。圣人之道，蕴诸心而不及于用者有之矣，未有措诸用而不本于心者也。况乎六经为书，本末兼该，体用毕备。吾即圣人之用以言之，则圣人之道为易明，而圣人之心为已见本体之全固在是矣。若夫徒言乎心而不及于用者，有体无用之学，佛老氏之所为道也，岂所以言圣人之经哉。①

王祎还特别指出："及元兴，许衡起于北方，尊用朱氏之学以教人，既有以任斯道之重。而其时吴澄起于南方，能有见于前儒之所未及，《孝经》《大学》《中庸》《易》《诗》《书》《春秋》《礼》皆有传注，曩括古今诸儒之说而折衷之，其于礼经尤多所删正，凡以补朱氏之未备，而其真修实践，盖无非圣贤正大之学，则其人又可谓有功圣人之道，固宜与许衡同列于从祀，而不可以或遗也。"②也就是说，六经是理学学说的基础，也是儒家政治理论的基础，所以学习理学确实要认真钻研六经。

（二）论四书

王祎还特别说明了四书与六经之间的关系，并特别强调了四书和六经均为一理的论点。

四子，《论语》《大学》《中庸》《孟子》也。……至新安朱子始合四书，谓之四子。

自朱子之说行，而旧说尽废矣，于是四子者与六经皆并行，而教学之序莫先焉。然而先儒之论，以谓治六经者，必先通乎四书，四书通则六经可不治而通也。至于六经、四书所以相通之类，则未有明言之者。

以予论之，治《易》必自《中庸》始，治《书》必自《大学》始，治《春秋》则自《孟子》始，治《诗》及《礼》《乐》必自《论语》始。是故《易》以明阴阳之变，推性命之原，然必

---

① 王祎：《六经论》，《王忠文集》卷4（《全元文》第55册，第350—351页）。
② 王祎：《孔子庙庭从祀议》，《王忠文集》卷15（《全元文》第55册，第367—370页）。

本之于太极，太极即诚也，而《中庸》首言性命，终言天道、人道，必推极于至诚，故曰治《易》必始于《中庸》也。《书》以纪政事之实，载国家天下之故，然必先之以德，峻德、一德、三德是也，而《大学》自修身以至治国、平天下，亦本原于明德，故曰治《书》必始于《大学》也。《春秋》以贵王贱霸，诛乱讨贼，其要则在乎正谊不谋利，明道不计功，而《孟子》尊王道、卑霸烈、辟异端、距邪说，其与时君言，每先义而后利，故曰治《春秋》必始于《孟子》也。《诗》以道性情，而《论语》之言诗有曰"关雎乐而不淫，哀而不伤"，又曰"可以兴，可以群，可以怨"。《礼》以谨节文，而《论语》之言礼自乡党以至于朝廷，莫不具焉。《乐》以象功德，而《论语》之言乐，自韶舞以及翕纯皦绎之说，莫不备焉。故曰治《诗》及《礼》《乐》必始于《论语》也。此四子、六经相通之类然也。虽然，总而论之，四子本一理也，六经亦一理也。

故自阴阳、性命、道德之精微，至于人伦、日用、家国、天下之所当然，以尽乎名物度数之详，四子、六经皆同一理也。统宗会元而要之于至当之归，存乎人焉尔。①

由此，对学习经典确实要有明确的要求，如王祎所言："学亦多术矣。儒、墨、名、法、道、杂、纵横、权谋之属，均之为学，而用心异矣，是以君子为学，莫慎于择术。""学必有师，尊信其师说，故易为道。师道废，学者始骛其私说，而道术毕矣。断木为棋，刓革为鞠，犹必有师焉，况于学道乎。""学在力，力则无不至，性质之驽骀不与焉。骐骥千里，跛鳖亦千里。"②

(三) 论儒士

在讲究实学的基础上，王祎强调儒者必须做到名实相符，才能成为真儒，而不是只知辞章和记诵的"小人儒"和"贱儒"。

> 儒之名何自而立乎？儒者，成德之称，盖其称肇于孔子，至荀卿氏论之为悉，而其后复有八儒之目。及秦汉以下，儒之名虽一，

---

① 王祎：《四子论》，《王忠文集》卷4（《全元文》第55册，第351—353页）。
② 王祎：《卮辞》，《王忠文集》卷19（《全元文》第55册，第705—706页）。

其学则析而为三，有记诵之学，有词章之学，有圣贤之学。士之为其学者，其为道举不易也，而其尤难者，莫难于圣贤之学矣。圣贤之所以为学者，何也？必其性之尽于内者有以立其本，而才之应于外者足以措诸用也。方其幼也，礼乐射御之节，书数之文，无弗学也，凡知类入德之方，亦既习而通之矣。比其长也，三才万物之理，必推而究其极也。推其理，所以致其知也。致其知者，思也，思则有以明诸心矣。仁义礼知，心之所具之性也，心之明，则性之尽也。尽性，则理之具于我者无不明，而视天下无一物之非我矣。故曰惟天下至诚为能尽其性，能尽其性则能尽人之性，能尽人之性则能尽物之性也。夫能尽其性，则大本立矣。而推而至于尽人物之性，又由其才有以应之也。故自日用之间，以及乎参天地，赞化育，所以品节弥纶之者，非才莫有以应之。才之周，事之所以成也。此其所以小可以为国家天下之用，而大可以用天下国家也。故曰才与诚合，则周天下之治也。是故天下之理无不有以明诸心者，性之尽于内而推己以及乎人、物，使天下皆有待于我者，才之应于外也。夫有以尽于内，未有不能应于外者也，不能应于外，由不能尽于内矣。故自格物致知，诚意正心，以至齐家、治国、平天下，皆一本也。自本诸身以至证诸庶民，考诸三王，建诸天地，质诸鬼神，俟诸后圣，无二用也，其本末体用所以内外之兼至者，诚也。内而性之尽者，其本既立矣；外而才之应者，其用复周焉，诚之至也，此所谓圣贤之学者也。

凡今世之所谓儒者，剽掠纤琐，缘饰浅陋，曰我儒者，辞章之学也。穿凿虚远，傅会乖离，曰我儒者，记诵之学也。而人亦曰："此所以为儒也。"

使若人也，其记诵、词章而止若是焉，固亦何取其为儒名耶。是故吾所谓圣贤之学者，皆古之真儒，而今世之称记诵、词章者，其不为孔子之所谓"小人儒"，荀卿之所谓"贱儒者"几希。①

尤为重要的是，儒者要有用于当世，必须以行周公、孔子之道为己任，舍此只能被视为无用之儒。

---

① 王祎：《原儒》，《王忠文集》卷4（《全元文》第55册，第384—385页）。

第十七章　理学政治理念的发展　499

　　有用之谓儒，世之论者顾皆谓儒为无用，何也？曰：非论者之过也。彼所谓无用，诚无用者也。而吾所谓有用者，则非彼之所谓无用矣。夫周公、孔子儒者也，周公之道尝用于天下矣，孔子虽不得其位，而其道即周公之道，天下之所用也。其为道也，自格物致知以至于治国、平天下，内外无二致也。自本诸身以至于征诸庶民，建诸三王，本末皆一贯也。小之则云为于日用事物之间，大之则可以位天地育万物也。斯道也，周公、孔子之所为儒者也。周公、孔子远矣，其遗言固载于六经，凡帝王经世之略，圣贤传心之要，粲然具在，后世儒者之所取法也。不法周公、孔子，不足谓为儒。儒而法周公、孔子矣，其不可谓为有用乎？噫，斯吾之所谓儒也，其果世之所谓无用者乎？且世之所谓无用者，我知之矣。缝掖其衣，高视而阔步，其为业也，呫毕训诂而已耳，缀缉辞章而已耳，问之天下国家之务，则曰："我儒者非所习也。"使之涉事而遇变，则曰："我儒者非所能也。"嗟乎，儒者之道其果尽于训诂、辞章而已乎？此其为儒也，其为世所诋訾而蒙迂阔之讥也固宜，谓之为无用，固诚无用矣，而又何怪焉。

　　周公、孔子之道，吾将望之儒者之效，庶几赖以暴白于天下，宁如今日所见而已乎。虽然有用之用难矣，而无用之用亦不易也。①

　　王祎还特别以舟作为比喻，说明儒者有真才实学，必能有用于国家："舟无大小，皆可以济不通也。然而有大小焉，则其为用不可同日语矣。嗟乎，人之才也亦然。才无大小，皆足以为用也。故其大者则用天下国家，而小者则为天下国家之用。夫其用天下国家也，犹舟之于吴米、蜀盐、广闽蛮夷之琛货，无所不容，而济乎长河、大江、重湖、巨海者也。其为天下国家之用者，犹舟之所容仅钧石，而行乎浅溪溢涧者也。其所载也异量，所施之异宜，将不犹大小之异器乎。"②

　　王祎亦强调："道与文不相离，妙而不可见之谓道，形而可见者之谓文。道非文，道无自而明；文非道，文不足以行也，是故文与道非二

---

① 王祎：《儒解》，《王忠文集》卷18（《全元文》第55册，第683—684页）。
② 王祎：《说舟》，《王忠文集》卷18（《全元文》第55册，第686—687页）。

物也。道与天地并，文其有不同于天地者乎。"① 儒者的文字用于不同的场合，有不同的文体，"朝廷之文闳而穆，郊庙之文肃而简，都邑之文丽而壮，学校之文博而辨，仙释之文奇而邃，山林之文逸而峻，丘隧之文婉而章"。但是时代不同，命运不同，会带来不同的文风。"文本于才，才命于气，气帅于志，志立于学。学以基之，志以成之，文不期工而自工矣。苟徒驱之以才，驾之以气，则才有时而尽，气有时而衰，文能久而不踬乎。""见其礼而知其政，闻其乐而知其德，岂惟礼乐然哉。气运之盛衰，俗尚之美恶，君子于文章可以验之矣。""世代迭更，士习各异，先汉之经术，后汉之名节，晋宋之清谈，唐之辞章，宋之道学，一代有一代之所尚。政治之美恶，运祚之绵促，于是焉系，岂偶然哉。"② 对于元代的文风，王祎则认为引领者为姚燧和欧阳玄："以余观乎有元一代之文，其亦可谓盛矣。当至元、大德之间，时则柳城姚文公之文振其始，及至正以后，时则庐陵欧阳文公之文殿其终。即两文公之文而观之，则一代文章之盛，概可见矣。"③ 王祎之所以作出这样的评价，是因为姚燧和欧阳玄的谥号均为"文"。仅以谥号来确定引领一代文风者，可能失之偏颇，亦不会被其他人所赞同。

三　述救亡之策

理论与现实往往有不小的差距，王祎对人才有用于天下有深刻的见解，但是当他前往大都谋求仕进时，却遭到了冷遇。尽管有所抱怨，王祎还是借不同的机会，表述了他的革除弊政和乱世救亡对策。

（一）说用人之弊

王祎在给中书省平章的上书中，既表达了自荐的意思，也指出了朝廷在用人方面的不足，尤其是不应该废除荐举之法。

> 祎闻国家之所以为国家，在人才，而人才之所以为人才，在国家，何也？天下之事，其本末巨细、重轻烦简至不一也，非人才为之用，以经纶弛张之，安能成天下之务乎。人才之众，或富于问学，或深于文章，或优于才，或高于行，或精于一艺，或长于一

---

① 王祎：《文原》，《王忠文集》卷20（《全元文》第55册，第711—712页）。
② 王祎：《卮辞》，《王忠文集》卷19（《全元文》第55册，第705、709页）。
③ 王祎：《文评》，《王忠文集》卷20（《全元文》第55册，第710—711页）。

能，至不齐也。非上之人有以养育奖拔之，安能成天下之器乎。故曰国家之所以为国家，在人才，而人才之所以为人才，在国家，岂非然哉。然则国家、人才，岂非相资而成者哉。

故尝考近代所以养育奖拔人才之道矣，以为人才难得而且难知也，非博采广求而多畜之，不足以尽天下之士。故先馆阁以为养才之地，其进之之涂有三，而大臣荐举居其一。士之有问学、文章、材行、艺能者，皆于馆阁乎蓄，而优游养育以奖成之，故当其时两府阙人，则取之两制，两制阙人则取之馆阁，而凡馆阁之士，上焉者皆杰然为时名臣，其次则不失为佳士，足以为时用，是以上无乏才之叹，而下无遗贤之嗟也。

我国家之制，设学校、科举以待天下之士，而士之出于山林岩穴间者，不必由于学校；负环奇特杰之器者，不必由于科举，故仍有荐举之法焉。士之以布衣而入馆阁，由馆阁而登台省者，往往而是，可谓盛矣。自顷者荐举之法废不复行，馆阁用人一切拘于常调，布衣之士始无所于进矣。然犹幸王公大人以人才为意，如相国者为之依归，士之有问学、文章、材行、艺能凡一长可自见者，皆得以自附于门下，不遂至于弃滞。①

该上书未被重视，王祎只能自叹时运不济，在词赋中表示："嗟进忠而离尤兮，固曷訾乎往哲。留三年亦既久兮，君终不察予中情。书有字且磨灭兮，每病哭以拊膺。进既不获乎吾君兮，惟退修吾初服。不吾知其亦已兮，敢怨怼而陨获。出国门以南迈兮，赤子忍离乎慈亲。涕泪堕而莫遏兮，长矫首乎苍旻。念吾君本圣明兮，初不遗于小物。惟先容弗吾道兮，固吾之所为讪。亦初服之既返兮，粤义命之是安。""处畎亩不忘君兮，在古人以皆然。讵独善以自足兮，固求志之为贤。"②

（二）讲救亡之道

战乱爆发后，王祎虽然处于隐居避乱的状态，但是依然利用与地方官员交往的机会，提出了止乱乃至救亡的具体建议，并在乱世中完成了救亡之道的现实版陈述。

王祎认为，在出现突发事变后，朝廷需要全面规划应付乱局的做

---

① 王祎：《上平章札剌儿公书》，《王忠文集》卷16（《全元文》第55册，第228—230页）。
② 王祎：《九诵·远游》，《王忠文集》卷20（《全元文》第55册，第181—182页）。

法，尤其应该注重贾、陆的救世和经国经验，下决心以迅速的政治更化克服各种弊政，恢复国家的稳定，这恰是大乱需要大治的思路。

> 国家数年以来，亦可谓多事矣。十一年兖济之间塞决河，十三年京畿之内开营田，二者皆大役，其费累巨万，而犹幸有利存焉。然自十二年以来，频岁用兵，天下骚动，丞相、御史大夫以国之柱石，相继董师，宗王重臣莫不总戎于外，虽寇盗寖就殄灭，而国用之费已不可胜计。今长淮东西，大江左右，勍敌犹在，兵未可以遽弭，凡转输供亿，县官不足则尽征诸民，而所在之民，大札大侵之余，存者无几，创痍未瘳，悉刳剔脂髓以应上之科敛。又楮币者，天下之大命也，而乃沮不克行，上下均知其弊，莫或有以救之。而朝廷之上，纲纪法度且日纷更而未已，国家之多事，莫此时为然矣。然而事变之殷，盛世所不免。抑所以弛张弥纶之者，其犹在于人乎。是故天地之大也，万物之众也，而位之、育之者，皆夫人之责也，此君子之学，所以贵乎用世也。贾谊之言曰："天下，大器也。今人之置器，置之安处则安，置诸危处则危。天下之情与器亡以异，在天子之所置之。"又曰："庆赏以劝善，刑罚以惩恶，先王执此之政坚如金石，行此之令信如四时，据此之公无私如天地。"陆贽之言曰："舍己以从众，违欲以遵道，总天下之志以助聪明，顺天下之心以施教令。"又曰："均货财以同欲，惜名器以赏功，行三术去七患以核群材，致八利除六失以严守备。"呜呼！二子之言，可谓经国之要道，匡时之急务，无愧于用世之学者矣。贾、陆之学于是不行于世已久，今日之告吾君者，其亦有出于此者乎。不出于此，而欲以图今日之治安，吾知其为难矣。①

治乱重在用人，尤其是各行省的主政官员，在王祎看来，既要能够团结人心，更要能够稳固政权。

> 祎闻天子之职，莫难于任相，人臣之职，莫难于为相。夫为相之难，非难于承平之时，而为于天下多故之时为难。天下多故之时

---

① 王祎：《送吏部员外郎月君序》，《王忠文集》卷6（《全元文》第55册，第255—256页）。

第十七章 理学政治理念的发展 503

> 为之非难，而能使天下之势危而复安，坏而复完，为尤难矣。惟我国家之有天下，极海内外，罔不一家，自古有天下之盛，莫盛于兹。疆宇混一殆且百年，肆今天子在位日久，致治之盛，文恬武嬉，然而丰恒豫大者艰险之基，宴安逸乐者忧危之兆。乃自比岁干戈并起，海内糜沸，朝廷之纲纪因之而凌迟，邦国之用度因之而匮乏。天下之势，日久必弊，昔之安者从而危，完者从而坏，天下之多故，遂莫甚于此时矣。
>
> 祎之所陈，其琐细屑末之事未易悉数，而其大者有二焉，一曰固结人心，二曰总揽政权。人心携贰，而不阴有以固结之，政权纷更，而不明有以总揽之，皆足以为相业之累。
>
> 自今观之，其曰开诚布公者，固结人心之本也。其曰信赏必罚者，总揽政权之要也，二者为相之先务。①

为平定盗贼，各地官员不仅要学会随机应变，还要注意以德政待民，使其不从盗和为盗。

> 海内多故，天子命勋旧大臣行中书以镇外服，且以为去朝廷远，事有机速，不可律于常制，禀命而行，凡军旅、钱粮、铨选之事，一听其便宜行之。
>
> 天下不幸而有故，将拨乱以反正，则行变以从权，诚势所必至。然有志于当世者固未尝不深忧于此焉。
>
> 今日天下所以多故而弗靖者，非以寇盗之繁剧乎。盗之生也，犹火之始然，始之弗戢，遂至于燎原而不可遏。……善求盗者能于其始而袭之，故事易而人不扰。……止于求盗，而不能使人不为盗，能使人不为盗者，牧守也。……其为政务以德化人，庶几有以使人不为盗。②

御盗需要修城，但是修城作为保民的重要举措，既可能不扰民而事成，也可能变成害民的行为，王祎就列举了两个不同的例证。

---

① 王祎：《上丞相康里公书》，《王忠文集》卷16（《全元文》第55册，第232—233页）。
② 王祎：《送申巡检之官序》，《王忠文集》卷6（《全元文》第55册，第246—247页）。

至正十二年，中原俶扰，南方绎骚，江浙省臣预备不虞，非城郭不可，下其事于列郡，俾各完其故城。浙东宪司实治于婺，属郡守丞遵行之，然役巨费，殷总其事者非才猷之优著不足以堪其任，乃以诿处州青田县尹叶侯。侯至，则合郡守与州县之长吏定为要束，揣厚薄，略基址，使富民皆来受役，庶民则输钱致助焉。城成，其周一千四百八十丈，高二寻有二尺，而广如之。自春三月庀事，至秋七月而遂讫工，盖侯材裕识周，济之以威而本之以仁恕，故总是大役，事既集而民不病，成功速而绩可永于久。①

朝筑城，暮筑城，筑城欲高高辄崩。江南五月盛霖雨，随崩随筑人人苦。大家筑城多卖田，小家卖产来助钱。朝筑一寸暮一尺，尽是齐民膏血积。争道城高可防贼，民力已穷何所益。君不见，陛下盛德犹如天，四海一家千万年。金汤之固非所恃，何乃坐令民力敝。②

尤为重要的是，在军需日增的情况下，百姓已经被压榨至尽，必须以取之有道的方法，使百姓得以休养生息，才能稳固民心，成持久之势。王祎对平江太守提出的此类要求，亦适应于其他地方的官员。

惟我祖宗统一宇内，百年于兹，重熙累洽，式臻承平，四方无虞，烟火万里，可谓盛矣。夫何四三年间，海内鼎沸，河之南北，淮之东西，戎马揉踏，已无完区，而大江以南，列城残毁，生灵涂炭，亦靡有息肩之所。世故之艰难，于是殆有不忍言者。幸而平江以地利人和之故，隐然为南方之保障，然军饷之给，比诸郡率十七八，百需供亿，动以万计，而其民亦已不胜夫凋瘵。今公为郡以父母，其民宁不有以辑绥抚摩之，以阜其财，以结其心乎。嗟乎，财者民之心也，不取诸民，无以给国用，取之无艺，无以得民心。品调消息之间，公得无其术哉。是故一城之完，朝廷免一城之忧；一民之安，国家赖一民之力。公也任郡寄之重，上体宵旰思治之勤，

---

① 王祎：《婺州新城诗》，《王忠文集》卷1。
② 王祎：《筑城谣》，《王忠文集》卷3。

而布宣其及下之仁，不久政成，天子且亟用之当大任矣。①

在乱世中，主政和主军的官员应该重视儒士的建议。王祎特别记录了儒士胡仲渊的御敌建议，并且对这样的建议未被采纳而深感痛惜。

> 君（胡仲渊）尝为祎言今天下之弊极矣，南北用武未有休息，而将帅之权不相统一，朝廷之赏罚不能明信，此殆不容言矣。至于军卒之单寡而无所于调发，钱粮虚匮而无所于征需，变而通之则有其术。夫军旅钱粮皆民出也，而今日之民其困已甚，诚使常徭横敛悉不复以病民，止令民有田者，苗米十石出一人为兵，而就食之，以一郡计之，米二十万石当得精壮二万人，军无远戍之劳，官无养军之费，而二十万之粮固在也。又减而计之，当亦不脱粮十五万，兵一万五千，行之数年，可使所在兵强而财富矣。其操识持论异于寻常，大抵此类，而固亦未遂于施用也。呜呼，自我世祖皇帝平定天下，建不拔之基，以开长治久安之道，规模宏远矣。其制度纲纪之法，后世所宜凭藉，夫何仅及百年而天下遽已日入于敝，若或不可支持，甚而理财制兵之术既穷，皆坐视而不恤，是岂事变终不可为乎。抑亦任当世之责者，未之思焉耳。
>
> 今天子在位日久，图治日切，方举群策以收太平之功，士之怀奇见而欲立功名者，宁能不见于施设，而有不尽用之叹耶。②

王祎未涉入官场，所以对乱世能有更客观和冷静的分析，可惜他的观点只能被为数不多的人知晓，难以起到改变局面的作用。

(三) 释立场转变

在乱世中能够隐居避乱，已经算是不幸中的万幸，一方面，王祎对自己的处境颇感庆幸。

> 吾老矣，无所求于世矣。然吾观夫人之生于今世者，亦何其不幸也。国家太平日久，一旦寇盗蜂起，而天下遽苦于兵，盖自天子之大臣以及于群僚庶士，而京畿中原以乎边疆绝徼，无有贵贱尊

---

① 王祎：《送贡公守平江序》，《王忠文集》卷7（《全元文》第55册，第260—261页）。
② 王祎：《送胡仲渊参谋序》，《王忠文集》卷7（《全元文》第55册，第258—260页）。

卑，皆不遑奠安而已，不胜其弊矣。吾于是时僻处吾乡，乃得自放于山穷水绝之境，战征不接于耳目，差科不及于门户，诗书以教吾之子弟，药剂以济人之灾害。耕有稼穑，居有屋庐，摘芳钓鲜，寻幽探冥，起居无时，惟适之安，吾于世复何求焉。顾吾虽老，诚亦今世之幸民也欤。①

另一方面，王祎也在诗作中表现出了强烈的忧国、忧民情感和对太平的向往。

> 力作力作，人言田家乐，谁识田家苦。养蚕一百筐，种田一百亩。田蚕非无收，不了输官府。但愿官府不我亏，田家力作非所辞。
> 脱袴脱袴，人情怜新不怜故，故袴绵所妆，新袴但裁布。薰风四月天微炎，人人著布便脱绵。绵袴非不完，失时谁是怜。
> 行不得哥，乾坤满眼纷干戈。荆湖骨如丘，江淮血成河，道路断绝可奈何。君行将何之，欲投辽东去，却向海上过。行不得哥，海水宁可测，只今平地皆风波。②
> 秋风战庭树，落叶如败兵。触目感时艰，油然百忧生。四方晏安久，一旦灾祸兴。干戈半天下，积骸比丘陵。天子仁如尧，夙宵念苍生。无乃吁谟者，法度徒纷更。致兹岂无由，何时复承平。嫠妇不恤纬，智士若为情。③

经过数年的战乱，王祎已经意识到世运变化在所难免，所以他在至正十八年即投入朱元璋军中为谋臣，④ 并在后来的词赋中对世运的推移作了解释，所要强调的就是终止乱局的使命，将由新的王朝来完成。

> 夫何世运之推移兮，时理乱之靡常。承平曾不百年兮，遽已失于小康。者干戈其并起兮，鼎四海之沸腾。哀民生之多艰兮，宁性

---

① 王祎：《送詹君序》，《王忠文集》卷6（《全元文》第55册，第254—255页）。
② 王祎：《五禽言次王季野韵》，《王忠文集》卷3。
③ 王祎：《感兴四首》，《王忠文集》卷1。
④ 郑济：《王祎行状》，《明文衡》卷62。

命之可凭。

  岂夫时之偶然兮，抑所致之有自。何杀人以为嬉兮，又食人以为甘。既剸脑以剔髓兮，复刳肠而刺肝。白骨积而为山兮，流血红而成河。家十室而九空兮，曾残民之几何。人烟萧条亘千里兮，日夕起乎悲风。良田鞠为蒿莱兮，穴狐兔而横纵。何群黎之荼毒兮，一乃至于斯也。非天其孰使然兮，众梦梦其莫知也。尚天心之悔祸兮，憖斯人之遗类。矧天道亦既周兮，今丧乱且一纪。惟乱极则复治兮，殆夫数之必然。①

此后，王祎所要做的，就是如何赢得朱元璋的信用了。王祎以所谓"顺天命"的行为，为他的治道说提供了一个转换立场的例证，但所起的作用，恰是大大降低了其救世理念的价值，因为他所强调的救天下责任，与救自己的行为确实有着巨大的反差，再难起到教诲他人的作用。

第六节　程端礼等人的政治理念

在元朝后期的复杂政治形势下，理学学者程端礼、刘诜、刘岳申、唐元、史伯璿、王充耘等人表述了一些重要的政治理念，陈旅、郑元祐等人则针对特定问题表述了一些重要的观点，可分述于下。

一　程端礼的儒吏理念

程端礼（1271—1345年），字敬叔，庆元鄞县（今属浙江）人，理学师承于史蒙卿，成为史氏所创"静清学派"传人。② 程端礼历任儒学教谕、儒学教授等职，著有《畏斋集》《程氏家塾读书分年日程》等，重点阐释的是儒吏理念。

（一）论以儒为吏

程端礼认为，以儒为吏并不是当代现象，古已有之，只是元朝立国以来，更重视这样的做法而已。他不同意将以儒为吏说成"以儒饰吏"或是"以儒术为吏事文饰"，而是强调儒、吏是合一的关系，即以儒为

---

① 王祎：《九诵·世运》，《王忠文集》卷20（《全元文》第55册，第183—184页）。
② 黄宗羲原著，全祖望补修：《宋元学案》第4册，第2913—2934页。

体，以吏为用。

儒为学者之称，吏则仕之名也，名二而道一也。儒其体，吏其用也。学古入官，古之制也。皋、夔、稷、契、伊、傅、周、召，无儒吏之名而无非儒吏之实。《周官》九两始曰儒曰吏，亦因其得民，以道与治而言之耳。自李斯严是古非今之禁，一以吏为师，儒吏虽分而道法裂。萧、曹以秦吏相汉，至赵、张而文法弊极矣。汉非不知用儒以救之也，有一董仲舒不能用，所用者不过章句儒。呜呼，章句儒与文法吏，其弊等耳。倪宽，儒也，能以儒术饰吏事，当时称之。饰之为言，不过以儒术为吏事之文饰而已。若曰饰之而已，虽以汤之深文舞法，已能乡上意，取博士弟子补廷尉吏，传大义决大狱矣，奚俟于宽哉。其后薛贡、韦匡之迭相，终无以收儒吏之实效，可胜叹哉。天开文运，圣朝自许文正公（许衡）得朱子之学，以光辅世祖皇帝，天下学者始知读朱子所释之经，知真儒实学之所在。然则士生今日者，可不自知其幸欤。诚能读其书而真修实践焉，以儒术而行吏事，于从政乎何有若于此，犹或以语言文字求之，而无自得之实。一旦见案牍之严密，其能不疑为政之道在彼而不在此者几希。子夏曰："仕而优则学，学而优则仕。"然则儒吏果二道而有所轻重于其间哉。①

余谓古之为士，自起居饮食、仰事俯育，无事而非学。至于礼乐、刑政、甲兵、钱谷，亦无学而非事。故其为吏也，入治出长，用咸宜之，而真儒之效始白。后世三物之教不明，士始离事以为学，浮华苟伪成俗，而士少可任之材。然士生今日，能知明体适用，任之以事而事治者，可不谓之贤乎哉。

余见世之论者，多有取于倪宽以儒饰吏事之说，余独曰未也。当日以儒术行吏事，不当曰饰也。饰，文饰之也。若曰饰吏事，则以张汤之深文，已能取博士弟子员为廷尉狱吏矣，奚俟于宽。呜呼，此独未免以儒者章句为文法之助也。②

---

① 程端礼：《儒吏说》，《畏斋集》卷6，四库全书本（《全元文》第25册，第525—526页）。
② 程端礼：《送浙东帅掾朱子中考满序》，《畏斋集》卷4（《全元文》第25册，第496—497页）。

明白了儒吏的定位后，就应该知道儒士不应该轻视吏职，尤其是要具有担任吏职的知识："余谓士之谈诗书而略事功，其来已久，遂使俗吏嗤儒为不足用。"① 儒者入仕，也不能以官小而不屑就职："为官择人，古之制也。小大之职，思不出位，故能绩熙民阜，犹天之必积、日时以成岁功也。后世之士卑小官，鄙理财，小人用事而民生困。"② 由此，对于友人后代在以儒为吏方面的疑虑，程端礼特别强调了无论是古代还是当代，儒吏都可以大有为于天下。

> 余友朱景陆来述云屋孙千里之言曰："骥幼读书，急亲养不得守先业，由刀笔吏以进，积月日，今将吏目奉化。惟是不学，无以事大夫之贤、赞循吏之治是惧。我祖之交程先生幸归里，愿为我请焉，求一言俾得以自勖，敢为之请。"
>
> 余谓云屋陆君读书弗遇，以其才思一寓于诗，其苦吟深入诗人畛域，能与秋岩葛君齐名。其游婺也，余尝以诗送之。今又见其孙之仕，俯仰四十年，为之感叹。老矣无能，何言之赠？且仕顾所行何如耳，千里以入仕由刀笔自愧，则惑之甚矣。《周官》府史与下士同禄，取士多途，振古如兹。汉尹翁归、王尊起狱小吏，朱邑、鲍宣起啬夫，赵广汉、龚胜起郡吏，其功业照映史册，去之千载使人歆慕，在于以治得民而已，奚入仕之足云，此古人也。请又以今之人为众所共知者明之。吾乡大嵩里有黄良辅者，起刀笔，前年都目溧水，廉公有威，州民恃之如亲父母，远近上下称之。日所行州事，夜必一一乎手记，露香告天，所服焚香之衣百衲，阅四十年，近七十，或劝之曰宜少取为田园资，不答。余留金陵所亲见者，其高风苦节，无愧古人，是皆足以为千里法矣。③

在诗作中，程端礼也强调了以儒为吏，就是要发挥真儒的作用，而不是混同于其他的吏员。

> 得体期大用，荐不辱吾笔。济美世有人，宪府流声实。书驰中

---

① 程端礼：《送薛学正归永嘉序》，《畏斋集》卷3（《全元文》第25册，第485页）。
② 程端礼：《送虞诚原夹浦代归序》，《畏斋集》卷4（《全元文》第25册，第490页）。
③ 程端礼：《送奉化吏目陆千里序》，《畏斋集》卷3（《全元文》第25册，第484页）。

台辟，传乘入门驿。圣世开太和，治纯用儒术。贤路久已开，礼罗亦云密。才难自昔然，拔十期得一。君学明体用，礼法严自律。愿言尊所闻，使不虚此出。会见真儒效，杲杲如皦日。①

吏隐从教两鬓斑，县称难治赞尤难。传家清白百寮底，范我驰驱九折间。道在人孚终得誉，宦成官小本无患。雪消舟起秦淮柂，洗眼归看西塞山。②

在儒、吏关系方面，程端礼的儒吏合一应是最温和的论点，并且恰是因为在地方做学官，才更容易推导出这样的观点。

（二）见良吏善行

程端礼重视以儒为吏，对于有所作为的儒吏，在记述其善行佳绩时往往强调的是一贯的表现，而不是一时的表现，可列举两个例证。

泰定三年十一月二十五日，吉安朱元礼主江宁簿得代。且行，大夫士出饯，为歌诗颂公之美，谓余曰："江宁号难治，公之来，县长以赃败，令望风解印去，公独立，守益坚，政益举，威行爱孚，县以治称。"余曰："子未知公建平之政也。延祐间，公以儒试吏，尉建平，以己之不欲弭盗，民间外户几不闭。既尽职，又能尽言，以佐其令朱仁父而归美焉，仁父用其言，以廉明称，此余所见者。先儒谓簿若能以事父兄之道事令，善则惟恐不归于令，岂有不得人者，观公建平之政有焉。余于是不特知其能为簿，且知其能为令也。其为尉能尽职，不必言也。其能进尽言于江宁令、长可知也，使用其言可不败也。昔王尊为益州刺史，叱驭行，九折坂，守东郡，河决堤坏，吏民奔走，惟一主簿在尊旁立不动，观公江宁之政有焉。余于是不特知其能为令，且知能为守，能为刺史也。其为簿能自保，不必言也。今世见章句儒无以胜文法吏也，类曰儒者不可任，俗坏不可化，州县参佐不可为。噫，公非以儒者为参佐官，于难治之县者邪。"③

---

① 程端礼：《送程仲章》，《畏斋集》卷1。
② 程端礼：《送江宁县典史陈授之》，《畏斋集》卷2。
③ 程端礼：《送宋主簿诗卷序》，《畏斋集》卷3（《全元文》第25册，第476—477页）。

清平顿谦父尉建平，秩满得代，邑大夫士出饯，诗以颂之，咸曰："公为政以不欲弭盗，田里底宁，廉介之节，三岁克终去，为邑民惜。"程某谂于众曰："公非欲以一节自表见者，以廉介称公，末也。余家浙东，知公为详。初至元间更各道提刑按察使为肃政廉访使，公赞浙东海右道幕。一时观听之耸，选任之隆，用事者以遇事风生为能，独公贞确沉毅，不徇不激，以忠厚服一府。公今之廉介，犹前之忠厚也。以风宪中不皆如公，故前得忠厚之名。以州县间不皆如公，故今得廉介之名。公何有于是，第知守其所以为公而已。昔魏徐景山时，方变易车服，以求清素之名，人称其通，其后相效奢靡，又以介称之。今称公者，其类是欤？夫君子志一而行独，量宏而用周，固未尝标一节，以钓名为贾人。人弃我取，事且矫情者可暂，又乌能有所三年终也。声大者器宏，公前后所至，咸著名实，岂非志一而量宏者有以本之欤？倘位高及广，其称于人者，又岂止是。"①

对于在各种机构中任职的儒吏，程端礼也从善政的角度，在诗作中表达了赞颂或鼓励之意。

伟哉造物心，生贤端为国。欲知国家盛，臣辅视其德。宪宪子刘子，器大实天得。昔年辍道山，持宪出南纪。柔刚迭用中，德威真畏喜。诚为器之铁，春得明道体。古人久不作，此道已如洗。我生若恨晚，犹喜及见此。安得如公百，参错俾视履。②

今代录事官，乃与令长同。矧有会府压，更临宣司崇。两造互请托，黑白翻覆中。常患掣其肘，听断难为工。耐轩太丘后，民瘼实所恫。平易以近民，下情悉上通。不求赫赫名，保障以为功。惊雷易失匕，我心益从容。所以岂弟政，三年全始终。耄倪远走送，遗爱思无穷。③

录事昔为郡督邮，今代所职城内令。得人宜若阳道州，抚字心

---

① 程端礼：《送建平顿县尉任满诗卷序》，《畏斋集》卷3（《全元文》第25册，第478—479页）。
② 程端礼：《送刘公佐御史任西台都事》，《畏斋集》卷1。
③ 程端礼：《送陈录事》，《畏斋集》卷1。

劳是其政。我知王君已十年，廉公忠孝咸称贤。会稽赵范所过化，风俗礼乐犹依然。弦歌妙割无鸡牛，来莫真令有襦袴。最是老叟识刘宠，他日走送还如故。①

四明金君儒饰吏，三郡掾吏名声隆。案牍如山能立剖，万事不理须胡公。抚字正赖用宽和，流徙会见归耕农。县幕得人我为喜，已报交友驰书筒。父老迎君如问我，为言白首行龙钟。②

程端礼还特别指出："为政之难莫难于治狱，治狱之难，莫难于钦恤诚心之持久。吾见世之莅官一二年，平反一二事，树名声者多矣。能三年有终者固难，能持久于八年者尤难也。吾见用其独见审克冤狱，与长贰僚属至于相忤者多矣，至若事求情法之当，委曲周尽而不失和气者尤难也。"③ 由此，他亦强调了儒者在监察机构中可以发挥极为重要的作用："清才宪幕贵璠玙，寒露冰壶炯不如。污吏望风思解组，威声摇岳见登车。一时豪猾心方畏，千里饥疲气少舒。泽物洗冤儒者事，此行端不负诗书。"④

即便有善官良吏，也难以扫清天下的弊病，程端礼就记述了军政混乱的情况，并表达了对善政的期盼："诸将威严少，三军部伍繁。追求无隙地，恸哭有千村。天下归仁政，今朝仰至尊。共传宽大诏，早晚到黎元。"⑤

（三）说成儒方法

自元仁宗恢复科举取士之后，在新的考试要求之下如何作成人才，程端礼重点强调的是儒士要认真读书，不要被旧时的流弊所误。

洪惟国朝自许文正公以朱子学光辅世祖皇帝，肇开文运，百年之间，天下学者皆知尊朱子所注之经，以上溯孔孟，其功大矣。贡举之制又用朱子《私议》，明经主程朱说，兼用古注疏，经义不拘格律，盖欲学者读经有沈潜自得之实，其所作经义能条举程朱与注

---

① 程端礼:《送王正卿录事绍兴》,《畏斋集》卷1。
② 程端礼:《送金仲相赴建平幕》,《畏斋集》卷1。
③ 程端礼:《送田推官代归序》,《畏斋集》卷3（《全元文》第25册，487—488页）。
④ 程端礼:《赠廉访分司五首》,《畏斋集》卷2。
⑤ 程端礼:《诸将》,《畏斋集》卷2。

疏之说，辩汉儒传注之得失，一洗宋末反复虚演文妖经贼之弊，俾经术、理学、举业合一，以便志道之士，岂汉、唐、宋科目所能睨其万一。士之学于今日者，岂非幸与。惜乎宾兴有制而学校法未立，故其所教所学，不过随其学官之所知所能，故犹不免于前日之涉猎剽窃，而无沉潜自得之实。所试经义，固守反复虚演之旧格，而试官不能推本设科之深意，以救末流之弊。呜呼，自孔子作经已以读书为教，倪以见小欲速，务外为人之心读之，此乃儒之君子、小人所由以分，可不屡省而深戒之哉。①

今制本朱子《贡举私议》之意，明经传注所主、所参、所用性理制度，训诂毕备，一洗汉、唐、宋之陋，非真读书不足以应之，诚志士千古之一快也。

宁违科制而不敢少违时尚，故教者、学者见小欲速之心得以乘之，而以积年诵读之劳为迂，非今之科制使然也。噫，学术人材盛衰，治道隆替，风俗厚薄，所系救弊之术，谓宜推本科制，明示经行为本为重，用工宜先之序，限之以年，立学校教法，所试非条举所参注文而断之者不取。立考文之式久而未有以之言者，何也？他日政恐读书以东莱家法，将不免于变以随时也。②

改元延祐，而设科取士之制行，喜与余之所教明经作义之法大略相同。盖科举取《贡举私议》、汉左雄明经守家法之说，某经主某说，兼用古注疏作义，不拘格律，条举所主所用之说，发明其于经旨之得失，而论继之也。

奈何俗学虽曰读其书，其志在于剽窃语言，以作程文，故资正谊明道之书，以助其谋利计功之私而已。甚者至于兜题作义，全经且不尽读，况传注乎。士习日趋于见小欲速、务外为人，终身陷于小人。儒而不自知读书，既无真知自得之实效，穷不能独善，达何望其兼善，宜其任州县者，离道失望，贪酷疲软，而不自知愧也。滔滔流俗，孰与虑此，无怪武夫俗吏嗤鄙儒者以为不足用也。儒者

---

① 程端礼：《弋阳县新修蓝山书院记》，《畏斋集》卷5（《全元文》第25册，第532—533页）。
② 程端礼：《送王季方序》，《畏斋集》卷4（《全元文》第25册，第501—502页）。

之道，岂果若是乎哉。①

科举恢复之后，程端礼即明确表示不要期望在短期内能够起到真儒治国的明显效果："自程子、朱子出，而真儒之学复明。自许文正公以程朱学光辅世祖皇帝，而真儒之效复著。自近年以程、朱之学设科取士，而真儒之道渐见于吏治。""科目行十年，或者疑未见卓卓之效，是殆不考所得之士参错中外百司者今几处，服官政者几人也。宜其道未行，效未著也。"②

到了元顺帝时期，科举取士的效果已经显现，但真正能够中进士的人毕竟是少数，如程端礼所言："我国家设科以来，声教洽海宇。江浙一省应诏而起者岁不下三四千人，得贡于礼部者四十三人而已。出于三四千人之中，而立乎四十三人之列，虽其知能得失有不偶然，盖亦难矣。"③ 所以对于去参加科举考试的儒生，程端礼只能是表示鼓励而已："退之昔未遇，光范书三上。明复早为贫，睢阳几来往。天固使不售，学术要开广。"④

程端礼更重视的是以认真读书来作成真儒。他之所以作《读书分年日程》，就是"欲经之无不治，理之无不明，治道之无不通，制度之无不考，古今之无不知，文词之无不达，得诸身心者无不可推而为天下国家用"⑤。读书需要遵循朱熹的读书法六条："朱子诲人读书之法，门人荟萃其要有六，曰居敬持志，曰循序渐进，曰熟读精思，曰虚心涵泳，曰切己体察，曰著紧用力，其言具存。凡学者果确守而不遗其一焉，则尊闻行知，深造自得，成人小子，有德有造，庶不负仰体国家敷教作人、大修黉宇之意矣。"⑥ "朱子平日教人，千言万语，总而言之，不越乎此六条。而六条者总而言之，又不越乎熟读精思、切己体察之两条，盖熟读精思即博文之功，而切己体察即约礼之事。"⑦ 程端礼还特别强

---

① 程端礼：《送冯彦思序》，《畏斋集》卷4（《全元文》第25册，第499—501页）。
② 程端礼：《送宋铉翁诗序》，《畏斋集》卷4（《全元文》第25册，第504页）。
③ 程端礼：《江浙进士乡会小录序》，《畏斋集》卷3（《全元文》第25册，第514—515页）。
④ 程端礼：《送娄所性赴乡试》，《畏斋集》卷1。
⑤ 程端礼：《程氏家塾读书分年日程原序》，《全元文》第25册，第519—520页。
⑥ 程端礼：《重修奉化儒学记》，《全元文》第25册，第540—541页。
⑦ 程端礼：《集庆路江东书院讲义》，《程氏家塾读书分年日程》卷3，四库全书本（《全元文》第25册，第522—524页）。

调:"必以身任道,静存动察,敬义夹持,知行并进,始可言学。不然,则不诚无物,虽勤无益也。"在学习科举之道时亦应明白以下要求:"科制明白,不拘格律,盖欲学者直写胸中所学耳,奈何阴用冒原讲证结格律,死守而不变? 安得士务实学,得实材,为国家用,而为科目增重哉。""如自朝廷议修学校教法,以辅宾兴之制,则此弊息矣。"①

真儒要有真儒的样子,不能做出令人不齿的行为,如程端礼所言:"国朝惟翰林、集贤与它官之精力未衰者,不在致仕限,良有以也。然翰林、集贤既非勋旧人不得与,而所谓精力未衰者,或非尽恬退之人,至有讳其年而苟禄者焉。大丈夫与廉耻俱生,廉耻既亏,何以事上治民。"②他对做人的要求则是:"天心孔仁,笃生我人。全付天心,俾主人身。方寸之中,万理毕备。体全用大,实参天地。气机所乘,危动难安。一刻弗存,思失其官。虽视虽听,弗见弗闻。役于耳目,私欲纠纷。秦越肥瘠,藩篱尔汝。呜呼不仁,如病痿痹。心学之传,惟曰存存。其存之方,曰敬入门。细微杂乱,于察其放。虚闲静一,于以致养。天不在天,于予中居。凡此百体,孰敢侮予。"③

由于以儒为吏在元朝中期已经成为较普遍的现象,程端礼的儒吏理念也较以前的解释有所发展。对于以儒为吏的更深入和合理的解释,其政治目的就是要继续保持儒士的多种晋升渠道,而不是仅仅依赖于科举,因为科举取士的范围毕竟有限,而以儒为吏则有更广大的空间。

二 刘诜的真儒理念

刘诜(1268—1350年),字桂翁,号桂隐,吉水(今属江西)人,以教书为业,工于诗文,有《桂隐文集》《桂隐诗集》传世。在政治理念上,刘诜主要强调的是真儒治国的观点。

(一) 记世道艰难

按照刘诜的自述:"余生九岁为至元十三年丙子(1276),避兵山观李氏。又三十一年丙午(1306)哭内兄其渊,又三十一年为后至元二年丙子(1336)诸亲相邀,复留数日。因思三至岁皆逢丙,若有数然者。"他特别用诗作概述了自己六十年的经历。

---

① 程端礼:《程氏家塾读书分年日程》卷1、卷2。
② 程端礼:《送张县尹致仕序》,《畏斋集》卷3(《全元文》第25册,第482—483页)。
③ 程端礼:《存心堂铭》,《畏斋集》卷6(《全元文》第25册,第549—550页)。

> 忆昔丙子宋阼变，天兵南来混九县。举家避兵窜山岩，道逢哨骑落髇箭。仓皇奔匿道旁家，弓櫜穰穰短墙见。当时脱命五步间，店叟焚香身手颤。行投李家日已晡，张灯招魂具膳餔。老人攒眉论兴废，我时虽幼知艰虞。又闻土兵在岭外，肝脑满地红模糊。偷生度日四五载，短衫窄袖忘诗书。圣朝右文庠序起，始复勉学思为儒。两家婚姻正稠密，冠盖城堙相络绎。君家气运如新春，我家贫贱如前日。却从丙午哭盘渊，六月赤炜行青天。岁当饥馑路萧瑟，殣殍横野无炊烟。陂滩悍激落清浪，草树蒙翳号悲蝉。天道一周如电扫，偶向山中事幽讨。兵机定息太平久，少壮丘坟童稚老。溪流改徙栋宇多，短植参天修木槁。后生秀者来如云，欲陈往事谁可论。烹羔击鲜醉宾客，东家西家邀款门。所嗟淫雨连十日，不得登览徒清樽。天留老眼倘不死，重来山水与子笑傲观乾坤。①

忽必烈在位后期的至元二十九年和三十年（1292—1293），刘诜曾返回故乡，不仅留下了颇多的感慨，亦记录了地方官吏的为政不仁表现。

> 故里留人住，新秋起客悲。不知横笛处，适与此心期。夜久风藏树，天清月动池。平生游射地，壮日尚栖迟。②
> 泥潦无来客，题诗受午风。功名山色外，岁月雨声中。拜跪频怀旧，悲欢始悟空。九州春欲满，未许叹途穷。③
> 荏苒长如故，逢人先自惭。舆台多速化，礼乐竟虚谈。野驿孤云去，风毡过客酣。先人瓜芋地，未得理长镵。④
> 天下阴气盛，江南秋雨多。粱盛吾敢望，君相意如何。野旷鹰初鸷，江空雁不过。遥闻府中帖，昨日已催科。⑤

对于南宋的忠臣以及文天祥的母亲，刘诜也在诗作中表示追悼，并

---

① 刘诜：《感旧行》，《桂隐诗集》卷2，四库全书本。
② 刘诜：《故里》，《桂隐诗集》卷3。
③ 刘诜：《正月二日》，《桂隐诗集》卷3。
④ 刘诜：《归乡》，《桂隐诗集》卷3。
⑤ 刘诜：《久雨害稼》，《桂隐诗集》卷3。

以此来体现自己的故国之情。

> 绝域衣冠化，南方绣斧明。艰难心独苦，好恶事难平。人物增青史，风流想素旌。悠悠行路哭，岂尽计私情。
> 岁月无余分，功名不计身。世方危独行，天若忌斯人。精郁山川古，魂流楚越春。遥怜无尽意，未必著坚珉。①
> 兴废知何与，盈虚岂是真。关河余白发，乡井记前身。世自哀书血，天犹合剑神。人生俱有母，千载独如新。
> 曾哀穿冢吏，又见表泷碑。事远儿童老，伤多感恨衰。缌麻千里合，魂魄故乡悲。樵子秋风后，毋伤墓木枝。②

刘诜还在诗作中特别描述了江南地区农夫和织妇的艰难生涯，以及官府强征暴敛的恶行，以使人们了解所谓太平世道下的真实景象。

> 田家务生理，机车夜纷然。少多有程度，夜久始安眠。鸡鸣复竞起，照室松明悬。日日不遑息，不饱粥与馎。自言多假贷，火宅百虑煎。大家急索逋，往往乘丰年。丰年固可喜，可喜亦可怜。
> 日出山东明，荷锄事耕作。日入山西昏，持斧斫松柞。但取朝夕给，不憾筋力弱。秋棉吐围花，南市酒可博。相携各有徒，稍倦亦暂乐。岂必无机心，嗜欲良已薄。③
> 山州多江水如烟，篙师不耕船如田。江流避石还易去，船行著篙还易牵。
> 黥肾取利如斧樵，苛法销骨如膏烧。官规难减寳布税，县政莫急蛮人谣。④

尤其是至顺元年（1330，庚午），江南地区大饥荒，春季大批人饿死，但是秋季粮价颇低，在这样的不正常现象下，刘诜自己也陷入了极为困苦的境地。

---

① 刘诜：《挽萧方崖御史二首》，《桂隐诗集》卷3。
② 刘诜：《挽文母欧阳夫人二首》，《桂隐诗集》卷3。
③ 刘诜：《田家咏》，《桂隐诗集》卷1。
④ 刘诜：《和萧克有主簿沅州竹枝歌七首》，《桂隐诗集》卷4。

春大饥,斗粟不易娉婷姬。秋大熟,三钱直买一斗粟。人间贵贱反掌异,贱未可轻贵难恃。君不见,土龙百拜还为尘,病驹秣豆乘锦裯,人间贵贱元无真。①

冻沍过常年,频闻物价添。虽云为岁瑞,政复厄冬严。安得田园老,无多学问潜。少陵应解此,酒碧得时拈。②

我生事嘲吟,寒饿不可逭。坐悯民瘼深,谁与觅医缓。救荒既不预,应卒自无算。古称兆丰年,至此可三叹。③

元顺帝在位初年,调发军队征讨广西的瑶蛮,刘诜亦用诗作记录了士兵的困苦状况。

六月征广猺,途埃千丈高。渡水波沸骨,登山汗流刀。豺虎攫疲马,棘荆破长夐。贼来多如云,石洞穿千嶅。铁甲日晒火,大旗烟涨涛。恶溪塞断骨,乱砾纷流膏。前年过流沙,苦寒脱髻毛。风裂壮士胄,雪积将军旄。人生莫作军,寒暑相战尘。人生莫作军,性命如蓬蒿。君王方神武,狐鼠何足薅。但愿四郊静,微躯敢辞劳。④

刘诜列出的这些情况,并不是表明他始终具有强烈的反元情绪,而是表现出他希望能够见到真正的太平盛事。在代拟的吉安路总管给皇帝的贺表中,他就明确表达了"普天之下,率土之滨,皆共乐汉主牧民之治"的愿望。⑤ 元顺帝时驱逐权奸伯颜,刘诜也对参与起草诏书的范汇的表现给予了赞誉:"今天子与二三大臣,肇更政化,击逐权奸,夜召草诏殿中,君仓卒条述,皆能黼黻天子所欲言。暨诏下,自朝廷百司庶辟,四海藩辅,郡国荒服,莫不稽首欣忭,歌颂太平,赞扬圣天子之英武仁惠。"⑥

---

① 刘诜:《贵贱吟(庚午大饥,天下死者相望,秋大熟,谷反大贱)》,《桂隐诗集》卷2。
② 刘诜:《正旦雪冻拈笔(庚午大饥)》,《桂隐诗集》卷3。
③ 刘诜:《霰雪和彭经历琦初(庚午)》,《桂隐诗集》卷1。
④ 刘诜:《征夫叹》,《桂隐诗集》卷1。
⑤ 刘诜:《贺圣诞表》,《桂隐文集》卷4,四库全书本(《全元文》第22册,第19页)。
⑥ 刘诜:《丽泽斋记》,《桂隐文集》卷1(《全元文》第22册,第94—95页)。

（二）指科举不足

刘诜亲历了科举由废罢到恢复的过程，对于有人指其对科举不满，他特别表示自己从未忽视科举取士的作用，只是本人所抱持的是以科举为外物的态度。

> 见教人有传诜若不满于科举者，此告者之过。科举取士，尚矣，汉、唐以来名贤多出此途。此明时之所以网罗天下之英俊者也，而谁敢小之。其间贤愚不齐，从古已然。譬之大化，生凤皇、麒麟之瑞，豫章、梗楠杞梓之材，与樗栎稂莠、荼菔萧艾、鸱鸮虺蜴杂然而并兴，天亦安能规规然而择之，又安能使瑞与材皆无覆载生成之偏哉。苏明允、李方叔之流，皆未尝得志于科举。韩退之、曾子固皆累十数试，而仅一得。诜虽无似，亦颇知命安分，何尝置怨如或者之论哉。
>
> 但科举外物，非人所能为。若立身行己，差少过失，则俯仰之间，自有真乐，然未易能也。①

之所以视科举为外物，刘诜强调的原因，一是自己已经年老，无意于参加科举的考试："科举兴，公固尊宿不复屑，而某辈亦老颓，不作数矣。幼闻旗铃，晚复见之，可慨也。""明经古以为难，今虽但记见成注脚，亦未见其人。某少不力学，今聪明荒耗，其遗忘不待数年以后，况欲求斯言于科举之外邪。"②二是自己追求的是实学，而不是功名利禄，所以行文等必与科举的要求不同："至论仆之为文，若过高深，而不利于场屋者，仆正恨不能高深。果高深，虽不利于场屋，不恨也。况爵禄外物，自有定命，卑浅者且可得，高深者独不可得哉。"③所以在科举考试时，刘诜曾到洪州，但主要目的不是参加考试，而是去访问名儒："仆穷经山中，日向皓首。去秋亦尝来洪，非为科举，亦欲因以见明公，乃闻有临川之行。科举悬于一夫之去取，所不足惜，所惜者到洪，而不一见明公耳。"④

---

① 刘诜：《答郭方春书》，《桂隐文集》卷3（《全元文》第22册，第29—30页）。
② 刘诜：《与李方心书》，《桂隐文集》卷3（《全元文》第22册，第31—32页）。
③ 刘诜：《答周如绷书》，《桂隐文集》卷3（《全元文》第22册，第30页）。
④ 刘诜：《与滕玉霄书》，《桂隐文集》卷3（《全元文》第22册，第33页）。

刘诜还特别指出，随着科举的恢复，不重实学的坏学风卷土重来，已经成为不可忽视的时弊："曩自科举之废，世相率为诗章杂学，固无事于道。科举既复，弦诵相闻，而其事以记诵为长，有司之决得失者又多疏劣。于是文章不必有法，学者不必有师，未论来学，虽往教者，特为章字句读之不知者设耳。"①"国朝崇雅黜浮，以实取士，而后士以通经学古为高。然讲理而不坏于圣贤，为文而不失于规矩者，盖亦良少。"② 他所强调的是科举不能成为士人力争富贵的途径，而是要真正讲究道德文章："自宋科废而游士多，自延祐科复而游士少。数年科暂废，而游士复起矣。盖士负其才气，必欲见用于世，不用于科，则欲用于游，此人情之所同。""盖士志于用世者，类苟取富贵而已；其志于道德文学者，何人哉。以道德文学求天下，其人有不进，予而见者乎。"③

（三）论真儒治国

在治国方面，刘诜强调的是"大哉治天下之用心，盖亦非众人之所能识"和"有国家当用真儒"的观点。④ 为此，他特别强调了四方面的要求。

一是君子行道的要求。"窃以士君子之仕也，所以行道，而道之所寓也，惟文章足以饰皇猷，惟政事足以振世运。方今之官爵，虽皆可行志，而惟馆阁可以不负其文章，惟风宪可以必达其政事。"⑤

二是君子爱物的要求。"一命之士，苟存心于爱物，于人必有所济。"⑥

三是君子才、德兼备的要求。"朝廷之用人，不一其职而一其才；君子之仕，不一其地而一其德"；"吾尝闻古之有为者，处寂淡而不以为忧，居纷华而不以为悦，安礼律而不以为严，勤师教而不以为劳"⑦。

四是君子不苟合的要求。"士大夫居官，有善政，能爱民，轻富贵，重名节，审去就，不为苟合，天下之奇士也"；"士不能以名节自

---

① 刘诜：《答邓以道书》，《桂隐文集》卷3（《全元文》第22册，第38—39页）。
② 刘诜：《与罗志行书》，《桂隐文集》卷3（《全元文》第22册，第37页）。
③ 刘诜：《送欧阳可玉序》，《桂隐文集》卷2（《全元文》第22册，第58页）。
④ 刘诜：《谒吴太守启》，《桂隐文集》卷4（《全元文》第22册，第21—22页）。
⑤ 刘诜：《与邓善之书》，《桂隐文集》卷3（《全元文》第22册，第34—35页）。
⑥ 刘诜：《与罗养正书》，《桂隐文集》卷3（《全元文》第22册，第33—34页）。
⑦ 刘诜：《送贺元忠赴越城庙山巡检序》，《桂隐文集》卷2（《全元文》第22册，第54页）。

高，变化其初，复阿上而苟合，文过而求容，皆不能舍富贵耳。若汉汲黯、萧望之，东汉党锢诸贤，与宋之不肯奉青苗法者，皆可谓特立不群之士矣，盖古今所鲜见也"①。

真儒一定要有真实的学问，才能担当治国的重任。但是作学问并不一定是复古，而应该是古为今用，尤其是要学习古学问之实，而不是卖弄虚文。

> 盖士非学古，则不能以超于今，而今亦何必不如古。使吾自能为古，则吾又后日之古也。若同然而学为一体，不能变化，以自为古，恐学古而不离于今也。
>
> 学古而能使人不知其学古，则吾自为古矣。无他，学古而能为古人之实，不徒为古人之文，此所以能使人不知其学古也，此所以能自为古也。②

真儒来自学校的培养，所以刘诜强调："古之治天下者，其本皆始于学校。"③"若圣贤之所以教，则即乎人伦日用饮食之常道。其事不必如是其贱，其日不必如是其久，而所得者，其纲常为君臣父子，其治化为礼乐文章，其道为三皇帝王之公，其书为九经史传之实。本备而末举，体立而用行，与天地同其大，与日月同其明，与山川岳渎同其流，峙皦然皆世之所共喻。"④ 尤为重要的是，自忽必烈以来，朝廷就已经确定了兴学校并以真才实学取人的基本原则："皇元混一天下，世祖皇帝在位日久，诏书每下郡国，必以勉励学校、敦厚风俗为先。累世相承，教化大敷。又以明经修行取天下士，人心翕然日趋于道。"⑤

刘诜还特别强调，学问在天下儒者之中，无论是在朝在野，缙绅之士和山林中人，都应该追求真道，并相互学习，使真道得以发扬光大。

> 诜惟道之在天下，不必尽在缙绅之士，亦不必尽在山林之人。

---

① 刘诜：《送达子通序》，《桂隐文集》卷2（《全元文》第22册，第57页）。
② 刘诜：《与揭曼硕学士书》，《桂隐文集》卷3（《全元文》第22册，第22—23页）。
③ 刘诜：《凤山书院记》，《全元文》第22册，第101—102页。
④ 刘诜：《送延平杨上人归闽求师序》，《桂隐文集》卷2（《全元文》第22册，第59—60页）。
⑤ 刘诜：《曾子祠记》，《全元文》第22册，第102—103页。

而缙绅之士处于尊显，故其道易孚；山林之人伏于穷僻，故其道难达。然古之人，固有名满天下，文布遐裔，而出言而人莫同其乐，会意而人莫知其微，徒同声附和，以名相求。独山林之人，乃有遥悟于千里之外，而不能以相语者，又有吟哦间阎，读书著文，自得千载，顾视流辈无足为语，而知崇高富贵之中有道所在。而势分之隔不得以相从者，斯二者，不得值于天地之间久矣。然缙绅之士不得山林之人，以知其心之微，若少缺于其乐，而不害其道之传。山林之人不得缙绅之士以知其道，以发其心之所乐，则有槁朽于木石而已。故自古士之立于班行之上，苟有以自见，无不著称于时，而其负斯道者，遂为四海之河华，一代之师表。而山林之人，则旷世不闻，有以斯文斯道自树于千载，若汉之扬氏、唐之韩柳氏、宋之欧阳氏者，岂斯道偏在缙绅而不在于山林与？吾固疑其有甚不可传也。是故山林之人，倘知道之在己，亦必趋乎缙绅之有道者质焉，至有自号于缙绅曰："吾之为文之深，愈于天下之人。"而缙绅之有道者，亦必进之若知己，必使有闻于天下后世，是岂徒以为声名哉，徒推有余以赈不足哉，亦必其意之有乐乎此也。呜呼，非真有道者不能也。①

刘诜不故作惊人之语，以讲究实学的态度论述真儒治国的道理，确实与盲目颂扬科举取士的人有极大的不同。其说之所以"高深"，就在于他说出了别人不愿意听到的真话和实话，并凸显了其特立独行的性格。

三 刘岳申的正道理念

刘岳申（1260—1346 年后），字高仲，吉水（今属江西）人，以教书为业，与刘诜、龙仁夫等人齐名，有《申斋集》传世，在著述中重点阐释的是儒家的正道理念。

（一）释经筵与儒道

刘岳申重视经筵，特别强调了其对治国的重要性："经筵以养君德，正君心，与务为儒者章句训诂不同。""皇元开经筵以来，天子日

---

① 刘诜：《与欧阳圭斋学士书》，《桂隐文集》卷3（《全元文》第22册，第23—25页）。

亲儒臣，朝夕不倦，臣子得近清光。其为启沃陈善、闭邪宜若，易然也。"① 在给吴澄的信中，他还特别就经筵明确了两个论点，一是要重视许衡的地位，因为他有在北方传播理学和开进讲之风的功绩；二是要使江南儒者能够在经筵中占据重要的地位。

> 伏闻圣朝开经筵，明公正讲席，此千载一时也。在宋大儒，惟程、朱二夫子得以所学进讲，尝有启沃之功。而一时遭逢，终身禄位，何敢仰望明公，则所以大启今日之殊遇者，固将大明《五经》《四书》之用，大慰普天率土之望，岂徒富贵荣名明公之一身而已。昔我先正许文正公（许衡）以道格君，一由正，与自宗亲近属子弟皆尝受业，至今为国名臣者，皆文正之徒也。今天下复知高尚程、朱之学，以上溯孔孟遗经者，皆文正之赐也。虽明公今日得致身清峻，为帝者师，震动一时，光耀四方，亦何莫非文正之余光绪业。盖自江南儒者遭时得君，未有如明公今日者矣。此天所以报明公平日问学之勤，记览之富也，明公何以慰答天下之望哉。明公宜益为江南衣冠儒士增重，为临川乡国经学增光。②

道德学说是经筵的基础，刘岳申将儒家治学视为耕耘"纸田"，明确提出了勤劳致学的要求。

> 君子劳心，小人劳力。劳力者其获几何，劳心者其利千百。今吾是田也，所耕者道，所种者德。以笔墨为耒耜，以文籍为稼穑。经史集传，诸子百家，此则田之稻粱黍稷；笺注训诂，骚雅诗赋，此则田之禾麻菽麦。耕耨之期，不限于春秋；培养之功，当勤于旦夕。思泉不竭于灌溉，教雨深资于润泽。夫然后知硗日以肥，荒日以辟。然而杨墨之道也，乱苗之莠也；佛老之教，害稼之贼也。穿凿异说者，妄立于町畦；操戈同室者，自为之螟螣。倘芟夷之力未至，耕耨之事或阙，灾畬必至于芜秽，心地亦为之茅塞矣。
>
> 不语其效，必惮其事。桓荣车马稽古之力，买臣印绶勤学所

---

① 刘岳申：《策问三史》，《申斋集》卷15，四库全书本（《全元文》第21册，第392—393页）。
② 刘岳申：《与吴草庐书》，《申斋集》卷4（《全元文》第21册，第394—395页）。

致，一编可为帝者师，半部亦足以佐兴王之治。是皆力穑而有秋，吾未见惰农而逢岁。①

为此，刘岳申还特别指出了儒道与佛教的重大不同："儒者之道，以父子、君臣为纲，而礼乐以迪之，政刑以弼之，历五帝三圣人，至周公、孔子、孟子，而其制大备，其说大明。而又有饮食、衣服、宫室、车服、声音、采色以养其口腹百骸，使人愉悦安适，以就其如此去其不如此者，宜乎人人知有圣贤之教，而不忍叛也。佛之教，以绝而父子、弃而君臣为其道也，又劳苦、险秽、垢辱，备人情斯须所不能堪居者，以行其所谓戒律，宜其徒之不能守也。仅而能守，则子不得私其亲，而谓他人父、他人兄者，固其所也。其为能学其师之学者也，其不如是，叛其师者也。"②

刘岳申还特别指出："唐虞三代以来，治天下之道，具于《易》《诗》《书》《礼》《乐》《春秋》《论语》《孟子》，而亡于秦，杂乱于诸子百家之说，湮塞于诸儒传注之学，诱坏于选举禄利之途。为政者尚吏治，而论道者近异端，俗流世坏，历千有余年而不能复。"③ 由此，确实需要坚持儒道的古今道同、人自为善的基本论点。

> 故圣人者，其心所存即为道，所欲即为义。其德之润身者，即如富之润屋，其动容周旋中礼者，即其盛德之至，此所谓天所畀付，天理之在人，无穷达、无得志不得志者也。故曰：由尧舜至于汤，由汤至于文王，至于孔子，其五百岁同其闻，知同，故曰：禹稷当平世为君为相，颜子当乱世一箪食一瓢饮，其道同。
>
> 知生民物则，上帝降衷，虽凡民果不异乎上圣大贤，虽为天子宰相，为庶人，果无加损乎物则，无少多乎降衷，则所以明善复初者，当无所不用其至矣，此孟子道性善意也。④

刘岳申还认为守道或守善要保持初心，即赤子之心："本心最初无

---

① 刘岳申：《纸田赋》，《全元文》第 21 册，第 391—392 页。
② 刘岳申：《送海勤师省亲序》，《申斋集》卷 1（《全元文》第 21 册，第 421—422 页）。
③ 刘岳申：《南康路儒学重修记》，《申斋集》卷 6（《全元文》第 21 册，第 523—524 页）。
④ 刘岳申：《性存说》，《申斋集》卷 3（《全元文》第 21 册，第 484—485 页）。

如赤子，惟此时四端万善之根已具，惟此时四肢百骸九窍之欲未开，惟此时虽怵惕恻隐之心，其情可以为善者犹未发，又安有内交要誉、恶其声而然者杂于其中也哉，此最初心也，故又曰本心。惟是心可与天地日月四时鬼神合，惟是心可以正己而物正，惟是心可以格君心之非而大人者，安有一毫付畀增益于其初，仅能存养之不失之而已。由是而举斯心加诸彼，由是引而伸之，触类而长之，由是达之天下，一致而百虑，同归而殊途，人见其为大人也，以为其心有异乎亿兆人之心，而不知亿兆人者为赤子之心，则赤子之心未尝不与大人同。及其长也，往往失其本心，往往放其心而不知求，浸浸为细人之归，岂不大可哀也哉。"[1]

(二) 释科举兴废

刘岳申在后至元元年罢废科举后，曾上书朝臣，请其明确提出恢复科举的建议："今天下大计，其大者固未易言，其小者又不胜举，其远者固未易虑，而近者又不可忧，此非疏远微贱之人所可妄议，而在清要尤切近者不可不端居深念也。夫科举特一事耳，当明公参预大政之时，不能保有其举之莫敢废；今明公为御史大夫之贰，又岂可谓有其废之莫敢举哉。且闻罪人既已黜伏矣，将非趣刻销之时乎，此特善者几耳。"[2]

科举之所以重要，就是因为其能够带来贤臣治国的实效，使"为主爱民，为国育材"成为常态政治现象。

> 窃伏念今之科举，周、汉、隋、唐、宋之遗意也。周、汉、隋、唐、宋所不能行之地，今皆行之矣。此岂独刀笔筐篚之徒，惊悸叹息，出所不意，虽儒生学士，亦梦寐所不敢侥幸万一者。向非天启宸衷，明谟独断，圣神继述，克至于今，即左右小大之臣孰能及此。然士气文运，犹若有所待而后昌，何也？以古准今，汉初文帝即得贾生，明达治体；武帝即得董子，明道正谊。唐进士多得名臣，宋科尤盛，不独为国名臣者代不乏人者，而为往圣继绝学、为万世开太平者，亦出于其间。今国家所表章以为天下法程者，皆宋科目中人也，然则科目何负于人也哉。[3]

---

[1] 刘岳申：《初心说》，《申斋集》卷3 (《全元文》第21册，第485—486页)。
[2] 刘岳申：《与中丞许可用书》，《申斋集》卷4 (《全元文》第21册，第411—412页)。
[3] 刘岳申：《与江西参政廉公迈书》，《申斋集》卷4 (《全元文》第21册，第399—400页)。

在行科举的时候，人们重点关注的是科举能够使士人立志和提振士人正气的问题，刘岳申所强调的则是士人必须先修身后治学的要求。

> 或曰："科第非不盛，而士志不立，士气未充，何也？"则曰："此科举之学，非古之学；此科举之文，非古之文。"或曰："今之学者，非《五经》《四书》不讲，今之科举非昔之科举也。"皆以谂于郡文学刘岳申，则复于众曰："惟我庐陵，厥初先正学问之懿者曰忠节，忠节之盛，自欧阳公而下，既已闻于天下矣。若丞相文公，其志气与日月争光，与天地相弊，其人与五公皆发于科第，皆不愧于圣贤。由此观之，科第固未可少也。然则今之士，必有三年学不至于谷，必有修其天爵而人爵从之者，而后可以读《五经》《四书》，将见有道德明秀之士，可以为公卿者出乎其间。如此，则士志其有不立、士气其有不充者乎？此先哲之望、乡校之愿也。不然，以土木为尸祝，以玉帛钟鼓为礼乐，笔墨利达为文学，甚非马侯所以期待之厚意，亦岂圣世兴学崇文之始愿哉。①

在废科举的时候，刘岳申不仅明确指出"能不以科暂废而遂废兴学养士之规，固非俗吏之所能为"②，还特别强调了科举可废、学不可废的要求。

> 科废学不可废。上不以贤良方正、直言极谏取士，士可以为逸谄面谀、巧言令色孔壬否乎？上不以修洁博习取士，士可以为顽钝无知、不学亡术否乎？秀才异等，今不复举，士曰吾不为秀才异等，可乎？孝弟力田，今不复举，士曰吾不服田力穑，孝养厥父母，大不友于弟，可乎？夫学者之于《五经》《四书》事，非为应举而设，以应举之心而读《五经》《四书》，已非矣，而又以科废废读，尚得名为士矣乎？
>
> 自科罢而有喜谈乐道之者，其人固可知；亦有言之而戚戚者，亦未为得也。昔者科废四十年而复兴，谓有其废之莫敢举不可。今者科兴二十年而复废，谓有其举之莫敢废亦不可。或曰："屈伸往

---

① 刘岳申：《吉水州修学记》，《申斋集》卷6（《全元文》第21册，第533—534页）。
② 刘岳申：《南康路儒学重修记》，《申斋集》卷6（《全元文》第21册，第523—524页）。

来，易之常理。"则应之曰："我不敢知，惟科废学不可废，如是而已。"①

更为重要的是，无论行科举还是罢科举，士人都要抛弃功利观念，这才是最基本的要求："科举兴而学校欲废，六艺四书行世如日行天，而士大夫不耻言利，士君子不讳媚嫉，人心风化至此，非诸君子所当是究是图者乎，图之此其时矣。使科举、学校而无功名富贵之念，即焉往而不以义为利，又焉往而不心休休有容也哉。此躬行心得之验，而世道生人之德也。"②

（三）释朝廷用人

在朝廷用人方面，刘岳申特别提出了不能违其才和必须尽其才的要求："古今人非才之难，而用违其才之患；非违其材之患，而不尽其材之恨。以汲黯治郡者，违其材者也。以贾、董为诸侯王傅相者，不尽其材者也。用违其材者，不知人；不尽其材者，弃人。"③

良臣必须懂得自律，正如刘岳申所言："古有大臣者，其声实足以威信一时，其名德足以绥怀方夏，其出处进退足以系朝廷之轻重，天下之安危，君子小人之消长，然未尝一念有好恶之私，一事有威福之擅，一马二童犹以为多，三吐三握犹恐不及。"④

刘岳申还特别指出，当政者"无一事可书"是好事而不是坏事，因为其体现地是"治平"和"善治"的真实业绩。

> 夫为政而不可以一事书者，皆善政也；为政而不惊世骇俗者，无所为而为之故也。是故得神武不杀之意，而奉行之者，可以为天子贤执法；得财成辅相左右民之意，而扩充之者，可以为天子贤宰相。⑤

> 或曰："无一事可书，奈何？"余曰："《汉史》称河南守吴公

---

① 刘岳申：《赠李生归蕲州序》，《申斋集》卷2（《全元文》第21册，第442页）。
② 刘岳申：《重修庆洲书院记》，《申斋集》卷6（《全元文》第21册，第530—531页）。
③ 刘岳申：《送皮次翁临武尹序》，《申斋集》卷1（《全元文》第21册，第418—419页）。
④ 刘岳申：《与贺右丞》，《申斋集》卷4（《全元文》第21册，第408—409页）。
⑤ 刘岳申：《中书参知政事耿公德政颂》，《申斋集》卷15（《全元文》第21册，第545—546页）。

治平为天下第一,岂有一事可书也哉。凡乱生于不平,惟政故治而平最难,惟治平,故无一事,非无一事,不以一事闻,故称第一。今吴侯有贤于人者三:外敏而内宽,一也。读书知治体,二也。好谋而善断,三也。其先声足以畏民志,其后实虽不必尽如人意,而人亦心服之,此岂容易得此于人也哉。"

古人为政,如甘雨露。所贵泽物,物不知故。不善治者,为疾风雨。枝叶未干,而根已去。汉守第一,功在治平。治平无功,在知贾生。岂惟吴公,文景亦然。纪无可书,所以称贤。①

在刘岳申看来,国家之所以难以止盗,就在于缺乏贤臣良吏,使地方官吏的"纵盗"成为难以扭转的现象。

官以捕盗名,未有纵盗者也,未有求盗盗不得者也。而盗常不得,谓故纵不可,而未有非故纵者,又不独名是官者焉。自一命以上,孰非禁奸御暴,而不为奸、不为暴者,吾见亦罕矣。嗟夫,欲民之不患盗,不可得也;欲民之不为盗,亦不可得也。今夫官自县若州,以捕盗名其胥与其徒,皆役焉。役有贵贱,故有以禄,有以佣。禄之,佣之,以职思其忧,盗宜无不得,而不得以为常,此纵盗之尤著者也。若夫使被盗者匿盗,又藉盗以不为大盗,此又与于盗之尤甚者。民不幸被盗,官不能实时踪迹之,徒谬于被盗之家,而诛货贿焉。又之事外,不实讯赃,而设问奸,民惧无故又自辱其妻孥也,以为告官不得所亡失于盗者,又以盗所不能夺者拱手而奉之官焉,故宁不告,故盗滋益炽。其幸而盗既得,则教盗蔓引大家,由是而民之丧于官吏,有什伯于盗者焉,非大盗乎,民之病此久矣。②

朝廷中御史台官员的表现,也使刘岳申大为失望:"世祖皇帝神圣武文,有天地之德;聪明睿智,尽人物之性。其建立宪台也,以镇静为上,盖深得古人刑期无刑之意。然犹或有未喻上意者,类以刻薄为至

---

① 刘岳申:《吉安路总管府吴侯去思之碑》,《申斋集》卷7(《全元文》第21册,第574—575页)。

② 刘岳申:《丰城朱渊甫捕盗序》,《申斋集》卷1(《全元文》第21册,第430—431页)。

公,以宽大为近嫌,故宁使不得直以冤失职为常,毋宁使疑我于欲。故有诚廉吏,而不幸排于奸民,抑于不获,上卒喑哑,被黯暗不得一吐气,以终其身而民终不得被其泽。甚矣,任喜怒为名高者之毒,毒于货利也。"① 也就是说,监察机构不能很好地履行其建台时确定的职责,关键点就在于缺乏敢于担当的"正人"。

刘岳申并未就如何改善朝廷的用人提出具体建议,只是对以儒为吏的合理性作了具体的解释。

> 太史公之传儒林曰:"余读功令,至于广厉学官之路,未尝不废书而叹也。"太史公之叹,何叹也?汉初右吏左儒,通经之士自郎中而迁者为右,自掌故而迁者为滞,独无敢上议律令者。公孙弘以卒史、掾属为仕途捷径,请以优掌故、文学,定其上者卒史于九卿,次郡太守;上者掾属于九卿,次郡;著为功令,然后公卿大夫士吏多文学士。此太史公所谓广厉学官之路,即班固所谓开利禄之途者也。夫弘不能变更律令,仅著功令,用儒于吏以参错其间,儒者始有进用之途,而去汉初风气亦远矣,此太史公所以叹也。
>
> 方今议行贡举,稍用试选,学官岁贡儒吏。近年六部吏间选于博士弟子,诸州文学、宪府掾吏选于职官,次选于教授正录,视功令为近似矣。使太史公生于今世,当如何其喜幸耶。
>
> 今六部视九卿,宪府视外郡,教授正录视掌故、文学,儒者由是而进,岂无明经至三公之望哉。②

刘岳申所阐释的正道观念,尽管较少涉及时政问题,但是其学问如种田、善政不书事、科废学不废等观点,以及前文所述的正统观点,关系的是国家大局问题,确实应给予高度的重视。

四 唐元的爱民理念

唐元(1269—1349 年),字长孺,号筠轩,歙县(今属安徽)人,曾任学录、教谕、教授等职,有《筠轩集》传世,在著述中着重阐释

---

① 刘岳申:《送李金事南台都事序》,《申斋集》卷 1 (《全元文》第 21 册,第 429 页)。
② 刘岳申:《送方复大徽州学录补书吏序》,《申斋集》卷 1 (《全元文》第 21 册,第 424—425 页)。

的是其爱民理念。

（一）重视劝农

唐元重视以农为本，在代郡守所作的劝农文中，不仅提出了勤劳于农事的要求，也提出了重视学校和匡正风俗的要求。

> 钦惟圣朝以宽仁治天下，以务农重谷敦化原。曩岁颁德音，减天下田租之半，歌谣载道，以颂太平。况腊前瑞雪应期，丰穰可卜。郡守以劝农署衔，择日出郊，非徒循故典，所以劝农也。夫农者，天下之本，有国之急务。古人云："一生之计在勤，一年之计在春。"是时不可失也。徽介万山，山多于田，非他郡田连阡陌比。往往梯山而耕，尺圳而不成一亩，又以溪高易涸，干旱为灾，民生其间，劳苦太甚。郡守视尔农多艰困，常思欲宽征轻徭，俾生尔父老，归而督子弟，治尔耒耜则器不钝，浚尔陂池则水可潴，正定疆界则邻息争，依时莳种则物性遂。且衣食足然后知礼义，今天下郡县有学，乡社有学，门塾有学，皆立教法，使人趋善而避恶也。尔父老重告子弟曰：父慈子孝、兄友弟恭则家道肥，男耕女织、不事游荡则衣食裕。毋赌博纵酒食以破家，毋犯上讦阴私以败俗，斗狠违法者伤身，欺诈反复者致祸，皆尔农所当戒也。今而冀尔父兄念老守之言，朝夕无忘无怠，则醇风盎溢，善类汪洋，雨顺风调，五谷蕃庶，守之愿也，尔父老之所乐闻也，可不勉诸。①

唐元之所以愿意助郡守劝农，是因为他深知农夫的辛苦和所受到的盘剥，在诗作中有专门的描述。

> 嘉禾洒洒沟塍间，有如少壮矜容颜。黄金散漫堆场圃，几年无此逢秋雨。东家打稻西家闻，细听声中含太古。问君如何是古声，《七月》《豳风》始西土。人言田家乐，我言田家苦。春耕泥没膝，呼牛耳湿湿。禾长费周防，露草凭茵席。藜苋不充肠，憔悴见颜色。林寒向夕烟火微，主家扣户征租急。旧逋未了新逋积，倒瓮倾

---

① 唐元：《本路劝农文》，《筠轩集》卷13，四库全书本（《全元文》第24册，第433—434页）。

罂无一粒。田父拊膺向天啼,瑟瑟秋风吹四壁。"①

一旦遇到蝗灾等自然灾害,还会出现更令人担忧的景象,正如唐元所记:"东村柝喧天,西村叫倾市。捕蝗官虽来,无救我禾黍。圩田已破今无秋,旧泪未干新泪流。富家有米量玉子,菰蒲昨夜风飕飕。民穷乃至此,万一宽征求。君不见,往年北孚来南州,累累老稚令人愁。"②

只有善政或宽政才能使劝农产生真实的效果,唐元在诗作中既描述了他理想中的田园生活,也指出了强取豪夺对农家的危害,还强调了官府清明的重要性所在。

三家村里澹风烟,冻合银床晓汲泉。逐兔惟应当腊后,教牛须要在春前。经霜早菜烹来美,入碓香粳捣出圆。桑树鸡飞犬摇尾,主家频索地租钱。

田家虽苦乐犹真,新构茅檐压树身。婚嫁关心从贱籴,羔豚饯岁接比邻。地炉柮榾烟销冷,篱落梅花暖笑春。八十老翁筋力健,儿孙俱是太平民。

老翁生不识公侯,羞杀逢人曲似钩。薄有田园供岁计,莫将名利恼心头。篱悬苦瓠将收种,门掩苍苔迥得秋。旋斫松明留客坐,瓦盆浮蚁酒初篘。

经檐日薄映冰清,暂息扶犁陇上耕。户析差科少官事,年丰粔籹作人情。草枯可了乌犍饱,瓮小犹堪白堕倾。誉对儿孙戒勤俭,方今四海不言兵。

阿翁阿妪发如银,喜弄孙雏过近邻。酒入豳风偏养老,芋藏土窟可延宾。诛茅牵补先防雨,植柘包缠不待春。官府清明公事减,桃源那得似尧民。

村墟烟火抹山光,尚觉颓垣井灶荒。寒夜织残机杼月,丰年填满富家仓。葛根纵白难充腹,茧纩徒温不在床。贷米浙商贪子本,莫教鸿雁度斜阳。③

---

① 唐元:《田家苦》,《筠轩集》卷4。
② 唐元:《八月八日过嘉兴捕蝗行》,《筠轩集》卷4。
③ 唐元:《分司聂公令赋冬日田家》,《筠轩集》卷7。

（二）宽政之道

宽政所针对的不仅仅是农夫，亦包括所有的臣民，因为施行宽政符合古来的帝王之道，唐元就此作了专门的解释："自古帝王名位极乎崇高，而膏泽之被于天下者，未尝不广且大也。然有位必有势，势尽而膏泽亦尽。后有圣人者出，无势无位，而其膏泽之施于天下，虽更千万世而无穷，其故何也，以其道之有在也。夫所谓道者，三其纲而五其常也。三不纲则人伦熄，五不常则人心死。伦熄而心死，国其能治乎。"①

尤为重要的是，施行宽政既要体现为国家不以课税与民争利，也要体现为用儒家理念来解决国家财政问题。

> 国家之治财，犹日用之水火也，民非水火不生活；犹五谷之养生也，人无五谷则饥馁。至凡岁时之上供，百司之经费，皆由此出，是谓一日而不可缺焉者也。古者富藏于民，而上无争利，然摘山煮海，铁冶榷酤，尽笼天下之利，自前世已然矣。龙断罔利，则有征商之法，自孟子以来未之改也。然则什一之赋，与二十取一之征，岁有常数，并行不倍，然后财用足，而公家缓急无侵牟于细民，为国之大计，有天下者便之，为日久矣。此汉儒议罢盐铁，而卒不可罢也。
>
> 孰谓征商无取于诗书礼乐之用乎，古人谓礼乐之行无处不有，同寅之协恭与夫赋民之有艺者，此其所易见也。以儒者之论为迂者，非知言者也，持是以求儒之通焉者可也。②

顺帝朝初年在东南沿海一带有大规模的"平盗"军事行动，唐元不仅感叹"干戈本不仁，士卒亦亡命"③，亦指明"乃今南方用兵，小丑猖獗，自古文武兼资，是为久长策。武科举则勇智出，文科复则忠义兴"④。他还特别强调："闽海东南大邑，凡货财珠玑犀象之所储积甲天下，况当大盗横行歼夷之余，流离未归，田庐未治，虽从事于大府簿书

---

① 唐元：《孔世潜北归诗序》，《筠轩集》卷9（《全元文》第24册，第455页）。
② 唐元：《洪存心常宁监税序》，《筠轩集》卷9（《全元文》第24册，第444—445页）。
③ 唐元：《舟行书事》，《筠轩集》卷2。
④ 唐元：《孔世潜北归诗序》，《筠轩集》卷9（《全元文》第24册，第455页）。

期会,尤当以劳来还定为急,宽征弛禁,与民休息,此其时也。"① 也就是说,用兵之后更需要以宽政来安抚人心和稳定社会。

施行宽政需要有合适的官员,唐元由此特别强调了对官员的周慎而不是机变的要求:"吾尝见今之仕者,性资周慎者疑其迟钝,好为机变者人易侧目,周慎者循绳守墨以奉公,机变者侵官越公而夸诩。"②

唐元还特别指出,见官不敢言已经成为士人的通病:"王公大人之居世,则甚超也。其量廓而无外,比天地于物无不容,其势力奋迅,比风雨于物无不披拂而沾濡之。世之士一闻王公大人之门,则畏其大而不敢进。苟进矣,复畏其大而不敢言。苟言矣,复畏其大而不敢尽其情。此亦无怪其然者,后世公卿大夫不下士久矣,见一丞簿尚作难于皂隶,况王公大人之门乎。"③ 由此,敢于直言的官员,尤其是监察御史,确实值得赞誉:"御史之官帝耳目,直言不畏龙鳞触。动摇山岳亦雄哉,纷纷佞臣总奴仆。华台宝刹切云高,汗流滴土嗟民劳。宁使臣身伏斧钺,天王圣明容可逃。雷霆奋怒那回笑,争相为死交相吊。仓黄远谪塞沙寒,怅望虎关谁与叫。忠肝义胆有明时,皇天后土照临之。"④

尤为重要的是,宽政爱民既是儒者所提出的政治要求,也要成为入仕儒者的具体行为。尽管朝廷在用儒方面有重大的缺陷,如唐元所言:"朝廷用儒,由直学始,例征弟子员。其后市井之徒携重赀自献,而执柄者鱼肉之,遂俾儒流退听,亦吾道一厄也。"⑤ 但是他更强调的是儒者不能自暴自弃,而是要以自强的姿态成为贤臣良吏,努力做到"于公宦海经几年,有眼不识床头钱"和"报国丹心在,终更觉白头。名登循吏传,官是富民侯"⑥。

唐元还特别提出了儒者自强的志、才、德三方面的要求,并强调只有明理和善学,才能达到自强的境界。

> 志也,才也,德也,是人之效法夫石,而石亦不知其得于人

---

① 唐元:《送花伯玉赴闽闱序》,《筠轩集》卷9(《全元文》第24册,第446—447页)。
② 唐元:《送方廷杰主簿临川序》,《筠轩集》卷9(《全元文》第24册,第443页)。
③ 唐元:《赞见梦臣张侍御书》,《筠轩集》卷13(《全元文》第24册,第436页)。
④ 唐元:《奉题御史四忠诗卷》,《筠轩集》卷4。
⑤ 唐元:《与孙乾卿书》,《筠轩集》卷13(《全元文》第24册,第435页)。
⑥ 唐元:《次韵乌程谣寄于尹》《郡监识公莅任三年,仆未尝造其庐,岁晚满秩,以诗遗之》,《筠轩集》卷4、卷5。

也。然则自修之道，莫切于读书。余尝坐筠轩，颇与生讲诵圣贤之言，生首颔心惬，必知世之珠玉不足以为贵，脍炙不足以为味，苟得其皮毛，而未得于真实，亦犹未也。①

天下惟理最大，古有是言矣。故教修而理明，理明而后彝伦叙，上帝降衷之心存焉。

脱去凡近，以游高明，立志之方也。严立限程，宽著意思，修读之方也。下学上达，由是而知天、明诚两尽，由是而希圣。至若一物一太极，则深辟老庄过高无极之非；西江顿悟，则深恶扫灭章句以趋西方之诞。皆所以扶植孔孟，大正人心，本于身，施之家国天下裕如也。②

唐元一生主要从事教学，他的爱民理念也只是影响以学生为主的少数人，但是其中的一些重要观点，确实对后人有重要的启迪作用，因为他所关注的不少问题，是古今相通的。

五　史伯璿的善政理念

史伯璿（1299—1354 年），字文玑，温州平阳（今属浙江）人，理学"木钟学派"学人，③ 隐居不仕，有《四书管窥》《管窥外篇》《青华集》等传世。

（一）释学理

史伯璿以理学论点解释明明德，强调的是明德为体、新民为用并且两者均以心为体的论点："体即明德，用即新民，极体用之全而一言以举之者，即明明德于天下一句，而修己治人之事，无不该于其中也。""天下事物未有不统摄于一心者，是故以明明德为体，非心则德不能以自明，体不能以自立。心之体所以该天下之大者，盖如此。以新民为用，非心则民不能以自新，用不能以自行。心之用所以贯事物之多者，盖如此。"④ 他还特别指出："体用之分无穷。若以修己对治人而言，则

---

① 唐元：《送李生序》，《筠轩集》卷9（《全元文》第24册，第441—442页）。
② 唐元：《歙县儒学修造记》，《筠轩集》卷10（《全元文》第24册，第496—497页）。
③ 黄宗羲原著，全祖望补修：《宋元学案》第3册，第2116页。
④ 史伯璿：《四书管窥》卷1，四库全书本。

修己是体，治人是用。若以一理对万事而言，则理是体，事是用。若又合而言之，则修己治人，皆是下学之事，又皆只是用，而所谓体者，不过即为是事之理而已。"[1]

史伯璿不同意将心分为人心和道心的看法，而是强调只有一心："而以为有人心、道心之异者，则以其或生于形气之私，或原于性命之正，而所以为知觉者不同云云。详味此意，则仁义之心，固未尝无知觉也。盖心只是共此一个知觉，但知觉原于性命之正，知觉从义理上来者，即为道心，即为仁义之心耳。知觉生于形气之私，知觉从物欲上去者，即为人心，即为私心耳。非知觉专主于形气，而无预于仁义也。""窃意心只有一个，心舍知觉无以当之，这知觉亦不可岐而二之，只因放去收回便有人心、道心之辨，及至道心为主，而人心听命，则又只是元初一个知觉。"[2] 也就是说，知觉与心本质上是一体的关系，只是在表象上可以体现为理论层面的道心和实务层面的人心。

尤为重要的是，在讲究性与理的时候，不仅要注意性与理的一体性，还要注意心与事的相互依赖和相互作用关系，所以既要择中庸，也要守中庸，才能达到理想的境界。

> 盖以性对理而言，则性具于心，而理散于事，若有内外之分也。然性即理也，天下万事万物，莫不有此理，而此性足以该之，故曰天下无性外之物，而性无不在。此性之所以无内外也，性无内外，故未发之前，诚有存养之工，则天理之本然者无所亏丧，所以达之于用无适而非天理之流行也。以情对事而言，则情发于心，而事至乎外，若有内外之分也。然情未尝无所感而徒发，必因有当应之事，而后喜怒哀乐之情，随所感而应之。事非死灰，其心者所可应，必因喜怒哀乐之情，发皆中节，而后事始各得其宜，故已发之后，诚有省察之工，则情无不中其节，而事亦无不当于理者矣。由是观之，择中庸而无存养之工，则察理必不能精，而无以为力行之本；守中庸而无省察之工，则人欲必不可遏，而所知为徒知矣，谓存省与择守所指不同可乎。
>
> 况择中庸者，在于穷理以致其知，苟不横充其是非之心，以分

---

[1] 史伯璿：《四书管窥》卷2。
[2] 史伯璿：《四书管窥》卷5。

别乎事物之理，则善恶邪正莫得而辨，则理必不明，虽欲择乎中庸，不可得而择也。守中庸者，在于固执而力行，苟不能扩充其恻隐之心，以全其本心之德，则心不能以无私，事不能以当理，虽欲守乎中庸，不可得而守也。①

史伯璿还明确指出，心术之病具有恶的本质，而要治此病，最有效的药方就是诚意、正心和修身。

> 有心术之病，有事为之失。心术之病，恶也，先儒所谓纵有善，亦是黑地上一点白是也。事为之失，过也，先儒所谓纵未有善，亦是白地上一点黑是也。
>
> 盖心术中之病，非过也，恶也，恶则治之也难，故必毋自欺，必慎其独，而后意可得而诚，不然，则陷于小人之域矣。然意既诚矣，固无为恶之事，然于善之中，未可保其无所偏、无所僻也，此所以虽曰实好善，实恶恶，至于心之应事，犹或至于有所忿嚏等而不得其正者；亦有心虽已正，至于身之接物，犹或至于之其所亲爱等而僻焉者。然虽未免有所偏僻，亦不过于善之中有偏僻耳，无所谓恶也。然不谓之过则不可，过则改之而已，所以知其偏则使之不至于偏，知其僻则不可使之僻足矣。无所偏僻，则善之至矣，又何方之可处哉。盖《大学》之教，必须逐节用工夫，随地致力，不可谓意既诚，则心自正、身自修，诚意之外他无正心、修身工夫，而混然不为之界限也。若果如所说，则《大学》只列六条目足矣，又何必虚设正心、修身二条目于其间，而实无所用之功哉。
>
> 但诚意、正心、修身三者，折而言之则自当有序，合而验之却不可以为截然不相入。故日用之间，念虑之萌动处，便须审其实与不实，此便属之诚意；心之与事应处，便须审其正与不正，此便属之正心；身之与物接处，便须审其僻与不僻，此便属之修身；其工夫并行，而不可偏废，有似于无二致耳。实则界限不相侵，越而不可乱也。②

---

① 史伯璿：《四书管窥》卷6。
② 史伯璿：《四书管窥》卷1。

由此，史伯璿不仅强调"为人君，为人臣，凡有为政治人之任者，皆当以修身为本，而修身皆当以诚为要也"①。还特别强调了"天理有善无恶，人而为善则顺乎天心，为恶则天心不顺，而天亦厌恶之矣，获罪于天，不亦宜乎"②。

(二) 斥异端

史伯璿明确指出佛教的所谓天堂地狱为谬妄之说，"惟至愚极陋之人乃为所惑，稍有所见者即知其伪无足辨者"。他还特别指出了佛教的十条为害因素：一是诬天地之道；二是攘造化之功；三是害人伦之恩；四是妨圣贤之教；五是荡男女之情；六是蠹公私之财；七是长愚民之恶；八是济奸贪之欲；九是成游惰之志；十是为乱贼之媒。

> 十害之目亦有序。盖天地之道即阴阳刚柔之道，佛则诬之以为己之私。人伦之恩莫先乎夫妇，即天地之道所以立造化之功，所以行者，佛则使之舍俗出家，独人之父，孤人之子，鳏人之男，寡人之女，绝天地造化生生不息之正理。圣贤之教莫大于明伦，佛既害人伦之恩，安得不妨圣贤之教哉。圣贤之教使人各有配偶，而又有礼以防闲其渎乱，则男女情欲自不至于荡矣。既绝其配偶，又无礼以防闲之，乃以修行为由，使四众杂然而处，则伦理之常，宁免渎乱之渐，男女情欲易动难戢，一荡之后，岂但暂焉渎乱而已，情欲既炙，施与不赀，如魏胡后、唐武后之所为，耗蠹可胜言哉。唐、宋以来，公私之财一入常住，岂复有得出者乎。况施僧供佛，营立塔庙之费，又何纪极之有。愚民造恶，一有所施，自以为边作边修，恶愈积而愈无忌惮者，恃其有财可以布施而已。然后举世之人，莫不竞趋争先，而为佛氏之徒。奸贪者渎乱无厌，而欲无不济。游堕者安坐而食，而志无不成。而大奸大恶亦资借其说，巢穴其地，以有众财而弄兵僭窃。
>
> 凡此盖亦举其害之大者言耳，自此之外，为害之目，又可枚举而遍数之哉。此亦人所共知者，愚非欲加之罪，而创为之辞也。嗟夫，安得三武为君，韩子为臣，同世同心，除此巨蠹也邪。③

---

① 史伯璿：《四书管窥》卷7。
② 史伯璿：《管窥外篇》卷上，四库全书本。
③ 史伯璿：《管窥外篇》卷上。

在元朝后期的学者中，反对佛、道者不少，但是能列出佛教十害并坚持去佛立场的，史伯璿确实可以作为代表性的人物。

（三）论时政

史伯璿作为隐士，对时政问题颇为关注，在给监察机构的上书中，特别提出了七条建议。

一是科举应重《四书》题目。《四书》"凡理、心、身、性情之要，治天下国家之法，靡所不备"，但科举考试偏重《五经》，使学者忽略《四书》。史伯璿认为在此后的考试中，"不必于《五经》出疑，但仍旧各试一义，《四书》则依旧出疑二，间却又《近思录》添出一疑"，"则本末不遗，而学者无空疏涉猎之病矣"。

二是儒者应只尊朱学。"后儒之说择其实有补助于朱子者存之，其他务欲求多于朱子，而实非其注者之言，坊间不得刊行，学者不得习读，严立限制。科场中有主异说者，官标记姓名，后举不许再试。"

三是教官应以考试的方法加以筛选。为改变教官"以其昏昏，使人昭昭"的状态，"除出于科场试验者不必考较外，其余由他途进者，委各省行集到省，试以三场"；"如是，则师儒之官，必得经明行修之人"。

四是应该取消儒户的户计。确立儒户后，"假如父才而子不才，兄贤而弟不贤，贤与才，可以为儒，不贤不才，亦可以为儒乎？""自今以始，不必以儒为儒户，但以科场试验者为儒，不系于世类可也。"

五是应该禁止火葬。为改变佛教带来的火葬习俗，"严火葬之禁，且并禁其修崇夫佛事者，庶使士庶之家，得移其修崇佛事之资，以为经营坟墓之费，盖恢恢乎其有余用也"。

六是应该讲究止海盗之法。"自今惟以逐捕之职，付之管军之官，俾其朝夕就海面上教习军人以水战之法"；"又募近海有舟之人，使与官军逐捕，优者赏格，且不征其所获贼资以劝之"。

七是应防范盐徒造反。"昔有唐之季，群盗如王仙芝、黄巢之徒，皆资贩鬻私盐而寝炽耳。方今海内宁谧，万万无此等之事，固非唐季衰乱之所比也，然防微杜渐，亦不可不过为之虑也。"[①]

此外，史伯璿还专门讨论了赋役、盐法、水利、常平仓及为官等方

---

① 史伯璿：《上宪司陈言时事书》，《全元文》第46册，第423—428页。

面的问题。

在赋役方面,史伯璿既主张实行以"便民为要"的减少里正数目、定期轮换服役的方法,① 也主张实行均徭役的方法:"官司科粮之时,富者虽富而粮额不增,则难实使当其重;贫者虽贫而粮额不除,则不能使之时当其轻。"② 尤为重要的是,均徭役的关键要素是去除以往的弊政:"牧民之官,未尝不欲赋役之均,然赋役卒不可得而均者,以徒有均之之名,而无均之之实故也。""今日推收既行,目下所当急防之弊,有一二焉。一者,奸民隐瞒诡寄之弊。二者,哗徒有告首紊繁之弊。不开告首之门,则无以防奸民之诡寄;不严虚告之罪,则无以防诈徒之紊繁。""今日推收,不过但得役户实在田数,不十分虚伪,则役法便可均矣。"③

在盐法方面,史伯璿指出:"盐为国家大课,自世祖皇帝混一南北,而淮浙福广盐利,始资国用。初焉盐额犹少,盐价犹轻。额少则易办,价轻则易卖,非惟有裕民之实,又且有足国之要。然当世之制,尚以高价椿配急征,其每为禁;以买卖食用,听从民便为喻。自是以来,至今日七十余年,额屡增而屡多,价屡增而屡重。额多,则亭灶之户破产,不能以克而逃移者众,故盐课有亏兑之患。价重,则贩卖私盐者多,小民利于买食,而盐法有涩滞之患。二患交作,而足国裕民之意两失之矣。"他所建议的方法是撤销专司盐务的机构,改变椿配盐引的做法,由产盐者自行货卖其盐,官府向其征收盐课,既可以杜绝私盐,也可以不使盐法毒害百姓。④

在水利方面,史伯璿认为:"夫今日乘筑塘埭,其措办之要有三:一曰尽其在己者,二曰施之于人者,三曰量水利之缓急而为之轻重者。其讲究之法亦有三:一曰验人事之已往者,二曰相地势之见在者,三曰防水潦之未可测者。"⑤

在常平仓方面,史伯璿强调的是不能将善政举措变成害民行为:"国以民为本,民以食为天。古者国有凶荒,民不至捐瘠者,蓄积多而

---

① 史伯璿:《役法陈言书》,《全元文》第46册,第417—418页。
② 史伯璿:《上岳侯言赋役书》,《全元文》第46册,第419—420页。
③ 史伯璿:《又赋役陈言书》,《全元文》第46册,第428—429页。
④ 史伯璿:《代言盐法事》,《全元文》第46册,第420—422页。
⑤ 史伯璿:《兴作堤埭头首论事宜书》,《全元文》第46册,第429—432页。

备先具故也。""国朝常平之制，官给其本，谷贱则增价而籴，贵则减价而粜，良法美意，又当非隋氏所及，絜诸古而无愧矣。""古有养民之政，而后世听民之自养，又其后也，非惟无以养之，且有以害其自养者焉。彼善于此，犹有得乎古人之意者，惟常平仓之法乎。然世远时殊，人亡政息，虽有良法美意，一以寄之贪污之手，而民未见其利，且被其害矣。"①

在为官方面，史伯璿指出，为官之人"或偏于猛，或偏于宽，或得于此，或失于彼"。由此，他特别强调了摄生和勤民并用的要求。

> 琴堂之上，以简驭繁，以逸待劳，虽勤民而摄生之理已寓。自公之暇，清心省事，优游宴息，虽摄生而勤民之心又存。何谓以简驭繁，操其机要，讼狱随时断遣，其案牍自不至于壅滞也；何谓以逸待劳，提其纲，吏民听命之不暇，则奸猾自不得而欺蔽也；二者皆所以勤民也，然以简以逸，则摄生之理，不外是矣。何谓清心省事，端本澄源，则政有常弊可革，行所无事，而事不容于不省矣；何谓优游宴息，时止而止，则瞬有休，息有养，从容暇豫，自不至于伤生矣；二者皆所以摄生也，心恬身静，实所以立勤民之本也。②

史伯璿还特别强调"但人之品，有君子小人之分，故人之言，有是非得失之异，则听受之际，不可不精察而去取之耳"。由此，认真辨别君子和小人，就是最基本的行为要求。

> 盖君子之心公而正，小人之心私而邪。公则欲务利于人，私则但欲利于己。正则必合于理，邪则必背于义。故众人之所同爱者，必君子也；众人之所同恶者，必小人也。好称人之善者，必君子也；好评人之恶者，必小人也。所言多利人之事者，必君子也；所言多害人之事者，必小人也。君子所为，必光明正大而易见，故其言多可信；小人所为，必阴谋诡谲而难知，故其言多可疑。谓之君子，则必识进退、知廉耻、谨言慎行，而有所操守者也；谓之小

---

① 史伯璿：《代颂常平》《常平仓诗序》，《全元文》第46册，第458—461页。
② 史伯璿：《上州尹岳侯书》《再上太守岳侯书》，《全元文》第46册，第433—436页。

人，则必不识进退，不知廉耻，为邪说诐行，而无忌惮者也。以此数端参考而互验之，则君子小人之分别，了然在我心目间矣。①

史伯璿的学理和时政论点相通，所以不能将这些论点视为书生的无用之言，而是要看到其所具有的实用价值。

六　王充耘的治世理念

王充耘（1304—?），字与耕，吉水（今属江西）人，师从刘实翁学习理学，为"九峰学派"学人，② 元统元年进士，曾任永新州同知，后弃官著书立说，有《书义矜式》《读书管见》《四书经疑贯通》《书义主意》传世，在著述中重点阐释的是治世理念。

（一）性理说

王充耘以问答形式编撰的《四书经疑贯通》，是为了解释科举考试所遇到的经疑问题，其中对性理的解释，应注意其三个论点。

第一个论点是气理或性理不可分割。气理或性理二者为一，还是可以拆分，是重要的哲学和认识论问题。王充耘所坚持的是追根溯源、以气理或性理为一的论点，并强调这是孔、孟的原旨。

> 气理并论，此自后世注释者言之。圣贤随学者之通塞而施教，各随所见而立言，要不必尽同也。孔子言性相近，自夫子之所见而立言，后世因其相近二字，推之则以为兼气质。孟子道性善，自孟子所见言之也，后世因其专言性善，则为专指理言。而在当时，初无理气之分也。且夫子虽言性相近，而于大传言继之者善成之者性，何尝不专指理言。孟子虽道性善，然于动心忍性、性也有命，何尝不兼气质。但如告子生之谓性，食色，性也，专指气为性，而不复知有理，则有所不可耳，此孟子所以辟之也。③

第二个论点是性即善，无善即为非性。性善论是儒家政治观的基础理论，王充耘重点强调的是性善一体的论点。

---

① 史伯璿：《三上太守岳侯书》，《全元文》第46册，第436—437页。
② 黄宗羲原著，全祖望补修：《宋元学案》第3册，第2215页。
③ 王充耘：《四书经疑贯通》卷4，四库全书本。

> 性即实理，无形而难明，故孟子道性善，必指恻隐、羞恶、辞让、是非之心言之。

> 无不善者，性也。无善者，非性也。可以为善者，性也。而不可以为善者，非性也。盖凡为不善者，皆汨于气禀浊恶而然，非性之本然也。告子不知性之本然，又不知其混于气质，但见人之所为有善有恶，故以为皆出于性，非也。孔子言性相近，亦非言性本然，但指其杂于气质者言之，故云相近。如胡越之人生而同声，嗜欲不异，谓其相近可也。及其长也，有累数译而不能相通者，习使然也。然就其相近之中，又有美恶，一定而非习所能移者，上智下愚是也。此皆性为气禀所拘而然，故云气质之性。若告子则既不知性，亦不识所谓气，但暗想而臆度之耳，岂可以夫子之言性者例论哉。①

第三个论点是要以知和行来养性。知和行作为行为准则，要发挥养性的作用，既要注重顺天理的要求，也要注重诚心的作用。

> 性为实理，赋予于天，尽之尊之，知之养之，则存乎其人。尽兼知行而言，谓知之尽而行之至也。②

> 理之存于心目者无或忘，故诚之交于神明者无或间，盖诚心之所存，即天理之所发见也。使吾心之理有一息之昏蔽，而欲吾心之敬随所寓而形著，难矣哉。③

> 天者，理而已矣。自然循之则为乐，勉强而行之则为畏。究极其所以，则为知奉顺而不违，则为事而天之所为。天则一也，但乐天畏天，因事大恤小而言，所指者在事之理。知天事天，从心性上言，直指性分之理，此为小不同耳。然事物之理，即性分之理，亦岂有二致哉。④

---

① 王充耘：《四书经疑贯通》卷5。
② 王充耘：《四书经疑贯通》卷7。
③ 王充耘：《书义矜式》卷3，四库全书本。
④ 王充耘：《四书经疑贯通》卷6。

尤为重要的是，性理是仁义的基础，在仁义的认识方面，王充耘也强调了三个论点。

第一个论点是仁与恕不同，区别就在于是出于自然还是迫于勉强。"自然者为仁，勉强者为恕。仁与恕但有生熟之分，初非薰莸冰炭之相反。故先儒或因恕而言仁，或因仁而言恕，所以明仁与恕非二物也。但学者未至于从容中道，则凡其推扩此心以及物者，仅可以言恕，而未可以言仁。故子贡有博施济众之问，夫子既告以仁者己欲立而立人，己欲达而达人，必继之以能近取，譬可谓仁之方。及其终身行之之问，亦告之以己所不欲，勿施于人，皆示之以仁而及之以恕者。""道者，天理自然，大公而无我，忠恕人事，盖勉强推己以及人。圣人之忠恕，不待用力而自然及物，是即所以为道。学者必勉强行恕，庶几可以造乎自然，此忠恕所以与道相去不远，而未可以为道也。"①

第二个论点是心与仁一体，不可分割。"人之本心，莫不有天理而无人欲，故心与仁本不可判而为二，孟子所谓仁人心是也。自其为私意之所隔绝，然后其心有时而不仁，颜子能克己私，此其所以心不违仁也。""仁主于爱，故为爱之理。仁该全体，故又为心之德，泛言仁义，皆以心之德为先。""必其事既合理，心又无私，二者交尽，然后得为仁人。故云仁者无私心而合天理之谓合心，与理而言仁，此其故也。"②

第三个论点是仁义必须兼顾，才能符合理的要求。"仁义二者，固人道之大端。仁而非义则伤于流，义而非仁则伤于忍。然世之人能卓然自立者不一二，而随俗雅化者常千百，以其不知有义故也。故君子之行也，则义以方外，其施于事也，义以为质，而不敢须臾离焉，然后能不为世利之所摇动，不为嗜欲之所驱役，而动容周旋泛应酬酢，自然不出乎规矩准绳之外。孟子之言所以或以义配仁，或以义配道，或以义配礼，或以配德，或以配理，所以见义之为道无所不在，而君子之于义，当不可须臾舍也。""以仁与圣并言，则仁以理言通乎上下，圣以地位言则造其极之名也。以礼乐待仁者而后行，则仁为天下之正理，失正理则无序不和，而不足以兴礼乐。""为仁者固不可有求名之心，然名者实之宾，名之有无，亦足以见其实之修废。况利而行之，圣门所则，因

---

① 王充耘：《四书经疑贯通》卷4、卷6。
② 王充耘：《四书经疑贯通》卷3、卷6。

其好荣恶辱之心而进之，以强仁之事，亦岂为过哉。"①

王充耘对性理学说的阐释，既有对本体论的坚持，也有对方法论的阐释，确实能够引起学人的重视。

(二) 治道说

王充耘对道的解释是："道者，事理之当然。唯君子为能体之，故曰君子之道。体道而造乎其极者为圣人，故又曰圣人之道。道有诸身，皆真实无妄，则又谓之至诚之道。其名虽有不同，然其为道则一而已。""自众人所公共言之，谓之道。自道有诸身言之，谓之德。"② 他还特别强调："国家天下虽有大小之不同，其治之之道则一而已。故孝弟慈所以修于身而教于家者也，而施之国与天下，亦同此道焉。"③

治道体现的是圣人之道，由此王充耘特别提出了与治道有关的八项要求。

第一，践行天道的能力和修养。治天下者，既要有能力，也要有肚量。"克尽乎人事之常而不乱乎天道之变，此圣人之能事也。盖圣人必有过人之才，亦必有绝人之量。以过人之才而治天下之事，事未见其有不治者也。有绝人之量而遇非常之变，亦未见其有震惧失常者矣。"但是更为重要的是，"不可恃者上天眷顾之情，所可恃者君心感格之道"，所以治天下者必须能够惩恶扬善，"人君惟能遏恶而扬善，斯有以致国家之盛强。夫善善恶恶，乃致治之先务也。苟善善而不能用，恶恶而不能去，而欲致国家之盛治也难矣"。而能否有效治理天下，还在于当政者的自身修养，尤其要重视君主的修养。"人君必勉于修己以率人，其律己也严，故垂法也远矣。夫人君所以为法于天下，而可传于后世者，岂有他哉，亦严于自治而已矣。""圣人惟能绝夫私欲之累，故能公于人己之间。盖人主一心不能两用，欲于善则不欲于利。""存于内者，守乎理之正；接乎外者，绝乎人之私，此圣人传心之要也。盖圣人之所以为圣者，以其内外之交相养乎。"④

第二，建立功德和成知、仁之效。在功德方面，要注意的是德为功之本。"圣人之功无不至者，圣人之德无不至也。""但德者功之本，有

---

① 王充耘：《四书经疑贯通》卷3、卷5。
② 王充耘：《四书经疑贯通》卷7。
③ 王充耘：《四书经疑贯通》卷1。
④ 王充耘：《书义矜式》卷1、卷3。

是功必有是德。功之至者，德之至也。其德以钦让为之体，以通明为之用，散之在外，为形著之文，钦明之发见也；蕴之在内，为深远之思，钦明之含蓄也。""圣德之著既无间于远迩，故王业之开亦无间于远迩。盖有圣人之德者，然后可以开兴王之业，德无不著，则业亦无不广焉。""惟圣德之明极其盛，故圣德之推极于远，盖圣人躬行于上，则所以观感于下者，有不期然而然者矣。"而衡量功德的标准，就是知与仁的成效。"知以知人，仁以爱人，二者乃为治之要道，固不可偏废也。""大臣美其言而欲尽知、仁之事，同列叹其难而推论知、仁之效，盖知、仁二者，诚治道之所系，而欲行以致其效，则未易能也。"① 知、仁之效的一个重要表象，就是"国之不争"。"国之不治起于争，争起于不让而无礼。使有礼，则上下之分截然，乱何从起？耕者让畔，行者让路，士让为大夫，大夫让为卿，争何所生？故曰：能以礼让，为国乎何有。"②

第三，注重求言和用贤。治理天下，必有咨政之道。"圣人咨内臣，尽辅君之职以图治；尤必咨外臣，尽养民之政以来远。盖图治莫先于近臣，养民莫切于群牧。圣人急于政治，安得不咨之耶。"咨政的必备条件，就是求言和用贤，而两者之间，有密不可分的关系。"求言而任贤，盛治所由基。虚己以好贤，圣人之所独。夫惟善道登用，而后天下无不安之民，亦惟圣人在上，而后天下无不用之贤。苟非圣人，莫能及也。是故言之上者无所伏，人之贤者无所遗，其有以使天下之民咸被其泽而得其所者宜矣。然非圣人之忘私顺理，岂能稽众人而使善言之不弃；非圣人爱民好士，岂能不虐不废而使贤才之无遗，此所以惟帝能之，而非常人所及也。""善言无不达，贤才无不用，则天下之民亦无不安矣。夫天下安危系于贤才之用舍，而尤系于言论之通塞也。"尤为重要的是，当政者必有重贤之心，才能得用贤之实。"贤材之成德，各有所宜，故人君之用贤各称其德，而治效为无间也。夫官人之要，量材录用而已，盖世无全人，惟贤材有偏长之德，苟非人君合众德而并用之，则何以成天下之治哉。""人君惟能贱货而贵德，则近者悦而远者来矣。夫苟玩物而弃贤，则近者且有所不安，而况于远人之怀服者乎。""圣人有知人之明，乃能得贤才之实。故圣人尽信任之道，惟谨

---

① 王充耘：《书义矜式》卷1、卷4。
② 王充耘：《四书经疑贯通》卷3。

其劝戒之心。盖惟其知之也深，故其信之也笃矣。""人君致治之要，不以备官为贵，惟以得贤为先。盖设官所以任庶政，苟非其人，则不足以胜其任也。"①

第四，善于君臣共治。要达到君臣共治的理想境界，既要有明君，也要有贤臣，还要有君臣之间的良性互动。"人臣之戒君，既欲其慎于修己以图治，又欲其谨于用人以共治。盖修己而不可纵者，以事几之可畏；而用人之不可轻者，以所治皆天事也。""人君宅心以图治，尤必资其助于臣，天下同心以顺治，斯能必其应于天。盖君臣之交修如此，所以能得天人之交应也。""君能修省，而臣又皆效其职焉，则君德益以昭著矣。夫君德之昭明，贵乎有内外交修之道，苟有是君而无是臣，又安能使其德之昭著乎。"由此，一方面要防范大臣的空言。"动必循理而欲合于时措之宜，志不可满，而贵乎得思患预防之道，此大臣之善戒其君者也。大臣之有言于其君，苟徒及于高远之务，而不责之以躬行之实，则空言无施，虽切何补。"②另一方面，要防范君主的轻举妄动。"人主之患，在于轻举妄动，故当安汝止，以惟几惟康。盖平其心以虑其事之始终，庶几其无失也。然犹恐有遗虑，其辅弼之臣又直道以匡正之，既内谋诸心，又外谋诸卿士，宜无过举矣。然犹未也，又思动而有为，要足以大应天下徯望之志而后可。"③

第五，以民心为重。以天理的角度来看待民心，才能真正理解民心对治道的关键性作用。"民心所存，即天理之所在，则为人上者奈何不敬。必也严恭寅畏，以天命而自度，治民祇惧，不敢怠荒而安宁。民虽至愚，吾不以愚而忽之；民虽至弱，吾不以弱而易之；则下可以得乎民之心，而上可以合乎天之心，是天人之理合于一者，定于一理。嗟夫，世之人君固有岐天人为二致，于是知敬天而不知恤民者多矣，卒使民心怨于下，而天变形于上。由此推之，则天人之理实相贯通，而有国者诚不可斯须而不敬也。""圣德足以任两间之重，天命所以受一统之尊。夫圣人位于天人之间，下有以得民心，则上可以事天；上有以得天命，则下可以治民。然非圣人，足以胜其任，则天亦未必轻授之也。"④

---

① 王充耘：《书义矜式》卷1、卷4、卷5、卷6。
② 王充耘：《书义矜式》卷1、卷2、卷3。
③ 王充耘：《读书管见》卷上《安汝止》，四库全书本。
④ 王充耘：《书义矜式》卷1、卷5。

第六，以养民和教民为要。治道讲究养民和教民。在养民方面，最重要的是行均平之法。"圣人有以均天下之利，然后民食足而治功成也。夫利或偏聚而不均，则民有不得其养者矣，治功何由而可兴乎。"在教民方面，重点在于建立君民共述彝伦的理想形态。"私欲有累于王化，故禁戒之于先，天理不外于人心，故开导之于后。夫圣人设教，无非所以遏人欲而存天理而已。""人君敷言而纯乎理者，固必本诸天下。民因言而行其教者，尤必颂乎君。盖极之敷言，人君所以代天而教民者也，民能行君之教，则自能形诸言而极其尊亲之意者矣。"① "盖治天下，不过欲叙彝伦，使君君、臣臣、父父、子子，则天下治，若君不君、臣不臣、父不父、子不子，则天下乱。彝伦果何由而得其叙哉，有九畴以维持之，则彝伦叙，无九畴以维持之，则彝伦斁矣。是九畴自九畴，彝伦自彝伦。彝伦是人之五常，九畴是治天下之大法。"由此而言，五行说亦对养民和教民有着重要的意义。"夫治天下，莫急于五行，所以天生五材，民并用之，缺一不可。民非水火不生活，故九畴以五行为先。人有所养，而后可以修己，故次之以五事。己既修而后可以治人，故次之以八政五纪，是作历以合天皇极，是人君以身立教三德，是先后之以刑赏。柔克者，作福赏也；刚克者，作威罚也；或刚或柔或正直，随时制宜，是又能因时制变矣。"②

第七，注重阴阳调和。在王充耘看来，三公的重要职责就是调和阴阳之道："三公为天子之师，不亲政事，所职者坐而论道耳。所论者何道，即经纶邦国、和调阴阳之道也。夫邦国若此其大也，要使之君君、臣臣、父父、子子井然有条而不乱，此必有其道。阴阳运行于天地之间，而能使三光全，寒暑平，无愆阳伏阴以多变，此亦必有其道。是道也，惟三公为能明达其所以然，则使之论说于天子之前。至于以其道见之施为，则天子、宰相之责也。官不必备，惟其人，非其人之难得也，以知道者之不可多得也。六卿分任庶政，一官不备则一政阙。三公同论此道，则得一知道者足矣，否则虽多亦奚以为。"但是阴阳失调，君主和其他臣僚都有责任，不能完全怪罪于三公："燮理阴阳，别无他道，惟区处人事，各得其宜，则天地之气自顺。故尧舜在上，而天灾灭熄，庶征太和。有夏懋德，而罔有天灾。考其所为，不过咨四岳，九官十二

---

① 王充耘：《书义矜式》卷1、卷4。
② 王充耘：《读书管见》卷下《惟天阴骘下民》。

牧分任庶政，使人人各遂其性而已，初未尝特设燮理阴阳之官，亦未闻别有燮理阴阳之政。太戊修德以弭桑谷之妖，亦不过早朝晏罢，吊死问生，勤于政治而已。然以道经邦，乃所以燮理阴阳也，故天灾少见于治平之世，而迭见于衰乱之时者，以其所为有以召之也。彼匹夫衔冤，犹足致三年之旱，况政乘民困，而千万人咒诅叹恨，岂不足以伤两间之和。今论者不察此，徒曰吾能治一身之中和，则心正气顺，而天地自位，万物自育，世宁有是理哉？甚者灾变之来，则归过于三公而策免之，谓其燮理无状。夫论燮理之道者，三公也，而行燮理之政，殆君相之责，非尽三公所得为也。使三公而无所建明，则策免之诫不为过，若其言之而不听，听之而不行，君相所为自有以召天变，不知自反，徒归咎于三公，岂不过哉。且后世三公居散地，经邦之事全不干与，而徒责其燮理阴阳，其讹谬益甚矣。"①

第八，注重修身治国。修身治国是对全体人的要求，"未有治人不本乎修己者，故自天子至于庶人，凡有国家天下者，一切皆以修身为本。然身之所以修，由于诚意正心，身既修，然后能齐家、治国、平天下。故经曰：意诚而后心正，心正而后身修，身修而后家齐、国治、天下平者。亦曰：意既诚矣，然后可以正其心，心既正矣，然后可以修其身，此身既修，然后可以渐而推之，以及国家、天下。初非谓意诚则心不待存养而自正，心正则身不待检束而自修，身修则家不待教而自齐，国不待治而自治，天下不待平而自平也，使修其一，其余不必用力焉，则一格物而修己治人之事毕矣"。要做到诚意正心，还必须注意致知和存养的作用。"圣贤之学，惟致知、存养二者兼致其力而已。盖物理有所未明，则存养之功固无所施，践履有所不力，则所明又非己有，故圣贤设教于知行，不可以偏废焉。""先格物致知，然后能诚意，盖用意有不实者，皆由所知有未透彻故也。先知后行，理固如此。然以用工言之，凡有动作，未有不关于心者，意固心之所发也。使格物而用意不专，一则卤莽灭裂，岂能反复究极，使事物之精粗表里无所不到乎？此欲格物者，所以亦必立诚意以格之，而后可也。"②

王充耘的治道八项要求，尽管是理论性的说明，但是对于时政而言，显然有重要的指导作用，只是主政者难以注意到他在著作中的这些

---

① 王充耘：《读书管见》卷下《立太师太傅太保》《三公燮理阴阳》。
② 王充耘：《四书经疑贯通》卷1。

见解。

(三) 明明德说

王充耘对明明德的解释,重点强调的是明德与天命之间的关系:"释明德而引天命,盖得天之赋予,以为德也。于新民而言天命,盖受天命以有天下也。一以天理言,一以天眷言,其言天命则同其所指,则不无少异也。""《大学》纲领有三,总而言之,不过明德、新民二者而已;又总其要,则明德足以该之。盖明明德固所以修己,至于新民,亦不过使人各明其明德而已,是新民亦明德也。""释明德而先之以明命,所以推此德之原。释新民而终之以其命维新,所以著新民之效。""明德为本,新民为末,知止为始,能得为终。"① 也就是说,王充耘对于明德、新民的本末之说,持的是赞同态度。

王充耘还以先贤为例,说明了明明德对治世的重要作用,并特别强调了明明德要随其自然,而不是勉力为之。

> 昔者帝尧能明其大德,光辉日盛,无所不照,全体之大,无所不包。圣德之著于己者如此,则其推之于家,而九族皆有以笃其亲亲之恩;推之于国,而百姓皆有以明其在己之德;又推之于天下,而黎民之众皆有以变恶为善而底夫雍熙之盛焉。圣人一视而同仁,笃近而举远,其推之之序皆出于自然,夫岂有所勉强而后能之者乎。
>
> 夫德者人之所同得,不以圣愚而有以加损也。而谓圣人之德有异于人,何哉?盖生而知之,则钦明文思皆出于自然,非常人之所及也。安而行之,则允恭克让,不待勉强,非常人所能也。德不止于德,而曰俊德,则大而无外,如天地之覆载。大不止于大,而曰明,则光被四表,如日月之照临。明不止于明,而曰克,则能超乎气禀之偏,绝乎物欲之蔽,其卓冠群伦也。宜哉,其明德之本无以加,故明德之效有其序,以此德而齐家,则父子、兄弟、夫妇、长幼之际,以至五服异姓之亲,欢然有恩以相爱,秩然有叙以相接,皆圣人明德为之本,而使之有所取则也。以此德而治国、平天下,则畿内之近,万邦之远,黎民之众,各有以去其旧染之污,而全其

---

① 王充耘:《四书经疑贯通》卷1。

明明之德，孝弟忠信，怡然于安居乐业之余，礼乐教化蔚然于雍熙泰和之盛，皆本于圣人之明德，其下观而化，固有不令而从者焉。盖同然之理，具于圣人之一心，亦具于千万人之心。圣人推之于家者，此德也；推之于国与天下者，亦此德也。举天下之大，皆囿于圣人德化之中，吁，盛矣。①

王充耘还指出："自成汤至于帝乙，罔不明德恤祀。明德是教化以治民，恤祀是洁粢盛以事神。君者，神民之主也，能尽此二者，可以为君矣。""先王既勤用明德，怀为夹庶邦享，盖古者封建诸侯各私其土，各子其民，其势易至分裂而自守，以天子而统驭万邦，千里之王畿，其力岂足制诸侯哉，所恃者有德以柔服之而已。故夙夜匪懈己之所以自治者益殷，则殷聘世朝诸侯之所以事上者愈谨，不然，则诸侯不享，而为天子者徒建空名于诸侯之上耳。是故自古以来，惟以四方朝贡为盛事。"② 也就是说，无论是祭祀还是朝贡，都可以成为明明德的重要手段。

（四）慎刑罚说

与明明德密切相关的，是慎刑罚，如王充耘所言："威命明德，威命者，刑罚也，明德者，教化也。人君之御天下，德与刑二者而已。""明德是崇教化，使民有所视效而入于善。慎罚是谨于用刑，以辅之使民有所畏惮，而不敢为恶。圣人之治，不过此两事而已。罚谓之慎，非去之谓，盖必罚其所当罚，而轻重出入不差毫厘，然后民不敢犯。若过，故不分轻重；失当，则民恶者无所惩，而善者反无所措手足矣。罚如何去得，虽尧舜不能废，但有谨慎不妄加耳。"③

要使刑罚得当，既要注重刑罚在立制时的轻重之别，更要注重保持以罚为辅助手段的本心，王充耘就此作了进一步的说明。

> 圣人于事固无不敬，而用刑者尤圣人之所慎。圣人于民固无所不恤，而有罪者尤圣人之所矜。圣人岂乐于刑哉，盖有所不得已也。使有一毫忽之心存于中，则轻重失其宜，操舍失其当，

---

① 王充耘：《书义矜式》卷1。
② 王充耘：《读书管见》卷下《明德恤祀》《先王既勤用明德》。
③ 王充耘：《读书管见》卷下《保受王威命明德》《明德慎罚》。

舍彼有罪，刑及无辜矣。圣人以不得已而用刑，夫岂有残民以逞之意哉。故轻重有伦，有以见圣人之法；而钦恤无间者，足以见圣人之心。

圣人之制刑虽有轻重之殊，圣人之用刑常存敬慎之意。盖刑者民命所关，圣人不得已而用之。使无敬恤之意，则刑罚不中，而民无所措手足矣。是故舜摄位之初，即示人五常之刑，以待夫罪之重者；稍轻则流以宥之，鞭扑以待夫罪之轻者，又轻则金以赎之。五者，法之正也。无意而误犯者赦，所以宥其过；有意而故犯者刑，所以诛其心。二者，法之权也。圣人立法制刑其详如此，然岂特以求逞哉。敬之而又敬之，其心未尝或轻，盖其中有所不忍故也，故轻重各有攸当者，乃天讨不易之定理，而钦恤常行乎其间者，可以见圣人之本心。

圣人有不忍人之心，斯有不忍人之政，为政且尔，而况于用刑乎。轻则鞭扑，伤人之肌肤；重则鈇钺，戕人之性命。死者不可复生，断者不可复续，一失其当，而民有不得其死者矣。故刑以辅治，虽圣人有所不可废，然刑期无刑，乃圣人之用心，固非众人之所可同。①

由此，王充耘特别强调了慎刑罚的六项原则。

一是明威并重原则。"明者彰其善，威者惩其恶。刑当其罪者，谓之德威，故人无不畏。赏当其善者，谓之德明，故人无不明。"

二是不用恶法原则。"殷民则不得不用殷法，然谓之常法，必汤所制可以常行，而非商纣之虐法也。或轻而刑，或重而杀，必适于义。义者，宜也，宜刑则刑，宜杀则杀，顾其所犯何如耳，不可曲法以迁就汝喜怒之私。若使就得汝心，则刑杀必不合宜矣。"

三是先教后罚原则。"盖民未殷富时，所谓救死不赡，何暇治礼义，其陷于刑勠者，非民之罪也。今导之而生养遂矣，有不率教，则不可无刑以纠之矣，此是先教养而后刑罚。"

四是刑罚守中原则。"君臣以身率之于上，朝廷清明，四方丕变矣，然后明于刑之中者以治民，而辅其常性彝即彝伦，如纠之以不孝

---

① 王充耘：《书义矜式》卷1。

不弟之刑，以驱而入于孝弟，是即所以棐彝也，此是先德教而后刑勍之意。又以见德化虽已兴行，而刑亦不可废，盖非此无以弼教也。""两言刑之中者何，盖刑而失之重则伤于苛暴，而民无所措手足；失之轻则流于姑息，而恶者无所惩，惟酌其中，则能使人畏服而不敢犯。"

五是敬忌和注重伦理原则。"盖谓所用典狱之人，能敬忌之至，用刑悉无冤滥，则是人君德与天合，而自作元命。犹云自贻哲命，可以长治久安，而配享在下矣。""言刑罚或轻或重，以不齐齐之，然其间自有伦理，自有机要，未尝杂然而无统，任意而为之进退也，所谓权也而实不离乎经焉。"

六是断案兼听原则，"乱者治也，言治民之道无不中。听狱之两辞，无或私家于狱之两辞，盖单辞者只是一面辞，惟当明清以听之两辞，则各执一说，非单辞之比。主于中以听之，未可有所偏。"①

明威并重、不用恶法、先教后罚、刑罚守中、敬忌伦理、断案兼听，作为法制的六项原则，王充耘并不是发明者，而是解释者，当然这样的集中解释，对于全面理解刑政问题确实能起重要的指导作用。

王充耘对治世观念的解释，在学术层面有重要的贡献，但是在学术与时政相互区隔的状态下，只能强调其在政治观念方面有着不可忽视的价值。

八 陈旅等人的文治理念

理学学者陈旅、倪士毅、杜本、李孝光、黄镇成、郭翼等人，以文治理念为基础，针对元朝后期面临的复杂政治形势，提出了一些值得重视的观点。

（一）陈旅的用贤说

陈旅（1288—1343 年），字众仲，兴化莆田（今属福建）人，先师从傅古直，后以虞集为师，被列为"草庐学派"学人，② 历任国子助教、江浙儒学副提举、应奉翰林文字等职，有《安雅堂集》（《陈众仲文集》）传世。

---

① 王充耘：《读书管见》卷下《吕刑》《汝陈时臬事》。
② 黄宗羲原著，全祖望补修：《宋元学案》第 4 册，第 3089 页。

陈旅在给赵世延的信中，特别阐释了他对所谓"天生大贤"的看法，所要强调的是天既能生贤也能护贤的观点。

> 有谈天者与旅言曰："天之生大贤不数，其有所靳于世乎？"旅曰："不然。天之生贤，犹农夫之治稼事也。地力不更休，不足以茂嘉谷；山川清淑之气积之不厚，不足以生大贤。天至仁也，宁不欲数生大贤，以惠斯道，顾亦有所甚难者矣。天唯知其生之难也，故必有所为，而后始慎生之。夫唯有所为而慎生之，则于若人也，必拳拳焉保持卫翼，虽或不幸有巨祸剧厄，而终不致有毫发之伤，君子盖于是而观天焉。"①

贤者的重要标志是"仁人"，但是仁人并不一定能够带来仁行，正如陈旅所言："盖谓好恶者，人情之所同，能得好恶之正者，仁人之独也。然而为仁人者，或位卑势诎，力不足以施其情之所及，则仁之用有弗行矣，是则仁人之所不能者也。今夫临乎民上者，皆得以施其好恶之情矣，而或众论之不齐，识鉴之贸瞀，私意挠于中而牵制摇轧于上下也，则其情之所施，又安得近于仁哉。"② 就儒者自身而言，不善学也难以成为仁人或贤者："世之儒者，类以冀懦不事事为世诟病，或以才称，又往往务为狡黠，不欺实以取弃于君子，之二者，皆质之偏而不善学者也。"③

为此，还要特别注意仁人或贤者的能文能武要求，因为不懂武和不习武确实是儒者的严重缺陷。

> 昔者圣人之制深衣也，可以为文，可以为武，可以摈相，可以治军旅。盖士之为学，干戈羽钥与诵弦礼书并习也。既学而入官，则无施不宜。后世文武殊科，士之为用始有不通者矣。国朝念儒者淹积选曹，有终身不得一命者，而远方游徼之官恒缺，于

---

① 陈旅：《上赵平章书》，《安雅堂集》卷13，四库全书本（《全元文》第37册，第226—227页）。
② 陈旅：《送杨志仁之浙东序》，《安雅堂集》卷6（《全元文》第37册，第242页）。
③ 陈旅：《送苏伯修治书西台诗序》，《安雅堂集》卷5（《全元文》第37册，第259—260页）。

是以当为州郡校官，而齿未暮者充焉。夫儒者平日雅雅驯驯，心神智术不越乎笔研文字之间，一旦拥橐函、持弓矛，逐捕奸诈寇攘于山区海聚之出没，亦难矣，故前后之鳏厥官者常相踵。宰相知其然，以为宁使之激厉以效用，不忍使之空老于草野而止也。夫今之为教虽与古人不同，然明体适用之学，亦有可得而讲焉者，士何为而不是之学哉。①

在诗作中，陈旅亦对于能文能武之人的作为给予了表彰和鼓励。

  世皇昔日收云南，鲸鲵伾伾手所裁。乌蒙乌撒腹心地，不有军府谁其监。汉廷遣将非充国，累岁屯田无善绩。兵骄民犷土不耷，国帑空虚糜万亿。大名刘侯文武才，承诏万里诛蒿莱。豪蛮尽戢戎垒立，窜卒复还农亩开。有泉远出蒙山下，日夜清冰鸣石罅。渠分浍决来纵横，土脉浮膏作秋稼。府中储积多如山，陂池种鱼无暵干。几闻春硙响林际，仍为蓏蔬流圃间。②
  吾闻临川郡，自昔多君子。金溪畜清冲，雅德著陆氏。羡子齿方富，于焉学而仕。为丞非剧职，佐邑优政理。暇日山谷间，折节问贤士。毋徒学莅民，且可学治己。在我既有余，推此以及彼。君家起武弁，文事固所鄙。国家久治平，四海纳孔轨。人言甚可畏，在子择所履。③

在用贤方面，陈旅还以经筵为例，指出了从世祖到顺帝的几十年间，朝廷所表现出的对儒者的重视，并强调了这是用贤的重要基础。

  古人有言曰："天下重任，唯宰相与经筵。"周成王能成其德，由周公有以傅之也，是岂过为高论者哉。我世祖皇帝道参元化，明并日月，宜无待乎儒者之助矣。万几之暇，命许文正公（许衡）与诸儒讲尧、舜、孔子之道，以登中统、至元之盛。夫以世皇上圣，犹不能无赖乎此，则世之为人君者，能无赖辅导之功乎？文皇

---

① 陈旅：《送俞伯康巡检序》，《安雅堂集》卷5（《全元文》第37册，第236—237页）。
② 陈旅：《题蒙泉史隐图》，《安雅堂集》卷3。
③ 陈旅：《送金溪尹县丞》，《安雅堂集》卷3。

帝以明宗有观书之喻,开奎章阁延学士大夫,敷陈皇祖宝训暨诸格言,缉熙光明,以师表天下,而在位弗永,志有未遂也。今上皇帝(顺帝)以明考元子入绍大统,有志祖宗之事,御极之初即命两丞相与贤臣硕彦之在著定者,以圣谟嘉言与凡经籍所载可以充广聪明、增崇德业者,一月三进讲,上接听不倦,而时有徽惕之色。于是益优礼讲官,既赐酒馔,又以高年疲于步趋也,命皆得乘舟太液池,径西苑以归,闻者皆为天子重讲官若此,天下其不复为中统、至元之时乎。①

经筵是用贤的重要方式,但是更重要的是在治国中如何选用贤者,陈旅在科举考试的策问题目中特别提出了这一问题:"京师,天下风俗之枢机也,列圣德泽之所先被,宜其一之乎中庸之效。然而五方聚居,习尚不纯,而豪侈逾僭、奸诈窃发者往往有之,吏有能以柱后惠文弹治者乎?有能宣扬教化以表率之者乎?""然专任人而不任法,则民有受其虐者矣。专任法而不任人,则中材以下救过不给,又何暇谋绳墨之外哉。若之何任法而无拘牵之弊,任人无纵恣之虞,人得尽其才,法得达其用,使首善之地治效彰著,以表仪于天下?"②

人尽其才和法得其用,基本的要求就是使贤者有良吏的作为,陈旅特别强调了良吏靠的不是强明,而是以诚治民。

> 世以强明称者,未必良吏也。强而无以养之,必严刻;明而不善用,必苛察。以严刻、苛察而施诸政,亦难为下矣。大抵若是者,皆急于近名。近名,非良吏也。古之君子未尝有心于治人,而人未尝不治于君子。诚以待物,则物无不孚;公以莅事,则事无不当。君子之身,礼乐之器也。政教修,礼乐之用行焉。礼乐之用行,民将不治而化矣,是可与严刻、苛察者言哉。孔子曰:"斯民也,三代之所以直道而行也。"盖民不难治,后世无善治之吏,于是乎有难治之民。及其难治,而又急之,则所治者与治之者俱困

---

① 陈旅:《经筵唱和诗序》,《安雅堂集》卷4(《全元文》第37册,第248—249页)。
② 陈旅:《至正元年大都乡试策题》,《安雅堂集》卷13(《全元文》第37册,第296—297页)。

矣。《诗》不云乎："岂弟君子，民之父母。"孰谓和易者不足以治县。①

良吏治民出以公心，所以敢于作为，如陈旅所言："天下之事，盖未有不可为者，不知所以为，又使人得以其私欲而挠之，是以为之而难成也。"② 当然，良吏要有所作为，还需要按照气理学说陶冶自己，使之符合至治的要求："天运行而不息也，地凝然而不坠也，谁实任之？曰气。谁实任气？曰理。然则惟理可以任天下之至重者乎？讲学以明理，制行以养气，此古之人所以大有为于世也。"③

伯颜专权时，陈旅曾在翰林院任职，④ 所以他的用贤观点暗含对权臣政治的不满，对于这一点应给予充分的重视。

（二）倪士毅的性理说

倪士毅（1303—1348 年），字仲宏，休宁（今属安徽）人，师从陈栎学习理学，为"沧州学派"学人，隐居徽州祁门山治学，被尊称为道川先生，⑤ 有《四书辑释》《作义要诀》等传世。

在对心的认识方面，倪士毅强调："只是一个心，有道理底人心，即是道心。""故言道心，必先言人心，非道，则其为人不过血气之躯尔，故言人心必言道心。如饮食男女，人心也；饮食男女之得其正，道心也。人心之发，危而不安，而发之正者又微而难见，实非有两心也。"尤为重要的是，心正与性命之正是一体的关系。"本心之正，即原于性命之正者，盖其本也真而静，其未发也，五性具焉，此所谓性命之正，即吾心之正也。形既生矣，外物触其形而动于中，于其发也，始有人心、道心之异，必能专一于道心，是即守其本心之正而不离也。"而所谓的"中庸"，所表现的正是心与事之间的关系。"中散为万事，便是中庸。""不偏不倚，未发之中，以心论者也，中之体也。无过不及，时中之中，以事论者也，中之用也。"⑥

---

① 陈旅：《送刘粹衷赴旌德令序》，《安雅堂集》卷4（《全元文》第37册，第232页）。
② 陈旅：《余姚州海堤记》，《安雅堂集》卷7（《全元文》第37册，第306—307页）。
③ 陈旅：《送索士岩燕南宪司经历序》，《安雅堂集》卷4（《全元文》第37册，第230—231页）。
④ 《元史》卷190《陈旅传》。
⑤ 黄宗羲原著，全祖望补修：《宋元学案》第4册，第3089页。
⑥ 倪士毅：《四书辑释·中庸》，浙江巡抚采进本。

倪士毅还特别指出:"性之所有,即仁义礼智是也。""何以不谓之理而谓之性,盖性是天地间人物公共之理,性是在我之理。"① "天道流行,赋予万物,莫非至善无妄之理而不已焉,是则所谓天命也,物之所得为性,性之所具为理,名殊而实一也。"② 由此,需要注重的就是道由性出的论点。"盖人之所以为人,道之所以为道,圣人之所以为教,原其所自,无一不本于天而备于学者。""道由性而出,言道而不言性,则人不知道之本原,而或索之于浅近。道由教而明,言道而不言教,则人不知道之功用,而或索之于高虚。言性于道之先,言教于道之后。"③

倪士毅亦对"明明德"作了具体的解释:"明德是一个光明底物事,如一把火将去照物,则无不烛,便是明德。若渐隐微便暗了,吹得这火著,便是明其明德。"他所强调的明明德,有体和用的分别:"盖以明德乃人己所同得明明德者,明己之明德,体也。明明德于天下者,新天下之民,使之皆明其明德,如此则无不平矣,用也。"尤为重要的是,明明德不仅要讲究方法,还要注重实效。"致知格物是穷此理,诚意、正心、修身是体此理,齐家、治国、平天下是推此理。""意诚,心正,身修,明明德所以得止于善之次序。家齐,国治,天下平,新民所以得止至善之次序也。""意诚则明德之所发无不明矣,心正则明德之所存无不明矣。意诚、心正而身修,此明明德之实也。"④

倪士毅对性理学说的解释,可以影响参与科举的考生。由此,他特别对考生的行文提出了明确的要求:"主张题目,第一要识得道理透彻,第二要识得经文本旨分晓,第三要识得古今治乱安危之大体,然后一见题目,胸中便有称量。然又须多看他人立意及自知历练,则胸中自然开广,又不要雷同。须将文公《四书》仔细玩味,及伊洛议论大概皆要得知,则不但区处性理题目有断制,凡是题目皆识轻重,皆区处得理到。"⑤

---

① 倪士毅:《四书辑释·中庸》,浙江巡抚采进本。
② 倪士毅:《四书辑释·论语》。
③ 倪士毅:《四书辑释·中庸》。
④ 倪士毅:《四书辑释·大学》。
⑤ 倪士毅:《作义要诀》,四库全书本。

(三) 杜本的儒道说

杜本（1276—1350年），字伯原，号清碧，清江（今属江西）人，不求仕进，隐居武夷山中，辑南宋遗民诗为《谷音》，著有《四书表义》《六书通编》《十原》等书，均已佚失，有诗集《清江碧嶂集》传世。

在全国大乱之前，杜本已经历了福建一带的小乱，曾留下了心有余悸的感叹："去年见月转添愁，满地干戈未肯休。动有万人途草莽，岂论斗米换衾绸。"① 杜本不仅赞颂"啁啁起言论，政绩能指画"的官员不畏豪强、平反冤狱的举动，还对世人发出了着重的警告，"不闻衰败者，声色成顽症。倾国与亡家，覆辙照往昔。作诗告后来，理欲宜慎择。"②

杜本虽为隐士，但高度重视儒道在治国中的重要作用："重惟圣人载道之经，与夫百家子史所录，开极以来，明圣之君，昏暴之主，忠良之臣，贞节之士，酷虐贪残之吏，是非善恶之迹。"③"故廉耻兴而风俗厚，人材盛而道义明，不必从事于他术。"④

杜本认为，恰是有了忽必烈对儒道的重视，为朝廷厘定了文治的方向："盖自世祖皇帝之初，得赵仁甫（赵复）于江汉，尽以朱子之书授于姚文献公（姚枢）洎许文正公（许衡），首以小学躬践为教，而变化其气质，涵养其德性。其性则仁义之性，其书则孔孟之书，其明理陈义则周、邵、程、张之说，而论定于朱子者也。凡朱子为教，亦必曰循下学上达之序，口诵心惟，躬行力究，从容潜玩存久，渐明众理，洞然知夫大中至正之极，天理人事之全，无不在是。"⑤"是以取材则人人有士君子之行，致治则风俗醇而诵声作，又焉有下陵上僭之患哉。"⑥儒道亦与维系大一统的局面有密切关系，正如杜木在诗作中所言："至元丙子（1276年）混江南，正统垂衣纪十三。万里车书同典宪，一时人物遂朝参。君臣父子纲常事，道德诗书礼义谈。涵养抚摩几百载，为霖作楫得无惭。""天下车书已混同，况逢尧舜道应隆。高才何得尘埃里，

---

① 杜本：《中秋寄高混朴》，《清江碧嶂集》，浙江巡抚采进本。
② 杜木：《题杨府判平反事》，《清江碧嶂集》。
③ 杜本：《怀友轩记》，《全元文》第32册，第53—55页。
④ 杜本：《江源复一堂记》，《全元文》第32册，第55—57页。
⑤ 杜本：《重建夫子庙记》，《全元文》第32册，第57—59页。
⑥ 杜本：《重修庙学记》，《全元文》第32册，第59—61页。

壮志宁辞广海东。"① 文宗即位后的发展文治，亦被杜本高度肯定："圣智如关覆八荒，固应有道并虞唐。巍巍黼黻居皇极，秩秩衣冠列紫房。四海讴歌朝象魏，一时制作聚奎章。""且愿田家收小麦，莫教蚕妇卖新缫。万方宁谧纲常正，始是君臣际会时。"由此，要弘扬儒道，必须注重儒者的以学致用要求："古之君子之于学也，至于成己成物，其于天下国家，则曰功成治定，所谓言之必可行也，行之必可言也。盖物格知至，而至于国治，天下平者如此，非苟以为言而已。世之君子，何其言之详而卒不见其成功耶。"② 在诗作中，杜本亦强调："物与民胞本共原，分殊理一在推扞。仍须恩义无相掩，乃见人心即是天。"③

（四）李孝光的仁政说

李孝光（？—1355年后），字季和，温州乐清（今属浙江）人，因隐居雁荡山五峰下，被称为五峰先生，理学传承于"北山学派"，④ 著有《五峰集》等。

李孝光强调研读儒家经典必须体会圣人之心："九经者，群圣人之遗书也。书徒圣人之言也，然圣人之心必因言而后形。善学者，必得圣人之言，而后得圣人之心，岂有他道哉。故学焉而不得其言，言焉而不得其心，皆非善学者也。""因念朱子之学，所以独能上探尧、舜、禹、汤、文王、孔、孟之心，而接程子之绪者，其始也，皆由熟读精思而得之。""苟学焉者，既熟读口矣，而又精思之，即明诸心矣，而又力践之，然后知朱子所以为学者，不外乎此。"⑤

体会圣人之心，重点是体会至仁之心。"先王导民以学，所以蕲至仁也，然仁无易难，顾存心何如。"⑥ 由此，李孝光特别对仁的各种解释作了说明。

> 夫将淑人心，必由学问始。而求仁者，又学之所宜先焉。故将淑人心，莫先于仁。自孔子、孟子言仁，千五百有余岁，其书固在，而其为说莫传。程子始独疑之，卒得夫子之意于《易》之复，

---

① 杜本：《至元戊寅（1338年）元旦试笔》《送彭万里广东宪使》，《清江碧嶂集》。
② 杜本：《题文正公书伯夷颂》，《全元文》第32册，第51页。
③ 杜本：《题张卓然归朱氏宗卷》，《清江碧嶂集》。
④ 黄宗羲原著，全祖望补修：《宋元学案》第4册，第2802页。
⑤ 李孝光：《程敬叔读书分年日程序》，《全元文》第36册，第1—2页。
⑥ 李孝光：《乐成县重修学宫记》，《全元文》第36册，第6—7页。

由是其说复传。程子没,微言又几绝。子朱子作,乃曰:"仁者,天地生物之心。"盖取诸《易》"复,其见天地之心"。至是,仁之说始益大明,而群言皆若发蒙。夫孟子言仁,人心也。程子言仁者,天下之公,善之本也。子朱子言仁,天地生物之心,其指岂不同哉,顾人弗察耳。①

掌握仁的要义,是为了推行仁政,正如李孝光所言:"夫民,易治耳,道之仁而仁,道之让而让。"②"余以为善保民者,其民思报之。保民者,仁民也。""夫令爱民于上,不难于治民,而诚仁民之为难。治民者固多为之防,严为之制,以禁其邪僻之行,伐其慆淫乱之思,期无犯刑止耳。仁民异于是,寒往衣之,饥往食之,无以为居舍之,又唯忧其或堕于恶,道之德,以绝其诡行;养其仁,以易其邪思;习之礼,以消其异习;朝妪夕煦,若顾赤子。故民亦以为上常仁我,而未尝厉我,父母视其上而不怨,由保民也。""上以此仁之,下以此报之,若初无所事,而其效自至。"③

之所以重视仁政,是因为李孝光看到了农家的艰难生活:"八口人家麦未黄,白头老妇色凄凉。青裙少妇事供给,土灶烟微荠菜香。"④由此,他不仅强调儒者要正视害民的弊政:"剧谈隐民瘼,开口见肺腑。方今生民困,子亦念此否。努力树明德,非子不与语。"⑤还特别在诗作中说明了以农为本的仁政道理:"有车兮涉远,大川当前兮漫漫。吾所弗济兮有如兹川,民之方艰兮我能独安,夙夜以思兮抚髀覆颠。有车兮桑田,植其两轮兮悉我农人。曰尔农兮伤无食艰,曰予天子之使兮来绥尔民,尚有冤兮及尔话言。民曰嘻兮田吾力农,公惠我人兮不其已多,我生庶几兮有瘳,凡百在位兮吾韩侯是仿。"⑥

李孝光亦对朝廷的文治给予了充分的肯定:"忆在天历初,先帝图中兴。天造固草昧,国势不可凌。更修世祖业,实借众股肱。次第兴礼

---

① 李孝光:《滁州重修学记》,《全元文》第36册,第7—8页。
② 李孝光:《昆山州重修学宫记》,《全元文》第36册,第9—10页。
③ 李孝光:《萧山县公署记》,《五峰集》卷1,四库全书本(《全元文》第36册,第11—12页)。
④ 李孝光:《书所见》,《五峰集》卷8。
⑤ 李孝光:《与郑廷举及其伯氏廷瑞》,《五峰集》卷5。
⑥ 李孝光:《有车送韩侯从事行县》,《五峰集》卷2。

乐，厚爵收俊能。宫中树延阁，奎章如日升。"① 对于朝廷清除权奸，李孝光也感到由衷的兴奋："陛下聪明世武间，尚方赐剑斩三奸。樽开白兽千官入，诏下金鸡万国欢。"② 但是他特别强调了实行仁政既要有正直的官员，也要有敢于直言的官员："方今天子圣，守令拔正直。含山得仁宰，宣布上膏泽。知民处疾苦，念之心怵惕。为政不猛戾，稍除去蟊贼。里无愁叹声，谈宰喜见色。复为树学宫，秀子挟书策。民性变醇厚，昔犷今遂革。"③ "东方民力愿少宽，达官担橐横索钱。先生归到明主前，上言赤子天哀怜。仁人在位如解悬，大臣不让皋夔贤。天下画一徽张弦，未将俎豆烹小鲜。如吾但愿兴力田，眼见霖雨开丰年。"④

（五）黄镇成的乱世说

黄镇成（1282—1357年），字元镇，号存斋，邵武（今属福建）人，理学"九峰学派"学人，⑤ 仁宗时参加科举不利，隐居治学，著有《尚书通考》《周易通义》《中庸章旨》《性理发蒙》和诗集《秋声集》等。

黄镇成之所以下功夫于《尚书》，是因为"《书》载二帝三王之政，政者心与事之所形也，是故道德仁圣统乎心，制作名物达于事，内外之道合，而帝王之政备矣"⑥。需要注意的是，他在集注《尚书》时增入了元朝的内容，如"古今立法"中就有对"本朝授时历"的详细说明，并专门叙述了郭守敬的测天结果，以及郭守敬所制浑仪等天文仪器的情况。⑦

黄镇成遭遇了元末的大乱，尤其是东南沿海一带，还有"海贼"等的扰乱，如他在诗作中所记："直沽客，作客江南又江北。自从兵甲满中原，道路艰难来不得。今年却趁直沽船，黑洋大海波连天。顺风半月到闽海，只与七州通卖买。呜呼，江南江北不可通，只有海船来海中。海中多风多贼徒，未知来年来得无。""岛夷出没如飞隼，右手持刀左持盾。大舶轻艘海上行，华人未见心先陨。千金重募来杀贼，贼退

---

① 李孝光：《送段仲巩之京师赴奎章典书》，《五峰集》卷5。
② 李孝光：《闻诏赦因次王继学大参听诏韵》，《五峰集》卷10。
③ 李孝光：《题安彝方美政卷》，《五峰集》卷5。
④ 李孝光：《送达兼善典金》，《五峰集》卷9。
⑤ 黄宗羲原著，全祖望补修：《宋元学案》第3册，第2215页。
⑥ 黄镇成：《尚书通考序》，《全元文》第36册，第505—506页。
⑦ 黄镇成：《尚书通考》卷2、卷3，四库全书本。

心骄酬不得。尔财吾橐妇吾家,省命防城谁敢责。"①

为了平定各地的叛乱,朝廷不得不大规模地派发兵役,黄镇成亦记下了民间由此而骚动的情形:"秋风漠漠寒云低,陇头野雁随云飞。北方健儿长南土,学得南语相嚘咿。羽书昨夜到行府,下令急点如星驰。明日横刀出门去,回头不得顾妻儿。山城止舍休十日,百姓馈给无饥疲。路上逢人寄书归,道好将息无相思。重关夜度月落早,五岭冬戍天寒迟。买羊击豕且为乐,破贼归去知何时。"② "五月南征亟出师,黄尘眯目汗流衣。衰翁偃仰犹嫌暑,惭愧军中几日归。五月农家半未耕,更闻田鼠食苗萌。辕门昨夜飞书急,十户三人赴调兵。五月公私乏见储,师徒野掠竟何如。自怜无力操戈从,未敢偷安饱饭居。五月炎蒸日似年,金龙山下有林泉。不知杖锡何时去,裹饭从师借榻眠。"③ 尤为可叹的是,本来朝廷以瑶人助官军灭贼,反使之成为害民的力量:"莫猺射生蛮峒谷,窄袴短衣双赤足。前年应募作官军,恶少如云学妆束。千村一过如蝗落,妇满军中金满橐。鹰冠击碎且勿嗔,邻寇不虞吾所托。"④

对于朝廷的平叛,黄镇成一开始还是信心满满:"皇元诞受多方,率土悉臣,列圣相承,包戈偃武,舟车四达,声教会同。间有一方梗化,则必有尽臣虎士仗义执言,亟起而麾之。盖皇朝以宽仁立制,好生之德积累充畅,有以寿元气而基永命。"⑤ 所以即便听到不利的消息,还是抱着较大的期望:"忽得西军报,惊闻气怆然。鼓声沉白日,旗影落青天。愤切居妨食,愁深起辍眠。王师宜壮直,即听凯歌旋。"⑥ 但是随着时间的推移,黄镇成已经看到了国家败亡的兆头:"昔我世祖皇帝统一夷夏,际天所覆,不闻金革之事,八十年于兹矣。然军政久弛,城堕兵顿,一旦蘖芽窃发,虽有强智之士束手徒搏,亦罔错其力焉。至纡绶拥旌,食焉而避其难者,固无足议。而临危死敌,若推原其本心,由其蚤见豫定,而非出于不获己者,盖亦鲜焉。"⑦ 所以他只能是发出

---

① 黄镇成:《直沽客》《岛夷行》,《秋声集》卷1,四库全书本。
② 黄镇成:《从军行》,《秋声集》卷1。
③ 黄镇成:《五月调兵赴绥阳》,《秋声集》卷4。
④ 黄镇成:《莫猺行》,《秋声集》卷1。
⑤ 黄镇成:《总管吴公克复城邑碑记》,《全元文》第36册,第529—532页。
⑥ 黄镇成:《感事》,《秋声集》卷3。
⑦ 黄镇成《王伯颜死节传》,《全元文》第36册,第524—525页。

逃避兵乱的感叹了："邻家急相报，且往椒历山。登陟如猿猱，合沓同跻攀。远近火烟起，指点望城间。椒历不可住，迫晚登屠颜。夜宿草树中，露下山气寒。"①"避难三迁久，还家一岁余。乱中全子舍，兵后保先庐。池废草留密，径存林伐疏。室堂聊讯扫，未敢计空虚。"②当然，也还会有儒者无为于乱世的愁情："今日稍清适，独出城西村。感时经丧乱，风物异郊原。林摧见平陆，寺破留颓垣。高亭化莽墟，华屋成蔬园。徘徊在中路，偶听农老言。新苗未入土，苗草日已蕃。丁男赴征调，期令集辕门。况乃乏牛力，辛苦难具论。我闻增惨怆，无策拯元元。身老不能耕，焉敢饫盘飧。"③

黄镇成早就记录了"赤土槁苗遹何所，天威人虐民独苦"的状况，所以对于有人能够救济灾民的行为颇加赞赏："君不见，东门冠盖如流水，武断称雄跨州里。又不见，北里笙竽声沸空，千金结客五陵东。董家岂无储粟坞，卢家亦有多田翁。京坻倚迤夸红腐，一粒何曾到鱼釜。漫令馋客长饥涎，寂寂朱门锁烟树。何如旰水彭征君，发粟尽活饥年民。相逢相语无德色，况受朝省酬官勋。"④

在乱世中亦有善政，邵武县的均徭役即为一例，所以黄镇成特别给予了积极的评价："孟子所以上说下教者，动必曰制民之产，征于民者，用其一必缓其二。迨汉文帝，民无内外之徭，而有刑措之风。唐太宗务轻徭薄赋，家给人足而致贞观之治，是皆推本之明效也。初，邵武在至元、大德间，山谷细民家有顷亩之田以给衣食，故时称极治。自科役无法，积久饕蠹，吏以奇货视民，民以猛虎畏吏。一役县庭，不胜其困，所有之田土悉归兼并，民穷无赖，驯至今日，轻于为乱，虽咎其愚，亦其势之必至也。""至正十有八年夏四月，邵武县当定均徭之役。""户有定产，而无轻重偏倚之私。役有定岁，而无移趱疏数之弊。""事若繁而实简，法若略而实详，可谓大公而至均者矣。"⑤强调善政就是为了在乱世中找到出路，由此可见黄镇成的良苦用心。

（六）郭翼的治乱说

郭翼（1305—1364年），字义仲，号东郭生，又号野翁，昆山（今

---

① 黄镇成：《避地椒历》，《秋声集》卷2。
② 黄镇成：《还家》，《秋声集》卷3。
③ 黄镇成：《城西纪事》，《秋声集》卷2。
④ 黄镇成：《负薪行》《题新城彭元履赈米卷》，《秋声集》卷1。
⑤ 黄镇成《均徭役绩记》，《全元文》第36册，第517—519页。

属江苏）人，以教书为务，有《雪履斋笔记》和《林外野言》传世。

郭翼认为应该从长远的观点看待治乱问题："有治有乱，有盛有衰，有得有失，有忧有喜，有毁有誉，删除一件不得，若欲占住这边推去那边，此天地鬼神之所不能也。其间分数之多寡，或有偏在一边者，亦但就百年以内评量耳。试从历劫旷观，定无铢两畸重。"在治国方面，则要特别注意三大准则。一是忍辱负重的准则。"齐家治国只是耐烦，成佛作仙只是忍辱。""人未有不畏炎者，畏也而反趋之，与赴灯之蛾何异？闲庭僻径，爽日清宵，有何不可宁耐。政不知炎凉二种，毕竟受用安在。"二是舍身救难的准则。"人臣事君，扶颠持危者，有死无二天之制也。若坐视宗社之危亡缄默而去，岂人臣之善哉。"① 三是为仕清白的准则。"求禄求禄，清白不浊。清白尚可，贪污杀我。明明日月，丽乎太清。明君当宁，明臣在廷。赏不虚功，刑必当罚。孰将溷溷，我宁察察。濯乎不浤，醨乎不缁。暮夜之金，弗替于怀。幸甚至哉，歌以言志。"②

对于顺帝朝的修辽、金、宋三史，郭翼虽然有"侧闻朝家置史馆，须得班马出群材。揭公已老欧阳死，近者何堪为总裁"的担忧，但还是对这一盛举给予了赞誉："前朝图史已全收，诏起丘园重纂修。一道同风遵礼乐，大书特笔法春秋。金壶墨沍朝挥洒，银烛花消夜校雠。进卷内廷承顾问，鹄袍端立殿西头。"③

郭翼还以诗作的形式，记录了其家乡昆山在文治下的繁华景象。

    吴东之州娄东江，民庐矗矗如蜂房。官车客马交驰横，红尘轧投康与庄。鸡鸣闹市森开张，珠犀翠象在道傍。吴艎越舰万首骧，大帆云落如山崩。舟工花股百夫雄，蛮音獠语如吃羌。水仙祠前海茫茫，鱼鳖作道虹作梁。龙堂贝阙当中央，灵女媛歌吹箫簧。冯夷伐鼓相铿轰，或乘飞龙下沧浪。大樯小樯火流光，翠旃摩云互低昂。左驱勾陈右挽抢，天子锡命下南邦。重臣下拜灵慈宫，太平无象跻成康。吾州富庶文物昌，厥田下下赋下上。岁贡天府民职恭，

---

① 郭翼：《雪履斋笔记》，四库全书本。
② 郭翼：《独漉篇》，《林外野言》卷下，四库全书本。
③ 郭翼：《送卢公武应召北上》，《林外野言》卷上。

君子闾闾讲虞唐。小人业业为工商,大夫从事举贤明。①

在元末的战乱中,郭翼既有仓皇逃避的记录,如"江上去年来避寇,无家归路转凄迷";"前月海寇入郡郭,病里移家愁杀人";"海上无家来避寇,行吟何处可销忧"等,②也表现出了对国家前途的担忧:"黄鹤矶头风雨秋,中原一望使人愁。东江风雨一斗酒,大地山河百尺楼。群臣谁决和戎议,九庙犹衔误国羞。慷慨鲁连宁入海,凄凉王粲重登楼。荒岗四尺先生墓,再拜酬之双玉舟。"③郭翼的忧国之情,亦由此成了其治乱说的重要组成部分。

八　黄玠等人的良政理念

在国家处于动荡的政治环境下,理学学者黄玠、郑元祐、洪希文、吕溥、赵偕等人从不同角度提出了良政的诉求,以期对摆脱困局起一点积极的作用。

(一) 黄玠的恤民说

黄玠(?—1354年后),字伯成,号弁山小隐,慈溪(今属浙江)人,曾任西湖书院山长,有诗集《弁山小隐吟录》传世。

黄玠特别在诗作中记录了元朝后期农夫和盐户所遭遇的惨景:"江南稻,雪色白。可喜去年八月,天雨多戢戢,禾头尽生耳。里正急公租,饥人若羸鬼。海獠大无知,毒螫肆蛇虺。军府上变羽檄飞,白日森然五兵起,鼓钲动地火爇天,性命鸿毛同一毁。古者反侧加天诛,歼厥渠魁固常理。卖剑可牛刀可铗,不忍农夫亦遭此。""海水竭,海人熬波泪成血,卤花凝白雪。不如高廪露,积万有余征。商不行,榷法坏,使者分司来趣卖。农家食咸苦不多,盐乎盐乎奈尔何。"④即便是有钱,也千万不要买田,因为一旦买了田,就会成为被盘剥的对象:"慎勿买良田,良田有豺虎。豺虎不汝食,官司推剥汝。公廪多急输,里正遭箠楚。肉尽即见骨,家破无死所。茹蘗何必辛,茹荼何必苦。伤哉浙水

---

① 郭翼:《昆山谣送友人》,《林外野言》卷下。
② 郭翼:《和顾子达见寄二首》《漫兴一首》《荷亭晚坐寄悦堂长老》,《林外野言》卷上。
③ 郭翼:《追和龙洲先生登多景楼诗,就题其墓》,《林外野言》卷上。
④ 黄玠:《江南稻》《海水竭》,《弁山小隐吟录》卷2,四库全书本。

民，困此一犁土。"① 尽管如此，土地兼并之风依然越演越烈："在昔先民，受田以制。嗟今之人，私地之利。操厥左券，而相付界。亘陌连阡，无有穷已。"②

更为恐怖的是胥吏的严苛，正如黄玠所言："刻木吏，望之如神复如鬼。昔日犹多市人儿，于今并及良家子。刀笔之铦，毒于蜂尾。恶木成阴，劲草风靡。谁其使之，民俗堕矣。众皆趋之，吾道微矣。"③

在世道不平的政治状态下，最常见的就是贫富之间的巨大差距，黄玠在诗作中描述的农舍与大宅，就形成了鲜明的对照："农舍如鸡栖，稚子煦檐隙。陂田不作垄，野水深及壁。树老夕照黄，草枯寒烟白。鱼罟设处处，民有食菜色。""大宅何渠渠，昔时良宴同。当户垂碧柳，夹道种青桐。层轩不见日，高台还避风。鸳鸯喋华沼，鹦鹉语雕笼。"④

面对如此恶劣的环境，黄玠一方面强调了应该借鉴历史上的恤民经验："刘晏工理财，国用得无乏。凡皆属士类，吏独抱成牒。政要在养民，其事故可法。"⑤ 另一方面，他也对官吏提出了恤民和行善政的明确要求："千万人中生俊杰，识时所务非俗士。与民尽用一分宽，粗给官常斯可矣。""海上有马狞若獒，杨侯得之刲作肴。仓中有鼠大如虎，杨侯得之刳作脯。嗟嗟杨侯，孔捷且武，济宽以猛，爰得我所。风雨息，海水宁，灾害弭，年谷登，五事并举政有声，歌谣满路劳绩成。"⑥

（二）郑元祐的爱民说

郑元祐（1292—1364 年），字明德，号尚左生、遂昌山樵，处州遂昌（今属浙江）人，顺帝朝任平江路儒学教授、江浙儒学提举等职，有《侨吴集》《遂昌杂录》传世。

作为儒者，郑元祐对元朝后期的士风颇为不满，特别在诗作中表达了坚持儒家大道和体会圣贤之心的要求。

> 北辰众星宗，列宿环共之。斗杓指其方，生始悉所资。万卉春芃芃，至秋悴如期。蠢动罔弗然，辟翕启闭随。静观造化理，在人

---

① 黄玠：《慎勿买良田》，《弁山小隐吟录》卷1。
② 黄玠：《彭存耕赞》，《弁山小隐吟录》卷2。
③ 黄玠：《刻木吏》，《弁山小隐吟录》卷2。
④ 黄玠：《农舍》《大宅行》，《弁山小隐吟录》卷1。
⑤ 黄玠：《读唐史》，《弁山小隐吟录》卷1。
⑥ 黄玠：《送张叔方湘潭州税务大使》《送松江杨知府》，《弁山小隐吟录》卷2。

岂其遗。君象实有类，万古成纲维。

仲尼去云远，吾道日以微。达士忘贱贫，佞人纷是非。时态良弗古，乃致美事希。末路欲忘言，屏迹避危机。桐江有垂钓，首阳有采薇。清风盖一世，舍此其安归。

大道本常在，为士者弗由。穷居叹时迈，逐世竟悠悠。豪强互吞劫，雄智复相尤。遂令务夸诈，攘窃何时休。所贵者仁义，势力焉足谋。懿教信辽矣，民风此其偷。默默掩幽室，感之纷泪流。

春来桃杏华，秋荣菊与杞。岂但物性殊，造化之所使。人生类如斯，通塞固其理。苟识吾性诚，隐显良有以。

委身竹素间，义理费考寻。巍峨泰华高，浩瀚沧溟深。涉之远无津，举之力难任。不如反诸己，求诸圣贤心。成汤警日新，大禹惜寸阴。纷挐试屏绝，请鼓无弦琴。因之忘肉味，太古寥寥音。①

郑元祐亲历了元末的战乱，对于战争的破坏颇为震惊，并特别指出了官军亦害民的事实："瓦砾堆堆塞路坳，胜游巷陌尽蓬蒿。祠宫地卧驼鸣园，秘殿春肩马矢臊。山色无如今度惨，潮头可似昔时高。王师贵在能安集，岂必兵行血渍刀。"② 为此，他特别提出了在乱世中也要注重赐福于民的要求。

古之君天下者，敛福于其己，以敷锡于天下之人，故人有乐生之心，无叹息愁恨之苦，有寿考之征，无夭阏折伤之萌。武王访道箕子，大经大法毕陈之矣，而终之以五福，盖以为人君貌言视听举合乎天，至于思而睿作圣，则又无所不吻合焉。人君与天一致而无二，则敛福于己者，岂私其躬而已哉。刑赏威柄，惟天是循，子养万民，惟天是法。举熙熙然游于太和元气之中，甘露之所霡霂，祥风之所披拂，则其享遐龄、跻寿域，断非厚诬。斯世也，气错而薄，世浇而漓，夫以孔子之圣而不获敛福以锡民，颜子之贤而不获享有寿考，此其扶舆而磅礴者，或清或浊，或美或恶，有不可得而窥度也。世虽偷甚，而王泽犹未竭，民犹有享寿祺者，然益罕矣。故视曩时耆旧有传，耆英有会，九老有图，盖如凤凰、麒麟不可复

---

① 郑元祐：《拟古五首》，《侨吴集》卷1，四库全书本。
② 郑元祐：《杭州即事》，《侨吴集》卷5。

见也已。况自兵兴以来,锋镝之下,劫烧之余,荆榛骨骸,渺莽萧瑟,亘数千里无复人烟,兵祸之惨未有甚于今日。其幸存而窃活者,沟壑是忧,又何知寿考康宁之谓乎。①

针对"民庶逋租悉系官,破荡未充狼虎欲"的普遍现象,② 郑元祐特别对官员的舒缓民力和抑制兼并等表达了殷切的期望。

日行底天廓,劝农正其时。昀昀土膏动,穆穆条风吹。渚花尚自媚,汀柳亦间垂。中吴号沃壤,东作多遗黎。首更太伯化,民俗恒熙熙。一从干戈兴,杀虏令人悲。草生骷髅眼,灶绝苁茨炊。十室存二三,烧劫偶见遗。官租不少贷,民力何由支。张侯尹吴县,冰蘖严矜持。征科泪暗落,且复鞭创痍。兹当东作兴,载耜循年规。言告加勉勖,心伤为嗟咨。田老锋镝余,仅保骨与皮。犹复望岁丰,迎拜携孤嫠。茹芹敢望饱,无力堪拖犁。嚼虱恒苦腥,饭牛恒苦饥。侯为百里宰,腹笥盛书诗。民劳曷小康,民病曷小医。虢文谏周室,千古有令仪。咽饿啖儿肉,何人埋父尸。民力苟不苏,天鉴亦不私。上帝专主宰,臣言谅非痴。③

中吴号沃土,壮县推长洲。秋粮四十万,民力疲诛求。昔时兼并家,夜宴弹筌篌。今乃呻吟声,未语泪先流。委肉饿虎蹊,于今三十秋。亩田昔百金,争买奋智谋。安知征敛急,田祸死不休。膏腴不论直,低洼宁望酬。卖田复有献,惟恐不见收。日觉乡胥肥,吏台起高楼。坐令力本农,命轻波上沤。天意悯困剧,南辕卯金侯。侯有万金剂,探囊令病瘳。躄者起雀跃,瘖者言嘲啁。坐令百里邑,奸回息雕锼。是皆仁侯惠,颂声满道周。清朝考功选,赏典无滞留。愿侯登廊庙,一洗苍生忧。④

一寸山岰一寸田,高低岩溜接山泉。论升起税斤称谷,此是山城大有年。牛羊日夕下山时,出穴眈眈虎正饥。不是仁侯护赢畜,

---

① 郑元祐:《世寿堂铭》,《侨吴集》卷7(《全元文》第38册,第709—710页)。
② 郑元祐:《岁暮感事》,《侨吴集》卷4。
③ 郑元祐:《悯农一首送张德常吴令出郊劝农兼柬国瑞公相》,《侨吴集》卷1。
④ 郑元祐:《送刘长洲》,《侨吴集》卷1。

麒麟折角獍枭肥。①

对于张德强任职吴县时的恤民行为，郑元祐明确指出："且闻下车之后，一州之民蒙被膏泽，欢声洋溢，想见儒者治效，非俗吏所可企及。"② 而为了有效地御盗，除了修完城池外，更重要的就是以宽政来稳固民心："今既完城以为民卫，继今所以守御之者，则在乎明有司承流宣化，苏民之力以固结其心，使吴之民爱戴其上，如子弟之亲父兄，手足之捍心腹，夫然后则其民以仁义为干橹，以礼乐为甲胄，人心既固，则与此金城汤池并为天险于无穷也已。"③

对于为国尽忠的人，郑元祐给予赞扬，表明他自己也有强烈的气节意识："张御史，骂贼死。国忠臣，家孝子。忠义国家培植来，白日照耀黄金台。此身许国誓不二，不幸白骨生青苔。近者汝阳妖贼起，挥刀杀人丹汝水。侯指头上獬豸冠，掌柱乾坤立人纪。侯颈可断身可捐，义不与贼同戴天。背裂齿碎加愤怒，发直上指目炯然。贼刀入口钩侯舌，舌断含糊骂不绝。孤忠既足明丹心，三年犹须化碧血。颜平原，张睢阳，一日虽短千载长。人谁不死死忠义，汗简至今名字香。朝廷易名赐庙食，人谁无心应感激。坐令忠义销凶邪，凿井耕田歌帝力。"④

（三）洪希文的抚民说

洪希文（1282—1366年），字汝质，号去华，莆田（今属福建）人，以教书为业，有《续轩渠集》传世。

洪希文能够体会农家的辛苦，在诗作中特别写道："贸贸丘麦秀，蠕蠕吴蚕生。微行执懿筐，亦既受厥明。上焉给王赋，下焉纾官征。岂为饥寒念，所念疮痏平。哀哀生理窄，了了无余赢。恻怛夷中诗，万古田舍情。"⑤ 由此，劝课农桑就显得极为重要："衣绽重瞻桑沃沃，食空还喜麦芃芃。谁知饱暖生民意，只在春阴春雨中。桑扈知时劝课频，竹鸡带雨瀎行人。为言农亩耕桑者，何事不知桃李春。"⑥ 他还借天帝责罚雨师、风伯的说法，暗指朝廷应该清除权奸和整治民瘼。

---

① 郑元祐：《赠丽水治农少府》，《侨吴集》卷6。
② 郑元祐：《与张德常》，《侨吴集》卷7（《全元文》第38册，第599—600页）。
③ 郑元祐：《平江路新筑郡城记》，《侨吴集》卷9（《全元文》第38册，第650—651页）。
④ 郑元祐：《汝阳张御史死节歌》，《侨吴集》卷3。
⑤ 洪希文：《续聂夷中伤田家》，《续轩渠集》卷2，四库全书本。
⑥ 洪希文：《春阴二绝》，《续轩渠集》卷8。

> 皇天司下民，有赫冒于上。四维列星宿，环布严拱向。赤子鱼头生，噞喁食土壤。九州随土性，播种无闲旷。天心悯下民，艰食劳劝饷。嘉生膏阴雨，神功均圪块。严敕内外官，班职俾分掌。雨师十一来，风伯五当往。俾汝司噫欠，汝独矜神王。扬沙振陵岳，怪差不可状。俾汝司肃狂，汝独夸雄壮。倾河决堤堰，怒气谁敢傍。上天有纪纲，谪罚岂虚诳。三台相北斗，太白居大将。荧惑执法官，强御所不让。具笺奏天门，天颜为怆怳。谓宜歼巨奸，民瘼不可长。神灵愿悔祸，自失甘惩创。力耕有不获，太平本无象。①

更令人难以忍受的是贪官污吏的随意加税，洪希文不得不以诗作向官员指斥这样的恶劣行为。

> 夷齐首阳薇，黄绮商山芝。要是避世士，藉此充朝饥。天下今一家，尺土亘地维。蹇蹇皆王臣，禄足充耘耔。不仕还不耕，儒冠老而痴。度门考坟典，不受尘劳羁。忽传联骑来，荣耀惊童儿。幸接咳唾音，磬折听指挥。尧仁大如天，立国存明威。种田纳地税，买卖商算之。所恨土产薄，不给糟床觞。倘得食其力，免叹终岁疲。黄屋忧元元，常发匡济思。锱铢苟过取，或恐伤单羸。贵富与地侔，不在民膏脂。龟背欲刮毡，九牛亡所遗。愿移高明思，俯听危苦词。词苦能药人，勿惮先颦眉。②

洪希文亦看到了为官的不易，明确指出"为学不至谷，出仕不愿禄。此道古所难，圣贤常不足"③。但是为官应实行宽政是他的明确要求："未会羊肠世路艰，居家那得比居官。布衣差胜轩裳好，食禄何如田亩安。狭世出门如有碍，达人当道但从宽。前修法语君知否，留取功名久远看。"④ 在这方面，确实应注重老子的善政不怕慢说法："关西老夫子，学道悟一贯。不猛亦不宽，善政孰也慢。"⑤

---

① 洪希文：《癸酉（1333年）六月十六日雷雨交作，经日乃止，农田甚为之害》，《续轩渠集》卷2。
② 洪希文：《呈税使索所植税》，《续轩渠集》卷1。
③ 洪希文：《呈段郡守》，《续轩渠集》卷2。
④ 洪希文：《黜官书以诫世》，《续轩渠集》卷6。
⑤ 洪希文：《呈莆田杨明府》，《续轩渠集》卷1。

洪希文为此特别要求注意言、行、官、政、学、智、交、才"八拙"的问题，不能以拙而废人废事："言拙默固好，语讹人所嗤。行拙不加修，名出谤亦随。官拙事不集，职旷禄为尸。政拙民必扰，令烦冗不治。学拙德不进，业废功无施。智拙心必方，大圆不可规。交拙敬不周，此道今如遗。才拙分有定，不可中革之。"①

突如其来的战乱打破了洪希文的平静生活，他用诗作记录了战乱时的场景，借以表达对和平的向往。

> 烽火连年胆气摧，张天飞焰尽炲煤。从来歧路多悲泣，似此禅宫亦劫灰。群丑尽多劓面去，渠魁更看斫头来。又添一样新人物，韩信张良岂异哉。②

> 卜兆城西二百年，雍门兴感涕清然。凄其死者无归地，羞与仇人共戴天。古塚亨衢多取石，单民弱户亦科钱。国朝典制明如镜，愿赐推恩及九泉。③

> 盗贼生涯困，回头尽战尘。春来长是病，老去不如人。屋小香常集，杯深酒尚醇。何时洗兵甲，同作太平民。④

> 时危百忧集，老退一身轻。鼓角声悲壮，城池势险倾。栅繁严守备，传遽急行程。起看天河色，何当见太平。⑤

洪希文还希望百姓能够帮助官军平息叛乱，并特别强调了这是臣民对国家应尽的义务。

> 普天率土，敢云伤己之财，助国劳兵，是谓遵王之义。况大帅已伸其敌忾，而众心自可以成城。伏念某等隶在编氓，加之里役，见朝野升平之日久，遇盗寇猖獗之风生，至使鸡犬皆无所宁，乃令狐鼠肆行其害。不图余孽复逞群凶，劓面系首以归，敢干国纪。殚

---

① 洪希文：《拙诗》，《续轩渠集》卷1。
② 洪希文：《甲午（1354年）九月病中，闻广化寺为赣泉贼人所残，枕上书事》，《续轩渠集》卷6。
③ 洪希文：《壬辰（1252年）冬十一月官筑城垣，罢吏梁贼者起众坟石而筑之》，《续轩渠集》卷6。
④ 洪希文：《癸巳（1353年）新春作》，《续轩渠集》卷4。
⑤ 洪希文：《对闷书事》，《续轩渠集》卷4。

地竭庐之入悉助军需，荷官府所派之重轻，依户役已排之分数，无州黎高下其手，有元结恻怛之心，莫不欣从，允为当论。兵，凶器也，用之其鹰扬乎。盗逆俦焉，咈之则犬狾也。若凡行李靡屡之经吾土，皆箪食壶浆以迎王师。河海扬清，风雷蓄怒，奋迅扫空其窟穴，妖氛偃息于挽枪，播奏凯歌，劳还归士。①

洪希文显然未意识到战乱将带来改朝换代，所以他的观念自然是要维系现有王朝的统治，尽管这样的统治有不少问题，但也只能将和平的希望寄托在朝廷的身上。

(四) 吕溥的宽政说

吕溥，生卒年不详，字公甫，号竹溪，永康（今属浙江）人，从许谦学习理学，被列为"北山学派"学人，② 擅长史论，著有《竹溪稿》等。

顺帝在位时，吕溥在给地方官员的上书中指出："钦惟我朝爱民如赤子，遴选守令，课以六事，而赋役居其一焉，仁恤之意至矣。奈何任承流宣化之责者，无以称上意旨，徒曰均赋役而赋役实未均也，惟见田连阡陌之家与贫者例当一役，贫无立锥之地者仍不免以旧额当差，又有无升合之粮而常充乡都之役者。吁，赋役之不均也久矣，贫民之病者亦已甚矣。"为了实行"宽仁之政"，他特别提出了五项建议："一曰蠲宿弊。二曰复水利。三曰假宽限。四曰选任使。五曰谨文册。"③

吕溥还特别强调："为治在于得人，而得人之本在于知人。知人之道，则在乎存吾之心，广吾之视听以及之而已。""官不得其人，欲求天下之治，不亦难乎。"④

从历史的经验看，宽政和用人识人都极为重要，正如吕溥所言："秦有并天下之势，而不能服天下之心，有御天下之权，而无安天下之虑，此所以得之易，而失之亦不难也。""向使灭六国之后，布政修德，与天下更始，虽以诈力得之，能以仁义守之，其谁曰不可。"⑤ "汉所以

---

① 洪希文：《莆田合浦等二十八里军需塔疏》，《续轩渠集》卷10（《全元文》第35册，第20页）。
② 黄宗羲原著，全祖望补修：《宋元学案》第4册，第2789页。
③ 吕溥：《上宪司委林县丞书》，《全元文》第60册，第201—202页。
④ 吕溥：《上俞金宪书》，《全元文》第60册，第199—201页。
⑤ 吕溥：《论秦》，《全元文》第60册，第220—222页。

得天下者何？曰：三人杰之功也。其所以得天下者又何？曰：高帝宽仁爱人，任贤使能，好谋能听，趣时向赴，从谏如流，于天下同利，此其所以得天下也。"①

吕溥还坚持捍卫理学、反对词章之学的立场："今有号为词章之学者，辄以性理一家目之为拘儒，其意谓性理云者，涉于高远迂阔而不切于实用，从而诋毁讪笑之，可见其不知量矣。""观乎周、程、张、朱诸子之作，其立言垂训，昭如日星，可为法于天下，传之后世，岂谓学道君子而无文章哉。岂如剽窃陈编，埋头蠹简，以苟岁月，弄笔札，阅对仗，摘章摘句，学为举子文，而时出之一拟一赋，遽以自足，忤经旨，碍文理，有所不顾，而自号为词章之学，此又词章之学之罪人，吾儒之残贼者也，而可谓之文章之士哉。且文者，贯道之器也。凡作文，必以理为主而以词发之，未有不明乎理而能文者也，亦未有外乎理而可谓之文也。方今设科取士，举人以德行为首，试艺以经术为先，词章次之，其学必以程、朱氏为主，彼程、朱二子者，岂非性理之宗师、道学之源源乎。今号为词章而力诋乎性理，则其所作，皆无理之文也。安有无理之文而出谓之文哉，而可鸣之场屋，以抿侥幸于万一哉，宜其屡进而屡黜也。"②

实行宽政和注重实学，应有相辅相成的关系，因为只注重词章之学的人，显然难以肩负宽政的重责，这恰是吕溥政治论点的关键性所在。

（五）赵偕的县政说

赵偕（？—1366年），字子永，慈溪（今属浙江）人，南宋宗室后人，习学理学有成，被弟子尊为宝峰先生，为"静明宝峰学派"创建者之一，乌斯道等人出自其门下。③ 赵偕终身未仕，有《赵宝峰先生文集》传世。

在元末的乱世中，赵偕特别指出："自古以来，为政之难莫甚于今日，士君子非有克艰大德，岂能处斯世而不谬。"要去除弊政，推行善政，既要注意改变"近世用人，大概惟论资格，不专论其贤不肖"的通病；也要改变"私情用事，公论隐伏"的状态，因为"大抵士大夫皆君子，则公论在官府，士大夫皆小人，则公论在郊野"；还要注重整

---

① 吕溥：《汉高帝》，《全元文》第 60 册，第 223—224 页。
② 吕溥：《与郭陶夫书》，《全元文》第 60 册，第 202—206 页。
③ 黄宗羲原著，全祖望补修：《宋元学案》第 4 册，第 3098—3102 页。

顿政务的实效："今若欲拯治各司县吏民，安可不自官兴始。""凡可以正人伦、厚风俗、起公论、抑奸邪，一切兴利除害之事，立纪律，画条目，责令合属奉行。"为保持良好的政务，赵偕强调了择人至难、古今君子、作养贤才、黜陟诛赏、大得人心五条准则。

  一、择人至难。惟贤知贤，惟圣知圣。唐虞盛际，尚以知人为难，况于今世，择人尤非易事。《书》曰："亦行有九德。"亦言其人有九德。《中庸》曰："取人以身，修身以道。"不明大道，则不足以修身；不修己德，则不足以知人。唯恐巧言令色孔壬者见谓贤才，大公至正不佞者反见疑忌，既未知君子小人之辨，岂能考幽明以黜陟，矧能量贤材之大小而不谬无惑乎。后世选法，不得不拘选格考俸月以为常。

  一、古今君子。凡有志于善治者，莫不以择人为先，所患无人可择，卒付之无可奈何。人性皆善，非无人可择也，特古今风俗不同耳。古之君子隐于野，必有其所，可以访而求之。今之君子隐于人心，莫知其乡可以访而求之。呜呼，自孔子没，尧、舜、汤、武之道不明于天下也久矣，人心之蒙蔽也，不知其几年。苟不大明以道，大开人心，终恐君子隐伏，不可得而大作。

  一、作养贤材。今士大夫间高论，或以国家惟用贤材，绝无私党，公道斯行，人欲斯熄，天下安平可坐而待。惟所虑者，贤材甚鲜，无如之何。此言诚知今世流俗之弊，特未知先大圣人明有至训，开人大道，立人大礼，顿使诸人速化，即有贤材众多，可以拯斯民于水火之中。凡为人上，急欲贤材以设官分职者，苟能特宗先圣之正学，不惑于似是而实非，灼知大道即常人日用之心，深达大礼，足以著诚去伪，夙夜兢兢力行而无失，自然群下默化，庶民观感咸改旧染之非。矧行比闾族党之制，月书季考，肆成人有德，小子有造，何患无人可用。

  一、黜陟诛赏。凡读书知义理者，孰不以黜陟诛赏悉奉天命天讨，无人私己意，斯足以应天顺人，天下靡不诚服。然不大明斯人之心即天地之心，大全斯人之德即天地之德，未必黜陟诛赏无非天讨天命。

  一、大得人心。干戈易举，人心难收。若得人心，则近者悦，远者来，虽地方百里，亦可以尊天子，令诸侯。不得人心，近者既不悦，远者亦不来，虽统强兵百万，横行于天下，终为独夫。……得土地易，得人心难。天下人心归之，天地鬼神之心亦归之，天下英杰有众之人，孰不倾心而宗仰。今天下干戈甚众，奇谋秘术不一，虽为天下所畏，终有胜负，岂若得人心为天下敬服。凡有志于平天下者，莫不欲收天下人心。但至难收者，天下人心也。天下人心，难以名利收，难以威力收。以名利惠之，不协公论，面虽感恩，退有后怨。自古以来，尚名利、尚威力者，终于内叛。况以有限名利，以惠无限人心，以有限威力，以制无限人心，岂不大难。今欲收天下人心，惟有大行至公之道为上策。若欲大行至公之道，又全在乎修己任贤而已。①

在诗作中，赵偕亦强调了用儒用贤的重要性："谁道人心皆不仁，偶随流俗昧天真。果然廊庙开贤路，未必山林无好人。自古妖氛迷皓日，当今皇帝恤黎民。承流宣化有君子，定识儒生不为身。"②"近闻朝廷复古道，推辟将相惟贤能。好把佳音亟报来，使彼大老咸作兴。"③

赵偕还专门撰写了"治县权宜"的十七条要求，可分述于下。

第一条要求是"常下士无倦讲明"。为讲明政务，需要注意三个要点。一是访贤问政。"处至难仕之时，为至难治之事，不胜掣肘，又况上下左右，夙夜惟以利用为念，无非陷吾于不义者。若不谦恭下访遗逸，求其切磋琢磨，则何以绳愆纠谬。"二是分清职责。"今宜每日平明到县治事，命各吏以必合吾理落者从早理落。其可任知理识事里正主首，及可任各吏者，悉分任之。每汲汲于抽暇特往学院，会集贤士，从容讲明政事得失，人物善恶，及将诸簿所书，讨论是否，从公定议。"三是亲近学校。"吾果能常到学院，以会贤者不倦，则亲君子之时多，亲小人之时少。虽不长坐县庭，其功何止十倍。此诚当今守令为政之根本，是宜常会贤士为急。"

第二条要求是"喜闻过以开言路"。为广开言路，首先要做到的就

---

① 赵偕：《上许县尹书》，《赵宝峰先生文集》卷1，四明丛书本（《全元文》第60册，第1—12页）。
② 赵偕：《代诸友赠李原善北游》，《赵宝峰先生文集》卷2。
③ 赵偕：《送张敬舆赴大都》，《赵宝峰先生文集》卷2。

是虚心纳言。"自古为政者，唯恐言路不开。盖由不喜闻己过，吏民之谀佞者得以肆其奸邪。""凡为民上者，果开心见诚，喜闻己过，则纳忠者众，言路自然大开，非惟事之错者得以改正，其奸吏邪民罔我之罪亦不可匿，巧言令色孔壬亦不足畏矣。令宜以簿一扇专记己过，每询问同僚及吏贴乃至各乡里正主首、儒释道人等，及诸处有公论者。询问之际，必卑辞下礼，喜闻弗达，使人人皆可以直言，尚恐吾以贵下贱之德未笃，诸人嘉言正论未能尽致其来。"其次要做到的是有错必改，才能使纳言卓有成效。"错者依例改正，迟者随事举行。改正举行之后，对众责己谢过，然后究问吏贴之罪。"

第三条要求是"任忠直以为耳目"。用人不当是县政的通病，"今之长官，纵有择人颁禄之材，实无择人颁禄之权。其左右侍从，无非离心离德、聋瞽吾耳目、坏乱吾政事者"。为克服这一弊病，寻求忠直之人的帮助应是有效的方法。"夫以吾睘然一君子，处于群小人之中，苟不别求耳目以广视听，则无所见闻，何以行事。虽欲以公灭私，著诚去伪，切恐大难。今宜访求忠直之士，以为耳目为急。"

第四条要求是"稽于众以采公论"。为彰显以公论理政，可以采用设立"公论簿"的方法。"若稽于众，则是是非非不出于一人之口，嫌疑无自而生，利害无自而归，忠直者斯可以尽言矣。今宜置簿一扇，专一以记舆论，凡一切有关系公事，宜不倦多方咨问。""初行之际未免辛勤，行之久远，终至简易。果孜孜以爱民为念，夙夜究心于此不急，自然人不敢欺，方有不劳而治之妙。"

第五条要求是"用知识以为股肱"。为克服县政中的吏弊，需要重用有知识的里正等人。"人无股肱，则无以运用。今僚佐泊各吏，既非吾股肱，无非掣吾肘者。凡有公事，无凭询谋，以图协赞。是用礼请各都隅慎行止、知理识事里正，以为吾股肱为急。虽无爵禄以兴其公心，亦稍破吏贴之奸弊。各知识里正每半月轮流在县，宜洁一舍，致敬以延之。每日所行公事，咨问公论以行。如各知识未通未知者，则俾转请问高见之人。"

第六条要求是"临以庄使人敬畏"。理县政者亦要以庄重来显示威严，"凡临政者，若不静重端庄，则无威严，人不敬畏。若正其衣冠，尊其瞻视，俨然人望而畏之，非惟吏卒恭谨，不敢放逸，抑且此心静明，可烛是非。"

第七条要求是"奉上司宣忠而敬"。对于上级官府等，理县政者要特别注重守正而不媚上的准则。"从上随俗，则道废；违上离俗，则身危。不忠而佞，固不可；不敬而傲，亦不可。"

第八条要求是"御群下以礼止乱"。理县政者还要特别注意以礼制约束僚属的准则。"人之于礼，犹水之有防。以旧防为无用者，必有水患；以旧礼为无用者，必有坏乱。""各房各吏贴、祗候禁子有失礼节者，则以谨礼簿书之。每半月一考，其间敢有故违礼者，则罚跪，重则加刑责。如此以礼防微杜渐，庶几公庭严肃，诸事井井，人民不敢离乱，吏卒不敢眩惑。"

第九条要求是"处重事宜预修辞"。主政者的慎言，其重要的表现就是对于重大政务有缜密的言语和文字准备。"君子过言，则民作辞，故于其言无所苟。矧处重事，是宜静中预为修辞，以出其诚。或每日劳于政事，力所不及，则推好问之德，请有公论之人，相为参详其修辞意，以付贴书于勾销簿内，以凭发落，庶几不苟不失。"

第十条要求是"各房事责有所归"。即便是县政，也要有明确的分工。"一邑之政，乃为宰者之责，各房之事，乃各吏之责。""为宰者，果深明为政之大本而确守之，则各房之事，是非得失，其责在各吏，责有所归。"还要注意的是，主政者要做守正负责的表率。"夫政者，正也，为宰者果能不尚口辩，先正自己，以正各吏行止，则各吏有所畏服。"

第十一条要求是"明人伦兴古学校"。兴学是县政的重要内容，主政者必须加以重视。"三代之学，皆所以明人伦。今之学校，虽尚虚文，不以人伦为重，然君臣、父子、夫妇、长幼、朋友乃天叙天秩，人心所不磨灭。为百里司牧者，诚能以明人伦为急，庶民岂不感化"。

第十二条要求是"彰善良以弭邪恶"。惩恶扬善是治化的基本原则，县政则要实化这样的原则。"凡有善良者彰其德，以礼嘉敬之，或有过误及有官事，量情优恤。凡有邪恶者再三教戒，或有不悛者，依例令其执役以耻之。敢有怙终者，严加刑罚。如此勤行不倦，果能使善良之风渐兴，邪恶之风渐消，各乡争讼必不至如今日之多"。

第十三条要求是"义刑罚毋作好恶"。在实施刑罚时，最重要的就是以义作为基本的标准。"义刑义罚，弗庸以即汝心。无有作好，遵王之道；无有作恶，遵王之路。凡行刑罚，不作好恶，惟义所在，此古圣贤德政"。

第十四条要求是"考贫富以均赋役"。县政最能使民众获利的就是均平赋役,主政者于此应有切实的措施。"田土惟有每亩权出钞一两助役,颇为均平。本县不力为主行,诸人亦视为虚文。各都隅役户三等九则,未得精详。""今宜以簿一扇,逐一都审察舆论,随得随书。仍委知理识事里长潜行体问,及潜委各主社核之。"

第十五条要求是"谨勾销以考稽迟"。为提高县政的效率,需应用公务购销机制。"今除本县公同勾销簿外,宜别置一勾销簿,每一事用纸揭帖,屡试时考,复求至公无私之士共为参详。凡有议拟公论,书于揭帖,以凭检阅举行,庶几不致忘失。"

第十六条要求是"制吏卒宜察行止"。对县衙的僚属,主政者亦要实行严格的考核。"巧言令色孔壬,古人所畏。听其言而信其行,古人所戒。况今庶人在官者,无厚禄以代其耕,不得不外假公论,内怀私欲,以为生计。又况吾未免有好恶之偏,未能全无玩人之病,若惟凭一时辞色处决公事,岂无舛谬。今诚能专以一簿勤察其所行而书之,从公去取,非惟彼吏卒不敢欺我,又且可抑吾玩人作好恶之意。"

第十七条要求是"治诳官以杜妄告"。在抑制妄告方面,主政者也要行为得法。"今有司凡有所告不实者,惟不受其状,而不究治其诳官之罪,以致愚民妄告甚多,积年流弊,习以为常。""今后凡有告诉,除所告至明至实者即与受状外,其余疑似者宜不问虚实,悉令书状。""所告如虚,重治诳官之罪,必枷项严行,令众不易疏放。"

赵偕还特别指出,以上十七条要求,"合用簿书"管理的有喜闻过、采公论、谨礼节、彰善、惩恶、均赋役、考吏行、考卒行、杜妄告、谨勾销十条要求。①

赵偕将理学的治道学说实化为对县政的各项要求,尽管带有较强的理想色彩,但是在乱世中提出这些要求,确实值得重视。尤为重要的是,赵偕对官吏的要求,带有强烈的恤民情感,正如他在诗作中所言:"天地生人物,从来本一家。如何分彼此,各自有夷华。妖氛暂时事,春风是处花。圣皇能混合,无虑乱如麻。"② "古人在田亩,尚不忘乎君,为官不尽职,何以为人臣。吾观四海内,茫然浩无垠。兵甲尚未

---

① 赵偕:《治县权益为邑宰陈文昭设》,《赵宝峰先生文集》卷1(《全元文》第60册,第12—24页)。

② 赵偕:《送友入官》,《赵宝峰先生文集》卷2。

息，伤哉此良民。省台与州县，冠盖多如云。真知小民苦，落落今几人。""量材予官爵，一一协舆情。人各供乃职，庶政咸有成。"① "今日选来贤太守，朝廷不作等闲看。""野人曾读安民策，却愿三公一讲明。"②

从本章叙述的内容可以看出，元朝后期的理学学者尽管对气理学说有进一步的阐释，但更注重的是儒家政治学说与现实政治的结合，在治国理论方面细化了治道、为政、为君、为臣的要求；在善政理论方面不仅强调了宽政或仁政的诉求，还细化了均平、救灾、止盗、恤民的要求，并为县政建构了系统性的要求；在重儒理论方面既强调了用贤、用儒相结合的用人原则，也强调了科举、经筵、兴学、儒吏为基调的文治原则，还强调了以自尊、自重、自律、自能为主要内容的儒者自治原则，就是为了克服儒者自售、无能、无志等严重缺陷，使儒者能够承担起真儒治国和真儒救世的职责；在治乱理念方面不仅细化了治乱要素的解释，还专门针对乱世提出了以道救国、去弊救国、以义止乱的具体建议。恰是在元朝后期的政治危局下，理学学者将理学政治学说进一步实化，并为其补充了应对乱世的内容，所起的恰是世乱学不乱、思想和观念不乱的重要作用。

---

① 赵偕：《送阿里择之都目之浮梁》《上方右丞》，《赵宝峰先生文集》卷2。
② 赵偕：《呈太守》，《赵宝峰先生文集》卷2。

第十八章　危机感悟与兴亡评价

在改朝换代的历史进程中，跨越元朝和明朝两个朝代的人，既有重要政治观念的阐释，也有深刻的危机感悟，还有对王朝兴亡的不同角度评价，都属于政治思想的范畴，可择要者分述于下。

第一节　遗民政治观念的生成

元朝灭亡之后，官员和学者中有一批人坚持的是志不仕明的政治立场。他们对元朝后期政治的看法以及所表现的故国情结，合成了具有特色的元朝遗民政治观念。

一　吴当的济世观念

吴当（1297—1368年后），字伯尚，崇仁（今属江西）人，吴澄孙，历任国子助教、国子监丞、翰林待制、监察御史、翰林直学士、江西肃政廉访使等职，元亡后拒不仕明，隐居吉水，有诗集《学言稿》传世。

（一）理学之要

吴当特别指出，理学之所以重视天道学说，是要发展实学，而不是好高骛远的空论，所以要特别注重"反求诸身"的治学方法。

> 古之学者，即事以穷理，谨乎彝伦，日用以修身，不敢骛乎高远也。故曰道不远人，性也者人所得乎天，以为德具于人心，宜至切矣。

朱子所定诸经，四书既有成说，而元之设科取士，表而宗之，宜后学之有依赖而无所惑矣。间尝观有司取性命、天道设为疑问，而答者之抵牾不可胜说，何哉？徒征诸儒先之言，而无以验乎身心之实，稍以己意增广演绎，则舛讹随焉。于是子贡之言为益信，而每深叹其未易闻也。

知性则知天矣，反求诸身，尽乎吾心之量，则天地之故，鬼神之迹，事物之杂，奚待考索推测而后知哉。周子首继前圣之绝学，作为《图说》，发明太极，以授程子。而二程终身未尝以示学者，非不欲门人有闻乎天道之妙也。以初学之士，而欲窥见天与圣人之道，毫厘之差则或沦于高虚，而不知切己之实病，则程子之教，深有望于后世学者之深造自得之也。①

吴当还就如何深入了解天道的问题，提出了自己的看法："昔圣人之道大矣至矣，而曾子之传乃得其宗。然日省其身，惟忠信传习而已尔，初非有高远难行之事也。传习以日进乎高明，忠信以日充其诚实，明斯道而静义入神，而知足以周万物矣。诚斯立则纯一无为，而道足以济天下矣。兹非所守者约而身也者，天下国家之本乎。虽然，诚未易能也，明未易言也。蕲其明，则学问思辨即传习之事。蕲其行，则笃行即忠信之功。"② 也就是说，只有学和行的密切结合，才是得天道的真谛。

（二）济民之要

在时政层面，吴当尤为关注救世济民的举动，所以特别记录了地方官和义士的减租行为，并给予了高度的评价。

抚之属邑五，惟乐安僻在万山中，舟楫不通，山陵复崎岖扼塞，行者且病焉。邑正赋之外，子粒为尤多。每岁输粟，壮夫所荷，人不过官石之半，上历重岭，下履峻坂，喘汗颠顿，肩瘢而趾血，车数日不至郡，故岁入常后期。有司漫不省，日鞭笞于庭，不能辨民之病此久矣。

元统间，御史燮理公以进士科来长斯邑，廉公而有为，凡可与便民者，不惮更张。邑有义士曰刘成德，知公之可以有为也，首建言曰："每岁租入，乞折收轻赍，用楮代粟，以舒民困。公当主斯

---

① 吴当：《理学类编序》，《全元文》第46册，第40—41页。
② 吴当：《省身斋记》，《全元文》第46册，第42—43页。

议，苟有费，毁家不惜也。"公大义之，即上言于府，亲诣行省恳请，于是始闻之朝。盖往返万里，展转逾年而后得请，永著为令。输租者减常年之半，而又蚤办于他郡。

予曰："世之言右家好义者，必曰发仓廪以赡饥，施医药以救病，造舟梁以利涉，然所济几何人，所利几何时，其为惠有穷时矣，若夫为前人不能为之事，为乡邑不可穷之利，非豪杰不能也。"①

为了济世安民，无论是和平时期，还是遭遇战乱，吴当都强调地方官员应以劝农恤民和祛除弊政为要务，并在诗作中表明了这样的要求。

烝庶日凋敝，久贻宵旰忧。中原有斗格，陋室仍诛求。又闻大河奔，无复桑田收。群情自嗸嗸，时论空悠悠。下诏选朝士，传声典方州。及兹数年来，令牧颇清修。皇帝威信布，膏泽亦下流。用副民社寄，庶答廊庙谋。②

奉诏出高阙，驱车向长河。长河正奔崩，大野仍横戈。宵衣动深忧，频岁秋无禾。今君宰渤海，敷政当如何。上以畅皇惠，下以拯民疴。清宫执道要，直气排洄波。东郊散壶榼，月户鸣机梭。境内鸡犬静，垄头牛马多。游人若云环，婺室皆春和。遄归赞天纬，报最无蹉跎。③

宸衷推恻隐，庙议动昭融。已觉皇威布，常令主泽通。边烽无野战，物色屡年丰。善政应除弊，贞心独秉忠。祀朝依碣石，宾日候王宫。处处讴歌起，家家乐事同。勋名宜立致，簪绂会登崇。更草匡时疏，殷勤达帝聪。④

晴川迟日明花柳，酒帘乐器村村有。承平官府劝农来，竹马齐迎贤太守。自从太守到南徐，春衣有帛食有鱼。男耕女织不用劝，连冈断垄皆新畬。今年又见祠田祖，牢醴香肥杂歌舞。乌犍受策自扶犁，东风霎霎吹灵雨。柔桑枝上啭黄鹂，树下父老相支携。官曹

---

① 吴当：《燮仁侯及刘义民舆颂序》，《全元文》第46册，第39—40页。
② 吴当：《送丑时中安陆知府》，《学言稿》卷2，四库全书本。
③ 吴当：《送吾安之令渤海县》，《学言稿》卷2。
④ 吴当：《送翟御史金山北宪》，《学言稿》卷2。

抱瓮贮浓酒，移馔芳亭随所宜。老农得饮增欢喜，起听训言书满纸。朝廷无以我公归，坐使风移民俗美。我公归去民何从，作图赖与奏天聪。常遣太守如我公，我民至老歌年丰。①

文治和礼乐当然也很重要，吴当一方面在诗作中赞扬了文宗作为中兴之主的文治作为："社稷初闻变，朝廷欲托孤。群情迎代邸，至德辟勾吴。大业中兴主，方舆混一图。""经邦平赋敛，充府别精粗。势迈唐中叶，功高汉两都。""丘园思孔孟，耕钓慕唐虞。立德期深造，从心矩弗逾。承家思绍述，笃学谨须臾。忠欲绳芳躅，身惟养硕肤。简编时讲受，菽水日欢愉。"②另一方面，他也表达了对朝廷不重视礼乐的不满："束帛难招鲁两生，奉常绵蕞乱纵横。满朝将相轻年少，治道难因礼乐行。伦纪无章古道昏，哇声乱耳讵堪论。千年不睹真儒效，空忆河间礼乐存。"③顺帝朝册立皇太子之后，吴当更明确表达了对文治的诉求："万世尊皇极，重光启帝猷。草仪周典礼，特笔鲁春秋。鹤驾高门出，龙章别殿收。承祧称主器，监国赞成谋。""九重思继述，四海念怀柔。自昔经纶密，应知德业优。""问学虚前席，登瀛列旧游。国惟隆本干，时已播恩休。亦有樗材散，宁无匠石求。"④吴当之所以反复说及文治问题，就是因为当时朝廷存在着普遍忽视文治的不正常现象。

（三）救亡之要

全国性的战乱爆发后，吴当有感于危机压力，特别以长篇诗作描述了朝廷所面临的困局。

圣祖开寰宇，英贤集网罗。暂烦周斧钺，即听舜讴歌。世阀风云阔，耕岩雨露颇。万方俱职贡，一旦尽烟波。

舆图归覆载，天畀万方全。帝德元无外，皇纲自失权。中原堕土赋，内郡落民编。国计东南隘，经邦愧昔贤。

太祖收中夏，供储赋土田。河仓红粟腐，漕壤紫台烟。民物滋

---

① 吴当：《南徐守李士宁劝农之日朝廷遣使召为大兴府尹》，《学言稿》卷3。
② 吴当：《天历初元京师之变》，《学言稿》卷2。
③ 吴当：《礼乐》，《学言稿》卷6。
④ 吴当：《六月二十日奉迎皇太子宝章，龚左司赋诗，遂次其韵》，《学言稿》卷2。

殷阜，车书转瘠捐。可怜疆理在，运会付茫然。

南国昔归顺，中原仍戍藩。岁分貔虎士，阵入乌云屯。名籍沦逋窜，枢兵失讨论。诸君甘负国，故里亦空村。

帝患湮洪水，人思凿巨河。万方劳畚畚，列郡困征科。处处黄巾社，纷纷赤子戈。千年遗恨在，铭石写嵯峨。

泉货资桑币，经纶称物宜。低昂三尺法，敛散百年规。拙甚黄金注，凄其白鹿皮。纷更愆祖宪，废阁失天威。

夜直麒麟殿，晨司虎豹关。周庐诸子贵，枕戟卫郎闲。通籍存奴隶，连车载匪颁。世勋何补报，戎马泪潸潸。

世爵推勋阀，元戎典禁兵。营分龙虎卫，势接凤凰城。烽火迷千里，烟尘犯两京。临危忘勇决，何以答升平。

黄头称国士，碧眼佩天弧。突骑今何在，风光古所无。旧看装宝剑，可怕执金吾。畜锐思防患，凭谁卫两都。

命将图推爵，登坛愧匪材。舟车空府库，金帛散舆台。论赏屯膏泽，争权稔祸胎。旧家零落尽，庙算实堪哀。

四野悲龙战，群方习豹韬。烟尘来滚滚，江汉去滔滔。云构千章栋，风帆万斛艘。炎波俱鼎沸，何用赋民劳。

福极频移柄，明良久失图。匠材违矩度，博局转枭卢。宝鼎宗周器，玄圭大禹谟。万方俱有间，九贡近来无。

乳羝随敝节，帛雁识累臣。渐觉关河壮，应瞻日月新。威声通海岱，喜气入梁秦。万骑轻天堑，何时一问津。

异乡风景切，人事见推移。冠盖非前日，豪华又几时。年深鹦鹉草，春老杜鹃枝。依旧青山色，寒云满目悲。

世自余蛇豕，人犹慕凤麟。节旄寒在牧，铁钺暗生尘。有梦能归国，无邻可避秦。几年江海上，老泪独沾巾。①

吴当在诗中强调了开黄河只是战乱的诱因，缺乏善治才是导致祸乱的根本性的问题，加之军队腐败、举措失当等，最终形成了全面失控的危局。

在乱局中，吴当既赞扬了筑城的行为，也赞扬了忠臣义士的敢于为

---

① 吴当：《述感十五首》，《学言稿》卷4。

国担当行为。

> 万里江淮接楚舒，连云楼橹见储胥。睢阳不独张巡死，汗简应留太史书。[1]

> 守国设险厄，由来固金汤。天下已一家，四海无封疆。边夷失摩抚，虚邑奔豺狼。横州两江上，妖氛日相望。烈烈四野焚，哀哀万民疮。倪君列半刺，为政古循良。及兹幸辑睦，庶以安苍黄。兵威尚形势，邦本资堤防。版筑不辞劳，恩波浩难量。[2]

面对乱世，吴当在诗作中表现出了忧国忧民的四种心境。

一是因为奸佞当道、贤臣难出，对朝廷作为的极度失望。"舆图真混一，廊庙乏才贤。得失轻千虑，奸雄起九垓"。[3]

二是因为战局不利，对国运的担忧。"烽烟寒转急，丧乱岁难休"；"世事由天运，何须涕泗流"。"冻馁民何赖，分争霸易图。物情知厌乱，天意启祯符。"[4]

三是期望朝廷能够正确选择良臣勇将，使局面出现重大的转折。"中原思将帅，乱世识英雄。今古兴亡迹，乾坤阖辟中。""当宁资贤辅，持危巩圣图。万邦通禹贡，九德协皋谟。师出宜无敌，城降戒不屠。老臣空有策，何计彻神都。"[5]

四是在乱世中，要保持忠心报国的政治态度。"行李随秋色，萧萧出帝城。两行忧国泪，万里望乡情。赋敛无修贡，疮痍未息兵。大廷俱鼎食，何以报升平。"[6]"江头雄锁控东西，长叹忠臣效节时。满目山川天险在，不将版锸虑安危。"[7]

吴当曾在江西统军平叛，战功卓著，但是受人构陷，反被罢职，不仅印证了乱世多奸佞的基本特征，[8] 也说明了善思者更容易有多于常人

---

[1] 吴当：《忠臣（谓太守李黼）》，《学言稿》卷6。
[2] 吴当：《横州新城》，《学言稿》卷2。
[3] 吴当：《所思》，《学言稿》卷4。
[4] 吴当：《烽烟》《天意》，《学言稿》卷4。
[5] 吴当：《大雪》《送王都事渡海入京》，《学言稿》卷4。
[6] 吴当：《送宣使蒋盘归寄江西省郎中颜希古》，《学言稿》卷4。
[7] 吴当：《杂咏》，《学言稿》卷6。
[8] 《元史》卷187《吴当传》。

的忧虑感，亦更容易不被庸俗之辈所理解。

二　张宪的忧世观念

张宪（？—1368年后），字思廉，号玉笥生，山阴（今属山西）人，从杨维桢学诗，曾依附张士诚，后隐居于杭州僧寺，有诗集《玉笥集》传世。

（一）国运之忧

战乱之前，张宪曾到大都，在诗作中强调了文治和武功是维系正统王朝昌盛的重要基础："天眷圣明开大业，班分文武列贤寮。股肱元首歌虞舜，富寿多男祝帝尧。万国山河归正统，百王礼乐聚清朝。琼楼玉殿攒金阙，紫雾红光隔绛霄。""太平有象归文德，大猎无忘示武功。赫赫帅臣专狝狩，圣恩闻已赐彤弓。"①

张宪还特别记下了和平景象下大都的奢靡之风："红门欲开人渐稀，栖乌哑哑漫天飞。西宫宝烛明如昼，玉筵围坐诸嫔妃。黄羊夜剥博儿赤，金椀银铛进炰炙。银汉依微白玉桥，隔花宫漏夜迢迢，内城马嘶丞相朝。"②"杨柳暮鸦啼，钟楼日又西。小车随客散，归马望尘嘶。碧瓦差宫树，金波溢御堤。时平足行乐，谁问醉如泥。"③由此，张宪不能不对国运表示担忧："吊古昔兮望远，见江上之青山。白玉椁，黄金棺，千年滞魄生辛酸。功名震主亦闲事，不若樽前且破颜。"④

张宪亦创作了大量的咏史诗，尤其是对宋朝灭亡时权臣误国行径的抨击，就是希望这样的悲剧不再重演。

> 咸淳师相专军国，堂吏馆宾供羽翼。诸司百职听使令，台谏承颜言路塞。轮舟五日一入朝，湖山佳处多逍遥。谀言佞语颂功德，边事军声听寂寥。半闲堂连多宝阁，歌姬舞妓相欢乐。十年国势尽倾摧，犹谓师臣堪付托。师臣师臣躬督兵，珠金沙头锣一声。十三万人齐解甲，寡妇孤儿俱北行。君不见，黯淡溪流东复东，木棉花

---

① 张宪：《元会》《大都书所见》，《玉笥集》卷9，四库全书本。
② 张宪：《红门曲》，《玉笥集》卷3。
③ 张宪：《大都即事六首》，《玉笥集》卷8。
④ 张宪：《古有所思行》，《玉笥集》卷3。

开生悲风。师臣不忍马革裹,厕上有人能拉胸。①

三宫衔璧国步绝,烛天炎火随风灭。间关海道续荧光,力战崖山犹一决。午朝乐作兵合围,一字舟崩遂不支。樯旗倒仆百官散,十万健儿浮血尸。皇天不遗一块肉,一瓣香闻海舟覆。犹有孤臣卧小楼,南面从容就胡虏。②

尤为重要的是,张宪认为之所以爆发全国性的战乱,与朝廷中的权奸误国有密切的关系,所以平乱止暴后,谋求中兴的首要举措就是清除权奸。

抱剑入帝都,未知何所求。观其辞气间,已类朱阿游。肝胆正激烈,既悲还复讴。欲销天下难,先断佞臣头。③

阳气涣不收,梨花开九月。无何玄冬夜,火灵飞列缺。疾雷放匉訇,大雨久不辍。顽云聚复散,淫风赤如血。虫豸不入藏,龙蛇竞出穴。寒威变融焕,四序失故节。胡为数岁中,雷向盛冬发。委靡不执柄,遂为群阴窃。及其不可忍,奋迅始一决。乃于涸寒时,碱磲未肯歇。龙战久不解,险难纷纠结。既乖长养意,愈使威权亵。天怒不终朝,王纲有时裂。何能尧吾君,调理继稷契。先事诛权奸,以次及群孽。假尔霹雳车,为吾左黄钺。普天新号令,坐使万国悦。煌煌世祖业,中道复光烈。④

中兴的希望在于有作为的君主,所以张宪特别强调:"大君若天道,广运无不周。明视并日月,生杀成春秋。疆场尽两极,声教被九州。丞相任股肱,尚书总襟喉。雷霆出号令,前宿分诸侯。沉潜蓄阳刚,高明破阴柔。乾健不少息,兢业毋自偷。以此守神器,坚固如金瓯。"⑤张宪对君道的重视,恰是因为顺帝的作为确实令人失望。

(二)军队之忧

朝廷平叛所依靠的是能战的军队,但是元军在战乱爆发前已经丧

---

① 张宪:《咸淳师相(贾似道)》,《玉笥集》卷2。
② 张宪:《崖山行》,《玉笥集》卷2。
③ 张宪:《送陈惟允》,《玉笥集》卷5。
④ 张宪:《冬夜闻雷有感》,《玉笥集》卷5。
⑤ 张宪:《君道曲》,《玉笥集》卷3。

失了战斗力，为了平定中原盗贼新李，不得不借助从吐蕃请来的将领。

> 中原恶少称新李，八尺长躯勇无比。铁枪丈二滚银龙，白面乌骓日千里。攻州劫县莫敢撄，乌羊浑脱缦胡缨。轻车壮士三十两，战则为阵屯为营。殿前将军不敢搏，羽林孤儿甘受缚。柳林道上掠宝车，独树堆边扎毡幕。吐蕃老帅西南来，虎头不挂三珠牌。弊衣羸马失故态，宝刀绣涩盔生埃。步入中书谒师相，愿请长缨三百丈。生缚凶魁献至尊，不使朝廷乏名将。①

更有甚有，在怯薛和侍卫亲军中，就有不少人在都城周围干着劫夺财务的勾当。

> 怯薛儿郎年十八，手中弓箭无虚发。黄昏偷出齐化门，大王庄前行劫夺。通州到城四十里，飞马归来门未启。平明立在白玉墀，上直不曾违寸晷。两厢巡警不敢疑，留守亲侄尚书儿。官军但追上马贼，星夜又差都指挥。都指挥，宜少止，不用移文捕新李，贼魁近在王城里。②
>
> 北风吹胡沙，客上居庸关。山高落日黄，车重牛力殚。土冈隐显际，百步闻铃鸾。白马流星来，上搭虎皮鞍。英英鞍上郎，发拳双颊丹。竹槽驾鞭箭，猿臂雕弓弯。连呼客避箭，箭出双辕间。客惧堕车下，伏地不敢看。径前驱车去，可望不可攀。转丐田野中，一饱祈生还。③

战乱爆发后，张宪对丞相脱脱统军平叛曾抱极大的期待，在诗作中特别写道："相臣虎拜别龙颜，庙算神机指日还。大选五兵开武库，长驱万马下天闲。投鞭足竭长河水，磨刀能平九里山。为报庞勋先授首，黄楼土色夜来殷。"④ 但是他的良好愿望很快落空，所能见到的是将领

---

① 张宪：《伍孥罕元帅斩新李行》，《玉笥集》卷4。
② 张宪：《怯薛行》，《玉笥集》卷3。
③ 张宪：《北风行》，《玉笥集》卷3。
④ 张宪：《王师讨徐》，《玉笥集》卷9。

拥兵不战和军队杀掠平民、士卒饥寒交迫的现象。

  杀气不在边，凛然起比邻。隔城闻叫喧，白日飞黄尘。春雨夜鬼哭，青灯火燐燐。岂无筹边臣，百驼驮金银。亦有馆阁宾，红盈富仓囷。佞语喜见色，直辞怒生嗔。兵强不出战，师老志何伸。①
  煌煌天狼星，芒角射参昴。独步天东南，烨煜竟昏晓。天弧不上弦，金虎敛牙爪。万里食行人，白骨遍荒草。火爇乌龙冈，血染朱雀航。列宿不尽力，五纬分乖张。戍客困疆场，荷戈涕成行。谁为补天手，为洗日重光。②
  摇首上马金鞭挥，山头白旗如鸟飞。西来万骑密蜂蚁，四面鼓声齐合围。金城木栅大如斗，五百貔貅夸善守。铁关不启火筒焦，力屈花徭皆自走。城南城北血成洼，十里火云飞火鸦。将军豪饮不追杀，掠尽野民三百家。③
  生别离，死别离，南邻健儿戍渤海，东家壮子征函关。卖田买宝刀，卖牛装马鞍。父母堕苦泪，弟妹增离颜。呱呱乳子独，惨惨妻啼单。出关道路远，上马尘战艰。百见月魄死，十度霜华寒。霜华寒，月魄死，悠悠岁月何时已。主将不尚谋，士卒欲谁倚。英雄务割据，盗贼何由弭。白骨积成山，仆地如蝼蚁。普天事征战，荷戈动逾纪。烽火入中原，千村不一存。初闻父母讣，继传家乡焚。有丧不敢奔，有苦谁与论。生别离，闻者犹销魂。死别离，痛极声复吞。人生慎勿轻从军，完山鸟啼闻不闻。④

  即便是朝廷中有人乞求喇嘛教战神大黑天的帮助，对于扭转不利的战局依然是毫无用处，正如张宪所言："君不见，兖州祠镇星，会稽借鬼兵。井埋骸骨烂，尸与雉堞平。乌乎，五花营，千里马，珠如铄，金如瓦。亡妻走妾各事仇，三尺弓弦泪成把，黑神黑神何为者。"⑤
  在张宪看来，能够有所依仗的就是重新训练军队，尤其是团聚乡

---

① 张宪：《杀气不在边》，《玉笥集》卷3。
② 张宪：《天狼谣》，《玉笥集》卷3。
③ 张宪：《富阳行》，《玉笥集》卷3。
④ 张宪：《生别离》，《玉笥集》卷3。
⑤ 张宪：《题黑神庙》，《玉笥集》卷7。

兵，使其成为能战的力量。由此，张宪特别记录了训练乡兵的情形。

> 露下草木空，四山秋色峻。起持饿鸱弓，习作长蛇阵。旅分貙虎徒，翼若鹰隼奋。文成牙既祃，血祭鼓亦衅。日光耀旗影，霜威肃兵刃。翕张更坐作，勇怯失进退。徐如磨蚁沿，忽若奔马迅。向背月轮偃，孤虚斗杓运。渭原识诸葛，洮水见韩信。虽非勍敌遇，敢忘出门慎。堂堂固其遏，整整敦敢近。哀哀白骨堆，累累黄金印。纵无东可平，岂患西难镇。谁为人中雄，往雪天下愤。尽取羁縻域，帖然作州郡。①
>
> 吴班冯习两都头，十里山城据上流。锦帐月明张夜宴，绣旗风暖试春搜。裹疮广乐犹堪战，垂翅回溪未足忧。天子念功思将帅，南宫闻已构高楼。②

当然，能战的将帅更为重要，张宪在诗作中频繁表露出了对良将和义士的期盼。

> 天马生，骑天马，三尺昆吾手中把。有时上殿前斩佞臣头，有时临戎怒斫奸雄髁。天马生，马有千里材，剑有连城价。马或为馆人，脱剑或为徐君挂。官可弃，金可舍，此身可杀不可骂。喜不为儿女颜，怒不作粗豪咤。七尺雄躯人可齐，一片义心谁得画。天马生，嗜利如嚼蜡，嗜义如啖蔗。天马生，岂不知，四海若溃瓜，九州分解瓦。十年苦战血成洼，千里流移肉为鲊。八阵图，吾不秘，出师表，君当写，吁嗟乎天马。③
>
> 春来塞草青，秋来塞草黄。草黄马肥弓力劲，边声彻夜交锋芒。锋芒直上烛霄汉，壮士目炬与之相短长。王师十年厌追逐，朱粲黄巢食人肉。天津谁吊杲卿痛，秦庭孰举包胥哭。壮士怒翻海，百川皆可西。巍巍鸾凤阙，肯使鸱鸦栖。漫漫长夜久未旦，一声啼白须雄鸡。君不见，淮阴胯夫饿不死，一剑成名有如此。斩蛇未睹

---

① 张宪：《秋日山寨校兵呈同列》，《玉笥集》卷5。
② 张宪：《观习乡兵》，《玉笥集》卷9。
③ 张宪：《赠天马生》，《玉笥集》卷7。

隆准公，沐猴宁数重瞳子。①

对于为朝廷战死疆场的将领，张宪既表示了对忠君守节行为的敬重，也表示出了英雄末路的悲愤之情。

路回山麓交，直壁万仞立。浮岚滴空翠，下侵澄泓湿。长峦拱天岳，坏道駛碉急。眷彼岩险势，一夫自敌十。要地不力战，崩奔胡可戢。哀哀左辖公，马革卧原隰。孰知王师重，戴首奉贼级。我来访战地，一恸已莫及。日入鬼磷生，阴风国殇泣。②

天下政多故，而公乃殒身。纵非补天手，犹胜望风臣。日月光虽薄，乾坤气尚新。瘦躯如未死，拨乱属何人。③

已矣专科学，于今定若何。阵云寒可掬，兵气耿相磨。鹿脯祀天乙，蛇神泣太阿。哀哀霹雳枣，偏向死门多。④

张宪还特别指出，止盗平乱需要武将和文臣的密切合作，而武将必须知道居功自傲所带来的毁家灭族的危险。

西邻健儿书不读，骏马硬弓习驰逐。十年遭逢天下乱，一品荣食卿相禄。出专边庭分阃寄，入坐朝堂秉钧轴。重轻楚汉一诺间，指划成败千人服。分茅裂土趣刻印，堅垩流丹新赐屋。我曹胡为事笔砚，风雨西窗剪残烛。饮酣遽高歌，忧来私恸哭。尝恐少年人，思精未精熟。报国勿论命，爱君终获福。功高心愈下，志静欲易足。君不见，淮阴壮士功盖世，一请假王赤三族。⑤

从张宪对军队的忧虑可以看出，朝廷的军事失败并非一时的决策失误造成，而是多年积弊的必然结果，即便是有个别勇将的突出表现，也难以改变不利的战局。

---

① 张宪：《次韵壮士歌》，《玉笥集》卷3。
② 张宪：《于潜点砦经脱赤右丞战地》，《玉笥集》卷5。
③ 张宪：《挽宣元杰》，《玉笥集》卷8。
④ 张宪：《悼博罗同知没于军》，《玉笥集》卷8。
⑤ 张宪：《赋西邻儿东家生各一首》，《玉笥集》卷7。

(三) 黎民之忧

张宪明确指出，在大敌当前的态势下，官军不敢出战，带来的必然是生灵涂炭、千里萧条的恶果。

> 孤城四面啼猛虎，怒豹咆哮饿彪舞。东海王公长猎儿，手有长刀腰有弩。黄公前日为虎吞，胆落猎儿深闭门。今晨冯妇复攘臂，虎视不动门边蹲。君不见，妖狐假威不敢搏，而况真虎据岩壑。伥魂导虎已何时，血腥荒草愁离离。
>
> 白面于菟行偃草，雄剑为牙戟为爪。夜越铁关吞九牛，弱妇婴儿眼中饱。郊原十里吹腥风，白骨塞途秋草红。肝肠挂树野鸦噪，鬼火照城人迹空。呜呼猎师心力巧，药箭无功机发早。旧魂走抱新魂啼，一夜黑风天亦老。①

战乱放大了朝廷弊政的效果，寻常百姓成为各方鱼肉的对象，所展现的就是张宪诗作中令人震惊的各类凄惨景象。

> 去年四月雨如竹，钱币不行百姓哭。故人走马初一官，日日诛求征税足。今年四月雨如箭，海贼东来船著岸。士兵东走百姓空，商征不成官吏散。故人本是西河夫，杀贼得官心气麤。如何临难乃无勇，不敢东向鸣桑弧。②
>
> 妾家丛台下，自小善鸣筝。十五面如月，不离保姆行。胡尘西北来，盗据邯郸城。驱民出战斗，十户九为兵。五载不解甲，千里尸纵横。司徒朔方至，敌势始不撑。官军下井陉，良家尽焚劫。掠为厮养妇，哀怨何时彻。③
>
> 公无渡河，公渡河，公自取死死奈何。女无渡河，女渡河，后有白刃前白波。上无桥与梁，下无舟与槎。渡河女，宁死河水，不死贼戈。死戈比节妇，死水齐孝娥。所以涂山女，受死不受辱。勿使贼刃研妾颈，宁死河水烂妾肉，箜篌有声如丽玉。④

---

① 张宪：《伥魂啼血行》，《玉笥集》卷 3。
② 张宪：《戏赠乍浦税使歌》，《玉笥集》卷 4。
③ 张宪：《拟邯郸才人嫁为厮养卒妇》，《玉笥集》卷 3。
④ 张宪：《涂山渡河女》，《玉笥集》卷 3。

道旁哀哀白头母,西马塍上花翁妇。数茎短发不胜簪,百结鹑衣常露股。自言夫本业种树,一朝弃业从戎伍。荷戈南征竟不归,不知被杀还被虏。屈指十年音信断,独宿孤房谁共语。家在钱塘古荡东,门前正压官桥路。却忆夫在种花时,春来桃李下成蹊。自从夫死花树折,锦绣园林成马埒。纵余梨杏与梅茶,无力入城供富家。富家遭兵亦销歇,金钱谁复收名花。何况迩来新将相,一体好俭不好奢。兵余城市化村坞,乱后名园作军府。年年寒食杜鹃啼,人家上冢西湖西。时光荏苒易飘忽,可怜谁拾花翁骨。君不见,海棠风,杨柳雨,牢落锦纹筝凋零。金雁柱,黄四娘,家客渐稀,蛱蝶飞来过墙去。①

面对如此的危局,张宪不得不发出谁能成为国家的中流砥柱、拯救百姓于水火的疑问。

戎马复四起,吾民何得苏。江山虽王气,花柳且皇都。竟日黄尘暗,连年白骨枯。王官皆重禄,大厦许谁扶。②

四裔政瓜溃,群雄分猬张。横磨狂景剑,勇忮老儋枪。瘴雨销铜柱,天灾火栢梁。谁为股肱郡,往取后降王。③

四海茫茫混尘土,中原兴废谁能数。神州陆沉自有由,后人空罪王夷甫。王夷甫,清谈亦解误人主。英雄岂无祖士稚,终令神器资强虏。④

与文人的忧国忧民情感形成鲜明对照的,是朝廷中君臣的醉生梦死景象,张宪不能不发出愤怒的感怀:"离宫金翠化为烟,土宇凋零旧幅员。岂是相君酣醉日,况逢天子中兴年。武关兵马全无信,浯水文章久未镌。白发诗翁忧帝室,长歌泣血拜啼鹃。"⑤

(四) 命运之忧

在战乱中,个人的命运与国家命运联系在一起,张宪清晰地表达了

---

① 张宪:《白头母次徐孟岳韵》,《玉笥集》卷3。
② 张宪:《戎马》,《玉笥集》卷8。
③ 张宪:《柬邵可大》,《玉笥集》卷8。
④ 张宪:《渡扬子江怀祖豫州》,《玉笥集》卷4。
⑤ 张宪:《书愤》,《玉笥集》卷9。

他对战争的恐惧和厌恶心情："闻说江城破，归心梦里惊。肺肝从此热，手足近来轻。春事愁花朵，晨斋怯鼓声。平生慕王猛，今日莫谈兵。"①"处世厌兵火，悯生悲岁华。安得乘浮云，游彼仙人家。下视万蛙蟆，扰扰成泥沙。东望俯旸谷，凌晨餐太霞。青龙与白虎，簇拥金银车。但恐匪仙骨，腐示如溃瓜。"②

尽管惧怕和讨厌战争，张宪还是投身军旅，在临安附近跟随大军作战，但是他很快发现并没有人重视儒者的出谋划策作用，所以军中显然不是久留之地。

> 从军天目山，走马临安道。虽不著战士铁锁袍，亦戴赵公浑脱帽。金鼓震四野，秋风吹三关。将军不尚杀，士卒何时还。白露下青草，高楼多怨思。杵声空入梦，谁解送征衣。三军粮食尽，将士衣裘暖。女且拾橡栗，我欲醉弦管。楚王挟纩越，子投醪同功。共事均苦分，劳入参谋议。出事弓马，黄石之言，听者盖寡。③

> 寂历荒城遍野蒿，昔人事业已徒劳。雁将秋色催归马，枫引霜花入战袍。地阻东南乡信远，天昏西北阵云高。不堪屡作还家梦，起倚西风舞大刀。④

战乱十余年后，张宪无奈地表示："干戈不息，殆且十年。余流连江湖间，幽忧愤奋，不见中兴。涯际四方，又无重耳、小白之举，思欲终老深山大泽中，且所不忍。将欲仗剑军门，而可依者何在。"⑤尽管如此，他还是在诗作中表达出了一名儒者的忧国忧世和有志报国的情怀。

> 慨慨恋里间，悠悠感时光。朱颜既易去，乐事何能常。不有一日功，安留百世芳。起行乱石间，坐近流水傍。举觥意颇适，浩歌情复伤。念彼保衡心，忍将天下忘。⑥

> 少小耻读书，袒裸习枪棓。雄心不自禁，气压楚诸项。怒提彭

---

① 张宪：《闻说》，《玉笥集》卷8。
② 张宪：《游仙》，《玉笥集》卷5。
③ 张宪：《从军行》，《玉笥集》卷3。
④ 张宪：《临安军前》，《玉笥集》卷9。
⑤ 张宪：《琴操》，《玉笥集》卷3。
⑥ 张宪：《春日写兴》，《玉笥集》卷5。

城师，能使睢水绛。四十未得禄，蔬食伏陋巷。始悟平生狂，适增木然憨。忧来发浩歌，忿激声不降。精诚上感天，贯日生白虹。①

纪纲无力人，十进五复辍。似闻乡里雄，百万总旄钺。王师虽战胜，妖孽未尽灭。攘臂起作势，欲归备行列。徒存壮士心，奈此筋力别。人固存老少，月亦有圆缺。月魄死复生，精神老衰竭。关塞远且长，归心中道折。六亲不易见，万古凭谁说。诵尔北征诗，知尔心肠热。念尔行路难，赠尔关山月。②

丈夫有泪濯氛埃，莫作寻常儿女哀。帝室河山初不改，令公幕府几时开。仰瞻北斗低金阙，遥望中天近玉台。安得吴儿八千骑，为君缚取卫王来。③

在经历了多年的战乱之后，张宪依然表现出对再现太平之世的期盼。

北辰位极高，南州祸方煽。何人靖妖孽，普天罢征战。沛泽被草木，余光照寒贱。一席倘再温，百废或兴缮。残喘苟未尽，太平庶几见。④

边城一夜失关键，到处劫灰扬劫火。雕檐画栋飞上天，介马十年戎事多。秦吴霸府相望开，衔命使者勤往来。中流倚棹暮西顾，矫首故居安在哉。风流最爱王记室，结揽江山归彩笔。茧藤一尺破忧思，郁悒心胸尽消失。吾闻丈夫不为无益悲，明日以往未可知。且当把酒对图画，碎击唾壶歌我诗。君不见，白云一去虽不返，江上青山常在眼。待君恢复父母邦，重建斯楼未为晚。⑤

王朝覆灭的悲剧降临后，张宪只能是以诗作寄托思念故国之情，并且再次重申了忠臣良将对国家的重要作用。

---

① 张宪：《浩歌一章》，《玉笥集》卷5。
② 张宪：《赋得关山月送速博安卿》，《玉笥集》卷3。
③ 张宪：《次叶秀才韵》，《玉笥集》卷9。
④ 张宪：《枕上兴感》，《玉笥集》卷5。
⑤ 张宪：《白云观远图歌》，《玉笥集》卷4。

真人一统开正朔，马上鞬鞍手亲作。教坊国手硕德间，传得开基太平乐。檀槽馤呀凤凰腭，十四银镮挂冰索。《摩诃》不作《兜勒》声，听奏筵前《白翎雀》。霜曈曈，风殻殻，白草黄云日色薄。玲珑碎玉九天来，乱撒冰花洒毡幕。玉翎琤琮起盘礴，左旋右折入寥廓。崒嵂孤高绕羊角，啾喁百鸟纷参错。须臾力倦忽下跃，万点寒星坠丛薄。砰然一声震龙拨，一十四弦喑一抹。驾鹅飞起暮云平，鸳鸟东来海天阔。黄羊之尾文豹胎，玉液淋漓万寿杯。九龙殿高紫帐暖，踏歌声里欢如雷。《白翎雀》，乐极哀。节妇死，忠臣摧。八十一年生草莱，鼎湖龙去何时回。①

　　买桑喂蚕丝不多，凿洼种藕莲几何。广陵夜月琼花宴，结绮春风玉树歌。君不见，黑头江令承恩早，白发萧娘情未了。狎语淫人梦不醒，宫城绿遍王孙草。昏昏黄雾塞宫门，白练寒生玉颈痕。锦绣江山春似画，几伤风雨吊迷魂。②

　　张宪显然不相信术士的胡言乱语，因为在他看来，无论是国运还是个人命运，最终都是过眼烟云，留待后人评说："我生之年岁在酉，日挂龙角月悬柳。水为命元用金母，十年落限空搔首。纷纷豪杰争趋走，雌雄未决谁能剖。知子有术术不苟，肯以公侯许谁某。嗟余流落成老丑，岂有文章垂不朽。逆旅相遭偶携手，许我功业可期贫不久。嘱君为我三缄口，过眼浮云我何有。且饮今宵花下酒，莫管明朝杀敌成，换取黄金印如斗。"③

　　张宪诗作中所表现的各种忧愁，显示的是他对乱世的深刻思考，对于理解王朝末世的思想动向显然有重要的帮助。

三　张昱的故国观念

　　张昱（1289—1371年），字光弼，号一笑居士，庐陵（今属江西）人，历任宣政院判官、江南江北庾田经历、江浙行省左司员外郎、行枢密院判官等职，元亡后以年老未仕于明朝，居杭州终老，有《张光弼诗集》《可闲老人集》（《庐陵集》）传世。

---

① 张宪：《白翎雀》，《玉笥集》卷3。
② 张宪：《哀亡国》，《玉笥集》卷3。
③ 张宪：《赠日者》，《玉笥集》卷7。

(一) 述太平景象

张昱以宣政院僧人留下的旧稿为主要依据,创作了记述元朝武功文治盛况的《辇下曲》,其中与顺帝朝有关的部分,应该是来自张昱本人的见闻,其中就包括了对开经筵、兴科举和修辽、金、宋三史等文治措施的赞颂。

> 御前亲拜中书令,恩赐东宫设内筵。手署敕黄唯一道,任谁只受付双迁。
> 鸡人唱罢内门开,千骑前头丞相来。卫士金瓜双引导,百司拥醉早朝回。
> 端本堂深绣榻高,满前学士尽风骚。星河骑士知唯马,惯识金笺玉兔毫。
> 旌旗千骑从储皇,诈柳行春出震方。祖宗马上得天下,弓矢斯张何可忘。
> 和宁沙中扑救笔,史臣以代铅椠事。百司译写高昌书,龙蛇复见古文字。
> 仪台铁表冠龙尺,上刻横文晷度真。中国失传求远裔,犹于回纥见斯人。
> 儒臣奉诏修三史,丞相衔兼领总裁。学士院官传赐宴,黄羊挏酒满车来。
> 经筵进讲天人喜,宣索金缯赐讲臣。已觉圣躬忘所倦,教将古训更前陈。
> 文明天子念孤寒,科举人材两榜宽。别殿下帘亲策试,唱名才了便除官。
> 胄监诸生盛国容,大官羊膳两厨供。六经尽是君臣事,卿相才多在辟雍。
> 万岁山中琼岛居,广寒宫殿尽难如。回銮风过黄金镫,飘下炉香十里余。
> 栏马墙临海子边,红葵高柳碧参天。过人不敢论量数,雨露相将近百年。①

---

① 张昱:《辇下曲》,《张光弼诗集》卷3,四库全书本。

在太平景象下，其实暗伏着危机。张昱在诗作中展现京城权贵的醉生梦死和势长势落情况，以及贫富生活之间的巨大差距，就是希望能够使人们以大局为重，回归对朝廷有利的俭约生活状态。

> 京师众大区，鞍马俱俊游。相逢念轻薄，解赠双吴钩。性命付然诺，妻子托绸缪。朝过狭斜道，暮宿娼家楼。五侯与之谈，七贵为之谋。心脊誓百年，羽翼期九州。当其势合时，喝倒黄河流。一朝赀用尽，门户无鸣驺。乡关耻独归，京邑难久留。慨念平生怀，徘徊顾河丘。浮云讵终朝，失意将焉尤。①

> 侯门臭酒肉，穷居厌藜藿。赋分各有定，天胡为厚薄。荒园灌数亩，亦足代耕获。折葵助鼎俎，剪韭供春酌。虽非八珍馔，其味良不恶。三牲何可常，一瓢易为乐。古之志道者，粝食甘澹泊。造物苗此徒，于世宁妄作。贤哉宋宇叹，美矣樊迟学。勿嫌食肉鄙，儒家贵俭约。②

张昱还特别强调了重农是维系太平的根本措施，而轻徭薄赋应成为最基本的保证。

> 日车当空行，雷声从地起。长风吹行云，万籁若有喜。田夫念稼穑，望云如望米。甘泽始沛然，三日不可止。吁嗟乎苍生，何以答天地。③

> 为农谨天时，四体务勤力。日夕耘籽疲，植杖聊假息。儿童原上牧，妇女机中织。田家无别事，俯仰惟衣食。黾俛共百年，辛苦何所惜。世有五侯贵，农人梦不及。但愿风雨好，一穗千万粒。卒岁无征科，庶俛忧儋石。④

忽视以农为本，将给国家带来严重的危害，张昱为此特别发出了

---

① 张昱：《相逢行》，《张光弼诗集》卷1。
② 张昱：《天苗亭为柳膺赋》，《张光弼诗集》卷1。
③ 张昱：《六月三日雨》，《张光弼诗集》卷1。
④ 张昱：《田家词》，《张光弼诗集》卷1。

"欢乐自欢乐，苦辛长苦辛。城中十万户，谁是种田人"的严重警告。①危机爆发前的预警颇为重要，可惜绝大多数人都忽视了这样的预警。

（二）记元末战争

即便是和平时期，也有边备和平叛的军事行动，张昱首先注意到的是前往北疆军人的愁苦心情。

> 一身既从军，宁复顾家室。日食官仓粮，惟知事行役。昨朝号令下，负弩趋大碛。驱车出城去，旌麈耀白日。男儿重横行，万乘假羽翼。意气从中来，性命何所惜。雕鸣沙塞雨，四面无马迹。不有封侯贵，班超肯投笔。②

> 饮马长城窟，饮多泉脉枯。嘶跑不肯行，思若畏前途。驱之尚不忍，恻然驻征车。朔风当面吹，堕指裂肌肤。岂念衣裳单，顾己犹亡夫。功名登天然，何时执金吾。阴阳无停机，百年谅须臾。常恐遂物化，奄忽委路隅。此怀当告谁，策马自长吁。③

中原的红巾军骤起后，张昱将平叛的希望全部寄托在了丞相脱脱的身上："履舄从容自九重，相王忠孝更谁同。千年带砺犹初誓，万国臣邻尽下风。星贯紫垣朝佩剑，月临黄道夜传弓。汉家若论安刘策，四皓难书第一功。""丞相函香致此诚，愿深海水救群生。慈悲谓可消诸恶，征伐容将息大兵。金色圆光开宝髻，玉毫妙相络珠璎。手中示现杨枝露，愿洗干戈作太平。"④

脱脱主持的平叛战争，开局还算顺利，所以张昱有如下记录："画旗风里绣筵开，竟日歌钟乐未回。柳拂玉鞍秋系马，酒淹罗袖醉传杯。杭城近自月前复，使者适从天上来。归对大廷真得实，眼中诸将尽奇才。""束发从戎十五年，战回平地血成川。英雄生世有如此，忠孝报君当慨然。俶扰弄兵俱赤子，中兴有道自皇天。猖狂暂假姑苏息，系项终须拜马前。"⑤

---

① 张昱：《古辞》，《张光弼诗集》卷4。
② 张昱：《从军行》，《张光弼诗集》卷1。
③ 张昱：《饮马长城窟行》，《张光弼诗集》卷1。
④ 张昱：《投上中书右丞相》《至普陀洛伽山寺作佛事七昼夜》，《张光弼诗集》卷6。
⑤ 张昱：《湖山堂宴赠天使还京》《五府驿代杨左丞留题》，《张光弼诗集》卷6。

开局顺利不等于有良好的结果,平叛大军已经遭遇严重的粮草问题,脱脱不得不征用官吏的俸米,使张昱有"不比常年载酒游,杏花时节出杭州"和"相君求米若求雨,员外得船如得仙"的感叹,① 以及平叛大员所表现的对战局的担忧:"可怜司马江州泪,湿尽团花旧战衣。"② 张昱担心的事情还是发生了,朝廷夺去了脱脱的兵权,顺利平叛的愿望顿时成为泡影:"兵权去手志何伸,耻是随班入省频。京国蹉跎空在梦,蓬莱清浅已生尘。绕朝谩赠秦人策,孔子将书鲁国麟。散骑得辞丞相后,五湖安往不闲人。"③ 他所能做的,不过是发出"万里长河何处尽,百年遗恨此中生。大波总是英雄泪,划却青山气未平"的感叹。④

战局急转直下,"天子深为饷运忧"⑤,张昱则用诗作表达了遭遇乱世的惆怅心情。

> 三山梦断彩云空,几把长笺赋恼公。画阁小杯鹦鹉绿,玉盘纤手荔枝红。春衫汗衣蔷薇露,夜帐香回茉莉风。惆怅近来江海上,却将鞍马学从戎。
>
> 惆怅雄藩海上游,武昌佳气接神州。东风归思王孙草,北渚愁生帝子洲。楚国江山真可惜,刘家豚犬亦何羞。不须更问中原事,官柳新栽过戟楼。
>
> 至今惆怅在东城,结伴看花取次行。辇道驻车招饮妓,宫墙回马听流莺。星河织女从离别,海水蓬莱见浅清。不有酒船三万斛,此生怀抱向谁倾。⑥

张昱亦在诗作中揭示了战争所带来的严重破坏,以杭州旁的萧山为

---

① 张昱:《丞相委入姑苏,索各官俸米,留别幕府诸公》《至姑苏呈太尉》,《张光弼诗集》卷6。
② 张昱:《宴犒将士酒酣,命健儿舞剑为乐,浙省平章泣下,不禁感事有赋》,《张光弼诗集》卷6。
③ 张昱:《题后堂壁》,《张光弼诗集》卷6。
④ 张昱:《夜泊牛渚矶,同韩克庄金事李五先辈登峨眉亭》,《张光弼诗集》卷6。
⑤ 张昱:《送贡师泰尚书入闽发盐粮供北军》,《张光弼诗集》卷6。
⑥ 张昱:《惆怅六首》,《张光弼诗集》卷6。

例，呈现的就是"原野萧条井邑虚，居人都是劫灰余"的悲惨景象。①

(三) 表亡国情怀

元亡明兴，王朝更替，在如此巨大的变化下，张昱所要显示的是对历史上的"独于社稷多艰日，复使君臣大义明"的忠臣死节行为的赞赏："百岁谁免死，贵是留其名。三良殉秦穆，慷慨平生情。一诺奉明主，千秋共哀荣。从容就长夜，斯人岂偏生。所以黄鸟诗，至今颂遗声。"②

除了赞扬古人外，也要赞扬今人的忠义行为，对于为元朝死节的邹将军夫妇，张昱就特别写下了表示崇敬的挽诗。

> 为臣岂欲国倾危，莫把天戈挽落晖。一死得埋元氏土，寸心无愧首阳薇。安居食禄当时贵，守节酬恩此日稀。老我尝从大夫后，题诗为尔泪沾衣。③
>
> 夫能以义殉孤忠，家国纲常事则同。中闺不逾贞节妇，大家何啻古人风。机丝已断尘灯在，木主新题穗帐空。博士已铭坟上石，九泉应慰若堂封。④

元朝已经成为旧日光景，张昱只能即景抒情，发出对故国的怀念和王朝兴废的感叹："白塔谁所营，又复为平地。犹有百年人，闲来说兴废。""莓苔欲遍盘陀石，知是梁朝古道场。陈迹谩惊成俯仰，空门元不与兴亡。白漫天上俱兵气，赤伏池中是剑光。如会生公重说法，劝教东海莫栽桑。"⑤ 他所稍感庆幸的，只是新王朝再次带来了太平："老至音书宜有数，别来骨肉若为情。遭逢洪武开新运，又十三年见太平。"⑥

张昱并没有死节，也因为年老不可能再服务于新朝，所以明确表示自己要过散淡的生活。

> 鸣玉趋朝已不堪，白头早赐老江南。从心所欲过八十，屈指可

---

① 张昱：《过萧山县》，《张光弼诗集》卷3。
② 张昱：《三良诗》《投赠潞国公承旨学士张仲举》，《张光弼诗集》卷1、卷6。
③ 张昱：《邹将军挽诗》，《张光弼诗集》卷7。
④ 张昱：《邹将军妻李氏挽诗》，《张光弼诗集》卷7。
⑤ 张昱：《观拆白塔有赋》《虎丘寺留题》，《张光弼诗集》卷4、卷7。
⑥ 张昱：《寄表兄萧文索处士》，《张光弼诗集》卷7。

谈无二三。献岁屠苏增甲子,发春簪草愿宜男。儿扶答拜乡人处,只诵犹龙惟老聃。①

余生行年将八十,不知何者为忧戚。富贵不骄贫贱安,以此存心度朝夕。往年承乏佐中书,大官羊膳供堂食。只今赐老作编氓,衣食信天无固必。陋巷箪瓢如素居,不管茅茨春雨湿。门前载酒求赋诗,锦轴牙签日堆积。在官不置负郭田,既老翻得稽古力。毁誉都忘月旦评,姓名不上春秋笔。朝米不烦邻僧送,暮米不烦太仓籴。我亦一饭不忘君,文人相轻所不及。②

张昱真正在意的是他的诗稿,因为诗稿保留了对元朝的真实评价,正如他所言:"抖擞蓬尘纸一稾,束之高阁又何多。百年公论竟无定,千古文章将奈何。大雅未应终绝响,离骚可谓拯颓波。仲尼删后诗三百,谁与升堂取瑟歌。"③

五 戴良的治平观念

戴良(1317—1383年),字叔能,号九灵山人,又号云林,浦江(今属浙江)人,师从柳贯学习理学,被列为"北山学派"学人,④曾任月泉书院山长,朱元璋起兵后为其讲解经史,不久即离去,先隐居吴中,后泛海至山东避乱,明朝初年被召到金陵,辞官不就,自尽于寓所,有《九灵山房集》传世。

(一)述治平要义

戴良曾与陈樵合作,编写了《治平类要》一书,他特别对该书的宗旨作了说明,所要强调的就是君主要对治道学说有深刻的认识,并且能够以自己的作为,保持国家的治平状态。

> 自古人君虽有出类拔萃之资,至于治道之盛,则未始不由学而致。此稽古学古之事,所以见于二帝三王之书,而二帝三王之治,有非后世之所能及者,良以此耳。周衰以来,圣学不明,为人君者

---

① 张昱:《元旦试笔》,《张光弼诗集》卷7。
② 张昱:《读杜拾遗百忧集行有感》,《张光弼诗集》卷2。
③ 张昱:《搜索旧稿有感》,《张光弼诗集》卷7。
④ 黄宗羲原著,全祖望补修:《宋元学案》第4册,第2796页。

概以古昔帝王迂远而难遵，不过求所谓卑近浅陋之说，以苟且于一时。其能超出乎当世者，惟汉七制、唐三宗之主，及赵宋诸君而已。然此十数君者，亦仅贤于后世之庸主，若夫二帝三王之盛治，讵可同日而语哉。呜呼，二帝三王悉五百年而一逢，由周之治，乃千余年而始有汉、唐、宋之为君，然又不得与二帝三王并观，而称极治之时，何斯民之生于后世者之不幸耶。则夫继此而有国者，其可不加之意耶。加之意者，亦在乎学焉而已矣。一日良与四明陈桱论至于此，以为人君之学，舍古昔帝王则无所取征，而古昔帝王之行事，见之于经史者，班班可考。顾以自朝及夕，万几出焉，有未暇遍观而尽察，乃相为摘取二帝三王致治之由，与汉、唐、宋为君之所以然，及先民之格言，史臣之论赞，会稡成书，名之曰《治平类要》，而定其标目凡十篇。

良等俱以空疏之学，谬叨为士之名，其于纂修固多简略。然开基之主、继体之君，苟能潜心于此，穷讨而深思之，庶几由彼汉、唐、宋之为君，以上追二帝三王之盛治，则稽古学古之效，复见于今日，而此书之作，要不为无小补矣。是以忘其固陋，而冒言之，伏惟留神省察，国家幸甚。

《治平类要》十篇的篇目是君道、任相、驭将、用人、爱民、足食、制兵、慎刑、远佞、纳谏。由于该书今已不存，戴良对各篇内容的简要介绍就显得尤为重要。

  君道篇第一。天道运，四时行，君道明，万几理。禹、汤、文、武，天下之大圣也。夏、桀、商、辛，天下之大恶也。而其所以为大圣、大恶之分者，道之明与不明耳。欲为君尽君道，道者何，仁而已矣。三代之得天下也以仁，有此道也；其失天下也以不仁，丧此道也。大哉道乎，其兴亡之所系乎。

  任相篇第二。人主不可以独治也，必有卿相辅佐之足任者，然后可以君天下。盖卿相辅佐，人主之基杖也，所以上承王命，下统百司，以治民庶，以定邦国，而治体之得失，国势之安危系焉。昔黄帝任风后而天下治，高宗任傅说而君德修，盖皆得乎任相之道故也。荀卿有曰："强国荣辱，在于取相。"其知言者哉。

驭将篇第三。古者国君有难，召将而诏之曰："社稷安危，一在将军。"是则帝王驭将之道，惟在推诚以待之。三代以降，人情日异于古，其待武士也，始皆折之以气，而结之以恩。盖不折之以气，则流于姑息而生骄；不结之以恩，则过于严肃而生怨。生骄与怨，非止费财玩寇之弊，而有不戢自焚之患矣。扬子云曰："驭得其道，则天下狙诈咸作使；驭失其道，则天下狙诈咸作敌。"后世欲治之君，可不熟虑而慎行之。

用人篇第四。《书》曰："翕受敷施，九德咸事，俊乂在官，百僚师师，百工惟时。"盖天子者，一世人材之宗主也，九德之士所当兼收并蓄，布而用之，使各随所长而施于事，则百官皆贤而互相观法，百工皆治而不失其时矣。然古之用人，必贵于有德；而后世人主，或以才艺取人，而不稽诸德行，故有才无德之人咸得以进之。噫，德成而上，艺成而下，君子宜慎择焉。

爱民篇第五。人情之所欲，顺之则安，扰之则危。故虞廷君臣相戒必曰："罔咈百姓，以从己之欲。"而太公之告文王亦曰："利而勿害，成而勿败，生而勿杀，与而勿夺，乐而勿苦，喜而勿怒。"此爱民之道也。自是以后，惟汉晁错论三王之所以本人情者，庶几近之，以故文帝用其言，而以清净为治，卒至黎民醇厚，刑措而不用。爱民之道，其尚有出于此乎。《传》曰："重社稷，故爱百姓；爱百姓，故刑罚中。"殆谓是欤。

足食篇第六。足食之道，惟在于厚民。盖民者财之府，而财者民之命也。故善兴国者，必先义而后利；善养国者，必先民而后国。先义而后利，所以教民顺也；先民而后国，所以使民富也。民苟顺矣，则国不至于不利；苟富矣，则国不至于独贫。《传》曰："未有义而后其君者也。"又曰："百姓足，君孰与不足；百姓不足，君孰与足。"其是之谓乎。

制兵篇第七。天生五材，兵能拨乱。故轩辕之兴，其战七十，征顽伐鬼，代不绝书，兵其可去乎。然考之古天子之兵止于六军，六军之兵止于六乡。其出也则为士为卒，为旅为军为师；其入也则有比有闾，有党有旅，有州有乡；既无坐食之费，复无长屯之苦，乌有如后世之所谓兵者哉。虽然田不井授，赋民无艺，而古制之不复久矣，汉以来能以节制伎击，奄定四方，载之史册，有足征焉。

慎刑篇第八。古者大司寇以狱之成告于王，王命三公参听之，盖刑者成也。一成而不可变，君子于是而尽心焉。呜呼，刑于圣人虽不得而废之，然非其得已也。是故不教而民从，上也，以身教之也；教之而后从，次也，以言教之也；既不能教之以身，又不能教之以言，而民有弗从者，乃从而刑之，下也。刑之而当罪，民固无所憾矣。又从而虐之、苦之、诬之、抑之，有罪无罪，同归于非命而死，不亦大可哀乎。书曰："钦哉，钦哉，惟刑之恤哉。"

远佞篇第九。自昔小人将窃取其权宠，必先潜观密察，觇伺上意而迎合之。盖以人主好恶之不同，喜怒之难，必不如是，不足以为容悦取媚之地。故薛公事齐，必视美珥所在，以立其爱姬；申不害相韩，必视昭侯所悦，以谋其国事。谗佞之事君，多合而少忤者，大抵然也。夫巧言如簧，诗人刺之，利口覆邦，圣人所恶。有言者不必有德，而佞者不知其仁，为人上者，可不有辨于斯乎。

纳谏篇第十。夫帝王之德，莫盛于纳谏。君失于上，则臣补于下，臣诤于下，则君明于上，所系重焉。是故古之明王求谏如不及，纳谏如转圜。谅直者嘉之，讦犯者义之，愚浅者恕之，狂诞者容之，盖以己过难知，惟恐其不闻也。尧设谏鼓，禹拜昌言，上圣且尔，况下此者乎。[①]

以治平的十项基本要求看元末政治，展现的是君主失道、任相随意、驭将无方、用人错乱、与民争利、百姓艰食、军旅涣散、刑罚任意、奸佞当道、纳谏虚置的形态。与治平背道而驰，带来的必定是乱世，这恰是戴良编辑此书的现实意义所在。

戴良还特别强调，臣僚劝谏君主，一定要注意方式方法："谏君有道乎？曰：有。人心亦各有所蔽，有所明，故善谏者常不攻其蔽，而惟导其明，使之自悟而已矣。是故自其所蔽而攻之，则言难入而听者厌；自其所明而导之，则不必苦口正言，但微中而纷已解，此盖谏君之道也。"[②] 为此，他专门为谏官写下了履行谏君之道的箴言。

[①] 戴良：《治平类要总序》，《九灵山房集》卷6，四库全书本（《全元文》第53册，第227—231页）。

[②] 戴良：《论王珪》，《九灵山房集》卷4（《全元文》第53册，第329页）。

谏之道有五，而讽谏为之首。孔子亦曰："吾从于讽谏焉。"讽谏也者，谓君父有过而难言之，故或托兴以见乎词，或假事以陈其意，冀有所悟而日迁于善也。是则职谏事者，又岂在乎过直以激怒哉。亦曰婉以导之，巽以告之，期于必听而已耳。何为其然也，当其一是一非，错然相间，而欲使之更革，其所行必且悖于目而拂于耳，谬于心而戾于情，自非至公至明之君，孰能乐听之哉。以不乐听之言，顾乃冒雷霆、犯颜色而弗忌，其不投鼎镬而触刀锯者几希矣。今夫富贵宠荣，人之所不能忘也；刑勠流放，人之所不能甘也。苟或昧之而不计，岂不甚可病哉。所可病者，非止病其身之危也，亦以病吾言之不卒听也；非止病吾言之不听也，亦所以病吾君也。既有以病吾身，而又有以病吾君，君子亦何取于斯焉。

作《谏官箴》，其词曰：于惟我国，稽古建官。凡是职司，莫谏为难。谏不欲逆，亦不欲骤。逆则罔从，骤则靡究。所贵婉巽，不大声色。匪攻彼暗，惟导彼明。以善间恶，犹火背水。火盛水消，善胜恶止。盍不燕闲，乃陈我言。乃遏其萌，乃迎其端。讽而不迫，我言斯听。陷而不避，我其殒命。勿谓逆鳞，可得而批。折槛之谏，或以为过。①

戴良的善谏说，带有鲜明的目的论和方法论特征，即以君主能够接受谏言为目的，必须采用曲折迂回的方式进言，而不是不计后果的一味直言和敢言。

(二) 记乱世景象

元末的战乱，打破了戴良的安逸生活。在十几年中，戴良以诗文记录的乱世景象，可以归纳为七种说法。

一是困苦说。战争给全民带来了巨大的困苦，尤其是比比皆是的空城和焦土，令人触目惊心，正如戴良所记："皇元遘迍邅，海宇咸震荡。兵戈绵岁月，骸骨缠草莽。魑魅在野号，蒿莱没衢长。"②"汝雀汝雀亦何为，有身不向他处飞。却入空城长苦饥，空城四面尽焦土。满地青蒿幸无主，飞来飞去啄蒿实。"③ 在这样的艰难困苦中，最为常见的

---

① 戴良：《谏官箴》，《九灵山房集》卷4（《全元文》第53册，第404—405页）。
② 戴良：《偶书》，《九灵山房集》卷8。
③ 戴良：《空城雀》，《九灵山房集》卷3。

是全民性颠沛流离的避乱场景："转粟百里道，窜身千仞巅。人行危栈外，家在畏途边。门巷尽营垒，仆夫皆铠铤。乱离今若此，何日是归年。""扰扰干戈际，天涯人未归。一身为逆旅，十月未寒衣。江汉风波阻，乡关书信稀。危途恐相失，岁晏重依依。"①

二是弊政说。战乱与弊政同步发展，盘剥百姓成为更常见的现象，戴良特别记下了湖州在弊政下的景象："湖州岁岁修城堡，敌骑时烧城外草。城外居民如野鹿，目瞵瞵兮尾促促。去输官税输不足，半在军中半在狱。独留新妇饷姑前，也执吴绡供税钱。吴绡已尽归未得，复到官家候消息。我相闻之忧尔湖，命选贤侯此剖符。贤侯若为湖作主，便须罢却征求苦，留得湖民障兹土。"②

三是保民说。在战乱中，抑或见到地方官员的护民和安民行为，值得称赞。如江浙行省左丞罗罗率军平定饶信时，"得寇党辄释不杀，用其策战数有功，由是饶信悉平，而二郡居民之散亡者亦皆招集安定，以抚有其旧业"；"时江西、湖广久为寇巢，闽关以南相挺继变。而浙水之西亦沦没不常，惟我饶信克清境土，截然中居，此其为功不既大矣乎"。再如行军镇抚迈里古思，在出兵平叛时也能做到"市无废贾，野不辍耕，诚近代将帅之所罕及"③。恰是因为这样的现象并不多见，所以戴良才大书特书个别良臣的良善行为。

四是出路说。在危局之下，面对朝廷和各种崛起的势力，确实存在士人何去何从的问题。如戴良所言："曩者承平日久，天下无事，士之居其位者悉以守常袭故为职业，而智谋雄伟非常之人无所用其材，往往退处山林，老死而不出。十数年来，海内大乱，豪杰并起，自武夫贱艺咸被收采，以用其所长，则向之退处不出者，宜可翻然而起矣。"④ 尤为重要的是，儒士确实能够起到建言献策的重要作用："将军急筹策，英杰方未闲。苟能慎所择，何忧行路难。""世事谅难必，伊人去从戎。平生二三策，乃用军帐中。"⑤

五是隐居说。在各种势力都难以依靠的境况下，儒者最合理的做法

---

① 戴良：《避地二首》《赠友》，《九灵山房集》卷3。
② 戴良：《湖州行送人作郡》，《九灵山房集》卷9。
③ 戴良：《平饶信诗》《迈里古思公平寇诗》，《九灵山房集》卷1。
④ 戴良：《赠勾无山樵宋生序》，《九灵山房集》卷6（《全元文》第53册，第221页）。
⑤ 戴良：《送河南生》《送人从戎》，《九灵山房集》卷2。

就是成为隐居者，至少保一家老小的安全。戴良就曾明确表示："事业此生休，遑遑今白头。一年看又尽，数口转多忧。醉忆山公骑，寒悲季子裘。妻儿重相见，说著也堪羞。""已被虚名误，偷生亦偶然。兵戈十年久，妻子几家全。往事溪云外，余龄逝水前。艰难有如此，何日赋归田。"①

六是国运说。随着战乱时间的加长，戴良已经看到了国运不济的远景，并在长诗中表达了对时局的悲观看法和悲凉的心境。

> 黄虞去我远，大道邈难追。悠悠观世运，终古叹兴衰。王风哀以思，周室日陵迟。二伯方迭起，七雄更相持。兼并逮狂秦，干戈益纷披。复闻晋构乱，五部乘祸机。杀伐代相寻，昏虐无休期。群生困涂炭，万象翳氛霾。岂无忧世者，咄嗟吾道非。楚狂隐歌凤，商山沦采芝。去去君勿疑，古今同一时。
>
> 杪岁属摇落，青蒲忽青青。萌达未几日，大火已南明。天运一如是，废兴安得停。商郊迁夏鼎，殷士裸周京。冀方既已没，亳社亦已平。务光真达道，敝屣薄时荣。
>
> 宠极辱会至，势利真祸罗。君看道旁木，几曾成斧柯。世中繁华子，追恨每苦多。芬芳有徂谢，平地生风波。陆机去华亭，苏子狭三河。平生已谓毕，末路其如何。
>
> 秋风何萧瑟，一夜下庭绿。登高望宇宙，悄悄伤心曲。人生百年内，四序相迫促。衰颜与颓运，去去不再复。今晨与君会，明旦成往躅。夸父走虞渊，前途乃尔速。世人不自悟，朝暮营所欲。冰炭满襟抱，殊无一朝足。奄忽乘物化，身名同草木。
>
> 良辰岂长遇，阴晦在须臾。今日弗为乐，明旦恐不如。都门多佳丽，清𫷷当座隅。促席道平素，况有高士俱。列俎过三鼎，倾酒尽百壶。挥金娱心意，慷慨不留储。达人每滔荡，俗士恒自拘。白头怀坎坷，抚己一长吁。②

七是报国说。在大厦将倾的局面下，尽管有报国之志，也会陷入束手无策的困境，正如戴良所言："构厦必众材，成裘必群腋。自非合才

---

① 戴良：《自述二首》《岁暮感怀四首》，《九灵山房集》卷17。
② 戴良：《感怀十九首》，《九灵山房集》卷15。

彦，何能定家国。""治乱良未形，聚散焉可期。请君蠲旧念，一任合与离。""平旦起趋府，日晏未遑食。群言方究万，纷务谅非一。进岂无云补，退犹持夕惕。仰窥令图广，俯察道言密。得丧事既知，治乱情亦识。遭时匪过任，抚己恒自失。"①"已就长途往，堪怜暮景斜。一年惟此夜，千里更谁家。恋国心空赤，忧时发已华。此身如可乞，只合老烟霞。"②

（三）抒旧国情怀

戴良尽管在乱世中已经预见到了覆水难收、败局难挽的结局，但是在改朝换代的真实境况下，他的选择是做元朝的逸民。由此，戴良特别写作了五十余首"和陶诗"，就是要通过与陶渊明的唱和，来表达以逸民自居的心意："富贵真有命，利达亦有时。时命未至谁为留，岁云莫矣今何之。古人不可见，来哲亦难期。逐猿鹤以长往，俯陇亩而耘耔。歌接舆之古调，和渊明之新诗。为一世之逸民，委运待尽盖无疑。"③在"和陶诗"中，戴良重点陈述了六个论点。

第一个论点是王朝兴衰不以人的意志为转移，而是被天运所左右，所以要以淡然的心态看待国家的兴亡。

天地有常运，阴阳无定端。夏虫时不永，安睹岁月迁。嗟我在世中，倏忽已华颠。何能得仙诀，拾取朝霞餐。蓬莱去此近，欲往无由缘，从今弃诸事，尽付悟真篇。④

天运相寻绎，世道亦如兹。王孙泣路旁，宁似开元时。所以古达人，是心无磷缁。弁髦视轩冕，草泽去不疑。西方有一士，与世亦久辞。介然守穷独，富贵非所思。岂不瘁且艰，道胜心靡欹。恨无史氏笔，为君振耀之。谁是知音者，请试弦吾诗。⑤

一鸟乘风起，逍遥天畔飞。一鸟堕泥涂，嗷嗷鸣声悲。升沉亦何常，时去两无依。我昔道力浅，磬折久忘归。迩来解其会，百念

---

① 戴良：《寄陈伯将学士》《宜兴张德机避兵吴门》《次韵蔡经历病中述怀》，《九灵山房集》卷8。
② 戴良：《除夜客中二首》，《九灵山房集》卷9。
③ 戴良：《和陶渊明归去来兮辞》，《九灵山房集》卷24（《全元文》第53册，第203页）。
④ 戴良：《和陶渊明杂诗十一首之九》，《九灵山房集》卷24。
⑤ 戴良：《和陶渊明拟古九首之六》，《九灵山房集》卷24。

坐自衰。惟寻醉乡乐，一任壮心违。

纷纭世中事，梦幻无乃是。方梦境谓真，既觉境随毁。岂惟世事然，我身亦复尔。请看竺乾书，此语谅非绮。①

第二个论点是元朝之所以灭亡，主要原因是不能按照圣政和治道行事，所以即便有能人出现，也难以挽救其危局。

唐尧忽以远，遗风寖褊迫。子陵识其机，竟别洛阳陌。自非大圣人，谁能试坚白。长啸望前途，宇宙乃尔窄。

文武久不作，周德日以凉。老聃隐柱史，庄叟避濠梁。正声沦郑卫，礼俗变邅乡。是来谈治道，夏虫以鸣霜。悠悠溯黄唐，古意一何长。

秦灰未遽冷，于古何所稽。前行有衢路，往往变岩崖。我来一问津，感叹伤人怀。是道在天地，大可六合弥。诸儒拾煨烬，破裂日愈离。遂令高世才，放荡莫控羁。时无洛中叟，此事谅终亏。②

第三个论点是儒者能够在国家面临危机时献上救亡之策，已经是尽了本分，因为在乱世之中，个人的作用颇为渺小，只能用"力所能及"来自慰。

逊默度危时，无如庄与老。膏火终受焚，樗栎庶自保。我昔献三策，论辩吻常燥。一闻倚伏言，颇恨归不早。此理端足信，明月耿中抱。愁绝旧同胞，学广未闻道。③

抚剑从羁役，岁月已一终。借问所经行，非夷亦非戎。中遭世运否，言依盖世雄。尘埃纵满目，肯污西来风。举世嘲我拙，我自安长穷。孤客难为辞，寄意一言中。

我昔年少时，高视临八荒。惟思涉险道，谁能戒垂堂。南辕与北轨，所历何杳茫。一旦十年后，尽化争战场。岂无英雄士，几人归北邙。抚此重长叹，壮志失轩昂。敛退就衡宇，蹙蹙守一方。往

---

① 戴良：《和陶渊明饮酒二十首之四、六》，《九灵山房集》卷24。
② 戴良：《和陶渊明杂诗十一首之七、十、十一》，《九灵山房集》卷24。
③ 戴良：《和陶渊明杂诗十一首之四》，《九灵山房集》卷24。

事且弃置，身在亦奚伤。①

第四个论点是在乱世结束后，儒者依然要面临出世还是入世的选择。在戴良看来，出世是他所能做的最佳选择。

> 大钧播万类，飘忽如风尘。为物在世中，倏焉成我身。弟兄与妻子，于前定何亲。生同屋室处，死与邱山邻。彼苍无私力，宵尽已复晨。独有路旁堠，长阅往来人。
>
> 我无猛烈心，出处每犹豫。或同燕雀栖，或逐枭鸾鷟。向焉固非就，今者孰为去。去就本一途，何用独多虑。但虑末代下，事事古不如。从今便束装，移入醉乡住。醉乡固云乐，犹是生灭处。何当乘物化，无喜亦无惧。②
>
> 墙头有丛菊，粲粲谁复采。蹉跎岁年晚，香色日以改。我欲一往问，渺渺阻烟海。遥知霜霰繁，茎叶不余待。亦既轻去国，已矣今何悔。③

第五个论点是隐士要有自己的风范，陶渊明就是可资模仿的典范。尤为重要的是，在山水酒诗中，儒者能够始终坚持自己的政治理念。

> 今晨风日美，吾行欲何之。平生慕陶公，得似斜川时。此身已如寄，无为待来兹。况多载酒人，任意复奚疑。山巅与水裔，一觞欢共持。
>
> 渊明旷达士，未及至人情。有田惟种秫，似为酒中名。过饮多患害，曷足称养生。此生如聚沫，忽忽风浪惊。沉醉固无益，不醉亦何成。
>
> 世间有真乐，除是醉中境。可能得美酒，一醉不复醒。陶生久已没，此意竟谁领。东坡与子由，当是出囊颖。和陶三四诗，粲粲夜光炳。
>
> 陶翁种五柳，萧散本天真。刘生荷一锸，似亦返其淳。步兵哭

---

① 戴良：《和陶渊明拟古九首之二、四》，《九灵山房集》卷24。
② 戴良：《和陶渊明杂诗十一首之一、五》，《九灵山房集》卷24。
③ 戴良：《和陶渊明拟古九首之九》，《九灵山房集》卷24。

途穷，诗思日以新。子云草太元，亦复赋剧秦。四士今何在，贤愚同一尘。当时不痛饮，为事亦徒勤。嗟我百代下，颇与四士亲。遥遥涉其涯，敛然一问津。但惧翻醉墨，污此衣与巾。君其恕狂谬，我岂独醒人。①

陶翁固贫士，异患犹不干。公田足种秫，亦且居一官。我无半亩宅，三旬才九餐。况多身外忧，有甚饥与寒。委怀穷檐下，何以开此颜。清风飒然至。高歌吾掩关。

僦居当陋巷，举目但蒿蓬。岂忘蓑刈心，家婆乏人工。且兹敦苦节，窃附楚两龚。其人不并世，兹怀谁与同。有荣方觉辱，无屈岂求通。适值偶耕者，欣然将往从。②

第六个论点是要牢记亡国之痛，并坚持在心中守节，既不向新朝的召唤妥协，也不能自我消沉。

人道何所本，乃在羲皇先。如何末代下，莫挽淳风还。淫雨动连月，此日复何年。履运有深怀，酒至已忘言。③

故国日已久，朝暮但神游。谁谓相去远，凤昔临九州。此计一云失，坐见岁月流。岁月未足惜，恐遂忘首邱。在昔七人者，抱节去衰周。不遇鲁中叟，履迹将安求。

劝君勿沉忧，沉忧损天和。尊中有美酒，胡不饮且歌。我观此身世，变幻一何多。无相亦无坏，信若空中花。戚戚以终老，君今其奈何。④

靡靡岁云晏，此已非吾时。深居执荡志，逝将与世辞。破屋交悲风，得处正在兹。握粟者谁子，无烦决所疑。道丧士失己，节义久吾欺。于心苟不愧，穷达一任之。

栖栖徒旅中，美酒不常得。偶得弗为饮，人将嘲我惑。天运恒往还，人道有通塞。伊洛与瀍涧，几度吊亡国。酒至且尽觞，余事付默默。

---

① 戴良：《和陶渊明饮酒二十首之一、三、十三、二十》，《九灵山房集》卷24。
② 戴良：《和陶渊明咏贫士七首之五、六》，《九灵山房集》卷24。
③ 戴良：《和陶渊明连雨独饮一首》，《九灵山房集》卷24。
④ 戴良：《和陶渊明拟古九首之七、八》，《九灵山房集》卷24。

结交数丈夫,有仕有不仕。静躁固异姿,出处尽忘己。此志不获同,而我独多耻。先师有遗训,处仁在择里。怀此颇有年,兹行始堪纪。四海皆兄弟,可止便须止。酣歌尽百载,古道端足恃。①

永夜寒不寐,起坐弹鸣琴。清哉白雪操,世已无知音。座上何所有,五穷迭相寻。呼酒欲与酌,尘罍屡罢斟。箪瓢世所弃,鼎食众争钦。固穷有高节,谁见昔贤心。②

在其他的诗作中,戴良也毫不掩饰地表达了前朝逸民的身份,如"前朝白发旧台郎,十载携家住海乡。每为不才迁剑佩,致令多处识冠裳"③;"鲁连宁蹈海,殷浩第书空。庶思抱微尚,岂谓表孤忠"④。可惜明朝初年缺乏宽松的政治环境,使得戴良连逸民也未能做得长久,不得不选择自尽的悲剧结局。⑤

五　王逢的兴亡观念

王逢(1319—1388年),字原吉,号席帽山人,江阴(今属江苏)人,至正二十四年至大都上《河清颂》,后帮助张士诚附元抗朱元璋,张士诚败后,拒绝朱元璋的招徕,隐居于乌泾,有诗集《梧溪集》传世。

(一) 望朝廷中兴

王逢上《河清颂》的时候,朝廷已经处于风雨飘摇的境地,按照他的自述,就是希望借天意挽回败局,重新回到治世时的盛景:"草野臣某言,臣本江阴鄙人也,素不希仕进,甘分垄晦读书向道,以咏歌雍熙之治。比乡邑多故,客游吴下且七年。今年春三月,躬闻黄河变清,混合云汉,昭融光岳,青、徐、齐、鲁、淮、楚之间,神人欢忭,鱼鸟咸若,卉木品汇,尽沾休泽。窃惟河源自天注地,中经亘衰,衍不计几万里。夏禹疏凿,功用同天,厥后华夷殊域,虽代见澄澈,诚未足当天地嘉应。我朝一海宇,昆仑葱岭始在化内,仁治德流垂及百年,天用彰

---

① 戴良:《和陶渊明饮酒二十首之十二、十八、十九》,《九灵山房集》卷24。
② 戴良:《和陶渊明咏贫士七首之三》,《九灵山房集》卷24。
③ 戴良:《承李仲彬远顾,赋此赠别》,《九灵山房集》卷25。
④ 戴良:《次韵答张静虚》,《九灵山房集》卷24。
⑤ 赵友同:《戴良行状》,《九灵山房集》附录。

报陛下。陛下仰契俯察，日夜澡涤，心虑拯涂炭下民，以答我皇祖考之祜。昔汉以甘露降而纪岁，唐以醴泉涌而制铭，臣谓自三代来莫此为盛，陛下圣德远迈，河伯效珍，固宜作为文章，声之乐官，荐之清庙，特著国典，传示无疆，顾不伟欤。"《河清颂》的颂词全文如下。

> 皇帝即位三十春，黄河变清月在辰。乾端坤倪浩无垠，一气混合析木津。昆仑葱岭涵大钧，洛渭淮泗嘉应臻。风鱼无灾龙扰驯，桃花不动波渊沦。阳和郊椒见凤麟，紫贝宫阙阐怪珍。河伯率职海若宾，天其念兹昏垫民。于以净洗戎马尘，槎蘖沾丐咸与新。江南布衣草野臣，踊跃百拜颂斯陈。于穆世祖尧舜仁，大禹功泽归圣神。①

王逢还以唱和周伯琦《上京纪行诗》的方式，追忆了朝廷的治世场景，强调要削平战乱，朝廷必须以贤臣主政，作为力挽狂澜的中流砥柱，并实行轻徭薄赋的善政。

> 华夷今代一，畿甸上京遥。游豫循常度，恬熙属累朝。六飞龙夹日，独角豸昂霄。御史箴何悉，贤臣颂早超。咨诹新境俗，观采众风谣。文用弥邦典，忠惟振宪条。执徐当景运，仲吕浸炎歊。愠解民心结，烦除圣念焦。雨工趋汛扫，市令薄征徭。
> 社稷尊王统，山河固庙祧。明明神爽降，秩秩礼文饶。宠遂光幽朔，畋同阅祢苗。蹀林酺已举，歇塞福皆徼。棕殿三呼岁，枫墀九奏萧。祝融回酷暑，少昊戒灵飙。旧制先回鞑，良辰次起轺。谢恩多帝胄，纪实得台僚。至治音俱雅，于皇德孔昭。②

王逢还在诗作中指出，粉饰太平、不重农桑和疏于武备等，是导致小乱变成大乱的重要原因。

> 先王厚稼穑，训言载书诗。后贤惧荒怠，图以鉴来兹。呜呼人文弊，遂有丹青师。甚至被龙衮，殿上染花枝。纤秾极天真，何益

---

① 王逢：《拟河清颂》，《梧溪集》卷6，四库全书本。
② 王逢：《览周左丞伯温壬辰岁拜御史扈从集感旧伤今，敬题五十韵》，《梧溪集》卷4。

家国为。相氏代北胄,乃背世俗驰。手写一穟稻,自比九茎芝。浥浥瀼露溥,裒裒秋云垂。所愿天下民,与帝躬耘耔。殊乡布桼歌,秭秭摇风漪。秭秭熟尚可,蟊贼害方滋。作歌歌道周,庶几良牧知。①

天门高高俯四极,寸田尺地登版籍。泽梁无禁渔者多,瀚海横戈恣充斥。去年官饷私夺攘,今年私醅官价偿。屠烧县邑诚细事,大将不死鲸鲵乡。烹羊椎牛醉以酒,腰缠白带红帕首。定盟歃血许自新,御寇征蛮复何有。国家承平岁月久,念汝纷纷迫糊口。羽林坚锐莫汝撄,慎勿轻夸好身手。春风柳黄开阵云,号令始见真将军。②

战乱爆发之后,军队的腐败暴露无遗,加上严重的盐政弊病,更造成了全面失控的危局。在王逢看来,只有下决心革除弊政,才能救民于水火之中。

古青徐,十连五属桑枣墟,黄河失经人化鱼。吕梁设险豺为徒,船多才通玉帛贡,车多始登牛马途。守无官军法度疏,居无巨室城隍虚,欲去掳掠当何如。古青徐,岁久致君心烦纡。

竹笠黄,黄金兜鍪势相当。兜鍪本居大将坛,左剑右印增威光。边隅将校望尘拜,州县曹佐闻风僵。况从元首授元柄,稍忤言意违军令。不因灾疫自焚船,乃致生灵轻殒命。竹笠黄,黄金兜鍪势相当。难走藏兜鍪,旦晚先戎行。

官柳场,青芒芒,野鹰交飞扑马骧。年年十月辕门张,元戎始来坐虎床。翼舒箕哆鱼丽行,鼓进金退兵家常。起伏见讥孙武子,勾卒贻笑曹成王。千夫散尽旌旗定,偏裨队伍相呼应。几处私恩误主恩,一回酒令行军令。酒醉边隅事不闻,边隅扰扰多烟氛。

江海壖,家家浮生多在船。船居无租出无禁,竞卖田宅行盐钱。私盐渐多法渐密,陬里干戈攘白日。寻常恶孽不肯除,本固枝蕃祸非一。虎符龙节王者师,赦过录功先自欺。谏臣上疏劾已晚,蔓延及今归咎谁。地官合为弘远计,盐价减征同赋税。盗源既清民

---

① 王逢:《题墨禾》,《梧溪集》卷1。
② 王逢:《天门引》,《梧溪集》卷1。

瘼除，五风十雨歌康衢。①

在"纷纷攘攘厌黄巾，妖血徒膏草野尘"的局势下，王逢也只能是无奈地发出"烈士暮年心未已，无言思解白登围"和"本是宣光中兴日，腐儒长夜泣遗编"的感叹。②

(二) 述战乱感悟

在战乱之中，王逢以诗史的方式描述了乱世的各种景象，着重体现地是他的七点感悟。

一是朝廷命将出征，需要重点关注的是出征者不仅能够取得军事上的胜利，还能以善政安抚民众，使百姓与朝廷一起共度时艰。

> 武德兴元运，文恬近百年。一隅初难作，四境遂兵连。斧扆朝元早，彤弓授命专。冯岑材并济，李郭驾争先。
>
> 旧政犹霜肃，新安素地偏。蜃精尝感梦，帝子或逢仙。漆叶云羞密，茶花雪妒妍。诵弦家枥比，冠盖里班联。邹鲁流风洽，瓯蛮习俗迁。比来疲赋敛，况复值戈鋋。忾稍官曹待，讴歌父老传。③
>
> 诏立淮南省，符张阃外兵。风雷朝焕发，牛斗夜精明。参政材超伟，元僚器老成。武林多树政，禁籞旧蜚英。凤暖文章蔚，鲲秋羽翼横。天池今并奋，巘管复和鸣。地要尤膏沃，时危必战争。
>
> 瓦砾皆王土，逋逃本尔氓。长驱劳组练，尽扫愧欃枪。喻拟相如檄，降惩白起坑。跋胡狼曷备，毒尾虿难撄。济猛收神略，疏恩涣虏情。④
>
> 驲使传宣下紫冥，阳侯随节渡沧溟。雕题外服思文化，白发中原望将星。秋入羽林兵卫肃，夜经龙岛剑花腥。久怀令闻如杨素，今喜威名过卫青。猛士固应烦练习，遗黎终得慰飘零。依稀桑枣空原野，苍莽茅篁接塞庭。此日朝廷深倚注，百年河岳载清宁。⑤

---

① 王逢：《忧伤四首上樊时中参政、苏伯修运使》，《梧溪集》卷2。
② 王逢：《秋感六首》，《梧溪集》卷3。
③ 王逢：《赠别浙省黑黑左丞国宝自常州移镇徽州三十韵，时岁癸巳（1253年）》，《梧溪集》卷1。
④ 王逢：《奉寄赵伯器参政、王时中员外五十韵》，《梧溪集》卷1。
⑤ 王逢：《奉送董孟起水军赴枢密判官》，《梧溪集》卷1。

二是儒者的出谋划策，需要重点关注的是以兵止暴，以道和德营造仁义之师和常胜之师。

丞相兴师出蓟邱，万蹄千乘压中州。旌旗露湿星河晓，鼓角风高草木秋。号令不闻鹅鹳列，谋谟初定鬼神愁。献俘太庙陈歌颂，独有儒曹业最优。①

南粤称臣陆贾劳，汉廷何爱玺书褒。恩波遂与三吴阔，爽气真连北斗高。莺啭羽林交枕杜，马闲沙苑暗葡萄。天心厌乱民怀德，未说关河恃虎牢。②

淮海风高急鼓鼙，颍川烽起照淮西。糇粮几道通流马，楼橹重城望火鸡。星入夜寒芒角动，地连秋暝瘴氛低。君今掉鞅元戎幕，肯慰流亡父老啼。③

元帅统将权，言责在军谋。一言关兴丧，跬步分阳秋。天地属闭塞，波伏蛟龙湫。孤烟起天际，薄暮青转幽。百里静鸡犬，岂但穷兵由。雪贸荠麦生，犹闻铸戈矛。频年竭土壤，经时委川沟。行其所无事，凋瘵或少瘳。耀德不观兵，当今第一筹。④

三是朝廷在危急时刻的用人，需要重点关注的是要一视同仁，不应再秉持"朝廷忌汉人，军事莫敢说"的错误态度，因为这样的态度已经带来了汉人臣僚被冤屈依然守节而死的悲剧。

至正十六年，今大府（张士诚）开中吴，时公（杨乘）先以杭州陷，非罪被黜，依故人彰德路同知上海章元泽居。或传大府将起公，笑曰："吾岂事二姓。"使果至，公知不免，往辞章曰："某行矣，敢以家累君。"章曰："友责当尔也。"既归，诲二子卣、卓事君立身之道。乃就寝，久之，卣、卓入见，则缢死矣。案上得遗训云："死生如昼必有夜，何足介怀。吾老矣，获全臣节，死固

---

① 王逢：《送何伯大判官辟中书掾从丞相出师》，《梧溪集》卷2。
② 王逢：《简邬同金》，《梧溪集》卷3。
③ 王逢：《送于子实辟淮闽掾》，《梧溪集》卷2。
④ 王逢：《送杨子明知事从观孙元帅分制沿江州郡》，《梧溪集》卷3。

甘心。"①

四是在动员民众方面，需要重点关注的是义士和义兵的壮举，因为只有全民动员，才能有效地遏制盗贼。

> 春虹白，冬草碧，八月黄河火云赤。将衣我衣，更食我食，望尘走马当杀贼。②
> 明月皎皎白玉盘，大星煌煌黄金丸。壮士解甲投马鞍，蒺藜草深衣夜寒，剑头饮血何时干。③
> 世降道沦丧，盛事罕见之。我歌义僧行，蕲取国士知。僧臻生夏浦，俗号徐大师。勇敢重意气，赤手可猎麋。张忠郭解流，任侠不计赀。臻愿出门下，效死誓不移。盗寻寇马洲，鱼肉乎蒸黎。元戎坚营壁，大姓深沟池。壮哉张父子，分率脱项儿。父擒子死难，家不得敛尸。臻闻切齿恨，恨死不同时。夜即操斧刀，奋身斫籓篱。径入牛官内，斧断张絷维。手杀盗六人，力挽间道归。妻孥拜堂下，金币谢所私。上公赐巾裳，欲以好爵縻。幡然掉臂辞，还山弄摩尼。④

五是乱世中的善行，需要重点关注的是要有怜爱之心，既要怜惜死者，掩埋尸体；也要怜惜役夫役畜，体恤其劳役之苦。

> 分藩多贤劳，不敏忝宾客。虽无官守縻，亦复与言责。二乡虞刘祸，惨甚长平厄。先王制礼经，孟春当掩骼。仆夫有难色，款段才任策。骎骎度冈坂，眇眇循薮泽。稍稍烟微青，历历野四白。游魂行草上，遗老候道侧。我岂物役徒，兹来出心臆。皇天久下悯，赤子非寇敌。鸱乌何不仁，衔啄血更沥。因歌战城南，风悲泪狼藉。⑤
> 狂夫东游乘白骡，道路适遇病橐驼。紫毛无复好容色，肉鞍尚

---

① 王逢：《过杨员外别业》，《梧溪集》卷2。
② 王逢：《义兵谣》，《梧溪集》卷3。
③ 王逢：《壮士歌》，《梧溪集》卷3。
④ 王逢：《义僧行》，《梧溪集》卷3。
⑤ 王逢：《往扬名开化二乡掩骼》，《梧溪集》卷2。

耸双坡陀。南人从来不梦此，私怪目击临干戈。泉渠元自控蕃落，天苑毕竟连银河。吴郊楚甸水草浅，任重却欲千斤过。青袍朝士为起立，茜帽番僧时抚摩。热风吹尘鼻出火，积雨成潦疮生窠。牛虻狗虱苦嘬血，未由驱除知奈何。频年出师数百万，熊罴狮豹相奔波。岂期独后死沟壑，余光所及良已多。老矣首帕短袴靴，手持鞭策涕泗沱。忆昔滦京避暑日，气骨礧岂从銮和。沉沉金瓮夹铜马，裦裦锦带悬灵鼍。服劳辇下藉鬌刷，屈迹泽畔甘蹉跎。畴能推广爱乌义，没齿仰饲公田禾。①

六是表彰忠臣义士，需要重点关注的是为朝廷尽忠守节的人。王逢在诗作中对死节者多有表彰，可列举几例。

（至正壬辰七月十日，徽寇犯杭，时樊时中执敬为浙省参政，亟御于桥，遂死之）大参身死岁寒桥，忠血长流愤未消。一片王孙烟草色，岳坟松柏共萧萧。②

累朝承泰运，四海构兵屯。报国谁谋主，输忠独远臣。苍梧愁思竭，青竹汗痕新。少赐当时姓，华风接后尘。王臣名在目，野史泪沾襟。榛棘生周道，梗楠灭邓林。乾坤英气合，河海湛恩深。尚有诸新鬼，瞻天嗣玉音。③

（故将军歌，哀上万户蒙古氏丑厮侯也）将军旧乘青骊骝，苍龙金虎双辉光。扬旌伐鼓靖闽徼，山鬼迸落黄茅冈。长鲸喊呀欲东噬，以身扞海民乐康。十年杨柳荫环堵，一夜苜蓿空沙场。淮江萧条咽流水，杀气妖氛亘彭蠡。提兵假道古舒州，亲王遮留劳玉趾。王言三边盗缘蚁，将军不止我其死。月氏骷髅洒数升，诺重泰华轻丘陵。储胥孤悬使杂守，睥睨危急期先登。萑蒲猎猎开金翅，篁竹深深攒铁菱。长驱大捷二十九，生俘千人枭万首。狰狞健儿骏奔走，电掣雷訇若神授。东南疮痍合未苏，终焉性命豺狼有。仲冬炎风动地吹，太阳血赤芒星垂。将军百射百中之弓拨矢钩，天尔为黄

---

① 王逢：《叹病驼》，《梧溪集》卷3。
② 王逢：《题岁寒桥》，《梧溪集》卷3。
③ 王逢：《杭城陈德全架阁录示至正十一年大小死节臣属其秃公以下凡十三人，王侯以下凡九人，征诗二首》，《梧溪集》卷1。

蕉,丹荔芳菲菲。保障千里今谁祠,霜繁雪稠侯我思。①

七是在局势发展方面,王逢重点关注的是何时能够终止战争,恢复宁静的生活。

  大星芒鬣张,小星光华开。皇天示兵象,胜地今蒿莱。河岳气不分,烛龙安在哉。参赞道岂谬,积阴故迟回。疏风夜萧萧,野磷纷往来。安知非游魂,相视白骨哀。汩汩饮马窟,冥冥望乡台。于时负肝胆,慷慨思雄材。②
  云掩金戈日,风生铁马尘。乱离谁事主,贫贱独为民。鸡犬人烟绝,鼪鼯草木邻。喜闻同舍语,天已厌荆榛。③
  曜灵升扶桑,万汇希朝采。故山互蔽亏,新阴复晻霭。楚楚园葵花,倾心若为待。凯风幸时拂,天道从小改。客有采珠人,远渡鸭绿海。归悬双明月,家丧逾十载。兵烽何日息,素念无时怠。引领望反照,桑榆四三在。④
  夜何长,日苦短,夜长复寒日不暖。欃枪参旗烛云罕,树树梅花落羌管。江南布衣双鬓苍,岁阑独立气慨慷。衣冠礼乐制孔良,路迢无由贡明堂。夜何长,启明耿耿天东方。⑤

王逢的乱世感悟,一个重要的特点就是能够针对各种现象,提出值得深思的问题,并希望以此来警醒世人。

(三)叹朝代更替

在朱元璋控制了江南地区后,王逢已经庆幸和平的到来:"波伏鱼龙夜不惊,菱花千顷湛虚明。吴侬似怪青丝马,汉月重临白帝城。世说窦融功第一,独怜阮籍醉平生。楼船箫鼓中流发,喜及东南早罢兵。"⑥元朝灭亡之后,王逢更以"两朝人"的身份,再次强调了和平的重要

---

① 王逢:《故将军歌》,《梧溪集》卷2。
② 王逢:《秋夜叹》,《梧溪集》卷2。
③ 王逢:《壬辰(1352年)冬十一月避乱绮山,简邱文中、贡原父二教授》,《梧溪集》卷1。
④ 王逢:《摅怀六首》,《梧溪集》卷2。
⑤ 王逢:《夜何长三迭寄周参政伯温、邬佥院本初》,《梧溪集》卷3。
⑥ 王逢:《陪淮南僚友泛舟吴江城下》,《梧溪集》卷3。

性："兵甲气全消，心旌北向摇。鲤昂云际额，蛟断草间腰。习隐由中岁，辞征涉两朝。莫期归衣锦，曾鄙去题桥。"①

王逢毕竟是元朝的逸民，所以对改朝换代颇为感叹。他特别记录了元廷失去对全国的控制以及弃大都北走的情形。

跃马横戈东楚陲，据吴连越万熊貔。风云首护平淮表，日月中昏镇海旗。玉帐歌残壶尽缺，天门梦觉翣双垂。南州孺子为民在，愧忝黄琼太尉知。

强兵富境望贤豪，戴纵垂缨恨尔曹。一聚劫灰私属尽，三边阴雨国殇号。江光东际汤池阔，山势西来甲观高。形胜不殊人事改，扁舟谁酹月中醪。②

五纬南行秋气高，大河诸将走儿曹。投鞍尚得齐熊耳，卷甲何堪弃虎牢。汧陇马肥青苜蓿，甘凉酒压紫葡萄。神州比似仙山固，谁料长风掣巨鳌。

天怅几夜直钩陈，车驾高秋重北巡。总谓羽林无猛士，不缘金屋有佳人。广寒霓仗闲华月，太液龙舟动白苹。雪满上京劳大飨，西封华岳吊秦民。

白衣艨艟渡吴兵，赤羽旌旗夺赵营。滦水天回龙虎气，榆林风逐马驼声。靓妆宫女愁啼竹，白发祠官忆荐樱。犹有海鹰神不王，驾鹅高去塞云平。

五城月落静朝鸡，万灶烟消入水犀。椒闼佩琚遗白草，木天图籍冷青藜。北臣旧说齐王肃，南仕新闻汉日磾。天意人心竟何在，虎林还控雁门西。

十载群雄百战疲，金城万雉自汤池。地分玉册盟俱在，露仄铜盘影不支。中夜马群风北向，当年车辙日南驰。独怜石鼓眠秋草，犹是宣王颂美词。③

一国三公狐貉衣，四郊多垒鸟蛇围。天街不辨玄黄马，宫漏稀传日月闱。嵇绍可能留溅血，谢玄那及总戎机。只应大驾惩西楚，

---

① 王逢：《省先陇还舟，望九龙山、蛟山，游鲤山，怀江城亲旧兼寄示内侄李用外甥俞堇二首》，《梧溪集》卷6。
② 王逢：《舟过吴门感怀二首》，《梧溪集》卷4。
③ 王逢：《无题五首》，《梧溪集》卷4。

弗对虞歌北渡归。

吐蕃回纥使何如，冯翊扶风守太疏。范蠡不辞勾践难，乐生何忍惠王书。银河珠斗低沙幕，乳酒黄羊减拂庐。北陆渐寒冰雪早，六龙好扈五云车。

回首昆仑五色天，疏风落日重徊徨。驾骖八骏非忘镐，台置千金旧慕燕。地限上林云过雁，雪封西岭树啼鹃。远惭行在周庐士，横草无功自晏眠。

险塞居庸未易劚，望乡台上望乡多。君心不隔丹墀草，祖誓无忘黑水河。前后炎刘中运歇，东西元魏百年过。愁来莫较兴衰理，只在当时德若何。

黄河清浅海尘扬，陕月关云气惨苍。宁复明珠专氅社，尚论玉兔踞金床。衣冠并入梁园宴，简册潜回孔壁光。私幸老归忘世事，梧桐朝影对溪堂。①

从这些诗句可以看出，王逢认为元朝的灭亡，除了所谓的天意外，至少有不善安民、不善用兵、不善用贤、不善守祖宗之道等方面的原因，核心要素就是因缺乏德政或违背圣道而丢失了天下。

王逢还特别记下了一批元朝士人在明朝建立后的隐居情况，实则是对这些逸民举动的赞扬，因为他本人也处于隐居状态，也是逸民队伍中的一员。

（李一，初名祁，茶陵人，由进士累官南台御史，会世乱，归隐）儒台一别后，二十四飞萤。不见重华日，空悬执法星。红绫谙旧味，皂帽送余龄。想象龙鱼舞，钧天奏洞庭。

（完哲清卿，江阴上万户赠都元帅丑厮公之弟，泰州不守，以材谞擢万户，累迁福建参政，乱后归养吴中）丧乱无全室，归吴有大参。五湖孤枕月，百粤万山岚。故国龙移鼎，高堂雪满簪。雕笼绿毛凤，默默梦闽南。

（买住昂霄，以江阴副万户累迁中政院判官、福建宪佥，会乱，遂航海归隐，以孝闻）郡邑更新署，江山识故侯。寸心天北角，百

---

① 王逢：《后无题五首（前后皆悼庚申北狩事）》，《梧溪集》卷4。

指斗南陬。月殿金猊晓，霜轺白鹭秋。书来悟前梦，甘脆为亲谋。

（铁穆公，名毅，由进士累迁通显，今隐居教授海上）府倅今梅福，词场老益豪。自戕悲二俊，远引慕三高。甑石余储粟，宫罗剩赐袍。垂虹月千顷，莲叶拟同操。

（长吉彦忠，今姓张，由进士擢宣城录事，乱中奉母慈溪黄氏，客授云间，酒伴谓谢西墅也）一命参军老，长年曲逆贫。独行归鸟暮，躬有早鸡晨。甲子书茅屋，庚申梦紫宸。南邻酒伴去，惆怅碧桃春。

（钟伯纪，名律，汴人，由乡贡进士权儒学官，前后征辟并以疾辞，有《大学补遗》行于时）故人辞聘帛，海上闭柴荆。绝口吴三俊，终身鲁两生。岁时差蕰藻，风雨梦英灵。尤喜春秋学，相将补缺成。

（张光弼，名昱，庐陵人，以材猷累迁判枢，谢病隐西湖上）忍洒新亭泪，重经行路难。新醅鹦鹉暖，短发骏骥寒。诗法高常侍，仙寻贺长官。西山遂隐迹，云石紫芝团。

（夹马当文郁，西域人，由父荫累迁南台御史，今寄迹全真教中）清修马道士，忆过小林丘。脱略青骢迹，追随白兔游。君亲心独耿，河海泪同流。好在医闾北，徘徊紫气浮。

（观同用宾，蒙古人，由中舍拜南台御史，弹经略使忤旨，左迁江西省都事，不赴，隐居海上）伏自弹经略，西迁遂退休。著挑银脍缕，心觑玉蟠头。一气分光岳，三河溃蓟幽。青门种瓜老，终系故秦侯。

（张鸣善，名择，湖南人，以晦迹擢江浙提学，今谢病隐居吴江）荐书三十载，垂白广文官。冀北心肝热，湖南骨肉寒。病辞新主聘，老托故人安。著就先天学，何时一细观。

（石伯玉，名琼，以松江万户尝分戍太信，乱中归隐佘山）乱中归老马，陇上佩童牛。故国金吾夜，荒山白帝秋。惊心禾稼出，送目海溯流。却喜甘藜苋，三年免楚囚。

（邵克忠，尝为南台掾，今隐吴江寺）独客长依寺，何人共戴天。余生歌激烈，合室梦团圆。淮水深蟠楚，南风直过燕。莲花远公漏，自属一山川。

（许北郭，名恕，予乡人，善医部，使者荐授澄江书院山长）

有怀吾北郭,隐趣遂归心。楼幌含芸气,庭除入杏阴。椠藏堪痛友,金赎久亡琴。谁为铭先碣,东来俟德音。

(鲁道,原名渊,淳安人,由进士累迁江西副提学,张太尉称王,擢博士,今召拜官,并辞还)我采云间药,公归白下船。相期文会日,独立义熙年。北斗横山阁,西风熟陇田。季长门地盛,端不让彭宣。

(王伯纯,名嘏,河东人,由乡贡擢儒学正,张太尉仍授教授,辞,尝护祖父妣三丧,自维扬还葬洪霍山,乡里推重)中原飞鸟尽,南服大星流。众献荆山璞,君添海屋筹。遗经牛角挂,浊酒雁前篘。洪霍山图得,方床日卧游。

(倪元镇,名瓒,无锡人,善诗画,乱前弃田业,纵游山水间)隐迹怀东老,诗狂慕浪仙。百壶千日酝,双桨五湖船。书画通芸阁,征输歇莳田。乡评有月旦,未觉虎头贤。

(吴子中,台人,以父荫主簿,会乱不屑仕东西藩,归隐卒)竹梧疏晓堂,烂月晒新霜。顾影衣殊短,论心酒故长。嗣宗狂入晋,昭谏义存唐。一别音徽隔,天涯独鬓苍。

(杜好古,名敏,宋祁公裔,世隐龙江,累谢儒辟)众谓迂尤甚,私忻学益敦。无田安古屋,多病老孤村。璎桧垂当户,苔梅巧映尊。题名几狂客,醉墨满墙根。

(吴士益,名惟谅,同里人,宋八行先生孙,有碑在郡庠)不屑三家仕,真为八行孙。水云菰米泽,烽火棣华园。良马寒辞坂,灵乌暮识村。还期巷南北,相送月过门。

(程焕文,礼部员外以文先辈之弟,卜隐吴山)礼部程公弟,论交喜白头。生涯詹尹卜,足迹子长游。云石芝三秀,乾坤海一沤。高怀气慷慨,历说旧诸侯。

(隐中山,嘉定僧,尝主余山聪禅师道场,有和三体唐诗)海曲黄金地,重来半入田。轩余聪老月,漏永远公莲。慧眼空神骏,诗怀耿杜鹃。期同访虾子,春水绿移船。

(彭素云,中州人,郭梅岩,西江人,并学全真,有道行)彭郭上清班,相望高世闲。木兔双石壁,棕履万云山。轩冕泥涂底,诗书桎梏间。乡园数形梦，欲借羽车还。①

王逢以跨朝代的视角展现了王朝兴衰之际的政治变化，阐明了对天下兴亡的看法，不失为打造遗民政治观念的代表性人物。

六 李祁等人的怀旧观念

元朝的遗民李祁、许恕、鲁贞、倪瓒、王翰、伯颜、丁鹤年等人，不仅用诗文记录了元朝后期的政治状况，还在朝代更替后表现出了强烈的怀旧情感，使元朝的遗民观念表述更为完整，可分述于下。

(一) 李祁说乱世良吏

李祁（1299—1370年后），字一初，号危行翁，茶陵（今属湖南）人，元统元年进士，任翰林应奉等职，元亡后隐居永新山中，自称不二心老人，以表不仕明之志，有《云阳集》传世。

对于朝廷科举取士时的恩宠，李祁在诗作中记道："堂吏喧呼拥后先，彩帘微动八音宣。圣恩汪濊儒臣集，天语丁宁宰相传。翠叶银幡高压帽，玉盘珍果谩堆筵。沾濡拜舞归来晚，马上题诗不记鞭。"②但是他也明确指出，以科举入仕之人会面临不少困难，与其任州县佐贰官，还不如任宪府掾史之职。

> 科目行，士皆蕲一第以行其志，然其初入官，率多得州县，又往往居佐贰下僚。守长肆行，奸吏无检，加以大府把握于上，一失其意，立蹈祸机。而豪猾之民，又从而窥伺之，盖有终日忧勤而无益于事功者，回视昔时读书谈道之乐，反不可得。噫，士志此而求以行其志，难矣哉。惟进士之举而第者，得为宪府掾史，秩虽卑，而其谋谟赞画，能与宪府官相可否，于是一道之间官吏之贪廉聪黠，民情之苦乐忧喜，风俗之醇醨上下皆与焉，意之所向无不可为，而又无把握窥伺之者。士而得志于世，唯此为庶几乎。③

李祁还对科举因战乱而停止发出了以下的感慨："盖自兵变以来，

---

① 王逢：《俭德堂怀寄凡二十二首》，《梧溪集》卷5。
② 李祁：《御赐恩荣宴》，《云阳集》卷2，四库全书本。
③ 李祁：《送陈元善赴海北宪掾序》，《云阳集》卷4（《全元文》第45册，第390页）。

吾湖广受祸独先且酷，受祸先，故科先废，受祸酷，故士大夫家衣冠典籍毁失无遗。若江西则祸后而轻，故科目得后废，而文献亦犹有可收录者。"① "凡学校与科目相盛衰。科目行，取士多由学校，则科目、学校皆士气所由关也。科目废，而学校独存，则斯文之脉，所恃以不绝者，惟学校已耳，舍是他奚望哉。苟职教者于此而不加之意，则学校虽不废犹废也。"②

李祁特别强调："为政之要，曰公而已矣。公则明，明则人之情伪，事之是非，举不可掩。率是而行，宜无不得其当者，然又必守之以诚，持之以久，然后足以成治功、得名誉也。"③对于能够称为良吏者的行为，他则大加表彰。

> 循良吏之见称于史策者，莫盛于汉，故自三代而下论治效者，亦莫盛于汉。汉承秦苛刻之后，而济之以宽大，天下郡县往往得人，以著治效。而其所谓循良者，率皆重厚长者，而非徒以激切严厉之为尚也。使当时之为郡守者，率皆如郅都、宁成，则汉之治效，又岂足为后世称美哉。方今大江以西，唯吉为难治，词讼之繁，财赋之重，人情风俗之不同，皆非他郡所可比。于是古濠莫公由江西理问来领府事，疏剔繁冗，洗削奸弊，勤以奉上而不顾其身之劳，严以待下而不恤其情之私。其决事也以明，其赋敛也以公，汲汲焉唯恐公家之需或有所缺，戚戚焉唯恐闾阎之情或有所不堪。盖公以重厚之资，怀恺弟之德，故施之于政如此。④

李祁还特别指出，乱世恰是对士大夫的磨炼，士大夫既不能率性斗气，也不能自暴自弃，而是要有力所能及的作为。

> 士负奇杰气，欲磊磊自树立天地间，不肯少有所挫，苟以一毫挫于人，则愤怒勃郁，思必泄而后已。此古之豪杰所以遭颠顿困

---

① 李祁：《龙子元书香世科序》，《云阳集》卷3（《全元文》第45册，第414—415页）。
② 李祁：《送易玉田之龙阳学正序》，《云阳集》卷4（《全元文》第45册，第389—390页）。
③ 李祁：《茶陵州达鲁花赤脱因善政诗序》，《云阳集》卷4（《全元文》第45册，第432—433页）。
④ 李祁：《送吉安莫知府序》，《云阳集》卷5（《全元文》第45册，第397—398页）。

踣，而不能自已于拊膺切齿，奋臂而攘袂者也。然或一因小挫，即厌然销沮，不复自振，至有以善为不可为，而不复为，以至于弛然丧其平日之所守者，此则世俗所为，而非士君子之所当为矣。盖君子之心，求以无愧于己。故夫事变之来，虽不能尽如吾意，而吾之所以处之者未尝少移，夫岂以一时非义之荣辱，而易吾操哉。①

士之有超世之见者，不以富贵利达骄其心，不以忧患困厄挫其志，其自视固有道也。世之慕富贵利达者，戚戚焉以思，役役焉以求，幸而得之，则扬扬焉以喜。一旦遭大变故，大患难，往往颠踬困踣，抑郁而不堪，忧悲穷愁，惝恍而自失，此其胸中所存，盖可知矣。②

士君子怀抱材艺，遭逢乱离，颠沛困踣，靡所底止，固大不幸。然因是而拂其心，挫其气，摧其英华，而磨刮洗削其廉隅边鄙之习，卒之就其所已能，而增益其所不能，此则不幸中之尤幸者。③

面对长年的战乱，李祁最终成为看客，只能以诗作来表达忧国忧民的情感："万里山河绕帝居，十年消息怪来疏。故人天上千钟禄，老子山中一卷书。忧国爱民心独苦，求田问舍未为迁。耳边昨夜初闻捷，清昼传来总不殊。"④

王朝更替之后，李祁所要表现的，则是强烈的故国之情："老泪纵横忆旧京，梦中歧路欠分明。天涯自信甘流落，海内谁堪托死生。短策未容还故里，片帆只欲驾沧瀛。他年便作芙蓉主，惭愧当时石曼卿。城郭人民事事非，空余尘土满征衣。君犹有道堪流俗，我已无家不念归。天地晦冥龙去远，江湖寥落雁来稀。极知此后还相忆，愁见青山映夕晖。""江湖风浪日萧萧，鳅蟹鱼虾乱踯跳。诸葛有才终复汉，管宁无计谩依辽。烟消故国川原净，秋入空山草木凋。犹恨归来相见晚，暮云

---

① 李祁：《送项知事序》，《云阳集》卷5（《全元文》第45册，第398页）。
② 李祁：《送汪士章归江东序》，《云阳集》卷3（《全元文》第45册，第383—384页）。
③ 李祁：《题旷维宁思治稿》，《云阳集》卷10（《全元文》第45册，第453页）。
④ 李祁：《和刘子纶韵》，《云阳集》卷2。

春树碧天遥。"① 恰是这样的故国之情，使李祁高度重视故国之民的身份，并始终不愿意放弃这样的身份。

(二) 许恕叹国运衰微

许恕（1322—1373 年），字如心，号北郭生，江阴（今属江苏）人，曾任澄江书院山长，后隐居，有诗集《北郭集》传世。

在顺帝朝初年的和平环境下，许恕曾明确表达了对善政的诉求，就是希望朝廷能够创造有利于臣僚直言的环境："告天子，尔何微，麦秀风暄高下飞。余音袅袅入云去，飞向天阍如有诉。天阍荡荡虚且高，哀鸣不息徒尔劳。多少台臣如柱石，缄口全身良可惜。"② 他还特别强调，朝廷应该重视所谓"腐儒"的意见，真正体恤百姓，不使其赋税过重："染丝上寒机，丽色夺春晖。含啼污素质，拟织云锦衣。一梭一梭腕欲折，茧丝何日征输绝。""麦苗不秀桑叶黄，吴蚕迟眠箔不暖。田家苦为租税忧，桔槔日夜声不休。年时六月井无水，今年官河浸稻畴。腐儒于世嗟无补，坐对顽阴不出户。何得五风十日雨，舜日尧天今再睹。"③

战乱爆发后，许恕用诗作记录了历年的战事情况，可以按其亲身经历，分六个时段介绍于下。

第一个时段是至正十二年至十四年，战乱初起，许恕不仅特别关注形势的变化，亦殷切期望朝廷能够尽快控制局面。

> 养虎自遗患，纵虎能凭威。惜哉非真虎，往往蹈危机。畴能解其缚，再整斑斓衣。横行百兽群，一解山东围。④
>
> 乱后飘零各异方，客边消息久相忘。已闻道路多荆棘，况复王师尽虎狼。小石春风曾并马，平山夜雨旧连床。南塘不隔桃源路，迟尔题诗向草堂。⑤

第二个时段是至正十五年至十七年，许恕弃家到前陈庄避难，既庆

---

① 李祁：《次王子让韵》、《和钟德恭见寄》，《云阳集》卷2。
② 许恕：《告天子》，《北郭集》卷1，四库全书本。
③ 许恕：《染丝上寒机》《久雨叹》，《北郭集》卷1。
④ 许恕：《缚虎行》，《北郭集》卷3。
⑤ 许恕：《怀程传可》，《北郭集》卷3。

幸自己能够在战乱中存活，也期望有人能挺身而出，施行保民的善举。

北山烽火照江沙，满地干戈杂鼓笳。遥望白云还忆弟，忽看黄菊更思家。风尘短褐嗟无补，天地浮生惜有涯。何日归休寻野老，春林社酒话桑麻。①

萧条别墅风尘后，可惜轩车不再临。破壁犹存旧题字，故人难写此时心。山城风雨冤魂泣，秋水鱼龙恨血深。我亦偶全兵革里，为君挥泪些哀吟。②

愁来心事与谁论，尽室偷生寄此村。海燕雏成飞野屋，石榴花发照清尊。几时鸥社沧江畔，何日龙舟白下门。万咏楚辞茅屋底，汨罗谁吊独醒魂。③

盛名久在耳，所恨不相遇。东望海虞山，思君美无度。礼贤已化俗，忧民且均赋。稍下府公敬，能令国士慕。新除下薇省，复此昆山去。秋山澹落日，水郭带寒树。军兴日已久，民里尽非故。愿言崇令德，为国保甿庶。④

第三个时段是至正十八年至二十一年，许恕转到吴中避难，在迁徙流离中所抒发的主要是对治平之世的企盼。

沧江尘土满戎衣，险阻艰难倦客知。多难更听今夜雨，浩歌还忆去年诗。采鸾人去箫声远，玉兔云昏药杵迟。头白双亲空在望，异乡为客不胜悲。⑤

忆昔军始兴，将家出南郭。兹辰正重九，炊烟静虚落。奔窜忧甲兵，飘零任沟壑。偷生竟何幸，一贫宛如昨。念离伤独游，对酒忽不乐。君山渺何许，黄菊亦落寞。愁多客鬓稀，世乱生事薄。坐久一长叹，飞云度高阁。⑥

---

① 许恕：《乙未（1355年）九日出郭避难前陈庄，时舍弟未至》，《北郭集》卷3。
② 许恕：《丙申（1356年）五月八日过云亭邱庄，壁上见士英所作因次韵》，《北郭集》卷3。
③ 许恕：《丁酉（1357年）五日前陈北庄》，《北郭集》卷4。
④ 许恕：《饯常熟幕长陈性之之任昆山》，《北郭集》补遗。
⑤ 许恕：《戊戌（1358年）中秋寓姑苏客舍对雨》，《北郭集》卷4。
⑥ 许恕：《己亥（1359年）南楼九日怀乙未（1355年）九日将家过前陈北庄，倏忽四载有感而赋》，《北郭集》卷4。

鬓毛何似客愁长，天运还教世业昌。万里此身无定在，五年元日是他乡。山瓶春酒何心饮，野屋寒梅少使将。海内久思尧舜日，吾皇有道寿无疆。①

漂泊身仍在，飞腾志已销。一迁犹昨日，四十是明朝。兵革何由息，乡关转觉遥。双亲喜强健，且复永今宵。②

一轮沧海月，依旧去年明。异县孤村夜，中原万里情。声飘芦笛远，光湛铁衣清。愿照逃亡屋，乾坤一治平。③

第四个时段是至正二十二年至二十三年，战乱已经超过十年，许恕在吴中避乱也已经在三年以上，他不仅有了更多的离别感叹，亦明确强调了还有挽回颓势的希望，因为天已厌乱，应该不会使战乱再延续。

城郭灰飞久变迁，烝黎星散尽颠连。吴中旅食今千日，海内军兴已十年。避地漫思杨子宅，归耕何得杜陵田。腐儒于世嗟无补，拟听将军奏凯旋。④

元阴忽已谢，春日喜载阳。殊方虽云乐，何如归故乡。十年阻兵戈，念之热中肠。昔日弦歌地，今为征战场。幸得天厌乱，圣治今汪洋。君抱济世才，星月灿文章。穷达固有命，贫乃士之常。我亦久为客，送君多惨伤。还当赋归田，白首同徜徉。⑤

不知身是客，一笑饮屠苏。此日是元日，今吾非故吾。淮南招桂隐，鉴曲拟菱租。生意随年到，茶烟绕术炉。⑥

第五个时段是至正二十四年至二十八年，许恕经历了改朝换代前的最后一次逃难，并且已经有了故国不在的感叹。

十分秋意在梧桐，灰尽丹心梦寐中。不道重阳无菊看，一尊还对木犀风。此身为客尚殊方，九日离家已十霜。却忆西轩歌舞地，

---

① 许恕：《庚子（1360 年）元日》，《北郭集》卷 5。
② 许恕：《辛丑（1361 年）除夜》，《北郭集》卷 6。
③ 许恕：《辛丑（1361 年）中秋》，《北郭集》卷 5。
④ 许恕：《吴中》，《北郭集》卷 4。
⑤ 许恕：《饯友人还乡中》，《北郭集》卷 5。
⑥ 许恕：《癸卯（1363 年）元日》，《北郭集》卷 6。

秋花采采为谁黄。浮远堂前秋汐平，顺宁庵外夕阳明。客窗想象登高处，衰草寒烟万里情。①

百年沦落一尊同，火树星桥往事空。明月巧当今夜黑，华灯仍似旧时红。烟花楼阁悲笳外，锦绣山河逆旅中。二顷薄田牛四角，可容归隐坐成翁。②

今夜云间月，溪樵照野航。因风微有晕，映水惨无光。眼满逃亡屋，愁连战伐场。思亲不得见，空望白云乡。③

笑折茱萸宴友朋，艰虞历尽总难胜。酒从此日殊方醉，山向明年故国登。白露黄花秋冉冉，碧云红树晚层层。仲宣回首思乡切，顿觉清霜两鬓增。④

客中相见客为怜，回首烟尘又隔年。对榻云林芳雨后，振衣风渚乱沤边。诗名已接阴何席，文采同归李郭船。只恐明朝容易别，不妨高论恼清眠。⑤

第六个时段是明朝建立的最初几年，许恕借助对故人、故事的追忆，主要抒发的是对故朝的怀念之情。

忧时抚事独悲歌，甚矣吾衰暮景过。倦客归来忘节序，故人别去异山河。绿阴幽草光辉少，明月清风感慨多。独坐西斋听暮雨，野怀怅望奈愁何。⑥

慰眼非无主，相看欲损神。一枝初带雪，半树已为薪。惨淡黄昏月，荒凉古墓春。含情不忍折，老泪一沾巾。⑦

天时人事送浮生，握手相过白发明。静得身心俱坦荡，喜无头角更峥嵘。棋高不使寻常着，酒好何妨一再行。井邑荒凉耆旧少，

---

① 许恕：《甲辰（1364年）九日次吕宗望韵》，《北郭集》卷6。
② 许恕：《丁未（1367年）元夕灯下与陈师道、陆宗鲁对饮》，《北郭集》卷6。
③ 许恕：《丁未四月十一夜避地船居沈华甫家》，《北郭集》卷6。
④ 许恕：《丁未九日》，《北郭集》卷6。
⑤ 许恕：《戊申（1368年）春三月过薛复善观野轩，时王守敬、董彦诚同饮，醉后俱以客中相见客为怜为起句》，《北郭集》卷6。
⑥ 许恕：《己酉（1369年）午日怀景南时用二妙》，《北郭集》卷6。
⑦ 许恕：《乱后省祖茔见梅花》，《北郭集》卷6。

交亲投老见深情。①

应该看到，许恕的纪事诗作，在众多愁思中重点突出了三大主题，一是对时运不济的感叹，二是对治世的期盼，三是对忠君报国的要求。对于这三大主题，他都用诗作做了专门的阐述。

客怀何郁郁，思得见时清。太白明秋日，惊涛拍暮城。乾坤将厌乱，吴楚未休兵。梦想归田里，狂歌托圣明。②

淳风仍太古，治世即神尧。学技才俱会，边城甲尽销。横经应日日，讲道每朝朝。③

水郭军麾满，偷生齿发全。秋成思乐岁，世乱感衰年。倚杖秋林外，扶犁夕照边。一生沾圣泽，何以荅皇天。④

恰是因为许恕保持着强烈的故朝情节，所以他始终未使用过明朝的"洪武"年号，以此来突出表明自己的前朝逸民身份。

（三）鲁贞倡真儒仁政

鲁贞（？—1373年后），字起元，号桐山老农，开化（今属浙江）人，终生未仕，以教学为务，著有《春秋断案》《中庸解》《易注》等书，有文集《桐山老农集》传世。

鲁贞曾特别作赋，强调了仁义的重要性："图在天下兮，无古无今。太极阴阳兮，在于一心。反而求之兮，居仁义以为宅。饰礼容以为裳兮，餐道腴以为食。"⑤ 他在青山中逃避战乱时，亦不忘对仁义的省悟："一元之气，行乎宇宙之间，节而为四，曰春夏秋冬，春于行属木，于色为青，于人为仁。山之青，青者，木也，色也，生气之周流乎四时者，仁也。""予因悟草木之青，不间于春夏秋冬者，犹吾之仁，贯乎礼义智也。云出而卷乎山之青，犹吾之欲起而掩乎仁也。风生云散

---

① 许恕：《辛亥（1371年）至日沟南傅可同过丘宗大宅次傅可韵》，《北郭集》卷6。
② 许恕：《纪异》，《北郭集》卷5。
③ 许恕：《次仲征袁先生韵》，《北郭集》卷4。
④ 许恕：《野老》，《北郭集》卷3。
⑤ 鲁贞：《龙马图赋》，《全元文》第49册，第338—340页。

而山复其青者,犹吾学之至而欲尽理明也。"①

鲁贞还明确指出,要以仁义的视角看待儒士的出与处问题:"君子之出处,有义存焉。其出也,其处也,莫非义也。""夫以出为当出,不若以义度之而出也。以处为当处,不若以义度之而处也。出亦义也,处亦义也,君子之出处亦如是而已。"②"智者不怀才以徇人,仁者不藏道以忘世。夫能有为之为才,人求之,我舍之,非知也;人舍之,我求之,非知也。夫道将以共由之也,己由之而不能使人由之,非仁也。天下不由之,而己不去之,非仁也。嗟乎,贵君、明君、重君、荣君在人,君贵、君明、君重、君荣在君。在人者,君无与焉;在君者,君其慎之。"③也就是说,只有坚持义和仁的准则,才能做到自重和自尊,才能自己把握入世和出世的机会,而不是被他人所左右。

世人对用儒颇有疑义,鲁贞则明确表示,世上所缺少的,恰恰是真儒,而不是貌似儒的混混。

> 人生而各有所业,欲儒者为儒,欲吏者习吏,欲农者务农,欲商者从商,欲工者学工。犹调羹之能,必其醎酸欤。然而人之昏明强弱之不齐,惟儒者能变之,农吏工贾不能也。人而不为儒,犹弃稻粱而嗜糠秕也。夫为人莫如儒,宜其世之人举皆以为儒也,而其从农从吏从工从贾者何其多也,惟其不为儒也,反群聚而笑之者有之矣。予尝求其故矣,彼窃儒之名而无其实者,听其言诚儒也,察其貌又儒也,问其行则非也,其为世之訾笑儒也。世固有儒者,而人未之知也。夫儒者以其所能必之志,而变其不能必之天,穷理则知可至矣,力行则德可进矣。守之以诚,则道在我矣,行之以恕,则善及人矣。是儒者之能也,特患人之不知耳,苟知之,则将为之,为之不暇,又奚暇乎笑。④

鲁贞还强调了真儒不论担任何种职务,都应该施行仁政。只有施行仁

---

① 鲁贞:《万青轩记》,《桐山老农集》卷1,四库全书本(《全元文》第49册,第355—356页)。
② 鲁贞:《送计希孟序》,《桐山老农集》卷2(《全元文》第49册,第341—342页)。
③ 鲁贞:《送程子长北游序》,《桐山老农集》卷2(《全元文》第49册,第343—344页)。
④ 鲁贞:《送郑道源之金陵序》,《桐山老农集》卷2(《全元文》第49册,第345—346页)。

政，才能起到安抚人心和剪除盗贼的作用，并能换来真正的人情和人心。

> 饥得食，寒得衣，老弱得养，使之各得其欲，而自不为盗，是守令之责也，非巡检之所得为也。凡人之情，就利去害，爱荣恶辱，无彼此之异也。议者猥曰蛮性忿鸷，易变难复，不深究切之，所以仁之也。示之以向背，申之以信义，所以怀之也。自负固不服，率令即掩袭而搜擒之，所以威之也。与其生事以自戕，孰若相安于无事。彼固将去其轻悍，忘其险阻，以从我也。①

> 此可以见人情之所与也，苟不与，虽刑驱势迫不肯从，设有从者，非其情也。且君何以得是于人哉，其志确，其行直。其志确，故不为贿动；其行直，故不为私挠。确而且直，虽神鬼其顺之矣，况人乎。且人之所以举君者，公耳。公者，人之所同也，夫民岂难治哉。得其情则喜，逆之则怨，为政者亦惟得人情而已。彼为政者而人不与者，逆乎人情者也。太上得民心，其次得民情，其次不失人情，然则君之得是于人者，盖不失人情也。②

尤其是监察机构的官员，更应起到真儒的表率作用，如鲁贞所言："登车慷慨志澄清，戢暴安民政有声。道上豺狼俱已遁，草中狐兔每先惊。风生白简乌台肃，日照皇华绣斧明。好佐明时清四海，苍生从此乐升平。"③

鲁贞还特别赞扬了朝廷的兴学举措，并强调兴学的一个重要目的，就是以仁义来实施教化。

> 天生斯民不能以自治也，故生圣人以治之。圣人不能以独治也，故设官以养而教之。建后稷教之稼穑，以养其生，而升其俊秀于学。建学校以明人伦，使复其性，而贡其贤能于王。当是之时，升于学者不使耕也，而凡庸不与焉，则养之得其人也。教之于学者，必先王之道而异端不与焉，则教之得其道也，由是大道明焉，

---

① 鲁贞：《送徐起潜之同古市巡检序》，《桐山老农集》卷2（《全元文》第49册，第347页）。
② 鲁贞：《送涅古栢主簿序》，《桐山老农集》卷2（《全元文》第49册，第344页）。
③ 鲁贞：《上王默庵分宪》，《桐山老农集》卷4。

异端息焉，风化成焉，人材出焉。三代圣王所以尽夫代天子民之责者，其在此矣。自秦以来，若汉之文、景，海内富庶，屡赐民租，知养民矣，而不知养士也。若唐之太宗，大召名儒，增广生员，知养士矣，而不知教也。迨宋河南二程子倡明正学，紫阳朱子又发挥之，然后圣人之道晦而复明，昭若日月，知所教矣，而当时不知用也，是以大道泯而异端起，风俗薄而人材靡。迨及我朝，上自京师，下至州县，莫不有学。学有生徒，有廪膳，而又表章程朱之学，以为教于天下，则其养与教，岂不超乎唐、宋而追踪三代欤。①

夫民质之近道，亦若窗之通明也。今之为教，由其习之务本也。而教之以孝其父母，弟其兄长，所以为仁之本，扩而充之，而仁不可胜用矣。由其质之尚义也，而教之以出入往来必由之道，所以趋义之路，扩而充之，而义不可胜用矣。②

尤为重要的是，学习圣人之道，必须排斥异端邪说的干扰，以保持儒者的本色。

予闻道若康庄，然人之由也，求以止夫所止之处也。若旁歧他径，荆棘蒙蔽，山石交加，求至于所止之处，不蹉则跌，其至也岂不难哉。又有欲适越而北辕，欲适燕而南辕，虽行役穷年，求至适所止之处，不可得也。学者由致知力行，以求圣人之道，是由康庄以求止，夫所止之处，何其易也。由百家诸子以求圣人之道，是由旁歧他径以求止，夫所止之处，虽至亦难矣。由佛老异端以求圣人之道，是由适越而北辕，适燕而南辕，不可至也必矣。③

在元末的战乱中，鲁贞大多处于在山中避乱的状态，所能表达的，只是"大厦何由庇寒士，休说中原斗战酣"和"不知穹壤内，兵甲几

---

① 鲁贞：《江山修学复田记》，《桐山老农集》卷1（《全元文》第49册，第352—353页）。
② 鲁贞：《修开化县学记》，《桐山老农集》卷1（《全元文》第49册，第361—362页）。
③ 鲁贞：《送刘县丞子光道光远序》，《桐山老农集》卷2（《全元文》第49册，第340—341页）。

时休"的感慨。① 倒是在元朝灭亡之后，鲁贞坚持不书明朝的洪武年号，并将自己称为"可憎翁"，以显示对元朝的忠诚，正如他在诗作中所言："君不见，黄石东，皇元有客可憎翁，白发未白耳半聋。棱棱骨肉貌中古，独行踽踽前贤风。又不见，君翁之踪，有时傲睨呼清樽。长歌短咏天地中，醉来未觉酡颜红。幅巾革带不足贵，一生取予何其公。有财不肯轻恤匮，有诗不肯轻干贵。渠自渠兮侬自侬，清风明月十亩屋。乐莫乐兮情亲同，是以风俗薄往往。杨公呜呼为可憎翁，翁亦不为错。翁之可憎翁已知，人知憎翁翁不疑。憎兮元是爱之本，爱兮元是憎之基。一憎一爱在人耳，请君呼酒歌斯须。"② 作为地道的隐士，依然有如此强烈的气节观，确实值得重视。

（四）倪瓒说除弊行善

倪瓒（1301—1374年），字元镇，号云林，无锡（今属江苏）人，出身于道教世家，本人则入儒籍，后至元初年即预见大乱将至，乃散尽家财，游历山水，有《清闷阁遗稿》传世。

按照倪瓒的自述，他有过学习儒学的经历，后来之所以选择游历四方，是实在不能忍受官吏的欺凌。

> 嗟余幼失怙，教养自大兄。励志务为学，守义思居贞。闭户读书史，出门求友生。放笔作词赋，览时多论评。白眼视俗物，清言屈时英。贵富乌足道，所思垂令名。大兄忽捐馆，母氏继沦倾。恸哭肺肝裂，练祥寒暑并。钓耕奉生母，公私日侵凌。黾勉二十载，人事浩纵横。输租膏血尽，役官忧病婴。抑郁事污俗，纷攘心独惊。罄折拜胥吏，戴星候公庭。昔日春草晖，今如雪中萌。宁不思引去，缅焉起深情。实恐贻亲忧，夫何远道行。遗业忍即弃，吞声还力耕。非为蝼蚁计，兴已浮沧溟。云霾龙蛇噬，不复辨渭泾。邈邈岩涧阿，灵芝煜紫茎。有志而弗遂，悲歌岁峥嵘。冶长在缧绁，仲尼犹亟称。嵇康肆宏放，刑僇固其征。被褐以怀玉，天爵非外荣。贱辱行岂玷，表暴徒自矜。兰生萧艾中，未尝损芳馨。③

---

① 鲁贞：《余宗旸来访值雪留三日次韵》《迁梧坂四首》，《桐山老农集》卷4。
② 鲁贞：《可憎翁歌》，《桐山老农集》卷4。
③ 倪瓒：《述怀》，《清阁遗稿》卷1，四库全书本。

第十八章 危机感悟与兴亡评价 637

倪瓒所向往的，显然是无拘无束的行者或隐者的生活状态："我行域中，求理胜最。遗其爱憎，出乎内外。去来住止，夫岂有碍。依桑或宿，御风亦迈。云行水流，游戏自在。"① "读书衡茅下，秋深黄叶多。原上见远山，被褐起行歌。依依墟里间，农叟荷蓧过。华林散清月，寒水澹无波。遥哉栖遁情，身外岂有它。人生行乐耳，富贵将如何。"②

浪迹天涯或是隐居山林，不等于不关心民间疾苦，倪瓒特别在诗作中表达了对官吏盘剥百姓的不满，以及对官员行善政的期盼。

  素衣湼兮，在彼公庭。载伤迫隘，中心怔营。彼苛者虎，胡恤尔氓。视氓如豵，宁辟尤诟。礼以自持，省焉内疚。虽曰先业，念毋荡失。守而不迁，致此幽郁。身辱亲殆，孝违义屈。蔚蔚荒途，行迈靡通。雍雍鸣凤，世莫之逢。夕风凄薄，曷其有旦。吁嗟民生，实罹百患。先师遗训，岂或敢忘。箪瓢称贤，乐道无殃。予独何为，凄其悲伤。空谷有芝，窈窕且廓。爱宅希静，菽水和乐。载弋载钓，我心不怍。安以致养，寤寐忘忧。修我初服，息焉优游。③

  秦汉置牧守，犹古之侯伯。封建而郡县，仁政固不易。汉宣知所本，留意二千石。慎哉高侯车，愿循古辙迹。④

在元末的战乱中，人祸加天灾，倪瓒特别记录了当时的情景："岁己亥（1359年）春仲月之六日，自寅迄酉，震雷且雪。甲辰（1364年）暮冬日癸卯，螮蝀见于震陬，飞龙挟雷电，落景皎出月。老夫频年熟灾异，夏凄其风，冬乃热昼。雾暝如夜，淫雨十旬，浃疲农不使憩残喘，志士不得安岩穴。国之妖祲古亦有，十月雷电，天或陨石或雨血。人君修德灾可弭，桑生于朝赫王业。方今滔滔天下垫，锋镝四起群豪杰。孰能拯乱以为治，嗜仁而不虐，吁嗟斯民命矣夫，荼毒残伤亦何辜。"⑤

---

① 倪瓒：《因画说偈》，《清閟阁遗稿》卷1。
② 倪瓒：《述怀》，《清閟阁遗稿》卷1。
③ 倪瓒：《至正乙未（1355年）素衣诗》，《清閟阁遗稿》卷1。
④ 倪瓒：《送高太守之秦邮》，《清閟阁遗稿》卷1。
⑤ 倪瓒：《螮蝀》，《清閟阁遗稿》卷4。

元朝灭亡之后，倪瓒作为"元处士"，自然有悼亡的感叹："江山国破后，吊古一经行。辇路苔花碧，御沟菰叶生。古迹今宁有，新城江上横。"① "姑苏城郭草茫茫，城外腥风旧战场。花落空垣车马绝，独余梁燕说兴亡。"② 他还在词作中表达了改朝换代后的惆怅心情，并特别强调了对元朝末年缺乏英雄救世以及世人不知亡国恨的遗憾。

> 草茫茫，秦汉陵阙，世代兴亡，却便似月影圆缺。山人室，堆案图书，当窗松桂，满地薇蕨。侯门深，何须刺谒，白云闲自可怡悦。到如今，世事难说。天地间，不见一个英雄，不见一个豪杰。③
>
> 伤心莫问前朝事，重上越王台。鹧鸪啼处，东风草绿，残照花开。怅然孤啸，青山故国，乔木苍苔。当时明月依依，素影何处飞来。
>
> 惊回一枕当年梦，渔唱起南津。画屏云嶂，池塘春草，无限消魂。旧家应在，梧桐覆井，杨柳藏门。闲身空老孤篷，听雨灯火江村。④
>
> 陆庄风景又萧条，堪叹还堪笑。世事茫茫，更谁料，访渔樵。后庭玉树当时调，可怜商女，不知亡国，吹向紫鸾箫。
>
> 一江秋水淡寒烟，水影明如练。眼底离愁，数行雁，写晴天。绿苹红蓼参差见，吴歌荡桨，一声哀怨，惊起鹭鸥眠。
>
> 五湖烟水未归身，天地双蓬鬓。白酒新篘，会邻近，主酬宾。百年世事兴亡运，青山数点，渔舟一叶，聊且避风尘。⑤

倪瓒是元末有名的诗人和画家，在注重他的才艺成就时，不应忽视他的基本政治观点是崇尚儒家的治道学说，正如倪瓒在诗中所言："长叹悲人寰，弹琴想天际。夏殷礼相因，孰谓周可继。大道久榛芜，高才日凌替。遗书叹不泯，授受岂有二。邹孟道性善，宅路喻仁义。后生事

---

① 倪瓒：《次韵姑苏钱塘怀古六首》，《清閟阁遗稿》卷1。
② 倪瓒：《四月廿日过江渚茅屋杂兴四绝句》，《清閟阁遗稿》卷8。
③ 倪瓒：《折桂令》，《清閟阁遗稿》卷9。
④ 倪瓒：《人月圆》，《清閟阁遗稿》卷9。
⑤ 倪瓒：《小桃红》，《清閟阁遗稿》卷9。

言说,慨彼涕沾袂。允矣二三子,仰钻互立志。松柏受命独,岁寒郁苍翠。谁欤无愧怍,夙驾寻吾契。"① 倪瓒并没有正面评价元朝为何灭亡,但是从诗作的内容,可以看出他显然认同背离治道是王朝衰亡重要因素的论点。

（五）王翰赞乱世忠臣

王翰（1333—1378年）,字用文,蒙古名那木罕,号友石山人,灵武（今属宁夏）人,居庐州,曾任福建行省郎中,元朝灭亡后隐居,因拒绝明朝的招徕而自尽,有诗集《友石山人遗稿》传世。

战乱爆发后,王翰最大的心愿就是朝廷能够尽快完成平叛的使命:"挟策南游已十年,梦魂几度拜幽燕。王师近报清淮甸,羽檄今当到海壖。妖气苍茫空独恨,生民憔悴竟谁怜。庙堂早定匡时策,我亦归耕栗里田。"② 由于这样的心愿难以实现,使他即便是在山中隐居,亦不能不表现出对国运的忧叹。

> 官舍人稀夜雨初,疏灯相对竟何如。乾坤迢递干戈满,烟火萧条里社虚。报国每惭孙武策,匡时空草贾生书。手持汉节归何日,北望神京万里余。③
>
> 宝剑沉沙世已倾,千年波浪未能平。空余故垒邻沧岛,那复雄兵出郡城。淮上何人祠许远,海中无客葬田横。夜深有气干牛斗,洒泪空含万古情。④
>
> 京洛繁华事已违,怀人竟日掩空扉。望迷楚岫闻啼鴂,思入秦州怨落晖。野馆萧条芳草合,寒江寂寞暮云飞。落花片片随流水,惆怅关河泪满衣。⑤
>
> 万物皆有托,我生独无家。蔓草野多露,渺渺天之涯。亲戚不在旁,更与奴仆赊。落日下长坂,悲风卷惊沙。林依避猛虎,郊行畏长蛇。封狐逐野鼠,跳踉当吾车。村墟四五聚,索莫集昏鸦。方投异乡迹,又悲远城笳。抚剑向夜起,中心郁如麻。微躯焉足惜,

---

① 倪瓒:《次韵张伯琦》,《清閟阁遗稿》卷2。
② 王翰:《闻大军渡淮》,《友石山人遗稿》,四库全书本。
③ 王翰:《夜雨》,《友石山人遗稿》。
④ 王翰:《过化剑津有感》,《友石山人遗稿》。
⑤ 王翰:《春日雨中即事》,《友石山人遗稿》。

天道良可嗟。云汉念乖阻，道路日已遐。去去复何极，为君惜年华。①

即便是时运不济，也要勉励有志者奋起救国，正如王翰在诗作中所言："乱象既无已，中心恒不夷。翩翩南林鸟，厉翮无所依。念子将焉如，慷慨与我辞。西北有名将，世秉仁义麾。壮哉国士心，嘉会良在兹。江汉有舟楫，梁楚多旌旗。时焉不我与，言念渴与饥。明良际昌运，允称平生怀。""马首出城东，将军胆气雄。旌旗明苦日，笳吹动悲风。早雪三边恨，宁夸百战功。相期春草色，处处凯歌同。"②

在大厦将倾之际，为国尽忠守节者的行为尤其值得表彰，因为他们的义举，与贪生怕死、卖国求荣者形成了鲜明的对照。

黑云压城天柱折，长烽夜照孤臣节。剑血飞丹气夺虹，银章触手纷如雪。丈夫顾义不顾死，泰华可摧川可竭。蕉黄荔丹酒满壶，千载漳人酹呜咽。③

栢君挺挺英雄姿，出佐薇省丁时危。愁闻西浙已瓦解，江南民命犹悬丝。楼船一旦下江水，杀气兵氛压城垒。大臣凤驾思弃城，战士魂销将心死。臣虽力困肝胆存，臣当杀身思报恩。誓将一木支颓厦，肯竖降帜登辕门。人生恩爱岂不顾，讵忍贪生负天子。半空烟涨楼宇红，尽室魂飞剑光紫。呜呼，气分光岳臣道衰，卖降授节纷陆离。巍巍廊庙已如此，扶持世教非公谁，扶持世教非公谁。④

王翰之所以没有在元朝灭亡时以身尽忠，是因为他还没有后人，所以在有了后人之后，他就为自己选择了尽忠于元朝的结局："昔在潮阳我欲死，宗嗣如丝我无子。彼时我死作忠臣，覆祀绝宗良可耻。今年辟书亲到门，丁男屋下三人存。寸刃在手顾不惜，一死却了君亲恩。"⑤

（六）伯颜表报国之志

伯颜（1327—1379年），字子中，西域人，居进贤（今属江西），

---

① 王翰：《途中》，《友石山人遗稿》。
② 王翰：《送锁子坚北上》《送陈同金》，《友石山人遗稿》。
③ 王翰：《挽迭漳州》，《友石山人遗稿》。
④ 王翰：《挽栢金院》，《友石山人遗稿》。
⑤ 王翰：《自决》，《友石山人遗稿》。

中乡试,任东湖书院山长、建昌路教授等职,战乱爆发后任江西行省都事、兵部侍郎等职,后隐居,为表示不仕于明朝而饮药自尽。

在战乱中,伯颜不仅钦佩余阙(字廷心)的尽忠报国行为,亦展现出了浓厚的为国担忧情怀。

义重身先死,城存力已穷。百年深雨露,一士独英雄。甲第声华旧,文章节概中。只今千种恨,遗庙夕阳红。①

溪流霜后浅,野烧晓来明。古路无人迹,空山有驿名。衾寒知夜永,柝响觉风生。苦被浮名误,栖栖复此行。②

十载风尘忽白头,春来犹自强追游。香浮素碧云房静,日落青林石径幽。海内何人扶社稷,天涯有客卧林丘。此心只似长江水,终古悠悠向北流。③

改朝换代之后,伯颜始终保持着不忘故国的情感:"白头归故里,荒草没柴门。乡旧仍相见,儿童且不存。忠清千古事,骨肉一家魂。痛哭松楸下,云愁白日昏。"④他还特别创作了抒发亡国之情的长诗。

有客有客何累累,国破家亡无所归。荒村独树一茅屋,终夜泣血知者谁。燕云茫茫几万里,羽翮铩尽孤飞迟。呜呼我生兮乱中遘,不自我先兮不自我后。

我祖我父金月精,高曾累世皆簪缨。岁维丁卯(1327年)兮吾以生,于赫当代何休明。读书愿继祖父声,头白今日俱无成。我思永诀非沽名,生死逆顺由中情,神之听之和且平。呜呼祖考兮俯瞰假,笾豆失荐兮我之责。

我母我母何不辰,腹我鞠我徒辛勤。母兮淑善宜寿考,儿不良兮负母身。穀维新兮酒既醇,我母式享无悲辛。呜呼母兮母兮无远适,相会黄泉在今夕。

我师我师心休休,教我育我靡不周。四举滥叨感师德,十年苟

---

① 伯颜:《挽余廷心》,《元诗选》二集下,第922页。
② 伯颜:《过乌山铺》,《元诗选》二集下,第921页。
③ 伯颜:《十华观》,《元诗选》二集下,第922页。
④ 伯颜:《过故居》,《元诗选》二集下,第922页。

活贻师羞。酒既陈兮师戻止，一觞我奠涕泗流。呜呼我师兮毋我恶，舍生取义未迟暮。

我友我友，全公海公，爱我爱我兮人谁与同。惟公高节兮寰宇其空，百战一死兮伟哉英雄。呜呼我公兮斯酒斯酌，我魂我魂兮惟公是托。

我子我子兮娇且痴，去住存殁兮予莫女知。女既死兮骨当朽，女苟活兮终来归，呜呼女长兮毋我议。

父不慈兮时不利，鸠兮鸠兮置女已十年。女不违兮女心斯坚，用女今日兮人谁我冤，一觞进女兮神魂妥然。呜呼鸠兮果不我误，骨速朽兮肉速腐。①

这首诗显然创作于伯颜自尽之际，所要表现的恰是迟来的忠君报国的守节行为。

(七) 丁鹤年抒故国情怀

丁鹤年（1335—1424年），以字行，名不详，又字永庚，回回人，随父居武昌，元末在镇江、四明等地避难，明朝初年返回武昌，有《鹤年诗集》传世。

丁鹤年作为儒士，对于元朝的科举取士和官员的善政举措，都视为重要的文治成果，在诗作中特别表示："天子兴文治，春官策誉髦。鱼龙争变化，麟凤并游遨。玉殿红云合，金门紫气高。胪传称第一，宫柳映恩袍。""依依武昌柳，灼灼河阳花。看花思善政，折柳送仙槎。樊川令尹今潘岳，下车朝夕询民瘼。三年德化蔼如春，政成仍与民同乐。值今考绩朝玉京，云开天霁飞凫轻。褒德曾闻封卓茂，自古朝廷重老成。河阳花，武昌柳，勿剪勿伐公知否。邑人爱护比甘棠，一岁春风一回首。"②

战乱爆发后，丁鹤年发出了时运不济的感叹："兵戈故国日凋残，野蔓荒烟白骨寒。目送飞鸿度关塞，有书无处报平安。"③ 尤其是对于高邮决战前突然换掉主兵的丞相脱脱，丁鹤年更是表达了对朝廷排挤忠

---

① 伯颜：《七哀诗七首》，《元诗选》二集下，第923—924页。
② 丁鹤年：《送儒士伯坚赴会试》《送武昌知县潘公考满》，《鹤年诗集》卷1，四库全书本。
③ 丁鹤年：《题雁》，《鹤年诗集》卷2。

臣、错失平盗良机荒谬举动的愤怒之情："淮海重闻斧钺临，一时黎庶尽倾心。雷霆声播天威远，霖雨恩添帝泽深。暗室有蝇污白璧，明廷无象铸黄金。风尘未息英雄死，坐对江山慨古今。"①

丁鹤年曾有两次杭州之行，在诗作中既反映了南宋故都的萧条，也反映了元末战争带来的严重破坏。

> 钱塘佳丽冠南州，故国繁华逐水流。龙虎已消王霸气，江山空锁古今愁。吴臣庙冷潮喧夜，宋主陵荒塔倚秋。最是西湖歌舞地，数声渔笛散凫鸥。②
>
> 涌金风月昔追欢，一旦狂歌变永叹。锦绣湖山兵气合，金银楼阁劫灰寒。雪晴林野梅何在，霜冷苏堤柳自残。欲买画船寻旧约，荒烟野水浩漫漫。③

为朝廷尽忠守节的文臣武将，确实值得赞誉，丁鹤年特别记录了余阙等人的事迹。

> 将军疋马入舒城，击贼频烦训义兵。孝以保家忠恂国，聚而出战散归耕。围俘月晕全无隙，捷振天威大有声。游说飞书徒间谍，输诚伏节愈坚贞。云梯屡却妖氛豁，露布交驰杀气平。千里荆扬凭保障，七年淮海赖澄清。山深狭㺄奸还出，江阔鲸鲵斩更横。外援内储俱断绝，裹疮饮血独支撑。天昏苦雾埋营垒，日落阴风卷旆旌。甘与张巡为疠鬼，肯同王衍误苍生。三千将士皆从死，百二山河亦继倾。静对风霆思号令，遥从箕尾识精诚。颂碑不愧词臣色，哀诏偏伤圣主情。愿为执鞭生不遂，临风三酹重沾缨。④
>
> 瓣香遥拜九江城，太守精神日月明。叔侄并归忠义传，江山不尽古今情。潮回溢浦声犹怒，云起炉峰气未平。生死总魁天下士，丈夫端不负科名。⑤

---

① 丁鹤年：《脱太师（脱脱）》，《鹤年诗集》卷2。
② 丁鹤年：《钱塘怀古》，《鹤年诗集》卷2。
③ 丁鹤年：《重到西湖》，《鹤年诗集》卷2。
④ 丁鹤年：《过安庆追悼余文贞公》，《鹤年诗集》卷2。
⑤ 丁鹤年：《过九江追悼李子威太守》，《鹤年诗集》卷2。

> 独骑铁马突重围，斩将搴旗疾似飞。金虎分符开幕府，玉龙横剑卫邦畿。委身徇国心方尽，裹革还乡愿竟违。病卧沧江怜弱弟，看云徒有泪沾衣。①
>
> 十年沧海上，辛苦赞戎机。帷幄筹虽在，辕门事已非。黄金从百炼，白璧竟全归。生死俱无憾，千秋仰德辉。②

丁鹤年还记录了在战乱中的厘定赋税、修建海堤等善政行为，因为这样的行为起着支撑王朝统治残局的重要作用。

> 戈甲三边静，车书四海同。时平尚文治，策士明光宫。龙沙公子清且美，玉立芙蓉照秋水。前席才名贾谊贤，出关气概终军伟。恭捧帝符临下方，卿云五色分天章。星轺小驻武陵驿，炎海六月生清凉。宣朝廷德意，问闾阎疾苦。游民亦占籍，编户悉按堵。力役均平赋敛轻，去者讴歌来鼓舞。③
>
> 阴霓夜吼风雨急，坤维震荡玄冥立。桑田变海人为鱼，叶侯诉天天为泣。侯奉天罚诛妖霓，下平水土安群黎。嶙峋老骨不肯朽，化作姚江捍海堤。海堤蜿蜒如削壁，横截狂澜三万尺。堤内耕桑堤外渔，民物欣欣始生息。潮头月落啼早鸦，柴门半启临沤沙。柳根白舫卖鱼市，花底青帘沽酒家。花柳村村各按堵，世变侯仙倏成古。侯虽已矣遗爱存，时听丛祠咽箫鼓。人生何必九鼎荣，庙食贵有千载名。君不闻，一杯河水决瓠子，沈马亲勤汉皇祀。又不闻，一带江波泛蜀都，刻犀厌胜秦人愚。江平河塞世犹骇，何况堂堂障沧海。论功不啻济川才，砥柱东南千万载。呜呼，只今四海俱横流，平地风波沉九州。苍生引领望援溺，州县有官非叶侯。州县有官非叶侯，御灾谁复忧民忧。④

丁鹤年尽管在各地避乱，并且对局势越来越担心，但是他依然坚定地表达了奉行朝廷正朔的意志。

---

① 丁鹤年：《哭阵亡仲兄烈胆万户》，《鹤年诗集》卷2。
② 丁鹤年：《挽唐都事》，《鹤年诗集》卷1。
③ 丁鹤年：《送周侍郎定江浙赋税还大都（代杭城父老作）》，《鹤年诗集》卷2。
④ 丁鹤年：《题余姚叶敬常州判海堤卷》，《鹤年诗集》卷2。

落魄乾坤一腐儒，生逢四海日艰虞。异邦作客歌黄鸟，空谷怀人咏白驹。岂有纵横干七国，亦无词赋拟三都。时危哪敢辞贫贱，第恨长年走畏途。①

　　东海十年多契阔，西风九日独登临。天高云静雁初度，水碧沙明龙自吟。篱下菊花怜我瘦，杯中竹叶为谁深。凭高眺远无穷恨，志国怀乡一寸心。②

　　抱病经时不出门，存亡一一念诸昆。兵戈随处断消息，风雨终宵劳梦魂。竹下题诗云起砚，花前度曲月当樽。每因旧事增新感，独对寒灯拭泪痕。③

　　腐儒避地海东偏，凤历颁春下九天。载拜帝尧新正朔，永怀神禹旧山川。庙堂久托君臣契，藩阃兼操将相权。只在忠良勤翊戴，万方行睹至元年。④

当然，作为儒者而言，丁鹤年也只能是经常性地表达报国之志，而实际上难有任何作为。

　　汩汩在尘埃，羁怀不暂开。病将颜玉去，愁送鬓丝来。招隐惭高蹈，扶颠乏大才。行藏成两失，回首有余哀。⑤

　　何处赴幽期，青林白谷陲。谷虚秋气早，林茂曙光迟。谈罢风生尘，歌阑月在卮。谋身良自足，何补国安危。⑥

　　千里关河阻重兵，两烦书札见深情。故人我久知张禄，处士时多忌祢衡。阅世正当思豹变，出关何必待鸡鸣。莫嗟才大难为用，天运行将返治平。⑦

　　阊阖排云事已休，劳劳犹耻为身谋。数茎白发未为老，一寸丹心都是愁。燕代地高山北峙，荆扬天阔水东流。英雄已去空形胜，

---

① 丁鹤年：《腐儒》，《鹤年诗集》卷2。
② 丁鹤年：《九日登定海虎蹲山》，《鹤年诗集》卷2。
③ 丁鹤年：《丙午（1366年）十一月二十四日夜梦回书事》，《鹤年诗集》卷2。
④ 丁鹤年：《颁历》，《鹤年诗集》卷2。
⑤ 丁鹤年：《汩汩》，《鹤年诗集》卷1。
⑥ 丁鹤年：《幽期》，《鹤年诗集》卷1。
⑦ 丁鹤年：《寄张廷言》，《鹤年诗集》卷2。

剑气中宵射斗牛。①

数茎白发镜中新,兀兀穷年愧此身。万里云霄双倦羽,千寻江汉一穷鳞。望乡薄暮凭西日,去国中宵礼北辰。客路渐遥身渐老,此生何以报君亲。②

元朝灭亡之后,丁鹤年返回武昌,愁乡之情随即变成了长久的对故朝的怀念。

长江千万里,何处是侬乡。忽见晴川树,依稀认汉阳。长啸还江国,迟回别海乡。春潮如有意,相送过浔阳。③

湖北衣冠蔼士林,十年兵革尽消沉。昆冈火后余双璧,锦里书回抵万金。凫舄趋朝天阙近,霓裳度曲月宫深。谁知海上垂纶者,去国长悬万里心。④

避乱移家大海隈,楚云湘月首频回。归期实误王孙草,远信虚凭驿使梅。天地无情时屡改,江山有待我重来。白头哀怨知多少,欲赋惭无庾信才。

乱定还家两鬓苍,物情人事总堪伤。西风古冢游狐兔,落日荒郊卧虎狼。五柳久非陶令宅,百花今岂杜陵庄。旧游回首都成梦,独数残更坐夜长。⑤

挟海怀山谒紫宸,拟将忠孝报君亲。忽从华表闻辽鹤,却抱遗经泣鲁麟。丧乱行藏心似铁,蹉跎勋业鬓如银。万言椽笔今无用,闲向林泉纪逸民。⑥

丁鹤年还以长诗记述了元朝由盛到衰的过程,尤其是从战乱到覆亡的情形,不仅是要做一个历史的总结,亦包含了对故朝的深厚感情。

羲轩道德久荒唐,荡荡宏图起世皇。天入清都逾广大,日临化

---

① 丁鹤年:《劳劳》,《鹤年诗集》卷2。
② 丁鹤年:《兀兀》,《鹤年诗集》卷2。
③ 丁鹤年:《长江万里图(将归武昌,自赋二首)》,《鹤年诗集》卷1。
④ 丁鹤年:《寄胡敬文县尹》,《鹤年诗集》卷2。
⑤ 丁鹤年:《兵后还武昌二首》,《鹤年诗集》卷2。
⑥ 丁鹤年:《奉寄九灵先生四首》,《鹤年诗集》卷2。

国倍舒长。渥洼万里来骐骥，阿阁千年下凤凰。圣子神孙承宝祚，长令亿兆乐时康。

堂堂至正最多材，万国同文寿域开。漠北诸生登第去，越南计吏进贤来。凤韶九奏黄金殿，鹤驾三朝白玉台。回首黄尘扬碧海，五云无处觅蓬莱。

长淮横溃祸非轻，坐见中流砥柱倾。太守九江先效死，诸公四海尚偷生。风云意气惭豪杰，雨露恩荣负圣明。一望神州一搔首，天南天北若为情。

一夜西风到海滨，楼船东出海扬尘。坐惭黄歇三千客，死慕田横五百人。纪岁自应书甲子，朝元谁共守庚申。悲歌抚罢龙泉剑，独立苍溟望北辰。

千官何处扈宸游，回首风尘遍九州。黄竹雪深迷玉辇，苍梧云断见珠丘。令威不尽去家怨，精卫岂胜填海愁。大禹胼胝天所眷，肯教纶邑久淹留。

六军遥驻墨河濆，故国丘墟讵忍闻。露冷金铜应独泣，火炎玉石竟俱焚。虞渊日暮无还景，禹穴秋深有断云。草泽遗民今白发，凭高无奈思纷纷。

皇天辅德本无亲，兴复宁论地与民。纶有一成终祀夏，楚虽三户竟亡秦。昆虫咸被生成德，草木犹怀化育仁。洪运未移神器在，周宣汉武果何人。

金银宫阙五云乡，曾见群仙奉玉皇。济济夔龙兴礼乐，桓桓方虎靖封疆。自沦碣石沧溟底，谁索玄珠赤水傍。独有遗民负悲愤，草间忍死待宣光。

九鼎神州竟陆沉，偷生江海复山林。频繁谁在隆中顾，憔悴唯余泽畔吟。啮雪心危天日远，看云泪尽岁时深。百年家国无穷事，可得忘机老汉阴。①

尤其需要注意的是，丁鹤年用隐晦的手法，指出了导致元朝灭亡的四大原因，一是歌舞升平，不以天下为意；二是奸佞当道，陷害忠良；三是虐待百姓，苦乐不均；四是上下欺瞒，虚言盛行。

---

① 丁鹤年：《自咏十律》，《鹤年诗集》卷2。

露阙双开太素天，通明殿里宴群仙。娉婷后队琼花簇，潇洒前班玉笋联。步月霓裳轻冉冉，御风鹤氅捷翩翩。大珠玓瓅遗悬佩，碎璧玲珑委堕钿。掩日韬霞呈绝巧，镂冰剪水斗清妍。瑶池桃熟迎王满，银汉槎回送使骞。上界乘时夸富贵，下方何路告颠连。自从宇宙纵横乱，顿使闾阎苦乐偏。出塞共愁貂帽重，趋朝争美鹄袍鲜。未春上苑先飞絮，不夜边城正折绵。阴窖孤忠苏武节，空斋独冷广文毡。羊羔已属将军饮，凤髓还归学士煎。僵卧洛阳晨闭户，清狂剡曲夜回船。软裘快马增朝爽，破屋孤铛压暝烟。狂走平原丞相犬，饥鸣废垒伏波鸢。梁园作赋频呵笔，灞岸寻诗懒着鞭。入地岂应蝗灭迹，聚沙那辨鹭联拳。谪潮未免衔冤去，破蔡终期奏凯还。粪壤眼前蒙暂庇，阱坑脚底已虚填。尽驱瘴疠南侵越，直遏阴威北犯燕。就暖羽毛违绝漠，避寒鳞甲蛰深渊。楼台远近皆妆饰，陵谷高低悉变迁。已诈清宵为白昼，还诬欠岁作丰年。舣滩渔艇愁胶柂，失道征鞍畏没鞯。隐匿瑕疵称净域，朦胧硗确号平田。声随折竹惊敧枕，影逐残梅乱舞筵。助虐骤添风凛冽，恶明深妒月婵娟。蟹行莎尽宁知止，蚕食桑空未肯眠。欺老虐贫俱实效，呈祥表瑞总讹传。何当红日升旸谷，尽化流澌赴百川。①

丁鹤年所要表达的核心观念，就是元朝的覆亡在于治道的丧失，因为没有尧舜之治，必然难免王朝覆灭的厄运。

综合以上诸人的政治观点，可以形成对元朝遗民政治观念的六点基本认识。

一是遗民对元朝统一全国后盛世的追忆，尤其是对各种善政、善治行为的表彰，所要彰显的是遗民观念的政治正当性，即遗民所衷心拥护和爱戴的，是一个曾经颇有作为的正统王朝。

二是遗民对元朝文治成果尤其是顺帝朝文治成果的赞誉，以及注重真儒之效的各种表述，所要彰显的是遗民观念的思想正当性，即遗民所要倡导的，就是以文治思想贯穿王朝统治的始终。

三是遗民对乱世现象的记录和思考，尤其是对爱民、恤民、治世等的强烈诉求以及对各种时弊的激烈抨击，所要彰显的是遗民观念的行为

---

① 丁鹤年：《咏雪三十韵》，《鹤年诗集》卷2。

正当性，即遗民曾在重大危机中积极倡导将救亡观念变成救亡行为。

四是遗民对忠臣守节行为的赞颂，以及自我表述的忧国、爱国之情，所要彰显的是遗民观念的道德正当性，即越是在乱世之中，越要坚持尽忠守节和报效国家的大义观念。

五是遗民对王朝灭亡原因的分析，尽管角度不同，论点纷呈，但大多指向治道乖离的问题，所要彰显的是遗民观念的方法正当性，即遗民普遍认可治道是维系国家长治久安的基本方法。

六是遗民的故国或故朝情怀表述，或愁或叹，或悲或怒，所要彰显的是遗民观念的立场正当性，即遗民不会轻易改变自己的政治立场和政治态度，不愿意向新政治势力妥协。

王朝更替必会带来新旧政治思潮的对立，遗民政治理念所代表的就是一种旧的政治思潮。这种思潮不会在很短时间内被新王朝彻底清除，只会随着时间的推移逐渐淡化，但不能因其最终淡去而忽视其存在和曾经有过的影响。

第二节　宗教人士的政治观点

元朝后期的宗教人士，如佛教的释惟则、释清珙、释大圭和道教的张雨等人，也提出了一些重要的政治观点，可放在本章略作说明。

一　释惟则的行善观念

释惟则（1286—?），字天如，永新（今属江西）人，俗姓谭，从释明本（中峰国师）学习佛法，至正年间在姑苏城中建师子林方丈，有弟子所辑《师子林天如和尚语录》传世。

（一）心性为善

释惟则并未将世人的修行佛法视为难事，他特别强调："佛法本无玄妙，只要汝诸人各各知道眼横鼻直便休。今我现前一众，有鼻皆直，有眼皆横，面面相对，哪个不知。乃至昼见日，夜见星，饥吃饭，冷添衣。""老汉参方三十年，也有两件不了底事。是什么两件事，饥来要吃饭，困来要打眠。"修行佛法的要义就是"直指人心，见性成佛"，释惟则对此做的进一步解释，就是让人们认清核心要素是见性，而不是成佛："见性成佛赚杀多少人，都道成佛要紧，见性不要紧。成佛念头急,见性念头宽,其奈转宽转远,转急转迟。只贪饭好吃,不信是米做。山僧今日随机应变,为他掇转话头,改作见佛成性,又不然改作成佛见性,岂不快哉。有个汉却又骂我颠倒不顺理,遂款款向他道:君不闻圣性无不通,顺逆皆方便,也骂我不得,也骂你不得,且待明眼人断。"①

由此,必须了解佛教的心性学说。释惟则对心性的解释,重点强调休心、修心、证心、治心,关键点在于以心为善。

> 古者谓:"不学佛法,惟务休心。"休得一分心,学得一分佛法。休心至于究竟,即是学佛法至于究竟。然则佛法别无可学,惟以休心为学也。

> 实也大休,说也大休,行也大休。念念休,步步休,得休便休,一休永休。永休须是永大休,不至大休誓不休。②

> 十法界本无自体,本无自性,亦无自种,亦无自根,皆惟一心之所造也。所言心者,如太虚空,本来清净,本来廓彻,无方无所,无状无形,不灭不生,不动不变。不知何故而言法界惟心造哉,原夫此心虽曰不变,而亦随缘,以其随缘,故曰能造。随缘者或因一念瞥生,或因外境相触。内外感触,故曰因缘。才有因缘,便成法界。且以譬喻明之,心如水也,法界如波也。当其水体本静,未有感触之时,湛湛澄澄,不摇不动。及其偶遭风触,则千波万浪,随其所触而生焉。故曰水能造波,波因水而有也,心能造法界,法界因心而有也。

> 一切众生之所迷,迷此心也。三乘贤圣之所悟,悟此心也。一大藏教之所开导,开导此心也。历代宗师之所指示,指示此心也。三观者,观此心也。单传者,传此心也。累劫而修,修此心也。历位而证,证此心也。良由此心随缘变造,故有种种之法界也。若能一心不生了悟了证,则种种法界随其所了而空也。是故十习既断,六交不生,地狱之心了也;欲贪既断,痴想不生,畜生之心了也;爱见既断,悭贪不生,饿鬼之心了也;胜心既断,嗔斗不生,修罗

---

① 释惟则:《示众》,《师子林天如和尚语录》卷1,大藏经本。
② 释惟则:《示大休永庵主》,《师子林天如和尚语录》卷3。

之心了也；爱染既断，正念现前，人道之心了也；舍有漏因，修无漏业，天道之心了也；不执四谛，不守真空，声闻之心了也；不局因缘，回心入大，缘觉之心了也；六度功成，顿超地位，菩萨之心了也；圆满菩提，归无所得，诸佛之心了也。①

盖其立言垂化，原始要终无非教人为善而已。为善者何，治心而已。治心者何，舍邪从正而已。心也者，从古逮今圣凡贵贱一切生灵之所共禀者也。充而论之，天地以之而建立，阴阳以之而运行，风雨晦明以之而变化，草木万类以之而发生。其于人也，在眼为见，在耳为闻，在鼻为嗅，在舌为尝，乃至俯仰折旋行住坐卧，一静一动一语一默，喜怒哀乐之情，取舍向背之行，皆心之所为也。

心体本一，惟于应事接物之际或失主宰，遂有邪正真妄之分焉。真心者何，本来清净无所污染，本来解脱无所系碍，妙应随缘纵横自在之谓也。妄心者何，由迷真觉，随念变迁，识想纷飞根尘胶扰，而颠倒错乱靡所不至之谓也。

苟知治心如治镜，则人皆可使为圣贤之归。使人人为圣贤之归，则吾佛治心之道岂怪诡僻异之术、险峻幽深之事哉。②

释惟则还强调了随缘选择善恶的论点："人言善恶本无性，取舍悉由情变迁。舍恶取善曰归善，恶去善存犹是偏。善归极善善亦舍，归至无归性始圆。亦如设药以治病，病止药除神自全。山僧用处不如此，善恶取舍无择焉。见佛不欣魔不厌，出生入死皆随缘。"③

心性说与圣贤之道亦有密切的关系，正如释惟则所言："夫道也者，包天地，亘古今，圣凡愚智靡不具有，反而求之无所不达。彼达道者尽其性以安其分，处卑污贫贱恬如也，无能移其守，视富贵声利澹如也，无所动其心，既不为物欲之所诱，故不为业力之所牵。"④对于守道而言，至诚是最基本的要求："诚也者信之极也，信而至于诚，则大

---

① 释惟则：《普说》，《师子林天如和尚语录》卷2。
② 释惟则：《示乐真居士（狄同知）》，《师子林天如和尚语录》卷3。
③ 释惟则：《归善室歌》，《师子林天如和尚语录》卷4。
④ 释惟则：《示周仲翔居士》，《师子林天如和尚语录》卷3。

本有所立，而道可成矣。诚之极为至真，为至纯，为至常也。真之至故无妄，纯之至故无杂，常之至故不息。无妄者，诚之存乎理，体也。无杂者，诚之形乎事，相也。不息者，诚之应乎妙，用也。以其理体之诚，故大而天地，细而尘毛，罔不由之而建立。以其事相之诚，故虚空法界万象森罗交互而不碍。以其妙用之诚，故幻化往来始终生灭变现而无穷。于是吾佛世尊体是诚而成等正觉，十方菩萨推是诚于六度万行。其世间法曰修齐平治，亦以意诚为大本也。"① 尤为重要的是，至诚者不能"绝听"："盖圣人以言显理，俾闻者思而修之。徒畜闻而不务思修，则迷本循声，其过非小，是有绝听之义焉。绝听之义有浅有深，其浅在修，其深在性，修有功用而性无功用也。"②

释惟则还指出修习佛法者有知识不真、难以坚持、难忘名利三病，以及身口、眷属、家火三累。

> 虽有参禅问道之士，而年久岁深不获灵验者，其故何哉？略而论之，有三种病。第一，最初不遇真正善知识与之开发指示，所以根脚不稳密，趣向不端正，做处有偏枯，见处有差错，谓之打头不遇作家，到底翻成骨董。第二，不能痛将生死事大为念，既无勇猛精进之工夫，又无久远不退之志气，一曝十寒，悠悠漾漾，不觉打在无事甲中，三二十年如钉桩摇橹，如水浸石头相似，永无醒动底时节。第三，或于世间虚名浮利上照不破放不下，或于世间妄缘恶习上坐不断摆不脱，每于境风扇动世波摇撼处，不觉和身辊向业海中东飘西泊去了，安得复有灵验哉。③

> 学道如初，作佛有余，始终不变，真大丈夫。如今能有几人始终不变，往往十个五双都是退道心底。考其退道心底因缘，盖亦各有所累而然也。所累者何，有三种累。第一无问僧俗男女，各各为身口所累，其次有眷属者为眷属所累，有家火者为家火所累。这三种累，累杀天下人。尽天下人遭这三种累，忙了一世，闹了一世，苦了一世，干弄了一世，空过了一世。何况又因这三种累，起了无

---

① 释惟则：《诚庵说》，《师子林天如和尚语录》卷6（《全元文》第51册，第540—541页）。
② 释惟则：《绝听说》，《师子林天如和尚语录》卷6（《全元文》第51册，第544页）。
③ 释惟则：《普说》，《师子林天如和尚语录》卷2。

量贪嗔痴，造了无量大小恶业。①

由此，还是要以正信之心来学习佛法，正如释惟则所言："今时学者根器不齐，于即你便是之谈，人人知得，人人解得，人人说得，只是承当不得。及乎教他提话头，话头提不起。教他做工夫，工夫做不上。病势转深，药头转不灵验，此无他，正信之心不真、不切故尔。信为根本，一切佛法由此发生。信为门户，一切圣贤由此趣入。谓信者何，信有三种。第一须信自己与诸佛诸祖本同一体，一切现成。若非悟证一回，只是个迷妄凡夫，生死岸头决定不了。第二须信佛祖留下一言半句，灼然有个悟处。若非真参实究，勇猛精进，决定无自悟之理。第三须信世间名利妄想攀缘，政是障道之本。若非和座掀翻，扫踪灭迹，决定无参学之分。有能如是，信得稳稳当当，如一座铁山相似，一切妄缘妄境穿凿不入，摇撼不动，管取日用自然得力，而发明大事有日矣。"②"人有修学之力，存养之功，充道德于其内，则见乎外者睟面盎背，而又文章刑仪日益着显，是能自致其英者也。"③

（二）居官为善

在官员和士大夫向释惟则请教参禅要义时，释惟则明确表示，参禅自有成法，但更需要重视的应是为官之道。

> 参禅是向上一着要紧大事，此事曰僧曰俗人人有分，况是本来具足全体现成，争奈世间人往往当面蹉过，不曾去理会。莫道不曾理会，问也不曾问着，正眼看来诚可怜悯。今日诸公既发此问，毕竟于此事上有大因缘，然此事才拟说着，便是生死岸头境界，便是痛心苦口之语，望诸公洗心涤虑听之思之。
>
> 何谓参禅是向上要紧大事，盖为要明心见性，了生脱死，生死未明谓之大事。祖师道："参禅只为了生死，生死不了成徒劳。"
>
> 做官高低论根脚，悟道迟速论根器。譬如乡里小儿要做官人，从小习文书学吏业，向司县间做小吏起，弄到老死，构不得九品八品。如众相公出身便是五品四品，亦有白身便是三品者，较之小吏

---

① 释惟则：《宗乘要义》，《师子林天如和尚语录》卷9。
② 释惟则：《示信维那》，《师子林天如和尚语录》卷5。
③ 释惟则：《英山说》，《师子林天如和尚语录》卷6（《全元文》第51册，第544—545页）。

相去多少。学道亦然，何可以僧俗之异而自分难易邪。

今我副使诸公，身历宪台，法柄在手，声光赫赫，震耀海内。同来会中亦有据要路而握政纲者，有入帅阃而持军麾者，有居幕府而司案牍者，有任教官而为文章伯者，皆是宿生曾向吾门履践。故其正念炳然，不为富贵功名之所掩，乃复相率过我师子林，咨决禅宗向上一着，此岂偶然者哉。然我这里别无指授之方，但请各各参取个无字话头，却不妨向出司按部、莅政牧民、演武修文处，时时提掇，密密觑捕，忽然觑破话头眼空天下，肯复让范冲、于頔辈为了事汉哉。古人云："为治不在多言，顾力行何如耳。"①

释惟则还指出："工夫做到极则无把捉处，譬如宰臣之家忽遭籍没，父母、兄弟、妻子、眷属、朋伴、奴婢诛勠都尽，一身万里居，窜逐穷荒之地，无一人相识，无一人倚靠，无一人商量。平生受用境界，机谋志气，一时丧尽。当万死一生之际，自作转变，忽然得个顶天立地底活计，方是男儿大丈夫。"② 所以，为官者的自参和自悟，都要符合治国的基本要求："然我宗无语句，亦无一法与人，惟在乎自参自悟自得耳。其自参自悟之方，先须照破世间虚名浮利恩爱豪华，万境万缘同一梦幻。次须痛念流光如箭，时不待人，生死岸头无本可据。然后将宗门中省要处念念提撕，政当提撕之时，于修身、齐家、听讼、治狱、礼乐、刑政之宣行，案牍简书之酬酢，总不相妨，总是下手得力处。果能如是，功不浪施，念无虚弃。"③

为惩恶扬善，确实需要有刑法，但刑法之用，是要使犯恶之人有忏悔之心，如释惟则所言："所以道诸法从心灭，诸罪从心亡也，其理昭然如此。而世间之人间有不信者，第一不信有地狱苦报之事，第二不信有忏悔之法。""即今朝廷张官置吏以治天下，而世有凶狠强暴纵心作恶之徒，或犯五逆十恶奸盗诈伪等，官设牢狱枷锁笞杖徒流以究治之。重则明正典刑，籍没家产，以惩戒之。纵心作恶等，即烦恼障也。奸盗诈伪等，即业障也。牢狱枷锁等，即报障也。阳间事既如此，地狱可不信哉。""世有过犯者，官许发露首告，首告者与免本罪，此非忏悔之

---

① 释惟则：《普说》，《师子林天如和尚语录》卷2。
② 释惟则：《示众》，《师子林天如和尚语录》卷1。
③ 释惟则：《示乐真居士（狄同知）》，《师子林天如和尚语录》卷3。

法乎。"①

所以，为官行善，在释惟则看来，最基本的就是总纪纲和善待百姓，他对有善行的官员颇为称赞："足下才德粹美，秉清要之权者十余任矣，忠孝两全，朝野交颂，民无贵贱老少被其泽、向其风者，咸不愿其一日去官。"② 对其他官员的要求则是："公事私事世法佛法，一了一切了，然后总握吾道之纪纲，风厉三界之群有，此则宗门与天下之士同一引领而称庆者也。地远天寒未能候谒，公务之隙以道自强。"③ "此事妙在力行，知而不行，行而不力，终无到家之理。近时宰官士大夫学佛法者，往往以聪明穿凿，情识领揽，得一知半解自以为是，殊不知政是迷妄根本。"④

（三）与民为善

释惟则亦极为关注民间的疾苦，他曾在给族弟的信中描述了浙江水灾带来的困苦景象。

> 乡中境况萧索概可见矣，今夏浙西有水，苏湖杭秀之田皆在淹没，而松江为独甚。松江二县惟华亭素称富饶福善之邦，每岁官粮自该八十余万石，今乃一概入水乡。村不可居者，散而之四方。城中地稍卑者，例遭沉浸，官宰有力之家绕城作坝，昼夜车戽，市民始得安居。余之隐所在城北，距城二里许，居址林园虽高，而绕围沃壤悉变为湖，帆橹往来宛有西湖孤山风致，但以波涛舂撞，四望可畏，故亦徙而避之，入城寓居者凡数月。……九月半水势稍平，复还旧隐。
>
> 自余来华亭今十载，尝见己巳（1329年）大旱，庚午（1330年）大水，辛未（1331年）饥疫，民度苦劫以来，疲困凋残，六七年尚未苏醒。不幸今戊寅（1338年）之水，其毒尤酷。漳人之哄两浙间，军马经过处，鸡犬不得宁。赋徭纵横，民亦良苦。来岁

---

① 释惟则：《普说》，《师子林天如和尚语录》卷2。
② 释惟则：《答仲温副使病中疑问》，《师子林天如和尚语录》卷8（《全元文》第51册，第612—617页）。
③ 释惟则：《答妙空居士（秃鲁平章）》，《师子林天如和尚语录》卷8（《全元文》第51册，第602—603页）。
④ 释惟则：《答太府监朵烈帖木儿》，《师子林天如和尚语录》卷8（《全元文》第51册，第609页）。

丰凶安危，俱未可卜。①

释惟则还特别为救灾写下了疏文："官与民为牧，任其牧者，以时牧之。人无食曰饥，视其饥则犹己饥也。盖今夏久淹于泛滥，故凶年不免于死亡。倾薄俸惠而不周，劝大家济之必众。犬马皆能有养，可怜其父子弟兄；蝼蚁尚且知恩，况与尔邻里乡党。念彼体肤之饿，为谁仓廪之充。受田百亩，聚粟一家，无贫者安有富者。献米五千，分钱十万，岂今人不及古人。悯穷无告当恻然，见义不为无勇也。"② 也就是说，出家之人亦可以为救灾出力，尤其是倡导救民的善行，以体现官府的爱民之心。

释惟则还指出："孔、老二教之圣贤，立法化世虽曰不同，而好生恶杀之言无不同也。至如吾佛世尊，则又以业报因果、生死轮回之事，详示而严戒之。"③ 在普济众生方面，释惟则特别强调："吾佛之致满足菩提者，以其不舍一法，以其无一法非济人之行也。故凡学佛之徒，见一行足以济人，必勇为之。然行有钜细，济人有缓急。架舟梁、树宫刹、舍头目髓脑，其行固大矣；有以一勺之汤、一啖之茶活人于道路者，功或倍之，是盖济其急也。""自济易，济人难。济人者推己之余易，求诸人难。求人以济人者暂易，持久难。"④ 好生恶杀就是要与民为善，释惟则特别以此说来强调儒、释、道的共同点所在。

释惟则所阐释的行善观念，尤其是心性说，显然受了理学学说的影响，所以他明确表示愿意与不排斥佛学的儒者交流："为君子儒，既不效儒之排佛而且事之，故敢贡进修之说。"⑤ 在元朝中后期儒、佛、道严重对立的状态下，释惟则显然难以声张三教同一的论点，只能是保持不拒儒的立场，以昭示三教之人都应有相互宽容的态度。

---

① 释惟则：《答弟行远》，《师子林天如和尚语录》卷7（《全元文》第51册，第588—589页）。
② 释惟则：《华亭县劝济饥民疏》，《师子林天如和尚语录》卷7（《全元文》第51册，第569页）。
③ 释惟则：《示曹妙净居士》，《师子林天如和尚语录》卷3。
④ 释惟则：《善惠庵施茶田记》，《师子林天如和尚语录》卷6（《全元文》第51册，第550页）。
⑤ 释惟则：《钱王铜塔诗卷序》，《师子林天如和尚语录》卷6（《全元文》第51册，第533—534页）。

二　张雨等人的为善观念

与释惟则的观点接近，张雨、释清珙和释大圭等宗教人士，阐释的也是以善为核心内容的政治观念。

(一) 张雨说善治

张雨（1283—1356 年后），名天雨，入道后名嗣真，字伯雨，别号贞居，自号句曲外史，茅山开元宫道士，从王寿衍入大都，后归居句曲（今江苏句容），有《句曲外史集》传世。

张雨与华亭的孙炼师（字明叔）曾就苦乐有一段对话，张雨特别强调了以孔子之道苦中寓乐的论点，可转引于下。

予曰："好荣恶辱，人之常情。今夫喜也，悦也，得意也，好也，所谓乐也；忧悲也，窘穷也，疾病也，祸患也，所谓苦也。师乃以人所不欲也，而曰我乃欲焉，是不亦好人之所恶，恶人之所好，传所谓拂人之性者乎？"

师曰："岂敢，试为子陈之。吾乡之人有才干器局者，多出入大家，纲纪其门户，以济其私家。故倚大富者为小富，自小富为巨室，比比皆是。方义门声势赫赫，家之政大小芥细，悉由鄙人，鄙人欲自为计，何施不能。顾乃澹泊自嗜，若将终身不殖货利，不置田亩，不事懋迁。丧乱以来，既无田庐，生理日拙，官方以无田而号富有者，尝依富人以成家者，应命有司，鄙人已数数困于是矣。其应命也，始也剥肌肤，今也竭膏血，父子不保，室人怨嗟，贸售市易，大而衾裘书册，微而匣笥卮匜，探索无疑，以死为愈。殊不知鄙人无田而非富有，依富人而未尝成家者也，其苦也孰大于是。尝读老子书，有曰：'有身有患。'庄周书亦曰：'人之生也，与忧俱生。'是凡人之生不能无苦也，审矣。鄙人既学其道，敢不一死生，外形体，齐物我，乐其存于中者，听其苦于外者，如是而已，是乃所谓乐者。"

予曰："师盖可与言道者矣。昔人有言市中有虎，众皆自若，独一人色惨而意动，盖尝伤于虎者也。予以流俗所不偶，作畸伦东海上，处贫贱之日久矣，盖尝伤于苦者也。贫贱之苦，世所不堪，予亦以孔子之道朝夕自娱。苦难稍来，亦复谢去，终不能叠叠逼人。闻师之言，乃知世固有同于予者。如是，予与师苦虽不同，乐岂有异耶。"①

对于朝廷的科举取士，张雨则认为儒者不要抱太高期望，因为毕竟是儒、吏两途，儒者无法改变恶吏横行的现实："一日姓名上闻，置之玉堂之署，编修应奉如取券纳物，其进未可量。日来置史局，为吏服者方俯首虞棰笞之不暇，稽古之力儒者小试之效已如此，古今曷有异途，在所存何如耳。""科举恩沾乡贡榜，学校例贡诸生员。多歧取士从润色，百骸受蠹争贪缘。穷巷授徒缺养母，普天为吏横索钱。妙年立身在择术，老生常谈无弃捐。"②

张雨还特别用十首诗阐释了以史为鉴、追求善治的治国道理。

不爱昆冈玉，不爱江汉珠。爱己有苍璧，有之利有余。吾生为我有，其利当何如。论爵不足贵，论富不能逾。达生命之情，顺生以自娱。

荆人有遗弓，索之将奚为。且荆人遗之，乃荆人得之。孔子闻之曰，去其荆可耳。老聃闻则曰，去其人可矣。天下有至公，孔聃得其理。天地且弗有，莫知其所始。

墨子叹染丝，所叹一何长。染于苍则苍，染于黄则黄。奚独染丝然，染国在所当。有染如伊皋，禹汤称圣王。殷纣染恶来，既染国亦亡。染士如孔聃，死久道弥光。

鲁君聘颜阖，逾垣避使者。我非恶富贵，君胡独不舍。全生以为上，迫生以为下。当知得道人，治国其土苴。

虞人百里奚，所鬻五羊皮。有得其说者，乃是公孙枝。献诸秦穆公，四境不足治。贤者倘不遇，后世谁当知。

昔者齐桓公，往见小臣稷。一日凡三至，欲见且弗得。骜爵固轻主，骜霸亦轻士。大夫纵骜爵，骜霸吾敢尔。所以终见之，不为从者止。谁云内行缺，论霸亦可矣。

桓公遇宁戚，饭牛中夜起。赐之以衣冠，一说境内理。再说为天下，桓公以师事。卫与齐不远，安用疑客子。不患有小恶，所患

---

① 张雨：《乐苦斋记》，《全元文》第 34 册，第 367—368 页。
② 张雨：《赠姜彦翁秀才》，《句曲外史集》卷中，四库全书本。

亡大美。且人固难全，用长当若此。

业烦则无功，礼烦则不庄。令苛则不听，禁多则不行。国人逐狡兔，因之杀子阳。严刑无所赦，适见召乱亡。

齐有善相狗，假买取鼠者。数年不取鼠，畜之不如舍。相曰实良狗，志在獐麋鹿。欲观取鼠能，请桎其后足。桎足乃取鼠，淹尔骥鷔气。安得忘言徒，喻此鸿鹄志。

燕雀争善处，处在大屋下。姁姁甚相乐，子母得相哺。一朝灶突决，火炎屋栋毁。燕雀色不变，不知祸及己。人臣私聚敛，迷国坏纲纪。孰谓斯人智，不如燕雀耳。①

张雨在诗中所强调的君子自爱、天下至公、士守本色、贤能治国、私敛误国、用人注重大节、执政注重宽政等论点，所体现的多是以儒释道见解，而不是纯粹的道家观点。

（二）释清珙说功名

释清珙（1272—1352年），字石屋，常州（今属江苏）人，俗姓温，临济宗第十九世禅师，有《石屋清洪禅师语录》《石屋清珙禅师山居诗》传世。

释清珙强调人的勤劳与农夫耕田相似："耕之以深，种之以时，所收必丰。输官奉己之外，绰绰有余羡者，无他，力乎精勤而已。耕之不深，种之非时，所收必寡，输官奉己不足者，亦无他，困于怠惰而已。然而不责自己怠惰所需匮之，而反妒他人精勤而得之多，斯等人，名为可怜悯者。"他还特别借农夫的辛苦，来教育僧徒认真修习佛法，以免步入歧途。

六月七月天不雨，农夫晓夜忙车水。背皮焦裂脚底疼，眼华无力欲闷死。公人又来逼夏税，税丝纳了要盘费。大麦小麦尽量还，一日三餐不周备。思量我辈出家儿，现成受用都不知。进道身心无一点，东边浪荡西边嬉。三个五个聚头坐，开口便说他人过。及乎归到暗室中，背理亏心无不做。莫言堕在异类中，来生定作栽田翁。前来所说苦如此，那时难与今时同。古德训徒有一语，对人天

---

① 张雨：《古诗十首》，《句曲外史集补遗》卷上，四库全书本。

众拈来举。①

释清珙还特别在诗作中强调，人一旦陷于功名利禄，追求富贵繁华，就会抛弃大道，堕入邪法之中，引来无穷祸患。而要解决这一难题，惟有抛弃杂念，净心修行一途。

> 取舍与行藏，人生各有方。乾坤容我懒，名利使他忙。背日鸥眠埠，营窠燕绕梁。情迷随物转，不得悟空王。②
> 相逢尽道世途难，自向庵中讨不安。除却渊明赋归去，更无一个肯休官。
> 南北东西去复还，陆行车马水行船。利名门路如天远，走杀世间人万千。③
> 道在人弘孰可凭，发言须与行相应。贪心似海何时足，妄念如苗逐日增。几树梅花清处士，一园芋子乐闲僧。而今随例庵居者，见道忘山似不曾。
> 大道从来无盛衰，未明大道着便宜。圣贤隐伏当斯世，邪法流行在此时。痛策诸根休自纵，常存正念莫他为。人身一失袈裟下，万劫千生不复追。
> 风樯来往塞官塘，站马如飞日夜忙。冒宠贪荣谋士宦，贪生重利作经商。人间富贵一时乐，地狱辛酸万劫长。古往今来无药治，如何不早去修行。
> 蚕尾狼心满世间，争先各自使机关。百年能得几回笑，一日曾无顷刻闲。车覆有谁知改辙，祸来无地着羞惭。老僧不是多饶舌，要与诸人揭盖缠。
> 历遍乾坤没处寻，偶然得住此山林。茅庵高插云霄碧，薜迳斜过竹树深。人为利名惊宠辱，我因禅寂老光阴。苍松怪石无人识，犹更将心去觅心。④

---

① 释清珙：《石屋清洪禅师语录》，清光绪十三年重刻本。
② 释清珙：《溪岩杂咏》，《石屋清珙禅师山居诗》卷4，明潘是之校刊本。
③ 释清珙：《山居吟》，《石屋清珙禅师山居诗》卷6。
④ 释清珙：《闲咏》，《石屋清珙禅师山居诗》卷5。

由此，释清珙特别表达了对假修行者的不满："我观王公大臣，好此道极多。至于谈道之际，个个喜人顺己，怕人针劄。所以东坡居士被照觉活埋在声色堆里，至今无出身路。翰林九皋学士，来我山中，清话连日，述偈数篇，等是一种语言三昧，中未曾道着元字脚，只这便是出他古人一头地了也。"① 也就是说，为官者更是在名利场中，所以更难听进劝诫的言语和更难放弃已有的生活及地位。

（三）释至仁说战时窘境

释至仁（1309—1382年），字行中，号熙怡叟，鄱阳（今属江西）人，居苏州万寿寺，晚年退隐，被尊称为松林和尚，有文集《澹居稿》传世。

释至仁没有想到会遭遇战乱，所以在诗作中写道："沉香亭北赋名华，四海车书正一家。总道天关严虎豹，那知陆地起龙蛇。词臣自昔推张说，边将何人继赵奢。南国云山浑似旧，几时函谷度牛车。"② 在长年的战乱中，他只能是在诗作中表现出自己的忧国之情。

> 海宇烟尘日夜生，中兴诸将正鏖兵。郦生三寸澜翻舌，一旦来归七十城。③
>
> 满目烽烟万国秋，江山何处可追游。吴淞水落鲈鱼美，风雨归来一钓舟。④
>
> 兵戈宇宙谁知己，风雨东南话故乡。禅伯自惭非觉老，诗豪今喜得刘郎。海门雁叫江枫赤，泽国云来野日黄。怅望庭闱空白发，菊花霜露几重阳。⑤
>
> 钓艇加沙度晓晴，浮图倒影若门迎。碧潭波冷白龙卧，翠竹云深丹凤鸣。乱后楼台符愿力，岁寒松柏见交情。欲从池上结荷屋，天地干戈尚战争。⑥

释至仁还以自己的亲身经历，说明了战争带来的巨大破坏，以及有

---

① 释清珙：《石屋清洪禅师语录》。
② 释至仁：《次韵答张仲举承旨》，《元诗选》初集三，第2509页。
③ 释至仁：《赠夏君美同知》，《元诗选》初集三，第2508页。
④ 释至仁：《题秋色归舟图》，《元诗选》初集三，第2508页。
⑤ 释至仁：《次韵答柳仲修宪使》，《元诗选》初集三，第2507页。
⑥ 释至仁：《至正二十二年冬十二月予访云海禅师》，《元诗选》初集三，第2506页。

家难回的窘境。

> 宿鸟恋本枝,南雁意在北。飘飘愧此身,一岁四行役。所忧盗贼多,不独冻馁迫。东下姑苏台,残年傍水国。
>
> 吾道属艰难,鸾凤有锻翮。天门郁嵯峨,乘槎断消息。干戈尚纵横,道路时通塞。顾惟鲁钝姿,养生终自惜。桃源无处寻,黎民糠粃窄。故国莽丘墟,梦归归未得。怅彼高飞禽,何以有羽翼。匡山读书处,宿昔长荆棘。阴房鬼火青,战地骸骨白。骨肉恩书重,看云泪横臆。①
>
> 闾间城外故人过,客离相逢感慨多。夜雨莲荒庐岳社,秋风木落洞庭波。远公道业惊吾老,潜子才华奈尔何。戎马十年乡国梦,结茅何处共云萝。②

也就是说,在乱世之中,僧人和儒士的遭遇接近,亦不得不被世运的变迁所摆布。

(四)释大圭说悯世善行

释大圭,生卒年不详,字恒白,晋江(今属福建)人,俗姓廖,至正年间居泉州紫云寺,有诗集《梦观集》传世。

在元末的战乱中,连僧人都被赶上战场,释大圭认为完全是胡闹,不仅不可能取胜,还凸显了地方官吏水平的低下。

> 贼起南州不出兵,守攻一切付诸僧。便将焚诵为无益,争奈战征非所能。佛法自兹看扫地,吾徒谁复辨坚冰。白头归就儒冠老,饮水茅檐乐曲肱。③
>
> 饥民聚为盗,邻警来我疆。有兵既四出,头会家人良。趣赴义军选,万室日夜忙。吏言僧实多,亦可就戎行。牧守为所误,驱僧若驱羊。持兵衣短夹,一时俱反常。伊余生不辰,逢此只涕滂。慈悲以为教,王臣所金汤。复之勿徭赋,甲令明有章。胡为不尔念,

---

① 释至仁:《集杜诗述怀寄见心书记》,《元诗选》初集三,第2510页。
② 释至仁:《吴门遇江左外史》,《元诗选》初集三,第2508页。
③ 释大圭:《贼起》,《梦观集》卷4,四库全书本。

而此出仓皇。军旅托未学，佳兵云不祥。永言愧二子，归哉慎行藏。①

驱僧为兵守城郭，不知此谋谁所作。但言官以为盗防，盗在深山啸聚薄。朝朝上城候点兵，群操长竿立枪槊。相看摩头一惊笑，竹作兜鍪殊不恶。平生独抱我家法，不杀为律以自缚。哪知今日堕卒伍，使守使攻受官约。谓僧非僧兵非兵，未闻官以兵为谑。一临仓卒将如何，盗不来时犹绰绰。敌人日夜狙我城，示以假兵无乃弱。我官自有兵与民，愿放诸僧卧云壑。②

蔓延全国的战争为民间带来的困苦，更是使释大圭震惊，他特别在诗作中留下了以下记载。

南国地皆赤，吾生亦有穷。丰年何日是，菜色万人同。海上舟频入，民间楮已空。犹闻谷价涌，开籴若为功。③

桑城连盗贼，国楮断新颁。只少材充制，非关上有悭。人情无用旧，世事渐成难。陛下明如日，更张一铸山。④

吾郡从来称佛国，未闻有此食人风。凶年竟遣心术变，末俗何由古昔同。市近只今真有虎，物灵犹自避生虫。诸公肉食无充耳，急为饥民散腐红。⑤

尤为重要的是，抵御盗贼靠的应是养民力和收人心，而不是刮尽民财去筑城，因为有城无民，最终的结果还是败亡。

筑城筑城胡为哉，使君日夜忧贼来。贼来犹隔三百里，长驱南下无一跬。吏胥督役星火催，万杵哀哀亘云起。贼来不来城且成，城下人语连哭声。官言有钱雇汝筑，钱出自我无聊生。收取人心养民力，万一犹能当盗贼。不然共守城者谁，解体一朝救何得。吾闻

---

① 释大圭：《僧兵叹》，《梦观集》卷1。
② 释大圭：《僧兵守城行》，《梦观集》卷2。
③ 释大圭：《南国》，《梦观集》卷3。
④ 释大圭：《桑城》，《梦观集》卷3。
⑤ 释大圭：《吾郡》，《梦观集》卷4。

金汤生祸枢，为国不在城有无。君不见，泉州闭门不纳宋天子，当时有城乃如此。①

由此，释大圭特别强调应体恤百姓，既要注重减轻自然灾害的危害程度，也要注意减轻赋税徭役，使百姓能够通过地方官的作为，体会到朝廷的恤民好意。

> 春秧黄槁百泉枯，龙骨声中泣老夫。不恨长饥委沟壑，长官秋至索王租。②
> 斗米而今已十千，几人身在到明年。谯门有粥如甘露，活得操瓢死道边。③
> 经年不见大田秋，卖尽犁锄食养牛。倘有后来耕种日，一时相顾更多愁。④
> 天子临轩遣老臣，亦忧涂炭远方民。只应三载清如水，不涴天南一点尘。⑤
> 旱火秋蒸土山热，新苗立死田寸裂。西风何处送呜呜，一夜水车啼不歇。水车身作水中龙，赤脚蹋龙怜老翁。白水田头月未落，千畦万畦云雨同。流苏醉卧谁家子，有耳不闻汝啼苦。水龙水龙汝勿苦，及物无功得如汝。⑥

对于有善政行为的官员，释大圭当然要特别给予表彰，并希望贤臣能够多以自己的善行，为国家分忧解难。

> 南国征兵赋，中军重掾曹。塞氛方不靖，王事敢云劳。匹马秋风晚，朋尊海月高。澄清天下志，余事及诗骚。⑦
> 天朝一四海，荒徼犹近邻。维同去万里，监邑余有臣。猗欤高

---

① 释大圭：《筑城曲》，《梦观集》卷2。
② 释大圭：《苦旱》，《梦观集》卷5。
③ 释大圭：《哀莩》，《梦观集》卷5。
④ 释大圭：《闵农》，《梦观集》卷5。
⑤ 释大圭：《简郡守》，《梦观集》卷5。
⑥ 释大圭：《夜闻水车》，《梦观集》卷2。
⑦ 释大圭：《简魏文宪二首》，《梦观集》卷3。

昌公，三年此为春。弦歌响千室，井瑞安四民。一邑之风化，岂不关厥身。讲学必四代，游心在成均。遇士或俊秀，揖让同荐绅。时闻有折狱，语及六经醇。往者食险徒，舟车断通津。自公一为政，幡然变顽嚚。即此见治效，豚鱼孚有仁。报政及兹日，星言驾骎骎。卧辙似无路，颂声起连旬。曰公实王佐，民社暂以亲。故家重华阀，清选皆天伦。行应昭代须，大惠周下人。①

释大圭作为僧人，亦要惦念家人："不知经此乱，犹及见吾亲。归去嗟无路，淹留愧有身。孤城闭白日，四野起黄尘。我里今何似，区区欲问人。"② 在绵延十几年的战乱中，只能是以豁达的心境看待饥饿的威胁："十年不见钟鼓食，今岁仍遭饥馑时。只道民间须赈贷，谁怜我辈亦疲羸。强持一钵向何处，自笑空囊尚有诗。早觉无钱助官籴，也应屠贩逐群儿。"③ 他所能追忆的，不过是战前的平和景象："日夕多鸟雀，桑麻亦扶疏。烟火四五家，依依久同居。是时雨新足，野水明四渠。儿童呼黄犊，散漫来近墟。老翁已辛苦，入夜归田庐。月出犹未眠，相与尽村沽。今秋有租税，当春力犁锄。"④

元朝后期的僧人和道士宣扬以善为核心的政治观点，就是希望能为受乱政和乱世影响的人们提供善的愿景，作为重要的心理慰藉，而劝诫就是基本的方法，亦符合宗教人士所应扮演的角色。

第三节　跨代之人的危机表述

元朝灭亡之后，儒者或官员无论是选择入仕于新王朝，还是选择隐居，都有人在诗、文中留下了关于元朝末世的记载，其中所涉及的危机表述，可以分类加以说明。

一　乱世求文治

国家面临乱局和危局，会刺激人们对文治的渴求，产生出一些具有

---

① 释大圭：《送同邑长高昌公北上》，《梦观集》卷1。
② 释大圭：《有怀》，《梦观集》卷3。
③ 释大圭：《十年》，《梦观集》卷4。
④ 释大圭：《田家》，《梦观集》卷1。

代表性的政治观点。

（一）杨翮说贤臣治国

杨翮（？—1369年后），字文举，上元（今属江苏）人，袭承父亲杨刚中之学，被列为理学"北山学派"学人，历任浙江儒学提举、太常博士等职，有《佩玉斋类稿》传世。①

杨翮长于史论，对于君主取天下，既强调了"有取天下之才者，不若有取天下之资；有取天下之资者，不若有取天下之福"的论点，② 更强调了乘势而为的重要性："天下有可乘之势，适因其势而乘之，天下可袭而取。故善取天下者，乘其势。非乘其势，乘其机也。盖后世之所恃以取天下者，惟气与力耳，苟即其力强气盛之际，一举而掩收其功，则其事在我，而况乎我与机适会，人未及动而我先之，时未及过而我遇之，沛然其孰能御哉。""故夫取天下者，贵乎因其势而乘之，不使其气衰力竭，而机不可为也。"③

无论是取天下还是守天下，更重要的是君主要得到智者和贤者的帮助，杨翮特别说明了智者和贤者所应起到的"格君"作用。

> 所贵乎智者，非徒以其能用乎智，而以其智之所见，有以济其智之所不及。有人于此平常之时，则将以智自任，及其智所不及，而适遭其所穷，尚乌得谓之智哉。若夫大智则不然，势顺则无所不可运，事穷则无所不可通，非其识量高远，有过人之见，则其智之所能及者可为，而其所不能及者必无以济。且夫能为于所能及，而无以济其所不能及者，其为智亦小矣。
>
> 古之大臣所以格其君者，不惟有以因其明而入之，而又能求之以委曲之道，盖天下之所谓大智，非其身自任之为难，而能使人任之，以济吾之所不及者为难。④

> 士有卒然而立天下之大功者，非负高世之重望不能也。功不可

---

① 黄宗羲原著，全祖望补修：《宋元学案》第4册，第2764页。
② 杨翮：《汉高祖论》，《佩玉斋类稿》卷9，四库全书本（《全元文》第60册，第457—458页）。
③ 杨翮：《项羽论》，《佩玉斋类稿》卷9（《全元文》第60册，第458—459页）。
④ 杨翮：《张良论》，《佩玉斋类稿》卷9（《全元文》第60册，第461—462页）。

以遽立也，而况乎非有大臣之位，尊崇贵显之权，一旦而能格天子之私心，以定国家之大计，必其望之重者，素有以厌服天下之心，虽天子亦不能不为之听耳，此其人岂可以势利拘哉。①

儒士要想成为能够帮助君主的智者或贤者，尤其是成为较有影响的贤臣，在杨翮看来，需要注意四条基本的要求。

第一条要求是儒士要有远大的志向和真才实学。"士之笃于己者厚，则其习必深沉而静专，其就也恒远且大。彼或汩没于文艺，识者则以为无致远之资，诚以夫浮躁浅露，其器识无足观已。故可以致夫远且大者，非其深沉静专之士不能也。"尤为重要的是，儒士必须克服治学不精的毛病。"夫自科目兴而圣贤之学不传，士之为业者皆莫不务外而略其内，卤莽以涉乎经术而精微之不思，矫假以诡乎行义而伦理之不讲，亦莫不徇华而不切于实，恢植以崇乎气概而雄夸之为高，靡丽以袭乎辞藻而轻率之为敏，要其终何如也。然则士之致远，诚必先乎器识也哉。"② 因学力不够而不能有用于天下，确实是儒士的通病，正如杨翮所言："士之负才隽者，乘其少年英迈之气，腾踔于四方，一日而显达于时，岂不超然可羡哉。然而中之所蕴蓄者不足以应天下之用，索之而易虚，叩之而易穷，犹或凭所恃挟而傲蔑当世，其及于颠覆者，往往有之。是则身之华而学力之未至，信不可哉。"③

第二条要求是儒士要重视守令之职。杨翮首先指出了儒士有轻视守令官的错误倾向："天下之吏切于民者，莫如守令之官。职以字抚为专任，故于学易以推，志易以行，泽惠易以流，而于民为至近者，又莫如令。古之循良岂弟君子，率是焉出，其为官不轻而重较然也。然今世之士大夫，往往徼华蹑要恒薄焉而不之即，则亦懵甚矣。"④ 其次，他特别强调了守令肩负着推行德政和良政的职责："然官无卑得，摅其蕴之为达；施无遐与近，能泽其人者，虽久而犹传。况君之道，贵乎以岂弟之心，行平易之政，近夫史传所称古循吏者，则处之以一邑，于理民而

---

① 杨翮：《四皓论》，《佩玉斋类稿》卷9（《全元文》第60册，第460—461页）。
② 杨翮：《送番易彭伯诚序》，《佩玉斋类稿》卷3（《全元文》第60册，第394—395页）。
③ 杨翮：《送能伯宣序》，《佩玉斋类稿》卷3（《全元文》第60册，第399—400页）。
④ 杨翮：《送王文播宰含山序》，《佩玉斋类稿》卷4（《全元文》第60册，第407页）。

化俗诚宜也。"① "夫百里之宰,诚何足以副君之德哉,君犹不自以为卑,而且以用圣人之道治县官之民为甚得意,君之志可不谓贤乎。"②再次,杨翮明确指出南人入仕者更应该以守令之职为国效力,普施恩泽于百姓,并以此来留名于后世:"今世之士生于南方者,为时所弃,恒不得为显官。独州县之职,非若朝省清要甚可贵重,于是焉间得为之。彼或觊其所不得为者而弗获,及为其所得为,乃复耻其卑,厌其烦且难,因不屑乎摅其才若智而庸鄙之混,则虽为奚益,其见弃于时也亦宜。惟古之君子,居是职必思所以效其职而不敢旷,固不以其微,且劳弛焉而不与力也。""而有志于民者,虽为一县一州,惠爱洋溢,率能使其民数十百年犹思之不忘。"③

第三条要求是儒士要善于治边远之民。以仁化民,是杨翮所强调的基本原则,在边境地区也要坚持这一原则:"我皇元以四海为家,虽在穷邦下域,亦莫不选抡贤能以绥治其人,使之向化蒙利。岭南去朝廷只数千里,上岂忘之哉。诗不云乎:普天之下莫非王土,率土之滨莫非王臣。徒以荒遐而惮往者,非仁者之心也。"④

第四条要求是儒、吏兼通需要一定的条件,不具备条件者不要轻易为之。杨翮特别向立志兼通儒、吏的赵子祥表示:"专门之业皆可以世守,出乎是而或善之,反乎是而或非之,不可也。宣赵子祥以刑名世其家……日吏可为也,盍亦转而从我乎。吏之为职既微,而去就甚轻,时而出则我之才可以小施,退而休则犹足以从翰墨而训蒙,惟我为之而乐焉。诗书之效迟,固不若法律之功近也。余闻而疑之,然不敢非其说。""夫吏识时务而其失深刻少恩,儒以道谊自轨而其失迂阔不切事情,今子祥混而一之,又无其失,盖彬彬乎通达文雅矣。即以他人而子祥之从,则余见其法律之不精而诗书之易忘,一举而两失兼矣。"⑤

从杨翮的以上论述可以看出,他所侧重的是如何"做贤"的问题,而不是泛泛讨论国家如何"用贤"的问题。对于国家的治乱兴衰而言,

---

① 杨翮:《送青阳县尹韩养直序》,《佩玉斋类稿》卷4(《全元文》第60册,第404页)。
② 杨翮:《送孔进道宰星子序》,《佩玉斋类稿》卷4(《全元文》第60册,第405—406页)。
③ 杨翮:《送崇仁县尹陈子英之任序》,《佩玉斋类稿》卷4(《全元文》第60册,第416页)。
④ 杨翮:《送王庭训赴惠州照磨序》,《佩玉斋类稿》卷4(《全元文》第60册,第411—412页)。
⑤ 杨翮:《送赵子祥序》,《佩玉斋类稿》卷6(《全元文》第60册,第429—430页)。

这样的观点显然有其重要的价值。

（二）甘复说儒士自重

甘复，生卒年不详，字可敬，余干（今属浙江）人，元末明初以诗文闻名，有《山窗余稿》传世。

甘复认为儒士必须有超于常人的志气和行为："士有高世之志，而后有高世之行。有高世之行，而后有高世之名。有其志，无其行，不可也。有其行，则名有不可得而掩矣，无其行而有其名则伪矣。是以古人一志而果行，名传于今而不泯。"① 由此，他特别强调儒士要坚守自己的行为方式和处世原则，不能向世俗妥协。

> 有语甘子者曰："子博硕之士也，抑知今之与古异乎，古之道不宜于今之俗矣。古之有道之士，非求世之知也。乡间称之，同列推之，在势者援之，君之明者辟之，接之以贤良，尊之以师傅，禄之以上秩，故士得以自重，而卒不能不显于世。今也儒之道弊久矣，弛而不张，靡而不起，诞诡之是矜，媚巧之是谀，以唱以和，合气同声，虽使古之君子复生今世，将为所嗤诋折困以没尔。子以匹夫之贱，无援于当途，而抗以高志，洁以退躅，辟浮淫，黜阿附，混混以趋，指激为疵，目之者以嗔，口之者继毁，子捐一世之不顾，而力追于古，吾将见子道益穷而身悴，时卒不至而力已屈矣，尚觊有以称而推之、援之、辟之者邪。子盍玩尔心，卷尔智，蜜尔刚言，脂尔严颜，以怡以嬉，毋剚毋剞，委风比流，惟世之随，庶收誉于一时，而卜子之遇也。"
>
> 甘子曰："子特世俗之士尔，非知君子之道者也。君子之志，欲以信其道，不随世以高下易其所守，不如是，亦恒人尔，何足贵哉。盖君子有不求于一世之知，将以蕲于万世者。古之君子有闻于今，皆不偶于当世者也，子何遽慊于吾哉，子欲吾舍己以从于人邪。孔子尝曰：志士仁人，无求生以害仁，有杀身以成仁。死生之大，犹不以枉其道，而子欲以世之声利之末屈吾志乎。盖屈志以生，有不若直道而死也。子自安毋躁，从吾所志而已。"②

---

① 甘复：《与马彦会书》，《山窗余稿》，四库全书本（《全元文》第60册，第254页）。
② 甘复：《行解》，《山窗余稿》（《全元文》第60册，第255—256页）。

甘复还特别强调了儒士要有待时而起的定力："士顾在我者守之固,然后患难困厄之来,不足以移之。世俗之视其崛然独立,块然独处,不嗤以为狂,则见目以为愚,是以古之宏廓之士,既不为时之用以施其才,则混于渔樵耕牧不以自别,盖将有待也。"① "士负博古之学,惊世之才,宜见大用于时,以广其泽于天下。而恒抑塞间里,进迫道途,曾不得一爵之贵,一职之任,以推其所积,抑工于此而拙于彼耶。何自古为士而多若是也,盖时有升降,道有显晦,而士之通塞以系矣。是以君子惟求在己所当尽,而在人者委于所遇。虽处庙堂之上,绾青拖紫,而若得之于素有;居林岩之下,樵山牧野,而志则未尝不足,盖在我者不以身之穷达有加损也。"② 尤为重要的是,儒士必须具备以天下为重之心和有用于天下之才,才可能真正有为于天下:"人之得于我者既重,然后视天下为轻。苟或非其人,虽一物之微,得失之际,将偭然为之动矣,况天下乎。故学不志其大,而卒有为于世者未见也。古之豪杰之士,或勤于畎亩,老于屠钓,困于监门御旅,义不苟屈于世,筋骸益劳,计虑益乖,历变益多,有得于己者益大,是以出而当天下之事,不待考之方策,察于民情,而天下之利病、所当务之先后,已素定于其心,如探囊出物而不劳焉。"③

甘复还认为,儒士对行文应有清醒的认识:"夫古人有是道德,则有是文章。惟其无言,言必足以为天下法,是以身虽殁已久,而名愈彰。"④ 所以,文以载道是作文的最基本要求。

> 六经之文,皆所以明道。道以文著,文以道传。得古人之道,然后能为古人之文。古人之文,非执笔而为之也。道充于心,见之于言,不自己也,以意则畅达而深微,以气则和平而温厚,无奇邪险诡以相龃龉其间,虽百世之下诵其文,有以得其心。后之作者不急于求道,惟文之务,辞虽工,时与道戾,故文愈多而道愈不明。要之为文,蕲以明道,于道无明,而惟藻缋琢削,以声音文采相矜

---

① 甘复:《荅李振宗书》,《山窗余稿》(《全元文》第60册,第250—251页)。
② 甘复:《周氏山堂诗叙》,《山窗余稿》(《全元文》第60册,第268页)。
③ 甘复:《太公钓图序》,《山窗余稿》(《全元文》第60册,第257页)。
④ 甘复:《答吴明善先生书》,《山窗余稿》(《全元文》第60册,第253—254页)。

耀于时，工力有余于古，无足取也。①

士有出于一世人之识见，然后能为一世人所不及之文章。文章非难，识见为难尔。夫天下至大也，万世至远也，事变至无穷也，然通之有道，得其道天下不知其大也，万世不知其远也，事变不知其无穷也。存之于心，施之于事，奋而见之于文章，上有以发圣贤之微，下有以启将来之惑，至于先王礼乐之奥，古今得失治乱之几，人物贤不肖之别，莫不为世取法焉，然后知文章之用之大，非苟焉可传于时有闻于后也。世无文章久矣，藻饰以耀其能，刻镂以矜其工，原之以道，一无至焉者，文章果以戏设乎哉，宜世之益下而彼浅陋者之不知也。②

在明确了对儒士的基本要求后，甘复对战乱中的有为者就有了明确的匡世或救世的期望："王孙应时辟，长才屈卑宦。风烟塞川路，舟楫望江汉。亲友不能别，离居忍分散。振迹林野隅，行李书策半。山川战伐踪，胜概溢文翰。幕府慎筹划，机务贵奇断。况彼古沔城，民生轻丧乱。不有君子人，何以解愁叹。"③

甘复对儒士的要求，核心点就是自重。这样的要求，放在任何时代都有重要的意义，因为儒士不自重确实是极为普遍的现象。

（三）黄枢说儒吏善行

黄枢（？—1377年），字子运，休宁（今属安徽）人，师从赵汸学习理学，被列为"草庐学派"学人，终生隐居，"穷经考史"④，有《后圃黄先生存集》传世。

在元末的战乱中，黄枢曾有避乱的经历，正如其所言："十年几出避兵戎，门户萧条敢讳穷。又欲移家云影外，可堪倚枕雨声中。"⑤ 他亦对从军者给予了鼓励："天寒楚波碧，春早江花红。中流击楫人，从军气如虹。庐陵大藩府，主将文章公。行当拜辕门，白羽铿谈锋。依依

---

① 甘复：《与伯实先生书》，《山窗余稿》（《全元文》第60册，第251页）。
② 甘复：《赠陈氏子序》，《山窗余稿》（《全元文》第60册，第270页）。
③ 甘复：《送赵文昭之沔阳知事》，《山窗余稿》。
④ 黄枢：《自赞》，《后圃黄先生存集》卷3，北京图书馆古籍珍本丛刊本（《全元文》第57册，第28页）。
⑤ 黄枢：《三月十七日书怀》，《后圃黄先生存集》卷2。

桑梓旧，款款丝罗重。丈夫意气合，进止何从容。"① 但是对于以儒籍者混入军籍的做法，黄枢还是表现出了担忧。

> 而翁昔主商山学，堂构新成费经度。日共三农手拮据，礼殿崇崇焕丹雘。咸夸邹鲁在东南，衿佩云臻讲三乐。主帅来观喜可知，不但酬劳倒私橐。虚将名姓附军籍，移檄官司免工作。何曾端的入行伍，及请官粮执刀槊。祸胎已得塞翁马，快心误羡扬州鹤。里胥一旦分军民，众始相看骇而愕。不将情弊诉上司，他日端成自缠缚。②

黄枢还在诗作中指出了县官和吏卒的残暴："县门晓辟何喧嚣，公事冗难吏卒骄。疲羸有口莫难辩，长官怒发心火烧。鞭笞累百不停手，悲鸣酸叫干云霄。酉后忽如乌鸟散，明朝依旧如今朝。山中贫人要知足，不听此声即为福。"③

由此，他对儒吏应有的善行作了说明："典史，邑之幕宾也，其职在公勤，辅佐官长，以扶绥百里之民，于六曹吏牍，无所不当问。政有一不善，事有一不集，则得罪而祸先及之，其责任之重难有如此。桂林石公文举之来休宁也，当用武之世，一邑之钱粮军需，董督营办，悉归之于公，而公老成练达，坦荡乐易，不倚法以立威，而民趋事赴功惟恐后。三年之内，虽事烦令急，未尝少累于公，于是上下之人咸服公之廉且能也。视彼贪残舞手，并缘为奸，而卒不得免焉者，何可同日而语哉。"④ 也就是说，即便在乱世中，儒吏也应该坚持以善为本的底线。

（四）汪克宽说治道之用

汪克宽（1304—1372年），字德辅，又字仲裕，祁门（今属安徽）人，师从吴迂学习理学，为"双峰学派"学人，⑤ 科考失意，家居著书讲学，明朝初年曾参与编修《元史》，有《经礼补逸》《春秋胡传附录纂疏》《环谷集》传世。

---

① 黄枢：《送朱子会从军江右》，《后圃黄先生存集》卷1。
② 黄枢：《从军行送犹子宗侃之西安》，《后圃黄先生存集》卷1。
③ 黄枢：《效王建体作县门辟》，《后圃黄先生存集》卷1。
④ 黄枢：《送石典史序》，《后圃黄先生存集》卷4（《全元文》第57册，第17页）。
⑤ 黄宗羲原著，全祖望补修：《宋元学案》第4册，第2832—2835页。

第十八章 危机感悟与兴亡评价 673

汪克宽明确指出:"《周礼》作于周公,而非他人之制明矣。"① 他还特别说明了编纂《经礼补逸》一书的目的:"是编也,于周公经世之典,虽未能极意象之微,然五礼之大体,盖略包举无遗,庶几学者于此俾由得失以观其会通,而天之所秩与造化之运不容息者,卒归于性命之正,则三代可复也。"② 由此,他特别阐释了礼乐所具有的政治功能。

> 盛哉,先王之礼也。其本在于养性防欲,其用在于视听言动、周旋揖逊之间,使人之视听言动、周旋揖逊一于礼,则安有放其邪心、骄奢淫佚、荡而莫之节者哉。不放其邪心,不骄奢淫佚、荡而莫之节,则祸乱可息,孝弟可行,治教可兴,其立意微,其为法远矣。故设其器,备其物,辨其数,立其文,以待其有事者,其用则在乎视听言动、周旋揖逊之间而已。然孝弟莫始于亲亲,亲亲之心无所不用,则燕之之礼不得而废焉。燕之之礼不得而废,则设其器,备其物,辨其数,立其文,以待其有事者,于是而用之也,是故莫尊乎君也。君虽尊,不以位加于父兄,燕序必以齿者,达乎孝弟之道也,莫亲乎同姓也。然亲亲不可以无杀,燕则族人世降一等焉,凡燕之礼,必主宾以备酬酢,而族燕之宾主,则异姓与膳宰为之者,笃亲亲之道也。夫饮食口腹之欲也,而必节之以礼,则骄奢淫佚平而无过也;歌舞耳目之欲也,而必加之以乐,则言动揖逊易而无乖也;莫不由亲以笃乎恩,有恩以著乎爱,有爱以尽其礼,尽其礼则言动视听、周旋揖逊之间,不徒接乎耳目,所以服习而安之者,自得于养性防欲之几也。虽然不特宗族兄弟之亲也,远而异姓诸侯之君臣,以至于蛮貊夷狄之邦,皆由是礼之行,故人说而天下服矣。人说而天下服,则祸乱何由作。祸乱不作,则孝弟行而治教兴矣,此乃先王之所以为燕也。呜呼,于此可以观其礼之盛矣。③

在科举考试的策论中,汪克宽则对儒家治道学说的演进过程作了概

---

① 汪克宽:《经礼附说》,《经礼补逸》卷9,四库全书本(《全元文》第52册,第142—144页)。
② 汪克宽:《经礼补逸序》,《经礼补逸》卷首(《全元文》第52册,第117—120页)。
③ 汪克宽:《先王制礼之盛论》,《环谷集》卷3,四库全书本(《全元文》第52册,第129—130页)。

要性的说明。

> 三代以上，经术施于治道；三代以下，治道隐于经术，而能明之者盖鲜。自唐以降，且别而二之，益可叹也。
>
> 夫三代以上，天子公卿行于上，故言而为《尚书》，行而为《春秋》，进退周旋法乎《易》，动容举措中乎《礼》，歌之为《诗》，奏之为《乐》，施之治道，无非经术。
>
> 及周之衰，贤圣之君不作，学校之政不修，教化凌夷，风俗颓败，时则有若孔子之圣，而不得君师之位以行其政教，于是乃取先王之法诵而传之，以诏后世。删《诗》《书》，赞《易》象，定《礼》《乐》，修《春秋》，使后之学者，《诗》足以正言，《书》足以广听，《易》足以通神明、类万物，《春秋》足以断事，《礼》足以明体，《乐》可以和神，而唐虞三代之治道，悉具于六经之策矣。
>
> 暴秦煽虐，煨烬六经，而三代之道遂泯。汉高之兴，靡好儒术，不足论矣。以孝文之贤君，尊黄老而尚刑名，当时所得如贾谊、晁错皆习申韩之说，是则虽曰广游学之路，而实未尝用儒也。孝武始求亡书，表章六经，人材之出于科目者众矣，然能求治道于经术者，仅见一二。
>
> 东京之世，高者立奇节，下者守章句，以经术而明治道者益无闻矣。南北分裂，历隋及唐，而设科之目至八十有六，今虽未暇疏举，然自明经、宏词等科一设，而时务之与儒术盖岐而二之。夫始也，治道隐于经术，犹有能明之者；终也，治道别于经术，而章句之徒遂与案牍之吏如冰炭之不侔。至韩愈氏仅能因文以见道，而谏不行，言不听，终亦无益于唐之治，惜哉。下逮宋氏，章句之习益滋，而坏乱极矣。
>
> 钦惟圣朝兴崇文治，取士以德行为首，较艺则以经史、时务兼之，将欲求治道于经术，其中选者俱授州县之官，使朝廷之行皆合六经，而牧民之职多出儒士，甚盛举也。①

---

① 汪克宽：《省试策》，《环谷集》卷3（《全元文》第52册，第137—140页）。

汪克宽还就时政中的弊病，特别提出了轻徭税、重劝农、均力役、断刑狱、息盗贼、选人才、重师儒七方面的施政建议。

> 今求户口之增，不必待十年而生聚也，但轻其徭税，俾安其业，家给人足，无流离转徙之患，则户口丰而抚字称矣。
> 古者田必井，授八家，各授田以同养公田，宅不毛者出里布，民无职事者征夫家。今田不可复井也，欲求垦田之多，不必如李悝尽地力，但核劝农之实，加优恤之方，罢妨农之务，则垦田广而本末辨矣。
> 古者力役之征，岁不过三日，后世过之而不赡。今亦不必如十日、二十日之说也，但能视田亩之多寡以均役，视年岁之凶丰以行役，而后停不急之务，罢杂泛之征，则赋役均而廉冒别矣。
> 古者虞芮质成而不争，听讼必使无讼。今不必如纵囚四百也，但能严法律而使之不敢犯，有罪则速断之，以警其余，毋淹滞以苦其身，毋数纵以恣其幸，则囚系寡而听断果矣。
> 古者道不拾遗，山无盗贼，后世或至外户不闭。今不必加诘盗之法也，但能常恤贫民，使无冻馁，鳏寡孤独各得其所，又重令以禁未犯，而峻法以治其已犯，则奸盗息而禁御严矣。
> 古者卿大夫宾兴贤能而升之司徒，司马论定，然后官之，后世举之于郡国。今选举之法不必更定也，但核荐举而革冒滥，厚敦遣而公遴选，弃其小以取其大，因其文以观其心，数年之后人才既盛，又当增中选之额，则选举众而风化行矣。
> 古者自王宫国都以及闾巷，莫不有学，而教养必有其方，后世犹有争欲为学官弟子者。今学校不必复兴也，但能择师儒之官而讲习无虚日，敦养育之规而既廪无侵渔，使所养皆在儒生，而儒生尽得其养，则学校兴而教化勤矣。①

对于元朝的注重治道做法，汪克宽在诗赋中大加赞誉，如"仰圣皇之御极兮，践五位而文明。由圣道之正直兮，粤作则于八纮。述敷言以为世训兮，贻亿代之美声。顾鲰生之何幸兮，将观光于上京。叩帝阍而

---

① 汪克宽：《省试策》，《环谷集》卷3（《全元文》第52册，第137—140页）。

献颂兮，庆四海之咸宁"①。"猗欤我皇，为治厉精兮。设科取士，罗群英兮。所宝惟贤，录姓名兮。藐焉小子，希对扬于明廷兮。"② 尤其是对于顺帝朝专门为皇太子建立宣文阁、实施儒学教育的举动，汪克宽特别赞道："鳌极立兮时雍，四海一兮书同。作神京于燕蓟，贯北辰乎天中。懿圣皇之御极，焕离明以当空。复至元之盛治，绳神武而丕隆。""御斯阁以问道，阐经幄之弘规。帝幕高悬，天颜孔怡，列儒绅而进读，对黼扆之严威。舒缃帙之蟫蠹，扩六籍之精微。咏仁咀义，聆天语于羲昊。言温气和，陈古道于皋夔。殚词臣之忠荩，恢圣学之缉熙。"③

汪克宽还特别指出了善于用人对治道所起的重要作用："贤才之生于世，必有用于世。然上之人恒患贤才傲睨而不为之用，下之人又患在上者重惜名爵，不轻于擢用，是以人才会遇，自古以为难。然自古治天下者，未尝借才于异代。"④ 由此，确实需要注意地方官员的不称职行为："牧守之职，近乎民必期利乎民。筦榷之职，远乎民必期毋害乎民。然牧守者或苛刻徇私，涤垢索瘢；或涉笔占位，不克与辨曲直；由是德意不宣，而民不获安其田里。筦榷者类广立法制以防私鬻，繁牒赴而边逮无辜，则摘山之利反足以病民。"⑤ 对于能够以善政治理地方的官员，则需要给予特别的表彰。

> 皇元一海内，酌古准今，诞敷恩渥，租税惟薄。制饬郡县臣均赋役，惠黔黎，期臻郅治，效轶三代，甚盛甚休。大江南北，定民业，出赋若干缗籍于官，视各额多鲜崇卑给力役。岁有贸易盈虚，有司更其籍。休宁，徽剧县，人传版五万，税额二万余缗。有司因循苟且，二十年籍未革，属乡差徭，富若贫倒置，夏秋催科，追击杖棰，事弗克集。至正五年，岁在实沈，吴兴唐侯承中朝命，莅治是邑，确守廉洁，决事以明，首察积弊，骇愕慨叹。咨度量规画，一示墙壁间，谓胥吏贪墨，遴选闾里良民觞于庭，俾家至户喻，察

---

① 汪克宽：《皇极赋》，《环谷集》卷1（《全元文》第52册，第92—93页）。
② 汪克宽：《天府赋》，《环谷集》卷1（《全元文》第52册，第96—97页）。
③ 汪克宽：《宣文阁赋》，《环谷集》卷1（《全元文》第52册，第90—92页）。
④ 汪克宽：《题郑伯康领荐赴省诗序》，《环谷集》卷4（《全元文》第52册，第110—111页）。
⑤ 汪克宽：《送榷茶提举贯公子素诗卷序》，《环谷集》卷4（《全元文》第52册，第113页）。

恒产有无，聿新税籍，削逃徒，并诡异，秋毫底实，逮三月告成。簿书朦胧既久，一旦栉剔丝分，如揭皦日，阖邑士民举欣欣色喜，歌谣颂嘉惠。①

在元朝末造强调治道的要求，有其特殊的意义，因为危机为天下大乱转向天下大治提供了重要的机会，可惜元朝的主政者没有抓住这样的机会。

二 危局须良策

在元朝末年的乱世中，如何破解危局，需要细致的观察和缜密的思考，提出有见地的对策。由此，应对危机的良策，重点体现为两方面的内容，一是对弊政或乱政的分析，二是救世的策略和具体建议。

（一）刘永之说乱政

刘永之（？—1369年后），字仲修，号山阴道士，清江（今属江西）人，隐居不仕，明朝初年因子获罪被贬，死于迁徙道中。

刘永之认为，治乱兴亡本来是有迹可寻的，权臣擅政就是重要的症候，只是世人在和平时期对这样的问题不感兴趣，战乱到来时才知道天下太平的重要性。在诗作中，刘永之阐释的就是这样的论点。

> 门有车马客，驾言发西京。备谙兴废事，具识治乱情。天子既神武，储君复神明。钟鸣启双阙，王侯方雁行。要途无贵戚，密地有寒英。怀柔建六典，戡强用五兵。西伐逾葱岭，东征际沧溟。北盼耆沙漠，南顾定儋琼。金图启天秘，银瓮发地灵。八表既荡一，九有悉来庭。鄙人值阳九，嗟为大运并。慷慨携客泣，矫首睇太平。②
>
> 车遥遥，行渐远，男儿徇名不计返。前年客邯郸，去年出秦关。今年驱车复入燕，城巍巍十二门，龙楼凤阁起中间。大道通衢容九轨，狭邪歧路相钩连。壮哉佳丽地，王气若浮烟。四海为一家，天下方晏然。列侯皆藉先人业，丞相偏蒙太后怜。兄弟几人乘画毂，父子七叶珥貂蝉。贵者自复贵，贱者自复贱。剧辛乐毅徒为

---

① 汪克宽：《唐县尹改政税籍诗卷序》，《环谷集》卷4（《全元文》第52册，第112页）。
② 刘永之：《门有车马客》，《元诗选》二集下，第1157页。

尔，奇谋异画不得荐。朔风吹沙欺黑貂，拔剑愤叹起晨朝。上林三月花正满，帐饮东都攀柳条。金尊酒尽客言别，扬鞭复驾车遥遥。车遥遥，向何许，千里行行至单父。因从鲁诸生，横经折今古。束带缨儒冠，折节耽文事。十载芸窗自读书，人言词赋比相如。高车大马消散尽，寂寞衡门驾鹿车。①

刘永之还特别借所居山区多虎的现象，重现了"苛政猛于虎"的场景，所要强调的就是去乱政必须先去苛政的论点。

猛虎何咆哮，的颡黑文章。两目夹明镜，牙齿若秋霜。朝噉一青兕，暮餐双豕狼。饥舌膳哺如血鲜，领子时蹲古冢颠。樵采不敢过，草木上参天。夜深月黑风号谷，还向近村噬黄犊。十室九室牛围空，野翁謷謷老妇哭。田荒无牛不得耕，官中增赋有严刑。鞭箠恣狼藉，羸老岂足胜。去年甲士频经过，白昼劫人家复破。军中货牛动千头，家家无钱那可求。里胥晓至门，怒目气如山。囷中一豕大如犬，明朝贸米去输官。未足了官数，少宽里胥怒。猛虎夜复来，衔之上山去。猛虎乎，尔何愚，天遣乌兔肥尔躯，今胡使人饥不得食，寒不得衣，憔悴如枯株。驺虞有足，不践萌芽。獬豸有角，唯触奸邪。尔独恃力不恃德，使我为尔长咨嗟。人为万物灵，力莫尔敌，心怀悁懥不能平。思翦尔类缓我生，黄间毒矢系长丝。草中潜张当路蹊，尔行不虞絓其机。爪牙虽利将安施，食尔之肉寝尔皮。②

在战乱中，儒者尽管有帮助朝廷中兴的责任，但是在刘永之看来，即便是贤者忠心为国，也将面临"行路难"的困境。

才子多文藻，京华富友朋。价同千里骏，情似九霄鹰。学省燃官烛，倡楼对市灯。醉倾光禄酒，渴饮凌人冰。马惜障泥锦，人轻半臂绫。御沟萦似带，驰道直如绳。青琐弹冠入，朱门蹑履登。时清周道泰，运否楚氛腾。六郡良家选，千金国士征。星驱千载乌，

---

① 刘永之：《车遥遥》，《元诗选》二集下，第1172页。
② 刘永之：《猛虎行》，《元诗选》二集下，第1172—1173页。

露宿骑县棚。茌苒山河隔，蹉跎岁月增。鲸鲵依巨浪，虎豹啸高陵。野烧兼风起，边烽共月升。候鸡晨喔喔，警鼓夜鼛鼛。水市船通贾，山村屋近僧。陶尊深泛蚁，竹简细书蝇。交爱虞生好，诗怜辛子能。远书同客寄，遗稿借人誊。古道时因弃，孤忠世共憎。相思愁极目，惜别泪沾膺。日晚凋琪树，天寒落翠藤。愿坚松柏操，海宇迟中兴。①

涉水多蛟龙，跋山多猛虎，荒城荆棘上参天。大泽修蛇横草莽，百里黯惨无人烟。驱车慎行陷泥淬，前车轴折后车来，行人不觉旁人哀。眼前道路已如此，何况太行高崔嵬。为君歌路难，请君试一听。位高金多岂足贵，击钟鼎食何足荣。东沟水流西沟涸，昨日花开今日落。世事荣枯反复手，七尺之躯安所托。古来贤达人，与时同卷舒。庞公鹿门隐，马生乡曲居。款段聊来下泽车，何用终朝出畏途。②

一个最典型的例证就是为国尽忠的余阙，只能以坚守孤城留名青史，而难以起到清除奸臣、扭转乾坤的作用。

淮壖古重镇，龙舒实雄冠。显显青阳公，衔命兹屏翰。文能宣皇风，武能折凶悍。仁能抚士卒，知能辑流散。孤城抗千里，一身当敌万。运否拙壮图，时屯负英算。城亡遂捐躯，仗节死国难。忠义凛霜日，声名炳星汉。我来当夏杪，延览遂兴叹。俯仰成古今，兴亡犹在眼。疲人稍归廛，买舍临江岸。午风舟舫集，夜雾灯火乱。精灵或来往，庙食俨容观。生为烈士尊，死为奸臣惮。嗤嗤吟诗台，千载污青简。③

刘永之虽然是元末战乱的"看客"，但在诗作中呈现出的对朝廷乱政的理性思考，依然有重要的启迪作用。

(二) 吴皋说乱局成因

吴皋，生卒年不详，字舜举，临川（今属江西）人，师从吴澄学

---

① 刘永之：《酬寄伍朝宾》，《元诗选》二集下，第1163页。
② 刘永之：《行路难》，《元诗选》二集下，第1173页。
③ 刘永之：《过安庆怀余青阳先生》，《元诗选》二集下，第1160页。

习理学,曾任临江路儒学提举,元亡后不仕,有后人辑录的《吾吾类稿》传世。

吴皋认为朝廷开科举可以起到培养人才的重要作用:"国家以科举罗俊彦,而海内之士明经修行者,未始无意于斯世也。夫自车书混一而来,承平历七八十年,重熙累洽,而文运猗兴矣。""吾知今之学者,家四书而人六经,契文在所挟者,固宜有其人矣。即其人而投以所尚,将必有遇矣。"①

吴皋还特别强调了文人诗作与国家兴亡有密切的关系:"诗道必关于兴衰之运,固已劝惩未必不关也吾知。天弗以兴衰限夫人,而诗人之值兴衰,其污隆升降而形之美刺,则固焕焉垂辉简帙弗坠。刺非有激,美非有要,盖可感可惩之有关。如是,夫风雅尚矣。"②

对于元朝末期的战乱,吴皋没有料到会如此惨烈和漫长,正如其在诗中所述:"国土无定疆,干戈那有常。倏忽致侵伐,蚤岁迫中肠。""神州中运否,世事莫可齐。中区鼎一沸,滔滔遂沉迷。"他自己也曾陷入颠沛流离的悲惨境地:"承檄赴鳌磧,兹辰乃还乡。于时际升平,欣睹宪度章。归来逾两载,海宇靡寇攘。乃知十稔后,不得沾泰康。游宦寓清碧,中途逢虎狼。重罹检剥苦,所幸脱死亡。癸卯(1363年)秋告仲,兵势日炽昌。孤城寡不敌,破陷俱仓惶。四门守军律,闭御示故常。大夫且莫越,童稚焉足当。矧复负荷重,窜逸莫可藏。于焉被驱执,仍虑或见戕。父子不相保,东西各彷徨。乱后永相失,曷已怀抱伤。"③

在乱世中,吴皋所期盼的只能是地方官员的救民举动:"遗黎藉谁吊,稔祸剧凋丧。郡封劳屡拜,清誉惬时望。不资敏手功,涂炭何由仰。""贤哉二千石,出守称良牧。推仁抚凋敝,布令一何肃。""勤政复推恕,遐迩泽毕沾。粤从视事初,颂声蔼闾阎。田里遂耕凿,坐使愁叹恬。"④

在吴皋看来,战乱中之所以纲纪紊乱,就是因为忠臣义士过少,乱臣贼子太多,恶念横行之下,难以挽回败局。

---

① 吴皋:《送张文在序》,《吾吾类稿》卷3,四库全书本(《全元文》第60册,第241页)。
② 吴皋:《龚先之诗集序》,《吾吾类稿》卷3(《全元文》第60册,第242—243页)。
③ 吴皋:《罗氏贞女二首》《三月廿日得幼儿消息,闻在崇仁故里》,《吾吾类稿》卷1。
④ 吴皋:《投临守》《呈筠守》《投郡守》,《吾吾类稿》卷2。

逆节圮崇纲，横溃肆狂畔。宗主炳麟史，昧此谋宁缓。民彝讵宜泯，四维遽云断。畴能靖群凶，未觉事功罕。岂不念无辜，忧来气恒短。卓彼一匡功，其人独称管。

骑射息芳辰，余闲端可卜。戏玩足娱心，辕门抛蹴鞠。蹴高齐浮云，式骇众观目。将军夸巧捷，接踢最称速。噫彼暴殄余，穷欲未云足。恢恢忱弗私，恶稔祸胥促。

自从丧乱来，东西安所之。山谷弗可居，浮海弗可期。余黎靡孑遗，中边悉如兹。藩维弛臣节，不腼死独迟。遁辞尚可托，徒劳播声诗。愧尔忝章甫，哀号奚用悲。

夷叔卓杰识，时议骇且惊。始也义形色，终焉心靡平。登山迹既迈，薇蕨岂可生。去余已千代，昭然无隐情。后贤昧厥旨，较若失万程。何须重此文，修辞费将迎。

世无柳下惠，畴敦此夫薄。全生已亏行，奚用咨流落。摘词纵工丽，未足裨述作。边廷驰羽檄，扰扰夜喧柝。流血川谷殷，疮痍曷清廓。忠臣炳休光，鼠辈尚安托。

经德贵不回，吾否悔宁晚。老去莫知非，暝行亦亡返。堂堂寻阳守，重义知所本。捐躯著忠节，欲救天步蹇。修名光简册，不愧巡与远。尔独恋乡井，归心入私忖。安成不可即，何计遂耕垦。

谩补登山屐，徒怀浮海舟。孰抱乐毅才，谁卧元龙楼。往事成悒悒，来今怅悠悠。戈船杂游卒，川途不可游。畴能念涂炭，积此已十秋。人命亦可怜，倏忽水上沤。皇风被九宇，讴吟良不休。①

战乱毕竟会成为一段历史，所以需要在宏观的视角下泰然处之，正如吴皋所言："辟地携家客上泉，留春无计只空怜。闲门花落终朝雨，深树猿啼欲暝烟。南国战争殊未已，中原消息谩空传。向来记取麻姑说，沧海于今总是田。"②"桑田昔变海，城市今为墟。乱象一何似，承平百不如。忝役得无咎，遗恨终有余。既乏负郭田，安念敝邑庐。所历尽艰险，能不怀歔欷。三代多变故，《春秋》俱不书。返古欲谩纪，援笔仍踌躇。"③也就是说，在历史的长河中，朝代更替只是一个小小的

---

① 吴皋：《拟古十首次刘闻廷韵》，《吾吾类稿》卷1。
② 吴皋：《残春感怀》，《吾吾类稿》卷3。
③ 吴皋：《奉答大兄来韵二首》，《吾吾类稿》卷2。

片段，不必大惊小怪。

（三）朱希晦盼乱世良政

朱希晦，生卒年不详，乐清（今属浙江）人，元末以诗成名，明朝初年被召入京城授职，辞谢归隐，有诗集《云松巢集》传世。

朱希晦身处战乱，在诗作中颇多感叹，既叹时运不济、纲常混乱，也叹黎民受难、繁华不再。

> 阴霾昏日月，妖气塞乾坤。战血流淮水，音尘隔蓟门。浮荣槐蚁集，丛谤棘蝇喧。欲效东陵隐，终身老种园。
>
> 触目伤时事，干戈郁未开。百年驰白日，万里涨黄埃。废苑犹花柳，荒城但草莱。登楼作赋罢，不独仲宣哀。[1]
>
> 叹息王纲废，由来战伐频。周墟半禾黍，秦籍总灰尘。凤去云霄暮，鸡鸣风雨晨。至今流渭水，空忆钓鱼人。[2]
>
> 时光随过鸟，身世寄蜉蝣。漠漠江云晚，萧萧塞雨秋。杜陵长恋阙，王粲独登楼。故国今戎马，南征尚未休。[3]

朱希晦认为遭逢战乱，朝廷依然有中兴的机会，关键在于无论是文臣还是武将，都要有忠心报国的决心和善于安抚庶民的作为。

> 干戈寻满地，愁杀杜陵人。云蔽青霄日，风扬碧海尘。积骸腥血满，飞檄羽毛新。倦坐凭乌几，长吟岸白纶。拥麾思宿将，伏阙忆忠臣。何日枭群寇，余波泽四民。朝廷安反侧，草莽足容身。会见祠郊庙，歌诗荐白麟。[4]
>
> 朝廷严战伐，川泽困渔征。群竖凶犹活，诸公愤不平。器欹因满覆，弨弛在排檠。漕待木牛运，功须汗马成。轮云知变态，金石见交情。烟瘴连淮海，风尘隔蓟城。行当洗兵甲，且复酌杯铛。击壤欢农父，传书走价伻。[5]

---

[1] 朱希晦：《感时》，《云松巢集》卷1，四库全书本。
[2] 朱希晦：《伤时》，《云松巢集》卷1。
[3] 朱希晦：《感秋》，《云松巢集》卷1。
[4] 朱希晦：《借韵简叔向陈先生》，《云松巢集》卷3。
[5] 朱希晦：《答适庵李先生韵》，《云松巢集》卷3。

虚闻将帅拥彤戈，勇锐谁如马伏波。几处烽烟连夜急，四郊风雨向秋多。最怜绝汉歌长鹄，却怪长安餍紫驼。俛仰乾坤增感慨，悠悠身世定如何。①

初闻群盗起河北，胡乃流毒江东西。落日空城见烟树，秋风满地喧霜螯。人忍贪残作蛇豕，畴能愤切诛鲸鲵。中兴自古须将相，济时有策安黔黎。②

朱希晦亦在诗作中记录了战乱带来的苦难，以及对维系统一的和平盛世的向往。

羲和羲和鞭六龙，白日西飞几时歇。旧年已去新年来，苦厌兵尘尚骚屑。嗟予流寓客未归，年老思家心欲折。江云黯惨北风来，一夜雨花吹作雪。夜长只有梦还家，梦破衾棱冷如铁。起看宇宙绝纤埃，仿佛三山白银阙。群阴渐灭阳气回，柳眼舒春草芽出。君不见，汉袁安，僵卧闭门肤欲裂，一朝富贵来逼人，经邦论道称材杰。又不见，唐杜甫，饥走荒山泪成血，致君有术徒自怜，布褐许身侔稷契。我今齿落百不堪，况乃疏顽临事拙。愿销兵甲事春农，四海清平万民悦。③

秋夜长，不成寐，床前月光白如纸。歌窈窕，怀清冷，夜中怪底荒鸡鸣。倒裳起舞感慨作，乾坤无处无戈兵。空山孤鹤更清唳，忧怀欲写茫无际。坐看黄叶坠我前，零露湍湍下庭砌。明星烂烂银汉横，铜壶滴滴刻漏长。事殊兴极听，转悄夜如何。其渠未央秋，夜长长如此。年来谁识征夫苦，忍抛儿女戍边城，妇事姑嫜应门户。嗟尔群栖乌，绕树徒惊飞。岂知孤凤凰，集彼朝阳枝，可以舞箫韶，衔瑞图，一四海，混八区。凤兮凤兮览德辉，凤兮凤兮览德辉。④

癸卯（1363年）冬十月，海陬气候偏。风南忽风北，寒燠非常年。缊袍御还脱，长箑挥不捐。胡为黄落时，花卉纷争妍。虫鸣

---

① 朱希晦：《有所思》，《云松巢集》卷2。
② 朱希晦：《时危》，《云松巢集》卷2。
③ 朱希晦：《雪夜放歌》，《云松巢集》卷3。
④ 朱希晦：《秋夜长》，《云松巢集》卷3。

应蛰户，虹见饮长川。兼旬苦雾密，暝与痴云连。深泥污后土，行潦凌高原。农夫辍耒耜，劳叹心悁悁。二麦不得种，饥坑讵能填。格斗况未息，中原拥戈鋋。天家重租税，疮痏谁能怜。安得倚天剑，一扫开青天。金乌任腾骞，出自扶桑颠。阳光照六合，比屋俱欢然。①

朱希晦没有想到战乱如此漫长，所以不得不感叹："总怜黄鹄久离群，只影孤飞日暮云。淮海十年流战血，楚天万里接妖氛。凄凉王粲登楼赋，感慨相如谕蜀文。自古英雄亦何限，几人戡乱树功勋。""自叹颓然一老翁，十年奔走鬓飞蓬。中原虎斗干戈满，四海人忧杼轴空。葛亮平生恢复计，汾阳材略中兴功。何当远望春陵郭，佳气朝来正郁葱。"② 在元朝灭亡之后，他则留下了乱臣害国的感慨："故国遗铜驼，秋风暗制棘。霸图有兴衰，人事无休息。""姬周得天下，乱臣才十辈。王纲一解纽，政教何茫昧。宣尼抱麟泣，此意谁能会。从来六籍灰，文风委蒿艾。穷兵尚专征，岂识包桑计。故国悲黍离，日落寒云翳。吾闻昔盛时，蓂荚生尧砌。"③ 从诗作的语气可以看出，朱希晦尽管没有自诩为元朝遗民，但是亦有较强的故国情怀。

（四）叶颙说控制骄兵悍将

叶颙（1300—1375年后），字景南，号云颙天民，金华（今属浙江）人，隐居著诗问学，有诗集《樵云独唱》传世。

叶颙对朝廷的文治颇为赞赏，在诗作中明言："圣德如天大，皇风四海清。乾坤新岁月，邱壑旧心情。诏旨宣金口，臣僚拜玉京。江南遗叟说，垂老愿升平。"④ 由此，有志男儿应起而助成盛治："男儿生明世，学礼仍学诗。礼以知揖让，诗可知盛衰。上辅明主圣，下救斯民愚。坐食万钟禄，出驾驷马车。"⑤ 叶颙自己则对博取功名没有兴趣，所满足的是抛弃尘缘的隐士生涯："东方有一士，不结尘世缘。朝卧空山云，暮汲石涧泉。行吟夜月中，醉舞春风前。问之竟不答，一笑三

---

① 朱希晦：《冬雨叹》，《云松巢集》卷3。
② 朱希晦：《忧时》《感怀》，《云松巢集》卷2。
③ 朱希晦：《有感》《和彦远叶先生韵》，《云松巢集》卷3。
④ 叶颙：《读致和改元诏》，《樵云独唱》卷5，四库全书本。
⑤ 叶颙：《男儿生明世》，《樵云独唱》卷1。

千年。"①

战乱打破了隐士的平静生活，叶颙以纪实的手法描述了兵乱时的场景，并对如何约束骄兵悍将作了评论。

> 干戈久不息，百苦无一乐。县官急征需，贫富悉笼络。西州正击贼，空拳日相搏。贼马当道驰，贼舟沿海泊。盗贼固枭张，官军愈鹰掠。征讨五六年，贼势未便削。朝忧万甑空，暮叹衣袖薄。点军五百辈，顾望累退却。太仓万斛粟，食尔欲深托。余粒犹在咽，吐之若糟粕。返斾拟攻城，长刀忍相著。伤心百姓财，剽夺入己橐。朝廷养此曹，不啻如巨蠹。如何负国恩，幸然寻就缚。老夫铁石肠，见此泪迸落。形容为枯槁，肌肤倍萧索。深悲世事非，屡日情坏恶。皇天未厌乱，旱魃尤肆虐。不雨逾半年，何由增廪稗。天道既靡常，人心益惶霍。民食转艰难，军储盍图度。终朝仅一餐，无力太俭约。虽免死甲兵，犹恐填沟壑。

> 叛军日骄横，六月反城下。长竿揭旌旗，群凶列行伍。兰江接金华，膏血腥草莽。老弱皆窜亡，奔驰实劳苦。崎岖扶父翁，艰难负儿女。万死获一生，行李何暇取。饥饿复惊惶，逢人语无绪。数里绝行踪，孤村尽禾黍。乱后始得归，飘零如逆旅。苍烟销荆扉，青苔封石础。多谢故山云，护我弹琴所。

> 兵骄乱纪律，荡然无上下。虽乏哙等才，耻与哙等伍。江南久丧乱，州郡俱榛莽。况复此辈反，黎庶不胜苦。括囊索金银，杀人掠子女。元恶幸诛擒，所失宁复取。治乱如理丝，不理将失绪。治田当去蠹，不去终害黍。军容欲不惊，必先肃其旅。梁栋欲不倾，必先正其础。措置果合宜，何忧不得所。②

地方官员的善于治军和安民行为，在乱世中弥足珍贵，所以需要特别加以表扬。

> 霜台宪郎文且武，曾侍绣衣持玉斧。指挥猛士气如虹，要缚南山白额虎。檄书下县点壮丁，十万农夫胜羽林。不跨黄牛骑白马，

---

① 叶颙：《东方有一士》，《樵云独唱》卷5。
② 叶颙：《丙申（1356年）六月十六日军乱》《同前题下字韵二首》，《樵云独唱》卷1。

腰弓直入秋云深。丧乱以来无定止，民物萧条半为鬼。郡县诛求犹未已，眼观如宜泪如雨。于戏，安得老天开太平，尽勦奸贪天下治。

乌台宪史天下奇，姓氏久为人所知。风霜面目松栢操，铁石肠肚冰玉肌。群凶肆虐干天诛，潢池弄兵如小儿。中原在处皆反侧，掳攘岂独东南陲。寓兵于农古王制，宪史于此力主之。羽书差兵以万计，顷刻而集敢后期。厉兵秣马在此举，指日要斩蚩尤旗。①

大江南来财阜丰，贡赋号称天下雄。迩来贼盗飞虻虫，潢池弄兵惊儿童。贪官污吏复妄庸，诛求何异蚕与蜂。饕餮不已民心忡，温处在在罹兵锋。花溪小邑俱烟烽，可怜州郡一扫空。明公抚安竭至衷，至诚感物人共宗。扬清激浊体大夸，见善是辅恶乃攻。不吐不茹恪且恭，视民疾苦劳厥躬。爱育备至久不慵，有如名医治盲聋。②

不幸的是，在战乱中更常见的是朝廷官员以加重田赋的方法从民间汲取财富。对于此类恶行，叶颙不仅给予了无情的嘲讽，还希望新来的官员能够有恤民减租的行为。

掌握军民至重权，庙堂隆任岂徒然。招邀宾客三千辈，管领东南一半天。威惠足惊吴越地，才能不减汉唐贤。犹存赋役为民害，刚把无田作有田。③

固守金汤动万全，使君才调亦堪怜。活人阴德谁能见，济物奇功已得专。广铸精金酬健者，泛科寒士岂当然。犒师劳将吾民职，争奈饥无买米钱。

剑不潜锋岁未丰，带牛佩犊走西东。谁怜耕垦三时力，不直干戈一扫空。破屋饥人啼夜雨，荒村冤鬼哭秋风。有司科敛仍如旧，愿霁霆威略见容。④

小邑何烦命世豪，割鸡宁复用牛刀。桃开古县春风暖，琴鼓虚

---

① 叶颙：《美许士谦选壮丁有法二章》，《樵云独唱》卷2。
② 叶颙：《谢东阳太守赵子威》，《樵云独唱》卷2。
③ 叶颙：《左右司黄郎中以田亩多寡为赋役高下，予田已尽而不除役，故作此诗以讽之》，《樵云独唱》卷6。
④ 叶颙：《时论田亩输银，赋二.律俾主事者知之》，《樵云独唱》卷6。

堂夜月高。满腹仁慈遵孔孟，异时功业继萧曹。兴来笔下烟云起，千尺龙蛇舞海涛。

国士诚非县令才，天怜民瘼遣公来。廉能清似霞溪月，号令严如百里雷。凛凛冰霜居政府，堂堂人物坐琴台。明年二月春风暖，剩买桃花满县栽。

山翁自愧坐无毡，赋役相承断复连。前载已捐南畈土，去春仍旧北山田。差科正恐无虚日，货鬻深忧有尽年。幸有读书窗下月，夜深依旧十分圆。①

在漫长的战乱中，叶颙更多表现的是悲戚的感叹："岁月无情天地老，江山不尽古今愁。""城北城南尽战车，无药可能医世乱。"② "世乱飘零席未温，香蒲何暇荐芳尊。伤时倍觉孤难立，访旧空惊半不存。""前欢过眼如流水，近事惊心类弈棋。今日乱离非昔比，澹烟哀艾不胜悲。"③ "浮云常是蔽青天，黎庶何由担弛肩。乡社音尘空入梦，干戈休息果何年。"④ 明朝的建立，毕竟是终止了战争，所以叶颙还是表达了欣喜的心情："天地风霜尽，乾坤气象和。历添新岁月，春满旧山河。梅柳芳容稚，松篁老态多。屠苏成醉饮，欢笑白云窝。"⑤ 当然，还会有朝代更替的感叹："举目关河尽乱离，旧坟新冢正累累。落花满径东风恶，芳草连天野客悲。无酒无诗寒食节，半晴半雨夕阳时。垂杨不识兴亡恨，也杂蓬高上翠扉。"⑥

(五) 吴海说救亡策略

吴海（？—1390年），字朝宗，号鲁客，闽县（今属福建）人，绝意仕进，有《闻过斋集》传世。

吴海自恃清高，所以交友不多，但是他特别看重与傅德谦之间的友谊，因为两人有许多相同之处，正如吴海所言："德谦学古道，不悦流俗，其志与予同。行己合谊，不顾众人之讥笑，其操与予同。爵禄金玉

---

① 叶颙：《苏知县能染时赋役频繁，负郭之田十卖八九，民力已尽，催科不休，诗中言及之，俾知民间艰难云》，《樵云独唱》卷6。
② 叶颙：《至正戊戌（1358年）九日感怀赋》，《樵云独唱》卷6。
③ 叶颙：《庚子（1360年）端午次潘明举韵二律》，《樵云独唱》卷6。
④ 叶颙：《寄李本存二首》，《樵云独唱》卷6。
⑤ 叶颙：《己酉（1369年）新正》，《樵云独唱》卷5。
⑥ 叶颙：《清明有感》，《樵云独唱》卷6。

不役其心，惟自适为乐，其趣与予同。读书有得，冥然感于中，精神领会，端坐若失，其嗜与予同。阅古史，抚治乱得失之机，废兴成败之迹，英雄豪杰之运用驰骋，大贤君子之经纶施设，正人直士之沦落不偶，谗口佞舌之枉忠害善，忠臣烈夫之仗节死义，未尝不搏髀拊案，奋声大快，或长吁扼腕流涕，纵横其狂又与予同也。丧乱以来，无家可复，其穷又与予同也。"① 也就是说，对于治乱兴亡，吴海早已有一套成熟的看法。

按照吴海的说法，他在战乱之前已经有所预警，只是不为世人所重视，而元朝后期的乱世，显然与风俗败坏尤其是士风日下有着密切的关系。

> 窃惟古之君子，道已明，德已立，年位已高，声光已流，则汲汲然作成后之人。而所谓作成之者，非但宠之誉、藉之势而已，必教之以不能，劝其所未至，增而益之，开而大之，使各成其才德也。才德既成，靡不适用，然后称道而荐达之，虽不称道荐达，而其声誉爵禄皆可自致。古之先达所以作成人材若是，故人不能忘也。今之君子不然，其于人一切惟礼貌之有加，推誉之过情，又拊摩而噢休之，恐或一人不得其欢心焉。在下者以是为恩，在上者以是为德，由是先达不能作人，而后进之成亦不逮夫古矣，是不特一方为然，而天下皆然，则既习以成风矣。士大夫风俗坏，国祚随之，吁，可畏哉。②

> 海齿未壮时，目当世窃有陵谷之忧，间形诸言，闻者鲜不谓之狂人。又三十余年，不幸而遂验。夫国之兴衰系乎人，一时公卿大夫，隆虚饰外，以苟容为贤，附顺为忠，夸诞为高，敏给为才，诡诳为智，谀谄为敬，虽至儒者亦然，使世之人踵踵然慕效之。嗟乎，元之末造，风俗好尚毁誉若是，国之亡非偶然也。予始以伺直朴，固见病于时，及瞷时之所为然后乃大骇，知举世之尚伪，少适其真，于是益自守，不愿与世俗交往。③

---

① 吴海：《送傅德谦还临川叙》，《闻过斋集》卷1，四库全书本（《全元文》第54册，第177—178页）。
② 吴海：《别后答贡尚书书》，《闻过斋集》卷6（《全元文》第54册，第152—153页）。
③ 吴海：《送程伯崇还江西叙》，《闻过斋集》卷2（《全元文》第54册，第180页）。

吴海还结合元朝后期的政治生态，特别指出了与王朝统治危机有关的五个重要因素。

第一个因素是赋役过重，导致国本丧失。吴海列举了福建赋役沉重的状态，实际上全国都存在同样的现象。

> 古之役民用其力而已，然岁不过三日，其用之为甚轻。唐制岁役民二旬，有事而加役免其调，役三旬则租调俱免，不幸有虫霜水旱之灾，即课役悉除之，意用其力则缓其财，用其财则纾其力。民者，国之本，不欲伤之也。后世役浸重，有但用其力，而国家立法非不善，后益诛取焉。福建当天下弹丸黑子之地，比年盗贼、军旅、饥馑，民死伤流亡之余，视旧不加众也，地之所产物，视旧不加多也，而今日官员吏胥，何啻三十倍于旧，百司皂隶无赖亡命之徒诡为兵者，不知几十倍于旧。又邻省他州不能即治，所而寓于此者，是皆给在何几。常赋不充，至于预借，劝助不足，乃立科率，民无所出，至捐生而遁祸者，屡有之矣，岂非目前之事耶。①

第二个因素是恶政肆行，导致民心尽失。蠹民恶政起的是官逼民反的作用，只有去恶扬善，才能挽回民心。

> 天下古今治乱时世不同，而人心无不同者，理一而已。夫兽困则斗，鸟穷则啄，皆非其欲也，势麿而不得顾其死耳。在上者以赋敛为饮食，刑辟为娱乐，民安得保其生哉。夫欲使民回心而向道，士虽穷而不舍义，虽死而不为乱，则教之事也。②

第三个因素是纪纲败坏，自坏国家的制度基础。监察机构的官员不能履行其职能，使监察机制形同虚设，所带来的必然是贪政下的政权解体。

> 国家设官分职，仿古制置廉访使者布诸道抚临郡邑，立内外台以总之，其意甚周。百年境土莫安，政治鲜阙，此之由也。自古一

---

① 吴海：《美监郡编役叙》，《闻过斋集》卷1（《全元文》第54册，第163—164页）。
② 吴海：《送龙江书院山长叙》，《闻过斋集》卷1（《全元文》第54册，第162—163页）。

代之兴必有一代之制，其纲纪所系，治乱关之，国家纲纪系于风宪。自海内多故以来，民心皇皇，无所底止，虽守令饕残之所致，亦由任是职者不能提纲振纪，取国家立法之意自坏之。①

第四个因素是教化不兴，难以维持治道。有兴学之名而无兴学之实，尤其是师非其人，所起的恰是瓦解教化体系的作用。

古之为政者，教学为先，今惟存文具而已。教者所以导民，使为政者易治也。教之不行，为政者之病也，然而弗察也。古之教者择师为甚严，非取其威仪词藻，在乎德行道艺也。师不善必更之，虑教尼也。扬雄谓师者人之模范，而弗善焉害哉。吁，治之不兴，教祸之也，然而弗察也。②

第五个因素是不能把握机会，尤其是不知道治乱之本在于安民。失机即失国，元朝后期确实是多次失去了拨乱反正的机会。

自古及今，天下之事莫不有其机，得其机者事半而功倍，不得其机者事倍而功半，况有至于不可为者，亦由屡失其机耳。往者中原之乱，朝廷尝命丞相督伐高邮，是时天下之民引领而望王师者，莫不以日为岁，奈何间言寝兵于内，诏旨据行于外，王师既班，民大失望。此机一失，乃至数岁，比者忠襄奋烈，铲平大难，事已垂集而功不终，岂非天耶。今丞相克笃忠贞，以恢复为己任，事机之会良在此时。燕君之行，所请宜无不允者。然事有机亦当有本，古人不以城池为固、兵甲为利者，以民心为之本也。海隅之民倒悬已甚，生不自聊，而赋敛日蹙，刑罚日滋，朝廷亦思固其本乎？使其本固，则无时而非可乘之机矣。③

挽救败局，并不是无计可施，在乱世中以宽政安民，就是救亡的良策，吴海为此特别记录了两例宽政的实例。

---

① 吴海：《赠刘金宪卷后序》，《闻过斋集》卷1（《全元文》第54册，第165页）。
② 吴海：《送林生赴延平学正叙》，《闻过斋集》卷1（《全元文》第54册，第167页）。
③ 吴海：《送燕经历入京叙》，《闻过斋集》卷1（《全元文》第54册，第172—173页）。

郡侯在任久，知役法之病，奉省宪命而新之，卒事，众称其仁。有老父言曰："福州附版图将九十年，至治以来法凡六更。夫民力不齐，大者三十年，小者十年，强弱异矣。官据籍不知变，弱者不过一役即贫，贫而贷之，况有不贷乎。间一更法，当事者或恃其明察，或负其强悍，以独见为精敏，以众询为不能，聚数百人于庭，鞭笞拷掠，责其成于一二日之间。吏巧法与豪猾表里，贫民受抑无诉，彼且擅以为名声，不亦误耶。今侯自建局以至竣事，屏去刑罚，朝夕费千百言谆谆劝告，侯岂不贤于彼哉。"吁，侯入官自抚其子，为之节饮食，时寝兴，曰吾子也诚爱之矣，而坐黄堂之上，视其儡然，在下者其不曰是亦吾子也，问其疾病，察其所苦，亦思有以宽之耶，侯之心于是盖可推矣。呜呼，使在上者能驭下以宽，在下者能抚民以宽，则庶几其有瘳乎。①

国初时福建置行省，寻以地狭不足容大府而罢，再置复罢，近复治，上命信臣出镇，凡事得以便宜行之。福建西北阻大敌，顿兵数万之众，一日费恒数百金，供亿之繁，民不堪命。省府以郡邑权轻，择精悍果敢之材举为幕属俾制焉，势隆法重，指事可集，顾以为甚善处置也。延平属邑曰顺昌，综理者闻其惠声，适予有宗人来，始相见，劳苦之，宗人曰："吾邑是幸得贤综理林公，民赖以宽，不然死矣，安能复相见耶。顺昌小邑，当往来之冲，累岁盗贼残毁之余，存者不能室屋以居，田莱荒芜，丁壮从戎，民食一粥，又转饷方殷，百工器械之资猝然令下，朝戒而夕取办，他邑尽乘刑罚督责，吾邑特召社胥里长，敦切告之，民至期输，则公喜以为不至于罚也。又戚然闵若知其出之不易也，间有不能足，亦不忍遽罚，则民固已辄知之矣。"予曰："信然哉，是仁者之用心也，其果贤矣。夫上之所需，下无不应，或有无不齐，不能具于临时，特少宽之，事既不阙，而民亦免于戾，岂不上下俱得哉。谓猛者集事，宽者亦未尝废事也。然宽者民爱而怀，猛者民残而怨，为政何苦不求其怀而求其怨乎。"②

---

① 吴海：《美监郡编役叙》，《闻过斋集》卷1（《全元文》第54册，第163—164页）。
② 吴海：《赠顺昌县综理官叙》，《闻过斋集》卷1（《全元文》第54册，第170—171页）。

元朝灭亡之后，吴海对有元一代士大夫的表现，尤其是元朝末年儒士的表现，做了一个基本的评价。

> 丈夫出处不失大节，至于流离穷困而能随所遇而适者，非其中有所得，必能以理自遣者也，古今达人贤士莫不由之。元有天下，垂及百载，末年士大夫心术不明，风俗偷薄，陵夷波委，以至亡国。其高风远识，如国初刘静修先生，其次如归公彦温，不一二人。其竭力死义，如余公廷心（余阙），李公子威（李黼）者，亦不多得。予尝中夜窃叹：丁未（1367年）之变，计吾平日所知其为人者，曰行台侍御史沛郡韩公，前闽省郎中魏郡某公，潮州督守灵武王君，兹三人者，其殆不失节乎。既而韩公果不辱以死，某人者进退不遂，而王君浮海往交、占不达，屏居龙泉之上，谢绝人事，与樵夫牧竖为伍。①

吴海既未入仕元朝，也无所谓为元朝守节，但是他坚持了不仕明朝的原则，并向促其入朝的使者明确表示："仆向在先朝素未尝出，岂独在今日乎。世俗务声而不务实，称人多不得其当，见矫饰曰自修，见夸大谓多能，见隐伏云高尚。阁下勿遽因人言而信，夫人之知人，必不如其自知之审也。"② 吴海所追求的，恰是隐士所具有的自由境界："尔之忧，谓学之不修。其不忧，盖于人何求。追往驾而不及，嗒独行其谁仇。策驽钝以自厉，将岁月之无遗。惟岱高其可仰，庶卒岁而优游。"③

乱世中的文人救世良策，可能不会被主政者所知，即便被有限的人所知晓，也难以被采纳，但是不能因此而忽视其价值，因为越是危机下的冷静思考，越可以给后人留下宝贵的思想遗产。

三　救民于水火

民众在战乱中的备受摧残，是文人诗、文中重点揭示的内容，并由此催生了救民于水火的重要政治见解。

---

① 吴海：《悠然轩记》，《闻过斋集》卷3（《全元文》第54册，第228—229页）。
② 吴海：《与使者书》，《闻过斋集》卷6（《全元文》第54册，第153—154页）。
③ 吴海：《自赞》，《闻过斋集》卷7（《全元文》第54册，第265页）。

第十八章 危机感悟与兴亡评价

（一）华幼武的恤民观

华幼武（1295—1375年），字彦清，号栖碧，无锡（今属江苏）人，终生隐居不仕，有诗集《栖碧先生黄杨集》传世。

华幼武遭遇乱世时，为躲避乱兵不得不离开家乡逃难，他在诗作中记录了当时的走投无路场景。

> 区区六十翁，素禀柔弱质。潦倒无所成，头颅空雪白。十年遭艰险，携家避兵革。间里俱荆榛，屋庐成瓦砾。漂泊无定所，萍踪任南北。旅食阊闾城，怀抱常怵惕。岂谓去年冬，大军至仓卒。譬彼孤飞鸿，哀鸣畏矰缴。又如投林猿，高木何暇择。拿舟向东去，道路烟雾塞。回帆拟西行，烽火乡里隔。矫首见虞山，青天数峰出。遥遥竟宵征，那问凶与吉。①

> 春风吹短棹，迤逦望归程。刁斗溪边戍，旌旗野外营。市桥人迹少，官路马蹄轻。欲向东湖去，边烽永夜明。②

> 午夜移家出远村，西山烽火断人魂。拿舟漫逐东流去，洒泪遥瞻北斗尊。彩袖牵携怜幼稚，班舆扶拥护慈恩。会须兵甲销农器，满载春风复故园。③

在异乡安置下来之后，华幼武所能表达的只是愁叹和对平息战乱的期盼。

> 从游兵焚后，吟眺总伤神。本是清修士，翻为汗漫人。时危官独冷，道裕物皆春。不用嗟离别，终期王翰邻。④

> 系马荒城下，西风落日迟。黄昏深市屋，白发异乡儿。有地成新陇，无人说旧时。如何终夜角，解送百年悲。⑤

> 苦忆家乡值乱离，灯前挥泪看宗支。秋风百草凋零际，夜雨连城战伐时。殃及池鱼徒有恨，痛怜穴蚁欲何之。吾门积德由来厚，

---

① 华幼武：《奉谢琴川郑氏昆季》，《栖碧先生黄杨集》卷上，北京图书馆古籍珍本丛刊本。
② 华幼武：《宿蠡口》，《栖碧先生黄杨集》卷下。
③ 华幼武：《避寇，壬辰（1352年）十月十三日》，《栖碧先生黄杨集》卷中。
④ 华幼武：《次韵答唐山长》，《栖碧先生黄杨集》卷下。
⑤ 华幼武：《留常州》，《栖碧先生黄杨集》卷下。

天地休光或可期。①

忆昔少年春到日，珠歌翠舞竞为欢。灯然绛蜡摇金帐，菜缕青丝送玉盘。弦管声中那问夜，绮罗香里不知寒。自遭丧乱头如雪，过眼繁华一笑看。②

泽国秋深夜气凉，飘零犹自未还乡。蟋蛄泣露梧桐井，络纬缫风薜荔墙。咫尺故园千里梦，乱离华发十年霜。仲宣楼上长回首，烽火连山欲断肠。③

在战乱中，华幼武期望的是"海隅清盗贼，官赋薄租庸。遐迩欢相庆，丰登岁屡逢"④。但是现实状况恰恰相反，所能见到的是"盗贼纵横起，军需昼夜频。江南余尺地，日给动千缗"⑤。即便是僧人和道士，也失去了不承担赋税徭役的特权，义兵和其他民众则更是苦难交集，所以华幼武最期待的就是均平和太平。

岂意中土乱，盗贼纷纵横。军需日益急，尽向江南征。道释与黎庶，差役均重轻。委身任鞭挞，但恐迟公程。空门本清静，深虑祸所婴。中夜理舟楫，飘然望东行。师固方外士，寄迹如浮萍。宁无所住心，答此眷顾情。怅望不可及，流泪浩沾缨。叹彼蛙蚓辈，安能悯沧溟。一朝就泯灭，卷旗韬甲兵。山川不改色，草木咸光晶。官府有余暇，土田春得耕。万姓安旧业，租赋庸均平。⑥

群生苦煎熬，天高难诉哀。入室足蚊蚋，开门多虎豺。膏血吸易尽，骨肉顷见摧。县吏迫诛求，生涯安在哉。愧此鸟雀微，潜身蒿与莱。仰望霄汉远，无由设梯阶。顺天降霖雨，洗涤无余埃。舞羽致苗格，歌熏阜民财。明当逢此时，长吟写幽怀。⑦

风萧萧，雨凄凄，义兵起程行路迷。腰刀手枪耀光辉，青衫白帽行队齐。问渠远行将何之，官司召募征江西。妻儿父母夹道啼，

---

① 华幼武：《感怀》，《栖碧先生黄杨集》卷中。
② 华幼武：《岁春感怀次韵》，《栖碧先生黄杨集》卷中。
③ 华幼武：《秋夜》，《栖碧先生黄杨集》卷中。
④ 华幼武：《秋旱二十韵》，《栖碧先生黄杨集》卷下。
⑤ 华幼武：《伯父归自军前》，《栖碧先生黄杨集》卷下。
⑥ 华幼武：《原本庵绝上人东归奉寄三十韵》，《栖碧先生黄杨集》卷上。
⑦ 华幼武：《夜坐》，《栖碧先生黄杨集》卷上。

我今与汝生别离。生别离,不得已,在家出征同一死。麦禾满田穗将结,皇天淫雨无时歇。去年秋旱号饥寒,今年夏麦不得餐。幸逢此地无争战,供给军需民力殚。生为浙西农,死为江西卒。回首语妻儿,何处收吾骨。率土皆王民,安敢辞苦役。但愧扶犁手,畴能用矛戟。愿得将相俱贤才,扫除盗贼无纤埃。义兵归来旧田里,卖刀买牛复生理。"①

对于个别官员的体恤民情行为,华幼武大为赞赏:"边尘暗城郭,大道多榛荆。使君坐高堂,政治公生明。屏除奸与恶,始觉心和平。虚庭爱清旷,厌见蔓草生。呼童尽芟薙,从渠兰蕙荣。况敷甘棠阴,百里覆檐楹。斯民喜安堵,感此爱物情。安泽布田野,处处添租丁。鼓舞老布衣,咏歌缔诗盟。"②

华幼武殷切期盼的"眼明会见承平日,物色分留慰老翁"和"太平气象今重见,莫负奇才诎壮年"③,在明朝建立后终于实现,所以他对新王朝迅即表示了高度的认同:"王师赫赫来江浙,十五降城总望风。海内已归新圣王,幄中今见旧元戎。经纶大业千年事,竹帛高名一代功。佐理清朝均雨露,苍生歌舞乐年丰。"④"自是春来多瑞气,讴歌且作太平民。"⑤

当然,新王朝的统治会带来一些重要的变化,正如华幼武所记:"十载漂流百不堪,归来耕凿有何惭。""已喜皇风清海内,坐看春色遍江南。安贫只愿驹藏谷,乐道遥悲蚁战酣。一变衣冠新宇宙,只嫌短发不胜簪。"⑥他所要做的,则是恢复儒者的安静生活状态:"儒冠联翩彩衣舞,不出庭闱奉甘旨。闭门无吏索租钱,长日潜心醉经史。天时人事两相得,江南几家能若是。"⑦

(二) 周巽的安民观

周巽(?—1376年后),字巽亭,吉安(今属江西)人,曾任永明

---

① 华幼武:《义兵行》,《栖碧先生黄杨集》卷上。
② 华幼武:《和卜判官除草诗韵》,《栖碧先生黄杨集》补遗。
③ 华幼武:《金园寺别茂上老人吴公亮》《次韵答刘节判》,《栖碧先生黄杨集》卷中。
④ 华幼武:《上徐相国》,《栖碧先生黄杨集》补遗。
⑤ 华幼武:《次韵曲林春雪》,《栖碧先生黄杨集》卷下。
⑥ 华幼武:《遣怀奉呈东湖叔》,《栖碧先生黄杨集》卷中。
⑦ 华幼武:《喜雨谣寄陶彦承》,《栖碧先生黄杨集》补遗。

主簿，有《性情集》传世。

对于元朝的大一统，周巽曾在诗作中赞道："羲轩位皇极，如月行中天。圣圣继作则，坟典斯流传。乾坤大一统，图书垂万年。高岗来彩凤，清庙鸣朱弦。尼父振遐躅，人文日丕宣。""圣作万物睹，如日天之中。玉帛来群后，车书庆大同。翔毂临驰道，鸣佩集上宫。天香满臣袖，封事达帝聪。衮职惭无补，赓歌颂成功。"①

周巽曾随军出征道、贺二州，特别注重的是以安抚边民的方法达到平叛的目标："分符督诸将，仗钺讨三危。雷动征蛮鼓，云开飞虎旗。中军号令肃，上将智谋奇。驻节舂陵境，屯兵溪洞陲。杂耕民不扰，招捕算无遗。贼有坐擒者，法犹令纵之。脱鞲放鹰隼，钻穴泣狐狸。孟获终能服，獏猺何足追。无虞旋奏凯，有旨即班师。""苗顽既已格，帝化自无为。愿献平猺颂，流传四海知。"②

周巽还认为，无论是和平时期，还是战乱之中，都要关注农家的疾苦，尤其是要注意天灾对农家的影响，及时采取必要的救灾措施，并以终止乱政来保证百姓的安定。

> 八月陂塘秋欲涸，车声轧轧连村落。晚禾将槁大田枯，络纬悲鸣止还作。螳螂垂光饮断流，蛟龙蜕骨临深壑。汗流被体足未停，辛苦救得禾田青。十日无雨穗将绝，荡荡旻天呼不听。君不见，秋粮已免皇恩早，天赐丰年应更好。不用含愁怨桔槔，化机顷刻回枯槁。③
>
> 秋阳杲杲溪流竭，井上辘轳声不绝。银河斜转玉绳低，心苦惟忧稻田裂。边雁南来人未归，蛾眉颦蹙筋力微。绕床百丈哀音动，树搅西风梧叶飞。蟋蟀悲吟肠欲断，蒹葭露白秋将半。田家只望晚禾登，奈何今岁逢秋旱。君不见，早晚班师舞干羽，皇天应降洗兵雨。④

周巽亦对在战乱中死节的朝廷忠臣，给予了高度的评价。

---

① 周巽：《圣人出》《入朝曲》，《性情集》卷1，四库全书本。
② 周巽：《平猺颂》，《性情集》卷5。
③ 周巽：《桔槔行》，《性情集》卷2。
④ 周巽：《辘轳》，《性情集》卷4。

（余阙）舒州控淮海，蚩尤直层城。余公此战守，七年无援兵。公有大将略，烈烈如杲卿。百战死城下，向来一书生。长淮失保障，寒潮送哀声。至今父老言，闻者涕泣零。①

（全普庵撒里，字子仁）南临郁孤台，白日忽已没。桓桓高昌公，回车奋余烈。平生鹰扬姿，矢以须溅血。生既负主恩，愿为厉报国。拔剑杀二人，公回仗死节。魂招不可来，剑冷台前月。②

（李黼）正月江涛恶，浔阳妖雾昏。李侯守兹土，慷慨颜平原。身亲蹈白刃，大战城西门。结缨归府第，衣带战血痕。死且瞋吾目，骂贼不绝言。公真天下士，天子哀临轩。视彼佩符者，区区何足论。年年春草绿，来此吊忠魂。③

在战乱中，周巽亦表达了期盼天下太平的强烈愿望："天子嘉耆德，推恩及老成。霜纨题御赐，春彩拜亲荣。寒谷初回暖，荒城未解兵。园黄岂终隐，征起见升平。"④

（三）李晔的爱民观

李晔（1314—1382年），字宗表，号草阁，钱塘（今属浙江）人，以诗文见长，尤擅长蒙古字学，科举不利，隐居乡里，明朝初年曾短期任国子学助教，有《草阁诗集》传世（收入《四库全书》时为避讳改名为李昱）。

李晔作为隐士，保持了"狂儒"的本色，曾自我表白："识字耕夫者，不知其姓氏，亦不详其何代人也。尝居草阁读书，作为文章，凡若干言，动法古人，雅不欲为今人语，由是弟子多服从之。""太史公曰：世之治也，则君子以类而进。否则，肥遁而已矣。彼耕者，虽轻身肆志，不屑屑于世用，然德足以周于身，才足以济于时，其过于沮溺之伦远矣。"⑤

对于元朝后期赋税徭役沉重给田家带来的苦难境况，李晔在诗作中有专门的描述。

---

① 周巽：《哀故左丞余公阙》，《性情集》卷3。
② 周巽：《哀故参政全公子仁》，《性情集》卷3。
③ 周巽：《哀故九江太守李公黼》，《性情集》卷3。
④ 周巽：《题罗用和老人赐帛诗》，《性情集》卷4。
⑤ 李晔：《识字耕夫传》，《草阁诗集》卷6《草阁拾遗》，四库全书本（《全元文》第57册，第2—3页）。

日如火，风如血，昆仑碎，黄河竭。雨声隔云招不来，高田低田龟背裂。老农踏车瘦如鬼，黑不辨眉白见齿。一寸秋苗一寸心，汗血愿为三尺水。霜罗扇，雾谷衣，冰盘味甜红荔枝。老农有胆谁尝苦，租吏敲门夜骑虎。①

南岸北岸声咿呀，东邻西邻踏水车。车轮风生雷转轴，平地雪寒生浪花。借问老农何太苦，低头欲语还咨嗟。前月有雨田未耘，非其种者纷如麻。县吏差人应差役，令严岂得营私家。况当今月滴雨无，陂塘之水争喧哗。虽如抱瓮沃焦釜，蹄涔岂足供泥沙。语罢踏车车转急，田水何如汗流湿。老妻贷谷犹未归，力疾无奈吞声泣。②

在战乱中，李晔不仅有逃难的亲身感受，还记下了钱塘遭战火摧毁后的悲惨景象。

四郊日多垒，劳生信乾坤。朝来有紧急，铁骑如云屯。贱子心实忧，焉能守荒村。呼儿戒行李，一饭同出门。路逢逃难人，纷纷亦来奔。或扶爷与娘，或攀子与孙。十步九颠踬，欲哭声复吞。问道往方岩，前后相謑喧。牛羊亦随逐，飞桥为之翻。我行已岩顶，我仆犹岩根。唇干吻亦燥，何处浊酒尊。兹岩既云险，况有灵祠存。栖迟且茅屋，生理安得论。俯视西北隅，杀气犹昏昏。③

妖兵七月犯钱塘，百万吾民总可伤。白璧黄金随虎狼，青娥红颊伴豺狼。交游半是泉台客，城郭今为瓦砾场。休向吴山高处望，满前骸骨白如霜。④

李晔在诗作中充分表达了忧国忧民的情感："烽火连天黑，旌旗照地红。秋风破茅屋，愁杀杜陵翁。""春来懒上最高城，一望令人百感生。山岳无如今日碎，河流不似旧时清。青年士子多投笔，白首乡民屡

---

① 李晔：《田家苦》，《草阁诗集》卷6，《草阁拾遗》。
② 李晔：《踏车行》，《草阁诗集》卷2。
③ 李晔：《逃难》，《草阁诗集》卷6，《草阁拾遗》。
④ 李晔：《哀钱塘》，《草阁诗集》卷6，《草阁拾遗》。

避兵。休向东风歌此曲,野花啼鸟亦伤情。"① 但是该为国家效力的人,尤其是朝廷命官,其表现却令人不齿,这恰是乱亡中的极普遍现象:"忆昨豺虎如云屯,旌旗满目烟尘昏。杀人如麻血成海,十室九家无一存。大臣自合死社稷,况叨厚禄承君恩。近闻省府日筵宴,椎牛宰马齐昆仑。吾徒布衣在草野,忧心恻恻怀至尊。呜呼萧艾满城邑,馨香不数兰与荪。"② 李晔的爱民情怀,显然难以被大小主政者所重视,所以形势只能是越变越坏。由此。在明朝取代元朝后,李晔顾然认可了新朝的统治:"维时元运移,飞龙奋天阙。""圣朝御六合,治化如陶唐。任贤去奸邪,纲纪日以张。"③

(四)王偕的保民观

王偕,生卒年不详,字叔与,琅琊(今属山东)人,善于绘画,曾任昆山州学教授,元亡后不仕,有诗集《荻溪集》传世。

在诗作中,王偕道出了遭逢乱世时的愁叹心情:"别来惊丧乱,秋尽转伤情。不见传书羽,唯闻落叶声。人咸悲赤帝,天实祸苍生。欲鼓山阴棹,关河未息兵。""风静夜萧萧,空庭夜色饶。露凉苏病骨,客久畏良宵。酒力因愁减,乡心入梦遥。天涯兵甲满,魂断不堪招。"④

在隐居中,王偕希望能够看到朝廷大臣的保民行为,并对恤民儒臣的行为给予了赞誉。

> 十年南国暗征尘,从此湖山依重臣。花暗六堤瞻使节,云开三竺候停轮。⑤

> 东南推屏翰,独外台倚雄。国事方求旧,天心特借公。节旄临重镇,圭璧奏肤功。遽息斯民困,从知吾道隆。崔符争买犊,童稚共迎骢。声教西江炳,棠阴曙水通。文章熙帝载,锁钥壮神工。代税题葵扇,搜材备药笼。勋齐三竺顶,吟遍六桥东。调笔轻徐铉,仙宗并葛洪。金膏千涧碧,朱草一川红。禹穴开烟树,钱塘结宸宫。兵戎初试日,舟楫又乘风。秦楼望船集,严陵稻黍丰。贤劳堪

---

① 李晔:《愁》《登城一首》,《草阁诗集》卷6,《草阁拾遗》。
② 李晔:《煮豆酌白酒歌》,《草阁诗集》卷6,《草阁拾遗》。
③ 李晔:《次韵妻兄郑伯武见寄》《郑辕儿一首》,《草阁诗集》卷1。
④ 王偕:《山中寄刘子中》《夜坐》,《荻溪集》卷上,北京图书馆古籍珍本丛刊本。
⑤ 王偕:《春暮见除目,喜张南屏备兵抗严》,《荻溪集》卷上。

总任，清操许谁同。抗疏期攀槛，专征欲锡弓。湟池销战伐，黼衣动昭融。伟绩云霄上，贫交雨露中。①

对于王朝更替的重大变迁，王偕只能发出没有贤臣能够救国的感叹："五云日夕犹频起，六代兴亡可尽疑。休道长江限南北，古来贤相系安危。公卿谁滴新亭泪，草木徒存翠辇思。王殿盘空春寂寂，雨香惟自长棠梨。"②

（五）沈梦麟的利民观

沈梦麟（1287—1396年后），字元昭，归安（今属浙江）人，曾任儒学学正等职，后隐居，明朝初年任闽、浙考试官，有诗集《花溪集》传世。

沈梦麟身逢乱世，自认为腐儒难有作为，只能流离避乱，并频频发出了时运不济的感叹。

> 风景那堪说，干戈亦未衰。红巾春烂漫，白骨昼崔嵬。贱子哀吾道，诸公议相才。看云从坐起，顾影久徘徊。忧国同谁哭，思家每独哀。请看忠穆传，与尔肺肝摧。③
>
> 丙申（1356年）遭丧乱，乡井兵戟戟。挈家东海头，秦也来告余。飘零同苦辛，检括尽狼藉。归来田园荒，家徒四壁立。④
>
> 乡国兵戈杼轴空，寸心忧国苦忡忡。谩劳传檄求毛义，深愧无才比石洪。南省官仪新制作，太湖兵气杂青红。腐儒樗散知无补，只合携书往瀼东。⑤
>
> 落木萧萧奈尔何，洞庭日夜水扬波。间阎风俗非吴语，城郭兵戈半楚歌。风雨苍生来鬼朴，烟花紫禁舞天魔。老怀幽愤无由诉，忽听天风过野鹅。⑥
>
> 越上官军未解围，江船连日羽书违。台城有恨忠良死，藩翰无

---

① 王偕：《赠宪使张南屏二十四韵》，《荻溪集》卷上。
② 王偕：《望钟山》，《荻溪集》卷上。
③ 沈梦麟：《以疾假榻九曜寺，喜文忠随至，因成五言十韵题壁间》，《花溪集》卷3，四库全书本。
④ 沈梦麟：《送乌程县丞秦曼卿》，《花溪集》卷2。
⑤ 沈梦麟：《答周玉雪左辖》，《花溪集》卷3。
⑥ 沈梦麟：《秋怀》，《花溪集》卷3。

谋将帅稀。风雨满城蛙鼓合，乾坤日夜鬼灯微。腐儒忧国惭无补，北望神州泪满衣。①

十载兵戈泪未干，士林耆旧总凋残。每于吾道求三益，岂谓衰年识二难。诗礼庭闱称伯仲，梧桐第宅表衣冠。严君退食园池上，拭目双珠也自欢。②

沈梦麟更在意的是战乱给百姓带来的困苦，尤其是横征暴敛、乱兴劳役和兵役以及盐政的弊病等，都起着加重祸乱的作用，所以他所期望的，就是官府能有减租减赋的善政举动，以维系大一统的王朝统治。

种田父，何辛苦，身如橐驼，汗滴焦土。秋风凉，露为霜，石上坎坎舂黄粱。养蚕妇，何辛苦，首如飞蓬，衣带褴缕。蚕索索，姑不乐，缫丝不多妾命薄。③

花溪腊月差丁戌，妻子跑来入城府。漳南咫尺哭声连，群盗纵横毒如虎。官兵不来佐相忧，质身应比睢阳许。挑灯展转不成眠，白头坐听梅花雨。④

自从白狼去，比岁遭多俭。公家疏漕河，无乃民力慊。我将作险语，时危虑褒贬。回眺通州城，忽忽日已晚。⑤

城门何重重，云是南通州。周回旧城郭，屈曲新增修。昔为鱼盐市，中外人民稠。厥今扼要冲，水陆此经由。商贾聚百货，牛羊散千头。自非州佐贤，何以免诛求。桓桓李枢府，于焉驻貔貅。寒日击刁斗，清霜拂兜鍪。鸣笳敌胆落，吹角梅花愁。狼山云气青，江水日夜流。天意谅有在，兵戈已宜休。我愿车同轨，仍为于长游。南北复故道，吹箫上扬州。⑥

黄浦水，潮来载木绵，潮去催官米。自从丧乱苦征徭，海上人家今有几。黄浦之水不育蚕，什什伍伍种木绵。木绵花开海天白，

---

① 沈梦麟：《在杭简曾先生》，《花溪集》卷3。
② 沈梦麟：《寄陈公望弟兄》，《花溪集》卷3。
③ 沈梦麟：《戏效鲜卑敕勒以咏种田父养蚕妇》，《花溪集》卷2。
④ 沈梦麟：《壬寅（1362年）岁夜坐有感》，《花溪集》卷2。
⑤ 沈梦麟：《狼山》，《花溪集》卷2。
⑥ 沈梦麟：《通州》，《花溪集》卷2。

晴云擘絮秋风颠。男丁采花如采茧，女媪织花如织绢。由来风土赖此物，祈寒庶免妻孥怨。府帖昨夜下县急，官科木绵四万匹。富家打户借新租，贫者沿村赊未得。嗟嗟黄浦水，流恨何时枯。谁知木绵织成后，儿啼女泣寒无襦。①

余中濒海门，望望斥卤地。居民多四散，共享牢盆利。昔人生厉阶，于此置官吏。榷盐限程期，立笵事鞭棰。烟飞朱火腾，海立银涛沸。漉沙铅泪凝，椎甆琼英碎。天高岁峥嵘，草白北风厉。玄云闲万灶，积雪照千里。陆输车轧轧，水运舟尾尾。虽云国课集，民力已凋瘁。蹇驴历亭场，揽辔察地理。大江绕长淮，杀气寒赑屃。增科苟不息，祸乱恐未已。吾将扣阊阖，悃悃诉微意。狂言倘欺君，薄命有如水。②

由此，沈梦麟不仅期望在任的文臣武将能够取得军事上的胜利，还期望他们能够善待百姓，救民于水火之中，这样才能重现太平之世。

副枢承命山阳去，真为皇家握重兵。塞上旌旗朝北斗，淮南保障倚长城。貔貅夜渡河冰合，阊阖云开剑气清。若见参军烦问讯，老怀日夜望升平。③

乱后归来四壁空，每瞻北斗忆群公。已闻参决中书政，应有经纶绝代功。荆楚包茅违祭贡，勾吴杭稻待秋风。尺书欲寄平安信，只有云帆海上通。④

侍郎和籴下苕川，睹此荒城亦可怜。忧国固知民是本，足兵无奈食为先。青青楮币来编户，白白杨花送米船。民力不凋王事集，春袍鸣玉早朝天。⑤

战乱结束后，沈梦麟重点表达的则是对故友离去的感叹："柳州昔日故人家，烽火经今几岁华。莫道群英俱落尽，秋光都在紫薇花。"⑥

---

① 沈梦麟：《黄浦水》，《花溪集》卷2。
② 沈梦麟：《余中》，《花溪集》卷2。
③ 沈梦麟：《送夏副枢兼简钱参军》，《花溪集》卷3。
④ 沈梦麟：《寄危大参》，《花溪集》卷3。
⑤ 沈梦麟：《送贡侍郎和籴还京》，《花溪集》卷3。
⑥ 沈梦麟：《和韵西湖杂兴六首》，《花溪集》卷3。

"莫向邻翁问秦贾，至今清泪话前朝。"① 在"前朝既校荡"②的状态下，沈梦麟对新朝给予了"大明升而六合晓，一气薰而万物春"的赞颂。③

恤民、安民、爱民、保民和利民，所体现的都是乱世中的民本观念，并以此来提醒世人，越是在危机状态下，民本问题越容易被忽视。

四　叹国运不济

在乱世之中，文人墨客感叹最多的是大厦将倾、国运不济，并且无论儒者选择入室还是出世，都体现出了难有作为的特征，使"儒者无用于乱世"成了不少人认同的观点。

（一）顾瑛叹书生无用

顾瑛（1310—1369年），又名德辉、阿瑛，字仲瑛，号金粟道人，昆山（今属江苏）人，以诗词享有盛名，曾编辑元人诗集《草堂雅集》及《玉山名胜集》等，元末战乱时坚拒张士诚的入仕要求，避乱于嘉兴等地，有诗集《玉山璞稿》传世。

元朝后期，由于海盗猖獗，影响了朝廷的海运。朝廷出兵溃海盗，顾瑛特别对此举给予了赞扬。

> 圣神开天抚八方，奄一覆载包洪荒。五云楼阙天中央，万国玉帛朝明光。津梁可通海可航，东吴云帆来稻粱。咄哉饿贼空伥伥，鳅鳝起舞狐跳梁。镇东将军龙虎章，旌旗倒影摇扶桑。指挥铁马东浮洋，洪涛海岳相低昂。天吴先驱万鬼行，丰隆列缺从腾骧。弯弧上射星垂芒，剑光烁水百怪藏。鲸鲵遁逃日月光，偃息干戈弁冠裳。野人拜跪称寿觞，愿公长年乐而康。愿公垂绅居庙堂，坐使圣世登虞唐。功名竹帛声煌煌，赤松之子同翱翔。④

战乱暴起后，流离失所已经成为常态，顾瑛用诗作记载了一名儒者

---

① 沈梦麟：《代郑善卿挽杨参政》，《花溪集》卷1。
② 沈梦麟：《送乌程县丞秦曼卿》，《花溪集》卷2。
③ 沈梦麟：《金鸡竿赋》，《花溪集》卷1。
④ 顾瑛：《云帆驾海图诗送浙东副元帅琐住公归》，《玉山璞稿》，四库全书本。

的可叹遭遇。

> 先生祖实康乐公，于今为庶称老翁。孤流白鹤溪上住，乡里群豪趋下风。叩门过我惊我怀，头戴笠子心忡忡。谈空说有丘壑志，抗尘走俗山泽容。自言千里窜荆棘，此身飘泊如飞蓬。山妻未老发已秃，纫针主馈全妇功。大儿学诗次学礼，小儿五尺儒门童。前年去年兵蔽野，单堠双堠人举烽。孤舟如叶载雨雪，朝浮暮泛西复东。寒蝇穴窗死钻纸，泥龟曳尾生脱筒。只今僦屋在美里，黍穗雨黑波摇空。米如买珠薪束桂，坏壁四立鸣哀蛩。杜陵迁居忧国难，阮籍命驾嗟途穷。鹡鸰无枝何所寄，乌鹊三匝将奚从。①

面对难以休止的战乱，顾瑛也只能是在诗作中表达愁叹的感受。

> 白昼惊风海上号，水军三万尽乘涛。书生不解参军事，也向船头著战袍。
> 冉冉长蛇汉水东，嘘成黑雾满虚空。腥风怪雨重阴底，化作黄虬不是龙。
> 莫辨黄钟瓦缶声，且携斗酒听春莺。河西金盏新翻谱，汉语夷音唱满城。
> 红绿油牌去复来，长身碧眼更颀颡。口传催办军需事，一日能无一百回。
> 和籴粮船去若飞，兼春带夏未曾归。用钱赠米该加七，纳户身悬百结衣。②
> 江头日日惜芳时，三月春光两鬓丝。拔剑自歌还自舞，邑人谁识虎头痴。
> 治安无策济时艰，始信金销壮士颜。怪底飓风翻涨海，浪头一直过狼山。
> 猎猎东风吹火旗，水军三万尽精肥。一春杀贼知多少，个个身穿溅血衣。
> 楼上人家不识春，檐头蛛网亦生尘。朱门桃李皆零落，只有东

---

① 顾瑛：《饯谢子兰》，《玉山璞稿》。
② 顾瑛：《张仲举待制以京中海上口号见寄，瑛以昃下时事答之》，《玉山璞稿》。

风未嫁人。

闻道君王自早参，每虚前席问江南。何人医手如秦缓，有客能棋似李憨。①

至正二十八年，顾瑛从其子迁到临濠居住，次年在该地去世。②他尽管见证了改朝换代，但是未在《玉山璞稿》中留下相关的评价。

（二）金涓寻乱世净土

金涓，生卒年不详，字道原，号青村，本姓刘，义乌（今属浙江）人，师从许谦学习理学，应属于"北山学派"学人，元朝后期和明朝初年均隐居不仕，有诗集《青村遗稿》传世。

在元朝末年的战乱中，金涓隐居避乱，在诗作中所表现的是要求一小片净土的心境。

汩汩兵犹竞，凄凄兴莫赊。娇儿将学语，稚子惯烹茶。乱后添新鬼，春归发旧花。十年湖海志，羁思满天涯。

幽居邻水竹，避地独柴门。白日琴书净，春风燕雀喧。看山频矮履，适兴任芳樽。天地军麾满，诗成自朗吟。

园林春已半，茅屋日初长。水动鱼儿出，花飞燕子忙。看云闲坐石，把酒湿征裳。落落当年恨，高歌竟欲狂。

春梦犹为客，题诗发兴清。风帘茅店酒，晴日柳桥莺。亲老频归觐，时危未息兵。况来招引计，拟问鹿门行。③

疆场正多故，山林成久留。据鞍皆战马，扣角且歌牛。清德交游冷，光明诗思浮。从今脱尘浊，自可鄙公侯。④

落落相如志，悠悠王粲悲。乾坤犹甲胄，耕凿且年时。伐木开新径，引泉添小池。个中非所适，排闷且栽诗。⑤

隐士也有忧国和报国之心，但时运不济，金涓只能表现出对国运的

---

① 顾瑛：《乙未（1355年）和孟天炜都司见寄》，《玉山璞稿》。
② 殷奎：《顾瑛墓志铭》，《强斋集》卷4。
③ 金涓：《乱中自述》，《青村遗稿》，四库全书本。
④ 金涓：《自述》，《青村遗稿》。
⑤ 金涓：《春兴》，《青村遗稿》。

担心和对和平的企盼,以及对碌碌无为的自责。

> 今年春日殊无赖,不逐黄衫作伴游。学道十年心似醉,怀人一别岁如流。残山剩水尘凡隔,瘴雨蛮烟日夜浮。战伐即今怜壮士,功成谁拟觅封侯。①
>
> 溪南连日雨昏昏,客况难禁不出门。山岳阴风灵气伏,江湖秋水怒涛奔。乘槎久待无边使,忧国徒怀奉至尊。自起高歌看宝剑,大哉吾道许谁论。
>
> 谋生自叹一何愚,弹铗高歌志强舒。江海故人杨得意,风尘多病马相如。买山何处堪归隐,为客经年废读书。溪上晓晴新雨后,且须沽酒慰蹒跚。②
>
> 雀声催我过湖西,日暮归来看药畦。耄老不思安乐土,问人何处托幽栖。白云出岫心何在,仙鹤离巢树欠低。携取琴书便归去,奚烦更待杜鹃啼。③
>
> 独倚层楼眼界宽,天风吹湿到阑干。惊人好句愁中得,济世方书病后看。庭树雪崩时一响,瓶花冻合夜多寒。江南景物今凋弊,谁想苍生望治安。
>
> 索居三十载,一砚铁穿磨。学浅非时用,人生奈老何。竹房来暝早,花坞聚春多。静坐无余事,门前水自波。④

应该承认,有金涓这样心境的儒者,在当时较为普遍,但是能十几年隐居一地不受战乱影响者,确实不多。

(三)贡性之说儒士从军

贡性之,生卒年不详,字友初,宁国路宣城县(今属安徽)人,贡师泰从子,曾任簿尉等职,元朝灭亡后改名悦,隐居会稽,有诗集《南湖集》传世。

贡性之在遭遇乱世后,对于儒士弃文从武的行为颇为赞赏,在诗作中明确指出这是为国效力和建功立名的重要机会。

---

① 金涓:《春日》,《青村遗稿》。
② 金涓:《客中风雨述怀》,《青村遗稿》。
③ 金涓:《自叹》,《青村遗稿》。
④ 金涓:《自述》,《青村遗稿》。

十年书剑远从军，万里驱驰净塞尘。报国有身甘负戟，思亲无日不沾巾。马嘶青海边头月，人卧黄沙碛里春。看取汉庭功策在，要将图像入麒麟。①

叹息儒冠早误身，漫将书剑学从军。三千客路多依水，九点青山半入云。晓日旌旗明虎帐，春风鼓角动辕门。倚闾望断慈亲眼，湘北湘南一梦魂。②

王卿有志当俊髦，壮气直与秋争高。读书一目十行下，落笔神鬼先惊号。才如群府韫尺璧，思若独茧抽长缲。

只今仗剑戍云内，向我醉索从军谣。军中之威既赫赫，军中之乐仍陶陶。雕鞍玉辔夸腰褭，黄金铠甲明绣袍。

引弦射虎昔李广，掷笔堕地今班超。功成他日献天子，印悬肘后当还朝。姓名炳炳注青史，肯使汉将专嫖姚。③

在战乱中，征兵收税是常态现象，正如贡性之所记："使者征兵夜度关，南人无奈北风寒。将军空受登坛拜，羞向灯前把剑看。"④ 所以能遇见有善行的地方官员，确实值得庆幸："野夫于世久无闻，出郭欣逢父老论。何事一从君作县，催租不识吏敲门。夜灯机杼声连屋，春雨桑麻绿遍村。他日循良应有传，肯将名节让刘昆。"⑤

对于大乱后的改朝换代，贡性之所要表达的只是对重现太平的感叹："桃林之野春雨晴，烧痕回绿春草青。太守劝农当二月，土膏肥暖牛可耕。邯郸城头征战息，宁戚徒劳吟白石。一声闾里太平歌，牛背溪童自朝夕。""千里江山百战余，年来寸土入皇图。人行共指西施宅，身退谁归范蠡湖。茅屋渐成新里社，居民元是旧流逋。绝怜父老今无几，欲问当时不受呼。"⑥

（四）郭钰说危局难挽

郭钰（1316—1376年后），字彦章，号静思，吉水（今属江西）人，隐居不仕，有诗集《静思集》传世。

---

① 贡性之：《送人之靖州从军》，《南湖集》卷上，四库全书本。
② 贡性之：《送王鲁从军》，《南湖集》卷上。
③ 贡性之：《从军谣送王仪之》，《南湖集》卷上。
④ 贡性之：《书所见》，《南湖集》卷下。
⑤ 贡性之：《赠肖山刘县丞》，《南湖集》卷上。
⑥ 贡性之：《牧牛图》《兵后过诸暨》，《南湖集》卷上。

至正十一年，战乱骤起，郭钰在诗中特别记道："塞河诏下选丁男，明日彭城野战酣。愁杀翰林欧学士，白头骑马望江南。"① 次年正月，武昌失陷，守城的威顺王宽彻普化等逃走，郭钰愤而记道："武昌兵甲雄天下，王孙节制何为者。白马将军飞渡江，壮士弯弓不敢射。玉船未过鹦鹉洲，红旗已簇黄鹤楼。美人散走东南道，一丝杨柳千丝愁。战鬼衔冤夜深哭，王孙独在淮南宿。淮南美酒不论钱，老兵独唱河西曲。九江昨夜羽书传，九江太守愁心悬。焉得将书报天子，哀哉不识颜平原。"② 其后各地警报不断，郭钰亦开始了避乱的生涯，正如他在诗中所记："客行何仓皇，挽衣问消息。答云避寇初，元戎先我出。峨峨宜春台，烈火半天赤。双龙蓄云雨，不救烟焰赫。城中千万家，大半歼锋镝。""穷寇窥无人，鼠穴穷剽盗。承平宿将死，战守自颠倒。九江咽喉地，戎卒何草草。宜春坐不救，吾土敢相保。惟当学义旗，勠力事诛讨。贼众乱且嚣，一举秋叶扫。"③

至正十三年和十四年，尽管在避难中颇遭困苦，郭钰还保留着一点挽救国运的豪气："战尘暗南国，白日无晶辉。客行何惨戚，途穷不忘归。语及国家事，老气晴虹飞。朝饮南山水，夕采西山薇。嗟彼反侧子，捐躯逐轻肥。寒饿良细事，大义有是非。"④"屠苏酒暖破朝寒，旧写桃符忍再看。太史未领周正朔，遗民思睹汉衣冠。""已无钗钏典村醪，儿女炊羹荐野蒿。灯火独摇元夕梦，干戈浑减少年豪。""却忆将军平寇处，昆仑夜度不辞劳。"⑤

至正十五年，郭钰已经陷入极端的困苦之中，正如他在诗作中所言："余值时危，一穷到骨，薪米不给，恒自谓不敢侥幸。""谬算平生坐不耕，时危况复山河窄。汗马白丁树功勋，儒冠俯仰无颜色。"⑥"眼看淮海待澄清，骨满边城苦战争。老大不堪思往事，饥寒久已厌吾生。"⑦ 郭钰对时局的看法也趋于悲观："富贵非苟得，贫贱当自安。干

---

① 郭钰：《辛卯（1351年）闻徐州警报》，《静思集》卷10，四库全书本。
② 郭钰：《悲武昌》，《静思集》卷3。
③ 郭钰：《袁江有警，不见舍弟钰消息》《壬辰（1352年）闰三月初三日钰弟因录其语奉呈楚金诸君子》，《静思集》卷2。
④ 郭钰：《柬王志元四首》，《静思集》卷2。
⑤ 郭钰：《癸巳（1353年）元日》《甲午（1354年）元日》，《静思集》卷7。
⑥ 郭钰：《春夜寒》，《静思集》卷1。
⑦ 郭钰：《晚眺》，《静思集》卷8。

戈今若此,谁测衰盛端。"①

至正十六年,郭钰发出了朝廷平盗无效的感叹:"叹息复叹息,叹息长书空。杀贼五年无寸功,今者又送君从戎。"② 他还特别指出,最令人失望的是朝廷根本没有能战的军队和将领,导致了局势的危殆。

戎马压黄州,君先理去舟。艰难千里远,贫贱一身浮。宿将今谁在,亲王只自谋。长江如失险,乡国足深忧。

忆昨王师捷,还乡近五年。艰危惟我共,俯仰得谁怜。茅屋秋风里,风烟夕照边。乱离今转甚,思尔只高眠。③

马鞍晓被带冰霜,刁斗夜鸣杂风雨。黄河不见官军渡,青天白日丹心苦。国家养兵八十年,不斩蛟鲸伐狐兔。自非忠义激心肝,谁肯艰难越深阻。④

将军披甲控紫骝,美人挽辔双泪流。六月炎埃人命脆,军期稍缓君须留。彼为兄弟此为仇,朝为公相夕为囚。岁岁年年苦征战,黄金谁足谁封侯。烟尘暗天南北阻,英雄尽合回田亩。当时儿戏应门户,不谓虚名绊官府。马鸣萧萧渡江浦,重唤奚奴再三语。将军临阵子为御,莫把长鞭鞭马去。⑤

至正十七年,郭钰更抱怨朝廷似乎忘记了江南的百姓:"城北城南暗战尘,东风吹泪满衣巾。秦仇犹待楚三户,汉将徒封赵四人。""荆徐千里混干戈,日日君王候凯歌。上相出师三月疲,南人待援六年过。未休练卒诛求尽,暂脱归囚反倒多。独拜将坛须国士,抡才谁似汉萧何。"⑥

对于郭钰而言,至正十八年是关键性的一年。他在年初即记道:"戎马七年犹带甲,客怀元日厌题诗。愁来刁斗声相续,老去屠苏酒到迟。"⑦ 这一年龙兴、吉水等地相继沦陷,并且官军失败的主要原因是

---

① 郭钰:《将归桂林留别王志元、刘象赞二首》,《静思集》卷2。
② 郭钰:《送友人从军兼呈谢君绩参军》,《静思集》卷1。
③ 郭钰:《黄州有警,闻从弟钰已过兴国,度早晚可到家》,《静思集》卷6。
④ 郭钰:《赠周郎》,《静思集》卷3。
⑤ 郭钰:《从军别》,《静思集》卷3。
⑥ 郭钰:《丁酉(1357年)元日》《感事》,《静思集》卷7。
⑦ 郭钰:《戊戌(1358年)元日》,《静思集》卷7。

出现了太多的投降者。

  君子忧朝廷，野人念亲友。壤壤吹战尘，金汤无固守。自闻消息来，十日不饮酒。生死不可知，何论别离久。秉心思洁身，饥寒且东走。涉患始还乡，还乡复何有。拙此将奈何，迸泪空回首。①
  七载奇功一日堕，眼看白旆换红旗。支祁不避旌阳剑，絮酒谁浇孺子祠。南北选材从昔异，安危任事总难期。可怜千叠西山石，留刻何人节义碑。②
  连兵七年间，省臣兼节制。朝廷寄安危，幕府保奸宄。势骄改今图，反侧久窥伺。红旗溯江来，群雄尽风靡。今日卖降人，昨朝清议子。奈何英雄姿，因之秽青史。③

至正十九年，郭钰只能无奈地表示："不惜千金一笑挥，危途惊定始伤悲。问安慈母翻成泣，乞米贫交不疗饥。总谓鲁连曾却敌，漫传李涉旧能诗。只从邻曲多豪客，无怪荆吴满战旗。"④尤其是儒者，在战乱中更不会被人所重视："灭袖作戎衣，为儒事却非。心肝同感激，名位却卑微。""腐儒忧国泪阑干，江海容身何处宽。"⑤

至正二十年至二十四年，郭钰更多看到的是守土将帅不和导致的局面失控，所以他所关注的是能否有贤能出而解救百姓的苦难，并且明确表示江南民众并未失去对朝廷的期望。

  不见平安报，酸风杂鼓鼙。雨寒催日短，云黑压城低。枕席啼痕满，乡关去路迷。将军多异见，谁与慰庶黎。⑥
  猛士凭城险，四郊今若何。才闻一马献，已费百金多。江雨舟无渡，山云鸟独过。君王不相负，诸将且须和。⑦
  干戈阻绝岁时迁，几向空山卜月圆。仍睹帝尧颁玉历，兼闻杨

---

① 郭钰：《闻龙兴警报有怀欧阳奎》，《静思集》卷2。
② 郭钰：《悲龙兴》，《静思集》卷7。
③ 郭钰：《悲庐陵》，《静思集》卷2。
④ 郭钰：《己亥（1359年）六月初五日》，《静思集》卷7。
⑤ 郭钰：《从军》《和寄从弟铨》，《静思集》卷6、卷7。
⑥ 郭钰：《入城》，《静思集》卷6。
⑦ 郭钰：《复愁》，《静思集》卷6。

仆将楼船。旌旗日月临西楚,带砺山河拱北辰。赖有忠良扶社稷,愿闻筹策早安边。①

君王无复问南州,贱子何能恋敞裘。菡萏风清长日度,梧桐冷雨晚秋愁。一穷到骨更何有,万事伤心不自由。避地惟应蓬岛去,羽轮人世向谁投。②

白发山翁最好文,昨朝杯酒死生分。可怜者旧多新鬼,未必臣民负圣君。鹤语漫传辽海树,龙文长想砀山云。扶危实借英雄士,马上相期早策勋。③

白发黄金不疗饥,王孙携此独安归。四郊烽火山川窄,十月雨寒雷电飞。豪杰忧时常共济,功名报主不相违。临危进退如无据,青史他年有是非。④

对于自己的境况,郭钰只能感叹:"疏烟点寒芜,落日低茅屋。哭子泪未干,哭女声相续。丧乱多忧虞,生死何荣辱。独怜白发亲,无以娱心目。""纷纷世事何为者,杀气腾空龙战野。万国疮痍未得瘳,十年奔走终无暇。"⑤

至正二十五年至二十七年,郭钰又有一次逃避兵火的经历,并且依然对朝廷光复江南抱有一线希望:"白发遗民真可哀,途穷犹望北兵来。关河割据将成谶,将相经纶岂乏材。""父老新年卜晓晴,桃花春色照岩扃。洗兵不厌东南雨,恋阙长瞻北极星。""误喜新年七日晴,黑光荡日更分明。阴阳元自相消长,中外何能息战争。"⑥

郭钰始终盼望的和平,在至正二十八年终于实现,所以他很快转向了对明朝的认同:"圣主初临御,舟车万里通。上元开夜禁,乐事与民同。"⑦"饥鸟磔磔伴啼鸦,倦依东风两鬓华。避地每出巢幕燕,论交谁办酒杯蛇。""招颁大邑县符新,君领除书第一人。圣代只今更治化,

---

① 郭钰:《南省战船至吉安喜见官历》,《静思集》卷7。
② 郭钰:《六月初十日家馆披凉》,《静思集》卷8。
③ 郭钰:《九月兵至铜江》,《静思集》卷8。
④ 郭钰:《愁甚》,《静思集》卷7。
⑤ 郭钰:《秋日拨闷》《和罗贞仁达见寄》,《静思集》卷2、卷3。
⑥ 郭钰:《乙巳(1365年)夏五月茶陵、永新兵奄至,遂走淦西》《丙午(1366年)元旦晴而复雨》《丁未(1367年)人日》,《静思集》卷8。
⑦ 郭钰:《元夕》,《静思集》卷6。

大贤于此展经纶。"①

此后，郭钰只是将往事作为一段记忆封存，并且庆幸自己终于熬过了艰危的岁月："往事悠悠不足论，细看桃板旧题存。"②"忆昔军麋满南国，性命一丝悬一息。老夫与年补长贫，白发萧萧今六十。""雨露皇天根后土，前辈风流我何及。"③

郭钰的纪实型诗作，其重要之处就在于记录了乱世中儒者从期望到失望再到期望的心路路程，为王朝更替提供了思想转换的重要事例。

(五) 邵亨贞说王朝更替

邵亨贞（1309—1401年），字复孺，号贞溪、清溪，华亭（今属上海）人，隐居不仕，有《野处集》《蚁术诗选》《蚁术词选》传世。

邵亨贞在元朝末年记道："比自十余年来，兵戈之迹遍满山野，江淮吴楚之民靡遑宁处。""世道之治乱，相仍久矣。夷考古昔，盖乱之日恒多而治之日少。士君子不幸身亲乱世，虽有道德文学可以大过人者，亦将无以保任其父母、妻子于斯时也。文王、孔子圣人也，拘于羑，畏于匡，此岂不德而致之耶？秦汉以降至唐天宝、至德间，惟杜子美奔走乱离，自幼至老，与其身相为终始，奇穷流落之态可谓至矣。然抱其胸中之道德文学以自异于世，终不为造次颠沛所移也。若然者代皆有之，岂独子美为哉。后世言身亲乱离者，必首称子美，盖以其能著之声诗而可见耳。子美之言，一事一物，靡不形于咏歌，以与其身相为终始，道德文学因而传焉后世，称之曰诗史，卒无异词。"④ 也就是说，能像杜甫一样为乱世作诗史，是儒者应有的贡献。

由此，邵亨贞虽然自叹在乱世中无力救世，但是能够以前人为榜样，留下诗歌作为历史的见证。

> 丧乱嗟吾老，漂流惜子贤。乡关荒政里，萍梗畏途边。抚事从谁论，偷生只自怜。泥涂长汨没，甲子屡推迁。未觉心灰冷，何堪室磬悬。泰山那畏虎，蜀道但闻鹃。荡析弥千里，征徭遍一廛。故

---

① 郭钰：《春望，戊申（1368年）年间作》《代赠》，《静思集》卷8。
② 郭钰：《己酉（1369年）元日》，《静思集》卷8。
③ 郭钰：《乙卯（1375年）新元余年六十》，《静思集》卷5。
④ 邵亨贞：《送张孟肤移居吴门序》，《野处集》卷2，四库全书本（《全元文》第60册，第481—482页）。

园迷草莽，乔木混风烟。宝剑深埋匣，瑶琴久绝弦。儿童荒问学，故旧失周旋。生理儒冠误，才情世累牵。志乖绵上隐，业废汶阳田。蓬鸟知何地，桃源别有天。少年违宦达，晚景负神仙。著屐惭灵运，登楼感仲宣。意行花漠漠，怅望草芊芊。物色何曾歇，人情实自煎。愁添新白发，贪忆旧青毡。结舌防漓俗，潜形远逆愆。行藏甘屏迹，涂抹敢求妍。倦欲英华敛，穷惟气节坚。①

一方面，邵亨贞记载的是战乱时的场景，以使后人能够记住乱世给世人带来的祸害和恐惧。

一秋兵革竞纷纷，山下人家昼掩门。昨夜南邻鸡犬闹，又传吏过石壕村。②

朔风中夜起，白昼生晦冥。舟行向亭午，问路循郊垧。日色稍穿漏，历历岗峦青。地出阳羡西，乱后皆凋零。良田久荒秽，聚落如晨星。乃浔张生庐，回塘水冷冷。少年颇解事，肃客开林扃。烧薪具汤沐，置酒陈罍瓶。具言兵火事，惨恻难为听。余亦感其意，强饮忘独醒。明发戒行李，指点仍丁宁。③

晓行犯霜露，驱车上崇岗。四顾人烟稀，日色浮苍凉。山家灶无突，炊烟满衣裳。出门复风沙，老眼终昧茫。父老为我言，时事殊可伤。此邦蕞是邑，右族俦金张。粤从乱离始，十室九丧亡。强壮殒锋镝，老弱委路傍。形胜既改观，山川遂无光。累累偷生者，榆景何由长。语罢长揖去，喟然面穹苍。④

战乱总是令人忧愁，邵亨贞笔下的隐士生活，自然饱含难解的愁思。

兵火何多难，人烟此独存。鹤归城郭老，龙去海波浑。废屋青

---

① 邵亨贞：《客居感怀寄简吴野舟四十韵》，《蚁术诗选》卷2，四库全书本。
② 邵亨贞：《即景》，《蚁术诗选》卷7。
③ 邵亨贞：《义兴》，《蚁术诗选》卷1。
④ 邵亨贞：《官塘》，《蚁术诗选》卷1。

山寺，斜阳锦树村。蹉跎犹自任，轩豁共谁论。①

宿雾随云敛，寒星著水明。客舟移远岸，戍柝报初更。老觉驱驰倦，愁思丧乱平。故人鸡黍约，岁晚更多情。②

白首穷经未识兵，年来世故总忘情。栖迟岂谓逢衰世，治忽何尝属腐生。夜月赋诗严武幕，春风醉酒亚夫营。自惭疏阔元无补，那得微言协太平。③

另一方面，邵亨贞记录了王朝更替前后的场景，既表现出了对王朝兴衰的感叹，也表现出了能够盼来和平的庆幸。

江海岁云晏，乾坤战未阑。世途长恍惚，吾道转艰难。陶径无成趣，庞门敢遗安。岂知投老日，不厌远游冠。④

白首念旧游，瞬息六七载。兴衰反掌间，宿昔魂梦在。向来太原公，襟度绝爽恺。大开青油幕，筹策善抡采。谈笑合经纶，事业有期待。入幕匪郗超，罗致惭郭隗。重来吊遗迹，惊心变桑海。故旧散如云，我独毛发改。城门呜咽水，似恨有遗铠。天运不可量，铸错讵能悔。⑤

深谷荒凉动远思，隔年冰雪放船迟。文风历代有消长，世道百年多乱离。每忆汉槎天上下，可胜羌管月中吹。时危处处无行乐，客里逢春总不知。⑥

南渡承平无复见，中原丧乱又重看。白头父老谈兴废，曾识汉宫承露盘。

身到天河惟博望，功成汉室有淮阴。一时凛凛英雄气，千载寥寥去住心。⑦

由此，邵亨贞既明确表示了对新统一的认同："凤凰台上春风起，

---

① 邵亨贞：《岁暮九山道中二首》，《蚁术诗选》卷3。
② 邵亨贞：《横溪夜思二首》，《蚁术诗选》卷3。
③ 邵亨贞：《和倪德中见寄韵》，《蚁术诗选》卷6。
④ 邵亨贞：《丁未（1367年）岁暮》，《蚁术诗选》卷3。
⑤ 邵亨贞：《新安镇》，《蚁术诗选》卷1。
⑥ 邵亨贞：《早春潘济民远过客舍以诗见示和韵为答》，《蚁术诗选》卷6。
⑦ 邵亨贞：《次张漫亭遣兴四首》，《蚁术诗选》卷7。

鹦鹉洲边暮景斜。四海车书今复混，六朝文物尚堪嗟。"① 也对自己在乱世中的表现作了总结："乱离避世无方略，何处可寻幽，须期约。桃源只在人间，争得身轻跨寥鹤。空忆旧欢游，成今昨。自怜兵后多愁，吟肩头削。老病有孤舟，难安泊。残年但愿相依，尔汝忘形纵狂药。白首待时清，应无乐。"② 也就是说，即便改朝换代，也没有改变邵亨贞的隐士情结。

跨代文人在诗、文中所表现的心路历程之所以重要，就在于其反映的是危机中的真实情感和态度，有助于人们了解王朝更替时的思想动态。

第四节　对元朝政治的评价

由元入明的一些儒士，对元朝政治尤其是末世政治作出了评价，可列举一些有代表性的观点，作为本书的结尾。

一　危素说治世

危素（1302—1372年），字太朴，号云林，金溪（今属江西）人，从祝蕃学习理学，为"静明宝峰学派"学人，③ 顺帝朝参与修辽、金、宋三史，历任监察御史、大司农丞、参议中书省事、翰林学士承旨等职，元亡时自尽被救，入仕于明，以亡国之臣被劾罢，有《危学士全集》（《危太朴文集》）和《说学斋稿》《云林集》等传世。

（一）议修史

在参与编修辽、金、宋三史时，危素对正统问题的看法，已见前述。按照危素的说法，修三史时人数不够，又征召了二十一名布衣儒者参与修史，并在修史后授予了学官的职务。

至正二年，皇帝有诏作辽、金、宋史，执政与总裁官等集议，设修撰四十人，用翰林国史院书写十有六人，国子伴读、籍记部令史各十有二人。辽、金史卷帙不甚多，既已进上，独宋故史纪载详

---

① 邵亨贞：《送陆伯翔翁往金陵授业侯门》，《蚁术诗选》卷6。
② 邵亨贞：《春草碧·次韵素庵遣怀》，《蚁术词选》卷2，明隆庆刊江稷校本。
③ 黄宗羲原著，全祖望补修：《宋元学案》第4册，第3118—3119页。

备，今史氏势不得尽削，而野史杂记当参证者不可胜数，于是政府选能书者廿有一人，以布衣辟置馆中。

总裁者用史官言，按本朝故事，《大一统志》成书者廿有五人，《经世大典》成书者三十人，皆用为儒学教授。今所修史尤为繁多，而廿一人宜遵先朝故事官之，然廷议卒用为郡学录、县教谕，且檄外中书授之。①

修史会涉及历史评价问题，如对于南宋末年文臣的表现，危素的评价是："当宋之亡，士大夫苟一时之利禄，坐视其宗社危亡者，非可以一二数。"② 对于宋、金两朝的文风，危素则强调："盖闻文为载道之器尚矣，道弗明，何有于文哉。""金之亡，其文丽而肆；宋之亡，其文卑而冗。"③

（二）议兴学

对于元朝的兴学举措，危素不仅在诗、文中颇多赞扬，还特别指出了立学育人的重要性所在。

> 至元皇帝初，万国同车书。臣有八思巴，制作开洪图。遂令蒙古语，传诵周海隅。张官设学校，州邑达国都。④

> 古之立学，所以作成人材，备国家之任使，非细故也。三院之所辖，五方之人咸聚焉，虽有长才秀民，犹必待教而后明，况于蚩蚩之氓乎。⑤

元朝中后期之所以出现权奸和弑君现象，在危素看来，就是因为兴学中存在不少弊病，使得国家处于教化不良、礼崩乐坏的危险境地。

> 大元设学校，于以教万民。吁嗟去古远，世降何沄沄。周孔不可见，圣道日以湮。儒官窃廪禄，法度岂复遵。教化何由宣，礼乐

---

① 危素：《送刘子铉序》，《危学士全集》卷5，江西巡抚采进本（《全元文》第48册，第162—163页）。
② 危素：《与邓子明书》，《危学士全集》卷1（《全元文》第48册，第151—152页）。
③ 危素：《与苏参议书》，《危学士全集》卷1（《全元文》第48册，第148—149页）。
④ 危素：《送胡平远之静江蒙古学正》，《云林集》卷上，四库全书本。
⑤ 危素：《兴学颂》，《说学斋稿》卷1，四库全书本（《全元文》第48册，第376—377页）。

亦以沦。在薮无凤凰，在郊无麒麟。英宗皇帝时，逆气横乾坤。贼子不知父，乱臣已忘君。臣素愤薄世，胆气长困轮。念之万感集，血泪射秋旻。思见豪杰士，再使民风淳。①

由此，危素就如何传授有用之学提出了明确的要求："士有天地民物之责，故少而学则必思有以致其用。有国家者设为庠序学校之教，亦曰他日取才于是而任使之，故有以成天下之务，而善天下之俗，其效莫著焉。后世之学几与古异，局于章句文词之末，究其归，不足以明体而适用，圣人之道微矣。古者乡射饮酒，春秋合乐，养老劳农，尊贤使能，考艺选贤之政，至于受成、献馘、讯囚之事，皆在所当学，故人才之盛，风俗之厚，何可及也。"②

（三）议用人

在朝廷用人方面，危素特别分析了儒与吏的关系，所要强调的不是儒、吏合流，而是以儒克吏的观点。

> 古之时，公卿大夫称其德，府史胥徒称其才，无分儒与吏也。自有儒与吏之分，为儒者高谈名理，而不屑于小物，故常近乎迂。为吏者深拘文法，而不求其大体，故常近乎刻。迂则政弛，刻则民怨，故儒与吏亦常相诟病，若枘凿不相入焉。是不知理与律者，明体适用之士不能偏废也。
>
> 国朝草昧之初，天下豪杰乘风云而起者众多矣，然皆布列乎朝廷，以谋大事，发大议。至于郡县，往往荷毡被毳之人，捐弓下马，使为守令，其于法意之低昂，民情之幽隐，不能周知而悉究，是以取尝为胥曹者，命之具文书上又详指说焉。彼胥吏之患，中原吾不知也，扬以南，此辈尝贱，且厄于前代，一旦得用，如猛虎之脱槛，饥鹰之掣鞲，其势不得而御之。由是视贿赂为权衡，或更一字而生死祸福其良民，或援一例而聋瞽钳制其官长，使圣君贤相子惠元元之意不得播其下，而疲癃残疾鳏寡孤独有不胜其用，可哀也。
>
> 夫故廷臣之有识者，取学校诸生参错用之，使其贪邪迷谬者有

---

① 危素：《送王起元之分宁教官任》，《云林集》卷下。
② 危素：《送湖州吴教授诗叙》，《危学士全集》卷5（《全元文》第48册，第201—202页）。

所观感，可谓仁厚矣哉。然而上官苟贤者也，则破绝崖岸，时与儒生讲说诗书礼乐，以风动其人，顾不韪欤。其不然，则反谓儒者不能巧牢笼而工诣事，乃择其贪黠者，党诈恶，张肆其吞噬者有焉。彼儒生苟贤者也，自以为吾之学足以治其家国天下，屈而居下，尝自悼矣，不得于上山林而已，何至俛首包羞，低回隐忍，以自辱哉。甚者反舍其所学，以趋世媚俗为能，则号曰用儒，其实非也。故必有高才绝识者出乎其间，上之使下也以礼，下之事上也以忠，夫如是，其民焉有不被其泽者乎。①

与儒、吏关系密切相关的，是君子从政的道德规范，因为在危素看来，只有任用君子，才能使州县得到有效的治理。

君子之于人，察其所趋而已。至若见之于事，则观乎时之有遇有不遇，势可为与不可为。势不可为而强为之，时之不遇而强行之，古之知进退存亡之道者不如是也。仕于今者，乘国家混一之久，法制修明，黜陟严信，不可谓时之不遇矣。然而人心风俗之变久矣，服劳州县者，亦诚难哉。县之附郡者，其难尤甚焉。无论其他，姑以吾抚州而观之。临川附县也，郡临其上，百须咸取给焉。为长令佐贰者郡之史，苟非尝学问者，莫不颐指气使之，至于郡之皂隶，亦平视或反相训侮，送迎馈贶，日无虚于斯时也，欲少徇其诛求而苟免于谴责，往往临财而不思义，论势而不知理，丧其节而堕其名者相望也，君子深忧之，吾是以为难也。或曰以一县尔而谓之难，则汉、唐之长安、洛阳，宋之开封，彼其贵家大族相陵压，事又烦剧，则将不为乎？吾以为不然。彼汉、唐之长安、洛阳，宋之开封，望尊而势重也。望尊而势重，则号令之发若霆厉而飙驰，未易挠其势也。至若今之为县，则大不然。上官制之，奸胥欺之，民之稍富强者得以把握之。甘心于污秽觳枉己而从人者，可幸无事；若稍鼓其才智，曝其操行，毁辱不还踵而至矣，虽君子不以利害成败而论事，然有先见之知者于明哲保身之道，亦靡不尽焉。呜呼，是其事固与长安、洛阳、开封相辽绝哉。②

---

① 危素：《送陈子嘉序》，《危学士全集》卷5（《全元文》第48册，第155—156页）。
② 危素：《送史县尹诗序》，《危学士全集》卷5（《全元文》第48册，第186—187页）。

由此，危素特别强调了对科举出身之人的善政要求："圣代恩波洽，明时礼乐兴。万方无战伐，多士尽飞腾。科第开贤路，芎溪得县丞。疲氓沾德泽，猾吏慑威棱。律令从兹举，奸凶庶有惩。昆虫无夭札，年谷毕丰登。百里民皆化，期年政可称。"①

（四）议时政

在时政方面，危素对所谓的"圣政"不乏赞颂："方当盛平世，帝圣辅弼良。四裔息征战，畎亩无旱蝗。凡居郡邑职，敬戒垂永臧。上当宣德化，下欲赤子康。"②"世祖丕图天广大，外臣雄镇海门西。风高霄汉旌旗动，日射沙营剑戟齐。元帅虎符秋气肃，三军鳞甲晓尘低。百年礼乐今全盛，故国遗民已耄齯。"③尤其是对于顺帝即位后多次颁赐老人帛，他特别赞道："皇有万国，莫不尊亲。绍天明命，抚之以仁。民吾同胞，海涵天覆。仁政之行，敬老慈幼。筐篚肆颁，皇有恩言。惠泽斯沛，孝理实敦。"④

危素也看到了赋役不均、贫富悬殊和贪官污吏横行的现象："侧闻今岁谷不熟，田里嗟怨吾神伤。大车运米填旧债，一穗不在农夫仓。农夫辛苦食无粟，艺菜正欲充糇粮。上天胡为降杀气，造物骄蹇颓其纲。吾君爱民如爱子，忧国感激张平章。臣愤贪夫满郡邑，臣愿盛世跻虞唐。君不见，豪家大户餍酒肉，暖阁无风咽丝竹。又不见，饥人破铛夜煮蕨根粥，妻子嗷嗷向天哭。"⑤为此，他特别对能够均田赋的官员给予了赞誉。

> 至正二年，浙东海右道肃政廉访司檄绍兴路总管府，以余姚州田赋未均，乃属同知州事刘侯专治其事。初大德四年，尝核实田税，既而籍毁于火，执事于乡里者往往增减田亩之数，变乱赋税之常，于是富者享其利而安处，贫者罄其家而无告，积弊蝟兴，莫此为甚。侯受檄以来，出宿公宇，日一还问太夫人起居而已，昼夜悉心，须发为变。田一区，印署盈尺之纸以给田主，谓之乌由，凡四

---

① 危素：《赠贵溪安鲁鼎县丞》，《云林集》卷下。
② 危素：《赠查泰宇之闽清主簿任》，《云林集》卷上。
③ 危素：《杭州观阅武和儿伯范》，《云林集》卷上。
④ 危素：《赐帛颂》，《说学斋稿》卷1（《全元文》第48册，第374—375页）。
⑤ 危素：《种菜为霜雪所杀》，《云林集》卷上。

十六万余枚。日后易主，有质剂无乌由不信也。民王实尝以其所有诡户名，至是惧有夺之者，乃自陈。继是自陈者五万人，或旧日无粮今日实有至三五百亩者。至于消积年之争讼者七千余事，片言之下，无不感悟知悔，父子兄弟各复还其田者，盖多有之。又核站田一万五千二百二十余亩，俾得田者助其役。其画田之形，计其多寡，以定其赋，谓之"流水不越之簿"；又画图，谓之"鱼鳞牙次之图"。其各都田亩，则又所谓"兜簿"者焉。至于分其等第，以备差科，则又有所谓"鼠尾册"者焉。①

国朝以五事、六事责成于守令，其目皆曰赋役均。嗟乎，赋役之难均也久矣。大抵江淮之北赋役求诸户口，其南则取诸土田。户口之贫富无恒业，土田之贸易无恒主，由是虽欲其均，卒莫能均。况于守令之忧民者至鲜，而贪残之舞手其间者皆是也，使承平之世，膏泽不及于下，果谁之咎欤。予尝求能核其有田无税，有税无田，以定力役者，盖得二三人焉：其一至元间绍兴新昌县尹李君，其一大德间金溪县尹赵君，其一同知余姚州事刘君，盖皆能始终，卒成其事者，民之蒙惠岂其微哉。顾今又闻吴兴唐君为县于徽之休宁，而亦以此先之。

至正五年春，君始至官，召父老问民不便者，皆以不均告。君曰："吾不使胥曹任其事，为其并缘为奸蠹也。"乃听民自推择廉而干实者委之。五月甲子，乡各举二人，君置酒县堂，申命之戒以毋私、毋扰、毋欺，三月以籍至县，八月讫事，上其籍于郡。民情大悦，歌咏载道。②

王朝末世政治的一个重要特征，就是各种善政建议都会被人为地隔蔽。以不学无术的人当政，必将国家导入危亡境地，危素就此列举了两个重要的例证。

太平十策者，临川艾君本固之所著也。其纲曰开经筵以广圣

---

① 危素：《余姚州核田记》，《危学士全集》卷6（《全元文》第48册，第287页）。
② 危素：《休宁县尹唐君核田记》，《危学士全集》卷6（《全元文》第48册，第291—292页）。

学,广储蓄以备水旱,行铜钱以助钞法,严考绩以择守令,崇节俭以厚风俗,汰冗员以厚正官,奖廉让以化官吏,举孝弟以正民彝,通资格以任贤才,修武备以振国威。

艾君上书时,今太师忠正方入相,得君书大喜。中书参议何庭兰,世称能吏,亦曰君言可用。下之部,而吏议沮之,不报。

予尝论之,四民之中,惟士有天地民物之责,虽穷居草茅,其虑必周于天下后世,此昔之君子先天下之忧而忧也。君处田里之间,民生之休戚见之详矣,国政之得失思之熟矣,而又能穷经考史,以损益古今之宜。此十策者,盖其粲然可举而行者,为国而不先乎此,则以为治者,皆自诡而已顾,岂可以老生常谈视之哉。今夫居高位、食重禄者,非无其人,而乃使布衣之士焦心劳思,徒步五千里奋然言事,言之而又困于吏议,吾不知其何说也,因阅其草稿,书以归之。①

《经邦轨辙》十卷,临川郭君庆传之所著也。其目则十有二,曰格君、进贤、恤民、正己、守法、勉学、去邪、绝私、识量、职任、寡欲、兼听,各引经史于其端,而证以国朝名臣之事,其后则君自为论段以发明之。

经邦之道,夫岂易言哉。今夫梓匠轮舆犹有俟乎,规矩准绳而后可以作室制器,况于身居辅弼凝丞之地,废兴治乱之所系,岂可以不学无术者苟充其位,使阴阳不和,水旱洊至,社稷其有不至于危亡者乎?②

危素年轻时即抱有忠君爱国之心:"东风浩荡吹江南,危子行年二十三。长谣空谷天荡荡,剑倚白日风潭潭。气高颇怪星象动,身在岂为饥寒贪。宫中圣人朝万国,臣抱犁锄在山泽。终年读书空自劳,三岛求仙岂能得。齿牙不动心未摧,欲奏长策天门开。周公仲尼没已久,麒麟凤凰去不来。世无忠臣与孝子,四海风俗何由回。"③入仕朝廷后,他

---

① 危素:《太平十策序》,《危学士全集》卷3(《全元文》第48册,第193页)。
② 危素:《经邦轨辙序》,《危学士全集》卷3(《全元文》第48册,第210—211页)。
③ 危素:《余居深山,郁郁不乐,醉中长歌,以东风命篇》,《云林集》卷下。

还特别要求儿子:"丈夫誓许国,岂谓求斗升。相期在千古,勉勉惟忠贞。"① 他自己也曾明确表示:"余尝观大慧禅师之言曰:忠君爱国之心与生俱生,假使铁轮旋顶,而此不可磨灭。"② 危素后来入仕于明朝,并遭到时人的讥讽,就在于他违背了自己所力倡的忠节观念,成了一个悲剧性的人物,但不能因此而忽视他对元朝治世好坏的评价。

二 陈基说善行

陈基(1314—1370年),字敬初,号夷白子,台州路临海(今属浙江)人,师从黄溍学习理学,为"沧州学派"学人,③ 被黄溍荐为经筵检讨,因代人上书引起顺帝不满,避罪南归,战乱中被启用,后依附张士诚,明朝初年参与编修《元史》,有《夷白斋稿》传世。

(一) 时局之忧

陈基初到大都时,颇有跻身于文治盛景中的感受,在诗作中表示:"结发事书史,及壮服冠裳。远游至京师,永言观国光。叨逢尧舜时,拔擢登明堂。佩以明月珠,被之云锦章。"④ 他还以指点江山的语气,发表了对儒士文风的评价:"文岂易言哉。国家混一百年,能言之士莫不各以其所长驰骋上下,以鸣太平之休风。"⑤ 因为在他看来,元朝的文风有过三次重要的变化。

> 国朝之文凡三变。中统、至元以来,风气开辟,车书混同,名家作者与时更始,其文如云行雨施,芳霭万物,充然有余也。延祐初,继禅之君虚己右文,学士大夫涵煦乎承平,鼓舞乎雍熙,出其所长,与世驰骋,黼黻帝猷,铺张人文,号极古今之盛。然历金石以和平之音,肆雕镌以泄忠厚之朴,而峭刻森严,殆未易以浅近窥也。天历之际,作者中兴,上探诗书礼乐之源,下泳秦汉唐宋之澜,摆落凡近,宪章往哲,缉熙皇坟,照熠日月,登歌清庙,气凌骚雅,由是和平之音大振,忠厚之朴复还。⑥

---

① 危素:《赠儿大同甫之龙岩巡检任》,《云林集》卷上。
② 危素:《释景洙翠屏文集叙》,《危学士全集》卷4(《全元文》第48册,第187—188页)。
③ 黄宗羲原著,全祖望补修:《宋元学案》第3册,第2357页。
④ 陈基:《发大都》,《夷白斋稿外集》卷上,四库全书本。
⑤ 陈基:《程礼部集文序》,《夷白斋稿》卷22(《全元文》第50册,第311—312页)。
⑥ 陈基:《孟待制文集序》,《夷白斋稿》卷22(《全元文》第50册,第313—314页)。

文治的气象下，往往含有隐忧，君主不能纳谏，就是一个严重的忧患，所以陈基特别在诗作中强调："厉王怒闻谤，乃使卫巫监。欲逞一己私，冀彼万口钳。防民甚防川，川壅宜蚤决。民言苟不宣，祸至恐为烈。先王置谤木，政恐有阙佚。瞽史与蒙瞍，赋诵左右规。百工及庶人，人贱言不废。圣亦择荛荛，贤当受耆艾。"①

在陈基看来，国家显然没有达到善治的水平，需要用良药治疗各种弊病："盖医之用药，犹吏之用法。药以去病，法以除弊。故礼不足而后法施，犹养不足而后药用焉。""其执文牍，佐郡长吏，除民间疾苦，又若用汤火针石之属，以去风疾也。"②

为彰显善政的作用，陈基还特别记录了行善政者得到百姓和儒者赞誉的事实。

夫息人工以养人，善为国者也。穷地力以害人，贼夫国者也。吴之不恤其工以奉上也久矣，而其害有若长荡、华荡之属，积水为陂，风涛飘击，鼋鼍蛟螭率丑类居之，卵育子孙，以据其窟，使神农执耒，后稷秉耜，亦未如之何。而有司什一之征，岁有常供，驱民于不测之渊，为之上者缩手弗顾，而经历丁君独闵然思有以拯之。推是心也，其殆古之所谓遗爱乎。初，君之至吴也，民有歌者曰："吴之土兮，淖而卑。吴之田兮，沦为湖陂。我田于湖兮，官剥我肌。昔神禹兮手骈足胝，将以厚吾之生兮，今反病之。我将上诉兮，天不可跻。我将沦死兮，不忍子与妻。吁嗟侬兮，何以生为。"君闻之曰："有是哉。吾闻苛政猛于虎，此非虎之尤者乎。夫使田野无愁叹之声，二千石之职也。今吾来佐长吏布恩泽，而民困若是，将何以上报天子。"乃独疏其上请，已而上诏郡国除民所疾苦，吴氓赖君之言乃得以休息，又歌曰："原则有黍，水则有鱼。昔云不足，今乃有余。隰则有粳，水则有鲂。人言之臧，我以为庆，又胡可忘。"③

陈基更担忧的是自然灾害对国计民生的影响，所以特别记下了面临

---

① 陈基：《读国语》，《夷白斋稿》卷2。
② 陈基：《赠曾彦鲁序》，《夷白斋稿》卷18（《全元文》第50册，第249—250页）。
③ 陈基：《送丁经历序》，《夷白斋稿》卷13（《全元文》第50册，第224—225页）。

旱灾时的无奈感受:"恸哭秋原何处人,哭声直上澈苍旻。谋生不及官仓鼠,转死终为客路尘。憔悴几家犹贡蜜,苍皇诸峒又争银。绿衣陈事无年少,徒尔区区索鬼神。阿婆抱子妇将车,骨肉谁甘弃道途。使有贾生应恸哭,惜无郑侠为传图。身抛田里魂俱丧,目断关山泪已枯。自笑腐儒难用世,谩将余论拟潜夫。"① 也就是说,即便是和平时期,也早已存在百姓流离颠沛的现象。

(二) 战事纪实

国家被卷入战乱后,陈基首先在诗作中描述了百姓因出征和缴纳赋税所遭受的困苦,以显示他的爱民之心。

> 世上父母心,贵男不贵女。生女长大内夫家,生男可以当门户。东家有女不嫁夫,夜夜织纺输官租。西家有男虽娶妇,岁岁从军身荷戈。有夫不若无夫乐,无妇岂知有妇恶。却羡林间小鸟飞,雌雄颉颃不暂离。②
>
> 征人娶征妇,誓将同甘苦。征妇嫁征夫,心期事舅姑。舅姑在堂夫远戍,欲寄征衣不知处。裁衣不寄恐夫寒,有妇容易无夫难。人生莫作征人妇,夜夜孤檠泪如雨。③
>
> 岁暮涉淮海,不辞行路难。从军岂不乐,即事每长叹。老妪八十余,日晡未朝餐。泣云遭乱离,零落途路间。岂无子与孙,充戍皆不还。男战陷贼阵,孙苦隔河山。数月无消息,安能顾饥寒。语毕双泪垂,使我心悲酸。上天未悔祸,豺虎方构患。近闻山东变,世路复多端。悠悠颠踬人,何时得平安。④

由于陈基曾担任参赞军务的职务,在诗作中记录了征战的场景,可列出有代表性的几首诗作。

> 江左妖氛扫未清,山东豺虎又纵横。欲令斥堠收烽火,须挽天

---

① 陈基:《丁亥岁(1247年)河南自正月至七月无雨,流民相属于道,哭声满野不忍闻之》,《夷白斋稿外集》卷上。
② 陈基:《征夫叹》,《夷白斋稿》卷1。
③ 陈基:《征妇怨》,《夷白斋稿》卷1。
④ 陈基:《述老妪语》,《夷白斋稿》卷3。

河洗甲兵。老马独嘶时北望，宾鸿相唤尽南征。腐儒愧乏匡时术，搔首风前百感生。

兵火烧残百草根，人烟无复万家村。黄金莫铸忠臣骨，白马空招帝子魂。易水有情人已逝，睢阳无援事难论。何当亲斩楼兰首，仗节归朝报至尊。①

黄埃涨天濛曜灵，夜吠天犬如雷声。扫空挽抢五百丈，四海鼎沸何由平。孙吴穰苴早昧学，忍掷宣毫事横槊。本怜垫溺垂手援，危事那堪务掎角。勉呼卒旅结阵行，什什伍伍分千旌。虽云兵者古凶器，讵敢黩武穷苍生。鸟翔蛇蟠纷起陆，御枚火攻机贵速。剿除魁丑一鼓桴，立决雌雄奚待卜。多哉万命由元戎，长驱凯旋非是功。要令郡邑总宁谧，辟谷自甘从赤松。②

所忧亡命徒，手刃匿草中。昼伏夜间伺，为毒甚斯虫。我方事师旅，禁暴哀人穷。此辈若不除，厉民安有终。谆谕饬吏卒，反复开盲聋。尔实备官守，责在兵与农。自古处边圉，盗戢商乃通。阳德始发生，人事宜肃雍。简书虽有程，我行忧虑忡。叹息行路难，何由辞转蓬。③

江水出峨岷，江亭俯要津。诸侯皆职贡，百粤漫风尘。恩诏传中使，遐方倚外臣。出师劳上将，入幕羡嘉宾。闻道元戎死，频伤义士神。三军宜雪耻，百战莫忧身。巫峡长多雨，潇湘已暮春。鼎鱼何足制，奏凯勿逡巡。④

从陈基的诗作可以看出，他尽管注意到了军事行动中的善民、保民举措，但所能发挥的作用确实有限。

（三）乱世善行

要拯救国家的危亡，关键是要用对人才，正如陈基所言："盖国之大事在兵，兵之大纪在法，法之得失在人。苟得人矣，则纲而理之，其要举于上，张而翕之，其事存于下。"⑤ 尤其重要的是，所谓人才，就

---

① 陈基：《淮阴杂咏》，《夷白斋稿》卷9。
② 陈基：《提兵余杭作》，《夷白斋稿补遗》，四部丛刊本。
③ 陈基：《海安过闸得风出烂泥洪》，《夷白斋稿》卷4。
④ 陈基：《江亭》，《夷白斋稿外集》卷上。
⑤ 陈基：《赠盛断事诗序》，《夷白斋稿补遗》（《全元文》第50册，第277—279页）。

是既懂军事、又善文治的士大夫:"自兵兴以来,所在文武百司,知守章程,恤民隐,夫田妇桑不废生聚者,吴越数郡而已。彼城邑丘墟,蒿莱蔽野,豺狼虎貙之属,呼曹命群以荐食生人者,又何其烈也。将相公卿日夜身先士旅,沐雨栉风,以与此类崎岖百战者,夫岂为室家计哉。""然战可以捍患,不可以致治。任致治者,其惟大夫士乎。彼驱民于豺狼虎貙之口者,其不仁亦甚矣。今欲反其不仁而治之,无他,亦在于轻重缓急之间而已。""况以武捍患,以文致治,譬犹使舟人操舟,车人御车,苟各务尽其所长,则未有一日而不千里者也。"①

陈基还特别强调了善治是改变危局的基本路径:"国家承平日久,民不知兵。一旦变起不测,所在肝脑涂地,井邑丘墟,祸亦惨矣。诚使抚字得人,政平讼理,则民入有父母,出有司命,而金汤之固,不在坚城深池,而天下又安矣。"② 由此,他不仅对有善行的官员大加赞赏,亦明确提出了且耕且战的护民要求。

> 吴郡属部由县而升州者,吴江其一也。虽地方百里,大抵具区之滨,重湖复陂,浸淫淡澉,引三江而归之海。水之所不及者,然后人得以树艺其上,故必谨堤防,设机械,率老弱,疲筋力,敝敝焉日与水争利。幸天无淫雨,岁之所入,仅以输租税,供徭役。否则沟塍畎浍,沦胥为洪涛,人困力殚,而有司十一之征,上下交病矣。其州治又居水陆之咽喉,符节羽檄,旁午络绎,防守供亿,百倍他邑。故任师帅于此者,视他州亦难。其人必德足以宣教化,才足以寄民社,明足以听狱讼,敏足以裕军储,而又济之以廉,行之以恕,如前知州燕山赵侯,其庶几也。初侯之下车也,当国家责成守令之时。侯首劝农桑,均赋役,勉学校,简词讼,以崇本抑末为务,设施次第恪守章程。及南北征兵,调发无虚日,侯鞠躬夙夜,弗遑寝食,而民不废耕桑,官不阙馈饷。③

> 王师重拯乱,主将加隐恻。戒吏剪蒿莱,分曹理盐筴。眷言恤疮痍,迟回历阡陌。上天合助顺,九土期再辟。白首忝戎行,临风

---

① 陈基:《送镏治中诗序》,《夷白斋稿补遗》(《全元文》第50册,第276—277页)。
② 陈基:《崔衢州政迹诗序》,《夷白斋稿》卷17(《全元文》第50册,第296—298页)。
③ 陈基:《送赵知州序》,《夷白斋稿》卷16(《全元文》第50册,第237—238页)。

增感激。①

良由兵兴久,羽檄日交错。水陆挽刍粟,舟车互联络。生者负戈矛,死者弃沟壑。虽有老弱存,不足躬钱镈。我军实王师,耕战宜并作。惟仁能养民,惟善能去恶。上官非不明,下吏或罔觉。每观理乱原,愧乏匡济略。②

陈基还特别记录了乱世中出现的三项值得注意的善政举措。

第一项是募民屯田。"至正十三年春,主上用宰相之请,命省臣兼大农太府,出泉币,开垦西山、保定、河间、檀、顺之田,遣使谕江南有能募民入耕者,以多寡授官有差"。"方今圣天子绍隆丕基,贤宰相总文武大政,前年治河决,去年平徐寇,四方万国日就底宁。今又除草莱,辟田野,抑末崇本,驱游食之民转而归之农,使各自食其力,变潟卤为稻粱,收干戈为耒耜,兴富安长久之利,建万世不拔之业。呜呼盛哉,此有志之士勠力就功名之秋也"。③

第二项是维持海运。"天下之本在京师,京师所仰在海运,海运所恃在舟楫。舟楫之利,所以济不通。然振古以来有天下者,未有道海为渠,转漕东南亿万之粟,灌注天府,以备粢盛禄廪军旅之需,如今日之盛者也。盖世祖皇帝宏规大略,所以为圣子神孙万世无疆之计,殆天授之,非人力也"。④"自国家以海为漕渠,岁转东南之租赋,每夏由吴门达直沽,履洪涛如平地,视万里犹咫尺。上而佩金符、绾紫绶为万夫长,下而掌文书、佐转输居幕府者,皆安然囿于皇仁之内,虽有深涉之劳,而无不虞之虑,盖八十余年于兹矣。及一旦鲸鲵悍然不安,天常凭陵鼓荡,风掀浪翻,坚舟利楫,糜烂齑粉于狼狈之顷。董漕大臣素以豪杰自命者,颠踬辟易,袖手而无所措,其剉衄亦甚矣"。"然则平居无事,人材若无与于世。至于仓卒之际,利害叵测,始知得人则济,非人则蹶。噫,中流失舟,一壶千金,岂虚语哉"。⑤

第三项是兴办学校。在战乱中,仍有地方官以兴学为要务,陈基为

---

① 陈基:《如皋县》,《夷白斋稿》卷3。
② 陈基:《通州》,《夷白斋稿》卷3。
③ 陈基:《送强彦栗北上诗序》,《夷白斋稿》卷15(《全元文》第50册,第233—234页)。
④ 陈基:《海道都运万户府达鲁花赤脱因公纪绩颂》,《夷白斋稿》卷12(《全元文》第50册,第462—465页)。
⑤ 陈基:《送陈景初序》,《夷白斋稿》卷19(《全元文》第50册,第251—252页)。

此特别指出："吾闻学校废兴，视守令之贤否，此古今确论也。承平以来为守若令者，不骏奔于期会，则攘臂于赋敛，鞠躬于簿书，盖八十年于此矣。其不以文具视学校者，几何人哉。及天下有变，向之所谓骏奔攘臂且鞠躬焉者，卒莫知所以救之。""使凡职守令者，皆知不以文具待学校，而长民者必以礼义先天下，而天下有不足平者矣。"① "及天下兵兴，所在城邑为墟，生民沦胥水火，其幸而免者，不鞠为鱼肉足矣，尚遑恤夫学校之废兴也哉。侯起家武弁，身擐甲胄，手执干戈，勠力与仇战，甃完城堡，为国藩屏，此其职也。至于学校，承平大夫尚或有所不暇，而侯于多事之秋，乃能不烦学官，不勤民力，亲率师徒致力于此，而完且速若是，是非所当书者乎。"②

在战乱中，陈基最期待的当然是和平，在诗作中，他借事生情，强烈地表达了这样的诉求。

中原正格斗，击柝闻四鄙。官道日榛芜，生人等蝼蚁。依依烟际舟，两两舟中子。来往卖鱼虾，出入官军里。生长离乱间，不识纨与绮。适尔见王师，被服多华侈。买物不计钱，仆仆更拜起。何当罢战伐，万国收戎垒。山河归带砺，车书复文轨。有地尽桑麻，无人不冠履。腐儒亦何需，归山守松梓。击壤乐余年，此乐无穷已。③

旧城城旧人民新，新城城新无旧人。旧城城外兵一解，新城城中齐盖瓦。鸳瓦如鳞次第匀，将军令严鸡犬宁。将军爱民如爱子，百贾皆集新城市。浙米淮盐两相直，楚人之弓楚人得。何日四海无荆棘，北贾贩南南贩北。④

但是真正的和平是由新王朝带来的，所以陈基很快就转向了对明朝一统的认可："昔六朝之都金陵也，当南北分裂之余。士生其间，盖欲为司马子长万里之游而不可得。庸讵知千数百年之后，天下混一，车书大同，有如今日者。"⑤ 当然，这也是他入仕明朝的必备条件。

---

① 陈基：《吴县修学记》，《夷白斋稿补遗》（《全元文》第50册，第433—435页）。
② 陈基：《常熟州修学记》，《夷白斋稿补遗》（《全元文》第50册，第435—436页）。
③ 陈基：《上乐》，《夷白斋稿》卷3。
④ 陈基：《新城行》，《夷白斋稿》卷1。
⑤ 陈基：《送郑君举游金陵序》，《夷白斋稿外集》卷下（《全元文》第50册，第269页）。

三　朱右说统绪

朱右（1314—1376年），字伯贤，台州临海（今属浙江）人，师从陈德永学习理学，为"北山学派"门人，[①] 科举不顺，先任学官，后入吏职，明朝初年参与编修《元史》，著有《春秋传类编》《书集传发挥》《理性本原》《历代统纪要览》等，有《白云稿》传世。

（一）说正统

朱右曾编撰《历代统纪要览》一书，说明正统之所在，已见前述。在元末战乱的状态下，朱右特别赶到大都，向朝廷献上《河清颂》，就是要以黄河水清的所谓祥瑞，来说明本朝还有终止战乱、维系正统的机会。

> 伏闻至正二十一年十二月戊辰，黄河清七日，自平陆三门碛下至孟津五百余里，实圣朝希世之瑞。
>
> 恭惟陛下，握荣图之灵，建用皇极，乘水德之运，处于玄宫。浚哲文明，善鉴万类，沉潜睿知，克清四维。缵列圣之丕基，沛如天之洪泽。人心愿治，泰运中兴。虞廷弗遏于苗征，夏后用修于扈伐。出师命将，快睹义旗之云从；罚罪赏功，大震天兵之雷动。一麾而齐鲁克定，再讨而晋绛底平。信乎川岳之昭融，宜尔乾坤之欣合。[②]
>
> 皇朝启运，建国号元，得天一之数，肇造朔方，符水德之瑞。今天子圣神文武，皇太子睿知仁孝，河之呈祥，实应于此。矧水之为物，清乃本性，河浊而清，又返本还元之征也。
>
> 泰运中兴，民阜物蕃。车书文轨，登虞迈轩。于万千岁，永祚皇元。[③]

朱右的这一举动没有引起主政者的重视，他自知难以得到朝廷的重

[①]　黄宗羲原著，全祖望补修：《宋元学案》第4册，第2802页。
[②]　朱右：《进河清颂表》，《白云稿》卷2，四库全书本（《全元文》第50册，第509—510页）。
[③]　朱右：《河清颂》，《白云稿》卷2。

用，只能返回南方，避乱于上虞等地。

（二）说道统

与王朝正统同样重要的是延续圣人之道的"道统"，朱右以赋的形式对道统的来源作了说明。

> 述道统，本庖牺，荥马示象天所基。圣人以画，如指诸掌何熙熙。迨有熊，道乃公，舟车利器民肇通，衣裳栋宇，律历度数垂无穷。放勋立，民螟螟，上期周运厘人道。鸿水垫害，鲧功弗就殛羽堡。尧授姚，举众贤，禹咎在廷信任专，万民乃粒，九韶来凤三苗陵。舜禅禹，启续似，继志传业保孙子。帝降王，天下之势日趋下，桀不轨，驱民去，愚暗愚暗弃尔祖。天乙相，时应天顺，人有惭惧。阿衡辅，帝太甲，败度纵礼听藐藐，未远亟反，改过处仁斯道廓。圣贤作，武丁兴，胥靡出相治化成，一时会遇，诰命以正圣学明。世之灾，弃贤父，姜夷远辟西伯囹，武王赫怒，八百军师会牧野。世之塞，往而复，大易重明阐皇极。姬旦继之，制礼作乐民怀德。述道统，而已矣，已而不坠在下士。凤鸟不至，洛不出书麟乃死。麟既死，假鲁史，《春秋》笔削视天子，尊王黜霸，命德讨罪乱贼弭。删书诗，系十翼，穷而在下道逾直，仪范百王，教化万世流罔极。颜氏夭，轲不时，立言轨物纲常持。君子由之，百姓日用而不知。千载下，六经明，君子有作百姓宁。明德慎罚，国家大治四海平。①

朱右还特别指出，元朝的科举取士，以朱熹的著作为考试基本用书，就是对延续道统的重要贡献。

> 愚读孔子所删述《易》《书》《诗》《春秋》，而深叹夫圣人之道不行。及观汉、唐儒传疏，又以痛圣人之道不能明也。道不行犹得以明其理义，布诸方策，以淑夫后之人。道之不明，天下贸贸焉弃本而逐末，趋伪而厌真，几何不为异端功利之归矣乎。
> 天相元德，崇信五经，诏取士科，《书》以朱子订传为主，经

---

① 朱右：《九规·述统》，《白云稿》卷1（《全元文》第50册，第507—508页）。

生学士尤知向方,则孔氏删定之书,将行于今矣。噫,世固有明经而不得以行道者,未有经不明而能行道者也。"①

行圣人之道,要掌握与人打交道的基本要求,朱右对此有专门的解释:"或问:交有道乎?释之者曰:有,礼与情而已矣。其接也以礼,其亲也以情,古今不易也。古者君臣守觐,诸侯聘会,大夫盟好,士相见,莫不有礼,亦莫不有情焉。礼则能敬,情则能亲,敬则久而不衰,亲则附而益信,交之道不贵乎。"②

行圣人之道,还要去暴尚德,做好君子应为之事,如朱右所言:"恶夫尚力而为暴者,抑亦行古之道也。昔者南宫敬叔,舍权力而尚德,孔子予之,不容以弗论也。譬之薰莸焉,不可以同器。驺虞豺狼焉,不可以同群尔。诚爱夫仁而不戕其生,义而不戾于众,清静而不争于天下,与残暴凌厉而尚力者奚其同。故君子之于其身也,道义则尊之,孝弟则服之,过之者抑而就之,拂戾者不讥焉。朝于斯,夕于斯,君子之尚德也,庸有一日息于己乎?"③"或问于予曰:富人有日散千金于市,可以谓之惠乎?曰:未也。大夫有弊车马于朝,可以谓之俭乎?曰:未也。士有活百人于有司,可以谓之仁乎?曰:未也。夫天下之事,皆吾分内,顾有所为而为之,而以德色于人,夫乃不可乎。"④

朱右亦针对战乱中的朝廷用人状态,提出了为天下守道的三方面要求。

一是对儒士守道的要求。"洪维我朝广轮之大,自古所无,天覆地载,仁涵义育。承平日久,玩忽或生,致使荆襄俶扰,淮海绎骚,上贻宵旰之忧,思得贤才,汲汲图治"。"士君子道德积于躬,功业著于世,广博深厚,有足以济时而裕远,自非持正不阿、弘毅有守者,弗能也"。⑤

二是对官员守道的要求。"大道既隐,先王之政下移,民生日蹙,廉耻道丧,居官守职者莫知国体之攸系,而腼然为私便之,是图外以欺

---

① 朱右:《书集传发挥序》,《白云稿》卷 5(《全元文》第 50 册,第 534—535 页)。
② 朱右:《释交》,《白云稿》卷 2(《全元文》第 50 册,第 571—572 页)。
③ 朱右:《尚德说》,《白云稿》卷 2(《全元文》第 50 册,第 578 页)。
④ 朱右:《柯遂卿叙论》,《白云稿》卷 2(《全元文》第 50 册,第 576—577 页)。
⑤ 朱右:《送户部尚书刘公督漕还京诗序》,《白云稿》卷 4(《全元文》第 50 册,第 518—519 页)。

其人，内以欺其心。虽九锡之荣，万钟之富，于我何加焉"。①

三是对守道行为的具体要求。"夫志固有素定而善达者矣，事固有约操于广施者矣。定志以操约，大要有三：时行者与天，因利者与地，致力者与人。有行吾志，言听计从，贤智协能，扶树元气，民社熙熙以复中统、至元之盛，此与天也。有尽吾心，竭忠所事，禄不苟得，事不幸成，誾誾侃侃，以赞庙堂之治，此与地也。不行吾志，不得吾心，守道不阿，弗事容悦，食力计功，遁世无悔，此与人也。与天者顺，与地者通，与人者常，顺者以昌，通者以济，常者以臧。"②

（三）说文统

朱右还特别对自古以来的文统作了说明，并且强调司马迁、班固作史，其行文也应包括在文统之内。

> 文与三才并，贯三才而一之者，文也。日月星汉，天文也。川岳草木，地文也。民彝典章，人文也。显三才之道，文莫大焉。羲、轩之文，见诸图画，唐、虞稽诸典谟，三代具诸《书》《诗》《礼》《春秋》，遭秦燔灭，其幸存者犹章章可睹。故《易》以阐象，其文奥；《书》道政事，其文雅；《诗》发性情，其文婉；《礼》辨等威，其文理；《春秋》断以义，其文严。然皆言近而指远，辞约而义周，固千万世之常经，不可尚已。孔思得其宗，言醇以至。孟轲识其大，言正以辩。若左氏多夸，庄周多诞，荀卿多杂，屈、宋多怨，其文犹近古，世称作者。汉兴，贾谊、董仲舒、刘向窥见图经，冀阐其道。相如、扬雄大昌厥辞，然皆有志于斯文者。独司马迁父子颇采经传国史，集群哲之大成，绌一家言，载诸简编，为史氏宗，其文雄深多奇。班固继作，颇就雅驯，以倡来学。二氏之文，遂足为后世之准程也。魏、晋日流委靡，唐韩愈上窥姚、姒，驰骋马、班，本经参史，制为文章，追配古作。宋欧阳修又起而继之，文统于是乎有在。其间柳宗元、王安石、曾巩、苏轼，亦皆远追秦、汉，羽翼韩、欧，然未免互有优劣。呜呼，文岂易言哉。③

---

① 朱右：《送户部主事李宗道还京序》，《白云稿》卷4（《全元文》第50册，第515—516页）。
② 朱右：《送河南都事张君之官序》，《白云稿》卷4（《全元文》第50册，第520—521页）。
③ 朱右：《文统》，《白云稿》卷3（《全元文》第50册，第573页）。

朱右还特别编撰了《元朝文颖》一书，将元朝文风的发展分成了三大阶段："气化流行之谓道，道之显著之谓文。道有升降，故文有盛衰，而国家之气化系焉。有元启运，肇造朔漠，著作之家，名世之士，所以裨治化、代王言、垂世范者，固已产于金、宋未亡之前。风云类从，万物咸睹，混一雄厚之气见诸言辞，岂偶然哉。""试尝读而评之，文者英华之外见者也，文采外见莫花木若也。国初之文，犹花木之蓓花，蓓鄂未分，蔼然硕茂之气，殆窥见其精华。至大、延祐间，则葩敷葰邑，芬芳殊妍，风日滋荣，犹未露其夭巧。天历以来，春气毕达，百卉竞冶，奇态媚姿，光焰发越，则极其著见矣。"①朱右还在至正二十三年编辑了《天寿圣节庆贺诗》，要表现的就是所谓"所以尊君亲上之义，是亦系人心之一机也"②。

朱右对正统、道统、文统的说明，实则是对元朝政治的综合性评价，并且是以褒扬为主的评价。

四 谢应芳说救危

谢应芳（1296—1392年），字子兰，号龟巢，武进（今属江苏）人，以治学教书为业，著作有《龟巢稿》《辨惑篇》《思贤录》等。

（一）记战乱景象

红巾军一起，谢应芳就开始了避乱的生涯，在诗作中记述了焦虑的心情："避地横山下，离家十日余。鸰原常在望，鱼素忽传书。猛虎走城郭，蝮蛇生里闾。欲归归未得，搔首独踟蹰。""仓皇避群盗，妻子同一船。中途苦离散，经旬各忧煎。再见若再生，相依益相怜。横山树历历，东洲水溅溅。山水非不佳，旌旗日纷然。两家妻与子，一月夜不眠。明发窜榛棘，衣被裹橐膻。莫归客檐下，耳语青灯前。葵心倾太阳，杞国忧崩天。逝将哭秦庭，乞师扫风烟。临期贼遁去，此志徒郁然。坐阅明年春，东风草芊芊。""我生何不辰，垂白遭乱离。乡城箭满眼，咫尺不得归。百年今已半，喘息能几时。桑蓬负初心，蓼莪有余悲。"③

---

① 朱右：《元朝文颖序》，《白云稿》卷5（《全元文》第50册，第541—542页）。
② 朱右：《天寿圣节庆贺诗序》，《白云稿》卷5（《全元文》第50册，第538—539页）。
③ 谢应芳：《至正壬辰（1352年）十月廿二日于妻兄任氏家避乱》《寇退别詹鲁贤》《初度有感》，《龟巢稿》卷2，四库全书本。

谢应芳热切期望朝廷能够尽快平复叛乱,所以既盼望官军速来:"扬子江边群盗来,奔牛吕城飞劫灰。客怀每日郁不乐,笑口几时能复开。东郭流离人似蚁,西村格斗鼓如雷。官军望断无消息,独立斜阳首重回。"也对官军的获胜颇感欣慰:"丞相楼船捶大鼓,铁骑前驱猛于虎。纷纷鼠辈敢横行,与我官军战河浒。落日未落悬林梢,一天杀气风骚骚。官军纵火鼠入窟,太湖水阔阳山高。相君贤似唐裴度,岂无将军如李愬。兜鍪载雪捣贼巢,一夕湖船竟飞渡。我有一寸铁,愿作将军箭。将军三箭定阳山,湖水依然净如练。"①

但是事与愿违,战乱不仅越演越烈,还拖了十几年之久,谢应芳在诗作中记录了民间的悲惨景象。

> 往闻淮西军食人,狗亦有寨屯如军。是时江南幸无事,尚谓传者言非真。安知吾乡今亦尔,地方百里皆荆榛。三村两村犬成群,见人如见东郭兔。跳踉大噭猛于虎,陂陀高踞声狺狺。路傍青草堆白骨,天外飞鸢衔断筋。征夫早去胆欲落,冤鬼夜哭情难伸。可怜性命葬馋腹,往往多是近乡民。向来丧家狗绝食,遗骸或与狐狸分。乘时为暴至若此,此事千古同悲辛。②

> 东家卖儿哭幽咽,西家詈妻含泪别。形容总觉瘦如柴,肝胆那能硬如铁。低田水没欠秋租,今年夏租麦更无。妻儿舍我莫怨呼,我亦忍饥朝暮狙。③

> 朝发吴门东,暮宿锡山下。隔墙语呜咽,云是流移者。生来本村居,白首事耕稼。居城仅期月,区区避兵马。狂奴称老虎,咥人空四野。城降人出关,方幸虎遭祸。里胥俄促人,负郭一网打。监官驱上船,寸步不少假。不知遣何之,骨肉忍相舍。语罢哭声悲,涕与泪交泻。同行十数人,瘦骨皆一把。铁索连系颈,俛首若喑哑。天高恐无闻,尔悲知者寡。④

谢应芳还用长诗录下了常态化战乱的各种现象,以及儒者在面临乱

---

① 谢应芳:《望官军》《过无锡口号》,《龟巢稿》卷2。
② 谢应芳:《狗寨谣》,《龟巢稿》卷3。
③ 谢应芳:《东西家》,《龟巢稿》卷17。
④ 谢应芳:《过无锡书所见》,《龟巢稿》卷4。

世时的苦楚心态。

> 甫里水东流，垂萝系客舟。客心清似水，吟鬓白于鸥。词赋知无用，干戈苦未休。篷窗三日雨，农事忆西畴。
> 五十不富贵，蹉跎又六年。新愁添鹤发，故国暗狼烟。白帽看云坐，青灯听雨眠。痴儿书懒读，翻笑腹便便。
> 吴地方千里，齐民总荷戈。人生无可奈，天运竟如何。米市黄金贱，沙场白骨多。故山时一望，老眼泪悬河。
> 阊阖城下柳，谁种绿荫成。树系浮江马，枝迁出谷莺。我朝方用武，僧寺总屯兵。犹喜湖田熟，街头米价平。
> 田舍方东作，州家要义兵。濒湖团水寨，鼺石甏山城。柳暗村烟暖，芹香润雨晴。荷锄归未得，布谷为谁鸣。
> 尽道从军好，封侯甚不难。羽书频报捷，相府即除官。北阙烟尘远，东风雨雪寒。腐儒人共笑，白首鹿皮冠。
> 赫赫千夫长，摇摇四橹船。船轻如跃马，寇退欲归田。蓑笠松江上，犁锄谷雨前。只愁边报急，生计又茫然。
> 太湖三百里，流血水云腥。战鼓有时歇，渔歌无处听。飘零孤雁白，惨淡远山青。题橘音书断，令人忆洞庭。
> 近闻哀痛诏，使者又江东。兵革何时息，军书四海同。落梅春雨后，芳草夕阳中。俯仰长流涕，穷途一老翁。[1]

按照谢应芳诗中所记，顺帝发出的罪己诏，并未给在乱世中挣扎的人带来太大的希望，因为终止战争似已成为可望而不可即的目标。

（二）陈安民之策

至正五年，朝廷曾有大规模的奉使宣抚举动。在给奉使宣抚官员的上书中，谢应芳除了建议以就近开仓的方法赈济灾民外，还提出了减重租、轻盐价、罢酒课、汰冗官等建议。

> 常之民自冬徂春，诉饥郡邑，仅尝得义仓之粟一二斗而已。斯人也，譬之久旱之苗，微雨斯须，岂能苏息，必待优渥沾足，而后

---

[1] 谢应芳：《漫兴》，《龟巢稿》卷3。

免乎枯槁耳。当此之时，青黄不接，食草木之根者有之，鬻子女而食者有之，去父母、离乡井、行乞道路者滔滔也。有司方且移文核实，籍有田之家，计亩科粟，以为赈恤之政，其亦不思之甚矣。夫粟之为物，必产于田，岁凶则田不收矣。夫不收之田，虽累巨万，粟何可得乎。况频年不登，赋役重困，产去税存者十有八九，一旦又加诸赋敛之毒，其狼狈为何如哉。徒使皂隶之徒，家至户到，叫嚣之声，鸡犬弗宁，是以有田者亦多为东西南北之人矣。其诣有司者，则拘之系之，鞭之扑之，刮龟毫于棰楚之下，割鹭股于挫辱之余，区区所得，民不足赡，假令能赡其民，亦何异夺乌鸢之食与之蝼蚁耶。

夫常之为郡，大郡也，官廪之粟陈陈相因，又有附余之粟存焉，公帑之积绰绰有余，又有赃罚之金在焉。斯二者非国经费，有司亦何靳而不以施诸民乎。苟能以是施之，亦可以解倒悬之急，况能如汲黯发河内之粟乎。惟大人举而行之，上推圣恩，下副民望，盛德之至。然民疾苦岂止于斯，如公田之重租宜减，官盐之高价宜轻，田户之酒课宜更，都水之冗官宜汰，凡如此类，未易枚举，独以赈饥一事首渎钧听，盖民之颠连，命在朝夕，非若他事可少缓也。[①]

战乱爆发后，面对乱世并不是无计可施，尤其需要的是善政和爱民措施，谢应芳特别向当地官员提出了开荒田、除民瘼、抑豪强、积军储、增俸禄五条建议。

一，开荒田。夫民之有田，犹鱼之有水也。鱼无水则枯而死，民无田则饥而毙。原民之情，岂不欲治田以养其生哉。今长洲县、昆山州等处水深围田，积荒岁久，无锡、常熟等处残破地面，荆棘连天。其各处流移之民，糊口四方而无卓锥之地，是皆欲业耕稼以养生者也，但所虑者，犁锄才举，即有征科，庐舍未完，便当差役，是以宁受艰辛且逃租赋，宁甘穷饿不还乡土。每岁虽蒙官司招谕复业，及委官劝农，不为不至，而民之所虑如此，遂成虚文。况

---

① 谢应芳：《上奉使宣抚书》，《龟巢稿》卷11（《全元文》第43册，第19—20页）。

各处低田围岸久坏，非一时可能修筑，积水甚深，非一时可以车戽，必须隔年料理，以俟春耕。田家作苦，举笔难尽。如蒙呈达省府，行下各州县，踏勘荒田数目，参酌至元年间参政开荒旧例，听令诸人请佃，每年不过若干。初年官不征粮，私无租课，应干杂役俱得优免。次年公私半征，三年成熟，然后全征。如此，则人皆为养生之谋，而不惮工力之费，一二年间官粮数增，国家享无穷之利矣。开此荒田，官民两便。

一，除民瘼。为政以恤民为先，若夫民瘼未除，而谓能恤之者，谬矣。然今之民瘼未易枚举，姑以前月切近者言之。如昆山州等处上年旱涝相兼，高田则禾苗枯槁，低田则积水弥漫。各都里正及佃户、细民经官告状，俱有堪信显迹，不期验灾官吏不行诣田踏视，从实免征，止坐各州县衙门及诸寺观，逼令乡胥、里正一概伏熟，继后部粮官吏验数征纳，其细民弃业逃亡，十去八九，但将各处里正绷扒吊打，责限陪比破荡家产，终不能足。幸蒙上司体察里正人等，发下所属州县，乃得疏放立案，拟于秋粮内带征。若今岁秋粮之时，果于里正名下追征，其里正百孔千疮，奚暇再剜其肉以补于兹，必着落原佃之人一同部内上下交征，决致失所。况连年兵革扰攘，差科繁重，里正人等俱各消乏，诚不能以一岁之所收，办两年之租赋。纵使捶楚之下，求而得之，甚非国家爱民之意，亦非诸大臣恤民之政也。如蒙言诸省府，移文郡邑，从实免征，庶使里正之家免于破荡，力田之众不致逋逃，非惟今岁秋粮易于办集，而亦免下年荒废其田矣。除此民瘼，斯民幸甚。

一，抑豪强。贫富不等，借贷有之。旧制民间私债月息三分，年月虽多，不过一本一利，诚良法也。近年以来，其官豪富强之家乘人之急，取利过倍，少有逋欠，凌虐百端。或于借贷之时，勒令并利作本，虚立文约，明起三分利息，实收过倍之数。或有还欠利息，倒换文凭，利上生利。或宽收窄放，更易斗斛。或左右邀求，减克分例。其举逋还债之人，厄于穷窘，吞声忍气，噤不敢语，良可悯恻。上年幸而官府知之，出榜禁约，但久弊不能顿除，如蒙申明旧制，定立罪名，严加禁治，庶使权豪嗜利之徒畏惧宪刑，毋蹈前非。抑强扶弱，公道幸甚。

一，积军储。为国之要，足食足兵，然兵固不可无食而用也。

但频年水涝,岁无全收。如无锡、常熟等处,残破之余,田地抛荒,租粮减数。今国家军储之用,常恐不敷,况凡有赏劳,俱用米粟,动以数百千石为无益之费。至于青黄不接,军人有缺食之忧,百姓有借粮之患。窃尝观之有司催办,米如珠玑,滥赏赢余,粟如尘土,此理晓然,人所共见。今后宜从省府移文,禀知太尉,遇有功赏从公斟酌,或以多爵之荣,或犒以金银等物,撙节米粮,以备饥荒。如此,则仓廪之积日增月羡,漕运可供,军储可给,而民无和籴、预借之患矣。多积军储,公私便益。

一,增俸禄。张官置吏,本以治民。黜陟幽明,欲其称职,然必须俸禄足以养廉,然后考其成否而黜陟之,斯可使之无憾矣。今府州县之职,最为繁难,大小官吏之俸类皆鲜少,仰事俯育,宁免素心,洗手奉公,诚不易得。其间以贪污黜罢者固不足恤,而清贫廉介禄不偿劳者,上之人宜轸念之。如蒙建言本省,告之太尉,以官吏俸给之数,酌古准今,量加增益。如此,则居官者可以绝贪墨之心,百姓无侵渔之患矣。《传》曰:"忠信重禄,所以劝士。"俸禄之增,公道幸甚。①

谢应芳在战乱中提出的五条建议,确实对于稳定地方有重要的作用,因为恢复田作是安民的基本保障,所以他在诗作中明确指出"郡县之政,租赋为急,然农务乃租赋之所自出,可不急乎",并就此提出了轻徭薄赋、减少夫役等方面的要求。

三山湖头白水田,颓岸不修年复年。田家岂不忧卒岁,十室九空人索然。饥肠雷鸣状如鹄,春来怕闻啼布谷。愿言州县父母官,喻令蚿足怜夔足。古云民事不可缓,桃花雨晴春正暖。文移动若风有声,畚锸集如云不断。三农畎亩合群力,四邑溪山增喜色。麟史重书大有年,官无负租民足食。龚黄卓鲁政绩成,一日九迁皆上卿。天子万寿黄河清,听我老农歌太平。②

尧田九年水,汤田七年干。保民苟无术,群黎总凋残。我农今畴依,州县父母官。父母不我怜,何从语辛酸。神农作耒耜,后稷

---

① 谢应芳:《上周郎中陈言五事启》,《龟巢稿》卷7(《全元文》第43册,第110—114页)。
② 谢应芳:《水田歌》,《龟巢稿》卷17。

教稼穑。安知后之人，耕稼多乏食。乏食未足忧，山中有黄独。奈何点乡夫，州城要修筑。平明荷锄去，雷鸣忍饥腹。①

　　花朝一雨连寒食，水没吴田深三尺。田家壁立杼轴空，逃亡半作沟中瘠。农官令下星火飞，劝农踏车农苦饥。产蛙之灶断烟续，藜苋煮来青藜肥。商羊舞如独脚鬼，天瓢倒倾恐未已。水车恨不化渴龙，一口汲尽西畴水。我谓尔农毋怨天，尧田水溢亦九年。但有人能拯饥渴，即令四海无颠连。请君试听踏车歌，咚咚声中含疾苦。天门九重路修阻，此声何由彻明主。②

谢应芳还在诗作中表示了以礼乐抚平战乱的殷切期望："昆山之石白如玉，娄江之水涅不缁。试持山水比州牧，厥德清白同于斯。吴侬赖公父母慈，遭时艰危蒙抚绥。尽令卖刀买牛犊，不失与国充耘耔。讼庭无人辨雀角，圜扉空锁生蛛丝。独怜沃土重财赋，疮痍不忍加鞭笞。早骑羸马戴星出，晚踏明月归来迟。纷纷公务日不暇，炯炯此心天弗欺。每延多士谈礼乐，顿觉喜色浮须眉。菁莪方育泮林雨，荞麦当茂冰霜时。未拟文翁能化蜀，已过鲁山无紫芝。萤名籍籍动藩府，将彻九重天子知。"③ 由此，他向地方官员明确提出了坚持"天地之正气"和"治天下以正风俗为本"的要求，以彰显在乱世中依然强调治道学说的政治态度。④

五　李继本说用人

李继本（？—1394年后），初名守成，后名延兴，字继本，又以字为名，号一山，东安（今属河北）人，至正十七年进士，任太常奉礼、翰林检讨等职务，后隐居不仕，入明后在涞水、永清等地教学，有《一山文集》传世。

（一）记乱世厄运

在战乱之前，李继本已经看到了沉重的兵役给民间带来的困苦，在

---

① 谢应芳：《伤田家》，《龟巢稿》卷2。
② 谢应芳：《田家谣》，《龟巢稿》卷4。
③ 谢应芳：《赠费克明知州》，《龟巢稿》卷3。
④ 谢应芳：《上王总管正风俗书》《上周参政正风俗书》，《龟巢稿》卷11（《全元文》第43册，第29、31—33页）。

诗作中特别记述了军人妻子对出征者的思念之情。

> 蝉喈喈,老树秋风暑初退。闺门忽起思妇悲,倚枕听之堕双泪。去年夫征淮水头,天明上马操戈矛。今年夫戍玉关塞,日夜难危谁足赖。不如烂烂云锦机,织成回文制君衣。不如湛湛长江水,流恨随君千万里。白首会面知无难,愿君竭力军旅间。太平无事荷帝力,迟君归来慰家室。凿凿之石如妾心,空山绝涧秋鈌釜。青山之松如妾操,大雪严风不凋耗。石或可转松可摧,妾心万死不可回。①

在战乱之中,李继本记下了北方遭到严重破坏的场景,并对朝廷在北方曾取得的暂时性胜利颇感欣慰:"奇闾久乃堕,完城失封守。妖盗起潢池,跳梁哀林椒。白昼烧通衢,戎马相践蹂。屋化飞尘灰,莽莽草木茂。往年大姓家,存者无八九。兵兴岁无虚,稸事废南亩。纷驰赤白囊,烈勋径何有。上贻国之忧,轸念夜达昼。简师行天诛,岌岌不敢后。秦中出精甲,长道屈群丑。言言七十城,易若摧瓦缶。大野熄烽烟,多士释介胄。两河关梁通,中原绝纷纠。行者如蚁旋,居者如辐凑。"②

李继本曾短期参与军务,其间既表现出了为国担忧的思绪,也表现出了浓郁的思乡之情。

> 飞楼上倚沉寥天,野色荒凉万井烟。落日荷花白舫外,西风桂树画阑边。明妃夜泣琵琶月,宛马秋肥苜蓿田。千古河山几争战,一登高处一潜然。③

> 千营兵气黑沉沉,关塞萧条草木深。蛇伏黄蒿嘘毒雾,鬼吹青火出空林。儿童老大不相识,墟墓荒寒只自寻。亲在远游烦爱惜,书来应抵万南金。④

> 白首殊方客,奔驰戎马间。时危忧母老,岁晚寄书还。冻雪连

---

① 李继本:《蝉喈喈》,《一山文集》卷1,四库全书本。
② 李继本:《送李顺文》,《一山文集》卷1。
③ 李继本:《秋日杂兴》,《一山文集》卷2。
④ 李继本:《送翼主归相州》,《一山文集》卷2。

荒野，寒云出乱山。苍茫西日外，痛哭倚柴关。

不见严亲面，光阴忽四年。文章多散失，勋业竟流传。故冢燕城曲，荒祠瘴海边。寒窗读诗处，新废蓼莪篇。

妻子何时见，凄凉病转侵。虚传千里信，已负百年心。短帽飞霜满，空阶落叶深。白头吟正苦，回首泪沾襟。①

从家计考虑，李继本后来不得不处于隐居避乱的状态，在诗作中主要表现的是无力报国的感叹。

霜白披楼晚，寒鸦城上啼。微云闾阖外，斜月建章西。忧国心常切，成功计转迷。十年京阙下，贫病尚羁栖。②

力疾秋风里，扶筇步晚晴。霜林朱果落，江浦白云明。丧乱逢多难，飘零愧此生。故人分散尽，怀抱向谁倾。③

八口凄凉生事微，中原羽骑日騑騑。天寒岁晚归难定，水远山长信转稀。青眼故人频送米，白头慈母尚缝衣。萧萧汉渚蒹葭老，好向儿时旧钓矶。④

小村秋晚鸡正肥，大瓮春浮酒新煮。老翁醉舞儿子歌，笑语喧哗忘宾主。此乐不见十许年，兵火煌煌照南楚。思归见画万感生，怅望风帆横浦溆。时清即好谢官归，全家移向山中住。⑤

身处乱世中的无力感，是儒者普遍具有的政治心态，并且正如李继本所言，最合理的选择就是隐居避难的方式。

(二) 论乱世用人

李继本认为，元朝末年在用人方面的最大失误，就是在奸佞的挑唆下，临阵撤换统率全军的丞相脱脱，致使局势逆转。由此，他希望朝廷以封谥的形式纠正以往的错误，并以此来激励人心。

---

① 李继本：《咏怀，丙申岁（1356 年）作》，《一山文集》卷 2。
② 李继本：《早过五门》，《一山文集》卷 2。
③ 李继本：《抱病》，《一山文集》卷 2。
④ 李继本：《自述》，《一山文集》卷 2。
⑤ 李继本：《题画》，《一山文集》卷 1。

尝谓大臣匪罪而获罪，既昭雪其往愆，明主念功而酬功，当旌褒以优典。窃见故太师某（脱脱），英姿开朗，雅度毅沉，廊庙之才，珪璋之器。其初焉入相，百度俱举，庶绩咸熙，人诵君明而臣良，民乐海涵而春育。引身求退，而年方盛富，举贤自代，而心益忠诚。九重有抚髀之思，累诏有秉钧之命。其终也再相，孜孜尽力，謇謇匪躬，弊政苛刑一切除罢，良法美意随即举行。洎盗贼窃发以弄兵，命将帅屡征而不克。本官志图靖乱，亲乞总戎，如救焚拯溺之靡宁，乃枕戈待旦以自誓。先出师平徐土，成功而奉诏还朝。再出师攻高邮，垂破而削官安置，譬基成九仞，俄倾一篑之功。而舟涉大川，遽失中流之楫，盖奸恶构谗，复私雠而夺相位，使忠良不幸抱深恨而陷非辜。有臣如此以殒身，所在闻之而切齿。且其出师才三月，为指以老师而废财。厥后讨敌无寸功，实由于临敌而易将。事几既失，追悔莫前。我国家军令堕，兵威弛，盗贼多，盖从此始。迄于今，朝政紊，人心离，生民困，其谁之尤。虽元凶已诛，天下尚有无穷之愤，使本官不死，海内岂有今日之危。御史台已尝闻奏昭雪，复其官爵，给其家产，独于封谥之典尚未举行。窃详本官将天下之兵，受阃外之寄，行便宜之事，专生杀之权，及一旦解其兵柄，俾万里窜之遐荒，无纤须怼怨之辞，无几微抗拒之意，束手以听诏旨，甘死以尽臣忠，比之拥兵抗命之徒，拜表辄行之辈，迹其忠逆之异，有如霄壤之殊。况其子知枢密院事某，冒涉险艰，翊储皇抚军于全晋，诛除凶恶，秉大谊宣力乎皇家，忠孝萃一门，声光垂百世。如蒙宪台明白闻奏，锡以王封，表以谥号，庶死者获雪其幽冥之憾，而生者愈励其报称之心。①

恰是在乱世中看到了朝廷用人的重要性，李继本特别向主政者推荐能够有为于天下的高士，并强调了用贤是止乱的最有效措施。

盖朝廷用一贤者，天下莫不欢然相庆。苟奸邪欺负之徒之猾进，则四海有轻朝廷心，天下事亦溃烂而不可收拾矣。今公一登庙堂，万物丛集，然至简而至要者，惟用贤为第一事。今天下一家，

---

① 李继本：《代乞封故太师中书右丞相脱脱文》，《一山文集》卷7（《全元文》第60册，第1054—1055页）。

群贤满朝，固不取才于异代。第恐用之未尽，则沉抑于山林者多，姑以仆所知者言之。杨鹏南，字九万，保定人，淬砺古学，颖敏天出。其才藻富丽，其论辨雄伟，其谋画超绝，其文章有先秦、西汉气象，其人品之旷达，度越一时辈流万万也。耕田读书凡二十年，不离乡里。自兵起，始挈妻子避乱辽东。往年贼据永平，尝以片言下之。朝廷授以翰林待制，命下，即日辞归，衡茅短褐，疏食水饮，若将终身。当事纷纠之际，贫贱患难日萃其躬，而处之泊如，故知之者谓高士，嫉之者每以为狂为迂。通国事矣，公明达者，苟以此士力荐于朝，委之以政，必有过人之迹；与之谋画，必有折冲尊俎之能；使于兵间，必有谈笑却敌之功。他日人将指而诵之曰某士为某官所荐，顾不足以成公之名声乎。如必拘旧日之辙，遂谓布韦士非省部旧人，非历练老成之器，若如此论，虽振古之豪杰，终亦委弃林莽矣，此近世文法吏之积习。公素以直亮清忠，称于人人，讵肯甘效常人之见，而取讥于贤人君子之清议耶。仆非党于杨也，直以时方多故，政当广搜人豪，共图治效之秋。一有旷世之才，视之若众人然，仆恐天下士自此散之四方，岂非却之以业诸侯乎。杨之所长，仆固白之，其所短者，独不知吏家之条例与其行移耳。盖以聪明特达之士，视此至为细事，使其一旦入官，于此稍加之意，虽老于吏事者有弗能及，岂可以纤微之短，掩其殊常之器乎。[①]

在大乱之中，地方的守令和监察官员尤为重要，李继本对两位到地方任职的官员提出的要求，都是不要惧怕难有作为，要以有为的姿态救国家于危难之中。

至正二十有二年，山东下，河南北悉平。上以元元之甫苏，而总总以望治也，思得良二千石错布诸郡，以绥抚之，诏丞相择省宪之臣往践其任，重民事也，于是以内史金院董公为河间路总管。先是公已累官至第二品，至是又增一阶之秩以优之，泊饯又亲被德音陛辞以行，皆异数也。然朝之大官贵臣之知公者则谓："公文学政

---

① 李继本：《代与左司郎中王献道书》，《一山文集》卷8（《全元文》第60册，第927—928页）。

事，宜谋画庙堂，宜激扬风纪，宜论述馆阁，不宜使就外补。"或曰："匪朝廷惜要阶方寸地，劳之以理剧之任，俾不得朝夕近天子之清光，若弃置然也。"意者兵兴十年，民劳孔棘，抚字久旷，泽不下流，兼之郡县毁败，守令之职人每不乐为之，盖非不为，实不能为，亦不可为也。今偃兵息民，外中之政悉归条法，首以朝臣任之，欲其知民牧之重，则成绩之可俟，此则朝廷付托意也。

然走尝闭门读史记，考古循吏之迹，又尝避地四方，与田父野老语，而知民生之艰，为守令者之难矣。请于公之行白之："古诸侯得专征伐，近郡守剖兵符以授之。今之守令与古诸侯埒，有方千里之地，而无专城之柄；有防御团练之御，而不假以寸兵。一旦有警，始驱丁壮御之，往往力不能支，城遂失守，一难为。往年百姓殷富，不废耕桑，今井屋墟莽，疮痏之众无糠秕救朝夕命，又无从假种粮、备未耜与牛以垦荒芜，使徒流东西者，有乡里而不克保聚，二难为。然则守令之职，其终不可为乎？盖天下事虽成于不易为，而实怠于不足为。公才足以立事，智足以达变，惠足以恤下，是行也，必能推上之泽使如川流，宣上之德使如风行，布上之化使如春煦，广上之聪明使如阳光之下烛，震霆之莫掩也。朝廷慎选守令，思革前日之弊，而不拘以常法，俾才干之士得罄展布识治体矣。昔龚遂治渤海，愿无拘文法，得便宜行事，于是化盗贼为良民。今乘凋敝之余，欲劳来而安集之者，昔人之遗法在乎。河间古称礼乐之国，在今三辅之内，文物衣冠之盛，比于邹鲁，国家仁义诗书之泽，涵濡百年。公于富庶之余，以此倡之，教化可成也。公儒者，真儒之效久不白，欲求通儒用之又不可得。俗儒迂阔，率为人所诋侮。至有能脱去故常，卓然见之事功者，人将愧伏向仰之恐后焉。①

自盗起河淮，中原披靡，民焉糜烂，物焉殚残，城郭焉荡焚无几。秦虽至险难犯，及其怠于封守，暴兵深入，受祸最惨。相臣将臣，入禀庙谟，出掌兵枋，固愿削绝乱阶，策勋帝室，然藩翰四匝不受糜制，一摇手怨辄随之，祸且叵测，虽有智能，阒莫敢发。忠

---

① 李继本：《送内史金院董公景宁赴河间路总管序》，《一山文集》卷4（《全元文》第60册，第966—967页）。

义之士至欲以死树功，动为童氏权奸沮不得行。事机之失，若鸷羽之速不可障，何嗟及矣。今大乱已极，人心思治，岂特三辅之民欣见汉官仪乎。据形胜之便，审缓急之宜，开拓旧服，实惟其时。若夫惩往辙之失，遂无意于事功，君子不取也。噫，是责也，谁实尸之。仆尝书平乱一策，稿成复毁不上，盖以其言过直，有犯时忌，则人将目以迂，目以狂，目以阔，视为哆言，是以不敢。至正二十四年春正月朔，皇帝受朝贺，既进台臣等曰："天下方多事，军国之务寖弛，岂风纪未张之故欤？兹欲兴举废坠，非一二老成人何赖。"由是阿都剌合蛮公自大都路总管拜陕西诸道行御史台侍御史。命下，守成往贺之曰："上方汲汲图治，得公二三辈用之，治效著矣。且天下事，谏官得言。公至，宜以恢复责省臣，以忠义责将帅，以逆顺利害责悍鸷反侧之徒，奋扬国灵，风励有众，以起前日久安沉惰之气，则金汤之险增旧观矣。矧明天子听断如神，其或牵制难为，尤当吐出肺肝，谔谔上白，使万里之远如在旒扆之下可也。……大要谓三秦之险，易于封守，诚得其人，足以有为。公既当重寄于军国之务，其必能斡旋图画，俾朝廷无西顾之忧如国初时乎。所谓带砺河山之烈，岂宜让他人先哉。"①

在用人问题上，李继本还强调了对儒者的两点要求。一是儒与吏相济的要求。"儒、吏非二道也。自后世官府有用儒用吏之说，儒与吏始判而不相入。故儒者曰吏胥务深刻，严而少恩；而吏亦曰儒者博而寡要，劳而无功。曾不思陆贾当汉高祖马上之时，时时前说称《诗》《书》，帝尝称其言，为《新语》。天下既定，萧何乃次律令，其后大儒杨雄谓之萧规。孰谓儒、吏之于治体无丝毫裨益，一切视为霰言哉。虽然，之二者，予固病其弗相济也"。"读书为通儒，治事为良吏，牧民为贤有司，予于是又知儒与吏之相济以有成也。"② 二是为官要正己的要求。"登君正己堂，听我正己歌。大质不返混沌死，群邪乘正梦骈罗。乃知正人必正己，己既不正如人何。惟彼古君子，卓哉心靡他。方正学，严切磋，敷正道，贵渐磨，吐正论，排私阿。谁其似之陈幕长，

---

① 李继本：《送西台侍御史阿都剌合蛮公彦晖叙》，《一山文集》卷4（《全元文》第60册，第964—965页）。
② 李继本：《送知县刘侯秩满序》，《全元文》第60册，第954—955页。

壮颜毅色横星河。秉心一以正心源，澄朗无惊波。居家一以正家人，唯诺春阳和。莅官一以正官曹，肃睦亡谴诃。朱弦泠泠白日静，玉树皎皎清风多。素丝羔裘粲如雪，自公退食何委蛇。乃知穹壤间，细大理则那。乾道失其正，阴阳寒暑皆错讹。地道失其正，山川草木皆札瘥。人道失其正，纲常典礼皆偏颇。"①

在李继本看来，元朝之所以灭亡，失去人心和排斥贤臣，应该是两个重要的原因。

> 金汤天险尽成堕，遗老空伤汉鼎移。城柝乱鸣寒雨夕，酒旗斜挂夕阳时。田庐荒弃无人住，骨肉奔逃到处疑。最是多情双语燕，向人如诉主人悲。②
>
> 乱臣倾庙社，祸本久胚胎。万里金城坏，千原铁骑来。人心今日异，天意几时回。痛哭英雄老，凄凉卧草莱。
>
> 恩幸千年遇，艰危一旦遭。人材淹草莽，勋业付儿曹。死战酬明主，兼金买佩刀。归来衣甲破，虮虱费爬搔。
>
> 月黑妖星现，云红战火然。鲁连终蹈海，乐毅又辞燕。痛哭怀明主，匡时倚大贤。那堪频眺望，白雁落霜天。
>
> 秋气满龙漠，君王忽远巡。旌旗照天地，哀痛著丝纶。雨雪迷青野，风云动紫宸。汾阳忠烈大，一战熄兵尘。③

李继本尽管认同明朝的统一，但是他认为对于元朝的旧臣，尤其是降附明朝的将领，应该给予善待："汝惟昔在元季也掌戎柄，及我圣朝文轨混一，九域之广，含生之属不毛穷发之壤壹是囿于仁风化雨之中，而汝以元社既墟，提一旅之众，委其茅土，锐意来归。上以体天心之鉴烛，下以协人心之禽从，至使圆颅方趾之类，激昂其声烈而与之俱化。汝之真亮，简在帝心，方欲畀以穹爵，酬以重禄，岂谓一朝陨逝，使汝翊载帝室之心汩没而莫信，垂勋竹帛之志落寞而弗遂。呜呼，其始也承先世之余祚，以绵延于累叶；其终也荷国家之宠灵，以荣贲于九幽，而

---

① 李继本：《正己堂》，《一山文集》卷1。
② 李继本：《乱后入城有感》，《一山文集》卷2。
③ 李继本：《和友人韵》，《一山文集》卷2。

子而孙嗣其爵,联其芳,袭其荫,以扬熙载之鸿庥,以耀穹壤而照册书。"① 也就是说,善待降人才能收服人心,这恰是用人说在新王朝下的合理发展。

六 杨维桢等人说王朝更替

杨维桢、周震霆、贝琼等人对元朝后期的政治等有过重要的评价,可概述于下。

(一)杨维桢说王朝兴亡

杨维桢(1296—1370年),字廉夫,初号梅花道人,后号铁崖、铁史等,诸暨(今属浙江)人,泰定四年进士,任官后不久即去职,以教书为业,明朝建立后曾受召至金陵,有《东维子集》《铁崖古乐府》《丽则遗音》等传世。

杨维桢对于元朝的统一,以及一些重要的文治承继,曾给予高度的评价。如对于南北大运河之中的会通河,他的赞词是"文轨会通,朔南大同。定鼎幽蓟,丕闻皇风";"四海为家,天下混一";"会通河之利,所以联络于京畿者也"②。对于朝廷制造的浑天仪,他的赞词是"形而上者谓之道,形而下者谓之器,器所以观天象之粗,道所以通天德之粹";"皇上经纶之道,先天而弗违,隆道器之两备,方重华而并驰,此所以调玉烛而平泰阶,还治古之雍熙也"③。对于郭守敬所造简仪的赞词则是"惟我世皇,周咨文臣,乃诏百官,廷集缙绅,峨峨郭公,敷奏是伸";"此皇元之制作,所以超万古而无前也"④。顺帝朝修辽、金、宋三史时,杨维桢还详细阐释了王朝正统问题,已见前述。

元末战乱期间,张士诚想将杨维桢招于麾下,被杨维桢所拒绝,但是他特别向其提出了五论的建议。

第一论是驭将,强调的是"将,国之爪牙也。驭之善,则得其利;不善,亦足以致吾害"。"故临时驭之以智术而不胜者,不若平日束之以威令之愈也。""今淮吴府之僚将也,皆一时昆弟交也。盖有亲昵恩

---

① 李继本:《祭归附元臣文》,《一山文集》卷7(《全元文》第60册,第1045—1046页)。
② 杨维桢:《会通河赋》,《铁崖赋稿》卷上,四部丛刊本(《全元文》第41册,第91—92页)。
③ 杨维桢:《浑天仪赋》,《铁崖赋稿》卷下(《全元文》第41册,第109—110页)。
④ 杨维桢:《简仪赋》,《铁崖赋稿》卷下(《全元文》第41册,第125—126页)。

党过于汉者，大抵以权利相合，则亦以权利相睽，慎于利害之际，不能无疑，则隙之所开矣。驭之稍失其道，则有泱泱耻于北面者，不可不虑也。"①

第二论是人心，强调的是"夫人心者，天命之所系，国脉之所关也"。"人心一归，天下事无不可为；人心一去，天下之事解体矣。""善用兵者，必先有以收天下之人心，又有以固天下之要害。天下之要害固，天下之人心固矣。""然有离而去者，何也？官军所之先以花猫金枪之党荡覆我民舍，离析我人心，使之荷担以待，襁负而去。""城郭之民，养卒如养虎。田野之民，避军如避寇。今日人心离离而去者以此，尚能为阁下守要害乎"。②

第三论是总制，强调的是"总制之所以名者，一众心以制敌者也"。"故战之胜负不在士之多寡，而在于心之一不一也。""各帅之出镇东西者，曰汉曰惟曰猫曰枪，部落众矣，而众心果能一之乎，总制者果能尽制之乎。"③

第四论是求才，强调的是"可缓而不必求者，天下之常才；不可缓而必求者，天下之奇才也。盖事变出不测者，非常才之所能丁，而必济之以奇才"。"天下之奇才，王伯之佐乎，闻之谋主也，代未尝乏，求之而不得者，以求者非其道，求得其道，而又用之或非其所也。"④

第五论是守城，强调的是"城以保民为之也，城不保民则不固，不如恃民之为固也"。"今阁下之守土，惟知恃城，而不知恃民与恃守将也，兴筑已还，五郡之民财穷矣，力竭矣，小变怨而叛，大变寇乘而至矣。此时虽有泰山之城，将还之池，恐非阁下所能有也。"⑤

杨维桢还在给张士诚的信中，特别指出了其所面临的困境，实际上预言了其难以成事。

> 阁下乘乱起兵，首倡大顺，以奖王室。淮吴之人万口一词，以阁下之所为，有今日不可及者四：兵不嗜杀，一也。闻善言则拜，

---

① 杨维桢：《驭将论》，《东维子集》卷27，四库全书本（《全元文》第42册，第129—130页）。
② 杨维桢：《人心论》，《东维子集》卷27（《全元文》第42册，第131—132页）。
③ 杨维桢：《总制论》，《东维子集》卷27（《全元文》第42册，第132—133页）。
④ 杨维桢：《求才论》，《东维子集》卷27（《全元文》第42册，第133—134页）。
⑤ 杨维桢：《守城论》，《东维子集》卷27（《全元文》第42册，第135—136页）。

第十八章 危机感悟与兴亡评价

二也。俭于自奉，三也。厚给吏禄而奸贪必诛，四也。此东南豪杰望阁下之可与有为也。阁下孜孜求治，上下决不使相徇也，直言决不使遗弃也，毁誉决不使乱真也。惟贤人失职，四民失业者，尚不少也。吾惟阁下有可畏者又不止是，动民力以摇邦本，用吏术以括田租，铨放私人不承制，出纳国廪不上输，受降人不疑，任忠臣而复贰也，六者之中有其一二，可以丧邦，阁下不可以不省也。况为阁下之将帅者，有生之心，无死之志矣；为阁下之守令者，有奉上之道，无恤下之政矣；为阁下之亲族姻党者，无禄养之法，有奸位之权矣。某人有假佞以为忠者，某人有托诈以为直者，某人有饰贪虐以为廉良者，阁下信佞为忠，则臣有靳尚者用矣信诈为直，则臣有赵高者用矣信贪虐为廉良，则跖蹻者进，随夷者退矣。又有某绣使而拜房乞生，某郡太守望敌而先遁，阁下礼之为好人，养之为大老，则死节之人少、卖国之人众矣。是非一谬，黑白俱紊，天下何自而治乎。及观阁下左右参议赞密者，未见其砭切政病，规进阁下于远大之域者，使阁下有可为之时，有可乘之势，而迄无有成之效，其故何也？为阁下计者少而为身谋者多，则误阁下者多矣。身犯六畏，衅阙多端，不有内变，必有外祸，不待智者而后知也。阁下狃于小安而无长虑，此东南豪杰又何望乎。仆既老且病，爵禄不干于阁下，惟以东南切望于阁下，幸采而行之，毋蹈群小误人之域，则小伯可以为钱镠，大伯可以为晋重耳、齐小白也。否则麋鹿复上姑苏台，始忆东维子之言，于乎晚矣。[1]

杨维桢在诗词中对导致南宋灭亡的权臣贾似道颇为讥讽："前朝太师宅，基撤万民庐。太师一去宅，问宅今何如。赤地无所有，庭树八九株。缅怀炙手日，门前卿大夫。肥马在东厩，脂羊出中厨。光妓列秦赵，佐酒吹笙竽。历年未五十，一坏不枝梧。可笑不于此，悔不桑为枢。道旁甲第子，过马一踟蹰。"[2] 对于为元朝死节的忠臣如余阙等，杨维桢亦专门为其立传。他还在诗作中对当时的良将颇多赞扬，如称董搏霄为"髯将军，将之武，相之文，文武长才不世出"；"将军之武平祸难，将军之文焕经纶"。称察罕为"大将军，持庙算，直向刑塘筑京

---

[1] 贝琼：《铁崖先生传》，《清江贝先生文集》卷2，四部丛刊本。
[2] 杨维桢：《太师宅》，《铁崖古乐府》卷4，四库全书本。

观";"中国长城无再坏,昆仑天柱无再折"①。

元朝灭亡后,杨维桢立刻转为鼓吹新兴的明朝,他不仅将朱元璋吹捧为"濠之涂山,自五代周世宗尝见王气,凿其地绝之。今越五百年而王气复还,圣人出焉,为生民主";"圣人生六合,一统天下昌";还特别强调了"上天黜元命,命帝靖四方";"皇帝神武越五帝,咸三皇,皇皇万国宾,日出日入土,普为大明臣,制礼作乐圣化钧,大一统业万万春"②。儒者之无耻,杨维桢可以说是作了充分的表演。

(二) 周霆震说忠君报国

周霆震(1292—1379年),字亨远,号石初,安成(今属江西)人,参加科举考试不利,家居教学,有诗集《石初集》传世。

周霆震于老年突遭乱世,除了用诗作记录当时的悲惨景象外,更多体现的是在乱中求生的心态。

> 平世隐大奸,祸起连干戈。纷纷杀劫余,转徙婴札瘥。丧氛不可望,散漫翻洪波。号呼递渐染,瞬息俱灭磨。向来膏粱子,被服华绮罗。菅蒯倏缠裹,委弃山之阿。顾匪金石交,厄会其奈何。吾贫老环堵,与世常蹉跎。况此灾患林,屏藏谢经过。晨夕坚苦淡,分安志无他。阖门或苟全,天赐良以多。有时诵陈编,桂竹供婆娑。后日将焉知,且复托永歌。③

> 力疾起语客,丧乱今十年。谓天盖无情,乘象在目前。谓天其有知,吉语皆虚传。未遑悉吴越,况敢谈幽燕。须臾报军出,明日攻富田。焚掠先近郊,斩艾无愚贤。咫尺成俘囚,妻子畴能全。戒客姑罢休,世事从推迁。客去深掩耳,闭关涕潸焉。④

> 世祖艰难德泽深,风悲城郭怕登临。九朝天下俄川决,七载江南竟陆沉。马首空传当日价,鸡声不到暮年心。雨洒门外青青草,过客魂消泪满襟。⑤

---

① 杨维桢:《髯将军》《大将南征歌》,《铁崖古乐府补》卷6。
② 杨维桢:《大明铙歌鼓吹曲十三篇》,《铁崖古乐府补》卷5。
③ 周霆震:《尝艰》,《石初集》卷1,四库全书本。
④ 周霆震:《十五纪怀》,《石初集》卷1。
⑤ 周霆震:《登城》,《石初集》卷4。

在乱世中周霆震已经开始思考致乱的原因，在他看来，朝廷举措失当，加上奸佞误国、上下蒙蔽，导致了局面的失控："国家承平百年，武备寖弛。盗发徐颍，炽于汉淮，武昌、南纪雄藩一旦灰灭，洪省坚壁，寇蔓延诸郡。水陆犬牙，北来名将，相继道殒。丞相出督步骑，直抵高邮，事垂成，以谗废。方面多贵游子弟，贪鄙庸才，漫不省君臣大义，草芥吾民，虚张战功，肆意罔上。诛求冤滥，惨酷百端，重以吏习舞文，旁罗鹰犬，意所欲陷，即诬与贼通，其弊有不忍言者。间存一二廉介，则又矜独断、昧远图，坐失机会，民日以敝，盗日以滋。"①"吏弊袭贪残，罕由慈惠进。""圣朝果何负，奸宄妄依凭。得非湛恩隆，窃禄隐谗佞。贪冒递相蒙，浸淫成此衅。"②

在"悲哉上下交征利，四维不张巧蒙蔽"的状态下，③盘剥百姓，以致出现人相食的惨况，也就难以避免了。

> 转输饷官倾富室，米石万钱无处籴。连村鬼哭灶沉烟，野攫生人腥血赤。九疑对面森可畏，弱肉半为强者食。旋风吹棘昼枭鸣，缺月衔山虎留迹。提携匕首析骹骼，狼藉剔剜碎燔炙。恍疑逆祀祷恣睢，复恐老饕侪盗跖。幽幽怨魂忍葬心，腐胁穿肠愤无术。骷髅抱痛宜有知，上诉帝阍吐冤抑。我生白头骇见此，矫首苍穹泪沾臆。北山有蕨南涧苹，旦暮可湘心匪石。青春鸠化逐苍鹰，黄口蛇吞来义鹊。物情感召尚如此，同类何辜自相贼。兴言使我立废餐，推案抚膺衷奋激。鞠囚谁料殒炭瓮，立法竟嗟离舍匿。后人几度哀后人，万劫相寻岂终极。④

战乱是检验人性的重要时刻，周霆震特别记录了一些官员的丑陋表现，可列举三例。一是以私利杀义士，"寇逼袁州，万户某弃印走。赣义士彭志凯力战完城，印失复得。七月，万户自赣还，忌其功，取印恣意，寻杀之，袁竟不守"。⑤二是贪腐并排斥廉洁之人，"客有自中兴来

---

① 周霆震：《古今城谣》，《石初集》卷2。
② 周霆震：《暮春述怀》，《石初集》卷1。
③ 周霆震：《海潮吟》，《石初集》卷3。
④ 周霆震：《饥相食》，《石初集》卷2。
⑤ 周霆震：《宜春将军取印歌》，《石初集》卷2。

者能言，四川闻乱，遣兵出援，主将日置酒高会，收其子女玉帛而西。宿州南北之咽喉也，知州廉能在任十二载，远近归心，因不纳拜见之礼，责以军前供给。知州既行，宿州遂陷。"① 三是背信弃义而苟生，"戊戌（1358年）夏五月之变，新郡守张元祚与全府参谋萧彝翁约同死，萧一再赴井死读书台下，张竟降。"②

在乱世中，周霆震依然对朝廷能够恢复秩序抱有较大的期望，在诗作中特别强调："仲夏沐时雨，清晨步郊墟。平畴日以绿，民瘼其或苏。回头语田父，努力勤耕锄。我朝世忠厚，品汇均涵濡。盗贼妄干纪，旦夕当殄除。旷劫沧海深，幸兹迩平途。尔曹活余息，讵识劳庙谟。稽首万亿年，无疆寿皇图。"③"所至失坚城，宜令鼠辈轻。茫茫谁报国，草草众兴兵。吴楚悬三户，河山隔上京。几时苏北望，飞骑报尘清。""三月二十六日天诏自广东来，诏发京师，去年八月二十七日也，于是朝廷号令久不闻矣，欣幸之极。敬赋七言律诗一首：沉陆如云跬步艰，忽传驿信自燕山。九霄日御龙光起，万里春乘海道还。忠义铭心扶壮节，老癃垂涕洗愁颜。中原黎庶知何似，想望疏恩溥蒯菅。"④

周霆震还发现了一个重要的现象，就是科举出身的进士在战乱中往往起着中流砥柱的作用："近时有客湖上归，能话郎中身许国。朝廷取士数十年，谁谓书生无寸策。江州李侯死可书，郎中百战全洪都。昔年廷对俱第一，鸾凤固与群飞殊。""君王拊髀加褒异，深副当年设科意。碧霄雨露湛恩深，官转霜台弘国器。"⑤"况今世变滔滔，毅然左冲右溃而不可夺者，悉由进士中来。""我朝进士得贤之盛，司徒之善于用人也。微司徒之明，不足以取人于进士。微进士之盛，不足以回天下之太平。"⑥

在改朝换代已经无可避免的时候，周霆震也只能表达嗟叹的情绪："痛哭群庸误主恩，遗民无路叩天阍。荒凉甲第有焦土，仓卒深闺无固门。青血传餐供士卒，黄金为土赎儿孙。囊胶谁造昆仑顶，念此长河骇浪浑。""末路危机逐日新，遭逢瞬息异冤亲。多疑忍事甘存拙，久乱

---

① 周霆震：《宿州歌》，《石初集》卷5。
② 周霆震：《纪实》，《石初集》卷5。
③ 周霆震：《晨出》，《石初集》卷1。
④ 周霆震：《杂咏三首》《诏至》，《石初集》卷4。
⑤ 周霆震：《伯颜副使政绩歌》，《石初集》卷2。
⑥ 周霆震：《送吴县丞赴江西省掾并序》，《石初集》卷3。

全生幸处贫。北海牧羝宜反汉，东门牵犬竟亡秦。古来反复无前算，那得匆匆论世人。"①

周霆震对元朝的灭亡作了中肯的评价，不仅强调"官邪"是亡国的主因，还特别对元朝的忠臣义士给予了表彰。

> 至正壬辰（1352年）红巾寇起，官弗能致讨，反因之以流毒于民，上下相蒙，列城继踵沦没。……盖举朝以言为讳，危在旦夕，无人敢出口。
> 《传》曰："国家之败，由官邪也。官之失德，宠赂章也。"余尝反复致乱之本，在于官邪而宠赂章，赏罚失宜，奸巧得志。故凡尸位承平，惟务丰其子女玉帛，君臣大义曾不经心。一旦盗贼临之，望风迎拜，献妻纳女，忍耻乞怜，犹以智术夸人，死不知悔。是皆天理绝灭、人欲横流所由来者渐矣。
> 盖庐陵忠节之流风余韵，感人也深，故纲沦法斁缙绅扫地之余，天理发见于草茆自然而不可泯，吾于是得三人焉。章立贤尽室投江死，萧彝翁一再赴学宫井死，戴大宾就死得所，皆儒者也。立贤、彝翁死城陷之日，或为立传，或为文祭之，凛凛在人耳目。②

对于有人以野史诋毁忠臣，即便是南宋的忠臣，周霆震也表示了极大的愤慨，并明确指出："江南自革命以来，学校碑刻悉刊去宋年号。朝廷初不知其所为。仁宗在东宫，一日问左右文丞相何如，对者皆贬其不知天命，仁宗作色曰：如卿所言，则冯道却不是忠臣矣。众恶屏气，相视惕然。信公日见表彰，扬于内外，临御之日语廷臣曰：儒者握纲常如拳，盖为信公而发。由是复兴科举，一代礼乐蔚然有光。天理之在人心，千万世如一日，讵不信乎。"③周霆震之所以有如此的表态，就是要说明新的王朝不能以否定前朝为能事，而是要对前朝历史有正确的认识。

（三）贝琼述元亡原因

贝琼（1297—1379年），字廷琚，嘉兴（今属浙江）人，以治学

---

① 周霆震：《民哀》《默念》，《石初集》卷4。
② 周霆震：《戴氏济美志》，《石初集》卷8（《全元文》第39册，第187—188页）。
③ 周霆震：《阅晏彦文所论王生江南野史》，《石初集》卷10（《全元文》第39册，第162—163页）。

为务，元亡后曾参与编修《元史》，有《清江文集》《清江诗集》等传世。

对于元末的战乱景象，贝琼曾感叹"两河兵合尽红巾，岂有桃源可避秦"①。他还在诗作中特别记录了朝廷依然从江南运粮的情形以及农夫对太平的企盼。

> 东南实天府，岁漕三百万。龙城积红腐，虎士班白粲。焉知十五年，不解戎马乱。采稆以为食，屯集成背叛。至今两河地，僵尸作京观。诸侯土贡绝，君忧切宵旰。尚书出宣旨，跋涉非所惮。国无九年蓄，志士常窃叹。空山独病卧，无书托飞翰。中宵望使星，迢迢阻河汉。②

> 屯田未开岁未熟，白粲一金才一斛。将军初下山东城，使者复转江南粟。飓风五月西南回，黄龙朱雀一时开。雷霆夜槌海若死，云雾昼合天妃来。黑洋北去五千里，直沽近接金河水。内廷传敕赐宫壶，侍臣出报龙颜喜。③

> 田家八月红稻熟，田头黄雀飞且啄。去年出走不得收，今年父子田舍宿。大妇小妇长裁衫，夜起剪桑饲五蚕。不言画眉无宝镜，不恨梳头无宝簪。稻登场，蚕在箔，新谷可舂丝可络。赛神城南听神语，但祈无兵岁不苦。④

贝琼还借刊行《用武提要》的机会，不仅指出了朝廷的玩武之弊，还特别强调了用武也要以仁义为本的论点。

> 《用武提要》二十篇，集古之成法也。一曰立军分职，严部署也。二曰建旗置鼓，壹视听也。三曰选将，存亡之系也。四曰简士，胜负之决也。不教而战，弃士与敌，故精教练、申号令次之。劝惩以砺用命不用命，故明赏罚次之。什伍相保，故谨分塞次之。至练

---

① 贝琼：《秋思三首》，《清江诗集》卷7，四库全书本。
② 贝琼：《两河兵兴，京师乏食，民部尚书曹公德基出使三吴，因纪其事》，《清江诗集》卷2。
③ 贝琼：《送浙省都事曹德辅运粮北上》，《清江诗集》卷4。
④ 贝琼：《田家行》，《清江诗集》卷4。

卒以严进退，用骑以知险易，营垒以宿兵，斥堠以防寇，行则设向导，战则分队伍，而坐作击刺亦皆有法焉。他如审地利之高下，察敌势之强弱，论间之难，候气之审，有不可废者，虽孙吴弗过是矣。

两河首难，豪杰并起，名王重臣授钺四出，往往覆军杀将，不知用武之要故也。呜呼，有国者不可黩武，亦不可以玩武。自七书之禁既严，天下罕习之者，虽武臣子弟亦莫之讲，此玩武之弊甚于黩武，宜其一旦溃裂弗支，使吾民为虏者十九也。方今张皇六师，期复版图之旧，则是书又可闭而不出哉。微乎微乎，至于无形，神乎神乎，至于无声。余固不得穷其巧已，然闻荀卿之论兵，首及附民，亦未始外吾儒仁义之说。盖结天下之本在是，用武之道又可舍是耶。①

1366—1369年，元朝大势已去，贝琼在诗作中记述了改朝换代时的心态。

芳燕乐清夜，浩歌悲暮年。故国山河迥，殊方斥堠连。友于成契阔，宾客暂周旋。念旷情易洽，怀归思更绵。②

丙午（1366年）冬十一月，辟乱亭林。明年，春馆于杨溪邵箕谷氏。四月一日，乡兵复大起，合境之人鸟惊麇窜，不知所届，余亦去而从之，既定而返，因写怀云：茫茫新战场，白草迷四顾。烽火连石门，我归亦无路。穷鱼久在辙，惊鹊空绕树。故园今何如，犹思读书处。近闻遭杀勠，岂复有亲故。安得附晨风，从之西南去。③

世乱无安宅，尽室久在路。山蜩始一鸣，海燕时双去。已叹朱户非，不见龙舟渡。采药讵能寿，酌酒聊自豫。四时倏相代，百岁同为寓。日长坐风檐，更读离骚赋。④

余生若小草，望成百尺材。强因客土植，苦被秋风摧。徒惭五十过，况经元二灾。白发不可变，青阳忽已回。未防药裹好，几见

---

① 贝琼：《用武提要序》，《清江文集》卷7，四库全书本（《全元文》第44册，第217—218页）。
② 贝琼：《丙午（1366年）七夕二首》，《清江诗集》卷2。
③ 贝琼：《写怀》，《清江诗集》卷2。
④ 贝琼：《丁未（1367年）重午》，《清江诗集》卷2。

桃花开。残编掩黄石，虚室生苍苔。故人且共弃，王孙谁复哀。终归葛洪井，讵上凤凰台。衰荣置勿论，待月酌金罍。①

万国干戈里，荒郊野日曛。残唐终五季，炎汉亦三分。战伐求颇牧，讴歌忆舜文。伤时一惆怅，倚柱送孤云。②

贝琼对于新兴的明朝不乏赞誉之词，如"一日龙飞濠泗间，橐驼牛马走阗颜。已来肃慎通沧海，更却呼韩闭玉关。使者旌旗分道出，将军部曲凯歌还。白头野老知何事，紫气常瞻万岁山。天限长江雪浪浮，临江百尺起朱楼。春风秋月归新恨，楚水吴山忆旧游。已沃腥臊无朔漠，从来壮丽有西州。万年大业如磐石，四海诸侯尽缀旒。"③ 但是对于元朝，他也在诗作中表达了眷念的感情。

父老歌延祐，君臣忆至元。清光回日月，喜气入乾坤。不意经沦防，相图事并吞。橐驼空大漠，骐骥死中原。浪信传三捷，深忧病七奔。关中防豕突，河内且蜂屯。流血今千里，伤心远五门。羽衣悲弟子，宝玦泣王孙。管葛真难致，孙吴莫易论。如何轻大业，俱是窃殊恩。近报中台坼，遥瞻北极尊。狐狸号白昼，魑魅啸黄昏。贡赋时时急，征徭处处繁。故园荒草迳，何处觅桃源。野外朱旗闪，城头画角喧。飘零从老去，局促偶生存。醉忆刘琨舞，狂兴阮籍言。登临空洒泪，去住总销魂。水阁秋鸿落，霜林夜鹊翻。相知共南北，不得问寒温。④

贝琼不仅肯定了元朝的文治，亦指出上下欺瞒和赋役过重是导致元朝灭亡的重要原因，这应该算是较为中肯的评价。

认同明朝甚至入仕于明朝的人，在乱世中的感悟比乱世后的评价更为重要，因为前者更为真实，后者则多少受立场转变的影响，难有更全面和更深刻的认识。但是作为元朝政治思想的余波，这样的感悟和评价还是有不可忽视的价值。

---

① 贝琼：《己酉（1369年）岁初度日书怀》，《清江诗集》卷3。
② 贝琼：《登云间驿楼次李希颜韵》，《清江诗集》卷6。
③ 贝琼：《次韵方文敏秋兴五首》，《清江诗集》卷8。
④ 贝琼：《书事二十韵》，《清江诗集》卷9。

主要史料目录

《庙学典礼》（外二种，《元婚礼贡举考》和《元统元年进士录》），王颋点校，浙江古籍出版社1992年版。

《宪台通纪》（外三种，《宪台通纪续集》《南台备要》和《乌台笔补》），王晓欣点校，浙江古籍出报社2002年版。

贝琼：《清江诗集》，四库全书本。

贝琼：《清江文集》，四库全书本。

陈高：《不系舟渔集》，四库全书本。

陈基：《夷白斋稿》，四库全书本。

陈基：《夷白斋稿补遗》，四部丛刊本。

陈旅：《安雅堂集》，四库全书本。

陈泰：《所安遗集》，四库全书本。

陈镒：《午溪集》，四库全书本。

成廷珪：《居竹轩诗集》，四库全书本。

程端礼：《程氏家塾读书分年日程》，四库全书本。

程端礼：《畏斋集》，四库全书本。

戴良：《九灵山房集》，四库全书本。

丁鹤年：《鹤年诗集》，四库全书本。

杜本：《清江碧嶂集》，浙江巡抚采进本。

傅若金：《傅与砺诗集》，四库全书本。

傅若金：《傅与砺文集》，四库全书本，可参考北京图书馆古籍珍本丛刊本（第92册）。

甘复：《山窗余稿》，四库全书本。

贡师泰：《玩斋集》，四库全书本。

贡性之：《南湖集》，四库全书本。
顾嗣立、席世陈编：《元诗选》癸集，中华书局2001年版。
顾嗣立编：《元诗选》初集，中华书局1987年版。
顾嗣立编：《元诗选》二集，中华书局1987年版。
顾嗣立编：《元诗选》三集，中华书局1987年版。
顾瑛：《玉山璞稿》，四库全书本。
郭翼：《林外野言》，四库全书本。
郭翼：《雪履斋笔记》，四库全书本。
郭钰：《静思集》，四库全书本。
洪希文：《续轩渠集》，四库全书本。
胡天游：《傲轩吟稿》，四库全书本。
胡助：《纯白斋类稿》，四库全书本。
华幼武：《栖碧先生黄杨集》，北京图书馆古籍珍本丛刊本（第94册）。
黄玠：《弁山小隐吟录》，四库全书本。
黄溍：《金华黄先生文集》，四库全书本。
黄枢：《后圃黄先生存集》，北京图书馆古籍珍本丛刊本（第96册）。
黄镇成：《秋声集》，四库全书本。
黄镇成：《尚书通考》，四库全书本。
黄宗羲原著、全祖望补修：《宋元学案》，中华书局2009年重印版。
揭傒斯：《揭文安公文集》，四库全书本。
金涓：《青村遗稿》，四库全书本。
孔齐：《至正直记》，粤雅堂丛书本。
李存：《俟庵集》，四库全书本。
李继本：《一山文集》，四库全书本，可参考北京图书馆古籍珍本丛刊本（第94册）。
李祁：《云阳集》，四库全书本，可参考北京图书馆古籍珍本丛刊本（第96册）。
李士瞻：《经济文集》，四库全书本。
李孝光：《五峰集》，四库全书本。
李修生主编：《全元文》，江苏古籍出版社（现名凤凰出版社）1998—2004年版。
李晔（李昱）：《草阁诗集》，四库全书本。

刘鹗：《惟实集》，四库全书本、清咸丰五年江西刘氏宸章楼刻本。

刘佶：《北巡私记》，云窗丛刻本。

刘仁本：《羽庭集》，四库全书本。

刘诜：《桂隐诗集》，四库全书本。

刘诜：《桂隐文集》，四库全书本。

刘岳申：《申斋集》，四库全书本。

卢琦：《圭峰集》，四库全书本，可参考北京图书馆古籍珍本丛刊本（第96册）。

鲁贞：《桐山老农集》，四库全书本。

马玉麟：《东皋诗集》，续聚珍版丛书本。

廼贤：《金台集》，四库全书本。

倪士毅：《四书辑释》，浙江巡抚采进本。

倪士毅：《作义要诀》，四库全书本。

倪瓒：《清閟阁遗稿》，四库全书本，可参考北京图书馆古籍珍本丛刊本（第95册）。

欧阳玄：《圭斋文集》，四库全书本。

权衡：《庚申外史》，上海商务印书馆1922年影印本。

萨都拉：《雁门集》，殷孟伦、朱广祁点校，上海古籍出版社1982年版。

邵亨贞：《野处集》，四库全书本。

邵亨贞：《蚁术词选》，明隆庆刊江稷校本。

邵亨贞：《蚁术诗选》，四库全书本。

沈梦麟：《花溪集》，四库全书本。

史伯璿：《管窥外篇》，四库全书本。

史伯璿：《四书管窥》，四库全书本。

释大圭：《梦观集》，四库全书本。

释清珙：《石屋清珙禅师山居诗》，明潘是之校刊本。

释清珙：《石屋清洪禅师语录》，清光绪十三年重刻本。

释惟则：《师子林天如和尚语录》，大藏经本。

宋褧：《燕石集》，四库全书本。

宋濂等：《元史》，中华书局标点本，中华书局1976年版。

苏天爵：《治世龟鉴》，四库全书本。

苏天爵：《滋溪文稿》，陈高华、孟繁清点校，中华书局1997年版。
苏天爵编：《元朝名臣事略》，姚景安点校，中华书局1996年版。
苏天爵编：《元文类》，四库全书本。
唐元：《筠轩集》，四库全书本。
陶宗仪：《南村辍耕录》，中华书局1997年重印版。
脱脱等：《金史》，中华书局标点本，中华书局1975年版。
脱脱等：《辽史》，中华书局标点本，中华书局1974年版。
脱脱等：《宋史》，中华书局标点本，中华书局1977年版。
汪克宽：《环谷集》，四库全书本。
汪克宽：《经礼补逸》，四库全书本。
王充耘：《读书管见》，四库全书本。
王充耘：《书义矜式》，四库全书本。
王充耘：《四书经疑贯通》，四库全书本。
王逢：《梧溪集》，四库全书本，可参考北京图书馆古籍珍本丛刊本（第95册）。
王翰：《友石山人遗稿》，四库全书本。
王祎：《王忠文集》，四库全书本。
王冕：《竹斋集》，四库全书本。
王士点、商企翁编：《秘书监志》，高荣盛点校，浙江古籍出版社1992年版。
王喜：《治河图略》，四库全书本。
王偕：《荻溪集》，北京图书馆古籍珍本丛刊本（第96册）。
王沂：《伊滨集》，四库全书本。
王毅：《木讷斋文集》，清乾隆二十九年刻本。
危素：《说学斋稿》，四库全书本。
危素：《危学士全集》，江西巡抚采进本。
危素：《云林集》，四库全书本。
吴当：《学言稿》，四库全书本。
吴皋：《吾吾类稿》，四库全书本。
吴海：《闻过斋集》，四库全书本。
吴景奎：《药房樵唱》，四库全书本。
吴师道：《吴礼部文集》，四库全书本。

谢应芳：《龟巢稿》，四库全书本。
许恕：《北郭集》，四库全书本。
许有壬：《至正集》，四库全书本，参见北京图书馆古籍珍本丛刊本（第95册）。
杨翮：《佩玉斋类稿》，四库全书本。
杨维桢：《东维子集》，四库全书本。
杨维桢：《铁崖赋稿》，四部丛刊本。
杨维桢：《铁崖古乐府》，四库全书本。
杨瑀：《山居新话》，四库全书本。
叶颙：《樵云独唱》，四库全书本。
叶子奇：《草木子》，中华书局1997年重印版。
余阙：《青阳集》，四库全书本。
张宪：《玉笥集》，四库全书本。
张雨：《句曲外史集》，四库全书本。
张雨：《句曲外史集补遗》，四库全书本。
张昱：《张光弼诗集》，四库全书本。
张仲深：《子渊诗集》，四库全书本。
张翥：《蜕庵集》，四库全书本。
赵汸：《春秋金锁匙》，四库全书本。
赵汸：《春秋师说》，四库全书本。
赵汸：《东山存稿》，四库全书本。
赵汸：《周易文诠》，四库全书本。
赵偕：《赵宝峰先生文集》，四明丛书本。
郑玉：《师山文集》，四库全书本。
郑玉：《师山遗文》，四库全书本。
郑元祐：《侨吴集》，四库全书本，可参考北京图书馆古籍珍本丛刊本（第95册）。
周伯琦：《扈从集》，四库全书本。
周伯琦：《近光集》，四库全书本。
周霆震：《石初集》，四库全书本。
周巽：《性情集》，四库全书本。

朱德润:《存复斋文集》,四部丛刊本。
朱德润:《存复斋续集》,涵芬楼秘笈本。
朱希晦:《云松巢集》,四库全书本。
朱右:《白云稿》,四库全书本。

后　　记

《元代政治思想史》作为《中国政治思想通史》的一卷，从2010年着手写作，时断时续，2018年始全力以赴，于2020年完稿。由于全书篇幅较大，故分为上、中、下三卷。

本书原计划与陈高华教授、刘晓教授合著，尽管两位教授后来都未参与写作，但是继续给予大力的支持和帮助，在此特别表示感谢。

中国社会科学出版社的赵剑英、郭沂纹等同志一直关心和支持《中国政治思想通史》的编写工作，本书责任编辑刘芳同志在书稿修订方面付出了辛勤的劳动，在此一并表示感谢。

近年逝世的杨讷教授、邱树森教授和张其凡教授，都曾关心和支持本书的写作，谨以本书的出版，表达对三位教授的纪念。

史卫民

2021年8月27日